P9-DMC-541

CONCISE OXFORD ENGLISH–ARABIC DICTIONARY OF CURRENT USAGE

CONCISE OXFORD
ENGLISH–ARABIC DICTIONARY
OF CURRENT USAGE

EDITED BY

N. S. DONIACH

WITH THE ASSISTANCE OF

SAFA KHULUSI
N. SHAMAA
W. K. DAVIN

OXFORD UNIVERSITY PRESS

OXFORD
UNIVERSITY PRESS

Great Clarendon Street, Oxford OX2 6DP

Oxford University Press is a department of the University of Oxford.
It furthers the University's objective of excellence in research, scholarship,
and education by publishing worldwide in

Oxford New York

Auckland Cape Town Dar es Salaam Hong Kong Karachi Kuala Lumpur
Madrid Melbourne Mexico City Nairobi New Delhi Taipei Toronto
Shanghai

With offices in

Argentina Austria Brazil Chile Czech Republic France Greece
Guatemala Hungary Italy Japan South Korea Poland Portugal
Singapore Switzerland Thailand Turkey Ukraine Vietnam

Published in the United States
by Oxford University Press Inc., New York

British Library Cataloguing in Publication Data

The Concise Oxford English—Arabic dictionary of
current usage.
1. Arabic language—Dictionaries—English.
I. Doniach, N. S.
492'.7'321 PJ6640

ISBN-13: 978-0-19-864321-0

25

Printed in Great Britain
on acid-free paper by
Clays Ltd, St Ives plc

Foreword

WITHOUT the help given by several benefactors this dictionary could not have been published.

وَتأْتي عَلَى قَدْرِ الكِرامِ المَكارِمُ

in other words 'great gifts are from great men'.

In its initial stages the draft of the English text was prepared by a team who selected head-words and examples of usage from my Oxford English-Arabic Dictionary of Current Usage, published in 1972. The senior member of the team, Mrs W. K. Davin, checked the whole of the draft which was passed to Mrs L. Lyons who typed it, added the phonetic equivalents and, in consultation with me, revised both the scope and the consistency of treatment of the English. S. Khulusi, N. Shamaa and I took about a third of this English text each and pencilled in the Arabic which was largely drawn from the 1972 dictionary. This draft was completed in March 1978 and while methods of printing were being explored, it was subjected to close editorial scrutiny and revision by Shamaa and myself.

Typesetting was begun early in 1979. The arrangement was that an English firm would cope with the English, while Munir Abdelnoor had overall responsibility for setting the Arabic. The Arabic text was set and then proof-read by Musa Bishuti both for the vowelling and for the sense. Shamaa and I re-checked the text at this stage and then Abdelnoor supervised the pasting up and layout of the double column pages on which Musa Bishuti entered the vowels. In the final stage Shamaa and I re-checked and, where necessary, corrected the master camera ready copy.

What merits this dictionary may have, spring from the meticulous care lavished on the work in each of its stages by the fellow workers whom I have named. As for the demerits, responsibility for which rests on my shoulders, may I ask for the user's indulgence.

العِصْمَة للّه وَحْدَه

– 'perfection is exclusively a divine attribute'.

N. S. DONIACH

Preface

THE Concise Oxford English-Arabic Dictionary of Current Usage, a shortened and up-dated form of the 1972 Oxford English Arabic Dictionary, is designed to meet the needs both of the Arabic speaker who is learning English and of the English speaker who is learning Arabic. The increased pace of language change in recent times has been reflected in the media and the editor has been at pains to record the different levels of usage met with in newspapers, radio and television as well as film. Where familiar, colloquial and slang levels are indicated the major Arabic dialectal equivalents have been given. The special needs of the Arabic speaker are catered for by the inclusion of phonetic equivalents for head-words, phrases illustrating unexpected and often baffling idioms, as well as succinct explanations of head-words denoting concepts new in the Arab world. To assist the English speaker vowels and diacritical markings have been included in the Arabic text, also irregular plurals of nouns and guidance on how the simple verb is conjugated in the imperfect tense.

Special attention has been given to the layout which is so organized that English head-words are easy to find and subdivisions of meaning clearly differentiated.

Key to Phonetic Symbols

The Arabic speaker will find it helpful to pay special attention to the phonetics of English. Ideally he should practise the sounds of the phonetic symbols under the guidance of a native speaker of English. Correct pronunciation leads to effortless comprehension.

/ ˋ / *represents* principal stress *as in* **across**/əˋkros/

/ ˈ / *represents* subordinate stress *as in* **self-starter** /ˈself-ˋstatə(r)/

(r) An 'r' in brackets is heard from time to time in British pronunciation especially in deliberáte speech and preceding a vowel sound.

Vowels and dipthongs

æ *as in* **bat**/bæt/
ɑ *as in* **art**/ɑt/
e *as in* **men**/men/
ə *as in* **alarm**/əˋlam/
ɜ *as in* **hurt**/hɜt/
i *as in* **bee**/bi/
ɪ *as in* **fit**/fɪt/
o *as in* **log**/log/
ɔ *as in* **law**/lɔ/
ʊ *as in* **put**/pʊt/
u *as in* **too**/tu/
ʌ *as in* **cut**/kʌt/
eɪ *as in* **cage**/keɪdʒ/
ɪə *as in* **fear**/fɪə(r)/
ɑɪ *as in* **dive**/dɑɪv/
əʊ *as in* **foam**/fəʊm/
eə *as in* **stair**/steə(r)/
ɑʊ *as in* **cow**/kɑʊ/
ɔɪ *as in* **coin**/kɔɪn/
ʊə *as in* **cure**/kjʊə(r)/

Consonants

b *as in* **bed**/bed/
d *as in* **done**/dʌn/
f *as in* **fish**/fɪʃ/
g *as in* **gate**/geɪt/
h *as in* **hat**/hæt/
θ *as in* **thick**/θɪk/
ð *as in* **that**/ðæt/
dʒ *as in* **joke**/dʒəʊk/
k *as in* **can**/kæn/
l *as in* **lot**/lot/
m *as in* **me**/mi/
n *as in* **nine**/nɑɪn/
ŋ *as in* **song**/soŋ/
p *as in* **pet**/pet/
r *as in* **rod**/rod/
s *as in* **sad**/sæd/
ʃ *as in* **show**/ʃəʊ/
tʃ *as in* **check**/tʃek/
t *as in* **tea**/ti/
v *as in* **vain**/veɪn/
w *as in* **wag**/wæg/
j *as in* **yawn**/jɔn/
z *as in* **zoo**/zu/
ʒ *as in* **measure**/ˋmeʒə(r)/

List of Abbreviations

abbr./eviation
adj./ective
adv./erb
aeronaut./ics
agric./ulture
anat./omy
arch./aic
archit./ecture
arith./metic
art./icle
astron./omy
attrib./utive
aux./iliary
biol./ogy
bot./any
chem./istry
cinemat./ography
collect./ive
coll./oquial
comb./ination
commerc./ial
comp./arative
condit./ional
conj./unction
contr./action
def./inite
derog./atory
dial./ect
eccles./iastical
econ./omics
elec./tricity
engin./eering
entom./ology
esp./ecially
fam./iliar
fem./inine
fig./urative
Fr./ench
geog./raphy
geol./ogy
geom./etry
gram./mar
hist./orical
i./ntransitive
imper./ative
impers./onal
indef./inite
int./erjection
interrog./ative
iron./ical
joc./ular
Lat./in
leg./al
lit./eral
math./ematics
mech./anics
med./icine
meteorol./ogy
mil./itary
mus./ic
myth./ology
n./oun
naut./ical
neg./ative
obj./ective
opt./ical
p./ast
P., proprietary name
part./iciple
pass./ive

pers./on
philos./ophy
phon./etics
photog./raphy
phys./ics
physiol./ogy
pl./ural
polit./ical
poss./essive
p.p., past participle
pred. adj., predicative adjective
pref./ix
prep./osition
pres./ent
pres. part., present participle
print./ing
pron./oun
psych./ology
p.t., past tense
refl./exive
rel./ative
sing./ular
sl./ang
subj./ect
suff./ix
superl./ative
t./ransitive
technol./ogical
teleg./raphy
theatr./e
theol./ogy
typog./raphy
univ./ersity
U.S., United States (of America)
usu./ally
v./erb
v. aux., auxiliary verb
v.i., intransitive verb
v. reflex., reflexive verb
v.t., transitive verb
v.t. & i., verb transitive and intransitive
vulg./ar
zool./ogy

A

A/eɪ/**1.** (letter) الحَرْف الأوَّل من الأبْجَدِيّة

2. (*abbr.*) رَمْز لِكَلِماتٍ مُخْتَصَرة

A-bomb القُنْبلَة الذَّرِّيّة

A1 (*of health*) في صِحّة مُمْتازة

a/eɪ/ (*before vowels* **an**/ æn/) *indef. article* أداة التَّنْكِير لِلدَّلالة على المُفْرَد

a Mr Smith is coming to see you today سَيَزُورُك اليومَ شَخْصٌ اسْمُه سْمِيثْ

eggs are thirty pence a dozen دَزّينة (دَسْتة) البَيْض بِثلاثين بَنْساً

in towns the speed limit is thirty miles an hour السُّرْعة القُصْوى داخِلَ المُدُن مَحْدودة بثلاثين مِيلاً في السّاعة

abandon/ ə`bændən/*v.t.* هَجَر (ـُ) ، تَرَك (ـُ) ، تَخَلَّى عن ، عَدَل (ـِ) عن ، أهْمَل (مَهامَّه)

match abandoned أُلْغِيَت المُباراة

abate/ə`beɪt/*v.t. & i.* خَفَّف ، أخْمَد ، هَدَأ (ـَ) ، سَكَن (ـُ)

abatement/ə`beɪtmənt/*n.* تَخْفِيف ، تَهْدِئة ، هُدوء

abattoir/`æbətwɑ(r)/*n.* مَسْلَخ (مَسالِخُ) ، مَذْبَح (مَذابِحُ) ، مَجْزَر (مَجازِرُ)

abbey/`æbɪ/*n.* دَيْر (أدْيِرة)

abbreviate/ə`brivɪeɪt/*v.t.* أوْجَز ، اِخْتَصَر

abbreviation/ ə'brivɪ`eɪʃən/*n.* إيجاز ، اِخْتِصار ، مُخْتَصَر (مُخْتَصَرات)

mph is an abbreviation for miles per hour mph هي مُخْتَصَر عِبارة «مِيل في السّاعة»

ABC/'eɪbi`si/*n. (lit. & fig.)* أبْجَدِيّة ، مَبادِئ ، أوَّلِيّات

abdicate/`æbdɪkeɪt/*v.t. & i.* تَرَك الحُكْم ، تَخَلَّى أو تَنازَل عن العَرْش

abdication/ 'æbdɪ`keɪʃən/*n.* تَنازُل عَن العَرْش ، تَخَلٍّ عَن مَسْؤُولِيّة

abdomen/`æbdəmən/*n.* بَطْن (بُطُون)

abdominal/ æb`domɪnəl/*adj.* بَطْنِيّ

abeyance/ə`beɪəns/*n.* إرْجاء ، إيقاف مُؤَقَّت

abhor/əb`hɔ(r)/*v.t.* مَقَت (ـُ) ، كَرِه (ـَ) ، اِشْمَأَزّ

abhorrence/əb`horəns/*n.* مَقْت ، كُرْه ، اِشْمِئْزاز

abhorrent/əb`horənt/ *adj.* مَمْقُوت ، مَكْرُوه ، بَغِيض

abide/ə`baɪd/*v.i.* ظَلّ (ـَ) ، بَقِي (يَبْقَى) ، سَكَن (ـُ)

he always abides by his word يُوفي وَعْدَه دائمًا

she cannot abide him إنّها لا تُطِيقُه ، لا صَبْرَ لها عَلَيْه

ability/ə`bɪlətɪ/*n.*

1. (capacity) قابِلِيّة ، قُدْرة ، مَقْدِرة

2. (talent) مَوْهِبة (مَواهِبُ)

abject/`æbdʒekt/*adj.* مُذِلّ ، مُهِين ، مُدْقِع ، ذَلِيل

abject poverty فَقْر مُدْقِع

ablaze/ə`bleɪz/*pred. adj.* مُلْتَهِب ، مُشْتَعِل ، مُتَوَقِّد ، مُتَوَهِّج

able/`eɪbəl/*adj.*

1. (having the ability to) قادِر على ، مُتَمَكِّن مِن

2. (skilful) ماهِر ، بارِع ، حاذِق

able(-bodied) seaman نُوتِيّ (مُدَرَّب) ، بَحّار (مُخْتَصَرُها: AB)

ablution/ə`bluʃən/*n.* (*usu. pl.*) وُضُوء ، تَوَضُّؤ

abnormal/æb`nɔməl/ *adj.* غَيْر طَبِيعِيّ ، شاذّ ، غَيْر عادِيّ ؛ مُضْطَرِب العَقْل

abnormality/ 'æbnɔ`mælətɪ/*n.* شُذُوذ ، خِلاف المُعْتاد

aboard/ə`bɔd/*adv. & prep.* على ظَهْر (أو مَتْن) طائِرةٍ أو قِطارٍ أو سَفِينةٍ

abode/ə`bəʊd/*n.* مَسْكِن ، مَنْزِل ، مَأْوًى ، دار ، مَقَرّ (مَقارّ)

abolish/ə`bolɪʃ/*v.t.* أبْطَل ، ألْغَى

abolition/'æbə`lɪʃən/*n.* إبْطال ، إلْغاء

abominable/ ə`bomɪnəbəl/*adj.* مَقِيت ، مَكْرُوه ، بَغِيض ، (جَرِيمة) فَظِيعة

abort/ə`bɔt/*v.t. & i.* أجْهَضَت ، طَرَحَت ، أسْقَطَت ؛ أخْفَق (المَشْرُوع)

abortion/ə`bɔʃən/*n.* إجْهاض ، إسْقاط الجَنِين

abortive/ə`bɔtɪv/*adj.* مُخْفِق ، خائِب ، فاشِل

abound/ə`baʊnd/*v.i.* تَوَفَّر ، غَزُر (ـُ) ، فاض (يَفِيض) بِ ، عَجّ (ـِ) بِ

about/ə`baʊt/*adv.*

1. (present) مَوْجُود ، حاضِر

the invalid is now out/up and about and expects to return to work soon تَعافَى المَرِيض ويَتَوَقَّع رُجوعَه إلى العَمَل قَرِيبًا

there was nobody about when I entered the house لَم يَكُنْ ثَمَّةَ مِن أحَدٍ عِنْدَما دَخَلْتُ البَيْت

2. (in the opposite direction) فِي الاِتِّجاهِ المُضادّ

about turn! إلى الوَراءِ دُرْ !

3. (approximately) تَقْرِيبًا

you have got here at last, and about time too وَأخِيرًا وَصَلْتَ ، وَلِلّهِ الحَمْد ! (لِلتَهَكُّم)

the house is just about finished البَيْتُ على وَشْكِ الإنْجاز

I was just about to leave كُنْتُ على وَشْكِ الاِنْصِراف

prep.

1. (around) حَوْل ، حَوالَيْ

2. (concerned with, in connection with) مُتَعَلِّق بِ ، يَخْتَصّ بِ

you must do something about the washing up! آنَ الأوانُ لِكَي تَبْدأَ بِغَسْلِ الصُّحُون

how about it? ما رَأْيُكَ فِي ذَلِك ؟

what is the book about? بِماذا يَبْحَثُ الكِتاب ؟

above/ə'bʌv/*adv.*

1. (over) فَوْق

I can't issue you a visa until I get authority from above لا يَسَعُنِي أنْ أمْنَحَكَ سِمَةَ السَّفَرِ حَتَّى أتَلَقَّى تَخْوِيلًا مِنْ سُلْطةٍ عُلْيا

2. (previously) سابِقًا ، آنِفًا

see above أُنْظُرْ أعْلاه

the above-mentioned book الكِتابُ المَذْكُور أعْلاه

prep.

1. (higher than) فَوْقَ ، مِن فَوْق

this transaction is honest and above board هذه الصَّفْقة قائمةٌ على الصِّدْق والشَّرَف

he is above suspicion لا يَرْقَى إلَيْه الشَّكّ ، لا تَشُوبُهُ شائِبة

2. (beyond) أبْعَدُ مِن ، ما وَراءَ

above all أوَّلًا وَقَبْلَ كُلِّ شَيْء

how a motor car works is above my head (*fig.*) يَصْعُبُ عَلَيَّ فَهْمُ كَيْفِيَّةِ عَمَلِ السَّيّارة

ever since he was promoted he has been above himself أصْبَحَ شامِخَ الأنْفِ مُنْذُ تَرْفِيعِه

abrasive/ə'breɪsɪv/*adj.* & *n.* حاكّ ، كاشِط ،(كَلِمات) لاذِعة ؛ مادّةٌ حاكّة أو كاشِطة

abreast/ə'brest/*adv.* فِي صَفٍّ واحِد ، جَنْبًا لِجَنْبٍ ، مُحاذِيًا ، مُوازِيًا

he kept abreast of the times كان مُتَتَبِّعًا لآخِرِ الأحْداث

abridge/ə'brɪdʒ/*v.t.* أوْجَزَ ، اِخْتَصَرَ ، لَخَّصَ

abridgement/ə'brɪdʒmənt/*n.* اِخْتِصار ، تَلْخِيص ، مُوجَز

abroad/ə'brɔd/*adv.* (in/to a foreign land) خارِجَ البِلاد ، (مُسافِر) إلى الخارِج

abrupt/ə'brʌpt/*adj.* فُجائِيّ ، مُباغِت ؛ مَبْتُور ؛ فَجّ ، خَشِن

there were some very abrupt turns in the road كانت فِي الطَّرِيق اِنْعِطافات حادّة جِدًّا

his abrupt manner made him unpopular سُلُوكُه الفَظُّ جَعَله غَيْرَ مَحْبُوب

abruptness/ə'brʌptnɪs/*n.* مُفاجأة ، مُبادَهة ؛ خُشُونة ، فَظاظة

abscess/'æbses/*n.* خُراج ، دُمَّل (دَمامِلُ)

absence/'æbsəns/*n.* غِياب ، تَغَيُّب ، غَيْبَة

in the manager's absence the secretaries did no work at all لَمْ يَقُمِ السِّكْرِتِيرِيَّةُ بِأيِّ عَمَلٍ فِي غِيابِ المُدِير

absent/'æbsənt/*adj.* غائب (غُيَّب) ، مُتَغَيِّب

/əb'sent/*v. reflex.* غاب (يَغِيبُ) عَن ، تَغَيَّبَ عَن

she absented herself from school without due cause تَغَيَّبَت عَن المَدْرَسة دُونَ مُبَرِّر

absentee/'æbsən'ti/*n.* غائبٌ مُقِيمٌ فِي الخارِج ، مُتَغَيِّب

absentee landlord مالِكٌ غائب (يَسْكُن بَعِيدًا عَن أمْلاكِهِ أو مَزارِعِهِ)

absenteeism/'æbsən'tiɪzm/*n.* تَغَيُّب مُتَكَرِّر عَن العَمَل ، تَغَيُّبِيَّة

absent-minded/'æbsənt-'maɪndɪd/*adj.* شارِدُ الذِّهْن ، ساهٍ ، ذاهِل

absolute/'æbsəlut/*adj.* مُجَرَّد ، مُطْلَق ؛ أقْصَى ، (أمْر) جَزْم

absolutely/'æbsə'lutlɪ/*adv.* إطْلاقًا ، بِصُورةٍ مُطْلَقة ، تَمامًا ، حَتْمًا ، على الإطْلاق

absorb/əb'sɔb/*v.t.*

1. (*chem. & phys.*) اِمْتَصَّ

2. (incorporate) ضَمَّنَ ، دَمَجَ (ـُ)

the family business was absorbed by a much bigger company اِنْدَمَجَتْ أعْمالُ العائلة التِّجارِيّةُ فِي شَرِكةٍ أكْبَرَ مِنْها بِكَثِير

3. (engross) اِنْهَمَكَ ، اِسْتَغْرَقَ

she was absorbed in her book كانت مُسْتَغْرِقةً فِي قِراءةِ كِتابِها

the book was absorbing كان الكِتابُ مُشَوِّقًا

absorption/əb'sɔpʃən/*n.* اِمْتِصاص ، ابْتِلاع ، اسْتِهْلاك ؛ شُغْل ، اِنْهِماك

abstain/əb'steɪn/*v.i.* أمْسَكَ عَن ، اِمْتَنَعَ عَن

abstention/əb'stenʃən/*n.* إمْساكٌ عَن ، اِمْتِناعٌ عَن

abstract[1]/'æbstrækt/*adj.* مُجَرَّد ، تَجْرِيدِيّ

an abstract noun اِسْمُ مَعْنًى (نَحْو)

abstract art — الفَنُّ التَّجْرِيدِيّ

n. **1.** (theoretical form) — الشَّكْلُ النَّظَرِيّ

in the abstract — بِالشَّكْلِ المُجَرَّد ، بِالصُّورَةِ المُطْلَقَة

2. (summary) — إيجاز ، اِخْتِصار ، قُذْلَكة ، مُوجَز

abstract²/əb'strækt/*v.t.* — اِسْتَخْلَصَ ، أَوْجَزَ ؛ اِخْتَلَسَ

abstracted/əb'stræktəd/*adj.* — مُسْتَغْرِق (في تَأَمُّلاتِهِ) ، شارِدُ الذِّهْن ، ذاهِل ؛ مُخْتَلَس ، مُنْتَشَل

abstruse/əb'strus/*adj.* — غامِض ، مُبْهَم ، مُغْلَق ، عَوِيص

absurd/əb'sɜd/*adj.* — مُحال ، سَخِيف ، غَيْر مَعْقُول

absurdity/əb'sɜdətɪ/*n.* — المُحال ، اِسْتِحالة ، لا مَعْقُولِيّة ، سَخافة

abundance/ə'bʌndəns/*n.* — وَفْرة ، غَزارة ، كَثْرة

abundant/ə'bʌndənt/*adj.* — وافِر ، كَثِير ، غَزِير

abuse¹/ə'bjus/*n.* — إساءَةُ الاسْتِعْمالِ أو التَّصَرُّف ، تَجاوُز (السُّلْطة) ، سُوءُ (الإئْتِمان) ؛ سِباب ، شَتائِم

abuse²/ə'bjuz/*v.t.* — أَساءَ اسْتِعْمال . . . ، أَفْرَطَ في . . . ، تَجاوَزَ

the guest abused his host's hospitality by staying too long — اِسْتَغَلَّ الضَّيْفُ كَرَمَ مُضِيفِهِ بِإطالَةِ المُكُوثِ عِنْدَهُ

politicians always abuse their opponents — السِّياسِيُّون يَشْتُمُون خُصومَهم دائمًا

abusive/ə'bjusɪv/*adj.* — مُسِيء ، سَبّاب ؛ (كَلِمات) فاحِشة أو نابِية

abysmal/ə'bɪzməl/*adj.* — سَحِيق ؛ (جَهْل) مُطْبِق

abyss/ə'bɪs/*n.* — هُوَّة ، هاوِيَة ؛ لُجّ ، ما لا يُدْرَكُ قَعْرُهُ

academic/'ækə'demɪk/*adj.*

1. (of an educational institution *also n.*) — أَكادِيمِيّ ، جامِعِيّ ، دِراسِيّ ، مَجْمَعِيّ ؛ أُسْتاذ جامِعِيّ

2. (scholarly) — مُتَعَلِّق بالأَبْحاث الفِكْرِيّة ، أَدَبِيّ ، دِراسِيّ

3. (theoretical) — غَيْر عَمَلِيّ ، مِثالِيّ ، نَظَرِيّ

it is not worth spending time discussing what is only an academic question — لا جَدْوَى مِن صَرْفِ الوَقْتِ في بَحْثِ ما هو نَظَرِيٌّ بَحْتٌ

academy/ə'kædəmɪ/*n.*

1. (place of study) — أَكادِيمِيّة ، مَجْمَعٌ عِلْمِيّ ، مَعْهَدٌ لِلفُنُون

2. (society) — مُنْتَدَى شَرَف

The (Royal) Academy — الأكادِيمِيّة المَلَكِيّة البرِيطانِيّة للفُنُون أو أَحَدُ مَعارِضِها

accede/ək'sid/*v.i.* — قَبِلَ (ـ) ، اسْتَجابَ ، وافَقَ ؛ ارْتَقَى ، خَلَفَ (ـ) ، تَبَوَّأَ العَرْشَ

accelerate/ək'seləreɪt/ *v.t. & i.* — زادَ السُّرْعة ، سَرَّعَ ، عَجَّلَ ؛ تَسارَعَ ، تَعَجَّلَ

acceleration/ək'selə'reɪʃən/*n.* — تَسارُع ، زِيادةُ السُّرْعة ، تَعَجُّل ، اِسْتِعْجال

accelerator/ək'seləreɪtə(r)/*n.* — مُسَرِّع ، مُعَجِّل ، دَوّاسة البَنْزِين (سَيّارة)

accent/'æksənt/*n.*

1. (pronunciation) — تَلَفُّظ ، نُطْق

she speaks with a French accent — تَتَكَلَّمُ الانكليزِيّة بِلُكْنة فَرَنْسِيّة

2. (mark) — عَلامة تُوضَع فَوْق بَعْض الأَحْرُف الصَّوْتِيّة

3. (stress) — نَبْرة ، تَشْدِيد

accentuate/ək'sentʃueɪt/*v.t.* — شَدَّدَ على ، أَكَّدَ ، اِسْتَرْعَى الانْتِباه إلى

accept/ək'sept/*v.t.*

1. (agree to receive) — قَبِلَ (ـ) ، تَقَبَّلَ

I accept responsibility for my actions — إنِّي أَتَحَمَّلُ مَسْؤُولِيّةَ أَعْمالي

2. (recognize) — اِعْتَرَفَ بِـ ، أَقَرَّ بِـ

everyone now accepts that the world is round — يُوافِقُ الجَمِيعُ الآنَ على أنَّ الأرضَ كُرَوِيّة

acceptability/ək'septə'bɪlətɪ/*n.* — إمْكانِيّة القَبُول

acceptable/ək'septəbəl/*adj.* — مَقْبُول ، مُرْضٍ ، مُوافِق

acceptance/ək'septəns/*n.* — قُبُول

access/'ækses/*n.* — وَسِيلة الوُصُول إلى ، سَبِيل ، دُخُول

accessibility/ək'sesɪ'bɪlətɪ/*n.* — سُهُولة المَنال أو البُلُوغ

accessible/ək'sesəbəl/*adj.* — مُمْكِنُ التَّوَصُّل إلَيه ، سَهْل المَنال ؛ لَيِّنُ الجانِب

accession/æk'seʃən/*n.* — تَقَلُّدُ السُّلْطة ، اِرْتِقاءُ العَرْش ، تَسَلُّمُ المُلْك

accessory/ək'sesərɪ/*adj. & n.* — ثانَوِيّ ، إضافِيّ ؛ شَرِيك الجُرْم ؛ مُلْحَقات تَزْيِينِيّة لِثَوْب المَرْأة ؛ لَوازِمُ إضافِيّة للسَّيّارة

accident/'æksɪdənt/*n.*

1. (chance event) — صُدْفة ، مُصادَفة ، عَرَض

quite by accident I met her in the street — قابَلْتُها في الطَّرِيقِ بِمَحْضِ الصُّدْفة

2. (mishap) — حادِث ، حادِثة (حَوادِث)

he has had (met with) an accident — أُصِيبَ بِحادِث

accidental/'æksɪ'dentəl/ *adj.* — عَرَضِيّ ، صُدْفَةً ؛ (مَوْت) قَضاءً وقَدَرًا

acclaim/ə'kleɪm/*v.t.* — هَتَفَ (ـ) لِـ

acclamation/'æklə'meɪʃən/*n.* — هُتاف

acclimatization/ə'klaɪmətaɪ'zeɪʃən/*n.* — أَقْلَمة ، تَأَقْلُم ، تَبْلِيد ، تَبَلُّد

acclimatize/ə'klaɪmətaɪz/*v.t.* — أَقْلَمَ ، بَلَّدَ (نَباتًا أو حَيَوانًا) ، عَوَّدَ

accommodate/ə'komədeɪt/*v.t.* — أَسْكَنَ ، آوَى ؛ كَيَّفَ ، وَفَّقَ أو لاءَمَ بَيْن ؛ زَوَّدَ ، جَهَّزَ ، لَبَّى طَلَبَ فُلان

accommodating/ — خَدُوم ، مُتَسامِح ، لَيِّنُ العَرِيكة ،

ə'komədeɪtɪŋ/*adj.* مُتَساهِل

accommodation/ ə'komə'deɪʃən/*n.* إيواء ، إسكان ، مسكَن (مساكِنُ) ؛ تَسْوية ، مُصالَحة

accompaniment/ ə'kʌmpnɪmənt/*n.* مُرافَقة ، صُحْبة ؛ مُسايَرة مُوسِيقِيّة

accompanist/ ə'kʌmpənɪst/*n.* عازِفٌ مُرافِقٌ لِمُغَنٍّ أو مُوسِيقار

accompany/ə'kʌmpənɪ/*v.t.* رافَقَ ، صاحَبَ ، سايَرَ

accomplice/ə'kʌmplɪs/*n.* مُتَواطِئ ، شَرِيكٌ في جُرْم

accomplish/ə'kʌmplɪʃ/*v.t.* أتَمَّ ، أنْجَزَ ، قام بِ ، أدَّى

accomplished/ ə'kʌmplɪʃt/*adj.* مُنْجَز ؛ ضَلِيع ، بارِع ؛ مُثَقَّف ، ذُو مَواهِبَ مُتَعَدِّدة

accomplishment/ ə'kʌmplɪʃmənt/*n.* إنْجاز ، إتْمام ؛ مَوْهِبة (في الشُّؤُون الاِجْتِماعِيّة والبَيْتِيّة كالمُوسِيقَى والتَّطْرِيز مَثَلاً)

accord/ə'kɔd/*n.* تَفاهُم ، اِتِّفاق ، وِفاق (بَيْن)

the child gave his friend back her toy of his own accord أعادَ الطِّفْلُ اللُّعْبةَ لِصَدِيقَتِهِ مِن تِلْقاءِ نَفْسِه

v.i. with **with** وافَقَ ، طابَقَ ، لاءَمَ ، ساوَى

v.t. مَنَحَ (ـَ) ، وَهَبَ (يَهِب) ، أعْطَى

accordance/ə'kɔdəns/*n.* مُطابَقة

his behaviour is not in accordance with the rules سُلوكُهُ لا يَنْسَجِمُ والقَواعِدَ المُتَّبَعة

according to/ə'kɔdɪŋ tu/*prep.* حَسْبَ ، بِمُوجِبِ ، وَفْقًا لِ ، تَبَعًا لِ

accordingly/ə'kɔdɪŋlɪ/ *adv.* على ذَلِك ، وَفْقَ ذَلِك ، حَسْبَ ذَلِك ، بِناءً على ذَلِك

account/ə'kaʊnt/*n.*

1. (monetary statement) حِساب ؛ كَشْفُ حِساب

he opened/closed an account at the bank فَتَحَ (أو أغْلَقَ) حِسابًا في المَصْرِف

she does the accounts تُجْرِي الحِسابات

you must keep an account of what you spend عَلَيْكَ أن تَقومَ بِتَسْجِيلِ كُلِّ ما تُنْفِق

he settled his account سَدَّدَ أو صَفَّى حِسابه

I never buy things on account لا أشْتَرِي شَيْئًا على الحِسابِ أبَدًا

put it down to my account سَجِّلْهُ على حِسابي

2. (consideration) تَفَكُّرٌ في ، تَقْدِير

when judging him one must take his health into account يَنْبَغِي أخْذُ صِحَّتِهِ بِعَيْن الاِعْتِبار عِنْد الحُكْمِ عَلَيْه

3. (reason) سَبَب (أسْباب)

on account of بِسَبَب ، مِن جَرّاءِ ، مِن أجْل

on no account will I help you لَنْ أُساعِدَك مَهْما كانَت الظُّرُوف

4. (report) رِواية (خَبَر) ، سَرْد ، بَيان ، تَقْرِير ، وَصْف (لِما حَدَث)

he is a reliable man by all accounts تُجْمِعُ الآراءُ على أنّهُ رَجُلٌ مَوْثُوقٌ بِهِ

v.i. (provide an explanation for) عَلَّلَ ، كَشَفَ (ـِ) عَن

her mother's divorce accounts for her strange behaviour طَلاقُ والِدَتِها يُفَسِّرُ سُلُوكَها الغَرِيب

there's no accounting for tastes لِكُلٍّ ذَوْقُهُ الخاصّ ؛ لِلنّاسِ فِيما يَعْشَقُونَ مَذاهِبُ

accountancy/ ə'kaʊntənsɪ/*n.* وَظِيفةُ المُحاسَبة ، مَسْكُ الدَّفاتِر

accountant/ə'kaʊntənt/*n.* مُحاسِب ، خَبِير مُحاسَبة

accrue/ə'kru/*v.i.* تَزايَدَ ، دَرَّ (ـُ) ، أغَلَّ (فَوائد مالِيّة)

accumulate/ ə'kjumjʊleɪt/*v.t. & i.* كَدَّسَ ، جَمَّعَ (ـِ) ؛ تَراكَمَ

accumulation/ ə'kjumjʊ'leɪʃən/*n.* تَكْدِيس ، جَمْع ؛ تَراكُم

accumulator/ ə'kjumjʊleɪtə(r)/*n.* بَطّارِيّة (كَهْرَباء) ، مِرْكَم (مَراكِمُ)

accuracy/'ækjərəsɪ/*n.* دِقّة ، ضَبْط

accurate/'ækjərət/*adj.* دَقِيق ، مَضْبُوط ، صَحِيح

accusation/'ækjʊ'zeɪʃən/*n.* اِتِّهام ، اِدِّعاء

accuse/ə'kjuz/*v.t.* اِتَّهَمَ (فُلانًا بِ) ، عَزا (يَعْزُو) (سُوءَ حَظِّهِ لِلأقْدار)

accustom/ə'kʌstəm/*v.t.* عَوَّدَهُ على

I am not accustomed to being treated like that لَمْ أتَعَوَّدْ أنْ أُعامَلَ هَكَذا

ace/eɪs/*n.* آس ، الرَّقْم "واحِد" في وَرَقِ اللَّعِب أو زَهْر النَّرْد

ache/eɪk/*v.i.* آلَمَ ، أوْجَعَ

n. ألَمٌ (آلام) ، وَجَعٌ (أوْجاع) ، حُزْنٌ (أحْزان)

achieve/ə'tʃiv/*v.t.* أنْجَزَ ، أتَمَّ

achievement/ ə'tʃivmənt/*n.* إنْجاز بارِع ، نَجاح باهِر ، فَوْز فائق ، مَأثُرة (مآثِرُ)

acid/'æsɪd/*adj. & n.* حامِض ، لاذِع ؛ حَمْض (أحْماض) ، حامِض (حَوامِضُ)

the acid test of his friendship is whether he'll help me now المِحَكُّ الحَقِيقِيُّ لِصَداقَتِهِ هُو ما إذا كانَ سَيُساعِدُنِي الآنَ

acknowledge/ək'nolɪdʒ/ *v.t.* اِعْتَرَفَ بِ ، أقَرَّ بِ أو هـ ، أشْعَرَ (بِاسْتِلامِ خِطاب)

acknowledg(e)ment/ ək'nolɪdʒmənt/*n.* الاِعْتِرافُ بِالشَّيْء أو الإقْرارُ بِهِ ، عِرْفانُ (الجَمِيل)

acoustic/ə'kustɪk/*adj.* صَوْتِيّ ، سَمْعِيّ ، ما يَتَعَلَّقُ

بالشُّرُوطِ الصَّوْتِيَّةِ لِصالةٍ مَثَلاً

acoustics/ əˋkustɪks/*n.* عِلْمُ الصَّوْت ، سَمْعِيّات

acquaint/ əˋkweɪnt/*v.t.* أَطْلَعَهُ على ، عَرَّفَهُ على

she is well acquainted with Southern France إنَّها تَعْرِفُ جَنُوبَ فَرَنْسا كُلَّ المَعْرِفة

acquaintance/ əˋkweɪntəns/*n.*

1. (knowledge, familiarity) مَعْرِفة ، اِطِّلاع ، إحاطة بِـ

he improves on acquaintance يَزِيدُكَ وَجْهُهُ حُسْنًا إذا ما زِدْتَهُ نَظَرًا

I'd like to make the acquaintance of your brother أَوَدُّ أن أتَعَرَّفَ على أَخِيك

2. (person known to one) أَحَدُ المَعارِف

acquiesce/ ˈækwɪˋes/*v.i.* وافَقَ عَلى ، قَبِلَ (ـَ)

acquire/ əˋkwɑɪə(r)/*v.t.* أَحْرَزَ ، حَصَلَ (ـُ) عَلى ، اِكْتَسَبَ ، اِقْتَنَى ، نالَ (يَنال) شُهْرة

acquisition/ ˈækwɪˋzɪʃən/*n.* إحْراز ، حُصُولٌ على ، اِقْتِناء ، تَمَلُّك ؛ مُقْتَنًى ، مَكْسَب ، مُشْتَرًى

acquisitive/ əˋkwɪzətɪv/ *adj.* مُحِبٌّ لِلتَّمَلُّك ، مُتَهالِكٌ عَلى الاكْتِساب

acquisitiveness/ əˋkwɪzətɪvnɪs/*n.* تَهالُكٌ عَلى التَّمَلُّك

acquit/ əˋkwɪt/*v.t.* بَرَّأَ

he acquitted himself well أَبْلَى بَلاءً حَسَنًا

acquittal/ əˋkwɪtəl/*n.* تَبْرِئة ، إعْفاء ؛ أَداء ، إنْجاز ، قِيام (بِمُهِمّة مَثَلاً)

acre/ ˋeɪkə(r)/*n.* فَدّان إنْكلِيزِيّ (حَوالَيْ ٤٠٠٠ مِتْر مُرَبَّع)

acrobat/ ˋækrəbæt/*n.* بَهْلَوان (بَهالِينُ)

across/ əˋkros/*adv. & prep.* عَرْضًا ، بِالعَرْض ؛ عَبْرَ

the river is almost a mile across عَرْضُ النَّهْرِ يُقارِبُ المِيل

the politician was very good at putting (getting) his point of view across كانَ السِّياسِيُّ بارِعًا في إيضاحِ وُجْهَةِ نَظَرِه

they live across the way مَسْكَنُهُمْ عَبْرَ الشّارِع

act/ ækt/*n.*

1. (thing done, performance) عَمَلٌ ، فِعْلٌ ، صَنِيع (صَنائِعُ) ، إجْراء

act of God قَضاءٌ وَقَدَر

the thief was caught in the act أُلْقِيَ القَبْضُ عَلى اللِّصِّ مُتَلَبِّسًا بِالجَرِيمة

2. (division of a play) فَصْلٌ مِن فُصُولِ مَسْرَحِيّة

3. (decree) مَرْسُوم (مَراسِيمُ) ، قَرار (قَرارات)

Act of Parliament قَرارٌ بَرْلَمانِيّ

v.i. **1.** (take action) قامَ بِتَأْدِيَةِ (عَمَلٍ ما) ، نَفَّذَ

he acted on instructions عَمِلَ بِمُوجِبِ تَعْلِيماتِ رَئِيسِه

in my absence he will act on my behalf سَيَقُومُ مَقامِي أَثْناءَ غِيابِي

2. (*theatr.*) مَثَّلَ دَوْرًا عَلى المَسْرَح ، قامَ بِدَوْرٍ مَسْرَحِيّ

3. (behave) سَلَكَ (ـُ) ، تَصَرَّفَ

she acted very stupidly in telling me a lie ارْتَكَبَتْ حَماقَةً كُبْرَى بِكَذِبِها عَلَيَّ

acting/ ˋæktɪŋ/*n.& adj.* تَمْثِيل ؛ بِالوَكالة ، مُؤَقَّتًا

he is the acting president of the society هو رَئِيسُ الجَمْعِيّةِ بِالنِّيابة

action/ ˋækʃən/*n.*

1. (act) فِعْلٌ (أَفْعال) ، عَمَلٌ (أَعْمال)

actions speak louder than words الأَفْعال تَفُوقُ الأَقْوال ، «السَّيْفُ أَصْدَقُ أَنْباءً مِنَ الكُتُبِ» (أبو تَمّام)

2. (active measure) إجْراءٌ فَعّال

the Prime Minister took action to end inflation اِتَّخَذَ رَئِيسُ الوُزَراءِ إجْراءً فَعّالاً لإيقافِ التَّضَخُّمِ المالِيّ

3. (working state) صَلاحِيّةُ الشَّيْءِ لِلاسْتِعْمال

the typewriter is out of action الآلةُ الكاتِبة مُعَطَّلة

4. (effect) تَأْثِير

chemical action تَفاعُل كِيماوِيّ

5. (legal process) قَضِيّة ، إجْراء قانُونِيّ

he brought an action against the gas company أَقامَ دَعْوًى عَلى شَرِكةِ الغاز

6. (military engagement) مَعْرَكة ، قِتال

the soldier was killed in action قُتِلَ الجُنْدِيُّ في المَيْدان

activate/ ˋæktɪveɪt/*v.t.* شَغَّلَ ، حَرَّكَ ، نَشَّطَ ، حَرَّضَ ، حَثَّ (ـُ)

active/ ˋæktɪv/*adj.*

1. (working, lively, practical) فَعّال ، ذُو حَيَوِيّة ، نَشِيط

the old lady has still a very active mind لا تَزالُ السَّيِّدةُ المُسِنَّةُ مُتَمَتِّعةً بِذِهْنٍ نَشِيطٍ واعٍ

the regiment is on active service يَقُومُ الفَوْجُ الآنَ بِالخِدْمةِ الفِعْلِيّة

the plan is under active consideration الخُطّة قَيْدَ الدَّرْس

the new chairman plays an active part in the affairs of the firm يَلْعَبُ الرَّئِيسُ الجَدِيدُ دَوْرًا فَعّالاً في إدارةِ شُؤُونِ الشَّرِكة

2. (*gram.*) صِيغةُ المَعْلُوم (في النَّحْو)

activity/ ækˋtɪvɪtɪ/*n.*

1. (condition of being active) فَعّالِيّة ، نَشاط

2. (occupation) شُغْل ، مُهِمّة

act/or/ ˋæktə(r)/ (*fem.* ~**ress**/ ˋæktrəs/)*n.* مُمَثِّل ؛ مُمَثِّلة

actual/ˈæktʃʊəl/*adj.* واقِعِيّ ، فِعْلِيّ
in actual fact في واقِع الأمْر ، بالفِعْل
actually/ˈæktʃəlɪ/*adv.* فِعْلِيًّا ، واقِعِيًّا
he looks honest but actually he's a rogue يَبْدُو مُسْتَقِيمًا ولكِنَّه في الواقِع مُحْتال
actuary/ˈæktʃʊərɪ/*n.* خَبِير في حِساب تَقْسِيطِ التَّأْمِين
acute/əˈkjut/*adj.* حادّ ، مائل
acute accent é العَلامة المائلة على حَرْف
acute angle زاوِية حادّة
ad/æd/*coll. abbr. of* **advertisement**
adapt/əˈdæpt/*v.t.* طابَقَ ، لاءَمَ ، كَيَّفَ
many people find it difficult to adapt themselves to living in a foreign country يَجِد الكَثِيرون صُعُوبةً في التَّكَيُّف مَعَ الحَياة في مُحِيطٍ أَجْنَبِيّ
the book was adapted for beginners جُعِل الكِتابُ مُلائمًا للمُبْتَدِئِين
adamant/ˈædəmənt/*adj.* عَنِيد ، مُتَشَبِّث (بِرَأْيِه) ، صُلْب
adaptability/əˈdæptəˈbɪlətɪ/*n.* تَكَيُّف (مَعَ البِيئة مَثَلًا) ، تَطَبُّع
adaptable/əˈdæptəbəl/*adj.* قابِلٌ لِلتَّكَيُّف ، طَيِّع
adaptation/ˈædæpˈteɪʃən/*n.* تَكْيِيف ، تَكَيُّف ، تَلاؤُم ، تَمايُؤ ، مُلاءمة
adapt/er, ~or/əˈdæptə(r)/*n. (engin.)* وُصْلة مُهايِئة ، مُهايِئ
add/æd/*v.t. & i.*
1. (join) قَرَن (ـِ) بِ ، وَصَل (يَصِل) شَيْئًا بِشَيْءٍ ، اِنْجَمَع
2. (put together) أضاف
add up جَمَع (ـَ) مَع (في الحِساب)
(*coll.*) it doesn't add up هذا غَيْرُ مَعْقُول ، مِشْ مَعْقُول (م) ، مُو مَعْقُول (ع ، س)
what you are saying adds up to a refusal ما تَقُولُه يَعْنِي الرَّفض
3. (say in addition) أضافَ قائلًا
"and don't be late," he added وأَرْدَف قائلًا "لا تَتَأَخَّر"
I might add . . . وزِيادةً على ما سَبَق . . . ، بالإضافة الى ذَلك . . .
adder/ˈædə(r)/*n.* أَفْعَى (أفاعٍ)
addict/əˈdɪkt/*v.t.* (*usu. in pass.*) أَدْمَنَ
he is addicted to smoking مُدْمِنٌ على التَّدْخِين
/ˈædɪkt/*n.* مُدْمِن ، مُغْرَم ، مُولَعٌ بِ
addiction/əˈdɪkʃən/*n.* إدْمان
addition/əˈdɪʃən/*n.*
1. (adding) جَمْع ، إضافة
in addition to بالإضافة إلى ، فَضْلًا عَن
2. (something or someone added) إضافة ، زِيادة ، مُلْحَق
additional/əˈdɪʃənəl/*adj.* إضافِيّ
additive/ˈædɪtɪv/*n.* مادّة إضافِيّة (لِتَحْسِين الطَّعْم أو اللَّوْن)
address/əˈdres/*n.*
1. (designation of residence) عُنْوان (بَرِيدِيّ)
2. (speech) خِطاب ، مُخاطَبة ، كَلِمة
opening address خِطاب اِفْتِتاحِيّ ، كَلِمة الافْتِتاح
v.t.
1. (write directions on for delivery) عَنْوَنَ مَظْرُوفًا
2. (speak to) خاطَبَ ، أَلْقَى خِطابًا في اجْتِماع ، وَجَّهَ (مُلاحَظاتِه إلى فُلان)
adept/ˈædept/*adj.* ماهِر ، بارِع ، خَبِير ، مُتَضَلِّع ، طَوِيلُ الباع في
adequacy/ˈædɪkwəsɪ/*n.* إيفاءٌ بِالحاجة ، كَفاءة ، كِفاية
adequate/ˈædɪkwət/*adj.* كافٍ ، وافٍ ، يَسُدُّ الحاجة ، مُلائم
adhere/ədˈhɪə(r)/*v.i.* اِلْتَزَمَ بِ ، اِلْتَصَقَ بِ ، اِنْتَسَبَ إلى ، اِنْضَمَّ إلى
adherence/ədˈhɪərəns/*n.* تَبَعِيّة ، اِلْتِصاق ، اِنْضِمام إلى ، تَمَسُّك بِـ
adherent/ədˈhɪərənt/*adj. & n.* تابِع ، مُلْتَصِق بِ ، مُنْتَسِب إلى ، عُضْو (أعْضاء)
adhesive/ədˈhisɪv/*adj. & n.* لاصِق ، غِراء ، مادّة لاصِقة
adjacent/əˈdʒeɪsənt/*adj.* مُجاوِر ، مُتَجاوِر ، مُتاخِم ، مُلاصِق
adjectival/ˈædʒɪkˈtɑɪvəl/*adj.* وَصْفِيّ ، نَعْتِيّ
adjective/ˈædʒɪktɪv/*n.* صِفة ، نَعْت (نُعوت) (نَحْو)
adjourn/əˈdʒ3n/*v.t.* أَرْجأَ ، أَجَّلَ ، أَخَّرَ
adjournment/ əˈdʒ3nmənt/*n.* إرْجاء ، تَأْخِير ، تَأْجِيل
adjudicate/əˈdʒudɪkeɪt/*v.t. & i.* حَكَمَ (ـُ) ، فَصَل (ـِ) (بَيْن خَصْمَيْن) ، قَضَى (يَقْضِي) في
adjust/əˈdʒʌst/*v.t. & i.*
1. (regulate) عَدَّلَ ، ضَبَطَ (ـِ) ، أَحْكَمَ
2. (adapt) كَيَّفَ ، لاءَمَ ، وَفَّقَ
she is too old to adjust (herself) to city life سِنُّها تَحُول دُونَ تَكْيِيفِ نَفْسِها مَعَ الحَياة في المَدِينة
adjustable/əˈdʒʌstəbəl/*adj.* قابِلٌ لِلتَّغْيِير حَسَبَ الرَّغْبة ، مُمْكِنٌ تَعْدِيلُهُ أو ضَبْطُه
adjustment/ əˈdʒʌstmənt/*n.* ضَبْط ، تَعْدِيل ، إحْكام
ad lib./æd ˈlɪb/*adv.* (*Lat.*) بِلا تَحَرُّج ، بِدُون قَيْد ، اِرْتِجالًا
administer/ədˈmɪnɪstə(r)*v.t.* أدارَ ، سَيَّرَ الأُمُور ، قَدَّمَ ، أَعْطَى ، نَفَّذَ (قانونًا) ، حَلَّفَهُ (اليَمِين)

administration/ əd'mɪnɪ'streɪʃən/*n.* إدارة ، تَقْدِيم ، إعْطاء (دَواء) ؛ تَطْبِيق (القانون)
administrative/ əd'mɪnɪstrətɪv/*adj.* إدارِيّ
administrator/ əd'mɪnɪstreɪtə(r)/*n.* مُدِير ؛ وَصِيّ على تَرِكة
admirable/'ædmərəbl/ *adj.* مَحْمُود ، جَدِير بالإعْجاب ، رائع ، عَجِيب
admiral/'ædmərəl/*n.* أمِيرُ البَحْر ، أميرال
admiralty/'ædmərəltɪ/*n.* إمارة البَحْر ، أميرالِيّة ، وِزارةُ البَحْرِيّة
admiration/'ædmə'reɪʃən/*n.* إعْجاب ، اِسْتِحْسان
admire/ əd'maɪə(r)/*v.t.* أُعْجِبَ بِ ، اِسْتَحْسَنَ
admission/ əd'mɪʃən/*n.*
1. (entrance) دُخُول ، قَبُول ، اِنْضِمام إلى
2. (confession) اِعْتِراف بِ
admit/ əd'mɪt/*v.t.*
1. (allow entrance to) سَمَحَ (ـَ) بالدُّخُول ، قَبِلَ (ـَ) ؛ اِتَّسَعَ لِ ، اِحْتَمَلَ (التَّأجِيلَ مَثلاً)
2. (acknowledge, confess) اِعْتَرَفَ بِ ، أقَرَّ ، سَلَّمَ بِ
admittance/ əd'mɪtəns/*n.* سَماحٌ بالدُّخُول ، قُبُول
no admittance مَمْنُوع الدُّخُول
admonish/ əd'monɪʃ/ *v.t.* عَنَّفَ ، وَبَّخَ ، أنَّبَ ، حَذَّرَ (وَلَدًا مَثلاً)
adolescence/'ædə'lesəns/*n.* مُراهَقة ، يَفاعة ، فُتُوّة
adolescent/'ædə'lesənt/ *adj. & n.* مُراهِق ، يافِع (يُفْعان ، يَفَعة)
adopt/ ə'dopt/*v.t.*
1. (take legal charge of a child) تَبَنَّى (طِفلاً)
2. (accept a proposition or custom) اِتَّخَذَ أو تَبَنَّى (رأياً أو اِقْتِراحاً أو اِسْماً وما إلَيْهِما)
adoption/ ə'dopʃən/*n.* تَبَنٍّ ، إقْرار (قانون) ، اِتِّخاذ
adorable/ ə'dɔrəbəl/*adj.* مَحْبُوب ، فاتِن ، بَدِيع
adoration/'ædə'reɪʃən/*n.* عِبادة ، حُبّ مُفْرِط
adore/ ə'dɔ(r)/*v.t.* أحَبَّ إلى دَرَجة العِبادة
adorn/ ə'dɔn/*v.t.* زانَ (يَزِين) بِحِلْية ، زَيَّنَ
adornment/ ə'dɔnmənt/*n.* تَزْيِين ، زِينة ، تَزْوِيق ، تَنْمِيق ؛ حَلْيٌ (حُلِيّ) ، حِلْية (حُلًى)
adrift/ ə'drɪft/*adv.* سائب ، عائم يَتَلاعَب به التَّيّار ؛ تائه ، مُتَشَرِّد
his landlord turned him adrift جَعَلَهُ صاحِبُ البَيْت مُتَشَرِّدًا
adult/'ædʌlt, ə'dʌlt/*adj. & n.* بالِغ ، راشِد
adulteration/ ə'dʌltə'reɪʃən/*n.* غِشّ (دَواء مَثلاً) ، مَذْق (الحَلِيب)
adultery/ ə'dʌltərɪ/*n.* زِنًى ، زِناء ، فُجُور ، عُهْر

advance/ əd'vans/*v.t.* قَدَّمَ ، عَجَّلَ
they advanced the date of their marriage from 30th to 20th May قَدَّما مَوْعِدَ زَواجِهِما مِن ٣٠ إلى ٢٠ أيّار (مايُو)
the bank advanced him a considerable sum of money سَلَّفَهُ المَصْرِفُ مَبْلَغًا غَيْرَ يَسِير
v.i. تَقَدَّمَ ، تَرَقَّى ؛ طَعَنَ (في السِّنّ)
with advancing years he finds he can get less done بَدَأ يُحِسُّ أنّ إنْتاجَهُ يَقِلُّ مَعَ تَقَدُّمِهِ في السِّنّ
n. **1.** (forward movement) تَقَدُّم
2. (*pl.* friendly approach) مُحاوَلات تَوَدُّدِيّة ، تَوَدُّد
he was surprised when she made advances to him دُهِشَ عِنْدَما بَدَأَتْ تُغازِلُه
3. (progress) تَقَدُّم ، نَجاح ، نُمُوّ
4. (loan) سُلْفة (سُلَف) ، قَرْض (قُرُوض)
5. (ahead) مُقَدَّم (الدَّفع) ؛ (تَسْدِيد الدَّين) قبل اِستِحقاقِه ؛ سَيْر إلى الأمام
Leonardo da Vinci was in advance of his time كان لِيُونارْدُو دا فِنْشي سابِقًا لِزَمانِه
he booked his tickets in advance حَجَزَ (ـِ) بِطاقاتِه مُقَدَّمًا
attrib.
reviewers have advance copies of forthcoming publications يَتَلَقَّى المُراجِعُون نُسَخًا مِن الكُتُب قَبْلَ طَرْحِها في الأسْواق
advanced/ əd'vanst/*adj.* مُتَقَدِّم ، مُتَطَوِّر
at an advanced stage في مَرْحَلة مُتَقَدِّمة
advanced ideas آراء تَقَدُّمِيّة ، أفكار طَلِيعِيّة
the book is too advanced for him الكِتاب فَوْقَ مُسْتَواهُ بِكَثِير
advancement/ əd'vansmənt/*n.* تَرْقِية ، تَقَدُّم ، تَطْوِير
the aim of a university is the advancement of learning هَدَفُ الجامِعات النُّهُوضُ بالعِلْم وتَطْوِيرُهُ
advantage/ əd'vantɪdʒ/*n.* مَنْفَعة (مَنافِع) ، فائِدة (فَوائِد)
he always takes advantage of an opportunity إنّه يَنْتَهِزُ كُلَّ فُرْصة سانِحة
he turned the situation to his own advantage حَوَّلَ المَوْقِفَ لِصالِحِه
advantageous/ 'ædvən'teɪdʒəs/*adj.* نافِع ، مُفِيد ، مُكْسِب ، مُرْبِح ، مُؤاتٍ ، مُناسِب
adventure/ əd'ventʃə(r)/*n.* مُخاطَرة ، مُغامَرة
adventurous/ əd'ventʃərəs/*adj.* مُحِبّ لِلمُجازَفة ، مُغامِر ؛ مَحْفُوفٌ بالأخْطار
adverb/'ædvɜb/*n.* ظَرْف (ظُرُوف) (نَحْو)
adverbial/ æd'vɜbɪəl/*adj.* ظَرْفِيّ (نَحْو)

adversary/ˋædvəsərɪ/*n.* خَصْم (خُصوم)، مُناوِئ

adverse/ˋædvɜs/*adj.* مُعاكِس، مُضادّ ؛ في غَيْر صالح المَرْء

adversity/ədˋvɜsətɪ/*n.* ظُروف مُعاكِسة، شِدّة، مِحْنة، ضِيق

advert/ˋædvɜt/*coll.* *abbr. of* **advertisement**

advertise/ˋædvətaɪz/*v.t.* أَعْلَنَ، أَذاعَ

don't advertise the fact that we have lost all our money لا تُعْلِنْ على المَلأ خَسارةَ أَمْوالِنا بِأَسْرِها

v.i.

she advertised for a new secretary أَعْلَنَتْ في الصُّحُف عَن حاجَتِها لِسِكْرِتيرةٍ جَديدة

advertisement/ ədˋvɜtɪsmənt/*n.* إِعْلان (في صَحيفةٍ غالِبًا)

advice/ədˋvaɪs/*n.* (*always sing.*) نُصْح، نَصيحة (نَصائِحُ)

on the advice of my doctor I took a holiday بِناءً على مَشورةِ طَبيبي نَقَدْ ذَهَبْتُ في عُطْلة

advisability/ədˈvaɪzəˋbɪlətɪ/*n.* حَصافة، مَعْقوليّة

advisable/ədˋvaɪzəbəl/ *adj.* مِن الحِكْمة، مِن المَعْقول، مِن المُسْتَحْسَن ؛ صالِح، صائِب

advise/ədˋvaɪz/*v.t. & i.*

1. (counsel) نَصَحَ (ـَ)، أَرْشَدَ ؛ أَوْصَى

well-(ill-)advised سَديد، حَكيم، صائِب (غَيْر سَديد، غَيْر حَكيم)

2. (inform *esp.commerc.*) أَحاطَ عِلْمًا بِ، أَخْبَرَ، أَخْطَرَ

please advise us when the goods are despatched نَرْجو التَّفَضُّلَ بِإِخْطارِنا عِنْدَ شَحْنِ البِضاعة

adviser/ədˋvaɪzə(r)/*n.* مُسْتَشار، ناصِح، مُرْشِد ؛ مُشْرِف

advocacy/ˋædvəkəsɪ/*n.* إِيصاء بِ، تَحْبيذ

advocate/ˋædvəkeɪt/*v.t.* أَوْصَى بِ، دَعا إلى

/ˋædvəkət/*n.* مُحامٍ، شَفيع ؛ نَصير، مُؤَيِّد

aerate/ˋeəreɪt/*v.t.* هَوَّى

aerial/ˋeərɪəl/*adj.* هَوائيّ، جَوّيّ

n. هَوائيّ الرّاديو أو التِّلْفاز

aeroplane/ˋeərəpleɪn/*n.* طائِرة، طَيّارة

also **airplane**/ˋeəpleɪn/ (*U.S.*)

aerosol/ˋeərəsol/*n.* إيروسول، مِرْذاذ بِالهَواء المَضْغوط، بَخّاخة

aesthetic/ˈisˋθetɪk/*adj.* جَماليّ، ذَوْقيّ، مُخْتَصّ بِتَقْدير الجَمال

affability/ˈæfəˋbɪlətɪ/*n.* لُطْف، لَطافة، دَماثة

affable/ˋæfəbəl/*adj.* لَطيف، دَمِث، أَنيس

affair/əˋfeə(r)/*n.*

1. (matter, concern) قَضِيّة، شَأْن، أَمْر، مَسْأَلة

that is her own affair ذَلِكَ مِن شَأْنِها، هذا مُتَعَلِّق بِها

2. (*pl.* business) شُؤُون، أُمور، مَشاغِل

the present state of affairs is extremely serious الوَضْع الرّاهِن خَطِرٌ لِلغاية

foreign affairs الشُّؤُون الخارِجيّة، شُؤُون خارِجيّة

the company wound up its affairs صَفَّت الشَّرِكة أَعْمالَها

3. (illicit relationship) عَلاقة غَراميّة، عَلاقة جِنْسيّة

affect/əˋfekt/*v.t.* أَثَّرَ في أو عَلَى

the sad news affected her deeply حَزِنَت حُزْنًا شَديدًا إِثْرَ الأَخْبارِ السَّيِّئة

the new regulations don't affect me لا تَنْطَبِقُ الأَنْظِمة الجَديدة عَلَيَّ

v.i. اِصْطَنَعَ، تَصَنَّعَ، تَظاهَرَ بِ

he affected not to hear تَظاهَرَ بِأَنّه لا يَسْمَع

affectation/ˈæfekˋteɪʃən/*n.* تَصَنُّع، تَكَلُّف، تَظاهُر بِ

affected/əˋfektəd/*adj.*

1. (pretended) غَيْر طَبيعيّ، مُتَكَلِّف، مُتَصَنِّع

2. (*of disease*) مُصاب، مُتَأَثِّر بِ

his lung is affected by cancer رِئَتُه مُصابة بالسَّرَطان

affection/əˋfekʃən/*n.* مَوَدّة، مَحَبّة، حُنُوّ، عَطْف، حَنان ؛ عِلّة

affectionate/ əˋfekʃənət/*adj.* وَدُود، مُحِبّ، حَنُون ؛ وُدِّيّ

affidavit/ˈæfɪˋdeɪvɪt/*n.* شَهادة أَوْ إِقْرار كِتابيّ مَعَ القَسَم

affiliate/əˋfɪlɪeɪt/*v.t. & i.* ضَمَّ (ـُ) إلى، اِنْضَمَّ إلى، اِنْتَسَبَ إلى

affinity/əˋfɪnətɪ/*n.* نَسَبٌ، عَلاقة، قَرابة، مُصاهَرة ؛ جاذِبيّة، أُلْفة، تَجاذُب

affirm/əˋfɜm/*v.t. & i.* أَكَّدَ، أَثْبَتَ ؛ أَكَّدَ شَهادَتَه في المَحْكَمة دُون حَلْفِ اليَمين

affirmative/əˋfɜmətɪv/ *adj. & n.* إِيجابيّ، تَأْكيديّ ؛ إِيجاب

her answer was in the affirmative كان رَدُّها إِيجابِيًّا

afflict/əˋflɪkt/*v.t.* أَصابَ، اِبْتَلَى (بِمَرَضٍ مَثَلًا)

affliction/əˋflɪkʃən/*n.* إِصابة، مُصيبة، اِبْتِلاء (بِمَرَض)

affluence/ˋæflʊəns/*n.* رَفاهة، غِنًى، إِيسار

affluent/ˋæflʊənt/*adj.* مَيْسُورُ الحال، ثَرِيّ

afford/əˋfɔd/*v.t.* قَدَرَ (ـِ) على (الإِنْفاق)

I can't afford time to go to the theatre لَيْس لَدَيَّ مُتَّسَعٌ مِن الوَقْت لِارْتِيادِ المَسْرَح

you can't afford to neglect your work لا يَسَعُكَ أَن تُهْمِلَ عَمَلَك

the trees afford a pleasant shade تُوَفِّرُ الأَشْجار ظِلًّا لَطيفًا

afforest/ əˈfɒrɪst/*v.t.* شَجَّرَ

afforestation/ əˈfɒrɪˈsteɪʃən/*n.* تَشْجِير ، تَحْرِيج

afloat/ əˈfləʊt/*adv. & pred. adj.* عائِم ، طائِف ؛ على مَتْنِ سَفِينة

afraid/ əˈfreɪd/*pred. adj.*

1. (frightened) خائِف ، مُرْتَعِب ، فَزِع

2. (sorry to say) مُتَأَسِّف ، يُؤْسِفُنِي أَنْ

I am afraid that I shan't be able to come مُتَأَسِّفٌ كُلَّ الأَسَفِ لِأَنَّنِي لَنْ أَتَمَكَّنَ مِن الحُضُور

afresh/ əˈfreʃ/*adv.* مُجَدَّدًا ، عَوْدًا على بَدْء ، مَرَّةً ثانيةً ، ثانيةً

let's start afresh لِنَبْدأْ مِن جَدِيد

after/ˈɑftə(r)/*conj.*

prep. **1.** (following *in time or place*) بَعْدَ ، في إِثْرِ ، في أَثَرِ

he couldn't get a drink after hours لَم يَسْتَطِع الحُصُولَ على شَرابٍ بَعْدَ الوَقْتِ المُحَدَّدِ لِبَيْعِهِ في الحانة

2. (in pursuit of) وَراءَ ، إِثْرَ

what are you after? ماذا تَبْغِي ؟ ماذا تُرِيد ؟

she ran after him سَعَتْ وَراءَه ؛ جَرَتْ خَلْفَه (لِلإِمْساكِ بِهِ)

3. (as a result of) نَتِيجةً لِ

I will never speak to him again after what he said لَن أُكَلِّمَهُ ثانيةً إِطْلاقًا بَعْدَ أَنْ قالَ ما قال

4. (in spite of) بِالرَّغْمِ مِن

she won't be coming after all إِنَّها لَيْسَت قادمةً بَعْدَ كُلِّ هٰذا

5. (in imitation of, honour of) مُشابَهَةً ، على نَمَط ، على غِرار

she takes after her mother إِنَّها تُشْبِهُ أُمَّها

he is named after his grandfather سُمِّيَ بِاسْمِ جَدِّهِ

adv. فيما بَعْد

he had a heart attack and died soon after أُصِيبَ بِنَوْبةٍ قَلْبِيّةٍ تُوُفِّيَ على إِثْرِها

after-care/ˈɑftə-keə(r)/*n.* عِناية أو عِلاج في فَتْرة النَّقاهة

after-effect/ ˈɑftə(r)-ɪfekt/*n.* تأْثِير لاحِق ، عُقْبُول (عَقابِيلُ) الدَّواء

afterlife/ˈɑftəlaɪf/*n.* المَعاد ، الآخِرة ، الحَياةُ بَعْدَ المَوْت ؛ السَّنَواتُ بَعْدَ التَّقاعُد

aftermath/ˈɑftəmæθ/*n.* آثار ، عَقابِيلُ ، عَواقِبُ

afternoon/ˈɑftəˈnun/*n.* بَعْدَ الظُّهْر

afterthought/ˈɑftəθɔt/*n.* فِكْرة تَطْرأُ لِلإِنْسانِ فيما بَعْد

afterwards/ˈɑftəwədz/ *adv.* فيما بَعْدُ ، بَعْدَ ذٰلِك ، بَعْدَئِذٍ ، مِن بَعْدُ ، مِنْ ثَمَّ

again/ əˈgen, əˈgeɪn/ *adv.* ثانِيةً ، مَرَّةً أُخْرى

now and again بَيْنَ الحِينِ والحِين ، من وَقْتٍ لآخَر ، بَيْنَ الفَيْنَةِ والفَيْنة

because of inflation it costs half as much again ارْتَفَعَ سِعْرُهُ نِصْفَ مَرّة نَتِيجةَ التَّضَخُّمِ المالِيّ

you can say that again صَدَقْتَ واللهِ كُلَّ الصِّدْق ، أَتَّفِقُ مَعَكَ تَمامًا (*coll.*)

then again, I have my doubts وَزِيادةً على ذٰلِك ، فَأَنا أَشُكُّ في الأَمْر

against/ əˈgenst, əˈgeɪnst/*prep.*

1. (in opposition to) عَكْسَ ، ضِدَّ ، مُقابِلَ ، تِجاهَ

2. (in anticipation of) تَحَرُّزًا مِن ، حَذَرًا مِن ، اِحْتِراسًا مِن

vaccination is a precaution against smallpox التَّلْقِيح حِيطةٌ ضِدَّ الجُدَرِيّ

3. (in collision with) (لِلتَّعْبِير عن الاِصْطِدام أو الاِرْتِطام)

he hit his head against the wall in the dark cellar اِرْتَطَمَ رَأْسُهُ بِالجِدار في القَبْوِ المُظْلِم

4. (supported by) مُسْتَنِدًا إلى أو على

he leant against the wall اِسْتَنَدَ إلى الحائِط

age/eɪdʒ/*n.*

1. (length of time a person or thing has existed) عُمْر (أَعْمار) ، سِنّ (أَسْنان)

last week my son came of age بَلَغَ ابْنِي سِنَّ الرُّشْدِ في الأُسْبُوعِ الماضِي

I can't serve you with alcohol if you're under age لا يُمْكِنُنِي أن أَبِيعَكَ مَشْرُوباتٍ رُوحِيّةً إذا كُنْتَ قاصِرًا

old age has some compensations لِلشَّيْخُوخةِ ما يُعَوِّضُها

age group مِن سِنٍّ واحِدة ، مَوالِيدُ سَنةٍ واحِدة (في التَّجْنِيدِ مَثَلًا)

2. (old age) شَيْخُوخة ، هَرَم

3. (period) فَتْرة ، عَصْر

The Middle Ages القُرُونُ الوُسْطَى

4. (*coll. usu. pl.* long time) مُدّةٌ طَوِيلةٌ جِدًّا

ages ago مِنْ زَمان ، مُنْذُ أَمَدٍ طَوِيل

v.t. & i. أَهْرَمه (الدَّهْر) ، جَعَله أَكْبَرَ سِنًّا ؛ شاخَ (يَشِيخُ) ، طَعَنَ في السِّنّ ، أَسَنَّ ، هَرِمَ (ـَ)

aged/eɪdʒd/*adj.* هَرِمٌ ، عَجُوز ، مُتَقَدِّمٌ أو طاعِنٌ في السِّنّ ، مُسِنٌّ

agency/ˈeɪdʒənsɪ/*n.*

1. (action, means) وَسِيلة (وَسائِلُ) ، وَسِيطة (وَسائِطُ) ، عَمَلِيّة

2. (business establishment) وَكالة (سَفَر مَثَلًا) ، مَكْتَب تِجارِيّ ، فَرْعُ هَيْئةٍ كَبِيرة

agenda/ əˈdʒendə/*n. pl.* جَدْوَلُ أَعْمال ، بَرْنامَج

agent/ˋeɪdʒənt/*n.*
1. (doer) فاعِل ، عامِل
2. (natural force) عامِل طَبِيعِيّ
chemical agent عامِل كِيماوِيّ
3. (representative) وَكِيل (وُكَلاءُ) ، مَنْدُوب ، عَمِيل (عُمَلاءُ)
4. (spy) جاسُوس
aggravate/ˋægrəveɪt/*v.t.*
1. (make more serious زادَ الأَمْرُ خُطُورة ، جَعَلَ الوَضْعَ يَتَفاقَمُ
2. (irritate *coll.*) ضايَقَ ، أَزْعَجَ
aggravation/ 'ægrəˋveɪʃən/*n.* تَفاقُم ، اسْتِفْحال ؛ مُضايَقة ، إِزْعاج
aggregate/ˋægrəgət/*n.*
1. (total) حاصِلُ الجَمْع ، المَجْمُوعُ العامّ
2. (pebbles) حَصًى
aggression/əˋgreʃən/*n.* اعتِداء (بِدُونِ مُبَرِّر) ، عُدْوان ، هُجُوم
aggressive/əˋgresɪv/*adj.* عُدْوانِيّ ، اعْتِدائِيّ
aghast/əˋgɑst/*adj.* مَبْهُوت ، مَصْعُوق (أَمامَ) ، مَذْهُول
agile/ˋædʒɑɪl/*adj.* خَفِيفُ (الحَرَكة) ، رَشِيق ؛ سَرِيعُ الخاطِر
agility/əˋdʒɪlətɪ/*n.* رَشاقة ، خِفَّةُ الحَرَكة ؛ سُرْعة الخاطِر
agitate/ˋædʒɪteɪt/*v.t.* أَقْلَقَ ؛ أَثارَ ، هَيَّجَ ؛ رَجَّ (ـُ) ، خَضَّ (ـُ)
v.i. أَثارَ الرَأْيَ العامَّ ، أَلْقَى خِطاباً (للاعْتِراضِ على)
agitation/'ædʒɪˋteɪʃən/*n.* إِثارة ، تَحْرِيض ، اِضْطِراب ، اِهْتِياج
agitator/ˋædʒɪteɪtə(r)/*n.* مُشاغِب ، مُهَيِّج ، مُثِيرٌ للفِتَن
agnostic/ægˋnostɪk/*n.* لاغُنُوصِيّ ، لا أَدْرِيّ
agnosticism/ ægˋnostɪsɪzm/*n.* مَذْهَبُ اللاأَدْرِيَّة ، لاغُنُوصِيَّة
ago/əˋgəʊ/*adv.* مُذْ ، مُنْذُ
he came to London five years ago جاءَ إلى لَنْدن قَبْلَ خَمْسة أَعْوام
long ago مُنْذُ أَمَدٍ بَعِيد ، مُنْذُ عَهْدٍ طَوِيل
agony/ˋægənɪ/*n.* وَجَعٌ أَلِيم ، أَلَمٌ مُبَرِّح ؛ عَذاب ، مُعاناة
agree/əˋgri/*v.i.* & *t.* وافَقَ على ، صادَقَ على ؛ طابَقَ
we met at the agreed time اِلتَقَيْنا في المَوْعِدِ المُحَدَّد
why can't you children agree? لِماذا لا تَتَّفِقُونَ فِيما بَيْنَكُم يا أَطْفال ؟
the climate does not agree with me المُناخُ لا يُلائِمُني
the adjective agrees with the noun النَّعْتُ يُطابِقُ المَنْعُوت (نَحو)

agreeable/əˋgriəbəl/ *adj.* لَطِيف ، طَيِّب ، سارٌّ ، مُمْتِع ؛ مُوافِق ، راضٍ ، لا مانِعَ عِنْدَهُ
agreement/əˋgrimənt/*n.*
1. (arrangement, treaty) اِتِّفاق ، مُعاهَدة ، اِتِّفاقِيَّة
after long discussion they reached an agreement بَعْدَ نِقاشٍ طَوِيلٍ تَوَصَّلُوا إلى اتِّفاق
2. (accordance of opinion) تَوافُقُ الآراء ، وِفاق ، وِئام
I am in complete agreement with what you say أُوافِقُ على كَلامِكَ كُلَّ المُوافَقة
agricultural/'ægrɪˋkʌltʃərəl/*adj.* زِراعِيّ
agriculture/ˋægrɪkʌltʃə(r)/*n.* زِراعة ، عِلْمُ الزِّراعة
aground/əˋgrɑʊnd/*adv.* & *pred. adj.* على الأَرْض
the ship ran/went aground اِرْتَطَمَت السَّفِينةُ بِالشَّاطِئ ، جَنَحَت السَّفِينة
ahead/əˋhed/*adv.* & *pred. adj.* أَمامًا ، مُقَدَّمًا ، قُدُمًا
he went ahead with his plans قامَ بِتَنْفِيذِ خُطَطِهِ
when you come to the crossroads go straight ahead عِنْدَما تَصِلُ إلى تَقاطُعِ الطُّرُق امْضِ قُدُمًا (دُغْرِي في العامِّيَّة)
aid/eɪd/*n.* & *v.t.* مُساعَدة ، إِعانة ؛ ساعَدَ ، عاوَنَ ، أَسْعَفَ
the sale was in aid of charity خُصِّصَتْ قِيمةُ المَبِيعات للأَعْمال الخَيْرِيَّة
when I was in difficulties, she came to my aid عِنْدَما اعْتَرَضَتْنِي بَعْضُ الصُّعُوبات قامَتْ بِمُساعَدَتِي
first aid إِسْعافٌ أَوَّلِيّ
hearing aid سَمّاعة للأَصَمّ ، جِهازُ تَقْوِيةِ السَّمْع
aim/eɪm/*v.t.* صَوَّبَ ، سَدَّدَ ، هَدَّفَ
my remarks were not aimed at you لَسْتَ أَنْتَ المَقْصُودُ مِنْ مُلاحَظاتِي
v.i. رَمَى إلى ، هَدَفَ (ـِ)
in trying to become a doctor, he was aiming too high بِمُحاوَلَتِهِ أَنْ يُصْبِحَ طَبِيبًا كانَ يَرْمِي إلى هَدَفٍ فَوْقَ طاقَتِهِ
n. تَصْوِيب ، تَوْجِيه ، غَرَض
he took aim carefully صَوَّبَ إلى الهَدَفِ بِكُلِّ عِناية
her aim is always to please هَدَفُها الدّائِمُ إِرْضاءُ النّاس
aimless/ˋeɪmləs/ *adj.* بِلا هَدَف ، هائِمٌ (على وَجْهِهِ) ، على غَيْرِ هُدًى ، طائِش
aimlessness/ˋeɪmləsnəs/*n.* حَيْرة ، شُرُود ، تَيَهان
air/eə(r)/*n.*
1. (atmosphere) جَوّ ، هَواء
air-conditioning تَكْيِيفُ الهَواء
fresh air هَواء نَظِيف ، مُنْعِش
the open air الهَواء الطَّلْق

the programme will be on the air tomorrow evening — سَيُذاعُ البَرْنامَجُ مَساءَ غَدٍ
they travelled to London by air — سافَرُوا إلى لَنْدن بِالطّائِرة
Air Force — سِلاحُ الطَّيَران
air hostess — مُضِيفة في طائرة
air raid — غارة جَوِّيّة
air terminal — مَرْكَز وَسْطَ المَدِينة لِنَقْلِ المُسافِرِينَ إلى المَطار ، مَحَطّة المَطارِ ذاتُها
2. (style, manner) — أُسْلُوب ، مَظْهَر
he has an air of importance — عَلَيْه مَظاهِرُ العَظَمة ، يَتِيهُ بِنَفْسِهِ مُتَعاظِمًا (تُقالُ لِلتَّهَكُّمِ)
v.t. — هَوَّى
you must air the clothes when they come back from the laundry — يَجِبُ أَنْ تَنْشُرَ الثِّيابَ عِنْدَ عَوْدَتِها مِنَ الغَسِيل
she loves to air her views in public — تُحِبُّ التَّحَدُّثَ عَلانِيةً عَنْ آرائِها الخاصّة
aircraft/ˈeəkraft/(*pl.* **aircraft**) *n.* — طائِرة ، طَيّارة
aircraft carrier — حامِلة طائِرات (بَحْرِيّة)
aircrew/ˈeəkru/*n.* — طاقِمُ الطّائِرة
airing/ˈeərɪŋ/*n.* — تَهْوِية ، نُزْهة
airing cupboard — خِزانة تَجْفِيف الثِّياب
he took the children for an airing — اصْطَحَبَ الأطفالَ لِنُزْهة
airline/ˈeəlaɪn/*n.* — خَطٌّ جَوِّيّ ، شَرِكة خُطُوطٍ هَوائِيّة ، شَرِكة طَيَران
airmail/ˈeəmeɪl/*n.* & *v.t.* — بَرِيد جَوِّيّ ؛ أَرْسَلَ بِالبَرِيدِ الجَوِّيّ
airplane/ˈeəpleɪn/*see* **aeroplane**
airport/ˈeəpɔt/*n.* — مَطار ، مِيناء جَوِّيّ (مَوانِي جَوِّيّة)
airstrip/ˈeəstrɪp/*n.* — مَهْبِط الطّائِرات
airtight/ˈeətaɪt/*adj.* — مُحْكَمُ السَّدّ
airworthiness/ˈeəwɜðɪnəs/*n.* — صَلاحِيّةٌ لِلطَّيَران
airworthy/ˈeəwɜðɪ/*adj.* — صالِح لِلطَّيَران
airy/ˈeəri/*adj.* — مُهَوًّى ، حَسَنُ التَّهْوِية ؛ هَوائِيّ ، غَيْرُ مادِّيّ ، رَقِيق ، واهٍ ؛ مُزَيَّف ، سَطْحِيّ ؛ مَرِح ، لا مُبالٍ
aisle/aɪl/*n.* — رُواق جانِبِيّ في كَنِيسة ؛ مَمَرّ بين المَقاعِدِ في صالة
ajar/əˈdʒɑ(r)/*adv.* & *pred. adj.* — مَفْتُوح قَلِيلاً ، (باب) مَوْرُوب ، مُوارَب
à la carte/ˈɑ lɑ ˈkɑt/ *adv.* (*Fr.*) — قائِمة طَعامٍ يُدْفَعُ ثَمَنُ كُلِّ صَحْنٍ مِنْها على حِدة
alacrity/əˈlækrətɪ/*n.* — حَيَوِيّة ، مَرَح
alarm/əˈlɑm/*n.* & *v.t.* — إنْذار ، فَزَع ؛ أَفْزَعَ ، أَقْلَقَ ، أَرْهَبَ

alarm clock — ساعة مُنَبِّهة ، مُنَبِّه
the noise of the shot alarmed the birds — أَفْزَعَ صَوْتُ الطَّلْقةِ الطُّيُور
as soon as he smelt the fire, he raised the alarm — لَمْ يَكَدْ يَشُمُّ رائِحةَ الحَرِيقِ حَتّى أَطْلَقَ إشارةَ الإنْذار
alas/əˈlæs/*int.* — يا لَلأَسَف ، واهًا ، واحَسْرَتاه ، وا أَسَفاه
albino/ælˈbinəʊ/*n.* — أَمْهَق ، أَبْرَص (س)
album/ˈælbəm/*n.* — أَلْبُوم ، دَفْتَر (الطَّوابِعِ مَثَلاً) ، مُجَلَّد (لِحِفْظِ الصُّوَر)
alcohol/ˈælkəhol/*n.* — كُحُول ، رُوحُ الخَمْر
alcove/ˈælkəʊv/*n.* — زاوِية أو تَجْوِيف في غُرْفة يَتَّسِعُ لِسَرِير أو ما شابَهه ؛ طاقٌ مُظَلَّل في حَدِيقة
ale/eɪl/*n.* — بِيرة ، جِعة
alert/əˈlɜt/*adj.* — واعٍ ، مُنْتَبِه ، مُحْتَرِس مِنَ
n. — الخَطَر ؛ إنْذار
on the alert — على أُهْبةِ الاسْتِعْداد
algebra/ˈældʒɪbrə/*n.* — عِلْمُ الجَبْر
alias/ˈeɪlɪəs/*n.* — إسْمٌ مُنْتَحَل ، إسْمٌ مُسْتَعار ؛ المَعْرُوف بِـ ، المُلَقَّب بِـ
alibi/ˈælɪbaɪ/*n.* — شُهُودُ حَضْر ، إثْباتُ وُجُودِ المُتَّهَمِ في غَيْرِ مَوْضِعِ ارْتِكابِ الجَرِيمة
alien/ˈeɪlɪən/*adj.* & *n.* — أَجْنَبِيّ ، غَرِيب ، دَخِيل
alienate/ˈeɪlɪəneɪt/*v.t.* — نَفَّرَ ، أَبْعَدَهُ عَنْ ؛ نَقَلَ المِلْكِيّةَ إلى شَخْصٍ آخَرَ ، صادَرَ
alienation/ˈeɪlɪəˈneɪʃən/*n.* — نُفُور ، جَفاء ؛ نَقْلُ المِلْكِيّة
alight[1]/əˈlaɪt/*v.i.* — نَزَلَ (ـِ) عن أو مِنْ ، حَطَّ (ـُ) ، تَرَجَّلَ
alight[2]/əˈlaɪt/*adv.* & *pred. adj.* — مُلْتَهِب ، مُتَّقِد ، مُشْتَعِل
set alight — أَشْعَلَ ، أَوْلَعَ ، أَوْقَدَ
align/əˈlaɪn/*v.t.* & *i.* — صَفَّفَ ، صَفَّ (ـُ) ، نَسَّقَ ؛ اصْطَفَّ ، تَراصَّ
alignment/əˈlaɪnmənt/*n.* — تَراصُف ، صَفٌّ ، مُحاذاة ، اصْطِفاف
alike/əˈlaɪk/*pred. adj.* — شَبِيه ، مُماثِل ، (هُمْ) سَواسِية
the twins are very alike — التَّوْأَمانِ مُتَماثِلانِ كُلَّ التَّماثُل
adv. — على حَدٍّ سَواء ، على السَّواء
he treats everybody alike — الكُلُّ عِنْده سَواء
alive/əˈlaɪv/*pred. adj.* — على قَيْدِ الحَياة ، حَيّ
his grandmother is still alive — لا تَزالُ جَدَّتُهُ على قَيْدِ الحَياة
such beliefs are kept alive by superstition — مِثْلُ هذِهِ المُعْتَقَدات لا تَسْتَبْقِيها إلّا الخُرافات
he's fully alive to the danger — إنَّهُ مُدْرِكٌ لِلخَطَرِ كُلَّ الإدْراك
alkali/ˈælkəlaɪ/*n.* — قِلْوٌ ، قِلًى ، قِلْوِيّ ؛ (مَعادِنُ) قَلَوِيّة

all/ɔl/*adj.*
1. (*with pl. n.*) كُلُّ ، جَمِيعُ
2. (*with sing. n.*) كُلّ
all day (long) طَوالَ النَّهار ، كُلَّ اليَوْم
3. (any) أَيّ
beyond all doubt بِلا أَدْنَى شَكّ
adv. **1.** (entirely) تَماماً ، كُلِّيّاً ، بِرُمَّتِهِ
he's all alone هو بِمُفْرَدِهِ تَماماً ، إنَّهُ لِوَحْدِهِ
I am all for it أُؤَيِّدُ ذَلِكَ قَلْباً وقالَباً
all the same we'll still go أَيّاً كانَ الأَمْرُ فَسَنَذْهَب
all in (*coll.*) مَنْهُوكُ القُوَى ، مُضْنًى
all-in wrestling مُصارَعة حُرَّة
he made an all-out effort بَذَلَ قُصاراهُ ، لَمْ يَأْلُ جُهْداً (في ...)
all right. I'll come if you insist طَيِّب ، سَآتِي ما دُمْتَ تُصِرُّ على ذَلِك
it's all right with me لا مانِعَ عِنْدِي
2. (*with comp*. much, so much)
all the better نِعْمَ الأَمْرُ ، زِيادَةُ الخَيْرِ خَيْر ، الحَمْدُ لِلّٰه
pron. **1.** (everything) الكُلّ ، كُلُّ شَيْء
all is lost ضاعَ كُلُّ شَيْء
there are twenty all told هم عِشْرُونَ لا أَكْثَرَ ولا أَقَلّ
2. (everyone) الجَمِيعُ ، كُلُّهُم
come along, all of you! تَعالَوْا مَعِي كُلُّكُمْ
3. (*in phrases*)
after all رَغْمَ ذلِكَ كُلِّهِ ، على كُلِّ حال ، في آخِرِ الأَمْرِ ، لا تَنْسَ (أَنَّها أُخْتُكَ مَثَلاً)
will I disturb you if I play a record? Not at all هَل أُقْلِقُ راحَتَكَ إذا ما اسْتَمَعْتُ إلى أُسْطُوانة ؟ لا ، أَبَداً !
the food's not at all bad الطَّعامُ لا بَأْسَ بِهِ
once and for all لآخِرِ مَرَّة ! لِلْمَرَّةِ الأَخِيرة
Allah/ˈæla/*n.* اَللّٰهُ (سُبْحانه وتَعالَى)
allay/əˈleɪ/*v.t.* خَفَّفَ ، سَكَّنَ (الأَلَم) ، هَدَّأَ (رَوْعَهُ)
allegation/ˈæləˈgeɪʃən/*n.* ادِّعاء ، احْتِجاج
allege/əˈledʒ/*v.t.* أَدْلَى بِ ، زَعَمَ (ـُ) ، تَذَرَّعَ بِ
allegiance/əˈlidʒəns/*n.* وَلاء (لِلدَّوْلة) ، إخْلاص (لِقَضِيَّة) ، وَفاء
allegorical/ˈælɪˈgorɪkəl/ *adj.* ما يَتَعَلَّقُ بِالقِصَّة الرَّمْزِيَّة ، رَمْزِيّ
allegory/ˈælɪgərɪ/*n.* قِصَّة رَمْزِيَّة ؛ اسْتِعارة ، مَجاز
allergic/əˈlɜdʒɪk/*adj.* حَسّاسِيّ ، تَحَسُّسِيّ ؛ عِنْدَهُ كُرْهٌ لِ
allergy/ˈælədʒɪ/*n.* تَحَسُّسِيَّة ، مَرَضُ الحَسّاسِيَّة ، تَحَسُّس
alleviate/əˈlivɪeɪt/*v.t.* خَفَّفَ (هـ ، مِن) ، لَطَّفَ ، هَدَّأَ ، سَكَّنَ
alleviation/əˈlivɪˈeɪʃən/ *n.* تَهْوِين على ، تَلْطِيف ، تَخْفِيفٌ من
alley/ˈælɪ/*n.* زُقاق (أَزِقَّة) ؛ مَمْشًى في حَدِيقة
alliance/əˈlaɪəns/*n.* تَحالُف ، مُصاهَرة ؛ اتِّحاد
allocate/ˈæləkeɪt/*v.t.* خَصَّصَ لِ ، عَيَّنَ (مَبْلَغاً لِ)
allocation/ˈæləˈkeɪʃən/*n.* تَخْصِيص ، تَعْيِين ؛ حِصَّة
allot/əˈlot/*v.t.* أَقْطَعَ ، وَزَّعَ ، أَحَصَّ ، أَفْرَزَ (أَرْضاً) ، قَسَّمَ (أَرْباحاً)
allotment/əˈlotmənt/*n.* حِصَّة ؛ تَقْسِيمُ الحِصَص ؛ قِطْعة أَرْض تُسْتَأْجَرُ لِزَرْعِ الخَضْرَوات
allow/əˈlaʊ/*v.t. & i.* سَمَحَ (ـَ) ، أَجازَ ، أَباحَ ؛ اِحْتَمَلَ ، أَخَذَ بِعَيْنِ الاعْتِبار
smoking is not allowed in the dining-room لا يُسْمَحُ بِالتَّدْخِينِ في صالة الطَّعام
it will take half an hour to get there allowing for traffic delays سَتَصِلُ إلى هُناكَ في نِصْفِ ساعةٍ على الأَقَلّ نَظَراً لتأْخِيرات المُرُور
allowance/əˈlaʊəns/*n.* مُكافأة ؛ تَسامُح ؛ مُخَصَّصات (مالِيَّة) ، تَعْوِيض (عائِلِيّ مَثَلاً)
you must make allowances for the fact that he's had a difficult childhood يَجِبُ أَن تأْخُذَ بِعَيْنِ الاعْتِبار طُفُولَتَه المَحْفُوفة بِالصِّعاب
alloy/ˈælɔɪ/*n.* خَلِيط مَعْدَنِيّ
allusion/əˈluʒən/*n.* تَلْمِيح (إلى) ، إشارة خَفِيفة ، تَعْرِيض بِ أَو لِ
ally[1]/ˈælaɪ/*n.* حَلِيف (حُلَفاء)
ally[2]/əˈlaɪ/*v.t.* تَحالَفَ مع
almond/ˈɑmənd/*n.* لَوْز (اسْمُ جَمْع)
almost/ˈɔlməʊst/*adv.*
1. (*with adjs.*) تَقْرِيباً ، زُهاءَ ، نَحْو
2. (*with verbs*) أَوْشَكَ أَن ، كادَ (يَكادُ)
alms/ɑmz/*n.* صَدَقة ، صَدَقات ، زَكاة
aloft/əˈloft/*adv.* عالِياً ، مُرْتَفِعاً ، إلى أَعْلَى ؛ بِأَعْلَى السّارِية
alone/əˈləʊn/*adv. & pred. adj.* مُنْفَرِداً ، على حِدَةٍ ، وَحِيد ، مُنْفَرِد ، لِوَحْدِهِ
leave me alone! دَعْنِي وَشَأْنِي
I wouldn't lend you a penny, let alone a pound لَنْ أُقْرِضَكَ بَنْساً واحِداً ناهِيكَ عَنْ جُنَيْه
along/əˈloŋ/*adv.* إلى الأَمام ، قُدُماً
move along! تَحَرَّكْ مِن مَكانِكَ! ، تَقَدَّمْ
she gets along (well) with everyone إنَّها تَنْسَجِمُ مَعَ الجَمِيع
prep. على طُولِ ، بِجانِبِ ، بِصَفِّ
the roses grew along the wall نَمَت الوُرُودُ على طُولِ الجِدار
aloof/əˈluf/*adv. &* (وَقَفَ) بَعِيداً عَن ، في مَعْزِلٍ

adj. عَن ؛ غَيْرُ مُكْتَرِث ، مُنْعَزِل ، لا يَخْتَلِطُ بِالآخَرين

aloud/ə'lɑʊd/*adv.* بِصَوْتٍ عالٍ ، بِصَوْتٍ مَسْمُوع ، جَهْراً

alphabet/'ælfəbet/*n.* الأَلِفْباء ، حُروفُ الهِجاء

alphabetical/ 'ælfə'betɪkəl/*adj.* أَلِفْبائِيّ ، أَبْجَدِيّ

already/ɔl'redɪ/*adv.* قَبْلَ الآن ، قَبْلاً ، مِن قَبْلُ ، فيما سَلَف

by the time I arrived, he had already left عِنْدَ وُصولي كانَ قَد غادَرَ المَكان

also/' ɔlsəʊ/*adv.* أيضًا ، كَذلِك ، عِلاوَةً على ذلك ، مِثْلَما ، بالإضافةِ إلى ذلك

altar/'ɔltə(r)/*n.* مَذْبَح ، هَيْكَل (في كَنيسة)

alter/'ɔltə(r)/*v.t. & i.* غَيَّرَ ؛ تَغَيَّرَ

alteration/'ɔltə'reɪʃən/*n.* تَغْيير ، تَعْديل (في قِياسِ الثِّياب مثلاً)

alternate[1]/'ɔltəneɪt/*v.t. & i.* ناوَبَ ، داوَلَ ؛ تَناوَبَ ، تَداوَلَ

alternating current *abbr.* **A.C.** التَّيّارُ المُتَناوِب

alternate[2]/ɔl'tɜnət/*adj.* بَديل ، مُتَناوِب ، تَناوُبِيّ ، مُتَعاقِب

alternately/ɔl'tɜnətlɪ/*adv.* بِالتَّبادُل ، بِالتَّناوُب ، مُناوَبَةً

alternative/ɔl'tɜnətɪv/*adj. & n.* آخَر ، بَديل ، عِوَض ؛ اخْتِيارٌ آخَر ، مَنْدُوحة

although/ɔl'ðəʊ/*conj.* مَعَ أَنَّ ، بِالرَّغْمِ مِن ، رَغْمَ أَنَّ ، بَيْدَ أَنَّ

altitude/'æltɪtjud/*n.* عُلُوّ ، اِرْتِفاع (فَوْقَ سَطْحِ البَحْر)

altogether/'ɔltə'geðə(r)/*adv.* جُمْلَةً ، بِرُمَّتِهِ ، قاطِبَةً

I don't altogether agree لا أُوافِقُ مَعَكَ تَمامًا

aluminium/'æljʊ'mɪnɪəm/*n.* مَعْدِنُ الأَلُومِنْيُوم ، فافُون (م)

U.S. **aluminum**/ə'lumɪnəm/

always/'ɔlweɪz/*adv.* دائمًا ، على الدَّوام ، أَبَدًا ، لِلأَبَد

am/æm/*first pers. sing. pres. tense of* **be**

amalgam/ə'mælgəm/*n.* مَعْدِن مَخْلوط بِزِئْبَق ، مَلْغَمة

amalgamate/ə'mælgəmeɪt/*v.t. & i.* دَمَجَ ، أَدْمَجَ ، مَلْغَمَ ؛ تَمَلْغَمَ ، اِنْدَمَجَ

they've amalgamated with a bigger company اِنْدَمَجَت شَرِكَتُهُم بِأُخْرَى أَكْبَرَ مِنْها

amateur/'æmətə(r)/*n. & adj.* هاوٍ (هُواة) ، غَيْرُ مُحْتَرِف

amateurish/'æmətərɪʃ/*adj.* (إخْراج) تُعْوِزُهُ البَراعةُ والخِبْرةُ

amaze/ə'meɪz/*v.t.* أَدْهَشَ ، أَذْهَلَ ، راعَ (يَرُوع)

amazement/ə'meɪzmənt/*n.* دَهْشة ، ذُهُول ، عَجَب

amazing/ə'meɪzɪŋ/*adj.* مُدْهِش ، مُذْهِل ، عَجيب

ambassador/æm'bæsədə(r)/*n.* سَفير (سُفَراءُ)

amber/'æmbə(r)/*n.* كَهْرَباء ، كَهْرَمان

ambidextrous/'æmbɪ'dekstrəs/*adj.* أَضْبَط ، قادِر على العَمَل بِكِلْتا يَدَيْه

ambiguity/'æmbɪ'gjuətɪ/*n.* اِلْتِباس ، تَوْرِية ، اِشْتِباه ، لُبْس

ambiguous/æm'bɪgjʊəs/*adj.* غامِض ، ذُو مَعْنَيَيْن ، مُلْتَبِس ، مُبْهَم

ambition/æm'bɪʃən/*n.*

1. (desire for fame) طُمُوح ، حُبُّ الشُّهْرة والمَجْد

2. (desired object) مَطْمَح ، مَرْمًى ، مَطْمَع ، مُنْيَة (مُنًى) ، حُلْم

ambitious/æm'bɪʃəs/*adj.* طَمُوح ، تَوّاق ، طَمّاع

amble/'æmbəl/*v.i.* هَمْلَجَ (الحِصان) ، تَرَفَّقَ (الرَّجُلُ) في سَيْرِهِ ، دَلَفَ (ـِ)

ambulance/'æmbjʊləns/*n.* سَيّارة إسْعاف

ambush/'æmbʊʃ/*n. & v.t.* كَمِين ، شَرَك ، مِرْصاد ؛ أَرْصَدَ ، كَمَنَ (ـُ) لِ ، تَرَبَّصَ لِ ، بِ

amen/'eɪ'men/*int.* آمين ، حَقَّقَ اللّٰه ذَلِك ؛ حَقًّا

amenable/ə'minəbəl/*adj.* لَيِّنُ العَريكة ، قابِل للإقْناع ؛ مَسْؤُول ، مُلْزَم ، مُطالَب

amend/ə'mend/*v.t.* حَسَّنَ ، أَصْلَحَ ، عَدَّلَ

n.pl. تَعْويض ، تَرْضِية

he made amends for his previous unkindness عَوَّضَ عَن جَفاءِ مُعامَلَتِهِ السّابِقة

amendment/ə'mendmənt/*n.* تَعْديل ، تَعْويض

amenity/ə'minətɪ/*n.* لُطْف ، اِعْتِدال ؛ مَرافِقُ ، مُرْفَقات

amiable/'eɪmɪəbəl/*adj.* أَنيس ، حُلْوُ المَعْشَر ، لَطيف ، وُدِّيّ

amicable/'æmɪkəbəl/*adj.* حُبِّيّ ، وُدِّيّ ، سِلْمِيّ

we came to an amicable agreement تَوَصَّلْنا إلى اتِّفاقٍ وُدِّيّ

amid, amidst/ə'mɪd, ə'mɪdst/*prep.* وَسْطَ ، بَيْنَ ، في وَسَطِ

amiss/ə'mɪs/*adv. & pred. adj.* في غَيْرِ مَحَلِّه ، غَيْر لائِقٍ

don't take it amiss if I give you some advice لا تُسِئْ مَقْصَدي إذا ما قَدَّمْتُ لَكَ بَعْضَ النُّصْح

ammonia/ə'məʊnɪə/*n.* مِلْح النَّشادِر ، أَمُونْياك

ammunition/'æmjʊ'nɪʃən/*n.* عَتاد حَرْبِيّ ، ذَخيرة (ذَخائرُ)

amnesty/'æmnəstɪ/*n.* عَفْوٌ عامّ ، عَفْوٌ شامِل

among, amongst/ə'mʌŋ, ə'mʌŋst/*prep.* بَيْنَ ، وَسْطَ ، من بَيْن ، في وَسْط

Oxford is among the most beautiful cities in England أُكْسْفُورْد هي إحْدَى مُدُنِ انْكِلْترا الجَميلة

amorous/'æmərəs/*adj.* غَرامِيّ ، شَهْوانِيّ ، عِشْقِيّ

amount/ə'maʊnt/*n.* مِقْدار ، كَمِّيَّة
v.i. بَلَغَ كذا ، عادَلَ ، ساوَى
not giving back what you've borrowed amounts to theft عَدَمُ إعادة ما اسْتَقْرَضْتَهُ لَيْسَ إلاّ سَرِقة صَرِيحة
ampere/'æmpeə(r)/*n.* أَمْبِير ، وَحْدة قُوَّة التَّيّار الكَهْرَبائيّ
amphibian/æm'fɪbɪən/*n.* (حَيَوان) بَرْمائيّ
amphibious/æm'fɪbɪəs/*adj.* بَرْمائيّ
amphitheatre/'æmfɪθɪətə(r)/*n.* مُدَرَّج ؛ الطّابِق الأَعْلَى في المَسْرَح
ample/'æmpəl/*adj.* رَحِيب ، واسِع ، مُتَّسِع ، فَسِيح ؛ وَفير
there's ample room for the children on the back seat يَتَّسِعُ المَقْعَدُ الخَلْفِيّ للأطْفال بِكُلِّ سُهُولة
£5 is ample for my needs خَمْسة جُنَيْهات تَكْفِيني وَزِيادة
amplification/'æmplɪfɪ'keɪʃən/*n.* تَضْخِيم ، تَكْبِير
amplifier/'æmplɪfaɪə(r)/*n.* جِهاز تَكْبِير الصَّوْت ، مُضَخِّم ، مُكَبِّر الصَّوْت
amplify/'æmplɪfaɪ/*v.t.* ضَخَّمَ (الصَّوْت) ، كَبَّرَ ؛ أَسْهَبَ القَوْل ، أَطال
amputate/'æmpjʊteɪt/*v.t.* بَتَرَ (ـُ) ، قَطَعَ (ـَ)
amputation/'æmpjʊ'teɪʃən/*n.* بَتْرٌ بِعَمَلِيّة جِراحِيّة
amuse/ə'mjuz/*v.t.* سَلَّى ، رَفَّهَ عَن
on Saturday afternoons they amused themselves by playing football كانُوا يَتَسَلَّوْنَ بِلَعِبِ كُرَةِ القَدَمِ بَعْدَ ظُهْرِ كُلِّ سَبْت
his joke amused me أَضْحَكَتْني نُكْتَتُهُ
amusement/ə'mjuzmənt/*n.* تَسْلِية ، تَرْفِيه
there is an amusement park where we could idle away an hour هُناك حَدِيقةُ مَلاهٍ بِوُسْعِنا أَنْ نُضَيِّعَ فِيها ساعةً
amusing/ə'mjuzɪŋ/*adj.* مُضْحِك ، مُسَلٍّ ، مُلْهٍ ، مُبْهِج
anaemia/ə'nimɪə/*n.* فَقْرُ الدَّم ، أَنِيمِيا
anaemic/ə'nimɪk/*adj.* مُصاب بِالأَنِيمِيا أو بِفَقْرِ الدَّم
anaesthetic/'ænəs'θetɪk/*n. & adj.* بَنْج ، مُخَدِّر ، مُخَدِّر (طِبّ)
anaesthetization/ə'nisθətaɪ'zeɪʃən/*n.* تَخْدِير (طِبّ)
anaesthetize/ə'nisθətaɪz/*v.t.* خَدَّرَ ، بَنَّجَ (مَرِيضًا)
analogous/ə'næləgəs/*adj.* مُشابِه ، مُضاهٍ ، مُتَوافِق ؛ بِطَرِيقِ القِياس
analogy/ə'nælədʒɪ/*n.* قِياس ، تَناظُر ، تَشابُه ، مُماثَلة ، وقِياسًا على ذلك
analyse/'ænəlaɪz/*v.t.* حَلَّلَ
analysis/ə'næləsɪs/*n.* تَحْلِيل
anarchic/ə'nɑkɪk/*adj.* فَوْضَوِيّ
anarchist/'ænəkɪst/*n.* فَوْضَوِيّ

anarchy/'ænəkɪ/*n.* فَوْضَوِيّة ، فَوْضَى ، فُقْدانُ الحُكْمِ والنِّظام
anatomical/'ænə'tomɪkəl/*adj.* تَشْرِيحِيّ
anatomy/ə'nætəmɪ/*n.* عِلْمُ التَّشْرِيح
ances/tor/'ænsestə(r)/ (*fem.* ~**tress**) *n.* الجَدُّ الأَعْلَى ، سَلَف (أَسْلاف) ؛ جَدّة عُلْيا
ancestral/æn'sestrəl/*adj.* مَنْسُوب إلى الأَجْداد ، مُخْتَصّ بالسَّلَف ، مُتَعَلِّق بالماضِين
anchor/'æŋkə(r)/*n. & v.t.* مِرْساة (مَراسٍ) ؛ أَرْسَى ، اسْتَقَرَّ
the ship rode at anchor أَلْقَتِ السَّفِينة مِرْساتَها وأَصْبَحَت مُوَطَّدة (أَثْناءَ العاصِفة مثلاً)
anchovy/'æntʃəʊvɪ/*n.* أَنْشُوجا ، بَلَم (اسْمُ الجَمْع) ، سَنَمُورة
ancient/'eɪnʃənt/*adj.* قَدِيم (قُدَماء) ، عَتِيق ، غابِر
ancillary/æn'sɪlərɪ/*adj.* ثانَوِيّ ، خَدَمِيّ ، إضافِيّ ، تابِع لِ ، مَرْؤُوس
and/ænd/*conj.* واو أو فاءُ العَطْف
1. (as well as) (واو العَطْف)
2. (as a result) (نَتِيجةً لِذلك)
help me and I will pay you well ساعِدْني وَسَأُكافِئُكَ مُكافأةً حَسَنة
3. (*coll. after* **try**, **come**)
try and come early بِاللّٰهِ عَلَيْك تَعالَ مُبَكِّرًا !
come and see for yourself تَعالَ وَتَحَقَّقْ بِنَفْسِك
4. (*intensive repetition*) (لِلتَّكْرارِ أو التَّأْكِيد)
we walked for hours and hours سِرْنا لِساعاتٍ طِوال
anecdote/'ænɪkdəʊt/*n.* حِكاية ، أُمْلُوحة ، مُلْحة
angel/'eɪndʒəl/*n.* مَلاك (مَلائكة)
angelic/æn'dʒelɪk/*adj.* مَلائكِيّ
anger/'æŋgə(r)/*n. & v.t.* غَضَبٌ ، غَيْظ ، حِقْد ، حَنَقٌ ؛ أَغاظَ ، أَغْضَبَ ، أَثارَ السُّخْط
he's easily angered يَثُورُ غَضَبُهُ بِسُهُولة
angle[1]/'æŋgəl/*n.*
1. (*geom.*) زاوِية (هَنْدَسة)
2. (point of view) وُجْهةُ نَظَر
angle[2]/'æŋgəl/*v.i.* صادَ السَّمَكَ بالصِّنّارة
angler/'æŋglə(r)/*n.* صائِدُ السَّمَكِ بالصِّنّارة
Anglican/'æŋglɪkən/*adj. & n.* تابِع لِلكَنِيسة الإنْكِلِيزِيّة أو مُخْتَصّ بها
anglicization/'æŋglɪsaɪ'zeɪʃən/*n.* الأَنْكَلَزة ، تَأَنْكُز ، إعْطاءُ الشَّيْء أو الشَّخْص طابَعًا إنْكِلِيزِيًّا
anglicize/'æŋglɪsaɪz/*v.t.* جَعَلَهُ إنْكِلِيزِيًّا ، أَنْكَلَزَ
Anglo-/'æŋgləʊ-/*in comb.* بادِئة بِمَعْنَى إنْكِلِيزِيّ
angry/'æŋgrɪ/*adj.* غاضِب ، حانِق ، مَغِيظ ، ساخِط
anguish/'æŋgwɪʃ/*n.* لَوْعة ، أَلَم مُبَرِّح ، كَمَد
anguished/'æŋgwɪʃt/*adj.* (صَوْت) مُلْتاع ، مُتَأَلِّم
angular/'æŋgjʊlə(r)/ ذُو زَوايا حادّة ، نَحِيف ؛

adj. صَعْبُ المِراس

animal/ˈænəməl/*n. & adj.* حَيوان (حَيَوانات) ، بَهيمة (بَهائِم) ؛ حَيَوانيّ ، بَهيميّ ، مُتَوَحِّش

animate/ˈænɪmeɪt/*v.t.* نَفَخَ (ـُ) الحَياةَ في ، أَحْيا ، أَنْعَشَ

an animated discussion نِقاشٌ حامٍ ، مُناقَشة مُحْتَدِمة

animation/ˈænɪˈmeɪʃən/*n.* إِحْياء ، إِنْعاش ؛ حَيَوِيّة ، نَشاط ؛ حَماسة ، احْتِداد ؛ تَحْريك

animosity/ˈænɪˈmosətɪ/*n.* عِداء ، ضَغينة ، حِقْد ، خِصام

aniseed/ˈænɪsid/*n.* الأَنيسون ، بَذْرُ اليَنْسون

ankle/ˈæŋkəl/*n.* كاحِل ، رُسْغُ القَدَم

annex/əˈneks/*v.t.* أَلْحَقَ بِـ ، ضَمَّ (ـُ) مِنْطَقة إلى بَلَد

annexation/ˈænekˈseɪʃən/*n.* إِلحاقٌ بِـ ، ضَمٌّ (مِنْطَقة إلى بَلَد)

annex(e)/ˈæneks/*n.* (بِناء) مُلْحَق ، ذَيْل ، مُرْفَق

annihilate/əˈnaɪəleɪt/*v.t.* أَبادَ ، أَهْلَكَ ، أَفْنَى ، لاشَى ، قَضَى على

annihilation/ əˈnaɪəˈleɪʃən/*n.* إِبادة ، إِهْلاك ، إِفْناء

anniversary/ˈænɪˈvɜsərɪ/*n.* ذِكْرَى سَنَوِيّة ، احْتِفال سَنَوِيّ

annotate/ˈænəteɪt/*v.t.* عَلَّقَ عَلَى ، شَرَحَ (ـَ) ، وَضَعَ حاشِية

announce/əˈnɑʊns/*v.t.* أَعْلَنَ عَن ، أَذاعَ ، أَشْهَرَ

there's a new announcer on the radio في الإذاعةِ مُذيعٌ جَديد

announcement/ əˈnɑʊnsmənt/*n.* إِعْلان ، بَيان

annoy/əˈnɔɪ/*v.t.* أَزْعَجَ ، أَضْجَرَ ، ضايَقَ

annoyance/əˈnɔɪəns/*n.* مُضايَقة ، انْزِعاج ، مُناكَدة

annual/ˈænjʊəl/*adj. & n.* (إيراد) سَنَوِيّ ؛ (نَبات) حَوْلِيّ

annuity/əˈnjuətɪ/*n.* مُرَتَّب تَدْفَعُه شَرِكة التَّأْمين مَدَى الحَياة ، سَناهِية ، قِسْط سَنَوِيّ

annul/əˈnʌl/*v.t.* أَلْغَى ، أَبْطَلَ

annulment/əˈnʌlmənt/*n.* إِلْغاء ، إِبْطال

anoint/əˈnɔɪnt/*v.t.* مَسَحَ (ـَ) بِالزَّيْتِ المُقَدَّس

anomalous/əˈnoməlɪs/*adj.* شاذّ ، لا قِياسِيّ

anomaly/əˈnoməlɪ/*n.* شُذوذ ، لا قِياسِيّة ، خُروج عَن المَأْلوف

anonymous/əˈnonɪməs/*adj.* غُفْل (مِن الإمْضاء) ، مَجْهولُ الهُوِيّة ، خَفِيُّ الاسْم

anorak/ˈænəræk/*n.* سُتْرة التَزَلُّج ، سُتْرة مُبَطَّنة مُشَمَّعة ومُتَّصِلة بِقُبَّعة

another/əˈnʌðə(r)/*adj.*

1. (additional) إِضافِيّ

in another ten years بَعْدَ مُرورِ عَشْرِ سَنَوات ، لَنْ تَمْضِيَ عَشْرُ سَنَواتٍ إلاّ وَ ...

2. (different) مُخْتَلِف ، مُغايِر

that's quite another matter هذه مَسْأَلة أُخْرَى ، هذه قَضِيّة مُخْتَلِفة تَمامًا

pron. ضَميرُ المُشارَكة والمُقابَلة بِالمِثْل

they helped one another out تَعاوَنا ، ساعَدَ أَحَدُهُما الآخَرَ

answer/ˈɑnsə(r)/*v.t. & i.*

1. (reply to, reply) أَجابَ ، رَدَّ (ـُ) عَلَى

she answered the letter أَجابَت على الرِّسالة

she answered the door فَتَحَت البابَ لِلطّارِق

don't you dare answer me back لا تَتَجَرَّأْ عَلَيَّ في الجَواب

2. (be adequate **for**) كَفَى (يَكْفي) ، سَدَّ (ـُ) الحاجة

3. (correspond **to**) وافَقَ ، طابَقَ ، ماثَلَ

n. **1.** (reply) إِجابة ، رَدّ ، جَواب

2. (solution) حَلّ

the government has not found an answer to our problems لَم تَجِدِ الحُكومةُ حَلاًّ لِمُشْكِلاتِنا بَعْدُ

answerable/ˈɑnsərəbəl/*adj.* مَسْؤُول ، مُطالَبٌ بِـ ، عَلَيْهِ تَبِعة

ant/ænt/*n.* نَمْل (اِسْمُ جَمْع)

antagonism/ænˈtægənɪzm/*n.* خُصومة ، تَعارُض ، مُناوَأة ، صِراع (الطَّبَقات)

antagonist/ænˈtægənɪst/*n.* خَصْم (خُصوم) ، مُناهِض ، مُضادّ ، مُناوِئ

antagonistic/ænˈtægəˈnɪstɪk/*adj.* خِصامِيّ ، عِدائِيّ ، مُتَعارِض ، مُخاصِم

antagonize/ænˈtægənaɪz/*v.t.* أَثارَ الاسْتِياء ، ضايَقَ ، أَزْعَجَ ، جَعَلَ مِن فُلانٍ خَصْمًا

antarctic/ænˈtɑktɪk/*n. & adj.* القُطْبُ الجَنوبِيّ ؛ قُطْبِيّ جَنوبِيّ

ante-/ˈæntɪ-/*pref.* بادِئة مَعْناها قَبْلَ أو سابِقٌ لِ

ante meridiem (*Lat.*) *abbr.* **a.m.** قَبْلَ الظُّهْر (ق ٠ ظ ٠)

antecedent/ˈæntɪˈsidənt/*n.* سابِق ، مُتَقَدِّم ؛ عائِدُ اسْمِ المَوْصول (نَحْو)

anthem/ˈænθəm/*n.* نَشيد دينِيّ أو قَوْمِيّ

national anthem النَّشيد (أو السَّلام) الوَطَنِيّ

anthology/ænˈθolədʒɪ/*n.* مُنْتَخَبات ، مُخْتارات ، مَجْموعة (شِعْرِيّة مَثَلاً)

anthropology/ˈænθrəˈpolədʒɪ/*n.* عِلْمُ الإنْسان

anti-/ˈæntɪ-/*pref.* بادِئة بِمَعْنَى ضِدّ ، مُعاكِس لِ

antibiotic/ˈæntɪbaɪˈotɪk/*adj. & n.* مُضادّ حَيَوِيّ ؛ مادّة مُضادّة لِلجَراثيم

antic/ˈæntɪk/*n. usu. pl.* تَصَرُّف شاذّ يُثيرُ الضَّحِك ،

هَزْل ، مَرَح

anticipate/æn'tɪsɪpeɪt/*v.t. & i.*

1. (use before time) سَبَقَ (بِـ) ، سَدَّدَ قَبْلَ الاسْتِحْقاق

2. (do before others) تَقَدَّمَ على الآخَرين ، سَبَقَهُم

3. (think ahead) إسْتَبَقَ (رَغَباتِ فُلان)

4. (expect) تَوَقَّعَ ، إنْتَظَرَ

anticipation/æn'tɪsɪ'peɪʃən/*n.* (تَسْديد) قَبْلَ الاسْتِحْقاق ، تَعَجُّل ، تَسْبيق ، تَوَقُّع

in anticipation إنْتِظارًا لِـ ، (الشُّكْر) سَلَفًا ، تَوَقُّعًا

anticlimax/'æntɪ'klɑɪmæks/*n.* هُبوط مُفاجِئ مِن الرَّفيع إلى التّافِه ، خَيْبة الأَمَل لِعَدَم تَحَقُّق الذُّرْوة

anticlockwise/'æntɪ'klokwɑɪz/*adv. & adj.* في عَكْس اتِّجاه عَقْرَبَي السّاعة ، مُعاكِس لاتِّجاه عَقْرَبَي السّاعة

antidote/'æntɪdəʊt/*n.* تِرْياق ، مُضادّ لِلسُّمُوم

antifreeze/'æntɪfriz/*n.* (سائل) مانِع لِلتَّجَمُّد (مُحَرِّك السَّيّارة) ، مُضادّ لِلتَّجَمُّد

antipathy/æn'tɪpəθɪ/*n.* تَنافُر ، نُفُور ، صُدُود ، كُرْه ، اسْتِثْقال ظِلّ فُلان

antique/æn'tik/*adj.* قَديم ، عَتيق ، أَثَرِيّ

n. تُحْفة أَثَرِيّة ، قِطْعة أَثاث قَديمة

antiquity/æn'tɪkwətɪ/*n.*

1. (ancient times) العُصُور القَديمة

2. (*esp. pl.* relic of ancient times) آثار قَديمة ، الآثارُ الباقِية

anti-Semite/'æntɪ-'simɑɪt/*n.* لا سامِيّ ، مُعادٍ لِليَهُود

anti-Semitic/'æntɪ-sɪ'mɪtɪk/*adj.* لا سامِيّ ، مُعادٍ لِليَهُود

anti-Semitism/'æntɪ-'semətɪzm/*n.* اللّاسامِيّة

antiseptic/'æntɪ'septɪk/*adj. & n.* مُطَهِّر ، مانِع للعُفُونة والفَساد ، مَحْلول لِلقَضاء على الجَراثيم

antler/'æntlə(r)/*n.* قَرْن ذُو فُرُوع ، شُعْبة قَرْن الوَعِل

anvil/'ænvɪl/*n.* سِنْدان (سَنادِين)

anxiety/æŋ'zɑɪətɪ/*n.* قَلَق ، لَهْفة

anxious/'æŋkʃəs/*adj.* قَلِق ، مُتَلَهِّف لِـ ، تَوّاق إلى

we were anxious to meet the new director كُنّا مُتَلَهِّفين لِلتَّعَرُّف على المُدير الجَديد

any/'enɪ/*adj. & pron.*

1. (*with interrog., neg. or conditional expressions*) أَيّ ، أَيّة

I don't want any bread لا أُريدُ شَيْئًا مِن الخُبز ، لا أُريدُ أَيَّ خُبْز

2. (no matter which) أَيًّا كان

in any case على كُلِّ حال ، أَيًّا كان الأَمْر

at any rate على الأَقَلّ ، على أَيّة حالٍ

adv.

is the book any good? هَلِ الكِتابُ جَيِّد ؟

he isn't any the worse for getting so wet لَمْ يُصِبْهُ كُلُّ هذا البَلَل بِأَيِّ ضَرَر

anybody/'enɪbodɪ/ (*also* **anyone**/'enɪwʌn/) *pron.*

1. (*with interrog., neg. or conditional expressions*) أَيُّ شَخْصٍ

is anyone at home? هَلْ في البَيْتِ أَحَد ؟

2. (no matter who) أَيًّا كان

anybody who is over 18 is eligible for the job مِن حَقِّ كُلِّ مَنْ جاوَزَ الثّامِنةَ عَشْرةَ أَنْ يَتَقَدَّمَ لِلوَظيفة

3. (an important person) شَخْصٌ مَرْمُوق

he'll never be anybody لَنْ يُصْبِحَ أَبَدًا شَخْصًا مُهِمًّا

anyhow/'enɪhɑʊ/ (*also* **anyway**/'enɪweɪ/) *adv. & conj.* كَيْفَما اتَّفَق ، بِأَيِّ شَكْلٍ مِن الأَشْكال ، مَهْما يَحْدُث ، مَهْما كانَت الأَحْوال ، على كُلِّ حال

anything/'enɪθɪŋ/*pron.*

1. (*with interrog., neg. or conditional expressions*) أَيُّ شَيْءٍ

has anything interesting happened in my absence? هَلْ حَدَثَ أَيُّ شَيْءٍ طَريفٍ في غِيابي ؟

2. (no matter what) مَهْما يَكُنْ ، أَيًّا كان

please lend me some clothes; anything will do أَعِرْني بَعْضَ المَلابِس مِن فَضْلِك ، أَيُّ شَيْءٍ يَنْفَع

anywhere/'enɪweə(r)/*adv.*

1. (*with interrog., neg. or conditional expressions*) حَيْثُما ، أَنَّى

are you going anywhere nice for your holiday? أَذاهِبٌ أَنْتَ إلى مَكانٍ جَميلٍ لِقَضاء عُطْلَتِك ؟

2. (no matter where) حَيْثُما كان

put your coat anywhere ضَعْ مِعْطَفَكَ أَيْنَما كان

apart/ə'pɑt/*adv. & pred. adj.*

1. (distant) بَعيدٌ عَن ، ناءٍ

the two temples stand a mile apart (from each other) يَبْعُدُ أَحَدُ المَعْبَدَيْنِ مِيلًا واحِدًا عَن الآخَر

2. (separate, separately) على انْفِراد ، مُنْفَرِد

the pages of the book are stuck together and I can't get them apart صَفَحاتُ الكِتاب مُلْتَصِقة بِبَعْضِها ولا يُمْكِنُني فَصْلُها

3. (in pieces) (تَحَطَّمَ أو انْحَطَمَ) حِطَمًا ، (انْكَسَرَ أَلْفَ) كِسْرة

the jug came apart in my hand تَناثَرَت أَجْزاءُ الإبْريقِ في يَدي

4. (**apart from** leaving on one side, besides) فَضْلًا عَن ، عِلاوةً على ، بِصَرْفِ النَّظَر عن

apart from being too لَوْلا صِغَرُ سِنِّكَ لَكُنْتَ

young, you would be ideal for the job — الشَّخص المِثاليّ لِلوَظِيفة

apart from being the right age you are also suitable for the job in every other way — عَدا عَن كَوْنِكَ في السِّنّ المُلائِمة ، فإنّكَ أيضًا مُناسِبٌ لِلعَمَلِ مِن كُلّ جِهةٍ أُخرى

apartheid/ə'pɑtheɪt/*n.* — التَّفْرِقة العُنْصُرِيّة في جَنُوبيّ أفْرِيقيا ، سِياسة التَّمْيِيز العُنْصُرِيّ

apartment/ə'pɑtmənt/*n.* — شَقّة (شِقَق)

apathetic/'æpe'θetɪk/*adj.* — مُتَبَلِّد الإحساس

apathy/'æpəθɪ/*n.* — جُمُودُ الحِسّ ، عَدَمُ اكتِراث

ape/eɪp/*n.* — سَعْدان (سَعادِينُ) ؛ مُحاكٍ ، مُقَلِّد

v.t. — قَلَّدَ ، حاكَى

aperture/'æpətʃʊə(r)/*n.* — فَتْحة ، ثُغْرة ، ثُقْبة

apex/'eɪpeks/*n.* — أَوْج ، ذِرْوة ، رأسُ (مُثَلَّث)

apologetic/ə'polə'dʒətɪk/*adj.* — تَبْرِيرِيّ ، مُعْتَذِر ، مُسْتَعْذِر

apologize/ə'polədʒɑɪz/*v.i.* — اعْتَذَرَ مِن أو عَن ، طَلَبَ العَفْوَ أو الصَّفْحَ

apology/ə'polədʒɪ/*n.* — التِماسُ العَفْو ، اعْتِذار

apostle/ə'posəl/*n.* — رَسُول (رُسُل) ؛ أَحَدُ الحَوارِيِّين

apostolic/'æpə'stolɪk/*adj.* — رَسُوليّ ، بابَوِيّ

apostrophe/ə'postrəfɪ/*n.* — عَلامةُ حَذْفِ (حَرْفٍ مَثَلًا) ، فاصِلة

appal/ə'pɔl/*v.t.* — أَرْعَبَ ، هالَ (يَهُول)

appalling/ə'pɔlɪŋ/*adj.* — مُفْزِع ، هائِل ، فَظِيع ، سَيِّئ جِدًّا

apparatus/'æpə'reɪtəs/*n.* — جِهاز (أَجْهِزة)

apparel/ə'pærəl/*n.* — رِداء ، مَلْبَس ، زِيّ ، حُلّة

apparent/ə'pærənt/*adj.* — ظاهِر ، بادٍ لِلعَيان

heir apparent — وَلِيُّ العَهْد

apparently/ə'pærəntlɪ/*adv.* — على ما يَبْدُو ، ظاهِرًا

apparition/'æpə'rɪʃən/*n.* — طَيْف (أَطْياف) ، شَبَح (أَشْباح) ، رُؤْيا (رُؤًى)

appeal/ə'pil/*v.i. & n.*

1. (make an earnest request) — اِلْتَمَسَ ، ناشَدَ

2. (prove attractive) — اِجْتَذَبَ ، اسْتَهْوَى

the suggestion of visiting Italy for our holiday appeals to me very much — تَرُوقُ لي جِدًّا فِكْرةُ زِيارةِ إيطاليا لِقَضاءِ عُطْلَتِنا هُناك

appear/ə'pɪə(r)/*v.i.*

1. (come into view) — لاحَ (يَلُوح) ، طَلَعَ (ـُ) ، مَثَلَ (أمامَ المَحْكَمة مَثَلًا)

2. (seem) — تَراءَى ، ظَهَرَ (ـَ) ، بَدا (يَبْدُو) ، تَجَلَّى لِ

appearance/ə'pɪərəns/*n.*

1. (manifestation) — مُثُول ، ظُهُور مُمَثِّلٍ على خَشَبةِ المَسْرَح

he put in an appearance at the end of the meeting — حَضَرَ في خِتامِ الاجْتِماعِ لإثْباتِ وُجُودِه

2. (aspect, show) — مَظْهَر ، مَشْهَد

you should not judge people by appearances — النّاسُ مَخابِرُ لا مَظاهِر ، لا تَحْكُمْ على النّاسِ مِن مَظاهِرِهِم

appease/ə'piz/*v.t.* — اِسْتَرْضَى ، هَدَّأَ ، سَكَّنَ

appeasement/ə'pizmənt/*n.* — اِسْتِرْضاء ، تَهْدِئة (الرَّأْيِ العامّ)

appendicitis/ə'pendɪ'sɑɪtɪs/*n.* — اِلْتِهابُ الزّائِدةِ الدُّودِيّة

appendix/ə'pendɪks/*n.* — مُلْحَق ، ذَيْل ؛ الزّائدة الدُّودِيّة

appetite/'æpətɑɪt/*n.* — شَهِيّة لِلأكْل ، مَيْل أو قابِلِيّة ، اِشْتِهاء

applaud/ə'plɔd/*v.t. & i.* — هَتَفَ (ـِ) لِ ، صَفَّقَ (لِلاسْتِحْسان)

applause/ə'plɔz/*n.* — هُتاف ، تَصْفِيق

apple/'æpəl/*n.* — تُفّاح (اسْم جَمْع)

appliance/ə'plɑɪəns/*n.* — جِهاز (أَجْهِزة) ، عُدّة (عُدَد) ، أداة (أَدَوات)

applicable/'æplɪkəbəl, ə'plɪkəbəl/*adj.* — مُمْكِنُ التَّطْبِيقِ أو الاسْتِخْدام

applicant/'æplɪkənt/*n.* — مُقَدِّمُ طَلَب ، طالِبُ وَظِيفة ، مُسْتَدْعٍ

application/'æplɪ'keɪʃən/*n.* — اِسْتِعْمال ، تَطْبِيق ؛ طَلَبٌ ؛ اِجْتِهاد (تِلْمِيذ)

application form — اِسْتِمارةُ طَلَب

apply/ə'plɑɪ/*v.t.*

1. (put on, bring into contact) — وَضَعَ (المَرْهَمَ مَثَلًا)

he applied the brakes — داسَ على الكَبّاحِ أو الفَرامِلِ (لإيقافِ السَّيّارة)

2. (make practical use of) — اِسْتَعْمَلَ ، طَبَّقَ

applied mathematics — رِياضِيّات تَطْبِيقِيّة

v.i.

1. (formally ask **for**) — طَلَبَ (ـُ) رَسْمِيًّا

she applied for a visa at the consulate — طَلَبَت سِمةَ دُخُولٍ مِن القُنْصُلِيّة

2. (concern, have reference **to**) — أَثَّرَ ، اِنْطَبَقَ على ، سَرَى على

the new tax applies only to people with high incomes — تَسْرِي الضَّرِيبةُ الجَدِيدةُ على أصْحابِ الدَّخْلِ العالي فَقَطْ

appoint/ə'pɔɪnt/*v.t.* — نَصَبَ (ـُ) ، عَيَّنَ

appointment/ə'pɔɪntmənt/*n.*

1. (assignation) — مَوْعِد (مَواعِدُ) ، مِيعاد (مَواعِيدُ)

I have an appointment at the dentist's today — عِنْدِي مَوْعِد مع طَبيب الأَسْنان اليَوْم

2. (position, office) — مَنْصِب (مَناصِب) ، وَظِيفة (وَظائِف) ، مَهَمّة (مَهامّ)

appreciable/ə'priʃəbəl/*adj.* — مَحْسُوس ، مَلْمُوس ، غَيْرُ قَلِيلٍ

air conditioning has made an appreciable difference — لَطَّفَ تَكْيِيفُ الهَواءِ الجَوَّ تَلطِيفًا مَحْسُوسًا

appreciate/ə'priʃɪeɪt/*v.t.* — قَدَّرَ ، ثَمَّنَ

I appreciate your kindness — أَنا أُقَدِّرُ فَضْلَكَ حَقَّ التَّقْدِير

v.i. — زادَ ثَمَنًا

the land has appreciated in value — اِرتَفَعَ سِعْرُ الأَرْض

appreciation/ə'priʃɪ'eɪʃən/*n.* — تَقْدِير ، تَثْمِين ؛ اِسْتِمْتاع

she showed little appreciation of classical music — لَم تُبْدِ مَيْلاً كَبِيرًا لِلمُوسِيقَى الكلاسِيكِيّة

appreciative/ə'priʃətɪv/*adj.* — مُعْتَرِف بِالجَمِيل ، مُقَدِّر ل

he found his audience appreciative — وَجَدَ مُسْتَمِعِيه مُقَدِّرِين لِفَنِّه

apprehend/'æprɪ'hend/*v.t.* — أَلْقَى القَبْضَ على ، اِعْتَقَلَ ؛ أَدْرَكَ ، فَهِمَ (ـَ) ؛ خافَ (يَخاف) ، خَشِيَ (يَخْشَى)

apprehension/'æprɪ'henʃən/*n.* — اِعْتِقال ؛ إدراك ؛ خَشْية ، خَوْف مِن (مَخاوِف) ، قَلَق

apprehensive/'æprɪ'hensɪv/*adj.* — خائِف مِن ، وَجِل

apprentice/ə'prentɪs/*n.* — تِلْمِيذ في دَوْر التَّدْرِيب ؛ صَبِيّ تَحْتَ التَّدْرِيبِ في حِرْفة

approach/ə'prəʊtʃ/*v.t. & i.* — اِقْتَرَبَ ، دَنا (يَدْنو) مِن ؛ أَقْبَلَ على

the approaching election — الانْتِخابات المُقْبِلة

he is a difficult man to approach — إنّه رَجُل يَصْعُبُ التَّوَدُّدُ إليه

n. **1.** (access, means of access) — تَوَصُّل ، وَسِيلة بُلُوغٍ إلى

2. (*often pl.* advances) — مُحاوَلاتُ تَقارُب

he made approaches about buying my house — عَرَضَ عَلَيَّ شِراءَ مَنْزِلِي

appropriate[1]/ə'prəʊprɪət/*adj.* — مُوافِق ل ، مُتَوافِق مَع ، مُناسِب ل ، مُتَناسِب مَع

appropriate[2]/ə'prəʊprɪeɪt/*v.t.* — اِسْتَوْلَى عَلَى ، اِغْتَصَبَ ، تَمَلَّكَ (أَمْوالَ فُلان)

approval/ə'pruvəl/*n.* — اِسْتِحْسان ، اسْتِصْواب ، قَبُول ، رِضًى

my television set is on approval for a week — التلفِزْيون في بَيْتِي تَحْتَ التَّجْرِبة لِمُدّة أُسْبُوع

his action met with his father's approval — لاقَى عَمَلُه اسْتِحْسانَ أَبِيه

approve/ə'pruv/*v.t. & i.* — رَضِيَ (يَرْضَى) عَن ، اِسْتَحْسَنَ ، اِسْتَصْوَبَ

approximate[1]/ə'proksɪmət/*adj.* — مُقارِب ، تَقْرِيبِيّ

approximate[2]/ə'proksɪmeɪt/*v.i.* — قارَبَ الحَقِيقة

approximation/ə'proksɪ'meɪʃən/*n.* — مُقارَبة ، تَقْرِيب ، تَخْمِين

apricot/'eɪprɪkot, 'æprɪkot/*n.* — مِشْمِش (اِسْم جَمْع)

April/'eɪprɪl/*n.* — إبْرِيل ، نِيسان

apron/'eɪprən/*n.* — مِئْزَر (لِوِقاية المَلابِس) ، فُوطة (خادِم) ، مِدْرَجة (المَطار)

apropos/'æprə'pəʊ/*adv. & pred. adj.* — بِصَدَد ، مُناسِب

apt/æpt/*adj.* — تَمامًا

1. (to the point, suitable) — مُناسِب ، مُلائِم

it was a very apt remark — كانَت المُلاحَظة في مَحَلِّها تَمامًا

2. (likely to) — عُرْضة ل

the car's apt to break down in the middle of a journey — قَدْ تَتَعَطَّلُ السَّيّارة أَثْناءَ الرِّحْلة

aptitude/'æptɪtjud/*n.* — كَفاءة ، مَلَكة ، اِسْتِعْداد فِطْرِيّ ، أَهْلِيّة

aquarium/ə'kweərɪəm/*n.* — مَعْرِضُ الأَحْياءِ المائِيّة ؛ حَوْض زُجاجِيّ لِعَرْضِ الأَسْماك والنَّباتات المائِيّة

aquatic/ə'kwætɪk/*adj.* — مائِيّ ، ماوِيّ ، ماهِيّ

aqueduct/'ækwɪdʌkt/*n.* — مَجْرًى مائِيّ اصْطِناعِيّ مَحْمُولٌ عَلَى قَنْطَرة

Arab/'ærəb/*n. & adj.* — عَرَبِيّ

Arabia/ə'reɪbɪə/*n.* — بِلادُ العَرَب ، شِبْهُ الجَزِيرة العَرَبِيّة

Arabic/'ærəbɪk/*adj. & n.* — عَرَبِيّ ؛ اللُّغة العَرَبِيّة

Arabist/'ærəbɪst/*n.* — مُسْتَعرِب ، مُسْتَشْرِق مُخْتَصّ بِالعَرَبِيّة وآدابِها

arable/'ærəbəl/*adj.* — قابِل للزِّراعة (خِلافَ المَراعي) ، صالِح للفِلاحة

arbitrary/'ɑbɪtrərɪ/*adj.* — تَعَسُّفِيّ ، اِعْتِباطِيّ ، اِسْتِبْدادِيّ

arbitrate/'ɑbɪtreɪt/*v.i.* — قَضَى بَيْن طَرَفَيْن مُحْتَكِمَيْن

arbitration/'ɑbɪ'treɪʃən/*n.* — تحكيم (إجْبارِيّ أو اختيارِيّ)

arbitrator/'ɑbɪtreɪtə(r)/*n.* — حَكَم ، فَيْصَل بَيْن طَرَفَيْن مُحْتَكِمَيْن

arc/ɑk/*n.* — قَوْسُ دائِرة ، قَوْس (هَنْدَسة)

arcade/ɑ'keɪd/*n.* — رِواق (أَرْوِقة) ، شُرْفة مُقَنْطَرة ، مَمَرّ مَسْقُوف مُقَنْطَر

arch/ɑtʃ/*n. & v.t.* — قَوْس (أَقْواس) ، قَنْطَرة ؛ قَوَّسَ

adj. — (بَسْمة) لَعُوب ، ماكِرة ، (نَظْرة) مُسْتَخِفّة

archaeologist/ ˈɑkɪˈolədʒɪst/*n.* عالِم أَثَرِيّ

archaeology/ ˈɑkɪˈolədʒɪ/*n.* عِلْمُ الآثار القَدِيمة

archaic/ ɑˈkeɪɪk/*adj.* قَدِيم ، مَهْجُور ، مُهْمَل

archbishop/ ˈɑtʃˈbɪʃəp/*n.* رَئِيسُ الأَساقِفة ، مِطْران (مَطارِنة)

archer/ˈɑtʃə(r)/*n.* قَوّاس ، نَبّال ، رامِي السِّهام

archipelago/ ˈɑkɪˈpeləgəʊ/*n.* أَرْخَبِيل ، مَجْمُوعة جُزُر مُتَقارِبة

architect/ˈɑkɪtekt/*n.* مُهَنْدِس مِعْمارِيّ

architectural/ ˈɑkɪˈtektʃərəl/*adj.* مِعْمارِيّ ، مُتَعَلِّق بِفَنّ العِمارة

architecture/ ˈɑkɪtektʃə(r)/*n.* هَنْدَسة مِعْمارِيّة ، فَنّ العِمارة

archive/ˈɑkɑɪv/*n.* (*usu. pl.*) سِجِلّات ، مَحْفُوظات ، أَرْشِيف ، وَثائِقُ رَسْمِيّة

arctic/ˈɑktɪk/*adj. & n.* قُطْبِيّ ؛ القُطْبُ الشَّمالِيّ
 the Arctic Ocean المُحِيطُ المُتَجَمِّدُ الشَّمالِيّ

ardent/ˈɑdənt/*adj.* مُتَحَمِّس ، غَيُور عَلَى ؛ مُضْطَرِم ، (عَشِيق) هائِم

ardour/ˈɑdə(r)/*n.* حَمِيّة ، حَماس ، غَيْرة عَلَى

arduous/ˈɑdjʊəs/*adj.* شاقّ ، مُرْهِق ، مُجْهِد ، عَوِيص

are/ ɑ(r)/*2nd pers. sing., 1st, 2nd & 3rd pers. pl. pres. tense of* **be**

area/ˈeərɪə/*n.*
 1. (extent of surface) مِساحة (السَّطْح)
 2. (region) مِنْطَقة (مَناطِقُ) ، مَجال (مَجالات) ، فُسْحة (فُسَح)

arena/əˈrinə/*n.* مَيْدان (الصِّراع) ، ساحة

argue/ˈɑgju/*v.t. & i.* جادَلَ ، ناقَشَ
 don't argue with me لا تُجادِلْني
 he argued that poverty might be a blessing in disguise زَعَمَ أَنَّ الفَقْرَ قد يَكُون نِعْمةً مُتَنَكِّرة
 the lawyers argued the case for hours ناقَشَ المُحامُون القَضِيّةَ لِعِدَّةِ ساعات

argument/ˈɑgjʊmənt/*n.* مُجادَلة ، مُناقَشة ، مُداوَلة (في مَسْأَلة)
 he had an argument with the referee and was sent off the field دَخَلَ في مُشادَّةٍ مَعَ الحَكَم فأُبْعِدَ عن المَلْعَب
 her argument for being strict was that children need discipline حُجَّتُها في الصَّرامة مَعَ الأَطْفالِ أَنَّهُم بِحاجةٍ إلى التَّأْدِيب

argumentative/ ˈɑgjʊˈmentətɪv/*adj.* مُولَعٌ بِالجَدَل ، كَثِيرُ النِّقاش ، مُماحِك

aria/ˈɑrɪə/*n.* لَحْن في أُوبِرا ، نَغَم في أُوراتُورِيُو

arid/ˈærɪd/*adj.* قاحِل ، جافّ ، مُجْدِب

aridity/əˈrɪdətɪ/*n.* مُحُولة ، عُقْم ، جَفاف

arise/ əˈrɑɪz/ (*p.t.* **arose** *p.p.* **arisen**) *v.i.*
 1. (appear, occur) حَدَثَ (ـُ) ، حَصَلَ (ـُ)
 he has promised help, should the need arise وَعَدَ بِالمُساعَدة إذا ما دَعَت الحاجة
 2. (result **from, out of**) نَجَمَ (ـُ) عن ، تَوَلَّدَ مِنْ ، نَشَأَ عَن
 the quarrel arose out of a misunderstanding نَجَمَ الخِصامُ عن سُوءِ تَفاهُمٍ

aristocracy/ ˈærɪsˈtokrəsɪ/*n.* أَرِسْتُقْراطِيّة ، عِلْيَةُ القَوْم ، طَبَقة الأَشْراف

aristocratic/ ˈærɪstəˈkrætɪk/*adj.* أَرِسْتُقْراطِيّ ، مُتَعَلِّق بِطَبَقةِ النُّبَلاء ؛ أَنِيقُ التَّصَرُّف

arithmetic/əˈrɪθmətɪk/*n.* (عِلْم) الحِساب

arithmetical/ ˈærɪθˈmetɪkəl/*adj.* حِسابِيّ ؛ (مُتَوالِية) عَدَدِيّة

ark/ ɑk/*n.* تابُوت (العَهْد القَدِيم)
 Noah's Ark سَفِينة نُوح

arm/ ɑm/*n.* **1.** (limb) ذِراع (أَذْرُع)
 they walked along arm in arm سارا ذِراعًا بِذِراع
 she welcomed him with open arms رَحَّبَت بِهِ أَجْمَلَ تَرْحِيب
 2. (sleeve) كُمّ (أَكْمام) ، رُدْن (أَرْدان)
 3. (thing like an arm) ما يُشْبِهُ الذِّراع
 arm of a chair مِرْفَق الكُرْسِيّ
 4. (*pl.* weapons) أَسْلِحة
 he's up in arms about what you've done جُنَّ جُنُونُهُ لِما فَعَلْت
 v.t. سَلَّحَ ، زَوَّدَ بِالسِّلاح أو بِالأَدَوات اللّازِمة
 armed forces القُوّاتُ المُسَلَّحة

armament/ˈɑməmənt/*n.* (*collect.*) أَسْلِحة حَرْبِيّة

armchair/ˈɑmtʃeə(r)/*n.* كُرْسِيّ ذُو مِرْفَقَيْن وَمُتَّكَأٍ ، فُوتَيْه (فُوتَيْهات)

armistice/ˈɑmɪstɪs/*n.* هُدْنة

armour/ˈɑmə(r)/*n.*
 1. (protective covering for body, vehicle) دِرْع (دُرُوع ، أَدْرُع)
 armour-plate صَفائِحُ فُولاذٍ واقِية
 2. (*collect.* armoured vehicles) سَيّاراتٌ مُدَرَّعة أو مُصَفَّحة

armoured/ˈɑməd/*adj.* مُدَرَّع ، مُصَفَّح

armpit/ˈɑmpɪt/*n.* إِبْط (آباط)

army/ˈɑmɪ/*n.* جَيْش (جُيُوش) ، فَيْلَق (فَيالِق)

aroma/əˈrəʊmə/*n.* شَذا ، عِطْر ، أَرِيج ، عَبَق

aromatic/ˈærəˈmætɪk/*adj.* زَكِيُّ الرّائِحة ، عِطْرِيّ
the aromatic bark of the cinnamon tree قِشْرُ شَجرة القِرْفة العِطْرِيّ
around/əˈraʊnd/*prep.* حَوْلَ ، حَوالَيْ
they worked around the clock اِشْتَغَلُوا لَيْلَ نَهارَ
he walked around the town طافَ في أَنْحاءِ المَدِينة
adv.
is Zayd around? هَلْ زَيْدٌ مَوْجُود ؟
there's a rumour around that he's been dismissed هُناكَ إِشاعة بِأَنَّه قَدْ عُزِلَ مِنْ مَنْصِبه
turn around اِلْتَفَتَ ، دارَ
arouse/əˈraʊz/*v.t.* أَيْقَظَ ، نَبَّهَ ؛ أَثارَ ، هَيَّجَ
the news has aroused considerable interest أَثارَ الخَبَرُ اهْتِمامًا بالِغًا
arrange/əˈreɪndʒ/*v.t.*
1. (put in order) رَتَّبَ ، نَظَّمَ ، نَسَّقَ
she's good at arranging flowers إنَّها تُحْسِنُ تَنْسِيقَ الزُّهُور
2. (plan) خَطَّطَ ، صَمَّمَ ، نَظَّمَ ؛ هَيَّأَ ، أَعَدَّ
his parents arranged his marriage for him دَبَّرَ والِداهُ أَمْرَ زَواجِه
v.i. (make plans **for, about, to**) اِسْتَعَدَّ لِ ؛ اِتَّفَقَ مَع
I've arranged for the car to be here at noon اِتَّخَذْتُ التَّرْتِيباتِ اللازمةَ لِحُضُورِ السَّيّارةِ في السّاعةِ الثّانيةَ عَشْرَةَ
arrangement/əˈreɪndʒmənt/*n.* تَرْتِيب ، تَنْظِيم ، تَنْسِيق ؛ تَخْطِيط ، تَهْيِئة ؛ اِتِّفاق
arrears/əˈrɪəz/*n. pl.* دُيُون أو دَفَعات مُتَراكِمة ؛ أَعْمال مُتَراكِمة
she fell into arrears with her rent تَخَلَّفَتْ في دَفْعِ إيجاراتِها المُتَراكِمة
arrest/əˈrest/*v.t. & n.* أَلْقَى القَبْضَ عَلَى ، أَوْقَفَ ، اِعْتَقَلَ ؛ أَوْقَفَ النُّمُوَّ الطَّبِيعِيّ ؛ تَوْقِيف ، اعْتِقال ، تَوَقُّف
he's under house arrest إنَّهُ تَحْتَ الإقامةِ الجَبْرِيّة
arrival/əˈraɪvəl/*n.* وُصُول ، حُضُور ؛ بُلُوغ
arrive/əˈraɪv/*v.i.* وَصَلَ (بِ) ، حَضَرَ (لِ) ، بَلَغَ (لِ) ، تَوَصَّلَ إلى
at last she arrived at a decision to resign وأخِيرًا تَوَصَّلَتْ إلى قَرارٍ بالاسْتِقالة
arrogance/ˈærəgəns/*n.* عَجْرَفة ، تَكَبُّر ، غَطْرَسة
arrogant/ˈærəgənt/*adj.* مُتَعَجْرِف ، مُتَكَبِّر ، مُتَغَطْرِس
arrow/ˈærəʊ/*n.* سَهْم (أَسْهُم ، سِهام) ، نَبْلة (نِبال)
arsenal/ˈɑsənəl/*n.* مُسْتَوْدَع أو مَعْمَل للأَسْلِحة أو الذَّخِيرة ، تَرْسانة
arsenic/ˈɑsənɪk/*n.* زِرْنِيخ
arson/ˈɑsən/*n.* جَرِيمة الحَرْقِ عَمْدًا
art/ɑt/*n.* فَنّ (فُنُون) ؛ بَراعة ، مَهارة ، صَنْعة
arts and sciences الفُنُون والعُلُوم
Bachelor of Arts (*abbr.* **B.A.**) بَكالُورِيُوس أو لِيسانْس في الآداب
arterial/ɑˈtɪərɪəl/*adj.* شِرْيانِيّ
artery/ˈɑtərɪ/*n.* شِرْيان (شَرايِينُ)
artful/ˈɑtfəl/*adj.* ماكِر ، داهِية ، دَهِيّ (أَدْهِياء) ؛ ذُو حِيلة ، شاطِر (شُطّار)
arthritis/ɑθˈraɪtɪs/*n.* اِلْتِهابُ المَفاصِل
artichoke/ˈɑtɪtʃəʊk/*n.* خُرْشُوف ، أَرضِي شَوْكِي
globe artichoke خُرْشُوف
Jerusalem artichoke طَرْطُوف (دَرَنة تُؤْكَل)
article/ˈɑtɪkəl/*n.*
1. (particular object) شَيْء ، قِطْعة
an article of clothing قِطْعة مَلابِس
2. (piece of writing) مَقال ، مَقالة
3. (*pl.* contract) بُنُود (عَقْد أو مُقاوَلة)
articles of association نِظامُ الشَّرِكة الأَساسِيّ
4. (*gram.*) (في النَّحْو)
definite article أَداةُ التَّعْرِيف
indefinite article أَداةُ التَّنْكِير
articulate/ɑˈtɪkjʊleɪt/ *v.t. & i.* لَفَظَ بِوُضُوح ، وَضَّحَ مَخارِجَ الحُرُوف ؛ وَصَلَ بِمَفْصِل مُتَحَرِّك
/ɑˈtɪkjʊlət/*adj.* مَفْصِلِيّ ؛ واضِحُ النُّطْق ؛ فَصِيح في الإعْرابِ عَن أَفْكارِه
artificial/ˈɑtɪˈfɪʃəl/*adj.* اِصْطِناعِيّ ، مُزَيَّف ؛ مُصْطَنَع ، مُتَكَلَّف
artificial respiration تَنَفُّس اِصْطِناعِيّ
artificiality/ˈɑtɪfɪʃɪˈælətɪ/*n.* تَصَنُّع ، تَكَلُّف
artillery/ɑˈtɪlərɪ/*n.* مِدْفَعِيّة
artisan/ˈɑtɪˈzæn/*n.* صانِع يَدَوِيّ ، صاحِب حِرْفة ، صَنّاع
artist/ˈɑtɪst/*n.* فَنّان ، رَسّام ، مُتَفَنِّن (في كَلامِه مثلاً)
artistic/ɑˈtɪstɪk/*adj.* فَنِّيّ ؛ مَصْنُوع بِذَوْق رَفِيع
artistry/ˈɑtɪstrɪ/*n.* مَهارة فَنِّيّة ، ذَوْق فَنِّيّ ، إتْقان
as/æz/*conj. & adv.*
1. (when, while) عِنْدَما ، بَيْنَما
as he grew older he became fond of reading مَعَ تَقَدُّمِ سِنِّهِ أَصْبَحَ مُولَعًا بِالقِراءة
2. (because) بِما أَنَّ ، لِأَنَّ ، بِسَبَب ، إذ أَنَّ
as I was late, I ran all the way قَطَعْتُ الطَّرِيقَ كُلَّهُ جَرْيًا لِتَأَخُّرِي
3. as . . . as بِقَدْر . . . (لِلمُقارَنات)
she came as quickly as possible حَضَرَت بِأَسْرَعِ وَقْتٍ مُمْكِن
the restaurant isn't as لَيْسَ المَطْعَمُ بِالغَلاءِ الذي

expensive as I thought — ظَنَنْتُ
as far as I know, she's coming — في حَدِّ عِلْمي إنَّها سَتَحْضُر
as far as possible — جُهْدَ الإمْكان ، قَدْرَ المُسْتَطاع
as soon as the clock struck five, they stopped work — ما أن دَقَّت السّاعة الخامِسة حَتَّى تَوَقَّفوا عَن العَمَل
I would just as soon go home as go to the cinema — سِيّانَ عِنْدي الذَّهابُ إلى البَيْت أو إلى السِّينَما
the patient is as well as can be expected — المَريضُ على أحْسَن ما يُرامُ لِمَن في حالَتِه
as well as his family, he brought all his friends — بالإضافة إلى عائلَتِه فَقَدْ أتَى بِكُلِّ أصْدِقائه أيضًا
4. (though *after adj., adv. or v.*) — رَغْمَ ، مع أنَّ ، بِقَدْرِ ما
much as I would like to come, I'm afraid I must refuse — رَغْمَ رَغْبَتي الشَّديدة في الحُضور يُؤْسِفُني أنْ أرْفُضَ
try as he would, he couldn't lift it — رَغْمَ أنَّه بَذَلَ قُصارَى جُهْدِه لَمْ يَسْتَطِع أن يَرْفَعَه
5. (*of manner*) — مِثْلَما ، كَما
the child did as he was told — قام الطِّفْلُ بِما طُلِبَ إلَيْه
6. (like)
why is he dressed as a woman? — لِماذا يَرْتَدي ثِيابَ امْرأة ؟
7. (in the capacity or character of) — بِصِفَتِه ، بِوَصْفِه (كَذا وكَذا)
Michaelangelo was famous both as a poet and as a painter — اِشْتَهَرَ ميكائيل أنْجِلو شاعرًا ورَسّامًا أيضًا
he speaks as an authority on the subject — يَتَحَدَّثُ بِصِفَتِه خَبيرًا في المَوْضوع
8. such as (for example, like) — مِثْلَ ، كَ ، مَثَلاً
men such as Napoleon are very rare — أمْثالُ نابُلْيون مِن الرِّجالِ نادِرون جِدًّا
9. (*introducing rel. clause after* **same** *or* **such**)
she is just the same as she was — إنَّها لا تَزالُ على حالِها تَمامًا
he is not such a fool as to forget his money — لَيْسَ هُو مِن الغَباءِ بِحَيْثُ يَنْسَى دَراهِمه
10. (a fact which)
London, as you all know, is the capital of the United Kingdom — لَنْدن كَما تَعْلَمون هي عاصِمة المَمْلَكةِ المُتَّحِدة
11. so as to (in order to) — كَيْ ، لِكَيْ
he put on his glasses so as to see better — وَضَعَ نَظّاراتِه على عَيْنَيْه لِيَرَى بِصورة أفْضَل
12. so long as (if) — ما دامَ الأمْرُ كذلِك ، طالَما
you can stay up late so long as you behave — لَكَ أن تَسْهَرَ لِساعةٍ مُتأخِّرة طالَما سُلوكُك حَسَن
13. (*other special uses*) — (اِسْتِعْمالاتٌ أُخْرَى)
as for your friends, the sooner they go the better — أمّا أصْدِقاؤُك ، فَخَيْرُ ذَهابِهِم عاجِلُه
as from today, lunch will be served at twelve — مِنَ اليَوْمِ فَصاعِدًا سَيُقَدَّمُ الغَداءُ في السّاعة الثّانِيةَ عَشْرَةَ
he looks as if (though) he had seen a ghost — يَبْدُو (فَزِعًا) وكأنّه قد رأى شَبَحًا
it isn't as if (though) he were poor — لا يُمْكِنُه التَّذَرُّع بالفَقْر
I thought as much — هذا ما تَوَقَّعْتُه تَمامًا
as a rule, I go to bed at 11 o'clock — آوِي إلى فِراشي عادةً في الحادِيةَ عَشْرَةَ

asbestos/æs'bestəs/*n.* — حَرير صَخْريّ ، كَتّان حَجَريّ ، أمْيانت ، أَسْبِسْتوس
ascend/ə'send/*v.t. & i.* — صَعِدَ (ـَ) ، طَلَعَ (ـُ) ، اِعْتَلَى ، اِرْتَقَى ، اِرْتَفَعَ
ascent/ə'sent/*n.* — صُعود ، طُلوع ، اعْتِلاء ، اِرْتِقاء
ascertain/'æsə'teɪn/*v.t.* — تأكَّدَ ، تيَقَّنَ ، تحقَّقَ ، اسْتَوْثَقَ
ascetic/ə'setɪk/*adj. & n.* — مُتَقَشِّف ، زاهِد ، ناسِك
asceticism/ə'setɪsɪzm/*n.* — تَقَشُّف ، زُهْد ، نُسْك
ash/æʃ/*n.* — رَماد
ash tray — مِنْفَضة (سَجائِرَ) (مَنافِضُ)
ashamed/ə'ʃeɪmd/*adj.* — خَجِلٌ (مِنْ) ، مُسْتَحٍ ، خَزْيان ، مَخْزِيّ
ashore/ə'ʃɔ(r)/*adv.* — على الشّاطِئ ، على اليابِسة
aside/ə'saɪd/*adv.* — جانِبًا ، على جانِب ، على انْفِراد
ask/ɑsk/*v.t. & i.*
1. (enquire) — سَألَ (ـَ) ، اِسْتَفْهَمَ ، اِسْتَعْلَمَ
I asked a policeman the way — سألْتُ شُرْطِيًّا عَن الطَّريق
she asked after my wife — سألَتْ عَن صِحّةِ زَوْجَتي
if you ask me, it will rain — في اعْتِقادي أنّه سَيَهْطِل المَطَر
2. (request) — طَلَبَ (ـُ)
you are asking a lot of him — إنَّكَ تُحَمِّلُه فَوقَ طاقَتِه
you are asking for trouble if you do that — سَتَجْلِب المَتاعِب لِنَفْسِك إنْ فَعَلْتَ ذلك
what is he asking for his house? — كَمْ يَطْلُب ثَمَنًا لِبَيْتِه ؟
3. (invite) — دَعا (يَدْعو) ، اِسْتَضافَ
I asked her out to — دَعَوْتُها لِتَناوُلِ العَشاءِ في

dinner مَطْعَم

she asked the visitor in طَلَبَتْ مِن الزّائِرِ أَنْ يَتَفَضَّلَ بالدُّخول

asleep/ə`slip/*adv. & pred. adj.* نائم ، راقِد

he fell asleep immediately نام فَوْرًا

the baby was fast asleep كان الوَليدُ مُسْتَغْرِقًا في نَوْمِهِ

asparagus/əs`pærəgəs/*n.* الهِلْيَوْن (نَبات)

aspect/`æspekt/*n.* مَظْهَر (مَظاهِرُ) ، ناحِية (نواحٍ) ، وُجْهة

asphalt/`æsfælt/*n.* أَسْفَلْت ، زِفْت ، قار

asphyxiate/əs`fiksıeıt/*v.t.* خَنَقَ (ـُ)

asphyxiation/ əs'fiksı`eıʃən/*n.* خَنْق ، اخْتِناق

aspirate/`æspərət/*n.* حَرْف يُلْفَظ بإِضافة صَوْت "الهاء" بَعْده

v.t./`æspəreıt/ لَفَظَ حَرْفًا بإِضافة "الهاء" بَعْده

aspiration/ 'æspə`reıʃən/*n.* طُمُوح ، تَوْق ، أُمْنِيَة (أَمانٍ ، أَمانِيُّ)

aspire/ə`spaıə(r)/*v.i.* طَمَحَ (ـَ) إلى ، تاقَ (يَتُوق) إلى ، صَبا (يَصْبُو) إلى

ass/æs/*n.* حِمار (حَمِير)

he made an ass of himself جَعَلَ نَفْسه هُزْأَةً للآخَرين

assassin/ə`sæsın/*n.* قاتِل (مأْجُور غالِبًا) ، مُغْتال

assassinate/ə`sæsıneıt/*v.t.* إِغْتال ، قَتَلَ غَدْرًا

assassination/ə'sæsı`neıʃən/*n.* اِغْتِيال

assault/ə`sɔlt/*v.t. & n.* اِعتَدَى على ، هاجَمَ ؛ اِغْتَصَبَ ؛ اِعْتِداء ، هُجُوم عَنِيف ، اِغْتِصاب

assemble/ə`sembəl/*v.t. & i.* جَمَّعَ ، جَمَعَ ، رَكَّبَ ؛ اِجْتَمَعَ ، تَجَمَّعَ ، اِحْتَشَدَ

the pupils assembled in the school hall تَجَمَّعَ الطُّلّاب في قاعة المَدْرَسة

the workers were assembling the car جَمَّعَ (رَكَّبَ) العُمّال أَجْزاءَ السَّيّارة

assembly/ə`semblı/*n.* جَمْعِيّة ؛ اجْتِماع ؛ تَرْكِيب ، تَجْمِيع

assent/ə`sent/*v.i. & n.* وافَقَ على ، قَبِلَ (ـَ) ، رَضِيَ بِـ ؛ مُوافَقة

with one assent قَبُول بالإِجْماع ، بِصَوْت واحِد

by common assent بدُون أيّ اعتِراض

assert/ə`s3t/*v.t.* زَعَمَ (ـُ) ، اِدَّعَى (أَنّ) ؛ صَرَّحَ ؛ أَكَّدَ

you must assert yourself عَلَيْك أَنْ تَفْرِضَ إرادَتك على الآخَرين

assertion/ə`s3ʃən/*n.* تأْكِيد ؛ تَصْرِيح ؛ زَعْم ، اِدِّعاء

assertive/ə`s3tıv/*adj.* إِثْباتِيّ ، جازِم ، مُؤَكِّد

assess/ə`ses/*v.t.* قَدَّرَ ، قَيَّمَ ، خَمَّنَ

assessment/ə`sesmənt/*n.* تَقْدِير ، تَقْيِيم ، تَخْمِين ، تَحْدِيد (الضَّرائب مثلًا)

asset/`æset/*n.*

1. (useful quality) مِيزة ، مَزِيّة (مَزايا) ، فائِدة

2. (*pl.* property) مُمْتَلَكات ، أَمْوال ، مَوْجُودات

assiduity/'æsı`djuətı/*n.* مُثابَرة ، مُواظَبة ، دَأْب ؛ اجْتِهاد ، جِدّ

assiduous/ə`sıdjʊəs/*adj.* مُثابِر ، مُواظِب ، دَؤُوب ؛ مُجْتَهِد ، مُجِدّ

assign/ə`saın/*v.t.* عَيَّنَ ، خَصَّصَ ، حَدَّدَ

these rooms have been assigned to us خُصِّصَتْ هذه الغُرَفُ لَنا

assignment/ ə`saınmənt/*n.* مَهَمّة (مَهامّ) ، واجِب مُحَدَّد

assimilate/ə`sıməleıt/*v.t.* مَثَّلَ (الطَّعام) ؛ هَضَمَ (ـِ) ، اِسْتَوْعَبَ

it is difficult to assimilate so many new ideas at once مِن الصَّعْبِ اسْتِيعابُ كُلِّ هذِهِ الأَفْكارِ دُفْعةً واحِدةً

assimilation/ ə'sımə`leıʃən/*n.* تَمَثُّل ، تَمْثِيل (الطَّعام) ؛ هَضْم ، اِسْتِيعاب

assist/ə`sıst/*v.t. & i.* ساعَدَ ، أَعانَ ، عاوَنَ ، سانَدَ

assistance/ə`sıstəns/*n.* مُساعَدة ، مَعُونة

assistant/ə`sıstənt/*n.* مُساعِد ، مُعاوِن

shop assistant بائِع أو بائِعة في مَخْزَن تِجارِيّ

assize(s)/ə`saız(əz)/*n.* مَحاكِم دَوْرِيّة

associate/ə`səʊʃıeıt/*v.t. & i.* شارَكَ ؛ رَبَطَ (ـِ) ؛ صاحَبَ ، خالَطَ ، رافَقَ ؛ اِخْتَلَط

/ə`səʊʃıət/*n. & adj.* صاحِب ، رَفِيق ؛ شَرِيك ، مُشارِك

association/ ə'səʊʃı`eıʃən/*n.* مُصاحَبة ، مُرافَقة ، اِخْتِلاط ؛ مُشارَكة ؛ رابِطة ، جَمْعِيّة ، شَرِكة

association football لُعْبة كُرة القَدَم

assorted/ə`sɔtıd/*adj.* مُنَوَّع ، مُتَنَوِّع ؛ مُصَنَّف

assortment/ə`sɔtmənt/ *n.* مَجْمُوعة مُتَنَوِّعة ، تَشْكِيلة مُخْتَلِفة

assume/ə`sjum/*v.t.*

1. (adopt, put on, take over) اِتَّخَذَ ، اِنْتَحَلَ ؛ تَوَلَّى

a new government has assumed power after the coup تَوَلَّتْ حُكُومة جَدِيدة زِمامَ السُّلْطة بَعْدَ الانْقِلاب

an assumed name اِسْم مُسْتَعار ، اِسْم مُنْتَحَل

2. (take for granted) اِفْتَرَضَ

assumption/ə`sʌmpʃən/*n.* اِفْتِراض ؛ تَوَلِّي (الحُكْم) ؛ اِتِّخاذ ، اِنْتِحال

the Assumption of the Blessed Virgin Mary عِيد صُعُودِ أو انْتِقالِ مَرْيَم العَذْراء

assurance/ə`ʃʊərəns/*n.* تأْكِيد ؛ ضَمان ، تَأْمِين

self-assurance الاعْتِداد أو الثِّقة بالنَّفْس

assure/ə`ʃʊə(r)/*v.t.* أَكَّدَ ، ضَمِنَ (ـَ)

asterisk/`æstərısk/*n.* نَجْمة (عَلامة في الطِّباعة)

astern/ə`st3n/*adv.* نَحْوَ أو في مُؤَخَّرة السَّفِينة ؛ إلى الخَلْف (مِلاحة)

asthma/ˈæsmə/*n.* مَرَض الرَّبْو أو النَّسَمة

astonish/əˈstonɪʃ/*v.t.* أَدْهَشَ ، أَذْهَلَ ، أَثارَ العَجَب

astonishment/əˈstonɪʃmənt/*n.* دَهْشة ، إسْتِغْراب ، ذُهول ، عَجَب

astound/əˈstaʊnd/*v.t.* أَدْهَشَ ، أَذْهَلَ ، رَوَّعَ ، هالَ (يَهُول)

astray/əˈstreɪ/*adv. & pred. adj.* (*lit. & fig.*) ضالّ ، تائِه ، ضائِع ، حائِد عَن الطَّرِيقِ السَّوِيّ

the parcels have gone astray ضاعَت الطُّرُود

don't lead your brother astray لا تُضِلَّ أَخاكَ عَن سَواءِ السَّبِيل

astride/əˈstraɪd/*adv. & pred. adj. & prep.* مُنْفَرِجُ السّاقَيْن

astro-/ˈæstrəʊ/*in comb.* بادِئة بِمَعْنَى نَجْمِيّ أو فَلَكِيّ

astrologer/ əˈstrolədʒə (r)/*n.* مُنَجِّم

astrology/əˈstrolədʒɪ/*n.* فَنّ التَّنْجِيم

astronaut/ˈæstrənɔt/*n.* مَلّاح فَضائِيّ ، رائِد (رُوّاد) فَضاء

astronomer/əˈstronəmə (r)/*n.* فَلَكِيّ ، عالِم فَلَك

astronomy/əˈstronəmɪ/*n.* عِلْمُ الفَلَك

astute/əˈstjut/*adj.* ثاقِب البَصِيرة ، فَطِن ، حاذِق (في اسْتِغْلالِ المُناسَبات) ، داهِية (دُهاة)

asylum/əˈsaɪləm/*n.*

1. (sanctuary) مَلاذ ، مَلْجأ ، مَأْوًى

2. (institution esp. for the insane) مُسْتَشْفَى الأَمْراض العَقْلِيّة

at/æt/*prep.*

1. (*of place, position*) (حَرْف جَرّ لِلدّلالة على المَكان)

he sat at the table جَلَسَ (بِـ) إلى المائِدة

2. (*of time, age, order*) (لِلدّلالة على الزَّمَن أو السِّنّ أو التَّرْتِيب)

at two o'clock في السّاعة الثانِية

at night في اللَّيْل ، لَيْلًا

come at once أُحْضُرْ حالًا

she left school at 15 تَرَكَت المَدْرَسة في الخامِسَةَ عَشْرَةَ مِن عُمْرِها

at first في بادِئِ الأَمْر ، أَوَّلًا . . .

at last وَأَخِيرًا ، في النِّهاية

3. (occupied with) (مَشْغُول بِـ)

he is hard at work إنّه مُنْكَبّ على عَمَلِه بِكُلّ جِدّ

while we are at it, we might as well paint the whole house ما دُمْنا قَدْ بَدَأْنا فَمِنَ الأَحْسَن أَنْ نَطْلِيَ البَيْتَ بِأَكْمَلِه

4. (in a state of) (في حالةٍ مُعَيَّنة)

at peace/at war في حالة سِلْم أو حَرْب

5. (*expressing motion or attack*) (تَتَضَمَّن مَعْنَى حَرَكةٍ أو هُجُوم)

he's always on at me لا يَدَعُني وَشَأْني ، إنّه لا يَكُفّ عَن مُهاجَمَتي

4. (*of rate, value*) (تُعَبِّر عَن المِقْدار أو القِيمة)

he drove his car at full speed ساقَ سَيّارَته بِأَقْصَى سُرْعة

he sold his house at a loss باعَ بَيْتَه بِخَسارة

she may not be clever, but at least she's honest قد لا تَكُون ذَكِيّةً ولكِنَّها على الأَقَلّ أَمِينة

atheism/ˈeɪθɪɪzm/*n.* إلْحاد ، المَذْهَب الإلْحادِيّ

atheist/ˈeɪθɪɪst/*n.* مُلْحِد

atheistic/ˈeɪθɪˈɪstɪk/*adj.* إلْحادِيّ

athlete/ˈæθlit/*n.* رِياضِيّ ، لاعِبٌ رِياضِيّ

athletic/æθˈletɪk/*adj.* رِياضِيّ

athletics/æθˈletɪks/*n.* أَلْعاب رِياضِيّة ، أَلْعابُ القُوَى

atlas/ˈætləs/*n.* أَطْلَس ، مُصَوَّر جُغْرافِيّ

atmosphere/ˈætməsfɪə (r)/*n.* جَوّ (أَجْواء)

I like visiting them because their home has a warm atmosphere أُحِبُّ زِيارَتَهُم لأَنّ جَوّ بَيْتِهِم وُدِّيّ لَطِيف

atmospheric/ ˈætməsˈferɪk/*adj.* (ضَغْط) جَوِّيّ

atmospherics/ˈætməsˈferɪks/*n. pl.* تَشْوِيشات جَوِّيّة

atom/ˈætəm/*n.* ذَرّة

atom(ic) bomb القُنْبُلة الذَّرِّيّة

atomic/əˈtomɪk/*adj.* ذَرِّيّ

atone/əˈtəʊn/*v.i.* كَفَّرَ عَن ، عَوَّضَ عَن

atonement/əˈtəʊnmənt/*n.* تَكْفِير عَن ، تَعْوِيض عَن

atrocious/əˈtrəʊʃəs/ *adj.* فَظِيع ، مُرِيع ، شَنِيع ، سَيِّئ لِلْغاية

atrocity/əˈtrosətɪ/*n.* عَمَلٌ وَحْشِيّ ، فَظاعة ، شَناعة

attach/əˈtætʃ/*v.t.*

1. (fasten, join) رَبَطَ (بِـ) بِـ أو مَع ، أَرْفَقَ

2. *in pass*. (be devoted **to**) مُولَع بِـ ، مُتَعَلِّق بِـ

she was much attached to him كانت شَدِيدةَ الوَلَعِ بِه

3. (attribute) نَسَبَ (إلى) ، رَبَطَ (بِـ) بِـ

we attach too much importance to money إنّنا نُعَلِّق أَهَمِّيّة كُبْرَى على المال

v.i.

no blame attaches to you لا لَوْمَ عَلَيْك ، لَيْسَ الذَّنْبُ ذَنْبَك ، لا تَثْرِيبَ عَلَيْك

attaché/əˈtæʃeɪ/*n.* مُلْحَق سِياسِيّ

attaché case حَقِيبة لِحَمْل الوَثائِق والأَوْراق

attachment/ əˈtætʃmənt/*n.* رَبْط ، إرْفاق ، تَعَلُّق ، رابِطة ، وَصْل

attack/əˈtæk/*v.t. & n.* هَجَم (عَلَى) ، هاجَمَ ، هُجُوم

attack is the best form الهُجُوم خَيْرُ أَنْواع الدِّفاع

of defence

heart attack نَوْبة قَلْبِيّة

attain/ə`teɪn/*v.t. & i.* بَلَغَ (ـُ) ، أَدْرَكَ ، نال (ينال) ، وَصَل إلى

attainable/ə`teɪnəbəl/*adj.* سَهْلُ المَنال ، (هَدَفٌ) يُمْكِن بُلُوغُه

attainment/ə`teɪnmənt/*n.* بُلُوغ (هَدَفٍ) ، إحْراز ، نَيْل

attempt/ə`tempt/*v.t. & n.* حاوَلَ ، جَرَّبَ ؛ مُحاوَلة ، تَجْرِبة

attend/ə`tend/*v.t. & i.*

(be present at) حَضَر (ـُ) ؛ داوَمَ

he attends the local school يُداوِم في المَدْرَسة المَحَلِّيّة

v.t. (look after) عالَجَ ، أَشْرَفَ على ، داوَى

which doctor is attending you? أَيُّ طَبِيبٍ يُعالِجُك ؟

v.i. (give thought **to**) اِنْتَبَهَ لِـ أو إلى ، أَنْصَتَ ، أَصْغَى إلى

you must attend to what he's saying عَلَيْك أن تُصْغِيَ لِما يَقُول

attendance/ə`tendəns/*n.* حُضُور ، دَوام

attendant/ə`tendənt/*n. & adj.* تابِع ، خادِم ، مُرافِق ؛ مُصاحِب لِـ ، مُرافِق لِـ ؛ (مُمَرِّضة) مُشْرِفة على

old age and its attendant evils الشَّيْخُوخة وما يُصاحِبُها مِن شُرُور

attention/ə`tenʃən/*n.*

1. (heed, notice) اِنْتِباه ، اِهْتِمام ، يَقْظة ، حَذَرٌ

I tried to attract her attention but without success حاوَلْتُ جَذْبَ اِنْتِباهِها ولكِنْ دُونَ جَدْوَى

she never pays attention to what I say إنّها لا تُعِيرُ اهْتِمامًا لِما أَقُولُ البَتَّةَ

may I call your attention to the new rules? أَتَسْمَح لي أن أَسْتَرْعِيَ انْتِباهَكَ لِلنُّظُمِ الجَدِيدة ؟

2. (care, consideration) اِهْتِمام ، عِناية ، رِعاية

medical attention عِناية طِبِّيّة

3. (*mil.*)

attention!/ə'ten`ʃʌn/ قِفْ ! اِنْتِباه !

attentive/ə`tentɪv/*adj.* مُصْغٍ ، مُنْتَبِه ، يَقِظ ؛ كَثِير العِناية أو الاِهْتِمام بِـ

attenuate/ə`tenjʊeɪt/*v.t.* أَهْزَلَ ، رَقَّقَ ؛ أَضْعَفَ ، أَوْهَنَ ؛ خَفَّفَ

attic/`ætɪk/*n.* عِلِّيّة (عَلالِيّ) ، سَقِيفة ، غُرْفة في الطّابِق العُلْوِيّ مِن البَيْت

attire/ə`tɑɪə(r)/*n.* لِباس ، زِيّ ، ثِياب ، رِداء

attitude/`ætɪtjud/*n.* مَوْقِف ، وَضْع ، سُلُوك ، هَيْئة

attorney/ə`tɜnɪ/*n.* مُحامٍ ، وَكِيل قانُونِيّ

attract/ə`trækt/*v.t.* جَذَبَ (ـِ) ، اِجْتَذَبَ

attraction/ə`trækʃən/*n.* جَذْب ، جاذِبِيّة ، اِجْتِذاب

attractive/ə`træktɪv/*adj.* جَذّاب ، أَخّاذ ، خَلّاب ، فاتِن

attribute[1]/ə`trɪbjut/*v.t.* عَزا (يَعْزُو) إلى ، نَسَبَ (ـِ) إلى ، أَسْنَدَ إلى

attribute[2]/`ætrɪbjut/*n.* صِفة ، خاصِّيّة

attribution/'ætrɪ`bjuʃən/*n.* عَزْو ، إسْناد ، نِسْبة

au/əʊ/(*Fr.*) (*in phrases*).

au pair فَتاة أَجْنَبِيّة تَخْدُم في بيت لِقاءَ سَكَنِها وطَعامِها

au revoir إلى اللِّقاء !

aubergine/`əʊbərʒin/*n.* باذِنْجان

auburn/`ɔbən/*adj.* (شَعْر) بُنِّيّ مائِل لِلحُمْرة

auction/`ɔkʃən/*n.* مَزاد عَلَنِيّ

the house is up for auction البَيْت مَعْرُوض لِلبَيْع بالمَزاد (العَلَنِيّ)

v.t. عَرَضَ لِلبَيْع بالمَزاد (العَلَنِيّ)

audacious/ɔ`deɪʃəs/*adj.* جَرِيء ، جَسُور ؛ مُتَهَوِّر ؛ وَقِح ، صَفِيق الوَجْه

audible/`ɔdəbəl/*adj.* مَسْمُوع ، مُمْكِن سَماعُه

audience/`ɔdɪəns/*n.* جُمْهُور المُسْتَمِعِين

audio-/`ɔdɪəʊ/*in comb.* بادِئة بِمَعْنَى سَمْعِيّ أو صَوْتِيّ

audit/`ɔdɪt/*n. & v.t.* تَدْقِيق رَسْمِيّ للحِسابات ؛ دَقَّقَ الحِسابات

audition/ɔ`dɪʃən/*n.* اِخْتِبار صَلاحِيّة الصَّوْت لِلغِناء أو الإلْقاء

auditor/`ɔdɪtə(r)/*n.* مُراجِع أو مُدَقِّق الحِسابات

auditorium/'ɔdɪ`tɔrɪəm/*n.* قاعة مُحاضَرات ، صالة الجُمْهُور في مَسْرَح أو ما شابَهَه

augment/ɔg`ment/*v.t. & i.* زادَ (يَزِيد) ، كَبَّرَ ، ضَخَّمَ ؛ اِزْدادَ

August/`ɔgəst/*n.* آب ، أُغُسْطُس

aunt/ɑnt/*n.* عَمّة ، خالة ، زَوْجة العَمّ أو الخال

aura/`ɔrə/*n.* هالة ، إشْعاع مِن نُور ؛ وَمَضاتٌ تُنْذِرُ بِحُدُوث نَوْبة صَرَع (طِبّ)

aural/`ɔrəl/*adj.* سَمْعِيّ ، أُذُنِيّ

auspices/`ɔspɪsɪz/*n. pl.* رِعاية ، حِماية ، إشْراف

the conference was held under the auspices of the United Nations عُقِدَ المُؤْتَمَرُ تَحْتَ رِعايةِ الأُمَم المُتَّحِدة

auspicious/ɔs`pɪʃəs/*adj.* مَيْمُون ، حَسَنُ الطّالِع ، ذُو فَأْلٍ حَسَن

austere/ɔ`stɪə(r)/*adj.* قاسٍ ، صارِم ، تَقَشُّفِيّ ، خَشِن

austerity/ɔ`sterətɪ/*n.* تَقَشُّف ، زُهْد ، صَرامة ، خُشُونة (العَيْش)

authentic/ɔ`θentɪk/*adj.* أَصِيل ، أَصْلِيّ ، صَحِيح ، مَوْثُوق بِه

authenticity/ 'ɔθen'tɪsətɪ/*n*. أصالة ، صِحّة

author/'ɔθə(r)/ مؤلّف ، كاتب ، مُبْدِع ، خالِق ؛
(*fem.* ~**ess**) *n*. مؤلّفة ، كاتبة ، مُبْدِعة ، خالِقة

authoritarian/ ɔ'θɒrɪ'teərɪən/*adj*. إسْتِبْداديّ ، تَسَلُّطيّ

authoritative/ ɔ'θɒrɪtətɪv/*adj*. صادِر من السُّلُطات ؛ (لَهْجة) آمِرة ؛ (مَصْدَر) مَوْثوق به

authority/ ɔ'θɒrətɪ/*n*.
1. (power) سُلْطة ، حُكْم ، نُفوذ
2. (delegated right) تَفْويض ، تَخْويل
he is acting on the President's authority إنّه يَتَصَرَّف بتَفْويض مِن الرَّئيس
3. (*usu. pl.* those in power) السُّلُطات العُلْيا
4. (expert) حُجّة (حُجَج) ، ثِقة (ثِقات) ، خَبير (خُبَراء)
he is an authority on phonetics هو حُجّة في عِلْم الصَّوْتِيّات
5. (source of trustworthy information) مَصْدَر مَوْثوق به
I had my information on good authority حَصَلْتُ على هذه المَعْلومات مِن مَصْدَر مَوْثوق به

authorization/ 'ɔθəraɪ'zeɪʃən/*n*. تَفْويض ، تَخْويل ، تَرْخيص

authorize/'ɔθəraɪz/*v.t.* فَوَّض ، خَوَّل ، رَخَّص له بـ

authorship/'ɔθəʃɪp/*n*. مِهْنة التأليف ؛ نِسْبة كِتاب إلى مُؤَلِّف مُعَيَّن
the authorship of this book is open to question نِسْبة هذا الكِتاب إلى ذلِكَ المُؤَلِّف مَشْكوك فيها

auto-/'ɔtəʊ/*pref.* (self) بادِئة بِمَعْنَى ذاتيّ أو تِلْقائيّ

autobiographical/ 'ɔtə'baɪəʊ'græfɪkəl/*adj*. مُتَعَلِّق بتَرْجَمة حَياة المُؤَلِّف بِقَلَمِه

autobiography/ 'ɔtəbaɪ'ɒgrəfɪ/*n*. تَرْجَمةُ حَياةِ مُؤَلِّفٍ بِقَلَمِه، سيرة ذاتيّة

autocrat/'ɔtəkræt/*n*. حاكِم مُطْلَق ، حاكِم بأمْرِه

autocratic/'ɔtə'krætɪk/ *adj*. مُسْتَبِدّ ، أوتوقراطيّ ، إسْتِبْداديّ

autograph/'ɔtəgrɑf/*n*. & *v.t.* مَخْطوطة المُؤَلِّف بِخَطِّه ؛ تَوْقيع ؛ كَتَبَ بِخَطِّ يَدِه ، وَقَّع
autograph album دَفْتَر لِجَمْع التَّواقيع

automated/'ɔtəmeɪtəd/ *adj*. يَعْمَل آلِيًّا ، أوتوماتيّ ،

automatic/'ɔtə'mætɪk/ *adj*. آليّ ، أوتوماتيكيّ ، تِلْقائيّ ، ذاتيّ

automation/'ɔtə'meɪʃən/*n*. تَشْغيل آليّ ، أوتوماتيّة

automobile/'ɔtəməbil/*n*. سَيّارة

autonomous/ ɔ'tɒnəməs/*adj*. يَتَمَتَّع بحُكْم ذاتيّ ، مُسْتَقِلّ ذاتيًّا

autonomy/ ɔ'tɒnəmɪ/*n*. حُكْم ذاتيّ

autopsy/'ɔtɒpsɪ/*n*. تَشْريح الجُثّة لِمَعْرِفة سَبَب الوَفاة

autumn/'ɔtəm/*n*. الخَريف

autumnal/ ɔ'tʌmnəl/*adj*. خَريفيّ

auxiliary/ ɔg'zɪlɪərɪ/*adj*. & *n*. مُساعِد ، إضافيّ ، مُلْحَق ؛ فِعْل مُساعِد (نَحْو)

avail/ ə'veɪl/*v.t.* & *i.* & *n*. نَفَع (ـَ) ، أفاد ، أجْدَى ؛ نَفْع ، فائِدة ، جَدْوَى
you should avail yourself of every opportunity عَلَيْك أن تَسْتَفيد مِن كُلّ فُرْصة سانِحة
we tried to revive the drowned man but to no avail حاوَلْنا أن نُعيدَ الحَياة إلى الغَريق ولكِنْ بدون جَدْوَى

availability/ ə'veɪlə'bɪlətɪ/*n*. تَوَفُّر ، تَيَسُّر ، وُجود ، تَواجُد

available/ ə'veɪləbəl/ *adj*. مُتَوَفِّر ، مُتَيَسِّر ، مَوْجود ، في مُتَناوَل اليَد

avalanche/'ævəlɑnʃ/*n*. إنْهِيار ثَلْجيّ ؛ سَيْل مِن (مَجازًا)

avenge/ ə'vendʒ/*v.t.* ثأَرَ ، إنْتَقَمَ ، ثأَرَ أو انْتَقَمَ له مِن

avenue/'ævənju/*n*. شارِع عَريض بَيْنَ صَفَّيْن مِن الشَّجَر

average/'ævərɪdʒ/*n*. & *adj*. & *v.t.* مُعَدَّل ، مُتَوَسِّط ، وَسَطيّ ؛ أخَذَ المُعَدَّل أو المُتَوَسِّط
he averaged 50 mph on his trip to London بَلَغَ مُعَدَّلُ سُرْعَتِه أثْناءَ رِحْلَتِه إلى لَنْدن خَمْسين ميلًا في السّاعة

aversion/ ə'vɜʃən/*n*. نُفور ، بُغْض ، كُرْه

avert/ ə'vɜt/*v.t.* حَوَّلَ عَن ؛ جَنَّبَ ، تَفادَى ، دَرَأَ (ـَ)

aviary/'eɪvɪərɪ/*n*. بَيْتٌ لِلطُّيور (في حَديقة الحَيَوان مثلًا)

aviation/'eɪvɪ'eɪʃən/*n*. طَيَران ، مِلاحة جَوِّيّة

avid/'ævɪd/*adj*. نَهِم ، شَرِه ، مُتَعَطِّش

avocado (pear)/ 'ævə'kɑdəʊ (peə(r)/*n*. أفوكاتة ، أبوكادو ، أهوكاتيّة (ثَمَرة) ، كُمَّثْرى التِّمْساح

avoid/ ə'vɔɪd/*v.t.* تَجَنَّبَ ، تَحاشَى ، تَفادَى

avoidable/ ə'vɔɪdəbəl/ *adj*. مُمْكِن تَجَنُّبُه أو تَفاديه

avoidance/ ə'vɔɪdəns/*n*. تَجَنُّب ، تَحاشٍ ، تَفادٍ

await/ ə'weɪt/*v.t.* إنْتَظَرَ ، تَوَقَّعَ ، تَرَقَّبَ ، تَرَبَّصَ بـ

awake/ ə'weɪk/*v.i.* *pred. adj*. أفاق ، إسْتَيْقَظَ
he's wide awake مُتَنَبِّه تَمامًا ، مُسْتَيْقِظ كُلَّ اليَقَظة
she's awake to what's going on إنّها عَلَى دِراية بِما يَدور حَوْلَها

awakening/ ə'weɪknɪŋ/*n*. إسْتيقاظ ، يَقَظة ؛ إدْراك ، تَنَبُّه ، صَحْوة
he had a rude awakening صَدَمَهُ الخَبَر ، تَنَبَّهَ فَجْأةً (لِلْوَضْع السَّيِّئ)

award/ ə'wɔd/*n*. مُكافأة ، جائِزة ، مِنْحة

v.t. كافأً ، مَنَحَ (ـَ) ؛ حَكَمَ (ـُ) له بِـ

aware/ə weə(r)/*pred. adj.* واعٍ ، مُدْرِك ، عارِفٌ بِـ

has he been to prison? هل سَبَق له ودَخَلَ السِّجْن ؟

Not that I'm aware of. ليس على حَدِّ عِلْمِي

away/ə'weɪ/*adv. & adj.*

1. (elsewhere) بعيدًا ، في مَكانٍ آخَرَ

he's away from home هو بَعِيدٌ عَن أَهْلِه وبَلَدِه

I was away when he called لم أَكُنْ مَوْجُودًا عِنْدَما زارَني

an away match مُباراة رِياضِيّة على أَرْض الفَرِيق المُنافِس

he gave away the secret أَفْشَى السِّرَّ

go away! اِبْتَعِدْ ! اِمْضِ ! اِمْشِ !

are you going away this year? هل سَتُسافِر في عُطْلَةٍ هذه السَّنة ؟

he's far/out and away the best player إنّه أَفْضَلُ مِن بَقِيّة اللاعِبِين بِمَراحِلَ

2. (*implying loss or destruction*) (تتضمّن مَعْنَى الخَسارة أو التَّخَلُّص مِن)

he did away with all the old customs تَخَلَّصَ مِن جَمِيع التَّقالِيد القَدِيمة

3. (without delay) دُون إِبْطاء

I'll do it right/straight away سَأَفْعَل ذلك تَوًّا

4. (continuously) (باسْتِمْرار ، دائمًا)

he was working away all day كان يَعْمَلُ طِوالَ اليَوْم بِدُونِ انْقِطاع

awe/ɔ/*n.* رَهْبة ، هَيْبة ، رَوْع ، هَلَع

he stood in awe of his superiors كان يَهابُ رُؤَساءَه

awed/ɔd/*adj.* مَرْعُوب ، مُتَهَيِّب ، مُتَخَوِّف

awful/'ɔfəl/*adj.* فَظِيع ، شَنِيع ، سَيِّئ لِلغاية ؛ مَهُول ، عَظِيم ، مَهِيب

thanks awfully شُكْرًا جَزِيلاً

awkward/'ɔkwəd/*adj.*

1. (clumsy) أَخْرَقُ (خُرْق)

2. (inconvenient, embarrassing) مُحْرِج ، مُرْبِك

it was an awkward moment when he suddenly met his ex-wife كانت لَحْظةً حَرِجة عِنْدما اجْتَمَع فَجْأَةً بِزَوْجَتِهِ السّابِقة

3. (difficult to deal with) صَعْبُ المُعامَلة ، مُتْعِب

he's a very awkward customer إنّه شَكِس صَعْبُ المِراس

awkwardness/'ɔkwədnes/*n.* صُعُوبة ، حَرَج ، عَدَم رَشاقة ، قِلّة مَهارة

awl/ɔl/*n.* مِثْقَب ، مِخْرَز ، مِخْصَف

awning/'ɔnɪŋ/*n.* مِظَلّة ، تَنْدة (م) ، تَنْتة (ع) ، خَيْمة (س)

awry/ə'raɪ/*adv. & pred. adj.* مَوْرُوب ، أَعْوَج

our plans have gone awry ذَهَبَتْ خُطَطُنا أَدْراجَ الرِّياح

axe/æks/*n.* فَأْس (فُؤُوس) ، طَبَر (أَطْبار) ، بَلْطة

he has an axe to grind له مَصْلَحة في المَوْضُوع ، له مَأْرَب

axiom/'æksɪəm/*n.* مُسَلَّمة ، بَدِيهِيّة ، حَقِيقة لا تَحْتاج إلى بُرْهان

axiomatic/'æksɪə'mætɪk/*adj.* بَدِيهِيّ ، بَدَهِيّ ، مُسَلَّم بِه

ax/is/'æksɪs/(*pl.* ~**es**/'æksiz/) *n.* مِحْوَر (مَحاوِرُ)

axle/'æksəl/*n.* مِحْوَر العَجَلة ، جُزْء (أَجْزاء) (مِيكانِيك)

ay, aye/ɑɪ/*int.* نَعَمْ ، بَلَى ، أَيْوَه !

azure/'æʒə,'æʒʊə(r)/*n. & adj.* لازَوَرْد ؛ لازَوَرْدِيّ ، سَماوِيّ اللَّوْن

B

B, b/bi/(letter) الحَرْف الثّاني مِن الأَبْجَدِيّة

baa/bɑ/*v.i. & n.* مأْمأَ ، ثَغا (يَثْغُو) ؛ مَأْمَأة ، ثُغاء

babble/'bæbəl/*v.i. & n.* غَمْغَم ، هَذَرَ (ـِ) ، ثَرْثَرَ ؛ خَرَّ (ـِ) (الجَدْوَل) ؛ أَفْشَى ، باحَ (بالسِّرّ) ؛ غَمْغَمة ، ثَرْثَرة ، هَذْرٌ ، خَرِير

baby/'beɪbɪ/*n.* وَلِيد ، رَضِيع (رُضَّع) ، طِفْل (أَطْفال)

baby-sitter/'beɪbɪ'sɪtə(r)/*n.* جَلِيسُ الطِّفْل في غَيْبة أَبَوَيْه لِقاءَ أَجْر ، حاضِنة

bachelor/'bætʃələ(r)/*n.*

1. (unmarried man) أَعْزَب (عُزْب) ، عَزَب (عُزّاب ، أَعْزاب)

2. (graduate) مُجاز (جامِعِيّ) ، حامِل لِيسانْس او بَكالُورِيُوس

bacill/us/ bə'sɪləs/ *pl.* **bacilli**/bə'sɪlaɪ/) *n.* عُصَيّة ، بَكْتِيرْيا عَصَوِيّة الشَّكْل

back/bæk/*n. & adj.* ظَهْر (ظُهور ، أَظْهُر) ، خَلْف ، وَراء ، مُؤَخَّرة

the back saved the goal مَنَعَ الظَّهِيرُ الكُرة مِن إصابة المَرْمَى

you'll only put his back up if you argue لَنْ تَكْسِبَ إلاّ غَضَبه إنْ جادَلْتَه

the retiring president took a back seat اِبْتَعَد الرَّئِيسُ المُتَقاعِد عَن أَضْواءِ المُجْتَمَع

v.t. **1.** (support) سانَدَ مَعْنَوِيًّا أو مادِّيًّا ، أَيَّدَ

I will back you to the hilt سأَقِف مَعَك حَتَّى النِّهاية

2. (bet on) راهَنَ

3. (cause to move backwards) أرجعَ او حرّكَ (السيّارة مثلاً) إلى الوراء
v.i. 1. (of buildings) (فيما يتعلّق بالأبنية) يُشرف من الخلف
the house backs on to the river يُطلّ ظهر البيت على النّهر
2. (move backwards) تراجعَ
adv. (استعمالات ظرفيّة)
can I get there and back in an hour? هل تكفيني ساعةٌ واحدة للذّهاب والإياب ؟
how long have you been back? كم مضى على رُجوعك ؟

backbone/ˈbækbəun/*n.* عَمود فِقريّ ؛ لُبّ (لُباب) ؛ حَزم ، عَزم ، دِعامة ، عَصَب

backer/ˈbækə(r)/*n.* مُراهِن ؛ مُموِّل ؛ مُؤيِّد

backgammon/bækˈgæmən/*n.* لُعبة الطّاوِلة أو النَّرد

background/ˈbækgraund/*n.* بيئة ، مُحيط ، خلفيّة أو أرضيّة الصّورة ؛ الشّروط الرّاهنة

backlash/ˈbæklæʃ/*n.* حركة ارتجاعيّة مُفاجئة ؛ ردّ فِعل عَنيف

backside/ˈbæksaid/*n.* عَجُز (أعجاز) ، كَفَل ، مُؤخّرة ، ردْف

backward/ˈbækwəd/ *adj.* إلى الوراء ، خلفيّ ؛ متخلّف ، متخلّف عَقليًّا ؛ خَجول ، مُتردّد

backwards/ˈbækwədz/ *adv.* إلى الوراء ، إلى الخلف ؛ بالمَقلوب
he knows it backwards يَعرِفه عن ظَهر قَلب ، يَعرِفه جيّدًا

backwater/ˈbækwɔtə(r)/*n.* بِركة بمُحاذاة نَهر مُنشقّ ماؤها منه
he lives in an intellectual backwater يَحيا وَسْطَ رُكود عَقليّ

bacon/ˈbeikən/*n.* لَحم خِنزير مُعالَج بالتّمليح أو التّدخين
he saved his bacon نَجا بجِلده

bacteria/bækˈtiəriə/*n. pl.* جُرثومة (جَراثيم) ، بَكتِريا

bacteriology/bækˈtieriˈoləd3i/*n.* عِلم الجراثيم ، عِلم البَكتِريات ، بكتريولوجيا

bad/bæd/*adj.* **(worse, worst)**
1. (evil) مُؤذٍ ، شرّير (أشرار) ، خَبيث (خُبثاء)
there was bad blood between them كانت بينهما ضغينة
2. (unsatisfactory) رديء ، سَيِّئ ، غيرُ مُرضٍ
not bad! حَسَن ، لا بأسَ به
3. (rotten) عَفِن ، مُتفسّخ ، نَتِن
4. (not healthy) ضارّ بالصّحّة ، غيرُ سَليم العَواقِب
5. (disagreeable) غير لَطيف ، غير مُلائم
bad luck شُؤم ، نَحْس ، سُوءُ حَظّ
too bad! لِسُوءِ الحَظّ ، يا لِلأسف !
he had a bad time (of it) قاسى (منه) الأمَرَّين
6. (severe, intense) حادّ ، شَديد
n. (استعمالات اللفظة كاسْم مع أداة التّعريف)
she went to the bad ساءت أخلاقُها ، أدّى سُلوكُها إلى العار
he is £10 to the bad خسِرَ عَشرة جُنيهات

badge/bæd3/*n.* شِعار ، شارة ، عَلامة ، وِسام

badger/ˈbæd3ə(r)/*n.* غُرَير (أغرار) ، زَبزَب (حَيوان لَبون)
v.t. أصَرّ ، ألحَفَ في الطّلب ، ضايَقَ بالإلحاح

badly/ˈbædli/*adv.* بصُورة سَيّئة ، بشَكلٍ رَديء
he hurt himself badly (وقَعَ على الأرض) وجُرِحَ جُرحًا بَليغًا
the meat was badly cooked لَم يُطبَخ اللّحمُ جيّدًا

bad-tempered/ˈbæd-ˈtempəd/*adj.* سَيّئ الطّبع ، سَريعُ الهِياج ، شَرِس

baffle/ˈbæfəl/*v.t.* حَيّرَ ، أربَكَ ، أحبَطَ ، أعيا

bag/bæg/*n.* حَقيبة يَد (حَقائب) ، شَنطة ، كِيس (أكياس) ، مِحفَظة (مَحافِظ)
v.t. & i. عَبّأ ؛ استَولى على ، حَجَزَ (ـِ)

baggage/ˈbægid3/*n.*
1. (luggage) أمتِعة ، حَقائبُ السّفر ، عَفْش
2. (*coll.* saucy girl) فتاة لَعوب ، دَلّوعة ، شَيطانة (تُقال تَحبُّبًا)

baggy/ˈbægi/*adj.* فَضفاض (سِروال) ؛ مُنتفِخ (تحت العَينَين)

bagpipes/ˈbægpaips/ *n.pl.* مِزمارُ القِربة ، (مُوسيقى) القِرَب

bail/beil/*n.* ضَمان ، كَفالة
he was released on bail أُطلِق سَراحُه بكَفالة
v.t. & i. with **out** ضَمِنَ (ـَ) ، كَفِلَ (ـَ) ؛ قَفَزَ (ـِ)
he bailed out of the aircraft قَفَزَ من الطائرة بالمِظلّة

bailiff/ˈbeilif/*n.*
1. (estate manager) ناظِر ، وَكيل ضَيعة
2. (law officer) مُحضِر ، مأمُور تَنفيذٍ أو إجراء

bait/beit/*n.* طُعْم (طُعوم) لصَيد السّمك مثلاً ؛ شيء مُغرٍ ، غِواية ، شَرَك (أشراك)
v.t. 1. (equip with bait) وَضَعَ طُعمًا في صِنّارة
2. (torment) عَذّبَ ، آذى ، سَخِرَ منه بكلماتٍ قاسية ، نَكّدَ عَيشَ فلان بمُطاردَته

bake/beik/*v.t. & i.* خبزَ (ـِ)

baker/ˈbeikə(r)/*n.* خَبّاز ، فَرّان

bakery/ˈbeikəri/*n.* مَخبَز ، فُرن (أفران)

baking-powder/ خَميرة اصطِناعيّة ، مَسحوق يَنفُخ

ˈbeɪkɪŋ-paʊdə(r)/*n.* العَجِينَ عِنْدَ خَبْزِه

balance/ˈbæləns/*n.*

1. (scales) مِيزان

on balance I prefer your plan بَعْدَ تَقْلِيبِ الأَمْرِ على وُجُوهِهِ فإنّي أُفَضِّلُ ٱقْتِراحَك

2. (equilibrium) تَوازُن

when she jilted him, it threw him off his balance هَجْرُها له كادَ يُفْقِدُهُ رُشْدَهُ

3. (*in accountancy*) في الحِسابات

balance carried forward رَصِيدٌ مَنْقُول ، حِسابٌ مُرَحَّل

balance sheet كَشْفُ المِيزانِيّة ، كَشْف الحِساب

balance of payments مِيزانُ المَدْفُوعات

bank balance رَصِيد (الشَّخْص) في المَصْرِف

pay £5 now, and the balance next month اِدْفَع خَمْسَةَ جُنَيْهات الآن والباقي في الشَّهْر القادِم

it is hard to strike a balance between the heart and the head من العَسِير التَّوْفِيقُ بين العَقْل والقَلْب

v.t. & i. وازَنَ ، عادَلَ ، ساوى ؛ رَصَّدَ الحِساب ؛ تَوازَنَ ، اِتَّزَنَ

balcony/ˈbælkənɪ/*n.*

1. (*of house*) شُرْفة ناتِئة من المَنْزِل

2. (*of theatre*) شُرْفة (في مَسْرَح) ، بَلْكُون

bald/bɔld/*adj.*

1. (hairless) أَصْلَعُ

2. (plain) بَسِيط بدُون تَزْوِيق

baldness/ˈbɔldnəs/*n.* صَلَعٌ

bale/beɪl/*n.* بالة ، رِزْمة (رِزَم) ، حُزْمة (حُزَم)

v.t. & i. with **out** رَزَم (ـُ) ، حَزَم (ـِ)

he baled out of the aircraft قَفَز (ـِ) من الطائرة بمِظَلّة

balk, baulk/bɔk/*v.t.* (frustrate) أعاق ، أَحْبَط مَساعِيه

v.i. (refuse to go forward) حَرُن (ـُ)

ball/bɔl/*n.*

1. (spherical object) كُرَة ، شَكْل كُرَوِيّ

ball of string شِلّة خَيْط ، بَكَرة دُوبارة (م)

we approached him but he wouldn't play ball (*coll.*) فاتَحْناه بالأَمْر ولكِنّه رَفَض (التَّعاوُنَ مَعَنا)

I made some remark, just to keep the ball rolling أَبْدَيْتُ مُلاحَظةً حتّى لا يَنْقَطِعَ مَجْرَى الحَدِيث

2. (dance) حَفْلة راقِصة

ballad/ˈbæləd/*n.* قِصّة شِعْرِيّة شَعْبِيّة (قابِلة للغِناء)

ballast/ˈbæləst/*n.* صابُورة (السَّفِينة) ، ثِقْل مُوازِن

ballerina/ˈbæləˈrinə/*n.* راقِصة بالِيه وخاصّةً الراقِصة الأُولى

ballet/ˈbæleɪ/*n.* رَقْصٌ تَمْثِيلِيّ ، بالِيه

balloon/bəˈlun/*n.* مُنْطاد ، بالُون

ballot/ˈbælət/*n.* اِقْتِراع (سِرّيّ عادةً) ، بِطاقة ٱنْتِخاب

v.i. صَوَّتَ في الاقْتِراعِ (السِّرّيّ عادةً)

ballroom/ˈbɔlrum/*n.* صالةُ رَقْص ، مَرْقَص

balm/bɑm/*n.* بَلْسَم ، دُهْن البَلَسان ؛ مُواساة ، عَزاء

balmy/ˈbɑmɪ/*adj.* عَطِر ، مُلَطِّف

(*coll.*) مَخْبُول ، مُخْتَلّ العَقْل

bamboo/bæmˈbu/*n. & adj.* خَيْزُران ، قَصَب هِنْدِيّ ؛ خَيْزُرانِيّ

ban/bæn/*n.* تَحْرِيم ، لَعْنة ، حِرْم (عِنْدَ المَسِيحِيِّين) ، حَظْرُ اسْتِخْدام (الأَسْلِحة الذَّرِّيّة)

v.t. حَرَّمَ ، مَنَع (ـَ)

banal/bəˈnæl/*adj.* مُبْتَذَل ، تافِه ، سَخِيف ، كَلِمات مُبْتَذَلة

banality/bəˈnælətɪ/*n.* اِبْتِذال ، تَفاهة ، سَخافة

banana/bəˈnɑnə/*n.* مَوْز (اسمُ جَمْع)

band/bænd/*n.*

1. (ribbon, strip) شَرِيط (أَشْرِطة) ، سَيْر (سُيُور) ، حِزام (أَحْزِمة)

frequency band نِطاقُ التَّرَدُّد (فِيزِياء)

2. (league of people) زُمْرة (زُمَر) ، عِصابة

3. (group of musicians) جَوْقة

v.i. (*usu. with* **together**) تَجَمَّعَ ، تَرابَطَ ، اتَّحَدَ

bandage/ˈbændɪdʒ/*n.* ضِمادة ، لِفافة ، عِصابة ، رِباط

v.t. ضَمَّد ، رَبَط الجُرْح

bandit/ˈbændɪt/*n.* قاطِعُ طَرِيقٍ (قُطّاع طُرُق) ، حَرامِيّ (حَرامِيّة) ، لِصّ (لُصُوص)

bandy-legged/ˈbændɪ-legd/*adj.* مُقَوَّس السّاقَيْن ، مُقَوَّس الرُّكْبة

bang/bæŋ/*n.* ضَرْبة عَنِيفة ، دَوِيّ ، فَرْقَعة

the party went off with a bang نَجَحَت الحَفْلة نَجاحًا مُنْقَطِعَ النَّظِير

int.

the gun went bang انْطَلَق المِدْفَع بفَرْقَعة مُدَوِّية

adv.

bang in the middle في الوَسَط تَمامًا

v.t. ضَرَب (ـِ) بعُنْفٍ ، صَفَق (ـِ) (البابَ مَثلًا)

v.i. انْصَفَق ، أُغْلِقَ بعُنْف

bangle/ˈbæŋgəl/*n.* سِوار (أَساوِر) ، خَلْخال (خَلاخِيلُ)

banish/ˈbænɪʃ/*v.t.* أَبْعَدَ ، طَرَد (ـُ) ، نَفَى (خارِجَ البِلاد) ، أَقْصَى

banishment/ˈbænɪʃmənt/*n.* طَرْدٌ ، نَفْيٌ ، إِقْصاء

banisters/ˈbænɪstəz/*n. pl.* أَعْمِدة الدَّرابزِين وقُضْبانه ، دَرابزِين ، مُحَجَّر (ع)

bank/bæŋk/*n.*

1. (edge of river) شاطِئ النَّهْر أو البُحَيْرة ، ضَفّة

2. (sloping ridge) جُرْف ، حافّة
3. (heaped-up mass) رُكام ، سَدّ (سُدُود) ، مُنْحَدَر
4. (*commerc.*) مَصْرِف (مَصارِفُ) ، بَنْك (بُنُوك)
bank holiday عُطْلة رَسْمِيّة
v.t. كَوَّمَ ، كَدَّس ، أقامَ حاجِزًا من تُراب
v.i. اِتَّكَلَ أو اعْتَمَدَ على ، رَكَنَ (ـُ) إلى
don't bank on his coming لا تُعَوِّلْ على مَجِيئه ، مَجِيئُه غَيْرُ مَضْمُون
banker/ˈbæŋkə(r)/*n.* من أَصْحاب البُنُوك ، مُدِير مَصْرِف ، صَيْرَفِيّ (صَيارِفة)
banking/ˈbæŋkɪŋ/*n.* أعْمال مَصْرِفِيّة ، صَيْرَفة
banknote/ˈbæŋknəʊt/*n.* وَرَقة نَقْدِيّة ، بَنْكْنُوت
bankrupt/ˈbæŋkrʌpt/*adj.* مُفْلِس
he went bankrupt *v.t.* أَفْلَسَ ، فَلَّسَ
banner/ˈbænə(r)/*n.* راية ، بَيْرَق (بَيارِقُ) ، لِواء (أَلْوِية)
banns/bænz/*n. pl.* إشْهارُ الزَّواج في الكَنِيسة
banquet/ˈbæŋkwɪt/*n. & v.i.* مَأْدُبة (مآدِبُ) ، وَلِيمة (وَلائِمُ)
bantam/ˈbæntəm/*n.* دَجاج صَغِير الحَجْم ؛ وَزْنُ الدِّيك في المُلاكَمة
banter/ˈbæntə(r)/*v.t. & i. & n.* نَكَّتَ ، داعَبَ ؛ مُزاح ، هَزْل
baptism/ˈbæptɪzm/*n.* مَعْمُودِيّة ، تَعْمِيد ، عِماد (عِنْدَ المَسِيحِيِّين)
baptist/ˈbæptɪst/*n.* مُعَمِّدان ؛ عُضْو طائفةٍ مَسِيحِيّة
John the Baptist يُوحَنّا المَعْمَدان
baptize/bæpˈtaɪz/*v.t.* عَمَّدَ ، أَعْطَى الطِّفْلَ اسْمَ التَّنْصِير ؛ طَهَّرَه (المِحْنة) رُوحِيًّا
bar/bɑ(r)/*n.*
1. (rod) قَضِيب (قُضْبان)
he was placed behind bars زُجَّ في السِّجْن ، أَصْبَحَ خَلْفَ القُضْبان
2. (impediment) حائِل ، عائِق ، حاجِز ، عَقَبة
a bar to promotion حائِل دُونَ التَّرْفِيع (أو التَّرْقِية)
3. (strip) عارِضة (عَوارِضُ)
4. (rectangular slab) قالَب (صابُون) ، لَوْح (شُوكُولاته) ، سَبِيكة (ذَهَب)
5. (*leg.*) المُحاماة ، مُحامُون
he was called to the bar قُبِلَ في هَيْئة المُحامِين
6. (place for serving drinks) بار (بارات) ، حانة ، خَمّارة
v.t. **1.** (fasten with a bar) زَلَجَ (ـُ) ، أَزْلَجَ ، دَرْبَسَ ، أَوْثَقَ بِعارِضة
2. (obstruct) مَنَعَ (ـَ) ، أَعاقَ ، اعْتَرَضَ سَبِيل
he was barred from the club مُنِعَ مِن دُخُولِ النّادِي
prep. *also* **barring**/ˈbɑrɪŋ/ ما عَدا ، فِيما عَدا ، باسْتِثْناء ، إلّا
it's all over bar the shouting انْتَهَى كُلُّ شَيْء ، ولَمْ يَبْقَ إلّا اللَّمَسات الأَخِيرة
we shall arrive at four o'clock, barring accidents سَنَصِل في الرّابِعة إنْ شاءَ الله
barb/bɑb/*n.* شَوْكة (في نِهاية صِنّارة أو رُمْح)
barbarian/bɑˈbeərɪən/*adj. & n.* هَمَجِيّ ، بَرْبَرِيّ ، غَيْر مُتَمَدِّن ، جِلْف (أَجْلاف)
barbaric/bɑˈbærɪk/*adj.* هَمَجِيّ ، بَرْبَرِيّ ، وَحْشِيّ
barbarism/ˈbɑbərɪzm/*n.* هَمَجِيّة ؛ عُجْمة في التَّعْبِير
barbarity/bɑˈbærɪtɪ/*n.* بَرْبَرِيّة ، هَمَجِيّة ، وَحْشِيّة
barbarous/ˈbɑbərəs/ *adj.* بَرْبَرِيّ ، وَحْشِيّ ، هَمَجِيّ
barbecue/ˈbɑbɪkju/*n.* حَفْلة شِواء في الهَواء الطَّلْق
barbed/bɑbd/*adj.* شائِك
barbed wire سِلْك شائِك (أَسْلاك شائِكة)
barber/ˈbɑbə/*n.* حَلّاق ، مُزَيِّن
barber's shop صالُون حِلاقة
bard/bɑd/*n.* مُنْشِدُ الشِّعْر ، شاعِر (قديمًا) ، راوِية (رُواة)
bare/beə(r)/*adj.*
1. (naked) عارٍ ، مَكْشُوف ، سافِر ، حاسِر
he slept on bare boards نامَ على الأَرْض بِدُونِ فِراش
2. (empty) خالٍ مِنْ ، بِلا
a room bare of furniture غُرْفة خالية من الأثاث
3. (not more than) مُجَرَّد ، فَقَط
he earns a bare living لا يَكْسَب إلّا ما يَسُدُّ رَمَقه
v.t. عَرَّى ، كَشَفَ (ـِ) ، حَسَرَ (ـُ) ، كَشَّرَ (عن أَنْيابه)
barefaced/ˈbeəfeɪst/*adj.* صَفِيقُ الوَجْه ، قَلِيلُ الحَياء
barefoot/ˈbeəfʊt/*adv. & adj.* حافِي القَدَمَيْن ، حافٍ (حُفاة)
bareheaded/ˈbeəˈhedɪd/*adj.* حاسِر (الرَّأْس)
barely/ˈbeəlɪ/*adv.* بِالكاد
bargain/ˈbɑgɪn/*n.*
1. (agreement) مُساوَمة ، صَفْقة ، اِتِّفاق على
it was an excellent meal and good company into the bargain كان الطَّعام مُمْتازًا ، وعَلاوةً على ذَلِك كانت الرُّفْقة جِدَّ مُؤْنِسة
2. (cheap purchase) شَرْوَى رَخِيصة ، «لُقْطة» !
v.i. (*with* **with** *or* **for**) ساوَمَ (بِ أو في أو على) ، فاصَلَ
he got more than he bargained for كانت العَواقِبُ أَسْوَأَ مِمّا تَوَقَّعَ
barge/bɑdʒ/*n.* مَرْكَب لِنَقْلِ البَضائع ، ماعُونة (م) ، دوبة (ع) ، صَنْدَل
v.i. (*usu. with* **in** *or* **into**) دَخَلَ بلا اسْتِئْذان ، اقْتَحَمَ ؛ تَداخَلَ في ، قاطَعَ (مُحادَثة)

baritone/ˈbærɪtəʊn/*adj.* الجَهِير الأَوَّل (دَرَجة في أَصْوات
& *n.* الرِّجال بَيْن المُرْتَفِعة والمُنْخَفِضة) ، بارِيتُون
bark/bɑk/*v.i.* عَوَى (يَعْوِي) ، نَبَح (ـَ)
you are barking up the إِنّك لا تَطْرُق البابَ
wrong tree الصَّحِيح
n. **1.** (*of dog*) نُباح (الكَلْب)
his bark is worse than لا خَوْفَ مِن تَهْدِيداتِهِ ،
his bite كلامُه أَكْثَرُ مِن أَفْعالِهِ
2. (*of tree*) لِحاءُ الشَّجَر
v.t. (bruise) جلط (ـِ) ، (سَحَج) قَصَبة ساقِه (مثلاً)
barley/ˈbɑlɪ/*n.* شَعِير
bar/man/ˈbɑmæn/ صاحِبُ الحانة ، نَدُلٌ أو ساقٍ
(~**maid**/ˈbɑmeɪd/ *fem.*) *n.* في حانة ؛ نادِلة
barn/bɑn/*n.* مَخْزَن الغَلّة ، شُونة (م) ، عُنْبار (ع)
barometer/ مِقْياس الضَّغْط الجَوِّيّ ، بارُومِيتر
bəˈrɒmɪtə(r)/*n.*
baron/ˈbærən/ (~**ess**/ بارُون (من أَلْقاب النُّبلاء) ؛
ˈbærənes/*fem.*) *n.* بارُونة
baronet/ˈbærənet/*n.* بارُونِيت (دَرَجة دُون البارُون)
barracks/ˈbærəks/*n.* ثُكْنة
barrage/ˈbærɑʒ/*n.* سَدٌّ (سُدُود) ، سَدَّة ، حاجِز (حَواجِزُ)
barrel/ˈbærəl/*n.*
1. (cask) بَرْمِيل (بَرامِيلُ)
2. (*of gun*) ماسُورة البُنْدُقِيّة ، سَبَطانة
double-barrelled gun بُنْدُقِيّة ذاتُ ماسُورَتَيْن
barren/ˈbærən/*adj.*
1. (sterile) عاقِر ، عَقِيم
2. (desolate) قاحِل ، أَجْدَب ، خالٍ ؛ قَحْلٌ ، مَحْلٌ
barrenness / عُقْم ، عُقْر ، قَحْط ؛ نَقْر ، عَجْز
ˈbærən-nəs/*n.*
barricade /ˈbærɪkeɪd/*n.* مِتْراس ، حاجِز (حَواجِزُ) ؛
& *v.t.* أَقامَ الحَواجِزَ
barrier/ˈbærɪə(r)/*n.* حاجِز (حَواجِزُ) ، عائِق (عَوائِقُ) ،
سَدٌّ (سُدُود)
barrister/ˈbærɪstə(r)/*n.* مُحامٍ مُرافِعٌ أمامَ المَحاكِمِ
العُلْيا (قَضاء إِنْكلِيزِيّ)
barrow/ˈbærəʊ/*n.* عَرَبة يَد بِعَجَلَتَيْن
barter/ˈbɑtə(r)/*n.* مُقايَضة ، تِجارة بالمُبادَلة
v.t. & *i.* قايَضَ ، بادَلَ ؛ تَقايَض ، تَبادَل
base/beɪs/*adj.* نَذْل ، سافِل ، وَضِيع ، (مَعْدِن) خَسِيس
n. أَساس (أُسُس) ؛ قاعِدة (عَسْكَرِيّة)
v.t. أَسَّس ، أقام على ، بَنَى (آماله على)
direct taxation is تُقَدَّر الضَّرائِبُ المُباشِرةُ على
usually based on income أَساسِ الدَّخْل
baseball/ˈbeɪsbɔl/*n.* لُعْبة البِيسْبُول
baseless/ˈbeɪslɪs/*adj.* لا أَساسَ له مِن الصِّحّة ،
وَهْمِيّ ، مُخْتَلَق
basement/ˈbeɪsmənt/*n.* طابِق تَحْتَ مُسْتَوَى الأَرْضِ
في بناءٍ ما ، قَبْو
bash/bæʃ/*v.t.* & *n.* حَطَّم ، ضَرَب (ـِ) ؛ ضَرْبة عَنِيفة ، لَكْمة
have a bash (at it)! جَرِّبْ حَظَّك (عَسى أنْ تَنْجَح) !
(*coll.*)
bashful/ˈbæʃfəl/*adj.* خَجُول ، هَيّاب ، حَيِيّ ، مُسْتَحٍ ؛
~**ness** *n.* خَجَلٌ ، خَفَرٌ
basic/ˈbeɪsɪk/*adj.* أَساسِيّ ، جَوْهَرِيّ ، أَوَّلِيّ
basically/ˈbeɪsɪklɪ/*adv.* جَوْهَرِيًّا ، أَساسِيًّا
basin/ˈbeɪsən/*n.* حَوْض (أَحْواض) ، طِسْت (طُسُوت)
basis/ˈbeɪsɪs/*n.* قاعِدة (قَواعِدُ) ، أَساس (أُسُس)
bask/bɑsk/*v.i.* نَعِم (ـَ) (بِدِفْءِ الشَّمْس) أو
(بِحُظْوةٍ عِنْد الأَمِير مَثلاً)
basket/ˈbɑskɪt/*n.* سَلّة (سِلال) ، زَنْبِيل (زَنابِيلُ) ،
سَفَط (أَسْفاط)
bass[1]/beɪs/*n.* & *adj.* صَوْت عَمِيق وخَفِيض ، جَهِير
(*mus.*)
bass[2]/bæs/*n.* سَمَك القارُوس ، ذِئْب البَحْر ؛ أَلْيافٌ
مُجَفَّفة تُصْنَع مِنْها الحُصُر وخُيُوطٌ لِلرَّبْط
bassoon/bəˈsun/*n.* الباسُون ، مِزْمار جَهِير ذُو
قَبْضَتَيْن ومَبْسِم مُلْتَوٍ ، الزَّمْخَر
bastard/ˈbɑstəd/*n.* وَلَدٌ غَيْرُ شَرْعِيّ ، ابْنُ حَرام ،
نَغْل ، نَغِيل
he's a ripe bastard (*coll.*) هُو لَئِيم خَسِيس ، ابْنُ كَلْب
baste/beɪst/*v.t.* سَقَى اللَّحْمَ بالدُّهْنِ عِنْدَ طَهْيِه
bastinado/ ˈbæstɪˈneɪdəʊ/*n.* & فَلَقَةٌ
v.t. ضَرَبَهُ بالفَلَقة
bat/bæt/*n.*
1. (*zool.*) وَطْواط ، خُفّاش (خَفافِيشُ)
he is bats (*sl.*) هو مَخْبُول
2. (implement) مِضْرَبٌ
he did it off his own bat فَعَلَ ذَلِك بِمُفْرَدِه
v.t. & *i.* ضَرَب الكُرة بالمِضْرَب (في لُعْبة الكْرِيكِيت مَثلاً)
without batting an لم يُبْدِ أَيّةَ دَهْشة ، لَم يَطْرِفْ
eyelid لهُ جَفْن ، لَمْ يُحَرِّك ساكِنًا
batch/bætʃ/*n.* كَمِّيّة ، مَجْمُوعة ، لَفّة ؛ خَبْزة
the bread was baked in خَبَزَ كُلَّ عِشْرِين رَغِيفًا
batches of twenty دُفْعةً واحِدة
bated/ˈbeɪtɪd/*adj. only in*
with bated breath بِأَنْفاسٍ مَبْهُورة أو مَقْطُوعة
bath/bɑθ/*n.* حَمّام ، بانْيُو (عامِّيّة)
Turkish bath حَمّام (بُخارِيّ)
have/take a bath اِسْتَحَمّ ، اِغْتَسَل في الحَمّام
shower-bath حَمّام رَشّاش ، دُوش (دُوشات)
v.t. حَمَّمَ (الطِّفْلَ مَثلاً)

bath-chair/ 'bɑθ-'tʃeə(r)/*n.* كُرْسِيٌّ مُتَحَرِّك للمُقْعَدِين

bathe/beɪð/*v.t. & i.* حَمَّمَ ، غَسَل (ـِ) ؛ إِسْتَحَمَّ

he bathed his eyes in boric solution غَسَلَ عَيْنَيْه بمَحْلُول البُورِيك

the gardens were bathed in sunlight كانَت الحَدائِقُ تَسْبَح في ضَوْءِ الشَّمْس

bather/'beɪðə(r)/*n.* مُسْتَحِمّ أو سابِح (في مَسْبَحٍ أو نَهْرٍ مَثَلًا)

bathing-costume/ 'beɪðɪŋ-'kostjum/*n.* مايُوه (مايُوهات)

bathroom/'bɑθrʊm/*n.* حَمّام

baton /'bætən/*n.* عَصًا (عُصِيّ) ، عَصا القِيادة المُوسِيقِيّة

battalion/bə'tæljən/*n.* كَتيبة (كَتائِبُ) ، فَوْج (أَفْواج)

batter/'bætə(r)/*n.* عَجِينةٌ سائِلة مِن دَقِيقٍ وبَيْضٍ وحَلِيب

v.t. دَقَّ (ـُ) ؛ هَرَسَ (ـِ) ، حَطَّمَ

battery/'bætərɪ/*n.*

1. (*elec.*) بَطّارِيّة كَهْرَبائِيّة ، مِرْكَم

2. (*mil.*) سَرِيّة مَدْفَعِيّة

he was assaulted by a battery of questions أُمْطِرَ بِوابِلٍ مِن الأَسْئِلة

3. (*agric.*) (زِراعة) مُرَبًّى

are these free range or battery chickens? أَهَذا دَجاجٌ مُرَبًّى في الهَواءِ الطَّلْق أو في مَرْكَزِ تَفْرِيخ ؟

4. (*leg.*) *in phrase* (قانون)

assault and battery تَعَدٍّ مع الضَّرْب

battle/'bætəl/*n.* مَعْرَكة (مَعارِكُ)

v.i. قاتَلَ ، خاضَ مَعْرَكة

battledress/'bætəldres/*n.* بَدْلة قِتالٍ ، مَلابِسُ مَيْدان

battlefield/'bætəlfild/*n.* ساحة حَرْب ، مَيْدان مَعْرَكة

battleground/'bætəlgraʊnd/*n.* ساحة قِتال

battlements/ 'bætəlmənts/*n. usu. pl.* سُورٌ للدِّفاع ، شُرُفات

battleship/'bætəlʃɪp/*n.* بارِجة (بَوارِجُ)

bauble/'bɔbəl/*n.* خُشْخَيْشة ؛ تافِهة (تَوافِهُ)

baulk/bɔk/*see* **balk**

bawdy/'bɔdɪ/*adj.* داعِر ، فاجِر ، بَذِيء

bawl/bɔl/*v.i. & t.* صَرَخ (ـُ) ، زَعَق (ـَ) ؛ زَجَر (ـُ)

bay/beɪ/*n.*

1. (inlet) خَلِيج صَغِير ، شَرْم (شُرُوم) ، جُون (أَجْوان)

2. (*in a building*) فَتْحة بَيْن عَمُودَيْن في بِناء

bay window نافِذة بارِزة

sick bay رُكْن في سَفِينة أو مَدْرَسة لِمُعالَجة المَرْضَى

3. (bark of hounds) نُباح ، عُواء

keep the enemy at bay صَدَّ العَدُوَّ ، أَوْقَفَه عِندَ حَدِّهِ

4. (tree) شَجَرة الغار ، الرَّنْد

5. (*of horse*) *n. & adj.* أَحْلَسُ ، كُمَيْت

v.i. عَوَت أو نَبَحَت (كِلابُ الصَّيْد)

bayonet/ 'beɪənɪt,'beɪənet/*n.* حَرْبة (حِراب) ، سِنْجة

v.t. طَعَن (ـَ) بالحَرْبة

bazaar/bə'zɑ(r)/*n.* سُوق (أَسْواق) شَرْقِيّة ، بَزار (م)

be/bi/ (*pres.* **am, is, are** *p.t.* **was, were** *pres. part.* **being** *p.p.* **been**) *v.i. & aux.* كان ، وُجِدَ ، أَصبح

this cannot be هذا مُسْتَحِيل

this will do for the time being هذا كافٍ في الوَقْتِ الحاضِر

let it be دَعِ الأَمْرَ على عِلّاتِهِ ، فَلْيَكُنْ !

let him be! دَعْهُ وشَأْنَهُ !

be that as it may, I am going home أيًّا كان الأَمْرُ فأنا ذاهِبٌ إلى البَيْت

far be it from me to do such a thing مَعاذَ اللّه أَنْ أَفْعلَ شَيْئًا مِن هذا القَبِيل

so be it فَلْيَكُنِ الأَمْرُ كَذٰلِك

he was hit by the ball أَصابَتْهُ الكُرَة

has the postman been yet? هَل مَرَّ بنا ساعي البَرِيد ؟

beach/bitʃ/*n.* شاطِئ بَحْرٍ رَمْلِيّ ، بِلاج

v.t. سَحَب القارِبَ إلى الشاطِئ

beacon /'bikən/*n.* مَنارة ، مُرْشِد ضَوْئِيّ أو لاسِلْكِيّ للتَّوْجِيه أو الإنْذار

bead/bid/*n.* خَرَزة (خَرَز)

beak /bik/*n.* مِنْقار (مَناقِيرُ)

beaker/'bikə(r)/*n.* قَدَح (أَقْداح) ، كُوز (كِيزان أو أَكْواز) ، كَأْس (كُؤُوس)

beam/bim/*n.*

1. (joist) لَوْح خَشَبِيّ ، عارِضة خَشَبِيّة

2. (ray) حُزْمة إلِكْتْرُونِيّة

v.i. & t. أَضاءَ ، أَشْرَقَ ، ابْتَسَم ؛ وَجَّهَ أشِعّة إلِكْتْرُونِيّة

bean/bin/*n.* فاصُولِيَة ، فُول

broad beans فُول ، باقِلّى ، باقِلاء ، جَرْجَر ، جُحَّى

he is full of beans يَفِيضُ حَيَوِيّةً ونَشاطًا

I haven't a bean لا أَمْلِكُ شَرْوَى نَقِير ، مُعْدِم ، مُفْلِس

bear[1]/beə(r)/*n.* دُبّ (دِبَبة) ؛ غَلِيظ الطِّباع

bear[2]/beə(r)/(*p.t.* **bore** *p.p.* **borne**) *v.t.*

1. (carry) حَمَل (ـِ) ، شالَ (يَشِيل)

you must bear your age in mind تَذَكَّرْ سِنَّكَ ! ، لا تَنْسَ سِنَّك !

2. (endure, tolerate) تَحَمَّلَ ، تَجَلَّدَ ، صَبَر (ـِ) عَلَى ، عانَى

3. (bring forth *p.p.* **born**) وَلَدَ (يَلِد) ، أَنْجَبَ

v.i.

first bear right, then bear left — (للإرْشاد إلى الطَّريق) اِتَّجِه يَمينًا ثُمَّ يَسارًا !
how does this bear on the problem? — ما عَلاقةُ هٰذا بالمُشْكِلة ؟
bearable/ ˈbeərəbəl/*adj.* — مُحْتَمَل ، مُمْكِن احْتِمالُه ، يُطاق
beard/ ˈbɪəd/*n.* — لِحْية (لِحًى)
bearing/ ˈbeərɪŋ/*n.* — اِحْتِمال ، تَحَمُّل ؛ وَقْفة ؛ مَوْقِف مِن
his behaviour was beyond/ past (all) bearing — كان سُلُوكُه لا يُطاقُ أَبَدًا
his kindly bearing made children love him — حَبَّبه مَعْشَرُه اللَّطِيفُ إلى الأَطْفال
I have lost my bearings — أنا تائِه لا أَدْري أَيْنَ أَتَّجِه
this information has no bearing on the subject — لا عَلاقةَ لِهٰذِه المَعْلوماتِ بالمَوْضُوع
the lining of the bearing is worn — تآكَلَت بِطانةُ الحامِل (أو الكُرْسيّ) في المُحَرِّك
beast/bist/*n.* — حَيَوان ، بَهيمة (بَهائِم) ، وَحْش (وُحُوش) ، دابّة (دَوابّ)
beastly/ ˈbistlɪ/*adj.* — بَهِيميّ ، فَظيع ، مُزْعِج ، كَريه
beat[1] / bit/ *(p.t.* **beat** *p.p.* **beaten**) *v.t.*
1. (strike) — ضَرَب (ـِ)
beat a carpet — نَفَّض السَّجّاد
beat eggs — خَفَق البَيْض
the village is off the beaten track — القَرْية مُنْعَزِلة نائية
he managed to beat down the price — تَمَكَّن مِن تَخْفيض السِّعْر بَعْد المُساوَمة
he was beaten up — أُوسِعَ ضَرْبًا
2. (defeat) — دَحَر (ـَ) ، تَفَوَّق عَلَى
we beat their team hollow — هَزَمْنا فَريقَهُم شَرَّ هَزيمة
the attackers were beaten off — رُدَّ المُهاجِمُون على أَعْقابِهِم
3. (rap rhythmically) — طَرَق طَرْقًا إيقاعِيًّا
beat out the rhythm on a drum — نَقَرَ الإيقاع عَلَى الطَّبْل
he beat a hasty retreat — أَسْرَعَ فَعاد القَهْقَرَى ، تَراجَع مُسْرِعًا
the conductor beats time — يُوَقِّتُ رَئِيسُ الفِرْقة المُوسيقِيّة إيقاعَ النَّغْمة
v.i. — خَبَط (ـِ)
he was beating about the bush — كان يَلُفُّ ويَدُور حَوْلَ المَوْضُوع
beat[2]/bit/*n.*
1. (pulsation) — نَبْضة ، إيقاع ، خَفْقة (القَلْب)
his heart missed a beat — لَغَط قَلْبُه
2. (route regularly patrolled) — الطَّريق التي يَسْلُكُها الشَّخص مِرارًا
a policeman's beat — مِنْطَقة خِفارة شُرْطيّ
beautiful/ ˈbjutɪfəl/*adj.* — جَميل ، وَسِيم ، حَسَن ، بَهِيّ
beauty/ ˈbjutɪ/*n.* — جَمال ، حُسْن ، مَلاحة
the beauty of it is that . . . — أَظْرَفُ ما في الأَمْر أنّ . . .
she was a famous beauty — كانت مَشْهورةً بحُسْنِها
beauty-spot/ ˈbjutɪ-spot/ *n.* — شامة ، خال ؛ بُقْعة خَلّابة (في الطَّبيعة)
beaver/ ˈbivə(r)/*n.* — قُنْدُس ، كَلْب الماء
because/bɪˈkoz/*conj.* — لِأَنَّ ، إذْ ، بِسَبَب ، لِأَجْل ، مِن أَجْل
beckon/ ˈbekən/*v.i. & t.* — أَوْمَأَ ، أَشارَ إلى
she beckoned to me — أَوْمأَت إلَيَّ بالمَجِيء
he beckoned me to his desk — أَوْمأَ إليَّ بالدُّنُوّ مِن مَكْتَبِه
become /bɪˈkʌm/ (*p.t.* **became** *p.p.* **become**)
v.i. (turn into) — أَصْبَح ، صار (يَصِير) ، غَدا (يَغْدُو) ، اِنْقَلَب
what has become of him? — ماذا حَلَّ بِه ؟ ما فَعَل الزمان به ؟
v.t. (suit) — لاءَم ، واءَم ، وافَق
act as becomes a gentleman — تَصَرَّفْ تَصَرُّفَ شَخْصٍ مُهَذَّب
becoming/bɪˈkʌmɪŋ/*adj.* — مُناسِب ، لائِق ، (ثَوْب) مُلائِم ، يَلِيقُ مَنْ تَرْتَدِيه
bed/bed/*n.* — سَرير (أَسِرّة) ، فِراش (أَفْرِشة ، فُرُش)
bed and board — مَبِيتٌ مع طَعام ، مَبِيتٌ بالأَكْل (م) ، آكِل نائِم (ع) ، أَكْل ونَوْم
he got out of bed on the wrong side — إنّه مُعَكَّرُ المِزاج اليَوْم ، متصبّح بالشَّيطان اليَوْم (س)
bedclothes/ ˈbedkləʊðz/ *n.pl.* — أَغْطِية السَّرير ، مُلاءة (مِلاية) ، شَرْشَف (شَراشِف) (س ، ع)
bedding/ ˈbedɪŋ/*n.* — أَغْطِية السَّرير وشَراشِفُه
bedlam/ ˈbedləm/*n.* — مُسْتَشْفَى المَجانين أو المَجاذيب ؛ هَرْج ومَرْج ، فَوْضَى ، ضَجيج
bedouin/ ˈbedʊɪn/*n.* — بَدَوِيّ ، أَعْرابيّ
bedraggled/bɪˈdrægəld/ *adj.* — (ثَوْب) مُوحِل ، مُمَرَّغ في الوَحْل
bedridden/ ˈbedrɪdən/ *adj.* — طَريح الفِراش ، قَعِيد المَرَض
bedroom/ ˈbedrʊm/*n.* — غُرْفة نَوْم
bedside/ ˈbedsaɪd/*n.* — جانِب الفِراش (وبخاصّة فِراش المَريض)
a doctor should have a good bedside manner — على الطَّبيب أَنْ يُجيدَ كَسْبَ ثِقة مَرْضاه (بِرِقّة مُعامَلَتِه)
bed-sitting-room/ — غُرْفة جُلُوس ونَوْم مَعًا

'bed-'sıtıŋ-rʊm/*n.*

bedspread/'bedspred/*n.* مَفْرَش ، غِطاء سَرِير

bedtime/'bedtaım/*n.* وَقْت النَّوْم

bedtime story حِكاية للأطفال قُبَيْلَ النَّوْم

bee/bi/*n.* نَحْلة (نَحْل)

he has a bee in his bonnet إنّه مَهْوُوس (بِفِكْرةٍ ما)

he made a bee-line for the host انْدَفَع رَأْسًا نَحْوَ مُضِيفِه

beech/bitʃ/*n.* شَجَرُ الزّان

beef/bif/*n.* لَحْم البَقَر ، لحم هوش (ع)

beefeater/'bifitə(r)/*n.* أَحَد حُرّاس بُرْج لندن

beefsteak/'bifsteık/*n.* شَريحة لَحْم بَقَر (بِيفْتيك)

beehive/'bihaıv/*n.* خَلِيَّة نَحْل ، مَعْسَلة ، قَفِير (قُفْران) ، كُوارة (كَوائِر)

been/bin/*p.p. of* **be**

beer/bıə(r)/*n.* بِيرة ، جِعة

beet(root)/'bit(rut)/*n.* بَنْجَر ، شَوَنْدَر ، شَمَنْدَر ، صَوْطَلة

beetle/'bitəl/*n.* خُنْفُساء ، خُنْفُس (خَنافِس)

befall/bı'fɔl/(*p.t.* **befell** *p.p.* **befallen**) *v.i. & t.* حَصَل (ـُ) ، حَدَث (ـُ) ؛ حَصَل (ـُ) لِ ، أَلَمَّ بِ

befit/bı'fıt/*v.t.* لاقَ بِ ، ناسَبَ ، لاءَمَ

before/bı'fɔ(r)/*adv. prep. & conj.* قَبْلَ ؛ أَمامَ ؛ سابِقًا

he will arrive before long سَيَصِل بَعْدَ قَلِيل

he has finished but not before time لَمْ يُنْجِز العَمَلَ إلّا بَعْدَ لأْيٍ

beforehand/bı'fɔhænd/ *adv. & adj.* مُسْبَقًا ، مُقَدَّمًا ، سَلَفًا

befriend/bı'frend/*v.t.* صادَقَ ، عَطَفَ (ـِ) عَلَى ، ساعَدَ

beg/beg/*v.i. & t.* رَجا (يَرْجُو) ، اسْتَجْدَى ، تَسَوَّلَ ، اسْتَعْطَى

I beg your pardon عَفْوًا ؛ هَلْ لَكَ أَنْ تُعِيدَ ما قُلْتَ؟

if these books are going begging, I'll take them إنْ لَمْ يَكُنْ لِهٰذِه الكُتُب صاحِب أَخَذْتُها

he has not replied to my argument but has begged the question لَمْ يَرُدَّ عَلَى حُجَّتِي بَلْ أَيَّدَ كَلامَهُ بِفَرْضٍ لا تَدْعَمُهُ البَراهِين

began/bı'gæn/*p.t. of* **begin**

beget/bı'get/(*p.t.* **begot** *p.p.* **begotten**) *v.t.* وَلَدَ (يَلِد) ، أَنْجَبَ ، أَدَّى إلى

beggar/'begə(r)/*n.* مُتَسَوِّل ، شَحّاذ

you lucky beggar يا مَحْظُوظ ! آه يا شَيْطان

(*coll.*) يا مَحْظُوظ ! يا نِيّالك (س)

beggarly/'begəlı /*adj.* فَقِير جدًّا ، مُعْدِم

beggary/'begərı/*n.* اسْتِجْداء ، بُؤْس شَدِيد ، فاقة

begin/bı'gın/(*p.t.* **began** *p.p.* **begun**) *v.t. & i.* بَدَأَ (يَبْدَأُ) ، شَرَعَ (ـَ) في ، أَخَذَ (ـُ) في

well, to begin with, I don't like him أَوَّلًا وقَبْلَ كُلِّ شَيْءٍ إنّه لا يُعْجِبُنِي

I don't (even) begin to understand you لا أَفْهَمُكَ لا مِن قَرِيبٍ ولا مِن بَعِيد

beginning/bı'gınıŋ/*n.* بِداية ، ابْتِداء ، شُرُوع ، اسْتِهْلال

begrudge/bı'grʌdʒ/*v.t.* حَسَدَ (ـُ) فلانًا على ، ضَنَّ (ضَنِنْتُ ـَ أو ضَنَنْتُ ـِ) عَلَى فُلانٍ

he begrudges himself nothing لا يَحْرِم نَفْسه مِن شَيْء

beguile/bı'gaıl/*v.t.* أَغْوَى ، أَغْرَى ، خَدَع (ـَ) ، فتَن (ـِ)

begun/bı'gʌn/*p.p. of* **begin**

behalf/bı'haf/*n.* مَصْلَحة ، مَنْفَعة ، نِيابةً عَن

I thank you on my behalf and on behalf of my friends أَشْكُرُكُم أَصالةً عن نَفْسِي ونِيابةً عن أَصْدِقائي

behave/bı'heıv/*v.i.* تَصَرَّفَ ، سَلَكَ (ـُ)

why can't you children behave (yourselves)? لِمَ لا تَتَصَرَّفُون بِأَدَبٍ يا أَطْفال ؟

behaviour/bı'heıvjə(r)/*n.* سُلُوك ، تَصَرُّف ، سِيرة (سِيَر) ، سَيْر

behead/bı'hed/*v.t.* قَطَعَ الرَّأْس ، ضَرَبَ العُنُق

behind/bı'haınd/*adv.* خَلْفَ ، وَراءَ

he stayed behind تأَخَّرَ ، تَلَكَّأَ ، مَكَث (ـُ) (في البَيْت مَثلًا)

prep.

he slandered him behind his back اِغْتابَهُ ، شَتَمَهُ في غِيابِه

they are behind the times هُم مُتَخَلِّفُون عَن رَكْب الحَضارة

your friends are behind you أَصْدِقاؤُك مِن وَرائِك (يُناصِرُونَك)

n. دُبُرٌ (أَدْبار) ، عَجُزٌ (أَعْجاز) ، رِدْفٌ (أَرْداف) ، مُؤَخَّرة

behindhand/ bı'haındhænd/*adv. & pred. adj.* مُتَخَلِّف ، مُتَأَخِّر ، مَدِين

behold/bı'həʊld/*v.t.* نَظَرَ (ـُ) ، شاهَدَ ، عايَنَ ؛ إذا (الفُجائيّة)

I opened the drawer and, lo and behold, there was my long-lost watch فَتَحْتُ الدُّرْجَ وإذا بساعَتِي التي فَقَدْتُها مِن زَمان

being[1]/'biıŋ/*n.*

1. (existence) كَيْنُونة ، وُجُود ، كِيان

the United Nations came into being after the Second World War قامَتِ الأُمَمُ المُتَّحِدة بَعْدَ الحَرْبِ العالَمِيّة الثّانِية

2. (living creature) كائِن حَيّ

being²/ˈbiːɪŋ/*pres. part. of* **be**

belated/bɪˈleɪtɪd/*adj.* بُعَيْدَ الوَقْتِ المُحَدَّد ، مُتَأَخِّر عَن مِيعادِه

belch/beltʃ/*v.i. & t.* إِنْدَفَعَ ، تَدَفَّقَ (الدُّخان مَثَلًا) ؛ تَجَشَّأَ

smoke was belching from his exhaust كان الدُّخان يَنْطَلِق بِغَزارةٍ مِن ماسُورةِ العادِم

onions make him belch البَصَلُ يَجْعَلُهُ يَتَجَشَّأ

n. جُشاءَة

belfry/ˈbelfrɪ/*n.* بُرْجُ النّاقُوس

belie/bɪˈlaɪ/*v.t.* نَمَّ (ـُ) على ، شَفَّ (ـِ) عَن ، كَذَّبَ ، ناقَضَ

his cheerful appearance belied his feelings نَمَّ مَظْهَرُه البَشُوش عَن حَقِيقة مَشاعِرِه

belief/bɪˈlif/*n.* اِعْتِقاد ، ظَنّ

this is beyond belief (هذا) لا يُصَدَّق

believe/bɪˈliv/*v.t. & i.* اِعْتَقَدَ ، ظَنَّ (ـُ)

believe it or not, he passed his exams صَدِّقْ أَوْ لا تُصَدِّقْ ، لَقَد أَجْتازَ الامْتِحان

I believe so, but I'm not sure أَعْتَقِدُ ذٰلِك وَلٰكِنِّي غَيْرُ مُتَأَكِّد

I believe in getting the facts right before passing judgement إِنِّي أُومِنُ بِالحُصُولِ عَلَى الحَقائِقِ قَبْلَ إِصْدارِ الحُكْم

seeing is believing الرُّؤْيَةُ أُمُّ التَّصْدِيق ، اليَقِينُ بِالعِيان

believer/bɪˈlivə(r)/*n.* مُؤْمِن ، مُعْتَقِد بِـ

belittle/bɪˈlɪtəl/*v.t.* بَخَسَ (ـَ) (حَقَّه) ، قَلَّلَ مِن شَأْنِه ، اِسْتَقَلَّ

bell/bel/*n.* جَرَس (أَجْراس) ، ناقُوس (نَواقِيسُ)

that rings a bell (*coll.*) هٰذا يُذَكِّرُني بِشَيْءٍ كُنْتُ قَد نَسِيتُه

belle/bel/*n.* غانِية (غَوانٍ) ، حَسْناءُ (حِسان) ، غادَة (غِيد) ، جَمِيلة

bellicose/ˈbelɪkəʊs/*adj.* مُشاجِر ، مُحِبّ لِلقِتال ، عُدْوانِيّ

belligerent/bɪˈlɪdʒərənt/ *adj. & n.* اِعْتِدائِيّ ، مُحارِب ؛ مُتَحارِب ، مُقاتِل

bellow/ˈbeləʊ/*v.i. & t.* خارَ (يَخُورُ) (الثَّوْر) ، جَأَرَ (يَجْأَر)

n. خُوار ، جُؤار

bellows/ˈbeləʊz/*n.pl.* مِنْفاخ (مَنافِيخُ) ، كِيرُ الحَدّاد (كِيران)

belly/ˈbelɪ/*n.* بَطْن (بُطُون ، أَبْطُن) ، جَوْف (أَجْواف) ، مَعِدة (مِعَد)

belong/bɪˈlɒŋ/*v.i.* خَصَّ (ـُ) ، تَعَلَّقَ بِـ ، اِنْتَمَى إِلى

do you belong to this club? هَل أَنْتَ عُضْوٌ في هٰذا النّادِي ؟

put these things where they belong ضَعْ هٰذه الأَشْياءَ في أَماكِنِها

belongings/bɪˈlɒŋɪŋz/*n.pl.* مُمْتَلَكات ، مَتاع (أَمْتِعة)

beloved/bɪˈlʌvɪd/*adj. & n.* مَحْبُوب ، عَزِيز ؛ مَعْشُوق ، حَبِيب

below/bɪˈləʊ/*adv. & prep.* تَحْتَ ؛ دُونَ ، أَدْنَى ؛ أَقَلّ مِن المُعَدَّل

see below أُنْظُرْ أَدْناه

it is five degrees below (zero) دَرَجة الحَرارة خَمْسَةٌ تَحْتَ الصِّفْر

belt/belt/*n.* حِزام (أَحْزِمة) ، نِطاق ، زُنّار ، مِنْطَقة (مَناطِقُ) ، نِطاق ، سَيْر (سُيُور)

v.t. & i. حَزَمَ (ـِ) ، ضَرَبَ (ـِ) بِالحِزام ، ساط (يَسُوطُ) ، جَلَدَ (ـِ) ، لَكَمَ (ـُ)

if you don't shut up, I'll belt you (*coll.*) اِخْرَس وإلّا ضَرَبْتُك ، بَسَطْتُك (ع) ، بِكَسِّرْ رَأْسَك (س)

he belted along in his new car مَرَقَ بِسَيّارَتِه الجَدِيدة (بِسُرْعة خاطِفة)

belt up! (*sl.*) هُصّ ! أُسْكُتْ ! اِخْرَسْ ، اِنْچَبّ (ع)

bench/bentʃ/*n.*

1. (seat) مَقْعَد خَشَبِيّ طَوِيل ، مَصْطَبة (مَصاطِب)

front bench, back bench (in parliament) صُفُوف الوُزَراء (والنُّوّاب غَيْر الوُزَراء) في مَجْلِس العُمُوم البريطانِيّ

2. (working table) مِنْضَدة الوَرْشة (لِلنَّجّار)

3. (judges, magistrates) مِنَصّة القَضاء ، هَيْئة القُضاة

he was brought before the Bench قُدِّمَ لِلقَضاء (لِلمُحاكَمة)

bend/bend/(*p.t. & p.p.* **bent**) *v.t. & i.* حَنَى (يَحْنِي) ، ثَنَى (يَثْنِي) ، لَوَى (يَلْوِي) ؛ أَمالَ ، وَجَّهَ ، أَدار ؛ اِلْتَوَى

he bent down to do up his shoe-lace اِنْحَنَى لِيَرْبِطَ حِذاءَه

he could not bend his mind to his studies لَمْ يَسْتَطِعْ أَنْ يُرَكِّزَ ذِهْنَه عَلَى دِراسَتِه

youth today is bent on mischief شَبابُ اليَوْمِ عاكِف عَلَى الشَّرّ (أو مُزْمِع عَلَى الأَذَى)

beneath/bɪˈniθ/*adv. & prep.* دُونَ ، أَدْنَى مِن ، تَحْتَ

he considers us beneath his notice يَعْتَبِرُنا أَتْفَهَ مِن أَنْ يَلْحَظَ وُجُودَنا

he married beneath him تَزَوَّجَ مِن دُونِ طَبَقَتِه

benefaction/ˈbenɪˈfækʃən/*n.* إِحْسان ، صَدَقة ، تَبَرُّع ، هِبَة

benefactor/ˈbenɪfæktə(r)/*n.* مُحْسِن إِلى ، مُفْضِل عَلَى ، وَلِيُّ نِعْمة

beneficial/ˈbenɪˈfɪʃəl/ *adj.* ذُو فائِدة ، مُفِيد ، نافِع ، مُجْدٍ ، ناجِع

beneficiary/ˈbenɪˈfɪʃərɪ/*n.* مُسْتَفِيد ، مُنْتَفِع ، مُسْتَحِقّ في وَقْف

benefit/ˈbenɪfɪt/*n.* فائدة (فَوائدُ) ، مَنْفَعة (مَنافِعُ)

the court gave the accused the benefit of the doubt فَسَّرَت المَحْكَمةُ الشَّكَّ في القَضِيّة لِصالح المُتَّهَم

unemployment benefit تَعْوِيضُ البَطالة

v.i. & t. (*p.t. & p.p.* **benefited**) إِسْتَفاد ، أَفاد

I don't know who benefits by/from this لا أَدْرِي مَن الذي يُفِيدُ مِن ذلك

benevolence/bɪˈnevələns/*n.* عَطْف ، رِفْق ، حُسْنُ ٱلْتِفات

benevolent/bɪˈnevələnt/*adj.* خَيِّر ، مُحْسِن ، عَطُوف ، رَقِيقُ القَلْب

benign/bɪˈnaɪn/*adj.* شَفُوق ، رَحِيم ؛ غَيْر خَبِيث (طِبّ)

benignity/bɪˈnɪgnɪtɪ/*n.* شَفَقة ، رَحْمة

bent[1]/bent/*p.t. & p.p. of* **bend**

bent[2]/bent/*n.* مَيْل (مُيُول) ، نَزْعة

bequeath/bɪˈkwið/*v.t.* أَوْرَثَ ، خَلَّفَ ، أَوْصَى بـِ

bequest/bɪˈkwest/*n.* وَصِيّة (وَصايا) ، تَرِكة ، إِرْث مُوصًى بِهِ

bereave/bɪriv/(*p.t.* **bereaved** *p.p.* **bereft**) أَفْجَعَ ، أَفْقَدَ ، ثَكِل (ـَ) ، أَثْكَلَ

bereavement/bɪˈrivmənt/*n.* ثُكْل ، فَجِيعة ، فُقْدانُ عَزِيز

beret/ˈbereɪ/*n.* قُبَّعة ، طاقِيّة صُوف ، بِيرِيه

berry/ˈberɪ/*n.* ثَمَرة عِنَبِيّة (كالتُّوت مَثَلًا) ، ثَمَر العُلَّيْق

berth/bɜθ/*n.* سَرِير أو مَقْصُورة نَوْم في باخِرة أو قاطِرة أو طَيّارة

you'd better give him a wide berth مِن الأَفْضَل لكَ أَنْ تَتَحاشاه

v.t. & i. رَبَط (ـِ) السَّفِينة في المِيناء

beseech/bɪˈsitʃ/(*p.t. & p.p.* **besought**) *v.t.* تَوَسَّلَ ، تَضَرَّعَ ، إِبْتَهَلَ (إلى) ، اِلْتَمَسَ

beset/bɪˈset/(*p.t. & p.p.* **beset**) *v.t.* أَحاطَ بـِ ، حاصَرَ

our path is beset with difficulties طَرِيقُنا مَحْفُوف بالمَصاعِب

his besetting sin is laziness الكَسَلُ عِلَّتُه الكُبْرى ، داؤُه الكَسَل

beside/bɪˈsaɪd/*prep.*

1. (by the side of) بجانِب ، إلى جانِب ، بجِوار
2. (away from) خارِج عَن ، لا صِلَةَ لَهُ بـِ

that is beside the point هذا خارِج المَوْضُوع

he was beside himself with anxiety لم يَتَمالَكْ نَفْسه مِن شِدّة القَلَق

3. (compared with) بالنِّسْبة إلى

there's no one to set beside him as a writer لَيْسَ هُناكَ مَنْ يُضارِعُه في الكِتابة

besides/bɪˈsaɪdz/*adv. & prep.* فَضْلًا عَن ، عِلاوةً على ؛ إلى جانِبِ ذلِك

besiege/bɪˈsidʒ/*v.t.* حاصَرَ ، طَوَّقَ

the teacher was besieged with questions طَوَّقَ التَّلامِيذُ المُدَرِّسَ وأَمْطَرُوه بالأَسْئِلة

best/best/*adj. & n.* الأَفْضَل ، الأَحْسَن

best man إِشْبِينُ العَرِيس في حَفْلِ الزِّفافِ عِنْدَ المَسِيحِيِّين

we can't get there before five at best لَنْ نَكُونَ هُناكَ قَبْلَ الخامِسة في أَفْضَلِ الأَحْوال

it is all for the best رُبَّ ضارَّةٍ نافِعة ، حَصَل خَيْر (عامِّيّة)

to the best of my knowledge أَغْلَبُ ظَنِّي أَنَّ ، على حَدِّ عِلْمِي

I will do my best to help you سَأَبْذُلُ قُصارَى جُهْدِي لِمُساعَدَتِك

he stayed for the best part of an hour مَكَثَ قُرابَةَ ساعةٍ

he was dressed in his Sunday best كان مُرْتَدِيًا أَفْخَرَ ما عِنْدَه

all the best! في رِعايةِ الله ! مَعَ السَّلامة

adv.

he had best retire before it is too late خَيْرٌ له أَنْ يَتَقاعَدَ قَبْلَ فَواتِ الأَوان

you must get home as best you can يَنْبَغِي أَنْ تَعُودَ إلى البَيْتِ بأَسْرَعِ ما يُمْكِن

our team came off best أَحْرَزَ فَرِيقُنا النَّصْر

bestial/ˈbestɪəl/*adj.* بَهِيمِيّ ، وَحْشِيّ

bestiality/ˈbestɪˈælətɪ/*n.* بَهِيمِيّة ، حَيَوانِيّة ، وَحْشِيّة

bestow/bɪˈstəʊ/*v.t.* وَهَبَ (يَهَب) ، مَنَحَ (ـَ) ، أَنْعَمَ على

best-seller/ ˈbest-ˈselə(r)/*n.* أَرْوَجُ كِتاب

bet/bet/*v.t. & i. & n.* راهَنَ ؛ رِهان ، مُراهَنة

betide/bɪˈtaɪd/*v.t.*

woe betide you if you lose the key الوَيْلُ لَكَ إِنْ فَقَدْتَ المِفْتاح

betray/bɪˈtreɪ/*v.t.* خانَ (يَخُون) ، غَدَرَ (ـِ) بـِ

his features betrayed no emotion لم تُفْصِحْ مَلامِحُه عَنْ أَيِّ ٱنْفِعال

betrothed/bɪˈtrəʊðd/*adj. & n.* مَخْطُوب ، مَخْطُوبة ؛ خَطِيب ، خَطِيبة

better/ˈbetə(r)/*adj. & adv.* أَحْسَنُ ، أَفْضَلُ ، أَجْوَدُ

he got better تَحَسَّنَتْ صِحَّتُه

he signed the agreement against his better judgement وَقَّعَ الاتِّفاقِيّةَ رَغْمَ عَدَمِ قَناعَتِه التّامّة بها

the sooner the better خَيْرُ الأُمُورِ عاجِلُها

so much the better for ذلِكَ مِن صالِحِي ، هذا

me — مِن حُسْنِ حَظِّي

you had better go now — خَيْرٌ لكَ أنْ تَذْهَبَ الآنَ

he started to speak, but thought better of it — هَمَّ بالكلام إلاّ أنّه عَدَلَ عَنْه

n. — الأفْضَل

she always gets the better of me — إنّها تَنْتَصِر في كلّ مُجادَلاتِها مَعِي

take advice from your elders and betters — خُذِ النُّصْحَ مِمَّن يَكْبُرُك سِنًّا وعَقْلاً

v.t. — حَسَّنَ

this achievement has never been bettered — لَم يَقُمْ أحَدٌ بإنْجازٍ أفْضَلَ مِن هذا بَعْدُ

he was determined to better himself — كان مُصَمِّمًا على تَحْسِينِ وَضْعِه

between/bɪˋtwin/*prep. & adv.* — بَيْنَ ، ما بَيْنَ

don't let this come between us — لا تَجْعَلْ هذا سببَ خِلافٍ بَيْنَنا

great novels are few and far between — الرِّوايات العَظيمة قَليلة نادِرة

in between — ما بَيْنَ (الإثْنَيْن)

beverage/ˋbevərɪdʒ/*n.* — شَراب (أشْرِبة) ، مَشْروب (مَشْروبات)

bevy/ˋbevɪ/*n.* — جَماعة (مِن النِّساء) ، سِرْب (مِن السُّماني)

bewail/bɪˋweɪl/*v.t.* — ناح (يَنُوح) ، بَكَى (يبكي) على

beware/bɪˋweə(r)/*v.i.* — اِحْتَرَسَ مِن ، تَحاشَى ، حَذِر (ـَ)

beware of pickpockets! — إحذَرِ النَّشّالين !

bewilder/bɪˋwɪldə(r)/ *v.t.* — أرْبَكَ ، حَيَّرَ

bewilderment/bɪˋwɪldəmənt/*n.* — حَيْرة ، اِرْتِباك

bewitch/bɪˋwɪtʃ/*v.t.* — سَحَر (ـَ) ، فَتَن (ـِ) ، خَلَبَ لُبَّهُ

beyond/bɪˋjond/*prep. & adv.* — ما وَراءَ ، ما بَعْدَ ، خَلْفَ ، بَعْد

beyond belief — لا يُصَدَّق

beyond doubt — من غَيْرِ شَكٍّ ، بلا رَيْب

it's beyond me — هذا فَوْقَ إدْراكي

this is beyond a joke — الأمْر جِدّيّ ، لم يَعُدِ الأمْرُ مُزاحًا

bi-annual/ˈbaɪ-ˋænjuəl/ *adj.* — يَحْدُثُ مَرَّتَيْنِ في العام ، نِصْفُ سَنَويّ

bias/ˋbaɪəs/*n.* — اِنْحِراف ، مَيْل ، وَرْب ، تَحَيُّز ، تَشَيُّع

biassed/ˋbaɪəst/*adj.* — مُتَحَيِّز ، مُحِبّ لِ ، مُتَشَيِّع لِ

bib/bɪb/*n.* — مَرْيُول ، مَرْيَلة ، صَدْرِيّة الطِّفْل

best bib and tucker (*fam.*) — أحْسَنُ هِنْدام

Bible/ˋbaɪbəl/*n.* — الكِتاب المُقَدَّس ، التَّوْراة والإنْجيل

biblical/ˋbɪblɪkəl/*adj.* — نِسْبةً الى الكِتاب المُقَدَّس

bibliographer/ˈbɪblɪˋogrəfə(r)/*n.* — مُصَنِّف المَراجِع والمُؤَلَّفات ، مُخْتَصّ بدِراسة المَطْبوعات وتاريخِها

bibliographical/ˈbɪblɪəˋgræfɪkəl/*adj.* — فِهْرِسيّ ، خاصّ بالمَراجِع والمُؤَلَّفات

bibliography/ˈbɪblɪˋogrəfɪ/*n.* — عِلْم الفَهْرَسة ، مَسْرَد المَراجِع ، قائِمة مُؤَلَّفات

bicentenary/ˈbaɪˈsenˋtinərɪ/*n. & adj.* — الذِّكْرَى المِئَوِيّة الثّانِية

biceps/ˋbaɪseps/*n.* — عَضَلة ذاتُ رَأْسَيْن ، عَضَلة العَضُد

bicker/ˋbɪkə(r)/*v.i.* — تَشاجَر ، حاجَّ ولاجَّ

bicycle/ˋbaɪsɪkəl/*n.abbr.* **bike** — دَرّاجة ، عَجَلة (م)

bid/bɪd/(*p.t. & p.p.* **bid**) *v.t. & i.* — طَلَبَ (ـُ) ، أمَرَ (ـُ) ، أوْصَى

he bid £50 for the vase — عَرَضَ خَمْسِين جُنَيْهًا (في المَزاد) للمِزْهَرِيّة

n. **1.** (offer at auction) — عَرْض أو عَطاء في مَزاد

2. (attempt) — مُحاوَلة

the politician's bid for power failed — أخْفَقَت مُحاوَلةُ السِّياسيّ الوُصولَ إلى الحُكْم

bide/baɪd/*v.t. only in*

bide one's time — تَحَيَّنَ الفُرْصة

bier/bɪə(r)/*n.* — نَعْش (نُعوش)

big/bɪg/*adj.* — كَبير ، ضَخْم ، عَظيم

he is too big for his boots — إنّه مَغْرُور ، شَديدُ الإعْجاب بنَفْسِه ، يَتَصَرَّف كأنّه أعْلَى مَرْكَزًا مما هو

big business — تِجارة واسِعة النِّطاق

big toe — إبْهام القَدَم ، إصْبَع القَدَم الكَبير

bigamist/ˋbɪgəmɪst/*n.* — مُتَزَوِّج مِن امْرَأتَيْن ، مُتَزَوِّجة بِرَجُلَيْن

bigamous/ˋbɪgəməs/ *adj.* — مَنْسوب إلى الضُّرّ أو إلى الجَمْع بَيْن زَوْجَيْن

bigamy/ˋbɪgəmɪ/*n.* — زَواج رَجُلٍ مِن امْرَأتَيْن أو امْرَأةٍ من رجلين في وقت واحد

bigoted/ˋbɪgətɪd/*adj.* — شَديد التَّعَصُّب أو التَّحَيُّز لعَقيدة ، مُتَزَمِّت ، مُتَشَيِّع

bike/baɪk/*coll. abbr. of* **bicycle**

bikini/bɪˋkinɪ/*n.* — مايُوه بِيكِيني (للنِّساء) ، مايُوه من قِطْعَتَيْن صَغيرَتَيْن جِدًّا

bilateral/ˈbaɪˋlætərəl/ *adj.* — ثُنائيّ (اِتِّفاق ، مُعاهَدة)

bile/baɪl/*n.* — مِرّة ، الصَّفْراء ، سُرْعة الغَضَب

bilingual/ˈbaɪˋlɪŋgwəl/ *adj.* — مُجيدٌ للُغَتَيْن ، مُزْدَوِج اللُّغة ، ذُو لُغَتَيْن

bilious/ˋbɪlɪəs/*adj.* — صَفْراوِيّ ، مُصاب بسُوء الهَضْم لفَرْط إفْراز الصَّفْراء

bill[1]/bɪl/*n.* (beak) — مِنْقار (مَناقِير)

bill[2]/bɪl/*n.* (*commerc.*) — كَشْف حِساب ، فاتُورة (فَواتير)

his electricity bill was staggering — أذْهَلَتْه فاتُورة (أو قائمة) الكَهْرَباء

bill of exchange — حَوالة ، تَحْويل ماليّ

bill of lading بوليصة شحن

bill of fare قائمة الطعام في مطعم

after Parliament has passed a bill it becomes an Act بعد تصويت البرلمان على اللائحة تصبح قانونًا

billet/ˈbɪlɪt/*n. & v.t.* منزل يقيم فيه الجنود ؛ عمل ، وظيفة ؛ آوى ، أسكن (الجنود)

billiards/ˈbɪlɪədz/*n.* لعبة البلياردأو البلياردو

billion/ˈbɪlɪən/*n.*

1. (a million million) بليون ، مليون مليون

2. (*U.S.* a thousand million) في الولايات المتحدة : ألف مليون

billow/ˈbɪləʊ/*n. v.i.* موجة جارفة أو عارمة ؛ ماج (يموج)

the sails billowed in the wind انتفخت الأشرعة بالريح

bin/bɪn/*n.* وعاء ذو غطاء لحفظ الخبز أو الطحين أو الفحم وغيرها ؛ صفيحة الزبالة

binary/ˈbaɪnərɪ/*adj.* ثنائي ، (انقسام) شطري (للخلية) ، ثنائي العنصر (كيميا٠)

bind/baɪnd/(*p.t. & p.p.* **bound**) *v.t.* ربط (ـِ) ، قيد ، أوثق ، حزم (ـِ) ، عقل (ـِ)

the nurse bound up his wounds ضمدت الممرضة جراحه

we are bound by ties of friendship تربطنا أواصر الصداقة

he is bound to disagree! لن يوافق حتمًا !

binding/ˈbaɪndɪŋ/*n.* جلد أوغلاف كتاب ، تجليد (الكتب)

adj. ملزم ، موجب ، لا مفر منه ، لا مناص من

bingo/ˈbɪŋgəʊ/*n.* بنغو ، لعبة يانصيب شائعة في إنكلترا وأمريكا

binoculars/bɪˈnokjʊləz/ *n.pl.* منظار ثنائي العينية

biographer/ baɪˈogrəfə(r)/*n.* كاتب سيرة أو ترجمة (حياة)

biographical/ ˈbaɪəʊˈgræfɪkəl/*adj.* نسبةً إلى الترجمة أو السيرة

biography/baɪˈogrəfɪ/*n.* سيرة أو ترجمة (حياة)

biological/ˈbaɪəˈlodʒɪkəl/*adj.* منسوب إلى علم الأحياء

biologist/baɪˈolədʒɪst/*n.* متخصص بعلم الأحياء

biology/baɪˈolədʒɪ/*n.* علم الأحياء

birch/bɜtʃ/*n.*

1. (tree) شجرة البتولا ، شجر القضبان

2. (instrument of punishment) حزمة من أغصان البتولا لجلد التلاميذ

bird/bɜd/*n.* طائر ، طير (طيور)

the lecturer gave a bird's-eye view of the subject قدم المحاضر فكرة إجمالية عن الموضوع

they are birds of a feather إن الطيور على أشكالها تقع ، إنهم من طينة واحدة

biro/ˈbaɪrəʊ/*n.* قلم حبر جاف

birth/bɜθ/*n.*

1. (being born) ميلاد ، مولد ، وضع

birth rate نسبة المواليد

she gave birth to twins وضعت توأمين

2. (descent) أصل ، نسب

he is a man of humble birth إنه من أصل وضيع

birth-control/ ˈbɜθ-kənˈtrəʊl/*n.* تحديد أو تنظيم أو ضبط النسل

birthday/ˈbɜθdeɪ/*n.* عيد ميلاد

birthright/ˈbɜθraɪt/*n.* بكورية ، حق مكتسب بالميلاد

biscuit/ˈbɪskɪt/*n.* بسكويت ، بسكوت

bisect/ˈbaɪˈsekt/*v.t.* شطر (ـُ) ، نصف

bishop/ˈbɪʃəp/*n.* أسقف (أساقفة) ؛ الفيل في لعبة الشطرنج

bit[1]/bɪt/*p.t. of* **bite**

bit[2]/bɪt/*n.*

1. (part of bridle) شكيمة اللجام

2. (small piece) جزء (أجزاء) ، قطعة (قطع)

with a bit of luck we'll manage سندبر أمرنا إن حالفنا شيء من الحظ

not a bit of it! لا أبدًا ، كلا ، مطلقًا

he did his bit أدى ما عليه ، قام بنصيبه (في خدمة الوطن مثلاً)

bitch/bɪtʃ/*n.*

1. (female dog) كلبة ، ذئبة ، ثعلبة

2. (*derog.* spiteful woman) سليطة ، داعرة ، مليئة بالضغينة والحقد ؛ مغناجة تستهوي الرجال (أمريكا)

bitchy/ˈbɪtʃɪ/*adj.* (ملاحظة) حقودة ، لئيمة ، لاذعة

bite[1]/baɪt/(*p.t.* **bit** *p.p.* **bitten**) *v.t. & i.* قضم (ـَ) ، عض (ـَ) ، لسع (ـَ) ، لدغ (ـَ)

once bitten twice shy لا يلدغ المؤمن من جحر مرتين

a biting wind ريح قارصة

biting sarcasm سخرية لاذعة

he was bitten by mosquitoes لسعه البعوض

the fish were not biting لم تأكل الأسماك الطعم

bite[2]/baɪt/*n.*

1. (wound) عضة ، قرصة ، لدغة ، لسعة

his leg was covered with insect bites لم يبق موضع في ساقه إلا وفيه لسعة بعوض

2. (food) طعام

come in and have a bite تفضل شاركنا الطعام ، تفضل كل لقمة معنا

3. (taking of bait by fish) تقبل السمك للطعم

4. (sharpness) حدة ، لذعة

there is a bite in the air في الجوّ لذعةُ بَرْد

bitten/ˈbɪtən/*p.p. of* **bite**

bitter/ˈbɪtə(r)/*adj.* مُرّ ، لاذِع ؛ مُؤْلِم

a bitter enemy عَدُوّ لَدُود ، عَدُوّ أزرق

n. (bitter beer) جِعة قَوِيّة فاتِحة اللَّوْن

bitumen/ˈbɪtʃʊmən/*n.* قار ، زِفْت ، قِطْران

bituminous/bɪˈtjumɪnəs/*adj.* زِفْتِيّ ، قِطْرانِيّ

bizarre/bɪˈzɑ(r)/*adj.* غَرِيب ، شاذّ (شُذّاذ) ، غَرِيبُ الأطْوار

black/blæk/*adj.* أَسْوَد

he gave him a black look نَظَرَ إليه نَظْرةً مِلْؤُها السُّخْط

he gave him a black eye لَكَمَهُ على عَيْنِه فَتَوَرَّمَت

he was beaten black and blue ضُرِب حَتّى لَمْ يَبْقَ في جِسْمِه مَوْضِع بلا كَدْمة

black market السُّوق السَّوْداء

black marketeer تاجِرُ السُّوقِ السَّوداء

v.t. & i. (*with* **out**)

1. (obliterate) مَحا (يَمْحُو) ، شَطَبَ (ـُ) ، ضَرَب على

2. (darken windows) سَخَّمَ النّافِذة ، عَتَّمَ ، أَظْلَمَ النّافِذة

3. (lose consciousness) أُغْمِيَ أو غُشِيَ عَلَيْه ، فَقَدَ وَعْيه

n. **1.** (*the colour*) اللَّوْن الأَسْوَد

2. (dark-skinned person) ذُو بَشَرةٍ سَوْداء ، زَنْجِيّ ، أَسْوَد

blackbeetle/ˈblækbitəl/*n.* صُرْصُور (صَراصِيرُ) ، بِنْتُ وَرْدان

blackberry/ˈblækbərɪ/*n.* تُوت العُلَّيْق

blackbird/ˈblækbɜd/*n.* شُحْرُور (شَحارِيرُ) (طائِر غِرِّيد)

blackboard/ˈblækbɔd/*n.* سَبُّورة

black-currant/ˈblæk-ˈkʌrənt/*n.* كِشْمِش أَسْوَد

blacken/ˈblækən/*v.t. & i.* سَوَّدَ ، لَوَّثَ ، أَظْلَمَ

blackguard/ˈblægɑd/*n.* سافِل (سَفَلة) ، وَغْد (أَوْغاد) ، خَسِيس ، دَنِيء (أَدْنِياءُ)

blacking/ˈblækɪŋ/*n.* دِهان أَسْوَد لِلأَحْذِية

blacklist/ˈblæklɪst/*n. & v.t.* القائمة السَّوْداء ؛ أَدْرَجَ في القائمة السَّوْداء

blackmail/ˈblækmeɪl/*n. & v.t.* اِبْتِزاز بالتَّهْدِيد ، هَدَّد بقَصْد ابْتِزاز الأَمْوال ؛ بَلَص (ـُ)

blackout/ˈblækɑʊt/*n.*

1. (covering of lights) تَعْتِيم ، إطْفاء الأَنْوار (في غارة جَوِّيّة)

2. (loss of consciousness) فُقْدان الوَعْي أو الذّاكِرة

blacksmith/ˈblæksmɪθ/*n.* حَدّاد ، قَيْن (قُيُون ، أَقْيان)

bladder/ˈblædə(r)/*n.* نُفّاخة ، كِيس يُمْلأ هَواءً أو ماءً ، مَثانة (تَشْرِيح)

blade/bleɪd/*n.*

1. (*of grass*) وَرَقة عُشْب ، عُشْبة

2. (*of oar*) راحة المِجْذاف

3. (*of sharp implement*) نَصْل جارِح لأداة أو سِلاح

razor blade مُوسًى أو شَفْرة حِلاقة (شَفَرات ، شِفار)

blame/bleɪm/*n.* مُؤاخَذة ، لَوْم ، نَقْد ، مَسْؤُولِيّة لارْتِكاب خَطأ

v.t. **1.** (censure) لامَ (يَلُوم) ، أَنَّبَ ، عاتَبَ

2. (hold responsible) وَضَع المَسْؤُولِيّةَ على عاتِق فُلان

who is to blame for this? مَن المَسْؤُولُ عَن هذا ؟

bland/blænd/*adj.* لَطِيف ، مُتَوَدِّد ، دَمِث ؛ (طَعام) قَلِيلُ التَّوابِل ، (نَسِيم) عَلِيل

blandishment/ˈblændɪʃmənt/*n.* (*usu. pl.*) مُلاطَفة ، تَوَدُّد ، تَمَلُّق

blank/blænk/*adj.* خالٍ ، فارِغ ؛ (صَفْحة) بَيْضاء ، خالِية مِن الكِتابة ، (نَظْرة) جامِدة ، خالِية مِن التَّعْبِير

blank cartridge خَرْطُوشة خُلَّبِيّة

blank cheque شِيك أو صَكّ على بَياض

blank verse شِعْر مُرْسَل ، شِعْر غَيْرُ مُقَفًّى

he looked at me blankly نَظَر إليّ نَظْرةً بَلْهاءَ

n. فَراغ ، خُلُوّ ؛ وَرَقة يانَصِيب خاسِرة ، خَرْطُوشة خُلَّبِيّة

my mind was a blank كان ذِهْني مُتَوَقِّفًا عَن التَّفْكِير

fill up the blanks on the form اِمْلأْ الفَراغاتِ في الاسْتِمارة

I am afraid you have drawn a blank آسِف فإنَّكَ لَمْ تَرْبَحْ

blanket/ˈblæŋkɪt/*n.* بَطّانِيّة (بَطاطِينُ) ، حِرام (حِرامات) (س)

blankly/ˈblæŋklɪ/*adv.* (نَظَر إلَيْه) بشُرُود ، بِقِلّة اهْتِمام

blare/bleə(r)/*v.i. & t.* بَوَّقَ ، ضَجَّ (ـِ) ، دَوّى ، صَرَخ (ـُ)

n. ضَجِيج ، دَوِيّ ، صَخَب (أَبْواق السَّيّارات مَثَلًا)

blaspheme/blæsˈfim/*v.i.* جَدَّف على ، سَبَّ (ـُ) الإلٰهَ

blasphemous/ˈblæsfəməs/*adj.* تَجْدِيفِيّ

blasphemy/ˈblæsfəmɪ/*n.* تَجْدِيف (على الله) ، سَبُّ الدِّين

blast/blɑst/*n.* هَبّة قَوِيّة ، عَصْفة

the blast of an explosion ضَغْطُ انْفِجار

a trumpet blast نَفْخةُ بُوق

they had the radio on at full blast كان مِذْياعُهُم يَزْعَق بأَعْلَى صَوْتِه

blast furnace أَتُونُ الصَّهْر ، فُرْنٌ عالٍ

v.t. **1.** (blow up) فَجَّر بِمُفَرْقِعات

2. (blight) أَذْبَلَ ، أَبادَ ، حَطَّمَ

all my hopes are blasted تَحَطَّمَت آمالي كُلُّها

3. (*coll.* curse) شتم (ـُ) ، سبّ (ـُ)

blast it! اللّه يلعن . . . ؛ إلى الجحيم !

blatant/ˈbleɪtənt/*adj.* صارخ ، صخّاب ، صيّاح

blaze/bleɪz/*n.* اشتعال ، لهيب ، نار (نيران) ، وهج ؛ حريق

(*pl. coll.*)

go to blazes! اذهب إلى الجحيم ! ، رُحْ في داهية (م) ، إلى سقر (ع) ، انشنق (س)

he was working like blazes all day كان يشتغل بكلّ همّة طوال اليوم

v.i. التهب ، اتّقد ، اشتعل ، تألّق

he blazed with indignation استشاط غضبًا

v.t. usu. in

he blazed the trail شقّ الطريق ، فتح بابًا جديدًا

blazer/ˈbleɪzə(r)/*n.* جاكتّة خفيفة (تحمل شعار مدرسة أو نادٍ وغيرهما عادةً)

bleach/blitʃ/*v.t. & i.* بيّض ، قصر (ـُ) ؛ ابيضّ

n. مادّة تبييض أو قصر ، قصارة

bleak/blik/*adj.* مقفر ، مكشوف للرياح

bleat/blit/*v.i.* مأمأ ، ثغا (يثغو) ؛ غمغم شاكيًا

bleed/blid/*v.i.* دمي (يدمى) ، رعف (ـَ) (الأنف) ، انفصد

v.t. أدمى ، فصد (ـِ)

the gamblers bled him white استنزف المقامرون كلّ ماله

blemish/ˈblemɪʃ/*n.* عيب (عيوب) ، شائبة (شوائب)

blend/blend/*v.t. & i.* خلط (ـُ) ، مزج (ـُ) ، اختلط ، امتزج ، مازج

n. خليط ، مزيج

bless/bles/*v.t.* بارك ، قدّس ، سبّح اللّه (أو للّه)

bless you! بارك اللّه فيك ! (لمن يعطس) يرحمكم اللّه !

I'm blest if I know واللّه لا أدري ، ليس لديّ أدنى فكرة

blessed/ˈblesɪd/*adj.* مبارك

the Blessed Virgin مريم العذراء ، البتول

it was a blessed relief to get away from the town كان الابتعاد عن المدينة نعمةً

I couldn't see a blessed thing لم أستطع أن أرى شيئًا بالمرّة

blessing/ˈblesɪŋ/*n.* بركة

count your blessings! احمد ربّك (لفضله عليك)

it was a blessing in disguise ربّ نعمة في زيّ نقمة ، ربّ ضارّةٍ نافعة

blew/blu/*p.t. of* **blow**

blight/blaɪt/*n. & v.t.* عاهة ، آفة (للزرع) ، يرقان ؛ أفسد ، ابتلى

blighter/ˈblaɪtə(r)/*n.* ولد شقيّ ، آفة ، ملعون ،

(*sl.*) وغد (أوغاد)

you lucky blighter! يا لك من محظوظ ! يا بختك

blind/blaɪnd/*adj.* أعمى (عميان) ، كفيف (أكفّاء) ، ضرير ، مكفوف (مكفوفون ، مكافيف)

blind alley درب (دروب) ، زقاق غير نافذ ، شغل لا مستقبل له

blind man's buff لعبة الغمّيضة أو القطّة العمياء ، طمّيمة (س)

blind turning منعطف تعسر رؤيته ، منعطف غير مرئيّ

she is blind to her husband's faults لا ترى معايب زوجها

turn a blind eye to تغاضى عن ، غضّ (ـُ) النظر عن ، أغضى عن

n. 1. (*for window*) ستارة نافذة ملفوفة على جرّار

2. (pretext) حجّة ، تغطية (للخداع)

v.t. أعماه ، غطّى على بصره

blindfold/ˈblaɪndfəʊld/ *adj. & adv.* معصوب العينين

v.t. عمّى ، عصب (عينيه)

blindly/ˈblaɪndlɪ/*adv.* بصورة عمياء ، على غير هدًى ، من دون تبصّر

blindness/ˈblaɪndnəs/*n.* عمًى

blink/blɪŋk/*v.t. & i. & n.*

1. (shut and open the eyes) رمش (ـِ) ، رفّ (ـِ) ؛ رفيف العين

2. (flicker) ومض (يمض) ، تلألأ ؛ لألاءة

3. (ignore) تغاضى عن ، غضّ (ـُ) النظر عن

there is no blinking the fact لا يمكن أن ننسى (أنّه . .)

bliss /blɪs/*n.* سعادة ، نعيم ، بهجة ، غبطة ، نشوة

blissful/ˈblɪsfəl/*adj.* مبتهج ، منعّم ، سعيد ، هانئ

blister/ˈblɪstə(r)/*n.* نفطة ، بقبوقة (م) ، بطباطة (ع) ، مجلة ، فقفولة (س)

v.t. & i. بقبق الجلد ، تبقبق

blistering heat حرّ كاوٍ

his feet blister easily تتنفّط قدماه أو تصاب بالبقابيق بسهولة

blizzard/ˈblɪzəd/*n.* عاصفة ثلجيّة هوجاء

bloated/ˈbləʊtɪd/*adj.* منتفخ ، رهل ، مترهّل

blob/blɒb/*n.* قطرة ، بقعة (من دهان)

bloc/blɒk/*n.* كتلة (كتل)

block/blɒk/*n.* قطعة (قطع) ، قالب (قوالب)

block of wood قرمة خشب

block and tackle بكرة وحبل لرفع شيء ما

block letters حروف التاج ، حروف كبيرة تكتب منفصلة في الأبجديّة اللاتينيّة

block of flats بِناءٌ يَضُمُّ عددًا مِن الشُّقَق

there is a block in the pipe الأُنْبُوب مُحْتَبِس ، في الأُنْبُوبِ انْسِداد

v.t. (obstruct) عَرْقَل ، مَنَع (ـَ) ، سَدّ (ـُ) ، أَوْصَد

blocked currency عُمْلة مُجَمَّدة

blockade/blo'keɪd/*n.* & *v.t.* مُحاصَرة (بَرًّا أو بَحْرًا) ؛ حاصَرَ (اقْتِصادِيًّا)

blockage/'blokɪdʒ/*n.* اِنْسِداد ، سُدّ ، اِنْغِلاق

blockhead/'blokhed/*n.* غَبِيّ (أَغْبِياءُ) ، أَبْلَهُ ، أَحْمَقُ ، مُغَفَّل

blond(e)/blond/*n.* & *adj.* أَشْقَرُ (شُقْرٌ) ، شَقْراءُ (شَقْراوات)

blood/blʌd/*n.* دَم (دِماء)

blood feud ثَأْر (بَيْن عائِلَتَيْن مَثلًا)

blood relation قَريبٌ قَرابةَ دَمٍ ، قَرابةُ رَحِمٍ ، مِن ذَوِي الأَرْحام

blue blood عَراقة النَّسْل ، نَبالة

his blood is up ثارَتْ ثائِرَتُه ، فار دَمُه ، اِهْتاجَ

in cold blood مَعَ سَبْق الإِصْرار ، عَمْدًا

blood pressure ضَغْط الدَّم

bloodcurdling/'blʌdkɜdlɪŋ/*adj.* مُفْزِع ، مُرْعِب ، تَقْشَعِرُّ لَهُ الأَبْدان

blood-group/ 'blʌd-grup/*n.* فَصِيلة الدَّم

bloodhound/'blʌdhaʊnd/*n.* كَلْبُ صَيْدٍ يُدَرَّب لِتَعَقُّبِ المُجْرِمِين

bloodshed/'blʌdʃed/*n.* إراقةُ الدَّم ، سَفْكُ الدِّماء

bloodshot/'blʌdʃot/*adj.* (عَيْن) مُحْمَرّة أو مُحْتَقِنة بالدَّم

blood-sports/ 'blʌd-spɔts/*n.* صَيْدُ الحَيَوانات والطُّيُور

bloodstained/'blʌdsteɪnd/*adj.* مُلَوَّث بالدِّماء ، مُلَطَّخ بالدَّم

bloodthirsty/'blʌdθɜstɪ/ *adj.* مُتَعَطِّش للدَّم ، سَفّاح

bloody/'blʌdɪ/*adj.*

1. (bloodstained) مُلَوَّث بالدِّماء

2. (involving bloodshed) دَمَوِيّ ، (مَعْرَكة) دامِية

3. (cursed) *also adv.* (*sl.*) مِن أَلْفاظِ السِّباب

bloody-minded/'blʌdɪ-'maɪndɪd/*adj.* (*sl.*) شَكِس ، شَرِس ، صَعْبُ المِراس

bloom/blum/*n.* & *v.i.* زَهْرة (زُهور ، أَزْهار) ؛ أَزْهَرَ ، اِزْدَهَر

the trees are in full bloom الأَشْجار في أَوْج أَزْدِهارِها

the bloom of youth عُنْفُوانُ الشَّباب ، غَضاضةُ العُمْر

bloomer/'blumə(r)/*n.* (*sl.*) خَطأٌ فاحِش ، غَلْطة ، زَلّة ، هَفْوة ، حَماقة ، جَلطة (ع)

bloomers/'bluməz/*n.pl.* سِرْوال تَحْتانِيّ للنِّساء ؛ سِرْوال نِسائِيّ للرِّياضة

blossom/'blosəm/*n.* & *v.i.* زَهْر (أَزْهار ، زُهُور) ؛ أَزْهَرَ ، نَوَّرَ

blot/blot/*n.* بُقْعة (بُقَع) ، لَطْخة ، وَصْمة ، شائِبة

a blot on his character وَصْمةُ عارٍ على جَبِينِه

v.t. **1.** (dry wet ink) نَشَّفَ الحِبْرَ بِوَرَقِ النَّشّاف

2. (smudge with ink) لَطَّخ بالحِبْر

he has blotted his copy-book لَوَّثَ سُمْعَته بنَفْسِه ، لَوَّثَ صَفْحَته البَيْضاء

3. (*with* **out** obliterate) مَحا (يَمْحُو) ، شَطَب (ـُ)

blotch/blotʃ/*n.* لَطْخة ، بُقْعة (بُقَع)

blotched/blotʃt/*adj.* مُلَطَّخ ، مُبَقَّع

blotchy/'blotʃɪ/*adj.* مُلَطَّخ ، مُبَقَّع

blotting-paper/'blotɪŋ-'peɪpə(r)/*n.* وَرَق نَشّاف

blouse/blaʊz/*n.* بْلُوزة ، قَمِيص فَضْفاض

blow[1]/bləʊ/ (*p.t.* **blew** *p.p.* **blown**) *v.t.* & *i.*

1. (puff air) نَفَخ (ـُ) ، نَفَث (ـِ) ، لَهَث (ـَ)

he was puffing and blowing up the hill كان يَنْفُخ ويَلْهَث طَوالَ تَسَلُّقِه التَّلّ

he blew his nose مَخَط (ـُ) ، تَمَخَّط

2. (*of wind*) هَبَّت الرِّيحُ ، نَسَم (الهَواءُ)

a gale blew us off course حَرَفَتْنا الرِّيحُ عن اتِّجاهِنا

3. (*of things propelled by wind*) (أَشْياء تُحَرِّكُها الرِّيح)

the lantern blew out اِنْطَفأَ المِصْباح بِفِعْل الرِّيح

my hat blew away طارَت قُبَّعَتِي ، أَطارَت الرِّيحُ قُبَّعَتِي

4. (sound) صَوَّتَ ، نَفَخَ (البُوق)

the whistle blew for half-time صَفَّرَ الحَكَمُ مُعْلِنًا انْتِصافَ وَقْتِ المُباراة

he blew his own trumpet أَطْنَبَ في مَدْحِ ذاتِهِ ، تَباهَى ، تَغَنَّى بِنَفْسِه

5. (explode) تَفَجَّر ، اِنْفَجَر

a fuse has blown اِحْتَرَق المِصْهَر أو الكُبْس أو القابِس

the burglar blew the safe نَسَفَ اللِّصّ الخِزانةَ الحَدِيدِيّة

6. (*sl.* damn) إلى جَهَنَّم !

let's have a good meal and blow the expense لِنَتَناوَلْ وَجْبةً جَيِّدةً ولَعَنَ اللّهُ التَّكالِيف !

7. (*with* **up**)

he blew the tyre up نَفَخَ إطارَ (السَّيّارة)

a blown-up photograph صُورة فُوتُوغْرافِيّة مُكَبَّرة

the bridge blew up نُسِفَ الجِسْرُ

my father blew me up for being late (*sl.*) عَنَّفَنِي والِدِي لِتَأَخُّرِي

there's a storm blowing up ثَمَّةَ عاصِفةٌ على وَشْكِ الهُبُوب

blow[2]/bləʊ/*n.* ضَرْبة ، لَكْمة

they came to blows تضاربُوا ، إشْتَبَكُوا ، تَخانَقُوا (م ، س)

blown/bləʊn/*p.p. of* **blow**

blow-out/ˈbləʊ-aʊt/*n.* بَنْچرة (ع) ، بَنْشَرة ، طَقّ الكاوْتْشوك (س)

blubber/ˈblʌbə(r)/*n.* شَحْم الحُوت

v.i. بَكَى (يَبْكي) ، دَمَعَت عَيْناه

blue/blu/*adj. & n.*

1. (colour) سَماوِيّ ، أزْرَق

out of the blue على حِينِ غِرّة ، بدون سابق إنذار

على حِينِ غِرّة ، فَجْأة

a true blue Conservative مُحافِظ بحَقّ وَحَقيق

2. (depressing, depressed) كَئِيب ، مَغْمُوم

I feel blue today (*coll.*) أشْعُرُ بالاكْتِئابِ اليَوْمَ

3. (pornographic) فاضِح ، خَلاعِيّ ، (أدَب) مَكْشُوف

bluebell/ˈblubel/*n.* زَهْرة بَرِّيّة زَرْقاء ، ياقوتيّة بَرِّيّة

bluebottle/ˈblubotəl/*n.* ذُبابة اللَّحْم الزَّرْقاء

blue-print/ˈblu-prɪnt/*n.* صُورة التَّصْميم الهَنْدَسِيّ ؛ مُخَطَّط تَفْصِيلِيّ ، خُطّة عَمَل

bluff/bluf/*adj.* خَشِن ولَكِنّه ساذَج وطَيِّب القَلْب

n. 1. (headland) جُرْف عالٍ

2. (pretence) بَلْف (عامّيّة) ، خُدْعة (خُدَع) ، تَهْدِيد دُون تَنْفِيذ

v.t. & i. غَشَّ (ـُ) ، بَلَفَ (ـِ)

blunder/ˈblʌndə(r)/*v.i.* أخْطأَ خَطأً فاحِشًا ، اِرْتَكَب حَماقة

n. خَطأٌ فاحِش ، غَلَطٌ فَظِيع

blunt/blʌnt/*adj.*

1. (not sharp) (سِكّين) غَيْرُ حادّة ، مُتَثَلِّمة ، كَلِيلة

2. (outspoken) صَرِيح ، غَيْرُ مُتَلَطِّف في كَلامِه

v.t. أكَلَّ ، ثَلَمَ (ـِ) ، ثَلَّمَ

bluntly/ˈblʌntlɪ/*adv.* بدُون مُوارَبة ، بصَراحة تامّة ، بدُون لَفٍّ ودَوَران

blur/blɜ(r)/*n.* بُقْعة ، لَطْخةُ حِبْرٍ ؛ تَشْوِيش ، تَغْبِيش ، عَدَمُ وُضُوح

v.t. & i. وَسَّخ ، لَطَّخ ؛ شَوَّش ، غَبَّش ؛ تَشَوَّش ، أصْبَحَ غَيْرَ واضِح

blurt/blɜt/*v.t.* (*with* **out**) زَلِقَ لِسانُه ، أفْلَتَت مِنْه العِبارة

blush/blʌʃ/*v.i. & n.* اِحْمَرَّ وَجْهُه خَجَلًا ، تَوَرَّد خَدّاه ، عَلَتْهُ حُمْرة الخَجَل ؛ خَجَلٌ ، اِحْمِرارُ الوَجْه حَياءً

at first blush عِنْدَ أوّلِ نَظْرة

bluster/ˈblʌstə(r)/*v.i.* عَرْبَد ، صَخِب (ـَ) ، هَدَر (ـِ) ، جَعْجَع ، تَبَجَّح

n. صَخَب ، هَدِير ، عَوِيل (الريح) ، جَعْجَعة ، تَبَجُّح

boar/bɔ(r)/*n.* ذَكَر الخِنْزِير البَرِّي ، حَلُّوف (م)

board/bɔd/*n.*

1. (sawn timber) لَوْح من الخَشَب

2. (*for displaying notices*) لَوْحة الإعْلانات

3. (table) مائدة (موائِدُ)

board and lodging مَسْكَن ومأكَل

above board على المَكْشُوف ، بِنَزاهة ، فوق الشُّبُهات

4. (committee) هَيْئة

5. (*naut.*) (في تَعابِير بَحْرِيّة)

on board ship على ظَهْر السَّفِينة

all this must go by the board يَجِب أنْ يُتْرَكَ كُلُّ هذا جانِبًا

v.t. 1. (cover with boards) غَطَّى بألْواحٍ من الخَشَب

2. (get on/into ship, train, aircraft) رَكِبَ (ـَ) الباخِرة أو القِطار ، اِسْتَقَلَّ الحافِلة

v.t. & i. (provide or get meals) زَوَّد بالطَّعام أو تَناوَله في نُزُلٍ

we board three students يُقِيمُ مَعَنا ثلاثةُ طَلَبة آكِلِين شارِبِين

boarder/ˈbɔdə(r)/*n.* نَزِيل (نُزَلاءُ) ، تِلْمِيذ في مَدْرَسة داخِلِيّة

boarding-house/ˈbɔdɪŋ-ˈhaʊs/*n.* نُزُل (نُزُول ، نُزُل) ، بانْسِيُون

boarding-school/ˈbɔdɪŋ-ˈskul/*n.* مَدْرَسة داخِلِيّة

boast/bəʊst/*n.* مُباهاة ، تَبَجُّح ، مُفاخَرة

v.i. & t. تَباهَى ، تَبَجَّح ، تَفاخَر ، اِدَّعَى بِـ

boastful/ˈbəʊstfəl/*adj.* مُتَباهٍ ، دَعِيّ ، مُتَبَجِّح ، فَشّار (م) ، نَفّاج

boat/bəʊt/*n.* زَوْرَق (زَوارِقُ) ، مَرْكَب ، بَلَم (أبْلام) (ع)

we are all in the same boat كُلُّنا في الهَوَى سَوا (م) ، كُلُّنا في الضَّرّاء سَواء

v.i. تَنَزَّه في قارِب

boatman/ˈbəʊtmən/*n.* مَراكِبِيّ ، صاحِب قَوارِب

boatswain, bo'sun/ˈbəʊsən/*n.* كَبِيرُ مَلّاحِي السَّفِينة ، الرَّيِّس ، ضابِطُ صَفّ النُّوتِيّة (بَحْرِيّة)

bob/bob/*v.i.* تَنَطَّط

this question often bobs up كَثِيرًا ما تَبْرُزُ هذِه القَضِيّة

v.t. & n. قَصَّت شَعْرَها (إلى ما دُون الأذُنَيْن) ؛ شَعْر مَقْصُوص بهذا الشَّكْل

bodice/ˈbodɪs/*n.* صَدْر الثَّوْب ، صَدْرِيّة ، صُدَيْرِيّ (للنِّساء)

bodily/ˈbodɪlɪ/*adv. & adj.* كُلِّيًّا ، بأكْمَلِه ، قِطْعةً واحِدةً ، شَخْصِيًّا ؛ جِسْمانِيّ ، جِسْمِيّ

body/ˈbodɪ/*n.*

1. (frame of person or animal) جِسْم (أجْسام) ، بَدَن (أبْدان)

2. (main part) الجُزْءُ الرَّئِيسِيّ

in the body of the hall في وَسَطِ القاعة

3. (group) هَيْئة ، مَجْمُوعة ، جُمْلة ، كُتْلة

the police advanced in a body — تَقَدَّمَ رِجالُ البُولِيسِ كُتْلَةً واحِدَةً

4. (object) — شَيْءٌ ، جِسْم

foreign body — جِسْم غَرِيب ، قَذًى (بالعَيْن) ، قَذاة

bodyguard/ˈbɒdɪgɑd/*n.* — حَرَس خاصّ (لِرَئِيس دَوْلةٍ مثلًا)

bodywork/ˈbɒdɪwɜk/*n.* — جِسْم السَّيّارة أو سَمْكَرَتُها

bog/bɒg/*n.* — مُسْتَنْقَع

bogey, bogy/ˈbəʊgɪ/*n.* — غُول (غِيلان) ، بُعْبُع (بَعابِعُ)

bogged/bɒgd/*adj.* — مُعَرْقَل ، مُعَوَّق ، عاجِز عن التَّقَدُّم

we were bogged down in paperwork — غَرِقْنا في بَحْرٍ من الرُّوتِين

bogus/ˈbəʊgəs/*adj.* — زائِف ، مُصْطَنَع ، مُزَوَّر

boil /bɔɪl/*v.t. & i.* — غَلَى (يَغْلِي) ؛ فَوَّرَ ، سَلَقَ (ـُ)

n. **1.** (boiling point) — دَرَجة الغَلَيان

the kettle is on the boil — الإبْرِيق يَغْلِي

2. (tumour) — دُمَّلة (دُمَّل ودَمامِلُ) ، بَثْرة ، خُرّاج

boiler/ˈbɔɪlə (r)/*n.* — مِرْجَل (مَراجِلُ) ، غَلّاية

boiler suit — بَدْلة عَمَل ، لِباس خاصّ للوِقاية ، «فارة» ، «أوفرول»

boisterous/ˈbɔɪstrəs/ *adj.* — عاصِف ، عَجّاج ، مُعَرْبِد ، صَخّاب

bold/bəʊld/*adj.*

1. (without fear) — جَسُور ، شُجاع (شُجْعان) ، جَرِيء ، مِقْدام

2. (without shame) — صَفِيق ، صَلِف ، وَقِح ، سَفِيه

3. (well marked, clear) — بارِز ، واضِح

bold type — حَرْف أسْوَد ، حَرْف مَطْبَعِيّ غامِق

bollard/ˈbɒlɑd/*n.* — مَرْبِطُ حِبال (بَحْرِيّة) ، حاجِز مَمَرّ ، عَمُودُ دَلالة الطُّرُق

bolster/ˈbəʊlstə (r)/*n.* — مِخَدّة أُسْطُوانِيّة طَوِيلة صُلْبة ، لُولَة (ع)

v.t. (*with* **up**) — سانَدَ ، دَعَمَ (ـَ) ؛ سَنَّدَ ، صَلَّبَ

bolt/bəʊlt/*n.*

1. (threaded pin) — مِسْمار قَلاوُوظ ، مِسْمار مُلَوْلَب ، بُرْغِي (بَراغِي)

2. (door or window fastening) — دِرْباس (دَرابِيس) ، مِزْلاج ، رِتاج

3. (quick dash) — اِنْدِفاعة ، فِرار مُفاجِئ

v.i. & t. — فَرَّ (ـِ) فَجْأَةً ، اِنْزَرَقَ ، شَمَّعَ الخَيْط ؛ جَمَحَ (الفَرَس)

bomb/bɒm/*n.* — قُنْبُلة (قَنابِل)

v.t. & i. — ضَرَبَ أو قَذَفَ بالقَنابِل ، قَصَفَ (ـِ)

bombard/bɒmˈbɑd/*v.t.* — قَذَفَ (ـِ) (العَدُوّ) بالقَنابِل ؛ أَمْطَرَه بِوابِلٍ من الأسْئِلة

bomber/ˈbɒmə/*n.* — قاذِفة قَنابِل ؛ واضِعُ المُتَفَجِّرات

bombshell /ˈbɒmʃel/*n.* (*fig.*) — مُفاجأة صاعِقة

bona fide/ˈbəʊnəˈfaɪdɪ/ *adj. & adv.* (*Lat.*) — مُخْلِص ، حَسَنُ النِّيّة ؛ بإخْلاص ، بِحُسْن نِيّة ، بِصِدْق

bonanza/bəˈnænzə/*n.* — «كَنْز ذَهَب» ، مَشْرُوع ضَخْم كَثِيرُ الأرْباح ، نِعْمَةٌ مِن السَّماء

bond /bɒnd/*n.*

1. (fetter) — قَيْد (قُيُود) ، صَفَد (أصْفاد) ، غُلّ (أغْلال)

2. (something that binds) — رابِطة (رَوابِطُ) ، آصِرة (أَواصِر) ؛ اِرْتِباط ، اِلْتِصاق ، اِلْتِحام

3. (contract) — عَقْد (عُقُود) ، اِتِّفاق مُلْزِم

his word is as good as his bond — كَلِمَتُهُ كَلِمةُ شَرَف ، وَعْدُ الحُرّ دَيْن

4. (Customs goods warehouse) — مُسْتَوْدَع جُمْرُكِيّ (كُمْرُكِيّ)

v.t. **1.** (bind) — أَلْصَقَ (بغِراء)

2. (deposit with Customs) — أَوْدَعَ لَدَى مَخْزَنٍ جُمْرُكِيّ

bonded warehouse — مُسْتَوْدَع جُمْرُكِيّ

bondage/ˈbɒndɪdʒ/*n.* — عُبُودِيّة ، رِقّ

bone/bəʊn/*n.* — عَظْم (عِظام) ، عَظْمة

he is bone idle — خَمُول ، كَسُول ، تَنْبَل (عامِّيّة)

bone-dry/ˈbəʊn-ˈdraɪ/ *adj.* — جافّ كالحَجَر ، ناشِف كالحَطَب

bonfire/ˈbɒnfaɪə (r)/*n.* — نارٌ مُوقَدة في الهَواء الطَّلْق

bonnet/ˈbɒnɪt/*n.* — قُبَّعة صَغِيرة ذات شَرِيط تَحْت الذَّقْن ؛ غِطاءُ مُحَرِّك السَّيّارة

bonny/ˈbɒnɪ/*adj.* — يَتَأَلَّقُ صِحّة ، بادِي الصِّحّة

bonus/ˈbəʊnəs/*n.* — أُجْرة إضافِيّة ، عِلاوة ، إكْرامِيّة ، زِيادة في الرّاتِب

bony/ˈbəʊnɪ/*adj.* — (وَجْه) بادِي العِظام ، نَحِيف ؛ كَثِير العِظام ، عَظْمِيّ

boo/bu/*int. & n. & v.t.* — أُفّ ، تَبًّا لَه ؛ صاحَ ساخِرًا ، قاطَعَ بالصِّياح

he wouldn't say boo to a goose — يَخافُ مِن خَيالِه ، تُعْوِزُهُ الثِّقةُ بالنَّفْس ، خَجُول جِدًّا ، مُسالِم

booby/ˈbubɪ/*n.* — غَبِيّ (أغْبِياءُ) ، أحْمَق (حَمْقَى)

the lowest scorer won the booby prize — مُنِحَ الخاسِرُ جائزةً تافِهةً للدُّعابة

booby-trap — مَقْلَب ، شَرَك مُتَفَجِّر ، شَرَك خِداعِيّ (م)

book/bʊk/*n.* — كِتاب (كُتُب)

you must take a leaf out of your sister's book — عَلَيْكَ أن تَقْتَدِي بأُخْتِك

he keeps the company's books — مَسْؤُول عَن مَسْكِ دَفاتِر الشَّرِكة

v.t. — سَجَّلَ (الشُّرْطِيّ عَلَيْه مُخالَفة) ، حَجَزَ (ـُ) (مَقْعَدًا في طائِرة مَثَلًا)

bookcase/ˈbʊkˈkeɪs/*n.* — خِزانة كُتُب ، مَكْتَبة

book-end/ˈbʊk-end/*n.* — ماسِكة كُتُب (تَحُولُ دُون مَيَلانِها)

booking-clerk/ ˈbʊkɪŋ-ˈklɑk/*n.* مُوَظَّف قَطْع التَّذاكِر
book-keeping/ ˈbʊk-ˈkipɪŋ/*n.* مَسْكُ الدَّفاتِر
booklet/ˈbʊklɪt/*n.* كُرَّاسة (كَرارِيسُ) ، كُتَيِّب (كُتَيِّبات)
bookmaker/ ˈbʊkmeɪkə(r)/*n.* (*coll.* **bookie**) ماسِكُ دَفْتَر المُراهَنات (في السِّباق)
bookshop/ˈbʊkʃop/*n.* مَكْتَبة (لِبَيْع الكُتُب)
bookstall/ˈbʊkstɔl/*n.* كُشْك لِبَيْع الكُتُب والصُّحُف
bookstore/ˈbʊkstɔ(r)/*n.* مَكْتَبة (لِبَيْع الكُتُب)
bookworm/ˈbʊkwɜm/*n.* دُودة الكُتُب ؛ مُولَع بالقِراءة
boom/bum/*n.*
 1. (time of prosperity) فَتْرة ٱنْتِعاش السُّوق ، رَواج التِّجارة
 2. (deep sound) *also v.i.* هَدِير ، دَوِيّ ؛ راج (يَرُوج) ، هَدَر (ـِ) ، دَوَّى
boomerang/ˈbuməræŋ/ *n.* & *v.i.* قَوْس خَشَبِيّ يَرْتَدّ إلى رامِيهِ بَعْدَ قَذْفِهِ باليَد ؛ حُجّة تَرْتَدّ إلى نَحْرِ صاحِبِها ؛ ٱرْتَدّ إلى نَحْرِ صاحِبِه
boon/bun/*n.* بَرَكة ، مِنّة (مِنَن) ، نِعْمة (نِعَم)
boor/ˈbʊə(r)/*n.* جِلْف (أَجْلاف) ، غَلِيظُ الطَّبْع ، (سُلُوك) غَيْر مُؤَدَّب
boorish/ˈbʊərɪʃ/*adj.* غَلِيظ الطِّباع ، فَظّ ، خَشِن
boost/bust/*v.t.* & *n.* عَزَّز ، رَفَع شَأْنه ؛ تَعْزِيز ، تَقْوِية
boot/but/*n.*
 1. (footwear) حِذاء (أَحْذِية) ، جَزْمة (جِزَم)
 he got the boot yesterday (*sl.*) طُرِدَ مِن عَمَلِه أَمْس
 2. (luggage receptacle in car) صُنْدُوق السَّيّارة (لِوَضْع الأَمْتِعة)
booth/buð/*n.* كُشْك (أَكْشاك) ؛ خَيْمة في سُوق
bootlace/ˈbutleɪs/*n.* شَرِيط حِذاء ، قِيطان (قَياطِينُ)
booty/ˈbutɪ/*n.* غَنِيمة ، أَسْلاب الحَرْب
booze/buz/*n.* & *v.i.* (*sl.*) مَشْرُوبات ، مُسْكِرات ، عَرَق ؛ يُكْثِرُ من الشَّراب ، يَسْكَر
border/ˈbɔdə(r)/*n.* & *v.t.* & *i.* حافّة ، طَرَف ؛ حَدّ (حُدُود) ، تُخْم (تُخُوم) ؛ جاوَرَ ، لاصَقَ ، تاخَمَ ؛ قارَبَ ، شابَهَ
borderline/ˈbɔdəlaɪn/*n.* حَدّ ، خَطّ فاصِل
 a borderline case على الحافّة (بَيْنَ النَّجاح والرُّسُوب)
bore[1]/bɔ(r)/*n.*
 1. (hole made by drilling) ثُقْب (ثُقُوب)
 2. (diameter of gun barrel) قُطْر أو عِيار ماسُورة البُنْدُقِيّة
 3. (tiresome person) مُمِلّ ، مُضْجِر ، ثَقِيل الدَّم
 4. (tidal wave) مَوْجة مَدّ عالِية وكَبِيرة (في مَصَبّ النَّهْر)
 v.t. **1.** (drill) ثَقَبَ (ـُ) ، حَفَرَ (ـِ)
 2. (weary) أَسْأَمَ ، أَضْجَرَ
bore[2]/bɔ(r)/*p.t.* of **bear**[2]
boredom/ˈbɔdəm/*n.* مَلَل ، ضَجَر ، سَأَم
born/bɔn/*adj.* & *p.p.* of **bear**[2] مَوْلُود
 he is a born writer خُلِق أَدِيبًا ، إنّه كاتِب بالفِطْرة
borne/bɔn/*p.p.* of **bear**[2]
borough/ˈbʌrə/*n.* مَدِينة تَتَمَتَّع بِحُكْمٍ ذاتِيّ ؛ مَدِينة أو حَيّ يُشَكِّل دائِرةً ٱنْتِخابِيّة
 borough council المَجْلِس البَلَدِيّ
borrow/ˈborəʊ/*v.t.* & *i.* ٱسْتَعار ، ٱسْتَقْرَض ، ٱسْتَدان ، ٱسْتَلَف
bosom/ˈbʊzəm/*n.* صَدْر (صُدُور) ، ثَدْي (أَثْداء) ؛ حِضْن (أَحْضان) ، كَنَف
 bosom friend صَدِيق حَمِيم ، خَلِيل (أَخِلّاء) ، صَفِيّ (أَصْفِياء)
boss/bos/*n.* (*sl.*) رَئِيس (رُؤَساء) (في العَمَل)
 v.t. تَأَمَّرَ على
boss-eyed/ˈbos-ˈaɪd/*adj.* أَحْوَل
bossy/ˈbosɪ/*adj.* (*sl.*) مُتَسَلِّط ، مُسْتَبِدّ ، مُتَأَمِّر ، يُحِبّ التَّرَؤُّس
bo'sun *see* **boatswain**
botanical/bəˈtænɪkəl/*adj.* مَنْسُوب إلى النَّباتات ، نَباتِيّ
botanist/ˈbotənɪst/*n.* عالِم نَباتِيّ
botany/ˈbotənɪ/*n.* عِلْم النَّبات
botch/botʃ/*v.t.* لَهْوَجَ ، خَرْبَطَ (ع) ، طَلْسَقَ (م) ، سَلْوَقَ الشُّغْل (س)
both/bəʊθ/*adj. pron.* & *adv.* كِلا ، كِلْتا ، الاثْنان أو الاثْنَتان مَعًا
 they are both useful كِلاهُما مُفِيد
bother/ˈboðə(r)/*n.* أَذًى ، إزْعاج ، مُضايَقة
 v.t. & *i.* ضايَقَ ، أَزْعَجَ ، شَغَلَ أو ضايَقَ نَفْسَه
 he does not bother about trifles لا يَعْبأُ بالتُّرَّهات
 int. أُفٍّ ، أَعُوذُ باللّٰه !
 bother the flies! أُفٍّ من الذُّباب !
bottle/ˈbotəl/*n.* قِنِّينة (قَنانٍ) ، زُجاجة ؛
 v.t. عَبَّأَ في قَنانٍ
bottom/ˈbotəm/*n.* الأَسْفَل ، قاع ، قَعْر ؛ ٱسْت ، عَجُز ، مُؤَخَّرة
 bottom drawer دُرْج تَحْفَظ فيه الفَتاة ما تُعِدُّه لِعُرْسِها
bough/baʊ/*n.* غُصْن (غُصُون ، أَغْصان) ، فَرْع (الشَّجَرة) (فُرُوع)
bought/bɔt/*p.t.* & *p.p.* of **buy**
boulder/ˈbəʊldə(r)/*n.* جُلْمُود (جَلامِيدُ) ، صَخْرة تَتَقَلَّع من جَبَل
bounce/baʊns/*v.t.* & *i.* & *n.* أَوْثَبَ ، نَطَّطَ (الكُرة مَثَلًا) ، قَفَزَ (ـِ) ، وَثَبَ (ـِ) ؛ نَطّة ، قَفْزة
 I hope his cheque won't bounce أَرْجو أَلّا يُعِيدَ البَنْك شِيكَه (لِعَدَم وُجُود رَصِيدٍ له)

bound[1]/baʊnd/*p.t. & p.p. of* **bind**

bound[2]/baʊnd/*n.*

1. (jump) قَفْزة ، وَثْبة

he is progressing by leaps and bounds يَتَقَدَّم تَقَدُّمًا سَريعًا جِدًّا

2. (limit) حَدّ (حُدُود)

out of bounds مِنْطَقة مُحَرَّمة (على الجُنود مثلًا)

adj. **1.** (tied) مُقَيَّد ، مَرْبُوط ، مُوثَق ، مُلْزَم

2. (directed **to**/**for**) مؤكد ، لابد منه ، مكتوب له (النجاح مثلا) ؛ متوجه الى

our plan is bound to succeed لابُدَّ أن تَنْجَحَ خُطَّتُنا

he is bound for foreign parts إنه مُتَوَجِّه إلى خارِج البِلاد

v.t. & i. حَدَّ (ـُ) ، تاخَم ، حَصَر (ـُ) ؛ قَفَز (ـِ) ، وَثَب (ـِ)

boundary/ˈbaʊndərɪ/*n.* حَدّ (حُدود) ، تُخْم (تُخُوم)

bounder/ˈbaʊndə(r)/*n.* وَغْد ، قَليل الأدَب ، قَليل التَّرْبِية ؛ فَشّار

boundless/ˈbaʊndləs/ *adj.* لا حَدَّ له ، بلا حَدّ ، شاسِع

bountiful/ˈbaʊntɪfəl/*adj.* وَفير ، غَزير ، مُنْعِم

bounty/ˈbaʊntɪ/*n.* نِعْمة ، هِبة ، كَرَم

bouquet/bʊˈkeɪ/*n.* باقة زَهْر

bourgeois/ˈbʊəʒwa/*n. & adj.* بُورْجُوازِيّ ، من الطَّبَقة الوُسْطَى

bout/baʊt/*n.* فَتْرة ، نَوْبة (مَرَض مثلًا)

boutique/buˈtik/*n.* دُكّان صَغير لبَيْع الأزْياء النِّسائِيّة ، بُوتيك (م)

bow[1]/bəʊ/*n.*

1. (curved piece of wood) قَوْس (أقْواس ، قِسِيّ) (لرَمْي السِّهام)

2. (curve) قَوْس (أقْواس) ، حَنِيّة (حَنايا) ، قَنْطَرة (قَناطِر)

bow window نافِذة بارِزة تُشْبِه المَشْرَبِيّة (م) أو الشَّناشِيل (ع)

bow legs أرْجُل مُقَوَّسة

3. (looped knot) أُنْشُوطة (أَناشِيط)

bow[2]/baʊ/*n.* اِنْحِناءة

the actor took a bow اِنْحَنَى المُمَثِّل (ردًّا على تَصْفِيق الجَماهِير)

v.t. & i. حَنَى (يَحْنِي) ، اِنْحَنَى

bowel/ˈbaʊəl/*n. usu. pl.* أمْعاء ، أحْشاء ، مَصارِين

bowl/bəʊl/*n.*

1. (container) طاسة ، سُلْطانِيّة (م) ، مِنْجاسة (ع) ، زُبْدِيّة (س)

2. (ball) كُرة خَشَبِيّة مُثَقَّلة بقِطْعة مَعْدِنِيّة في داخِلِها

v.t. & i. لَعِب بالكُرة الخَشَبِيّة

I was bowled over by the duchess وَقَفْتُ مَشْدُوهًا بالذَّوْقة

we were bowling along the road انسابَتْ سَيّارَتُنا بِكُلّ سُرْعة وَراحة

bowling-green أرْض مُعْشِبة للُعْبة الكُرة الخَشَبِيّة

bowler/ˈbəʊlə(r)/*n.*

1. (thrower) رامِي الكُرة في لُعْبة الكْرِيكِيت

2. (hat) قُبَّعة رجالِيّة مُسْتَدِيرة الشَّكْل

box/boks/*n.*

1. (container) صُنْدُوق ، عُلْبة (عُلَب) ، سَحّارة

we saw that film on the box شاهَدْنا (ذلك) الفِيلْم على التِلِفِزْيُون

Christmas box بَخْشِيش عِيد المِيلاد

2. (*in theatre*) لَوْج (ألْواج)

box office شُبّاك قَطْع التَّذاكِر

3. (blow) صَفْعة على الأُذُن

v.t. (enclose in box) عَلَّب ، عَبَّأ في صُنْدوق

v.i. & t. (fight with fists) تَلاكَم (رِياضة) ؛ لاكَمَ ، صَفَع (ـَ)

boxer/ˈboksə(r)/*n.* مُلاكِم

boxing/ˈboksɪŋ/*n.* مُلاكَمة

Boxing Day/ˈboksɪŋ deɪ/ *n.* اليوم التّالي لِعِيد المِيلاد (وكان يُقَدَّمُ فيه البَخْشِيش)

boy/bɔɪ/*n.* وَلَد (أولاد) ، صَبِيّ (صِبْيان ، صِبْية)

boycott/ˈbɔɪkot/*v.t. & n.* قَطَع العَلاقاتِ التِّجارِيّةَ مع ، قاطَع ؛ مُقاطَعة

boy-friend/ˈbɔɪ-frend/*n.* خَلِيل ، صَدِيق مُقَرَّب للبِنْت (بِمَثابة خَطِيبِها)

bra/bra/*see* **brassière**

brace/breɪs/*n.*

1. (support) رَكِيزة (رَكائِز) ، دِعامة (دَعائِم)

braces *n.pl.* شَيّالات البَنْطَلون ؛ سِلْك مُقَوِّم للأسْنان

2. (a pair) زَوْج من (الدِّيَكة البَرِّيّة مثلًا)

v.t. حَزَم (ـِ) ، رَبَط (ـِ)

brace yourselves for the landing! شُدُّوا حَيْلَكُم للنُّزول !

mountain air is so bracing الهَواء الجَبَلِيّ جِدُّ مُنَشِّط

bracelet/ˈbreɪslɪt/*n.* سِوار (أسْوِرة ، أساوِر)

bracken/ˈbrækən/*n.* سَرْخَس ، خُنْشار (نَبات) ، مَنْبِت السَّرْخَس

bracket/ˈbrækɪt/*n.*

1. (support) رَكِيزة (رَكائِز) ، حَمّالة للرُّفُوف مثلًا ، سِناد ، ذِراع (أذْرُع)

2. (parenthesis) قَوْس (أقْواس) ، هِلال (أهِلّة ، أهالِيل)

3. (group) فِئة (فِئات)

higher income bracket ذَوُو الدَّخْل الكَبِير

v.t. وَضَعَ بَيْنَ قَوْسَيْن ، ضَمّ (ـُ) مع ، جَعَل (ـَ) مع

brackish/ˈbrækɪʃ/*adj.* (ماء) أُجاج ، زُعاق ، مالِح قليلاً
brag/bræg/*v.i.* تَباهَى ، تَفاخَر ، تَبَجَّح
braid/breɪd/*n.* ضَفِيرة (ضَفائِرُ) ، جَدِيلة (جَدائِلُ) ، شَرِيط يُزَيَّن به طَرَف القُماش
gold braid شَرِيط قَصَب (للمَلابِس)
braille/breɪl/*n.* طَرِيقة بْرايْل لِقِراءة المَكْفُوفين (قائمة عَلَى لَمْس نُقَط بارِزة)
brain/breɪn/*n.* *v.t.* دِماغ (أَدْمِغة) ، مُخّ ؛ حَطَّم رَأْسَهُ
brain-drain/ˈbreɪn-dreɪn/*n.* إسْتِنْزاف المُفَكِّرين ، هِجْرة المُثَقَّفين
brainwash/ˈbreɪnwoʃ/*v.t.* طَبَّق أساليبَ نَفْسِيّة خاصّة لِحَمْل شَخْص على تَبْدِيل مُعْتَقَداتِه ، غَسَل دِماغه
brainwashing/ˈbreɪnwoʃɪŋ/*n.* غَسْلُ الدِّماغ
brain-wave/ˈbreɪn-weɪv/*n.* (*coll.*) إلْهام ، وَحْي ، فِكْرة نَيِّرة ، فِكْرة عَبْقَرِيّة
brainy/ˈbreɪnɪ/*adj.* ذَكِيّ (أَذْكِياءُ) ، نَبِيه (نُبَهاءُ) ، فَطِين (فُطَناءُ)
braise/breɪz/*v.t.* طَها (يَطْهَى أو يَطْهُو) الطَّعام بِبُطء
brake/breɪk/*n.* & *v.t.* مِكْبَح (مَكابِحُ) ، كابِحة ، فْرام (فْرامات) (س) ، فَرْمَلة (فَرامِل) (م) ، بْرِيك (ع) ؛ كَبَح (ـَ) ، فَرْمَل
bramble/ˈbræmbəl/*n.* عَوْسَج (نبات) ، عُلَّيْق شائع
bran/bræn/*n.* نُخالة ، رَدّة
branch/brɑntʃ/*n.* فَرْع (فُروع) ، غُصْن (غُصُون ، أغْصان) ؛ مَكْتَب فَرْعِيّ
v.i. تَشَعَّب ، تَفَرَّع
this is where we branch off to the right هُنا نُعَرِّج يَمِينًا
brand/brænd/*n.*
1. (burning log) قِطْعة خَشَب مُشْتَعِلة ، جَذْوة (جُذًى ، جِذاء)
2. (branding-iron) مِيْسَم (مَياسِم) ، مِكْواة (مَكاوٍ) ؛ وَصْمة
3. (trade-mark, type of goods) عَلامة أو ماركة تِجارِيّة
brand new جَدِيد تَمامًا ، جَدِيد من أُمّه (س) ، جَدِيد بكاغِدِه (ع) ، جديد قشيب (م)
v.t. وَسَم (يَسِم) ، رَقَم (ـُ) ، دَمَغ (ـُ) ، وَصَم (ـِ)
branding-iron/ˈbrændɪŋ-ˈaɪən/*n.* مِيسَم (مواسم ، مياسم)
brandish/ˈbrændɪʃ/*v.t.* لَوَّح (بِسَيْفِه مثلاً) مُهَدِّدًا
brandy/ˈbrændɪ/*n.* مَشْروب رُوحِيّ مُقَطَّر ، كُونْياك ، بْرانْدِي
brass/brɑs/*n.*
1. (metal) صُفْر ، نُحاس أَصْفَرُ
let's get down to brass tacks لِنَدْخُل في صُلْب المَوْضُوع
2. (section of orchestra) مَجْمُوعة الآلات النُّحاسِيّة في الجَوْقة المُوسِيقِيّة
3. (effrontery *coll.*) وَقاحة ، صَفاقة ، قِلّة حَياء
brassière/ˈbræzɪə(r)/*n.* (*abbr.* **bra**) حَمّالة صَدْر (للنِّساء) ، سُوتْيان (م ، س) ، زِخْمة (ع)
brat/bræt/*n.* وَلَد ، عَيِّل (م) ، زَعْطُوط ، مَدْلُوع (س)
bravado/brəˈvɑdəʊ/*n.* تَظاهُر بالشَّجاعة ، تَعَنْتُر ، تَبَجُّح ، تَحَدٍّ
brave/breɪv/*adj.* شُجاع ، باسِل ، مِقْدام ، جَرِيء ، جَسُور
v.t. تَحَدَّى ، واجَهَ ، قاوَمَ بِشَجاعة
n. مُحارِب من الهُنود الحُمْر
bravery/ˈbreɪvərɪ/*n.* بَسالة ، شَجاعة ، جَسارة ، إقْدام
brawl/brɔl/*n.* & *v.i.* شَغَب ، عِراك ، شِجار ؛ تَشاجَرَ ، تَعارَكَ
brawn/brɔn/*n.*
1. (strength) قُوّة ، بَأْس ، أَيْد ، إنْفِتالُ العَضَل
2. (jellied meat) لَحْمُ رَأْسِ الخِنْزِير (المَضْغُوط مع هُلامِه)
brawny/ˈbrɔnɪ/*adj.* مَفْتُول العَضَل ، قَوِيّ الجِسْم
bray/breɪ/*v.i.* & *n.* نَهَق (ـَ) ؛ نَهِيق
brazen/ˈbreɪzən/*adj.*
1. (of brass) نُحاسِيّ
2. (shameless) قَلِيلُ الحَياء ، صَفِيق
v.t. كابَرَ
he brazened it out أَنْكَرَ بِوَقاحة وإصْرار
brazier/ˈbreɪzɪə(r)/*n.* نَحّاس ؛ مِجْمَرة ، مَنْقَل ، مَنْقَلة (مَناقِلُ) ، مَنْقَد (م)
breach/britʃ/*n.*
1. (breaking the law) خَرْق ، إنْتِهاكٌ لِحُرْمة القانُون
breach of promise نَكْثُ الوَعْدِ بالزَّواج ، فَسْخُ خِطْبة
2. (gap in wall) ثُغْرة ، فَجْوة ، شَقّ
v.t. صَدَع (ـَ) ، شَقَّ (ـُ)
bread/bred/*n.* خُبْز ؛ رِزْق ، عَيْش
breadcrumb/ˈbredkrʌm/*n.* فُتاتُ الخُبْز
breadth/bretθ/*n.* عَرْض ، إتِّساع
breadwinner/ˈbred wɪnə(r)/*n.* كاسِبُ العَيْش ، مُعِيلُ الأُسْرة
break/breɪk/(*p.t.* **broke** *p.p.* **broken**) *v.t.* & *i.*
1. (split) كَسَر (ـِ) ؛ فَصَل (ـِ) ؛ إنْكَسَر ، تَحَطَّم
a broken home أُسْرة مُفَكَّكة (بِسَبَب الطَّلاق مثلاً)
he broke the ice إسْتَهَلّ الكَلام ، قَطَع حَبْلَ الصَّمْت
his voice is breaking صَوْتُه يَتَهَدَّج
broken English انْكِلِيزِيّة رَكِيكة أو غَيْر سَلِيمة أو مُكَسَّرة (س ، ع ، م)
2. (violate) خالَفَ ، خَرَق (ـُ) ، خَرَج على
he broke the law خالَفَ القانُون ، خَرَج عليه أو انْتَهَكه
3. (interrupt) قاطَعَ
the bushes broke his خَفَّفَت الشُّجَيْرات مِن وَقْع

fall سُقُوطِهِ
4. (crush) قَضَى على ، حَطَّمَ
it is difficult to break the habit of smoking من الصَّعْبِ الإقْلاعُ عن عادةِ التَّدْخِينِ
5. (emerge, disclose) أفْضَى ، أفْشَى
day is breaking يَنْبَلِجُ الصُّبْحُ ، يَبْزُغُ الفَجْرُ
a policeman broke the news to her بَلَّغَها الخَبَرَ أحَدُ رِجالِ الشُّرْطَةِ
6. (*with advs.*) اِسْتِعْمالات مع الظُّرُوف :
break away فَصَلَ (ـِ) ، فَكَّ (ـُ) ، اِنْفَصَلَ ، اِنْحَلَّ
the car broke down تَعَطَّلَتِ السَّيّارةُ
he broke the horse in راضَ أو رَوَّضَ الحِصانَ
please don't break in upon our conversation أرْجُو ألّا تَقْطَعَ حَدِيثَنا
they broke off diplomatic relations قَطَعُوا العَلاقاتِ الدِّبْلُوماسِيّةَ
let's break (off) for lunch لِنَتَوَقَّفْ عن العَمَلِ كَيْ نَتَناوَلَ غَداءَنا
war has broken out نَشِبَتِ الحَرْبُ ، اِنْدَلَعَتْ نارُ الحَرْبِ
when do you break up? مَتَى يَنْتَهِي فَصْلُكُمُ الدِّراسِيّ ؟
n. كَسْر ، صَدْع ، فَتْرة اِسْتِراحة ، مَطْلَع ، مُسْتَهَلّ ، تَغَيُّر ، تَبَدُّل
at break of day عِنْدَ اِنْبِلاجِ الصُّبْحِ
a break in the weather تَغَيُّر في الطَّقْسِ
give me a break (*coll.*) تَوَقَّفْ (عن عَدائِكَ) وَامْنَحْنِي مُتَنَفَّسًا ! دَعْنِي وَشَأْنِي
breakable/ˈbreɪkəbəl/*adj.* قابِل للكَسْر
breakdown/ˈbreɪkdaʊn/*n.* عَطَب (ماكِينة) ، اِنْهِيار في الصِّحّة ، تَحْلِيل ، كَشْف إحْصائِيّ
breaker/ˈbreɪkə(r)/*n.* مَوْجة عارِمة مُتَوَّجة بالزَّبَد
breakfast/ˈbrekfəst/*n.* طَعامُ الفُطُور ، تَرْوِيقة
v.i. فَطَرَ (ـُ)
breakthrough/ˈbreɪkθru/*n.* اِقْتِحام ، اِخْتِراق ، فَتْح (في مَيْدان العِلْم) ، كَشْف جَدِيد
bream/brim/*n.* إبْرامِيس ، سَمَك مِن فَصِيلة الشَّبُّوط
breast/brest/*n.* ثَدْي (أثْداء) ، نَهْد (نُهُود) ، صَدْر (صُدُور)
he made a clean breast of his crimes باحَ بِكُلِّ جَرائِمِهِ
breast-feeding/ˈbrest-ˈfidɪŋ/*n.* إرْضاع طَبِيعِيّ بالثَّدْي
breast-stroke/ˈbrest-strəʊk/*n.* السِّباحة على الصَّدْر
breath/breθ/*n.* نَفَس (أنْفاس) ، نَسَمة
under his breath he swore at his boss سَبَّ المُدِيرَ في سِرِّهِ ، تَمْتَمَ بالشَّتائِمِ على مُدِيرِهِ
breathe/brið/*v.i. & t.* تَنَفَّسَ ، اِسْتَنْشَقَ (النَّسِيمَ العَلِيلَ مَثَلًا) ، تَمْتَمَ ، هَمَسَ (ـِ)
breathe in/out اِسْتَنْشَقَ أو زَفَرَ (ـِ)
he breathed his last لَفَظَ أنْفاسَهُ الأخِيرة ، أسْلَمَ الرُّوحَ
don't breathe a word of this to anyone لا تَتَفَوَّهْ بِكَلِمةٍ عن هذه القَضِيّةِ لإنْسانٍ
breathless/ˈbreθles/*adj.* لاهِث ، مَبْهُور أو مُنْقَطِعُ الأنْفاس
breeches/ˈbrɪtʃɪz/*n.pl.* بَنْطَلُون يُحْزَمُ تَحْتَ الرُّكْبَتَيْنِ
breed/brid/ (*p.t. & p.p.* **bred**) *v.t. & i.* رَبَّى ، وَلَّدَ ، أنْتَجَ ، تَوَلَّدَ
breeding/ˈbridɪŋ/*n.* تَوْلِيد ، تَرْبِية
breeze/briz/*n. & v.i.* نَسِيم (نَسائِم ، أنْسام) ،
with **in** *or* **out** مَرَّ (ـُ) مُرُورًا عابِرًا
breezy/ˈbrizɪ/*adj.* وافِرُ النَّسائِمِ ، نَسِيمِيّ ، كالنَّسِيمِ ، مَرِح ، طَلْقُ المُحَيّا
brethren/ˈbreðrən/*pl. of* **brother**
brevity/ˈbrevətɪ/*n.* قِصَر ، إيجاز ، اِخْتِصار ، وَجازة
brew/bru/*v.t. & i.* خَمَّرَ ، اِخْتَمَرَ ، دَبَّرَ (مَكِيدة)
a storm is brewing ثَمّةَ عاصِفةٌ تُوشِكُ أنْ تَهُبَّ
she brewed the tea أعَدَّتِ الشّايَ
brewer/ˈbruə(r)/*n.* صانِعُ الجِعة أو البِيرة
brewery/ˈbruərɪ/*n.* مَصْنَع بِيرة
briar, brier/ˈbraɪə(r)/*n.* وَرْدٌ جَبَلِيٌّ شائِك ، خَلَنْج
bribe/braɪb/*v.t. & n.* رَشا (يَرْشُو) ، بَرْطَلَ
bribery/ˈbraɪbərɪ/*n.* رِشْوة ، بَرْطِيل
bribery and corruption الرِّشْوة والفَساد
brick/brɪk/*n.* لَبِن ، آجُرّ ، طابُوق
bricklayer/ˈbrɪkleɪə(r)/*n.* بَنّاء بالآجُرّ أو الطّابُوق
bride/braɪd/*n.* عَرُوس
bridegroom/ˈbraɪdgrum/*n.* عَرِيس
bridesmaid/ˈbraɪdzmeɪd/*n.* إشْبِينة ، وَصِيفة الشَّرَف
bridge/brɪdʒ/*n.*
1. (structure) قَنْطَرة (قَناطِرُ) ، جِسْر (جُسُور) ، كُبْرِي (كَبارِي) (م)
bridge of a ship بُرْجُ القِيادةِ في السَّفِينةِ
bridge of the nose قَصَبة الأنْف ، عَظْمة الأنْف
bridge of a violin مُشْطُ الكَمانِ أو فَرَسُ الكَمَنْجة
2. (card game) البْرِيدْج (لُعْبة وَرَق)
v.t. أقامَ جِسْرًا ، جَسَرَ (ـُ)
bridle/ˈbraɪdəl/*n.* لِجام (يَشْمَلُ الشَّكِيمة والعِنان)
v.t. & i. ألْجَمَ ، شَكَمَ (ـُ) ، كَبَحَ الجِماحَ ، ضَبَطَ (ـِ) ، صَعَّرَ خَدَّهُ ، أعْرَضَ ، أشاحَ بِوَجْهِهِ مُتَكَبِّرًا
brief/brif/*adj.* مُخْتَصَر ، مُوجَز
v.t. & n. أعْطَى أوامِرَ وتَعْلِيمات ، أطْلَعَ على ، زَوَّدَ بالمَعْلُومات (قَبْلَ مُهِمّة) ، مُلَخَّص (دَعْوَى) ، تَعْلِيمات
brief-case/ˈbrif-keɪs/*n.* حَقِيبة (حَقائِبُ) ، حافِظة أوْراق

briefs/brifs/*n.pl.* كَلْسُون قَصِير

brigade/brɪˈgeɪd/*n.* لِواء (أَلْوِية الجَيْش)

brigadier/brɪgəˈdɪə(r)/ *n.* عَمِيد ، قائد لِواء (عَسْكَرِيّة)

bright/braɪt/*adj. & adv.* ساطِع ، لامِع ، مُضِيء ، ذَكِيّ (أَذْكِياء)

bright red أَحْمَرُ زاهٍ

bright and early مُبَكِّر ، مُبْكِر

brighten/ˈbraɪtən/*v.t. & i.* أَضاءَ ، سَطَعَ (ـَ)

it's brightening up الجَوّ آخِذٌ في التَّحَسُّن

brilliance/ˈbrɪlɪəns/*n.* لَمَعان ، سُطُوع ، ذَكاء ، أَلْمَعِيّة

brilliant/ˈbrɪlɪənt/*adj.* لامِع ، ذَكِيّ ، أَلْمَعِيّ

brim/brɪm/*n.* حافّة

v.i. فاض (يَفِيض) ، طَفَح (ـَ)

she is brimming over with high spirits تَفِيضُ حَيَوِيّةً ونَشاطًا

brine/braɪn/*n.* مَحْلُول مُشْبَع بالمِلْح ، البَحْر

bring/brɪŋ/ (*p.t. & p.p.* **brought**) *v.t.* جاءَ بِـ ، جَلَب (ـِ) ، أَحْضَرَ

bring about أَدَّى إلى ، أَنْتَجَ ، سَبَّبَ

he brought down an enemy aircraft أَسْقَطَ طائرةً لِلْعَدُوّ

bring forward رَحَّلَ ، نَقَل (ـُ) إلى صَفْحةٍ تالِية

bring in أَنْتَجَ ، غَلَّ (ـُ) ، قَدَّمَ ، جَلَبَ ، أَدْخَلَ (في شَرِكة مثلاً)

bring into line with ماشَى ، سايَرَ ، نَسَّقَ (عَمَلَه) مع

I cannot bring myself to believe him لا تُطاوِعُني نَفْسي عَلَى تَصْدِيقِهِ

he only just brought it off نَجَح ولكِن بِصُعُوبة ، بالكادِ نَجَح

he has brought it on himself هذا ما جَنَتْهُ يَداه ، جَلَبَ ذلِك على نَفْسِهِ

illness can bring on depression قد يُسَبِّبُ المَرَضُ الكآبة

danger brings out the best in him تَظْهَرُ أَفْضَلُ شَمائِلِهِ في حالةِ الخَطَر

she swooned but was soon brought round غُشِيَ عَلَيْها ولكِنْ سُرْعانَ ما أُعِيدَت إلى وَعْيِها

the news brought him to his senses أَعادَتْهُ الأَخْبارُ إلى صَوابِهِ

bringing up children is no sinecure لَيْسَت تَرْبِيةُ الأَطْفالِ بالأَمْرِ الهَيِّن

he brought up the question at the meeting أَثارَ القَضِيّة أَثْناءَ الاِجْتِماع

he brought up all his lunch اِسْتَفْرَغَ (أو قاءَ) كُلَّ غَدائِهِ

the heavy guns brought up the rear كانَت المِدْفَعِيّة الثَّقِيلة بِمُؤَخَّرة الجَيْش

brink/brɪŋk/*n.* حافّة ، حاشِية ، شَفا ، (على) وَشْك

briny/ˈbraɪnɪ/*adj.* شَدِيد المُلُوحة ، (ماء) أُجاج

brisk/brɪsk/*adj.* سَرِيع الحَرَكة ، نَشِيط ، (سُوق) رائِجة أو نَشِيطة

bristle/ˈbrɪsəl/*n.* شَعْر خَشِن ، هُلْب

v.i. قَفَّ (يَقِفّ) ، قَبَّ (يَقِبّ) ، وَقَفَ (يَقِف) شَعْرُه

the problem bristles with difficulties المُشْكِلة مَحْفُوفة بالمَصاعِب

Britain/ˈbrɪtən/*n. also* **Great Britain** بْرِيطانيا (العُظْمَى)

British/ˈbrɪtɪʃ/*adj.* بْرِيطانِيّ

brittle/ˈbrɪtəl/*adj.* هَشّ ، سَهْلُ الاِنْكِسار

broach/brəʊtʃ/*v.t.* بَزَل (ـُ) بَرْمِيلاً أو ما شابَهه ، اِسْتَهَلَّ مَوْضُوعًا

broad/brɔd/*adj.* عَرِيض ، واسِع

broad daylight وَضَحُ النَّهار ، رائِعةُ النَّهار

he dropped a broad hint لَمَّحَ تَلْمِيحًا صَرِيحًا

broad-minded رَحْبُ الصَّدْر ، غَيْرُ مُتَحَيِّز

in broad outline بِوَجْهٍ عامّ ، بِخُطُوطٍ عَرِيضة

broadcast/ˈbrɔdkast/ *v.t. & i. & n.* أَذاعَ ، نَشَر (ـُ) ، بَثَّ (ـُ) ، إذاعة ، بَثّ

broaden/ˈbrɔdən/*v.t.* عَرَّضَ ، وَسَّعَ

brocade/brəˈkeɪd/*n.* بْرُوكار ، نَسِيجٌ مُوَشًّى بالقَصَب

broccoli/ˈbrokəlɪ/*n.* نَوْع مِن القَرْنَبِيط

brochure/ˈbrəʊʃʊə(r)/*n.* كُرّاسة (كَرارِيس) ، كُتَيِّب

brogue/brəʊg/*n.* حِذاء مَتِين مُزَخْرَف ، لَهْجة مِن لَهَجات الإنْكِلِيزِيّة وخاصّةً اللَّهْجة الإيرْلَنْدِيّة

broil/brɔɪl/*v.t. & i.* شَوَى اللَّحْمَ ، اِنْشَوَى

broiler/ˈbrɔɪlə(r)/*n.* فَرُّوج (فَرارِيجُ) للشَّيّ

broke[1]/brəʊk/*p.t. of* **break**

broke[2]/brəʊk/*adj.* (*coll.*) مُفْلِس ، طَفْران

broken/ˈbrəʊkən/*p.p. of* **break**

broker/ˈbrəʊkə(r)/*n.* دَلّال ، وَسِيط (بُورْصة) ، سِمْسار

bronchitis/broŋˈkaɪtɪs/*n.* اِلْتِهابُ القَصَبات (طِبّ)

bronze/bronz/*n. & adj.* بْرُونْز ، سَبِيكة مِن النُّحاس الأَحْمَر والقَصْدِير ، لَوْن بْرُونْزِيّ

v.t. & i. طَلَى بِلَوْن البْرُونز ، اِسْمَرَّ ، لَوَّحَتْهُ الشَّمْس

brooch/brəʊtʃ/*n.* بْرُوش ، دَبُّوس (دَبابِيسُ) أو مِشْبَك صَدْر لِلزِّينة

brood/brud/*n.* حَضْنة ، نَقْسة واحِدة ، فِراخ مِن عُمْرٍ واحِد

v.i. رَخَمَ ، حَضَنَت البَيْض ، تَأَمَّلَ ، أَطالَ التَّفْكِير في (مَشاكِلِه أو أَحْزانِه)

brook/brʊk/*n.* جَدْوَل (جَداوِلُ) ، مَجْرًى صَغِير

broom/brum/*n.*

1. (shrub) رَتَم ، وَزّال (نَبات)

2. (brush) مِكْنَسة (مَكانِسُ) ، مِقَشّة

broth/broθ/*n.* مَرَقٌ ، حَساءٌ مُرَكَّز

brothel/ˈbroθəl/*n.* بَيْت الدَّعارة ، ماخُور ، المَحَلّ العُمُومِيّ

brother/ˈbrʌðə(r)/(*pl.* **brothers** & **brethren**/ˈbreðrən/)*n.*

1. (relation) أَخ (إِخْوة ، إِخْوان) ، شَقِيق (أَشِقّاء)

2. (member of religious order) أَخ أو عُضْو في جَمْعِيّة دِينِيّة

brotherhood/ˈbrʌðəhʊd/*n.* أُخُوّة ، أَخَوِيّة ، إِخْوانِيّة ، إِخاء

brother-in-law/ˈbrʌðər-ɪn-ˈlɔ/*n.* سِلْف (أَسْلاف) ، أخو الزَّوْج أو الزَّوجة ، صِهر (أَصْهار) ، زَوْجُ الأُخْت

brotherly/ˈbrʌðəlɪ/*adj.* أَخَوِيّ

brought/brɔt/*p.p.* & *p.t. of* **bring**

brow/braʊ/*n.* حاجِب (حَواجِبُ) ، جَبْهة (جِباه) ، جَبِين

browbeaten/ˈbraʊbitən/*adj.* (يَبْدُو الصَّبِيّ) مُوَبَّخًا مَرْعُوبًا ، مُعَنَّف

brown/braʊn/*adj.* & *n.* أَسْمَر ، بُنِّيّ اللَّوْن

he seemed to be in a brown study بَدا مُسْتَغْرِقًا في أَفْكارِه ، بَدا وَكَأَنّه في عالَم الأَحْلام

v.t. & *i.* سَمَّرَ ، أَحالَهُ أَسْمَر ، سَفَعَ (ـَ) ، إِسْمَرَّ

he is browned off (*sl.*) زَهْقان ، مالِل (س)

brownie/ˈbraʊnɪ/*n.* حُورِيّة ، جِنِّيّة ، فَتاة من فَرِيق الزَّهرات (في الكَشْفِيّة)

browse/braʊz/*v.i.*

1. (eat leaves) أَكَلَ الخُضْرة ، رَعَى (يَرْعَى)

2. (read parts of books) تَصَفَّحَ الكِتاب

bruise/bruz/*v.t.* & *i.* كَدَمَ (ـُ) ، رَضَّ (ـُ) ، إِرْتَضَّ

n. كَدْمة (كَدَمات) ، رَضّ (رُضُوض)

brunette/bruˈnet/*n.* فَتاة ذاتُ شَعْرٍ أَسْوَدَ وبَشَرة سَمْراء ، فَتاة سَمْراء

brunt/brʌnt/*n.* شِدّة ، صَدْمة ، عِبْء

he bore the brunt of the attack وَقَعَت عَلَيْه حِدّة الهُجُوم

brush/brʌʃ/*n.*

1. (implement) فُرْشاة ، فُرْشة (فُرَش)

2. (encounter) مُناوَشة ، صِدام

he had a brush with the law اِصْطَدَم بالقانُون

v.t. & *i.* كَنَسَ (ـِ) ، نَفَضَ الغُبار ، فَرَّش ، لَمَسَ (ـُ)

brush aside تَجاهَل ، تَرَك جانِبًا

brush off صَدَّ (ـُ) ، رَفَض بِخُشُونة

brush up هَنْدَم ، نَظَّف ، أَعادَ دِراسة (عِلْمٍ كادَ أَنْ يَنْساه)

brush-off/ˈbrʌʃ-of/*n.* (*coll.*) صَدّ ، إِعْراض

brusque/brusk/*adj.* فَظّ ، عَنِيف ، جافّ

Brussels sprouts/ˈbrʌsəlzˈspraʊts/*n. pl.* كُرُنْب بْرُوكْسِل

brutal/ˈbrutəl/*adj.* وَحْشِيّ ، بَهِيمِيّ ، غَلِيظُ القَلْب

brutality/bruˈtælɪtɪ/*n.* وَحْشِيّة ، غِلْظة ، قَسْوة

brute/brut/*n.* & *adj.* وَحْشٌ ، شَرِسٌ

brutish/ˈbrutɪʃ/*adj.* بَهِيمِيّ ، هَمَجِيّ ، وَحْشِيّ

bubble/ˈbʌbəl/*n.* & *v.i.* فُقّاعة (فَقاقِيعُ) ، حَبَب ، بَقْبَقَ ، فار (يَفُور)

she bubbled over with high spirits كانت تَفِيضُ حَيَوِيّة ونَشاطًا

buccaneer/ˈbʌkəˈnɪə(r)/*n.* قُرْصان (قَراصِنة) البَحْر

buck/bʌk/*n.*

1. (male deer/rabbit) ذَكَرُ الظَّبْيِ أو الماعِزِ أو الأَرْنَب ، تَيْس

2. (*U.S. sl.* dollar) دُولار أَمْرِيكِيّ

don't pass the buck لا تَرْمِ المَسْؤُولِيّة على غَيْرِك ، لا تُزَحْلِقْ شُغْلَكَ على غَيْرِك (م) ، لا تدَغْبِلْ شُغْلَك على غَيْرِك (ع)

v.i. قَفَزَ (الحِصان) جامِحًا

buck up! (*sl.*) شِدّ حِيلَك (م ، س) ، تَحَزَّمْ (ع)

bucket/ˈbʌkɪt/*n.* دَلْو (دِلاء) ، سَطْل (سُطُول)

buckle/ˈbʌkəl/*n.* مِشْبَك (مَشابِكُ) ، إِبْزِيم ، بُكْلة ، حِلْية مَعْدِنِيّة

v.t. & *i.* رَبَط بالإِبْزِيم ، شَبَك (ـِ) ، ثَنَى (يَثْنِي) ، حَنَى (يَحْنِي) ، اِعْوَجَّ ، اِنْحَنَى

you must buckle down to work يَجِبُ أَنْ تَبْدَأَ العَمَلَ بِكُلِّ جِدٍّ ونَشاط

the bicycle wheel is buckled اِعْوَجَّت عَجَلة الدَّرّاجة

buckshee/bʌkˈʃi/*adj.* & *adv.* (*sl.*) مَجّانًا ، بِبَلاش ، لِوَجْه الله

buckwheat/ˈbʌkwit/*n.* حِنْطة سَوْداء

bucolic/bjuˈkolɪk/*adj.* رِيفِيّ ، رَعَوِيّ ، خاصّ بالرُّعاة

bud/bʌd/*n.* بُرْعُم (بَراعِمُ) ، زِرّ (أَزْرار)

the trees are in bud الأَشْجار مُبَرْعِمة

the plot was nipped in the bud قُضِيَ على المُؤامَرة في مَهْدِها

v.i. بَرْعَمَ ، نَشَأَ (ـَ)

a budding lawyer مُحامٍ ناشِئ

Buddhism/ˈbʊdɪzm/*n.* البُوذِيّة

Buddhist/ˈbʊdɪst/*adj.* & *n.* بُوذِيّ ، على دِين بُوذا

buddy/ˈbʌdɪ/*n.* (*sl.*) صَدِيق (أَصْدِقاء) ، رَفِيق (رُفَقاء) ، صاحِب (أَصْحاب)

budge/bʌdʒ/*v.t.* & *i.* زَحْزَحَ ، تَزَحْزَحَ ، تَحَرَّك مِن مَكانِه

budgerigar/ˈbʌdʒərɪga(r)/*n.* طائِر صَغِير مِن فَصِيلة البَبَّغاء

(*coll. abbr.* **budgie**) اِخْتِصار دارِج لِاسْم البَبَّغاء المَذْكُور

budget/ˈbʌdʒet/*n.* مِيزانِيّة ، مُوازَنة

v.i. وَضَع مِيزانيّة
we must budget for our holiday next year عَلَينا أَنْ نَدَّخِرَ لِعُطْلَتِنا في السَّنة القادِمة
buff/bʌf/*n. & adj.* جِلْدُ الجامُوس المَدْبُوغ ، أصفرُ قاتِم
he was stripped to the buff عُرْيَ تَعْرِيةً تامّة
buffalo/ˈbʌfələʊ/*n.* جامُوس ، ثَور بَرِّيّ
buffer/ˈbʌfə(r)/*n.* مُخَفِّفُ الصَّدْمة (في قِطار)
buffer state دَوْلة حاجِزة ، دَوْلة مُحايِدة بَيْن دَوْلَتَيْن قَوِيَّتَيْن
buffet[1]/ˈbʊfeɪ/*n.* مائِدة المأكُولات ، سُفْرة ، بُوفيه ، مَقْصَف ، مَطْعَم في مَحَطّة
buffet car بُوفيه أو مَقْصَف في قِطار
buffet[2]/ˈbʌfɪt/*n. & v.t.* صَفْعة ، لَطْمة ، دَفْعة ؛ لَطَم (ـِ) ، دَفَع (ـَ)
buffoon/bəˈfun/*n.* مُهَرِّج ، بَهْلُول ، قَشْمَر (ع) ، مُسْخة (م)
buffoonery/bəˈfunərɪ/*n.* تَهْرِيج ، هَزْل مُبْتَذَل
bug/bʌg/*n.* بَقّة (بَقّ) ، فَسْفَسة (فَسافِس) ، حَشَرة ، جُرْثومة
v.t. **1.** (*sl.* annoy) أَزْعَجَ ، ضايَقَ
2. (*sl.* install microphone for eavesdropping) ثَبَّتَ جِهازًا سِرِّيًّا (في غُرْفة) لِلتَّجَسُّس
bugging devices وَسائِل التَّجَسُّس على المُكالَمات
bugbear/ˈbʌgbeə(r)/*n.* بُعْبُع ، مَصْدَر خَوْف أو تَقَزُّز
bugle/ˈbjugəl/*n.* بُوق (أَبْواق) ، صُور ، نَفِير
bugler/ˈbjuglə(r)/*n.* بُوقِيّ ، نافِخُ البُوق أو النَّفِير
build/bɪld/(*p.t. & p.p.* **built**/bɪlt/)*v.t. & i.* بَنَى (يَبْنِي) ، شاد (يَشِيد) ، شَيَّد ، أَقام
a bedroom with built-in wardrobes حُجْرة نَوْم ذاتُ خَزائِن في الجُدْران
speed is restricted in a built-up area السُّرْعة مَحْدُودة في المَناطِق الآهِلة
well-built مُحْكَم البِناء ، قَوِيُّ البِنْية ، شَدِيد الأَسْر
n.
he is a man of medium build رَجُل رَبْعة (مُتَوَسِّطُ القامة)
builder/ˈbɪldə(r)/*n.* بَنّاء ، مِعْمار
building/ˈbɪldɪŋ/*n.* بِناء ، عِمارة
building society جَمْعِيّة تَعاوُنِيّة لِبِناء المَساكِن
bulb/bʌlb/*n.* بَصَلة (بَصَلات ، أَبْصال) ؛ مِصْباح كَهْرَبائِيّ ، لَمْبة (عامِّيّة)
bulbous/ˈbʌlbəs/*adj.* بَصَلِيُّ الشَّكْل ، ذُو أَبْصال أو بَصَلات
bulge/bʌldʒ/*n.* اِنْتِفاخ ، نُتُوء ؛ اِزْدِياد العَدَد أو الحَجْم
v.t. & i. نَفَخ (ـُ) ، وَسَّع ؛ اِنْتَفَخَ ، تَوَسَّعَ
bulk/bʌlk/*n.* كُتْلة (كُتَل) ، حَجْم (حُجُوم) ، مِقْدار (مَقادِير)
buy in bulk يَشْتَرُون بالجُمْلة
bulky/ˈbʌlkɪ/*adj.* جَسِيم ، ضَخْم ، عَظِيم الحَجْم
bull/bʊl/*n.*
1. (male of ox family) ثَوْر (ثِيران)
take the bull by the horns جابَهَ المُشْكِلة بِكُلِّ شَجاعة
bull's eye مَرْكَزُ الهَدَف أو الدَّرِيئة
2. (papal edict) مَرْسُوم بابَوِيّ
bulldog/ˈbʊldog/*n.* كَلْبٌ ذُو رَأْسٍ كَبِير وأَنْف أَفْطَس ، بُولْدُوغ
bulldoze/ˈbʊldəʊz/*v.t.* خَوَّفَ ، أَجْبَرَ على ، دَكَّ (ـُ) ، سَوَّى
bulldozer/ˈbʊldəʊzə(r)/*n.* بُولْدُوزر ، جَرّافة ، جَرّارةُ تَسْوِية
bullet/ˈbʊlɪt/*n.* رَصاصة (رَصاص) ، طَلْقة ، عِيار نارِيّ
bullet-proof glass زُجاج مُقاوِم لِلرَّصاص
bulletin/ˈbʊlətɪn/*n.* نَشْرة
bullfight/ˈbʊlfaɪt/*n.* مُصارَعة الثِّيران
bullion/ˈbʊljən/*n.* سَبِيكة مِن الذَّهَب أو الفِضّة
bullock/ˈbʊlək/*n.* ثَوْر مَخْصِيّ
bully/ˈbʊlɪ/*n. & v.t.* قَبَضاي ، شَقِيّ ، بَلْطَجِيّ ؛ اِسْتَأْسَدَ عَلَى ، طَغَى ، اِعْتَدَى على الضُّعَفاء
bulrush/ˈbʊlrʌʃ/*n.* بَرْدِيّ ، حِلال (نَبات مِن فَصِيلة السُّعْدِيّات)
bulwark/ˈbʊlwək/*n.* مِتْراس ، اِسْتِحْكام ، حِصْن (حُصُون) ، شَيْء للحِماية ؛ جِدار يُحِيط بِظَهْر السَّفِينة
bum/bʌm/*n. coll.*
1. (backside) عَجِيزة ، رِدْف (أَرْداف) (اللَّفْظة الإنكليزيّة سُوقِيّة)
2. (tramp) صُعْلُوك (صَعالِيك) ، مُتَسَكِّع ، مُتَشَرِّد
bumble-bee/ˈbʌmbəl-bi/*n.* نَحْلة كَبِيرة ، طَنّانة
bump/bʌmp/*v.t. & i.* صَدَم (ـِ) ، ضَرَب (ـِ) ، رَطَم (ـُ) ؛ اِصْطَدَم بـ ، اِرْتَطَم بـ
I bumped into an old friend (*coll.*) صادَفْتُ صَدِيقًا قَدِيمًا
n. **1.** (blow) خَبْطة ، صَدْمة
2. (swelling) وَرَم ، نُتُوء ، بُرُوز
bumper/ˈbʌmpə(r)/*adj.* وَفِير ، غَزِير ، مُتْرَع ؛ ضَخْم ، هائِل
n. كَأْس نَبِيذٍ مُتْرَعة ؛ (في السَّيّارة) مِصَدّ ، رَفْرَف ، رَفْراف ، طَبُّون (س) ، دَعّامِيّة (ع) ، اِكْصِدام (م)
bumpkin/ˈbʌmpkɪn/*n.* شَخْص رِيفِيّ ، ساذَج (سُذَّج)
bumptious/ˈbʌmpʃəs/*adj.* مَغْرُور ، مُفْرِط في الإعْجاب بِنَفْسِه
bumpy/ˈbʌmpɪ/*adj.* غَيْر مُسْتَوٍ ، كَثِيرُ الحُفَر ، مَلِيء بالمَطَبّات ، بِه طَسّات (ع)

bun/bʌn/*n.*
1. (cake) كَعْكة فيها زَبيب
2. (*hairstyle*) شَعْر مَرْبُوط بِشَكْل كَعْكة

bunch/bʌntʃ/*n.* حُزْمة (حُزَم)؛ عُنْقُود ، عِذْق؛ باقة

bundle/ˈbʌndəl/*n.* حُزْمة (حُزَم) ، رَبْطة ، صُرّة ، لَفّة ، بُقْجة (م ، ع ، س)
v.t. صَرَّ (ـُ) ، لَفَّ (ـُ) بِغَيْر عِناية
she bundled him into a taxi قَذَفَت بِهِ في سَيّارة أُجْرة ، "دَعْبَلَتْهُ" إلى داخِل تاكْسِي (ع)

bung/bʌŋ/*n.* سِدادة ، سِطام ، فَلّينة (للبَراميل خاصّة)
v.t. سَدَّ (ـُ) ، أغْلَق البَرْميل بفَلّينة؛ رَمَى (يَرْمِي)
the drains were bunged up (*coll.*) كانت المَجاري مَسْطُومة (مَسْدُودة)

bungalow/ˈbʌŋgələʊ/*n.* مَنْزِل ذُو طابَق واحِد

bungle/ˈbʌŋgəl/*v.t. & i.* أفْسَد ، لَخْبَط ، خَرْبَط ، خَرْبَق ، طَصْلَق (م)؛ تَلَخْبَط ، تَخَرْبَطَ (العَمَل)

bungler/ˈbʌŋglə(r)/*n.* مُلَفْهِج ، مُلَخْبِط ، مُلَوِّص (ع)

bunk/bʌŋk/*n.*
1. (fixed bed) سَرير مُثَبَّت (في سَفينة أو قِطار)؛ سَريران مُلْتَصِقان واحدٌ فَوْقَ الآخَر (للأطْفال عادةً)
2. (nonsense) كَلامٌ فارِغ ، هُراء
3. (*sl.* run away) *v.i. & n.* شَمَّع الفَتْلة أو الخَيْط ، هَرَب (ـُ) ، فَرَّ (ـِ)؛ هُرُوب ، فِرار
he was scared and did a bunk كان خائِفًا فَهَرَب

bunker/ˈbʌŋkə(r)/*n.*
1. (coal) مَخْزَن الفَحْم أو الوَقُود
2. (*mil.*) مَخْبأ مُسَلَّح تَحْتَ الأرْض
3. (*golf*) حُفْرة مَمْلُوءة بالرَّمْل تَعْتَرِض الكُرةَ في لُعْبة الغُولْف

bunting/ˈbʌntɪŋ/*n.*
1. (bird) (طَيْر) الدُّرَّسة ، صَعْو (م)
2. (cloth for flag) رايات وَشَرائط مُلَوَّنة ، قُماش لِصُنْع الرّايات

buoy/bɔɪ/*n. & v.t.* عَوّامة ، طَوّافة ، شَمَنْدُورة؛ عَوَّمَ ، رَفَع (ـَ) ، قَوَّى المَعْنَوِيّات

buoyant/ˈbɔɪənt/*adj.* طافٍ ، عائِمٌ؛ مَرِح؛ (الأسْعار) في ارْتِفاع

burble/ˈbɜbəl/*v.i.* غَمْغَم ، هَمْهَم؛ خَرَّ (ـِ) (ماءُ الجَدْوَل)

burden/ˈbɜdən/*n.* عِبْءٌ (أعْباء) ، وِزْر (أوْزار) ، حِمْل ثَقيل
beast of burden دابّة حَمْل
he made her life a burden نَغَّصَ حياتَها ، جَعَل حياتَها جَحيمًا
v.t. حَمَّل ، أثْقَل ، ضايَق ، كَلَّف

burdensome/ˈbɜdənsəm/*adj.* شاقٌّ ، ثَقيل ، مُتْعِب ، مُمِلّ ، مُرْهِق

bureau/ˈbjʊərəʊ/*n.* دائِرة حُكُومِيّة ، مَكْتَب (مَكاتِبُ) ، مِنْضَدة كِتابة

bureaucracy/bjʊəˈrokrəsɪ/*n.* بيرُوقْراطِيّة ، تَحَكُّمُ مُوَظَّفِي الدَّوْلة وتَزَمُّتُهُم ، رُوتِين حُكُومِيّ ، الدِّيوانِيّة

bureaucrat/ˈbjʊərəkræt/*n.* مُوَظَّف حُكُومِيّ مُسْتَبِدّ ، بِيرُوقْراطِيّ ، مُوَظَّف رُوتِينِيّ

bureaucratic/ˈbjʊərəˈkrætɪk/*adj.* بِيرُوقْراطِيّ ، نِظام الحُكْم الدِّيوانِيّ

burglar/ˈbɜglə(r)/*n.* لِصّ (لُصُوص) ، سارِق (سَرَقة ، سُرّاق) ، حَرامِيّ (حَرامِيّة)

burglary/ˈbɜglərɪ/*n.* سَرِقة ، لُصُوصِيّة ، سَطْو عَلَى دار أو مَحَلّ

burgle/ˈbɜgəl/*v.t.* سَطا (يَسْطُو) على بَيْت ، سَرَق (ـِ) مِن بَيْت أو مَحَلّ

burial/ˈberɪəl/*n.* دَفْن
burial-ground مَقْبَرة (مَقابِرُ) ، مَدْفَن (مَدافِنُ) ، تُرْبة (تُرَب) ، جَبّانة
Burial Service صَلاة الجِنازة ، مَراسِيمُ الدَّفْن

burlesque/bɜˈlesk/*adj. & n. & v.t.* تَقْلِيد هَزْلِيّ؛ مُعالَجة ساخِرة لِمَوْضوع جِدّيّ؛ عالَج الجِدّيّ بالسُّخْرية

burly/ˈbɜlɪ/*adj.* جَسِيم وَقَوِيّ ، قَوِيّ البِنْية

burn/bɜn/(*p.t. & p.p.* **burnt, burned**) *v.t. & i.* أحْرَق ، أشْعَل؛ اِحْتَرَق ، اِشْتَعَل
he is burning with zeal إنّه يَضْطَرِم حَماسًا
the student burned the midnight oil أحْرَقَ فَحْمةَ لَيْلِه ، واصَلَ السَّهَرَ ، اِسْتَنْفَدَ طاقَته
she has money to burn لَدَيْها مِن المالِ ما تُبَدِّد
a burning question مَوْضِعُ نِقاشٍ حادّ
her skin burns easily بَشَرَتُها تَحْتَرِق بِسُهُولةٍ في الشَّمْس
(*with advs.*) اِسْتِعْمالاتٌ مَعَ الظُّروف :
half the candle had burnt away اِحْتَرَقَ نِصْفُ الشَّمْعة
the candle burnt out اِحْتَرَقَت الشَّمْعة بأكْمَلِها
we burnt up all the garden rubbish أحْرَقْنا كُلَّ نِفايات الحَدِيقة
n. حَرْق ، اِحْتِراق (الجِلْد مثلاً)

burner/ˈbɜnə(r)/*n.* شُعْلة أو قَلْب المِصْباح

burnish/ˈbɜnɪʃ/*v.t.* صَقَل (ـُ) ، لَمَّعَ ، جَلا (يَجْلُو) ، جَلَى (يَجْلِي)

burp/bɜp/*v.i. & n.* (*sl.*) تَجَشَّأ ، تَكَرَّعَ؛ تَجَشُّؤ ، تَكْرِيع

burrow/ˈbʌrəʊ/*n.* جُحْر (جُحُور ، أجْحار) ، وِجار (أوجِرة) ، مَخْبأ للحَيَوانات في الأرْض
v.t. & i. نَبَشَ (ـُ) ، نَقَّب ، حَفَر جُحْرًا ، عاش في جُحْر

bursar/ˈbɜsə(r)/*n.* أمِين صُنْدُوق جامِعة أو دَيْر؛ حاصِلٌ على مِنْحة دِراسِيّة

burst/bɜst/*v.i. & t.* اِنْفَجَرَ ، اِنْبَثَقَ ، تَدَفَّقَ ، اِنْدَفَع؛ فَجَّرَ ، طَقَّ (ـُ) (البالُون مثلاً)؛ مَزَّقَ

he is bursting with energy يَتَدَفَّقُ حَيَوِيَّةً وَنَشاطاً

the boy burst into the room إِنْدَفَعَ الصَّبِيُّ إِلى الغُرْفَةِ فَجْأَةً

she burst into tears إِنْفَجَرَتْ باكِيَةً ، أَجْهَشَتْ بِالبُكاء

n. طَفْرَة ، تَدَفُّق ، اِنْطِلاق

a burst of speed إِسْراعٌ مُباغِتٌ لِفَتْرَةٍ قَصِيرة

bury/ˈberɪ/*v.t.* قَبَرَ (ـِ) ، دَفَنَ (ـِ)

bus/bʌs/*n.* حافِلة ، أُوتُوبِيس ، باص (باصات)

bus conductor قاطِعُ تَذاكِر ، جابٍ (جُباة) في أُوتُوبِيس أو حافِلة

bus station مَحَطَّة رَئِيسِيَّة لِلأُوتُوبِيس أو لِلباصات

bus stop مَوْقِف باص أو أُوتُوبِيس

bush/bʊʃ/*n.*

1. (shrub) شُجَيْرة

don't beat about the bush دَعِ اللَّفَّ والدَّوَرانَ حَوْلَ المَوْضُوع !

2. (uncultivated land) غابة ، حَرَش (أَحْراش)

bushel/ˈbʊʃəl/*n.* مِكْيال إِنْكِلِيزِيّ لِلحُبُوب (٣٦٫٣٥ لِترًا)

bushy/ˈbʊʃɪ/*adj.* كَثِيرُ الأَشْجار ؛ كَثِيفُ الحاجِبَيْن ، أَوْطَفُ

he has bushy eyebrows له حاجِبان كَثِيفان

business/ˈbɪznɪs/*n.*

1. (trade, shop) شُغْل ، تِجارة ، أَعْمال تِجارِيَّة ؛ مَتْجَر

he is in business for himself يَشْتَغِلُ على حِسابِه الخاصّ

2. (concern) عَمَلٌ (أَعْمال) ، شَأْن (شُؤُون)

it's none of your business لَيْسَ هذا من شَأْنِك ، لا دَخْلَ لَكَ في هذا !

3. (affair) أَمْر (أُمُور) ، مَسْأَلة (مَسائِل) ، قَضِيَّة (قَضايا)

it's a bad business أَمْرٌ يُؤْسَفُ له ، حالة مَلْعُونة!

business-man/ˈbɪznɪs-mæn/*n.* تاجِر (تُجّار ، تِجار) ، رَجُل أَعْمال

bust/bʌst/*n.*

1. (sculpture) تِمْثال نِصْفِيّ

2. (bosom) صَدْر ، مَقاس الصَّدْر (للنِّساء)

v.t. & i. (*coll.* break) كَسَرَ (ـِ) ، دَشْدَش (م) ، حَطَّم (ع) ، طَرْبَش (س) ؛ اِنْكَسَر

go bust (*coll.*) أَفْلَس ، فَلَّس (م ، س) ، اِنْكَسَر (ع)

bustle/ˈbʌsəl/*n.* نَشاط ؛ إِطار أو حَشْوة لِنَفْشِ الفُسْتان مِن الخَلْف

v.i. esp. **bustle about** نَشِطَ (ـَ) في العَمَل ، راح وجاء كَمَكُّوكِ الحائِك

busy/ˈbɪzɪ/*adj.* مَشْغُول ، (طَرِيق) فيه حَرَكة دائمة

v.t. اِشْتَغَلَ بِـ ، شَغَلَ نَفْسَه بِـ

busybody/ˈbɪzɪˈbodɪ/*n.* فُضُولِيّ ، مُتَدَخِّل في أُمُور الغَيْر ، حِشَرِي (م) ، كَثِير غَلَبة (س)

but/bʌt/*conj.* لَكِنْ ، لَكِنَّ ، بَيْدَ أَنَّ ، غَيْرَ أَنَّ ، إِلّا أَنَّ ،

(بَعْدَ جُمْلة نَفْي) بَلْ

I can't sing but I can dance لا أُحْسِنُ الغِناءَ بَلْ أُحْسِنُ الرَّقْص

not only good but also beautiful لَيْسَ بِطَيِّبٍ فَقَطْ بَلْ جَمِيلٌ أَيْضاً

adv.

had I but known لَيْتَنِي عَلِمْتُ

prep. (للاسْتِثْناء) : ما عدا ، إِلّا ، غَيْر

they're all wrong but me كُلُّهُم على خَطَإٍ عَدايَ

the last but one ما قَبْلَ الأَخِير مُباشَرة

butane/ˈbjuteɪn/*n.* غازُ البُوتان

butcher/ˈbʊtʃə(r)/*n.* قَصّاب ، جَزّار ، لَحّام

v.t. جَزَر (ـُ) اللَّحْم ؛ قام بِمَذْبَحةٍ (عَظِيمة)

butler/ˈbʌtlə(r)/*n.* ساقٍ (سُقاة) ، كَبِير الخَدَم في مَنْزِل كَبِير ، قَهْرَمان (قَهارِمة)

butt/bʌt/*n.*

1. (cask) بَرْمِيل سَوائِل

2. (thick end) المِقْبَضُ الخَشَبِيُّ لِلبُنْدُقِيَّة ؛ أَرُومة ، طَرَف غَلِيظ

a cigarette butt عَقِب سِيكارة

3. (object of ridicule) هُزْأة ، مَوْضِعُ سُخْرِيَةٍ واسْتِهْزاء ، أُضْحُوكة (أَضاحِيك)

v.t. & i. نَطَحَ (ـَ) ؛ رَطَمَ (ـُ) ، قاطَعَ ، تَدَخَّلَ في الحَدِيث ؛ اِرْتَطَمَ

may I butt in? أَيُمْكِنُنِي أَنْ أُقاطِعَكُما (في الحَدِيث)

butter/ˈbʌtə(r)/*n. v.t.* زُبْد ، زُبْدة ؛ دَهَنَ (ـَ) بالزُّبْدة

buttercup/ˈbʌtəkʌp/*n.* حَوْذان مَدّاد ، حَوْذان ، حِرِّيف ، شَقِيق النُّعُوط

butterfly/ˈbʌtəflaɪ/*n.* فَراشة (فَراش)

buttermilk/ˈbʌtəmɪlk/*n.* لَبَن أو حَلِيب خَضّ ، مَخِيض

butterscotch/ˈbʌtəskotʃ/*n.* حَلْوَى من السُّكَّر والزُّبْدة

buttock/ˈbʌtək/*n.* رِدْف (أَرْداف) ، كَفَل (أَكْفال) ، عَجِيزة

button/ˈbʌtən/*n.*

1. (fastening) زِرّ (أَزْرار)

2. (knob on machine) زِرّ لِماكِنة ، مِفْتاح (مَفاتِيح)

push-button control التَّحَكُّم بِضَغْط الأَزْرار

v.t. & i. زَرَّرَ ، أَقْفَلَ ؛ يُزَرُّ ، يُزَرَّرُ (الثَّوْب مِن الخَلْف مَثَلاً)

buttonhole/ˈbʌtənhəʊl/*n.* عُرْوة (عُرًى) ، فَتْحة الزِّرّ

v.t. أَمْسَكَ بِتَلابِيبِه ، أَوْقَفه لِلتَّحَدُّثِ إِلَيْه على كُرْهٍ مِنْه

buttress/ˈbʌtrɪs/*n.* رَكِيزة (في البِناء) ، مِسْنَد ، دِعامة ، رافِدة

buxom/ˈbʌksəm/*adj.* (اِمْرَأة) مُمْتَلِئة الجِسْم ، تَفِيضُ صِحَّة وعافِية ، مائِلة إلى السِّمْنة

buy/baɪ/ (*p.t.* & *p.p.* **bought**/bɔt/) *v.t.* & *i.* اِشْتَرَى ، اِقْتَنَى ، اِبْتاع ، شَرَى (يَشْرِي)

buy up إشْتَرَى البضاعة كُلَّها لِيَحْتَكِرَها
n. شَرْوة ، صَفْقة
that was a good buy كانت تِلك صَفْقة مُوَفَّقة (أو لُقْطة)
buyer/ˈbaɪə(r)/*n.* شارٍ ، مُشْتَرٍ ، المَسْؤول عن المُشْتَرَيات في هَيْئةٍ تِجاريّة
buzz/bʌz/*n.* طَنين ، أزيز
v.i. طَنَّ (ـِ) ، أزَّ (ـِ) ، دَنَّ (ـِ)
buzz off! (*coll.*) إمْشِ ، ابْعِد عَنّي !
buzzard/ˈbʌzəd/*n.* حُمَيْق ، صَقْر حَوّام ، سَقاوة
by/baɪ/*prep.*
1. (near) بِجانِب ، عِنْدَ ، بِقُرْب ، لَدَى
by the way بِالمُناسَبة ، على فِكْرة ، خَطَر بِبالي . . .
2. (via) بِطَريق ، عن طَريق ، بِواسِطة
by land and sea بَرًّا وبَحْرًا
3. (during) خِلالَ ، أثْناءَ ، في غُضُون
by day نَهارًا ، بالنَّهار
4. (no later than) لِتَحْديد الوَقْت
I'll be there by seven سأكُون هناك قَبْلَ السّابِعة
5. (*denoting agent, instrument, means*) لِلدَّلالة على العامِل أو الأداة أو الوَسِيلة
by all means go ahead طَبْعًا وبالتَّأكِيد امْضِ في المَشْرُوع
did you do it by yourself? هل قُمْت بذلك بِنَفْسِك ؟
she knows the poem by heart تَعْرِفُ القَصِيدةَ غَيْبًا
he was caught by the police ألْقَت الشُّرْطة القَبْضَ عَلَيْه
6. (*denoting contrasted measurement*) لِلقِياسات
a carpet four metres by three بِساطٌ (قِياسُه) أرْبَعةُ أمْتارٍ بِثَلاثة .
7. (according to) حَسْبَ ، بِمُوجِب
by rights he should be a director يَسْتَحِقُّ أنْ يَكُون مُدِيرًا
we get paid by the hour نَتَقاضَى أجْرَنا عَنِ السّاعة
8. (in the view of) في نَظَر ، مِن قِبَل ، في رَأْيِ
it's all right by me لا اعْتِراضَ لَدَيَّ ، لا مانِعَ عِنْدِي
9. (to the extent of) إلى مُسْتَوَى ، إلى حَدِّ
that is by far the best way to do it تِلْك إلى حَدٍّ بَعِيدٍ أفضَلُ وَسِيلةٍ لإنْجازِه
10. (*in oaths*) لِلقَسَم
by God وَاللّهِ ، بِاللّهِ ، تَاللّهِ
adv. اسْتِعْمالات ظَرْفِيّة
fame passed him by فاتَتْهُ الشُّهْرة
I'll get by سأُدَبِّرُ أمْرِي (ولَوْ بِصُعُوبة)
I'll give you a sweet by and by سأُعْطِيك قِطْعةَ حَلْوَى بَعْدَ قَلِيل
bye-bye/baɪ-ˈbaɪ/*int.* مع السَّلامة ، في أمانِ اللّه ، إلى اللِّقاء ، سَعِيدة (م)
by-election/ˈbaɪ-ɪlekʃən/*n.* إنْتِخاب فَرْعِيّ
bygone/ˈbaɪgon/*adj. & n.* سالِف ، سابِق ، ماضٍ
let bygones be bygones عَفا اللّهُ عَمّا مَضَى ، ما فاتَ ماتَ
by-law, bye-law/ˈbaɪ-lɔ/ *n.* لائِحة (قَوانِين) داخِلِيّة أو بَلَدِيّة
bypass/ˈbaɪpas/*n.* طَرِيق جانِبِيّ يَتحاشَى اخْتِراقَ المَدِينة
v.t. تَحاشَى (مَرْكَزَ المَدِينة) بِسُلُوكِ طَرِيقٍ جانِبِيّ ؛ تَجَنَّبَ ، تَخَطَّى
by-product/ˈbaɪ-prodʌkt/*n.* مَحْصُول أو مَنْتَج ثانَوِيّ
byre/ˈbaɪə(r)/*n.* حَظِيرة (المَواشِي) ، زَرِيبة
by-road/ˈbaɪ-rəud/*n.* طَرِيق ثانَوِيّ
bystander/ˈbaɪ-stændə(r)/*n.* مُتَفَرِّج (مُحايِد) ، أحَدُ الحُضُور
by-word/ˈbaɪ-wɜd/*n.* مَضْرِبُ مَثَلٍ في السُّوء ؛ مَثَلٌ (أمْثال)

C

C/si/ (letter) الحَرْف الثّالِث مِن الأبْجَدِيّة
cab/kæb/*n.* (taxi-cab) سَيّارة أُجْرة ، تاكْسِي
cabaret/ˈkæbəreɪ/*n.* مُتَنَزَّهات اسْتِعْراضِيّة في مَطْعَم ، كابارِيه
cabbage/ˈkæbɪdʒ/*n.* كُرُنْب ، كَرَنْب ، كُرُنْبٌ (م) ، مَلْفُوف يَخْنة (س) ، لَهانة (ع)
cabin/ˈkæbɪn/*n.*
1. (room in ship) كابِين ، قُمْرة في سَفِينة
2. (hut) كُوخ (أكْواخ)
cabinet/ˈkæbɪnet/*n.*
1. (piece of furniture) خِزانة ، دُولاب صَغِير (م)
filing cabinet خِزانة لِحِفْظِ المِلَفّات
2. (group of ministers) مَجْلِسُ وُزَراء ؛ (شَكَّلَ) وِزارةً
cable/ˈkeɪbəl/*n.*
1. (fibre or wire rope) حَبْل (حِبال) ، سِلْك (أسْلاك) ، حَبْل مَعْدَنِيّ
2. (*elec.*) كابِل (كابِلات) ، كَبْل ، سِلْك تِلِغْرافِيّ
3. (telegraph message) بَرْقِيّة ، تِلِغْراف
v.t. & i. أبْرَقَ ، أرْسَلَ بَرْقِيّة
cackle/ˈkækəl/*n. & v.i.* قَوْقاء ، نَقْنَقة (دَجاج) ، ثَرْثَرة ؛ قاقَ (يَقُوق) ، نَقْنَقَ ، ثَرْثَرَ
cactus/ˈkæktəs/*n.* صُبّار ، صُبَيْر ، صَبْر (نَبات)

cad/kæd/*n.* نَذْل ، خَسِيس (أَخِسّاء) ، دَنِيء

cadet/kə'det/*n.* طالِب في كُلِّيَّة عَسْكَرِيَّة

cadge/kædʒ/*v.t. & i.* اِسْتَجْدَى (مِن أَصْدِقائه) ، تَطَفَّلَ ، تَسَلَّقَ على (م) ، شَحَذَ (ـَ)

café/'kæfeɪ/*n.* مَقْهًى (مَقاهٍ)

cafeteria/'kæfə'tɪərɪə/*n.* مَطْعَم الخِدْمة الذّاتِيّة ، كافِتيريا

cage/keɪdʒ/*n. & v.t.* قَفَصٌ (أَقْفاصٌ) ؛ حَبَسَ (ـِ) طائرًا في قَفَص

cairn/keən/*n.* رُجْمة (رُجَم ، رِجام) ؛ صُوَّة (صُوًى)

cajole/kə'dʒəʊl/*v.t.* تَمَلَّقَ ، مالَقَ ، داهَنَ ، لاطَفَ ، مَسَحَ جُوخَ فُلان لإقْناعِه

cake/keɪk/*n.* كَعْك ، كَيْك ، كاتُو

you can't have your cake and eat it (*coll.*) لا يُمْكِنُك الجَمْعُ بَيْنَ النَّقِيضَيْن ، اللي يريد شي يفوت شي (ع) ، إمّا هذا أو ذاك

cake of soap قالَب أو لَوْح صابُون ، صابُونة

calamitous/kə'læmɪtəs/*adj.* مَلِيء بالكَوارِث ، مَنْحُوس ، فاجِع

calamity/kə'læmɪtɪ/*n.* كارِثة (كَوارِث) ، مُصِيبة (مَصائب) ، نَكْبة ، طامّة ، داهِية

calcium/'kælsɪəm/*n.* كَلْسِيُوم ، فِلِزّ الكِلْس

calculate/'kælkjʊleɪt/*v.t. & i.* حَسَبَ (ـُ) ، قَدَّر

a calculated insult إهانة مُتَعَمَّدة

she is a calculating woman إنّها ماكِرة ذاتُ حِيلة

calculation/'kælkjʊ'leɪʃən/*n.* حِساب ، تَقْدِير

calculator/'kælkjʊleɪtə(r)/*n.* آلة حاسِبة يَدَوِيّة

calendar/'kælɪndə(r)/*n.* تَقْوِيم ، رُوزْنامة ، نَتِيجة (م)

calf/kɑf/ (*pl.* **calves**/kɑvz/) *n.*

1. (young cow) عِجْل (عُجُول)

2. (leather) جِلْد العِجْل المَدْبُوغ

3. (back of lower leg) رَبْلة أو بَطْن السّاق ، بَطّة السّاق

calibre/'kælɪbə(r)/*n.* عِيار ، قُطْر فُوَهة البُنْدُقِيّة أو المِدْفَع ؛ أَهَمِّيّة الشَّخْص

a man of considerable calibre رَجُل ذُو مَكانة عالِية ، شَخْص مُتَضَلِّع في مَوْضُوعِه

call/kɔl/*v.t. & i.*

1. (shout, summon) نادَى ، طَلَبَ (ـُ) ؛ اِسْتَدْعَى

he called a meeting for next week دَعا إلى اجْتِماعٍ في الأُسْبُوع المُقْبِل

2. (visit, telephone) زار (يَزُور) ؛ تَلْفَنَ

the milkman calls daily يَمُرُّ عَلَيْنا بائِع الحَلِيب يَوْمِيًّا

call me when you get home خابِرْني عِنْد وُصُولِك المَنْزِل

3. (name) سَمَّى ، دَعا (يَدْعُو)

don't call me names! لا تَشْتُمْني

4. (consider, think) اِعْتَبَر ، ظَنّ (ـُ)

do you call English an easy language? أَتَعْتَبِرُ الإنْكلِيزِيّة لُغةً سَهْلة ؟

5. (*with advs.*) مَع الظُّروف

this project calls for a considerable effort يَتَطَلَّبُ هذا المَشْرُوعُ جُهْدًا هائِلًا

they called off the strike أَنْهَوا الإضْراب ، عَدَلُوا عن الإضْراب

the reserves were called out اُسْتُدْعِيَ جُنُودُ الاحْتِياط

you can always call upon/on me أنا دائِمًا مُسْتَعِدّ لِمُساعَدَتِك

n. **1.** (cry, shout) صَيْحة ، صَرْخة

2. (summons) اِسْتِدْعاء ، طَلَب حُضُور . . .

he is the doctor on call tonight إنّه الطَّبِيب المُناوِب اللَّيْلة

stay within call كُنْ على مَقْرُبة لِلاسْتِدْعاء

he has many calls on his time لَدَيْه مَشاغِلُ عَدِيدة تَسْتَنْفِدُ وَقْتَه

3. (visit) زِيارة

4. (need) حاجة ، داعٍ (دَواعٍ) ، مُبَرِّر

there's no call for an apology لا داعِيَ للاعْتِذار

5. (message) دَعْوة ؛ مُكالَمة تِلِيفُونِيّة

calling/'kɔlɪŋ/*n.* مِهْنة (مِهَن) ، حِرْفة (حِرَف) ، صَنْعة (صَنائِع)

callous/'kæləs/*adj.* مُتَصَلِّبُ الجِلْد ، جاسِئ ؛ قاسِي القَلْب

calm/kɑm/*adj.* هادِئ ، ساكِن

n. هُدْنة ، سُكُون

v.t. & i. هَدَّأَ مِن رَوْعِه ، سَكَّنَ ، طَمْأَن ؛ هَدَأَ (ـَ) ، سَكَنَ (ـُ)

calorie/'kælərɪ/*n.* وَحْدة حَرارِيّة ، حُرَيْرة ، سُعْر

calque/kælk/*n.* عِبارة مُتَرْجَمة حَرْفِيًّا مِن لُغةٍ أُخْرَى

calumny/'kæləmnɪ/*n.* اِفْتِراء ، نَمِيمة ، طَعْن (للنَّيل مِن السُّمْعة)

camber/'kæmbə(r)/*n.* اِحْدِيدابُ الطَّرِيق وتَقَوُّسُه (هَنْدَسة الطُّرُق)

came/keɪm/*p.t. of* **come**

camel/'kæməl/*n.* جَمَلٌ (جِمال) ، بَعِير (إبِل) ، ناقة (نُوق)

cameo/'kæmɪəʊ/*n.* حَجَر ثَمِين ذُو لَوْنَيْن تُنْحَتُ طَبَقَتُه العُلْيا لِيَكُونَ حِلْية

camera/'kæmərə/*n.* آلة تَصْوِير ، كامِيرا

camouflage/'kæməflɑdʒ/*n. & v.t.* تَمْوِيه ، تَعْمِية ؛ مَوَّهَ

camp/kæmp/*n.* مُعَسْكَر ، مُخَيَّم
v.i. خَيَّمَ ، عَسْكَرَ ، ضَرَبَ الخِيام
campaign/kæm'peɪn/*n.* & *v.t.* حَمْلة ؛ قامَ بِحَمْلة
camp-bed/'kæmp-'bed/*n.* سَرِير سَفَرِيّ يُمْكِن طَيُّه
camphor/'kæmfə(r)/*n.* كافُور
campus/'kæmpəs/*n.* حَرَم جامِعِيّ
can[1]/kæn/*n.*
1. (metal vessel) صَفِيحة (صَفائِح) ، تَنَكة
2. (tin for preserved food) عُلْبة (من الصَّفِيح لِحِفْظ الأطْعِمة المُعَلَّبة)
can[2]/kæn/(*p.t.* **could**) *v. aux.*
1. (be able, be possible) قَدَرَ (ــِ) ، إسْتَطاع ، أَمْكَنَهُ أنْ
2. (have permission to) من المَسْمُوح بِهِ أنْ ، من حَقِّهِ
can I come in? أتَسْمَحُ لي بالدُّخول ؟
can[3]/kæn/*v.t.* عَبَّأ في صَفائِح ، عَلَّبَ
canal/kə'næl/*n.* قَناة (قَنَوات) ، تُرْعة (تُرَع) ؛ قَنال (السُّوَيس)
canary/kə'neərɪ/*n.* عُصْفُور الكَنارِي ، نُغَر (نِغْران)
cancel/'kænsəl/*v.t.* أَلْغَى ، أَبْطَلَ ، فَسَخَ (ــَ) ، شَطَبَ (ــُ) ، حَذَفَ (ــِ)
the disadvantages cancel out the advantages مَساوِئُ هذا المَشْرُوع تُبْطِل مَحاسِنه
cancellation/'kænsə'leɪʃən/*n.* إلْغاء ، إبْطال
Cancer/'kænsə(r)/*n.* بُرْج أو مَدار السَّرَطان (فَلَك)
cancer/'kænsə(r)/*n.* سَرَطان (طِبّ)
cancerous/'kænsərəs/*adj.* سَرَطانِيّ
candid/'kændɪd/*adj.* مُخْلِص في إبْداء رأيِهِ ، صَرِيح
candidate/'kændɪdeɪt/*n.* مُرَشَّح ، مُتَقَدِّم لِامْتِحان
candle/'kændəl/*n.* شَمْعة (شُمُوع)
he's burning the candle at both ends يُنْهِك نَفْسه في العَمَل والسَّهَر ، لا يَعْرِف للرّاحة مَعْنًى
candour/'kændə(r)/*n.* صَراحة تامّة
candy/'kændɪ/*n.*
1. (crystallized sugar) سُكَّر مُبَلْوَر ، سُكَّر النَّبات
2. (*U.S.* sweet(s)) حَلْوَى (حَلْوَيات) ، سَكاكِر (س) ، شكرات (ع) ، مُسَكَّرات (م)
cane/keɪn/*n.* قَصَبة ، خَيْزُرانة ، عَصًا (عِصِيّ)
sugar cane قَصَب السُّكَّر
cane sugar سُكَّر القَصَب
he got the cane ضُرِبَ بالعَصا (عِقابًا)
v.t. ضَرَبَ (ــِ) (التِّلْمِيذَ) بالعَصا
canine/'keɪnaɪn/*adj.* كَلْبِيّ ؛ نابِيّ
canister/'kænɪstə(r)/*n.* عُلْبة مَعْدِنِيّة مُحْكَمة الغِطاء
cannabis/'kænəbɪs/*n.* قِنَّب هِنْدِيّ (مِن المُخَدِّرات) ، حَشِيش
canned/kænd/*adj.* (أطْعِمة) مُعَلَّبة ؛ مَخْمُور ، مَسْطُول (عامِّيّة)
cannibal/'kænɪbəl/*n.* من أكَلة لُحُوم البَشَر
cannon/'kænən/*n.* مِدْفَع (مَدافِعُ)
v.i. (run **into**) صَدَمَ (ــِ) ، إصْطَدَمَ ، تَصادَمَ
cannot/'kænot/(*abbr.* **can't**/kɑnt/)
neg. of **can**[2] لا يُمْكِنُه أنْ
canoe/kə'nu/*n.* زَوْرَق خَفِيف يُدْفَع بِمَجادِيفَ قَصِيرة ، ذاتِ رأسٍ عَرِيض
canon/'kænən/*n.*
1. (church decree) مَرْسُوم كَنَسِيّ
2. (rule) قاعِدة (قَواعِدُ) ، الأُصُول (المَرْعِيّة) ، قانُون (قَوانِينُ)
3. (the books of the Bible) أسْفار الكِتاب المُقَدَّس
4. (cathedral priest) قِسِّيس ذو رُتْبة عالِية يُقِيم في كاتِدْرائِيّة عادةً
canopy/'kænəpɪ/*n.* ظُلَّة فَوْقَ سَرِير أو عَرْش ؛ قُبّة البَراشُوت ؛ غِطاء سَقْف لِرُكْن الطَّيّار
can't/kɑnt/*abbr. of* **cannot**
cant[1]/kænt/*n.* إنْحِراف ، مَيْل
cant[2]/kænt/*n.* لَغْو ، هُراء ؛ رَطانة ؛ رِياء ، نِفاق
canteen/kæn'tin/*n.* مَطْعَم في مَعْمَل أو مُعَسْكَر أو دائرة ؛ عُلْبة أدَوات المائدة
canter/'kæntə(r)/*n.* خَبَبُ الحِصان
v.t. & *i.* خَبَّ (ــُ) ، جَرَى بِاعْتِدال
canvas/'kænvəs/*n.*
1. (material) خَيْش
under canvas (with sail hoisted) (سَفِينة) مَنْشُورة الشِّراع
(living in tents) مُقِيم في خَيْمة
2. (painting) قُماش للرَّسْم عليه بالألْوان الزَّيْتِيّة
canvass/'kænvəs/*v.t.* طافَ (يَطُوف) عارِضًا بَضائِعه أو مُلْتَمِسًا أصْوات النّاخِبِين
canyon/'kænjən/*n.* وادٍ صَخْرِيّ ضَيِّقٌ عَمِيقُ الغَوْر
cap/kæp/*n.* قُبَّعة رِياضِيّة ، طاقِيّة
he went cap in hand to ask for a rise ذَهَبَ مُتَذَلِّلًا يَلْتَمِس التَّرْفِيع
v.t. غَطَّى ؛ بَزَّ (ــُ) ، تَفَوَّقَ على
he capped my story with an even more improbable one بَزَّ قِصَّتِي بِأُخْرَى أبْعَدَ احْتِمالًا
capability/'keɪpə'bɪlətɪ/*n.* مَقْدِرة ، كَفاءة ، قابِلِيّة
capable/'keɪpəbəl/*adj.* كُفْء ، مُقْتَدِر ، قادِر على
capacious/kə'peɪʃəs/*adj.* وَسِيع ، مُتَّسِع ، فَسِيح
capacity/kə'pæsɪtɪ/*n.*

1. (holding power, cubic content) سَعة ، اِتِّساع ، مِكْيال ، مِقْياس
the hall was filled to capacity كانَت القاعةُ غاصّةً بالنّاس
2. (position) صِفة ، اعْتِبار
I speak in my capacity as headmaster أَتَكَلَّمُ بِوَصْفِي مُدِيرًا للمَدْرَسة

cape/keɪp/*n.*
1. (cloak) رِداء فَضْفاض بِلا كُمَّيْن
2. (headland) رَأْس ، لِسان ، نُتُوء أَرْضِيّ مُمْتَدّ إلى داخِل البَحْر

caper/ˈkeɪpə(r)/*n.* & *v.i.* كَبَر ، قَبّار (نبات يُسْتَعْمَل مُخَلَّلًا) ؛ قَفْز ، وُثُوب ؛ وَثَبَ (يَثِب) ، نَطَّ (ـُ)

capital/ˈkæpɪtəl/*n.*
1. (city) عاصِمة (عَواصِم)
2. (letter) حَرْف كَبِير في الحُرُوف اللاتِينِيّة ، مِن حُرُوف التّاج
3. (wealth, money) رَأْسْمال
unscrupulous men make capital out of others' misfortunes يَسْتَغِلُّ عَدِيمُو الضَّمِير نَكَباتِ الآخَرِين
adj. **1.** (punishable by death) مُعاقَب بالإعْدام
capital punishment عُقُوبة الإعْدام
2. (first-rate) مِن الدَّرَجة الأُولَى
that's a capital scheme هذا مَشْرُوع مُمْتاز

capitalism/ˈkæpɪtəlɪzm/*n.* النِّظام الرَّأْسْمالِيّ
capitalist/ˈkæpɪtəlɪst/*n.* رَأْسْمالِيّ
capitulate/kəˈpɪtjʊleɪt/*v.i.* اِسْتَسْلَمَ ، سَلَّمَ
capitulation/kəˈpɪtjʊˈleɪʃən/*n.* اِسْتِسْلام ، تَسْلِيم
caprice/kəˈpris/*n.* نَزْوة
capricious/kəˈprɪʃəs/ *adj.* ذو نَزَوات ، مُتَقَلِّب المِزاج
Capricorn/ˈkæprɪkɔn/*n.* بُرْج الجَدْي (فَلَك)
capsize/kæpˈsaɪz/*v.t.* & *i.* قَلَبَ (ـِ) ؛ اِنْقَلَبَ (الزَّوْرَق)

capsule/ˈkæpsjul/*n.*
1. (*bot.*) غِلاف (أَغْلِفة) ، كِيس (أَكْياس) بُذُور
2. (*med.*) كَبْسُولة ، غِلاف هُلامِيّ يُعَبَّأُ فيه الدَّواء
3. (space container) كابِينة في سَفِينة الفَضاء

captain/ˈkæptən/*n.* رَئِيس فريق ؛ قُبْطان الباخِرة ؛ زَعِيم (في الجَيْش) ؛
v.t. رَأَسَ (ـَ)
caption/ˈkæpʃən/*n.* تَعْلِيق على صُورة مَثَلًا
captivate/ˈkæptɪveɪt/*v.t.* خَلَبَ (ـِ) ، سَبَى (يَسْبِي) ، اسْتَهْوَى ، أَخَذَ بِمَجامِعِ فُؤادِه ، فَتَنَ (ـِ)
captive/ˈkæptɪv/*n.* & *adj.* أَسِير (أَسْرَى) ، مَرْبُوط ، مُقَيَّد
captivity/kæpˈtɪvətɪ/*n.* أَسْر ، سَبْي ، اِعْتِقال ، سَجْن
capture/ˈkæptʃə(r)/*n.* أَسْر ، اسْتِيلاء على ، إلْقاء القَبْض على
v.t. أَسَرَ (ـِ) ، اِسْتَوْلَى على ، خَلَبَ (ـِ)

car/kɑ(r)/*n.*
1. (motor car) سَيّارة
2. (railway carriage) عَرَبة قِطار

carafe/kəˈræf/*n.* غَرّافة ، قِنِّينة ، دَوْرَق (دَوارِق)
caramel/ˈkærəməl/*n.* كَرَمِلّا ، كَرَمِيل ؛ سُكَّر ذائِب مَحْرُوق
carat/ˈkærət/*n.* قِيراط (قَرارِيط) ، عِيارُ الذَّهَب

caravan/ˈkærəvæn/*n.*
1. (travelling company) قافِلة (قَوافِل) ، رَكْب (أَرْكُب)
2. (mobile home) مَقْطُورة سَكَنِيّة

carbohydrate/ ˈkɑbəʊˈhaɪdreɪt/*n.* كارْبُوهَيْدْرات (السَّكاكِر والنَّشَوِيّات مَثَلًا)
carbolic/kɑˈbɒlɪk/*adj.* (حامِض) الكَرْبُولِيك ، الفِنِيك (مادّة مُطَهِّرة)

carbon/ˈkɑbən/*n.* (*chem.*) كَرْبُون ، عُنْصُر الفَحْم
carbon paper وَرَق كَرْبُون ، وَرَق نَسْخ
carbon copy نُسْخة مَصْنُوعة بِوَرَق كَرْبُون ، نُسْخة طِبْق الأَصْل
the new manager is just a carbon copy of his predecessor لَيْس المُدِير الجَدِيد إلّا صُورةً طِبْق الأَصْل عَن سَلَفِه

carburettor/ ˈkɑbjʊˈretə(r)/*n.* مُفَحِّم ، مُكَرْبِن ، مُبَخِّر السَّيّارة
carcass/ˈkɑkəs/*n.* جُثّة (جُثَث) ، جُثّة حَيَوانٍ مَذْبُوح (مُعَدّة للتَّقْطِيع والبَيْع) ، جِيفة (جِيَف)

card/kɑd/*n.*
1. (piece of cardboard) بِطاقة (من وَرَق مُقَوًّى)
send me a (post)card to tell me when to expect you أَخْبِرْنِي بِبِطاقة عن مَوْعِد مَجِيئِك
he got his cards (*sl.*) طُرِدَ مِن عَمَلِه
2. (playing-card) وَرَق اللَّعِب
if you play your cards well you'll get what you want إذا أَحْسَنْتَ اسْتِغْلالَ الفُرَص حَصَلْتَ على ما تُرِيد
don't put all your cards on the table لا تَلْعَب على المَكْشُوف

cardboard/ˈkɑdbɔd/*n.* وَرَق مُقَوًّى ، كَرْتُون
cardiac/ˈkɑdɪæk/*adj.* قَلْبِيّ
cardigan/ˈkɑdɪgən/*n.* جاكِيت صُوفِيّ قَصِير ، جاكِيتّة تْرِيكُو
cardinal/ˈkɑdɪnəl/*n.* كارْدِينال (كَرادِلة) ، أَمِير الكَنِيسة
adj. رَئِيسِيّ
cardinal numbers الأَعْداد الأَصْلِيّة
cleanliness is of cardinal importance لِلنَّظافة أَهَمِّيّة جَوْهَرِيّة

care/keə(r)/*n.*
1. (serious attention) اِهْتِمام ، عِناية
take more care with كُنْ أَكْثَرَ عِنايةً بِعَمَلِك

your work

2. (protection, responsibility) حِماية ، رِعاية

care of (*postal address abbr.* **c/o**) بواسِطة فُلان

to Mr. Abbas c/o Mr. Jamil إلى السَّيِّد عبّاس المُحْتَرَم عن طريق الأستاذ جَمِيل

3. (anxiety) حِرْص

his every care was to provide for his family كان شُغْلُه الشّاغِل أن يُعِيلَ أُسْرَته

v.i. **1.** (feel concern) اِهْتَمَّ بِ

I don't care what you say لا أعْبأُ بقَوْلِك ، لا أكْتَرِث لِما تَقُول

for all I care you can have the prize فَوْزُك بالجائزة لا يُقَدِّم ولا يُؤَخِّر بالنِّسْبة لي

2. (*with prep.* **for** look after) رَعَى (يَرْعَى) ، عُنِيَ بِ (يُعْنَى)

3. (*with neg. or interrog.* like to) رَغِب (ـَ) في ، مال (يَمِيل) إلى

would you care for a walk? هل تَرْغَبُ في التَّنَزُّه ؟

career/kə'rɪə(r)/*n.* مِهْنة (مِهَن) ، وَسِيلة كَسْب العَيْش

v.i. انْطَلَق مُسْرِعًا

carefree/'keəfri/*adj.* لا أُبالي ، خالي البال

careful/'keəfəl/*adj.*

1. (painstaking) دَقِيق ، حَرِيص ، شَدِيد العِناية

2. (cautious, economical) مُحْتَرِس ، حَذِر ، مُتَحَسِّب ، مُقْتَصِد

carefulness/'keəfəlnəs/*n.* دِقّة ، حِرْص ، عِناية ، اِحْتِراس ، حَذَر

careless/'keələs/*adj.* مُهْمِل ، غافِل ، غَيْرُ مُكْتَرِث

caress/kə'res/*n.* & *v.t.* مُلاطَفة ، مُداعَبة ؛ لاطَفَ ، داعَبَ

caretaker/'keəteɪkə(r)/*n.* حارِس (حُرّاس) ، فَرّاش مُؤَسَّسة

cargo/'kɑgəʊ/*n.* شِحْنة ، حُمُولة (سَفِينة)

caricature/'kærɪkə'tʃʊə(r)/*n.* & *v.t.* صورة هَزْلِيّة ، رَسْم ساخِر ؛ رَسَمَ صُورةً كاريكاتُورِيّة

carnival/'kɑnɪvəl/*n.* كَرْنَفال ، مِهْرَجان شَعْبِيّ

carnivore/'kɑnɪvɔ(r)/*n.* من أكَلة اللّحوم ، اللَّواحِم ، حَيَوان ضارٍ

carnivorous/kɑ'nɪvərəs/*adj.* لاحِم ، من اللَّواحِم

carol/'kærəl/*n.* & *v.t.* & *i.* أُنْشُودة عِيدِ المِيلاد ؛ أنْشَدَ ، تَرَنَّمَ

carp/kɑp/*n.* & *v.i.* (سَمَك) الشَّبُّوط ؛ ناقَرَ ، شاكَسَ

she is always carping at her husband لا تَفْتأُ تُناقِرُ زَوْجَها

car-park/'kɑ-pɑk/*n.* مَوْقِف عامّ للسَّيّارات ، فُسْحة لِصَفّ السَّيّارات

carpenter/'kɑpəntə(r)/*n.* نَجّار

carpentry/'kɑpəntrɪ/*n.* نِجارة

carpet/'kɑpɪt/*n.* سَجّادة (سَجاجِيدُ) ، بِساط (بُسُط)

the boss has got him on the carpet again الرَّئِيس يُوَبِّخُه مرةً أُخْرى

v.t. غَطَّى بالسَّجّاد

carriage/'kærɪdʒ/*n.*

1. (conveying of goods, cost of this) نَقْل البَضائع ؛ أُجْرة النَّقْل

2. (vehicle) عَرَبة تَجُرُّها الخَيْل

3. (mechanism) جُزْء مُتَحَرِّك من آلة

typewriter carriage أُسْطُوانة الوَرَق في الآلة الكاتِبة

carrier/'kærɪə(r)/*n.*

1. (conveyor of goods) مُتَعَهِّد النَّقْل ، ناقِل

2. (container) ناقِلة ، حامِلة

aircraft carrier حامِلة طائرات

bicycle carrier سَلّة في مُؤَخَّرة الدَّرّاجة لحَمْل الحاجِيّات

3. (conveyor of germs) حامِل العَدْوَى

carrier-bag/'kærɪə(r)-'bæg/*n.* كِيس مِن وَرَق أو نايْلون لحَمْل المُشْتَرَيات

carrion/'kærɪən/*n.* رِمّة (رِمَم) ، جِيفة (جِيَف)

carrot/'kærət/*n.* جَزَر (اسْم الجَمْع)

carry/'kærɪ/*v.t.* & *i.*

1. (convey) حَمَل (ـِ) ، تَحَمَّل

the balance must be carried forward يَجِب تَرْحِيل الرَّصِيد (مَسْك الدَّفاتِر)

2. (bear) حَمَل (ـِ) ، احْتَمَل

in some countries the police carry arms رِجال الشُّرْطة في بَعْض الأقْطار مُسَلَّحُون

she carries herself well تَمْشِي بِاعْتِدالٍ وَرَشاقة

3. (support) دَعَم (ـَ)

its cheapness will carry weight with our customers اِعْتِدالُ سِعْرِه سَيَسْتَهْوِي زبائِننا

4. (continue) اِسْتَمَرَّ

carry on with your work اِسْتَمِرَّ في العَمَل

don't carry on so ! دَعِ المُضِيّ في الشَّكْوَى ، يَكْفِيك شَكْوَى

5. (win) نَجَح (ـَ) ، فاز (يَفُوز)

the resolution was carried by a majority vote فاز الاقْتِراح بالأغْلَبِيّة

6. (perform, conduct) نَفَّذَ

carry out your plan نَفِّذْ خُطَّتَك

v.i. (travel) سافَرَ ، انْتَشَرَ

the news carried fast شاعَ الخَبَر بسُرْعة

cart/kɑt/*n.* عَرَبة نَقْل ، عَرَبة يَد

v.t. حَمَل (ـِ) في عَرَبة نَقْل

cartilage/'kɑtɪlɪdʒ/*n.* غُضْرُوف

carton/ˈkatən/*n.* عُلْبة من الوَرَق المُقَوَّى

cartoon/kaˈtun/*n.*
1. (amusing drawing) رَسْم هَزْلِيّ
2. (animated film) فِلْم من الرُّسوم المُتَحَرِّكة (هَزْلِيّ عادةً)

cartridge/ˈkatrɪdʒ/*n.*
1. (bullet-case) خَرْطوشة (خَرْطوش ، خَراطيش)
2. (ink-tube for pen) خَرْطوشة قَلَم (الحِبْر)
3. (detachable head of pick-up) رَأْس يَنْفَصِل في لاقِطٍ صَوْتِيّ (بيك آب)

carve/kav/*v.t. & i.*
1. (cut meat) قَطَّعَ (اللَّحْم) ، قَسَّمَ (الدَّجاجة)
2. (shape wood or stone) نَحَتَ (ــِ)

carver/ˈkavə(r)/*n.* نَحّات (خاصّة على الخَشَب والمَعادِن)

carving/ˈkavɪŋ/*n.* فَنّ النَّحْت ؛ قِطْعة مَنْحوتة ؛ تَقْطيع اللَّحْم إلى شَرائح مثلاً

cascade/kæsˈkeɪd/*n. & v.i.* شَلّال ؛ تَهَدَّلَ ، اِسْتَرْسَلَ

case/keɪs/*n.*
1. (occurrence, instance) حالة ، مَثَل ؛ إصابة
take an umbrella in case it rains خُذْ مِظَلّةً مَعَك فَرُبَّما تُمْطِر
there are several cases of measles in the village هناك إصابات عَديدة بالحَصْبة في القَرْية
2. (*leg.*) دَعْوَى (دَعاوَى) ، قَضِيّة (قَضايا)
the case will come up before the judge سَتُعْرَضُ الدَّعْوَى على القاضي
3. (container) عُلْبة (عُلَب) ، صُنْدوق (صَناديقُ)
4. (cover) غِلاف (غُلُف ، أَغْلِفة) ، غِطاء (أَغْطِية)
5. (*gram.*) حالة الإعْرابيّة

cash/kæʃ/*n.* نُقود ، دَراهِمُ
v.t. صَرَفَ (ــِ) (شيكًا) ، صَرَفَ (تَحْويلًا) (في مَصْرِف)

cashier/kæˈʃɪə(r)/*n.* صَرّاف ، أَمين صُنْدوق

cashmere/ˈkæʃmɪə(r)/*n.* صُوف ناعِم من شَعْر ماعِز كَشْمير ؛ نَسيج مِنْه

casino/kəˈsinəʊ/*n.* مَلْهًى (مَلاهٍ) ، نادٍ للقِمار ، كازينو

cask/kask/*n.* بَرْميل للخَمْر أو المُخَلَّلات ، دَنّ (دِنان)

casserole/ˈkæsərəʊl/*n.* إناء ذُو غِطاء يُطْبَخُ فيه في الفُرْن ، كَسْرُولة

cassette/kəˈset/*n.* عُلْبة صَغيرة مُحْكَمة تَحْوي فِلْمًا فوتوغرافيًّا أو شَريطَ تَسْجيل

cast/kast/*n.*
1. (actors) أَشْخاص المَسْرَحِيّة
2. (mould) قالَب لِصَبّ المَعادِن
3. (throw) رَمْية ، رَمْي ، طَرْحة
4. (quality) شَكْل ، مَلامِح
5. (squint) حَوَلٌ ، قَبَلٌ
he has a cast in one eye في إحْدَى عَيْنَيْه حَوَل

v.t. & i. أَلْقَى ، قَذَفَ (ــِ) ؛ زَجّ (ــُ) في السِّجْن ؛ صَبَّ في قالَب
he was cast for the part of the king أُعْطِيَ دَوْرَ المَلِك في المَسْرَحِيّة

castaway/ˈkastəweɪ/*n.* ناجٍ مِن سَفينة غارِقة ، مَنْبوذ

caste/kast/*n.* طَبَقة (مِن طَبَقات الشَّعْب الهِنْدِيّ)

castle/ˈkasəl/*n.* قَلْعة (قِلاع) ، حِصْن (حُصون) ، قَصْر (قُصور)

castor/ˈkastə(r)/*n.* دُولاب صَغير يُثَبَّت بأَرْجُل المَفْروشات ؛ رَشّاشة السُّكَّر وما إلَيْه

castrate/kæˈstreɪt/*v.t.* خَصَى (يَخْصِي) ، طَوَّشَ

castration/kæˈstreɪʃən/*n.* خِصاء ، تَطْويش

casual/ˈkæʒʊəl/*adj.* عَرَضِيّ ، (اِسْتِخْدام) مُؤَقَّت ؛ (لِباس) اِعْتِيادِيّ ، (سُلوك) فَظّ عَديم الاكْتِراث

casualty/ˈkæʒʊəltɪ/*n.* حادِث (حَوادِثُ) ، خَسارة في الأَرْواح (خَسائِرُ)

cat/kæt/*n.* قِطّ (قِطَط) ، هِرّ (هِرَرة)
the cats'-eyes show you the middle of the road at night نُقاط زُجاجِيّة تَعْكِس نُور السَّيّارة لَيْلًا لِإرْشاد السّائق ، عاكِس نُور
don't let the cat out of the bag لا تَبُحْ بالسِّرّ
it was raining cats and dogs أَمْطَرَت السَّماء مِدْرارًا ، سَحَّت السَّماء

catalogue/ˈkætəlog/*n.* قائمة (قَوائم) ، سِجِلّ (سِجِلّات)
& v.t. ؛ فَهْرَسَ الكُتُب ، قَيَّدَ أَسْماءَها في سِجِلّ

catapult/ˈkætəpʌlt/*n.* مَنْجَنيق (مَجانيقُ ، مَنْجَنيقات) ، قَذّافة
v.t. ؛ أَطْلَقَ بالمَنْجَنيق ، قَذَفَ (ــِ)

cataract/ˈkætərækt/*n.*
1. (waterfall) شَلّال (شَلّالات) ، مَسْقَط مِياه
2. (eye disease) ماء أَزْرَقُ ، إظْلام عَدَسة العَيْن

catarrh/kəˈta(r)/*n.* اِلْتِهاب الغِشاء المُخاطِيّ ، رَشْح ، زُكام

catastrophe/kəˈtæstrəfɪ/*n.* كارِثة (كَوارِثُ) ، طامّة ، نَكْبة ، مُصيبة

catastrophic/ˈkætəˈstrofɪk/*adj.* جالِب لِلكَوارِث ، مُسَبِّب للنَّكَبات ، مُفْجِع

catch/kætʃ/*n.*
1. (grasp) إمْساك ، قَبْض
2. (haul of fish) كَمِّيّة السَّمَك المُصْطادة (خِلالَ فَتْرة مُعَيَّنة)
3. (fastening) مِشْبَك
4. (trick) خِدْعة (خِدَع)
if it is cheap there may be a catch in it قَدْ يَكون رُخْصُهُ نَتيجةَ غِشٍّ فيه
v.t. (*p.t. & p.p.* **caught**) (ball)|(fish) أَمْسَكَ بالكُرة ، لَقِفَ (ــَ) ، تَلَقَّفَ ؛ اِصْطادَ سَمَكًا

I tried to catch the auctioneer's eye حاوَلْتُ أنْ أسْتَرْعِيَ انْتِباهَ الدَّلّال
I've just caught sight of the aeroplane لَمَحْتُ الطّائرةَ مُنْذ لَحْظة ، لَمَحْتُ الطّائرةَ مِن تَوِّي
if I catch you stealing there'll be trouble سَتقَع في وَرْطة إذا ما أمْسَكْتُ بِكَ مُتَلَبِّسًا بالسَّرِقة
you'll catch cold if you get wet سَتُصابُ بالزُّكام إذا ما تَبَلَّلْتَ
I can't catch up with all these new ideas لا أسْتَطِيع مُتابَعَةَ كُلِّ هذه الأفْكار الجَدِيدة
v.i. قَبَض (ــِ) على ب ِ
the fire hasn't caught لَمْ تَشْتَعِل النّار
catching/ˈkætʃɪŋ/*adj.* مُعْدٍ ، مُنْتَقِلٌ بالعَدْوَى
categorical/ˈkætɪˈgorɪkəl/*adj.* جازِم ، باتّ
category/ˈkætɪgərɪ/*n.* صِنف (أصْناف) ، فِئة (فِئات)
cater/ˈkeɪtə(r)/*v.i.* زَوَّدَ (حَفْلة) بالمأكُولات
caterer/ˈkeɪtərə(r)/*n.* مُتَعَهِّد لَوازِمِ الحَفَلات ، مَيّار ، مُمَوِّن
caterpillar/ˈkætəpɪlə(r)/*n.* دُودة الفَراشة ، يَرَقانة ، يُسْرُوع (أساريعُ)
cathedral/kəˈθidrəl/*n.* كاتِدْرائِيّة ، كَنِيسة أُسْقُفِيّة
catholic/ˈkæθəlɪk/*adj.*
 1. (general) شامِل ، مُتَحَرِّر (في أفْكارِه مَثَلاً)
 2. (Roman Catholic) كاثُولِيكِيّ (ج كاثُولِيك)
catholicism/kəˈθolɪsɪzəm/*n.* المَذْهَب الكاثُولِيكِي ، كَثْلَكة
cattle/ˈkætəl/*n. pl.* ماشِية (مَواشٍ) ، أنْعام
catty/ˈkætɪ/*adj.* حَقُود ، ضَغِين
caught/kɔt/*p.t. & p.p.* of **catch**
cauldron/ˈkɔldrən/*n.* قِدْر مَعْدِنِيّ (قُدُور)
cauliflower/ˈkolɪflaʊə(r)/*n.* قُنَّبِيط ، قَرْنَبِيط (س ، م) ، قَرْنابِيط (ع)
cause/kɔz/*n.*
 1. (origin, reason) عِلّة (عِلَل) ، سَبَب (أسْباب) ، داعٍ (دواعٍ) ، مُوجِب (مُوجِبات)
 2. (subject of interest) قَضِيّة (قَضايا)
v.t. سَبَّبَ ، أحْدَثَ ، أدَّى إلى ، تَسَبَّب بِ ، بَعَث (ــَ) على ، أثار ، جَلَب (ــِ)
causeway/ˈkɔzweɪ/*n.* طَرِيق مُرْتَفِع لِعُبُور المُسْتَنْقَعات ، جِسْر
caustic/ˈkɔstɪk/*adj.* كاوٍ ، مُحْرِق ، لاذِع
cauterize/ˈkɔtəraɪz/*v.t.* كَوَى (يَكْوِي) (طِبّ)
caution/ˈkɔʃən/*n.* حَذَرٌ ، اِحْتِراس ؛ حَذَّره مِن ،
 v.t. نَبَّهه على
cautious/ˈkɔʃəs/*adj.* حَذِرٌ ، حَصِيف ، مُحْتَرِس ، مُحْتَرِز ، مُتأنٍّ في ، مُتَحَسِّب ، مُتَحَفِّظ
cautiously/ˈkɔʃəslɪ/*adv.* بِحَذَر ، بِاحْتِياط

cavalry/ˈkævəlrɪ/*n.* خَيّالة ، سِلاحُ الفُرْسان
cave/keɪv/*n. & v.i.* كَهْف (كُهُوف) ، مَغارة (مَغاوِرُ) ؛ تَقَوَّضَ ، تَهَدَّمَ
 the roof of the tunnel caved in اِنْهارَ سَقْفُ النَّفَق
cavern/ˈkævən/*n.* كَهْف كَبِير ، مَغارة (مَغاوِرُ)
cavity/ˈkævɪtɪ/*n.* فَجْوة (في الأسْنان مَثَلاً) ، تَجْوِيف ، جَوْف ، حُفْرة
cease/sis/*v.t. & i.* أوْقَفَ ، قَطَعَ ؛ تَوَقَّفَ عَن ، كَفَّ (ــُ) عَن ، اِنْقَطَعَ عَن
ceaseless/ˈsisləs/*adj.* بلا انْقِطاع ، بلا تَوَقُّف ، مُسْتَمِرّ
ceiling/ˈsilɪŋ/*n.*
 1. (of room) سَقْفُ الغُرْفة
 2. (upper limit) الحَدُّ الأقْصَى
celebrate/ˈseləbreɪt/*v.t. & i.* احْتَفَل بِ ؛ تَغَنَّى بِ
celebrated/ˈseləbreɪtɪd/*adj.* شَهِير ، ذائع الصِّيت
celebration/ˈseləˈbreɪʃən/*n.* اِحْتِفال بِ
celebrity/sɪˈlebrɪtɪ/*n.* شُهْرة ؛ شَهِير ، شَخْص مَشْهُور
celestial/sɪˈlestɪəl/*adj.* سَماوِيّ ، فَلَكِيّ
celibacy/ˈselɪbəsɪ/*n.* عُزُوبِيّة ، عُزْبة ، عُزُوبة
celibate/ˈselɪbət/*adj. & n.* أعْزَبُ (عُزْب) ، عازِب (عُزّاب)
cell/sel/*n.*
 1. (small room) صَوْمَعة (صَوامِعُ) ، زِنْزانة (زِنْزانات)
 2. (*biol.*) خَلِيّة (خَلايا) ، نُخْرُوب (نَحْل)
 3. (*elec.*) قِسْم مِن بَطّارية كَهْرَبائِيّة
 4. (*polit.*) خَلِيّة (شُيُوعِيّة)
cellar/ˈselə(r)/*n.* قَبْو (أقْباء) ، سِرْداب (سَرادِيبُ)
cello/ˈtʃeləʊ/*n.* (*abbr. of* **violincello**) فِيُولُونْسِيل ، كَمانٌ جَهِير ، كَمانٌ جَهِير
cellophane/ˈseləfeɪn/*n.* وَرَق السِّلُوفان
cellular/ˈseljʊlə(r)/*adj.* خَلَوِيّ
celluloid/ˈseljʊlɔɪd/*n.* سَلْيُولُويْد (مادّة شَفّافة صُلْبة)
cellulose/ˈseljʊləʊs/*n.* مادّة الخَلِيّة النَّباتِيّة ، سَلْيُولُوز
Celtic/ˈkeltɪk/*adj.* كِلْتِيّ
cement/sɪˈment/*n.*
 1. (building material) إسْمَنْت ، سِمِنْت
 2. (filling substance) مادّة لِحَشْو الأسْنان ؛ مادّة لاصِقة
v.t. ثَبَّتَ بالإسْمَنْت ، كَسَى به ، مَلَّط الطُّوب ؛ وَطَّدَ ، قَوَّى (عَلاقاتِ الوُدّ)
cemetery/ˈsemɪtrɪ/*n.* مَقْبَرة (مَقابِرُ) ، مَدْفَن (مَدافِنُ) ، تُرْبة (تُرَب)
censor/ˈsensə(r)/*n.* رَقِيب (رُقَباءُ) ، مُراقِب ، ناقِد (نُقّاد ، نَقَدة)
censorious/senˈsɔrɪəs/*adj.* شَدِيد اللَّوْم ، مُنَدِّدٌ بِ ، هاجٍ ، ثالِبٌ
censure/ˈsenʃə(r)/*n. & v.t.* لَوْم ، تَوْبِيخ ، تَعْنِيف ؛ وَبَّخَ ، لامَ (يَلُوم) ، اِنْتَقَدَ

census/ˈsensəs/*n.* إحْصاء السُّكّان ، تَعْداد النُّفوس

cent/sent/*n.*

1. (coin *U.S.*) سَنْت (أصْغَر عُمْلة أمْرِيكيّة)

2. (hundred) في المِئة ، بالمِئة

the interest rate is only 6 per cent نِسْبة الفائدة سِتّة في المِئة فقط

centenary/senˈtinərɪ/*n.* *& adj.* عِيد (أعياد) مِئويّ ، ذِكْرَى مِئويّة ؛ بالغ مِئة سَنة

centigrade/ˈsentɪgreɪd/ *adj.* (دَرَجة) مِئويّة لِقياس الحَرارة

centimetre/ˈsentɪmitə(r)/*n.* سَنْتِيمِتْر (اخْتِصارُه سم)

central/ˈsentrəl/*adj.* مَرْكَزِيّ ، وَسَط (أوْساط) ، واقِع في وَسَط ، أوْسَط (وُسْطَى)

this hotel has central heating الفُنْدُق مُزَوَّد بالتَّدْفِئة المَرْكَزِيّة

centre/ˈsentə(r)/*n.* مَرْكَز (مَراكِز) ، وَسَط (أوْساط) ؛ قَلْب ، مِحْوَر (مَحاوِر)

the visiting actress was the centre of attraction كانت المُمَثِّلة الزائرة مَحَطَّ الأنْظار

v.t. (place in centre) وَضَع في المَرْكَز ، مَرْكَزَ ، وَسَّطَ

v.i. (be concentrated **on, in**) رَكَّزَ على (مَوْضُوع واحِد) ، وَجَّه أو حَصَرَ (اهْتِمامَه)

century/ˈsentʃərɪ/*n.*

1. (hundred years) قَرْن (قُرون)

2. (score of a hundred) مِئة نُقْطة (في لُعْبة الكريكيت)

ceramic/sɪˈræmɪk/*n.* *usu. pl. & adj.* خِزافة ، خَزَف ، فَنّ صِناعة الخَزَف ؛ خَزَفِيّ ، فَخّارِيّ

cereal/ˈsɪərɪəl/*n. & adj.*

1. (grain) حَبّ (حُبوب) ، نَبات حَبِّيّ

2. (breakfast food) وَجْبة مِن الحُبوب مُعَدّة للفُطُور غالِبًا

ceremonial/ ˌserəˈməʊnɪəl/*adj. & n.* رَسْمِيّ ، دِينِيّ ؛ حَفْل أو احْتِفال رَسْمِيّ ، مَراسِمُ

ceremony/ˈserəmənɪ/*n.* رَسْمِيّات ، مَراسِيمُ

please don't stand on ceremony لا تَتَقَيَّدْ بالرَّسْمِيّات ، اِرْفَع الكُلْفة مِن فَضْلِك !

master of ceremonies (*abbr.* **M.C.**) رَئِيس التَّشْرِيفات ؛ عَرِيف الحَفْلة

certain/ˈsɜtən/*adj.*

1. (sure) مُؤَكَّد ، أكِيد ، ثابِت ، مِن المُحَقَّق أنَّ

he is certain to come حُضُورُه مُؤَكَّد

are you certain of your facts? أواثِقٌ أنْتَ مِمّا لَدَيْك مِن حَقائق ؟

2. (unspecified, some) بَعْضُهم ، أُناس غَيْرُ مُعَيَّنِين

certain people have told lies about me لَفَّقَ بَعْض النّاس أكاذِيبَ عَنِّي

certainly/ˈsɜtənlɪ/*adv.* بالتَّأكِيد ، أكِيدًا ، يَقِينًا ؛ مَعْلُوم ، حَتْمًا ، لا شَكَّ

certainty/ˈsɜtəntɪ/*n.* تَيَقُّن ، تَثَبُّت ، تَحَقُّق

certificate/səˈtɪfɪkət/*n.* إجازة ، شَهادة

chafe/tʃeɪf/*v.t. & i.* فَرَكَ (ـُ) ، حَكَّ (ـُ) ؛ اسْتَشَدَّ ، احْتَدَّ ، تَهَيَّج ، عِيلَ صَبْرُه مِن

chagrin/ˈʃægrɪn/*n.* كَآبة ، كُرْبة ، غَمّ ، كَدَر

chain/tʃeɪn/*n.*

1. (series of metal links) سِلْسِلة (سَلاسِل) ، زَنْجِير (زَناجِير) ، غُلّ (أغْلال) ، صَفَد (أصْفاد)

2. (sequence of events) تَسَلْسُل الأحْداث

chain reaction (*chem.*) تَفاعُل مُتَسَلْسِل ، رَدُّ فِعْل مُتَسَلْسِل ، سِلْسِلة تَفاعُلات

v.t. قَيَّدَ بِسِلْسِلة ، كَبَّلَ

chair/tʃeə(r)/*n.*

1. (seat) كُرْسِيّ (كَراسٍ ، كَراسِيّ) ، مَقْعَد (مَقاعِدُ)

2. (position of authority) رِئاسة جَلْسة أو اجْتِماع ؛ كُرْسِيّ الأسْتاذِيّة (في جامِعة)

v.t. تَرَأَّسَ ، أدارَ جَلْسة

chairman/ˈtʃeəmən/*n.* رَئِيس جَلْسة

chalet/ˈʃæleɪ/*n.* بَيْت خَشَبِيّ على سُفُوح الألْب ؛ بَيْت صَغِير في مَصِيف

chalk/tʃɔk/*n. & v.t.* طَباشِيرُ ، جِير ، جِصّ ؛ كَتَبَ أو رَسَم بالطَّباشِير

as different as chalk and cheese شَتّانَ ما بَيْنَهُما ، بَيْنَهُما فَرْق عَظِيم

challenge/ˈtʃæləndʒ/*n.* *& v.t.* تَحَدٍّ ، دَعْوَى إلى مُباراة ؛ تَحَدَّى ، اعْتَرَضَ على ، بارَى

chamber/ˈtʃeɪmbə(r)/*n.*

1. (room) حُجْرة ، غُرْفة صَغِيرة ؛ تَجْوِيف (في التَّشْرِيح)

2. (assembly) مَجْلِس ، دائرة

Chamber of Commerce غُرْفة التِّجارة

chamberpot/ ˈtʃeɪmbəpot/*n.* قَصْرِيّة (في غُرْفة النَّوْم) ، أصِيص ، مِبْوَلة

champion/ˈtʃæmpɪən/*n.* نَصِير (نُصَراءُ) ، مُدافِع عن ، بَطَل (أبْطال)

v.t. دافَعَ عن

I hope you will champion our cause آمُلُ أن تُناصِرَ قَضِيَّتَنا

chance/tʃɑns/*n.*

1. (accident, fortune) صُدْفة ، مُصادَفة ، حَظّ

I met him quite by chance اِلْتَقَيْتُه بِمَحْض الصُّدْفة

2. (opportunity) فُرْصة

he got a chance to go to Mecca سَنَحَت له الفُرْصة للذَّهاب إلى مَكّة

3. (possibility) اِحْتِمال

you stand a good اِحْتِمالُ فَوْزِك بالوَظِيفة كَبِير

chance of getting the job

I'll come along on the off chance سأمُرُّ عَلَيْكَ دُون مَوْعِد (قَرُبَّما يُحالِفُني الحَظُّ وأَجِدُك)

adj. بِطَريق المُصادَفة

v.t. & i. جَرَّب ، غامَرَ ، قامَرَ

chancellor/ˈtʃɑnsələ(r)/*n.* رَئيس جامِعة فَخْرِيّ ؛ رَئيس الوُزَراء في أَلْمانيا

Chancellor of the Exchequer وَزير الماليّة (في إِنْكِلْترا)

change/tʃeɪndʒ/*n.*

1. (alteration) تَغْيير ، تَبْديل ؛ تَغَيُّر ، تَحَوُّل

2. (money) الباقي بَعْد الدَّفْع ، فَكّة (م) ، فُراطة (س) ، خُرْدة (ع)

the shop assistant gave me the wrong change أَعْطاني البائعُ تَكْمِلةَ النُّقُود ناقِصةً

v.t. & i. غَيَّر ، حَوَّل ؛ تَغَيَّر ، تَحَوَّل

I must change my clothes عَلَيَّ أن أُغَيِّرَ مَلابِسي

is it a through train or do I have to change? أَهُو قِطار مُباشِر أَمْ يَتَطَلَّب التَّغْييرَ أَثْناءَ الرِّحْلة ؟

changeable/ˈtʃeɪndʒəbəl/*adj.* مُتَغَيِّر ، قابِل للتَّغْيير

channel/ˈtʃænəl/*n.*

1. (strait) مَضِيق (مَضائقُ)

2. (water course) قَناة (قَنوات) ، مَجْرًى مائيّ (مَجارٍ مائيّة)

3. (medium of communication) قَناة (تليفزيونيّة مَثَلاً)

chant/tʃɑnt/*n. & v.t. & i.* تَرْتيلة ، تَرْنيمة ، أُنْشودة دِينيّة ؛ أَنْشَد ، غَنَّى ، رَتَّل ؛ شَدا (يَشْدُو) ، صَدَح (ــَ)

chaos/ˈkeɪɒs/*n.* فَوْضَى ، اِضْطِراب

chap/tʃæp/*n.* (*coll.* man) رجل ، جَدَع (م) ، زَلَمة (س) ، وَلَد (ع)

v.t. & i. شَقَّقَ (الجِلْدَ) ؛ تَشَقَّق ، قَشَّف ، تَقَشَّف (الجِلْدُ)

chapel/ˈtʃæpəl/*n.* كَنيسة صَغيرة ، مُصَلًّى ، مَعْبَد

chaperone/ˈʃæpərəʊn/*n. & v.t.* سَيِّدة تُرافِق فَتاةً لِرِعايَتِها في المُناسَبات الاِجْتِماعِيّة ؛ رافَقَ (فَتاةً في المُناسَبات الاِجْتِماعِيّة)

chaplain/ˈtʃæplɪn/*n.* قِسّيس مُلْحَق بِكُلِّيّة أو ثَكْنة وما إِلَيْهِما

chapter/ˈtʃæptə(r)/*n.* فَصْل (فُصُول) (في كِتاب)

it was a chapter of accidents حَصَلَت سِلْسِلة حَوادِث

char/tʃɑ(r)/*v.t. & i.*

1. (scorch) حَرَق (ــِ) ، فَحَّمَ ؛ احْتَرَق ، تَفَحَّم

2. (do cleaning jobs) اِشْتَغَلَت بِتَنْظيف المَنازِل

char(woman)/ˈtʃɑwʊmən/*n.* خادِمة لِتَنْظيف المَنْزِل مِن وَقْتٍ لآخَر

character/ˈkærɪktə(r)/*n.*

1. (distinguishing qualities) شَخْصِيّة ، طَبْع (طِباع)

2. (reputation) سُمْعة ، صِيت

3. (person in fiction, unusual person) شَخْصِيّة في رِواية ؛ شَخْص غَيْرُ عادِيّ

he's quite a character إِنّه شَخْصِيّة فَريدة

4. (graphic sign) حَرْف (حُروف) ، عَلامة ، رَمْز (رُموز)

characteristic/ˈkærɪktəˈrɪstɪk/*adj. & n.* مُمَيِّز ؛ مِيزة (مِيزات) ، خاصّة (خَواصُّ)

charade/ʃəˈrɑd/*n.* لُعْبة تَحْزير تُمَثَّلُ فيها كَلِمة الحَزُّورة

charcoal/ˈtʃɑkəʊl/*n.* فَحْمُ الخَشَب

charge/tʃɑdʒ/*n.*

1. (accusation) تُهْمة (تُهَم) ، اِتِّهام

2. (control, custody) رِعاية ، مَسْؤُولِيّة

who's in charge? مَن المُشْرِف هُنا ؟ مَن المَسْؤُول (عَن العَمَل) هُنا ؟

3. (attack) هُجُوم

4. (price asked) الأَجْر المَطْلوب ، سِعْر (أَسْعار)

5. (*elec.*) شَحْنة كَهْرَبائِيّة

v.t. 1. (accuse) اِتَّهَم ، رَماه بـِ

2. (entrust **with**) عَهِد (ــَ) إلى ، كَلَّف ، أَوْصَى بـِ

3. (attack) هاجَمَ ، أَغارَ على ، حَمَل (ــِ) على

4. (ask in payment) طَلَب أَجْرًا أو سِعْرًا أو ثَمَنًا ، تَقاضَى أَجْرًا

5. (load **with**) حَشا (يَحْشُو) سِلاحًا نارِيًّا بالرَّصاص

charitable/ˈtʃærɪtəbəl/*adj.* خَيِّر ، مُحْسِن ، عَطُوف

charity/ˈtʃærɪtɪ/*n.* عَمَلُ بِرٍّ ، صَدَقة ، إِحْسان

charlatan/ˈʃɑlətən/*n.* نَصّاب ، دَجّال ، مُحْتال

charm/tʃɑm/*n.*

1. (power of attracting) فِتْنة ، سِحْر (أَسْحار ، سُحُور)

2. (magic spell) تَعْويذة (تَعاويذُ) ، رُقْية (رُقًى)

3. (lucky mascot) حِلْية تَجْلِب الحَظّ ، حِجاب (حُجُب ، أَحْجِبة) ، تَميمة (تَمائمُ) ، طِلَّسْم (طَلاسِمُ)

v.t. 1. (please) سَرَّ (ــُ) ، أَبْهَجَ ، أَمْتَعَ

2. (bewitch) سَحَرَ (ــَ) ، فَتَنَ (ــِ)

he leads a charmed life مَرْصُود لا يُصيبُه مَكْرُوه

charming/ˈtʃɑmɪŋ/*adj.* ساحِر ، رائِع ، جَذّاب ، أَخّاذ ، فَتّان

chart/tʃɑt/*n. & v.t.*

1. (map) خارِطة ، خَريطة (خَرائطُ) ؛ سَجَّل على خَريطة

2. (record) رَسْم بَيانيّ ، بَيانة

charter/ˈtʃɑtə(r)/*n.*

1. (document of rights) مِيثاق (مَواثيقُ) ، دُسْتُور (دَساتيرُ)

2. (contract) عَقْد (عُقُود)

v.t. (hire ship, aeroplane) إِسْتَأْجَرَ سَفِينَةً أو طائرةً لِرِحْلة مُعَيَّنة أو لِمُدّة مُحَدَّدة

chary/ˈtʃeərɪ/*adj.* حَذِر ، مُحْتَرِس ، حَرِيص ، مُمْسِك عَن

chase/tʃeɪs/*v.t. & n.* طارَدَ ، تَعَقَّبَ ؛ لاحَقَ امْرأةً ؛ تَعَقُّب ، اِصْطِياد

chasm/ˈkæzəm/*n.* وَهْدة (وِهاد ، وُهَد) ، هاوِية ، هُوَّة (هُوًى)

chassis/ˈʃæsɪ/*n.* شاسِيه ، هَيْكَل السَّيّارة

chaste/tʃeɪst/*adj.* طاهِر ، عَفِيف

chastise/tʃæˈstaɪz/*v.t.* عاقَبَ ، أَدَّبَ بالعِقاب

chastity/ˈtʃæstɪtɪ/*n.* عِفّة ، عَفاف ، طَهارة

chat/tʃæt/*n. & v.i.* دَرْدَشة ، ثَرْثَرة ؛ سَمَرَ (ـُـ) ، دَرْدَشَ ، ثَرْثَرَ

chatter/ˈtʃætə(r)/*n. & v.i.*
1. (talk) ثَرْثَرة ، لَغْو ؛ ثَرْثَرَ ، لَغا (يَلْغُو)
2. (twitter) زَقْزَقة ، شَقْشَقة ؛ زَقْزَقَ ، شَقْشَقَ
3. (rattle) خَشْخَشة ، اِصْطِكاك (الأسنان مَثَلاً) ؛ اِصْطَكَّ

chauffeur/ˈʃəʊfə(r)/*n.* سائق السَّيّارة ، سَوّاق

chauvinism/ˈʃəʊvɪnɪzəm/*n.* نَعْرة قَوْمِيّة ، وَطَنِيّة عَمْياء ، تَعَصُّب مُفْرِط لِلْقَوْمِيّة

cheap/tʃip/*adj. & adv.*
1. (inexpensive) رَخِيص ، زَهِيد الثَّمَن ؛ رَخِيصًا ، بِثَمَنٍ زَهِيد
2. (contemptible) حَقِير ، وَضِيع ، رَخِيص

cheat/tʃit/*n.* غَشّاش ، نَصّاب ، دَجّال
v.t. & i. غَشَّ (ـُـ) ، خَدَعَ (ـَـ) ، اِحْتالَ عَلَى ، نَصَبَ (ـُـ) عَلَى

check/tʃek/*n.*
1. (control, scrutiny) مُراقَبة ، فَحْص ، تَدْقِيق
2. (stoppage, restraint) إيقاف ، ضَبْط ، كَبْح (جِماح)
3. (squared pattern) قُماش ذُو مُرَبَّعات ، نَسِيج ذُو خُطوط مُتَقاطِعة
4. (*U.S.* = cheque) شِيك ، صَكّ (صُكُوك)
v.t. & i. ضَبَطَ (ـِـ) ، أَوْقَفَ ، راجَعَ ، مَنَعَ (ـَـ) ، صَدَّ (ـُـ) ، كَبَحَ (ـَـ)
please check these figures دَقِّقْ هذِهِ الأَرْقامَ رَجاءً
they checked the enemy's advance صَدُّوا تَقَدُّمَ العَدُوّ
you must check your child عَلَيْكَ أَنْ تَضْبُطَ طِفْلَك
he checked his opponent (*chess*) كَشَّ شاهَ خَصْمِهِ في الشِّطْرَنْج
he checked in/out at the hotel قام بإجراءات التَّسْجِيل في الفُنْدُق عِنْدَ وُصُولِهِ أو مُغادَرَتِهِ
you must check up on his statement يَنْبَغِي أَنْ تَتَحَقَّقَ مِنْ صِحَّة قَوْلِهِ

check-up/ˈtʃek-ʌp/*n.* فَحْص طِبِّيّ شامِل

cheek/tʃik/*n.*
1. (side of face) خَدّ (خُدُود)
2. (impudence) وَقاحة ، صَلافة ، جُرْأة
v.t. تَواقَحَ ، تَجَرَّأَ عَلَى ، تَطاوَلَ عَلَى

cheeky/ˈtʃikɪ/*adj.* وَقِح ، صَفِيق ، قَلِيلُ الحَياء

cheer/ˈtʃɪə(r)/*n.*
1. (shout of applause) هُتاف
2. (frame of mind) مِزاج
what cheer? كَيْفَ الحال ؟ شْلُونَك ؟ شْلُون أَحْوالَك ؟ ما الخبر ؟
v.t. & i.
1. (applaud) هَتَفَ (ـِـ) لِ
2. (hearten) شَجَّعَ
cheer up, it may never happen لا تَكُنْ مَغْمُومًا فَقَدْ لا يَحْصُلُ شَيْء

cheerful/ˈtʃɪəfəl/*adj.* مَرِح ، بَشُوش ؛ طَلْقُ المُحَيّا ؛ ساطِعُ اللَّوْن

cheerio/ˈtʃɪərɪəʊ/*int.* (*coll.*) إلى اللِّقاء ! ؛ نَخْبَك ! في صِحَّتِك !

cheery/ˈtʃɪərɪ/*adj.* مَرِح ، مَبْسُوط ، مُبْتَهِج

cheese/tʃiz/*n.* جُبْنة ، جُبْن

cheeseparing/ˈtʃizpeərɪŋ/*adj.* شَحِيح ، مُفْرِط في التَّقْتِير

chef/ʃef/*n.* رَئِيس الطُّهاة ، رئيس الطَّبّاخِين

chemical/ˈkemɪkəl/*adj.* كِيماوِيّ ، كِيميائِيّ
n. مادّة كِيماوِيّة

chemist/ˈkemɪst/*n.*
1. (scientist) (عالِم) كِيماوِيّ ، كِيميائِيّ
2. (pharmacist) صَيْدَلِيّ ، صَيْدَلانِيّ ، أَجْزَجِيّ (م)

chemistry/ˈkemɪstrɪ/*n.* (عِلْم) الكِيمِياء

cheque/tʃek/(*U.S.* **check**) *n.* صَكّ (صُكُوك) ، شِيك (شِيكات)

cherish/ˈtʃerɪʃ/*v.t.* رَعَى (يَرْعَى) بِحُبٍّ وحَنان ، صانَ (يَصُون) ؛ تَمَسَّكَ بِهِ ؛ اِعْتَزَّ بِـ ، اِدَّخَرَ

cherry/ˈtʃerɪ/*n.* كَرَز ، قَراصِيا

chess/tʃes/*n.* لُعْبة الشِّطْرَنْج
chess-board رُقْعة الشِّطْرَنْج

chest/tʃest/*n.*
1. (box) صُنْدُوق (صَنادِيقُ) ، سَحّارة (سَحاحِيرُ) ، صَحّارة (صَحاحِيرُ)
chest of drawers خِزانة مَلابِس ذاتُ أَدْراج ، صِوان (أَصْوِنة) ذُو أَدْراج لِلثِّياب
2. (part of body) صَدْر (صُدُور)

chestnut/ˈtʃesnʌt/*n.* قَسْطَل ، شاهبلوط ، كَسْتَنة (س) ، أبو فَرْوة (م) ، كَسْتانة (ع)
adj. كَسْتَنائِيّ اللَّوْن

chew/tʃu/*v.t. & i.* مَضَغَ (ـُ) ، عَلَكَ (ـِ) ، لاك (يَلُوك) ؛ اِجْتَرَّ
he's bitten off more than he can chew أَخَذَ على عاتِقِهِ أَكْثَرَ من طاقَتِهِ
chewing-gum/ˈtʃuɪŋ–gʌm/*n.* عِلْك (اسْم جَمْع) ، مِسْتِكة ، مُضْغة ، لِبان
chic/ʃik/*adj. & n.* أنيق ، مُهَنْدَم ؛ أناقة ، شِياكة
chick(en)/ˈtʃɪkɪn/*n.*
1. (hen, young bird) دُجاجة ، فَرْخة (فِراخ) ؛ فَرُّوج (فَراريج) (س)
don't count your chickens before they're hatched لا تَبِعْ سَمَكًا وهو في البَحْر ، لا تَقُلْ عِنَب لِيَصِيرَ بالسَّلّة (س) ، لا تَقُولْ فُول حَتَّى يَصِير بالمَكْيُول (م) ، يَحْكِي عَن السَّمَك بالمَيّ (ع)
2. (meat of this) لَحْم الدَّجاج
chicken-pox/ˈtʃɪkɪn-poks/*n.* جُدَرِي الماء ، حُماق
chide/tʃaɪd/*v.t.* وَبَّخَ ، زَجَرَ (ـُ) ، قَرَّعَ ، أَنَّبَ
chief/tʃif/*n. & adj.* رَئيس ، سَيِّد ، مُدِير ؛ أساسِيّ ، أَصْلِيّ ، رَئيسِيّ ، أَوَّلِيّ
child/tʃaɪld/(*pl.* **children**/ˈtʃɪldrən/) *n.* طِفْل (أطْفال) ، وَلَد (أَوْلاد)
childhood/ˈtʃaɪldhʊd/*n.* طُفُولة
her grandfather is in his second childhood يَمُرُّ جَدُّها بطُفُولَتِهِ الثّانِية ، جَدُّها خَرْفان
childish/ˈtʃaɪldɪʃ/*adj.* طُفُولِيّ ، صِبْيانِيّ ، نَزِق
chill/tʃɪl/*n.*
1. (coldness) بُرودة ، جَفاء ، فُتُور
2. (illness) زُكام ، رَشْح
v.t. بَرَّدَ
chilly/ˈtʃɪlɪ/*adj.* بارِد ، في الجَوّ قَرْصة بَرْد
chime/tʃaɪm/*n. & v.t. & i.* رَنين الجَرَس ؛ دَقَّ الجَرَسُ بِرَنِينٍ مُوسِيقِيّ ؛ دَقَّت السّاعة
chimney/ˈtʃɪmnɪ/*n.* مِدْخَنة (مَداخِنُ)
chin/tʃɪn/*n.* ذَقْن (ذُقُون ، أَذْقان)
keep your chin up! شِدّ حِيلك ! أُصْمُد ! تَشَجَّعْ ! أَثْبُتْ أمامَ المَصائِب !
china/ˈtʃaɪnə/*n. & adj.* خَزَف ، صِينِيّ ؛ أَدَواتُ المائِدة الخَزَفِيّة ؛ خَزَفِيّ ، صِينِيّ
chink/tʃɪŋk/*n.*
1. (small opening) شَقّ ، فَتْحة ، فَجْوة
2. (metallic sound) رَنِين (الدَّراهِم) ، خَشْخَشةُ (المَفاتِيح) ؛ رَنَّ (ـِ) ، صَلَّ (ـِ)
also v.i.
chip/tʃɪp/*n.*
1. (sliver of wood) شَظِيّة ، كِسْرة
he's got a chip on his shoulder (*coll.*) اِسْتِفْزازِيّ ، مُتَحَدٍّ ، مُسْتَعِدّ للمُشاكَسة ، شَرّانِيّ
he's a chip off the old block (*coll.*) هذا الشِّبْل من ذاك الأَسَد ، ابنُ الوَزّ عَوّام
2. (fried slice of potato) أَصابِع بَطاطة مَقْلِيّة
3. (counter for games) فِيشة ، قُرْص عاجِيّ أو مَعْدِنِيّ يُسْتَعْمَلُ في القِمار بَدَلًا من النُّقود
4. (surface defect) ثَلْمة (ثُلَم)
v.t. (knock small piece off) ثَلَمَ (ـِ)
these cups are chipped هذه الأكواب مَثْلُومة (مَنْقُورة)
chiropodist/kɪˈropədɪst/*n.* اِخْتِصاصِيّ في مُعالَجة الأَقْدام
chirp/tʃɜp/*v.t. & i.* زَقْزَقَ ، شَقْشَقَ ، صَأَى (يَصْأَى ، يَصْئِي)
chisel/ˈtʃɪzəl/*n.* إزْمِيل (أَزامِيلُ) ، مِنْحات
chit/tʃɪt/*n.* طِفْل ، صَبِيّ صَغِير ؛ حِتّة بِنْت (م) ، زَعطوطة (ع) ، صَبِيّة (صَبايا) (س)
chivalrous/ˈʃɪvəlrəs/*adj.* شَهْم (شِهام) ، فُروسِيّ ، نَبِيل ، ذُو مُرُوّة أو مُرُوءة
chivalry/ˈʃɪvəlrɪ/*n.* نِظام الفُروسِيّة ، شَهامة ، نَخْوة
chlorine/ˈklɔrin/*n.* كلُور ، كلُورين (عُنْصُر غازِيّ سامّ)
chloroform/ˈklorəfɔm/*n. & v.t.* كلُورُوفُورْم ؛ خَدَّرَ أو بَنَّجَ بالكلُورُوفُورْم
chock/tʃok/*n.* إسْفِين خَشَبِيّ يُوضَع تَحْتَ بَرْمِيل أو عَجَلة لِمَنْعِهِما من الحَرَكة
chock-full *also* chock-a-block مُكْتَظّ ، غاصّ ، مُزْدَحِم ، مُفْعَم
chocolate/ˈtʃoklət/*n.*
1. (sweet) شُوكُولاتة ، جُوكْلِيت (ع)
2. (drink) شَراب الكاكاو أو الشُوكُولا
choice/tʃɔɪs/*n.* اخْتِيار ، انْتِخاب ، انْتِقاء
adj. مُخْتار ، مُمْتاز ، فاخِر ، من أَحْسَن صِنْف
choir/ˈkwaɪə(r)/*n.* جَوْقة المُرَتِّلِين ، كُورَس (في كَنِيسة)
choke/tʃəʊk/*v.t.* خَنَقَ (ـُ) ، قَتَلَ خَنْقًا
he choked her to death خَنَقَها
v.i. اِخْتَنَقَ ، غَصَّ (ـَ) بِـ
he was choking with rage كان يَجْرُض بِرِيقِهِ غَضَبًا ، اِسْتَشاط غَيْظًا ، اِحْتَدَم على ...
n. مِصْراع الهَواء ، خانِق ، شَرّاقة (سَيّارة)
cholera/ˈkolərə/*n.* الكُولِيرا ، الهَيْضة
choose/tʃuz/(*p.t.* **chose**/tʃəʊz/ *p.p.* **chosen**/ˈtʃəʊzən/)*v.t. & i.* اِخْتار ، اِنْتَقَى ، اِنْتَخَب
chop/tʃop/*n.*
1. (blow) ضَرْبة فَأْس
2. (meat) ضِلْع لَحْم ، كَسْتَلِيتة ، جاب (ع)
v.t. & i. فَرَمَ (ـِ) ، قَطَّعَ ؛ قَصَّ (ـُ) ، ضَرَبَ بِفأْسٍ ؛ تَرَدَّد ، تَقَلَّب
you're always chopping and changing إنّك كَثير التَّبْدِيل والتَّغْيِير لآرائك

chopper/ˈtʃɒpə(r)/*n.*
1. (axe) ساطور (سَواطِيرُ)، هرّامة، فرّامة
2. (*coll.* helicopter) هِيلِيكُوبْتَر

choral/ˈkɔrəl/*adj.* كُوراليّ، جَوْقِيّ، (نَشِيد) دِينِيّ، مُخْتَصّ بالتَّرتيل الكَنَسِيّ

chord/kɔd/*n.* وَتَر القَوْس (رِياضِيّات)، اِئْتِلافُ نَغَمات؛ وَتَرُ آلةٍ مُوسِيقِيّة

chore/tʃɔ(r)/*n.* مِن الأَعْمال المَنْزِلِيّة المُعْتادة؛ شُغْل مُضْجِر، كَدْح رُوتِينِيّ

chorus/ˈkɔrəs/*n.*
1. (several voices together) كُورَس، خُورَس، جَوْقة في المَسْرَحِيّة الإغْرِيقِيّة
the children answered in chorus أجاب الأَطْفال بِصَوْتٍ واحِدٍ
2. (refrain) دَوْر، لازمة (مُوسِيقِيّة)
3. (band of dancers) زُمْرة مِن الرّاقِصِين

chorus-girl/ˈkɔrəs-gɜl/*n.* راقِصة مُغَنِّية في الكُورَس

chose, chosen/tʃəʊz,ˈtʃəʊzən/
p.t. & p.p. of **choose**

Christ/kraɪst/*n.* السَّيِّد المَسِيح، عِيسى بنُ مَرْيَمَ

christen/ˈkrɪsən/*v.t.* عَمَّدَ، سَمّاه عِند تَعْمِيدِه

Christian/ˈkrɪstʃən/*adj. & n.* مَسِيحِيّ، نَصْرانِيّ

Christianity/ˈkrɪstɪˈænɪtɪ/*n.* المَسِيحِيّة، النَّصْرانِيّة

Christmas/ˈkrɪsməs/*n.* عِيد المِيلاد، الكْرِيسْمَس
Christmas Eve اليَوْم السّابِق لِعِيد المِيلاد
Father Christmas بابا نُويل، سانْتا كْلُوز

chrome/krəʊm/*n.* مَعْدِن الكُرُوم؛ مادّة تَلْوِين صَفْراء

chromium/ˈkrəʊmɪəm/*n.* مَعْدِن الكُرُوم

chromosome/ˈkrəʊməsəʊm/*n.* كْرُومُوزُوم، صِبْغِيّ (صِبْغِيّات)

chronic/ˈkronɪk/*adj.* مُزْمِن، عُضال

chronicle/ˈkronɪkəl/*n.* تارِيخ أَحْداث، تَسْجِيل وَقائِع (وِفْقَ تَسَلْسُلِها الزَّمَنِيّ)

chronological/ˈkronəˈlodʒɪkəl/*adj.* مُرَتَّب زَمَنِيًّا، حَسَبَ التَّسَلْسُل الزَّمَنِيّ

chronology/krəˈnolədʒɪ/*n.* عِلْم تَدْوِين الأَحْداث التّارِيخِيّة، تَسَلْسُلٌ زَمَنِيّ

chubby/ˈtʃʌbɪ/*adj.* (طِفْل) مُمْتَلِئُ الخَدَّيْن

chuck/tʃʌk/*v.t.* (*coll.* throw) رَمَى (يَرْمِي)، قَذَفَ (ـِ)
he has chucked up his job تَخَلَّى عَن وَظِيفَتِه، عافَ شُغْلَه (ع)، هَجَرَ عَمَلَه

chuckle/ˈtʃʌkəl/*n. & v.i.* ضَحْكة خافِتة، قَهْقَهة مَكْبُوتة؛ ضَحِك في سِرِّه

chum/tʃʌm/*n.* صَدِيق، صاحِب، رَفِيق

chunk/tʃʌŋk/*n.* قِطْعة كَبِيرة (مِن الخُبْز مَثَلًا)

church/tʃɜtʃ/*n.*
1. (building for Christian worship) كَنِيسة (كَنائِسُ)
2. (Christian sect) الطّائفة المَسِيحِيّة

churn/tʃɜn/*n.* مِمْخَضة (لِلزُّبْدة)
v.t. & i. مَخَضَ (ـُ) القِشْدة؛ أَزْغَت (الأَمْواج) وأَزْبَدَت

chute/ʃut/*n.* مِزْلَقة (لِلنُّفايات في بِناءٍ حَدِيث)

cider/ˈsaɪdə(r)/*n.* عَصِير التُّفّاح المُخَمَّر، سايْدَر، سَيْدَر

cigar/sɪˈgɑ(r)/*n.* سِيجار، سِيكار، سِيغار

cigarette/ˈsɪgəˈret/*n.* سِيكارة، سِيجارة (سَجائِرُ)، لِفافة تَبْغ

cinder/ˈsɪndə(r)/*n.* (*usu. pl.*) جَمْر مُنْطَفِئ، غَيْرُ كامِلِ الاحْتِراق، رَماد (أَرْمِدة)

cine-camera/ˈsɪnɪ-kæmərə/*n.* آلة تَصْوِير سِينَمائِيّة

cinema/ˈsɪnəmə/*n.* السِّينَما، الفَنّ السِّينَمائِيّ

cipher/ˈsaɪfə(r)/*n.*
1. (zero) صِفْر (أَصْفار)، نَكِرة لا قِيمة له
2. (code) شِفْرة سِرِّيّة

circle/ˈsɜkəl/*n.*
1. (*geom.*) دائرة (دَوائِرُ)
2. (part of theatre) شُرْفة أو بَلْكُون في دار التَّمْثِيل
3. (group of persons) حَلْقة (أَصْدِقاء)، الأَوْساط (السِّياسِيّة)

circuit/ˈsɜkɪt/*n.*
1. (round journey) جَوْلةٌ (حَوْلَ)، دَوْرة؛ جَوْلة قَضائِيّة (في إنْكِلْترة وَوِيلْز)
2. (*elec.*) دارة كَهْرَبائِيّة، دائرة
short circuit دائرةُ قِصَر

circular/ˈsɜkjʊlə(r)/*n.* مَنْشُور (مَناشِير)، نَشْرةٌ دَوْرِيّة، تَعْمِيم
adj. دائِرِيّ

circulate/ˈsɜkjʊleɪt/*v.t. & i.* نَشَرَ (ـُ)، وَزَّعَ، دَوَّرَ؛ تَنَقَّلَ، جال (يَجُول)

circulation/ˈsɜkjʊˈleɪʃən/*n.*
1. (of blood) الدَّوْرة الدَّمَوِيّة
2. (distribution, number of copies) تَوْزِيع، عَدَد النُّسَخ المُباعة مِن جَرِيدة

circumcise/ˈsɜkəmsaɪz/*v.t.* خَتَنَ (ـِ)، طَهَّرَ

circumcision/ˈsɜkəmˈsɪʒən/*n.* خِتان، طُهُور

circumference/səˈkʌmʃərəns/*n.* مُحِيط الدّائرة

circumspect/ˈsɜkəmspekt/*adj.* حَذِرٌ، يَقِظٌ، واعٍ، مُتَحَسِّب

circumstance/ˈsɜkəmstæns/*n.* ظَرْفٌ (ظُرُوف)، حالة (أَحْوال، حالات)
under the circumstances I forgive you ما دام الأَمْر كذلك سأَصْفَح عَنْك

circumstantial/ 'sɜkəm'stænʃəl/*adj.* ظَرْفِيّ ؛ حالِيّ (نَحْو)
circumstantial evidence بَيِّنة اسْتِنْتاجِيّة ، أدِلّة غَيْر مُباشِرة تُسْتَنْتَجُ مِن ظُروف القَضِيّة ومُلابَساتِها
circus/'sɜkəs/*n.* مَيْدان (مَيادِينُ) ، حَلْبة ؛ سِيرْك
cistern/'sɪstən/*n.* خَزّان أو صِهْرِيج ماء
citation/ saɪ'teɪʃən/*n.* اِقْتِباس ، اِسْتِشْهاد (مِن كِتاب) ؛ تَدْوِين (لِشَجاعة فُلان)
cite/saɪt/*v.t.* اِسْتَشْهَدَ بِ ، ذَكَرَ (ـُ) ، أَوْرَدَ
citizen/'sɪtɪzən/*n.* مُواطِن
citrus/'sɪtrəs/*n.* فَصِيلة الحَمْضِيّات (نَبات)
city/'sɪtɪ/*n.* مَدِينة (مُدُن) ، بَلْدة ، حاضِرة (حَواضِرُ)
civic/'sɪvɪk/*adj.* مَدَنِيّ
civil/'sɪvɪl/*adj.*
1. (of citizens) مَدَنِيّ ، مُلْكِيّ ، غَيْر عَسْكَرِيّ
2. (polite) مُهَذَّب ، دَمِث
civilian/sɪ'vɪljən/*adj. & n.* مَدَنِيّ ، مُلْكِيّ ، أَهْلِيّ
civilization/ 'sɪvəlaɪ'zeɪʃən/*n.* مَدَنِيّة ، حَضارة ، تَمَدُّن
civilize/'sɪvəlaɪz/*v.t.* مَدَّنَ ، حَضَّرَ
claim/kleɪm/*n. & v.t.*
1. (demand) طَلَب (طَلَبات) ؛ طَلَبَ (ـُ)
he put in a claim for compensation طالَبَ بِتَعْوِيض
2. (assert, assertion) اِدِّعاء ، زَعْم ؛ اِدَّعَى ، زَعَمَ (ـُ)
he claims that the car is his يَدَّعِي أَنَّ السَّيّارةَ سَيّارَتُه
clammy/'klæmɪ/*adj.* رَطْب وبارِد ، (جِدار) يَنِزّ ، (خُبْز) رَخْو ، لَزِج
clamorous/'klæmərəs/*adj.* صاخِب ، ضَجُوج
clamour/'klæmə(r)/*n. & v.i.* ضَجّة ، صَخَب ؛ ضَجَّ (ـِ) ، أَلَحَّ فِي المُطالَبة بِ
clamp/klæmp/*n. & v.t.* قامِطة ، مِلْزَمة (س) ، مَنْقَنة (ع) ، زَرْجِينة (م) ، رَبَط (ـُ) ، شَدَّ بِقامِطة
the government clamped down on tax evasion ضَيَّقَت الحُكُومة الخِناقَ على المُتَهَرِّبِين مِن دَفْع الضَّرائب
clan/klæn/*n.* عَشِيرة (عَشائرُ)
clandestine/klæn'destɪn/*adj.* خَفِيّ ، سِرِّيّ ، مُتَخَفٍّ
clang/klæŋ/*n. & v.t. & i.* قَعْقَعة ، صَلِيل ، دَوِيّ ؛ قَعْقَع ، صَلَّ (ـِ) ، دَوَّى
clank/klæŋk/*n. & v.t. & i.* خَشْخَشة ، شَخْشَخة ، صَلِيل ؛ خَشْخَشَ ، قَعْقَعَ ، صَلْصَلَ
clap/klæp/*n.* تَصْفِيق ، هَدِير (الرَّعْد)
v.t. & i. صَفَّقَ ، صَفَعَ (ـَ) ؛ رَبَتَ (ـُ) (على ظَهْرِه)
I haven't clapped eyes on him for years ما شُفْتُه مِن زَمان ، صار لِي سِنِين ما شُفْتُه
claret/'klærət/*n.* نَوْعٌ مِن الخَمْر الافْرَنْسِيّ ؛ أَحْمَر داكِن

clarification/ 'klærɪfɪ'keɪʃən/*n.* تَوْضِيح ، إيضاح ، تَرْوِيق
clarify/'klærɪfaɪ/*v.t.* وَضَّحَ ، أَوْضَحَ ، أَجْلَى ؛ رَوَّقَ (الزُّبْدة) ، كَرَّرَ السُّكَّر
clarinet/'klærɪ'net/*n.* الكْلارِينيت (آلةُ نَفْخٍ مُوسِيقِيّة)
clash/klæʃ/*n.*
1. (noise) *also v.t. & i.* قَرْقَعة ، صَلِيل (السُّيُوف) ؛ قَرْقَعَ ، تَقَرْقَعَ ، تَصَلْصَل
2. (disagreement) *also v.i.* خِلاف ، تَضارُب ؛ تَنافَرَ ، تَعارَضَ
the colours clash الأَلْوان مُتَنافِرة
3. (coincide in time) تَعارَضَ مع ، حَدَثَ فِي ذاتِ الوَقْت
clasp/klɑsp/*n. & v.t.*
1. (fasten(ing)) إِبْزِيم (أَبازِيمُ) ، مِشْبَك (مَشابِكُ) ؛ شَبَكَ (ـِ)
2. (embrace) عِناق ، مُعانَقة ؛ عانَقَ ، اِحْتَضَنَ
class/klɑs/*n.*
1. (division, esp. of society) طَبَقة اجْتِماعِيّة
he's a class-conscious snob إِنّه مُتَعَجْرِف مَزْهُوّ بِطَبَقَتِه الاجْتِماعِيّة
2. (group of students) صَفّ (صُفُوف) ، فَصْل (فِي المَدْرَسة) ، فِرْقة
classic/'klæsɪk/*n. & adj.* تُحْفة ، مُؤَلَّف نَمُوذَجِيّ خالِد ؛ كلاسِيكِيّ
he is studying classics يَدْرُس أَدَبَ الإغْرِيق والرُّومان
classical/'klæsɪkəl/*adj.* كْلاسِيكِيّ ؛ مُتَمَشٍّ مع الأَدَبِ القَدِيم ، تَقْلِيدِيّ ؛ عَظِيم
classification/'klæsɪfɪ'keɪʃən/*n.* تَصْنِيف ، تَرْتِيب
classify/'klæsɪfaɪ/*v.t.* صَنَّفَ (بِطاقاتِ المَكْتَبة) ، بَوَّبَ ، رَتَّبَ
classified information مَعْلُومات سِرِّيّة
class-mate/'klɑs-meɪt/*n.* زَمِيلُ دِراسة ، ابْنُ صَفٍّ واحِد ، تِرْب (أَتْراب)
clatter/'klætə(r)/*n.* قَرْقَعة (الصُّحُون) ، صَلِيل ؛
v.t. & i. قَرْقَعَ ، طَقْطَقَت (الآلةُ الكاتِبة)
clause/klɔz/*n.*
1. (*gram.*) شِبْه جُمْلة (مِن مُسْنَدٍ ومُسْنَدٍ إلَيْه) ضِمْنَ جُمْلة مُرَكَّبة
2. (item in contract) فِقْرة (فِقَر) ، بَنْد (بُنُود)
claustrophobia/ 'klɔstrə'fəubɪə/*n.* خَوْف مَرَضِيّ مِن الأَماكِن المُغْلَقة
claw/klɔ/*n. & v.t. also v.i. with* **at** ظُفْر (أَظْفار) ، مِخْلَب (مَخالِبُ) ؛ خَرْبَشَ ، خَدَشَ (ـِ) ، خَمَشَ (ـِ) ، خَمَشَ (بِمَخالِبِه)
clay/kleɪ/*n. & adj.* طِين ، صَلْصال ؛ طِينِيّ ، صَلْصالِيّ
clean/klin/*adj.*

1. (free from dirt) نَظيف

he has a clean record صَفْحَتُه نَقِيّة

2. (neat, well shaped) مُرَتَّب ، مُوَنَّق

a motor car with clean lines سَيّارة انْسِيابِيّة

adv. (completely) تَمامًا

the prisoner got clean away هَرَبَ السَّجِين ولَمْ يُعْثَرْ له عَلَى أَثَر

v.t. نَظَّف

a day at the races cleaned me out يَوْمٌ واحِدٌ في السِّباق نَفَّضَ جُيوبي بالمَرّة

cleaner/ˈklinə(r)/*n.*

1. (domestic worker) خادِم للتَّنْظِيف

2. (machine or preparation for cleaning) آلة أو مادّة مُنَظِّفة

cleanliness/ˈklenlınəs/*n.* نَظافة

clear/ˈklıə(r)/*adj.*

1. (unclouded) صافٍ ، رائِق ، نَقِيّ

his conscience is clear ضَميرُه مُرْتاح

2. (lucid) واضِح ، جَلِيّ ، لا لَبْسَ فيه

is that clear to you? هل فَهِمْتَ المَقْصُود ؟ هل هذا واضِح ؟

I am not clear what you want لم أَفْهَمْ بِوُضُوحٍ ما تُرِيد

3. (unobstructed, free) سالِك ، مِن دُون عائِق ، خالِص

v.t. **1.** (remove things from) أَزالَ العَوائِقَ والعَقَبات ، نَظَّف ، أَفْسَح ، نَقَّى

I must clear the table عَلَيَّ أَنْ أَرْفَعَ الصُّحُونَ مِن على المائِدة

2. (pass without touching) مَرَّ أو عَبَرَ أو قَفَزَ دُونَ أَنْ يُلامِسَ شَيْئًا ، تَخَطَّى

3. (absolve) بَرَّأَ ، أَبْرَأَ ساحَته

v.i. **1.** (become clear) إِنْجَلَى ، صَحا الجَوّ

2. (go away) إِبْتَعَدَ

clear off! (*sl.*) إِمْشِ ، فُوت وَلِّي ، إِنْصَرِف !

adv. بِصَراحة ، تَمامًا ، بِوُضُوح

stand clear of the lift gates اِبْتَعِدْ عَن بابِ المِصْعَد

clearance/ˈklıərəns/*n.* تَصْفِية ، تَنْظِيم ، تَخْلِيص ، تَصْرِيح ، مَجال لِتَفادِي الاصْطِدام

clearing/ˈklıərıŋ/*n.* رُقْعة مِن الأَرْض داخِلَ حِرْشٍ قُطِعَت أَشْجارُها

clearly/ˈklıəlı/*adj.* بِوُضُوح ، بلا شَكّ

clemency/ˈklemənsı/*n.* رَحْمة ، رَأْفة ، عَفْو ، اِعْتِدالُ (الطَّقْس مَثَلًا)

clench/klentʃ/*v.t.* شَدَّ (ـُ) ، زَمَّ (شَفَتَيْه) ، كَزَّ (أَسْنانه) ، جَمَعَ (يَده)

clergyman/ˈklɜdʒımən/*n.* قَسّ أو كَهَنُوتِيّ أَنْكْلِيكانِيّ

clerical/ˈklerıkəl/*adj.* (عَمَل أو خَطأ) كِتابِيّ ، كَهَنُوتِيّ

clerk/klɑk/*n.* كاتِب (كُتّاب) ، مُوَظَّف في مَكْتَب ، بائِع في مَتْجَر (أَمْرِيكا)

clever/ˈklevə(r)/*adj.* ماهِر ، ذَكِيّ ، شاطِر ، أَرِيب

cleverness/ˈklevənəs/*n.* ذَكاء ، بَراعة ، حَذاقة ، مَهارة ، نَباهة

cliché/ˈkliʃeı/*n.* عِبارة مُبْتَذَلة ، مَعْنًى مَطْرُوق ، كَلام مُعاد ، كْلِيشِيه

click/klık/*n.* & *v.i.* طَقْطَقة ، طَقَّ (ـُ)

v.i. (*sl.*) حالَفه الحَظّ ، اِنْسَجَما مِن أَوَّلِ وَهْلة

client/ˈklɑıənt/*n.* زَبُون (زَبائِنُ) ، عَمِيل (عُمَلاءُ)

cliff/klıf/*n.* جُرْف ، مُنْحَدَر صَخْرِيّ شاهِق

climate/ˈklɑımət/*n.* مُناخ ، جَوّ

the political climate is favourable الجَوّ السِّياسِيّ مُلائِم

climax/ˈklɑımæks/*n.* ذُرْوة (ذُرًى) ، قِمّة (قِمَم) ، أَوْج (لا جَمْع له) ، التَّصاعُد البَلاغِيّ

climb/klɑım/*v.t.* & *i.* صَعِد (ـَ) ، تَسَلَّقَ ، اِرْتَقَى

he'll climb down if you threaten him سَيَتَنازَل عَن رَأْيِه إذا ما هَدَّدْتَه

n. طُلُوع ، صُعُود ، تَسَلُّق

climber/ˈklɑımə(r)/*n.* مُتَسَلِّقُ الجِبال ، وُصُولِيّ ، نَبات مُتَسَلِّق أو مَدّاد

clinch/klıntʃ/*v.t.* أَمْسَكَ بِـ ، قَبَضَ (ـِ) على ، حَسَم (ـِ) (نِقاشًا) ، عَقَدَ (ـِ) (صَفْقةً)

cling/klıŋ/(*p.t.* & *p.p.* **clung**) *v.i.* تَمَسَّك ، تَشَبَّث ، اِلْتَصَق بِـ

clinic/ˈklınık/*n.* عِيادة طِبِّيّة ، مُسْتَوْصَف

clinical/ˈklınıkəl/*adj.* (تَدْرِيس طِبِّيّ) عِنْدَ سَرِير المَرِيض ، (طِبّ) سَرِيرِيّ

clink/klıŋk/*n.* صَوْت قَرْع الكُؤُوس ، صَلِيل ،

v.t. & *i.* خَشْخَشة ، صَلْصَل ، خَشْخَش ، دَقّ قَدَحًا بِقَدَح

clip/klıp/*n.*

1. (fastener) دَبُّوس أَوْراق ، شَكّالة وَرَق ، مِشْبَك ، كْلِبْس (م)

2. (*sl.* blow) صَفْعة ، ضَرْبة ، لَطْمة

v.t. **1.** (fasten) رَبَط بِدَبُّوس ، شَبَك (ـِ)

he clipped the papers together شَبَكَ الأَوْراقَ بِدَبُّوس

2. (cut) قَصَّ (ـُ) ، ثَقَبَ (ـُ) (تَذْكَرةً)

clippers/ˈklıpəz/*n. pl.* مِجَزّ ، قَصّاصة ، قَلّامة ، مَكَنة قَصّ الشَّعْر

clique/klik/*n.* زُمْرة ، طُغْمة ، عُصْبة ، جَماعة

cloak/kləʊk/*n.* عَباءة ، جُبّة ، بُرْنُس ، سِتار (سُتُر)

cloakroom/ˈkləʊkrʊm/*n.* غُرْفة لِتَرْكِ المَعاطِف ونَحْوِها ، مِرْحاض ، دَوْرة مِياه

clock/klok/*n.* ساعة كَبِيرة

v.i.

clock in/out سَجَّلَ وَقْت الوُصُول أو الانْصِراف مِن مَعْمل

clockwise/ˋklokwɑız/ *adj. & adv.* (يَدُور) باتِّجاه عَقارِب السّاعة

clog/klog/*v.t. & i.* سَدَّ (ـُ) ، اِنْسَدَّ (بِتَراكُم الأوْساخ)

n.pl. حِذاء خَشَبِيّ يُشْبِه القُبْقاب

close[1]/kləʊs/*adj.*

1. (near) قَرِيب ، على مَقْرُبة مِن ، بِجانِب

he's a very close friend إنّه صَدِيق حَمِيم

2. (airless) كاتِمٌ للأنْفاس ، جَوٌّ خانِق

3. (concentrated) مَحْبُوك ، كَثِيف

4. (crowded) مُتَقارِب ، مُتَلاصِق

n. فَناء الكاتِدْرائِيّة ، زُقاق (أزِقّة)

close[2]/kləʊz/*v.t. & i.*

1. (shut) أغْلَقَ ، سَدَّ (ـُ) ، سَكَّر ، قَفَل (ـِ) ، اِنْسَدَّ

close (up) the shop أغْلَقَ أو سَكَّرَ الحانُوت

2. (conclude) أنْهَى ، فَرَغ (ـُ) مِن

television is closing down يُوشِك التِّلِفِزْيُون أنْ يَخْتِمَ بَرامِجَهُ

3. (come together) ضَمّ (ـُ) ، اِنْضَمّ

close the ranks ضَمّ الصُّفُوف

the enemy was closing in on us كان العَدُوّ يُطْبِق عَلَيْنا

closure/ˋkləʊʒə(r)/*n.* خِتام ، نِهاية ، إقْفالُ بابِ المُناقَشة (قَبْلَ التَّصْوِيت)

clot/klot/*n. & v.t. & i.* تَخَثُّر ، جَلْطة (دَمَوِيّة) ، خَثَّرَ ، جَمَّدَ ، تَخَثَّرَ ، تَجَمَّدَ

cloth/kloθ/*n.*

1. (woven material) قُماش (أقْمِشة) ، نَسِيج (أنْسِجة)

2. (piece of material) قِطْعة قُماش (للتَّنْظِيف مَثَلاً) ، مِنْسَحة (تَنْظِيف)

3. (tablecloth) مَفْرَش ، غِطاء مائدة

clothe/kləʊð/*v.t.* ألْبَسَ ، لَبَّسَ ، غَطَّى

clothes/kləʊðz/*n. pl.*

1. (garments) مَلابِسُ ، ثِيابٌ ، هُدُومٌ ، كِسْوة

2. (bed-clothes) أغْطِية الفِراش ، شَراشِفُ

clothing/ˋkləʊðıŋ/*n.* مَلابِسُ ، كِسْوة ، ثِياب

cloud/klɑʊd/*n.* سَحاب (سُحُب) ، غَيْم (غُيُوم)

v.i. تَلَبَّدَ بالغُيُوم ، غام (يَغِيم)

it's clouding over السُّحُب تَتَراكَم

cloudless/ˋklɑʊdləs/*adj.* (سَماء) صافِية أو صاحِية ، بِلا غُيُوم

cloudy/ˋklɑʊdı/*adj.* غائم ، مُتَغَيِّم ، مُغَيِّم ، مُلَبَّد بالغُيُوم

clover/ˋkləʊvə(r)/*n.* نَفَل ، شَبْذَر ، نَبات يُشْبِه البَرْسِيم

in clover مُنَعَّم ، مُرَفَّه

club/klʌb/*n.*

1. (heavy stick) هِراوة (هَراوَى) ، عَصا (عِصِيّ)

2. (stick used in golf) عَصا لُعْبة الغُولْف

3. (association, its premises) نادٍ (نَوادٍ) ، مُنْتَدًى (مُنْتَدَيات)

4. (suit of cards) سِباتِيّ (في وَرَق اللَّعِب)

v.t. (beat) ضَرَب بِهَراوة

v.i. (join **together**) اِشْتَرَكُوا

clue/klu/*n.* دَلِيل ، إشارة ، مِفْتاح (الجَرِيمة مَثَلاً)

I haven't a clue (*coll.*) لَيْس لَدَيَّ أدْنَى فِكْرة

clump/klʌmp/*n.* مَجْمُوعة أشْجار أو أزْهار ، أجَمة

v.i. سار (يَسِير) بِخُطُوات ثَقِيلة

clumsiness/ˋklʌmzınəs/*n.* خُرْق ، عَدَمُ لَباقة ، قِلّة حِذق

clumsy/ˋklʌmzı/*adj.* أخْرَقُ ، ثَقِيلُ الحَرَكة ، قَلِيل الحَذاقة

clung/klʌŋ/*p.t. & p.p. of* **cling**

cluster/ˋklʌstə(r)/*n. & v.i.* عُنْقُود (عِنَب) ، عِذْق (أعْذاق) ، عُثْكُول (عَثاكِيلُ) ، تَجَمَّع ، اِلْتَفَّ

clutch/klʌtʃ/*n.*

1. (grasp) قَبْضة ، قَبْض ، كَمْش

2. (*mech.*) جِهاز تَعْشِيق تُرُوس المُحَرِّك ، القابِض ، دبرياج (س) ، كَلَج (ع) ، كَلَتْش (م)

3. (set of eggs) حَضْنة بَيْض ، مَجْمُوعة أفْراخ حَدِيثة الفَقْس

v.t. & i. قَبَض (ـِ) على ، أمْسَكَ

clutter/ˋklʌtə(r)/*n. & v.t.* كَوْمة عَدِيمة التَّرْتِيب ، لَخْبَطة ، لَخْبَطَ

co-/kəʊ-/*pref.* بادِئة مَعْناها معًا ، مُشارِكًا

coach/kəʊtʃ/*n.*

1. (carriage) عَرَبة (قِطار) ، مَرْكَبة

2. (long-distance bus) حافِلة أو أُوتُوبِيس للمَسافات البَعِيدة

3. (trainer) *also v.t.* مُدَرِّس خُصُوصِيّ ، مُدَرِّب ، أعْطَى دَرْسًا خُصُوصِيًّا ، دَرَّبَ

coagulate/ˋkəʊˋægjʊleıt/*v.t. & i.* خَثَّرَ ، تَخَثَّر ، تَجَمَّدَ ، تَجَلَّطَ

coal/kəʊl/*n.* فَحْم حَجَرِيّ

coalition/ˈkəʊəˋlıʃən/*n.* إئْتِلاف (الكُتَل السِّياسِيّة)

coarse/kɔs/*adj.* خَشِن ، جافّ

coarseness/ˋkɔsnəs/*n.* خُشُونة ، غِلْظة ، غِلاظة

coast/kəʊst/*n.* ساحِل (سَواحِلُ) ، شاطِئ (شَواطِئُ)

v.i.

1. (*naut.*) أبْحَرَ بِمُحاذاة السّاحِل

2. (travel without using power) سارَت الدَّرّاجة بِدُون تَحْرِيك الدَّوّاسَتَيْن

coastal/ˋkəʊstəl/*adj.* ساحِلِيّ ، شاطِئِيّ

coat/kəʊt/*n.*

1. (garment) مِعْطَف (مَعاطِف) ، سُتْرة (سُتَر) ، جاكيت

2. (animal's wool, hair) فِراءُ الحَيَوان أو شَعْرُه
3. (covering) غِطاء (أغْطِيَة) ، غِلاف (غُلُف)
the door needs a coat of paint يَحْتاج الباب إلى طِلاء
v.t. لَبَّسَ ، غَلَّفَ ، طَلَى (يَطْلِي)
coax/kəʊks/*v.t. & i.* تَمَلَّق ، اِسْتَمال ، داهَنَ ، لاطَفَ ؛ أقْنَع باللِّين والمُلاطَفة
cobbler/'koblə(r)/*n.* إسْكافِيّ ، مُرَقِّع أحْذِية
cobweb/'kobweb/*n.* بَيْت العَنْكَبُوت ، نَسِيجُ العَنْكَبُوت
coca-cola/'kəʊkə'kəʊlə/*n. abbr.* **coke** مِن المَشْروبات المُرَطِّبة ، كُوكا كُولا
cock/kok/*n.*
1. (male bird) دِيك (دُيُوك ، دِيَكة) ، ذَكَرُ الطَّيْر
2. (tap) صُنْبُور ، حَنَفِيّة
v.t. رَفَعَ (ــَ) ، أقام ، أصاخَ السَّمْع إلى
the dog cocked up his ears أرْهَفَ الكَلْبُ أُذُنَيْه
cockpit/'kokpɪt/*n.* غُرْفة القِيادة في طائرة ، رُكْن الطَّيّار ؛ مَيْدان المَعْرَكة
cockroach/'kokrəʊtʃ/*n.* صَرْصُور ، صُرْصار ، بِنْت وَرْدان
cocktail/'kokteɪl/*n.* خَلِيط مِن المُسْكِرات أو عَصِير الفاكِهة ، كُوكْتِيل
cocoa/'kəʊkəʊ/*n.* كاكاو ، المَسْحوق أو الشَّراب المُعَدّ مِنه
cocoon/kə'kun/*n. & v.t.* شَرْنَقة (شَرانِقُ) ، فَيْلَج (اسْم الجَمْع) ؛ غَلَّفَ لِلْوِقاية
cod/kod/*n.* سَمَك القُدّ ، سَمَك المُورة ، غادُس ، بَقَلة أو بَكَلا (م)
code/kəʊd/*n.* شِفْرة ؛ مَجْمُوعةُ قَوانِين ، دُسْتُور
highway code أنْظِمة المُرُور
codeword/'kəʊdwɜd/*n.* رَمْز سِرِّيّ ، مِفْتاح حَلّ الشِّفْرة
codify/'kəʊdɪfaɪ/*v.t.* شَرَّعَ ، دَوَّنَ ، قَنَّنَ ، جَمَعَ القَوانِينَ ونَظَّمَها
co-education/'kəʊ-edjʊ'keɪʃən/ (*abbr.* **co-ed**) *n.* تَعْلِيم مُخْتَلِط (ذُكُور وإناث مَعًا)
coerce/kəʊ'ɜs/*v.t.* أجْبَرَ ، أكْرَهَ عَلَى
coercion/kəʊ'ɜʃən/*n.* إجْبار ، إكْراه ، قَهْر ، قَسْر
coexist/'kəʊɪg'zɪst/*v.i.* تَعايَشَ
coexistence/'kəʊɪg'zɪstəns/*n.* تَعايُش
coffee/'kofɪ/*n.* قَهْوة ، بُنّ
coffin/'kofɪn/*n.* تابُوت (تَوابِيت) ، صُنْدُوق المَيِّت ، نَعْش (نُعُوش)
cog/kog/*n.* سِنّ الدُّولاب ؛ شَخْص قَلِيلُ الأهَمِّيّة في مَشْرُوع عَظِيم
cogency/'kəʊdʒənsɪ/*n.* قُوّة الإقْناع
cogent/'kəʊdʒənt/*adj.* (حُجّة) مُقْنِعة ، دامِغة ، مُفْحِمة
cogitate/'kodʒɪteɪt/*v.t.* تَمَعَّنَ في ، تأمَّلَ مَلِيًّا في ، فَكَّرَ
coherence/kəʊ'hɪərəns/*n.* تَناسُق (الأفْكار) ، تَماسُك ، تَرابُط الأفْكار ، اِتِّساق ، تَلاصُق
coherent/kəʊ'hɪərənt/*adj.* مُتَماسِك ، مُلْتَحِم ، مُتَرابِط ، مُتَّسِق
cohesion/kəʊ'hiʒən/*n.* اِلْتِصاق ، تَماسُك ، تَرابُط
coil/kɔɪl/*n.* لَفّة ، مِلَفّ (سِلْك) ، حَوِيّة ؛ وَشِيعة
v.t. & i. لَفَّ (ـُ) ؛ اِلْتَفَّ
coin/kɔɪn/*n. & v.t.* عُمْلَة مَعْدِنِيّة ، نَقْد (نُقُود) ؛ سَكَّ (ـُ) ، ضَرَبَ نَقْدًا ؛ اخْتَرَعَ كَلِمةً جَدِيدة
he's coining money إنّه يُثْرِي ثَراءً فاحِشًا
coinage/'kɔɪnɪdʒ/*n.* سَكّ النُّقُود ، عُمْلة ، مَسْكُوكات ؛ لَفْظة مَنْحُوتة أو مُسْتَحْدَثة
coincide/'kəʊɪn'saɪd/*v.i.* وَقَعَ في الوَقْتِ ذاتِه ، صادَفَ ، زامَنَ ، وافَقَ ؛ طابَقَ
coincidence/'kəʊ'ɪnsɪdəns/*n.* صُدْفة ، مُصادَفة ، اتِّفاق الظُّرُوف
coke[1]/kəʊk/*n.* فَحْمُ الكُوك
coke[2]/kəʊk/*n.* (*coll. abbr. of* **coca-cola**)
cold/kəʊld/*adj.* بارِد
let's put the plan in cold storage لِنُرْجِئ المَشْرُوع الآن
pop music leaves me cold لا تُطْرِبُني مُوسِيقَى المُراهِقِين الحَدِيثة
n. 1. (low temperature) بُرُودة
2. (illness) رَشْح ، زُكام ، بَرْد ، نَزْلة
collaborate/kə'læbəreɪt/*v.t.* تَعاوَنَ مَع ، اِشْتَرَكَ في ، تآزَرَ ؛ مالأَ الأعْداء
collaboration/kə'læbə'reɪʃən/*n.* تَعاوُن ، مُساعَدة ، تَضافُر ؛ مُمالأة
collapse/kə'læps/*n.* اِنْهِيار ، سُقُوط ، تَهَدُّم ، تَداعٍ ؛
v.i. اِنْهارَ ، سَقَطَ ، تَداعَى ، هَفَتَ (ــِ) ، تَهافَتَ
collar/'kolə(r)/*n.*
1. (part of garment) ياقة ، قَبّة
2. (band for animal's neck) طَوْق (أطْواق) لِرَقَبة الحَيَوان
v.t. (*coll.*) أمْسَكَ بِخِناقِه ، قَبَض (ــِ) على ، اِخْتَلَسَ ، سَرَق (ــِ)
colleague/'kolig/*n.* زَمِيل (زُمَلاء)
collect/kə'lekt/*v.t. & i.* جَمَعَ (ــَ) ، حَصَّل ؛ ضَمّ (ـُ) ، اِسْتَجْمَع ؛ أحْضَرَ (طِفْلًا مِن المَدْرَسة مَثَلًا) ، تَجَمَّع ، اِلْتَفّ
collected/kə'lektɪd/*adj.* رابِطُ الجَأْش ، رَصِين
collection/kə'lekʃən/*n.* مَجْمُوعة ، تَشْكِيلة (بَضائع) ، جَماعة (مِن النّاس) ، سِلْسِلَة (كُتُب)
collective/kə'lektɪv/*adj.* جَماعِيّ ، (مِلْكِيّة) مُشاعة ، تَعاوُنِيّة ؛
n. صِيغة الجَمْع
collector/kə'lektə(r)/*n.* جابٍ ، مُحَصِّل ، جامِع ،

هاوي مَجْموعات ، جَمّاع للتُّحَف وما إليها

college/ˈkolɪdʒ/*n.* كُلِّيّة ، مَدْرَسة عالية

collide/kəˈlaɪd/*v.i.* اِصْطَدَمَ بـ ، صادَمَ

collision/kəˈlɪʒən/*n.* اِصْطِدام ، تَصادُم

colloquial/kəˈləʊkwɪəl/ *adj. & n.* اللُّغة الدّارِجة أو العامِّيّة

collusion/kəˈluʒən/*n.* تَواطُؤ ، تآمُر

colon/ˈkəʊlən/*n.*

1. (punctuation mark) نُقْطَتان (عَلامة وَقْف في الكِتابة)

2. (*anat.*) القُولُون ، الأمْعاء الغَليظة

colonel/ˈkɜnəl/*n.* عَقيد (عُقَداء) ، بِكْباشي ، كُولُونيل

colonial/kəˈləʊnɪəl/*adj.* & *n.* نِسْبة إلى المُسْتَعْمَرات ، مُسْتَوْطِن في مُسْتَعْمَرة

colonize/ˈkolənaɪz/*v.t.* اِسْتَعْمَرَ

colony/ˈkolənɪ/*n.* مُسْتَعْمَرة ، جالية ، نُوَل النَّحْل ، قَرْية النَّمْل

colossal/kəˈlosəl/*adj.* عِمْلاقيّ ، هائل ، ضَخْم

colour/ˈkʌlə(r)/ (*U.S.* **color**) *n.* لَوْن (أَلْوان) ، صِبْغة

he's a bit off colour today يَبْدُو مُتَوَعِّكًا بَعْضَ الشَّيْء اليَوْم

now we see them in their true colours الآنَ نَراهُم على حَقيقَتِهِم

v.t. 1. (paint) لَوَّنَ ، صَبَغَ (ـُ) ، طَلى (يَطْلي)

2. (misrepresent) شَوَّهَ (الحَقيقة) ، غَيَّرَ ، حَوَّرَ

v.i. (blush) اِحْمَرَّ وَجْهُهُ (خَجَلاً)

colour-bar/ˈkʌlə-bɑ(r)/*n.* التَّمْييز العُنْصُريّ

colour-blind/ˈkʌlə-blaɪnd/*adj.* مُصابٌ بِعَمَى الأَلْوان ، مُصاب بالدَّلْتُونيّة

column/ˈkoləm/*n.*

1. (*archit.*) عَمُود (أعْمِدة) في الهَنْدَسة المِعْماريّة

2. (pillar-shaped object) أُسْطوانيُّ الشَّكْل ، عَمُوديّ

the spinal column العَمُود الفِقْريّ

3. (division of page) عَمُود ، حَقْل في صَحيفة أو مَجَلّة

4. (line of troops) رَتَلُ مُشاةٍ مَثَلاً

fifth column الطّابُور الخامِس

coma/ˈkəʊmə/*n.* غَيْبُوبة

comb/kəʊm/*n.*

1. (for hair) مُشْط (أَمْشاط)

2. (cock's crest) عُرْفُ الدِّيك

v.t. مَشَطَ (ـُ) ، مَشَّطَ ، سَرَّحَ ، مَشَقَ (ـُ)

combat/ˈkombæt/*n.* قِتال ، مَعْرَكة ، كِفاح ، نِضال ، مُكافَحة

v.t. قاتَلَ ، قاوَمَ ، حارَبَ ، كافَحَ

combatant/ˈkombətənt/ مُقاتِل ، مُحارِب

combination/ˈkombɪˈneɪʃən/*n.*

1. (union) اِتِّحاد

2. (code for lock) رَقْم سِرّيّ لِفَتْحِ قُفْل

combine/ˈkombaɪn/*n.* اِتِّحاد ، جَمْعيّة

combine harvester حَصّادة دَرّاسة

v.t. & i./kəmˈbaɪn/ جَمَعَ (ـَ) ، ضَمَّ ، أَلَّفَ بَيْن ، تَضافَرَت (الظُّروف) ، اتَّحَدَ مَع (عُنْصُر آخَرَ مَثَلاً)

combustion/kəmˈbʌstʃən/*n.* اِحْتِراق ، اشْتِعال

come/kʌm/ (*p.t.* **came**/keɪm/) *v.i.*

1. (arrive, move, be brought) جاءَ (يَجيء)

the new laws come into effect at midnight تُوضَعُ القَوانينُ مَوْضِعَ التَّنْفيذِ عِنْدَ مُنْتَصَفِ اللَّيْل

they fairly/nearly came to blows كادُوا يَتَضارَبُون

2. (happen, occur, result) حَدَثَ (ـُ) ، حَصَلَ (ـُ) ، نَتَجَ (ـُ)

I shall go tomorrow, come what may سأَذْهَبُ غَدًا مَهْما كانَت الظُّروف

that's what comes of trying to do two things at once هذا نَتيجةُ مُحاوَلَتِكَ القِيام بِعَمَلَيْن في آنٍ واحِد

if the worst comes to the worst I shall walk في أَسْوَأ الأَحْوال سأَذْهَبُ ماشِيًا

dreams seldom come true قَلَّما تَتَحَقَّقُ الأَحْلام

how did you come to break your leg? كَيْفَ حَدَثَ أنِ انْكَسَرَتْ رِجْلُك ؟

3. (*with advs.*) (مَعَ الظُّروف) :

how did it come about? كَيْفَ حَدَثَ ذلك ؟

come along now, you can do better than that! شِدّ حيلَك ، بِإمْكانِك أَنْ تَعْمَلَ أَحْسَنَ مِن هَذا

come away غادَرَ ، تَرَكَ المَكان ، انْقَطَعَ ، اِنْفَصَلَ ، انْفَلَتَ

the switch came away from the wall انْخَلَعَ الزِّرُّ الكَهْرَبائيُّ عَن الجِدار

come back عادَ (يَعُود) ، رَجَعَ (ـِ) ، أجابَ فَوْرًا

he came back at her with a denial أَجابَها فَوْرًا بالإنْكار

come down انْحَدَرَ ، نَزَلَ (ـِ) ، هَبَطَ (ـِ) ، هَوَى (يَهْوي)

come in (enter) دَخَلَ (ـُ) ، وَلَجَ (يَلِجُ)

that wood will come in handy for mending his fence سَيَسْتَفيد مِن هذا الخَشَب عِنْد إصْلاح سِياجِه

come off it! لا تَمْزَحْ ! أَخْبِرْني الحَقيقة

his plan didn't quite come off لَمْ تَنْجَحْ خِطَّتُه تَمامًا

come on (begin) أَخَذَت (السَّماءُ تُمْطِر)

(progress) تَقَدَّمَ ، تَحَسَّنَ

come on! don't take all day about it! هَلُمَّ ولا تُضَيِّع النَّهارَ كُلَّهُ فِيما تَعْمَل

come out (emerge) خَرَجَ (ـُـ)

the men came out (on strike) أَضْرَبَ العُمّال

come over (pay a visit) زار (يَزُور)

(change sides) غَيَّرَ سِياسَتَه (وانْضَمَّ إلى صَفِّهِم)

come round (pay a visit) زار (يَزُور)، قام بِزِيارة

(be persuaded) اقْتَنَعَ

(recur) حَدَث كُلَّ فَترةٍ مُعَيَّنة

come to (recover consciousness) صَحا (يَصْحُو) مِن غَيْبُوبة

come up (ascend) صَعَدَ (ـَـ)

(approach) تَقَدَّمَ مِن، دَنا (يَدْنُو) مِنْ أو إلى، اقْتَرَبَ

(appear) ظَهَرَ (ـَـ)

(be discussed) نُوقِشَ المَوْضُوع، جاءَ دَوْرُ مُناقَشَتِهِ

4. (*with preps.*) (مَعَ حُرُوفِ الجَرّ):

I came across these old photographs عَثَرْتُ على هذه الصُّوَر القَدِيمة

did you come by the money honestly? هل حَصَلْتَ على هذه النُّقُود عَن طَرِيقٍ شَرِيف ؟

the house came to him when his uncle died آلَ إلَيْه البَيْتُ بَعْدَ وَفاةِ عَمِّه

he came for me with his fists flying هَجَمَ عَلَيَّ مُلَوِّحًا بِقَبْضَتَيْ يَدَيْه

what heading would this come under? تَحْتَ أيِّ عُنْوانٍ يَرِدُ هذا ؟

come-back/'kʌm-bæk/ *n.* جَوابٌ مُفْحِم؛ عَوْدة (مُمَثِّل أو سِياسِيٍّ مَثَلًا) إلى عالَمِ الشُّهْرة

comedian/kə'midɪən/*n.* مُمَثِّل هَزْلِيّ

comedy/'komədɪ/*n.* مَسْرَحِيّة هَزْلِيّة

comet/'komɪt/*n.* (نَجْم) مُذَنَّب

comfort/'kʌmfət/*n.*

1. (consolation) عَزاء، سَلْوَى، مُواساة

2. (ease, luxury) راحة، سَعَةُ العَيْش

v.t. عَزَّى، سَلَّى، طَيَّبَ خاطِر ...

comfortable/'kʌmftəbəl/*adj.*

1. (at ease) مُرْتاح، مُسْتَرِيح

2. (providing comfort) مُرِيح

3. (affluent) رَغِيد، مَيْسُورُ الحال، في سَعَةٍ مِن العَيْش

comic/'komɪk/*adj.* مُضْحِك، هَزْلِيّ

n. **1.** (comedian) مُمَثِّل هَزْلِيّ، كُومِيدِيّ

2. (pictorial magazine) مَجَلّة هَزْلِيّة مُصَوَّرة (لِلأطْفالِ غالِبًا)

comic strip صُوَر وتَعْلِيقات هَزْلِيّة تَصْدُرُ مُسَلْسَلةً في جَرِيدة

comical/'komɪkəl/*adj.* هَزْلِيّ، مُثِيرٌ لِلضَّحِك، مُضْحِك

comma/'komə/*n.* فارِزة (فَوارِزُ)، فاصِلة

inverted commas علامات تَنْصِيص، علاماتُ اقْتِباس

command/kə'mɑnd/*n.*

1. (order) أَمْر (أَوامِرُ)، حُكْم (أَحْكام)

2. (control, mastery) سُلْطة، سَيْطَرة، قِيادة؛ إتْقانُ (لُغةٍ مَثَلًا)

v.t. **1.** (order) أَمَرَ (ـُـ)، حَكَمَ (ـُـ)

2. (control) رَأَسَ (يَرْأَسُ)، سَيْطَرَ على، تَحَكَّمَ في

commandeer/'komən'dɪə(r)/*v.t.* اِسْتَوْلَى على أو صادَرَ بِناءً مَثَلًا لأغْراضٍ عَسْكَرِيّة؛ سَخَّرَ

commander/kə'mɑndə(r)/*n.* قائد (قُوّاد، قادة)، أَمِير (أُمَراء)، آمِر (البَحْرِيّة مَثَلًا)

commandment/kə'mɑndmənt/*n.* وَصِيّة (وَصايا)، أَمْر (أَوامِرُ)، حُكْم (أَحْكام)، فَرْض (فُرُوض)

commemorate/kə'meməreɪt/*v.t.* خَلَّدَ ذِكْرَى، احْتَفَلَ بِذِكْرَى

commemoration/kə'memə'reɪʃən/*n.* تَذْكار، إحْياءُ ذِكْرَى، اِحْتِفال بِذِكْرَى

commence/kə'mens/*v.t.* & *i.* شَرَعَ (ـَـ) في، بَدَأَ (ـَـ)؛ ابْتَدَأَ، أَخَذ (يَكْتُبُ)

commencement/kə'mensmənt/*n.* بِداية، اِسْتِهْلال، مَطْلَع

commend/kə'mend/*v.t.* اِمْتَدَحَ، أَثْنَى على، زَكَّى

he was highly commended for bravery أَثْنَت السُّلُطات على بَسالَتِهِ غايةَ الثَّناء

commendable/kə'mendəbəl/*adj.* جَدِيرٌ بالثَّناء، مَمْدُوح، حَمِيد

commendation/'komən'deɪʃən/*n.* اسْتِحْسان، تَقْدِير

comment/'koment/*n.* & *v.i.* تَعْلِيق، مُلاحَظة؛ عَلَّقَ على، أَبْدَى مُلاحَظاتٍ على

no comment! السُّكُوتُ أَشْرَف ! بِدُونِ تَعْلِيق !

commentary/'koməntərɪ/*n.* شَرْح (شُرُوح)، تأوِيل، تَعْلِيق (على مُباراةٍ مَثَلًا)

commentator/'koməntertə(r)/*n.* شارِح، مُفَسِّر، مُعَلِّق

commerce/'komɜs/*n.* تِجارة، بَيْع وَشِراء

commercial/kə'mɜʃəl/*adj.* تِجارِيّ

commission/kə'mɪʃən/*n.*

1. (charge, delegated authority) مَأْمُورِيّة، مَهَمّة (مَهامّ)؛ تَكْلِيف، تَفْوِيض

2. (appointed investigating body) لَجْنة (لِجان)

3. (officer's warrant) (شَهادة) تَعْيِين في رُتْبة ضابِط

4. (money paid to agent) عُمُولة

v.t. **1.** (empower, كَلَّفَ، خَوَّلَ

order, charge)
2. (give officer's rank to) قَلَّده رُتْبَةَ ضابط
3. (put ship in service) أعَدَّ سَفينةً للإبْحار
commissionaire/kəˈmɪʃənˈeə(r)/*n.* حاجِب ، بَوّاب يَرْتَدي زِيًّا رَسْمِيًّا ، آذِن
commit/kəˈmɪt/*v.t.*
1. (consign) وَضَع ، أَوْدَعَ ، أَرْسَلَ
he committed the map to memory حَفِظَ الخارِطة غَيْبًا
the murderer was committed for trial قُدِّمَ القاتِلُ للمُحاكَمة
2. (perpetrate) ارْتَكَبَ (جَريمة)
commit suicide انْتَحَر
3. (pledge, involve) تَعَهَّدَ بـ ، أَخَذَ على عاتِقِه ، أَلْزَمَ نَفْسَه بـ ، كَلَّفَ ، أَوْجَبَ
committee/kəˈmɪtɪ/*n.* لَجْنة (لِجان)
commodity/kəˈmodətɪ/*n.* بِضاعة (بَضائعُ) ، سِلْعة (سِلَع)
common/ˈkomən/*adj.*
1. (shared by all) مُشْتَرَك
that is common knowledge هذا أَمْرٌ مَعْروف
The Common Market *abbr.* **E.E.C.** السُّوق الأوربّيّة المُشْتَرَكة
2. (frequent, ordinary) عادِيّ ، مَأْلُوف
this word is in common use هذه كَلِمةٌ رائِجة أو كَثيرةُ الاسْتِعْمال
common sense تَعَقُّل ، رُشْد ، إِدْراك ، التَّفْكير السَّليم
the common people عامّة النّاس ، العَوامّ ، الدَّهْماء
House of Commons مَجْلِس العُمُوم البَريطانيّ
n. **1.** (unenclosed land) أَرْض مُشاعة
2. (joint use) عامِل مُشْتَرَك
one thing they have in common is a love of music بَيْنَهُما شَيْءٌ مُشْتَرَك وهو حُبُّ المُوسيقَى
common-room غُرْفة الجُلُوس في مَعْهَدٍ أو نادٍ
commonplace/ˈkomənpleɪs/*adj.* مُبْتَذَل ، تافِه ، عادِيّ ، (مَوْضوع) مَطْرُوق
Commonwealth/ˈkomənwelθ/*n.* الكُومُنْوِلْث ، رابِطة الشُّعُوب البَريطانيّة
commotion/kəˈməʊʃən/*n.* هَرْج ومَرْج ، هِياج ، اضْطِراب ، شَغَب
communal/ˈkomjʊnəl/*adj.* عامّ ، مُشْتَرَك ، مُشاع
commune[1]/ˈkomjun/*n.* وَحْدة سَكَنِيّة يَشْتَرِكُ فيها السّاكِنُون بِكُلِّ شَيْء
commune[2]/kəˈmjun/*v.i.* ناجَى ، حادَثَ بِصُورةٍ حَميمة
communicate/kəˈmjunɪkeɪt/*v.t.*
1. (exchange words, ideas) تبادَلَ الآراءَ ، بَلَّغَ ، أَفْصَحَ عَنْ (نَواياه)
we'll communicate with you by telephone سَنُخْبِرُكُم تَليفونيًّا ، سَنَتَّصِلُ بِكُم هاتِفِيًّا
2. (be connected with) اِتَّصَلَ بـ
we have communicating rooms غُرَفُنا مُتَّصِلة بِبَعْضِها
3. (take Holy Communion) تَناوَلَ القُرْبانَ المُقَدَّس
communication/kəˈmjunɪˈkeɪʃən/*n.*
1. (exchange of information) مُخابَرة ، تَبادُلُ المَعْلُوماتِ والآراء
2. (message) رِسالة ، بَلاغ ، بَيان ، نَبَأ
3. (interconnection) اِتِّصال ، مُوَصِّل ، المُواصَلات
the rail communications here are excellent مُواصَلات القِطار هُنا مُمْتازة
communion/kəˈmjunɪən/*n.*
1. (sharing) اِشْتِراك ، مُشارَكة (في الشُّعُور مَثَلاً) ، تَبادُل الآراءِ والمَشاعِر
2. (group sharing religious beliefs) طائِفة دِينيّة
3. (eucharist) تَناوُلُ القُرْبانِ المُقَدَّس ، تَقَرُّب
Communism/ˈkomjʊnɪzm/*n.* الشُّيُوعِيّة
Communist/ˈkomjʊnɪst/*n. & adj.* شُيُوعِيّ ، مُنْتَسِب إلى الحِزْب الشُّيُوعِيّ
community/kəˈmjunɪtɪ/*n.* مُجْتَمَع ، جَماعة ، أُسْرة دَوْلِيّة ، طائِفة ، جالِية
commute/kəˈmjut/*v.t. & i.* أَبْدَلَ ، حَوَّلَ ، خَفَّفَ (الحُكْمَ) ، سافَرَ مِن الضَّواحي إلى المَرْكَزِ يَوْمِيًّا
I live in Brighton and commute to London أَسْكُن في بْرايْتُون وأُسافِرُ يَوْمِيًّا إلى مَكانِ عَمَلي في لَنْدَن
commuter/kəˈmjutə(r)/*n.* ساكِن الضَّواحي الذي يُسافِر يَوْمِيًّا إلى عَمَلِه في مَرْكَزِ المَدِينة
compact/kəmˈpækt/*adj.* مَضْغُوط ، مُتَراصّ ، كَثِيف ، مُتَضامّ
n./ˈkompækt/ ميثاق ، حِلْف (أَحْلاف) ، عُلْبة بُودْرة
companion/kəmˈpænjən/*n.* مُرافِق ، رَفيق (رُفَقاء) ، صاحِب (أَصْحاب) ، عَشِير (عُشَراء)
companionship/kəmˈpænjənʃɪp/*n.* رِفْقة ، صُحْبة ، زَمالة
company/ˈkʌmpənɪ/*n.*
1. (companionship, association) عِشْرة ، مُخالَطة ، صُحْبة
will you keep me company this evening? هل لي بِصُحْبَتِكَ هذا المَساء ؟
2. (group) جَماعة
there is an excellent company playing at this theatre فِرْقة المُمَثِّلين في هذا المَسْرَح مُمْتازة

3. (*commerc.*) شركة ، شَركة تِجارِيّة
4. (military unit) وَحْدة عَسْكَرِيّة

comparable/ˈkomprəbəl/ *adj.* مُناظِر ، مُشابِه ، يُمْكِنُ مُقارَنَتُه بـ ، مُساوٍ

comparative/kəmˈpærətɪv/*adj.* مُقارَن ، نِسْبِيّ
she lives in comparative comfort إنّها تَعيشُ بِرَخاءٍ نِسْبِيًّا

compare/kəmˈpeə(r)/ *v.t. & i.* قارَنَ ، قابَلَ ، وازَنَ
n.
her beauty is beyond compare جَمالُها لا يُضاهَى

comparison/kəmˈpærɪsən/*n.* مُقابَلة ، مُقارَنة ، مُوازَنة

compartment/kəmˈpɑtmənt/*n.* مَقْصُورة ، عَرَبة قطار ، قِسْم

compass/ˈkʌmpəs/*n.*
1. (navigational instrument) بُوصلة ، حُكّ ، بَيْت الإبْرة
2. (*pl.* drawing instrument) فِرْجال ، فِرْجار ، بِرْكار
3. (range, scope) مَدًى ، نِطاق ، مَجال

compassion/kəmˈpæʃən/*n.* رَحْمة ، شَفَقة ، حَنان ، رَأْفة بـ

compassionate/kəmˈpæʃənɪt/*adj.* رَحيم ، شَفيق ، رَؤُوف ، عَطُوف

compatibility/kəmˈpætəˈbɪlətɪ/*n.* اِنْسِجام ، تَوافُق ، عَدَم تَعارُض

compatible/kəmˈpætɪbəl/*adj.* مُنْسَجِم مع ، مُتَطابِق ، غَيْر مُتَعارِض

compel/kəmˈpel/*v.t.* أَجْبَرَ على ، أَكْرَهَ على ، أَلْجأَه (الحالُ إلى فِعْل ذلك)

compensate/ˈkompənseɪt/*v.t.* عَوَّضَ (هُ أو عَنْه) بـ ، كافأ ، جازَى

compensation/ˈkompənˈseɪʃən/*n.* تَعْويض (عن ضَرَر) ، مُقاصّة

compère/ˈkompeə(r)/*n.* عَريف الحَفْلة ، مُقَدِّم بَرامِج إذاعِيّة
& v.t. قَدَّمَ بَرْنامَج مُتَنَوِّعات

compete/kəmˈpit/*v.i.* نافَسَ
I can't compete with you لا أَسْتَطيع مُنافَسَتَك

competence/ˈkompətəns/*n.* كَفاءة ، مَقْدِرة ، أَهْلِيّة

competent/ˈkompətənt/ *adj.* كُفْء (أَكْفاء) ، مُؤَهَّل ، مُقْتَدِر ، مُخْتَصّ ، ذُو صَلاحِيّة

competition/ˈkompəˈtɪʃən/*n.* مُنافَسة ، مُزاحَمة ، مُباراة ، مُسابَقة
there is great competition for the award هناك مُنافَسة شَديدة على الجائزة
you may win a prize in the competition قَدْ تَفوز بِجائِزةٍ في المُسابَقة

competitor/kəmˈpetɪtə(r)/*n.* مُنافِس ، مُضارِب ، مُسابِق

compile/kəmˈpɑɪl/*v.t.* صَنَّفَ (فِهْرِسًا) ، جَمَّعَ (مُقْتَطَفات)

complacency/kəmˈpleɪsənsɪ/*n.* لا مُبالاة ، تَساهُل ، الرِّضا الذّاتِيّ

complacent/kəmˈpleɪsənt/*adj.* راضٍ عن نَفْسِه ، مُعْجَبٌ بِنَفْسِه

complain/kəmˈpleɪn/ *v.i.* شَكا (يَشْكُو) ، اِشْتَكَى ، تَذَمَّرَ

complaint/kəmˈpleɪnt/*n.*
1. (grievance, protest) شَكْوَى ، تَذَمُّر ، تَظَلُّم
2. (ailment) عِلّة ، مَرَض

complement/ˈkomplɪmənt/*n.*
1. (amount required to complete) تَتِمّة ، تَكْمِلة
2. (*gram.*) خَبَرٌ (غالِبًا بَعْدَ كان وأَخَواتِها) ، مَفْعُولٌ بِهِ ثانٍ (نَحْو)

complete/kəmˈplit/*v.t.* أَكْمَلَ ، أَتَمَّ
adj. كامِل ، تامّ
his visit was a complete surprise. كانَتْ زِيارَتُه مُفاجِئَةً تامًّا

completion/kəmˈpliʃən/ *n.* إكْمال ، إتْمام ، إنْهاء ، إنْجاز

complex/ˈkompleks/*adj.* مُعَقَّد ، مُرَكَّب
n. (*psych.*) عُقْدة نَفْسِيّة

complexion/kəmˈplekʃən/*n.* بَشَرة ، لَوْن (الوَجْه) ، وَجْه
his evidence puts a different complexion on the affair إفادَتُه تُغَيِّرُ وَجْهَ القَضِيّة

complexity/kəmˈpleksɪtɪ/*n.* تَعَقُّد ، تَشَعُّب

compliance/kəmˈplɑɪəns/*n.* مُطاوَعة ، إذْعان ، رُضُوخ

complicate/ˈkomplɪkeɪt/*v.t.* عَقَّدَ ، صَعَّبَ

complication/ˈkomplɪˈkeɪʃən/*n.* تَعْقيد (تَعْقيدات) ، تَعَقُّد
after the operation complications set in حَصَلَت مُضاعَفاتٌ بَعْدَ العَمَلِيّة الجِراحِيّة

compliment/ˈkomplɪmənt/*n.* مُجامَلة ، ثَناء ، مَدْح
he paid me a compliment on my singing أَطْرَى غِنائي
v.t. أَطْرَى ، هَنَّأَ ، جامَلَ

complimentary/ˈkomplɪˈmentərɪ/*adj.* مُجامِل ، (قَوْل) مَديح ، مَجّانِيّ

comply/kəmˈplɑɪ/*v.i.* اِمْتَثَلَ لِـ ، أَطاعَ ، اِسْتَجابَ لِـ ، أَذْعَنَ
he complied with my wishes اِنْصاعَ لِرَغَباتي

component/ عُنْصُر (عَناصِر) ، قِطْعة مُكَوِّنة ، جُزْءٌ مُرَكِّب ،

kəm'pəʊnənt/*n. & adj.* مُرَكِّب ، مُكَوِّن

compose/kəm'pəʊz/*v.t.*

1. (constitute) كَوَّنَ ، شَكَّلَ

the gathering was composed of people of different nationalities كان الجَمْعُ مُؤَلَّفًا من أشْخاصٍ يَنْتَمُون لِقَوْمِيّاتٍ مُخْتَلِفة

2. (create) ألَّفَ (كِتابًا) ، نَظَمَ (ـِ) (قَصِيدةً) ، وَضَعَ (لَحْنًا)

3. (*typog.*) نَضَّدَ الأَحْرُف (طِباعة) ، صَفَّ الحُرُوف

4. (arrange, settle) نَظَّمَ ، رَتَّبَ

composed/kəm'pəʊzd/*adj.* رابِطُ الجَأْش ، هادِئ

composer/kəm'pəʊzə(r)/*n.* مُلَحِّن ، مُؤَلِّف مُوسِيقِيّ

composition/'kɒmpə'zɪʃən/*n.*

1. (constitution, make-up) تَرْكِيب ، تَشْكِيل

2. (*mus.*) فَنُّ التَّأْلِيف المُوسِيقِيّ ، قِطْعة مُوسِيقِيّة

3. (essay) إنْشاء أَدَبِيّ

4. (*typog.*) صَفُّ الحُرُوف ، تَنْضِيدُ الأَحْرُف (طِباعة)

composure/kəm'pəʊʒə(r)/*n.* رَصانة ، رَباطة جَأْش

compound/kəm'paʊnd/*v.t.*

1. (mix, combine) مَزَجَ (ـُ) ، خَلَطَ (ـِ) ، رَكَّبَ

2. (settle) سَوَّى (دَيْنًا)

adj. /'kɒmpaʊnd/ مُرَكَّب

compound interest فائدة مُرَكَّبة

n. مُرَكَّب كِيماوِيّ ؛ مَجْمُوعة مَنازِل مُسَيَّجة

comprehend/'kɒmprɪ'hend/*v.t.*

1. (understand) فَهِمَ (ـَ) ، أَدْرَكَ

2. (include) شَمِلَ (ـَ) ، اِسْتَوْعَبَ ، تَضَمَّنَ

comprehensible/'kɒmprɪ'hensɪbəl/*adj.* مَفْهُوم ، قابِلٌ للإدْراك ، مُمْكِنٌ فَهْمُه

comprehension/'kɒmprɪ'henʃən/*n.* إدْراك ، فَهْم ، تَفَهُّم ، اِسْتِيعاب

comprehensive/'kɒmprɪ'hensɪv/*adj.* شامِل ، جامِع

comprehensive school مَدْرَسة شامِلة لِقابِلِيّاتٍ مُتَفاوِتة

compress/kəm'pres/*v.t.* كَبَسَ (ـِ) ، ضَغَطَ (ـَ) شَيْئًا لِيُقَلِّلَ حَجْمَه ؛ رَكَّزَ (الأفْكارَ في عِباراتٍ قَلِيلة)

n. /'kɒmpres/ ؛ كِمادة ، ضِمادة

compression/kəm'preʃən/*n.* ضَغْط ، كَبْس

comprise/kəm'praɪz/*v.t.* ضَمَّ (ـُ) ، حَوَى (يَحْوِي) ، تَأَلَّفَ مِن

compromise/'kɒmprəmaɪz/*n.* حَلٌّ وَسَط ، تَسْوِية ، تَراضٍ

v.i. وَصَلا إلى حَلٍّ وَسَط ، تَراضَيا

v.t. عَرَّضَهُ لِلقِيل والقال ، وَضَعَهُ مَوْضِعَ الشُّبْهة ، فَضَحَهُ

compulsion/kəm'pʌlʃən/*n.* إلْزام ، إجْبار

compulsive/kəm'pʌlsɪv/*adj.* لا إرادِيّ (تَدْخِين مَثَلًا) ، رَغْمًا عَنْه ، جَبْرِيّ

compulsory/kəm'pʌlsərɪ/*adj.* إجْبارِيّ ، إلْزامِيّ

computer/kəm'pjutə(r)/*n.* آلة حاسِبة إلِكْتْرُونِيّة ، عَقْل إلِكْتْرُونِيّ

comrade/'kɒmreɪd/'kɒmræd/'kɒmred/*n.* رَفِيق ، زَمِيل ، صاحِب

con/kɒn/*v.t.*

1. (study) اِسْتَظْهَرَ ، اِسْتَذْكَرَ

2. (trick) (*sl.*) غَشَّ (ـُ) ، لَعِبَ على ، اِحْتالَ على

n.pl. in pros and cons ما لَهُ وما عَلَيْه ، مَحاسِنُ وَمَساوِئُ . . .

concave/kən'keɪv/*v.t.* مُقَعَّر

conceal/kən'sil/*v.t.* أَخْفَى ، خَبَّأَ ، وارَى

concealment/kən'silmənt/*n.* إخْفاء ، تَخْبِئة ، تَوْرِية

concede/kən'sid/*v.t.* أَذْعَنَ ، تَنازَلَ عَن . . . لِ ، سَلَّمَ بِ ، مَنَحَ (ـَ)

conceit/kən'sit/*n.* غُرُور

conceited/kən'sitɪd/*adj.* مَغْرُور ، مُعْجَب بِنَفْسِه ، مَزْهُوّ

conceive/kən'siv/*v.t. & i.*

1. (inspire, devise) تَخَيَّلَ ، تَصَوَّرَ

2. (become pregnant) حَبِلَت أو حَمَلَت (المَرْأة)

concentrate/'kɒnsəntreɪt/*v.t. & i.* رَكَّزَ ؛ حَشَدَ (ـُ) ؛ تَرَكَّزَ ، تَجَمَّعَ

concentration/'kɒnsən'treɪʃən/*n.* تَرْكِيز ، حَشْد (عَسْكَرِيّ مَثَلًا)

concept/'kɒnsept/*n.* تَصَوُّرٌ لِشَيْءٍ ما ؛ فِكْرة ؛ مَفْهُوم (كَلِمة) ؛ مَعْنًى مُجَرَّد

concern/kən'sɜn/*n.*

1. (anxiety) اِهْتِمام ، قَلَق

2. (business) شُغْل ، عَمَل

what you do at home is no concern of mine شُؤُونُك البَيْتِيّة لا تَخُصُّني

v.t. **1.** (trouble) أَقْلَقَ ، أَزْعَجَ

I was very concerned to hear you were ill قَلِقْتُ جِدًّا عِنْدَما عَلِمْتُ بِنَبَإِ مَرَضِك

2. (affect, involve) تَعَلَّقَ بِ ، خَصَّ (ـُ)

concerning/kən'sɜnɪŋ/*prep.* فِيما يَتَعَلَّقُ بِ ، فِيما يَخُصّ

concert/'kɒnsət/*n.*

1. (*mus.*) حَفْلة مُوسِيقِيّة

2. (agreement) اِنْسِجام ، تَوافُق

the allies acted in concert وَحَّدَ الحُلَفاءُ جُهُودَهُم

concerto/kən'tʃɜtəʊ/*n.* كُونْشِرْتُو ، قِطْعة مُوسِيقِيّة لِعازِفٍ مُنْفَرِدٍ بِمُصاحَبة أُورْكِسْتْرا

concession/kən'seʃən/ اِمْتِياز ، تَسْلِيم ؛ تَنازُل ،

n. تَساهُل

conciliation/ kən'sɪlɪ'eɪʃən/*n.* تَوْفيق بَيْن خَصْمَيْن ، تَسْوِية وُدِّيَّة ، مُصالَحة

conciliatory/ kən'sɪlɪətərɪ/*adj.* اِسْتِرْضائِيّ ، تَوْفيقِيّ

concise/ kən'saɪs/*adj.* وَجيز ، مُوجَز ، مُقْتَضَب

conclude/ kən'klud/*v.t.*

1. (end) *also v.i.* خَتَمَ (ـِ) ، أَنْهَى ؛ اِنْتَهَى

2. (bring about, arrange) عَقَدَ (ـِ) (مُعاهَدة) ، أَتَمَّ (صَفْقةً تِجارِيَّةً مَثَلًا)

3. (infer) اِسْتَنْتَجَ ، اِسْتَخْلَصَ

conclusion/ kən'kluʒən/ *n.* اِسْتِنْتاج ؛ عَقْد (مُعاهَدة) ؛ خاتِمة (خُطْبة) ، خُلاصة

conclusive/ kən'klusɪv/ *adj.* حاسِم ، باتّ ، نِهائِيّ ، مُقْنِع

concoct/ kən'kokt/*v.t.* اِخْتَرَعَ أَكْلةً جَديدة ؛ اِخْتَلَقَ ، لَفَّقَ

concord/'koŋkɔd/*n.* وِفاق ، وِئام

concrete/'koŋkrit/*n.* خَرَسانة

adj. مَلْمُوس ، واقِعِيّ ، مُجَسَّم

this is a concrete proposal هذا اقْتِراح إيجابِيّ

concur/ kən'kɜ(r)/*v.i.* وافَقَ ، اِتَّفَقَ مع ، طابَقَ

concussion/ kən'kʌʃən/ *n.* رَجّة ، صَدْمة ، هَزّة ، اِرْتِجاج مُخِّيّ

condemn/ kən'dem/*v.t.*

1. (sentence) حَكَمَ على ، أَدان

2. (pronounce unfit for use) قَضَى بِعَدَم صَلاحِيَّةِ شَيْءٍ ما لِلاسْتِعْمال

condemnation/ 'kondəm'neɪʃən/*n.* شَجْبٌ ، إدانة ، اِسْتِنْكار

condensation/ 'konden'seɪʃən/*n.* تَكْثيف ، تَكاثُف ، رُطُوبة مُتَكَثِّفة (على النَّوافِذ مَثَلًا)

condense/ kən'dens/*v.t.*

1. (reduce in size, concentrate) لَخَّصَ ، أَوْجَزَ ، اِخْتَصَرَ ، رَكَّزَ

2. (*chem.*) كَثَّفَ ، سَيَّلَ

condescend/ 'kondɪ'send/*v.i.* تَنازَلَ لِ ، تَعَطَّفَ ، تَواضَعَ

condescension/ 'kondɪ'senʃən/*n.* تَنازُل ، مُهاوَدة ، مُطاوَعة ، تَواضُع

condiment/'kondɪmənt/*n.* تابِل (تَوابِل)

condition/ kən'dɪʃən/*n.*

1. (state) حال (أَحْوال) ؛ حالة (صِحِّيَّة)

2. (*pl.* circumstances) الظُّرُوف الرّاهِنة ، في هذه الأَحْوال

3. (stipulation) شَرْط (شُرُوط) ، قَيْد (قُيُود)

you may go out on condition that you are back by ten o'clock بِإمْكانِك الخُرُوج بِشَرْطِ أَنْ تَعُودَ قَبْلَ العاشِرة

v.t. (accustom) عَوَّدَ (حَيَوانًا على الاسْتِجابة التِّلْقائِيَّة)

conditional/ kən'dɪʃənəl/*adj.* شَرْطِيّ ، مُعَلَّق على شَرْط

condole/ kən'dəʊl/*v.i.* واسَى ، عَزَّى في أو عَن

I condoled with him on/upon his misfortunes شاطَرْتُه الأَسَى في مِحْنَتِهِ

condolence/ kən'dəʊləns/*n.* تَعْزِية (تَعازٍ) ، مُواساة (في مُصيبة)

condone/ kən'dəʊn/*v.t.* تَسامَحَ مَعَ فُلانٍ في ، تَغاضَى ، صَفَحَ (ـَ) عَن

conduct[1]/'kondʌkt/*n.*

1. (behaviour) سُلُوك ، تَصَرُّف

2. (management) إدارة

3. (guidance) قِيادة ، تَسْيير

conduct[2]/ kən'dʌkt/*v.t.*

1. (behave **oneself**) سَلَكَ ، تَصَرَّفَ

2. (manage) أَدار ، دَبَّرَ

3. (direct an orchestra) قاد (يَقُود) جَوْقة مُوسيقِيّة

4. (lead) قاد (يَقُود) ، دَلَّ (ـُ) ، ساق (يَسُوق)

conductor/ kən'dʌktə(r)/*n.*

1. (on a bus) قاطِع تَذاكِر في سَيّارات النَّقْل ، كُمْساري ، جابٍ (جُباة)

2. (of orchestra) رَئيس فِرْقة مُوسيقِيّة ، ضابِط الإيقاع

3. (*phys.*) مُوصِل (فيزياء) ، ناقِل

lightning conductor مانِعة صَواعِق

cone/ kəʊn/*n.*

1. (*geom.*) مَخْرُوط ، شَكْل مَخْرُوطِيّ

2. (fruit of conifer) كُوز (أَكْواز ، كِيزان) الصُّنَوْبَر ، كَرْز (كُرُوز) (س)

confectioner/ kən'fekʃənə(r)/*n.* حَلْوانِيّ ، حَلْوائِيّ ، صانِع أو بائِع شُوكُولاتة وحُلْوِيّات

confectionery/ kən'fekʃənrɪ/*n.* حُلْوِيّات ، سَكاكِرُ ؛ دُكّان الحَلْوانِيّ

confederacy/ kən'fedərəsɪ/*n.* تَحالُف ، اِتِّحادُ دُوَل

confederate/ kən'fedərət/*adj.* & *n.* حَليف (حُلَفاء) ، شَريك (شُرَكاء) ، مُتَواطِئ

confer/ kən'fɜ(r)/*v.t.* & *i.* مَنَحَ (ـَ) ، أَهْدى ، خَلَعَ (ـَ) على ؛ تَفاوَضَ ، تَشاوَرَ

conference/'konfərəns/*n.* مُؤْتَمَر (مُؤْتَمَرات)

confess/ kən'fes/*v.t.* & *i.* اِعْتَرَفَ ، أَقَرَّ ، صَرَّحَ بِـ

confession/ kən'feʃən/ *n.* اِعْتِراف ؛ إقْرار بالإثْم أمامَ القَسّ

confetti/ kən'fetɪ/*n.* نِثار (يُنْثَرُ على العَرُوسَيْن)

confide/ kən'faɪd/*v.t.* & *i.* أَسَرَّ له بِ ، اِسْتَوْدَعه سِرًّا ، اِئْتَمَنَه على سِرّ

confidence/ˈkɒnfɪdəns/*n.*
1. (trust) اِئْتِمان ، ثِقة
confidence trickster نَصّاب ، مُحْتال ، غَشّاش
2. (secret) سِرّ ، أَمْرٌ سِرِّيّ
I had to take my brother into my confidence كان لابُدَّ مِن أَنْ أَبُوحَ بِسِرّي لأَخي
3. (assurance) اِعْتِداد أو ثِقة بالنَّفْس
confident/ˈkɒnfɪdənt/*adj.* مُطْمَئِنّ ، واثِق ، مُتَأَكِّد ، مُتَيَقِّن
confidential/ˈkɒnfɪˈdenʃəl/*adj.* سِرّيّ ، خُصُوصيّ ، مَكْتُوم
confine/kənˈfaɪn/*v.t.*
1. (restrict) حَصَرَ (ـِ) ، قَصَرَ (ـُ) ، حَدَّدَ ، قَيَّدَ ، اِقْتَصَرَ على
2. (imprison) حَبَسَ (ـِ) ، حَجَزَ (ـُ) ، اِعْتَقَلَ
confinement/kənˈfaɪnmənt/*n.* حَبْس ؛ الوِلادة والنِّفاس
confirm/kənˈfɜm/*v.t.*
1. (establish, corroborate) أَكَّدَ ، أَقَرَّ ، أَيَّدَ
2. (*eccles.*) ثَبَّتَ العِماد (عِنْدَ المَسِيحِيِّين)
confirmation/ˈkɒnfəˈmeɪʃən/*n.* تأكِيد ؛ تَثْبِيت العِماد
confiscate/ˈkɒnfɪskeɪt/*v.t.* صادَرَ (أَمْوالاً أو مُمْتَلَكات) ، اِسْتَوْلَى على ، حَجَزَ على
confiscation/ˈkɒnfɪsˈkeɪʃən/*n.* مُصادَرة ، حَجْز ، ضَبْط
conflict/ˈkɒnflɪkt/*n.* تَصادُم ، تَضارُب ، صِراع ، نِزاع
v.i./kənˈflɪkt/ تَناقَضَ مع ، تَعارَضَ مع ، تَضارَبَ مع
conform/kənˈfɔm/*v.i.* وافَقَ ، تلاءَمَ مع ؛ جارَى ، راعَى ، تَمَشَّى مع أو وَ
conformity/kənˈfɔmɪtɪ/*n.* مُطابَقة ، تَوافُق ، تَلاؤُم ، اِنْسِجام ؛ مُجاراة ، مُراعاة
confound/kənˈfaʊnd/*v.t.*
1. (perplex, confuse) أَرْبَكَ ، أَذْهَلَ ، حَيَّرَ ؛ أَطاحَ بِـ
2. (damn) لَعَنَ (ـَ)
confront/kənˈfrʌnt/*v.t.* جابَهَ ، واجَهَ ، تَصَدَّى لِـ
confrontation/ˈkɒnfrʌnˈteɪʃən/*n.* مُواجَهة مُتَحَدِّية ، مُجابَهة
confuse/kənˈfjuz/*v.t.* أَرْبَكَ ، شَوَّشَ ، بَلْبَلَ الأَفْكار
people often confuse him with his brother كَثِيرًا ما يَخْلِط النّاسُ بَيْنه وبَيْن أَخِيه
confusion/kənˈfjuʒən/*n.* اِضْطِراب ، بَلْبَلة ، تَشَوُّش
the meeting broke up in confusion اِرْفَضَّ الاجْتِماع بِفَوْضَى وتَشْوِيش
congeal/kənˈdʒil/*v.i.* تَجَمَّدَ (الدُّهْن) ، تَجَلَّطَ (الدَّم)
congenial/kənˈdʒinɪəl/*adj.* على صَعِيدٍ واحِد ، مُلائِم ، مُؤْنِس ، خَفِيفُ الظِّلّ
congested/kənˈdʒestɪd/*adj.* مُزْدَحِم ، مُحْتَقِن
congestion/kənˈdʒestʃən/*n.* اِنْسِداد ، اِزْدِحام ؛ احتِقان (رِئَويّ)
the traffic congestion is very bad اِزْدِحام المُرُور سَيِّئ جِدًّا اليَوْم
congratulate/kənˈgrætjuleɪt/*v.t.* هَنَّأَ ، بارَكَ
I congratulated myself on having found a house اِغْتَبَطْتُ بِحُصُولي على سَكَن
congratulation/kənˈgrætjuˈleɪʃən/*n.* تَهْنِئة (تَهانٍ)
congratulations! مَبْرُوك ! ، تهانينا
congregate/ˈkɒŋgrɪgeɪt/*v.t. & i.* جَمَعَ (ـَ) ، حَشَدَ (ـُ) ؛ اِحْتَشَدَ ، اِجْتَمَعَ
congregation/ˈkɒŋgrɪˈgeɪʃən/*n.* جَمْع ، حَفْل ، مَلَأ (أَمْلاء) ؛ جَماعة (المُصَلِّين)
congress/ˈkɒŋgres/*n.* مُؤْتَمَر ، مَجْلِس
Congress/ˈkɒŋgres/*n.* (*U.S.*) الكُونْغْرِسُ الأَمْرِيكيّ
conical/ˈkɒnɪkəl/*adj.* مَخْرُوطِيّ
conifer/ˈkɒnɪfə(r)/*n.* شَجَر مِن فَصِيلة الصَّنَوْبَرِيّات
conjecture/kənˈdʒektʃə(r)/*n.* تَخْمِين ، حَدْس
v.t. & i. خَمَّنَ ، حَدَسَ (ـِ)
conjugal/ˈkɒndʒʊgəl/*adj.* زَوْجِيّ ، زِيجِيّ
conjugate/ˈkɒndʒʊgeɪt/*v.t.* صَرَّفَ فِعْلاً (نَحْو)
conjugation/ˈkɒndʒʊˈgeɪʃən/*n.* تَصْرِيفُ الأَفْعال (نَحْو)
conjunction/kənˈdʒʌŋkʃən/*n.*
1. (combination) اِتِّحاد ، اِرْتِباط ؛ اِقْتِران (فَلَك)
2. (*gram.*) حَرْف عَطْف
conjure/ˈkʌndʒə(r)/*v.t.* شَعْوَذَ ، شَعْبَذَ
he conjured a rabbit out of his hat أَخْرَجَ أَرْنَبًا من قُبَّعَتِه بالشَّعْوَذة
with **up** اِسْتَحْضَرَ ، اِسْتَدْعَى
she conjured up visions of the past اِسْتَعادَتْ رُؤًى مِن الماضِي
connect/kəˈnekt/*v.t. & i.* رَبَطَ (ـُ) ، اِرْتَبَطَ
I didn't know that they were connected by marriage لَمْ أَعْلَمْ أَنَّهُما مُتَصاهِران
the telephonist was trying to connect me to the hospital كانت عامِلة التِّلِفُون تُحاوِل إيصالي بالمُسْتَشْفَى
connection, connexion/kəˈnekʃən/*n.*
1. (link) اِرْتِباط ، اِتِّصال
2. (context, relation) عَلاقة ، اِرْتِباط مَنْطِقِيّ
3. (connecting train/plane) وَسِيلة نَقْل (قِطار أو طائِرة مَثَلاً) لِمُتابَعة السَّفَر
4. (relationship) قَرابة ، نَسَب ، عَلاقة

connoisseur/ˈkonəˋsɜ(r)/*n.* ذَوّاقة ، خَبير

conquer/ˈkoŋkə(r)/*v.t.* *& i.* اِنْتَصَر على ، ظَفِر (ـَ) ، قَهَر (ـَ) ، اِسْتَوْلَى على

conqueror/ˋkoŋkərə(r)/ *n.* مُنْتَصِر ، فاتِح ، ظافِر ، قاهِر ، غالِب

conquest/ˋkoŋkwest/*n.* فَتْح (فُتُوحات) ، اِنْتِصار ، ظَفَرٌ

conscience/ˋkonʃəns/*n.* ضَمير ، وِجْدان

I've got a guilty conscience about being late يُؤَنِّبُني ضَميري لِتَأَخُّري

my conscience is clear أنا مُرْتاحُ الضَّمير

in all conscience I cannot agree لَيْسَ مِن المَعْقُول أنْ أُوافِقَك

conscientious/ ˈkonʃıˋenʃəs/*adj.* صاحِب ذِمّة ، حَيُّ الضَّمير ، صاحِب وِجْدان ؛ (عَمَل) مُعْتَنًى بِهِ

conscious/ˋkonʃəs/*adj.*

1. (in possession of one's senses) يَقِظٌ ، مُتَنَبِّهٌ ، واعٍ ، صاحٍ

2. (aware) مُدرِك ، على عِلْمٍ بِـ ، واعٍ لِـ

consciousness/ˋkonʃəsnəs/*n.* وَعْيٌ ، يَقْظة ، تَنَبُّه

he regained consciousness اِسْتَفاقَ مِن غَيْبوبَتِهِ ، اِسْتَعادَ وَعْيَهُ

conscript/kənˋskrıpt/*v.t.* جَنَّد

n. /ˋkonskrıpt/ مُجَنَّد إلْزاميّ

conscription/kənˋskrıpʃən/*n.* تَجْنيد إلْزاميّ

consecrate/ˋkonsıkreıt/ *v.t.* كَرَّسَ (هَيْكَلًا) ، قَدَّس (الخُبْزَ والخَمْر) ؛ خَصَّص ، وَهَب

consecutive/kənˋsekjʊtıv/*adj.* مُتَعاقِب ، مُتَتابِع

consent/kənˋsent/*n.* & *v.t.* رِضًى ، مُوافَقة ، قَبُول ، تَسْليم ؛ وافَقَ على أو في ، رَضِيَ بِـ ، قَبِلَ (ـَ)

consequence/ˋkonsıkwəns/*n.*

1. (result) نَتيجة ، عاقِبة

2. (importance) خُطُورة ، أَهَمِّيَّة

he is a man of consequence رَجُل ذُو شَأن ، شَخْصِيَّة كَبيرة

consequent/ˋkonsıkwənt/*adj.* تالٍ لِـ ، ناشِئٌ عن ، ناجِمٌ عن

the rise in prices consequent on/upon inflation اِرْتِفاع الأسْعارِ نَتيجةً للتَّضَخُّمِ المالِيّ

consequently/ˋkonsıkwəntlı/ *adv. & conj.* نَتيجةً لذلك ، ولذلك ، وعليه ، إذًا

conservation/ ˈkonsəˋveıʃən/*n.* صِيانة ، مُحافَظة على ، حِماية

conservative/kənˋsɜvətıv/*adj.*

1. (cautious) مُتَحَفِّظ

at a conservative estimate there were at least 50 people كان هُناك خَمْسون شَخْصًا على أقَلِّ تَقْدير

2. (*polit.*) *also n.* (حِزْبُ) المُحافِظين

conservatory/ kənˋsɜvətərı/*n.* دَفيئة (غُرْفة زُجاجِيّة مُلْحَقة بالمَنْزِل)

consider/kənˋsıdə(r)/*v.t. & i.*

1. (think about) تَبَصَّرَ في ، فَكَّر في ، تَأَمَّل في

I will consider your offer سأُفَكِّر في عَرْضِك

2. (reckon) اِعْتَبَرَ ، حَسِب (ـِ) ، اِعْتَقَد ، رأى أنّ

he considers himself unlucky يَعُدُّ نَفْسه غَيْرَ مَحْظُوظ

3. (take into account) نَظَرَ أو أَخَذ بِعَيْن الاعْتِبار

considerable/ kənˋsıdrəbəl/*adj.* (مَبْلَغ) كَبير ، (خَسائرُ) جَسيمة ، (نَفَقات) باهِظة

considerably/kənˋsıdrəblı/*adv.* بكَثير ، بقَدْرٍ كَبير

considerate/kənˋsıdərıt/ *adj.* مُراعٍ لشُعُورِ الآخَرين ، مُلاطِف ، مُجامِل

consideration/kənˈsıdəˋreıʃən/*n.*

1. (serious thoughts) اِعْتِبار ، اِهْتِمام

your ill health will be taken into consideration سَتُؤْخَذ حالَتُك الصِّحِّيّة بِعَيْن الاعْتِبار

2. (thoughtfulness) مُراعاة شُعُور الآخَرين

3. (payment) مُكافأة ، تَعْويض

considering/ kənˋsıdərıŋ/*prep.* نَظَرًا لِـ أو إلى أنَّ ، باعْتِبارِ أنَّ

consign/kənˋsaın/*v.t.* أَرْسَلَ ، أَوْدَعَ

consignment/kənˋsaınmənt/*n.* شِحْنة مُصَدَّرة

consist/kənˋsıst/*v.i.* اِحْتَوَى او اِشْتَمَل على ، تَكَوَّن من

the set consists of a table and four chairs تَتَأَلَّف المَجْمُوعة من طاوِلة وأَرْبَعة كَراسِيّ

consistency/kənˋsıstənsı/*n.* قِوام ، كَثافة ، تَماسُك

consistent/kənˋsıstənt/*adj.* مُنْسَجِم ، مُتَوافِق ، مُتَطابِق

consolation/ˈkonsəˋleıʃən/*n.* عَزاء ، مُؤاساة ، سَلْوَى

console[1]/kənˋsəʊl/*v.t.* عَزَّى ، سَلَّى ، واسَى

console[2]/ˋkonsəʊl/*n.* خِزانة الرّاديو او التِّلِفِزْيون ؛ حامِل أو كَتيفة لِرَفّ

consolidate/ kənˋsolıdeıt/*v.t. & i.* ثَبَّت ، وَطَّد ، دَعَّم ، مَكَّن ، قَوَّى

consonant/ˋkonsənənt/*n.* حَرْف صامِت أو ساكِن

consort[1]/ˋkonsɔt/*n.* قَرين ، قَرينة

consort[2]/kənˋsɔt/*v.i.* رافَق ، عاشَر ؛ اِنْسَجَم مع

conspicuous/kənˋspıkjʊəs/*adj.* بارِز ، ناتِئ ، واضِح

conspicuous by his absence غِيابُه يُلْفِت النَّظَر

conspiracy/kənˋspırəsı/*n.* مُؤامَرة ، مَكيدة (مَكايِدُ)

conspirator/kənˋspırətə(r)/*n.* مُتآمِر

conspire/kənˋspaıə(r)/*v.i.* تآمَرَ على ، تَواطأَ على

constable/ˋkʌnstəbəl/*n.* شُرْطِيّ (شُرْطة) ، رَجُل بُولِيس

constabulary/kənˋstæbjʊlərı/*n.* رِجال الشُّرْطة

constancy/ˋkonstənsı/*n.* ثَبات ، وَفاء

constant/ˈkonstənt/*adj.* ثابِت ، وَفِيّ ، مُسْتَمِرّ ، دائِم
constantly/ˈkonstəntlı/ *adv.* بِاسْتِمْرار ، على الدَّوام ، دائِمًا
constellation/ ˈkonstəˈleıʃən/*n.* بُرْج سَماوِيّ ، مَجْموعة نُجوم
consternation/ˈkonstəˈneıʃən/*n.* فَزَع ، قَلَق شَديد
constipated/ˈkonstıpeıtıd/*adj.* مُصابٌ بالإمْساك
constipation/ˈkonstıˈpeıʃən/*n.* إمْساك ، قَبْض (الأَمْعاء)
constituency/kənˈstıtjʊənsı/*n.* دائِرة اِنْتِخابِيّة
constitute/ˈkonstıtjut/*v.i.*
 1. (make up) كَوَّن ، أَلَّف ، شَكَّل
 2. (appoint) عَيَّن ، وَلَّى
constitution/ˈkonstıˈtjuʃən/*n.*
 1. (system of government) دُسْتور (دَساتير) ، قانون أساسِيّ
 2. (bodily system) بُنْيَة ، خِلْقة
constitutional/ ˈkonstıˈtjuʃənəl/*adj.* مُتَعَلِّق بالبُنْيَة ، دُسْتورِيّ
constrain/kənˈstreın/ *v.t.* أَرْغَمَ ، أَكْرَهَ ، أَجْبَرَ ، قَيَّدَ ، ضَيَّقَ
constraint/kənˈstreınt/ *n.* إجْبار ، إكْراه ، تَقْييد ، تَضْييق
constrict/kənˈstrıkt/*v.t.* ضَيَّق ، ضَيَّق الخِناق (على)
construct/kənˈstrʌkt/*v.t.* رَكَّب ، شَيَّد ، أَنْشَأَ ، بَنَى
construction/kənˈstrʌkʃən/*n.*
 1. (act or mode of constructing) تَرْكيب ، تَكْوين ، تَشْييد ، إقامة (بِناء)
 the bridge is of sound construction الجِسْر مَتين البِناء
 2. (edifice) بِناء (أَبْنِية)
 3. (interpretation) تَفْسير ، تَأْويل
 I am not sure what construction to put on his words لا أَدْري كَيف أُفَسِّر كَلامه
 4. (*gram.*) تَرْكيب (نَحْو)
constructive/kənˈstrʌktıv/*adj.* بَنّاء ، صالِح ، مُفيد
consul/ˈkonsəl/*n.* قُنْصُل (قَناصِل)
consular/ˈkonsjʊlə(r)/*adj.* قُنْصُلِيّ
consulate/ˈkonsjʊlət/*n.* قُنْصُلِيّة
consult/kənˈsʌlt/*v.t.* & *i.* شاوَرَ ، اِسْتَشار
consultant/kənˈsʌltənt/*n.* مُسْتَشار ، طَبيب اخْتِصاصِيّ
consultation/ˈkonsʌlˈteıʃən/*n.* اِسْتِشارة ، مَشُورة
consume/kənˈsjum/*v.t.* اِسْتَهْلَك ، أَفْنَى ، أَتَى عَلَى (حَريق)
consumer/kənˈsjumə(r)/*n.* مُسْتَهْلِك
 consumer goods بَضائِع اسْتِهْلاكِيّة ، سِلَع اسْتِهْلاكِيّة

consummate/ ˈkonsəmeıt/*v.t.* أَنْجَز ، أَكْمَل ، أَتَمَّ ، نَكَحَ (زَوْجَته بَعْد الزِّفاف)
consummation/ˈkonsəˈmeıʃən/*n.* إتْمام ، إنْجاز
consumption/kənˈsʌmpʃən/*n.*
 1. (use) اِسْتِهْلاك ، مَقْطُوعِيّة (الكَهْرَباء مَثَلاً)
 2. (disease) السُّلّ الرِّئَوِيّ ، هُلاس
contact/ˈkontækt/*v.t.* اِتَّصَل بِ
 n. **1.** (touch, communication) مُلامَسة ، اِتِّصال
 contact lenses عَدَسات لاصِقة
 2. (person communicated with) أَحَدُ مَعارِف الشَّخْص ، مَصْدَر مَعْلُومات
 he has useful contacts in the business world له اتِّصالاتٌ مُفيدةٌ في عالَم التِّجارة
contagion/kənˈteıdʒən/*n.* عَدْوَى
contagious/kənˈteıdʒəs/*adj.* (مَرَض) مُعْدٍ
contain/kənˈteın/*v.t.* اِشْتَمَل (على) ، اِحْتَوَى ، شَمِل (ــُ) ، حَصَر (ــِ) ، مَنَع (ــَ) ، أَوْقَفَ (زَحْفَ العَدُوّ)
container/kənˈteınə(r)/*n.* وِعاء (أَوْعِية)
contaminate/kənˈtæmıneıt/*v.t.* لَوَّث
contamination/kənˈtæmıˈneıʃən/*n.* تَلْويث
contemplate/ˈkontəmpleıt/*v.t.*
 1. (gaze on) تَأَمَّل ، أَمْعَن أو أَنْعَم النَّظَر في
 2. (intend) قَصَد (ــِ) ، نَوَى (يَنْوِي)
contemplation/ ˈkontəmˈpleıʃən/*n.* تَأَمُّل ، قَصْد ، نِيّة
contemporary/kənˈtempərərı/ *adj.* & *n.* مُعاصِرٌ لِ ، عَصْرِيّ ، حالِيّ ، مُعاصِر
contempt/kənˈtempt/*n.* اِزْدِراء ، اِحْتِقار ، اِسْتِهانة
 contempt of court إهانة المَحْكَمة
contemptible/ kənˈtemptıbəl/*adj.* حَقير ، مَهين ، مُزْدَرًى ، دَنِيء
contend/kənˈtend/*v.i.*
 1. (compete, strive) نافَسَ ، بارَى
 2. (argue) ناقَشَ ، جادَلَ ، زَعَم (ــُ) ، اِدَّعَى
content[1]/kənˈtent/*adj.* مُكْتَفٍ بِ ، راضٍ عَن
 I am content with what I have أنا قانِعٌ بما لَدَيّ
 v.t. أَرْضَى ، طَيَّبَ خاطِرَهُ
content[2]/ˈkontent/*n.* سَعة ، مِقْدار ، مُحْتَوًى ، مَضْمُون
 the table of contents is at the beginning of the book الفِهْرِس في صَدْر الكِتاب
contented/kənˈtentıd/ *adj.* راضٍ ، قانِع ، مَبْسُوط ، مُطْمَئِنّ
contention/kənˈtenʃən/ *n.* مُخاصَمة ، نِزاع ، زَعْم ، اِدِّعاء
contentment/ قَناعة ، رِضًى ، اِكْتِفاء ، اِطْمِئْنان

kən'tentmənt/*n.*

contest/'kontest/*n.* — مُنافَسة ، مُباراة

v.t. & i./kən'test/

1. (dispute) — نازَعَ (في صِحّة ...) ، عارَضَ ، أنْكَرَ (على شَخصٍ حَقَّهُ في)

2. (compete for) — بارَى ، تَسابَقَ

context/'kontekst/*n.* — قَرِينة الكَلام ، سِياق النَّصّ ؛ مَوْقِف ، وَضْع ، الظُّروف المُرافِقة لِحادِثة

continent/'kontɪnənt/*n.* — قارّة

continental/'kontɪ'nentəl/*adj.* — قارّيّ

contingency/kən'tɪndʒənsɪ/*n.* — طارِئٌ مُحْتَمَل وُقُوعُه

continual/kən'tɪnjʊəl/*adj.* — مُسْتَمِرّ ، مُتَواصِل ؛ مُتَتابِع

continuation/kən'tɪnjʊ'eɪʃən/*n.* — تَكْمِلة ، مُواصَلة ، مُتابَعة

continue/kən'tɪnju/*v.t. & i.* — اِسْتَمَرَّ على أو في ، واصَلَ ؛ دام (يَدُوم)

to be continued — للبَحْث صِلة ، يَتْبَع

continuity/'kontɪ'njuətɪ/*n.* — اِسْتِمْرار ، اِسْتِمْرارِيّة ؛ تَتابُع ، تَعاقُب

continuous/kən'tɪnjʊəs/*adj.* — مُسْتَمِرّ

contorted/kən'tɔtɪd/*adj.* — مُشَوَّه ، مُلْتَوٍ

contour/'kontʊə(r)/*n.* — حَدٌّ فاصِل (بَيْن مِنْطَقَتَيْن على خارِطة مَثَلًا) ، خُطُوط خارِجيّة

contra-/'kontrə-/*pref.* — بادِئة بِمَعْنَى ضِدّ أو عَكْس

contraband/'kontrəbænd/*n.* — (سِلَع) مُهَرَّبة ، مَمْنُوعات

contraception/'kontrə'sepʃən/*n.* — مَنْع الحَمْل (طِبّ)

contraceptive/'kontrə'septɪv/*n. & adj.* — مانِعٌ للحَمْل (طِبّ)

contract[1]/'kontrækt/*n.* — مُقاوَلة ، عَقْد (عُقُود)

contract[2]/kən'trækt/*v.t. & i.*

1. (make an agreement) — أَبْرَمَ عَقْدًا ، تَعاقَدَ ، اِتَّفَقَ

2. (get **debts**) — وَقَعَ تَحْتَ طائِلة دُيُون

3. (become or make smaller) — اِنْكَمَشَ ، صَغُرَ (ـُ)

4. (catch **an illness**) — أُصِيبَ بِعَدْوَى ...

contraction/kən'trækʃən/*n.*

1. (shortening) — تَقَلُّص ، ضُمُور

2. (shortened word) — اِخْتِزالُ لَفْظةٍ بِحَرْفٍ أو أكْثَر (مِثْل صلعم = صَلَّى اللّه عليه وسَلَّم)

contradict/'kontrə'dɪkt/*v.t.* — ناقَضَ ، خالَفَ ، عارَضَ ؛ دَحَضَ (ـَ) ، كَذَّبَ

contradiction/'kontrə'dɪkʃən/*n.* — مُناقَضة ، تَناقُض ، مُعارَضة ، مُخالَفة

contradictory/'kontrə'dɪktərɪ/*adj.* — مُتَناقِض ، مُتَضارِب ؛ مُناقِض مُخالِف ، مُنافٍ

contralto/kən'træltəʊ/*adj. & n.* — كُونْتْرالْتُو ، أَوْطَأُ صَوْتٍ نِسَوِيّ

contraption/kən'træpʃən/*n.* (*coll.*) — تَرْكِيب آلِيّ غَرِيب

contrary/'kontrərɪ/*n.* — عَكْس ، نَقِيض ، خِلاف

you think he is clever; on the contrary, he is very stupid — تَظُنُّه ذَكِيًّا ولكِنّه ، على العَكْس ، غايةٌ في البَلاهة

adj. **1.** (opposite) — مُضادّ ، مُعاكِس

2. /kən'treərɪ/(perverse) — عَنِيد ، حَرُون

contrast/'kontrast/*n.* — تَفاوُت ، تَبايُن ، مُفارَقة ، تَضادّ

v.t. & i./kən'trast/ — قارَنَ ، أَبْرَزَ الفَرْقَ بَيْن ؛ تَبايَنَ ، اِخْتَلَفَ عَن

contribute/kən'trɪbjut/*v.t. & i.*

1. (give) — تَبَرَّعَ ، اِكْتَتَبَ بِمال ؛ قَدَّمَ (رأيًا لِحَلّ مُعْضِلة)

2. (help towards) — ساهَمَ

drink contributed to his ruin — لَعِبَت المُسْكِرات دَوْرَها في اِنْهِيارِه

3. (write articles for) — أَسْهَمَ بِمَقالاتٍ في الصُّحُفِ والمَجَلّات

contribution/'kontrɪ'bjuʃən/*n.* — تَبَرُّع ؛ إسْهام ، اِشْتِراك ؛ مَقالةٌ للنَّشْر في جَرِيدة

contributory/kən'trɪbjʊtərɪ/*adj.* — مُؤَدٍّ إلى ، مُساهِم ، مُسَبِّب ؛ (مَشْرُوع) بالمُساهَمة

contrite/'kontraɪt/*adj.* — تائب (تَوْبةً نَصُوحًا ٨ : ٦٦) ، نادِمٌ مِن كُلّ قَلْبِه

contrition/kən'trɪʃən/*n.* — تَوْبة ، نَدامة مِن أَعْماق القَلْب

contrive/kən'traɪv/*v.t. & i.* — اِبْتَكَرَ ، اِخْتَرَعَ ؛ اِحْتالَ للأَمْر

control/kən'trəʊl/*n.*

1. (direction, regulation, restraint) — سَيْطَرة ، تَحَكُّم

the aircraft was out of control — فَقَدُوا السَّيْطَرة على الطّائِرة

2. (regulating mechanism) — جِهازُ التَّنْظِيم والضَّبْط

the second pilot was at the controls — كان الطَّيّارُ الثّاني عند جِهازِ القِيادة

v.t. **1.** (regulate) — ضَبَطَ (ـِ) ، نَظَّمَ

prices are not controlled — لَيْسَت الأَسْعار خاضِعةً لِسَيْطَرةِ الحُكُومة

2. (dominate) — سَيْطَرَ

enemy ships control the harbour — تُسَيْطِرُ سُفُنُ العَدُوّ على المِيناء

controversial/'kontrə'vɜʃəl/*adj.* — (مَوْضُوع) مُثِيرٌ لِلجَدَل ، (مَسْأَلة) فيها أَخْذٌ ورَدّ

controversy/'kontrəvɜsɪ/*n.* — خِلاف ، مُناظَرة ، جِدال

conundrum/kə'nʌndrəm/*n.* — لُغْز (أَلْغاز) ، أُحْجِيّة (أَحاجِيّ ، أَحاجٍ)

conurbation/'konɜ'beɪʃ(ə)n/*n.* اِلْتِصاق المَدِينة بِضَواحِيها بِسَبَب تَوَسُّعِها

convalesce/'konvə'les/*v.i.* نَقِهَ (ـَ) ، اِنْتَقَهَ ، أَبَلَّ (مِن مَرَضِه)

convalescence/'konvə'lesəns/*n.* نَقاهة ، تَماثُل للشِّفاء ، إبْلال

convalescent/'konvə'lesənt/*adj.* ناقِهٌ ، مُتَماثِل للشِّفاء ؛ (هو) في دَوْرِ النَّقاهة

convection/kən'vekʃən/*n.* الحَمْل (الحَرارِيّ أو الكَهْرَبائيّ)

convector/kən'vektə(r)/*n.* جِهاز تَدْفِئة بالهَواء السّاخِن المُتَصَعِّد

convene/kən'vin/*v.t. & i.* دعا إلى اجْتِماع ؛ اِجْتَمَعُوا

convenience/kən'vinɪəns/*n.*

1. (suitableness, advantage) مُلاءَمة ، مُناسَبة

please reply at your earliest convenience أرْجُو الإجابة في أقْرَبِ فُرْصةٍ مُمْكِنة

2. (useful thing) مِن وَسائل الرّاحة

the house is fitted with every modern convenience البَيْت مُزَوَّد بِكُلّ المُتَطَلَّباتِ العَصْرِيّة

3. (lavatory) مِرْحاض ، دَوْرة مِياه

convenient/kən'vinɪənt/*adj.* مُلائِم ، مُناسِب ، مُوافِق ، مُريح

convent/'konvənt/*n.* دَيْر (أدْيِرة)

convention/kən'venʃən/*n.*

1. (assembly) اِجْتِماع ، مُؤْتَمَر

2. (accepted practice) تَقْلِيد (تَقالِيدُ) ، عُرْف (أعْراف) ، اِصْطِلاح

conventional/kən'venʃənəl/*adj.* تَقْلِيدِيّ ، عُرْفِيّ ، اِصْطِلاحِيّ ، مُتَمَسِّك بالتَّقالِيد

converge/kən'vɜdʒ/*v.i.* اِلْتَمَّ (الأشِعّة الضَّوْئيّة في بُؤْرة) ، تَلاقَى (في نُقْطةٍ واحِدة)

conversation/'konvə'seɪʃən/*n.* مُحادَثة ، حَدِيث (أحادِيثُ) ، حِوار

converse[1]/kən'vɜs/*v.i.* تَحَدَّثَ ، تَحاوَرَ

converse[2]/'konvɜs/*n. & adj.* عَكْس ، ضِدّ (أضْداد) ، مُناقِض ، عَكْسِيّ

conversion/'kən'vɜʃən/*n.* تَحْوِيل ، تَبْدِيل ، اِنْتِقال مِنْ دِينٍ لآخَر ، اِعْتِناق

convert[1]/kən'vɜt/*v.t.* حَوَّلَ ، غَيَّرَ

he converted the money to his own use تَصَرَّفَ بأمْوال الآخَرِين ، اِخْتَلَسَ المال

convert[2]/'konvɜt/*n.* مُعْتَنِق لِعَقِيدة جَدِيدة ، مُنْضَمّ إلى رأيٍ آخَر

convertible/kən'vɜtəbəl/*adj.* قابِل للتَّحْوِيل

convex/'konveks/*adj.* مُحَدَّب

convey/kən'veɪ/*v.t.*

1. (transport) حَمَل (ـِ) ، نَقَل (ـُ)

2. (report) نَقَل ، أفاد ، أوْصَل ، بَلَّغ

3. (*leg.*) نَقَل مِلْكِيّة عَقار مِن شَخْصٍ لآخَرَ

conveyance/kən'veɪəns/*n.*

1. (transportation) نَقْل ، حَمْل ، تَوْصِيل

2. (vehicle) مَرْكَبة ، سَيّارة نَقْل

3. (*leg.* document) عَقْد تَحْوِيل مِلْكِيّة عَقار

conveyer, conveyor/kən'veɪə(r)/*n.* ناقِل ، مُوصِل ، مُبَلِّغ

convict[1]/kən'vɪkt/*v.t.* أدان ؛ أثْبَتَ له التُّهْمة ، أقْنَعه بِجُرْمِه

convict[2]/'konvɪkt/*n.* مُدان ، سَجِين (سُجَناءُ) ، مَحْكُوم عَلَيْه

conviction/kən'vɪkʃən/*n.*

1. (finding guilty) إدانة

2. (persuasion) إقْناع ، اِقْتِناع

3. (belief) عَقِيدة (عَقائِدُ) ، إيمان

convince/kən'vɪns/*v.t.* أقْنَع ، حَمَلَه على الاقْتِناع

convivial/kən'vɪvɪəl/*adj.* مَرِح ، مُحِبّ لِلَّهْو ، بَهِيج

convoy/'konvoɪ/*n.* قافِلة بَحْرِيّة أو بَرِّيّة أو جَوِّيّة (تَحْتَ الحِماية)

convulse/kən'vʌls/*v.t.* اِخْتَلَج ، اِهْتَزَّ ، اِرْتَجَّ ، تَلَوَّى

convulsion/kən'vʌlʃən/*n.* تَشَنُّج ، تَقَلُّص ، تَقَبُّض ، اِخْتِلاج ؛ اِضْطِراب عَنِيف

cook/kʊk/*v.t. & i. & n.* طَها (يَطْهُو) ، طَهَى (يَطْهِي) ، طَبَخ (ـُ) ؛ زَيَّفَ ؛ طَبّاخ ، طاهٍ

the treasurer cooked the books تَلاعَبَ أمِينُ الصُّنْدُوق بالسِّجِلّات

cooker/'kʊkə(r)/*n.* فُرْنُ الطَّبْخ

cookery/'kʊkərɪ/*n.* طَبْخ ، فَنّ الطَّبْخ

cool/kul/*adj.* بارِد ، فاتِر ، رَطْب

he keeps cool in any emergency يَحْتَفِظ بِهُدُوءِ أعْصابِه في الأزَمات الطّارِئة

I got rather a cool reception قُوبِلْتُ بِشَيْءٍ مِن الفُتُور

v.t. & i. بَرَّدَ ؛ بَرُدَ

let him cool off دَعْه يَهْدَأُ غَضَبُه

coolness/'kulnɪs/*n.* بُرُودة ، فُتُور

Co-op/'kəʊ-op/*n.* جَمْعِيّة (اسْتِهْلاكِيّة) تَعاوُنِيّة

co-operate/'kəʊ-'opəreɪt/*v.i.* تَعاوَنَ مَع ، تَضامَنَ

co-operation/kəʊ-'opə'reɪʃən/*n.* تَعاوُن ، تَضامُن

co-operative/kəʊ-'opərətɪv/*adj.* مُتَضامِن ، مُتَعاوِن

cop/kop/*n.* (*sl.*) شُرْطِيّ ، بُولِيس

cope/kəʊp/*v.i.* (*with prep.* **with**) أطاق على ، تَمَكَّنَ مِن تَدْبِير أمْرِه ، قَدِر على (مُعالَجة المُشْكِلة)

copious/'kəʊpɪəs/*adj.* غَزِير ، وَفِير ، ضافٍ

copper/ˋkopə(r)/*n*.
1. (metal) نُحاس
2. (colour) نُحاسِيّ اللَّوْن
3. (*sl.* policeman) بُولِيس ، شُرْطِيّ
copulate/ˋkopjʊleɪt/*v.i.* ضاجَعَ ، جامَعَ ، سَفِدَ (ـَ) ، سَفَدَ (ـِ)
copulation/ˈkopjʊˋleɪʃən/*n.* مُضاجَعة ، جِماع ، سِفاد
copy/ˋkopɪ/*n*.
1. (reproduction, imitation, specimen) نُسْخة مَنْقُولة ، تَقْلِيد ، مُحاكاة
2. (material for printing) مادّة لِلطَّبْع
v.t. نَسَخَ (ـَ) ، اِسْتَنْسَخَ
copyright/ˋkopɪrɑɪt/*n.* & *adj.* حُقُوق الطَّبْع والنَّشْر ؛ خاضِع لِلمِلْكِيّة الأَدَبِيّة
coral/ˋkorəl/*n. & adj.* مُرْجان ؛ مُرْجانِيّ اللَّوْن
cord/kɔd/*n*.
1. (string) حَبْل (حِبال) ، مَرَس (أَمْراس) ، وَتَر (أَوْتار)
2. (*anat.*) (في التَّشْرِيح)
spinal cord النُّخاع الشَّوْكِيّ
umbilical cord حَبْل السُّرّة
vocal cords الحِبال أو الأَوْتار الصَّوْتِيّة
cordial/ˋkɔdɪəl/*adj.* (friendly) وُدِّيّ ، صَمِيمِيّ ، قَلْبِيّ ، حَمِيم
n. (soft drink) مَشْرُوب مِن عَصِير الفَواكِه خالٍ مِن الكُحُول
cordon/ˋkɔdən/*n.* نِطاق مِن الشُّرْطة ؛ وِشاح (وُشُح ، أَوْشِحة)
cordon bleu طَبّاخ أو طَبّاخة مِن الصِّنْف الأَوَّل
corduroy/ˋkɔdərɔɪ/*n.* قَطِيفة مُضَلَّعة ، مُخْمَل مُحَزَّز
core/kɔ(r)/*n.* نَواة ، لُباب ؛ صَمِيم
v.t. جَوَّفَ ، اِنْتَزَعَ نَواة الثَّمَرة
co-respondent/ˈkəʊ-rɪˋspondənt/*n.* شَرِيك في الزِّنَى (في قَضِيّة طَلاق)
cork/kɔk/*n*.
1. (substance) *also adj.* فِلِّين
2. (stopper) فِلِّينة ، سِدادة القِنِّينة
corkscrew/ˋkɔkskru/*n.* & *adj.* بَرِّيمة لِفَتْح الزُّجاجات ؛ لَوْلَبِيّ الشَّكْل ، حَلَزُونِيّ
corn/kɔn/*n*.
1. (grain) غَلّة (غِلال) (تَشْمُل الحِنْطة والشَّعِير والشُّوفان)
2. (*U.S.* maize) ذُرة
3. (hard skin) مِسْمار القَدَم
corner/ˋkɔnə(r)/*n*.
1. (angle) زاوِية (زَوايا) ، قُرْنة (قُرَن) ، رُكْن (أَرْكان)
I am in a tight corner أنا في وَرْطة ، أنا في مَأْزِق حَرِج
2. (region) رُكْنٌ مِن أَرْكان الدُّنْيا ، صُقْع (أَصْقاع)
3. (*commerc.*) اِحْتِكار (السِّلَع)
he's made a corner in wheat اِحْتَكَرَ الحِنْطة
v.t. (trap) سَدَّ عَلَيْه السُّبُل ، ضَيَّقَ عَلَيْه الخِناق ، حَصَرَه
cornet/ˋkɔnət/*n*.
1. (musical instrument) بُوق ، نَفِير ، قُرْنَيطة
2. (conical wafer for ice-cream) قِمْعُ البُوظة
corollary/kəˋrolərɪ/*n.* نَتِيجة لازِمة ، اِسْتِدْلال
coronary/ˋkorənrɪ/*adj.* تاجِيّ ، إِكْلِيلِيّ
coronary (thrombosis) جَلْطة دَمَوِيّة في الشِّرْيان التّاجِيّ
coronation/ˈkorəˋneɪʃən/*n.* تَتْوِيج ، اِحْتِفال بِتَتْوِيج
coroner/ˋkorənə(r)/*n.* مُوَظَّف قَضائِيّ يُحَقِّق في أَسْباب الوَفَيات المُشْتَبَه فِيها
corporal/ˋkɔprəl/*n.* نائِب عَرِيف ، قائِد عَشَرة
adj. جِسْمانِيّ ، جَسَدِيّ
corporation/ˈkɔpəˋreɪʃən/*n.* هَيْئة ، مَجْلِس بَلَدِيّ
corps/kɔ(r)/*n.* سِلاح ؛ هَيْئة ، سِلْك
corpse/kɔps/*n.* جُثّة (جُثَث)
corpulent/ˋkɔpjʊlənt/*adj.* بَدِين ، مُمْتَلِئ الجِسْم ، سَمِين
corpuscle/ˋkɔpʌsəl/*n.* كُرَيّةُ الدَّم
correct/kəˋrekt/*adj.*
1. (accurate) صائِب ، صَواب ، صَحِيح
2. (proper) لائِق ، مُلائِم
the diplomat's behaviour was correct كان سُلُوكُ الدِّبْلُوماسِيّ لائِقًا
v.t. **1.** (amend) صَحَّحَ ، صَوَّبَ
2. (rebuke) وَبَّخَ ، أَنَّبَ
correction/kəˋrekʃən/*n.* تَصْحِيح ، تَصْوِيب
correlate/ˋkorɪleɪt/*v.t.* & *i.* أَوْجَدَ عَلاقةً أو رابِطة (بَيْن ظاهِرَتَيْن) ، رَبَطَ بَيْن شَيْئَيْن
correlation/ˈkorɪˋleɪʃən/*n.* عَلاقة مُتَبادَلة ، تَرابُط ، اِرْتِباط
correspond/ˈkorɪˋspond/*v.i.*
1. (agree) طابَقَ ، ماثَلَ
2. (communicate by letter) راسَلَ ، تَراسَلَ ، كاتَبَ
correspondence/ˈkorɪˋspondəns/*n.* مُراسَلة ، مُكاتَبة
correspondence course دِراسةٌ بالمُراسَلة
correspondent/ˈkorɪˋspondənt/*n.* مُراسِل ، مُكاتِب ، مُتَراسِل مع فُلان
newspaper correspondent مُراسِلُ جَرِيدة ، مَنْدُوبُ صَحِيفة
corridor/ˋkorɪdɔ(r)/*n.* مَمَرّ ، رِواق (أَرْوِقة) ، دِهْلِيز (دَهالِيز)
corroborate/kəˋrobəreɪt/*v.t.* أَيَّدَ ، أَكَّدَ ، عَزَّزَ ، دَلَّلَ على

corrode/kəˋrəʊd/*v.t. & i.* أَكَلَه (الصَّدَأُ) ، حَتَّ (ـُ) ؛ تَآكَلَ ، تَحاتَّ

corrosion/kəˋrəʊʒən/*n.* تَآكُل ، تَحاتّ

corrugated/ˋkorəgeɪtɪd/*adj.* (حَديد) مُمَوَّج ، (صاج) مُضَلَّع

corrupt/kəˋrʌpt/*adj.* فاسِد ؛ (النَّصّ) مُضْطَرِب ، مُشَوَّه

v.t. **1.** (infect, make impure) أَفْسَدَ

2. (bribe) رَشا (يَرْشو)

corruption/kəˋrʌpʃən/*n.* فَساد ؛ تَحْريف (النَّصّ) ؛ إِرْشاء ، اِرْتِشاء

corset/ˋkɔsɪt/*n.* مِشَدّ (لِلخَصْر) ، كُورْسِيه

cosh/koʃ/*n. & v.t.* (*sl.*) هِراوة (هَراوَى) ، نَبُّوت ؛ ضَرَبَه بِهِراوة ، عَفَقَه بِعَصًا (ع)

cosmetic/kozˋmetɪk/*adj. & n.* تَجْميليّ ؛ مُسْتَحْضَر للتَّجْميل ، ماكِياج

cosmic/ˋkozmɪk/*adj.* كَوْنيّ ، عالَميّ ، (الفضاء) الخارجيّ

cosmonaut/ˋkozmənɔt/*n.* رائد أو مَلّاح فَضاء

cosmopolitan/ˋkozməˋpolɪtən/*adj. & n.* مُجَرَّد مِن الإِقْليميّة ، (مَدينة) فيها أناس مِن شُعُوبٍ مُخْتَلِفة ؛ مُواطِن عالَميّ

cost/kost/*n.* كُلْفة ، سِعْر (أَسْعار)

cost of living تَكاليف المَعيشة

cost price ثَمَنُ الشِّراء ، الثَّمَن الأَصْليّ ، سِعْر الكُلْفة

(*pl. leg.*) مَصاريف الدَّعْوَى

v.t. كَلَّفَ

his mistake cost him his job غَلْطَتُه أَفْقَدَتْه وَظيفَته

costliness/ˋkostlɪnəs/*n.* فَداحة الثَّمَن

costly/ˋkostlɪ/*adj.* غالٍ ، باهِظ ؛ نَفيس

costume/ˋkostjum/*n.* زِيّ (أَزْياء) ، كُسْوة ، لِباس (أَلْبِسة)

cosy/ˋkəʊzɪ/*adj.* مُريح ، يَبْعَث على الدِّفْء ، (فِراش) وَثير ؛ لَطيف ، وُدّيّ

cot/kot/*n.* سَرير أو مَهْد للأَطْفال

cottage/ˋkotɪdʒ/*n.* كُوخ (أَكْواخ) ، بَيْت ريفيّ صَغير

cotton/ˋkotən/*n.*

1. (seedcase of plant) جَوْزة القُطْن

2. (thread) خَيْط (خُيوط) قُطْنيّ

3. (cloth) قُماش قُطْنيّ

cotton wool قُطْن مَنْدُوف ، قُطْن طِبّيّ

couch/kaʊtʃ/*n.* أَريكة ، كَنَبة ، مُتَّكَأ

v.t. عَبَّرَ (بِكَلِماتٍ مُخْتارة)

cough/kof/*n. & v.i.* سُعال ؛ سَعَلَ (ـُ)

in the end he coughed up the money (*sl.*) وأَخيرًا دَفَع الفُلُوس غَصْبًا عَنْه ، زاع الفُلوس (ع)

could/kʊd/*p.t. of* **can**[2]

council/ˋkaʊnsəl/*n.* مَجْلِس ، دِيوان

councillor/ˋkaʊnsələ(r)/*n.* عُضْو مَجْلِس بَلَديّ

counsel/ˋkaʊnsəl/*n.* شُورَى ، نَصيحة ، تَشاوُر ؛ مُسْتَشار قانُونيّ

he told no-one but kept his own counsel لم يُخْبِر أَحَدًا وإِنَّما أَخَذَ بِمَشورة نَفْسِه

v.t. نَصَحَ (ـَ) ، أَشارَ عَلَيْه بِـ

counsellor/ˋkaʊnsələ(r)/*n.* مُسْتَشار

count/kaʊnt/*n.*

1. (reckoning) عَدّ ، إِحْصاء ، عَدَد ، حِساب

2. (*leg.*) مادّة مِن مَوادّ الاتِّهام

the criminal was found guilty on all counts وُجِدَ المُتَّهَم مُذْنِبًا في كُلّ التُّهَم الّتي وُجِّهَت إِلَيْه

v.t. & i. عَدَّ (ـُ) ، حَسَبَ (ـُ)

please count me in أَدْرِج اسْمِي في قائِمَتِك رَجاءً

we are counting on your help إِنَّنا مُعْتَمِدُون على مُساعَدَتِك

count-down/ˋkaʊnt-daʊn/*n.* (عَدّ) عَدًّا تَنازُليًّا (قبل إطلاق صاروخ مثلاً)

countenance/ˋkaʊntənəns/*n. & v.t.* وجه ، محيا ، قبل (ـَ) ، ارتضى ب

he was put out of countenance أُحْرِجَ أَمامَ المَلَأ ، اِسْوَدَّ وَجْهُه أَمامَ النّاس

he gave countenance to the proposal اِسْتَحْسَنَ الاقْتِراح

counter[1]/ˋkaʊntə(r)/*n.*

1. (token used in games) فِيشة (فِيَش ، فِيشات) ، بَديل العُمْلة في القِمار

2. (table in shop) مِنْضَدة البائِع ، طاوِلة في دُكّان (س)

v.t. (oppose) عارَضَ ، جابَهَ

counter-[2]/ˋkaʊntə(r)-/*pref.* بادِئة بِمَعْنَى : مُضادّ ، مُعاكِس

counteract/ˋkaʊntərˋækt/*v.t.* عارَضَ ، قاوَمَ ، أَبْطَلَ

counterfeit/ˋkaʊntəfit/*v.t. & adj.* زَيَّفَ ، زَوَّرَ ، دَلَّسَ ؛ مُزَيَّف ، مُزَوَّر

counterfoil/ˋkaʊntəfɔɪl/*n.* كَعْب (الشّيك أو وَصْل الاسْتِلام)

counterpart/ˋkaʊntəpat/*n.* نَظير (نُظَراءُ) ، قَرين (قُرَناءُ) ، نِدّ (أَنْداد)

counter-productive/ˋkaʊntə-prəˋdʌktɪv/*adj.* مُخَفِّض للإِنْتاجيّة

an increase in rail charges may be counter-productive زِيادة أُجور القِطارات قَدْ تُعْطي عَكْسَ المَطْلوب (أي قَدْ تُقَلِّل الأَرْباح)

countless/ˋkaʊntlɪs/*adj.* لا يُعَدّ ولا يُحْصَى ، لا عَدَّ له

country/ˋkʌntrɪ/*n.*

1. (national territory) بَلَد ، قُطْر ، وَطَن

what country do you مِن أَيْنَ أَنْت؟ مِن أيّ بَلَد

come from? أنت ؟

2. (rural districts) الرِّيف ، خارج المَدينة

some people prefer the town to the country يُفَضِّل بَعْضُهُم المَدينة على الرِّيف

3. (terrain) أرض ، صَعيد

we passed through hilly country اِجْتَزْنا مِنْطَقَةً كَثيرةَ التِّلال

country-house/ˈkʌntrɪ-ˈhaʊs/*n.* بَيْت أو فِيلّا في الرِّيف

countryside/ˈkʌntrɪsaɪd/*n.* رِيف (أرْياف)

county/ˈkaʊntɪ/*n.* مُقاطَعة ، مُحافَظة

coup/ku/*n.* ضَرْبة ؛ خُطْوة ناجحة

couple/ˈkʌpəl/*n.* زَوْجان ؛ زَوْج ، اِثْنان

v.t. & i. رَبَط (ـِ) ، قَرَن (ـِ) ؛ زاوَجَ

coupon/ˈkupon/*n.* قَسيمة (قَسائمُ)

courage/ˈkʌrɪdʒ/*n.* شَجاعة ، بَسالة ، جُرْأة

courageous/kəˈreɪdʒəs/*adj.* شُجاع ، جَريء ، مِقْدام

courier/ˈkʊrɪə(r)/*n.* رَسُول خاصّ ؛ دَليل السُّيّاح

course/kɔs/*n.*

1. (natural movement, flow) مَجْرًى (مَجارٍ) ، مَسار

in the due course you will see the results سَتَرَى النَّتائجَ عِنْدما يَحِينُ الأوان

of course you must go طَبْعًا يَجِبُ أنْ تَذْهَب

2. (direction) اِتِّجاه

his illness changed the whole course of his life غَيَّرَ المَرَضُ كُلَّ مَجْرَى حَياتِهِ

3. (area for racing) مَيْدان أو ساحة سِباق ، حَلْبة

4. (series of lectures) دَوْرة دِراسِيّة ، سِلْسِلة مُحاضَرات

5. (part of a meal) طَبَق مِن وَجْبة طَعام

6. (layer of stone in building) مِدْماك ، صَفّ مِن الحَجَر أو اللَّبِن

this old house has no damp course لَيْس هذا البيتُ القَديمُ مُزَوَّدًا بِطَبَقةٍ مانِعةٍ للرُّطُوبة

court/kɔt/*n.*

1. (law court) مَحْكَمة (مَحاكِمُ) ، مَجْلِس قَضائيّ

he was tried by court martial حُوكِم أمامَ مَجْلِسٍ عُرْفِيّ أو مَحْكَمةٍ عَسْكَرِيّة

the dispute was settled out of court سُوِّيَ النِّزاعُ خارِجَ المَحْكَمة (بِصُورةٍ وُدِّيّة)

2. (area for tennis) مَلْعَب تِنِس

3. (sovereign's entourage) حاشِيَة المَلِك أو المَلِكة ، البَلاط المَلَكيّ

4. (yard) فِناء ، حَوْش (أحْواش)

v.t. & i.

(try to win affection, attention) غازَلَ ، تَوَدَّدَ إلى ؛ سَعَى إلى

courteous/ˈkɜtɪəs/*adj.* مُهَذَّب ، دَمِث ، مُجامِل ، لَطِيف

courtesy/ˈkɜtəsɪ/*n.* مُجامَلة ، لُطْف

courtyard/ˈkɔtjɑd/*n.* باحة ، فِناء (أفْنِية)

cousin/ˈkʌzən/*n.* اِبْن أو اِبْنة عَمّ أو عَمّة أو خال أو خالة

covenant/ˈkʌvənənt/*n.* عَهْد ، مِيثاق ، مُعاهَدة

cover/ˈkʌvə(r)/*n.*

1. (lid, casing) غِطاء (أغْطِية) ، غِلاف (غُلُف)

I've read your book from cover to cover قَرَأْتُ كِتابَكَ مِنْ أوَّلِهِ إلى آخِرِه

2. (shelter) حِماية ، وِقاية

they can give the troops air cover بِوُسْعِهِم أنْ يَحْمُوا الجَيْشَ بِغِطاءٍ جَوِّيّ

3. (insurance) تَغْطِية ، غِطاء (تَأْمِين)

4. (knife and fork) ما يَلْزَم الشَّخْصَ مِن أدَواتِ المائِدة

cover charge أجْرُ لَوازِمِ السُّفْرة يُضافُ إلى الحِساب ، "كُوفير"

v.t. **1.** (spread over) غَطَّى ، شَمِل (ـَ)

she was covered with confusion اِرْتَبَكَتْ غايةَ الارْتِباك

2. (traverse) اِجْتاز

we covered 20 miles قَطَعْنا عِشْرِين مِيلًا

the course covers Islamic art تَشْمَلُ الدِّراسةُ الفَنَّ الإسْلامِيّ

3. (aim gun at) صَوَّبَ أو سَدَّدَ البُنْدُقِيّة نَحْوَ ؛ غَطَّى أو حَمَى جَيْشًا

4. (conceal) كَتَمَ (ـُ) ، أخْفَى (بِقَصْدٍ غَيْرِ شَرِيف)

they tried to cover up their mistakes حاوَلُوا إخْفاءَ أخْطائِهِم

coverage/ˈkʌvrɪdʒ/*n.* تَغْطِية الأحْداث

covet/ˈkʌvɪt/*v.t.* اِشْتَهَى ، طَمِع في مِلْك غَيْرِه

covetous/ˈkʌvətəs/*adj.* مُشْتَهٍ ، طامِعٌ بِـ

cow/kaʊ/*n.* بَقَرة

coward/ˈkaʊəd/*n.* جَبان (جُبَناءُ) ، رِعْدِيد (رَعادِيدُ)

cowardice/ˈkaʊədɪs/*n.* جُبْن ، جَبانة

cowardly/ˈkaʊədlɪ/*adj.* جَبان (جُبَناءُ) ، رِعْدِيد (رَعادِيدُ)

cower/ˈkaʊə(r)/*v.i.* جَثَم (ـِ) ؛ اِنْكَمَشَ على نَفْسِهِ (مِن الخَوْفِ أو البَرْدِ مَثَلًا)

coy/kɔɪ/*adj.* (فَتاة) حَيِيّة ، خَفِرة ، خَجُولة

crab/kræb/*n.* سَرَطان البَحْر ، أبُو الجُنَيْب (ع) ، أبُو جَلَمْبُو (م) ، سِلْطَعان (س)

crack/kræk/*n.*

1. (fissure) شَقّ ، فَلْق (فُلُوق) ، صَدْع

2. (sharp noise) فَرْقَعة ، طَقْطَقة

3. (sharp blow) ضَرْبة عَنِيفة ، لَطْمة

4. (partial break) (الفِنْجان) مَشْعُور ، مَفْطُور (ع)

5. (*sl.* cutting comment) تَعْلِيق طَرِيف لاذِع ، نَهْفة (س) ، تَهَكُّم (ع) ، قَفْشة (م)

v.t. & i. **1.** (break) شَقَّ (ـُ) ؛ اِنْفَلَقَ ، تَشَقَّقَ

the window is cracked زُجاج النّافِذة مَشْعُور

he cracked up under the strain اِنْهارَ نَتِيجةَ الإرْهاق

the play is not all it's cracked up to be لَيْست المَسْرَحيّة على مُسْتَوَى ما بُولِغ في إطْرائها

2. (make a sharp noise) فَرْقَعَ ، طَقْطَقَ

the boy was nervously cracking his fingers كان الصَّبِيّ يُفَرْقِع أصابِعه بِعَصَبِيّة

cracker/ˋkrækə(r)/*n.*

1. (biscuit *esp. U.S.*) نَوْعٌ مِن البَسْكَويت الهَشّ

2. (firework) ضَرْبٌ مِن الألْعاب النّارِيّة

crackle/ˋkrækəl/*v.i. & n.* تَطَقْطَقَ ؛ طَقْطَقة

cradle/ˋkreɪdəl/*n.* مَهْد (مُهُود)

v.t. حَضَنَ (ـِ) ؛ غَلَّف بِعِناية

craft/krɑft/*n.*

1. (skill, trade) حِرْفة (حِرَف) ، مِهْنة (مِهَن)

2. (boat) قارِب (قَوارِبُ)

there were a number of small craft on the river كان في النَّهْر عَدَدٌ من القَوارِب الصَّغِيرة

3. (cunning) حِيلة ، مَكْر

craftsman/ˋkrɑftsmən/*n.* مُتَمَهِّن ، صاحِب حِرْفة ، عامِل يَدَوِيّ ماهِر ، مُحْتَرِف

crafty/ˋkrɑftɪ/*adj.* حِيَلِيّ ، خَدّاع ، مَكّار

crag/kræg/*n.* صَخْرة شامِخة وَوَعْرة ، جُرُف

cram/kræm/*v.t. & i.* حشر (ـِ) ، حَشا (يَحْشُو) ، حَشَك ؛ اِكْتَظَّ بِـ ؛ اِنْكَبَّ على الدَّرْس

the room was crammed with people كانت الغُرْفةُ مُكْتَظّةً بالنّاس

the boy was cramming for an examination كان الصَّبِيُّ يَحْشُو ذاكِرَته بالمَعْلُومات قُبَيْلَ الامْتِحان

cramp/kræmp/*n.* تَشَنُّج عَضَلِيّ

v.t. ضَيَّقَ ، شَدَّ (ـُ) ، قَمَّطَ

I hate people watching me play. It cramps my style أكْرَه أن يُراقِبَني النّاسُ وأنا ألْعَب لأنّ ذلك يُرْبِكُني

crane/kreɪn/*n.*

1. (bird) كُرْكِيّ (كَراكِيُّ) ، غُرْنُوق (غَرانِيقُ) ، رَهْوٌ (رِهاء)

2. (machine) رافِعة (رَوافِعُ) ، وِنْش (وِنْشات)

v.t. اِشْرَأَبَّ

he craned his neck to see مَدَّ عُنُقه لِيَرَى

cranium/ˋkreɪnɪəm/*n.* جُزْءٌ مِن الجُمْجُمة ، قِحْف (الرأس) (قُحُوف ، أقحاف)

crank/kræŋk/*n.*

1. (*mech.*) ذِراعُ تَدْوِير ، كَرَنْك (مِيكانِيكا)

2. (eccentric) شاذّ ، غَرِيبُ الأطْوار

v.t. شَغَّلَ السَّيّارة بِذِراعِ التَّدْوِير

cranny/ˋkrænɪ/*n.* شَقّ (شُقُوق) ، صَدْعٌ (صُدُوع)

he searched every nook and cranny لم يَتْرُك مَكانًا إلا وَفَتَّشَ فيه

crash/kræʃ/*n.*

1. (loud noise) صَوْتُ الارْتِطام ، (سَقَطَت الصِّينِيّة) بِفَرْقَعةٍ عالِية

v.i. & t. اِرْتَطَمَ مُحْدِثًا صَوْتًا

2. (accident to vehicle) اِصْطِدام ، حادِث سَيّارة

v.i. & t. اِصْطَدَمَ ؛ صَدَم (ـِ)

the driver was killed in the crash قُتِلَ السّائِق في الحادِث

adj. a crash course دَوْرة تَدْرِيبِيّة مُكَثَّفة

crate/kreɪt/*n. & v.t.* صُنْدُوق شَحْن ، سَحّارة (سَحاحِيرُ) ؛ عَبَّأَ في صَنادِيق الشَّحْن

crater/ˋkreɪtə(r)/*n.* فُوَّهة بُرْكان ؛ فَجْوة يُخَلِّفُها انْفِجار

crave/kreɪv/*v.t. & i.* تَلَهَّفَ ، اِشْتاق إلى ؛ تَوَسَّلَ ، تَضَرَّعَ إلى

craving/ˋkreɪvɪŋ/*n.* شَهْوة ، تَحَرُّق إلى ، وِحام ، تَوَلُّع بِـ

crawl/krɔl/*n.*

1. (slow movement) زَحْف ، سَيْر بَطِيء

2. (swimming stroke) كْرُول ، نَوْعٌ مِن السِّباحة

v.i. **1.** (creep) حَبا (يَحْبُو) ، زَحَفَ (ـَ)

2. (move slowly) سار بِبُطْء

3. (swarm) عَجَّ (ـِ) ، غَصَّ (ـَ) بِـ

the ground is crawling with ants الأرْضُ تَعِجُّ بالنَّمْل

crayon/ˋkreɪən/*n. & v.t.* طَباشِير مِن عَجِينة مُلَوَّنة ؛ رَسَمَ بِطَباشِيرَ مِن هذا النَّوْع

craze/kreɪz/*n.* هَوَسٌ ، خَبَلٌ

craziness/ˋkreɪzɪnəs/*n.* جُنُون ، حَماقة

crazy/ˋkreɪzɪ/*adj.*

1. (insane) مَجْنُون ، مَخْبُول

2. (*sl.* enthusiastic) مُغْرَم ، مُولَع بِـ

he is crazy about football إنّه مَهْوُوسٌ بِكُرةِ القَدَم

creak/krik/*n. & v.i.* صَرِير ؛ صَرَّ (ـِ)

cream/krim/*n.*

1. (fatty part of milk) قِشْدة ، قِشْطة

2. (creamlike food, cosmetic, polish) مُسْتَحْضَر بِكَثافة القِشْدة (طَعام ، ماكْياج ، دِهان)

3. (colour) لَوْن أصْفَر باهِت

v.t. اِسْتَخْلَصَ القِشْدة مِن الحَلِيب ؛ خَفَق (الزُّبْدة بالسُّكَّر)

crease/kris/*n. & v.t. & i.* طَيَّة ، ثَنية ؛ جَعَّد ، تَجَعَّد
create/krɪˋeɪt/*v.t.* خَلَقَ (ـُ) ، أَوْجَدَ ، بَرَأَ (ـَ) ، كَوَّنَ (العالَم) ؛ اِبْتَكَر ، أَسَّسَ
creation/krɪˋeɪʃən/*n.* خَلْق ، تَكْوين ، إِبْداع ؛ اِبْتِكار (زِيّ جَديد مَثَلاً)
creative/krɪˋeɪtɪv/*adj.* مُبْدِع ، خَلّاق ، مُبْتَكِر
creator/krɪˋeɪtə(r)/*n.* بارِئ ، مُكَوِّن (العالَم) ، مُبْدِع ؛ واضِع ، مُنْشِئ ؛ الخالِق
creature/ˋkritʃə(r)/*n.* مَخْلُوق ، خَليقة (خَلائِق) ، كائِن (كائِنات) ، بَرِيّة (بَرايا)
crèche/kreʃ/*n.* دارُ الحَضانة
credentials/krɪˋdenʃəls/*n.pl.* أَوْراقُ اعْتِماد
credibility/ˈkredɪˋbɪlɪtɪ/*n.* إِمْكانِيّة التَّصْديق ، تَصْديق ، ثِقة بِ
credible/ˋkredɪbəl/*adj.* يُمْكِنُ تَصْديقُه ، يُوثَقُ بِهِ
credit/ˋkredɪt/*n.*
1. (approval, honour, reputation) اِسْتِحْسان ، إِقْرارٌ بِفَضْل ...
give credit where credit is due الفَضْلُ لِلْمُبْتَدِي وإِنْ أَحْسَنَ المُقْتَدِي ؛ اِمْدَحْ مَن يَسْتَحِقُّ المَدْح
2. (time given for payment) مَوْعِدُ الدَّفْع
credit card بِطاقة اعْتِماد مَصْرَفِيّة
3. (money at person's disposal) مِقْدار اعْتِماد مالِيّ
4. (acknowledgement of contributors) قائِمة أَسْماء المُشْتَرِكين (في فيلم مَثَلاً)
v.t. **1.** (believe) صَدَّقَ
I credited you with more sense حَسِبْتُكَ ذا تَفْكيرٍ أَسْلَمَ مِن ذلك
2. (*commerc.*) تَسْليف ، اِعْتِماد (في مَصْرِف)
we have credited your account with £100 أَضَفْنا إِلى حِسابِك ١٠٠ جُنَيْهٍ اسْتَرْلينِيّ
creditable/ˋkredɪtəbəl/*adj.* جَديرٌ بالثَّناء ، مَحْمُود
creditor/ˋkredɪtə(r)/*n.* دائِن ، صاحِبُ الدَّيْن
credulity/kreˋdjulɪtɪ/*n.* سُرْعة التَّصْديق ، سَذاجة
credulous/ˋkredjʊləs/*adj.* سَريع التَّصْديق ، ساذَج
creed/krid/*n.* عَقيدة ، إِيمان ، دِين (أَدْيان)
creek/krik/*n.* جَدْوَل (جَداوِل) ، نَهْر (أَنْهار) ، شَرْم (شُرُوم) ، خَوْر (أَخْوار)
he's up the creek (*sl.*) إِنَّه في وَرْطة ، إِنَّه مَخْبُول
creep/krip/(*p.t. & p.p.* **crept**/krept/)*v.i.*
1. (move quietly) دَبَّ (ـِ) ، تَسَلَّل ، زَحَفَ (ـَ)
2. (*of plants* grow along a surface) اِعْتَرَش ، تَسَلَّقَ (النَّبات)
3. (shiver) اِقْشَعَرَّ (البَدَن)
the picture was so horrible it made my flesh creep كانت الصُّورةُ مِن البَشاعةِ بِحَيْثُ اقْشَعَرَّ لها بَدَني
creeper/ˋkripə(r)/*n.* عارِشة (عَوارِش) ، نَبات مَدّاد أو مُتَسَلِّق
creepy/ˋkripɪ/*adj.* مُخيف ، مُفْزِع
cremate/krɪˋmeɪt/*v.t.* حَرَقَ جُثّة المَيِّت (بَدَلاً مِن دَفْنِها)
cremation/krɪˋmeɪʃən/*n.* تَرْميد ، إِحْراقُ جُثّة المَيِّت
creosote/ˋkriəsəʊt/*n.* كِرِيُوزُوت ، طِلاء قَطْرانِيّ لِصِيانة الخَشَب
crescendo/krɪˋʃendəʊ/*n. & adj.* تَصْعيد الصَّوْت أو النَّغْمة ؛ تَصْعيدِيّ
crescent/ˋkresənt/*n.* هِلال (أَهِلّة)
cress/kres/*n.* رَشاد ، حُرْف ، جَرْجير الماء ، قُرّة (العَيْن)
crest/krest/*n.*
1. (plume on head) عُرْف (الدِّيك)
2. (summit) قِمّة ، ذُرْوة (ذُرًى)
crestfallen/ˋkrestfɔlən/*adj.* مُطأْطِئُ الرَّأْس ، كَسير الخاطِر
crevasse/krɪˋvæs/*n.* أُخْدُود ، مَهْواة (مَهاوٍ) ، فَلْج في نَهْر جَليدِيّ
crevice/ˋkrevɪs/*n.* شَقّ ، صَدْع
crew/kru/*n.* مَلّاحُو سَفينة أو طائِرة ؛ طاقَم ، زُمْرة
crib/krɪb/*n. & v.t. & i.* سَرير طِفْل (ذُو حَواجِز) ؛ مِذْوَد ، مِعْلَف ؛ تَرْجَمة حَرْفِيّة
(copy) غَشَّ في الامْتِحان بالنَّقْلِ مِن زَميلِه مَثَلاً
cricket/ˋkrɪkɪt/*n.*
1. (insect) صُرْصُر (صَراصِر) ، صُرْصُور (صَراصِير)
2. (game) لُعْبة الكْرِيكِت
crime/kraɪm/*n.* جَريمة (جَرائِم) ، جِناية
criminal/ˋkrɪmɪnəl/*n. & adj.* مُجْرِم ؛ جِنائِيّ ، إِجْرامِيّ
crimson/ˋkrɪmzən/*adj.* قِرْمِزِيّ ، أَحْمَرُ قانٍ
cringe/krɪndʒ/*v.i.* اِنْكَمَشَ خائِفًا ، تَذَلَّل ، تَخَضَّع
cripple/ˋkrɪpəl/*n. & v.t.* كَسيح ، أَعْرَج ، مُقْعَد ؛ أَقْعَدَ ، أَعْجَزَ
the business was crippled by debts شَلَّت الدُّيُون أَعْمالَه التِّجارِيّة
cris/is/ˋkraɪsɪs/(*pl.* **~es**/ˋkraɪsiz/)*n.* أَزْمة (أَزَمات) ، ضائِقة (ضَوائِق)
crisp/krɪsp/*adj.*
1. (brittle) هَشّ
2. (bracing) مُنْعِش
it was a clear crisp morning كان صَباحًا صاحِيًا مُنْعِشًا
3. (brisk) حازِم
he had a crisp, decisive voice كان ذا صَوْت مَليء بالنَّشاط والحَزْم
n.pl. in

potato crisps رقائق بطاطا مقلية هشة ، "تشيبس" (س ع)
criss-cross/ˈkrɪs-ˈkros/ *adj. & adv.* على شكل خطوط متقاطعة
criter/ion/kraɪˈtɪərɪən/ (*pl.* ~**ia**/kraɪˈtɪərɪə/) *n.* معيار ، مقياس
critic/ˈkrɪtɪk/*n.* ناقد ، نقاد ، منتقد ، معيب ، عياب
critical/ˈkrɪtɪkəl/*adj.*
1. (exercising judgement, fault-finding) انتقادي ، متصيد لأخطاء الغير ، عياب
2. (of/at a crisis) حرج ، متأزم ، عصيب ، حاسم
this is a critical time for the country تمر البلاد بفترة حرجة
criticism/ˈkrɪtɪsɪzm/*n.* نقد ، انتقاد
criticize/ˈkrɪtɪsaɪz/*v.t. & i.* نقد (ـُ) ، انتقد
croak/krəʊk/ *n. & v.t. & i.* نقيق (الضفادع) ، نعيق (الغراب) ؛ نق (ـِ) ، نعق (ـِ) ؛ تنبأ بالشر
crockery/ˈkrokərɪ/*n.* أواني الطعام الفخارية والخزفية (البورسلين)
crochet/ˈkrəʊʃeɪ/*n. & v.t. & i.* "كروشيه" ، شغل الصنارة ؛ اشتغل الكروشيه
crocodile/ˈkrokədaɪl/*n.* تمساح (تماسيح)
crook/krʊk/*n.*
1. (hooked staff) عصا الراعي
2. (*sl.* rogue) نصاب ، محتال ، غشاش
crooked/ˈkrʊkɪd/*adj.*
1. (not straight) معقوف ، ملتو
2. (dishonest) عديم الاستقامة ، احتيالي
croon/krun/*v.t. & i.* غنى بصوت خفيض
crop/krop/*n.* غلة (غلال) ، محصول ؛ حوصلة الطيور
v.i. **1.** (yield) أنتج ، غل (ـِ)
the tomatoes have cropped well كان محصول الطماطم (البندورة) جيدا
2. (turn up) حدث فجأة
another difficulty has cropped up طرأت مشكلة أخرى بغتة
v.t. **1.** (cut short) قص (ـُ) ، قلم ، شذب
2. (graze) رعى (يرعى)
cross/kros/*n.*
1. (mark x or +) علامتا الضرب أو الجمع
2. (stake with transverse bar) صليب (صلبان)
3. (mixture of breeds) هجين (هجناء) ، تهجين
a mule is a cross between a donkey and a mare البغل هجين الحمار والفرس
adj. **1.** (bad-tempered) زعلان من ، غضبان
2. (contrary) مضاد ، معاكس

we talked at cross purposes كنا نتحدث وكل منا في واد
v.t. & i.
1. (go across) اجتاز ، عبر (ـُ) ، قطع (ـَ)
2. (place crosswise) شبك (ـِ) ، وضع بشكل متقاطع ، صالب
he crossed his legs وضع ساقا على ساق
3. (draw a line across) سطر (شيكا مثلا)
4. (pass the hand across) صلب ، رسم علامة الصليب على صدره
5. (interbreed) هجن
6. (meet and pass) مر بـ ، قطع ، اجتاز
our letters crossed in the post أرسل كل منا رسالة للآخر في نفس الوقت
7. (thwart) عارض ، قاوم
crossbar/ˈkrosbɑ(r)/*n.* عارضة ، قضيب مستعرض
cross-examination/ˈkros-ɪgˈzæmɪˈneɪʃən/*n.* استجواب الشهود ، استنطاق
cross-examine/ˈkros-ɪgˈzæmɪn/*v.t.* استنطق ، استجوب
crosseyed/krosˈaɪd/*adj.* أحول
crossing/ˈkrosɪŋ/*n.* عبور ؛ معبر ؛ تقاطع طريق مع سكة حديد
we used the pedestrian crossing اجتزنا الشارع من الممر الخاص بالمشاة
crosslegged/ˈkrosˈlegd/ *adv.* جالس ساقا على ساق
cross-question/ˈkros-ˈkwestʃən/*v.t.* استجوب ، استنطق
cross-reference/ˈkros-ˈrefrəns/*n.* إحالة ، إشارة للقارئ لمراجعة جزء آخر من الكتاب نفسه
crossroads/ˈkrosrəʊdz/ *n.* مفرق ، مصلب الطرق ، ملتقى شوارع ، مفترق الطرق
cross-section/ˈkros-ˈsekʃən/*n.* مقطع عرضي ، قطاع يمثل فئات مختلفة
crossword/ˈkroswɜd/*n.* لغز الكلمات المتقاطعة
also **crossword puzzle**
crouch/kraʊtʃ/*v.i.* جثم (ـِ) ، ربض (ـِ)
crow/krəʊ/*n.* زاغ (زيغان) ، قاق (قيقان) (طائر كالغراب)
crow's feet غضون حول طرف العين
v.i. صاح (الديك) ، هدل (ـِ) الطفل أو ناغى
he crowed over the failure of his rival شمت بإخفاق منافسه
crowd/kraʊd/*n. & v.t. & i.* حشد (من الناس) ، جمهرة ، زحام ؛ زحم (ـَ) ، حشد (ـِ) ؛ احتشد
the room was crowded كانت الغرفة مكتظة بالناس

crown/kraʊn/*n*.
1. (head-dress) إكليل (أكاليل)، تاج (تيجان)
the king's eldest son succeeds to the crown اِبْنُ المَلِك البِكْرُ يَرِثُ العَرْش
2. (top of head, summit) قِمّة الرّأس، يافوخ (يوافيخ)، ذُرْوة (ذُرًى)
v.t. تَوَّجَ، كَلَّلَ
the dentist crowned my broken tooth رَكَّبَ طَبيبُ الأَسْنان تاجًا لِسِنّي المَكْسُورة

crucial/ˋkruʃəl/*adj*. (مَوْقِف) حَرِج، (مَرْحَلة) حاسِمة، فاصِل، قاطِع، جَوْهَرِيّ

crucifix/ˋkrusɪfɪks/*n*. صَليب (قَدْ تَكُونُ عَلَيْه صُورة المَصْلُوب)

crucify/ˋkrusɪfaɪ/*v.t.* صَلَبَ (ـِ)، سَمَّرَ على صَليب؛ عَذَّبَ

crude/krud/*adj*. خامٌ؛ فِجٌّ، فَظٌّ
crude oil النِّفْط الخام، الزَّيْت الخام

cruel/ˋkruəl/*adj*. قاسٍ، صارِم

cruelty/ˋkruəltɪ/*n*. قَسْوة، صَرامة

cruet/ˋkruɪt/*n*. حامِلُ قَوارِيرَ صَغيرةٍ للتَّوابِل وما أَشْبَهَها

cruise/kruz/*n. & v.i.* جَوْلة بَحْرِيّة، طافَ في أو حَوْلَ، سارَت (السَّيّارة) بِسُرْعةٍ مُعْتَدِلةٍ مُنْتَظِمة

cruiser/ˋkruzə(r)/*n*. طَرّاد، طَرّادة (طَرّادات)

crumb/krʌm/*n*. فُتات؛ قِسْط ضَئيل (مِن العَزاء)

crumble/ˋkrʌmbəl/*v.t. & i.* ثَرَدَ (ـُ)، فَتَّتَ، هَشَمَ (ـِ)؛ تَداعَى، اِنْهارَ

crumple/ˋkrʌmpəl/*v.t. & i.* جَعَّدَ، كَرْمَشَ؛ تَكَرْمَشَ

crunch/krʌntʃ/*v.t. & i. & n.* مَضَغَ بِصَوْتٍ مَسْمُوع، قَرْقَشَ (عامِّيّة)؛ اللَّحْظة الحَرِجة
when it comes to the crunch (*coll.*) عِنْدَما يَجِدّ الجِدّ، عِنْدَما تَصِل السِّكِّينُ لِلْعَظْم (ع)، عِنْد التَّجْرِبة الحاسِمة

crusade/kruˋseɪd/*n*. حَمْلة صَليبِيّة؛ حَمْلة (مُكافَحة الأُمِّيّة مَثَلًا)

crush/krʌʃ/*n*.
1. (crowd) حَشْدٌ، اِزْدِحام
2. (infatuation) غَرام صِبْيانِيّ عابِر
she had a crush on her teacher أُولِعَت بِمُعَلِّمَتِها
v.t. 1. (compress forcibly) هَرَسَ (ـُ)
2. (subdue) قَمَعَ (ـَ)، أَخْضَعَ
our hopes were crushed تَحَطَّمَت آمالُنا

crust/krʌst/*n*. قِشْرة الرَّغيف المُحَمَّصة؛ قِشْرة قاسِية

crutch/krʌtʃ/*n*. عُكّاز (عَكاكيزُ)

crux/krʌks/*n*. صُلْبُ المَوْضُوع، النُّقْطة الجَوْهَرِيّة

cry/kraɪ/*n*.
1. (call) نِداء، صَرْخة، صَيْحة
a far/long cry from بَوْنٌ شاسِعٌ بَيْنَ ... وَبَيْنَ
2. (fit of weeping) نَوْبة بُكاء، نَحيب
v.i. & t. 1. (call) صاحَ (يَصيح)، صَرَخَ (ـُ)
they were going to visit us but they cried off كانوا عازِمين على زِيارَتِنا غَيْرَ أَنَّهُم غَيَّرُوا رَأْيَهُم
2. (weep) بَكَى (يَبْكي)، نَحَبَ (ـِ)، نَشَجَ (ـِ)

cryptic/ˋkrɪptɪk/*adj*. سِرِّيّ؛ غامِض، مُبْهَم

crystal/ˋkrɪstəl/*n. & adj.* بِلَّوْرة؛ بِلَّوْرِيّ

crystal-gazing/ˋkrɪstəl-geɪzɪŋ/*n*. رُؤْيَة الطّالِع، تَنَبُّؤ، رَجْمٌ بِالغَيْب

crystallization/ˌkrɪstəlaɪˋzeɪʃən/*n*. تَبَلْوُر (كيمياء)؛ تَبَلْوُر (فِكْرة مَثَلًا)، تَحَقُّق

crystallize/ˋkrɪstəlaɪz/*v.t. & i.* بَلْوَرَ؛ تَبَلْوَرَ

cub/kʌb/*n*. شِبْل (أَشْبال)، جِرْو (جِراء)؛ مُسْتَجِدّ، عَديمُ الخِبْرة

cube/kjub/*n*.
1. (solid figure) (جِسْم) مُكَعَّب، كَعْب (كُعُوب)
2. (*math.*) مُكَعَّب
cube root الجَذْرُ التَّكْعيبِيّ

cubic/ˋkjubɪk/*adj*. تَكْعيبِيّ، مُكَعَّب
cubic content مُحْتَوًى حَجْمِيّ، سِعة
cubic foot قَدَمٌ مُكَعَّب

cubicle/ˋkjubɪkəl/*n*. مَقْصُورة نَوْم انْفِرادِيّة؛ مَقْصُورة للدِّراسة في مَكْتَبة؛ مَشْلَح (في مَسْبَح)

cuckoo/ˋkʊku/*n*. وَقْواق، قِيقَب (س)، كُكُّم (م)

cucumber/ˋkjukʌmbə(r)/*n*. خِيار (اِسْمُ جِنْس)، قِثّاء

cud/kʌd/*n*. ما يَجْتَرُّهُ الحَيَوان، جِرّة

cuddle/ˋkʌdəl/*v.t.* عانَقَ، حَضَنَ (ـُ)، دَلَّلَ

cue/kju/*n*.
1. (actor's lead) إشارة لِبَدْء الكَلام أو التَّمْثيل (في المَسْرَح)
2. (billiards rod) عَصا البِلْيار أو البِلْيارْدُو

cuff/kʌf/*n*.
1. (end of sleeve) طَرَفُ الكُمّ
cuff links زِرُّ كُمِّ القَميص (أَزْرارٌ مُنْفَصِلة للأَكْمام)
2. (blow) *also v.t.* صَفْعة؛ صَفَعَ (ـَ)

cuisine/kwɪˋzin/*n. (Fr.)* فَنُّ الطَّبْخ أو الطَّهْي

cul-de-sac/ˋkʌl-də-sæk/*n*. طَريقٌ مَسْدُود أو غَيْر نافِذ، رَدْب (رُدُوب)

culinary/ˋkʌlɪnərɪ/*adj*. مُتَعَلِّق بالطَّهْي أو بالمَطْبَخ؛ صالِح للطَّهْي

culminate/ˋkʌlmɪneɪt/*v.i.* (نَشاطُه الفِكْرِيّ) بَلَغَ الذُّرْوة، تُوِّجَ بِـ؛ اِنْتَهَى إلى

culmination/ˌkʌlmɪˋneɪʃən/*n*. أَوْج، ذُرْوة، قِمّة (قِمَم)

culprit/ˋkʌlprɪt/*n*. مُذْنِب، مُجْرِم

cult/kʌlt/*n*. نِظام دينِيّ؛ عِبادة

cultivate/ˋkʌltɪveɪt/*v.t.*

1. (till soil) فَلَحَ (ـَ) ، حَرَثَ (ـُ)
2. (develop mind, interests) هَذَّبَ ، رَبَّى ؛ نَمَّى عَلاقةً مَع
it's worth cultivating him, he can help you in your career يَجْدُرُ بِك أنْ تُنَمِّيَ علاقاتِكَ مَعَه إذْ بإمْكانِهِ أنْ يُساعِدَكَ في تَأْمِينِ مُسْتَقْبَلِك

cultivation/'kʌltɪ'veɪʃən/*n.* حِراثة ، فِلاحة ؛ تَنْمِية ، تَرْبِية

cultural/'kʌltʃərəl/*adj.* ثَقافِيّ ، حَضارِيّ

culture/'kʌltʃə(r)/*n.*
1. (development of intellect, arts) ثَقافة ، حَضارة
2. (rearing) تَرْبِية
3. (set of bacteria) زَرْعة ، مَزْرَعة جَراثِيم ، اِسْتِنْباتٌ بَكْتِيرِيّ

cumbersome/'kʌmbəsəm/*adj.* مُرْبِك ، ثَقِيل ، مُتْعِب

cunning/'kʌnɪŋ/*adj.* & داهِية ، ماكِر ، شاطِر ؛ دَهاء ، *n.* مَكْر ، شَطارة

cup/kʌp/*n.*
1. (drinking vessel) فِنْجان (فَناجِينُ) ، كُوب (أَكْواب) ، كَأْس (كُؤُوس)
he won the cup for the high jump فاز بِكَأْس بُطولة القَفْز العالِي
2. (drink) شَرابٌ مِن عَصِير الفاكِهة والخَمْر
v.t. حَجَمَ (ـُ) ؛ ضَمَّ كَفَّيْه لِيَغْتَرِفَ الماء

cupboard/'kʌbəd/*n.* خِزانة ، دُولاب

cur/kɜ(r)/*n.* كَلْب (كِلاب) ؛ وَغْد (أَوْغاد)

curable/'kjʊərəbəl/*adj.* قابِلٌ للشِّفاء ، يُمْكِنُ عِلاجُه

curate/'kjʊərət/*n.* قَسّ ، قِسِّيس ، خُورِي

curator/kjʊ'reɪtə(r)/*n.* قَيِّم ، أَمِين (مَتْحَف أو مَعْهَد فَنِّيّ)

curb/kɜb/*n.* & *v.t.* لِجام (لُجُم ، أَلْجِمة) ، شَكِيمة (شَكائِمُ) ، كابِح (كَوابِح) ؛ حافّة رَصِيف الطَّرِيق ، حَرْف على طَرَفَي المَمَرّ في حَدِيقة ؛ لَجَمَ (ـِ) ، كَبَحَ (ـَ)
you must curb your temper عَلَيْك أنْ تَكْبَحَ جِماحَ غَضَبِك

curd/kɜd/*n.* حَلِيب خاثِر أو رائِب ؛ مادّة خاثِرة

curdle/'kɜdəl/*v.i.* & *t.* تَخَثَّرَ ، راب (يَرُوب) ؛ خَثَّرَ ، جَبَّنَ

cure/'kjʊə(r)/*n.* (remedy) عِلاج ، دَواء ؛ شِفاء
v.t. 1. (remedy) شَفَى (يَشْفِي) ، أَبْرَأَ (مِن مَرَض)
2. (preserve) خَلَّلَ ، مَلَّحَ ، قَدَّدَ

curfew/'kɜfju/*n.* مَنْعُ أوْ حَظْرُ التَّجَوُّل

curiosity/'kjʊərɪ'ɒsɪtɪ/*n.* فُضُول ، حُبُّ الاسْتِطْلاع ؛ تُحْفة (تُحَف) ، طُرْفة (طُرَف)

curious/'kjʊərɪəs/*adj.*
1. (inquisitive) فُضُولِيّ ، مُحِبّ لِلاِسْتِطْلاع
2. (strange) غَرِيب ، عَجِيب ، يَصْعُب فَهْمُه

curl/kɜl/*n.* & *v.t.* & *i.* جَعْدة ، تَجْعِيدة ؛ جَعَّدَ ؛ تَجَعَّدَ
the cat curled up and went to sleep تَكَوَّرَ القِطُّ ونام
she curled up (with laughter) وَقَعَتْ عَلَى الأَرْضِ مِن الضَّحِك ، ماتَتْ مِن الضَّحِك

curly/'kɜlɪ/*adj.* أَجْعَدُ ، مُجَعَّد

currant/'kʌrənt/*n.* كِشْمِش ، زَبِيب رُومِيّ

currency/'kʌrənsɪ/*n.* (money) عُمْلة مُتَداوَلة ، نَقْد (نُقُود)

current/'kʌrənt/*n.*
1. (flow, tendency) تَيّار ، جَرَيان ؛ اِتِّجاه ، مَيْل
2. (*elec.*) تَيّار كَهْرَبائِيّ
adj. جارٍ ، مُتَداوَل ، حالِيّ ؛ العَدَد الأَخِير (مِن مَجَلّة مَثَلاً)
current affairs الأَحْداث الرّاهِنة

curriculum/kə'rɪkjʊləm/*n.* بَرْنامَج دِراسِيّ ، مَنْهَج

curry/'kʌrɪ/*n.* مَزِيج مِن تَوابِلَ هِنْدِيّة ، كارِي

curse/kɜs/*n.*
1. (imprecation) لَعْنة ، سِباب ، شَتِيمة
2. (evil) شُؤْم ، سُوءُ طالِع ، لَعْنة
v.t. & *i.* لَعَنَ (ـَ) ، شَتَمَ (ـُ) ، سَبَّ (ـُ)

cursory/'kɜsərɪ/*adj.* عابِر ، خاطِف ، سَرِيع ، سَطْحِيّ

curt/kɜt/*adj.* (رَدٌّ) جافّ ، مُقْتَضَب

curtail/kɜ'teɪl/*v.t.* قَصَّرَ ، قَطَعَ أو حَذَفَ جُزْءًا (مِنْ مَقالةٍ مَثَلاً)

curtain/'kɜtən/*n.* & *v.t.* سِتار (سُتُر) ، سِتارة (سَتائِرُ) ؛ حَجَبَ (ـِ) ، سَتَرَ (ـُ)

curtsey/'kɜtsɪ/*n.* & *v.i.* اِنْحِناءة مع ثَنْيِ الرُّكْبَتَيْن (اِحْتِرامًا) ؛ اِنْحَنَى مع ثَنْيِ الرُّكْبَتَيْن (اِحْتِرامًا)

curve/kɜv/*n.* & *v.t.* & *i.* مُنْحَنٍ ، مُنْحَنًى ، مُنْعَطَف ؛ حَنَى ، لَوَى ، قَوَّس ؛ اِنْحَنَى ، اِلْتَوَى ، تَقَوَّسَ

cushion/'kʊʃən/*n.* وِسادة (وَسائد) ، مِخَدّة ؛ وِسادة واقِية
v.t. خَفَّفَ مِن شِدّة الاصْطِدام ، حَمَى ، وَقَى

custard/'kʌstəd/*n.* حَلْواء (كالمُهَلَّبِيّة) مِن الحَلِيب والبَيْض والسُّكَّر ، (كَسْتَرْدة)

custodian/kə'stəʊdɪən/*n.* قَيِّمٌ (عَلَى) ، حارِس مُؤَسَّسة ، أَمِين (أُمَناء) ؛ سادِن (سَدَنة)

custody/'kʌstədɪ/*n.*
1. (care) رِعاية (أَطْفالٍ مَثَلاً) ؛ سِدانة (الكَعْبة)
2. (detention) حَجْز (المُتَّهَم على ذِمّة التَّحْقِيق) ؛ حَبْس ، اِعْتِقال

custom/'kʌstəm/*n.*
1. (habit, usage) عادة ، عُرْف ، تَقْلِيد

2. (trade) التَّعامُلُ الدّائم مَعَ مَتْجَر

3. (*pl.* import duties) رُسُوم جُمْرُكِيّة

customarily/'kʌstəmərəlɪ/*adv.* عادةً ، مِن المَألُوف

customary/'kʌstəmərɪ/ *adj.* مُعْتاد ، مألُوف ، مِن المُتَعارَف عَلَيْه

customer/'kʌstəmə(r)/*n.* زَبُون (زَبائن) ، عَمِيل (عُمَلاء)

cut/kʌt/*n.*

1. (act of cutting) قَطْعٌ ، قَصٌّ

2. (wound) جُرْح (جِراح ، جُرُوح)

3. (reduction) تَخْفِيض ، تَنْزِيل

4. (omission) حَذْفٌ ، قَطْعٌ

the censor made several cuts in the film قَطَعَ الرَّقِيب عِدّة مَشاهِد مِن الفِيلم

5. (style of clothes) قَصّة ، تَفْصِيلة ، كَسْم ، أو طِراز ثَوْب

6. (joint of meat) قِطْعة لَحْم مِن عِنْد القَصّاب ؛ شَرِيحة مِن لَحْم مَشْوِيّ

v.t. **1.** (penetrate, divide, with sharp thing) قَطَعَ (ـَ) ، قَصَّ (ـُ)

the baby has cut two teeth بَزَغَ للطِّفْل سِنّان

he cut me short قاطَعَني في الكَلام

2. (reduce) خَفَّضَ ، قَلَّلَ مِن ، نَزَّلَ (السِّعْر مَثَلاً)

I'll cut my losses سأتَخَلَّى عَن المَشْرُوع تَفادِيًا لِخَسائِرَ أُخْرَى

3. (omit) حَذَفَ (ـِ) ، أَلْغَى ؛ تَغَيَّبَ عَن

4. (ignore) تَجاهَلَ (رُؤْيَةَ شَخْصٍ مَثَلاً) ، أَنْكَرَ (مَعْرِفَته)

he cut me dead تَجاهَلَ رُؤْيَتِي ، تَظاهَرَ بِعَدَمِ مَعْرِفَتِي

5. (*with advs.*) (مع الظُّرُوف)

cut back (prune) قَلَّمَ ، شَذَّبَ

cut down (fell) قَطَعَ الشَّجَرة

(reduce) خَفَّضَ ، نَزَّلَ (الأَسْعار مثلاً)

cut off (sever) قَطَعَ (الرَّأْس مثلاً) ، قَصَّ (قِطْعة قُماشٍ من لَفّة مثلاً)

(disinherit) حَرَمَ (ـِ) مِن إِرْث

(interrupt) قَطَعَ (المُكالَمة التَلِيفُونِيّة مثلاً)

cut out قَطَعَ (ـَ) ، إِنْقَطَعَ ؛ تَوَقَّفَ عَن ؛ فَصَّلَ (الثَّوْب)

the doctor ordered me to cut out smoking أَمَرَني الطَّبِيب أنْ أَنْقَطِعَ عَن التَّدْخِين

he was not cut out to be a soldier لَمْ يُخْلَق جُنْدِيًّا ، الجُنْدِيّة لا تُناسِبُه

cut up قَطَّعَ ؛ حزين ، مُتَأَسِّف

don't be so cut up about being jilted لا تَحْزَن كُلَّ هذا الحُزْن لِتَرْكِها لَك

v.i. **1.** (intersect) تَقاطَعَ مَع ، قَطَعَ

2. (*with advs.*) (مع الظُّرُوف)

he suddenly cut in with an irrelevant remark وَفَجْأَةً قاطَعَ كَلامِي بِمُلاحَظةٍ لا عَلاقةَ لَها بالمَوْضُوع

another car cut in front of me سَيّارة أُخْرَى تَجاوَزَتْني وَانْحَرَفَتْ أَمامِي فَجْأَةً

the engine cut out تَعَطَّلَ مُحَرِّكُ السَّيّارة (وأنا أَقُودُها)

cute/kjut/*adj.* ذَكِيّ ، نَبِيه ؛ حُلْو ، جَذّاب ، مَحْبُوب

cutlery/'kʌtlərɪ/*n.* مُلْحَقاتُ المائِدة مِن مَلاعِق وشَوْكات وسَكاكِين

cutlet/'kʌtlət/*n.* قِطْعة مِن لَحْم الضُّلُوع (كَسْتَلِيتة)

cut-throat/'kʌt-θrəʊt/ *adj.* قاتِل ، سَفّاح ؛ (مُزاحَمة) حادّة

cutting/'kʌtɪŋ/*n.*

1. (excavation for railway, road) مَمَرّ أو نَفَق غَيْر مَسْقُوف (للقِطارات والسَّيّارات وغَيْرِها)

2. (piece from printed page) قُصاصة (مِن جَرِيدة مَثَلاً)

3. (piece of plant) *n.* فَسِيلة ، عُقْلة (مِن نَبات) ، قَلَم

adj. جافّ ، لاذِع ، جارِح

he made a cutting remark about my untidy appearance أَبْدَى مُلاحَظةً جارِحةً حَوْلَ قِلّة هِنْدامِي

cycle/'saɪkəl/*n.*

1. (recurring period) دَوْرة ، دَوْر

2. (series of songs) سِلْسِلة قَصائدَ وأَغانٍ

3. (bicycle, tricycle) دَرّاجة ذاتُ عَجَلَتَيْن أو ثلاث

v.i. رَكِبَ (ـَ) دَرّاجة

cyclist/'saɪklɪst/*n.* راكِبُ دَرّاجة

cyclone/'saɪkləʊn/*n.* إِعْصار

cylinder/'sɪlɪndə(r)/*n.* أُسْطُوانة

cylindrical/sɪ'lɪndrɪkəl/*adj.* أُسْطُوانِيّ

cynic/'sɪnɪk/*n.* ساخِر ، مُتَهَكِّم (يَشْعُرُ بِمَرارةٍ تِجاهَ الحَياة)

cynical/'sɪnɪkəl/*adj.* ساخِر ، مُتَهَكِّم

cynicism/'sɪnɪsɪzm/*n.* تَهَكُّم ، اِسْتِخْفافٌ بالدُّنْيا ؛ مَذْهَبُ الكَلْبِيّة الفَلْسَفِيّ

cypress/'saɪprəs/*n.* شَجَرة السَّرْو

cyst/sɪst/*n.* كِيس مُتَقَيِّح (طِبّ)

D

D/di/(letter) الحَرْف الرّابع من الأبجَدِيّة

dab/dæb/*v.t.* مَسَحَ (ـَ) بِمِنْديلٍ مثلاً ، لَمَسَ بالفُرْشاة لَمْسةً خاطِفة

n. **1.** (pat) لَمْسة خَفيفة (بالدِّهان أو الإسْفَنْج مثلاً)

2. (fish) نَوْع صَغير مِن سَمَك مُوسَى

dabble/ˋdæbəl/*v.t.* بَلَّلَ ، طَبَّشَ في الماء

v.i. اِنْشَغَل أو تَلَهَّى بِشيء ؛ قام بِعَمَل كَهِواية

dabbler/ˋdæblə(r)/*n.* هاوٍ غير مُحْتَرِف

dad/dæd/**daddy**/ˋdædı/*n.* (*coll.*) بابا (بِلُغة الأطْفال)

daft/dɑft/*adj.* (*coll.*) سَخيف (سُخَفاءُ) ، أحْمَقُ ، صَقيع (ع) ، مَخْلُول (م)

dagger/ˋdægə(r)/*n.* خَنْجَر (خَناجِرُ)

she looked daggers at him رَشَقَتْه بنَظْرةٍ كُلُّها عَداء وكُرْه

daily/ˋdeılı/*adv.* & *adj.* يَوْمِيّ ، يَوْمِيًّا ، كلَّ يَوْم

n. **1.** (newspaper) جَريدة (جَرائِدُ) ، صَحيفة (صَحائِفُ) يَوْمِيّة

2. (domestic worker) خادِمة بأجْر يَوْمِيّ

dainty/ˋdeıntı/*adj.* أنيق ، صَعْب الإرْضاء (في مأكَلِه) ، رَقيق ، لَذيذ

n. (*usu. pl.*) مأكُولات لَذيذة ، أطايِبُ الطَّعام ، نَمْنَمات (ع)

dairy/ˋdeərı/*n.* مَعْمَل ألْبان ، مَخْزَن أو مَحَلّ بَيْع الألْبان

daisy/ˋdeızı/*n.* أُقْحُوان (أقاحٍ) ، زَهْرة الرَّبيع

dale/deıl/*n.* وادٍ صَغير (في شَمال إنْكلترة خاصّةً)

dally/ˋdælı/*v.i.*

1. (trifle with) غازَلَ ، داعَبَ ، عَبِثَ (ـَ)

2. (loiter) تَسَكَّعَ ، تَباطأَ ، تَهاوَنَ في إنْجاز العَمَل

dam/dæm/*n.* سَدّ (سُدُود)

v.t. أقام سَدًّا ، حَبَسَ (ـِ) ، حَصَرَ (ـُ) ، كَبَتَ (ـِ)

damage/ˋdæmıdʒ/*n.*

1. (harm) ضَرَر (أضْرار) ، تَلَفٌ ، خَسارة (خَسائِرُ)

2. (*pl.* compensation) تَعْويض ماليّ (عن أضْرار) ، تكاليفُ ، نَفَقات

what's the damage? (*coll.*) كَمْ كَلَّفَكَ ذلك ؟ اِشْكَد سوه ؟ (ع) ، دَفَعْت كام ؟ (م)

v.t. أحْدَثَ ضَرَرًا ، أتْلَفَ ، شَوَّهَ

dame/deım/*n.*

1. (lady) سَيِّدة (مُتَقَدِّمة في السِّنّ)

2. (*title*) لَقَبُ شَرَف يَمْنَحُه التّاج البِريطانيّ للنِّساء

damn/dæm/*v.t.* لَعَنَ (ـَ) ، سَبَّ (ـُ)

n. كَلِمة لَعْنة ، شَيْءٌ تافِه

I don't give a damn (*coll.*) لا يُهِمُّني (قَيْدَ أنْمُلة) ، عِنْدِ قُنْدَرْتِك (ع) ، أُفّ ، يا لَلْفَظاعة ، إلى الجَحيم

int.

damnable/ˋdæmnəbəl/*adj.* شَنيع ، فَظيع ، لَعين

damnation/dæmˋneıʃən/*n.* & *int.* (الحُكْم) بالجَحيم أو الهَلاك الأبَدِيّ ؛ تَبًّا له ! ، يا لَلَّعْنة الأبَدِيّة ! يا لَلْفَظاعة !

damned/dæmd/*adj.* لَعين ، مَلْعُون ، رَجيم

damp/dæmp/*adj.* رَطِب ، نَدِيّ

n. رُطُوبة ، بَلَل

v.t. **1.** (moisten) *also* **dampen** رَطَّبَ ، بَلَّلَ

2. (depress) *also* **dampen** ثَبَّطَ (هِمَّته) ، أخْمَدَ (حَماسه)

damper/ˋdæmpə(r)/*n.*

1. (draught regulator) صِمام لِتَنْظيم تَيّار السَّحْب (في فُرْن مثلاً)

2. (discouraging influence) مُثَبِّطٌ للهِمّة ، مُثيرٌ للكآبة

damson/ˋdæmzən/*n.* بَرْقُوق (خَوْخ) صَغير الحَجْم ، إجّاص بَرِّيّ (ع)

dance/dɑns/*n.* & *v.i.* رَقْصٌ ، رَقَصَ (ـُ)

she led him a (pretty) dance أتْعَبَتْه في الجَرْي خَلْفَها ، رَقَّصَتْه على ألْف حَبْل !

dancer/ˋdɑnsə(r)/*n.* راقِص ، راقِصة

dandelion/ˋdændılɑıən/*n.* طَرَخْشَقُون ، سِنّ الأسَد ، هِنْدِباء بَرِّيّة (نَبات مُزْهِر)

dandruff/ˋdændrʌf/*n.* قِشْرة الرَّأس ، نُباغة ، هِبْرِيّة

dandy/ˋdændı/*n.* غَنْدُور (غَنادِرة) ، مُفْرِط في التّأنُّق

adj. (*U.S.*) مِن الطِّراز الأوّل ، على خَيْرِ ما يُرام

danger/ˋdeındʒə(r)/*n.* خَطَرٌ (أخْطار)

dangerous/ˋdeındʒərəs/*adj.* خَطِرٌ ، مُخْطِرٌ ، مَحْفُوف بالمَخاطِر

dangle/ˋdæŋgəl/*v.t.* & *i.* دَلَّى ، هَدَلَ (ـِ) ، هَدِلَ (ـَ) ، تَدَلَّى ، اِسْتَرْسَلَ

dank/dæŋk/*adj.* شَديدُ الرُّطوبة وفاسِدُ الهَواء

dapper/ˋdæpə(r)/*adj.* مُتأنِّق ، مُهَنْدَم ، سَريع الحَرَكة ، نَشيط ، خَفيف

dapple/ˋdæpəl/*v.t.* رَقَّطَ ، مُنَقَّط بِلَوْنٍ مُغايِر

dapple-grey /ˋdæpəl-ˋgreı/*n.* & *adj.* حِصان أبْلَق ، أبْلَق

dare/deə(r)/*v.t.*

1. (challenge) & *n.* تَحَدَّى ، تَحَدٍّ

2. (venture) *also v.i.* جَرُؤَ (يَجْرُؤُ) ، تَجاسَرَ
I dare say you are tired أظُنُّك مُتْعَبًا ، يُحْتَمَلُ أنْ تَكونَ مُتْعَبًا
daredevil/ˈdeədev(ə)l/*n. & adj.* مُتَهَوِّر ، مِقْحام
daring/ˈdeərɪŋ/*adj.* جَرِيء ، شُجاع ، مِقْدام ، جَسُور
n. جُرْأة ، جَراءة ، جَسارة ، إقْدام
dark/dɑk/*adj. & n.* مُظْلِم ، مُعْتِم ؛ قاتِم ؛ داكِن ؛ ظُلْمة ، عَتْمة ، حُلْكة
it is a dark secret إنّه سِرٌّ مَصُون
he is a dark horse قَدْ يحرِز فَوْزًا لا يُتَوَقَّع مِنْه
we came home after dark عُدْنا إلى البَيْت بَعْد أنْ حَلَّ اللَّيْل
a leap in the dark خُطْوة عَشْواء ، مَشْروع غَيْر سَلِيم العاقِبة
darken/ˈdɑkən/*v.t. & i.* عَتَّم ، أظْلَم ، اِكْفَهَرَّ
darkness/ˈdɑknɪs/*n.* ظَلام ؛ قُتْمة ؛ جَهْل ؛ غُمُوض
darling/ˈdɑlɪŋ/*adj. & n.* حَبِيب ، عَزِيز
darn/dɑn/*v.t. & n.* رَفَأَ (ـَ) ، رَتَقَ (ـُ) (الفَتْق) ؛ رَفْوٌ ، رَتْق
dart/dɑt/*n.*
1. (missile) نَبْلة ، حَظْوة ، سَهْم صَغِير مُرَيَّش
2. (rush) اِنْدِفاع ، اِنْطِلاق ، وَثْبة
3. (*in dressmaking*) دَرْز مَخْرُوطِيّ ، بِنْسة (في الخِياطة)
v.i. مَرَقَ (ـُ) ، اِنْدَفَعَ بِسُرْعة ، اِنْطَلَق
dash/dæʃ/*n.*
1. (rush) اِنْدِفاع ، اِنْطِلاق ، وَثْبة
2. (*punctuation mark*) شَرْطة (في التَّنْقِيط) ، خُطَيْط
3. (sprinkling) قَلِيلٌ مِن ، رَشّة (س) ، اِسم (ع) ، تَغْبِيرة (م)
a dash of vanilla essence رَشّة فانِيليا
v.t. **1.** (shatter) حَطَّم ؛ أحْبَطَ ، خَيَّبَ
the boat was dashed against the rocks اِرْتَطَم الزَّوْرَق بالصُّخُور فَتَحَطَّم
2. (bespatter) طَرْطَشَ ، رَشَّ (ـُ)
3. (*with* **off**) عَجَّل
I dashed off a letter كَتَبْتُ خِطابًا على عَجَل
v.i. اِنْدَفَعَ ، اِنْطَلَقَ
int. (*coll.*) أُفّ !
dashboard/ˈdæʃbɔd/*n.* لَوْحة عَدّادات السَّيّارة
dashing/ˈdæʃɪŋ/*adj.* جَسُور ، مِقْدام ؛ مُخْتال
data/ˈdeɪtə/*n. pl.* حَقائق عِلْمِيّة ، بَيانات ، مُعْطَيات تُفْضِي إلى نَتائج
date/deɪt/*n.*
1. (tree *also* **date palm**) نَخْلة (نَخْل ، نَخِيل)
2. (fruit) تَمْرة (تَمْر ، تُمُور) ، بَلَحة (بَلَح)
3. (time) تاريخ ؛ وَقْت ، زَمَن
out of date مَضَى زَمانُه ، بَطَل اسْتِعْمالُه
up to date عَصْرِيّ ، حَدِيث ، مُجارٍ لِلزَّمَن ، اِبْنُ وَقْتِه
4. (*coll.* appointment) مِيعاد ، مَوْعِد (غَرامِيّ عادةً)
v.t. & i. أرَّخَ (رِسالة) ، حَدَّدَ تاريخ (مَخْطُوطة) ؛ تَواعَدَ ، ضَرَبَ مَوْعِدًا ؛ عاد تارِيخُه إلى ، قَدُمَ
dated/ˈdeɪtɪd/*adj.* قَدِيم العَهْد ، مُوضة قَدِيمة ، (لَفْظ) مَهْجُور
dative/ˈdeɪtɪv/*adj. & n.* حالة المَفْعُول له في اللّاتِينِيّة وغَيْرِها
daub/dɔb/*v.t. & i.* لَطَّخَ ، لَوَّثَ ، كَلَّى بِطَبَقة طِلاء
daughter/ˈdɔtə(r)/*n.* اِبْنة ، بِنْت (بَنات)
daughter-in-law/ˈdɔt(ə)r-ɪn-lɔ/*n.* كَنّة ، زَوْجة الاِبْن
daunt/dɔnt/*v.t.* ثَبَّطَ عَزِيمَته ، جَعَله يَتَهَيَّب ، أخاف
nothing daunted لَمْ تَخْمُدْ شَجاعَتُه ، لَمْ تَبْرُدْ هِمَّتُه
dauntless/ˈdɔntləs/*adj.* مِقْدام ، غَيْرُ هَيّابٍ ولا وَجِل ، جَسُور
dawdle/ˈdɔdəl/*v.i.* تَوانَى ، تَلَكَّأَ ، تَسَكَّعَ ، تَباطَأَ ، أضاعَ الوَقْتَ سُدًى ، تَمَهَّلَ في المَشْي
dawn/dɔn/*n.* فَجْر ، سَحَر (أسْحار) ؛ مَطْلَعُ عَهْدٍ جَدِيد
v.i. بَزَغَ (الفَجْر) ، طَلَعَ
it has just dawned on me that . . . الآن بَدأَت الحَقِيقة تَتَوَضَّح لي ، بَدَأْتُ الآنَ أُدْرِكُ أنّ . . .
day/deɪ/*n.* يَوم (أيّام) ، نَهار (أنْهُر ، نُهُر)
by day نَهارًا ، في (وَضَحِ) النَّهار
the day before yesterday أوَّلَ البارِحة ، أوَّل أمْس
the other day مُنْذُ أيّام ، ذاكَ اليَوْم
some day يَوْمًا ما (في المُسْتَقْبَل)
daybreak/ˈdeɪbreɪk/*n.* فَجْر ، سَحَر ، اِنْبِلاجُ الصُّبْح
daylight/ˈdeɪlaɪt/*n.* ضَوْءُ النَّهار ، النُّور
daylight saving تَقْدِيمُ السّاعة في الصَّيْف للاسْتِفادةِ مِنْ ضَوْءِ النَّهار
daytime/ˈdeɪtaɪm/*n.* (خِلالَ) النَّهار
daze/deɪz/*v.t. also n.* أذْهَلَتْهُ (الكارِثة أو الصَّدْمة) ، كادَتْ تُفْقِدُه وَعْيَه أو اتِّزانه ؛ ذُهُول ، بَهْتة ، شَدَه
in a daze في حالة ذُهُول
dazzle/ˈdæzəl/*v.t.* خَطَفَ البَصَر ، بَهَرَ العَيْن ، زَغْلَلَ ، جَهَرَت عَيْنه
dead/ded/*adj.*
1. (not living) مَيِّت ، مَيْت (أمْوات ، مَوْتَى) ، مُتَوَفًّى ؛ (جُثّة) هامِدة
that law is now a dead letter هذا قانُون بَطَلَ اسْتِعْمالُه ، قانون بَطَل تَنْفِيذُه
2. (exact) بالضَّبْط ، تَمامًا
a dead heat تَعادُلٌ في سِباقٍ ما ، الوُصُولُ إلى هَدَفِ السِّباقِ في الوَقْتِ ذاتِه

3. (insensible) فاقِدُ الإحْساس

he was dead to all feelings of shame لَمْ يَكُنْ لَدَيْه أَدْنَى شُعُور بالخِزْي

adv. (اِسْتِعْمالات ظَرْفِيّة)

it stopped dead تَوَقَّفَ أو تَعَطَّلَ فَجْأَةً

he arrived dead on time وَصَلَ في المَوْعِدِ المُحَدَّد بالضَّبْط

I spoke to him on the telephone and the line went dead كُنْتُ أُحادِثُه في التِّلِيفُون وإذا بالخَطِّ يَتَعَطَّل

deaden/ˋdedən/*v.t.* سَكَّنَ (الأَلَم) ؛ خَفَّفَ (الصَّوْت) أو أَخْفَتَه ، أَخْمَدَ (الشُّعُور)

deadline/ˋdedlɑɪn/*n.* حَدٌّ زَمَنِيّ قَطْعِيّ لإنجاز عَمَلٍ ما ، آخِرُ مَوْعِدٍ ل...

deadly/ˋdedlɪ/*adj.* مُمِيت ، قاتِل ، زُعاف

deaf/def/*adj.* أَطْرَش (طُرْش) ، أَصَمّ (صُمّ)

deaf-aid/ˋdef-eɪd/*n.* جِهازُ تَقْوِية السَّمْع

deafen/ˋdefən/*v.t.* أَصَمَّ (الآذان)

deal/dil/*n.*

1. (amount) قَدْر ، مِقْدار (مَقادِير) ، كَمِّيّة ، مَبْلَغ (مَبالِغ)

a good deal of effort جُهْدٌ كَبِير ، جُهْدٌ لا يُسْتَهانُ بِه

2. (cards) تَفْرِيقُ أو تَوْزِيعُ وَرَقِ اللَّعِب على اللاعِبِين

3. (transaction) صَفْقة تِجارِيّة ، عَمَلِيّة مالِيّة

4. (treatment) مُعامَلة

5. (timber) خَشَب أَبْيَض (صَنَوْبَر أو شُوح)

v.t. & i. (*p.t. & p.p.* **dealt**)

she dealt (out) the cards وَزَّعَتْ أَوْراقَ اللَّعِب

he deals in books يَتَّجِرُ بالكُتُب

we must deal with the problem عَلَيْنا أَنْ نُعالِجَ المُشْكِلة

dealer/ˋdilə(r)/*n.* تاجِر (تُجّار ، تِجار)

dealings/ˋdilɪŋz/*n.pl.* تَعامُلٌ مَع ، بَيْعٌ وشِراء

dean/din/*n.* عَمِيدُ كُلِّيّة ؛ رُتْبة كَنَسِيّة عالِية

dear/ˋdɪə(r)/*adj.*

1. (loved) *also n.* عَزِيز ، مَحْبُوب

Dear Sir, سَيِّدِي الفاضِل أو المُحْتَرَم (في المُكاتَباتِ الرَّسْمِيّة)

2. (expensive) غالٍ ، ثَمِين

int. in

oh dear! يا سَلام ! ، يا حَفِيظ ! ، يا سَتّار !

dearth/dɜθ/*n.* قِلّة ، نُدْرة ، قَحْط

death/deθ/*n.* مَوْت ، مِيتة ، وَفاة

death-rate/ˋdeθ-reɪt/*n.* مُعَدَّل أو نِسْبة الوَفَيات

death-warrant/ˋdeθ-worənt/*n.* وَثِيقةُ إعْدامِ (قاتِلٍ مَثَلاً)

deathly/ˋdeθlɪ/*adj. & adv.* شَبِيه بالمَوْت

deathly pale مُمْتَقِعُ اللَّوْن ، (على وَجْهِه) صُفْرَةُ المَوْت

debar/dɪˋba(r)/*v.t.* مَنَعَ أو حَرَمَ مِن ، سَدَّ بِوَجْهِه (بابَ التَّرْقِية مَثَلاً)

debase/dɪˋbeɪs/*v.t.* خَفَّضَ قِيمة العُمْلة بتَقْلِيل عُنْصُر الذَّهَب أو الفِضّة فِيها

debasement/dɪˋbeɪsmənt/*n.* تَقْلِيلٌ مِن القِيمة أو نَقْصُها ؛ تَحْقِير ؛ سَفالة ، دَناءة

debatable/dɪˋbeɪtəbəl/*adj.* قابِلٌ للأَخْذِ والرَّدّ ؛ مَشْكُوكٌ فِيه

debate/dɪˋbeɪt/*n.* مُناظَرة ، مُناقَشة ، جِدال

v.t. & i. **1.** (argue) جادَلَ ، ناقَشَ ، حاجَّ

2. (ponder) قَلَّبَ الأَمْرَ في ذِهْنِه

debauch/dɪˋbɔtʃ/*v.t.* أَفْسَدَ ، أَغْوَى

debauchery/dɪˋbɔtʃərɪ/*n.* فِسْق ، فُجُور ، دِعارة

debenture/dɪˋbentʃə(r)/*n.* سَنَد (سَنَدات) دَيْنٍ (دُيُون)

debility/dɪˋbɪlɪtɪ/*n.* ضَعْف (في الصِّحّة) ، وَهَن

debit/ˋdebɪt/*n.* دَيْن ، (رَصِيد) مَدِين

v.t. حَسَبَ على ، قَيَّدَ عَلَيْه في الحِساب

debonair/ˋdebəˋneə(r)/*adj.* مَرِح ، بَشُوش ، خَفِيف الرُّوح

debrief/diˋbrif/*v.t.* أَخَذَ المَعْلُوماتِ مِن أَشْخاصٍ بَعْدَ عَوْدَتِهِم من مُهِمّة

debris/ˋdebrɪ/*n.* حُطام ، أَنْقاض ؛ أَطْلال

debt/det/*n.* دَيْن (دُيُون)

debtor/ˋdetə(r)/*n.* مَدِين

decade/ˋdekeɪd, dɪˋkeɪd/*n.* عَقْد (عُقُود) ، فَتْرةُ عَشْرِ سَنَوات

decadence/ˋdekədəns/*n.* اِنْحِطاط ، اِنْحِلال

decadent/ˋdekədənt/*adj.* مُنْحَلّ خُلُقِيًّا ، مُنْحَطّ ثَقافِيًّا أو حَضارِيًّا

decamp/dɪˋkæmp/*v.i.* أَفْلَتَ ، هَرَبَ خُلْسة ، وَلَّى الأَدْبار

decant/dɪˋkænt/*v.t.* رَوَّقَ شَرابًا ، أَفْرَغَ (الخَمْرَ) مِن الزُّجاجة في دَوْرَقٍ لِيَصْفُوَ

decapitate/dɪˋkæpɪteɪt/*v.t.* قَطَعَ رَأْسه ، ضَرَبَ عُنُقَه

decarbonize/diˋkɑbənɑɪz/*v.t.* أَزالَ الكَرْبُونَ المُتَرَسِّبَ في مُحَرِّكِ السَّيّارة

decay/dɪˋkeɪ/*v.i. & n.* فَسَدَ (ـِ) ، تَعَفَّنَ ؛ سَوَّسَ ، تَسَوُّس ؛ فَساد ، تَعَفُّن ، تَسَوُّس

deceased/dɪˋsist/*adj. & n.* الفَقِيد ، الرّاحِل ؛ مُتَوَفًّى ، مَرْحُوم ، مَغْفُورٌ له

deceit/dɪˋsit/*n.* خِداع ، تَضْلِيل ، غِشّ

deceitful/dɪˋsitfəl/*adj.* مُحْتال ، غَشّاش ، ماكِر ، مُخادِع ، ذُو وَجْهَيْن

deceive/dɪˋsiv/*v.t.* خَدَعَ (ـَ) ، أَضَلَّ ، غَشَّ (ـُ)

December/dɪˋsembə(r)/ *n.* كانُونُ الأَوَّل ، دِيسَمْبَر

decency/ˋdisənsɪ/*n.* حِشْمة ، لِياقة ، أَدَب

decent/ˋdisənt/*adj.*
1. (respectable) مُحْتَشِم ، لائِق ، مُحْتَرَم ، (رَجُل) ابْنُ حَلال ، مُهَذَّب
2. (*coll.* passable) حَسَنٌ نَوْعًا ما ، بَيْنَ بَيْن ، مُتَوَسِّط

decentralize/diˋsentrəlaɪz/*v.t.* فَصَلَ عَنِ المَرْكَز ، أَعْطَى السُّلْطة للمَجالِس المَحَلِّيّة

deception/dɪˋsepʃən/*n.* تَضْليل ، غِشّ ، حِيلة (حِيَل) ، خُدْعة

deceptive/dɪˋseptɪv/*adj.* مُضَلِّل ، كاذِب ، وَهْمِيّ

decibel/ˋdesɪbel/*n.* وَحْدةُ قِياسِ شِدّةِ الصَّوْت

decide/dɪˋsaɪd/*v.t. & i.* قَرَّرَ ، عَزَمَ (ـِ) على ، قَضَى أو بَتَّ في أَمْر ، فَصَلَ (ـِ) فِيه

decided/dɪˋsaɪdɪd/*adj.* مُصَمِّم على ، غَيْرُ مُتَرَدِّد ، حازِم ، قاطِعٌ ، باتٌّ

decidedly/dɪˋsaɪdɪdlɪ/*adv.* قَطْعًا ، حَتْمًا ، بالتَّأْكيد ، بِلا رَيْب

deciduous/dɪˋsɪdjʊəs/*adj.* (أَشْجار) نَفْضِيّة تَسْقُطُ أَوْراقُها في الخَريف

decimal/ˋdesɪməl/*adj.* عَشْرِيّ ، (كَسْر) عَشْرِيّ

decimalization/ˋdesɪməlaɪˋzeɪʃən/*n.* اتِّباعُ النِّظام العَشْرِيّ

decimate/ˋdesɪmeɪt/*v.t.* قَتَلَ عُشْرَ عَدَدِ (السُّكّان) ، أَهْلَكَ الكَثيرَ مِنْهُم

decipher/dɪˋsaɪfə(r)/*v.t.* فَكَّ رُموزَ الشِّفْرة ، حَلَّ الطَّلاسِم ، تَمَكَّنَ مِن قِراءةِ كِتابةٍ غامِضة

decision/dɪˋsɪʒən/*n.*
1. (resolution) قَرارٌ ، حُكْمٌ ، فَصْلٌ
2. (firmness) تَصْميمٌ ، عَزْمٌ

decisive/dɪˋsaɪsɪv/*adj.* باتٌّ ، حاسِمٌ ، جازِمٌ ، قاطِعٌ ، فاصِلٌ

deck/dek/*n.*
1. (*of ship*) ظَهْرُ السَّفينة أو أَيّة طَبَقة من طَبَقاتِها ، طابَق في باص (حافِلة)
clear the decks (for action) شَمَّرَ عَن ساعِدَيْه ، تَهَيَّأَ لِلْعَمَل
2. (pack of cards) وَرَقُ اللَّعِب ، شَدّة كُوتْشينة (م)
v.t. (array) زَخْرَفَ ، زَيَّنَ ، حَلَّى

deck-chair/ˋdek-tʃeə(r)/*n.* كُرْسِيّ لِظَهْر المَرْكَب أو للبلاج (م) ، كُرْسِيّ شِطّ (ع)

declaim/dɪˋkleɪm/*v.t. & i.* خَطَبَ في النّاس بِلَهْجةٍ حَماسِيّة ، أَنْشَدَ قَصيدة

declaration/ˋdekləˋreɪʃən/*n.* إِعْلان ، تَصْريح ، بَيان ، إِشْهار

declare/dɪˋkleə(r)/*v.t. & i.* أَعْلَنَ ، صَرَّحَ ، أَعْلَنَ رَئيسُ أَحَدِ فَريقَي الكْريكيت عَن تَوَقُّفِ فَريقِه عنِ اللَّعِب لِفَسْحِ المَجالِ لِمُنافِسِه
have you anything to declare? هَلْ مَعَكَ شَيْءٌ خاضِعٌ للضَّريبة الجُمْرُكِيّة ؟

declension/dɪˋklenʃən/*n.* (*gram.*) تَصْريفُ الأَسْماء (في النَّحْو)

decline/dɪˋklaɪn/*v.i.* انْحَدَرَ ، انْحَطَّ ، تَدَهْوَرَ
v.t. **1.** (refuse) رَفَضَ (ـُ) ، أَبَى (يَأْبَى) ، امْتَنَعَ عَن
2. (*gram.*) صَرَّفَ الأَسْماء (في النَّحْو)
n. **1.** (decrease) انْحِطاط ، تَدَهْوُر
2. (wasting disease) تَدَهْوُرُ الصِّحّة أو انْحِطاطُها

declutch/diˋklʌtʃ/*v.i.* ضَغَطَ دَوّاسة تَعْشيق التُّروس (الدِّبْرِياج) (م ، س) أو الكْلَچ (ع) لِلْفَصْل بَيْن مُحَرِّكِ السَّيّارة وَعَجَلاتِها

decode/diˋkəʊd/*v.t.* فَكَّ رُموزَ الشِّفْرة

decompose/ˈdikəmˋpəʊz/*v.t. & i.* حَلَّ ، انْحَلَّ ، تَفَسَّخَ

decomposition/ˈdiˈkompəˋzɪʃən/*n.* اِنْحِلال ، تَفَسُّخ ، تَحَلُّل ، فَساد

decor/ˋdekɔ(r)/*n.* دِيكُور ، زُخْرُف ، تَنْميق ، مَظْهَر خارِجِيّ

decorate/ˋdekəreɪt/*v.t.*
1. (adorn) زَيَّنَ ، زَخْرَفَ ، زَرْكَشَ
2. (paint) طَلَى (يَطْلي) جُدْرانَ الغُرْفة
3. (give a medal to) مَنَحَ أو قَلَّدَ وِسامًا
the colonel was decorated for bravery قُلِّدَ العَقيد (أو الكُولُونيل) وِسامًا لِشَجاعَتِه

decoration/ˈdekəˋreɪʃən/*n.*
1. (adornment) تَزْيين ، زَخْرَفة ، زَرْكَشة
2. (medal) وِسام (أَوْسِمة) ، مِيدالِية

decorative/ˋdekərətɪv/*adj.* تَنْميقِيّ ، تَزْيينِيّ ، زُخْرُفِيّ ، يُضْفي رَوْنَقًا على . . .

decorator/ˋdekəreɪtə(r)/*n.* نَقّاش وَمُزَخْرِف المَباني ، دَهّان

decorous/ˋdekərəs/*adj.* مُهَذَّب ، مُؤَدَّب ، لائِق ، مُحْتَشِم

decorum/dɪˋkɔrəm/*n.* وَقار ، حِشْمة ، لِياقة

decoy/ˋdikɔɪ/*n.* شَرَكٌ (يَجْذِب الفَريسة)
v.t. /dɪˋkɔɪ/ أَوْقَعَ في شَرَك ، ضَلَّلَ ، خَدَعَ (ـَ)

decrease/dɪˋkris/*v.t. & i.* أَنْقَصَ ، قَلَّل ، تناقَصَ
n. /ˋdikris/ تَناقُصٌ ، تَضاؤُلٌ ، هُبُوطٌ

decree/dɪˋkri/*n.* مَرْسُوم ، قَرار ، أَمْر ، إِرادة
v.t. أَصْدَرَ مَرْسُومًا ، حَكَمَ (ـُ) ، قَضَى (يَقْضي)

decrepit/dɪˋkrepɪt/*adj.* هَرِمٌ ، مَنْهُوك ، عاجِزٌ

decrepitude/dɪˋkrepɪtjud/*n.* هَرَمٌ ، عَجْزٌ لِكِبَرِ السِّنّ ، انْحِطاط

dedicate/ˋdedɪkeɪt/*v.t.* كَرَّسَ ، نَذَرَ (ـِ) ، وَهَبَ أو أَوْقَفَ نَفْسه على ، أَهْدَى

dedication/ˈdedɪˋkeɪʃən/*n.* تَكْريس ، الإِهْداء (في كِتاب)

deduce/ dɪ'djus/*v.t.* إِسْتَنْتَجَ ، إِسْتَدَلَّ ، إِسْتَنْبَطَ ، إِسْتَخْلَصَ

deduct/ dɪ'dʌkt/*v.t.* خَصَمَ (ـِ) ، طَرَحَ (ـَ) مِن ، حَسَمَ (ـِ)

deduction/ dɪ'dʌkʃən/*n.*

1. (subtraction) طَرْحٌ ، خَصْمٌ ، حَسْمٌ

2. (conclusion) إِسْتِدْلال ، إِسْتِنْتاج ، إِسْتِنْباط

deed/ did/*n.*

1. (action, fact) عَمَلٌ (أَعْمال) ، صَنِيع (صَنائِعُ) ، فِعْل (أَفْعال)

2. (legal document) وَثِيقة (وَثائِقُ) ، سَنَدٌ (سَنَدات)

deep/ dip/*adj.*

1. (profound) عَمِيق ، غارِق (في أَفْكارِهِ)

the deep اليَمّ ، الخِضَمّ ، البَحْر ، اللُّجَّة

he is a deep one لا يُسْبَر غَوْرُه ، يَكْتُم خِطَّتَه ، يُخفي نواياه

2. (heartfelt) مِن أَعْماق القَلْب ، عَمِيق

deepest sympathy أَعْمَقُ مَشاعِرِ العَطْف ، (أُشاطِرُكَ) الحُزْن والأَسَى

3. (low-pitched) (صَوْت) واطِئ ، خَفِيض

4. (extreme) مُفْرِط (في الشَّراب مثلاً)

deep disgrace خِزْيٌ عَظِيم ، عارٌ وَشَنار

adv. بِعُمْق ، عَمِيقًا

still waters run deep تَحْت السَّواهِي دَواهِي

deepen/ 'dipən/*v.t. & i.* عَمَّقَ ؛ تَعَمَّقَ

deep-freeze/ 'dip'-friz/*n.* مُجَمِّدة (لِحِفْظ الأَغْذِية)

deer/ 'dɪə(r)/*n.* (*sing. & pl.*) غَزال (غِزْلان) ، أَيِّل (أَيائِلُ)

deface/ dɪ'feɪs/*v.t.* شَوَّهَ الشَّكْل أو الصُّورة ، مَسَخَ (ـَ) المَعالِمَ

defamation/ 'defə'meɪʃən/*n.* تَشْهِير ، اِفْتِراء ، تَشْوِيهُ السُّمْعة

defamatory/ dɪ'fæmətərɪ/*adj.* تَشْهِيرِيّ ، اِفْتِرائِيّ ، قَذْفِيّ

default/ dɪ'fɔlt/*n.* قُصُور ، تَقْصِير ؛ إِهْمال (في دَفْعِ دَيْن) ، عَدَمُ حُضُور (مُحاكَمة مثلاً)

in default of لِعَدَمِ حُضُورِ أو وُجُودِ أو تَوَفُّرِ ، لِتَعَذُّرِ

v.i. تَقاعَسَ ، قَصَّرَ عن القِيام بِواجِب ، لَمْ يَفِ بالدَّيْن

defaulter/ dɪ'fɔltə(r)/*n.* مُهْمِل ، مُقَصِّر ؛ مَنْ لا يَفِي بِدَيْن ؛ عَسْكَرِيٌّ مُتَمَرِّد

defeat/ dɪ'fit/*v.t.* دَحَرَ (ـَ) ، هَزَمَ (ـِ) ، غَلَبَ (ـِ) ، قَهَرَ (ـَ) ، فاز أو تَغَلَّب على

n. اِنْدِحار ، هَزِيمة (هَزائِمُ)

defeatism/ dɪ'fitɪzm/*n.* الرُّوحُ الانْهِزامِيّة ، التَّخاذُلِيّة

defect/ 'difekt/*n.* نَقْصٌ ، عَيْبٌ ، خَلَلٌ

v.i./ dɪ'fekt/ خَرَجَ على ، مَرَق (ـُ) ، اِنْضَمَّ إلى العَدُوّ

defection/ dɪ'fekʃən/*n.* مُرُوق ، رِدّة ، اِرْتِداد ، اِنْضِمام إلى العَدُوّ

defective/ dɪ'fektɪv/*adj.* ناقِصٌ ، مَعِيبٌ ، مُخْتَلّ ، فِيه خَلَلٌ

defence/ dɪ'fens/*n.* دِفاع ، حِماية ، وِقاية ، ذَوْدٌ عَن

defenceless/ dɪ'fensləs/ *adj.* غَيْرُ مَحْمِيّ ؛ أَعْزَل ، عاجِز عَنِ الدِّفاع عَنْ نَفْسِه

defend/ dɪ'fend/*v.t. & i.* دافَعَ عَن ، صان (يَصُون) ، حمى (يَحْمِي) ، دافَع (في المَحْكَمة)

defendant/ dɪ'fendənt/ *n.* مُتَّهَم في قَضِيّة (أَمامَ المَحْكَمة) ، مُدَّعًى عليه

defender/ dɪ'fendə(r)/*n.* مُدافِع ، حامٍ (حُماة) ، ذائِد (ذادة)

defensive/ dɪ'fensɪv/*adj.* دِفاعِيّ ، وِقائِيّ

n. حالة أو مَوْقِف دِفاع

on the defensive مُتَأَهِّب لِدَفْعِ النَّقْدِ عَن نَفْسِه

defer/ dɪ'fɜ(r)/*v.t.* (postpone) أَجَّلَ ، أَرْجَأَ ، أَخَّرَ

v.i. (yield) نَزَلَ عِنْدَ إرادةِ غَيْرِه ، خَضَعَ (ـَ) لِ

deference/ 'defərəns/*n.* تَبْجِيل ، اِمْتِثال ، مُراعاة

in/out of deference to اِحْتِرامًا لِ ، اِنْصِياعًا لِ

with all due deference to you بِكُلِّ احْتِرامٍ وإِكْرام ، مَعَ احْتِرامي لِشَخْصِك

deferential/ 'defə'renʃəl/*adj.* مُراعٍ لِ ، مُغالٍ في الاحْتِرام والتَّبْجِيل

defiance/ dɪ'faɪəns/*n.* تَحَدٍّ ، تَمَرُّدٌ

defiant/ dɪ'faɪənt/*adj.* مُتَمَرِّد ، مُتَحَدٍّ ، عاصٍ

deficiency/ dɪ'fɪʃənsɪ/*n.* نَقْصٌ ، قُصُورٌ ، عَجْزٌ

deficient/ dɪ'fɪʃənt/*adj.* ناقِص ، عاجِز ، قاصِر

mentally deficient مُتَخَلِّف عَقْلِيًّا

deficit/ 'defisɪt/*n.* نَقْص أو عَجْز مالِيّ

defile/ dɪ'faɪl/*v.t.* أَفْسَدَ ، لَوَّثَ ؛ دَنَّسَ ، نَجَّسَ ، اِنْتَهَكَ

defilement/ dɪ'faɪlmənt/ *n.* تَنْجِيس ، تَلْوِيث ، تَدْنِيس ؛ تَلَوُّث

define/ dɪ'faɪn/*v.t.* حَدَّدَ ، عَيَّنَ ؛ عَرَّفَ ، بَيَّنَ

definite/ 'definɪt/*adj.* مُحَدَّد ، مُعَيَّن ؛ جازِم ، حاسِم ، باتٌّ ، بَتِّيّ

the definite article أداة التَّعْرِيف (نَحْو)

definitely/ 'definɪtlɪ/*adv.* مِن غَيْر شَكّ ، بِلا رَيْب ؛ نَعَم بالتَّأْكِيد

definition/ 'defi'nɪʃən/ *n.* تَعْرِيف (تَعارِيفُ) ، تَحْدِيد ؛ وُضُوح ، جَلاء

definitive/ dɪ'fɪnɪtɪv/ *adj.* جازِم ، قَطْعِيّ ، نِهائِيّ ؛ (كِتاب) المَرْجِع الأَخِير ، القَوْل الفَصْل

deflate/ dɪ'fleɪt/*v.t.* أَفْرَغَ (البالُون) مِن الهَواء ، "نَفَّسَهُ" ؛ حَطَّمَ غُرُورَه

deflation/ dɪ'fleɪʃən/*n.* اِنْكِماش (اقْتِصادِيّ) ؛ نَقْصٌ في

النَّقد المُتداوَل

deflect/ dɪ'flekt/*v.t.* أمالَ ، حَرَّفَ ، أزاغَ ؛ مالَ عَن ، اِنْحَرَفَ ، حادَ عَن ، زاغَ

deflection/ dɪ'flekʃən/*n.* اِنْحِراف ، زَوَغان

deformed/ dɪ'fɔmd/*adj.* مَمْسُوخ ، مُشَوَّه ، غَيْر طَبِيعِيّ التَّكْوِين

deformity/ dɪ'fɔmɪtɪ/*n.* تَشْوِيه ، عَيْبٌ جِسْمانِيّ ، عاهَة

defraud/ dɪ'frɔd/*v.t.* غَشَّ (ــِ) ، اِحْتالَ عَلَى ، غَبَنَ (ــِ)

defray/ dɪ'freɪ/*v.t.* دَفَعَ النَّفَقات

defrost/ 'di'frost/*v.t.* أذابَ الجَلِيد (المُتَراكِم في ثَلّاجة) ، أزالَ الجَمَد

deft/ deft/*adj.* ماهِر أو حاذِق في الأعْمال اليَدَوِيّة ، خَفِيف اليَد

defuse/ 'di'fjuz/*v.t.* عَطَّل مَفْعُول (القُنْبُلة) ؛ خَفَّفَ مِن تَأَزُّم الحالة

defy/ dɪ'fɑɪ/*v.t.* تَحَدَّى ، قاوَمَ ، وَقَفَ بِوَجْهِه

degenerate/ dɪ'dʒenərət/*adj.* مُنْحَطّ ، مُنْحَلّ ، مُتَدَنٍّ
v.i. / dɪ'dʒenəreɪt/ اِنْحَطَّ ، تَدَهْوَرَ

degeneration/ dɪ'dʒenə'reɪʃən/*n.* تَدَنٍّ ، اِنْحِطاط ، تَدَهْوُر

degradation/ 'degrə'deɪʃən/*n.* تَجْرِيد مِن الرُّتْبة ، حَطٌّ مِن القَدْر ، تَحْقِير

degrade/ dɪ'greɪd/*v.t.* أذَلَّ ، حَقَّرَ ، حَطَّ مِن قَدْرِ

degree/ dɪ'gri/*n.*
1. (grade, amount) دَرَجة ؛ مِقْدار
2. (*of university*) دَرَجة عِلْمِيّة ، شَهادة جامِعِيّة
3. (*of heat*) دَرَجة (الحَرارة)
4. (*of angle*) دَرَجة (في قِياس الزَّوايا)
degree of latitude خَطّ العَرْض

dehydrated/ 'dihɑɪ'dreɪtəd/*adj.* مُجَفَّف (خُضْروات مَثَلاً)

deign/ deɪn/*v.i.* تَنازَلَ ، تَكَرَّمَ ، تَفَضَّلَ بِ

deity/ 'diɪtɪ/*n.* إلٰه ، إلاهة (آلِهة) ، أُلُوهِيّة
the Deity اللّه تَعالَى

dejected/ dɪ'dʒektɪd/ *adj.* مَحْزُون ، مُغْتَمّ ، مُكَدَّر ، مُنْحَطّ المَعْنَوِيّات

delay/ dɪ'leɪ/*v.t. & i.* أخَّرَ ، عَطَّلَ ، أجَّلَ ، أمْهَلَ ؛
also n. تَأْخِير ، تَعْطِيل ، إمْهال

delegate/ 'delɪgeɪt/*v.t.* نَدَبَ (ــُ) ، اِنْتَدَبَ ، أوْفَدَ ؛ فَوَّضَ ، خَوَّلَ ، عَهِدَ إلَيْه بِ
n. / 'delɪgɪt/ مَنْدُوب ، مَبْعُوث ، مُوفَد

delegation/ 'delɪ'geɪʃən/*n.*
1. (body of deputies) وَفْد (وُفُود)
2. (entrusting of) تَفْوِيض ، إنابة ، تَوْكِيل

delete/ dɪ'lit/*v.t.* حَذَفَ (ــِ) ، شَطَبَ (ــُ) ، مَحا (يَمْحُو) ، ألْغَى

deletion/ dɪ'liʃən/*n.* شَطْب ، حَذْف ، مَحْو

deliberate[1]/ dɪ'lɪbərət/*adj.*
1. (intentional) عَمْدِيّ ، مُتَعَمَّد ، قَصْدِيّ
2. (not hurried) مُتَمَهِّل ، مُتَأَنٍّ ، مُتَرَوٍّ

deliberate[2]/ dɪ'lɪbəreɪt/ *v.t. & i* ناقَشَ ، أمْعَنَ النَّظَرَ في ، تَداوَلَ في ؛ تَذاكَر ، تَدارَسَ

deliberation/ dɪ'lɪbə'reɪʃən/*n.*
1. (consideration) مُشاوَرة ، تَبَصُّر ، مُباحَثة
2. (caution) تَمَهُّل ، تُؤَدة ، اِحْتِراس

delicacy/ 'delɪkəsɪ/*n.* رِقّة ، نَزاكة ؛ أكْلة لَذِيذة

delicate/ 'delɪkɪt/*adj.* رَقِيق ، لَطِيف ، لَيِّن
as delicate as silk رَقِيق ناعِم كالحَرِير
he was a delicate child كان طِفْلاً رَقِيقَ البِنْية
a delicate situation developed نَجَمَ (عَن ذلك) مَوْقِفٌ حَرِج
chicken is more delicate than beef لَحْمُ الدَّجاج ألْطَفُ طَعْمًا مِن لَحْمِ البَقَر
invalids need delicate food يَحْتاجُ المَرْضَى إلى طَعامٍ خَفِيفٍ سَهْلِ الهَضْم

delicatessen/ 'delɪkə'tesən/*n.* لُحُومات بارِدة ومُخَلَّلات وما شابَهَها ؛ مَحَلٌّ لِبَيْعِها

delicious/ dɪ'lɪʃəs/*adj.* لَذِيذ ، شَهِيّ ؛ (نُكتة) لَطِيفة أو طَرِيفة

delight/ dɪ'lɑɪt/*n.* سُرُور ، غِبْطة ، بَهْجة ، جَذَل
v.t. & i. سَرَّ (ــُ) ، أبْهَجَ ، أفْرَحَ ؛ اِبْتَهَجَ ، سُرَّ ، فَرِحَ (ــَ)

delightful/ dɪ'lɑɪtfəl/*adj.* مُمْتِع ، مُسَلٍّ ، حُلْو ، مُبْهِج ، لَذِيذ ؛ لَطِيف

delinquent/ dɪ'lɪŋkwənt/ *adj. & n.* مُرْتَكِب جُنْحة ، (حَدَث) جانِح جُنُوح ، تَقْصِير في أداء الواجِب

delirious/ dɪ'lɪrɪəs/*adj.* هاذٍ ، مُصاب بالهَذَيان

delirium/ dɪ'lɪrɪəm/*n.* هَذَيان ، هَلْوَسة (م)

deliver/ dɪ'lɪvə(r)/*v.t.*
1. (save) أنْقَذَ ، نَجَّى ، خَلَّصَ
2. (aid birth of) وَلَّدَت (القابِلةُ) المَرْأةَ ، ساعَدَتْها عَلَى الوَضْع
3. (transfer) سَلَّمَ ، أوْصَلَ
4. (aim) سَدَّدَ (ضَرْبة)
5. (utter) ألْقَى (خِطابًا)

deliverance/ dɪ'lɪvərəns/*n.* نَجاة ، خَلاص ، إنْقاذ

delivery/ dɪ'lɪvərɪ/*n.*
1. (*of goods*) تَوْصِيل ، تَسْلِيم ، تَوْزِيع
2. (*of child*) وَضْع ، وِلادة
3. (*of speech*) إلْقاء أو أداء (الخِطاب) ، أسْلُوب الحَدِيث

delta/ 'deltə/*n.* الحَرْفُ الرّابِع مِن الأبْجَدِيّة الإغْرِيقِيّة ؛

دِلْتا ، مَصَبّ (نَهْر) مُثَلَّث الشَّكْل

delude/dɪ`ljud/*v.t.* خَدَعَ (ـَ) ، أوْهَمَ ، ضَلَّلَ

deluge/`deljudʒ/*n.* طُوفان ، فَيَضان ؛ مَطَر غَزير ؛ فَيْضٌ (مِن الرَّسائِل مَثَلاً)

delusion/dɪ`luʒən/*n.* وَهْم (أوهام) ، هَوَس

de luxe/dɪ`lʌks/*adj.* من الدَّرَجة المُمْتازة ، نَوْع فاخِر

demand/dɪ`mɑnd/*n.* طَلَبٌ ، مُطالَبة

supply and demand affect prices تَتأثَّر الأسْعار بقانون العَرْض والطَّلَب

v.t. طَلَبَ (ـُ) ، اقْتَضَى ، تَطَلَّب ، اسْتَوْجَبَ

demanding/dɪ`mɑndɪŋ/*adj.* مِلْحاح ، مُلْحِف في الطَّلَب ، (عَمَلٌ) يَتَطَلَّب مَجْهودًا كَبيرًا

demeanour/dɪ`minə(r)/*n.* سُلُوك ، تَصَرُّف ، سِيرة ، طَريقةُ مُعامَلة

demented/dɪ`mentɪd/*adj.* مَخْبول ، مَجْنون (مَجانينُ) ، فاقِدُ العَقْل

demist/di`mɪst/*v.t.* أزالَ الرُّطوبةَ المُتَراكِمةَ على زُجاج السَّيّارة مَثَلاً

demobilization/dɪ`məubɪlɑɪ`zeɪʃən/*n. abbr.* **demob** تَسْرِيحُ الجُنُود

demobilize/dɪ`məubɪlɑɪz/*v.t.* سَرَّحَ الجُنُود

democracy/dɪ`mokrəsɪ/*n.* دِيمُقْراطِيّة ، حُكْمُ الشَّعْبِ نَفْسَه بِنَفْسِه

democrat/`deməkræt/*n.* دِيمُقْراطِيّ ، نَصِيرُ حُكْم الشَّعْب

democratic/'demə`krætɪk/*adj.* دِيمُقْراطِيّ ، مَنْسُوبٌ الى الدِّيمُقْراطِيّة

demolish/dɪ`molɪʃ/*v.t.* هَدَمَ (ـِ) ، قَوَّضَ ، حَطَّمَ

demolition/'dimə`lɪʃən/*n.* تَهْدِيم ، تَقْوِيض ، تَحْطِيم

demon/`dimən/*n.* شَيْطان (شَياطِينُ) ، جِنّيّ ، عِفْرِيت (عَفارِيتُ)

demonstrable/dɪ`monstrəbəl/*adj.* مُمْكِن إيضاحُه بالبَراهِين

demonstrate/`demənstreɪt/*v.t. & i.*

1. (display) أظْهَرَ (انفعالاتِه) ، كَشَفَ (عَواطِفَه)

she demonstrated the vacuum cleaner شَرَحَت عَمَلِيًّا كَيْفِيّةَ اسْتِعْمالِ المِكْنَسة الكَهْرَبائيّة

2. (prove) بَرْهَنَ ، أثْبَتَ ، دَلَّلَ على

3. (protest publicly) تَظاهَرَ ، قامُوا بِمُظاهَرة احْتِجاجِيّة

demonstration/'demən`streɪʃən/*n.*

1. (exhibition, proof) تَجْرِبةٌ لإيضاح كَيْفِيّة الاسْتِعْمال ؛ بُرْهان (بَراهِينُ)

2. (display of opinion) مُظاهَرة عامّة ، مَسِيرة تَظاهُرِيّة في الشَّوارِعِ العامّة

demonstrative/dɪ`monstrətɪv/*adj.*

1. (*gram.*) اسْم إشارة (في عِلْم الصَّرْف)

2. (showing feelings) مُطْلِقٌ لِعَواطِفِه العِنان ، لا يَكْتُمُ مَشاعِرَه

demonstrator/`demənstreɪtə(r)/*n.* مُعِيدٌ في العُلُوم الطَّبِيعِيّة ، مَنْ يَعْرِضُ كَيْفِيّةَ اسْتِعْمالِ الأجْهِزة ؛ مُتَظاهِر ، مُشارِك في مُظاهَرة عامّة

demoralize/dɪ`morəlɑɪz/*v.t.* أفْسَدَ الأخْلاق ؛ أوْهَنَ العَزِيمة

demote/dɪ`məut/*v.t.* نَزَّلَ رُتْبةَ شَخْص

demur/dɪ`mɜ(r)/*v.i. & n.* اعْتَرَضَ ، احْتَجَّ ؛ اعْتِراض ، احْتِجاج

without demur بلا تَذَمُّر ، بِدُون أيِّ اعْتِراض

demure/dɪ`mjuə(r)/*adj.* خَجُول ، مُحْتَشِم ، حَيِيّ ، وَدِيع

den/den/*n.*

1. (lair) عَرِين ، وَجْرٌ (أوْجار) ؛ وَكْرٌ (للرَّذِيلة مَثَلاً) (أوْكار) ، مَخْبَأ (مَخابِئُ)

2. (study *coll.*) غُرْفة مُنْزَوِية للدِّراسة

denial/dɪ`nɑɪəl/*n.*

1. (refusal) رَفْضٌ ، إنْكار ، امْتِناع

2. (contradiction) دَحْضٌ ، رَدٌّ ، تَكْذِيب

denigrate/`denɪgreɪt/*v.t.* ثَلَبَ (ـِ) ، قَدَحَ (ـَ) ، اسْتَصْغَرَ ، نَدَّدَ ب ، هجا (يَهْجُو) ، حَقَّرَ

denim/`denɪm/*n.* نَسِيجٌ قُطْنِيٌّ مَتِين (تُصْنَعُ مِنْه بَنْطَلُونات "الجِينْز")

denomination/dɪ'nomɪ`neɪʃən/*n.*

1. (name, sect) طائِفة ، مَذْهَب

2. (class/unit) وَحْدة ، فِئة (في العُمْلة مَثَلاً)

denominator/dɪ`nomɪneɪtə(r)/*n.* (*math.*) مَقام الكَسْر ، مَخْرَج (رِياضِيّات)

common denominator قاسِم مُشْتَرَك

denote/dɪ`nəut/*v.t.* دَلَّ (ـُ) على ، نَمَّ (ـِ) عَنْ /على

denounce/dɪ`nɑuns/*v.t.* اسْتَنْكَرَ عَلَنًا ، بَلَّغَ عَنْ (مُجْرِم) ، فَضَحَ (ـَ) ، وَشَى (يَشِي) بِـ

dense/dens/*adj.*

1. (thick) كَثِيف ، مُحْتَشِد ، مُلَبَّد

2. (stupid *coll.*) بَلِيد ، غَبِيّ ، بَطِيءُ الفَهْم

density/`densɪtɪ/*n.* كَثافة ، ازْدِحام (المُواصَلات)

dent/dent/*n. & v.t.* بَعْجة ، نَعْصة ، طَعْجة (س) ؛ بَعَجَ (ـَ) (بابَ السَّيّارة مَثَلاً) ، طَعَجَ * ، انْبَعَجَ

dental/`dentəl/*adj.* مُتَعَلِّق بالأسْنان

dental surgeon طَبِيب وجَرّاح أسْنان

n. (*phon.*) حَرْفٌ نِطْعِيّ (كالتّاء والدّال)

dentist/`dentɪst/*n.* طَبِيب أسْنان

dentistry/`dentɪstrɪ/*n.* طِبُّ الأسْنان

denture/`dentʃə(r)/*n.* (طَقْم) أسْنان اصْطِناعِيّة

denude/dɪ`njud/*v.t.* عَرَّى ، سَلَخَ ، جَرَّدَ

denunciation/dɪˈnʌnsɪˈeɪʃən/*n.* إدانة ، اِسْتِنْكار

deny/dɪˋnɑɪ/*v.t.*
1. (declare untrue) كَذَّبَ ، أَنْكَرَ
2. (repudiate) دَحَضَ (ـَـ) ، رَدَّ (ـُـ) على
3. (refuse) مَنَعَ (ـَـ) ، حَرَمَ (ـِـ)

deodorant/diˋəudərənt/ *adj. & n.* مُزيلٌ للرَّوائح الكَرِيهة ؛ مُزيلُ الرَّوائح

depart/dɪˋpɑt/*v.i.* غادَرَ ، رَحَلَ (ـَـ) ، تَرَكَ (ـُـ)

department/ dɪˋpɑtmənt/*n.* قِسْم ، إدارة ، شُعْبة ، مَصْلَحة دائرة (دَوائر) في وِزارَة أو مُؤَسَّسة كَبِيرة
department store مَتْجَر كَبِير ذُو أقْسام مُتَنَوِّعة

departmental/ ˈdipɑtˋmentəl/*adj.* خاصّ بِقِسْمٍ مِن وِزارَة أو جامِعة أو مَتْجَر أو غَيْر ذلك

departure/dɪˋpɑtʃə(r)/*n.*
1. (leaving) ذَهاب ، سَفَر ، رَحِيل ، اِنْطِلاقُ (قِطار)
2. (change) خُروجٌ عَنْ القاعِدة ، اِنْحِراف

depend/dɪˋpend/*v.i.* اِعْتَمَدَ على ، تَوَقَّفَ على ، تَعَلَّقَ بِ
it depends (on) how you tackle the problem يَتَوَقَّف ذلك على طَرِيقةِ مُعالَجَتِكَ للمُشْكِلة

dependable/ dɪˋpendəbəl/*adj.* يُعْتَمَدُ عَلَيْه ، يُوثَقُ بِه ، يُرْكَنُ إلَيْه مَوْثُوق به

dependant/dɪˋpendənt/ *n.* عَيِّل (عِيال) ، تابِع (أتْباع) ، مَحْمِيّ

dependence/ dɪˋpendəns/*n.* اِعْتِماد (على) ، تَوَقُّف (على) ، تَعْوِيل ، اِسْتِناد

dependent/dɪˋpendənt/ *adj.* مُتَوَقِّف على ، مُعْتَمِد على ، مَنُوطٌ بِ

depict/dɪˋpɪkt/*v.t.* صَوَّرَ ، رَسَمَ (ـُـ)

deplete/dɪˋplit/*v.t.* اِسْتَنْفَدَ ، اِسْتَهْلَكَ ؛ أفْرَغَ ؛ أنْهَكَ

deplorable/dɪˋplɔrəbəl/*adj.* مُخْزٍ ، مُؤْسِف ، يُرْثَى له

deplore/dɪˋplɔ(r)/*v.t.* رَثَى (يَرْثِي) لِ ، حَزِنَ (ـَـ) على ، اِسْتَهْجَنَ

deploy/dɪˋplɔɪ/*v.t. & i.* وَسَّعَ الجَبْهة ، وَزَّعَ القُوّاتِ المُسَلَّحة ؛ اِنْفَتَحَ ، تَوَزَّعَ (الجَيْش)

depopulate/diˋpopjʊleɪt/*v.t.* قَلَّلَ مِن عَدَدِ سُكّان مِنْطَقة

depopulation/ ˈdiˈpopjʊˋleɪʃən/*n.* تَقْلِيل أوْ إخْلاء مِنْطَقة مِن سُكّانِها

deport/dɪˋpɔt/*v.t.*
1. (expel) أبْعَدَ ، نَفَى (يَنْفِي) ، طَرَدَ (ـُـ)
2. (conduct **oneself**) سَلَكَ (ـُـ) ، تَصَرَّفَ

deportation/ ˈdipɔˋteɪʃən/*n.* نَفْيٌ ، إبْعاد ، طَرْد ؛ تَرْحِيل

deportment/ dɪˋpɔtmənt/*n.* تَصَرُّف ، وِقْفة الشَّخْص أو طَرِيقة مِشْيَتِه

depose/dɪˋpəʊz/*v.t.* عَزَلَ (ـِـ) ، خَلَعَ (ـَـ) ، أقالَ
v.i. شَهِدَ أمامَ مَحْكَمة

deposit/dɪˋpozɪt/*n.*
1. (sum of money) *also v.t.* عُرْبُون ، عَرَبُون ؛ وَدِيعة (وَدائِعُ) ؛ أوْدَعَ
2. (*geol.*) *also v.t.* راسِب (رَواسِبُ) ؛ مَوادّ رُسُوبِيّة ؛ رَسَّبَ

depositor/dɪˋpozɪtə(r)/ *n.* مُودِعُ مالٍ في مَصْرِف ، ذُو وَدِيعة في مَصْرِف

depot/ˋdepəʊ/*n.*
1. (*mil.*) مُسْتَوْدَع ، مَرْكَز عَسْكَرِيّ
2. (transport centre) كَراج أو مَرْأَب رَئِيسِيّ
3. (storehouse) مَخْزَن كَبِير ، مُسْتَوْدَع

depraved/dɪˋpreɪvd/*adj.* فاسِد ، مُنْحَطُّ الخُلُق

depravity/dɪˋprævɪtɪ/*n.* اِنْحِلال خُلُقِيّ ، فَساد ، تَفَسُّخ ، خَلاعة

deprecate/ˋdeprəkeɪt/ *v.t.* اِسْتَنْكَرَ ، اِسْتَهْجَنَ ، لَمْ يَسْتَحْسِن

depreciate/dɪˋpriʃɪeɪt/ *v.t. & i.* قَلَّلَ مِن قِيمَتِه ، خَفَّضَ العُمْلة ؛ اِنْخَفَضَت قِيمَتُه

depreciation/ dɪˈpriʃɪˋeɪʃən/*n.* تَخْفِيضُ قِيمة العُمْلة ؛ اِنْخِفاضُ قِيمةِ العُمْلة ، سُقُوط قِيمَةِ النَّقْد

depress/dɪˋpres/*v.t.*
1. (press down) ضَغَطَ (ـَـ) على ، خَفَّضَ
2. (make despondent) كَدَّرَ ، غَمَّ (ـُـ) ، أحْزَنَ

depression/dɪˋpreʃən/*n.*
1. (lowering) اِنْخِفاض ، هُبُوط
2. (hollow) مُنْخَفَض ، غَوْر (أغْوار)
3. (*meteorol.*) اِنْخِفاض جَوِّيّ ، هُبُوط الضَّغْط
4. (despondency) كَآبة ، هَمّ (هُمُوم) ، غَمّ ، حُزْن (أحْزان) ، اِنْقِباض
5. (*econ.*) رُكُود ، كَسادٌ اقْتِصادِيّ

deprivation/ˈdeprɪˋveɪʃən/*n.* حِرْمان ، فُقْدان

deprive/dɪˋprɑɪv/*v.t.* جَرَّدَ ، حَرَمَ (ـِـ) مِن ، مَنَعَ (ـَـ) مِن

depth/depθ/*n.* عُمْقٌ (أعْماق) ، غَوْر (أغْوار)
if you can't swim don't go out of your depth إن كُنْتَ لا تُحْسِنُ السِّباحة فلا تَدْخُلْ في مِياهٍ عَمِيقةٍ عَلَيْك
the lecture was so learned that I was soon out of my depth كانَت المُحاضَرةُ عَوِيصةً جِدًّا حتى أنّي سُرْعانَ ما عَجِزْتُ عَن مُتابَعَتِها

deputation/ˈdepjʊˋteɪʃən/*n.* وَفْد (وُفُود) ، بَعْثة

depute/dɪˋpjut/*v.t.* أوْفَدَ ، فَوَّضَ ، وَكَّلَ ، اِنْتَدَبَ

deputize/ˋdepjʊtɑɪz/*v.i.* ناب (يَنُوب) عَن ، قام مَقامَ فُلان

deputy/ˋdepjʊtɪ/*n.* وَكِيل ، نائِب (نُوّاب) ، مُمَثِّل ، مَبْعُوث ، مَنْدُوب

derail/dɪˋreɪl/*v.t.* أخْرَجَ القِطارَ عَن السِّكّة

derailment/dɪˋreɪlmənt/*n.* خُرُوجُ القِطارِ عَن السِّكّة

derange/dɪˋreɪndʒ/*v.t.* شَوَّشَ ، أرْبَكَ ، لَخْبَطَ ؛

جَنَّنَ ، أَفْقَدَهُ الصَّواب

he is mentally deranged إِنَّهُ مُخْتَلُّ العَقْل

derelict/ˋderəlɪkt/*adj.* مَهْجُور ، مَتْرُوك ، مُهْمَل ؛

& n. سَفِينَة مَتْرُوكَة في عَرْض البَحْر

deride/dɪˋraɪd/*v.t.* سَخِرَ (ـَ) مِن ، ضَحِكَ (ـَ) على ، اِزْدَرَى ، هَزَأَ ، هَزِئَ (ـَ)

derision/dɪˋrɪʒən/*n.* سُخْرِيَة ، هُزْء ، اِسْتِهْزاء ، تَهَكُّم

derisory/dɪˋraɪsərɪ/*adj.*

1. (contemptuous) ساخِر ، مُسْتَهْزِئ ، مُسْتَخِفّ

2. (contemptible) تافِه ؛ مُحْتَقَر ، مُضْحِك

derivation/ˈderɪˋveɪʃən/*n.* اِشْتِقاق

derivative/dɪˋrɪvətɪv/*adj. & n.* اِشْتِقاقِيّ ؛ مُشْتَقّ

derive/dɪˋraɪv/*v.t. & i.* اِشْتَقَّ مِن ، اِسْتَمَدَّ أَصْلَهُ مِن ، تَأَتَّى عَن ، تَوَلَّدَ مِن

derogatory/dɪˋrogətərɪ/ *adj.* مُحِطٌّ للقَدْر أو للسُّمْعة ، مُهِين

derrick/ˋderɪk/*n.* مِرْفاع ، آلة رَفْع الأَثْقال مِن وإلى (السَّفِينة مَثَلاً) ؛ بُرْجُ الحَفْر (لآبار النِّفْط)

derv/dɜv/*n.* وَقُود مُحَرِّك الدِّيزِل

dervish/ˋdɜvɪʃ/*n.* دَرْوِيش (دَراوِيشُ) ، زاهِد (زُهّاد) ، فَقِير (فُقَراءُ)

desalinate/diˋsalɪneɪt/*v.t.* حَلَّى الماءَ المالِح (وخاصّةً البَحْر) ، أزال مُلُوحَتَه

desalination/ˈdiˋsælɪˋneɪʃən/*n.* تَحْلِية مِياه البَحْر ، إزالة المُلُوحة

descend/dɪˋsend/*v.i.* نَزَلَ (ـِ) ، هَبَطَ (ـِ) ؛ اِنْحَدَرَ مِن سُلالة

reporters descended on the scene of the crime تَهافَتَ المُخْبِرُون الصَّحَفِيُّون على مَشْهَدِ الجَرِيمة

he would rather starve than descend to begging يُفَضِّلُ المَوْتَ جُوعًا على الانْحِدار إلى دَرَكِ التَّسَوُّل

descendant/dɪˋsendənt/ *n.* مُنْحَدِرٌ مِن ، سَلِيل ، سَلِيلة ، حَفِيد (أَحْفاد)

descent/dɪˋsent/*n.* نُزُول ، اِنْحِدار ؛ هُجُوم مُباغِت ؛ سُلالة ، نَسَب ، أَصْل ، نَسْل

describe/dɪˋskraɪb/*v.t.* وَصَفَ (يَصِفُ) ؛ رَسَمَ (ـُ) دائرةً مَثَلاً

description/dɪˋscrɪpʃən/*n.* وَصْف ، شَرْح ، بَيان ؛ نَوْع (أَنْواع)

descriptive/dɪˋscrɪptɪv/ *adj.* وَصْفِيّ ، نَعْتِيّ ؛ (مُوسِيقَى) تَصْوِيرِيّة

desecrate/ˋdesəkreɪt/ *v.t.* دَنَّسَ ، اِنْتَهَكَ حُرْمَةَ أو قُدْسِيَّةَ مَعْبَد

desert[1]/ˋdezət/*n. & adj.* صَحْراء (صَحارَى) ، بادِيَة (بَوادٍ)

desert[2]/dɪˋzɜt/*v.t. & i.* تَرَكَ (ـُ) ، هَجَرَ (ـُ) ؛ فَرَّ (ـِ) ، هَرَبَ (ـُ)

deserter/dɪˋzɜtə(r)/*n.* فارٌّ أو هارِبٌ مِن الجُنْدِيّة

desertion/dɪˋzɜʃən/*n.* هَجْرٌ ، فِرارٌ ، هَرَبٌ ، تَخَلٍّ

deserts/dɪˋzɜts/*n. pl.* مُكافَأة ، جَزاءٌ ، ما يَسْتَحِقُّه (المُجِدّ)

he got his just deserts لَقِيَ جَزاءَهُ

deserve/dɪˋzɜv/*v.t. & i.* اِسْتَحَقَّ ، اِسْتأهَلَ

deservedly/dɪˋzɜvɪdlɪ/*adv.* بِجَدارة ، بِاسْتِحْقاق

deserving/dɪˋzɜvɪŋ/*adj.* جَدِير ، مُسْتَحِقّ ، مُسْتأهِل

design/dɪˋzaɪn/*n.*

1. (purpose) غَرَض (أَغْراض) ، قَصْد

2. (plan) خُطّة (خُطَط) ، مَشْرُوع (مَشارِيعُ)

3. (pattern) تَصْمِيم ، تَشْكِيل

v.t. **1.** (intend) نَوَى (يَنْوِي) ، قَصَدَ (ـِ) ، تَوَخَّى ، تَعَمَّدَ

2. (make plan of) صَمَّمَ ، خَطَّطَ ، رَسَمَ (ـُ)

designate/ˋdezɪgneɪt/*v.t.*

1. (specify) عَيَّنَ ، حَدَّدَ

2. (denote) سَمَّى ، دَعا (يَدْعُو) ، أَطْلَقَ عَلَيْهِ لَقَبًا

3. (appoint) عَيَّنَ ، وَظَّفَ

adj. (سَفِير) مُعَيَّن لَمْ يُقَلَّد رَسْمِيًّا بَعْدُ

designer/dɪˋzaɪnə(r)/*n.* مُصَمِّم (أَزْياء مَثَلاً)

designing/dɪˋzaɪnɪŋ/*adj.* ماكِر ، مُولَع بالتَّآمُر

desirable/dɪˋzaɪərəbəl/ *adj.* مَرْغُوب ، مَطْلُوب ، مُبْتَغًى ، مُشْتَهًى ؛ مِن المُسْتَحْسَن

desire/dɪˋzaɪə(r)/*n.* رَغْبة ، بُغْية ، مَرام ، أُمْنِية ، تَوْق

v.t. رَغِبَ (ـَ) في ، تاقَ (يَتُوقُ) إلى ، تَشَوَّقَ إلى ، اِبْتَغَى ، طَمِعَ (ـَ) في

desist/dɪˋzɪst/*v.i.* تَوَقَّفَ أو كَفَّ (ـُ) أو اِمْتَنَعَ عَن

desk/desk/*n.* مِنْضَدة كِتابة ، مَكْتَب ، رَحْلة (ع) ، مَقْعَد ؛ حامِل النُّوطة المُوسِيقِيّة

desolate/ˋdesələt/*adj.*

1. (uninhabited) قَفْر ، مَهْجُور ، خَرِب ، مُوحِش

2. (forlorn) مَنْبُوذ ، وَحِيد ، لا صَدِيقَ له ، بائِس

v.t./ˋdesəleɪt/ خَرَّبَ ، دَمَّرَ

desolation/ˈdesəˋleɪʃən/*n.*

1. (devastation) خَراب ، دَمار

2. (hopelessness) وَحْشة ، تَعاسة

despair/dɪˋspeə(r)/*n.* يَأْس ، قُنُوط

v.i. يَئِسَ (يَيْأَسُ) ، قَنِطَ (ـِ) ، قَطَعَ (ـَ) الأَمَلَ مِن

despatch *see* **dispatch**

desperate/ˋdespərət/*adj.*

1. (hopelessly bad) (حاجة) ماسّة ؛ (شَخْص) يائِس مِن

a desperate situation وَضْع مَيْؤُوسٌ مِنْه

2. (dangerous) مُتَهَوِّر ، مُسْتَقْتِل ، خَطِر

desperate criminals مُجْرِمُون خَطِرُون (لا يَتَوَرَّعُون عَن ارْتِكاب أيّة جَرِيمة)

despicable/dɪˈspɪkəbəl/*adj.* حَقِير ، خَسِيس ، مُزْدَرًى بِهِ

despise/dɪˈspaɪz/*v.t.* اِحْتَقَرَ ، مَقَتَ (ـُ) ، اِزْدَرَى

despite/dɪˈspaɪt/*prep.* رُغْمَ ، بالرُّغْم ، على الرَّغْم مِن

despondent/dɪˈspondənt/*adj.* يائِس ، قانِط

despot/ˈdespət/*n.* طاغِية (طُغاة) ، حاكِم مُسْتَبِدّ

despotic/dɪˈspotɪk/*adj.* اِسْتِبْدادِيّ ، تَعَسُّفِيّ ، طُغْيانِيّ

despotism/ˈdespətɪzm/ *n.* طُغْيان ، عَسْف ، اِسْتِبْداد ، ظُلْم

dessert/dɪˈzɜt/*n.* التَّحْلِية ، الحَلْوَى (س) ، ما يُخْتَم بِهِ الطَّعام من حَلْوَيات أو فَواكِه

dessert-spoon/dɪˈzɜt-spun/*n.* مِلْعَقة مُتَوَسِّطة الحَجْم (لأكْلِ التَّحْلِية)

destination/ˌdestɪˈneɪʃən/*n.* وُجْهة ، المَكان المَقْصُود (في السَّفَر)

destine/ˈdestɪn/*v.t.* خَصَّصَ ، عَيَّنَ ، قَدَّرَ له

destiny/ˈdestɪnɪ/*n.* القَضاء والقَدَر ، مَصِير (مَصاير) ، نَصِيب ، قِسْمة

destitute/ˈdestɪtjut/*adj.* مُعْدِم ، مُعْوِز ، خالي الوِفاض

destroy/dɪˈstrɔɪ/*v.t.* خَرَّبَ ، دَمَّرَ ، قَوَّضَ (البِناءَ مَثَلاً) ، حَطَّمَ (آمالَه)

destroyer/dɪˈstrɔɪjə(r)/*n.*
1. (person) مُخَرِّب ، مُدَمِّر ، مُهْلِك
2. (ship) مُدَمِّرة (سَفِينة حَرْبِيّة سَرِيعة)

destruction/dɪˈstrʌkʃən/*n.* خَراب ، دَمار ، هَلاك ، إتْلاف ، قَضاء (على العَدُوّ)

destructive/dɪˈstrʌktɪv/ *adj.* مُخَرِّب ، مُدَمِّر ، (نَقْد) هَدّام

desultory/ˈdesəltərɪ/ *adj.* لا مَنْهَجِيّ ، مُتَقَطِّع ، لا نِظامِيّ ، غَيْر مُتَرابِط

detach/dɪˈtætʃ/*v.t.* فَصَلَ (ـِ) ، فَكَّ (ـُ) ، عَزَلَ (ـِ)

detachable/dɪˈtætʃəbəl/*adj.* (جُزْء) يُمْكِن فَصْلُه
this coat has a detachable lining لِهذا المِعْطَف بِطانة يُمْكِن فَصْلُها

detached/dɪˈtætʃt/*adj.*
1. (separate) مُنْفَصِل ، مُنْفَرِد ، قائِم بِذاتِهِ
we want a detached house, not a terrace house نُرِيدُ مَنْزِلاً مُنْفَصِلَ البِناء لا مُتَلاصِقًا بِما يُجاوِرُه
2. (impartial) (نَظْرة) غَيْر مُتَحَيِّزة

detachment/dɪˈtætʃmənt/*n.*
1. (impartiality) فَصْل ، اِنْفِصال ، اِعْتِزال ، عَدَم تَحَيُّز
2. (*mil.*) تَجْرِيدة (عَسْكَرِيّة) ، مَفْرَزة (مَفارِز)

detail/ˈditeɪl/*n.*
1. (particular) نُقْطة (نُقَط) ، إحْدَى تَفاصِيل أو دَقائِق المَوْضُوع ، تَفاصِيل
he went into details دَخَلَ في التَّفاصِيل ، تَبَسَّطَ في المَوْضُوع
2. (*mil.*) تَجْرِيدة عَسْكَرِيّة
v.t. كَلَّفَ بِمُهِمّة خاصّة

detain/dɪˈteɪn/*v.t.*
1. (keep in custody) حَجَزَ (ـِ) ، اِعْتَقَلَ ، أوْقَفَ
2. (delay) عَطَّلَ ، أعاقَ ، أخَّرَ

detect/dɪˈtekt/*v.t.* اِكْتَشَفَ ، لاحَظَ ، اِسْتَبانَ

detection/dɪˈtekʃən/*n.* كَشْف ، اِهْتِداء إلى (سَبَب مُبْهَم مَثَلاً)

detective/dɪˈtektɪv/*n.* بُولِيس سِرّيّ ، مُخْبِر ، رَجُل تَحَرٍّ

detention/dɪˈtenʃən/*n.* اِعْتِقال ، حَجْز ، حَبْس مَدْرَسِيّ

deter/dɪˈtɜr/*v.t.* ثَبَّطَ ، رَدَعَ (ـَ) ، صَدَّ عَن

detergent/dɪˈtɜdʒənt/*n.* مُنَظِّف ، مادّة تُضافُ إلى الماءِ لإزالةِ الأوْساخ

deteriorate/dɪˈtɪərɪəreɪt/*v.i.* تَدَهْوَرَ ، فَسَدَ (ـُ) ، تَرَدَّى

deterioration/dɪˌtɪərɪəˈreɪʃən/*n.* تَرَدٍّ ، فَساد ، اِنْحِطاط (الصِّحّة) ، تَدَهْوُر

determination/dɪˌtɜmɪˈneɪʃən/*n.* عَزِيمة ، هِمّة ، إصْرار ، تَحْدِيد ، تَعْيِين

determine/dɪˈtɜmɪn/*v.t.* قَرَّرَ ، صَمَّمَ ، حَكَمَ (ـُ) ، بَتَّ (ـُ) ، عَيَّنَ ، حَدَّدَ
she determined the date of her marriage حَدَّدَت تارِيخَ زَواجِها
the physicist determined the speed of light قاسَ الفِيزيائيّ سُرْعة الضَّوْء على وَجْه الدِّقّة
he determined to learn Arabic صَمَّمَ على أنْ يَتَعَلَّمَ العَرَبِيّة
what determined you to accept such an offer? ما حَمَلَكَ على أن تَقْبَلَ مِثْلَ هذا العَرْض ؟
is it nature or nurture that determines character? أهِيَ الطَّبِيعة أم التَّرْبِية التي تُقَرِّر شَخْصِيّة الإنْسان ؟

deterrent/dɪˈterənt/*n.* رادِع (عَن الحَرْب) ، وازِع

detest/dɪˈtest/*v.t.* أبْغَضَ ، كَرِهَ (ـَ) ، مَقَتَ (ـُ)

detestable/dɪˈtestəbəl/ *v.t.* بَغِيض ، كَرِيه ، مَقِيت

detonate/ˈdetəneɪt/*v.t. & i.* فَجَّرَ ، اِنْفَجَرَ

detonator/ˈdetəneɪtə(r)/*n.* صاعِق ، مُفَجِّر ، شُمْرُوخ (مُفَرْقِعات) ، كَبْسُولة تَفْجِير ، مُفَرْقَعة لِتَحْذِير سائِق القِطار أثْناءَ الضَّباب

detour/ˈdituə(r)/*n.* طَرِيق غَيْر مُباشِر لِلمُواصَلات ، تَحْوِيل وَقْتِيّ لِلمُرُور ، طَرِيق جانِبِيّ مُؤَقَّت

detract/dɪˈtrækt/*v.i.* حَطَّ مِن (شَأْنِهِ) ، اِنْتَقَصَ مِن (قِيمَتِهِ)
the slightest flaw in a diamond detracts from its value أقَلُّ عَيْبٍ في الألْماسة يُقَلِّل مِن قِيمَتِها

detriment/`detrɪmənt/*n.* ضَرَر ، إساءة

detrimental/'detrɪ`mentəl/*adj.* ضارّ ، مُؤْذٍ ، مُفْسِد

deuce/djus/*n.* الشَّيْطان ؛ دو أو اثْنان (في النَّرْد) ، تَعادُل أَرْبَعين نُقْطة في التِّنِس

devalue/di`vælju/*v.t.* قَلَّلَ الثَّمَن ، خَفَّضَ قيمة العُمْلة

the pound was devalued against the dollar خُفِّضَت قيمةُ الجُنَيْه الإسْتَرْلينيّ إزاءَ الدُّولار الأَمْريكيّ

devastate/`devəsteɪt/*v.t.* خَرَّبَ ، دَمَّرَ ، أَهْلَكَ

devastation/'devə`steɪʃən/*n.* تَخْريب ، تَدْمير ، إتْلاف

develop/dɪ`veləp/*v.t. & i.*

1. (extend, grow) نَمَّى ، وَسَّعَ ، طَوَّرَ ؛ نَما (يَنْمو) ، تَطَوَّرَ

2. (acquire) اِكْتَسَبَ (عادةً) ، تَكَشَّفَت (أعْراضُ المَرَض)

he developed alarming symptoms ظَهَرَت عَلَيْه أعْراض تَدْعو إلى القَلَق

3. (build on land) عَمَّرَ (الأراضي) ، حَوَّلَها إلى مِنْطَقةٍ عُمْرانيّة

4. (*photog.*) حَمَّضَ (صورةً فوتوغرافيّة) ، أَظْهَرَها

developer/dɪ`veləpə(r)/*n.*

1. (*of land*) مُقاوِل يَتَعَهَّد بتَعْمير الأراضي

2. (*photog.*) مادّة تَحْميض الصُّورة الفوتوغرافيّة

development/dɪ`veləpmənt/*n.* نُمُوّ ، تَطَوُّر ، تَنْمية ، إنْماء ؛ إعْمار

deviate/`divɪeɪt/*v.i.* اِنْحَرَفَ ، حادَ (يَحيد) ، خَرَجَ عَن

deviation/'divɪ`eɪʃən/*n.* حَيَدان عَن ، اِنْحِراف ، زَوَغان ، تَحْويل وُجْهة ...

device/dɪ`vaɪs/*n.*

1. (trick) حيلة (حِيَل) ، وَسيلة (لتَحْقيقِ غَرَض)

2. (invention) أداة (أدَوات) ، جهاز (أجْهِزة)

3. (heraldry) شِعار ، رَسْم (شِعاريّ)

devil/`devəl/*n.* شَيْطان (شَياطين) ، شِرّير ، خَبيث ؛ شاطِر ، حاذِق

the Devil الشَّيْطان الرَّجيم ، إبْليس

(*coll.*) lucky devil! يا بَخْتَك ! (م) ، الله رَبَّك ! (ع)

devilry/`devəlrɪ/*n.* شَيْطَنة ، عَفْرَتة ، هِزار (م) ، خُبْث (ع)

devious/`divɪəs/*adj.* (طَريق) غَيْر مُباشِر أو غَيْر مُسْتَقيم ؛ (وَسائل) مُلْتَوِية أو مَشْبوهة

devise/dɪ`vaɪz/*v.t.* اِبْتَكَرَ ، اِخْتَرَعَ ، اِبْتَدَعَ

devoid/dɪ`vɔɪd/*adj.* خالٍ أو مُجَرَّد مِن

devolution/'divə`luʃən/*n.* تَفْويض ، نَقْل المَسْؤوليّة ، لامَرْكَزيّة السُّلْطة

devolve/dɪ`volv/*v.i.* اِنْتَقَلَت (المَسْؤوليّة) أو آلَت إلى

devote/dɪ`vəʊt/*v.t.* كَرَّسَ ، خَصَّصَ ، وَهَبَ (يَهَب)

even a devoted husband is sometimes impatient حَتّى الزَّوْجُ المُتَفاني قَدْ يَعيلُ صَبْرُه أحْيانًا

devotee/'devəʊ`ti/*n.* مُخْلِص أو مُتَحَمِّس لِفِكْرة ، مُتَفانٍ في ؛ تَقيّ (أتْقِياء) ، مُتَدَيِّن

devotion/dɪ`vəʊʃən/*n.*

1. (love) وَلاء ، إخْلاص ، تَفانٍ ، حُبّ

2. (*pl.* prayers) تَعَبُّد ، صَلاة (صَلَوات)

devour/dɪ`vaʊə(r)/*v.t.* اِفْتَرَسَ ، اِلْتَهَمَ ، اِزْدَرَدَ

devout/dɪ`vaʊt/*adj.* تَقيّ (أتْقِياء) ، مُتَعَبِّد ، وَرِع ، دَيِّن ، مُتَدَيِّن

dew/dju/*n.* نَدًى (أنْداء) ، طَلّ

dewy/djuɪ/*adj.* مُغَطًّى بالطَّلّ ، نَديّ

dewy-eyed/'djuɪ-`aɪd/*adj.* ساذَج (سُذَّج) ، بَسيطُ القَلْب ، بَريء (أبْرِياء)

dexterity/'dek`sterɪtɪ/*n.* خِفَّةُ يَدٍ ، مَهارة

dexterous/`dekstrəs/*adj.* خَفيفُ اليَد ، ماهِر (مَهَرة)

dhow/daʊ/*n.* الدَّهْو ، مَرْكَب شِراعيّ عَرَبيّ

diabetes/'daɪə`bitiz, 'daɪə`bitɪs/*n.* الدّاء السُّكَّريّ ، مَرَضُ السُّكَّر

diabetic/'daɪə`betɪk/*adj.* مُصابٌ بِداءِ السُّكَّر أو البَوْل السُّكَّريّ

diabolic/'daɪə`bolɪk/*adj.* شَيْطانيّ ، (مَكيدة) جَهَنَّميّة

diadem/`daɪədəm/*n.* إكْليل (أكاليل) ، تاج (تيجان)

diagnose/'daɪəg`nəʊz/*v.t.* شَخَّصَ (المَرَض)

diagnosis/'daɪəg`nəʊsɪs/*n.* تَشْخيص (المَرَض)

diagonal/daɪ`ægənəl/*n.* & *adj.* قُطْر (أقْطار) الشَّكْلِ المُسْتَطيل ؛ مائل ، مُنْحَرِف ، مَوْروب

diagram/`daɪəgræm/*n.* رَسْم بَيانيّ

dial/`daɪəl/*n.* مِيناء السّاعة ، لَوْحة العَدّاد المُرَقَّمة

telephone dial قُرْص (أقْراص) التِّلِفون

v.t. & i. أدارَ قُرْصَ التِّلِفون (لِيُشَكِّل رَقْمًا)

dialling tone طَنينُ التِقاطِ الخَطِّ التِّلِفونيّ

dialect/`daɪəlekt/*n.* لُغة مَحَلِّيّة ، لَهْجة إقْليميّة

dialogue/`daɪəlog/*n.* حِوار ، مُحاوَرة

diameter/'daɪ`æmɪtə(r)/*n.* قُطْرُ الدّائرة أو أيّ شَكْلٍ هَنْدَسيّ

diamond/`daɪəmənd/*n.*

1. (jewel) ماسة ، ألْماسة (ألْماس ، الماس) ، ماسّ

2. (rhombus) مُعَيَّن (شَكْل هَنْدَسيّ)

3. (cards) الدِّيناري في وَرَق اللَّعِب

diaphragm/`daɪəfræm/*n.*

1. (*physiol.*) الحِجاب الحاجِز

2. (*in telephone*) طَبْلة الصَّوْت في التِّلِفون

3. (*in camera*) فَتْحة النُّور المُتَغَيِّرة الاتِّساع في آلة التَّصْوير

diarrhoea/'daɪə`rɪə/*n.* إسْهال (طِبّ)

diary/`daɪərɪ/*n.* مُفَكِّرة ، مُذَكِّرة لِتَدْوين الأعْمال اليَوْميّة ؛ يَوْميّات

dice/daɪs/*n.pl.* (*sing.* **die**) زَهر النَّرد ، كَعْب (كُعُوب ، كِعاب)

v.i. (gamble **with**) لَعِبَ النَّرْد ، قامَرَ بِ

v.t. قَطَّع أو خَرَّط (الخُضْرَوات) مُكَعَّباتٍ

dicey/ˋdaɪsɪ/*adj.* (*sl.*) خَطِر ، فيه مُجازفة ، غير مَأْمُون العاقِبة

dictaphone/ˋdɪktəfəʊn/*n.* دِكْتافُون ، مِمْلاة (مُسَجِّلُ الإمْلاء)

dictate/dɪkˋteɪt/*v.t. & i.*

1. (speak words for another to write) أَمْلَى ، اِسْتَكْتَبَ

2. (command) فَرَضَ (ـِ) أوامِرَه عَلَى ، تَحَكَّم في ؛ أَمَرَ (ـُ)

dictation/dɪkˋteɪʃən/*n.* إمْلاء (أَمالٍ ، أَمالِيّ) ، تَمْلِية

dictator/dɪkˋteɪtə(r)/*n.* دِكْتاتُور ، حاكِم مُطْلَق ، جَبّار

dictatorial/ˋdɪktəˋtɔrɪəl/*adj.* اِسْتِبْداديّ

dictatorship/dɪkˋteɪtəʃɪp/*n.* دِكْتاتُورِيّة ، حُكْم مُطْلَق

diction/ˋdɪkʃən/*n.* اِنْتِقاءُ الكَلِمات واسْتِعْمالُها ؛ أُسْلُوبُ الكَلام أو الكِتابة ، إلْقاء

dictionary/ˋdɪkʃənrɪ/*n.* مُعْجَم (مُعْجَمات ، مَعاجِم) ، قامُوس (قَوامِيس)

did/dɪd/*p.t. of* **do**

die/daɪ/(*pres. part.* **dying**) *v.i.* ماتَ (يَمُوت) ، تُوُفِّيَ ، قَضَى نَحْبَه ؛ انتهى ، زالَ ، اِضْمَحَلّ

the noise died down/away اِضْمَحَلَّت الضَّوضاء شَيْئًا فَشَيْئًا

the family has died out اِنْقَرَضَت الأُسْرة

diehard/ˋdaɪhad/*n. & adj.* سِياسِيّ عَنِيد يَتَشَبَّثُ بِمَبادِئِه ؛ مُحافِظ مُتَعَصِّب مُتَطَرِّف

diesel/ˋdizəl/*n.* (مُحَرِّك) دِيزِل

diet/ˋdaɪət/*n.* حِمْية ، تَغْذِية ، نِظام خاصّ للتَّغْذِية ، رِيجِيم (م) ، بهريز (ع)

v.i. اِلْتَزَمَ الحِمْية ، اتَّبَعَ نِظامًا خاصًّا في التَّغْذِية

differ/ˋdɪfə(r)/*v.i.*

1. (be different) اِخْتَلَفَ ، تَبايَنَ ، تَفاوَتَ

2. (disagree) ناقَضَ ، اِعْتَرَضَ

difference/ˋdɪfərəns/*n.*

1. (dissimilarity) فَرْق (فُرُوق) ، اِخْتِلاف ، تَبايُن ، فارِق (فَوارِق)

2. (gap) فَرْق بَيْن كَمِّيَّتَيْن

let's split the difference دَعْنا نَتَّفِق على حَلٍّ وَسَط

3. (disagreement) خِلاف ، خِصام ، نِزاع

let's settle our differences and be friends دَعْنا نُسَوِّي خِلافاتِنا ونُصْبِح أَصْدِقاء

different/ˋdɪfrənt/*adj.* مُخْتَلِف ، مُتَبايِن ، مُتَمايِز ، مُتَفاوِت ؛ غَيْرُ مُعْتاد

differentiate/ˋdɪfəˋrenʃɪeɪt/*v.t.* مَيَّزَ بَيْنَ ، فَرَّقَ بَيْنَ

difficult/ˋdɪfɪkəlt/adj.

1. (not easy) صَعْب ، عَسِير ، شاقّ ، عَوِيص

2. (awkward, tiresome) شَكِس ، شَرِس ، صَعْبُ الإرْضاء

difficulty/ˋdɪfɪk(ə)ltɪ/*n.* صُعُوبة ، مَشَقّة ، عَناء ، عُسْر

diffidence/ˋdɪfɪdəns/*n.* خَجَل ، انْعِدامُ الثِّقة بالنَّفْس

diffident/ˋdɪfɪdənt/*adj.* حَيِيّ ، خَجُول ، قَلِيلُ الثِّقة بِنَفْسِه

diffuse[1]/dɪˋfjuz/*v.t.* نَشَرَ (ـُ) (الضَّوْء) ، بَثَّ (ـُ)

diffuse[2]/dɪˋfjus/*adj.* مُنْتَشِر ، مُبَعْثَر ، غَيْرُ مُرَكَّز ؛ مُطْنَب ، مُسْهَب

diffusion/dɪˋfjuʒən/*n.* اِنْتِشار ، اِنْبِثاث ، إذاعة

dig/dɪg/(*p.t. & p.p.* **dug**)

v.t. & i. حَفَرَ (ـِ) ، نَقَّبَ

he dug his heels in تَمَسَّكَ بِمَوْقِفِه ، رَفَضَ أنْ يَتَزَحْزَح ، صَمَدَ بِعِناد

n. **1.** (excavation) حَفْر ، تَنْقِيب

2. (thrust) طَعْنة ، مُلاحَظة قارِصة

digest[1]/daɪˋdʒest/*v.t.*

1. (absorb) هَضَمَ (ـِ) ؛ اِنْهَضَمَ ؛ اِسْتَوْعَبَ ، تَفَهَّمَ

2. (summarize) لَخَّصَ ، اِخْتَصَرَ ، أَوْجَزَ

digest[2]/ˋdaɪdʒest/*n.* خُلاصة وافِية ؛ مَجْمُوعة قَوانِين ؛ مُقْتَطَفات

digestion/daɪˋdʒestʃən/*n.* هَضْم

digestive/daɪˋdʒestɪv/ *adj.* نِسْبة إلى الهَضْم ؛ مُساعِدٌ عَلَى الهَضْم ، مُهْضِم

digit/ˋdɪdʒɪt/*n.* أيُّ عَدَدٍ مِن الواحِدِ إلى التِّسْعة ؛ إصْبَعُ اليَدِ أو القَدَم

digital computer آلة حاسِبة رَقْمِيّة

dignified/ˋdɪgnɪfaɪd/*adj.* وَقُور ، مَهِيب ، رَزِين

dignify/ˋdɪgnɪfaɪ/*v.t.* كَرَّمَ ، بَجَّلَ

dignitary/ˋdɪgnɪtərɪ/*n.* رَئِيس دِينِيّ ، مِن عِلْية القَوْمِ أو كِبارِهِم ، عَيْن (أَعْيان) ، وَجِيه (وُجَهاء)

dignity/ˋdɪgnɪtɪ/*n.*

1. (worth) رِفْعة ، وَقار ، هَيْبة (المَنْصِب) ؛ اِعْتِبار ، قِيمة

2. (honourable office) مَنْصِبٌ سامٍ

digress/daɪˋgres/*v.i.* اِسْتَطْرَدَ ، اِبْتَعَدَ عَن المَوْضُوع ، شَطَّ أو شَذَّ عَنْه

digression/daɪˋgreʃən/*n.* اِسْتِطْراد ، خُرُوج عن المَوْضُوع

dike, dyke/daɪk/*n.*

1. (ditch) خَنْدَق (خَنادِق) ، قَناة (قَنَوات) ، تُرْعة (تُرَع)

2. (embankment) سَدّ أو حاجِز مِياه ، سُور بَحْرِيّ

dilapidated/ dɪˋlæpɪdeɪtɪd/*adj.* مُتَداعٍ ، مُهَدَّم ، مُخَرَّب ، مُبَدَّد

dilapidation/dɪˈlæpɪˋdeɪʃən/*n.* تَداعٍ ، تَقَوُّض

dilate/daɪˈleɪt/*v.t.* وَسَّعَ ، كَبَّرَ ، أَسْهَبَ ، أَطْنَبَ

v.i. تَوَسَّعَ ، اِتَّسَعَ

dilatory/ˈdɪlətrɪ/*adj.* مُتَباطِئ ، مُتَلَكِّئ ، تَسْويفيّ ، إِمْهاليّ

dilemma/daɪˈlemə, dɪˈlemə/*n.* وَرْطة ، حَيْرة ، خِيارٌ صَعْبٌ بَيْنَ أَمْرَيْن

diligence/ˈdɪlɪdʒəns/*n.* اِجْتِهادٌ ، دَأْبٌ ، مُثابَرةٌ

diligent/ˈdɪlɪdʒənt/*adj*: مُجْتَهِد ، مُثابِر ، دَؤُوب

dilute/daɪˈljut/*v.t.* خَفَّفَ ، رَقَّقَ (بإضافة الماء مَثَلاً)

adj. (مَحْلول) مُخَفَّف ، غَيْرُ مُرَكَّز

dilution/daɪˈljuʃən/*n.* تَخْفيف (كثافة سائل) ، تَقْليلُ التَّرْكيز

dim/dɪm/*adj.* مُعْتِم ، خافِت ، ضَعيف أو كَليل (البَصَر) ؛ غَبِيّ ، بَليد

v.t. & i. عَتَّمَ ، غَشَّى ، عَتَمَ (ـِ) ، أَظْلَم ، خَفَتَ (ـِ) (الضَّوْء)

dimension/daɪˈmenʃən/*n.* بُعْد (أَبْعاد) ، حَجْم (أَحْجام ، حُجُوم) ، سَعَة ، أُفُق (آفاق) ، مَجال (مَجالات)

diminish/dɪˈmɪnɪʃ/*v.t. & i.* نَقَّصَ ، خَفَّضَ ؛ نَقَصَ (ـُ) ، تَضاءَلَ ، اِنْكَمَشَ

diminutive/dɪˈmɪnjʊtɪv/*adj. & n.* مُصَغَّر ، صَغير ؛ صِيغةُ التَّصْغير

dimple/ˈdɪmpəl/*n.* غَمّازة (الخَدّ) ، نُونة (الذَّقْن) ، نغزة (م) ، رصعة (ع) ، نُقْرة (نُقَرٌ ونِقارٌ)

din/dɪn/*n.* ضَوْضاء ، ضَجّة ، ضَجيج

dine/daɪn/*v.i.* تَناوَلَ الغَداء أو العَشاء ؛ عَشَّى

dinghy/ˈdɪŋgɪ/*n.* زَوْرَق أو قارِب صَغير

dingy/ˈdɪndʒɪ/*adj.* قَذِر ، مُعْتِم ، وَسِخ ومُهْمَل ، (مَكان) مُقْبِض للصَّدْر

dining-room/ˈdaɪnɪŋ-rum/*n.* غُرْفة الطَّعام

dinner/ˈdɪnə/*n.* الوَجْبة الرَّئيسيّة (الغَداء أو العَشاء)

dinner-jacket/ˈdɪnə-dʒækət/*n.* سِتْرة رَسْميّة للسَّهْرة ، سْمُوكِنْك

dint/dɪnt/*n.* اِنْبِعاج

she succeeded by dint of hard work نَجَحَت بِفَضْلِ جُهْدِها الجَهيد

diocese/ˈdaɪəsɪs/*n.* أُسْقُفِيّة ، مُطْرانيّة ، أَبْرَشيّة

dip/dɪp/*v.t. & i. & n.* غَمَسَ (ـِ) ، غَطَّسَ ، صَبَغَ (ـِ) ؛ اِنْخَفَضَ ؛ غَمْسٌ ؛ تَغْطيسٌ ؛ غَوْر ، وَهْدة

the farmer dipped his sheep غَطَّسَ الفَلّاح غَنَمَه في مَحْلولٍ مُعَقِّم

he dipped his headlights خَفَّضَ أَنْوارَ سَيّارَتِهِ الأَمامِيّة

he dipped into his pocket أَنْفَقَ مِن جَيْبِهِ الخاصّ

the land dips gently to the east تَنْحَدِرُ الأَرْضُ نَحْوَ الشَّرْقِ اِنْحِدارًا خَفيفًا

he had a dip اِسْتَحَمَّ في البَحْر

diphtheria/dɪfˈθɪərɪə/*n.* الخُناق ، الدِّفْتيريا

diphthong/ˈdɪfθɒŋ/*n.* اِنْدِغام حَرْفَيْ عِلّة في صَوْتٍ واحِد

diploma/dɪˈpləʊmə/*n.* دِبْلُوم ، شَهادة دِراسِيّة

diplomacy/dɪˈpləʊməsɪ/*n.* دِبْلُوماسِيّة ، لَباقة ، كِياسة

diplomat/ˈdɪpləmæt/*n.* دِبْلُوماسِيّ ، مُشْتَغِل بالسِّلْكِ السِّياسِيّ الخارِجِيّ

diplomatic/ˈdɪpləˈmætɪk/*adj.* دِبْلُوماسِيّ ؛ لَبِق ، حَسَن التَّدْبير

dire/ˈdaɪə(r)/*adj.* فَظيع ؛ مُخيف ، نَذير شُؤْم ؛ (حاجة) ماسّة أو مُلِحّة

direct/dɪˈrekt/*v.t.*

1. (guide) دَلَّ (ـُ) ، أَرْشَدَ ، هَدَى (يَهْدِي) إلى
2. (control) أَدارَ ، أَشْرَفَ عَلَى
3. (order) أَمَرَ (ـُ) ، أَوْصَى بِـ

adj. مُباشِر

direct current *abbr.* *D.C.* تَيّار كَهْرَبائيّ مُباشِر أو مُسْتَمِرّ (ت ٠ م ٠)

adv. مُباشَرةً

direction/dɪˈrekʃən/*n.*

1. (aiming) تَوْجيه ، إِحْكامُ الهَدَف
2. (control) إِدارة ، قِيادة ، إِشْراف
3. (*pl.* instructions) تَعْليمات ، إِرْشادات ، أَوامِرُ ، تَوْجيهات
4. (course) اِتِّجاه ، جِهة

directly/dɪˈrektlɪ/*adv.*

1. (at once) فَوْرًا ، حالاً
2. (straight) مُباشَرةً ، رَأْسًا

director/dɪˈrektə(r)/*n.* مُدير ، أَحَدُ أَعْضاء مَجْلِسِ الإِدارة ؛ مُخْرِج (سِينَمائيّ مَثَلاً)

directory/dɪˈrektərɪ/*n.* دَليل (التِّلِيفُونات مَثَلاً) ، سِجِلّ عامّ

dirt/dɜt/*n.* قَذارة ، وَساخة ، تُراب (أَتْرِبة)

dirty/ˈdɜtɪ/*adj.* قَذِر ، وَسِخ ؛ بَذِيء ، فاحِش ؛ جَوّ (عاصِف)

v.t. وَسَّخَ ، دَنَّسَ ، لَوَّثَ

dis-/dɪs/*neg. pref.* سابِقة تَعْني النَّفْي

disability/ˈdɪsəˈbɪlɪtɪ/*n.* عَدَمُ القُدْرة ، العَجْزُ عَنِ العَمَل ، اِنْعِدامُ الأَهْلِيّة

disable/dɪsˈeɪbəl/*v.t.* أَعْجَزَ ، أَقْعَدَ عَن العَمَل

disabled/dɪsˈeɪbəld/*adj. & n.* عاجِز ، مُقْعَد

disadvantage/ˈdɪsədˈvɑntɪdʒ/*n.* عَيْب (عُيُوب) ، نُقْصان ، سَيِّئة ؛ ضَرَرٌ

disaffected/ˈdɪsəˈfektɪd/*adj.* ثائِر ، مُتَمَرِّد ، عاصٍ (عُصاة) ؛ مُسْتاء ، ساخِط

disagree/ˈdɪsəˈgri/*v.i.* خالَفَ ، عارَضَ (في الرَّأْي)

disagreeable/ ˈdɪsəˈgriəbəl/*adj.* غَيْرُ مَقْبُول ، سَيِّئُ الخُلُق ، بَغِيض ، مَقِيت

disagreement/ ˈdɪsəˈgrimənt/*n.* مُخالَفة ، مُعارَضة (الرَّأي) ، عَدَمُ وِفاق

disappear/ˈdɪsəˈpɪə(r)/*v.i.* اِخْتَفَى ، تَلاشَى ، تَوارَى

disappearance/ ˈdɪsəˈpɪərəns/*n.* زَوال ، اِخْتِفاء ، تَبَدُّد

disappoint/ˈdɪsəˈpɔɪnt/ *v.t.* خَيَّبَ الأَمَلَ ، خَذَلَ (ـُ) ، باءَ بالخَيْبة

disappointment/ ˈdɪsəˈpɔɪntmənt/*n.* خَيْبةُ الأَمَل ، خِذْلان

disapproval/ˈdɪsəˈpruvəl/*n.* اِسْتِنْكار ، اِسْتِهْجان

disapprove/ˈdɪsəˈpruv/*v.t. & i.* اِسْتَنْكَرَ ، اِسْتَهْجَنَ ، اِسْتَقْبَحَ

disarm/dɪsˈɑm/*v.t. & i.* نَزَعَ (ـَ) أو جَرَّدَ مِنَ السِّلاح ، أَبْطَلَ مَفْعُولَ قُنْبُلة ، لَطَّفَ أو خَفَّفَ مِن حِدَّة (الغَضَب مَثَلاً) ، أَلْقَت (دَولةٌ) السِّلاح

disarmament/ dɪsˈɑməmənt/*n.* نَزْعُ السِّلاح ، تَجْرِيد من السِّلاح

disarray/ˈdɪsəˈreɪ/*n.* فَوْضَى ، اِنْعِدامُ التَّرْتِيبِ والنِّظام ، اِضْطِراب ، حالةُ اِنْهِزام (في الجَيْش)

disaster/dɪˈzɑstə(r)/*n.* كارِثة (كَوارِثُ) ، مُصِيبة (مَصائِبُ) ، فاجِعة (فَواجِعُ) ، نَكْبة فادِحة ، رُزْء (أَرْزاء) ، طامّة (طامّات)

disastrous/dɪˈzɑstrəs/*adj.* فادِح ، وَخِيمُ العاقِبة

disband/dɪsˈbænd/*v.t. & i.* سَرَّحَ أو حَلَّ جَيْشًا أو مُنَظَّمة ، صَرَفَ (ـِ)

disc, disk/dɪsk/*n.*

1. (flat round plate) قُرْص (أَقْراص)

disc brake مِكْبَح قُرْصِيّ ، فَرْمَلة قُرْصِيّة

2. (record) أُسْطُوانة (مُوسِيقِيّة)

disc jockey مُقَدِّمُ الأُسْطُوانات المُوسِيقِيّة في الإذاعة والتِّلِفِزْيُون

3. (*med.*) قُرْص أو طَبَق غُضْرُوفِيّ بَيْنَ فِقْرَتَيْن

slipped disc اِنْزِلاقُ غُضْرُوفِ الفِقْرة

discard/dɪsˈkɑd/*v.t.* طَرَحَ (ـَ) جانِبًا ، نَبَذَ (ـِ) ، تَخَلَّى عَن ، هَجَرَ (ـُ) (ثَوْبًا قَدِيمًا مَثَلاً) ، اِسْتَغْنَى عَن

discern/dɪˈsɜn/*v.t.* مَيَّزَ ، رَأَى بِوُضُوح

discerning/dɪˈsɜnɪŋ/*adj.* ثاقِبُ البَصَر ، فَطِنٌ ، بَصِير ، حَصِيف

discernment/ dɪˈsɜnmənt/*n.* بَصِيرة ، تَمْيِيزٌ صائِب ، فِطْنة

discharge/dɪsˈtʃɑdʒ/*v.t. & n.*

1. (unload) فَرَّغَ ، تَفْرِيغ

2. (fire *a gun*) أَطْلَقَ النّار ، إِطْلاقُ النّار

3. (emit) أَفْرَزَ (الجُرْحُ مَثَلاً) ، أَفْرَغَ ، إِفْراز (قَيْحِيّ) ، إِفْراغ

4. (dismiss) أَخْرَجَ (مَرِيضًا مِن مُسْتَشْفًى) ، أَفْرَجَ (عَن سَجِين) ، أَعْفَى (مِن عَمَل) ، الصَّرْفُ مِن العَمَل

5. (pay) وَفَى (يَفِي) دَيْنَه ، أَدَّى واجِبه ، رَدَّ اعْتِبارَ (المُفْلِس) ، إِيفاءُ الدَّيْن

disciple/dɪˈsaɪpəl/*n.* تِلْمِيذ (تَلامِيذُ) ، مُرِيد ، تابِع ، حَوارِيّ (السَّيِّدِ المَسِيح)

discipline/ˈdɪsɪplɪn/*n. & v.t.* نِظام (أَنْظِمة) ، ضَبْط ، عِقاب ، عاقَبَ ، قَوَّمَ ، أَدَّبَ

disclaim/dɪsˈkleɪm/*v.t.* تَنَصَّلَ (مِن المَسْؤُولِيّة) ، تَخَلَّى (عَن حَقّ) ، أَنْكَرَ ، نَفَى (يَنْفِي)

disclose/dɪsˈkləʊz/*v.t.* أَفْشَى (السِّرَّ) أو أَباحه

disclosure/ dɪsˈkləʊʒə(r)/*n.* إِفْشاءُ (سِرّ) ، إِباحَتُه ، اِنْكِشاف ، اِفْتِضاح ، تَصْرِيحٌ مُثِير

discolour/dɪsˈkʌlə(r)/ *v.t.* أَفْسَدَ اللَّوْنَ ، غَيَّرَه ، بَقَّعَ ، لَطَّخَ (الأَسْنانَ مَثَلاً)

discomfort/dɪsˈkʌmfət/ *n.* إِزْعاج ، اِنْزِعاج ، عَدَمُ اِرْتِياح ، عَناء

disconcert/ˈdɪskənˈsɜt/ *v.t.* أَرْبَكَ ، أَقْلَقَ ، أَحْرَجَ ، أَفْسَدَ ، أَحْبَطَ

disconnect/ˈdɪskəˈnekt/ *v.t.* قَطَعَ (ـَ) أو فَصَلَ (ـِ) (تَيّار الكَهْرَباء)

disconsolate/ dɪsˈkonsəlɪt/*adj.* دائِمُ الاكْتِئاب ، لا يَرْقَأُ دَمْعُه ، مُتَفَطِّرُ القَلْب ، لا يَتَأَسَّى

discontent/ˈdɪskənˈtent/*n.* سُخْط ، تَذَمُّر ، تَبَرُّم ، اِسْتِياء ، عَدَمُ رِضًى ، كَدَر

discontented/ ˈdɪskənˈtentəd/*adj.* بَرِمٌ ، مُسْتاءٌ ، ساخِطٌ

discontinue/ ˈdɪskənˈtɪnju/*v.t. & i.* أَوْقَفَ ، قَطَعَ (ـَ) ، تَوَقَّفَ ، اِنْقَطَعَ

discord/ˈdɪskɔd/*n.*

1. (quarrelling) خِلاف ، فُرْقة ، شِقاق

2. (*mus.*) نَشازٌ ، تَنافُرٌ (مُوسِيقَى)

disco(thèque)/ ˈdɪskəʊ(tek)/*n.* مَرْقَص ، حَفْلة رَقْص (عَلَى أَنْغامِ أُسْطُواناتٍ صاخِبة)

discount/ˈdɪskaʊnt/*n.* خَصْم ، حَسْم ، تَنْزِيل ، تَخْفِيض

v.t./dɪsˈkaʊnt/ أَسْقَطَ مِن حِسابِه ، رَفَضَ (ـُ) (فِكْرة) ، حَسَمَ (ـِ) كِمْبِيالة أو حَوالة ، باعَها بأَقَلَّ مِن سِعْرِها الأَصْلِيّ

discourage/dɪsˈkʌrɪdʒ/ *v.t.* ثَبَّطَ عَزِيمَتَه ، بَرَّدَ هِمَّتَه ، أَخْمَدَ شَجاعَتَه ، رَغَّبَه عَن

discouragement/ dɪsˈkʌrɪdʒmənt/*n.* فُقْدانُ الشَّجاعة ، فُتُورُ الهِمّة ، تَثْبِيطُ العَزِيمة

discourse/ˈdɪskɔs/*n.*

1. (conversation) حَدِيث ، خِطاب ، مُحاضَرة ، مُحادَثة

2. (dissertation) مَقالة ، بَحْث عِلْمِيّ

v.i. / dɪs'kɔs/ تَحَدَّثَ في ، حاضَرَ ، باحَثَ

discourteous/dɪs'kɜtɪəs/ *adj.* خالٍ مِن الكِياسة ، غَيْرُ مُؤَدَّب ، فَظّ

discover/dɪs'kʌvə(r)/ *v.t.* اِكْتَشَفَ ، وَجَدَ (يَجِد) ، وَقَفَ (يَقِف) عَلَى ، لَمَحَ (ـَ) أن

discovery/dɪs'kʌvərɪ/*n.* اِكْتِشاف ، اِسْتِكْشاف ، وُقُوف عَلَى

discreditable/dɪs'kredɪtəbəl/*adj.* مُشِين ، مُعِيب ، مُضَيِّع لِلاعْتِبار ، فاضِح

discreet/dɪs'krit/*adj.* حَصِيف ، كَيِّس ، حَذِر ، مُتَحَفِّظ

discrepancy/dɪs'krepənsɪ/*n.* تَبايُن ، اِخْتِلاف ، تَناقُض ، تَعارُض ، تَضارُب

discretion/dɪs'kreʃən/*n.*

1. (prudence) حَصافة ، فِطْنة ، حَذَر

2. (choice) حُرِّيّة التَّصَرُّف أو الاخْتِيار أو التَّقْدِير أو التَّنْسِيب

do this at your own discretion لَكَ مُطْلَقُ الخِيار في إنْجازِ ذٰلك

discretion is the better part of valour الرَّأْيُ قَبْلَ شَجاعة الشُّجْعان (المُتَنَبِّي) ، الحِيطة أُمّ السَّلامة

discriminate/dɪs'krɪmɪneɪt/*v.i. & t.* فَرَّقَ ، مَيَّزَ ، بَيَّنَ

the law should not discriminate against anyone يَنْبَغِي ألّا يَتَحَيَّزَ القانُونُ ضِدَّ أَحَد

discrimination/dɪˌskrɪmɪ'neɪʃən/*n.* حُسْنُ الاخْتِيار ، تَمْيِيز ، تَفْرِقة (جِنْسِيّة ، عُنْصُرِيّة)

discus/'dɪskəs/*n.* قُرْصُ الرَّمْي

discuss/dɪs'kʌs/*v.t.* ناقَشَ ، بَحَثَ (ـَ) ، باحَثَ ، تَداوَلَ (المَوْضُوع)

discussion/dɪs'kʌʃən/*n.* بَحْث ، مُناقَشة

the subject under discussion مَوْضُوع البَحْث ، مَدارُ النِّقاش

disdain/dɪs'deɪn/*n.* أَنَفة ، اِسْتِنْكاف ، تَرَفُّع ، اِزْدِراء ، اِسْتِخْفاف

v.t. أَنِفَ (ـَ) ، اِسْتَخَفَّ بِـ ، اِحْتَقَرَ ، اِسْتَهانَ بِـ

disdainful/dɪs'deɪnfəl/*adj.* مُزْدَرٍ ، مُتَرَفِّع ، مُسْتَخِفّ بِـ

disease/dɪ'ziz/*n.* مَرَضٌ (أَمْراض) ، داء (أَدْواء) ، عِلّة (عِلَل) ، سُقْم (أَسْقام)

diseased/dɪ'zizd/*adj.* مَرِيض ، عَلِيل ، سَقِيم

disembark/'dɪsɪm'bɑk/ *v.t. & i.* أَفْرَغَ سَفِينة ، نَزَلَ (ـِ) إلى البَرّ

disembarkation/'dɪs'embɑ'keɪʃən/*n.* إفْراغُ شَحْنة ، نُزُول إلى البَرّ

disenchanted/'dɪsɪn'tʃɑntəd/*adj.* مُخَيَّبٌ أَمَلُه ، رُفِعَت عَن بَصَرِه غِشاوةُ الوَهْم

disengage/'dɪsɪn'geɪdʒ/ *v.t. & i.* فَكَّ (ـُ) ، أَطْلَقَ ، حَرَّرَ ، تَحَرَّرَ مِن ، تَخَلَّصَ مِن

disentangle/'dɪsɪn'tæŋgəl/*v.t. & i.* حَلَّ (ـُ) ، فَكَّ (ـُ) ، أزالَ الالتِباس أو الغموض

disfavour/dɪs'feɪvə(r)/ *n.* اِسْتِياء ، فُقْدانُ الحُظْوة أو التَّقْدِير

disfigure/dɪs'fɪgə(r)/*v.t.* شَوَّهَ ، مَسَخَ (ـَ)

disfigurement/dɪs'fɪgəmənt/*n.* تَشْوِيه ، مَسْخ

disgorge/dɪs'gɔdʒ/*v.t.* قاءَ (يَقِيء) ، تَقَيَّأَ ، دَفَعَ مالاً عَلَى كُرْهٍ مِنْه ، سَدَّدَ دَيْنَه على مَضَض

disgrace/dɪs'greɪs/*n.* ضَياعُ الكَرامة ، عار ، إهانة

v.t. شانَ (يَشِين) ، عابَ (يَعِيب) ، فَضَحَ (ـَ)

disgraceful/dɪs'greɪsfəl/ *adj.* شائِن ، فاضِح ، مُعِيب ، مُخْزٍ

disgruntled/dɪs'grʌntəld/*adj.* مُتَذَمِّر ، مُسْتاء ، ساخِط

disguise/dɪs'gɑɪz/*n.* تَنَكُّر ، تَخَفٍّ

v.t. نَكَّرَ ، أَخْفَى ، مَوَّهَ

disgust/dɪs'gʌst/*n.* اِشْمِئْزاز (مِن) ، تَقَزُّز مِن ، قَرَف

v.t. قَرَّفَ ، نَفَّرَ ، أَضْجَرَ

disgusting/dɪs'gʌstɪŋ/ *adj.* مُثِير للاشْمِئْزاز ، كَرِيه ، مُقْرِف ، مُنَكِّر

dish/dɪʃ/*n.*

1. (plate) صَحْن (صُحُون) ، طَبَق (أَطْباق) ، صَحْفة (صِحاف)

2. (food) طَبَق (أَطْباق) ، أَكْلة

v.t. (serve) *with* **up, out** غَرَفَ (ـِ) الطَّعامَ ، وَضَعَ الطَّعام في أَطْباق ، وَزَّعَه (عَلَى الآكِلِين)

dishearten/dɪs'hɑtən/ *v.t.* ثَبَّطَ عَزِيمَته ، بَرَّدَ هِمَّته ، أَخْمَدَ شَجاعَته

dishevelled/dɪ'ʃevəld/ *adj.* مُشَعَّثُ الشَّعْر ، مُهْمَلُ الهِنْدام ، غَيْرُ مُرَتَّب

dishonest/dɪs'ɒnɪst/*adj.* غَيْرُ أَمِين ، كاذِب ، غَيْرُ شَرِيف ، مُخادِع

dishonesty/dɪs'ɒnɪstɪ/*n.* كَذِب ، خِداع ، اِنْعِدامُ الأمانة ، غِشّ

dishonour/dɪs'ɒnə(r)/*n.* خِزْي ، عار ، إهانة

v.t. جَلَبَ (ـِ) العارَ عَلَى ، لَوَّثَ (السُّمْعة) ، هَتَكَ (ـِ) عِرْضَ فُلان

dishonourable/dɪs'ɒnərəbəl/*adj.* مُشِين ، فاضِح ، مُخْزٍ ، جالِبٌ لِلعار

disillusion/'dɪsɪ'luʒən/ *v.t.* أزالَ الوَهْم أو الغَشاوة عَن عَيْنَيْه ، خَيَّبَ فَأْلَه

disillusionment/'dɪsɪ'luʒənmənt/*n.* اِنْكِشافُ الحَقِيقة ، خَيْبةُ الفَأْل

disinclination/'dɪs'ɪnklɪ'neɪʃən/*n.* نُفُور ، عُزُوف عَن

disinclined/'dısın'klaınd/*pred. adj.* غَيْرُ مَيّالٍ إلى ، غَيْرُ راغِبٍ في ، راغِب عن ، عَزُوف عن

disinfect/'dısın'fekt/*v.t.* عَقَّمَ ، طَهَّرَ

disinfectant/'dısın'fektənt/*n. & adj.* مُعَقِّم ، مُطَهِّر ، مُبِيدُ الجَراثِيم

disinherit/'dısın'herıt/*v.t.* حَرَمَ (ـِ) مِن مِيراثٍ أو تَرِكة

disintegrate/dıs'ıntıgreıt/*v.i. & t.* تَفَكَّكَ ، تَحَطَّمَ

disintegration/dıs'ıntı'greıʃən/*n.* تَفَكُّك ، تَفْكِيك ، تَفَتُّت ، انشِقاق ، تَفَسُّخ

disinterested/dıs'ıntrəstıd/*adj.* غَيْرُ مُغْرِضٍ أو مُتَحَيِّز ، لا يَتَوَخَّى مَصْلَحَته الشَّخْصِيّة ، نَزِيه

disjointed/dıs'dʒɔıntıd/*adj.* (كَلام) غَيْرُ مُتَرابِط ، مُفَكَّك ، أَشْبَهُ بالهَذَيان ، مُقَطَّعُ الأوْصال

dislike/dıs'laık/*v.t.* كَرِهَ (ـَ) ، نَفَرَ (ـُ) مِن ؛

n. كُرْه ، نُفُور ، بُغْض

dislocate/'dısləkeıt/*v.t.* خَلَعَ (ـَ) كَتِفَهُ مَثَلاً ؛ عَطَّلَ ، خَرَّبَ ، عَرْقَلَ (السَّيْرَ مَثَلاً)

dislodge/dıs'lodʒ/*v.t.* زَحْزَحَ ، نَزَعَ (ـِ) مِن مَوْضِعِه ، نَحَّى عَن

disloyal/dıs'lɔıəl/*adj.* خائِن (خَوَنة) ، غَيْرُ مُخْلِص

disloyalty/dıs'lɔıəltı/*n.* خِيانة ، عَدَمُ إخْلاص

dismal/'dızməl/*adj.* كَئِيب ، تَعِس ، مُوحِش

dismantle/dıs'mæntəl/*v.t.* فَكَّ (ـُ) ، فَكَّكَ ، جَرَّدَ (حِصْناً) مِن وَسائِلِ الدِّفاع

dismay/dıs'meı/*n.* رُعْب ، فَزَع ، هَلَع

v.t. أَرْعَبَ ، أَفْزَعَ

dismiss/dıs'mıs/*v.t.* أَقالَ ، عَزَلَ (ـِ) ، طَرَدَ (ـُ) ؛ صَرَفَ (ـِ) ، أَبْعَدَ

dismissal/dıs'mısəl/*n.* إقالة ، عَزْل ، طَرْد ، صَرْف ، إبْعاد

dismount/dıs'maunt/*v.i.* نَزَلَ عَن (دَرّاجةٍ مَثَلاً) ، تَرَجَّلَ (عَن فَرَس)

disobedience/'dısə'bidıəns/*n.* عِصْيان ، تَمَرُّد ، عُقُوق

disobedient/'dısə'bidıənt/*adj.* عاصٍ (عُصاة) ، غَيْرُ مُطِيع ، عاقّ

disobey/'dısə'beı/*v.t.* عَصَى (يَعْصِي) ، تَمَرَّدَ ، خالَفَ

disorder/dıs'ɔdə(r)/*n.*

1. (untidiness) اِنْعِدامُ التَّرْتِيبِ والنِّظام ، فَوْضَى ، لَخْبَطة

2. (riot) فَوْضَى ، شَغَب ، بَلْبَلة

3. (illness) اِعْتِلال ، اِخْتِلال في الصِّحّة

disorderly/dıs'ɔdəlı/*adj.* مُشَوَّش ، غَيْرُ مُرَتَّب ، مَدْعاة لِلفَوْضَى ، مُخِلّ بالنِّظام

disorganization/'dıs'ɔgənaı'zeıʃən/*n.* اِنْعِدامُ التَّنْظِيم ، اِضْطِراب ، تَشْوِيش

disorganize/dıs'ɔgənaız/*v.t.* أَفْسَدَ التَّنْظِيم ، شَوَّشَ ، لَخْبَطَ

disown/dıs'əun/*v.t.* تَبَرَّأَ مِن ، نَبَذَ (ـِ) ، أَنْكَرَ

disparage/dıs'pærıdʒ/*v.t.* حَطَّ مِن قَدْرِه ، نَدَّدَ بِه ، ثَلَبَ (ـِ)

disparity/dıs'pærıtı/*n.* تَبايُن ، تَفاوُت ، اِخْتِلاف ، عَدَمُ تَساوٍ

dispassionate/dıs'pæʃənət/*adj.* مُحايِد ، خالٍ مِن الأَهْواء ، غَيْرُ مُتَحَيِّز ، مَوْضُوعِيّ

dispatch, despatch/dıs'pætʃ/*v.t. & n.*

1. (send off) أَوْفَدَ ، أَرْسَلَ ، بَعَثَ (ـَ) ، أَنْفَذَ ؛ إيفاد ، إرْسال ؛ رِسالة رَسْمِيّة مُسْتَعْجَلة ؛ تَقْرِير عَسْكَرِيّ ؛ بَرْقِيّة مِن مُراسِلٍ الى صَحِيفَتِه

2. (finish) أَنْجَزَ بِسُرْعة ، نَفَّذَ ؛ إنْجاز سَرِيع

3. (kill) أَجْهَزَ عَلَى ، قَتَلَ (ـُ) ؛ إجْهاز عَلَى ، قَتْل

dispel/dıs'pel/*v.t.* بَدَّدَ ، قَشَعَ (ـَ) ، أَزالَ

dispensable/dıs'pensəbəl/*adj.* غَيْر ضَرُورِيّ ، مُمْكِنُ الاسْتِغْناءُ عَنه

dispensary/dıs'pensərı/*n.* صَيْدَلِيّة ، مُسْتَوْصَف

dispensation/'dıspen'seıʃən/*n.* تَوْزِيع ؛ حِلّ ، إعْفاء ؛ تَرْخِيص كَنَسِيّ او قانُونِيّ ؛ قَدَر ، عَمَل إلٰهِيّ

dispense/dıs'pens/*v.t.* وَزَّعَ ، مَنَحَ (ـَ) ، طَبَّقَ (القانُون) ؛ حَضَّرَ أو رَكَّبَ أَدْوِية

v.i. (*with* **with**) اِسْتَغْنَى عَن

dispersal/dıs'pɜsəl/*n.* تَبَدُّد ، تَفَرُّق ، تَشَتُّت

disperse/dıs'pɜs/*v.t. & i.* بَدَّدَ ، فَضَّ (ـُ) ، شَتَّتَ ، فَرَّقَ ؛ تَبَدَّدَ ، تَفَرَّقَ

dispirited/dı'spırıtəd/*adj.* مُنْحَطُّ المَعْنَوِيّات ، مُثَبَّطُ الهِمّة ، حَزِين

displace/dıs'pleıs/*v.t.* أَزاحَ ، أَزالَ مِن مَكانِه ، حَلَّ مَحَلَّ

a displaced person مُرَحَّل ، مُشَرَّد عَن وَطَنِه

displacement/dıs'pleısmənt/*n.* إزاحة ، إحْلال مَحَلّ ؛ كَمِّيّة السّائِلِ المُزاح (مِلاحة)

display/dıs'pleı/*v.t.* عَرَضَ (ـِ) ، أَظْهَرَ

n. عَرْض ، إظْهار ، تَظاهُر ، تَباهٍ

displease/dıs'pliz/*v.t.* أَثارَ الاسْتِياءَ ، كَدَّرَ ، لَم يُعْجِب ، أَزْعَجَهُ ب

displeasure/dıs'pleʒə(r)/*n.* اِسْتِياء ، تَبَرُّم ، تَكَدُّر ، عَدَمُ رِضًى

disposable/dıs'pəuzəbəl/*adj.* يُطْرَحُ بَعْدَ الاسْتِعْمال ، يُسْتَعْمَلُ مرةً واحِدةً فَقَط

disposal/dıs'pəuzəl/*n.*

1. (getting rid of) تَخَلُّص (مِن النِّفاية مَثَلاً)

2. (arrangement) تَنْظِيم خاصّ

3. (control) تَصَرُّف ، إدارة

my house is at your disposal بَيْتِي تَحْتَ تَصَرُّفِك

dispose/dıs'pəuz/*v.t.*

1. (arrange) قامَ بِتَوْزِيع
2. (incline) رَغَّبَهُ في ، اِسْتَمالَهُ إلى
he is well disposed towards us إنّه حَسَنُ النِّيَّة تُجاهَنا (أو يُحِبُّ مُساعَدَتَنا)
v.i.
they have disposed of the rubbish تَخَلَّصُوا مِن الزُّبالة أو النُّفايات

disposition/'dɪspə'zɪʃən/*n.*
1. (temperament) مِزاج (أمْزِجة) ، طَبْع (طِباع) ، سَجِيّة (سَجايا)
2. (arrangement) تَنْظِيم ، تَنْسِيق ؛ تَوْزِيع (القُوّات الحَرْبِيّة مَثَلاً)

dispossess/'dɪspə'zes/*v.t.* اِنْتَزَعَ ، سَلَبَ (ـُ) ، جَرَّدَ (مِن حِيازة)

disprove/dɪs'pruv/*v.t.* دَحَضَ (ـَ) ، فَنَّدَ ، نَقَضَ (ـُ)

dispute/dɪs'pjut/*n.* خُصُومة ، نِزاع ، جِدال ، شِجار
v.t. **1.** (discuss) *also v.i.* بَحَثَ (ـَ) ، ناقَشَ ، جادَلَ ؛ تَباحَثَ ، تَناقَشَ
2. (call in question) عارَضَ ، ناهَضَ ، خالَفَ ، أنْكَرَ
the will was disputed طُعِنَ في صِحّة الوَصِيّة

disqualification/dɪs'kwolɪfɪ'keɪʃən/*n.* إقْصاء ، إسْقاطُ حَقّ ، حِرْمانٌ مِن مُشارَكة

disqualify/dɪs'kwolɪfaɪ/*v.t.* حَرَمَه (مِن امْتِحان) ؛ أسْقَطَ حَقَّه

disregard/'dɪsrɪ'gɑd/*v.t. & n.* غَضَّ (ـُ) النَّظَر عَن ، تَجاهَلَ ، أغْفَلَ ، أهْمَلَ ؛ تَغاضٍ ، تَجاهُل ، إغْفال ، إهْمال ؛ خَرْقُ (القانون)

disreputable/dɪs'repjʊtəbəl/*adj.* سَيِّئُ الصِّيت ، شائِن ، شَنِيع

disrespect/'dɪsrɪ'spekt/*n.* عَدَمُ احْتِرام ، قِلّةُ أدَب أو حَياء ، إهانة

disrupt/dɪs'rʌpt/*v.t.* قَطَعَ (ـَ) ، عَطَّلَ ، أوْقَفَ (حَرَكة السَّيْر مَثَلاً)

disruption/dɪs'rʌpʃən/*n.* تَعَطُّل ؛ اِضْطِراب ؛ اِنْحِلال ، تَشَتُّتُ الشَّمْل

dissatisfaction/dɪ'sætɪs'fækʃən/*n.* عَدَمُ رِضًى ، اِسْتِياء ، سُخْط

dissect/dɪ'sekt/*v.t.* شَرَّحَ

dissection/dɪ'sekʃən/*n.* تَشْرِيح

dissemble/dɪ'sembəl/*v.t. & i.* أظْهَرَ غَيْرَ ما يُبْطِن ، نافَقَ ؛ تَظاهَرَ بالجَهْلِ في مَوْضُوعٍ ما

disseminate/dɪ'semɪneɪt/*v.t.* بَثَّ (ـُ) ، نَشَرَ (ـُ)

dissension/dɪ'senʃən/*n.* شِقاق ، نِزاع ، خِلاف ، مُخاصَمة

dissent/dɪ'sent/*v.t.* خالَفَ ، عارَضَ ، اِنْشَقَّ أو خَرَجَ عَن (عَقِيدة دِينِيّة)
n. تَبايُن في الرَّأي ، مُخالَفة ، اِعْتِراض

dissenter/dɪ'sentər/*n.* مارِق ، خارِج عَن عَقِيدة

dissertation/'dɪsɜ'teɪʃən/*n.* رِسالة عِلْمِيّة ، بَحْث أكادِيمِيّ ، أُطْرُوحة

dissident/'dɪsɪdənt/*n. & adj.* مُتَمَرِّد ، مُنْشَقّ عَن ، مُنْفَصِل

dissimilar/dɪ'sɪmɪlə(r)/*adj.* غَيْر مُتَشابِه ، مُخْتَلِف عَن ، مُغايِر ، مُتَبايِن

dissipate/'dɪsɪpeɪt/*v.t.* بَدَّدَ ، قَشَعَ (ـَ) ، أزالَ
he led a dissipated life كانَ مُنْغَمِسًا في المَلَذّات

dissociate/dɪ'səʊʃɪeɪt/*v.t.* فَكَّكَ ، فَصَلَ (ـِ) عَن ، فَرَّقَ

dissolution/'dɪsə'luʃən/*n.* حَلّ (البَرْلَمان) فَسْخ ؛ اِنْحِلال ؛ حَتْف

dissolve/dɪ'zolv/*v.t. & i.*
1. (make/become liquid) أذابَ ، ذَوَّبَ ، حَلَّ (ـُ) ، ذابَ (يَذُوب) ، اِنْحَلّ
2. (break up) حَلَّ ؛ فَرَّقَ ، شَتَّتَ ؛ اِنْحَلَّ ؛ تَفَرَّقَ ، تَشَتَّتَ
the marriage was dissolved فُسِخ (أو انْحَلَّ) الزَّواج

dissonant/'dɪsənənt/*adj.* مُتَنافِر ، مُتَبايِن

dissuade/dɪ'sweɪd/*v.t.* أقْنَعَهُ بالعُدُول عَن ، صَرَفَهُ أو ثَناهُ (عَن قَصْدِه) ، حَمَلَهُ على التَّخَلِّي عَن

distance/'dɪstəns/*n.* بُعْد (أبْعاد) ، مَسافة ، بَوْن ، فَرْق (فُرُوق)
the station is no distance at all المَحَطّة قَيْدَ خُطُوات
the manager kept his distance تَحاشَى المُدِيرُ الاخْتِلاطَ (بِمُوَظَّفِيه)
he looked back over a distance of fifty years رَجَعَ إلى الماضي خَمْسِينَ عامًا

distant/'dɪstənt/*adj.*
1. (far away) بَعِيد ، نَاءٍ ، قاصٍ
in distant times في سالِفِ الأزْمان
2. (cold in manner) مُتَحَفِّظ (في سُلُوكه) ، مُقابَلة بارِدة أو فاتِرة

distaste/dɪs'teɪst/*n.* نُفُور ، كُرْه ، اِشْمِئْزاز

distasteful/dɪs'teɪstfəl/*adj.* كَرِيه ، مَمْقُوت ، بَغِيض

distemper/dɪs'tempə(r)/*n.* سُلُّ الكِلاب ؛ طِلاءٌ مائِيّ لِداخِلِ المَسْكَن ، سَنْبَة (ع) ، طَلَى بالطِّلاءِ المائِيّ او السَّنْبة

distend/dɪs'tend/*v.t. & i.* وَسَّعَ ، مَطَّ (ـُ) ؛ تَوَسَّعَ ، تَمَدَّدَ

distil/dɪs'tɪl/*v.t.* قَطَّرَ ، اِسْتَقْطَرَ

distillation/'dɪstɪ'leɪʃən/*n.* تَقْطِير

distillery/dɪs'tɪlərɪ/*n.* مَعْمَلُ تَقْطِير (الكُحُول مَثَلاً) ، مَقْطَر

distinct/dɪs'tɪŋkt/*adj.*
1. (different) مُتَمَيِّز ، مُتَبايِن ، مُنْفَصِل
2. (clear) ظاهِر ، واضِح ، جَلِيّ ، بَيِّن

I distinctly told you	أَفْهَمْتُكَ بِكُلِّ وُضُوحٍ ما يَجِبُ عَمَلُه
what to do	

distinction/dɪsˈtɪŋkʃən/n.

1. (difference) فَرْق (فُرُوق) ، تَمْيِيز ، اِخْتِلاف

2. (fame) رِفْعَة ، سُمُوّ ، نُبُوغ ، تَفَوُّق

3. (mark of honour) اِمْتِياز ، لَقَب تَشَرُّف

distinctive/dɪsˈtɪŋktɪv/adj. (سِمَة) مُمَيِّزة أَو فارِقة

distinguish/dɪsˈtɪŋgwɪʃ/v.t.

1. (differentiate) also v.i. مَيَّزَ بَيْنَ ، فَرَّقَ ، فَصَلَ (جـ) ، مَيَّزَ (جـ)

2. (recognize) أَدْرَكَ ، رَأَى ، مَيَّزَ

3. (make eminent) عَلَى قَدْرِهِ ، رَفَعَ شَأْنَه

distinguished/dɪsˈtɪŋgwɪʃt/adj. بارِز ، شَهِير ، مُمْتاز ، رَفِيع ، لامِع ، مَعْرُوف ، وَجِيه

distort/dɪˈstɔt/v.t. شَوَّهَ ، حَرَّفَ

distortion/dɪˈstɔʃən/n. تَشْوِيه ، تَحْرِيف

distract/dɪsˈtrækt/v.t.

1. (divert) صَرَفَ (جـ) عَن ، أَشْغَلَ أَو أَلْهَى عَن
the sweet singing distracted أَسْلابِي الغِناءُ العَذْبُ
me from my grief عَن أَحْزانِي

2. (bewilder) حَيَّرَ ، شَوَّشَ ، أَرْبَكَ ، جَنَّنَ

distracted/dɪsˈtræktɪd/adj. شارِدُ الذِّهْن ، مُشَوَّش الفِكْر ، سامٍ ، سَهْمان ، غافِل

distraction/dɪsˈtrækʃən/n.

1. (diversion) تَسْلِية ، تَرْفِيهٌ وإلْهاءٌ(عَن العَمَل)

2. (frenzy) جُنُون ، خَبَل
he drove me to distraction أَفْقَدَنِي عَقْلِي ، جَنَّنَنِي

distraught/dɪsˈtrɔt/adj. مُنْفَعِل ، مَذْهُول ، حائِر ، مُرْتَبِك

distress/dɪsˈtres/v.t. أَحْزَنَ ، أَقْلَقَ ، كَدَّرَ ، أَزْعَجَ ، ضايَقَ
n. 1. (anguish) كَرْب ، لَوْعَة ، قَلَقٌ شَدِيد

2. (want) عُسْر ، شِدَّة ، ضِيق ، ضَنْك

3. (danger) خَطَر (أَخْطار)

distress signal إِشارة اسْتِغاثة

distribute/dɪsˈtrɪbjut/v.t. وَزَّعَ ، قَسَّمَ ، فَرَّقَ

distribution/ˌdɪstrɪˈbjuʃən/n. تَوْزِيع ، تَقْسِيم ، تَرْتِيب

district/ˈdɪstrɪkt/n. مِنْطَقة (مَناطِق) ، ناحِية (نَواحٍ) ، دائِرة (دَوائِر) ، قِسْم (أَقْسام) ، إِقْلِيم (أَقالِيم)

distrust/dɪsˈtrʌst/v.t. عَدَمُ ثِقة ، اِرْتِياب ، سُوءُ ظَنّ
شَكَّ (جـ) في ، اِرْتابَ في ، حَذِرَ (جـ) ، هـ ، مِن

distrustful/dɪsˈtrʌstfəl/adj. ظَنُون ، مُرْتابٌ في ، قَلِيلُ الثِّقة في

disturb/dɪsˈtɜb/v.t.

1. (interrupt) أَخَلَّ أَو أَفْسَدَ النِّظام ، عَكَّرَ ، شَوَّشَ ، قاطَعَ

2. (worry) أَزْعَجَ ، أَقْلَقَ ، ضايَقَ

disturbance/dɪsˈtɜbəns/n. اِضْطِراب ، تَشْوِيش ، شَغَب ، فَوْضَى ، إِزْعاج ، مُضايَقة

disuse/dɪsˈjus/n. بُطْلانُ اسْتِعْمال ، تَرْك

disused/dɪsˈjuzd/adj. مَتْرُوك ، مَهْجُور ، مُهْمَل ، باطِلُ الاسْتِعْمال ، أُدْرِكَه العَفا

ditch/dɪtʃ/n. خَنْدَق (خَنادِقُ) ، أُخْدُود (أَخادِيدُ)

dither/ˈdɪðə(r)/v.i. تَرَدَّدَ مُتَحَيِّرًا

ditto/ˈdɪtəʊ/n. & adv. الشَّيْءُ نَفْسه ، كَذلك ، مِثْله (مُسْتَخْدَمُ في كِتابَة القَوائِم رَمْزًا للتَّكْرار)

divan/dɪˈvæn/n. أَرِيكة (أَرائِكُ) ، دِيوان (دَواوِينُ)

dive/daɪv/v.i. & n. غَطَسَ (جـ) في الماء ، غاص (يَغُوص) هَوَى (يَهْوِي) ، اِنْقَضَّ ، غَطْسة ، اِنْقِضاض

diver/ˈdaɪvə(r)/n. غَطّاس ، غَوّاص

diverge/daɪˈvɜdʒ/v.t. تَشَعَّبَ ، تَفَرَّعَ ، اِتَّجَهَ ، زاغَ (يَزِيغ) ، اِنْفَرَجَ

divergence/daɪˈvɜdʒəns/n. اِخْتِلاف ، تَفاوُت ، تَشَعُّب ، تَفَرُّع ، فَرْق ، بَوْن

divergent/daɪˈvɜdʒənt/adj. مُتَشَعِّب ، مُتَفَرِّع ، مُنْفَرِج ، مُخْتَلِف

diverse/daɪˈvɜs/adj. شَتَّى ، مُتَعَدِّد ، مُخْتَلِف

diversify/daɪˈvɜsɪfaɪ/v.t. نَوَّعَ ، شَكَّلَ

diversion/daɪˈvɜʒən/n. تَسْلِية ، لَهْوٌ ، تَحْوِيلٌ (السَّيْر مُؤَقَّتًا عَن الطَّرِيق المُعْتاد)

diversity/daɪˈvɜsɪtɪ/n. تَنَوُّع ، اِخْتِلاف ، تَعَدُّد

divert/daɪˈvɜt/v.t.

1. (turn aside) حَوَّلَ اتِّجاهًا ، غَيَّرَ مَجْرًى

2. (amuse) أَلْهَى ، سَلَّى

divide/dɪˈvaɪd/v.t. & i. قَسَّمَ ، اِنْقَسَمَ

dividend/ˈdɪvɪdənd/n.

1. (math.) المَقْسُوم (رِياضِيّات)

2. (finance) رِبْحُ سَهْمٍ، حِصّة مِن الأَرْباح ، رَبِيحة ، فائِدة

divine/dɪˈvaɪn/adj.

1. (sacred) إِلَهِيّ ، سَماوِيّ ، رَبّانِيّ

2. (coll. excellent) رائِع ، يا لَلْبَداعة !
n. حَبْر (أَحْبار) ، عالِم لاهُوتِيّ
v.t. & i. تَكَهَّنَ ، حَدَسَ (جـ) ، رَجَمَ (جـ) بالغَيْب
water diviner عَرّافُ المِياه البَحوَّة

divinity/dɪˈvɪnɪtɪ/n.

1. (god-like nature) الأُلُوهِيّة

2. (theol.) (عِلْم) اللّاهُوت

divisible/dɪˈvɪzɪbəl/adj. قابِل لِلقِسْمة أَو لِلتَّجْزِئة

division/dɪˈvɪʒən/n.

1. (splitting) تَقْسِيم ، تَجْزِئة ، جُزْء (أَجْزاءٌ) ، تَضارُب ، اِنْشِقاق

2. (boundary) فاصِل (فَواصِلُ) ، حاجِز (حَواجِزُ) ، حَدّ (حُدُود)

3. (math.) القِسْمة (رِياضِيّات)
long division القِسْمة المُطَوَّلة أَو الطَّوِيلة

4. (category) صِنْف (أَصْناف) ، رُتْبة (رُتَب)
5. (*mil.*) فِرْقة (فِرَق) عَسْكَرِيّة
divorce/dɪ`vɔs/*v.t. & i.* طَلَّق ؛ اِنْقَطَعَ عَن ؛
فَصَلَ (ـِ) (الرُّوحَ عَن الجَسَدِ مَثَلاً)
n. طَلاق ، اِنْفِصال ، اِخْتِلاف ، تَبايُن
(بَيْنَ النَّظَرِيّة والتَّطْبِيق العَمَلِيّ مَثَلاً)
divulge/daɪ`vʌldʒ/*v.t.* أَفْشَى أو أَباحَ أو كَشَفَ سِرًّا
dizziness/`dɪzɪnəs/*n.* دَوْخة ، دُوار
dizzy/`dɪzɪ/*adj.* دائخ ، (ارْتِفاع) شاهِق (يُسَبِّبُ الدُّوار)
do/du/(*3rd. sing. pres.* **does**
p.t. **did** *p.p.* **done**)
v.t. & i.
1. (perform) عَمِلَ (ـَ) ، فَعَلَ (ـَ)
do your best اِعْمَلْ جُهْدَك ، ابْذِلْ قُصاراك
2. (deal with) عالَجَ
go and do your hair (رُحْ) مَشِّطْ شَعْرَك
3. (cook) جَهَّزَ أو أَعَدَّ طَبَخَ الطَّعام
is the meat done yet? هَل اللَّحْمُ ناضِجٌ الآن ؟
4. (make) صَنَعَ ، أَعَدَّ ، حَضَّرَ
please do six copies اعْمَلْ سِتَّ نُسَخٍ رَجاءً
5. (complete) أَنْجَزَ
the work is done أُنْجِزَ العَمَلُ
6. (work at) اِشْتَغَلَ في ، دَرَسَ (ـُ)
he is doing physics إنّه يَدْرُسُ الفِيزِيا
7. (fare) نَما (يَنْمُو) ، تَقَدَّم ، تَطَوَّرَ
oranges do well here يَنْمو البُرْتُقال نُمُوًّا حَسَنًا هُنا
how do you do? كَيْفَ حالُك ؟
8. (suit) لاءَمَ ، ناسَبَ
will these clothes do for the wedding? هَل هٰذِهِ المَلابِسُ مُناسِبة لِلعُرْس ؟
9. (suffice) كَفَى (يَكْفِي)
one loaf will do for four lunches رَغِيفٌ واحِد يَكْفِي أَرْبَعَ وَجَباتِ غَداء
10. (*coll.* cheat) غَشَّ (ـُ) ، خَدَعَ (ـَ)
that is a forged note, you've been done هذه عُمْلة وَرَقِيّة زائفة — لَقَدْ غَشُّوك !
v. aux.
1. (*in questions*) (لِطَرْحِ أَسْئِلة)
did you take it? هَل أَخَذْتَه ؟
2. (*with negatives*) (في الجُمَل المَنْفِيّة)
I did not see her لَمْ أَرَها
3. (*for emphasis*) (لِلتَّأْكِيد)
I do like to go to the seaside كَمْ أَوَدُّ أَنْ أَذْهَبَ إلى ساحِلِ البَحْر
4. (*substituting for verb*) (بَدِيلاً لِلفِعْل)
pronounce the word as he does انْطِقِ الكَلِمة كَما يَنْطِقُها هُو
5. (*with advs. & preps.*) (مَع الظُّروف وحُروف الجَرّ)
they did away with the old machine اسْتَغْنَوا عَن الآلة القَدِيمة
those shoes are done for اِنْتَهَى عُمْرُ هذا الحِذاء
do up the zip اِرْفَعِ السَّحّاب
the house needs to be done up البَيْتُ بِحاجةٍ إلى تَرْمِيم
we could do with some rain يُعْوِزُنا قَلِيلٌ مِن المَطَر
I have done with them لَقَد قَطَعْتُ صِلَتِي بِهِم
you must do with what you have عَلَيْكَ أَن تُدَبِّرَ أَمْرَكَ بِما لَدَيْك
we shall do without sweets today سَنَسْتَغْنِي عَن الحَلَوِيّات اليَوْم
a do-it-yourself (*abbr.* D.I.Y.) shop مَخْزَن لِبَيْعِ لَوازِمِ الإصْلاحاتِ المَنْزِلِيّة لِغَيْرِ المُحْتَرِفِين
n. (*coll.* party) حَفْلة (بالعامِّيّة الإنْكلِيزِيّة)
they are having a big do for the wedding سَيُقِيمُون حَفْلةً كَبِيرةً بِمُناسَبة الزِّفاف
docile/`dəʊsaɪl/*adj.* طَيِّع ، سَلِسُ القِياد ، لَيِّنُ العَرِيكة ، سَهْلُ المِراس
dock/dok/*n.*
1. (wharf) حَوْضُ السُّفُن ، رَصِيفُ المَرْفأ (لِتَحْمِيل السُّفُن أو تَفْرِيغِها)
2. (*in law-court*) قَفَصُ الاتِّهام في قاعة المَحْكَمة
v.t. **1.** (bring ship into dock) أَرْسَى السَّفِينةَ في الحَوْض أو في المَرْفأ ؛ رَسَتِ السَّفِينة ، أَلْقَتْ مَراسِيَها
also v.i.
2. (cut short) قَصَّ (ـُ) الذَّنَبَ ؛ بَتَرَ (ـِ) ، قَطَعَ (ـَ) ؛ خَفَضَ (ـِ) أَجْرَ عامِلٍ مَثَلاً
docker/`dokə(r)/*n.* عامِلُ مِيناء
dockyard/`dokjɑd/*n.* تَرْسانة بَحْرِيّة ، حَوْض لِبِناء السُّفُن أو إصْلاحِها
doctor/`doktə(r)/*n.*
1. (*med.*) طَبِيب (أَطِبّاء)
2. (*univ.*) دُكْتُور ، حامِل دَرَجة الدُّكْتُوراه
he is a Doctor of Philosophy يَحْمِلُ دَرَجة الدُّكْتُوراه (في الآدابِ غالِبًا)
v.t. **1.** (treat medically) طَبَّبَ ، داوَى ، عالَجَ
2. (adulterate) زَوَّرَ ، زَيَّفَ ، غَشَّ (ـُ)
doctrine/`doktrɪn/*n.* مَذْهَب (مَذاهِبُ) ، عَقِيدة (عَقائِدُ) ؛ مَبْدأ ، تَعالِيمُ
document/`dokjʊmənt/ *n.* وَثِيقة (وَثائِقُ) ، مُسْتَنَد ، دَلِيلٌ كِتابِيّ
documentary/ 'dokjʊ`mentərɪ/*adj.* مُدَعَّم بالمُسْتَنَدات ، وَثائِقِيّ

documentary (film) (فيلم) وثائقي أو وقائعي

dodge/dɒdʒ/*v.t. & i.* تفادى ، تجنّب ، تنصّل ، تملّص

n. حيلة (حِيَل) ، خُدعة (خُدَع)

tax-dodger متهرّب من دفع الضريبة

doe/dəʊ/*n.* أنثى الغزال أو الأرنب

doer/ˈduə(r)/*n.* فاعل الشيء

does/dʌz/*pres. of* **do**

dog/dɒg/*n.* كلب (كلاب)

his business has gone to the dogs انهارت أعماله التجارية جرف التيار قضيته

v.t. اقتفى أثره ، تعقّبه

dog-eared/ˈdɒg-ɪə(r)d/ *adj.* (كتابٌ صفحاته) مثنيّة الأطراف (لسوء استعماله)

dogged/ˈdɒgɪd/*adj.* مُصرّ ، مِلحاح ، لا يكلّ ولا يملّ

dogma/ˈdɒgmə/*n.* عقيدة دينية جوهرية

dogmatic/dɒgˈmætɪk/*adj.* متعنّت ، متعسّف ، قاطع

dole/dəʊl/*n.* إعانة أسبوعية تدفع للعاطلين ، صدقة تافهة

v.t. (*with* **out**) وزّع بتقتير ، بخل في العطاء

doleful/ˈdəʊlfəl/*adj.* حزين ، مكتئب ، مهموم

doll/dɒl/*n.* دمية (دُمًى) ، لعبة (لُعَب)

dollar/ˈdɒlə(r)/*n.* دولار

dolphin/ˈdɒlfɪn/*n.* دلفين ، دُرفيل ، خنزير البحر

domain/dəˈmeɪn/*n.* ضيعة (ضياع) ، منطقة نفوذ ، ميدان (ميادين) ، مجال (مجالات)

dome/dəʊm/*n.* قبّة (قباب)

domestic/dəˈmestɪk/*adj.*

1. (of the home) عائلي ، بيتي ، منزلي

domestic animals حيوانات أليفة أو داجنة

2. (not foreign) داخلي ، متعلّق بالشؤون الداخلية ، وطني ، محلّي

domestic affairs الشؤون الداخلية

n. خادم (خدَم ، خدّام) ، خادمة

domesticate/ dəˈmestɪkeɪt/*v.t.* دجّن ، جعله أليفًا ، جعله مهتمًّا بالشؤون البيتية

domicile/ˈdɒmɪsaɪl/*n. &* مسكن (مساكن) ، مكان

v.t. الإقامة الدائم (قانونًا) ، مُقيم ، اتّخذ مسكنًا ، اختار مقامًا

dominance/ˈdɒmɪnəns/*n.* سيادة ، سيطرة ، غلبة

dominant/ˈdɒmɪnənt/ *adj.* سائد ، مسيطر ، أساسيّ ، راجح (صفة) غالبة أو سائدة

dominate/ˈdɒmɪneɪt/*v.t.*

1. (rule) ساد (يسود) ، سيطر ، تحكّم في

2. (overlook) أطلّ ، أشرف على

domination/ˈdɒmɪˈneɪʃən/*n.* تسلّط ، سيطرة ، سلطان

domineer/ˈdɒmɪˈnɪə(r)/*v.i.* تحكّم ، تسلّط على

domineering/ ˈdɒmɪˈnɪərɪŋ/*adj.* جائر ، طاغٍ ، محبّ للسيطرة ، تسلّطي

dominion/dəˈmɪnjən/*n.*

1. (sovereignty) سيادة ، سلطة ، سلطان ، سيطرة

2. (territory) منطقة سيادة ، أراضٍ خاضعة لسلطة حاكم

domino/ˈdɒmɪnəʊ/*n.* قطعة من لعبة الدومينو

donate/dəʊˈneɪt/*v.t.* تبرّع ، وهب (يهب)

donation/dəʊˈneɪʃən/*n.* هبة ، تبرّع

done/dʌn/*p.p. of* **do**

donkey/ˈdɒŋkɪ/*n.* حمار (حمير)

donor/ˈdəʊnə(r)/*n.* متبرّع ، واهب

blood donor متبرّع بدمه (طبّ)

doodle/ˈdudəl/*v.i. & n.* شخبط رسومًا وهو شارد الذهن ، شخبطة رسوم

doom/dum/*n.* مصير (مصاير) ، هلاك ، حساب الآخرة

v.t. حكم (ـُ) على ، قضى (يقضي) على

he was doomed to disappointment كُتبت عليه خيبة أمله

doomsday/ ˈdumsdeɪ/*n.* يوم الدينونة ، يوم الحشر ، يوم الحساب

door/dɔ(r)/*n.* باب (أبواب) ، مدخل (مداخل)

next door الدار الملاصقة أو المجاورة

out of doors في الهواء الطلق ، في الخلاء

doorstep/ˈdɔstep/*n.* عتبة الباب

dope/dəʊp/*v.t. & n.* أعطاه مخدّرًا ، مخدّرات ، طلاء شفاف للوقاية ، (عنده) علم بـ

dormant/ˈdɔmənt/*adj.* نائم ، راقد ، مُسبت ، ساكن

dormitory/ˈdɔmɪtrɪ/*n.* منامة ، قاعة نوم (للطلبة الداخليين مثلًا) ، مهجع (مهاجع)

dorsal/ˈdɔsəl/*adj.* ظهريّ (تشريح)

dosage/ˈdəʊsɪdʒ/*n.* مقدار الجرعة

dose/dəʊs/*n.* جرعة ، شربة دواء

v.t. جرّع ، أعطى دواء

dossier/ˈdɒsɪeɪ/*n.* إضبارة (أضابير) ، ملفّ (ملفّات) ، دوسّيه (دوسّيهات)

dot/dɒt/*n.* نقطة (في الكتابة مثلًا)

v.t. نقّط ، وضع نقاطا على

sign on the dotted line وافق أو وقّع دون تردّد (تحمّل المسؤولية القانونية)

dote/dəʊt/*v.i.* شغف أو أغرم بـ

she dotes on the twins إنّها مفتونة بالتوأمين

double/ˈdʌbəl/*adj.*

1. (consisting of two parts) ثنائي ، مزدوج ، مضاعف ، ذو شقّين

double chin لغد (ألغاد) ، لغدود (لغاديد) (تحت الذقن)

2. (twice as much) ضِعْفان ، مُضاعَف
a double share حِصَّة مُضاعَفة
3. (for two people) لِشَخْصَيْن
double bed سَرِير عَرِيض (مُزْدَوِج)
4. (deceitful) مُخادِع ، مُخاتِل
double dealing غِشّ ، نَصْب ، اِحْتِيال
a double agent جاسُوس يَعْمَلُ لِحِساب الطَّرَفَيْن المُتَعادِيَيْن ، (يَلْعَبُ عَلى الحَبْلَيْن)
n. **1.** (twice the quantity) ضِعْفا المِقْدار
a double whiskey مِقْداران مِن الوِيسْكي في كأسٍ واحِدة
2. (mirror-image) صُورة طِبْقَ الأَصْل
3. (*mil.*) at the double بِخُطًى سَرِيعة ، بِسُرْعة
4. (*pl. tennis*) مُباراة بَيْنَ زَوْجَيْن من اللاّعِبِين في التِّنِس ، مُباراة زَوْجِيّة
adv. (twice the amount) ضِعْفان
bread costs double what it did يُكَلِّفُ الخُبْزُ ضِعْفَي سِعْرِهِ سابِقًا
v.t. & i. **1.** (increase twofold) ضاعَفَ ، زادَ ضِعْفَيْن
2. (bend) اِنْطَوَى عَلَى نَفْسِه ، اِنْثَنَى ، طَوَى الشَّيْءَ نِصْفَيْن
v.i. (deputize) مَثَّلَ دَوْرَيْن في مَسْرَحِيّة واحِدة ؛ حَلَّ مَحَلَّ غَيْرِهِ أَثْناءَ غِيابِه
double-breasted/ 'dʌbəl-'brestɪd/*adj.* (سِتْرة) بِصَفَّيْن مِن الأَزْرار
double-cross/ 'dʌbəl-'kros/*v.t. & i.* غَشَّ (ـِ) ، خَدَعَ (ـَ) ، خَتَلَ (ـِ)
n. غِشّ ، خِيانة ، غَدْر
double-edged/ 'dʌbəl-'edʒd/*adj.* (سِلاح) ذُو حَدَّيْن
double-entry/ 'dʌbəl-'entrɪ/*n.* قَيْد مُزْدَوِج ، دُوبيا (مَسْك الدَّفاتِر)
doubt/daʊt/*n.* شَكّ (شُكُوك) ، رِيبة (رِيَب) ، مَشْكُوكٌ فِيه
the benefit of the doubt (بَرِيء) لِعَدَم تَوَفُّر الأَدِلّة ضِدّه ، تأوِيلُ الشَّكِّ في الأَدِلّة لِمَصْلَحة المُتَّهَم
v.i. & t. شَكَّ (ـُ) ، اِرْتابَ
doubtful/'daʊtfəl/*adj.* مَشْكُوكٌ فِيه ؛ مُرْتاب ، غَيْرُ مُتأكِّد
doubtless/'daʊtləs/*adv.* بِلا رَيْب ، مِن دُونِ شَكّ
dough/dəʊ/*n.* عَجِين ، عَجِينة
dove/dʌv/*n.* حَمامة (حَمام) ، يَمامة (يَمام)
doves and hawks أَنْصارُ السَّلام وأَنْصارُ الحَرْب
dovetail/'dʌvteɪl/*n.* تَعْشِيقُ الخَشَب (نِجارة) ، غَنْفَرة
v.t. غَنْفَرَ الخَشَبَ ؛ تَوافَقَ مَع
dowdy/'daʊdɪ/*adj.* (ثَوْب) بالٍ ، عَتِيق ؛ (امرأة) زَرِيّةُ المَلابِس
down[1]/daʊn/*n.* زَغَبٌ ، رِيشٌ ناعِم ، رِيش زَغَبِيّ
down[2]/daʊn/
adv. **1.** (from high to low) إلى أَسْفَل ، إلى تَحْت
the sun went down غابَتِ الشَّمْس
2. (from upright to lower position) من الاستِقامة الى وَضْعٍ أَوطأ
sit down, please تَفَضَّلْ بالجُلُوس ، اِجْلِس مِن فَضْلِك
3. (to a lower degree) هُبوط في الدَرَجة
the wind died down سَكَنَت الرِّيح
4. (*in phrases*)
take down particulars دَوَّنَ التَّفاصِيل ، سَجَّل كُلَّ صَغِيرةٍ وكَبِيرة
down and out (*coll.*) صُعْلوك (صَعالِيكُ) ، مَهْتُوك (ع) ، طَفْران (س) ، قشلان (م)
down under في أُسْترالِيا أو نيُوزِيلَنْدة (تَعْبِير عامِّيّ)
down with fever مُصابٌ بالحُمَّى
cash down الدَّفْعُ نَقْدًا
she kept walking up and down بَقِيَتْ تَمْشِي جِيئةً وذَهابًا
prep.
tears ran down her face جَرَت الدُّمُوعُ على خَدَّيها
down the centuries طَوالَ العُصُور
he has gone down the street ذَهَبَ في هَذا الشّارِع
adj.
on the down grade في انْحِطاط ، في تَدَهْوُر
the down train القِطارُ الذّاهِب مِن العاصِمة
v.t.
the workers downed their tools أَضْرَبَ العُمّال عَن العَمَل
n.
the ups and downs of life صُرُوفُ الدَّهْر ، تَقَلُّباتُ الحَياة
he has a down on me يَحْقِدُ عَلَيّ ، مُغْرِض مُتَحَيِّز ضِدّي
downcast/'daʊnkast/ *adj.* مُنْكَسِرُ الخاطِر ، مُكْتَئِب ، مُطْرِق أَسَفًا
downfall/'daʊnfɔl/*n.*
1. (ruin) سُقُوط ، اِنْهِيار ، خَراب
2. (deluge) وابِل ، مَطَرٌ شَدِيد ، زَخّة
downhearted/ 'daʊn'hatɪd/*adj.* بائِس ، قانِط ، مَحْزون ، مُكْتَئِب ، مُثَبَّط العزيمة
downpour/'daʊnpɔ(r)/*n.* وابِل من المَطَر ، زَخّة
downright/'daʊnraɪt/*adj.*
1. (candid) صَرِيح
2. (thorough) *also adv.* مُطْلَق ، (كَذِبٌ) فاضِح ؛ تَمامًا ، كُلِّيّةً
downs/daʊnz/*n.pl.* تِلال حَوارِيّة تَكْسُوها الأَعْشابُ في جَنُوب إنْكِلْترة
downstairs/ 'daʊn'steəz/*adj. & adv.* إلى أو في الطّابَق السُّفْلِيّ ، تَحْت

downtown/ˈdaʊntaʊn/ *adj. & n. (U.S.)* مَرْكَز الأعْمال والمَلاهِي (في المُدُن الكُبْرَى) ، قَلْبُ المَدِينة

downtrodden/ˈdaʊnˈtrɒdən/*adj.* مَظْلوم ، مُضْطَهَد ، (شَخْصٌ) مُغْتَصَبُ الحُقُوق

downwards/ˈdaʊnwədz/*adv.* إلى الأسْفَل ، في انْحِدار

dowry/ˈdaʊrı/*n.* دوطة ، مَهْر (مُهور)

doze/dəʊz/*v.i. & n.* نَعَسَ (ـَ) ، هَوَّمَ ، غَفا (يَغْفو) ؛ غَفْوة ، نَوْمة خَفِيفة وقَصِيرة ، تَهْوِيمة

dozen/ˈdʌzən/*n.* اثْنا عَشَر ، دَسْتة ، دَزِّينة ، دَرْزَن (ع)

half a dozen سِتّة ، نِصْف دَسْتة

drab/dræb/*adj.* كَمِد أو تُرابِيّ اللَّوْن ، مُغْبَرٌّ ؛ رَتِيب ، مُمِلّ

draft/drɑft/*n.*

1. (sketch) مُسَوَّدة ، تَخْطِيط (تَخْطيطات)
2. (*finance*) حَوالة مالِيّة ، سَفْتَجة (سَفاتِجُ) ، تَحْوِيل (تَحْوِيلات ، تَحاوِيل)
3. (*mil.*) تَجْنِيد ، قُرْعة عَسْكَرِيّة

v.t. 1. (make preliminary version) أعَدَّ مُسَوَّدة ، خَطَّط ، وَضَع (ـَ) خُطُوطًا عامّةً لِـ

2. (*mil.*) جَنَّدَ (لأغْراضٍ عَسْكَرِيّة خاصّة)

drag/dræg/*v.t. & i.*

1. (pull) سَحَب (ـَ) بِجُهْد ، جَرَّ (ـُ) على الأرض

the box was too heavy to lift so we dragged it كان رَفْعُ الصُّنْدُوقِ فَوقَ طاقَتِنا فَسَحَبْناهُ

2. (dredge) كَتَّس قاعَ النَّهْرِ بالكَرّاكة وغَيْرِها
3. (trail) جَرْجَرَ

time dragged on مَضَى الوَقْتُ بِبُطْءٍ مُمِلّ

the children have been dragged up anyhow رُبِّيَ الأطْفالُ مِن دُونِ ما عِنايةٍ أو رِعاية

dragoman/ˈdrægəmən, ˈdrægəʊmən/*n.* تُرْجُمان (في الشَّرْقِ الأوْسَط)

dragon/ˈdrægən/*n.* تِنِّين ، اِمْرأة صارِمة

dragonfly/ˈdrægənflaı/*n.* يَعْسُوب (يَعاسِيبُ)

drain/dreın/*n.* بالُوعة ، مَصْرَف ماء ، مَجْرًى لِتَصْرِيف المِياه الزائِدة

v.t. 1. (draw liquid **off** or **away**) صَرَّفَ الماء ، نَزَحَ (ـَ) ، أفْرَغَ ، جَفَّف

drain the swamps جَفَّفَ المُسْتَنْقَعات

2. (empty) أفْرَغ ، اِسْتَنْفَدَ

drain one's glass أفْرَغَ كأْسه

v.i. 1. (lose moisture) تَصَفَّى تَدْرِيجيًّا ، تَجَفَّف

leave the dishes to drain أُترك الأطْباق لِيَتَصَفَّى ماؤُها

2. (flow away) صَبَّ (ـُ) في ، جَرَى في مَصَبِّه

surplus water drains into the ditch يَسِيلُ فائِضُ الماء إلى الخَنْدَق

drainage/ˈdreınıdʒ/*n.* تَصْرِيف المِياه ، صَرْف ، تَجْفِيف

drake/dreık/*n.* ذَكَرُ البَطّ

dram/dræm/*n.* دِرْهم (وَزْن) ؛ جُرْعة خَمْرٍ صَغِيرة

drama/ˈdrɑmə/*n.*

1. (art) الفَنُّ المَسْرَحِيّ
2. (play) مَسْرَحِيّة ، تَمْثِيلِيّة ؛ تَهْوِيل

dramatic/drəˈmætık/*adj.*

1. (of drama) مَسْرَحِيّ ، دْرامِيّ ، تَمْثِيلِيّ
2. (striking) مُذْهِل ، هائِل ، بالِغُ التأثِير والرَّوْعة

dramatist/ˈdræmətıst/*n.* كاتِبٌ مَسْرَحِيّ

dramatization/ˈdræmətaıˈzeıʃən/*n.* تَفْخِيمُ الأُمُور ، تَضْخِيمُ الأحْداث الطَّفِيفة

dramatize/ˈdræmətaız/ *v.t.* حَوَّلَ قِصّة إلى مَسْرَحِيّة ؛ هَوَّلَ الأُمُور

drank/dræŋk/*p.t. of* **drink**

drape/dreıp/*v.t.* اِلْتَحَف بِكُسْوة فَضْفاضة

n.pl. U.S. سَدْل (سُدُول أو أسْدال) ، سِتارة ؛ سِتارة النافِذة (سُتُر ، سَتائِر)

drapery/ˈdreıpərı/*n.*

1. (fabrics) مَنْسُوجات ، أقْمِشة أو أجْواخ
2. (trade) تِجارةُ الأقْمِشة أو المَنْسُوجات
3. (fabric hung in folds) إسْدالُ الأقْمِشة (بِشَكْلٍ فَنِّيّ)

drastic/ˈdræstık/*adj.* مُتَشَدِّد ، صارِم ، عَنِيف

draught/drɑft/*n.*

1. (*of air*) تَيّار أو مَجْرًى هَوائِيّ
2. (drink) جُرْعة ، شُرْبة
3. (*naut.*) غاطِسُ السَّفِينة
4. (*pl.* game) داما (لُعْبة) ، ضامّة

adj.

draught horse حِصانٌ لِلجَرّ

draught beer بِيرة تُضَخُّ مِن البَرْمِيل مُباشَرةً

draughtsman/ˈdrɑftsmən/*n.*

1. (*of designs*) رَسّام هَنْدَسِيّ
2. (piece in game) القِطْعة المُسْتَعْمَلة في لُعْبة الدّاما

draughty/ˈdrɑftı/*adj.* (مَكان) فِيهِ تَيّارٌ هَوائِيّ

draw/drɔ/*n.*

1. (pull) جَرٌّ ، سَحْبٌ ؛ قِبْلةُ الأنْظار ، جاذِبِيّة
2. (lottery) سَحْبُ اليانَصِيب ، إجْراءُ القُرْعة
3. (drawn game) تَعادُلٌ في نَتِيجة المُباراة ، تَعادُلُ الفَرِيقَيْن

v.t. & i. (*p.t.* **drew** *p.p.* **drawn**)

1. (pull) جَذَبَ (ـِ) ، جَلَبَ (ـِ) ؛ اِجْتَذَبَ

he drew his chair up to the table قَرَّبَ كُرْسِيَّهُ مِن المائِدة

2. (extract) أخْرَجَ ؛ حَصَل (ـُ) علَى ، اِسْتَخْلَصَ

draw some money اِسْحَبْ بَعْضَ المال مِن المَصْرِف

from the bank
draw your own conclusions! فَسِّرْ ذٰلِكَ كما تَشاءُ !
3. (attract) اِجْتَذَبَ
4. (sketch) رَسَمَ (ـُ)
5. (*in games*) (في الأَلْعاب)
the two teams drew تَعادَلَ الفَريقان
6. (*naut.*) غاطِسُ السَّفينة (مِتْران مَثلاً)
7. (pull air in) سَحَبَ الهَواءَ
the chimney draws well تَسْحَبُ المِدْخَنة الدُّخانَ جَيِّداً
8. (*with advs. & preps.*) (مَعَ الظُّروف وحُروف الجَرّ)
draw back تَراجَعَ ، اِنْسَحَبَ ، نَكَصَ (ـُ) على عَقِبَيْه
the days are drawing in (أَخَذَ) النَّهارُ يَقْصُرُ (واللَّيْلُ يَطُول)
the bright lights drew the boys on الأَنْوارُ السّاطِعةُ اسْتَدْرَجَت الفِتْيان
it isn't easy to draw him out for he is very shy لَيْسَ مِنَ السَّهْلِ اجْتِذابُه إلى الكَلامِ لأَنَّه خَجولٌ جِدّاً
the holidays are drawing near أَخَذَت العُطْلة تَقْتَرِب
the ship drew off اِبْتَعَدَت الباخِرة
a taxi drew up دَنَتْ سَيّارةُ أُجْرة
he drew up his will كَتَبَ وَصِيَّته ، حَرَّرَها
drawback/ˋdrɔbæk/*n.* عَيْب (عُيوب) ، نَقْص ، قُصور ، شائِبة (شَوائِبُ) ، عائِق (عَوائِق)
drawbridge/ˋdrɔbrɪdʒ/*n.* جِسْرٌ يُرْفَعُ ويُنْزَلُ عِنْدَ مَدْخَلِ قَلْعة
drawer/drɔ(ər)/*n.* مَنْ يَسْحَبُ الماءَ ؛ دُرْج (أَدْراج) ، مجرّ (ع)
drawers/ˋdrɔəz/*n. pl.* "كَلْسُون" ، سَراويل تَحْتانيّة
drawing/ˋdrɔ-ɪŋ/*n.*
1. (art) فَنُّ الرَّسْم (بالقَلَم)
2. (representation) صُورة (صُوَر)
drawing-room/ˋdrɔɪŋ-rʊm/*n.* غُرْفة الاِسْتِقْبال ، حُجْرة الضُّيوف ، صالُون
drawl/drɔl/*v.t. & i. & n.* مَطَّ كَلامه ، تَكَلَّمَ بِبُطْءٍ مُتَكَلَّف ؛ التَّكَلُّم بِبُطْءٍ مُتَصَنَّع ، مَطّ الكَلام
drawn[1]/drɔn/*adj.*
1. (haggard) (وَجْه) مُتْعَبٌ قَلِق
2. (without winning or losing) مُتَعادِل
a drawn game تَعادُل في نَتيجة اللَّعِب
drawn[2]/drɔn/*p.p. of* **draw**
dread/dred/*n. & v.t.* هَلَعٌ ، فَزَعٌ ، رُعْبٌ ، اِرْتِياعٌ ؛ هابَ ، تَهَيَّبَ ، فَزِعَ مِن
dreaded/ˋdredɪd/*adj.* رَهيب ، مُفْزِع ، مُريع ، مُرْعِب
dreadful/ˋdredfəl/*adj.* فَظيع ، مُريع ، فادِح ، سَيِّئ جِدّاً
dreadfully/ˋdredfəlɪ/*adv.* بِفَظاعة ، بِشِدّة ، كَثيراً
we are dreadfully sorry إنّنا مُتَأَسِّفون كُلَّ التَّأَسُّف

dream/drim/*n.* حُلْم (أَحْلام) ، رُؤْيا (رُؤًى)
v.t. & i. حَلَمَ (يَحْلُم) ، رأى في المَنام
dreamy/ˋdrimɪ/*adj.* حالِم ، سَرْحان ، شارِدُ الذِّهْن
dreariness/ˋdrɪərɪnəs/*n.* وَحْشة ، ضِيق ، اِنْقِباض
dreary/ˋdrɪərɪ/*adj.* مُوحِش ، مُقْبِض ، كَئيب ؛ مُمِلّ
dredge/dredʒ/*n.* كَرّاكة ، آلة تَنْقيبٍ وجَرْف (في قاعِ النَّهْر مَثلاً)
v.t. كَرَى (يَكْري) ، اِسْتَخْرَجَ (مِن قاعِ النَّهْر مَثلاً)
dregs/dregz/*n. pl.* ثُمالة ، ثُفْل ، حُثالة
drench/drentʃ/*v.t.* غَمَرَ (ـُ) ؛ بَلَّلَ
dress/dres/*n.*
1. (clothing) مَلْبَس (مَلابِس) ؛ رِداء (أَرْدِية) ، ثِياب ، كِساء (أَكْسِية)
evening dress مَلابِسُ السَّهْرة الرَّسْميّة
dress circle الشُّرْفة الأُولى (التي تَعْلُو صالة المَسْرَح مُباشَرةً)
2. (frock) ثَوْب ، فُسْتان (فَساتِين) ، نَفْنُوف (ع)
v.t. & i. **1.** (clothe) كَسا (يَكْسُو) ، أَلْبَسَ ؛ زَيَّنَ ؛ اِكْتَسَى
2. (bandage) ضَمَّدَ (جُرْحاً)
3. (prepare **food**) هَيَّأَ (الفَرْخة) للطَّهْي ؛ أَضافَ (الخَلَّ والزَّيْتَ وغَيْرَهما) إلى السَّلَطة مَثلاً
4. (arrange **hair**) صَفَّفَ (الشَّعْر)
dresser/ˋdresə(r)/*n.*
1. (sideboard) خِزانة ذاتُ رُفوف
2. (*med.*) مُضَمِّد ، مُمَرِّض
3. (*theatr.*) مَنْ يُلْبِسُ المُمَثِّلين مَلابِسَهم
dressing/ˋdresɪŋ/*n.*
1. (*med.*) ضِمادة
2. (sauce) حِباش وتَوابِل السَّلَطة ، مَرَقٌ لِتَتْبيل السَّلَطة
dressing-gown/ˋdresɪŋ-gaʊn/*n.* مِبْذَل (مَباذِل) ، رُوب (أَرْواب) ، "رُوبْ دِي شامْبر"
dressing-room/ˋdresɪŋ-rʊm/*n.* غُرْفة اِرْتِداء أو تَغْيير المَلابِس (في المَسْرَح مَثلاً)
dressmaker/ˋdresmeɪkə(r)/*n.* خَيّاطة
dressmaking/ˋdresmeɪkɪŋ/*n.* فَنُّ التَّفْصيل والخِياطة للسَّيِّدات
dressy/ˋdresɪ/*adj.* مُحِبٌّ للتَّأَنُّق ؛ (ثَوْب) أَنيقٌ حَسَنُ التَّفْصيل
drew/dru/*p.t. of* **draw**
dribble/ˋdrɪbəl/*v.i. & t. also n.*
1. (eject saliva) سالَ (يَسيلُ) لُعابُه ، رَوَّلَ ؛ سالَ على شَكْلِ قَطَرات ؛ رِيالة ، نَزْر قَليلٌ مِن
2. (*at football*) دَحْرَجَ الكُرةَ بِقَدَمَيْه ؛ دَحْرَجةُ الكُرة بالقَدَم
drier /ˋdraɪə(r)/*n.* مُجَفِّف ، آلة تَجْفيف
drift/drɪft/*v.i. & t.* اِنْساقَ وَراءَ ، اِنْجَرَفَ مَعَ التَّيّار ؛ جَرَفَ (ـِ) ، اِكْتَسَحَ (الثَّلْج مَثلاً)

n. **1.** (movement due to current) إنْحِرافٌ مع التَّيار ، إنْسِياق ، قوّة جَرْف تَيّارٍ مائيّ
2. (*aeron.*) إنْحِراف عن خَطّ الطَّيَران
3. (meaning) المَعْنَى الإجمالي ، المَضْمُون العامّ
4. (*of snow*) كَوْمة ثَلْج كَوَّنَتْها الرِّياح الجارِفة

drifter/ˈdrɪftə(r)/*n.*
1. (person) هائم على وَجْهِه ، لا هَدَفَ له في الحَياة
2. (boat) قارِب لصَيْد الأسْماك تُلْقَى منه شَبكة تَنْحَدِرُ مع التَّيار

drill/drɪl/*n.*
1. (tool) مِثْقَب (مَثاقِبُ) ، خَرّامة ، مِخْرَمة
2. (*mil.*) تَمْرين أو تَدْريب عَسْكَرِيّ ، تَمْرينات رِياضِيّة
3. (furrow) أُخْدُود (أخادِيدُ) ، تَلَمٌ (أتْلام)
4. (*agric.* machine) آلة زِراعِيّة لِغَرْس البُذُور في صُفُوف مُسْتَقيمة ، بَذّارة
5. (fabric) نَسِيج مُضَلَّع مَتِين من القُطْن أو الكَتّان
v.t. & i.
1. (bore) ثَقَبَ (ـُ) ، خَرَمَ (ـِ) ، خَرَزَ (ـِ) ؛ حَفَرَ بِئْرًا (لاستِخْراج النَّفْط)
2. (*mil.*) دَرَّبَ ، مَرَّنَ ؛ تَدَرَّبَ
3. (sow in rows) زَرَعَ البُذُور في سطور على أعماق مُتَساوية

drink/drɪŋk/*v.t. & i.* شَرِبَ (ـَ) ، جَرَعَ (ـَ)
(*p.t.* **drank** *p.p.* **drunk**)
drink in (*fig.*) اِسْتَمَعَ بِشَغَفٍ ، تَلَقَّفَ (كلامه)
we drank to the champion's health شَرِبْنا نَخْبَ البَطَل
drink up شَرِبه كُلّه (دُفْعةً واحِدة)
n. **1.** (draught) جُرْعة (جُرَع) ، شُرْبة
2. (beverage) شَراب ، مَشْرُوب
3. (alcohol) مَشْرُوبات رُوحِيّة ، مُسْكِرات

drip/drɪp/*v.i. & t.* قَطَرَ (ـُ) ، تَصَبَّبَ (عَرَقًا)
dripping wet مُبْتَلٌّ كُلَّ البَلَل
a drip-dry shirt قَمِيصٌ يَجِفُّ مُعَلَّقًا ولا يَحْتاجُ لِلكَيّ (بَعْدَ الغَسِيل)
n. (*coll.*) قَطْرة ؛ شَخْصٌ غَبِيّ أو مُمِلّ (عامّيّة)

dripping/ˈdrɪpɪŋ/*n.* الشَّحْمُ المُتَجَمِّعُ مِن اللَّحْمِ المَشْوِيّ ، جُمالة ، عَرْم (م) ، صُهارة

drive/draɪv/
(*p.t.* **drove** *p.p.* **driven**)
v.t. **1.** (compel, force) ساقَ (يَسُوق) ، دَفَعَ (ـَ) إلى ، أجْبَرَ ، قادَ (يَقُود)
he drove the cattle to market ساقَ القَطِيعَ إلى السُّوق
you drive me mad إنَّك تُجَنِّنُني (بِسُلُوكِك)
2. (control vehicle) ساقَ (يَسُوقُ) السَّيّارة ، قادَها
he has not passed his driving test yet لَمْ يَنْجَحْ في فَحْصِ السِّياقة بَعْدُ
3. (convey) وَصَّلَ شَخْصًا بِسَيّارَتِه
he drove us home أَوْصَلَنا بِسَيّارَتِه إلى بَيْتِنا
4. (operate) اِشْتَغَلَ ، عَمِلَ بِـ ، أَجْرَى ، شَغَّلَ
the machinery is driven by steam تَشْتَغِلُ الآلاتُ بالبُخار
5. (strike) ضَرَبَ (ـِ) ، دَقَّ (ـُ) ، ثَبَّتَ (وَتَدًا)
he drove the ball out of court ضَرَبَ الكُرَةَ ضَرْبةً أَخْرَجَتْها مِن المَلْعَب
he drove the nail into the plank دَقَّ المِسْمارَ في اللَّوْحِ الخَشَبِيّ
v.i.
1. (ride in vehicle) ساقَ أو رَكِبَ سيارةً أو عَرَبة
shall we drive or walk? أَنَذْهَبُ في السَّيّارة أم نَمْشي ؟
2. (aim) قَذَفَ (ـِ) ، رَمَى (يَرْمِي)
driving rain مَطَرٌ غَزِيرٌ مُنْهَمِر
(*with* **at**) اِسْتَهْدَفَ ، رَمَى إلى
what is she driving at? ماذا تَعْنِي (بِكَلامِها هذا؟) ما الذي تَرْمِي إليه ؟
n. **1.** (excursion) جَوْلة في سَيّارة
2. (stroke) ضَرْبة قَوِيّة جِدًّا (في الغُولْف مَثلاً)
3. (energy) جُهْد ، نَشاط ، حَيَوِيّة
4. (roadway) مَمَرّ خاصّ للسَّيّارات (يُفْضِي إلى مَدْخَل فِيلّا)
5. (*mech.*) طَرِيقة لِتَوْصِيل القُوّة المُحَرِّكة إلى الآلات
left hand drive سَيّارة ذاتُ مِقْوَدٍ على اليَسار
front wheel drive دَفْعٌ بِتَحْرِيك العَجَلاتِ الأَمامِيّة (في السَّيّارة)

drivel/ˈdrɪvəl/*n.* هَذَيان ، لَغْوٌ فارِغ ، هُراء

driver/ˈdraɪvə(r)/*n.* سائق ؛ مِضْرَبٌ خاصّ (رأسُه خَشَبِيّ) في لُعْبة الغُولْف

drizzle/ˈdrɪzəl/*v.i. & n.* رَذَّت السَّماء ؛ رَذاذ ، مَطَرٌ خَفِيف

droll/drəʊl/*adj.* هَزْلِيّ ، مُضْحِك ، مُسَلٍّ

dromedary/ˈdrʌmədərɪ, ˈdromədərɪ/*n.* جَمَلٌ سَرِيع ذو سَنامٍ واحِد ، هَجِين (هُجُن)

drone/drəʊn/*n.*
1. (bee) يَعْسُوب (يَعاسِيبُ) ، ذَكَرُ النَّحْل
2. (idler) عالة (على غَيْرِه) ، طُفَيْلِيّ ، كَسُول ، تَنْبَل
3. (humming sound) طَنِين ، دَنْدَنة
v.i. طَنَّ (ـِ) ، دَنْدَنَ

droop/drup/*v.i.* تَدَلَّى ، تَهَدَّلَ ، أَطْرَقَ (رأسه مَثَلاً) ؛ تَخاذَلَ ، ضَعُفَتْ هِمَّتُه

drop/drop/*v.t.*
1. (let fall) أَسْقَطَ ، أَوْقَعَ ، تَخَلَّى عن ، نَبَذَ (ـِ) ، تَرَكَ (ـُ)
drop me a line when اُكْتُبْ لي عِنْدَ وُصُولِك

you get there

2. (set down) — نَزَّلَ راكِباً (مِن سَيّارة مَثَلاً)

stop at the corner and drop me there — قِفْ عِنْدَ المُنْعَطَف ودَعْني أَنْزِل

3. (omit) — حَذَفَ (ـِ)، أَسْقَطَ، هَوَى (يَهْوِي)

he was disqualified and dropped from the team — حُرِمَ مِن اللَّعِب وأُخْرِجَ مِن الفَريق

v.i. — وَقَعَ (يَقَعُ)، سَقَطَ (ـُ)

the cup dropped — سَقَطَ الكُوب

(*followed by advs.*) — مُلْحَقة بالظُّروف

keep up, don't drop behind — لا تَتَخَلَّفْ عَن الرَّكْب

drop in for tea — مُرَّ بِنا يَوْمًا لِتَناوُلِ قَدَحٍ مِن الشّاي

the old woman has dropped off — غَلَبَ العَجوزَ النُّعاسُ

the student dropped out of the English class — تَرَكَ الطّالِبُ دَرْسَ اللُّغة الإنْكليزيّة

n.

1. (particle) — قَطْرة

a drop in the ocean — قَطْرة مِن بَحْر، شَيْء تافِه

2. (fall) — اِنْخِفاض، هُبوط، نُزول، سُقوط

drop-out/ˋdrop-aʊt/*n.* — فاشِلٌ مُعْرِضٌ عَن المُجْتَمَع، حَرْفٌ ساقِط (ع)، عَواطْلي (س)

dropsy/ˋdropsɪ/*n.* — مَرَضُ الاِسْتِسْقاء

dross/dros/*n.* — نُفاية المَعادِن؛ تَفاهة، زَيْفٌ، غِشّ

drought/draʊt/*n.* — جَفاف، قَحْطٌ، مَحْلٌ، قَحَلٌ، اِنْحِباسُ المَطَر

drove[1]/drəʊv/*n.* — قَطيعٌ مِن الماشِية أو سِرْبٌ مِن الطُّيور (وخاصّةً وهي تَتَحَرَّكُ مُجْتَمِعة)؛ جَماعة، حَشْد

drove[2]/drəʊv/*p.t. of* **drive**

drown/draʊn/*v.i.* — غَرِقَ (ـَ)

v.t. — أَغْرَقَ، غَرَّقَ

drowsiness/ˋdraʊzɪnəs/*n.* — نُعاس، وَسَنٌ، تَهَوُّمٌ، إغْفاءة

drowsy/ˋdraʊzɪ/*adj.* — نَعْسان، وَسْنان، يُغالِبُه النُّعاس

drudge/drʌdʒ/*n. & v.i.* — مُسَخَّر لِلقِيام بأَعْمالٍ شاقّة، عَبْدٌ ذَليل؛ عانَى عَناءً شَديدًا

drudgery/ˋdrʌdʒərɪ/*n.* — شُغْلٌ شاقٌّ رَتيب، عَمَلٌ مُتْعِبٌ مُمِلّ، مَشَقّة وَعَناء

drug/drʌg/*n.* — عَقّار (عَقاقيرُ)، دَواء (أَدْوِية)؛ مُخَدِّر (مُخَدِّرات)

v.t. — خَدَّرَ

drug-addict/ˋdrʌg-ædɪkt/*n.* — مُدْمِنُ مُخَدِّرات

drum/drʌm/*n.* — طَبْل (طُبول)

v.t. & i. — طَبَّلَ، دَقَّ (ـُ) الطَّبْلَ؛ لَقَّنَ بالتَّكْرار

drummer/ˋdrʌmə(r)/*n.* — طَبّال، ضارِبُ الطَّبْل

drunk/drʌŋk/*p.p. of* **drink**

adj. & n. — سَكْران، مَخْمور، ثَمِل

drunkard/ˋdrʌŋkəd/*n.* — سِكّير، مُدْمِنُ خَمْر

drunken/ˋdrʌŋkən/*adj.* — سَكْران، ثَمِلٌ، مَخْمور، نَشْوان

drunkenness/ˋdrʌŋkənnəs/*n.* — تَعاطِي المُسْكِرات؛ سُكْرٌ، ثَمَلٌ، نَشْوة

dry/draɪ/*adj.*

1. (not wet) — جافٌّ، يابِس، ناشِف

2. (thirsty) — ظَمْآن (ظَمْأَى)، عَطْشان (عَطْشَى، عِطاش)

3. (uninteresting) — جافٌّ، غَيْرُ مُشَوِّق، مُمِلّ

v.t. & i. — يَبَّسَ، جَفَّفَ، نَشَّفَ

dry-clean/ˈdraɪ-ˋklin/*v.t.* — نَظَّفَ المَلابِسَ على النّاشِف

dual/ˋdjuəl/*adj.* — ثُنائِيّ، مُثَنًّى، مُزْدَوِج

dual carriageway — طَريق مُزْدَوِج لِلسَّيّارات

dub/dʌb/*v.t.*

1. (make a knight of) — مَنَحَ فُلانًا لَقَبَ فارِس (في إنْكلترا)

2. (give nickname to) — لَقَّبَ، أَطْلَقَ عَلَيْه اسْمًا

3. (*cinemat.*) — دَبْلَجَ، تَرْجَمَ الحِوارَ في فيلم إلى لُغةٍ أُخْرَى

dubious/ˋdjubɪəs/*adj.* — مَشْكوكٌ فيه، مُريب، مُبْهَم؛ لا يُمْكِنُ التَّحَقُّقُ مِنه

duchess/ˋdʌtʃes/*n.* — دُوقة، قَرينة الدُّوق

duck/dʌk/*n.* — بَطّة (بَطٌّ)

v.t. & i.

1. (immerse) — غَطَّسَ شَخْصًا تَحْتَ الماء؛ غَطَسَ (ـِ)

2. (bob down) (ضَرْبةً مَثَلاً) — اِنْحَنَى أو خَفَضَ رأسه لِيَتَفادَى

duct/dʌkt/*n.*

1. (channel) — قَناة (قَنَوات)، أُنْبوب (أَنابيبُ)

2. (*physiol.*) — مَجْرًى (مَجارٍ)، قَناة (قَنَوات)

due/dju/*adj.*

1. (owing) — مُسْتَحِقّ، واجِبُ الدَّفْع

the rent is due — اِسْتَحَقَّ دَفْعُ الإيجار

2. (proper) — لائِق، مُناسِب، كافٍ

in due course — في الوَقْتِ المُناسِب، في حِينِه

3. (expected) — يُنْتَظَر أو يُتَوَقَّع وُصولُه

when is the train due? — مَتَى يَصِلُ القِطار؟

4. (caused by) — بِسَبَب، نَتيجةً لِـ

the drought was due to lack of rain — عَمَّ المَحْلُ لِقِلّة المَطَر

n. **1.** (credit) — حَقّ (حُقوق)

give him his due — أَوْفِهِ حَقَّه، لا تُنْكِر مَزاياه

2. (*pl.* debt) — دَيْنٌ (دُيون)

pay your dues — اِدْفَعْ ما عَلَيْكَ مِن رُسوم

adv.

due east — في اتِّجاهِ الشَّرْقِ بالضَّبْط

duel/ˈdjuəl/*v.i. & n.* تَبارَزَ ؛ مُبارَزة
duet/djuˈet/*n.* قِطْعة مُوسيقيّة يُؤدّيها عازفان
duffel, duffle/ˈdʌfəl/*n.* نَسيج صُوفيّ خَشِن
duffel bag شَنْطة أُسْطُوانيّة الشَّكْل مَصْنُوعة مِن الجُنْفاص أو الخَيْش
duffel coat مِعْطَف مِن نَسيجٍ غَليظٍ له قَلَنْسُوَة وأزْرار على هَيْئة سِنّ الفيل
duffer/ˈdʌfə(r)/*n. (coll.)* غَبيّ (أغْبِياء) ، أحْمَق (حَمْقَى)
dug/dʌg/*p.t. & p.p. of* **dig**
duke/djuk/*n.* دُوق (أعْلَى مَرْتَبة شَرَف وِراثيّة)
dukedom/ˈdjukdəm/*n.* دُوقيّة
dull/dʌl/*adj.*
1. (slow-witted) بَطيء الفَهْم ، بَليد (بُلَداء)
2. (blunt) (سَيْف) كَليل ، كَليم ، (سِكّين) غَيْر حادّة
3. (indistinctly felt) خَفيّ ، يُحَسّ بِهِ بِشَكْلٍ غامِض
a dull pain أَلَمٌ خَفيف ، أَلَمٌ يَكادُ لا يُشْعَرُ بِهِ
4. (not bright) قاتِم ، مُعْتِم ، غَيْر لامِع ، كامِد
5. (boring) مُمِلّ ، رَتيب ، غَيْر مُشَوِّق
v.t. & i. أكَلَّ ، فَلَّ ، ثَلَمَ (ـِ) ، قَلَّلَ مِن حِدّة ؛ اِنْثَلَمَ ، كَلَّ ، ضَعُفَ (ـُ)
duly/ˈdjulɪ/*adv.* كما يَنْبَغي ، على الوَجْهِ المَطْلوب ، في حِينِهِ أو وَقْتِهِ
dumb/dʌm/*adj.* أبْكَمُ (بُكْمٌ) ، أخْرَسُ (خُرْسٌ) ؛ صامِت ، لا يَنْطِق
dumbfound/dʌmˈfaʊnd/*v.t.* أذْهَلَ ، أدْهَشَ ، أشْدَهَ ، أسْكَتَ ، أفْحَمَ
I was dumbfounded by the news صُعِقْتُ لِلْخَبَر ، أذْهَلَني النَّبأُ
dummy/ˈdʌmɪ/*n.*
1. (model of human figure, sham object) تِمْثال لِعَرْضِ الأزْياء ؛ تَقْليد ، مُزَيَّف
2. (baby's comforter) حَلَمة مَطّاطيّة لإلْهاء الرَّضيع ، لَهّاية
dump/dʌmp/*n.* مَكانٌ تُلْقَى فيه النُّفايات ؛ مُسْتَوْدَعُ ذَخائر
(*pl.* depression)
you are down in the dumps today إنَّكَ مُنْقَبِضُ النَّفْسِ اليَوْم
v.t. 1. (deposit rubbish) أَلْقَى النُّفايات ، أفْرَغَ الزُّبالة أو القُمامة
2. (*commerc.*) أغْرَقَ السُّوقَ الأجْنَبيّة بِبَضائعَ مُخَفَّضةِ الأسْعار
3. (throw down) أَلْقَى حِمْلاً ثَقيلاً على الأرْض
dumpling/ˈdʌmplɪŋ/*n.* كُرة عَجِين صَغيرة مَسْلُوقة
dun/dʌn/*adj. (colour)* أشْهَبُ داكِنُ اللَّوْن
v.t. ألَحَّ أو ألْحَفَ في طَلَبِ الدَّيْن
dunce/dʌns/*n.* بَليد (بُلَداءُ) ، جَهُول
dung/dʌŋ/*n.* رَوْث (أرْواث) ، جِلّة ، بِرازُ الحَيَوانات ، سَماد طَبيعيّ
dungarees/ˈdʌŋgəˈriz/*n.pl.* سِرْوال أو رِداءُ عَمَلٍ مَصْنُوعٌ مِن قُماشٍ قُطْنيٍّ خَشِن
dungeon/ˈdʌndʒən/*n.* سِجْنٌ تَحْتَ الأرْض ، دِيماس ، زِنْدان (ع)
dupe/djup/*n.* ضَحيّةُ مَكْرٍ وخِداع ، مَغْبُون ، غِرّ
v.t. خَدَعَ (ـَ) ، غَرَّرَ بِ ، غَشَّ (ـُ) ، خَتَلَ (ـِ) ، اِحْتالَ على
duplicate/ˈdjuplɪkeɪt/*v.t.* اِسْتَنْسَخَ ، أخْرَجَ صُورةً طِبْقَ الأصْلِ عَن ؛ ضاعَفَ
adj. & n./ˈdjuplɪkɪt/ صُورةٌ طِبْقُ الأصْل ، نُسْخة ثانية ، شاهِدة
duplicator/ˈdjuplɪkeɪtə(r)/*n.* جِهازُ اسْتِنْساخ
duplicity/djʊˈplɪsɪtɪ/*n.* رِياء ، نِفاق ، مُخاتَلة
durability/ˈdjʊərəˈbɪlɪtɪ/*n.* مَتانة ، قُوّة تَحَمُّل
durable/ˈdjʊərəbəl/*adj.* مَتين ، شَديدُ التَّحَمُّل ، يَدُومُ طَويلاً
duration/djʊˈreɪʃən/*n.* مُدّة (مُدَد) ، أمَدٌ (آماد) ، دَوام ، اِسْتِمْرار
during/ˈdjʊərɪŋ/*prep.*
1. (throughout) طَوالَ ، طِيلَةَ (الوَقْت)
2. (at some point in) خِلالَ ، أثْناءَ ، في غُضُون
dusk/dʌsk/*n.* غَسَقٌ ، شَفَقٌ ، دَغَشٌ ، قُبَيْلَ حَلَكِ اللَّيْل
dusky/ˈdʌskɪ/*adj.* داكِنُ اللَّوْن ، أسْمَرُ قاتِم
dust/dʌst/*n.* غُبار ، تُراب (أتْرِبة) ، رَغام
dust bowl أرْض أصْبَحَت مُتْرِبة نَتيجةَ سُوءِ اسْتِغْلالِها
v.t. 1. (sprinkle) ذَرَّ (ـُ) مَسْحُوقًا على
2. (clean) نَفَضَ (ـُ) (السَّجاجِيد) ، نَظَّفَ مِن الغُبار
dustbin/ˈdʌstbɪn/*n.* صَفيحةُ نُفايات ، صُنْدُوقُ قُمامة ، تَنَكة زِبالة (ع ، س)
duster/ˈdʌstə(r)/*n.* مِنْفَضة ، قِطْعة قُماش لِمَسْحِ الغُبار ، مِمْسَحة
dustman/ˈdʌstmən/*n.* زَبّال
dustpan/ˈdʌstpæn/*n.* جارُوف أو مِجْرَفة لِلكِناسة ، كُرِيك (س)
dusty/ˈdʌstɪ/*adj.* مُتَرَّب ، مُغْبَرّ ، مُعَفَّر
a dusty answer رَدٌّ مُبْهَمٌ لا يُفيدُ شَيْئًا
not so dusty (*coll.*) لا بَأْسَ بِهِ ، مُش بَطّال (م) ، مُوعاطِل (ع)
dutiable/ˈdjutɪəbəl/*adj.* (سِلَع) خاضِعة للرَّسْمِ الجُمْرُكيّ
dutiful/ˈdjutɪfəl/*adj.* مُطيع ، وَفيّ ، قائم بِواجِباتِهِ
duty/ˈdjutɪ/*n.*
1. (obligation) واجِب (واجِبات) ، فَرْض (فُروض)
do your duty أدِّ واجِباتِك ، قُمْ بالواجِب

2. (task) مُهِمّة (مَهامّ) ، فَرْض (فُروض) ، واجِب (واجِبات)

he goes on duty at 9 and comes off duty at 5 يَبْدَأُ عَمَلَه في التّاسِعة (صَباحًا) وَيَنْتَهي مِنْه في الخامِسة (مساءً)

3. (tax) رَسْمٌ (رُسُوم) جُمْرُكِيّة

duty-free مُعْفًى مِن الرُّسُوم الجُمْرُكِيّة

duvet/ˈdjuveɪ/*n.* لِحافٌ مَحْشُوٌّ بالزَّغَب

dwarf/dwɔf/*n.*

1. (small legendary being) قَزَمٌ (أقزام) (في الأساطِير) ؛ قَزَمِيّ

2. (undersized being) إنْسان أو حَيَوان أو نَبات قَزَم *also adj.*

v.t. **1.** (stunt) قَزَّمَ ، أوْقَفَ النُّمُوَّ الطَّبِيعِيّ

2. (make look small) جَعَلَ شَيْئًا يَبْدُو ضَئِيلًا بالنِّسْبة لِغَيْرِه ، صَغَّرَ مِن شَأْنِه

dwarfish/ˈdwɔfɪʃ/*adj.* شَبِيه بالقَزَم ؛ صَغِيرُ الحَجْم

dwell/dwel/*v.i.*

1. (live) سَكَنَ (ـُ) ، قَطَنَ (ـُ) ، أقام ، حَلَّ (ـِ)

2. (concentrate **on**) تَناوَلَ نُقطةً بإسْهابٍ وتَفْصِيل

dwelling/ˈdwelɪŋ/*n.* مَنْزِل (مَنازِلُ) ، سَكَنٌ ، بَيْتٌ (بُيُوت)

dwindle/ˈdwɪndəl/*v.i.* نَضَبَ (ـُ) ، شَحَّ (ـُ) ، قَلَّ (ـِ) ، تَضاءَلَ ، تَناقَصَ

dye/daɪ/*n.* صِبْغة ، خِضاب

v.t. (*p.t.* **dyed** *pres. part.* **dyeing**) صَبَغَ (ـُ) ، خَضَبَ (ـِ) ، لَوَّنَ

dying/ˈdaɪɪŋ/*pres. part. of* **die**

dynamic/daɪˈnæmɪk/ *adj.* حَرَكِيّ ، دِينامِيّ ؛ مُفْعَم بالنَّشاط ؛ قَوِيُّ التَّأثِير ، فَعّال

dynamics/daɪˈnæmɪks/ *n. pl.* عِلْمُ الدِّينامِيك ، عِلْمُ القُوَى المُحَرِّكة

dynamite/ˈdaɪnəmaɪt/ *n. & v.t.* دِينامِيت ؛ نَسَفَ (ـِ) أو دَمَّرَ بالدِّينامِيت

dynamo/ˈdaɪnəməʊ/*n.* مُوَلِّدٌ كَهْرَبائِيّ ، دِينامُو

dynasty/ˈdɪnəstɪ/*n.* أُسْرة حاكِمة ، سُلالة مَلَكِيّة

dysentery/ˈdɪsəntrɪ/*n.* زُحار ، دِزِنْتَرِيا ، دُوسِنْطارِيا

dyspepsia/dɪsˈpepsɪə/*n.* عُسْرُ الهَضْم ، تُخْمة ، اِخْتِلالُ الهَضْم

dyspeptic/dɪsˈpeptɪk/*adj.* مُصابٌ بِعُسْرِ الهَضْم

E

E/i/(letter) الحَرْفُ الخامِس مِن الأبْجَدِيّة

each/itʃ/*pron. & adj.* كُلٌّ ، كُلُّ واحِدٍ ، كُلٌّ مِن

we gave each other presents تَهادَيْنا ، تَبادَلْنا الهَدايا

eager/ˈigə(r)/*adj.* مُتَلَهِّفٌ لِ ، شَدِيدُ الرَّغْبةِ في ، حَرِيص على

eagle/ˈigəl/*n.* نَسْر (نُسُور) ، عُقاب (عِقْبان)

ear/ɪə(r)/*n.* أُذُن (آذان)

she has a good ear for music لها أُذُنٌ حَسّاسة للمُوسِيقَى

an ear of wheat سُنْبُلة (سَنابِلُ) قَمْح

ear-drum/ɪə-drʌm/*n.* طَبْلة الأُذُن

earl/ɜl/*n.* ذُو رُتْبة أَرِسْتُقْراطِيّة رَفِيعة ، إيرْل

earldom/ˈɜldəm/*n.* مَرْتَبة "الإيرْل"

early/ˈɜlɪ/*adj. & adv.* باكِر ، مُبَكِّر ، مُبْكِر ؛ باكِرًا ، مُبَكِّرًا ، مُبْكِرًا

earmark/ˈɪəmɑk/*v.t. & n.* مَيَّزَ ، أفْرَدَ لِغَرَضٍ خاصّ ؛ عَلامة مُمَيِّزة

a thousand pounds was earmarked for research خُصِّصَ أَلْفُ جُنَيْهٍ للأبْحاثِ العِلْمِيّة

earn/ɜn/*v.t.* كَسَبَ (ـِ) ، رَبِحَ (ـَ) ، نال (ينال) ، أحْرَزَ ؛ اِسْتَحَقَّ

earnest/ˈɜnɪst/*adj. & n.* جِدِّيّ ، جادّ ، عاقِدُ العَزْم ؛ عُرْبُون أو عَرَبُون ، رَزانة

are you really in earnest? أَجادٌّ أنْتَ حَقًّا ؟

earnestly/ˈɜnɪstlɪ/*adv.* جِدِّيًّا ، مِن صَمِيم القَلْب ، (آمُلُ) بِكُلِّ حَقٍّ وحَقِيق

earnings/ˈɜnɪŋz/*n.pl.* مَكاسِبُ ، أرْباح ، إيراد

earphone/ˈɪəfəʊn/*n.* سَمّاعة (للأُذُن)

ear-ring/ˈɪə-rɪŋ/*n.* قُرْط (أقْراط) ، حَلَق (س) ، تَرْجِية (تَراجِي) (ع)

earshot/ˈɪəʃot/*n. only* (على) مَسْمَعٍ (مِن) ، (على) مَدَى السَّمْع

in within/out of earshot بِمَسْمَعٍ مِنه ؛ بَعِيدًا عن سَمْعِه

earth/ɜθ/*n.*

1. (our planet) الأرْض ، الكُرة الأرْضِيّة

why on earth are you so late? قُلْ لي بِحَقِّ السَّماء لِمَ أنْتَ مُتَأخِّرٌ كُلَّ هذا التَّأخِير ؟

2. (ground, soil) تُراب ، ثَرًى (أثْراء) ، غَبْراء

3. (*elec.*) مُوصِل أرْضِيّ (كَهْرَبائِيّ)

v.t. (*elec.*) أرَّضَ ، أوْصَلَ بالأرْض (كَهْرَباء)

earthenware/ˈɜθnweə(r)/*n.* خَزَف ، فَخّار ، أوانٍ خَزَفِيّة

earthly/ˈɜθlɪ/*adj.* — على وَجه الأرض ، دُنْيَوِيّ ؛ مُحتَمَل (عامّيّة)
(*coll.*) you haven't an earthly (chance) — لا أمَلَ لكَ في النَّجاح أبدًا ، ما عِندَكَ ولا بَصيصَ أمَلٍ
earthquake/ˈɜθkweɪk/*n.* — زِلزال ، هَزّة أرضيّة
earthworm/ˈɜθwɜm/*n.* — دُودة (دِيدان) حَمْراءُ
earthy/ˈɜθɪ/*adj.* — تُرابيّ ، مُتَرَّب ؛ دُنْيَوِيّ
ease/iz/*n.* — سُهُولة ، يُسْر ، راحة ، هُدُوء
v.t.& i. — سَهَّلَ ، يَسَّرَ ، خَفَّفَ ، سَكَّنَ ، هَدَّأ ؛ هَدَأ (ـَ)
easel/ˈizəl/*n.* — حَمّالة أو حامِل لَوحة الرَّسْم أو السَّبُّورة
easily/ˈizəlɪ/*adv.* — بِسُهُولة ، بِيُسْر
this is easily the best dictionary — هذا بِلا شَكّ أفضَلُ مُعْجَم
east/ist/*n. & adj. & adv.* — شَرق ، مَشْرِق ؛ شَرْقيّ ؛ شَرْقًا ، نَحْوَ الشَّرْق
Near/Middle/Far East — الشَّرْق الأدْنى ، الأوْسَط ، الأقْصَى
Easter/ˈistə(r)/*n.* — عِيد الفِصْح ، عِيد القِيامة عِنْدَ المَسيحيِّين
eastern/ˈistən/*adj.* — شَرْقيّ ، مَنْسُوب إلى الشَّرْق
eastward(s)/ˈistwəd(s)/ *adj. & n. & adv.* — شَرْقًا ، نَحْو الشَّرْق ؛ جِهةَ الشَّرْق ؛ باتِّجاه الشَّرْق
easy/ˈizɪ/*adj.*
1. (not difficult) — سَهْل ، مَيْسُور ، هَيِّن
it is an easy place to get to — إنّه مَكان يَسْهُلُ الوُصُول إليه
2. (comfortable) — مُريح
easy chair — كُرْسيّ ذُو مِسْنَدَيْن ومُتَّكأ ، فُوتيه (م) ، قَلْطَغ (ع) ، قَلْطَق (س)
3. (relaxed) — مُسْتَرِيح ، غَيْر مُتَوَتِّر
take it easy! — (على) مَهْلِك ! هَوِّن عليك ، طَوِّل بالَك (س ، م) ، يَواش ، لا تِزْعَل (ع)
eat/it/(*p.t.* **ate**/et/*p.p.* **eaten**/itn/) *v.t. & i.* — أكَلَ (ـُ) ، تَناوَلَ طَعامًا
he had to eat his words — أُجْبِرَ على سَحْب كَلامِه ، أُضْطُرَّ إلى التَّراجُع ، أُرغِم على اسْتِرْجاع ما قاله
eat up your dinner — كُلْ عَشاءَك ... أَسْرِعْ !
he is eaten up with pride — تَمَلَّكَتْهُ الكِبْرِياءُ ، هو الغُرُورُ مُجَسَّمًا
n.pl. (*sl.*) — أكْل ، طَعام
eatable/ˈitəbəl/*adj. & n.* — (طَعام) صالِح للأكْل ؛
usu. pl. — زادُ (السَّفَر مَثلًا)
I've brought some eatables for the picnic — أَحْضَرْتُ مَعي بَعْضَ المأكُولات لِتَناوُلِها أثناءَ النُّزْهة
eaves/ivz/*n.pl.* — طُنُف بارِز مِن سَقْفِ المَنْزِل

eavesdrop/ˈivzdrop/*v.i.* — تَصَنَّتَ ، اِسْتَرَقَ السَّمْع
eavesdropper/ˈivzdropə(r)/*n.* — مُتَصَنِّت (وراءَ الباب)
ebb/eb/*n.* — جَزْر ، اِنْحِسار الماء بَعْدَ المَدّ
(*fig.*) his fortune is at a low ebb — ثَرْوَتُه في حالة تَدَهْوُر
v.i. — اِنْحَسَرَ ، غاضَ (يَغِيض) الماءُ ، اِضْمَحَلَّت (قُوّةُ الإنسان مَثلًا)
ebony/ˈebənɪ/*n. & adj.* — الآبَنُوس أو الأَبْنُوس ؛ مَصْنُوع مِن الأبْنُوس ؛ أسْوَدُ حالِك
eccentric/ɪkˈsentrɪk/ *adj. & n.* — شاذّ ، غَرِيبُ الأطْوار ؛ رَجُلٌ غَرِيبُ الأطْوار
eccentricity/ˈeksənˈtrɪsətɪ/*n.* — شُذُوذ
ecclesiastic/ɪˈklizɪˈæstɪk/ *adj. & n.* — كَنَسيّ ؛ رَجُل دِين ، قِسّيس (قَساوِسة)
echo/ˈekəʊ/*n. & v.t. & i.* — صَدًى (أصْداء) ، رَجْعُ الصَّوْت ، مُحاكاة ؛ رَدَّدَ ، حاكَى ؛ دَوَّى ، أصْدَى
eclipse/ɪˈklɪps/*n. & v.t.* — كُسُوف (الشَّمْس) ، خُسُوف القَمَر ؛ كَسَفَ (ـِ) ، خَسَفَ (ـِ) ؛ فاقَ (يَفُوق)
ecological/ˈikəˈlodʒɪkəl/*adj.* — ما يَتَعَلَّق بِدِراسة عَلاقة البِيئة بالأحْياء (عَوامِلُ) بِيئيّة
ecology/iˈkolədʒɪ/*n.* — دِراسة عَلاقة البِيئة بالأحْياء
economic/ˈikəˈnomɪk/*adj.* — اِقْتِصاديّ
economical/ˈikəˈnomɪkəl/*adj.* — مُقْتَصِد ، مُدَبِّر ؛ رَخِيص
economics/ˈikəˈnomɪks/*n.* — عِلْمُ الاقْتِصاد
economist/iˈkonəmɪst/*n.* — مِن عُلَماءِ الاقْتِصاد ، اِقْتِصاديّ
economize/iˈkonəmaɪz/*v.t. & i.* — اِقْتَصَدَ (في النَّفَقات)
economy/iˈkonəmɪ/*n.* — اِقْتِصاد ، تَوْفِير
ecstasy/ˈekstəsɪ/*n.* — نَشْوة ، طَرَبٌ ، اِبْتِهاج
ecstatic/ɪkˈstætɪk/*adj.* — نَشْوانُ (نَشاوَى) ، مُنْتَشٍ
eczema/ˈeksɪmə/*n.* — الأكْزِيما ، داءُ النَّمْلة ، (مَرَض جِلْديّ)
eddy/ˈedɪ/*n. & v.t. & i.* — دُوّامة صَغِيرة إمّا هَوائيّة أو مائيّة ؛ دارَ بِشَكْل دُوّامة
edge/edʒ/*n.*
1. (sharp side of knife) — حَدٌّ (حُدُود) (السِّكِّين مَثلًا)
she's tired and on edge — هي مُتْعَبة ومُتَوَتِّرة الأعْصاب (مُنَرفزة)
2. (border) — حافّة (حافّات ، حَوافٍ) ، طَرَف (أطْراف)
v.t. & i. — وَضَعَ حاشِيةً لِ ؛ اِبْتَعَدَ أو اقْتَرَبَ بالتَّدْرِيج
he edged his chair forward — قَرَّبَ كُرْسِيَّه إلى الأمام شيئًا فشيئًا
edgeways, edgewise/ˈedʒweɪz, ˈedʒwaɪz/*adv.* — مِن الجَنْب ، جانِبيًّا
I could not get a word in edgeways — لم أسْتَطِعْ أن أتَفَوَّهَ بِكَلِمة واحِدة (لِكَثْرة كَلامِه)

edging/ˈedʒɪŋ/*n.* حاشية (حَواشٍ) ، إطار (أُطُر)

edgy/ˈedʒɪ/*adj.* مُتَوَتِّر الأعصاب ، مُنَرْفَز

edible/ˈedəbəl/*adj.* & *n.* صالحٌ للأكل ، مأكول ؛

usu. pl. يُؤكَل ؛ طعام ، أُكُل

the edibles should be in the fridge — يَنْبَغِي أن تُوضَعَ المأكولاتُ في الثّلاجة

edict/ˈidɪkt/*n.* مَرْسُوم (مَراسِيمُ) ، قَرار (قَرارات) ، أَمْر مَلَكِيّ أو جُمْهُورِيّ أو بابَوِيّ

edifice/ˈedɪfɪs/*n.* صَرْحٌ (صُروح) ، عِمارة ، بِناءٌ ضَخْم

edit/ˈedɪt/*v.t.* حَرَّرَ ، أعَدَّ للنَّشر ، حَقَّقَ نَصًّا للطَّبع ، راجَعَ

edition/ɪˈdɪʃən/*n.* طَبْعَة (كِتابٍ ، صَحِيفةٍ ، مَجلّةٍ)

editor/ˈedɪtə(r)/*n.* مُحَرِّر ، رَئِيسُ التَّحْرِير ؛ مُنَقِّح (أفلامٍ مَثلاً) ، مُشْرِف على المُونْتاج

editorial/ˈedɪˈtɔrɪəl/*adj.* & *n.* تَحْرِيرِيّ ؛ مَقالة رَئِيسِيّة في مَجلّة أو صَحِيفة ، اِفْتِتاحِيّة

educate/ˈedʒʊkeɪt/*v.t.* رَبَّى ، هَذَّبَ ، ثَقَّفَ ، عَلَّمَ

education/ˈedʒʊˈkeɪʃən/*n.* تَرْبِية ، تَثْقِيف ، تَهْذِيب ، تَعْلِيم

educational/ˈedʒʊˈkeɪʃ(ə)n(ə)l/*adj.* تَرْبَوِيّ ، تَعْلِيمِيّ ، تَهْذِيبِيّ

educator/ˈedʒʊkeɪtə(r)/*n.* مُرَبٍّ ، مُهَذِّبٌ ، مُؤَدِّبٌ

eel/il/*n.* ثُعْبانُ الماء ، أَنْقَلِيس أَنْكَلِيس وحَنْكَلِيس (س ، ل) ، مَرْمَرِيج (ع)

eerie/ˈɪərɪ/*adj.* مُوحِش ، مُقْبِض للنَّفْس

efface/ɪˈfeɪs/*v.t.* طَمَسَ (ـِ) (مَعالِم) ، مَحا (يَمْحُو) ، غَطّى على ، أزالَ (الأثَر)

effect/ɪˈfekt/*n.*

1. (result) تأثير ، أثَرٌ (آثار) ، نَتِيجة (نَتائِجُ) ، عاقِبة (عَواقِبُ) ، وَقْعٌ

cause and effect العِلّة والمَعْلُول

2. (operation, meaning) مَفْعُول ، فاعِلِيّة

she sent him a message to the effect that she had arrived (أرْسَلَتْ له) خَبَرًا بِما مَعْناه أنّها قد وَصَلَتْ

come into effect on يَسْرِي مَفْعُولُه ابْتِداءً مِن ، يَتِمُّ تَنْفِيذُه ابْتِداءً مِن

3. (*pl.* property) أَمْتِعة (مُفْرَدُها مَتاع)

effective/ɪˈfektɪv/*adj.*

1. (successful) ناجِع ، فَعّال ، ناجِح ، مُؤَثِّر

2. (actual) فِعْلِيّ ، حَقِيقِيّ

effeminacy/ɪˈfemɪnəsɪ/*n.* تَخَنُّث

effeminate/ɪˈfemɪnət/*adj.* مُخَنَّث ، ذُو خَصائِصَ أُنْثَوِيّة

effervesce/ˈefəˈves/*v.i.* فارَ (يَفُور) (مِلْحُ الفَواكِهِ مَثلاً)

effervescent/ˈefəˈvesənt/*adj.* (شَرابٌ) فَوّار

efficiency/ɪˈfɪʃənsɪ/*n.* كَفاءَة ، مَقْدِرة

efficient/ɪˈfɪʃənt/*adj.* كُفْءٌ ، ناجِع ، فَعّال

effigy/ˈefɪdʒɪ/*n.* تِمْثالُ شَخْص (قد يُحْرَقُ في المُظاهَرات)

effort/ˈefət/*n.* جُهْد (جُهُود) ، مَجْهُود ، مُحاوَلة ، مَسْعًى ، عَناء

I will make every effort to help you لَنْ آلُوَ جُهْدًا في مُساعَدَتِك ، سأبْذُلُ قُصارَى جُهْدِي لِمَعُونَتِك

effrontery/ɪˈfrʌntərɪ/*n.* وَقاحة ، صَفاقة ، قِلّة حَياء

effusive/ɪˈfjusɪv/*adj.* فَيّاض (بالمَشاعِر والتَّعْبِير) ، مُفْرِط (في شُكْرِه وامْتِنانِه مَثلاً)

egg/eg/*n.* & *v.t.* (*with* **on**) بَيْضة (بَيْض) ؛ حَثَّ (ـُ) ، حَضَّ (ـُ) ، حَرَّضَ

egg-cup فِنْجانٌ صَغِير للبَيْضة المَسْلُوقة ، زار (ع)

eggplant باذِنْجان

egoism/ˈegəʊɪzm/*n.* أنانِيّة ، حُبُّ الذّات

egotistical/ˈegəʊˈtɪstɪkəl/*n.* أنانِيّ

eiderdown/ˈaɪdədaʊn/*n.* لِحاف مَحْشُوّ بِزَغَبِ بَعْض الطُّيور

eight/eɪt/*adj.* & *n.* ثَمانِية ، ثَمانٍ

eighteen/eɪˈtin/*adj.* & *n.* ثَمانِيَةَ عَشَرَ ، ثَمانِيَ عَشْرَةَ

eighteenth/eɪˈtinθ/*adj.* & *n.* الثّامِنَ عَشَرَ ؛ جُزْءٌ من ثَمانِيَةَ عَشَرَ

eighth/eɪtθ/*adj.* & *n.* ثامِنٌ ؛ ثُمْن (أثْمان)

eightieth/ˈeɪtɪəθ/*adj.* & *n.* الثَّمانُون ؛ جُزْءٌ مِن ثَمانِين

eighty/ˈeɪtɪ/*adj.* & *n.* ثَمانُون ؛ الثَّمانُون

either/ˈaɪðə(r)/*adj.* & *pron.* واحِدٌ مِن اثْنَيْن أو إحْدَى اثْنَتَيْن ، أيٌّ مِنْهُما

in either case في كِلا أو كِلْتا الحالَيْن

either will do أحَدُهُما يَفِي (بالمَرام) ، أيٌّ مِنْهُما يَكْفِي

adv. & *conj.*

he cannot swim and his brother cannot either لا يُحْسِنُ السِّباحةَ لا هُو ولا أخُوه

ejaculate/ɪˈdʒækjʊleɪt/*v.t.* تَفَوَّهَ فَجْأَةً وبِقُوّة ؛ قَذَفَ (ـِ) (السّائِلَ المَنَوِيّ)

ejaculation/ɪˈdʒækjʊˈleɪʃən/*n.* دَفْقُ سائِلٍ أو قَذْفُه مِن الجِسْم ، قَذْفُ المَنِيّ ؛ تَفَوُّهٌ عَنِيفٌ مُفاجِئ

eject/ɪˈdʒekt/*v.t.* & *i.* طَرَدَ (ـُ) (السّاكِنَ مِن المَنْزِل) ، أخْرَجَ بِعُنْف ، لَفَظَ (ـِ)

eke/ik/*v.t.* (*with* **out**) اِقْتَصَدَ ، دَبَّرَ

he could barely eke out his livelihood كان بالكادِ يَسُدُّ رَمَقَه

elaborate/ɪˈlæbrət/*adj.* مُسْتَفِيض ، مُفَصَّل ، مُسْهَب ؛ مُعَقَّد التَّرْكِيب

v.t./ɪˈlæbəreɪt/ أفاضَ أو أسْهَبَ في إحْكام الصُّنْع

elaboration/ɪˈlæbəˈreɪʃən/*n.* التَّوَسُّع في الوَصْف

elapse/ɪˈlæps/*v.i.* مَضَى (يَمْضِي) ، فاتَ (يَفُوت)

elastic/ɪˈlæstɪk/*n.* & *adj.* مَطّاط ، شَرِيط "لاسْتِيك" ؛ مَرِنٌ ، مَطّاطِيّ ، لَيِّن ، لَدِن

elasticity/ˈelæsˈtɪsətɪ/*n.* مُرُونة ، لُدُونة ، تَمَطُّط ، تَمَغُّط

elated/ɪˈleɪtəd/*adj.* مُبْتَهِج ، جَذْلانُ ، فَرِح

elation/ɪˈleɪʃən/*n.* بَهْجَةٌ ، غِبْطَةٌ ، جَذَلٌ

elbow/ˈelbəʊ/*n.* مِرْفَق ، كُوع (أكْواع)

cleaning the neglected house took lots of elbow-grease (*fam.*) تَطَلَّبَ تَنْظِيفُ البَيْتِ المُهْمَلِ كَدْحًا عَظِيمًا ، إحْتاجَ إلى كَتِف (ع)

v.t. دَفَعَ بالمِرْفَق

he elbowed his way out of the room شَقَّ طَرِيقَه لِيَخْرُجَ مِن الغُرْفة

elder/ˈeldə(r)/*n.*

1. (person of greater age) شَيْخ (شُيُوخ) ، رَئِيس (رُؤَساءُ) ، زَعِيم (زُعَماءُ) ، الأكْبَرُ بَيْنَ الإثْنَيْن

2. (*eccl.*) شَيْخُ الكَنِيسة

3. (bush or small tree) شَجَر أو شُجَيْرة البَيْلَسان

adj. (أخِي) الأكْبَر ، (أُخْتِي) الكُبْرَى

elderly/ˈeldəlɪ/*adj.* مُسِنّ ، طاعِن في السِّنّ

eldest/ˈeldɪst/*adj.* (الإبْنُ) الأكْبَر ، (البِنْتُ) الكُبْرَى ، البِكْرُ (مِن الأوْلاد)

elect/ɪˈlekt/*adj.* مُنْتَخَب ، مُخْتار

president-elect رَئِيسٌ مُنْتَخَب (لَمْ يَتَقَلَّد المَنْصِبَ بَعْدُ)

v.t. إخْتارَ ، إنْتَخَبَ بالتَّصْوِيت

election/ɪˈlekʃən/*n.* إنْتِخاب بالتَّصْوِيت

elector/ɪˈlektə(r)/*n.* ناخِب ، مُنْتَخِب

electoral/ɪˈlektərəl/*adj.* إنْتِخابِيّ ، (حَمْلة) إنْتِخابِيّة

electorate/ɪˈlektərət/*n.* مَنْ لَهُم حَقُّ الإنْتِخاب

electric/ɪˈlektrɪk/*adj.* كَهْرَبائِيّ ، مَنْسُوبٌ إلى الكَهْرَباء

electrician/ɪˈlekˈtrɪʃən/*n.* (عامِلٌ) كَهْرَبائِيّ

electricity/ɪˈlekˈtrɪsətɪ/*n.* الكَهْرَباء ، الطّاقة الكَهْرَبائِيّة

electrification/ɪˈlektrɪfɪˈkeɪʃən/*n.* كَهْرَبة (السِّكّة الحَدِيد مَثَلًا) ، تَزْوِيدٌ بالكَهْرَباء

electrify/ɪˈlektrɪfaɪ/*v.t.* كَهْرَبَ ، شَحَنَ بالكَهْرَباء ؛ أذْهَل

electro-/ɪˈlektrəʊ/*pref.* بادِئة مَعْناها مَنْسُوب إلى الكَهْرَباء ، كَهْرَبائِيّ

electrocute/ɪˈlektrəkjut/*v.t.* قَتَلَ بالصَّدْمة الكَهْرَبائِيّة ، أعْدَمَ مُجْرِمًا بالكُرْسِيّ الكَهْرَبائِيّ ، صَعَقَ (ـَ) بالكَهْرَباء

electrocution/ɪˈlektrəˈkjuʃən/*n.* صَعْقة كَهْرَبائِيّة ، إعْدامٌ بالتَّيّارِ الكَهْرَبائِيّ

electronics/ɪˈlekˈtronɪks/*n.* عِلْمُ الإلِكْتْرُونِيّات

elegance/ˈelɪgəns/*n.* أناقة ؛ لَباقة (الأُسْلُوب)

elegant/ˈelɪgənt/*adj.* أنِيق ، رَشِيق ؛ لَبِق

elegy/ˈelədʒɪ/*n.* مَرْثِيّة (مَراثٍ) ، مَرْثاةٌ (شِعْرِيّة) ، نُدْبة

element/ˈeləmənt/*n.*

1. (part) جُزْءٌ (أجْزاء) ، قَدْر ضَئِيل مِن ، شَيْءٌ مِن ، أثَرٌ مِن

there is an element of truth in that فِيهِ شَيْءٌ مِن الصِّحّة

2. (earth, air, fire or water) أحَدُ العَناصِرِ الأرْبَعة : الأرْض والهَواء والنّار والماء

he is in his element when talking about psychology عِنْدَما يَتَحَدَّث في عِلْمِ النَّفْس يَجِدُ نَفْسَه في مَجالِهِ المُلائِم

3. (*chem.*) عُنْصُر (كِيماوِيّ)

4. (*pl.* wind and storm) قُوَى الطَّبِيعة ، العَوامِلُ الجَوِّيّة (القاسِية)

5. (*pl.* first lessons in a subject) مَبادِئُ ، أُصُول ، أوَّلِيّاتُ (عِلْم ما)

6. (*elec.*) السِّلْكُ المُسَخِّن في أداةٍ كَهْرَبائِيّة

the element in the iron has just gone السِّلْكُ المُسَخِّنُ داخِلَ المِكْواةِ قَدْ خَرِب ، تَعَطَّلَت المِكْواة

elementary/ˈeləˈmentərɪ/*adj.* أساسِيّ ، أوَّلِيّ ، بِدائِيّ ، إبْتِدائِيّ

elephant/ˈeləfənt/*n.* فِيل (أفْيال ، فِيَلَة)

a white elephant (*fig.*) مُقْتَنًى لا فائِدةَ مِنْه ويَتَطَلَّبُ نَفَقاتٍ تَذْهَبُ هَدْرًا

elephantine/ˈeləˈfæntaɪn/*adj.* فِيلِيّ ، أخْرَق ؛ ضَخْم

elevate/ˈeləveɪt/*v.t.* رَفَعَ (ـَ) ، رَقَّى

elevation/ˈeləˈveɪʃən/*n.*

1. (elevating, being elevated) رَفْعٌ ، إعْلاءٌ ، سُمُوٌّ

2. (high place) إرْتِفاع ، مُرْتَفَعٌ (مَكانٌ عالٍ)

3. (angle with horizon) زاوِية الارْتِفاع (هَنْدَسة)

elevator/ˈeləveɪtə(r)/*n.*

1. (hoisting machine) مِصْعَد (مَصاعِدُ) ، (آلة) رافِعة

2. (*U.S.* lift) مِصْعَد كَهْرَبائِيّ

eleven/ɪˈlevən/*adj. & n.*

1. (number) أحَدَ عَشَرَ ، إحْدَى عَشْرَةَ

2. (*n.* team for sports) فَرِيق رِياضِيّ لِكُرة القَدَم أو الكْرِيكِيت أو الهُوكي

elevenses/ɪˈlevənzɪz/*n.* (*coll.*) تَصْبِيرةٌ صَباحِيّة ؛ لُمْجة ، لُهْنة ، ما يُتَعَلَّلُ به قَبْلَ الغَداء

eleventh/ɪˈlevənθ/*adj. & n.* الحادِي عَشَرَ ، جُزْءٌ مِن أحَدَ عَشَرَ

at the eleventh hour في آخِرِ لَحْظةٍ مُمْكِنة ، دَقائِقَ قَبْلَ فَواتِ الأوان

elf/elf/(*pl.* **elves**/elvz/) *n.* جِنِّيٌّ (جانّ) ، عِفْرِيت صَغِير ، قَزَمٌ (أقْزام)

elfin, elfish/ˈelfɪn, ˈelfɪʃ/*adj.* عِفْرِيتِيّ ، شَيْطانِيّ

eligibility/ˈelɪdʒəˈbɪlətɪ/*n.* أهْلِيّة ، تَوَفُّرُ الشُّرُوطِ المَطْلُوبة (للتَّوْظِيف مَثَلًا)

eligible/ˈelɪdʒəbəl/*adj.* أهْلٌ ، جَدِيرٌ بِـ ، مُسْتَحِقٌّ لِـ ؛ مُناسِبٌ ، صالِحٌ لِلإخْتِيار

eliminate/ɪˈlɪmɪneɪt/*v.t.* حَذَفَ (ـِ) ، أزالَ ،

قَضَى على ، إِسْتَبْعَدَ ، أَقْصَى

elimination/ɪˈlɪmɪˈneɪʃən/*n.* حَذْفٌ ، إِبْعادٌ ، إِقْصاءٌ

elite/ˈeɪˈlit/*n.* صَفْوة ، نُخْبة ، عِلْيَةُ (القَوْم)

ellipse/ɪˈlɪps/*n.* قَطْعٌ ناقِص ، إِهْلِيلَجٌ ، شَكْلٌ بَيْضِيّ أو بَيْضَوِيّ

elm/elm/*n.* (شَجَرة) الدَّرْدار أو البَقّ أو البُقَيْصاء

elocution/ˈeləˈkjuʃən/*n.* فَنُّ الخَطابة والأَداء ، فَصاحة اللَّهْجة ، فَنُّ النُّطْق

elongate/ˈiloŋgeɪt/*v.t. & i.* طَوَّلَ ، أَطالَ ، إِسْتَطالَ ، إِمْتَدَّ

elongation/ˈiloŋˈgeɪʃən/*n.* إِسْتِطالة

sign of elongation عَلامة المَدّ في اللُّغة

elope/ɪˈləʊp/ *v.i.* فَرَّتْ خِفْيَةً مِن بَيْتِها مَعَ حَبِيبِها

elopement/ɪˈləʊpmənt/ *n.* فِرارُ الفَتاة مِن بَيْتِها مَعَ حَبِيبِها

eloquence/ˈeləkwəns/ *n.* بَلاغة ، فَصاحة ، بَيان

eloquent/ˈeləkwənt/ *adj.* فَصِيح (فُصَحاءُ) ، لَسِنٌ ، بَلِيغ (بُلَغاءُ) ، مِفْوَهٌ ، (خَطِيبٌ) مِصْقَع ، ذَلِقُ اللِّسان ، مِنْطِيق

else/els/*adv.*

1. (besides, instead) فَضْلاً عَن ، بَدَلاً مِن

the doctor could not come, but sent somebody else لَمْ يَسْتَطِعْ الطَّبِيبُ الحُضورَ فَبَعَثَ بِسِواه

2. (otherwise) وإِلّا ، أو

come in or else go out أُدْخُلْ وإِلّا فَاخْرُجْ

elsewhere/ˈelsˈweə(r)/ *adv.* إلى أو في مَكانٍ آخَر ، في غَيْرِ هذا المَكان

elucidate/ɪˈlusɪdeɪt/*v.t.* وَضَّحَ ، أَوْضَحَ ، فَسَّرَ ، أَبانَ

elucidation/ɪˈlusɪˈdeɪʃən/*n.* تَفْسِير ، إِيضاح ، إِبانة

elude/ɪˈlud/*v.t.* تَمَلَّصَ ، تَهَرَّبَ مِن ، أَفْلَتَتْ مِنْه (الكَلِمة)

elusive/ɪˈlusɪv/*adj.* مُتَهَرِّب (مِن الجَواب) ، مُتَمَلِّص مِن ، مُراوِغ ، مُتَجَنِّب (المَسْأَلة)

emaciated/ɪˈmeɪʃɪeɪtəd/ *adj.* هَزِيل ، ناحِل ، مَهْزُول (مَهازِيلُ) ، مُضْنًى

emanate/ˈeməneɪt/*v.i.* إِنْبَثَقَ ، إِنْبَعَثَ

emancipate/ɪˈmænsɪpeɪt/*v.t.* أَعْتَقَ ، حَرَّرَ ، أَطْلَقَ

emancipation/ ɪˈmænsɪˈpeɪʃən/*n.* إِعْتاق ، عِتْق ، تَحْرِير ، إِطْلاق

embalm/ɪmˈbɑm/*v.t.* حَنَّطَ ، صَبَّرَ (الجُثّة) ، صَمَّغَ ، عَطَّرَ ، طَيَّبَ

embankment/ ɪmˈbæŋkmənt/*n.* سَدٌّ تُرابِيّ على ضِفّة نَهْر ، رَصِيف بِمُحاذاة نَهْر

embargo/ɪmˈbɑgəʊ/*n.* حَظْرُ دُخُول أو خُرُوج السُّفُن التِّجارِيّة مِن المِيناء ، حَظْرُ الإِتِّجار في ...

embark/ɪmˈbɑk/*v.t. & i.*

1. (go or put on board) إِعْتَلَى ظَهْرَ السَّفِينة ، وَسَقَ (يَسِقُ) سَفِينة ، شَحَنَها

2. (start on) شَرَعَ (ـَ) بِ/في ، بَدَأَ (ـَ) ، باشَرَ ، خاضَ (يَخُوضُ) في ، إِسْتَهَلَّ الشَّيْءَ

embarkation/ ˈembɑˈkeɪʃən/*n.* إِعْتِلاءُ ظَهْرِ السَّفِينة ، تَوْسِيقُها وشَحْنُها

embarrass/ɪmˈbærəs/*v.t.*

1. (disconcert) أَرْبَكَ ، أَوْرَطَ ، أَحْرَجَ

2. (encumber) عَرْقَلَ ، أَعاقَ ، ضايَقَ

embarrassing/ɪmˈbærəsɪŋ/*adj.* مُرْبِك ، مُحْرِج

embarrassment/ɪmˈbærəsmənt/ *n.* إِرْباك ، إِحْراج ، إِرْتِباك

embassy/ˈembəsɪ/*n.*

1. (ambassador's function) مَهَمّة أو مُهِمّة سَفِير ، (قَلَّدَه) السِّفارة

2. (ambassador's residence) مَسْكَنُ السَّفِير ، دارُ السَّفارة

3. (ambassador and staff) المَقَرُّ الرَّسْمِيُّ للسَّفارة ، هَيْئة السَّفارة

embellish/ɪmˈbelɪʃ/*v.t.* زَوَّقَ ، زَيَّنَ ، زَخْرَفَ ، نَمَّقَ ، وَشَّى ، حَسَّنَ

ember/ˈembə(r)/*n.* جَمْرة (جَمْرٌ ، جَمَرات) ، بَصْوَة (م)

embezzle/ɪmˈbezəl/*v.t.* إِخْتَلَسَ ، إِبْتَزَّ

embezzlement/ɪmˈbezlmənt/*n.* إِخْتِلاس ، إِبْتِزاز

embitter/ɪmˈbɪtə(r)/*v.t.* نَغَّصَ ، نَكَّدَ ، جَعَلَه يَذُوقُ مَرارةَ العَيْش

embittered/ɪmˈbɪtəd/ *adj.* ناقِمٌ على ، حاقِدٌ (لِخَيْبَتِه) ، مَلِيءٌ بالضَّغِينة

emblem/ˈembləm/*n.* شِعار (شِعارات) ، رَمْز (رُمُوز)

embodiment/ ɪmˈbɒdɪmənt/*n.* تَجْسِيد ، تَجَسُّم ، عُنْوان (الشَّرَف مَثَلاً) ، مِثال (الطِّيبة) المُتَجَسِّد

embody/ɪmˈbɒdɪ/ *v.t.* جَسَّدَ ، شَخَّصَ ، إِشْتَمَلَ على ، إِحْتَوَى على ، تَضَمَّنَ ، صاغَ أَفْكارَه في قالَبٍ ما

embrace/ɪmˈbreɪs/*v.t.*

1. (clasp in arms) حَضَنَ (ـُ) ، عانَقَ ، ضَمَّ (ـُ) إلى صَدْرِه

2. (accept) إِعْتَنَقَ ، تَقَبَّلَ (رَأْيًا) ، إِنْتَهَزَ (فُرْصة)

3. (include) حَوَى (يَحْوِي) ، شَمِلَ (ـَ) ، تَضَمَّنَ ، إِحْتَوَى على

v.i. تَعانَقا ، إِعْتَنَقا أو اعْتَنَقُوا

n. إِحْتِضان ، مُعانَقة ، عِناق ، تَقَبُّلُ (دِينٍ أو رَأْيٍ)

embrocation/ ˈembrəˈkeɪʃən/*n.* مَرُوخ (لِلعَضَلات مَثَلاً) ، دَلُوك

embroider/ ɪmˈbrɔɪdə(r)/*v.t.* طَرَّزَ ، وَشَّى بأَشْغال الإِبْرة ، وَشَّى الكَلامَ أو نَمَّقَه

embroidery/ɪmˈbrɔɪdərɪ/*n.* تَطْرِيز ، تَوْشِيَة ، تَنْمِيق

embryo/ˈembrɪəʊ/*n.* جَنِين (أَجِنّة) ؛ مُضْغة ؛ نُوف ؛ نَواةُ (مَشْرُوعٍ)

embryonic/ˈembrɪˈonɪk/ *adj.* جَنِينِيّ ، في طَوْر الجَنِين ؛ في المَرْحَلة الأُولَى

emend/ɪˈmend/*v.t.* صَحَّحَ ، صَوَّبَ

emendation/ˈimənˈdeɪʃən/*n.* تَصْحِيح ، تَصْوِيب ، إِصْلاح خَطأ ، تَنْقِيح (مَخْطوط)

emerald/ˈemrəld/*n. & adj.* زُمُرُّد (حَجَر كَرِيم) ؛ زُمُرُّدِيّ اللَّوْن

emerge/ɪˈmɜdʒ/*v.t.* بَرَزَ (ـُ) ، بَزَغَ (ـُ) ؛ لاحَ (يَلُوحُ) ، ظَهَرَ (ـَ) ، بَدا (يَبْدُو)

emergency/ɪˈmɜdʒənsɪ/*n.* حالة طَوارِئ ، حالة اضْطِرارِيّة

emery-paper/ˈemrɪ-peɪpə(r)/*n.* سُنْباذَة ، وَرَقُ صَنْفَرة (م) ، (كاغَد) سُنْباذَج (ع) ، وَرَق زُجاج (س)

emetic/ɪˈmetɪk/*n. & adj.* مُهَوِّع ، مُقَيِّئ (طِبّ) ؛ (دواء) مُقَيِّئ

emigrant/ˈemɪgrənt/*n.* مُهاجِر ، نازِح ، مُغْتَرِب

emigrate/ˈemɪgreɪt/*v.i.* هاجَرَ ، اِغْتَرَبَ ، نَزَحَ (ـَ) عَن الوَطَن

emigration/ˈemɪˈgreɪʃən/*n.* هِجْرة ، نُزُوح

eminence/ˈemɪnəns/*n.*
1. (fame) سُمُوّ ، رِفْعة ، شُهْرة ، صِيت
2. (high ground) رَبْوة (رُبًى) ، رابِية (رَوابٍ) ، مُرْتَفَع
3. (*title*) نِيافة الكارْدِينال
eminence grise (*Fr.*) مُوَجِّه خَفِيّ لأُمُور الدَّوْلة ، مُسْتَشار سِرِّيّ

eminent/ˈemɪnənt/*adj.* بارِز ، ذُو شَأْن ، شَهِير ، عَلَمٌ مِن الأَعْلام

emir/eˈmɪə(r)/*n.* أَمِير (أُمَراءُ)

emission/ɪˈmɪʃən/*n.* إِشْعاع ، إِصْدار ، اِنْبِعاث

emit/ɪˈmɪt/*v.t.* أَصْدَرَ ، بَعَثَ (ـَ) ؛ أَطْلَقَ (صَوْتًا) ، شَعَّ (ـِ) (نُورًا)

emotion/ɪˈməʊʃən/*n.* عاطِفة (عَواطِفُ) ، اِنْفِعال ، إِحْساس (أَحاسِيسُ) ، تَأَثُّر

emotional/ɪˈməʊʃənəl/ *adj.* عاطِفِيّ ، سَرِيعُ التَّأَثُّرِ والانْفِعال

emperor/ˈempərə(r)/*n.* إِمْبَراطُور (أَباطِرة)

emphasis/ˈemfəsɪs/*n.* تَأْكِيد ، تَوْكِيد ، أَهَمِّيّة خاصّة ؛ تَفْخِيم كَلِمة أو عِبارة

emphasize/ˈemfəsaɪz/ *v.t.* أَكَّدَ ، شَدَّدَ على ، أَبْرَزَ (فَضائِله) ؛ نَبَرَ (ـِ) (لَفْظةً)

emphatic/ɪmˈfætɪk/*adj.* تَأْكِيدِيّ ، تَوْكِيدِيّ ، تَفْخِيمِيّ ؛ باتٌّ ، قاطِعٌ

empire/ˈempaɪə(r)/*n.* إِمْبَراطُورِيّة ، سَيْطَرة ، هَيْمَنة

employ/ɪmˈplɔɪ/*v.t.*
1. (give work to) اِسْتَخْدَمَ ، وَظَّفَ ، شَغَّلَ
self-employed ذُو مِهْنة حُرّة
2. (use) اِسْتَعْمَلَ (مِطْرَقةً مَثلاً)

employee/ˈemplɔɪˈi/*n.* مُسْتَخْدَم ، أَجِير (أُجَراءُ)

employer/ɪmˈplɔɪə(r)/*n.* مُسْتَخْدِم ، رَبُّ العَمَل

employment/ɪmˈplɔɪmənt/*n.* اِسْتِخْدام ، عَمَلٌ ، شُغْل
employment exchange مَرْكَزُ ارْتِباطِ العاطِلِين بالمُسْتَخْدِمِين ، مَكْتَبُ اسْتِخْدام

empower/ɪmˈpaʊə(r)/ *v.t.* فَوَّضَ ، خَوَّلَ ، مَنَحَ (ـَ) سُلْطةً على

empress/ˈemprəs/*n.* إِمْبَراطُورة

emptiness/ˈemptɪnəs/*n.* فَراغ ، تَفاهة

empty/ˈemptɪ/*adj.* فارِغ ، فاضٍ ، خالٍ ، شاغِر
he returned empty-handed عادَ خالِيَ الوِفاض أو صِفْرَ اليَدَيْن ؛ رَجَعَ بِخُفَّي حُنَيْن
she is an empty-headed girl إِنَّها فَتاةٌ بَلْهاءُ (أو حَمْقاءُ)
v.t. & i. أَفْرَغَ ، أَخْلَى
the Nile empties into the Mediterranean يَصُبُّ النِّيلُ في البَحْرِ الأَبْيَضِ المُتَوَسِّط

emulate/ˈemjʊleɪt/*v.t.* نافَسَ ، حاكَى ، تَرَسَّمَ خُطاه ، اِقْتَدَى بِ

emulsify/ɪˈmʌlsɪfaɪ/*v.t.* حَوَّلَ إلى مُسْتَحْلَب

emulsion/ɪˈmʌlʃən/*n.* مُسْتَحْلَب

enable/ɪˈneɪbəl/*v.t.* مَكَّنه مِن ، خَوَّله

enact/ɪˈnækt/*v.t.* سَنَّ (ـُ) ، وَضَعَ قانُونًا ؛ قامَ بِدَوْر ، مَثَّلَ

enactment/ɪˈnæktmənt/*n.* تَشْرِيع

enamel/ɪˈnæməl/*n. & adj.* مِيناءُ المَعادِن ؛ طِلاء زَيْتِيّ لامِع ؛ مَطْلِيّ بالمِيناء
v.t. طَلَى أو لَبَّسَ بالمِيناء ، زَجَّجَ بالمِيناء

encase/ɪnˈkeɪs/*v.t.* غَلَّفَ ، أَحاطَ بِغِطاء أو غِلاف

enchant/ɪnˈtʃɑnt/*v.t.* سَحَرَ (ـَ) ، فَتَنَ (ـِ) ، خَلَبَ (ـِ) اللُّبَّ

enchanting/ɪnˈtʃɑntɪŋ/ *adj.* ساحِر ، فاتِن ، خَلّاب ، أَخّاذ ، جَذّاب ، فَتّان

enchantment/ɪnˈtʃɑntmənt/*n.* سِحْر ، اسْتِهْواء ، رَوْعة

encircle/ɪnˈsɜkəl/*v.t.* طَوَّقَ ، حاصَرَ ، أَحاطَ أو أَحدَقَ (بالعَدُوّ)

encirclement/ɪnˈsɜklmənt/*n.* تَطْوِيق ، مُحاصَرة

enclose/ɪnˈkləʊz/*v.t.*
1. (fence in) سَوَّرَ ، سَيَّجَ
2. (put in letter) أَرْفَقَ وَثِيقةً طَيَّ رِسالة
enclosed please find my account تَجِدُ طَيَّ رِسالَتي هذِهِ قائِمةَ حِسابي

enclosure/ɪnˈkləʊʒə(r)/*n.*
1. (enclosed place) أَماكِنُ مُسَيَّجةٌ يُمْنَعُ الدُّخول إلَيْها ،

فِناءٌ مُسَيَّج

2. (thing enclosed) (وَثيقة) مُرْفَقة طَيَّ رِسالة ، مُرْفَقات

encore/ɔ̃'kɔ(r)/*int. & n. & v.t.* كَرِّرْ ، أَعِدْ ، زِدْنا ! ؛ طَلَبَ الجُمْهُورُ (مِن مُطْرِب) إعادةَ الأَداء ؛ اِسْتَعادَ (مِن مُطْرِب)

encounter/ɪn'kaʊntə(r)/*n.*

1. (meeting) لِقاء ، الْتِقاء ، تَلاقٍ غَيْرُ مُتَوَقَّع

2. (conflict) مُجابَهة ، اِشْتِباك ، صِدام ، عِراك

v.t. واجَهَ ، صادَفَ ، اِلْتَقَى بِ (أو اِلْتَقاهُ)

encourage/ɪn'kʌrɪdʒ/ *v.t.* شَجَّعَ ، حَثَّ (ـُ) ، حَضَّ (ـُ)

encouragement/ ɪn'kʌrɪdʒmənt/*n.* تَشْجيع ، حَثٌّ ، حَضٌّ ، تَشْديدُ العَزْم

encroach/ɪn'krəʊtʃ/*v.i.* تَعَدَّى على حَقِّ غَيْرِه ، جارَ (يَجُور) على

encroachment/ ɪn'krəʊtʃmənt/*n.* تَعَدٍّ ، تَجاوُزٌ على حُقُوق الغَيْر

encumber/ɪn'kʌmbə(r)/ *v.t.* عَرْقَلَ ، أَثْقَلَ كاهِلَه ، زَحَمَ (ـَ)

encumbrance/ ɪn'kʌmbrəns/*n.* عَرْقَلة ، إثْقالُ الكاهِل بِ ، مُزاحَمة ، عِبْءٌ

encyclopaedia/ ɪn'saɪklə'pidɪə/*n.* مَوْسُوعة ، دائِرةُ مَعارِف ، مَعْلَمة

encyclopaedic/ ɪn'saɪklə'pidɪk/*adj.* مَوْسُوعِيّ ، مَعْلَمِيّ ، ذُو اطِّلاعٍ واسِعٍ مُتَنَوِّع

end/end/*n.*

1. (conclusion) خِتام ، نِهاية

he took no end of trouble to help me لَمْ يَأْلُ جُهْدًا في عَوْني ، بَذَلَ قُصارى جُهْدِه في مُساعَدَتي

2. (side, top or bottom) طَرَفٌ (أَطْراف) ، جانِب (جَوانِبُ) ، حافّة

make both ends meet (*fig.*) وازَنَ بَيْنَ مَدْخُولاتِه ومَصْرُوفاتِه ، عاشَ في نِطاقِ دَخْلِه

he stood the barrel on end أَقامَ البَرْمِيلَ على قاعِدَتِه لِئَلّا يَتَدَحْرَج

he worked for twelve hours on end اِشْتَغَلَ اثْنَتَيْ عَشْرَةَ ساعةً بِلا انْقِطاع

3. (purpose) غَرَضٌ ، هَدَفٌ ، غاية

he is serving his own ends يَخْدِمُ مَصالِحَهُ الشَّخْصِيّة

she was at a loose end لَمْ يَكُنْ لَدَيْها ما يُشْغِلُها

v.t. & i. أَنْهَى ، خَتَمَ (ـِ) ؛ اِنْتَهَى

this discussion must now end! لابُدَّ لِهذِهِ المُناقَشةِ مِن أَنْ تُخْتَتَمَ الآن

endanger/ ɪn'deɪndʒə(r)/*v.t.* عَرَّضَ للخَطَر

endear/ɪn'dɪə(r)/*v.t.* حَبَّبَ ، تَحَبَّبَ

he endeared himself to everyone حَبَّبَ نَفْسَهُ للجَميع ، نالَ مَوَدَّةَ الكُلّ

endearment/ɪn'dɪəmənt/*n.* مُلاطَفة ، تَدْليل

endeavour/ɪn'devə(r)/*n.* مُحاوَلة ، مَسْعًى (مَساعٍ)

v.t. & i. حاوَلَ ، سَعَى (يَسْعَى)

endemic/en'demɪk/*adj.* (مَرَضٌ) مُسْتَوْطِن

ending/'endɪŋ/*n.* نِهاية (القِصّة) ، آخِرُ (الكَلِمة)

endive/'endɪv/*n.* هِنْدَب ، هِنْدَبا ، هِنْدَباء (نَبات تُؤْكَل أَوْراقُه في السَّلَطة)

endless /'endləs/*adj.* مُسْتَمِرّ ، بلا نِهاية ، بلا انْقِطاع

endless belt سَيْرٌ أو حِزامٌ مُقْفَل أو مُتَّصِل

endorse/ɪn'dɔs/*v.t.*

1. (write on back of, sign) ظَهَّرَ ، وَقَّعَ على ظَهْر

endorse a cheque ظَهَّرَ صَكًّا ، جَيَّرَ شيكًا

his driving licence was endorsed سُجِّلَتْ مُخالَفةُ مُرُورٍ على إجازةِ سِياقَتِه

2. (confirm) أَيَّدَ ، أَقَرَّ (رَأْيًا) ، صَدَّقَ أو صادَقَ على

endorsement/ ɪn'dɔsmənt/*n.* تَأْييد ، مُصادَقة على

endow/ɪn'daʊ/*v.t.* وَقَفَ مالًا (على جامِعة مَثَلًا) ، وَهَبَ (يَهَبُ) ، حُبِيَ (بِمَوْهِبة)

endowment/ ɪnd'daʊmənt/*n.* وَقْفٌ (المالِ على مُؤَسَّسة) ؛ مَوْهِبةٌ طَبيعِيّة ، (ذُو) نُبُوغ

endurance/ɪn'djʊərəns/*n.* جَلَدٌ ، تَحَمُّلٌ ، صَبْرٌ

beyond endurance فَوْقَ طاقة البَشَر

endure/ɪn'djʊə(r)/*v.t. & i.* عانَى ، اِحْتَمَلَ ، اِصْطَبَرَ على

enduring/ɪn'djʊərɪŋ/*adj.* باقٍ ، دائِمٌ ، لا يَزُول

endways, endwise/ 'endweɪz, 'endwaɪz/*adv.* طَرَفًا لِطَرَف ، (صَفَّ المَوائِدَ مَثَلًا) لِصْقَ بَعْضِها

enema/'enəmə/*n.* حُقْنة شَرَجِيّة (طِبّ)

enemy/'enəmɪ/*n.* عَدُوّ (أَعْداء) ، خَصْم (خُصُوم)

energetic/'enə'dʒetɪk/*adj.* نَشِيطٌ ، فَعّال ، يَفيضُ حَيَوِيّة

energy/'enədʒɪ/*n.*

1. (force, vigour) حَيَوِيّة ، نَشاط ، قُوّة ، شَكيمة

2. (*phys.*) طاقة (فيزياء)

enervating/'enəveɪtɪŋ/ *adj.* (طَقْسٌ) باعِثٌ على الكَسَلِ والخُمول ، مُقَلِّلٌ لِلعَزيمة

enfold/ɪn'fəʊld/*v.t.* طَوَّقَ ، طَوَى (يَطْوي) ، اِحْتَضَنَ

enforce/ɪn'fɔs/*v.t.* فَرَضَ (ـِ) عَلَيْه ، أَلْزَمَهُ ، نَفَّذَ (قانونًا)

enforceable/ɪn'fɔsəbəl/*adj.* قابِلٌ للتَّنْفيذ والإلْزام

enforcement/ ɪn'fɔsmənt/*n.* إلْزام ، تَنْفيذ (قانون)

enfranchise/ ɪn'fræntʃaɪz/*v.t.* أَعْتَقَ ، حَرَّرَ (عَبْدًا) ؛ مَنَحَهُ الحُقُوقَ المَدَنِيّة ؛ (مَنَحَهُ) حَقَّ التَّصْويتِ أو الانْتِخاب

engage/ɪn'geɪdʒ/*v.t.*

1. (contract to employ, marry, or hire) أَلْزَمَهُ بِ ، رَبَطَهُ (بِتَعَهُّد) ؛ اِسْتَخْدَمَ (عامِلًا مَثَلًا) ؛ خُطِبَتْ لَهُ أو عَلَيْه

2. (occupy) شَغَلَ (ـَ)
study engages his evenings تَشْغَلُ الدِّراسةُ كُلَّ أُمْسِياتِهِ
3. (interlock) عَشَّقَ (التُّرُوس)؛ نازَلَ (العَدُوَّ)
v.i. **1.** (pledge oneself) اِرْتَبَطَ بِ، اِلْتَزَمَ بِ
2. (take part in) اِنْشَغَلَ بِ، اِشْتَغَلَ بِ، اِشْتَرَكَ في
3. (interlock with) تَعَشَّقَت (التُّرُوسُ) بَعْضُها بِبَعْض

engagement/ɪn`geɪdʒmənt/*n.*
1. (undertaking) تَعَهُّد، اِرْتِباط
2. (promise to marry) خِطْبة، خُطُوبة
3. (appointment) مَوْعِدُ لِقاءٍ وما إليه
4. (battle) مَعْرَكة (مَعارِكُ)، اِشْتِباكٌ حَرْبِيّ
5. (interlocking *mech.*) تَعْشِيقُ (التُّرُوس)

engaging/ɪn`geɪdʒɪŋ/*adj.* جَذّاب، خَلّاب، أَخّاذ

engine/`endʒɪn/*n.* مُحَرِّك، ماكِنة (مَكائِنُ)؛ قاطِرة؛ جِهازٌ (تَدْمِير) (أَجْهِزة)

engine-driver/`endʒɪn- draɪvə(r)/*n.* سائِقُ القاطِرة

engineer/'endʒɪ`nɪə(r)/*n.* مُهَنْدِس (مَدَنِيّ، مِيكانِيكِيّ، كَهْرَبائِيّ)
v.t. **1.** (design, construct) صَمَّمَ عَمَلًا هَنْدَسِيًّا
2. (*coll.* bring about) دَبَّرَ أَمْرًا بِمَهارةٍ ودَهاء، حاكَ (مُؤامَرةً في الخَفاء) (يَحُوك)

engineering/'endʒɪ`nɪərɪŋ/*n.* الهَنْدَسة (المَدَنِيّة مَثَلًا)

English/`ɪŋglɪʃ/*n. & adj.* اللُّغة الإنْكلِيزِيّة؛ إنكلِيزِيّ
Queen's/King's English الإنْكلِيزِيّة المَقْبُولة لَدَى المُثَقَّفِين

engrave/ɪn`greɪv/*v.t.* نَحَتَ (ـِ)، نَقَشَ (ـُ)

engraver/ɪn`greɪvə(r)/*n.* نَقّاش، فَنّانُ حَفْرٍ على المَعادِن

engraving/ɪn`greɪvɪŋ/*n.* فَنُّ الحَفْرِ أو النَّقْش؛ صُورة مَطْبُوعة عن لَوْحٍ مَنْقُوش

engross/ɪn`grəʊs/*v.t.* اِسْتَغْرَقَ في، اِنْهَمَكَ؛ نَسَخَ (ـَ) بأَحْرُفٍ كَبِيرة؛ صاغَ (يَصُوغ) بأُسْلُوبٍ قانُونِيّ

engulf/ɪn`gʌlf/*v.t.* اِبْتَلَعَ، أَطْبَقَ على

enhance/ɪn`hans/*v.t.* زادَ مِن قِيمةِ أو جَمالِ شَيْءٍ، قَوَّى

enhancement/ɪn`hansmənt/*n.* زِيادة في قِيمة الشَّيْء، تَقْوِية، تَحْسِين

enigma/ɪ`nɪgmə/*n.* لُغْزٌ (أَلْغاز)، أُحْجِية (أَحاجٍ)، مُعَمًّى (مُعَمَّيات)

enigmatic/'enɪg`mætɪk/*adj.* غامِض، مُغْلَق، مَلِيءٌ بالأَلْغاز

enjoy/ɪn`dʒɔɪ/*v.t.* اِسْتَمْتَعَ أو تَمَتَّعَ بِ، تَلَذَّذَ

enjoyable/ɪn`dʒɔɪəbəl/*adj.* مُمْتِع، لَذِيذ

enjoyment/ɪn`dʒɔɪmənt/*n.* مُتْعة، اِسْتِمْتاع، لَذّة

enlarge/ɪn`ladʒ/*v.t.* كَبَّرَ، وَسَّعَ، عَظَّمَ، ضَخَّمَ
v.i. أَضافَ إلى كَلامِهِ، تَوَسَّعَ، أَسْهَبَ
the speaker enlarged upon his subject تَوَسَّعَ المُحاضِرُ في مَوْضُوعِهِ

enlargement/ɪn`ladʒmənt/*n.* تَكْبِير، تَضَخُّم؛ صُورة مُكَبَّرة

enlighten/ɪn`laɪtən/*v.t.* نَوَّرَ (الأَذْهان)، زادَ عِلْمًا، حَرَّرَ الأَفْكار

enlightened/ɪn`laɪtənd/*adj.* مُتَنَوِّر، مُتَحَرِّر فِكْرِيًّا، واعٍ

enlightenment/ɪn`laɪtənmənt/*n.* تَنْوِير، تَثْقِيف؛ (عَصْرُ) النُّور، وَعْيٌ

enlist/ɪn`lɪst/*v.t.*
1. (*mil.*) جَنَّدَ
2. (get support of) اِسْتَعانَ بِ، طَلَبَ نُصْرةً؛ حَصَلَ على تَأْيِيد
v.i. تَجَنَّدَ، تَطَوَّعَ في الجَيْش، اِنْخَرَطَ
he enlisted in the navy اِنْخَرَطَ في البَحْرِيّة

enlistment/ɪn`lɪstmənt/*n.* تَجْنِيد، اِنْخِراطٌ في الجَيْش

enmity/`enmɪtɪ/*n.* عَداوة، عِداء، خُصُومة، شَحْناء

enormity/ɪ`nɔmətɪ/*n.*
1. (great wickedness) جَسامة (الجَرِيمة مَثَلًا)، فَظاعة (الأَمْر)
2. (great size) ضَخامة، عِظَم، كِبَرُ حَجْمٍ

enormous/ɪ`nɔməs/*adj.* ضَخْم، هائِل، عَظِيم، (بَوْن) شاسِع، (مَبْلَغ) طائِل، (سِعْر) باهِظ

enough/ɪ`nʌf/*n.* كِفاية، ما يَسُدُّ الحاجة، مِقْدارٌ كافٍ من
have you had enough to eat? هل أَكَلْتَ ما فِيهِ الكِفاية ؟، هل شَبِعْتَ ؟
adj. كافٍ، وافٍ، على قَدْرِ الحاجة
adv. بِقَدْرٍ كافٍ، بما فِيهِ الكِفاية
that is really not good enough! هذا بَعِيدٌ عن المُسْتَوَى المَطْلُوب
strangely enough مِن الغَرِيبِ أَنَّ ...، ومِمّا يَدْعُو إلى الاسْتِغْراب، مِنَ العَجِيب في الأَمر أن

enrage/ɪn`reɪdʒ/*v.t.* أَغاظَ، أَغْضَبَ، أَحْنَقَ

enrich/ɪn`rɪtʃ/*v.t.* أَغْنَى، زادَ مِن غِناه؛ زادَ مِن (جَوْدَتِهِ مَثَلًا)، حَسَّنَ

enrichment/ɪn`rɪtʃmənt/*n.* إغْناء، اِغْتِناء؛ تَحْسِين

enrol(l)/ɪn`rəʊl/*v.t. & i.* سَجَّلَ أو قَيَّدَ اسْمًا في؛ تَسَجَّلَ؛ اِنْخَرَطَ في

enroute/ōn`rut/*adv.* (*Fr.*) في طَرِيقِهِ، أَثْناءَ السَّفَر، مُرُورًا بِ

ensemble/ōn`sōmbəl/*n.*
1. (woman's outfit) طَقْمٌ مُتَناسِق؛ مَجْمُوعة مُتَكامِلة
2. (*mus.*) فِرْقة مُوسِيقِيّة

enshrine/ɪn`ʃraɪn/*v.t.* اِدَّخَرَ في مَكانٍ مُقَدَّس، اِدَّخَرَ بِاعْتِزاز

memories of those days are enshrined in my heart لِذِكْرَيات تِلْكَ الأيّامِ مَكانٌ مُقَدَّسٌ في قَلْبِي

ensign/ˈensaɪn/*n.* شِعار ، رَمْز ، عَلامة ؛ بَيْرَق بَحْرِيّ ؛ حامِلُ العَلَم ، بَيْرَقدار

enslave/ɪnˈsleɪv/*v.t.* اِسْتَعْبَدَ ، اِسْتَرَقَّ ، اِسْتَوْلَى على

enslavement/ɪnˈsleɪvmənt/*n.* اِسْتِعْباد ، اِسْتِرْقاق

ensue/ɪnˈsju/*v.i.* تَلا (يَتْلُو) ، تَبِعَ (ـَ) ، تَنَشَّأَ عن ، نَجَمَ (ـُ) عن

ensure/ɪnˈʃʊə(r)/*v.t.* أَمَّنَ ، ضَمِنَ (ـَ) ، اِحْتاطَ ؛ تَأَكَّدَ ، تَحَقَّقَ مِن

entail/ɪnˈteɪl/*n.* وَقْف ، وَقْفِيَّة ، عَقار مَوْقُوف لِسُلالةِ المُتَوَفَّى ولا يُمْكِنُ بَيْعُه

v.t. **1.** (settle estate by entail) وَقَفَ إِرْثًا على وَرَثَةٍ مُعَيَّنِين

2. (necessitate) اِسْتَلْزَمَ ، تَطَلَّبَ ، اِسْتَدْعَى

learning a foreign language entails hard work تَعَلُّمُ لُغةٍ أَجْنَبِيّةٍ يَتَطَلَّبُ مَجْهُودًا كَبِيرًا

entangle/ɪnˈtæŋgəl/*v.t.* شَبَكَ ، عَقَّدَ ؛ اِشْتَبَكَ ، تَشَبَّكَ ؛ أَرْبَكَ

entanglement/ɪnˈtæŋglmənt/*n.* تَشَبُّكٌ ، تَشابُكٌ ؛ شَبَكَةٌ عاطِفِيّة

enter/ˈentə(r)/*v.t.*

1. (go/come **into**) دَخَلَ (ـُ) ، وَلَجَ (يَلِجُ)

2. (write in list) دَوَّنَ (في جَدْوَل)

v.i. اِنْخَرَطَ ، دَخَلَ في

enter into an agreement عَقَدَ اتِّفاقِيّة

enteritis/ˌentəˈraɪtɪs/*n.* اِلْتِهابُ الأَمْعاء ، نَزْلة مِعَوِيّة

enterprise/ˈentəpraɪz/*n.*

1. (bold undertaking) مَشْرُوع يَتَطَلَّبُ جُرْأَةً لِتَنْفِيذِه

2. (initiative) مُبادَرة ، إقْدام ، عَزِيمة

3. (business firm) مُؤَسَّسة تِجارِيّة

enterprising/ˈentəpraɪzɪŋ/*adj.* جَرِيء (في المَشارِيع التِّجارِيّة) ، ذو إقدام

entertain/ˌentəˈteɪn/*v.t.*

1. (amuse) سَلَّى ، أَلْهَى

2. (receive guests) اِسْتَضافَ ، ضَيَّفَ ، أَكْرَمَ

3. (consider) كَنَّ (ـُ) ، أَضْمَرَ (شُعُورًا) ، خالَجَ (نَفْسَه) ؛ أَخَذَ بِعَيْنِ الاعْتِبار

v.i.

ambassadors entertain a great deal يُقِيمُ السُّفَراءُ الكَثِيرَ من الدَّعَوات

entertainer/ˌentəˈteɪnə(r)/*n.* مُمَثِّلٌ هَزْلِيّ ؛ فَنّانُ مُنَوَّعاتٍ خَفِيفة

entertaining/ˌentəˈteɪnɪŋ/*adj.* مُسَلٍّ ، مُرَفِّهٌ ، مُلْهٍ ، مُرَوِّحٌ عَن النَّفْس

entertainment/ˌentəˈteɪnmənt/*n.*

1. (amusement) تَسْلِية

2. (hospitality) اِسْتِضافة

3. (public performance) حَفْلة للجُمْهُور (في مَسْرَح أو سِيرْك مَثَلًا)

enthusiasm/ɪnˈθjuzɪæzm/*n.* حَماس ، تَحَمُّس ، هِمّة

enthusiast/ɪnˈθjuzɪæst/*n.* مُتَحَمِّس ، مُناصِر ، هاوٍ لِ

enthusiastic/ɪnˌθjuzɪˈæstɪk/*adj.* مُتَحَمِّس ، شَدِيدُ الحَماسة

entice/ɪnˈtaɪs/*v.t.* أَغْوَى ، أَغْرَى ، غَرَّرَ بِ ، اِسْتَدْرَجَ

enticement/ɪnˈtaɪsmənt/*n.* إغْراء ، إغْواء ، تَغْرِيرٌ بِ ، اِسْتِدْراج ، استهواء

entire/ɪnˈtaɪə(r)/*adj.* كامِل ، شامِل ، بِأَكْمَلِه

entirety/ɪnˈtaɪərətɪ/*n.* الكُلُّ الشّامِل ، بِأَسْرِهِ ، بِرُمَّتِهِ ، بِكُلِّيَّتِهِ ، بأجْمَعِه

entitle/ɪnˈtaɪtəl/*v.t.*

1. (give a name **to**) عَنْوَنَ ، وَضَعَ عُنْوانًا (لِكِتابٍ مَثَلًا)

2. (give a right **to**) خَوَّلَ ، أَجازَ ، أَعْطَى حَقًّا لِ

entitlement/ɪnˈtaɪtəlmənt/*n.* حَقٌّ (التَّصَرُّفِ مَثَلًا)

entity/ˈentɪtɪ/*n.* كائِن ، ذُو كِيانٍ أو وُجُودٍ فِعْلِيّ ؛ وُجُود ، كَيْنُونة

entomologist/ˌentəˈmolədʒɪst/*n.* عالِمُ حَشَرات ، اخْتِصاصِيٌّ بالحَشَرات ، حشراني

entomology/ˌentəˈmolədʒɪ/*n.* عِلْمُ الحَشَرات

entourage/ˈõturɑdʒ/*n.* حاشِيَة ، مُرافِقُون ، بِطانة ، مَعِيَّة

entrails/ˈentreɪlz/*n.pl.* أَمْعاء ، أَحْشاء ، مَصارِين

entrance[1]/ˈentrəns/*n.*

1. (coming/going in) دُخُول

2. (right of admission) حَقُّ الدُّخُول

he is sitting the entrance examination سَيُقَدِّمُ اِمْتِحانَ القُبُول (للجامِعة مثلًا)

3. (way in) مَدْخَل ، باب (أَبْواب)

entrance[2]/ɪnˈtrɑns/*v.t.* فَتَنَ (ـِ) ، سَحَرَ (ـَ) ، خَلَبَ (ـِ) اللُّبَّ ؛ وَضَعَ في غَيْبُوبة

entrant/ˈentrənt/*n.* مُشْتَرِك في (مُسابَقةٍ مثلًا) ، مُتَقَدِّم (لِامْتِحانٍ مثلًا)

entreat/ɪnˈtrit/*v.t.* تَوَسَّلَ إلى ، تَرَجَّى ، تَضَرَّعَ إلى ، اِسْتَعْطَفَ

entreaty/ɪnˈtritɪ/*n.* تَوَسُّل ، تَرَجٍّ ، تَضَرُّع ، اِسْتِعْطاف

entrée/ˈõtreɪ/*n. Fr.*

1. (right of admission) حَقُّ الدُّخُول

2. (dish preceding main dish; main dish) طَبَقٌ يُقَدَّمُ ما بَيْنَ طَبَقِ السَّمَكِ واللَّحْمِ في الوَلائم ؛ طَبَقُ الوَجْبةِ الرَّئِيسِيّ

entrench/ɪnˈtrentʃ/*v.t. & i.* خَنْدَقَ ، حَفَرَ لِنَفْسِهِ خَنْدَقًا ؛ عَزَّزَ مَوْقِفَه ، ثَبَّتَ

entrenchment/ɪn'tren'ʃmənt/*n.* خَنْدَق ؛ خَنْدَقة

entrust/ɪn'trʌst/*v.t.* إِئْتَمَنَ على ، عَهِدَ (ـَ) إليه بِ ، أَوْكَلَ إلى ؛ أَوْدَعَ

entry/'entrɪ/*n.*

1. (coming/going in) دُخول ، وُلوج

2. (way in) مَدْخَل ، مَنْفَذ

3. (written item) قَيْدٌ في سِجِلّ ، مادّة مُدْرَجة ، مُفْرَدات في سِجِلّات أو حِسابات

double entry book-keeping القَيْدُ المُزْدَوِج ، حِساب الدُّوبيا أو الزِّنْجِير

4. (list/number of competitors) عَدَدُ المُتَقَدِّمين (لِمُسابَقةٍ مَثلاً)

entwine/ɪn'twaɪn/*v.t.* ضَفَرَ (ـِ) ، جَدَلَ (ـِ) ؛ اِلْتَفَّ أو اِشْتَبَكَ حَوْلَ

enumerate/ɪ'njuməreɪt/*v.t.* عَدَّدَ ، أَحْصَى ، سَرَدَ (ـُ)

enunciate/ɪ'nʌnsɪeɪt/*v.t.* & *i.* نَطَقَ (ـِ) ، لَفَظَ (ـِ) ؛ عَبَّرَ بِوُضوح

enunciation/ɪ'nʌnsɪ'eɪʃən/*n.* نُطْق ، لَفْظ

envelop/ɪn'veləp/*v.t.* غَلَّفَ ، أَحاطَ بِ ، غَطَّى

envelope/'envələʊp/*n.* مُغَلَّف ، مَظْروف (مَظاريفُ) ، ظَرْف (ظُروف)

enviable/'envɪəbəl/*adj.* (حالٌ) يُحْسَدُ عَلَيْها ، مَوضِع غِبْطة ، مَدْعاةٌ للإعْجاب

envious/'envɪəs/*adj.* حَسُود (حسد) ، حاسد (حساد)

environment/ɪn'vaɪərənmənt/*n.* مُحيط ، بيئة ، وَسَطٌ

The Department of the Environment دائرةُ شُؤُونِ البيئة (في بريطانيا)

envoy/'envɔɪ/*n.* مَبْعُوث ، مَنْدُوب ، مُعْتَمَد

envy/'envɪ/*n.*

1. (resentful desire) حَسَدٌ ؛ طَمَع

he was green with envy at my new suit أَكَلَ الحَسَدُ قَلْبَهُ عِنْدَ رُؤْيةِ بَدْلَتِي الجَدِيدة

2. (object of desire) مَوْضِعُ حَسَد

his new car was the envy of his friends كانت سَيّارَتُهُ الجَدِيدة مَوْضِعَ حَسَدِ أَصْدِقائه

v.t. حَسَدَ (ـُ) على ، طَمِعَ (ـَ) في

epic/'epɪk/*n.* & *adj.* مَلْحَمة (مَلاحِمُ) شِعْرِيّة ؛ مَلْحَمِيّ ، حَماسِيّ ، بُطُولِيّ

epicure/'epɪkjʊə(r)/*n.* ذَوّاقةُ طَعامٍ وشَراب ، أُبِيقُورِيّ ، شَهْوانِيّ

epidemic/'epɪ'demɪk/*n.* & *adj.* وَباء (أَوْبِئة) ، جائحة ؛ وَبائِيّ ، وافِد

epigram/'epɪgræm/*n.* حِكْمة ساخِرة ، عِبارة بَلِيغة لاذِعة ، مُلْحة ذَكِيّة

epilepsy/'epɪlepsɪ/*n.* داءُ الصَّرْع

epileptic/'epɪ'leptɪk/*adj.* مُصابٌ بِداءِ الصَّرْع

epilogue/'ep[1]log/*n.* خاتِمة الكِتاب أو القَصِيدة ، خِتام

episode/'epɪsəud/*n.* حَلْقة (في مُسَلْسَلٍ إذاعِيّ مَثلاً) ، حادِثةٌ أو واقِعة في رِواية

episodic/'epɪ'sodɪk/*adj.* مُؤَلَّف مِن حَلَقات ؛ عَرَضِيّ ؛ يَحْدُثُ بِغَيْرِ انْتِظام

epistle/ɪ'pɪsl/*n.* رِسالة (رَسائِل) ، كِتاب (كُتُب)

epitaph/'epɪtɑf/*n.* مَرْثِيّة ، كِتابة على ضَرِيح

epithet/'epɪθet/*n.* نَعْت (نُعُوت) ، صِفة

epitome/ɪ'pɪtəmɪ/*n.* خُلاصة ؛ مِثال أو عُنْوان (الفَضِيلة مَثلاً) ، رَمْز ، نُمُوذَج

epoch/'ipok/*n.* عَهْد (زاهِر) ، عَصْر (عُصُور ، أَعْصُر)

an epoch-making discovery اِكْتِشافٌ يَفْتَحُ آفاقاً جَدِيدة ، اِكْتِشافٌ سَيُسَجِّلُه التّارِيخ

equable/'ekwəbəl/*adj.* مُسْتَقِرّ ، غَيْرُ مُتَقَلِّب ، مُنْتَظِم ، مُطَّرِد

equal/'ikwəl/*adj.*

1. (same) مُعادِل ، مُساوٍ ، مُضاهٍ لِ

equal pay for equal work المُساواة في الأُجُور

2. (adequate) كُفْء (أَكْفاء)

he was equal to the occasion كان كُفْأً لِمُعالَجةِ المَوْقِف ، عرفَ كَيْفَ يَخْرُجُ مِن المَأْزِق

n. نِدٌّ (أَنْداد) ، نَظِير (نُظَراء) ، مَثِيل (مُثُل)

v.t. ساوَى ، سَوَّى ، ماثَلَ ، عادَلَ ، ضاهَى

equality/ɪ'kwolɪtɪ/*n.* مُساواة ، تَعادُل ، تَكافُؤ (فُرَصٍ مَثلاً)

equalization/'ikwəlaɪ'zeɪʃən/*n.* مُساواة ، مُعادَلة بَيْن ؛ تَسْوِية

equalize/'ikwəlaɪz/*v.t.* ساوَى ، سَوَّى ، عادَلَ ، وازَنَ

equanimity/'ekwə'nɪmətɪ/*n.* اِتِّزان ، رَباطة جأْش ، رَجاحة ، رَصانة ، اِعْتِدال المِزاج

equate/ɪ'kweɪt/*v.t.* ساوَى ، عادَلَ ؛ عامَلَهُما بالمِثْل

equation/ɪ'kweɪʒən/*n.*

1. (making/being equal) مُوازَنة ، تَسْوِية بَيْن شَيْئَيْن ، تَعادُل

2. (*math. & chem.*) مُعادَلة (رِياضِيّة أو كِيماوِيّة)

equator/ɪ'kweɪtə(r)/*n.* خَطّ الاسْتِواء

equatorial/'ekwə'tɔrɪəl/*adj.* اِسْتِوائِيّ ، في المِنْطَقة الاِسْتِوائِيّة

equestrian/ɪ'kwestrɪən/*n.* فارِس ، (تِمْثالُ) شَخْصٍ على مَتْنِ جَواد

adj. فُرُوسِيّ

equilateral/'ikwɪ'lætərəl/*adj.* مُتَساوِي الأَضْلاع (هَنْدَسة)

equilibrium/'ikwɪ'lɪbrɪəm/*n.* تَوازُن ، اِتِّزان

equinoctial/'ikwı'nokʃəl/*adj.* عند الاعتدالَين ، اعتدالي ، خاصّ بِتَعادُل اللَّيل والنَّهار في المِنطَقة الاستوائيّة

equinox/'ikwınoks/*n.* الاعْتِدالُ الرَّبيعيّ أو الخَريفيّ

equip/ı'kwıp/*v.t.* جَهَّزَ ، زَوَّدَ ، مَوَّنَ

equipment/ı'kwıpmənt/*n.*
1. (being equipped) تَجْهيز ، تَزْويد ، تَمْوين
2. (things required) جِهاز (أَجْهِزة)، عُدَّة (عُدَد) ، مُعَدّات ، لَوازِمُ

equitable/'ekwıtəbəl/*adj.* مُنْصِف ، عادِل

equity/'ekwıtı/*n.*
1. (fairness) إنْصاف ، عَدالة ، عَدْل
2. (*pl.* stocks and shares) أَسْهُم عادِيّة ، سَنَدات ماليّة غَيْر مُمْتازة

equivalent/ı'kwıvələnt/*adj. & n.* مُساوٍ لِ ، مُعادِلٌ لِ ، مُكافِئٌ لِ ، كُفْء ؛ الوَزْنُ المُكافِئ (كيمياء)

equivocal/ı'kwıvəkəl/*adj.* مُلْتَبِس ، مُشْتَبَه ، مَشْكوك فيه ، (جَواب) ذُو وَجْهَيْن

era/'ıərə/*n.* عَصْر (عُصور) ، عَهْد (عُهود) ؛ حِقْبة (جيُولوجيا)

eradicate/ı'rædıkeıt/*v.t.* اِسْتَأْصَلَ ، اِجْتَثَّ ، قَطَعَ (ـَ) دابِرَ (الإجرام)

eradication/ı'rædı'keıʃən/*n.* اِسْتِئْصال ، اِجْتِثاث

erase/ı'reız/*v.t.* مَحا (يَمْحو) ، مَحَق (ـَ)

eraser/ı'reızə(r)/*n.* مِمْحاة ، مَحّاية ، ماحِية

erect/ı'rekt/*adj.* قائِم ، عَمُودِيّ ، مُنْتَصِب
v.t. **1.** (make erect) أَقامَ ، نَصَبَ (ـُ)
2. (build) بَنَى (يَبْني) ، شَيَّدَ ، شادَ (يَشيدُ)

erection/ı'rekʃən/*n.* إقامة ، نَصْب ، تَشْييد ؛ اِنْتِصاب ، نُعُوظ ، إنْعاظ (طِبّ)

erode/ı'rəʊd/*v.t. & i.* حَتَّ (ـُ) ، تَآكَلَ

erosion/ı'rəʊʒən/*n.* تَآكُلٌ ، تَحاتٌّ ، انْتِكالٌ
soil erosion تَعْرِية التُّرْبة

erotic/ı'rotık/*adj.* غَزَلِيّ ، غَرامِيّ ، عِشْقِيّ ؛ جِنْسِيّ ، شَهْوانِيّ

eroticism/ı'rotısızm/*n.* غَزَلِيّة ، شَبَقِيّة ، شَهْوانِيّة

err/ɜ(r)/*v.i.* أَخْطَأَ ، غَلِطَ (ـَ) ، ضَلَّ (ـِ) ، زَلَّ (ـِ) ، أَذْنَبَ
he erred on the right side تَفادَى خَطَأً كَبيرًا بِخَطَأٍ أَصْغَر

errand/'erənd/*n.* مَهَمّة (مَهامّ) ، مُهِمّة (مُهِمّات) ، مِشْوار (مَشاوِيرُ)
he runs errands for his boss هو يَقُوم بِمَهامَّ لِمُدِيرِه ، صَبِيٌّ يَقُوم بِبَعْض الخَدَمات لِرَئيسِه
fool's errand (كَلَّفه القِيامَ) بِمُهِمّة يَسْتَحيلُ تَحْقيقُها ، (أَرْسَله) لِيَبْحَثَ عَنْ بَيْضة الدِّيك

erratic/ı'rætık/*adj.*
1. (moving irregularly) غَيْرُ مُنْتَظِم الحَرَكة
2. (unreliable) مُتَقَلِّبُ الأَطْوار ، عُرْضة لِارْتِكابِ الأَخْطاء

erra/tum/e'rɑtəm/(*pl.* **~ta**/e'rɑtə/) *n.* خَطأٌ مَطْبَعِيّ ، كَشْفُ الخَطَإِ والصَّواب

erroneous/ı'rəʊnıəs/*adj.* خاطِئ ، (مَعْلُومات) مَغْلُوطة ، مُخْطِئ ، غَيْرُ صَحيح

error/'erə(r)/*n.* خَطأ (أَخْطاء) ، غَلْطة (أَغْلاط) ، زَلّة ، ضَلالة ، سَقْطة
a two percent margin of error is permissible خطأ بنسبة ٢٪ مَقْبُول ، يُسْمَح بِمَجال خَطَأ قَدْرُه ٢٪

erupt/ı'rʌpt/*v.i.* ثارَ أو اِنْفَجَرَ (البُرْكان)

eruption/ı'rʌpʃən/*n.* ثَورانٌ أو اِنْفِجارٌ (بُرْكانيّ)

escalate/'eskəleıt/*v.t. & i.* صَعَّدَ ، زادَ مِن شِدَّتِه ؛ اِزْدادَت حِدَّةُ (الحَرْب) واتَّسَعَ نِطاقُها

escalation/'eskə'leıʃən/*n.* تَصْعيد ، اِزْدِيادُ حِدّةِ (الحَرْبِ) واتِّساعُ نِطاقِها

escalator/'eskəleıtə(r)/ *n.* سُلَّمٌ مُتَحَرِّك ، دَرَج صَعّاد

escapade/'eskəpeıd/*n.* عَمَلٌ طائِش ، مُغامَرة مُتَهَوِّرة ، مُغامَرة تُثيرُ الأَقاويل

escape/ı'skeıp/*n.*
1. (act of escaping) هَرَبٌ ، هُرُوب ، فِرارٌ ، اِنْفِلاتٌ مِن
2. (means of escaping) مَفَرٌّ ، مَهْرَب
fire escape سُلَّمُ النَّجاة مِن الحَريق
v.t. & i. نَجا (يَنْجُو) مِن ، تَخَلَّصَ ، أَفْلَتَ ، فَرَّ (ـِ) ، هَرَبَ (ـُ)

escapism/ı'skeıpızm/*n.* الهُرُوبُ مِن الواقِعِ إلى عالَمِ الخَيال ، التَّهَرُّبِيّة

escapist/ı'skeıpıst/*n. & adj.* تَهَرُّبِيّ ، مُتَمَلِّص مِن الواقِع

escort/'eskɔt/*n.*
1. (guard) حَرَسٌ (حُرّاس) ، خَفَرٌ
2. (social companion) مُرافِقٌ أو مُرافِقة (إلى الحَفَلات الاجْتِماعيّة) ، رِفْقة ، مَعِيّة
v.t. /ı'skɔt/ حَرَسَ (ـُ) ، رافَقَ بِقَصْدِ الحِراسة ؛ رافَقَ ، صاحَبَ

esoteric/'esə'terık/*adj.* مَقْصُورٌ فَهْمُه على فِئةٍ مُعَيَّنة ، لا يَفْهَمُه إلّا الخاصّة ، باطِن ، سِرّيّ ، خَفِيّ

especial/ı'speʃəl/*adj.* خاصّ ، اِسْتِثْنائِيّ ؛ مُمْتاز

especially/ı'speʃəlı/*adv.* بِوَجْهٍ خاصّ ، خاصّةً ، لا سِيَّما

espionage/'espıənɑdʒ/*n.* تَجَسُّس ، جاسُوسِيّة

espouse/ı'spaʊz/*v.t.* أَيَّدَ ، تَبَنَّى قَضِيّة ؛ تَزَوَّجَ

esquire/ı'skwaıə(r)/*n.* *abbr.* **Esq.** المُحْتَرَم ، الفاضِل (تَلي اسْمَ المُرْسَل إليه المَكْتُوب على مَظْرُوف)

essay/'eseı/*n.*
1. (composition) مَقال ، بَحْثٌ أَدَبِيّ
2. (attempt) تَجْرِبة (تَجارِبُ) ، مُحاوَلة
v.t. & i. /e'seı/ جَرَّبَ ، حاوَلَ

essayist/ˈeseɪɪst/*n.* مُنشِئ ، كاتِبُ مَقالاتٍ أدَبيّة

essence/ˈesəns/*n.*

1. (inner nature) جَوْهَر أو لُبُّ (الأمر) ، ماهِيّة ، كُنْه

2. (concentrated extract) خُلاصة ، عَصير مُرَكَّز ، عِطْر (عُطور)

essential/ɪˈsenʃəl/*adj.* أساسيّ ، جَوْهَريّ ؛ لازِم ؛ عِطْريّ ، مُقَطَّر

the essentials المُسْتَلْزَمات الأساسيّة

establish/ɪˈstæblɪʃ/*v.t.* أسَّسَ ، أقامَ ، أنْشَأَ ؛ أقَرَّ

establishment/ɪˈstæblɪʃmənt/*n.*

1. (act of establishing) تأسيس ، إنْشاء ، إقامة ؛ إقْرار

2. (thing established) مُؤَسَّسة ، مُنْشَأة ، مُنَظَّمة

3. (governing classes) الطَّبَقات الحاكِمة

the Establishment ذَوُو النُّفوذ (في الحُكومة والكَنيسة والجَيْش في بريطانيا)

estate/ɪˈsteɪt/*n.* مُلْك ، عَقار ؛ أمْوال شَخْصيّة (ثابِتة ومَنْقولة) ؛ عَرْصَة ، أرْض مُعَدّة للبِناء

estate agent سِمْسار عَقارات أو دَلّالُها

estate car سَيّارة "ستيشَن" (لَها بابٌ خَلْفيّ وتَتَّسِعُ للرُّكّاب والأمْتِعة)

estate duty ضَريبة الإرْث أو التَّرِكات ، رَسْمٌ يُفْرَضُ على أمْوال المُتَوَفَّى

housing estate مَجْموعة مَساكِن صُمِّمَت كَوَحْدَةٍ سَكَنيّة

industrial estate بُقْعة صِناعيّة

personal estate أمْوال مَنْقولة

real estate عَقارات ، أمْوال غَيْر مَنْقولة (ثابِتة)

separate estate أمْلاك فَرْديّة (لا يُشارِك الفَرْدَ فيها أحَدٌ)

esteem/ɪˈstim/*v.t.*

1. (regard favourably) اِحْتَرَمَ ، وَقَّرَ

2. (consider) اِعْتَبَرَ ، قَدَّرَ

n. اِحْتِرام ، تَقْدير ، اِعْتِبار

self-esteem عِزَّةُ النَّفْس ، الاعْتِدادُ بالنَّفْس

estimable/ˈestɪməbəl/*adj.* جَديرٌ بالاحْتِرام والتَّقْدير

estimate[1]/ˈestɪmət/*n.* تَخْمين ، تَقْدير

estimate[2]/ˈestɪmeɪt/*v.t.* خَمَّنَ ، قَدَّرَ ، ثَمَّنَ

estrange/ɪˈstreɪndʒ/*v.t.* نَفَّرَ ، أمالَ عَن

estrangement/ɪˈstreɪndʒmənt/*n.* تَنْفير ، نُفور ، تَباعُد ، جَفْوة

estuary/ˈestʃʊərɪ/*n.* المَصَبّ الخَليجيّ لِنَهْر

etc., et cetera, etcetera/ɪtˈsetrə/*phr.* إلى آخِرِه ، الخ ... ، وَهَلُمَّ جَرًّا ، وما إلى ذَلك

etch/etʃ/*v.t. & i.* حَفَرَ لَوْحًا مَعْدَنيًّا لِتُطْبَعَ مِنْه صُورة

etching/ˈetʃɪŋ/*n.*

1. (art of etching) فَنُّ الحَفْر على المَعادِن

2. (print) صُورة مَطْبوعة عَن لَوْحٍ مَعْدَنيّ مَحْفور

eternal/ɪˈtɜnəl/*adj.*

1. (always existing) أبَديّ ، أزَليّ ، خالِد ، دائِم

eternal triangle عَلاقَة حُبٍّ ثُلاثيّة (بَيْن رَجُلَيْن وامْرأة أو امْرأتَيْن ورَجُل)

2. (*coll.* incessant) مُسْتَمِرّ ، بِدُون انْقِطاع

eternity/ɪˈtɜnətɪ/*n.* الأبَد ، الأزَل ، الدَّهْر ؛ خُلود ، أبَديّة ، سَرْمَديّة

ether/ˈiθə(r)/*n.*

1. (sky) الفَضاء ، الأثير

2. (*chem.*) أثير (كيمياء)

ethereal/ɪˈθɪərɪəl/*adj.*

1. (of the sky) أثيريّ ، هَوائيّ ، مِن أعالي الجَوّ

2. (delicate) رُوحانيّ ، سَماويّ ، عُلْويّ ، رَقيق

ethic/ˈeθɪk/*n. with indefinite article* نِظام أخْلاقيّ

pl. عِلْم الأخْلاق (فَرْع مِن فُروع الفَلْسَفة)

ethical/ˈeθɪkəl/*adj.* أخْلاقيّ

ethnic/ˈeθnɪk/*adj.* خاصّ بالأجْناسِ والعُروقِ البَشَريّة ؛ وَثَنيّ

etiquette/ˈetɪket/*n.* آدابُ السُّلوك ، أُصولُ المُجامَلات ، أتيكيت

etymology/ˈetɪˈmolədʒɪ/*n.* اِشْتِقاق ، عِلْمُ اشْتِقاقِ الكَلِمات

eucalyptus/ˈjukəˈlɪptəs/*n.* شَجَرُ اليوكاليبْتوس

eugenics/juˈdʒenɪks/*n.* عِلْمُ تَحْسينِ النَّسْل

eulogize/ˈjulədʒaɪz/*v.t.* أطْرَى ، قَرَّظَ ، مَجَّدَ ، أشادَ بِـ

eulogy/ˈjulədʒɪ/*n.* ثَناء ، إطْراء ، مَديح

eunuch/ˈjunək/*n.* خَصِيّ (خِصْيان ، خِصْيَة) ، طَواشي (طَواشِية)

euphemism/ˈjufəmɪzm/*n.* اِسْتِخْدامُ تَعْبيرٍ رَقيقٍ عَن شَيْءٍ قَبيح ، تَوْرية

euphemistic/ˈjufəˈmɪstɪk/*adj.* (تَعْبير) يُلَطِّفُ مِن حِدّة الحَقيقة (عِبارة) تَلْطيفيّة

euphoria/juˈfɔrɪə/*n.* شُعُور بالنَّشْوة والابْتِهاج ، اِغْتِباط

euphoric/juˈforɪk/*adj.* في حالة نَشْوَة وسَعادة ، جَذْلان ، فَرِح

Eurasian/jʊəˈreɪʒən/*adj. & n.* مِن أبَوَيْن أحَدُهُما أُورُوبّيّ والآخَر آسْيَويّ (وخاصّةً هِنْديّ)

European/ˈjʊərəˈpɪən/*adj. & n.* أوروبّيّ

euthanasia/ˈjuθəˈneɪzɪə/*n.* إماتة رَحيمة (للتَّخَلُّص مِن مَرَضٍ أليمٍ عُضال)

evacuate/ɪˈvækjʊeɪt/*v.t.* جَلا (يَجْلو) عَن ، أخْلَى ، تَرَكَ (ـه) ؛ أفْرَغَ (طِبّ)

evacuation/ɪˈvækjʊˈeɪʃən/*n.* جَلاء ، إجْلاء ؛ إفْراغ

evade/ɪˈveɪd/*v.t.* تَجَنَّبَ ، تَحاشَى ، تَهَرَّبَ مِن

he evaded the blow تَفادَى اللَّكْمة
he evaded paying income tax تَهَرَّبَ مِن دَفْع ضَريبة الدَّخْل
the speaker evaded the question راغَ الخَطيبُ عن الجَواب
evaluate/ɪ'væljʊeɪt/*v.t.* قَدَّرَ ، ثَمَّنَ ، قَيَّمَ
evaluation/ɪ'væljʊ'eɪʃən/*n.* تَقْدير ، تَثْمين ، تَقْييم ، تَخْمينُ (أَسْعارِ البُيوت)
evangelical/'ivæn'dʒelɪkəl/*adj.* إنْجيليّ ، تابِع للكَنيسة الإنْجيليّة ، بْروتِسْتانْتيّ
evangelist/ɪ'vændʒəlɪst/*n.*
1. (writer of Gospel) أَحَدُ كُتّابِ الأَناجيلِ الأَرْبَعة
2. (missionary) مُبَشِّرٌ بالإنجيل ، واعِظٌ مَسيحيّ
evangelize/ɪ'vændʒəlaɪz/*v.t.* بَشَّرَ بالإنْجيل ، كَرَزَ (ـُ)
evaporate/ɪ'væpəreɪt/*v.t.*
1. (turn into vapour) بَخَّرَ ، صَعَّدَ ، حَوَّلَ إلى بُخار
2. (reduce liquid in) كَثَّفَ ، رَكَّزَ
evaporated milk حَليبٌ مُكَثَّف
v.i. تَبَخَّرَ ، فَتَرَ (ـُ) (حَماسُه)
evaporation/ɪ'væpə'reɪʃən/*n.* تَبَخُّرٌ ، تَصَعُّدٌ ، بَخْرٌ
evasion/ɪ'veɪʒən/*n.* هَرَبٌ ، تَمَلُّص ، مُراوَغة ، إنْفِلات
evasive/ɪ'veɪsɪv/*adj.* تَخَلُّصيّ ، تَمَلُّصيّ ، تَهَرُّبيّ
Eve[1]/iv/*proper name* حَوّاء
eve[2]/iv/*n.* عَشِيّة ، لَيْلة (الجُمُعة مَثَلًا)
Christmas Eve عَشِيّة عِيدِ الميلاد أو اليَوْمُ السّابِقُ لَهُ
on the eve of the battle على أَبْوابِ المَعْرَكة
on the eve of great events قُبَيْلَ الأَحْداثِ العَظيمة
even/'ivən/*adj.*
1. (level) مُسْتَوٍ ، مُنْبَسِط ، مُمَهَّد ، (أَرْض) سَهْلة
2. (uniform in quality) على وَتيرة واحِدة ، مُنْتَظِم
3. (equal in amount, value) مُتَساوٍ ، مُتَعادِل ، مُتَوازِن
break even بِدُون رِبْحٍ أو خَسارة ، لا لَهُ ولا عَلَيْه
get even with أَخَذَ بِثَأْرِه ، انْتَقَمَ مِن ، سَوَّى حِسابَهُ مَع
4. (equable) راجِحُ العَقْل ، مُتَّزِن
even-tempered هادِئُ الطَّبْع
5. (*of numbers*) (عَدَدٌ) زَوْجيّ ، مُزْدَوِج
adv. حَتَّى ، وَلَوْ ، مَعَ أَنَّ
he played even better than his brother فاقَ في جَوْدَةِ اللَّعِب حَتَّى أَخاه
even the professor could not solve the problem حَتَّى الأُسْتاذ لَمْ يَسْتَطِعْ حَلَّ المَسْأَلة
let us go out even though it is late لِنَخْرُجْ وَلَوْ أَنَّ الوَقْتَ مُتَأَخِّر
v.t. & i. سَوَّى ، عادَلَ
things will even out in the end سَتُحَلُّ المُشْكِلاتُ نَفْسُها في آخِرِ الأَمْر
that will even things up هذا ما يُوازِنُ الأُمور
evening/'ivnɪŋ/*n.* مَساء (أَماسٍ) ، سَهْرة
evening dress لِباسُ السَّهْرة
the evening of his days أُخْرَيات أَيّامِه ، في خَريفِ عُمْرِه
event/ɪ'vent/*n.*
1. (occurrence) واقِعة (وَقائِعُ) ، حادِث (حَوادِثُ) ، ماجَرَيات
in the natural course of events في المَجْرَى الطَّبيعيّ للأَحْداث ، في ماجَرَيات الأُمور
2. (item in sports programme) سِباقٌ في مِهْرَجانٍ رِياضيّ ، نُمْرة (م)
3. (result) نَتيجة (نَتائِجُ)
in any event على أَيِّ حال ، أَيًّا كان الأَمْر ، في كُلِّ الظُّروف
eventful/ɪ'ventfəl/*adj.* حافِلٌ بالأَحْداث
eventual/ɪ'ventʃʊəl/*adj.* نِهائيّ ، في النِّهاية ، أَخيرًا
eventuality/ɪ'ventʃʊ'ælətɪ/*n.* حادِثٌ مُحْتَمَلٌ وُقوعُه
in all eventualities في كُلِّ الظُّروفِ المُمْكِنة
ever/'evə(r)/*adv.* 1. (always) على الدَّوام ، دائِمًا ، إلى الأَبَد ، للأَبَد
they lived happily ever after وعاشا بَعْدَ ذَلِكَ في سَلامٍ وَوِئام
2. (at any time) في أَيِّ وَقْت
it was the best film I ever saw كانَ أَفْضَلَ فيلمٍ رَأَيْتُه في حَياتي
3. (*used for emphasis coll.*) للتَّأْكيد (في العامِّيّة عادةً) كثيرًا ، جِدًّا ، إلى أَقصى حَدّ
she is ever so pretty إنَّها جَميلة لِلغاية ، هي غايةٌ في الجَمال
evergreen/'evəgrin/*adj. & n.* (نَبات) دائِمُ الخُضْرة
everlasting/'evə'lɑstɪŋ/*adj.* دائِم ، أَبَديّ ، خالِد ، سَرْمَديّ ، باقٍ ، مُسْتَمِرّ
every/'evrɪ/*adj.* كُلّ ، كُلُّ واحِد
there was every prospect of fine weather كان هُناكَ كُلُّ ما يُبَشِّرُ بِطَقْسٍ لَطيف
he visits us every other day يَزورُنا كُلَّ يَوْمَيْن
everybody/'evrɪbodɪ/ *pron.* كُلُّ واحِد ، كُلُّ شَخْص
everyday/'evrɪdeɪ/*adj.* عاديّ ، اعْتِياديّ ، مُعْتاد ، مَأْلوف ، مُتَعارَفٌ عَلَيْه ، مُبْتَذَل
he came in his everyday clothes جاءَ مُرْتَدِيًا مَلابِسَهُ العادِيّة
everyone/'evrɪwʌn/*pron.* كُلُّ شَخْص ، جَميعُ النّاس
everything/'evrɪθɪŋ/*pron.* كُلُّ شَيْء
everywhere/'evrɪweə(r)/*adv.* في كُلِّ مَكان ، في كُلِّ حَدَبٍ وصَوْب ، حَيْثُما ، أَيْنَما كان
evict/ɪ'vɪkt/*v.t.* طَرَدَ مُسْتَأْجِرًا مِن (مَسْكَنِه) ،

أُمَرَ بإخلاءِ مَسْكَن

eviction/ɪ'vɪkʃən/*n.* أَمْرٌ بإخلاءِ مَسْكَن ، طَرْدُ مُسْتَأْجِرٍ مِن عَقارِهِ ؛ إخْلاء

evidence/'evɪdəns/*n.*
1. (testimony) شَهادة ، دَليل (أدِلّة) ؛ بَيِّنة ، حُجَّة
all the evidence is against him كُلُّ الأدِلَّة ضِدَّه
he turned Queen's evidence شَهِدَ على شُرَكائِهِ في الجَريمة (لِقاءَ تَخْفيفِ عُقوبَتِه)
2. (indication) دَلالة (دَلائِلُ) ، بُرْهان ، إشارة
the police were very much in evidence كانَت الشُّرْطة في كُلِّ مَكان

evident/'evɪdənt/*adj.* واضِح ، ظاهِر ، بَيِّن ، جَلِيّ ؛ بَديهِيّ

evidently/'evɪdəntlɪ/*adv.* مِن دُون أيِّ شَكّ ، مِن الواضِح ، مِن البَديهِيّ

evil/'ivəl/*n. & adj.* شَرٌّ (شُرور) ، أذًى ، ضَرَرٌ (أضْرار) ؛ شِرِّير ، خَبيث ، فاسِد
the evil eye اللاّمّة ، العَيْن الشِّرِّيرة

evocation/'ivəʊ'keɪʃən/*n.* اِسْتِعادة ، سالِف الذِّكْرَيات ، اِسْتِذْكار (الماضي)

evocative/ɪ'vokətɪv/*adj.* مُثيرٌ لِلعَواطِفِ والمَشاعِر

evoke/ɪ'vəʊk/*v.t.* اِسْتَذْكَرَ ، اِسْتَعادَ (ذِكْرَى) ؛ أثارَ (المَشاعِر)

evolution/'ivə'luʃən/*n.* تَطَوُّر ، نُمُوّ ، نُشوء ، اِرْتِقاءُ الكائِناتِ الحَيّة

evolve/ɪ'volv/*v.t.* اِبْتَكَرَ (تَصْميمًا جَديدًا) ، تَوَلَّدَ مِن (في صيغة المَبْني للمَجْهول)
v.i. تَطَوَّرَ طَبيعيًّا وتَدْريجيًّا

ewe/ju/*n.* نَعْجة (نِعاج) ، شاةٌ (شِياه)

ewer/'juə(r)/*n.* إبْريق (أباريقُ)

exacerbate/ɪg'zæsəbeɪt/*v.t.* زادَ حِدّةً أو شِدّةً ، فاقَمَ ، زادَ عُنْفًا

exact/ɪg'zækt/*adj.* مَضْبوط ، دَقيق ، صَحيح ، مُطابِق ، تامّ
v.t. طالَبَ بِ ، أوْجَبَ ، اِقْتَضَى ، فَرَضَ عَلَيْه دَفْعَ مَبْلَغ

exacting/ɪg'zæktɪŋ/*adj.* شَديدُ الدِّقّة (في عَمَلِه) ، كَثيرُ المَطالِب ، طَلّاب

exaction/ɪg'zækʃən/*n.* جِبايةُ الأمْوالِ قَسْرًا ؛ ضَريبة باهِظة ؛ مُتَطَلَّبات عالِية

exactly/ɪg'zæktlɪ/*adv. & int.* بالضَّبْط ، تَمامًا ، على وَجْهِ الدِّقّة ؛ هذا صَحيح! بالضَّبْط ، بالتَّمام

exaggerate/ɪg'zædʒəreɪt/*v.t.* بالَغَ ، غالَى ، أفْرَطَ في ، هَوَّلَ تَمادَى في

exaggeration/ɪg'zædʒə'reɪʃən/*n.* مُبالَغة ، مُغالاة ، غُلُوّ ، تَهْويل

exalt/ɪg'zolt/*v.t.*
1. (raise) أعْلَى ، رَقَّى ، رَفَعَ (ـَ)
2. (praise) مَدَحَ (ـَ) ، أطْرَى ، أطْرَأَ ، أشادَ بِـ ، أثْنَى على

exam, examination/ɪg'zæm, ɪg'zæmɪ'neɪʃən/*n.* اِمْتِحان ، فَحْص (فُحوص) ؛ تَمْحيص

examine/ɪg'zæmɪn/*v.t. & i.* فَحَصَ (ـَ) ، اِمْتَحَنَ ، اِخْتَبَرَ ، مَحَّصَ ، دَقَّقَ في

examinee/ɪg'zæmɪ'ni/*n.* طالِب مُمْتَحَن

examiner/ɪg'zæmɪnə(r)/*n.* مُمْتَحِن ، فاحِص

example/ɪg'zɑmpəl/*n.*
1. (typical instance) مِثال (أمْثِلة) ، نَموذَج (نَماذِجُ)
for example مَثَلًا ، على سَبيلِ المِثال ، كَقَوْلِكَ . . .
2. (warning) عِبْرة (عِبَر) ، أُمْثولة
the teacher made an example of him جَعَلَهُ المُعَلِّمُ عِبْرةً لِغَيْرِه
3. (model to be copied) أُسْوَة ، قُدْوَة
you must set your juniors a good example عَلَيْكَ أنْ تَكونَ قُدْوةً لِمَن هُمْ دُونَك

exasperate/ɪg'zæspəreɪt/*v.t.* أغْضَبَ ، أحْنَقَ ، أثارَ السُّخْطَ ، أزْعَجَ

exasperation/ɪg'zæspə'reɪʃən/*n.* غَضَبٌ ، سُخْطٌ ، اِنْزِعاجٌ

excavate/'ekskəveɪt/*v.t.* حَفَرَ (ـِ) ، نَقَّبَ

excavation/'ekskə'veɪʃən/*n.* حَفْرِيّات ، تَنْقيبٌ عَن الآثار

exceed/ɪk'sid/*v.t.* تَجاوَزَ ، جاوَزَ الحَدّ ، زادَ (يَزيد) عَن ، أنافَ عَلَى ، فاقَ (يَفوق)

exceedingly/ɪk'sidɪŋlɪ/*adv.* لِلغاية ، إلى أقْصَى حَدٍّ ، جِدًّا

excel/ɪk'sel/*v.t. & i.* تَفَوَّقَ على ، فاقَ (يَفوق) ؛ اِمْتازَ ، بَرَعَ (ـُ)

excellence/'eksələns/*n.* جَوْدَة ، جُودَة ، رَوْعة ، امتياز ، فَضْل

Excellency/'eksələnsɪ/*n.* سَعادة ، سِيادة ؛ دَوْلة ، فَخامة
His Excellency the President سِيادةُ رَئيسِ الجُمْهورِيّة

excellent/'eksələnt/*adj.* مُمْتاز ، جَيِّد جِدًّا ، رائِع ، فاخِر

except/ɪk'sept/*v.t.* اِسْتَثْنَى مِن ، أسْقَطَ مِن
prep. ما عَدا ، إلاّ ، سِوَى ، ما خَلا ، باسْتِثْناء

exception/ɪk'sepʃən/*n.* اِسْتِثْناء
I can make no exceptions لا أسْتَثْني أحَدًا
the exception proves the rule لِكُلِّ قاعِدةٍ شَواذّ ، وُجودُ الشّاذِّ بُرْهانٌ على صِحّة القاعِدة
I take strong exception إنّي شَديدُ الامْتِعاضِ مِن

to your remarks ملاحظاتك

exceptional/ɪk'sepʃənəl/*adj.* اِسْتِثْنائِيّ ؛ فَرِيد ، خارِق للعادة ، نادِرٌ

excerpt/'eksɜpt/*n.* مُقْتَطَفٌ ، مُخْتارٌ ، مُقْتَبَسٌ ، مُنْتَخَبٌ

excess[1]/ɪk'ses/*n.* زِيادة عن اللُّزُوم

the excesses committed by the troops الفَظائِع الَّتي ارْتَكَبَها الجَيْش

excess[2]/'ekses/*adj.* زائِد

excess baggage أَمْتِعة زائِدة (عَن الوَزْنِ المَسْمُوحِ بِهِ)

excessive/ɪk'sesɪv/*adj.* مُتَجاوِزُ الحَدّ ، مُفْرِط ؛ (غَلاء) فاحِش ، مُتَطَرِّف ، باهِظ

exchange/ɪks'tʃeɪndʒ/*n.*

1. (act of exchanging) مُبادَلة ، تَبادُل ، مُقايَضة

the Ministers had an exchange of views تَبادَلَ الوُزَراءُ الآراء

2. (exchanging different currencies) صَرْف ، كامْبِيُو ، تَحْوِيلُ العُمْلة

rate of exchange سِعْرُ تَحْوِيلِ العُمْلة

3. (building) البُورْصَة

Stock Exchange بُورْصَة لندن

4. (central telephone office) دائِرةُ الهاتِفِ المَرْكَزِيّة ، «السَّنْتْرال» ، البَدّالة

v.t. & i. بَدَّلَ ، بادَلَ

exchequer/ɪks'tʃekə(r)/*n.* وِزارة المالِيّة (في بريطانيا) ؛ الخِزانة

Chancellor of the Exchequer وَزِيرُ المالِيّة (في بريطانيا)

excise[1]/'eksaɪz/*n.* مَكْس (مُكُوس) ، ضَرِيبة أو رَسْم على عَمَل أو إنْتاج مَحَلِّيّ

excise[2]/ɪk'saɪz/*v.t.* اِسْتَأْصَلَ ، أزالَ ، بَتَرَ (ـُ) ، حَذَفَ (ـِ) ، قَطَعَ (ـَ)

excision/ɪk'sɪʒən/*n.* قَطْعٌ ، بَتْرٌ ، اِسْتِئْصال ، حَذْفٌ

excitable/ɪk'saɪtəbəl/*adj.* قابِل للإثارة والتَّهَيُّج ، يَنْفَعِلُ بِسُرْعة ، اِنْفِعالِيّ

excite/ɪk'saɪt/*v.t.* أثارَ ، أهاجَ ، حَفَزَ (ـِ) ، اِسْتَفَزَّ

excitement/ɪk'saɪtmənt/*n.* اِهْتِياج ، إثارة ، تَحْفِيز ، اِسْتِفْزاز

exciting/ɪk'saɪtɪŋ/*adj.* مُهَيِّج ، مُحَمِّس ، مُثِيرٌ للمَشاعِر ، مُشَوِّق ، (قِصّة) تَسْتَحْوِذ على الانْتِباه

exclaim/ɪk'skleɪm/*v.t. & i.* صاحَ (يَصِيح) ، صَرَخَ (ـُ) فَجْأةً ، هَتَفَ (ـِ)

exclamation/'ekskləˈmeɪʃən/*n.* هُتاف ، صَيْحة ، صَرْخة

exclamation mark عَلامة تَعَجُّب

exclude/ɪk'sklud/*v.t.* حَرَمَ (ـِ) شَخْصًا مِن ، فَصَلَهُ مِن ، اِسْتَثْنَى ، أَبْعَدَ ، أَقْصَى

exclusion/ɪk'skluʒən/*n.* إبْعاد ، إقْصاء ، طَرْد ، اِسْتِبْعاد ، اِسْتِثْناء

exclusive/ɪk'sklusɪv/*adj.* قاصِرٌ على فِئةٍ مُعَيَّنة ؛ مُتَعالٍ (لا يُعاشِرُ مَن دُونَهُ) ، (بِضاعة) مُمْتازة لا تُباع في كلّ مَكان

excommunicate/'ekskəˈmjunɪkeɪt/*v.t.* حَرَمَ (ـِ) مِن الكَنِيسة

excommunication/'ekskəˈmjunɪ'keɪʃən/*n.* حِرْمان أو حِرْم كَنَسِيّ (عِنْدَ المَسِيحِيِّين)

excrement/'ekskrəmənt/*n.* بِراز ، غائِط

excrescence/ɪk'skresəns/*n.* كُتْلة تَنْمُو على جِسْمِ حَيَوانٍ أو نَبات ؛ شَيْءٌ إضافِيّ غَيْرُ مَرْغُوبٍ فيه

excrete/ɪk'skrit/*v.t.* فَرَزَ ، أَفْرَزَ ، تَبَرَّزَ ، أَخْرَجَ الفَضَلات

excretion/ɪk'skriʃən/*n.* إفْرازُ (العَرَقِ والفَضَلات) ؛ إفْرازاتُ الجِسْم

excruciating/ɪk'skruʃɪeɪtɪŋ/*adj.* مُبَرِّح ، مُؤْلِم

excursion/ɪk'skɜʃən/*n.* نُزْهة ، جَوْلة سِياحِيّة قَصِيرة

excursion train قِطار سِياحِيّ خاصّ

excusable/ɪk'skjuzəbəl/*adj.* مَعْذُور ، مُغْتَفَر ، (هَفْوة) يُصْفَحُ عَنْها

excuse/ɪk'skuz/*v.t.*

1. (pardon) غَفَرَ (ـِ) ، صَفَحَ (ـَ) عَنْه ، عَذَرَ (ـِ)

excuse me أَعْذُرْني ، عَفْوًا ! ، عن إذْنِك ! ، اِسْمَحْ لي

2. (exempt **from**) أَعْفَى مِن (القِيامِ بِعَمَل) ، غَضَّ النَّظَرَ عَن

n. /ɪk'skjus/ عُذْر ، تَحَجُّج ، مُبَرِّر ، تَعِلّة

execrable/'eksɪkrəbəl/*adj.* لَعِين ، فَظِيع ، بَغِيض ، غاية في السُّوء

execute/'eksɪkjut/*v.t.*

1. (do, perform) أَنْجَزَ ، أَدَّى ، قامَ بِـ ، نَفَّذَ ؛ عزف (ـِ) (قِطْعة مُوسِيقِيّة)

2. (*leg.* make valid) صَدَّقَ أو وَقَّعَ على وَثِيقة ، جعلها قانونية ؛ نَفَّذَ (وَصِيّةً مَثَلاً)

3. (put to death by law) أَعْدَمَ ، نَفَّذَ حُكْمَ الإعْدامِ في

execution/'eksɪ'kjuʃən/*n.*

1. (doing, performing) تَأْدِية ، أَداء ، إنْجاز

2. (skill in performing) بَراعة في الأَداء

3. (capital punishment) إعْدام ، تَنْفِيذُ حُكْمِ الإعْدام

executioner/'eksɪ'kjuʃənə(r)/*n.* جَلّاد ، مُنَفِّذُ حُكْمِ الإعْدام

executive/ɪg'zekjutɪv/*adj.* تَنْفِيذِيّ ، مُنَفِّذ

n. 1. (branch of government) السُّلْطة أو الهَيْئة التَّنْفِيذِيّة

2. (person who administers) مُدِيرُ أَعْمال ، المُدِيرُ التَّنْفِيذِيّ

executor/ɪg'zekjutə(r)/ مُنَفِّذُ وَصِيّة ، وَصِيّ (أَوْصِياء) ؛

n. وَصِيٌّ مُعَيَّن لِحِماية حُقُوق (مُؤَلِّفٍ مَثَلًا بَعْدَ مَوْتِه)

exemplary/ɪɡ'zemplərɪ/ adj. مِثالِيّ ، نَمُوذَجِيّ ؛ عِبْرة للنّاس ، رادِع

exemplary damages نَكال ، تَعْويضٌ يَتَجاوَزُ الحَدَّ المُقَرَّر لِيَكُونَ عِبْرةً للآخَرين

exempt/ɪɡ'zempt/adj. & v.t. مُعْفًى مِن ؛ خالٍ مِن ؛ أَعْفَى مِن ، اِسْتَثْنَى مِن

exemption/ɪɡ'zempʃən/ n. اِسْتِثْناء ، إعْفاء (مِن خِدْمةٍ مَثَلًا)

exercise/'eksəsaɪz/n.

1. (physical training activity) رِياضة بَدَنِيّة

2. (mental training activity) تَمْرِينٌ ذِهْنِيّ ، رِياضة عَقْلِيّة

3. (task set for training) تَمْرِين (تَمارِينُ ، تَمْرِينات) ، تَدْرِيب (تَدْرِيبات)

exercise-book دَفْتَرُ تَمارِين ، كُرّاسٌ مَدْرَسِيٌّ للكِتابة

4. (*pl. mil.*) تَمْرِيناتٌ عَسْكَرِيّة

v.t. 1. (make use of) مارَسَ ، باشَرَ

he exercises authority يُمارِسُ السُّلْطة

2. (give exercise to) دَرَّبَ ، مَرَّنَ ، رَوَّضَ

v.i. أَدَّى تَمْرِيناتٍ رِياضِيّة

exert/ɪɡ'zɜt/v.t. أَجْهَدَ نَفْسه ، حاوَلَ (التَّأْثِيرَ على) ، وَضَعَ أو طَبَّقَ (ضَغْطًا على)

you must exert yourself more عَلَيْكَ بالمَزِيدِ مِن الجُهْد

exertion/ɪɡ'zɜʃən/n. مَجْهُود

exhalation/'ekshə'leɪʃən/n. زَفِير ، نَفْثٌ ؛ تَبَخُّرٌ ، فَوْحٌ

exhale/eks'heɪl/v.t. & i زَفَرَ (ـِ) ، نَفَثَ (ـُ) ؛ تَبَخَّرَ ، تَصاعَدَ ؛ فاحَ (يَفُوحُ)

exhaust/ɪɡ'zɔst/n. إخْراج أو تَفْرِيغ العادِم (في سَيّارة)

exhaust-pipe أُنْبُوبة العادِم في سَيّارة ، قَسْطَلُ الانْفِلات (س) ، گزوز (ع) ، شُكْمان (م)

v.t. اِسْتَنْفَدَ ، اِسْتَهْلَكَ

my patience is exhausted عِيلَ صَبْرِي ، لَمْ يَبْقَ في قَوْسِ الصَّبْرِ مَنْزَع

exhaustion/ɪɡ'zɔstʃən/ n. اِسْتِنْفاد ، اِسْتِهْلاك ؛ ضَنًى ، تَعَبٌ ، إعْياء ، إرْهاق ، إنْهاك ، اِنْحِطاط (القُوَى)

exhaustive/ɪɡ'zɔstɪv/ adj. مُسْتَنْفِد للمَوْضُوع (مِن جَمِيعِ جَوانِبِه) ، مُسْتَفِيض ، مُتَقَصٍّ

exhibit/ɪɡ'zɪbɪt/n. مِن مَعْرُوضات المَتْحَف ؛ مُسْتَنَدٌ يُقَدَّمُ دَلِيلًا في المَحْكَمة

v.t. قَدَّمَ ، أَبْرَزَ ، عَرَضَ (ـِ) ، أَبْدَى للعَيان ، أَظْهَرَ بِتَباهٍ

exhibition/'eksɪ'bɪʃən/n.

1. (display) مَعْرِض ، عَرْض ، اِسْتِعْراض ، إظْهار

stop making an exhibition of yourself لا تَجْعَلْ نَفْسَكَ سُخْرِيةً للآخَرين

2. (scholarship) مِنْحة للدِّراسة تُعْطَى للفائِزِينَ في اْمْتِحانٍ خاصّ

exhibitionism/'eksɪ'bɪʃənɪzm/n. اِفْتِضاحِيّة ، عُصابٌ قَهْرِيّ لِعَرْضِ العَوْرةِ أمامَ الجِنْسِ الآخَر

exhibitor/ɪɡ'zɪbɪtə(r)/n. عارِضُ لَوْحاتٍ فَنِّيّة أو بَضائع في مَعْرِضٍ أو مَتْجَر

exhilarate/ɪɡ'zɪləreɪt/v.t. أَبْهَجَ ، أَفْرَحَ ، أَنْعَشَ

exhilaration/ɪɡ'zɪlə'reɪʃən/n. إنْعاش ، إبْهاج

exhort/ɪɡ'zɔt/v.t. حَضَّ (ـُ) على ، حَثَّ (ـُ) على ، ناشَدَ ، حَرَّضَ على

exhortation/'eksɔ'teɪʃən/n. حَثٌّ ، تَحْرِيض ؛ مَوْعِظة (مَواعِظُ) ، إرْشاد

exile/'egzaɪl/n.

1. (banishment) نَفْيٌ ، إبْعاد

2. (person banished) مَنْفِيٌّ ، مُبْعَد ، طَرِيد

v.t. نَفَى (يَنْفِي) ، طَرَدَ (ـُ) ، أَبْعَدَ

exist/ɪɡ'zɪst/v.i. كانَ (يَكُون) ، وُجِدَ

existence/ɪɡ'zɪstəns/n. وُجُود ، كَيْنُونة ، مَوْجُودِيّة

existentialism/'egzɪs'tenʃəlɪzm/n. مَذْهَبُ الوُجُودِيّة

existentialist/'egzɪs'tenʃəlɪst/n. وُجُودِيّ

exit/'eksɪt/n.

1. (departure) خُرُوج ، اِنْصِرافٌ مِن خَشَبةِ المَسْرَح

he made a dignified exit خَرَجَ بِوَقارٍ وَشَرَفٍ

2. (way out) مَخْرَج

v.i. اِنْصَرَفَ (المُمَثِّلُ مِن خَشَبةِ المَسْرَح)

exodus/'eksədəs/n. رَحِيل ، خُرُوج جَماعِيّ ؛ سِفْرُ الخُرُوج في التَّوْراة

exonerate/ɪɡ'zonəreɪt/v.t. بَرَّأَهُ مِن تُهْمة

exorbitance/ɪɡ'zɔbɪtəns/n. فَداحة ، فُحْش ، غَلاء (الثَّمَن)

exorbitant/ɪɡ'zɔbɪtənt/adj. باهِظ ، فاحِش ، غالٍ جِدًّا

exotic/ɪɡ'zotɪk/adj. غَرِيب ، غَيْرُ مُعْتادٍ ، طَرِيف ، أَجْنَبِيّ

expand/ɪk'spænd/v.t. وَسَّعَ ، مَدَّدَ

v.i. 1. (become larger) اِتَّسَعَ ، تَمَدَّدَ

2. (become genial) فَقَدَ تَحَفُّظَهُ وأَصْبَحَ مَرِحًا ، اِنْشَرَحَ

expanse/ɪk'spæns/n. مَدًى ، اِتِّساع ، اِمْتِداد ، فُسْحة

expansion/ɪk'spænʃən/ n. تَوَسُّع ، اِمْتِداد ، تَمَدُّد ، اِزْدِياد ، ازدِهار (اقتِصادِيّ) ، انتِشار

expansive/ɪk'spænsɪv/adj.

1. (able to expand) قابِلٌ للتَّمَدُّد ، تَوَسُّعِيّ

2. (genial) مَرِحٌ ، مُنْفَتِح ، مُنْطَلِق ، بَشُوشُ الوَجْه

expatriate/eks'peɪtrɪət/ مُغْتَرِب ، مُواطِن يَعِيشُ

adj. & n. خارِجَ وَطَنِهِ ، مُهاجِر

expect/ɪk'spekt/*v.t.*
1. (anticipate) اِنْتَظَرَ ، تَوَقَّعَ
2. (suppose) اِفْتَرَضَ ، اِعْتَقَدَ ، حَسِبَ (ـَ) ، ظَنَّ (ـُ)
what do you expect will happen? ماذا تَظُنُّ سَيَحْدُث ؟

expectant/ɪk'spektənt/ *adj.* مُتَوَقِّعٌ ، مُنْتَظِرٌ ، مُتَرَقِّبٌ ، راجٍ ؛ (امرأة) حامِل

expectation/'ekspek'teɪʃən/*n.*
1. (anticipation) تَوَقُّع ، اِنْتِظار ، رَجاء
the play did not come up to my expectations لَمْ تَكُن المَسْرَحِيّة على ما كُنْتُ أَرْتَجِيه مِنْها
2. (*pl.* prospects of inheritance) آمالُ المُسْتَقْبَل ؛ أَمَلُ الاغْتِناء مِن إِرْث

expedience, expediency/ɪk'spidɪəns, ɪk'spidɪənsɪ/*n.* مُلاءَمةُ الظُّروفِ للأَغْراضِ الشَّخْصِيّة ؛ اِنْتِهازِيّة ، نَفْعٌ شَخْصِيّ

expedient/ɪk'spidɪənt/*adj.*
1. (advisable) مُفِيدٌ ، ذُو نَفْع ؛ يُمْكِنُ أَنْ يُسْتَفادَ مِنْه
2. (advantageous rather than just) (حَلٌّ) يَتَطَلَّبُه المَوْقِف ، (سِياسة) اِنْتِهازِيّة
n. وَسِيلة (وَسائلُ) ، ذَرِيعة (ذَرائِعُ) ، حِيلة (حِيَل)

expedite/'ekspɪdaɪt/*v.t.* عَجَّلَ بِتَنْفِيذِ عَمَلٍ ما ، أَنْهَى العَمَلَ بِسُرْعة

expedition/'ekspɪ'dɪʃən/*n.*
1. (journey) رِحْلةٌ اسْتِكْشافِيّة عِلْمِيّة أو المُشْتَرِكُون فِيها
2. (promptness) سُرْعة قُصْوَى ، تَصَرُّفٌ فَوْرِيّ
3. (campaign) حَمْلةٌ عَسْكَرِيّة ، غَزْوة ؛ المُرْسَلُون في حَمْلةٍ عَسْكَرِيّة

expel/ɪk'spel/*v.t.* طَرَدَ (ـُ) ؛ أَبْعَدَ ، أَقْصَى ؛ أَخْرَجَ ، أَفْرَغَ

expend/ɪk'spend/*v.t.* أَنْفَقَ ، صَرَفَ (ـِ) ، بَذَلَ (ـِ) ؛ اِسْتَهْلَكَ

expendable/ɪk'spendəbəl/*adj.* يُمْكِنُ الاسْتِغْناءُ عَنْه أو التَّضْحِية بِهِ ، (مُعَدّاتٌ) لِلاِسْتِهْلاك

expenditure/ɪk'spendɪtʃə(r)/*n.*
1. (spending) إِنْفاق ، اِسْتِهْلاك ، صَرْف
2. (what is spent) مَصْرُوف ، نَفَقات ، خَرْجٌ

expense/ɪk'spens/*n.* كُلْفة ، مَصْرُوف
expense account قائِمةٌ بالنَّفَقات المَدْفُوعة (يُقَدِّمُها مُوَظَّفٌ لِرَئِيسِهِ مَثَلًا)
he passed the exam at the expense of his health نَجَحَ في الامْتِحان على حِسابِ صِحَّتِه

expensive/ɪk'spensɪv/ *adj.* غالٍ ، باهِظُ الثَّمَن

experience/ɪk'spɪərɪəns/*n.*
1. (knowledge gained) خِبْرة (خِبرات) ، تَجْرِبة (تَجارِبُ)
2. (event) حادِثة تُكْسِبُ الإِنْسانَ خِبْرةً في الحياة ، تَجْرِبة (إِنْسانِيّة)
v.t. جَرَّبَ ، ذاق (يَذُوق) ، شَعَرَ بِـ ، عانَى

experienced/ɪk'spɪərɪənst/*adj.* مُجَرِّب ، خَبِير ، مُحَنَّك ، ذُو خِبْرة ، مُدَرَّب ، مُتَمَرِّس (جُنْدِيّ)

experiment/ɪk'sperɪmənt/*n.* تَجْرِبة (تَجارِبُ) ، اِخْتِبار
v.i. جَرَّبَ ، اِخْتَبَرَ

experimental/ɪk'sperɪ'mentəl/*adj.* تَجْرِيبِيّ ، اِخْتِبارِيّ ، عَمَلِيّ ، على سَبِيل الاختِبار

expert/'ekspɜt/*adj. & n.* خَبِير ، اِخْتِصاصِيّ ، ضَلِيع ، ماهِر ، ثِقَة ، حُجّة

expertise/'ekspɜ'tiz/*n.* خِبْرة أو مَهارة فَنِّيّة خاصّة

expire/ɪk'spaɪə(r)/*v.i.*
1. (die) لَفَظَ أَنْفاسه الأَخِيرة ، أَسْلَمَ الرُّوح ، ماتَ
2. (come to an end) اِنْتَهَى مَفْعُولُه ، اِنْقَضَتْ مُدّةُ (عَقْدٍ مَثَلًا)

expiry/ɪk'spaɪərɪ/*n.* اِنْتِهاءُ مُدّة أو مَفْعُول (وَثِيقة مَثَلًا)

explain/ɪk'spleɪn/*v.t.*
1. (make clear) شَرَحَ (ـَ) ، وَضَّحَ ، أَوْضَحَ ، بَيَّنَ
2. (account for) فَسَّرَ ، عَلَّلَ ، بَيَّنَ السَّبَب ، عَبَّرَ ، بَرَّرَ
this negligence cannot be explained away يَتَعَذَّرُ تَبْرِيرُ هذا الإِهْمال

explanation/'eksplə'neɪʃən/*n.* إِيضاح ، شَرْح ، تَفْسِير ، تَبْرِير ، تَوْضِيح ، بَيان ، تَعْلِيل

explanatory/ɪk'splænətrɪ/*adj.* تَفْسِيرِيّ ، إِيضاحِيّ ، بَيانِيّ

expletive/ɪk'splitɪv/*n.* أَلْفاظُ سِبابٍ وشَتائم
adj. إِضافِيّ زائِد عَن الحاجة (عِلْم النَّحْو)

explicit/ɪk'splɪsɪt/*adj.* صَرِيح ، واضِح ، جَلِيّ ، مُحَدَّد

explode/ɪk'spləʊd/*v.t.*
1. (cause to burst with loud noise) فَجَّرَ ، فَرْقَعَ
2. (discredit) دَحَضَ (ـَ) ، كَذَّبَ ، فَنَّدَ ؛ أَزاحَ السِّتارَ عَن
v.i. **1.** (burst with loud noise) اِنْفَجَرَ ، تَفَجَّرَ ، تَفَرْقَعَ
3. (show violent feelings) اِسْتَشاطَ غَيْظًا ، اِنْفَجَرَ غاضِبًا

exploit/'eksplɔɪt/*n.* عَمَلٌ بُطُولِيّ ، مَأْثَرة (مَآثِرُ)
v.t./ɪk'splɔɪt/
1. (develop) اِسْتَثْمَرَ
2. (use selfishly) اِسْتَغَلَّ

exploitation/'eksplɔɪ'teɪʃən/*n.* اِسْتِغْلال ، اِسْتِثْمار

exploration/'eksplə'reɪʃən/*n.* اِسْتِكْشاف ، اِسْتِطْلاع ، رِيادة

exploratory/eksˈplorətrɪ/*adj.* اِسْتِكْشافِيّ ، اِسْتِطْلاعِيّ ، رِيادِيّ ، (عَمَلِيَّة) سَبْر

explore/ɪkˈsplɔ(r)/*v.t.* اِسْتَكْشَفَ ، اِسْتَطْلَعَ ، سَبَرَ (فِي) غَوْرَ . . . ، رادَ (يَرُود) ، تَفَحَّصَ

explorer/ɪkˈsplɔrə(r)/*n.* رائِد (رُوّاد) ، مُسْتَكْشِف ، رَحّالة ، جَوّاب

explosion/ɪkˈspləʊʒən/*n.* اِنْفِجار ، فَرْقَعة (فَراقِعُ) ، تَفَجُّر

population explosion الانْفِجارُ السُّكّانِيّ

explosive/ɪkˈspləʊsɪv/*n.* مُتَفَجِّر (مُتَفَجِّرات) ، مُفَرْقَعات

adj. مُتَفَجِّر ، اِنْفِجارِيّ ، على وَشْكِ الانْفِجار

that turned out to be an explosive issue اِتَّضَحَ أنَّها مَسْأَلةٌ حَسّاسةٌ تُهَدِّدُ بالانْفِجار

exponent/ɪkˈspəʊnənt/*n.* شارِحٌ ، مُفَسِّرٌ ، مُؤَيِّدٌ (لِنَظَرِيّة مَثَلاً) ؛ الأُسّ ، القُوّة (رِياضِيّات)

export/ɪkˈspɔt/*v.t. n.*/ˈekspɔt/ صَدَّرَ (البَضائع)

1. (business of exporting) تَصْدِير

import and export merchant تاجِرُ اسْتِيرادٍ وتَصْدِير

2. (goods exported) صادِرات

exporter/ɪkˈspɔtə(r)/*n.* مُصَدِّر ، تاجِرُ تَصْدِير

expose/ɪkˈspəʊz/*v.t.*

1. (leave unprotected) عَرَّضَ ، كَشَفَ (ـِ) ، عَرَّى

2. (show) أظْهَرَ ، عَرَضَ

3. (make known) كَشَفَ (ـِ) ، فَضَحَ (ـَ) ، أماطَ اللِّثامَ عَن

4. (*photog.*) عَرَّضَ فِيلْمَ التَّصْوِيرِ لِلضَّوْء

exposed/ɪkˈspəʊzd/*adj.*

1. (unprotected) مُعَرَّضٌ لِلخَطَر ، مَكْشُوف ، مُعَرًّى

2. (*photog.*) فِيلْم مُعَرَّض لِلضَّوْء

expound/ɪkˈspaʊnd/*v.t.* وَضَّحَ ، شَرَحَ (ـَ) ، أوَّلَ

express/ɪkˈspres/*adj.*

1. (clear) صَرِيح ، واضِح ، مُحَدَّد ، بَيِّن

2. (fast) سَرِيع (قِطار أو بَرِيد)

the express leaves at seven يُسافِرُ القِطارُ السَّرِيعُ في السّابِعة

v.t. 1. (show by words, looks) عَبَّرَ عَن ، أفْصَحَ عَن ، أبْدَى (رَأْيَهُ)

he expresses himself very well يُحْسِنُ التَّعْبِيرَ عَن أفْكارِهِ

2. (squeeze out) عَصَرَ (ـِ) (العِنَبَ مَثَلاً)

expression/ɪkˈspreʃən/*n.* تَعْبِير (تَعابِير)

the doctor assumed a serious expression بَدَتْ على وَجْهِ الطَّبِيبِ سِيماءُ الجِدِّ والقَلَق

the picture was beautiful beyond expression كان جَمالُ الصُّورة يَفُوقُ الوَصْف

expressive/ɪkˈspresɪv/*adj.* مُعَبِّر ، (كَلامٌ) بَلِيغ ، ذُو مَغْزًى

expulsion/ɪkˈspʌlʃən/*n.* طَرْدٌ ، إبْعادٌ ، إقْصاءٌ ، إخْراجٌ ، نَفْيٌ

expurgate/ˈekspəgeɪt/*v.t.* هَذَّبَ ، حَذَفَ الكَلِماتِ والمَواقِفَ البَذِيئةَ مِن قِصّةٍ قَبْلَ طَبْعِها

exquisite/ˈekskwɪzɪt/*adj.*

1. (of great beauty) مُمْتاز ، فاخِر ، رائِع ، مِن الصِّنْفِ الأوَّل ؛ لَذِيذ ، ظَرِيف

2. (acute) (أَلَمٌ) حادٌّ ، مُبَرِّح ، (لَذّة) شَدِيدة

extempore/ekˈstempərɪ/*adv. & adj.* اِرْتِجالاً ، دُونَ سابِقِ إعْداد

extend/ɪkˈstend/*v.t.*

1. (make longer) مَدَّ (ـُ) ، أطالَ ، وَسَّعَ ، طَوَّلَ

2. (offer) مَدَّ (له يَدَ المُساعَدة) ، قَدَّمَ

he extended a cordial welcome to us رَحَّبَ بِنا تَرْحِيبًا حارًّا

v.i. اِمْتَدَّ ، طالَ (يَطُول) ، اِسْتَطالَ

extension/ɪkˈstenʃən/*n.*

1. (making longer, larger) إطالة ، تَمْدِيد ، تَوْسِيع

2. (something extra) اِمْتِداد ، شَيْءٌ إضافِيّ

he built an extension to his house شَيَّدَ مُلْحَقًا لِدارِهِ ، بَنَى مُشْتَمَلاً لِدارِهِ (ع)

3. (*of telephone*) تَلِيفُون أو هاتِف فَرْعِيّ

extensive/ɪkˈstensɪv/*adj.* واسِعُ النِّطاق ، شامِل

extent/ɪkˈstent/*n.* مَدًى ، مَجال ، مِساحة ، مَسافة ، حَدٌّ ، دَرَجة

extenuate/ɪkˈstenjʊeɪt/*v.t.* خَفَّفَ ؛ (ظُرُوف) مُخَفِّفة (في الحُكْمِ على مُذْنِب)

exterior/ekˈstɪərɪə(r)/*n.* مَظْهَر ، سَطْحٌ خارِجِيّ

adj. ظاهِرِيّ ، سَطْحِيّ ، خارِجِيّ

exterminate/ɪkˈstɜmɪneɪt/*v.t.* أبادَ ، أفْنَى ، قَضَى على ، أهْلَكَ ، اِسْتَأْصَلَ ، مَحَقَ (ـَ)

extermination/ɪkˈstɜmɪˈneɪʃən/*n.* إبادة ، اِسْتِئْصال ، إهْلاك

external/ekˈstɜnəl/*adj.* خارِجِيّ ، مِن الظّاهِر

extinct/ɪkˈstɪŋkt/*adj.* بائِد ، مُنْقَرِض ؛ (بُرْكان) خامِد

extinction/ɪkˈstɪŋkʃən/*n.* إبادة ، اِنْقِراض

extinguish/ɪkˈstɪŋgwɪʃ/*v.t.* أطْفَأَ ، أخْمَدَ

extinguisher/ɪkˈstɪŋgwɪʃə(r)/*n.* مِطْفَأة (الحَرِيق)

extortion/ɪkˈstɔʃən/*n.* اِبْتِزازُ الأمْوالِ بالتَّهْدِيد ، بَلْص ، اِنْتِزاع ، اِغْتِصاب

extortionate/ɪkˈstɔʃənət/*adj.* (ثَمَنٌ) باهِظٌ جِدًّا ، (سِعْرٌ) فاحِش

extra/ˈekstrə/*adj.* إضافِيّ ، زائِد ؛ مُمْتاز ، فاخِر

adv. أكْثَر مِن المُعْتاد ، بِشَكْلٍ إضافِيّ

this cloth is of extra هذا القُماش مِن نَوْعٍ مُمْتاز

fine quality فَوْقَ العادة

n. شَيْءٌ إضافِيٌّ ، مَبْلَغٌ إضافِيٌّ ؛ شَخْصٌ يُسْتَأْجَرُ للتَّمْثِيلِ في مَشْهَدٍ جماعِيٍّ

extract/ɪk'strækt/*v.t.*

1. (copy out) اِسْتَخْرَجَ ، اِسْتَخْلَصَ ، اِقْتَبَسَ ، اِقْتَطَفَ

2. (take out) اِقْتَلَعَ ، نَزَعَ (ـَ) ، خَلَعَ (ـَ)

the dentist extracted two teeth اِقْتَلَعَ طَبِيبُ الأسْنانِ ضِرْسَيْنِ مِن أضْراسِي

3. (obtain **juice**) اِعْتَصَرَ ، اِسْتَخْلَصَ العَصِيرَ مِن

n./'ekstrækt/ مُنْتَخَب ، مُقْتَطَف ، مُقْتَبَس ؛ خُلاصة ، زُبْدة

extraction/ɪk'strækʃən/*n.*

1. (extracting) اِسْتِخْراج ، اِسْتِخْلاص ، اِعْتِصار ؛ خَلْع أو قَلْع (الأسْنان)

2. (lineage) نَسَبٌ (أنْساب) ، أصْلٌ (أُصُول)

extradite/'ekstrədaɪt/*v.t.* سَلَّمَ مُجْرِمًا فارًّا إلى الدَّوْلةِ الَّتِي أجْرَمَ فِيها

extradition/'ekstrə'dɪʃən/*n.* تَسْلِيمُ مُجْرِمٍ فارٍّ إلى دَوْلة أُخْرَى

extraordinary/ɪk'strɔdənrɪ/*adj.* خارِقٌ للعادة ، مُدْهِش ، عَجِيب ، غَيْرُ مَأْلُوف ، رائِع

extravagance/ɪk'strævəgəns/*n.*

1. (being extravagant) إسْراف ، تَبْذِير

2. (absurd statement or act) مُبالَغة ، مُغالاة ، تَطَرُّف

extravagant/ ɪk'strævəgənt/*adj.*

1. (wasteful) مُسْرِف ، مُبَذِّر

2. (absurd) مُغالٍ ، مُبالِغٌ فِيه

he makes extravagant claims يُبالِغُ في دَعْواه ، يُفْرِطُ في مَزاعِمِه

extreme/ɪk'strim/*adj.*

1. (at the end, utmost) أقْصَى (شَيْء) ، غاية ، مُنْتَهَى

he paid the extreme penalty حُكِمَ عَلَيْه بأقْصَى عُقُوبة مُمْكِنة (عُقُوبة المَوْت في أغْلَبِ البُلْدان)

2. (immoderate) مُتَطَرِّف

he holds extreme views له آراء مُتَطَرِّفة

n. طَرَفٌ (أطْراف) ، نِهاية

his conversation is boring in the extreme حَدِيثُه مُمِلٌّ لِلغاية

extremes can sometimes meet قَدْ يَتَلاقَى النَّقِيضان

extremely/ɪk'strimlɪ/*adv.* لِلغاية ، جِدًّا ، بإفْراط ، إلى أبْعَدِ حَدٍّ

extremity/ɪk'stremətɪ/*n.*

1. (furthest point) طَرَفٌ (أطْراف) ، نِهاية

2. (*usu. pl.* ends of limbs) الأطْراف (الذِّراعان والسّاقان)

extricate/'ekstrɪkeɪt/*v.t.* فَكَّ (ـُ) القَيْدَ ، خَلَّصَ (مِن مَأْزِق) ، أطْلَقَ سَراحَ

extrovert/'ekstrəvɜt/*n.* اِنْبِساطِيّ (عَكْس اِنْطِوائِيّ في عِلْمِ النَّفْس) ، ذُو شَخْصِيّة مُنْفَتِحة

exuberance/ɪg'zjubərəns/*n.* غَزارة ، حَيَوِيّة ، فَيْضٌ مِن المَرَح

exuberant/ɪg'zjubərənt/*adj.* غَزِير ، فَيّاض ، طافِح بالحَيَوِيّة

exult/ɪg'zʌlt/*v.i.* تَهَلَّلَ ، اِغْتَبَطَ ، اِبْتَهَجَ ، طارَ فَرَحًا

exultant/ɪg'zʌltənt/*adj.* مُبْتَهِج ، جَذِل ، في غايةِ السُّرُور

exultation/'egzʌl'teɪʃən/*n.* اِبْتِهاج ، جَذَلٌ ، اِغْتِباط ، نَشْوة

eye/ɑɪ/*n.*

1. (organ of sight) عَيْن (عُيُون) ، مُقْلة (مُقَل)

he was all eyes حَمْلَقَ ، كان كُلُّه عُيُونًا

that's all my eye (*sl.*) هُراء ، تُرَّهات ، مَسْخَرة (س) ، خَرْط (ع) ، هَلْس (م)

he always has an eye to the main chance يَعْرِفُ بالغَرِيزة أيْنَ الأرْباح ، يُفَكِّرُ في مَصْلَحَتِهِ دائمًا

he has an eye for a pretty girl إنّه خَبِيرٌ بِجَمال الفَتَيات

please keep an eye on the shop أرْجو أنْ تُراقِبَ الدُّكّانَ أثْناءَ غِيابِي

there is more to it than meets the eye القَضِيّة أعْقَدُ مِمّا تَبْدُو ، وَراءَ الأكَمة ما وَراءَها

I see eye to eye with you أُشارِكُكَ الرَّأْيَ ، أُوافِقُكَ تَمامًا

he acted with an eye to the future قام بالعَمَل آخِذًا المُسْتَقْبَلَ بِعَيْنِ الاعْتِبار

you must keep a weather eye open كُنْ واعِيًا على الدَّوام

2. (thing like an eye) ما يُماثِلُ العَيْن

eye of a needle خُرْمُ الإبْرة ، ثُقْبُها

hook and eye كُبْشة وعُرْوة (م) ، عُرْوة وكُبْشاية (س) ، بِنْتِيّة وفَحْل (ع)

v.t. حَدَّجَ ، تَفَرَّسَ في ، رَمَقَ (ـُ) ، تَفَحَّصَ بِعَيْنَيْه

eyeball/'ɑɪbɔl/*n.* مُقْلة (مُقَل) العَيْن ، شَحْمة العَيْن

eyebrow/'ɑɪbrɑʊ/*n.* حاجِب (حَواجِبُ)

it made him raise his eyebrows (ذلك الأمْرُ) أثارَ دَهْشَتَهُ وشُكُوكَه

eyelash/'ɑɪlæʃ/*n.* رِمْش (رُمُوش) ، هُدْب (أهْداب)

eyelet/'ɑɪlət/*n.* خُرْم ، ثُقْب صَغِير ، عُرْوة أو عُيَيْنة (شَرِيطِ الحِذاء مَثَلًا)

eyelid/'ɑɪlɪd/*n.* جَفْن (جُفُون ، أجْفان)

eyeshot/'ɑɪʃot/*n.* (على) مَرْمَى النَّظَر ، (في) مَدَى البَصَر

eyesight/'ɑɪsɑɪt/*n.* بَصَرٌ ، نَظَرٌ

eyesore/'ɑɪsɔ(r)/*n.* مَنْظَرٌ مُؤْذٍ ، شَيْءٌ قَبِيح

eye-tooth/'ɑɪ-tuθ/*n.* نابٌ (أنْياب)

eyewash/ˈaɪwɒʃ/*n.*
1. (lotion) غَسُولٌ للعَيْن
2. (*coll.* humbug) دَجَلٌ ، كلامٌ فارِغ ، خُزَعْبَلات

eye-witness/ˈaɪ-wɪtnɪs/*n. & adj.* شاهِدُ عِيان
eyrie/ˈɪərɪ/*n.* وَكْرُ الطُّيور الجارِحة (وخاصّةً النَّسْر)

F

F/ef/(letter) الحَرْفُ السّادِس مِن الأَبْجَدِيّة
fable/ˈfeɪbəl/*n.* مِن قِصَص الحَيَوان ، حِكاية تَهْذِيبِيّة ؛ أُكْذُوبة ، خُرافة
fabric/ˈfæbrɪk/*n.*
1. (woven material) نَسِيج (أَنْسِجة) ، قُماش (أَقْمِشة)
2. (structure) بِنْية (المُجْتَمَع) (بُنًى) ، تَرْكِيب
fabricate/ˈfæbrɪkeɪt/*v.t.* لَفَّقَ ، زَيَّفَ ، اِفْتَعَلَ ، زَوَّرَ
fabrication/ˈfæbrɪˈkeɪʃən/*n.* تَزْيِيف ، تَلْفِيق ، اِخْتِلاق
fabulous/ˈfæbjʊləs/*adj.*
1. (legendary) خُرافِيّ ، أُسْطُورِيّ
2. (*coll.* very good) عَظِيم ، رائِع ، هائِل ، لا يُصَدَّق
façade/fəˈsɑd/*n.* واجِهةُ (بِناءٍ) ؛ مَظْهَر خارِجِيّ (خَدّاع)
face/feɪs/*n.* **1.** (front of head) وَجْه (وُجُوه ، أَوْجُه)
he kept a straight face كَتَمَ ضِحْكَهُ
he told him so to his face صارَحَه بِذلك ، جابَهَه بالأَمْرِ بِصَراحة
2. (impudence) صَفاقة ، وَقاحة
he had the face to deny what he had done بَلَغَتْ بِهِ القِحَة حَدَّ إنْكار فِعْلَتِهِ
3. (appearance) مَظْهَر
we must not take his story at its face value يَجِبُ أَلّا نَتَقَبَّلَ قِصَّته على عِلّاتِها ، يَجِبُ أَلّا نَفْتَرِضَ أَنَّها صَحِيحة
4. (dignity) كَرامة
he has lost face فَقَدَ كَرامَته ، اِسْوَدَّ وَجْهُه
v.t. & i. واجَهَ ، جابَهَ (صُعُوباتٍ) ، لاقَى ، وَقَفَ في وَجْهِ . .
you must face the music عَلَيْكَ أَنْ تُواجِهَ مُنْتَقِدِيك ، عَلَيْكَ أَنْ تَتَحَمَّلَ النَّتائج
facetious/fəˈsiʃəs/*adj.* هَزْلِيّ ، فَكِهٌ ، مازِحٌ
facial/ˈfeɪʃəl/*adj. & n.* وَجْهِيّ ؛ تَدْلِيك أو تَجْمِيل الوَجْه
facile/ˈfæsɑɪl/*adj.* سَهْلٌ ، هَيِّنٌ ؛ مَيْسُور ؛ ذَلِقُ اللِّسان ، (قَلَمٌ) سَلِسٌ ؛ (حَلٌّ) سَطْحِيّ
facilitate/fəˈsɪləteɪt/*v.t.* سَهَّلَ ، هَوَّنَ ، يَسَّرَ ، مَهَّدَ
facility/fəˈsɪlətɪ/*n.*
1. (ease) سُهُولة ، يُسْر ؛ بَراعة ، حَذاقة
2. (*pl.* amenities) تَسْهِيلات ، وَسائل (الرّاحة مَثَلاً)
facsimile/fækˈsɪmɪlɪ/*n.* نُسْخة (أو صُورة) طِبْقَ الأَصْل
fact/fækt/*n.* أَمْرٌ واقِع ، حَقِيقة (حَقائِقُ)
as a matter of fact, in fact في الحَقِيقة ، في الواقِع ، حَقًّا
faction/ˈfækʃən/*n.* فِئة خارِجة على حِزْب ، فِئة مُتَحَزِّبة ، عُصْبة (عُصَبٌ) سِياسِيّة
factor/ˈfæktə(r)/*n.* عامِل (عَوامِلُ) ، عُنْصُر (عَناصِرُ)
highest/lowest common factor (القاسِم) العامِل المُشْتَرَك الأَعْظَم / الأَصْغَر
factory/ˈfæktrɪ/*n.* مَصْنَع ، مَعْمَل
factual/ˈfæktʃʊəl/*adj.* واقِعِيّ ، حَقِيقِيّ ، قائم على الحَقائِقِ المُجَرَّدة
faculty/ˈfækəltɪ/*n.*
1. (mental or physical power) مَلَكةٌ ، مَقْدُرة ، اسْتِعْداد (عَقْلِيّ أو جِسْمِيّ)
2. (*univ.*) كُلِّيّة ، قِسْم أو فَرْع في جامِعة
fad/fæd/*n.* نَزْوة طارِئة ، هَوًى عابِر ، هَوَسٌ ، بِدْعة (بِدَعٌ) ؛ مَيْلٌ مُتَطَرِّف (في الأَكْل مَثَلاً)
faddy/ˈfædɪ/*adj.* مُفْرِطٌ في مُيولِهِ أو أَهْوائه ، مُصابٌ بِنُفُورٍ سَخِيفٍ من أَشْياءَ مُعَيَّنة ، مُوَنِّف (س) ، نَقْناقي ودَقْداقي (ع)
fade/feɪd/*v.t. & i.* بَهِتَ (ـَ) (اللَّوْنُ) ؛ خَفَتَ (ـُ) (الصَّوْتُ) ؛ ذَبُلَ (ـُ) (الزَّهْرُ) ، تَلاشَى (الأَمَلُ)
fag¹/fæg/*v.t. & i. & n.* أَتْعَبَ ، أَرْهَقَ ، أَنْهَكَ ؛ عَمَلٌ مُتْعِب ، سُخْرة
he was fagged out عَمِلَ حَتَّى الإِعْياء ، مَنْهُوكُ القُوَى ، هَلْكان مِن التَّعَب (ع ، س) ، كَلَّ (ـِ) (م)
fag²/fæg/*n. (sl.)* سِيكارة (بالعامّيّة)
faggot/ˈfægət/*n.* حِزْمة حَطَب ، إِبالة ؛ كُفْتة خاصّة من الكَبِدِ أو اللَّحْم المَفْروم
Fahrenheit/ˈfɑrənhɑɪt/*n.* مِقْياس الفارِنْهايْت الحَرارِيّ
fail/feɪl/*v.i. & t.*
1. (be unsuccessful) أَخْفَقَ ، فَشِلَ (ـَ) ، خابَ (يَخِيب)
2. (neglect) أَهْمَلَ ، أَغْفَلَ
he failed to answer my letter أَهْمَلَ الرَّدَّ على رِسالَتي
3. (be insufficient, cease) نَدُرَ (ـُ) ، اِنْقَطَعَ
words fail me تَخُونُني الكَلِمات ، لِساني عاجِزٌ عَن التَّعْبِير . . .
4. (grow weak) ضَعُفَ (ـُ) ، عَجِزَ (ـَ) ، تَدَهْوَرَتْ صِحَّتُه
his grandfather is failing fast تَتَدَهْوَرُ صِحّة جَدِّهِ بِسُرْعة

5. (reject) أَسْقَطَ في امتِحان
the examiner failed ten students رَسَّب المُمْتَحِن عَشَرَةَ طُلّاب في الامتِحان
n. esp. in
come without fail تَعالَ في المَوْعِدِ المُحَدَّد بكلّ تأكيد

failing/ˈfeɪlɪŋ/*n.* نُقطة ضَعْف ، عَيْب (عُيوب) ، نَقيصة
prep. إنْ لَمْ يُوجَد ... ، في حالة انْعِدام ، إذا لَمْ يَتَسَنَّ

fail-safe/ˈfeɪl-seɪf/*adj.* (جِهاز) يَتفادَى تَعَطُّلَهُ تِلقائيًّا

failure/ˈfeɪljə(r)/*n.* فَشَلٌ ، إخفاق ، خَيْبة

faint/feɪnt/*adj.*
1. (feeble, vague) ضَعيف ، ضَئيل ، خائر ، واهٍ ، واهِنٌ ؛ باهِتٌ
I have not the faintest idea what you mean لَيْسَت لَدَيَّ أدْنَى فِكْرة عَمّا تَعْني
2. (likely to swoon) على وُشْكِ الغَشَيان
she felt faint أَحَسَّت بدَوْخَة ، أَوْشَكَت على الإغماء
v.i. غُشِيَ أو أُغْمِيَ عَلَيْهِ ، غابَ عَن الوَعْي
n. غَشْية ، إغماءة

fair/feə(r)/*adj.*
1. (just, reasonable) عادِلٌ ، مُنْصِف ، مُقْسِط ؛ عاقِلٌ
fair play التَّصَرُّفُ طِبْقًا للأُصُولِ المُتَعارَف عَلَيْها ، مُراعاةُ الشُّروط ، مُعامَلةٌ بِدُون تَحَيُّز
2. (beautiful) جَميل المُحَيّا ، حَسَنُ الصُّورة ، مَليح
the fair sex الجِنْسُ اللَّطيف ، مَعْشَرُ النِّساء
3. (average) مُعْتَدِل ، مُتَوَسِّط
his English is only fair مَعْرِفَتُه بالإنْكليزيّة مُتَوَسِّطة
4. (blonde) أَشْقَرُ ، له أو لها بَشَرَةٌ بَيْضاء
5. (fine) (طَقْسٌ) لَطيف ، مُعْتَدِل
he is a fair-weather friend إنّه صَديقُ نِعْمة
6. (clean) (خَطّ) واضِح
fair copy (نُسْخة) مُبَيَّضة
n. (market/exhibition) مَعْرِض ، سُوق ، مِهْرَجان

fairly/ˈfeəlɪ/*adv.*
1. (justly) بِعَدْلٍ ، بإنْصاف ، بلا تَحَيُّز
2. (moderately) إلى حَدٍّ ما
the children behaved fairly well تَصَرَّفَ الأطْفال تَصَرُّفًا مَعْقولاً إلى حدٍ ما
3. (*coll.* completely) تَمامًا ، كُلِّيًّا
the news fairly took my breath away أَذْهَلَتْني الأخْبارُ تَمامًا
he was fairly beside himself with rage اِسْتَشاطَ غَضَبًا ، اِحْتَدَمَ غَيْظًا ، خَرَجَ عَنْ طَوْرِه

fairy/ˈfeərɪ/*n.* جِنِّيّة ، حُورِيّة

fairyland/ˈfeərɪlænd/*n.* عالَمُ الجان ، دُنْيا الخَيال ، أَرْضُ الأحْلام

faith/feɪθ/*n.* عَقيدة (عَقائدُ) ، دِينٌ (أَدْيان) ؛ ثِقة
he made his statement in good faith أَدْلَى بِتَصْريحِهِ بخُلُوصِ نِيّة

faithful/ˈfeɪθfəl/*adj.*
1. (loyal) وَفِيّ (أَوْفِياءُ) ، مُخْلِص ، أَمِين (أُمَناءُ)
2. (accurate) صَحيح ، بدُون تَحْريف

faithless/ˈfeɪθləs/*adj.* خائن ، خَدّاع ، غادِر

fake/feɪk/*n. & adj. v.t.* زَيْف ؛ زائف ، مُزَيَّف ، كاذِب ، مُسْتَعار ؛ زَيَّفَ ، زَوَّرَ

falcon/ˈfɔlkən/*n.* صَقْر (صُقُور) ، باز (بِيزان) ، شاهِين (شَواهِينُ)

falconry//ˈfɔlkənrɪ/*n.* فَنُّ الصَّيْد بالباز ، بَيْزَرة ، بَزْدَرة

fall/fɔl/(*p.t.* **fell** *p.p.* **fallen**) *v.i.*
1. (drop) سَقَطَ (ـُ) ، وَقَعَ (يَقَعُ) ، هَوَى (يَهْوِي) ، اِنْهارَ ، تَداعَى
your work falls short of what I expected لَيْسَ عَمَلُك بالجُودة الّتي كُنْتُ أَتَوَقَّعُها
his face fell when he heard the sad news اِغْتَمَّ لَدَى سَماعِه الخَبَر ، تَجَهَّمَ وَجْهُه عِنْدما عَلِم بالنَّبأ المُؤْسِف
2. (pass into some condition) اِنْتَقَلَ مِن حالٍ إلى حال
I fell asleep غَلَبَني النُّعاس ، نِمْتُ
he has fallen in love وَقَعَ في الحُبّ ، أُغْرِمَ بِـ
3. (*with advs.*) مَعَ الظُرُوف
fall back on لَجَأَ (يَلْجَأُ) إلى ، رَكَنَ (ـُ) إلى ، اِسْتَعان بِـ
fall for (*coll.*) شُغِفَ بِـ ، أُغْرِمَ بِـ
fall in (collapse) تَقَوَّضَ ، اِنْهارَ ، هَبَطَ (ـِ) ، اِنقاض (السَّقْفُ) ، اِنْتَهَى (العَقْدُ)
(*mil.*) اِصْطَفَّ ، تَصافَّ
fall in with اِتَّسَقَ مَع ، اِنْسَجَمَ مع ، تمشّى مع
fall off سَقَطَ (ـُ)
fall on هاجَمَ ؛ وَقَعَ الاخْتِيارُ عَلَى
fall out تَشاجَرُوا ، دَبَّ الشِّقاقُ بَيْنَهُم ، اِخْتَلَفُوا
fall over oneself بَذَلَ كُلَّ ما في وُسْعِهِ مِنْ أَجْلِ (أو لإرْضاءِ) ...
fall through (*lit. & fig.*) أَخْفَقَت (الخِطّةُ) ، أُحْبِطَ (المَشْرُوعُ) ، فَشِلَ (ـَ)
the boys fell to with a will أَخَذَ الأَوْلادُ يأكُلُون بِنَهَمٍ
the task has fallen to me كان أداءُ المَهَمَّةِ مِن نَصِيبي
n. **1.** (descent, collapse) اِنْهِيار ، سُقُوط ، اسْتِسْلامُ (العَدُوّ)
2. (*U.S.* autumn) فَصْلُ الخَرِيف (باللَّهْجة الأمْرِيكِيّة)
3. (waterfall) شَلّال (شَلّالات)

fallacious/fəˈleɪʃəs/*adj.* (حُجّة) باطِلة ، مُضَلِّلة ، كاذِبة

fallacy/ˈfæləsɪ/*n.* رَأْيٌ (أو اعْتِقاد) خاطِئ ؛ مُغالَطة مَنْطِقِيّة

fallen/ˋfɔlən/*p.p of* **fall**

fallible/ˋfæləbəl/*adj.* غَيْرُ مَعْصُومٍ ، عُرْضَة للزَّلَل ، مُعَرَّض للخَطأ

fallow/ˋfæləʊ/*adj.* أَرْض تُحْرَثُ ثم تُتْرَك مَوْسِمًا لإراحَتِها ، غَيْرُ تامّ التَّدْريب ؛ (غزال) بُنّيّ فاتح ومُرَقَّط

false/fɔls/*adj. & adv.*

1. (erroneous) باطِل ، كاذِب

2. (counterfeit) زائِف ، مُزَوَّر ، مُصْطَنَع ، مُفْتَعَل

false teeth أَسْنان اصْطِناعِيّة

3. (deceitful) خادِع ، غَدّار ، لا يُؤْتَمَن

he has played us false غَشَّنا ، نَكَثَ عَهْدَهُ مَعَنا

falsehood/ˋfɔlshʊd/*n.* كَذِبٌ ، زُورٌ ، اِفْتِراء ؛ كِذْبة ، أُكْذُوبة

falsetto/fɔlˋsetəʊ/*adj.* صَوْتٌ أَعْلَى من الدَّرَجة الطَّبيعيّة في غِناء الرِّجال

falsification/ˈfɔlsɪfɪˋkeɪʃən/*n.* تَزْييف ، تَزْوير ، تَحْريف

falsify/ˋfɔlsɪfɑɪ/*v.t.* زَوَّرَ ، زَيَّفَ ، مَوَّهَ

falter/ˋfɔltə(r)/*v.i.* تَعَثَّرَ ، تَرَدَّدَ ، تَثَبَّطَتْ (عَزيمَتُه)

fame/feɪm/*n.* شُهْرة ، سُمْعة ، صِيت

familiar/fəˋmɪlɪə(r)/*adj.* مَأْلُوف ، عادِيّ ؛ مُتَعَوِّد على

I am not familiar with the law لَسْتُ مُلِمًّا بالقانُون

his behaviour is too familiar رَفْعُه الكُلْفة بَيْنَنا يَتَعَدَّى حُدُودَ اللِّياقة

familiarity/fəˈmɪlɪˋærətɪ/*n.* أُلْفة ، مَعْرِفة بالشَّيْء ، اِطِّلاع ؛ دالّة ، رَفْعُ الكُلْفة

familiarize/fəˋmɪlɪərɑɪz/*v.t.* تَعَرَّفَ على مَعالِمِ المَوْضُوع ، جَعَلَ الشَّيْءَ مَأْلُوفًا لَدَيْه

family/ˋfæmɪlɪ/*n.*

1. (group of related persons) أُسْرة (أُسَر) ، عائلة (عَوائلُ)

2. (offspring) أَوْلاد ، أَبْناء ، نَسْل ، أَنْجال ، خَلَفٌ

family planning تَنْظيمُ النَّسْل أو تَحْديدُه

3. (genus) فَصيلة نَباتِيّة أو حَيَوانِيّة

tigers belong to the cat family النَّمِر مِن فَصيلة السِّنَّوْرِيّات

famine/ˋfæmɪn/*n.* مَجاعة ، قَحْط ، جَدْب

famished/ˋfæmɪʃt/*adj.* جائعٌ جُوعًا شَديدًا ، مَيِّتٌ مِن الجُوع

famishing/ˋfæmɪʃɪŋ/*adj.* (*coll.*) هَلْكان مِن الجُوع (ع، ل) ، مَيِّت من الجُوع (ع ، س) ، هَفْتان (م)

famous/ˋfeɪməs/*adj.* مَشْهُور (مَشاهيرُ) ، شَهير ، ذائعُ الصِّيت ؛ هائل ، رائع (بالعامِّيّة)

fan/fæn/*n.*

1. (device for cooling) مِرْوَحة (مَراوِحُ) ، مِهَفَّة ، بَنْكة (ع)

2. (object shaped like a fan) شَيْءٌ بِشَكْلِ المِرْوَحة

3. (enthusiastic supporter) مُعْجَبٌ (بِفَنّان) ، مُؤَيِّد

football fans أَنصارُ فَريقِ كُرةِ قَدَم

v.i. & t. هَوَّى ، رَوَّحَ بِمِرْوَحة ؛ زادَ (لَهيبُ الغَضَبِ أو الحَرْب) اشْتِعالاً ؛ اِنْتَشَرَ بِشَكْلِ مِرْوَحة

fanatic/fəˋnætɪk/*n.* مُتَعَصِّب ، مُتَحَمِّس (لِكُرة القَدَم مَثَلاً)

fanatical/fəˋnætɪkəl/*adj.* تَعَصُّبِيّ

fanaticism/fəˋnætɪsɪzm/*n.* تَعَصُّب ؛ تَزَمُّت في العَقيدة

fanciful/ˋfænsɪfəl/*adj.* خَيالِيّ ، هَوائِيّ ، مُتَقَلِّبُ الأَطْوار ؛ وَهْمِيّ ، غَريب ؛ مُبَرْقَش ، مُزَخْرَف

fancy/ˋfænsɪ/*n.*

1. (imagination) خَيال ، وَهْمٌ ، تَخَيُّل ، تَصَوُّر

2. (unfounded opinion) فِكْرة وَهْمِيّة ، لا أَساسَ لَها

3. (fondness) هَوًى (أَهْواء) ، وَحَمٌ

I have taken a fancy to him اِسْتَلْطَفْتُهُ ، افْتُتِنْتُ بِهِ ، صادَفَ هَوًى عِنْدي

adj. **1.** (decorative) مُزَخْرَف ، مُزَيَّن ، مُحَلًّى

fancy goods تُحَفٌ وخُرْدَواتٌ تَزْيينِيّة

2. (excessive) باهِظ ، فاحِش ، فَوْقَ المَعْقُول

a fancy price سِعْرٌ خَيالِيّ أو باهِظ

v.t. **1.** (imagine) تَخَيَّلَ ، تَوَهَّمَ ، تَصَوَّرَ ، ظَنَّ (ـُ)

2. (like) مالَ (يَميلُ) إلى ، أَحَبَّ ، رَغِبَ (ـَ) في

I really fancy that car (*coll.*) واللّهِ سَحَرَتْني تِلْكَ السَّيّارة

fanfare/ˋfænfeə(r)/*n.* اِفْتِتاحٌ بِنَفْخِ الأَبْواق

fang/fæŋ/*n.* نابٌ (أَنْيابٌ) الحَيَوان ، نابُ الأَفْعَى

fantastic/fænˋtæstɪk/*adj.* عَجيب ، غَريب ، هائل ، خَيالِيّ ، غيرعادِيّ ، لا يُصَدَّق

fantasy/ˋfæntəsɪ/*n.* خَيال (أَخْيِلة) ، وَهْمٌ (أَوْهام) ، رُؤْيا (رُؤًى)

far/fɑ(r)/*adj. & adv.* بَعيد ، قاصٍ ؛ بَعيدًا

far from it! كَلاّ ... بالعَكْس ؛ أَسْتَغْفِرُ اللّه !

as far as I know it is true إنّه صَحيح على حَدِّ عِلْمي

that boy will go far سَيَكُون لِهٰذا الصَّبِيّ مُسْتَقْبَلٌ عَظيم

so far, so good! كُلُّ شَيْءٍ حتّى الآن على ما يُرام

far-away/ˋfɑr-əweɪ/*adj.* بَعيدٌ ، ناءٍ ، قَصِيّ ؛ غَيْرُ مَيْسُورِ المَنال ؛ مَنْسوب إلى الحُلْم والرُّؤْيا

farce/fɑs/*n.* مَهْزَلة ، مَسْرَحِيّة هَزْلِيّة

farcical/ˋfɑsɪkəl/*adj.* هَزْلِيّ ، سَخيف ، مُضْحِك

fare/feə(r)/*n.*

1. (charge for a journey) أُجْرةُ سَفَر ، ثَمَنُ تَذْكِرة

return fare ثَمَنُ تَذْكِرة سَفَر ذَهابًا وإيابًا

single fare ثَمَنُ تَذْكِرة ذَهابٍ فَقَط

2. (passenger) راكِب ، مُسافِر

3. (food) مَأْكُولات ، أَطْعِمة ، زادٌ

v.i. (go, progress) سافَرَ ؛ أَصْبَحَ ؛ نَجَحَ أو أَخْفَقَ

you may go farther and fare worse اِحْمَدْ رَبَّك ، اِقْنَعْ بِما لَدَيْك

farewell/ˈfeəˈwel/*n. & int.* تَوْدِيع ، الوَداع ، وَداعًا !

far-fetched/ˈfɑ-ˈfetʃt/ *adj.* بَعِيدٌ عن الواقِع ، (أَمْرٌ) غَيْرُ طَبِيعِيّ ، صَعْبُ التَّصَوُّر أو التَّصْدِيق

farm/fɑm/*n.* مَزْرَعة (مَزارِعُ)

v.t. & i. فَلَحَ (ـَ) ، زَرَعَ (ـَ)

farmer/ˈfɑmə(r)/*n.* مُزارِع ، صاحِبُ مَزْرَعة

farming/ˈfɑmɪŋ/*n.* زِراعة ، فِلاحة

farmyard/ˈfɑmjɑd/*n.* حَوْش أو فِناءُ المَزْرَعة

far-reaching/ˈfɑ-ˈritʃɪŋ/ *adj.* بَعِيدُ الأَثَر ، ذُو نَتائِج هامّة ، واسِع التَّطْبِيق ، ذو أَهَمِّيّة كُبْرَى

farrier/ˈfærɪə(r)/*n.* بَيْطار (بَياطِرة)

far-sighted/ˈfɑ-ˈsɑɪtəd/ *adj.* بَعِيد (مَدَى) البَصَر ، مُتَبَصِّر بعَواقِب الأُمُور ، بَعِيد النَّظَر

fart/fɑt/*n. & v.i.* حَبْقة ، ضَرْطة ، فَسْوة ، حَبَقَ (ـِ) ، ضَرَطَ (ـُ) ، فَسا (يَفْسُو)

farther/ˈfɑðə(r)/*adv.* (ذَهَبَ) إلى أَبْعَدَ (مِنْ) ،

adj. أَبْعَدُ

farthest/ˈfɑðɪst/*adv.* أَبْعَدَ حَدٍّ ، أَقْصَى ، الأَقْصَى ،

adj. الأَبْعَد

fascinate/ˈfæsɪneɪt/*v.t.* فَتَنَ (ـِ) ، خَلَبَ (ـُ) ، سَحَرَ (ـَ)

fascination/ˈfæsɪˈneɪʃən/*n.* فِتْنة ، سِحْر ، تَأْثِير ساحِر ، اِسْتِهْواء

fashion/ˈfæʃən/*n.*

1. (manner) نَمَطٌ (أَنْماط) ، أُسْلُوب (أَسالِيبُ) ، طَرِيقة (طُرُق ، طَرائِق) ، مِنْوال

he speaks French after a fashion يَتَكَلَّمُ فَرَنْسِيّةً رَكِيكة

2. (style) زِيّ (أَزْياء) ، طِراز (أَطْرِزة ، طُرُز) ، مُوضة أو مُودة

fashionable/ˈfæʃənəbəl/*adj.* مُطابِق للزِّيّ الحَدِيث أو المُوضة الرّائِجة ، (ثَوْب) "على المُوضة"

fast/fɑst/*n. & v.i.* صِيام ، صَوْم ، صامَ (يَصُوم)

adj. & adv.

1. (firm, fixed) ثابِت ، مَتِين ، مَكِين ، مُسْتَقِرّ ، مُحْكَم

the baby is fast asleep الطِّفْل مُسْتَغْرِق في النَّوْم ، نائِم نَوْمًا عَمِيقًا

fast colour لَوْن ثابِت ، لا يَنْصُلُ

2. (rapid) سَرِيعٌ ، عَجِلٌ

my watch is fast ساعَتِي مُقَدِّمة

he pulled a fast one (*coll.*) غَشَّ (ـُ) بِحِيلة ، قَشْمَرَ (ع) ، لَعِبَ على (س)

fasten/ˈfɑsən/*v.t. & i.* ثَبَّتَ ، أَحْكَمَ الوِثاق ، رَبَطَ (ـِ) ، أَوْصَدَ

fastener/ˈfɑsnə(r)/*n.* وَسِيلة للرَّبْط أو التَّثْبِيت ، دَبُّوس (للأَوْراق) ، سَحّاب أو سُوسْتة (للثِّياب)

fastening/ˈfɑsnɪŋ/*n.* أَداة تَثْبِيت أو رَبْط

fastidious/fəˈstɪdɪəs/ *adj.* شَدِيد الحَسّاسِيّة ، مُفْرِطُ التَّدْقِيق ، نَيِّق ، صَعْبُ الإِرْضاء

fastidiousness/fəˈstɪdɪəsnəs/*n.* المُبالَغة في التَّأَنُّق والتَّدْقِيق ، صُعُوبة الإِرْضاء

fastness/ˈfɑstnəs/*n.* ثَبات اللَّوْن ، رُسُوخ ، قَلْعة (قِلاع) حِصْن (حُصُون)

fat/fæt/*adj.* سَمِين ، بَدِين ، سَمِيك ، غَنِيّ ، مُمْتَلِئ

n. 1. (grease) دُهْن ، شَحْم ، دَسَمٌ

2. (excess flesh, abundance) كَثْرة ، وَفْرة ، اِمْتِلاء

he lives on the fat of the land يأكُل أَطْيَبَ المَأْكُولات وأَفْضَلَها

fatal/ˈfeɪtəl/*adj.*

1. (fateful, decisive) مَحْتُوم ، حَتْمِيّ ، حاسِم

2. (deadly) مُمِيت ، مُهْلِك ، قاتِل

fatalism/ˈfeɪtəlɪzm/*n.* مَذْهَبُ الجَبْرِيّة ، الإِيمانُ بالقَضاء والقَدَر

fatalist/ˈfeɪtəlɪst/*n.* قَدَرِيّ ، جَبْرِيّ ، مُؤْمِن بالقَضاء والقَدَر

fatality/fəˈtælətɪ/*n.* كارِثة (كَوارِثُ) ، فاجِعة (فَواجِعُ) ، نَكْبة ، ضَحِيّةُ (حادِثة) ، قَضاءٌ وقَدَر ، قَتْلٌ ، إِماتة

fate/feɪt/*n.* 1. (destiny) القِسْمة والنَّصِيب ، المَكْتُوب

2. (inevitable end, death) الأَجَلُ المَحْتُوم ، المَنِيّة ، النِّهاية ، المَصِير

fated/ˈfeɪtɪd/*adj.* قُدِّرَ له ، كُتِبَ عَلَيْه ، قُضِيَ (على المَشْرُوع بالإِخْفاق)

fateful/ˈfeɪtfəl/*adj.* مَحْتُوم ، مَشْؤُوم ، مَنْحُوس ، حاسِم ، تَتَرَتَّبُ عَلَيْه نَتائِجُ هامّة

father/ˈfɑðə(r)/*n.* أَبٌ (آباء) ، والِد ، مُبْدِع ، مُنْشِئ

father-in-law حَمُو (أَبو الزَّوْج أو الزَّوْجة)

Father Christmas بابا نُويل

v.t. وَلَدَ (يَلِدُ) ، نَسَلَ (ـِ) ، أَنْسَلَ ، تَبَنَّى (مَشْرُوعًا مَثَلًا) ، اِضْطَلَعَ بِمَسْؤُولِيّة

fatherhood/ˈfɑðəhʊd/*n.* أُبُوّة ، رِعاية

fatherland/ˈfɑðəlænd/*n.* وَطَن (أَوْطان) ، مَهْدُ الآباء والأَجْداد

fathom/ˈfæðəm/*n.* قامة ، مِقْياسٌ للعُمْق (يُعادِل سِتّة أَقْدام)

v.t. سَبَرَ (الغَوْر) ، أَدْرَكَ (المَعْنَى) ، فَهِمَ (ـَ) ، تَفَهَّمَ

fatigue/fəˈtig/*n.* إِعْياء ، تَعَبٌ شَدِيد ، كَلال المَعادِن ، تَسْخِيرُ الجُنْدِيّ في أَعْمالِ التَّنْظِيف مَثَلًا

v.t. أَنْهَكَ ، أَتْعَبَ ، أَعْيا

fatten/ˈfætən/*v.t. & i.* سَمَّنَ (الماشِية) ، سَمِنَ (ـَ)

fatty/ˈfætɪ/*adj.* دَسِمٌ ، دِهْنِيّ

fatuous/ˈfætʃʊəs/*adj.* سَخِيف (سُخَفاءُ) ، تافِه ، بَلِيد (بُلَداءُ) ، غَبِيّ (أَغْبِياءُ)

faucet/ˋfɔsɪt/*n.* (*esp. U.S.*) حَنَفِيّة ، صُنْبور (صنابير)

fault/fɔlt/*n.* عَيْبٌ ، خَلَلٌ ، شائبة ؛ خَطَأٌ أو غَلَط ؛ مَعِيب ، (ذُو) نَقْص ، (فيه) خَلَل

my memory was at fault خانَتْني (أو لَمْ تُسْعِفْني) الذّاكِرة

v.t. اِنْتَقَدَ ، عابَ (يَعِيب) ، خَطَّأَ

no-one could fault his performance عَمَلُهُ (أو تَمْثيلُه) لا عَيْبَ فيه

faultless/ˋfɔltləs/*adj.* لا شائبة تَشُوبُه ، لا عَيْبَ فيه

faulty/ˋfɔltɪ/*adj.* خاطِئ ، مُخْتَلّ ، ناقِص ، مَعِيب

faun/fɔn/*n.* إلَه الحُقُول والرُّعاة عِندَ الرُّومان

fauna/ˋfɔnə/*n.* حَيَوانات عَصْرٍ مُعَيَّن أو مِنْطَقة مُعَيَّنة

favour/ˋfeɪvə(r)/*n.* **1.** (approval) اِسْتِحْسان ، رِضًى ، مُوافَقة

she is out of favour with her boss لَم يَعُدْ رئيسُها راضِيًا عَنْها

2. (kindness) مَعْرُوف ، جَمِيل ، مِنَّة ؛ تَحَيُّز

do me a favour! اِعْمَلْ مَعْرُوفًا ! قُمْ لي بهذه الخِدْمة رَجاءً ؛ اِمْشِ ، انْصَرِفْ ، اُسْكُتْ ! (عامّية)

3. (support) تَأْييد ، مُساندة ، تَفْضِيل لِ ، مُحاباة ، تَحَيُّز

I am in favour of tax reform أُؤَيِّدُ إصْلاحَ قانُونِ الضَّرائب

v.t. واتَى ، حابَى

Fortune favours the brave الحَظُّ يُحالِفُ الشُّجاع

favourable/ˋfeɪvərəbəl/ *adj.* (وَقْت) مُلائِم ، مُواتٍ ، (ظُروفٌ) مُناسِبة ، سانِحة ؛ مُوافِق

favourite/ˋfeɪvərɪt/*adj.* أثِير ، مُفَضَّل ، مَحْبُوب

n. الحِصانُ المُرَجَّحُ فَوْزُه

favouritism/ˋfeɪvrɪtɪzm/*n.* مَحْسُوبيّة ، مَنْسُوبيّة ، مُحاباة

fawn/fɔn/*n.* **1.** (deer) وَلَدُ الغَزال ، ظَبْيٌ (ظِباء)

2. (*colour*) *also adj.* لَوْنٌ بُنّيٌّ فاتِح ، طَحِينيٌّ ، بيج (عامّية)

v.i. تَوَدَّدَ ، تَزَلَّفَ ، تَمَلَّقَ ، مَسَحَ (ـَ) الجُوخ (م ، س)

fear/fɪə(r)/*n.* خَوْف ، خِشْية ، وَجَل

no fear! (*coll.*) كَلّا أبدًا ! ، يَسْتَحيل ، بالطَّبْع لا !

v.t. & i. خافَ (يَخاف) ، خَشِيَ (يَخْشَى) ، رَهِبَ (ـَ)

he always fears the worst إنّه مُتَشائِم ، يَتَوَقَّع دائمًا أسْوَأَ الاحْتِمالات

fearful/ˋfɪəfəl/*adj.*

1. (terrible) مُخِيف ، مُرِيع ، مُرْعِب

2. (frightened) خائِف ، مُرْتاعٌ مِن ، مُتَخَوِّفٌ مِن

fearless/ˋfɪələs/*adj.* جَرِيءٌ ، مِقْدام

fearlessness/ˋfɪələsnəs/*n.* إقْدام ، جَسارة ، جُرْأة

feasibility/ˈfizəˋbɪlɪtɪ/*n.* إمْكانيّة الإنْجاز أو التَّحْقِيق

feasible/ˋfizəbəl/*adj.* يُمْكِنُ إجْراؤُه أو القِيامُ بِهِ

feast/fist/*n.* **1.** (festival) عِيد (أعْياد) ، مَوْسِم (مَواسِمُ)

2. (excellent meal) وَلِيمة (وَلائِم) ، مَأْدُبة (مَآدِبُ)

v.t. & i. أوْلَمَ ، أقامَ وَلِيمة ؛ اِحْتَفَلَ ، عَيَّدَ

feat/fit/*n.* مَأْثُرة (مَآثِرُ) ، مَفْخَرة ، عَمَلٌ فَذٌّ جَلِيل أو بُطُوليّ

feather/ˋfeðə(r)/*n.* رِيشَة (رِيش) ؛ رِيشَةُ السَّهْم

Ali and his friend are birds of a feather عَليٌّ وصاحِبُه مِن طِينةٍ واحِدةٍ

v.t. راشَ (يَرِيشُ) (سَهْمًا) ؛ حَرَّكَ المِجْدافَ بِرِفْق

he feathered his nest اِسْتَغَلَّ وَظِيفَتَهُ في تَكْوِينِ ثَرْوة

feather-bed/ˈfeðə-ˋbed/ فِراشٌ مَحْشُوٌّ بالرِّيش

n. & v.t. بالَغَ في تَرْفِيهِهِ وتَدْلِيلِهِ ، سَهَّلَ الأَمْرَ لَهُ

feathery/ˋfeðərɪ/*adj.* رِيشِيّ ، مُغَطًّى بالرِّيش ، (قِطْعة) خَفِيفة جِدًّا

feature/ˋfitʃə(r)/*n.* مَلامِحُ الوَجْه ؛ تَضارِيسُ الأرْض ؛ مِيزة ، سِمة ؛ مَقالٌ صُحُفِيٌّ مُهِمّ ؛ فِيلْم رَئِيسِيّ

her eyes are her best feature عَيْناها أحْلَى مَلامِحِ وَجْهِها

a programme with two long features بَرْنامج سِينمائيّ ذو فِيلْمَيْن طَوِيلَيْن

v.t. مَيَّزَ (عَلَى) ، أعْطَى أهَمِّيّة خاصّةً لِ

v.i. قامَ بِدَوْرٍ رئيسيٍّ (في فِيلْم)

February/ˋfebrʊərɪ/*n.* شُباط ، فَبْراير

feckless/ˋfekləs/*adj.* مُتَهاوِن ، مُهْمِل ، ضَعِيف

fecklessness/ˋfekləsnəs/*n.* تَهاوُن ، إهْمال ، لا مُبالاة

fecundity/fɪˋkʌndətɪ/*n.* خُصُوبة ، كَثْرَةُ الإنْسال ، وَفْرة الإنْجاب

fed/fed/*p.t. & p.p. of* **feed**

federal/ˋfedrəl/*adj.* اتِّحادِيّ ، فِيدرالِيّ

federation/ˈfedəˋreɪʃən/*n.* اتِّحاد فِيدرالِيّ

fee/fi/*n.* أتْعاب ، مُكافأة ، أُجْرة (مَدْرَسِيّة) ، رُسُوم ؛ عَقار مَوْرُوث

feeble/ˋfibəl/*adj.* واهِن ، واهٍ ، خافِت ، ضَئِيل

feeble-minded/ ˈfibəl-ˋmaɪndɪd/*adj.* ضَعِيفُ العَقْل ، أبْلَه

feebleness/ˋfibəlnəs/*n.* وَهَنٌ ، خَوَرٌ

feed/fid/(*p.t. & p.p.* **fed**) *v.t.* أطْعَمَ ، غَذَّى ، أرْضَع طِفلًا

I am fed up with poverty سَئِمْتُ الفَقْرَ ، ضاقَ صَدْرِي بالفَقْر

v.i. أكَلَ (ـُ) ، طَعِمَ (ـَ) ، تَغَذَّى

some fish feed on ants' eggs تَقْتاتُ بَعْضُ الأسْماك عَلَى بَيْضِ النَّمْل

n. تَغْذِية ، إطْعام ؛ طَعام (أطْعِمة)

feeder/ˋfidə(r)/*n.* مَرْيَلَة الطِّفْل (صَدْرِيَّتُه) ، زُجاجةُ الإرْضاع ؛ رافِدٌ (للنَّهْر)

feel/fil/(*p.t. & p.p.* **felt**) *v.t. & i.*

1. (explore by touch) أحَسَّ ، تَحَسَّسَ ، تَلَمَّسَ

they felt their way in the dark تَلَمَّسُوا طَرِيقَهُم في الظَّلام

2. (be conscious of) شَعَرَ (ـُ) أو أَحَسَّ بِـ

she felt like crying شَعَرَتْ بِرَغْبةٍ في البُكاء

3. (seem) بَدا (يَبْدُو) ، أَحَسَّ بالْلَمْس

a baby's skin feels soft بَشَرةُ الطِّفْلِ ناعِمةُ المَلْمَس

4. (be aware of, perceive) شَعَرَ (ـُ) ، أَحَسَّ ، أَدْرَكَ

I feel for you in your troubles أنا مُتعاطِفٌ مَعَكَ في ضِيقِك وشِدَّتِك

5. (consider) ظَنَّ (ـُ) ، اِعْتَبَرَ ، رأى (يَرى) ، اِعْتَقَدَ

n. لَمْسٌ ، جَسٌّ ، مَسٌّ

it takes time to get the feel of a new car يَحْتاجُ المَرْءُ إلى وَقْتٍ لِيَتَعَوَّدَ عَلَى (سِياقة) سَيّارةٍ جَدِيدة

feeler/ˈfilə(r)/*n.* لامِسٌ (لَوامِسُ) ، قَرْن (قُرون) الاسْتِشْعار (للحَشَرات)

feeling/ˈfilɪŋ/*n.* **1.** (intuition) حَدْسٌ ، شُعُورٌ غَرِيزِيّ

2. (emotion) شُعور ، حِسّ ، إحْساس

Umm Kulthum sang with great feeling كانت أُمُّ كُلْثوم تُغَنِّي بِكُلِّ مَشاعِرِها

3. (*pl.* susceptibilities) مَشاعِرُ ، أحاسِيس

no hard feelings! (*coll.*) بِلا مُؤاخَذة ! بِدُون اسْتِياء

adj. مُتَعاطِف ، حَنُون ، عَطُوف

feign/feɪn/*v.t.* تَصَنَّعَ ، تَظاهَرَ ، اِدَّعَى

feint/feɪnt/*n. v.t.* خُدْعة ، مُناوَرة (لِتَضْلِيلِ الخَصْم) ؛ خَدَعَ (ـَ) ، ناوَرَ ، ضَلَّلَ ، مَوَّهَ (في كُرةِ القَدَمِ مَثَلاً)

felicitate/fəˈlɪsɪteɪt/*v.t.* هَنَّأَ ، بارَكَ

felicitation/fəˈlɪsɪˈteɪʃən/*n.* تَهْنِئة (تَهانٍ) ، مُبارَكة

felicitous/fəˈlɪsɪtəs/*adj.* (مُلاحَظة) مُناسِبة للمَوْقِف ، لها وَقْعٌ حَسَنٌ في النُّفُوس

felicity/fəˈlɪsɪtɪ/*n.* سَعادة ، هَناء ، غِبْطة

feline/ˈfilaɪn/*adj.* سِنَّوْرِي ، كالقِطِّ خِفّةً وَرَشاقةً

fell[1]/fel/*v.t.* أَوْقَعَ ، صَرَعَ (ـَ) ، قَطَعَ (ـَ)

fell[2]/fel/*p.t. of* **fall**

fell[3]/fel/*n.* هِضابٌ بِشَمال إنْكِلْترا

fellow/ˈfeləʊ/*n.* زَمِيل (زُمَلاءُ) ، رَفِيق (رِفاق) ، قَرِين (قُرَناءُ ، أَقْرانٌ) ؛ رَجُل ، شَخْص

Fellow of the British Academy زَمِيلُ الأكادِيمِيّة البرِيطانِيّة

fellow-countryman/ˈfeləʊ-ˈkʌntrɪmən/*n.* مُواطِن ، مِن أَبْناءِ بَلَدٍ واحِد

fellowship/ˈfeləʊʃɪp/*n.* زَمالة ، رابِطة ؛ مِنْحة جامِعِيّة

fellow-traveller/ˈfeləʊ-ˈtrævlə(r)/*n.* رَفِيقُ سَفَر ؛ مَنْ يُناصِرُ حِزْبًا ولا سِيَّما الحِزْبَ الشُّيُوعِيَّ دُونَ الانْتِماء إلَيْه

felon/ˈfelən/*n.* مُجْرِم ، آثِم ، جانٍ (جُناةٌ)

felony/ˈfelənɪ/*n.* جُرْم ، جِناية ، إثْم

felt[1]/felt/*n.* لَبّاد ، لِبْد

felt[2]/felt/*p.t. & p.p. of* **feel**

female/ˈfimeɪl/*adj. & n.* أُنْثَوِيّ ، نِسائِيّ ؛ أُنْثَى

feminine/ˈfemɪnɪn/*adj.* مُؤَنَّث ، أُنْثَوِيّ ، نِسَوِيّ

feminist/ˈfemɪnɪst/*n.* نَصِيرُ مَبْدأ المُساواة بَيْنَ الجِنْسَيْن

fen/fen/*n.* أَرْضٌ مُسْتَنْقِعِيّة واطِئة

fence/fens/*n.* **1.** (barrier) سُور (أَسْوار) ، سِياج (أَسْيِجة) حاجِز (حَواجِزُ)

that politician is sitting on the fence ذلك السِّياسِيُّ يُخْفِي مُيُولَه ، يَنْتَظِرُ رُجحانَ الكَفّة

2. (receiver of stolen goods) تاجِرُ المَسْرُوقات

v.t. (shut off, divide) سَوَّرَ ، سَيَّجَ ، حَجَزَ (ـِ) الماشِيةَ في حَظِيرةٍ مُسَوَّرة

v.i. (practise sword-play) بارَزَ أو لَعِبَ بالسَّيْف ؛ تَمَلَّصَ وتَهَرَّبَ

please stop fencing with me! كَفاكَ تَهَرُّبًا من الإجابة

fend/fend/*v.t.* (ward off) وَقَى (يَقِي) مِن خَطَر ، صانَ (يَصُون) ، دَرَأَ (ـَ) ، عالَ (يَعُولُ) ؛ دَبَّرَ أَمْرَه

v.i. (provide **for**) عالَ (يَعُول) نفسَه

orphans often have to fend for themselves كَثِيرًا ما يُضْطَرُّ اليَتامَى إلى تَدْبِيرِ أُمُورِهِم بِأَنْفُسِهِم

fender/ˈfendə(r)/*n.*

1. (fire-guard) حاجِزُ مِدْفَأة

2. (bumper of car) مِصَدّ ، حاجِزُ اصْطِدام (في مُقَدَّمِ السَّيّارة)

ferment/fəˈment/*v.t. & i.* خَمَّرَ ؛ اخْتَمَرَ ؛ تَهَيَّجَ

n./ˈfɜment/ تَخَمُّر ، تَهَيُّج ، اضْطِراب

fermentation/ˈfɜmenˈteɪʃən/*n.* تَخَمُّر ، اخْتِمار

fern/fɜn/*n.* خُنْشار ، سَرْخَس (نَبات)

ferocious/fəˈrəʊʃəs/*adj.* وَحْشِيّ ، ضارٍ ، مُفْتَرِس ؛ شَرِسٌ

ferocity/fəˈrosətɪ/*n.* شَراسة ، ضَراوة ، وَحْشِيّة

ferret/ˈferɪt/*n.* نِمْس ، ابْنُ مِقْرَض (حَيَوان شَبِيه بابْنِ عِرْس)

v.t. & i. صادَ (الأَرْنَبَ) مُسْتَعِينًا بابْنِ مِقْرَض ؛ تَصَيَّدَ ، تَكَشَّفَ ، تَلَمَّسَ

ferro-/ˈferəʊ/*in comb.* بادِئة مَعْناها حَدِيدِيّ ، يَتَضَمَّنُ حَدِيدًا

ferro-concrete إسْمَنْت مُسَلَّح

ferry/ˈferɪ/*n.* مِعْبَر ، مُعَدِّيّة (م)

v.t. نَقَلَ أو عَدَّى بِمِعْبَر أو مُعَدِّيّة

fertile/ˈfɜtaɪl/*adj.* خَصِبٌ ، مُثْمِر ، وَلُود

fertility/fəˈtɪlɪtɪ/*n.* خُصُوبة ، خِصْب

fertilization/ˈfɜtɪlaɪˈzeɪʃən/*n.* تَخْصِيب ، إخْصاب ، تَلْقِيح ، تَسْمِيد

fertilize/ˈfɜtɪlaɪz/*v.t.* أَخْصَبَ ، لَقَّحَ ، سَمَّدَ ، خَصَّبَ

fertilizer/ˈfɜtɪlɑɪzə(r)/*n.* سَماد ، مُخَصِّب ، سِباخ
fervent/ˈfɜvənt/*adj.* مُتَّقِد ، مُلتَهِب ، مُتَحَمِّس ، جَيّاش
fervour/ˈfɜvə(r)/*n.* تَوَهُّج ، اتِّقاد ، حَماسة
fester/ˈfestə(r)/*v.i.* تَقَيَّحَ ، تَعَفَّنَ ، تَسَمَّمَ ، نَخَرَ (ـُـ) (الحَسَدُ قَلبَه)
festival/ˈfestɪvəl/*n.* عِيد (أعْياد) ، مَهْرَجان ، مَوْسِم خاصّ
festive/ˈfestɪv/*adj.* عِيدِيّ ، مَهْرَجانِيّ ، مُبْهِج
festivity/feˈstɪvətɪ/*n.* عِيد (أعْياد) ، مَهْرَجان ؛ اِبْتِهاج ، لَهْو ، فَرَح
fetch/fetʃ/*v.t.*
1. (go and bring) جَلَبَ (ـِـ) ، أَحْضَرَ ، جاءَ بِـ
2. (sell for) وَصَلَ ثَمَنُ (السِّلْعة) إلى ...
fetching/ˈfetʃɪŋ/*adj.* جَذّاب ، خَلّاب ، فَتّان
fête/feɪt/*n.* مَهْرَجان ، حَفْلة خَيْرِيّة (في حَدِيقةٍ عامّة)
v.t. أقامَ حَفْلَ تَكْرِيمٍ لِـ ...
fetish/ˈfetɪʃ/*n.* شَيْءٌ مَعْبُود ، صَنَمٌ ، وَثَنٌ
fetter/ˈfetə(r)/*n.* قَيْدٌ (قُيود) ، غُلّ (أغْلال) ، صَفَدٌ (أصْفاد)
v.t. قَيَّدَ ، غَلَّ (ـُـ) ، صَفَدَ (ـِـ) ؛ عاقَ (يَعُوق) ، عَرْقَلَ
fettle/ˈfetəl/*n. only in*
in fine fettle بِصِحّة جَيِّدة ، بِعافِيَة ، في حالة مَعْنَوِيّة عالِية
feud/fjud/*n.* خُصُومة (بَيْنَ أُسْرَتَيْن) ، ثأرٌ (ثارات ، أثآر)
feudal/ˈfjudəl/*adj.* إقْطاعِيّ
feudalism/ˈfjudəlɪzm/*n.* نِظام إقْطاعِيّ
fever/ˈfivə(r)/*n.* حُمَّى (حُمَّيات) ، سُخُونة
feverish/ˈfivərɪʃ/*adj.* مَحْمُوم ، مُصابٌ بِحُمَّى
few/fju/*adj. & pron.* (عَدَدٌ) قَلِيل ، يَسِيرٌ ، بِضْعَةُ (رِجال) ، بِضْعُ (نِساء)
fiancé/fɪˈonseɪ/ (*fem.* **fiancée**/fɪˈonseɪ/) *n.* خَطِيب ؛ خَطِيبة
fiasco/fɪˈæskəʊ/*n.* فَشَلٌ ذَرِيع ، إخْفاقٌ تامّ
fib/fɪb/*n.* كِذْبة بَسِيطة عَن شَيْءٍ تافِه (غالِبًا)
v.i. كَذَبَ (ـِـ) كِذْبَةً لا يُقْصَدُ مِنْها أذًى
fibre/ˈfɑɪbə(r)/*n.* لِيف (ألْياف) ، تِيلَةُ (القُطْن)، نَسِيج (أنْسِجةُ) العَضَلات
fibrous/ˈfɑɪbrəs/*adj.* لِيفِيّ ، ذُو ألْياف ، نَسِيجِيّ
fickle/ˈfɪkəl/*adj.* مُتَقَلِّب ، مُتَغَيِّرُ الأطْوار ، هَوائِيُّ المِزاج
fiction/ˈfɪkʃən/*n.*
1. (something invented) خُرافة ، خَيال ، اخْتِلاق
2. (imaginative literature) أَدَبٌ خَيالِيّ أو قَصَصِيّ
fictitious/fɪkˈtɪʃəs/*adj.* تَصَوُّرِيّ ، وَهْمِيّ ؛ افْتِراضِيّ ؛ (اِسم) مُخْتَلَق أو غَيْر حَقِيقِيّ
fiddle/ˈfɪdəl/*n.*
1. (violin) كَمَنْجة ، كَمان
play second fiddle (to) قامَ بِدَوْرٍ ثانَوِيّ ، عَمِلَ مَرْؤُوسًا
2. (*sl.* swindle) تَحايُلٌ ، غِشّ ، احْتِيال ، تَلاعُب (في دَفاتِرِ الحِسابات)
v.i. 1. (play violin) عَزَفَ (ـِـ) على الكَمان
2. (play **with**) عَبِثَ (ـَـ) بِـ
v.t. (fake) احْتالَ ، غَشَّ (ـُـ)
fidelity/fɪˈdelətɪ/*n.* 1. (loyalty) وَلاءٌ ، أمانة
2. (exactness) دِقّة
fidget/ˈfɪdʒɪt/*v.i.* أَتَى بِحَرَكاتٍ عَصَبِيّة ، عَبِثَ بِمَلَل
n. مُتَمَلْمِل ، لا يَقِرُّ له قَرار
fidgety/ˈfɪdʒɪtɪ/*adj.* ضَجِرٌ ، مُتَمَلْمِل ، مُهْتاج
field/fild/*n.*
1. (area of land) حَقْلٌ (حُقول) ، غَيْطٌ (غِيطان) ، مَرْجٌ (مُرُوج)
2. (arena for sport) مَيْدان لِلألْعاب ، مَلْعَب (مَلاعِبُ)
3. (area of operation, study) مِضْمار ، حَقْلُ تَجارِبَ ، مَيْدان دِراسة
field of vision مَجال الرُّؤْيَة ، مَرْمَى النَّظَر
v.t. & i. (cricket & baseball) اِلْتَقَفَ الكُرة (في لُعْبة الكْرِيكِيت أو البِيسْبول)
fiend/find/*n.* إبْلِيس ، شَيْطان ، طاغِية ، مُتَجَبِّر
fiendish/ˈfindɪʃ/*adj.* شَيْطانِيّ ، شِرِّير ، جَهَنَّمِيّ
fierce/ˈfɪəs/*adj.* ضارٍ ، مُتَوَحِّش ، كاسِر ؛ شَرِس
fierceness/ˈfɪəsnəs/*n.* ضَراوة ، قَساوة
fiery/ˈfɑɪərɪ/*adj.* نارِيّ ، مُلْتَهِب ، مُضْطَرِم ؛ يَنْفَعِلُ بِسُرْعة ، حادُّ الطَّبْع
fifteen/ˈfɪfˈtin/*adj. & n.* خَمْسَةَ عَشَرَ (رَجُلًا) ، خَمْسَ عَشْرَةَ (فَتاةً)
fifteenth/ˈfɪfˈtinθ/*adj. n.* الخامِسَ عَشَرَ ؛ جُزْءٌ مِن خَمْسَةَ عَشَرَ
fifth/fɪfθ/*adj. & n.* خامِس ؛ خُمْس (أخْماس)
fiftieth/ˈfɪftɪəθ/*adj. & n.* الخَمْسُون ؛ جُزْءٌ مِن خَمْسِين
fifty/ˈfɪftɪ/*adj. & n.* خَمْسُون
they went fifty-fifty دَفَعا النَّفَقاتِ مُناصَفَةً
fig/fɪg/*n.* تِينةٌ (تِينٌ)
fight/fɑɪt/ (*p.t. & p.p.* **fought**) قاتَلَ ، كافَحَ ، ناضَلَ ،
a fighting chance (لَنْ يَنْجَحَ) إلّا بِجَهْدٍ عَظِيم
n. قِتال ، كِفاح
figurative/ˈfɪgjʊrətɪv/*adj.* مَجازِيّ ، اِسْتِعارِيّ ، تَصْوِيرِيّ
figure/ˈfɪgə(r)/*n.*
1. (sign for a number) رَقْمٌ (أرْقام) ، عَدَدٌ (أعْداد)
in round figures بِأعْدادٍ مُقَرَّبة أو مُدَوَّرة (لِأقْرَبِ عَشَرة) ، بِأرْقامٍ مُكَوَّرة (ع)
2. (human shape) قَوام (بَشَرِيّ) ، جِسْم (أجْسام ، جُسُوم)
3. (image, statue) صُورة (صُوَر) ، تِمْثال (تَماثِيلُ)
4. (diagram) شَكْلٌ هَنْدَسِيّ
figure of speech صُورة بَلاغِيّة (اِسْتِعارة أو تَشْبِيه مَثَلًا)
v.t. 1. (imagine) تَخَيَّلَ ، تَصَوَّرَ

2. (calculate) خمّن ، حاول استكناه سرّ
I can't figure that man out يحيّرني أمر ذلك الرجل ، لا أستطيع أن أحزره (ع)
v.i. يظهر ، يبدو ، يتجلّى
he figures in this book اسمه مذكور في هذا الكتاب
filament/ˈfɪləmənt/*n.* **1.** (thread) شعيرة
2. (*elec.*) سلك رفيع (داخل مصباح كهربائي مثلاً)
file/faɪl/*n.* **1.** (tool) *also v.t.* مبرد (مبارد) ؛ برد (ـُ)
2. (holder for papers) *also v.t.* ملفّ ، إضبارة (أضابير) ، دوسيه (دوسيهات) ؛ لفّ (ـُ) ، ضبر (ـِ) ، حفظ (ـَ) في إضبارة
3. (*mil.*) *also v.i.* صفّ ، طابور ؛ اصطفّ
filial/ˈfɪlɪəl/*adj.* بنويّ
filings/ˈfaɪlɪŋz/*n. pl.* برادة (الحديد مثلاً)
fill/fɪl/*v.t. & i.* ملأ (ـَ) ، حشا (يحشو) ، عبّأ ؛ امتلأ
fill **in**/**out**/**up** a form ملأ استمارة
n. ملء
I have had my fill of his singing شبعت من غنائه
fillet/ˈfɪlɪt/*n.* شريحة لحم أو سمك بلا عظم ، قطعة لحم من داخل خاصرة البقرة ، فيليتو (م)
v.t. قطّع شرائح من لحم السمك بدون عظم قبل إعداده للطبخ
filling/ˈfɪlɪŋ/*n.* مادّة حشو الأسنان
filling station محطّة بنزين (أو بترول)
film/fɪlm/*n.* **1.** (thin layer) غشاء رقيق
2. (*photog.*) فيلم (أفلام) (للتصوير الضوئي)
3. (*cinemat.*) شريط سينمائيّ
v.t. & i.
1. (*cinemat.*) التقط أو صوّر فيلمًا
2. (blur) غطّى بغشاء رقيق
filter/ˈfɪltə(r)/*n.* مرشّح ، جهاز ترشيح ، مصفاة خاصّة بالسوائل والأشعّة ؛ حجاب مرشّح (بصريّات)
filter-tipped cigarettes سيجارة بفلّين (فلتر)
v.t. & i.
1. (pass through filter) رشّح أو صفّى بمادّة ترشيح ؛ تسرّب (الخبر مثلاً)
2. (*of traffic movement*) خرجت سيّارة من صفّ السيّارات ودارت إلى شارع فرعيّ أثناء الإشارة الأماميّة الحمراء
filth/fɪlθ/*n.* قذارة ، وسخ
filthy/ˈfɪlθɪ/*adj.* قذر ، وسخ ، دنس ، بذيء
fin/fɪn/*n.* زعنفة (زعانف) (للسمك)
final/ˈfaɪnəl/*adj. & n.* نهائيّ ، ختاميّ ، حاسم ؛ نهاية ، ختام
cup final مباراة الكأس النهائيّة (رياضة)
he took his finals yesterday تقدّم للامتحان النهائيّ أمس

finale/fəˈnɑleɪ/*n.* القطعة الأخيرة من معزوفة
finalist/ˈfaɪnəlɪst/*n.* منافس في مباراة نهائيّة ؛ طالب في السنة النهائيّة في الجامعة
finalize/ˈfaɪnəlaɪz/*v.t.* وضع في صورة أو صيغة نهائيّة
finally/ˈfaɪnəlɪ/*adv.* أخيرًا ، نهائيًّا
finance/ˈfaɪnæns/*n.* مال ، علم الماليّة
his finances are in a poor way تسوء حالته الماديّة
v.t./faɪˈnæns/ موّل ، زوّد بالمال ، دبّر الموارد الماليّة أو استخدامها
financial/faɪˈnænʃəl/*adj.* ماليّ
financier/faɪˈnænsɪə(r)/*n.* ماليّ ، خبير ماليّ ، مموّل ، متموّل ، اختصاصيّ بالأمور الماليّة
find/faɪnd/(*p.t. & p.p.* **found**) *v.t.*
1. (discover) اكتشف ، وجد (يجد)
she found him out in time اكتشفت حقيقته قبل فوات الأوان
2. (*leg.*) *also v.i.*
the jury found for/against the defendant أعلنت هيئة المحلّفين قرارها لصالح المتّهم (أو ضدّه)
3. (supply) أعطى ، منح (ـَ)
the wages are £40 and all found الأجرة أربعون جنيهًا علاوة على الطعام والسكن
n. لقية ، لقيّة ، لقطة ، اكتشاف
that book was a great find كان ذلك الكتاب لقية نفيسة
findings/ˈfaɪndɪŋz/*n. pl.* قرار المحلّفين أو المحكمة ، نتيجة التحقيق أو ما توصّلت إليه اللجنة
fine/faɪn/*n.* غرامة ، عقوبة ماليّة
v.t. (impose penalty) غرّم ، فرض غرامة أو عقوبة ماليّة
adj. (ذهب) خالص ، (جهاز) دقيق ؛ (جوّ) بديع ؛ (ذوق) سليم أو حسن
it's a fine day today إنّه نهار جميل اليوم
the fine arts الفنون الجميلة
that knob is for fine adjustment هذا المفتاح يضبط الجهاز ضبطًا دقيقًا
that's fine! هذا حسن ! على ما يرام ! أوافق على ذلك ، عال !
adv. بصورة حسنة (بالعاميّة)
he's cut it fine لم يترك متّسعًا من الوقت لـ ... ، عمله بآخر لحظة
finery/ˈfaɪnərɪ/*n.* أفخر الثياب
finesse/fɪˈnes/*n.* دقّة ، براعة ، كياسة ، مكر (في لعبة البردج)
finger/ˈfɪŋgə(r)/*n.* إصبع (أصابع)
she has a finger in every pie تتدخّل في كلّ صغيرة وكبيرة ، لها ضلع في كلّ أمر

v.t. لَمَسَ (بِـ) بالأصابِع

finger-nail/ˈfɪŋgə-neɪl/*n.* ظُفْر (أظْفار)

finger-print/ˈfɪŋgə-prɪnt/*n.* بَصْمة (بَصَمات) الأصابِع

finicky/ˈfɪnɪkɪ/*adj.* صَعْبُ الإرْضاء ، مُفْرِط في التأنُّق ، مُغالٍ في التَّدْقِيق

finish/ˈfɪnɪʃ/*v.t. & i.* أنْهَى ، أكْمَلَ ، أنْجَزَ ، أتَمَّ ؛ إنْتَهَى ، كَمُلَ (ـُ) ، خَتَمَ (ـِ)

the fever nearly finished him off كادَتِ الحُمَّى تَقْضي عَلَيْه

I am finished with him إنْتَهَى كُلُّ ما كانَ بَيْنَنا

n. **1.** (end) نِهاية ، خِتام

2. (polish) لَمْسة أخِيرة (لِتَحْسِينِ الشَّيْء) ، صَقْل

finite/ˈfaɪnaɪt/*adj.* مَحْدُود ، مُحَدَّد ؛ (فِعْل) تامّ (اصْطِلاح نَحْوِيّ)

fir/fɜ(r)/*n.* شَجَرُ التَّنُّوب (مِن الصَّنَوْبَرِيّات) ، خَشَبُ التَّنُّوب

fire/ˈfaɪə(r)/*n.* **1.** (burning) نار (نِيران) ؛ حَرِيق

set on fire أوْلَعَ ، أشْعَلَ ، أضْرَمَ النّارَ في ...

2. (discharge of gun) إطْلاقُ المِدْفَع

open/cease fire أطْلَقَ النّار / تَوَقَّفَ عَنْ إطلاق النّار

v.t. **1.** (kindle) أشْعَلَ ، أوْقَدَ ، أضْرَمَ

2. (bake *pottery*) طَبَخَ الفَخّار ، شَوَى (الآجُرّ)

3. (discharge *gun*) أطْلَقَ (المِدْفَعَ أو البُنْدُقِيّة)

4. (dismiss *coll.*) طَرَدَ مِن العَمَل (باللُّغة الدّارِجة)

firearms/ˈfaɪərɑmz/*n.* سِلاح ناريّ

fire-engine/ˈfaɪər-endʒɪn/*n.* سَيّارة الإطْفاء أو الحَرِيق

fire-escape/ˈfaɪər-ɪskeɪp/*n.* سُلَّمُ النَّجاةِ مِن الحَرِيق ؛ سُلَّمُ إنْقاذ (بِسَيّارة المَطافِئ)

fireman/ˈfaɪəmən/*n.* إطْفائيّ ، رَجُلُ المَطافِئ

visiting fireman (*fam.*) زائرٌ مِن نَفْسِ مِهْنة صاحِبِ البَيْتِ يَجْمَعُ بَيْنَ الزِّيارة والشُّغْل

fireplace/ˈfaɪəpleɪs/*n.* مَوْقِد ، مِدْفأة ، مُصْطَلًى

fireside/ˈfaɪəsaɪd/*n.* مَكانٌ حَولَ المِدْفأة

fireworks/ˈfaɪəwɜks/*n. pl.* ألْعابٌ ناريّة

firm/fɜm/*n.* شَرِكة أو مُؤَسَّسة تِجارِيّة

adj. & adv. ثابِت ، راسِخ ، مَكِين ، مُحْكَم ، حازِم ؛ بِحَزْمٍ ، بِثَباتٍ

firmament/ˈfɜməmənt/*n.* السَّمٰوات ، القُبّة الزَّرْقاء

first/fɜst/*adj.* أوَّل ، أوَّلِيّ

first aid إسْعافٌ أوَّلِيّ

at first hand مُباشَرةً ، مِن غيرِ وَسِيط

first person ضَمِيرُ المُتَكَلِّم (أنا ، نَحْن)

in the first place أوَّلًا ، بادِئَ ذِي بَدْء ، قَبْلَ كُلِّ شَيْء

n. بِداية ، بَدْء

at first أوَّلًا ، في البِداية ، بادِئَ الأَمْر ، لأول وَهْلة

adv. أوَّلًا

first and foremost أوَّلًا وَقَبْلَ كُلِّ شَيْء

first-born/ˈfɜst-bɔn/*adj. & n.* بِكْر ، أوَّلُ مَوْلُودٍ للأبَوَيْن

first-class/ˈfɜst-ˈklɑs/*adj. & n.* مُمْتاز ، مِن الدَّرَجة الأُولَى

he travels first-class يُسافِرُ بالدَّرَجةِ الأُولَى

first-rate/ˈfɜst-ˈreɪt/*adj.* فائق ، مِن الطِّرازِ الأوَّل

fish/fɪʃ/*n. & v.t.* سَمَكة (سَمَك) ؛ صادَ (يَصِيدُ) أو اِصْطادَ السَّمَكَ

fisherman/ˈfɪʃəmən/*n.* صَيّادُ السَّمَك

fishery/ˈfɪʃərɪ/*n.* مَصايِدُ الأسْماك ؛ صَيْدُ السَّمَك

fishmonger/ˈfɪʃmʌŋgə(r)/*n.* سَمّاك ، بَيّاعُ سَمَك

fishwife/ˈfɪʃwaɪf/*n.* (*lit. & fig.*) بائِعة السَّمَك ؛ سَلِيطةُ اللِّسان ، إمْرأة سُوقِيّة

fishy/ˈfɪʃɪ/*adj.* **1.** (fishlike) سَمَكيّ ، ذُو رائِحة سَمَكِيّة

2. (dubious) مُثِيرٌ للشَّكِّ والشُّبْهة ، مُرِيب ، مَشْكُوك فيه

fission/ˈfɪʃən/*n.* إنْشِطار

fist/fɪst/*n.* قَبْضة ، مَجْمَعُ الكَفّ

fit/fɪt/*n.*

1. (sudden seizure, outburst) نَوْبة (عَصَبِيّة)

2. (size) مَقاس ، مُلاءَمة

this dress is a good fit مَقاسُ هذا الفُسْتان مُمْتاز

adj. **1.** (suitable) مُلائم ، مُناسِب

2. (ready) عَلَى وَشْك ، على أُهْبة الاسْتِعْداد

they worked till they were fit to drop عَمِلُوا حَتَّى كادُوا يَمُوتُون تَعَبًا

3. (healthy) مُعافًى ، يَتَمَتَّعُ بِلَياقةٍ بَدَنِيّة

v.t. & i. **1.** (suit) لاءَمَ ، ناسَبَ ، طابَقَ ، اِنْطَبَقَ على مَقايِيسِ الجِسْم

if the cap fits, wear it إذا صَحَّ الكَلام لا تَرْفُضِ المَلام

2. (*with advs.*) (مَعَ ظُرُوف مُخْتَلِفة)

their kitchen is fitted up with the latest gadgets مَطْبَخُهُم مُزَوَّدٌ بأحْدَث المُبْتَدَعات العَصْرِيّة

his plan fits in with ours خُطَّتُه تَتَلاءَمُ مَعَ خُطَّتِنا

fitment/ˈfɪtmənt/*n.* خِزانة حائِط (خَزائِن)

fitness/ˈfɪtnəs/*n.* صَلاحِيّة ، أهْلِيّة ، مُلاءَمة ؛ لَياقة بَدَنِيّة

fitting/ˈfɪtɪŋ/*n.*

1. (trying on clothes) بْرُوفة مَلابِس ، قِياس (عِنْدَ الخَيّاط مَثَلًا)

2. (*pl.* built-in equipment) تَجْهِيزات ضَرُورِيّة للعَقار (كَتَرْكِيبات الكَهْرَباء والغاز) ، مَفْرُوشاتٌ (لِمَكْتَب مَثَلًا)

adj. مُناسِب ، لائق ، كما يَنْبَغِي

five/faɪv/*adj. & n.* خَمْسة (رِجال) ، خَمْسُ (نِساء)

fivefold/ˈfaɪvfəʊld/*adj.* خَمْسةُ أضْعاف

fiver/ˈfaɪvə(r)/*n.* (*coll.*) وَرَقة مِنْ فِئة الخَمْسة جُنَيْهات ، وَرَقة بِخَمْسة

fix/fɪks/*v.t. & i.*

1. (make firm, fasten) ثَبَّتَ ، رَكَّزَ

2. (repair) صَلَّحَ ، بَدَّلَ ، ضَبَطَ (ـِ)

3. (arrange) رَتَّبَ ، عَيَّنَ

fixture/ˈfɪkstʃə(r)/*n.*

1. (something fixed in place) ما يَرْتَبِطُ بالعَقار مِن تَجْهيزاتٍ تُعْتَبَرُ كالمِلْكِ الثّابِت

2. (date for a sporting event) مَوْعِدٌ لِحَدَثٍ رِياضِيّ

our team has a full fixture list بَرْنامَجُ فَريقِنا الرِّياضِيّ مَلِيء

fizz/fɪz/*v.i.* & *n.* فارَ (يَفُور) ، فَرْقَعَ (صَوْت خُروجِ الغازِ من السّائل) ؛ فَوَران (الشَّمْبانيا)

fizzle/ˈfɪzəl/*v.i.* أَزَّ (ـِ) أَزَّةً خَفيفة

fizzle out اِرْفَضَّ (الاجتِماع) بالفَشَل ، اِنتَهَى نِهاية غَيْرَ مُرْضِية

fizzy/ˈfɪzɪ/*adj.* (شَراب) فَوّار

flabbergasted/ˈflæbəgɑstəd/*pred. adj.* مَصْعُوق ، مُنْذَهِل ، مَبْهُوت ، مُتَحَيِّر ، مَشْدُوه ، مَدْهُوش

flabbiness/ˈflæbɪnəs/*n.* تَرَهُّل ، تَهَدُّل ، تَراخٍ

flabby/ˈflæbɪ/*adj.* مُتَرَهِّل ، مُتَهَدِّل ، مُتَراخٍ

flag/flæg/*n.*

1. (standard) عَلَمٌ (أَعْلام) ، راية ، بَيْرَق (بَيارِقُ) ، لِواءٌ (أَلْوِية)

keep the flag flying واصَلَ الكِفاح

2. (flower) سَوْسَن (نَبات مُزْهِر)

3. (paving stone) بَلاطة لِرَصْفِ المَمَرّات

v.t. & i. زَيَّنَ بالأَعْلام ، رَصَفَ (ـِ) بالبَلاط

the policemen flagged down our car لَوَّحَ الشُّرْطِيّ لِسَيّارَتِنا بالوُقُوف

his interest soon flagged سُرْعان ما وَهَنَ اهْتِمامُهُ بالمَوْضُوع

flagon/ˈflægən/*n.* إِبْرِيق كَبير للخَمْر

flagrant/ˈfleɪgrənt/*adj.* فاحِش ، فاضِح ، صارِخ

flagship/ˈflægʃɪp/*n.* سَفِينة العَلَم ، بارِجة أَمِيرِ البَحْر

flagstaff/ˈflægstɑf/*n.* سارِية أو صارِي العَلَم

flail/fleɪl/*v.t. & n.* ضَرَبَ بِمِدَقّة أو بِمِخْبَط ؛ مِدَقُّ الدِّراس

flair/fleə(r)/*n.* مَلَكة (تَعَلُّم اللُّغات مَثَلًا) ، مَهارة أو اسْتِعْداد فِطْرِيّ ، نَفاذُ البَصيرة

flake/fleɪk/*n.* نُدْفة ، قِشْرة رَقيقة ، قُشَيْرة

corn flakes رَقائقُ صَغيرة مِن الذُّرة المُحَمَّصة

v.i. بَشَرَ (ـُ) ؛ تَقَشَّرَ

flaky/ˈfleɪkɪ/*adj.* مُؤَلَّف مِن رَقائق ، (فَطِيرة) مُوَرَّقة (كالبَقْلاوة)

flamboyance/flæmˈbɔɪəns/*n.* زَخْرَفة زاهِية الأَلْوان ؛ إِفْراط في التَّزْوِيق والتَّنْمِيق ، بَهْرَجة

flamboyant/flæmˈbɔɪənt/*adj.* ذُو زَخارِفَ زاهِية الأَلْوان ، مُبَهْرَج ، (أُسْلُوب) مُفْرِط في التَّنْمِيق

flame/fleɪm/*n.* لَهَبٌ ، شُعْلة (شُعَل) ، ضِرام

she was an old flame of his (*coll.*) كانَت فِيما مَضَى حَبِيبَتَه

v.i. اِضْطَرَمَ ، اِلْتَهَبَ

his temper flamed (up) ثارَت ثائرَتُه ، ثار ثائرُهُ

flan/flæn/*n.* فَطِيرة عَلَيْها قِطَع من الفَواكِهِ المَطْبُوخة

flank/flæŋk/*n.* جَنْب (جُنوب) ، خاصِرة (خَواصِرُ)

flannel/ˈflænəl/*n.* صُوف فانيلة ، فانيلا

flap/flæp/*v.t. & i.* رَفْرَفَ ، رَفَّ (ـِ) ، خَفَقَ (ـِ)

n. **1.** (light movement) رَفّة

2. (piece hanging down) جُزْءٌ مُتَحَرِّك (مِن مِنْضَدة مَثَلًا) يُرْفَع ويُنَزَّل

3. (*sl.* panic) *v.i.* اِضْطَرَبَ ، تَهَيَّجَ ، اِرْتَبَكَ

flare/fleə(r)/*v.i.*

1. (blaze **up**) تَوَهَّجَ ، اِنْدَلَعَ ؛ اِحْتَدَمَ ؛ فَقَدَ رَباطة جَأْشِه

2. (become wider) *also v.t.* اِتَّسَعَ تَدْريجِيًّا عِندَ أَسْفَلِه (بِنْطال مَثَلًا) ؛ وَسَّعَ (التَّنُّورة) تَدْريجِيًّا نَحْوَ الأَسْفَل

she wore a flared skirt كانت تَرْتَدِي تَنُّورةً ضَيِّقةً تَتَّسِعُ نَحْوَ الأَسْفَل

n. شُعْلة (شُعَل)

flash/flæʃ/*v.i. & t.* وَمَضَ (يَمِضُ) ، أَضاءَ فَجْأةً ، بَرَقَ (ـُ)

n. وَمْضة ، (نَبأ) خاطِف وهامّ عادةً

the news flash interrupted the programme قَطَعَ البَرْنامَجَ الإذاعِيَّ نَبأٌ هامّ

flashy/ˈflæʃɪ/*adj.* مُبَهْرَج ، صارِخ ، بَرّاق

flask/flɑsk/*n.* قارُورة (قَوارِيرُ) ، دَوْرق (دَوارِقُ) ، قِنِّينة (قَنانٍ)

flat/flæt/*adj. & adv.*

1. (level) مُسَطَّح ، مُسْتَوٍ ، مُنْبَسِط ، مُفَلْطَح

he had a flat tyre كان إطارُ سَيّارَتِهِ فاشًّا (خالِيًا من الهَواء) ، فُزِرَ إطارُ سَيّارته

his joke fell flat قُوبِلَت نُكْتَتُه بِفُتُور ، لم يَضْحَك لها أَحَد

2. (definite) واضِح ، مُطْلَق

he gave a flat refusal رَفَضَ رَفْضًا باتًّا

3. (tasteless) بلا طَعْم ، تافِه

4. (*mus.*) نَغْمة مُنْخَفِضة

n.

1. (level object or area) سَطْحٌ مُسْتَوٍ ، الجُزْءُ المُسَطَّح مِن شَيْء

2. (*mus.*) عَلامة الخَفْض (مُوسِيقَى)

3. (apartment) شُقّة للسَّكَن

flatlet/ˈflætlət/*n.* شُقّة صَغيرة

flatten/ˈflætən/*v.t. & i.* دَحا (يَدْحُو) ، سَوَّى السَّطْحَ ، بَسَطَه ، دَكَّ (ـُ) ؛ أَصْبَحَ مُسْتَوِيًا

flatter/ˈflætə(r)/*v.t.* تَمَلَّقَ ، داهَنَ ، تَزَلَّفَ

flattery/ˈflætərɪ/*n.* تَمَلُّق ، مُداهَنة ، تَزَلُّف

flaunt/flɔnt/*v.t. & i.* تَباهَى أو تَفاخَرَ بِـ ، عَرَضَ (ـِ) نَفْسَه مُتَباهِيًا ؛ رَفْرَفَ باعْتِزاز

flavour/ˈfleɪvə(r)/*n.* مَذاق ، نَكْهة ، طَعْم

flaw/flɔ/*n.* عَيْب (عُيوب) ، نَقيصة (نَقائص) ، شائبة (شَوائِبُ)

flawless/ˈflɔləs/*adj.* بِلا عَيْب ، مِن دُون شائبة ، مِن غَيْرِ نَقْص

flawlessness/ˈflɔləsnəs/*n.* كَمالٌ ، خُلُوٌّ مِن العُيوب

flax/flæks/*n.* كَتّان (نَبات)

flaxen/ˈflæksən/*adj.* كَتّانِيّ ، مَصْنوع من الكَتّان ؛ لَوْنٌ أَصْفَرُ فاتِح (أَشْقَر)

a girl with flaxen hair فَتاة شَقْراءُ الشَّعْر

flay/fleɪ/*v.t.* سَلَخَ (ـَ) (جِلْدَ حَيَوان) ؛ نَقَدَ نَقْدًا لاذِعًا ، هَرَأَ (ـَ) جِلْدَه

flea/fli/*n.* بُرْغوث (بَراغيثُ)

she sent him away with a flea in his ear وَبَّخَتْهُ أَعْنَفَ تَوْبيخ ، زَجَرَتْه ، كَشَحَتْه

fleck/flek/*n. & v.t.* بُقْعة ، نُقْطة ؛ بَقَّع ، نَقَّط

fled/fled/*p.t. & p.p. of* **flee**

fledged/fledʒd/*adj.* (طائر) رِيشُه كامِلُ النُّمُوّ

he is now a fully fledged doctor إنّه الآنَ طَبيبٌ بِكُلِّ مَعْنَى الكَلِمة (أي ذُو خِبْرة)

fledg(e)ling/ˈfledʒlɪŋ/*n.* فَرْخٌ نَبَتَ رِيشُه ، شَخْصٌ قَليلُ الخِبْرة والتَّجْرِبة

flee/fli/(*p.t. & p.p.* **fled**)

v.i. & t. هَرَبَ (ـُ) ، فَرَّ (ـِ)

fleece/flis/*n.* صُوفُ الخِراف ، جِزّة الصُّوف

v.t. نَهَبَ مالَه ، شَلَّحَه (عامّيّة)

the gamblers have fleeced him لم يُبْقِ المُقامِرون مِن مالِهِ شيئًا ، شَلَّحوه

fleecy/ˈflisɪ/*adj.* صُوفِيّ ، ناعِم كالوَبَر

fleet/flit/*n.* أُسطُول (أَساطِيلُ) ؛ رَتَل مِن السَّيّارات (للشَّرِكة مَثَلًا)

adj. سَرِيع ، خَفيف الحَرَكة

fleeting/ˈflitɪŋ/*adj.* عابِر ، سَرِيعُ الزَّوال ، خاطِف

I caught only a fleeting glimpse of her لَمَحْتُها لَمْحةً خاطِفة

flesh/fleʃ/*n.* لَحْم (لُحوم) ؛ جَسَدٌ (أَجْساد)

in the flesh شَخْصِيًّا ، بالذّات ، (جاءَ فُلانٌ) بِلَحْمِه وَدَمِه

the ghost story made my flesh creep اِقْشَعَرَّ بَدَني عِندَ سَماعي قِصّة الشَّبَح

more than flesh and blood can stand فَوْقَ ما يَتَحَمَّلُه اللَّحْمُ والدَّم ، فَوْقَ طاقة البَشَر

he went the way of all flesh ماتَ (يَموت) ، تُوُفِّيَ ، صارَ إلى مَصيرِ كُلِّ حَيّ ، ماتَ حَتْفَ أَنْفِهِ

flew/flu/*p.t. of* **fly**

flex/fleks/*v.t.* ثَنَى (يَثْني) ، لَوَى (يَلْوِي) ، جَثا (يَجْثُو)

n. سِلْك كَهْرَبائيّ مَعْزُول

flexibility/ˈfleksəˈbɪlətɪ/*n.* مُرونة ، سُهُولة الالْتِواء ؛ لُيُونة الجانِب

flexible/ˈfleksəbəl/*adj.* مَرِنٌ ، قابِلٌ للثَّني ، سَلِسُ القِياد

flick/flɪk/*n. & v.t.* ضَرْبة خَفيفة وَسَريعة ، حَرَكة سَريعة مُفاجِئة ؛ ضَرَبَ (ـِ) أو حَرَّكَ بِخِفّة

the flicks *n. pl.* (*sl.*) السِّينَما

flicker/ˈflɪkə(r)/*v.i. & n.* رَفْرَفَ ، خَفَقَ (ـِ) ؛ تَذَبْذَبَ (ضَوْءُ الشَّمْعة مَثَلًا) ؛ رَفْرَفةٌ ، خَفْقٌ ؛ اِشْتِعالٌ مُتَقَطِّع

flick-knife/ˈflɪk-naɪf/*n.* مِطْواة تَنْفَتِح بِمُجَرَّدِ الضَّغْطِ عَلى زُنْبُركٍ أو ياي بِقَبْضَتِها

flight/flaɪt/*n.* **1.** (act of flying) طَيَران

2. (journey by air) رِحْلة جَوِّيّة

the London-Bahrein flight is now arriving طائرةُ لَنْدن ــ البَحْرَين على وَشْكِ الهُبوط الآنَ

3. (air force unit) جُزْءٌ مِن سِرْبٍ مِن الطّائرات

4. (retreat) هُروب ، فِرار

we put the enemy to flight أَجْبَرْنا العَدُوَّ على الفِرار

5. (series of stairs) مَجْمُوعة مُتَواصِلة مِن دَرَجات السُّلَّم

his flat is two flights up شُقَّتُه بَعْدَ صُعُودِ دَرَجَيْن (أو مَجْمُوعَتَيْن مِن الدَّرَجات)

flightiness/ˈflaɪtɪnəs/*n.* تَقَلُّبُ الأَهْواء ، طَيْشٌ ، عَبَثٌ

flighty/ˈflaɪtɪ/*adj.* مُتَقَلِّبةُ الأَهْواء ، ذاتُ نَزَوات ، طائشة ، عابِثة

flimsiness/ˈflɪmzɪnəs/*n.* رِقّة ؛ ضَعْف

flimsy/ˈflɪmzɪ/*adj. & n.* واهٍ ، رَقيق ، (حُجّة) واهِية (مَنْطِق) مُهَلْهَل ؛ وَرَقة رَقيقة جِدًّا (تُسْتَعْمَل كنُسْخة ثانية في الآلة الكاتِبة)

flinch/flɪntʃ/*v.i.* جَفَلَ (ـُ) ، تَراجَعَ ، نَكَصَ (ـُ) على عَقِبَيْه أو عَنْ ، أَحْجَمَ

fling/flɪŋ/(*p.t. & p.p.* **flung**) *v.t.* قَذَفَ (ـِ) ، طَرَحَ (ـَ) ، رَمَى (يَرْمِي) ، أَلْقَى

n. رَمْيَة ، قَذْفٌ

youth must have its fling لابُدَّ للشَّباب مِن فَتْرة طَيْش

flint/flɪnt/*n* صَوّان ، حَجَر شَديدُ الصَّلابة ، حَجَر الوَلّاعة

flinty/ˈflɪntɪ/*adj.* صَوّانِيّ ، صَلْب ، صَلْد ، قاسٍ ، مُتَحَجِّر ، (نَظْرة) صارِمة

flip/flɪp/*v.t. & i. & n.* نَقَفَ (ـُ) (قِطْعةَ نُقود) بِطَرَفِ ظُفْرِه ؛ نَقَرَ (ـُ) بِخِفّة ، تَصَفَّحَ ؛ نَقْرة خَفيفة ؛ الوَجْهُ الثّاني لأُسْطُوانة مُوسيقِيّة

flippancy/ˈflɪpənsɪ/*n.* عَبَثٌ ، نَزَقٌ ، طَيْشٌ ، رُعونةٌ

flippant/ˈflɪpənt/*adj.* نَزِقٌ ، قَليلُ الاحْتِرام للآخَرين ، أَرْعَن

flipper/ˈflɪpə(r)/*n.* زِعْنِفة (زَعانِفُ)

flirt/flɜt/*v.i.* غازَلَ ، داعَبَ ، داعَبَت (الفِكْرةُ مُخَيِّلَته)
n. لَعُوب ، مِغْناج ، يَمِيلُ إلى مُغازَلَةِ الجِنْسِ الآخَر

flirtatious/flɜ'teɪʃəs/*adj.* مِغْناج ، غَزَلِيّ

flit/flɪt/*v.i. & n.*
1. (move quickly) هَفَّ (ـِ) ، هَفْهَفَ ، طارَ بِخِفّة ، هَفْهَفة ، طَيَران أو انْتِقال بِسُرْعة مِن مَكانٍ لآخَرَ
2. (*coll.* move house) غادَرَ مَكانًا خُلْسةً
they did a moonlight flit تَرَكُوا المَنْزِلَ دُونَ تَسْدِيدِ الإيجار ، فَرُّوا هَرَبًا تَحْتَ جُنْحِ الظَّلام تَمَلُّصًا مِن الدَّفْع

float/fləʊt/*v.i. & t.* عامَ (يَعُوم) ، طَفا (يَطْفُو) ، عَوَّمَ ، طَوَّفَ (ع)
floating voters ناخِبون غَيْرُ مُلْتَزِمِين بأحْزابٍ مُعَيَّنة ، أصْواتٌ لا حِزْبِيّة
float a company عَمِلَ على تَأْسِيس شَرِكة أو تَرْوِيجها
n. فِلّينة صِنّارة الصَّيْد العائِمة ، عَوّامة ، كُرة عائِمة (في بَرْمِيلِ ماء) ، عَرَبة نَقْل ذاتُ مِنَصّة مُسَطَّحة

flock/flok/*n.* قَطِيع (قُطْعان) ، سِرْب (أسْراب) ، رَعِيّةُ الكَنِيسة
v.i. اِحْتَشَدَ ، تَجَمَّعَ ، تَجَمْهَرَ

flog/flog/*v.t.* **1.** (beat) جَلَدَ (ـِ) بِسَوْط ، ساطَ (يَسُوطُ)
2. (*sl.* sell) باعَ (يَبِيعُ) شَيْئًا (مَسْرُوقًا أو مُسْتَعْمَلًا) لِلتَّخَلُّصِ مِنْه

flood/flʌd/*n. & v.t. & i.* فَيَضان ، طُوفان ، فاضَ (يَفِيضُ) ، غَمَرَ (ـُ) بالماء
the river flooded us out أَجْبَرنا فَيَضانُ النَّهْرِ على مُغادَرة بَيْتِنا

floodlight/'flʌdlaɪt/*n. & v.t.* فَيْضُ أنْوار ، ضَوْءٌ غامِر ، أنْوارٌ كَشّافة ، نَوَّرَ (تِمْثالًا مَثَلًا) بالأضْواء الغامِرة
the castle is floodlit at night تُغْمَرُ القَلْعةُ بالأنْوار لَيْلًا

flood-tide/'flʌd-taɪd/*n.* طَلائِع المَدّ

floor/flɔ(r)/*n.*
1. (lower surface of room) أرْض أو أرْضِيّة (غُرْفة مَثَلًا)
The Prime Minister then took the floor وَقَفَ رَئِيسُ الوُزَراء بَعْدَ ذلك خَطِيبًا
2. (level of building) طابِق (طَوابِقُ) ، دَوْر (أدْوار)
our flat is on the ground floor شُقَّتُنا على الطّابِق (أو الدَّوْر) الأرْضِيّ
v.t.
1. (put down a floor) فَرَشَ أو غَطَّى الأرْضِيّة بالخَشَبِ أو البَلاط
2. (defeat) طَرَحَ أو ألْقَى أرْضًا ، أفْحَمَ ، أخْرَسَ
he was floored by the question أُفْحِمَ بالسُّؤال

flooring/'flɔrɪŋ/*n.* مادّةُ تَلْبِيسِ الأرْضِيّة (ألْواح خَشَبِيّة مَثَلًا)

floor-walker/'flɔ-wɔkə(r)/*n.* ناظِر أو مُفَتِّش في مَتْجَر

flop/flop/*v.i. & t. & n.* تَخَبَّطَ ، اِنْهارَ (تَعَبًا) ، تَهالَكَ ، ألْقَى على الأرْض ، أخْفَقَ إخْفاقًا ذَرِيعًا ، تَخَبُّط
the play was a flop (*coll.*) كانت المَسْرَحِيّة فاشِلة

floppy/'flopɪ/*adj.* مُتَهَدِّل ، مُرْتَخٍ

floral/'flɔrəl/*adj.* زَهْرِيّ ، مُزَهَّر ، خاصّ بِنَباتاتِ عَصْرٍ أو مِنْطَقةٍ مُعَيَّنة ، مُزَيَّن بِرُسُومِ أزْهار

florid/'florɪd/*adj.* مُفْرِطٌ في التَّنْمِيق ، (وَجْه) شَدِيدُ الاحْمِرار

florist/'florɪst/*n.* بائِعُ أزْهار ، زَهّار

flotsam/'flotsəm/*n. in* **flotsam and jetsam** حُطامُ السَّفِينة وما يُطْرَحُ في البَحْرِ مِن مَشْحُوناتِها

flounce/flaʊns/*n. & v.i.* كُرْنِيش أو كَشْكَش عَرِيض على ذَيْلِ الفُسْتان ، اِنْتَفَضَ ، اِنْدَفَعَ خارِجًا
she flounced out of the room in a huff اِنْدَفَعَت مِن الغُرْفة في ثَوْرةِ غَضَب

flounder/'flaʊndə(r)/*v.i.* تَعَثَّرَ ، تَخَبَّطَ ، مَشَى مُتَثاقِلًا ، اِرْتَبَكَ (في عَمَلِه) ، تَلَعْثَمَ (في كَلامِه)
n. نَوْع مِن السَّمَك البَحْرِيّ المُفَلْطَح

flour/'flaʊə(r)/*n. & v.t.* طَحِين ، دَقِيق ، رَشَّ (ـُ) بالطَّحِينِ أو الدَّقِيق

flourish/'flʌrɪʃ/*v.i. & t.* اِزْدَهَرَ ، زَها (يَزْهُو) ، تَرَعْرَعَ ، عاشَ في فَتْرةٍ ما ، لَوَّحَ (بِشَيْء)
n. تَزْوِيق (في الخَطّ) ، حَرَكة أو تَلْوِيح بِشَيْء (لِلتَّهْدِيد)
he signed his name with a flourish وَقَّعَ اسْمَهُ تَوْقِيعًا مُزَخْرَفًا

flow/fləʊ/*v.i. & n.* تَدَفَّقَ ، سالَ (يَسِيلُ) ، جَرَى (يَجْرِي) ، اِنْسابَ ، جَرَيانٌ ، اِنْسِيابٌ
flowing garments ثِيابٌ فَضْفاضة

flower/'flaʊə(r)/*n. & v.i.* زَهْرة (زُهُور ، أزْهار ، أزاهِيرُ) ، أزْهَرَ ، اِزْدَهَرَ
the flower of a nation's manhood صَفْوةُ (أو خِيرةُ) رِجالِ الأُمّة

flowery/'flaʊərɪ/*adj.* مَلِيءٌ بالزُّهُور ، أُسْلُوبٌ مُنَمَّق ، مَلِيءٌ بالمُحَسِّنات البَدِيعِيّة

flown/fləʊn/*p.p of* **fly**

flu/flu/*contr. of* **influenza** إنْفلُوَنْزا ، نَزْلة وافِدة

fluctuate/'flʌktʃʊeɪt/*v.i.* تَذَبْذَبَ ، تَقَلَّبَ ، تَرَجَّحَ ، تَراوَحَ بَيْنَ ... وبَيْن

fluctuation/'flʌktʃʊ'eɪʃən/*n.* تَذَبْذُبٌ ، تَقَلُّبٌ (تَقَلُّبات)

flue/flu/*n.* مِدْخَنة ، مَنْفَذ للهَواء السّاخِن أو الدُّخان أو الغاز

fluency/ˋfluənsɪ/*n.* فَصاحة ، طَلاقة اللِّسان ، سَلاسة

fluent/ˋfluənt/*adj.* فَصيح ، سَلِس ، طَلْقُ اللِّسان

fluff/flʌf/*n.* زَغَبٌ ، وَبَرٌ ، صُوف ؛ مُحاوَلة فاشِلة ؛ خَطأ (المُمَثِّل في كلامِه)

fluffy/ˋflʌfɪ/*adj.* زَغِبٌ ، زَغَبِيّ ، مَنْفُوش

fluid/ˋfluɪd/*adj. & n.* سائل ، مائع ؛ (مَوْقِف) مُتَمَيِّع ، قابِل للتَّغَيُّر ؛ مادّة سائلة

fluke/ˋfluk/*n.* دُودة (في كَبِدِ الخَرُوف) ؛ الطَّرَفُ المُدَبَّبُ للمِرْساة ؛ رَمْيَةٌ مِن غَيْرِ رامٍ ، ضَرْبة حَظّ

flung/flʌŋ/*p.t. & p.p. of* **fling**

fluorescence/ˈfluəˋresəns/*n.* تأَلُّق ، فَلْوَرَة ، تَفَلْوُر

fluorescent/ˈfluəˋresənt/*adj.* مُتأَلِّق ، فَلُورِيّ ، قابِلٌ للتَّفَلْوُر ، فْلُورسَنْت

flurried/ˋflʌrɪd/*adj.* مُضْطَرِب ، مُتَهَيِّج

flurry/ˋflʌrɪ/*n.*

1. (gust) هَبَّةُ (هَواء) فُجائيّة ؛ زَخَّةُ (مَطَر أو ثَلْج) فُجائيّة

2. (nervous hurry) *also v.t.* تَهَيُّج واضْطِراب ؛ أَرْبَكَ ، هَيَّجَ ، جَعَله يَضْطَرِب

flush/flʌʃ/*v.t.* نَظَّفَ ، غَسَلَ (ـِ) ، شطَفَ (ـُ)

he flushed the drains (out) نَظَّفَ المَصارِفَ بِدَفْقِ الماء

v.i. & n. تَوَرَّدَ (وَجْهُه) ؛ وَرَّدَ ، جَعَله يَحْمَرّ ؛ تَوَرُّدُ (الوَجْه) ، اِحْمِرارٌ (نَتيجةَ الخَجَل مَثَلاً)

she flushed crimson اِحْمَرَّت خَجِلة

adj. **1.** (level **with**) بِمُسْتَوَى ، على سَوِيّة ؛ مُتَساطِحٌ مَع

the electric socket is flush with the wall المَأْخَذُ الكَهْرَبائيّ غَيْرُ ناتِئٍ مِن الجِدار (أو بِسَوِيّة الجِدار)

2. (*coll.* well supplied **with**) يَمْلِكُ الوَفيرَ مِن ... ، غَنِيٌّ بـ

he's flush with money today إنّه غارِق في المال اليَوْمَ

fluster/ˋflʌstə(r)/*v.t. & n.* حَيَّرَ ، أَرْبَكَ ، اِضْطِرابٌ ، اِرْتِباكٌ

flute/flut/*n.* فْلُوت ، آلةُ نَفْخٍ مُوسيقيّة تُشْبِهُ المِزْمار

fluted/ˋflutəd/*adj.* (عَمُودٌ مِعْمارِيّ) مُحَزَّز أو ذو حُدَد

flutter/ˋflʌtə(r)/*v.t. & t.* رَفْرَفَ ، خَفَقَ (ـِ) (الطائرُ أو القَلْبُ) ؛ أهاجَ

n. رَفْرَفة ، خَفَقان ، اِضْطِراب ؛ مُراهَنة

he went and had a flutter at the races ذَهَبَ إلى السِّباق وقامَرَ

fly/flaɪ/(*p.t.* **flew** *p.p.* **flown**) *v.i.*

1. (move through the air) طارَ (يَطِير) ، حَلَّقَ

2. (move fast) عَجَّلَ ، تَعَجَّلَ

a flying visit زِيارة خاطِفة

the blow sent him flying طَرَحَتْهُ الضَّرْبة أرْضًا

v.t.

1. (send up into the air) أَطْلَقَ في الفَضاء ، طَيَّرَ

fly a kite طَيَّرَ طَيّارةَ وَرَقٍ ؛ تَحَسَّسَ الوَضْعَ ، اِسْتَطْلَعَ الرَّأْيَ العامّ

2. (cross over by air) اِجْتازَ (مِنْطَقةً) بالطّائرة

he flew the Atlantic in Concorde قَطَعَ المُحِيطَ الأَطْلَسِيَّ بِطائرةِ الكُونْكُورْد

n. **1.** (insect) ذُبابة (ذُباب ، ذُبابات ، ذِبّان)

there are no flies on him لا تَسْتَطِيعُ أن تَغُشَّه أو تَضْحَكَ عَلَيْه

2. (trouser flap) فَتْحة البَنْطَلُون الأَماميّة

flying/ˋflaɪɪŋ/*n. & adj.* طَيَران ؛ (شَيْءٌ) طائِر

flyleaf/ˋflaɪlif/*n.* وَرَقة بَيْضاء بأوّلِ الكِتاب أو آخِرِه

fly-over/ˋflaɪ-əʊvə(r)/*n.* مَعْبَر مُقَوَّس فَوْقَ طَرِيقٍ

fly-weight/ˋflaɪ-weɪt/*n.* وَزْنُ الذُّبابة (في المُصارَعة والمُلاكَمة)

fly-wheel/ˋflaɪ-wil/*n.* طارة حَذّافة (دُولابٌ لِتَنْظِيمِ حَرَكة آلة)

foal/fəʊl/*n. & v.i.* مُهْر (أَمْهار) ، فِلْوٌ (أَفْلاءٌ) ؛ وَلَدَت الفَرَسُ ، نَتجت ، انتجت

foam/fəʊm/*n. & v.i.* رَغْوةٌ ، زَبَدٌ ، غُثاءٌ ؛ رَغا (يَرْغُو) ، أَزْبَدَ

focal/ˋfəʊkəl/*adj.* بُؤْرِيّ ، مَرْكَزِيّ

focus/ˋfəʊkəs/*n.* بُؤْرة (بُؤَر) ، مَرْكَز (هَنْدَسة)

v.t. & i. رَكَّزَ ، جَمَّعَ أو تَجَمَّعَ في البُؤْرة ؛ رَكَّزَ اهْتِمامَه

fodder/ˋfodə(r)/*n.* عَلَفٌ ، عَلِيقُ الدَّوابّ

foe/fəʊ/*n.* عَدُوّ (أَعْداء) ، خَصْم (خُصُوم)

foetus/ˋfitəs/*n.* جَنِين (أَجِنّة)

fog/fog/*n.* ضَباب ، شَبُّورة (م)

v.t. اضَبَّ ، لَفَّ بالضَّباب ؛ شَوَّشَ ، أَرْبَكَ ، جَعَل الأَمْرَ غامِضًا

foggy/ˋfogɪ/*adj.* جَوٌّ مُضَبَّب ، يَلُفُّه الضَّباب ؛ غامِض ، مُبْهَم

foible/ˋfɔɪbəl/*n.* شُذُوذٌ طَفِيفٌ في الشَّخْصِيّة ؛ مَغْمَز (مَغامِزُ)

foil/fɔɪl/*n.* **1.** (thin metal) وَرَقة مَعْدِنِيّة

2. (contrast) شَيْءٌ يُظْهِرُ بالمُغايَرة صِفاتِ شَيْءٍ آخَر (بِضِدِّها تَتَمَيَّزُ الأَشْياءُ)

3. (sword) شِيشُ المُبارَزة

v.t. أَبْرَزَ الفَرْقَ بِطَرِيقِ المُقارَنة ، أَحْبَطَ (مُؤامرةً مَثَلاً) ، أَفْسَدَ (تَدْبِيرَ خِطّة)

foist/fɔɪst/*v.t.* اِسْتَغْفَلَهُ (بِسِلْعة رَدِيئة مَثَلاً) ؛ داوَرَه عَلَى قَبُولِ شَيْءٍ غَيْرِ مَرْغُوبٍ فِيه

fold/fəʊld/*v.t. & i.*

1. (bend) طَوَى (يَطْوِي) ، ثَنَى (يَثْنِي) ؛ اِنْطَوَى ، اِنْثَنَى

the company has folded up (*sl.*) أفْلَسَت الشَّرِكة

2. (clasp) ضَمَّ (ـُ) ، اِحْتَضَن ، طَوَى (يَطْوِي) (ذِراعَيْه)

n. **1.** (line caused by folding) طَيّة ، ثَنْية (في المَلابِس)

2. (enclosure for sheep) حَظِيرة غَنَم ، زَرِيبة (زَرائبُ)

folder/ˋfəʊldə(r)/*n.* مِلَفّ ، مِحْفَظة للأَوْراق

foliage/ˋfəʊlɪɪdʒ/*n.* أوْراقُ الشَّجَر ، خُضْرة

folio/ˋfəʊlɪəʊ/*n.* رَقْمُ الصَّفْحة ؛ قَطْعُ نِصْفٍ (طِباعة)

folk/fəʊk/*n.* ناس ، قَوْم (أقْوام) ؛ عامّة النّاس ؛ أهْل ، أقارِب

folklore/ˋfəʊklɔ(r)/*n.* الفُولْكْلُور ، عادات وتَقالِيد شَعْبيّة

folksong/ˋfəʊksoŋ/*n.* أُغْنِية شَعْبيّة شائعة

follow/ˋfoləʊ/*v.t. & i.* تَتَبَّعَ ، تَبِعَ (ـَ) ، تَلا (يَتْلُو) ، لَحِقَ (ـَ) ، تعقّب ، اقتفى ، احتذى (مثلاً)

I can't follow your argument لا يُمْكِنُني أَنْ أفْهَمَ حُجَّتَك

follower/ˋfoləʊə(r)/*n.* تابِع ، مُرِيد ، حَوارِيّ

following/ˋfoləʊɪŋ/*n.*

1. (body of supporters) حاشِية ، أتْباع ، أشْخاصٌ مُوالُون

2. (what follows) ما يَلِي ، الآتِي ، التّالِي

folly/ˋfolɪ/*n.* حَماقة ، غَباوة ، عَتَهٌ ؛ مَبْنًى ضَخْمٌ قَلِيلُ الفائِدة

foment/fəʊˋment/*v.t.* وَضَعَ كِمادة ساخِنة ؛ أثارَ (الشَّغَبَ أو المَشاكِل)

fond/fond/*adj.* شَغُوفٌ بِـ ، مُغْرَمٌ بِـ ، مُولَعٌ بِـ

fond hopes آمالٌ بَعِيدة التَّحْقِيق

fondle/ˋfondəl/*v.t.* لَمَسَ بِرِقّة ، داعَبَ ، رَبَتَ عَلَى ، دَلَّعَ

fondly/ˋfondlɪ/*adv.* بِوَلَعٍ ، بِشَغَفٍ ؛ بِرُعُونة ، بِسَذاجة

fondness/ˋfondnes/*n.* دَلَعٌ ، مَحَبّة ، وِداد ، غَرام ، اِشْتِهاء ؛ مَيْلٌ إلى

font/font/*n.* جُرْن أو حَوْض المَعْمُودِيّة ؛ بُنْط (طِباعة) ، طَقْمُ حُرُوفٍ مَطْبَعِيّة

food/fud/*n.* طَعام (أطْعِمة) ، أكْل ، غِذاء (أغْذِية) ، قُوت (أقْوات)

fool/ful/*n.* أحْمَق (حَمْقَى) ، أبْله (بُلْهٌ) ، عَبِيط (م) ، هُزْأة ، مُهَرِّج

April fool مَنْ يُصَدِّقُ كِذْبَةَ نِيسان / أبْرِيل

he made a fool of me جَعَلَنِي أُضْحُوكةً ، خَدَعَنِي

stop playing the fool كَفاكَ تَصَرُّفاتٍ حَمْقاء ؛ لا تَتَظاهَرْ بالغَباء

v.t. & i. خَدَعَ (ـَ) ، ضَلَّلَ ، غَشَّ (ـِ) ؛ أضاعَ وَقْتَهُ سُدًى ، عَبِثَ (ـَ)

you can't fool me لا تَسْتَطِيعُ أن تَخْدَعَني ، ما تَقْدَر تُقَشْمِرْني (ع) ، ما فِيك تضحك عليّ (س ، م)

foolhardy/ˋfulhɑdɪ/*adj.* مَن يُعَرِّضُ نَفْسَه للخَطَرِ حُمْقًا ، مُجازِف بِحَماقة ، مُتَهَوِّر ، لا رَوِيّةَ له ، مُغامِر

foolish/ˋfulɪʃ/*adj.* أبْلَهُ ، أحْمَقُ ، سَخِيف

foolishness/ˋfulɪʃnes/*n.* حَماقة ، حُمْق ، سُخْف

foolproof/ˋfulpruf/*adj.* (تَعْلِيمات) واضِحة جدًّا ، (جِهاز) غاية في سُهولة الاسْتِعْمال

foolscap/ˋfulskæp/*n.* وَرَقة فُولْسكاب (مِقْياس ١٧ × ١٣ ½ بُوصة)

foot/fʊt/*(pl.* **feet)** *n.* **1.** (*anat.*) قَدَم (أقْدام)

she put her foot in it (هَفْوةُ لِسانِها) أوْقَعَتْها في حَرَج

plans were set on foot بُدِئَ بِتَنْفِيذِ الخُطَط

she swept him off his feet بَهَرَتْهُ ، سَلَبَتْ لُبَّهُ

2. (base, lower end) أسْفَل ، قاعِدة (العَمود)

3. (linear measure) قَدَم (١٢ بُوصة)

4. (metrical unit of poetry) تَفْعِيلةٌ (تَفاعِيلُ) شِعْرِيّة (في العَرُوض)

v.t. (*esp. in* **foot it**) ذَهَبَ مَشْيًا

foot the bill دَفَعَ الحِساب ، تَحَمَّلَ النَّفَقات

football/ˋfʊtbɔl/*n.* (لُعْبة) كُرة القَدَم

footballer/ˋfʊtbɔlə(r)/*n.* لاعِبُ كُرة القَدَم

footbridge/ˋfʊtbrɪdʒ/*n.* جُسَيْرٌ للمُشاة ، مِعْبَر (مَعابِرُ)

foothold/ˋfʊthəʊld/*n.* مَوْطِئ أو مَوْضِع قَدَم ؛ مَرْكَز أو مَوْقِف وَطِيد

footing/ˋfʊtɪŋ/*n.*

1. (foothold) مَوْقِف ، مَوْضِع قَدَم ، رُسوخ القَدَمَيْن

2. (relation) مَكانٌ في المُجْتَمَع ، عَلاقة (مع الآخَرِين) ، وَضْعٌ

on an equal footing عَلَى قَدَمِ المُساواة ، سَواسِية

footlights/ˋfʊtlɑɪts/*n. pl.* صَفُّ الأضْواءِ السُّفْلِيّة عَلَى المَسْرح

footman/ˋfʊtmən/*n.* خادِم في مَنْزِل

footnote/ˋfʊtnəʊt/*n.* تَذْيِيل ، هامِش أو حاشِية (في أسْفَل الصَّفحة)

footpath/ˋfʊtpɑθ/*n.* مَمَرٌّ ضَيِّقٌ للسّابِلة ، مَمَرٌّ للمُشاة

footprint/ˋfʊtprɪnt/*n.* أثَرُ (آثار) قَدَم

footstep/ˋfʊtstep/*n.* خُطْوة (خُطًى) ، وَقْعُ قَدَم

footwork/ˋfʊtwɜk/*n.* حَرَكة القَدَمَيْن عِنْدَ الرَّقْص والمُلاكَمة والمُصارَعة

for/fɔ(r)/*prep.*

1. (*denoting extent*) مَدًى ، مَسافة ، مُدّة

he walked for miles سارَ مَسافاتٍ طَوِيلة

it will last for ever سَيَبْقَى إلى الأبَد

2. (*denoting destination*) غاية ، مَصِير ، مُنْتَهًى

the ship for Port Said الباخِرة المُبْحِرة إلى بُورْ سَعِيد

3. (*denoting purpose*) غَرَضٌ ، هَدَفٌ

they fought for freedom قاتَلُوا مِن أجْل الحُرِّيّة

4. (*denoting suitability*) مُلاءَمة

smoking is bad for a cough التَّدخينُ مُضِرٌّ للسُّعال

5. (in place of) بَدَلاً عن

please act for me قُم مَقامي مِن فَضْلِك !

6. (as being) للكَيْنُونة

I took it for granted إعْتَبَرْتُهُ أمرًا مَفروغًا منه (أو مُسَلَّمًا به)

7. (on account of) بِسَبَب ، إكرامًا لِ

do it for my sake اِعْمَلْهُ لِخاطِري ! اِعْمَلْهُ إكرامًا لي

8. (in spite of) بالرَّغْم مِن ، مَعَ كُلِّ ذلك

a man's a man for all that مَعَ كُلِّ ما قيل يَبْقَى الإنسانُ على حالِه

9. (corresponding to) مُقابِل ، مُطابِق لِ

word for word حَرْفيًّا ، كَلِمةً كَلِمةً (في التَّرْجَمة مَثلاً)

forage/ˈfɒrɪdʒ/*n.* عَلَف ، عَليق الدَّوابّ

v.i. بَحَثَ (عَن طَعام مَثلاً)

forbade/fəˈbæd/*p.t. of* **forbid**

forbear[1]/fɔˈbeə(r)/*(p.t.* **forbore***) v.t. & i.* أمْسَكَ عَن ، اِمْتَنَعَ عَن ، تفادى مِن ، عَفَّ (ـِ) عن

forbear[2]/ˈfɔbeə(r)/*n. usu. pl.* سَلَفٌ (أسْلاف)

forbearance/fɔˈbeərəns/*n.* حِلْم ، صَبْر ، رَأفة ، تَسامُح

forbearing/fɔˈbeərɪŋ/*adj.* حَليم ، صَبور ، مُتَسامِح ، مُتَساهِل

forbid/fəˈbɪd/*(p.t.* **forbade** *p.p.* **forbidden)**

v.t. مَنَعَ (ـَ) ، حَظَرَ (ـُ) ، حَرَّمَ ، نَهَى (ـَ) عَن

God forbid! لا سَمَحَ اللهُ ، لا قَدَّرَ اللهُ ، مَعاذَ اللهِ ، حاشا اللهِ !

forbidding/fəˈbɪdɪŋ/ *adj.* صارِم ، قاسٍ ، مُنَفِّر

force/fɔs/*n.* **1.** (strength) قُوّة ، شِدّة ، عُنْف

the plan had to be postponed owing to force of circumstances أُرْجِئَت الخِطّةُ لِظُروفٍ قاهِرة

2. (effectiveness) فاعِليّة ، تأثير

the new law came into force today أصْبَحَ القانونُ الجَديدُ ساريَ المَفعول بَدْءًا مِن اليَوْم

3. (organised body of men) هَيْئة ، مُنَظَّمة

the police force قُوّاتُ الشُّرْطة (البُوليس)

join forces with اِنْضَمَّ إلى ، اِتَّحَدَ مَعَ ، اِنتمى إلى

v.t. أجْبَرَ ، أرْغَمَ ، اِضْطَرَّ

the burglar forced his way in اِقْتَحَمَ اللِّصُّ البَيْتَ ، دَخَلَ عَنْوةً

a forced landing هُبوطٌ اضْطِراريّ (طَيَران)

forceful/ˈfɔsfəl/*adj.* ذُو بَأسٍ وشِدّة ، قَوِيّ

forceps/ˈfɔseps/*n.* مِلْقَط (مَلاقِط) ، كُلّابُ الجَرّاح

forcible/ˈfɔsɪbəl/*adj.* قَوِيّ ، (كَلام) شَديدُ الوَقْع ؛ مُقْنِع ؛ (تَغْذية) جَبْرًا ؛ (دُخول) عَنْوةً

ford/fɔd/*n. & v.t.* مَخاضة (النَّهْر) ؛ خاضَ (يَخوض) النَّهْرَ ، اِجْتازَهُ بِطَريقِ المَخاضة

fore/fɔ(r)/*adj. & adv.* أماميّ ، في الأمام ، قُدّام ؛

& n. الجِهة الأماميّة ، مُقَدِّمة (السَّفينة)

forearm[1]/ˈfɔrɑm/*n.* زَنْد (زُنود) ، ساعِد (سَواعِد)

forearm[2]/fɔrˈɑm/*v.t. in* مَن أنْذَرَ سَلَّحَ ،

forewarned is forearmed قَد أعْذَرَ مَن أنْذَرَ

forebode/fɔˈbəʊd/*v.t.* أوْجَسَ (خيفةً) ، تَوَقَّعَ (شَرًّا)

foreboding/fɔˈbəʊdɪŋ/*n.* هاجِس (هَواجِس) ، تَوَجُّس الشَّرِّ مِن

forecast/ˈfɔkɑst/*v.t. & n.* تَنَبَّأ ، تَكَهَّنَ ؛ تَنَبُّؤ ، تَكَهُّن

weather forecast (نَشْرة) الأنْباء الجَوِّيّة

forefather/ˈfɔfɑðə(r)/*n.* سَلَف (أسْلاف) ، جَدٌّ (جُدود ، أجْداد)

forefront/ˈfɔfrʌnt/*n.* مُقَدِّمة ، طَليعة (طَلائع)

foreground/ˈfɔgraʊnd/ *n.* المَنْظَر الأماميّ ، الأرْضيّة الأماميّة (لِصورة) ، أبْرَزُ مَكان ، مُقَدِّمة

forehead/ˈfɒrɪd/*n.* جَبين (أجْبُن) ، جَبْهة (جِباه) ، ناصِية (نَواصٍ)

foreign/ˈfɒrən/*adj.* أجْنَبيّ (أجانِب) ، غَريب (غُرَباء)

Foreign Office وِزارة الخارِجيّة

to lie is foreign to his nature لَيْسَ الكَذِبُ مِن طَبْعِه ، لَيْسَ الإفْكُ مِن شِيمَتِه

foreigner/ˈfɒrənə(r)/*n.* أجْنَبيّ ، غَريب

foreman/ˈfɔmən/*n.* مُراقِب أو مُلاحِظ عُمّال ؛ رَئيسُ هَيْئة المُحَلَّفين بِمَحْكَمة

foremost/ˈfɔməʊst/*adj. & adv.* أوَّل ، أهَمّ (كاتِب مَثلاً) ؛ أوَّلاً ، في المَقام الأوَّل

forename/ˈfɔneɪm/*n.* الاِسم الأوَّل لِشَخْصٍ (دُونَ لَقَبِه)

forensic/fəˈrensɪk/*adj.* (الطِّبّ) الشَّرْعيّ أو العَدْليّ

foresee/fɔˈsi/*v.t.* تَنَبَّأ بِـ ، أدْرَكَ الأمْرَ قَبْلَ وُقوعِه

foreseeable/fɔˈsiəbəl/ *adj.* يُمْكِنُ التَّكَهُّنُ بِهِ ، (في المُسْتَقْبَل) المُمْكِن اسْتِطْلاعُه

foreshadow/fɔˈʃædəʊ/*v.t.* حَذَّرَ ، أنْذَرَ (بِوُقوعِ حادِثٍ في المُسْتَقْبَل)

foresight/ˈfɔsaɪt/*n.* بُعْدُ نَظَر ، نَفاذُ بَصيرة

foreskin/ˈfɔskɪn/*n.* غُرْلة (غُرَل) ، قُلْفة (قُلَف)

forest/ˈfɒrɪst/*n.* غابة (غابٌ ، غابات) ، حِرْج (أحْراج) ، أجَمة ، حِرْش (أحْراش)

forestall/fɔˈstɔl/*v.t.* سَبَقَ (ـِ) إلى ؛ أفْسَدَ خُطَطَ غَيْرِه بِسَبْقِه إيّاهُم

forestry/ˈfɒrɪstrɪ/*n.* عِلْمُ الغابات ، عِلْم الأحْراج

foretell/fɔˈtel/*(p.t. & p.p.* **foretold***) v.t.* تَنَبَّأ ، تَكَهَّنَ ، توقّع (حُدوثَ حَدَثٍ سِياسيّ)

forethought/ˈfɔθɔt/*n.* رَوِيّة ، تَفَكُّر ، تَدَبُّر ، تَبَصُّر

forever/fəˈrevə(r)/*adv.* إلى الأبَد ، دائمًا ، بِدُونِ انْقِطاع

foreword/ˋfɔwɜd/*n.* مُقَدِّمة الكِتاب ، تَمْهِيد ، تَصْدِير

forfeit/ˋfɔfɪt/*n.* غَرامة تُدْفَعُ عِنْدَ مُخالَفة شُروطِ عَقْدٍ ، جَزاء ، عِقاب

v.t. فَقَدَ (ـِ) أو خَسِرَ (ـَ) حَقَّه في . . .

forge[1]/fɔdʒ/*n.* كُورُ الحَدّاد ، وَرْشة حِدادة

v.t. (heat and shape metal) شَكَّلَ المَعادِنَ بِتَسْخِينِها وَطَرْقِها ؛ أَتامَ (عَلاقاتٍ مَتِينة)

v.i. (*with* **ahead**). تَقَدَّمَ ، شَقَّ طَرِيقه إلى الأمام

forge[2]/fɔdʒ/*v.t.* زَوَّرَ ، زَيَّفَ (عُمْلةً مَثلاً)

forger/ˋfɔdʒə(r)/*n.* مُزَوِّر ، مُزَيِّف

forgery/ˋfɔdʒərɪ/*n.* تَزْوِير ، تَزْيِيف ؛ (عُمْلة) مُزَيَّفة ، (تَوْقِيع) مُزَوَّر ، (سِلْعة) مُقَلَّدة

forget/fəˋget/(*p.t.* **forgot**/fəˋgot/ *p.p.* **forgotten**/fəˋgotən/) *v.t. & i.* نَسِيَ (يَنْسَى) ، فاتَهُ أَنْ ، سَها (يَسْهُو)

forgetful/fəˋgetfəl/*adj.* نَسّاء ، ساهٍ ، سَرِيعُ النِّسْيان

forgive/fəˋgɪv/(*p.t.* **forgave**/ fəˋgeɪv/*p.p.* **forgiven**/fəˋgɪvən/

v.t. & i. عَفا (يَعْفُو) ، صَفَحَ (ـَ) عَن ، غَفَرَ (ـِ) لِ

forgiveness/fəˋgɪvnes/*n.* غُفْران ، مَغْفِرة ، صَفْح ، عَفْو

for(e)go/fɔˋgeʊ/(*p.t.* **for(e)went**/ fɔˋwent/*p.p.* **for(e)gone**/fɔˋgon/)

v.t. & i. تَرَكَ (ـُ) ، تَنازَلَ عن ، سَبَقَ (ـِ) ، جاءَ قَبْلَ

the foregoing chapter الفَصْلُ السّابِق

a foregone conclusion نَتِيجة مُؤَكَّدة أو مُتَوَقَّعة ، خاتِمة لابُدَّ مِنها ، مَسْأَلة تَمَّتْ تَسْوِيَتُها

fork/fɔk/*n.* **1.** (utensil) شَوْكة ؛ مِذْراة (مَذارٍ)

2. (bifurcation) مَفْرَق ، مُفْتَرَق ، تَفَرُّع

turn right at the fork اِتَّجِهْ يَمِينًا عِنْدَ المُفْتَرَق !

v.t. **1.** (dig with fork) مَشَّطَ الأَرْضَ بِمِذْراة

2. (*sl.* pay out/up) سَدَّدَ (دَيْنًا) ، دَفَعَ (ـَ) (الفُلُوس) ، كَحَّ (م)

forlorn/fəˋlɔn/*adj.* بائِس (بُؤَساء) ، مِسْكِين ؛ مَهْجُور

forlorn hope أَمَلٌ ضَئِيل ، مُحاوَلة يائِسة

form/fɔm/*n.*

1. (outward shape) شَكْل (أَشْكال) ، هَيْئة ، صُورة ، قالَب (قَوالِبُ)

2. (type) شَكْلٌ ، نِظامٌ ، نَمَطٌ

a democratic form of government حُكُومةٌ على نَمَطٍ دِيمُقْراطِيّ

3. (etiquette) آدابُ السُّلُوك ، مَراسِم

it is bad form to smoke at table لَيْسَ مِن اللَّياقة التَّدْخِينُ أَثْناءَ الطَّعام

4. (paper to be filled in) اسْتِمارة (اسْتِمارات)

5. (physical or mental condition) حالة بَدَنِيّة أو مَعْنَوِيّة

6. (school class) صَفّ (صُفوف) ، فَصْل (فُصول)

7. (bench) مَصْطَبة خَشَبِيّة طَوِيلة بلا تُكَأة

v.t. & i.

1. (shape, organize) كَوَّنَ ، شَكَّلَ ، صَوَّرَ ؛ نَظَّمَ ، أَنْشَأَ

2. (take shape) تَكَوَّنَ ، تَشَكَّلَ

water drops form تَتَشَكَّلُ قَطَراتُ ماء

formal/ˋfɔməl/*adj.* رَسْمِيّ ، شَكْلِيّ

formality/fɔˋmæləti/*n.* إجْراءٌ رَسْمِيّ أو شَكْلِيّ أو صُورِيّ ؛ مِن الشَّكْلِيّات ، (بِدُون) كُلْفة

formally/ˋfɔməlɪ/*adv.* رَسْمِيًّا ؛ مُراعِيًا الرَّسْمِيّات ، وِفْقَ الأُصُول

format/ˋfɔmæt/*n.* قَطْعٌ ، شَكْلُ (كِتابٍ مَثلاً) ، قِياسُ (الوَرَق)

formation/fɔˋmeɪʃən/*n.* تَشْكِيل ، تَكْوِين ، تَأْلِيف ؛ صَفّ ، سِرْبٌ

the aircraft flew in battle formation طارَت الطّائِرات بِتَشْكِيلِ التَّأَهُّبِ لِلمَعْرَكة

formative/ˋfɔmətɪv/*adj.* (عوامِل) مُكَوِّنة أو مُشَكِّلة (لِشَخْصِيّة الطِّفْل مَثلاً) ؛ تَهْذِيبِيّ ، تَكْوِينِيّ

former/ˋfɔmə(r)/*adj. & pron.* سابِق ، مُتَقَدِّم ؛ الآنِف ذِكْرُهُ

formerly/ˋfɔməlɪ/*adv.* سابِقًا ، فِيما سَبَق ، قَبْلَ ذلك ، قَبْلَئِذٍ

Formica/fɔˋmaɪkə/*n.* فُورْمَيْكا ، صفائح لَدائِنِيّة تُلْصَقُ على سُطُوحِ بَعْضِ الأَثاثات

formidable/ˋfɔmɪdəbəl/*adj.* هائِل ، جَسِيم ؛ شاقّ ، مُرْعِب

formula/ˋfɔmjʊlə/*n.* صِيغة (صِيَغ) ، عِبارة ، قاعِدة ، قانُون ؛ تَقْلِيدٌ مُتَّبَع

formulate/ˋfɔmjʊleɪt/ *v.t.* صاغَ (يَصُوغُ) ، وَضَع ، عَبَّرَ بِوُضُوحٍ ودِقّة ، أَعْرَبَ عَن (مَشاعِرِهِ)

formulation/ˈfɔmjʊˋleɪʃən/*n.* صِياغة ، تَخْطِيط ، تَعْبِيرٌ عَن

fornicate/ˋfɔnɪkeɪt/*v.i.* زَنَى (يَزْنِي) ، ضاجَعَ(بالحَرام) ، فَسَقَ (ـُ) بِـ

fornication/ˈfɔnɪˋkeɪʃən/*n.* زِناء ، زِنًى ، مُضاجَعة ، فِسْق

forsake/fəˋseɪk/*v.t.* هَجَرَ (ـُ) ، تَرَكَ (ـُ) ، نَبَذَ (ـُ) ، تَخَلَّى عَنْ

fort/fɔt/*n.* قَلْعة (قِلاع) ، حِصْن (حُصُون)

forth/fɔθ/*adv.* في الخارِج ، خارِجًا ، فَصاعِدًا ؛ إلى الأمام

and so forth إلى آخِرِهِ ، وَهَلُمَّ جَرًّا ، وما إلى ذلك

forthcoming/ fɔθˋkʌmɪŋ/*adj.* وَشِيك ، قَرِيب ، آتٍ ؛ جاهِزٌ ، مُعَدٌّ ؛ مُرَحِّب ، وَدُود

forthright/ˋfɔθraɪt/*adj.* صَرِيح ، دُغْرِي (عامِّيّة)

forthwith/fɔθˋwɪθ/*adj.* على الفَوْر ، تَوًّا

fortieth/ˈfɔtɪəθ/*adj.* الأَرْبَعُون ؛ جُزْءٌ مِن أَرْبَعِين
fortification/ˈfɔtɪfɪˈkeɪʃən/*n.* تَحْصِين ، تَقْوِيَة ؛ حِصْن (حُصُون)
fortify/ˈfɔtɪfaɪ/*v.t.* حَصَّنَ ، قَوَّى ، عَزَّزَ
fortissimo/fɔˈtɪsɪməʊ/ *adj. & adv.* بِأَعْلَى دَرَجَةٍ صَوْتِيَّةٍ مُمْكِنَة ، بِشِدَّةٍ كُبْرَى (مُوسِيقَى)
fortitude/ˈfɔtɪtjud/*n.* صَبْرٌ ، جَلَدٌ
fortnight/ˈfɔtnaɪt/*n.* أُسْبُوعان
this day fortnight بَعْدَ أُسْبُوعَيْن مِن تاريخ اليَوْم
fortnightly/ˈfɔtnaɪtlɪ/ *adj. & adv. & n.* مَرَّةً كُلَّ أُسْبُوعَيْن ؛ مَجَلَّة نِصْفُ شَهْرِيَّة
fortress/ˈfɔtrəs/*n.* حِصْن (حُصُون) ، قَلْعة (قِلاع)
fortuitous/fɔˈtjuɪtəs/ *adj.* غَيْرُ مُتَوَقَّع ، عَرَضِيّ ، قَضاءً وَقَدَرًا ، اِتِّفاقِيّ ، طارِئ
fortunate/ˈfɔtʃunət/ *adj.* مَحْظُوظ ، مَيْمُون ، حَسَنُ الطّالِع ، سَعِيدُ الحَظّ
fortune/ˈfɔtʃun/*n.*
1. (chance, luck) *also* **Fortune** حَظٌّ ، نَصِيبٌ ، قَدَرٌ
the fortunes of war ما تَتَمَخَّضُ عَنْه الحَرْب ، ما يُصِيبُ الفَرْدَ مِن جَرّاءِ الحَرْب
2. (wealth) مال (أَمْوال) ، ثَرْوة
that house cost a fortune كَلَّفَهُ البَيْتُ مَبالِغَ طائِلة
fortune-teller/ˈfɔtʃun-telə(r)/*n.* عَرّاف ، قارِئُ البَخْت ، ضارِبُ الرَّمْل
forty/ˈfɔtɪ/*adj.* أَرْبَعُون
forum/ˈfɔrəm/*n.* ساحة عامّة (في رُوما القَدِيمة) ؛ مَكان عامّ للمُناقَشات
forward/ˈfɔwəd/*adj.*
1. (in/towards the front) أَمامِيّ ، مُتَقَدِّم
forward planning is essential التَّخْطِيط المُسْبَق أَمْرٌ جَوْهَرِيّ للنَّجاح
2. (advanced) مُتَقَدِّم
the crops are well forward المَحاصِيلُ تَنْمُو نُمُوًّا سَرِيعًا هذا العام
3. (presumptuous) وَقِح
adv. also **forwards** نَحْوَ أو إلى الأَمام
look forward to تَرَقَّبَ ، تَطَلَّعَ إلى
n. (football) خَطُّ الهُجُوم (في لُعْبة كُرة القَدَم)
v.t. أَيَّدَ ، عَضَّدَ ؛ حَوَّلَ (رِسالة مَثَلًا) إلى
please forward our letters حَوِّلِ الرَّسائل (إلى عُنْوانِنا الجَدِيدِ) رَجاءً
fossil/ˈfosəl/*n. & adj.* أُحْفُور (أَحافِير) ، مُسْتَحاثّة (مُسْتَحاثّات) ، حَيَوانٌ أو نَباتٌ قَدِيم مُتَحَجِّر ؛ أُحْفُورِيّ ، مُتَحَجِّر
foster/ˈfostə(r)/*v.t.* رَبَّى ، رَعَى (يَرْعَى) ، تَعَهَّدَ ، تَبَنَّى (طِفْلًا)

foster-mother/ ˈfostə(r)-mʌðə(r)/*n.* أُمٌّ بالرَّضاع أو بالحَضانة
fought/fɔt/*p.t. & p.p. of* **fight**
foul/faʊl/*adj.*
1. (dirty) قَذِرٌ ، وَسِخٌ ، بَذِيءٌ ، سَيِّئٌ ، شِرِّيرٌ
2. (unfair) غَيْرُ عادِل ، غَيْرُ مُنْصِف
the police suspected foul play اِشْتَبَهَت الشُّرْطةُ بِوُجُودِ جَرِيمة (في المَوْضُوع)
n. (football) خَطَأ ، مُخالَفة لأُصُولِ اللَّعِب
v.t. لَوَّثَ ، وَسَّخَ ؛ تَلَوَّثَ ، اِتَّسَخَ ؛ خالَفَ أُصولَ اللَّعِب ؛ اِشْتَبَكَ ، تَشابَكَ ، تَصادَمَ
foully/ˈfaʊlɪ/*adv.* (لَعِبَ) بِفَظاظة أو بِخُشُونة
found[1]/faʊnd/*v.t.* أَسَّسَ ، أَنْشَأَ ، أَقامَ
found[2]/faʊnd/*p.t. & p.p. of* **find**
foundation/faʊnˈdeɪʃən/*n.*
1. (establishing) تأْسِيس ، إنْشاء
2. (basis) قاعِدة (قَواعِدُ) ، أَساس (أُسُس)
foundation-stone حَجَرُ الأَساس
3. (endowed institution) مُؤَسَّسة وَقْفِيّة ، مُنْشَأة خَيْرِيّة
founder/ˈfaʊndə(r)/*v.i.* مُنْشِئ ، مُؤَسِّس (جَمْعِيّة خَيْرِيّة مَثَلًا)
foundling/ˈfaʊndlɪŋ/*n.* لَقِيط (لُقَطاء)
foundry/ˈfaʊndrɪ/*n.* مَسْبَك ، مَصْهَر
fountain/ˈfaʊntɪn/*n.* نافُورة ، فِسْقِيّة ، نَبْع ، عَيْن ، شاذَرْوان (ع)
four/fɔ(r)/*adj. & n.* أَرْبَع ، أَرْبَعة
four-letter words كَلِمات تُعْتَبَر بَذِيئة
he went on all fours مَشَى على أَرْبَع ، سارَ على يَدَيْه ورِجْلَيْه
fourfold/ˈfɔfəʊld/*adj. & adv.* أَرْبَعة أَضْعاف ؛ بِأَرْبَعةِ أَضْعاف
fourteen/ˈfɔˈtin/*adj. & n.* أَرْبَعَ عَشْرَةَ (امرأةً) ، أَرْبَعَةَ عَشَرَ (رَجُلًا)
fourteenth/ˈfɔˈtinθ/*adj. & n.* رابِعَ عَشَر ، رابِعَةَ عَشْرَةَ ؛ جُزْءٌ مِن أَرْبَعَةَ عَشَرَ
fourth/fɔθ/*adj. & n.* رابِع ، رابِعة ؛ جُزْءٌ من أَرْبَعة ، رُبْع ؛ الرّابِع
fowl/faʊl/*n.* طائِر ، طَيْر ، دُجاجة
fox/foks/*n.* ثَعْلَب (ثَعالِبُ)
v.t. اِحْتالَ ، خَدَعَ (ـَ) ، غَشَّ (ـُ) ؛ أَرْبَكَ ، حَيَّرَ
he was completely foxed اِحْتارَ في الأَمْرِ كُلَّ الحَيْرة
foxy/ˈfoksɪ/*adj.* حَيّال ، داهِية ، ماكِر
foyer/ˈfɔɪeɪ/*n.* صالة أو رَدْهة (في مَسْرَح أو سِينَما أو فُنْدُق)
fracas/ˈfrækɑ/*n.* جَلَبة ، ضَجّة ؛ عِراك ، شِجار

fraction/ˈfrækʃən/*n.* كَسْر (كُسُور) (رِياضِيّات)، جُزْء، قِطْعة صَغِيرة مِن

fractious/ˈfrækʃəs/*adj.* شَكّاء، نَقّاق، شَكِس، سَيِّئُ الخُلُق

fracture/ˈfræktʃə(r)/*n.* كَسْر (كُسور) (في عَظْمٍ أو أُنْبُوبٍ وما إلَيْهِما)

v.t. & i. كَسَرَ (ـِ)، شَجَّ (ـُ)، إنْكَسَرَ

fragile/ˈfrædʒɑɪl/*adj.* هَشّ، سَرِيعُ الانْكِسار، قَصِفٌ

fragment/ˈfrægmənt/*n.* شَظِيّة (شَظايا)، قِطْعةٌ صَغِيرة (مِن إناءٍ مَكْسُور مَثَلًا)

fragmentary/ˈfrægməntrı/*adj.* ناقِص، غَيْرُ كامِل، جُزْئِيّ

fragmentation/ˈfrægmənˈteıʃən/*n.* تَجْزِئة، (قُنْبُلة) شَظايا

fragrance/ˈfreıgrəns/*n.* عَبِيرٌ، عَبَقٌ، عِطْرٌ، أرِيجٌ، رائِحة طَيِّبة

fragrant/ˈfreıgrənt/*adj.* عَبِقٌ، عَطِرٌ، أرِجٌ، فَوّاحٌ

frail/freıl/*adj.* هَزِيل، نَحِيل، واهٍ

frailty/ˈfreıltı/*n.* ضُعْف، نُحُول، نَحافة، وَهَنٌ

frame/freım/*n.*

1. (main structure) هَيْكَل

2. (border/setting) إطار (أُطُر)، بِرْواز (عامّيّة)

3. (human body) الجِسْمُ البَشَرِيّ

sobs shook her frame هَزَّ النَّشِيجُ كِيانَها

4. (state) وَضْعٌ، حالٌ

I am in a cheerful frame of mind today مِزاجِي طَيِّبٌ اليَوْم

v.t. **1.** (shape) شَكَّلَ، رَكَّبَ

2. (put in a frame) أطَّرَ، وَضَعَ صُورةً ضِمْنَ إطار

3. (*sl.* falsely make someone appear guilty) إتَّهَمُوه زُورًا

frame-up/ˈfreım-ʌp/*n.* (*coll.*) مَكِيدة لِلإيقاعِ بِشَخْص، تَلْفِيق شَهادة زُور لإثْباتِ الجُرْمِ عَلَى فُلان

framework/ˈfreımwɜk/*n.* هَيْكَل، إطار، حُدُود، مَجال

franc/fræŋk/*n.* فِرَنْك (فِرَنْكات)

franchise/ˈfræntʃɑız/*n.* حَقُّ الانْتِخاب أو التَّصْوِيت، إجازة بَيْعٍ أو صِناعة، حَقُّ الاسْتِغْلال

frank/fræŋk/*n.* صَرِيح، مُخْلِص

frankfurter/ˈfræŋkfɜtə(r)/*n.* سُجُق ألْمانِيّ (يُغْلَى قَبْلَ أكْلِه)

frankness/ˈfræŋknəs/*n.* صَراحة، إخْلاص

frantic/ˈfræntık/*adj.* ثائِر، مُتَهَيِّج (حُزْنًا)، مَسْعُور، مُتَمَيِّز (غَيْظًا)، في غاية الاضْطِراب

fraternal/frəˈtɜnəl/*adj.* أخَوِيّ، (عامَلَهُ) كَأخٍ

fraternity/frəˈtɜnıtı/*n.* أُخُوّة، أخَوِيّة، إخْوانِيّة

fraternize/ˈfrætɜnɑız/*v.i.* تآخَى، تَصادَقَ مَعَ، وادَّ (ـ)، آخَى

fraud/frɔd/*n.* غِشّ، تَزْوِير، إحْتِيال

fraudulent/ˈfrɔdjʊlənt/*adj.* غَشّاش، مُخادِع، مُزَوِّر

fraught/frɔt/*pred. adj.* مَلِيءٌ أو مَشْحُون بِـ، مُحاط (بالخَطَر)، مُنْذِرٌ بالوَيْلِ والثُّبُور

fray/freı/*n. & v.t. & i.* شَغَبٌ، عِراكٌ، شِجارٌ، أبْلَى (طَرَفَ الثَّوْب)، نَسَلَ (ـُ)

frayed cuffs أكْمامٌ تَنَسَّلَت أطْرافُها

frayed nerves أعْصابٌ تالِفة أو مُتَوَتِّرة

freak/frik/*n.* هَوًى، نَزْوة، غَرِيبُ الخِلْقة، طَفْرة، فَلْتة، أمْرٌ شاذٌّ

a freak storm عاصِفة مِن فَلَتات الطَّبِيعة، عاصِفة غَيْر مُعْتادة

freakish/ˈfrikıʃ/*adj.* (تَصَرُّف) غَيْرُ طَبِيعِيّ، (وَلَدٌ) ذُو نَزَوات، غَرِيبُ الأطْوار

freckle/ˈfrekəl/*n.* بُقَع سَمْراء على البَشَرة، نَمَشٌ

free/fri/*adj. & adv.* **1.** (at liberty) حُرّ، طَلِيق

free range chickens دَجاج مُرَبًّى في الهَواء الطَّلْق

free speech حُرِّيّة الكَلام

free will حُرِّيّة الإرادة والاخْتِيار

free translation تَرْجَمة بِتَصَرُّف

2. (empty) خالٍ، غَيْرُ مَشْغُول، شاغِر

is this seat free? هَلْ هذا المَقْعَدُ شاغِر؟

3. (at no charge) مَجّانِيّ، دُونَ مُقابِل، مِن دُونِ أجْر

free trade تِجارة حُرّة، غَيْرُ مُقَيَّدة، مُقايَضة حُرّة

free on board تَسْلِيم (البِضاعة) عَلَى ظَهْر الباخِرة دُونَ زِيادةٍ في السِّعْر

(*commerc. abbr.* **f.o.b.**) (ف . و . ب .)

4. (generous) كَرِيم، جَواد، طَلْقُ اليَدَيْن

he is free with his money هو سَخِيّ بِمالِه

v.t. حَرَّرَ، أعْتَقَ، أطْلَقَ سَراحَ

freedom/ˈfridəm/*n.* حُرِّيّة، تَحْرِير، رَفْعُ الكُلْفة، إنْعِدامُ الشَّكْلِيّات

freehand/ˈfrihænd/*adj. & adv.* (رَسْمٌ) بِدُونِ اسْتِخْدامِ أدَواتٍ هَنْدَسِيّة

freehold/ˈfrihəʊld/*n. & adj.* مِلْكٌ صِرْف، حِيازة عَقارِيّة مُطْلَقة المُدّة

freeholder/ˈfrihəʊldə(r)/*n.* مالِكٌ مُطْلَقُ التَّصَرُّف لِمُدّةٍ غَيْر مَحْدُودة

freemason/ˈfrimeısən/*n.* ماسُونِيّ، عُضْوُ جَمْعِيّة البَنّائِين الأحْرار

freemasonry/ˈfriˈmeısənrı/*n.* الماسُونِيّة، تَعاطُف

freeze/friz/(*p.t.* **froze** *p.p.* **frozen**) *v.t. & i.* جَمَّدَ، تَجَمَّدَ، تَوَقَّفَ (عَن الحَرَكة مَثَلًا)

freezer/ˈfrizə(r)/*n.* (جِهاز) مُجَمِّد؛ قِسْمُ التَّجْمِيدِ في الثَّلّاجة

freight/freɪt/*n.* أُجْرة الشَّحن ، نولون ؛ شَحْن ، حُمولة سَفينة

freighter/ˈfreɪtə(r)/*n.* سَفينة أو طائرة شَحْن ، ناقِلةُ بَضائع

French/frentʃ/*adj. & n.* فَرَنْسِيّ ، اللُّغة الفَرَنْسِيّة

he took French leave اِنْصَرَفَ مِن دُونِ اسْتِئْذان (بِصُورةٍ سِرّيّة أو عاجِلة مَثلًا)

French window بابٌ زُجاجيّ يُفْتَحُ على حَدِيقة

she is learning French إنّها تَدْرُسُ الفَرَنْسِيّة

frenzy/ˈfrenzɪ/*n.* اِحْتِدامُ عَواطِف ، تَهَيُّج شَدِيد ، سُعْر

frequency/ˈfrikwənsɪ/*n.* تَكَرُّر ، تَعَدُّد ، ذَبْذَبة (راديو)

frequent/ˈfrikwənt/*adj.* مُتَكَرِّر ، كَثِيرُ الوُقُوع أو الحُدُوث

v.t. /frɪˈkwent/ تَرَدَّدَ على ، اِخْتَلَفَ إلى

frequently/ˈfrikwəntlɪ/*adv.* مِرارًا ، تَكْرارًا ، كَثِيرًا ما ، غالِبًا ما

fresh/freʃ/*adj.* **1.** (new) جَدِيد ، حَدِيث

2. (not stale) طازَج ، طَرِيّ

fresh air هَواءٌ طَلْقٌ نَقِيّ

3. (*sl.* impudent) عَدِيمُ الاكْتِراث لِلّياقة والأُصُول ، وَقِحٌ ، قَلِيلُ الحَياء

fret/fret/*v.t.* نَقَشَ (ـُ) ، زَخْرَفَ الخَشَبَ بالحَفْر ؛ أَقْلَقَ ، أَزْعَجَ ، أَغاظ

v.i. قَلِقَ (ـَ) ، تَضايَقَ ، اِغْتاظَ

n. عَتَبُ العُود أو القِيثارة

fretful/ˈfretfəl/*adj.* بَكّاء ، شَكّاء ؛ نَقّاق ؛ مُسْتاء ، مُتَكَدِّر

friar/ˈfraɪə(r)/*n.* راهِب كاثُولِيكيّ

friction/ˈfrɪkʃən/*n.* اِحْتِكاك ؛ تَصادُم (مَعَ شَخْص)

Friday/ˈfraɪdɪ/*n.* (يَوْم) الجُمْعة

Good Friday الجُمْعة العَظِيمة أو الحَزِينة

fridge/frɪdʒ/*coll. contr. of* **refrigerator** ثَلّاجة ، بَرّاد

fried/fraɪd/*p.t. & p.p of* **fry** مَقْلِيّ

friend/frend/*n.* صَدِيق (أَصْدِقاء) ، صاحِب (أَصْحاب) ، رَفِيق (رُفَقاء) ، خِلّ (أَخِلّاء)

friendliness/ˈfrendlɪnəs/*n.* حُسْنُ المُقابَلة ، وِداد

friendly/ˈfrendlɪ/*adj.* وَدُود ، لَطِيف ، مُرَحِّبٌ (بالغَرِيب) ، وُدِّيّ

friendship/ˈfrendʃɪp/*n.* صَداقة ، أُلْفة ، صُحْبة ، عِشْرة

frieze/friz/*n.* إفْرِيز ، كُورْنِيش (مَباني)

fright/fraɪt/*n.* رُعْبٌ ، فَزَعٌ ، ذُعْر

you gave me a fright أَفْزَعْتَني على حِينِ غِرّة ، أَلْقَيْتَ الرُّعْبَ في قَلْبي

frighten/ˈfraɪtən/*v.t.* أَفْزَعَ ، أَخافَ ، أَرْعَبَ ، رَوَّعَ ، هالَ (يَهُولُ)

frightful/ˈfraɪtfəl/*adj.* مُفْزِع ، مُخِيف ؛ مُقْرِف ، قَبِيح ، دَمِيم ، شَنِيع

frigid/ˈfrɪdʒɪd/*adj.* شَدِيدُ البُرُودة ، بارِد ، قارّ ، قارِس ؛ (اِسْتِقْبال) فاتِر

frigidity/frɪˈdʒɪdɪtɪ/*n.* بُرُودة (وخاصّةً جِنْسِيًّا)

frill/frɪl/*n.* هُدْب ، كَشْكَشة في الثَّوْب

frilly/ˈfrɪlɪ/*adj.* (ثَوْب) مُكَشْكَش

fringe/frɪndʒ/*n.*

1. (border) حافّة ، حاشِية ، هُدْب ، طَرَف ، فَرْنَشة (م)

2. (hair covering forehead) شَعْرٌ مُصَفَّف فَوْقَ الجَبِين ، غُرّة ، بَدْر (س) ، كُدْلة (ع) ، طُرّة ، قُصّة

adj. إضافيّ ، خارِجيّ ، زائِد

fringe benefits اِمْتِيازات عَيْنِيّة (لِلمُوَظَّفِين مَثلًا)

v.t. هَدَّبَ ، شَرْشَبَ الحاشِية

frisky/ˈfrɪskɪ/*adj.* نَطّاط ، نَشِيط ، (حِصان) مِمْراح ، يَقْفِزُ مَرَحًا

fritter/ˈfrɪtə(r)/*n. & v.t.* فَطِيرة مَحْشُوّة مَقْلِيّة ؛ بَدَّدَ (مالَه) ، بَعْثَرَ ، شَتَّتَ

he frittered away his energies بَدَّدَ جُهُودَه

frivolity/frɪˈvolɪtɪ/*n.* طَيْش ، رُعُونة ، خِفّة ، مَرَح

frivolous/ˈfrɪvələs/*adj.* عابِث ، طائِش ، لَعُوب ، أَرْعَن ؛ تافِه

frizzy/ˈfrɪzɪ/*adj.* (شَعْرٌ) أَجْعَد ، مُفَلْفَل

fro/frəʊ/*adv. only in*

to and fro جِيئةً وذَهابًا ، إقْبالًا وإدْبارًا ، ذَهابًا وإيابًا

frock/frok/*n.* فُسْتان (فَساتِين) ، رُوب (س) ، نَفْنُوف (ع)

frog/frog/*n.* ضِفْدَع (ضَفادِع)

frogman/ˈfrogmən/*n.* ضِفْدَع بَشَرِيّ ، غَوّاص

frolic/ˈfrolɪk/*n.* لَهْوٌ ، مَرَحٌ ، لَعِبٌ

v.i. لَعِبَ (ـَ) ، مَرِحَ (ـَ)

frolicsome/ˈfrolɪksəm/*adj.* مَرِحٌ ، مَلِيءٌ بالنَّشاط والحَيَوِيّة ، جَذْلان ، لَعُوب ، طَرُوب ، دَعّاب

from/from, frəm/*prep.*

1. (*denoting starting point or origin*) مِن ، مِنْ قِبَلُ ، عَن

from now on مِنَ الآنَ فَصاعِدًا

he quoted from memory اِسْتَشْهَدَ مِن الذّاكِرة

2. (*denoting difference*) للدَّلالة على التَّبايُن

he can't tell right from wrong لا يُمَيِّزُ بَيْنَ الخَيْرِ والشَّرّ

3. (as a result of) كَنَتِيجةٍ لِـ

he suffered from lumbago كانَ يُعاني مِن أَلَمٍ في أَسْفَلِ الظَّهْرِ أو مِنَ اللُّمْباجُو

frond/frond/*n.* وَرَقة سَرْخَسِيّة (نَبات)

front/frʌnt/*n.* القِسْمُ الأَمامِيّ ،

1. (foremost part) قُدّام

please go in front of us! تَقَدَّمْنا رَجاءً !

2. (*mil. & polit.*) جَبْهة (عَسْكَرِيّة أو سِياسِيّة)

the men at the front رِجالُ الجَبْهة المُقاتِلة ، قُوّاتُ المُجابَهة

3. (promenade at seaside) كُورنِيش ، طَرِيقٌ مُمْتَدٌّ على ساحِلِ البَحْر

4. (*meteor.*) جَبْهةُ أرْصادٍ جَوِّيّة

5. (impertinence) وَقاحة ، صَفاقة

v.t. & i. واجَهَ ، أطَلَّ أو أشْرَفَ عَلَى

frontage/ˈfrʌntɪdʒ/*n.* طُولُ قِطعةِ أرْضٍ عَلَى شارِع

frontal/ˈfrʌntəl/*adj.* أماميّ ، جَبْهِيّ

frontier/ˈfrʌntɪə(r)/*n.* حَدٌّ (حُدُود) ، تُخْمٌ (تُخُوم)

frontispiece/ˈfrʌntɪspis/*n.* لَوْحة صَدْرِ الكِتاب (مُواجِهة للعُنْوانِ الدّاخِلِيّ)

frost/frost/*n.* صَقِيع ، زَمْهَرِير

v.t. غَطّى بِطَبَقةٍ مِن الصَّقِيع ؛ أتْلَفَ الصَّقِيعُ الزَّرْعَ ؛ رَشَّ السُّكَّرَ النّاعِمِ (عَلَى كَعْكة مَثلاً) ؛ صَنْفَرَ (الزُّجاج)

frosted glass زُجاجٌ مُصَنْفَر أو مُغَبَّش

frosty/ˈfrostɪ/*adj.* (اسْتِقْبال) بارِد ، جافٍ

froth/froθ/*n.* زَبَدٌ ، رَغْوة ، لُغام ؛ كَلامٌ تافِه ، لَغْو

frothy/ˈfroθɪ/*adj.* مُزْبِد ، كَثِيرُ الرَّغْوة ؛ (حَدِيثٌ) تافِه

frown/frɑʊn/*n. & v.i.* عَبَسَ (ـِ) ، تَجَهَّمَ ، قَطَّبَ جَبِينَه ، عَقَدَ حاجِبَيْه

gambling is frowned upon القِمارُ مُسْتَهْجَن (لا يُحَبِّذُهُ المُجْتَمَع)

froze/frəʊz/*p.t. of* **freeze**

frozen/ˈfrəʊzən/*adj.* (*p.p. of* **freeze**) مُتَجَمِّد ، جامِد

frugal/ˈfrugəl/*adj.* مُقْتَصِد ، مُدَبِّر (في مَصْرُوفاتِه) ؛ رَخِيص ، قَلِيلُ الكُلْفة

frugality/fruˈgælɪtɪ/*n.* اِقْتِصاد ، تَدْبِير في المَصْرُوفات

fruit/frut/*n.* فاكِهة (فَواكِهُ) ، ثَمَرة (ثِمار) ؛ حَصِيلة (أعْمال) ، ثِمار (جُهُود)

fruiterer/ˈfrutərə(r)/*n.* فاكِهاني ، بائع فَواكِه

fruitful/ˈfrutfəl/*adj.* مُثْمِر ، مُنْتِج ؛ مُجْدٍ

fruitfulness/ˈfrutfəlnes/*n.* إثْمار ، جَدْوَى ، خِصْب

fruition/fruˈɪʃən/*n.* تَحْقِيق أو تَحَقُّق (آمال)

fruitless/ˈfrutləs/*adj.* عَقِيم ، غَيْرُ مُجْدٍ

fruity/ˈfrutɪ/*adj.* له طَعْمُ أو رائِحةُ الفاكِهة ؛ (نُكْتة) بَذِيئة

frump/frʌmp/*n.* رَعْبَل ، امْرأة رَثّة الثِّياب

frustrate/frʌˈstreɪt/*v.t.* أحْبَطَ ، ثَبَّطَ ؛ خَيَّبَ (آماله)

frustration/frʌˈstreɪʃən/*n.* إحْباط ، حِرْمان (عِلْم النَّفْس) ، خَيْبة

fry/frɑɪ/(*p.t. & p.p.* **fried**/frɑɪd/) *v.t. & i.* قَلَى (يَقْلِي)

out of the frying pan into the fire مِن الدَّلْف لِتَحْتِ المِزْراب (س) ، كالمُسْتَجِيرِ مِن الرَّمْضاءِ بالنّار

fuel/ˈfjuəl/*n.* وَقُود ، مَحْرُوقات

v.t. تَزَوَّدَ أو زَوَّدَ بالوَقُود

fug/fʌg/*n.* (*coll.*) جَوٌّ فاسِد لِقِلّة التَّهْوِية ، جَوّ مَخْنُوق

fugitive/ˈfjudʒətɪv/*n. & adj.* هارِبٌ (مِن وَجْهِ العَدالة) ، طَرِيد ، شارِد

fulcrum/ˈfʊlkrəm/*n.* نُقْطة اسْتِناد أو ارْتِكاز

fulfil/fʊlˈfɪl/*v.t.* أنْجَزَ ، حَقَّقَ ، نَفَّذَ ، وَفَى (يَفِي) ، بَرَّ (بِوَعْدِه)

fulfilment/fʊlˈfɪlmənt/*n.* تَنْفِيذ ، إيفاء (بالوَعْد) ، تَحْقِيق ، تَحَقُّق (الأحْلام)

full/fʊl/*adj. & adv.*

1. (completely filled) مَلِيء ، مُفْعَم ، كامِل

he is full of himself مُعْجَب بِذاتِه ، مُغْتَرّ بِنَفْسِه ، مُتَبَجِّح

the nurse has her hands full المُمَرِّضة مَشْغُولة بِعَمَلِها طَوالَ الوَقْت

he went on eating till he was full up (*coll.*) ظَلَّ يَأكُلُ حَتّى امْتَلأ

2. (entire, maximum) كامِل ، تامّ ، أقْصَى

full moon بَدْر

please give your full name أعْطِ اِسْمَكَ الكامِلَ رَجاءً

full stop نُقْطة نِهائِيّة ، عَلامة وَقْف (في الكِتابة)

n. مِلْء ، غاية

he lives his life to the full يَحْيا حياةً حافِلةً

full-back/ˈfʊl-bæk/*n.* ظَهِير ، دِفاع (كُرة القَدَم)

fullness/ˈfʊlnəs/*n.* مِلْء ، امْتِلاء ، شَبَع

in the fullness of time عِنْدَما يَحِينُ الوَقْت ؛ في النِّهاية ، بَعْد مُرور الوَقْت

fully/ˈfʊlɪ/*adv.* تَمامًا ، كُلِّيًّا

fumble/ˈfʌmbəl/*v.i. & t.* تَخَبَّطَ ، تَحَسَّسَ ، تَلَمَّسَ ، تَعَقَّدَ

fume/fjum/*n. usu. pl.* أبْخِرة ، دُخان ، غازات مُضِرّة

v.i. **1.** (emit smoke) نَفَثَ (ـُ) غازاتٍ أو أبْخِرة

2. (be angry) أرْغَى وأزْبَدَ ، ثارَت ثائِرَتُه

fumigate/ˈfjumɪgeɪt/*v.t.* طَهَّرَ أو عَقَّمَ بالتَّدْخِين أو التَّبْخِير

fumigation/ˈfjumɪˈgeɪʃən/*n.* تَبْخِيرٌ أو تَطْهِيرٌ بالتَّدْخِين

fun/fʌn/*n.* تَسْلِية ، هَزْلٌ ، لَهْوٌ ، مِزاحٌ

that was said in fun قِيلَ ذلكَ عَلَى سَبِيلِ المِزاح

the girls make fun of the boys تَسْخَرُ الفَتَياتُ مِن الفِتْيان (أو يَضْحَكْنَ عَلَيْهِم)

function/ˈfʌŋkʃən/*n.*

1. (purpose) مُهِمّة (مَهامُّ) ، عَمَلٌ (أعْمال) ، وَظِيفة (وَظائِفُ)

2. (ceremony) حَفْلٌ رَسْمِيّ
3. (*math.*) دالّة (رِياضِيّات)
v.i. قامَ بِوَظِيفة ، عَمِلَ (ـَ) (الجِهازُ مَثَلاً)
functional/ˋfʌŋkʃənəl/ *adj.* وَظِيفِيّ ، عَمَلِيّ ، مُصَمَّم لأداءِ غَرَضٍ مُعَيَّن
functionary/ˋfʌŋkʃənrɪ/ *n.* مُوَظَّف ، مِن مُسْتَخْدَمِي الحُكومة (تُسْتَعْمَلُ بِشَيْءٍ مِن الازْدِراءِ أحْيانًا)
fund/fʌnd/*n.*
1. (stock, supply) ذَخِيرة ، رَصِيد (أرْصِدة) ، رَأْسْمال
2. (money for a special purpose) اِعْتِماد ماليّ مُخَصَّص لِغَرَضٍ مُعَيَّن ، صُنْدُوق
the earthquake relief fund اِعْتِماد ماليّ لِمُساعَدةِ (ضَحايا) الزَّلازِل
3. (*pl.* money, resources) أَمْوال ، مُسْتَنَدات وأوْراق مالِيّة
fundamental/ˋfʌndəˋmentəl/*adj.* أساسِيّ ، جَوْهَرِيّ ، أَصْلِيّ ، رَئِيسِيّ
n. usu. pl. أُسُس ، مَبادِئُ أَصْلِيّة
funeral/ˋfjunərəl/*n.* جِنازة ، مَراسِيم دَفْن ، مَأْتَم (مَآتِم)
funfair/ˋfʌnfeə(r)/*n.* مَدِينة المَلاهِي ، مُتَنَزَّه الأَلْعاب
fungicide/ˋfʌndʒɪsaɪd/*n.* مُبِيدُ الفُطْرِيّات
fungus/ˋfʌŋgəs/(*pl.* **fungi**/ˋfʌŋgi/) *n.* فُطْر (فُطْرِيّات)
funk/fʌŋk/*n.* & *v.t.* & *i.* (*sl.*) جَبان (جُبَناءُ) ، ذُعْرٌ ، فَزَعٌ ، فَزِعَ (ـَ) مِن ، تَهَرَّبَ (مِن عَمَلِ شَيْءٍ) خَوْفًا
funnel/ˋfʌnəl/*n.* قِمْع (أَقْماع) ، مِدْخَنةُ سَفِينة
funny/ˋfʌnɪ/*adj.* 1. (comical) مُضْحِك ، هَزْلِيّ
2. (strange, surprising) غَرِيب ، شاذّ ، مُدْهِش
fur/fɜ(r)/*n.* فَرْوة (فَرْوٌ ، فِراء)
furious/ˋfjʊərɪəs/*adj.* هائِج ، مُحْتَدّ ، حَنِقٌ عَلَى ، (نَظْرة) مُلْتَهِبة
furl/fɜl/*v.t.* & *i.* طَوَى (يَطْوِي) ، لَفَّ (ـُ) (عَلَمًا أو مِظَلّة) ، لَمَّ (شِراعًا)
furlong/ˋfɜloŋ/*n.* مِقْياس طُول يُساوِي ٢٢٠ يارْدة
furnace/ˋfɜnɪs/*n.* فُرْن (أَفْران) ، أَتُون ، تَنُّور (تَنانِير)
furnish/ˋfɜnɪʃ/*v.t.*
1. (provide) جَهَّزَ ، مَوَّنَ ، زَوَّدَ ، أَمَدَّ ، وَفَّرَ
can you furnish proof of this? هَلْ تَسْتَطِيعُ أن تُبَرْهِنَ عَلَى ذَلِك ؟
2. (equip with furniture) أَثَّثَ ، فَرَشَ (ـِ)
a furnished flat شُقّة مُؤَثَّثة أو مَفْرُوشة
furniture/ˋfɜnɪtʃə(r)/*n.* أَثاث ، مَفْرُوشات ، أَمْتِعةُ البَيْت ، مُوبِيليا
furrier/ˋfʌrɪə(r)/*n.* فَرّاء ، بائِع الفِراء
furrow/ˋfʌrəʊ/*n.* & *v.t.* أُخْدُود (أَخادِيدُ) ، شَقٌّ (شُقوق) ، تَلَمٌ (أَتْلام) ؛ حَرَثَ (ـُ) ، مَخَرَ (ـُ) ، شَقَّ (ـُ)
furry/ˋfɜrɪ/*adj.* فَرْوِيّ ، مَنْسُوب إلى الفِراء
further/ˋfɜðə(r)/*adv.* & *adj.* أَبْعَد ، أَقْصَى ، بالإضافة إلى ، الأَبْعَد ، الأَقْصَى
v.t. دَعَمَ (ـَ) (السَّلام) ، عَزَّزَ (مَشْرُوعًا) ، مَهَّدَ الطَّرِيقَ لِ ، يَسَّرَ
furthermore/ˋfɜðəˋmɔ(r)/*adv.* وَزِيادةً عَلَى ذَلِك ، عِلاوةً عَلَى ذَلِك ، فَضْلاً عَن ذَلِك
furthest/ˋfɜðɪst/*adj.* & *adv.* الأَبْعَد ، الأَقْصَى
furtive/ˋfɜtɪv/*adj.* خَفِيّ ، مُتَسَتِّر ، مُتَلَصِّص ؛ مُسْتَرَق (النَّظَر إلى)
fury/ˋfjʊərɪ/*n.* غَضَبٌ هائِج ، اِحْتِدامُ غَيْظٍ ، اِنْفِعالٌ بالِغ
fuse/fjuz/*n.*
1. (*elec.*) مِصْهَر ، صُهِرة ، قابِس ، سِلْك لِلانْصِهار الواقِي ، كُبْس ، فْيُوز
2. (explosive device) فَتِيلة (لِلْمُتَفَجِّرات)
v.i. & *t.* اِنْصَهَرَ ، صَهَرَ ، لَحَمَ (ـُ) ، أَدْمَجَ ، اِلْتَحَمَ ، اِنْدَمَجَ ، اِحْتَرَقَ المِصْهَر (كَهْرَبا)
the light has fused تَعَطَّلَ النُّورُ لانْصِهار القابِس
fuselage/ˋfjuzəlaʒ/*n.* هَيْكَلُ الطّائِرة أو جِسْمُها
fusion/ˋfjuʒən/*n.* صَهْرٌ ، إدْماجٌ ، اِنْصِهار ، اِنْدِماج
fuss/fʌs/*n.* جَلَبة أو هَرْج ومَرْج أو اِهْتِياج بِدُونِ داعٍ
they made a great fuss over him دَلَّلُوهُ دَلالاً عَظِيمًا
v.t. & *i.* تَشَكَّى ، نَقْنَقَ
fussy/ˋfʌsɪ/*adj.* مُدَقِّق ، صَعْبُ الإرْضاء ، مُهْتَمّ بالصَّغائِر
futile/ˋfjutaɪl/*adj.* عَقِيم ، عَبَث ، بِلا طائِل أو جَدْوَى ؛ (شَخْصٌ) عابِث ، تافِه ، لَن يُصْبِحَ ذا شَأْن
futility/fjuˋtɪlɪtɪ/*n.* بُطْلان ، تَفَه ، اِنْعِدامُ الجَدْوَى
future/ˋfjutʃə(r)/*adj.* & *n.* مُسْتَقْبَل ، قادِم ، مُقْبِل ؛ المُسْتَقْبَل
he introduced his future wife to his parents قَدَّمَ خَطِيبَتَه (زَوْجَتَهُ المُقْبِلة) إلى والِدَيْه
fuzzy/ˋfʌzɪ/*adj.* مُجَعَّد ، مُفَلْفَل ، مُكَمْكَل (شَعْر)

G

G, g/dʒi/(letter) الحَرْف السّابِع مِن الأَبْجَدِيّة
gabble/ˋgæbəl/*v.t.* & *i.* غَمْغَمَ ، هَذْرَمَ ، تَكَلَّم بِسُرْعةٍ
n. عَدَم وُضُوح ، غَمْغَمة ، هَذْرَمة
gable/ˋgeɪbəl/*n.* الحائِط المُثَلَّث لِلجَمَلُون

gabled/ˋgeɪbəld/*adj.* (مَسْكَن) جَمَلونيّ الطِّراز

gadget/ˋɑædʒɪt/*n.* آلة مُبْتَدَعة ، ابتِكار مِيكانِيكيّ

gag/gæg/*n. & v.t.* كِمامة ؛ كَمَّ (ـُ) ، أخْرَسَ (لِسانَه) ، سَلَبُوهُ حُرِّيَّةَ الكلام

gaiety/ˋgeɪətɪ/*n.* بَهْجة ، مَرَحٌ ، اِبْتِهاج ، سُرُور

gaily/ˋgeɪlɪ/*adv.* بِبَهْجة ، بِجَذَل ، بِانْبِساط ، بِسُرُور

gain/geɪn/*n.*

1. (profit) فائدة ، كَسْبٌ ، رِبْحٌ

2. (increase) اِزْدِياد

v.t. (win, obtain) حاز (يَحُوز) ، رَبِحَ (ـَ) ، نال (يَنال)

Islam is gaining ground in Africa يُحْرِزُ الإسْلام تَقَدُّمًا في أفْرِيقيا

v.i. (advance) تَقَدَّمَ عَلَى

my watch neither gains nor loses ساعَتي لا تُقَدِّمُ ولا تُؤَخِّر

gait/geɪt/*n.* مِشية ، أُسْلُوبُ السَّيْر ، خَطْوٌ

gala/ˋgɑlə/*n. & adj.* اِحْتِفال ، حَفْلة ، مِهْرَجان ؛ (مُناسَبة) اِحْتِفاليّة

galaxy/ˋgæləksɪ/*n.* مَجَرَّة (فَلَك) ؛ جَماعة (مِنَ الحَسْناوات مَثَلًا)

gale/geɪl/*n.* رِيحٌ عاتِية ، نَوْءٌ (أنْواء)

gall/gɔl/*n.* مَرارة ، صَفْراء ؛ ضَغِينة ، حِقْدٌ ؛ عَفَصٌ ، مُرٌّ ؛ وَقاحة (عامِّيّة)

gallant/ˋgælənt/*adj.* شَهْمٌ ، ذُو مُرُوءة ونَخْوة ؛ جَسُور
/gəˋlænt/ *adj. & n.* (شابٌ) لَطِيف مع النِّساء

gallery/ˋgælərɪ/*n.*

1. (balcony) شرفة عليا (في مسرح) ، بلكون

2. (building for exhibiting works of art) صالة عَرْض ، رُواق لِعَرْض الصُّوَر

galley/ˋgælɪ/*n.*

1. (boat) سَفِينة مُسَطَّحة قَدِيمة تُسَيَّرُ بالمَجادِيف ، قادِس (قَوادِسُ)

2. (ship's kitchen) مَطْبَخُ السَّفِينة

3. (*typog.*) لَوْحٌ لِتَنْضِيدِ حُرُوفِ الطِّباعة ، صِينِيّة الجَمْع (طِباعة)

gallon/ˋgælən/*n.* جالون ، غالون (٤٫٥٥ لِترًا)

gallop/ˋgæləp/*v.t. & i. & n.* رَكَضَ (ـُ) ، عدا (يَعْدُو) (الحِصان) ؛ عَدْوٌ ، رَكْض

gallows/ˋgæləʊz/*n.* مِشْنَقة (مَشانِقُ)

galore/gəˋlɔ(r)/*adv.* بِوَفْرة ، بِغَزارة ، حَسْبَ المُبْتَغَى

galvanize/ˋgælvənaɪz/*v.t.* طَلَى بالزِّنْك بِمَحْلُولٍ إلكتْرُولِيتِيّ ، كَلْفَنَ ، جَلْفَنَ ، غَلْفَنَ ؛ أثارَ حَمِيَّته للعَمَل

gambit/ˋgæmbɪt/*n.* مُناوَرة افْتِتاحِيّة في الشِّطْرَنْج ؛ إجراءٌ تَمْهِيدِيّ

gamble/ˋgæmbəl/*v.t. & i.* قامَرَ ؛ خاطَرَ ، لَعِبَ في ، ضارَبَ في البُورْصة ، راهَنَ في (سِباقِ الخَيْل)

n. مُقامَرة ، مُجازَفة

gambler/ˋgæmblə(r)/*n.* مُقامِر ، مُغامِر ، لاعِبُ القِمار

game/geɪm/*n.*

1. (sport, diversion) لُعْبة (رِياضِيّة) ، تَسْلِية

play the game! (*fig.*) لا تَغُشّ ! كُنْ مُنْصِفًا !

2. (scheme) مَكِيدة ، أُحْبُولة (أحابِيلُ) ، حِيلة (حِيَل)

what's your game? ما وَراءَك ؟ ما قَصْدُك بهذا ؟ ماذا تَحُوكُ مِن مُؤامَرات ؟

3. (quarry) حَيَوانات وطُيُور يَصِيدُها الإنسان ، طَرِيدة (طَرائِدُ) ، لَحْمُ هذه الحَيَوانات

adj. **1.** (brave) شُجاع (شُجْعان) ، جَسُور ، باسِل ؛ مَلِيءٌ بالحَيَوِيّة ؛ راغِبٌ في

he is a game little chap هو جَدَع لا يَسْتَسْلِم

2. (disabled) عاجِز عن الحَرَكة ، مَشْلُول

his game leg stops him playing tennis رِجْلُه العَرْجاء تَحُولُ دُونَ مُمارَسَتِهِ التِّنِس

gamut/ˋgæmət/*n.* سُلَّمُ النَّغَم ؛ سِلْسِلة كامِلة مِن ، كُلُّ أنْواع ...

the whole gamut of feeling أحاسِيسُ بِمُخْتَلِفِ ألوانِها وأشْكالِها

gander/ˋgændə(r)/*n.* ذَكَرُ الإوَزّ

gang/gæŋ/*n. & v.i.* عِصابة ، طُغْمة ؛ تَجَمَّعَ

they ganged up on me اتَّحَدُوا ضِدّي

gangplank/ˋgæŋplæŋk/*n.* لَوْحٌ يُسْتَخْدَمُ للوُصُول إلى القارِب

gangrene/ˋgæŋgrin/*n.* مَوات ، الغَنْغَرِينا ، أُكال ، آكِلة

gangster/ˋgæŋstə(r)/*n.* شَقِيّ (أشْقِياء) ، قاطِعُ طَرِيق ، قَبَضاي ، بَلْطَجِي ، رَجُل عِصابات

gangway/ˋgæŋweɪ/*n.*

1. (bridge between ship and shore) جِسْرٌ بَيْنَ السَّفِينة والسّاحِل ، مِعْبَر

2. (passage between seats) مَمَرٌّ بَيْنَ صُفُوف (المَقاعِد مَثَلًا)

gaol, jail/dʒeɪl/*n. & v.t.* سِجْن (سُجُون) ، حَبْس ؛ ألْقاهُ في السِّجْن

gaoler, jailer/ˋdʒeɪlə(r)/*n.* سَجّان

gap/gæp/*n.*

1. (breach, opening) فَجْوة ، فَتْحة

2. (unfilled space) ثُغْرة ، نَقْص (في المَعْلُومات مَثَلًا)

generation gap اِخْتِلافُ التَّفْكِير بَيْنَ الأحْداث والشُّيُوخ ، عَدَمُ الانسِجام فِكْرِيًّا بَيْنَ الجِيلَيْن

gape/geɪp/*v.i.*

1. (open wide) فَغَرَ (ـَ) (فُوه) ، انْفَتَحَ ، تَثاءَبَ

2. (stare vacantly) حَمْلَقَ دَهْشةً ، بَقِيَ مَشْدُوهًا

garage/ˋgærɑʒ, ˋgærɪdʒ, gəˋrɑʒ/*n. & v.t.* مَرْآب (س) ، جَراج (م) ، كَراج (ع) ؛ آوَى السَّيّارةَ في الكَراج

garb/gɑb/*n.* زِيٌّ غَرِيب أو غَيْرُ مَأْلُوف

garbage/ˋgɑbɪdʒ/*n.* زُبالة ، نُفاية ، قُمامة المَنازِل ؛ فَضَلات الأَطْعِمة

garbled/ˋgɑbəld/*adj.* (نَصٌّ) مُشَوَّش ، مُحَرَّف

garden/ˋgɑdən/*n.* حَدِيقة (حَدائِقُ) ، بُسْتان (بَساتِينُ)

garden party حَفْلة رَسْمِيّة في حَدِيقة (بَعدَ الظُّهْر عادةً)

gardener/ˋgɑdnə(r)/*n.* بُسْتانِيّ ، جَنائِنِيّ

gardening/ˋgɑdnɪŋ/*n.* بَسْتَنة

gargle/ˋgɑgəl/*v.i. & n.* غَرْغَرَ ، تَغَرْغَرَ ، تَمَضْمَضَ ؛ غَرْغَرة ، مَضْمَضة

garish/ˋgeərɪʃ/*adj.* فاقِعُ اللَّوْن ، يَبْهَرُ العَيْنَيْن ، صارِخ ؛ مُفْرِطُ الزَّخْرَفة

garland/ˋgɑlənd/*n.* إكْلِيلٌ مِن الزُّهُور (أكالِيلُ)

garlic/ˋgɑlɪk/*n.* ثُوم (إسْمُ جَمْع مُفْرَدُهُ رَأْسُ ثُوم)

garment/ˋgɑmənt/*n.* رِداءٌ (أَرْدِية) ، ثَوْبٌ (ثِياب)

garnet/ˋgɑnɪt/*n.* سِيلان ، حَجَرٌ كَرِيم لَوْنُه أَحْمَر رُمّانِيّ

garnish/ˋgɑnɪʃ/*v.t.* زَخْرَفَ ، زَيَّنَ ، نَمَّقَ ، وَشَّى

garret/ˋgærət/*n.* عِلِّيّة أو غُرْفة صَغِيرة تَحْتَ سَقْفِ المَنْزِل مُباشَرةً

garrison/ˋgærɪsən/*n. & v.t.* حامِية ، حَرَسٌ ؛ زَوَّدَ بِحامِية

garter/ˋgɑtə(r)/*n.* رِباطُ الجَوْرَب

gas/gæs/*n.*

1. (any air-like fluid) غازٌ (غازات) (كِيمياء)

2. (a gas used for heating, cooking) غازُ الوَقُود ، الغاز ، بُوتاغاز

gas meter عَدّادُ الغاز (في البُيوت مَثَلاً)

gas ring عَيْنٌ مِن عُيُون طَبّاخ الغاز

3. (a gas used as poison) غازٌ سامّ ؛ سَمَّمَ بالغاز

gas mask قِناعُ غاز ، كِمامة واقِية مِن الغازات السّامّة

4. (*U.S.* petrol) بَنْزِين

step on the gas! أَسْرِعْ ! "دُوسْ بَنْزِين" (ع) ، "اكبِس بَنْزِين" (س)

gaseous/ˋgæsɪəs/*adj.* غازِيّ

gash/gæʃ/*n. & v.t.* جُرْحٌ بَلِيغ ؛ كَلَمَ (ـِ) ، جَرَحَ جُرْحًا بَلِيغًا

gasometer/gəˋsomətə(r)/*n.* مُسْتَوْدَع كَبِير للغاز

gasp/gɑsp/*v.i. & t. & n.* لَهَثَ (ـَ) ؛ تَكَلَّمَ لاهِثًا ؛ شَهِيقٌ ، لُهاثٌ

he was at his last gasp كان في النَّزْعِ الأخِير ، في دَوْرِ الاحْتِضار ، كان يَلْفِظُ أنْفاسَه الأخِيرة

gastric/ˋgæstrɪk/*adj.* مَعِدِيّ ، هَضْمِيّ

gastronomy/gæˋstronəmɪ/*n.* فَنُّ التَّنَعُّم بالطَّعام والتَّأَنُّق في المآكِل ، ذِواقة

gate/geɪt/*n.*

1. (way of entrance, exit) مَدْخَل ، بَوّابة ، بابٌ خارِجِيّ

2. (barrier) سَدٌّ (سُدُود) ، حاجِز (حَواجِزُ) ، بَوّابة

3. (number attending match) عَدَدُ المُتَفَرِّجِين في مُباراة ؛ دَخْلُ المُباراة

there was a 20,000 gate at the football match حَضَرَ مُباراةَ كُرةِ القَدَم عِشْرُون أَلْفَ مُتَفَرِّج

gather/ˋgæðə(r)/*v.t.*

1. (collect) جَمَعَ (ـَ)

the car gathered speed اِزْدادَت السَّيّارةُ سُرْعةً

2. (infer) اِسْتَنْتَجَ ، اِسْتَخْلَصَ

I gather he will come today فَهِمْتُ أنّه سَيَحْضُر اليَوْم

3. (*sewing*) كَشْكَشَ ، شَلَّلَ ، زَمَّ ، زَمْزَمَ (س)

v.i. تَجَمَّعَ ، اِحْتَشَدَ ، تَكاثَفَ

a crowd quickly gathered round him سُرْعانَ ما احْتَشَدَ حَوْلَه جُمْهُورٌ غَفِير

gathering/ˋgæðərɪŋ/*n.* اجْتِماع ، احْتِشاد ؛ وَرَمٌ ، خُرّاج (طِبّ)

gaudy/ˋgɔdɪ/*adj.* (لَوْن) صارِخ ، مُبَهْرَج ، مُلَعْلِع

gauge/geɪdʒ/*n.*

1. (standard measure) عِيار ، قِياس ، مُحَدِّد قِياس

a narrow-gauge railway سِكّة حَدِيد ضَيِّقة

2. (instrument) مِقْياس (مَقايِيسُ) ، جِهاز قِياس

pressure gauge مِقْياسُ الضَّغْط ، مانُومِتْر

gaunt/gɔnt/*adj.* هَزِيل ، نَحِيف

gauze/gɔz/*adj.* شاشٌ ، شَفٌّ (شُفُوف)

gave/geɪv/*p.t. of* **give**

gay/geɪ/*adj.* جَذِلٌ ، مَرِحٌ ، مُبْتَهِج ؛ (لَوْنٌ) زاهٍ ؛ شاذٌّ جِنسِيًّا

gaze/geɪz/*v.i.* حَمْلَقَ ، بَحْلَقَ ، تَفَرَّسَ في

n. إطالَة النَّظَر ، تَحْدِيق

gazelle/gəˋzel/*n.* غَزال (غِزْلان)

gazette/gəˋzet/*n.* جَرِيدة (جَرائِدُ) ، صَحِيفة دَوْرِيّة (حُكُومِيّة أو جامِعِيّة)

gazetteer/ˈgæzəˋtɪə(r)/*n.* فَهْرَس جُغْرافِيّ (مُلْحَق بأَطْلَس)

gear/gɪə(r)/*n.*

1. (equipment) مُهِمّات ، مُعَدّات ؛ لِباسٌ ، مَلابِس

2. (toothed wheel) عَجَلاتٌ مُسَنَّنة (لِتَغْيِيرِ سُرْعة السَّيّارة مَثَلاً)

v.t. كَيَّفَ شَيْئًا لِيُلائِمَ غَرَضًا مُعَيَّنًا

factories gear their output to seasonal demand تُكَيِّفُ المَعامِلُ إنْتاجَها طِبْقَ الطَّلَبِ المَوسِمِيّ

gelatine/ˋdʒelətin/*n.* هُلام ، جِيلاتِين

gelignite/ˋdʒelɪgnaɪt/*n.* مادّة مُتَفَجِّرة

gem/dʒem/*n.* جَوْهَرة ، حَجَرٌ كَرِيم ، تُحْفة (تُحَف)

gender/ˋdʒendə(r)/*n.* جِنْس ، المُذَكَّر والمُؤَنَّث (في عِلْمِ الصَّرْف)

gene/dʒin/*n.* حامِلةُ الصِّفة الوِراثيّة ، مُورِّثة (طِبّ) ، مُكَوِّنة وِراثيّة

genealogical/'dʒiniə'lodʒikəl/*adj.* مَنْسُوبٌ إلى عِلْمِ الأنْساب

genealogy/'dʒini'ælədʒi/*n.* عِلْم الأنْساب

general/'dʒenərəl/*adj.*

1. (of wide application) عامٌّ ، شامِل ، واسِعُ الانْتِشار

general knowledge مَعْلُومات عامّة

this doctor is a general practitioner هذا طَبِيبٌ عُمُوميّ (أي غَيْرُ مُخْتَصّ)

2. (chief) رَئِيسيّ ، مَرْكَزِيّ

The General Post Office *abbr.* **G.P.O.** دائرة البَرِيد والبَرْق المَرْكَزِيّة

n. (military rank) لِواء (رُتْبة عَسْكَرِيّة) (أَلْوِية)

generalization/'dʒenərəlai'zeiʃən/*n.* تَعْمِيم ، إسْتِدْلال تَعْمِيمِيّ

generalize/'dʒenərəlaiz/*v.i. & t.* عَمَّمَ ، اسْتَنْتَجَ العامَّ مِن الخاصّ

generally/'dʒenərəli/*adv.* عُمُومًا ، عادةً ، في الغالِب ، إجْمالاً

generate/'dʒenəreit/*v.t.* وَلَّدَ ، أَنْتَجَ

generation/'dʒenə'reiʃən/*n.*

1. (production) تَوْلِيد ، إنْتاج

2. (single stage in family descent) جِيل (أَجْيال)

the rising generation الجِيلُ الصّاعِد

generator/'dʒenəreitə(r)/*n.* مُوَلِّد كَهْرَبائيّ

generosity/'dʒenə'rositi/*n.* كَرَمُ النَّفْس ، جُودٌ ، أرْيَحِيّة ، كَرَمٌ حاتِميّ

generous/'dʒenərəs/*adj.* جَواد (جُودٌ ، أَجْوادٌ) ، سَخِيّ (أسْخِياء) ، كَرِيم (كُرَماء)

genesis/'dʒenəsis/*n.* أَصْل ، أُصُول ، تَكْوِين ، إبْتِداء ، مَصْدَر

genetic/dʒi'netik/*adj.* وِراثِيّ

genial/'dʒiniəl/*adj.* دَمِثٌ ، لَطِيف ، حُلْوُ المَعْشَر

genitals/'dʒenitəlz/*n. pl.* الأعْضاءُ التَّناسُلِيّة الظّاهِرة

genitive/'dʒenitiv/*adj. & n.* مَجْرُور ، صِيغةُ المُضافِ إلَيْه

genius/'dʒiniəs/*n.* عَبْقَرِيّ (عَباقِرة) ، نابِغة (نَوابِغ)

genre/'dʒɔnr/*n.* مَيْدانٌ أدَبِيّ ، نَوْعٌ مِن التَّأْلِيف الأدَبِيّ (الأُقْصُوصة مَثَلاً)

gent/dʒent/*n. coll. abbr.* *of* **gentleman**

genteel/dʒen'til/*adj.* مُقَلِّدٌ للطَّبَقة الرَّفِيعة ، مُتَكَلِّفُ الأدَب (تُسْتَعْمَلُ تَهَكُّمًا)

gentle/'dʒentəl/*adj.*

1. (well-born) نَبِيل (نُبَلاء) ، أَصِيل (أُصَلاء)

a man of gentle birth رَجُلٌ كَرِيمُ المَحْتِد ، ذُو حَسَبٍ وَنَسَب

2. (kind, not rough) رَقِيقُ القَلْب ، لَطِيف ، دَمِث

the gentle sex الجِنْس اللَّطِيف

3. (not steep) سَهْلٌ (مُنْحَدَرٌ) مُعْتَدِلُ الانْحِدار

gentleman/'dʒentəlmən/*n.*

1. (well-born man) أَصِيل ، عَرِيق ، إبْنُ ذَوات (م)

2. (man of honour) شَرِيف (شُرَفاء)

a gentleman's agreement إتِّفاقِيّةُ شَرَف ، كَلام رِجال

3. (*pl.* polite form of address) سَيِّد (سادة)

come in gentlemen! تَفَضَّلُوا أيُّها السّادة

GENTLEMEN مَراحِيض عامّة للرِّجال

gentleness/'dʒentəlnis/*n.* لُطْف ، دَماثة ، رِقّة ، نُعُومة

gently/'dʒentli/*adv.* بِلُطْف ، بِرِقّة ، بِأدَب

gently does it! (*coll.*) عَلَى مَهْلَك !

gentry/'dʒentri/*n.* طَبَقة المُلّاكِين الكِبار ، الأشْراف

gents/dʒents/*n. pl.* (*coll.*) مَراحِيض عامّة للرِّجال (عامّيّة)

genuine/'dʒenjuin/*adj.* صَحِيح ، أَصْلِيّ ، غَيْرُ مُزَيَّف ، أَصِيل

genus/'dʒinəs/ (*pl.* **genera**/'dʒenərə/) *n.* جِنْس (أَجْناس)

geographer/dʒi'ogrəfə(r)/*n.* مُخْتَصّ بالجُغْرافيا ، (عالِم) جُغْرافِيّ

geographical/'dʒiə'græfikəl/*adj.* جُغْرافِيّ ، مَنْسُوب إلى الجُغْرافيا

geography/dʒi'ogrəfi/*n.* عِلْم الجُغْرافيا

geological/'dʒiə'lodʒikəl/*adj.* جِيُولُوجِيّ ، خاصّ بِطَبَقات الأرْض

geologist/dʒi'olədʒist/*n.* جِيُولُوجِيّ ، عالِمٌ بتارِيخِ طَبَقاتِ الأرْض

geology/dʒi'olədʒi/*n.* جِيُولُوجِيا ، عِلْمُ طَبَقاتِ الأرْض

geometric(al)/'dʒiə'metrik(əl)/*adj.* هَنْدَسِيّ ، خاصٌّ بالهَنْدَسة

geometry/dʒi'omətri/*n.* هَنْدَسة ، عِلْمُ الهَنْدَسة

geriatric/'dʒeri'ætrik/*adj.* خاصٌّ بِطِبِّ الشَّيْخُوخة (أو الشُّيُوخ)

geriatrician/'dʒeriə'triʃən/*n.* اخْتِصاصِيّ بالشَّيْخُوخة وأمْراضِها

geriatrics/'dʒeri'ætriks/*n. pl.* عِلْمُ العِناية بالشَّيْخُوخة وأمْراضِها

germ/dʒɜm/*n.* جُرْثُوم (جَراثِيم) ، بَذْرة (بُذُور) ؛ نَواةُ (فِكْرة)

germinate/'dʒɜmineit/*v.t. & i.* نَبَتَت (البُذُور) ؛ إسْتَنْبَتَ

gesticulate/dʒis'tikjuleit/*v.i.* أَوْمأَ ، لَوَّحَ بِيَدَيْهِ أثْناءَ كَلامِهِ

gesture/ˈdʒestʃə(r)/*n.* إيماءة ، تَلْويح ، بادِرة أو الْتِفاتة ذاتُ مَغْزًى

get/get/(*p.t. & p.p.* **got**/got/) *v.t. & i.*

1. (obtain, fetch, receive) حَصَلَ (على) ، أَحْضَرَ ، أَحْرَزَ ، تَسَلَّمَ

he got the first prize أَحْرَزَ الجائِزَةَ الأُولَى

get me a lemonade, please هاتِني قَدَحًا من الليمونادة من فَضلِك

2. (become, arrive) أَصْبَحَ ، أَضْحَى ، أَمْسَى ، وَصَلَ إلى

he got well after a long illness شُفِيَ بَعْدَ مَرَضٍ طَويل

he got there very late وَصَلَ إلى هُناك في وَقت مُتأَخِّرٍ جِدًّا

3. (catch, suffer) أُصِيبَ (بِعَدْوَى أو أَلَم)

she got influenza from her brother أَصابَتها عَدْوَى الانْفْلُوَنْزا مِن أَخِيها

I've got a headache أنا مُصاب بِصُداع ، عِندي صُداع

4. (cause something to be done) سَبَّبَ حُدُوثَ شَيْء

I must get my hair cut يَجِبُ أن أُحْلِقَ شَعْري (عِندَ الحَلّاق)

5. (persuade) أَقْنَعَ ، جَعَلَ (ـه)

he got the doctor to call جَعَلَ الطَبِيبَ يَعُودُه في بَيْتِه

we got him to bed جَعَلْناه يَأْوِي إلى فِراشِه ، آوَيْناه إلى فِراشِه

6. (understand) فَهِمَ (ـه)

I don't get it فاتَني ما تَقُول ، لَمْ أَفْهَمْ قَوْلَك

7. (**got** *with* **have, has, had** possess) تُسْتَعْمَل بِصِيغة الماضي بِمَعنَى التَّمَلُّك

he's got red hair شَعْرُهُ أَحْمَر

8. (**got** *with* **have, has, had . . . to** must) تُسْتَعْمَل بِصِيغة الماضي بِمَعنَى الإجْبار

she has got to understand عَلَيْها أن تَفْهَمَ !

9. (*with advs. & preps.*) مَعَ الظُّرُوف وحُرُوف الجَرّ

the news soon got about/around سُرْعان ما انْتَشَرَ الخَبَر

he gets about much more lately في الآونة الأخِيرة أَخَذَ يَنْتَقِلُ أَكْثَرَ مِن ذي قَبل بِكَثِير

the speaker had difficulty in getting his point across وَجَدَ الخَطِيبُ صُعوبة في إيضاح فِكرَتِه للمُسْتَمِعِين

these two boys get along well يَنْسَجِمُ هٰذان الصَّبِيّان مَعَ بَعْضِهِما خَيْرَ انْسِجام

it is hard to get at the truth مِن الصَّعْب التَوَصُّلُ إلى الحَقِيقة

six of the prisoners got away هَرَبَ سِتَّةٌ مِن المَساجِين

he thinks he can get away with murder يَعتَقِدُ أنَّه يَسْتَطِيع الإفْلاتَ مِن العِقاب حَتَّى في جَرِيمةِ قَتْل

don't worry, I shall get by لا تَقْلَق ، سأُدَبِّر أَمْرِي

I must get down to work عَلَيَّ أن أَشْرَعَ بالعَمَلِ جِدِّيًّا

he got in by a small majority نَجَحَ في الانْتِخابات بأَكْثَرِيَّة ضَئِيلة

the train gets in at midnight يَصِلُ القِطارُ عِنْدَ مُنْتَصَفِ اللَّيل

will the chair get in your way? هَلْ يُعَرْقِلُ الكُرْسِيُّ طَرِيقَك ؟

that kind of language will get you nowhere لَنْ يُجْدِيَكَ هٰذا الضَّرْبُ مِن الكَلام

we must get off the bus here عَلَيْنا أن نَنْزِلَ مِن الأُوتوبِيس هُنا

he got off with a caution عُوقِب بِمُجَرَّدِ تَنْبِيه

he got on his bicycle and rode off رَكِبَ دَرّاجَتَه وانْطَلَقَ في سَبِيلِه

Ali is getting on well at school يَتَقَدَّم عَلِيٌّ في المَدْرَسةِ تَقَدُّمًا حَسَنًا

he must be getting on for seventy لابُدَّ أنَّه عَلَى أَبْوابِ السَّبْعِين

the traffic gets on my nerves حَرَكةُ المُرور تُثِيرُ أَعْصابِي

he got out of doing the washing-up تَمَلَّصَ مِن غَسْلِ الأَطْباقِ

the pupils got out of hand انْفَلَتَ زِمامُ التَّلامِيذ ، لَمْ يَعُدْ بالإمْكانِ ضَبْطُ التَّلامِيذ

he got over his illness quickly شُفِيَ مِنْ مَرَضِه بِسُرْعة

she always gets round her father تَجِدُ سَبِيلَها إلى إقْناعِ أَبِيها دائمًا

he got through the work quickly أَنْجَزَ العَمَلَ بِسُرْعة

he got through his final examination نَجَحَ في الامْتِحانِ النِّهائِيّ

I'll ring you tomorrow if I can get through سأُكَلِّمُك بالتَّلِيفُون غدًا إن أَمْكَنَ الاتِّصالُ بِك

get to the point! دَعِ اللَّفَّ والدَّوَران !

let's get together and make a plan لِنَجْتَمِعْ رَأْيَنا ونَضَعْ خِطّة

she is very bad at getting up يَصْعُبُ عَلَيْها النُّهُوضُ باكِرًا

she gets the children up at 7 o'clock تُوقِظُ الأَطْفالَ وتُهَيِّئُهُمْ في السّابِعة صَباحًا

the train was getting up speed كانَ القِطارُ يأْخُذُ في الإسْراع

he gets up to all kinds of mischief — لا حَدَّ لِما يَقْتَرِفُه مِن ضُروب الأَذَى

geyser/ˋgizə(r)/*n.*
1. (hot spring) يَنْبُوعُ ماءٍ حارّ
2. (water-heater) سَخّانة الحَمّام

ghastly/ˋgɑstlɪ/*adj.* فَظيع ، مُفْزِع ، مُريع ؛ سَيِّئ لِلغاية ؛ شاحِب

ghetto/ˋgetəʊ/*n.* حَيُّ اليَهُود سابِقًا ؛ مَكانٌ مُنْعَزِلٌ تَسْكُنُه أَقَلِّيَّة

ghost/gəʊst/*n.*
1. (spectre) شَبَح (أَشْباح) ، طَيْف (أَطْياف)
he looked as if he had seen a ghost — بَدا مَرْعُوبًا كَما لَوْ أَفْزَعَهُ شَبَح
2. (spirit) رُوح (أَرْواح) ، نَفْس (نُفُوس)
the Holy Ghost — الرُّوح القُدُس (عِنْدَ المَسِيحِيِّين)

giant/ˋdʒɑɪənt/*n.* عِمْلاق (عَمالِقة) ، مارِد (مَرَدَة) ؛
& adj. عِمْلاقِيّ

gibberish/ˋdʒɪbərɪʃ/*n.* هَذْرَمة ، هُراء ، رَطانة

gibbet/ˋdʒɪbɪt/*n.* مِشْنَقة (مَشانِقُ)

giblets/ˋdʒɪblɪts/*n. pl.* ما يُؤْكَلُ مِن أَحْشاءِ الطُّيُور وتَضُمُّ القَلْبَ والكَبِدَ والقانِصة

giddy/ˋgɪdɪ/*adj.*
1. (dizzy) مُصابٌ بالدُّوار ، دائخ
2. (frivolous) طائِش ، مُسْتَهْتِر ، أَرْعَن

gift/gɪft/*n.* هَدِيّة (هَدايا) ، عَطِيّة (عَطايا) ، هِبة
do not look a gift horse in the mouth — لا تَنْتَقِصْ مِن قِيمةِ ما أُهْدِيَ إِلَيْك ، شَحّاذ ومُشارِط ! (س)

gifted/ˋgɪftɪd/*adj.* مَوْهُوب ، نابِغ (في مَوضُوعٍ ما)

gigantic/dʒɑɪˋgæntɪk/*adj.* هائل ، ضَخْم ، عِمْلاق (عَمالِقة)

giggle/ˋgɪgəl/*v.i. & n.* ضَحِكَ (ـَ) ضَحْكًا سَخِيفًا ؛ ضِحْكة سَخِيفة ، كُتْكَتة

gild/gɪld/*v.t.* ذَهَّبَ ، طَلَى بالذَّهَب

gills/gɪlz/*n. pl.* غَلاصِمُ ، خَياشِيمُ

gilt/gɪlt/*n. & adj.* ماءُ الذَّهَب ؛ مُذَهَّب

gimlet/ˋgɪmlət/*n.* بَرِيمة ، مِثْقَبُ النَّجّار

gimmick/ˋgɪmɪk/*n.* (*sl.*) وَسِيلة خادِعة لِنَيْل الشُّهْرة السَّرِيعة ، دَهاءٌ رَخِيص يَلْجَأُ إِليه الإِعْلامِيُّون والسّاسةُ والباعةُ لِلَفْتِ الأَنْظار

gin/dʒɪn/*n.* الجِنّ (مَشْرُوب رُوحِي مُقَطَّر)

ginger/ˋdʒɪndʒə(r)/*n.*
1. (spice) زَنْجَبِيل
2. (*colour*) *also adj.* أَصْهَب (اللَّوْن)

gingerly/ˋdʒɪndʒəlɪ/*adv.* بِحَيْطةٍ وحَذَر ، باحْتِراس

gingham/ˋgɪŋəm/*n.* قُماش مِن القُطن أو الكَتّان مُخَطَّط أو ذُو مُرَبَّعات

gipsy, gypsy/ˋdʒɪpsɪ/*n.* غَجَر ، نَوَر ؛ غَجَرِيّ ، نَوَرِيّ ؛
& adj. كاولي (ع)

giraffe/dʒɪˋrɑf/*n.* زَرافة (زَرافِيّ ، زَرافَى ، زَرائِفُ)

girder/ˋgɜdə(r)/*n.* عارِضة (حَدِيد أو فُولاذ أو خَشَب) ، كَمَرة حَدِيد أو صُلْب

girdle/ˋgɜdəl/*n.* نِطاق ، حِزام ، مِشَدّ
v.t. حَزَّمَ ، شَدَّ (ـُ) ، مَنْطَقَهُ بِـ

girl/gɜl/*n.* بِنْت (بَنات) ، فَتاة (فَتَيات)
old girl (*coll.*) — يا عزيزَتي ! حَبِيبَتي !

girl-friend/ˋgɜl-frend/*n.* صَدِيقة (رَجُل) ، صاحِبَتُه

Girl Guides — رِفْقة المُرْشِدات (في الكَشّافة)

girlish/ˋgɜlɪʃ/*adj.* (سُلُوك أو تَصَرُّف) يَلِيقُ بالبَنات ، بَنّاتي

giro/ˋdʒɑɪrəʊ/*n.* الجِيرو ، نِظامُ مُقاصّةِ الاعْتِمادات بَيْنَ المَصارِفِ ذاتِ الاتِّفاقِ المَرْكَزِيّ

girth/gɜθ/*n.*
1. (part of harness) حِياصة ، حِزامُ السَّرْج
2. (circumference) مُحِيطُ جِسْمٍ شِبْهِ أُسْطُوانِيّ ، خَصْر

gist/dʒɪst/*n.* خُلاصة ، زُبْدة ، فَحْوَى

give/gɪv/ (*p.t.* **gave** *p.p.* **given**) *v.t.*
1. (make a present of) أَعْطَى ، وَهَبَ (يَهَبُ)
he gave (away) all his money to the poor — وَهَبَ كُلَّ مالِه لِلفُقَراء
2. (deliver, administer) أَعْطَى (عِلاجًا)
give the patient three pills a day — أَعْطِ المَرِيضَ ثَلاثَ حَبّاتٍ في اليَوْم
3. (devote) كَرَّسَ
he gave his life to the cause — كَرَّسَ حَياتَه لِلقَضِيّة
4. (offer) قَدَّمَ ، عَرَضَ (ـِ)
this book gives the facts — يُقَدِّمُ هذا الكِتابُ الحَقائقَ
5. (cause or allow to have) جَعَله يَتَّخِذ ...
he gives himself airs — إِنّه يَتَبَخْتَر
v.i. (collapse, yield) اِرْتَخَى ، اِنْثَنَى
his knees seemed to give — كَأَنّ رُكْبَتَيْه ارْتَخَتا ، لَمْ تَقْوَيا عَلَى حَمْلِه
the branch gave but did not break — انْثَنَى الغُصْنُ (تَحْتَ الوَطْأة) ولَكِنّه لَمْ يَنْكَسِر
(*with advs. & preps.*) مَعَ الظُّرُوف
suddenly the 'ghost' sneezed—and so gave the game away — عَطَسَ "الشَّبَحُ" فَجْأةً فَفَضَحَ نَفْسَه
the bride was given away by her father — سَلَّمَ الأَبُ ابْنَتَه العَرُوسَ لِعَرِيسِها عِنْدَ الزِّفاف
she gave birth to twins — وَضَعَت تَوْأَمَيْن
the enemy gave in — اِسْتَسْلَمَ العَدُوّ
we gave in the exam — سَلَّمْنا أَوْراقَ الامْتِحان

papers (للمُشْرِف)

the factory chimney gives off black smoke تَنْفُثُ مِدْخَنَةُ المَصْنَعِ دُخانًا أَسْوَدَ

they are giving out leaflets إنّهم يُوَزِّعونَ المَناشِيرَ

this news was given out on the radio أُذِيعَ هذا النَّبأُ مِنَ الرّادِيو

our patience gave out عِيلَ صَبْرُنا

bad news gives rise to anxiety تُثِيرُ الأَخْبارُ السَّيِّئَةُ القَلَقَ

he gave me to understand that he would help me أَفْهَمَني بِوُضُوحٍ أَنّه سَيُساعِدُني

I have given up studying music تَرَكْتُ دِراسةَ المُوسِيقَى

neither of the negotiators would give way رَفَضَ كِلا المُتَفاوِضَيْنِ التَّنازُلَ عن مَطالِبِهِ

the bridge gave way under the load اِنْهارَ الجِسْرُ تَحْتَ وَطْأَةِ الحِمْلِ

he is given to gambling إنّه شَغُوفٌ بالمُقامَرة

n. مُرُونة ، لُيُونة

politics is a matter of give and take السِّياسة هي قَضِيّةُ أَخْذٍ وَعَطاء

glacial/ˋgleɪʃəl/*adj.* جَلِيدِيّ ، شَدِيدُ البُرُودة

glacier/ˋglæsɪə(r)/*n.* نَهْرٌ جَلِيدِيّ (جِيُولُوجِيا)

glad/glæd/*adj.* فَرِحٌ ، فَرْحان ، مَسْرُور ، سَعِيد

I am very glad to see you أنا مَسْرُورٌ جِدًّا بِلِقائِك

he gave her the glad eye (*sl.*) بَصْبَصَ عَلَيْها ، غَمَزَها

gladness/ˋglædnəs/*n.* سُرُور ، اِغْتِباط

glamour/ˋglæmə(r)/*n.* رَوْنَق ، سِحْر ، فِتْنة

glamorous/ˋglæmərəs/*adj.* رائِع ، أَخّاذ ، مُغْرٍ

glance/glɑns/*v.i.*

1. (look quickly) أَلْقَى نَظْرَةً خاطِفة ، لَمَحَ (ـَ) على عَجَلٍ

2. (slide/slip off) زاغَ (يَزُوغُ) ، انْحَرَفَ ، اِزْوَرَّ ، اِنْزَلَقَ

n. نَظْرة عَجْلَى ، وَمْضَة ، لَمْحة

gland/glænd/*n.* غُدّة (غُدَد)

glandular/ˋglændjʊlə(r)/*adj.* غُدِّيّ ، غُدَدِيّ

glare/gleə(r)/*v.i.*

1. (shine) سَطَعَ (ـَ) ، تَوَهَّجَ

a glaring fault عَيْبٌ صارِخ

2. (stare fiercely) حَمْلَقَ بِ أو في ، حَدَجَ (ـِ) ، رَمَقَهُ بِنَظْرة

n. تَوَهُّجٌ زاهٍ

glaring/ˋgleərɪŋ/*adj.*

1. (dazzling, conspicuous) ساطِع ، صارِخ

2. (angry) (عَيْنان) غاضِبَتان ، (نَظَراتٌ) شَرِسة

glass/glɑs/*n.*

1. (material) زُجاج

2. (tumbler) كَأْسٌ ، قَدَحٌ ، كُوبٌ

3. (mirror) مِرْآة (مَرايا)

adj. زُجاجِيّ ، مُزَجَّج

glasses/ˋglɑsɪz/*n. pl.* نَظّارات ، عُوَيْنات

glassy/ˋglɑsɪ/*adj.* زُجاجِيّ ، مَصْقُول وَزَلِج

a glassy stare تَحْدِيقٌ شارِد ، بَحْلَقَةُ السَّكْران

glaze/gleɪz/*v.t. & i.*

1. (fit with glass) رَكَّبَ الزُّجاجَ في النَّوافِذ ، طَلَى الفَخّارَ بِطَبَقةٍ زُجاجِيّة شَفّافة

2. (become glassy) شَخَصَ (ـَ) ، جَمَدَ (ـُ)

his eyes glazed over شَخَصَت عَيْناه (عِنْدَ المَوْت)

n. طَبَقة سَطْحِيّة زُجاجِيّة

glazier/ˋgleɪzɪə(r)/*n.* زُجاج ، مُرَكِّبُ الزُّجاج

gleam/glim/*v.i.* وَمَضَ (يَمِض) ، سَطَعَ (ـَ) ، لَمَعَ (ـَ)

n. وَمِيض ، وَمْضة (البَرْق) ، بَصِيص (النار)

a gleam of hope بارِقةُ أَمَلٍ

glean/glin/*v.t. & i.* اِلْتَقَطَ الحُبُوبَ التي أَغْفَلَها الحاصِد ، تَسَقَّطَ (الأَخْبارَ مِن مَصادِرَ شَتَّى)

glee/gli/*n.* غِبْطة ، بَهْجة ، تَشَفٍّ

gleeful/ˋglifəl/*adj.* جَذْلان ، مُنْشَرِحُ الصَّدْر

glen/glen/*n.* وادٍ جَبَلِيٌّ ضَيِّق

glib/glɪb/*adj.* لَبِق ، مُقْنِعٌ بِحَلاوةِ لِسانِه

glide/glaɪd/*v.i. & n.* اِنْزَلَقَ ، اِنْزِلاق

glider/ˋglaɪdə(r)/*n.* طائِرةٌ شِراعِيّة

glimmer/ˋglɪmə(r)/*n. & v.i.* وَمْضة ، بَصِيص ، وَمَضَ (يَمِضُ)

he has not a glimmer of intelligence لَيْسَ عِنْدَه ذَرَّةُ ذَكاء

glimpse/glɪmps/*n. & v.t.* نَظْرة خاطِفة ، لَمْحة ، لَمَحَ (ـَ)

glint/glɪnt/*v.i.* لَمَعَ (ـَ) ، تَأَلَّقَ ، تَلأْلأَ

n. لَمَعانٌ ، لأْلأَة

glisten/ˋglɪsən/*v.i.* تَوَهَّجَ ، تَأَلَّقَ ، لَمَعَ (ـَ) ، بَرَقَ (ـُ)

glitter/ˋglɪtə(r)/*v.i. & n.* تَلأْلأَ ، اِلْتَمَعَ ، لأْلأَة ، اِلْتِماع ، تَوَهُّج

gloat/gləʊt/*v.i.* حَدَّقَ بِنَهَم ، شَمِتَ (ـَ) بِ

(with **over**)

the miser gloated over his money اِلْتَهَمَ البَخِيلُ مالَه بِعَيْنَيْه الشَّرِهَتَيْن

global/ˋgləʊbəl/*adj.* عالَمِيّ

globe/gləʊb/*n.* كُرَة (كُرًى ، كُرات) ، الكُرة الأَرْضِيّة

globule/ˋglɒbjul/*n.* كُرَيّة ، قَطْرة صَغِيرة

gloom/glum/*n.*

1. (darkness) ظُلْمة ، عَتْمة

2. (melancholy) اِكْتِئابٌ ، غَمٌّ ، تَشاؤُمٌ

gloomy/ˋglumɪ/*adj.* مُعْتِم ، قاتِم ؛ كَئِيب ، مُكْفَهِرّ الوَجْه

glorification/ˈglɔrɪfɪˋkeɪʃən/*n.* تَمْجِيد ، تَعْظِيم

glorify/ˋglɔrɪfaɪ/*v.t.* مَجَّدَ ، عَظَّمَ

glorious/ˋglɔrɪəs/*adj.* مَجِيد ، بَهِيّ ، جَلِيل

glory/ˋglɔrɪ/*n.* & *v.i.* مَجْد ، جَلال ، عَظَمَة ؛ تَباهَى

he glories in his past achievements — يَتَباهَى بِسالِفِ مَآثِرِه

gloss/glos/*n.*

1. (superficial lustre) رَوْنَق ، لَمْعَة سَطْحِيَّة ، مَظْهَر قَد يَكُون خادِعًا

2. (interpretation) حاشِيَة ، شَرْح ، إيضاحُ ما أُبْهِم في نَصّ

v.t.

1. (make smooth) صَقَلَ (ـُ)

2. (interpret) وَضَّح ، شَرَحَ (ـَ) ، بَيَّنَ

glossary/ˋglosərɪ/*n.* مُعْجَمُ مُفْرَدات ، قاموسُ مُصْطَلَحات

glossy/ˋglosɪ/*adj.* مَصْقُول ، لَمّاع ؛ ذُو رَوْنَقٍ كاذِب

it's in all the glossy magazines — يُوجَدُ في كُلّ المَجَلّات المُصَوَّرة الأَنِيقة

glove/glʌv/*n.* قُفّاز (قُفّازات) ، كَفّ (كُفُوف) ، جوانْتي (م)

glow/gləʊ/*v.i.* تَوَهَّجَ (الجَمْرُ) ، اِحْمَرَّ (الحَدِيدُ في النّار) ، تَأَلَّقَ (صِحّةً)

glow-worm/ˋgləʊ-wɜm/*n.* حُباحِب ، يَراع

glucose/ˋglukəʊs/*n.* غْلُوكُوز (كِيمياء) ، سُكَّر عِنَب

glue/glu/*n.* غِراء ، لِزاق

v.t. & *i.* غَرَّى ، لَصَّقَ

he is glued to the television every evening — إنّه يَتَسَمَّرُ أَمامَ التِّلِفِزْيُون كُلَّ مَساء

glum/glʌm/*adj.* مُتَجَهِّم ، كالِحُ الوَجْه ، مُكْتَئِب

glut/glʌt/*v.t.* & *n.* أَتْخَمَ ؛ أَغْرَقَ السُّوق ؛ وَفْرة ، كَثْرة

glutton/ˋglʌtən/*n.* شَرِهٌ ، نَهِمٌ

gluttony/ˋglʌtənɪ/*n.* نَهَمٌ ، شَراهَةٌ

glycerine/ˈglɪsəˋrin/*n.* غْلِيسَرِين

gnarled/nɑld/*adj.* ذُو عُقَيْدات ، كَثِير العُجَيْرات ، مُعَجَّر

gnash/næʃ/*v.t.* صَرَّ أَسْنانَه ، عَضَّ بالنَّواجِذ ، حَرَقَ الأُرَّمَ

gnat/næt/*n.* بُرْغَشَة (حَشَرَة)

gnaw/nɔ/*v.t.* قَضَمَ (ـِ) ، قَرَضَ (ـِ) ، نَخَرَ (ـُ)

gnome/nəʊm/*n.* قَزَمٌ ، حارِسُ الكُنُوز في الأَقاصِيص الخُرافِيّة ؛ حُرّاس المال في الأَسْواق المالِيّة العالَمِيّة (مَجازًا وتَهَكُّمًا)

go/gəʊ/(*p.t.* **went** *p.p.* **gone**) *v.i.*

1. (move away) ذَهَبَ (ـَ) ، مَضَى (يَمْضِي)

I wish this pain would go — عَسَى الأَلَمُ يَزُول

who goes there? — مَنْ هُناكَ في الظَّلام ؟ (يَقُولُها الخَفِير)

2. (become) تَغَيَّرَت طَبِيعَتُه

the meat has gone bad — نَتِنَ اللَّحْم ، فَسَدَ وتَعَفَّنَ

3. (work, function) اِشْتَغَلَ ، عَمِلَ

the clock is not going — السّاعة مُتَعَطِّلة

4. (be placed) يُوضَع (عادَةً)

the teapot goes in the cupboard — مَكانُ إِبْرِيقِ الشّاي في الخِزانة

5. (extend) اِمْتَدَّ ، غَطَّى ، وَفَّى بالغَرَض

our money doesn't go very far — دَراهِمُنا لا تَكْفِي لِسَدِّ حاجاتِنا

6. (*as aux. with* **and**) كَفِعْلٍ مُساعِدٍ مَعَ أَداةِ العَطْف

you've gone and broken the cup — ها إنّك كَسَرْتَ الفِنجان ! (أي رَغْمَ تَحْذِيرِي لَك)

7. (*with advs. and preps.*) مَعَ الظُّرُوف

how do I go about it? — كَيْفَ أُباشِرُ العَمَل ؟

please go ahead and do it! — مِنْ فَضْلِكَ باشِرْ في العَمَل

he went back on his word — نَقَضَ عَهْدَه ، لَمْ يَبَرَّ بِعَهْدِه

I go by what the doctor says — إنّي أَلْتَزِمُ بِتَعْلِيماتِ الطَّبِيب

his speech went down well — قُوبِلَ خِطابُه بِاسْتِحْسان

the picture went for £2,000 — بِيعَتِ الصُّورةُ بِأَلْفَي جُنَيْه اِسْتَرْلِيني

he went in for the marathon — اِشْتَرَكَ في سِباقِ المارَاثُون لِلمَسافات الطَّوِيلة

he will go into business — سَيَعْمَلُ في التِّجارة

the widow has gone into mourning — لَبِسَت الأَرْمَلةُ ثَوْبَ الحِداد

they went off yesterday — رَحَلُوا أَمْسِ

the bomb went off too soon — اِنْفَجَرَت القُنْبُلَة قَبْلَ أَوانِها

this meat is going off — هذا اللَّحْمُ آخِذٌ بالفَساد

the lecturer must have gone off his head — لابُدَّ أَنَّ المُحاضِرَ قَدْ فَقَدَ رُشْدَه

she does go on so — تَتَشَكَّى بِلا انْقِطاع

what's going on here? — ما الذي يَجْرِي هُنا ؟

the children went out to play — خَرَجَ الأَوْلادُ يَلْعَبُون

the candle has gone out — اِنْطَفَأَت الشَّمعة

it went out of my mind completely — غابَ عَن ذِهْني بالمَرّة

I think I'm going out of my mind — يَبْدُو لي أَنّني أَفْقِدُ صَوابِي

he went out of his way to help us — كَلَّفَ نَفْسَه فَوْقَ طاقَتِه لِمُساعَدَتِنا

we must go over/through — يَجِبُ أَنْ نُراجِعَ

the accounts together الحِسابات مَعًا
that traitor went over to the enemy إنْحازَ الخائِنُ إلى صَفِّ العَدُوّ
let's go (round) and see Selma لِنَذْهَب لِزيارةِ سَلْمَى
is there enough meat to go round/around? هلْ هُناك ما يَكفي من اللَّحْم للجَميع ؟
he has gone through a fortune بَدَّدَ ثَرْوةً طائلة
her dress and accessories go together يَنْسَجِمُ ثَوْبُها مَعَ مُلْحَقاتِهِ التَّزْيِينِيَّة
the ship went under غَرِقَت السَّفينة
I think John is going with Mary أَعْتَقِدُ أنّ حَنّا عَلَى صَداقة وُدِّيَّةٍ مَعَ مَرْيَم
the hat goes with her gloves تَنْسَجِمُ القُبَّعَةُ مَعَ قُفّازَيْها
it goes without saying غَنِيٌّ عَنِ البَيان
they had to go without food for two days اضْطُرُّوا إلى الحِرْمان من الطَّعام لِيَوْمَيْن
prices go up every year تَرْتَفِعُ الأَسْعارُ كُلَّ عام
n. (*coll.*)
it was a rum go كانَ الأَمْرُ غَريبًا جِدًّا
we made a go of it after all حَقَّقْنا نَجاحًا في نِهاية الأَمْر
he is always on the go هو أَبَدًا في عَمَلٍ دائب
pop music was all the go then كانت المُوسيقَى الشَّعْبِيّة الخَفيفة رائِجةً جدًّا حِينَذاك
I can't do it, it's no go هذا فَوْقَ طاقَتِي – مِش مُمْكِن (م) ، مُسْتَحِيل (ع)

goad/gəʊd/*n.* مِهْمَزة (مَهامِزُ) ، مِنْخَس
v.t. هَمَزَ (ـِ) ، نَخَسَ (ـُ) ، حَرَّضَ ، حَفَزَ (ـِ) على

go-ahead/ˈgəʊ-əhed/*n.* إذْن رَسْمِيّ بإقامةِ مَشْرُوع
we are waiting for the go-ahead نَحْن بِانْتِظار إشارة لِنُباشِرَ العَمَل
adj. /ˈgəʊ-əˈhed. ذُو طُموح ، مِقْدام ، تَقَدُّمِيّ

goal/gəʊl/*n.*
1. (purpose, destination) هَدَف (أَهْداف) ، غَرَض (أَغْراض)
2. (football) مَرْمًى (مَرامٍ) ؛ هَدَف
goal-keeper حارِسُ المَرْمَى

goat/gəʊt/*n.* عَنْزة ، ماعِز ، تَيْس
he gets my goat (*sl.*) يُهَيِّجُ أَعْصابي ، يُضايِقُني

goatherd/ˈgəʊt-hɜd/*n.* راعِي الماعِز

goatskin/ˈgəʊt-skɪn/*n.* جِلْدُ الماعِز ، قِرْبة

gobble/ˈgobəl/*v.t. & i.* اِلْتَهَمَ ، اِبْتَلَع
he gobbled it all up اِلْتَهَمَ (الطَّعامَ) كُلَّه

go-between/ˈgəʊ-bɪtwin/*n.* وَسِيط (وُسَطاء) ، مُوَفِّقٌ بَيْنَ طَرَفَيْن مُخْتَلِفَيْن ، رَسُول

goblet/ˈgoblɪt/*n.* كأْسٌ كَبِيرة ذاتُ قاعِدة بِدُون يَدٍ (أو مِمْسَك)

goblin/ˈgoblɪn/*n.* غُول ، جِنِّيّ قَبيحُ الصُّورة ، شَقِيّ

go-cart/ˈgəʊ-kat/*n.* عَرَبة صَغِيرة يَلْعَبُ بها الطِّفْل ؛ عَرَبة خَفِيفة لِنَقْل الطِّفْل

god/god/*n.*
1. (Supreme Being) اللّه ، الرَّبّ ، الخالِق (عَزَّ وَجَلَّ)
2. (deity, idol) إلٰه (آلهة) ، مَعْبُود

god-daughter/ˈgod-dɔtə(r)/*n.* فَلْيُونة ، إبْنَة في العِماد

godfather/ˈgodfaðə(r)/*n.* عَرّاب ، كَفِيل المُعَمَّد (عِندَ المَسِيحِيِّين)

godless/ˈgodləs/*adj.* غَيْرُ مُؤْمِنٍ باللّه ، مُلْحِد

godmother/ˈgodmʌðə(r)/*n.* عَرّابة ، أُمٌّ في العِماد (عِنْدَ المَسِيحِيِّين)

godsend/ˈgodsend/*n.* مُساعَدة غَيْرُ مُتَوَقَّعة ، نِعْمة مِن السَّماء

godson/ˈgodsʌn/*n.* فَلْيُون ، إبْنٌ في العِماد (عِنْدَ المَسِيحِيِّين)

godspeed/godˈspid/*n.* سَلامة في السَّفَر (وَدَّعَه مُتَمَنِّيًا له السَّلامة)

go-getter/ˈgəʊ-ˈgetə(r)/*n.* (*coll.*) وُصُولِيّ مِقْدام

goggle/ˈgogəl/*v.i.* جَحَظَت (عَيْناه) ، حَمْلَقَ مُنْدَهِشًا

goggle-eyed/ˈgogəl-aɪd/*adj.* جاحِظ (العَيْنَيْن)

goggles/goglz/*n. pl.* نَظّارات كَبِيرة واقِية من الوَهَج أو الغُبار

going/ˈgəʊɪŋ/*n.* ذَهاب ، اِنْصِراف ، حالةُ الأَرْض وصَلاحِيَّتُها للرَّكْض أو السِّباق وغَيْر ذلك ؛ مُعَدَّلُ التَّقَدُّم
he found it hard going وَجَدَ تِلْكَ المُهِمَّةَ صَعْبةً

goitre/ˈgɔɪtə(r)/*n.* تَوَرُّم دَرَقِيّ ، تَضَخُّم الغُدَّة الدَّرَقِيّة

go-kart/ˈgəʊ-kat/*n.* سَيّارةُ سِباقٍ صَغِيرةٌ مَكْشُوفة

gold/gəʊld/*n. & adj.*
1. (precious metal) ذَهَبٌ ، عَسْجَد ، إبْرِيز ؛ ذَهَبِيّ ، عَسْجَدِيّ ، إبْرِيزِيّ
the gold standard قاعِدة الذَّهَب ، مِعْيار الذَّهَب
2. (colour) ذَهَبِيُّ اللَّوْن

golden/ˈgəʊldən/*adj.* ذَهَبِيّ ، مَصْنُوع مِن الذَّهَب ؛ (عَصْرٌ) مُزْدَهِر
golden handshake مَبْلَغ كَبِير مِن المال يُدْفَع لِمُدِيرِ شَرِكَةٍ مَثَلًا عِنْدَ تَقاعُدِه
the golden mean الاعْتِدال ، مَوْقِفٌ وَسَط ، خَيْرُ الأُمُورِ أَوْسَطُها

goldfield/ˈgəʊldfild/*n.* مِنْطَقة يَتَوَفَّرُ فِيها الذَّهَبُ الخام

goldmine/ˋgəυldmaın/ *n.* — مَنْجَم ذَهَب ؛ ثَرْوَة ؛ مَصْدَرُ غِنًى وَفير

goldsmith/ˋgəυldsmıθ/*n.* — صَائِغُ الذَّهَب (صاغَة ، صُيّاغ)

golf/golf/*n.* — لُعْبَة الجُولْف أو الغُولْف

golf-club/ˋgolf-klʌb/*n.*
1. (implement) — مِضْرَب الغُولْف
2. (institution) — نادي الغُولْف

golf-course, golf links/ ˋgolf-kɔs,ˋgolf lıŋks/ *n.* — مَيْدان الغُولْف

gone/gon/*p.p. of* **go**

gong/goŋ/*n.* — قُرْصٌ نُحاسِيّ كالصِّينِيّة يُقْرَعُ للنِّداء والتَّنْبيه ، ناقُوسٌ مُسْتَديرُ الشَّكْل

gonorrhea/ˈgonəˋriə/*n.* — داءُ السَّيَلان (طِبّ)

good/gυd/*adj.*
1. (satisfying) — جَيِّد ، طَيِّب ، حَسَن
good afternoon! — مَسَاءُ الخَيْر (تَحِيّة ما بَعْدَ الظُّهْر)
good night! — تُصْبِحُ عَلَى خَيْر (الإجابة هي "تُلاقي الخَيْر") ، لَيْلَة سَعِيدة ! أَسْعَدَ اللّٰهُ مساءَك !
have a good time! — رُح كَيِّف ، سَتَسْتَمْتِع إن شاءَ الله ، انبِسِط ! (س) ، تونَّس (ع) ، تمتَّع (م) ، رَوِّق
2. (well-behaved, kind) — مُتَلَطِّف ، مُؤَدَّب
be good enough to pass the salt, please! — تَكَرَّمْ وناوِلْني المِلْح !
3. (able) — بارِع ، ماهِر
4. (ample) — وافِر ، كَثير
we walked a good ten miles — مَشَيْنا ما يَرْبُو على العَشَرة أَميال
a good many people came — حَضَرَ جَمْعٌ غَفير ، حَضَرَ عَدَدٌ لا بأْسَ بِهِ مِن النَّاس
all in good time! — كُلُّ شَيْءٍ في حِينِه ، لِكُلِّ آنٍ أوانٌ ، حَتَّى يَئِينَ الأَوان ، كلُّ آتٍ قَريبٌ
n.
1. (virtue) — فَضِيلة ، عَمَلٌ صالِح
he is up to no good — يُضمِرُ سُوءًا ، الشَّرُّ طالِعٌ بِرَأْسِه ، ناوِي الشَّرّ
2. (profit, benefit) — جَدْوَى ، طائِل ، فائدة (فَوائد)
3. (*pl.* property, merchandise) — بَضائِع ، سِلَع
send it by goods train — أَرْسِلْه بِقِطارِ الشَّحْن
he always delivers the goods — يَقُوم بالتِزاماتِه دائمًا

goodbye/ˈgυdˋbaı/*int.* & *n.* — في أمانِ الله ! مع السلامة ! إلى اللِّقاء ! ؛ تَوْدِيع ، وَداع

good-for-nothing/ ˋgυd-fə-nʌθıŋ/*adj.* & *n.* — لا خَيْرَ فيه ، لا يُساوِي شيئًا ، تَنْبَل ، تافِه

good-humoured/ ˈgυd-ˋhjuməd/*adj.* — لَطِيفُ المِزاج ، خَفِيفُ الظِّلّ

good-looking/ ˈgυd-ˋlυkıŋ/*adj.* — جَميلُ المُحَيّا ، حَسَنُ الوَجْه

good-natured/ ˈgυd-ˋneıtʃəd/*adj.* — دَمِثُ الخُلُق ، لَطِيف ، طَيِّبُ النَّفْس

goodness/ˋgυdnıs/*n.*
1. (virtue, excellence) — طِيبٌ ، حُسْنٌ ، لُطْفٌ
2. (kindness) — لُطْفٌ ، شَفَقة
3. (*in exclamations*)
for goodness sake! — (إعْمَلْ مَعْرُوفًا) لخاطِرِ اللّٰه ، لِوَجْه اللّٰه
thank goodness! — الحَمْدُ لِلّٰه
goodness knows I've tried hard — اللّٰه يَعْلَم بأنّي بَذَلْتُ جُهْدِي

goodwill/ˈgυdˋwıl/*n.*
1. (friendliness) — صداقة ، وُدٌّ ، حُسْنُ النِّيّة
2. (*commerc.*) — شُهْرة مَحَلّ تِجارِيّ عِندَ زَبائنِه ، سُمْعة تِجارِيّة ، ثِقة الزَّبائن بِمَتْجَر

goose/gus/*n.* — وَزّة ، إوَزّة
you silly goose! — يا غَبِيّ ! يا مُغَفَّل ! ، يا عَبِيط !
that will cook his goose! — هذا واللّٰه سَيُهْلِكُه

gooseberry/ˋgυzbərı/*n.* — كِشْمِش شائك ، عِنَب الثَّعْلَب

goose-flesh/ˋgus-fleʃ/*n.* — القُشَعْرِيرَة

goose-step/ˋgus-step/*n.* — خُطْوة الإوَزّة (عَسْكَرِيّة) ؛
v.i. — سارَ بِخُطَى الإوَزّة

gore/gɔ(r)/*n.* — دَمٌ مُتَجَلِّط ؛ سَمَكَة (في الخِياطة)
v.t. — نَطَحَ (ـَ)

gorge/gɔdʒ/*n.*
1. (ravine) — فَجٌّ (فِجاج) ، خانِق (خَوانِقُ) ، مَضِيق (مَضايِق) (في جَبَل)
2. (gullet) — حَلْقٌ (حُلوق) ، بُلْعُوم (بَلاعِيمُ)
it makes my gorge rise — يُثيرُ هذا التَّصَرُّفُ تَقَزُّزي واشْمِئزازي
v.i. & *t.* — أَكَلَ بِنَهَم وشَراهة ؛ أَتْخَمَ

gorgeous/ˋgɔdʒəs/*adj.* — بَهِيّ ، بَهِيج ، بَدِيع ، رائِع

gorilla/gəˋrılə/*n.* — غورِيلّا (مِن القِرَدة العُلْيا)

gory/ˋgɔrı/*adj.* — دامٍ ، مُلَطَّخٌ بالدَّم

gosh/goʃ/*int.* — يا لَلْعَجَب ! اللّٰه اللّٰه ! غَرِيب !

gospel/ˋgospəl/*n.* — إنْجيل ؛ حَقِيقةٌ لا جِدالَ فيها

gossamer/ˋgosəmə(r)/*n.* — خُيوطُ عَنْكَبُوت ؛ نَسِيجٌ رَقيقٌ شَفّاف

gossip/ˋgosıp/*n.* & *v.i.* — كلامُ النَّاس ، قِيلٌ وقال ، نَمِيمة ؛ مَنْ يَلُوكُ سُمْعةَ النَّاس ؛ دَرْدَش ، ثَرْثَرَ ، قَشَبَ (ـِ) (ع)

got/got/*p.t.* & *p.p. of* **get**

gouge/gaυdʒ/*n.* & *v.t.* — إزْميلٌ مُقَعَّر (للحَفْر) ، مِظْفار ؛ فَقَأَ (ـَ) ، سَمَلَ (ـُ) (العَيْنَ) ؛ قَوَّر

gourd/gυəd/*n.* — يَقْطِين ، قَرْع

gourmand/ˋgυəmənd/*n.* — أَكُولٌ شَرِهٌ ، نَهِمٌ ، جَشِعٌ

gourmet/ˈgʊəmeɪ/*n.* ذَوّاقة (لِلمآكِل)

gout/gaʊt/*n.* النِّقْرِس، داءُ المَفاصِل، داءُ المُلوك

gouty/gaʊtɪ/*adj.* مُصابٌ بالنِّقْرِس

govern/ˈgʌvən/*v.t. & i.*

1. (rule) حَكَمَ (ـُ)، ساسَ (يَسُوسُ)

2. (determine, regulate) نَظَّمَ، قَرَّرَ، ضَبَطَ (ـِ)، أَثَّرَ على

3. (control, subdue) سَيْطَرَ على، هَيْمَنَ، أَخْضَعَ

governess/ˈgʌvənɪs/*n.* مُرَبِّيةُ أَطْفالٍ عِنْدَ عائِلة

government/ˈgʌvəmənt/*n.* حُكُومة، نِظامُ حُكْمٍ؛ الهَيْئة الحاكِمة

governor/ˈgʌvənə(r)/*n.* والٍ (وُلاة)، حاكِم (حُكّام وحاكِمُون)، مُحافِظ

gown/gaʊn/*n.*

1. (woman's dress) فُسْتان، ثَوْبٌ نِسائيّ

2. (official robe) جُبّة (المُحامي مَثَلاً)، رُوب (أَرْواب)، رِداءٌ (أَرْدِية)

grab/græb/*v.t. & i.* قَبَضَ (ـِ) على أو بِـ، أَخَذَ عَنْوةً؛ اِخْتِطاف، اِغْتِصاب (أَرْض)

grace/greɪs/*n.*

1. (charm, elegance) رَشاقة، كِياسة، ظُرْف

2. (favour, mercy) إحْسان، نِعْمة، فَضْل، سَماحة

3. (thanksgiving at meal) صَلاةُ الشُّكْرِ لله قَبْلَ الأَكْلِ وبَعْدَه

v.t. أَضْفَى شَرَفًا أو رَوْنَقًا على

the President graced the occasion شَرَّفَ الرَّئيسُ المُناسَبةَ بِحُضُورِه

graceful/ˈgreɪsfəl/*adj.* رَشيق، ظَريف، لَطِيف

gracious/ˈgreɪʃəs/*adj.*

1. (full of charm) حُلْوُ المَعْشَر

gracious living (عاشَ في) تَرَفٍ ونَعِيم

2. (merciful, benevolent) عَطُوف، مُحْسِن

int. gracious me! يا سَلام! سُبْحانَ الله!

grade/greɪd/*n.*

1. (class) صِنْف (أَصْناف)، دَرَجة، رُتْبة؛ عَلامة، دَرَجة (تُعْطَى لِلطّالِب)

2. (slope) مُنْحَدَر

on the down grade في تَدَهْوُر، في انْحِطاط، مائِلٌ إلى الكَساد

3. (*U.S.* school class) صَفٌّ أو فَصْلٌ في مَدْرَسة

gradient/ˈgreɪdɪənt/*n.* (نِسْبةُ) الانْحِدار (في الطُّرُق وسِكَكِ الحَدِيد)

gradual/ˈgrædʒʊəl/*adj.*

graduate/ˈgrædʒʊeɪt/ *v.t. & i.* دَرَّجَ (مِقْياسًا)؛ تَخَرَّجَ مِنْ جامِعة

n. & adj./ˈgrædʒʊət/ خِرِّيج؛ مُتَخَرِّج مِن جامِعة

graduation/ˌgrædʒʊˈeɪʃən/*n.* تَخَرُّجٌ (مِن جامِعة)

graffiti/grəˈfitɪ/*n.* خَرْبَشات جِدارِيّة (غالِبًا سِياسِيّة أو بَذِيئة)

graft/grɑft/*v.t. n.* طَعَّمَ (بُسْتَنة)، رَقَعَ (جِراحة)

1. (means of propagation) تَطْعِيم (بُسْتَنة)

skin graft تَرْقِيعُ الجِلد جِراحِيًّا

2. (*coll.* bribery) رُشْوة، بَرْطِيل

grain/greɪn/*n.*

1. (seed of corn) حَبٌّ (اسْمُ جِنْس)، بَذْرٌ (اسْمُ جِنْس)

2. (*collect.* corn) غِلال، حُبُوب

3. (particle) حَبّة، ذَرّة (مَجازًا)

4. (texture, lay of fibre) عُرُوق (الخَشَب)، أَلْياف أو أَوْبار (النَّسِيج)

do not brush the carpet against the grain لا تُكَنِّسِ البِساطَ بِعَكْسِ اتِّجاهِ أَوْبارِه

gram(me)/græm/*n.* غِرام، (جِرام) (وَحْدة وَزْن)

grammar/ˈgræmə(r)/*n.* عِلْمُ قَواعِدِ اللُّغة، نَحْوٌ وصَرْف

grammarian/grəˈmeərɪən/*n.* ناحٍ (نُحاة)، نَحْوِيّ

grammatical/grəˈmætɪkəl/*adj.* ما يَخْتَصُّ بِمَبادِئِ اللُّغة، طِبْقًا لِقَوانينِ النَّحْوِ والصَّرْف

gramophone/ˈgræməfəʊn/*n.* الحاكي، غرامَفُون، فُونُوغراف

granary/ˈgrænərɪ/*n.* مَخْزَن غِلال، عَنْبَر، شُونة، هُرْيٌ (أَهْراء)

grand/grænd/*adj.*

1. (chief, great) عَظِيم، رَئِيس، كَبِير

grand piano بِيانُو كَبِير بِأَوْتارٍ أُفُقِيّة

2. (distinguished) عَظِيم، فَخْم

the wedding was a grand occasion كانَت حَفْلةُ العُرْس مُناسَبةً رائِعةً

3. (splendid, admirable) هائِل، مُمْتاز

grandchild/ˈgrænd tʃaɪld/*n.* حَفِيد (أَحْفاد، حَفَدة)

grandad, grand-dad/ˈgrændæd/*n.* (*coll.*) جِدُّو (بِلُغَةِ الأَطْفال)

granddaughter/ˈgrændɔtə(r)/*n.* حَفِيدة (حَفِيدات)

grandeur/ˈgrændʒə(r)/*n.* عَظَمة، جَلال، أُبَّهة

grandfather/ˈgrændfɑðə(r)/*n.* جَدٌّ (أَجْداد، جُدُود)

grandma/ˈgrændmɑ/*n.* (*coll.*) سِتِّي (س م)، بِيبِي (ع)

grandmother/ˈgrændmʌðə(r)/*n.* جَدّة

grandpa/ˈgrændpɑ/*n.* (*coll.*) جِدُّو (بِلُغَةِ الأَطْفال)

grandparent/ˈgrændpeərənt/*n.* جَدٌّ أو جَدّة

grandson/ˈgrændsʌn/*n.* حَفِيد (أَحْفاد، حَفَدة)؛ سِبْط (أَسْباط وهو اِبن البِنْت عادةً)

grandstand/ˈgrændstænd/*n.* المُدَرَّج الرَّئِيسِيّ (في مَيْدان الألعاب أو ساحة المُباريات)

granite/ˈgrænɪt/*n.* صَوّان (حَجَر) ، غْرانِيت

granny/ˈgrænɪ/*n.* (*coll.*) سِتِّي (س ، م) ، بِيبِي (ع)

granny knot عُقْدة مُزْدَوِجة تَنْحَلّ بِسُهُولة

grant/grɑnt/*v.t.* مَنَحَ (ـَ) ، وَهَبَ (ـَ) ، خَوَّلَ

I grant you that my theory was wrong أُسَلِّمُ بِأَنَّ نَظَرِيَّتِي كانَتْ مَغْلُوطة

you must not take his kindness for granted عَلَيْكَ أَلاَّ تَعْتَبِرَ لُطْفَ مُعامَلَتِهِ أَمْرًا مُسَلَّمًا بِهِ

n. he got a Government grant حَصَلَ على مِنْحة مِن الحُكُومة

granulate/ˈgrænjʊleɪt/*v.t. & i.* حَبَّبَ ، خَشَّنَ ذَرَّاتِه ؛ تَحَبَّبَ ، خَشُنَت ذَرَّاتُه

granulated sugar السُّكَّرُ العادِيّ (خَشِنُ الذَّرَّات) ، سَنْتَرفِيش (م)

granule/ˈgrænjul/*n.* حُبَيْبة ، ذَرَّة

grape/greɪp/*n.* عِنَب (اسْمُ جِنْس)

grapefruit/ˈgreɪpfrut/*n.* لَيْمُون هِنْدِي (م) ، كَرِيفُون (س) ، سِنْدِي (ع)

grapevine/ˈgreɪpvaɪn/*n.* كَرْمة (كُرُوم)

(*fig.*) I heard on the grapevine that he had jilted her بَلَغَ مَسامِعِي (أو خَبَّرَتْنِي العَصْفُورة) أَنَّه هَجَرَها

graph/græf/*n.* رَسْم او خَطّ بَيانِيّ

graph paper وَرَقُ رَسْمٍ بَيانِيّ ، وَرَقٌ مِيلِّيمِتْرِي

graphic/ˈgræfɪk/*adj.*

1. (*of drawing*) تَخْطِيطِيّ ، خُطُوطِيّ

2. (vivid) (وَصْفٌ) حَيّ تَصْوِيرِيّ طَرِيف

3. (*of graphs*) تَخْطِيطِيّ ، بَيانِيّ

graphics/ˈgræfɪks/*n.* فَنّ التَّزْيِين بالرسُوم والكِتابة

graphite/ˈgræfaɪt/*n.* غْرافِيت ، نَوْعٌ من الكَرْبون النّاعِم ، رَصاصٌ أَسْوَد

grapple/ˈgræpəl/*n.* كُلاّب ، خُطّاف ، مِمْسَك

v.i. with **with** صارَعَ ، تَصارَعَ مَعَ (مُعْضِلة مَثَلاً)

grasp/grɑsp/*v.t.*

1. (hold firmly) قَبَضَ (ـِ) على ، أَمْسَكَ بِشِدَّة

2. (comprehend) أَدْرَكَ ، فَهِمَ (ـَ)

v.i. تَشَبَّثَ أو تَمَسَّكَ بِـ

he is grasping at straws إنّه كالغَرِيقِ يَتَشَبَّثُ بِقَشَّةٍ

n. **1.** (grip) مَسْكة ، قَبْضة

2. (comprehension) إِدْراك ، فَهْم

grasping/ˈgrɑspɪŋ/*adj.* طَمّاع ، جَشِع تَوّاقٌ لِلْمَزِيدِ مِن الرِّبْح

grass/grɑs/*n.* عُشْب ، حَشِيش

our MP keeps in touch with the grass roots مُمَثِّلُنا في البَرْلَمان دائِمُ الاتِّصال بالأَوْساطِ الشَّعْبِيّة

grass widow اِمْرَأة زَوْجُها غائِبٌ عَنْها مُؤَقَّتًا

grasshopper/ˈgrɑshɒpə(r)/*n.* جُنْدُب (جَنادِبُ)

grassy/ˈgrɑsɪ/*adj.* عُشْبِيّ ، مُعْشِب

grate/greɪt/*n.* مَوْقِدٌ (مَواقِدُ) ، فُرْنٌ (أَفْران)

v.t.

she grated the cheese بَشَرَت (ـُ) الجُبْنَ

v.i. (*with* **on**) أَزْعَجَ ، أَضْرَسَ (الحامِضُ الأَسْنانَ) خَدَشَ (ـِ) (الأُذُنَ)

the noise of the drill grates on my nerves أَزِيزُ المِثْقَب يُثِيرُ أَعْصابِي

grateful/ˈgreɪtfəl/*adj.* مُمْتَنّ ، مُتَشَكِّر ، مُعْتَرِف بالجَمِيل

grater/ˈgreɪtə(r)/*n.* مِبْشَرة ، مِحَكّة

gratification/ˈgrætɪfɪˈkeɪʃən/*n.* إِرْضاء ، إِشْباع ؛ اِرْتِياح ، قَناعة

gratify/ˈgrætɪfaɪ/*v.t.* أَرْضَى ، أَشْبَعَ

gratifying/ˈgrætɪfaɪɪŋ/*adj.* مُرْضٍ ، مُشَجِّع ، مُمْتِع

grating/ˈgreɪtɪŋ/*n.* مشربية من الحديد ، شَبَكة مَعْدِنِيّة (تُغَطِّي بالُوعةً مَثَلاً)

gratis/ˈgrætɪs/*adv. & adj.* مَجّانًا ، مِن دُون مُقابِل ؛ مَجّانِيّ

gratitude/ˈgrætɪtjud/*n.* شُكْر ، اِمْتِنان ، عِرْفانُ الجَمِيل

gratuitous/grəˈtjuɪtəs/*adj.* **1.** (free of charge) مَجّانِيّ ، بِلا أَجْرٍ

2. (uncalled for) بِلا داعٍ ، مِن دُونِ مُبَرِّرٍ ، بلا مُسَوِّغ

gratuity/grəˈtjuətɪ/*n.*

1. (tip) بَقْشِيش ، بَخْشِيش

2. (bounty) إِكْرامِيّة ، هِبَة ، مِنْحة (مِنَح)

grave[1]/greɪv/*n.* قَبْرٌ (قُبُور) ، لَحْدٌ (لُحُود)

grave-digger حَفّارُ القُبُور ، لَحّاد

grave[2]/greɪv/*adj.*

1. (solemn, distinguished) وَقُور ، رَزِين ، رَصِين ، جادّ

2. (serious, disquieting) خَطِير ، مُقْلِق ، هامّ

I have had grave news from home وَصَلَتْنِي أَخْبارٌ مُقْلِقةٌ مِن أَهْلِي

gravel/ˈgrævəl/*n.* حَصًى ، حَصْباء ، رَمْلٌ خَشِن

gravestone/ˈgreɪvstəʊn/*n.* شاهِدُ (شَواهِدُ) القَبْر ، رُجْمة (رِجام)

graveyard/ˈgreɪvjɑd/*n.* مَقْبَرة (مَقابِر) ، جَبّانة

gravitate/ˈgrævɪteɪt/*v.i.* اِنْجَذَبَ ، مالَ إلى ؛ تَرَسَّبَ في القاع

gravity/ˈgrævɪtɪ/*n.*

1. (solemnity) رَزانة ، وَقار

2. (importance) أَهَمِّيّة ، خُطُورة

3. (weight) وَزْن ، ثِقَل

centre of gravity مَرْكَزُ الثِّقَل

specific gravity الثِّقْلُ أو الوَزْن النَّوْعِيّ
3. (attractive force) الجاذِبيّة الأَرْضِيّة ، الثَّقالة
gravy/ˈgreɪvɪ/*n.* مَرَق أو مَرَقة اللَّحْم
graze/greɪz/*v.t. & i.*
1. (feed on grass) رَعَى (يَرْعَى) ، رَتَعَ (ـَ)
2. (brush lightly) لامَسَ ، مَسَّ بِرِفْق
n. مُلامَسة خَفِيفة ؛ كَشْط ، سَحْج
grease/gris/*n.*
1. (fat) شَحْم (شُحُوم) ، دُهْن
2. (lubricant) مُزَلِّق لِتَشْحِيمِ الماكِنات
v.t. شَحَّمَ ، دَهَنَ (ـَ) الآلةَ بالشَّحْم
this corrupt official expected us to grease his palm (*fig.*) هذا المُوَظَّفُ الفاسِد كان يَتَوَقَّعُ أن نُبَرْطِله
grease-gun/ˈgris-gʌn/*n.* مِشْحَمة يَدَوِيّة (سَيّارة)
greasy/ˈgrisɪ/*adj.*
1. (smeared with grease) دَسِمٌ ، مُدْهِن ، زَفِرٌ ؛ مَدْهُون بالشَّحْم
2. (slippery) أَمْلَسُ ، زَلِقٌ
3. (unpleasantly unctuous) مُداهِن ، مُنافِق ، مُتَزَلِّف ؛ خَسِيس
great/greɪt/*adj.*
1. (large) عَظِيم ، كَبِير
the great majority الغالِبِيّة العُظْمَى ، السَّوادُ الأَعْظَم
2. (outstanding) هامٌّ ، كَبِير ، بارِز
the Great War الحَرْبُ العُظْمَى ، الحَرْبُ العالَمِيّةُ الأُولَى
3. (*coll.* very good) هائِل ، مُمْتاز ، رائِع
he has done a great job قام بِعَمَلٍ مُمْتاز
great-aunt/ˈgreɪt-ɑnt/*n.* عَمّة أو خالة الأَب أو الأُمّ
great-coat/ˈgreɪt-kəʊt/*n.* مِعْطَف سَمِيك (عَسْكَرِيّ)
great-grandfather/ˈgreɪt-ˈgrændfɑðə(r)/*n.* الجَدّ الأَعْلَى (جَدُّ الأَب أو الأُمّ)
greed/grid/*n.* جَشَعٌ ، شَرَهٌ ، نَهَمٌ
greedy/ˈgridɪ/*adj.* شَرِهٌ ، أَكُول ، جَشِعٌ ، نَهِمٌ
green/grin/*adj.* أَخْضَر ، مُورِقٌ (للشَّجَر) ، نِيءٌ (للتُّفّاح مَثَلًا) ، طازَج (للخِيار)
the green belt around London الحِزامُ الأَخْضَرُ حَوْلَ لَنْدَن
at last he got the green light وأخيراً سُمِح له أن . . .
he is not so green as to believe your story لَيْسَ مِن السَّذاجة بِحَيْثُ يُصَدِّقُ ما تَقُول
n. **1.** (colour) خُضْرة ، اِخْضِرار
2. (grassy expanse) مَرْج (مُرُوج)
they play football on the village green يَلْعَبُون الكُرَةَ في ساحةِ القَرْية
3. (*pl.* vegetables) خُضْرَوات (وخاصّةً الخَضْراء مِنها)

greenery/ˈgrinərɪ/*n.* خُضْرة (الغابات) ، عُشْبٌ أَخْضَر
greengage/ˈgringeɪdʒ/*n.* نَوْع أَخْضَر (س) ، بَرْقُوق أَخْضَر (م) ، كُوجة (ع)
greengrocer/ˈgringrəʊsə(r)/*n.* بَقّال ، خُضَرِي ، بائِع الخُضْرَوات
greenhouse/ˈgrinhɑʊs/*n.* مُسْتَنْبَت زُجاجِيّ (لِتَرْبِية النَّباتات في جَوٍّ دافِئ)
greet/grit/*v.t.* حَيّا ، رَحَّبَ بِ ؛ قابَلَ
greeting/ˈgritɪŋ/*n.* تَحِيّة ، تَرْحاب
greetings to your son سَلِّمْ لي على ابْنِك
gregarious/grɪˈgeərɪəs/*adj.* عائِشُون جَماعاتٍ أو قُطْعانًا ؛ مُحِبّ لِحَياة الجَماعة ، (شَخْص) اجتِماعِيّ
grenade/greˈneɪd/*n.* قُنْبلة صَغِيرة ، رُمّانة
grew/gru/*p.t. of* **grow**
grey, gray/greɪ/*adj. & n.* رَمادِيُّ اللَّوْن ، رَصاصِيّ ، أَشْهَب ، كالِحُ الوَجْه
greyhound/ˈgreɪhɑʊnd/*n.* نَوْعٌ مِن الكِلاب السَّلُوقِيّة
grid/grɪd/*n.*
1. (grating) شَبَكة مَعْدِنِيّة
2. (component of electronic valve) شَبَكة بِداخِلِ صِمامٍ إلِكْتُرُونِيّ
3. (network of lines on a map) شَبَكةُ خُطُوطٍ مُتَعامِدة في خارِطة
4. (electric power system) شَبَكةُ تَوْزِيعِ الكَهْرَباء
grief/grif/*n.* حُزْنٌ ، أَسًى ، آلامٌ نَفْسِيّة
grievance/ˈgrivəns/*n.* شَكْوَى ، تَظَلُّم
the trade union leader spoke about redressing the grievances of the workers تَحَدَّثَ رَئِيسُ النِّقابة عَن تَدارُكِ ظُلامة العُمّال
grieve/griv/*v.t. & i.* آلَمَ ، أَحْزَنَ ، كَدَّرَ ؛ حَزِنَ (ـَ) ، تَأَلَّمَ
grievous/ˈgrivəs/*adj.* (أَذًى) بالِغٌ
grill/grɪl/*v.t.*
1. (cook) شَوَى (لَحْمًا)
2. (*coll.* interrogate) اِسْتَنْطَقَ ، اِسْتَجْوَبَ
n. **1.** (grilled food) شِواء ، مَشْوِيّات
2. (restaurant) قِسْمٌ خاصّ للمَشْوِيّات في مَطْعَم ، حاتي (م)
3. (cooker) شَوّاية ، مِشْواة
grim/grɪm/*adj.*
1. (severe) قاسٍ ، صارِمٌ ؛ رَهِيب
2. (*coll.* very unpleasant) زَيّ الزِّفْت (عامِّيّة)
he held on like grim death صَمَدَ في وَجْه الشَّدائِد ، ثَبَتَ على قَصْدِه ولَمْ يَسْتَسْلِم
grimace/grɪˈmeɪs/*n.* شَدُّ عَضَلاتِ الوَجْه مِن الأَلَم أو لإضْحاكِ الآخَرِين ، كِشْرة
v.i. غَضَّنَ أَسارِيرَه أَلَمًا أو إضْحاكًا للآخَرِين ، كَشَرَ (ـِ)

grime/ graɪm/*n.* قَذارة
grimy/ˋgraɪmɪ/*adj.* مُلَوَّث ، قَذِر
grin/ grɪn/*v.i. & n.* اِبْتَسَمَ ابْتِسامةً عَرِيضة ؛ اِبْتِسامة عَرِيضة
grind/ graɪnd/ (*p.t. & p.p.* **ground**) *v.t.*
1. (rub harshly together) *also v.i.* حَكَّ (ـُ)
stop grinding your teeth لا تُحَرِّق الأُرَّمَ ، أَقْلِع عَن الصَّرِّ عَلَى أَسْنانِك
2. (mince) سَحَقَ (ـَ) ، جَرَشَ (ـُ) ، طَحَنَ (ـَ)
3. (oppress) ظَلَمَ (ـِ)
people ground down by tyranny قَوْمٌ أَذَلَّ الطُّغْيانُ رِقابَهُم
4. (sharpen by friction) شَحَذَ (ـَ) سِكِّيناً ، سَنَّ مُوسَى ، صَقَلَ (ـُ)
he has an axe to grind (*fig.*) لَهُ مَأْرَبٌ شَخْصِيٌّ مِن وَراءِ ذَلِك
v.i. & n. (*coll.*) ثابَرَ في عَمَلِه ، اِنْكَبَّ عَلَى دِراسَتِه ؛ عَمَلٌ طَوِيلٌ مُمِلّ
it was a hard grind كانَ عَمَلاً يُزْهِقُ الرُّوح
grindstone/ˋgraɪndstəʊn/*n.* حَجَرُ جَلْخ ، مِسَنّ
he kept his nose to the grindstone اِنْكَبَّ على العَمَلِ بِدُون تَوَقُّف
grip/ grɪp/*n.*
1. (firm hold, grasp) قَبْضة يَد ، مَسْكة قَوِيّة
he has lost his grip فَقَدَ سَيْطَرَته على ، أَفْلَتَ مِنْه زِمامُ الأُمُور
2. (mastery, fascination) سَيْطَرة ، اِسْتِحْواذ عَلَى الفِكْر
3. (clasping device) مِقْبَض ، قَبْضة ، مَسْكة
4. (handbag *U.S.*) حَقِيبة أو شَنْطة صَغِيرة (مِن القُماش عادةً)
v.t. أَمْسَكَ ، قَبَضَ أو شَدَّ عَلَى
gripping/ˋgrɪpɪŋ/*adj.* جَذّاب ، خَلّاب ، ساحِر ، يَسْتَهْوِي العُقُول
he told us a gripping story of his adventures قَصَّ عَلَيْنا قِصّةً تَسْتَهْوِي الأَلْبابَ عن مُغامَراتِه
grist/ grɪst/*n.* حُبُوب مُعَدّة لِلطَّحْن
all is grist that comes to his mill إنّه يَنْتَفِعُ بِكُلِّ ما يَقَعُ تَحْتَ يَدِه
gristle/ˋgrɪsəl/*n.* غُضْرُوف ، لَحْمٌ يَصْعُبُ مَضْغُه
grit/ grɪt/*n.*
1. (particles of stone) حَصْباء ، حَصًى
2. (*coll.* courage) جُرْأة ، صَلابة ، صُمُود
v.t. **1.** (spread with grit) فَرَشَ الطَّرِيقَ بالحَصْباء
2. (clench) عَضَّ على (أَسْنانِه) ، أَبْدَى صَلابةً في تَحَمُّلِ الأَلَم
we must grit our teeth and not give up عَلَيْنا أَنْ نَتَحَمَّلَ الأَلَمَ ولا نَسْتَسْلِم
grizzly/ˋgrɪzlɪ/*adj.* أَشْهَبُ ، رَمادِيّ ، أَشْيَبُ ، أَشْمَطُ
grizzly bear دُبٌّ مُفْتَرِس رَمادِيُّ اللَّوْن
groan/ grəʊn/*v.i. & n.* أَنَّ ، تَأَوَّهَ ؛ أَنِين ، تَأَوُّه
grocer/ˋgrəʊsə(r)/*n.* بَقّال ، بَدّال ، سَمّان
grocery/ˋgrəʊsərɪ/*n.* بِقالة ، بِدالة ، سِمانة
she brought home the groceries جَلَبَتْ مَعَها المُشْتَرَياتِ الغِذائِيّة (هذا لا يَضُمُّ اللَّحْمَ والخُضْرَوات)
groin/ grɔɪn/*n.* أُرْبِيّة ، ما بَيْنَ الفَخْذِ والبَطْن
groggy/ˋgrogɪ/*adj.* مُتَوَعِّك ، مُتَرَنِّح (مِن السُّكْر)
groom/ grum/*n.*
1. (servant in charge of horses) سائِس (خَيْل) (ساسة)
2. (bridegroom) عَرِيس (عُرْسان)
v.t. **1.** (tend horses) فَرْجَن ، حَسَّ (ـُ) (الخَيْل) ، زَيَّنَ ، هَنْدَمَ
2. (coach, prepare) أَعَدَّ (مُرَشَّحاً سِياسِيّاً)
groove/ gruv/*n.* أُخْدُود (أَخادِيدُ) ، مَجْرًى (مَجارٍ)
he has got into a groove (*coll.*) تَحَكَّمَت بِه العادة
grope/ grəʊp/*v.t.* تَحَسَّسَ ، تَلَمَّسَ (طَرِيقه في الظَّلام)
gross/ grəʊs/*n.* قَرُوصة (١٢ دِسْتة أو دَزِّينة)
adj. **1.** (rank, flagrant) (خَطأٌ) جَسِيم
gross injustice ظُلْم فادِح
2. (indecent) فاضِح ، مُبْتَذَل ، خَشِن
3. (wholesale, total) إجْمالِيّ ، مُكَوَّر ، جُمْلةً
in (the) gross
gross national product الإنتاج القَوْمِيّ الإجماليّ
grotesque/ grəʊˋtesk/*adj.* مُضْحِك لِغَرابة شَكْلِه ، ذو خِلْقة بَشِعة ، خارِق لِلطَّبِيعة
grotto/ˋgrotəʊ/*n.* مَغارة (مَغاوِرُ) ، كَهْفٌ اِصْطِناعِيّ (في الحَدائق غالِبًا)
ground[1]/ graʊnd/ *p.t. & p.p. of* **grind**
ground[2]/ graʊnd/*n.*
1. (surface of earth) (سَطْح) الأَرْض
ground floor الطّابَق أو الدَّوْر الأَرْضِيّ
that will suit me down to the ground هذا يُلائِمُني تَماماً ، هذا عَيْنُ الغَرَض
2. (position) مَوْقِف ، وَضْع
we have gained ground أَحْرَزْنا تَقَدُّماً
he shifts his ground all the time (*fig.*) يُغَيِّر حُجَّتَه باسْتِمْرار
3. (basis, reason) أساس ، مُبَرِّر
he has solid ground for complaint له مُبَرِّرٌ مُقْنِعٌ لِلشَّكْوَى

4. (area) أرْض ، مَكان ، مِنطَقة ، ساحة ، مَيْدان
the children play in the grounds of the house يَلْعَبُ الأطْفالُ في الحَدائِقِ المُحيطة بالبَيْت
5. (*pl.* dregs) رَواسِبُ (القَهْوة) ، ثُفْل ، ثُمالة
v.t. **1.** (establish, base) بَنَى أو أقامَ (عَقيدة أو شَكْوَى) على أساسٍ (مَتين)
2. (instruct) عَلَّمَه أُسُسَ المَوْضوع
he is well grounded in mathematics لُقِّنَ أُسُسَ الرِّياضِيّاتِ تَلْقينًا سَليمًا
3. (put on ground) وَضَعَ (بُنْدُقِيّة) على الأرْض
4. (run ashore) *also v.i.* جَنَحَت السَّفينة ، ارْتَطَمَت بالقَعْر
5. (forbid to fly) لَمْ يُسْمَحْ للطّائرة أو للطَّيّار بالطَّيَران
the aircraft are grounded until the weather improves أُبْقِيَت الطّائرةُ في ساحة المَطار رَيْثَما يَتَحَسَّن الطَّقْس

grounding/ˈgraundɪŋ/*n.* مَعْلُوماتٌ أساسِيّة أو أوَّلِيّة ، مَبادِئُ تَمْهِيدِيّة
he has a good grounding in physics له أساسٌ مَتينٌ في الفيزياء

groundless/ˈgraundləs/*adj.* عارٍ عَن الصِّحّة ، لا أساسَ له

groundnut/ˈgraundnʌt/*n.* فُولٌ سُودانِيّ

groundwork/ˈgraundwɜk/*n.* أعْمالٌ تَمْهِيدِيّة أو تَحْضِيرِيّة أو أساسِيّة ، تَوْطِئة لِـ

group/grup/*n.* مَجْمُوعة ، فِرْقة (فِرَق) ، فَريق (فُرَقاءُ) ، فِئة (فِئات)
v.t. & i. نَظَّمَ في فِئات ، صَنَّفَ إلى مَجْمُوعات ؛ تَجَمَّعُوا أو الْتَفُّوا حَوْلَ

grouse/graus/*n.*
1. (bird) طَيْهُوج (طائر)
2. (*coll.* grumble) *also v.i.* تَذَمُّر ، شَكْوَى ؛ تَذَمَّرَ ، تَشَكَّى ، تَأَفَّفَ

grove/grəuv/*n.* غابة صَغيرة ، مَجْمُوعة من الأشْجار

grovel/ˈgrovəl/*v.i.* زَحَفَ على بَطْنِه تَذَلُّلًا ؛ تَذَلَّلَ ، تَمَسَّحَ بأعْتابِ فُلان ، ارْتَعَدَ خَوْفًا

grow/grəu/(*p.t.* **grew** *p.p.* **grown**) *v.i.*
1. (develop, be cultivated) نَما (يَنْمُو) ، نَبَتَ (ـُ) ؛ ازْدَهَرَ
rice grows in warm climates يَنْمُو الرُّزُّ في المَناطِقِ الدّافِئة
growing pains آلامُ النُّمُوّ (عند الأحْداث)
2. (become) أصْبَحَ ، صارَ ، غَدا
it grew dark early حَلَّ الظَّلامُ مُبَكِّرًا
v.t. نَمَّى ، رَبَّى ، أنْبَتَ ، زَرَعَ (ـَ)
he grows potatoes هو يَزْرَعُ البَطاطا

growl/graul/*v.i. & t. & n.* زَمْجَرَ ، هَرَّ (الكَلْبُ) ، هَدَرَ (الجَمَلُ) ؛ زَمْجَرة ، هَرير ، هَدير

grown/grəun/*p.p.* of **grow**

grown-up/ˈgrəun-ˈʌp/*n. & adj.* بالِغٌ ، (شَخْصٌ) ناضِج ، راشِد

growth/grəuθ/*n.*
1. (development) نُمُوّ ، ازْدِياد ، تَطَوُّر
2. (what has grown) نِتاج ، نَماء
a thick growth of weeds نُمُوّ كَثيف من الأعْشاب الضّارّة
3. (tumour) وَرَمٌ (أوْرام) ، دَرَنٌ (أدْران) ، دُمَّل (دَمامِل)

grub/grʌb/*n.*
1. (maggot) يَرَقان ، يَرَقة ، دُودة صَغيرة
2. (*sl.* food) أكْلٌ ، طَعامٌ ، عَيْشٌ

grubby/ˈgrʌbɪ/*adj.* وَسِخ ، قَذِر ، مُلَطَّخ ، مُدَوَّد

grudge/grʌdʒ/*v.t.* حَقَدَ (ـِ) على ، فَعَلَه على كُرْهٍ مِنه
I don't grudge him his success
n. حِقْد ، بَغْضاء ، نَقْمة
he bears me a grudge يُضْمِرُ لي حِقْدًا

grudging/ˈgrʌdʒɪŋ/*adj.* حاسِدٌ ، حاقِدٌ ، (أعْطَى) مُكْرَهًا ؛ بَخيل ، ضَنّين

gruel/ˈgruəl/*n.* عَصيدة خَفيفة مِن الشُّوفان غالِبًا

gruelling/ˈgruəlɪŋ/*adj.* مُضْنٍ ، مُرْهِق ، مُنْهِك

gruesome/ˈgrusəm/*adj.* فَظيع ، شَنيع ، بَشِع ؛ مُخيف

gruff/grʌf/*adj.* فَظٌّ ، غَليظ ، خَشِن ، شَرِس

grumble/ˈgrʌmbəl/*v.i.* دَمْدَمَ ، تَذَمَّرَ ، تَشَكَّى
n. تَذَمُّر ، تَشَكٍّ

grumpy/ˈgrʌmpɪ/*adj.* شَكِس ، سَيِّئُ المِزاج ، نَزِقٌ

grunt/grʌnt/*v.i.* شَخَرَ (ـِ) ، نَخَرَ (ـُ) (الخِنزير)
n. شَخير ، نَخير ، قُباع (صَوْتُ الخِنْزير)

guarantee/ˈgærənˈti/*n.* ضَمان ، تَعَهُّد ، كَفالة
v.t. ضَمِنَ (ـَ) ، كَفِلَ (ـِ)

guard/gad/*n.*
1. (watch, vigilant state) حِراسة ؛ احْتِراس ، حَذَرٌ ، يَقَظَة
he caught me off my guard فاجَأني على حِين غِرّة
2. (*mil.*) حارِس (حُرّاس) ، خَفير (خُفَراءُ)
guard duty نَوْبة حِراسة أو خَفارة
guard of honour حَرَس الشَّرَف
3. (railway official) حارِسُ القِطار (في مُؤَخَّرة القِطار عادةً)
4. (protective device) غِطاءٌ يَدْرَأُ الخَطَرَ في جِهازٍ ما
v.t. **1.** (protect) حَرَسَ (ـُ) ، وَقَى (يَقِي) ، حَمَى (يَحْمِي)

2. (check) تَحَفَّظَ ، حاذَرَ (في الكلام)

v.i. with **against** اِحْتَرَسَ أو أَخَذَ حَذَرَه مِن ، اِحْتَرَزَ مِن

guardian/ˈgadıən/*n.*

1. (protector) حارِسٌ ، حامٍ ، حافِظٌ ، واقٍ

2. (person in place of parent) وَصِيّ (أَوْصِياء) ، وليُّ أَمْرٍ ، قَيِّمٌ

guardsman/ˈgadzmən/*n.* جُنْدِيّ مِن فِرْقة الحَرَس

guava/ˈgwavə/*n.* جُوافة (الشَّجَرة وثَمَرُها)

guer(r)illa/gəˈrılə/*adj.* حَرْبُ العِصابات

n. (fighter) جُنْدِيّ في حَرْب العِصابات

guess/ges/*v.t. & i.*

1. (conjecture) خَمَّنَ ، ظَنَّ (ـُ) ، حَدَسَ (ـِ)

2. (*coll.* suppose) حَسِبَ (ـَ) ، اِفْتَرَضَ ، اِعْتَقَدَ

n. تَخْمِينٌ ، ظَنٌّ ، حَدْسٌ ، حَزْرٌ

guesswork/ˈgeswɜk/*n.* تَخْمِين ، حَدْسٌ ، حَزْرٌ

guest/gest/*n.* ضَيْف (ضُيُوف ، أَضْيافٌ) ، زائر (زُوّار)

guffaw/gəˈfɔ/*n. & v.i.* كَرْكَرةٌ ، قَهْقَهةٌ ؛ قَهْقَهَ

guidance/ˈgaıdəns/*n.* إِرْشاد ، هِداية ، توجيه ، نَصِيحة

guide/gaıd/*n.* دَلِيل (أَدِلّاء) ، مُرْشِد

v.t. دَلَّ ، أَرْشَدَ ، هَدَى (يَهْدِي)

guided missile قَذِيفة مُوَجَّهة

guidebook/ˈgaıdbuk/*n.* دَلِيلٌ سِياحِيّ

guidedog/ˈgaıddog/*n.* كَلْبٌ لِقِيادة العُمْيان

guild/gıld/*n.* رابِطة مِهْنِيّة ، نِقابة

guile/gaıl/*n.* مَكْرٌ ، اِحْتِيال ، خِداع

guileful/ˈgaılful/*adj.* ماكِر ، غَشّاش ، مُخاتِل

guileless/ˈgaıl-ləs/*adj.* سَلِيمُ الطَّوِيّة ، بَسِيط ، ساذَج

guillotine/ˈgıləˈtin/*n. & v.t.* مِقْصَلة ، جِيلُوتِين ؛ مِقَصٌّ بِشَكْل مِقْصَلة لِقَطْعِ الوَرَقِ أو المَعادِن ؛ أَنْهَى المناقَشةَ في البَرْلَمان بِتَحْدِيدِ مَوْعِدٍ للتَّصْوِيت

guilt/gılt/*n.* إِثْمٌ ، ذَنْبٌ

guilty/ˈgıltı/*adj.* مُذْنِب

not guilty! بَرِيء ! غَيْرُ مُذْنِب !

guinea/ˈgını/*n.* جُنَيْه ، عُمْلة إِنْكِلِيزِيّة (قِيمَتُها ١٠٥ بِنْسات)

guinea-pig/ˈgını-pıg/*n.*

1. (*animal*) أَرْنَب هِنْدِيّ أو رُومِي

2. (object of experiment) إِنْسان أو حَيَوان تُجْرَى عَلَيْه التَّجارِبُ العِلْمِيّة

guise/gaız/*n.* مَظْهَر (مَظاهِر) ، (في) ثِيابِ أو رِداء

guitar/gıˈta(r)/*n.* قِيثارة (آلة مُوسِيقِيّة)

guitarist/gıˈtarıst/*n.* عازِفُ القِيثارة

gulf/gʌlf/*n.*

1. (narrow arm of sea) خَلِيج (خُلْجان) ، جُون (أَجْوان)

2. (abyss) هُوّة (هُوًى) ، هاوِية

gull[1]/gʌl/*n.* نَوْرَس ، زُمَّجُ الماء

gull[2]/gʌl/*v.t.* غَشَّ (ـُ) ، خَدَعَ (ـَ) ، غَرَّرَ بِ

gullet/ˈgʌlıt/*n.* بُلْعُوم ، مَرِيء

gullibility/ˈgʌlıˈbılıtı/*n.* سُهُولة الاِنْخِداع ، سُرْعة التَّصْدِيق

gullible/ˈgʌlıbəl/*adj.* سَهْلُ الانْخِداع ، مُصَدِّقٌ لِكُلِّ ما يُقالُ له

gully/ˈgʌlı/*n.* مَجْرًى أو أُخْدُود طَبِيعِيّ

gulp/gʌlp/*v.t. & i. & n.* اِبْتَلَعَ ، اِزْدَرَدَ ؛ اِبْتِلاع ، اِزْدِراد

gum/gʌm/*n.*

1. (flesh surrounding teeth) لِثَة

2. (secretion of tree) صَمْغ ، راتِينَج

3. (glue) صَمْغٌ سائِل

4. (sweet) عِلْك ، لُبان

chewing-gum مَسْتِيكة ، مِسْكة

5. (*used for God, to avoid blasphemy*) *only in* by gum! والله ! بِالله !

v.t. صَمَّغَ الوَرَق

gumboil/ˈgʌmbɔıl/*n.* قَرْحَةٌ في اللِّثَة

gumboot/ˈgʌmbut/*n.* حِذاء مَطّاطِيّ طَوِيلُ السّاق ، جَزْمة (ع ، س)

gum-tree/ˈgʌm-tri/*n.* شَجَرُ الصَّمْغ ، نَوْعٌ مِن شَجَرِ الكافُور

he is up a gum-tree (*sl.*) إِنَّه في وَرْطة (أو في مَأْزِق)

gun/gʌn/*n.* مِدْفَع (مَدافِعُ) ، سِلاحٌ نارِيّ

stick to your guns أَصِرَّ عَلَى رَأْيِك !

gunboat/ˈgʌnbəut/*n.* زَوْرَق أو كَنْس ذُو مَدافِع

gunfire/ˈgʌnfaıə(r)/*n.* طَلَقات نارِيّة

gunman/ˈgʌnmən/*n.* لِصٌّ أو شَقِيّ مُسَلَّح

gunner/ˈgʌnə(r)/*n.* مِدْفَعِيّ

gunnery/ˈgʌnərı/*n.* عِلْم المِدْفَعِيّة

gunpowder/ˈgʌnpaudə(r)/*n.* بارُود

gurgle/ˈgɜgəl/*v.i. & n.* بَقْبَقَ ، قَرْقَرَ ؛ بَقْبَقة ، قَرْقَرة

gush/gʌʃ/*v.i. & n.* تَدَفَّقَ ، اِنْبَثَقَ ؛ تَكَلَّمَ بِانْدِفاعٍ وحَماس ؛ تَدَفُّق ، اِنْبِثاق

gusher/ˈgʌʃə(r)/*n.* بِئْرٌ يَتَدَفَّقُ مِنها النِّفْطُ بِغَزارة

gushing/ˈgʌʃıŋ/*adj.* مُفْرِطٌ في المُجامَلات وإِظْهارِ العَواطِف

gust/gʌst/*n.* هَبّة أو نَفْحة رِيحٍ فُجائِيّة

gusto/ˈgʌstəu/*n.* تَلَذُّذ ، اِسْتِمْتاعٌ شَدِيدٌ بِـ

gut/gʌt/*n.*

1. (lower intestine) القَناة الهَضْمِيّة ، مِعًى (أَمْعاء)

2. (catgut) مُصْران لِصُنْعِ الأَوْتار المُوسِيقِيّة

3. (*pl.* bowels or entrails) أَحْشاء ، أَمْعاء ، مَصارِينُ

4. (*pl.* courage) إِقْدام ، جُرْأة ، جَسارة ، عَزْم

climbing Mount Everest needed lots of guts تَطَلَّبَ تَسَلُّقُ قِمَّة إيفرست الكثيرَ من الإقدام والجُرْأة

v.t. أَخْرَجَ الأحشاءَ ، دَمَّرَ داخِلَ مَبْنًى تَدْمِيرًا تامًّا

are the fish gutted? هل أُخْرِجَت أحشاءُ السَّمَك ؟

the fire gutted the warehouse لم يُبْقِ الحَرِيق إلّا على حِيطانِ المُسْتَوْدَع

gutter/ˈgʌtə(r)/*n.* مِزْراب ، مَجْرًى لِتَصْرِيفِ مِياهِ الأمطار ، مِيزاب ، مَسْرَب على حافّة الطَّرِيق

guttersnipe/ˈgʌtəsnaɪp/*n.* مِنْ أَوْلادِ الشَّوارِع ، مِن أولادِ الأَزِقَّة

guttural/ˈgʌtərəl/*adj. & n.* حَلْقِيّ ؛ صَوْتٌ حَلْقِيّ

guy/gaɪ/*n.*

1. (rope) حَبْلٌ لِشَدِّ خَيْمةٍ مَثَلًا

2. (effigy of Guy Fawkes) دُمْية مَحْشُوّة بالخِرَق البالِية تُحْرَقُ اَحْتِفالًا بِذِكْرَى فَشَلِ مُؤامَرةِ حَرْقِ البَرْلَمان الإنْكليزي في ٥ نوفمبر ١٦٠٥

3. (grotesquely dressed person) شَخْصٌ مُرْتَدٍ مَلابِسَ مُتَهَدِّلة

4. (*U.S. coll.* fellow) شَخْص ، زَلَمة (س) ، وَلَد (ع) ، جَدَع (م)

v.t. قَلَّدَه لِلسُّخْرِية مِنْه ، جَعَلَه مَسْخَرةً

guzzle/ˈgʌzəl/*v.t. & i.* اِلْتَهَمَ طَعامَه وشَرابَه بِشَراهة

gym/dʒɪm/*abbr. of* **gymnastics**

gymnasium/dʒɪmˈneɪzɪəm/*n.* قاعة الألعاب الرِّياضِيّة (الجُمْباز) ، جِمْنازِيُوم

gymnast/ˈdʒɪmnæst/*n.* لاعِبُ الجُمْباز

gymnastics/dʒɪmˈnæstɪks/ *n. pl. coll. abbr.* **gym** الألعاب أو التَّمْرِينات الرِّياضِيّة ، جُمْباز

gynaecological/ˈgaɪnɪkəˈlodʒɪkəl/*adj.* خاصّ بالأمراض النِّسائِيّة

gynaecologist/ˈgaɪnɪˈkolədʒɪst/*n.* طَبِيب مُخْتَصّ بأمراض النِّساء

gynaecology/ˈgaɪnɪˈkolədʒɪ/*n.* عِلْمُ الأمراض النِّسائِيّة

gypsum/ˈdʒɪpsəm/*n.* جِبْس ، جِصّ

gypsy/ˈdʒɪpsɪ/*see* **gipsy**

gyrate/dʒaɪˈreɪt/*v.i.* دارَ (يَدُور) حَوْلَ مِحْوَر

gyration/dʒaɪˈreɪʃən/*n.* دَوَران حَوْلَ مِحْوَر

gyroscope/ˈdʒaɪrəskəʊp/*n.* جَيْرُوسْكُوب

H

H/eɪtʃ/(letter) الحَرْفُ الثّامِن مِن الأبْجَدِيّة

habeas corpus/ˈheɪbɪəs ˈkɔpəs/*n.* إعْلام قَضائِيّ بإحْضارِ السَّجِينِ أمامَ المَحْكَمة للنَّظَرِ في شَرْعِيّةِ سَجْنِه

haberdasher/ˈhæbədæʃə(r)/*n.* خُرْدَجِي ، عَقّاد ، بائِعُ لَوازِمِ الخِياطة

haberdashery/ˈhæbəˈdæʃərɪ/*n.* لَوازِمُ خِياطة ، عِقادة

habit/ˈhæbɪt/*n.*

1. (practice) عادة

don't get into the habit of smoking لا تَتَعَوَّدْ على التَّدخِين

habit is second nature العادةُ تُصْبِحُ غَرِيزةً (أو طَبِيعةً ثانِية)

2. (dress) رِداء ، لِباس ، ثِياب

habitable/ˈhæbɪtəbəl/*adj.* صالِحٌ للسَّكَن

habitat/ˈhæbɪtæt/*n.* بِيئة طَبِيعِيّة ، مَدْرَج (النَّشْأة) ؛ بَيْت ، مَسْكَن

habitation/ˈhæbɪˈteɪʃən/*n.* مَسْكَن ، مَنْزِل ؛ سُكْنَى

habitual/həˈbɪtʃʊəl/*adj.* مُعْتاد ، اِعْتِيادِيّ ، مَأْلُوف ، عادِيّ

hack/hæk/*n.* 1. (horse) حِصان يُسْتَأْجَرُ للرُّكوبِ العادِيّ

2. (drudge) صَحَفِيّ مَأْجُور ، كاتِب تافِه

v.t. (chop) قَطَعَ (ـَ) (اللَّحْمَ بِساطُور) ، شَقَّ (ـُ) (طَرِيقَهُ في الدَّغَل)

v.i. (cough) قَحَّ (ـُ) ، كَحْكَح (م) ، سَعَلَ (ـُ) سَعْلَةً مُتَقَطِّعة

hackneyed/ˈhæknɪd/*adj.* (عِبارة) كلِيشِيه أي مُبْتَذَلة ، (مَعْنًى) مَطْرُوق

had/hæd/*p.t. & p.p. of* **have**

haddock/ˈhædək/*n.* سَمَكٌ مِن فَصِيلةِ القُدِّ وقد يُقَدَّد

haemorrhage/ˈhemərɪdʒ/*n.* تَزِيفٌ (دَمَوِيّ) ، نَزْف

haemorrhoids/ˈhemərɔɪdz/*n. pl.* بَواسِيرُ (مُفْرَدُه باسُور) ، شَرايِينُ باسُورِيّة

hag/hæg/*n.* عَجُوز شَمْطاء ، سِعْلاة (سَعالي) ، كَرْكُوبة (م)

haggard/ˈhægəd/*adj.* شاحِبُ الوَجْه ، مُتْعَب ومَهْزُول

haggle/ˈhægəl/*v.i.* ماكَسَ على ثَمَنِ الشَّيْء ، ساوَمَ بإلْحاح ، ماحَكَ

hail/heɪl/*n.*

1. (frozen raindrops) بَرَدٌ ، قَطَراتُ المَطَرِ المُتَجَمِّدة ، حالُوب (ع) ، حَبُّ العَزِيز (س)

2. (salutation) نِداء ؛ تَرْحِيب

hail-fellow-well-met شَخْصٌ يُصادِقُ كُلَّ من يُصادِفُه ، سَهْلُ الاختِلاطِ بالنّاس ، بَحْبُوح (م)

v.i. & t. نَزَلَ (ـِ) البَرَدُ ، أَمْطَرَت حالُوبًا (ع) ؛ أَمْطَرَهُ (بالشَّتائِم)

hair/heə(r)/*n.* شَعْرة (شَعْر)

he is splitting hairs يُفْرِطُ في التَّدْقِيق (مماحَكةً) ، راحَ للعَيْن يَخْصِي النَّمْل (ع)

haircut/ˈheəkʌt/*n.* حِلاقة الشَّعْر أو قَصُّه

hair-do/ˈheə-du/*n.* (*coll.*) تَسْريحة أو تَصْفيفة الشَّعْر

hairdresser/ˈheədresə(r)/*n.* حَلّاق ، حَلّاقة ، مُزَيِّن

hairpin/ˈheapɪn/*n.* دَبُّوسُ الشَّعْر ، مِلْقَط (س) ، فُرْكيتة (ع) ، فُرْشينة (م)

hairpin bend مُنْعَطَف شَديدُ الإلْتِواء

hairy/ˈheərɪ/*adj.* أَشْعَرُ ، كَثُّ الشَّعْر ، أَزَبُّ

half/hɑf/ (*pl.* **halves**/hɑvz/) *n. also adj. & adv.* نِصْف (أَنْصاف) ؛ نِصْفِيّ

was he angry? not half (*coll.*) هل غَضِبَ ؟ للغاية!

he did it by halves فَشْكَل (س) أو شَرْبَت (ع) الشُّغْل ، طَصْلَق العَمَل (م)

he is too talkative by half إنّه ثَرْثار إلى أقصى حدّ

it is not half bad (*coll.*) كثير مليح (س)! كُلِّش زَيْن (ع) ، كُوَيِّس قوي (م)

it is half past four السّاعة الرّابِعة والنِّصْف

half-brother/ˈhɑf-brʌðə(r)/*n.* أَخٌ غَيْرُ شَقيق ، أَخٌ مِن الأُمّ أو مِن الأب

half-caste/ˈhɑf-kɑst/*n. & adj.* مُوَلَّد ، هَجين

half-hearted/ˈhɑf-ˈhɑtɪd/*adj.* فاتِرُ الهِمّة ، غَيْرُ مُتَحَمِّس

half-holiday/ˈhɑf-ˈholədɪ/*n.* عُطْلة نِصْف نَهار

half-time/ˈhɑf-ˈtaɪm/*n.* مُنْتَصَف المُباراة ؛ فَتْرةُ اسْتِراحة بَيْنَ شَوْطَي مُباريات الكُرَة

half-witted/ˈhɑf-ˈwɪtɪd/*adj.* أَبْلَهُ ، غَبِيّ ، أَحْمَقُ

halitosis/ˈhælɪˈtəʊsɪs/*n.* رائِحة كَريهة مُنْبَعِثة مِن الفَم ، بَخَرٌ

hall/hɔl/*n.*
1. (room) قاعة ، رَدْهة ، بَهْوٌ (أَبْهاء)
2. (building) بِناء (أَبْنِية) ، مَنْزِل كَبير
3. (entrance) رَدْهة البَيْت ، مَدْخَل

hall stand شَمّاعة (لِتَعْليق المَعاطِف وسِواها في رَدْهة البَيْت)

hallmark/ˈhɔlmɑk/*n.* دَمْغة ، دَمْغة المَصْنوعات ، خَتْمٌ حُكوميّ لِعِيار الذَّهَب أو الفِضّة ؛ عَلامةُ الجَوْدَةِ والأَصالة

hallo/həˈləʊ/*int. & n.* آلو ، مَرْحَبًا ، عَجيب !

hallow/ˈhæləʊ/*v.t.* قَدَّس ، كَرَّس (كَنيسةً مَثلاً)

hallucination/həˈlusɪˈneɪʃən/*n.* هَلْوَسة

halo/ˈheɪləʊ/*n.* هالة ؛ دارةُ القَمَر ؛ طُفاوة الشَّمْس

halt/hɔlt/*v.t.* أَوْقَفَ ، وَقَّفَ الجُنودَ عَن السَّيْر

v.i. وَقَفَ (يَقِفُ) ، تَوَقَّفَ ؛ تَرَدَّدَ ، تَلَعْثَمَ

halt! قِفْ ! مَكانَكَ !

n. تَوَقُّفٌ ، مَوْقِفٌ اخْتِياريّ (لِلقِطار لِفَتْرةٍ قَصيرة)

production came to a halt تَوَقَّفَ الإنْتاجُ (في المَصْنَع)

halter/ˈhɔltə(r)/*n.* مِقْوَدٌ ، رَسَنٌ للدّابة ؛ رَبْطة حَوْلَ الرَّقَبة لِلزِّينة

halting/ˈhɔltɪŋ/*adj.* مُتَرَدِّد ، مُتَلَعْثِم

halve/hɑv/*v.t.*
1. (share equally) قَسَّمَ إلى قِسْمَيْن مُتَساوِيَيْن ، نَصَّفَ ، شَطَرَ (ـُ)
2. (reduce by half) خَفَّضَ إلى النِّصْف

halves/hɑvz/*n. pl. of* **half** أَنْصاف

ham/hæm/*n.*
1. (buttock) مُؤَخَّرُ الفَخْذ (عند الحَيوان عادةً)
2. (meat) لَحْمُ فَخْذِ الخِنْزير المُمَلَّح ، جَمْبُون
3. (*radio*) مِن هُواة الاتِّصال اللّاسِلْكيّ

hamburger/ˈhæmbɜgə(r)/*n.* كُفْتة خاصّة مُسْتَديرة الشَّكْل ؛ سانْدويشة تَحْوِي هذه الكُفْتة ؛ عُروق (ع) ، هَمْبُرْغَر

hamlet/ˈhæmlɪt/*n.* قَرْية صَغيرة ، كَفْر (كُفور) (بِدُون كَنيسة غالبًا)

hammer/ˈhæmə(r)/*n.* مِطْرَقة ، شاكُوش ، جاكُوج (ع)

v.t. & i. طَرَقَ (ـُ) ؛ ضَرَبَ بِمِطْرَقة

they hammered out a plan وَضَعُوا خُطّةً بَعْدَ جُهْدٍ جَهيد

it came under the hammer عُرِضَ للبَيْع في المَزاد

hammock/ˈhæmək/*n.* أُرْجُوحة مِن الشَّبَك لِلنَّوْم

hamper/ˈhæmpə(r)/*n.* سَبَتٌ أو سَفَط أو سَلّة لِنَقْل الأَطْعِمة أو المَلابِس

v.t. عَرْقَلَ ، أعاقَ

hamstring/ˈhæmstrɪŋ/*v.t.* عَرْقَبَ ؛ عَرْقَلَ مَساعِيَهُ ، شَلَّ حَرَكاتِهِ

hand/hænd/*n.*
1. (*anat.*) يَدٌ (أَيْدٍ ، أَيادٍ)
2. (writing) كِتابةُ يَد ، خَطٌّ
3. (workman) عامِل (عُمّال) ، شَخْص
4. (*of clock*) عَقْرَب (عَقارِبُ) السّاعة
5. (*of cards*) مَجْمُوعة الوَرَق المُوَزَّعة على كُلّ لاعِبٍ في كُلّ دَوْر

keep your tools at/to hand ضَعْ أَدَواتِكَ في مُتَناوَلِ يَدِك

the poor live from hand to mouth لا يَكْسِبُ الفَقيرُ إلّا كَفافَ يَوْمِهِ

a nurse must be on hand يَجِبُ أنْ تَكونَ هُناك مُمَرِّضة (لِتَلْبِية الطَّوارِئ)

on the one hand . . . on the other hand مِن ناحِية ··· ومِن ناحِية أُخْرى

the pupils are out of hand, they must be taken in hand التَّلاميذُ صاخِبُون ويَنْبَغي ضَبْطُهُم

shake hands, my friend إتَّفَقْنا يا صاحِبي !

did you have a hand in the affair? هل كان لكَ ضِلْعٌ في الأمْر ؟

v.t. أعطى، ناول، سلّم، قدّم

hand me the nail — ناولني المسمار

the recipe had been handed down from generation to generation — تنوقلت الوصفة أبًا عن جدّ

hand in — سلّم شيئًا إلى، قدّم

hand on — أعطى، أوصل (رسالةً مثلاً)، ناول

hand out — وزّع، فرّق (على)

handbag/ˈhændbæg/*n.* حقيبة يد (نسائيّة)، شنطة

handbook/ˈhændbʊk/*n.* كتيّب، دليل (للسيّاح مثلاً)

handcuffs/ˈhændkʌfs/*n.* قيد، صفد، غلّ (اليد)، كلبشة (عاميّة)

handful/ˈhændfʊl/*n.* حفنة (حفنات)، قبضة

the boy is a handful — هذا الصبيّ صعب المراس

handicap/ˈhændɪkæp/*n.* عقبة، عرقلة، إعاقة

v.t. عرقل، أعاق، عدّل القوى في سباقٍ أو مباراة (كالتساهل مع الأضعف أو فرض صعوبات إضافيّة على الأقوى)

handicapped/ˈhændɪkæpt/*adj.* معاق، معوّق، عاجز

handicraft/ˈhændɪkrɑft/*n.* صناعة أو حرفة يدويّة

handkerchief/ˈhæŋkətʃɪf/*n.* منديل، محرمة

abbr. **hanky**/ˈhæŋkɪ/

handle/ˈhændəl/*n.* مقبض، مسكة، يد

starting-handle — ذراع تشغيل محرّك السيّارة

v.t. **1.** (touch) لمس (ـُ)

2. (deal with) تصرّف، تعامل مع؛ أحسن استعمال (آلةٍ مثلاً)

hand-made/ˈhænd-ˈmeɪd/*adj.* شغل يد، مصنوع يدويًّا

hand-out/ˈhænd-aʊt/*n.* بيان يوزّعه سياسيّ على الصحفيّين؛ خلاصة محاضرة يوزّعها الأستاذ؛ صدقة

handrail/ˈhændreɪl/*n.* مسند الدرابزين، سور السلّم، درابزين الدرج

handsome/ˈhænsəm/*adj.*

1. (good-looking) جميل، وسيم

handsome is that handsome does — جمال الخلق خيرٌ من جمال الخلقة

2. (considerable) (مبلغ) محترم، وفير، كبير؛ (اعتذار) لائق

handwriting/ˈhændrɑɪtɪŋ/*n.* خطّ، كتابة يدويّة

handy/ˈhændɪ/*adj.*

1. (convenient) سهل المنال، تحت اليد

it may come in handy — قد ينفع يومًا ما

2. (dexterous) ذو مهارةٍ وحذقٍ في الأعمال اليدويّة

handy-man/ˈhændɪ-mæn/*n.* أبو سبع صنائع، رجلٌ ماهر في مختلف الأعمال اليدويّة

hang/hæŋ/(*p.t.* & *p.p.* **hung**) *v.t.* & *i.*

1. (suspend) علّق، دلّى، تعلّق، استرسل (شعرها)

please don't hang up — (على التليفون) لا تقطع عليّ الخطّ

hang on a minute — انتظر لحظةً

2. (execute) شنق (ـُ)، أعدمه شنقًا

hang it all! — دعنا من هذا! لعنة الله على كلّ هذا!

go home and don't hang about — ارجع إلى البيت ولا تتسكّع

he hung on to the lifebelt — تشبّث بطوق النجاة

n.

the hang of the coat is wrong — تفصيلة المعطف سيّئة

she could not get the hang of his remarks — لم تستطع أن تدرك مضمون ملاحظاته

hangar/ˈhæŋə(r)/*n.* حظيرة (طائرات)

hangdog/ˈhæŋdog/*adj.* خجلان، مخزي

he had a hangdog expression — بدا خزيان كسير الخاطر

hanger/ˈhæŋə(r)/*n.* علّاقة ثياب، مشجب، شمّاعة للملابس

hanging/ˈhæŋɪŋ/*n.* إحدى الستائر المعلّقة على الجدران؛ الإعدام شنقًا

hangman/ˈhæŋmən/*n.* منفّذ حكم الإعدام، عشماوي (م)، جلّاد

hangover/ˈhæŋəʊvə(r)/*n.* خمار السكر، صداع الخمر

hang-up/ˈhæŋ-ʌp/*n.* (*sl.*) عقدة نفسيّة في العقل الباطن، وهم يعطّل التفكير السليم

hank/hæŋk/*n.* شلّة (من الخيطان)، لفّة حبل

hanker/ˈhæŋkə(r)/*v.i.* تاقت نفسه إلى، حنّ (ـِ)، اشتاق إلى

hanky/ˈhæŋkɪ/*coll.* *abbr. of* **handkerchief**

haphazard/hæpˈhæzəd/*adj.* اعتباطيّ، عشوائيّ، كيفما اتّفق

happen/ˈhæpən/*v.i.* حدث (ـُ)، حصل (ـُ)، وقع (يقع)

I happen to know him — قدّر لي أن أعرفه، شاءت الظروف أن أعرفه

I happened on just what I wanted — عثرت صدفةً على ما كنت أريده بالضبط

happening/ˈhæpənɪŋ/*n.* حادث، واقعة

happily/ˈhæpɪlɪ/*adv.* بسعادة، بسرور

happily he was there — كان موجودًا هناك لحسن الحظّ

happiness/ˈhæpɪnes/*n.* سعادة، سرور

happy/ˈhæpɪ/*adj.* سَعِيد ، مَسْرُور ، مَبْسُوط

happy-go-lucky/ˈhæpɪ-gəʊ-ˈlʌkɪ/*adj.* لا أُبالي ، مُسْتَهْتِر ، مُتَواكِل

harangue/həˈræŋ/*v.t. & i.* أَلْقَى خِطابًا حَماسِيًّا

harass/ˈhærəs/*v.t.* ضايَقَ ، أَتْعَبَ ، أَضْنَى ؛ أَغارَ بِشَكْلٍ مُتَكَرِّر (عَلَى)

harassment/ˈhærəsmənt/*n.* مُضايَقة ، إرْهاق ، إنْهاك

harbour/ˈhɑbə(r)/*n.* مِيناء (مَوانِئُ) ، مَرْسًى (مَراسٍ) ؛ مَلْجَأ (مَلاجِئُ)

v.t. آوَى ، سَتَرَ (ـُ) ؛ أَضْمَرَ ، كَنَّ (ـُ)

hard/hɑd/*adj.* صَعْب ؛ صُلْب ؛ مَتِين ، قَوِيّ

hard currency عُمْلة صَعْبة ، عُمْلة نادِرة ، عُمْلة مَقْبُولة دوليًّا

a hard task مَهَمّة عَسِيرة

hard labour أَشْغال شاقّة

hard luck! يا لَسُوءِ الحَظّ ! مِسْكِين !

she told me a hard luck story قَصَّتْ عَلَيَّ حِكاية مأساتِها لِتُثِيرَ شَفَقَتِي

it is difficult to wash clothes in hard water مِنَ الصَّعْبِ غَسْلُ الثِّياب بالماءِ العَسِر

he is hard of hearing سَمْعُه ثَقِيل

she is always hard up إنَّها في ضِيقٍ ماليٍّ دائمًا

adv.

he tried hard بَذَلَ قُصاراه ، لَمْ يَأْلُ جُهْدًا ، حاوَلَ جاهِدًا

it rained hard هَطَلَ المَطَرُ بِغَزارة

harden/ˈhɑdən/*v.t. & i.* صَلَّبَ ، جَمَّدَ ؛ تَصَلَّبَ ، تَجَمَّدَ ، إشْتَدَّ

hardly/ˈhɑdlɪ/*adv.* قَلَّما ، بالكاد ؛ بِصَرامة ، بِشِدّة

hardly had we got into the country when it began to rain ما إنْ وَصَلْنا إلى الرِّيف حَتَّى بَدَأَ المَطَرُ يَهْطِل

he can hardly have arrived yet لا يُحْتَمَلُ أنْ يَكُونَ قَدْ وَصَلَ بَعْدُ

you can hardly expect me to believe you لَيْسَ مِنَ المَعْقُول أنْ أُصَدِّقَكَ

hardship/ˈhɑdʃɪp/*n.* صُعُوبة ، قَسْوة ، شِدّة ، ضِيق

hardware/ˈhɑdweə(r)/*n.* أَدَوات أو آلات مَعْدِنيّة

hardy/ˈhɑdɪ/*adj.* قَوِيّ ، شَدِيد ، مَتِين ؛ جَسُور

hardy annual نَبات حَوْليّ يَتَحَمَّل تَقَلُّباتِ الجَوّ

hare/heə(r)/*n.* أَرْنَب بَرِّيّ

hare-lip عَلْمة ، إنْشِقاقُ الشَّفة العُلْيا ، شَفَة شَرْماء

harem/ˈheərəm/*n.* حَرِيم ؛ جَناحُ الحَرِيم

harlot/ˈhɑlət/*n.* بَغِيّ (بَغايا) ، عاهِرة (عَواهِرُ) ، فاجِرة (فَواجِرُ) ، مُومِس

harm/hɑm/*n.* ضَرَر ، أَذًى ، سُوء ، ضُرّ

v.t. ضَرَّ (ـُ) ، أَضَرَّ بِهِ ، آذَى

it came to no harm لَمْ يُصِبْه أيُّ ضَرَرٍ ، بَقِيَ على حالِهِ

harmful/ˈhɑmfəl/*adj.* مُضِرّ ، مُؤْذٍ

harmless/ˈhɑmləs/*adj.* غَيْرُ مُؤْذٍ ، غَيْرُ مُسِيءٍ ؛ غَيْرُ ذِي بال ، (مُلاحَظة) بَرِيئة

harmonica/hɑˈmɒnɪkə/*n.* هَرْمُونِيكا ، آلةُ عَزْفٍ بالفَم

harmonious/hɑˈməʊnɪəs/*adj.* مُتَناسِق ، مُنْسَجِم ، (أَلْوان) مُتَلائِمة

harmonize/ˈhɑmənaɪz/*v.t. & i.* وَفَّقَ بَيْنَ ، لاءَمَ بَيْنَ ، نَسَّقَ ؛ إنْسَجَمَ ، إتَّفَقَ ، تَلاءَمَ

harmony/ˈhɑmənɪ/*n.* إنْسِجام ، تآلُف (نَغَمات) ، تَناغُم ، تَوافُقُ الآلاتِ المُوسِيقيّة ، تَناسُق

harness/ˈhɑnɪs/*n.* طَقْمُ الحِصان أو عُدّةُ لِجامِه

v.t. أَلْجَمَ الحِصان ، رَبَطَه بالعَرَبة ، إسْتَغَلَّ مَساقِطَ المِياه لِتَوْلِيدِ الطّاقة الكَهْرَبائيّة

harp/hɑp/*n. & v.i.* ***with* on** قِيثارة ؛ لَجَّ (ـُ) على نَحْوٍ مُمِلّ ، تَحَدَّثَ بإلْحاحٍ في مَوْضُوع واحِد

he is always harping on his misfortunes إنَّه دائِمُ التَّشَكِّي مِن سُوءِ حَظِّه

harpoon/hɑˈpun/*n. & v.t.* حَرْبة (حِراب) خاصّة لِصَيْد الحِيتان ؛ إصْطادَ الحِيتانَ بِهَذِهِ الحَرْبة

harrow/ˈhærəʊ/*n.* آلة لِتَسْوِية الأَرْضِ المَحْرُوثة ، شَوْف ، مِسْلَفة

v.t. (agric.) سَوَّى الأرْضَ المَحْرُوثة بالشَّوْف أو المِسْلَفة

(fig.) a harrowing tale of disasters قِصّةُ نَكَباتٍ تُدْمِي القُلُوب

harry/ˈhærɪ/*v.t.* ضايَقَ (العَدُوَّ بِغارات) ، أَزْعَجَ ، قامَ بِمُناوَشاتٍ مُتَتابِعة (لإقْلاقِ العَدُوّ)

creditors harry their debtors يُضايِقُ الدّائِنُون المَدِينِين

harsh/hɑʃ/*adj.* خَشِن ، غَلِيظ ؛ قاسٍ ، صارِم

it is harsh to the ear يَخْدِشُ الأُذُن ، لا تَسْتَسِيغُهُ الأُذُن

harvest/ˈhɑvɪst/*n.* حِصاد ، مَوْسِمُ الحَصاد ؛ مَحْصُول ، غَلّة (غِلال)

v.t. حَصَدَ (ـِ) ، جَنَى (يَجْنِي)

harvester/ˈhɑvɪstə(r)/*n.* آلةٌ حاصِدة ، حَصّادة

has/hæz/*3rd. sing. pres. of* **have**

has-been/ˈhæz-bin/*n. (coll.)* شَخص أو شَيْء وَلَّى زَمانُه ، لم يَعُدْ له شأن ، غَبَرَتْ أيّامُه

hash/hæʃ/*n.* أَكلة تُعَدّ مِن بَقايا أَكَلاتٍ سابِقة

settle somebody's hash وَضَعَ حَدًّا لِتَصَرُّفاتِ شَخصٍ ما ، أَوْقَفَه عِندَ حَدِّه

he made a hash of the job طَفْلَقَ العَمَلَ (م) ، خَرْبَتَ الشُّغْل (ع) ، نَزَعَ الشُّغْل (س)

haste/heɪst/*n.* سُرْعة ، عَجَلة ، إسْتِعْجال

more haste, less speed! مَن تأنّى نالَ ما تمنّى ، العَجَلةُ مِن الشَّيطان

hasten/ˈheɪsən/*v.i.* عَجَّلَ ، أَسْرَعَ ، سارَعَ ، سَرَّعَ

hasty/ˈheɪstɪ/*adj.* مُتسرِّع ؛ أَهْوَج ، مُتَهوِّر ؛ سَريع الغَضَب والانْفِعال

hat/hæt/*n.* قُبَّعة ، بُرْنَيْطة ، قَلَنْسُوَة

I'll eat my hat if he comes on time أَقُصُّ يَدِي لَوْ جاءَ في المَوْعِد

I take my hat off to you مَرْحَى لك ! أَحْسَنْتَ ! بارَكَ اللّٰهُ فِيك

stop talking through your hat دَعِ الكَلامَ الفارِغ ، لا تَتَحَدَّثْ فيما لا تَفْهَمُهُ

hatch/hætʃ/*n.* فَتْحة في سَقْفٍ أو حائطٍ أو بابٍ أو بَيْنَ غُرْفَتَيْن

v.t. & i. وَكَنَ (يَكِنُ) ، احْتَضَنَ البَيْضَ ؛ فَرَّخَت أو أَفْرَخَت أو فَقَسَت البَيْضة

hatchet/ˈhætʃɪt/*n.* فَأْس (فُؤُوس) ، طَبَر (ع) ، بَلْطة

let's bury the hatchet عَفَى اللّٰه عمّا مَضَى

hate/heɪt/*n.* كُرْه ، كَراهة ، كَراهِية ، بُغْض ، حِقْد ، مَقْت

v.t. كَرِهَ (ـَ) ، حَقَدَ (ـِ) على ، مَقَتَ (ـُ)

hateful/ˈheɪtfəl/*adj.* كَرِيه ، مَكْرُوه ، مَبْغُوض ، مُثِيرٌ لِلاشْمِئزاز

hatred/ˈheɪtrɪd/*n.* كَراهة ، كَراهِية ، بُغْض ، ضَغِينة

haughtiness/ˈhɔtɪnəs/*n.* غَطْرَسة ، تَرَفُّع ، كِبرِياء

haughty/ˈhɔtɪ/*adj.* مُتَغَطْرِس ، مُتَرَفِّع ، مُتَكَبِّر ، مُزْدَرٍ بالآخَرِين

haul/hɔl/*n.*

1. (tug, effort) جَرٌّ أو سَحْبٌ بِعَناء

2. (catch, loot) كَمِّيّة السَّمَك المُصْطاد ، غَنِيمة ، سَلَبٌ

v.t. & i. جَرَّ (يَجُرُّ) ، سَحَبَ (ـَ) بِعَناء ، جَذَبَ (ـِ) مُرَكَّبًا بِحِبال

haulage/ˈhɔlɪdʒ/*n.* نَقْلُ البَضائع بَرًّا

haulier/ˈhɔlɪə(r)/*n.* مُتَعَهِّدُ نَقْلِ البَضائع

haunch/hɔntʃ/*n.* خاصِرة ، فَخِذ (الظَّبْي مَثَلًا)

he sat on his haunches جَلَسَ القُرْفُصاء

haunt/hɔnt/*v.t. & n.* سَكَنَت (الأَشْباحُ) في بَيْتٍ أو تَرَدَّدَت عَلَيْه ؛ لازَمَ (الطَّيْفُ أو الخَوْفُ) شَخْصًا كَظِلِّهِ ؛ مَكانٌ يَتَرَدَّدُ الشَّخْصُ عَلَيْه

he revisited the haunts of his school days زارَ مَواطِنَ أيّامِ دِراسَتِه

have/hæv/(*3rd sing. pres.* **has** *p.t. & p.p.* **had**) *v. aux.* (*used in forming perfect tenses*) فِعلٌ مُساعِد يُسْتَعْمَل لتَشْكِيل صِيغة الماضي

v.t.

1. (possess *sometimes followed by* **got**) تَمَلَّكَ

have you got any idea where he lives? هل لَدَيْكَ أَدْنَى فِكْرة ، أينَ يُقِيم ؟

you've had it راحَتْ عَلَيْك ! فاتَتْكَ الفُرْصة ! أَكَلْتَها ! (س)

2. (cause to happen) سَبَّبَ حُدُوثَ شَيْءٍ

have your hair cut! اذْهَبْ واحْلِقْ شَعْرَك

3. (take) أَخَذَ (ـُ)

he will have lemonade يُرِيدُ لِيمُونادة

he had an affair with her كانَت له عَلاقة غَرامِيّة مَعَها

4. (experience) تَمَتَّعَ أو اسْتَمْتَعَ بِـ

have a good time! آمُلُ أن تَقْضِيَ وَقْتًا مُمْتِعًا ، إنْشاءَ اللّٰه تِنْبِسِطْ (س) ، تِتْوَنَّس (ع)

5. (*with infin.* be obliged to) مُلْزَمٌ بِـ ، مُجْبَرٌ على

she has to be home by midnight يَجِبُ أن تَعُودَ إلى البَيْتِ قَبْلَ مُنْتَصَفِ اللَّيْل

6. (*with advs.*) مَعَ الظُّرُوف

she is having him on إنَّها تَضْحَكُ عَلَيْه ، تَقْشِمره (ع) ، تَلْعَب عليه (س)

don't sulk, have it out with him! لا تَزْعَلْ بَلْ تَباحَثْ في الأمرِ مَعَه بِكُلِّ صَراحة

you had better go before dark مِنَ الأَفْضَلِ أن تَذْهَبَ قَبْلَ حُلُولِ الظَّلام

haven/ˈheɪvən/*n.* مِيناء ، مَرْسًى ؛ مَأْوًى ، مَلْجَأ

haversack/ˈhævəsæk/*n.* حَقِيبةُ ظَهْر ، مِزْوَدة (للجُنُودِ مَثَلًا) ، مِعْنَب الصَّيّاد (مَعانِبُ)

havoc/ˈhævək/*n.* دَمار ، هَلاك ، خَراب

hawk/hɔk/*n.* صَقْر (صُقور) ، باشِق (بَواشِقُ) ، شاهِين (شَواهِينُ)

v.t. باعَ بَضائِعَه مُتَجَوِّلًا

hawker/ˈhɔkə(r)/*n.* بَيّاع مُتَجَوِّل (س) ، دَوّار (ع) ، عِنْقاش (م)

hay/heɪ/*n.* تِبْنٌ ، قَشّ ، عَلَف

hay fever حُمَّى الطَّلْع ، حُمَّى الدَّرِيس

make hay while the sun shines اِغْتَنِم الفُرْصَةَ عِنْدَ سُنُوحِها ؛ أُطْرُقِ الحَدِيدَ وهو حامٍ

hazard/ˈhæzəd/*n. & v.t.* خَطَر ، مُخاطَرة ، مُجازَفة ؛ عَرَّضَ للخَطَر ، خاطَرَ بِـ ، جازَفَ بِـ

I would hazard a guess أَقُولُ مِن بابِ التَّخْمِين

hazardous/ˈhæzədəs/*adj.* مَحْفُوفٌ بالمَخاطِر ، (مَشْرُوع) خَطِير ، جَرِيء

haze/heɪz/*n.*

1. (mist) ضَبابٌ خَفِيف ، سَدِيم (سُدُم)

2. (confusion) تَشَوُّشُ الأَفْكار ، حَيْرة

hazel/ˈheɪzəl/*n. & adj.* شَجَرةُ البُنْدُق ؛ بُنْدُقِيّ ، جَوْزِيّ ، بُنِّيّ

hazel eyes عَيْنانِ عَسَلِيَّتانِ

hazy/ˈheɪzɪ/*adj.* مُحاط بضَباب رقيق ؛ ضَبابيّ ؛ (فِكرة) مُبْهَمة غَيْرُ واضِحة

he/hi/*pron.* (*obj. case* **him**) هُو (ضَميرُ الغائِب)

he-goat تَيْس (تُيوس)

he-man عِنْدَهُ رُجُولة ، رَجُل بِكُلّ مَعْنى

head/hed/*n.* **1.** (*anat.*) رَأْس (رُؤُوس) ، هامَةٌ

head wind رِيحٌ مُعاكِسة

forty head of cattle أَرْبَعُون رَأْسًا مِن الماشِية

the matter came to a head بَلَغَ السَّيْلُ الزُّبَى

2. (intellect, self-control) ذَكاء ، عَقْلِيّة ؛ ضَبْطُ النَّفْس

she has a good head for figures لَها مَوْهِبة خاصّة في العَمَليّات الحِسابيّة

keep cool, don't lose your head اِضْبِطْ أَعْصابَك ولا تَفْقِد صَوابَك

he is off his head فَقَدَ عَقْلَه ، طاشَ صَوابُه

3. (chief) رَئيس (رُؤَساء) ، رَأْس (رُؤُوس)

4. (upper end) النِّهاية العُلْيا ، رَأْس (الشّارِعِ مَثَلًا)

the head of the river أَعالي النَّهْر أَو مَنْبَعُه

5. (pressure of liquid) ضَغْطُ السّائل بالنِّسْبة إلى نُقْطة التَّفْريغ ، عُلُوُّ الخَزّان

v.t. **1.** (lead) تَرَأَّسَ ، تَزَعَّمَ ، قادَ (يَقُودُ)

headed notepaper وَرَقة بِعُنْوان

2. (direct) وَجَّهَ ، رَأَّسَ

head off أَجْبَرَهُ عَلَى تَغْيير اتِّجاهِهِ

3. (strike with head) ضَرَبَ كُرَةَ القَدَم بِرَأْسِهِ

I could do it standing on my head يُمْكِنُني أَنْ أَعْمَلَ ذلكَ وأَنا مُغْمَضُ العَيْنَيْن (لِسُهُولَتِهِ)

the boy ate his head off أَكَلَ الوَلَدُ بِكُلِّ شَراهة

he fell head over heels in love with her غَرِقَ في حُبِّها حَتّى أُذُنَيْهِ

I got it into my head that he was set on ruining my life اِنْتابَني وَهْمٌ بِأَنَّهُ مُصَمِّمٌ عَلَى تَحْطِيمِ حَياتي

you can rely on Tom: he's got his head screwed on the right way بِإمْكانِكَ أَنْ تَعْتَمِدَ عَلَى تُومْ فَهو شَخصٌ مُتَزِن

I need a loan to keep my head above water أَحْتاجُ إلى قَرْضٍ لأَتَمَكَّنَ مِنْ تَسْديدِ الْتِزاماتي

he laughed his head off ضَحِكَ مِلْءَ شِدْقَيْه ، ماتَ مِن الضَّحِك

she always talks my head off إنّها تُوجِعُ رَأْسي بِثَرْثَرَتِها المُتَواصِلة

I can't make head or tail of his story لا أَسْتَطيعُ فَهْمَ قِصَّتِه ، لا أَسْتَطيعُ أَنْ أَعْرِفَ أَوَّلَها مِن آخِرِها

I decided to go over his head and speak to the boss myself قَرَّرْتُ أَنْ أَتجاوَزَ سُلْطَتَهُ وأَتَكَلَّمَ مَعَ المُدير بِنَفسي

he has no head for heights يَشْعُرُ بِدُوارٍ في المُرْتَفَعات

he is soft in the head إنّه أَحْمَق ، غَبِيّ ، أَبْلَه

on your head be it! ذَنْبُكَ عَلَى جَنْبِك ! لا تَلُمْ إلّا نَفْسَكَ ! عَلَى مَسْؤُولِيَّتِك !

she shook her head هَزَّتْ رَأْسَها بالرَّفْض

he won the race by a short head فازَ بالسِّباق بِمَسافةٍ قَليلة

you need your head examined لابُدَّ أَنَّكَ مَجْنون ! لازِم تَفْحَصْ عَقْلَك !

he was talking off the top of his head كان يَتَكَلَّمُ بِدُون أَيِّ تَفْكِير

success has turned his head جَعَلَهُ النَّجاحُ مَغْرُورًا

headache/ˈhedeɪk/*n.* صُداع ، وَجَعُ الرَّأْس

header/ˈhedə(r)/*n.* غَطْسة رَأْسِيّة ، ضَرْبةُ كُرةِ القَدَمِ بالرَّأْس

heading/ˈhedɪŋ/*n.* عُنْوان فَصْلٍ في كِتاب ؛ اِتِّجاه

headlight/ˈhedlaɪt/*n.* مِصْباح أَماميّ (في سَيّارة مَثَلًا)

headline/ˈhedlaɪn/*n.* عُنْوانٌ كَبِير في أَعلَى صَحِيفةٍ أو مَجلّة ، مانْشِيت ، تَدْوِيسة (م)

headlong/ˈhedlɒŋ/*adj.* & *adv.* رَأْسِيّ ، مُتَهَوِّر ؛ رَأْسِيًّا ، بِتَهَوُّرٍ واندِفاع ، راكِبًا رَأْسَه

headmaster/ˈhedˈmɑstə(r)/ (*fem.* **headmistress**) *n.* مُديرُ مَدْرَسة أَو ناظِرُها ؛ مُديرة مَدْرَسة أَو ناظِرَتُها

headphone/ˈhedfəʊn/*n.* سَمّاعة (تُثَبَّتُ عَلَى الرَّأْس)

headquarters/ˈhedˈkwɔtəz/*n. usu. pl.* مَقَرّ أَو مَرْكَز القِيادة

headstone/ˈhedstəʊn/*n.* الشّاهِدة أَو حَجَرُ القَبْر

headstrong/ˈhedstrɒŋ/*adj.* راكِبٌ رَأْسَه ، مُسْتَبِدٌّ بِرَأْيِه ؛ عَنيد ، مُتَعَنِّت

headway/ˈhedweɪ/*n.* تَقَدُّمٌ ، السَّيْرُ قُدُمًا

headword/ˈhedwɜd/*n.* مَدْخَل أو كَلِمة رَئِيسِيّة (في مُعْجَم مَثَلًا) ، مُفْرَدة في قامُوس ؛ عُنْوان بِرَأْسِ فِقْرة

heady/ˈhedɪ/*adj.* (عِطْرٌ) نَفّاذ ؛ (خَمْرة) تَصْعَدُ إلى الرَّأْسِ بِسُرْعة ؛ قَوِيُّ المَفْعُولِ أو التَّأْثِير

heal/hil/*v.t.* & *i.* شَفَى (يَشْفِي) ، أَبْرَأَ ، أَسا (يَأْسُو) الجُرْحَ ؛ اِلْتَأَمَ أو اِنْدَمَلَ (الجُرْح)

healer/ˈhilə(r)/*n.* مُعالِجٌ ، مُداوٍ ؛ دَواءٌ شافٍ

health/helθ/*n.* صِحّة ، عافية ، سَلامةُ الجَسَد

healthy/ˈhelθɪ/*adj.* صِحِّيّ ؛ مُعافًى ، سَليمُ الجِسْم ، صَحيحُ البِنْيَة

heap/hip/*n.* كَوْم ، كَوْمة ، كَدْسة (أَكْداس)

I was struck all of a heap (*coll.*) تَمَلَّكَتْني الدَّهْشة

v.t. أَمْطَرَهُ (بالشَّتائم) ، اِنْهالَ عَلَيْه (بالسِّباب)

hear/hɪə(r)/*v.t.* & *i.*

1. (perceive with ear) سَمِعَ (ــَ)
he won't hear of it لَنْ يَسْمَعَ (أو يَقْبَلَ) بالأَمْر
2. (receive message) عَلِمَ (ــَ) بِ، تَلَقَّى أَنباءً، بَلَغَهُ
have you heard from your father? هَل وَصَلَتْكَ رِسالةٌ مِن والِدِك ؟

hearing/ˈhɪərɪŋ/*n.*
1. (sense) سَماعٌ، سَمْعٌ
2. (*leg.*) مُرافَعة قَضائيّة، سَماعُ أَطْرافِ الدَّعْوَى، جَلسة مُحاكمة

hearing-aid/ˈhɪərɪŋ-eɪd/*n.* سَمّاعة الأَصَمّ

hearsay/ˈhɪəseɪ/*n.* القِيل والقال، تَقَوُّلات

hearse/hɜs/*n.* عَرَبة أو سَيّارة نَقْلِ المَوْتَى

heart/hɑt/*n.* 1. (*anat.*) قَلْبٌ (قُلُوب)، فُؤاد (أَفْئِدة)
2. (seat of feelings) طَوِيّة (طَوايا)، سَرِيرة (سَرائِرُ)
3. (courage) شَجاعة، بَسالة، إِقْدام
4. (*of cards*) الكُبّة أو الكُوبة أو القَلْب (في وَرَق اللَّعِب)
5. (memory) (حِفظ) عَن ظَهْرِ قَلْب، حافِظة (حافِظات)

in phrases
don't take trifles to heart لا تَكْتَرِثْ بالتُّرَّهات !
cross my heart, I didn't do it (*coll.*) قَسَمًا بالله لَمْ أَفْعَلْ ذلك !
he was a man after her own heart كانَ عَلَى هَواها تَمامًا، كانَ فارِسَ أَحْلامِها
at heart he is kind إنّه في حَقيقةِ أَمْرِهِ لَطيف رَحيم
in his heart of hearts he knew he would succeed كانَ في قَرارة نَفْسِهِ مُوقِنًا بالنَّجاح
she does not easily lose heart إنّها لا تَقنَطُ بِسُهُولة

heart-attack/ˈhɑt-ətæk/*n.* نَوْبة قَلْبيّة

heart-broken/ˈhɑt-brəʊkən/*adj.* كَسِيرُ القَلْب

heartburn/ˈhɑtbɜn/*n.* حُرْقةُ المَعِدة (تُسَبِّبُها الحُموضة)

heartfelt/ˈhɑtfelt/*adj.* (شُكْرٌ) مِن القَلب، وُدِّيّ، مُخْلِص، صادِقُ العاطِفة

hearth/hɑθ/*n.* أَرْضِيّةُ المَوْقِدِ أو المُصْطَلَى؛ كِنٌّ (أَكْنان)

heartily/ˈhɑtɪlɪ/*adv.* (أَكَلَ) بِشَهِيّة؛ مِن صَمِيمِ قَلْبِه
he was heartily sick of the rain اِنْزَعَجَ مِن المَطَرِ كُلَّ الانْزِعاج

heartless/ˈhɑtles/*adj.* قاسٍ، غَلِيظُ القَلْب

hearty/ˈhɑtɪ/*adj.*
1. (sincere) (تَهانٍ) صَمِيميّة، قَلْبِيّ
2. (healthy) ذُو نَشاطٍ وحَيَوِيّة

heat/hit/*n.*
1. (hotness) حَرارة؛ هَجِير، قَيْظ
2. (*in animals*) فَتْرةُ التَّهَيُّجِ الجِنْسِيِّ عِنْدَ الحَيَوانات
3. (*in sport*) سِباقٌ تَمْهِيدِيّ
the race ended in a dead heat اِنْتَهَى السِّباقُ بالتَّعادُل (بِوُصولِ عَدّائين إلى نِهاية الشَّوْطِ في وَقْتٍ واحِد)
v.t. سَخَّنَ، حَمَّى، أَدْفَأَ

heated/ˈhitɪd/*adj.* مُحَمًّى، مُسَخَّن؛ (مُناقَشة) حامِية

heatedly /ˈhitɪdlɪ/*adv.* (أجاب) بِعاطِفة عارِمة، بِحِدّة

heater/ˈhitə(r)/*n.* مُسَخِّن، جِهازُ تَدْفِئة، مِدْفَأة (كَهْرَبائيّة مَثَلًا)

heating/ˈhitɪŋ/*n.* تَسْخِين، تَدْفِئة (مَرْكَزيّة مَثَلًا)

heath/hiθ/*n.* أَرْض بُور مُغَطّاة بالأَعْشاب

heathen/ˈhiðən/*adj. & n.* وَثَنِيّ، كافِر، هَمَجِيّ

heave/hiv/*v.t.*
1. (lift) رَفَعَ حِمْلًا ثَقِيلًا بِصُعُوبة
2. (throw) قَذَفَ (ــِ)، رَمَى (يَرْمِي) (بِحَجَرٍ مَثَلًا)، طَرَحَ (ــَ)
3. (utter) أَطْلَقَ (صَرْخةً)
she heaved a deep sigh تَنَفَّسَتِ الصُّعَداءَ، أَطْلَقَتْ تَنَهُّدةً عَمِيقةً
v.i. (صَدْرُها) يَعْلُو ويَهْبِط؛ غَثِيَت أو جاشَت نَفسُه حَتَّى كادَ يَتَقَيَّأ
n. رَفعُ أو سَحْبُ شَيْءٍ ثَقِيل؛ طَرْح؛ غَثَيان

heaven/ˈhevən/*n.* سَماء (سَماوات)؛ الله
he moved heaven and earth to help us أَقامَ الدُّنيا وأَقْعَدَها لِمُساعَدَتِنا
a heaven-sent opportunity فُرْصةٌ مِن السَّماء، فُرْصةٌ دَبَّرَتْها العِناية الإلهيّة

heavenly/ˈhevənlɪ/*adj.*
1. (divine) سَمائيّ، سَماوِيّ، إِلَهِيّ، رَبّانِيّ
what heavenly grapes! (*coll.*) اللهُ ما أَطْيَبَ هذا العِنَب !
2. (*astron.*) فَلَكِيّ، فَضائيّ، سَماوِيّ
a heavenly body جُرْم سَماوِيّ أو فَلَكِيّ

heavy/ˈhevɪ/*adj.* ثَقِيل، صَعْب
he played the part of the heavy father اِتَّخَذَ دَوْرَ الأَبِ القاسي
heavy food طَعامٌ ثَقِيلٌ عَسِرُ الهَضْم
a heavy sea أَمْواجٌ عاتِية، بَحْرٌ هائِج

Hebrew/ˈhibru/*n.* اللُّغة العِبْرانيّة، عِبْرانِيّ

heckle/ˈhekəl/*v.t.* قاطَعَ مُحاضِرًا بِأَسْئِلةٍ مُحْرِجةٍ ساخِرة

hectare/ˈhektɑ(r)/*n.* الهِكْتار، عَشَرةُ آلافِ مِترٍ مُرَبَّع

hectic/ˈhektɪk/*adj.*
1. (flushed) مَحْمُوم، مُحْمَرُّ الوَجْنَتَيْن (مِن الحُمَّى مَثَلًا)
2. (exciting *sl.*) دُونَ راحةٍ أو هُدوء
a hectic time وَقْتٌ مَلِيءٌ بالأَحْداث، فَتْرةٌ صاخِبة

hedge/hedʒ/*n.* سِياجٌ (مِن الشُّجَيْرات)، وَشِيع (م)
v.t. & i.
1. (plant hedge round) سَوَّرَ، سَيَّجَ، أَحاطَ، حاصَرَ
2. (prevaricate) راغَ (يَرُوغ)، تَمَلَّصَ مِن الجَوابِ المُباشِر

answer yes or no, don't hedge! أجِبْ بِنَعَم أوْ لا ! لا تُراوِغ

3. (protect) وَقَى (يَقِي) نَفْسَهُ مِن الخَسارة

he always hedges his bets يُراهِنُ على الطَّرَفَيْن دائمًا

hedgehog/ˈhedʒhog/*n.* قُنْفُذ (قَنافِذ)

heed/hid/*n.* اِنْتِباه ، اِحْتِراس ، مُراعاة

pay no heed to what he says لا تَكْتَرِثْ لِما يَقُول !

v.t. اِهْتَمَّ بِ ، اِكْتَرَثَ لِ ، اِنْتَبَهَ إلى ، أصاخَ السَّمْعَ إلى

heedless/ˈhidləs/*adj.* مُتَوانٍ ، عَدِيمُ المُبالاة ، قَلِيلُ الاكْتِراث

heel/hil/*n.* **1.** (*anat.*) عَقِبٌ (أعْقاب) ، كَعْبٌ (كُعُوب)

he took to his heels أطْلَقَ ساقَيْه للرِّيح ، شَمَّعَ الفَتْلة

2. (*sl.* cad) سافِل ، شَخْصٌ دُون ، حَقِير

v.t. وَضَعَ كَعْبًا جَدِيدًا لِحِذاء

v.i. مالَت أو جَنَحَت السَّفِينة

hefty/ˈheftɪ/*adj.* (*coll.*) كَبِير ، ثَقِيل ، قَوِيّ

heifer/ˈhefə(r)/*n.* عِجْلة لَمْ تُسْفَدْ بَعْدُ

height/haɪt/*n.*

1. (altitude) عُلُوّ ، اِرْتِفاع ، طُولُ القامة

2. (hill) مُرْتَفَع ، رابِية (رَوابٍ)

3. (top) قِمّة (قِمَم) ، ذُرْوَة (ذُرًى) ، أوْجُ (المَجْد)

heighten/ˈhaɪtən/*v.t.* زادَ مِن شِدّة أو حِدّة التَّأثِير

his heightened colour was a bad sign دَلَّ اِحْمِرارُ وَجْهِهِ على تَرَدِّي صِحَّتِه

heir/eə(r)/ (**heiress** *fem.*) *n.* وارِث ، وَرِيث (وَرَثَة) ؛ وارِثة ، وَرِيثة

heirloom/ˈeəlum/*n.* تُحْفة تَتَوارَثُها العائلة جِيلًا بَعدَ جِيل

held/held/*p.t. & p.p. of* **hold**

helicopter/ˈhelɪkoptə(r)/*n.* طائرة عَمُودِيّة ، هَلِيكُوبْتَر

heliport/ˈhelɪpɔt/*n.* مَطارُ طائراتٍ عَمُودِيّة

hell/hel/*n.* جَهَنَّم ، جَحِيم ، النّار

to hell with it لَعْنَةُ اللهِ عَلَيْه ، في سِتّين داهِية

what the hell do you want? بِحَقّ السَّماء ماذا تُرِيد ؟

hellish/ˈhelɪʃ/*adj.* جَهَنَّمِيّ ، جَحِيمِيّ ، شَيْطانِيّ ، فَظِيع ، لا يُطاق

hello/heˈləʊ/*int. see* **hullo**

helm/helm/*n.* خُوذة مَعْدِنِيّة ؛ مِقْبَض أو مِقْوَد دَفّة السَّفِينة

take the helm (*fig.*) أمْسَكَ بِدَفّة الأمُور ، تَوَلَّى مَقالِيدَ الحُكْم

helmet/ˈhelmɪt/*n.* خُوذة (خُوَذ) ، مِغْفَر (مَغافِر)

help/help/*v.t. & i.*

1. (give aid to) ساعَدَ ، عاوَنَ ، أعانَ ، أغاثَ ، أسْعَفَ

2. (serve) غَرَفَ (ـِ) أو صَبَّ (ـُ) الطَّعامَ في أطْباقِ المَدْعُوِّين

3. (*with* **cannot** avoid)

he cannot help saying لا يَسَعُه إلّا أنْ (يَقُولَ)

she cannot help crying لا تَتَمالَكُ نَفْسَها مِن البُكاء

it can't be helped لا مَناصَ مِن ذلك ، لا مَفَرَّ مِنْه

n. **1.** (aid) مُساعَدة ، عَوْن ، نَجْدة

2. (remedy) عِلاجٌ ، حَلٌّ (حُلُول)

3. (helper) خادِمة ، مُساعِدة ، مُعاوِنة في شُؤُون المَنْزِل

helper/ˈhelpə(r)/*n.* مُعاوِن ، مُساعِد

helpful/ˈhelpfəl/*adj.* خَدُوم ، مُعِين ، ذُو فائِدة ، عَطُوف

helping/ˈhelpɪŋ/*n.* حِصّة مِن الطَّعام على المائِدة

helpless/ˈhelpləs/*adj.* ما بِيَدِهِ حِيلة ، لا حَوْلَ لَهُ ولا قُوّة ، مَغْلُوبٌ على أمْرِه ، عاجِز

hem/hem/*n.* حاشِية (حَواشٍ) ، هُدْب ، حافّة ، طَرَفُ (مِنْدِيل) ، كُفّةُ (الثَّوْب) ، دايِر (س)

v.t. **1.** (sew) ثَنَى طَرَفَ الثَّوبِ وخاطَهُ ، خَبَنَ (ـِ)

2. (enclose) أحاطَ بِ ، ضَيَّقَ الخِناقَ على

we are hemmed in by enemies طَوَّقَنا الأعْداءُ مِن كُلِّ الجِهات ، ضَرَبَ العَدُوُّ نِطاقًا مُحْكَمًا عَلَيْنا

hemisphere/ˈhemɪsfɪə(r)/*n.* نِصْفُ الكُرة الأرْضِيّة

hemlock/ˈhemlok/*n.* شَوْكَران ، شَيْكَران (مِن الأعْشابِ السّامّة)

hemp/hemp/*n.* قِنَّب

hen/hen/*n.* دَجاجة (دَجاج) ؛ أُنْثَى أيِّ طَيْر ، فَرْخة (م)

hence/hens/*adv.*

1. (from here) مِن هُنا ، مِن هَذا المَكان

2. (from now) مُنْذُ هَذا الحِين ، مِن الآن

3. (consequently) ومِنْ ثَمَّ ، وبالتّالي ، بِناءً عَلَيْه ، ولِذَلِك

henceforth/ˈhensfɔθ/*adv.* مِن الآن فَصاعِدًا ، فِيما بَعْدُ ، مُنْذُ الآن

henchman/ˈhentʃmən/ *n.* تابِعٌ أمِين ، نَصِيرٌ سِياسِيّ ، ذَنَبٌ ، إمَّعَة

henna/ˈhenə/*n.* حِنّاء

henpecked/ˈhenpekt/ *adj.* (زَوْجٌ) مُضْطَهَد مِن قِبَلِ زَوْجَتِه

her/hɜ(r)/

1. (*obj. case of pron.* **she**) ضَمِيرُ الغائبة في حالِ المَفْعُولِيّة

have you seen her today? أرَأيْتَها اليَوْمَ؟

2. (*pronominal adj.*) ضَمِيرُ الغائبة في حالِ التَّمَلُّك

it was her fault الحَقُّ عَلَيْها ، هي المُخْطِئة !

herald/ˈherəld/*n.* مُنادٍ ، رَسُولٌ ؛ بَشِيرٌ

v.t. أعْلَنَ قُدُومَ ... ، بَشَّرَ بِـ

heraldry/ˈherəldrɪ/*n.* عِلْم أو فَنّ شِعاراتِ النَّسَب (وهي رُسُومٌ رَمْزِيّة تُمَثِّلُ الأُسَرَ أو المُدُنَ على البَيارِقِ مَثَلًا)

herb/hɜb/*n.* عُشْبٌ زَكِيُّ الرّائحة (طِبّ ، طَبْخ)

herd/h3d/*n.*

1. (flock) قَطِيع (قُطْعان) ، سِرْب (أَسْراب) ماشِية (مَواشٍ)

2. (crowd) جَمْعٌ مِنَ النّاس ، جُمْهُورٌ (غَفِير)

the common herd الأَوْباش ، العَوامّ

v.t. & i. لَمَّ شَمْلَ القَطِيع ؛ اِلْتَمُّوا

herdsman/ˋh3dzmən/*n.* راعي الماشِية

here/hɪə(r)/*adv.* هُنا ، هَهُنا

that is neither here nor there هذا لا عَلاقَةَ لَهُ بالمَوْضُوع إِطْلاقًا

here goes! يا الله بِنا ! هَيّا بِنا !

hereafter/hɪərˋɑftə(r)/*n.* الآخِرة ، الحَياةُ الأُخْرَى

hereby/hɪəˋbɑɪ/*adv.* بِهٰذا ، بِذٰلِك

hereditary/hɪˋredɪtrɪ/*adj.* وِراثِيّ ، مَوْرُوث ، (حَقّ) الإِرْث

heredity/hɪˋredɪtɪ/*n.* وِراثة ، تَوارُثُ الصِّفات

herein/ˈhɪərˋɪn/*adv.* في هذا النَّصّ أو الكِتاب

heresy/ˋherəsɪ/*n.* بِدْعة ، هَرْطَقة ، كُفْرٌ ، إلحاد ؛ تَحْرِيف

heretic/ˋherətɪk/*n.* هَرْطُوقِيّ ، كافِر ، مِنْ أَهْلِ البِدْعة

heretical/hɪˋretɪkəl/*adj.* هَرْطُوقِيّ ، كافِر ، بِدْعِيّ

herewith/ˈhɪəˋwɪð/*adv.* طَيَّهُ ، طَيًّا ، رِفْقَ (هٰذا الكِتاب) ، مَعَ هٰذا

heritage/ˋherɪtɪdʒ/*n.* إِرْثٌ ، مِيراثٌ ، تُراثٌ (ثَقافِيّ أو فَنِّيّ)

hermit/ˋh3mɪt/*n.* ناسِكٌ ؛ مُعْتَزِلٌ لِلنّاس

hermitage/ˋh3mɪtɪdʒ/*n.* صَوْمَعةُ النّاسِك ، دَيْرُ النُّسّاك

hernia/ˋh3nɪə/*n.* فَتْقٌ ، فِتاق (طِبّ)

hero/ˋhɪərəʊ/*n.* بَطَلٌ (أَبْطال) ، باسِلٌ (بَواسِلُ) ، صِنْدِيد

heroic/hɪˋrəʊɪk/*adj.* بُطُولِيّ ؛ (شِعْرٌ) مَلْحَمِيّ ؛ هائل

heroin/ˋherəʊɪn/*n.* هِيرُوين ، عَقّارٌ مُخَدِّر

heroine/ˋherəʊɪn/*n.* بَطَلة

heroism/ˋherəʊɪzm/*n.* بُطُولة ، بَسالة ، شَجاعةٌ فائقة ، اِسْتِبْسال

herring/ˋherɪŋ/*n.* سَمَكُ الرَّنْجة أو الرِّنْكة

hers/h3z/*poss. pron.* مِلْكُها ؛ خاصٌّ بِها

this book is hers هذا الكِتابُ كِتابُها

herself/h3ˋself/*pron.*

1. (*emphatic*) (هي) بِذاتِها ، بِنَفْسِها

she said so herself قالَتْ ذٰلِك بِنَفْسِها

2. (*refl.*) (أَضَرَّتْ) نَفْسَها

she has only herself to blame عَلَى نَفْسِها جَنَتْ بَراقِش ، لا تَقَعُ المَلامةُ إلّا عَلَيْها

hertz/h3tz/*n.* وَحْدةُ الذَّبْذَبة الكَهْرَبائِيّة ، هِرْتْز

hesitant/ˋhezɪtənt/*adj.* مُتَرَدِّد ، مُتَأَرْجِح

hesitate/ˋhezɪteɪt/*v.i.* تَرَدَّدَ ، تَأَرْجَحَ (بَيْنَ أَمْرَيْن) ، تَحَيَّرَ

hesitation/ˈhezɪˋteɪʃ(ə)n/*n.* تَرَدُّد ، تَأَرْجُح

heterogeneous/ˈhetərəˋdʒɪnɪəs/*adj.* غَيْرُ مُتَجانِس ، خَلِيط

heterosexual/ˈhetərəˋseksjʊəl/*adj.* ذُو مُيُول جِنْسِيّة طَبِيعِيّة (غَيْرُ شاذّ جِنْسِيًّا)

het-up/ˈhet-ˋʌp/*adj.* (*coll.*) مُنْفَعِل ، مُهْتاج ، زَعْلان

don't get (all) het-up about it! لا تَنْفَعِلْ أَكْثَرَ مِنَ اللّازِم! لا يِطْلَع خُلْقَك (س)

hew/hju/*v.t. & i.* قَطَعَ الأَشْجار بِفَأْس ؛ شَقَّ (ـُ) طَرِيقَهُ في

hexagon/ˋheksəgən/*n.* شَكْلٌ سُداسِيّ ، مُسَدَّس

hey/heɪ/*int.* حَرْفُ تَنْبِيهٍ ونِداء ، إيّاكَ أَعْنِي

hey, don't go away with my pen! يا هٰذا — لا تَذْهَبْ بِقَلَمِي !

hey-day/ˋheɪ-deɪ/*n.* فَتْرةُ ازْدِهار ، عُنْفُوان ، أَيّامُ العِزّ

hibernate/ˋhɑɪbəneɪt/ *v.i.* أَسْبَتَ ، شَتّى ، نامَ (الحَيَوانُ) نَوْمَهُ الشِّتائِيّ

hibernation/ˈhɑɪbəˋneɪʃ(ə)n/*n.* إِسْبات ، اِسْتِكْنان ، فَتْرةُ سُبات

hiccup, hiccough/ˋhɪkʌp/*n. & v.i.* فُواق ، حازُوقة ، زُغْطة (م) ، أُصِيبَ بالفُواق

hide/hɑɪd/(*p.t.* **hid** *p.p.* **hidden**)

v.t. & i. أَخْفَى ، خَبَأَ ، حَجَبَ (ـُ) ، سَتَرَ (ـُ) ؛ أَضْمَرَ ، كَتَمَ (ـُ) ؛ تَسَتَّرَ ، اخْتَبَأَ

n. جِلْدُ حَيَوانٍ خام أو مَدْبُوغ

hidebound/ˋhɑɪdbɑʊnd/*adj.* ضَيِّقُ الأُفُق ، مُتَزَمِّت ، مُتَعَصِّبٌ لِرَأْيِه

hideous/ˋhɪdɪəs/*adj.* شَنِيع ، بَشِعٌ ، قَبِيح ، فَظِيع

hideout/ˋhɑɪdɑʊt/*n.* مَخْبَأ ، مُخْتَلَى

hiding/ˋhɑɪdɪŋ/*n.*

1. (concealment) اِخْتِفاء ، إِخْفاء

2. (thrashing) (أَكَلَ) قَتْلة (س) ، بَصْطة (ع) ، عَلْقة (م)

hierarchy/ˋhɑɪərɑkɪ/*n.* تَنْظِيمٌ ذُو مَراتِبَ أو دَرَجاتٍ مُتَسَلْسِلة ، نِظامٌ تَسَلْسُلِيّ

hieroglyphics/ˈhɑɪərəˋglɪfɪks/*n. pl.* هِيرُوغْلِيفِيّة ؛ رُمُوزٌ مُبْهَمة

hi-fi/ˈhɑɪ-fɑɪ/*see* **high-fidelity**

higgeldy-piggeldy/ˈhɪgəldɪ-pɪgəldɪ/*adv. & adj.* في هَرْجٍ وَمَرْج ، شَذَرَ مَذَر ، خِلْط مِلْط

high/hɑɪ/*adj.*

1. (lofty) عالٍ ، مُرْتَفِع

2. (exalted) سامٍ ، رَفِيع

the high command القِيادةُ العُلْيا

high life الحَياةُ الأَرِسْتُقْراطِيّة ، حَياةُ البَذْخ ؛ مُجْتَمَعٌ راقٍ

3. (great) عَظِيم
high treason الخِيانة العُظْمَى
a high wind رِيحٌ شَدِيدة أو عاتِية
4. (advanced) مُتَقَدِّم
high school مَدْرَسة ثانَوِيّة
it is high time to go آنَ الأوانُ أنْ نَذْهَبَ ، آنَ أوانُ الذَّهاب
5. (tainted) مُتَعَفِّن
that meat is high, I can smell it هذا اللَّحْمُ نَتِن – رائِحَتُه تَدُلُّ على ذلك
adv. تُسْتَعْمَلُ ظَرْفًا
I have looked for it high and low بَحَثْتُ عَنْهُ في كُلِّ مَكان
you must aim high كُنْ طَمُوحًا !
highbrow/ˈhaɪbraʊ/*n.* & *adj.* مُتَنَطِّع في الثَّقافة والذَّوْق ، رَفِيعُ الثَّقافة (للتَّهَكُّم غالِبًا)
high-chair/ˈhaɪ-ˈtʃeə(r)/*n.* كُرْسِيٌّ عالٍ مُسَوَّر للأطْفال
high-class/ˈhaɪ-ˈklɑs/ *adj.* مِنَ الطِّراز الأوَّل ، مِنْ أجْوَدِ صِنْف ، نَمُوذَجِيّ
high-falutin(g)/ˈhaɪ-fəˈlutɪŋ/*adj.* (كَلِمات) طَنّانة أو رَنّانة أو جَوْفاء
high-fidelity/ˈhaɪ-fɪˈdelətɪ/*adj.* (*abbr.* **hi-fi**) أمانة تامّة في اسْتِعادة الصَّوْتِ الأصْلِيّ المُسَجَّل
highflown/ˈhaɪˈfləʊn/*adj.* (لُغة) طَنّانة مُتَكَلَّفة
high-handed/ ˈhaɪ-ˈhændɪd/*adj.* تَعَسُّفِيّ ، مُسْتَبِدٌّ في المُعامَلة ، تَسَلُّطِيّ
highlands/ˈhaɪləndz/*n. pl.* مُرْتَفَعات ، هِضاب
highlight/ˈhaɪlaɪt/*n.* أهَمُّ جُزْءٍ (في صُورةٍ أو حادِث أو رِواية)
the highlights of the week's events أحْداثُ الأُسْبُوع البارِزة
v.i. رَكَّزَ الأضْواءَ على ، سَلَّطَ الأنْوارَ على
it was his policy to highlight sport كانَت سِياسَتُه أنْ يَمْنَحَ أخْبارَ الرِّياضة مَكانَ الصَّدارة
highly/ˈhaɪlɪ/*adv.* جِدًّا ، لِلغاية
he thought highly of his secretary كانَ يُقَدِّرُ سِكْرِتيرَته أعْظَمَ تَقْدِير
high-minded/ˈhaɪ-ˈmaɪndɪd/*adj.* ذُو مَبادِئ سامِية ، رَفِيعُ الخُلُق
Highness/ˈhaɪnɪs/*n.* سُمُوّ (لَقَبٌ للأُمَراء)
His Highness Prince Philip سُمُوُّ الأمِير فِيلِيب
highroad/ˈhaɪrəʊd/*n.* طَرِيقٌ رَئِيسِيّ أو عُمُومِيّ أو سُلْطانِيّ
the highroad to success السَّبِيلُ المُباشِرُ إلى النَّجاح
high-spirited/ˈhaɪ-ˈspɪrɪtɪd/*adj.* هُمام ؛ وَثّاب ، مُلْتَهِبٌ حَماسًا
high-strung/ˈhaɪ-ˈstrʌŋ/*adj.* مُتَوَتِّرٌ عَصَبِيًّا ، شَدِيدُ الحَسّاسِيّة

highway/ˈhaɪweɪ/*n.* طَرِيقٌ عامّ
highwayman/ˈhaɪweɪmən/*n.* قاطِعُ طَرِيق
hijack/ˈhaɪdʒæk/*v.t.* & *n.* إخْتَطَفَ طائِرةً أو أيّةَ وَسِيلةِ نَقْلٍ عامّة ؛ إخْتِطافُ وَسِيلةِ نَقْلٍ عامّة
hike/haɪk/*v.i.* تَجَوَّلَ في الرِّيفِ مُتَنَزِّهًا ؛ تَجَوُّل
hiker/ˈhaɪkə(r)/*n.* مُتَجَوِّلٌ في المَناطِقِ الرِّيفِيّة
hilarious/hɪˈleərɪəs/*adj.* جَذْلانُ صاخِبٌ ، شَدِيدُ المَرَح ؛ مُضْحِكٌ جِدًّا
hilarity/hɪˈlærətɪ/*n.* مَرَحٌ صاخِب
hill/hɪl/*n.* تَلٌّ (تُلُول ، تِلال) ، تَلْعة (تِلاع) ، رَبْوة (رُبًى)
hilly/ˈhɪlɪ/*adj.* (مِنْطَقةٌ) هِضاب ، (أرْضٌ) ذاتُ تِلال
hilt/hɪlt/*n.* مِقْبَضُ السَّيْف أو الخَنْجَر
him/hɪm/(*obj. case of pron.* **he**). ضَمِيرُ المُفْرَد الغائب في حالة المَفْعُولِيّة
himself/hɪmˈself/*pron.*
1. (*emphatic*) هُو نَفْسُه أو بِذاتِه أو بِعَيْنِه
he said so himself هُو الّذي قالَ ذلك
2. (*refl.*) (ضَمِيرٌ) انْعِكاسِيّ أو مُطاوِع
he has only himself to blame لا تَقَعُ المَلامةُ إلّا عَلَيْه ، ذَنْبُه على جَنْبِه
hind[1]/haɪnd/*adj.* خَلْفِيّ ، ظَهْرِيّ
hind[2]/haɪnd/*n.* وَعْلة ، غَزالة ، أيِّلة
hinder/ˈhɪndə(r)/*v.t.* أعاقَ ، حالَ دُونَ أو بَيْنَ ، مَنَعَ مِن أو عَن ، عَرْقَلَ
hindmost/ˈhaɪndməʊst/*adj.* في المُؤَخِّرة تَمامًا ، الأخِير
(every man for himself and) the devil take the hindmost (الشّاطِر يَنْجُو بِنَفْسِه) والضَّعِيفُ مآلُه الخُسْران ؛ (رَبِّ أسْأَلُكَ نَفْسِي) ومِن بَعْدِي الطُّوفان
hindquarters/ ˈhaɪndˈkwɔtəz/*n. pl.* لَحْمُ الوَرِك والسّاق ، رِدْف ، عَجِيزة ، كَفَلُ الحِصان
hindrance/ˈhɪndrəns/*n.* عَرْقَلة ، حَيْلُولة دُونَ ، مانِع
hindsight/ˈhaɪndsaɪt/*n.* إدْراكُ الأمْرِ بَعْدَ فَواتِ الأوان ، تَفَهُّمُ الماضِي عَقِبَ وُقُوعِه ، الاسْتِبْصارُ المُتأخِّر
hinge/hɪndʒ/*n.* مِفْصَلةُ (الباب) ، مُفَصَّلة
v.t. & *i.* وَصَلَ (بـ) أو اتَّصَلَ بِمِفْصَلة
it all hinged on his decision تَوَقَّفَ كُلُّ شَيْءٍ على قَرارِه
hint/hɪnt/*n.* تَلْمِيحٌ ، إلْماعة ، إشارة خَفِيّة
v.i. لَمَّحَ أو ألْمَحَ إلى ، ألْمَعَ إلى
hip/hɪp/*n.* وِرْكٌ ، وِرِكٌ ، وَرْكٌ (أوْراك) ، حَرْقَفة (عَظْم الفَخِذ)
hip-hip-hooray/ˈhɪp-hɪp-həˈreɪ/*int.* يَعِيش ! يا لَلفَرْحة ! مَرْحَى !
hippopotamus/ فَرَسُ النَّهر ، بَرْنِيق ،

'hɪpə'potəməs/*n.* سَيِّد قِشْطة (م)

hire/'hɑɪə(r)/*n.* أُجرة ، كِراء ، إيجار

v.t. إِسْتَأْجَرَ ، إِسْتَكْرَى ، إِسْتَخْدَمَ (عاملاً مَثَلاً)

hire-purchase/'hɑɪə'pɜtʃəs/*n. abbr.* **H.P.** شِراءُ السِّلْعة بالتَّقْسِيط

his/hɪz/*adj. & pron.* ضَمِيرُ التَّمَلُّك للمُفْرَد الغائب

this book is his هٰذا الكِتابُ كِتابُه

hiss/hɪs/*n. & v.t. & i.* فَحِيح ؛ فَحَّ الثُّعْبانُ ؛ صَفَّرَ الجُمْهُورُ اسْتِنْكارًا لِلمُمَثِّل

histology/hɪ'stolodʒɪ/*n.* عِلْمُ الأنسِجة (طِبّ)

historian/hɪ'stɔrɪən/*n.* مُؤَرِّخ

historic/hɪ'storɪk/*adj.*

1. (*in history*) (حَدَثٌ) تاريخيّ ، مَشْهُور ، جَدِيرٌ بِالذِّكْر

2. (*gram.*) في النَّحْو

the historic present إِسْتِعمالُ صِيغة الحاضر لِوَصْفِ أَحْداثٍ ماضِية وَصْفًا حَيًّا (في الإنكليزيّة)

historical/hɪ'storɪkəl/*adj.* (شَخصيّة أو دِراسة) تاريخيّة

history/'hɪstrɪ/*n.* عِلْمُ التّاريخ

hit/hɪt/*v.t. & i & n.* ضَرَبَ (ـِ) ، لَطَمَ (ـِ) ؛ أَصابَ ، اِصْطَدَمَ ؛ ضَرْبة ، لَكْمة ؛ نَجاحٌ ، رَواجٌ كَبِير

hit parade (بَرْنامَج) أَرْوَج الأغاني

the news hit the headlines إِحْتَلَّتِ الأَخْبارُ العَناوِينَ الرَّئِيسِيّة

he hit on a solution عَثَرَ عَلَى حَلٍّ صُدْفَةً

they hit it off well إِنْسَجَما عَلَى خَيرِ ما يُرام

hitch/hɪtʃ/*v.t. & i.* سَحَبَ (ـَ) ، شَدَّ بِحَرَكةٍ سَرِيعة ؛ سافَرَ مُتَطَفِّلاً (بإيقافِ السَّيّارات لِرُكُوبِها مَجّانًا)

he hitched up his trousers رَفَعَ سَراوِيلَه وأَحْكَمَ رَبْطَها

he hitched his horse to the post رَبَطَ فَرَسه إلى العَمُود

he hitched a ride سافَرَ مَجّانًا (بإيقافِ سَيّارةٍ مارّةٍ في طَرِيقٍ عامّ)

n.

1. (jerk) سَحْبة ، جَرّة سَرِيعة

2. (knot) عُقْدة (عُقَد)

3. (snag) صُعُوبة ، نَكْسة ، مانِع (مَوانِعُ) ، حائِل (حَوائِلُ)

it all went off without a hitch جَرَى كُلُّ شَيْءٍ عَلَى ما يُرام ؛ إِنْتَهَت (الحَفْلة) بِسَلام

hitch-hike/'hɪtʃ-hɑɪk/ *v.i.* سافَرَ مُتَطَفِّلاً (بإيقافِ السَّيّارات لِرُكُوبِها مَجّانًا)

hitch-hiker/'hɪtʃhɑɪkə(r)/*n.* مُسافِرٌ مُتَطَفِّلٌ بالمَجّان

hither/'hɪðə(r)/*adv.* إلى هُنا ، بِهٰذا الجانِب

hither and thither هُنا وهُناك

hitherto/'hɪðə'tu/*adv.* حَتَّى الآن ، حَتَّى هٰذا الحِين

hive/hɑɪv/*n.* خَلِيّة (خَلايا) نَحْل ، كُوّارة

the office was a hive of industry عَجَّ (ـِ) المَكْتَبُ بالنَّشاط

v.t. with **off** إِسْتَقَلَّ عَنِ (المُؤَسَّسة الأُمّ)

hoard/hɔd/*n.* مالٌ مُدَّخَر ، ذَخِيرة (ذَخائِرُ) ؛ تَكْدِيس (المُعَلَّبات مَثَلاً)

v.t. & i. إِكْتَنَزَ ، إِدَّخَرَ ، إِخْتَزَنَ (بَضائع أو أَطْعِمة) ؛ كَدَّسَ

hoarding/'hɔdɪŋ/*n.* سِياج خَشَبِيّ مُؤَقَّت غالِبًا ما يُسْتَعْمَلُ للإعْلانات

hoarse/hɔs/*adj.* أَجَشُّ ، مَبْحُوحُ الصَّوْت

hoax/həʊks/*n. & v.t.* خُدْعة لإيقاعِ شَخْصٍ في مَقْلَب ؛ خَدَعَ (ـَ) ، ضَحِكَ عَلَيه ، عَمِلَ مَقْلَبًا لِ (م) ، قَشْمَرَ (ع)

hobble/'hobəl/*v.i. & n.* عَرَجَ (ـُ) في المَشْيِ ؛ عِقالُ الجَمَل ، شِكال

v.t. عَقَلَ (ـِ)

hobby/'hobɪ/*n.* هِواية

hobby-horse حِصانٌ خَشَبِيٌّ لِلَعِبِ الأطفال

he's on his hobby-horse again عادَ يَتَحَدَّثُ في مَوْضُوعِهِ المُفَضَّل

hobnob/hob'nob/*v.i. with* **with** نادَمَ ، عاشَرَ ، رافَقَ

hock/hok/*n.*

1. (*of animal*) المَفْصِلُ الأَوْسَط لِساقِ الحَيوان الخَلْفِيّة

2. (wine) نَبِيذُ الْمانِيّ أَبْيَض

hockey/'hokɪ/*n.* لُعْبة الهُوكي (رِياضة)

hoe/həʊ/*n. & v.t.* مِعْزَقة ؛ عَزَقَ (ـِ) (الأرض)

hog/hog/*n.* خِنْزِير مَخْصِيّ ؛ شَخْصٌ أَنانِيّ غَلِيظُ الطَّبْع

v.t. (*coll.*) إِسْتَأْثَرَ بِكُلِّ شَيْء ، أَخَذَ أَكْثَرَ مِن حَقِّهِ

he went the whole hog (*coll.*) مَضَى إلى نِهاية الشَّوْط ، أَدَّى العَمَلَ بِأَكْمَلِه

hoist/hɔɪst/*v.t.* رَفَعَ (ـَ) العَلَمَ (أو الحِمْلَ)

n. رافِعة (بِناء) ، مِرْفَع

hold/həʊld/(*p.t. & p.p.* **held**)

v.t. & i.

1. (grasp) أَمْسَكَ بِ ، قَبَضَ (ـِ) عَلَى

the car holds the road well لا تَنْزَلِق السَّيّارةُ مَهْما كانت الظُّرُوف

2. (keep) إِحْتَفَظَ بِ

they held him in gaol أَوْدَعُوه السِّجْنَ (لِحِينِ المُحاكَمة)

3. (contain) إِحْتَوَى عَلَى

the jug holds a litre يَسَعُ الدَّوْرَقُ لِتْرًا

his argument does not hold water حُجَّتُهُ واهِيةٌ جِدًّا

4. (own) إِمْتَلَكَ ، مَلَكَ (ـِ) ، حازَ (يَحُوزُ)

5. (organize) أَعَدَّ ، عَقَدَ (ـِ)

we held a concert أقَمْنا حَفْلةً مُوسِيقيّة

6. (occupy) شَغَلَ (ـَ) ، مارَسَ

he held office last year كان يَشْغَلُ مَنْصِبَ (وزير) في العام الماضي

7. (restrain) حَبَسَ (ـِ)

hold your tongue! أُسْكُتْ ، إمْسِكْ لِسانَك

8. (consider) إرْتَأَى ، إعْتَبَرَ

he was held guilty of libel أُدِينَ بِجَرِيمةِ القَدْحِ أو الطَّعْن

9. (*with advs.*)

hold back أمْسَكَ عَن ، إمْتَنَعَ عَن

hold forth أطْنَبَ في الكَلامِ عَن ، أسْهَبَ

hold off إمْتَنَعَ عَن ؛ مَنَعَ (ـَ) ؛ إنْحَبَسَ (المَطَرُ مُؤَقَّتًا)

hold on صَمَدَ (ـُ) ، ثَبَتَ (ـُ) ؛ إنْتَظِرْ لَحْظَةً !

hold out تَحَمَّلَ ، صَبَرَ (ـِ) على ؛ قاوَمَ

hold up دَعَمَ (ـَ) ، سانَدَ ؛ عَرْقَلَ ، عَطَّلَ ؛ قَطَعَ الطَّرِيقَ عَلَى

n. **1.** (grasp) قَبْضَةٌ ، تَمَكُّنٌ مِن

2. (influence) سَيْطَرة أو هَيْمَنة على

3. (*of ship*) عَنْبَر (مَخْزَن) السَّفِينة

hold-all/ˋhəʊld-ɔl/*n.* شَنْطة لِحَمْلِ الحاجِيّات

holder/ˋhəʊldə(r)/*n.* حامِل (شَهادة) ؛ شاغِل (مَنْصِب) ؛ حامِل (جِهاز)

holding/ˋhəʊldɪŋ/*n.* مِلْكِيّة ، عَقار

hold-up/ˋhəʊld-ʌp/*n.* سَطْوٌ مُسَلَّح (عَلَى البَنْك مَثَلًا) ؛ عَرْقَلة (في العَمَل) ، تَعْطِيل

hole/həʊl/*n.* ثُقْبٌ (ثُقُوب) ، فَتْحة ، خَرْقٌ (خُرُوق)

I picked holes in his argument أظْهَرْتُ نِقاطَ ضَعْفٍ في حُجَّتِهِ

I only bought a few vegetables and it made a hole in a pound لَمْ أشْتَرِ إلّا القَلِيلَ مِنَ الخُضْرَوات وَمَعَ هَذا طارَ الجُنَيه

holiday/ˋholədɪ/*n.* عُطْلة ، (يَوْمُ) عِيد

holiness/ˋhəʊlɪnes/*n.* قُدْسِيّة ، قَداسة (البابا)

hollow/ˋholəʊ/*adj.* & *adv.* أجْوَفُ ، مُجَوَّف ، خاوٍ ؛ تَمامًا

we beat them hollow هَزَمْناهُم شَرَّ هَزِيمة

n. مُنْخَفَضٌ صَغِيرٌ في الأرْض ، غَوْرٌ (أغْوار)

v.t. جَوَّفَ ، غَوَّرَ ، قَعَّرَ

holly/ˋholɪ/*n.* شُرّابة الرّاعي ، بَهْشِيّة الدِّبْق (نَبات)

hollyhock/ˋholɪhok/*n.* خِطْمِيّ (نَبات)

holocaust/ˋholəkɔst/*n.* مَذْبَحة ، مَجْزَرة بَشَرِيّة ؛ (قُربان) يُحْرَق بالنّار حَرْقًا تامًّا

holster/ˋhəʊlstə(r)/*n.* جِراب أو قِراب أو بَيْت المُسَدَّس

holy/ˋhəʊlɪ/*adj.* مُقَدَّس ، قُدسِيّ

homage/ˋhomɪdʒ/*n.* بَيْعة ، تَكْرِيم ، إجْلال

pay homage to قَدَّمَ فُرُوضَ الطّاعة ، بايَعَ ؛ أظْهَرَ التَّقْدِيرَ اللّائِقَ بِفُلان

home/həʊm/*n.* بَيْت ، مَنْزِل ؛ وَطَن ؛ مُؤَسَّسة (خَيْرِيّة مَثَلًا)

he felt at home إرْتاحَ كَما لَوْ كانَ بَيْنَ أهْلِه

Mrs Jones is not at home except to relatives السِّتّ جُونْس غَيْرُ مُسْتَعِدّة لِاسْتِقْبالِ الزُّوّارِ عَدا أقْرِبائِها

a home from home مَنْزِلُ صَدِيقٍ مَثَلًا يَشْعُرُ فيه المَرْءُ وكَأنّه في بَيْتِه ، أشْعُرُ وكَأنّي في بَيْتي

the home stretch المَرْحَلة الأخِيرة مِن السِّباق

adv.

he drove the nail home دَقَّ المِسْمارَ حَتّى آخِرِه

he drove his argument home ظَلَّ يَشْرَحُ حُجَّتَهُ حَتّى أقْنَعَ سامِعِيه بِصِحَّتِها

home-coming/ˋhəʊm-kʌmɪŋ/*n.* العَوْدةُ إلى الأهْلِ بَعْد غِيابٍ في الخارِج

homeland/ˋhəʊmlænd/*n.* وَطَنٌ (أوْطان)

homeless/ˋhəʊmləs/*adj.* بِلا مَأْوًى ، مُتَشَرِّد

homeliness/ˋhəʊmlɪnəs/*n.* جَوٌّ عائِلِيّ ، أُنْس ، أُلْفة

homely/ˋhəʊmlɪ/*adj.* بَسِيط ، ساذَج ؛ غَيْرُ جَذّاب ؛ (جَوٌّ) عائِلِيّ

home-made/ˈhəʊm-ˋmeɪd/*adj.* (مُرَبًّى) مُعَدٌّ في البَيْت ، بَيْتِيّ ، شُغْلُ البَيْت

homesick/ˋhəʊmsɪk/*adj.* تَوّاقٌ إلى الوَطَن ، يَشْعُرُ بالأبابَةِ أو الحَنِينِ إلى الوَطَن

homeward/*adj.* & *adv.* نَحْوَ البَيْت ، إلى المَنْزِل

also **homewards**/ˋhəʊmwədz/*adv.*

homework/ˋhəʊmwɜk/*n.* الواجِبُ البَيْتِيّ (للطُّلّاب) ، وَظِيفة (س)

homicidal/ˈhomɪˋsaɪdəl/*adj.* ذو نَزْعة القَتل

homicide/ˋhomɪsaɪd/*n.* قَتْلُ إنْسان ، قَتْلُ نَفْس ؛ قاتِل

homing/ˋhəʊmɪŋ/*adj.* (حَمام) زاجِل أو هَدِيّ

homogeneity/ˈhəʊmədʒɪˋniətɪ/*n.* تَجانُسٌ

homogeneous/ˈhəʊməˋdʒinɪəs/*adj.* (خَلِيط) مُتَجانِس

homogenized/həˋmodʒɪnaɪzd/*adj.* (حَلِيب) مُتَجانِس

homosexual/ˈhəʊməˋsekʃʊəl/*adj.* شاذٌّ جِنْسِيًّا

hone/həʊn/*n.* & *v.t.* حَجَرُ الشَّحْذِ أو السَّنّ أو لِتَجْلِيخ ؛ شَحَذَ (ـَ) ، سَنَّ (ـُ) ، جَلَخَ

honest/ˋonɪst/*adj.*

1. (not cheating) شَرِيف ، مُسْتَقِيم ، نَزِيه ، أمِين ؛ (عَمَلٌ) مُتْقَن

2. (candid) (رَأْيٌ) صَرِيح ، مُخْلِص ، صادِق

honesty/ˋonɪstɪ/*n.* صِدْقٌ ، أمانة ، إخْلاص ، نَزاهة

honesty is the best لِصِّدْقُ مَنْجاة ، الإسْتِقامةُ

policy خَيْرُ سَبيل

honey/ˈhʌnɪ/*n.* عَسَلُ (النَّحل)، شَهْد؛ يا حَبيبي (أو يا حَبيبَتي)

honeymoon/ˈhʌnɪmun/*n.* شَهْرُ العَسَل

v.i. قضى (أو قَضيا) شَهْر العَسَل (في)

honorary/ˈonərərɪ/*adj.* فَخْرِيّ (رَئيس أو شَهادة جامِعِيّة)

honour/ˈonə(r)/*n.* شَرَفٌ، كرامة، عِرْض

honours degree شَهادة جامِعِيّة بدَرَجة شَرَف

v.t. **1.** (respect) أَكْرَمَ، وَقَّرَ

2. (confer dignity on) شَرَّفَ أو كَرَّمَ (بِوِسام مَثَلاً)

3. (pay) أقامَ على عَهْدِه

the bank failed to honour his cheque رَفَضَ المَصْرِفُ قَبُولَ صَكِّه

honourable/ˈonərəbəl/ *adj.* شَريف، مُحْتَرَم، جَديرٌ بالتَّقْدير والتَّكْريم

Right Honourable لَقَبُ مَعالي أو فَخامة في بريطانيا (ولا سِيَّما في البَرْلَمان)

hood/hud/*n.*

1. (head covering) قَلَنْسُوة (قَلانِس) (قَدْ تَكون مُتَّصِلةً بالمِعْطَف)

2. (roof) تَنْدة (لِعَرَبة الأطفال)؛ "كَبُّوت" السَّيّارة أيْ غِطاءُ مُحَرِّكِها

hoodwink/ˈhudwɪŋk/ *v.t.* ذَرَّ الرَّمادَ في العُيُون، غَشَّ (ـُـ)

hoof/huf/(*pl.* **hooves**/huvz/) *n.* حافِر (حَوافِر)

cloven hoof ظِلْف (أظْلاف) الضَّأْن أو البَقَر مَثَلاً

hook/huk/*n.* كُلّاب، خُطّاف، صِنّارة

hook and eye كُبْشة، عَقيفة وعُرْوة (خِياطة)، كُلّاب ثِنْية وفَحْل (ع)

I shall get there by hook or by crook سأكُون هُناكَ مَهْما كَلَّفَ الأَمْرُ

v.t. شَدَّ بِخُطّاف، عَلَّقَ بِكُلّاب؛ أَوْقَعَهُ (في شِراكِها)

he hooked a fish صادَ سَمَكةً بِصِنّارة

hook-nosed/huk-ˈnəuzd/*adj.* مَعْقُوف أو أَقْنَى الأَنْف

hooligan/ˈhulɪgən/*n.* وَغْدٌ (أوْغاد)، شَقِيّ، مُثيرٌ للشَّغَب، بَلْطَجي (م)، أزْعَر (س)

hoop/hup/*n.* طَوْقٌ مَعْدِنِيّ أو خَشَبِيّ، طارة؛ طَوْقٌ للبِرْميل؛ حَلْقة مَعْدِنِيّة في لُعْبة الكْرُوكيه

hoopoe/ˈhupu/*n.* هُدْهُد (هَداهِدُ)

hoot/hut/*v.i.* & *n.* ضَبَحَ (ـَـ)، نَعَبَ (ـَـ) البُوم؛ زَمَّرَ (سائقُ السَّيّارة)؛ نَعيبُ البُوم؛ زَمْر؛ صَفير

hooter/ˈhutə(r)/*n.* بُوقُ السَّيّارة، صَفّارةُ المَصْنَع

hooves/huvz/*pl. of* **hoof**

hop/hop/*v.i.* حَجَلَ (ـِـ)، قَفَزَ (ـِـ) على رِجْلٍ واحِدة؛ نَطَّ (ـُـ) (الأرْنَبُ مَثَلاً)

hop it! (*coll.*) اِمْشِ! اِبْعِد! وَلِّ!

n.

1. (jump) حَجْلة، قَفْزة على رِجْلٍ واحِدة

he caught me on the hop باغَتَني، أخَذَني على حِينِ غِرّة

2. (plant) حَشيشة الدِّينار (نَبات)

hope/həup/*v.t.* & *i.* أَمَلَ (ـُـ)، رَجا (يَرْجُو)، تَمَنَّى

hope against hope تَشَبَّثَ بِبَصيصِ أمل

n. أَمَلٌ، رَجاءٌ، تَمَنٍّ

don't raise his hopes لا تُوهِمْهُ بآمالٍ قَدْ لا تَتَحَقَّق

hopeful/ˈhəupfəl/*adj.* مُتَفائل، مُؤَمِّل؛ يُرْجَى مِنْهُ خَيْر

hopeless/ˈhəupləs/*adj.* يائِس، قانِط؛ مَيْئُوسٌ مِنْه، لا رَجاءَ فِيه

horde/hɔd/*n.* قَوْمٌ رُحَّل، قَبيلة مُغيرة؛ أَسْراب (مِن الجَراد)؛ حَشْدٌ مِن النّاس

horizon/həˈrɑɪzən/*n.* أُفُق (آفاق)

horizontal/ˈhorɪˈzontəl/*adj.* أُفُقِيّ

hormone/ˈhɔməun/*n.* هُرْمُون (هُرْمُونات)، حاثّة

horn/hɔn/*n.* قَرْن (قُرون)؛ المادّة المُكَوِّنة لِقُرون الحَيَوانات؛ صُورٌ (يُنْفَخُ فيه)، بُوقُ السَّيّارة

he drew in his horns فَتَرَ حَماسُه (في المَشْروع)، قَلَّلَ مِن (نَفَقاتِه مَثَلاً)

on the horns of a dilemma بَيْنَ أَمْرَيْنِ أَحْلاهُما مُرّ؛ وَقَعَ في حَيْصَ بَيْص

hornet/ˈhɔnɪt/*n.* دَبُّور، زُنْبُور كَبير ذُو لَسْعةٍ مُؤْذِية

horoscope/ˈhorəskəup/ *n.* حِسابُ مَواقِع النُّجُوم لِمَعْرِفة الطّالِع؛ خَريطة البُرُوج؛ تَنْجيم

horrible/ˈhorɪbəl/*adj.* مُرْعِب، فَظيع، مُريع، شَنيع، كَريه

horrid/ˈhorɪd/*adj.* فَظيع، مُقَزِّز، مُقْرِف، تَقْشَعِرُّ مِنْه الأَبْدان

horrify/ˈhorɪfɑɪ/*v.t.* أَفْزَعَ، أَرْعَبَ، رَوَّعَ، بَعَثَ الرُّعْبَ في أَوْصاله

horror/ˈhorə(r)/*n.* هَوْلٌ، رُعْبٌ، هَلَعٌ، فَزَعٌ، خَوْفٌ شَديد

horror films أَفْلامُ الرُّعْب

hors-d'oeuvres/ˈɔ-ˈdɜvr/*n.* مُشَهِّيات، مُقَبِّلات، أَنْواعٌ مِن المِزّة

horse/hɔs/*n.* حِصان (أَحْصِنة، حُصُن)، فَرَسٌ (أَفْراس)

he is a dark horse إمْكانِيّاتُه غَيْرُ مَعْرُوفةٍ بَعْدُ

horse sense حَصافة، تَفْكيرٌ سَليم

he rode the high horse شَمَخَ (ـَـ) بأَنْفِه، تَعاظَمَ، تَغَطْرَسَ

clothes horse مِشْجَب، جَحْشُ الغَسيل

horseman/ˈhɔsmən/*n.* فارِس (فُرْسان)، خَيّال (خَيّالة)

horsepower/ˈhɔspaʊə(r)/*n.* حِصان بُخاريّ (في الفِيزْيا)

horseshoe/ˈhɔsʃu/*n.* حَدْوة الحِصان ، نَعْلُ الفَرَس (نِعال ، أَنْعُل)

horsewhip/ˈhɔswɪp/*n.* & *v.t.* سَوْطٌ (سِياط) ، كُرْباج (كَرابِيجُ) ؛ ضَرَبه بالكُرْباج

horticultural/ˈhɔtɪˈkʌltʃərəl/*adj.* خاصّ بالبَسْتَنة

horticulture/ˈhɔtɪkʌltʃə(r)/*n.* بَسْتَنة ، فِلاحة البَساتِين

hose/həʊz/*n.* & *v.t.* خُرْطُومُ ماءٍ (للرَّشّ أو للإطْفاء) ، أُنْبوبٌ مَطّاطِيّ ؛ جَوْرَب ؛ سَقَى (الحَدِيقة) أو رَشَّ الماءَ بِخُرْطُوم

hosiery/ˈhəʊzɪərɪ/*n.* جَوارِب ومَلابِس داخِلِيّة (مُحاكة عادةً)

hospitable/hoˈspɪtəbəl/*adj.* مِضْياف ، حَفِيّ بالضُّيوف

hospital/ˈhospɪtəl/*n.* مُسْتَشْفًى (مُسْتَشْفَيات) ، مَبَرّة

hospitality/ˈhospɪˈtælɪtɪ/*n.* كَرَمُ الضِّيافة ، حُسْنُ الوِفادة

host/həʊst/*n.*
1. (one who entertains guests) مُضِيف ، صاحِبُ الدَّعْوة
2. (large number) حَشْدٌ ، جَمْعٌ غَفِير ، جُمْهُورٌ مِنَ النّاس

hostage/ˈhostɪdʒ/*n.* رَهِينة (رَهائِنُ) ، أَسِيرٌ يُحْتَجَزُ رَهِينةً

hostel/ˈhostel/*n.* دارُ الطَّلَبة ، قِسْمٌ داخِلِيّ (ع)

hostess/ˈhəʊstɪs/*n.* مُضِيفة

hostile/ˈhostaɪl/*adj.* عِدائِيّ ، مُعادٍ ، مُناوِئ

hostility/hoˈstɪlətɪ/*n.* عِداء ، مُناوَأة

hot/hot/*adj.* حارٌّ ، ساخِن ، حامٍ
I shall get into hot water for being late سَأَجُرُّ عَلَى نَفْسِي المَتاعِبَ لِتَأَخُّرِي

hotel/həʊˈtel/*n.* فُنْدُق (فَنادِق) ، أُوتيل ، نُزُلٌ كَبِير (أَنْزال)

hothead/ˈhothed/*n.* أَهْوَجُ ، مُتَهَوِّر ، مُنْدَفِع ، غَيْرُ مُتَرَوٍّ

hothouse/ˈhothaʊs/*n.* بَيْتٌ زُجاجِيّ مُدَفَّأٌ للنَّباتات ، دَفِيئة

hound/haʊnd/*n.* كَلْبُ صَيْد ؛ نَصّاب ، وَغْدٌ (أَوْغاد) ، نَذْلٌ (أَنْذال)
v.t. تَعَقَّبَهُ أو لاحَقَهُ الدّائِنون ، ضايَقَه

hour/aʊə(r)/*n.*
1. (60 minutes) ساعة (مِنَ الزَّمَن)
2. (fixed period) وَقْتٌ مُعَيَّن
after hours بَعْدَ ساعاتِ العَمَل ، بَعْدَ الوَقْتِ المُحَدَّدِ لإغْلاقِ المَحالِّ التِّجارِيّة
in the hour of need في وَقْتِ الضِّيقِ أو الحاجة

hourly/ˈaʊəlɪ/*adj.* & *adv.* مَرّةً كُلَّ ساعة ، في أيّة ساعة ؛ باستِمْرار ، كُلَّ ساعة

house/haʊs/*n. pl.* **houses**/haʊzɪz/
1. (dwelling) بَيْت ، مَنْزِل ، دار
he kept open house كانَ بَيْتُهُ مَفْتُوحًا لِلضُّيوف
2. (institution) مُؤَسَّسة
House of Commons مَجْلِسُ العُمُومِ البَرِيطانِيّ
3. (dynasty) أُسْرة أو سُلالة مَلَكِيّة ؛ بَيْتٌ ، آلٌ
4. (firm) شَرِكة ، مُؤَسَّسة تِجارِيّة
wine and beer will be served on the house سَيُقَدَّمُ النَّبِيذُ والجِعة عَلَى حِسابِ المُؤَسَّسة
v.t. /haʊz/
1. (accommodate persons) أَسْكَنَ ، آوَى
2. (store) خَزَنَ (ـُ) ، بَيَّتَ

household/ˈhaʊshəʊld/ *n.* أَهْلُ الدّار ، البَيْتُ وما فِيه

householder/ˈhaʊshəʊldə(r)/*n.* صاحِبُ المَنْزِل

housekeeper/ˈhaʊskipə(r)/*n.* مُدِيرةُ شُؤُونِ البَيْت

house-room/ˈhaʊs-rʊm/ *n. usu. in* مُتَّسَع ، مَجال ، مَكان
I wouldn't give it house-room لا أَقْبَلُه وَلَوْ مَجّانًا

housewife/ˈhaʊswaɪf/*n.* رَبّة بَيْت

housework/ˈhaʊswɜk/*n.* شُغْلُ البَيْت

housing/ˈhaʊzɪŋ/*n.* إسْكان ، إيجادُ دُورٍ لِلسُّكْنَى
housing estate مَجْمُوعةُ مَساكِنَ صُمِّمَتْ كَوَحْدةٍ سَكَنِيّة

hovel/ˈhovəl/*n.* كُوخ ، خُصٌّ وَضِيع ، مَسْكَن حَقِير

hover/ˈhovə(r)/*v.i.*
1. (hang in the air) حَلَّقَ (الطّائر) ، حامَ (يَحُومُ)
2. (*fig.*) تَرَدَّدَ بَيْنَ
he hovered between life and death تَأَرْجَحَ بَيْنَ الحَياةِ والمَوْت

hovercraft/ˈhovəkraft/ *n.* حَوّامة ، مَرْكَبة بَرْمائِيّة تَسِيرُ فَوْقَ مِخَدّةٍ هَوائِيّة

how/haʊ/*adv.* كَيْفَ ؟
how are you? كَيْفَ حالُك ؟ كَيْفَ صِحَّتُك ؟
how do you do? تَشَرَّفْتُ (تُقال عِنْدَ تَقْدِيمِ شَخْصٍ لآخَر)
how about it? ما رَأْيُك ؟ هَلْ نَبدأ ؟
how come? ما السَّبَب ؟ كَيفَ حَدَثَ مِثلُ هذا ؟
how beautiful she is! ما أَجْمَلَها !

however/haʊˈevə(r)/*adv.* مَهْما ، كَيْفَما
conj. وَلٰكِنّ ، بَل

howl/haʊl/*v.i.* & *n.* عَوَى (يَعوِي) ، وَلْوَلَ ، وَعْوَعَ ، تَناوَحَ ؛ عُواء ، وَلْوَلة ، نُواح

howler/ˈhaʊlə(r)/*n.* (*coll.*) غَلْطةٌ فاحِشة أو فاضِحة ، هَفْوةٌ بَلْهاء

hub/hʌb/*n.* قُبّ أو سُرّة العَجَلة
(*fig.*) مِحْوَر أو مَرْكَز (التِّجارة مَثَلاً)

hubbub/ˈhʌbʌb/*n.* ضَجِيج ، صَخَبٌ ، جَلَبة ، ضَوْضاء

huddle/ˈhʌdəl/*v.t.* & *i.* وَضَعَ بِدُونِ تَرْتِيب ؛ تَجَمَّعَ ،

ازْدَحَمَ ، اِلْتَفَّ حَوْلَ

hue/hju/*n.*
1. (colour) لَوْنٌ (أَلْوانٌ)
2. (loud cry) *only in* **hue and cry** ضَجِيج وَعَجِيج ، فَوْضَى واضْطِراب ؛ صُراخٌ للتَّنْبِيهِ عَلَى لِصّ

hug/hʌg/*v.t. & n.* اِحْتَضَنَ ، ضَمَّ إلى صَدْرِهِ ؛ مَشَى لِصْقَ الحائِط ؛ عِناق ، هَصْر

huge/hjudʒ/*adj.* جَسِيم ، ضَخْم ، فَسِيح ، (بَوْنٌ) شاسِع ، هائِل ، (مَجْهودٌ) جَبّار

hulk/hʌlk/*n.* هَيْكَلُ سَفِينة مَهْجُورة ، شَخْص ضَخم الجُثّة

hull/hʌl/*n.* بَدَنُ السَّفِينة ؛ القِشْرَةُ الخارِجيّة لِثِمارِ البازِلّاء أو الفاصُوليا

hullo/hə'ləʊ/*int. also* **hello** آلو ؛ مَرْحَبًا !

hum/hʌm/*v.i.*
(murmur) هَمْهَمَ ، دَنْدَنَ ، طَنَّ (ـِ)
v.t. & i. (sing) دَنّ (ـُ) ، دَنَّنَ ، دَنْدَنَ

human/'hjumən/*adj. & n.* بَشَرِيّ ، إنسانِيّ ، آدَمِيّ ؛ إنْسان
human being إنْسان ، بَشَر
I'll be there if it is humanly possible سأحْضُرُ ما لَمْ يَحْدُث المُسْتَحِيل

humane/hju'meɪn/*adj.* إنسانِيّ ، حَنُون ، رَؤُوف ، عَطُوف ، شَفُوق

humanism/'hjumənɪzəm/*n.* الفَلْسَفةُ الإنسانيّة (تُنادِي بِقِيَمِ الإنسان الأخْلاقيّة دُونَ الرُّجوعِ إلى الدِّين) ؛ دِراسةُ الثَّقافة اليُونانيّة والرُّومانية في عَصْر النَّهْضة

humanist/'hjumənɪst/*n.* مُؤْمِنٌ بالفَلْسَفةِ الإنسانيّة ، ضَلِيع بالآدابِ اليُونانيّة والرُّومانية القَدِيمة

humanitarian/hju'mænɪ'teərɪən/*adj. & n.* إنسانِيّ ، خَيْرِيّ

humanity/hju'mænətɪ/*n.*
1. (human nature) إنسانيّة
2. (human race) البَشَرِيّة ، الخَلِيقة ، الجِنْسُ البَشَرِيّ
3. (benevolence) شَفَقة ، رِفْق
4. (*pl.* studies) دِراسةُ الآدابِ اليُونانيّة والرُّومانيّة ؛ الفُرُوع الأدَبيّة (في الجامِعة)

humble/'hʌmbəl/*adj.* مُتواضِع ، ذَلِيل ، وَضِيع ، خَضُوع
v.t. أذَلَّ ، حَقَّرَ ، حَطّ (ـُ) مِنْ شَأنِهِ

humbug/'hʌmbʌg/*n.* مُحْتال ، نَصّاب ، دَجّال ؛ كَلامٌ فارِغ ؛ حَلْوَى مُعَطَّرة بالنَّعْنَع
v.t. غَشَّ (ـُ) ، دَجَّل عَلَيْه ، بَلَفَ (ـِ) ، قَشْمَرَ (ع)

humdrum/'hʌmdrʌm/*adj.* مُمِلّ ، اِعْتِيادِيّ ، رَتِيب ، عَلَى وَتِيرةٍ واحِدة

humid/'hjumɪd/*adj.* رَطِبٌ ، نَدِيٌّ ، خَضِلٌ

humidity/hju'mɪdətɪ/*n.* رُطُوبة

humiliate/hju'mɪlɪeɪt/*v.t.* أذَلَّ ، حَقَّرَ ، أهانَ ، أخْزَى

humiliation/hju'mɪlɪ'eɪʃ(ə)n/*n.* إذْلال ، تَحْقِير ، إهانة ، إخْزاء

humility/hju'mɪlətɪ/*n.* تَواضُع

humorous/'hjumərəs/*adj.* فُكاهِيّ ، فَكِهٌ ، ظَرِيف ، هَزْلِيّ

humour/'hjumə(r)/*n.* فُكاهة ، ظَرْفٌ
he has a good sense of humour يَتَقَبَّلُ المِزاحَ بِصَدْرٍ رَحْب ؛ عِنْدَهُ رُوحُ النُّكْتة
v.t. دارَى ، سايَرَ ، لاطَفَ
you are only humouring me هذا مُجَرَّدُ مُسايَرة مِنْك

hump/hʌmp/*n.* حَدَبة ، سَنام

humpbacked/hʌmpbækt/*adj.* أحْدَب ، أبو قَنْبُور ، قَنْبُور (ع) ، مُقَوَّتَب (م)

hunch/hʌntʃ/*n.*
1. (hump) حَدَبة ؛ قِطعة كَبِيرة
2. (intuition) حَدْس
I have a hunch that he will not come يُحَدِّثُني قَلْبِي بأنَّه لَنْ يَحْضُر
v.t. حَنَى (يَحْنِي) (كَتِفَيْهِ) ، قَوَّسَ (ظَهْرَهُ)

hunchback/'hʌntʃbæk/*n.* أحْدَبُ (حُدْب) ، حَدَبة

hunchbacked/'hʌntʃbækt/*adj.* (ظَهْر) أحْدَب ، ذُو حَدَبة

hundred/'hʌndrəd/*n. & adj.* مِئة ، مِائة ؛ مِئَوِيّ

hung/hʌŋ/*p.t. & p.p. of* **hang**

hunger/'hʌŋgə(r)/*n.* جُوعٌ ، سَغَبٌ
v.i. جاعَ (يَجُوع) ، سَغِبَ (ـَ)

hunger-strike/'hʌŋgə(r)-straɪk/*n.* إضْرابٌ عَن الطَّعام

hungry/'hʌŋgrɪ/*adj.* جائع ، جَوعان

hunt/hʌnt/*v.t. & i.*
1. (pursue) صادَ ، اِصْطادَ ، تَصَيَّدَ ، قَنَصَ (ـِ)
2. (seek) بَحَثَ أو فَتَّشَ عَنْ
n. صَيْدٌ ، اِصْطِياد ؛ بَحْثٌ عَن

hunter/'hʌntə(r)/*n.* صَيّاد

hunting/'hʌntɪŋ/*n.* صَيْدٌ ، اِصْطِياد ، قَنْص

hurdle/'hɜdəl/*n.* حاجِز نَقّال مُؤَقَّت ، عائق ، عَقَبة ، مانِع ؛ (سِباق) المَوانِع
v.i. سَيَّجَ مُؤَقَّتًا ، قَفَزَ (ـِ) المَوانِعَ ؛ تَغَلَّبَ على العَقَبات

hurl/hɜl/*v.t.* قَذَفَ (ـِ) ، رَمَى (يَرْمِي) ، ألْقَى بِشِدّة

hurly-burly/'hɜlɪ-bɜlɪ/*n.* ضَجِيج ، صَخَبٌ ، هَرْجٌ وَمَرْج

hurrah/hʊ'rɑ/*int. & n.* عَظِيم ! هائل ! يا يَعِيش ! يَعِيش يا !

hurricane/'hʌrɪkən/*n.* زَوْبَعة شَدِيدة ، إعْصار

هائِلٌ (مَدارِيّ)، رِيحٌ هَوْجاء

hurricane lamp فانُوس لا تُطْفِئُه الرِّياح والأمْطار

hurry/ˋhʌrɪ/*v.t. & i.* سَرَّعَ، عَجَّلَ؛ أَسْرَعَ، اِسْتَعْجَلَ

hurry up! أُسْرِع! اِسْتَعْجِل!

n. عَجَلة، تَسَرُّع

hurt/hɜt/*v.t. & i.* آذى، ضَرَّ (ـُ)؛ جَرَحَ (ـَ) شُعُورَه، آلَمَ، أَوْجَعَ

n. أذًى، أَلَمٌ، ضَرَرٌ

hurtful/ˋhɜtfəl/*adj.* مُؤْذٍ، مُؤْلِمٌ، ضارٌّ

hurtle/ˋhɜtəl/*v.i.* اِندَفَعَ مُنْطَلِقًا؛ هَوَى (يَهْوِي)، اِرْتَطَمَ بالأرض

husband/ˋhʌzbənd/*n.* زَوْجٌ، بَعْلٌ، قَرِينٌ؛

& *v.t.* دَبَّرَ، اِقْتَصَدَ، حافَظَ علَى

hush/hʌʃ/*int.* صَهْ! سُكُوت!

n. هُدُوءٌ تامٌّ، صَمْتٌ عَمِيق

v.t. & i. أَسْكَتَهُ، هَدَّأهُ، أَخْفَى أو طَمَسَ (نَبَأً)؛ سَكَتَ (ـُ)، هَدَأَ (ـَ)

hush-hush/ˋhʌʃ-ˋhʌʃ/*adj.* سِرِّيّ، مَكْتُوم

husk/hʌsk/*n. & v.t.* قِشْرة الحُبُوب (كَحَبِّ القَمْحِ مَثَلًا)، (مَجازًا) قُشُورٌ تافِهة؛ قَشَرَ (ـِ) (الأرُزَّ مَثَلًا)

husky/ˋhʌskɪ/*adj.* أَبَحُّ، (صَوْتٌ) أَجَشُّ؛ قَوِيُّ البِنْية؛ جافٌّ، خالٍ مِن المائِيّة

n. كَلْبٌ أَشْعَثُ عِند الأسْكِيمو

hustle/ˋhʌsəl/*v.t. & i.*

1. (jostle) زاحَمَ؛ تَدافَعَ (بالمَناكِب)

2. (hurry) عَجَّلَ، سَرَّعَ

hut/hʌt/*n.* كُوخٌ (أكْواخ)، خُصٌّ (أخْصاص)

hutch/hʌtʃ/*n.* بَيْت أو قَفَصٌ (للأرْنَب)

hyacinth/ˋhɑɪəsɪnθ/*n.* ياقُوتيّة، مُكَحَّلة (زَهْرة)

hybrid/ˋhɑɪbrɪd/*n. & adj.* مُوَلَّد، هَجِين

hydrant/ˋhɑɪdrənt/*n.* صُنْبُورٌ رَئِيسِيّ أو مَحْبَسُ مِياهٍ في الشَّوارِع (للإطْفاء أو للتَّنْظِيف)

hydraulic/hɑɪˋdrolɪk/*adj.* هَيْدُرُولِيّ، هَيدُرولِيكِيّ، خاصٌّ بِحَرَكة الماء

hydroelectric/ˋhɑɪdrəʊɪˋlektrɪk/*adj.* هَيْدْرُوكَهْرَبائِيّ، كَهْرَبائِيّ – مائِيّ، كَهْرَمائِيّ

hydrofoil/ˋhɑɪdrəfɔɪl/*n.* (مَرْكَبٌ) لَه زَعانِف خاصّة في قَعْرِه تُسَهِّلُ رَفْعَ مُقَدَّمِه للسَّيْرِ بِسُرْعةٍ فائِقة، هَيْدْرُوفُويْل

hydrogen/ˋhɑɪdrədʒən/*n.* (غازُ) الهَيْدْرُوجِين

hyena/hɑɪˋɪnə/*n.* ضَبُعٌ (ضِباع، أَضْبُع)، أُمُّ عامِر

hygiene/ˋhɑɪdʒɪn/*n.* عِلْمُ حِفْظِ الصِّحّة

hygienic/ˋhɑɪˋdʒinɪk/*adj.* صِحِّيّ، (عِناية) صِحِّيّة

hymn/hɪm/*n.* تَرْتِيلة (تَراتِيل)، نَشِيد (أَنْشودة)، تَرْنِيمة (تَرانِيم)

hypermarket/ˋhɑɪpəmɑkɪt/*n.* مَتْجَر خِدْمةٍ ذاتِيّة ضَخْمٌ جِدًّا تُباعُ فيه بَضائِعُ شَتَّى

hypertension/ˋhɑɪpəˋtenʃən/*n.* اِرْتِفاعُ ضَغْطِ الدَّم

hyphen/ˋhɑɪfən/*n. & v.t.* شَرْطة بَيْن جُزْئَي كَلِمة مُرَكَّبة؛ وَصَلَ كَلِمَتَيْن بِشَرْطة

hypnosis/hɪpˋnəʊsɪs/*n.* تَنْوِيمٌ مَغْناطِيسِيّ

hypnotic/hɪpˋnotɪk/*adj.* ذُو تأثِيرٍ مَغْناطِيسِيّ، تَنْوِيمِيّ

hypnotism/ˋhɪpnətɪzm/*n.* تَنْوِيمٌ مَغْناطِيسِيّ

hypnotize/ˋhɪpnətɑɪz/*v.t.* نَوَّمَ تَنْوِيمًا مَغْناطِيسِيًّا

hypochondriac/ˋhɑɪpəˋkondrɪæk/*adj. & n.* مُصابٌ بِتَوَهُّمِ المَرَض، مُوَسْوَسٌ علَى صِحَّتِه

hypocrisy/hɪˋpokrəsɪ/*n.* نِفاقٌ، رِياء، مُراءاة

hypocrite/ˋhɪpəkrɪt/*n.* مُراءٍ، مُنافِق

hypodermic/ˋhɑɪpəˋdɜmɪk/*adj.* (حُقْنة) تَحْتَ الجِلْد

hypotenuse/ˋhɑɪˋpotənjuz/*n.* الوَتَرُ في مُثَلَّثٍ قائِمِ الزّاوِية

hypothesis/ˋhɑɪˋpoθəsɪs/*n.* فَرْضِيّة، افتِراض، اِحْتِمال

hypothetical/ˋhɑɪpəˋθetɪkəl/*adj.* فَرْضِيّ، اِفتِراضِيّ، غَيْرُ مُؤَكَّد

hysterical/hɪsterɪkəl/*adj.* هِسْتِيرِيّ، مُصابٌ بِنَوْباتٍ عَصَبِيّة

hysterics/hɪˋsterɪks/*n.* نَوْبة هِسْتِيرِيّة

I

I[1]/ɑɪ/(letter) الحَرْف التّاسِع مِن الأبْجَدِيّة

I[2]/ɑɪ/(*obj. case* **me**) *pron.* أنا

ice/ɑɪs/*n.* جَلِيد، قِطَعُ ثَلْج (مِن البَرّاد أو الثَّلّاجة)

v.t. & i. جَمَّدَ؛ لَبَّسَ بِسُكَّر؛ تَجَمَّدَ، تَغَطَّى بالثَّلْج

she iced the cake غَطَّتِ الكَعْكَةَ بِطَبَقةٍ خاصّةٍ مِنَ السُّكَّر

the wings of the aircraft iced up تَشَكَّلَتْ طَبَقةٌ جَلِيدِيّةٌ علَى جَناحَيِ الطّائِرة

that cuts no ice with me هذا لا يُقَدِّمُ ولا يُؤَخِّرُ بالنِّسْبَةِ لِي، هذا لا تأثِيرَ لَهُ عَلَيّ

iceberg/ˋɑɪsbɜg/*n.* جَبَلٌ جَلِيدِيٌّ عائِمٌ في المُحِيط

icicle/ˋɑɪsɪkəl/*n.* جَلِيدٌ مُتَدَلٍّ مِن حافّة السُّقُوف، ...لاة جَلِيدِيّة (س)

icing/ˋɑɪsɪŋ/*n.* تَشَكُّلُ الثَّلْجِ علَى جَناحَي طائِرة؛ طَبَقة سُكَّرِيّة خاصّة لِتَغْطِية بَعْض المُعَجَّنات

icy/ˋɑɪsɪ/*adj.* قارِصُ البَرْد، مُغَطًّى بالجَلِيد؛ (اِسْتِقْبالٌ) بارِدٌ جِدًّا

I'd/aɪd/*coll. contr. of* **I would, I should**

idea/aɪ'dɪə/*n.* فِكْرة (فِكَر) ؛ رَأْيٌ (آراء) ؛ شُعُورٌ مُبْهَم

you can have no idea how anxious I am لا تَسْتَطيعُ أَنْ تَتَصَوَّرَ قَلَقي

don't put ideas into his head لا تُمَنِّهِ بأمانٍ لا تَتَحقَّق ؛ لا تُنَبِّهْهُ إلى أشياءَ هو غافِلٌ عَنْها

the idea of such a thing! يا لَها مِن فِكْرة مَجْنونة !

ideal/aɪ'dɪəl/*adj. & n.* مِثاليّ ، نَموذَجيّ ؛ مَثَلٌ (أَعْلَى) (مُثُلٌ عُليا) ، قُدْوة ، نَموذَج

the high ideals of Islam مُثُل الإسْلام العُلْيا

idealism/aɪ'dɪəlɪzəm/*n.* المَذْهَب المِثاليّ ، المِثاليّة

idealist/aɪ'dɪəlɪst/*n.* مِثاليّ (في الفَلْسَفة والفَنّ) ، خَياليّ

idealize/aɪ'dɪəlaɪz/*v.t.* اِعْتَبَرَه مِثاليًّا ، نَسَبَ إليه صِفاتٍ مِثاليّة ، أنْزَله مِن السَّماء

ideally/aɪ'dɪəlɪ/*adv.* علَى أفْضَل ما يُرام ، بِشَكْلٍ مِثاليّ ؛ الحَلُّ الأمْثَلُ هو ...

identical/aɪ'dentɪkəl/*adj.* مُطابِق أو مُماثِل تَمامًا ، طِبْقَ الأصْل

identification/aɪ'dentɪfɪ'keɪʃən/*n.* إثْباتُ شَخْصِيّة ، تَعَرُّف (علَى هُوِيّة)

identify/aɪ'dentɪfaɪ/*v.t.* عَيَّنَ نَوْعَ شَيْء ؛ تَعَرَّفَ هُوِيّته ؛ طابَقَ بَيْنَ (شَيْئَيْن) ، اِعْتَبَرَهُما شَيْئًا واحِدًا

he identified himself with the new political party أعْلَنَ تأييدَه للحِزْب السِّياسيّ الجَديد

identikit/aɪ'dentɪkɪt/*n.* صُورة تَقْريبيّة لِمُجْرِمٍ تُرْسَمُ بِناءً علَى أوصافٍ يُعْطيها الشُّهود

identity/aɪ'dentɪtɪ/*n.*

1. (sameness) تَطابُق ، تَشابُه تامّ ، تَماثُل

2. (individuality) (تَذْكِرة) هُوِيّة ، (بِطاقة) شَخْصيّة ، ذاتيّة

ideology/'aɪdɪ'olədʒɪ/*n.* إيدْيُولُوجيا ، عَقيدة ، مَذْهَب

idiocy/'ɪdɪəsɪ/*n.* بَلادة ، بَلاهة ، عَتَه

idiom/'ɪdɪəm/*n.* عِبارة اصْطِلاحيّة ، تَعْبير يَخْتَلِفُ مَعْناه الحَقيقيّ عَنْ مَعْناه الحَرْفيّ ، لَهجة

idiomatic/'ɪdɪə'mætɪk/*adj.* اِصْطِلاحيّ ، (أُسْلُوب) حَيّ

idiot/'ɪdɪət/*n.* بَليد (بُلَداء) ، أبْلَه (بُلْه) ، مَعْتُوه ، غَبِيّ

idiotic/'ɪdɪ'otɪk/*adj.* سَخيف العَقْل ، مَخْبول

idle/'aɪdəl/*adj.* كَسْلان ، عاطِل ، مُتَوانٍ ؛ غَيْرُ مُسْتَغَلّ ، غَيْرُ شَغّال

during the depression the factory was idle تَوَقَّفَ المَصْنَع خِلالَ فَتْرةِ الرُّكود الاقْتِصاديّ

it's idle to expect him to help مِنَ العَبَث أن تَتَوَقَّعَ مُساعَدَته

v.t. & i. أضاعَ الوَقْت ، تَلَكَّأ ، تَكاسَلَ

she idled her days away أضاعَت حَياتَها بالمُتْعة واللَّهْو

idol/'aɪdəl/*n.* صَنَم (أصْنام) ، وَثَن (أوْثان) ؛ مَعْبود (الجَماهير)

idolize/'aɪdəlaɪz/*v.t.* ألَّهَ ، عَبَدَ (ـُ)

idyll/'ɪdəl/*n.* قَصيدة غَزَليّة

idyllic/ɪ'dɪlɪk/*adj.* مِثاليّ (بَعيد عَن تَعْقيدات المَدَنيّة) ؛ غَزَليّ ؛ رَعَويّ ، شاعِريّ ريفيّ ، بَسيط

if/ɪf/*conj.* إن ، إذا ؛ لَيْتَ

if only I knew لَيْتَني كُنْتُ أعْلَمُ

as if I could help it وَهَلْ أنا المَلُوم ؟ لَمْ يَكُنْ بِمَقْدُوري تَجَنُّبُ ذلك

well, if I haven't forgotten to pay يا لَدَهْشَتي ، لَقَد نَسيتُ أن أدْفَعَ ما عَلَيّ

ignite/ɪg'naɪt/*v.t. & i.* أوْقَدَ ، أشْعَلَ ؛ اِتَّقَدَ ، اِشْتَعَلَ

ignition/ɪg'nɪʃən/*n.* إشْعال ، إيقاد ؛ اِتِّقاد ، اِشْتِعال

ignominious/'ɪgnə'mɪnɪəs/*adj.* جالِب لِلْعار ، شَنيع ، قَبيح ؛ (عُقوبة) شائِنة

ignorance/'ɪgnərəns/*n.* جَهْل ، جَهالة

ignorant/'ɪgnərənt/*adj.* جاهِل ، غَبِيّ ، أُمِّيّ

ignore/ɪg'nɔ(r)/*v.t.* أهْمَلَ ، تَجاهَلَ ، لَمْ يَكْتَرِثْ لِ ، لَمْ يَهْتَمَّ بِـ

ill/ɪl/*adj.* مَريض ، عَليل ، سَقيم ؛ سَيِّئ ، رَديء ؛ مُعاكِس

he fell ill أُصيبَ بِمَرَض ، مَرِضَ (ـَ) ، اِعْتَلَّ

it's an ill wind that blows nobody any good مَصائِبُ قَوْمٍ عِنْدَ قَوْمٍ فَوائِدُ

the area fell into ill repute ساءَت سُمْعة المِنْطَقة

n. **1.** (evil) شَرٌّ (شُرُور) ، سُوءٌ (أسْواء) ، ضُرٌّ (أضْرار)

2. (*pl.* misfortunes) مَتاعِبُ الدُّنْيا ، بَلايا الزَّمان

adv. بِشَكْلٍ سَيِّئ ؛ بِصُورةٍ غَيْر مُلائِمة ، دُونَ الكِفاية

it ill becomes you to blame him لا يَليقُ بِكَ أن تَلُومَهُ

I'll/aɪl/*coll. contr. of* **I will, I shall**

illegal/ɪ'ligəl/*adj.* غَيْرُ شَرْعيّ

illegible/ɪ'ledʒəbəl/*adj.* (خَطٌّ) لا يُقْرأ ، (كِتابة) تَتَعَذَّرُ قِراءَتُها

illegitimacy/'ɪlə'dʒɪtəməsɪ/*n.* لا شَرْعيّة

illegitimate/'ɪlə'dʒɪtəmət/*adj.* (طِفْل) غَيْر شَرْعيّ

illicit/ɪ'lɪsɪt/*adj.* غَيْر مَشْروع ، غَيْر جائِز ، غَيْر قانونيّ ، بالخَفاء

illiteracy/ɪ'lɪtərəsɪ/*n.* أُمِّيّة ، جَهْلُ القِراءة والكِتابة

illiterate/ɪ'lɪtərət/*adj.* لا يُحْسِن القِراءة والكِتابة ، أُمِّيّ

illness/'ɪlnəs/*n.* مَرَض (أمْراض) ، سُقْم (أسْقام) ، عِلّة (عِلَل)

illogical/ɪ'lodʒɪkəl/*adj.* غَيْر مَنْطِقيّ ، مُخالِف لِلْمَنْطِق

ill-treat/ɪl-'trit/*v.t.* أساءَ مُعامَلَته

illuminate/ɪ'lumɪneɪt/*v.t.* أنارَ ، أضاءَ ، نَوَّرَ ؛ زَخْرَفَ مَخْطوطًا

illuminated manuscript مَخْطوط مُزَخْرَف مُلَوَّن

illumination/ɪ'lumɪ'neɪʃən/*n.* إنارة ، إضاءة ؛ تَوْشِيَةُ مَخْطوطاتٍ بِزَخارِفَ مُلَوَّنة

illusion/ɪ'luʒən/*n.* وَهْم (أَوْهام) ، مَظْهَر خَدّاع

illustrate/'ɪləstreɪt/*v.t.* أَوْضَحَ ، شَرَحَ (ـَ) ؛ زَوَّدَ بِصُوَر إيضاحِيّة

he illustrated his meaning by well-chosen examples وَضَّحَ المَعْنَى بأَمْثِلَةٍ أُحْسِنَ اخْتِيارُها

an illustrated book كِتابٌ مُصَوَّر

illustration/'ɪlə'streɪʃən/*n.* رَسْم (رُسوم) ، صورة (صُوَر) ، تَصْوِيرة ؛ تَوْضِيح ، مِثالٌ للشَّرْح

illustrious/ɪ'lʌstrɪəs/*adj.* مَشْهُور ، شَهِير ، ماجِد

I'm /ɑɪm /*abbr. of* **I am**

image/'ɪmɪdʒ/*n.* صُورة ؛ مَجاز ، اِسْتِعارة ؛ فِكْرة ، صُورة ذِهْنِيّة

imagery/'ɪmɪdʒrɪ/*n.* أَصْنام ، تَماثيل ؛ المَجاز والاسْتِعارة

imaginary/ɪ'mædʒɪnərɪ/*adj.* خَياليّ ، تَخَيُّليّ ، وَهْمِيّ

imagination/ɪ'mædʒɪ'neɪʃən/*n.* مُخَيِّلة ، خَيال ؛ القُدْرة على الابْتِكار ، مَلَكة الإبْداع ؛ وَهْم

this official is efficient enough but lacks imagination هذا المُوَظَّفُ كُفْءٌ ولكِن تُعْوِزُه رُوحُ الابْتِكار

imaginative/ɪ'mædʒɪnətɪv/*adj.* واسِعُ الخَيال ، مُبْدِع ، مُبْتَكِر

imagine/ɪ'mædʒɪn/*v.t.* تَصَوَّر ، تَخَيَّل ، تَوَهَّم ؛ ظَنَّ (ـُ)

imbecile/'ɪmbəsil/*adj.* & *n.* أَبْلَه ، مَعْتُوه ، أَهْبَل ، ضَعِيفُ العَقْل ، سَخِيف

imbibe/ɪm'bɑɪb/*v.t.* شَرِبَ (ـَ) ، اِسْتَقَى ، نَهِلَ (ـَ) ؛ تَشَبَّعَ بآراء

imbue/ɪm'bju/*v.t.* شَبَّعَ ؛ خَضَّبَ ، صَبَغَ (ـِ) ؛ شَرَّبَ ، أَفْعَمَ بِـ

politicians imbued with a sense of their own importance سِياسِيُّون مَلِيئو الإعْجاب بأنْفُسِهِم

imitate/'ɪmɪteɪt/*v.t.* قَلَّدَ (تَوْقِيعًا) ، حاكَى (أَباه) ، اقْتَدَى بِ ، حذا (يَحْذو) حَذْوَ

imitation/'ɪmɪ'teɪʃən/*n.* تَقْلِيد ، مُحاكاة ؛ تَزْوِير ، تَزْيِيف

immaculate/ɪ'mækjʊlət/*adj.* نَقِيّ ، ناصِع ، صافٍ

immaterial/'ɪmə'tɪərɪəl/*adj.* لا مادِّيّ ؛ تافِه ، طَفِيف ، غَيْر مُهِمّ

immature/'ɪmə'tʃʊə(r)/*adj.* غَيْر ناضِج ، فِجّ

immediate/ɪ'midɪət/*adj.* مُباشِر ، فَوْرِيّ ، داهِم

a matter of immediate importance قَضِيّة ذاتُ أَهَمِّيّة عاجِلة

in the immediate future فَوْرًا ، تَوًّا

immediately/ɪ'midɪətlɪ/*adv.* حالاً ، على الفَوْر ؛ مُباشَرةً

immense/ɪ'mens/*adj.* جَسِيم ، ضَخْم ، هائل ، لا حَدَّ له

immensely/ɪ'menslɪ/*adv.* جِدًّا ، لِلغاية ، كَثِيرًا جِدًّا

immensity/ɪ'mensɪtɪ/*n.* جَسامة ، ضَخامة ، لا نِهائِيّة

immerse/ɪ'mɜs/*v.t.* غَطَّس (في سائل) ، غَمَرَ (ـُ)

she is immersed in her book إنّها مُسْتَغْرِقة في كِتابِها

immersion/ɪ'mɜʃən/*n.* غَطْس ، تَغْطِيس ، غَمْر ، غَمْس

immersion heater مُسَخِّن كَهْرَبائيّ غاطِس

immigrant/'ɪmɪgrənt/*n.* مُهاجِر مُقِيم ؛ مُغْتَرِب ، مُسْتَوْطِن

immigrate/'ɪmɪgreɪt/*v.i.* هاجَرَ ، نَزَحَ (ـِ)

immigration/'ɪmɪ'greɪʃən/*n.* هِجْرة

imminence/'ɪmɪnəns/*n.* دُنُوّ (النِّهاية) ، إحْداق (الخَطَر)

imminent/'ɪmɪnənt/*adj.* وَشِيك ، قَرِيبُ الحُدُوث ، عَلَى الأَبْواب ، قابَ قَوْسَيْن أو أَدْنَى

immobility/'ɪmə'bɪlɪtɪ/*n.* عَدَمُ حَرَكة ، جُمود ، ثُبوتِيّة ، سُكُون

immobilize/ɪ'məʊbəlɑɪz/*v.t.* شَلَّ (ـُ) حَرَكَته ، أَقْعَدَه ، مَنَعه من الحَرَكة

immodest/ɪ'mɒdəst/*adj.* قَلِيل الاحْتِشام ، عَدِيم الحِشْمة

immoral/ɪ'mɒrəl/*adj.* لا أَخْلاقيّ ، فاسِق ، خَلِيع ، فاسِد

immorality/'ɪmə'rælɪtɪ/*n.* فِسْق ، فَسادُ الأَخْلاق ، فُجُور

immortal/ɪ'mɔtəl/*adj.* خالِد ، دائِم ، لا يَمُوت

immortality/'ɪmɔ'tælətɪ/*n.* خُلُود (النَّفْس) ، أَبَدِيّة (الذِّكْر) ، بَقاء على مَرّ الزَّمان

immortalize/ɪ'mɔtəlɑɪz/*v.t.* خَلَّدَ ذِكْراه

immune/ɪ'mjun/*adj.* حَصِين ، مَنِيع

immunity/ɪ'mjunɪtɪ/*n.* حَصانة ، مَنْعة ، مَناعة (طِبّ)

diplomatic immunity حَصانة دِبْلُوماسِيّة

immunization/'ɪmjʊnɑɪ'zeɪʃən/*n.* إكْسابُ مَناعة ، تَطْعِيم بِلِقاحٍ ضِدَّ مَرَضٍ ما ، تَحْصِين

immunize/'ɪmjʊnɑɪz/*v.t.* أَكْسَبَ مَناعة ، جَعَلَ الطِّفْلَ مَنِيعًا ضِدَّ مَرَض ، مَنَّعَ

imp/ɪmp/*n.* اِبْنُ الشَّيْطان ؛ عِفْرِيت صَغِير ؛ وَلَدٌ شَيْطان

impact/'ɪmpækt/*n.* & *v.t.* اِصْطِدام ، اِرْتِطام ؛ وَقْع ، تَأْثِير ؛ غَرَزَ ، غَمَسَ (ـِ) في

impacted wisdom tooth ضِرْس عَقْل مَحْشورٌ في عَظْمِ الفَكّ (طِبّ)

impair/ɪm'peə(r)/*v.t.* أَضَرَّ بِ ، أَضْعَفَ (صِحَّته)

impart/ɪm'pɑt/*v.t.* أَطْلَعه على ، أَحاطه (عِلْمًا بِ) ؛ أَضْفَى

impartial/ɪm'pɑʃəl/*adj.* غَيْر مُتَحَيِّز ، مُنْصِف ، مُتَجَرِّد

impartiality/'ɪm'pɑʃɪ'ælətɪ/*n.* عَدَمُ تَحَيُّز ، لا مُحاباة

impasse/'æmpɑs/*n.* زُقاق غَيْرُ نافِذ ، رَدْب ؛ مَوْقِف لا مَخْرَجَ منه ، مَأْزِقٌ حَرِج

impatience/ɪm'peɪʃəns/*n.* قِلَّة الصَّبْر ، تَلَهُّف ، مَلَل

impatient/ɪm'peɪʃənt/*adj.* ضَيِّقُ الصَّدْر ، قَلِيل الأَناة

impeach/ɪm'pitʃ/*v.t.* طَعَنَ (ـَ) في ، شَكَّكَ في صِحّة شَيْء ؛ اِتَّهَمَ (فُلانًا) بِجَرِيمةٍ ضِدَّ الدَّوْلة ، قاضى مُوَظَّفًا

impeachment/ ɪm'pitʃmənt/*n.* اِتِّهام جِنائي ، إقامة دَعْوى على مُوَظَّف حُكوميّ

impeccable/ ɪm'pekəbəl/*adj.* خالٍ مِن كُلِّ عَيْب ، مَعْصُوم

impecunious/ 'ɪmpɪ'kjunɪəs/*adj.* فَقير ، رَقيقُ الحال ، خالي الوِفاض ، مُعْدِم ، مُحْتاج ، مُعْوِز

impede/ɪm'pid/*v.t.* عَرْقَلَ ، أعاقَ ، حالَ (يَحُولُ) دُونَ

impediment/ ɪm'pedɪment/*n.* عائِق ، حائِلٌ دُونَ ؛ عِيٌّ أو ثِقَلُ (اللِّسان) ؛ عَرْقلة (عَراقِيلُ) ، مانِع (مَوانِعُ)

impel/ɪm'pel/*v.t.* دَفَع (ـَ) إلى ، حَمَلَ علَى ؛ حَثَّ (ـُ) ، حَضَّ (ـُ)

impending/ɪm'pendɪŋ/*adj.* وَشيك ، قَريب الحُدوث

impenetrable/ ɪm'penɪtrəbəl/*adj.* لا يُخْتَرَق ، (سِرٌّ) مُغْلَق ، (غابة) لا تُولَج ، مُمْتَنِع

imperative/ɪm'perətɪv/*adj.*
1.(*gram.*) صِيغة الأمر (نَحْو)
2. (peremptory) (أَمْرٌ) إلْزاميّ ، حَتْميّ ، لا يُخالَف
3. (essential) أساسيّ ، ضَرُوريّ ، (حاجة) مُلِحّة أو ماسّة ؛ مُسْتَعْجَل

imperceptible/ 'ɪmpə'septəbəl/*adj.* طَفيف ، لا يُدْرَك ، غَيْر مَحْسُوس ، غَيْر مَلْحُوظ ؛ خَفيّ ، غَيْر مَرْئيّ ، لا يُسْمَع

imperfect/ɪm'pɜfɪkt/*adj.*
1. (faulty) ناقِصُ التَّكْوين ، مَعِيب ، غَيْر سَلِيم
2. (*gram.*) صِيغة الاسْتِمْرار في اللُّغات الأُورُبِّيّة والمُضارِع في اللُّغات السّامِيّة

imperfection / 'ɪmpə'fekʃən /*n.* نقيصة ، عَيْب ، شائبة

imperial/ɪm'pɪərɪəl/ *adj. & n.* إمْبراطوريّ ، قَيْصَريّ ؛ خاصّ بالمَكاييل الإنْكليزيّة ؛ لِحْية صَغيرة ، عُثْنُون

imperil/ɪm'perɪl/*v.t.* عَرَّضَهُ للأَخْطار والمَهالِك

imperious/ɪm'pɪərɪəs/*adj.* مُتَجَبِّر ، مُتَصَلِّف ، أَمّار

impersonal/ɪm'pɜsənəl/*adj.*
1. (without personal quality) (نِقاش) مَوْضُوعيّ ، لا ذاتيّ
2. (*gram.*) (جُمْلة) مَجْهُولٌ فاعِلُها ، (فِعْل) غَيْرُ شَخْصيّ (كالمَصْدَر في الإنكليزيّة)

impersonate/ ɪm'pɜsəneɪt/*v.t.* اِنْتَحَلَ شَخْصيّة غَيْرِه ، قَلَّدَ شَخْصيّةً مَشْهُورة (للتَّسْلية)

impersonation/ ɪm'pɜsə'neɪʃən/*n.* تَقْليد شَخْصيّة الغَيْر

impertinence/ɪm'pɜtɪnəns/*n.* وَقاحة ، سَفاهة ، صَفاقة

impertinent/ ɪm'pɜtɪnənt/*adj.* وَقِح ، سَفيه ، (تَعْليقٌ) نابٍ

imperturbable/ 'ɪmpə'tɜbəbəl/*adj.* رابِطُ الجَأْش ، غَيْرُ مُضْطَرِب ، لا يَتأثَّر ، هادِئُ الأَعْصاب

impervious/ɪm'pɜvɪəs/*adj.* كَتِيم ، غَيْر مُنْفِذ ؛ صامِد لِ
(*fig.*) he was impervious to criticism لَمْ يَكُنْ لِيَتأثَّر بالنَّقْد

impetigo/'ɪmpɪ'tɑɪgəʊ/*n.* الحَصَف (مَرض جِلْديّ)

impetuous/ɪm'petjʊəs/ *adj.* مُتَهَوِّر ، مُتَسَرِّع ، مُنْدَفِع ، مُتَحَمِّس ، (شابٌّ) نَزِق ، عَديمُ التَّرَيُّث

impetus/'ɪmpɪtəs/*n.* قُوّة دافِعة ، دافِع ، حافِز ؛ كَمِّيّة التَّحَرُّك ، زَخْم (ميكانيكا)

impinge/ɪm'pɪndʒ/*v.i. with* **on** اِرْتَطَمَ أو اِصْطَدَمَ بِـ ؛ تَجاوَزَ علَى

impish/'ɪmpɪʃ/*adj.* عِفْريتيّ ، (ابتِسامة) ذاتُ شَماتة

implacable/ ɪm'plækəbəl/*adj.* مُتَصَلِّب ، لَدُود ؛ لا سَبيلَ إلى تَهْدِئَتِهِ

implant/ɪm'plɑnt/*v.t.* رَسَّخَ ، غَرَزَ (ـِ) ، غَرَسَ (ـِ)

implement/'ɪmplɪmənt/*n.* آلة ، أداة (أدَوات)
v.t./'ɪmplɪ'ment/ نَفَّذَ (القَرار) ، وَضَعَ (المَشْرُوعَ) مَوْضِعَ التَّنْفيذ

implicate/'ɪmplɪkeɪt/*v.t.* بَيَّنَ اشْتِراكَ شَخْصٍ في جُرْمٍ ، وَرَّطَهُ في تُهْمة ، أَشْرَكَهُ

implication/'ɪmplɪ'keɪʃən/*n.* تَوَرُّطٌ في (جُرْمٍ) ؛ مَضْمُون (الكَلام) ، مَغْزًى
by implication مِن باب اللُّزوم الضَّروريّ ؛ ضِمْنًا ، كِنايةً

implicit/ɪm'plɪsɪt/*adj.* مَذْكُورٌ ضِمْنًا ، ضِمْنيّ ، مُضْمَر ؛ مُطْلَق
implicit faith إيمان أَعْمَى

implore/ɪm'plɔ/*v.t.* تَضَرَّعَ إلى ، اِسْتَعْطَفَ ، اِسْتَرْحَمَ

imply/ɪm'plɑɪ/*v.t.* دَلَّ (ـُ) أو عَنَى (يَعْني) ضِمْنًا

impolite/'ɪmpə'lɑɪt/*adj.* قَليلُ التَّهْذيب ، قَليلُ الأَدَب ، فَظّ

import/ɪm'pɔt/*v.t.* أَفادَ أَنَّ ، دَلَّ (ـُ) علَى ؛ اِسْتَوْرَدَ ، جَلَبَ (ـِ) بِضاعةً مِن الخارِج
n./'ɪmpɔt/ فَحْوَى ، مَعْنَى ، مَغْزَى ، مُفاد ؛ اِسْتيراد ، اِسْتِجلاب ؛ بَضائع مُسْتَوْرَدة

importance/ɪm'pɔtəns/*n.* أَهَمِّيّة ، خُطُورة ؛ نُفُوذ ، شَأْن

important/ɪm'pɔtənt/*adj.* مُهِمّ ، هامّ ، ذُو بال ؛ (مَبْلَغ) عَظِيم ؛ ذُو نُفُوذ

importunate/ɪm'pɔtjʊnət/*adj.* مِلْحاح ، لَجُوج ، مُلِحّ

impose/ɪm'pəʊz/*v.t. & i.* فَرَضَ (ـِ) عَلَيْه (رَأْيًا أو غَرامةً) ؛ اِسْتَغَلَّ طِيبَتَه ، أَثْقَلَ عَلَيْه
the government imposed new taxes فَرَضَت الحُكُومة ضَرائبَ جَدِيدةً
they will impose on your good nature سَيَسْتَغِلُّون طِيبةَ قَلْبِك

imposing/ɪm'pəʊzɪŋ/*adj.* مَهِيب ، يَبْعَثُ علَى الاحترام

imposition/'ɪmpə'zɪʃən/*n.*
1. (burden) تَكْلِيف ، فَرْض (الضَّرائب) ؛ وَضْع الأَيْدي
2. (deception) إيهام ، خُدْعة (خُدَع) ، حِيلة (حِيَل)
3. (school punishment) واجِبٌ إضافيّ يُفْرَض علَى

التِلْميذ عِقابًا له

impossibility/ɪm'posə'bɪlətɪ/*n.* اِسْتِحالة ، تَعَذُّر

impossible/ɪm'posəbəl/ *adj.* مُسْتَحِيل ، مُحال ، غَيْرُ مُمْكِن ، بَعِيدُ المَنال ، مُتَعَذِّر ؛ (مَوْقِف) لا يُطاق

impostor/ɪm'postə(r)/*n.* دَعِيّ ، مُنْتَحِل شَخْصِيّة كاذِبة

impotence/'ɪmpətəns/*n.* عَجْزٌ عَن العَمَل ؛ عُنّة

impotent/'ɪmpətənt/*adj.* عاجِز ، قاصِرُ اليَدِ عَن ؛ عِنّين

impound/ɪm'paʊnd/*v.t.* حَجَزَ (ـِ) علَى ، صادَرَ

impoverish/ɪm'povərɪʃ/ *v.t.* أَفْقَرَ ، جَرَّدَهُ مِن ثَرْوَتِهِ ؛ أَفْقَدَ (الأَرْضَ خِصْبَها)

impoverishment/ ɪm'povərɪʃmənt/*n.* إِفْقار ، اِفْتِقار

impracticable/ ɪm'præktɪkəbəl/*adj.* (مَشْرُوع) غَيْرُ قابِل للتَّنْفِيذ ، طَرِيقٌ يَتَعَذَّرُ اجْتِيازُه

imprecation/'ɪmprɪ'keɪʃən/*n.* سِباب ، شَتِيمة ، لَعْنة

imprecise/'ɪmprə'saɪs/ *adj.* غَيْر دَقِيق ، (مَعْلُومات) تُعْوِزُها الدِقّة ، غَيْر واضِح

impregnable/ɪm'pregnəbəl/*adj.* مَنِيع ، حَصِين ، حَرِيز

impregnate/'ɪmpregneɪt/*v.t.* لَقَّحَ ؛ أَشْبَعَ بـِ

impresario/ 'ɪmprə'sɑrɪəʊ/*n.* مُتَعَهِّدُ حَفَلاتٍ فَنِّيّة ، مُدِيرُ أَعْمالِ فِرْقةٍ فَنِّيّة

impress/ɪm'pres/*v.t.* دَمَغَ (ـُ) ، خَتَمَ (ـِ) ؛ أَحْدَثَ وَقْعًا أو انْطِباعًا حَسَنًا ، حازَ الإعْجاب

impression/ɪm'preʃən/*n.*
1. (*printing*) صُورة مَطْبُوعة عَن كلِيشِيه ؛ طَبْعة (كِتاب)
2. (effect) أَثَر ، تَأْثِير ، وَقْع
he made a good impression تَرَكَ انْطِباعًا حَسَنًا

impressionable/ ɪm'preʃənəbəl/*adj.* سَرِيعُ التأثُّر ، سَهْل الانفِعال

impressive/ɪm'presɪv/*adj.* (خِطاب) رائِع ، (مَجْهُود) عَظِيم ، هائِل

imprint/'ɪmprɪnt/*n.*
1. (stamp) خَتْم ، طابَع ؛ أُثَر ، عَلامة ؛ بَصْمة
2. (publisher's mark) اِسْمُ طابِعِ الكِتابِ وناشِرِهِ ومَكانِ طَبْعِهِ وتارِيخِهِ ، بَيِّناتُ النَّشْر

imprison/ɪm'prɪzən/*v.t.* سَجَنَ (ـُ) ، حَبَسَ (ـِ)

imprisonment/ɪm'prɪzənmənt/*n.* سَجْنٌ ، حَبْسٌ

improbability/ ɪm'probə'bɪlɪtɪ/*n.* اِسْتِبْعادُ حُدُوثِ أَمْر ، عَدَمُ احْتِمالِ وُقوعِ شَيْءٍ ما

improbable/ ɪm'probəbəl/*adj.* غَيْرُ مُحْتَمَلِ الحُدُوث ، بَعِيدُ الاحْتِمال ، مُسْتَبْعَد

impromptu/ ɪm'promptju/*adj. & adv.* اِرْتِجالِيّ ، مِنْ دُونِ اسْتِعْداد ، علَى البَدِيهة

improper/ɪm'propə(r)/ *adj.* غَيْرُ لائِق ، في غَيْر مَحَلِّهِ ؛ غَيْر صَحِيح ؛ غَيْر مُحْتَشِم ، بَذِيء

impropriety/ 'ɪmprə'praɪətɪ/*n.* عَدَمُ لَياقة أو مُناسَبة ؛ بَذاءة ، عَدَمُ احْتِشام

improve/ɪm'pruv/*v.t. & i.* حَسَّنَ ، أَدْخَلَ تَحْسِينًا على ؛ اِغْتَنَمَ (الفُرْصة) ؛ تَحَسَّنَ

improvement/ ɪm'pruvmənt/*n.* تَحَسُّن ، تَقَدُّم ؛ تَحْسِين ، إِصْلاح

improvident/ ɪm'provɪdənt/*adj.* قَلِيلُ التَّبَصُّر ؛ غَيْر مُدَبِّر ، مُسْرِف ، مُبَذِّر

improvisation/ 'ɪmprəvaɪ'zeɪʃən/*n.* مُرْتَجَل ، (عَزْفٌ) ارْتِجالِيّ

improvise/'ɪmprəvaɪz/ *v.t.* اِرْتَجَلَ (قَصِيدة) ، اِبْتَدَهَ (خُطْبةً) ؛ تَحايَلَ علَى مُشكِلة

imprudence/ ɪm'prudəns/*n.* قِلّة حِكْمة ، عَدَمُ حَذَر ، طَيْش ، تَهَوُّر

imprudent/ɪm'prudənt/ *adj.* غَيْرُ مُتَرَوٍّ ، طائِش ، عَدِيمُ التَّبَصُّر ، (قَرارٌ) غَيْر حَكِيم

impudence/'ɪmpjʊdəns/*n.* وَقاحة ، سَفاهة

impudent/'ɪmpjʊdənt/*adj.* وَقِح ، سَفِيه ، صَفِيق

impulse/'ɪmpʌls/*n.*
1. (impetus) قُوّة دافِعة ، دافِع ، حافِز
2. (*elec.*) نَبْضةُ تَيّارٍ كَهْرَبائِيّ
3. (urge) نَزْوة ، نَزَقٌ
he was seized by an impulse to scream تَمَلَّكَتْهُ فَجْأَةً رَغْبةٌ مُلِحّةٌ في الزَّعِيق

impulsive/ɪm'pʌlsɪv/*adj.* مُنْدَفِع في أَعْمالِهِ ، طائِش

impunity/ɪm'pjunətɪ/*n.* نَجاةٌ مِن العِقاب ، حَصانة

impure/ɪm'pjʊə(r)/*adj.*
1. (unchaste) غَيْر شَرِيف ، دَنِس ، نَجِس ، بَذِيء ، شَهْوانِيّ
2. (dirty) (هَواء) قَذِر ، وَسِخ ، مُلَوَّث
3. (adulterated) (مَعْدِن) غَيْرُ نَقِيّ ، (حَلِيب) مَغْشُوش

impurity/ɪm'pjurətɪ/*n.* دَنَسٌ ، رَذِيلة ؛ فَسادُ (الهَواء) ، قَذارة ، تَلَوُّث ؛ شائِبة

imputation/ 'ɪmpjʊ'teɪʃən/*n.* اِتِّهام ، إِلْصاقُ تُهْمةٍ بـِ ، عَزْوٌ (إلَى)

impute/ɪm'pjut/*v.t.* أَسْنَدَ تُهْمةً إلى ، نَسَبَ (ـِ) إلى

in/ɪn/*prep.*
1. (*of place*) في ، بـِ ، ضِمْنَ ، داخِلَ
2. (*of time*) خِلالَ (الشَّهْر) ، في ، بـِ
in June في حَزِيران / يُونْيو
3. (*denoting condition*) لِلحال أو الظَّرْف
in poor health عَلِيل ، مُتَوَعِّك ، صِحَّتُه سَيِّئة
4. (*denoting relation*) لِلعَلاقة بَيْنَ الأشْياء
trust in God اِتِّكالٌ علَى اللّه
5. (*denoting occupation*) لِلمِهْنة أو الحِرْفة
he's in banking مِهْنَتُهُ الأَعْمالُ المَصْرَفِيّة
6. (*denoting ratio*) لِلنِّسْبة

three in every ten are sick بَيْنَ كُلِّ عَشْرَة ثلاثةٌ مَرْضَى
prep. phrases في عِباراتِ الجارّ والمَجْرُور التّالية :
in case of fire عِنْدَ نُشُوبِ الحَرِيق
in place of بَدَلًا مِن ، مَكانَ ، عِوَضًا عَن أو مِن
in exchange for بَديلًا مِن ، مُقابِلَ ، لِقاءَ ، عِوَضًا عَن
in order to كَيْ ، لِكَيْ ، حَتَّى ، لِ
adv. اِسْتِعْمالاتٌ ظَرْفِيّة
the train is in وَصَلَ القِطار ، القِطارُ أمامَ رَصيفِ المَحَطّة
is he in? هَل هُوَ مَوْجُود ؟
long skirts are in again عادَتْ مُوضَةُ التَّنُّورة الطَّويلة
we are in for a hot day سَيَكُون يَوْمًا حارًّا
he was in on the plot كان له ضِلْعٌ في المُؤامَرة
she is well in with the staff علاقاتُها حَسَنةٌ مَعَ مُوَظَّفي الدّائرة
the ins and outs (*nominal use*) ظَواهِرُ الأمْرِ وخَفاياه

inability/ˈɪnəˋbɪlətɪ/*n.* عَدَمُ المَقْدِرة ، عَجْز
inaccessible/ˈɪnəkˋsesəbəl/*adj.* يَصْعُبُ الوُصولُ إليه أو الحُصُول عليه ، مَنيع ، حَرِيز
inaccuracy/ɪnˋækjʊrəsɪ/*n.* عَدَمُ دِقّة ، غَلَطٌ ، تَقْصِير
inaccurate/ɪnˋækjʊrət/*adj.* غَيْرُ مَضْبُوط ، مَغْلُوط
inactive/ɪnˋæktɪv/*adj.* عَدِيمُ الحَرَكة ، ساكِن ، جامِد ، عاطِل
inadequacy/ɪnˋædɪkwəsɪ/*n.* عَدَمُ كِفاية ، نَقْصٌ
inadequate/ɪnˋædɪkwət/*adj.* غَيْرُ وافٍ بالغَرَض ، غير مُلائم ، غير كافٍ ، ناقِص
inadvertent/ˈɪnədˋvɜtənt/*adj.* غَيْرُ مُتَعَمَّد ، غَيْرُ مَقْصُود
inane/ɪˋneɪn/*adj.* (تَعْليق) سَخِيف ، تافِه ، فارِغ
inanimate/ˈɪnˋænɪmət/*adj.* لا حَياةَ فِيه ، جامِد ، هامِد
inappropriate/ˈɪnəˋprəʊprɪət/*adj.* في غَيْرِ مَحَلِّه
inarticulate/ˈɪnɑˋtɪkjʊlət/*adj.* عَيِيٌّ في النُّطْق
inaudibility/ɪnˈɔdəˋbɪlətɪ/*n.* خُفُوتُ الصَّوْت ، تَعَذُّرُ سَماعِه
inaudible/ɪnˋɔdəbəl/*adj.* غَيْرُ مَسْمُوع ، خافِت
inaugural/ɪˋnɔgjʊrəl/*adj.* اِفْتِتاحِيّ ، تَدْشِينِيّ
inaugurate/ɪˋnɔgjʊreɪt/*v.t.* اِفْتَتَحَ ، دَشَّنَ
inauguration/ɪˈnɔgjʊˋreɪʃən/*n.* اِفْتِتاح ، تَدْشِين
inauspicious/ˈɪnɔˋspɪʃəs/*adj.* مَنْحُوس ، يُنْذِرُ بالشُّؤْم
inborn/ɪnˋbɔn/*adj.* غَرِيزِيّ ، فِطْرِيّ
incalculable/ɪnˋkælkjʊləbəl/*adj.* لا يُحْصَى ، لا يُعَدّ
incandescent/ˈɪnkænˋdesənt/*adj.* مُتَوَهِّج ، ساطِع
incapability/ɪnˈkeɪpəˋbɪlətɪ/*n.* قُصُورٌ ، عَجْزٌ عَن
incapable/ɪnˈkeɪpəbəl/*adj.* غَيْرُ قادِرٍ علَى ، عاجِزٌ عَن ، غَيْرُ كُفْءٍ لِ ، قاصِرٌ عَن
incapacitate/ˈɪnkəˋpæsɪteɪt/*v.t.* (مَرَضٌ) أعْجَزَهُ أو أقْعَدَهُ عَن العَمَل ، أعْياه
incarnation/ˈɪnkɑˋneɪʃən/*n.* التَّجَسُّد ، مِثالٌ
incautious/ɪnˋkɔʃəs/*adj.* يَنْقُصُه الحَذَر ، يُعْوِزُه التَّأنِّي ، عَدِيمُ الحِيطة
incendiary/ɪnˋsendɪərɪ/*adj. & n.* (قُنْبُلة أو مَوادّ) مُحْرِقة ، شَخْصٌ يُضْرِمُ النّارَ عَمْدًا في بِناءٍ مَثَلًا ، مُثِيرٌ للفِتْنة
incense[1]/ˋɪnsens/*n.* بَخُور
incense[2]/ɪnˋsens/*v.t.* أثارَ حَفيظةَ شَخْصٍ ، غاظَهُ (يُغيظُه)
incentive/ɪnˋsentɪv/*n.* دافِعٌ (دَوافِعُ) ، باعِثٌ (بَواعِثُ)
incessant/ɪnˋsesənt/*adj.* دائم ، غَيْرُ مُنْقَطِع ، مُسْتَمِرّ
incessantly/ɪnˋsesəntlɪ/*adv.* بِدُونِ انْقِطاع ، باسْتِمْرار
incest/ˋɪnsest/*n.* سِفاحُ مَحارِم ، تعاطِي الجِنْسِ مَعَ المَحارِم
incestuous/ɪnˋsestʃʊəs/*adj.* مُتَعَلِّقٌ بالسِّفاحِ بَيْنَ المَحارِم ، (زَواجٌ) مِن مَحارِم
inch/ɪntʃ/*n.* بُوصَة (بُوصات) ، إنْش
incidence/ˋɪnsɪdəns/*n.* حُدُوث ، حُصُول ، وُقُوع (أمْر)
the incidence of cancer is high amongst smokers نِسْبةُ الإصابة بالسَّرَطان بَيْنَ المُدَخِّنِينَ عالِية
incident/ˋɪnsɪdənt/*n.* حادِثٌ (حَوادِثُ)
incidental/ˈɪnsɪˋdentəl/*adj.* تَصادُفِيّ ، اِتِّفاقِيّ ، ثانَوِيّ
incidental music مُوسِيقَى تَصْوِيرِيّة لِرِواية أو مَشْهَد
incidentally/ˈɪnsɪˋdentəlɪ/*adv.* عَرَضًا ، على فِكْرة ، بالمُناسَبة
incinerator/ɪnˋsɪnəreɪtə(r)/*n.* مِحْرَقة القُمامة ، مَرْمَد
incision/ɪnˋsɪʒən/*n.* حَزّة ، شَرْطٌ ، شَقٌّ (في وَرَم)
incisive/ɪnˋsaɪsɪv/*adj.* قاطِع ، لاذِع قارِص ، حادّ
incisor/ɪnˋsaɪzə(r)/*n.* سِنٌّ قاطِعة ، ثَنِيّة (ثَنايا) (طِبّ)
incite/ɪnˋsaɪt/*v.t.* حَضَّ (ـُ) ، حَرَّضَ علَى ، حَثَّ (ـُ) ، حَفَزَ (ـِ)
incitement/ɪnˋsaɪtmənt/*n.* حَضّ (علَى) ، تَحْرِيض ، حَثّ
inclination/ˈɪnklɪˋneɪʃən/*n.* مَيْلٌ ، جُنُوحٌ نَحْوَ ، اِنْحِناءَة
incline/ɪnˋklaɪn/*v.t. & i.* حَنَى (يَحْنِي) ، مالَ (يَمِيلُ)
I am inclined to obesity عِنْدِي اسْتِعْدادٌ للسِّمنة
we can go for a walk if you feel so inclined بإمْكانِنا أنْ نَقُومَ بِنُزْهةٍ إنْ كُنْتَ راغِبًا في ذلك
I am inclined to believe them أمِيلُ إلى تَصْدِيقِهِم
include/ɪnˋklud/*v.t.* شَمِلَ (ـَ) ، تَضَمَّنَ ، اِحْتَوَى علَى
inclusion/ɪnˋkluʒən/*n.* تَضْمِين ، إدْراج ، اِحْتِواء ، ضَمّ
inclusive/ɪnˋklusɪv/*adj.* جامِع ، شامِل
what are the inclusive charges at the hotel? ما هِيَ النَّفَقاتُ الكُلِّيّة في الفُنْدُق ؟
incognito/ˈɪnkɒgˋnitəʊ/*adv.* مُتَخَفِّيًا ، مُتَنَكِّرًا ، بِاسْمٍ مُسْتَعار
incoherence/ˈɪnkəʊˋhɪərəns/*n.* تَفَكُّك ، تَهافُت
incoherent/ˈɪnkəʊˋhɪərənt/*adj.* مُفَكَّك ، غَيْرُ مُتَرابِط
income/ˋɪnkʌm/*n.* إيراد ، دَخْلٌ

income tax ضَريبة الدَّخل

incoming/ˈınˋkʌmıŋ/*adj.* (بَريدٌ) وارِد ، آتٍ ، قادِم

incomparable/ınˋkompərəbəl/*adj.* لا يُضاهَى ، لا مَثِيلَ له ، فَرِيد ، فَذّ ، مُنْقَطِعُ النَّظِير

incompatibility/ˈınkəmˈpætəˋbılıtı/*n.* عَدَمُ انْسِجام ، تَنافُر ، تناقُض

incompatible/ˈınkəmˋpætıbəl/*adj.* مُتَنافِر

incompetence/ınˋkompıtəns/*n.* عَدَمُ كَفاءَة

incompetent/ınˋkompıtənt/*adj.* غَيْرُ كُفْء ، عَدِيمُ الخِبْرة ، غَيْرُ مُطَّلِعٍ عِلَى ، غَيْرُ مُلِمٍّ بِـ ، غَيْرُ صالِح

incomplete/ˈınkəmˋplit/*adj.* ناقِص ، غَيْرُ مُكْتَمِل ، غَيْرُ تامّ

incomprehensible/ˈınˋkomprıˋhensəbəl/*adj.* (كلامٌ) يَتَعَذَّرُ فَهْمُه ، غَيْرُ قابِل لِلفَهْم ، لا يُدْرَكُ كُنْهُهُ

inconceivable/ˈınkənˋsivəbəl/*adj.* لا يَتَصَوَّرُهُ العَقْل

inconclusive/ˈınkənˋklusıv/*adj.* (أدِلّة) غَيْرُ قاطِعة

incongruous/ınˋkoŋgrʊəs/*adj.* غَيْرُ مُنْسَجِم ، مُتَنافِر

inconsiderate/ˈınkənˋsıdərıt/*adj.* لا يُقِيمُ وَزنًا لِمَشاعِرِ الآخَرِين ، (رَدٌّ) فِيهِ جَفاء

inconsistency/ˈınkənˋsıstənsı/*n.* تَناقُض ، تَضارُب

inconsistent/ˈınkənˋsıstənt/*adj.* مُتَناقِضٌ ذاتِيًّا ، مُناقِضٌ لِنَفْسِه ؛ مُتَعارِضٌ مَعَ ، (تَصَرُّفٌ) غَيْرُ مُنْسَجِم (مَعَ مَبادِئه مَثَلًا)

inconsolable/ˈınkənˋsəʊləbəl/*adj.* لا يُعَزِّيهِ أو يُواسِيهِ شَيْء ، لا يَرْقَأُ دَمْعُهُ

inconspicuous/ˈınkənˋspıkjʊəs/*adj.* مَغْمُور ، لا يَلْفِتُ الأَنْظار ، مُتَوارٍ عَن الأَضْواء ؛ (أَلوانٌ) هادِئة

inconvenience/ˈınkənˋvinıəns/*n.* إزْعاج ، مُضايَقة

I trust that this will not put you to any inconvenience آمُلُ أَلّا يُسَبِّبَ لَكَ ذلكَ أَيَّ إزعاج

inconvenient/ˈınkənˋvinıənt/*adj.* مُضايِق ، مُزْعِج

incorporate/ınˋkɔpəreıt/*v.t. & i.* ضَمَّ (بـ) ، اِحْتَوَى ، اِتَّحَدَ مَع ، اِنْدَمَجَ مَع ، اِنْضَمَّ إلى

incorrect/ˈınkəˋrekt/*adj.* مُخْطِئ ، مَغْلُوط ، غَيْرُ صَحِيح ؛ مُنافٍ لِلأُصُول المَرْعِيّة

incorrigible/ınˋkorıdʒəbəl/*adj.* (شَخْصٌ أو عَيْبٌ) لا يُمْكِنُ إصْلاحُه أو تَقْوِيمُه ، لا أَمَلَ في إصْلاحِه

increase/ˋınkris/*n.* زِيادة ، اِزْدِياد ، نُمُوّ ؛ عِلاوة

v.t. & i/ınˋkris/ زادَ (يَزِيد) ، اِزْدادَ

incredibility/ınˋkredəˋbılətı/*n.* اِسْتِحالة تَصْدِيقِ (القِصّة مَثَلًا) ، صُعُوبَةُ التَّصْدِيق ، غَرابة

incredible/ınˋkredəbəl/*adj.* لا يُصَدَّق ، لا يُعْقَل ؛ يَصْعُبُ تَصْدِيقُه ، مُدْهِش ، هائِل

incredulous/ınˋkredjʊləs/*adj.* شاكٌّ ، غَيْرُ مُصَدِّق

increment/ˋınkrəmənt/*n.* عِلاوة (علَى الرّاتِب) ، إكْرامِيّة ؛ رِبْح ، اِزْدِياد في قِيمة الشَّيْء

incriminate/ınˋkrımıneıt/*v.t.* جَرَّمَ ، أَوْقَعَ في تُهْمة جِنائِيّة ، (إفادَتُه) أَدانَت (صَدِيقَهُ)

incubate/ˋınkjʊbeıt/*v.t. & i.* حَضَنَ (بـ) البَيْضَ لِلتَّفْرِيخ ؛ حَضَنَ الجُرْثُومة قَبْلَ ظُهُورِ الأَعْراض

incubation/ˈınkjʊˋbeıʃən/*n.* تَفْرِيخ ، تَفْقِيس ، حَضْن ؛ حَضانة (المَرَض)

incubator/ˋınkjʊbeıtə(r)/*n.* مِفْقَس ، حاضِنة (لِتَفْقِيسِ البَيْض أو لِرِعايةِ مَوْلُودٍ خَدِيج)

incur/ınˋkɜ(r)/*v.t.* جَلَبَ (بـ) عَلَى نَفْسِه (المَتاعِب)

incurable/ınˋkjʊərəbəl/*adj. & n.* عُضال ؛ مَرِيضٌ لا أَمَلَ مِنْ شِفائه

indebted/ınˋdetıd/*pred. adj.* مَدِينٌ (بالمالِ أو بالشُّكْرِ) لِـ

indecency/ınˋdisənsı/*n.* قِلّةُ حِشْمة ، قِلّةُ أَدَب ، بَذاءة ؛ عَدَمُ لِياقة

indecent/ınˋdisənt/*adj.* غَيْرُ مُحْتَشِم ، مُخِلٌّ بالآداب ، بَذِيء ، (تَصَرُّفٌ) غَيْرُ لائِق

indecisive/ˈındıˋsaısıv/*adj.* مُتَرَدِّدٌ (في اتِّخاذِ قَرارِه) ؛ غَيْرُ حاسِم ، غَيْرُ نِهائِيّ

indeed/ınˋdid/*adv. & int.* حَقًّا ، في الواقِع ، في حَقِيقةِ الأَمْر ؛ صَحِيح ؟ ؛ بالتَّأْكِيد ، طَبْعًا

why indeed? تُرَى لِماذا ؟ لأَيِّ سَبَب ؟

indefatigible/ˈındıˋfætıgəbəl/*adj.* لا يَكِلّ ، لا يَتْعَب

indefensible/ˈındıˋfensıbəl/*adj.* (سُلوكٌ) لا يُمكِنُ تَبْرِيرُه ، لا يُمْكِنُ الدِّفاعُ عَنْه

indefinable/ˈındıˋfaınəbəl/*adj.* غامِض ، لا يُحَدَّد

indefinite/ınˋdefınıt/*adj.* غَيْرُ مَحْدُود ، غامِض ، (مَشْرُوعٌ) لَمْ يَتَبَلْوَرْ بَعْدُ

the indefinite article أَداةُ التَّنْكِير

indelible/ınˋdeləbəl/ adj. لا يُمْحَى ، لا يَزُول ، (اِنْطِباعٌ) باقِي الأَثَر

indemnity/ınˋdemnıtı/*n.* تَعْوِيضٌ عَنْ خَسارة ؛ ضَمان ؛ تَعْوِيضٌ عَن أَضْرارِ الحَرْب (تَدْفَعُهُ الدَّولةُ المُنْهَزِمة)

indent/ınˋdent/*v.t.* سَنَّنَ أَطْرافَ الشَّيْء ، حَزَّزَ ، فَرَّضَ ؛ تَرَكَ فَراغًا في بِدايةِ السَّطْر ؛ قَدَّمَ طَلَبًا لاسْتِحْضارِ بِضاعة

/ˋındent/*n.* طَلَب (طَلَبات) ، طَلَبِيّة (طَلَبِيّات)

independence/ˈındıˋpendəns/*n.* اِسْتِقْلال ، حُرِّيّة

independent/ˈındıˋpendənt/*adj.*

1. (free) مُسْتَقِلّ ، حُرّ (أَحْرار)

2. (unearned) غَيْرُ مُكْتَسَب بِعَرَقِ الجَبِين

he has independent means له إيرادٌ مِن عَقارات وأَسْهُم

3. (self-reliant) مُعْتَمِدٌ علَى نَفْسِه

indescribable/ˈındıˋskraıbəbəl/*adj.* لا يُوصَف

indestructible/ˈındıˋstrʌktəbəl/*adj.* لا يُمْكِنُ تَدْمِيرُه أو إتْلافُه ، لا يَفْنَى ، صامِدٌ أَمامَ الأَحْداث

indeterminate/ˈɪndɪˈtɜmɪnət/*adj.* غَيْرُ مُعَيَّن ، لا يُمْكِنُ تَحْدِيدُ مَداهُ ، لَمْ يُحَدَّدْ بَعْدُ

index/ˈɪndeks/*n.*
1. (*of book*) فِهْرِس ، فِهْرِسْت (أَبْجَدِيّ) ، مَسْرَد ، دَلِيل
index finger (إِصْبَع) السَّبَّابَة
the cost of living index مُعَدَّلُ تَكالِيفِ المَعِيشَة
2. (*maths. pl.* **indices**/ˈɪndɪsiz/) أُسّ (أُسُس) (رِياضِيّات)
v.t. أَدْرَجَ في فِهْرِس ، فَهْرَسَ كِتابًا

indicate/ˈɪndɪkeɪt/*v.t.* دَلَّ (ـُ) عَلَى ، أَشارَ إِلى ؛ (إِشارة) نَمَّت عَن ، تَضَمَّنَ ، نَوَّهَ
the symptoms indicate smallpox تَدُلُّ الأَعْراضُ عَلَى مَرَضِ الجُدَرِيّ

indication/ˈɪndɪˈkeɪʃən/*n.* دَلالة عَلَى ، إِشارة إِلى ؛ تَنْوِيه ، دَلِيل ، عَلامة ؛ حاجة ، مُتَطَلَّب

indicative/ɪnˈdɪkətɪv/*adj.*
1. (*gram.*) صِيغة البَيان أو الإِخْبار (في الإِنْكِلِيزِيَّة) ؛ صِيغة المُضارِع المَرْفُوع (في العَرَبِيَّة)
2. (giving indication **of**) دالٌّ عَلَى ، مُشِيرٌ إِلى
are his symptoms indicative of fever? هَل تَدُلُّ أَعْراضُه عَلَى وُجُودِ حُمَّى ؟

indicator/ˈɪndɪkeɪtə(r)/*n.* دَلِيل (دَلائل ، أَدِلّة) ؛ مُؤَشِّر ؛ لَوْحة مُتَغَيِّرة تُظْهِرُ مَواعِيدَ القِطارات أو الطّائرات وغَيْرِها ؛ (في السَّيّارة) غَمّازة ، الإِشارة الضَّوْئِيَّة عِنْدَ الانْعِطاف

indict/ɪnˈdaɪt/*v.t.* قاضاهُ بِتُهْمة

indictment/ɪnˈdaɪtmənt/*n.* تُهْمة خَطِّيَّة ، (وَرَقة) الاتِّهام

indifference/ɪnˈdɪfrəns/*n.* عَدَمُ اكْتِراث ، لا أُبالِيَّة

indifferent/ɪnˈdɪfrənt/*adj.* غَيْرُ مُكْتَرِث ، غَيْرُ مُبالٍ ؛ مُتَوَسِّط ، لَيْسَ عَلَى ما يُرام
how can you stay indifferent? كَيْفَ يُمْكِنُكَ أن تَبْقَى عَدِيمَ الاكْتِراث ؟
I find him an indifferent scholar أَجِدُه عالِمًا قَلِيلَ الأَهَمِّيَّة

indigenous/ɪnˈdɪdʒənəs/*adj.* مِن أَبْناءِ البَلَدِ الأَصْلِيِّين

indigestible/ˈɪndɪˈdʒestəbəl/*adj.* عَسِرُ الهَضْم

indigestion/ˈɪndɪˈdʒestʃən/*n.* سُوءُ الهَضْم

indignant/ɪnˈdɪgnənt/*adj.* ساخِط ، غاضِب ، حانِق

indignation/ˈɪndɪgˈneɪʃən/*n.* سُخْطٌ ، حَنَقٌ ، غَيْظٌ

indirect/ˈɪndaɪˈrekt/*adj.* غَيْرُ مُباشِر ، (إِجابة) مُلْتَوِية
indirect speech كَلامٌ غَيْرُ مُباشِر ، الكَلام المَنْقُول مِن صِيغَةِ المُتَكَلِّمِ إِلى صِيغَةِ الغائِب
indirect object المَفْعُول لَه أو إِلَيه (النَّحْو الإِنْكِلِيزِي) ، مَفْعُولٌ ثانٍ

indiscreet/ˈɪndɪˈskrit/*adj.* غَيْرُ كَتُومٍ لِلسِّرّ ؛ قَلِيلُ التَّحَفُّظِ والحَذَر ، عَدِيمُ التَّبَصُّر

indiscretion/ˈɪndɪˈskreʃən/*n.* عَدَمُ تَحَفُّظ ، تَصَرُّفٌ فيه إِحْراجٌ لِلآخَرِين ، هَفْوة ، زَلّة

indiscriminate/ˈɪndɪˈskrɪmɪnət/*adj.* كَيْفَما اتَّفَقَ ، دُون تَمْيِيز ، اعْتِباطِيّ ، جُزافًا

indispensable/ˈɪndɪˈspensəbəl/*adj.* لا يُسْتَغْنَى عَنه ، ضَرُورِيٌّ جِدًّا ، إِلزامِيّ ، أَساسِيّ ، لا بُدَّ مِنْه

indisposed/ˈɪndɪˈspəʊzd/*adj.* مُتَوَعِّك ، مُنْحَرِفُ المِزاج
he seems indisposed to help us يَبْدُو غَيْرَ مَيّالٍ لِمُساعَدَتِنا

indisposition/ˈɪndɪspəˈzɪʃən/*n.* وَعْكة خَفِيفة ، انْحِراف

indisputable/ˈɪndɪˈspjutəbəl/*adj.* لا جِدالَ فِيه ، لا يَقْبَلُ أَخْذًا ولا رَدًّا ، بَدِيهِيّ ، (حَقِيقةٌ) مُسَلَّمٌ بِها

indistinct/ˈɪndɪˈstɪŋkt/*adj.* غَيْرُ واضِح ، غامِض ، مُبْهَم ، غَيْرُ مُتَمَيِّز ، (ضَوْءٌ) خافِت

individual/ˈɪndɪˈvɪdʒʊəl/*adj. & n.* فَرْدِيّ ، مُفْرَد ، عَلَى حِدة ؛ شَخْصِيّ ، ذاتِيّ ؛ فَرْدٌ ، شَخْص

individuality/ˈɪndɪˈvɪdʒʊˈælətɪ/*n.* شَخْصِيّة ، فَرْدِيّة

indivisible/ˈɪndɪˈvɪzəbəl/*adj.* غَيْرُ قابِلٍ لِلقِسْمة ، لا يَتَجَزَّأ

indoctrinate/ɪnˈdoktrɪneɪt/*v.t.* شَبَّعَ بِمَبْدَإٍ مُعَيَّن

indolence/ˈɪndələns/*n.* كَسَلٌ ، تَراخٍ ، تَوانٍ

indolent/ˈɪndələnt/*adj.* مُتَوانٍ ، كَسُولٌ ، كَسْلان ، مُتَراخٍ

indoor/ˈɪndɔ(r)/*adj.* (رِياضةٌ تُمارَسُ) داخِلَ المَبْنَى (أَي لَيْسَ في الهَواءِ الطَّلْق)

indoors/ɪnˈdɔz/*adv.* داخِلَ البَيْت ، في الدّاخل

indubitably/ɪnˈdjubɪtəblɪ/*adv.* بِلا أَدْنَى شَكّ

induce/ɪnˈdjus/*v.t.* اسْتَمالَ ، أَغْرَى ، أَقْنَعَ ، حَمَلَ عَلَى ، حَرَّضَ

inducement/ɪnˈdjusmənt/*n.* اسْتِمالة ، إِقْناع ، تَحْرِيض ، حافِز ، دافِع ، شَيْءٌ مُغْرٍ

indulge/ɪnˈdʌldʒ/*v.t. & i.* تَساهَلَ مَع ، دَلَّلَ ، انْغَمَسَ في ، أَطْلَقَ لِنَفْسِهِ العِنانَ في إِرْضاءِ رَغَباتِه

indulgence/ɪnˈdʌldʒəns/*n.* تَساهُل ، حِلْم ؛ تَدْلِيل ؛ انْغِماسٌ في ؛ غُفْران (تَمْنَحُه الكَنِيسةُ الكاثولِيكِيّة)

indulgent/ɪnˈdʌldʒənt/*adj.* مُفْرِط في التَّسامُح أو التَّدْلِيل ؛ حَلِيم ، مُتَساهِل

industrial/ɪnˈdʌstrɪəl/*adj.* صِناعِيّ
an industrial dispute خِلافٌ بَيْنَ العُمّال والإِدارة
the workers threatened to take industrial action هَدَّدَ العُمّالُ بالإِضْراب

industrialist/ɪnˈdʌstrɪəlɪst/*n.* مِنْ أَرْبابِ الصِّناعة

industrialization/ɪnˈdʌstrɪəlaɪˈzeɪʃən/*n.* تَصْنِيع (البَلَد)

industrialize/ɪnˈdʌstrɪəlaɪz/*v.t.* صَنَّعَ (مِنْطَقة مَثَلاً)

industrious/ɪn'dʌstrɪəs/*adj.* دَؤُوب ، كَدُود ، مُجِدّ

industry/'ɪndəstrɪ/*n.* صِناعة ؛ مُثابَرة ، اِجْتِهاد ، كَدّ

inebriated/ɪn'i brɪeɪtəd/*adj.* سَكْران ، ثَمِلٌ ، مَخْمُور

inedible/ɪn'edɪbəl/*adj.* غَيْرُ صالح للأكْل ، لا يُؤْكَلُ

ineffective/'ɪnɪ'fektɪv/*adj.* عَدِيمُ التَّأْثير ، غَيْرُ مُجْدٍ ، لا فائِدةَ مِنْه ؛ عَدِيمُ الكَفاءَة

ineffectual/ 'ɪnɪ'fektʃʊəl/*adj.* فاشِل ، عَدِيمُ التَّأْثِير ، غَيْرُ ناجِع ؛ غَيْرُ قَدِير

inefficiency/'ɪnɪ'fɪʃənsɪ/*n.* عَجْزٌ ، عَدَمُ كَفاءة

inefficient/'ɪnɪ'fɪʃənt/*adj.* غَيْرُ كُفْءٍ ، غَيْرُ قَدير ؛ قَلِيلُ الإنْجاز ، (آلة) ضَعِيفَةُ المَرْدُود

ineligible/ɪn'elɪdʒəbəl/ *adj.* لا تَتَوَفَّرُ فيه الشُّرُوطُ المَطْلوبة ، غَيْرُ أهْلٍ لِ . . . ، غَيْرُ جائِزٍ انْتِخابُه

inept/ɪ'nept/*adj.* أخْرَقُ (في عَمَلِه) ؛ (تَعْليقٌ) سَخِيف ، غَيْرُ لائِق ، في غَيْرِ مَحَلِّه

inequality/'ɪnɪ'kwolətɪ/*n.* عَدَمُ مُساواة ، تَفاوُتٌ

inert/ɪ'nɜt/*adj.* خامِد ، غَيْرُ فَعّال ، خامِل ، هامِد

inertia /ɪ'nɜʃə /*n.* كَسَلٌ ، خُمُولٌ ، عَدَمُ حَرَكة ؛ قُصورٌ ذاتِيّ ، عَطالة (مِيكانيكا)

inevitable/ɪn'evɪtəbəl/ *adj.* (أمْرٌ) مَحْتُوم ، لا مَفَرَّ مِنْه ، لا يُمْكِنُ تَفادِيه

inexact/'ɪnɪg'zækt/*adj.* غَيْرُ مَضْبُوط ، غَيْرُ دَقِيق ؛ لا يَتَوَخَّى الدِّقّة

inexcusable/ 'ɪnɪk'skjusəbəl/*adj.* لا يُغْتَفَر ، لا يُمْكِنُ تَبْرِيرُه

inexorable/ ɪn'eksərəbəl/*adj.* قاسٍ ، لا يَرْحَم ، عَنِيد ، مُتَصَلِّب

inexpensive/'ɪnɪk'spensɪv/*adj.* مُعْتَدِلُ السِّعْر ؛ رَخِيص

inexperienced/ 'ɪnɪk'spɪərɪənst/*adj.* غَيْر مُجَرِّب ، عَدِيم الخِبْرة ، غير مُحَنَّك ، غُمْرٌ ، غِرٌّ ، غَشِيم

inexplicable/ 'ɪnɪk'splɪkəbəl/*adj.* لا يُمْكِن تَعْلِيلُه ، مُتَعَذِّرُ التَّفْسِير ، لا يُؤَوَّل

infallibility/'ɪn'fælə'bɪlətɪ/*n.* عِصْمة ، مَعْصُومِيّة

infallible/ɪn'fæləbəl/ *adj.* مَعْصُومٌ عَن الخَطَأ ؛ أكِيدُ المَفْعُول

infamous/'ɪnfəməs/*adj.* (خِيانة) بَشِعة ، (مُؤامَرة) دَنِيئة ، شائِن ، فَظِيع

infamy/'ɪnfəmɪ/*n.* شَناعة ، بَشاعة ، عارٌ وَشَنار ، شَيْنٌ ، سُوءُ السُّمْعة

infancy/'ɪnfənsɪ/*n.* طُفُولة ؛ مُسْتَهَلّ ، المَرْحَلة الأُولى مِن

infant/'ɪnfənt/*n.* طِفْل ، وَلِيد ، رَضِيع

infantry/'ɪnfəntrɪ/*n.* (سِلاحُ) المُشاة ، جَماعة جُنْدِ المُشاة ، بَيادة (ع)

infatuated/ ɪn'fætʃʊeɪtəd/*adj.* مُفْتَتِنٌ بِـ ، مُغْرَمٌ غَرامًا عابِرًا

infatuation/ɪn'fætʃʊ'eɪʃən/*n.* غَرامٌ عابِرٌ عَنِيف

infect/ɪn'fekt/*v.t.* أعْدَى

infection/ɪn'fekʃən/*n.* عَدْوَى ، إعْداء

infectious/ɪn'fekʃəs/*adj.* ناقِلٌ للعَدْوَى ، مُعْدٍ

infer/ɪn'fɜ(r)/*v.t.*

1. (deduce) اِسْتَنْتَجَ ، اِسْتَخْلَصَ ، اِسْتَنْبَطَ

2. (*coll.* imply) لَمَّحَ إلى

inference/'ɪnfərəns/*n.* اِسْتِنْتاج ، اِسْتِخْلاص ؛ مُؤَدَّى

inferior /ɪn'fɪərɪə(r)/*adj.* أدْنَى رُتْبةً أو قِيمةً مِن ؛ مِن نَوْعٍ رَدِيء ، أقَلُّ جُودةً مِن

inferiority/ ɪn'fɪərɪ'orətɪ/*n.* رَداءة ، قُصُور ، حِطّة

inferiority complex مُرَكَّب أو عُقْدة النَّقْص

infernal/ɪn'fɜnəl/*adj.* جَهَنَّمِيّ ، جَحِيمِيّ

infest/ɪn'fest/*v.t.* غَصَّ (ـَ) (المَنْزِلُ بالفِئران مَثلاً) ، (أسْرابُ الجَراد) اكْتَسَحَت ...

infidel/'ɪnfɪdəl/*n.* وَثَنِيّ ، كافِر ، جاحِد ، غَيْرُ مُؤْمِن

infidelity/'ɪnfɪ'delɪtɪ/*n.* خِيانة زَوْجِيّة ؛ نَكْثُ (عَهْدٍ مَثلاً)

infiltrate/'ɪnfɪltreɪt/*v.t.* & *i.* تَسَرَّبَ إلى ، تَغَلْغَلَ ، تَسَلَّلَ ، اِنْدَسَّ في

infiltration/'ɪnfɪl'treɪʃən/*n.* تَسَرُّب ، تَغَلْغُل ، تَسَلُّل

infinite/'ɪnfɪnɪt/*adj.* لا نِهائِيّ ، غَيْرُ مُتَناهٍ ، سَرْمَدِيّ

infinitesimal/'ɪn'fɪnɪ'tesɪməl/*adj.* مُتَناهِي الصِّغَر

infinitive/ɪn'fɪnɪtɪv/*n.* صِيغَة المَصْدَر (نَحو)

infinity/ɪn'fɪnɪtɪ/*n.* اللّانِهائِيّة ، ما لا حَدَّ له ؛ اللّانِهاية

infirm/ɪn'fɜm/*adj.* واهٍ ، واهِنٌ ، في شِدّة الضَّعْف ؛ مَشْلُولُ الإرادة

infirmary/ɪn'fɜmərɪ/*n.* مُسْتَشْفى ؛ غُرْفة مُخَصَّصة للعِلاج الطِّبّيّ (في مَدْرَسةٍ مَثلاً)

infirmity/ɪn'fɜmətɪ/*n.* وَهْن (الشَّيْخُوخة) ، ضُعْف

inflame/ɪn'fleɪm/*v.t.* أشْعَلَ ، ألْهَبَ ؛ أهاجَ (عَواطِفَه)

inflammable/ ɪn'flæməbəl/*adj.* سَرِيعُ الالْتِهاب ، قابِلٌ للاشْتِعال ؛ سَرِيعُ التَّهَيُّج

inflammation/'ɪnflə'meɪʃən/*n.* اِلْتِهاب ، تَوَرُّم (طِبّ)

inflammatory/ ɪn'flæmətrɪ/*adj.* (خِطابٌ) تَحْرِيضِيّ مُثِيرٌ للمَشاعِر ؛ مُسَبِّبٌ لِلالْتِهاب (طِبّ)

inflate/ɪn'fleɪt/*v.t.* نَفَخَ (ـُ) (بالُونًا) ، مَلأَ (ـَ) بالغاز أو بالهَواء ؛ رَفَعَ الأسْعار

inflation/ɪn'fleɪʃən/*n.* تَضَخُّمٌ مالِيّ

inflationary/ ɪn'fleɪʃənrɪ/*adj.* تَضَخُّمِيّ ، مُتَعَلِّقٌ بالتَّضَخُّم الاقْتِصادِيّ

inflect/ɪn'flekt/*v.t.* غَيَّرَ نَبْرة الصَّوْت ؛ صَرَفَ (ـِ) أو صَرَّفَ (عِلْمُ الصَّرْف والنَّحْو)

inflection/ɪn'flekʃən/*n.* تَغْيِيرُ نَبْرة الصَّوْت ؛ التَّصْرِيفُ في عِلْم اللُّغة

inflexibility/ ɪn'fleksɪ'bɪlətɪ/*n.* عَدَمُ لِينٍ ، تَصَلُّبٌ ، صَرامة ، قِلّةُ مُرُونة

inflexible/ɪn'fleksəbəl/ صُلْبٌ ، غَيْرُ مَرِنٍ ، لا يَنْثَنِي ،

adj. لا يَلْتَوِي ، عَنِيد ، لا يُمْكِنُ إِقْناعُه

inflexion/ɪn`flekʃən/*see* **inflection**

inflict/ɪn`flɪkt/*v.t.* وَجَّهَ أو سَدَّدَ (ضَرْبة) ، أَنْزَلَ عُقُوبة

I am sorry to inflict my presence upon you آسِف لِلتَّثْقِيلِ عَلَيْكَ بِوُجُودِي هُنا

infliction/ɪn`flɪkʃən/*n.* إصابة ، إبْتِلاء

influence/`ɪnfluəns/*n.* نُفُوذ ، تَأْثِير ، سَطْوة ، مَكانة

v.t. أَثَّرَ عَلَى أو في ، عَمِلَ (ـَ) في ، إسْتَمالَ فُلانًا

influential/`ɪnflu`enʃəl/*adj.* ذُو نُفُوذ أو مَكانة أو سَطْوة

influenza/`ɪnflu`enza/*n.* (*abbr.* **flu**) إنْفْلُوَنْزا ، نَزْلة وافِدة

influx/`ɪnflʌks/*n.* تَدَفُّق (الأَمْوال أو السُّيّاح) ، سَيْلٌ (مِن الزُّوّار)

inform/ɪn`fɔm/*v.t. & i.* أَخْبَرَ بِـ ، بَلَّغَ ، أَحاطَ عِلْمًا بِـ ، أَطْلَعَ عَلَى

he informed against the traitor وَشَى بالخائِن

informed opinion supports his contention المَصادِرُ المُطَّلِعة تَدْعَمُ حُجَّتَه

informal/ɪn`fɔməl/*adj.* (إسْتِقْبالٌ) غَيْرُ رَسْمِيّ ، بِدُونِ تَقَيُّد

informality/`ɪnfɔ`mælɪtɪ/*n.* رَفْعُ الكُلْفة

informant/ɪn`fɔmənt/*n.* مُخْبِر ، واشٍ ، مَنْ يُزَوِّدُكَ بالمَعْلُومات

information/`ɪnfə`meɪʃən/*n.* إخْبار ، إعْلام ، مَعْلُومات ، أَنْباء ، أَخْبار ؛ (دائِرة) الاسْتِعْلامات (للسُّيّاح)

informative/ɪn`fɔmətɪv/*adj.* (بَحْث) غَنِيّ بالمَعْلُومات ، مُفِيد ، مُثَقِّف

informer/ɪn`fɔmə(r)/*n.* مُخْبِر ، مُبَلِّغ ، واشٍ (وُشاة)

infra-red/`ɪnfrə-`red/*adj. & n.* (الأَشِعّة) تَحْتَ الحَمْراء

infrequent/ɪn`frikwənt/*adj.* قَلِيلُ الحُدُوث ، نادِر

infringe/ɪn`frɪndʒ/*v.t.* أَخَلَّ بِـ أو انْتَهَكَ أو خَرَقَ (ـِ) (قانونًا) ، تَعَدَّى عَلَى

infringement/ɪn`frɪndʒmənt/*n.* مُخالَفَةُ القانُون

infuriate/ɪn`fjʊrɪeɪt/*v.t.* أَهاجَ ، أَغْضَبَ ، أَغاظَ ، أَحْنَقَ

ingenious/ɪn`dʒiniəs/*adj.* واسِعُ الحِيلة ، (إبْتِكار) بارِع ؛ ماهِرٌ (في تَدَبُّرِ أُمُورِه) ، شاطِر ، لَبِقٌ في المَآزِق

ingenuity/`ɪndʒɪ`njuɪtɪ/*n.* بَراعة ، إبْداع ، دَهاء ، شَطارة ، لَباقة في تَجَنُّبِ المَصاعِب

ingenuous/ɪn`dʒenjʊəs/*adj.* صَرِيح ، غير مُتَكَلِّف ، بَرِيء

ingot/`ɪŋgət/*n.* سَبِيكة أو صُبّة مَعْدِنِيّة

ingrained/ɪn`greɪnd/*adj.* (عادة) راسِخة أو مُتَأَصِّلة أو مُتَمَكِّنة مِنْه

ingratiate/ɪn`greɪʃɪeɪt/*v.t.* تَزَلَّفَ أو تَوَدَّدَ إلى فُلان ، حاوَلَ رِضاه ، مَسَحَ له الجُوخ

ingratitude/ɪn`grætɪtjud/*n.* نُكْرانُ الجَمِيل ، جُحُودُ الفَضْل ، كُفْران بالنِّعْمة

ingredient/ɪn`gridɪənt/*n.* جُزْءٌ مُقَوِّم أو مُكَوِّن ، عُنْصُر

inhabit/ɪn`hæbɪt/*v.t.* سَكَنَ (ـُ) ، قَطَنَ (ـِ)

inhabitant/ɪn`hæbɪtənt/*n.* ساكِن (سُكّان) ، مُقِيم ، قاطِن

inhale/ɪn`heɪl/*v.t. & i.* نَشَقَ (ـَ) ، إسْتَنْشَقَ ؛ اِبْتَلَعَ (دُخانَ السِّيجارة)

inherent/ɪn`hɪərənt/*adj.* (مَيْل) فِطْرِيّ ، مُلازِم ، مُتَأَصِّل

inherit/ɪn`herɪt/*v.t.* وَرِثَ (ـِ) ، تَوارَثَ

inheritance/ɪn`herɪtəns/*n.* إرْث ، مِيراث ، وِراثة ، تُراث

inhibit/ɪn`hɪbɪt/*v.t.* أعاقَ ، كَبَحَ (ـَ) ؛ مَنَعَ (تَكَوُّنَ الصَّدَأ)

inhibition/`ɪnɪ`bɪʃən/*n.* الكَبْتُ النَّفْسِيّ ، كَبْح ، كَفّ

inhospitable/`ɪnhos`pɪtəbəl/*adj.* غَيْرُ مِضْياف ، (مُناخٌ) قاسٍ

inhuman/ɪn`hjumən/*adj.* لا إنْسانِيّ ، وَحْشِيّ ، لا رَأْفةَ فِيه ، عَدِيمُ الإنْسانِيّة ، (قانُون) لا يَرْحَم

inhumanity/`ɪnhju`mænətɪ/*n.* لا إنْسانِيّة ، وَحْشِيّة

inimical/ɪn`ɪmɪkəl/*adj.* مُعادٍ لِـ ، ضارٌّ بِـ

inimitable/ɪn`ɪmɪtəbəl/*adj.* فَذّ ، فَرِيد ، نَسِيجُ وَحْدِهِ

iniquitous/ɪ`nɪkwɪtəs/*adj.* جائِر ، باغٍ ، أثِيم ، (أَمْرٌ) شَنِيع وَبَشِع

iniquity/ɪ`nɪkwɪtɪ/*n.* جَوْر ، مُنْكَر ، إثْم ، بَغْيٌ ، ظُلامة

initial/ɪ`nɪʃəl/*adj. n. & v.t.* إسْتِهْلالِيّ ، أوَّل ؛ الأَحْرُفُ الأُولى للأَسْماء يُعْتاضُ بِها عَنِ الإسْمِ الكامِل

what are his initials? ما هِيَ أَحْرُفُ اسْمِه الأُولى ؟

the Minister initialled the treaty وَقَّعَ الوَزِيرُ بالأَحْرُفِ الأُولى على المُعاهَدة

initially/ɪ`nɪʃəlɪ/*adv.* مَبْدَئِيًّا ، أوَّلاً ، إسْتِهْلالاً

initiate/ɪ`nɪʃɪeɪt/*v.t.* اِبْتَكَرَ (طَرِيقة) ، اِبْتَدَعَ

he was initiated into the secret society جَرَتْ مَراسِيمُ إدْخالِهِ في الجَمْعِيّة السِّرِّيّة

initiation/ɪ`nɪʃɪ`eɪʃən/*n.* بَدْءُ مَشْرُوع ، تَلْقِين ، تَدْرِيب

initiative/ɪ`nɪʃətɪv/*n.* مُبادَأة ، مُبادَهة ، مُبادَرة (لاتِّخاذِ القَرارِ وتَنْفِيذِه)

inject/ɪn`dʒekt/*v.t.* حَقَنَ (سائِلاً في الوَرِيدِ مَثَلاً) بالمِحْقَنة ، زَرَقَ (ـُ) المَصْل

injection/ɪn`dʒekʃən/*n.* حَقْنٌ ، زَرْقٌ بالمِحْقَنة أو الإبْرة الطِّبِّيّة ، حُقْنة (حُقَن)

injunction/ɪn`dʒʌŋkʃən/*n.* أَمْرٌ أو فَرْضٌ بالمَنْع

injure/`ɪndʒə(r)/*v.t.* أَضَرَّ ، أساءَ إلى ، جَرَحَ (ـَ) ، آذى

injurious/ɪn`dʒʊərɪəs/*adj.* ضارٌّ ، مُؤْذٍ ، مُسِيء ، (كَلِماتٌ) جارِحة أو مُهِينة ، شائِن

injury/`ɪndʒərɪ/*n.* ضَرَرٌ (أَضْرار) ، إساءة ، أذًى

and to add insult to injury وَمِمّا زادَ الطِّينَ بِلَّة ، زادَ ضِغْثًا على إبّالة

injustice/ɪn`dʒʌstɪs/*n.* ظُلْمٌ ، جَوْرٌ ، ضَيْمٌ ، حَيْفٌ ، ظُلامة

ink/ɪŋk/*n.* حِبْرٌ، مِدادٌ

inkling/ˋɪŋklɪŋ/*n.* إلْماعة ، إشارة ، تَلْميح ؛ مَعْرِفة طَفِيفة ، إلْمامٌ جُزْئيٌّ ؛ رائحة نَبأ

she has not got an inkling of what is going on لَيْسَت لَدَيْها أدْنَى فِكْرة عَمّا يَجْرِي حَوْلَها

inky/ˋɪŋkɪ/*adj.* مُلَطَّخ بالمِداد ؛ حالِكُ السَّواد

inland/ˋɪnlənd/*adj.* داخِلَ البِلاد ، داخِليّ

(the department of) Inland Revenue دائرة الضَّرائِب (إنْكِلترا)

also /ɪnˋlænd/*adv.* بَعِيدًا عَن السّاحِل ، في داخِلِ البِلاد

in-laws/ˋɪn-lɔz/*n. pl.* (*coll.*) أهْلُ الزَّوْج أو الزَّوْجة

inlay/ɪnˋleɪ/(*p.t. & p.p.* **inlaid**) *v.t.* طَعَّمَ (بالصَّدَفِ مَثَلًا) للزَّخْرَفة ، رَصَّعَ

n. /ˋɪnleɪ/ زُخْرُف مُطَعَّم

inlet/ˋɪnlet/*n.* شَرْمٌ أو خَلِيج صَغير في السّاحِل ؛ وُصْلة لِتَوْسِيعِ ثَوْب ؛ مَنْفَذ ، مَسْرَب ؛ دُخُول

inmate/ˋɪnmeɪt/*n.* نَزِيلُ (نزلاءُ) مُسْتَشْفًى أو سِجْن

inmost/ˋɪnməʊst/*adj.* مِنَ الصَّمِيم ، باطِنيّ ، عَمِيق

inn/ɪn/*n.* فُنْدُق رِيفِيّ ، خان ، نَزْلٌ

innate/ɪˋneɪt/*adj.* فِطْرِيّ ، (ذَوْقٌ) خِلقِيّ

inner/ˋɪnə(r)/*adj.* داخِليّ

I must satisfy the inner man (*joc.*) عَصافِيرُ بَطْنِي تُزَقْزِق

innermost/ˋɪnəməʊst/ *adj.* أعْمَقُ الأعْماق ، باطِنيّ ، سُوَيْداء (القَلْب) ، مِن صَمِيم (الفؤاد) ، (مِن) خَفايا (الصُّدُور) ، أغْوار (النَّفْس)

innings/ˋɪnɪŋz/*n.* دَوْرٌ في الكريكيت والبِيسْبُول

he had a long innings (*fig.*) عاشَ عُمْرًا مَدِيدًا

innocence/ˋɪnəsəns/*n.* بَراءة (مِن ذَنْب) ، طَهارة (ذَيْل) ؛ سَذاجة ، بَساطة ، سَلامة نِيّة

innocent/ˋɪnəsənt/*adj.* & *n.* بَرِيء ؛ طاهِر (الذَّيْل) ؛ غَيْرُ مُؤْذٍ ؛ ساذَج ، غَشِيم

innocuous/ɪˋnokjʊəs/*adj.* عَدِيمُ الأذَى ، لا يُحْدِثُ ضَرَرًا

innovation/ˈɪnəˋveɪʃən/ *n.* تَجْدِيد ، اِبْتِكار ، إحْداث ، بِدْعة (بِدَع) ، جَدِيد مُحْدَث

innuendo/ˈɪnjʊˋendəʊ/*n.* غَمْزٌ أو تَلْمِيحٌ فيه تَجْرِيح

innumerable/ ɪˋnjumərəbəl/*adj.* لا يُعَدُّ ولا يُحْصَى ، لا عَدَّ لَهُ ، يَفُوقُ الحَصْر

inoculate/ɪˋnokjʊleɪt/*v.t.* طَعَّمَ ، لَقَّحَ ؛ أدْخَلَ في رُوعِهِ

inoculation/ɪˈnokjʊˋleɪʃən/*n.* تَلْقِيح ، تَطْعِيم (طِبّ)

inoffensive/ˈɪnəˋfensɪv/ *adj.* غَيْرُ ضارٍّ أو مُؤْذٍ أو مُسِيء ؛ لا وَجْهَ للاعتِراضِ عليه

inopportune/ ˈɪnˋopətʃun/*adj.* في غَيْرِ مَحَلِّهِ أو أوانِهِ ، في وقتٍ غَيْرِ مُواتٍ أو مُناسِب

inordinate/ɪˋnɔdɪnət/ *adj.* (عَواطِفُ) جامِحة ، (مَطالِب) مُفْرِطة ، باهِظ ، مُجاوِز للحَدّ ، خارِجَ نِطاقِ المَعْقُول

inorganic/ˈɪnɔˋgænɪk/*adj.* غَيْرُ عُضْوِيّ

input/ˋɪnpʊt/*n.* دَخْلٌ (فِيزِياء) ، طاقةٌ يُزَوَّدُ بِها جِهاز ؛ مُعْطَيات ، ما يُزَوَّدُ بِهِ العَقْلُ الإلِكْتُرونيُّ مِنْ مَعْلُومات

inquest/ˋɪnkwest/*n.* تَحَرٍّ ، (هَيْئَةُ) تَحْقِيقٍ رَسْمِيٍّ في الوَفَيات المُشْتَبَهِ فِيها ؛ مُراجَعةُ سَيْرِ لُعْبَةٍ ما

inquire/ɪnˋkwaɪə(r)/*v.t.* & *i.* اِسْتَفْسَرَ ، اِسْتَطْلَعَ ، تَحَرَّى ، اِسْتَقْصَى ، اِسْتَعْلَمَ عَن ؛ بَحَثَ في ، سَأَل

inquiry/ɪnˋkwaɪərɪ/*n.* بَحْثٌ في ، سُؤال ، اِسْتِفْسار ، اِسْتِطْلاع

inquisitive/ ɪnˋkwɪzɪtɪv/*adj.* فُضُولِيّ ، طُلَعَة ، كَثِيرُ السُّؤال

insane/ɪnˋseɪn/*adj.* مَجْنون ، مَخْبول ، فاقِدُ العَقْل

insanitary/ ɪnˋsænɪtrɪ/*adj.* غَيْرُ صِحّيّ ، ضارٌّ بالصِّحّة ، وَخِيم

insanity/ɪnˋsænɪtɪ/*n.* جُنون ، عُتْهٌ

insatiable/ɪnˋseɪʃəbəl/ *adj.* نَهِمٌ ، لا يَشْبَع ، لا يُشْفَى ، لا يُكْفَى

inscribe/ɪnˋskraɪb/*v.t.* نَقَشَ (ـه) ، دَوَّنَ ، قَيَّدَ

inscription/ɪnˋskrɪpʃən/ *n.* كِتابة مَنْقُوشة أو مَحْفُورة ، نَقْشٌ (علَى نُصُبٍ تَذْكارِيّ)

inscrutable/ɪnˋskrutəbəl/*adj.* لا يُكْتَنَه ، مُغْلَق

insect/ˋɪnsekt/*n.* حَشَرة

insecticide/ɪnˋsektɪsaɪd/*n.* مُبِيدُ الحَشَرات

insecure/ˈɪnsɪˋkjʊə(r)/*adj.* مُقَلْقَل ، غَيْرُ ثابِت

insecurity / ˈɪnsɪˋkjʊərətɪ /*n.* قَلَقٌ ، عَدَمُ اطْمِئْنان ، عَدَمُ الثِّقة بالنَّفْس

insemination/ɪnˈsemɪˋneɪʃən/*n.* تَلْقِيح ، إلْقاح

artificial insemination (*abbr.* **A.I.**) تَلْقِيحٌ اصْطِناعِيّ

insensible/ɪnˋsensəbəl/ *adj.* فاقِدُ الوَعْي ، غَيْرُ واعٍ أو مُدْرِكٍ لِ ؛ عَدِيمُ الاكْتِراث ؛ (تَغَيُّرٌ) غَيْرُ مَلْمُوس

insensitive/ɪnˋsensətɪv/ *adj.* عَدِيمُ الإحْساس ؛ جامِدُ الشُّعُور ، لا يَكْتَرِثُ لآلامِ الغَيْر

inseparable/ ɪnˋseprəbəl/*adj.* لا يَنْفَصِل ؛ ألْزَمُ لَهُ مِن ظِلِّه ؛ (صَدِيقان) لا يَفْتَرِقان

insert/ɪnˋsɜt/*v.t.* أدْخَلَ (مِفْتاحًا في قُفْل) ، أدْرَجَ ، أوْلَجَ ، أدْمَجَ

insertion/ɪnˋsɜʃən/*n.* إدْخال ، إدْماج ؛ عِبارة مُقْحَمَة

inset/ɪnˋset/*v.t.* رَصَّعَ ، أدْخَلَ ، أدْرَجَ

n. /ˋɪnset/ صُورة صَغِيرة داخِلَ أُخْرَى لِتَوْضِيحِ جُزْءٍ مِنْها

inshore/ˈɪnˋʃɔ(r)/*adj.* & *adv.* (تَيّار) ساحِلِيّ ؛ قُرْبَ السّاحِل

inside/ الدّاخِل ، باطِنُ الشَّيْء ، السَّطْحُ

ɪn'saɪd/*n.* الداخليّ
he put his socks on inside out لبس جوربيه داخلهما خارجهما
he knows the subject inside out يتقن الموضوع إتقانًا تامًّا
(*coll. usu. pl.*) أمعاء ، أحشاء
he has a pain in his inside(s) يشعر بألم في أحشائه
adj. & adv. داخليّ ، باطنيّ
it was an inside job حاميها حراميها ، منهم وفيهم
he was inside for a couple of years (*sl.*) كان في الحبس سنتين
prep. في ، بـ ، داخل
just inside the gate داخل البوّابة مباشرة
he got there inside ten minutes وصل إلى هناك خلال عشر دقائق
insidious/ɪn'sɪdɪəs/*adj.* مخاتل ، خدّاع ، خبيث ، ماكر ؛ (شرّ) خفيّ ، (سؤال) تغريريّ
insight/'ɪnsaɪt/*n.* نفاذ البصيرة ، فراسة
insignificance/'ɪnsɪg'nɪfɪkəns/*n.* تفاهة ، ضآلة القدر
insignificant/'ɪnsɪg'nɪfɪkənt/*adj.* تافه ، طفيف ، لا قيمة له ، قليل الأهمّيّة ، عديم الشأن ، زهيد
insincere/'ɪnsɪn'sɪə(r)/*adj.* غير مخلص ، منافق ، مراءٍ
insincerity/'ɪnsɪn'serətɪ/*n.* قلّة صدق ، عدم إخلاص
insinuate/ɪn'sɪnjʊeɪt/*v.t.* دسّ (ـ) ، أدخل أو أولج خفية ؛ لمّح بقصد التجريح
he insinuated himself into the boss's good books توصّل بمكره إلى كسب رضى الرئيس
are you insinuating that I am a liar? أتتّهمني بأنّي كذّاب بتلميحاتك ؟
insinuation/ɪn'sɪnjʊ'eɪʃən/*n.* تلميح (إلى) ، إلماع
insipid/ɪn'sɪpɪd/*adj.* (طعام) مسيخ ، تفه ، لا نكهة له
insipidity/'ɪnsɪ'pɪdətɪ/*n.* تفاهة ، سآمة
insist/ɪn'sɪst/*v.t. & i.* ألحّ أو أصرّ على ، لجّ (ـ) في (السؤال)
insistence/ɪn'sɪstəns/*n.* إلحاح ، إصرار ، إلحاف
insistent/ɪn'sɪstənt/*adj.* مصرّ ، لجوج ، متشبّث
insolence/'ɪnsələns/*n.* وقاحة ، صفاقة ، سلاطة لسان
insolent/'ɪnsələnt/*adj.* وقح ، صفيق ، متطاول على
insoluble/ɪn'soljʊbəl/*adj.* غير قابل للذوبان ، لا يذوب ، لا يحلّ ، لا ينحلّ
an insoluble problem معضلة لا حلّ لها
insolvency/ɪn'solvənsɪ/*n.* إفلاس ، إعسار
insolvent/ɪn'solvənt/*adj.* عاجز عن وفاء ديونه ، مفلس
insomnia/ɪn'somnɪə/*n.* أرق ، سهد ، سهاد
insomuch/'ɪnsəʊ'mʌtʃ/*adv. with* **that/as** إلى حدّ أو درجة أنّ ، بحيث ، حتّى أنّ

inspect/ɪn'spekt/*v.t.* فتّش ، فحص (ـ) ، تفقّد
inspection/ɪn'spekʃən/*n.* تفتيش ، فحص ، معاينة
inspector/ɪn'spektə(r)/*n.* مفتّش ، مراقب أو معاين (بضاعة) ؛ ضابط شرطة ؛ مأمور (ضريبة)
inspiration/'ɪnspɪ'reɪʃən/*n.* وحي ، إلهام ؛ مصدر الوحي ، مبعث الإلهام ؛ فكرة نيّرة أو بديعة
inspire/ɪn'spaɪə(r)/*v.t.* أوحى ، ألهم ، شجّع ، حثّ (ـ)
an inspired article مقالة صحفيّة موعز بها
instability/'ɪnstə'bɪlətɪ/*n.* عدم الثبات ، تقلّب الأوضاع
install/ɪn'stɔl/*v.t.* نصّبه (ـ) أو ولّاه (أميرًا) ؛ ركّب (جهازًا كهربائيًّا مثلًا)
installation/'ɪnstə'leɪʃən/*n.* تنصيب (قاضٍ) ، تولية (محافظ) ؛ إقامة ، تركيب (جهاز) ؛ تركيبات ، منشآت (عسكريّة)
instalment/ɪn'stɔlmənt/*n.*
1. (*of serial*) فصل أو حلقة في رواية مسلسلة
2. (*of payment*) قسط (أقساط) ، دفعة على الحساب
instance/'ɪnstəns/*n.* حالة ، وضعيّة
for instance مثلًا ، على سبيل المثال
this will apply to children in the first instance ينطبق هذا على الأطفال في الدرجة الأولى
at the instance of his parents بناءً على طلب والديه
instant/'ɪnstənt/*adj.* عاجل ، فوريّ ، آنيّ ، سريع المفعول
instant coffee مسحوق قهوة يذوب دون رواسب
the pill brought instant relief سكّن القرص الألم فورًا
n. لحظة ، برهة ، هنيهة
come here this instant! تعال هنا في التوّ واللحظة
(*contr.* **inst.**)
your letter of the 4th inst. كتابكم المؤرّخ في ٤ الجاري
instantaneous/'ɪnstən'teɪnɪəs/*adj.* (ترجمة) فوريّة ، (لقطة فوتوغرافيّة) خاطفة ، (موت) فجائيّ ، (رؤية) آنيّة
instantly/'ɪnstəntlɪ/*adv.* فورًا ، على الفور ، حالًا ، في الحال
instead/ɪn'sted/*adv.* بدلًا من ، عوضًا عن ، بالنيابة عن
instep/'ɪnstep/*n.* ظاهر أو وجه القدم
instigate/'ɪnstɪgeɪt/*v.t.* حرّضه أو حثّه (على ارتكاب جريمة)
instil/ɪn'stɪl/*v.t.* أشربه وشرّبه (العلم مثلًا) ، غرس (ـ) فيه
instinct/'ɪnstɪŋkt/*n.* غريزة (غرائز) ، سليقة ، بديهة ، فطرة
instinctive/ɪn'stɪŋktɪv/*adj.* غريزيّ ، بديهيّ ، فطريّ
instinctively/ɪn'stɪŋktɪvlɪ/*adv.* (فعله) غريزيًّا أو عفويًّا
institute/'ɪnstɪtjut/*n.* معهد (معاهد) ، مؤسّسة

v.t. أَنْشَأَ ، رَفَعَ (الدَّعْوَى) أو أقامَها

institution/ˈɪnstɪˈtjuʃən/*n.*
1. (establishment) إِنْشاء ، تأْسِيس ، إقامة
2. (custom) عادات ونُظُم (اجتِماعِيّة) ، تَقْلِيد (تَقالِيدُ)
3. (organization) (مَبْنَى) مُؤَسَّسة ، مَعْهَد ، هَيْئة

instruct/ɪnˈstrʌkt/*v.t.*
1. (teach) عَلَّمَ ، دَرَّسَ ، دَرَّبَ ، ثَقَّفَ
2. (inform) أَبْلَغَ ، أحاطَ عِلْمًا بِ ، أَطْلَعَهُ (علَى السِّرّ)
3. (give orders) أَعْطَى تَعْلِيماتٍ لِ ، أَمَرَ بِ

instruction/ɪnˈstrʌkʃən/*n.*
1. (teaching) تَدْرِيس ، تَدْرِيب
2. (*pl.* directions) تَعْلِيمات وإرْشادات ، طَرِيقة الاسْتِعْمال

instructive/ɪnˈstrʌktɪv/*adj.* مُفِيد ، يُزَوِّدُكَ بِمَعْلُومات

instructor/ɪnˈstrʌktə(r)/*n.* مُعَلِّم ، مُدَرِّب

instrument/ˈɪnstrʊmənt/*n.* آلة ، أداة (أدَوات)

instrumental/ˈɪnstrʊˈmentəl/*adj.* (دَوْرٌ) فَعّالٌ في ٠٠ ، مُلَحَّن للعَزْف على آلاتٍ مُوسِيقِيّة (ولَيْسَ للغِناء)
he was instrumental in finding me a good position كانَ له دَوْرٌ فَعّالٌ في إيجادِ مَنْصِبٍ مُناسِبٍ لي

insubordinate/ˈɪnsəˈbɔdɪnət/*adj.* عاصٍ (عُصاة) ، مُتَمَرِّد

insubordination/ˈɪnsəˈbɔdɪˈneɪʃən/*n.* عِصْيان ، تَمَرُّد

insubstantial/ˈɪnsəbˈstænʃəl/*adj.* خَيالِيّ ، وَهْمِيّ

insufficient/ˈɪnsəˈfɪʃənt/*adj.* ناقِص ، غَيْرُ كافٍ

insular/ˈɪnsjʊlə(r)/*adj.* نِسْبةً إلى الجَزِيرة ، (مُناخ) جَزِيرِيّ أو جَزَرِيّ ؛ ضَيِّقُ الأُفُق ، مَحْدُودُ الذِّهْن

insulate/ˈɪnsjʊleɪt/*v.t.* عَزَلَ (ـِ) عَن (الكَهْرَباء مَثَلًا) ، قَطَع (ـَ) الصِّلةَ بَيْنَ...
insulating tape شَرِيطٌ عازِل ، "شاترتون"

insulation/ˈɪnsjʊˈleɪʃən/*n.* عَزْلٌ (كَهْرَبائِيّ أو حَرارِيّ) ؛ مَوادّ عازِلة

insulin/ˈɪnsjʊlɪn/*n.* إنْسُولِين (مُسْتَحْضَر طِبِّيّ لِعِلاجِ داءِ السُّكَّر)

insult/ɪnˈsʌlt/*v.t.* أهانَ ، حَقَّرَ ، شَتَمَ (ـُ) ، سَبَّ (ـُ)
n./ˈɪnsʌlt/ إهانة ، تَحْقِير ، مَسَبّة ، شَتِيمة

insuperable/ˈɪnˈsjupərəbəl/*adj.* (سَدٌّ) مَنِيع ، (عَقَبة) كَأْداء ، (صُعُوبة) لا تُذَلَّل ، لا يُقْهَر

insurance/ɪnˈʃʊərəns/*n.*
1. (insuring) تَأْمِين ، ضَمان
2. (premium) قِسْطُ التَّأْمِين ، مَبْلَغٌ يُدْفَعُ دَوْرِيًّا لِشَرِكةِ التَّأْمِين

insure/ɪnˈʃʊə(r)/*v.t.* & *i.* أَمَّنَ على (سَيّارة مَثَلًا) ، أَمَّنَ (ضِدَّ الحَرِيقِ أو على الحَياة) ؛ تَأَكَّدَ مِن
the house is insured against fire البَيْتُ مُؤَمَّنٌ عَلَيْهِ ضِدَّ الحَرِيق

insurgent/ɪnˈsɜdʒənt/*n.* & *adj.* (قُوّاتٌ) مُتَمَرِّدة ثائرة ؛ عاصٍ ، ثائِر ، مُتَمَرِّد

insurmountable/ˈɪnsəˈmaʊntəbəl/*adj.* (عَقَبة) كَؤُودٌ أو كَأْداءُ ، لا تُذَلَّل ، (سَدٌّ) مَنِيع

insurrection/ˈɪnsəˈrekʃən/*n.* تَمَرُّدٌ (علَى السُّلْطة) ، فِتْنة ، خُرُوج (علَى الدَّوْلة) ، شَقُّ عَصا الطّاعة

intact/ˈɪnˈtækt/*adj.* سَلِيم ، بكامِلِه ، (بَقِيَ) علَى حالِه ، غَيْرُ مُصابٍ بأَذًى

intake/ˈɪnteɪk/*n.* مَنْفَذٌ ؛ المِقْدارُ الدّاخِل ، (عَدَدُ) المُلْتَحِقِين

intangible/ˈɪnˈtændʒəbəl/*adj.* غَيْرُ مَلْمُوس ، غَيْرُ مادِّيّ ، لا يُمَسُّ

integer/ˈɪntɪdʒə(r)/*n.* عَدَدٌ صَحِيح (أي لَيْسَ كَسْرًا)

integral/ˈɪntɪgrəl/*n.* كامِل ، تامٌّ ؛ (جُزْءٌ) مُتَمِّمٌ ؛ صَحِيح ، تكامُلِيّ (رِياضِيّات)

integrate/ˈɪntɪgreɪt/*v.t.* كَمَّلَ ، أَكْمَلَ ، أَدْمَجَ ، اِنْدَمَجَ في

integration/ˈɪntɪˈgreɪʃən/*n.* تكامُل (رِياضِيّات) ؛ اِنْدِماج

integrity/ɪnˈtegrɪtɪ/*n.*
1. (wholeness) كَمال ، سَلامة ، تَمام
territorial integrity وَحْدَةُ أَوْ سَلامةُ أراضِي الدَّوْلة
2. (honesty) نَزاهة ، عِفّةُ يَدٍ ، اِسْتِقامة

intellect/ˈɪntəlekt/*n.* القُوَى العَقْلِيّة ، عَقْلٌ ، ذِهْنٌ

intellectual/ˈɪntəˈlektʃʊəl/*adj.* & *n.* عَقْلِيّ ، فِكْرِيّ ، ذِهْنِيّ ؛ مُثَقَّف ، رَجُلُ فِكْرٍ ، مُفَكِّرٌ

intelligence/ɪnˈtelɪdʒəns/*n.*
1. (brain power) ذَكاء ، فِطْنة ، أَلْمَعِيّة
2. (information) اِسْتِخْبارات (سِرِّيّة)

intelligent/ɪnˈtelɪdʒənt/*adj.* ذَكِيّ ، فَطِنٌ ، عاقِل

intelligentsia/ɪnˈtelɪˈdʒentsɪə/*n.* طَبَقةُ المُثَقَّفِين ، رِجالُ الفِكْر

intelligible/ɪnˈtelɪdʒəbəl/*adj.* سَهْلُ الفَهْم ، مَفْهُوم

intend/ɪnˈtend/*v.t.* نَوَى (يَنْوِي) ، اِنْتَوَى ، عَزَمَ (ـِ) على ، عَقَدَ (ـِ) النِّيّةَ على ؛ أَعَدَّهُ (والِداهُ لِمِهْنة) ؛ عَنَى (يَعْنِي) ، قَصَدَ (ـِ)

intense/ɪnˈtens/*adj.* شَدِيد ، عَنِيف ، قَوِيّ ، (بَرْدٌ) قارِس ، (حَرٌّ) لافِح ؛ (شَخْصٌ) اِنْفِعالِيّ ، جِدِّيّ

intensify/ɪnˈtensɪfaɪ/*v.t.* & *i.* شَدَّد ، عَزَّزَ ، رَكَّز ؛ اشتدَّ

intensity/ɪnˈtensɪtɪ/*n.* شِدّة ، حِدّة ، كَثافة ، اِزْدِياد (حَرَكة المُرُور)

intensive/ɪnˈtensɪv/*adj.* مُرَكَّز ، شَدِيد ، (زِراعة) مُكَثَّفة (ضَيِّقةُ الرُّقْعة كَثِيرةُ الإنْتاج)

intent/ɪnˈtent/*adj.*
1. (resolved) مُصَمِّمٌ أو عازِمٌ على ، مُصِرٌّ على
the climbers were intent كان المُتَسَلِّقُون عازِمِينَ على

upon/on reaching the summit الوُصُول إلَى القِمّة
2. (absorbed) (نَظْرة) كُلُّها اهتِمامٌ وَتَرْكِيز
she listened with an intent look on her face أَصْغَتْ والاِهْتِمامُ بادٍ عَلَى وَجْهِها
n. نِيّة (نِيّات، نَوايا)، غَرَضٌ (أغْراض)
to all intents and purposes في واقِعِ الأمْر، (أنْهَيْتُ العَمَلَ) فيما عَدا بَعْضَ الأشْياءِ البَسِيطة

intention/ɪnˈtenʃən/*n.* نِيّة (نِيّات، نَوايا)، غَرَضٌ (أغْراض)؛ قَصْدٌ، مَقْصِدٌ (مَقاصِدُ)

intentional/ɪnˈtenʃənəl/*adj.* عَمْدِيّ، مُتَعَمَّد، مَقْصُود

inter/ɪnˈtɜr/*v.t.* وَارَاهُ التُّراب، دَفَنَهُ (ـِ)

interact/ˈɪntərˈækt/*v.i.* تَفاعَلَ

interaction/ˈɪntərˈækʃən/*n.* تَفاعُلٌ

inter alia/ˈɪntərˈeɪlɪə/ (*Latin*) (ذَكَرَ أشْياءَ كَثِيرةً) مِنْها ... أو مِن بَيْنِها

intercede/ˈɪntəˈsid/*v.i.* شَفَعَ (ـَ)، تَشَفَّعَ له إلَى

intercept/ˈɪntəˈsept/*v.t.* اِعْتَرَضَ طَرِيقَه؛ أنْصَتَ (خِلْسَةً لِمُحادَثةٍ لاسِلْكِيّة)

interception/ˈɪntəˈsepʃən/*n.* اِعْتِراض؛ إنْصات (سِرِّيّ)، تَصَدٍّ (لِطائرة العَدُوّ)

intercession/ˈɪntəˈseʃən/*n.* شَفاعة، وَساطة

interchange/ˈɪntətʃeɪndʒ/*n.* تَبادُلٌ؛ تَناوُبٌ
v.t./ˈɪntəˈtʃeɪndʒ/ تَبادَلا

interchangeable/ˈɪntəˈtʃeɪndʒəbəl/*adj.* قابِلٌ للتَّبادُلِ مَعَ آخر، (أشْياء) يُمْكِنُ اسْتِبْدالُ أحَدِها بالآخَر

intercom/ˈɪntəkom/*n.* اِتِّصالٌ داخِلِيّ شِبْهُ تِلِيفُونِيّ

intercontinental/ˈɪntəˈkontɪˈnentəl/*adj.* (صارُوخٌ) عابِرٌ للقارّات

intercourse/ˈɪntəkɔs/*n.*
1. (*social*) عَلاقاتٌ اجْتِماعِيّة
2. (*sexual*) اِتِّصالٌ جِنْسِيّ، مُضاجَعة، جِماع

interdiction/ˈɪntəˈdɪkʃən/*n.* تَحْرِيم، حَجْرٌ، نَهْيٌ، مَنْعٌ

interest/ˈɪntrəst/*n.*
1. (concern) اِهْتِمام، اِكْتِراث
2. (advantage) مَصْلَحة، مَنْفَعة
3. (money) فائِدة، رِبْحة
v.t. أثارَ اهْتِمامَهُ، جَعَلَه يُعْنَى بـِ
we may suspect him of having interested motives قَدْ نَشْتَبِهُ فِيهِ مِنْ حَيْثُ وُجُودِ دَوافِعَ شَخْصِيّة لَدَيْه

interesting/ˈɪntrəstɪŋ/*adj.* مُشَوِّق، مُثِير لِلاِهْتِمام، مُمْتِع

interfere/ˈɪntəˈfɪə(r)/ *v.i. with* **with** تَدَخَّلَ (في ما لا يَعْنِيه)؛ تَعارَضَ مَعَ؛ عَبِثَ (ـَ) بـِ

interference/ˈɪntəˈfɪərəns/*n.* تَدَخُّلٌ في شُؤُون الغَير؛ تَشْوِيشُ بَثٍّ إذاعِيّ

interim/ˈɪntərɪm/*n. & adj.* فَتْرةٌ بَيْنَ مَرْحَلَتَيْن؛ (في) غُضُونِ (ذلك)؛ (حُكُومة) مُؤَقَّتة، (دَفْعة) مُقَدَّمة

interior/ɪnˈtɪərɪə(r)/*adj.* داخِلِيّ، باطِنِيّ
interior decorator مُصَمِّمُ التَّزْيِينات والزَّخْرَفةِ الدّاخِلِيّة، مُهَنْدِس دِيكُور
n. داخِل، باطِن، جَوْف
Minister of the Interior وَزِيرُ الدّاخِلِيّة

interjection/ˈɪntəˈdʒekʃən/*n.* اِسْمُ صَوت، حَرْف تَعَجُّب، حَرْفُ نِداء، حَرْفُ نُدْبة

interlocutor/ˈɪntəˈlokjʊtə(r)/*n.* مُكالِم، مُحادِث، مُخاطِب، مُحاوِر

interloper/ˈɪntələʊpə(r)/*n.* دَخِيل، مُتَطَفِّل

interlude/ˈɪntəlud/*n.* فَتْرةُ اسْتِراحة، فاصِلٌ مِنَ الوَقْت

intermarriage/ˈɪntəˈmærɪdʒ/*n.* تَزاوُجٌ بَيْنَ أفْرادِ قَبِيلَتَيْن أو عِرْقَيْن مُخْتَلِفَيْن مَثَلاً؛ تَزاوُجٌ بَيْنَ الأقْرِباء

intermediary/ˈɪntəˈmidɪərɪ/*n.* وَسِيط (في مُفاوَضات)

intermediate/ˈɪntəˈmidɪət/*adj.* مُتَوَسِّط، واقِع في الوَسَط

interment/ɪnˈtɜmənt/*n.* دَفْنٌ، مُواراةٌ في التُّراب

interminable/ɪnˈtɜmɪnəbəl/*adj.* (عِظة) طَوِيلة ومُمِلّة، (مُناقَشة) لا تَقِفُ عِنْدَ حَدّ، (أحادِيثُ) مُتَّصِلة

intermission/ˈɪntəˈmɪʃən/*n.* اِنْقِطاع، تَوَقُّف؛ اِسْتِراحة، فاصِل، فاصِل مُوسِيقِيّ

intermittent/ˈɪntəˈmɪtənt/*adj.* مُتَقَطِّع، غَيْرُ مُتَواصِل؛ (حُمَّى) مُتَقَطِّعة أو دَوْرِيّة

intern[1]/ɪnˈtɜn/*v.t.* اِعْتَقَلَ، حَجَزَ (ـِ)، حَجَرَ (ـُ) عَلَى

intern[2]/ˈɪntɜn/*n.* طَبِيبٌ تَحْتَ التَّمْرِينِ بِمُسْتَشْفًى

internal/ɪnˈtɜnəl/*adj.* داخِلِيّ، باطِنِيّ
internal evidence دَلِيلٌ ضِمْنِيّ، بُرْهانٌ مُسْتَنْبَطٌ مِن صُلْبِ المَوْضُوع

international/ˈɪntəˈnæʃənəl/*adj. & n.* دَوْلِيّ، دُوَلِيّ، أُمَمِيّ، عالَمِيّ؛ لاعِبٌ رِياضِيّ دَوْلِيّ؛ مُباراة دَوْلِيّة

internee/ˈɪntɜˈni/*n.* مُعْتَقَل، مَحْجُوز (في مُعَسْكَر)

internment/ɪnˈtɜnmənt/*n.* اِعْتِقالٌ أثْناءَ حَرْب

Interpol/ˈɪntəpol/*n.* البُولِيسُ الدَّوْلِيّ لِتَعَقُّبِ المُجْرِمِين

interpret/ɪnˈtɜprɪt/*v.t. & i.* فَسَّرَ، أوَّلَ، شَرَحَ (ـَ)، عَبَّرَ؛ تَرْجَمَ (شَفَوِيًّا)
she interpreted my silence as a refusal فَسَّرَتْ سُكُوتِي رَفْضًا
the actor interpreted the role of Othello impressively أدَّى المُمَثِّلُ دَوْرَ عُطَيْل بِشَكْلٍ مُثِيرٍ لِلإعْجاب

interpretation/ɪnˈtɜprɪˈteɪʃən/*n.* تَفْسِير؛ تَرْجَمة (شَفَوِيّة)

interpreter/ɪnˈtɜprɪtə(r)/*n.* تُرْجُمان، مُتَرْجِم (شَفَوِيّ)

interrogate/ɪnˈterəgeɪt/*v.t.* اِسْتَجْوَبَ، أجْرَى تَحْقِيقًا مَعَ، اِسْتَنْطَقَ

interrogation/ ɪn'terə'geɪʃən/*n.* اِسْتِجْواب ، اِسْتِنْطاق ؛ سُؤال ، اِسْتِفْسار

interrogator/ ɪn'terəgeɪtə(r)/*n.* مُسْتَجْوِب ، مُسْتَنْطِق ، مُسْتَفْهِم

interrogative/ 'ɪntə'rogətɪv/*adj. & n.* اِسْتِفْهامِيّ ؛ (صِيغة) الاسْتِفْهام ؛ (ضَمِير) الاسْتِفْهام (نَحْو)

interrupt/'ɪntə'rʌpt/*v.t. & i.* قاطَعَ (كَلامَ الغَيْر) ، أَوْقَفَ عَمَلاً ، عَطَّلَ (حَرَكة)

he interrupted the speaker قاطَعَ الخَطِيبَ (أو المُتَكَلِّم)

the trees interrupted the view حَجَبَتِ الأَشْجارُ المَنْظَرَ

interruption/ 'ɪntə'rʌpʃən/*n.* قَطْعٌ ، إيقافٌ ، مُقاطَعةٌ ؛ تَوَقُّف

intersect/ 'ɪntə'sekt/*v.t. & i.* قَطَعَ (خَطًّا بآخَرَ مَثَلاً) ؛ تَقاطَعَ

intersection/ 'ɪntə'sekʃən/*n.* مُلْتَقَى طُرُق ، نُقْطة تَقاطُع

intersperse/'ɪntə'spɜs/ *v.t.* (مَقالٌ) تَخَلَّلَتْهُ (النِّكات) ، (حَدِيقة) تَناثَرَتْ (فِيها الوُرُود)

his speech was interspersed with witty remarks تَخَلَّلَتْ خُطْبَتَهُ مُلاحَظاتٌ نَكِهة

interval/'ɪntəvəl/*n.* فَتْرة فاصِلة ، فاصِل ، اِسْتِراحة

intervene/'ɪntə'vin/*v.i.* تَخَلَّلَ ، تَوَسَّطَ ، تَدَخَّلَ (في نِزاع)

I shall come tomorrow if nothing intervenes سآتي غداً ما لَمْ يَطْرَأْ طارِئ

do not intervene between husband and wife! لا تُقْحِمْ نَفْسَكَ بَيْنَ المَرْءِ وَزَوْجِهِ

intervention/'ɪntə'venʃən/*n.* تَوَسُّط ، تَدَخُّل

interview/'ɪntəvju/*n.* مُقابَلة شَخْصِيّة ، مُواجَهة

v.t. قابَلَ ، أَجْرَى مُقابَلةً مَع ، أَجْرَى لِقاءً (صَحَفِيًّا مَع)

intestate/ɪn'testeɪt/*adj.* (ماتَ) غَيْرَ مُوصٍ ، بِلا وَصِيّة

intestinal/ɪn'testɪnəl/*adj.* مِعَوِيّ

intestine/ɪn'testɪn/*n.* مَعْيٌ (أَمْعاءٌ) ، مُصْران (مَصارِين)

intimacy/'ɪntɪməsɪ/*n.* عَلاقة حَمِيمة ، أُلْفة ، مَوَدّة

intimacy took place (*fig.*) حَصَلَ بَيْنَهُما اتِّصالٌ جِنْسِيّ

intimate[1]/'ɪntɪmət/*adj.* (صَدِيق) حَمِيم

intimate[2]/'ɪntɪmeɪt/*v.t.* أَحاطَهُ عِلْمًا ، أَبْلَغَهُ ، نَوَّهَ ، لَمَّحَ إلى

intimidate/ɪn'tɪmɪdeɪt/ *v.t.* أَرْهَبَ أو هَدَّدَ شَخْصًا بِاسْتِعْمالِ العُنْف (لإرْغامِهِ على فِعْلٍ ما)

intimidation/ ɪn'tɪmɪ'deɪʃən/*n.* إِرْهاب ، تَخْوِيف ، تَهْدِيد

into/'ɪntu/*prep.* إلى ، في ، بِـ

don't get into trouble لا تُوقِعْ نَفْسَكَ في مَشاكِل

the water turned into steam تَحَوَّلَ الماءُ إلى بُخار

five into fifteen goes three خَمْسَةَ عَشَرَ على خَمْسة تُعْطِي ثَلاثة

intolerable/ ɪn'tolərəbəl/*adj.* لا يُمْكِنُ احْتِمالُه ، لا يُطاق

intolerance/ɪn'tolərəns/*n.* عَدَمُ تَسامُح ، تَعَصُّب

intolerant/ ɪn'tolərənt/*adj.* غَيْرُ مُتَسامِح ، غَيْرُ مُتَساهِل ، مُتَعَصِّب ؛ لا يَتَحَمَّلُ النَّقْدَ

intonation/'ɪntə'neɪʃən/*n.* اِخْتِلافُ شِدّةٍ أو دَرَجةٍ أو نَبْرةِ الصَّوْتِ عِنْدَ النُّطْق ، اِرْتِفاعُ الصَّوْتِ أو انْخِفاضُه (عِنْدَ الكَلام) ، جَرْسٌ

intoxicate/ɪn'toksɪkeɪt/*v.t.* أَسْكَرَه ، أَثْمَلَه (النَّصْرُ مَثَلاً)

intoxication/ɪn'toksɪ'keɪʃən/*n.* حالةُ سُكْرٍ ، نَشْوةُ خَمْرٍ

intra-/'ɪntrə/*pref.* بادِئة بِمَعْنَى داخِلَ أو بَيْنَ

intransigent/ ɪn'trænsɪdʒənt/*adj.* عَنِيد ، صُلْبُ الرَّأْي ، مُتَمَسِّكٌ أو مُتَشَبِّثٌ بِرَأْيِهِ ، غَيْرُ مُتَساهِل

intransitive/ɪn'trænsɪtɪv/*adj.* فِعْلٌ لازِم (غَيْرُ مُتَعَدٍّ)

intrepid/ɪn'trepɪd/*adj.* مِقْدام ، باسِل ، جَسُور ، جَرِيء ، (بَطَلٌ) مِغْوار

intricacy/'ɪntrɪkəsɪ/*n.* تَعَقُّد ، تَشابُك

intricate/'ɪntrɪkət/*adj.* مُعَقَّد ، عَوِيص ، صَعْبُ الفَهْم

intrigue/ɪn'trig/*n.*

1. (plot) مَكِيدة (مَكائِدُ) ، دَسِيسة (دَسائِسُ)
2. (secret love-affair) عَلاقة غَرامِيّة سِرِّيّة

v.t. & i. أَثارَ الاهْتِمامَ أو الفُضُول ، شَغَلَ (ـه) البالَ ، حَيَّرَ اللُّبَّ ؛ دَبَّرَ مَكِيدةً أو دَسِيسة

intrinsic/ɪn'trɪnzɪk/*adj.* (قِيمةُ الشَّخْصِ أو الشَّيْءِ) بِحَدِّ ذاتِهِ ، (صِفة) جَوْهَرِيّة غَيْرُ عَرَضِيّة

introduce/'ɪntrə'djus/*v.t.* أَدْخَلَ ، قَدَّمَ ، أَتَى بِـ ، جَلَبَ (ـه) ، أَوْرَدَ ، أَوْلَجَ

he introduced a bill قَدَّمَ لائِحةً إلى البَرْلَمان

she introduced Ahmed to Ali عَرَّفَتْ أَحْمَدَ بِعَلِيّ

he introduced a tube into the wound أَدْخَلَ أُنْبُوبًا في الجُرْح

introduction/ 'ɪntrə'dʌkʃən/*n.* إِدْخالٌ ؛ مُقَدِّمة ، تَقْدِيم ، تَمهِيد ، مَدْخَل ؛ تَقْدِيمُ شَخْصٍ لآخَرَ

introductory/'ɪntrə'dʌktərɪ/*adj.* اِسْتِهْلالِيّ ، تَمْهِيدِيّ

introspective/ 'ɪntrə'spektɪv/*adj.* مُتَفَحِّصٌ لِمَشاعِرِهِ وأَفْكارِهِ الدّاخِلِيّة ؛ مُسْتَبْطِن

introvert/'ɪntrəvɜt/*n.* اِنْطِوائِيّ ، مُنْطَوٍ على نَفْسِهِ

intrude/ɪn'trud/*v.t. & i.* أَقْحَمَ نَفْسَه ، تَدَخَّلَ ، دَخَلَ غَيْرَ مَدْعُوّ ، تَطَفَّلَ

intruder/ɪn'trudə(r)/*n.* دَخِيل ، مُتَطَفِّل ، (طائِرة) خَرَقَتْ حُرْمةَ الأَجْواء

intrusion/ɪn'truʒən/*n.* تَدَخُّل ، تَطَفُّل ، الدُّخُولُ بِلا

إذْن أو دَعْوة

intuition/ˈɪntjʊˈɪʃən/*n.* حَدْسٌ ، بَدِيهة ، بَصِيرة ، فِطْرة

intuitive/ɪnˈtjʊɪtɪv/*adj.* حَدْسِيّ ، مُدْرِكٌ بالفِطْرة أو بالغَرِيزة

inundate/ˈɪnəndeɪt/*v.t.* غَمَرَ (ـُ) ، أغْرَقَ ، فاضَ (يَفِيضُ) على ، اِجْتاحَ ، اِكْتَسَحَ

inundation/ˈɪnənˈdeɪʃən/*n.* طُوفان ، فَيَضان ، اِجْتِياح ، اِكْتِساح

invade/ɪnˈveɪd/*v.t.* اِعْتَدَى على ، غَزا (يَغْزُو) ، هَجَمَ (ـُ) أو أغارَ على

invader/ɪnˈveɪdə(r)/*n.* مُعْتَدٍ على ، مُحْتَلٌّ ، غازٍ

invalid[1]/ˈɪnvəlɪd/*n.* مَرِيضٌ مُقْعَد ، عاجِز (عَجَزة) ، مُعْتَلّ

v.t./ɪnvəˈlid/ سَرَّحَ

he was invalided out of the army — سُرِّحَ مِنَ الخِدْمة العَسْكَرِيّة لِمَرَضٍ أو عَجْزٍ أقْعَدَهُ

invalid[2]/ɪnˈvælɪd/*adj.* (قانون) باطِل ، بَطُلَ مَفْعُولُه ، لاغٍ ، مُلْغًى

invaluable/ɪnˈvæljʊəbəl/*adj.* لا يُقَدَّرُ بِثَمَن ، نَفِيسٌ جِدًّا

invariable/ɪnˈveərɪəbəl/*adj.* ثابِت لا يَتَغَيَّر ، دائِم ؛ (كلمة) مَبْنِيّة (غَيْرُ مُعْرَبة)

invasion/ɪnˈveɪʒən/*n.* اِعْتِداء ، غَزْوٌ ، هُجُوم ؛ مَوْجَةُ (سُيّاحٍ) تَجْتاحُ (البَلَد)

invective/ɪnˈvektɪv/*n.* هِجاء ، قَدْحٌ ، طَعْنٌ ، شَتْمٌ

inveigle/ɪnˈveɪgəl/*v.t.* خَدَعَ (ـَ) بالتَّمَلُّقِ والمَكْر ، ضَلَّلَ ، أغْوَى بِكَلامٍ مَعْسُول

invent/ɪnˈvent/*v.t.* اِخْتَرَعَ ، اِبْتَكَرَ ، اِبْتَدَعَ ؛ لَفَّقَ ، اِخْتَلَقَ

invention/ɪnˈvenʃən/*n.* اِخْتِراع ، اِبْتِكار ؛ جِهازٌ مُبْتَكَر ؛ عُذْرٌ مُنْتَحَل ، تَلْفِيقة ؛ رُوحُ الابْتِكار ، تَفَنُّن

necessity is the mother of invention — الحاجَةُ أُمُّ الاخْتِراع

inventive/ɪnˈventɪv/*adj.* مُبْدِع ، مُبْتَكِر ، اِخْتِراعِيّ

inventor/ɪnˈventə(r)/*n.* مُخْتَرِع ، مُبْتَكِر

inventory/ˈɪnvəntrɪ/*n.* قائِمة بِمُحْتَوَيات (المَنْزِل) ، جَرْدٌ

inverse/ɪnˈvɜs/*adj.* عَكْسِيّ ، مَعْكُوس ، مَقْلُوب ؛ نِسْبة عَكْسِيّة (رِياضِيّات)

inversely/ɪnˈvɜslɪ/*adv.* عَلَى العكس ؛ (مُتناسِب) عَكْسًا

invert/ɪnˈvɜt/*v.t.*

1. (turn upside down) قَلَبَ (ـِ) رَأْسًا عَلَى عَقِب ، عَكَسَ (ـِ) الوَضْعَ

inverted commas (' ' *or* " ") عَلامَتا الاقْتِباس أو التَّنْصِيص ، فاصِلَتان مُزْدَوِجَتان

2. (reverse order of) عَكَسَ وَضْعَ كَلِمَتَيْن ، غَيَّرَ مَكانَ شَيْئَيْن

invertebrate/ɪnˈvɜtəbrət/*adj. & n.* (حَيَوان) لا فِقْرِيّ ؛ اللافِقْرِيّات (عِلْمُ الأحْياء)

invest/ɪnˈvest/*v.t. & i.* وَظَّفَ أو اسْتَثْمَرَ مالاً ؛ مَنَحَ (ـَ) ، خَلَعَ (ـَ) عَلَيه ؛ اِشْتَرَى ؛ حاصَرَ ، ضَرَبَ نِطاقًا على

it is high time to invest in a new suit (*coll.*) — آنَ الأوانُ لِشِراءِ بَدْلةٍ جَدِيدة

investigate/ɪnˈvestɪgeɪt/*v.t.* فَحَصَ (ـَ) ، تَحَرَّى ، اِسْتَقْصَى ، بَحَثَ (ـَ) في

investigation/ɪnˈvestɪˈgeɪʃən/*n.* فَحْصٌ ، تَحَرٍّ ، اِسْتِقصاء ، بَحْثٌ

investigator/ɪnˈvestɪgeɪtə(r)/*n.* مُحَقِّق أو باحِث في قَضِيّة ، مُنَقِّب

investment/ɪnˈvestmənt/*n.* تَوْظِيفُ رُؤُوسِ الأمْوال

investor/ɪnˈvestə(r)/*n.* مُسْتَثْمِر

inveterate/ɪnˈvetərət/*adj.* (عادةٌ) راسِخة أو مُتَأَصِّلة أو مُتَمَكِّنة مِن ، مُدْمِن أو مُعْتاد (عَلَى التَّدْخِين)

invidious/ɪnˈvɪdɪəs/*adj.* (تَفْرِقة) تُثِيرُ الضَّغائِنَ والخُصُومات ، (مُقارَنة) مُكَدِّرة

invigilator/ɪnˈvɪdʒɪleɪtə(r)/*n.* مُلاحِظ أو مُراقِب في الامْتِحانات

invigorate/ɪnˈvɪgəreɪt/*v.t.* أنْعَشَ ، قَوَّى ، نَشَّطَ

invincible/ɪnˈvɪnsəbəl/*adj.* لا يُقْهَر ، لا يُغْلَب ، (حِصْنٌ) مَنِيع أو حَصِين

invisible/ɪnˈvɪzəbəl/*adj.* خَفِيّ ، غَيْرُ مَرْئِيّ

invitation/ˈɪnvɪˈteɪʃən/*n.* دَعْوة

invite/ɪnˈvaɪt/*v.t.* دَعا (يَدْعُو) فُلانًا إلَى ، طَلَبَ (ـُ) إلَى فُلانٍ أنْ ...

we were invited to the wedding — دُعِينا إلَى حَفْلة الزِّفاف

you are inviting trouble — إنَّك تَجْلِبُ على نَفْسِك المَتاعِب

inviting/ɪnˈvaɪtɪŋ/*adj.* جَذّاب ، مُغْرٍ ، فاتِن ، أخّاذ ، مُشَهٍّ

invocation/ˈɪnvəˈkeɪʃən/*n.* دُعاء (أدْعِية) ، اِبْتِهال ، تَضَرُّع ، تَوَسُّل

invoice/ˈɪnvɔɪs/*n.* فاتُورة ، قائِمة حِساب (تُرْسَلُ لِلْمُشْتَرِي)

v.t. أعَدَّ فاتُورةً مُفَصَّلةً بالمَبِيعات

invoke/ɪnˈvəʊk/*v.t.* اِسْتَنْجَدَ (بالقانون) ، اِبْتَهَلَ إلَى الله ، اِسْتَنْزَلَ ، ناشَدَ

involuntarily/ɪnˈvoləntrɪlɪ/*adv.* عَنْ غَيْرِ عَمْدٍ ، لا إرادِيًّا

involuntary/ɪnˈvoləntrɪ/*adj.* (فِعْلٌ) لا إرادِيّ ، لا اخْتِيارِيّ

involve/ɪnˈvolv/*v.t.* عَقَّدَ ، وَرَّطَ ، أوْقَعَ أو أشْرَكَ (فُلانًا في جَرِيمة) ؛ تَطَلَّبَ ، اِسْتَدْعَى

Ali and Salih involved us in their quarrel — أدْخَلَنا عَلِيٌّ وصالِحٌ في خُصُومَتِهِما

my job involves a lot of travelling — يَتطلَّبُ عَملي الكَثيرَ مِنَ الأَسْفار

what an involved sentence! يا لَها مِنْ جُمْلةٍ مُعقَّدة!

involvement/ɪn'volvmənt/*n.* تَعقُّد (تَعقُّدات) ؛ تَضمُّن ، اِرْتِباط ، اِخْتِلاط ، إشْراك ، تَوْرِيطٌ في دَعْوَى

invulnerable/ɪn'vʌlnərəbəl/*adj.* حَصِين ، مَنيع ، لا يُصابُ بِأَذًى أو جِراح

inward/'ɪnwəd/*adj.* باطِنيّ ، داخِليّ ، مُتَّجِهٌ نَحْوَ الدّاخِل

inwardly/'ɪnwədlɪ/*adv.* باطِنًا ، داخِلِيًّا ، في سَرِيرَةِ النَّفْس

inwards/'ɪnwədz/*adv.* مُتَّجِهٌ نَحْوَ الدّاخِل ؛ إلى الباطِن ، إلى العَقلِ أو الرُّوح

iodine/'ɑɪədin/*n.* اليُود (كِيمياء)

iota/ɑɪ'əʊtə/*n.* جُزْءٌ صَغيرٌ جِدًّا ، ذَرَّةٌ (مِن)

IOU/'ɑɪəʊ'ju/*n.* أنا مَدينٌ لَكَ بِـ (كَذا مَبْلَغ) ، وَصْلٌ بَسيطٌ لِقاءَ دَيْن

irascible/ɪ'ræsɪbəl/*adj.* سَريعُ الغَضَب ، حادُّ المِزاج

irate/ɑɪ'reɪt/*adj.* غَضْبان ، مُغْتاظ

iris/'ɑɪərɪs/*n.*
1. (part of eye) قُزَحِيَّةُ العَيْن
2. (flower) نَباتٌ مُزهِرٌ مِن فَصيلة (السَّوْسَنِيّات) ، سَوْسَن إسْمَنْجُوني

Irish/'ɑɪərɪʃ/*adj. & n.* إيرلَنْدِيّ ؛ اللُّغة الإيرلَنْدِيّة

irk/ɜk/*v.t. (impers.)* أزْعَجَ ، ضايَقَ

irksome/'ɜksəm/*adj.* مُضْجِر ، (مُهِمّة) شاقّة ، ثَقيلة

iron/'ɑɪən/*n.*
1. (metal) حَديد
he has a cast-iron case لَه حُجَّةٌ لا تُدْحَض
an iron fist in a velvet glove لَيِّنٌ مَتين ، ناعِمُ المَظْهَرِ صُلْبُ المَخْبَر
he has too many irons in the fire لَه أَلْفُ شُغْلٍ شاغِل ، يُبَعْثِرُ جُهُودَهُ
2. (smoothing iron) مِكْواة
ironing board طاوِلة خاصّة لِكَيِّ المَلابِس
v.t. كَوَى (يَكْوِي) المَلابِسَ

ironic, ironical/ɑɪ'ronɪk(əl)/*adjs.* تَهَكُّمِيّ ، سُخْرِيّ ، ساخِر ، هازِئ

ironmonger/'ɑɪənmʌŋgə(r)/*n.* بائع لَوازِمَ مَنزِلِيّة ، خُرْدَجِي

irony/'ɑɪrənɪ/*n.* سُخْرِية ، تَهَكُّم

irradiate/ɪ'reɪdɪeɪt/*v.t.* عالَجَ بالأَشِعّة ، عَرَّضَ للضَّوْء ، أنارَ ؛ أشْرَقَ (وَجْهُه)

irrational/ɪ'ræʃənəl/*adj.* غَيْرُ مَنْطِقِيّ ، (تَصَرُّفٌ) يُنافِي العَقْل

irreconcilable/ 'ɪ'rekən'sɑɪləbəl/*adj.* لا يَقْبَلُ المُصالَحة ؛ (شَيْئان) مُتَنافِران ، لا يُمكِنُ التَّوْفِيقُ بَيْنَهُما

irregular/ɪ'regjʊlə(r)/*adj.*
1. (contrary to rule) (سُلوك) مُخالِفٌ للأُصُولِ المَرْعِيّة
2. (uneven) غَيْرُ مُنتَظِم ، (سُلُوكٌ) غَيْرُ سَوِيّ ، (ساحِلٌ) كَثيرُ التَّعارِيج ، غَيْرُ نِظامِيّ
3. (*gram.*) غَيْرُ قِياسِيّ ، شاذّ (نَحْو)

irregularity/ɪ'regjʊ'lærɪtɪ/*n.* عَدَمُ انْتِظام ، شُذُوذ (التَّصَرُّف) ، عَدَمُ تَناسُق ، خُروجٌ عَلى القاعِدة

irrelevant/ɪ'reləvənt/*adj.* خارِجَ المَوْضوع ، خارِجَ الصَّدَد ، (نُقْطة) لا صِلَةَ لَها (بالمُناقَشة)

irreparable/ɪ'reprəbəl/*adj.* (خَسارة) لا تُعَوَّض ، مُتَعَذِّرُ الإصْلاح

irreplaceable/'ɪrɪ'pleɪsəbəl/*adj.* لا بَدِيلَ لَهُ ، لا يُعَوَّض ، لا يُسْتَبْدَل

irreproachable/'ɪrɪ'prəʊtʃəbəl/*adj.* لا غُبارَ عَلَيْه ، نَزيه ، طاهِرُ الذَّيْل

irresistible/'ɪrɪ'zɪstəbəl/*adj.* (رَغْبة) لا تُقاوَم ، (جَمالٌ) أَخّاذ

irrespective of/'ɪrɪ'spektɪv ov/*prep.* بِصَرْفِ أو بِغَضِّ النَّظَرِ عَن

irresponsible/'ɪrɪ'sponsəbəl/*adj.* غَيْرُ مُبالٍ بالعَواقِب ، لا يَشْعُرُ بالمَسْؤُولِيّة ، مُسْتَهْتِر

irretrievable/'ɪrɪ'trivəbəl/*adj.* لا يُمكِنُ اسْتِرْدادُه

irreverent/ɪ'revrənt/*adj.* عَدِيمُ الاحْتِرامِ لِـ ، مُسْتَخِفٌّ بالمُقَدَّسات

irrevocable/ɪ'revəkəbəl/*adj.* (قَرارٌ) غَيْرُ قابِلٍ لِلنَّقْض ، لا رُجُوعَ فيه ، باتّ

irrigate/'ɪrɪgeɪt/*v.t.* سَقَى (يَسْقِي) الأرْضَ ، رَوَى (يَرْوِي)

irrigation/'ɪrɪ'geɪʃən/*n.* رِيّ ، سَقْي ، إرْواء

irritability/'ɪrɪtə'bɪlətɪ/*n.* سُرْعة الانْزِعاج ، حِدّة الطَّبْع

irritable/'ɪrɪtəbəl/*adj.* عَصَبِيُّ المِزاج ، سَريعُ الانْفِعالِ والغَضَب

irritant/'ɪrɪtənt/*n.* مادّة مُثِيرة أو مُهَيِّجة ، سُلُوكٌ يُثِيرُ الأعْصاب

irritate/'ɪrɪteɪt/*v.t.* أزْعَجَ ، ضايَقَ ، هَيَّجَ ، سَبَّبَ التِهابًا
irritated by the delay مُنْزَعِجٌ مِنَ التَّأَخُّر
the smoke irritated her eyes خَرَّشَ الدُّخانُ عَيْنَيْها

irritation/'ɪrɪ'teɪʃən/*n.* انْزِعاج ، غَضَبٌ ، تَهَيُّج (عَصَبِيّ) ؛ اِلْتِهاب ، تَخْرِيش

is/ɪz/*3rd pers. sing. pres. of* **be**

Islam/ɪz'lɑm/*n.* الإسْلام ، الدِّينُ الإسْلامِيّ ؛ العالَمُ الإسْلامِيّ

island/'ɑɪlənd/*n.* جَزِيرة (جَزائر) ؛ رَصِيفُ المارّة في وَسَطِ الشّارِع

islander/'ɑɪlənde(r)/*n.* ساكِنُ جَزِيرة ، جَزَرِيّ (جَزَرِيُّون)

isn't/ɪznt/*coll. contr. of* **is not**

isolate/ˈaɪsəleɪt/*v.t.* عَزَلَ (ـِ) ، أَفْرَدَ ، فَصَلَ (ـِ)
isolation/ˈaɪsəˈleɪʃən/*n.* مَعْزِل ، اِنْفِراد ، اِنْعِزال ، اِنْزِواء ، عَزْلٌ ، فَصْلٌ
isosceles/aɪˈsɒsɪliz/*adj.* (مُثَلَّثٌ) مُتَساوِي السّاقَيْن
issue/ˈɪʃu/*n.*
1. (outflow) خُروج ؛ نَزيفٌ دَمَوِيّ
2. (result) نَتيجة ، عاقِبة ، مَصير
3. (question) المَسْأَلة (المَطْروحة على بِساطِ البَحْث) ، القَضِيّة
4. (children) سُلالة ، مِنْ نَسْل ...
5. (journal) نَشْرة ، طَبْعة ، نُسْخة ، عَدَدٌ مِنْ مَجَلّة ؛ مَسْكوكات
6. (*med.*) قَيْحٌ ، صَديد
v.i. & t. تَدَفَّقَ ، اِنْبَعَثَ ، اِنْبَثَقَ (الدَّمُ) ؛ جَهَّزَ أَوْ زَوَّدَ بِـ ؛ أَصْدَرَ ، نَشَرَ (ـُ) ، أَعْلَنَ ؛ سَكَّ (ـُ)
isthmus/ˈɪsməs/*n.* بَرْزَخٌ (بَرازِخُ)
it/ɪt/ (*pl.* **they them**) *pron.*
1. (thing, idea, animal, named or in question) هُوَ أو هِيَ (ضَميرٌ لِغَيْرِ العاقِل)
I can hear it أَسْتَطيعُ أَنْ أَسْمَعَهُ
2. (*as subj. of impers. verb*)
it is twelve o'clock السّاعةُ الثّانيةَ عَشْرَةَ
it is raining المَطَرُ يَهْطِل ، السَّماءُ تُمْطِر
3. (*as subj. of verb followed by virtual subj.*)
it is easy to say no الرَّفْضُ سَهْل
she hopes it will be a boy تَأْمُلُ أَنْ تَضَعَ مَوْلوداً ذَكَراً
italic/ɪˈtælɪk/*adj.* حُروفٌ مَطْبَعِيّة مائِلة (في اللُّغات الأُوروبّية)
italicize/ɪˈtælɪsaɪz/*v.t.* اِسْتَخْدَمَ حُروفاً مَطْبَعِيّةً مائلة
itch/ɪtʃ/*n.* حَكّة جِلْدِيّة ، مَرَض (الحَكّة) ؛ تَشَوُّق ، رَغْبة شَديدة
v.i. حَكَّهُ جِلْدُهُ ، هَرَشَ (م)
the boys were itching for the lesson to end تَحَرَّقَ الصِّبْيانُ شَوْقاً لِنِهاية الدَّرْس
itchy/ˈɪtʃɪ/*adj.* مُصابٌ بالحَكّة الجِلْدِيّة ، (كانَ جِلْدُهُ) يأكُلُه (عامّيّة)
item/ˈaɪtəm/*n.*
1. (*in list*) فِقْرة ، بَنْد ، مادّة
2. (*of news*) نَبَأٌ (أَنْباء) في نَشْرةِ الأَخْبار
itinerant/aɪˈtɪnərənt/*adj.* مُتَجَوِّل ، مُتَنَقِّل ، جَوّال
itinerary/aɪˈtɪnərərɪ/*n.* بَيانٌ تَفْصيلِيّ لِخَطِّ سَيْرِ الرِّحْلة ، تَفاصيل طَريقِ السَّفَر
it's/ɪts/*contr. of* **it is** *or* **it has**
its/ɪts/*pronominal adj.* ضَميرُ المِلْكِيّة لِلمُفْرَد الغائِب غَيْرِ العاقِل
itself/ɪtˈself/*pron.* (الكِتابُ) نَفْسُه أو ذاتُه أو عَيْنُه
I've/aɪv/*contr. of* **I have**
ivory/ˈaɪvrɪ/*n. & adj.* عاجٌ ؛ عاجِيّ
they have a fine collection of ivories لَدَيْهِم مَجْموعةُ عاجِيّاتٍ مُمْتازة
ivy/ˈaɪvɪ/*n.* لَبْلاب ، حَبْلُ المَساكِين (وهو لَبْلابٌ مُتَسَلِّق) ، عَشَقة

J

J/dʒeɪ/(letter) الحَرْفُ العاشِر مِنَ الأَبْجَدِيّة
jab/dʒæb/*n.*
1. (thrust) نَخْزة ، نَخْسة ، طَعْنةٌ (سِكّين) ، لَكْزة (بالكوع) ، لَطْمةٌ مُفاجِئة
2. (*coll.* medical injection) إِبْرة ، زَرْقة (طِبِّيّة)
v.t. & i. وَخَزَ (يَخِزُ) ، نَخَزَ (ـُ) ، طَعَنَ (ـُ) فَجْأَةً
jabber/ˈdʒæbə(r)/*v.t. & i.* ثَرْثَرَ ، هَذَرَ (ـِ) ، لَغا (يَلْغو) ، لَغِيَ (يَلْغَى)
jack/dʒæk/*n.*
1. (ordinary fellow) فَرْدٌ (أَفْراد) ، شَخْص ، زَلَمة
every man jack of them كُلُّهُم بِدونِ اسْتِثْناء
jack of all trades صاحِبُ سَبْعِ صَنائِع ، مُسَبِّع الكارات (س)
2. (playing card) الوَلَد ، الشَّبّ (س) (في وَرَقِ اللَّعِب)
3. (lifting device) رافِعة السَّيّارات ، عِفْريتة (م) ، جَكّ (ع) ، كْرِيكو (س)
v.t. with **up** رَفَعَ السَّيّارةَ بِرافِعة (لِتَغْيير إطارٍ مَثَلاً)
jackal/ˈdʒækəl/*n.* ابْنُ آوَى (بَناتُ آوَى)
jackdaw/ˈdʒækdɔ/*n.* غُرابُ الزَّرْع ، زاغ (طائِر)
jacket/ˈdʒækɪt/*n.*
1. (short coat) سُتْرة (سُتَر) ، جاكيت
2. (outer skin or covering) غِلافٌ خارِجِيّ (لِكِتابٍ مَثَلاً)
jack-knife/ˈdʒæk-naɪf/ *n. & v.i.* مِطْواة كَبيرة ؛ اِنْحِرافُ المَقْطورةِ المُتَّصِلةِ بِشاحِنةٍ عِنْدَ الفَرْمَلة الفُجائِيّة ؛ اِنْزَلَقَتْ مَقْطورةُ الشّاحِنة
jackpot/ˈdʒækpɒt/*n.* مَجْموعُ المَبالِغ المُتَراكِمة مِنَ المُراهَنة يأْخُذُها الرّابِحُ الأَخير ، الجائِزةُ الكُبْرَى
jade/dʒeɪd/*n.* كَديش (كُدْش) ، فَرَسٌ هَزيلٌ مَنْهوكُ القُوَى ؛ يَشْبٌ ، يَشْمٌ (حَجَرٌ كَريم)

jaded/ˈdʒeɪdɪd/*adj.* مَنْهُوكُ القُوَى ، مُضْنًى ، (شَهِيّة) ضَعِيفة

jag/dʒæg/*n.* بُرُوزٌ أو نُتُوءٌ حادّ

he's on the jag again بَدَأَ يَشْرَبُ مِن جَدِيد

jagged/ˈdʒægɪd/*adj.* (سَطْح) مُحَزَّز ، (حافّة) مُشَرْشَرَة أو ذاتُ نُتُوءات

jaguar/ˈdʒægjʊə(r)/*n.* فَهْدٌ أمْرِيكِيّ ، يَغْوَر

jail, jailer *see* **gaol, gaoler**

jam/dʒæm/*v.t.* حَشَرَ (ـِ) ، كَبَسَ (ـِ) في مَكانٍ ضَيِّق ، قَرَطَ (س) أو حَصَرَ (ع) إصْبَعَهُ بِالباب

jam on the brakes فَرْمَلَ بِسُرْعة (م) ، داسَ البريك

(*coll.*) فَجأةً (ع) ، ضَرَب فْرام بِسُرْعة (س)

the enemy jammed our transmission شَوَّشَ العَدُوُّ (على) إذاعَتِنا

v.i. (get stuck) عَلِقَ (ـَ) (المِفْتاحُ بِثُقْبِ الباب) ، اِسْتَعْصَى ، تَعَرْقَلَ

n. **1.** (preserve of fruit) مُرَبًّى (مُرَبَّيات)

money for jam (*coll.*) فُلُوسٌ بِلا تَعَب ، رِبْحٌ سَهْل ، رِبْحٌ عَلَى الجاهِز (م) ، مَعاش بَلاش

you want jam on it! أنْتَ مُدَلَّل ، أنْتَ صَعْبُ الإرْضاء

2. (crush, squeeze) تَحَشُّد ، زِحام ، وَرْطة

traffic jam اِزْدِحامُ المُرُور ، تَعَرْقُلُ السَّيْر

he got into a jam, he was in a jam وَقَعَ في مَأْزِق ، كانَ في وَرْطة

jamb/dʒæm/*n.* دِعامَةُ الباب أو النّافِذة

jamboree/ˈdʒæmbəˈri/*n.* مِهْرَجان الكَشّافة ، اِحْتِفالٌ صاخِب

jangle/ˈdʒæŋgəl/*v.i.* صَلْصَلَ (الجَرَسُ) ، تَجادَلا وَتَشاحَنا

v.t. خَشْخَشَ ، هَيَّجَ (الأعْصاب ، أزْعَجَ (الأسْماع)

n. صَلْصَلة ، صَخَبٌ ، نَشازُ نَغَمات

janitor/ˈdʒænɪtə(r)/*n.* حارِسُ المَبْنَى ، بَوّاب

January/ˈdʒænjʊərɪ/*n.* يَنايِر ، كانُون الثّاني

jar/dʒɑ(r)/*n.*

1. (container) جَرّة (جِرار) ، بَرْطَمان أو مَرْطَبان (م ، س) ، شِيشَة (ع)

2. (shock) صَدْمة ، هَزّة ، خَضّة

the fall from his horse gave him a nasty jar سَبَّبَ لَهُ سُقُوطُه مِن على ظَهْرِ الفَرَسِ خَضّةً عَنِيفة

v.t. & i. أثارَ الأعْصاب ، نَرْفَزَ ، خَدَشَ (ـِ) الأسْماع ، تَنافَرَ أو تَضارَبَ مَع

her shrill laugh jars on me زَعِيقُ ضِحْكِها يَخْدِشُ أُذُني

jargon/ˈdʒɑgən/*n.* رَطانة ، عُجْمة

professional jargon تَعابِيرُ خاصّة بِأهْلِ مِهْنةٍ مُعَيَّنة

jasmine/ˈdʒæsmɪn/*n.* ياسَمِين

jaundice/ˈdʒɔndɪs/*n.* يَرَقان ، صُفار (طِبّ)

jaundiced/ˈdʒɔndɪst/*adj.* صَفْراوِيّ ، مُصابٌ باليَرَقان ، حَسُود

he has a jaundiced outlook يَنُمُّ وَجْهُه عَن الحَسَد

jaunt/dʒɔnt/*n.* نُزْهة ، فُسْحة ، جَوْلة قَصِيرة

jaunty/ˈdʒɔntɪ/*adj.* مُتَبَخْتِر ، طَرُوب ، أشِرٌ

javelin/ˈdʒævlɪn/*n.* مِزْراق ، رُمْحٌ خَفِيف

throwing the javelin رَمْيُ الرُّمْح (في الألْعابِ الرِّياضِيّة)

jaw/dʒɔ/*n.*

1. (lower bone containing the teeth) فَكٌّ (فُكُوك)

the jaws of death أنْياب أو مَخالِبُ المَوْت

2. (*coll.* talk) ثَرْثَرة ، عِظَة

v.i. وَعَظَ (يَعِظُ) ، وَبَّخَ

stop jawing at me! كِفاية وَعْظ !

jawbone/ˈdʒɔbəʊn/*n.* عَظْمُ الفَكّ

jazz/dʒæz/*n. & v.t.* مُوسِيقى الجاز ، عَزَفَ على طَرِيقة الجاز

and all that jazz!! تُرَّهات وَتُرَّهات

he jazzed up the party أضْفَى على الحَفْلةِ جَوًّا مَرِحًا

jazzy/ˈdʒæzɪ/*adj.* (*coll.*) (زِيّ) ذُو ألْوانٍ صارِخة ، مُبَهْرَج

jealous/ˈdʒeləs/*adj.*

1. (envious **of**) حَسُود ، حاسِد (حُسّاد)

2. (possessive) غَيُور (غُيُر) ، (زَوْجٌ) غَيْران (غَيارَى) ، (زَوْجةٌ) غَيْرَى (غَيارَى)

he keeps a jealous eye on his rights يَحمِي حُقُوقَه من التَّعَدِّي عَلَيْها ، غَيُورٌ على حُقُوقِه

jealousy/ˈdʒeləsɪ/*n.* غَيْرة ، حَسَدٌ

jeans/dʒinz/*n. pl.* بَنْطَلُون "جِينز" ، بَنْطَلُون كاوْبُوي (س)

jeep/dʒip/*n.* سَيّارة جِيب

jeer/dʒɪə(r)/*v.i. & t.* تَهَكَّمَ عَلَى ، سَخِرَ (ـَ) مِن ، اِزْدَرَى بـ ، اِسْتَهْزَأَ مِن أو بـ

they jeered at his stammer سَخِرُوا مِن تَلَعْثُمِه

jelly/ˈdʒelɪ/*n.* هُلام ، جِلاتِين ، جَلِي

jellyfish/ˈdʒelɪ-fɪʃ/*n.* قِنْدِيلُ البَحْر ، رِئة البَحْر

jeopardize/ˈdʒepədaɪz/*v.t.* عَرَّضَ لِلخَطَر

jeopardy/ˈdʒepədɪ/*n.* خَطَرٌ ، (ألْقَى نَفْسَه في) التَّهْلُكة ، مَهْلَكة

jerk/dʒɜk/*n.* حَرَكة مُتَقَطِّعة ، هَزّة ، رَجّة

the train stopped with a jerk تَوَقَّفَ القِطارُ بِهَزّةٍ مُفاجِئة

v.t. رَجَّ ، اِنْتَزَعَ فَجأةً ، قَدَّدَ اللَّحْمَ

v.i. usu. with **about** *or* **up and down** تَرَجْرَجَ ، اِرْتَجَّ ، تَقَدَّمَ بِطَفَرات

jerry-built/ˈdʒerɪ-bɪlt/*adj.* (بَيْتٌ) غَيْرُ مُتْقَنِ البِناء

jersey/ˈdʒɜzɪ/*n.*

1. (material) نَسِيجٌ مَحْبُوكٌ مِن صُوفٍ ناعِمٍ أو ما إليه ، قُماش جِرْسِيه

2. (garment) بلُوفَر صُوف ، كَنْزة (س) ، جَرْسِي (م)

jest/dʒest/*n.* دُعابة ، هَزْلٌ ، مُزاحٌ ، مَزْحٌ

in jest عَلى سَبِيلِ المُزاحِ ، هازِلاً

v.i. مَزَحَ (ـَ) ، تَفَكَّهَ

Jesus/ˈdʒizəs/*n.* السَّيِّدُ يَسُوعُ المَسِيحُ ، عِيسَى بنُ مَرْيَم

jet/dʒet/*n.*

1. (black mineral) كَهْرَمان أَسْوَد ، سَبَجٌ ؛ لَوْنٌ أَسْوَدُ فاحِم

2. (gas-jet) نافُورةُ غاز

3. (stream of gas or liquid) دَفْقة غازٍ أو سائِل

jet aircraft طائِرةٌ نَفّاثة

jetsam/ˈdʒetsəm/*n.* in flotsam and jetsam حُطامُ السَّفِينةِ وما يُطْرَحُ في البَحْرِ مِن مَشْحوناتِها

jettison/ˈdʒetɪsən/*v.t.* طَرَحَ بَعْضَ حُمُولةِ السَّفِينةِ في البَحْرِ ، تَخَلَّى عَن

jetty/ˈdʒetɪ/*n.* رَصِيفُ المِيناء ، حاجِزُ الأمْواج ، مَكْسِر

Jew/dʒu/*n.* يَهُودِيّ (يَهُود)

jewel/ˈdʒuəl/*n.*

1. (gem) جَوْهَرة (جَواهِرُ)

2. (used as bearing in watch) حَجَرُ ارْتِكازٍ في ساعة

jeweller/ˈdʒuələ(r)/*n.* جَوْهَرِيّ ، صائِغ (صُيّاغ ، صاغَة)

jewellery/ˈdʒuəlrɪ/*n.* حُلِيٌّ ومُجَوْهَرات ، مَصُوغات

Jewish/ˈdʒuɪʃ/*adj.* يَهُودِيّ

jib/dʒɪb/*n.* شِراعٌ مُثَلَّث (في مُقَدِّمة السَّفِينة) ؛ ذِراعُ المِرْفاع

v.i.

1. (*naut.* swing round) تَطَوَّحَ ، اِنْحَرَفَ (الشِّراعُ) ، جَنَحَ (ـَ)

2. (balk) جَفَلَ (ـِ) ، حَرَنَ (ـِ)

he jibbed at working overtime أَحْجَمَ عَنِ القِيامِ بِساعاتِ عَمَلٍ إضافِيّة

jiffy/ˈdʒɪfɪ/*n.* (*coll.*) لَحْظة

in a jiffy بَعْدَ لَحْظة ، في لَحْظة ، في لَمْحِ البَصَر

jig/dʒɪg/*n.*

1. (dance) رَقْصة شَعْبِيّة شَبِيهة بالدَّبْكة

2. (*engin.*) دَلِيلُ تَشْغِيل ، مُوَجِّه ، أُورْنِيك (م) (هَنْدَسة)

v.i. & *t.* *usu.* with **about** *or* **up and down** تَنَطَّطَ ، قَفَزَ (ـِ) ، هَدْهَدَ ، هَزْهَزَ

jigsaw (puzzle)/ˈdʒɪgsɔ(pʌzəl)/*n.* لُعْبَةُ الصُّوَرِ المُقَطَّعة (يُرَتِّبُها اللاعِبُ مُعِيدًا تَرْكِيبَ الصُّورة)

jilt/dʒɪlt/*v.t.* تَخَلَّتْ عَن حَبِيبِها ، نَبَذَتْ (ـِ) خَطِيبَها

n. لَعُوبٌ مُتَنَكِّرةٌ لِحَبِيبِها

jingle/ˈdʒɪŋgəl/*n.*

1. (light ringing sound) جَلْجَلة (الأَجْراس) ، صَلْصَلة

2. (rhyme) نَظْمٌ مُقَفًّى رَكِيك ، أُرْجُوزة (أَراجِيزُ)

v.i. & *t.* رَنَّ (ـِ) ، طَنَّ (ـِ) ، جَلْجَلَ ، صَلْصَلَ ، خَشْخَشَ ، جَعَلَهُ يَرِنّ

jingo/ˈdʒɪŋgəʊ/*n.* وَطَنِيٌّ مُتَعَصِّبٌ مُتَطَرِّف

by jingo وَحَقِّ السَّماء ! واللّهِ العَظِيم !

jinx/dʒɪŋks/*n.* (إنْسان أو شَيْء) مَجْلَبَةٌ لِلنَّحْس ، شُؤْم

jitters/ˈdʒɪtəz/*n. pl.* (*coll.*) رَجْفة ، تَهَيُّج عَصَبِيّ شَدِيد ، اِرْتِعاش

jittery/ˈdʒɪtərɪ/*adj.* (*coll.*) مَذْعُور ، عِنْدَهُ هَوَس (ع) ، مَرْعُوب (س) ، مَرْعُوش (م) ، مُضْطَرِب

job/dʒob/*n.*

1. (piece of work) عَمَلٌ ، شُغْلٌ

your new car is a lovely job (*coll.*) سَيّارَتُكَ الجَدِيدةُ رَوْعة (م ، س) ، فَلّة (ع)

2. (*coll.* difficult task) مُهِمّة شاقّة

he made the best of a bad job بَذَلَ ما في وُسْعِهِ رَغْمَ الظُّرُوفِ الصَّعْبة

you will have a job convincing your wife of that سَتَجِدُ صُعُوبةً كُبْرَى في إقْناعِ زَوْجَتِكَ بِذلِك

3. (employment) وَظِيفة ، مَنْصِب ، شُغْلٌ ، عَمَلٌ

jockey/ˈdʒokɪ/*n.* الجُوكِي (في سِباقِ الخَيْل)

v.t. & *i.* اِحْتالَ ، خَدَعَ (ـَ)

jockey for position ناوَرَ أو تَحايَلَ لِلحُصُولِ عَلَى مَنْصِب

jocular/ˈdʒokjʊlə(r)/*adj.* هَزْلِيّ ، مُحِبّ للفُكاهة والدُّعابة ، مَرِح

jodhpurs/ˈdʒodpəz/*n. pl.* بَنْطَلُون خاصّ لِرُكُوبِ الخَيْل

jog/dʒog/*v.t.* هَزَّ (ـُ) ، دَفَعَ بِحَرَكةٍ فُجائِيّة

he jogged my elbow هَزَّ مِرْفَقِي (لِيُنَبِّهَني لأَمْرٍ ما)

he had to jog my memory أُضْطُرَّ إلى أنْ يُذَكِّرَنِي بِما قَد نَسِيتُه

v.i. esp. in jog along خَبَّ (ـُ) ، تَقَدَّمَ بِثَباتٍ وتُؤَدَة ، تَسِيرُ الأُمُورُ سَيْرَها الرَّتِيب

join/dʒɔɪn/*n.* مَوْضِعُ اتِّصالٍ بَيْنَ شَيْئَيْن

v.t. & *i.*

1. (unite with) وَصَلَ (يَصِلُ) ، رَبَطَ (ـِ) (بَيْنَ رَجُلٍ وامْرأةٍ بِرِباطِ الزَّواج) ؛ لَحِقَ (ـَ) بِ

where does this stream join the river? أَيْنَ يَلْتَقِي هذا الجَدْوَلُ بالنَّهْر ؟

2. (become a member of) أَصْبَحَ عُضْوًا في ، اِلْتَحَقَ بِ ، اِنْضَمَّ إلى ، اِنْخَرَطَ في

I have joined the football club اِلْتَحَقْتُ بِنادِي كُرَةِ القَدَم

will you join in the game? أَتُشارِكُنا في اللَّعِب ؟

joiner/ˈdʒɔɪnə(r)/*n.* نَجّارُ أَثاثٍ أو مُوبِيليا

joinery/ˈdʒɔɪnərɪ/*n.* نِجارةٌ فَنِّيّة ، نِجارة أَثاثٍ أو مُوبِيليا

joint/dʒɔɪnt/*n.*

1. (place at which things are joined) مَوضِعُ اتِّصالِ شَيْئَيْن ، وُصْلة
he put his rival's nose out of joint مَرَّغَ أَنْفَ مُنافِسِهِ في الوَحْل
2. (structure joining two bones) مَفْصِلٌ بَيْنَ عَظْمَيْن (تَشْريح)
3. (piece of meat) قِطْعَةٌ كَبِيرَةٌ مِن اللَحْم كالفَخِذ مَثلاً تُحَمَّرُ في الفُرْن ، الرُّوسْتو (م)
4. (*carpentry*) وُصْلة ، تَوْصِيلة
adj. مُشْتَرَك
joint account حِسابٌ مُشْتَرَكٌ (لِشَخْصَيْن في مَصْرِف)
v.t. **1.** (fit together) رَبَطَ (ـُ) بِوُصْلة
2. (divide at the joint) قَطَّعَ أو قَسَّمَ (دَجاجةً مَثلاً إلى أَجْزاءٍ عِند مَفاصِلِها)

jointly/ˈdʒɔɪntlɪ/*adv.* مَعًا ، سَوِيّة ، بالاشْتِراك مَع
joist/dʒɔɪst/*n.* رافِدة (رَوافِد) خَشَبِيّة تُسَمَّرُ بِها أَلْواحُ الأَرْضِيّة ، مُورينا (م) ، كَمَرة حَدِيد
joke/dʒəʊk/*n.* أُضْحوكة (أَضاحِيك) ، نُكْتة (نُكَت ، نِكات)
he played a practical joke on me عَمِلَ لي مَقْلَبًا أو فَصْلاً مُضْحِكًا
it's no joke القَضِيّة جِدّيّة ، لَيْسَ الأَمْرُ مُضْحِكًا ، مُش هزار (م)
v.i. مَزَحَ (ـَ) ، هَزَلَ (ـِ)
joker/ˈdʒəʊkə(r)/*n.*
1. (one who jokes) مَزّاح ، مُحِبٌّ للنُّكْتة
2. (playing card) الجُوكِر في وَرَقِ اللَّعِب
3. (fellow *sl.*) زَلَمة (زُلْم ، زُلام) ، جَدَع (جِدْعان) (م) ، وَلَدْ (وِلِد) (ع)
jollification/ˌdʒɒlɪfɪˈkeɪʃən/*n.* حَفْلةُ سَمَرٍ ولَهْوٍ وطَرَب ، اِبْتِهاج
jollity/ˈdʒɒlətɪ/*n.* بَهْجَةٌ ومَرَحٌ
jolly/ˈdʒɒlɪ/*adj.*
1. (merry) فَرِحٌ ، مَرِحٌ ، خَفِيفُ الرُّوح ، ثَمِلٌ قَليلاً ، مُنْتَشٍ
2. (*coll.* delightful) بَهيج ، لَطِيف ، مُؤْنِس
adv. (*coll.* very) جِدًّا
I'll take jolly good care not to go سَأَعْمَلُ كُلَّ جُهْدِي أَلاّ أَذْهَب
v.t. حاوَلَ إقْناعَ فُلانٍ
they jollied me along until I agreed to help them أَخَذُوا يُدارُونَنِي بِمَعْسُولِ القَوْلِ حَتّى وافَقْتُ على مُساعَدَتِهِم
jolt/dʒəʊlt/*v.t. & i.* هَزَّ (ـُ) ، خَضْخَضَ ، تَخَضْخَضَ
n. رَجّة فُجائيّة
joss-stick/ˈdʒɒs-stɪk/*n.* عُودُ البَخُور
jostle/ˈdʒɒsəl/*v.t. & i.* دَفَعَ بِمَنْكِبَيْه ، تَزاحَمَ (النّاسُ عِنْدَ الخُروج)

jot/dʒɒt/*v.t. usu. with* **down** دَوَّنَ (مُلاحَظاتِه) بِسُرْعةٍ وإيجاز ، قَيَّدَ
n. قَليلٌ مِن ، ذَرّة
there is not a jot of truth in the story لَيْسَ في الحِكاية ذَرّةٌ مِنَ الصِّدْق
jottings/ˈdʒɒtɪŋz/*n. pl.* مُلاحَظاتٌ عابِرة دُوِّنَتْ بِسُرْعة
journal/ˈdʒɜnəl/*n.*
1. (publication) مَجَلّة دَوْرِيّة ، صَحِيفة (صُحُف) ، جَرِيدة (جَرائد)
2. (daily record of events) دَفْتَرُ اليَوْمِيّة
journalese/ˌdʒɜnəˈliz/*n.* الأُسْلوبُ الصَحَفِيّ السُّوقِيّ المَلِيءُ بالكليشات
journalism/ˈdʒɜnəlɪzm/*n.* صَحافة
journalist/ˈdʒɜnəlɪst/*n.* صَحَفِيّ ، صُحُفِيّ
journey/ˈdʒɜnɪ/*n.* رِحْلة ، سَفْرة
v.i. قامَ بِرِحْلة ، سافَرَ ، ساحَ (يَسُوح)
journeyman/ˈdʒɜnɪmən/*n.* صانِعٌ ماهِرٌ يَشْتَغِلُ لِحِسابِ غَيْرِهِ بالمُياوَمة عادةً
jovial/ˈdʒəʊvɪəl/*adj.* مَرِحٌ (مَرْحَى) ، طَلْقُ المُحَيّا ، بَشُوش ، بَشّاش ، باشّ
jowl/dʒaʊl/*n.* عَظْمُ الفَكِّ الأَسْفَل ، لُغْد (أَلْغاد)
joy/dʒɔɪ/*n.* فَرَحٌ ، غِبْطة ، سُرُور
I wish you joy of your fine new friends (*iron.*) هَنِيئًا لكَ بأَصْدِقائكَ الجُدُد ! (بِسُخْرِية وتَهَكُّم)
no joy (*sl.*) فَشِلَتِ الحِكاية ! ما في فائدة ، ما في حَظّ ! (عامّيّة)
joyful/ˈdʒɔɪfəl/*adj.* سارٌّ ، (مِزاج) رائق
joyous/ˈdʒɔɪəs/*adj.* سَعِيد ، مَسْرُور ، مُتَهَلِّل ، مُفْرِح
jubilant/ˈdʒubɪlənt/*adj.* مُتَهَلِّل ، مُبْتَهِج ، مُغْتَبِط ، (فَرَحًا أو شَماتةً)
jubilation/ˌdʒubɪˈleɪʃən/*n.* اِبْتِهاجٌ (بِنَصْر) ، تَهَلُّل ، اِحْتِفال
jubilee/ˈdʒubɪli/*n.* يُوبيل (ذَهَبِيّ مَثلاً) ، اِحْتِفالٌ بِمُرُورِ عَدَدٍ مِنَ السِّنِين عَلَى ...
judder/ˈdʒʌdə(r)/*v.i. & n.* اِرْتَجَّ ، اِهْتَزَّ ، هَزّات عَنِيفة
judge/dʒʌdʒ/*n.* قاضٍ (قُضاة) ، حَكَمٌ (حُكّام)
as solemn as a judge ذُو رَصانة ووَقار ، بِرَصانةِ القُضاة
he is a good judge of horses إنّه خَبِيرٌ بالخُيُول
v.t. حَكَمَ (ـُ) في ، عَلَى ، قَضَى (يَقْضِي) في ، حاكَمَ (مُجْرِمًا)
I judged from his manner that he was guilty حَكَمْتُ مِن تَصَرُّفاتِهِ عَلَى أنّه مُذْنِب
v.i. قامَ بِدَوْرِ الحَكَمِ أو بالتَّحْكِيم
judg(e)ment/ˈdʒʌdʒmənt/*n.*
1. (perception) إدْراك ، قُوّة تَمْيِيز
he made an error of أَخْطَأَ في التَّمْيِيز ، أَخْطَأَ في

judgement التَّقْدِير
2. (*leg.*) حُكْمٌ (في المَحْكَمة)
the judgement went against him كان الحُكْمُ ضِدَّه ، حُكِمَ بإدانَتِهِ
judicature/ˈdʒudɪkətʃə(r)/*n.*
1. (body of judges) هَيْئة القُضاة
2. (administration of justice) النِّظامُ القَضائيّ
judicial/dʒuˈdɪʃəl/*adj.*
1. (*leg.*) قَضائيّ ، شَرْعِيّ
the judicial bench هَيْئة المَحْكَمة
2. (impartial) مُنْصِف ، غَيْرُ مُتَحَيِّز ، (عَقْلٌ) مُتَّصِفٌ بِحُسْن التَّقْدِير والتَّمْييز
judiciary/dʒuˈdɪʃərɪ/*n.* هَيْئة القَضاء ؛ النِّظامُ القَضائيّ
judicious/dʒuˈdɪʃəs/*adj.* حَصِيف ، سَدِيد ، صائِب ، حَكِيم
judo/ˈdʒudəʊ/*n.* لُعْبة الجُودُو (نَوْعٌ مِنَ المُصارَعة اليابانيّة)
jug/dʒʌg/*n.*
1. (vessel) إبْرِيق (أباريق) ، دَوْرَق (دَوارِق)
2. (*sl.* prison) سِجْنٌ (سُجون) ، حَبْسٌ
juggernaut/ˈdʒʌgənɔt/*n.* إلَه الكَوْن عِنْدَ الهُنُود ؛ قُوّة عارِمة تُبِيدُ كُلَّ ما يَعْتَرِضُها ؛ شاحِنة كَبِيرة ثَقِيلة
juggle/ˈdʒʌgəl/*v.i. & t.* شَعْوَذَ ، رَمَى (كُراتٍ) في الهَواءِ والتَقَطَها بِخِفّةٍ كَبِيرة
juggle (with) figures تَلاعَبَ بالحِسابات
jugular/ˈdʒʌgjʊlə(r)/*adj.* وَدَجِيّ ، وِداجِيّ
jugular vein وَدَجٌ ، وِداجٌ (أوْداج) ، حَبْلُ الوَرِيد (عِرْقٌ في العُنُق)
juice/dʒus/*n.*
1. (liquid extract) عَصِير ، عُصارة
2. (*physiol.*) عُصارات (هَضْمِيّة)
3. (*coll.* petrol, electricity) بَنْزِين ؛ التَّيّارُ الكَهْرَبائيّ
juicy/ˈdʒusɪ/*adj.* كَثِيرُ العَصِير ، رَيّان ، مائيّ
a juicy story (*coll.*) قِصّة مُثِيرة لِما فِيها مِن فَضائح
juke-box/ˈdzuk-bɒks/*n.* الجُوكْبُوكْس ، جِهازٌ مُوسِيقِيّ في مَلْهًى يُدِيرُه الزَّبائنُ بإدْخالِ فِيشَة أو قِطْعة نُقودٍ فيه ، صُنْدُوقُ نَغَم
July/dʒuˈlaɪ/*n.* (شَهْر) يُولِيُو ، يُولْيَه ، تَمُّوز
jumble/ˈdʒʌmbəl/*v.t.* كَوَّمَ بِغَيْرِ نِظام ؛ لَخْبَطَ ؛ أفْسَدَ التَّرْتِيب
v.i. اخْتَلَطَ بِلا تَرْتِيب
n. فَوْضَى ، اخْتِلاط ، بَلْبَلة ، لَخْبَطة
jumble sale سُوقٌ خَيْرِيّة تُباعُ فِيها أشْياءُ مُتَنَوِّعة يَتَبَرَّعُ بِها أصْحابُها
jumbo/ˈdʒʌmbəʊ/*n.* فِيلٌ بِلُغَةِ الأطْفال ؛
also attrib. (طائِرة نَفّاثة) ضَخْمة جِدًّا

jump/dʒʌmp/*n.* وَثْبة ، قَفْزة
v.i. & t. (spring up, leap) قَفَزَ (ـِ) ، وَثَبَ (يَثِبُ) ، نَطَّ (ـُ) ، تَوَثَّبَ ، تَنَطَّطَ
he jumped the gun قامَ بالأمْرِ قَبْلَ أوانِهِ ، تَسَرَّعَ
don't jump the queue اِنْتَظِرْ دَوْرَك ! خَلِّيك بالصَّفّ ! (س) ، لا تِطْلَع من السِّرّة (ع) ، لا تْنُطّ الطّابُور (م)
jump about تَوَثَّبَ ، تَنَطَّطَ
jump at سارَعَ إلَى (تَقَبُّلِ العَرْضِ مَثَلًا)
jump for joy طارَ أو جُنَّ فَرَحًا
jump in! اِرْكَبْ ، اُدْخُل ، نُطّ (م) ، خُشّ (ع)
jump on هاجَمَهُ ، وَبَّخَهُ ، تَحامَلَ عَلَيْه بالكَلام
don't jump to conclusions! لا تَتَسَرَّعْ في الاسْتِنْتاج ! تَرَوَّ في الأمْرِ قَبْلَ الحُكْمِ عَلَيْه !
jump to it! (*fam.*) عَجِّلْ !
jumper/ˈdʒʌmpə(r)/*n.*
1. (one who jumps) نَطّاط ، واثِب ، قافِز (رِياضِيّ)
2. (garment) كَنْزة صُوف أو قُطْن ، صِدار صُوفِيّ مِنَ التريكُو
jumpy/ˈdʒʌmpɪ/*adj.* مُتَوَتِّرُ الأعْصاب ، سَرِيعُ الانْفِعالِ والتَّهَيُّج ؛ مُتَقَلِّب
junction/ˈdʒʌŋkʃən/*n.*
1. (joining) ضَمٌّ ، تَوْصِيل ، انْضِمام ، اتِّصال ، نُقْطةُ تَلاقٍ
2. (*of roads and railway lines*) مُفْتَرَق أو مُلْتَقًى (طُرُق) ، تَقاطُع (طُرُقِ السِّكّة الحَدِيدِيّة)
juncture/ˈdʒʌŋktʃə(r)/*n.* نُقْطةُ اتِّصال ؛ ظُرُوف ، أحْوال ؛ مَرْحَلة حاسِمة
June/dʒun/*n.* شَهْر يُونِيُو ، يُونْيَه ، حَزِيران
jungle/ˈdʒʌŋgəl/*n.* دَغَلٌ (أدْغال ، دِغال) ، غابةٌ اسْتِوائيّة
law of the jungle شَرِيعةُ الغاب
junior/ˈdʒunɪə(r)/*adj. & n.* أصْغَر ، أدْنَى (في الرُّتْبة) ، ناشِئ ؛ صَغِير (تِلْمِيذ أو مُوَظَّف)
junior school *also* primary school مَدْرَسة أطْفال ، مَدْرَسة أوَّلِيّة أو ابْتِدائِيّة
junior partner شَرِيكٌ لَهُ حِصّة أصْغَر ، شَرِيكٌ ثانَوِيّ
he is my junior هُوَ أصْغَرُ مِنّي سِنًّا ، هُوَ أقَلُّ مِنّي مَرْتَبةً
juniper/ˈdʒunɪpə(r)/*n.* شَجَرة العَرْعَر
junk/dʒʌŋk/*n.*
1. (Chinese boat) سَفِينة شِراعِيّة صِينِيّة مُسَطَّحةُ القاع
2. (*coll.* rubbish) أشْياء مَرْمِيّة (في البَيْت) قَلِيلَةُ الفائِدة ، خُرْدة ، رُوبابِكْيا (م) ، كَراكِيب (س) ، قَلاقِيل (ع)
junket/ˈdʒʌŋkɪt/*n.* حَلْوَى مُعَدّة مِنَ الحَلِيبِ المُخَثَّر

junketing/ˋdʒʌŋkɪtɪŋ/*n.* لَهْوٌ ، قَصْفٌ ، تَسْلِية ، اِحْتِفالٌ صاخِب

junkie, junky/ˋdʒʌŋkɪ/ *n.* (*sl.*) حَشّاش ، مُدْمِن مُخَدِّرات

junta/ˋdʒʌntə/*n.* مَجْلِسٌ تَشْريعيّ وإداريّ (في إسْبانيا وإيطاليا) ؛ فِئة عَسْكَرِيّة حاكِمة ، ضُبّاط يَسْتَوْلُون على الحُكْم

jurisdiction/ ˈdʒʊərɪsˋdɪkʃən/*n.* دائرةُ اخْتِصاصِ مُوَظَّف ؛ وِلاية قَضائِيّة

jurisprudence/ ˈdʒʊərɪsˋprudəns/*n.* عِلْمُ مَبادِئِ القَوانينِ الوَضْعِيّة والعَلاقاتِ القانُونيّة ، فِقْهٌ (إسْلامِيّ)

jurist/ˋdʒʊərɪst/*n.* عالِمٌ قانُونيّ ، رَجُلُ قانُون ، فَقيه

juror/ˋdʒʊərə(r)/*n.* مُحَلَّف ، مِن هَيْئة المُحَلَّفين

jury/ˋdʒʊərɪ/*n.* هَيْئَةُ المُحَلَّفين ؛ هَيْئَةُ تَحْكيمٍ (في مُباراةٍ رِياضِيّةٍ مَثَلاً)

juryman/ˋdʒʊərɪmən/*n.* عُضْوٌ في هَيْئَةِ المُحَلَّفين ، مُحَلَّف

just/dʒʌst/ *adv.*

1. (exactly) بالضَّبْط ، تَماماً

just what do you want? مِنْ دُونِ لَفٍّ وَدَوَرانٍ ماذا تُريدُ بالضَّبْط ؟

it is just right مَضْبُوطٌ تَمامًا ، هُو المَطْلُوبُ بالذّات ، عَلَى ما يُرام

2. (narrowly) بالكاد

I only just caught the train أَدْرَكْتُ القِطارَ في آخِرِ لَحْظة

3. (at this moment) فَوْرًا ، تَوًّا ، الآنَ

I am just going ها أنا خارِج ، أنا على وَشْكِ الذَّهاب

4. (only, merely) لَيْسَ إلاّ ، فَقَط

that is just my opinion هَذا رَأْيِي لَيْسَ إلاّ

5. (no more than) لا أَكْثَرَ مِن

just a minute لَحْظَةً واحِدةً (مِنْ فَضْلِك) ، دَقيقة بَسْ!

6. (quite) تَمامًا ، كُلِّيًّا

I am not ready just yet لَمْ أتَهَيَّأْ تَمامًا بَعْدُ

7. (indeed) حَقًّا ، بالفِعْل

just think of it! تَصَوَّرْ ! لا يَتَصَوَّرُهُ العَقْل ! أَلَيْسَ هَذا في مُنْتَهَى الغَرابة ؟

adj. **1.** (*of persons* fair) مُنْصِف ، عادِل

2. (well-deserved) مُسْتَحَقّ ، مُسْتَوْجَب ، مُسْتَأْهَل

he got his just deserts لَقِيَ جَزاءه ، نالَ ما يَسْتَحِقُّهُ (مِنْ عِقابٍ أو مُكافَأة)

3. (reasonable) مَعْقُول

just suspicions رِيَبٌ لَها ما يُبَرِّرُها ، شُكُوكٌ لَها أساسٌ مِن الصِّحّة

justice/ˋdʒʌstɪs/*n.*

1. (administration of law) عَدالة ، عَدْلٌ ، قَضاء

2. (fairness) إنْصاف ، عَدْلٌ

3. (judge) قاضٍ (قُضاة) ، حاكِم (حُكّام)

Justice of the Peace قاضي الصُّلْح ، قاضٍ جِزائيّ
abbr. **J.P.**

justifiable/ ˈdʒʌstɪˋfaɪəbəl/*adj.* يُمْكِنُ تَبْريرُهُ ، (سُلُوكٌ) لَهُ ما يُبَرِّرُه

justification/ˈdʒʌstɪfɪˋkeɪʃən/*n.*

1. (showing or proving something to be right) تَبْرير ، تَسْويغ

2. (reason, excuse) مُبَرِّرٌ ، مُسَوِّغٌ ، عُذْرٌ

justify/ˋdʒʌstɪfaɪ/*v.t.* بَرَّرَ ، سَوَّغَ ، أَثْبَتَ ، أَبْرَأَ

the end justifies the means الغايةُ تُبَرِّرُ الواسِطة

jut/dʒʌt/*v.i. usu.* **jut out** نَتَأَ (ـَ) ، بَرَزَ (ـُ)

jute/dʒut/*n.* قِنَّبٌ هِنْدِيّ ، جُوت

juvenile/ˋdʒuvənaɪl/ *adj. & n.* صِبْيانيّ ، صَبِيّ (صِبْيان) ، حَدَثٌ (أَحْداث)

juvenile delinquency جُنُوحُ الأَحْداث

juxtapose/ˈdʒʌkstəˋpəʊz/*v.t.* وَضَعَ جَنْبًا لِجَنْبٍ

juxtaposition/ ˈdʒʌkstəpəˋzɪʃən/*n.* وَضْعُ شَيْءٍ بِجانِبِ آخَرَ ؛ مُجانَبة ، تَجاوُر

K

K/keɪ/(letter) الحَرْفُ الحادي عَشَرَ مِنَ الأَبْجَدِيّة

Kaffir/ˋkæfə(r)/*n.* مِنْ قَبائِلِ البانْتُو في جَنُوبيّ إفْريقيا ، كَفير

kaiser/ˋkaɪz(ə)r/*n.* قَيْصَرُ أَلْمانيا سابِقًا ؛ إمْبَراطُور

kale/keɪl/*n. also* **curly kale** نَباتٌ مِنْ جِنْسِ الكُرُنْب (المَلْفُوف) تُطْبَخُ أَوْراقُه

kaleidoscope/ kəˋlaɪdəskəʊp/*n.* مِنْظارٌ ذُو مَرايا فيهِ قِطَعٌ مُلَوَّنة مُتَغَيِّرة ، كَلَيْدُوسْكُوب

kaleidoscopic/ kəˈlaɪdəˋskopɪk/*adj.* (مَنْظَرٌ) دائِمُ التَّغَيُّرِ بِأَلْوانِهِ وأَشْكالِه

kangaroo/ˈkæŋgəˋru/*n.* كَنْغَر ، كَنْغَر

keel/kil/*n. & v.i.* الرّافِدة المَرْكَزِيّة الطُّولِيّة في قَعْرِ سَفينة ، أَرينة (م) ؛ جَنَحَ (ـَ) ، اِنْقَلَبَ

he kept on an even keel ظَلَّ مُتَّزِنًا

the ship keeled over and sank جَنَحَتِ السَّفينةُ وَغَرِقَت

keen/kin/*adj.* (*lit. & fig.*) حادٌّ ، قاطِع ، ثاقِب ؛ مُتَحَمِّس

he has a keen intelligence إنَّهُ ثاقِبُ الفِكْر

he is keen on music (*coll.*) هُو شَغِفٌ بالمُوسِيقَى
he didn't seem keen about my suggestion لَمْ يَبْدُ مُتَحَمِّسًا لِاقْتِراحِي

keep / kip / (*p.t. & p.p.* **kept**) *v.t. & i.*
1. (abide by) راعَى ، حافَظَ علَى ، تَقَيَّدَ بِـ
she kept her promise وَفَتْ بِوَعْدِها
my watch keeps good time ساعَتِي تَضْبِطُ الوَقْتَ جَيِّدًا
2. (celebrate *birthday or festival*) اِحْتَفَلَ بِيَوْمِ مِيلادٍ أو بِعِيدٍ
3. (guard) حَرَسَ (ـُ) ، حافَظَ علَى
God keep you! حَفِظَكَ اللّه ! حَرَسَكَ البارِئُ !
he kept his own counsel كَتَمَ رَأْيَهُ
4. (preserve) صانَ (يَصُون) ، حَفِظَ (ـَ) ؛ اِحْتَفَظَ
5. (detain) أَخَّرَ
I won't keep you long سأكُونُ جاهِزًا بَعْدَ لَحْظة
6. (have charge of) اضطَلَعَ بِمَسْؤُولِيَّة
she keeps house for her brother تُدِيرُ شُؤُونَ البَيْتِ لأخِيها
7. (provide for) أعالَ ، زَوَّدَ
a kept woman خَلِيلة (يُنفِقُ الرَّجُلُ عَلَيْها) ، مَحْظِيَّة
8. (stock) تَعاطَى ، باعَ (يَبِيع)
that shop does not keep batteries هذا المَتْجَرُ لا يَبِيعُ البَطّارِيّات
9. (maintain in a certain state) واصَلَ ، اِسْتَمَرَّ في
keep the ball rolling! (*coll.*) اِسْتَمِرَّ فِيما تَفْعَل
don't keep me in suspense لا تَتْرُكْنِي في حالةِ تَوَقُّعٍ قَلِق
he kept his balance حافَظَ على اتِّزانِهِ
my income does not keep pace with rising prices لا يَتَمَشَّى دَخْلِي والأسْعارَ المُتَزايِدة
keep cool and you'll be all right حافِظْ علَى هُدُوءِ أعْصابِك تَسِرِ الأمُورُ على ما يُرام
just keep straight on واصِلِ السَّيْرَ ، اِمْشِ على طُول ، دُغْرِي (س ، م)
don't keep asking questions لا تُلِحَّ بالسُّؤال
keep in touch with me لا تَقْطَعِ اتِّصالَكَ بي
10. (remain in good condition) بَقِيَ صالِحًا لِلاِسْتِعْمال
meat does not keep in hot weather يُنْتِنُ اللَّحْمُ بِسُرْعةٍ في الجَوِّ الحارّ
the news will keep لا ضَرَرَ مِنْ تَأْجِيلِ إذاعة الخَبَر
11. (*with advs. & preps.*)
keep at واظَبَ (علَى العَمَل) ، ثابَرَ على
keep away from تَحاشَى ، اِبْتَعَدَ عَنْ ، تَجَنَّبَ
keep back (restrain) مَنَعَهُ مِنَ التَّقَدُّم ، كَبَحَ جِماحَهُ ؛ أمْسَكَ عَنْ
(repel) أبْعَدَ (المُتَظاهِرِين) ، صَدَّ (العَدُوّ)
(reserve) اِحْتَجَزَ (صاحِبُ العَمَلِ قِسْمًا مِنَ الأجْر)
(conceal) حَجَبَ (ـُ) ، أخْفَى (الحَقائِقَ عَنْهُ)
keep down كَظَمَ (ـِ) غَيْظَهُ ؛ بَقِيَ رابِضًا ؛ خَفَّضَ (رَأْسَه ، صَوْتَه ، الأسْعار)
keep in (detain indoors) اِحْتَجَزَ (المُعَلِّمُ التَّلامِيذَ عِقابًا لَهُم)
(suppress) كَظَمَ (ـِ) ، أخْفَى ، كَتَمَ (ـُ)
keep in with أبْقَى علَى عَلاقاتِهِ الطَّيِّبة مَعَ
keep off the grass مَمْنُوع السَّيْر علَى العُشْب (النَّجِيل م)
he kept his hat off بَقِيَ حاسِرَ الرَّأْس
he kept on trying ظَلَّ يُحاوِل ، واظَبَ ، ثابَرَ
they kept him on although he was old أبْقَوْهُ في الخِدْمةِ رَغْمَ كِبَرِ سِنِّهِ
she kept on at him ظَلَّت تُهاجِمُه ، نَكَّدَت عَيْشَهُ بِلا انْقِطاع
keep out of the room! اِبْتَعِدْ عَن الغُرْفة ولا تَدْخُلْ إلَيْها
he kept the rebels under سَيْطَرَ علَى المُتَمَرِّدِين
keep up one's courage تَشَجَّعَ ، لَمْ يَجْبُن ، بَقِيَ رابِطَ الجَأْش
he kept his end up لَمْ يَسْتَسْلِم (رَغْمَ المَصاعِب)
he kept up the correspondence واصَلَ المُراسَلة
keep it up! اِحْتَفِظْ بِهَذا المُسْتَوى ، اِسْتَمِرَّ بِهِ
she kept him up till midnight أسْهَرَتْهُ حَتَّى مُنْتَصَفِ اللَّيْل
keep up with the Joneses يُقَلِّدُ جِيرانَهُ (مُراعاةً للمَظاهِرِ الزّائِفة)
n. بُرْجٌ في وَسَطِ قَلْعة ؛ عَيْش ، قُوت

keeper /ˈkipə(r)/*n.*
1. (person in charge) حارِس (حَدِيقة) ، أمِين (مَتْحَف) ، القَيِّمُ على
2. (*elec.* bar across magnet) حافِظةٌ علَى قُطْبَي المَغْناطِيس

keeping /ˈkipɪŋ /*n.*
1. (custody) رِعاية ، حِفْظٌ ، عِناية
2. (agreement) مُطابَقة ، اِتِّفاق

keepsake /ˈkipseɪk /*n.* (هَدِيّة) رَمْزٌ لِذِكْرَى ، تَذْكارُ حُبّ ، «سُوفَنِير»

keg / keg /*n.* بَرْمِيلٌ صَغِيرٌ يَسَعُ ١٠ غالُونات

kennel /ˈkenəl/*n.* بَيْتٌ صَغِيرٌ للكِلاب (خارِجَ الدّار)

kept / kept /*p.t. & p.p. of* **keep**

kerb / kɜb /*n.* حافَّةُ الرَّصِيف ؛ حَرْفٌ علَى طَرَفَي المَمَرّ

في حَدِيقة

kernel/ˈkɜnəl/*n.* لُبّ ، حَبٌّ ؛ جَوْهَرُ المَوْضُوع ، صَمِيمُه

kerosene/ˈkerəsin/*n.* الكِيرُوسِين ، زَيْتُ البارافِين ، زَيْتُ الكاز

ketchup/ˈketʃʌp/*n.* صَلْصَة مِنَ الطَّماطِم (البَنَدورة) أو مِنَ الفِطْرِيّات

kettle/ˈketəl/*n.* غَلّاية ، مِغْلاة (لِغَلْيِ الماء) ، كِتْلِي (ع)

a pretty kettle of fish حالة سَيِّئة ! حالة مَلْعُونة !

kettledrum/ˈketəldrʌm/*n.* طَبْلَةٌ ذاتُ جِسْمٍ نُحاسِيّ نِصْف كُرَوِيّ مُرْتَكِزة على أَرْجُل

key/ki/*n.*

1. (instrument) مِفْتاح (مَفاتِيحُ)

master key مِفْتاحٌ عُمُومِيّ يَفْتَحُ جَمِيعَ الأَبْوابِ في فُنْدُقٍ مَثَلًا

2. (solution, explanation) حَلٌّ (حُلُول) ، إيضاح

a key for teachers' use حَلُّ التَّمارِينِ المَدْرَسِيّة (كِتابٌ يَسْتَعْمِلُه الأُسْتاذ)

3. (*mus.*) مَقام ، مِفْتاح (مُوسِيقَى)

4. (*of musical instrument*) أَحَدُ مَفاتِيحِ (البِيانُو)

5. (*teleg.*) مِفْتاح مُورْس (تِلِغْراف)

v.t.

the football fans were keyed up تَوَتَّرَتْ أَعْصابُ هُواةِ كُرَةِ القَدَم

keyboard/ˈkibɔd/*n. & adj.* لَوْحَةُ المَفاتِيح (في الآلة الكاتِبة أو البِيانُو مَثَلًا)

keyhole/ˈkihəʊl/*n.* ثُقْبُ الباب ، ثُقْبُ المِفتاح في القُفْل

keynote/ˈkinəʊt/*n.* الأَساس (في السُّلَّمِ المُوسِيقِيّ) ؛ فِكْرة مِحْوَرِيّة

key-ring/ˈki-rɪng/*n.* حَلْقَةُ المَفاتِيح

keystone/ˈkistəʊn/*n.* حَجَرُ الزّاوِية أو الأَساس

khaki/kɑkɪ/*adj. & n.* (لَوْنٌ أو قُماش) خاكِي ؛ بَدْلة عَسْكَرِيّة

kick/kɪk/*n.*

1. (blow with foot) رَفْسة ، رَكْلة ، ضَرْبة قَدَم

2. (*coll.* thrill) رِعْشة لَذّة ، نَشْوة

I get a kick out of driving fast أَشْعُرُ بِنَشْوةٍ كُبْرَى في السِّياقةِ السَّرِيعة

3. (*coll.* strength) نَشاط

there is no kick left in him إنّه مَنْهُوك القُوَى ، لَمْ يَبْقَ فيه رَمَقٌ

v.t. رَفَس (ـِ) ، رَكَل (ـُ)

he kicked the ball ضَرَبَ الكُرَةَ بِقَدَمِه ، رَكَلَها

the boys kicked up a row أَحْدَثَ الصِّبْيانُ صَخَبًا ؛ اِحْتَجَّ الصِّبْيانُ اِحْتِجاجًا شَدِيدًا

kick/ cool one's heels أُجْبِرَ عَلَى الاِنْتِظار

v.i.

the baby was kicking and screaming كان الطِّفْلُ يَرْفُسُ وَيَصْرُخ

he kicked against his harsh treatment اِعْتَرَضَ على سُوءِ مُعامَلَتِه

the home team kicked off اِسْتَهَلَّ الفَرِيقُ المَحَلِّيُّ المُباراةَ (في كُرَةِ القَدَم)

kid/kɪd/*n.*

1. (young goat) جَدْيٌ (أَجْداء)

2. (leather made from goat skin) جِلْدُ الماعِز ، جِلْدُ الجَدْي

handle with kid gloves عامَلَهُ بِلِينٍ وَرِقّة

3. (*sl.* child) وَلَدٌ ، طِفْلٌ

v.t. (*sl.* hoax or tease) ضَحِكَ عَلَى ، مازَحَ ، عابَثَ

kidding/ˈkɪdɪŋ/*n.* (*fam.*) مُزاح

no kidding! لا تَمْزَحْ ! لا تَضْحَكْ عَلَيّ !

kidnap/ˈkɪdnæp/*v.t.* خَطَفَ (ـِ) ، اِخْتَطَفَ شَخْصًا (لِطَلَبِ الفِدْية)

kidney/ˈkɪdnɪ/*n.* كُلْيَة ، كُلْوَة (كُلًى)

a man of his own kidney رَجُلٌ عَلَى شاكِلَتِه

kidney machine كُلْيةٌ اصْطِناعِيّة (جِهازٌ يُوصَلُ بالمَرِيضِ لِتَنْقِيةِ دَمِه)

kill/kɪl/*v.t.*

1. (put to death) قَتَلَ (ـُ) ، ذَبَحَ (ـَ) ، أَماتَ

kill two birds with one stone قَتَلَ عُصْفُورَيْنِ بِحَجَرٍ (واحِد)

a disease killed off the rabbits وَباءٌ ما قَضَى على الأَرانِب

kill with kindness أَفْسَدَتِ (الجَدّةُ الأَطْفالَ) بِتَدْلِيلِهِم

my feet are killing me (*coll.*) قَدَمايَ تُؤْلِمانِي ، رِجْلَيّ حَتْمَوِّتْنِي (م)

2. (destroy) قَضَى عَلَى ، حَطَّمَ أو أَنْهَى

kill someone's hopes حَطَّمَ آمالَهُ

3. (spoil effect of) اِصْطَدَمَ بِ ، تَنافَى و ...

the scarlet carpet kills your curtains يَتَنافَرُ لَوْنُ السَّجّادةِ القِرْمِزِيُّ مَعَ لَوْنِ سَتائِرِك

4. (pass *time*) أَزْجَى الوَقْت ، قَتَلَ الوَقْت

5. (overwhelm) فَتَنَ (ـِ)

she was dressed to kill (*coll.*) كانت تَرْتَدِي ثِيابًا غايةً في الإغْراء ، تَهَنْدَمَتْ لِتَفْتِكَ بالقُلُوب

n.

1. (putting to death)

he was in at the kill كان مَوْجُودًا عِنْدَ اصْطِيادِ (الثَّعْلَبِ مَثَلًا) ؛ شَهِدَ الصَّفْقة ، حَضَرَ البَرْزة (س)

2. (animals killed) مَجْمُوعُ الحَيَوانات المُصْطادة

killer/ˈkɪlə(r)/*n.* قاتِلٌ

kiln/kıln/*n.* قَمين ، فُرن ، أُتون
kilo/kiləʊ/*abbr. of* **kilogram**
kilo-/'kiləʊ-/*in comb.* بادئة مَعْناها أَلْف
kilocycle/'kıləsaıkəl/*n.* كِيلوسَيْكِل
kilogram/'kıləgræm/*n.* كِيلو ، كِيلوغْرام
abbr. **kilo**
kilometre/'kıləmitə(r)/*n.* كِيلومِتر (أَلْف مِتْر)
kilowatt/'kıləwot/*n.* كِيلوواط (مِقْياسٌ لِقُدْرةِ الكَهْرباء)
kilt/kılt/*n.* تَنُّورة يَلْبَسُها الرَّجُلُ الاسكُتْلَنْدِيّ
kin/kın/*n.* أَقْرِباء ، أَهْل
kith and kin أَبْناء جِلْدَتِنا
next of kin أَقْرَبُ الأَقْرِباء ، القَريبُ الأَدْنَى
kind[1]/kaınd/*n.*
1. (race) جِنْس (أَجْناس) ، فَصيلة (فَصائِل)
human kind الإِنْسانِيّة ، الجِنْس البَشَرِيّ
2. (sort) صِنْف ، نَوْع
of any kind (قُماش) مِن أَيِّ نَوْع
nothing of the kind! لا شَيْءَ مِن هذا القَبِيل ! لا أَبَدًا !
3. (*by exchange of goods*) لِلمُقايَضة
she paid me in kind دَفَعَتْ لي الثَّمَنَ عَيْنًا (وَلَيْسَ نَقْدًا)
4. (*in phrases implying uncertainty*) في تَعابِيرَ دالّة على عَدَم التَّأَكُّد
he is a kind of tradesman شِبْه تاجِر أو أَشْبَه بِتاجِر ، يُمْكِنُ أن يُسَمَّى تاجِرًا
they gave us coffee of a kind قَدَّموا لنا ما يُمْكِنُ تَسْمِيَتُه قَهْوة
I kind of expected (*coll.*) تَوَقَّعْتُ ذلك أو كِدْت
kind[2]/kaınd/*adj.* حَنُون ، لَطِيف ، كَرِيم ، عَطُوف ، رَؤُوف
be kind enough to shut the door تَلَطَّفْ وأَغْلِق الباب
kindergarten/'kındəgatən/*n.* رَوْضة (رِياض) أَطْفال
kindhearted/'kaınd'hatəd/*adj.* رَقِيق القَلْب ، شَفُوق ، ذو رَأْفة وَعَطْف
kindle/'kındəl/*v.t. & i.* أَضْرَمَ ، أَشْعَلَ ، أَوْقَدَ ؛ اِضْطَرَمَ ، اِشْتَعَلَ ، اِتَّقَدَ
his interest was kindled (*fig.*) أُثِيرَ اهْتِمامُه
kindly/'kaındlı/*adj.* عَطُوف ، حَنُون ، لَطِيف
adv.
1. (in a kind manner) بِلُطْفٍ ، بِرِقّة
2. (easily) بِيُسْرٍ ، بِوَلَع
she took kindly to studying أَقْبَلَتْ على الدِّراسةِ بِشَغَف
3. (*with imper.* please) بِمَعْنَى رَجاءً (مَعَ صِيغة الأَمْر)
kindly close the door لُطْفًا (أو مِن فَضْلِك) أَغْلِقِ الباب
4. (sincerely) بِإِخْلاص ، مِنْ أَعْماقِ القَلْب
thank you kindly شُكْرًا جَزِيلًا
kindness/'kaındnəs/*n.* لُطْفٌ ، مُعامَلة حَسَنة ، رِقّة ؛ جَمِيل ، مَعْرُوف
kindred/'kındrəd/*n. & adj.* قَوْم ، أَهْل ، أَقْرِباء ؛ (لُغات) مِن أَصْلٍ واحِد ، مَثِيل ، شَبِيه
a kindred spirit رُوحٌ مُتآلِفة ، شَبِيهٌ في المُيُول والأَهْواء
kinetic/kı'netık/*adj.* (نَشاط) حَرَكِيّ ، مُسَبِّبٌ لِلحَرَكة
kinetics/kı'netıks/*n.* عِلْمُ القُوَى المُحَرِّكة
king/kıŋ/*n.*
1. (ruler) مَلِكٌ (مُلُوك) ، عاهِل (عَواهِل)
2. (great merchant) من كِبار التُّجّار
oil king (sheikh) مِنْ شُيُوخ البِتْرُول
3. (chess-piece) المَلِكُ أو الشّاه (في الشِّطْرَنْج)
4. (court card) الشّايِب ، الرُّوا (في وَرَقِ اللَّعِب أو الكُوتْشِينة)
kingdom/'kıŋdəm/*n.*
1. (country) مَمْلَكة ، دَوْلة (دُوَل)
the United Kingdom المَمْلَكة المُتَّحِدة (بريطانيا وايرلندة الشَّمالية)
2. (province of nature) دُنْيا الطَّبِيعة
the animal, vegetable and mineral kingdoms مَمْلَكةُ الحَيَوانِ والنَّباتِ والجَماد
3. (spiritual reign of God)
the Kingdom of Heaven مَلَكُوتُ السَّمٰوات
kingly/'kıŋlı/*adj.* مُلُوكِيّ ، يَلِيقُ بالمُلُوك
kingpin/'kıŋpın/*n.* المِسْمارُ الرَّئِيسِيّ لِمِحْوَرِ العَجَلة ؛ لَوْلَبُ المَشْرُوع
kink/kıŋk/*n.* عُقْدة أو الْتِواء (في سِلْك) ، نُتُوء ، اِعْوِجاج
kinship/'kınʃıp/*n.* قَرابة ، نَسَبٌ ، وَشِيجةُ قُرْبَى
kinsman/'kınzmən/*n.* قَرِيب ، نَسِيب ، مِنْ ذَوِي الأَرْحام
kinswoman/'kınzwʊmən/*n.* قَرِيبة
kiosk/'kiosk/*n.* كُشْك (لِلتِّلِفُون أو لِبَيْعِ الصُّحُف)
kipper/'kıpə(r)/*n.* سَمَكُ الرَّنْجة المُقَدَّد بالتَّدْخِين
kiss/kıs/*v.t. & i.* قَبَّلَ ، لَثَمَ (ـِ) ، باسَ (يَبُوس)
kiss the Book لَثَمَ الكِتابَ المُقَدَّسَ عِنْدَ القَسَمِ في المَحْكَمة
kiss the dust خَضَعَ أو قَبَّلَ التُّرابَ (أَمامَ عَدُوِّهِ مَثَلًا)
(*fig.* touch lightly) مَسَّ (ـَ) ، لامَسَ لَمْسًا خَفِيفًا
n. قُبْلة ، لَثْمة ، بُوسة
kiss of life طَرِيقةُ الإِنْعاشِ فَمًا لِفَم
kit/kıt/*n.* عُدّةُ الجُنْدِيّ أو المُسافِر ، عُدّةُ العامِل ، لَوازِمُ الأَلْعابِ الرِّياضِيّة
v.t. زَوَّدَ بالعُدّة اللّازِمة
they were kitted out with diving suits زُوِّدُوا بِعُدّةِ الغَوْص
kit-bag/'kıt-bæg/*n.* شَنْطةُ العُدّة ، مِخْلاةُ الجُنْدِيّ

kitchen/ˈkɪtʃɪn/*n.* مَطْبَخ ، مَطْهًى في فُنْدُق (مَطاهٍ)
kitchen-sink/ˈkɪtʃɪn-ˈsɪŋk/*n.* حَوْضٌ لِغَسْلِ أواني المَطْبَخ ، مَجْلى (س)
kite/kɑɪt/*n.*
1. (bird) حَدَأة (طائِرٌ مِنَ الصَّقْرِيات)
2. (toy) طَيّارة وَرَقٍ للأطْفال
kith/kɪθ/*n. see* **kin**
kitten/ˈkɪtən/*n.* هُرَيْرة ، قِطّة صَغيرة
kitty/ˈkɪtɪ/*n.*
1. (*fam.* kitten) بُسَيْنة ، بِسْبِسٌ(م) ، بَزُّونة (ع)
2. (joint fund or pool in some card games) مَجْمُوعُ رَهائِنِ اللّاعِبِين عَلَى مائِدةِ القِمار
knack/næk/*n.* مَهارة فِطْرِيّة أو مُكْتَسَبة مِنَ التَدَرُّب
driving is easy when you get the knack of it السِّياقة هَيِّنة عِنْدَما تَتَعَوَّدُ عَلَيْها
knapsack/ˈnæpsæk/*n.* حَقيبة قُماش تُحْمَلُ عَلَى الظَّهْر ، جَرَنْدِيّة (م)

knave/neɪv/*n.*
1. (rogue) وَغْدٌ ، شِرّير ، نَصّاب
2. (court card) وَلَد (في وَرَقِ اللَّعِب) ، شَبّ (س)
knead/nid/*v.t.* عَجَنَ (ـِ) ، دَعَكَ (ـَ)
knee/ni/*n.* رُكْبة (رُكَبٌ)
the water was knee-deep بَلَغَ الماءُ الرُّكْبَتَيْن
bring someone to his knees أرْغَمَهُ عَلَى الاِسْتِسْلام
knee-cap/ˈni-kæp/*n.* رَضْفة ، رَضَفة ، صابُونة الرُّكْبة
kneel/nil/(*p.t. & p.p.* **knelt**/nelt/) *v.i.* رَكَعَ (ـَ) ، جَثا (يَجْثُو) ، سَجَدَ (ـُ) ، بَرَكَ (ـُ) ، ناخَ (يَنُوخ) ، اِسْتَناخ
knell/nel/*n.* دَقّاتُ ناقُوسِ المَوْت ؛ نَذِيرُ النِّهاية
knew/nju/*p.t. of* **know**
knickers/ˈnɪkəz/*n. pl.* سِرْوال تَحْتانِيّ لِلنِّساء ، "كَلْسُون"
knick-knack/ˈnɪk-næk/*n.* تُحْفة أو طُرْفة زَهِيدة القِيمة (لِلزِينة)
knife/nɑɪf/(*pl.* **knives**/nɑɪvz/) *n.* سِكِّين (سَكاكِينُ) ، سِكِّينة ، مُدْيَة (مُدًى)
she has got her knife into me تُعامِلُني بِحِقْدٍ دائمًا ، لا تَدَعُ فُرْصَةً لِلنَيْلِ مِنّي
before you could say knife he had left the room غادَرَ الحُجْرةَ في لَمْحِ البَصَر
knife-edge/ˈnɑɪf-edʒ/*n.* حَدُّ السِّكِّين ؛ رَكِيزَةُ الرَّوافِعِ في المَوازِين

knight/nɑɪt/*n.*
1. (*hist.*) فارِسٌ (فُرْسان – قَدِيمًا)
2. (title) فارِسٌ أو نَبِيل (رُتْبةُ شَرَفٍ إنْكِلِيزِيّة)
3. (chess-piece) حِصان ، فَرَس (شَطْرَنْج)
v.t. مَنَحَهُ لَقَبَ "سِير" وهو لَقَبُ شَرَفٍ إنْكِلِيزِيّ
knighthood/ˈnɑɪthʊd/*n.* لَقَبُ "سِير" ، "فُرُوسِيّة" وَهِي رُتْبة شَرَفٍ إنْكِلِيزِيّة
knightly/ˈnɑɪtlɪ/*adj.* فُرُوسِيّ ، نَبِيل
knit/nɪt/*v.t. & i.*
1. (make fabric from yarn) حاكَتْ (تَحُوكُ) بِإبْرةِ التِّرِيكُو ، اِشْتَغَلَت (بالصُّوف)
2. (unite) اِلْتَحَمَ ، اِنْجَبَرَ
a closely knit argument حُجّة مُتَماسِكة لا تَدَعُ ثَغْرةً لِلخَصْم
3. (contract *the brow*) عَقَدَ (ـِ) حاجِبَيْه ، قَطَّبَ جَبِينه
knitting/ˈnɪtɪŋ/*n.* أشْغالُ الإبْرة أو التِّرِيكُو ، حِياكة
knitting-needle/ˈnɪtɪŋ-nidəl/*n.* إبْرة التِّرِيكُو أو الحِياكة
knives/nɑɪvz/*pl. of* **knife**
knob/nob/*n.* مِقْبَضُ (باب) ؛ زِرّ أو مِفْتاح (الرّادِيو)
knobbly/ˈnoblɪ/*adj.* ذُو نُتُوءات
knock/nok/*v.t. & i.*
1. (strike) ضَرَبَ (ـِ) ، قَرَعَ (ـَ) ، طَرَقَ (ـُ)
someone is knocking at the door بالبابِ طارِق
the blow knocked me senseless أفْقَدَتْني الضَّرْبةُ صَوابي
her evidence knocks the bottom out of your argument شَهادَتُها تَدْحَضُ حُجَّتَك
2. (*of engines*) يُحْدِثُ (المُحَرِّكُ) صَوْتًا يُشْبِهُ الطَّرْقَ
3. (*with advs.*)
this child has been knocked about هذا الطِّفْلُ قَد عُومِلَ بِقَسْوةٍ وَغِلْظة
he has knocked about the world طافَ في أنْحاءِ العالَم ، شَرَّقَ وَغَرَّبَ في الآفاق
have you any scrap iron knocking about? هل عِنْدَكَ نُفاياتُ حَدِيدٍ مَطْرُوحةٌ جانِبًا
knock back (*sl.*) أخَذَ الكَأْسَ جُرْعةً واحِدة
he was knocked down by a car دَهَسَتْهُ أو صَدَمَتْهُ سَيّارة
the painting was knocked down to Smith رَسَتِ اللَّوْحَةُ (في المَزادِ) عَلَى سْمِيثْ
it's time to knock off (work) حانَ وَقْتُ الاِنْصِرافِ (مِنَ العَمَل)
he knocked off a report أنْهَى تَقْرِيرًا عَلَى عَجَلٍ
they knocked 100 dollars off the price خَفَّضُوا مائةَ دُولارٍ مِنَ السِّعْر
the boxer knocked his opponent out طَرَحَ المُلاكِمُ خَصْمَهُ أرْضًا بالضَّرْبةِ القاضِية
knock over قَلَبَ (المَزْهَرِيّةَ مَثَلًا)
knock together صَنَعَ شَيْئًا عَلى عَجَلٍ وَبِدُونِ إتْقان
please knock me up at أيْقِظْني عِنْدَ الفَجْرِ رَجاءً ،

dawn خَبَّطَ عَلَيَّ في الفَجْر (م)
we knocked up a meal أَعْدَدْنا وَجْبَةً على عَجَل
he knocked up twenty runs أَحْرَزَ عِشْرِينَ نُقْطَةً (في لُعْبَةِ الكريكيت)
she is knocked up by overwork أَرْهَقَها الإفْراط في العَمَل
n.
he took some hard knocks حَلَّتْ بِهِ عِدَّةُ مَصائِب في زَمانِه

knock-down/ˈnɒk-daʊn/*adj.* (سِعْر) مُخَفَّض (بِحَيْثُ لا يُزاحَم)

knocker/ˈnɒkə(r)/*n.* مِطْرَقَةُ (الباب)

knock-for-knock/ˈnɒk-fə-ˈnɒk/*adj.* (اِتِّفاقٌ بَيْنَ شَرِكَتَيْ تأمين) تَدْفَعُ بِمُوجَبِهِ كُلُّ شَرِكَةٍ لِعَمِيلِها

knock-kneed/ˈnɒk-ˈnid/*adj.* أَصَكّ ، مُتَقارِبُ الرُّكْبَتَيْن

knock-out/ˈnɒk-aʊt/*n.* *& adj. abbr.* **K.O.** (ضَرْبة) قاضِية (مُلاكَمة) ؛ ذاتُ جَمالٍ ساحِر ؛ (ضَرائِبُ) فادِحة

knoll/nəʊl/*n.* رابِية ، رَبْوَة ، أَكَمَة ، تَلٌّ (تِلالٌ ، تُلُول)

knot/nɒt/*n.*
1. (tied loop) عُقْدة (عُقَد) (في حَبْلٍ مَثَلاً)
the marriage knot رِباطُ الزَّواج
tie up in knots حَيَّرَهُ ، أَرْبَكَهُ
2. (*naut.*) عُقْدة ، مِيلٌ بَحْرِيّ (يُساوِي ١٨٥٢ مِتْرًا)
a ship of twenty knots سَفِينة سُرْعَتُها عِشْرُون عُقْدة بَحْرِيّة
3. (hard lump in wood) عُجْرة أو عُقْدة في الخَشَب
4. (group) جَمْعٌ مِنَ النّاس ، جَماعة ، زُمْرة ، رَهْط (أَرْهاط) ، طائِفة
v.t. & i. عَقَدَ (ـِ) ، عَقَّدَ ؛ تَعَقَّدَ

knotty/ˈnɒtɪ/*adj.*
1. (*of wood* full of knots) (خَشَب) كَثِيرُ العُقَد ، مُعَقَّد
2. (puzzling) مُحَيِّر
a knotty problem مُعْضِلة عَوِيصة

know/nəʊ/(*p.t.* **knew** *p.p.* **known**) *v.t. & i.*
1. (be able to distinguish) عَرَفَ (ـِ) ، عَلِمَ (ـَ) ، دَرَى (ـِ)
she knows what's what تَعْرِفُ مِن أَيْنَ تُؤْكَلُ الكَتِف ، إنّها خَبِيرةٌ في الأُمور
2. (be able to recall)
I know that poem by heart أَعْرِفُ القَصِيدةَ عَنْ ظَهْرِ قَلْب
not that I know of كَلّا ... على حَدِّ عِلْمِي
3. (be acquainted with) عَرَفَ (ـِ) ، عَلِمَ (ـَ)
he knows him by sight لا يَعْرِفُه إلّا بالشَّكْلِ (أو بالنَّظَر)
4. (recognize) شَخَّصَ ، مَيَّزَ
I knew her at once عَرَفْتُها في الحال
5. (be able to use) أَحْسَنَ اسْتِعْمالَ ، أَتْقَنَ ، عَرَفَ (ـِ)
he knows English يُحْسِنُ الإنكليزيّة
n. (*coll.*)
he is in the know هو عارِفٌ بالقَضِيّة

knowing/ˈnəʊɪŋ/*adj.*
a knowing look نَظْرةُ العارِف ، نَظْرةٌ واعِية ذاتُ مَغْزًى
n.
there is no knowing عِلْمُ ذلكَ عِنْدَ رَبِّي ، واللّٰهُ أَعْلَم !

knowledge/ˈnɒlɪdʒ/*n.* اِطِّلاع ، عِلْمٌ ، مَعْرِفة ، إدْراك ، دِراية
it has come to his knowledge تَناهَى إلى سَمْعِه ، بَلَغَهُ أنّ

knowledgeable/ˈnɒlɪdʒəbəl/*adj.* واسِعُ المَعْرِفةِ والاِطِّلاع ، خَبِيرٌ في ، ذُو دِرايةٍ بِ

knuckle/ˈnʌkəl/*n.* مَفْصِلٌ بَيْنَ سُلامَيات الأصابِع ، بُرْجُمة (بَراجِم) ، راجِبة (رَواجِب)
near the knuckle مُلاحَظة نابِية ، تَعْلِيقٌ بَذِيءٌ يَخْدِشُ الحَياء
rap on the knuckles (*fig.*) وَبَّخَ تَوْبِيخًا قاسِيًا ، نَقَدَ نَقْدًا لاذِعًا
v.i. only in
knuckle under to خَضَعَ (ـَ) لِ ، أَذْعَنَ لِ ، رَضَخَ (ـَ) لِ
knuckle down to the task أَقْبَلَ على (العَمَل) ، شَمَّرَ عَنْ ساعِدِ الجِدّ

Koran/kəˈrɑn, kɔˈrɑn/*n.* القُرْآنُ الكَرِيم ، المُصْحَفُ الشَّرِيف

kosher/ˈkəʊʃə(r)/*adj.* الكُوشِير ، طَعامٌ وِفْقَ التَّعالِيمِ اليَهُودِيّة (مِثْلَ اللَّحْمِ الحَلالِ مَثَلاً عِنْدَ المُسْلِمِين)

kudos/ˈkjudɒs/*n.* صِيتٌ حَسَنٌ ، شُهْرةٌ ، أُبَّهةٌ

L

L/el/(letter) الحَرْفُ الثّاني عَشَر مِنَ الأَبْجَدِيّة

L-driver/ˈel-ˈdraɪvə(r)/*n.* سائِقٌ تَحْتَ التَّدْرِيب (قَبْلَ مَنْحِهِ إجازَةَ السِّياقة)

label/ˈleɪbəl/*n.* بِطاقة أو لَصِيقة (على زُجاجةٍ مَثَلاً) تَذْكُرُ اِسْمَ الشَّيْءِ وتَفاصِيلَه ؛ كُنْية ، رَمْز
v.t. نَعَتَ (ـَ) بِصِفَةٍ ما ، وَصَمَ (يَصِمُ) (بالإجْرام) ،

وَضَع لَصيقَةَ عُنوانٍ على

laboratory/lə`borətrı/ n. مَخْبَر أو مُخْتَبَر أو مَعْمَل (كيمياء أو فيزياء)

laborious/lə`bɔrıəs/ *adj.* (عَمَلٌ) شاقٌّ ، مُرْهِقٌ ، مُضْنٍ

labour/`leıbə(r)/*n.*

1. (work) عَمَلٌ ، جُهْدٌ ، كَدٌّ ، مَجْهُود ، كَدْحٌ

2. (task) خِدْمة ، عَمَلٌ

a labour of love خِدْمة عَن طيبِ خاطِر

3. (workers) عُمّالٌ ، طَبَقةٌ عامِلة

skilled labour عُمّالٌ مَهَرة ، حِرَفيّون حاذِقون

4. (*polit.*) حِزبُ العُمّال البريطانيّ

5. (childbirth) وِلادة ، مَخاض ، طَلْقٌ

she was in labour طُلِقَت الحامِل ، كانت في المَخاض

v.i. كَدَحَ (ـَ) ، كَدَّ (ـِ)

v.t. أفْرَطَ (في تَنْميق الأُسْلوب مَثلاً)

he laboured the point أسْهَبَ في شَرْحِ النُّقْطة

laboured/`leıbəd/*adj.* (أُسْلوبٌ) مُتَكَلَّف ، مُفْتَعَل

labourer/`leıbərə(r)/*n.* عامِل (زِراعيّ مَثلاً) ، فاعِلٌ (فَعَلة) ، شَغّيل

labour-saving/`leıbə(r)-seıvıŋ/*adj.* (آلة) مُوَفِّرة للجُهْد ومُخَفِّفة مِن عَناء العَمَل

labyrinth/`læbərınθ/*n.* تيهٌ ، مَتاهة ، تَعَقُّدُ الأُمور

lace/leıs/*n.*

1. (fabric) دانْتيلا ، تَخْريم ، نَسيجٌ مُخَرَّم

2. (cord) شَريطُ حِذاء ، قيطان

v.t. also **lace up** رَبَطَ (ـُ) (الحِذاء) ، شَدَّ بِشَريطٍ أو قيطان

laceration/`læsə`reıʃən/*n.* تَمْزيق ، تَجْريح

lack/læk/*n.* نَقْصٌ ، فُقْدان ، انْعِدامُ وُجود ، افْتِقارٌ إلى

v.t. & i. أعْوَزَ ، نَقَصَ (ـُ) ، افْتَقَرَ إلى ، احْتاجَ إلى

laconic/lə`konık/*adj.* وَجيزٌ ، (جوابٌ) مُقْتَضَب

lacquer/`lækə(r)/*n.* وَرْنيش مِن مادّة اللَّكّ لِطِلاءِ الأثاث الخَشَبيّ ، سائِلٌ يُبَخّ على الشَّعْر لِتَلْميعِه وتَثْبيته

v.t. بَرْنَقَ ، طَلَى أو لَمَّعَ أثاثًا بِهذا الوَرْنيش

lacy/`leısı/*adj.* مَصْنوع مِن الدّانْتيلا أو شَبيهٌ بِها

lad/læd/*n.* صَبيٌّ (صِبْيان) ، فَتًى (فِتْيان) ، غُلام (غِلْمان)

he's a bit of a lad عابِثٌ مَرِح ، يَميلُ إلى مُغازَلةِ البَنات

ladder/`lædə(r)/*n.*

1. (appliance) سُلَّمٌ خَشَبيّ أو مَعْدِنيّ (كَسُلَّم المَطافِئ مَثلاً)

2. (*in fabric*) تَسَلُّتٌ أو تَنْسيلٌ طُوليّ في جَوارِبِ السَّيِّدات

v.i. & t. نَسَلَ (ـُ) أو تَنَسَّلَ الجَوْرَب

laden/`leıdən/*adj. & p.p. of* **load** مُحَمَّلٌ بِ ، مُثْقَلٌ بِ

lading/`leıdıŋ/*n.* شَحْنُ (البَضائع)

bill of lading بوليصة أو وَثيقة شَحْن

ladle/`leıdəl/*n.* مِغْرَفة ، كَبْشة (لِصَبِّ السَّوائِل)

v.t. غَرَفَ (ـِ) (غَرْفةَ حَساءٍ)

lady/`leıdı (*pl.* **ladies**/`leıdiz) *n.*

1. (woman of good birth) نَبيلة ، سَيِّدة أصيلة

2. (*title*) ليدي ، لَقَبٌ لِزَوْجةِ نَبيلٍ إنْكليزيّ أو ابْنة لُورْد

3. (woman) سَيِّدة ، امْرأة

lady doctor طَبيبة ، دُكْتورة (في الطِّبّ)

ladies' man زيرُ نِساء ، مُحِبٌّ لِلنِّساء

4. (*religious*)

Our Lady السَّيِّدة مَرْيَم العَذْراء عِنْدَ المَسيحيّين

lag/læg/*n.* تَلَكُّؤ ، تَباطُؤ ، تَخَلُّف

v.i. تَلَكَّأ ، تَباطَأ ، تَخَلَّفَ (عَنِ الرَّكْب)

v.t. كَسا (يَكْسو) (الأنابيبَ) بِعازِلِ الحَرارة

lager/`lɑgə(r)/*n.* نَوْعٌ مِن الجِعة الخَفيفة (لاكَر)

lagoon/lə`gun/*n.* هَوْرٌ (أهْوار) ، بُحَيْرة ضَحْلة مالِحة مُتَّصِلة بالبَحْر ، لاغون

laid/leıd/*p.t. & p.p. of* **lay**[3]

lain/leın/*p.p. of* **lie**[2]

lair/leə(r)/*n.* وِجْرُ (الثَّعْلَب) (أوْجار) ، عَرين (الأسَد)

lake/leık/*n.* بُحَيْرة

lamb/læm/*n.*

1. (animal) حَمَلٌ (حُمْلان) ، (خَروفٌ) حَوْليّ

2. (meat) لَحْمُ خَروفٍ صَغير ، لَحْمُ الحَمَل

v.i. وَضَعَتِ الشّاةُ حَمَلاً

lame/leım/*adj.* أعْرَج

a lame excuse (*fig.*) عُذْرٌ واهٍ ، حُجّة سَخيفة

v.t. جَعَله أعْرَجَ أو أقْزَل

lament/lə`ment/*n.* رِثاء ، نَدْب ، نَحيب

v.t. & i. بَكَى على ، نَدَبَ (ـُ) ، انْتَحَبَ ، أعْوَلَ ، ناحَ (يَنوح)

lamentable/`læməntəbəl/*adj.* (في حالٍ) يُرْثَى لَها ، في مُنْتَهى الرَّداءة ، (وَضْعٌ) مُؤْسِف

lamentation/`læmən`teıʃən/*n.* نَدْبٌ ، نَحيبٌ ، عَويلٌ ، مَرْثاة (مَراثٍ)

laminated/`læmıneıtıd/*adj.* مُؤَلَّف مِن رَقائِق أو طَبَقات رَقيقة ، رَقائِقيّ

lamp/læmp/*n.* مِصْباح (مَصابيحُ) ، سِراج (أسْرِجة) ، فانوس (فَوانيسُ)

lamp-post/`læmp-pəʊst/*n.* عَمودُ مِصْباح (الشّارِع)

lance/lɑns/*n.* رُمْحٌ (رِماح)

v.t. شَقَّ أو فَتَحَ بِمِبْضَع ، فَصَدَ (ـِ) ، بَضَعَ (ـَ) الدُّمَّل

lance-corporal/`lɑns-`kɔprəl/*n.* جُنْديّ أوَّل

lancet/`lɑnsıt/*n.* مِبْضَع ، مِشْرَط ، مِفْصَد

land/lænd/*n.*

1. (opposite of sea) البَرّ اليابِسة

2. (soil) أرْض

3. (estate) عَقار ، ضَيْعة (ضِياع)

4. (country) بِلاد ، وَطَن (أَوْطان)

v.i. & t.

1. (disembark) نَزَلَ (ـِ) (مِن السَّفِينة)

the passengers landed when the ship docked غادَرَ الرُّكّابُ السَّفِينةَ عِنْدَ رُسُوِّها

2. (touch ground) حَطَّتِ (ـُ) الطّائِرة

3. (*fig.* arrive) *also* **land up** وَصَلَ (يَصِلُ) الى ، بَلَغَ (ـُ)

you will land up in trouble سَتَجُرُّ عَلَى نَفْسِكَ المَتاعِبَ

4. (bring to land) أَنْزَلَ (مِن السَّفِينة) ، أَنْزَلَ الطّائِرة

Ali landed two fish اِصْطادَ عَلِيٌّ سَمَكَتَيْن (ووَضَعَهُما في جُعْبَتِهِ)

in spite of severe competition he landed the job رَغْمَ المُنافَسةِ الحادّة ظَفِرَ بالوَظِيفة

landfall /ˈlændfɔl/*n.* اِقْتِرابُ الباخِرة أو الطّائِرة مِنَ البَرّ ، رُؤْيَةُ البَرّ قُبَيْلَ انْتِهاءِ الرِّحْلة

landing /ˈlændɪŋ/*n.*

1. (*of stairs*) فُسْحة بَيْنَ جُزْأَيِ السُّلَّم ، صَحْنُ الدَّرَج ، بَسْطَةُ السُّلَّم (م)

2. (coming or bringing to land) نُزُول ، هُبُوط

landlady /ˈlændleɪdɪ/*n.* صاحِبةُ نُزُل أو بَنْسِيُون ، مالِكة بَيْت تُؤَجِّر غُرَفًا

landlord /ˈlændlɔd/*n.*

1. (owner of land) مالِكُ أَرْض ، مُؤَجِّرُ عَقار ، صاحِبُ نُزُل

2. (innkeeper) صاحِبُ حانة ، مُدِيرُ فُنْدُق

landmark /ˈlændmɑk/*n.*

1. (conspicuous object) مَعْلَم (مَعالِمُ) ، نُقْطة بارِزة

2. (boundary mark) عَلامة حُدُود ، صُوَّة (صُوًى)

3. (notable event) مَرْحَلة تارِيخِيّة ، حَدَثٌ تارِيخِيّ خَطِير

landscape /ˈlændskeɪp/*n.*

1. (scenery) مَنْظَر طَبِيعِيّ

2. (painting) لَوْحة تُمَثِّلُ مَنْظَرًا طَبِيعِيًّا

landslide /ˈlændslɑɪd/*n.* اِنْزِلاقُ أَرْض ، اِنْهِيارٌ أَرْضِيّ

a landslide victory (*fig.*) انتِصارٌ ساحِق ، فَوْز كاسِح

lane /leɪn/*n.*

1. (narrow road) دَرْبٌ رِيفِيّ (دُرُوب) ، زُقاق (أَزِقّة)

2. (route) مَمَرٌّ (مَمَرّات) ، طَرِيق ، مَجْرًى في سِباق

air lane طَرِيقُ مِلاحةٍ جَوِّيّة

shipping lane طَرِيقُ مِلاحةٍ بَحْرِيّة

3. (*of road traffic*) أَحَدُ أَقْسامِ طَرِيقٍ عَرِيضٍ خُطِّطَ طُولِيًّا لِتَنْظِيمِ حَرَكةِ السَّيْر

language /ˈlæŋgwɪdʒ/*n.* لُغة ، لِسان (أَلْسُن ، أَلْسِنة) ، لَهْجة

do not use bad language لا تَسْتَعْمِلْ كَلِماتٍ بَذِيئة !

languid /ˈlæŋgwɪd/*adj.* يُعْوِزُه النَّشاطُ والحَيَوِيّة ، كَلِيل ، كَسُولٌ ومُتَراخٍ

languish /ˈlæŋgwɪʃ/*v.i.*

1. (grow feeble) وَهَنَ (يَهِنُ) ، فَتَرَ (ـُ) ، ذَبُلَ (ـُ) ، تَراخَى

2. (pine for) تاقَ (يَتُوق) ، تَشَوَّقَ إلى

languor /ˈlæŋgə(r)/*n.* كَلالُ البَدَن ، إعْياء ، فُتُورُ الذِّهْن ، رَكاكة

lank /læŋk/*adj.*

1. (tall and lean) *also* **lanky** طَوِيل نَحِيف

2. (*of hair* limp) (شَعْرٌ) سَبْطٌ مُتَهَدِّل

lantern /ˈlæntən/*n.* فانُوس (سِحْرِيّ) ، نِبْراس ، مِشْكاة

lap /læp/*n.*

1. (*of person*) حِضْن (أَحْضان)

2. (circuit of race-track) دَوْرة حَوْلَ المَلْعَب في سِباقٍ ما ، مَرْحَلة في رِحْلة أو سِياقة

3. (*of waves*) صَوْتُ المَوْجِ يَلْعَقُ جانِبَ القارِب ، طَبْطَبة خَفِيفة

v.t.

1. (enfold) لَفَّ (ـُ) أو أَحاطَ بِـ

2. (drink) *also* **lap up** لَعِقَ (ـَ) ، وَلَغَ (يَلَغُ) ، لَحَسَ (ـَ)

v.i. اِرْتَطَمَت الأَمْواج بالشّاطِئ

lapel /ləˈpel/*n.* القَلْبة (وهي القِسْم الأَسْفَل لِياقةِ الجاكِيت) ، رِڤير (م)

lapse /læps/*n.*

1. (slight mistake) هَفْوة ، زَلّةُ (لِسان) ، عَثْرة ، خَطأٌ بَسِيط ، اِنْحِراف ، فَلْتة

2. (interval) فَتْرة ، (عَلَى) كَرِّ (الزَّمان)

the lapse of time مُرُور الزَّمَن ، (بَعْدَ) مُضِيّ الوَقْت

3. (*leg.* termination) زَوالُ (حَقّ) أو سُقُوطُه بالتَّقادُم

v.i.

1. (fall) عادَ إلى ، رَجَعَ (ـِ)

he has lapsed into his old bad habits اِرْتَدَّ إلى مَرْذُولِ عاداتِه

2. (*leg.*) سَقَطَ (الحَقّ)

the lease has lapsed اِنْتَهَى عَقْدُ الإيجار

larceny /ˈlɑsənɪ/*n.* سَرِقة ، اِسْتِيلاءٌ جِنائِيّ عَلَى مَنْقُول الغَيْر

lard /lɑd/*n.* صُهارة دُهْن أو شَحْم الخِنْزِير

larder /ˈlɑdə(r)/*n.* خِزانة الأَطْعِمة ، بَيْتُ المُونة ، كِلَر (ع) ، كَرار (م) ، نَمْلِيّة (س)

large /lɑdʒ/*adj.* كَبِير ، ضَخْم ، جَسِيم ، وافِر ، واسِع

n. & adv. as in

the burglar is still at large لا يَزالُ السّارِقُ حُرًّا طَلِيقًا

the world at large أَكْثَرِيّة البَشَر ، النّاس عامّةً

largely/ˈlɑdʒlɪ/*adv.*
1. (to a great extent) إلى حَدٍّ كَبير أو بَعيد ، بِكَثْرة
2. (generously) (يَتَبَرَّع) بِسَخاء ، (يَجُود) بِدُون تَقْتِير

lark/lɑk/*n.*
1. (bird) قُبَّرة ، قُنْبُرة
2. (*coll.* escapade) *also v.i.* مَزْحة ، حَماقة ؛ مَزَحَ (ـَ)
what a lark! مَزْحة كُوَيِّسة ! خُوش وِنْسة (ع)
stop larking about! (اِشْتَغِلْ) لا تَتَلَهَّ ! لا تتَلْعَب ! (ع)

larva/ˈlɑvə/(*pl.* **larvae**/ˈlɑvi/) *n.* يَرَقة ، دُعْمُوص
larynx/ˈlærɪŋks/*n.* حَنْجَرة
laser/ˈleɪzə(r)/*n.* لِيزَر ، لازَر ، جِهازُ إنْتاجِ أشِعّة قَوِيّة جِدًّا

lash/læʃ/*v.t.*
1. (tie tightly) رَبَطَ (ـِ) ، أَوْثَقَ بِحَبْل
2. (flog) *also v.i.* جَلَدَ (ـِ) ، ساطَ (يَسُوط)
3. (move violently) حَرَّكَ بِشِدّة
also v.i. اِهْتَزَّ بِعُنْف
the tiger lashed its tail angrily هَزَّ النَّمِرُ ذَيْلَه بِغَضَب
n.
1. (whip, blow with whip) سَوْط (أَسْواط ، سِياط) ، مِجْلَدة ؛ ضَرْبةُ سَوْط ، جَلْدة
2. (*of eye*) هُدْبُ (الجَفْن) (أَهْداب) ، رِمْشُ العَيْن (رُمُوش)

lass/læs/*n.* فَتاة ، صَبِيّة ، عَشِيقة ، حَبِيبة
lassitude/ˈlæsɪtjud/*n.* فُتُور الهِمّة والنَّشاط ، إعْياء
lasso/læˈsu/*n.* وَهَق (أَوْهاق) (حَبْلٌ في طَرَفِه أُنْشُوطة تُقْتَنَصُ به الخُيُول والأبْقار)
v.t. وَهَقَ (يَهِقُ)

last/lɑst/*adj.*
1. (final) أخِير ، آخِر ، خِتامِيّ ، نِهائِيّ
she likes to have the last word تُرِيدُ أن يَكُونَ لَها القَوْلُ الفَصْل
2. (most recent) الأَحْدَث ، (الأُسْبوع) الماضي ، (العامُ) المُنْصَرِم
n. **1.** (end) الشَّيْء أو الشَّخْص الأخِير
we shall never hear the last of it سَوْفَ لا يَكُون للحديثِ عَنْه نِهاية !
2. (mould of shoe) قالَب لِصِناعة الأَحْذِية
adv. **1.** (after all others) أخِيرًا
he arrived last كان آخِرَ مَنْ وَصَل
2. (most recently)
when did you last see him? مَتَى رَأَيْتَه آخِرَ مَرّة ؟
v.i. **1.** (continue) ظَلَّ (ـَ) ، دام (يَدُوم) ، اِسْتَمَرَّ
2. (suffice) تَحَمَّلَ ، صَمَدَ (ـُ)
this pair of shoes will last out the term سَيَخْدِمُ زَوْجُ الأحْذِية هذا حَتَّى نِهاية الفَصْل

lasting/ˈlɑstɪŋ/*adj.* دائِم ، باقٍ
lastly/ˈlɑstlɪ/*adv.* أخِيرًا ، خِتامًا ، في النِّهاية
latch/lætʃ/*n.* سَقّاطة الباب ، مِزْلاج ، ضَبّة
latchkey/ˈlætʃki/*n.* مِفْتاحٌ يَرْفَعُ السَّقّاطة (في بابٍ خارِجِيّ غالِبًا)

late/leɪt/*adj.* **1.** (after right time) مُتَأَخِّر
it's rather late in the day to report your loss أَخْشَى أن يَكُونَ الوقتُ قد تأخَّرَ اليَوْمَ للإخْبار عَمّا فَقَدْتَ
2. (far on in period) أواخِرُ فَتْرةٍ ما
the late nineteenth century أواخِرُ القَرْنِ التاسِعَ عَشَر
3. (now dead) المَرْحُوم ، الرّاحِل
the late king المَلِكُ المَغْفُورُ له ، المَلِك الرّاحِل
4. (recent) حَدِيثٌ ، مُسْتَحْدَثٌ
the latest fashion آخِرُ صَيْحة ، أَحْدَثُ طِراز
have you heard the latest? أَسَمِعْتَ آخِرَ الأَخْبار ؟
adv. مُتأخِّرًا

latecomer/ˈleɪtkʌmə(r)/*n.* حَدِيثُ العَهْدِ في
lately/ˈleɪtlɪ/*adv.* أخِيرًا ، حَدِيثًا ، مُنْذُ عَهْدٍ قَرِيبٍ
latent/ˈleɪtənt/*adj.* كامِن ، دَفِين ، مُسْتَتِر ، غَيْرُ ظاهِر
lateral/ˈlætərəl/*adj.* جانِبِيّ ، جَنْبِيّ
latex/ˈleɪteks/*n.* عُصارة أو لَبَن النَّبات (كما في شَجَرِ المَطّاط)
lath/læθ/*n.* لَوْحٌ خَشَبِيّ ضَيِّق رَقِيق يُسْتَعْمَلُ في البِناء ، لاطة
lathe/leɪð/*n.* مِخْرطة (للخَشَب أو للمَعادِن)
lather/ˈlɑðə(r)/*n.* رَغْوة الصّابُون وما إليه ، زَبَدُ عَرَقِ الخَيْل
v.t. & v.i. غَطَّى بِرَغْوة الصّابُون ؛ رَغا ، رَغَّى
Latin/ˈlætɪn/*n. & adj.* اللاتِينِيّة ؛ لاتِينِيّ

latitude/ˈlætɪtjud/*n.*
1. (distance from equator) خَطُّ العَرْض
2. (freedom of choice) مَجالُ الاخْتِيار ، حُرِّيّة التَّفْكِير والتَّصَرُّف
3. (*pl.* region) مِنْطَقة (حَسَبَ قُرْبِها أو بُعْدِها من خَطّ الاسْتِواء)

latter/ˈlætə(r)/*adj.*
1. (more recent) أخِير ، خِتامِيّ ، نِهائِيّ
2. (second of two) الثاني (من شَيْئَيْن مَذْكُورَيْن) ، اللاحِق

latterly/ˈlætəlɪ/*adv.* في نِهاية (فَتْرة) ؛ حَدِيثًا ، مُؤَخَّرًا ، في هَذِه الأيّام
lattice/ˈlætɪs/*n.* تَنْظِيم شَبَكِيّ ، شَبَكِيّة ، شَعْرِيّة ؛ سِياج أو نافِذة على هذا الشَّكْل
laudable/ˈlɔdəbəl/*adj.* جَدِيرٌ بالثَّناء ، مَحْمُود ، حَمِيد
laugh/lɑf/*v.i.* ضَحِكَ (ـَ)
don't laugh at me لا تَسْخَرْ مِنِّي

n. ضَحِكٌ ، ضِحْكٌ ، ضَحْكَةٌ ؛ حادِثة طَرِيفة

laughable/ˈlɑfəbəl/*adj.* مُضْحِك

laughing/ˈlɑfɪŋ/*adj.* ضاحِك

it is no laughing matter هذا أَمْرٌ جِدِّيٌّ ، هذه مَسْأَلة لا مَجالَ فِيها للضَّحِك

laughter/ˈlɑftə(r)/*n.* ضَحِكٌ ، ضِحْكٌ

launch/lɔntʃ/*v.t.* قَذَفَ (ـِ) ، أَطْلَقَ ؛ شَنَّ (هُجُومًا) ؛ أَنْزَلَ سَفِينةً جَدِيدةً إلى الماء

launch a missile أَطْلَقَ قَذِيفةً صارُوخِيَّةً

v.i. also **launch out** بَدَأَ ، اِسْتَهَلَّ

he launched out into a new business بَدَأَ عَمَلًا تِجارِيًّا جَدِيدًا

n. زَوْرَقٌ بُخارِيٌّ ، "لَنْش"

launder/ˈlɔndə(r)/*v.t. & i.* غَسَلَ وَكَوَى المَلابِس ؛ تَحَمَّلَ الغَسْلَ والكَيَّ

launderette/ˈlɔndəˈret/*n.* مَحَلٌّ عامٌّ لِغَسْلِ الثِّياب في غَسّالاتٍ أُوتوماتِيكِيّة

laundress/ˈlɔndres/*n.* عامِلةُ غَسِيلٍ وكَيّ

laundry/ˈlɔndrɪ/*n.* مَغْسَل ، مَحَلٌّ للغَسْلِ والكَيّ ؛ غَسِيل

laurel/ˈlorəl/*n.*

1. (shrub) شَجَرُ الغار ، رَنْد

2. (symbol of victory) إكْلِيلُ غار ، تاجُ النَّصْر ، غار

lava/ˈlɑvə/*n.* الطَّفْح البُرْكانِيّ ، حُمَمٌ بُرْكانِيّة

lavatory/ˈlævətrɪ/*n.* مِرْحاض ، دَوْرة مِياه

lavender/ˈlævəndə(r)/*n.*

1. (*plant*) خُزامَى ، لاوَنْدَه ، خِيرِيّ البَرّ

2. (*colour*) بَنَفْسَجِيّ فاتِح

lavish/ˈlævɪʃ/*adj.* مِعْطاء ، سَخِيّ ، مُسْرِف ؛ وافِر ، غَزِير ؛ مُغْدِق

v.t. أغدق (عَطْفه على) ، غَمَرَه (بالهَدايا)

law/lɔ/*n.*

1. (legal code) قانُون (قَوانِينُ) ، شَرِيعة (شَرائِعُ) ، قاعِدة (قَواعِدُ) ، سُنَّةٌ (سُنَن)

citizens must obey the law عَلَى المُواطِنِين أن يُطِيعُوا القانُون

2. (legal profession) مِهْنة المُحاماة أو القَضاء

she wants to practise law تُرِيدُ أن تُمارِسَ المُحاماة

3. (litigation) إجْراءاتٌ قانُونِيّة

they took the dispute to law أقامُوا الدَّعْوَى عَلَى الخَصْم ، لَجأوا إلى القَضاء

4. (rules of a game) قاعِدة ، أُصُول

football laws قَوانِين لُعْبة كُرَة القَدَم

5. (rule of nature) قانُون (في الفِيزِياء)

the law of gravity قانون الجاذِبِيّة الأرْضِيّة

lawcourt/ˈlɔkɔt/*n.* مَحْكَمة (مَحاكِمُ) ، دارُ القَضاء أو العَدْل

lawful/ˈlɔfəl/*adj.* شَرْعِيّ ، قانُونِيّ ؛ حَلالٌ ، مُباحٌ

lawless/ˈlɔləs/*adj.* مُخالِفٌ للقانُون ؛ لا يَخْضَعُ لِقانُون ، مُتَمَرِّدٌ على السُّلْطة

lawn/lɔn/*n.*

1. (area of grass) أَرْضٌ مَزْرُوعة عُشْبًا يُجَزُّ مِن وَقْتٍ لآخر ، مَرْجة ، خَضِير ، مَخْضَرة

2. (fine linen) نَسِيجٌ كِتّانِيّ ناعِم ، قُماشٌ من التِّيلِ الرَّفِيع

lawn-mower/ˈlɔn-məʊə(r)/*n.* جَزّازةُ عُشْب

lawsuit ˈlɔsut/*n.* دَعْوًى (دَعاوَى) ، قَضِيّة قانُونِيّة (مَدَنِيّة)

lawyer/ˈlɔjə(r)/*n.* مُحامٍ ، مِنْ رِجالِ القانُون

lax/læks/*adj.* مُهْمِلٌ ، غَيْرُ مُدَقِّق ، رَخْوٌ

laxative/ˈlæksətɪv/*n.* (دَواء) مُسْهِل أو مُلَيِّن

laxity/ˈlæksɪtɪ/*n.* تَوانٍ ، تَراخٍ ، رَخاوة

lay[1]/leɪ/*adj.*

1. (not in holy orders) عِلْمانِيّ ، غَيْرُ كَنَسِيّ

2. (amateur) غَيْرُ اخْتِصاصِيّ (في مَيْدانٍ عِلْمِيّ مَثَلًا) ، غَيْرُ مُتَخَصِّص (في حِرْفة)

lay[2]/leɪ/*p.t. of* **lie**[2]

lay[3]/leɪ/(*p.t. & p.p.* **laid**) *v.t.*

1. (place, deposit) وَضَعَ (يَضَعُ) ، حَطَّ (ـُ) ؛ باضَت (تَبِيضُ)

lay the carpet carefully! أُفْرُش البِساطَ بِعِناية

2. (settle)

sprinkle water to lay the dust! رُشَّ الماءَ لِيَرْكُدَ الغُبار

3. (render)

he laid himself open to blame عَرَّضَ نَفْسه لِلَّوْم

4. (arrange)

lay the table أَعِدَّ المائِدة

5. (bet) راهَنَ (عَلَى حُدُوثِ شَيْء)

I'll lay a wager on the result أُراهِنُ عَلَى النَّتِيجة ، أنا مُتأَكِّدٌ مِن النَّتِيجة

6. (*with advs.*)

he laid down the law تَكَلَّمَ بِلَهْجةٍ آمِرةٍ جازِمة ، تَصَرَّفَ وكأنّه صاحِبُ الأَمْرِ والنَّهْي

they laid down their arms أَلْقَوا السِّلاحَ مُسْتَسْلِمِين

lay in provisions إدَّخَرَ المَوادَّ الغِذائِيّة

ten workers were laid off سُرِّحَ عَشْرةُ عُمّال (إبّانَ أَزْمةٍ اقْتِصادِيّة)

the new town is well laid out لَقَد أَحْسَنُوا تَصْمِيمَ المَدِينة الجَدِيدة

don't lay up trouble for yourself لا تَزْرَعْ بُذُورَ المَتاعِب ، لا تُمَهِّدْ لِلمَتاعِبِ طَرِيقًا

lay up the car for the winter خَزَّنَ السَّيّارةَ خِلالَ الشِّتاء (لِوِقايَتِها مِن العَوامِلِ الجَوِّيّة)

she is laid up with flu تُلازِمُ الفِراشَ لإصابَتِها بالإنْفْلُوَنْزا

lay-by/ˋleɪ-baɪ/*n.* فُسْحةُ وُقوف السَّيّارات بجانِبِ الطَّريق العامّ

layer/ˋleɪə(r)/*n.* طَبَقة (مِن طَبَقات الأرْضِ مَثَلاً)

1. (stratum) طَبَقةٌ (مِن طَبَقاتِ الأرْضِ مَثَلاً)

2. (hen) دَجاجة (بَيُوض)

3. (*bot.*) تَرْقيدة ، عُكيس ، تَدْريخة ، داروخ (غُصَيْنٌ يُدفَنُ فَتَنْبُتُ له جُذور)

lazily/ˋleɪzɪlɪ/*adv.* بِكَسَلٍ ، بِتَكاسُل

laziness/ˋleɪzɪnəs/*n.* كَسَلٌ ، خُمولٌ ، تَراخٍ

lazy/ˋleɪzɪ/*adj.* كَسْلان ، كَسُول

lead[1]/led/*n.*

1. (metal) مَعْدِنُ الرَّصاص

2. (graphite) رَصاصُ القَلَم ، غرافيت

lead pencil قَلَمُ رَصاص

3. (*naut.*) ثِقْلٌ مِن الرَّصاص يُسْتَعْمَلُ لِسَبْرِ أعْماقِ البَحْر

lead[2]/lid/(*p.t.* & *p.p.* **led**) *v.t.*

1. (conduct, guide) قادَ (يَقُودُ) ، وَجَّه ، دَلَّ (ـُ) ، أرْشَدَ إلى

2. (direct) تَرأَّسَ ، قادَ (يَقُودُ) ، تَزَعَّمَ

3. (go first) سَبَقَ (ـِ) ، تَصَدَّرَ ، كان في الطَّليعة

4. (spend) أمْضَى

he has led a hard life عاشَ في شَظَفٍ مِنَ العَيْش ، عاشَ حَياةً قاسِية

v.i.

1. (be leader) تَزَعَّمَ ، تَرأَّسَ ، قادَ (يَقُودُ)

2. (go **to**) أدَّى إلى ، أوْصَلَ إلى

all roads lead to Rome هناك وَسائل شَتَّى لِبُلُوغِ الهَدَف ، كلُّ الطُّرُق تُؤدّي إلى الطّاحُون (س)

n. **1.** (example)

follow our lead! تَتَبَّعُوا خُطانا ! اُحْذُوا حَذْوَنا !

2. (leading position) (هُو في) الطَّليعة ، مَكان الصَّدارة ، الأسْبَقيّة

3. (*at cards*) حَقُّ الأوْلَوِيّة في لَعِبِ الوَرَق ، الوَرَقة الأُولَى

4. (leash) مِقْوَدُ (الكَلْب)

5. (*elec.*) سِلْكٌ مُوصِل (كَهْرَباء)

leader/ˋlidə(r)/*n.*

1. (one who leads) زَعيم (زُعماءُ) ، رئيس (رُؤساءُ) ، قائد ، مُرْشِد

2. (*leg.*) المُحامِي الأوَّل عن المُتَّهَم (قضاء)

3. (editorial) المَقالة الإفْتِتاحيّة في صَحيفة

leadership/ˋlidəʃɪp/*n.* قِيادة ، زَعامة ، رِئاسة

leading/ˋlidɪŋ/*adj.* رَئيسيّ

leading article مَقالٌ افْتِتاحيّ في صَحيفة

leading lady البَطَلة ، المُمَثِّلة الرَّئيسيّة في فِيلْمٍ أو مَسْرَحيّة

leading question سُؤالٌ يَسْتَدْرِجُ الشّاهِدَ إلى الجَواب المَطْلوب

leaf/lif/ (*pl.* **leaves**/livz/) *n.*

1. (*of plant*) وَرَقة مِن أوْراق النَّبات

2. (*of book*) وَرَقة مِن كِتاب أو كُرّاسة ، صَفْحة

3. (*of metal*) صَفيحة رَقيقة جِدًّا مِن مَعْدِنٍ (الذَّهَب أو الفِضّة غالبًا)

gold leaf صَفيحة مِن الذَّهَب ، رُقاقة ذَهَب

leaflet/ˋliflət/*n.* صَحيفة ، وُرَيْقة ، نَشْرة (تُوَزَّعُ للإعلانِ عادةً) ، كُرّاسةُ تَعْليمات

leafy/ˋlifɪ/*adj.* مُورِق ، (شَجَرة) كَثيفةُ الأوْراق

league/lig/*n.* عُصْبة ، جامِعة (الأُمَم) ، رابِطة ، اتِّحاد

in league with مُمالِئٌ لِ ، مُتواطِئٌ مَعَ ، مُتَحالِفٌ مَعَ

Football League رابِطة مُحْتَرِفي كُرةِ القَدَم (في إنْكِلْترا)

v.i. league together تَحالَفُوا ، تَرابَطُوا ، تَواطَأُوا ، تَضافَرُوا على

leak/lik/*n.* **1.** (hole) شَقٌّ (شُقوق) ، فُتْحة ، ثَقْبٌ (ثُقوب) (يَتَسَرَّبُ مِنها سائلٌ أو غاز)

2. (escape of fluid) نَزيزٌ ، نَضْحٌ ، تَسَرُّبُ (السّائِلِ أو الغاز)

3. (escape of information) تَفَشّي (السِّرّ) ، تَسَرُّبُ الأخبار (قَبْلَ إعْلانِها)

v.i.

1. (*of fluids*) *also* **leak out** تَسَرَّبَ السّائلُ أو الغازُ (مِنْ إناءٍ مَثَلاً)

2. (*of news*) تَسَرَّبَتِ الأخْبارُ (للصَّحافِيّين)

3. (allow fluid to pass) نَضَحَ (ـَ) ، نَزَّ (ـِ)

the roof leaks تَتَسَرَّبُ المِياهُ مِنَ السَّقْف ، السَّقْفُ يَنِزّ

leaky/ˋlikɪ/*adj.* (إناءٌ) سَرِبٌ تَنْضَحُ مِنْه السَّوائل ، (قارِبٌ) يَتَسَرَّبُ إلَيْه الماء

lean[1]/lin/*adj.*

1. (thin) نَحيف ، نَحيل ، ضامِر

2. (*of meat*) لَحْم (بِلا دُهْن) ، لَحْمٌ أحْمَر (م) ، هَبْر (س ، ع)

3. (scanty) ضَئيل ، شَحيح ، قَليل ، هَزيل

a lean harvest مَحْصُولٌ ضَئيل ، حَصادٌ زَهيد

lean[2]/lin/ *p.t.* & *p.p.* **leaned**/lind/ *or* **leant**/lent/*v.i.* & *t.*

1. (incline) مالَ (يَميلُ) ، انْحَنَى

2. (support oneself **on**) اتَّكَأَ عَلَى (ـَ) ، اسْتَنَدَ إلى

leaning/ˋlinɪŋ/*n.* مَيْلٌ ، اتِّجاهٌ نَحْوَ ، نَزْعَةٌ إلى

leanness/ˋlinnəs/*n.* نُحول ، هُزال ، خُلُوّ اللَّحْمِ مِنَ الدُّهْن

leap/ˋlip/(*p.t.* & *p.p.* **leaped**/ lept/*or* **leapt**/lept/) *v.i.* & *t.* وَثَبَ (يَثِبُ) ، قَفَزَ (ـِ) ، نَطَّ (ـُ)

n. وَثْبة ، قَفْزة ، نَطّة

leap-year/ˋlip-jɜ(r)/*n.* سَنَةٌ كَبيسة (٣٦٦ يومًا)

learn /lɜn/ (*p.t. & p.p.* **learned** / lɜnt / *or* **learnt** /lɜnt/) *v.t. & i.* تَعَلَّمَ ، دَرَسَ (ـُ) ، عَلِمَ (ـَ) ، اِطَّلَعَ على الخَبَر

we learned of his death today بَلَغَنا نَبأُ وَفاتِهِ اليَوْمَ

learned /ˈlɜnɪd/ *adj.* عالِمٌ ، مُثَقَّف ، واسِعُ الاِطِّلاع ، (جَمْعِيَّة) عِلْمِيَّة

learner /ˈlɜnɜ(r)/ *n.* مُتَعَلِّم ، طالِبُ عِلْم ، تِلْمِيذ

learner-driver /ˈlɜnɜ(r)-draɪvə(r)/ *n.* سائِقٌ تَحتَ التَّدْرِيب (لَمْ يَحْصُلْ على إجازةٍ بَعْدُ)

abbr. **L-driver**

learning /ˈlɜnɪŋ/ *n.* تَعَلُّم ، مَعْرِفة ، (تَحْصِيل) العِلْم

lease /lis/ *n.* عَقْدُ إيجار ، مُدّة عَقْدِ الإيجار

v.t. وَقَّعَ عَقْدَ إيجارٍ لِمُدّة مُعَيَّنة

leasehold /ˈlishəʊld/ *n.* حِيازةُ أَرْضٍ لِعَدَدٍ مُعَيَّنٍ مِنَ السِّنِين ، اِسْتِئْجار

leaseholder /ˈlishəʊldə(r)/ *n.* مالِكُ أَرْضٍ لِمُدّةٍ مُحَدَّدة ، حائِزٌ على حَقِّ الاِنْتِفاع ، مُسْتَأْجِر

leash /liʃ/ *n.* رِباطٌ (لِعُنُقِ الكَلْب) ، مِقْوَد

least /list/ *superl. adj. & adv. & n.* الأَقَلّ ، الأَصْغَر ، على أَقَلِّ تَقْدِير

that is the least of my worries هذا آخِرُ ما يُقْلِقُنِي ، هذا أَصْغَرُ هُمُومِي

least said, soonest mended كُلَّما قَلَّ الكلام عَجِلَ الوِئام ، لِسانُك حِصانُك إنْ صُنْتَه صانَك

at least على الأَقَلّ

not in the least كَلّا ! إطْلاقًا ! لا ، أَبَدًا !

leather /ˈleðə(r)/ *n. & adj.* جِلْدٌ ، مَصْنُوعٌ مِنَ الجِلْد

leathery /ˈleðərɪ/ *adj.* كالجِلْد ، (لَحْمٌ) صَعْبُ المَضْغ

leave /liv/ *n.*

1. (permission, holiday) إِذْنٌ ، رُخْصة ، إجازة ، عُطْلة

by your leave عَنْ إِذْنِك ، لَو سَمَحْتَ (لِي)

he took my umbrella without so much as a by your leave اِسْتَعارَ مِظَلَّتي دُونَ أَيِّ اسْتِئْذان

2. (departure) اِنْصِراف

I must take leave of you أَسْتَأْذِنُكَ في الانصِراف ، حانَ مَوْعِدُ انصِرافي

v.t. & i. (*p.t. & pp.* **left**)

1. (go away from) غادَرَ ، اِنْصَرَفَ

the bus left late غادَرَ الأُوتُوبِيسُ (المَحَطّةَ) مُتَأَخِّرًا

2. (abandon) تَرَكَ (ـُ) ، هَجَرَ (ـُ)

3. (allow or cause to remain) أَبْقَى ، تَرَكَ

leave me alone! اُتْرُكْني وَشَأْني ، إِلَيْكَ عَنِّي ، لا تُضايِقْني

it leaves me cold لا يُحَرِّكُ فِيَّ ساكِنًا

4. (bequeath) أَوْصَى بِـ ، تَرَكَ (ـُ)

5. (*with advs.*)

leave off تَخَلَّى عَن ، كَفَّ (ـُ) عَن ، عَدَلَ (ـِ) عَن ، تَوَقَّفَ (المَطَر)

leave out تَرَكَ سَهْوًا أو عَمْدًا ، أَهْمَلَ ، أَغْفَلَ

leave over أَجَّلَ ، أَرْجَأَ

leaven /ˈlevən/ *n.* خَمِيرة ، خَمِير

v.t. خَمَّرَ ، أَضْفَى حَيَوِيّةً على

leavings /ˈlivɪŋz/ *n. pl.* بَقايا ، مُخَلَّفات ، فَضَلات

lecherous /ˈletʃərəs/ *adj.* شَهْوانِيّ ، شَبِقٌ ، غَلِيم ، فاسِق

lecture /ˈlektʃə(r)/ *n.*

1. (discourse) مُحاضَرة

2. (scolding) تَوْبِيخ أو تَعْنِيف مُطَوَّل

v.i. & t. حاضَرَ (في) ، أَلْقَى مُحاضَرة

v.t. عَزَّرَ ، أَنَّبَ

lecturer /ˈlektʃərə(r)/ *n.* مُحاضِر ، مُدَرِّس جامِعِيّ

led /led/ *p.t. & p.p. of* **lead**[2]

ledge /ledʒ/ *n.* حافّةٌ بارِزةٌ ، كَرْفٌ ، طُنُفٌ (أَطْناف)

ledger /ˈledʒə(r)/ *n.* سِجِلُّ الحِسابات الجارِية ، دَفْتَرُ الأُسْتاذ

lee /li/ *n.* سِتْرٌ أو مَأْوًى مِن الرِّيح

lee tide مَدٌّ بَحْرِيٌّ باتِّجاه الرِّيح

leech /litʃ/ *n.* عَلَقةٌ (عَلَقٌ) ، مُسْتَغِلٌّ ، أَعْلَقُ مِنْ قُرادٍ

leek /lik/ *n.* كُرّاث

leer /ˈlɪə(r)/ *n.* نَظْرة خَبِيثة أو ماكِرة

v.i.

he leered at her رَمَقَها بِشَبَقٍ ، نَظَرَ إِلَيْها بِاشْتِهاء

lees /liz/ *n. pl.* (شَرِبَ الكَأْسَ حَتَّى) الثُّمالة ، ثُفْلٌ ، رَواسِب

leeway /ˈliweɪ/ *n.* اِنْحِرافُ السَّفِينةِ مَعَ الرِّيح ، تَراوُحٌ مَسْمُوحٌ بِه ، تَأَخُّرٌ في العَمَل

left[1] /left/ *adj. & adv.* يَسار ، الجِهةُ اليُسْرَى ، (اِنْعَطَفَ) يَسارًا أو صَوْبَ اليَسار

are you left-handed? هَلْ أَنْتَ أَعْسَرُ ؟

the car has a left-hand drive قِيادة السَّيّارة بِمِقْوَدٍ على الجانِبِ الأَيْسَر (عَكْس السَّيّارات في إنكلترا)

n. **1.** (left side) يَسْرٌ ، يُسْرٌ ، يَسار

turn to the left اِتَّجِهْ يَسارًا

2. (*polit.*) الحِزْبُ اليَسارِيّ ، اليَسارِيُّون

a swing to the left اِنْحِرافٌ نَحْوَ اليَسار (في الاِنْتِخابات مَثَلًا)

left[2] /left/ *p.t. & p.p. of* **leave**

leg /leg/ *n.*

1. (limb) رِجْلٌ (أَرْجُل) ، ساقٌ (سِيقان)

2. (joint of meat) فَخِذٌ مِن لَحْم (الضَّأْنِ مَثَلًا)

3. (*of trousers*) رِجْلُ بَنْطَلُون (أو سِرْوال)

4. (*of table*) رِجْلُ مِنْضَدة

legacy /ˈlegəsɪ/ *n.* تُراثٌ ، إِرْثٌ ، تَرِكة

legal /ˈligəl/ *adj.*

1. (of law) قانونيّ ، ذو صِبغةٍ قانونيّة
2. (allowed by law) (طَلَبٌ) مَشروع ، حَلال ، مُحَلَّل ، قانونيّ

legality/liˈgæləti/*n.* شَرعيّة ، قانونيّة (الإجراء)

legalization/ˈligəlaɪˈzeɪʃən/*n.* تَصديقٌ على (تَوقيع) ، مُصادَقة قانونيّة

legalize/ˈligəlaɪz/*v.t.* صادَقَ على مَشروعِ قانون ، أعطَى (الإجراءَ) صِفةً قانونيّة

legate/ˈlegət/*n.* مَندوب أو مُمَثِّل البابا

legation/ləˈgeɪʃən/*n.* مُفَوَّضيّة ، دار المُفَوَّضيّة

legend/ˈledʒənd/*n.*
1. (traditional story) أُسطورة (أساطيرُ)
2. (inscription) كِتابة مَنقوشة على المَسكوكات

legendary/ˈledʒəndrɪ/*adj.* أُسطوريّ

leggings/ˈlegɪŋz/*n. pl.* طُوزلُق (ع) ، طِماق (س) ، لِفافة للساقَين (والقَدَمَين أحيانًا)

legibility/ˈledʒəˈbɪlətɪ/*n.* وُضوحُ الخَطّ

legible/ˈledʒəbəl/*adj.* (خَطٌّ) تَسهُلُ قِراءتُه ، مَقروء ، (كِتابة) واضِحةُ الحُروف

legion/ˈlidʒən/*n.* جَحفَل (جَحافِل) ، حَشدٌ كَبير من الناس ، فَيلَق (فَيالِق) في الجَيش الرومانيّ القَديم

legislate/ˈledʒɪsleɪt/*v.i.* شَرَّعَ ، سَنَّ (ـُـ) ، وَضَعَ قانونًا

legislation/ˈledʒɪsˈleɪʃən/*n.* تَشريع ، مَجموعة القوانين

legislative/ˈledʒɪslətɪv/*adj.* تَشريعيّ

legislator/ˈledʒɪsleɪtə(r)/*n.* مُشَرِّع ، واضِعُ قوانين

legislature/ˈledʒɪslətʃə(r)/*n.* السُّلطة التَّشريعيّة ، هَيئةُ المُشَرِّعين

legitimacy/lɪˈdʒɪtɪməsɪ/*n.* شَرعيّة ، مَشروعيّة (حَقٍّ مَثَلًا)

legitimate/lɪˈdʒɪtɪmət/*adj.*
1. (born in wedlock) وَلَدٌ (شَرعيّ)
2. (lawful) مُطابِق لِمُقتَضَياتِ القانون ، شَرعيّ ، قانونيّ ، مَشروع

legume/ˈlegjum/*n.* الفَصيلة القَرنيّة (نَبات)

leguminous/lɪˈgjumɪnəs/*adj.* مِن النَّباتات القَرنيّة ، قَطانيّات

leisure/ˈleʒə(r)/*n.* (وَقتُ) الفَراغ مِن العَمَل

do this at your leisure اِعمَلْ ذلك في أوقاتِ فَراغِك

leisured/ˈleʒəd/*adj.* (الطَّبَقة) المُنَعَّمة أو المُترَفة

leisurely/ˈleʒəlɪ/*adj.* مُتَمَهِّل ، غَيرُ مُتَعَجِّل ؛ *adv.* على مَهَل ، بِدون عَجَلة

lemon/ˈlemən/*n.*
1. (fruit) (ثَمَرة أو شَجَرة) اللَّيمون (الحامِض)
2. (*colour*) أصفَرُ فاقِع ، لَيمونيّ

lemonade/ˈleməˈneɪd/*n.* شَراب أو عَصير اللَّيمون ، لِيمونادة

lend/lend/(*p.t. & p.p.* **lent**) *v.t.* أعارَ ، سَلَّفَ ، أقرَضَ ، دَيَّنَ ، أدانَ ؛ أضفَى

lend an ear نَصَتَ (ـِـ) لِـ ، أنصَتَ لِـ و إلى

lend a hand قَدَّمَ يَدَ المُساعدة

lend importance to أعارَهُ أهمّيّةً

lending library مَكتَبة لاستِعارة الكُتُب

length/leŋθ/*n.* طُول (أطوال)

at length أخيرًا ، في الخِتام ؛ (تَحَدَّثَ) مُفَصَّلًا

at full length (اِستَلقَى على الأريكة) بِكامِلِ قامَتِه

he kept him at arm's length تَجَنَّبَ الأُلفةَ مَعَه ، تَحَفَّظَ في عَلاقاتِه مَعَهُ

he will go to any lengths لَنْ يَتَوَرَّعَ عَن أيِّ وَسيلةٍ لِـ

a dress length قِطعة قُماشٍ تَكفي لِفُستان

lengthen/ˈleŋθən/*v.t. & i.* طَوَّلَ ، أطالَ ، مَدَّ ، مَدَّدَ ؛ طالَ (يَطولُ)

lengthwise, ~ways/ˈleŋθ-waɪz, ~weɪz/*advs.* بالطُّول ، طُولًا ، طُوليًّا

lengthy/ˈleŋθɪ/*adj.* (خِطاب) مُطَوَّل ، مُسهَب ، مُطنَب

leniency/ˈlinɪənsɪ/*n.* تَسامُحٌ ، لِينٌ

lenient/ˈlinɪənt/*adj.* مُتَساهِل ، مُتَسامِح ، رَفيق

lens/lenz/*n.* عَدَسة (بَصَريّات)

lent/lent/*p.t. & p.p. of* **lend**

Lent/lent/*n.* الصَّومُ الكَبير عِندَ المَسيحيّين ، صِيامُ أربَعينَ يومًا قَبلَ عِيدِ الفِصح

Lenten/ˈlentən/*adj.* مُتَعَلِّقٌ بالصَّومِ الكَبير عِندَ المَسيحيّين

lentil/ˈlentɪl/*n.* عَدَس (مِن البَقليّات)

leopard/ˈlepəd/*n.* نِمر ، نَمِر (نُمور ، أنمُر)

leper/ˈlepə(r)/*n.* أبرَص ، مَجذوم ، أجذَم

leprosy/ˈleprəsɪ/*n.* بَرَصٌ ، جُذام

leprous/ˈleprəs/*adj.* أبرَص ، مَجذوم ، أجذَم

less/les/*comp. adj. & adv. & prep. & n.* أقَلُّ ، أنقَصُ

I have less money than you أنا أقَلُّ مِنكَ مالًا

the less you worry the better it will be كُلَّما قَلَّ هَمُّكَ تَحَسَّنَت حالُك

I don't think any the less of him لا يَقِلُّ ذلك مِن شَأنِه عِندي

he was less hurt than frightened كان أقَلَّ تَضَرُّرًا مِنهُ رُعبًا

that will cost you ten pounds less ten per cent discount سَيُكَلِّفُك ذلك عَشرةَ جُنَيهات مَعَ خَصمِ عَشرةٍ في المِئة

lessee/leˈsi/*n.* المُستأجِر ، المُؤَجَّر له

lessen/ˈlesən/*v.t. & i.* قَلَّلَ ، خَفَّفَ (الوَقعَ) ؛ نَقَصَ (ـُـ) ، قَلَّ (ـِـ)

lesser/ˈlesə(r)/*adj. & n.* أقَلُّ ، أصغَرُ

the lesser of two evils أَهْوَنُ الشَّرَّيْن ، أَخَفُّ الضَّرَرَيْن

lesson/ˈlesən/*n.*

1. (instruction) دَرْسٌ (دُرُوس) ، حِصّة مَدْرَسِيّة

2. (corrective experience) (جَعَلَ مِنْه) عِبْرَةً ، أُمْثُولة ، مَوْعِظة

let this be a lesson to you فَلْتَكُنْ هذه عِظَةً لَكَ

3. (Bible reading) نَصٌّ مِن الكِتاب المُقَدَّس يُتْلَى في الكَنِيسة

lessor/leˈsɔ(r)/*n.* المُؤَجِّر (بِمُوجِبِ عَقْد)

lest/lest/*conj.* (أَسْرَعَ) لِئَلّا (يَفُوتَهُ القِطار) ، خَشْيَةَ أَنْ ، مَخافَةَ أَنْ ، كَيْ لا ، حَتَّى لا

let/let/*n.*

1. (*leg.*) عائِق (عَوائق)

without let or hindrance مِنْ غَيْر مانِع ولا حائل ، دُونَ أَنْ يَعُوقَه عائِق

2. (*tennis*) ضَرْبةُ إرسالٍ في لُعْبَةِ التَّنِس تَمَسُّ فيها الكُرَةُ الحافةَ العُلْيا للشَّبَكة

3. (*coll.* lease) عَقْدُ إيجارِ مَنْزِل

v.t.

1. (rent) أَجَّرَ

have you a room to let? هَلْ لَدَيْكُم غُرفة للإيجار ؟

2. (leave) تَرَكَ (ـُ)

let me alone أُتْرُكْنِي وَشَأْنِي

it was such a let down كانَت الخَيْبةُ عَظِيمة

3. (allow, enable) أَذِنَ (ـَ) ، أَجازَ ، سَمَحَ (ـَ) له بِ

he let fall a hint نَدَّت عَنْه إيماءَة خَفِيّة

let it pass! ما فاتَ ماتَ ! يا الله مَعْلِيش !

just let him try! الوَيْلُ له إنْ فَعَلَ ذلك !

let go! أُتْرُكْ (مِن يَدِك) !

he let himself go أَطْلَقَ لِنَفْسِه العِنان ، تَحَدَّثَ بِدُون تَحَفُّظ

4. (*with advs.*)

the child can't even walk, let alone run الطِّفْلُ لا يَسْتَطِيعُ المَشْيَ ناهِيكَ عَنِ الجَرْي

she let her hair down (*lit.* & *fig.*) أَسْدَلَتْ شَعْرَها ، باحَتْ بِمَكْنُون صَدْرِها

he let the tyres down أَفْرَغَ إطاراتِ (السَّيّارة) مِنَ الهَواء ، نَفَّسَها

he has let us down خَذَلَنا ، تَخَلَّى عَنّا

let me in! اِسْمَحْ لي بالدُّخُول

he has let himself in for a lot of trouble جَرَّ عَلَى نَفْسِه المَتاعِب

don't let on that you know! (*coll.*) لا تُظْهِرْ عِلْمَكَ بالقَضِيّة

he was let off with a fine أُطْلِقَ سَراحُه بَعْدَ تَغْرِيمِه

he let the cat out of the bag أَفْشَى بالسِّرّ

he was let out of school early سُمِحَ له بالانْصِرافِ مِنَ المَدْرَسة مُبَكِّرًا

let the waist out, it is too tight! وَسِّعِي خَصْرَ الفُسْتان فَهُوَ ضَيِّق

don't let up, keep running! لا تَتَوانَ بَل اسْتَمِرَّ في الرَّكْض

if only this pain would let up (*coll*). لَيْتَ حِدّةَ الأَلَم تَخِفّ !

lethal/ˈliθəl/*adj.* مُمِيت ، قاتِل ، (سُمّ) زُعاف ، (ضَربة) قاضِية

lethargic/lɪˈθɑdʒɪk/*adj.* سُباتِيّ ، بَطِيءُ وثَقِيلُ الحَرَكة ، كَسُول ، خَمُول

lethargy/ˈleθədʒɪ/*n.* سُباتٌ ، خُمُول

let's/lets/*coll. contr. of* **let us**

letter/ˈletə(r)/*n.*

1. (of alphabet) حَرْف (أَبْجَدِيّ) (أَحْرُف ، حُرُوف)

2. (written message) رِسالة ، مَكْتُوب ، خِطاب

3. (*pl.* literature) أَدَب (آداب) ، (كُلِّيّة) الآداب

letter-box/ˈletə-bɒks/*n.* صُنْدُوقُ البَرِيد ، صُنْدُوق الرَّسائل

letter-card/ˈletə-kɑd/*n.* بِطاقة مَظْرُوفة ، بِطاقة بَرِيد تُطْوَى وتُلْصَق حافاتُها

lettering/ˈletərɪŋ/*n.* تَشْكِيلُ الحُرُوف المُسْتَعْمَلة وَحَجْمُها (الرُّومانِيّة عادة)

lettuce/ˈletɪs/*n.* خَسّ

let-up/ˈlet-ʌp/*n.* تَلَطُّفُ (الجَوّ) ، (اِشْتَغَلْتُ طَوالَ اليَوْمِ بِلا) انْقِطاع

level/ˈlevəl/*n.* مُسْتَوًى ، مَنْسُوبُ الماء

sea level مُسْتَوَى البَحْر

adj. **1.** (flat) مُسَطَّح ، سَهْل ، مُنْبَسِط ، مُسْتَوٍ

level crossing مَزْلَقان ، تَقاطُعُ خَطٍّ حَدِيدِيّ مَعَ طَرِيقِ السَّيّارات

2. (equal) مُتَعادِل ، مُتَكافِئ

he did his level best بَذَلَ قُصاراه ، لَمْ يَأْلُ جُهْدًا

3. (equable) *as in* **level-headed** مُتَّزِن ، رابِطُ الجَأْش

v.t. **1.** (make even) سَوَّى (الأَرْض) ، مَهَّدَ (الطَّرِيق)

2. (aim **at**) سَدَّدَ أو صَوَّبَ (نَحْوَ)

don't level that gun at me لا تُصَوِّب البُنْدُقِيّة إلَيَّ

lever/ˈlivə(r)/*n.* رافِعة (رَوافِعُ) ، ذِراع ، مُخْلٌ ، عَتَلةُ حَدِيد

v.t. رَفَعَ (ـَ) ، حَرَّكَ (بِاسْتِعْمالِ رافِعة أو ذِراع)

leverage/ˈlivərɪdʒ/*n.* القُدْرةُ الذِّراعِيّة ، الفائِدة المِيكانِيكِيّة المُكْتَسَبة مِن اسْتِعْمال رافِعة ، فِعْلُ المُخْل

levity/ˈlevɪtɪ/*n.* عَبَث ، مَرَح وطَيْش (في مَوْقِف جِدّيّ)

levy/ˈlevɪ/*n.*
1. (*of money*) ضَرِيبة يَفرِضُها الحاكِمُ أو الحُكُومة ، ضَرِيبة جِبائِيّة
2. (*of men*) عَدَدُ الجُنود المُجَنَّدين (إجْبارِيًّا)
v.t. & i. جَبَى (يَجْبِي) ، فَرَضَ (ـِ) أو حَصَّلَ ضَرِيبة
levy an army جَنَّدَ جَيْشًا
lewd/lud/*adj.* داعِر ، فاسِق ، خَلِيع ، فاجِر
lexicographer/ˈleksɪˈkogrəfə(r)/*n.* واضِعُ مُعْجَمات أو قَوامِيس
lexicography/ˈleksɪˈkogrəfɪ/*n.* المُعْجَمِيّة ، مِهْنة وَضْعِ القَوامِيس أو تَأْلِيف المَعاجِم
lexicon/ˈleksɪkən/*n.* قامُوس ، مُعْجَم (لِلُّغات القَدِيمة)
liability/ˈlaɪəˈbɪlətɪ/*n.*
1. (*leg.*) مَسْؤُولِيّة قانُونِيّة ، قابِلِيّة لِ ، خُضُوع أو تَعَرُّض لِ
2. (*pl.* debts) دُيُون ، ما عَلَيْه
liable/ˈlaɪəbəl/*adj.*
1. (answerable **for**) مَسْؤُولٌ عَنْ ، كَفِيلٌ بِ
2. (subject **to**) مُعَرَّض أو عُرْضة لِ
3. (likely **to**) مائِل إلى ، يَنْزِعُ إلى ، مِنْ طَبِيعَتِهِ أنْ
liaison/lɪˈeɪzən/*n.*
1. (communication link) (ضابِط) ارْتِباط (بَيْنَ هَيْئَتَيْن)
2. (love affair) عَلاقة غَرامِيّة
liar/ˈlaɪə(r)/*n.* كاذِب ، كَذّاب ، أفّاك
libel/ˈlaɪbəl/*n.* طَعْنٌ ، قَذْفٌ عَلَنِيّ ، تَشْهِيرٌ لِسُمْعة فُلان
v.t.
1. (defame) طَعَنَ في كَرامَتِه ، شَهَّرَهُ
2. (misrepresent) اِفْتَرَى عَلَيْه ، اِتَّهَمَهُ كَذِبًا
libellous/ˈlaɪbələs/*adj.* تَشْهِيرِيّ ، قَذْفِيّ ، تَجْرِيحِيّ ، اِفْتِرائِيّ
liberal/ˈlɪbərəl/*adj.*
1. (generous) كَرِيم ، سَخِيّ ، (مِقْدار) وافِر
2. (broad-minded) مُتَسامِح ، مُتَحَرِّرُ الفِكْر ، غَيْرُ مُتَعَصِّب ولا مُتَزَمِّت
3. (broadening the mind) كُلُّ ما يُوَسِّعُ أُفُقَ التَّفْكِير
liberal studies دِراسات ثَقافِيّة حُرّة
4. (reformist) (مَذاهِب وأفْكار) تَقَدُّمِيّة إصْلاحِيّة
5. (*polit.*) لِيبَرالِيّ (تَعْبِير سِياسِيّ) ، (حِزْب) الأحْرار
liberate/ˈlɪbəreɪt/*v.t.* حَرَّرَ ، أعْتَقَ ، أطْلَقَ سَراحَه
liberation/ˈlɪbəˈreɪʃən/*n. abbr.* **lib** تَحْرِير ، عَتْق ، إطْلاق
women's lib. حَرَكة تَحْرِير المَرْأة
liberator/ˈlɪbəreɪtə(r)/*n.* مُحَرِّر
liberty/ˈlɪbətɪ/*n.*
1. (freedom from constraint) حُرِّيّة
2. (freedom of choice) حُرِّيّة الاِخْتِيار
3. (*used with* **take**) تَجاوَزَ حُدُودَ اللِّياقة ، رَفَعَ التَّكْلِيفَ مَعَ
may I take the liberty of reminding you to . . . هَلْ لِي أنْ أُذَكِّرَكُم بِ ؟
you must stop taking liberties with young women أقْلِعْ عَنْ عادة التَّبَسُّط المُبْتَذَل مَعَ الشّابّات
librarian/laɪˈbreərɪən/*n.* أمِين أو قَيِّمُ مَكْتَبة
librarianship/laɪˈbreərɪənʃɪp/*n.* مِهْنة إدارة المَكْتَبات ، أمانة المَكْتَبة
library/ˈlaɪbrərɪ/*n.*
1. (collection of books) مَكْتَبة (مَجْمُوعة كُتُب) ، سِلْسِلَةُ كُتُب
2. (building) مَكْتَبة ، دارُ كُتُب
libretto/lɪˈbretəʊ/*n.* نَصُّ كَلِمات الأوبِرا
lice/laɪs/*pl. of* **louse**
licence/ˈlaɪsəns/*n.*
1. (authorization) تَرْخِيص ، تَصْرِيح رَسْمِيّ ، إجازة ، رُخْصة ، بَراءة
driving licence رُخْصة سِياقة ، إجازة سِياقة ، شَهادة سَوْق
2. (dispensation) إعْفاء مِن القُيود أو الشُّروط المَفْرُوضة
3. (abuse of freedom) تَصَرُّفات لا نِظامِيّة ، سُلُوك فَوْضَوِيّ
license/ˈlaɪsəns/*v.t.* أذِنَ (ـَ) ، رَخَّصَ ، صَرَّحَ له
licensed premises مَحَلٌّ مُرَخَّصٌ له بَيْعُ المَشْرُوبات الرُّوحِيّة
licensee/ˈlaɪsənˈsi/*n.* صاحِبُ حانة مُرَخَّصٌ له بَيْعُ الخُمُور
licentiate/laɪˈsenʃɪət/*n.* حامِلُ دَرَجة عِلْمِيّة (في مِهْنة) ، مُجازٌ (في الحُقُوق مَثَلًا)
licentious/laɪˈsenʃəs/*adj.* فاجِر ، ماجِن ، إباحِيّ ، خَلِيع ، فاسِق
lichen/ˈlaɪkən/*n.* أُشْنة ، حَزاز ، حَزازُ الصَّخْر
lick/lɪk/*v.t.*
1. (pass tongue over) لَعِقَ (ـَ) ، لَحَسَ (ـَ) ، وَلَغَ (يَلَغُ)
lick into shape دَرَّبَ ، أهَّلَ (فلانًا) لِحِرْفة ، وَضَّبه في المِهْنة (م) ، مَدَّنَ رَجُلًا فَظًّا
2. (*sl.* beat) تَغَلَّبَ عَلَيْه بِسُهُولة ، أعْطاه عَلْقة
n. 1. (act of licking) لَعْق ، لَحْس
2. (small quantity) مِقْدارٌ ضَئِيلٌ مِن ، قَلِيلٌ مِن ، لَحْسة
a lick and a promise غَسْلة سَرِيعة لِلوَجْه مَثَلًا ، شَطْفة ، تَنْظِيف سَرِيع غَيْرُ مُتْقَن
lid/lɪd/*n.* غِطاء (وِعاء أو صُنْدُوق)
lie[1]/laɪ/*n.* & (*p.t.* & *p.p.* **lied**/laɪd/) *v.i.* كَذَبَ (ـِ) ، اِفْتَرَى ، أفَكَ (ـِ) ، أفِكَ (ـَ)

lie[2]/laɪ/(*p.t.* **lay**/leɪ/*p.p.* **lain**/leɪn) *v.i.* اِضْطَجَعَ ، اِسْتَلْقَى (على ظَهْرِه)

the machinery is lying idle الآلات مُتَوَقِّفة عن العَمَل

here lies . . . "هُنا يَرْقُد . . ." أو "هذا ضَرِيح" (وهو يُكْتَب على شاهِد قَبْر)

(*with advs.*)

don't take insults lying down لا تُذْعِن للإهانة ! لا تَقْبَل الضَّيْم !

lie in wait تَرَبَّصَ (بالعَدُوّ) ، تَرَصَّدَ له

lie low اِسْتَتَرَ ، تَوارَى (عن الأنْظار)

lie up لَزِمَ فِراشَه (لِوَعْكة أصابَتْه)

n. الاِتِّجاهُ الذي يَتَّخِذُه الشَّيْء (المُلْقَى على الأرض) ؛ وَضْعُ أَمْرٍ أو حالَتُه

the lie of the land (اِسْتَقْصَى) المَوْقِف ، (اِسْتَكْشَفَ) طَبِيعَةَ المَكان

lieutenant/lef'tenənt/*n.*

1. (*rank*) مُلازِم أوّل (جَيْش) ، نَقِيب (بَحْرِيّة)

2. (deputy) نائِب ، (مُوَظَّف يَقُوم مَقامَ رَئِيسِه في غِيابه)

life/laɪf/*n.*

1. (living state) حَياة

2. (living things) كائنات حَيّة

3. (lifetime) فَتْرَةُ العُمْر

he spent his whole life in Baghdad أَمْضَى حَياتَه كُلَّها في بَغْداد

4. (way of living) طَرِيقة العَيْش ، أُسْلُوبُ المَعِيشة

5. (liveliness) حَيَوِيّة ، نَشاط

6. (biography) سِيرة ، تَرْجَمة (حَياة)

life-belt/'laɪf-belt/*n.* طَوْقُ الإنْقاذ أو حِزامُ النَّجاة (مِن الغَرَق)

life-boat/'laɪf-bəʊt/*n.* قارِب النَّجاة ، زَوْرَق الإنْقاذ

life-jacket/'laɪf-dʒækət/*n.* صِدارُ النَّجاة (مِنَ الغَرَق)

lifeless/'laɪfləs/*adj.* لا حَياةَ فيه ، مَيِّت ، مَيْت

lifelike/'laɪflaɪk/*adj.* (صُورة) ناطِقة وَحَيّة ، طِبْقَ الأَصْل

lifelong/'laɪflɒŋ/*adj.* (رَفِيق) العُمْر ، (صَدِيق) مَدَى الحَياة

lifetime/'laɪftaɪm/*n.* مَدَى الحَياة ، عُمْر

lift/lɪft/*v.t.*

1. (raise) رَفَعَ (ــَ) ، أقامَ ، اِلْتَقَطَ (شَيْئًا مِن الأرض)

2. (dig up) اِقْتَلَعَ (الجَزَر أو اللِّفْت وسِواهُما)

lift the potatoes اِسْتَخْرَجَ البَطاطِس مِنَ الأرض

3. (*coll.* steal) نَشَلَ (ــُ) ، سَرَقَ (ــِ)

v.i. اِرْتَفَعَ

the mist began to lift أَخَذَ الضَّبابُ يَنْجَلِي

n. 1. (encouragement) رَفْعٌ لِلمَعْنَوِيّات

2. (ride) رُكُوب ، تَوْصِيلٌ بالسَّيّارة (مِن صَدِيقٍ مَثَلًا)

3. (elevator) مِصْعَد (كَهْرَبائِيّ)

ligament/'lɪgəmənt/*n.* رِباط ، نَسِيج رابِط مِفْصَلِيّ

light/laɪt/*n.*

1. (illumination) ضَوْء (أَضْواء) ، نُور (أَنْوار)

at first light عِنْدَ انْبِلاجِ الفَجْر

2. (knowledge) مَعْرِفة

bring to light أزاحَ السِّتارَ عن حَقائقَ مَجْهُولة

3. (flame) وَسِيلة للإشْعال

give me a light, please أَوْلِعْ لي (السِّيجارة) رَجاءً

4. (source of light) مَصْدَرُ إنارة

turn the light off أَطْفِئ النُّور

adj. 1. (not dark) مُضاء ، غَيْرُ مُعْتِم

2. (pale) (لَوْن) فاتِح

3. (not heavy) خَفِيف (الوَزْن)

4. (gentle) رَقِيق ، لَطِيف ، خَفِيف

5. (not serious) طَفِيف ، غَيْرُ جادّ

a light attack of flu وَعْكة خَفِيفة بالإنْفْلُونْزا

adv. بِخِفّة

v.t. (*p.t. & p.p.* **lit** *or* **lighted**)

1. (cause to burn) أَشْعَلَ ، أَوْقَدَ نارًا

2. (illuminate) أَضاءَ ، أَنارَ ، نَوَّرَ

v.i.

1. (alight) هَبَطَ (ــِ) ، نَزَلَ (ــِ) (على قَدَمَيْه)

2. (begin burning) اِتَّقَدَ ، اِشْتَعَلَ ، اِضْطَرَمَ

3. (*fig.*) *usu.* **light up** لَمَعَ (ــَ) ، أَشْرَقَ ، تَهَلَّلَ (وَجْهُه) ، سَطَعَ (ــَ)

his face lit up with pleasure تَهَلَّلَ وَجْهُه سُرُورًا

4. (come **on/ upon**) عَثَرَ (ــُ) على ، وَجَدَ أو لَقِيَ شَيْئًا عَرَضًا

his eyes lit on the missing jewel وَقَعَتْ عَيْناهُ على الجَوْهَرةِ المَفْقُودة فَجْأةً

lighten/'laɪtən/*v.t.*

1. (make brighter) أنارَ ، نَوَّرَ ، جَعَلَ اللَّوْنَ أَفْتَحَ مِمّا كان

2. (make less heavy) خَفَّفَ مِن ثِقَلِ شَيْءٍ ما ، خَفَّفَ مِن وَطْأة

v.i. أَشْرَقَ ، اِبْتَهَجَ أو اِنْشَرَحَ (صَدْرُها عِنْدَ سَماعِ الخَبَر)

lighter/'laɪtə(r)/*n.*

1. (person or thing that lights) مُشْعِل ، وَلّاعة ، قَدّاحة

2. (boat) صَنْدَل ، ماعُونة (م) (نَوْعٌ مِنَ القَوارِب)

lighthouse/'laɪthaʊs/*n.* مَنار (مَنائِر) ، مَنارة ، فَنار (فَنارات)

lighting/'laɪtɪŋ/*n.* إضاءة ، إنارة

lighting-up time الوَقْت الإلْزامِيّ لإشْعالِ أَنْوارِ السَّيّارات

lightly/'laɪtlɪ/*adv.*

1. (not heavily) بِخِفّة

2. (gently) بِلُطْف ، بِرِقّة

3. (casually) بِاسْتِخْفاف ، بِلا تَرَوٍّ

4. (without severe penalty) بِرِفْق ، بِلا صَرامة

he got off lightly لَمْ يُعاقَب بِصَرامة ، نَجا بِعُقُوبة خَفِيفة

lightning/ˈlaɪtnɪŋ/*n.* بَرْقٌ (بُرُوق)

lightning conductor مانِعة صَواعِق

lights/laɪts/*n. pl.* الرِّئتان (وَلا سِيَّما لِحَيَوانٍ ذَبِيح) ، مِعْلاق أحْمَر (س)

like/laɪk/*adj.*

1. (similar) شَبِيه ، مُماثِل ، مُشابِه

the twins are as like as two peas التَّوْأمان مُتَشابِهان تَمامًا ، فُولة وانْقَسَمَت !

2. (likely to) الظّاهِر أنَّ ، مِنَ المُحْتَمَل أنَّ

the drought looks like lasting يَبْدُو أنَّ الجَفافَ سَيَسْتَمِرّ

prep.

this is nothing like as good هذا دُونَ ذاك جَوْدةً بِمَراحِل

don't talk like that! لا تَتَكَلَّم بِهذا الأُسْلُوب

n.

1. (counterpart) مَثِيل ، نَظِير (نُظَراءُ) ، شَبِيه ، نَمَط

we shall not see his like again لَنْ تَجِيءَ الأَيّامُ بِمِثْلِه

2. (*pl.* preferences) رَغَبات

likes and dislikes مُحَبَّبات وَمَكْرُوهات ، ما يُحِبُّه المَرْءُ وما يَكْرَهُه

v.t. & i. **1.** (be fond of) أَحَبَّ ، اسْتَطابَ

2. (wish) أرادَ ، وَدَّ (ـَ) ، رَغِبَ (ـَ) في

I should like to see her بِوُدِّي أنْ أراها

3. (*coll.* agree with) يَسْهُلُ هَضْمُه

I like onions but they don't like me البَصَل يُؤْذِينِي رَغْمَ حُبِّي له

likeable/ˈlaɪkəbəl/*adj.* مَحْبُوب ، حُلْوُ المَعْشَر ، خَفِيفُ الدَّم ، لَطِيف

likelihood/ˈlaɪklɪhʊd/*n.* إمْكانِيّة ، احْتِمال ، (عَلَى) الأَرْجَح

likely/ˈlaɪklɪ/*adj.*

1. (probable) مُحْتَمَلٌ ، مُتَوَقَّعٌ

the likely result النَّتِيجة المُتَوَقَّعة

2. (promising) مُبَشِّرٌ بالخَيْر

a likely young fellow شابٌّ ذُو مُسْتَقْبَل

liken/ˈlaɪkən/*v.t.* قارَنَ بَيْنَهُما ، شَبَّه بـ

likeness/ˈlaɪknəs/*n.* تَشابُهٌ ، تَماثُلٌ ، صُورةٌ

his portrait is a speaking likeness صُورَتُهُ الزَّيْتِيّة نُسْخة حَيّة مِنْه

likewise/ˈlaɪkwaɪz/*adv.* عَلَى نَفْسِ النَّمَط ، أيْضًا ،

& conj. كَذلك ، إضافةً إلى ذلك

liking/ˈlaɪkɪŋ/*n.* مَيْلٌ إلى ، رَغْبةٌ في

lilac/ˈlaɪlək/*n.* (زَهْرُ) اللَّيْلَك ، لَيْلَكٌ ، لَيْلَجٌ

a lilac dress فُسْتانٌ لَيْلَكِيُّ اللَّوْن

lily/ˈlɪlɪ/*n.* (زَهْرُ) الزَّنْبَق

paint/ gild the lily بالَغَ في تَزْوِيقِ شَيْءٍ (فأفْسَدَه)

limb/lɪm/*n.*

1. (*anat.*) طَرَفٌ (مِن أطْرافِ الجِسْم) ، عُضْوٌ (أعْضاء)

2. (bough of tree) غُصْنٌ (أغْصان) الشَّجَرة

limbo/ˈlɪmbo/*n.* اليَمْبُوس ، مَكان الأرْواح الصّالحة التي لا تَدْخُلُ الجَنّة ؛ عالَمُ النِّسْيان ؛ سِجْن ، حَبْس

lime/laɪm/*n.*

1. (calcium oxide) جِير ، كِلْس ، أُوكْسِيدُ الكَلْسِيُوم

2. (*fruit*) لَيْمون مالح ، لَيْمون مِصْري ، بَنْزَهِير (م)

lime-juice عَصِير البَنْزَهِير

3. (*tree*) شَجَرة الزَّيْزَفُون

limelight/ˈlaɪmlaɪt/*n.* أضْواء خَشَبة المَسْرَح (قَبْلَ اسْتِعْمال الكَهْرَباء)

in the limelight وَسْطَ بَرِيقِ المُجْتَمَع ، مُعَرَّضٌ للأنْظار

limerick/ˈlɪmərɪk/*n.* شِعْرٌ رَكِيك يَحْكِي قِصّةً هَزْلِيّةً عادةً

limit/ˈlɪmɪt/*v.t.* حَدَّدَ ، قَيَّدَ ، قَصَرَ (ـُ)

n. حَدٌّ (حُدُود) ، تُخْم

that's the limit (*coll.*) تَجاوَزْتَ الحَدَّ ! يا لَلْجَراءة ! زِدْتَها كْتِير (س) !

limitation/ˈlɪmɪˈteɪʃən/*n.* تَحْدِيدٌ ، حَصْرٌ ، قَصْرٌ

he knows his own limitations يُدْرِكُ حُدُودَ إمْكاناتِه ، مُدْرِكٌ لِمَواطِنِ ضَعْفِه

limited/ˈlɪmɪtɪd/*adj.* مَحْدُود ، مَحْصُور ، مُقَيَّد

limited company (*abbr.* **Co. Ltd.**) شَرِكة ذاتُ مَسْؤُولِيّة مَحْدُودة

limousine/ˈlɪməzin/*n.* سَيّارة مُتْرَفة ذاتُ حاجِزٍ زُجاجِيٍّ خَلْفَ السّائق

limp/lɪmp/*v.i.* عَرَجَ (ـُ) ، ظَلَعَ (ـَ)

n. مِشْيةٌ عَرْجاء ، ظَلْعٌ

adj. رَخْوٌ ، مُرْتَخٍ ، غَيْرُ صُلْب

limpet/ˈlɪmpɪt/*n.* حَيَوانٌ صَدَفِيٌّ يَلْتَصِقُ بالصُّخُور

limpid/ˈlɪmpɪd/*adj.* شَفّاف ، صافٍ ، (ماءٌ) قَراح ، رائق

line/laɪn/*n.*

1. (cord, wire) حَبْل ، خَيْط ، سِلْك (أسْلاك)

2. (telephone) خَطٌّ أو سِلْكٌ تِلِفُونِيٌّ

hold the line please! خَلِّيك عَلَى الخَطّ مِنْ فَضْلك ، لا تُقْفِل السِّكّة

3. (long narrow mark) خَطٌّ (عَلَى الوَرَق)

4. (row) صَفٌّ (صُفُوف) ، سَطْرٌ (سُطُور)

front line الجَبْهة ، خَطُّ المُجابَهة

5. (direction, track) اِتِّجاه ، طَرِيق
he is on the right lines يَنْهَجُ نَهْجًا صَحِيحًا ، هُو على مَحَجَّة الصَّواب
in line with your suggestion وَفْقَ اقْتِراحِك
6. (transport company) خطٌّ (جَوِّيّ ، بَرِّيّ ، بَحْرِيّ)
7. (horizontal section of page) سَطْرٌ (سُطُور)
he read between the lines اِسْتَشَفَّ المَعْنَى الكامِن ، قَرَأَ بَيْنَ السُّطُور
8. (lineage) سُلالة ، نَسَبٌ ، أَصْلٌ ، أُرُومة
9. (sphere of action) مَجالُ العَمَل ، مِهْنة
what's your line? ما عَمَلُك ؟ ما حِرْفَتُك ؟
10. (brand of goods) صِنْفٌ مِنَ البَضائع
a best selling line صِنْفٌ مِن أَرْوَج البَضائع
v.t. 1. (mark with lines) خَطَّطَ ، سَطَّرَ ، غَضَّنَ
2. (border) وَضَعَ أو صَفَّ (ـُ) (عَلَى جانِبَي الطَّرِيق مَثَلًا)
3. (cover inner surface) بَطَّنَ ، غَطَّى مِن الدّاخِل
4. (draw up in line) صَفَّ (ـُ) ، نَظَّمَ في صُفُوف ، نَضَّدَ ؛ اِصْطَفَّ
also v.i.

lineage/ˈlɪnɪɪdʒ/*n.* سُلالة ، نَسَبٌ ، أَصْلٌ ، نَسْلٌ ، أُرُومة
lineal/ˈlɪnɪəl/*adj.* مُنْحَدِرٌ مُباشَرَةً مِن سُلالة فُلان ؛ عَلَى هَيْئة خَطّ
linear/ˈlɪnɪə(r)/*adj.* خَطِّيّ ، (مُعادَلة) خَطِّيّة ؛ طُولِيّ ، (مِقْياس) أَطْوال
linen/ˈlɪnɪn/*n.*
1. (material) *also adj.* كَتّان ، تِيل ، (نَسِيج) كَتّانِيّ
2. (tablecloths, sheets) بَياضات وَمَلابِس داخِلِيّة ، مُلاءات ، شَراشِف
liner/ˈlaɪnə(r)/*n.* باخِرة رُكّاب ، طائرة عابرة مُحِيطات
linesman/ˈlaɪnzmən/*n.* مُراقِب الخُطوط في أَلْعاب الكُرة ؛ عامِل خُطوط سِكّة الحَدِيد
line-up/ˈlaɪn-ʌp/*n.* وُقوفُ أَفْرادٍ في صَفٍّ (بأَمْر البُولِيس مَثَلًا)
linger/ˈlɪŋgə(r)/*v.i.* تَباطَأَ ، تَسَكَّعَ ، تَلَكَّأَ
lingerie/ˈlænʒərɪ/*n.* ثِيابُ النِّساء الدّاخِلِيّة
lingua franca/ˈlɪŋgwə ˈfræŋkə/*n.* لُغة مُشْتَرَكة للتَّفاهُم ، لُغة مُشْتَرَكة تُسْتَخْدَم في مَوانِئ البَحْر المُتَوَسِّط
linguist/ˈlɪŋgwɪst/*n.* مُتْقِنٌ لِعِدّة لُغات ؛ مُخْتَصٌّ في اللُّغَوِيّات
linguistic/lɪŋˈgwɪstɪk/*adj.* لُغَوِيّ
linguistics/lɪŋˈgwɪstɪks/*n. pl.* عِلْمُ اللُّغَوِيّات
liniment/ˈlɪnɪmənt/*n.* مَرُوخ (لِلتَّدْلِيك)
lining/ˈlaɪnɪŋ/*n.* بِطانة ، تَبْطِين
link/lɪŋk/*n.*
1. (unit of chain) حَلْقة في سِلْسِلة
2. (fastener) زِرٌّ (لأَكْمام القَمِيص مَثَلًا)
3. (connection) وُصْلة ، حَلْقةُ اتِّصال
4. (*pl.* golf course) مَلْعَب أو مَيْدان غُولْف
v.t. & i. وَصَلَ (يَصِلُ) ، رَبَطَ (ـُ) ، اِتَّصَلَ ، اِرْتَبَطَ
linoleum/lɪˈnəʊlɪəm/*n.* مُشَمَّعُ الأَرْضِيّة
abbr. **lino**/ˈlaɪnəʊ/
linotype/ˈlaɪnəʊtaɪp/*n.* لاينُوتايْب ، آلةُ طِباعة تَصُفُّ الحُروفَ المَسْبُوكةَ سَطْرًا سَطْرًا
linseed/ˈlɪnsid/*n.* بَذْر الكَتّان
linseed oil زَيْتُ بَذْر الكَتّان ، زَيْتٌ حارٌّ (م)
lint/lɪnt/*n.* نَسِيجٌ كَتّانِيٌّ رَقِيق لِتَضْمِيدِ الجُرُوح
lion/ˈlaɪən/(*fem.* **lioness**) *n.* أَسَدٌ (أُسُود ، أُسْدٌ) ، سَبُعٌ (سِباع) ، لَيْثٌ (لُيُوث)
lionize/ˈlaɪənaɪz/*v.t.* أَفْرَطَ في تَفْخِيم شَخْص عَلانِيةً
lip/lɪp/*n.*
1. (*anat.*) شَفَةٌ (شِفاهٌ)
2. (edge) حافّة
3. (*sl.* impudence) وَقاحة ، قِلّةُ أَدَب
lip-read/ˈlɪp-rid/*v.i. & t.* قَرَأَ (الأَصَمُّ) بِمُلاحَظةِ حَرَكاتِ الشَّفَتَيْن
lipstick/ˈlɪpstɪk/*n.* أَحْمَرُ شِفاهٍ ، إِصْبَعُ أَحْمَرِ الشِّفاه
liquefy/ˈlɪkwɪfaɪ/*v.t. & i.* مَيَّعَ ، أَسالَ ، حَوَّلَ غازًا أو مَعْدِنًا وما إِلَيْهِما إِلى سائِل
liqueur/lɪˈkjʊə(r)/*n.* شَراب كُحُولِي مُكَثَّف حُلْوُ المَذاق
liquid/ˈlɪkwɪd/*adj.*
1. (fluid) سائِل ، مائِع
2. (*phon.*) (حروف) ذَوْلَقِيّة مِثل اللّام والرّاء (عِلْمُ الأَصْوات)
3. (*finance*) (أَمْلاك) جاهِزة أو سائِلة (يُمْكِنُ تَحْوِيلُها إِلى نُقُودٍ بِسُهُولة)
liquid assets سُيولة مالِيّة ، أَمْوال جاهِزة
n. 1. (fluid) سائِل (سَوائِل)
2. (*phon.*) الحُروف الذَّوْلَقِيّة مِثل اللّام والرّاء (عِلْمُ الأَصْوات)
liquidate/ˈlɪkwɪdeɪt/*v.t.*
1. (settle) صَفَّى (الحِساباتِ مَثَلًا)
2. (wind up affairs of) صَفَّى ، أَنْهَى (أَعْمالَ الشَّرِكة)
3. (get rid of) أَبادَ ، قَضَى على
liquidity/lɪˈkwɪdətɪ/*n.* مُيوعة ، سُيُولة (مالِيّة)
liquidizer/ˈlɪkwɪdaɪzə(r)/*n.* آلة كَهْرَبائِيّة لِهَرْسِ الخُضْرَوات وما إِلَيْها
liquor/ˈlɪkə(r)/*n.*
1. (*chem.*) سائِل ناتِج مِن عَمَلِيّات كِيمِيائِيّة
2. (alcoholic drink) شَرابٌ كُحُولِيّ
liquorice, licorice/ˈlɪkərɪs, ˈlɪkərɪʃ/ *n.* عِرْق السُّوس ، عِرْقسُوس ، شَجَرة السُّوس
lisp/lɪsp/*v.i. & t.* لَثِغَ (ـَ) ، نَطَقَ السِّينَ ثاءً

list/lɪst/*n.*

1. (catalogue or roll) قائمة ، جَدْوَلٌ ، كَشْفٌ ، سِجِلٌّ للأسماء

list of honour قائمةُ الشَّرَف

shopping list قائمةُ مُشْتَرَيات

2. (tilt) مَيْلُ أو اِنْحِرافُ السَّفينة

v.t. أَدْرَجَ مُحْتَوَياتٍ في قائمةٍ أو كَشْفٍ ، عَدَّدَ أشياء

v.i. مالَ (يَميل) ، اِنْحَرَفَ (مِلاحة)

listen/ˈlɪsən/*v.i.* أَصْغَى ، اِسْتَمَعَ ، أَنْصَتَ لِ أو إلَى

listen in اِسْتَمَعَ إلى الإذاعة

listener/ˈlɪsnə(r)/*n.* مُسْتَمِعٌ

listless/ˈlɪstləs/*adj.* فاتِرُ الهِمّة ، مُتَوانٍ ، مُتَراخٍ ، غَيْرُ مُكْتَرِثٍ ولا مُتَحَمِّس

lit/lɪt/*p.t. & p.p. of* **light**

litany/ˈlɪtənɪ/*n.* اِبْتِهالاتٌ يقرؤها القِسّ ويُرَدِّدُها جُمْهُورُ المُصَلِّين ، شَكاوَى مُتَكَرِّرة

literacy/ˈlɪtərəsɪ/*n.* مَعْرِفة القِراءة والكِتابة ، مُسْتَوَى التَّعَلُّمِ والثَّقافة

literal/ˈlɪtərəl/*adj.* (مَعْنًى) حَرْفِيّ

this is the literal truth هذه هِيَ الحَقِيقة بِدُونِ تَنْمِيق

literally/ˈlɪtərəlɪ/*adv.*

1. (word for word) حَرْفِيًّا ، بالنَّصّ ، بالحَرْفِ الواحِد

2. (without exaggeration) بِلا مُبالَغة ، واقِعِيًّا ، بالضَّبْط ، بِكُلِّ مَعْنَى الكَلِمة

the children were literally starving كان الأطفالُ بلا مُبالَغة يَمُوتُون جُوعًا

literary/ˈlɪtərərɪ/*adj.* مُتَعَلِّقٌ بالأَدَبِ والكِتابة ، أَدَبِيّ

literate/ˈlɪtərət/*adj.* مُلِمٌّ بالقِراءة والكِتابة ، غَيْرُ أُمِّيّ

literature/ˈlɪtərətʃə(r)/*n.*

1. (profession of writing) (مِهْنة أو اِحْتِراف) الكِتابة والأَدَب

2. (writings) أَدَبٌ ، مُؤَلَّفاتٌ أَدَبِيّة

3. (*coll.* printed matter) مَطْبُوعات ، مَنْشُورات ؛ كَلامٌ فارِغ ، صَفُّ كَلام

lithe/laɪð/*adj.* خَفِيف وَرَشِيق الحَرَكة ، لَيِّن ، (عَضَلاتٌ) مَرِنة

lithograph/ˈlɪθəgrɑf/*n.* صُورة أو طَبْعة لِيثُوغرافِيّة ، طَبْعٌ علَى الحَجَر

litigant/ˈlɪtɪgənt/*n.* مُتَقاضٍ ، أَحَدُ طَرَفَي الدَّعْوَى

litigation/ˈlɪtɪˈgeɪʃən/*n.* تَقاضٍ ، اِحْتِكامٌ لِلقَضاء

litigious/lɪˈtɪdʒəs/*adj.* مُولَعٌ بالاِحْتِكامِ للقَضاء

litmus/ˈlɪtməs/*n.* اللِّتْمُوس ، صِبْغة عَبّادِ الشَّمْس

litmus paper وَرَقة عَبّاد الشَّمْس

litre/ˈlitə(r)/*n.* لِتْرٌ (لِتْرات) (مِكْيالٌ للسَّوائل)

litter/ˈlɪtə(r)/*n.*

1. (rubbish) قاذُورات ، مُهْمَلات ، قُمامة ، نُفايات

litter-bin سَلّةُ المُهْمَلات (في مَكانٍ عامٍّ كالحَدائقِ مَثَلًا)

2. (mess) أشياء مُبَعْثَرة (مُحْتَويات الغُرْفة مَثلًا) ، فَوْضَى

3. (bedding material) طَبَقةٌ مِن القَشّ تُفْرَشُ علَى أَرْضِيّة الإصْطَبْلات والحَظائر

4. (young of animals) صِغارُ الحَيَوان تُولَدُ مَعًا ، جِراءٌ ، بِبَطْنٍ واحِد

5. (stretcher) نَقّالة ، مِحَفّة (لِنَقْلِ المَرْضَى)

v.t.

1. (make untidy) بَعْثَرَ أو نَثَرَ المُهْمَلات (في غُرْفة أَوْ مَكانٍ عامّ)

2. (provide with straw) فَرَشَ الإصْطَبْلَ بالقَشّ

v.t. & i. (*of animals* bring forth young) وَلَدَت (القِطّة) ، وَضَعَت صِغارًا

little/ˈlɪtəl/*adj. & n.*

1. (not much) قَلِيل ، ضَئِيل ، زَهِيد ، يَسِير

little by little شَيْئًا فَشَيْئًا ، رُوَيْدًا رُوَيْدًا ، تَدْرِيجِيًّا ، بالتَّدْرِيج

of little use قَلِيلُ النَّفْعِ أو الفائدة ، لا يَنْفَع ، عَدِيمُ الجَدْوَى

2. (*with indef. art.* small amount of)

give me a little rice أَعْطِنِي شَيْئًا مِنَ الرُّزّ

3. (small) صَغِير

little finger (إِصْبَع) الخِنْصَر

little faults عُيُوب أو هَفَوات طَفِيفة

adv.

he little knows that he has only a week to live لا يَعْلَمُ أنّه لَمْ يَبْقَ مِن أَجَلِهِ غَيْرُ أُسْبُوعٍ واحِد

liturgy/ˈlɪtədʒɪ/*n.* الخِدْمة الكَنَسِيّة طِبْقَ الطُّقُوس ، مَراسِيمُ الصَّلَوات

live[1]/lɪv/*v.i.*

1. (be alive) عاشَ (يَعِيش) ، حَيِيَ (يَحْيا)

2. (subsist) اِقْتاتَ ، اِرْتَزَقَ

he lives on his earnings يَعِيشُ مِمّا يَكْسِبُه

3. (reside) سَكَنَ (ـُ) ، أَقامَ ، عاشَ في ، قَطَنَ (ـُ) ، اِسْتَوْطَنَ

4. (survive) عاش (يَعِيشُ) ، بَقِيَ علَى قَيْدِ الحَياة

doctor, will the patient live or die? هَلْ سَيَعِيشُ المَرِيضُ يا دُكْتُور ؟

5. (conduct oneself) سَلَكَ (ـُ) ، تَصَرَّفَ

6. (enjoy life) نَعِمَ بالحَياة أو تَمَتَّعَ بِها

v.t.

1. (experience, pass)

he lives a quiet life يَحْيا حَياةً هادِئة

2. (*with* **down**)

he lived the scandal down — أنسى الناس فضيحته (بتحسين سلوكه)

live² /laɪv/ *adj.*

1. (living, actual) — حيّ ، واقعيّ ، فعليّ ، راهن

a live broadcast — إذاعة حيّة مباشرة

a live issue — مشكلة هامّة ، قضيّة الساعة

2. (burning) — ملتهب ، متّقد ، مشتعل

live coals — فحم متوقّد ، جمر ، جمرات

3. (charged) — مشحون

a live wire (*elec.*) — سلك مارّ به تيّار كهربائيّ

he is a live wire (*fig.*) — متّقد بالحيويّة ، مليء بالنشاط والعزم

livelihood /ˈlaɪvlɪhʊd/ *n.* — معيشة ، مورد رزق ، وسيلة عيش

liveliness /ˈlaɪvlɪnəs/ *n.* — حيويّة ، نشاط

lively /ˈlaɪvlɪ/ *adj.* — مليء بالحيويّة ، نشيط ، يقظ

liver /ˈlɪvə(r)/ *n.* — كبد (أكباد ، كبود)

liverish /ˈlɪvərɪʃ/ *adj.* — مكبود ، مصاب بداء الكبد ؛ عصبيّ المزاج ، نكد

livery /ˈlɪvərɪ/ *n.* — زيّ خاصّ للخدم الرجال أو حاشية أمير

livestock /ˈlaɪvstok/ *n.* — المواشي والأنعام

livid /ˈlɪvɪd/ *adj.*

1. (bluish) — أزرق رماديّ ، (لون) مائل للزرقة ، (كدمات) مزرقّة

2. (*coll.* angry) — يتميّز غيظًا أو غضبًا

living /ˈlɪvɪŋ/ *n.*

1. (livelihood) — رزق ، معيشة ، معاش ، سبيل العيش

2. (manner of living) — طريقة عيش أو حياة

3. (*eccles.* benefice) — وظيفة القسّ وإيرادها

adj.

1. (alive) — حيّ (أحياء) ، على قيد الحياة

2. (exact) — مضبوط

he is the living image of his uncle — إنّه صورة (طبق الأصل) عن عمّه

lizard /ˈlɪzəd/ *n.* — عظاية ، سقّاية ، سحليّة (نوع من الزواحف)

load /ləʊd/ *n.*

1. (burden) — عبء ، حمل ، ثقل

2. (amount carried) — حمولة ، شحنة (السفينة مثلًا)

3. (*elec.*) — تحميل ، مقدار التيّار (أو العمل) الذي يستطيع المولّد تقديمه

peak load — أقصى حمولة على (المولّد الكهربائيّ)

4. (*coll.* large quantity) — كثرة ، وفرة ، مقدار كبير

that's a load of rubbish — هذه ترّهات

v.t.

1. (put cargo on) — شحن (ـَ) ، حمّل ، وسق (يسق)

2. (fill with cargo) — ملأ أو حمّل أو شحن سفينةً أو سيّارة شحن

3. (charge *firearm, camera*) *also v.i.* — حشا (يحشو) (البندقيّة) ، ركّب الفلم في الكاميرا

4. (weight with lead) — ثقّل بالرصاص

loaded dice — نرد مغشوش لخداع المقامرين

a loaded question — سؤال تغريريّ ، سؤال محرج يقصد به الإيقاع

loaf¹ /ləʊf/ (*pl.* **loaves** /ləʊvz/) *n.* — رغيف (أرغفة) من الخبز ، صمّون (ع) ، رغيف فينو أو إفرنجيّ (م)

loaf² /ləʊf/ *v.i. & n.* — تسكّع أو تلكّأ لإضاعة الوقت ؛ متسكّع ، متبطّل

loam /ləʊm/ *n.* — تربة خصبة ، تراب نهريّ

loamy /ˈləʊmɪ/ *adj.* — (تربة) غنيّة أو خصبة

loan /ləʊn/ *n.*

1. (thing lent) — قرض ، سلفة

2. (lending or being lent) — استعارة ، إعارة

I have the book on loan — الكتاب عندي على سبيل الاستعارة

loath /ləʊθ/ *adj.* — مستنكر

loathe /ləʊð/ *v.t.* — اشمأزّ من ، تقزّزت نفسه من ، كره (ـَ) ، نفر (ـُ) من

loathesome /ˈləʊðsəm/ *adj.* — منفّر ، مقزّز ، مقرف

loathing /ˈləʊðɪŋ/ *n.* — بغض ، اشمئزاز من ، قرف ، تقزّز

loaves /ləʊvz/ *pl. of* **loaf**¹

lob /lob/ *v.t. & i.* — ضرب كرة لخصمه عاليًا وببطء (في التنس أو الكريكيت)

n. — ضرب كرة التنس (مثلًا) عاليًا وببطء

lobby /ˈlobɪ/ *n.*

1. (ante-room) — صالة للانتظار (في فندق) ، رواق (أروقة) ، ردهة

2. (*polit.* pressure group) — جماعة تسعى للضغط على كبار أعضاء البرلمان أو الكونغرس

v.t. & i. — سعى جاهدًا للتأثير على أعضاء البرلمان من خلف الكواليس

lobe /ləʊb/ *n.* — شحمة الأذن ، فصّ (المخّ مثلًا) (تشريح)

lobster /ˈlobstə(r)/ *n.* — سرطان البحر ، جمبري كبير الحجم

local /ˈləʊkəl/ *adj.* — محلّيّ

local anaesthetic — تخدير أو بنج موضعيّ

local call — مكالمة تليفونيّة محلّيّة

n. — أحد أبناء المنطقة ؛ حانة المنطقة

he had a drink in the local (*coll.*) — احتسى قدحًا في حانة الحارة

locality /ləʊˈkælɪtɪ/ *n.* — ناحية ، جهة ، بلدة ، منطقة معيّنة وضواحيها

locate /ləʊˈkeɪt/ *v.t.*

1. (find position of) حَدَّدَ مَوْضِعًا أو مَوْقِعًا ، وَجَدَ مَوْقِعَ مَكانٍ (عَلَى خارِطة)

2. (situate) *usu. pass.* شَيَّدَ أو أقامَ في مَوْضِعٍ ما ، (هذا المَبْنى) يَقَعُ في

location /ləʊˈkeɪʃən/*n.* تَحْديد أو تَعْيين مَكان ؛ مَوْقِع ، مَكان

the film was made on location صُوِّرَتْ مَشاهِدُ الفِيلْمِ خارِجَ الاسْتُوديو (حَيْثُ وَقَعَت الأحْداث)

loch /lok/*n.* بُحَيْرة مُتَّصِلة بالبَحْرِ بِفَتْحةٍ ضَيِّقة ؛ بُحَيْرة في اسْكُتْلَنْدا

lock /lok/*n.*

1. (*of hair*) خُصْلة مِن الشَّعْر

2. (fastening) قُفْل (الباب) ، مِغْلاق

3. (stoppage) سِدادة

air lock سَدَّةٌ أو سِدادٌ هَوائِيّ (في أُنْبوب)

4. (*motoring*) مِقْدارُ دَوْرة مِقْوَدِ السَّيّارة ، قُطْرُ تَدْوِيرِ السَّيّارة

5. (gun mechanism) جِهازُ التَّفْجِيرِ في البُنْدُقِيّة

6. (*of canal*) هاوِيس أو هَوِيس (م) لِرَفْعِ أو خَفْضِ مَنْسُوبِ المِياهِ في قَناةٍ أو نَهْر

lock gate بَوّابة القَنْطَرة أو الهَوِيس

v.t.

1. (fasten with lock) أقْفَلَ ، أغْلَقَ (بالقُفْل)

2. (make immovable) جَمَّدَ ، أعاقَ عَن الحَرَكة

his jaws were locked تَصَلَّبَ فَكّاه (وَلَمْ يَعُدْ قادِرًا عَلَى فَتْحِ فَمِه)

3. (*with* **up** confine) حَبَسَ (ـِ) ، اعْتَقَلَ

v.i.

the door locks easily يُقْفَلُ البابُ بِسُهُولة

the brakes locked suddenly and the car skidded فَجْأةً تَصَلَّبَتِ الفَرامِلُ فانْزَلَقَت السَّيّارة

locker /ˈlokə(r)/*n.* خِزانة شَخْصِيّة ذاتُ قُفْل (في مَدْرَسة مَثَلاً)

locket /ˈlokət/*n.* عُلْبة صَغِيرة مِن ذَهَب أو فِضّة فِيها شَيْءٌ عَزِيزٌ تُعَلَّقُ في الرَّقَبة

lockjaw /ˈlokdʒɔ/*n.* كُزازُ الفَكّ ، مَرَضُ التِّيتانُوس (يُجَمِّدُ الفَكَّيْن)

lock-keeper /ˈlok-kipə(r)/*n.* حارِسُ الهَوِيس

lock-out /ˈlok-ɑʊt/*n.* مَنْعُ صاحِبِ العَمَلِ العُمّالَ مِنَ الدُّخُولِ إلى المَصْنَعِ لِخِلافٍ بَيْنَ الطَّرَفَيْن

locksmith /ˈloksmɪθ/*n.* صانِعُ الأقْفال ، بَرّاد (م ، س) ، قَفّال

lock-up /ˈlok-ʌp/*adj.* & *n.* (دُكّانٌ) يُقْفَلُ مِنَ الخارِجِ غَيْرُ مُتَّصِلٍ بِمَسْكَنِ صاحِبِه ؛ حَجْزٌ ، حَبْسٌ

locomotion / ˈləʊkəˈməʊʃən/*n.* تَحَرُّكٌ أو انْتِقالٌ مِن مَكانٍ لآخَر

locomotive /ˈləʊkəˈməʊtɪv/*n.* قاطِرة (بُخارِيّة مَثَلاً)

locust /ˈləʊkəst/*n.*

1. (*insect*) جَرادة (جَرادٌ)

2. (*fruit*) خَرُّوب ، خَرْنُوب (ثَمَرة شَجَرة مِن فَصِيلةِ القَرْنِيّات)

lodge /lodʒ/*v.t.*

1. (accommodate) أسْكَنَ ، آوَى

2. (deposit) أوْدَعَ ، سَجَّلَ

v.i.

1. (stay) أقامَ أو نَزَلَ عِنْدَ (فُلان)

2. (become fixed) اِسْتَقَرَّت (الرَّصاصةُ في ساقِه)

n.

1. (gatekeeper's cottage) بَيْتٌ صَغِيرٌ عِنْدَ مَدْخَلِ ضَيْعة يُقِيمُ فِيه الحارِس

2. (porter's room) غُرْفةُ البَوّاب أو الحارِس

3. (society) مَحْفَلُ الماسُونِيّين ؛ فَرْعُ نِقابة

lodger /ˈlodʒə(r)/*n.* مُسْتَأجِرُ غُرْفةٍ مَفْرُوشةٍ في بَيْت ، ساكِن أو نَزِيل مُقابِلَ أجْر

lodgings /ˈlodʒɪŋz/*n. pl.* غُرْفة مَفْرُوشة مُسْتَأجَرة

loft /loft/*n.* فَراغٌ تَحْتَ سَقْفِ المَنْزِلِ يُسْتَعْمَلُ لِحِفْظِ الأمْتِعة ، سَنْدَرة (م)

lofty /ˈloftɪ/*adj.*

1. (high) (بُرْجٌ) عالٍ ، (جَبَلٌ) شاهِق ، شامِخ ، مُرْتَفِع ، سامِق

2. (haughty) مُتَكَبِّر ، مُتَغَطْرِس ، مُتَعالٍ ، مُتَرَفِّع ، شامِخٌ بأنْفِه ، مُتَعَجْرِف

log /log/*n.*

1. (block of wood) جُزْءٌ مَقْطُوع مِن جِذْعِ شَجَرة ، قُرْمة خَشَبِيّة

2. (journal) *also* **log-book** سِجِلٌّ (سِجِلّات)

3. *contr. of* **logarithm** شَكْلٌ مُخْتَصَر لِلَفْظة "لُوغارِيتم"

log tables جَداوِلُ اللُّوغارِيتْمات

v.t. (enter in log-book) دَوَّنَ

logarithm /ˈlogərɪðəm, ˈlogərɪθəm/*n.* (*contr.* **log.**) لُوغارِيتم (رِياضِيّات)

loggerheads /ˈlogəheds/ *n. only in* **at loggerheads with** بَيْنَهُما خِلاف ، بَيْنَهُما ما صَنَعَ الحَدّاد

logic /ˈlodʒɪk/*n.* مَنْطِق ، عِلْمُ المَنْطِق

logical /ˈlodʒɪkəl/*adj.* مَنْطِقِيّ ، مَعْقُول

logician /ləˈdʒɪʃən/*n.* مَنْطِقِيّ ، مُتَخَصِّصٌ بِعِلْمِ المَنْطِق

loin /lɔɪn/*n.* حَقْوٌ (أحْقاء) ، خاصِرة (خَواصِرُ) ؛ صُلْبٌ (أصْلاب)

loiter /ˈlɔɪtə(r)/*v.i.* تَباطَأَ ، تَوانَى ، تَسَكَّعَ ، تَمَهَّلَ ، تَلَكَّأَ

loll /lol/*v.i.*

1. (recline) اِسْتَلْقَى مُسْتَرْخِيًا

2. (hang **out**) تَدَلَّى (لِسانُ الكَلْب) ،

سَقَطَ (ـُ) (رَأْسُه إِعْياءً)

lollipop/ˈlolıpop/*n.* مُصاصة مِنَ الحَلْوَى في طَرَفِ عُود ، مُصّاصة (ع)

loneliness/ˈləunlınəs/*n.* اِنْفِراد ، وَحْشة ، وَحْدة

lonely/ˈləunlı/*adj.* يَشْعُرُ بالوَحْدة ، وَحِيد ، مُنْفَرِد ؛ مُوحِش ، مُنْعَزِل

long/loŋ/*v.i.* (yearn **for**) اِشْتاقَ إلى ، تَلَهَّفَ إلى ، تاقَ (يَتُوق) إلى

adj. **1.** (*in extent*) طَوِيل ، مَدِيد

it is two metres long طُولُه مِتْران

a long-distance runner عَدّاءُ مَسافاتٍ طَوِيلة

the long jump قَفْزة طَوِيلة أو عَرِيضة

long odds اِحْتِمالٌ ضَئِيلٌ لِلرِّبْحِ في مُراهَناتِ سِباقٍ وغَيْرِها

long-range missiles صَوارِيخُ بَعِيدةُ المَدَى

a long shot مُحاوَلةٌ يُسْتَبْعَدُ نَجاحُها ، تَخْمِين ، حَدْس

2. (*in duration*) لِفَتْرةٍ طَوِيلة

the long vacation العُطْلة الصَّيْفِيّة (في الجامِعات والمَحاكِم)

n. مُدّة طَوِيلة

it won't take long لَنْ يَسْتَغْرِقَ (وَقْتًا) طَوِيلاً

adv.

1. (for a long time) لِمُدّةٍ طَوِيلة

stay as long as you like اُمْكُثْ ما شِئْتَ

2. (by a long time) وَقْتًا طَوِيلاً

long ago مُنْذُ زَمَنٍ بَعِيد ، في سالِفِ الزَّمان

as long as (*conj.*) (provided that) ما دامَ ، طالَما (أَنَّ)

longer/ˈloŋgə(r)/*comp. adv.*

he cannot wait any longer لَمْ يَعُدْ يُطِيقُ الاِنْتِظار

she is no longer worried لَمْ تَعُدْ قَلِقة

longhand/ˈloŋhænd/*n.* *& adj.* خَطٌّ عادِيّ ؛ (كِتابة) اِعْتِيادِيّة

longing/ˈloŋıŋ/*n. adj.* شَوْقٌ ، تَشَوُّقٌ ، اِشْتِياق ، أَبابة ؛ تائق أو مُشْتاق إلى

longitude/ˈlondʒıtjud/*n.* خَطُّ الطُّول

long-sighted/ˈloŋ-ˈsaıtəd/*adj.* مَدِيد أو طَوِيلُ البَصَر (طِبّ) ؛ بَصِيرٌ بالعَواقِب

long-standing/ˈloŋ-ˈstændıŋ/*adj.* طَوِيلُ الأَمَد ، طالَ عَلَيْه الزَّمَن

long-suffering/ˈloŋ-ˈsʌfrıŋ/*adj.* صَبُورٌ عَلَى البَلْوَى

long-wave/ˈloŋ-weıv/*adj.* المَوْجة الطَّوِيلة في اللاَّسِلْكِيّ (طُولُها أَلْف مِتر أو أَكْثَر)

long-winded/ˈloŋ-ˈwındıd/*adj.* (خُطْبة) مُسْهَبة مُمِلّة ؛ مِكْثار ، كَثِيرُ الحَشْوِ والكَلام

loo/lu/*n.* (*coll.*) بَيْت مَيّ ، تَوالِيت ، مِرْحاض

loofah/ˈlufə/*n.* لِيفَةُ الحَمّام

look/luk/*n.*

1. (glance) نَظْرة (نَظَرات)

2. (expression) سِيماءُ (الغَضَبِ مَثَلاً) ، سَحْنة

3. (*pl.* appearance) مَظْهَرٌ ، مَرْأًى ، شَكْلٌ ، هَيْئة ، (جَمِيلُ) الطَّلْعة

good looks وَسامة ، جَمال ، مَلاحة

v.i. & t.

1. (use one's sight) نَظَرَ (ـُ) ، تَبَصَّرَ ، تَطَلَّعَ ، عايَنَ

2. (appear) بَدا (يَبْدُو)

3. (*with advs. & preps.*) مَعَ الظُّرُوف وحُرُوف الجَرّ

look after اِعْتَنَى بِـ ، عُنِيَ بِـ ، حافَظَ على ، صانَ (يَصُونُ)

he never looked back لَمْ يُعِر الماضي أَهَمِّيّة ؛ لَمْ يَلْوِ على شَيْء

look down on اِحْتَقَرَ ، اِزْدَرَى

look for بَحَثَ (ـَ) عَنْ ، فَتَّشَ عَن

look forward to تَطَلَّعَ إلى ، تَرَقَّبَ بِشَغَف

look into أَمْعَنَ النَّظَرَ في ، تَفَحَّصَ ، حَقَّقَ في (الأَمْر)

look on someone as a friend اِعْتَبَرَ شَخْصًا ما صَدِيقًا ، عَدَّهُ خِلاًّ

look out! حَذارِ ! اِنْتَبِهْ ! حاسِبْ ! (م) ، دِيرْبالَك

look up a word بَحَثَ عَن كَلِمة (في مُعْجَم)

look up a friend زارَ صَدِيقًا (بَعْدَ غِيابٍ عادةً)

looking-glass/ˈlukıŋ-glas/*n.* مِرْآة (مَرايا)

look-out/ˈluk-aut/*n.*

1. (watch) رَقِيب ؛ مَرْقَب ، بُرْج رَقابة

2. (prospect) تَطَلُّع أو تَوَقُّع المُسْتَقْبَل

loom/lum/*n.* نَوْلٌ ، مِنْوال ، مِنْسَج

v.i. لاحَ (يَلُوحُ) ، بَدا (يَبْدُو) لِلعِيان

loop/lup/*n.* أُنْشُوطة ؛ اِنْحِناءة في مَجْرَى نَهْر

v.t. & i. عَقَدَ أُنْشُوطة ؛ اِنْعَطَفَ ، تَعَرَّجَ

loop-hole/ˈlup-həul/*n.* مَنْفَذٌ لِلتَّهَرُّبِ مِنْ أَمْرٍ ما ، مَهْرَبٌ (مِنَ القانُون) ، ثُغْرة

loose/lus/*adj.*

1. (free) طَلِيق ، غَيْرُ مُقَيَّد

2. (not tight) (نَسِيج) رِخْو ، (ثَوْبٌ) فَضْفاض

3. (easily separable) (أَرُزّ) غَيْرُ مُعَبَّأ ، (باعَ البُنَّ) فَرْطًا ، مَفْكُوك

4. (vague) مُبْهَم ، غامِض ، غَيْرُ دَقِيق

loose thinking تَفْكِيرٌ غَيْرُ مُتَرابِط

5. (dissolute) خَلِيع ، ماجِن ، فاسِق

loose living حَياة ماجِنة

v.t. حلّ (الخَمْرُ عُقْدةَ لِسانِه)

loosen/ˈlusən/*v.t. & i.* حَلَّ (ـُ) ، فَكَّ (ـُ) ؛ اِنْحَلَّ ، اِنْفَكَّ ، اِرْتَخَى

loot/lut/*n.* غَنِيمة (غَنائِمُ) ، سَلْبٌ وَنَهْبٌ
v.t. & i. غَنِمَ (ـَ) ، سَلَبَ (ـُ) ، نَهَبَ (ـَ)
lop/lop/*v.t. usu.* **lop off** قَطَعَ (ـَ) (أطْرافَ الشَّجَر) ، بَتَرَ (ـُ)
lope/ləʊp/*v.i. & n.* جَرَى بِخُطُواتٍ واسِعة وَنَشِيطة ؛ خُطُواتٌ وَئِيدةٌ مُنْسَجِمة
lop-sided/'lop-'saɪdɪd/*adj.* (مائدة) مائلة وَغَيْرُ مُتوازِنة ، مَوْرُوب
loquacious/ləʊ'kweɪʃəs/*adj.* مِهْذار ، ثَرْثار
loquacity/ləʊ'kwæsətɪ/*n.* المَيْلُ إلى الثَّرْثَرة والهَذْر
lord/lɔd/(**Lord**) *n.*
1. (God) اللّٰه ، الرَّبّ
the Lord's prayer الصَّلاة الرَّبّانِيّة (عِنْدَ المَسِيحِيِّين)
2. (ruler) حاكِمُ البِلاد ، صاحِبُ السُّلْطان
3. (nobleman) لُورْدٌ (لَقَبُ شَرَفٍ في بريطانيا)
the House of Lords مَجْلِسُ اللُّورْدات (في بريطانيا)
4. (dignitary) مِنْ عِلْيَةِ القَوْم
the Lord Mayor عُمْدَةُ لَنْدَن وَبَعْضِ مُدُنِ إنْكِلْترا
5. (title of address) سَيِّدِي ، مَوْلاي
lordly/'lɔdlɪ/*adj.* مَهِيب ، جَلِيل ؛ مُتَكَبِّر ، مُتَرَفِّع
lordship/'lɔdʃɪp/*n.*
1. (rule) حُكْمٌ ، سُلْطة ، (فَتْرة) السِّيادة ؛ رُتْبة إقْطاعِيّة
2. (title of lord or judge) رُتْبة اللُّورْد ؛ لَقَبٌ يُخاطَبُ به القاضي
his/ your/ their Lordship(s) سِيادَتُه ، سِيادَتُكُم ، أصْحابُ السِّيادة
lore/lɔ(r)/*n.* تُراثٌ (شَعْبِيّ أو مِهَنِيّ) ؛ عِلْم (دِراسة الطُّيُور مَثَلًا)
lorry/'lorɪ/*n.* شاحِنة ، لُورِي ، كَمْيُون (س)
lose/luz/(*p.t. & p.p.* **lost**) *v.t.*
1. (cease to have) فَقَدَ (ـِ) ، خَسِرَ (ـَ)
2. (mislay) ضَلَّ عَن ، أضاعَ ، ضَيَّعَ
3. (fail to catch) فاتَهُ (القِطار)
4. (fail to win) *also v.i.* خَسِرَ (ـَ) ، خابَ (يَخِيبُ) ، أخْفَقَ في
5. (deprive someone of) مَنَعَ (ـَ) مِنْ ، حَرَمَ (ـِ) مِن
his behaviour lost him our sympathy سُلُوكُه أفْقَدَهُ عَطْفَنا
v.i.
1. (suffer loss) مُنِيَ بِخَسارة ، خَسِرَ (ـَ)
2. (*of clocks*) *also v.t.* (السّاعة) تُقَصِّرُ أو تُبْطِئ
loser/'luzə(r)/*n.* خاسِرٌ
loss/los/*n.*
1. (losing) خَسارة ، خُسْران ، فُقْدان
2. (lost thing/ person) خَسارة ، فُقْدان
he was at a loss for words عَيَّ عَنِ النُّطْق ، اِنْعَقَدَ لِسانُه ، خانَتْهُ الكَلِمات
lost/lost/*p.t. & p.p. of* **lose**
lot/lot/*n.*
1. (the whole quantity) المِقْدار كُلُّه ، الجَمِيع
take the lot خُذِ الكُلَّ ، خُذْ كُلَّ شَيْء
2. (a large quantity) قَدْرٌ كَبِير
3. (decision by chance, equipment for arriving at this) قُرْعة ، اِقْتِراع
we drew lots سَحَبْنا أو أجْرَيْنا قُرْعة
the lot fell upon me أصابَتْنِي القُرْعة ، وَقَعَ الاِخْتِيارُ عَلَيَّ
4. (fate) قِسْمة ، نَصِيب ، حَظّ
5. (item) قِطْعة مُرَقَّمة في مَزاد ؛ مَجْمُوعة بَضائع
6. (plot of land) عَرْصة (عَرَصات)
loth/loθ/*see* **loath**
lotion/'ləʊʃən/*n.* غَسُولٌ (لِلشَّعْر) ، مَحْلُولٌ طِبِّيّ
lottery/'lotərɪ/*n.* يا نَصِيب ، لوتارِيّا (م)
loud/laʊd/*adj. & adv.* (صَوْتٌ) مُرْتَفِع ، جَهِير ، جَهْوَرِيّ
loudly/'laʊdlɪ/*adv.* بِصَوْتٍ عالٍ
loud-speaker/'laʊd-'spikə(r)/*n.* مُكَبِّرُ الصَّوْت ، مِجْهَر
lounge/laʊndʒ/*n.*
1. (sitting-room) غُرْفة أو صالة جُلُوس
2. (lobby of airport) صالة (المَطار مَثَلًا)
v.i. تَسَكَّعَ ، تَكاسَلَ ، تَلَكَّأَ
louse/laʊs/ (*pl.* **lice**/laɪs/) *n.* قَمْلة (قَمْلٌ)
he's an absolute louse (*sl.*) سافِلٌ ابْنُ كَلْب
lousy/'laʊzɪ/*adj.*
1. (infested by lice) مُقَمَّل ، قَمِلٌ
2. (*sl.* bad) مُقْرِفٌ ، رَدِيءٌ جِدًّا
3. (*sl.* teeming **with**) مُغَنْغَنٌ بالفُلُوس (م) ، (مَكانٌ) يَعِجُّ (بالشُّرْطة السِّرِّيّة)
lout/laʊt/*n.* جِلْفٌ (أجْلاف) ، فَظٌّ ، غَلِيظ
loutish/'laʊtɪʃ/*adj.* (سُلُوكٌ) فَظٌّ ، سَمِجٌ ، أخْرَقُ
lovable/'lʌvəbəl/*adj.* مَحْبُوب ، خَفِيفُ الدَّم
love/lʌv/*n.*
1. (affection) حُبٌّ ، مَحَبّة ، وُدٌّ ، وِداد
2. (passion) عِشْقٌ ، غَرامٌ ، هُيامٌ
3. (object of one's love) حَبِيب (أحِبّاءُ ، أحِبّة) ، عَزِيز (أعِزّة ، أعِزّاءُ)
4. (score of zero) صِفْر ، بِدُون نِقاط (في مُباراة)
v.t. & i.
1. (be fond of) أحَبَّ ، عَشِقَ (ـَ) ، هَوِيَ (يَهْوَى) ، وَدَّ (ـَ)
2. (*coll.* delight in) أحَبَّ
love-letter/'lʌv-letə(r)/*n.* رِسالة حُبّ ، رِسالة غَرام
loveliness/'lʌv-lɪnəs/*n.* مَلاحة ، حُسْنٌ ، جَمالٌ
lovely/'lʌvlɪ/*adj.* جَمِيل ، حَسَنٌ ، بَدِيع ؛ لَطِيف ،

مَحْبُوب ، مُمْتِع

lover/ˈlʌvə(r)/*n.*
1. (sweetheart) مُحِبٌّ ، عاشِق ، عَشِيق
2. (devotee) هاوٍ ، مُغْرَمٌ بِـ ، مُولَعٌ بِـ

loving/ˈlʌvɪŋ/*adj. & n.* مُحِبٌّ ، مُغْرَمٌ ، وَدُودٌ ؛ مَحَبَّة ، مَوَدَّة

loving-kindness/ˈlʌvɪŋ-ˈkaɪndnes/*n.* عَطْفُ المَحَبَّة ، لُطْفٌ ، حَنانٌ ، رَأْفة

low/ləʊ/*adj.*
1. (not high) مُنْخَفِض ، واطِئ
low gear الأوّل ، السُّرْعة الأُولَى (مُحَرِّك السَّيّارة)
low tide الجَزْرُ (خِلافُ المَدّ) ، بَلَغَ الجَزْرُ أَدْناه
2. (not loud) (صَوْتٌ) خَفِيضٌ أو مُنْخَفِض
3. (vulgar) رَخِيص أو مُبْتَذَل (كُومِيدِيا) ، (حِيلة) دَنِيئة ، (ذَوْق) مُنْحَطّ
4. (of humble rank) وَضِيعُ الأَصْل ، حَقِيرُ النَّسَب
5. (weak) ضَعِيف
adv.
1. (in/ to low position) في الأَسْفَل
I was laid low with flu أَقْعَدَتْني الإنْفلُوَنْزا
2. (softly) خَفِيفًا
speak low تَكَلَّمْ بِصَوْتٍ خَفِيض

lower/ˈləʊə(r)/*comp. adj.* أَوْطأُ ، أَخْفَضُ
the lower animals الحَيَواناتُ الدُّنْيا
the lower deck الطّابَقُ السُّفْلِيُّ للسَّفِينة ؛ النُّوتِيّة
v.t. & i.
1. (let down) أَنْزَلَ ، نَزَّلَ ، خَفَّضَ (الأَسْعارَ مَثَلًا) ؛ نَزَلَ (ـِ) ، إنْخَفَضَ
2. (make voice softer) خَفَّضَ صَوْتَهُ
3. (weaken) أَضْعَفَ (المُقاوَمةَ للمَرَض مَثَلًا)
4. (debase) حَطَّ مِن قَدْرِهِ

lowland/ˈləʊlənd/*adj.* خاصٌّ بالأراضي المُنْخَفِضة

lowlander/ˈləʊləndə(r)/*n.* مِن سُكّان الوِهاد (وخاصّةً في إسْكُتْلَنْدا)

lowlands/ˈləʊlənds/*n. pl.* وِهادُ (اسْكُتْلَنْدا)

lowly/ˈləʊlɪ/*adj.* مُتَواضِع ، حَقِير في تَصَرُّفاته

loyal/ˈlɔɪəl/*adj.* مُوالٍ (للحُكُومة أو للحِزْب) ، وَفِيٌّ

loyalty/ˈlɔɪəltɪ/*n.* وَلاءٌ ، إخْلاصٌ ، وَفاءٌ

lozenge/ˈlozɪndʒ/*n.*
1. (shape) مُعَيَّن (شَكْلٌ هَنْدَسِيّ)
2. (pastille) قُرْصُ دَواءٍ (يُمَصُّ عادةً)

lubricant/ˈlubrɪkənt/*n.* مُزَلِّق ، زَيْتٌ للتَّزْلِيق ، مُشَحِّم

lubricate/ˈlubrɪkeɪt/*v.t.* شَحَّمَ ، زَيَّتَ ، زَلَّقَ (مِيكانِيكا)

lubrication/ˈlubrɪˈkeɪʃən/*n.* تَزْيِيت ، تَشْحِيم

lucid/ˈlusɪd/*adj.*
1. (clear واضِح ، مُبِين ، (بُرْهانٌ) ساطِع
2. (sane) سَلِيمُ العَقْل ، صافِي الذِّهْن
lucid interval ساعةُ صَحْو (بَيْنَ فَتْرَتَيْ هَذَيان) ، فَتْرة وَعْي

luck/lʌk/*n.*
1. (fortune) حَظٌّ (حُظُوظ)
good luck! (أَتَمَنَّى لكَ) حَظًّا سَعِيدًا
2. (good fortune) فَأْلٌ حَسَن
he had a stroke of luck حالَفَهُ الحَظّ ، وَاتاهُ حُسْنُ الطّالِع

luckily/ˈlʌkɪlɪ/*adv.* لِحُسْنِ الحَظّ

luckless/ˈlʌkləs/*adj.* سَيِّئُ الحَظّ ، مَنْحُوس ، مَشْؤُوم

lucky/ˈlʌkɪ/*adj.* مَحْظُوظ ، بَخِيت

lucrative/ˈlukrətɪv/*adj.* (وَظِيفة) مُرْبِحة ، تَدِرُّ الكَثِيرَ مِنَ المال

ludicrous/ˈludɪkrəs/*adj.* سَخِيف مُضْحِك ، يَدْعُو إلى الاِسْتِهزاء ؛ (أَجْرٌ) زَهِيد

lug/lʌg/*v.t.* حَمَلَ (ـِ) حِمْلًا ثَقِيلًا ، جَرَّ عِبْئًا ثَقِيلًا بِصُعُوبة

luggage/ˈlʌgɪdʒ/*n.* أَمْتِعَةُ المُسافِر ، حَقائِبُ السَّفَر ، عَفْش

lukewarm/ˈlukwɔm/*adj.*
1. (tepid) (ماءٌ) فاتِر
2. (indifferent) (مُوافَقة) بِلا حَماس ، (اِسْتِقْبالٌ) فاتِر

lull/lʌl/*v.t.* هَدَّأَ ، سَكَّنَ
n. فَتْرة هُدُوءٍ وسُكُون
a lull in the conversation صَمْتٌ فُجائِيّ

lullaby/ˈlʌləbaɪ/*n.* تَهْوِيمة ، أُغْنِية لِهَدْهَدةِ الطِّفْل

lumbago/lʌmˈbeɪgəʊ/*n.* اللُّمْباجُو ، أَلَمُ الفِقْرات القَطَنِيّة أو أَسْفَل الظَّهر

lumber/ˈlʌmbə(r)/*n.*
1. (timber) خَشَبٌ خامٌ ، أَلْواحٌ خَشَبِيّة مَنْشُورة
2. (junk) أَثاثٌ قَدِيمٌ لا حاجةَ إلَيْه ، سَقَطُ المَتاع ، كَراكِيب (م ، س)
v.i. تَقَدَّمَ بِبُطْءٍ وتَثاقُل ، جَرَّ (ـُ) رِجْلَيْه بِصُعُوبة ومَشَقّة
v.t. قَطَعَ (ـَ) خَشَبَ الغابة

lumberjack/ˈlʌmbədʒæk/*n.* حَطّاب ، قاطِعُ أَشْجار في أَمْرِيكا الشَّمالِيّة

luminosity/ˈlumɪˈnosətɪ/*n.* إضاءة ، تَأَلُّق ، نُورانِيّة

luminous/ˈlumɪnəs/*adj.* مُضِيء ، مُتَأَلِّق ، ضَوْئِيّ
luminous watch ساعة مُضِيئة ، فُسْفُورِيّة

lump/lʌmp/*n.*
1. (mass) كُتْلة غَيْرُ مُنْتَظِمة الشَّكْل
a lump sum مَبْلَغٌ إجْمالِيّ
2. (swelling) وَرَمٌ أو تَوَرُّمٌ في الجِسْم
v.t. (put **together**) جَمَعَ أَشْياءَ مُخْتَلِفة

lumpy/ˈlʌmpɪ/*adj.* (عَجِين) مُتَكَتِّل

lunacy/ˈlunəsɪ/*n.* جُنُون ، اِخْتِلالٌ في العَقْل ، عَتَه

lunar/ˈlunə(r)/*adj.* قَمَرِيّ
lunatic/ˈlunətɪk/*n. & adj.* مَجْنُون ، مَجْذُوب ، مَعْتُوه
lunch/lʌntʃ/*n. also* **luncheon**/ˈlʌntʃən/ غَداء (أَغْذِية) وَقْتَ الظُّهْر
v.i. & t. تَغَدَّى ، تناوَلَ غَداءَهُ
lung/lʌŋ/*n.* رِئة (رِئَتان)
lunge/lʌndʒ/*v.i.* اِنْدَفَعَ (نَحْوَ خَصْمِه) لِيَطْعَنَهُ مَثَلًا
n. هَجْمة مُفاجِئة لِلضَّرْب ، اِنْدِفاعٌ نَحْوَ
lurch/lɜtʃ/*v.i.* تَرَنَّحَ (كالسَّكْران) ، تمايَلَ ، وَضَعَ ثِقْلَه على جانِبٍ واحِد
n. **1.** (stagger) تَرَنُّحٌ ، تَمايُلٌ فُجائِيّ
2. (trouble) (وَقْت) الشِّدّة
don't leave him in the lurch لا تَتْرُكْهُ في الشِّدّة ، لا تَتَخَلَّ عَنْهُ عِنْدَ المِحْنة
lure/ˈlʊə(r)/*v.t.* أَغْوَى ، فَتَنَ (بِـ) ، اِسْتَدْرَجَ
n. إِغْواء ، إِغْراء
lurid/ˈlʊərɪd/*adj.*
1. (ghastly in colour) (لَوْنٌ) صارِخ ، مُتَوَهِّج
2. (sensational) (خَبَرٌ) مُثِير ، (جَرِيمة) فَظِيعة
lurk/lɜk/*v.i.* تَرَبَّصَ بِـ ، تَرَصَّدَ لِـ ، كَمَنَ (لِـ)
luscious/ˈlʌʃəs/*adj.* (فاكِهة) ناضِجة حُلْوةُ المَذاق ؛ (أُسْلُوبٌ) مُنَمَّق
lush/lʌʃ/*adj.* (نَبات) غَزِيرُ النُّمُوّ ، مَوْفُور ، غَضّ
lust/lʌst/*n.* رَغْبة جِنْسِيّة ، شَهْوة عارِمة ، غُلْمة ؛ جَشَعٌ
v.i. تَحَرَّقَ شَوْقًا إلى ، اِشْتَهَى ، غَلِمَ (بِـ) ، اِغْتَلَمَ
he lusts after power يَتُوقُ إلى السُّلْطة والنُّفُوذ
lustful/ˈlʌstfʊl/*adj.* شَهْوانِيّ ، مُشْتَهٍ ، غَلِمٌ ؛ تائِقٌ إلَى ، طامِعٌ بِـ
lustre/ˈlʌstə(r)/*n.* بَرِيق ، لَمَعان ، رَوْنَق ، بَهاء
lustrous/ˈlʌstr(ə)s/*adj.* بَرّاق ، لامِع ، زاهٍ
lusty/ˈlʌstɪ/*adj.* قَوِيُّ البِنية ، مَلِيءٌ بالصِّحّة والنَّشاط
lute/lut/*n.* عُودٌ (أَعْواد ، عِيدان) (آلة مُوسِيقِيّة)
luxuriance/ləgˈzʊərɪəns/*n.* غَزارة ، تَجَمُّع (نُمُوّ نَبات) ، وَفْرة
luxuriant/ləgˈzʊərɪənt/*adj.* (نَباتٌ) مُتَجَمِّع ، (نُمُوٌّ) غَزِير ، نَضِر
luxurious/ləgˈzʊərɪəs/*adj.* (فُنْدُق) فاخِر مُتْرَف
luxury/ˈlʌkʃərɪ/*n.* تَرَفٌ ، رَفاهِية ، بَذَخٌ ، نَعِيم
lynch/lɪntʃ/*v.t.* نَفَّذَ حُكْمَ الإِعْدام بِدُونِ إِجْراءِ مُحاكَمةٍ قانُونِيّة ، عاقَبَ بالقَتْلِ بلا قانُون
lynx/lɪŋks/*n.* وَشَق ، أَوْس
lyric/ˈlɪrɪk/*adj.* (شِعْر) غِنائِيّ
n.
1. (poem) قَصِيدة مِن الشِّعْر الغِنائِيّ العاطِفِيّ
2. (words of a song) نَصُّ أُغْنِيَة
lyrical/ˈlɪrɪkəl/*adj.* (شِعْر) غِنائِيّ ، عاطِفِيّ ؛ شَدِيدُ الحَماس (عِنْد التَّعْبِير عَنْ نَفْسِه)

M

M/em/(letter) الحَرْفُ الثالثَ عَشَرَ مِنَ الأَبْجَدِيّة
ma'am/mæm, mɑm/*n.* سِتِّي ، (يا) سِتّ ، (يا) سَيِّدَتِي
mac/mæk/**see mackintosh**
macaroni/ˈmækəˈrəʊnɪ/*n.* مَعْكَرُونة ، مَكَرُونة
macaroon/ˈmækəˈrun/*n.* مَعْكَرُون (فَطِيرة مِنَ اللَّوْز والبَيْض)
mace/meɪs/*n.* صَوْلَجان ؛ قِشْرة جَوْزةِ الطِّيب
machine/məˈʃin/*n.*
1. (*mech.*) آلة ، ماكِينة (ماكِينات ، مَكائِن)
2. (organization) هَيْئة ، مُنَظَّمة ، جِهاز
the party machine الجِهازُ الحِزْبِيّ
v.t. اِسْتَخْدَمَ آلةً في عَمَلِ شَيْءٍ ؛ دَرَزَ على آلةِ الخِياطة
machine-gun/məˈʃin-gʌn/*n. & v.t.* مِدْفَع رَشّاش ؛ رَشَّ (بِـ) بِمِدْفَعٍ رَشّاش
machinery/məˈʃinərɪ/*n.* آلاتٌ مِيكانِيكِيّة ، جِهاز ، نِظام ، إدارة
macintosh, mackintosh/ˈmækɪntɒʃ/*n. coll. contr.* **mac(k)** مُشَمَّع ، مِعْطَفُ مَطَر
mackerel/ˈmækərəl/*n.* إِسْقُمْرِي (سَمَكٌ بَحْرِيّ)
mad/mæd/*adj.* مَجْنُون (مَجانِينُ) ، مَخْبُول ؛ غاضِب
she was mad at/with him كانَتْ شَدِيدةَ الحَنَقِ عَلَيْه
he is mad about music إنّه مَهْوُوسٌ بالمُوسِيقى
madam(e)/ˈmædəm/*n.* سَيِّدة ، (يا) سَيِّدَتِي ، يا سِتِّي ، هانِم (م) ، مَدام
madden/ˈmædən/*v.t.* جَنَّنَ ، خَبَّلَ ؛ أَغْضَبَ
made/meɪd/*p.t. & p.p. of* **make**
madman/ˈmædmən/*n.* مَجْنُون (مَجانِينُ) ، مَخْبُول
madness/ˈmædnɪs/*n.* جُنُون ، عُتْه ، عَتَه ، خَبَل
magazine/ˈmægəˈzin/*n.*
1. (periodical publication) مَجَلّة
2. (store for explosives) مَخْزَنُ ذَخِيرةٍ عَسْكَرِيّة ، جَبخانة
3. (cartridge container) خَزّانُ البُنْدُقِيّة ، خَزْنة (م) ، مُشْطٌ (الذَّخِيرة)
magenta/məˈdʒentə/*n.* صِبْغةٌ قِرْمِزِيّة اللَّوْن ،

& adj. (لَوْن) قِرْمِزِيّ ضارِبٌ إلى الأُرْجُوانِيّ

maggot/'mægət/*n.* دُودة (دِيدان) صَغِيرة ، يَرَقة الذُّباب

magic/'mædʒık/*n. & adj.* سِحرٌ ، شَعْوَذة ؛ سِحْرِيّ

magical/'mædʒıkəl/*adj.* سِحْرِيّ ، كالسِّحْر

magician/mə'dʒıʃən/*n.* ساحِر ، سَحّار

magistrate/'mædʒıstreıt/*n.* القاضي ، حاكِمُ الصُّلْح

magnanimity/'mægnə'nımətı/*n.* رَحابة الصَّدْر ، سَماحة ، كَرَم

magnanimous/mæg'nænıməs/*adj.* رَحْبُ الصَّدْر ، سَمْحٌ ، كَرِيم

magnate/'mægneıt/*n.* مِن كِبارِ أَرْبابِ الصِّناعة أو التِّجارة ، قُطْب (أَقْطاب) صِناعةٍ

magnet/'mægnıt/*n.* مَغْناطِيس

magnetic/mæg'netık/*adj.* مَغْناطِيسِيّ

magnetism/'mægnıtızm/*n.* المَغْناطِيسِيّة

magnetize/'mægnıtaız/*v.t.* مَغْنَطَ (قَضِيبًا مِن حَدِيد) ؛ اِسْتَهْوَى

magnificence/mæg'nıfisəns/*n.* عَظَمة ، جَلال ، أُبَّهة

magnificent/mæg'nıfisənt/*adj.* بَدِيع ، رائع ، فَخْمٌ ، بَهِيّ

magnify/'mægnıfaı/*v.t.* كَبَّرَ ، ضَخَّمَ ؛ بالَغَ في الوَصْف ، مَجَّدَ

magnitude/'mægnıtjud/*n.*
1. (large size) ضَخامة ، جَسامة ، كِبَرٌ ، عِظَم
2. (importance) أَهَمِّيّة كُبْرَى ، خُطُورة

mahogany/mə'hogənı/*n. & adj.* خَشَبُ الماهُوغُوني ؛ بُنِّيّ مُحْمَرّ

maid/meıd/*n.*
1. (unmarried woman) عَزْباء (عَزْباوات) ؛ صَبِيّة (صَبايا)
old maid عانِس (عَوانِسُ)
2. (female servant) خادِمة ، جارِية (جَوارٍ)

maiden/'meıdən/*n.* عَذْراء ، باكِر ، شابّة (غَيْرُ مُتَزَوِّجة)
maiden name لَقَبُ المَرْأة قَبْلَ الزَّواج
maiden speech أَوَّلُ خِطابٍ يُلْقِيهِ عُضوُ البَرْلَمان مَثَلاً
maiden voyage الرِّحْلَةُ الأُولَى لِسَفِينةٍ بَعْدَ تَدْشِينِها

mail/meıl/*n.* دِرْعٌ (دُرُوع ، أَدْرُع) ؛ بَرِيد
mail order طَلَبُ سِلْعةٍ بالبَرِيد
v.t. أَرْسَلَ بالبَرِيد

maim/meım/*v.t.* أَعْطَبَ ، شَوَّهَ ، عَوَّهَ ، أَصابَ بِعاهة

main/meın/*adj.*
1. (exerted to the full) خاصٌّ بِمُمارَسةِ أَقْصَى القُوَّةِ البَدَنِيّة
by main force بالعُنْفِ والقُوّة ، بأَقْصَى قُوّة
2. (chief) رَئِيسِيّ ، أَساسِيّ

main line (railway) الخَطُّ الرَّئِيسِيّ في السِّكَكِ الحَدِيدِيّة
n.
1. (principal channel for gas, water *esp. pl.*) أَنابِيبُ المَجارِي الرَّئِيسِيّة للغاز والماء الخ
mains supply تَوْصِيلُ الكَهْرَباء والماء والغاز إلى المَنْزِل
2. (principal part) الجُزْءُ الرَّئِيسِيّ ، جُلُّ ما في (الأَمْر)
in the main غالِبًا ، على العُمُوم ، بِوَجْهٍ عامّ

mainland/'meınlænd/*n.* البَرُّ الأَصْلِيّ

mainly/'meınlı/*adv.* في الغالِب ، غالِبًا ، رَئِيسِيًّا ، أَساسِيًّا

mainstay/'meınsteı/*n.* رُكْنٌ (أَرْكانٌ) ، قاعِدة (قَواعِدُ) ، عِماد (أَعْمِدة)

maintain/meın'teın/*v.t.*
1. (carry on) حافَظَ ، أَبْقَى عَلَى
2. (support) أَعالَ ، أَنْفَقَ عَلَى
3. (keep in repair) صانَ (يَصُون)
4. (assert) اِدَّعَى ، أَكَّدَ ، زَعَمَ (ـُ)

maintenance/'meıntənəns/*n.*
1. (upholding) المُحافَظة على
2. (means of support) إعالة
3. (keeping in working order) صِيانة

maize/meız/*n.* ذُرة (صَفْراء ، حَمْراء الخ)

majestic/mə'dʒestık/*adj.* جَلِيل ، مَهِيب ، عَظِيم

majesty/'mædʒəstı/*n.*
1. (splendour) جَلال ، هَيْبة ، رَوْعة
2. (royalty) جَلالة
On Her Majesty's Service (*abbr.* **O.H.M.S.**) في خِدْمة صاحِبة الجَلالة المَلِكة (البرِيطانِيّة)

major/'meıdʒə(r)/*n.* (army rank) رائد (في الجَيْش)
major-general لِواء (في الجَيْش)
adj. **1.** (greater) أَعْظَمُ ، أَكْبَرُ ، أَهَمُّ
2. (*mus.*) السُّلَّمُ المُوسِيقِيّ الكَبِير
v.i. (*U.S.*) تَخَصَّصَ في مَوْضُوعٍ مُعَيَّن في الجامِعات الأَمْرِيكِيّة

majority/mə'dʒorətı/*n.*
1. (greater part or number) أَكْثَرِيّة ، أَغْلَبِيّة
2. (full legal age) سِنُّ الرُّشد ، السِّنُّ القانُونِيّة
3. (army rank) رُتْبة رائد في الجَيْش

make/meık/(*p.t. & p.p.* **made**/meıd) *v.t.*
1. (construct, produce) صَنَعَ (ـَ) ، أَنْشَأَ ، كَوَّنَ ، رَكَّبَ
make a bed أَعَدَّ أو رَتَّبَ الفِراش
he made a name for himself اِكْتَسَبَ شُهْرةً واسِعة
what do you make of كَيْفَ تُفَسِّرُ ذلك ؟ ماذا

it? تَسْتَنْتِجُ مِنْ ذلك ؟
2. (cause, bring about) سَبَّبَ ، أَوْجَدَ ، جَعَلَ
they made peace تصالَحُوا
3. (cause to be/become/ do, compel) جَعَلَ (ـَ) ، حدا بِهِ إلى ، أَلْزَمَهُ ، أَرْغَمَهُ
you must make do with what you have got حَسْبُكَ ما لَدَيْك
you will have to make it worth his while يَنْبَغِي لَكَ أَنْ تُكافِئه بِما يُرْضِيه
may I make so bold as to ask. . . هَلْ لِي أَنْ أَتَجاسَرَ وأَطْلُبَ مِنْك . . . ، أَتَسْمَحُ لِي أَنْ أَطْرَحَ السُّؤالَ التّالي
the insurance (money) made good his loss عَوَّضَ مَبْلَغُ التَّأمينِ عَن خَسارَتِهِ
the plaster must be made good before painting يَجِبُ إِصْلاحُ الجِبْسِ قَبْلَ الطِّلاء
he made known his intentions أَفْصَحَ عَنْ نَواياه
she made light of troubles تَغاضَت عَن المَتاعب
make sure تأكَّدَ مِن
4. (provide, afford) زَوَّدَ ، قَدَّمَ لِـ
they made room for another guest دَبَّرُوا مَكانًا لِضَيْفٍ آخَر
5. (achieve, reach) أَنْجَزَ ، وَصَلَ إلى
can you make it? هَلْ يُمْكِنُكَ الوُصُول في الوَقْتِ المُحَدَّد ؟
he made a start شَرَعَ (ـَ) بالعَمَل
he made his way شَقَّ (ـُ) طَرِيقه
6. (amount to) عَنَى (يَعْنِي) ، أفادَ
it doesn't make sense لا يقبلُه العَقْل
7. (earn, win, gain) كَسَبَ (ـِ) ، رَبِحَ (ـَ)
how much does he make a year? كَمْ دَخْلُه السَّنَوِيّ ؟
8. (compose, utter) أنشأ ، كَتَبَ
he made a speech أَلْقَى خِطابًا
he made his will كَتَبَ وَصِيَّة ، أَوْصَى (لِفُلان)
9. (cook) طَبَخَ (ـُ) ، طَها (يَطْهُو أو يَطْهَى) ، أَعَدَّ طَعامًا
can you make bread? هَلْ تُحْسِنِينَ عَمَلَ الخُبْز ؟
10. (constitute, be) كَوَّنَ
this will make a good present سَتَكُون هذه هَدِيَّةً مُناسِبة
11. (reckon, consider) ظَنَّ (ـُ)
what time do you make it? ما الوَقْتُ بِساعَتِك ؟
12. (*with advs.*) مَعَ الظُّرُوف
he made away with the silver هَرَبَ بالفِضَّة
he made away with himself اِنْتَحَرَ ، قَتَلَ نَفْسه
they made for the door اِتَّجَهُوا نَحْوَ الباب
the tiger made for its keeper هاجَمَ النَّمِرُ مُرَوِّضَهُ
peace makes for happiness في السَّلام السَّعادة
the thief made off in a hurry فَرَّ اللِّصُّ مُسْرِعًا
she made out that she was not there اِدَّعَت أَنَّها لَمْ تَكُنْ هُناك
I could not make out what he said لَمْ أَسْتَطِع فَهْمَ ما قاله
he made out a cheque for fifty pounds كَتَبَ شِيكًا بِخَمْسِين جُنَيْهًا
how are you making out? كَيْفَ تُدَبِّرُ حالَك ؟ كَيْفَ تَكْفِي نَفْسَك ؟
he made up his mind قَرَّرَ ، صَمَّمَ ، أَزْمَعَ العَزْمَ على...
they made up their quarrel تَصالَحا
she made up a story لَفَّقَتْ حِكايةً ، اِخْتَلَقَتْ عُذْرًا
we must make up for lost time عَلَيْنا أَنْ نُعَوِّضَ عَمّا فات
she made up to the director تَمَلَّقَتِ المُدِيرَ (أو تَزَلَّفَتْ إِلَيْه) ، داهَنَتْه
n. ماركة ، اِسْمُ المَصْنَع او المُنْتِج
he is on the make لا يَهْتَمّ إلاّ بِمَنافِعِهِ الخاصّة ، يَسْتَغِلُّ الفُرَصَ لِصالِحِهِ

maker/ˈmeɪkə(r)/*n.* صانِع ، خالِق

make-up/ˈmeɪk-ʌp/*n.* مُسْتَحْضَراتُ تَجْمِيلِ الوَجْه ، ماكِياج ، طَبِيعةُ المَرْء

making/ˈmeɪkɪŋ/*n.*
1. (creation) صُنْعٌ ، إِنْشاء
a year abroad will be the making of him سَنَةٌ يَقْضِيها خارِجَ الوَطَن تَجْعَلُ مِنه رَجُلاً
2. (*pl.* ingredients) مُكَوِّنات ، عَناصِر
he has the makings of a good singer لَدَيْه كُلُّ مُقَوِّمات المُغَنِّي النّاجِح

makeshift/ˈmeɪkʃɪft/*n.* *& adj.* بَدِيلٌ مُؤَقَّت ، تَدْبِيرٌ وَقْتِيّ ، تَرْكِيبٌ لِفَتْرَةٍ مُحَدَّدة ، مُؤَقَّت ، بَدِيل

maladjusted/ˈmæləˈdʒʌstɪd/*adj.* عاجِزٌ عَنِ التَّكَيُّفِ مَعَ البِيئة ، غَيْرُ مُتَوافِقٍ مَعَ مُقْتَضَياتِ الحَياة

malady/ˈmælədɪ/*n.* مَرَضٌ (أَمْراض) ، عِلّة (عِلَل) ، داء (أَدْواء)

malaria/məˈleərɪə/*n.* مَرَضُ المَلارِيا ، حُمَّى المُسْتَنْقَعات ، البُرَداء ، الأَجَمِيّة

malarial/məˈleərɪəl/*adj.* مَلارِيَوِيّ ، بُرَدائِيّ

male/meɪl/*adj. & n.* مُذَكَّر ، ذَكَر

malefactor/ˈmæləfæktə(r)/*n.* شِرِّير (أَشْرار) ، شَقِيّ (أَشْقِياء)

malevolence/məˈlevələns/*n.* سُوءُ نِيَّة ، ضَغِينة ، سَخِيمة ، إِحْنة

malevolent/məˈlevələnt/*adj.* سَيِّئُ النِّيَّة ، ذُو إِحْنة ، حاقِد ، سَيِّئُ القَصْد

malice/ˋmælɪs/*n.* حِقْد ، ضَغِينة ، خُبْث

malicious/məˋlɪʃəs/*adj.* حَقُود ، خَبِيث ، سَيِّئُ القَصْد

malignance/məˋlɪgnəns/*n.* خَبَثٌ (وَرَمٌ سَرَطانِيّ)

malignant/məˋlɪgnənt/*adj.*

1. (showing hatred) حَقُود ، مُنْطَوٍ علَى الكَراهِية

2. (*med.*) (مَرَضٌ) خَبِيث ، (تَوَرُّم) سَرَطانِيّ

malleable/ˋmælɪəbəl/*adj.* لَيِّن ، قابِلٌ للتَّطْوِيعِ والتَّطْرِيق ، طَرُوق ، مُطاوِع

mallet/ˋmælɪt/*n.* مِطْرَقة خَشَبِيّة

malnutrition/ˈmælnjuˋtrɪʃən/*n.* سُوءُ تَغْذِية

malt/mɔlt/*n.* المَلْت ، حُبُوب (شَعِير غالِبًا) مُسْتَنْبَتة صِناعِيًّا لإعْدادِ البِيرة

maltreat/mælˋtrit/*v.t.* أساءَ المُعامَلة

maltreatment/mælˋtritmənt/*n.* إساءَةُ المُعامَلة ، مُعامَلة فَظّة

mam(m)a/məˋmɑ/*n.* ماما (بِلُغة الأطْفال)

mammal/ˋmæməl/*n.* لَبُون (لَبائِنُ) ، حَيَوان ثَدْيِيّ

mammoth/ˋmæməθ/*adj.* جَسِيم ، عَظِيم ، هائِل ، ضَخْم ، مَهُول

n. مَامُوث ، نَوْع من الفيلة البائدة

man/mæn/(*pl.* **men**/men) *n.*

1. (male adult human) رَجُل (رِجال) ، إنْسان

man of the world رَجُلٌ مُجَرِّب ، رَجُلٌ عَرَكَتْهُ الأيّام وَحَنَّكَتْهُ

man in the street الشَّخْصُ العادِيّ ، رَجُلُ الشّارِع

be a man! شدّ حَيْلك ! كُنْ رَجُلًا !

2. (person, human being) شَخْص ، اِمْرُؤٌ (المَرْءُ) ، فَرْد (أفْراد) نَفَرٌ (أنْفار)

they fought to the last man قاتَلُوا حَتّى الرَّجُلِ الأخِير ، قاتَلوا حَتَّى الرَّمَقِ الأخِير

they were agreed to a man اِتَّفَقُوا بالإجْماعِ اتِّفاقَ رَجُلٍ واحِدٍ

man for man we were their equals (رَغْمَ فَوْزِهِم عَلَيْنا) لَمْ يَكُنْ أيٌّ مِنهُم لِيَفُوقنا قُوّة

3. (the human race) الجِنْسُ البَشَرِيّ

4. (*in address*) في الخِطاب

I say old man, can you lend me a pound? هَلْ لَكَ يا عزيزي أنْ تُقْرِضَني جُنَيْهًا ؟

5. (husband) زَوْج (أزْواج)

my old man (*coll.*) جُوزي (م ، س) ، رَجُلي (ع)

6. (*pl.* common soldiers) الجُنُودُ الأنْفار

officers and men الضُّبّاط والأنْفار

7. (piece in chess) قِطْعة شَطْرَنْج وما إلى ذلك

v.t. زَوَّدَ بالأيْدِي العامِلة

manacle/ˋmænəkəl/*n.* قَيْدٌ (قُيُود) ، غُلٌّ (أغْلال) ؛

v.t. قَيَّدَ ، كَبَّلَ

manage/ˋmænɪdʒ/*v.t.*

1. (control) أدارَ ، أشْرَفَ

managing director مُدِير إدارِيّ

2. (deal with successfully) عالَجَ بِنَجاح ، تَمَكَّنَ مِن

3. (*coll.* eat) أكَلَ (ـُـ)

I can't manage any more لا أسْتَطِيعُ المَزِيدَ مِن الأكْل

v.i. (contrive) دَبَّرَ ، تَمَكَّنَ مِن

she manages on very little تُدَبِّرُ أمْرَها بالقَلِيلِ اليَسِير

manageable/ˋmænɪdʒəbəl/*adj.* يُمْكِنُ عَمَلُه أو تَحقِيقُه

management/ˋmænɪdʒmənt/*n.*

1. (control) إدارة ؛ سَيْطَرة ، هَيْمَنة

2. (controlling body) هَيْئَة الإدارة ، المُدِيرُون

manager/ˋmænɪdʒə(r)/*n.* مُدِير (المُؤَسَّسة)

manageress/ˈmænɪdʒəˋres/*n.* مُدِيرة

mandate/ˋmændeɪt/*n.* إنْتِداب

mane/meɪn/*n.* عُرْفٌ (أعْراف) الفَرَس ، لِبْدة (لِبَدٌ ، ألْباد ، لُبُود) الأسَد

man-eater/ˋmæn-itə(r)/*n.* آكِلُ لَحْمِ البَشَر ، نَمِر (أنْمار ، نُمُور) ، كَلْبُ البَحر ، قِرْش (قُرُوش)

manful/ˋmænfəl/*adj.* باسِل ، مِقْدام ، ما يَلِيقُ بالرِّجال

manfully/ˋmænfəlɪ/*adv.* بِشَجاعة ، بِبَسالة ، بِدُونِ تَرَدُّد ، بِعَزْم

manger/ˋmeɪndʒə(r)/*n.* مِذْوَد (مَذاوِدُ) ، مِعْلَف (مَعالِفُ)

mangle/ˋmæŋgəl/*n.* & *v.t.* عَصّارة الغَسِيل ؛ عَصَرَ المَلابِسَ في عَصّارة الغَسِيل ؛ قَطَّعَ إرْبًا إرْبًا

the editor has mangled the original text مَسَخَ المُحَرِّرُ النَّصَّ الأصْلِيّ

mango/ˋmæŋgəʊ/*n.* المَنْغا ، المَنْجة (م) ، الأنْبَج

manhood /ˋmænhʊd /*n.*

1. (maturity) سِنُّ الرُّجُولة ، بُلوغُ سِنِّ الرُّشْد

2. (courage) شَجاعة ، بَسالة

mania/ˋmeɪnɪə/*n.*

1. (madness) جُنُونٌ حادّ ، مَسٌّ

2. (enthusiasm) حَماسٌ بالِغ ، هَوَسٌ

maniac/ˋmeɪnɪæk/*n.* مَجْنُون (مَجانِينُ) ، مَعْتُوه ، مَهْوُوس

maniacal/məˋnɑɪəkəl/*adj.* مَسْعُور ، مَجْنُونٌ شَدِيدُ الهِياج ، مَهْوُوس

manicure/ˋmænɪkjʊə(r)/*n.* & *v.t.* تَجْمِيلُ أظافِرِ اليَد

manifest/ˋmænɪfest/*adj.* واضِح ، بَيِّنٌ ، ظاهِر ، صَرِيح ، جَلِيّ ، سافِرٌ ، بادٍ ، مُتَجَلٍّ

v.t. أبْدَى ، بَيَّنَ ، أظْهَرَ ، أوْضَحَ

manifestation/ˈmænɪfeˋsteɪʃən/*n.* إبْداء ، بَيان ، إظْهار ؛ مَظْهَر ، دَلِيل

manifesto/ˈmænɪˋfestəʊ/*n.* بَيان ، مَنْشُورٌ عامّ

manifold/ مُتَعَدِّدُ الوُجوه والمَظاهِر ،

'mænıfəʊld/*adj.* مُتَنَوِّع
n. مَشْعَب ، وُصْلة بِفُتْحات رَبْطٍ جانِبِيّة (مُحَرِّك السَّيّارة)

manipulate/mə'nıpjʊleıt/*v.t.*
1. (handle with skill) عالَجَ بِمَهارة وَحُنْكة
2. (manage craftily) تَلاعَبَ (بالجُمهور) ، إسْتَغَلَّ شَخْصًا بِمَكْرٍ وَدَهاء ، زَيَّفَ (الحِسابات)

manipulation/ mə'nıpjʊ'leıʃən/*n.* مُعالَجة ماهِرة ؛ إسْتِعمالٌ بِمَكْرٍ وَدَهاءٍ ؛ تَلاعُب ، إسْتِغْلال

mankind/'mæn'kaınd/*n.* الجِنْس البَشَرِيّ ، بَشَرِيّة ، إنْسانِيّة ، البَشَر

manliness/'mænlınəs/*n.* بَسالة ، رُجولة ، مُرُوّة

manly/'mænlı/*adj.* شُجاع ، ذُو رُجولة ؛ (إمرأة) مُسْتَرْجِلة

manner/'mænə(r)/*n.*
1. (way in which a thing is done) طَرِيقة (طَرائِقُ ، طُرُق) ، أُسْلُوب (أَسالِيبُ)
he took command as to the manner born تَوَلَّى القِيادة كَأَنَّه قائِدٌ بالفِطْرة
in a manner of speaking إن جازَ التَّعْبِير
2. (behaviour) تَصَرُّف
3. (*pl.* social behaviour) سُلُوكٌ اجْتِماعِيٌّ ، تَقالِيدُ أو عاداتٌ اجْتِماعِيّة
table manners آدابُ المائِدة
4. (kind or sort) جِنْس (أَجْناس) ، نَوْع (أَنْواع) ، صِنْف (أَصْناف)
all manner of people شَتَّى أَصْناف النّاس

mannerism/'mænərızm/*n.* عادة شَخْصِيّة (حَرَكة أو إيماءة مَثَلًا) مُمَيِّزة لِلمَرْء

manœuvre/mə'nuvə(r)/*n.* مُناوَرة
v.i. قامَ بِمُناوَرات ، تَناوَرَ
v.t. ناوَرَ ، زاوَغَ
can you manœuvre me into a good job? أَتَسْتَطِيع أن تَسْتَعْمِلَ نُفُوذَكَ لِإيجادِ مَنْصِبٍ جَيِّدٍ لي ؟

manor/'mænə(r)/*n.* ضَيْعة إقْطاعِيّة ، مَنْزِلُ صاحِبِ الضَّيْعة

manpower/'mænpaʊə(r)/*n.* الأَيْدِي العامِلة

mansion/'mænʃən/*n.* مَنْزِلٌ كَبِير ، قَصْرٌ رِيفِيّ

manslaughter/ 'mænslɔtə(r)/*n.* القَتْلُ دُونَ عَمْدٍ أو سابِقِ إصْرار ، القَتْلُ خَطَأً

mantel(piece)/'mæntəl(pis)/*n.* رَفُّ المَوْقِد

mantle/'mæntəl/*n.* عَباءة فَضْفاضة ، جُبّة (جُبَب) ، مِعْطَف واسِع

manual/'mænjʊəl/*n.* دَلِيل مُوجَز
adj. يَدَوِيّ

manufacture/ 'mænjʊ'fæktʃə(r)/*v.t. & n.* صَنَعَ (ـَ) بَضائِعَ في مَصْنَع ؛ لَفَّقَ ؛ صِناعة

manufacturer/ 'mænjʊ'fæktʃərə(r)/*n.* صانِع (صُنّاع) ، مُنْتِج

manure/mə'njʊə(r)/*n.* سَماد طَبِيعِيّ ، زِبْل (أَزْبال)
v.t. سَمَّدَ

manuscript/'mænjʊskrıpt/*n.* مَخْطُوط ، مَخْطُوطة
(*abbr.* **MS.** *pl.* **MSS.**) (مَخْطُوطات)

many/'menı/*adj. & n.* كَثِيرٌ مِن ، عِدّة
you may have as many as you like لَكَ أن تَأْخُذَ كَمْ تَشاء
he took one too many أَخَذَ (حِصّةً) واحِدةً أكْثَر مِن اسْتِحْقاقِه ، شَرِبَ أكْثَرَ مِنَ اللازِم
he was one too many for his opponent تَفَوَّقَ على خَصْمِه

map/mæp/*n.* خَرِيطة ، خارِطة (خَرائِطُ)
v.t. (plan out) وَضَعَ خُطّة مُفَصَّلة

mar/mɑ(r)/*v.t.* أَفْسَدَ ، عَكَّرَ صَفْوَ

marathon/'mærəθən/*n.* & *adj.* سِباق الماراثون مسافَتُهُ ٢٦ مِيلًا ؛ (عَمَلٌ) شاقٌّ طَوِيل

marauder/mə'rɔdə(r)/*n.* مُغِيرٌ بِقَصْدِ السَّلْبِ والنَّهْب أو قَتْلِ فَرِيسة

marble /'mɑbəl/*n.*
1. (limestone rock) رُخام ، مَرْمَر
2. (toy) إحْدَى كُرَيّاتٍ زُجاجِيّة يَلعَبُ بِها الصِّبْيان
do you know how to play marbles? أَتَعْرِفُ كَيْفَ تَلْعَبُ الدَّحل (س) الدُّعْبُل (ع) البِيلة (م) ؟

March/mɑtʃ/*n.* شَهْرُ آذار (مارس)

march/mɑtʃ/*n.*
1. (military movement) مِشْية عَسْكَرِيّة
a march past عَرْضٌ عَسْكَرِيٌّ يَمُرُّ مُحَيِّيًا (الرَّئِيسَ مَثَلًا)
he stole a march on his enemy بادَرَ العَدُوَّ بالهُجُوم
2. (progress) تَقَدُّم
the march of time مَرُّ الزَّمان
3. (*mus.*) قِطْعة مُوسِيقِيّة (لِلمِشْية العَسْكَرِيّة)
v.i. & t. سارَ سَيْرًا عَسْكَرِيًّا ؛ أَمَرَ (السَّجِينَ) بالسَّيْر
he gave him his marching orders (*coll.*) طَرَدَهُ مِنَ العَمَل

mare/meə(r)/*n.* فَرَسٌ (أَفْراس) ، مُهْرة

margarine/'mɑdʒərin/*n.* مَرْغَرِين ، زُبْدٌ نَباتِيّ

margin/'mɑdʒın/*n.* حافّة (حافّات) ، طَرَفٌ (أَطْراف) ، حاشِية (حَواشٍ) ، هامِش (هَوامِشُ)
he passed the examination by a narrow margin بالكادِ نَجَحَ في الامْتِحان

marginal/'mɑdʒınəl/*adj.* عَلَى الهامِش ، هامِشِيّ

marijuana/'mærı'hwɑnə/*n.* الماريْهُوانا ، حَشِيشة الكَيْف

marina/mə'rinə/*n.* مِيناءٌ لِليُخُوت وَقَوارِب النُّزْهة

marine /mə'rin /*adj.*

1. (of the sea) بَحْرِيّ
2. (of shipping) مِلاحِيّ
n. **1.** (soldier serving on warship) أَحَدُ جُنُودِ البَحْرِيَّة أَوِ الأُسْطُول
tell that to the marines! اِضْحَكْ عَلَى ذَقْنِ غَيْرِي
2. (shipping, fleet) أُسْطُول
the merchant marine الأُسْطُول التِّجارِيّ
mariner/ˈmærɪnə(r)/*n.* بَحّار (بَحّارة)
marital/ˈmærɪtəl/*adj.* زَواجِيّ ، زَوْجِيّ ، مَنْسُوب إلى الزِّيجة
maritime/ˈmærɪtaɪm/*adj.* ساحِلِيّ ، بَحْرِيّ
marjoram/ˈmɑdʒərəm/*n.* مَرْدَقُوش ، مَرْزَنْجُوش ، سَمْسَق ، عِتْرة (بَهار)
mark / mɑk / *n.*
1. (trace) بُقْعة (بُقَع) ، أَثَر (آثار)
2. (sign) عَلامة (عَلائِم) ، إشارة
3. (unit of merit) دَرَجة أو عَلامة مَدْرَسِيّة (في الامْتِحانات)
4. (target) هَدَف (أَهْداف)
his estimate was wide of the mark أَخْطَأَ في تَقْدِيرِه
he does not feel up to the mark مُتَوَعِّك قَلِيلاً
5. (German coin) المارْك (عُمْلة أَلْمانِيّة)
v.t. **1.** (indicate) بَيَّنَ ، أَشَّرَ ، عَلَّمَ
mark up/down the price رَفَعَ السِّعْرَ ، خَفَّضَه
he was marking time تَرَيَّثَ في العَمَل ، راوَحَ الخُطّة ، لَمْ يُحْرِزْ تَقَدُّمًا ، تَمَهَّلَ
2. (pay attention to) أَصْغَى ، اِنْتَبَهَ إلَى
mark my words! أَصْغِ إلى كَلامِي ، اِنْتَبِه جَيِّدًا لِما أَقُول
3. (assess the merit of) عَلَّمَ أو قَدَّرَ قِيمَةَ (وَرَقة الامْتِحان مَثَلًا)
he marked the examination papers صَحَّحَ أَوْراقَ الامْتِحان (مُقَدِّرًا لَها الدَّرَجات)
4. (stain, disfigure) لَوَّثَ ، شَوَّهَ ، تَرَكَ بُقْعةً عَلَى
also v.i. يَتَلَوَّث (هذا القُماش بِسُهُولة)
market/ˈmɑkɪt/*n.* سُوق (أَسْواق)
market garden مَزْرَعة لِلخُضْرَوات في الضّاحِية
the stock market سُوقُ الأَوْراقِ المالِيّة ، سُوقُ الأَسْهُم أو السَّنَدات المالِيّة
v.t. & i. عَرَضَ سِلْعةً في السُّوق ، (سلعة) تجد سوقا (رائجة)
marksman/ˈmɑksmən/*n.* رامٍ ماهِر ، هَدّاف
marksmanship/ˈmɑksmənʃɪp/*n.* مَهارة في الرَّمْي
marmalade/ˈmɑməleɪd/*n.* مُرَبَّى البُرْتُقال وَغَيْرِه مِن الحِمْضِيّات (أو المَوالِح (م)) ، "مَرْمَلاد"
maroon/məˈrun/*adj.* قِرْمِزِيّ ضارِب إلَى اللَّوْنِ البُنِّيّ ، كَسْتَنائِيّ ، أَكْلَف
v.t. هَجَرَ (ـُ) فُلانًا وَحِيدًا في جَزِيرة نائِية
marooned/məˈrund/*adj.* مَتْرُوك وَحِيدًا في جَزِيرة مَهْجُورة ، مَنْبُوذ
marquee/mɑˈki/*n.* خَيْمة هائِلة لِلحَفَلاتِ خاصّةً ، سُرادِق ، جادِر ضَخْم (ع)
marriage/ˈmærɪdʒ/*n.* زَواج ، قِران ، عُرْس (أَعْراس) ، زِفاف
marriage lines شَهادةُ عَقْدِ الزَّواج
marrow/ˈmærəʊ/*n.*
1. (soft central part of bone) نُخاع ، مُخّ أو مِخّ العَظْم ، نِقْيٌ
2. (vegetable) كُوسا ، كُوسَى (نَبات مِنَ القَرْعِيّات)
marry/ˈmærɪ/*v.t. & i.* تَزَوَّجَ ، عَقَدَ قِرانَه عَلَى ، كَلَّلَ (عِنْدَ المَسِيحِيِّين)
she has married off all her daughters لَقَدْ زَوَّجَتْ كُلَّ بَناتِها
marsh/mɑʃ/*n.* مُسْتَنْقَع (مستنقعات) ، سَبْخة (سِباخ)
marshal/ˈmɑʃəl/*n.* (rank in armed forces) مُشِير (رُتْبة عالِية في القُوّات المُسَلَّحة) ، مارْشال
v.t. نَظَّمَ ، نَسَّقَ ، أَرْشَدَ ، قادَ (يَقُود) في حَفْلٍ رَسْمِيّ
marshy/ˈmɑʃɪ/*adj.* مُسْتَنْقِعِيّ
martial/ˈmɑʃəl/*adj.* عَسْكَرِيّ ، عُرْفِيّ ، حَرْبِيّ
martial law was declared during the riots أُعْلِنَت الأَحْكامُ العَسْكَرِيّة أَثْناءَ حَوادِثِ الشَّغَب
martyr/ˈmɑtə(r)/*n.* شَهِيد (شُهَداء) ، مَن قُتِلَ في سَبِيلِ عَقِيدَتِه
she was a martyr to rheumatism كانت فَرِيسةً لِلرُّوماتِزْم ، قاسَتِ الأَمَرَّيْنِ مِن أَوْجاعِ الرُّوماتِزْم
martyrdom/ˈmɑtədəm/*n.* اِسْتِشْهاد ، مَوْتُ شَهادة
marvel/ˈmɑvəl/*n.* أُعْجُوبة (أعاجِيب) ، عَجِيبة (عَجائِب)
v.i. دُهِشَ مِن ، تَعَجَّبَ أَشَدَّ العَجَب
marvellous/ˈmɑvələs/*adj.* عَجِيب ، بَدِيع ، باهِر
marzipan/ˈmɑzɪpæn/*n.* حَلْوَى مِنَ اللَّوْزِ المَطْحُونِ والسُّكَّر وَزُلال البَيْض
mascot/ˈmæskət/*n.* شَخْص أو شَيْء يُعْتَقَدُ أَنَّه جالِبٌ لِلحَظّ
masculine/ˈmæskjʊlɪn/*adj.*
1. (of men) ذَكَر (ذُكُور) ، فَحْل ، عِنْدَه رُجُولة ، (اِمْرَأة) مُسْتَرْجِلة
2. (*gram.*) مُذَكَّر (خِلافُ المُؤَنَّث)
masculinity/ˌmæskjʊˈlɪnətɪ/*n.* ذُكُورة ، رُجُولة ، فُحُولة
mash/mæʃ/*n. & v.t.* هَرِيس ، مَهْرُوس ، خَبِيصة (س) ؛ هَرَسَ (ـِ) ، خَبَصَ (ـِ) (س)
sausage and mash (*coll.*) سُجُق مُحَمَّر مع بَطاطة مَهْرُوسة

mask/mɑsk/*n.* قِناع (أَقْنِعة) ، كَمّامة واقِيَة
v.t. قَنَّعَ ، أَلْبَسَ وَجْهًا مُسْتَعارًا ، حَجَبَ (ـُ)
he masked his real feelings أَخْفَى مَشاعِرَه الحَقِيقِيَّة
masochism/ˈmæsəkɪzəm/*n.* ماسُوشِية ، التَّلَذُّذ بِتَعْذِيبِ النَّفْس ، حُبُّ التَّأَلُّم
mason/ˈmeɪsən/*n.* حَجّار ، بَنّاء ، مِعْمار ، ماسُونِيّ ، بَنّاءٌ حُرّ
masonry/ˈmeɪsənrɪ/*n.* بِناءٌ حَجَرِيّ ، الماسُونِيّة
Mass/mæs/*n.* قُدّاس ، مُوسِيقَى قُدّاس عَظِيم
mass/mæs/*n.*
1. (*phys.*) كُتْلة (كُتَل) (فِيزياء)
2. (large number) كَوْمة ، كُتْلة ، كَمِّيّة كَبِيرة
mass production إِنْتاجٌ بالجُمْلة
the masses الطَّبَقة العامِلة ، الجَماهِير ، سَوادُ الشَّعْب
v.t. & i. كَتَّلَ ، جَمَّعَ ، حَشَدَ (ـُ) ، تَكَتَّلَ ، تَجَمَّعَ ، تَحَشَّدَ ، اِحْتَشَدَ
massacre/ˈmæsəkə(r)/ *n. & v.t.* مَذْبَحة (مَذابِحُ) ، مَجْزَرة (مَجازِرُ) بَشَرِيّة ، ذَبَحَ ، قَتَلَ ، قامَ بِمَجْزَرة
massage/ˈmæsɑʒ/*v.t. & n.* دَلَّكَ ، مَسَّدَ ، تَدْلِيكٌ طِبِّيّ ، تَمْسِيد ، مَساج
masseur/mæˈsɜ(r)/ (*fem.* **masseuse**/mæˈsɜz/) *n.* مُدَلِّك ، عامِلُ مَساج ، مُدَلِّكة ، عامِلةُ مَساج
massive/ˈmæsɪv/*adj.* ضَخْمٌ ، جَسِيم ، هائِل ، عَلَى نِطاقٍ واسِع ، (بابٌ) مُصْمَت
mast/mɑst/*n.* صارِية (صَوارٍ) ، سارِية (سَوارٍ)
at half mast (العَلَمُ) مُنَكَّسٌ (حِدادًا)
master/ˈmɑstə(r)/*n.*
1. (person in control) سَيِّد (سادة) ، رَئِيس (رُؤَساءُ)
he is his own master هُو سَيِّدُ نَفْسِه ، يَشْتَغِلُ عَلَى حِسابِه
2. (teacher) مُعَلِّم ، مُدَرِّس
3. (university degree) ماجِسْتِير (دَرَجة جامِعِيّة)
Master of Arts (*abbr.* **M.A.**) حامِل ماجِسْتِير
4. (qualified tradesman, expert) ماهِرٌ في حِرْفَتِه ، أُسْطَى ، مُعَلِّم
5. (person of great ability) مُتَمَكِّن ، مُتَضَلِّع ، ضَلِيع
master mind العَقْلُ المُدَبِّر لِمَشْرُوع
v.t.
1. (control) سَيْطَرَ عَلَى ، هَيْمَنَ عَلَى ، تَحَكَّمَ في (عَواطِفِه)
2. (become skilful at) أَتْقَنَ ، أَجادَ ، حَذِقَ (ـَ) في
masterful/ˈmɑstəfəl/*adj.* مُتَسَلِّط ، مُسْتَبِدّ ، مُحِبٌّ لِلسَّيْطَرة
masterly/ˈmɑstəlɪ/*adj.* بارِع ، ذُو مَهارة فائِقة
masterpiece/ˈmɑstəpis/*n.* تُحْفة (تُحَف) ، رائِعة (أَدَبِيّة ، فَنِّيّة) ، خَيْرُ ما أَبْدَعَ مُؤَلِّف ، طُرْفة (طُرَف)

mastery/ˈmɑstərɪ/*n.*
1. (supremacy) سَيْطَرة ، سِيادة ، تَسَلُّط ، تَفَوُّق
2. (thorough knowledge) إِتْقان ، إِجادة تامّة ، تَضَلُّع
mat[1]/mæt/*n.* مِمْسَحة ، حَصِير (حُصُر)
door-mat مِمْسَحة لِلأَرْجُل عِندَ الباب
put a table mat under the hot dish! ضَعِ الرُّقْعَةَ الواقِيَة تَحْتَ الطَّبَقِ الحارّ
mat[2], **matt**/mæt/*adj.* (وَرَقٌ) غَيْرُ مَصْقُول ، (لَوْنٌ) غَيْرُ لامِع
match/mætʃ/*n.*
1. (slip of wood with combustible head) عُودُ كِبْرِيت ، ثِقاب ، شَخّاطة (ع)
2. (contest) مُباراة (مُبارَيات)
3. (equal) نَظِير (نُظَراءُ) ، مَثِيل ، صِنْوٌ ، كُفْءٌ (أَكْفاء)
4. (something that corresponds exactly) شَيْءٌ مُنْسَجِم كُلَّ الانْسِجام (مَعَ سِواه)
5. (marriage) زَواج
6. (eligible person) شَخْصٌ يُعْتَبَرُ صالِحًا لِلزَّواج
she is a good match لَها مُؤَهِّلاتٌ مُمْتازة لِلزَّواج ، هِيَ خَطِيبةٌ ذاتُ حَسَبٍ وَنَسَب
v.t. & i. اِنْسَجَمَ مَعَ ، تَلاءَمَ مَعَ
match-box/ˈmætʃ-bɒks/*n.* عُلْبة كِبْرِيت ، عُلْبة ثِقاب
matchless/ˈmætʃləs/*adj.* فَرِيد ، لا نَظِيرَ له
matchmaker/ˈmætʃmeɪkə(r)/*n.* وَسِيطة الزَّواج ، خاطِبة
match-stick/ˈmætʃ-stɪk/*n.* عُودُ كِبْرِيت ، عُودُ ثِقاب
mate/meɪt/*n.*
1. (one of pair) إِلْفٌ (أُلّاف) ، قَرِين (أَقْران)
2. (marriage partner) زَوْجٌ (أَزْواج) ، زَوْجة (زَوْجات)
3. (officer on ship) نائِبُ الرُّبّان (في سَفِينة)
4. (fellow-worker) رَفِيق (رُفَقاءُ) ، زَمِيل (زُمَلاءُ) (في العَمَل) ، خِلٌّ (خِلّان)
v.t. (*chess*) اِنْتَصَرَ عَلَى مُنافِسِه في لُعْبَةِ الشِّطْرَنْج ، قَهَرَ (ـَ) ، غَلَبَ (ـِ)
v.i. سَفَدَ (ـِ) ، اِتَّصَلَ حَيَوانٌ بِأُنْثاه
material/məˈtɪərɪəl/*adj.*
1. (of matter) مادِّيّ ، مَلْمُوس
2. (worldly) دُنْيَوِيّ ، دَهْرِيّ
3. (relevant) مُناسِب ، مُلائِم
n. 1. (constituent element) مادّة (مَوادّ) ، لَوازِمُ
2. (cloth) قُماش (أَقْمِشة)
materialism/məˈtɪərɪəlɪzm/*n.* مادِّيّة (مَذْهَب ، فَلْسَفة)
materialist/məˈtɪərɪəlɪst/*n.* مادِّيّ ، دُنْيَوِيّ
materialize/məˈtɪərɪəlaɪz/*v.i.* تَجَسَّمَ ، حَقَّقَ
maternal/məˈtɜnəl/*adj.* (حَنانٌ) أُمُومِيّ أو أُمِّيّ

maternal uncle — خَالٌ (أَخْوال)

maternity/mə'tɜnətɪ/*n.* — أُمُومة ، (مُسْتَشْفَى) الوِلادة

mathematical/'mæθə'mætɪkəl/*adj.* — رِياضِيّ ، حِسابِيّ

mathematician/'mæθəmə'tɪʃən/*n.* — عالِمُ رِياضِيّات ، رِياضِيّ

mathematics/'mæθə'mætɪks/*n. pl.* (*abbr.* **math (s)**) — رِياضِيّات ، العُلُومُ الرِّياضِيّة

pure and applied mathematics — الرِّياضِيّاتُ البَحْتة والتَّطْبِيقِيّة

matinée/'mætɪneɪ/*n.* — حَفْلة (تَمْثِيلِيّة) بَعْدَ الظُّهْر ، حَفْلة نَهارِيّة

matriarch/'meɪtrɪɑk/*n.* — امْرأة تَرْأَسُ أُسْرةً أو قَبِيلة

matriculate/mə'trɪkjʊleɪt/*v.i.* — اِجْتازَ امْتِحانَ القَبُول لِجامِعة

matriculation/mə'trɪkjʊ'leɪʃən/*n.* — اِمْتِحان الكَفاءة الثّانَوِيّة

matrimonial/'mætrɪ'məʊnɪəl/*adj.* — زَواجِيّ ، زِيجِيّ

matrimony/'mætrɪmənɪ/*n.* — زَواج ، اِقْتِران

matron/'meɪtrən/*n.*

1. (married woman) — سَيِّدة مُتَزَوِّجة
2. (domestic supervisor in school) — مُشْرِفة عَلَى القِسْمِ الدّاخِلِيّ في مَدْرَسة
3. (chief hospital nurse) — رَئِيسةُ المُمَرِّضات

matt/mæt/*see* **mat**

matter/'mætə(r)/*n.*

1. (subject, affair) — مَوْضُوع (مَواضِيعُ ومَوْضُوعات) ، أَمْرٌ (أُمُور)

a matter of course — أَمْرٌ طَبِيعِيّ ، مَفْرُوغٌ مِنه

as a matter of fact — في الواقِع ، في حَقِيقةِ الأَمْر

2. (thing of importance or concern) — شَيْءٌ ذُو أَهَمِّيّة ، خَطِير

is there anything the matter? — ماذا بِكَ ؟ ماذا جَرَى ؟

no matter what he says, ignore him — غُضَّ النَّظَرَ عَنْه مَهْما يَقُلْ

3. (physical substance) — مادّة (مَوادّ) ، هَيُولَى
4. (material, content of book) — مادّةُ الكِتاب ، مُحْتَوَياته

printed matter — مَطْبُوعات

5. (pus) — قَيْحٌ ، صَدِيد

v.i. — هَمَّ (يَهُمُّ)

it doesn't matter — لا بَأْسَ ، لا ضَيْرَ ، لا يَهُمُّ

matter-of-fact/'mætər-əv-'fækt/*adj.* — (رَجُلٌ) واقِعِيّ ، غَيْرُ خَيالِيّ

mattress/'mætrəs/*n.* — فِراش ، دَوْشَك (ع) ، مَرْتَبة (م) ، فَرْشة (س)

mature/mə'tjʊə(r)/*adj.* — ناضِج ، مُكْتَمِلُ النُّمُوّ

v.i. — نَضَجَ (ـُ) ، أَيْنَعَ (يَيْنَعُ)

maturity/mə'tjʊərɪtɪ/*n.* — نُضجٌ ، يُنُوع ، بُلُوغ ، كُهُولة

maul/mɔl/*v.t.* — نَهَشَ (ـَ) ، مَزَّقَ (فَرِيسَتَه)

stop mauling me about — دَعِ المُغازَلة (أو المُداعَبة) بِيَدِك !

maxim/'mæksɪm/*n.* — قَوْلٌ مَأْثُور ، حِكْمة (حِكَم)

maximum/'mæksɪməm/ (*pl.* **maxima**/'mæksɪmə/) *n. & adj.* — الحَدُّ الأَعْلَى ، الحَدُّ الأَقْصَى ؛ قُصْوَى

May/meɪ/*n.* — أَيّار (شَهْر مايُو)

May Day — عِيدُ أَوَّلِ أَيّار (مايُو) ، عِيدُ العُمّال

may/meɪ/(*p.t.* **might**) *v. aux.*

1. (expressing possibility) — قَدْ (يَحْدُثُ) ، رُبَّما ، لَعَلَّ
2. (expressing permission) — يُمكِن ، يَجُوز ، له أن ...
3. (expressing wish, hope, purpose) — عَساهُ (يَعِيش) ، لَيْتَ

may they live long! — عاشُوا أَبَدًا ! أَطالَ اللّه أَعْمارَهُم أو بَقاءَهُم

maybe/'meɪbi/*adv.* — رُبَّما (يَصِلُ) ، يَجُوزُ أَنْ (يَصِلَ)

mayor/meə(r)/(*fem.* **mayoress**/meə'res/)*n.* — رَئِيسُ البَلَدِيّة ، عُمْدةُ البَلْدة ؛ رَئِيسة البَلَدِيّة

Lord Mayor — رَئِيسُ بَلَدِيّةِ مَدِينةٍ كَبِيرة (وخاصّةً لَنْدَن)

maze/meɪz/*n.* — مَتاهة

me/mi/*obj. case of pron.* **I** — ضَمِيرُ المُتَكَلِّم في حالَتَيِ النَّصْب والجَرّ

meadow/'medəʊ/*n.* — مَرْجٌ (مُرُوج)

meagre/'migə(r)/*adj.* — ضَئِيل ، يَسِير

meal/mil/*n.*

1. (occasion of eating, food consumed) — طَعام (أَطْعِمة) ، وَجبة طَعام
2. (ground grain) — جَرِيش

mean[1]/min/(*p.t. & p.p.* **meant**/ment/) *v.t. & i.*

1. (signify, be worth) — عَنَى (يَعْنِي)

what do you mean by insulting me? — كَيْفَ تَجْرُؤُ عَلَى إِهانَتِي

his visit means a lot to me — إِنّ زِيارَتَه عَظِيمةُ الأَهَمِّيّة عِنْدِي

2. (intend) — نَوَى (يَنْوِي)

he means business — إِنّه جادٌّ كُلَّ الجِدّ ، لَيْسَ ما يَقُولُه كَلامًا فارِغًا !

he means well — يُرِيدُ خَيْرًا فَيُسِيءُ بِحُسْنِ النِّيّة

mean[2]/min/*n.*

1. (middle, average) وَسَطٌ ، مُعَدَّل
we try to hit the happy mean إِنّنا نُحاوِلُ أَنْ نَتَوَصَّلَ إلَى الاعْتِدال
2. (*pl.* methods) وَسائِلُ ، أَساليبُ
by all means بِكُلِّ تأكِيد ، لَيْسَ عِنْدِي أَدْنَى مانِع
by fair means or foul بالحَقِّ أو بالباطِل
3. (*pl.* resources) وَسائل العَيْش
he lives with his means لا يُنْفِقُ أَكْثَرَ مِن دَخْلِه
means test اِسْتِقْصاءٌ رَسْمِيّ لِمَعْرِفة دَخل مَنْ يَطْلُبُ إعانةً حُكُومِيّة

adj. (average) مُعَدَّل
Greenwich Mean Time تَوْقِيت غرِينِتْش (المِعْيارِيّ)
mean[3] / min / *adj.*
1. (inferior, humble) حَقِير ، سافِل ، وَضِيع
he is no mean scholar إنّه عالِمٌ لا يُشَقُّ له غُبار
2. (not generous, unkind) شَحِيح ، بَخِيل ، ضَنِين ، خَسِيس
meander / mɪ'ændə(r) / *v.i.* تَعَرَّجَ ، اِلْتَوَى
(*fig.*) هامَ عَلَى وَجْهِه
meaning / 'minɪŋ / *n.* مَعْنًى (مَعانٍ) ، مَدْلُول (مَدْلُولات)
meanness / 'min-nes / *n.* بُخْلٌ ، شِحّة ، خِسّة
meantime / 'mintaɪm / *adv.* & *n.* في غُضُون ذلك ، في هذه الأثناء ، خِلالَ ؛ فَتْرةٌ ما بَيْنَ عَهْدَيْن
meanwhile / 'minwaɪl / *adv.* & *n.* فِيما بَيْنَ ذلك ، في ذاتِ الوَقْت ، أَثناءَ ذلك ؛ الفاصِلة الزَّمَنِيّة
measles / 'mizəlz / *n. pl.* مَرَضُ الحَصْبة
German measles الحَصْبة الأَلْمانِيّة ، الحُمَيْراء
measure / 'meʒə(r) / *n.*
1. (size, quantity, degree) مِقْياس (مَقايِيسُ) ، مِكْيال (مَكايِيلُ) ، حَجْمٌ (حُجُوم)
he gave the buyer short measure بَخَسَ الكَيْلَ لِلْمُشْتَرِي ، طَفَّفَ الوَزْن
clothes made to measure مَلابِس مُفَصَّلة عَلَى لابِسِها (غَيْرُ جاهِزة)
2. (metre, rhythm) وَزْنُ الشِّعر
3. (course of action) إجْراء (إجْراءات) ، عَمَلٌ (أَعْمال)
he took measures against disaster اِتَّخَذَ إجْراءاتٍ لِلحَيْلُولة دُونَ الكَوارِث
v.t. & *i.* قاسَ (يَقِيسُ) ، وَزَنَ (يَزِنُ)
he measured his length اِنْبَطَحَ عَلَى الأَرض
he did not measure up to the job لَمْ يَكُنْ كُفْأً لِلعَمَلِ المَنُوطِ بِهِ
measurement / 'meʒəmənt / *n.* قِياس (قِياسات) ، مِقْياس (مَقايِيسُ)
meat / mit / *n.* لَحْم (لُحُوم)
meaty / 'mitɪ / *adj.* مَوْفُورُ اللَّحْم ، (مَقالٌ) دَسِمٌ

Mecca / 'mekə / *n.* مَكّة المُكَرَّمة ؛ قِبْلة الأَنْظار (مِنْ كُلِّ شَيْء)
mechanic / mɪ'kænɪk / *n.* (عامِلٌ) مِيكانِيكِيّ ، آلِيّ
mechanical / mɪ'kænɪkəl / *adj.* آلِيّ ، مِيكانِيكِيّ ؛ مِن غَيْرِ رَوِيّة أو تفكِير
mechanics / mɪ'kænɪks / *n. pl.* عِلْم المِيكانِيكا
mechanism / 'mekənɪzm / *n.* آلِيّة ، تَرْكِيب ؛ جِهازِيّة
mechanization / 'mekənaɪ'zeɪʃən / *n.* مَكْنَنة ، تَجْهِيزٌ بِمُعَدّاتٍ مِيكانِيكِيّة
mechanize / 'mekənaɪz / *v.t.* مَكْنَنَ ، أَدخَلَ الآلاتِ في الصِّناعة
medal / 'medəl / *n.* مِدالِية ، وِسام (أَوْسِمة)
meddle / 'medəl / *v.i.* تَدَخَّلَ فِيما لا يَعْنِيه
media / 'midɪə / *n., pl. of* **medium** وسائلُ الإعلام (الصَّحافة والبَثّ الإذاعِيّ والتِّلِفِزْيُونِيّ)
mediate / 'midɪeɪt / *v.i.* & *t.* تَوَسَّطَ بَيْنَ فَرِيقَيْن مُتَخاصِمَيْن
mediation / 'midɪ'eɪʃən / *n.* وَساطة ، شَفاعة
وَسِيط (وُسَطاءُ) ، شَفِيع (شُفَعاءُ)
medical / 'medɪkəl / *adj.* طِبِّيّ
medicinal / mɪ'dɪsɪnəl / *adj.* ذُو خَصائِصَ عِلاجِيّة ، دَوائِيّ
medicine / 'medsɪn / *n.*
1. (science) عِلْمُ الطِّبّ
2. (curative substance) دَواء (أَدْوِية) ، عِلاج (عِلاجات)
he got some of his own medicine هَذِه بِضاعَتُه رُدَّت إلَيْه
he took his medicine like a man صَبَرَ عَلَى المَكْرُوه ، تَقَبَّلَ الشَّدائِدَ بِصَدْرٍ رَحْب
medieval / 'medɪ'ivəl / *adj.* قُرُوسْطِيّ ، مَنْسُوبٌ إلَى القُرُون الوُسْطَى
mediocre / 'midɪ'əʊkər / *adj.* دُونَ المُتَوَسِّط ، دُونَ المَقْبُول
mediocrity / 'midɪ'okrɪtɪ / *n.* حَقارة ، وَضاعة ، ضُعف
meditate / 'medɪteɪt / *v.i.* & *t.* تَأَمَّلَ ، تَفَكَّرَ في
meditation / 'medɪ'teɪʃən / *n.* إطالة تَفكِير في ، تَأَمُّل في
mediterranean / 'medɪtə'reɪnɪən / *adj.* مُتَوَسِّط ، مَنْسُوبٌ إلَى البَحْرِ الأَبْيَضِ المُتَوَسِّط
medium / 'midɪəm / (*pl.* **media, mediums**) *n.*
1. (agency, means) وَسِيلة (وَسائِلُ) ، واسِطة (وَسائِطُ) ؛ وَسِيط في تَحْضِير الأَرْواح
2. (middle state) وَسَطٌ ، مُعَدَّل
the happy medium خَيْرُ الأُمُور أَوْسَطُها
adj. مُتَوَسِّط
medley / 'medlɪ / *n.* خَلِيط (أَخْلاط) ، غَيْرُ مُتَجانِس
meek / mik / *adj.* وَدِيع ، لَطِيف ، دَمِث
meet / mit / (*p.t.* & *p.p.* **met** / met /) *v.t.*

1. (encounter) لاقَى ، قابَلَ ، واجَهَ
he met the London train اِسْتَقْبَلَ القادِمِينَ بِقِطار لَنْدَن
he met him half-way (*fig.*) اِتَّفَقنا على حَلٍّ وَسَطٍ
there is more in it than meets the eye وَراءَ الأَكَمة ما وَراءَها ، ما خَفِيَ من الأَمر أَعْظَم
2. (satisfy) وَفَى (يَفِي) ، سَدَّ (ـُ)
v.i. اِلْتَقَيا
his efforts met with success تَكَلَّلَتْ جُهُودُه بالنَّجاح
the suggestion met with general approval قُوبِلَ الاقْتِراحُ بالاِسْتِحْسانِ العامّ
he met with an accident أُصِيبَ في حادِث
it is always difficult to make both ends meet مِنَ الصَّعْبِ دائمًا المُوازَنَةُ بَيْنَ الدَّخْلِ والخَرْج
meeting/ˈmitɪŋ/*n.* اِجْتِماع (اِجْتِماعات) ، جَلْسة
megaphone/ˈmegəfəʊn/*n.* بُوقٌ مُكَبِّرٌ لِلصَّوت
melancholic/ˈmelənˈkolɪk/*adj.* سَوْداوِيّ ، كَئِيب ، مُكْتَئِب
melancholy/ˈmelənkəlɪ/ *n. & adj.* سَوْداء ، كَآبة ، اِكْتِئاب ، سَوْداوِيّ ، كَئِيب ، تَسْتَبِدُّ بهِ السَّوْداء
mellow/ˈmeləʊ/*adj.* (صَوْتٌ) عَذْب ، يانِع ، ناعِم
of mellow judgement حَصِيفُ الرَّأْي
v.t. & i. أَنْضَجَته (التَّجارِب) ؛ اِحْلَوْلَت (الفاكِهة) وَتَلاشَت مَرارَتُها
melodic/məˈlodɪk/*adj.* ذُو عَلاقةٍ بالأَلْحانِ وَتَرْتِيبِ الأَنْغام ، لَحْنِيّ أو نَغَمِيّ
melodious/məˈləʊdɪəs/ *adj.* رَخِيم ، مُطْرِب ، شَجِيّ ، (أُغْنِية) عَذْبة
melodrama/ ˈmelədramə/*n.* مِيلُودْراما ، مَشْجاة ، مَسْرَحِيّة تُبالِغُ في إثارةِ العَواطِف وَلِعُقْدَتِها نِهايةٌ سَعِيدة
melodramatic/ ˈmelədrəˈmætɪk/*adj.* مَشْجاتِيّ
melody/ˈmelədɪ/*n.* لَحْنٌ (عَذْب) ، نَغَمٌ (أَنْغام) مُتآلِف
melon/ˈmelən/*n.* بَطِّيخ ، شَمّام ، دُلّاع ، جَبَس ، قاوُون (م ، س)
melt/melt/(*p.p.* **melted**/ˈmeltɪd/ *or* **molten**/ˈməʊltən/) *v.i.* ذابَ (يَذُوب) ، اِنْصَهَر ؛ رَقَّ (فُؤادُها)
melting-point دَرَجة الذَّوَبان أو الاِنْصِهار
the crowd quickly melted away تَلاشَت الجَماهِيرُ بِسُرْعة
she melted into tears اِنْفَجَرت باكِيةً
v.t. أَذابَ ، ذَوَّبَ ، صَهَرَ (ـَ) ، أَسالَ ، أَماعَ
he melted down the silver goblet صَهَرَ كَأْسَ الخَمْرِ الفِضِّيّة
in the melting pot في البُودَقة (أو البُوتَقة) ؛ في مَرْحَلةٍ اِنْتِقالِيّة (*fig.*)
member/ˈmembə(r)/*n.* عُضْوٌ (أَعْضاء)
Member of Parliament (*abbr.* **M.P.**) عُضْوٌ في البَرْلَمان (البريطانيّ)
membership/ˈmembəʃɪp/*n.* عُضْوِيّة
membrane/ˈmembreɪn/*n.* غِشاء ، شَغاف رَقِيق
memo/ˈmeməʊ/*abbr.* *of* **memorandum**
memoirs/ˈmemwaz/*n. pl.* مُذَكِّرات
memorable/ ˈmemərəbəl/*adj.* جَدِيرٌ بالذِّكْر ، (يَوْمٌ) يُذْكَر ، مَأْثُور (لا يُنْسَى) ، (حَدَثٌ) مَشْهُور
memorandum/ˈmeməˈrændəm/ (*pl.* **memoranda, memorandums** /ˈmemaˈrændə, ˈmeməˈrændəmz/)*n.* مُذَكِّرة
memorial/məˈmɔrɪəl/*n.* & *adj.* نُصُب (أَنْصاب) تَذْكارِيّ ؛ تَذْكارِيّ
memorize/ˈmeməraɪz/ *v.t.* حَفِظَ عَن ظَهْرِ قَلْب (أو غَيْبًا) ، اِسْتَظْهَرَ ، اِسْتَذْكَرَ
memory/ˈmemərɪ/*n.* ذاكِرة ، حافِظة
in memory of . . . . . تَخْلِيدًا لِ ، تَذْكارًا لِ ، إحْياءً لِذِكْرِ
within living memory عَلَى ما يَذْكُرُه الأَحْياء
men/men/*pl. of* **man**
menace/ˈmenəs/*n.* تَهْدِيد ، أَذًى ، تَوَعُّد ، إنْذار
v.t. هَدَّدَ ، تَوَعَّدَ ، أَنْذَرَ بالخَطَر
menagerie/məˈnædʒərɪ/*n.* مَجْمُوعة حَيَواناتٍ نادِرة
mend/mend/*v.t. & i. &* *n.* أَصْلَحَ ، حَسَّنَ (الوَضْع) ، رَمَّ ؛ تَرْمِيم ، تَرْقِيع (الحِذاء)
least said soonest mended قَلِّلِ الكَلامَ تُبْعِدِ الخِصام
the patient is now on the mend وأَخِيرًا بَدَأَت صِحَّةُ المَرِيضِ بالتَّحَسُّن
mending/ˈmendɪŋ/*n.* إصْلاح ، رَتْق ؛ (الثِّيابُ التي) تَحتاجُ إلَى رَتْق
menial/ˈminɪəl/*adj.* (عَمَلٌ) حَقِير
menstruation/ ˈmenstrʊˈeɪʃən/*n.* حَيْضٌ ، عادةٌ شَهْرِيّة ، طَمْثٌ
mental/ˈmentəl/*adj.* ذِهْنِيّ ، عَقْلِيّ
mental deficiency تَخَلُّفٌ عَقْلِيّ
oh, he's mental (*coll.*) هو مَخْبُول
mentality/menˈtælɪtɪ/*n.* عَقْلِيّة ، ذِهْنِيّة
mentally/ˈmentəlɪ/*adv.* عَقْلِيًّا
mention/ˈmenʃən/*v.t.* & *n.* ذَكَرَ (ـُ) ، نَوَّهَ ، أَشارَ إلَى ؛ ذِكْرٌ ، تَنْوِيهٌ ، إشارةٌ إلَى
don't mention it العَفْو ، لا شُكْرَ على واجِب ، عَفْوًا
not to mention . . . فَضْلًا عَن ، ما عَدا ، عِلاوَةً على
mentor/ˈmentɔ(r)/*n.* ناصِحٌ أَمِين ، مُرْشِد

menu/'menju/*n.* قائمة الأطعمة في مطعم

mercantile/'mɜkəntaɪl/*adj.* تجاري ؛ كسبي

mercenary/'mɜsənrɪ/ *adj. & n.* أجير ، مرتزق (مرتزقة) ؛ عمل مأجور

his attitude is mercenary وضعه وضع جشع يطمع في المزيد

merchandise/'mɜtʃəndaɪz/*n.* بضائع ، سلع ؛ بضاعة ، سلعة

merchant/'mɜtʃənt/*n. & adj.* تاجر (تجار) ؛ تجاري

he is a speed merchant (*sl.*) يحب السياقة بسرعة جنونية

merchantman/'mɜtʃəntmən/*n.* سفينة تجارية

merciful/'mɜsɪfəl/*adj.* رحيم ، رؤوف

merciless/'mɜsɪləs/*adj.* عديم الرحمة ، قاسي القلب ، قليل الشفقة

mercury/'mɜkjʊrɪ/*n.* زئبق

mercy/'mɜsɪ/*m.* رحمة ، رأفة ، بركة

it is a mercy he did not fall فبرحمة من الله لم يقع ، لحسن الحظ لم يسقط

mere/'mɪə(r)/*adj.* مجرد ، ليس إلا ، ليس غير

merely/'mɪəlɪ/*adv.* فقط ، فحسب

merge/mɜdʒ/*v.t. & i.* دمج (ـِ) ؛ اندمج

merger/'mɜdʒə(r)/*n.* دمج ؛ اندماج (دولتين أو شركتين)

meridian/mə'rɪdɪən/*n.* خط الطول ، خط الزوال الشمسي

meringue/mə'ræŋ/*n.* حلوى هشة من بياض البيض المخفوق والسكر

merit/'merɪt/*n.* مزية (مزايا) ، فضل (أفضال) ، جدارة

he judged the case on its merits نظر في الأمر بموضوعية مجردة

v.t.

meritorious/'merɪ'tɔrɪəs/*adj.* فاضل ، جدير بالتقدير والثناء ، يستحق الإشادة

merriment/'merɪmənt/*n.* مرح ، جذل ، ابتهاج

merry/'merɪ/*adj.*

1. (happy) مرح ، فرح ، جذلان

2. (*coll.* tipsy) منتش ، منشنش (ع) ، مونن (م)

merry-go-round/'merɪ-gəʊ-raʊnd/*n.* أرجوحة دوارة في مدينة الملاهي

mesh/meʃ/*n.* إحدى عيون الشبكة ؛ حجم الثقب في شبكة ؛ تعشيق أسنان التروس

mess/mes/*n.*

1. (muddle) اضطراب ، فوضى

2. (dirt) قذارة ، وسخ

3. (*mil.*) غرفة الطعام (عسكرية)

officer's mess مكان مخصص لإقامة الضباط ومأكلهم

v.t. also **mess up** وسخ ، أفسد ؛ لخبط ، خربط

message/'mesɪdʒ/*n.* رسالة شفوية أو مكتوبة ، بلاغ (بلاغات) ؛ مغزى

messenger/'mesɪndʒə(r)/*n.* رسول (رسل) ، ساع (سعاة)

Messiah/mə'saɪə/*n.* المسيح ، تأليف موسيقي لهاندل

Messrs./'mesəz/*pl. of* **Mr.**

messy/'mesɪ/*adj.* مشوش ، وسخ ، (غرفة) مخربطة

met/met/*p.t. & p.p. of* **meet**

metabolism/mə'tæbəlɪzəm/*n.* عملية الأيض أو التحول الغذائي في الخلايا (طب)

metal/'metəl/*n.*

1. (mineral substance) معدن (معادن) ، فلز (فلزات)

2. (broken stone) *also v.t.* دبش ، مكدام ؛ رصف طريقا بهذه الأحجار المضغوطة

metalled road طريق مرصوف بكسر الأحجار

metallic/mɪ'tælɪk/*adj.* (رنين) معدني

metallurgist/mɪ'tælɜdʒɪst/*n.* عالم بالمعادن

metallurgy/mɪ'tælɜdʒɪ/*n.* الميتالورجيا ، علم المعادن

metamorphosis/'metə'mɔfəsɪs/*n.* تحول جذري (في شكل الحشرات أو في شخصية الإنسان)

metaphor/'metəfɔ(r)/*n.* استعارة ، مجاز

metaphorical/'metə'fɔrɪkəl/*adj.* استعاري ، مجازي

mete/mit/*v.t.* (*with* **out**) أعطاه حصته أو نصيبه ؛ عاقب ، كافأ ، جازى

meteor/'mitɪɔ(r)/*n.* نيزك (نيازك) ، شهاب (شهب)

meteoric/'mitɪ'ɔrɪk/*adj.* نيزكي ، شهابي ؛ سريع

meteorite/'mitɪəraɪt/*n.* نيزك ، حجر جوي

meteorologist/'mitɪər'ɔlədʒɪst/*n.* اختصاصي بالجويات ، عالم بالأرصاد الجوية ، راصد جوي

meteorology/'mitɪər'ɔlədʒɪ/*n.* علم الأرصاد الجوية ، جويات

meter/'mitə(r)/*n.* عداد (عدادات)

method/'meθəd/*n.*

1. (way) طريقة (طرق ، طرائق) ، أسلوب (أساليب) ، منهج (مناهج)

2. (orderliness) نظام (أنظمة) ، ترتيب (ترتيبات)

there is method in his madness ليس سلوكه على ما يبدو من الجنون

methodical/mə'θɔdɪkəl/*adj.* منهجي ، منظم ، مرتب ، منسق

methylated spirit/'meθɪleɪtɪd 'spɪrɪt/*n.* كحول الوقود ، كحول محول

abbr. **meths.**/meθs/

meticulous/mə'tɪkjʊləs/ *adj.* شديد التمحيص والتحقيق ، مدقق

metre/ˈmitə(r)/*n.*
1. (unit of length) مِتْر (أَمْتار)
2. (measure of rhythm in poetry) بَحْرٌ مِن بُحُور الشِّعْر ، وَزْن (أَوْزان)

metric/ˈmetrɪk/*n.* مِتْرِيّ
metric system النِّظام المِتْرِيّ

metropolis/məˈtropəlɪs/*n.* العاصِمة ، المَدِينة العُظْمَى ، مَدِينة أُسْقُفِيَّة ، حاضِرةُ البِلاد

metropolitan/ˈmetrəˈpolɪtən/*adj.* عاصِمِيّ ، نِسْبة إلى حاضِرة البِلاد

mettle/ˈmetəl/*n.* حَماسة ، حَمِيَّة ، عَزْم

mew/mju/*n. & v.i.* مُواء ، ماءَ (يَمُو)

miaow/mɪˈaʊ/*n. & v.i.* مُواءُ (القِطّ) ، ماءَ (يَمُوءُ)

mica/ˈmaɪkə/*n.* بَلَق ، المِيكا

mice/maɪs/*pl. of* **mouse**

micro-/ˈmaɪkrəʊ-/*in comb.* بادِئة بِمَعْنَى صَغِير جِدًّا

microbe/ˈmaɪkrəʊb/*n.* جُرْثُومة (جَراثِيمُ) ، مِيكْرُوب (مِيكْرُوبات) ، حُبَيٌّ (حُبَيّات)

microdot/ˈmaɪkrəʊdot/*n.* رِسالة سِرِّيَّة مُصَغَّرة بِحَجْم مِجْهَرِيّ

microfilm/ˈmaɪkrəʊfɪlm/*n. & v.t.* فِيلْم لِالْتِقاط صُوَر صَغِيرة تُكَبَّرُ فِيما بَعْد ؛ عَمَلِيَّة الْتِقاطِ مِثْل هذه الصُّوَر

microphone/ˈmaɪkrəfəʊn/*n.* مُكَبِّر أو مُجْهِر الصَّوْت ، المايكْرُوفُون

microscope/ˈmaɪkrəskəʊp/*n.* مِجْهَر ، مِيكْرُوسْكُوب

microscopic/ˈmaɪkrəˈskopɪk/*adj.* مِجْهَرِيّ ، دَقِيق لا يُرَى بالعَيْن المُجَرَّدة ، بالِغُ الصِّغَر

mid/mɪd/*adj.* وَسَط ، مُنْتَصَف

midday/ˈmɪd-deɪ/*n. & adj.* الظَّهِيرة ، مُنْتَصَف النَّهار ؛ (وَجْبة) الظُّهْر

middle/ˈmɪdəl/*n. & adj.* وَسَط ، مُنْتَصَف
the Middle Ages القُرُون الوُسْطَى
the Middle East الشَّرْقُ الأَوْسَط

middle-aged/ˈmɪdəl-ˈeɪdʒd/*adj.* كَهْلٌ (كُهُول) ؛ نَصَفٌ (لِلمَرْأة)

middle-class/ˈmɪdəl-ˈklas/*adj.* نِسبة إلى الطَّبَقة الوُسْطَى أو المُتَوَسِّطة

middle-man/ˈmɪdəl-mæn/*n.* سِمْسار أو وَسِيط بَيْنَ البائِع والمُشْتَرِي

middling/ˈmɪdlɪŋ/*adj.* بَيْنَ بَيْن ، مُتَوَسِّطُ الحال

midge/mɪdʒ/*n.* حَشَرة تُشْبِهُ البَعُوضة (مِن فَصِيلة الهَمُوشِيّات) ، بَرْغَشة (بَرْغَش أو بَراغِيش)

midget/ˈmɪdʒɪt/*n. & adj.* قَزَمٌ (أَقْزام) ؛ نُسْخة مُصَغَّرة من جِهازٍ ما

midnight/ˈmɪdnaɪt/*n. & adj.* مُنْتَصَفُ اللَّيْل ؛ نِصْفُ اللَّيْل
he burnt the midnight oil إِنْكَبَّ عَلَى الدَّرْس والتَّحْصِيل

midst/mɪdst/*prep. & n.* وَسْط ، في وَسْط
there is a traitor in our midst بَيْنَ ظَهْرانِينا خائِنٌ

midsummer/ˈmɪd-sʌmə(r)/*n. & adj.* صَيْف صائِف ، في أَواسِط الصَّيْف
this is midsummer madness ما هذا إلّا جُنُونٌ مُطْبِق

midway/ˈmɪdweɪ/*adv. & adj.* نِصْفُ الطَّرِيق ، في مُنْتَصَفِه

midwife/ˈmɪdwaɪf/*n.* قابِلة ، داية ، مُوَلِّدة

might[1]/maɪt/*n.* قُوَّة (قُوًى) ، سَطْوة ، جَبَرُوت ، بَطْش

might[2]/maɪt/*p.t. of* **may**

mighty/ˈmaɪtɪ/*adj. & adv.* قَوِيّ ، جَبّار ، قَدِير ، شَدِيدُ البَأْس ؛ بِشَكْلٍ هائِل
he thinks himself mighty clever (*coll.*) يَخالُ نَفْسَه بارِعَ الذَّكاء

migraine/ˈmigreɪn/*n.* صُداع نِصْفِيّ ، شَقِيقة (طِبّ)

migrant/ˈmaɪgrənt/*adj. & n.* مُهاجِر ، نازِح

migrate/maɪˈgreɪt/*v.i.* هاجَرَ ، نَزَحَ (ــَ)

migration/maɪˈgreɪʃən/*n.* هِجْرة ، نُزُوحٌ عَن الوَطَن

mild/maɪld/*adj.* لَطِيف ، مُعْتَدِل ، خَفِيف ، دَمِث ، لَيِّن
he ordered a pint of mild and bitter طَلَبَ في الحانة قَدَحًا كَبِيرًا مِن البِيرة الخَفِيفة مَمْزُوجة مَعَ القَوِيَّة

mildew/ˈmɪldju/*n.* عَفَنٌ فِطْرِيّ يَكْسُو سَطْحَ المَوادّ العُضْوِيَّة بِتَأْثِير الرُّطُوبة

mile/maɪl/*n.* مِيلٌ بَرِّيّ (قدره ١٧٦٠ يارِدة) (أَمْيال)

mileage/ˈmaɪlɪdʒ/*n.* المَسافة (المَقْطُوعة) بالأَمْيال

milestone/ˈmaɪlstəʊn/*n.* حَجَرُ المَسافة ، صُوَّة (صُوًى) ؛
(*fig.*) حَدَثٌ تارِيخِيّ هامّ

militant/ˈmɪlɪtənt/*adj.* مُحارِب ، مُناضِل ، مُكافِح

militarism/ˈmɪlɪtərɪzm/*n.* مَبْدَأُ التَّسَلُّط العَسْكَرِيّ ، الإِيمانُ بالحَلّ العَسْكَرِيّ

militarist/ˈmɪlɪtərɪst/*n.* مُحَبِّذٌ لِلتَّسَلُّط العَسْكَرِيّ

military/ˈmɪlɪtrɪ/*adj. & n.* عَسْكَرِيّ ، حَرْبِيّ
the military took charge أَخَذَ العَسْكَرِيُّون المَسْؤُولِيَّة عَلَى عاتِقِهِم

militate/ˈmɪlɪteɪt/*v.i.* (*with* **against**) عَمِلَ ضِدَّ ، أَضَرَّ بِـ

militia/mɪˈlɪʃə/*n.* حَرَسٌ أَهْلِيّ ، مِيلِيشيا وَطَنِيَّة

milk/mɪlk/*n.* حَلِيب ، لَبَن (م)
milk tooth سِنٌّ مِن الأَسْنان اللَّبَنِيَّة
it's no use crying over spilt milk لا يَنْفَعُ النَّدَمُ بَعْدَ العَدَم
v.t. حَلَبَ (ــُ) ، إِحْتَلَبَ

milkman/ˈmɪlkmən/*n.* بائِع الحَلِيب ومُوَزِّعُه ، لَبّان

milky/ˈmɪlkɪ/*adj.* حَلِيبِيّ ، لَبَنِيّ

the Milky Way دَرْبُ التَّبّانة ، المَجَرّة
mill/mɪl/*n.*
1. (building with طاحُونة (طَواحِينُ)
machinery for grinding)
he went through the عانَى الأَمَرَّيْن ، اِجْتازَ أَمَرَّ
mill المِحَن
run of the mill اِعْتِيادِيّ ، مُبْتَذَل
2. (factory) مَصْنَع (مَصانِعُ) ، مَعْمَل (مَعامِلُ)
v.t. جَرَشَ (ـِ) ، طَحَنَ (ـَ) ، سَحَقَ (ـَ)
a 10p piece has a لِقِطعَةِ النَّقْدِ ذاتِ العَشْرة
milled edge بنسات حافّة مُسَنَّنة
miller/ˋmɪlə(r)/*n.* طَحّان ، صاحِب مَطْحَنة
millet/ˋmɪlɪt/*n.* دُخْن ، جاوَرْس
milliner/ˋmɪlɪnə(r)/*n.* صانِعة أو بائِعة قُبَّعات النِّساء
millinery/ˋmɪlɪnrɪ/*n.* صِناعةُ قُبَّعاتِ النِّساء أو الاتِّجارُ بِها
million/ˋmɪljən/*n.* مِلْيون (مَلايِينُ)
millionaire/ مِلْيُونِير ، صاحِبُ المَلايِين ، غَنِيٌّ جِدًّا
'mɪljə'neə(r)/*n.*
millstone/ˋmɪlstəʊn/*n.* حَجَرُ الرَّحَى أو الطّاحُونة ؛
عِبْءٌ باهِظ
mime/maɪm/*n.* & *v.t.* & تَمْثِيل إيمائِيّ ؛ مَثَّلَ دَوْرًا
i. بالإيماءات فَقَط
mimic/ˋmɪmɪk/*n.* & *adj.* مُقَلِّد ، حاذِقٌ في التَّقْلِيد ؛
& *v.t.* قَلَّدَ ، حاكَى
mimicry/ˋmɪmɪkrɪ/*n.* تَقْلِيدٌ بالإيماء ، مُحاكاة تَمْثِيلِيّة
mimosa/mɪˋməʊzə/*n.* السِّتّ المُسْتَحِيّة ، حَسّاسة ،
خَجُولة (نَبات مُزْهِر مِن فَصِيلة السَّنْطِيّات)
minaret/'mɪnə'ret/*n.* مِئْذَنة (مَآذِنُ) ، مَنارة
mince/mɪns/*n.* لَحْمٌ مَفْرُوم
mince-pie فَطِيرة مَحْشِيّة بالفَواكِه المَفْرُومة والبِهارات
v.t. فَرَمَ (ـِ) ، فَرَى (يَفْرِي) (اللَّحْمَ مَثَلًا)
not to mince matters, فَلْنَقُلْها بِلا لَفٍّ وَدَوَران هُو
he stole it الَّذي سَرَقه
v.i. تَصَنَّعَ الخُيَلاء أو التَّأَنُّق
she has a mincing walk تَمْشِي بِرِقَّةٍ مُتَكَلَّفة
mincemeat/ˋmɪnsmit/*n.* خَلِيطٌ مَفْرُوم مِن الفَواكِه
المُجَفَّفة لِحَشْوِ الفَطائِر
he made mincemeat of أَخْرَسه بالحُجّة القاطِعة ،
him (*fig.*) أَفْحَمه كُلَّ الإفْحام
mincer/ˋmɪnsə(r)/*n.* مِفْرَمة
mind/maɪnd/*n.*
1. (memory) ذاكِرة
it went clean out of my غابَ عَنْ بالِي تَمامًا ،
mind سَهَوْتُ عَنِ الأَمْرِ بالمَرَّة
2. (seat of thought) عَقْلٌ (عُقُول) ، ذِهْنٌ (أَذْهان)
he is out of his mind فَقَدَ صَوابَه ، أَضاعَ رُشْدَه
his presence of mind حالَت سُرْعة خاطِرِه دُونَ وُقُوعِ
prevented a serious accident حادِثٍ خَطِير
3. (opinion) رَأْيٌ (آراء) ، فِكْرة (أَفْكار)
he changed his mind غَيَّرَ رَأْيَه
is he still of the same mind? هل لا يَزالُ عَلَى رَأْيِه ؟
4. (intellectual ability) مَقْدِرة عَقْلِيّة
5. (desire) رَغْبة
he set his mind on going عَقَدَ العَزْمَ عَلَى الذَّهاب
v.t. & *i.*
1. (look after, watch, رَعَى (يَرْعَى) ، اِعْتَنَى بِـ ؛ راعَى ،
care) اِنْتَبَهَ إلى ، اِحْتَرَسَ مِن
mind the step! اِنْتَبِهْ إلى العَتَبة !
mind your own لا تَتَدَخَّلْ فِيما لا يَعْنِيك ،
business! لا تَكُنْ فُضُولِيًّا
mind you write to me! لا تَنْسَ أَنْ تَكْتُبَ إلَيَّ
2. (object, worry) اِعْتَرَضَ عَلَى
would you mind أَرْجُو مُساعَدَتي ، مِنْ فَضْلِك
helping me? ساعِدْني !
if you don't mind . . . إنْ لَمْ يَكُنْ لَدَيْكَ مانِع
never mind! لا بَأْس ، لا ضَيْرَ ، مَعَلِيهش (م) ،
مَيْخالِف (ع)
mine[1]/maɪn/*poss. pron.* لي ، خاصّ بي ، مِلْكِي
mine[2]/maɪn/*n.* & *v.t.*
1. (excavation) مَنْجَم (مَناجِم) ؛ عَدَّنَ (الحَدِيد)
he is a mine of إنّه مَصْدَرٌ للمَعْلُومات لا يَنْضُب
information
2. (explosive device) لُغْمٌ (أَلْغامٌ) ؛ لَغَمَ (ـِ) ،
also v.t. زَرَعَ أَلْغامًا في ...
mine-detector/ مِكْشافُ الأَلْغام
'maɪn-dɪ'tektə(r)/*n.*
minefield/ˋmaɪnfild/*n.* حَقْلُ الأَلْغام
minelayer/ˋmaɪnleɪə(r)/*n.* سَفِينة زَرْع الأَلْغام
miner/ˋmaɪnə(r)/*n.* عامِلُ مَنْجَم ، مُعَدِّن
mineral/ˋmɪnərəl/*n.* & مَعْدِن (مَعادِنُ) ؛ مَعْدِنِيّ
adj.
mineral water ماءٌ مَعْدِنِيّ طَبِيعِيّ
mine-sweeper/ (سَفِينة) كاسِحة الأَلْغام
ˋmaɪn-swipə(r)/*n.*
mingle/ˋmɪŋgəl/*v.t.* & *i.* مَزَجَ (ـُ) ، خَلَطَ (ـِ) ؛
جال (يَجُول) ، تَجَوَّلَ (بَيْنَ الضُّيُوف) ،
اِخْتَلَطَ بِـ
mini-/mɪnɪ-/*in comb.* بادِئة بِمَعْنَى صَغِير
miniature/ˋmɪnɪtʃə(r)/ مُنَمْنَمة ؛ صَغِير ، مُصَغَّر ، مُنَمْنَم
n. & *adj.*
minimal/ˋmɪnɪməl/*adj.* أَقَلُّ ما يُمْكِن ، طَفِيفٌ جِدًّا
minimize/ˋmɪnɪmaɪz/ قَلَّلَ مِن (أَهَمِّيّة) ، اِسْتَهانَ بِـ

v.t. — صَغَّرَ من (قيمة)

minimum/ˈmɪnɪməm/ (*pl.* **minima**/ˈmɪnɪmɑ/) *n. & adj.* — الحدُّ الأدنى ؛ أقلّ ، أدنى

mining/ˈmaɪnɪŋ/*n.* — تعدين ، استخراج المعادن

open-cast mining — تعدين سطحيّ ، منجم بشكل حفرة مكشوفة

minister/ˈmɪnɪstə(r)/*n.*

1. (head of government department) — وزير (وزراء)

2. (diplomatic representative) — وزير مفوّض

3. (clergyman) — قسّ (قسوس ، قساوسة)

ministerial/ˈmɪnɪˈstɪərɪəl/*adj.* — وزاريّ ، متعلّق بالوزارة

ministry/ˈmɪnɪstrɪ/*n.*

1. (*polit.*) — وزارة

2. (*eccles.*) — الكهنوت ، الإكليروس

minor/ˈmaɪnə(r)/*adj.*

1. (less in size) — أصغر ، قليل الأهمّيّة نسبيًّا ، ثانويّ ، قاصر

2. (*mus.*) — المفتاح الصغير (في الموسيقى)

n. — قاصر (قُصَّر) ، لم يبلغ الحلم أو السنّ القانونيّة

minority/maɪˈnorətɪ/*n.*

1. (state of being under full legal age) — سنّ القصور الشرعي

2. (smaller part or number) — أقلّيّة

mint[1]/mɪnt/*n.* — دار السكّة ، دار ضرب النقود

v.t. — ضرب (ـِ) أو سكّ (ـُ) النقد

mint[2]/mɪnt/*n.* — نعناع (نبات)

mint sauce — صلصة من النعناع والسكّر والخلّ (تقدّم مع لحم الخروف المشويّ)

minus/ˈmaɪnəs/*prep.* — ناقص

adj. — (كمّيّة) سالبة (مثل ـ ٧ في الرياضيّات)

minus sign — إشارة سالبة (رياضيّات)

minute[1]/ˈmɪnɪt/*n.*

1. (unit of time) — دقيقة (دقائق)

minute-hand — عقرب الدقائق (في الساعة)

2. (unit of angular measure) — ١/٦٠ من الدرجة

3. (memorandum) — مذكّرة رسميّة مقتضبة

keep the minutes — سجّل محضر جلسة ، دوّن وقائع الاجتماع

minute book — دفتر محاضر الجلسات

minute[2]/maɪˈnjut/*adj.*

1. (very small) — صغير جدًّا

2. (precise) — (وصف) دقيق ، بالغ الدقّة

miracle/ˈmɪrəkəl/*n.* — معجزة ، أعجوبة ، عجيبة (عجائب)

miraculous/mɪˈrækjʊləs/*adj.* — إعجازيّ ، معجز ، (عقّار) عجائبيّ

he had a miraculous escape — نجا بأعجوبة

mirage/mɪˈrɑʒ/*n.* — سراب ، آل ؛ أوهام

mire/ˈmaɪə(r)/*n.* — وحل (وحول ، أوحال) ، طين

mirror/ˈmɪrə(r)/*n.* — مرآة (مرايا)

v.t. — عكس كالمرآة

mirth/mɜθ/*n.* — مرح ، انشراح ، ضحك وطرب

misadventure/ˈmɪsədˈventʃə(r)/*n.* — حادث سيّء ، عارض شرّ

death by misadventure — الموت قضاءً وقدرًا

misapplication/ˈmɪsˈæplɪˈkeɪʃən/*n.* — إساءة الاستعمال

misapply/ˈmɪsəˈplaɪ/*v.t.* — أساء الاستعمال

misapprehend/ˈmɪsˈæprɪˈhend/*v.t.* — أخطأ الفهم ، أساء الفهم ، وهم (يوهم) في

misapprehension/ˈmɪsˈæprɪˈhenʃən/*n.* — سوء الفهم ، عدم إدراك الغرض

misbehave/ˈmɪsbɪˈheɪv/*v.i. & refl.* — أساء السلوك ، أساء التصرّف

misbehaviour/ˈmɪsbɪˈheɪvjə(r)/*n.* — سوء السلوك ، إساءة التصرّف

miscalculate/ˈmɪsˈkælkjʊleɪt/*v.t. & i.* — أخطأ الحساب أو التقدير

miscalculation/ˈmɪsˈkælkjʊˈleɪʃən/*n.* — غلط في حساب ، خطأ في تقدير

miscarriage/ˈmɪskærɪdʒ/*n.* — إجهاض (طبيعيّ) ، إسقاط الجنين ، طرح

miscarriage of justice — ميل في الحكم ، إساءة تطبيق أحكام العدالة

miscarry/ˈmɪsˈkærɪ/*v.i.*

1. (fail, go astray) — أخفقت الخطّة ، حبط (ـَ)

2. (give birth prematurely) — أجهضت (المرأة) ، أسقطت (الجنين)

miscellaneous/ˈmɪsəˈleɪnɪəs/*adj.* — متنوّع ، شتّى

miscellany/mɪˈselənɪ/*n.* — منوّعات ، منتخبات ، كشكول

mischief/ˈmɪstʃɪf/*n.*

1. (harm) — شرّ (شرور) ، ضرر (أضرار)

mischief-maker — مشاغب ، مسبّب للمشاكل

2. (annoying behaviour) — شقاوة ، شيطنة (الصغار)

he keeps out of mischief — يتّقي أو يتجنّب الشرّ

mischievous/ˈmɪstʃɪvəs/*adj.* — مؤذٍ ، شرّير ، عفريت

misconception/ˈmɪskənˈsepʃən/*n.* — إساءة الإدراك ؛ فكرة خاطئة

misconduct/mɪsˈkondʌkt/*n.*

1. (improper behaviour *esp.* adultery) — إساءة التصرّف ، سوء السلوك ، ارتكاب الزنا

2. (bad management) سُوءُ الإدارة
v.t. /ˈmɪskənˈdʌkt/ & *refl.* أساءَ السُّلوك ، تَصَرَّفَ تَصَرُّفًا مَعيبًا
misdeed/mɪsˈdid/*n.* سَيِّئة (سَيِّئات)
misdemeanour/ˈmɪsdɪˈminə(r)/ *n. (leg.)* جُنْحة (جُنَح) ، (جَريمة ثانويّة)
miser/ˈmɑɪzə(r)/*n.* بَخيل (بُخَلاءُ) ، شَحيح (أشِحّاءُ)
miserable/ˈmɪzərəbəl/*adj.* شَقِيّ (أشْقِياءُ) ، تَعيس (تُعَساءُ) ، بائِس (بُؤَساءُ)
a miserable sum of money مَبْلَغ زَهيد
miserable weather طَقْسٌ رَديء ، جَوّ كَئيب
miserly/ˈmɑɪzəlɪ/*adj.* بَخيل ، مُمْسِك ، شَحيح ، ضَنين
misery/ˈmɪzərɪ/*n.* شَقا ، بُؤْس ، تَعاسة
misfire/ˈmɪsˈfɑɪə(r)/*v.i.* & *n.* لَمْ تَنْطَلِق (البُنْدُقيّة) ، كَذَبَ (ـِ) الزَّنْدُ ؛ خَلَلٌ ، إخْفاق ، كَذِبة زَنْد
misfit/ˈmɪsfɪt/*n.* مَلابِسُ لَيْسَت على القِياس ؛ شَخصٌ
(*fig. of person*) لا يَنْسَجِمُ مَعَ البيئة أو المُجْتَمَع
misfortune/ˈmɪsˈfɔtʃun/ *n.* سُوءُ الحَظّ أو الطّالِع ، نَكَدُ الدُّنْيا ، نَكْبة ، رَزِيّة
misgiving/ˈmɪsˈgɪvɪŋ/*n.* التَّوَجُّسُ خِيفَةً مِن ، مُساوَرةُ المَخاوِفِ أو الظُّنُونِ لِ ، اِسْتِشْعارُ السُّوء
misguided/ˈmɪsˈgɑɪdəd/ *adj.* مُضَلَّل ، مَبْنِيٌّ على خَطأٍ في التَّقْدير
mishap/ˈmɪshæp/*n.* حادِثٌ مُكَدِّر ، جَدٌّ عاثِر ، طارِئٌ (طَوارِئُ)
misjudge/ˈmɪsˈdʒʌdʒ/*v.t.* أساءَ التَّقْديرَ أو الحُكْمَ عَلَى
mislaid/mɪsˈleɪd/*adj.* (وُضِعَ) في غَيْرِ مَوْضِعِه (فَفُقِدَ) ، ضائِعٌ مُؤَقَّتًا
mislead/mɪsˈlid/ (*p.t.* & *p.p.* **misled** / mɪˈsled /) *v.t.* أَضَلَّ ، خَدَعَ (ـَ)
mismanage/ˈmɪsˈmænɪdʒ/*v.t.* أساءَ إدارةَ الصُّنْع
mismanagement/ ˈmɪsˈmænɪdʒmənt/*n.* سُوءُ إدارة ، سُوءُ تَدْبير
misplace/ˈmɪsˈpleɪs/*v.t.* وَضَعَ (شَيْئًا) في غَيْرِ مَوْضِعِه
misprint/ˈmɪsprɪnt/*n.* خَطأٌ مَطْبَعِيّ
also v.t. /ˈmɪsˈprɪnt/ أخْطَأَ في الطِّباعة
mispronounce/ ˈmɪsprəˈnɑʊns/*v.t.* أخْطَأَ في لَفْظِ (كَلِمة)
mispronunciation/ ˈmɪsprəˈnʌnsɪˈeɪʃən/*n.* خَطأٌ في لَفْظِ (كَلِمة)
misread/ˈmɪsˈrid/*v.t.* أخْطَأَ في القِراءة ؛ أساءَ التَّأْويل
miss[1]/mɪs/*n.* (title for unmarried woman) آنِسة (أوانِسُ) ، عَزْباءُ (عَزْباوات)
miss[2]/mɪs/*v.t.* & *n.*
1. (fail to hit/get) أخْطأَ الهَدَفَ ؛ خَطأٌ في التَّهْديف
he missed the point فاتَهُ القَصْد
that was a near miss أوْشَكْنا أنْ نَصْطَدِم !
2. (regret loss of) اِفْتَقَدَ
3. (omit, overlook) أغْفَلَ ، أهْمَلَ ، حَذَفَ (ـِ)
also **miss out**
v.i. أخْطأَ ، أخْفَقَ ، حَبِطَ (ـَ)
misshapen/ˈmɪsˈʃeɪpən/ *adj.* مُشَوَّهُ (الخِلْقة) ، مَمْسُوخ
missile/ˈmɪsɑɪl/*n.* قَذيفة (صارُوخِيّة)
missing/ˈmɪsɪŋ/*adj.* مَفْقُود ، ضائِع ، ناقِص ، غائِب
mission/ˈmɪʃən/*n.*
1. (body of emissaries) بَعْثة (دِبْلُوماسِيّة) ، وَفْد (وُفُود)
2. (task, errand) مُهِمّة (مَهامّ) رَسْمِيّة ، مَأْمُورِيّة ، رِسالة (رِسالات)
3. (missionary establishment) إرْسالِيّة دِينِيّة أو تَبْشيرِيّة
missionary/ˈmɪʃənrɪ/*n.* & *adj.* مُبَشِّر (كاثُوليكي مَثَلًا) ؛ تَبْشيرِيّ
misspell/ˈmɪsˈspel/*v.t.* أخْطَأَ التَّهْجِئة
missus/ˈmɪsəz/*n.* (*coll.*) الزَّوْجة (عامّيّة)
the missus isn't home زَوْجَتِي غَيْرُ مَوْجُودة في البَيْت
mist/mɪst/*n.* ضَبابٌ خَفيف ، شَبُّورة (م) ، غَطَيْطة (س)
mistake/mɪˈsteɪk/(*p.t.* **mistook**/ mɪˈstʊk/*p.p.* **mistaken**/mɪˈsteɪkən/)
v.t. & *i.* أخْطَأَ ، وَهِمَ (يَوْهَمُ في) ؛ تَوَهَّمَه
I mistook you for someone else حَسِبْتُك شَخْصًا آخَرَ بالخَطأ
n. خَطأٌ ، غلط (أغلاط) ، تصحيف
by mistake خَطَأً ، سَهْوًا ، عَنْ غَيْرِ عَمْد
mister/ˈmɪstə(r)/*n. written* **Mr.** سَيِّد (سادة)
mistletoe/ˈmɪsɪltəʊ/*n.* دِبْق ، هَدال (نَبات طُفَيْلِيّ)
mistress/ˈmɪstrəs/*n.*
1. (woman in control) سَيِّدة (سَيِّدات)
2. (woman teacher) مُعَلِّمة ، مُدَرِّسة
3. (concubine) عَشيقة ، خَليلة ، سُرِّيّة ، حَظِيّة
mistrust/ˈmɪsˈtrʌst/*n.* & *v.t.* سُوءُ ظَنّ ، عَدَمُ ثِقة ؛ اِرْتابَ ، شَكَّ في
mistrustful/ ˈmɪsˈtrʌstfəl/*adj.* مُرْتابٌ في ، عَديمُ الثِّقة في
misty/ˈmɪstɪ/*adj.* مُضَبَّب ، ضَبابِيّ ؛ (فِكرة) غامِضة ، مُبْهَمة
misunderstand/ˈmɪsʌndəˈstænd/ (*p.t.* & *p.p.* **misunderstood**/ ˈmɪsʌndəˈstʊd/
v.t. أساءَ الفَهْم
misunderstanding/ ˈmɪsʌndəˈstændɪŋ/*n.* سُوءُ التَّفاهُم

misuse/ˈmɪsˈjus/*n.* سُوءُ الإِسْتِعْمال

v.t. /mɪsˈjuz/ أَساءَ اسْتِعْمالَ شَيْءٍ

mitigate/ˈmɪtɪgeɪt/*v.t.* خَفَّفَ ، هَوَّنَ

mitigating circumstances ظُروف مُخَفِّفة (عِنْدَ الحُكْم)

mitigation/ˈmɪtɪˈgeɪʃən/*n.* تَخْفيف (عُقُوبة) ، تَلطيف

mix/mɪks/*v.t.* خَلَطَ (ـِ) ، مَزَجَ (ـُ)

he was mixed up in a murder case وُجِدَ له ضِلْعٌ في جَريمة قَتْل

I'm sorry for those mixed-up kids يُحْزِنُني مَشْهَدُ هَؤُلاء الأَطْفال المُبَلْبَلين

he has mixed feelings about the project تارةً يَسْتَهْويه المَشْروع وتارةً يُنَفِّره

mixed marriage زَواجٌ مُخْتَلَط (بَيْنَ أَفْرادِ جِنْسَيْنِ أو دِينَيْنِ مُخْتَلِفَيْن)

v.i.

1. (*of persons* associate) تَعاشَرَ ، اِمْتَزَجَ ، تَصاحَبَ

2. (blend) اِخْتَلَطَ

n. خَليطٌ مِنَ المَوادّ الجافّة مُهَيَّأ (لِصُنْع الكَعْك أو البُوظة وما أَشْبَه)

mixer/ˈmɪksə(r)/*n.* مِخْلاط (آلة لِلخَلْط)

he is a good mixer يُعاشِرُ النّاسَ بِسُهُولة

mixture/ˈmɪkstʃə(r)/*n.* خَليط ، مَزيج

moan/məʊn/*v.i. & n.* أَنَّ (يَئِنُّ) ، تَأَوَّهَ ؛ أَنِينٌ ، تَأَوُّه

moat/məʊt/*n.* خَنْدَقٌ مَمْلُوءٌ بالماء يُحيطُ بالقَلْعة لِحِمايَتِها

mob/mob/*n.* رَعاع ، غَوْغاء

v.t. تَجَمْهَروا حَوْلَه (إمّا لإيذائِه أو لإبْداء الإعْجاب بِه)

mobile/ˈməʊbaɪl/*adj.* مُتَحَرِّك ، مُتَنَقِّل ، سَيّار

mobility/məʊˈbɪlətɪ/*n.* قابِلِيّة الحَرَكة ، سُهُولة التَّحَرُّك

mobilization/ˈməʊbɪlaɪˈzeɪʃən/*n.* تَعْبِئة ، نَفِيرٌ عامٌّ

mobilize/ˈməʊbɪlaɪz/*v.t.* عَبَّأَ (الجَيْش) ، حَشَدَ (ـِ) ، جَنَّدَ

mock[1]/mok/*adj.* مُقَلَّد ، غَيْرُ حَقيقيّ ، اِصْطِناعيّ

mock[2]/mok/*v.t. & i.* سَخِرَ (ـَ) مِنْ ، بِ ، اِسْتَهْزَأَ بِ ، ضَحِكَ (ـَ) على ، تَهَكَّمَ على

mockery/ˈmokərɪ/*n.* سُخْرِيّة ، هُزْءٌ ، اِسْتِهْزاء

mode/məʊd/*n.*

1. (manner) طَريقة ، أُسْلُوب ، مِنْوال

2. (fashion) زِيٌّ (أَزْياء) ، طِراز (أَطْرِزة) ، مُوضة

model/ˈmodəl/*n.*

1. (representation in three dimensions) نَمُوذَج مُصَغَّر

2. (object copied, perfect example) *also attrib.* أُنْمُوذَج (يُحْتَذَى) ، أُسْوة ، قُدْوَة ، ما أو مَنْ يُقْتَدَى بِهِ

3. (one of a series) طِراز ، مُودِيل

4. (person who poses for artists) مَن يَجْلِسُ للرَّسّام أو النَّحّات

5. (person who displays clothes) عارِضة أَزْياء ، "مانيكان"

v.t. صاغَ (ـُ) ، صنع (ـَ) تِمْثالاً ، شكّل

he modelled himself on his father اِقْتَدَى بِوالِدِه

she models the latest fashions تَقُومُ بِعَرْضِ أَحْدَثِ الأَزْياء

moderate/ˈmodərət/*adj.* مُعْتَدِل

v.t. /ˈmodəreɪt/ خَفَّفَ ، هَدَّأَ ، كَبَحَ (أَهْواءَه)

moderation/ˈmodəˈreɪʃən/*n.* اِعْتِدال ، تَخْفيفٌ مِن حِدّة رَأْيَيْن مُتَعارِضَيْن

you may eat in moderation بِوُسْعِك أَنْ تَأْكُلَ بِاعْتِدال (مِن دُون إِفْراط)

modern/ˈmodən/*adj.* عَصْرِيّ ، مُحْدَث

modernization/ˈmodənaɪˈzeɪʃən/*n.* الأَخْذُ بِنَهجِ العَصْر ، "تَعْصِير" ، تَجْدِيد

modernize/ˈmodənaɪz/*v.t.* جَعَلَ الشَّيْءَ يُوائِمُ رُوحَ العَصْرِ ومُقْتَضَياتِه

modest/ˈmodɪst/*adj.*

1. (not self-assertive) مُتَواضِع

2. (shy, decorous) مُحْتَشِم حَيِيّ ، خَجُول

3. (moderate) مُعْتَدِل بَسِيط

modesty/ˈmodɪstɪ/*n.* تَواضُع ؛ اِحْتِشام ، حَياء ؛ اِعْتِدال ، بَساطة

modification/ˈmodɪfɪˈkeɪʃən/*n.* تَعْدِيل ، تَغْيِير ، تَنْقِيح ، تَحْوِير تبديل

modify/ˈmodɪfaɪ/*v.t.* عَدَّلَ ، نَقَّحَ ، حَوَّرَ ، خَفَّفَ ، غَيَّرَ

modulate/ˈmodjʊleɪt/*v.t.* بَدَّلَ ، حَوَّرَ ، غَيَّرَ طَبَقَةَ الصَّوْت ؛ عَدَّلَ تَرَدُّدَ المَوْجات الكَهْرَبائِيّة

module/ˈmodjul/*n.* وَحْدة نَمُوذَجِيّة (يُمْكِنُ إضافَتُها إلى مَجْمُوعة) ؛ وَحْدة دِراسِيّة في برنامج جامعيّ

moist/mɔɪst/*adj.* رَطْبٌ ، نَدِيٌّ

moisten/ˈmɔɪsən/*v.t.* رَطَّبَ ، نَدَّى

moisture/ˈmɔɪstʃə(r)/*n.* رُطُوبة ، نَدًى

molar/ˈməʊlə(r)/*n.* ضِرْسٌ (أَضْراس) ، طاحُونة (طَواحِينُ) (سِنّ)

molasses/məˈlæsɪz/*n. pl.* دِبْسُ السُّكَّر ، ثُفْل القَصَب

mole/məʊl/*n.*

1. (mark on skin) شامة (شامات ، شام) ، خالٌ (خِيلانٌ)

2. (animal) الخُلْد ، الطُّوبين (حَيَوان)

molecular/məˈlekjʊlə(r)/*adj.* (تجاذُب) جُزَيْئيّ

molecule/ˈmolɪkjul/*n.* جُزَيْءٌ (كيمياء وفيزياء)

molehill/ˈməʊlhɪl/*n.* كَوْمة تُرابِيّة يَتْرُكُها الخُلْد

make a mountain out of a molehill جَعَلَ مِنَ الحَبّة قُبّة

molest/mə'lest/*v.t.* تَعَدَّى على ، أَزْعَجَ ، عامَلَ بِعُنْف ، تَعَرَّضَ بِسُوءٍ لِ

molten/'məʊltən/*adj.* مُذَوَّب ، مَصْهُور ، مُنْصَهِر

moment/'məʊmənt/*n.*

1. (instant) لَحْظة ، بُرْهة ، هُنَيْهة ، وَهْلة

for a moment لِلَحْظةٍ ما ؛ لأوَّلِ وَهْلة

just a moment! اِنتظر قليلاً ، لَحْظةً ، اِصْطَبِر شوَيَّه (ع) ، اِسْتَنَّى شوَيّة (م ، س)

at the (present) moment في هَذِهِ الآوِنة بالذّات ، حالِيًّا ، في اللَّحْظة الحالِيّة

the moment he came . . . ما إنْ قَدِمَ حَتَّى . . .

the man of the moment رَجُلُ السّاعة ، شَخْصٌ عَظِيم في ظُروفٍ مُعَيَّنة

2. (importance) أهَمِّيّة ، خُطورة

momentous/mə'mentəs/*adj.* بالِغُ الأهَمِّيّة والخُطُورة

momentum/mə'mentəm/*n.* زَخْم ، قُوّة الدَّفْع

monarch/'monək/*n.* عاهِل (عَواهِلُ) ، مَلِك (مُلُوك)

monarchy/'monəkı/*n.* (نِظام) المَلَكِيّة ، الحُكْمُ المَلَكِيّ

monastery/'monəstrı/*n.* دَيْر (أدْيِرة)

monastic/mə'næstık/*adj.* رُهبانِيّ ، مُتَعَلِّق بالأدْيِرة

Monday/'mʌndı/*n.* (يَوْمُ) الإثْنَيْن

monetary/'mʌnıtrı/*adj.* (النِّظام) النَّقْدِيّ

International Monetary Fund صُنْدُوقُ النَّقْدِ الدَّوْلِيّ

money/'mʌnı/*n.* مال (أمْوال) ، نُقُود

money order حَوالة مالِيّة

he is the man for my money هُوَ المُخْتار عِنْدي بَيْنَ الرِّجال

mongrel/'mʌŋgrəl/*n. & adj.* هَجِين ، مُوَلَّد (للحَيَوان)

monitor/'monıtə(r)/*n.* مُنْصِت (إذاعة) ، رَقِيب (رُقَباءُ) ، مُراقِب ، عَرِيف (الفَصْل)

v.t. راقَبَ ، رَصَدَ (ـــ) الإذاعة ، أنْصَتَ أو تَنَصَّتَ لَها

monk/mʌŋk/*n.* ناسِك (نُسّاك) ، راهِب (رُهْبان) ؛ رُهْبانِيّ ، نُسُكِيّ

monkey/'mʌŋkı/*n.* قِرْد (قِرَدة) ، سَعْدان (سَعادِينُ)

monkey business (*coll.*) اِحْتِيال ، نَصْب ، أمْرٌ مُرِيب

monkey-wrench/'mʌŋkı-rentʃ/*n.* مِفْتاحُ رَبطٍ مُنْزَلِقُ الفَكّ ، مِفْتاحُ بِصَّة

monkish/'mʌŋkıʃ/*adj.* رُهْبانِيّ

monologue/'monəlog/*n.* حِوارٌ مُنفَرِدٌ مَعَ الذّات ، مُخاطَبة ذاتِيّة

monopolize/mə'nopəlaız/*v.t.* اِحْتَكَرَ ، اِسْتَأْثَرَ بِـ ، تَحَكَّمَ في إنْتاج سِلْعة وتَسْوِيقِها

monopoly/mə'nopəlı/*n.* اِحْتِكار ، اِنْحِصار (التَّبْغِ مَثَلاً) ، الحَقُّ المَمْنُوح لِشَرِكةٍ دُونَ غَيْرِها ؛ اسْمٌ يُطْلَقُ على لُعْبةٍ مَشهُورة

monotonous/mə'notənəs/*adj.*

1. (unvarying in tone) رَتِيب ، على نَمَطٍ أو مِنْوالٍ واحِد

2. (wearisome) مُتْعِب ، مُمِلّ ، يَبْعَثُ على السَّآمة

monotony/mə'notənı/*n.* رَتابة ، مَلَلٌ ، الإسْتِمْرارُ عَلَى وَتِيرة واحِدة

monsoon/mon'sun/*n.* رِيحٌ مَوْسِمِيّة مَطِيرة تَهُبُّ صَيْفًا

monster/'monstə(r)/*n.* مَسْخٌ بَشِعٌ جَبّار ، وَحْشٌ خُرافِيّ

(*fig.*) جَبّار ، هائِل ، مارِد ، شَدِيدُ البأس ، ضَخْم

monstrous/'monstrəs/*adj* مُرِيع ، فَظِيع ، رَهِيب ، شَنيع

month/mʌnθ/*n.* شَهْرٌ (شُهُور ، أشْهُر)

monthly/'mʌnθlı/*adj. & adv.* شَهْرِيّ ؛ شَهْرِيًّا

n. (مَجَلّة) شَهْرِيّة

monument/'monjʊmənt/*n.* نُصُب تَذْكارِيّ ، أثَر باقٍ

monumental/'monjʊ'mentəl/ (بِناءٌ) أثَرِيّ ، تَذْكارِيّ

(*fig.*) (عَمَلٌ) ضَخْم ؛ (حُمْقٌ) مُطْبِق

mood/mud/*n.*

1. (state of mind or feeling) مِزاج أو حالة نَفْسِيّة

2. (*gram.*) صُورةُ أو حالةُ الفِعْل (مِن حَيْثُ الرَّفْعُ والنَّصْبُ والجَزْم)

moody/'mudı/*adj.* مُتَقَلِّبُ المِزاج ؛ مَهْمُوم

moon/mun/*n.* قَمَرٌ (أقْمار)

full moon بَدْرٌ (بُدُور)

new moon هِلالٌ (أهِلّة)

once in a blue moon في السَّنة حَسَنة ! أمْرٌ قَلَّما يحدث ، (يَزُورُنا) مَرّةً في العُمْر !

v.i. (*coll.*) أضاعَ الوَقْت

instead of working I mooned away the day أضَعْتُ اليَوْمَ بِأكْمَلِهِ بَدَلاً مِنَ العَمَل

moor[1]/'mʊə(r)/*n.* أرْضٌ بُورٌ تَكْسُوها الأعْشاب

moor[2]/'mʊə(r)/*v.t.* رَبَطَ مَرْكَبًا إلى شاطِئ

Moorish/'mʊərıʃ/*adj.* مَغْرِبِيّ (مِن سُكّان شَمالِيّ إفْرِيقِيا والأنْدَلُس)

mop/mop/*n.* مِمْسَحة

v.t. مَسَحَ الأرْضَ بِمِمْسَحة مُبَلَّلة

(*coll.* finish off) اِلْتَهَمَ الطَّعامَ عَن آخِرِهِ ، مَسَحَ الصَّحْن

mopping-up operations عَمَلِيّات تَطْهِير البِلاد مِن العَدُوّ بَعْدَ اِنْتِهاءِ المَعْرَكة

mope/məʊp/*v.i.* بَوَّزَ (الطفل) ، اِنْزَوَى مُكْتَئِبًا ، ضاقَ صدرُهُ

moped/'məʊped/*n.* دَرّاجة بِمُحَرِّكٍ بُخارِيٍّ صَغِير

moral/'morəl/*adj.* (سُلُوك) أدَبِيّ أو أخْلاقِيّ

moral support دَعْمٌ مَعْنَوِيّ

n.

1. (moral lesson) مَغْزًى ، عِبْرة

2. (*pl.* standards of behaviour) الإلْتِزام بآدابِ السلُوكِ والأخْلاقِ في المُجْتَمَع

morale/mə'rɑl/*n.* الرُّوحُ المَعْنَوِيَّة

morality/mə'rælɪtɪ/*n.* أَخْلاقِيَّة ، خُلُق ، آداب

morbid/'mɔbɪd/*adj.* عَليل ، مَريض ، سَقِيم

morbidity/mɔ'bɪdɪtɪ/*n.* عِلَّة مَرَضِيَّة ، سُقْم

more/mɔ(r)/*adj.* أَكْثَر ، أَزْيَد ، أَوْفَر

and what is more . . . وعِلاوةً عَلَى ذلك ، وَزِدْ على ذلك

adv.

1. (again, in greater degree) مَرَّةً أُخرى ، أَشَدّ

sing it once more أَعِدْ غِناءَها

more or less تَقْرِيبًا ، بَيْنَ بَيْن ، حَوالَيْ

2. (*to form compar. adjs. & advs.*) في صِيَغِ التَّفْضِيل

more easily أَسْهَل ، بِسُهُولةٍ أَكْبَر ، بِيُسْرٍ زائد

moreover/mɔr'əʊvə(r)/*adv.* فَضْلًا عن ذلك ، بالإضافة إلى ذلك ، عِلاوةً عَلَى ذلك

morgue/mɔg/*n.* مُسْتَوْدَع لِحِفْظِ الجُثَثِ المَجْهُولة حَتَّى التَّحَقُّق مِن هُوِيَّتِها ، مَشْرَحة ، مَعْرِض الجُثَث

morning/'mɔnɪŋ/*n.* صَباح ، صُبْح (أَصْباح) ، غَداة

good morning! صَباح الخَيْر ، طابَ صَباحُك

morose/mə'rəʊs/*adj.* واجِم ، شَكِس ، عابِس

morphia/'mɔfɪə/*n.* مُورْفِين

Morse code/mɔs 'kəʊd/*n.* شِفْرة مُورْس

morsel/'mɔsəl/*n.* لُقْمة (لُقَم) ، كِسْرة (كِسَر)

mortal/'mɔtəl/*adj. & n.* فانٍ ، زائل ؛ مُمِيت ، قاتِل ، (عَدُوّ) لَدُود ، (ضَرْبة) قاضِية ؛ إِنْسان ، مَخْلوق (مَخْلُوقات ، مَخالِيقُ) ، كائِن بَشَرِيّ

mortality/mɔ'tælɪtɪ/*n.* فَناء ، وَفَيات

mortality rate نِسْبة أو مُعَدَّل الوَفَيات

mortar/'mɔtə(r)/*n.*

1. (cement) مِلاط ، طِينُ البِناء

2. (weapon) مِدْفَع هاوِن

3. (pounding bowl) هاوِن ، جُرْن (أَجْران)

mortgage/'mɔgɪdʒ/*n.* رَهْنٌ عَقارِيّ

v.t. رَهَنَ (ـَ) العَقار

mortify/'mɔtɪfaɪ/*v.t.* أَهانَ ، أَذَلَّ ، جَرَحَ شُعُورَ فُلانٍ ، آلَمَ عِزَّةَ نَفْسِه

mosaic/məʊ'zeɪɪk/*n.* فُسَيْفِساء ؛ فُسَيْفِسائِيّ ؛ تَصْمِيم

adj. مُنَمَّق كالفُسَيْفِساء

mosque/mosk/*n.* مَسْجِد (مَساجِدُ) ، جامِع (جَوامِعُ)

mosquito/mə'skitəʊ/*n.* بَعُوضة (بَعُوض) ، نامُوسة

mosquito-net شَبَكةُ البَعُوض ، نامُوسِيَّة

moss/mos/*n.* نَباتٌ طُحْلُبِيّ ، يَنْمُو عَلَى الصُّخُور والأَشْجار

a rolling stone gathers no moss غَنِمَ مَنِ اسْتَقَرَّ ، كَثِيرُ الحَرَكةِ قَلِيلُ البَرَكة

most/məʊst/*adj. & n.*

1. (*superl. of* **much** *or* **many**) الأَكْثَر ، الأَعْظَم

make the most of اِسْتَغَلَّ إِلى أَبْعَدِ حَدّ

at (the very) most عَلَى الأَكْثَر ، على أَبْعَدِ تَقْدِير ، عَلَى أَوْسَعِ نِطاق

2. (larger part or majority) الأَغْلَب

for the most part غالِبًا ، عَلَى العُمُوم ، كَثِيرًا ما

adv.

1. (in the highest degree) عَلَى أَكْثَرِ تَقْدِير

2. (very, exceedingly) جِدًّا ، لِلْغاية

mostly/'məʊstlɪ/*adv.* عَلَى الأَغْلَب ، في الأَعَمّ ، غالِبًا ما

motel/məʊ'tel/*n.* مُوتيل ، فُنْدُق على طَرِيقٍ رَئِيسِيّ مُعَدّ لإِيواءِ السَّيّارة وصاحِبِها

moth/moθ/*n.* عُثّة (عُثّ)

moth-eaten/'moθ-itən/ *adj.* مَقْرُوضٌ بالعُثّ ، مَعْثُوث ، مَهْجُور ، أَكَلَ الدَّهْرُ عَلَيْه وَشَرِب

mother/'mʌðə(r)/*n.* أُمّ (أُمَّهات) ، والِدة

mother country الوَطَن ، مَسْقَطُ الرَّأْس ؛ الوَطَنُ الأُمّ

motherhood/'mʌðəhʊd/*n.* أُمُومة

mother-in-law/'mʌðər-ɪn-lɔ/*n.* حَماة (حَمَوات)

motherland/'mʌðəlænd/*n.* أَرْضُ الوَطَن ، الوَطَنُ الأُمّ

motherly/'mʌðəlɪ/*adj.* أُمُومِيّ ، رَؤُوم ، عَطُوف

motion/'məʊʃən/*n.*

1. (moving, movement) حَرَكة

2. (proposal at debate) اِقْتِراحُ مَشْرُوعِ قَرارٍ أو مُناظَرة

motionless/'məʊʃənləs/*adj.* بِلا حَراك ، ساكِن ، عَدِيمُ الحَرَكة ، هامِد

motivate/'məʊtɪveɪt/*v.t.* دَفَعَهُ عَلَى ، بَعَثَ عَلَى ، حَفَزَ (ـِ)

motive/'məʊtɪv/*n.* دافِعٌ (دَوافِعُ) ، باعِثٌ (بَواعِثُ) ، داعٍ (دَواعٍ)

adj. (قُوّة) مُحَرِّكة

motley/'motlɪ/*adj.* مُتَنَوِّعُ الأَلْوان ، مِنْ عَناصِرَ شَتَّى

motor/'məʊtə(r)/*n.* مُوتُور ، مُحَرِّك (مُحَرِّكات) ؛

adj. (عَصَبٌ أو عَضَلة) مُحَرِّك

v.i. اِنْتَقَلَ بالسَّيّارة مِن مَكانٍ إِلى آخَر

motor-boat/'məʊtə-bəʊt/*n.* قارِبٌ بُخارِيّ أو آلِيّ

motor-cycle/'məʊtə-saɪkəl/*n.* دَرّاجة نارِيّة ، مُوتُوسيكل

motorist/'məʊtərɪst/*n.* سائِق سَيّارة

motorway/'məʊtəweɪ/*n.* طَرِيقٌ رَئِيسِيّ للسَّيّارات

mottled/'motəld/*n.* مُزَرْكَشٌ بأَلْوانٍ شَتَّى

motto/'motəʊ/*n.* شِعار (شِعارات)

mould/məʊld/*n.* قالَب (قَوالِبُ) ؛ مادّة فُطْرِيّة ، عَفَنُ (الخُبْز)

v.t. سَبَكَ (ـُ) ، صاغَ (يَصُوغ)

mouldy/'məʊldɪ/*adj.* عَفِنٌ ؛ تَعْبان بَعْضَ الشَّيْء ، مُتَوَعِّك

mound/maʊnd/*n.* رُبْوة (رُبًى) ، تَلّ (تِلال)

mount/maʊnt/*n.*
1. (mountain) (*abbr.* **Mt.**) جَبَلٌ (جِبال)
2. (horse) مَطِيّة (مَطايا)
v.t.
1. (ascend) *also v.i.* اِعْتَلَى ، صَعِدَ (ـَ) ، تَزايَدَ (غَضَبُه) ، عَلا (الاِحْمِرارُ جَبِينَهُ)
mount (a horse) اِمْتَطَى أو رَكِبَ حِصانًا
mounted police الشُّرْطة الخَيّالة ، السَّوارِي
2. (put in a fixed position) أقامَ ، نَصَبَ (ـُ) ، ثَبَّتَ
3. (organize) أَعَدَّ ، دَبَّرَ
mount an offensive (*mil.*) شَنَّ هُجُومًا
mountain/ˈmaʊntɪn/*n.* جَبَلٌ (جِبال)
mountaineer/ˈmaʊntɪˈnɪə(r)/*n.* مُتَسَلِّقُ الجِبال
mountainous/ˈmaʊntɪnəs/*adj.* جَبَلِيّ ، (بَلَدٌ) كَثِيرُ الجِبال
mourn/mɔn/*v.t. & i.* نَدَبَ (ـُ) ، بَكَى (يَبْكِي) المَيْتَ ، تَفَجَّعَ عليه ، لَبِسَ ثِيابَ الحِداد
mourner/ˈmɔnə(r)/*n.* نادِبٌ ، نائِحٌ ، باكٍ عَلَى المَيْتِ
mournful/ˈmɔnfəl/*adj.* مُفْجِع ، مُحْزِن ، جَنائِزِيّ ، حِدادِيّ
mourning/ˈmɔnɪŋ/*n.*
1. (grief) حُزْنٌ على المَيْتِ
2. (black clothes) ثِيابُ الحِداد ، (لُبْسُ) السِّلاب
mouse/maʊs/(*pl.* **mice**/maɪs/) *n.* فَأْرٌ (فِئْران)
mouse-trap/ˈmaʊs-træp/*n.* مِصْيَدة أو مَصِيدة الفِئْران
moustache/məˈstaʃ/*n.* شارِبٌ (شَوارِبُ) ، شَنَب (م)
mouth/maʊθ/*n.* فَمٌ (أفْواه) ، فُوهَة أو فُوَّهة
river mouth مَصَبُّ النَّهْر
v.t. & i./maʊð/ تَشَدَّقَ ، مَطَّ (ـُ) شَفَتَيْهِ بالكَلام
mouthful/ˈmaʊθfʊl/*n.* لُقْمة (لُقَم) ، مِلْءُ الفَم
you have only had a mouthful, have some more لَمْ تَتَناوَلْ أكْثَرَ مِنْ لُقْمة : عَلَيْكَ بالمَزِيد
movable/ˈmuvəbəl/*adj.* قابِلٌ للتَّحْرِيك ، (عِيدٌ) غَيْرُ ثابِتِ التّارِيخ
n. pl. مَنْقُولات (أمْوالٌ مَنْقُولة)
move/muv/*n.*
1. (*in chess*) دَوْرٌ أو حَرَكة (في الشِّطْرَنْج)
2. (step taken to secure object) إجْراء (إجْراءات) ، تَدْبِير (تَدابِيرُ)
3. (change of position) التَّأَهُّبُ أو التَّهَيُّؤُ لِ
get a move on (*coll.*) يا اللّه ! ، أَسْرِعْ ، عَجِّلْ ! ، خِفَّ رِجْلَك (ع)
4. (change of premises) اِنْتِقالٌ إلى سَكَنٍ جَدِيد
v.t.
1. (change position of) نَقَلَ (ـُ) ، حَرَّكَ
2. (affect with emotion) أَثَّرَ فيه ، هَزَّ (ـُ) عَواطِفَه
3. (rouse, cause to do) حَثَّ (ـُ) ، دَفَعَ (ـَ) ، حَدَا (يَحْدُو) به إلى
4. (propose as resolution) قَدَّمَ اقْتِراحًا أو مَشْرُوعَ قَرارٍ
v.i.
1. (make progress) تَقَدَّمَ
2. (change house) غَيَّرَ مَكانَ سُكْناه
3. (change position) تَحَرَّكَ مِن مَكانِهِ
4. (take action) اِتَّخَذَ إجْراءً (إجْراءات)
movement/ˈmuvmənt/*n.* حَرَكة (سِياسِيّة أو اِجْتِماعِيّة الخ) ، نَقْلٌ ، تَنَقُّلٌ
moving/ˈmuvɪŋ/*adj.* (لَحْنٌ) شَجِيّ ، مُثِيرٌ للشَّفَقة ، يُحَنِّنُ القَلب
mow/məʊ/*v.t. & i.* حَشَّ (ـُ) (العُشْب) ، قَطَعَ (ـَ) (الحَشِيش)
mower/ˈməʊə(r)/*n.* مِحَشّة
Mr. *see* **mister**
Mrs./ˈmɪsɪz/(title of married woman) سَيِّدة ، عَقِيلة فُلان
much/mʌtʃ/*adj. & n.* كَثِير ، مِقْدارٌ كَبِيرٌ مِن ، كَثْرة
how much? كَمْ ؟
that costs three times as much هَذا أغْلَى بِثَلاثِ مَرّات
adv.
1. (by a great deal) كَثِيرًا
I cannot come, much as I should like to لَن يَسَعَنِي المَجِيءُ رَغمَ شِدّةِ رَغْبَتِي في ذلك
2. (almost, nearly) تَقْرِيبًا
they are much the same إنَّهُما مُتَماثِلانِ تَقْرِيبًا
muck/mʌk/*n.*
1. (farmyard manure) زِبْل (أزْبال) ، رَوْث ، سَمادُ الرَّوْث
2. (*coll.* dirt) قَذارة ، وَسَخ
v.t. لَوَّثَ ، وَسَّخَ
he has mucked the job up (*sl.*) خَرْبَطَ الشُّغْلَ ، لَخْبَطَ العَمَلَ ، بَوْظَهُ (م) ، سَقَّطَهُ (ع)
v.i.
he is always mucking about (*sl.*) إنّه يَتَسَكَّعُ دائمًا ، يَعْبَثُ في غَيْرِ طائِل
mucous/ˈmjukəs/*adj.* مُخاطِيّ ، (الغِشاءُ) المُخاطِيّ
mucus/ˈmjukəs/*n.* مُخاط ، مادّة مُخاطِيّة (طِبّ)
mud/mʌd/*n.* وَحْل ، طِين
throw mud at (*fig.*) لَطَّخَ سُمْعةَ فُلان
muddle/ˈmʌdəl/*n.* فَوْضَى ، تَشْوِيش ، اِرْتِباك ، بَلْبَلة
v.t. أرْبَكَ ، بَلْبَلَ
don't muddle those papers up لا تَعْبَثْ بِهذِهِ الأوْراق ، لا تُغَيِّرْ تَرتِيبَها
v.i. خَرْبَطَ ، لَخْبَطَ ، أرْبَكَ
muddle through تَخَلَّصَ مِن وَرطة رَغْمَ عَدَمِ كَفاءَتِهِ

حَقَّقَ غَرَضَه بالرَّغم مِن عَجْزِه عَنِ العَمَل

muddy/ˋmʌdɪ/*adj.* مُوَحَّل ، (ماء) عَكِر

mudguard/ˋmʌdgɑd/*n.* واقِيةُ الوَحْل ، رَفْرَفُ عَجَلةِ السَّيّارة (للوِقاية مِن الوَحْلِ المُتَطايِر)

muezzin/muˋezɪn/*n.* مُؤَذِّن

muff/mʌf/*n.* فَرْوةٌ أُسْطُوانِيّةُ الشَّكْلِ تُدْخَلُ فِيها اليَدانِ مِن طَرَفَيْها لِتَدْفِئَتِهِما

muffled/ˋmʌfəld/*adj.* (صَوْتٌ) مُخَفَّفٌ أو مَكْتُوم

muffler/ˋmʌflə(r)/*n.* تَلْفِيعة ، شالٌ ، إيشارْب

mufti/ˋmʌftɪ/*n.*

1. (*in Islam*) المُفْتي (المُفْتُون)
2. (civilian clothes) زِيٌّ مَدَنِيٌّ يَرْتَدِيه العَسْكَرِيّ خارِجَ الثُّكْنة

mug/mʌg/*n.*

1. (drinking vessel) كُوزٌ خَزَفِيٌّ أو مَعْدِنِيٌّ مَطْلِيٌّ بالمِينا (أكْواز ، كِيزان)
2. (*sl.* simpleton) ساذَجٌ (سُذَّج) ، عَبِيط ، بَلِيد (بُلَداء)
3. (*sl.* face) وَجْهٌ (عامِّيّة) ، سَحْنة

v.t. (*sl.* assault) هاجَمَ وَسَلَبَ ، اِعْتَدَى وَسَرَقَ (والضَّحايا أحيانًا مِن الشُّيُوخ)

muggy/ˋmʌgɪ/*adj.* (جَوٌّ) حارٌّ رَطْبٌ خانِق

mulberry/ˋmʌlbərɪ/*n.* (شَجَر) تُوت أبْيَض أو أحْمَر ، فِرْصاد

mule/mjul/*n.* بَغْلٌ (بِغال) ؛ عَنِيد ، حَرُون

multi-/ˋmʌltɪ-/*in comb.* بادِئة مَعْناها : «مُتَعَدِّد»

multilateral/ˈmʌltɪˋlætərəl/*adj.* (شَكْلٌ هَنْدَسِيّ) مُتَعَدِّدُ الجَوانِب

multiple/ˋmʌltɪpəl/*adj.* مُتَعَدِّد

n. مُضاعَف (رياضِيّات)

multiplication/ˈmʌltɪplɪˋkeɪʃən/*n.* (عَمَلِيّة) الضَّرْب (رياضِيّات)

multiplication tables جَدْوَلُ الضَّرْب

multiply/ˋmʌltɪplɑɪ/*v.t. & i.*

1. (*math.*) ضَرَبَ عَدَدًا في عَدَدٍ (رياضِيّات)
2. (increase, propagate) تَزايَدَ ، تَكاثَرَ عَدَدُهُم ، تَناسَلَ

multitude/ˋmʌltɪtjud/*n.* جُمْهُور ، جَمٌّ غَفِير ، حَشْدٌ كَبِير ، كَثْرةٌ مِن

mum[1]/mʌm/*n.* (*fam.*) ماما ، أُمِّي

mum[2]/mʌm/*adj.* (*coll.*) صامِت ، ساكِت

keep mum كَتَمَ (ـُ) السِّرّ

mumble/ˋmʌmbəl/*v.i. & t.* جَمْجَمَ ، غَمْغَمَ ، مَضَغَ (ـَ) كَلامَه

mummy/ˋmʌmɪ/*n.*

1. (child's word for mother) أُمِّي ، ماما
2. (embalmed corpse) مُومِياء ، مُومِية ، جُثّة مُحَنَّطة

mumps/mʌmps/*n.* نُكاف ، اِلْتِهابُ الغُدّة النَّكَفِيّة

munch/mʌntʃ/*v.t. & i.* مَضَغَ (ـَ) بِشَراهة وصَوْتٍ مَسْمُوع

mundane/ˋmʌndeɪn/*adj.* دُنْيَوِيّ ، عادِيّ ، يَوْمِيّ

municipal/mjuˋnɪsɪpəl/*adj.* بَلَدِيّ ، خاصّ بالبَلَدِيّات

municipality/mjuˈnɪsɪˋpælɪtɪ/*n.* البَلَدِيّة

munificence/mjuˋnɪfɪsəns/*n.* سَخاء ، أرْيَحِيّة ، جُود

munificent/mjuˋnɪfɪsənt/*adj.* جَواد ، سَخِيّ ، مِفْضال

munitions/mjuˋnɪʃəns/ *n. pl.* ذَخِيرة (ذَخائِر) (للمِدْفَعِيّة مَثَلًا) ، أعْتِدة حَرْبِيّة

mural/ˋmjurəl/*n.* رَسْمٌ عَلَى حائِط ، صُورة جِدارِيّة

murder/ˋmɜdə(r)/*n.* (جَرِيمةُ) قَتْل ، قَتْلُ العَمْد

v.t. قَتَلَ (ـُ)

murder/er/ˋmɜdərə(r)/ (*fem.* **murderess**/ˋmɜdəres/)*n.* قاتِل (قَتَلة) ؛ قاتِلة

murderous/ˋmɜdərəs/*adj.* مُبِيد ، مُهْلِك ، قَتّال

murky/ˋmɜkɪ/*adj.* مُظْلِم ، قاتِم ، دامِس

murmur/ˋmɜmɜ(r)/*v.i. & t.* تَمْتَمَ ، هَمْهَمَ

n. تَمْتَمة ، هَمْهَمة

muscle/ˋmʌsəl/*n.* عَضَلة (عَضَلات)

muscular/ˋmʌskjʊlə(r)/ *adj.* عَضَلِيّ ، (رَجُلٌ) مَفْتُولُ العَضَلات أو السّاعِدَيْن

muse/mjuz/*v.i.* تَأَمَّلَ ، اِسْتَغْرَقَ في التَّأَمُّلِ والتَّفْكِيرِ العَمِيق

museum/mjuˋzɪəm/*n.* مَتْحَفٌ (مَتاحِفُ)

mushroom/ˋmʌʃrʊm/*n.* فُطْر (فُطُور) ، عَيْشُ الغُراب ، فَقْع (فُقُوع) (س)

music/ˋmjuzɪk/*n.*

1. (art) فَنُّ المُوسِيقَى
2. (harmonious sounds) أنْغامٌ مُوسِيقِيّة

he had to face the music اُضْطُرَّ لِمُجابَهةِ النَّقْدِ (أو المُشْكِلةِ) بِشَجاعة

musical/ˋmjuzɪkəl/*adj.* مُوسِيقِيّ

n. (film/play with music) فِيلْمٌ مُوسِيقِيّ ، رِواية هَزْلِيّة غِنائِيّة

musician/mjuˋzɪʃən/*n.* مُوسِيقار

Muslim/ˋmʊzlɪm, ˋmʊslɪm/*n.* مُسْلِم (مُسْلِمُون)

muslin/ˋmʌzlɪn/*n.* المُوصِلِين (قُماشٌ رَقِيق) ، شاش

mussel/ˋmʌsəl/*n.* مِيدِية ، بَلَحُ البَحْر (نَوْعٌ مِنَ المَحار يُؤْكَل)

must/mʌst/(*p.t.* **must**) *v. aux.* يَجِب

he must have arrived there by now لابُدَّ أنّه قد وَصَلَ هُناكَ الآنَ

mustard/ˋmʌstəd/*n.* خَرْدَل

he is as keen as mustard هُوَ مُتَحَمِّسٌ لِلعَمَلِ غايةَ التَّحَمُّس

muster/ˋmʌstə(r)/*n.* اِصْطِفافُ الجُنُودِ لِلنِّداء

v.t. جَمَعَ (ـَ) الجُنُودَ لِلتَّفْتِيش ،

إِسْتَجْمَعَ (شَجاعَته)

musty/ˈmʌstɪ/*adj.* مُتَعَفِّن

mute/mjut/*adj.*

1. (silent) صامِت ، ساكِت

2. (dumb) أَخْرَسُ ، أَبْكَمُ

n. أَخْرَسُ (خُرْسٌ) ، أَبْكَمُ (بُكْمٌ) ؛ نادِب (أو نادِبة) مُسْتأْجَر

mutilate/ˈmjutɪleɪt/*v.t.* شَوَّهَ ، مَسَخَ (ـَ)

mutilation/ˈmjutɪˈleɪʃən/*n.* تَشْويه ، مَسْخٌ

mutinous/ˈmjutɪnəs/*adj.* (جُنْدِيٌّ) مُتَمَرِّدٌ أو عاصٍ

mutiny/ˈmjutɪnɪ/*n.* تَمَرُّدٌ ، عِصْيانٌ

v.i. شَقَّ عصا الطّاعة ، تَمَرَّدَ

mutter/ˈmʌtə(r)/*v.t. & i.* تَمْتَمَ ، غَمْغَمَ ، تَكَلَّمَ بِصَوْتٍ خَفيضٍ غَيْرِ مَفْهُوم

mutton/ˈmʌtən/*n.* لَحْمُ الضَّأْن ، لَحْمُ غَنَم

mutual/ˈmjutjʊəl/*adj.* مُتَبادَلٌ ، مُشْتَرَك

mutual friend صَديقُ الطَّرَفَيْن

muzzle/ˈmʌzəl/*n.* خَطْمٌ ، أَنْفُ الحِصان وَفَكّاه ؛ كِمامة ؛ فُوَّهَةُ البُنْدُقيّة

v.t. (*lit. & fig.*) كَمَّمَ (الكَلْبَ) ، كَمَّ أَفْواهَ مُعارِضيه ، كَبَتَ (ـِ)

my/maɪ/*poss. pron.*

1. (belonging to me) لي ، خاصٌّ بي

2. (*in form of address*) في شَكْلٍ مِن أَشْكالِ الخِطاب

my dear girl يا بِنْتي

3. (*exclamation*) في حالةِ تَعَجُّب

my goodness! سُبْحانَ اللّه ! يا إلهي ! يا سَتّار ! يا حَفيظ !

oh my! أَسْتَغْفِرُ اللّه ! يا لَطيف ! يا سَلام !

myself/maɪˈself/*pron.* نَفْسي ، ذاتي

refl. & emphatic

for myself, I don't care أَمّا مِن جانِبي فَلا أُبالي

mysterious/mɪˈstɪərɪəs/*adj.* مُبْهَم ، غامِض

mystery/ˈmɪstərɪ/*n.* سِرٌّ (أَسْرار) ، غُموض ، إبْهام

mystic/ˈmɪstɪk/*adj.* صُوفِيٌّ ، باطِنِيٌّ ، سِرِّيّ

n. مُؤْمِنٌ بالصُّوفيّة ، مُتَصَوِّف ، صُوفِيّ

mystify/ˈmɪstɪfaɪ/*v.t.* حَيَّرَهُ ، أَحاطَ المَوْضوعَ بالغُموض

myth/mɪθ/*n.* أُسْطورة (أَساطير) ، خُرافة

mythical/ˈmɪθɪkəl/*adj.* خُرافِيٌّ ، أُسْطورِيٌّ ، وَهْمِيّ

mythology/mɪˈθolədʒɪ/*n.* مِيثُولُوجيا ، أَساطيرُ الأَقْدَمين ، (قِصَص) خُرافيّة

N

N/en/(letter) الحَرْفُ الرّابِعَ عَشَرَ مِن الأَبْجَدِيّة

nab/næb/*v.t.* (*sl.*) كَمَشَ (ـِ) (مُجْرِمًا) ، مَسَكَ (ـِ)

nabob/ˈneɪbob/*n.* ثَرِيٌّ ، غَنِيٌّ جَمَعَ ثَرْوَتَهُ في الهِنْد

nadir/ˈneɪdɪə(r), ˈnædɪə(r)/*n.* نَظيرُ السَّمْت ، الحَضيض

nag/næg/*n.* (*coll.*) كَديش ، سِيسي ، حِصانٌ لِلرُّكوب

v.t. & i. أَلَحَّ عَلَيه بالسُّؤال ؛ (ظَلَّ) يُؤَنِّبُه بِاسْتِمرار ؛ نَقَّ (ـُ) ، نَقْنَقَ

a nagging pain أَلَمٌ مُلِحٌّ ، وَجَعٌ مُناكِد

nail/neɪl/*n.*

1. (*on toe or finger*) ظُفْر (أَظفار)

he fought tooth and nail قاتَلَ بِضَراوة

2. (metal spike) مِسْمار

he hit the nail on the head أَصابَ كَبِدَ الحَقيقة

he paid on the nail دَفَعَ الثَّمَنَ فَوْرًا

v.t. سَمَّرَ ، دَقَّ مِسْمارًا في

can we nail this lie? أَيُمْكِنُنا أَنْ نَفْضَحَ هذه الكِذْبة ؟

I nailed him down to coming back at 3.0 أَجْبَرْتُه عَلى الرُّجوع في السّاعة الثّالثة

naïve/naɪˈiv/*adj.* ساذَجٌ بِبَراءة ، سَذِجٌ ، بَسيط

naked/ˈneɪkɪd/*adj.* عارٍ ، مُجَرَّدٌ (مِنَ الثِّياب) ؛ (سَيْفٌ) مَسْلُول ، (لَهَبٌ) مَكْشوف

name/neɪm/*n.* اِسْمٌ (أَسْماء) ؛ صِيتٌ

Christian name الاِسْمُ الشَّخْصِيّ ، اِسْمُ العِماد عِند المَسيحِيّين

the stranger called him names شَتَمَهُ الشَّخْصُ الغَريب

he put his name down for a council house سَجَّلَ اسْمَه للحُصول على مَسْكَنٍ مِن مَساكِنِ المَجْلِس البَلَدِيّ

she goes in for name-dropping تُحِبُّ أَنْ تَتَظاهَرَ أَثْناءَ حَديثِها بِمَعْرِفَتِها لِلمَشاهِير

he has a name for honesty يُعْرَفُ بِأَمانَتِه

v.t.

1. (give a name to) سَمّى ، أَطْلَقَ اسْمًا على

I name this ship Saint George أُسَمّي هذه الباخِرة "القِدّيس جُورْج" (تُقالُ عِنْدَ تَدْشينِها)

2. (specify) عَنى ، حَدَّدَ (تاريخًا) ، عَيَّنَ

nameless/ˈneɪmləs/*adj.* لا اسْمَ لَه ، غَيْرُ مُسَمّى ؛ (خَلاعة) شَنيعة

namely/ˈneɪmlɪ/*adv.* أيْ أَنَّ . . . ، يَعْني ، أَلا وَهُو

namesake/ˈneɪmseɪk/*n.* سَمِيٌّ ، مُشْتَرِكٌ في الاسْم

nanny/ˈnænɪ/*n.* مُرَبِّيَة أَطْفال ، دادة (س،م) ، دادي (ع)

nanny-goat/ˈnænɪ-gəʊt/*n.* عَنْزة
nap/næp/*n.*
1. (short sleep) سِنةٌ مِن نَوْمٍ في النّهار ، قَيْلولة
also v.i. غَفا (يَغْفو ، يَغْفي)
be on your guard, don't let the enemy catch you napping كُنْ على حَذَرٍ لِئَلّا يأخُذَكَ العَدُوُّ على حِينِ غِرّة
2. (surface of cloth) وَبَرٌ ، زَغَبٌ ، خَمْلَة (لِقَطِيفةٍ أو سَجّادة)
3. (card game) لُعْبة وَرَق ، مانيل (س)
nape/neɪp/*n.* قَفا العُنُق
napkin/ˈnæpkɪn/*n.*
1. (serviette) فُوطة أو مِنْدِيل المائِدة
2. (diaper) *also* **nappy**/ˈnæpɪ/ حِفاظ ، كَفُولة الطِّفل (م) ، لَفّة (لَفائف) ، حَضِينة (حَضائنُ) (ع) ، خِرْقة (س)
narcissus/nɑˈsɪsəs/*n.* نَرْجِس (نَبات مُزْهِر)
narcotic/nɑˈkotɪk/*adj. & n.* مُخَدِّر (مُخَدِّرات)
narrate/nəˈreɪt/*v.t.* رَوَى (يَرْوِي) ، قَصَّ (ـُ) ، حَكَى (يَحْكِي)
narration/nəˈreɪʃən/*n.* قَصٌّ ، رِوايةٌ ، سَرْدٌ
narrative/ˈnærətɪv/*n. & adj.* قِصّة ، سَرْدٌ ؛ (أُسْلُوب) رِوائيّ
narrator/nəˈreɪtə(r)/*n.* راوٍ (رُواة) ، قَصّاص
narrow/ˈnærəʊ/*adj.* ضَيِّق ، مَحْدُود ، صَغِير
he had a narrow escape نَجا بأُعْجُوبة
n. pl. مَضِيق (جُغْرافية)
v.t. & i. ضَيَّقَ الفَجْوة (بين شَيْئَيْن) ؛ ضاقَ (يَضِيق)
narrowly/ˈnærəʊlɪ/*adv.* بِقَلِيل ، بالكاد ، بِجُهْد
narrow-minded/ˈnærəʊ-ˈmaɪndɪd/*adj.* مَحْدُود الأُفُق عَقْلِيًّا ، ضَيِّقُ الفِكْر ، قَصِيرُ النَّظَر
nasal/ˈneɪzəl/*adj.* أَنْفِيّ ، مِنْخَرِيّ
nastily/ˈnɑstɪlɪ/*adv.* بِخُبْث ، بِقِلّة أَدَب ، بِقَصْدِ الإساءة
nasty/ˈnɑstɪ/*adj.*
1. (dirty) قَذِرٌ ، وَسِخٌ ، مُسْتَهْجَن
2. (unpleasant) كَرِيه ، مُقْرِف
he has a nasty mind هُو سَيِّئُ الظَّن
3. (dangerous) خَطِير
nation/ˈneɪʃən/*n.* أُمّة (أُمَم) ، شَعْبٌ (شُعُوب)
national/ˈnæʃənəl/*adj. & n.* قَوْمِيّ ، وَطَنِيّ ؛ مُواطِنٌ ، مِن رَعايا بَلَدٍ ما
national service التَّجْنِيدُ الإجْبارِيّ وَقْتَ السِّلْم
nationalism/ˈnæʃənəlɪzm/*n.* قَوْمِيّة ، وَطَنِيّة
nationalist/ˈnæʃənəlɪst/*n. & adj.* وَطَنِيٌّ مُطالِبٌ بالاسْتِقْلال ؛ مُتَمَسِّكٌ بِقَوْمِيّته
nationality/ˈnæʃənˈælətɪ/*n.* جِنْسِيّة ، تَبَعِيّة ، رَعَوِيّة
nationalization/ˈnæʃənəlaɪˈzeɪʃən/*n.* تَأْمِيم
nationalize/ˈnæʃənəlaɪz/*v.t.* أَمَّمَ (صِناعة) ، جَعَلَها مِلْكًا لِلدَّوْلة
native/ˈneɪtɪv/*adj. & n.* (مادّة) مَحَلِّيّة ، فِطْرِيّ ؛ مِن سُكّان البِلاد الأَصْلِيِّين
his native tongue is Arabic لُغَتُه الأَصْلِيّة هي العَرَبِيّة
nativity/nəˈtɪvətɪ/*n.* مِيلادُ يَسُوع ، عِيدُ المِيلاد ؛ تَمْثِيلِيّة شَعْبِيّة عن مِيلادِ المَسِيح
natty/ˈnætɪ/*adj. (coll.)* مُهَنْدَم ، أَنِيق ، شِيك (س ، ع) ، شَلَبي (م)
natural/ˈnætʃərəl/*adj.*
1. (of nature) طَبِيعِيّ ، طَبْعِيّ
2. (inborn) فِطْرِيّ ، خَلْقِيّ ، غَرِيزِيّ
3. (normal) عادِيّ ، اعْتِيادِيّ
4. (unaffected) لا تَصَنُّعَ فيه
5. (illegitimate) نَغْلٌ ، ابْنُ سِفاح
6. (*mus.*) نُوطة أَصْلِيّة في سُلَّم الصَّوْل المُوسِيقِي
n.
1. (idiot) مَعْتُوه ، أَبْلَه على الطَّبِيعة (تَعْبِيرٌ قَدِيم)
2. (*coll.* person ideally suited for) شَخْصٌ مَفْطُورٌ على أَداءِ عَمَلٍ ما ، مَخْلُوقٌ له
naturalist/ˈnætʃərəlɪst/*n.* عالِمٌ بِعِلْمِ الأَحْياء
naturalization/ˈnætʃərəlaɪˈzeɪʃən/*n.* تَجَنُّسٌ
naturalize/ˈnætʃərəlaɪz/*v.t.*
1. (introduce) أَدْخَلَ كَلِماتٍ أو عاداتٍ أَجْنَبِيّة ؛ أَقْلَمَ نَباتًا في بِيئةٍ أُخْرَى
2. (admit to citizenship) جَنَّسَ شَخْصًا أَجْنَبِيًّا بِمُوجِبِ القانُون المَحَلِّيّ ، مَنَحه الجِنْسِيّة
naturally/ˈnætʃərəlɪ/*adv.* طَبْعًا ! تِلْقائِيًّا ، خِلْقةً
nature/ˈneɪtʃə(r)/*n.*
1. (essential quality) طَبِيعة ، خاصِّيّة ، سَلِيقة
2. (disposition) مِزاج ، فِطْرة ، جِبِلّة
he is generous by nature هو مَطْبُوع على الكَرَم
3. (the world and its life force) الطَّبِيعة
he paid his debt to nature تُوُفِّيَ (إلى رَحْمةِ الله)
he was in a state of nature كان عارِيًا كما وَلَدَتْهُ أُمُّه
4. (sort, kind) نَوْعٌ ، ضَرْبٌ (ضُرُوب)
books of that nature كُتُبٌ مِن هذا القَبِيل
5. (bodily functions *often joc.*) فَعّالِيّة جِسْمِيّة (قد تُقالُ هَزْلًا)
excuse me, I must answer the call of nature مَعْذِرةً فإنّ عَلَيَّ قَضاءُ حاجة
naught/nɔt/*n.*
1. (zero) صِفْر (رَقْم)

2. (nothing) لا شَيْء ، عَدَم
all our endeavours came to naught ذَهَبَت كُلّ جُهُودِنا سُدًى

naughty/ˈnɔtɪ/*adj.*
1. (disobedient) غَيْرُ مُطِيع ، شِرِّير
2. (improper) فاضِح ، غَيْرُ أَخْلاقِيّ ، بَذِيء

nausea/ˈnɔsɪə/*n.* غَثَيانُ النَّفْس ، تَقَزُّز ، اِشْمِئْزازٌ شَدِيد

nauseate/ˈnɔsɪeɪt/*v.t.* قَرَّفَ ، قَزَّزَ ، أثارَ اشْمِئْزازَه

nauseous/ˈnɔsɪəs/*adj.* مُقْرِف ، مُقَيِّئ ، تَعافُهُ النَّفْس

nautical/ˈnɔtɪkəl/*adj.* بَحْرِيّ ، مُخْتَصّ بالمِلاحة
nautical mile مِيلٌ بَحْرِيّ (يُساوِي ٦٠٨٠ قَدَمًا)

naval/ˈneɪvəl/*adj.* بَحْرِيّ ، نِسْبَةً إلى الأُسْطول وبَحّارَتِه
naval rating نُوتِيّ في الأُسْطول

nave/neɪv/*n.* بَهْوُ الكَنِيسة المَرْكَزِيّ ؛ قَبُّ العَجَلة

navel/ˈneɪvəl/*n.* سُرَّة (البَطْن) ؛ (بُرْتُقال) أَبُو سُرَّة

navigable/ˈnævɪgəbəl/*adj.* صالِحٌ لِلمِلاحة ، صالِحٌ لِسَيْرِ السُّفُن

navigate/ˈnævɪgeɪt/*v.t.* أَرْشَدَ السّائِقَ إلى طَرِيقِه
& i. وَفْقَ الخارِطة (بَرًّا ، بَحْرًا ، جَوًّا)

navigation/ˈnævɪˈgeɪʃən/*n.* عِلْمُ المِلاحة ، مِلاحة

navigator/ˈnævɪgeɪtə(r)/*n.* مَلّاح ، بَحّار

navvy/ˈnævɪ/*n.* عامِلٌ يَدَوِيّ يَشْتَغِلُ بالأَعْمالِ الثَّقِيلة

navy/ˈneɪvɪ/*n.* أُسْطول ، قُوَّة بَحْرِيَّة مُسَلَّحة
navy blue أَزْرَقُ كُحْلِيّ

neap-tide/ˈnip-taɪd/*n.* مَدٌّ أو جَزْرٌ غَيْرُ تامّ

near/ˈnɪə(r)/*adv. & prep.* قَرِيبًا ، بالقُرْبِ مِن ، قُرْبَ
they live near by يَسْكُنون بالقُرْب مِنّا
the day of his return is drawing near لَيْسَ يَوْمُ عَوْدَتِهِ بِبَعِيد
she came near to tears أَوْشَكَت أَنْ تَبْكِي
as near as I can guess, it is midnight الوَقْتُ مُنْتَصَفُ اللَّيْل عَلَى حَسَبِ ظَنِّي
adj. 1. (close) قَرِيب ، دانٍ مِن ، مُحاذٍ ؛ وَشِيك
the Near East الشَّرْقُ الأَوْسَط
her aunt is her only near relative عَمَّتُها هي الوَحِيدة مِن أَقْرِبائِها الأَدْنَيْن
that was a near miss كِدْنا نَصْطَدِم ، نَجَوْنا بأُعْجُوبة
2. (close to side of road) قَرِيب مِن حافّة الطَّرِيق
keep in the lane on the near side اِتَّبِعْ خَطَّ السَّيْر المُحاذِي لِجانِبِ الطَّرِيق
3. (stingy) شَحِيح ، بَخِيل ، ضَنِين ، حَرِيص
the old man is near with his money الشَّيْخُ حَرِيصٌ على مالِهِ

nearly/ˈnɪəlɪ/*adv.* تَقرِيبًا ، حَوالَيْ ، نَحْوَ ، يُناهِزُ (السَّبعِينَ مَثَلًا) ، أَوْشَكَ
that is nearly impossible يَكادُ يَكُونُ مُسْتَحِيلًا

near-sighted/ˈnɪə-ˈsaɪtəd/*adj.* قَصِيرُ النَّظَر

neat/nit/*adj.*
1. (tidy) مُرَتَّبٌ ، مُتَأَنِّقٌ في هِنْدامِهِ
2. (cleverly done) مُتَناسِق ، مُنَظَّم ، (لَفْظٌ) ظَرِيف
3. (undiluted) (مَشْرُوبٌ) خالِص ، (وِيسْكي) غَيْرُ مَمْزُوجٍ بالماء

nebula/ˈnebjʊlə/*n.* سَدِيم (سُدُم) (فَلَك)

nebulous/ˈnebjʊləs/*adj.* سَدِيمِيّ (فَلَك) ؛ غامِض ، مُبْهَم ؛ لَمْ تَتَبَلْوَرْ فِكْرَتُهُ بَعْدُ

necessaries/ˈnesəsrɪz/*n. pl.* مُسْتَلْزَماتُ الحَياة ، ضَرُورِيّاتُها الأَساسِيّة

necessarily/ˈnesəˈserəlɪ/*adv.* ضَرُورةً ، ضَرُورِيًّا

necessary/ˈnesəsərɪ/ *adj.* لابُدَّ مِنْه ، ضَرُورِيّ ، لازِم ، واجِب

necessitate/nɪˈsesɪteɪt/*v.t.* تَطَلَّبَ ، اِسْتَلْزَمَ

necessitous/nɪˈsesɪtəs/*adj.* مُعْوِز ، فَقِير ، مُعْدَم

necessity/nɪˈsesətɪ/*n.*
1. (constraint, compulsion) اِضْطِرار ، إِجْبار ، قَسْر
2. (imperative need) ضَرُورة ، حاجة ، لُزُوم
3. (poverty) عَوَز ، فَقْر ، فاقة
4. (*pl.* indispensable things) مُقْتَضَياتُ الحَياة
the bare necessities of life ما يَسُدُّ الرَّمَق

neck/nek/*n.*
1. (*anat.*) عُنُق (أَعْناق) ، رَقَبة (رِقاب)
I'm not going to stick my neck out لَنْ أَمُدَّ يَدِي إلى كُورةِ الزَّنابِير ، لَنْ أُعَرِّضَ نَفْسِي لِلخَطَر
stop breathing down my neck أُتْرُكْنِي وشَأْنِي ! لا تَتَداخَلْ في شُغْلِي
2. (part of garment) فَتْحةُ الرَّقَبة في فُسْتان ، قَبَّتُهُ
3. (part of bottle) عُنُقُ القِنِّينة
4. (*sl.* impudence) صَفاقة ، وَقاحة ، جَسارة
v.i. (*sl.*) تَعانَقا ، تَداعَبَ (العاشِقان)

necklace/ˈneklɪs/*n.* قِلادة (قَلائِدُ) ، عِقْدٌ (عُقُود)

neck-tie/ˈnek-taɪ/*n.* رِباط ، رَبْطة العُنُق

necromancy/ˈnekrəmænsɪ/*n.* اِسْتِحْضارُ الأَرْواح ، اِسْتِنْباءُ المَوْتَى

necropolis/nɪˈkropəlɪs/*n.* مَقْبَرة كَبِيرة ، مَدْفَنٌ كَبِير عِنْدَ القُدامَى

nectar/ˈnektə(r)/*n.*
1. (*myth.*) شَرابُ الآلِهة
(*fig.*) رَحِيق ، شَرابٌ حُلْوُ المَذاق
2. (*bot.*) عَسَلُ الزَّهْر ، أَرْيُهُ ، مِغْثَر

nectarine/ˈnektərɪn/*n.* زُلَيْقة ، فاكِهة بَيْنَ الخَوْخ والبَرْقُوق (م) أي بَيْنَ الدُّرّاق والخَوْخ (س)

née/neɪ/*adj.* اِسْمُ الزَّوْجة قَبْلَ الزَّواج ، اِسْمُ البُتولة

need/nid/*n.*

1. (requirement, necessity) حاجة ، ضَرورة ، إحْتياج
2. (distress) عَوَزٌ ، شِدّة ، فاقة ، إمْلاق
a friend in need is a friend indeed عِنْدَ الشَّدائد يُعْرَفُ الإخْوان ، الصَّدِيقُ عِنْدَ الضِيق
v.t.
1. (require) إحْتاجَ إلى ، تَطَلَّبَ
2. (be obliged to) اِضْطَرَّ ، تَطَلَّبَ
she need not have bothered ما كان لَها أنْ تَتَكَلَّفَ المَشَقَّة

needful/ˈnidfəl/*adj.* ضَرُوريّ ، لازِمٌ
the needful (*sl.*) فُلوس ، مَصارِي ؛ ما يَقْضِي الحاجة

needle/ˈnidəl/*n.*
1. (*sewing*) إبْرة (إبَر)
2. (indicator) عَقْرَبُ (العَدّاد)
3. (leaf of conifer) إبْرَةُ شَجَرِ الصَّنَوْبَر
v.t. كَدَّرَ ، أغاظَ ، أغْضَبَ (بِتَعْلِيقاتٍ لاذِعة)

needless/ˈnidlɪs/*adj.* في غِنًى (عَن البَيان) ، مِنْ نافِلة القَوْل

needlewoman/ˈnidəlwʊmən/*n.* خَيّاطة مُحْتَرِفة ماهِرة

needlework/ˈnidəlwɜk/*n.* شُغْلُ الإبْرة

needs/nidz/*adv. only in* بالضَّرُورة
needs must when the devil drives الضَّرُوراتُ تُبِيحُ المَحْظُورات ، للضَّرُورةِ أحْكام

needy/ˈnidɪ/*adj.* مُعْوِز ، مُعْدِم ، مِسْكِين

negate/nɪˈgeɪt/*v.t.* أنْكَرَ ، نَفَى (يَنْفِي)

negation/nɪˈgeɪʃən/*n.* إنْكارٌ ، إبْطالٌ ، نَفْيٌ ، رَفْضٌ

negative/ˈnegətɪv/*adj.* سَلْبِيّ ، (نَقْدٌ) غَيْرُ بَنّاء ؛
& *n.* (عِبارة) سالِبة
the reply was in the negative كان الجَوابُ سَلْبًا
photographic negative صُورة فُوتُوغْرافِيّة سالِبة ، بَلُّورة (س) ، عِفْرِيتة (م) ، جامة (ع)

neglect/nɪˈglekt/*v.t.* أهْمَلَ ، أغْفَلَ ، سَها (يَسْهُو عَن)
n. إهْمال ، إغْفال ، تَقْصِير

neglectful/nɪˈglektfəl/*adj.* مُهْمِل ، مُتَوانٍ ، مُقَصِّر

négligé/ˈneglɪʒeɪ/*n.* رِداءٌ نِسائِيٌّ لِلمَنْزِل (قَدْ يَكُون شَفّافًا مُبَهْرَجًا)

negligence/ˈneglɪdʒəns/*n.* إهْمالٌ ، تَقْصِيرٌ ، إغْفالٌ

negligent/ˈneglɪdʒənt/*adj.* مُهْمِل ، مُغْفِل ، مُتَهاوِن

negligible/ˈneglɪdʒəbəl/*adj.* تافِهٌ ، غَيْرُ جَدِير بالذِّكْر

negotiable/nɪˈgəʊʃɪəbəl/*adj.*
1. (navigable) يُمْكِنُ المُرُورُ فيه
2. (*finance*) (أوْراق مالِيّة) يُمْكِنُ لأيِّ شَخْصٍ أنْ يَصْرِفَها

negotiate/nɪˈgəʊʃɪeɪt/*v.t.* & *i.*
1. (bargain) فاوَضَ مَعَ فُلانٍ في ، تَفاوَضَ
2. (change into cash) صَرَفَ (ـِ) سَنَدًا مالِيًّا ، حَسَمَ (ـِ) (حَوالةً)
3. (pass successfully) اِجْتازَ (العَراقِيل)
it is difficult for a large car to negotiate a tight corner مِنَ العَسِير عَلَى سَيّارةٍ كَبِيرةٍ أنْ تَسْتَدِيرَ في مُنْعَطَفٍ ضَيِّق

negotiation/nɪˈgəʊʃɪˈeɪʃən/*n.* تَفاوُضٌ ، مُفاوَضة

negotiator/nɪˈgəʊʃɪeɪtə(r)/*n.* مُفاوِضٌ

Negro/ˈnigrəʊ/(*pl.* **Negroes** *fem.* **Negress**) *n.* زِنْجِيّ (زُنوج) ؛ زِنْجِيّة

neigh/neɪ/*v.i.* & *n.* صَهَلَ (ـَ) ، حَمْحَمَ (الجَواد) ؛ صَهِيل ، حَمْحَمة

neighbour/ˈneɪbə(r)/*n.* جارٌ (جِيران)

neighbourhood/ˈneɪbəhʊd/*n.* جِوار ، جِيرة ، (أوْلادُ) الحارة أو الحَيّ

neighbouring/ˈneɪbərɪŋ/*adj.* مُجاوِرٌ ، قَرِيب ، مُتاخِم

neighbourliness/ˈneɪbəlɪnəs/*n.* حُسْنُ الجِوار

neighbourly/ˈneɪbəlɪ/*adj.* حَسَنُ الجِوار ، وَدُود ، عَطُوف

neither/ˈnaɪðə(r)/*adj.* لا أحَدَ (مِن الإثْنَيْن) ؛ لا . . ولا
pron. & *adv.*
neither you nor I know that لا أنا ولا أنْتَ نَعْلَمُ ذَلك

neon/ˈnion/*n.* غازُ النِّيُون ، مِصباحُ نِيُون

nephew/ˈnevju/*n.* اِبْنُ أخٍ ، اِبْنُ أُخْت

nepotism/ˈnepətɪzm/*n.* مُحاباةُ الأقارِب ، إيثارُ ذَوِي القُرْبَى بالوَظائفِ العالِية

Neptune/ˈneptjun/*n.*
1. (*myth.*) إلهُ البَحْر (في الأساطِير الرُّومانِيّة)
2. (planet) كَوْكَبُ نَبْتُون

nerve/nɜv/*n.*
1. (*anat.*) عَصَبٌ (أعْصاب)
2. (*pl.* sensitivity) حَساسِيّة ، إثارة ، نَرْفَزة
3. (courage) رَباطَةُ الجَأْش ، بَأْسٌ ، تَمالُكُ الأعْصاب
4. (*coll.* impertinence) صَفاقَةُ الوَجْه ، وَقاحة
he's got a nerve يا لَهُ مِن صَفِيق !

nerve-centre/ˈnɜv-sentə(r)/*n.* مَرْكَزٌ عَصَبِيّ ؛ مِحْوَرُ نَشاط

nervous/ˈnɜvəs/*adj.* عَصَبِيّ ، قَلِقٌ ، مُرْتَعِب
nervous system الجِهازُ العَصَبِيّ
nervous breakdown اِنْهِيارٌ عَصَبِيّ

nervy/ˈnɜvɪ/*adj.* (*coll.*) مُنَرْفِز ، خَوّاف ، طَرْطُور (ع)

nest/nest/*n.* عُشّ (أعْشاش) ، وَكْرٌ (أوْكار) ، كِنّ (أكْنان)
v.i. عَشَّشَت (الطُّيُور)

nest-egg/ˈnest-eg/*n.* مُدَّخَرٌ مِن المال ، خَمِيرة فُلُوس (م)

nestle/ˈnesəl/*v.t.* & *i.* اِحْتَضَنَ ، اِسْتَكَنَّ

nestling/ˈnestlɪŋ/*n.* فَرْخٌ لَمْ يُغادِرْ عُشَّه بَعدُ ، كَتكُوت

net/net/*n.* شَبَكَةٌ (شِباك) ، شَرَكٌ (أشْراك)
v.t. **1.** (catch in net) اِصْطادَ (طَيرًا أو سَمَكًا بِشَبَكَتِهِ) ؛ اِقْتَنَصَ (رِبْحًا)

2. (cover with net) غَطّى شُجَيْرةَ الفاكهة بِشَبَكة
adj. also **nett** صافٍ ، خالِصٌ
to ascertain the net profit, subtract overheads from gross profit لِلتَّأكُّدِ مِن الرِّبْحِ الخالِصِ اِطْرَحِ النَّفَقاتِ العامَّة مِنَ الرِّبْحِ الإجْمالِيّ
netting/ˈnetɪŋ/*n.* أَسْلاكٌ مُشَبَّكة ؛ نَسِيجُ الكِلَّة ، شَبَكٌ
nettle/ˈnetəl/*n.* قُرّاص ، قُرَّيْص
v.t. أَهاجَ ، أَغاظَ ، أَثارَ ثائِرَتَه
she looked nettled by my remarks بَدَت مَغِيظة مُحْنَقة مِن جَرّاءِ مُلاحَظاتي
nettle-rash/ˈnetəl-ræʃ/*n.* الشَّرَى ، أَرْتِكاريا ، أَنْجُرِيّة (طَفْحٌ جِلْدِيّ)
network/ˈnetwɜk/*n.* شَبَكة (مُواصَلات)
neuralgia/njʊˈrældʒə/*n.* نُورالْجِيا ، أَلَمٌ عَصَبِيّ
neuritis/njʊˈrɑɪtɪs/*n.* اِلتِهاب الأعصاب
neurosis/njʊˈrəʊsɪs/*n.* عُصاب ، عُصابِيّة
neurotic/njʊˈrotɪk/*n. & adj.* مُصاب بِمَرَضٍ عَصَبِيّ ؛ عُصابِيّ
neuter/ˈnjutə(r)/*adj. & n.*
1. (*gram.*) مُحايِد ، لا مُذَكَّر ولا مُؤَنَّث
2. (*biol.*) عَدِيمُ الجِنْس
neutered/ˈnjutəd/*adj.* (قِطٌّ) مَخْصِيّ ؛ (قِطّة) مَجْبُوبَةُ المَبِيضَيْن
neutral/ˈnjutrəl/*adj.* حِيادِيّ ، على الحِياد ، مُحايِد
neutral gear فَكُّ تَعشيقِ المُسَنَّنات في مُحَرِّك السَّيّارة ، نُقْطة العَطالة ، اللاتَعْشِيق
neutrality/njʊˈtrælɪtɪ/*n.* حِياد
neutralization/ˈnjʊtrəlɑɪzeɪʃən/*n.* إبطال مَفْعُول ، مُعادَلة ، مُحايَدة
neutralize/ˈnjʊtrəlɑɪz/*v.t.* حَيَّدَ ، أَبْطَلَ مَفعُول (كِيمياء) ، أَزالَ ، عادَلَ
never/ˈnevə(r)/*adv.*
1. (not ever) كَلّا ، لا أَبَدًا !
well I never (did) أَسْتَغْفِرُ اللّه ! ، يا لَلدَّهْشة ! ، سُبْحانَ اللّه ! يا سَلام !
2. (not at all) كَلّا ، مُطْلَقًا
never mind! مَعْلِيهش (س ، م) ، ما يُخالِف (ع) ، لا بَأْس
that will never do لا يَنْفَعُ ولا يَشْفَع ، هذه الخِطّة لَنْ تَفِيَ بالغَرَضِ أَبَدًا
nevermore/ˈnevəˈmɔ(r)/*adv.* لَنْ يَتَكَرَّرَ أَبَدًا ، قَطْعًا ، أَبَدَ الدَّهر
nevertheless/ˈnevəðəˈles/*adv. & conj.* عَلَى الرَّغْمِ مِن ذلِك ، مَعَ ذلِك ، بَيْدَ أَنَّ
new/nju/*adj.*
1. (not known before) جَدِيد (جُدُد)
New Testament العَهْدُ الجَدِيد
2. (additional) إضافِيّ
3. (not worn) غَيرُ مُسْتَعْمَل
this dress is as good as new هذا الفُسْتان بِمَثابةِ الجَدِيد
4. (changed) مُخْتَلِف
newcomer/ˈnjukʌmə(r)/*n.* وافِدٌ جَدِيد
new-laid/ˈnju-leɪd/*adj.* (بَيْضٌ) طازَج ، بَيْضُ اليَوْم
newly/ˈnjulɪ/*adv.* (وَصَلَ) حَدِيثًا ، مُنْذُ عَهْدٍ قَرِيب
news/njuz/*n.* خَبَرٌ (أَخْبار) ، أَنْباء ؛ بَرْنامَجُ الأَخْبار
the news is good, particularly the last item الأَخْبارُ طَيِّبةٌ ولا سِيَّما الخَبَرُ الأَخِير
newsagent/ˈnjuzeɪdʒənt/*n.* بائِعُ الصُّحُف والجَرائِد
newscaster/ˈnjuzkɑstə(r)/*n.* مُذِيعُ نَشْرة الأَخْبار
news-flash/ˈnjuz-flæʃ/*n.* نَبَأٌ مُقَدَّم ، خَبَرٌ مُعَجَّل (يَقطَعُ البَرْنامَجَ العادِيّ في الرّادِيُو)
newsletter/ˈnjuzletə(r)/*n.* نَشْرةٌ دَوْرِيّة تُوَزَّعُ بَيْنَ أَعْضاءِ نادٍ أو مُؤَسَّسة
newspaper/ˈnjuzpeɪpə(r)/*n.* جَرِيدة (جَرائِدُ) ، صَحِيفة (صُحُف)
newsprint/ˈnjuzprɪnt/*n.* جَرائِدُ ؛ وَرَقٌ خاصٌّ بِطَبْعِ الجَرائِد
newsreel/ˈnjuzril/*n.* شَرِيطُ الأَنْباء في السِّينما
next/nekst/*adj.* تالٍ ، قادِم ، مُقْبِل ؛ الأَقْرَب ، القادِم ، التّالي
Ali lives next door يَسْكُنُ عَلِيٌّ في البَيْتِ المُجاوِر
next Friday I shall have been here a week في يَوْمِ الجُمْعة المُقبِل يَكُونُ قَدْ مَضَى عَلَيَّ هُنا أُسْبوعٌ كامِل
prep. usu. with **to** إلى جانِب ...
sit next to me! اِجْلِسْ جانِبِي
adv. ثُمَّ ، بَعْدَئِذٍ ، بَعْدَ
what will happen next? ما الذي يَحْدُث بَعْدَ هذا ؟
n. قَرِيبٌ ، دانٍ
who is his next of kin? مَنْ هُو قَرِيبُه الأَدْنَى ؟
nib/nɪb/*n.* سِنُّ رِيشةِ الكِتابة (أَسْنان) ، سِلّاية (ع)
nibble/ˈnɪbəl/*v.t. & i. & n.* قَضَمَ (ـِ) ، نَقْنَقَ ؛ قَضْمة
nice/nɑɪs/*adj.*
1. (pleasant) لَطِيف ، لَذِيذ ، دَمِثٌ
2. (precise) دَقِيق ؛ مُرْهَف
to score goals, you need nice timing as well as accurate kicking لإصابة الهَدَف (في الكُرة) يَجِبُ الجَمْعُ بَيْنَ ضَبْطِ التَّوقِيتِ وَدِقّةِ الرَّكْلة
nicely/ˈnɑɪslɪ/*adv.* بِلُطْفٍ
the patient is doing nicely صِحّةُ المَرِيضِ آخِذةٌ في التَّحَسُّن
nicety/ˈnɑɪsətɪ/*n.* دِقّةُ التَّعْبِير ، طَرافة الكَلام ؛

إحكام ، رَهافة (الحِسّ)

niche/nɪtʃ/*n.* مِحْراب (مَحاريبُ) ، مِشْكاة ، كُوَّةٌ غَيْرُ نافِذة

he found the right niche for himself وَجَدَ لِنَفْسِهِ الوَظيفَةَ المُناسِبة

nick/nɪk/*n.*

1. (notch) حَزٌّ (حُزوز) ، ثَلْمٌ ، فَلٌّ (فُلول)

he arrived in the nick of time (*coll.*) وَصَلَ في اللَّحْظَةِ الأخيرة ، حَضَرَ في الحَزَّة

2. (*sl.* gaol) حَبْسٌ ، سِجْنٌ ، تَخْشيبة (م)

v.t. **1.** (cut) حَزَّ (ـُ) ، ثَلَمَ (ـِ) ، فَلَّ (ـُ)

2. (*sl.* steal) نَشَلَ (ـُ) ، سَرَقَ (ـِ) ، لَطَشَ (ـُ) (م)

nickel/ˈnɪkəl/*n.*

1. (metal) مَعْدِنُ النِّيكل

2. (*U.S.* five cents) عُمْلة أمريكيّة قيمتها خَمْسةُ سَنْتات

nickname/ˈnɪkneɪm/*n.* اِسْمُ دَلَعٍ (للتَّحَبُّب) ؛ نَبْزٌ (أنْباز)

nicotine/ˈnɪkətin/*n.* نيكوتين ، سَمُّ التَّبْغ

niece/nis/*n.* بِنْتُ الأخ أو الأُخْت

nifty/ˈnɪftɪ/*adj.* (*sl.*) مُهَنْدَم ، أنيق ؛ ذُو رائِحة كَريهة

niggardly/ˈnɪgədlɪ/*adj.* شَحيح (أشِحّاءُ) ، بَخيل (بُخَلاءُ) ، مُقَتِّر

nigger/ˈnɪgə(r)/*n.* (*sl. offensive for* **Negro**) زِنْجيّ ، عَبْدٌ أسْود ، سامْبُو (م)

niggle/ˈnɪgəl/*v.i.* اِعْتَرَضَ مُتَمَسِّكًا بالتَّوافِه ، تَلَكَّأَ وَتَشَكَّى

night/naɪt/*n.* لَيْلٌ (لَيالٍ) ، لَيْلة (لَيْلات)

night-cap/ˈnaɪt-kæp/*n.*

1. (head-gear) طاقِيّة النَّوْم

2. (beverage) شَرابٌ (مُسْكِرٌ عادةً) يُتَناوَلُ قُبَيْلَ النَّوْم

night-club/ˈnaɪt-klʌb/*n.* مَلْهًى لَيْليّ ، حانة لَيْلِيّة

nightdress/ˈnaɪtdres/*n.* قَميصُ أو ثَوْبُ النَّوْمِ للنِّساء

nightfall/ˈnaɪtfɔl/*n.* وَقْتُ حُلولِ المَساء ، (عِنْدَ) هُبوطِ اللَّيْل

nightgown/ˈnaɪtgaʊn/*n.* قَميص أو ثَوْب النَّوْم للنِّساء

nightie/ˈnaɪtɪ/*n.* (*fam.*) مَنامة نِسْوِيّة

nightingale/ˈnaɪtɪŋgeɪl/*n.* عَنْدَليب (عَنادِلُ) ، هَزار (هَزارات) ، بُلْبُل

nightly/ˈnaɪtlɪ/*adv. & adj.* كُلَّ لَيْلة ؛ لَيْليّ

nightmare/ˈnaɪtmeə(r)/*n.* كابوس (كَوابيسُ) ، جاثوم ، ضاغوط ؛ مُعاناة أليمة

night-school/ˈnaɪt-skul/*n.* مَدْرَسة لَيْلِيّة أو مَسائيّة

nightshirt/ˈnaɪtʃɜt/*n.* ثَوْب أو قَميص النَّوْم (للرِّجال)

night-watchman/ˈnaɪt-ˈwɒtʃmən/*n.* خَفير (خُفَراءُ) ، حارِسٌ لَيْليّ (حُرّاس)

nil/nɪl/*n.* صِفْر (أصْفار) ، لا شَيْء

nimble/ˈnɪmbəl/*adj.* خَفيفُ الحَرَكة ، رَشيق ؛ سَريعُ الذِّهْن ، حاذِقُ الفِطْنة

nimbus/ˈnɪmbəs/*n.* سَحابٌ مُمْطِر ، مُزْن ؛ هالة

nincompoop/ˈnɪŋkəmpup/*n.* غَبيّ (أغْبياءُ) ، أحْمَقُ (حَمْقَى) ، أبْلَهُ (بُلْه)

nine/naɪn/*adj. & n.* تِسْعة ، تِسْع (أتْساع)

nineteen/ˈnaɪnˈtin/*adj. & n.* تِسْعَةَ عَشَرَ ، تِسْعَ عَشْرَةَ

nineteenth/ˈnaɪnˈtinθ/*adj. & n.* التّاسِعَ عَشَرَ أو التّاسِعَةَ عَشْرَةَ ؛ جُزْءٌ مِن تِسْعَةَ عَشَرَ جُزْءًا

ninetieth/ˈnaɪntɪəθ/*adj. & n.* التِّسْعون ؛ جُزْءٌ مِنْ تِسْعين

ninety/ˈnaɪntɪ/*adj. & n.* تِسْعون

ninth/naɪnθ/*adj. & n* التّاسِع ، التّاسِعة ؛ تُسْعٌ (أتْساع)

nip/nɪp/*v.t.* قَرَصَ (ـُ) بِحِدّة

v.i. (*coll.*) أسْرَعَ ، خَطَفَ (ـِ) رِجْلَهُ

just nip round the corner and buy me some fags! مُرَّ بِسُرْعة على الدُّكّان واشْتَرِ لي سَكائِرَ مِنْ فَضْلِك !

n. **1.** (bite, pinch) قَرْصة ، عَضّة لاذِعة

2. (chill) لَسْعَةُ بَرْد

3. (small drink) جُرْعة صَغيرة مِن مَشْروب رُوحيّ

nipper/ˈnɪpə(r)/*n.*

1. (claw) كَلّابة (سَرَطان البَحْر) ، قَرّاصة ، كَمّاشة صَغيرة

2. (*sl.* child) طِفْل (أطْفال) ؛ فَرْخ (فِراخ) ، كَتْكوت (بِمَعْنَى صَبيّ)

nipple/ˈnɪpəl/*n.* حَلَمَةُ الثَّدْي

nit/nɪt/*n.*

1. (egg of louse) صُغْبة (صُغَب) ، صُؤابة (صِئْبان) ، بَيْضُ القَمْل

2. (*sl.* fool) أحْمَق (حَمْقَى) ، حِمار (حَمير) ، مُغَفَّل

nitrate/ˈnaɪtreɪt/*n.* نِتْرات ، أزوتات

nitre/ˈnaɪtə(r)/*n.* نَطْرون ، النِّتْر ، نِتْرات البوتاسيوم

nitric/ˈnaɪtrɪk/*adj.* (حامِض) النِّتْريك أو الأزوتيك

nitrogen/ˈnaɪtrədʒən/*n.* غازُ النِّتْروجين ، الأزوت

nitwit/ˈnɪtwɪt/*n.* (*coll.*) أبْلَهُ (بُلْه) ، أحْمَقُ (حَمْقَى) ، مَعْتوه ، أهْبَل

no/nəʊ/*neg. particle, adj.* أداة نافية

1. (not any) نَعْتٌ سَلْبيّ ، كَلّا ، لا

no man's land المِنْطَقة الحَرام (عَسْكَرِيّة)

2. (not a) لَيْسَ بـِ

he's no fool لا يُمْكِنُكَ خِداعُه

3. (not allowed) مَمْنوع ، غَيْرُ مَسْموحٍ بِهِ

no smoking مَمْنوعُ التَّدْخين

4. (*phrases*) تَعابير اصْطِلاحِيّة

it's no good complaining لا جَدْوَى مِنَ الشَّكْوَى

it's no go مُسْتَحيل ! ، لَنْ يَنْجَحَ ذٰلِك

the police did not enter the no-go areas of Belfast لَمْ تَدْخُلِ الشُّرْطة إلى المَناطِقِ المُحَرَّمة في

بلفاشت

adv. (*used with compar.*) ظرفٌ عِندَ المُقارَنة

you owe no less than ten dollars أنتَ مَدينٌ بما لا يَقِلُّ عَنْ عَشَرةِ دُولارات

n. لا ، النَّفْي

she would not take no for an answer أصَرَّت على تَحقيقِ طَلَبِها

nobility/nəʊ'bɪlətɪ/*n.* طَبَقةُ النُّبَلاءِ ، شَرَف ، نَبالة

noble/'nəʊbəl/*adj. & n.* نَبيلٌ (نُبَلاءُ) ، سامٍ ، رَفيعُ المَقام ، كَريمُ المَحْتِد ، شَريفٌ (شُرَفاءُ)

nobleman/'nəʊbəlmən/*n.* نَبيلٌ (نُبَلاءُ) ، عَريقُ النَّسَب ، كَريمُ المَحْتِد ، شَريفٌ (شُرَفاءُ)

nobody/'nəʊbədɪ/*n.* لا أحَدَ ، ما مِن أحَدٍ ، لَيْسَ مِنْ أحَدٍ

nobody knows لا أحَدَ يَعرِف ، واللهُ أعْلَم

nobody could find his luggage ما اسْتَطاعَ أحَدٌ أنْ يَجِدَ أمْتِعَتَهُ الشَّخْصيّة

he spends his time with nobodies يَقْضي وَقْتَهُ مَعَ النَّكِراتِ مِنَ النّاس ، يُعاشِرُ مَنْ لا قِيمَةَ لَهُم

nocturnal/nok'tɜnəl/*adj.* لَيْليّ ، أثْناءَ اللَّيْل ، نِسْبَةً إلى اللَّيْل

nod/nod/*v.t. & i.* حَنَى (يَحْني) رَأسَهُ ، أوْمَأ بِرَأسِهِ إيجابًا

n. إيماءَةٌ بالرَّأس

he has a nodding acquaintance with his neighbour له مَعْرِفةٌ عابِرةٌ بِجارِهِ

noise/nɔɪz/*n.* جَلَبة ، ضَجيج ، صَخَب

a big noise (*fig.*) عَظيمُ الشَّأن ، ذو سُلْطة ، مُتَنَفِّذ

v.t. ضَجَّ (ـِ) ، صَخِبَ (ـَ)

the scandal was noised abroad دَوَّتِ الفَضيحَةُ في كُلِّ الأرْجاء

noisily/'nɔɪzɪlɪ/*adv.* بِصَخَبٍ ، بِجَلَبة

noisome/'nɔɪsəm/*adj.* دَفِر ، مُتَعَفِّن ، (قُمامات) كَريهَةُ الرّائِحة

noisy/'nɔɪzɪ/*adj.* صاخِب ، كَثيرُ الضَّوْضاء

nomad/'nəʊmæd/*n.* رَحّال (رُحَّل) ، مُتَرَحِّل ، بَدَويّ (بَدْو)

nomadic/nəʊ'mædɪk/*adj.* مُتَبَدٍّ ، (حَياة) بَداوةٍ وتَرَحُّل

nominal/'nomɪnəl/*adj.*

1. (of name) اِسْميّ

nominal roll قائِمة بأسْماء الحاضِرين

2. (insignificant) صُوريّ ، (قيمة) إسْميّة ، زَهيد

nominate/'nomɪneɪt/*v.t.* رَشَّحَ ، عَيَّنَ

nomination/'nomɪ'neɪʃən/*n.* تَسْمية ، تَرْشيح ، تَعْيين

nominative/'nomɪnətɪv/*adj. & n.* مَرْفوع ، حالةُ الرَّفْع (إعْراب)

nominee/'nomɪ'ni/*n.* مُرَشَّح ، مُعَيَّن (مِن قِبَلِ حِزْبٍ ما)

non-/non-/*pref.* بادِئة مَعْناها غَيْر أو لا

non-aggression/'non-ə'greʃən/*adj. & n.* (ميثاق) عَدَم الاعْتِداء ، اللاّمُعاداة

nonchalant/'nonʃələnt/*adj.* غَيْرُ مُكْتَرِث ، لا مُبالٍ

non-commissioned officer/'non-kəmɪʃənd 'ofɪsə(r)/*n.* (*abbr.* **N.C.O.**) ضابِطُ صَفّ (ضُبّاط)

non-committal/'non-kə'mɪtəl/*adj.* (جَوابٌ) تَهَرُّبيّ ، مُلْتَبِس ، تَخَلُّصيّ

nonconformist/'nonkən'fɔmɪst/*n.* خارِجٌ على الكَنيسة الأنْكليكانيّة ، لا امْتِثاليّ

nondescript/'nondɪskrɪpt/*adj.* (شَيْءٌ) مُبْتَذَل ، عاديّ

none/nʌn/*pron.*

1. (no one) لا أحَدَ ، ما مِنْ أحَدٍ ، ولا واحِد

2. (nothing) لا شَيْءَ مِن ذلك

adv. كَلّا ، إطْلاقًا ، البَتّة ، بأيّ حال ، مُطْلَقًا

he is none the worse for his fall لَمْ يُصَبْ بأيّ ضَرَرٍ مِن جَرّاءِ سُقوطِه

however safe the trapeze seems, there is none the less a risk مَهْما تَبْدُ أُرْجوحةُ البَهْلَوان أمينةً فإنّها مَعَ ذلِك لا تَخْلُو مِن المُخاطِرة

nonentity/non'entətɪ/*n.* شَخْصٌ تافِه ، لا يُعْتَدُّ بِه ، نَكِرة

nonsense/'nonsəns/*n.* لَغْو ، هُراء ، كَلامٌ فارِغ

nonsensical/non'sensɪkəl/*adj.* غَيْرُ مَعْقول ، فارِغُ المَعْنَى ، سَخيف

non-smoker/'non-'sməʊkə(r)/*n.* غَيْرُ مُدَخِّن ، عَرَبة لِغَيْرِ المُدَخِّنين (في قِطار)

non-stick/'non-'stɪk/*adj.* (مِقْلاة مُطْلِيّة بمادّة) تَمْنَعُ التِصاقَ (المَأكولات)

non-stop(train)/'non-'stop (treɪn)/*adj. & adv.* (قِطار) سَريع ، لا يَقِفُ إلّا في المَحَطّة النِّهائيّة

noodle/'nudəl/*n.*

1. (*coll.* simpleton) شَخْصٌ ساذَج ، أبْلَهُ (بُلْهٌ)

2. (*food*) مَعْكَرونة شَريطيّة دَقيقة ، رِشْتة

nook/nʊk/*n.* رُكْنٌ صَغيرٌ مُنْعَزِل (في حَديقة مَثَلًا)

noon(day)/'nun (deɪ)/*n.* ظُهْر ، مُنْتَصَفُ النَّهار

noose/nus/*n.* أُنْشوطة ، عُقْدَة زالِقة رابِطة ، وَهَقٌ (أوْهاق)

nor/nɔ(r)/*conj.* (لا هذا) ولا (ذلك)

nor do I think that كَلّا ولا أظُنّ أنا ذلك

norm/nɔm/*n.* نَموذَجٌ مِعْياريّ ، قاعِدة للقِياس ، مُعَدَّل

normal/'nɔməl/*adj.* عاديّ ، سَويّ ، طَبيعيّ ، اعْتِياديّ ، قِياسيّ

the situation is back to normal عادَتِ الأُمورُ إلى نِصابِها ، عادَتِ المِياهُ إلى مَجاريها

normality/nɔ'mælətɪ/*n.* الحالة السَّويّة ، الوَضْعُ الاعْتِياديّ

north/nɔθ/*adj. n. & adv.* شَمالِيّ ، شَمال ؛ شَمالاً

north-east/'nɔθ-'ist/*adj. n. & adv.* شَمالِيّ شَرقِيّ ؛ شَمال شَرقِيّ ، شَمالاً شَرقِيًّا

northerly/'nɔðəlı/*adj.* شَمالِيّ ، (رِيحٌ) قادِمة مِن الشَّمال

northern/'nɔðən/*adj.* شَمالِيّ

northerner/'nɔðənə(r)/*n.* مِن أَبْناءِ الشَّمال

northwards/'nɔθwədz/*adv.* (اتَّجَهَ) شَمالاً ، في اتِّجاه الشَّمال

north-west/'nɔθ-'west/ *adj. n. & adv.* شَمالِيّ غَرْبِيّ ؛ (اتَّجَهَ) شَمالاً غَرْبِيًّا

nose/nəʊz/*n.*

1. (*anat.*) أَنْفٌ (أُنُوف) ، مِنخار ، مَنْخِر
2. (sense of smell) حاسَّة الشَّمّ
3. (projecting part) مُقَدِّمةُ شَيْء
4. (*phrases*)

blow your nose, Selma! نَقِّي أَنْفَكِ يا سَلْمَى !

snub nosed أَفْطَس

turned-up nose أَخْنَس

she turned up her nose at the food her sister had cooked إسْتَخَفَّتْ بما أَعَدَّتْهُ أُخْتُها مِن طَعام

he is always poking his nose into our affairs لا يَفْتَأُ يَتَدَخَّلُ في شُؤُونِنا

v.t. & i. أَدْرَكَ بِحاسَّة الشَّمّ

she can nose out a scandal anywhere بِوُسْعِها أَنْ تَشْتَمَّ الفَضِيحةَ حَيْثُما كانَت

nose-bag/'nəʊz-bæg/*n.* مِخْلاةُ العَلَف تُعَلَّقُ بِرَأْسِ الدّابَّة

nose-dive/'nəʊz-daıv/*n.* *v.i.* اِنْقِضاضٌ عَمُودِيّ ، اِنْقَضَّ عَمُودِيًّا

nosegay/'nəʊzgeı/*n.* باقة صَغِيرة مِن الزُّهور العَبِقة

nostalgia/no'stældʒə/*n.* تَوْقٌ إلى الماضِي ، حَنِينٌ (إلى الوَطَن) ، إِيابة

nostalgic/no'stældʒık/*adj.* حَنِينِيّ ، حَزِين ، إِيابِيّ

nostril/'nostrıl/*n.* مَنْخِر (مَناخِرُ)

nosy/'nəʊzı/*adj.* (*sl.*) فُضُولِيّ ، مُتَطَفِّل ، مُتَدَخِّلٌ فِيما لا يَعْنِيه

not/not/*adv.* لا ، لَيسَ (عِندِي) ، لَم (يَكْتُبْ) ، ما (تَكَلَّمَ) ، لن (يَدرس) ، لَمّا (يَحْضُرْ)

not at all لا واللّه ، كَلّا بالمَرَّة ، مُطْلَقًا ؛ لا شُكْرَ على واجِب

not yet لَمْ (يَجِئْ) بَعْدُ ، لم (يَصِلْ) حَتَّى الآن ، لَيْسَ بَعْدُ

nota bene/'nəʊtə'beneı/*v. imper.* (*Lat.*) (*abbr.* **N.B.**) تَنْبِيه ، مُلاحَظة ، مَلْحُوظة ؛ حاشِية

notability/'nəʊtə'bılətı/ *n.* شَخْصِيّة بارِزة ، وَجِيه ، مِن أَهْل الوَجاهة

notable/'nəʊtəbəl/*adj. & n.* جَدِيرٌ بالذِّكْر ؛ مِن وُجَهاءِ القَوْم ، عَيْنٌ (أَعْيان)

notary/'nəʊtərı/*n.* مُوَثِّق أو مُسَجِّل العُقُود ، الكاتِبُ العَدْل (الكُتّاب العَدْل)

notation/nəʊ'teıʃən/*n.* نِظامُ عَلامات ، أَرْقام ، رُمُوز

notch/notʃ/*n.* حَزٌّ (في طَرَفِ خَشَبةٍ مَثَلاً) ، ثَلْمٌ ، فَلٌّ

note/nəʊt/*n.*

1. (short written message) مُذَكِّرة ، مَكْتُوبة ، تَعْلِيق ، رِسالة مُخْتَصَرة ، حاشِية
2. (*mus.*) نَغْمة ، نُوطة مُوسِيقِيّة
3. (money) عُمْلة وَرَقِيّة ، أَوْراق نَقْدِية ، بَنْكْنُوت
4. (attention) (اِسْتَرْعَى) الاِهْتِمام أو الاِنْتِباه
5. (eminence) بُرُوزٌ في المُجْتَمَع

he is a person of note شَخْصٌ مَرْمُوق ، شَخْصِيّة بارِزة

v.t.

1. (notice) لاحَظَ ، لَفَتَ (بِـ) نَظَره إلى ، اِهْتَمَّ بِـ ، اِنْتَبَهَ إلى
2. (write down) دَوَّنَ ، قَيَّدَ ، سَجَّلَ (مُلاحَظاتِهِ مَثَلاً)

notebook/'nəʊtbʊk/*n.* دَفْتَرُ مُلاحَظات ، دَفْتَرُ جَيْب

noted/'nəʊtıd/*adj.* شَهِير ، ذائِعُ الصِّيت

it is noted for . . . مَعْرُوفٌ بِـ و لِـ ، شَهِيرٌ بِـ و لِـ

notepaper/'nəʊtpeıpə(r)/*n.* وَرَقُ رَسائِل

noteworthy/'nəʊtwɜðı/*adj.* جَدِيرٌ بالذِّكْر ، يَسْتَحِقُّ التَّنْوِيه ، خَلِيقٌ بالاِعْتِبار

nothing/'nʌθıŋ/*n.* لا شَيْءَ

there is nothing the matter with him ما فِيه عِلّة

I got it for nothing أَحْرَزْتُه مَجّانًا

our plans have come to nothing أَخْفَقَت خِطَّتُنا

it's only a rumour, there is nothing in it إنّها مُجَرَّدُ إشاعةٍ لا نَصِيبَ لَها مِن الصِّحّة

nothing doing! (*fam.*) لا يُمْكِن ! اللّه يَعْطِيك ! ما في فائدة !

adv.

your work is nothing like as good as his شُغْلُه أَحْسَنُ مِن شُغْلِك بِمَراحِل

notice/'nəʊtıs/*n.*

1. (intimation, warning) إنْذار ، إخْطار ، إشْعار

the landlord gave me a month's notice to quit my flat أَخْطَرَني مالِكُ العَقار بإخْلاء شِقَّتي خِلالَ شَهر

2. (public written or printed announcement) إعْلان ، إعْلام ، نَشْرةٌ في مَكانٍ عامّ
3. (attention) اِنْتِباه ، اِهْتِمام

take no notice of his unkindness لا تُعِرْ فَظاظَته أَيَّ اهْتِمام ، اِضْرِبْ عَنها صَفْحًا

4. (review) نَقْدٌ صَحَفِيّ (لِفِيلمٍ مَثَلاً)

v.t. لاحَظَ ، رَأَى (يَرَى) ، تَنَبَّهَ إلى ، أَبْصَرَ

noticeable/ˈnəʊtɪsəbəl/*adj.* بارِزٌ ، مَلْحُوظ ، مَحْسُوس ، مَلْمُوس

notifiable/ˈnəʊtɪˈfɑɪəbəl/*adj.* (مَرَضٌ) يَنْبَغِي التَّبْلِيغُ عَنْهُ (لِلسُّلُطاتِ الصِّحِّيَّة)

notification/ˈnəʊtɪfɪˈkeɪʃən/*n.* إخطار ، إفهامٌ عَلَنِيٌّ ، تَبْلِيغ ، إشْعار

notify/ˈnəʊtɪfɑɪ/*v.t.* بَلَّغَ ، أَشْعَرَ ، أَخْطَرَ

notion/ˈnəʊʃən/*n.* فِكْرة عامّة عَنْ مَوْضُوعٍ ما ، مَفْهُوم ، تَصَوُّرٌ فَلْسَفِيّ

notoriety/ˈnəʊtəˈrɑɪətɪ/*n.* سُوءُ صِيت ، سُمْعة رَدِيئة

notorious/nəʊˈtɔrɪəs/*adj.* مُشَهَّرٌ بِهِ ، مَفْضُوح ، ساقِطُ السُّمْعة

notwithstanding/ˈnotwɪθˈstændɪŋ/ *adv. prep. & conj.* بالرَّغْمِ مِن أو عَن ، مَعَ أنَّ ، وَلٰكِن

nougat/ˈnugɑ/*n.* نُوجة ، نُوغا ، نَوْعٌ مِنَ الحَلْوَى

nought/nɔt/*n.* صِفْر ، لا شَيْءَ

noun/nɑʊn/*n.* إسْمٌ (أسْماءٌ) (نَحْو)

nourish/ˈnʌrɪʃ/*v.t.* غَذَّى ، أَطْعَمَ ، عَلَّلَ (نَفْسَه بالآمال) ، أَضْمَرَ (حِقْدًا)

nourishment/ˈnʌrɪʃmənt/*n.* غِذاءٌ (أَغْذِية) ، طَعام (أَطْعِمة) ، قُوت

novel/ˈnovəl/*adj.* مُبْتَدَع ، مُبْتَكَر ، طَرِيف

n. رِواية ، قِصّة طَوِيلة

novelette/ˈnovəˈlet/*n.* رِواية قَصِيرة

novelist/ˈnovəlɪst/*n.* كاتِبُ رِوايات ، رِوائِيّ ، قاصٌّ (قُصّاص)

novelty/ˈnovəltɪ/*n.* طَرافة ، جِدّة ؛ طِرازٌ مُمْتازٌ بِطَرافَتِهِ

November/nəʊˈvembə(r)/*n.* نُوفَمْبَر ، تِشْرِين الثاني

novice/ˈnovɪs/*n.* شَخْصٌ في مَرْحَلة الإعْدادِ للرَّهْبَنة ؛ مُبْتَدِئٌ في حِرْفةٍ ما

now/nɑʊ/*adv. & n.*

1. (at the present time) الآنَ ، في الوَقْتِ الحاضِر ، حالِيًّا

he should have arrived by now مِنَ المَفْرُوض أن يَكُونَ قَد وَصَل

every now and then he calls يَزُورُنا مِنْ حِينٍ لآخَر

2. (after this) أمّا الآنَ فَ

now we shall see what happens والآن سَنَرَى ما يَحْدُث

3. (well, yet, surely) عِبارةٌ للتَّوْكِيد أو للتَّحْذِير

now then, don't lie about it كِفاية — قُل الحَقِيقة !

nowadays/ˈnɑʊədeɪz/*adv.* في وَقْتِنا هذا ، في أيّامِنا هذه

nowhere/ˈnəʊweə(r)/*adv.* لا (يُوجد) في أيِّ مَكان ، ما مِن مَكان

ten pounds is nowhere near enough العَشْرةُ جُنَيْهاتٍ لَيْسَت كافِيةً بأيِّ حالٍ مِنَ الأحْوال

noxious/ˈnokʃəs/*adj.* مُؤْذٍ ، مُضِرٌّ ، خَبِيث ، سامٌّ

nozzle/ˈnozəl/*n.* فَتْحة خُرْطُومِ المِياه ، بَزْبُوز (بَزابِيزُ)

nuance/ˈnjuons/*n.* فَرْقٌ طَفِيفٌ (في المَعْنَى ، في اللَّوْن الخ)

nuclearˈnjuklɪə(r)/*adj.* نَوَوِيّ

nucleus/ˈnjuklɪəs/*n.* نَواةٌ (الخَلِيّة أو الذَّرّة)

nude/njud/*adj.* عارٍ (عُراة) ، عُرْيان (عَرايا)

nudge/nʌdʒ/*v.t. & n.* وَكَزَه (يَكِزُ) بالمِرْفَق لِلَفْتِ نَظَرِهِ ؛ وَكْزَةٌ بالمِرْفَق

nudist/ˈnjudɪst/*n.* مِن أنْصار مَذْهَب العُرْي

nudity/ˈnjudɪtɪ/*n.* عُرْيٌ ، عَراءٌ

nugget/ˈnʌgɪt/*n.* قِطْعة مَعْدِنٍ خام (وخاصّةً مِن الذَّهَب) ، تِبْرة

nuisance/ˈnjusəns/*n.* مَصْدَرُ ضِيقٍ أو أذًى ، شَخْصٌ مُزْعِجٌ للآخَرِين

commit no nuisance مَمْنُوع التَّبَوُّل أو إلْقاء القاذُورات والأوْساخ هُنا

null/nʌl/*adj.* لاغٍ ، باطِلٌ ، غَيْرُ مُلْزِم

null and void (*leg.*) (قانُونٌ) باطِلُ المَفْعُول

nullify/ˈnʌlɪfɑɪ/*v.t.* أَبْطَلَ (عَقْدَ زَواج) ، أَلْغى (إجْراءاتٍ شَرْعِيّة)

nullity/ˈnʌlɪtɪ/*n.* بُطْلان (الزَّواج مَثَلًا)

numb/nʌm/*adj. & v.t.* خَدِرٌ ، عَدِيمُ الحِسّ ؛ خَدَّرَ (البَرْدُ رِجْلَه) ، أَخْمَدَ ، فَتَّرَ

number/ˈnʌmbə(r)/*n.*

1. (quantity) عَدَدٌ (أعْدادٌ)

2. (numeral) رَقْمٌ (أرْقامٌ)

3. (one issue of periodical) عَدَدٌ مِن مَجَلّة

4. (*gram.*) الصِّيغة العَدَدِيّة (نَحْو)

v.t.

1. (give number to) رَقَّمَ

2. (reckon) عَدَّ (ـُ) ، حَسَبَ (ـِ)

I number him among my friends أعْتَبِرُهُ مِن أصْدِقائي

3. (amount to) بَلَغَ (ـُ) عَدَدُ (الكُتُبِ مَثَلًا)

v.i. (*mil.*) عَدَّ (ـُ)

platoon, from the right, number! فَصِيلة ، مِنَ اليَمِين عُدّ !

number-plate/ˈnʌmbə-pleɪt/*n.* لَوْحَةُ رَقْمِ السَّيّارة

numeracy/ˈnjumərəsɪ/*n.* الإلْمامُ بِمَبادِئِ الحِساب

numeral/ˈnjumərəl/*n.* عَدَدٌ (أعْدادٌ) ، رَقْمٌ (أرْقامٌ)

numerical/njuˈmerɪkəl/*adj.* عَدَدِيّ

numerous/ˈnjumərəs/*adj.* عَدِيدٌ ، مُتَعَدِّدٌ

numismatics/ عِلْمُ المَسْكُوكات

ˈnjumɪzˈmætɪks/*n.* (القديمة)

numskull/ˈnʌmskʌl/*n.* غبيّ (أغبياء) ، أبلهُ (بُلْه) ، بليدٌ (بُلَداء)

nun/nʌn/*n.* راهبة (رواهبُ ، راهبات)

nuptial/ˈnʌpʃəl/*adj.* (السّعادة) الزّوجيّة ، زفافيّ ، عُرسيّ

nuptials (*n. pl.*) عُرسٌ ، زفاف ، حفلة الإكليل (عند المسيحيّين)

nurse/nɜs/*n.*
1. (nanny) مُربّية (أطفال) ، دادة
2. (person trained to care for sick) مُمرّضة ، مُمرّض
v.t. & i. **1.** (suckle) أرضعتْ
2. (tend) اعتنَى بمريض ، مرّض ، عالجَ (العليلَ)

nursemaid/ˈnɜsmeɪd/*n.* مُربّية ، دادة

nursery/ˈnɜsrɪ/*n.* غُرفةُ الأطفالِ في منزلٍ ، مغرِس ، مشتل ، مُستنبَت
nursery rhyme قصيدة شائعة للأطفال
nursery school روضة أطفال

nurseryman/ˈnɜsrɪmən/*n.* صاحبُ مشتلٍ أو عاملٍ فيه

nursing/ˈnɜsɪŋ/*n.* مِهنة التّمريض ، مُعالجة المرضَى

nursing-home/ˈnɜsɪŋ-həʊm/*n.* مُستشفًى خُصوصيّ ، دارُ التّمريض

nurture/ˈnɜtʃə(r)/*n.* تربية ، رعاية أطفال ، عناية
v.t. رعَى (ـَ) ، اعتنَى بـ ، ربّى

nut/nʌt/*n.*
1. (*bot.*) الجوزُ والبُندق واللّوز وما إليها ، مُكسّرات
2. (*mech.*) صَمولة ، صامولة ، حَزقة
3. (*sl.* head) رأس ، قرعة
he's off his nut/he's nuts (*sl.*) هو مخبول ، معتوه

nutcrackers/ˈnʌtkrækəz/*n. pl.* كسّارة بُندق أو جوز ألخ

nutmeg/ˈnʌtmeg/*n.* جوزُ الطّيب ، بِسباس الطّيب

nutriment/ˈnjutrɪmənt/*n.* قُوت ، طعام مُغذٍّ

nutrition/njuˈtrɪʃən/*n.* غِذاء ، تغذية

nutritious/njuˈtrɪʃəs/*adj.* (طعام) مُغذٍّ

nuts/nʌts/*adj.* (*sl.*) مخبول ، معتوه ، فيه لوثة

nutshell/ˈnʌtʃel/*n.* قِشرة الجوزة
in a nutshell (*fig.*) إجمالاً ، إيجازًا ، خُلاصةُ الأمر ، بكلمة واحدة

nutty/ˈnʌtɪ/*adj.* ذو طعمٍ أو رائحةٍ كالجوز واللّوز

nuzzle/ˈnʌzəl/*v.t. & i.* حكّ (ـُ) بأنفه ، استكنّ في دعة

nylon/ˈnaɪlon/*n.*
1. (material) مادّة النّيلون أو النّايلون
2. (*pl.* stockings of nylon) جواربُ نسائيّة من النّيلون

nymph/nɪmf/*n.*
1. (*myth.*) حُوريّة (حُوريّات ، حُور) ، عروسُ البحرِ والمُروج ، غادة
2. (*entom.*) عذراء الحشرات ، حَوراء

O

O/əʊ/(letter) الحرفُ الخامسَ عشرَ من الأبجديّة
int. also **oh** يا ، أيّها ، أوه ، يا للعجب !

oaf/əʊf/*n.* بليد ، أحمقُ ، أخرقُ ، فظٌّ ، سمجٌ

oak/əʊk/*n.* بلّوط ، سِنديان (شجرٌ أو خشب)

oar/ɔ(r)/*n.* مِجذاف (مجاذيفُ)

oasis/əʊˈeɪsɪs/(*pl.* **oases**/əʊˈeɪsiz/) *n.* واحة (وسطَ جدبٍ ماديّ أو معنويّ)

oat/əʊt/*n.* (*usu. pl.*) شُوفان

oath/əʊθ/*n.*
1. (sworn statement) يمين (أيمان) ، قسَمٌ
he gave his evidence on oath شهِد بعدَ أداء اليمين
2. (swear-word) سبٌّ (سِباب) ، لعنة

oatmeal/ˈəʊtmil/*n.* شوفان مجروش (لإعدادِ العصيدة)

obdurate/ˈobdjʊrɪt/*adj.* عنيد ، مُصِرٌّ علَى رأيه ، صامد

obedience/əˈbidɪəns/*n.* طاعة ، إطاعة ، اذعان لـ ، خُضوعٌ لـ ، امتثالٌ لـ

obedient/əˈbidɪənt/*adj.* مُطيع ، مُذعِن لـ ، مُمتثِل لـ ، مُنقادٌ لـ

obese/əʊˈbis/*adj.* بدين (بُدْن) ، سمين (سِمان)

obesity/əʊˈbisətɪ/*n.* بدانة ، سِمنة ، بطانة

obey/əˈbeɪ/*v.t. & i.* أطاع ، انصاعَ لـ ، سمِعَ (ـَ) لـ ، امتثلَ

obituary/əˈbɪtʃʊərɪ/*adj. & n.* نعيٌ ، نعيٌّ ، منعًى ، أخبار الوفيات ، "في ذمّة الله" (مع موجز عن الراحل)

object[1]/ˈobdʒɪkt/*n.*
1. (material thing) شيء (أشياء) ، حاجة (حوائج ، حاجيات)
2. (*gram.*) مفعولٌ به
3. (aim, end) هدفٌ (أهداف) ، غرض ، محطّ (الآمال)
he succeeded in his object نجحَ في مرماه
money is no object (سنبتاعه) مهما بلغ الثّمن

object[2]/əbˈdʒekt/*v.i.* أبى أنْ يُوافِق ، اعترضَ علَى الكلام ، جابهَ (الحُجّة بأسبابٍ وجيهة)

objection/əbˈdʒekʃən/*n.* اعتراض ، مُعارضة

objectionable/əbˈdʒekʃənəbəl/*adj.* كريه ، ممقوت

objective/əb'dʒektɪv/*adj. n.* مَوْضُوعِيّ ، شَيْئِيّ ؛ هَدَفٌ (أَهْداف) ، غاية ، غَرَضٌ (أَغْراض)

objectivity/'obdʒek'tɪvɪtɪ/*n.* مَوْضُوعِيّة (الحُكْم أو المُؤَرِّخ)

obligation/'oblɪ'geɪʃən/*n.* إِلْزام ، إِجْبار ، فَرْض (فُرُوض)

your loan has put me under a great obligation قَرْضُك جَعَلَني أَسِيرَ فَضْلِك

obligatory/ə'blɪgətrɪ/*adj.* مُلْزِم ، مُجْبِر ، إِلْزامِيّ ، قَهْرِيّ

oblige/ə'blaɪdʒ/*v.t. & i.* أَلْزَمَ ، أَجْبَرَ ، أَرْغَمَ ؛ حَتَّمَ ؛ تَلَطَّف ، تَكَرَّمَ

I was obliged to borrow money and obliged to him for lending it اُضْطُرِرْتُ إلى اسْتِقْراضِ المال وكُنْتُ مُمْتَنًّا لإِقْراضِهِ إِيّايَ

obliging/ə'blaɪdʒɪŋ/*adj.* لَطِيف ، مُتَكَرِّم ، صاحِبُ فَضْل ذُو طَبْعٍ خَدُوم

oblique/ə'blik/*adj.* مائل ، مُنْحَرِف ، مُلْتَوٍ ، غَيْرُ مُباشِر

obliterate/ə'blɪtəreɪt/*v.t.* مَحا (يَمْحُو) ، عَفَّى على ، طَمَسَ (ـَ) (مَعالِم) ، دَمَّرَ

oblivion/ə'blɪvɪən/*n.* نِسْيان ، سَهْوٌ ، إِغْفالٌ

oblivious/ə'blɪvɪəs/*adj.* غَيْرُ مُدْرِك ، ناسٍ ، غافِلٌ عَنْ

oblong/'oblɒŋ/*adj.* (شَكْلٌ) مُسْتَطِيل

obnoxious/əb'nokʃəs/*adj.* بَغِيضٌ ، مَقِيتٌ ، كَرِيهٌ ، ثَقِيلُ الظِّلّ

obscene/əb'sin/*adj.* فاحِش ، داعِر ، بَذِيءٌ ، خَلاعِيّ

obscenity/əb'senɪtɪ/*n.* فُحْش ، دَعارة ، بَذاءة ، خَلاعة

obscure/əb'skjʊə(r)/*adj.* غامِض ، مُبْهَم ؛ مُعْتِم

v.t. أَبْهَمَ ، أَظْلَمَ ، عَتَّمَ ، غَشَّى البَصَر ، حَجَبَ (ـُ)

obscurity/əb'skjʊərətɪ/*n.* إِبْهام ، ظَلام ، عَتْمَة

obsequies/'obsɪkwɪz/*n. pl.* مَراسِيمُ تَشْيِيعِ الجَنازة

obsequious/əb'sikwɪəs/*adj.* مُتَزَلِّف ، مُفْرِطٌ في المُجامَلة ، مُتَذَلِّل

observance/əb'zɜvəns/*n.* مُراعاةُ (الشَّعائر) ، عادةٌ ، تَقْلِيدٌ ؛ طَقْسٌ ، شَعِيرةٌ (شَعائِرُ)

observant/əb'zɜvənt/*adj.* قَوِيُّ المُلاحَظة ، مُتَمَسِّكٌ بالتَّقالِيد

observation/'obzə'veɪʃən/*n.*

1. (act of observing) رَصْدٌ (فَلَكِيّ أو جَوِّيّ) ؛ تَقَيُّدٌ بالقَوانِين ؛ مُراقَبة

2. (remark) (أَبْدَى) مُلاحَظةً (عَن . . .) ، (أَجْرَى) مُلاحَظةً (على . . .)

observatory/əb'zɜvətrɪ/*n.* مَرْصَدٌ (مَراصِدُ) ، مَرْقَبٌ (مَراقِبُ)

observe/əb'zɜv/*v.t.*

1. (watch, notice) لاحَظَ ، راقَبَ

2. (say) عَلَّقَ قائلاً ، أَبْدَى مُلاحَظةً

3. (keep, pay respect to) تَقَيَّدَ (بالقَوانِين) ، راعَى (النِّظام) ، اِتَّبَعَ (تَعالِيمَ القُرآن)

observer/əb'zɜvə(r)/*n.* مُراقِبٌ ، مُلاحِظٌ ؛ حافِظ (الوَصايا)

obsess/əb'ses/*v.t.* تَسَلَّطَ عَلَيْه (فِكرة) ، اِسْتَحْوَذَ عَلَى ذِهْنِه ، تَمَلَّكَهُ الشُّعُور بـ

obsession/əb'seʃən/*n.* اِسْتِحْواذٌ (فِكْرة على امْرِئٍ) ، فِكْرة مُتَسَلِّطة

obsessive/əb'sesɪv/*adj.* هاجِسِيّ ، اِنْحِصارِيّ ، مُتَسَلِّطٌ عَلَى العَقْل

obsolete/'obsəlit/*adj.* مَهْجُور ، بَطَلَ اسْتِعْمالُهُ ، غَيْرُ مَأْلُوف

obstacle/'obstəkəl/*n.* عائِق (عَوائِقُ) ، مانِع ، عَرْقَلة (عَراقِيلُ)

obstetric/əb'stetrɪk/*adj.* خاصٌّ بالتَّوليد ، (رَدْهة) الوِلادة

obstetrician/'obstə'trɪʃən/*n.* مُتَخَصِّصٌ بالوِلادة ، طَبِيبُ تَوْلِيد

obstetrics/əb'stetrɪks/*n.* عِلْمُ التَّوْلِيد والقِبالة

obstinacy/'obstɪnəsɪ/*n.* عِنادٌ ، إِصْرارٌ عَلَى ، تَصَلُّبٌ في الرَّأْي ، تَشَبُّثٌ

obstinate/'obstɪnət/*adj.* عَنِيد ، مُتَصَلِّب ، مُتَشَبِّثٌ بِرَأْيِهِ ، مُتَعَنِّتٌ

obstreperous/əb'strepərəs/*adj.* مُشاغِب ، صَعْبُ المِراس

obstruct/əb'strʌkt/*v.t.* عَرْقَلَ ، أَعاقَ ، سَدَّ (ـُ)

obstruction/əb'strʌkʃən/*n.* عَرْقَلةٌ ، إِعاقةٌ ، اِنْسِداد

obtain/əb'teɪn/*v.t.* حَصَلَ (ـُ) عَلَى ، أَحْرَزَ ، نالَ (يَنالُ) ، حازَ (يَحُوزُ) على

obtrusive/əb'trusɪv/*adj.* (شَيْءٌ) بارِز ؛ فُضُولِيٌّ مُتَطَفِّل

obtuse/əb'tjus/*adj.* (زاوِية) مُنْفَرِجة ؛ بَلِيد (بُلَداءُ) ، أَبْلَهُ (بُلْهٌ)

obverse/'obvɜs/*n.* وَجْهُ القِطْعة النَّقْدِيّة

obvious/'obvɪəs/*adj.* واضِحٌ ، جَلِيٌّ ، بَيِّنٌ

obviously/'obvɪəslɪ/*adv.* مِنَ الواضِحِ أن ، بَدِيهِيٌّ أن ، بَداهةً ، مَعْلُوم

occasion/ə'keɪʒən/*n.* مُناسَبة ، فُرْصة (فُرَصٌ) ، حَدَثٌ هامٌّ ، داعٍ ، سَبَبٌ ؛ وَقْتُ (حُدُوث)

occasional/ə'keɪʒənəl/*adj.* عَرَضِيٌّ ، مِن حِينٍ إلى حِين ؛ تَصادُفِيّ

occasionally/ə'keɪʒənlɪ/*adv.* بَيْنَ الفَيْنَةِ والفَيْنة ، أَحْيانًا ؛ عَرَضًا ، اِتِّفاقًا

occult/o'kʌlt/*adj.* خَفِيٌّ ، باطِنٌ ، مَسْتُورٌ ، غامِضٌ ، سِحْرِيّ ؛ مِن عُلُوم الغَيْب

occupant/'okjʊpənt/*n.* ساكِن (في مَنْزِل) ، شاغِل (مَنْصِب)

occupation/'okjʊ'peɪʃən/*n.* حِرْفة (حِرَف) ،

مِهْنة (مِهَن) ؛ شَغلُ مكان ؛ اِحْتِلال

occupational/'okjʊ'peɪʃənəl/*adj.* مِهَنِيّ ، حِرَفِيّ

occupational therapy تَدْرِيبُ المَرِيض على بَعْض الهِوايات والأعمال اليَدَوِيّة لِرَفْعِ رُوحِهِ المَعْنَوِيّة

occupier/'okjʊpaɪə(r)/*n.* شاغِلُ المَنْزِل أو العَقار

occupy/'okjʊpaɪ/*v.t.*

1. (live in) سَكَنَ (ـُ) أو أقامَ في ، شَغَلَ (ـَ)

2. (take possession of) وَضَعَ يَدَهُ على ، اِسْتَوْلَى على ، اِحْتَلَّ

this seat is occupied هذا الكُرْسِيُّ مَحْجُوز

3. (fill *time*) اِسْتَغْرَقَ وَقْتًا ، شَغَلَ وَقْتَهُ أو أمْضاه في

occur/ə'kɜ(r)/*v.i.* حَدَثَ (ـُ) ، وُجِدَ (يُوجَدُ) ؛ خَطَر (ـُ) في بالِه أن ، عَنَّ (ـِ) له أن ، تَبادَرَ إلى ذِهْنه

it occurred to me that she might be tired خَطر بِبالِي أنّها رُبّما تَكُونُ مُتْعَبة

occurrence/ə'kʌrəns/*n.* حُدُوث ، حُصُول ، وُجُود ؛ واقِعة ، حادِثة

ocean/'əʊʃən/*n.* مُحِيط ، أُوقيانُوس

o'clock/ə 'klok/*adv.* حَسَبَ السّاعةِ

seven o'clock السّاعةُ السّابِعة

octagon/'oktəgən/*n.* (شَكْلٌ) مُثَمَّنُ الأَضْلاع والزَّوايا ، مُثَمَّنٌ (مُنْتَظِم)

octane/'okteɪn/*n.* أُوكْتان ، هِيدروكَرْبُون بَرافِينِيّ يُضافُ إلى البَنْزِين

octave/'oktɪv/*n.* الجَواب (مُوسِيقى) ، مَجْمُوعة مِن ثَماني نَغَماتٍ مُتَتالِية

octet/ok'tet/*n.* قِطْعة شِعْرِيّة مِن ثَمانِية أبْيات

October/ok'təʊbə(r)/*n.* تِشْرِين الأوّل ، أكْتُوبَر

oculist/'okjʊlɪst/*n.* اِخْتِصاصِيّ بِأمْراض العُيُون ، طَبِيب عُيون

odd/od/*adj.* غَرِيب ، عَجِيب ، رَقْمٌ فَرْدِيّ

an odd number عَدَدٌ فَرْدِيّ أو وَتَرِيّ

an odd shoe حِذاءٌ مُفْرَد (مَفْقُود الزَّوْج) ، فَرْدة حِذاء

oddity/'odɪtɪ/*n.* شُذُوذ ، شاذّ الطَّبْع ، غَرِيب الأطْوار

oddly/'odlɪ/*adv.* بِصُورة شاذّة أو غَرِيبة

oddly enough we have the same birthday مِنَ الغَرابة أن يَتَّفِقَ عِيدا مِيلادِنا

oddments/'odmənts/*n. pl.* ما يَتَبَقَّى مِن سِلَع ، تُباعُ بِسِعْرٍ رَخِيص

odds/odz/*n. pl.* فَرْقٌ بَيْنَ شَيْئَيْن يُرَجِّحُ بِهِ أحَدَهُما على الآخَر ، مِيزة ، أفْضَلِيّة

the odds against it are ten to one اِحْتِمالاتُ كَسْبِ الرِّهانِ عَشْرَةٌ ضِدَّ واحِد

it makes no odds لا فَرْقَ ، سَواءٌ ، سِيّان ، على حَدٍّ سَواء

they are at odds with one another إنّهُما على طَرَفَيْ نَقِيض

odds and ends أشْياءُ صَغِيرة مُتَنَوِّعة ، نَثْرِيّات ، خُرْدَوات

ode/əʊd/*n.* قَصِيدة (تُناشِدُ شَخْصًا أو شَيْئًا)

odious/'əʊdɪəs/*adj.* مَمْقُوت ، مُنَفِّر ، كَرِيهٌ ، بَغِيض ، شَنِيع

odium/'əʊdɪəm/*n.* (عَرَّضَهُ سُلُوكُه) لِلمَقْتِ والازْدِراء

odour/'əʊdə(r)/*n.* رائحة (رَوائحُ)

of/ov, əv/*prep.*

1. (*denoting separation*) للدَّلالة علَى التَّفْرِيق : مِن ، عَن

wide of the mark (تَعْلِيق) بَعِيدٌ عن الهَدَف

2. (*denoting origin or cause*) للدَّلالة علَى الأَصْل أو السَّبَب

he died of cancer ماتَ بالسَّرَطان أو مِن السَّرَطان

3. (*denoting material*) للدَّلالة علَى المادّة

built of brick مَبْنِيّ بالآجُرّ أو اللَّبِن

4. (*denoting time*) للدَّلالة علَى الوَقْت

of late years he has taken to alcohol أخَذَ في السَّنَوات الأخِيرة يَتَعاطى الكُحُول

5. (*involving object*) لِلاشْتِمال علَى غَرَض

in search of oil بَحْثًا عَن البَتْرُول أو الزَّيْت أو النَّفْط

6. (*denoting connection*) للدَّلالة علَى العَلاقة

the topic of conversation مَوْضُوعٌ لِلمُحادَثة

7. (*denoting condition*) للدَّلالة علَى الحالة

a picture of health يَفِيضُ صِحّةً وعافِية ، بِتَمام الصِّحّة

off/of/*adv.*

be off (with you)! إلَيْكَ عَنِّي ، أُغْرُبْ عَنِّي

she has a day off once a month لَها إجازةُ يومٍ (واحِدٍ) كُلَّ شَهْر

it rained on and off all day نَزَلَ المَطَرُ مُتَقَطِّعًا طَوالَ اليَوْم

she is well off إنّها مَيْسُورة الحال

prep.

she is off colour إنّها مُتَوَعِّكة ومُنْحَرِفة المِزاج

adj.

the light is off النُّور مُطْفَأ

the beef is off لَحْمُ البَقَرِ فاسِد ؛ (آسف) لَحْمُ البَقَرِ خَلَص (تُقالُ في مَطْعَم)

the off front wheel has a puncture حَصَلَ خَرْقٌ في إطارِ العَجَلة الأمامِيّة البَعِيدة عَن الرَّصِيف

offal/'ofəl/*n.* فَضَلاتُ الذَّبِيحة (الكَبِدُ والكُلْيَتان غالِبًا)

offence/ə'fens/*n.*

1. (misdemeanour) جَرِيمة (جَرائِمُ) ، ذَنْبٌ (ذُنُوب) ، خَرْقٌ لِلقانُون

2. (injury to feelings) إساءة ، جَرِيرة ، صَدْمة (لِلذَّوْق)

she is quick to take offence — تَنْشَأُ مِن أقلّ مُلاحَظة

no offence (meant)! — لا مُؤاخذة ، لا تُؤاخِذني ، بلا زَعَل

offend/ə'fend/*v.t.* — كدّره ، جَرَحَ شُعُوره

v.i. (*with* **against**) — اِنتهَكَ (حُرْمَةَ التَّقاليد المَرْعِيّة) ، أخَلَّ (بِمَبادِئِ الأخْلاقِ مَثَلاً)

his behaviour offends against good manners — سُلوكه يَتَنافى والتَّصَرُّفَ اللائِق

offender/ə'fendə(r)/*n.* — مُرْتَكِبُ خَطَإٍ أو جَريمة أو جُنْحة

offensive/ə'fensıv/*adj.* — كَريهٌ ، بَذِيءٌ ، نابٍ ، مُزْعِج ؛ هُجوميّ ، اِعْتِدائيّ

n. — هُجوم ، اِعْتِداء (عَسْكَرِيّ) ؛ (اِتَّخَذَ وَضْعَ) الهُجوم

offer/'ofə(r)/*v.t. & i. & n.* — قَدَّمَ لِ ، اِقْتَرَحَ ؛ أبْدى (المُساعَدة لِ) ؛ عَرْض ، إيجاب

he offered me his help — عَرَضَ لي مُساعَدَته

he took the first opportunity that offered — اِنْتَهَزَ أوّلَ فُرْصةٍ سانِحة

make me an offer! — اِقْتَرِحْ عَلَيَّ ثَمَنًا (أنْتَ مُسْتَعِدٌّ لِدَفْعِه) ، قَدِّمْ عَرْضًا

offhand/'of 'hænd/*adj. & adv.* — مُتَعالٍ ، مُهين ، خَشِنٌ ؛ (مُلاحَظات) مُرْتَجَلة

office/'ofıs/*n.*

1. (position) — مَنْصِب (مَناصِب) ، وَظيفة (وَظائِفُ)

which party is in office? — أيُّ حِزْبٍ في الحُكْم ؟

thanks to his good offices — بِفَضْلِ جُهودِه الحَميدة

2. (department, place of work, rooms) — دائِرة ، مَكْتَب

Foreign Office — وِزارة الخارِجيّة (البريطانيّة)

his office hours are nine to five-thirty — ساعاتُ عَمَلِه في الدّائرة مِنَ التّاسِعة حَتّى الخامِسة والنِّصْف

officer/'ofısə(r)/*n.*

1. (*of armed forces*) — ضابِط (ضُبّاط)

2. (person in position of authority) — مُوَظَّف ذو سُلْطة ، مَأْمور

customs officer — مُوَظَّفُ الكَمارِك ، مَأْمور الجُمْرُك

official/ə'fıʃəl/*n. & adj.* — مُوَظَّفٌ حُكوميّ ؛ رَسْميّ ، قانونيّ

government officials — مُوَظَّفو الحُكومة

the news is not yet official — لَيْسَ الخَبَرُ رَسْمِيًّا بَعْدُ

officiate/ə'fıʃıeıt/*v.i.* — قامَ بِمَراسِيمَ دينيّة ؛ تَرَأَّسَ احْتِفالاً رَسْمِيًّا ، قامَ بِوَظيفة ، أدّى مُهِمّةً

officious/ə'fıʃəs/*adj.* — مَنْ يُبالِغُ في تَقْديمِ نَصائِحِهِ وَعَرْضِ خَدَماته ؛ مُتَأَمِّر ؛ فُضوليّ

off-licence/'of-laısəns/*n.* — مَحَلٌّ مُرَخَّصٌ له بِبَيْعِ المَشْروباتِ الرُّوحِيّة لِلاسْتِهْلاكِ في المَنْزِل

off-peak/'of-pik/*adj. attrib.* — ساعاتُ رُكود ، ساعاتُ بَطالة ؛ ساعاتُ قِلّةِ الاِسْتِهْلاك

off-putting/'of-'pʊtıŋ/*adj.* (*fam.*) — مُنَفِّر ، كَريهٌ ، مُثيرٌ لِلاشْمِئْزاز ؛ (وَجْهُه) غَيْرُ وَدود

off-shore/'of-'ʃɔ(r)/*adj.* — في البَحْرِ بِقُرْبِ السّاحِل ؛ (نَسيم) نَحْوَ البَحْر

offside/of'saıd/*adj. & adv.* — جانِبُ السَّيّارة البَعيد عَنِ الرَّصيف ؛ وُجودُ لاعِبِ كُرةِ القَدَمِ في مَرْكَزٍ غَيْرِ قانونيٍّ على أرْضِ المَلْعَب ، تَسَلُّل

offspring/'ofsprıŋ/*n.* — نَسْلٌ ، ذُرِّيّة ، خَلَفٌ (أخْلاف) ، سُلالة

often/'ofən/*adv.* — كَثيرًا ما ، مِرارًا ، غالِبًا ، مَرّاتٍ عَديدة

every so often she visits Paris — تُسافِرُ إلى باريس بَيْنَ الفَيْنة والفَيْنة

she phones us ever so often — تُخاطِبُنا بالتِّلِفون مِرارًا وتَكْرارًا

ogle/'əʊgəl/*v.t.* — رَمَقَ (ـه) بِنَظَراتٍ غَراميّة ، اِسْتَرَقَ النَّظَرَ شَهْوةً ، اِلْتَهَمَها بِنَظَراتِه

ogre/'əʊgə(r)/*n.* — غُولٌ (أغْوال ، غِيلان) ، رَجُلٌ مَهُولٌ مُرْعِب ، مارِدٌ قاسٍ شِرّير

oh!/əʊ/*int.* — أوه ! يا لَلدَّهْشة ! يا (إلٰهي) ! يا ... ، وا ...

ohm/əʊm/*n.* — أوْم ، وَحْدة المُقاوَمة الكَهْرَبائيّة

oil/ɔıl/*n.* — زَيْت (زُيوت) ؛ نَفْط ، بَتْرول

she poured oil on troubled waters — أخْمَدَتِ الخِصام

strike oil (*lit. & fig.*) — اِكْتَشَفَ بِئْرَ نَفْط ؛ أصابَ حَظًّا عَظيمًا

v.t. — زَيَّتَ (ماكِنة مَثَلاً) ، شَحَّمَ ، زَلَّقَ

oily/'ɔılı/*adj.* — مُغَطًّى بالدُّهْن ، زَيْتيّ ؛ مُتَزَلِّف ، مُتَخَنِّث

ointment/'ɔıntmənt/*n.* — مَرْهَم ، دِهان (طِبّ ، تَجْميل)

O.K., okay/'əʊ'keı/*int. & n. & adj. & v.t.* (*coll.*) — عال ! ، كُوَيِّس ، على ما يُرام ؛ مُوافَقة ؛ أذِنَ بالشَّيْءِ أو بالعَمَل

okra/'əʊkrə/*n.* — بامْيا ، بامْية

old/əʊld/*adj.* — قَديم ، عَتيق ، طاعِن في السِّنّ ، عَجوز

old age came on him suddenly — باغَتَتْهُ الشَّيْخوخة

she is two years old now — لَها مِنَ العُمْرِ سَنَتان ، عُمْرُها سَنَتان

it was just like old times to see him again — عادَ كُلُّ شَيْءٍ إلى ما كان عِندما اجْتَمَعَ شَمْلُهُما

old-fashioned/'əʊld-'fæʃənd/*adj.* — مِن طِرازٍ قَديم ، مُوضة قَديمة ، بَطَلَ اسْتِعْمالُه

she gave him an old-fashioned look — ألْقَتْ عَلَيْهِ نَظْرَةَ تَوْبيخ

oleander/'əʊlı'ændə(r)/*n.* — دِفْلى ، حَبْن ، حَبِين ، آء (شُجَيْرة زُهورُها بَيْضاءُ أو حَمْراءُ أو وَرْدِيّةُ اللَّوْن)

olive/ˈolɪv/*n.* زَيْتُونة ، شَجَرة زَيْتُون
olive oil زَيْتُ الزَّيْتُون
he held out the olive branch أَبْدَى رَغْبَته للمُسالَمة ، لَوَّحَ بِغُصْنِ الزَّيْتُون
Olympic/əˈlɪmpɪk/*adj.* أُولِمْبِيّ (إكْليل ، ألعاب)
ombudsman/ˈombʊdzmæn/*n.* مُوَظَّف بَرْلَماني مُكَلَّف بالتَّحْقيق في شَكاوَى الشَّعْب ضِدَّ دَوائِرِ الحُكُومة
omelette/ˈomlət/*n.* عُجَّةُ بَيْض ، عُجَّة ، أُومْليت
omen/ˈəʊmen/*n.* فَأْلٌ (فُؤُول ، أَفْؤُل) ، نَذير بالخَيْر ؛ طِيَرَة ، طِيَرَة ، نَذيرٌ بالشَّرّ
ominous/ˈomɪnəs/*adj.* نَحِس ، مَشْؤُوم ، أَشْأَم ، (ظاهِرة) تُهَدِّدُ بالشَّرّ
omission/əˈmɪʃən/*n.* حَذْفٌ ، إهْمال ، إغْفال
omit/əˈmɪt/*v.t.* حَذَفَ (ـِ) ، أَهْمَلَ ، أَغْفَلَ ، لَمْ يَتَضَمَّنْ ، نَسِيَ إدْراجَه في
omnibus/ˈomnɪbʌs/*n.* باص ، أُتُوبيس ، حافِلة
(*abbr.* **bus**)
adj. ما يَضُمُّ مَجْمُوعةً كامِلة
omnipotence/omˈnɪpətəns/*n.* القُدْرةُ على كُلِّ شَيْءٍ ، سُلْطة مُطْلَقة (إلَهيّة)
omnipotent/omˈnɪpətənt/*adj.* قادِرٌ على كُلِّ شَيْءٍ ، مُطْلَقُ السُّلْطة ، كُلِّيُّ القُدْرة
omniscience/omˈnɪʃəns/*n.* العِلْمُ بِكُلِّ شَيْءٍ ، عِلْمٌ كُلِّيٌّ (الله)
omniscient/omˈnɪʃənt/*adj.* واسِعُ العِلْمِ والاطِّلاع ، عَليمٌ بِكُلِّ شَيْءٍ (الله)
omnivorous/omˈnɪvərəs/*adj.* (حَيَوانات) تَغْتَذي باللَّحْمِ والنَّبْت ، قارِت ، مُشْتَرِك
on/on/*prep.*
1. (on top of) عَلَى ، فَوْقَ
the writing on the wall نَذيرٌ بِكارِثةٍ وَشيكةِ الوُقُوع
2. (at the time of) وَقْتَ ، إبّانَ ، أَثْناءَ ، عِنْدَ
never on Sunday لَنْ تَرْتَكِبَ مُحَرَّمًا يَوْمَ الأَحَدِ أَبَدًا !
3. (about) عَن ، حَوْلَ ، في
a lecture on Shakespeare مُحاضَرة عَنْ شَكْسْبير
4. (in the direction of) نَحْوَ ، باتِّجاه
they marched on the enemy زَحَفُوا عَلَى العَدُوّ
5. (under) بِسَبَبِ . . .
he was arrested on suspicion of theft قُبِضَ عَلَيْهِ بِشُبْهةِ السَّرِقة
6. (occupied with) في حالة ، مَشْغُولٌ بِـ
on strike في حالةِ إضْراب
on holiday في عُطْلة أو في إجازة
adv.
1. (covering) تَغْطِية
he put gloves on لَبِسَ قُفّازَيْن
2. (advanced, forward) في تَقَدُّم
she is getting on in the world إنَّها في تَقَدُّمٍ ونَجاحٍ مُطَّرِد
he is getting on for sixty إنَّه يَدْلِفُ نَحْوَ السِّتّين ، يُناهِزُ أو يُشارِفُ السِّتّين
3. (taking place) يَحْدُث ، يَحْصُل
what is going on here? ماذا يَجْري هُنا ؟
what's on at the cinema? ما بَرنامَجُ السِّينَما (اللَّيْلةَ) ؟
once/wʌns/*adv.*
1. (on one occasion) ذاتَ مَرّة
once and for all my answer is no (لا تُلِحّ) فَجَوابي القَطْعِيّ "لا"
2. (formerly) سابِقًا ، في سالِفِ الأَيّام
once upon a time كان يا ما كان ، في يَوْمٍ مِن الأَيّام
conj. (when) عِنْدَما ، بَعْدَما
once you have done this, you may go عَلَيْكَ أَنْ تُنْهِيَ هذا العَمَلَ قَبْلَ أَنْ تَذْهَب
(*with* **at**) حالاً ، تَوًّا ، في التَّوِّ واللَّحْظة
come here at once! تَعالَ هُنا في الحال
all at once I saw him fall وَفَجْأَةً رَأَيْتُهُ يَقَع
one/wʌn/*adj.* واحِدٌ ، فَرْدٌ ، مُفْرَدٌ
I shall buy one or two things here سَأَشْتَري بَعْضَ الحاجِيّاتِ مِنْ هذا المَخْزَن
this is a one-way street هذا شارِعٌ ذُو اتِّجاهٍ واحِد
it is all one to me كُلُّ ذلك سِيّانِ عِنْدي
n. واحِدٌ ، واحِدة
one by one واحِدًا فَواحِدًا ، واحِدًا بَعْدَ الآخَر
where are the little ones? أَيْنَ هُمُ الصِّغار ؟
pron. نَفْسُهُ ، المَرْءُ ذاتُهُ ، شَخْصٌ ما
one should always speak the truth عَلَى المَرْءِ أَنْ يَصْدُقَ دائِمًا
people should help one another يَنْبَغي للنّاسِ أَنْ يَتَعاوَنُوا
oneself/wʌnˈself/*pron.* (الشَّخْصُ) ذاتُه أو نَفْسُه
onion/ˈʌnjən/*n.* بَصَلة (بَصَل ، أَبْصال)
onlooker/ˈonlʊkə(r)/*n.* مُتَفَرِّج ، مُشاهِد ، شاهِدُ عِيان ، ناظِرٌ ، حاضِرٌ
only/ˈəʊnlɪ/*adv. & adj.* فَحَسْب ، فَقَط ؛ وَحيد
he has only just arrived لَمْ يَصِلْ إلاّ مُنْذُ لَحْظة
I not only heard it but saw it لَمْ أَسْمَعْهُ فَحَسْبُ بَلْ رَأَيْتُهُ أَيْضًا
she is an only child إنَّها وَحيدةُ أَبَوَيْها ، لَمْ يُنْجِبْ أَبَواها سِواها
I would have been on time only the train was late (*coll.*) كُنْتُ أَحْضُرُ في المَوْعِد لَوْلَمْ يَتَأَخَّرِ القِطار
onset/ˈonset/*n.* هُجُوم ؛ ابتِداء ، بِداية (مَرَض مَثَلاً)

onto/ˈontə, ˈontu/*prep.* (قَفَزَ مِنَ السَّفِينة) إلى (الشاطِئ)، نَحوَ، على
onus/ˈəʊnəs/*n.* مَسْؤُولِيّة، عُهْدة، عِبْءُ (الإثبات)
onward, onwards/ ˈonwəd(z)/*adv.* إلى الأمام، قُدُمًا، (مِنَ الآن) فَصاعِدًا
ooze/uz/*n. & v.i.* رَواسِبُ طِينِيّة؛ رَشَحَ (ـَ)، نَتَحَ (ـَ)
opaque/əʊˈpeɪk/*adj.* (جِسْمٌ) غَيْرُ شَفّاف، كَمِدٌ، غَبِشٌ
open/ˈəʊpən/*adj.*
 1. (not closed) مَفْتُوح، غَيْرُ مُوصَد
 they kept open house كانَ بَيْتُهُم مَفْتُوحًا للضُّيُوف
 an open mind will consider all opinions العَقْلُ غَيْرُ المُتَحَيِّز يُراعِي كُلَّ وِجْهات النَّظَر
 2. (exposed) مَكْشُوف
 an open sandwich شَرِيحة خُبْزٍ عَلَيْها شَيْءٌ يُؤكَل
 in the open air في الهَواءِ الطَّلْق
 3. (spread out) فَسِيح، طَلْق، خارِجَ المَدِينة، في الرِّيف
 leaving the city we entered open country بَعْدَ أن تَرَكْنا المَدِينةَ دَخَلْنا في الرِّيف الطَّلْق
 4. (not exclusive) مُطْلَق، غَيْرُ مُقَيَّد، حُرٌّ
 the prize was won in open competition أُحْرِزَت الجائِزة في مُبارَيات حُرّة
n. الصَّراحة، الوَجْهُ المَكْشُوف للأَمْر؛ الهَواءُ الطَّلْق
 come into the open and say what you really think دَعِ المُخاتَلةَ وصارِحْنا بِرَأْيِك
v.t. & i. فَتَحَ (ـَ)؛ إنْفَتَحَ
 this event opened his eyes to the gravity of the situation جَعَلَتْهُ هذه الواقِعةُ على بَيِّنةٍ مِنْ خطورة الموقف
 the French window opens on to the garden البابُ الزُّجاجِيُّ يُفْضِي إلى الحَدِيقة
 the discoveries of Pasteur opened up new possibilities in public health أَدَّت اكْتِشافاتُ باسْتور إلى تَطَوُّراتٍ جَدِيدةٍ في الصِّحّة العامّة
opening/ˈəʊpnɪŋ/*n.* اِفْتِتاح، فَتْحة، ثُغْرة
 an opening in the hedge فُرْجة في السِّياج الأَخْضَر
 the opening of Parliament اِفْتِتاحُ البَرْلَمان
 many openings are available to engineers يَتَوَفَّرُ العَدِيدُ مِنَ الشَّواغِر لِلْمُهَنْدِسين
openly/ˈəʊpənlɪ/*adv.* بِصَراحة، على المَكْشُوف، بِلا مُخاتَلة
opera/ˈoprə/*n.* أُوبرا، مَسْرَحِيّة غِنائِيّة؛ دارُ الأُوبرا
operate/ˈopəreɪt/*v.t.* أَدارَ، سَيَّرَ، حَرَّكَ
 a switch operates the machine يُشَغِّلُ الماكِنةَ زِرٌّ كَهْرَبائِيّ
v.i.
 1. (do a surgical operation) أَجْرَى عَمَلِيّةً جِراحِيّةً على...
 the surgeon is ready to operate الجَرّاحُ على أُهْبة إجْراءِ العَمَلِيّة
 2. (function) عَمِلَ (ـَ)، اِشْتَغَلَ
 the pump operates by suction تَعْمَلُ المِضَخّةُ بالمَصّ
operating-theatre/ ˈopəreɪtɪŋ-θɪətə(r)/*n.* غُرْفة العَمَلِيّات (في مُسْتَشْفًى)
operation/ˈopəˈreɪʃən/*n.*
 1. (effect, working) تَنْفِيذ، بَدْءُ العَمَل بـ
 British summertime comes into operation in March يَبْدَأُ العَمَلُ بالتَّوقيتِ الصَّيفِيّ البَرِيطانِيّ في آذار (مارس)
 2. (process) إجْراء، تَطْبِيق
 good citizens assist the operation of the law يُساعِدُ المُواطِنُون الصّالِحُون على تَطْبِيق القانُون
 3. (surgical treatment) عَمَلِيّة جِراحِيّة
 she had an operation on her foot أُجْرِيَتْ لَها عَمَلِيّة جِراحِيّة في قَدَمِها
 4. (*mil.*) عَمَلِيّات عَسْكَرِيّة
operative/ˈoprətɪv/*n. & adj.* عامِل؛ سارِي المَفْعُول، بالِغُ التأثِير
operator/ˈopəreɪtə(r)/*n.* عامِل يُشَغِّل آلة، عامِل أو عامِلة الهاتِف، صاحِبُ أَعْمال مُحَنَّك (وخاصّة في البُورصة)
opinion/əˈpɪnjən/*n.* رَأْي (آراء)، وُجْهة نَظَر
opium/ˈəʊpɪəm/*n.* أَفْيُون (مِنَ المُخَدِّرات)
opponent/əˈpəʊnənt/*n.* خَصْم (خُصُوم)، مُعارِض، مُنافِس، مُناوِئ
opportune/ˈopətjun/*adj.* مُناسِب، مُواتٍ، في حِينِه
opportunity/ˈopəˈtjunɪtɪ/*n.* فُرْصة (فُرَص)، مُناسَبة، نُهْزة (نُهَز)
oppose/əˈpəʊz/*v.t.* اِعْتَرَضَ على، عارَضَ، ناوَأَ، قاوَمَ
opposite/ˈopəzɪt/*adj.*
 1. (facing) مُقابِل، مُواجِه، قُبالة
 the house opposite المَنْزِلُ المُواجِه أو المُقابِل
 2. (different) *also n.* مُخْتَلِف، مُضادّ، مُعاكِس
 the opposite sex الجِنْسُ الآخَر
 black and white are opposites الأَسْوَدُ والأَبْيَضُ لَوْنانِ مُتَعاكِسان
opposition/ˈopəˈzɪʃən/*n.* مُعارَضة، مُجابَهة، مُعاكَسة
oppress/əˈpres/*v.t.* ظَلَمَ (ـِ)، جارَ (يَجُورُ) على، اِضْطَهَدَ
oppression/əˈpreʃən/*n.* طُغْيان، ظُلْمٌ، جَوْرٌ، اِضْطِهاد
oppressive/əˈpresɪv/ *adj.* جائِر، مُضْطَهِد، ظالِم، تَعَسُّفِيّ، (طَقْس) خانِق

oppressor/ə'presə(r)/*n.* طاغٍ ، جائِرٌ ، ظالِم

opt/opt/*v.i.*

with **for** اِخْتارَ أو فاضَلَ بَيْنَ شَيْئَيْن

with **out of** رَفَضَ الاِشْتِراكَ (في المَشْرُوع) ، اِسْتَقالَ ، اِنْسَحَبَ مِنْ

optical/'optıkəl/*adj.* بَصَرِيّ ، خاصٌّ بالرُّؤْيَة

optician/op'tıʃən/*n.* صانِع النظّارات ، نَظّاراتي اِخْتِصاصِيٌّ نَظّاراتٍ وآلاتٍ بَصَرِيّة

optics/'optıks/*n.* عِلْمُ البَصَرِيّات ، دِراسَةُ خَواصِّ الضَّوْء

optimism/'optımızm/*n.* تَفاؤُل

optimist/'optımıst/*n.* مُتفائِل

optimistic/'optı'mıstık/*adj.* تَفاؤُلِيّ ، مُتَيَمِّن

option/'opʃən/*n.* خِيار ، حَقُّ الاِخْتِيار ، حَقُّ شِراءِ (البَيْتِ مَثَلاً)

opulence/'opjʊləns/*n.* سَعَة ، ثَراء ، يُسْر ، بَحْبوحة

opulent/'opjʊlənt/*adj.* مُثْرٍ ، مَيْسُور ، عَلَيْهِ مَظاهِر النِّعْمة

or/ɔ(r)/*conj.* أو ، أم ، وإلّا

oracle/'orəkəl/*n.* جَواب أو هُتافُ الآلِهة عِنْدَ الوَثَنِيِّين ، مَعْبَدُ التَّكَهُّن عِنْدَ اليُونان ، شَخْصٌ يُوثَقُ بِرَأْيِه

oral/'ɔrəl/*adj.* شَفَهِيّ ، شَفَوِيّ ، فَمِيّ ، شَفاهاً

orange/'orındʒ/*n.*

1. (tree, its fruit) شَجَرةُ البُرْتُقال أو ثَمَرَتُها

2. (*colour*) *also adj.* بُرْتُقالِيٌّ (اللَّوْن)

oration/ɔ'reıʃən/*n.* خِطاب أو خُطْبة في حَفْلٍ رَسْمِيّ

orator/'orətə(r)/*n.* خَطِيب (خُطَباء)

orb/ɔb/*n.* كُرة (فَلَك) ، كُرة مَلَكِيّة مُرَصَّعة

orbit/'ɔbıt/*n.* مَدار ، مَسار (الكَوْكَب)

the space-ship went into orbit دَخَلَتْ مَرْكَبةُ الفَضاءِ في مَدارِها

v.t. & i. دارَ حَوْلَ ، اِسْتَدار

the space-ship orbited the earth. دارَتْ مَرْكَبةُ الفَضاءِ حَوْلَ الأرْض

orchard/'ɔtʃəd/*n.* بُسْتانٌ مُثْمِر

orchestra/'ɔkıstrə/*n.* جَوْقة مُوسِيقِيّة مِن عازِفِين على آلاتٍ مُخْتَلِفة

orchestral/ɔ'kestrəl/*adj.* جَوْقِيّ

ordain/ɔ'deın/*v.t.* فَرَضَ (ـ) ، سَنَّ (ـُ) قانوناً ، أَصْدَرَ (أَمْراً) ، رَسَمه (كاهِناً) ، قَدَّرَ (اللّه)

ordeal/ɔ'dil/*n.* مِحْنة (مِحَن) ، عَذاب ، مُقاساة ، مُعاناة ، مُحاكَمة بالتَّعْذِيب (قَدِيماً)

order/'ɔdə(r)/*n.*

1. (sequence) تَرْتِيبٌ أَلِفْبائِيّ أو عَدَدِيّ

2. (efficient state) مُرَتَّبٌ حَسَبَ الأُصُول

the lift is out of order المِصْعَدُ مُعَطَّل أو مَعْطُوب

your papers are in order وَثائِقُكَ المَطْلُوبة كامِلة

3. (request to supply) طَلَبِيّة

the dictionary is on order المُعْجَمُ عَلَى قائِمةِ طَلَبِيّاتِنا

4. (command) أَمْرٌ (أَوامِر) ، تَعْلِيم (تَعْلِيمات)

the general gives the orders يُعْطِي القائِدُ الأَوامِرَ

5. (purpose) غَرَضٌ ، قَصْدٌ

we wear glasses in order to see clearly نَسْتَعْمِلُ النَّظّاراتِ لِنَرَى بِوُضُوح

v.t. 1. (command) أَمَرَ (ـُ)

he ordered him to stop أَمَره بالوُقوف ، أَمَره بالتَّوَقُّف عَنْ (تَناوُلِ الكُحول)

2. (request supply of) طَلَبَ (ـُ)

please order the groceries أُطلُبْ ما تَحْتاجه من البَقّالة مِنْ فَضْلِك

orderly/'ɔdəlı/*adj.* جُنْدِيّ مُراسَلة ، مُمَرِّض في مُسْتَشْفًى عَسْكَرِيّ

ordinary/'ɔdənrı/*adj.* & *n.* اِعْتِيادِيّ ، عادِيّ ، الاِعْتِيادِيّ ، العادة

the coffee was nothing out of the ordinary لَمْ تَكُن القَهْوةُ خارِقةً لِلعادة

ordinance/'ɔdənəns/*n.* مَرْسُوم (حُكُومِيّ) ، طَقْسٌ (دِينِيّ)

ordination/'ɔdı'neıʃən/*n.* رِسامة أو سِيامة طالِبٍ إكْلِيرِكِيّ

ore/ɔ(r)/*n.* مَعْدِنٌ خامٌ ، رِكاز

organ/'ɔgən/*n.*

1. (*biol.*) عُضْوٌ (أَعْضاء)

2. (medium of communication) وَسِيلة من وَسائِل الإعْلام

newspapers are organs of public opinion الصُّحُف وَسائِطُ للتَّعْبِيرِ عَنِ الرَّأْيِ العامّ

3. (musical instrument) الأُرْغُن ، آلةٌ مُوسِيقِيّة تُعْزَفُ في الكَنائِس عادةً

organic/ɔ'gænık/*adj.*

1. (of the bodily organs) عُضْوِيّ ، مُتَعَلِّق بأَعْضاءِ الجِسْم

2. (having organized physical structure) عُضْوِيّ ، ذو مَنْشأ نَباتِيّ أو حَيَوانِيّ

3. (forming a system or part of a system) يُشَكِّل جُزْءاً لا يَتَجزّأ مِنْ كُلّ ، (وَحْدة) مُتَكامِلة الأَجْزاء

organism/'ɔgənızm/*n.* كائِنٌ عُضْوِيّ يَعْتَمِدُ عَلَى تَرابُط أَعْضائه في القِيام بِعَمَلِه ، جِسْم (أَجْسام)

organist/'ɔgənıst/*n.* عازِفُ الأُرْغُن

organization/'ɔgənaı'zeıʃən/*n.* تَرْتِيب ، تَنْظِيم ، تَشْكِيل ، مُنَظَّمة ، هَيْئَة ، مُؤَسَّسة

organize/'ɔgənaız/*v.t. & i.* نَظَّمَ (وَقْته أو أُمُوره) ، دَبَّرَ ، أَدار

orgy/'ɔdʒı/*n.* حَفْلة مُجُون ، فُسُوق ، عَرْبَدة ، فُجُور

orient/'ɔrıənt/*n.* بِلادُ الشَّرْق ، المَشْرِق

oriental/'ɔrı'entəl/ شَرْقِيّ ،

adj. & **Oriental** *n.* مِنْ أبْناءِ الشَّرْق

orientalist/ 'ɔrɪ'entəlɪst/*n.* مُسْتَشْرِق

orientate/'ɔrɪənteɪt/*v.t.* وَجَّهَ ، جَعَلَ (بِناءً هَيْكَلٍ) يُواجِهُ الشَّرْق

orientation/'ɔrɪən'teɪʃən/*n.* تَوْجِيه ، اِتِّجاه (نَحْوَ دِراسة الفَلْسفة مَثَلاً)

origin/'ɔrɪdʒɪn/*n.* أَصْلٌ (أُصول) ، مَصْدَر (مَصادِرُ) ، بِداية ، مَنْشأ

original/ə'rɪdʒɪnəl/*adj.*

1. (earliest) أَصْلِيّ ، أَوَّلِيّ

2. (not copied, novel) مُبْتَكَر ، غَيْرُ مُسْتَنْسَخ ، أَصِيل ، اِبتِداعِيّ ، مُبْدِع

she read Homer in the original قَرَأَتْ هُومِيرُوس في الأَصْلِ اليُونانِيّ

originality/ ə'rɪdʒə'nælɪtɪ/*n.* اِبْتِكار ، إِبْداع ، أَصالة

originate/ə'rɪdʒɪneɪt/*v.t. v.i.* خَلَقَ (ـُ) ، أَوْجَدَ ؛ نَشَأَ (ـَ) عَن ، اِبْتَدَأَ مِنْ ، بَدَأَ (ـَ)

ornament/'ɔnəmənt/*n.* حِلْية (حُلًى) ، زينة ، زَرْكَشة ، زَخْرَفة ؛

v.t. /'ɔnəment/ زَيَّنَ ، زَخْرَفَ ، زَرْكَشَ ، نَمَّقَ ، زَوَّقَ

ornamental/'ɔnə'mentəl/*adj.* تَزْيِينِيّ ، زُخْرُفِيّ ، تَجْمِيلِيّ

ornate/ɔ'neɪt/*adj.* (أُسْلُوب) مُنَمَّق ومُبَهْرَج ، (زِينةٌ) مُغالًى فِيها

ornithology/'ɔnɪ'θolədʒɪ/*n.* عِلْمُ الطَّيْر ، عِلْمُ الطُّيور ، طَيْرِيّات

orphan/'ɔfən/*n.* يَتيم (أَيْتام ، يَتامَى)

v.t. أَيْتَمَ ، يَتَّمَ

orphanage/'ɔfənɪdʒ/*n.* مَلْجأ أو دار الأَيْتام ، مَيْتَم (مَياتِمُ)

orthodox/'ɔθədoks/*adj.* أُرْثُوذُكْسِيّ (عِنْدَ المَسِيحِيِّين) ، حَنيف (عِنْدَ المُسْلِمِين) ، مُمارِسٌ دِينَهُ (عِنْدَ اليَهُود)

the orthodox caliphs الخُلَفاءُ الرّاشِدُون

orthodoxy/'ɔθədoksɪ/*n.* أُرْثُوذُكْسِيّة ، حَنيفيّة ، تَتْمِيمُ الواجِبات الدِّينيّة

orthopaedic/'ɔθə'pidɪk/*adj.* خاصٌّ بِتَقْوِيمِ العِظامِ والعَضَلات

orthopaedics/'ɔθə'pidɪks/*n.* عِلْمُ تَقْوِيمِ العِظامِ والعَضَلاتِ عِنْدَ الأَطْفالِ غالِبًا

orthopaedist/'ɔθə'pidɪst/*n.* اِخْتِصاصِيٌّ في تَقْوِيمِ العِظامِ والعَضَلات

oscillate/'osɪleɪt/*v.i.* تَذَبْذَبَ ، تَهَزْهَزَ ، تَرَدَّدَ بَيْنَ رَأْيَيْن ، تَأَرْجَحَ

oscillation/'osɪ'leɪʃən/*n.* ذَبْذَبة ، تَذَبْذُب ، تَقَلُّب ، تَهَزْهُز ، تَرَدُّد

ostensible/os'tensɪbəl/*adj.* ظاهِرِيّ ، صُورِيّ

ostensibly/os'tensɪblɪ/*adv.* في الظّاهِر ، ظاهِرًا ، عَلى ما يَلُوح

ostentation/'ostən'teɪʃən/*n.* تَفاخُرٌ ، مُباهاة ، تَظاهُر

ostentatious/'ostən'teɪʃəs/*adj.* مُباهٍ بِـ ، تَيّاه

osteopath/'ostɪəpæθ/*n.* مُعالِجُ بَعْضِ الأَمْراضِ بِتَقْوِيمِ العَمُودِ الفِقْرِيّ يَدَوِيًّا

ostracize/'ostrəsaɪz/*v.t.* نَبَذُوه مِن ظَهْرانِيهِم

ostrich/'ostrɪtʃ/*n.* نَعامة (نَعام)

other/'ʌðə(r)/*adj. & pron.* آخَر ؛ الآخَر

write on every other line! الكِتابة كُلَّ سَطْرَيْن ! أُكْتُبْ على سَطْر واتْرُكِ السَّطْرَ الآخَر سَطْر إِي سَطْر لا (س)

some day or other يَوْمًا ما ، في يَوْمٍ مِنَ الأَيّام

the other day (رَأَيْتُه) مُنْذُ أَيّام ، قَبْلَ أَيّام

I would not wish her other than she is لا أُرِيدُها عَلى غَيْرِ ما هِيَ عَلَيْه

otherwise/'ʌðəwaɪz/*adv.* بِطَرِيقةٍ أُخْرَى ، خِلافَ هذا ؛ وإِلّا ؛ بِاسْتِثْناءِ هَذِهِ النُّقْطة ؛ عَكْسَ ذلك ، عَلَى النَّقِيض

ought/ɔt/*v. aux.*

1. (*expressing duty*) لُزوم

children ought to obey their parents عَلَى الأَطْفال إِطاعةُ والِدِيهِم

2. (*expressing advisability*) مِنْ بابِ المَشُورة

you ought to go tomorrow مِنْ مَصْلَحَتِكَ أَنْ تَذْهَبَ غدًا

3. (*expressing probability*) للإِفْصاحِ عَنِ الاِحْتِمال

he ought to be here by now كانَ مِنَ المَفْرُوضِ أَنْ يَكُونَ هُنا الآنَ

ounce/ɑʊns/*n.* وَحْدةُ وَزْنٍ إِنْكِلِيزِيّة ؛ مِقْدارٌ قَلِيل

our/'ɑʊə(r)/*adj.* ضَمِيرُ الجَمْعِ المُتَّصِل للتَّمَلُّك ، ـ نا

ours/'ɑʊəz/*pron.* لَنا

he is a friend of ours هُوَ مِنْ أَصْدِقائِنا

ourselves/ɑʊ(ə)'selvz/*pl. pron.* أَنْفُسُنا

we have only ourselves to blame لا نَلُومُ غَيْرَ أَنْفُسِنا

out/ɑʊt/*adv.*

1. (*denoting position or movement away from*) خارِجًا ، بَعِيدًا عن

a day out in the country يَوْمُ نُزْهةٍ في الرِّيف

it stands out like a sore thumb هذا واضِحٌ وُضُوحَ الشَّمس

2. (into the open) الظُّهُورُ للعِيان

the secret is out أُفْشِيَ السِّرُّ ، اِفْتَضَحَ الأَمْرُ

3. (extinguished, finished) اِنْطَفَأَ ، اِنْتَهَى

the fire is out	خَمَدَتِ النّار
he is worn out	إنَّه مُتْعَب ، مُنْهُوك القُوى
4. (incorrect)	غَيْر صَحِيح
you won't be far out	لَن تَكُون بَعِيدًا عن الصَّواب
5. (complete/completely)	كاملًا ، تامًّا
I am tired out	إنّي جِدّ مُتْعَب
he is an out and out rascal	إنَّه رُثٌّ يُكلُّ مَعْنَى الكَلِمة ، هُوَ نَذْلٌ دَنِيع
6. (with preps.)	مَعَ حُروف الجَرّ
what is he out for?	ماذا يَسْتَهْدِف ؟ وَراءَ أَيِّ مَصْلَحَةٍ يَرْكُض ؟
out of date	مَهْجُور ، (زِيٌّ) قَدِيم ، (تَذْكِرَة) لاغِية
steps cut out of the solid rock	دَرَجاتٌ مَنْحُوتَةٌ في الصَّخْر
we are out of sugar	نَفِدَ سُكَّرُنا
outboard/'aʊtbɔd/adj.	(مُحَرِّكٌ) مُثَبَّتٌ بِمُؤَخَّرةِ الزَّوْرَقِ
outbreak/'aʊtbreɪk/n.	اِنْتِشارُ (الوَبا) ، تَفَجُّر ؛ اِنْدِلاعُ (نار الحَرْب)
outburst/'aʊtbɜst/n.	اِنْدِفاق ، تَدَفُّق ، اِنْفِجارُ (الضَّحِك) ، تَفَجُّرُ (الغَضَب)
outcast/'aʊtkast/n. & adj.	طَرِيدُ المُجْتَمَع ، مَنْبُوذ ، خاسِئ
outcome/'aʊtkʌm/n.	نَتِيجة (نَتائِج) ، عاقِبة (عواقِب) ، حَصِيلة
outcry/'aʊtkraɪ/n.	صَيْحة احْتِجاج ، عاصِفَةٌ مِنَ الشَّكْوَى أو التَّذَمُّر ، سُخْطٌ وَعَدَمُ رِضَى
outdated/aʊt'deɪtɪd/adj.	(زِيٌّ) بَطَلَ اسْتِعْمالُه ، مَوْصُوفة بِمَهْجُورة أو قَدِيمة
outdo/aʊt'du/v.t.	فاقَ (يَفُوق) ، تَفَوَّقَ على
not to be outdone	لِئَلّا يُزَايدا في ذلك أحَدٌ
outdoor/'aʊtdɔ(r)/adj.	(أَلْعابٌ) تُمارَسُ في الهَواء الطَّلْق
outdoors/aʊt'dɔz/adv.	في الخارج ، في العَراء ، في الهَواء الطَّلْق
outer/'aʊtə(r)/adj.	خارِجِيّ ، ظاهِرِيّ ، سَطْحِيّ
outfit/'aʊtfɪt/n. & v.t.	طَقْم ، بَدْلة ؛ جِهاز ؛ عِدّة ؛ جَهَّزَ بِـ
outgoing/'aʊtgəʊɪŋ/adj.	(الحُكُومة) المُسْتَقِيلة ، (المُسْتَأجِرُ) المُخْلِي للمَسْكَن ، (شَخْصٌ) بَوّاح
outgrow/aʊt'grəʊ/v.t.	فاقَ (يَفُوق) غَيْرَهُ نُمُوًّا ، كَبُرَ (الوَلَد) فَضاقَتْ عَلَيهِ (مَلابِسُه)
outhouse/'aʊthaʊs/n.	بِناءٌ إضافِيٌّ مُلْحَقٌ بِدار ؛ حَظِيرة (حَظائرُ)
outing/'aʊtɪŋ/n.	نُزْهة ، جَوْلة (لِلتَّرْفِيه) ، نُزْهة
outlandish/aʊt'lændɪʃ/adj.	(مَلابِسُ) غَرِيبة المَظْهَر ، (سُلُوكٌ) شاذّ
outlaw/'aʊtlɔ/n. & v.t.	خارِجٌ على القانُون ، طَرِيدُ العَدالة ؛ حَرَمَهُ مِن حِماية القانُون ، حَرَّمَ تَداوُلَ شَيْءٍ
outlay/'aʊtleɪ/n.	نَفَقاتٌ أو تَكالِيفُ مَبْدَئِيّة ، مَصْرُوفات
outlet/'aʊtlet/n.	مَخْرَج ، مَنْفَذ ، مُتَنَفَّس (للطّاقات الجِنْسِيّة) ؛ مَجالٌ لِتَصْرِيفِ السِّلَع
outline/'aʊtlaɪn/n. v.t.	خُطوطٌ خارِجِيّة تُحَدِّدُ مَعالِمَ الشَّكْل ، خُلاصة ، مُوجَز ، لَخَّصَ ، أَوْجَزَ
outlive/aʊt'lɪv/v.t.	بَقِيَ (يَبْقَى) بَعْدَ ، عاشَ (يَعِيشُ بَعْدَ مَوْتِ غَيْرِه) ، عَمَّرَ أَكْثَرَ مِن (أُخِيهِ مَثَلًا)
outlook/'aʊtlʊk/n.	نَظْرَةٌ (مِنَ النّافِذة مَثَلًا) ؛ دَلائلُ (المُسْتَقْبَل المُرْتَقَب ؛ وُجْهةُ نَظَر
outnumber/aʊt'nʌmbə(r)/v.t.	فاقُوهُمْ عَدَدًا ؛ كانُوا أكْثَرَ مِنْهُمْ عَدَدًا
out-patient/'aʊt-peɪʃənt/n.	مَرِيضٌ يُعالَجُ في مُسْتَشْفًى دُونَ الإقامة فيه ، مَرِيضٌ خارِجِيّ
output/'aʊtpʊt/n.	إنْتاج (صِناعِيّ ، أَدَبِيّ ، عِلْمِيّ) ؛ مَجْمُوعُ الإنْتاج ، قُدْرة (الآلة)
outrage/'aʊtreɪdʒ/n. & v.t.	إساءة بالِغة ، فَظاعة ، اِنْتِهاكُ حُرْمة ؛ اِغْتَصَبَ ، اِعْتَدَى على
outrageous/aʊt'reɪdʒəs/adj.	فاحِش ، مُتَجاوِزٌ حُدُودَ الأَدَب ، (ثَمَنٌ) باهِظٌ جِدًّا ، مُجْحِف
outright/'aʊtraɪt/adj.	بِكُلِّ (صَراحة) ، (كَذِبٌ) سافِر ، (إنْكار) باتّ ، قاطِع
outset/'aʊtset/n.	(في) البِداية ، (مُنْذُ) البَدْء ، مُسْتَهَلّ (حَياتِه العَمَلِيّة)
at the outset of	عِنْدَ الشُّرُوعِ في ...
outside/aʊt'saɪd/adj. & adv. & prep.	خارِجِيّ ؛ في الخارِج ؛ خارِجَ (الحُجْرة)
outsider/aʊt'saɪdə(r)/n.	شَخْصٌ غَرِيبٌ عَنِ الجَماعة ؛ حِصانٌ لا يُنْتَظَرُ فَوْزُهُ في السِّباق ؛ شَخْصٌ دَنِيء (عامِّيّة)
outsize/aʊt'saɪz/adj.	(مَلابِسُ) أكْبَرُ مِنَ المَقاسِ العادِيّ
outskirts/'aʊtskɜts/n. pl.	ضَواحِي المَدِينة أو أطْرافُها
outspoken/aʊt'spəʊkən/adj.	صَرِيح ، غَيْرُ مُتَحَفِّظٍ في كَلامِه
outstanding/aʊt'stændɪŋ/adj.	بارِز ، مُمْتاز ؛ دَيْنٌ لَمْ يُسَدَّدْ بَعْدُ ؛ عَمَلٌ يُبَتُّ فيه بَعْدُ ، مُعَلَّق
outstretched/aʊt'stretʃt/adj.	(ذِراعان) مُمْتَدّتان
outward/'aʊtwəd/adj.	خارِجِيّ ، ظاهِرِيّ ؛ نَحْوَ الخارِج
outwards/'aʊtwədz/adv.	(ذَهابًا) إلى الخارِج
outweigh/aʊt'weɪ/v.t.	زادَ في الوَزْن أو الأَهَمِّيّة أو القِيمة عَن ، رَجَحَتْ (كَفَّتُه)
outwit/aʊt'wɪt/v.t.	غَلَبَهُ بالحِيلة والدَّهاء ،

تَفَوَّقَ عَلَيه بالمَكْر

oval/'əʊvəl/*adj. & n.* بَيْضَوِيّ الشَّكل ، بَيْضِيّ ؛ شَكْلٌ بَيْضَوِيّ

ovary/'əʊvərɪ/*n.* المَبِيض (عِنْدَ أُنْثَى الثَّدْيِيّات)

ovation/əʊ'veɪʃən/*n.* اِحْتِفاء ، تَرْحِيب حَماسِيّ

the leader had a standing ovation نَهَضَت الجَماهِيرُ واقِفةً لِتَهْتِفَ وَتُصَفِّقَ للزَّعِيم

oven/'ʌvən/*n.* فُرْنٌ (أَفْران)

over/'əʊvə(r)/*adv.*

1. (across) عَبْرَ

they came over from France جاءُوا إلَيْنا مِنْ فَرَنْسا

2. (on whole surface (of)) علَى السَّطْحِ كُلِّهِ

he is wet all over هُوَ مُبَلَّلٌ تَمامًا

3. (*indicating repetition*) للظَّرْفِيّة الدّالة على التَّكْرار

I have told you over and over again أَخْبَرْتُكَ مِرارًا وَتَكْرارًا

4. (*indicating upward and downward movement*) للدَّلالة علَى الحَرَكةِ مِنْ وَضْعٍ مُعْتاد

the milk boiled over فارَ الحَلِيب

the chair was knocked over اِنْقَلَبَ الكُرْسِيّ

turn over the page! اِقْلِبِ الصَّفْحة

5. (at an end) خِتام

the concert was over at 10 pm اِنْتَهَت الحَفْلَةُ المُوسِيقِيّةُ في العاشِرة مَساءً

6. (remaining, more) باقٍ ، مَزِيد

is there any food (left) over? هَل بَقِيَ شَيْءٌ مِنْ طَعام ؟

children of fourteen and over أَوْلادُ الرّابِعةَ عَشْرَةَ فَصاعِدًا

prep. **1.** (above) فَوْقَ

a lamp hung over the door عُلِّقَ مِصْباحٌ فَوْقَ الباب

the argument was over his head كانَت المُناقَشة فَوقَ مُسْتَواهُ العَقْلِيّ

2. (in charge of) مَسْؤُولٌ عَن

a foreman was placed over the other workers عُيِّنَ مُراقِبٌ للعُمّالِ الآخَرِين

3. (in connection with) فِيما يَتَعَلَّقُ بِـ

the quarrel was over very little كانَ سَبَبُ المُشاجَرةِ تافِهًا جِدًّا

4. (throughout) كُلّ ، كافّة

"And over all the earth Let there be peace . . ." ولْيَكُنْ سَلامٌ على وَجْهِ البَسِيطةِ بِأَسْرِها

5. (more than) أَكْثَر مِن ، يَزِيدُ على ، يَتَجاوَز

he is over eighteen يَرْبُو على الثّامِنَةَ عَشْرَةَ

6. (across) عَبْرَ ، خِلالَ

over the sea عَبْرَ البَحْر

overall/'əʊvər'ɔl/*adj. & adv.* شامِل ، إجْمالِيّ ؛ شامِلاً ، إجْمالِيًّا

overalls/'əʊvərɔlz/*n. pl.* رِداءٌ يَلْبَسُه العُمّالُ لِوِقايةِ ثِيابِهم ، عَفْرِيتة (م)

overbalance/'əʊvə'bæləns/*v.t. & i.* جَعَلَه يَفْقِدُ تَوازُنَه ، (انْحَنَى) فَفَقَدَ تَوازُنَهُ وَسَقَط

overbearing/'əʊvə'beərɪŋ/*adj.* مُتَجَبِّر ، مُتَغَطْرِس ، مُتَعَجْرِف

overblown/'əʊvə'bləʊn/*adj.* (زُهُور) مَضَى عِزُّ تَفَتُّحِها ؛ (إمرأة) مُمْتَلِئة الجِسْم ؛ أُسْلُوبٌ مُنَمَّقٌ تَنْمِيقًا زائِدًا

overboard/'əʊvəbɔd/*adv.* (وَقَعَ) مِن سَطْحِ المَرْكَب إلى البَحْر

(*fig.*) previous policies were thrown overboard by the new government ضَرَبَت الحُكُومةُ الجَدِيدةُ عُرْضَ الحائِطِ بالسِّياساتِ السّابِقة

overcast/'əʊvəkɑst/*adj.* (سَماءٌ) مُلَبَّدةٌ بالغُيُوم ، (طَقْسٌ) غائِم

overcharge/'əʊvə'tʃɑdʒ/*v.t.* اِشتَطَّ في السِّعر ، غالَى في الثَّمَن

overcoat/'əʊvəkəʊt/*n.* مِعْطَف

overcome/'əʊvə'kʌm/*v.t.* تَغَلَّبَ علَى ، قَهَرَ (ـَ)

overdo/'əʊvə'du/*v.t.*

1. (carry to excess) بالَغَ ، غالَى ، أَسْرَفَ

don't overdo it! لا تَشْتَطّ ! لا تُفْرِط ! لا تْزِيدها ! (س)

2. (cook too long) إفْراطٌ في طَبْخِ شَيْء

steak should not be overdone يَنبَغِي أَلَّا تُشْوَى شَرِيحَةُ اللَّحْمِ أَكْثَر من اللّازِم

overdose/'əʊvədəʊs/*n.* جُرْعة دَواءٍ مُفْرِطة (قَدْ تُؤَدِّي إلى المَوْت)

overdraft/'əʊvədraft/*n.* سَحْبٌ علَى المَكْشُوف ، قَرْضٌ يَمْنَحُه المَصْرِفُ لِزَبُونٍ مَوْثُوقٍ بِهِ

overdue/'əʊvə'dju/*adj.* مُتَأَخِّرٌ (في دَفْعِ مَبْلَغٍ ما) ؛ (طائِرة) مُتَأَخِّرة عَنْ مِيعادِ وُصُولِها ، مُتَوَقَّعٌ مُنْذُ زَمَن

overflow/'əʊvə'fləʊ/*v.t. & i.* فاضَ (يَفِيضُ) ، طَفَحَ (ـَ)

a heart overflowing with gratitude قَلْبٌ يَطْفَحُ بالشُّكْرِ والاِمْتِنان

n. /'əʊvəfləʊ/ فَيْضٌ ، زِيادة (السُّكان مَثَلاً) ؛ مَنْفَذٌ أو مَصْرَفٌ لِلماءِ الزّائِد

overgrown/'əʊvə'grəʊn/*adj.* (صَبِيّ) مُفْرِطٌ في النُّمُوّ ، (حائِط) مُمْتَدّ عَلَيْه (اللَّبْلاب مَثَلاً)

overhaul/'əʊvəhɔl/*n.* فَحْصٌ دَقِيق ؛ تَرْمِيم

v.t. /'əʊvə'hɔl رَمَّمَ ، فَحَصَ بِدِقّة ، أَصْلَحَ

1. (check) — فَحَصَ (ـَ) الماكِنة وأصْلَحَها
any car needs a regular overhaul — تَحْتاجُ كُلُّ سَيّارة إلى فَحصٍ دَقيقٍ في فَتَراتٍ مُنتَظِمة
2. (catch up) — لَحِقَ (ـَ) بِـ ، أدْرَكَ

overhead/ˈəʊvəhed/*adj.* — مِنْ فَوْق ، في أعْلَى
overhead cables — أسْلاكٌ كَهْرَبائيّة مُعَلَّقة
n. pl. — نَفَقاتٌ تِجارِيّة عامّة ، نَفَقات ثابِتة
adv. /ˈəʊvəˈhed/ — في الأعالي ، فَوْقَ الرُّؤوس ، في الهَواء
dark clouds are gathering overhead — تَتَلَبَّدُ السَّماءُ بالغُيُوم القاتِمة ؛ أمامَنا بَوادِرُ الشَّرِّ

overhear/ˈəʊvəˈhɪə(r)/*v.t.* — أنْصَتَ ، سَمِعَ (ـَ) عَرَضًا ، اِسْتَرَقَ السَّمْعَ

overjoyed/ˈəʊvəˈdʒɔɪd/*adj.* — مُغْتَبِط ، يَكادُ يَطِيرُ فَرَحًا

overland/ˈəʊvəlænd/*adj. & adv.* — بَرِّيّ ؛ بَرًّا

overlap/ˈəʊvəˈlæp/*v.t.* — تَطابَقَ كُلِّيًّا أو جُزْئِيًّا

overleaf/ˈəʊvəˈlif/*adv.* — في ظَهْرِ الصَّفْحة ، قَفا الصَّفْحة

overload/ˈəʊvəˈləʊd/*v.t.* — شَحَنَ أو حَمَّلَ أكْثَرَ مِنَ الطّاقة

overlook/ˈəʊvəˈlʊk/*v.t.*
1. (look down, *or* out on) — أطَلَّ عَلَى ، أشْرَفَ عَلَى
2. (omit, fail to see) — تَغاضَى عَن ، غَضَّ النَّظَرَ عَن

overmuch/ˈəʊvəˈmʌtʃ/ *adv. & adj.* — (مَدَحَهُ) بإفْراطٍ ومُغالاة ؛ مُفْرِط ، مُغالٍ

overnight/ˈəʊvəˈnaɪt/ *adv. & adj.* — باتَ لَيْلَتَهُ (مَعَنا) ؛ خاصٌّ بالمَبِيت
overnight suitcase — حَقِيبة لِمُقْتَضَيات مَبِيت لَيْلة واحِدة

overpay/ˈəʊvəˈpeɪ/*v.t.* — دَفَعَ أكْثَرَ مِنَ الاِسْتِحْقاق ؛ دَفَعَ ثَمَنًا باهِظًا

overpower/ˈəʊvəˈpaʊə(r)/*v.t.* — تَغَلَّبَ على ، قَهَرَ (ـَ) ، أخْضَعَ

overpowering/ˈəʊvəˈpaʊərɪŋ/*adj.* — (حَرٌّ) خانِق ، (رائِحة) نَفّاذة

overrate/ˈəʊvəˈreɪt/*v.t.* — أفْرَطَ في التَّقْدِير ، بالَغَ في التَّقْيِيم

overreach/ˈəʊvəˈritʃ/ *v.t.* — تَخَطَّى (فُلانًا) بِحِيلة
he overreached himself — أخْفَقَ لِفَرْطِ طُمُوحِه

overrule/ˈəʊvəˈrul/*v.t.* — ألْغَى أو فَسَخَ (ـَ) قَرارًا ، تَجاوَزَ مَفْعُولَ قانُون

overrun/ˈəʊvəˈrʌn/*v.t.* — اِكْتَسَحَ (العَدُوُّ البِلاد) ؛ جاوَزَ حَدًّا مُعَيَّنًا

oversea(s)/ˈəʊvəˈsi(z)/*adj. & adv.* — ما وَراءَ البِحار

oversee/ˈəʊvəˈsi/*v.t.* — راقَبَ ، أشْرَفَ على

overseer/ˈəʊvəsɪə(r)/*n.* — ناظِرٌ (نُظّار) ، عَرِيف (عُرَفاءُ) ، رَئِيسُ عُمّال ، مَسْؤُولٌ عَن سَيْرِ العَمَل

overshadow/ˈəʊvəˈʃædəʊ/*v.t.* — ألْقَى ظِلًّا على ؛ (نَبأٌ) مُهِمٌّ يُغَطِّي على آخَرَ أقَلَّ أهَمِّيّةً ، حَجَبَ (ـُ)

overshoe/ˈəʊvəʃu/*n.* — كالُوش (كالوشات) ، جُرْمُوق

oversight/ˈəʊvəsaɪt/*n.* — هَفْوة ، سَهْوٌ ؛ (تَحْتَ) إشْراف (المُمَرِّضة مَثَلًا)

oversleep/ˈəʊvəˈslip/*v.i.* — نامَ أكْثَرَ مِمّا يَنْبَغِي

overspill/ˈəʊvəspɪl/*n.* — هِجْرة بَعْضِ سُكّان العاصِمة لِلمَناطِق المُجاوِرة ؛ فائِض

overstate/ˈəʊvəˈsteɪt/*v.t.* — صَرَّحَ بإلْحاحٍ وقُوّة
he overstated his case — تَجاوَزَ حَدَّ المَعْقُول في عَرْض قَضِيَّتِه

overstay/ˈəʊvəˈsteɪ/*v.t.* — مَكَثَ في المَكان أطْوَلَ مِمّا يَنْبَغِي

overt/əʊˈvɜt/*adj.* — عَلَنِيّ ، غَيْرُ مُسْتَتِر ، (عَداءٌ) سافِر

overtake/ˈəʊvəˈteɪk/*v.t.*
1. (catch up and pass) — جاوَزَ ، (لَحِقَ سَيّارةً) وتَخَطّاها
"No overtaking" — مَمْنُوع التَّجاوُز
2. (come upon suddenly) — باغَتَ ، أصابَ فَجْأةً
disaster overtook him — حَلَّتْ بِه الكَوارِثُ

overthrow/ˈəʊvəˈθrəʊ/*v.t.* — أسْقَطَ ، قَلَبَ (ـِ) ، أوْقَعَ ، أطاحَ بِـ

overtime/ˈəʊvətaɪm/*adv. & n.* — إضافةً إلى عَمَلِهِ ؛ ساعاتُ العَمَل الإضافِيّة أو أجْرُها

overture/ˈəʊvətjʊə(r)/*n.* — مُقَدِّمة أو افْتِتاحِيّة مُوسِيقِيّة (لأوبرا مَثَلًا)
he made friendly overtures to us — أظْهَرَ بَوادِرَ وُدِّيّةً نَحْوَنا ؛ اِسْتَهَلَّ المُقابَلة بِلَفْتةٍ طَيِّبةٍ نَحْوَنا

overturn/ˈəʊvəˈtɜn/*v.t.* — قَلَبَ (ـِ) رَأْسًا عَلَى عَقِب
i. — اِنْقَلَبَ

overweight/ˈəʊvəˈweɪt/*adj.* — زائِدٌ عَن الوَزْنِ المَطْلُوبِ أو المَسْمُوحِ بِهِ

overwhelm/ˈəʊvəˈwelm/*v.t.* — غَمَرَ (ـُ) ، أغْرَقَ بِـ ، اِكْتَسَحَ (العَدُوُّ البِلاد) ، عَصَفَتْ (بِهِ الذِّكْرَيات) ، قَهَرَتْهُ (الأحْزان)
an overwhelming majority — أغْلَبِيّة كاسِحة ، أكْثَرِيّة ساحِقة

overwork/ˈəʊvəˈwɜk/*n.* *& v.t. & i.* — إفْراطٌ في بَذْلِ المَجْهُود ؛ أرْهَقَ ، أنْهَكَ ، أعْيا ؛ أرْهَقَ نَفْسَه بالعَمَل المُتَواصِل

overwrought/ˈəʊvəˈrɔt/ *adj.* — في حالِ هِياجٍ أو تَوَتُّر عَصَبِيٍّ شَدِيد ، (أسْلُوبٌ) كُلُّه تَزْوِيق وبَهْرَجة ، مُزَوَّق

owe/əʊ/*v.t.* — كانَ مَدِينًا (بِشُكْرٍ أو بِمال)

owing/ˈəʊɪŋ/*pred. adj. & prep.* — (قَرْضة) لم تُدْفَعْ بَعْدُ
owing to — نَتِيجةً لِ ، بِسَبَبِ ، بِناءً على

owl/aʊl/*n.* — بُومة (بُوم) ؛ شَخْصٌ غَبِيّ له مَظْهَرُ العَلّامة

own/əʊn/*adj. & n.* — مِلْكٌ خاصّ
he is his own master — هُوَ سَيِّدُ نَفْسِه

she held her own easily صمدت في وجه المعارضة بسهولة ، دافعت عن نفسها بسهولة

v.t. **1.** (possess) ملك (ـ) ، تملك

he owns much land يملك أراضٍ كثيرة

2. (admit) *also v.i.* اعترف بـ ، أقرّ

I owned that it was partly my fault, but you haven't owned up اعترفت بأن بعض الخطأ يقع على عاتقي ولكنك لم تعترف بنصيبك منه

owner/ˈəʊnə(r)/*n.* مالك ، صاحب

owner-occupier/ˈəʊnə-ˈokjʊpaɪə(r)/*n.* مالك المنزل وشاغله

ownership/ˈəʊnəʃɪp/*n.* مِلك ، مِلكيّة ، امتلاك ، حقّ التملّك

ox/oks/(*pl.* **oxen**/ˈoksən)/*n.* ثور (ثيران) ؛ ثور أهلي ، ثور حراثة

Oxbridge/ˈoksbrɪdʒ/*n.* جامعتا أكسفورد وكمبردج (بخلاف غيرهما من الجامعات)

oxide/ˈoksaɪd/*n.* أكسيد (كيمياء)

oxtail/ˈoksteɪl/*n.* ذنب الثور (يستعمل في الحساء)

oxy-acetylene/ˈoksɪ-əˈsetɪlɪn/*adj.* مزيج من الأوكسجين والأسيتيلين (يستعمل للحم المعادن أو لقطعها)

oxygen/ˈoksɪdʒən/*n.* (غاز) الأكسجين

oyster/ˈɔɪstə(r)/*n.* محار (من الصدفيات)

ozone/ˈəʊzəʊn/*n.* غاز الأوزون ؛ هواء (البحر) المنعش ، هواء طلق نقي

P

P/pi/(letter) الحرف السادس عشر من الأبجدية

you have to mind your P's and Q's عليك أن تراعي الأصول والتقاليد

pace/peɪs/*n.*

1. (step) خطوة (خطى ، خطوات) ، خطوة (خطوات ، خطاء)

2. (speed) سرعة

the fastest runner sets the pace أسرع العدائين يحدد سرعة العدو (للآخرين)

v.t. & i. مشى بخطوات وئيدة ؛ قاس المسافة بالخطوات ؛ حدد معدل سرعة الجري

the surveyor paced out the distance between the houses قاس المسّاح المسافة بين البيوت بالخطوات

pacemaker/ˈpeɪsmeɪkə(r)/*n.* منظم ضربات القلب (طب)

pacific/pəˈsɪfɪk/*adj.* مسالم ، سلمي ، هادئ

pacification/ˈpæsɪfɪˈkeɪʃən/*n.* تهدئة ، تطييب خاطر

pacifist/ˈpæsɪfɪst/*n.* من أتباع مذهب التحكيم وإلغاء الحرب ، داعية للسلام

pacify/ˈpæsɪfaɪ/*n.* هدّأ (روعه) ، طيّب خاطره ، سكّنه

pack/pæk/*n.*

1. (bundle) صرّة (صرر) ، ربطة (ربطات ، رباط)

2. (collection of animals) قطيع من الحيوانات (قطعان)

a pack of wolves قطيع من الذئاب

3. (collection of persons or things) طغمة ، جماعة ، شرذمة (شراذم ، شراذيم) ، رزمة (رزم) ، حزمة (حزم)

a pack of fools جماعة من الحمقى

a pack of cards ورق اللعب ، شدّة (س) ، كوتشينة (م) ، دستة (ورق) (ع)

v.t. & i. **1.** (put together) حزم (ـ) (الأمتعة)

she packed (up) the clothes in a suitcase حزمت الملابس في حقيبة سفر

2. (cram-full) حشا (يحشو) ، عبّأ

the hall was packed غصّت او اكتظت القاعة بالحاضرين

3. (*with* **up**) توقف عن

if it rains, we shall pack up work in the fields إن أمطرت توقفنا عن العمل في الحقول

package/ˈpækɪdʒ/*n.* طرد (طرود)

a package tour سفرة سياحية تتكفل بمصاريف التنقل والإقامة

packet/ˈpækɪt/*n.* حزمة ، علبة (سكائر مثلاً)

pay/wage packet مظروف الأجر (الأسبوعي عادةً)

pact/pækt/*n.* معاهدة ، ميثاق ، حلف ، اتفاق (تجاري بين شركتين)

pad/pæd/*n.*

1. (cushion) ما يشبه الوسادة الصغيرة

2. (block of paper) لوح مسطح من ورق النشاف

3. (*of animal's foot*) كفّ القدم (للكلب والقط)

4. (platform) منطلق ، أساس ، قاعدة

they built a launching pad for the rocket أقاموا قاعدة لإطلاق الصاروخ

5. (*sl.* home) بيت ، منزل (بالعامية الانكليزية)

you can stay at my pad tonight تستطيع أن تبيت عندي الليلة

v.t. (stuff) حشا (يحشو) ، بطّن

v.i. (tread) مشى (يمشي) بخطوات هادئة وبطيئة (كالقط)

padding/ˈpædɪŋ/*n.* حشو ، بطانة

paddle/ˈpædəl/*n.* مجذاف بنصل أو نصلين ، مغداف بدون مسند

v.t. & i. — جَذَفَ الزَّوْرَقَ بِمِجْذافٍ قَصِيرٍ ؛ مَشَى حافِيًا في الماءِ بِقُرْبِ الشّاطِئ
he paddled his own canoe — عالَجَ أُمُورَهُ بِنَفْسِهِ مِنْ دُونِ مَشُورة ، اِعْتَمَدَ عَلى نَفْسِهِ
paddock/ˈpædək/*n.* — حَقْلٌ صَغِيرٌ لِلخُيُولِ ؛ حَظِيرة تَتَجَمَّعُ فِيها خُيُولُ أو سَيّاراتُ السِّباق
padlock/ˈpædlok/*n.* — قُفْلٌ (أَقْفال)
v.t. — قَفَلَ (ـُ) ، أَغْلَقَ بِقُفْل
pagan/ˈpeɪgən/*n. & adj.* — وَثَنِيّ ، عابِدُ أَصْنام
paganism/ˈpeɪgənɪzm/*n.* — وَثَنِيَّة ، عِبادَةُ الأَصْنام
page/peɪdʒ/*n.*
1. (leaf of a book) — صَفْحة (صَفَحات) كِتاب
2. (boy attendant) — غُلام (أَغْلِمة ، غِلْمان) ، وَصِيف
v.t. — نادَى ، اِسْتَدْعَى
pageant/ˈpædʒənt/*n.* — مَوْكِب تارِيخِيّ (يُقام في المُناسَبات الخاصّة)
paid/peɪd/*p.t. & p.p. of* **pay**
pail/peɪl/*n.* — دَلْوٌ (دِلاءٌ) ، سَطْلٌ (سُطُولٌ)
pain/peɪn/*n.*
1. (suffering) — أَلَمٌ (آلام) ، وَجَعٌ (أَوْجاع)
labour pains — آلامُ المَخاضِ أو الطَّلْق
he is a pain in the neck (*sl.*) — هو مُزْعِج ، غَثِيث (ع) ، لُقْمة في الزّور (م)
are you in pain? — أَتَشْعُر بِأَلَم ؟
2. (*pl.* effort) — جُهْد ، طاقة
he was at pains to explain the situation in detail — لَمْ يَأْلُ جُهْدًا في شَرْح المَوْقِف بِالتَّفْصِيل
3. (penalty) — عِقاب
painful/ˈpeɪnful/*adj.* — مُؤْلِم ، مُوجِع
painless/ˈpeɪnlɪs/*adj.* — غَيْرُ مُؤْلِم ، بِدُون وَجَع
painstaking/ˈpeɪnzteɪkɪŋ/*adj.* — دَقِيق ، مُكَرِّس نَفْسَه لِعَمَلِه ، مُجِدّ
paint/peɪnt/*n.* — طِلاء ، دِهان
v.t. **1.** (make a picture) — صَوَّرَ ، رَسَمَ (ـُ) صُورة
he is not as black as he is painted — لَيْسَ مِنَ السُّوءِ كَما يُصَوِّرُه الآخَرُون
2. (coat with paint) — طَلَى (يَطْلِي) ، دَهَنَ (ـُ) ، لَوَّنَ
they painted the town red (*fam.*) — مَلأُوا المَدِينة قَصْفًا ومُجُونًا
paint-box/ˈpeɪnt-boks/*n.* — عُلْبة أَصْباغ (لِلرَّسْم)
paint-brush/ˈpeɪnt-brʌʃ/*n.* — فُرْشاة رَسْم ، فُرْشاة طِلاء
painter/ˈpeɪntə(r)/*n.*
1. (artist) — مُصَوِّر ، رَسّام (لَوْحات زَيْتِيّة)
2. (decorator) — دَهّان ، نَقّاش
painting/ˈpeɪntɪŋ/*n.* — فَنُّ التَّصْوِير الزَّيْتِيّ ؛ حِرْفة الطِّلاء
pair/peə(r)/*n.* — زَوْج (بِمَعْنَى اثْنَيْن)
a pair of compasses — فِرْجار ، بَرْجَل
v.t. & i. — (تَفَرَّقُوا) اِثْنَيْن اِثْنَيْن ؛ زَوَّجَ ، قَرَنَ (ـِ) ؛ اِقْتَرَنَ بِ
pal/pæl/*n.* (*coll.*) — زَمِيل (زُمَلاءُ) ، صَدِيق (أَصْدِقاءُ)
palace/ˈpælɪs/*n.* — بَلاط ، قَصْر (المَلِك) ، دارٌ فَخْمة ؛ قاعة كَبِيرة (كَتِياتْرو المُتَنَوِّعات)
adj. — بَلاطِيّ ، (سِياسة) القَصْر
palate/ˈpælɪt/*n.*
1. (roof of mouth) — حَنَكٌ (أَحْناك) ، سَقْفُ الفَم
2. (sense of taste) — (حاسّة) الذَّوْق
pale/peɪl/*adj.*
1. (*of complexion*) — شاحِب ، مُمْتَقِع الوَجْه
2. (*of colour*) — (لَوْن) فاتِح ، غَيْر غامِق ، باهِت
n. (boundary) — حُدُود فاصِلة
(*fig.*) his rudeness has put him beyond the pale — جَعَلَتْه وَقاحَتُه مَنْبُوذًا
paling/ˈpeɪlɪŋ/*n.* — سِياجٌ من أَلْواحٍ خَشَبِيّة مُتَباعِدة
pall/pɔl/*n.* — بِساط الرَّحْمة ، غِطاءُ النَّعْش ، غِطاءٌ سَمِيك
(*fig.*) a pall of smoke hung over the battlefield — عَلَتْ ساحَةَ المَعْرَكة سَحابةُ دُخان
v.i. — أَثارَ المَلَلَ ، أَمْسَى مُمِلًّا
former pleasures pall on me — بَدَأْتُ أَشْعُرُ بِالمَلَلِ من المَلاذِّ السّابِقة
pallet/ˈpælɪt/*n.* — حَشِيّة من القَشّ لِلنَّوْم
palliate/ˈpælɪeɪt/*v.t.* — لَطَّفَ حِدّةَ الأَلَم ، خَفَّفَ وَطْأَته
palliative/ˈpælɪətɪv/*n.* — مُسَكِّنٌ لِلأَلَم وَقْتِيًّا ؛
adj. — تَهْدِئة وَقْتِيّة لِلأَزْمة
pallid/ˈpælɪd/*adj.* — (وَجْه) شَدِيدُ الشُّحُوبِ والاِمْتِقاع
pallor/ˈpælə(r)/*n.* — شِدّة شُحُوبٍ واِمْتِقاع
palm/pɑm/*n.*
1. (tree) — نَخْلة (نَخِيل)
2. (*of hand*) — راحة اليَد أو كَفُّها (كُفُوف ، أَكُفّ)
the fortune-teller read my palm — أَخْبَرَتْنِي قارِئة الكَفّ بِطالِعِي
3. (prize) — جائزة (جَوائِزُ) ، مِنْحة (مِنَح)
the loser yielded the palm to the victor — أَقَرَّ الخاسِرُ بِفَوْزِ الرّابِح
v.t.
1. (hide in palm of hand) — أَمْسَكَ شَيْئًا في طَيِّ راحَتِه (عَلى سَبِيل الشَّعْوَذة)
the coin vanished but we had not seen the conjurer palm it — اِخْتَفَتْ قِطْعة النَّقْد ولكِنّنا لَمْ نَرَ المُشَعْوِذَ مُمْسِكًا بِها في راحَتِه
2. (get rid of by fraud) — باعَ شَيْئًا زائِفًا بِطَرِيق الغِشّ والخِداع
the dealer tried to palm off — حاوَلَ البائِعُ أَنْ يُصَرِّفَ

a broken clock on the boy ساعةٌ مَعْطُوبةٌ على الصَّبِيّ

palmistry/ˈpɑmɪstrɪ/*n.* فَنُّ قِراءَة الكَفّ

palpable/ˈpælpəbəl/*adj.* (خَطأٌ) مَحْسُوس ، مَلْمُوس

palpate/pælˈpeɪt/*v.t.* جَسَّ (ـُ) الطَّبِيبُ (بَطْنَ المَرِيض)

palpitate/ˈpælpɪteɪt/*v.i.* خَفَقَ (القَلْب) بِشِدّة وبِغَيْر انْتِظام ؛ اِرْتَجَفَ (رُعْبًا)

palpitation/ˈpælpɪˈteɪʃən/*n.* خَفَقان (القَلْب)

paltry/ˈpɔltrɪ/*adj.* تافِه ، زَهِيد ، حَقِير ، طَفِيف

pamper/ˈpæmpə(r)/*v.t.* دَلَّلَ ، دَلَّعَ ، عامَلَ بِرِقّة مُفْرِطة

pamphlet/ˈpæmflɪt/*n.* كُرّاس غَيْرُ مُجَلَّد يُعالِجُ مَوْضُوعًا خَطِيرًا

pan/pæn/*n.*

1. (vessel) وِعاء (أَوْعِية) ، قِدْر (قُدُور) (لِلطَّبْخ)

pots and pans أَوْعِية الطَّبْخ وأوانِيه

2. (hollow) الجُزْءُ العُلْوِيُّ مِن جُمْجُمة الرَّأْس ، حَوْضٌ كَبِيرٌ قُرْبَ ساحِلِ البَحْرِ لِتَجْفِيفِ الماءِ واسْتِخْراجِ المِلحِ مِنْه

pan-/pæn/*pref.* (بادِئة مَعْناها) جَمِيع أو كُلّ

Pan-African (الدَّعْوة إلى) الوَحْدة الإفْرِيقِيّة ؛ نِسْبةً إلى إفريقية

Pan-Arabism الوَحْدة العَرَبِيّة

panacea/ˈpænəˈsiə/*n.* دَواءٌ يَشْفِي مِن جَمِيعِ العِلَلِ والأَسْقام

pancake/ˈpænkeɪk/*n.* قُرْصٌ رَقِيق مِن عَجِينة الدَّقِيقِ والبَيْض والحَلِيب (يُقْلَى ويُحْشَى كالقَطايِف)

a pancake landing هُبوطُ الطّائِرة (اِضطِرارِيًّا) بِدُونِ اسْتِعْمالِ عَجَلاتِها

Pancake Day ثُلاثاءُ المَرْفَع (قَبْلَ أَرْبِعاءِ الرَّمادِ أي بِدايةِ الصَّوْمِ الكَبِيرِ عِندَ المَسِيحِيِّين)

pancreas/ˈpæŋkrɪəs/*n.* البَنْكِرِياس (غُدّة خَلْفَ المَعِدة تُفْرِزُ الإنْسُولِين)

panda/ˈpændə/*n.* البَنْدا ، حَيَوانٌ شَبِيهٌ بالدُّبّ يَقْطُنُ جِبال الهِمَلايا والتِّبت ولَوْنُهُ أَبْيَضُ وأَسْوَد

pandemonium/ˈpændɪˈməʊnɪəm/*n.* ضَجّة ، ضَوْضاء ، صَخَبٌ ، اِخْتِلاطُ الحابِلِ بالنّابِل

pander/ˈpændə(r)/*v.i.* أَرْضَى مَيْلَه (لِلمُنْكَر) ، حَضَّهُ عَلَى الرَّذِيلة

Selma pandered to her spoilt son's every wish رَضَخَت سَلْمَى لِكُلِّ رَغَبات ابْنِها المُدَلَّل

pane/peɪn/*n.* اللَّوْحة الزُّجاجِيّة (للنّافِذة) ؛ الرَّأْس المَلْفُوف مِنْ رَأْسَي المِطْرقة أو الشّاكُوش

panegyric/ˈpænɪˈdʒɪrɪk/*n.* تَقْرِيظ ، إطْراء ، مَدِيح مُغالٍ

panel/ˈpænəl/*n.*

1. (part of surface) لَوْحٌ مِن عِدّة أَلْواحٍ خَشَبِيّة كُلٌّ مِنْها داخِلَ إطار (لِتَغْطِية الحائِط مَثَلًا)

the carpenter made a door with four panels صَنَعَ النَّجّارُ بابًا مِن أَرْبَعة أَلْواحٍ مُؤَطَّرة

2. (group of persons) لَجْنة (مِن خُبَراء مَثَلًا)

a panel of experts examined the wreck فَحَصَ جَماعةٌ مِنَ الخُبَراءِ الأَنْقاضَ

3. (mounting for instruments) لَوْحةُ العَدّادات ، لَوْحةُ أَدَواتِ القِيادة

the pilot checked the plane's control panel فَحَصَ الطَّيّارُ لَوْحةَ القِيادة أَمامَه

pang/pæŋ/*n.* أَلَمٌ فُجائِيّ حادّ ، نَخَزات أو وَخَزات الوَجَع ، غُصّة (غُصَص)

panic/ˈpænɪk/*n.* هَلَعٌ ، ذُعْرٌ ، رُعْبٌ

v.i. فَقَدَ رَباطَةَ جَأْشِه ، ذُعِرَ

panic-stricken/ˈpænɪk-strɪkən/*adj.* مَذْعُور ، مُرْتاع ، فَزْعان

panorama/ˈpænəˈrɑmə/*n.* مَنْظَرٌ عامّ (للمَدِينة) مِن عَلٍ ، (نَظْرة) شامِلة ، (شاشة) بانُورامِيّة

pansy/ˈpænzɪ/*n.* بَنْصة ، زَهْرة الثّالوث

pant/pænt/*v.i.* نَهَجَ (ـَ) ، لَهَثَ (ـَ) ، تَلَهَّفَ على

he panted for revenge (*fig.*) تَحَرَّقَ شَوْقًا لِلاِنْتِقام

panther/ˈpænθə(r)/*n.* نَمِر (نُمُر ، نُمُور، أَنْمار) ، فَهْد (فُهُود)

panties/ˈpæntɪz/*n. pl.* (*coll.*) كَلْسُون ، كِيلُوت ، لِباسٌ حَرِيمِيّ (تَحْتانِيّ)

pantomime/ˈpæntəmaɪm/*n.*

1. (entertainment) تَمْثِيلُ القِصَص الخُرافِيّة مَعَ الأَغاني والرَّقْص (في مَوْسِمِ عِيد المِيلاد)

2. (dumb show) التَّمْثِيلُ الصّامِت (بالإشارات أو الإيماءات)

pantry/ˈpæntrɪ/*n.* حُجْرة لِحِفْظ أَدَوات المائِدة والأَطْعِمة

pants/pænts/*n. pl.*

1. (underwear) لِباس تَحْتانِيّ للرِّجال ، كَلْسُون (طَوِيل أو قَصِير)

2. (*esp. U.S.* trousers) سِرْوال (سَراوِيلُ) ، بَنْطَلون

papa/pəˈpɑ/*n.* بابا (الأَب بِلُغة الأَطفال)

papacy/ˈpeɪpəsɪ/*n.* البابَوِيّة ؛ مَنْصِبُ البابا

papal/ˈpeɪpəl/*adj.* بابَوِيّ

paper/ˈpeɪpə(r)/*n.*

1. (*substance*) وَرَق (أَوْراق) ، قِرْطاس (قَراطِيسُ)

2. (a piece of paper) وَرَقة قِطْعة وَرَق

3. (wall-paper) وَرَقُ الحِيطان ، وَرَقٌ لِتَزْيِين الجُدْران

4. (newspaper) صَحِيفة يَوْمِيّة ، جَرِيدة (جَرائِدُ)

5. (examination paper) وَرَقةٌ امْتِحانِيّة

6. (essay) مَقالة

v.t. (cover with paper) وَرَّقَ حِيطانَ الغُرْفة ، غَطّاها بِوَرَقٍ خاصّ

adj. (made of paper) وَرَقِيّ ، مَصْنُوعٌ مِن الوَرَق

Fatima made a paper doll صَنَعَت فاطمة دُمْية مِن الوَرَق

paper-clip/ˈpeɪpə(r)-klɪp/*n.* مِشْبَك أوْراق

paper-weight/ˈpeɪpə(r)-weɪt/*n.* ثَقّالة أوْراق (للحَيْلُولة دُون تَطايُرِها)

papier mâché/ˈpæpɪeɪ ˈmæʃeɪ/*n.* عَجِينة وَرَق مَخْلُوطة بِغِراء ومَضْغُوطة

paprika/ˈpæprɪkə/*n.* فِلْفِل أحْمَر

papyrus/pəˈpaɪərəs/*n.* وَرَق بَرْدِيّ ؛ بَرْدِيّة

par/pa(r)/*n.*

1. (*finance*) سِعْرُ الإصْدار (بُورْصة)

at par بِسِعْرِ الإصْدار ، (أَسْهُم) بالسِّعْرِ الأصْليّ

below par أسْهُم بِسِعْرٍ أقَلَّ مِن سِعْرِها الأصْليّ؛ أو الإسْميّ ؛ مُتَوَعِّك، تَعْبانُ

2. (equality) تَعادُل ، تَكافُؤ

the understudy's acting was on a par with the star's بَلَغَ تَمْثِيلُ البَدِيلِ مُسْتَوى تَمْثِيلِ النَّجْمِ الأصْليّ

parable/ˈpærəbəl/*n.* مَثَلٌ (مِن أمْثالِ الإنْجِيلِ عادةً)

parachute/ˈpærəʃut/*n.* مِظَلّة هُبُوط ، باراشُوت

v.t. & i. أنْزَلَ (جُنُودًا أو مُؤُونةً) بالمِظَلّات ؛ هَبَطَ بالمِظَلّة

parade/pəˈreɪd/*n.*

1. (*of troops*) تَجَمُّعُ الجُنُود في صُفُوفٍ بالمُعَسْكَر

parade ground ساحةُ عَرْضٍ بالمُعَسْكَر

2. (display) عَرْض ، اِسْتِعْراض ؛ صَفٌّ مِنَ الدَّكاكِين

v.t. & i. 1. (muster) حَشَدَ (ـِ) الجُنُودَ أو صَفَّهم (ـُ)

2. (display) عَرَضَ (ـِ) ؛ اِسْتَعْرَضَ

paradise/ˈpærədaɪs/*n.* الجَنّة ، الفِرْدَوْس ، جَنّةُ عَدْن

he lives in a fool's paradise (*fig.*) يَعِيشُ في سَعادة مَوْهُومة ، يَتَعَلَّل بالأوْهام

paradox/ˈpærədoks/*n.* تَناقُضٌ ظاهِرِيّ (قد تَكْمُن فيه الحَقِيقة)

paraffin/ˈpærəfin/*n.* كاز ، كِيرُوسِين (وَقُودٌ للتَّدْفِئة والإضاءة) ؛ بارافِين (مادّة مُسَهِّلة)

paragon/ˈpærəgən/*n.* مَثَلٌ أعْلَى ، قُدْوة ، نِبْراسٌ يُهْتَدَى بِهِ ، أُسْوة (أُسًى)

paragraph/ˈpærəgraf/*n.* فِقْرة (فِقَر ، فِقْرات) ، بَنْد (بُنُود) ، مادّة (مَوادّ)

v.t. قَسَّمَ الكَلامَ إلى فِقْرات

parallel/ˈpærəlel/*adj.* مُوازٍ ، مُتَوازٍ مَعَ ، مُحاذٍ (لِخَطٍّ آخَر)

n. 1. (parallel line) خَطٌّ (مُوازٍ لآخَر)

2. (line of latitude) خَطُّ العَرْض (جُغْرافِية)

3. (comparison) مُقارَنة ، مُوازَنة

this disaster was without parallel لَمْ يَكُن لِهٰذِهِ الكارِثة مَثِيل

v.t. 1. (compare) قارَنَ ، وازَنَ

2. (correspond to) ماثَلَ ، حاكَى

parallelogram/ˈpærəˈleləgræm/*n.* مُتَوازِي الأضْلاع (هَنْدَسة)

paralyse/ˈpærəlaɪz/*v.t.* شَلَّ (ـُ) ، أصابَه بالشَّلَل ؛ عَطَّلَ (حَرَكةَ المُرُور)

paralysis/pəˈræləsɪs/*n.* شَلَلٌ ؛ تَعَطُّلُ الحَرَكة

paralytic/ˈpærəˈlɪtɪk/*adj.* مَشْلُول ، مُصابٌ بالشَّلَل

paramount/ˈpærəmaʊnt/*adj.* فائِق ، في غاية الأهَمِّيّة

paranoia/ˈpærəˈnɔɪə/*n.* هَوًى خَيالِيّ ، جُنُون العَظَمة أو الاضْطِهاد

parapet/ˈpærəpɪt/*n.*

1. (*archit.*) حاجِزٌ مُنْخَفِضٌ (لِشُرْفة)

2. (*mil.*) حاجِزٌ تُرابِيّ أمامَ حافّة خَنْدَق

paraphernalia/ˈpærəfəˈneɪlɪə/*n.* أمْتِعة شَخْصِيّة مُتَنَوِّعة ، أدَواتٌ ومُعَدّاتُ (حِرْفةٍ أو هِواية) ؛ لَوازِمُ (المَنْصِب) ومُتَعَلَّقاتُه

paraphrase/ˈpærəfreɪz/*n.* وَضْعُ نَصٍّ بِكَلِماتٍ أُخْرَى

v.t. عَبَّرَ عَن نَصٍّ بِكَلِماتٍ أُخْرَى

parasite/ˈpærəsaɪt/*n.* (نَبات أو حَيَوان) طُفَيْلِيّ ؛ (شَخْص) طُفَيْلِيّ أو مُتَطَفِّل ، عالةٌ عَلَى غَيْرِهِ

parasitic/ˈpærəˈsɪtɪk/*adj.* طُفَيْلِيّ ، مُتَطَفِّل

paratroops/ˈpærətrups/*n. pl.* جُنُود المِظَلّات

parcel/ˈpasəl/*n.* طَرْد (طُرُود) ، رَبْطة ، حُزْمة ؛ قِطْعةُ أرْضٍ كَجُزْءٍ مِن ضَيْعة كَبِيرة

parcel post بَرِيدُ الطُّرُود

v.t.

1. (pack up) رَبَطَ أو لَفَّ (الكُتُبَ) بِشَكْلِ طَرْد ، حَزَمَ (ـِ) المُشْتَرَيات

2. (divide) قَسَّمَ (الأرْضَ مَثَلًا) إلى أجْزاء لِتَوْزِيعِها ، جَزَّأها

parch/patʃ/*v.t. & i.* يَبَّسَ ، جَفَّفَ (الحَرُّ شَفَتَيْهِ) ، حَمَّرَ (الحِنْطة)

nothing could grow in the parched earth لا زَرْعَ يَنْمُو في الأرْض العَطْشَى

parchment/ˈpatʃmənt/ *n.* رَقٌّ (رُقُوق) ، وَرَق بارْشْمان ، (لَفائِفُ أو أدْراجٌ مِن) الرَّقّ

pardon/ˈpadən/*n.*

1. (forgiveness) عَفْوٌ ، صَفْحٌ ، مَعْذِرة ، غُفْران ، مُسامَحة

I beg your pardon العَفْو ، عَفْوًا ، أسْتَمِيحُكَ العُذْر ،

(apology) مَعْذِرةً

(request for repetition) عَفْوًا ـ ماذا قُلْتَ ؟

2. (*leg.*) مَنْحُ (المُتَّهَم) عَفْوًا غَيْرَ مَشْرُوط

v.t. عَفا (يَعْفُو) ، صَفَحَ (ـَ) عَن ، غَفَرَ (ـِ) لِ ، عَذَرَ (ـِ)

pare/peə(r)/*v.t.*

1. (trim away) قَلَّمَ (الأظافِر) ، قَصَّ (ـُ) ، شَذَّبَ

2. (peel) قَشَرَ (ـِ) ، كَشَطَ (ـِ)

parent/ˈpeərənt/*n.* أَحَد الوالِدَيْن (الأب أو الأُمّ)

parentage/ˈpeərəntɪdʒ/ *n.* سُلالة ، نَسَبٌ ، أَصْلٌ ، قَرابة مُباشِرة ، أُبُوّة أو أُمُومة

parental/pəˈrentəl/*adj.* نِسْبة إلى الوالدَيْن أو أَحَدِهِما ، أَبَوِيّ

parenthesis/pəˈrenθəsɪs/*n.*

1. (insertion not grammatically part of sentence) عِبارة مُعْتَرِضة

2. (brackets) هِلالان أو قَوْسان للأَلفاظ الاعْتِراضِيّة

pariah/ˈpærɪə, pəˈraɪə/*n.* فَرْدٌ من الطَّبَقة السُّفْلَى في الهِند وبُورْما

parish/ˈpærɪʃ/*n.*

1. (area with its own church and priest) حَيٌّ له كَنِيسة وقَسِّيس خاصّ بِهِ ، خُورْنِيّة

2. (division of county) مِنْطَقة إدارِيّة في حُكُومة مَحَلِّيّة

parity/ˈpærətɪ/*n.* تَساوٍ ، تَعادُلٌ ، تَكافُؤٌ

park/pak/*n.*

1. (estate) حَدِيقة كَبِيرة (تابِعة لِقَصْر) ، ضَيْعة (ضِياع)

2. (public garden) حَدِيقة عامّة ، مُتَنَزَّهٌ عامّ

3. (for storing vehicles) مَوْقِفٌ (مَواقِفُ) ، مُسْتَوْدَع

car park مَوْقِفٌ عامٌّ للسَّيّارات

v.t.& i. أَوْقَفَ سَيّارته مُدّةً في الشّارِع أو في مَوْقِف السَّيّارات ، صَفَّ أو بَرَّكَ (س)

no parking مَمْنُوع وُقُوف السَّيّارات

parking meter عَدّاد عَلَى الرَّصِيف (يَعمَلُ بِقِطْعة نَقد) لِتَسْجِيلِ مُدّة وُقُوف السَّيّارات ، عَدّادُ الوُقُوف

parley/ˈpalɪ/*n.* مُفاوَضاتٌ مَعَ الخَصْم (لإِجْراءِ الهُدْنة) ، (نَفَخَ في البُوق) للدَّعْوة إلى التَّفاوُض

parliament/ˈpaləmənt/*n.* بَرْلَمان ، هَيْئة تَشْرِيعِيّة عُلْيا

parlour/ˈpalə(r)/*n.* صالة اسْتِقْبال ، غُرْفة جُلُوس

parochial/pəˈrəʊkɪəl/*adj.*

1. (of a parish) رَعَوِيّ (كَنِيسة)

2. (narrow in outlook) مَحْدُود التَّفْكِير ، ضَيِّقُ الأُفُق

parody/ˈpærədɪ/*n.* تَقْلِيدُ أُسْلُوبِ (كاتِبٍ مَثَلًا) بِقَصْدِ إثارة الضَّحِك ، مُحاكاة تَهَكُّمِيّة

v.t. حاكَى أو قَلَّدَ (مُؤَلِّفًا) للتَّهَكُّمِ عَلَيْه

parole/pəˈrəʊl/*n.* وَعْدُ شَرَفٍ يَقْطَعُه الأَسِيرُ على نَفْسِه بِألّا يُحاوِلَ الهَرَبَ أو مُهاجَمَةَ آسِرِيه

he was released on parole أُطْلِقَ سَراحُ (السَّجِين) على شَرْطِ عَوْدَتِه لإتمام مَحْكُومِيَّتِه

paroxysm/ˈpærəksɪzm/ *n.* ذُرْوةُ اشْتِدادِ مَرَضٍ ، مُنْتَهَى وَطْأَتِه ، احْتِدامُ الغَضَب ، نَوْبة شَدِيدة مِنَ (الضَّحِكِ المُفاجِئ)

parricide/ˈpærɪsaɪd/*n.* قاتِلُ ابِيه ، قَتْلُ الأب

parrot/ˈpærət/*n.* بَبَّغاء ، بَبَّغاة

parry/ˈpærɪ/*v.t.* تَفادَى (ضَرْبَةَ خَصْمِهِ في المُبارَزة أو المُلاكَمة) ، تَخَلَّصَ مِن إجابة سُؤالٍ مُحْرِجٍ

parse/paz/*v.t.* أَعْرَبَ الجُمْلة (في النَّحْو)

parsimonious/ˈpasɪˈməʊnɪəs/*adj.* شَدِيدُ البُخْل ، شَحِيح ، مُمْسِك ، مُقَتِّر

parsimony/ˈpasɪmənɪ/*n.* شُحٌّ ، شِدّةُ بُخْل ، تَقْتِير

parsley/ˈpaslɪ/*n.* مَقْدُونِس ، بَقْدُونِس

parsnip/ˈpasnɪp/*n.* جَزَرٌ أَبْيَض ، سيسارون كبير (بَقْلة نَشَوِيّة سُكَّرِيّة الطَّعْم)

parson/ˈpasən/*n.* قِسِّيس (قُسُس ، قُسّان ، قَساوِسة) ، خُورِيّ (خَوارِنة) ، راعِي أو كاهِن كَنِيسة

parsonage/ˈpasənɪdʒ/*n.* بَيْتُ القِسِّيس (مِلْكُ الكَنِيسة)

part/pat/*n.*

1. (some but not all) جُزْءٌ ، قِسْمٌ ، قِطْعة ، فَصْلٌ

he took the criticism in good part تَقَبَّلَ النَّقْدَ بِطِيبة نَفْس (أو رَحابة صَدْر)

for the most part عَلَى الأَغْلَب ، أَكْثَرَ الأَحْيان ، في أَغْلَبِ الأَحْوال

2. (equal portion of whole) جُزْءٌ مُتَساوٍ مِن كُلٍّ

a second is a sixtieth part of a minute الثّانِية جُزْءٌ مِن سِتِّينَ جُزْءًا مِن الدَّقِيقة

3. (share) حِصّة

everyone took part in the debate اِشْتَرَكَ كُلُّ واحِدٍ في المُناقَشة

4. (role) دَوْرٌ (أَدْوار)

the actor played his part well أَدَّى المُمَثِّلُ دَوْرَه أداءً حَسَنًا

5. (component) مُقَوِّمٌ ، عُنْصر ، جُزْءٌ مِن أَجْزاء

spare parts قِطَعُ غِيار

a part of speech جُزْءٌ مِن أَجْزاءِ الكَلام (اِسْمٌ أو فِعْلٌ أو حَرْف)

6. (side) جانِب (جَوانِبُ)

I took Mustapha's part in the argument اِنْحَزْتُ إلى مُصْطَفَى في النِّقاش

7. (*mus.*) لَحْنٌ مِن الحان التَّوافُق النَّغَمِيّ

part-song أُغْنِية لِثَلاثة أَصْواتٍ أو أَكثَر

v.t. & i. (separate, divide) فَرَّقَ ، اِفْتَرَقَ

after that quarrel we parted company اِفْتَرَقْنا بَعْدَ ذلك الخِصام

he did not want to part with his money لَمْ يُرِد التَّخَلِّيَ عَن دَراهِمِه

he parts his hair on the right يَفْرِقُ شَعْرَه إلى اليَمِين

partake/paˈteɪk/ (*p.t.* **partook**/paˈtʊk/) *v.i.* شارَكَ (في فَرَحٍ أو طَعامٍ مَثَلًا)

partial/ˈpaʃəl/*adj.*

1. (incomplete) جُزْئِيّ ، غَيْرُ كامِلٍ ، ناقِص

2. (showing bias towards) مُتَحَيِّز ، غَيْرُ مُنْصِف
3. (fond of) مائِلٌ إلى ، مُولَعٌ بِ
partiality/ˈpaʃɪˈælɪtɪ/*n.* تَحَيُّزٌ، مُحاباة ، تَحَزُّبٌ ؛ وَلَعٌ أو شَغَفٌ (بالحَلَوِيّات مَثلاً)
partially/ˈpaʃəlɪ/*adv.* جُزْئِيًّا ، مِن بَعْض الوُجُوه ، مِن باب التَّحَيُّز أو المُحاباة
participant/ pɑˈtɪsɪpənt/*n.* مُشْتَرِكٌ في ، مُشارِك ، مُعاوِن ، مُساهِم
participate/pɑˈtɪsɪpeɪt/*v.i.* شارَكَ ، ساهَمَ ، شاطَرَ
participation/ pɑˈtɪsɪˈpeɪʃən/*n.* إشْتِراكٌ في أو مع
participle/ˈpɑtɪsɪpəl/*n.* مِن مُشْتَقّات الفِعْل في الإنْكليزيّة (قد يُسْتَعْمَلُ كاسْمِ فاعِل أو اسْمِ مَفْعُول)
particle/ˈpɑtɪkəl/*n.*
1. (small part) جُزَيْءٌ مُتَناهٍ في الصِّغَر ، ذَرَّةٌ (غُبار مَثلاً)
2. (*part of speech*) أداة ، حَرْف (عَطْف)
particular/ pəˈtɪkjʊlə(r)/*adj.*
1. (specific) مُعَيَّن
2. (special) خاصٌّ
3. (fastidious) صَعْبُ الإرْضاء ، مُدَقِّقٌ
n. إحدَى النِّقاط أو التَّفاصِيل
in particular عَلَى وَجْه الخُصوص ، خاصَّةً ، خُصوصًا ، بِنَوْعٍ خاصّ
full particulars تَفاصِيل (الحادِث) بأكمَلِها
particularly/ pəˈtɪkjʊləlɪ/*adv.* خاصَّةً ، على الأخَصّ ، عَلَى وَجْه الخُصُوص ، خُصُوصًا
parting/ˈpɑtɪŋ/*n.*
1. (leave-taking) فِراق ، وَداع
2. (division of hair) فَرْق ، مَفرِق (في تَصْفِيف الشَّعْر)
partisan/ˈpɑtɪˈzæn/*n.* مُتَحَزِّب ، مُتَعَصِّب
partition/ pɑˈtɪʃən/*n.*
1. (division) تَقسيم أو تَجْزِئة (البِلاد)
2. (dividing wall) حاجِز أو جِدار فاصِل بَيْنَ غُرْفَتَيْن (مَثلاً) ، قاطِع
v.t.
1. (divide) قَسَّمَ (الأمْلاكَ بَيْنَ أوْلادِه مَثلاً)
2. (divide by a wall) فَصَلَ (ـِ) بِحاجِز أو بِجِدار قاطِع
partly/ˈpɑtlɪ/*adv.* جُزْئِيًّا ، إلى حَدٍّ مُعَيَّن
partner/ˈpɑtnə(r)/*n.* شَرِيكٌ (شُرَكاءُ)
partnership/ˈpɑtnəʃɪp/*n.* شِرْكة ، مُشارَكة
partridge/ˈpɑtrɪdʒ/*n.* حَجَل (حِجْلان ، حَجْلَى)
party/ˈpɑtɪ/*n.*
1. (*polit.*) حِزب أو طائِفة أو جَماعة سِياسِيّة
2. (persons acting together) شُرَكاءُ ، جَماعة (يَعْمَلُون سَوِيَّةً) ، فِئة ، فِرْقة
3. (social gathering) حَفْلة ، سَهْرة
4. (participant) طَرَف (أطْراف) ، خَصْم (في دَعْوَى)
the innocent party الطَّرَفُ البَرِيءُ (في حادِثة أو خُصُومة)
pass/ pɑs/*v.t. & i.*
1. (move onward) أعْطَى ، ناوَلَ
pass the ball to me! مَرِّرْ لي الكُرة
pass water بالَ (يَبُولُ)
2. (go by) مَرَّ (ـُ) بِ أو على
can you answer? no, I pass هَلْ تَسْتَطِيعُ الإجابة ؟ لا ، اِطرَح عَلَيَّ السُّؤالَ التّالي
the year passed pleasantly مَرَّ العامُ بِبَهْجةٍ وسُرُور
3. (get through a test) اِجْتازَ ، نَجَحَ (ـَ)
he passed the exam نَجَحَ في الإمْتِحان
the motion was passed قُبِلَ الاقتِراح (في البَرْلمان مَثلا)
4. (go beyond) خارِجَ نِطاق
it passes all belief يَتَخَطَّى كُلَّ التَّصْدِيق
5. (announce) أعْلَنَ ، قَرَأَ حُكْمًا
the judge will pass sentence on the thieves سَيَتْلُو القاضِي الحُكْمَ على اللُّصُوص
6. (*with advs.*) اِستِعْمالاتٌ مع الظُّروف
pass away ماتَ (يَمُوت) ، تُوُفِّيَ ، قَضَى (يَقْضِي) نَحْبه
please pass the message on يُرْجَى إبْلاغُ الرِّسالة
the patient passed away peacefully قَضَى المَرِيضُ نَحبه بِهُدُوءٍ (أي بِدُونِ عَذاب)
he passed me by in the street تَجاهَلَني وهو مارٌّ في الشّارِع
he was passed over تُخُطِّيَ (أي قُدِّمَ عَلَيْهِ مَن هُو دُونه)
he passed it off as a joke حَمَلَ (الإهانةَ) على مَحْمَل الدُّعابة
he passed the time away reading أمْضَى الوَقْتَ في القِراءة
the pain passed off زالَ الألَم
the visit passed off without incident مَرَّت الزِّيارة بِسَلامٍ تامّ
pass out أُغْمِيَ عَلَيْه ، غُشِيَ عَلَيْه
n. 1. (success in exam) نَجاحٌ في الإمْتِحان
2. (permit) سَماح ، تَصْرِيحة خُرُوج أو مُرُور
3. (defile) مَضِيق ، مَمَرٌّ جَبَلِيٌّ
4. (thrust) طَعْنة نافِذة
he made a pass with his sword at his enemy طَعَنَ عَدُوَّه بِسَيْفِهِ طَعْنةً نافِذة
he made a pass at the pretty girl (*coll.*) غازَلَ الفَتاةَ الجَمِيلة
5. (state) وَضْعٌ ، حالة ، مَوْقِف
things have come to a بَلَغَ السَّيْلُ الزُّبَى ، بَلَغْنا مَوْقِفًا

pretty pass حَرِجًا

passage/ˈpæsɪdʒ/*n.*

1. (passing) مُرور ، عُبور

2. (voyage) سَفَرٌ (أسْفار)، رِحْلة

3. (corridor) دِهْليز بَيْنَ الحُجُرات ، مَمَرٌّ

4. (extract from a book) قِطْعة مِن نَصٍّ مَكْتُوب ، (قَرَأَ) اسْتِشْهادًا مِنْ (كِتاب)

5. (enactment of a bill) مُصادَقة على قانُون (في البَرْلَمان)

pass-book/ˈpɑs-bʊk/*n.* دَفْتَرُ حِسابٍ جارٍ في مَصْرِف

passenger/ˈpæsəndʒə(r)/*n.* راكِب (رُكّاب) ، مُسافِر (في قِطار مَثَلاً)

passenger train قِطارُ رُكّاب (خِلافَ قِطارِ البَضائع)

passer-by/ˈpɑsəˈ-baɪ/*n.* عابِرُ سَبِيل

passion/ˈpæʃən/*n.*

1. (emotion) عاطِفة قَوِيّة

2. (love) شَغَفٌ ، وَلَعٌ ، عِشْقٌ ، وَجْدٌ

3. (anger) سَوْرةُ غَضَب ، غَيْظٌ ، حَنَقٌ

4. (suffering) آلام (بالمَفْهُوم الدِّيني)

the Passion (of Christ) آلامُ المَسِيح ، قِصّة عَذابِهِ على الصَّلِيب كَما رَوَتْها الأناجِيل أو التَّرْتِيلة التي تُصاحِبُها

passionate/ˈpæʃənət/*adj.*

1. (emotional انفِعاليّ ، (لُغة) عاطِفِيّة ، (عِظة) فَيّاضة بالعاطِفة

2. (easily angered) سَرِيع الحِدّة أو الغَضَب ، حادُّ الطَّبع

3. (ardent) مُتَّقِدُ العاطِفة ، مَشْبُوبُها ، مُضْطَرِمُ الوِجْدان

passive/ˈpæsɪv/*n.*

(*gram.*) passive voice صِيغة المَبْني للمَجْهُول (نَحْو)

adj.

1. (inactive) (اِتَّخَذَ مَوْقِفًا) سَلْبِيًّا ، غَيْر إيجابيّ ، لا يُساهِمُ (بِمَجْهُودٍ مَثَلاً)

2. (submissive) مُسْتَسْلِم ، غَيْرُ مُقاوِم ، وَدِيع ، مُتَقَبِّلٌ لِلمُؤَثِّرات

passport/ˈpɑspɔt/*n.* جَوازُ سَفَر ، باسبُورت ، باشبُور

pass-word/ˈpɑs-wɜd/*n.* كَلِمةُ المُرُور ، كَلِمةُ السِّرّ (بَيْنَ مُتآمِرين مَثَلاً)

past/pɑst/*n.* الماضي ، فِيما مَضَى

adj.

1. (of time gone by) ماضٍ ، سالِف ، غابِر ، سابِق ، مُنْصَرِم

he is a past master of/in diplomacy يَمْتَلِكُ ناصِية الدِّبْلُوماسِيّة ، يُتْقِنُ فُنونَ الدِّبْلُوماسِيّة خَيْرَ إتْقان

2. (*gram.*) صِيغة الماضي (نَحْو) ، الفِعْل الماضي

prep. **1.** (by) بِمُحاذاة ، مِن أمامِ ، مِن قُدّام

2. (beyond *in place*) وَراءَ ، ما وَراءَ ، خَلْفَ ، عَبْرَ

3. (beyond *in time*) بَعْدَ

half past seven (7.30) (السّاعة) السّابِعة والنِّصْف

4. (beyond the limit of) خارِجَ نِطاق

she is past caring what happens لم تَعُدْ تَكْتَرِثُ بِما يَحْدُث

he is past praying for لا أمَلَ في شِفائه

paste/peɪst/*n.*

1. (malleable mixture) مَعْجُون ، عَجِينة

2. (adhesive) نِشاء (مادّة لاصِقة) ، شَرِيس (ع) ، لِزِّيق (م)

3. (artificial diamond) مادّة زُجاجِيّة بَرّاقة تُصْنَعُ مِنْها الحُلِيّ المُزَيَّفة

v.t. & i. أَلْصَقَ ، لَصِقَ (ـَ) ، لَزِقَ (ـَ)

pastel/ˈpæstəl/*n.* قَلَم باسْتيل للرَّسْم

pasteurize/ˈpæstʃəraɪz/*v.t.* بَسْتَرَ (الحَلِيب) ، عَقَّمَهُ بِطَرِيقة باسْتور

pastiche/pæˈstiʃ/*n.* عَمَلٌ فَنِّيٌّ يُحاكي آخَرَ ، مُحاكاة ، مُعارَضة

pastille/ˈpæstɪl/*n.* قُرْص (أقراص) سُكَّري ، بَسْتِيلية

pastime/ˈpɑstaɪm/*n.* تَسْلِية ، أُلْهِية ، هِواية لِتَمْضِية الوَقْت

pastoral/ˈpɑstərəl/*adj.* راعَوِيّ ، رَعائِيّ ، (شِعْرٌ) رَعَوِيّ

pastry/ˈpeɪstrɪ/*n.*

1. (baked flour paste) مُعَجَّنات ، عَجِين

2. (pie or tart) فَطِير ، مُعَجَّنات ، حَلْواء مَرْقُوقة

pasture/ˈpɑstʃə(r)/*n.* مَرْعًى (مَراعٍ) ، مُنْتَجَع ، مَرْتَع

pat/pæt/*n.*

1. (tap) رَبْتة ، طَبْطَبة خَفِيفة

a pat on the back كَلِمة تَشْجِيع واسْتِحْسان ، مُجامَلة

2. (shaped piece) قِطْعة مُسْتَدِيرة مُسَطَّحة

pat of butter قُرْص أو قِطْعة زُبْدٍ

v.t. (tap) رَبَتَ (ـِ) ، طَبْطَبَ .

patch/pætʃ/*n.* رُقْعة ، رُوبْة

his Arabic is not a patch on his English إتْقانُه العَرَبِيّة دُونَ إتْقانِهِ الإنكليزِيّة بِمَدًى بَعِيد

he is going through a bad patch يَمُرُّ بِمَرْحَلة عَصِيبة

v.t. رَقَعَ (ـَ) ، رَقَّعَ ، رَتَقَ (ـُ)

they patched up their quarrel تَصالَحا مُؤَقَّتًا

patent/ˈpeɪtənt/*adj.*

1. (protected by patent rights) (اختراع) مُسَجَّل أو مَصُون بِبَراءة

patent leather جِلْدٌ لَمّاع (أسود عادةً) ، جِلد رُغان (ع)

Patent Office مَصْلَحة أو دائرة تَسْجِيل بَراءات الاخْتِراع

2. (obvious) ظاهِرٌ للعِيان ، صَرِيح ، مُبِين

n. بَراءة الاخْتِراع ، اِمْتِياز مُسَجَّل لِاسْتِثْمار اخْتِراع

v.t. سَجَّلَ اخْتِراعًا

paternal/pə'tɜnəl/*adj.* يَنْتَمي إلى الأب (كالعَمّ مَثَلًا)

paternity/pə'tɜnətɪ/*n.* أُبُوَّة ، صِلَة الوالِد

path/pɑθ/*n.* سَبيل (سُبُل) ، طَريق (طُرُق) ، مَمَرّ

the path of a rocket — مَسارُ الصّارُوخ في الهَواء أو الفَضاء

pathetic/pə'θetɪk/*adj.*

1. (*of the emotions*) مُتَعَلِّق بالعَواطِف والمَشاعِر

2. (pitiful) (مَنْظَرٌ) يُثير العَطْف والشَّفَقة ، مُحْزِن

pathology/pə'θolədʒɪ/*n.* باثُولُوجيا ، عِلْمُ الأمْراضِ وتَعْريفُها

pathos/'peɪθos/*n.* ما يُثيرُ الشَّفَقة والرِّثاء ، تَحَنُّن ، تَحَنُّن

patience/'peɪʃəns/*n.*

1. (endurance, toleration) صَبْر ، طُولُ أناة ، سَعَةُ صَدْر

2. (card game) لُعْبة وَرَق يَلْعَبُها شَخْصٌ واحِد

patient/'peɪʃənt/*adj.* صابِر ، صَبُور ، طَويلُ البال ، واسِعُ الصَّدْر ، حَليم

n. مَريض (مَرْضَى) ، عَليل

patriarch/'peɪtrɪɑk/*n.* بَطْرِيَرْك ، بَطْرِيك ، رَبُّ عائلةٍ أو قَبيلة ، شَيْخٌ وَقُور

patricide/'pætrɪsɑɪd/*n.* قَتْلُ الأب ؛ قاتِلُ أبيه

patrimony/'pætrɪmənɪ/ *n.* تَرِكة أو تَرِكة الأبِ لابنِه ، إرْثُه ، ميراثُه ؛ أوْقاف كَنيسة

patriot/'peɪtrɪət/*n.* وَطَنِيّ ، مُتَحَمِّسٌ للدِّفاع عن بِلاده

patriotic/'peɪtrɪ'otɪk/ *adj.* مُحِبٌّ لِوَطَنِه ، مُتَفانٍ في سَبيلِه ، وَطَنِيّ

patriotism/'peɪtrɪətɪzm/*n.* حُبُّ الوَطَن ، وَطَنِيّة

patrol/pə'trəʊl/*n.*

1. (patrolling) خُروج الجُنْد أو الشُّرطة أو الخَفَر في دَوْرِيّة

2. (man or men patrolling) خَفير (خُفَراء) ، دَوْرِية ، عاسٌّ (عَسَس)

3. (ships or planes patrolling) سُفُن أو طائرات في دَوْرِيّة حِراسة

v.t. &*i.* عَسَّ (ـُ) ، خَفَرَ (ـُ)

patron/'peɪtrən/*n.*

1. (protector) ثَرِيٌّ يَمُدُّ الأُدَباءَ والفَنّانين بمَعُوناتٍ مادِّيّة ، حاميهم

2. (regular customer) زَبُون أو عَميل دائم

patronage/'pætrənɪdʒ/ *n.* (اِحْتِفال) بِرِعاية (رَئيس الوُزَراء مَثَلًا) ، تَشْجيع مادِّيّ (للفَنّان)

patronize/'pætrənɑɪz/*v.t.*

1. (protect) أعانَ (الفَنّانين) بمُساعدةٍ مادِّيّة ، ناصَرَهُم ، أضْفَى عَلَيْهِم حِمايَته

2. (treat condescendingly) عامَلَه بِلُطْفٍ لا يَخْلُو من اسْتِعْلاء ، شَمَخَت بأنْفِها (على أتْرابِها)

3. (buy regularly from) (زَبُون) يَتَرَدَّدُ على مَحَلٍّ تِجارِيّ باسْتِمْرار

patter/'pætə(r)/*n.*

1. (tapping noise) طَقْطَقة (المَطَر على السَّقْف مَثَلًا) ، وَقْعُ (خُطُوات الأطْفال مَثَلًا)

2. (rapid talk) عِباراتٌ خاصّة يُرَدِّدُها (الحاوي مَثَلًا) ؛ لُغَةٌ خاصّة يَتَفاهَم بها (اللُّصُوص مَثَلًا)

v.i.

1. (tap) قَرَعَت (قَطَراتُ المَطَرِ الزُّجاجَ) قَرْعًا خَفيفًا

2. (speak rapidly) رَدَّدَ (المُشَعْوِذُ أو المُمَثِّلُ الهَزْلِيّ) كَلِماتِه بِسُرْعةٍ فائقة

pattern/'pætən/*n.*

1. (model) نَمَطٌ أساسِيٌّ يُحاكَى عِنْدَ صُنْعِ سِواه ، نَمُوذَج ، قالِب (قَوالِب)

2. (standard form) طِراز (طُرُز) ، أُسْلُوب (أساليب)

3. (ideal example) قُدْوة (تُحْتَذَى) ، مِثالٌ (مُثُلٌ) ، أُسْوة (أُسًى)

4. (design) تَصْميم مَرْسُوم

pauper/'pɔpə(r)/*n.* فَقير (يَتَلَقَّى إعانة خَيْرِيّة) ، مُحْتاج

pause/pɔz/*n.*

1. (interval) فَتْرة ، بُرْهة ، وَقْفة

2. (*mus.*) عَلامةُ إطالةِ النَّغْمة أو الوَقْفة

v.i. تَوَقَّفَ ، تَرَيَّثَ ، تَأَنَّى

pave/peɪv/*v.t.* بَلَّطَ ، رَصَفَ (ـُ) ، عَبَّدَ (الطَّريق)

pavement/'peɪvmənt/*n.* رَصيف (أرْصِفة) ، إفْريز (الشّارِع) ، طُوار (م)

pavillion/pə'vɪlɪən/*n.*

1. (building) بِناءٌ أو جَناحٌ في ساحة مَعْرِض ؛ مَبْنًى خاصٌّ باللاعِبين في أرْضِ المَلْعَب

2. (tent) خَيْمة كَبيرة ، سُرادِق (سُرادِقاتٌ) ، صِيوان

paw/pɔ/*n.* (*of animal*) كَفُّ حَيَوانٍ (بلا حافِر)

v.t. 1. (*of animals*) خَدَشَ (ـِ) (الحِصانُ) الأرْضَ بِحافِرِه

2. (*coll.* handle) عابَثَها بِيَدِه

dirty hands have pawed the curtains — لَوَّثَت الأيْدي القَذِرَةُ السَّتائِرَ

pawn/pɔn/*n.*

1. (chess-piece) بَيْدَق (شِطْرَنْج) ؛ أُلْعُوبة بِيَدِ الآخَرين

2. (pledge) رَهْنٌ أو وَديعة (لِقاءَ قَرْضة)

v.t. رَهَنَ (ـَ) (ساعَتَه مَثَلًا عِنْدَ مَحَلِّ الرُّهُونات)

pawnbroker/'pɔnbrəʊkə(r)/*n.* صاحِبُ مَحَلِّ الرُّهُونات ، مُرْتَهِن

pawnshop/'pɔnʃop/*n.* مَحَلُّ الرُّهُونات

pawn-ticket/'pɔn-tɪkɪt/*n.* الوَصْلُ الرَّسْمِيّ لِاسْتِعادةِ الرُّهُون

pay/peɪ/(*p.t.* & *p.p.*

paid/peɪd/) *v.t. & i.*
1. (give as due) دفع (ـَ) (مَبْلَغًا)
pay (tax) as you earn اِسْتِقْطاعُ الضَّرائبِ أوّلًا بأوّل ،
abbr. **PAYE** اِسْتِقْطاعُ الضَّريبة عِنْدَ دَفْعِ الرّاتِب
2. (make) أدّى
I shall pay you a visit soon سأَزُورُكَ قَرِيبًا
3. (give) قَدَّمَ
pay attention, please اِنْتَبِهْ رَجاءً
4. (be profitable) أَصْبَحَ مُرْبِحًا
the oil-wells pay handsomely تَعُودُ آبارُ النَّفْطِ بأَرْباحٍ طائِلة
5. (*with advs.*)
pay back the loan أعادَ الدَّيْنَ أو القَرْض
pay in أَوْدَعَ مَبْلَغًا لِرَصِيدِه
pay off a debt قَضَى (يَقْضِي) دَيْنًا
pay off the workers دَفَعَ للعُمّالِ اسْتِحْقاقَهُمْ وَسَرَّحَهُمْ
pay out the rope أَرْخَى الحَبْلَ
pay up or I shall sue you اِدْفَعْ وإلّا قاضَيْتُك
n. راتِب (رَواتِبُ) ، جُعْلٌ (أَجْعال) ، جِعالة (جَعائل) ، مُرَتَّب (عَسْكَرِيّ غالِبًا)
payable/ˈpeɪəbəl/*adj.* (مَبْلغ) واجِب أو مُسْتَحِقّ الأداء ، يُسَدَّد عِنْدَ الطَّلَب
payee/ˈpeɪˈi/*n.* المُسْتَفِيد بِحُوالة أو صَكّ (شِيك) على مَصْرِف ، المَدْفُوع له
paymaster/ˈpeɪmɑstə(r)/*n.* أَمِينُ الدَّفْع ، مَأْمُور صَرْف ، صَرّافُ الرَّواتِب العامّة
payment/ˈpeɪmənt/*n.* دَفْعُ (مَبلَغ) ، تَسْدِيدُ (دَيْن) ، أداء ، إيفاء ، دَفْعة على الحِساب
pea/pi/*n.* بِسِلَّى ، بِسِلّة ، بازِلّاء ، بازِلْيا ، بَزِلْياء
peace/pis/*n.*
1. (freedom from war) سَلام ، سِلْم ، صُلْح
2. (civil order) (المُحافَظة على) الأَمْن ، (مُراعاة) النِّظام العامّ
3. (tranquillity) هُدُوء ، سُكُون ، دَعَة ، راحةُ (البال)
he held his peace أَمْسَكَ عَن الكَلام ، اِلْتَزَمَ الصَّمْت
may he rest in peace! رَحِمَه الله ، رَحْمةُ اللهِ عَلَيْه ، أَسْكَنَهُ اللهُ فَسِيحَ جِنانِه
peaceable/ˈpisəbəl/*adj.* مُسالِم ، لا يُحِبُّ النِّزاع ، سِلْمِيّ
peaceful/ˈpisfəl/*adj.* (شَعْب) مُسالِم ، (أُمْسِيّة) هادِئة
peacemaker/ˈpismeɪkə(r)/*n.* مُصْلِحُ ذاتِ البَيْن
peach/pitʃ/*n.* دُرّاقِنة (س) ، خَوْخة (م ، ع)
peacock/ˈpikok/*n.* طاوُوس ؛ مُتَطَوِّس ، مَغْرُور
peahen/ˈpihen/*n.* طاوُوسة
peak/pik/*n.*
1. (mountain-top) قِمّة (الجَبَل) ، رَعْنٌ (رِعان) ، أَوْج ، ذِرْوة (ذُرًى)
2. (*of a cap*) رَفْرَفٌ ناتِئ في مُقَدِّمة القُبَّعة
peak-hour traffic المُرور في ذِرْوة الازْدِحام
peak load (*elec.*) أَقْصَى حُمُولة (علَى مُولِّدٍ كَهْرَبائِيّ)
peal/pil/*n.* قَرْعُ الأَجْراسِ بِصَوْتٍ مُدَوٍّ ؛ قَصْفُ الرَّعْد ، قَهْقَهة الضَّحِك
v.t. قَرَعَ (ـَ) (الجَرَسَ)
v.i. رَنَّ (ـِ) (الجَرَسُ) ، قَصَفَ (ـِ) (الرَّعْدُ) ، جَلْجَلَ (النّاقُوسُ)
peanut/ˈpinʌt/*n.* فُول سُوداني (م) ، فُسْتُق عَبِيد (س ، ع)
pear/peə(r)/*n.* كُمَّثْرَى ، آجاص (س) ، عنجاص (ع)
pearl/pɜl/*n.* لُؤْلُؤ (لآلِئ) ، دُرّة (دُرَر ، دَرارِيّ)
peasant/ˈpezənt/*n.* فَلّاح (يَمْلِكُ قِطْعةَ أَرْضٍ صَغِيرة)
peasantry/ˈpezəntrɪ/*n.* طَبَقةُ الفَلّاحِين
peat/pit/*n.* خُثّ ، فَحْمٌ عُضْوِيّ يُسْتَخْرَجُ من المُسْتَنْقَعات
pebble/ˈpebəl/*n.* حَصاة ، حَصْوة (حَصًى) ، حَصْباء
peck/pek/*v.t. &i.* نَقَرَ (ـُ) ؛ اِلْتَقَطَ (الحَبَّ) بالمِنْقار
peculiar/pɪˈkjulɪə(r)/*adj.*
1. (exclusive **to**) خاصّ (بِهِ) ، وَقْفٌ (عَلَيْه)
2. (strange) شاذّ ، غَرِيب ، غَيْرُ مَأْلُوف
peculiarity/pɪˈkjulɪˈærətɪ/*n.*
1. (characteristic) خاصِّيّة (خاصِّيّات ، خَصائص) ، مِيزة
2. (oddity) شُذُوذ (سُلُوك) ، غَرابة مَلْبَس
pedal/ˈpedəl/*n.* دَوّاسة (الدَّرّاجة أو الأُرْغُن) ، دَوّاسة تُضْغَطُ بالقَدَم لإدارة آلة
v.t. & i. حَرَّكَ دَوّاسة الدَّرّاجة
pedant/ˈpedənt/*n.* مُتَحَذْلِق ، مُتَزَمِّت ، مُتَمَسِّك بِحَرْفِيّة القانُون مُتَجاهِلًا رُوحَه
pedantic/pɪˈdæntɪk/*adj.* تَحَذْلُقِيّ ، تَزَمُّتِيّ ، مُتَنَطِّع
peddle/ˈpedəl/*v.t. & i.* تَجَوَّلَ للبَيْعِ مِن مَنْزِلٍ إلى مَنْزِل
pedestal/ˈpedɪstəl/*n.* قاعِدة عَمُود أو نُصُبٍ أو تِمْثال ، رَكِيزة (رَكائِز) ، سَنَد
pedestrian/pɪˈdestrɪən/ نِسْبة إلى السَّيْر علَى القَدَمَيْن ؛ مُبْتَذَل لا يَمتازُ بِمِيزةٍ فَنِّيّة ؛
n. ماشٍ (مُشاة) ، مُتَرَجِّل
pedigree/ˈpedɪgri/*n.* نَسَبٌ ، سُلالة ، أَصْل
pedigree dog كَلْبٌ أَصِيل
pedometer/pɪˈdomɪtə(r)/*n.* آلة تُرْبَطُ بالقَدَمِ لِقِياسِ المَسافات
pee/pi/*v.i. & n.* (*coll.*) بالَ (يَبُول) ، شَخَّ (ـُ) ؛ بَوْل
peel/pil/*n.* قِشْرٌ ، غِلافٌ خارِجِيٌّ للفاكِهة مَثَلًا
v.t. قَشَّرَ (فاكِهة)
v.i. تَقَشَّرَ (جِلْدُه) ، اِنْسَلَخَ
peep/pip/*v.i.* اِسْتَرَقَ أو اِخْتَلَسَ النَّظَرَ إلى
n. نَظْرة سَرِيعة خَفِيّة ؛ وَصْوَصة الفَرْخ
peer/ˈpɪə(r)/*n.*

1. (equal) مَثيل ، نَظير ، شَبيه ، نِدّ

2. (noble) نَبيل أو شَريف إنْكليزي

v.i. حَدَّقَ في شَيْء (لِضَعْفِ بَصَرِه) ، صَغَّرَ عَيْنَيْه مُتَفَرِّسًا

peerage/ˈpɪərɪdʒ/*n.* سِجِلُّ النُّبَلاء والأشْراف

peerless/ˈpɪəles/*adj.* مُنْقَطِعُ النَّظير ، نَسيجُ وَحْدِه ، لا يُضاهى ، فَريد من نوعه

peevish/ˈpivɪʃ/*adj.* شَرِسٌ ، دائمُ الشَّكْوى ، بَرِمٌ

peg/peg/*n.* وَتَدٌ (أوْتاد) ، مِشْبَكُ الغَسيل ، كُلّاب ، مِسْمارٌ خَشَبيّ أو مَعْدِنيّ

he bought his suit off the peg اِشْتَرى بَدْلَتَه جاهِزة

v.t. & i. ثَبَّتَ (أوْتادَ الخَيْمة)

to help the poor, the government pegged prices ثَبَّتَت الحُكومةُ الأسْعارَ لِمُساعَدةِ الفُقَراء

he pegged out (*sl.*) قَضَى نَحْبه ، قَرَضَ الحَبْل (ع)

pellet/pelɪt/*n.*

1. (small ball of paper) قِطْعةُ وَرَقٍ أو خُبْزٍ مُبَلَّل تُكَوَّرُ بَيْنَ الأصابِع

2. (pill) حَبّة دَواء كُرَوِيّة

3. (small shot) خُرْدُقة (للصَّيْد) ، كُرة رَصاص صَغيرة

pelt/pelt/*n.* فَرْوة (فِراء)

v.t. قَذَفَ شَخْصًا بالحَصَى ، حَصَبَهُ

v.i. أسْرَعَ ، تَعَجَّلَ ، هَرْوَلَ ؛ هَطَلَ (ـِ) (المَطَرُ)

pelvis/ˈpelvɪs/*n.* الحَوْض (طِبّ) ، التَّجْويفُ الحَوْضيّ

pen/pen/*n.*

1. (enclosure) حَظيرة (حَظائرُ) ، زَريبة (زَرائبُ)

2. (writing instrument) قَلَمُ حِبْر ، ريشة ، يَراع

v.t. حَبَسَ (ـِ) الماشِية (في حَظيرة) ، زَرَّبَها ؛ حَرَّرَ أو دَبَّجَ (خِطابًا) ، سَطَّرَ (رِسالة)

penal/ˈpinəl/*adj.* (إجْراء) جَزائيّ ، يَنْطَوي على قِصاصٍ أو عِقاب

penalize/ˈpinəlaɪz/*v.t.* غَرَّمَ ، عاقَبَ ، قَرَّرَ أنَّ (التَّدْخينَ مَثَلًا) مُخالَفةٌ يُعاقَبُ عَلَيْها ، ظَلَمَ فَرْدًا بالتَّحَيُّزِ ضِدَّه

penalty/ˈpenəltɪ/*n.*

1. (punishment) عُقوبة ، قِصاص ، غَرامة (طِبْقَ القانون)

2. (*in sport*) ضَرْبة جَزاء (عُقوبة رِياضيّة)

penalty goal هَدَفٌ يُحْرَزُ نَتيجةَ ضَرْبةِ جَزاء (في كُرة القَدَمِ مَثَلًا)

penance/ˈpenəns/*n.* كَفّارة ، عُقوبة دينيّة للتَّكْفيرِ عَن ذَنْبٍ اقْتَرَفَهُ الفَرْد (عِنْدَ المَسيحِيّين)

pence/pens/*n. pl. of* **penny**

pencil/ˈpensɪl/*n.* قَلَمُ رَصاص ، كُلُّ شَيْءٍ اسْطُوانيّ شَبيه بالقَلَم

pencil-sharpener مِبْراة ، مُقطاطة (ع) ، بَرّاية (الأقلام)

pendant/ˈpendənt/*n.* مُعَلَّق ، مُتَدَلٍّ مِن

pendulum/ˈpendjʊləm/*n.* بَنْدول ، رَقّاصُ ساعةِ الحائِط ، خَطّار ، نَوّاس (س)

penetrate/ˈpenɪtreɪt/*v.t.* اِخْتَرَقَ ، نَفَذَ (ـُ) إلى

i. (عَقْل) يَحُلُّ (المُعْضِلات)

a penetrating voice صَوْتٌ جَهْوَرِيّ ذو نَبَراتٍ تُسْمَعُ مِن بَعيد

penetration/ˌpenɪˈtreɪʃən/*n.* اِخْتِراق ، تَغَلْغُل ، نُفوذ ؛ حِدّة الذِّهْن

penguin/ˈpeŋgwɪn/*n.* طائر البِطْريق (بَطارِقُ ، بَطاريقُ ، بَطارِقة)

penicillin/ˌpenɪˈsɪlɪn/*n.* بَنْسلين (من المُضادّات الحَيَويّة)

peninsula/pəˈnɪnsjʊlə/*n.* شِبْه جَزيرة

penis/ˈpinɪs/*n.* قَضيب (قُضبان) ذَكَر (ذُكور) (العُضْو التَّناسُليّ)

penitence/ˈpenɪtəns/*n.* نَدامة ، تَوْبة ، كَفّارة

penitent/ˈpenɪtənt/*adj.* نادِم ، تائِب ؛ مَنْذور للتَّوْبة ،

n. مُعْتَرِفٌ بِذَنْبِه

penitentiary/ˌpenɪˈtenʃərɪ/*n.* سِجْنٌ للمُجْرِمين الخَطِرين مُنَظَّم على أساس إصْلاحيّ

penknife/ˈpen-naɪf/*n.* مِطْواة (مَطاوٍ) ، سِكّين جَيْب

penniless/ˈpenɪləs/*adj.* لا يَمْلِكُ شَرْوَى نَقير ، صِفْرُ اليَدَيْن ، طَفْران ، مُفْلِس

penny/ˈpenɪ/(*pl.* **pennies**, **pence**) *n.* بَنْس (بَنْسات) ، البَنْسُ الجَديد ١/١٠٠ مِن الجُنَيْه الاسْتَرْلِيني

pension/ˈpenʃən/*n.* مَعاش ، راتِب تَقاعُديّ

old-age pension مَعاشُ الشَّيْخوخة (تَدْفَعُه الحُكومة)

v.t. أحالَ على التَّقاعُد

pension off أحالَ مُسْتَخْدَمًا على التَقاعُد (قَبْلَ أوانِه)

pensionable/ˈpenʃənəbəl/*adj.* (وَظيفة) ذاتُ حُقوقٍ تَقاعُدِيّة

pensioner/ˈpenʃənər/*n.* مُحالٌ علَى المَعاش ، مُتَقاعِد

pentagon/ˈpentəgən/*n.* مُضَلَّع خُماسيّ ، مُخَمَّس (رِياضِيّات)

the Pentagon is the HQ of US armed forces (البِنْتاغون) مَقَرّ وزارة الدِّفاع الأمْريكيّة

penthouse/ˈpenthaʊs/*n.* شُقّة صَغيرة مَبْنيّة على سَطْحِ عِمارة سَكَنيّة (أمْريكيّة)

penultimate/penˈʌltɪmət/*adj.* قَبْلَ الأخير

penurious/pɪˈnjʊərɪəs/*adj.* مُعْدِم ، مُعْوِز ؛ شَحيح ، خَسيس

penury/ˈpenjʊərɪ/*n.* فَقْرٌ ، عَوَزٌ ، حاجة ، إمْلاق

people/ˈpipəl/*n.*

1. (persons) ناس ، قَوْم ، بَنُو آدَم

2. (the common people) عامّة النّاس ، العامّة ، سَوادُ الشَّعْب ، دَهْماء

3. (nation) قَوْم ، أُمّة ، شَعْب

4. (near relatives) (يُقيمُ مَعي) أبَوايَ او والِداي

v.t. عَمَّرَ أو أَعْمَرَ (منطقة) ، جَعَلَ (المدينة) آهِلَةً

pepper/ˈpepə(r)/*n.* فُلْفُل ، فِلْفِل ، فُلْفُل
(مَسْحوق) الفِلْفِل (الأبيض أو الأسْوَد)

v.t. تَبَّلَ بِمَسْحوق الفِلْفِل ؛
أَمْطَرَهُ بِوابِلٍ (من الأسْئِلة)

peppermint/ˈpepə(r)mɪnt/*n.* نَعْناع زِراعِيّ ؛
قُرْص (أقْراص) النَّعْناع

per/pɜ(r)/*prep.* لِكُلِّ (واحِد)
per annum في السَّنَة ، سَنَوِيًّا
per cent في المائة ، بالمائة ، بالمِئة
miles per gallon (*abbr.* **m.p.g.**) أمْيالٌ بالغالُون الواحِد

perambulator/pəˈræmbjʊleɪtə(r)/*n.* عَرَبة صَغيرة للطِّفْل الوَليد
usu. abbreviated to **pram**

perceive/pəˈsiv/*v.t.*
1. (see) أَبْصَرَ ، شاهَدَ ، لاحَظَ
2. (understand) أَدْرَكَ ، فَهِمَ (ـَ) ، فَطِنَ (ـَ) ، فَطُنَ (ـُ) ، وَعَى (يَعِي)

percentage/pəˈsentɪdʒ/*n.* النِّسْبة المِئَوِيّة (للرِّبْح مَثَلاً)

perceptible/pəˈseptəbəl/*adj.* مَرْئِيّ ، ظاهِر ، مُدْرَكٌ بالحِسّ ، مَحْسُوس

perception/pəˈsepʃən/*n.*
1. (awareness through senses) بَصَرٌ ، نَظَرٌ
2. (insight) إدْراك ، فَهْمٌ ، فِطْنة ، نَباهة

perceptive/pəˈseptɪv/*adj.* إدْراكِيّ ؛ سَريعُ الفَهْم ، فَطِنٌ ، مُتَنَبِّه

perch[1]/pɜtʃ/*n. & v.i.* مَجْثَم (الطَّيْر) ؛ جَثَمَ (ـُ) ، حَطَّ (ـُ)

perch[2]/pɜtʃ/*n.* سَمَكُ الفَرْخ النَّهْرِيّ

percolate/ˈpɜkəleɪt/*v.i. & t.* تَرَشَّحَ ، تَقَطَّرَ ؛ أَعَدَّ (القَهْوة) بالتَّرْشيح أي بِدَوَرانِ الماءِ الحارِّ في جِهازٍ خاصّ

percolator/ˈpɜkəleɪtə(r)/*n.* جِهازُ تَرْشيحِ القَهْوة

percussion/pəˈkʌʃən/*n.*
1. (striking) طَرْقٌ ، قَرْعٌ ، صَدْمٌ ، نَقْرٌ
2. (*mus.*) صَوْتُ آلاتِ النَّقْر (موسيقى)

perdition/pəˈdɪʃən/*n.* جَحيم ، هَلاكُ النَّفْس

peremptory/pəˈremptərɪ/*adj.* (أَمْرٌ) حاسِم ، جازِم ، قَطْعِيّ

perennial/pəˈrenɪel/*adj* (نَبات) مُعَمِّر

perfect/ˈpɜfɪkt/*adj.*
1. (complete) كامِل ، تامّ
he is a perfect stranger لَمْ أَرَهُ مِنْ قَبْلُ في حَياتي
there is no such thing as a perfect murder يُكْتَشَفُ مُرْتَكِبُ الجَريمة مَهْما بَلَغَ حَذَرُه
the actor was word perfect in his part أدّى المُمَثِّلُ دَوْرَهُ دُونَ أَيِّ خَطأ
2. (*gram.*) صِيغةُ الفِعل تامّ (في الماضي)

v.t./pəˈfekt/ حَسَّنَ ، أَتْقَنَ
he wants to perfect his English يَرُومُ إتْقانَ الإنكليزيّة إتْقانًا تامًّا

perfection/pəˈfekʃən/*n.*
1. (faultlessness) عِصْمة ، كَمال
2. (highest point) ذُرْوة ، أقْصَى ما يُمْكِن
the perfection of beauty غاية الجَمال ، مُنْتَهَى الجَمال

perfectionist/pəˈfekʃənɪst/*n.* مُعْتَقِدٌ بإمْكانِ الحَياةِ بِدُونِ إثْم ؛ يَبْغي الكَمالَ في كُلِّ شَيْء ، حَنْبَلِيٌّ في تَصَرُّفاتِه

perfectly/ˈpɜfɪktlɪ/*adv.*
1. (faultlessly) بِلا نَقْص ، بِكَمال ، بِدُونِ أَيِّ عَيْب
2. (exactly) بالضَّبْط ، بالتَّمام
3. (completely) كامِلًا ، تامًّا
perfectly satisfied راضٍ كُلَّ الرِّضَى

perfidious/pəˈfɪdɪəs/*adj.* غَدّار ، خَوّون ، غادِر (غادِرُون ، غَدَرة) ، خائِن

perfidy/ˈpɜfɪdɪ/*n.* غَدْرٌ ، خِيانة ، نَكْثُ العَهْد

perforate/ˈpɜfəreɪt/*v.t. & i.* ثَقَبَ ، خَرَقَ
perforated postage stamps طَوابِعُ بَريدِيّة مُخَرَّمة

perform/pəˈfɔm/*v.t. & i.*
1. (do) قامَ بِ ، أَنْجَزَ ، نَفَّذَ ، أَدّى
2. (play music, drama, tricks) قَدَّمَ (حَفْلةً مُوسيقيّة) ، مَثَّلَ دَوْرًا

performance/pəˈfɔməns/*n.*
1. (doing) أداء ، إجْراء ، تَنْفيذ
what a performance to get a passport! يا لَلتَّعْقيد في الحُصُولِ عَلَى جَوازِ سَفَر
2. (playing) عَزْفٌ ، ضَرْبٌ عَلَى آلةٍ مُوسيقيّة

performer/pəˈfɔmə(r)/*n.* فَنّان في المُوسيقى أو التَّمْثيل

perfume/ˈpɜfjum/*n.* عِطْرٌ (عُطُور) ، نَشْرٌ ، عَبَقٌ ، طِيب
v.t./pəˈfjum/ عَطَّرَ ، طَيَّبَ

perfunctory/pəˈfʌŋktərɪ/*adj.* (تَفْتيش) بِطَريقة ميكانيكيّة سَطْحيّة

perhaps/pəˈhæps/*adv.* رُبَّما ، عَسَى ، لَعَلَّ ، مِنَ المُحْتَمَل

peril/ˈperɪl/*n.* خَطَر (أخْطار) ، مَهْلَكة

perilous/ˈperɪləs/*adj.* خَطِر

perimeter/pəˈrɪmɪtə(r)/*n.* نِطاقٌ حَوْلَ ، خَطٌّ مُحيطٌ بِمِساحة

period/ˈpɪərɪəd/*n.*
1. (portion of time) مُدّة ، فَتْرة ؛ دَوْر (الحَضانة — طِبّ) ؛ دَرْس أو حِصّة مَدْرَسيّة

2. (portion of history) عَهْدٌ (عُهُود) ، عَصْرٌ (تاريخيّ)
3. (full stop) نُقْطة نِهائيّة (في خِتام الجُمْلة)
4. (*med.*) طَمْثٌ ، حَيْضٌ ، عادة شَهْرِيّة
periodic(al)/ ˈpɪərɪˈodɪk(əl)/*adj.* (زِيارات) دَوْرِيّة مُنْتَظِمة
periodic table الجَدْوَلُ الدَّوْرِيّ (كيمياء)
periodical/ˈpɪərɪˈodɪkəl/*n.* مَجَلّة دَوْرِيّة (كُلَّ ثَلاثة أَشْهُرٍ عادةً)
peripheral/pəˈrɪfərəl/ *adj.* مَنْسُوبٌ إلى الحُدُودِ الخارِجيّة ، هامِشيّ ، تافِهٌ
periscope/ˈperɪskəʊp/ *n.* مِنْظارُ الأُفُق ، بَرِيسْكُوب ، مِنْفاق
perish/ˈperɪʃ/*v.i.*
1. (die) فَنِيَ (يَفْنَى) ، هَلَكَ (ـِ) ، ماتَ (يَمُوتُ)
2. (decay) عَطِبَ (ـَ) ، تَلِفَ (ـَ)
the rubber had perished قد عَطِبَت المَطّاطة ، فَقَدَ المَطّاط مُرُونَتَهُ
v.t.
the oil perished the rubber أَتْلَفَ الزَّيْتُ المَطّاطة
he was perished with cold كادَ يَمُوتُ مِن البَرْد
perishable/ˈperɪʃəbəl/*adj.* قابِلٌ للتَّلَفِ أو الفَساد
n. pl. بَضائعُ سَرِيعة التَّلَف
perjure/ˈpɜdʒə(r)/ (**oneself**) *v. refl.* حَلَفَ يَمِينًا زُورًا أو كاذِبة
perjurer/ˈpɜdʒərər/*n.* حانِثٌ في اليَمِين
perjury/ˈpɜdʒərɪ/*n.* شَهادة زُور
perk/pɜk/*n. usu. pl.* (*sl.*) مُخَصَّصات فَوْقَ الرّاتِب والأَتْعاب ، فَوائد يَتَمَتَّعُ بِها مُوَظَّفٌ بِحُكْمِ مَنصِبِه
v.t. & i. with **up** رَفَعَ رَأْسَهُ مُنْتَبِهًا ، اِنْتَعَشَ ، اِزْدادَ نَشاطًا
perm/pɜm/*coll. abbr. of* **permanent wave**
permanence/ˈpɜmənəns/*n.* دَوْمٌ ، دَوامٌ ، ثُبُوت
permanent/ˈpɜmənənt/*adj.* دائم ، باقٍ ، ثابِت ، مُسْتَمِرّ
permanent wave تَجْعِيدٌ دائمٌ للشَّعْر ، كَوي على البُخار (س) ، بِرْمانَنْت (م)
permanent way خَطُّ السِّكّة الحَدِيد
permeable/ˈpɜmɪəbəl/*adj.* يَنْفَذُ مِنْه ، نَفّاذ ، "نَفُوذ"
water had seeped through the permeable rocks تَسَرَّبَت المِياهُ خِلالَ الصُّخُور المَسامِّيّة
permeate/ˈpɜmɪeɪt/*v.t. & i.* نَفَذَ في ، تَخَلَّلَ ، اِخْتَرَقَ
permissible/pəˈmɪsəbəl/*adj.* مَسْمُوحٌ به ، جائز
permission/pəˈmɪʃən/*n.* إِذْنٌ ، تَرْخِيص ، إجازة
permissive/pəˈmɪsɪv/*adj.* مُبِيح ، مُجِيز ، (قانون) مُخَوِّل
the permissive society المُجْتَمَعُ المُتَساهِل (أَخْلاقِيًّا)

permit/pəˈmɪt/*v.t. & i.* سَمَحَ (ـَ) بِ ، أَجازَ لِ ، مَكَّنَ مِن ، أَذِنَ لِفُلانٍ في ، حَلَّلَ
please permit me to leave اِسْمَحْ لي بالانْصِراف؛ أَسْتَأْذِن!
n. /ˈpɜmɪt/ رُخْصة (سِياقة مَثَلًا) ، إجازة ، إِذْنٌ ، تَصْرِيحٌ (بالمُرُور)
pernicious/pəˈnɪʃəs/*adj.* مُؤْذٍ ، ضارٌّ ، مُضِرٌّ ، هَدّامٌ ، وَبِيلٌ
pernicious anaemia فَقْرُ الدَّم الخَبِيث
perpendicular/ ˈpɜpənˈdɪkjʊlə(r)/*adj. & n.*
1. (at right angles **to**) (خَطّ) عَمُودِيّ (على خَطٍّ آخَر)
2. (vertical) رَأْسِيّ ، عَمُودِيّ ، مُنْتَصِب
perpetrate/ˈpɜpɪtreɪt/*v.t.* اِرْتَكَبَ (جَرِيمة) ، اِقْتَرَفَ (ذَنْبًا)
perpetrator/ˈpɜpətreɪtə(r)/*n.* مُرْتَكِب (الجَرِيمة)
perpetual/pəˈpetʃʊəl/*adj.* أَبَدِيّ ، سَرْمَدِيّ ، خالِد ، مُسْتَمِرّ ، دائم
perpetuate/pəˈpetʃʊeɪt/*v.t.* خَلَّدَ (ذِكْرَ أَدِيبٍ مَثَلًا) ، حَفِظَ (ـَ) النَّوْع
perpetuity/ˈpɜpɪˈtjuɪtɪ/*n.* خُلُود ، دَوام ، اِسْتِمْرار ، أَزَلٌ ، أَبَدِيّة
in perpetuity للأَبَد ، مُؤَبَّد ، على الدَّوام ، دَوامًا
perplex/pəˈpleks/*v.t.* حَيَّرَ ، أَرْبَكَ ، شَوَّشَ ذِهْنَه
perplexity/pəˈpleksɪtɪ/*n.* حَيْرة ، اِرْتِباك ، تَحَيُّر
persecute/ˈpɜsɪkjut/*v.t.* اِضْطَهَدَ ، عَذَّبَ ، ضايَقَ
persecution/ˈpɜsɪˈkjuʃən/*n.* اِضْطِهاد ، تَعْذِيب
persecutor/ˈpɜsɪkjutə(r)/*n.* مُضْطَهِدٌ ، مُعَذِّبٌ
perseverance/ˈpɜsɪˈvɪərəns/*n.* مُثابَرة ، مُواظَبة على ، مُواصَلةُ السَّعْي
persevere/ˈpɜsɪˈvɪə(r)/*v.t.* واظَبَ على ، ثابَرَ في دِراسَتِه ، دَأَبَ (ـَ) في سَعْيِه
persist/pəˈsɪst/*v.i.*
1. (continue) اِسْتَمَرَّ ، ظَلَّ (ـَ) ، دامَ (يَدُوم) ، لم يَنْقَطِعْ
2. (persevere **with**) صَمَّمَ على مُواصَلة السَّعْي ، أَصَرَّ على
3. (carry on stubbornly) تَشَبَّثَ بِرَأْيِه ، صَمَدَ (ـُ) في مَوْقِفِه
persistence/pəˈsɪstəns/*n.* إِصْرار على ، ثَباتٌ على قَناعة ، اِسْتِمْرار ، دَوام
persistent/pəˈsɪstənt/*adj.* مُسْتَمِرّ ، دائم ، ثابِت ، مُتَواصِل
person/ˈpɜsən/*n.* شَخْص (أَشْخاص) ، فَرْدٌ (أَفْراد)
he came in person حَضَرَ بِذاتِه ، مَثَلَ شَخْصِيًّا
the first person (*gram.*) ضَمِيرُ المُتَكَلِّم المُفْرَد أو الجَمْع
murder by person or persons unknown جَرِيمةُ قَتْلٍ لَم يُعْرَفْ مُرْتَكِبُها

personal/ˈpɜsənəl/*adj.* شَخْصِيّ ، ذاتِيّ ، خاصّ ، خُصوصِيّ

personality/ˌpɜsəˈnælɪtɪ/*n.*
 1. (being) شَخْصِيّة ، هُوِيّة
 2. (character) شَخْصِيّة (قَوِيّة أو ضَعيفة)
 3. (outstanding person) شَخْصِيّة بارِزة

personally/ˈpɜsənəlɪ/*adv.* مِن الناحِية الشَّخْصِيّة ، شَخْصِيًّا ، بالذّات

personify/pəˈsonɪfaɪ/*v.t.* شَخَّصَ ، تَجَسَّمَ
 he is goodness personified هُوَ الخَيْر مُجَسَّدًا

personnel/ˌpɜsəˈnel/*n.* مَجْموعة المُوَظَّفين في مُؤَسَّسة ، (دائرة) الذاتِيّة

perspective/pəˈspektɪv/*n.* الرَّسْمُ المَنْظُور
 she sees things in their right perspective تَرَى الأُمُورَ على حَقيقَتِها

perspex/ˈpɜspeks/*n.* بلاسْتيك شَفّاف يُسْتَعْمَلُ بَدَلًا مِن الزُّجاج ، بَرْسْبِيكْس

perspicacious/ˌpɜspɪˈkeɪʃəs/*adj.* ثاقِبُ النَّظَر ، حادُّ الذِّهْن ، نافِذُ البَصيرة ، ذَكِيّ

perspicacity/ˌpɜspɪˈkæsətɪ/*n.* فِراسة ، نَفاذُ البَصيرة ، سُرْعة الفَهم ، حِدّة ذِهْن ، فِطْنة

perspiration/ˌpɜspəˈreɪʃən/*n.* عَرَقٌ ، رَشْحٌ مِن مَسامّ الجِلْد

perspire/pəˈspaɪə(r)/*v.i.* عَرِقَ (ـَ) ، رَشَحَ (ـَ)

persuade/pəˈsweɪd/*v.t.* أَقْنَعَ ، حَمَلَ على الاعتِقاد ، جَعَله يُوافِق

persuasion/pəˈsweɪʒən/*n.* إقْناع ، اقْتِناع
 men of various religious persuasions أَشْخاص ذَوُو مُعْتَقَدات دِينِيّة مُتَبايِنة

persuasive/pəˈsweɪsɪv/*adj.* مُقْنِعٌ

pert/pɜt/*adj.* (فَتاة) سَليطةُ اللِّسان ، (إجابة) وَقِحة

pertinent/ˈpɜtɪnənt/*adj.* (إجابة) في مَحَلِّها ، في الصَّميم ، مُتَعَلِّقٌ بالمَوْضوع ، سَديد

perturb/pəˈtɜb/*v.t.* أَقْلَقَ ، أَزْعَجَ

pervade/pəˈveɪd/*v.t.* اِنْتَشَرَ ، تَغَلْغَلَ ، تَسَرَّبَ في كُلّ أَنْحاء (المَدينة مَثَلًا) ، فاحَ (يَفُوحُ)

pervasive/pəˈveɪsɪv/*adj.* (تأثيرات) تَعُمُّ كُلَّ مَكان

perverse/pəˈvɜs/*adj.*
 1. (*of persons*) شَرِسٌ لا يَرْعَوِي ، مُصِرٌّ على انْحِرافِه ، فاسِد
 2. (*of things*) (ظُروف) مُعاكِسة ، "تَجْرِي الرِّياحُ بِما لا تَشْتَهِي السُّفُنُ"

perversion/pəˈvɜʃən/*n.*
 1. (distortion) تَشْويه (الحَقائق) أو مَسْخُها
 2. (abnormality) شُذوذ أو انْحِراف جِنْسِيّ ، خُروجٌ على الطَّبيعِيّ

perversity/pəˈvɜsətɪ/*n.* شَكاسة ، عِناد ، فَساد ، سُوءُ خُلُق

pervert/pəˈvɜt/*v.t.*
 1. (misapply) أَساءَ اسْتِخْدامَ العَدالة مَثَلًا
 2. (deprave) أَضَلَّه عَن سَواءِ السَّبيل ، أَفْسَدَ أَخْلاقه
 n./ˈpɜvɜt/. مُنْحَرِفٌ جِنْسِيًّا

pessimism/ˈpesɪmɪzm/*n.* تَشاؤُم

pessimist/ˈpesɪmɪst/*n.* مُتَشائِم

pessimistic/ˌpesɪˈmɪstɪk/*adj.* تَشاؤُمِيّ

pest/pest/*n.*
 1. (destructive insect) آفَة ، حَشَرةٌ مُؤْذِية ، وَباء (أَوْبِئة)
 2. (*coll.* nuisance) (هذا الطِّفْل) بَلِيّة ، بَلْوة (ع)

pester/ˈpestə(r)/*v.t.* أَضْجَرَ ، ضايَقَ ، أَزْعَجَ (أَتْعَبَها بِإلحاحِه حَتّى نَفِدَ صَبْرُها)

pesticide/ˈpestɪsaɪd/*n.* مُبيدُ الحَشَرات ، مُبيدُ الآفاتِ الزِّراعِيّة

pestle/ˈpesəl/*n.* يَدُ (الهاوُن) ، مِدَقّة (الجُرن)

pet/pet/*n.*
 1. (animal) حَيَوانٌ أَليفٌ يُرَبَّى في المَنْزِل
 2. (favourite) (طِفْلٌ) مَحْبوب ، (بِنْتٌ) مُدَلَّلة
 pet name اِسْمُ دَلَع ، اِسْم تَدْليل
 v.t. & i. دَلَّلَ ، داعَبَ ، لاطَفَ ، تَناغَى أو تَلاطَفَ (الخَليلان)

petal/ˈpetəl/*n.* تُوَيْجِيّة ، بَتَلة ، وُرَيْقة مِن تُوَيْجِ الزَّهْرة ، قُعالة

petition/pɪˈtɪʃən/*n.*
 1. (request, prayer) اِلْتِماس ، تَوَسُّل ، تَضَرُّع ، طِلْبة
 2. (*leg.*) عَريضة ، طَلَبٌ مَكْتوب ، اِسْتِدْعاء
 v.t. & i. قَدَّمَ عَريضة ، رَفَعَ الْتِماسًا

petrifaction/ˌpetrɪˈfækʃən/*n.* تَحْجير ، تَحَجُّر ، تَجَلُّد

petrify/ˈpetrɪfaɪ/*v.t.* حَجَّرَ ، جَلَّدَ ، صَعَقَهُ (ـَ) (الخَبَر)
 he was petrified with terror سَمَّرَهُ الرُّعْبُ في مَكانِه

petrol/ˈpetrəl/*n.* بَنْزين ، غازُولين (وكِلاهُما مُكَرَّرُ الزَّيْتِ الخام)
 petrol station مَحَطّة بَنْزين
 petrol tank خَزّان بَنْزين

petroleum/pɪˈtrəʊlɪəm/*n.* نِفْط ، بِتْرُول (زَيْتٌ مَعْدِنِيّ في جَوْف الأَرْض يُسْتَعْمَلُ وَقُودًا)
 petroleum refinery مِصْفاةُ (مَصافٍ) نِفْط ، مَعْمَلُ تَكْرير البِتْرُول

petty/ˈpetɪ/*adj.* طَفيف ، صَغير ، دَنِيء
 petty cash نُقُودٌ لِلْمَصاريفِ النَّثْرِيّة
 petty officer ضابِطُ صَفٍّ بَحْرِيّ

petulant/ˈpetjʊlənt/*adj.* (طِفْل) نَكِدٌ رَدِيءُ الخُلُق ، شَكِسٌ ، اِنْفِعالِيّ ، عَديمُ الصَّبْر بِلا سَبَبٍ مَعْقُول

pew/pju/*n.* مَقْعَدٌ طَويلٌ ذُو مِسْنَدٍ في كَنيسة

take a pew! (*coll.*) اُقْعُدْ !

pewter/ˈpjutə(r)/*n.* بيُوتَر ، سَبيكة من الرَّصاص والقَصْدير ؛ أدوات مَصْنوعة من البيُوتر

phantom/ˈfæntəm/*n.* شَبَحٌ (أَشْباح) ، طَيْف (أَطْياف) ، وَهْمٌ (أَوْهام)

Pharaoh/ˈfeərəʊ/*n.* فِرْعَوْن ؛ مُسْتَبِدٌّ

pharmacist/ˈfɑməsɪst/*n.* صَيْدَلِيّ ، أَجْزاجِيّ

pharmacy/ˈfɑməsɪ/*n.* عِلْمُ الصَّيْدَلة ، فَنُّ تَرْكيب الأَدْوية ؛ صَيْدَلِيّة ، أَجْزاخانة

phase/feɪz/*n.*

1. (stage of development) مَرْحَلة مِن مَراحِل التَّطَوُّر
2. (*astron.*) وَجْهٌ مِن أَوْجُه القَمَر

v.t. نَظَّمَ (مَشْرُوعًا) على مَراحِل

phase into/out of a programme أَدْخَلَ مادّةً في بَرْنامَج بالتَّدْريج أو أَخْرَجَها مِنْه

pheasant/ˈfezənt/*n.* التَّدْرُج ، التَّذْرُج ، دِيكٌ بَرِّيّ

phenomenal/fɪˈnɒmɪnəl/*adj.* مَحْسُوس ؛ ظاهِرِيّ ؛ هائل ، مُدْهِش ، عَظِيم

phenomenon/fɪˈnɒmɪnən/(*pl.* **phenomena**) *n.*

1. (anything observable) ظاهِرة (ظَواهِر)

natural phenomena الظَّواهِرُ الطَّبِيعِيّة

2. (anything extraordinary) عَجِيبة (عَجائِبُ) ، مِن خَوارِق الطَّبِيعة

phial/ˈfɑɪəl/*n.* زُجاجة صَغِيرة

philanthropic/ˈfɪlənˈθrɒpɪk/*adj.* مُحْسِن ، خَيِّرٌ ، خَيْرِيّ

philanthropist/fɪˈlænθrəpɪst/*n.* مُحِبٌّ للبَشَرِيّة

philanthropy/fɪˈlænθrəpɪ/*n.* حُبُّ البَشَر

philatelist/fɪˈlætəlɪst/*n.* هاوِي الطَّوابِع البَرِيدِيّة

philately/fɪˈlætəlɪ/*n.* هِواية الطَّوابِع (البَرِيدِيّة)

philharmonic/ˈfɪləˈmɒnɪk/*adj.* هاوٍ للمُوسِيقَى ، مُوسِيقِيّ

philology/fɪˈlɒlədʒɪ/*n.* فِقْهُ اللُّغة ، دِراسة آدابِ اللُّغة

philosopher/fɪˈlɒsəfə(r)/*n.* فَيْلَسُوف (فَلاسِفة) ؛ مُتَقَبِّل الدُّنْيا على عِلّاتِها

philosophic(al)/ˈfɪləˈsɒfɪk(əl)/*adj.*

1. (relating to philosophy) فَلْسَفِيّ ، نِسْبةً إلى الفَلْسَفة
2. (calm) (مِزاج) رَصِين

philosophy/fɪˈlɒsəfɪ/*n.*

1. (subject of study) عِلْمُ الفَلْسَفة
2. (philosophical system) مَذْهَبٌ (في الحَياة)
3. (serenity) رَصانة ، هُدُوءٌ فِكْرِيّ

phlegm/flem/*n.* بَلْغَم ، نُخامة ؛ عَدَمُ مُبالاة ، بُرُودة دَم

phobia/ˈfəʊbɪə/*n.* خَوْفٌ مَرَضِيّ (مِن المُرْتَفَعات مَثَلًا)

phone/fəʊn/*n. & v.* تِلِفُون ، هاتِف ، مِسَرّة ؛ تَلْفَنَ ، تَكَلَّمَ بالهاتِف

abbr. of **telephone**

phonetics/fəˈnetɪks/*n.* عِلْمُ الصَّوْتِيّات (دِراسة مَخارِج الحُرُوف وطَرِيقة كِتابَتِها بالأَلِفْباءِ الصَّوْتِيّة)

phosphate/ˈfɒsfeɪt/*n.* مِلْحُ الفُوسْفات ، سَمادُ الفُوسْفات

phosphorescence/ˈfɒsfəˈresəns/*n.* تَفَسْفُرٌ ، إشْعاعات فُوسْفُورِيّة

phosphorescent/ˈfɒsfəˈresənt/*adj.* مُتَفَسْفِر ، فيه أَلَقٌ فُوسْفُورِيّ

photograph/ˈfəʊtəgrɑf/*n.* صُورة فُوتُوغْرافِيّة

abbr. **photo**

v.t. اِلْتَقَطَ صُورةً

photographer/fəˈtɒgrəfə(r)/*n.* مُصَوِّرٌ ، فُوتُوغْرافِيّ

photographic/ˈfəʊtəˈgræfɪk/*adj.* فُوتُوغْرافِيّ

he has a photographic memory إنّه قَوِيُّ الذّاكِرة جِدًّا ، كُلُّ شَيْءٍ يَسْتَقِرُّ في حافِظَتِهِ

photography/fəˈtɒgrəfɪ/*n.* فَنُّ التَّصْوِيرِ الفُوتُوغْرافِيّ

phrase/freɪz/*n.*

1. (*gram.*) عِبارة
2. (verbal expression) شِبْه جُمْلة (لَيْسَ لَها فِعْل – نَحْو إنْكلِيزِيّ)

phraseology/ˈfreɪzɪˈɒlədʒɪ/*n.* أُسْلُوبُ الكاتِب وصِياغَتُه لأَفْكارِهِ

physical/ˈfɪzɪkəl/*adj.*

1. (relating to matter) مادِّيّ

the physical universe الكَوْنُ المادِّيّ (خِلاف الكَوْن الرُّوحانِيّ)

2. (according to laws of nature) طَبِيعِيّ

physical science العُلُومُ الطَّبِيعِيّة (الباحِثة عَن الكائِنات غَيْر الحَيّة)

3. (relating to the body) بَدَنِيّ ، جَسَدِيّ ، جِسْمِيّ (نِسْبة إلى البَدَن خِلاف العَقْل)

physical education (*abbr.* **P.E.**) الرِّياضة أو التَّرْبِية البَدَنِية ، جُمْباز

physically/ˈfɪzɪklɪ/*adv.* جِسْمِيًّا ، بَدَنِيًّا

physician/fɪˈzɪʃən/*n.* طَبِيب (أَطِبّاء)

physicist/ˈfɪzɪsɪst/*n.* (عالِمٌ) فِيزِيائِيّ

physics/ˈfɪzɪks/*n.* (عِلْمُ) الفِيزِياء

physiologist/ˈfɪzɪˈɒlədʒɪst/*n.* مُخْتَصٌّ بِعِلْمِ وَظائِف الأَعْضاء

physiology/ˈfɪzɪˈɒlədʒɪ/*n.* عِلْمُ وَظائِف الأَعْضاء

physiotherapy/ˈfɪzɪəʊˈθerəpɪ/*n.* المُعالَجة بالتَّمْرِينات أو التَّدْلِيك الخ ، المُعالَجة الطَّبِيعِيّة

pianist/ˈpɪənɪst/*n.* عازِفُ بِيانُو

piano/pɪˈænəʊ/*n.* البِيانُو ، البِيان (مُوسِيقَى)

piccalilli/ˈpɪkəˈlɪlɪ/*n.* طُرْشِي خُضْرَوات مُقَطَّعة مُتَبَّلة في الخَلِّ والخَرْدَل ، مُخَلَّل

pick/pɪk/*n.*

1. (tool) *also* **pickaxe** مِعْوَلٌ (مَعاوِلُ)

2. (probe) أداةٌ مُدَبَّبة السِّنّ (للحَفْرِ في الجَليدِ مَثَلاً)

3. (choice) خِيرة ، نُخْبة

v.t. & i.

1. (break up ground) نَكَش (ـُ) الأرْضَ بِمِعْوَل

2. (probe *teeth*) خَلَّلَ ما بَيْنَ أسْنانه بِمِسْواك

3. (gather *flowers*) قَطَفَ (ـِ) زَهرة أو ثَمَرة

4. (select) *also* **pick out** اِنْتَقَى ، اِخْتارَ

5. (pull apart, break open) نَسَّلَ (الألْياف)

the burglar picked the lock فَتَحَ اللِّصُّ القُفْلَ بِدُونِ مِفْتاح

6. (*in phrases*)

pick up your glove! اِلْتَقِطْ قُفّازَكَ

he picked holes in the argument وَجَدَ نِقاطَ ضَعْفٍ في حُجَّتِهِ

this radio can pick up foreign stations يَلْتَقِطُ هذا المِذْياعُ الإذاعاتِ الخارجيّة

the driver will pick us up سَيأتي السّائقُ لأخْذِنا في سَيّارَتِهِ

business is picking up السُّوقُ آخِذةٌ بالانْتِعاش

I have a bone to pick with you لي عِتابٌ مَعَك ، أنا عاتِبٌ عَلَيْك

pickaback/ˈpɪkəbæk/ *adv. & n.* أرْكَبَ (ابْنَهُ مَثَلاً) عَلَى ظَهْرِهِ أو كَتِفَيه ، سَقّاعَوض (م) ، رَكّيبة (ع)

picket/ˈpɪkɪt/*n.*

1. (stake) وَتَدٌ (أوْتاد)

2. (body of troops) مَفْرَزةُ طَوارِئ

3. (body of strikers) نُظّارُ إضْراب ، مُراقِبُو تَنْفيذِ إضْراب

v.t. رابَطَ (مُراقِبُو الإضْرابِ) أمامَ المَعْمَل لِيَمْنَعُوا العَمَل

pickle/ˈpɪkəl/*n.* مُخَلَّلاتٌ أو طُرْشِيّاتٌ مُنَوَّعة

mustard pickle طُرْشِيّ مُخَرْدَل

v.t. خَلَّلَ الخُضْرَواتِ أو اللَّحْمَ أو الأسْماك

pickled onions بَصَلٌ مُخَلَّل ، طُرْشِيّ البَصَل

pickpocket/ˈpɪkpokət/*n.* نَشّال ، سارِقُ الجُيُوب

pick-up/ˈpɪk-ʌp/*n.* بِيكْ آب ، لاقِطةُ الصَّوْتِ في غرامُوفُون ؛ بِنْتُ شَوارِع

picnic/ˈpɪknɪk/*n.* وَجْبة في الهَواءِ الطَّلْق ، أكْلة في نُزْهة

pictorial/pɪkˈtɔrɪəl/*adj.* (فَنّ) تَصْويريّ

n. صَحيفة أو مَجَلّة مُصَوَّرة

picture/ˈpɪktʃə(r)/*n.* صُورة (صُوَر) ، رَسْمٌ (رُسوم) بالقَلَم أو الألْوان

he is a picture of health هو عُنْوان الصِّحّة

he is not in the picture لا يُحيطُ عِلْمًا بِجَوانِبِ المَوْضوع

she went to the pictures ذَهَبَتْ إلى السِّينَما

v.t. رأى بِعَيْنِ الخَيال

picturesque/ˈpɪktʃəˈresk/*adj.* (مَنْظَر) رائق ، بَديع ، رائع ، فاتِن ؛ (أُسْلُوب أدَبِيّ) تَصْويريّ مُثيرٌ لِلصُّوَرِ الذِّهْنِيّة

pie/paɪ/*n.* فَطيرة مَحْشُوّة بِقِطَعِ لَحْمٍ او فَواكِه

he has a finger in every pie له ضِلْعٌ في كُلِّ شَيْء ، مُتَدَخِّلٌ في كُلِّ صَغيرةٍ وَكَبيرة

piebald/ˈpaɪbɔld/*adj.* ذُو لَوْنَيْن ، (حِصان) أبْلَق ، أبْقَع

piece/pis/*n.*

1. (portion) قِطْعة (قِطَع) ، جُزْء (أجْزاء)

she gave her son a piece of her mind وَبَّخَت ابْنَها ، عَزَّرَتْهُ ، أنَّبَتْهُ

2. (separate item)

this piece is for violin and piano هذه القِطْعة المُوسيقيّة مُلَحَّنة لِلكَمَنْجة والبِيان

three piece suite طَقْمُ مَفْرُوشاتٍ مُؤَلَّف مِن أرِيكة وكُرْسِيَّيْن بِمِسْنَدَيْن

v.t. رَصَّ القِطَعَ أو الأجْزاء

piece the bits of mosaic together نَظَّمَ قِطَعَ الفُسَيْفِساءِ وَثَبَّتَها بالإسْمَنْت

piece-goods/ˈpis-gʊdz/*n. pl.* لَفّاتٌ أو بالاتٌ مِن المَنْسُوجات

piecemeal/ˈpismil/*adv.* (حَلَّ المُشْكِلة) شَيْئًا فَشَيْئًا ، قِطْعةً بَعْدَ قِطْعة

piece-work/ˈpis-wɜk/*n.* عَمَلٌ مَأجُور عَلَى القِطْعة

pier/ˈpɪə(r)/*n.*

1. (landing stage) رَصيفٌ تَرْسُو السُّفُنُ إلى جانِبِه ، رَصيفُ مِيناء

2. (support for bridge) دِعامة تَرْتَكِزُ عَلَيْها أقْواسُ الجِسْر ، رَكيزة (رَكائِز)

pierce/ˈpɪəs/*v.t.* ثَقَبَ (ـُ) ، بَزَلَ (ـُ) ، خَرَتَ (ـُ) ، خَرَقَ (ـِ) ، نَفَذَ (ـُ)

I disliked his piercing voice لَمْ يُعْجِبْني صَوْتُه الحادّ الثّاقِب

piety/ˈpaɪətɪ/*n.* بِرٌّ ، تَقْوَى ، وَرَعٌ ، تَعَبُّدٌ للخالِقِ وطاعَتُه ، إكْرامُ (الوالِدَيْن)

pig/pɪg/*n.* خِنْزير (خَنازيرُ) ، حَلُّوف (م)

pigeon/ˈpɪdʒən/*n.* حَمامة (حَمام ، حَمائِمُ ، حَمامات) ، يَمامة

pigeon-hole/ˈpɪdʒən-həʊl/*n.* فَجْوة في مِنْضَدة أو مَكْتَبة لِحِفْظِ الأوْراق ، خانة (لِتَنْضيدِ الرَّسائِلِ مَثَلًا) (ع) ، عَيْن مَكْتَبة لِصَفِّ الأوراق (م)

pig-iron/ˈpɪg-ɑɪən/*n.* سَبيكة حَديدٍ غُفْل ، تَماسيحُ الحَديد

pigment/ˈpɪgmənt/*n.* مادّة مُلَوِّنة تَدْخُلُ في تَرْكيبِ الصِّبْغة

pigmentation/ˈpɪgmenˈteɪʃən/*n.* تَخَضُّبُ الأنْسِجة

النّباتيّة والحَيوانيّة

pigmy/ˈpɪgmɪ/*n.* جِنسٌ مِنَ الأقزامِ في إفريقِية الإستوائيّة ؛ قَزَم

pile/paɪl/*n.*

1. (heap) كَومة (أكوام) ، كُدْسٌ (أكداس) ، (لَدَيَّ) رُكامٌ (مِنَ العَمَل)

atomic pile فُرنٌ ذَرّيّ

2. (heavy vertical beam) عَمودٌ مَتينٌ لِتَثبيتِ أساسِ البِناء ، رَكيزة ، دِعامة

3. (nap of cloth) وَبَرُ (السَّجّادة أو القَطيفة) ، زِئْبَر

4. (*pl.* haemorrhoids) (مَرَض) البَواسير

v.t. كَوَّمَ (الأوراق) ، كَدَّسَ (الأمتِعة)

v.i. **1.** (enter in a disorderly way) تَكَوَّمَ ، تَكَدَّسَ

2. (accumulate)

we all piled in احتَشَدْنا كُلُّنا بِضيقٍ (في السَّيّارة)

the profits piled up

pile-up/ˈpaɪl-ʌp/*n.* تَكَوُّمٌ ، تَكَدُّسٌ ؛ اِصطِدامُ عَدَدٍ مِنَ السَّيّارات

pilfer/ˈpɪlfə(r)/*v.t. & i.* اِختَلَسَ أو سَرَقَ (ـِ) (شَيئًا تافِهًا)

pilgrim/ˈpɪlgrɪm/*n.* حاجّ (حُجّاج) ، زائر (زُوّار) للأماكِن المُقَدَّسة

pilgrimage/ˈpɪlgrɪmɪdʒ/*n.* حَجٌّ ، زِيارةُ الأماكِنِ المُقَدَّسةِ وأضرِحةِ الأولياء

pill/pɪl/*n.* حَبّة ، قُرْصٌ (مِنْ دَواء) ، كُرة (عامّيّة)

pillar/ˈpɪlə(r)/*n.* عَمود (أعمِدة) ، دِعامة (دَعائِمُ) ، رَكيزة (رَكائِزُ) (مِنْ حَجَر)

pillar-box/ˈpɪlə(r)-bɒks/*n.* صُندوق بَريد (في شارِع)

pillbox/ˈpɪlbɒks/*n.* عُلْبة لِحُبوبِ الدَّواء ؛ مَعْقِل (عَسْكَرِيّة)

pillow/ˈpɪləʊ/*n.* وِسادة (وَسائِدُ) ، مِخَدّة (مَخادُّ)

pillow-case/ˈpɪləʊ-keɪs/*n.* كِيسُ المِخَدّة ، وَجْهُ وِسادة

pilot/ˈpaɪlət/*n.*

1. (*naut.*) مُرْشِدُ السَّفينة (في مَدخَلِ ميناءٍ مَثَلًا)

2. (*aeronaut.*) طَيّار

adj.

a pilot project مَشْروع تَجْريبيّ تَخطيطيّ

pilot light لَهَبٌ صَغيرٌ دائمُ الاشتِعالِ في أجهِزة الغاز الأوتوماتيكيّة

v.t. (steer) أرشَدَ (سَفينةً مَثَلًا)

pimp/pɪmp/*n.* قَوّاد ، دَيّوث

pimple/ˈpɪmpəl/*n.* بَثْرة صَغيرة ، فَسْفُوسة ، دُمَّل

pimply/ˈpɪmplɪ/*adj.* (وَجْهٌ) ذو بُثور

pin/pɪn/*n.*

1. (*of wire*) دَبّوس (دَبابيسُ)

pin money مَصْروفُ جَيبٍ لِلزَّوجة

pins and needles تَنميل ، تَخَدُّرُ (اليَدِ أو الرِّجْل)

2. (peg) خابور (خوابيرُ) ، مِسمار (مَساميرُ)

v.t. & i.

1. (fasten things together) دَبَّسَ ، شَبَكَ (ـِ) بِدَبّوس

pin up the hem شَبَكَ كِفافَ الثَّوبِ بِدَبابيس

2. (make unable to move) أثبَتَهُ في مَكانٍ ما

he's very difficult to pin down مِنَ الصَّعبِ مَعرِفةُ نَواياه ؛ يَتَجَنَّبُ الارتِباطَ بأيّةِ التِزامات

pinafore/ˈpɪnəfɔ(r)/*n.* مِئزَر أو مَريَلة طَويلة (للوِقاية مِنَ الوَسَخ)

pincer/ˈpɪnsə(r)/*adj.* (حَرَكة) كَمّاشة

the enemy was caught in a pincer movement أُطبِقَ على العَدُوِّ مِنَ الجانِبَيْن ، وَقَعَ العَدُوُّ بَيْنَ فَكَّيْ كَمّاشة

pincers/ˈpɪnsəz/*n. pl.*

1. (claws) كُلّابات (السَّرَطان)

2. (tool) كَمّاشة ، كُلّاب ، كَلبَتان

pinch/pɪntʃ/*v.t. & i.*

1. (nip) قَرَصَ (ـُ)

he pinched his finger in the door قُرِصَت إصبَعُه بالباب

2. (*sl.* steal) اِختَلَسَ (شَيئًا تافِهًا) خِفْيةً

3. (*sl.* arrest) قَبَضَ (ـِ) على (واتَّهَمَهُ بِمُخالَفة القانون)

n. **1.** (nip) قَرْصةٌ (بإصبَعَيْن)

2. (stress) ضِيقٌ ، ضَرورة

at a pinch this will do هذا يَفي بالغَرَضِ وَقتَ الشِّدّة

3. (small amount) مِقدارٌ ضَئيل

he took a pinch of snuff أخَذَ تَنشيقةَ سَعوط

pine/paɪn/*n.*

1. (*tree*) (شَجَرةُ) الصَّنَوبَر

2. (*timber*) خَشَبُ الصَّنَوبَر

v.i. وَهَنَ (يَهِنُ)

I pine for home أحِنُّ إلى وَطَني

pine away ذابَ ضَنًى وأسًى

pineapple/ˈpaɪnæpəl/*n.* فاكِهة (الأناناس)

ping/pɪŋ/*n. & v.i.* أزيز ، رَنين ؛ أزَّ (ـِ)

ping-pong/ˈpɪŋ-pɒŋ/*n.* لُعبة البِنغ بونغ أو كُرة الطّاولة

pinion/ˈpɪnɪən/*n.*

1. (*of wing*) المِفْصَلُ الخارِجيّ للجَناح

2. (*mech.*) تُرسٌ صَغير

pink/pɪŋk/*adj. & n.* وَرديّ اللَّون ، لون بمبه (م ع) ، لون زَهر (س) ، قُرُنفُل الحَدائِق (أزهارُه صَغيرة)

I'm in the pink (*coll.*) أنا في صِحّة وعافِية والحَمدُ لِله ، صِحَّتي على ما يُرام

pinnacle/ˈpɪnəkəl/*n.* ذُروة ؛ بُرجٌ صَغير ، أوْج

pin-point/ˈpɪn-pɔɪnt/*n.* رَأسُ الدَّبّوس ؛ عَيَّنَ نُقطة أو

v.t. حَدَّدَها بالضَّبط

pint/paınt/*n.* مِكْيالٌ للسَّوائل يُساوي ٠،٥٦٨ من اللِّتْر

pioneer/ˈpaıəˈnıə(r)/*n.* رائد (رُوّاد)

v.t. &i. شَقَّ طَرِيقًا ، كانَ رائِدًا في ... ، ادخل استِعْمالَ (آلة مَثلًا)

pious/ˈpaıəs/*adj.*

1. (devout) تَقِيٌّ ، وَرِعٌ ، صالِحٌ

2. (dutiful (اِبْنٌ) بارٌّ (بَرَرة ، أَبْرار)

pip/pıp/*n.*

1. (*of fruit*) بَذْرة (بُذُور) ، بِزْرة (بُزُور) (تُفّاح ، بُرْتقال ألخ) ، حَبَّةُ رُمّان

2. (spot on dice) نُقْطة (علَى سَطْح النَّرْد أو وَرَق اللَّعِب) تُبَيِّنُ العَدَد

3. (*mil.*) نَجْمة ، دَبُّورة (في العَسْكَرِيّة)

4. (sound) صَفِيرٌ مُتَقَطِّع

on the sixth pip of the time-signal it will be midnight عِنْدَ الصَّفْرة السّادِسة مِن إشارة الوَقْت يَنْتَصِفُ اللَّيْل

that man gives me the pip (*coll.*) ذلك الرَّجُل يُثِيرُ اشْمِئْزازي ، يُكَدِّرني ، تَصَرُّفاته تُقَزِّزني أو تُعَكِّرني (م)

pipe/paıp/*n.*

1. (conduit) أُنْبوبٌ (أَنابِيبُ) ، ماسُورة (للسَّوائل أو الغازات)

2. (*for smoking*) غَلْيُون (غَلايِين) ، پِيبة

3. (*mus.*) مِزْمار (مَزامِير) ، زُمّارة ، شَبّابة ذاتُ قَصَبة واحِدة ، نايٌ

v.t. & i. **1.** (play on pipe) زَمَّرَ ، صَفَّرَ

2. (convey by pipe) نَقَلَ (البِتْرولَ مِنْ حُقُولِهِ إلى المَوانِئ مَثلًا) بالأَنابِيب

pipe-line/ˈpaıp-laın/*n.* خَطُّ أَنابِيب

it's in the pipeline (*coll.*) الأَمْرُ في طَرِيقِ الإنْجاز ، (البَضائع) في طَرِيقِها إلَيْك

piper/ˈpaıpə(r)/*n.* زَمّارٌ ، زامِرٌ

piquancy/ˈpikənsı/*n.* حِدّة لَذِيذة (في الطَّعْم) ، حَرافة

piquant/ˈpikənt/*adj.* ذُو طَعْمٍ حادٍّ لَذِيذ ، حِرِّيف

piracy/ˈpaıərəsı/*n.* قَرْصَنة

(*fig. of copyright*) اِنْتِحال المِلْكِيّة الأَدَبِيّة

pirate/ˈpaıərət/*n.* قُرْصان (قَراصِنة) ، من لُصُوصِ البَحْر ، مَحَطّة تُذِيعُ مِن غَيْرِ إجازة رَسْمِيّة

(*fig. of copyright*) مَنْ يَطْبَعُ مُؤَلَّفاتِ غَيْرِهِ مِن دُون إجازة مِنه

piss/pıs/*v.t. &. i.* تَبَوَّلَ ، بالَ (يَبُول) ، شَخَّ (ـُ) (عامّيّة)

pistol/ˈpıstəl/*n.* مُسَدَّس

piston/ˈpıstən/*n.* مِكْبَس (مَكابِس) ، كَبّاس (مِيكانِيكا)

pit/pıt/*n.*

1. (hole) حُفْرة في الأَرْض (عَمِيقة ذاتُ جَوانِب عَمُودِيّة غالِبًا)

coal pit مَنْجَمُ فَحْم

2. (trap) مَطَبٌّ ، وَجْرة لِصَيْدِ الوُحُوش ، شَرَكٌ (يَقَعُ فِيهِ الغافِل)

3. (*theatr.*) المَقاعِدُ الخَلْفِيّة في الطّابَق الأَرْضِيّ مِن صالة المَسْرَح

4. (*on motor-racing track*) حَوْضُ التَّصْليح في حَلْبة سِباق السَّيّارات

v.t. & i.

he pitted his strength against that of his rivals بارَى مُنافِسِيه ، استَجْمَعَ كُلَّ قُواه لِقَهْر خُصُومِه

his face was pitted by smallpox كان وَجْهُهُ مَجْدُورًا

pitch/pıtʃ/*n.*

1. (*substance*) قارٌ ، قِطْران ، زِفْت

2. (*mus.*) دَرَجة الصَّوْت ، طَبَقة النَّغَم

3. (degree) (أَقْصَى) دَرَجة

the excitement rose to fever pitch بَلَغَ الهِياجُ مَداه

4. (slope) زاوِيةُ مَيْلِ السَّقْف أو اِنْحِدارُه في الجَمَلُون (هَنْدسة مِعْمارِية)

5. (throw) رَمْيٌ أو قَذْفَةُ الكُرة

6. (sports ground) ساحة اللَّعِب (رِياضة)

v.t.

1. (erect) نَصَبَ (ـِ) ، ضَرَبَ (ـِ) (خَيْمةً)

2. (throw) قَذَفَ (ـِ) ، رَمَى (يَرْمِي) ، أَلْقَى

v.i. **1.** (fall) هَوَى (يَهْوِي)

he pitched forward and lay on the floor خَرَّ عَلَى وَجْهِه واسْتَلْقَى عَلَى الأَرْض

2. (plunge) تَرَنَّحَ ، تَمايَلَ

the ship rolled and pitched in heavy seas تَرَنَّحَت السَّفِينة وَهَوَتْ وَسْطَ الأَنْواء

pitcher/ˈpıtʃə(r)/*n.*

1. (jug) جَرّة كَبِيرة مِن الفَخّار ، إبْرِيق (أَبارِيقُ)

2. (*baseball*) رامٍ في لُعْبة البِيسْبُول

pitchfork/ˈpıtʃfɔk/*n.* مِذْراةٌ ذاتُ سِنَّيْن طَوِيلَتَيْن

v.t. يُذَرِّي (بالمِذْراة) ، عَيَّنَ فُلانًا في الوَظِيفة فَجْأة بِدُون تَرَوٍّ

piteous/ˈpıtıəs/*adj.* مُثِيرٌ للعَطْف ، مَدْعاة للشَّفَقة

pitfall/ˈpıtfɔl/*n.* مَطَبٌّ ، فَخٌّ ، خَطَرٌ كامِنٌ

pith/pıθ/*n.*

1. (*of plants*) لُبٌّ (الجُزْء المَرْكَزِيّ في ساقِ النَّبات)

2. (*fig.* gist) جَوْهَرُ المَوْضُوع ، كُنْهُ الكَلام

pithy/ˈpıθı/*adj.*

1. (*of plants*) نَباتٌ غَنِيٌّ باللُّبّ

2. (terse) (مُلاحَظة) وَجِيزة ، (تَعْلِيق) مُقْتَضَب

pitiable/ˈpıtıəbəl/*adj.* يُرْثَى له ، خَلِيقٌ بالعَطْف

pitiful/ˈpıtıfəl/*adj.*

1. (arousing sympathy) مُثِيرٌ لِلرَّحْمة
2. (contemptible) باعِثٌ على الازْدِراء

pitiless/ˈpɪtɪləs/*adj.* عَدِيمُ الرَّحْمة ، قاسي القَلْب ، قَلِيلُ الشَّفَقة

pittance/ˈpɪtəns/*n.* أَجْرٌ زَهِيد ، (يَكُدُّ وَيَكْدَحُ لِقاءَ) دَراهِمَ مَعْدُودات

pity/ˈpɪtɪ/*n.*
1. (compassion) رَحْمة ، رَأْفة ، حَنان
for pity's sake (ساعِدْني) لِوَجْه الله ! لِخاطِرِ الله (ع)
2. (misfortune) أَسَفٌ ، سُوءُ حَظّ
it's a pity he can't swim مِن المُؤْسِفِ أنّه لا يُحْسِنُ السِّباحة !
v.t. تَحَنَّن على ، رَحِمَ (ـَ) ، أَشْفق على ، تَعَطَّف على
he is much to be pitied هو مِسْكِينٌ يُرْثَى له

pivot/ˈpɪvət/*n.* مِحْوَرٌ (مَحاوِرُ) ، قُطْبٌ (أَقْطاب) ، مِحْوَرُ ارْتِكاز
v.i. دارَ (يَدُورُ) على مِحْوَر ؛ (الأَمْرُ) رَهَنَ (قَرارِه)

placard/ˈplækɑd/*n.* مُلْصَقٌ (مُلْصَقات) جِدارِيّة ، لَوْحة إعْلانٍ كَبِيرة على جِدار

placate/pləˈkeɪt/*v.t.* اِسْتَرْضاهُ ، طَيَّبَ خاطِرَه ، لاطَفه لِتَسْكِينِ غَضَبِهِ

place/pləɪs/*n.*
1. (location of person or thing) مَكان (أَمْكِنة) ، مَحَلٌّ (مَحالُّ) ، مَوْضِعٌ (مَواضِعُ)
2. (specific locality) نُقْطة ، مَكان ، جِهة
tourists visit places of interest يَزُور السُّيّاحُ المَعالِمَ الهامّةَ والجَمِيلة
3. (building or site) عِمارة ، مَوْضِع
a market-place (مَيْدان) السّوق ، سُوقٌ مَكْشُوفة
come to my place for tea تَفَضَّلْ لِتَناوُلِ الشّاي في بَيْتي
4. (position) مَكانة
keep him in his place أَوْقِفْهُ عِنْدَ حَدِّهِ
he backed the horse for a place راهَنَ على حِصانٍ شَرِيطَةَ أن يَكُونَ بَيْنَ الثّلاثة الأُوَل
5. (job) وَظِيفة ، شُغْلٌ ، خِدْمة
I don't want to lose my place on the board لا أُرِيدُ أنْ أَفْقِدَ مَقْعَدِي في الهَيْئة الإدارِيّة
6. (*in phrases*)
where is the concert to take place? أَيْنَ تُقامُ الحَفْلةُ المُوسِيقِيّة ؟
in place of بَدَلاً مِن ، عِوَضاً عَنْ أو مِنْ ، مَكانَ . . .
his remarks were out of place كانت تَعْلِيقاتُهُ في غَيْرِ مَحَلِّها
v.t. **1.** (put) وَضَعَ (يَضَعُ)
2. (arrange in order) رَتَّبَ ، نَسَّقَ ، نَظَّمَ
3. (recognize) تَعَرَّفَ على
4. (find position for) وَجَدَ وَظِيفةً (لِمُرَشَّحٍ)
5. (put out money) وَظَّفَ (أَمْوالاً)
place an order قَدَّمَ طَلَباً لِشِراءِ (بِضاعة)

placid/ˈplæsɪd/*adj.* هادِئ ، وَدِيع ، ساكِن

plagiarism/ˈpleɪdʒərɪzm/*n.* سَرِقة أَدَبِيّة ، اِنْتِحال

plagiarize/ˈpleɪdʒəraɪz/*v.t.* اِنْتَحَلَ تَأْلِيفَ الغَيْرِ أو أَفْكارَهُ

plague/pleɪg/*n.*
1. (pestilence) طاعُون (طَواعِينُ) ، وَباء (أَوْبِئة)
2. (infestation) جائِحة (جَراد) ، مَوْجة ، بَلاء
v.t. أَضْجَرَ ، أَمَلَّ ، أَلَحَّ
he plagued me with his questions أَزْعَجَني بِأَسْئِلَتِهِ ، أَرْهَقَني بِاسْتِفْساراتِهِ

plain/pleɪn/*adj.*
1. (simple, ordinary) بَسِيط ، عادِيّ
2. (clear) واضِح ، مُبِين
3. (straightforward) بِكُلِّ صَراحة ، بِدُون لَفٍّ ودَوَران
4. (not coloured) غَيْرُ مُلَوَّن ، قُماشٌ مِنْ لَوْنٍ واحِدٍ فَقَط
5. (not pretty) غَيْرُ جَمِيلة ، تُعْوِزُها الجاذِبِيّة
n. أَرْضٌ سَهْلة ، سَهْلٌ (سُهُول)

plaintiff/ˈpleɪntɪf/*n.* المُدَّعِي ، مُقَدِّمُ الدَّعْوَى

plaintive/ˈpleɪntɪv/*adj.* (صَوْتٌ) نائِحٌ يَنُمُّ عَن الشَّكْوَى والأَنِين ، شاكٍ

plait/plæt/*n.* ضَفِيرة (مِنَ الشَّعْر) ، جَدِيلة
v.t. ضَفَرَ (ـِ)

plan/plæn/*n.*
1. (blueprint) تَخْطِيط ، مَسْقَط أُفُقِيّ
2. (project) تَصْمِيم ، مَشْرُوع ، خُطّة
a five-year plan خُطّة خَمْسِيّة
v.t. & i. **1.** (design) خَطَّطَ ، صَمَّمَ
2. (scheme) نَوَى (يَنْوِي) ، قَصَدَ (ـِ) ، اِعْتَزَمَ
planning permission تَرْخِيصٌ مِن البَلَدِيّة لِبِناء كَراجٍ مَثَلاً ، رُخْصةُ بِناء

plane/pleɪn/*n.*
1. (*tree*) شَجَرةُ الدُّلْب أو الصِّنار
2. (*tool*) فارةُ النَّجّار ، مِنْجَر ، مِسْحاج ، رَنْدَج (ع)
3. (surface) سَطْحٌ مُسْتَوٍ ، وَجْهٌ مِن أَوْجُه المُكَعَّب مَثَلاً
4. (aeroplane) طائِرة ، طَيّارة
v.t. مَلَّسَ (لَوْحَ خَشَب) ، نَحَتَهُ بِالمِنْجَر ، سَحَجَهُ وسَوّاهُ

planet/ˈplænɪt/*n.* كَوْكَبٌ سَيّار (كَواكِبُ سَيّارة)

plank/plæŋk/*n.* لَوْحٌ خَشَبِيٌّ سَمِيكٌ طَوِيل

plant/plɑnt/*n.*
1. (vegetable) نَبات ، نَبْتة ، زَرْع ، زَرْعة ، مَزْرُوعات

2. (machinery) مُعَدّات وآلات تُسْتَعْمَلُ في الصِّناعة

v.t. **1.** (set in ground) غَرَسَ البُذُورَ في الأرْض ، زَرَعَ (ـَ)

2. (place firmly) نَصَبَ (ـُ) ، أقامَ

he planted himself in front of the door وَقَفَ بِلا حِراكٍ أمامَ الباب

plantation/plæn'teɪʃən/*n.* مَزْرعة ، مَغْرس ، غابة

planter/'plɑntə(r)/*n.* صاحِبُ مَزْرَعة ؛ آلةٌ لِغَرْسِ البُذُور

plasma/'plæzmə/*n.* بلازْما الدَّم ، هَيُولَى الدَّم ، سائِلُ الدَّم بِدُونِ الكُرَيّات الحَمْراءِ والبَيْضاء

plaster/'plɑstə(r)/*n.*

1. (building material) جِبْس ، جِصّ

2. (*med.*) a (sticking) plaster جَبيرة مِن الجِبْس ؛ شَرِيطٌ مُشَمَّعٌ لَصُوق ، لَزْقة

v.t. (apply plaster) غَطَّى (الحائطَ) بالجِبْس

plastic/'plæstɪk/*adj.* (طِينٌ) يُمْكِنُ تَشْكِيلُه ، لَيِّنٌ ، لَدْنٌ

plastic surgery فَنُّ التَّرْقيع الجِراحيّ ، الجِراحة التَّجْميليّة

n. بلاستيك ، مادّة اللَّدائِن

plastic bomb قُنْبُلة بلاسْتيكيّة

the plastics industry صِناعة اللَّدائن

plasticine/'plæstɪsin/*n.* البلاسْتيسين ، مادّةٌ لَدْنةٌ قابِلةٌ للتَّشْكيل ، طِينٌ اصْطِناعيّ

plate/pleɪt/*n.*

1. (*for food*) صَحْنٌ واسِعٌ مُفَلْطَح

2. (metal sheet) صَفِيحة أو لَوْح مَعْدِنيّ

3. (*photog.*) لَوْحٌ زُجاجيٌّ حَسّاسٌ للتَّصْوير

4. (*dentistry*) طَقْمُ أُسْنانٍ صِناعيّة

5. (*printing*) كْلِيشيه (في فَنِّ الطِّباعة)

v.t. (cover with metal) طَلَى (يَطْلِي) سَطْحَ مَعْدِنٍ بِمَعْدِنٍ آخَر

plateau/'plætəʊ/*n.* نَجْدٌ (نِجاد ، نُجُود) ، هَضَبة (هِضاب)

plate-glass/'pleɪt-'glɑs/*n.* زُجاج سَمِيك (لواجِهات المَخازِن مَثَلاً)

plate-powder/'pleɪt-paʊdə(r)/*n.* مَسْحُوقٌ لتَلْميع الأدَوات الفِضِّيّة

plate-rack/'pleɪt-ræk/*n.* رَفٌّ تَنْضِيدِ الصُّحُون لِتَجْفِيفها بَعْدَ غَسْلِها

platform/'plætfɔm/*n.*

1. (*railway*) رَصِيف (مَحَطّة سِكّة الحَدِيد)

2. (raised floor) مَنَصّة ، مِنْبَر

3. (*polit.*) بَرْنامَجُ الحِزْب

platinum/'plætɪnəm/*n.* مَعْدِنُ البلاتِين ، ذَهَبٌ أبْيَض

platitude/'plætɪtjud/*n.* تافِهة (تَوافِه) ، أقْوالٌ مُبْتَذَلة ، كليشيهات

platter/'plætə(r)/*n.* صَحْنٌ واسِعٌ غَيْرُ عَمِيق (لِتَقْدِيمِ اللَّحْمِ والسَّمَك) ، لنكري (ع)

plausible/'plɔzəbəl/*adj.*

1. (*of argument*) (حُجّة) تَبْدُو مُقْنِعة وجائزة

2. (*of person*) ماهِرٌ في تَقْديمِ ما يَبْدو آراءً مَعْقُولة

play/pleɪ/*n.*

1. (recreation) لَعِبٌ ، تَسْلِية

2. (*theatr.*) رِواية تَمْثِيليّة ، مَسْرَحيّة

3. (scope) (أطْلَقَ) العِنانَ (لِخَيالِهِ مَثَلاً)

long play (*abbr.* **L.P.**) (records) أُسْطُوانة بِتَسْجِيلٍ طَوِيل

v.t. & i. **1.** (amuse oneself) تَسَلَّى

2. (engage in game) لَعِبَ (ـَ)

3. (perform) عَزَفَ على آلة مُوسِيقيّة

4. (*with advs.*)

the children were playing at keeping shop كان الأطْفال يَلْعَبُونَ لُعْبةَ البَيْعِ والشِّراء في حانُوت

he always plays fair الإنْصافُ شِيمَتُهُ

play-boy/'pleɪ-bɔɪ/*n.* فَتًى غَنِيٌّ مُسْتَهْتِر

player/'pleɪə(r)/*n.*

1. (*games*) لاعِبٌ

2. (*mus.*) عازِفٌ

playful/'pleɪfəl/*adj.* (قُطَيْطة) لَعُوب ؛ مازِحٌ غَيْرُ جادٍّ

playground/'pleɪgraʊnd/*n.* ساحةُ لَعِبٍ ، مَلْعَب

playhouse/'pleɪhaʊs/*n.* دارُ تَمْثيل ، تِياتْرُو

playing-card/'pleɪɪŋ-kɑd/*n.* وَرَقُ لَعِبٍ

playing-field/'pleɪɪŋ-fild/*n.* مَيْدانُ لَعِبٍ

playmate/'pleɪmeɪt/*n.* زَمِيلُ لَعِبٍ

play-pen/'pleɪ-pen/*n.* حَظِيرةٌ نَقّالة يَلْعَبُ فِيها الطِّفْل

play-school/'pleɪ-skul/*n.* مَدْرَسة للأطْفال ما دُونَ الرّابِعة

plaything/'pleɪθɪŋ/*n.* أُلْعُوبة ، دُمْية ، لُعْبة

playwright/'pleɪraɪt/*n.* كاتِبُ مَسْرَحِيّات ، مُؤَلِّفٌ مَسْرَحيّ

plea/pli/*n.* (*leg.*) مُرافَعةُ مُحامِي الدِّفاع ، دِفاعٌ شَرْعِيّ ؛ طَلَبٌ ، اِلْتِماسٌ ؛ عُذْرٌ ، حُجّة

plead/plid/*v.i.*

1. (speak for/against) تَرافَعَ (عَنْ مُوَكِّلِهِ) ، قَدَّمَ الحُجّة ؛ عَرَضَ (ـِ) القَضِيّة

2. plead **with** (implore) تَوَسَّلَ إلى ، اِلْتَمَسَ مِن ، تَشَفَّعَ عِنْدَ

v.t. **1.** (*leg.*) بَرَّرَ عَمَلَهُ بِعُذْرٍ ، تَحَجَّجَ بِـ

he pleaded guilty أقَرَّ بِذَنْبِهِ ، اِعْتَرَفَ بِجُرْمِهِ أمامَ المَحْكَمة

2. (defend) دافَعَ عَن ، بَرَّرَ

he pleaded his friend's cause دافَعَ عَنْ قَضِيّةِ صَدِيقِهِ

pleasant/'plezənt/*adj.* لَطِيفٌ ، سارٌّ ، مُبْهِج ، مُمْتِع ، طَيِّب

please/pliz/*v.t.* سَرَّ (ـُ)، أَبْهَجَ
v.i. طابَ (يَطِيبُ) لِ، راقَ (يَرُوقُ)، حَلا (يَحْلُو) لِ
as you please كما تَشاءُ، كما تُحِبُّ، كما يَحْلُو لَكَ
if you please مِنْ فَضْلِكَ، إنْ سَمَحْتَ، عَنْ إذْنِكَ
and now, if you please, I'm to get nothing for my hard work! والآن، والحَمْدُ لِلّٰهِ الّذي لا يُحْمَدُ على مَكْروهٍ سِواه، لَنْ أَحْظَى بأَجْرٍ لِقاءَ أَتْعابِي
tea for two, please (إبْرِيقُ) شاي لِشَخْصَيْن رَجاءً
pleased/plizd/*p.p. & adj.* مُبْتَهِج، مَسْرُور
I am pleased to report مِن دَواعي سُروري أنْ أُبَلِّغَكَ أنَّ...
she looks pleased with herself تَبْدُو مُعْجَبَةً بِنَفْسِها، راضِيةً عَنْها
pleasing/'plizɪŋ/*adj.* مُرْضٍ، سارٌّ، باعِثٌ على السُّرُور
pleasurable/'pleʒərəbəl/*adj.* مُلِذٌّ، مُسِرٌّ، مُرْضٍ
pleasure/'pleʒə(r)/*n.*
1. (enjoyment) سُرور، اِبْتِهاج، مُتْعة
2. (will, desire) مَشِيئة، رَغْبة
you may go or stay at your pleasure لَكَ الخِيار في البَقاءِ أو الرَّحِيل
he was detained during Her Majesty's pleasure اُحْتُجِزَ إلى أَجَلٍ غَيْرِ مُسَمًّى
pleat/plit/*n.* طَيّة، ثَنْية، خُبْنة في الخِياطة
pledge/pledʒ/*n.*
1. (security) رَهْنٌ (رُهون)، ضَمانٌ
2. (token) عُرْبون (عَرابِينُ)
3. (solemn promise) عَهْدٌ (عُهُود)، نَذْر (نُذُور)
v.t. **1.** (give as security) رَهَنَ (ـَ)
2. (drink the health of) شَرِبَ (ـَ) نَخْبَ فُلانٍ
plentiful/'plentɪfəl/*adj.* وافِرٌ، وَفِيرٌ، ضافٍ، غَزِيرٌ
plenty/'plentɪ/*n.* مُتَّسَعٌ مِنْ (وَقْتٍ مَثَلاً)، وَفْرٌ مِن، كَثْرةٌ مِنْ
he has plenty of courage لَدَيْهِ المَزِيدُ الوافِرُ مِنَ الشَّجاعة
pleurisy/'plʊərɪsɪ/*n.* ذاتُ الجَنْب، اِلْتِهاب البلورا، بِرْسام
pliable/'plɑɪəbəl/*adj.* مُطاوِع، قابِلٌ لِلَّيِّ والطَّيِّ، يَسْهُلُ التأثِيرُ عَلَيْه، سَلِسُ القِياد
pliant/'plɑɪənt/*adj.* لَدْنٌ، مُواتٍ، مِذْعان، مُطاوِع، لَيِّنُ العَرِيكة
pliers/'plɑɪəz/*n. pl.* مِلْقَط، مِنْقاش، زَرَدِيّة، كَمّاشة صَغِيرة
sing. **a pair of pliers** بِنْسة (م)، بلايس (ع)
plight/plɑɪt/*n.* مَأْزِقٌ حَرِجٌ، وَرْطة، مِحْنة
v.t. عاهَدَ، قَطَعَ على نَفْسِهِ عَهْدًا

plod/plod/*v.i.* مَشَى (يَمْشِي) بِتَثاقُلٍ وبُطْءٍ
(*fig.*) ظَلَّ (التِّلْمِيذُ) يَكُدُّ ويَكْدَحُ (حَتَّى نَجَحَ)
plodder/'plodə(r)/*n.* إنْسانٌ كَدُودٌ بَطِيء
plot/plot/*n.*
1. (*of land*) قِطْعةُ أَرْض، عَرْصَة (عَرَصات، أَعْراص)
2. (*of a story*) عُقْدةُ الرِّواية
3. (conspiracy) مَكِيدة (مَكايِدُ)، مُؤامَرة
v.t. & i. (plan secretly) اِئْتَمَرَ بِـ، تآمَرَ على، دَبَّرَ مَكِيدةً
v.i. (make chart, graph) *also* **plot out** خَطَّطَ، رَسَمَ خُطّةً أو خَرِيطة
plotter/'plotə(r)/*n.* مُتآمِرٌ
plough/plɑʊ/*n.* مِحْراث (مَحارِيثُ)
v.t. & i. حَرَثَ (ـِ)
the owners took no profits out of the business but ploughed them back in وَضَعَ أَصْحابُ العَمَلِ كُلَّ أَرْباحِهِم في تَحْسِينِ أَشْغالِهِم
ploughman/'plɑʊmən/*n.* حارِثٌ، حَرّاثٌ، أَكّارٌ
ploughshare/'plɑʊʃeə(r)/*n.* نَصْلُ المِحْراث، سِكّة الحِراثة
pluck/plʌk/*v.t.* قَطَفَ (ـِ) (زَهْرة)، نَزَعَ (ـَ) أو جَذَبَ (ـِ) بِسُرْعة
pluck a fowl نَتَفَ (ـِ) (رِيشَ دَجاجةٍ مَثَلاً)
pluck a guitar نَقَرَ أَوْتارَ القِيثارة
pluck up courage لَمَّ (ـُ) أَطْرافَ شَجاعَتِهِ
n. **1.** (offal) مِعْلاق (مَعالِيقُ)، فَضَلات الذَّبِيحة
2. (courage) (أَظْهَرَ) جُرْأةً وَجَسارةً
3. (tug) جَذْبةٌ لانْتِزاعِ شَيْءٍ
plucky/'plʌkɪ/*adj.* جَرِيءٌ، مِقْدام، شُجاع
plug/plʌg/*n.*
1. (stopper) سِدادة (لِفَتْحة)، صِمامة، سِطام (م)، طَبّة (م)، قَبْغ (ع)
2. (*elec.*) قابِس (في آلةٍ كَهْرَبائيّة)، فِيشة (م)
3. (*mech.*) *also* **sparking plug** شَمْعةُ الإشْعال في سَيّارة
v.t. **1.** (stop with plug) سَدَّ (ـُ) (بِسِدادة)
2. (connect electric appliance) وَصَلَ قابِسَ (المِكْواة مَثَلاً) بالكَهْرَباء
she plugged in the electric fire وَصَلَتْ قابِسَ المِدْفأة بالكَهْرَباء
3. (*coll.*) شَهَرَ (ـَ) شَيْئًا بِتَكْرارِ الإعْلانِ عَنه
through constant plugging on TV the song quickly became well-known سُرْعانَ ما اشْتَهَرَت الأُغْنِيةُ نَتِيجةَ الإعْلانِ المُتَكَرِّرِ عَنها في التِّلْفاز
plum/plʌm/*n.* إجّاص، بَرْقُوق (م)، خَوْخ (س)، عِنْجاص (ع)

that job is a plum (*coll.*) هذا مَنْصِبٌ مُحْتَرَمٌ بِمُرَتَّبٍ ضَخْم

plumage/ˈplumɪdʒ/*n.* رِيشُ الطُّيُور

plumb/plʌm/*n.* قِطْعَةُ رَصاصٍ بِخَيْطِ الشَّاقُول

adj. (vertical) عَمُودِيّ ، رَأْسِيّ

v.t. (measure **depth**) سَبَرَ (ـُ) غَوْرَ (البُحَيْرَة مَثَلًا)

plumber/ˈplʌmə(r)/*n.* سَمْكَرِيّ ، سَبّاك يُرَكِّبُ أنابِيبَ المِياهِ والأَدَواتِ الصِّحِّيَّة ، أبو بُورِيات (ع)

plumbing/ˈplʌmɪŋ/*n.* مَجْمُوعَةُ أنابِيبِ المِياهِ والمَجارِي في المَبانِي

plump/plʌmp/*adj.* مُكْتَنِز ، مُمْتَلِئُ الجِسْم ، رَبِيل ، سَمِين

v.i. & t.

1. (become/make plump) تَرَبَّلَ ، اِمْتَلأ ، سَمَّنَ

she plumped up the pillow نَفَشَت الوِسادَةَ ، نَفَضَت المِخَدَّةَ لِتَسْوِيَتِها

2. (drop or fall abruptly) اِرْتَمَى بِكُلِّ ثِقَلِهِ على المَقْعَد ، تَهاوَى على كُرْسِيِّهِ

3. (vote **for**) اِخْتارَ ، اِنْتَقَى ، اِنْتَخَبَ

plum pudding /ˈplʌm ˈpʊdɪŋ/*n.* حَلْوَى إنكليزِيَّة تَحْتَوِي على فَواكِهَ مُجَفَّفة (غالِبًا ما تُؤكَلُ في عِيدِ المِيلاد)

plunder/ˈplʌndə(r)/*n.* سَلْبٌ ، نَهْبٌ ، غَنِيمة

v.t. سَلَبَ (ـُ) ، نَهَبَ (ـَ) ، شَلَّحَ (ع) ، قَشَّطَ (م)

plunge/plʌndʒ/*v.t.* أَغْمَدَ (السَّيْفَ مَثَلًا) ، غَطَّسَ

v.i.

1. (pitch) غَطَسَ (ـِ) ، تَرَنَّحَت (السَّفِينة) ؛ وَثَبَت الفَرَسُ

he plunged on the stock exchange قامَرَ بِمَبْلَغٍ جَسِيمٍ في أسْواقِ البُورْصة

2. (dive) غَطَسَ (ـِ) (السَّبّاحُ في حَوْضٍ غَيْرِ عَمِيق)

n. **1.** (violent movement) حَرَكة فُجائِيَّة

2. (dive) غَطْسة

(*fig.*) take the plunge اِتَّخَذَ خُطْوةً جَرِيئة ، جازَفَ

pluperfect/ˈpluˈpɜfɪkt/ *adj. & n.* الماضي البَعِيد ، صِيغة الماضي الأَسْبَق (في الإنكليزِيّة)

plural/ˈplʊərəl/*adj. & n.* جَمْعِيّ ، خاصّ بِصِيغةِ الجَمْع ؛ صِيغة الجَمْع

plus/plʌs/*prep.* زائدًا ، مُضافًا إلى

adj. **1.** (extra) إضافِيّ

2. (*math.*) زائد ، عَلامةُ الجَمْعِ أو الإضافة

n.

1. (the sign +) علامة زائد + (رِياضِيّات)

2. (additional quantity) كَمِّيَّة إضافِيَّة ، (أَعْطَيْتُهُ خَمْسِين جُنَيْهًا) وزِيادة

plush/plʌʃ/*n. & adj.* قَطِيفةُ التَّنْجِيد والمَفْرُوشات

plutocrat/ˈplutəkræt/*n.* (شَخْص) مُتَنَفِّذٌ لِثَرائِه

ply/plaɪ/*n.* خَيْطٌ مِن خُيُوطِ الحَبْلِ المَبْرُومة ، طاقٌ ؛ طَبَقةٌ رَقِيقةٌ مِن خَشَب

v.t. & i. **1.** (use vigorously) اِشْتَغَلَ بِكُلِّ طاقَتِهِ

2. (work at) زاوَلَ حِرْفَتَه ، مارَسَها ، باشَرَ عَمَلَه

3. (overwhelm **with**) غَمَرَ (ـُ) بـ

they plied him with food and drink ما زالوا يُقَدِّمُون الطَّعامَ والشَّراب (للضَّيْفِ) حَتَّى شَبِعَ وارْتَوَى

4. (go to and fro **between**) تَرَدَّدَ بَيْنَ

plywood/ˈplaɪwʊd/*n.* ابلكاش (م) ، خَشَب رَقائِقِيّ (مُعاكِس)

pneumatic/njuˈmætɪk/*adj.* (جِهاز) يَعْمَلُ بالهَواءِ المَضْغُوط

pneumatic tyre إطار (سَيّارة) مَنْفُوخٌ بالهَواء

pneumonia/njuˈməʊnɪə/*n.* ذاتُ الرِّئة ، اِلْتِهابٌ رِئَوِيّ

poach/pəʊtʃ/*v.t. & i.*

1. (steal game) اِصْطادَ في ضَيْعةٍ خُصُوصِيّة بِغَيْرِ إذْنِ صاحِبِها

2. (cook) طَها (يَطْهُو ، يَطْهِي) سَمَكًا أو بَيْضًا بِلا قِشْرٍ في ماءٍ يَغْلِي أو بالبُخار

poacher/ˈpəʊtʃə(r)/*n.* صَيّادٌ يَصْطادُ في ضَيْعةٍ خُصُوصِيّة بِلا إذْنِ صاحِبِها

pock/pok/*n.* بَثْرةُ (الجُدَرِي)

pocket/ˈpokɪt/*n.*

1. (pouch in clothing) وَضَعَ في جَيْبِه

2. (money resources) مَصادِرُ مالِيّة ، مَوارِد

he was in (out of) pocket after the deal (بَعْدَ الصَّفْقة) أَصْبَحَ رابِحًا (أو خاسِرًا) ، غانِمًا أو غارِمًا

out of pocket expenses نَفَقاتٌ نَثْرِيّة تُدْفَعُ نَقْدًا

3. (cavity) فَجْوةٌ ، فَراغٌ

air pocket جَيْبٌ هَوائِيّ (تَهْتَزُّ الطّائِرةُ عِنْدَ مُرُورِها فِيه)

v.t. وَضَعَ في جَيْبِه

he pocketed my matches نَشَلَ عُلْبةَ كِبْرِيتي (أو شَخّاطَتي / ع)

pocket-book/ˈpokɪt-bʊk/*n.* دَفْتَرُ الجَيْب

pocket-knife/ˈpokɪt-naɪf/*n.* مِطْواة (مَطاوٍ) صَغِيرة

pocket money/ˈpokɪt mʌnɪ/*n.* مَصْرُوفُ الجَيْب ، خَرْجِيّة (س ، ع) ، شَبْرقة (م)

pockmarked/ˈpokmakt/*adj.* مُجَدَّرُ الوَجْه

pod/pod/*n.* سِنْفه (سِنَف) ، قَرْن (الفُول أو البازِلّاء)

poem/ˈpəʊɪm/*n.* قَصِيدة (قَصائِدُ) ، مَقْطُوعة شِعْرِيّة

poet/ˈpəʊɪt/*n.* شاعِرٌ (شُعَراء)

poetic/pəʊˈetɪk/*adj.* شِعْرِيّ ، (تَعْبِير) مَنْظُوم ، مُلْهِمٌ لِلشِّعْر

poetry/ˈpəʊɪtrɪ/*n.* شِعْر ، قَرِيض ، نَظْم

poignancy/ˈpɔɪnjənsɪ/*n.* شِدّةُ الحُزْن ، فَرْطُ الاكْتِئاب

poignant/ˈpɔɪnjənt/*adj.* مُؤْلِم ، مُفَتِّتٌ لِلأكْباد ،

مُمَزِّقٌ لِنياطِ القَلْب

point/pɔɪnt/*n.*

1. (sharp end, tip) حَدٌّ (السَّيف)، سِنٌّ (الرُّمح)، طَرَفُ (العَصا)

2. (dot) نُقطة (نِقاط)

decimal point عَلامة الكُسور العُشْرِيّة (وهي نُقطة بالإنكليزيّة وفارِزة بالعَرَبيّة)

3. (precise spot or moment) نُقطة مُعَيَّنة بالضَّبط، وَقْتٌ مُحَدَّدٌ تَمامًا

he was on the point of admitting it كان على وَشْكِ الاِعْتِرافِ بِهِ

point of view وُجْهة نَظَر

4. (unit of marking) (فازَ بِعِدّة) نِقاط (على مُنافِسِه)

5. (item) خاصِّيّة (خاصِّيّات، خَصائِص)

that is a point in his favour هذا أَمْرٌ في صالِحِه

6. (promontory) نُتُوءٌ أَرضِيٌّ في البَحْر، رَأْسٌ بَرِّيٌّ

7. (degree) دَرَجة

boiling point دَرَجةُ الغَلَيان

8. (direction on compass)

the points of the compass الجِهاتُ الأَصْلِيّة والفَرْعِيّة عَلَى البوصَلة

9. (*pl. on railways*) مُحَوِّلاتُ السَّيْر في السِّكَكِ الحَديدِيّة

10. (full stop) نُقطة نِهائيّة، وَقْفة

11. (relevance) صِلَةٌ أو تَعَلُّقٌ بالمَوضوع، في صَدَدِ الكَلام

his remarks were very much to the point كانَت مُلاحَظاتُه في صُلْبِ المَوْضوع

v.i. (indicate direction) اِتَّجَهَ نَحْوَ، أشارَ إلى

v.t. **1.** (direct, aim **at**) وَجَّهَ نَحْوَ

2. (sharpen) قَطَّ (ـُـ)، بَرَى (يَبْرِي)، دَبَّبَ طَرَفَ (القَلَم مَثَلًا)

3. (*bricks*) جَدَّدَ حافّةَ المِلاطِ بَيْنَ اللَّبِنات

4. (indicate) وَضَّحَ، أَظْهَرَ

point him out to me! أَوْمِئْ إليه، أَرِني إيّاه

point-blank/'pɔɪnt-'blæŋk/*adj. & adv.* (إطْلاق الرَّصاص) عَن كَثَب؛ (رَفْضٌ) قاطِعٌ؛ (رَفَضَ) بِحَزْمٍ وَشِدّة

pointed/'pɔɪntɪd/*p.p. & adj.* مُدَبَّبٌ، مُسَنَّنٌ؛ تَهَكُّمِيٌّ، لاذِعٌ، ساخِرٌ

pointer/'pɔɪntə(r)/*n.*

1. (indication) مُؤَشِّر، دَليلٌ عَلَى

2. (breed of dog) نَوْعٌ خاصٌّ مِن كِلابِ الصَّيْد

pointless/'pɔɪntləs/*adj.* لا طائِلَ تَحْتَه، لا يُجْدي نَفْعًا، لا مَعْنَى له؛ بِدونِ أَهْداف

poise/pɔɪz/*n.*

1. (balance) تَوازُن، اِتِّزان

2. (assurance) رَباطةُ جَأْش، ثِقةٌ بالنَّفْس

3. (bearing) مِشْيةٌ مُتَّزِنة

v.t. & i. حَفِظَ تَوازُنَ شَيْءٍ

poison/'pɔɪzən/*n.* سُمٌّ (سُموم)، مَوادُّ (سامّة)

v.t. قَتَلَ بِسُمٍّ، سَمَّ (ـُـ)، سَمَّمَ

poisonous/'pɔɪzənəs/*adj.* سامٌّ، يَقْطُرُ سُمًّا

poke/pəʊk/*v.t. & i.* نَخَسَ (ـَـ)، نَكَزَ (ـُـ)؛ فَتَّشَ عَن شَيْءٍ (في دُرْجٍ مَثَلًا)

you hurt his feelings when you poke fun at him (إنَّكَ) تَجْرَحُ عَواطِفَهُ عِنْدَما تَسْخَرُ مِنه

n. **1.** (thrust) نَغْزةٌ بالإصْبَع

2. (bag) حَقيبة

he bought a pig in a poke اِشْتَرَى شَيْئًا مِن دُونِ فَحْصِه، اِشْتَراهُ عَلَى العَمْياني (م، س)

poker/'pəʊkə(r)/*n.*

1. (card-game) بوكَر (مِن أَلْعابِ الوَرَق)

2. (metal bar for stirring fire) مِسْعَر، مِسْعار

polar/'pəʊlə(r)/*adj.*

1. (of North or South Pole) قُطْبِيٌّ، نِسْبة إلى القُطْب

2. (*elec.*) مَشْحونٌ بِكَهرَبائِيّة مُوجَبة وَسالِبة؛ مُتَناقِض

polarize/'pəʊləraɪz/*v.t.* اِسْتَقْطَبَ (الضَّوْءَ أو الكَهرَباء)؛ اِسْتَقْطَبَ الآراء

pole/pəʊl/*n.*

1. (rod, staff) عَمود (مِن الخَشَب أو الحَديد)

2. (*of Earth*) القُطْبُ (الشَّماليّ او الجَنوبيّ)

3. (*elec.*) قُطْب (كَهرَباء)

4. (*fig.*)

he is up the pole (*sl.*) واقِعٌ في وَرْطة أو في حَيْرةٍ شَديدة؛ فيه لَوْثة أو شُذوذ

they are poles apart هُما على طَرَفَيْ نَقيض

pole-jumping/'pəʊl-dʒʌmpɪŋ/*n.* القَفْزُ بالعَصا (أو بالزّانة)

pole-star/'pəʊl-stɑ(r)/*n.* النَّجْمُ القُطْبِيّ

police/pə'lis/*n.* شُرْطة، رِجالُ الأَمْن، بُولِيس (بَوالِيس)

police state دَوْلة بُولِيسيّة

v.t. حافَظَ عَلَى اسْتِتْبابِ الأَمْنِ في مِنْطَقةٍ ما

policeman/pə'lismən/*n.* شُرْطِيٌّ، رَجُلُ البُولِيس أو الشُّرْطة

police-station/pə'lis-steɪʃən/*n.* نُقْطة بُولِيس، دائِرة شُرْطة، مَخْفَرُ شُرْطة

policy/'pɒləsɪ/*n.*

1. (plan of action) خُطّةُ عَمَل

2. (statecraft) سِياسة

3. (insurance contract) بُولِيصةُ تَأْمين

polish/'pɒlɪʃ/*v.t. & i.* صَقَلَ (ـُـ)، جَلا (يَجْلُو)، جَلَى (يَجْلِي)، لَمَّعَ (سَطْحَ المَعْدِن)

she was charmed by أُعْجِبَتْ بِسُلُوكِهِ المُهَذَّب

his polished manner

n. **1.** (gloss) صَقْلٌ ، لَمَعان

2. (substance) مادّة للتّلميع أو الصّقل

furniture polish وَرْنيش لِتَلْميعِ الأثاث

shoe polish طِلاءُ الأَحْذِية ، صُبْغ قَنادِر (ع) ، بُويَه (س) ، وَرْنيش جِزَم (م)

polite/pə'laɪt/*adj.* مُؤَدَّب ، مُهَذَّب

he moved in polite society اِخْتَلَطَ بالأَوْساط الرّاقِية

politely/pə'laɪtlɪ/*adv.* بِلُطْفٍ ، بأَدَبٍ ، بِكِياسة

politeness/pə'laɪtnəs/*n.* أَدَبٌ ، تَأَدُّبٌ ، لُطْفٌ ، كِياسة ، مُجامَلة

politic/'polɪtɪk/*adj.*

1. (prudent) مُتَعَقِّل ، فَطِنٌ ، بَعِيدُ النَّظَر

2. (expedient) (تَصَرُّفٌ) حَصِيف ، حَكِيم

political/pə'lɪtɪkəl/*adj.* (حِزْبٌ) سِياسِيّ ، (عُلُوم) سِياسِيّة

politician/'polɪ'tɪʃən/*n.* سِياسِيّ ، مِن رِجال السِّياسة

politics/'polətɪks/*n. pl.*

1. (science of government) عِلْمُ السِّياسة

2. (political affairs) شُؤُونٌ سِياسِيّة

poll/pəʊl/*n. & v.t.* اِقْتِراع ، تَصْوِيت ، اِقْتَرَعَ ، صَوَّتَ

public opinion poll اِقْتِراعُ الرَّأْيِ العامّ

he polled over a thousand votes أَحْرَزَ ما يَنُوف علَى الأَلْف صَوْت

pollen/'polən/*n.* غُبارُ الطَّلْع ، حُبوبُ اللِّقاح

pollinate/'polɪneɪt/*v.t.* لَقَّحَ ، أَبَّرَ

polling-booth/'pəʊlɪŋ-buð/*n.* كُشْكُ الاِقْتِراع

pollute/pə'lut/*v.t.* لَوَّثَ (مِياهَ الأَنْهار أو الجَوّ) ، دَنَّسَ

pollution/pə'luʃən/*n.* تَلْوِيث ، تَدْنِيس

poly-/'polɪ-/*pref.* مَقْطَعٌ اسْتِهْلاليّ بِمَعْنَى كَثِير أو مُتَعَدِّد

polygamy/pə'lɪgəmɪ/*n.* تَعَدُّدُ الزَّوْجات ، الزَّواجُ بِأَكْثَرَ مِن واحِدة

polyglot/'polɪglot/*adj. & n.* مُتْقِنٌ لأَكْثَرَ مِن لُغَتَيْن

polytechnic/'polɪ'teknɪk/*adj.* (الكُلِّيّة) ذاتُ الفُنون أو الدِّراسات الحِرَفِيّة المُتَعَدِّدة

n. مَعْهَدٌ للفُنُون التَّطْبِيقِيّة

polythene/'polɪθin/*n.* مادّة البُولِيثِين الشَّبِيهة بالنّايْلُون

polythene bag كِيس بُولِيثِين (لِحِفْظِ الأَطْعِمة مَثَلاً)

pomegranate/'pomɪgrænət/*n.* رُمّان

pomp/pomp/*n.* أُبَّهةٌ ، عَظَمة ، فَخامة

pomposity/pom'posətɪ/*n.* أُبَّهةٌ ، تَباهٍ

pompous/'pompəs/*adj.* (مُوَظَّف) مُتَغَطْرِس ، مُتَفاخِر ، (أُسْلُوبٌ) طَنّان أو رَنّان

pond/pond/*n.* بِرْكة ، بُحَيْرة صَغِيرة في حَدِيقة

ponder/'pondə(r)/*v.t. & v.i.* تأَمَّلَ في ، تَبَصَّرَ في ، تَرَوَّى في

he pondered over the incident فَكَّرَ مَلِيًّا في القَضِيّة

pontoon/pon'tun/*n.*

1. (boat) صَنْدَلٌ صَغِيرٌ ذُو قاعٍ مُسَطَّح

2. (*for bridge*) إِحْدَى عَوّامات جِسْرٍ عائم

3. (card game) لُعْبة مِن أَلْعابِ الوَرَق

pony/'pəʊnɪ/*n.* فَرَسٌ صَغِير ، سِيسِي

pool/pul/*n.*

1. (area of water) بِرْكة ، مِساحة مائِيّة

the Pool of London مِيناءُ لَنْدَن

2. (gambling) مَجْمُوع الأَمْوال التي يُقامَرُ بِها

the (football) pools يا نَصِيب علَى شَكْلِ المُقامَرةِ علَى مُبارَيات الكُرة

3. (common fund) أَمْوال أو خَدَمات مُشْتَرَكة

typing pool خِدْمة الطِّباعة علَى الآلة الكاتِبة تُقَدَّمُ بِشَكْلٍ مُشْتَرَك لِكُلِّ مُوَظَّفي الدّائرة

4. (billiards) نَوْعٌ خاصّ مِن لُعْبة البِلْيارْدُو

v.t. ساهَمَ في (صُنْدُوق الأَمْوال المُشْتَرَكة)

poor/'pʊə(r)/*adj.*

1. (needy) فَقِير ، مُعْدِم

2. (inferior) (بِضاعة مِن صِنْف) رَدِيء

3. (unfortunate) مِسْكِين ، غَلْبان

that poor bird is kept in a cage ذاك الطّائرُ المِسْكِين مَسْجُون في القَفَص

the poor (*pl.*) الفُقَراء ، المَساكِين ، البُؤَساء

poorly/'pʊəlɪ/*adj. & adv.* (صِحَّتُه اليَوْمَ) مُعْتَلّةٌ بَعْضَ الشَّيْء ، تَعْبان شْوَيّه (م) ، بِشَكْل سَيِّئ

pop/pop/*n.*

1. (sound) فَرْقَعة (فِلِّينة القِنِّينة)

2. (*coll.* popular music) الأَغاني الحَدِيثةُ الخَفِيفةُ الشّائِعةُ عِنْدَ المُراهِقِين

v.i. **1.** (make a pop) طَقَّ (ـُ) ، فَرْقَعَ فَرْقَعةً خَفِيفة

2. (*coll.* move rapidly) أَطَلَّ بِرَأْسِه (مِن الباب) ، مَرَّ (ـُ) بِسُرْعة

pop in (*coll.* visit) زارَ (صَدِيقَهُ) زِيارةً خاطِفة ، طَلَّ عَلَيْه (م) ، مَرَّ عَلَيْه

pop off (*sl.* die) اِنْصَرَفَ فَجْأةً ، ماتَ فَجْأةً ، نَفَقَ (م) ، فَرَضَ الحَبْل

pop up (occur) (بَعْدَ غِيابٍ طَوِيل) ظَهَرَ فَجْأةً

v.t.

1. (cause to pop) فَزَرَ (ـُ) أو طَقَّ (البالُون مَثَلاً)

2. (*coll.* place quickly) أَخْفَى شَيْئًا بِسُرْعة ، وَضَعَهُ (في جَيْبِه مَثَلاً) بِسُرْعة

he popped his head round the door نَظَرَ نَظْرةً خاطِفةً مِن خِلالِ الباب ، أَطَلَّ بِرَأْسِه مِن الباب

pop the question (*coll.* propose) طَلَبَ مِنْها أن تَتَزَوَّجه ، طَلَبَ يَدَها

popcorn/ˈpopkɔn/*n.* ذُرةٌ مُشَقَّقة ، فِشار ، بُوشار (س) ، شامِيّة (ع)

pope/pəup/*n.* قَداسة البابا ، الحَبْرُ الأعْظَم

poplar/ˈpoplə(r)/*n.* (شَجرة) الحَوْر ، الحَوْرُ (شَجَرٌ سَريعُ النُّموّ مِن الصَّفصافِيّات)

poplin/ˈpoplɪn/*n.* قُماش البُوبْلِين ، قُماشٌ قُطْنِيّ للقُمْصان

poppy/ˈpopɪ/*n.* زَهْرة الخَشْخاش

populace/ˈpopjuləs/*n.* عامّة النّاس ، الجُمْهُور

popular/ˈpopjulə(r)/*adj.* شَعْبِيّ ، نِسْبةً إلى العامّة

the popular press الصِّحافة الشَّعْبِيّة (الرَّخِيصة)

cars at popular prices سَيّاراتٌ مُتَهاوِدةُ الأسْعار

a popular hero بَطَلٌ مَحْبُوب

popularity/ˌpopjuˈlærɪtɪ/*n.* شَعْبِيّة ، شُهْرة ، رَواج

popularize/ˈpopjuləraɪz/*v.t.* رَوَّجَ (سِلْعة) ؛ بَسَّطَ مَوْضُوعًا وجَعَله مَفْهُومًا مِن العامّة ، عَمَّمَ (مَعارِفَ)

populate/ˈpopjuleɪt/*v.t.* سَكَنَ (ـُ) في مَكان ، قَطَنَ (ـُ)

populated areas المَناطِقُ المأْهُولة

population/ˌpopjuˈleɪʃən/*n.* سُكّان ، قِطاعٌ مِن سُكّان ، تَعْدادُ السُّكّان

populous/ˈpopjuləs/*adj.* آهِلٌ ، مُزْدَحِمٌ بالسُّكّان

porcelain/ˈpɔsəlɪn/*n.* خَزَفٌ أو صِينِيٌّ رَقيقٌ وشِبْهُ شَفّاف

porch/pɔtʃ/*n.* مَدْخَلٌ مَسْقُوفٌ للمَبْنَى ؛ فِراندة ، شُرْفة

pore/pɔ(r)/*n.* مَسامّة (مَسامّات) الجِلْد ، مَنْتَحٌ (مَناتِح)

v.i. with **over/upon** اِنْهَمَكَ في ، اِنْكَبَّ على

he pored over the problem اِسْتَغْرَقَ مُفَكِّرًا في المُشْكِلة

pork/pɔk/*n.* لَحْمُ الخِنْزِير

pornographic/ˌpɔnəˈgræfɪk/*adj.* (صُورة أو كِتابٌ) فاضِح ، إباحِيّ

pornography/pɔˈnogrəfɪ/*n.* الأدَبُ أو الفَنُّ المَكْشُوف ، خَلاعِيّة

porous/ˈpɔrəs/*adj.* (تُرْبة) مَسامِّيّة ، قابِلٌ للرَّشْح

porridge/ˈporɪdʒ/*n.* عَصِيدة أو ثَرِيد مِن دَقيقِ الشُّوفان

port/pɔt/*n.*

1. (harbour) مِيناء (مَوانٍ ، مِيَن) ، مَرْفأ (للسُّفُن) (مرافئ)
2. (town) مِيناء ، مَرْسًى
3. (left side of ship) الطَّرفُ الأيْسَرُ مِن السَّفِينة أو الطّائرة
4. (wine) نَبِيذٌ بُرْتُغالِيّ قَوِيّ حُلْوُ المَذاق

portable/ˈpɔtəbəl/*adj.* سَهْلُ النَّقْلِ أو الحَمْلِ مِن مَكانٍ لآخَر ، (رادِيو) نَقّال

portend/pɔˈtend/*v.t.* (حادِثٌ) يُنْبِئُ أو يُنْذِرُ (بِحُدُوث شَيْءٍ ما)

this portends war هذا نَذِيرُ حَرْبٍ

portent/ˈpɔtent/*n.* فألٌ ، طِيَرة ، نَذِيرُ شُؤْمٍ أو سُوءِ طالِع

portentous/pɔˈtentəs/*adj.* نَذِيرٌ ، مُنْذِرٌ بالسُّوء

porter/ˈpɔtə(r)/*n.*

1. (luggage-carrier) شَيّال ، حَمّال (بالمَحَطّة مَثَلًا)
2. (door-keeper) بَوّاب عِمارة ، حارِس

portfolio/pɔtˈfəulɪəu/*n.*

1. (case for papers) حَقِيبة أو مِحْفَظة للرَّسائل والأوْراق
2. (*fig.* office of minister of state) مَنْصِب وِزارِيّ

minister without portfolio وَزير بِلا وِزارة

3. (investments) أوْراق مالِيّة

portico/ˈpɔtɪkəu/*n.* رِواقٌ ذُو أعْمِدة (عِنْدَ مَدْخَلِ بِناء)

portion/ˈpɔʃən/*n.*

1. (part) قِسْمٌ (أقسام) ، جُزْءٌ (أجْزاء)
2. (food) كَمِّيّة مِن الطَّعام

she gave me a generous portion of duck ناوَلَتْنِي قِطْعةً سَخِيّةً من لَحْم البَطّة

3. (dowry) بائنة ، دُوطة

v.t. وَزَّعَ ، قَسَّمَ

portion the work out amongst us قَسِّمِ العَمَلَ بَيْنَنا

portrait/ˈpɔtrɪt/*n.* صُورة تُرْسَمُ للشَّخص ؛ وَصْفٌ حَيّ

portraiture/ˈpɔtrɪtʃə(r)/*n.* فَنُّ رَسْمِ الأشْخاص

portray/pɔˈtreɪ/*v.t.* رَسَمَ (ـُ) ، صَوَّرَ ؛ وَصَفَ (مَنْظَرًا)

portrayal/pɔˈtreɪəl/*n.* تَصْوير ، وَصْفٌ

pose/pəuz/*v.i.*

1. (assume certain position) اِتَّخَذَ وَضْعًا خاصًّا للتَّصْوير

please pose for a photograph اِتَّخِذْ وَضْعًا مُناسِبًا لِالْتِقاطِ صُورَتِكَ رَجاءً

2. (set oneself up falsely **as**) اِدَّعَى أنّه

the spy posed as a merchant تَظاهَرَ الجاسُوسُ بأنّه تاجِر

v.t.

1. (put *a question*) وَجَّهَ سُؤالًا

this poses a problem هذا يَطْرَحُ أمامَنا مُشْكِلةً

2. (arrange in a certain position) أجْلَسَ أو أوْقَفَ شَخْصًا (لِلتَّصْوير)

n.

1. (position) جِلْسة ، وَضْعٌ خاصّ يُتَّخَذُ عِنْدَ التَّصْوير
2. (affectation) تَكَلُّفٌ ، تَصَنُّعٌ

posh/poʃ/*adj.* (*coll.*) أنِيق ، (حاجة) فَخْمة ، مُمْتاز ، "أكابِر"

position/pəˈzɪʃən/*n.*

1. (place) مَوْضِع ، مَكان ، مَوْقِف
2. (posture) طَريقة جُلُوس ، جِلْسة ، وِقْفة
3. (opinion) رَأْيٌ ، مَوْقِفٌ ، وُجْهة نَظَر
4. (employment) مَنْصِب ، وَظِيفة
5. (rank) مَكانة ، مَرْتَبة ، وَضْع

positive/ˋpɒsɪtɪv/*adj.*
1. (definite) باتٌّ ، جازِم
2. (not negative) إيجابيّ
3. (sure) واثِقٌ مِن ، مُتَيَقِّنٌ مِن ، مُتَأَكِّدٌ من
4. (*gram.*) (جُمْلة) إيجابِيّة ، مُثْبِتة
5. (*math.*) مُوجَب (رِياضِيّات)
6. (*elec.*) قُطْبٌ مُوجَب (كَهْرَباء)
7. (*photog.*) صُورة فُوتُوغرافِيّة مُوجَبة
positively/ˋpɒzɪtɪvlɪ/*adv.* بالتَّأْكِيد
this is positively the actor's last appearance هٰذه حَتْمًا آخِرُ مَرَّةٍ يَظْهَرُ فِيها المُمَثِّلُ (عَلَى خَشَبة المَسْرَح)
possess/pəˋzes/*v.t.*
1. (own) مَلَكَ (ـ) ، اِمْتَلَكَ ، اِقْتَنَى
2. (control) ضَبَطَ (عَواطِفَهُ) ، رَبَطَ (جَأْشه) ، وَثِقَ (بِنَفْسِه)
he is always calm and self-possessed هو هادِئٌ رابِطُ الجَأْش دائمًا
possession/pəˋzeʃən/*n.*
1. (ownership) تَمَلُّكٌ ، اِمْتِلاك ، حِيازة
2. (*pl.* personal possessions) مُمْتَلَكات شَخْصِيّة
possessive/pəˋzesɪv/*adj.*
1. (eager to possess) مُتَلَهِّفٌ للتَّمَلُّك ، مُسْتَأْثِر (بِحُبِّ شَخْصٍ)
the child is possessive about his toys الطِّفْلُ حَرِيصٌ عَلَى لُعَبِهِ لا يُحِبُّ إعارَتَها لِغَيْرِهِ
2. (*gram.*) صِيغةُ التَّمَلُّك (كِتابِي ، كِتابُك الخ)
possessor/pəˋzesə(r)/*n.* مالِكُ (عَقار) ، صاحِبُه ، واضِعُ اليَدِ عَلَيْه
possibility/ˈpɒsɪˋbɪlɪtɪ/*n.* إمْكان ، اِحْتِمال ، اِسْتِطاعة
there are great possibilities in your proposal اِقْتِراحُك مُنْطَوٍ عَلَى إمْكاناتٍ عَظِيمة
possible/ˋpɒsɪbəl/*adj.*
1. (able to be done) مُمْكِن ، يُمْكِنُ إجْراؤُه ، مُسْتَطاع ، جائز
2. (likely to happen) مُحْتَمَلُ الوُقُوع
3. (reasonable) مَعْقُول ، مَقْبُول ، مُمْكِن
possibly/ˋpɒsɪblɪ/*adv.*
1. (in accordance with possibility) مِن المُمْكِن أن ، يُحْتَمَلُ أن
he did all he possibly could بَذَلَ كُلَّ ما في وُسْعِه
2. (perhaps) رُبَّما ، لَعَلَّ ، قَدْ (يَذْهَب) ، عَلَّ ، عَسَى
she may possibly be late قَدْ تَصِلُ مُتَأَخِّرةً
post/pəʊst/*n.*
1. (*of wood*) عَمُودٌ مُثَبَّتٌ في الأَرْض ، قائمة (مِن الخَشَب أو ما إليه)
2. (place of duty) مَرْكَز (مَراكِز) ، مَحَطّة
3. (job) وَظِيفة ، مَنْصِب ، شُغْل (أشْغال ، شُغُول)
4. (mail) بَرِيد
please reply by return of post يُرْجَى الجَوابُ فَوْرًا ، الرَّدُّ بِرُجُوعِ البَرِيدِ لُطْفًا
v.t. **1.** (mail) أَرْسَلَ خِطابًا أو طَرْدًا بالبَرِيد
2. (appoint) نَقَلَ جُنْدِيًّا إلى مَقَرٍّ جَدِيد
post-/pəʊst/*pref.* (after) مَقْطَعٌ اسْتِهْلالِيّ بِمَعْنَى "بَعْدَ"
postage/ˋpəʊstɪdʒ/*n.* أُجْرةُ البَرِيد ، رَسْمُ بَرِيد
postage stamp طابَعُ بَرِيد
postal/ˋpəʊstəl/*adj.* بَرِيدِيّ
postal order إذْنٌ بَرِيدِيّ ، حَوالة بَرِيدِيّة
postbox/ˋpəʊstbɒks/*n.* صُنْدُوقُ بَرِيد
postcard/ˋpəʊstkɑd/*n.* بِطاقة بَرِيدِيّة
post-dated/ ˈpəʊst-ˋdeɪtɪd/*adj.* (صَكٌّ) يَحْمِلُ تارِيخًا مُتَأَخِّرًا عَن وَقْتِ كِتابَتِهِ
he gave me a post-dated cheque أَعْطانِي صَكًّا بِتارِيخٍ مُتَأَخِّر
poster/ˋpəʊstə(r)/*n.* مُلْصَق ، إعْلان جِدارِيّ (إعلانات) ، صُورة كَبِيرة
poste restante/ ˈpəʊst ˋrestɑnt/*n.* يُحْفَظُ في شُبّاك البَرِيد ، بَرِيدٌ مَحْفُوظ
posterior/pɒˋstɪərɪə(r)/*adj.* مُتَأَخِّر ، خَلْفَ ، بَعْدَ
n. (*joc.*) مُؤَخَّرة ، عَجُزٌ ، دُبُرٌ
posterity/pɒˋsterɪtɪ/*n.* ذُرِّيّة ، نَسْلٌ ، الأَجْيالُ الصّاعِدة
post free/ˈpəʊstˋfri/*adj. & adv.* خالِص أُجْرة البَرِيد
post-graduate/ ˈpəʊst-ˋgrædʒʊət/*adj.* مُتَخَرِّج ، حائزٌ علَى دَرَجةِ اللِّيسانس
post-haste/ˈpəʊst-ˋheɪst/*adv.* عَلَى عَجَل ، بأقْصَى سُرْعةٍ مُمْكِنة
posthumous/ ˋpɒstʃʊməs/*adj.* بَعْدَ الوَفاة ، (مَوْلُودٌ) بَعْدَ وَفاةِ (أبِيه) ، (مَنْشُورٌ) بَعْدَ وَفاةِ (مُؤَلِّفِهِ)
postmark/ˋpəʊstmɑk/*n.* خَتْمُ البَرِيد
post meridiem/ˈpəʊst mɪˋrɪdɪəm/(*abbr.* **p.m.**) *adv.* بَعْدَ الظُّهْر (ب . ظ .)
post-mortem/ ˈpəʊst-ˋmɔtəm/*n. & adj.* تَشْرِيحُ الجُثّة
post-office/ˋpəʊst-ɒfɪs/*n.* دائرةُ البَرِيد
post office box (*abbr.* **P.O.B.**) صُنْدُوق بَرِيد
post-paid/ˈpəʊst-ˋpeɪd/*adj. & adv.* خالِص أُجْرة البَرِيد
postpone/pəˋspəʊn/*v.t.* أَجَّلَ ، أَرْجَأَ ، أَخَّرَ
postponement/pəˋspəʊnmənt/*n.* تأجِيل ، إرْجاء ، تأخِير
postcript/ˋpəʊsskrɪpt/ (*abbr.* **P.S.**) *n.* حاشِيةُ (الرِّسالة) ، ذَيْل ، مُلْحَق
posture/ˋpɒstʃər/*n.*
1. (attitude of body) وَضْعُ الجِسْم ، وِقْفة ، جِلْسة

2. (attitude of mind) اِتِّخاذُ مَوْقِفٍ (تُجاهَ مُشْكِلة) ، الحالة الرّاهِنة (في الوَضْعِ السِّياسِيّ)

v.i. اِتَّخَذَ وَضْعًا مُخْتالاً مُتَصَنِّعًا

she was posturing in front of the mirror كانت تَخْتالُ أمامَ المِرآةِ مُعْجَبةً بِنَفْسِها

post-war/ˈpəʊst-wɔ(r)/*adj.* (فَتْرةُ) ما بَعْدَ الحَرْب

pot/pot/*n.*

1. (vessel) قِدْرٌ ، إناءٌ (آنِية ، أوانٍ) ، وِعاءٌ (أوْعِية) ، إبْرِيق (شاي) (أبارِيقُ)

come home with me and take pot luck! إرْجِعْ مَعِي لِتَأكُلَ ما قُسِمَ

2. (chamber-pot) قَصْرِيّة ، قَعّادة (للأطْفال)

3. (marijuana *sl.*) حَشِيشةُ الكَيْف

v.t. 1. (preserve) أعَدَّ اللُّحُومَ لِحِفْظِها في عُلَب

2. (plant) وَضَعَ شَتْلةً في أصِيصٍ

3. (*coll.* put child on chamber-pot) أجْلَسَ طِفْلاً على قَعّادة

4. (shoot at) أطْلَقَ الرَّصاصَ على ... ، أطْلَقَ النّارَ جُزافًا

5. (*coll.* make pottery) صَنَعَ الخَزَفَ

potash/ˈpotæʃ/*n.* بُوتاس

potassium/pəˈtæsɪəm/*n.* مَعْدِنُ البُوتاسِيوم

potato/pəˈteɪtəʊ/*n.* بَطاطة ، بَطاطِس (م) ، بَتاتا (ع)

pot-bellied/ˈpot-ˈbelɪd/*adj.* بَطِين ، مُسْتَكْرِش ، أكْرَش

pot-boiler/ˈpot-bɔɪlə(r)/*n.* تأليفٌ مُبْتَذَلٌ نُشِرَ لِمُجَرَّدِ الكَسْبِ المادِّيّ

potent/ˈpəʊtənt/*adj.* قَوِيّ ، مُقْتَدِر ؛ فَحْلٌ ذُو قُوّةٍ تَناسُلِيّة ؛ شَدِيدُ الوَقْعِ على الحَوَاسّ ؛ مَسْمُوعُ الكَلِمة

potential/pəˈtenʃəl/*adj.* (مَصادِرُ ثَرْوةٍ) كامِنة ؛ صِيغَةُ الإمْكانِيّة (كما في : قَدْ تُمْطِر)

n. (elec.) جُهْدٌ كَهْرَبائِيّ ، كُمُون

potentiality/pəˌtenʃɪˈælətɪ/*n.*

1. (concealed power) قُوّة كامِنة يُمْكِنُ تَنْمِيَتُها واسْتِغْلالُها

2. (*pl.* latent intellectual powers) طاقة فِكْرِيّة (عِنْدَ طِفْل) لا تَزالُ كامِنة

3. (*pl.* possibilities) إمْكانات ، احْتِمالات

potentially/pəˈtenʃəlɪ/*adv.* على وَجْهِ الإمْكان أو الاحْتِمال

a potentially rich country بَلَدٌ ذُو ثَرَواتٍ كامِنة

pot-hole/ˈpot-həʊl/*n.* حُفْرة في سَطْحِ الطَّرِيق

potion/ˈpəʊʃən/*n.* جُرْعةٌ مِن دَواء أو شَرابٍ سِحْرِيّ

potter/ˈpotə(r)/*n.* خَزّاف ، فَخّارِيّ ، فاخُورِي

pottery/ˈpotərɪ/*n.* فَخّارِيّات ، فَخّار ؛ صِناعة الفَخّار ، مَصْنَعُ فَخّار

potty/ˈpotɪ/*adj.* (*coll.*) تافِهٌ ؛ أبْلَهُ ، أحْمَقُ

pouch/paʊtʃ/*n.* جِرابٌ صَغِير ، مِحْفَظة جَيْب ، كِيسٌ لِحِفْظِ تَبْغِ الغَلْيُون

poulterer/ˈpəʊltərə(r)/*n.* بائِعُ الدَّواجِن (والقَنَصِ أحْيانًا)

poultice/ˈpəʊltɪs/*n.* لَصْقَة (لِلالْتِهابات) ، لَبْخَة

poultry/ˈpəʊltrɪ/*n.* دَواجِنُ ، طُيُورٌ أهْلِيّة

pounce/paʊns/*v.i.* اِنْقَضَّتْ (القِطّةُ على الفار)

n. اِنْقِضاضة ؛ بُرْثُن (مِخْلَبُ السِّباع والطَّيْر)

pound/paʊnd/*n.*

1. (weight) رَطْلٌ إنْكلِيزِيّ (يُساوِي ١٦ أوقِيّة أو ٤٥٣ غرامًا) ، باوْنْدٌ (ع)

2. (money) جُنَيه (إسْتَرْلِينِي أو مِصْرِي الخ) ، لِيرة (لُبْنانِيّة مَثَلاً)

3. (enclosure) حَظِيرة للماشِية الهائِمة ؛ مُسْتَوْدَعٌ للسَّيّارات التي يَحْتَجِزُها البُولِيس

v.t. & i. 1. (thump) ضَرَبَ (ـِ) ، دَقَّ (ـُ)

their heavy guns pounded the city walls دَكَّتْ مَدافِعُهُم أسْوارَ المَدِينة

2. (crush to pieces) هَرَسَ (ـُ) ، سَحَنَ (ـَ) (التَّوابِلَ في هاوُن)

3. (walk heavily) جَرَى أو مَشَى بِخُطًى ثَقِيلة

he pounded along the road عَدَا في الشّارِعِ بِثِقَلٍ (راكِبًا أو راكِضًا)

pour/pɔ(r)/*v.t.* صَبَّ (ـُ) في ، سَكَبَ (ـُ)

v.i. هَطَل (المَطَرُ) ، تَدَفَّقَ ، اِنْهَمَرَ

pout/paʊt/*v.i.* بَوَّزَ (الطِّفْلُ المُدَلَّل) ، زَمَّ شَفَتَيْهِ مُسْتاءً

n. تَبْوِيزة (عَلامةُ الاسْتِياء)

poverty/ˈpovətɪ/*n.* فَقْرٌ ، عَوَزٌ ، جَدْبُ (الأفْكار)

poverty-stricken/ˈpovətɪ-strɪkən/*adj.* مُعْوِز ، عَضَّه الفَقْرُ بِنابِهِ ، مُدْقِع ، بائِس ، مِسْكِين (مَساكِينُ)

powder/ˈpaʊdə(r)/*n.*

1. (crushed matter) مَسْحُوق

2. (medicine) دَواءٌ بِهَيْئَةِ مَسْحُوق

3. (cosmetic) بُودْرة (للزِّينة)

4. (gunpowder) بارُود

v.t. 1. (reduce to powder) سَحَقَ (ـَ) (المِلْحَ مَثَلاً) ، جَرَشَ (ـُ)

2. (sprinkle) ذَرَّ مَسْحُوقًا على

v.i. (crumble) تَفَتَّتَ

powdery/ˈpaʊdərɪ/*adj.* مُغَطًّى بالبُودْرة ، يُشْبِهُ المَسْحُوق

power/ˈpaʊə(r)/*n.*

1. (ability) قُدْرة ، طاقة

2. (strength) قُوّة ، شِدّة

3. (authority) سَيْطَرة ، سُلْطة

4. (electric supply) تَيّارٌ كَهْرَبائِيّ

power tools أدَواتٌ كَهْرَبائِيّة

5. (state) دَوْلة كَبيرة أو قَوِيّة

the Great Powers الدُّوَلُ العُظْمَى

6. (*math.*) أُسٌّ (أُسُس) (عَدَدُ المَرّات التي يُضْرَبُ بِها العَدَدُ في نَفْسِه) (رياضِيّات)

powerful/ˈpaʊəfəl/*adj.* (مُحَرِّكٌ) قَوِيّ ، (وَزير) ذُو نُفوذ كَبير ؛ (ضَرْبة) جَبّارة ، (حُجّة) مُفْحِمة دامِغة ، ناجِع

powerless/ˈpaʊələs/*n.* عاجِزٌ (عَن المُقاوَمة) ، لا حَوْلَ له ، لا يَمْلِكُ البَتَّ في الأَمْر

power-station/ˈpaʊə-steɪʃən/*n.* مَحَطّة توليد الكَهْرَباء

practicability/ˈpræktɪkəˈbɪlətɪ/*n.* إمْكانِيّةُ تَطْبيقٍ أو إجْراء

practicable/ˈpræktɪkəbəl/*adj.* قابِلٌ للتَّطْبيق أو للتَّنْفيذ ، (مَمَرٌّ جَبَلِيّ) يُمْكِنُ اجْتِيازُه

practical/ˈpræktɪkəl/*adj.*

1. (not theoretical) عَمَلِيّ
2. (able to be done) مُمْكِن التَّحْقيق

for all practical purposes عَمَلِيًّا ، مِن جَميعِ الوُجُوهِ التَّطْبيقِيّة

3. (able to do things) عَمَلِيّ ، واقِعِيّ

he is a practical man إنّه رَجُلٌ عَمَلِيّ ، له نَظْرة واقِعِيّة

practice/ˈpræktɪs/*n.*

1. (action) فِعْلٌ ، عَمَلٌ ، تَطْبيق

in practice not in theory عَمَلِيًّا لا نَظَرِيًّا

2. (training) تَدْريب ، تَمْرين

in/out of practice... مُواظِب أو غَيْرُ مُواظِب على مُمارَسةِ ...

3. (habit) عادة ، أُلْفة

4. (professional business of doctor, lawyer) مُمارَسةُ مِهْنَة الطِّبّ أو المُحاماة ؛ المَجْمُوع العامّ لِمُراجِعِي طَبيبٍ أو لِمُوَكِّلِي مُحامٍ

practise/ˈpræktɪs/*v.t. & i.*

1. (train oneself in) واظَبَ على التَّدْريب والتَّمْرين

practise typing every morning! تَدَرَّبْ على الآلةِ الكاتِبة كُلَّ صَباح

2. (do) عَمِلَ (ـَ)

he practises what he preaches يُطَبِّقُ ما يَدْعُو إلَيْه

3. (work at) مارَسَ ، اِشْتَغَلَ في

he will practise medicine when he graduates سَيُزاوِلُ الطِّبَّ بَعْدَ تَخَرُّجِه

practitioner/prækˈtɪʃənə(r)/*n.* مُمارِسٌ لِمِهْنة (ولا سِيَّما الطِّبّ)

pragmatic/prægˈmætɪk/*adj.* عَمَلِيّ ، واقِعِيّ ، نَفْعِيّ ؛ (مَذْهَب) ذَرائِعِيّ

prairie/ˈpreərɪ/*n.* البَرارِي ، سُهُوب

praise/preɪz/*v.t.*

1. (speak highly of) مَدَحَ (ـَ) ، أَثْنَى على ، أَطْرَى
2. (worship) حَمِدَ (ـَ) ، حَمَدَ (ـُ) ، سَبَّحَ

n. 1. (approval) مَديحٌ ، ثَناءٌ

he deserves praise يَسْتَحِقُّ المَديح

2. (worship) حَمْدٌ ، تَسْبيح

praise be to Allah الحَمْدُ لِلّه ، سُبْحانَ اللّه

praiseworthy/ˈpreɪzwɜðɪ/*adj.* جَديرٌ بالثَّناء والإطْراء ، حَميد

pram/præm/*n.* (*the usual word for* **perambulator**) عَرَبة صَغيرة للطِّفْلِ الوَليد

prance/prɑns/*v.i.* حَنْجَلَ (الحِصان) ، مَشَى قَفْزًا

prank/præŋk/*n.* مُعابَثة ، دُعابة ، مَزْحة ، مَقْلَب

prattle/ˈprætəl/*v.i.* هَذَرَ (ـِ) (الطِّفْل) ، ثَرْثَرَ

prawn/prɔn/*n.* جَمْبَرِي (م) ، إرْبيان (ع) ، قُرَيْدِس (س)

pray/preɪ/*v.i. & t.* صَلَّى ، تَعَبَّدَ

pray for صَلَّى على (المَيِّت) ، اِبْتَهَلَ إلى اللّه لِحِفْظ صِحّة فُلان)

pray silence for H.E. the Ambassador! الرَّجاء مُراعاة الصَّمْت فَسِيادَة السَّفير سَيَتَحَدَّثُ إلَيْكُم

he is past praying for هو على شَفا الهَلاك ، اِنْتَهَى أَمْرُه ، مَيْؤُوسٌ مِنه

prayer/preə(r)/*n.*

1. (act of praying) صَلاة (صَلَوات) ، دُعاءٌ لِلّه ، اِبْتِهالٌ إلى الخالِق
2. (words) صَلاة (صَلَوات)

prayer-mat/ˈpreə-mæt/*n.* سَجّادة ، مِسْجَدة

pre-/pri/*pref.* (before) مَقْطَع اسْتِهْلالِيّ بِمَعْنَى "قَبْل"

preach/pritʃ/*v.t. & i.*

1. (deliver a sermon) خَطَبَ (ـُ) ، وَعَظَ (يَعِظُ) ، أَلْقَى خُطْبةً دِينِيّة
2. (give moral advice to) وَعَظَ (يَعِظُ) ، أَرْشَدَ

preacher/ˈpritʃə(r)/*n.* واعِظٌ ، خَطيبٌ دِينِيّ

preamble/priˈæmbəl/*n.* تَمْهيد ، مُقَدِّمة كِتاب ، دِيباجة ، اِسْتِهْلال

pre-arranged/ˈpri-əˈreɪndʒd/*p.p. & adj.* (خِطّة) مُتَّفَقٌ عَلَيْها مُسْبَقًا ، سَبَقَ الاتِّفاقُ على تَرْتيبِها

precarious/prɪˈkeərɪəs/*adj.*

1. (uncertain) غَيْرُ مُسْتَقِرّ ، غَيْرُ ثابِت
2. (dangerous) (وَضْعٌ) مُقْلِق ، مُزَعْزَع ، خَطِر

precaution/prɪˈkɔʃən/*n.*

1. (foresight) اِحْتِراس
2. (advance action) اِحْتِياط

precautionary/prɪˈkɔʃənərɪ/*adj.* اِحْتِياطِيّ ، وِقائِيّ ، اِحْتِراسِيّ

precede/prɪˈsid/*v.t.* سَبَقَ (ـِ) في الحُدُوث ، تَقَدَّمَ عَلَيْه

v.i. سَبَقَت (الإشارةُ إلَيْه)

precedence/ˈpresɪdəns/*n.* أَسْبَقِيّة

have/take precedence over . . . لهُ حَقُّ الأَفْضَلِيَّة ، تَمَتَّعَ بالأَسْبَقِيَّة على . . .

precedent/ˈpresɪdənt/*n.* سابِقة (سَوابِق)

set/make a precedent أَحْدَثَ أو أَوْجَدَ سابِقة

precinct/ˈprisɪŋkt/*n.* مِنْطَقة مُحَدَّدة لِغَرَضٍ مُعَيَّن

sacred precincts حَرَمُ (مَسْجِدٍ أو كَنِيسَةٍ الخ)

shopping precinct مِنْطَقَةُ تَسَوُّقٍ مَحْجُوزةٌ لِلْمُشاة

precious/ˈpreʃəs/*adj.*

1. (valuable) ذُو أَهَمِّيَّة بالِغة ، نَفِيس ، ثَمِين ، باهِظُ الثَّمَن ، عَزِيز

a precious stone حَجَرٌ كَرِيم

2. (affected) (لُغة أو أُسْلُوب) مُتَكَلِّف أو مُتَصَنِّع ، مُتَحَذْلِق

3. (*coll.* complete) تَمامًا

he has got precious little money لَدَيْهِ مَبْلَغٌ زَهِيدٌ مِن المال ، «يا دُوب» يَكْفِي نَفْسَه

precipice/ˈpresɪpɪs/*n.* حافّة الهاوِيَة ، الهاوِيَة

precipitate/prɪˈsɪpɪteɪt/*v.t.*

1. (hurl) أَلْقاهُ أو قَذَفه مِن عَلٍ

2. (hurry) عَجَّلَ (نُشُوبَ الحَرْب)

3. (*chem.*) رَسَّبَ (المادّة الصُّلْبة مِن المَحْلُول)

4. (*meteor.*) كَثَّفَ بُخارَ الماء (أَرْصاد جَوِّيَّة)

adj. /prəˈsɪpɪtət/

1. (headlong) (عَمَلٌ) مُفاجِئ

2. (rash) مُنْدَفِع ، مُتَهَوِّر ، غَيْرُ مُتَرَوٍّ

n. /prɪˈsɪpɪteɪt/(*chem.*) راسِبٌ ، مُتَرَسِّبٌ (كِيمياء)

precipitation/prɪˈsɪpɪˈteɪʃən/*n.*

1. (haste) اِنْدِفاعٌ ، تَهَوُّر

2. (*chem.*) تَرَسُّب

3. (*meteor.*) تَساقُط ، سُقُوطُ الأَمْطار أو الثَّلْج أو البَرَد ؛ كَمِّيَّة الأَمْطار السّاقِطة

precipitous/prɪˈsɪpɪtəs/*adj.* (جُرْفٌ) شَدِيدُ الانْحِدار ، ذُو حافّة شِبْهُ عَمُودِيّة ؛ مُتَسَرِّع

précis/ˈpreɪsi/*n.* مُلَخَّص ، مُوجَز ، خُلاصة

v.t. لَخَّصَ ، أَوْجَزَ ، اِخْتَصَرَ

precise/prɪˈsaɪs/*adj.* دَقِيق ، مَضْبُوط ، صَحِيح

precise measurements are essential القِياسات الدَّقِيقة ضَرُورِيّة

a very precise man رَجُلٌ بِمُنْتَهَى الدِّقّة

precisely/prɪˈsaɪslɪ/*adv.* بِدِقّة ، بالضَّبْط ، على وَجْهِ التَّحْقِيق

on the second stroke it will be one o'clock precisely عِنْدَ الدَّقّة الثّانِية تَكُونُ السّاعة الواحِدةَ بالضَّبْط

precisely so! طَبْعًا ! (عِبارة لِلاتِّفاقِ التّامّ مَعَ المُتَحَدِّث)

precision/prɪˈsɪʒən/*n.* دِقّة ، تَدْقِيق ، إِحْكام

preclude/prɪˈklud/*v.t.* حالَ (يَحُولُ) دُونَ

precocious/prɪˈkəʊʃəs/*adj.* (طِفْل) مُبَكِّرٌ في نُضْجِه العَقْلِيّ أو البَدَنِيّ

preconceived/ˈprikənˈsivd/*adj.* مَشُوبٌ بالتَّحَيُّز

precondition/ˈprikənˈdɪʃən/*n.* اِشْتِراطٌ مُسَبَّق ، شَرْطٌ مَشْرُوطٌ بادِئَ ذِي بَدْء

predator/ˈpredətə(r)/*n.* مُفْتَرِسٌ ، ضارٍ (ضَوارٍ)

predatory/ˈpredətrɪ/*adj.* (طَيْرٌ) جارِح ، (قَبائِلُ) مُغِيرة

predecessor/ˈpridɪsesə(r)/*n.* سَلَفٌ ، سابِقٌ ، من أَوائِل

predestination/ˈpriˈdestɪˈneɪʃən/*n.*

1. (doctrine) مَذْهَب الجَبْرِيّة ، قَضاءُ الله الأَبَدِيّ

2. (fate) القَضاءُ والقَدَر

predetermined/ˈpridɪˈtɜmɪnd/*adj.* مُقَدَّرٌ ، مَحْتُوم

predicament/prɪˈdɪkəmənt/*n.* مَأْزِق ، وَرْطة ، أَزْمة ، مَوْقِفٌ حَرِج

predicate/ˈpredɪkət/*n.* المُسْنَدُ إلَيْه

predicative/prɪˈdɪkətɪv/*adj.* تَأْكِيدِيّ ، إِسْنادِيّ ، إِثْباتِيّ

predict/prɪˈdɪkt/*v.t.* تَنَبَّأَ ، تَكَهَّنَ بالمُسْتَقْبَل

prediction/prɪˈdɪkʃən/*n.* تَنَبُّؤٌ ، تَكَهُّن

predilection/ˈpridɪˈlekʃən/*n.* مَيْلٌ ، تَفْضِيل ، حُبٌّ لِ ، إِيثار

predisposed/ˈpridɪˈspəʊzd/*adj.* لهُ نُزُوعٌ إلى ، هُوَ عُرْضَةٌ لِ

predominance/prɪˈdomɪnəns/*n.* سِيادة ، تَفَوُّقٌ ، سَيْطَرة

predominant/prɪˈdomɪnənt/*adj.* غالِبٌ ، سائِدٌ ، مُسَيْطِر

predominate/prɪˈdomɪneɪt/*v.i.* سادَ (يَسُودُ) ، غَلَبَ (ـِ) على ، تَفَوَّقَ ، سَيْطَرَ

pre-eminence/pri-ˈemɪnəns/*n.* أَفْضَلِيّة ، تَفَوُّق ، رِفْعة

pre-eminent/pri-ˈemɪnənt/*adj.* مُتَفَوِّقٌ ، سامٍ ، رَفِيع

preen/prin/*v.t.* سَوَّى (الطَّيْرُ) رِيشَهُ بِمِنْقارِه ؛ تَزَيَّنَ ، تَبَهْرَجَ ، تَهَنْدَمَ ، تَباهَى بِ

prefab/ˈprifæb/*n.* (*coll. abbr. of* **prefabricated house**) بَيْتٌ مُرَكَّبٌ مِن أَجْزاء جاهِزة أُعِدَّت في المَصْنَع

prefabricate/priˈfæbrɪkeɪt/*v.t.* صَنَعَ أَجْزاءَ (الجِسْرِ مَثَلًا) مُقَدَّمًا

preface/ˈprefɪs/*n.* مُقَدِّمة ، تَصْدِير ، تَمْهِيد ، فاتِحة

v.t. اِسْتَهَلَّ ، صَدَّرَ (حَدِيثَهُ) بِ ، قَدَّمَ (لِكِتابٍ)

prefect/ˈprifekt/*n.* والٍ وحاكِمٌ عِنْدَ الرُّومان ؛ تِلْمِيذٌ مُكَلَّفٌ بِرِعايةِ النِّظام (في مَدْرَسة) ، عَرِيف

prefer/prɪˈfɜ(r)/*v.t.*

1. (like better) فَضَّلَ ، آثَرَ

I prefer tea to coffee أُفَضِّلُ الشّايَ على القَهْوة

2. (bring forward) قَدَّمَ ، أَقامَ

he preferred a charge of speeding against the driver أَقامَ دَعْوَى على السّائِقِ لِتَجاوُزِه السُّرْعة المُحَدَّدة

3. (promote) رَقَّى ، رَفَّعَ

preferable/ˈprefrəbəl/*adj.* أَحْسَن ، أَنْسَب ، مُفَضَّل

preferably/ˈprefrəblɪ/*adv.* مِن الأَفْضَل ، مِن الأَحْسَن

preference/ˈprefrəns/*n.*

1. (preferring) أَفْضَلِيَّة ، إِيثار ، تَفْضِيل

2. (thing preferred) شَيْءٌ مُفَضَّل ، مُخْتار

3. (*commerc.*) تَعْبِير تِجارِيّ

preference shares أَسْهُم مُمْتازة

preferential/ˈprefəˈrenʃəl/ *adj.* (دَيْن) مُمْتاز ، تَفْضِيلِيّ

preferment/prɪˈfɜmənt/*n.* تَرْقِية (مُوَظَّف ولا سِيَّما في مَرْتَبة دِينِيَّة)

prefix/ˈprifɪks/*n.* بادِئة (يُسْتَهَلُّ بِها جَذْرُ الكَلِمة)

v.t. /priˈfɪks/ اِسْتَهَلَّ بِ ، صَدَّرَ

pregnancy/ˈpregnənsɪ/*n.* حَمْلٌ ، حَبَلٌ

pregnant/ˈpregnənt/*adj.* حامِل ، حُبْلَى

words pregnant with meaning أَلْفاظ مَشْحُونة بالمَعْنَى

prehistoric/ˈprihɪˈstorɪk/*adj.* ما قَبْلَ التّارِيخ

prejudice/ˈpredʒʊdɪs/*n.*

1. (bias) تَحَيُّز ، تَحامُل

2. (injury) ضَرَرٌ ، ضَيْرٌ ، أَذًى

without prejudice (*leg.*) مِنْ دُونِ إِخْلالٍ بِ (حُكْمٍ أَو قانُونٍ مَثَلًا)

v.t. **1.** (influence) جَعَله يَتَحامَلُ عَلَى أَو يَتَحَيَّزُ لِ

2. (harm) أَضَرَّ ، آذَى

prejudicial/ ˈpredʒʊˈdɪʃəl/*adj.* مُتَحَيِّزٌ (ضِدَّ الأَجانِب) ، مُتَحَزِّب (لِبَنِي وَطَنِه) ، مُتَعَصِّب ، مُتَحامِل

preliminary/prɪˈlɪmɪnərɪ/*adj.* تَمْهِيدِيّ

n. تَوْطِئة ، تَمْهِيد

the preliminaries الإِجْراءاتُ التَّمْهِيدِيَّة

prelude/ˈpreljud/*n.* اِفْتِتاحِيَّة ، مُقَدِّمة ، نَذِير (مَرَض) ؛ تَقْسِيم مُوسِيقِيّ (اِسْتِهْلالِيّ)

premature/ ˈpremətʃʊə(r)/*adj.* خَدِيجٌ ، مَوْلُودٌ قَبْلَ أَوانِه ، (شَيْخُوخة) قَبْلَ الأَوان ، (قَرارٌ) سابِقٌ لِأَوانِه

premeditated/ prɪˈmedɪteɪtəd/*adj. & p.p.* مُفَكَّرٌ فِيه مُسْبَقًا ، مُتَعَمَّد

premeditated murder قَتْلٌ مَعَ سَبْقِ الإِصْرار

premier/ˈpremɪə(r)/*adj.* الأَوَّل ، الأَرْفَع مَقامًا بَيْنَهُم

n. رَئِيسُ الوُزَراء في بريطانيا أو إِحْدَى دُوَلِ الكُومُنُولْث (رابِطةُ الشُّعُوب البريطانِيَّة)

première/ˈpremɪeə(r)/*n.* لَيْلةُ اِفْتِتاحِ فِلْمٍ أَو مَسْرَحِيَّة

premises/ˈpremɪsəz/*n. pl.* المَبْنَى ومُلْحَقاتُه

premiss/ˈpremɪs/*n.* مُقَدِّمة مَنْطِقِيَّة ، فَرْضٌ (فُرُوض)

v.t. فَرَضَ (ـِ)

premium/ˈprimɪəm/*n.*

1. (reward) جائِزة (جَوائِزُ)

premium bond سَنَدٌ حُكُومِيّ (بِجَوائِز تُوَزَّع بالقُرْعة)

2. (*in insurance*) قِسْطُ التَّأْمِين

at a premium (اِشْتَرَى الأَسْهُمَ) بِأَغْلَى مِن سِعْرِها الأَساسِيّ ؛ مَرْغُوبٌ فِيه (لِنُدْرَتِه)

premonition/ ˈpreməˈnɪʃən/*n.* تَكَهُّن ، إِحْساسٌ داخِلِيّ مُسْبَق ، هاجِسٌ خَفِيّ

preoccupied/ priˈokjʊpaɪd/*p.p. & adj.* مَشْغُول

preoccupied by family troubles غارِقٌ في مُشْكِلاتِه العائِلِيَّة

prep/prep/*n.* (*fam. abbr. of* **preparation** *sense* **2** & **preparatory (school)**)

preparation/ˈprepəˈreɪʃən/*n.*

1. (preparing) إِعْداد ، تَحْضِير ، تَجْهِيز

2. (homework) (*fam. abbr.* **prep**) واجِب مَدْرَسِيّ ، وَظِيفة بَيْتِيَّة ، فَرْضٌ (مَدْرَسِيّ)

preparatory/ prɪˈpærətrɪ/*adj.* تَحْضِيرِيّ ، تَمْهِيدِيّ ، اِبْتِدائِيّ

preparatory school مَدْرَسة خاصّة تُعِدُّ لِلاِلْتِحاقِ بالمَدارِسِ الثّانَوِيَّة الخاصّة

prepare/prɪˈpeə(r)/ *v.t. & i.* أَعَدَّ ، هَيَّأَ ، جَهَّزَ ، تَهَيَّأَ ، اِسْتَعَدَّ

the bank manager is not prepared to let me have an overdraft مُدِيرُ المَصْرِفِ غَيْرُ مُسْتَعِدٍّ لِإِقْراضِي مالًا (أَو لِأَنْ أَسْحَبَ عَلَى المَكْشُوف)

preponderance/ prɪˈpondərəns/*n.* أَرْجَحِيَّة ، تَفَوُّق ، أَكْثَرِيَّة

preponderant/ prɪˈpondərənt/*adj.* مُتَفَوِّقٌ عَلَى غَيْرِه ، راجِحٌ ، غالِبٌ

preponderate/ prɪˈpondəreɪt/*v.i.* رَجَحَ (ـَ) ، زادَ (يَزِيدُ) عَلَى ، تَفَوَّقَ

preposition/ˈprepəˈzɪʃən/*n.* حَرْفُ جَرّ

prepossessing/ˈpripəˈzesɪŋ/*adj.* جَذّاب ، ذُو وَقْعٍ جَمِيل

preposterous/ prɪˈpostərəs/*adj.* (سُلُوكٌ) وَقِحٌ مُنافٍ لِلأَخْلاق ؛ ضِدَّ المَعْقُول ، مُحال

prerequisite/ ˈpriˈrekwɪzɪt/*adj. & n.* (شَرْطٌ) أَساسِيّ يَنْبَغِي تَوافُرُه ؛ جَوْهَرِيّ

prerogative/prɪˈrogətɪv/ *n.* مِيزة ، اِمْتِياز ، حَقٌّ خاصٌّ يَقْتَصِرُ عَلَى صاحِبِه فَحَسْب

prescribe/prɪˈskraɪb/*v.t.*

1. (commend) أَوْصَى بِ ، أَمَرَ بِ ، نَصَّ (ـُ) عَلَى ، فَرَضَ (ـِ)

2. (*med.*) وَصَفَ (الطَّبِيبُ) دَواءً ، أَوْصَى (الطَّبِيبُ) بِمُلازَمةِ الفِراش

prescription/ وَصْفة ، تَذْكِرة طِبِّيَّة ، رُوشِتّة (عامِّيَّة)

prɪ'skrɪpʃən/*n.*

presence/'prezəns/*n.*

1. (being present) حُضور ، وُجود

presence of mind سُرعة الخاطِر ، حُضُورُ البَديهة

2. (bearing) هَيْئة (ذاتُ سَمْتٍ ووَقار) ، شَخصيّة

a man of commanding presence رَجُلٌ مَهيبٌ جَليل

present/'prezənt/*adj.*

1. (being near) حاضِرٌ ، مَوْجُود

who was present at the accident? مَنْ كانَ شاهِدَ عِيانٍ في الحادِث ؟

present company excepted بِاسْتِثْناء الحاضِرين ، حاشا السّامع

2. (existing now) في الحالِ الحاضِر ، في هذه الآوِنة

in the present circumstances في الظُّروف الرّاهِنة ، والحالُ هٰذِه

3. (*gram.*)

present participle الفِعْلُ المُضارِعُ الاِستِمراريّ ، صِيغةُ اسْمِ الفاعِل (نَحْو)

present tense (صِيغة) الحاضِر

n. **1.** (time now passing) الآن ، حاليًّا

at present في الوَقْتِ الحاضِر

for the present مُؤَقَّتًا ، آنيًّا

2. (gift) هَدِيّة (هَدايا) ، هِبة ، عَطِيّة (عَطِيّات ، عَطايا)

v.t. /prɪ'zent/

1. (give) مَنَحَ (ـَ) ، حَبا (يَحْبُو) ، وَهَبَ (يَهَبُ)

2. (submit) عَرَضَ (ـِ) ، قَدَّمَ (الحِساب)

3. (introduce) عَرَّفَ فُلانًا بِـ

4. (exhibit) عَرَضَ (ـِ) ، أَبْدَى ، أَظْهَرَ

present arms! (*mil.*) سَلام — سِلاح ! قَدِّمْ سِلاحَك !

presentable/prɪ'zentəbəl/*adj.* لائق ، مُناسِب ، لا يُثِيرُ الخَجَلَ بِعَرْضِهِ أو تَقْدِيمِه

presentation/'prezən'teɪʃən/*n.* اِحْتِفالٌ بِمَنْحِ هَدِيّة ؛ طَرِيقة العَرْض ؛ تَقْدِيمُ المَسْرَحِيّة

presentiment/prɪ'zentɪmənt/*n.* هاجِسٌ ، إحساسٌ غامِضٌ يُنْبِئُ بِوُقُوعِ حادِث

presently/'prezəntlɪ/*adv.* تَوًّا ؛ حالِيًّا ؛ بَعْدَ قَلِيل

preservation/'prezə'veɪʃən/*n.* حِفْظ ، وِقاية ، حِماية ، صِيانة (الشَّيْءِ مِنَ التَّلَف)

preservative/prɪ'zɜvətɪv/*n.* مادّة لِحِفْظِ الطَّعامِ مِنَ الفَساد ، مادّة واقِية تَصُون الطَّعام من التَّعَفُّن

preserve/prɪ'zɜv/*v.t.*

1. (keep safe) صانَ (يَصُون) ، حَفِظَ (ـَ) ، وَقى (يَقِي)

2. (keep from decay) حَفِظَ (الطَّعامَ) مِنَ التَّلَف

3. (maintain) أَبْقَى ، اِسْتَمَرَّ في أو على

n.

1. (jam) مُرَبًّى ، فَواكِهُ مَحْفُوظة

2. (game-park) مِساحة يُخَصِّصُها صاحِبُ ضَيْعة لِحَيَواناتِ القَنَص والأَسْماك

preside/prɪ'zaɪd/*v.i.* رَأَسَ (يَرْأَسُ) اللَّجْنة ، تَصَدَّرَ ، تَرَأَّسَ

presidency/'prezɪdənsɪ/*n.* رِئاسة ، مَنْصِبُ الرَّئِيس

president/'prezɪdənt/*n.*

1. (*of a state*) رَئِيسُ جُمْهُورِيّة

2. (*of a society*) رَئِيسُ كُلِّيّة في جامِعة ، رَئِيسُ هَيْئةٍ عِلْمِيّة أو فَنِّيّة

3.(*of a corporation*) رَئِيسٌ أو مُدِيرٌ عامٌّ لِمُؤَسَّسةٍ اِقْتِصادِيّة

presidential/'prezɪ'denʃəl/*adj.* رِئاسِيّ ، (اِنْتِخاباتٌ) رِئاسة

press/pres/*v.t.*

1. (flatten) كَوَى (المَلابِسَ بِالمِكْواة) ؛ عَصَرَ (ـِ) العِنَب

press these trousers اِكْوِ هٰذِهِ السَّراوِيل (البَنْطَلُونات)

2. (squeeze) ضَغَطَ (ـَ) على

he pressed her hand affectionately شَدَّ عَلى يَدِها بِمَحَبّةٍ وعاطِفة

3. (urge) *also v.i.* أَصَرَّ ، أَلَحَّ على

he pressed his claim أَلَحَّ في ادِّعائِه ، لَمْ يَكُفَّ عَنِ المُطالَبة بِحَقِّهِ

I'm pressed for time أنا في ضِيقٍ مِنَ الوَقْت

n.

1. (pressing) كَيٌّ (المَلابِس)

2. (*apparatus*) آلةُ طِباعة ، مِطْبَعة

3. (throng) حَشْدٌ (مِنَ النّاس) ، اِزْدِحام

4. (a linen press) دُولابٌ كَبِيرٌ بِرُفُوفٍ لِحِفْظِ المَلابِس أو الحاجِيّات المَنْزِلِيّة

5. (printing house) دارُ نَشْر

6. (newspapers) صُحُف ، صَحافة

press-agent/'pres-eɪdʒənt/*n.* مُنَظِّمُ الدِّعاية (لِهَيْئةٍ فَنِّيّة)

press conference/'pres konfərəns/*n.* مُؤْتَمَرٌ صُحُفِيّ

press cutting/'pres kʌtɪŋ/*n.* جُزازة ، قُصاصة (مِن جَرِيدة)

press-gang/'pres-gæŋ/*n.* كَتِيبة التَّجْنِيد (سابِقًا)

v.t. أَكْرَهَ فُلانًا على ، اضْطَرَّهُ إلى ، أَرْغَمَهُ على

pressing/'presɪŋ/*adj.* (حاجة) عاجِلة أو مُلِحّة (لِلإِصْلاح) ، مِلْحاح

pressman/'presmæn/*n.* صُحُفِيّ ، مُخْبِرٌ صَحافِيّ

pressmark/'presmɑk/*n.* رَمْزُ الكِتابِ الدّالُّ على مَوْضِعِه في المَكْتَبة

pressure/'preʃə(r)/*n.*

1. (exertion of force) ضَغْطٌ ، كَبْس

air pressure ضَغْطُ الهَواء

2. (urgency) وَطْأَةٌ أو ضَغْطُ العَمَل
he works best under pressure يُقَدِّمُ خَيْرَ إنْتاجِهِ عِنْدَما يَزْدادُ ضَغْطُ العَمَلِ عَلَيْه

pressure-cooker/ 'preʃə-kukə(r)/*n.* قِدْرُ ضَغْطٍ، القِدْرُ الكاتِمة (م)، طَنْجَرَةُ بُخار (س)

pressurize/'preʃəraɪz/ *v.t.* كَيَّفَ ضَغْطَ الجَوِّ الدّاخِلِيّ؛ أَرْغَمَهُ على، أَجْبَرَهُ

prestige/pre'stiʒ/*n.* هَيْبة واحْتِرام، اِعْتِبارٌ وكَرامة، اِمْتِياز

presumably/ prɪ'zjuməblɪ/*adv.* حَسْبَ الاِفْتِراض، عَلَى ما يَبْدُو مِن المُحْتَمَل أن ...

presume/prɪ'zjum/*v.t. & i.* اِفْتَرَضَ أنَّ، خَمَّنَ

presumption/ prɪ'zʌmpʃən/*n.* اِفْتِراضٌ، تَسْليمٌ بِأَمْرٍ ما؛ تَجاوُزُ حُدُودِ الأَدَب

presumptuous/ prɪ'zʌmptʃʊəs/*adj.* مُتَجاسِر، وَقِح، مُعْتَدٌّ بِنَفْسِه

presuppose/'prisə'pəʊz/*v.t.* اِفْتَرَضَ مُسْبَقًا

pretence/prɪ'tens/*n.*
1. (make-believe) تَظاهُرٌ، تَصَنُّعٌ
2. (deceitful act) تَصَرُّفاتٌ يُهْدَفُ مِن وَرائِها التَّضْليل والخِداع
he got the money by/on/under false pretences أَحْرَزَ المالَ بالخِداعِ والتَّضْليل أو بِمَزاعِمَ كاذِبة

pretend/prɪ'tend/*v.t. & i.*
1. (profess falsely) اِدَّعَى أنَّه (طَبيبٌ مَثَلًا)، زَعَمَ (ـُـ)
he pretended friendship towards us تَظاهَرَ بِصَداقَتِهِ لَنا
2. (make oneself appear) حاوَلَ الظُّهورَ بِغَيْرِ حَقيقَتِه
he pretended to be asleep تَناوَمَ
3. (lay claim **to**) طالَبَ (بالعَرْشِ مَثَلًا)، اِدَّعَى لِنَفْسِهِ حَقًّا مَزْعُومًا (في تَرِكَة)

pretender/prɪ'tendə(r)/*n.* مُطالِبٌ بالعَرْشِ، مُدَّعٍ حَقًّا مَزْعُومًا

pretension/ prɪ'tenʃən/*n.* اِدِّعاءٌ، مُطالَبةٌ بِـ؛ تَباهٍ، تَفاخُر

pretentious/prɪ'tenʃəs/ *adj.* (كاتِبٌ) دَعِيٌّ، مُدَّعٍ، (لُغَةٌ) تَنِمُّ عَنِ التَّفاخُرِ والتَّباهِي

preterite/'pretərɪt/*adj. & n.* صِيغة (الفِعْلِ) الماضي

pretext/'pritekst/*n.* عُذْرٌ كاذِب، ذَريعة، تَعِلَّة

prettily/'prɪtɪlɪ/*adv.* بِجاذِبِيَّة، بِأُسْلُوبٍ ساحِر، بِظَرافة

prettiness/'prɪtɪnəs/*n.* ظَرْفٌ، لُطْفٌ، مَلاحَةٌ، حُسْنٌ

pretty/'prɪtɪ/*adj.*
1. (attractive) مَليحٌ، وَسيمٌ، ظَريفٌ، لَطيفٌ
2. (*coll.* large *also adv.*) كَبيرٌ، باهِظٌ
that will cost a pretty penny سَيُكَلِّفُ ذلك مَبْلَغًا باهِظًا أو مَبْلَغًا جَسيمًا
it's getting pretty late الوَقْتُ آخِذٌ في التَّأَخُّرِ جِدًّا

prevail/prɪ'veɪl/*v.i.*
1. (win) اِنْتَصَرَ، تَغَلَّبَ على
we prevailed over the enemy تَغَلَّبْنا عَلَى العَدُوّ
2. (be widespread) اِنْتَشَرَ، سادَ (يَسُودُ)
silence prevailed سادَ الصَّمْتُ
3. (*with* **on, upon** persuade) أَقْنَعَ
let me prevail upon you to stay دَعْني أُقْنِعُكَ بالبَقاء

prevalence/'prevələns/*n.* اِنْتِشار، شُيُوعُ (مَرَضٍ أو فِكْرة)

prevalent/'prevələnt/*adj.* مُتَفَشٍّ، مُنْتَشِر، شائع

prevaricate/ prɪ'værɪkeɪt/*v.i.* لَبَسَ (ـِـ)، راغَ (يَرُوغُ) عَنِ الرَّدِّ الصَّريح

prevarication/ prɪ'værɪ'keɪʃən/*n.* جَوابٌ مُلْتَبِس، مُوارَبة

prevent/prɪ'vent/*v.t.* مَنَعَ (ـَـ)، حالَ (يَحُول) دُونَ

preventable/ prɪ'ventəbəl/*adj.* مُمْكِنُ الحَيْلُولة دُونَ وُقُوعِه، يُتَجَنَّب

prevention/prɪ'venʃən/*n.* تَفادٍ، تَجَنُّب، تَلافٍ، مَنْعٌ

preventive/prɪ'ventɪv/*adj.* عائِقٌ، حائِلٌ دُونَ، مانِعٌ، وِقائِيٌّ
preventive medicine طِبٌّ وِقائِيّ

preview/ 'privju/*n.* عَرْضُ فِلْمٍ أو مَسْرَحِيّة خاصٌّ بالصُّحُفِيّين قَبْلَ عَرْضِهِ للجُمْهُور

previous/'prɪvɪəs/*adj.* سابِقٌ، سالِفٌ، ماضٍ
previous to that I was on holiday كُنْتُ قَبْلَ ذلك في إجازة

previously/privɪəslɪ/*adv.* آنِفًا، قَبْلًا، سابِقًا

pre-war/'pri-wɔ(r)/*adj.* ما قَبْلَ الحَرْب

prey/preɪ/*n.* فَرِيسة (فَرائِسُ)، ضَحِيّة (ضَحايا)
birds of prey الجَوارِح، الكَواسِر (طُيُور)
v.i. (*with* **on**) اِفْتَرَسَ؛ أَثْرَى عَلَى حِسابِ الآخَرين، اِسْتَغَلَّ

price/praɪs/*n.*
1. (money) ثَمَنٌ، سِعْرٌ
2. (worth) قِيمة
v.t. **1.** (mark price of) سَعَّرَ، حَدَّدَ الثَّمَن (لِسِلْعةٍ في مَحَلٍّ تِجارِيّ)
2. (inquire price of) سأل (البائِعَ) عَنْ سِعْرِ سِلْعة ما

priceless/'praɪsləs/*adj.* (جَوْهَرة) لا تُقَدَّرُ بِثَمَن

prick/prɪk/*n.* شَكّة (مِن دَبُّوسٍ مَثَلًا)، وَخْزة
the prick of conscience وَخْزُ الضَّمير
v.t. & i. **1.** (pierce) شَكَّهُ (بِدَبُّوسٍ أو شَوْكة)
2. (*with* **up** raise *ears*) أَرْهَفَ (الكَلْبُ) أُذُنَيْه
he pricked up his ears (*fig.*) أَنْصَتَ (عِنْدَ ذِكْرِ اسْمِهِ)

prickle/'prɪkəl/*n.*
1. (thorn) شَوْكة (بِساقِ النَّبات)

2. (sensation) نَغَزاتٌ أو تَنْمِيلٌ بالجِلْد

v.t. & i. نَخَسَ (ـُـ) ، خَزَّ (ـُـ) ، شَكَّ (ـُـ)

prickly/ˈprɪklɪ/*adj.* (وَرْدٌ) شائِكٌ ، حَسَكِيّ

prickly pear الصَّبّار ، التِّين الشَّوْكِيّ (م)

he's a bit prickly to-day (*coll.*) يَبْدُو سَرِيعَ الغَضَبِ اليَوْمَ ، هُوَ مُحْتَدٌّ نَوْعًا ما اليَوْمَ

pride/praɪd/*n.*

1. (arrogance) غُرُورٌ أو زُهُوٌّ بالنَّفْس ، الخُيَلاءُ

2. (self-respect) نَخْوَةٌ ، عِزَّةُ نَفْسٍ

3. (satisfaction) الإعْتِزاز بِما يُنْجَزُ

4. (group *of lions*) جَماعَةٌ مِن الأُسُود ، قَطِيعٌ مِن اللُّيُوث

v. refl. اِعْتَزَّ ، اِفْتَخَرَ ، تَباهَى بِـ . . .

he prides himself on his singing يَتَباهَى بِغِنائِهِ

priest/prist/*n.* كاهِنٌ (كُهّان ، كَهَنة) ، قِسِّيس ، قَسٌّ (قُسوس ، قُسُس) ، خُورِي (خَوارِنة)

priestly/ˈpristlɪ/*adj.* نِسْبَةٌ إلى الإكْلِيرُوس أو الكَهَنُوت

prig/prɪg/*n.* مَزْهُوٌّ بِنَفْسِهِ ، شَخْصٌ مُتَحَذْلِق

priggish/ˈprɪgɪʃ/*adj.* (وَضْعٌ) اِعْتِداديّ مُزْدَرٍ بالآخَرِين

prim/prɪm/*adj.* (اِمْرَأة) مُتَزَمِّتة ؛ (حَدِيقة) أَنِيقَةُ التَّصْمِيم

primarily/ˈpraɪmərəlɪ/*adv.* أَوَّلاً وَقَبْلَ كُلِّ شَيْءٍ ، في الدَّرَجةِ الأُولَى ، أَصْلاً

primary/ˈpraɪmərɪ/*adj.*

1. (earliest) (صُخُور) أَوَّلِيّة

2. (original) أَساسِيّ

3. (elementary) اِبْتِدائِيّ

primary school مَدْرَسةٌ اِبْتِدائِيّة

4. (chief) رَئِيسِيّ

primate/ˈpraɪmeɪt/*n.*

1. (*zool.*) مِن الرَّئِيسِيّات ، رُتْبةُ الثَّدْيِيّاتِ العُلْيا

2. (archbishop) رَئِيسُ الأَساقِفة

prime/praɪm/*adj.*

1. (chief) رَئِيسِيّ ، أَوَّلِيّ

2. (excellent) مُمْتاز ، فاخِر

3. (*math.*) في الرِّياضِيّات

prime number عَدَدٌ أَوَّلِيّ (لا يَنْقَسِمُ إلّا على نَفْسِه وَعَلَى واحِد)

n. أَوْجٌ ، شَرْخٌ ، مَيْعةٌ ، رَيْعانٌ

he was cut off in his prime اِخْتَطَفَتْهُ المَنِيّةُ في زَهْرةِ العُمْر

v.t.

1. (*gun*) جَهَّزَ البُنْدُقِيّة ، أَعَدَّها للإطْلاق

2. (*pump*) أَعَدَّ الطُّلُمْبة أو المِضَخّة (بِمَلْئِها بالماءِ قَبْلَ تَشْغِيلِها)

3. (*with paint*) غَطَّى سَطْحَ الخَشَبِ بِدِهانٍ خاصٍّ يَسُدُّ مَسامَّهُ ، وَضَعَ الطَّلْيَةَ التَّحْضِيرِيّة

primer/ˈpraɪmə(r)/*n.* كِتابٌ مَدْرَسِيّ للمَرْحَلةِ الأُولى في التَّعْلِيم ، كِتابُ مَبادِئ (القِراءَة مَثَلاً)

primeval/praɪˈmivəl/*adj.* بِدائِيّ ، نِسْبةً إلى أَقْدَمِ العُصُور الجِيُولُوجِيّة

primitive/ˈprɪmɪtɪv/*adj.*

1. (earliest) (حَضارة) في أُولَى مَراحِلِ التَّطَوُّر ، بِدائِيّة

2. (simple) بَسِيط ، ساذَج

primrose/ˈprɪmrəʊz/*n.* زَهْرةُ الرَّبِيع ، آذانُ الدُّبّ

primus (stove)/ˈpraɪməs stəʊv/*n.* وابُور غاز ، بريمُوس

prince/prɪns/*n.* أَمِير (أُمَراءُ)

princely/ˈprɪnslɪ/*adj.* جَدِيرٌ بالأُمَراء ؛ جَلِيل ، كَرِيم

princess/prɪnˈses/*n.* أَمِيرة ، سَلِيلةُ بَيْتٍ مالِك

principal/ˈprɪnsɪpəl/*adj.* أَساسِيّ ، رَئِيسِيّ ، جَوْهَرِيّ

n. 1. (head of college) رَئِيسُ كُلِّيّةٍ جامِعِيّة

2. (boss) مُدِير

3. (money) رَأْسُ المال ، رَأْسْمال

principally/ˈprɪnsɪplɪ/*adv.* أَوَّلاً وَقَبْلَ كُلِّ شَيْءٍ ، مَبْدَئِيًّا

principle/ˈprɪnsɪpəl/*n.*

1. (general law) مَبْدأ ، قاعِدة

2. (moral motive) قاعِدةٌ أَخْلاقِيّة ، مَبْدَأٌ أَخْلاقِيّ

I must refuse to do it on principle مَبادِئِي تَمْنَعُنِي مِن القِيامِ بِهِ

print/prɪnt/*n.*

1. (mark) علامَةٌ أو أَثَرٌ فَوْقَ جِسْمٍ نَتِيجَةَ الضَّغْطِ أو اللَّمْس

2. (letters stamped by type) الطَّبْع ، الحُرُوف المَطْبُوعة

this book is in print, but that one is out of print هذا الكِتابُ مُتَوَفِّرٌ في المَكْتَبات ، أمّا الآخَرُ فَقَد نَفَدَ (نَفِدَت طَبْعَتُه)

3. (engraving) نُسْخة لَوْحةٍ مَطْبُوعة مِن كلِيشِيه

4. (*photog.*) نُسْخة مِن صُورةٍ فُوتُوغْرافِيّة

5. (printed fabric) قُماشٌ مَطْبُوع أو مَنْقُوش

v.t. 1. (mark by pressure) تَرَكَ أَثَرًا

2. (impress on paper by type) طَبَعَ (ـَـ) (كِتابًا)

printed matter مادّة مَطْبُوعة

he printed off three copies from the negative طَبَعَ ثَلاثَ صُوَرٍ مِنَ النُّسْخةِ السّالِبة

3. (write letters like printed characters) كَتَبَ بِحُرُوفٍ مَطْبَعِيّة

printer/ˈprɪntə(r)/*n.* عامِلُ طِباعةٍ ، طَبّاع ؛ صاحِبُ مَطْبَعة

printing/ˈprɪntɪŋ/*n.* طِباعة ، فَنُّ الطِّباعة ؛ المَطْبَعة (كَمَحَلٍّ تِجارِيّ)

printing-press/ˈprɪntɪŋ-pres/*n.* مِطْبَعة ، آلةُ طِباعة

print-out/ˈprɪnt-aʊt/*n.* النَّتائِجُ المَطْبُوعةُ لِلحاسِباتِ الإلِكْتْرُونِيّة

prior[1]/ˈprɑɪə(r)/(*fem.* **prioress**/ˈprɑɪərəs/*n.* — رَئِيسُ دَيْرٍ (للرُّهْبان) ؛ رَئِيسَةُ دَيْرٍ

prior[2]/ˈprɑɪə(r)/*adj.* — (اِحْتِياطات) سابِقة

he has a prior claim — له حَقُّ الأُسْبَقِيَّة في دَعْواهُ

the house was sold prior to auction — بِيعَ المَنْزِلُ قَبْلَ طَرْحِهِ في المَزاد

priority/prɑɪˈorətɪ/*n.* — أَفْضَلِيَّة ، أَسْبَقِيَّة ، أَوْلَوِيَّة ، أَحَقِّيَّة

priory/ˈprɑɪərɪ/*n.* — دَيْرٌ للرُّهْبان أو الرّاهِبات

prise *see* **prize** *sense* **2**

prism/prɪzm/*n.* — مَنْشُورٌ زُجاجِيّ ، مَوْشُور هَنْدَسِيّ

prismatic/prɪzˈmætɪk/*adj.* — مَوْشُورِيّ ، مَنْشُورِيّ

prison/ˈprɪzən/*n.* — سِجْنٌ (سُجُون) ، مَحْبِس (مَحابِسُ)

prison-breaking/ˈprɪzən-breɪkɪŋ/*n.* — الهُرُوبُ مِن السِّجْن

prisoner/ˈprɪznə(r)/*n.* — سَجِين ، مَسْجُون ، مَحْبُوس

prisoner of war (*abbr.* **P.O.W.**) — أَسِيرُ (أَسْرَى) حَرْب

privacy/ˈprɪvəsɪ/*n.*

1. (being private) — خَلْوة ، اِخْتِلاء ، وَحْدة ، عُزْلة

2. (secrecy) — (في) السِّرّ والخَفاء

private/ˈprɑɪvɪt/*adj.*

1. (personal not public) — خُصُوصِيّ ، شَخْصِيّ ، خاصّ

2. (*mil.*)

he is a private (soldier) — هو جُنْدِيّ (بَسِيط) ، نَفَر ، عَسْكَرِيّ

3. (not state-controlled) — تابِعٌ للقِطاعِ الخاصّ (لا القِطاع العامّ)

private enterprise — مَشْرُوعٌ أَهْلِيّ أو حُرّ (خِلاف الحُكُومِيّ)

he has private means — له إيرادٌ خاصّ

4. (secret) — سِرِّيّ (نَقِيض عَلَنِيّ)

privately/ˈprɑɪvɪtlɪ/*adv.* — سِرًّا ، في السِّرّ

privation/prɑɪˈveɪʃən/*n.* — فُقْدان ، تَجْرِيدُ شَخْصٍ مِن حَقِّ المِلْكِيّة أو الحِيازة ؛ حِرْمانٌ مِن لَوازِمِ الحَياة الأساسِيّة ، عَوَز

privilege/ˈprɪvɪlɪdʒ/*n.*

1. (right) — اِمْتِيازٌ أو حَقٌّ شَخْصِيّ

2. (favour) — حَقٌّ يُمْنَحُ لِشَخْص ، حَظْوة

privileged/ˈprɪvɪlɪdʒd/*adj.* — (شَخْصٌ) يَتَمَتَّعُ بِامْتِيازٍ ما ، (الطَّبَقات) الثَّرِيّة المُتْرَفة ، مَحْظُوظ

prize/prɑɪz/*n.* — جائِزة ، مُكافَأة

v.t. **1.** (value highly) — يَعْتَزُّ (بِكُتُبِه) اعْتِزازًا بالِغًا ، يُعَلِّقُ اهْتِمامًا على (خَدَماتِها)

2. (force **open**/**up**/**off**) *also* **prise** — فَتَحَ بِعُنْفٍ

he prized the lid up/open — رَفَعَ الغِطاءَ بِجُهْدٍ

he prized the lid off — اِنْتَزَعَ غِطاءَ (العُلْبة بِمُخْلٍ مَثَلًا)

probability/ˌprobəˈbɪlətɪ/*n.* — اِحْتِمال ، أَرْجَحِيّة ، أَمْرٌ مُحْتَمَل

in all probability — على الأَرْجَح ، في أَغْلَبِ الظَّنّ ، على أَكْبَرِ احْتِمال

probable/ˈprobəbəl/*adj.* — مُرَجَّح ، مُحْتَمَلٌ حُدُوثُه ، مُتَوَقَّع

probably/ˈprobəblɪ/*adv.* — مِنَ المُحْتَمَل ، على الأَرْجَح

probation/prəˈbeɪʃən/*n.* — اِخْتِبارُ الفَرْدِ مُدّةً مِن الزَّمَن للتَّأَكُّدِ مِن صَلاحِيَّتِه للعَمَلِ أو للدِّراسة

on probation — (مُوَظَّف) تَحْتَ الاِخْتِبار ؛ مَحْكُومٌ تَحْتَ المُراقَبة بَدَلًا مِنَ الحَبْس (للأَحْداثِ خاصّةً)

probationary/prəˈbeɪʃənrɪ/*adj.* — (فَتْرَةُ) اخْتِبارٍ أو تَمْرِين

probationer/prəˈbeɪʃənə(r)/*n.*

1. (offender) — مَحْكُومٌ تَحْتَ المُراقَبة بَدَلًا مِنَ الحَبْس

2. (nurse not yet trained) — (مُمَرِّضة) في فَتْرة التَّدْرِيب

probe/prəʊb/*n.*

1. (instrument) — مِسْبَر ، مِسْبار ، مِجَسّ (أداة لِسَبْرِ غَوْرِ الجُرُوح)

2. (investigation) — تَحْقِيق صَحَفِيّ لِمَعْرِفةِ مُلابَسات (الفَضِيحة)

3. (*by rocket*) — صارُوخُ اسْتِطْلاعٍ فَضائِيّ

lunar probe — صارُوخٌ اسْتِطْلاعِيّ إلى القَمَر

v.t. & i. — جَسَّ ، سَبَرَ غَوْرَ (الجُرْح)

problem/ˈprobləm/*n.*

1. (exercise set for solution) — مَسْأَلة (يُطْلَبُ مِنَ الطَّلَبة حَلُّها)

2. (difficulty) — مُشْكِل ، مُشْكِلة ، مُعْضِلة

problem child — طِفْلٌ صَعْبُ المِراس شَكِسٌ ، وَلَدٌ يُسَبِّبُ المَشاكِلَ لِوالِدَيْه ولِمَنْ يَرْعاهُ

problematic(al)/ˌprobləˈmætɪk(əl)/*adj.* — (أَمْرٌ) يَصْعُبُ التَّنَبُّؤُ بِهِ (نتيجة) غَيْرُ مُؤَكَّدة ، (نَجاحُهُ) مَشْكُوكٌ فِيهِ ؛ (مُشْكِلة) عَوِيصة

procedure/prəˈsidʒə(r)/*n.* — إِجْراءاتٌ ضَرُورِيّة ، أُصُولٌ إدارِيّة

proceed/prəˈsid/*v.i.*

1. (go on) — تابَعَ سَيْرَه أو كَلامَه ، واصَلَ عَمَلَه

2. (arise **from**) — نَشَأَ (ـ) مِن ، اِنْبَثَقَ مِن ، نَتَجَ عَن (الحَرْبِ مَثَلًا)

3. (take legal action **against**) — قاضاه ، رَفَعَ عَلَيْه دَعْوَى أمامَ المَحْكَمة

proceedings/prəˈsidɪŋz/*n. pl.* (*leg.*) — مَحاضِرُ جَلَسات (مَجْمَعٍ عِلْمِيّ) ، سِجِلُّ الوَقائِع ، الإجْراءاتُ القانُونِيّة ضِدَّ...

proceeds/ˈprəʊsidz/*n. pl.* — إيرادُ (بَيْعٍ بالمَزادِ العَلَنِيّ مَثَلًا) ، دَخْلُ (حَفْلةٍ خَيْرِيّة) ، رِبْحٌ

process/ˈprəʊses/*n.*

1. (planned course) — عَمَلِيّة

the process of — (عِمارة في) مَرْحَلةِ التَّشْيِيد ،

construction (خَطٌّ حَديديّ) يَجْري مَدُّه

2. (involuntary course) سَيْرٌ، سَيْرورة، سِياق

the process of growth عَمَلِيّة النُّموّ

3. (method) طَريقةُ الإنْتاج (في مَصْنَع)، مَجْموعةُ مَراحِلِ صِناعةِ (السِّلْعة)

4. (*leg.*) دَعْوَى قَضائيّة ؛ إعْلان أو مُذَكِّرةُ حُضورٍ للمَحْكَمة (قَضاء)

v.t. عالَجَ (أطْعِمةً لِحِفْظِها) ؛ حَمَّضَ فِلْماً

procession/prə'seʃən/*n.*

1. (moving in fixed order) تَعاقُبُ الأحْداث

they walked in procession ساروا بِهَيْئةِ مَوْكِبٍ

2. (persons proceeding) مَسيرة، مَوْكِب (مَواكِبُ) ؛ طَواف، زَيّاح

the funeral procession moved slowly along تَحَرَّكَ المَوْكِبُ الجَنائِزيُّ بِبُطْءٍ

proclaim/prə'kleɪm/*v.t.* أعْلَنَ، صَرَّحَ، نادَى على المَلَأ

proclamation/'prokla'meɪʃən/*n.* إعْلان، تَصْريحٌ رَسْميٌّ عامٌّ، بَيانٌ (جُمْهوريّ)

proclivity/prəʊ'klɪvətɪ/*n.* مَيْلٌ إلى أو نَحْوَ، جُنوحٌ إلى

procrastinate/prəʊ'krastɪneɪt/*v.t.* ماطَلَ، سَوَّفَ

procrastination/prəʊ'kræstɪ'neɪʃən/*n.* مُماطَلة، تَسْويف

procreate/'prəʊkrɪeɪt/*v.t.* أنْسَلَ، أنْجَبَ

procreation/'prəʊkrɪ'eɪʃən/*n.* إنْسالٌ، إنْجابٌ، ذُرِّيّة، تَوالُد

procure/prə'kjʊə(r)/*v.t.*

1. (obtain) حَصَلَ (ـِ) على، اِقْتَنَى

2. (bring about) سَبَّبَ، جَلَبَ (ـِ)، أحْدَثَ

procurer/prə'kjʊərə(r)/*n.* قَوّاد، دَيُّوث

prod/prod/*v.t. & i.*

1. (poke) زَغَدَهُ (بِعَصاهُ أو بِإصْبَعِه)، نَخَسَ (ـُ)

2. (stimulate) حَفَزَهُ على العَمَل

n. نَخْزة، نَخْسة، زَغْدة، حَفْزة

she gave him a gentle prod with her umbrella نَخَسَتْهُ بِرِفْقٍ بِطَرَفِ مِظَلَّتِها

prodigal/'prodɪgəl/*adj.* مُسْرِفٌ (في مالِهِ)، مُبَذِّرٌ (في وَقْتِهِ)، (الطَّبيعةُ) سَخِيّةٌ (في خَصْبِها)

n. مِتْلاف، مُبَعْثِرُ مالِهِ أو عابِثٌ بِهِ

prodigality/'prodɪ'gælətɪ/*n.* أرْيَحِيّةُ العَطاء ؛ إسْراف، تَبْذير

prodigious/prə'dɪdʒəs/*adj.* (مَبْلَغ) هائِل، مَهُول، في غايةِ الضَّخامة، مُذْهِل

prodigy/'prodɪdʒɪ/*n.* خارِقة، أُعْجوبة ؛ (طِفْلٌ) مُعْجِزة

a prodigy of patience مِثالُ الصَّبْر

produce/prə'djus/*v.t.*

1. (show) أظْهَرَ، أبْرَزَ، قَدَّمَ (بُرْهاناً)

2. (make) أنْتَجَ

they produce cotton goods يُنْتِجون المَصْنوعاتِ القُطْنِيّة

3. (*theatr.*) أنْتَجَ عَمَلاً فَنِّيّاً

he produced a play أخْرَجَ رِوايةً مَسْرَحِيّة

4. (cause) أثارَ، أحْدَثَ، سَبَّبَ

the acid produced a reaction أحْدَثَ الحامِضُ تَفاعُلاً

5. (bear) أغَلَّ، أنْتَجَ، أثْمَرَ

that tree produces excellent oranges تُنْتِجُ تِلْكَ الشَّجَرةُ بُرْتُقالاً مُمْتازاً

n. /'prodjus/ مُنْتَجاتٌ (زِراعِيّةٌ مَثَلاً)، مَحْصول

agricultural produce الإنْتاج أو المَحْصولُ الزِّراعِيّ

producer/prə'djusə(r)/*n.*

1. (one who produces goods) مُنْتِجٌ (لِلسِّلَعِ الاِسْتِهْلاكِيّة)

2. (*theatr.*) مُنْتِجُ (رِوايةٍ مَسْرَحِيّة أو سينَمائِيّة)

product/'prodʌkt/*n.*

1. (thing produced) نِتاج، غَلّة، مَحْصول، مُسْتَحْضَر (طِبِّيّ مَثَلاً)

2. (result) إنْتاج (أدَبِيّ)

3. (*math.*) حاصِلُ (ضَرْب)

production/prə'dʌkʃən/*n.*

1. (producing) إنْتاج (المَحْصولات الزِّراعِيّة أو السِّلَع)، صِناعة

2. (*theatr.*) إنْتاج (أدَبِيّ لِمُؤَلِّف) ؛ إخْراج مَسْرَحِيّة، إنْتاج فِلْم

productive/prə'dʌktɪv/*adj.* (طاقة) إنْتاجِيّة ؛ مُثْمِرة، (مُناقَشة) تُؤَدِّي إلى (حَلٍّ لِلمُشْكِل)، (أرْضٌ) خِصْبة

productivity/'prodʌk'tɪvətɪ/*n.* (رَفْعُ مُسْتَوَى) الإنْتاجِيّة، مُعَدَّلُ الإنْتاج، الطّاقة الإنْتاجِيّة

profane/prə'feɪn/*adj.* دُنْيَوِيّ، لا يَتَّصِلُ بِأُمورِ الدِّين

v.t. دَنَّسَ (حُرْمةَ المَعْبَد)، جَدَّفَ

profanity/prə'fænətɪ/*n.* دَنَسٌ، نَجاسةٌ، اِنْتِهاكٌ لِحُرْمةِ المُقَدَّسات، لُغة بَذيئة

profess/prə'fes/*v.t. & i.*

1. (declare) أعْلَنَ، صَرَّحَ

2. (falsely claim) تَظاهَرَ بِـ

he is a professed friend يَدَّعِي الصَّداقة

profession/prə'feʃən/*n.*

1. (avowal) إقْرار، اِعْتِراف، مُجاهَرة بِرَأْيٍ

2. (vocation) مِهْنة (التَّدْريس مَثَلاً)، حِرْفة (الطِّبّ مَثَلاً)، صَنْعة

the learned professions المِهَنُ العِلْمِيَّة

professional/prəˈfeʃənəl/*n. & adj.* مُحْتَرِفٌ يُمارِسُ مِهْنَته ، لاعِبٌ مُحْتَرِف (ضِدّ هاوٍ) ؛ مِهَنِيّ ، حِرَفِيّ

professor/prəˈfesə(r)/*n.* أُسْتاذٌ جامِعِيّ ، بُرُوفِسُور

professorial/ˈprofɪˈsɔrɪəl/*adj.* أُسْتاذِيّ ، خاصّ بِبْرُوفِسُور

proffer/ˈprofə(r)/*v.t.* مَدَّ (ـُ) (لَهُ يَدَ الصَّداقة) ، عَرَضَ (ـِ) عَلَيْه

proficiency/prəˈfɪʃənsɪ/*n.* حِذْق ، بَراعة ، مَهارة ، إِتْقان

certificate of proficiency in English شَهادةُ الجَدارةِ والكَفاءة في الإِنْكِلِيزيّة

proficient/prəˈfɪʃənt/*adj.* حاذِق ، ماهِر ، مُتْقِن

profile/ˈprəʊfaɪl/*n.*

1. (side view) "بْرُوفِيل" ، مَظْهَرٌ جانِبِيّ ، صُورة جانِبِيّة

he keeps a low profile يَتَجَنَّبُ لَفْتَ الأَنْظار

2. (biography) لَمْحة عَن حَياةِ (عَظِيمٍ مَثَلًا) ، تَرْجَمةٌ مُوجَزة لِسِيرَتِهِ

profit/ˈprofɪt/*n.*

1. (gain) رِبْحٌ أو كَسْبٌ (مادِّيّ) مِنْ صَفْقةٍ تِجارِيّة

2. (benefit) (جَنَى) فائِدةً (كَبِيرةً مِن دِراسة التّارِيخ) ، كَسْبٌ ، نَفْعٌ

v.i. أَفادَ مِن (خِبْرَتِهِ وتَجارِبِه) ، اِنْتَفَعَ ، تَنَفَّعَ مِنْ أو بِـ

profitable/ˈprofɪtəbəl/*adj.*

1. (lucrative) مُرْبِح ، مُكْسِب

2. (beneficial) مُفِيد ، نافِع

profiteer/ˈprofɪˈtɪə(r)/*n.* تاجِرٌ مُسْتَغِلٌّ جَشِعٌ (يُثْرِي على حِسابِ الآخَرِين ولا سِيّما في الأَزَماتِ الاقْتِصادِيّة)

v.i. اِسْتَغَلَّ الأَزْمةَ في الإِثْراء

pro forma/prəʊ ˈfɔmə/*adj.* (*Latin*) *esp. in*

pro forma invoice فاتُورة شَكْلِيّة (بِثَمَنِ البَضائع المَطْلُوبة)

profound/prəˈfaʊnd/*adj.* (تَفْكِيرٌ) عَمِيق ، بَلِيغ ، مُتَعَمِّق

profuse/prəˈfjus/*adj.*

1. (abundant) (شُكْرٌ) جَزِيل ، (مَحْصُولٌ) وافِرٌ وَغَزِير

2. (lavish **in**) مُسْرِف (في التَّعْبِيرِ عَن أَسَفِهِ) ، مُفْرِط

profusion/prəˈfjuʒən/*n.* (تَنْمُو هٰذِهِ الزَّهْرةُ) بِوَفْرةٍ وَغَزارة ، مُبالَغَةٌ وإِكْثارٌ (في الوُعُود)

progeny/ˈprodʒɪnɪ/*n.* ذُرِّيّة ، سُلالة ، نَسْل

prognosticate/progˈnostɪkeɪt/*v.t.* أَنْذَرَ (بِكارِثة) ، بَشَّرَ (بِخَيْر)

programme/ˈprəʊgræm/*n.*

1. (list) بَرْنامَج (بَرامِج) الإذاعةِ مَثَلًا ، مَنْهَج (دِراسِيّ)

2. (plan) بَرْنامَجُ (زِيارةِ رَئِيسِ الدَّوْلة مَثَلًا) ، خُطّة العَمَل

3. (coded instructions for computer) رُمُوز المُعْطَيات للحاسِبةِ الإِلِكْتْرُونِيّة ، بَرْنامَج (بَرامِج)

v.t. بَرْمَجَ ، أَعَدَّ بَرْنامَجًا أو مِنْهاجًا للحاسِبات الإِلِكْتْرُونِيّة

progress/ˈprəʊgres/*n.* تَقَدُّمٌ ، تَرَقٍّ ، تَطَوُّر

in progress في طَوْرِ التَّنْفِيذ ، (اِجْتِماعٌ) مُنْعَقِدٌ حالِيًّا

v.i. /prəˈgres/ سارَ قُدُمًا ؛ تَقَدَّمَ (في دِراسَتِهِ مَثَلًا)

progressive/prəˈgresɪv/*adj.*

1. (moving forward) مُتَقَدِّم

2. (favouring reform) (حِزْبٌ) تَقَدُّمِيّ

3. (increasing) (ضَرائِبُ) تَصاعُدِيّة ؛ (سَرَطان) مُتَزايِد

prohibit/prəˈhɪbɪt/*v.t.* حَرَّمَ ، حَظَرَ (ـُ) ، مَنَعَ (ـَ)

prohibition/ˈprəʊɪˈbɪʃən/*n.*

1. (ban) مَنْعٌ ، حَظْرٌ ، نَهْيٌ أو تَحْرِيمٌ (في الدِّين)

2. (*of alcohol*) حَظْرُ صِناعةِ المَشْروبات الرُّوحِيّة أو شُرْبِها

prohibitive/prəˈhɪbətɪv/*adj.* (سِعْرُ البِضاعة) فاحِش (يَحُولُ دُونَ شِرائِها)

project/prəˈdʒekt/*v.t.*

1. (plan) وَضَعَ خُطَّةً أو تَصْمِيمًا (لِمَبْنًى جَدِيد) ، خَطَّطَ

2. (throw) أَطْلَقَ أو قَذَفَ (صارُوخًا في الفَضاء)

3. (*photog.*) (تَصْوِيرٌ أَدَبِيّ) يَعْكِسُ (مَلامِحَ الحَياةِ الاجْتِماعِيّة)

project the picture on the screen عَرَضَ الصُّورة على الشّاشة (بِتَسْلِيطِ الضَّوْءِ عَلَيْها)

4. (*geom.*) أَسْقَطَ ، رَسَمَ مَسْقَطًا هَنْدَسِيًّا ، رَسَمَ جِسْمًا على سَطْحٍ طِبْقًا لِقَواعِدَ خاصّة

v.i. نَتَأَتْ (عِظامُ وَجْنَتَيْهِ) ، بَرَزَتْ (الشُّرْفة مِن الحائِطِ مَثَلًا)

n. /ˈprodʒekt/ خُطّةٌ لِلقِيامِ بِعَمَلٍ ما ، مَشْروع ، تَصْمِيم (هَنْدَسة)

projectile/prəˈdʒektaɪl/*n.* مَقْذُوف ، قَذِيفة

projection/prəˈdʒekʃən/*n.*

1. (plan) نُتُوءٌ ، بُرُوزٌ

2. (throwing) قَذْفٌ ، رَمْيٌ

3. (*photog.*) عَرْضُ الأَفْلام

4. (*geog.*) مَسْقَطٌ خاصّ في خَرائِطَ تُمَثِّلُ الكُرَةَ الأَرْضِيّةَ على سَطْحٍ مُسْتَوٍ

projector/prəˈdʒektə(r)/*n.* آلةُ عَرْضٍ سِينَمائِيّ

proletarian/ˈprəʊlɪˈteərɪən/*adj. & n.* (*abbr.* **prole**/prəʊl/) مِن طَبَقةِ العُمّال ، كادِح ، بْرُولِيتارِيّ

proletariat/ˈprəʊlɪˈteərɪət/*n.* البْرُولِيتارِيا ، الطَّبَقة الكادِحة ، الشَّغِّيلة

prolific/prəˈlɪfɪk/*adj.* غَزِيرُ الإِنْتاج ؛ وَلُود

prolix/ˈprəʊlɪks/*adj.* مُسْهَب ، مُطْنِب ، مُطَوَّل ، مُطِيل

prologue/ˈprəʊlɒg/*n.* تَمْهِيدٌ لِمَسْرَحِيَّة ، مُقَدِّمة ، اِسْتِهْلالُ قَصِيدة ، توطِئة

prolong/prəˈlɒŋ/*v.t.* أَطالَ ، طَوَّلَ ، مَدَّدَ

prolongation/ˈprəʊlɒŋˈgeɪʃən/*n.* تَمْدِيدُ (رُخصة) ، تَطْوِيل ، إطالة ، اِمْتِداد

prom/prɒm/*coll.* *abbr. of* **promenade**

promenade/ˈprɒməˈnɑd/*n.* نُزْهة ، مُتَنَزَّه ، مُتَنَزَّهٌ ، رَصِيفٌ عَرِيضٌ على شاطِئ البَحْر

there is a fine promenade at Brighton يُوجَدُ في بْرايْتون مُتَنَزَّهٌ جَمِيلٌ على شاطِئ البَحْر

promenade concert حَفْلة سِيمْفُونِيَّة يُتاحُ فِيها لِبَعْضِ الجُمْهُورِ الوُقُوفُ والاِسْتِماعُ لِقاءَ أَجْرٍ مُخَفَّض

v.i. & t. تَنَزَّهَ ، تَمَشَّى في الهَواءِ الطَّلْق

prominence/ˈprɒmɪnəns/*n.* أَهَمِّيَّة ، شُهْرة ، بُرُوز ؛ مُرْتَفَعٌ في وَسَطِ السَّهْل

prominent/ˈprɒmɪnənt/*adj.*

1. (jutting out) ناتِئ ، بارِز

2. (conspicuous) لافِتٌ لِلنَّظَر ، ظاهِر ، بارِز للعِيان

3. (distinguished) مُمْتاز ، مَشْهُور

promiscuous/prəˈmɪskjʊəs/*adj.* يَخْتَلِطُ مَعَ كُلِّ شَخْصٍ بِلا تَمْيِيز ، له (أو لها) عَلاقاتٌ جِنْسِيَّة عَدِيدة

promise/ˈprɒmɪs/*n.*

1. (undertaking) وَعْدٌ (وُعُود) ، عَهْدٌ (عُهُود)

2. (hope of success) بَشِيرٌ بالخَيْر

this writer shows promise يُتَوَقَّعُ لِهذا الكاتِبِ مُسْتَقْبَلٌ ناجِح

v.t. & i.

1. (give assurance) وَعَدَ (يَعِدُ) ، عاهَدَ على ، تَعَهَّدَ بِـ

2. (seem likely to) بَشَّرَ بِما يُحْتَمَلُ وُقُوعُه

this promises well هذا يُبَشِّرُ بِخَيْر

promising/ˈprɒmɪsɪŋ/*adj.* (تِلْمِيذ) يُبَشِّرُ بالخَيْر ، يُنْتَظَرُ له مُسْتَقْبَلٌ باهِر

promontory/ˈprɒməntrɪ/*n.* رَأْسٌ بَحْرِيّ ، جُرْفٌ ناتِئٌ داخِلَ البَحْر

promote/prəˈməʊt/*v.t.*

1. (advance) رَقَّى (إلى رُتْبةٍ أَعْلى) ، رَفَعَ (ـَ)

2. (support) ساعَدَ على (إقامة عَلاقاتٍ طَيِّبة) ، أَيَّدَ مَشْرُوعًا ، أَسَّسَ شَرِكةً ، (تاجِرٌ) يُعْلِنُ عَن بِضاعةٍ مُعَيَّنة

promoter/prəˈməʊtə(r)/*n.* مُرَوِّجٌ (مَشْرُوعاتٍ تِجارِيَّة) ؛ مُنَظِّمُ مُبارَياتٍ ومُنافَساتٍ رِياضِيَّة

promotion/prəˈməʊʃən/*n.*

1. (advancement) تَرْقِيَة أو تَرْفِيع (إلى رُتْبة أعلى)

2. (act of promoting) إِنْشاء ، تَأْسِيس ، إقامة (عَلاقاتٍ وُدِّيَّة بَيْنَ بَلَدَيْن)

sales promotion تَرْوِيجُ البَضائِع

prompt/prɒmpt/*adj.*

1. (acting quickly) سَرِيعُ الاِسْتِجابة للأَمْر ، حاضِرُ (الجَواب)

2. (done quickly) عاجِل ، سَرِيع ، فَوْرِيّ

v.t. **1.** (move to action) حَمَلَه على الإقامةِ بِـ ، دَفَعَهُ إلى

2. (give rise to) حَدا (يَحْدُو) بِهِ ، دَعاهُ إلى

3. (*theatr.*) لَقَّنَ المُمَثِّلَ

prompter/ˈprɒmptə(r)/*n.* (*theatr.*) مُلَقِّنُ المُمَثِّلِ في المَسْرَح

promptitude/ˈprɒmptɪtjud/*n.* سُرْعةٌ (في تَلْبِيَة النِّداء) ، حُضُورُ ذِهْنٍ

promptly/ˈprɒmptlɪ/*adv.* فَوْرًا ، بِلا إِبْطاء

prone/prəʊn/*adj.*

1. (lying face downwards) مُنْقَلِبٌ أو مُنْبَطِحٌ عَلَى وَجْهِهِ

2. (inclined **to**) مَيَّالٌ إلى ، عُرْضَةٌ لِـ

he is prone to make mistakes مُعَرَّضٌ لاِرْتِكابِ الأَخْطاء

recently he has become accident prone أَصْبَحَ كَثِيرَ الإصابةِ بالحَوادِثِ في الآوِنةِ الأَخِيرة

prong/prɒŋ/*n.* إِحْدَى الشُّعَبِ أو الأَسْنانِ المُدَبَّبة (لِشَوْكَةِ الأَكْلِ مَثَلًا)

pronged/prɒŋd/*adj.* ذُو شُعَبٍ

two-pronged attack هُجُومٌ مِن ناحِيَتَيْن

pronoun/ˈprəʊnaʊn/*n.* ضَمِير (نَحْو)

pronounce/prəˈnaʊns/*v.t. & i.*

1. (*leg.*) أَصْدَرَ (القاضِي) حُكْمَهُ (عَلَى المُجْرِمِ)

2. (declare) أَبْدَى رَأْيَه ، أَعْلَنَ

3. (articulate) نَطَقَ (ـِ) ، لَفَظَ (ـِ) ، فاهَ (يَفُوهُ)

pronounced/prəˈnaʊnst/*adj.* (كَراهِيَة) ظاهِرة ، بَيِّنة ، واضِحة

pronouncement/prəˈnaʊnsmənt/*n.* تَصْرِيح

pronunciation/prəˈnʌnsɪˈeɪʃən/*n.* نُطْقُ (اللُّغةِ الإنكليزيّة مَثَلًا)

proof/pruf/*n.*

1. (evidence) بُرْهان ، دَلِيل ، بَيِّنة ، حُجّة

2. (test) اِمْتِحان ، اِخْتِبار

3. (*printing*) مُسَوَّداتُ الطَّبْع ، بُرُوفات (المَطْبُوعات أو الصُّوَر الفُوتُوغْرافِيَّة)

4. (*of alcohol*) مِقْياسُ قُوَّة الشَّراب الكُحُولِيّ

proof-reading/ 'pruf-ridıŋ/n. تَصحِيح المُسَوَّدات الطِّباعِيَّة

prop/prop/n. دِعامة ، سِناد ، قائِمة

v.t. دَعَمَ (ـَ) ، سَنَدَ (ـُ)

prop the ladder against the wall أَسْنِدِ السُّلَّمَ إلى الحائِط

propaganda/'propə'gændə/n. دِعاية ، تَرْوِيج

propagate/'propəgeıt/v.t.

1. (multiply) وَلَّدَ ، كَثَّرَ بالتَّناسُل

2. (spread) بَثَّ (ـُ) ، أذاعَ ، نَشَرَ (ـُ)

propagation/'propə'geıʃən/n. تَكاثُر ، تَوْلِيد ، نَشْرٌ ، اِنْتِشار ، إشاعة ، ذُيُوع

propel/prə'pel/v.t. دَفَعَ (ـَ) ، سَيَّرَ ، حَرَّكَ بِقُوَّةٍ (مِيكانِيكِيَّة مَثَلاً)

propeller/prə'pelə(r)/n. دافِع ، مِرْوَحة (الطّائِرة مَثَلاً) ، رَفّاص (السَّفِينة)

proper/'propə(r)/adj.

1. (right) مُناسِب ، مُلائِم ، صَحِيح

this is the proper tool for the job هٰذِهِ هِيَ الأداةُ المُناسِبةُ لِلعَمَل

2. (respectable) (سُلُوكٌ) لائِق (يُناسِبُ العُرْفَ والعادة)

3. (*gram.*) (في النَّحْو)

proper noun اِسْمُ عَلَم

properly/'propəlı/adv. عَلَى الوَجْهِ الأَتَمّ ، كَما يَنْبَغِي

property/'propətı/n.

1. (owning) المِلْكِيَّة

2. (possession) مِلْك ، مَتاع ، عَقار

3. (an estate) ضَيْعة (ضِياع)

4. (attribute) صِفة مُمَيِّزة ، مِيزة ، خاصِّيَّة

5. (*pl. theatr.*) أَدَوات وَلَوازِم التَّمْثِيل المَسْرَحِيّ

prophecy/'profısı/n. نُبُوَّة ، تَنَبُّؤ ، كَشْفُ مُغَيَّباتِ المُسْتَقْبَل

prophesy/'profısaı/v.t. & i. تَنَبَّأَ بالمُسْتَقْبَل ، تَكَهَّنَ بِما سَيَحْدُث

prophet/'profıt/n.

1. (inspired Teacher) نَبِيّ (أَنْبِياءُ)

the Prophet النَّبِيّ مُحَمَّد ، رَسُولُ الله

2. (one who foretells) مَن يَتَنَبَّأُ أو يَتَكَهَّن

prophetic/prə'fetık/adj. نَبَوِيّ ، نِسْبةً إلى التَّنَبُّؤ

prophylactic/'profı'læktık/adj. وِقائِيّ (طِبّ)

propitiate/prə'pıʃıeıt/v.t. كَفَّرَ ، اِسْتَعْطَفَ ، تَرَضَّى

propitiation/prə'pıʃı'eıʃən/n. كَفّارة ، تَرَضٍّ ، اِسْتِعْطاف

proportion/prə'poʃən/n.

1. (share) حِصّة

2. (ratio) نِسْبةُ (الصّادِرات لِلوارِدات مَثَلاً)

3. (relation) تَناسُب ، وِئام ، اِنْسِجام

out of all proportion to . . . . . غَيْرُ مُتَناسِب مُطْلَقاً مَعَ

4. (*pl.* dimensions) أَبْعادُ (الحُجْرة مَثَلاً)

proportional/prə'poʃənəl/adj. (أَجْرٌ) مُتَناسِب مَعَ (الجُهْدِ المَبْذُول) ، (التَّمْثِيلُ) النِّسْبِيّ (في الاِنْتِخابات)

proportionate/prə'poʃənət/adj. مُتَناسِب ، نِسْبِيّ

proposal/prə'pəuzəl/n.

1. (proposing) اِقْتِراحٌ ، عَرْضٌ

2. (*of marriage*) طَلَبٌ لِلزَّواج

3. (plan) مَشْرُوعٌ (لِلسَّلام مَثَلاً)

propose/prə'pəuz/v.t. & i.

1. (put forward) اِقْتَرَحَ ، عَرَضَ ، تَقَدَّمَ بِرَأْيٍ

2. (make an offer of marriage **to**) تَقَدَّمَ لِلزَّواجِ مِن ، طَلَبَ يَدَ . . .

3. (intend) نَوَى (يَنْوِي) ، اِنْتَوَى ، قَصَدَ (ـِ)

proposition/'propə'zıʃən/n.

1. (statement) قَوْلٌ ، تَصْرِيحٌ ، خَبَرٌ

2. (*math.*) قَضِيّة (قَضايا) رِياضِيّة ، بَدِيهِيّة

3. (proposal) اِقْتِراح ، مُقْتَرَحٌ ، عَرْضٌ

he put his proposition to the boss عَرَضَ اقْتِراحَهُ على رَئِيسِهِ في العَمَل

proprietary/prə'praıətərı/adj. اِمْتِلاكِيّ ؛ (مُسْتَحْضَرٌ طِبِّيٌّ جاهِز) مِن ماركة مُسَجَّلة

proprietor/prə'praıətər/ (*fem.* **proprietress**/prə'praıətrəs)/n. صاحِب ، مالِك ؛ صاحِبة ، مالِكة

propriety/prə'praıətı/n. صَلاحِيّة ؛ آداب ، لِياقة ، اِحْتِشام ، (راعَى) الأُصُولَ والتَّقالِيد

propulsion/prə'pʌlʃən/n. دَفْعٌ ، تَسْيِير ، تَحْرِيك

jet propulsion تَسْيِيرٌ نَفّاثِيّ ، دَفْعٌ نَفْثِيّ أو نافُورِيّ (طَيَران)

propulsive/prə'pʌlsıv/adj. دافِع ، دَفْعِيّ ، دَسْرِيّ ، مُسَيِّر

pros and cons/'prəuz ənd 'konz/n. pl. حَسَناتُ الأَمْرِ وَسَيِّئاتُه ؛ الحُجَجُ المُؤَيِّدة والمُخالِفة

prosaic/prə'zeıık/adj. تافِهٌ ، مُبْتَذَل ، رَكِيك ، عادِيّ

prose/prəuz/n. كَلامٌ مُرْسَل ، نَثْرٌ

prosecute/'prosıkjut/v.t.

1. (carry on) أَجْرَى ، قامَ بِـ ، نَفَّذَ

2. (*leg.*) قاضَى (خَصْمَهُ) ، رَفَعَ دَعْوَى ضِدَّ

trespassers will be prosecuted (مَمْنُوع الدُّخُول) سَتُتَّخَذُ ضِدَّ المُخالِفِين الإِجْراءاتُ القانُونِيَّة

prosecution/'prosı'kjuʃən/n. مُقاضاة ، مُحاكَمة ، دَعْوَى جِنائِيَّة ، إِجْراء جِزائِيّ

prosecutor/'prosıkjutə(r)/n. مُدَّعٍ (يُوَجِّهُ التُّهْمَةَ لِلمُتَّهَم)

prosody/'prosədı/n. عَرُوض ، قَواعِدُ النَّظْم ، عِلْمُ الأَوْزانِ والقَوافِي

prospect/ˈprospekt/*n.*
1. (view) — مَنْظَرٌ (طَبيعيّ) ، مَشْهَدٌ (ريفيّ)
2. (expectation) — المُتَوَقَّع ، المُنْتَظَر
the job has good prospects — وَظيفة لَها مُسْتَقْبَل ، وَظيفةٌ ذاتُ مَجال لِلتَّرَقّي
v.i. /prəˈspekt/ — نَقَّبَ عَن ، بَحَثَ عَن
they are prospecting for gold — يُنَقِّبُونَ عَن الذَّهَب

prospective/prəˈspektɪv/*adj.* — اِسْتِقْباليّ ، مُنْتَظَر ، مُتَوَقَّع ، مُرْتَقَب

prospector/prəˈspektə(r)/*n.* — مُنَقِّبٌ أو باحِثٌ عَن المَعادِن

prospectus/prəˈspektəs/ (*pl.* **prospectuses**/prəˈspektəsɪz/) *n.* — إعْلانٌ مَطْبوع دِعائيّ ، نَشْرة تُوَضِّحُ نِظامَ مُؤَسَّسة

prosper/ˈprospə(r)/*v.i.* — نَجَحَ (ـَ) ، وُفِّقَ ، اِزْدَهَرَت أو اِنْتَعَشَت (التِّجارة)

prosperity/prəˈsperɪtɪ/*n.* — (يَحْيا في) رَخاء ؛ اِزْدِهار (التِّجارة) ؛ يُمْنٌ ، تَوْفيق

prosperous/ˈprospərəs/ *adj.* — (رَجُلُ أعمالٍ) ناجِحٌ ، مُفْلِحٌ ، مُوَفَّقٌ ، (تِجارة) مُزْدَهِرة ، (سَنَواتُ) رَخاء

prostitute/ˈprostɪtjut/*n.* — مُومِس ، بَغِيٌّ (بَغايا) ، عاهِرة (عَواهِرُ)
v.t. — اِتَّجَرَت بِعِرْضِها ، باعَت جَسَدَها
he is prostituting his artistic abilities — يُتاجِرُ بِمَواهِبِه الفَنِّيّة ، يَبْتَذِلُها

prostitution/ˈprostɪˈtjuʃən/*n.* — بِغاء ، اِتِّجارٌ بالعِرْض ، دَعارة

prostrate/ˈprostreɪt/*adj.*
1. (prone) — مُنْكَفِئٌ على وَجْهِه اسْتِسْلامًا أو اِحْتِرامًا
2. (exhausted) — مَنْهوكٌ خائِرُ القُوَى
v.t. /proˈstreɪt/ — أَضْناهُ (القَيْظُ) ، غَلَبَهُ (الحُزْن) ، اِرْتَمَى (على الأرْض)
he prostrated himself before the king — خَرَّ ساجِدًا أمامَ المَلِك

prostration/proˈstreɪʃən/*n.* — اِنْكِفاءٌ على الوَجْه ؛ إنْهاكٌ (مِنْ شِدّة التَّعَب والحُزْن)
nervous prostration — اِنْهيارٌ عَصَبِيّ (حُزْنًا أو لِجُهودٍ مُضْنٍ أو صَدْمةٍ نَفْسيّة)

prosy/prəʊzɪ/*adj.* — نَثْرِيّ ، اِعْتِياديّ مُبْتَذَل ؛ مُمِلّ

protagonist/prəʊˈtægənɪst/*n.* — نَصير ، زَعيم ، مُشايِعٌ لِ ؛ بَطَلُ الرِّواية

protect/prəˈtekt/*v.t.*
1. (keep safe) — حَمَى (يَحْمي) ، وَقَى (يَقي) ، حَفِظَ (ـَ)
2. (*econ.*) — حَمَى الصِّناعة الوَطَنيّة مِن المُنافَسة الأجْنَبيّة بالرُّسومِ الجُمْرُكيّة

protection/prəˈtekʃən/*n.*
1. (guarding) — حِماية ، وِقاية ، صَوْنٌ
2. (*econ.*) — حِماية المُنْتَجات الوَطَنيّة

protective/prəˈtektɪv/*adj.* — (غِطاءٌ) واقٍ ، (حِراسة) وِقائيّة

protector/prəˈtektə(r)/ *n.* — حامٍ أو راعٍ (لِزَوْجَتِه) ، مُجيرٌ (في الشَّدائِد) ، قِدّيس شَفيع ؛ وَصِيٌّ (على العَرْش) ؛ (أداةُ) وِقاية (للصَّدْر مَثَلاً)

protectorate/prəˈtektərət/*n.* — وِصاية على العَرْش ؛ حِماية (دَوْلة أخرى) ، مَحْمِيّة

protégé/ˈprəʊtɪʒeɪ/*n.* — مَنْ يَتَمَتَّعُ بِرِعايةٍ وَتَشْجيعِ شَخْصٍ ذي نُفوذ

protein/ˈprəʊtin/*n.* — بْروتين

protest/prəˈtest/*v.t.* — أَصَرَّ على ، صَرَّحَ بِالإلحاح ؛ اِحْتَجَّ على
he protested his beliefs — أَصَرَّ على مُعْتَقَداتِه
v.i.
they protested against their long hours of work — اِحْتَجُّوا على طُولِ ساعاتِ العَمَل
n. /ˈprəʊtest/ — اِحْتِجاج ، شَكْوى ، اِعْتِراض

Protestant/ˈprotɪstənt/*n. & adj.* — بْروتِسْتانْتِيّ

Protestantism/ˈprotɪstəntɪzm/*n.* — المَذْهَب البْروتِسْتانْتِيّ

protestation/ˈprotɪˈsteɪʃən/*n.* — إصْرارٌ على (بَراءَةٍ مَثَلاً) ، تَأْكيد ؛ اِعْتِراض ، اِحْتِجاج

protocol/ˈprəʊtəkol/*n.* — المُسَوَّدةُ الأُولَى لِوَثيقة مُفاوَضاتٍ (سِياسيّة مَثَلاً) ؛ البْروتوكول ، العُرْفُ الدِّبْلوماسيّ

protoplasm/ˈprəʊtəplæzm/*n.* — البْروتوبْلازْم ، مادّة هُلاميّة تَتَكَوَّنُ مِنْها الخَلايا الحَيّة

prototype/ˈprəʊtətaɪp/*n.* — نَموذَجٌ أوَّلِيّ ، أُنْموذَج ، راموز أَصْلِيّ

protract/prəˈtrækt/*v.t.* — أطالَ (النِّقاشَ مَثَلاً) ، طَوَّلَ ، مَدَّ ؛ رَسَمَ أو خَطَّطَ حَسَبَ مِقْياسٍ مُعَيَّن

protractor/prəˈtræktə(r)/*n.* — مِنْقَلة (لِقِياس الزَّوايا) (هَنْدَسة)

protrude/prəˈtrud/*v.t. & i.* — أَخْرَجَ (لِسانَهُ مَثَلاً) ؛ بَرَزَت (الشُّرْفةُ مِنَ الحائِط) ، نَتَأَ (ـَ)

protrusive/prəˈtrusɪv/*adj.* — بارِزٌ ، ناتِئٌ

protuberance/prəˈtjubərəns/*n.* — نُتُوءٌ ، حَدَبة ، بُروز

protuberant/prəˈtjubərənt/*adj.* — ناتِئٌ ، بارِزٌ

proud/praʊd/*adj.*
1. (arrogant) — مُتَكَبِّرٌ ، مَغْرُور ، مُتَفاخِر
he is too proud to speak to us — هو مُتَرَفِّعٌ عَن مُحادَثَتِنا
2. (honoured) — مُتَشَرِّف
they were proud to represent their country — تَشَرَّفُوا أَنْ يُمَثِّلُوا وَطَنَهُم

3. (feeling pride) فَخُورٌ بـ ، مُعْتَزٌّ بـ
she is proud of her children هي فَخُورة بأَوْلادِها
4. (causing pride) باعِثٌ على الفَخرِ والاِعْتِزاز
a proud moment لَحْظة اعْتِزازٍ وَفَخر
proudly/ˋpraʊdlɪ/*adv.* بِغَطْرَسة ، بِخُيَلاء ؛ بِجُرْأة ، بِأَنَفة ؛ (رَفَض) بإباء

prove/pruv/*v.t.*
1. (establish) بَرْهَنَ على ، قَدَّمَ دَليلاً على ، أقامَ البُرْهانَ على
2. (*geom.*) بَرْهَنَ على صِحّة نَظَرِيّةٍ هَنْدَسِيّة
v.i. (turn out) ثَبَتَ أنَّ ، تَبَيَّنَ أنَّ ، اِتَّضَحَ أنَّ
he proved false اِتَّضَحَ زَيْفُهُ
we trusted him but he proved to be dishonest وَثِقْنا بِهِ وَلَكِنْ تَبَيَّنَ لَنا أَنَّهُ غَيْرُ أَمِين
proverb/ˋprovɜb/*n.* مَثَلٌ (أَمْثال) ، حِكْمة ، عِبارة مَأْثُورة
proverbial/prəˋvɜbɪəl/ *adj.* (كَرَمُهُ) مَضْرِبُ المَثَل ، مَثَلِيّ ، تُضْرَبُ بِهِ الأَمْثال
provide/prəˋvaɪd/*v.t.* & *i.* زَوَّدَ ، مَوَّنَ ، أَمَدَّ بـ ؛ أَعَدَّ المَطْلُوب ؛ اِحْتاطَ ضِدَّ
a father must provide for his children يَجِبُ عَلَى الأَبِ أَنْ يُعِيلَ أَبْناءَهُ
the rules do not provide for any exceptions لَيْسَ في قَواعِدِ (المُؤَسَّسة) أَيُّ احْتِياطٍ عِنْدَ الشُّذُوذِ عَنْها
provided, providing (that) /prəˋvaɪdɪd, prəˋvaɪdɪŋ (ðæt)/*conj.* بِشَرْطِ أَنْ ، ما دامَ
I will go provided/providing that my expenses are paid سَأَذْهَبُ شَرِيطَةَ أَنْ تُدْفَعَ نَفَقاتُ سَفَرِي
she may come with us provided she arrives in time يُمْكِنُها أَنْ تَأْتِيَ مَعَنا بِشَرْطِ أَنْ تَصِلَ في المَوْعِدِ المُحَدَّد

providence/ˋprovɪdəns/*n.*
1. (thrift) التَّدَبُّرُ لِلعَواقِب ، اِدِّخار
2. (deity) العِناية الإلٰهِيّة
provident/ˋprovɪdənt/*adj.* مُدَبِّر ، غَيْرُ مُبَذِّر ؛ (صُنْدُوق) الادِّخار
providential/ˈprovɪˋdenʃəl/*adj.* مُرْسَلٌ مِنَ السَّماء
our being rescued from danger was providential كانَتْ نَجاتُنا بِفَضْلِ العِناية الإلٰهِيّة
province/ˋprovɪns/*n.*
1. (administrative territory) مِنْطَقة إدارِيّة ، مُدِيرِيّة
2. (*pl.* country outside capital) (سُكّان) إقْلِيم ، رِيف
there is more unemployment in the provinces than in the capital في الأَرْياف بَطالة أَكْثَرَ مِمّا في العاصِمة
3. (concern) دائِرةُ اخْتِصاص ، مَيْدان
the Minister of Education said that housing was not (within) his province قال وَزِيرُ التَّرْبِية إنّ مُشْكِلةَ الإسْكانِ لَيْسَت في نِطاقِ اخْتِصاصِهِ
provincial/prəˋvɪnʃəl/*adj.*
1. (of provinces) إقْلِيمِيّ ، خاصٌّ بِمُدِيرِيّة
2. (unsophisticated) قَرَوِيّ ، رِيفِيّ ، ساذَج ، ضَيِّقُ الأُفُق

provision/prəˋvɪʒən/*n.*
1. (providing) تَمْوِين ، تَزْوِيد
2. (what is provided) مُؤُونة ، كَمِّيّة مُعْطاة
3. (*pl.* stores) مُؤُونةٌ مِنَ الزّاد ، لَوازِم
4. (*leg.*) شَرْط في وَثِيقة قانُونِيّة
provisional/prəˋvɪʒənəl/*adj.* مُؤَقَّت ، وَقْتِيّ ، (حُكُومة) اِنْتِقالِيّة
proviso/prəˋvaɪzəʊ/*n.* فَقْرةٌ شَرْطِيّة في عَقْدٍ قانُونِيّ ؛ قَيْدٌ ، شَرْطٌ ، نَصّ
provocation/ˈprovəˋkeɪʃən/*n.* اِسْتِفزاز ، إهاجة ، إثارة ، تَحْرِيضٌ (الجَماهِيرِ على الاِحْتِجاج)
provocative/prəˋvokətɪv/*adj.* (خُطْبةٌ) اِسْتِفزازِيّة ، (سُلُوكٌ) مُهَيِّج
provoke/prəˋvəʊk/*v.t.* اِسْتَفَزَّ ، أَثارَ (عاصِفةً مِنَ الضَّحِك) ، حَرَّضَ
provoking/prəˋvəʊkɪŋ/*adj.* مُهَيِّج ، مُثِير
provost/ˋprovəst/*n.* الرَّئِيسُ الأَعْلَى لِكُلِّيّةٍ جامِعِيّة
prow/praʊ/*n.* مُقَدَّمُ السَّفِينة ، قَيْدُومُها ، جُؤْجُؤُها ، صَدْرُها
prowess/ˋpraʊɪs/*n.* بُطُولة وَشَهامة ؛ بَراعة ، مَهارةٌ فائِقة
prowl/praʊl/*v.i.* جاسَ (يَجُوسُ) (الذِّئْبُ) ، طافَ أو جالَ (اِبْتِغاءَ الفَرِيسة)
n. تَجَوُّلٌ ، طَوافٌ
he is on the prowl يَتَجَوَّلُ مُضْمِرًا شَرًّا ؛ يَتَرَصَّدُ فَرِيسةً
proximity/prokˋsɪmɪtɪ/*n.* قُرْبٌ ، جِوارٌ ، كَثَبٌ
proxy/ˋproksɪ/*n.* وَكِيل ، وِكالة ، نِيابة ، تَوْكِيل
prude/prud/*n.* مُفْرِطٌ في الاِحْتِشام
prudence/ˋprudəns/*n.* تَعَقُّلٌ ، تَبَصُّرٌ ، تَدْبِير ، حَصافة ، تَحَذُّر
prudent/ˋprudənt/*adj.* مُتَعَقِّل ، مُتَبَصِّر ، مُدَبِّر ، حَصِيف ، مُحْتَرِس
prudery/ˋprudərɪ/*n.* تَكَلُّفُ الحِشْمة (عِنْدَ النِّساءِ غالِبًا)
prudish/ˋprudɪʃ/*adj.* مُفْرِطةٌ في الاِحْتِشام ، مُتَصَنِّعُ الحَياء
prune/prun/*n.* أُجاص (ع) أو خُوخ (س) أو بَرْقُوق (م) مُجَفَّف ، قَراصِيا (م)
v.t. قَلَّمَ (الأَشْجارَ) ، شَذَّبَها
pry/praɪ/*v.i.* دَسَّ أَنْفَهُ (في شُؤُونِ غَيْرِهِ) ،

إستطلع (بتطفّل وفضول)

he pried into her affairs تداخل في شؤونها الخاصّة

v.t. فتح (بابًا متروسًا) باستعمال مُخل

she pried the secret out of him انتزعت السرّ منه رغم أنفه

psalm/sam/*n.* مزمور (مزامير) ، أنشودة

pseudo-/ˈsjudəʊ/*pref.* بادئة بمعنى : زائف ، شبيه بـ ، غير حقيقي ، كاذب

pseudonym/ˈsjudənɪm/*n.* اسم مستعار ، منتحل

psychiatric/ˈsaɪkɪˈætrɪk/*adj.* خاصّ بالأمراض النفسيّة أو العقليّة

psychiatrist/saɪˈkaɪətrɪst/*n.* طبيب نفسانيّ ، طبيب الأمراض العقليّة

psychiatry/saɪˈkaɪətrɪ/*n.* طبّ نفسانيّ ، طبّ الأمراض النفسيّة أو العقليّة

psychic/ˈsaɪkɪk/*adj.* نفسانيّ ، (وسيط) قادر على التكهّن

psycho-analyse/ˈsaɪkəʊ-ˈænəlaɪz/*v.t.* عالج بالتحليل النفسانيّ

psycho-analysis/ˈsaɪkəʊ-əˈnæləsɪs/*n.* معالجة بالتحليل النفسانيّ

psycho-analyst/ˈsaɪkəʊ-ˈænəlɪst/*n.* محلّل نفسانيّ

psychological/ˈsaɪkəˈlodʒɪkəl/*adj.* خاصّ بعلم النفس ؛ (في اللحظة) المناسبة

psychologist/saɪˈkolədʒɪst/*n.* عالم نفسانيّ ، اختصاصيّ بالعقل والنفس

psychology/saɪˈkolodʒɪ/*n.* علم النفس ، نفسانيّة

psychotherapy/ˈsaɪkəʊˈθerəpɪ/*n.* العلاج بالتحليل النفسانيّ والعقاقير الجديدة

ptomaine/ˈtəʊmeɪn/*n.* التومين ، سمّ (نتيجة تعفّن البروتينات)

pub/pʌb/*n. contr. of* **public house** حانة ، بار ، خمّارة

puberty/ˈpjubətɪ/*n.* بلوغ جنسيّ ، مراهقة

pubic/ˈpjubɪk/*adj.* عانيّ ، مختصّ بالعانة (طبّ)

pubic hair شعر العانة

public/ˈpʌblɪk/*adj.* عموميّ ، عامّ ، شعبيّ

public house حانة ، خمّارة ، بار ، ميخانة (ع)

public opinion poll اقتراع الرأي العامّ

public school (مدرسة إنكليزيّة خاصّة (ذات أقساط عالية

public utilities المرافق العامّة

n. الجمهور ، العامّة ، سواد الشعب ، الناس

in public علانية ، جهرًا ، أمام الناس ، على الملأ

publican/ˈpʌblɪkən/*n.* صاحب حانة أو بار ، خمّار

publication/ˈpʌblɪˈkeɪʃən/*n.*

1. (announcement) إعلان (خبر مثلًا)

2. (publishing) إصدار مطبوعات ، نشر (كتاب)

3. (book) من منشورات ، من مطبوعات

publicist/ˈpʌblɪsɪst/*n.* صحفيّ يعالج مشكلات الساعة ، موظّف دعائيّ

publicity/pʌbˈlɪsɪtɪ/*n.* (على) مرأى ومسمع من الجمهور

publicize/ˈpʌblɪsaɪz/*v.t.* روّج (سلعة مثلًا) بالدعاية لها في الصحف

publish/ˈpʌblɪʃ/*v.t.*

1. (announce) أذاع (الأنباء أو نشرها) ، أعلن (الخبر) ، أشاع

2. (issue *books*) أصدر كتابًا ، نشر (ـُ) (بحثًا علميًّا)

publisher/ˈpʌblɪʃə(r)/*n.* الناشر ، دار النشر

pucker/ˈpʌkə(r)/*v.t. & i.* زوى أو زمّ (ـُ) (شفتيه اشتياء)

pudding/ˈpʊdɪŋ/*n.*

1. (cooked food mixture) أطباق إنكليزيّة تعدّ من عجينة محشوّة باللحم أو الحلويّات

2. (sweet course) طبق حلو في ختام الوجبة

the proof of the pudding is in the eating التجربة أكبر برهان

puddle/ˈpʌdəl/*n.*

1. (pool) حفرة ضحلة بالطريق تمتلئ بمياه المطر

2. (cement) ملاط أصمّ صامد للماء

v.t.

1. (mix *clay*) خلط الملاط أو طيّن به

2. (stir *molten iron*) سوّط الحديد الذائب ليسهل تشكيله

puerile/ˈpjʊəraɪl/*adj.* طفوليّ ، صبيانيّ ، سخيف

puff/pʌf/*n.*

1. (*of wind*) نسمة ، هبّة ريح ، نفثة دخان

2. (soft pad) قرص هشّ منتفخ

powder puff قرص من القطيفة الناعمة لذرّ البودرة على الوجه ، بدّارة (م) ، مرتّة (س)

jam puff فطيرة رقائقيّة محشوّة بالمربّيات

3. (laudatory review) دعاية مغالية وزائفة

v.i. & t.

1. (emit puffs) لهث (ـَ) ، نفث (ـُ) ، نفخ (ـُ) ؛ انتفخ

2. (inflate) نفخ (ـُ) ؛ تورّم

3. (praise excessively) كال المديح جزافًا

puff-adder/ˈpʌf-ædə(r)/*n.* أفعى إفريقيّة تنفخ رقبتها عند الاهتياج

pugilist/ˈpjudʒɪlɪst/*n.* ملاكم محترف

pugnacious/pʌgˈneɪʃəs/*adj.* محبّ للعراك ، ميّال إلى الشجار

pull/pʊl/*v.t. & i.*
1. (draw towards) سَحَبَ (ـَ) ، جَرَّ (ـُ) ، جَذَبَ (ـِ)
2. (pluck) قَطَفَ (ـِ) ، اِقْتَطَفَ
she pulled a peach from the tree اِقْتَطَفَتْ خَوْخَةً (أو دُرّاقَةً) مِنَ الشَّجَرة
3. (extract) خَلَعَ (ـَ) ، اِقْتَلَعَ
the dentist pulled a tooth (out) اِقْتَلَعَ طَبِيبُ الأَسْنانِ سِنًّا
4. (strain) تَمَزَّقَتْ (عَضَلَتُهُ) (نَتِيجَةَ إِجْهادٍ فُجائِيّ)
5. (row) جَذَّفَ القارِبَ
6. (*with advs.*) مَعَ أَحْرُفِ الجَرّ
pull off اِقْتَلَعَ ، خَلَعَ (ـَ) ؛ نَجَحَ في تَحْقِيقِ غَرَضِهِ
pull round تَحَسَّنَتْ حالَتُهُ الصِّحِّيَّة
pull through اِنْتَشَلَ فُلانًا مِنْ وَرْطَتِهِ ، بَلَغَ بِهِ إلى حُسْنِ الخِتام
pull yourself together اِسْتَجْمِعْ قُواكَ ! شُدَّ حَيْلَكَ !
pull up اِقْتَلَعَ ؛ وَبَّخَ ؛ تَوَقَّفَتْ (السَّيّارة)
n. سَحْبٌ ، شَدٌّ ، جَذْبٌ
pullet/ˈpʊlɪt/*n.* فَرُّوجة (فَرارِيجُ) ، فَرْخة
pulley/ˈpʊlɪ/*n.* بَكَرة ، طَنْبُور (م)
pull-in/ˈpʊl-ɪn/*n.* مَقْهًى في جانِبِ طَرِيقٍ عامّ
pullover/ˈpʊləʊvə(r)/*n.* بلُوفَر (صُوفِيّ) ، بلُوز صُوفِيّ (ع) ، كَنْزة (س)
pull-up/ˈpʊl-ʌp/*n.* مَطْعَمٌ أو مَقْهًى عَلَى جانِبِ الطَّرِيق
pulp/pʌlp/*n.*
1. (*of fruit*) لُبٌّ أو لُبابُ الثَّمَرة
2. (spongy mass) عَجِينة ، مَعْجُون
v.t. حَوَّلَ مادّةً (كالوَرَق) إلى عَجِينة
the paper was pulped and recycled حُوِّلَتِ الأَوْراقُ المُهْمَلةُ إلى عَجِينة وصُنِعَ مِنْها وَرَقٌ جَدِيد
pulpit/ˈpʊlpɪt/*n.* مِنْبَرُ الوَعْظ
pulpy/ˈpʌlpɪ/*adj.* كاللُّبِّ أو العَجِين ، (بُرْتُقال) مُتَلَيِّف
pulse/pʌls/*n.*
1. (heart beat) نَبْضُ الشِّرْيان ، خَفَقانُ القَلْب
2. (*elec.*) نَبْضة كَهْرَبائِيّة
3. (legume) حُبوبُ القَرْنِيّات أو السِّنْفِيّات
v.i. نَبَضَ (ـِ) ، خَفَقَ (ـِ)
pumice/ˈpʌmɪs/*n. or* **pumice stone** حَجَرٌ خُفّاف ، خُفّان ، رُخْفة (م ، س)
pump/pʌmp/*n.* مِضَخّة ، مِنْفاخ ، طُلُمْبة (م) ، بَمْب (ع)
bicycle pump مِنْفاخُ الدَّرّاجة
v.t. & i.
1. (force by using a pump) ضَخَّ (ـُ)
he pumped water up/out ضَخَّ الماءَ مِنَ البِئْر
he pumped the well dry أَفْرَغَ البِئْرَ بِالمِضَخّة
he pumped up the tyres نَفَخَ الإطارات
2. (extract, fill) اِنْتَزَعَ ، اِسْتَخْرَجَ ؛ عَبَّأَ
he pumped the information out of her (*fam.*) سَحَبَ المَعْلُوماتِ مِنْها سَحْبًا ، اِسْتَنْطَقَها
he pumped facts into the heads of his pupils حَشا عُقُولَ تَلامِيذِهِ بِالمَعْلُومات
pun/pʌn/*n.* تَلاعُبٌ جِناسِيٌّ بالأَلْفاظ ، تَوْرِية
v.i. جانَسَ عَلَى سَبِيلِ الفُكاهة
punch/pʌntʃ/*n.*
1. (tool) مِخْرَز ، خَرّامة ، مِثْقَب لِتَخْرِيمِ الأَوْراق
2. (blow) لَكْمة ، ضَرْبة بِقَبْضة اليَد
3. (drink) مَزِيجٌ ساخِنٌ مُتَبَّلٌ مِن مَشْروباتٍ مُخْتَلِفة
v.t. **1.** (pierce) ثَقَبَ (ـُ) ، خَرَمَ
2. (hit with fist) ضَرَبَ بِقَبْضَتِهِ
punctilious/pʌŋkˈtɪlɪəs/*adj.* مَنْ يُراعِي كُلَّ الرَّسْمِيّات بِدِقّة
punctual/ˈpʌŋktʃʊəl/*adj.* مُحافِظٌ عَلَى المَواعِيد
punctuality/ˈpʌŋktʃʊˈælətɪ/*n.* الدِّقّة في مُراعاةِ المَواعِيد
punctuate/ˈpʌŋktʃʊeɪt/ *v.t.* وَضَعَ عَلاماتِ الفَصْلِ والوَصْلِ في نَصّ ؛ قاطَعَ (خِطابًا مِرارًا)
punctuation/ˈpʌŋktʃʊˈeɪʃən/*n.* تَنْقِيط ، وَضْعُ عَلاماتِ الوَقْفِ والفَصْل
puncture/ˈpʌŋktʃə(r)/ *n.* ثَقْبٌ ، خَرْقٌ في إطارِ سَيّارة ؛ بَزْلٌ (طِبّ)
v.t. & i. ثَقَبَ (ـُ) ، خَرَقَ (ـِ) ؛ بَزَلَ (ـُ) (طِبّ)
pungent/ˈpʌndʒənt/*adj.* (رائحة) لاذِعة واخِزة ، (طَعْمٌ) حِرِّيف ، لَذّاع
pungency/ˈpʌndʒənsɪ/*n.* حَرافة ، لَذْع
punish/ˈpʌnɪʃ/*v.t.* عاقَبَ ، عَذَّبَ
the guests punished the cold meat اِلْتَهَمَ الضُّيُوفُ اللُّحومَ البارِدة
punishment/ˈpʌnɪʃmənt/*n.* مُعاقَبة ، مُجازاة ، عُقُوبة ، قِصاص
that boxer is a glutton for punishment يُعَرِّضُ هذا المُلاكِمُ نَفْسَهُ لِلكَثِيرِ مِنَ الضَّرَباتِ العَنِيفة
punt/pʌnt/*n.*
1. (boat) شَخْتُور ، قارِبٌ يُدْفَعُ بِعَصًا طَوِيلة تَمَسُّ قاعَ النَّهْر
2. (bet) الرِّهان (في أَلْعابِ الوَرَقِ مَثَلًا)
v.t. & i. **1.** (propel) دَفَعَ الشَّخْتُورة بِعَصًا طَوِيلة
2. (bet) راهَنَ
puny/ˈpjunɪ/*adj.* (مَجْهُودٌ) ضَئِيل ، (جِسْمٌ) نَحِيل أو هَزِيل
pup/pʌp/*n.* جَرْوٌ (جِراء ، أَجْراء)

he sold me a pup (*coll.*) غَشَّني في البِضاعة ، باعَني سِلْعةً مَغْشُوشة

pupil /ˈpjupɪl/ *n.*

1. (student) تِلْميذ (تَلاميذ) ، طالِب (طُلّاب ، طَلَبَة)

2. (*of eye*) بُؤْبُؤ ، حَدَقة ، إنسانُ العَيْن

puppet /ˈpʌpɪt/ *n.* دُمْية (دُمًى) ، عَرُوسة (عَرائِس)

(*fig.*) a puppet government حُكُومة صُوريّة

puppy /ˈpʌpɪ/ *n.* جَرْوٌ (جِراء ، أجْراء) ؛ غِرٌّ مُعْجَبٌ بِنَفْسِهِ

purchase /ˈpɜtʃəs/ *n.*

1. (buying) شِراء ، اِقْتِناء ، اِبْتِياع

2. (thing bought) مُقْتَنًى (مُقْتَنَيات) ، مُشْتَرًى (مُشْتَرَيات)

v.t. اِشْتَرَى ، اِبْتاعَ ، اِقْتَنَى

purchaser /ˈpɜtʃəsə(r)/ *n.* مُشْتَرٍ (مُشْتَرُون)

pure /pjʊə(r)/ *adj.*

1. (unmixed) صافٍ ، نَقِيّ ، (ذَهَبٌ) خالِص ، (لَبَنٌ) صَرِيح

pure water ماءٌ قَراح أو صافٍ

2. (chaste) نَزِيه ، عَفِيف ، طاهِرُ الذَّيْل

3. (mere) مُجَرَّد ، مَحْض

it was a pure waste of time كانَ ذلك إضاعةً لِلوَقْتِ لَيْسَ إلّا

purée /ˈpjʊəreɪ/ *n.* طَعامٌ مَهْرُوس ، بيُوريه ، مَعجُون (طَماطة ، طَماطِم)

purely /ˈpjʊə(r)lɪ/ *adj.* لَيْسَ إلّا ، فَقَط ، تَمامًا ، لِمُجَرَّد

we met purely by accident اِلْتَقَيْنا بِمَحْضِ الصُّدْفة

purgative /ˈpɜgətɪv/ *adj.* & *n.* مُسَهِّل ، مُلَيِّن ؛ مُسْهِل ، دَواءٌ مُطَهِّر

purge /pɜdʒ/ *v.t.* & *n.*

1. (make clean) طَهَّرَ الجَسَدَ أو النَّفْس ؛ تَطْهِير

2. (clear bowels) أفْرَغَ أو أسْهَلَ (أمْعاءَ المَرِيض) ؛ مُسْهِل ، شُرْبة دَواء

3. (*polit.*) طَهَّرَ الجِهازَ السِّياسِيّ ، طَهَّرَ (البِلادَ مِنَ العَناصِرِ الهَدّامة)

purification /ˈpjʊərɪfɪˈkeɪʃən/ *n.* تَطْهِير ، نَقاء ، نَقاوة ؛ تَنْظِيف (الفُؤاد)

purify /ˈpjʊərɪfaɪ/ *v.t.* نَقَّى ، طَهَّرَ ، صَفَّى (قَلْبه)

purity /ˈpjʊərɪtɪ/ *n.* نَقاء ، صَفاء ، خُلُوص

purple /ˈpɜpəl/ *adj.* أُرْجُوانِيُّ اللَّوْن

n. الأُرْجُوان ، البِرْفِير

Napoleon was not born in the purple لَمْ يُولَدْ نابُلْيُون في أُسْرةٍ عَرِيقة

purpose /ˈpɜpəs/ *n.* غَرَضٌ (أغْراض) ، قَصْدٌ ، هَدَفٌ (أهْداف) ، غاية

he did it on purpose, not by accident فَعَلَها عامِدًا مُتَعَمِّدًا وَلَيْسَ مُصادَفةً

weeping is not to the purpose, we must act لا جَدْوَى مِنَ البُكاء ، عَلَيْنا أنْ نَفْعَلَ شَيْئًا

v.t. عَزَمَ (ـِ) ، صَمَّمَ على

purposeful /ˈpɜpəsfəl/ *adj.* مُصَمِّمٌ ، ذُو مَغْزًى ، ذُو مَقْصِد

purr /pɜ(r)/ *v.t.* & *i.* قَرْقَرَ (القِطُّ) مَسْرُورًا

purse /pɜs/ *n.*

1. (pouch) كِيسُ النُّقُود (أكْياس) ، جُزْدان (جُزْدانات ، جَزادِين)

2. (funds) مالٌ (أمْوال)

v.t. زَمَّ (ـُ)

she pursed her lips زَمَّتْ شَفَتَيْها امْتِعاضًا

purser /ˈpɜsə(r)/ *n.* صَرّافُ السَّفِينة

pursue /pəˈsju/ *v.t.* & *i.*

1. (hunt) لاحَقَ ، طارَدَ (فَرِيسَتَهُ)

2. (follow) تابَعَ ، سَعَى (يَسْعَى) وَراءَ

pursuer /pəˈsjuə(r)/ *n.* مُلاحِقٌ ، مُطارِدٌ

pursuit /pəˈsjut/ *n.*

1. (chase) مُلاحَقة ، مُطارَدة ، مُتابَعة ، اِقْتِفاءُ أثَر

2. (occupation) حِرْفة (حِرَف)

purvey /pɜˈveɪ/ *v.t.* & *i.* مَوَّنَ أو زَوَّدَ (بالأطْعِمة)

purveyor /pɜˈveɪə(r)/ *n.* مُمَوِّن ، مُتَعَهِّدُ أو مُوَرِّدُ الأطْعِمة والأغْذِية

pus /pʌs/ *n.* قَيْحٌ ، صَدِيد

push /pʊʃ/ *v.t.* & *i.*

1. (propel forwards) دَفَعَ (ـَ) ، ضَغَطَ (ـَ) على شَيْءٍ لِتَحْرِيكِهِ

push the table, don't pull it اِدْفَعِ المِنْضَدةَ ولا تَسْحَبْها

2. (force, urge) ألَحَّ (في المُطالَبة) ، حَثَّ (ـُ)

he pushed his way to the top شَقَّ طَرِيقه إلى القِمّة

he's pushing fifty (*fam.*) هُو أقْرَبُ إلى الخَمْسِين

3. (*with advs.*)

we must push on before dark عَلَيْنا أنْ نُتابِعَ سَيْرَنا قَبْلَ أنْ يُخَيِّمَ الظَّلام

I can't come now, I'm pushed for time (*fam.*) لا يُمْكِنُني المَجِيءُ الآنَ فَوَقْتِي ضَيِّق

push off, we don't want you here (*sl.*) اِمْشِ! (اِنْقَلِعْ!) لا نُرِيدُكَ هُنا

n. **1.** (act of pushing) دَفْعة

he got the push (*sl.*) طُرِدَ مِنْ عَمَلِه ، رُفِتَ

2. (self-assertion) إصْرارٌ على النَّجاح

3. (*mil.*) هُجُومٌ حَرْبِيّ

pushchair /ˈpʊʃtʃeə(r)/ *n.* عَرَبةٌ لِلطِّفْلِ بِهَيْئةِ كُرْسِيٍّ تُدْفَعُ دَفْعًا

pushing /ˈpʊʃɪŋ/ *adj.* دافِعٌ ، مُحَرِّك ، وُصُولِيّ

push-over/ˈpʊʃ-əʊvə(r)/*n.* (*sl.*) شَغْلة هَيِّنة (عامّيّة)

put/pʊt/*v.t. & i.*

1. (move **into**) وَضَعَ (يَضَعُ) ، رَتَّبَ

put the car into the garage ضَعِ السَّيّارةَ في المِرْأَب (الكَراج)

2. (set) نَظَّمَ

put your affairs in order نَظِّمْ شُؤُونَكَ (قَبْلَ سَفَرِك مَثَلًا)

3. (transfer) نَقَلَ (ـُـ)

put yourself in my position ضَعْ نَفْسَكَ في مَكاني

4. (express) أَوْضَحَ ، بَيَّنَ ، شَرَحَ (ـَـ)

he put his arguments clearly شَرَحَ وُجْهَةَ نَظَرِهِ بِكُلِّ وُضوح

5. (*sport*) في الأَلْعابِ الرِّياضِيّة

only strong men can put the shot far لا يَسْتَطيعُ إلّا الأَقْوِياءُ أَنْ يَقْذِفُوا بالكُرَةِ الحَديدِيّةِ بَعيدًا

6. (*with advs.*)

I put its weight at 10 kg خَمَّنْتُ الوَزْنَ بِعَشَرةِ كِيلُوغْرامات

if you can put your ideas across, they will be adopted إذا اسْتَطَعْتَ أَنْ تُقَدِّمَ أَفْكارَكَ بِوُضوحٍ فَسَتُوضَعُ مَوْضِعَ التَّطْبيق

put away your books أَعِدْ كُتُبَكَ إلى مَكانِها

when he lost his reason, he had to be put away عِنْدَما اخْتَلَّ عَقْلُه كانَ لابُدَّ مِنْ أَخْذِهِ إلى مُسْتَشْفَى المَجاذِيب

put the books back on the shelf أَعِدِ الكُتُبَ إلى مَوْضِعِها على الرَّفّ

put the clock back أَخِّرِ السّاعة ، أَعِدْ عَقارِبَها إلى الوَراء

put some money by for a rainy day خَبِّئِ القِرْشَ الأَبْيَضَ لِلْيَوْمِ الأَسْوَد

put down my address خُذْ عُنْواني ، اُكْتُبْهُ عِنْدَك

the revolt was soon put down سُرْعانَ ما قُمِعَ التَّمَرُّدُ (أو العِصْيان)

that dog has rabies and must be put down هٰذا الكَلْبُ مُصابٌ بِداءِ الكَلَبِ ولابُدَّ مِنَ القَضاءِ عَلَيْه

he put forward a new theory عَرَضَ نَظَرِيّةً جَديدة

the tree put forth leaves أَوْرَقَتِ الشَّجَرة

he put off going to the dentist أَجَّلَ ذَهابَهُ إلى طَبيبِ الأَسْنان

he put his best shoes on لَبِسَ أَفْضَلَ أَحْذِيَتِهِ

she put the clock on قَدَّمَتْ عَقْرَبَيِ السّاعة

the actors put a new play on قَدَّمَ المُمَثِّلُون مَسْرَحِيّةً جَديدةً

although guilty, she put on an air of innocence تَظاهَرَتْ بالبَراءةِ رَغْمَ ذَنْبِها

I have put on weight lately اِزْدادَ وَزْني مُؤَخَّرًا

put out the light أَطْفِئِ النُّورَ

put those noisy boys out أُطْرُدْ هٰؤُلاءِ الصِّبْيَةَ الصّاخِبين

he is quite put out at losing two dollars إنّه مُنْزَعِجٌ تَمامًا لِفَقْدِهِ دُولارَيْن

operator, put me through to Cairo يا عامِلةَ التِّلِيفُون ، أَعْطِني خَطَّ اتِّصالٍ بالقاهِرة

put up your hands or I'll shoot اِرْفَعْ يَدَيْكَ وإلّا أَطْلَقْتُ عَلَيْكَ النّار

I cannot put up more than two visitors لا يَسَعُني إيواءُ أَكْثَرَ مِنْ ضَيْفَيْن

the landlord has put the rent up رَفَعَ مالِكُ العَقار نِسْبةَ الإيجار

he put up a better plan اِقْتَرَحَ خُطّةً أَفْضَل

he gave in without putting up a fight اِسْتَسْلَمَ بِدُونِ مُقاوَمة

she could not put up with such a dirty room لَمْ يُمْكِنْها تَحَمُّلُ مِثْلِ هٰذِهِ الغُرْفةِ القَذِرة

she is hard put to make ends meet بالكادِ تَسُدُّ رَمَقَها

the rebels were put to death أُعْدِمَ الثُّوّار

put the work in hand immediately اِبْدَأِ العَمَلَ رَأْسًا

this is a put-up job هٰذِهِ مُتَواطَأٌ عَلَيْها

putrefaction/ˈpjutrɪˈfækʃən/*n.* تَعَفُّنٌ ، فَسادٌ

putrefy/ˈpjutrɪfaɪ/*v.i.* تَعَفَّنَ ، نَتِنَ (ـَـ) ، فَسَدَ (ـُـ) (اللَّحْمُ مَثَلًا)

putrid/ˈpjutrɪd/*adj.* فاسِد ، عَفِن ، نَتِن ، مُتَفَسِّخ ؛ (جوٌّ) وَخِمٌ

putty/ˈpʌtɪ/*n.* مَعْجُون لِتَثْبيتِ الزُّجاج في إطارِ النّافِذة

puzzle/ˈpʌzəl/*n.* حَيْرة ، اِرْتِباك ، تَحَيُّر ؛ لُغْز (أَلْغاز) ، أُحْجِيّة (أَحاجٍ) ، حَزُّورة (ح)

crossword puzzle لُغْزُ الكَلِماتِ المُتَقاطِعة

v.t. & i. حَيَّرَ ، أَرْبَكَ ؛ فَكَّرَ مَلِيًّا (لِحَلِّ مُعْضِلة)

pygmy/ˈpɪgmɪ/*n.* قَزَم (أَقْزام)

pyjamas/pəˈdʒɑməz/*n.* *pl.* مَنامة ، رِداءُ النَّوْمِ ، بيجاما

pylon/ˈpaɪlon/*n.*

1. (structure) بُرْجٌ مَعْدِنِيٌّ شَبَكِيُّ التَّرْكيب لِتَوْصيلِ الأَسْلاكِ الكَهْرَبائِيّة

2. (gateway) بَوّابة ضَخْمة عِنْدَ مَدْخَلِ هَيْكَلٍ فِرْعَوْنِيّ

pyramid/ˈpɪrəmɪd/*n.* هَرَمٌ (أهرام)
the Pyramids أهرامُ الجيزة

pyre/ˈpaɪə(r)/*n.* مِحْرَقة ، كَوْمةُ حَطبٍ لِحَرْقِ جُثَثِ المَوْتَى
python/ˈpaɪθən/*n.* تِنِّينٌ ضَخْم (قتلَه أبولّو عِنْدَ مَعْبَد دَلْفِي)

Q

Q/kju/(letter) الحَرْفُ السّابعَ عَشَرَ مِنَ الأَبْجَدِيّة
quack[1]/kwæk/*v.i.* بَطْبَطَ (صاتَ البَطُّ)
quack[2]/kwæk/*n.* بَطْبَطة ؛ دَجّالٌ مُشَعْوِذ (طَبِيبٌ غالِبًا)
quad/kwod/*abbr. of* **quadruplet** أحَدُ أرْبَعة تَوائِمَ يُولَدُون مَعًا
quadrangle/ˈkwodræŋgəl/*n.* شَكْلٌ رُباعِيّ (وخاصّةً المُرَبَّع والمُسْتَطِيل) ؛ فِناءٌ مُرَبَّع (بِداخِلِ كُلِّيّةٍ مَثَلًا)
quadratic/kwoˈdrætɪk/*adj.* (مُعادَلة) مِنَ الدَّرَجة الثّانية (رِياضِيّات)
quadrilateral/ˈkwodrɪˈlætərəl/*adj.* شَكْلٌ رُباعِيّ
quadriliteral/ˈkwodrɪˈlɪtərəl/*adj.* رُباعِيّ (فِعْلٌ أو اسْمٌ)
quadruped/ˈkwodrʊped/*n.* مِنْ ذَواتِ الأَرْبَع
quadruple/ˈkwodrupəl/*adj.* أرْبَعةُ أضْعاف ، رُباعِيّ
quadruplet/ˈkwodruplɪt/*n.* (*abbr.* **quad**) أحَدُ أرْبَعة تَوائِمَ يُولَدُون مَعًا
quaint/kweɪnt/*adj.* طَرِيف ، جَذّاب لِغَرابَتِهِ
quake/kweɪk/*v.i.*. اِهْتَزَّ ، اِرْتَجَّ ، تَزَلْزَلَت (الأرْض)
qualification/ˈkwolɪfɪˈkeɪʃən/*n.*
1. (modification) تَحَفُّظ ، قَيْدٌ ، شَرْطٌ
you can accept his statement without qualification يُمْكِنُكَ أنْ تَتَقَبَّلَ تَصْرِيحَهُ دُونَ قَيْدٍ أوْ شَرْط
2. (required quality or condition) مُؤَهِّل (مُؤَهِّلات)
a university degree is an essential qualification for this post الشَّهادةُ الجامِعِيّةُ مِنَ المُؤَهِّلاتِ الأساسِيّةِ لِهذا المَنْصِب
qualify/ˈkwolɪfaɪ/*v.t.*
1. (limit, modify) حَدَّدَ ، حَصَرَ (ـُـ)
2. (render fit) أعَدَّ ، أهَّلَ
v.i. تأهَّلَ (لِمُمارَسةِ مِهْنةٍ كالطِّبِّ مَثَلًا) ، تَخَرَّجَ
quality/ˈkwolətɪ/*n.* نَوْعِيّة ، خاصِّيّة
qualm/ˈkwam/*n.* شَكٌّ (شُكُوك) ، تَأْنِيبُ الضَّمِير ؛ غَثَيان
quandary/ˈkwondərɪ/*n.* وَرْطة ، حَيْرة ، مَأْزِق ، إحْراج
quantity/ˈkwontətɪ/*n.* كَمِّيّة ، كَمٌّ ، مِقْدار
quarantine/ˈkworəntin/ *n. & v.t.* حَجْرٌ ، عَزْلٌ صِحِّيّ ، كَرَنْتِينة ؛ حَجَرَ حَجْرًا صِحِّيًّا
quarrel/ˈkworəl/*n. & v.i.* مُخاصَمة ، شِجار ؛ خاصَمَ ، تَشاجَرَ مع
quarrelsome/ˈkworəlsəm/*adj.* شَكِسٌ ، مُحِبٌّ للخِصام ، مُماحِك
quarry[1]/ˈkworɪ/*n.* فَرِيسة ، طَرِيدة ، ضَحِيّةٌ (مُحتالٍ)
quarry[2]/ˈkworɪ/*n.* مَقْلَعُ أحْجار ، مَحْجَر (مَحاجِر)
v.t. & i. اِقْتَلَعَ الأحْجار ، نَقَّبَ
quart/kwɔt/*n.* رُبْعُ غالُون (مِكْيال)
quarter/ˈkwɔtə(r)/*n.*
1. (fourth part) رُبْعٌ (أرْباع)
it's a quarter to six إنّها السّادِسةُ إلّا رُبْعًا
2. (segment) فَصٌّ (فُصوص) ، جُزْءٌ (أجْزاء)
quarter of an orange فَصُّ بُرْتُقال
3. (locality) حَيٌّ (أحْياء) ، حارة ، ناحِية (نَواحٍ)
4. (*pl.* lodgings) مَكان السَّكَن ، رَبْع ، مَقَرٌّ (مَقارّ)
5. (mercy) رَأْفة ، رَحْمة ، عَفْو ، هَوادة
he gave his opponent no quarter لَمْ يَرْأَفْ بِخَصْمِهِ المُنْدَحِر
v.t.
1. (divide into four) قَسَّمَ إلى أرْبَعةِ أجْزاء
2. (place in lodgings) أسْكَنَ ، آوَى الجُنُودَ
quarterly/ˈkwɔtəlɪ/*adv. & adj.* مَرَّةً كُلَّ ثَلاثةِ أشْهُر ، رُبْعُ سَنَوِيّ
n. مَجَلّةٌ تَصْدُرُ كُلَّ ثَلاثة أشْهُر ، مَجَلّة فَصْلِيّة
quartermaster/ˈkwɔtə(r)ˈmastə(r)/*n.* ضابِطُ التَّمْوِين ، أمِينُ المِيرة
quartet/kwɔˈtet/*n.* الرُّباعِيُّ المُوسِيقِيّ (العازِفُون أو المُوسِيقَى)
quasi-/ˈkweɪsaɪ/*pref.* بادِئة بِمَعْنَى شِبْهُ أو نِصْفُ
quaver/ˈkweɪvə(r)/*v.i.* تَهَدَّجَ ، اِرْتَعَشَ صَوْتُه
n. (*mus.*) صَوْتٌ مُتَهَدِّج ؛ ذاتُ السِّنّ (مُوسِيقَى)
quavering/ˈkweɪvərɪŋ/*adj.* (صَوْتٌ) مُتَهَدِّج ، مُرْتَعِش
quay/ki/*n.* رَصِيفُ المِيناء (لِلشَّحْنِ والتَّفْرِيغ)
queen/kwin/*n.* مَلِكة ؛ الوَزِير في لُعْبةِ الشِّطْرَنْج
queer/ˈkwɪə(r)/*adj.* غَرِيب ، شاذٌّ ، غَيْرُ مَأْلُوف ؛ مُتَوَعِّكُ الصِّحّة
she came over queer (*fam.*) تَعَرَّضَتْ على غَفْلة
n. (*sl.*) لُوطِيّ ، شاذٌّ جِنْسِيًّا
quell/kwel/*v.t.* قَمَعَ (ـَـ) ، أخْمَدَ (الفِتْنة)
quench/kwentʃ/*v.t.* أخْمَدَ (النّارَ) ، رَوَّى (العَطَش) ؛

سَقَى (يَسْقِي) (الفولاذ)

he quenched his thirst — رَوَّى عَطَشَهُ ، شَفَى غَلِيله

query/ˈkwɪərɪ/*n.* — اِسْتِفْسار ، سُؤالٌ يَنْطَوِي على شَكٍّ

v.t. — اِسْتَفْسَرَ ، شَكَّ (ـُ) في

question/ˈkwestʃən/*n.*

1. (request for information) — سُؤال ، اِسْتِفْهام ، اِسْتِفْسار

question mark — عَلامةُ اسْتِفْهام وَتُرْسَمُ هٰكَذا ؟

2. (doubt) — شَكٌّ ، رِيبَةٌ ، اِرْتِياب ، رَيْبٌ

3. (problem, matter under discussion) — قَضِيّة ، مَسْأَلة ، مُشْكِلةٌ قَيْدَ البَحْث

his bankruptcy is only a question of time — إفْلاسُه مُتَوَقَّعٌ إنْ عاجِلًا أو آجِلًا

where's the man in question? — أَيْنَ الرَّجُلُ الذي نَحْنُ بِصَدَدِهِ ؟

to increase your salary is out of the question — لا مَجالَ لِلبَحْثِ في زِيادَةِ راتِبِك

v.t.

1. (ask for information) — سَأَلَ (يَسْأَلُ) ، اِسْتَجْوَبَ ، اِسْتَنْطَقَ

2. (throw doubt on) — شَكَّ في صِحّة ...

questionable/ˈkwestʃənəbəl/ *adj.* — مَشْكُوكٌ فِيهِ ، مَوْضِعُ نَظَر ، ظَنِين ، مَشْبُوه

his motives are questionable — دَوافِعُهُ مَشْكُوكٌ فِيها

questionnaire/ˌkwestʃəˈneə(r)/*n.* — اِسْتِمارة ، وَرَقةُ اسْتِفْتاء

queue/kju/*n.* — صَفٌّ ، طابُورُ (المُنْتَظِرين) ، دَوْرٌ

v.i. — وَقَفَ في الصَّفِّ (أو الطّابُور)

quibble/ˈkwɪbəl/*n.* — تَلاعُبٌ بالأَلْفاظِ تَهَرُّبًا مِنَ الإجابة

v.i. — راغَ (يَرُوغُ) عَنْ إجابةٍ مُخْلِصة

quick/kwɪk/*adj.*

1. (rapid) — سَرِيع ، مُسْرِع

2. (lively, prompt) — مُتَنَبِّه ، ذَكِيّ (أذكياء) (لها أُذُنٌ) حَسّاسة

she's not very quick on the uptake (*coll.*) — إنَّها بَطِيئة الفَهْم

quick march! — إلى الأمام سِرْ !

quicken/ˈkwɪkən/*v.t. & i.* — سَرَّعَ ، أَسْرَعَ (خُطاهُ) ، سَرُعَ (ـُ)

quicklime/ˈkwɪklaɪm/*n.* — الجِيرُ (الكِلْس) الحَيّ

quickness/ˈkwɪknəs/*n.* — سُرْعة ، خِفّة ، عَجَلة ؛ ذَكاء ، يَقْظة

quicksand/ˈkwɪksænd/*n.* — رِمالٌ لَيِّنة تَغُوصُ فِيها الأجْسام

quicksilver/ˈkwɪksɪlvə(r)/*n.* — زِئْبَق

quick-tempered/ˈkwɪk-ˈtempə(r)d/*adj.* — حادُّ الطَّبْع ، سَرِيعُ الغَضَب

quick-witted/ˈkwɪk-ˈwɪtɪd/*adj.* — حاضِرُ البَدِيهة ، سَرِيعُ الخاطِر

quid/kwɪd/*n.* (*sl.*) — جُنَيْه إنكليزي (بالعامِّيّة الإنكليزيّة)

quiescent/kwiˈesənt/*adj.* — ساكِنٌ ، لا حِراكَ فِيه

quiet/ˈkwaɪət/*adj. & n.* — هادِئ ، ساكِن ؛ صامِت ، ساكِت ؛ هُدُوء ، سَكِينة

he kept quiet about his earlier life — لاذَ بالصَّمْتِ عن أَوائِلِ سِيرَتِهِ

he drinks on the quiet — يَشْرَبُ خِفْيةً

quieten/ˈkwaɪətən/*v.t.* — هَدَّأَ ، أَسْكَتَ (الطِّفْلَ)

v.i. — هَدَأَ (ـَ) رَوْعُه ، سَكَنَ (الضَّجِيج)

quill/kwɪl/*n.* — رِيشةُ طائِر (تُسْتَعْمَلُ لِلكِتابة) ؛ شَوْكُ (النِّيص)

quilt/kwɪlt/*n.* — لِحافٌ (لُحُفٌ ، أَلْحِفة) ، مُضَرَّبِيّة

v.t. — ضَرَّبَ

quince/kwɪns/*n.* — سَفَرْجَل (ثَمَرٌ وشَجَر)

quincentenary/ˈkwɪnsənˈtinərɪ/*n.* — ذِكْرَى مُرُور خَمْسِمائة عام

quinine/kwɪˈnin/*n.* — كِينِين ، كِينا

quintet/kwɪnˈtet/*n.* — مَجْمُوعة مِنْ خَمْسةِ عازِفِين ، مَقْطُوعة يَعْزِفُها خَمْسةُ عازِفِين

quintuplet/ˈkwɪntjuplɪt/*n.* — خَمْسةُ تَوائِمَ يُولَدُون مَعًا

quip/kwɪp/*n.* — تَعْلِيقٌ طَرِيف أو ساخِر (يَنُمُّ عَنْ سُرْعةِ البَدِيهة)

v.i. — أَتَى بِتَعْلِيقٍ طَرِيف وهازِئ

quit/kwɪt/*v.t. & i.* — تَرَكَ (ـُ) ، هَجَرَ (ـُ) ؛ تَوَقَّفَ ، كَفَّ (عَنِ العَمَل)

quite/kwaɪt/*adv.*

1. (entirely) — تَمامًا ، بالضَّبْط

you're quite right! — صَحّ ! مَضْبُوط ! تَمام ! الحَقُّ مَعَك !

2. (somewhat) — نَوْعًا ما ، إلى حَدٍّ ما

his article was quite good — كانَتْ مَقالَتُهُ لا بَأْسَ بِها

quiver¹/ˈkwɪvə(r)/*n.* — جَعْبة (جِعاب) ، كِنانة (كَنائِن)

quiver²/ˈkwɪvə(r)/*v.i.* — اِهْتَزَّ ، اِرْتَجَفَ ، اِرْتَعَدَ ، اِخْتَلَجَ

quiz/kwɪz/*n.* — مُسابَقةُ مَعْلُوماتٍ عامّة

v.t. — سَأَلَ ، طَرَحَ سُؤالًا عَوِيصًا

quorum/ˈkwɔrəm/*n.* — النِّصابُ القانُونِيّ

quota/ˈkwəʊtə/*n.* — نِصابٌ ، عَدَدٌ مُخَصَّصٌ لا يُسْمَحُ بِتَجاوُزِه ، كُوتا

quotation/kwəʊˈteɪʃən/*n.*

1. (citing, passage cited) — نَصٌّ أو تَعْبِيرٌ مُقْتَبَس ، اِقْتِباس

quotation marks — عَلامَتا الاِقْتِباس أو التَّنْصِيص

2. (estimate of price) — تَقْدِيرُ التَّكالِيف ، عَرْضُ سِعْرٍ على المُشْتَرِي

quote/kwəʊt/*v.t. & i.* — اِسْتَشْهَدَ بِـ ، أَوْرَدَ نَصًّا

مُقتَبَسًا ؛ عَرَضَ سِعْرًا

he is fond of quoting Shakespeare يُحِبُّ الاِسْتِشْهادَ بِشَكْسْبِير

the builder quoted (him) a price for the job قَدَّرَ لَهُ البَنّاءُ تَكالِيفَ العَمَل

quotient /ˈkwəʊʃənt/ *n.* حاصِلُ أو خارِجُ القِسْمة

R

R /ɑ(r)/ (letter) الحَرْفُ الثّامِنَ عَشَرَ مِنَ الأَبْجَدِيّة

rabbi /ˈræbɑɪ/ *n.* حاخام ، حَبْر (أَحبار) (عِنْدَ اليَهُود)

rabbit /ˈræbɪt/ *n.* أَرْنَبٌ (أَرانِب)

rabble /ˈræbəl/ *n.* سُوقة ، رَعاع ، غَوْغاء ، أَوْباش

rabid /ˈræbɪd/ *adj.*

1. (affected with rabies) كَلِبٌ ، مَسْعُورٌ ، مُصابٌ بِداءِ الكَلَب

2. (fanatical) مُتَطَرِّفٌ في تَعَصُّبِهِ ، مَسْعُور

rabies /ˈreɪbiz/ *n.* داءُ الكَلَب ، سُعار

race /reɪs/ *n.*

1. (breed) عِرْق (عُرُوق) ، عُنْصُر (عَناصِرُ) ، جِنْس (أَجْناس)

2. (contest) سِباق (سِباقات)

v.t. & i. سابَقَ ، تَسابَقَ ؛ أَسْرَعَ

racecourse /ˈreɪskɔs/ *n.* مَيْدان أو حَلْبة سِباقِ الخَيْل

racehorse /ˈreɪshɔs/ *n.* حِصان سِباق ، فَرَسُ رِهان ، جَواد (جِياد)

racial /ˈreɪʃəl/ *adj.* عُنْصُرِيّ ، عِرْقِيّ

racing /ˈreɪsɪŋ/ *n.* سِباقُ (الخَيْلِ مَثَلًا)

racing-car /ˈreɪsɪŋ-kɑ(r)/ *n.* سَيّارةُ سِباق

racism /ˈreɪsɪzm/ *n.* عِرْقِيّة ، عُنْصُرِيّة

racist /ˈreɪsɪst/ *n.* (سِياسِيّ) عِرْقِيّ ، عُنْصُرِيّ

rack /ræk/ *n.*

1. (framework) رَفٌّ أو حامِلٌ لِخَزْنِ البَضائع ؛ شَمّاعة ، مِشْجَب

2. (destruction) تَهَدُّم ، خَراب

the house has gone to rack and ruin تَهَدَّمَ البَيْتُ ، أَخْنى عَلَيْهِ الدَّهْر

3. (instrument of torture) آلةُ تَعْذِيبٍ تَعْتَمِدُ على مَطِّ الأَطْراف

v.t. عَذَّبَ (عَلَى آلةِ تَعْذِيبٍ خاصّة) ؛ شَحَذَ (ــَ) ذِهْنَهُ ؛ أَنْهَكَ (المُسْتَأْجِرَ) بِأُجْرةٍ فاحِشة

he racked his brains but couldn't solve the problem قَدَحَ زِنادَ فِكْرِهِ ولٰكِنَّهُ لَمْ يَسْتَطِعْ إيجادَ حَلٍّ لِلمُشْكِلة

she was racked with pain بَرَّحَ بِها الأَلَمُ

racket /ˈrækɪt/ *n.*

1. (bat) *also* **racquet** مِضْرَب ، مِضْراب (لِلتِّنِسِ مَثَلًا)

2. (uproar) جَلَبةٌ ، صَخَبٌ

3. (swindle) اِبْتِزازُ المالِ بِالتَّهْدِيد أو الاِحْتِيال

racketeer /ˈrækɪˈtɪə(r)/ *n.* غَشّاشٌ يَبْتَزُّ أَمْوالَ النّاس

racquet /ˈrækɪt/ *see* **racket 1.**

racy /ˈreɪsɪ/ *adj.* (أُسْلُوبٌ) حَيٌّ ؛ (نُكْتة) غَيْرُ مُحْتَشِمة

radar /ˈreɪdɑ(r)/ *n.* (جِهازُ) الرّادار

radiance /ˈreɪdɪəns/ *n.* تَأَلُّقٌ ، نُضْرة

radiant /ˈreɪdɪənt/ *adj.* مُتَأَلِّقٌ ، نَضِرٌ ، (وَجْهٌ) يَفِيضُ بِالبِشْر

radiate /ˈreɪdɪeɪt/ *v.t. & i.* شَعَّ (ـِ) ؛ تَأَلَّقَ

she radiates happiness تَشِعُّ بِشْرًا وسَعادة

radiation /ˈreɪdɪˈeɪʃən/ *n.* إشْعاع ، إشْعاعِيّة

radiator /ˈreɪdɪeɪtə(r)/ *n.*

1. (*of motor*) رَدْيِتُور ؛ خَزّانُ التَّبْرِيد لِمُحَرِّكِ السَّيّارة

2. (*central heating*) مِشْعاعُ التَّدْفِئة المَرْكَزِيّة ، رَدْيِتُور

radical /ˈrædɪkəl/ *adj.*

1. (basic) أَساسِيّ ، جَذْرِيّ ، أَصْلِيّ

2. (*polit.*) رادِيكالِيّ ، مُتَطَرِّف

n. **1.** (*polit.*) مُنادٍ بِإصْلاحاتٍ جَذْرِيّة (في السِّياسة) ، رادِيكالِيّ

2. (*math.*) جَذْرٌ (رِياضِيّات) ؛ شِقٌّ (كِيمِياء)

radically /ˈrædɪkəlɪ/ *adv.* (تَغَيَّرَ تَغَيُّرًا) جَوْهَرِيًّا أو تامًّا

radio /ˈreɪdɪəʊ/ *n.*

1. (wireless communication) رادِيُو ، لاسِلْكِيّ ، اِتِّصالاتٌ لاسِلْكِيّة

2. (broadcasting) إذاعة ، بَثٌّ

3. (apparatus) مِذْياع ، جِهازُ رادِيُو (رادِيُوهات) ، جِهازُ التِقاطٍ أو اسْتِقْبالٍ لاسِلْكِيّ

adj. إذاعِيّ ؛ لاسِلْكِيّ

v.t. & i. أَرْسَلَ رِسالةً لاسِلْكِيّةً ؛ اِتَّصَلَ بِالرّادِيُو

radio- /ˈreɪdɪəʊ/ *pref.* (of rays, of radio, of radium) بادِئة مَعْناها : خاصٌّ بِالأَشِعّة أو بِالرّادِيُو أو بِالرّادِيُوم

radioactive /ˈreɪdɪəʊˈæktɪv/ *adj.* مُشِعٌّ ، ذُو نَشاطٍ إشْعاعِيّ

radioactivity /ˈreɪdɪəʊækˈtɪvətɪ/ *n.* النَّشاطُ الإشْعاعِيّ

radiogram /ˈreɪdɪəʊgræm/ *n.* جِهازُ رادِيُو غرامُوفُون ؛ بَرْقِيّة مُرْسَلة بِالرّادِيُو ، رِسالة لاسِلْكِيّة ؛ صُورة بِأَشِعّة إكْس

radiography /ˈreɪdɪˈogrəfɪ/ *n.* عِلْمُ التَّصْوِير بالأشِعّة السّينيّة

radiology /ˈreɪdɪˈolədʒɪ/ *n.* الرّادِيُولُوجيا ، الطِّبُّ الإشعاعيّ

radio-telescope /ˈreɪdɪəʊ-ˈteləskəʊp/ *n.* التِّلِسْكوب اللاّسِلْكِيّ ، مِرْقَب راديَوِيّ

radiotherapy /ˈreɪdɪəʊˈθerəpɪ/ *n.* العِلاجُ بالأشِعّة (طِبّ)

radish /ˈrædɪʃ/ *n.* فُجْلة (فُجْل)

radium /ˈreɪdɪəm/ *n.* راديوم

radius /ˈreɪdɪəs/ *n.*

1. (half diameter) نِصْفُ قُطْرِ الدّائرة

2. (circular area) نِطاقٌ دائريّ مُعَيَّن

there are three schools within a radius of a mile هُناك ثَلاثُ مَدارِسَ في نِطاقِ مِيلٍ واحِدٍ مِنْ هُنا

3. (*anat.*) عَظْمُ الكُعْبُرة

raffia /ˈræfɪə/ *n.* أَلْيافٌ مُجَفَّفة مِن نَخيل الرّافِيا

raffle /ˈræfəl/ *n.* يا نَصِيب خَيْرِيّ

v.t. باعَ شَيْئًا عَن طَرِيقِ يا نَصِيب خَيْرِيّ

raft /rɑft/ *n.* رَمَثٌ (أَرْماث) (أَلْواحٌ مَشْدُودة كَعَوّامة أو طَوْف)

rafter /ˈrɑftə(r)/ *n.* رافِدة في جَمَلُون

rag /ræg/ *n.*

1. (cloth) خِرْقة ، خَلَقة ، كُهْنة

the rag trade تِجارة المَلابِس والأَقْمِشة النِّسائيّة

2. (*coll.* newspaper) جَريدة سَخيفة (تُقالُ ازْدِراءً)

3. (student carnival) مِهْرَجان طُلاّبِيّ هَزْلِيّ (لِجَمْعِ التَّبَرُّعات عادةً)

v.t. & i. مازَحَ مِزاحًا صاخِبًا

ragamuffin /ˈrægəmʌfɪn/ *n.* مِن أَوْلادِ الأَزِقّة ، اِبْنُ شَوارِع

rage /reɪdʒ/ *n.*

1. (fury) سَوْرة غَضَب ، تَهَيُّج

he flew into a rage اِسْتَشاطَ غَيْظًا

2. (fashion) مُوضة ، مُودة

high-heeled shoes were all the rage كانَت الكُعوبُ العالية آخِرَ مُوضة

v.i. ثارَ (يَثُور) ، اِحْتَدَمَ ، هاجَ ، اِهْتاجَ

ragged /ˈrægɪd/ *adj.* رَثٌّ ، مُهَلْهَل ؛ مُهَلْهَلُ الثِّياب ؛ (حافة) مُتَعَوِّجة ؛ غَيْرُ مُتْقَن ، غَيْرُ مُنْسَجِم

ragtime /ˈrægtɑɪm/ *n.* نَوْعٌ مِن مُوسِيقَى الجاز القَدِيم

raid /reɪd/ *n.* غارة ، هَجْمة ، غَزْوة

police raid مُداهَمة البُولِيس (لِمَلْهًى مَثَلاً) ، كَبْسة

v.t. & i. داهَمَ ، أَغارَ عَلى ، غَزا (يَغْزُو)

the naughty boys have raided the orchard أَغارَ الصِّبْيةُ المُلاعِيبن على البُسْتان

rail /reɪl/ *n.*

1. (bar) قُضْبانُ السُّور ، دَرابزين ، حاجِز ؛ قَضِيب حامِل مُعْتَرِض (لِسَتائر مَثَلاً)

2. (*of railway*) قَضِيبُ السِّكّة الحَدِيد أو التِّرام

3. (railway transport) قِطار ، سِكّة حَدِيد

are you going by road or rail? هَلْ سَتُسافِر بالسَّيّارة أم بالقِطار ؟

v.t. & i. سَوَّرَ ، أَقامَ حاجِزًا ؛ نَدَّدَ بِـ ، عَزَّرَ ؛ سَبَّ (ـُ) ، شَتَمَ (ـِ)

the balcony should be railed in لابُدَّ مِن تَسْوِير الشُّرْفة

it's no use railing against fate لا يُجْدِيكَ التَّذَمُّرُ مِن الدَّهْر

railings /ˈreɪlɪŋz/ *n. pl.* دَرابزِين السُّلَّم ؛ سُورٌ مِن قُضْبان حَدِيدٍ أو خَشَب

raillery /ˈreɪlərɪ/ *n.* مُزاح ، مُداعَبة

railway /ˈreɪlweɪ/ *n.* سِكّة حَدِيد

rain /reɪn/ *n.* مَطَرٌ (أَمْطار) ، غَيْثٌ (غُيُوث)

v.i. & t. هَطَلَ (ـِ) المَطَر ، أَمْطَرَت (السَّماءُ)

he rained blows on his opponent أَمْطَرَ خَصْمَهُ وابِلاً مِن الضَّرَبات

rainbow /ˈreɪnbəʊ/ *n.* قَوْسُ قُزَح

raincoat /ˈreɪnkəʊt/ *n.* مِعْطَف مُشَمَّع ، بالْطُو (مَطَر)

raindrop /ˈreɪndrop/ *n.* قَطْرة مَطَر

rainfall /ˈreɪnfɔl/ *n.* كَمِّيّة المَطَر ، سُقُوطُ المَطَر (السَّنَوِيّ)

rainproof /ˈreɪnpruf/ *adj.* (قُماش) لا يَنْفُذ فيه المَطَر

rainy /ˈreɪnɪ/ *adj.* (جَوٌّ) مُمْطِر ، مَطِير

she put something by for a rainy day خَبَّأَت القِرْشَ الأَبْيَضَ لليَوْمِ الأَسْوَد

raise /reɪz/ *v.t.*

1. (lift, erect) رَفَعَ (ـَ) ؛ أَقامَ ، نَصَبَ ، شَيَّدَ

I raise my hat to you! لكَ مِنّي كُلّ تَقْدِير وإعْجاب

2. (grow, rear) رَبَّى ، أَعالَ أُسْرةً ، نَشَّأَ

3. (procure) جَنَّدَ ؛ حَصَّلَ

4. (increase) رَفَعَ (ـَ) ، زادَ مِن

income tax has been raised again رُفِعَت ضَرِيبة الدَّخْل ثانيةً

5. (end) رَفَعَ ، أَنْهَى

the siege was raised رُفِعَ الحِصارُ

raisin /ˈreɪzən/ *n.* زَبِيب ، عِنَب مُجَفَّف

raison d'être /ˈreɪzõˈdetr/ *n.* سَبَبٌ جَوْهَرِيّ ، مُبَرِّرٌ ، داعٍ (دَواعٍ)

rajah /ˈrɑdʒə/ *n.* راجا ، أَمِيرٌ في الهِنْدِ والمَلايُو

rake /reɪk/ *n.*

1. (tool) مِدَقّة ، مِمْشاط (آلة يَدَوِيّة ذاتُ أَسْنانٍ

لِتَسْوِية سَطْحِ التُّرْبة)
2. (person) فاجِر ، داعِر ، مُتَهَتِّك
v.t. & i. قَلَبَ سَطْحَ التُّرْبة وَسَوّاه
they are raking in the money تَنْهال عَلَيْهِم الأَرْباح انْهِيالاً
don't rake up the past لا تَنْكَأ جِراحَ الماضي ! ما فاتَ مات !
rake-off /ˈreɪk-of/ *n.* (*coll.*) حِصّةٌ مِن رِبْحٍ حَرام ، عُمُولة
rakish /ˈreɪkɪʃ/ *adj.* (مَظْهَرٌ) مُتَهَتِّك ، خَلِيع
rally /ˈrælɪ/ *v.t. & i.*
1. (assemble) جَمَّعَ (رِجالَه حَوْلَه) ، حَشَدَ (ـِ) ، اِلْتَفَّ حَوْلَ
the troops rallied round their leader اِلْتَفَّ الجُنْدُ حَوْلَ قائِدِهِم لِنُصْرَتِهِ
2. (revive) اِسْتَرَدَّ (المَرِيضُ) قُواهُ ، اِسْتَجْمَعَها
prices fell and then rallied اِنْخَفَضَت الأَسْعارُ ثُمَّ عادَت فارتفعت
n. 1. (reunion) تَجَمُّعٌ (اِحْتِجاجيّ عادةً) ؛ سِباق «رالي» للسَّيّارات
2. (*tennis*) تَبادُلٌ مُتَواصِلٌ للكُرة (في التَّنِس)
ram /ræm/ *n.*
1. (sheep) كَبْشٌ (كِباش ، أَكْباش)
2. (*mech.*) مِدَكّ ، مِدَقّة (ميكانيكا)
v.t. طَرَقَ (ـُ) ، دَقَّ (ـُ) ، ضَرَبَ الأَرْضَ أو كَبَسَها بِمِدَقّة ، اِصْطَدَمَ ، نَطَحَ (ـَ)
the police car rammed the raiders' van أَوْقَفَت سَيّارةُ الشُّرْطة عَرَبةَ اللُّصوصِ بِصَدْمةٍ عَنِيفة
ramble /ˈræmbəl/ *v.i.*
1. (stroll) تَجَوَّلَ ، تَمَشَّى مُتَنَزِّهاً
2. (talk) تَحَدَّثَ حَدِيثاً لا رابِطَ له ، ثَرْثَرَ بِلا تَسَلْسُلٍ مَنْطِقيّ
don't ramble on like that, come to the point دَعِ الاسْتِطْرادَ وادْخُل في صُلْبِ المَوْضُوع
n. جَوْلة أو نُزْهة (في الرِّيفِ غالِباً)
rambler /ˈræmblə(r)/ *n.* نَباتٌ مُتَسَلِّق أو مُعَرِّش
ramification /ˌræmɪfɪˈkeɪʃən/ *n.* تَفَرُّع ، تَشَعُّب
ramp /ræmp/ *n.*
1. (slope) مُنْحَدَرٌ في الطَّرِيق ، سَطْحٌ مائِل
2. (*sl.* swindle) اِبْتِزازُ أَمْوال ، غِشّ ، نَصْبٌ واحْتِيال
rampage /ˈræmpeɪdʒ/ *v.i. & n.* هاجَ وماجَ ؛ هَيَجان وَضَجِيج ، صَخَبٌ
rampant /ˈræmpənt/ *adj.*
1. (*heraldry*) (أَسَدٌ) مُنْتَصِبٌ على رِجْلَيْهِ الخَلْفِيَّتَيْن (يُرْسَم على دُرُوع النُّبَلاء)
2. (rife) مُتَفَشٍّ ، مُنْتَشِر ، جائِح
rampart /ˈræmpɑt/ *n.* سُورٌ (أَسْوار) حِصْنٍ ، مِتْراسٌ ، حاجِزٌ
ramrod /ˈræmrod/ *n.* مِدَكٌّ (المَدافِع) ، قَضِيبٌ لِتَنْظِيفِ ماسُورةِ البُنْدُقيّة
his back is as straight as a ramrod ظَهْرُهُ مُسْتَقِيمٌ كالأَلِف
ramshackle /ˈræmʃækəl/ *adj.* مُتَداعٍ ، مُوشِكٌ على السُّقُوط
ran /ræn/ *p.t. of* **run**
ranch /rɑntʃ/ *n.* مَزْرَعة كَبِيرة (في أَمْرِيكا الشَّمالِيّة)
rancid /ˈrænsɪd/ *adj.* زَنِخٌ
rancorous /ˈræŋkərəs/ *adj.* حَقُود ، حاقِد ، ذُو ضَغِينة
rancour /ˈræŋkə(r)/ *n.* حِقْد ، ضَغِينة ، إِحْنة
random /ˈrændəm/ *adj.* عَشْوائيّ ، اِعْتِباطيّ
at random كَيْفَما اتَّفَقَ ، اِعْتِباطاً ، عَرَضاً
rang /ˈræŋ/ *p.t. of* **ring**
range /reɪndʒ/ *n.*
1. (row) صَفٌّ (صُفُوف) ، سِلْسِلة (سَلاسِلُ)
a mountain range سِلْسِلة جِبال
2. (practice area) مَيْدان (للتَّدَرُّب على إِطْلاقِ النّار)
rifle range مَيْدان الرِّماية (أو الرَّمْي)
3. (extent) مَدًى ، مَجالٌ ، حَيِّزٌ
4. (*U.S.* grazing ground) مَرْتَعٌ لِلمَواشِي
free range chickens and eggs دَجاجٌ مُرَبًّى في الهَواءِ الطَّلْقِ وَبَيْضُ هذا الدَّجاج
5. (stove) فُرْنُ الطَّبْخِ (قَدِيماً) ، وابُورُ الطَّبْخ
6. (distance to target) بُعْدُ الرّامِي عَن الهَدَف
at close range عَن كَثَبٍ ، مِن قُرْبٍ
out of range يَتَعَذَّرُ الوُصُولُ إِلَيْه ، خارِجَ المَدَى
v.t. & i.
1. (align) صَفَّ (ـُ) أو رَتَّبَ (الضّابِطُ جُنودَهُ مَثَلاً)
2. (vary between limits) تَراوَحَ
the prices range from two to five pounds تَتَراوَحُ الأَسْعارُ بَيْنَ جُنَيْهَيْن وَخَمْسة جُنَيْهات
3. (extend) اِمْتَدَّ ، وَصَلَ (يَصِلُ) إلى
4. (wander) سَرَحَ (ـَ) ، تَجَوَّلَ ، طافَ (يَطُوفُ)
sheep ranging over the hills أَغْنامٌ تَسْرَحُ فَوْقَ التِّلال
range-finder /ˈreɪndʒ-faɪndə(r)/ *n.* مِقْياسُ البُعْد ، مُقَدِّرُ المَدى
ranger /ˈreɪndʒə(r)/ *n.* مُراقِبُ أَحْراش
rank /ræŋk/ *n.*
1. (row) صَفٌّ (صُفُوف)
taxi rank مَوْقِفُ سَيّارات أُجْرة ، مَوْقِف تاكْسي
2. (*pl. mil.*) جُنُود الصَّفّ
3. (grade) رُتْبة ، مَقام

a person of high rank ذُو مَكانةٍ عالِية

v.t. & i. صَنَّفَ ، وَضَعه في مَصافِّ (كِبار الفَنّانِين مَثَلاً) ؛ إحْتَلَّ مَكانةً (مَرْمُوقة)

adj. **1.** (luxuriant) غَزِيرُ النُّمُوّ

2. (foul-smelling) كَرِيه الرّائِحة ، نَتِنٌ

3. (flagrant) فاحِش ، صارِخ ، فاضِح

a rank injustice ظُلْمٌ صارِخ

rankle /ˈræŋkəl/ *v.i.* يَحِزُّ في النَّفْس ، يَعْتَمِلُ في الصَّدْر

ransack /ˈrænsæk/ *v.t.* قَلَبَ (المَكانَ) بَحْثاً عَن ؛ سَلَبَ (ـُ)

ransom /ˈrænsəm/ *n.* فِدْية ، فِداء ، دِيَة (لإنْقاذِ أَسِير)

v.t. فَدَى (يَفْدِي) ، إفْتَدَى أَسِيراً

rant /rænt/ *v.i.* تَشَدَّقَ في كَلامِه ، تَفاصَح (في إلْقاءِ خِطابِه)

rap /ræp/ *n.* طَرْقة خَفِيفة

the pupil got a rap on the knuckles عُنِّفَ التِّلْمِيذُ

he took the rap for the broken window عُوقِبَ ظُلْماً على نافِذةٍ كَسَرها غَيْرُهُ

I don't care a rap ما يُهِمُّني شيء

v.t. & i. نَقَرَ (ـُ) ، طَرَقَ (ـُ) ، دَقَّ دَقّاً خَفِيفاً

he rapped out an oath فَجْأةً قَذَفه بِكَلِمةِ سِباب

rapacious /rəˈpeɪʃəs/ *adj.* جَشِعٌ ، نَهِمٌ ، مُتَكالِبٌ (عَلَى المادّة)

rapacity /rəˈpæsətɪ/ *n.* جَشَعٌ ، شَراهَةٌ ، نَهَمٌ

rape /reɪp/ *v.t.* غَصَبَ (ـِ) ؛ إغْتَصَبَ امْرَأةً ، إنْتَهَكَ حُرْمَتَها ، إعْتَدَى على عَفافِها

n. اِغْتِصابُ (امْرَأةٍ) ، سَبْيٌ ؛ سَلْبٌ وَنَهْبٌ وَتَخْرِيب

rapid /ˈræpɪd/ *adj.* سَرِيع ، مُسْرِع

rapidity /rəˈpɪdətɪ/ *n.* سُرْعة ، عَجَلة ، رَشاقَةُ حَرَكة

rapids /ˈræpɪdz/ *n. pl.* جَنادِل أو شَلّالات في مَجْرَى نَهْر

rapier /ˈreɪpɪə(r)/ *n.* مِغْوَلٌ ، سَيْفٌ دَقِيق مُدَبَّب

a rapier thrust رَدٌّ سَرِيعٌ لاذِع

rapist /ˈreɪpɪst/ *n.* مُرْتَكِب جَرِيمة اغْتِصاب ، مُغْتَصِبٌ لِشَرَفِ امْرَأة

rapprochement /ræˈprɒʃmɒ̃/ *n.* تَقارُبٌ ، مُصالَحة (بَيْنَ دَوْلَتَيْن مَثَلاً) ، تَوْفِيقٌ بَيْنَ

rapt /ræpt/ *adj.* مَأْخُوذ ، مُنْتَشٍ ، غارِق (في التَّفْكِير)

rapture /ˈræptʃə(r)/ *n.* نَشْوَةٌ ، طَرَبٌ ، غِبْطة

she went into raptures over her new grandson كادَت تَطِيرُ فَرَحاً بِحَفِيدِها الجَدِيد

rapturous /ˈræptʃərəs/ *adj.* مُغْتَبِط ، مُنْتَشٍ ، طَرِبٌ ، جَذِلٌ

rare /reə(r)/ *adj.*

1. (uncommon) نادِرٌ ، (حادِثٌ) غَيْرُ مَأْلُوف

2. (precious) نادِر ، ثَمِين ، فاخِر

3. (not dense) هَواءٌ قَلِيلُ الكَثافة ، مُخَلْخَل

4. (underdone) (لَحْمٌ) مَشْوِيٌّ قَلِيلاً (لِحِفْظِ طَراوَتِهِ وَماوِيَّتِه)

rarely /ˈreəlɪ/ *adv.* نادِراً ، قَلَّما

rarity /ˈreərətɪ/ *n.* نُدْرة ، أَمْرٌ نادِرُ الحُدُوث

rascal /ˈrɑskəl/ *n.* وَغْدٌ ، شِرِّير ، لَئِيم ؛ (طِفْلٌ) عِفْرِيت (تُقالُ مُداعَبةً)

rash[1] /ræʃ/ *adj.* (شَخْصٌ) مُتَهَوِّر ، طائِش ، مُنْدَفِع ، (قَرارٌ) مُتَسَرِّع

rash[2] /ræʃ/ *n.* طَفْحٌ جِلْدِيٌّ ، شِرًى

rasher /ˈræʃə(r)/ *n.* شَرِيحة مِن لَحْمِ الخِنْزِير المُقَدَّد

rasp /rɑsp/ *n.* مِبْرَدٌ خَشِنٌ لِقَشْطِ الأَخْشاب وَغَيْرِها ، صَوْتُ (حَكٍّ) يُثِيرُ الأَعْصاب

v.t. & i. حَكَّ (ـُ) ، قَشَطَ الخَشَبَ بالمِبْرَد ؛ (صَوْتٌ) خَرَّشَ الآذان ، أَثارَ الأَعْصاب

raspberry /ˈrɑzbrɪ/ *n.* تُوتُ العُلَّيْق ، تُوتٌ شَوْكِيٌّ (حُلْوُ الطَّعْم) ؛ (في العامِّيّة الإنْكِلِيزِيّة) عَفْطة

rat /ræt/ *n.* جُرَذٌ (جُرْذان) ، فَأْر (فِئْران)

the rat race المُنافَسة المَسْعُورة بَيْنَ أَصْحابِ الطُّمُوح

he's a dirty rat هو خائِنٌ حَقِير

I smelt a rat خامَرَني شَكٌّ ، تَوَقَّعْتُ شَرّاً ، وَجِعَني قَلْبي (ع) ، لَعِبَ الفأر بِعِبِّي (م)

ratchet /ˈrætʃɪt/ *n.* تُرْس وَسَقّاطة أو سِنّ (هَنْدَسة)

rate /reɪt/ *n.*

1. (ratio) مُعَدَّل ، نِسْبة

interest rates نِسَبُ الفائِدة ، مُعَدَّل الفَوائِد

2. (speed) مُعَدَّلُ السُّرْعة

3. (price) سِعْرٌ ، ثَمَنٌ ، تَعْرِيفة

we want the rate for the job نَطْلُب أُجْرةَ العَمَل المُعْتادة

4. (local tax) *usu.* **the rates** رُسُوم أو ضَرائِب بَلَدِيّة

5. (criterion) مِعْيار

at that rate we'll all be bankrupt سَنُفْلِس جَمِيعاً اذا اسْتَمَرَّ الوَضْعُ على هذا المِنْوال

at any rate عَلَى أيِّ حال

v.t. خَمَّنَ عَقاراً بِقَصْدِ تَحْدِيدِ رُسُومِه

factories are more highly rated than houses الضَّرائِب المَفْرُوضة على المَصانِع أَعْلَى مِنْها على المَنازِل

v.i. أُعْتُبِرَ ذا مَنْزِلةٍ (فائِقة مَثَلاً)

ratepayer /ˈreɪtpeɪə(r)/ *n.* مالِكُ عَقارٍ يَدْفَعُ عَلَيْه الرُّسُومَ البَلَدِيّة

rather /ˈrɑðə(r)/ *adv.*

1. (more truly) بالحَرِيِّ ، بالأَحْرى ، عَلى الأَصَحّ

they arrived late last وَصَلُوا في ساعةٍ مُتَأَخِّرةٍ مِن

night, or rather, early this morning — لَيْلةَ أمْسِ أو بالأحْرَى مَعَ الصُّبْح
2. (somewhat) — إلى حَدٍّ ما ، بَعْضَ الشَّيْء
it is rather dark — (الحُجْرةُ) مُعْتِمةٌ بَعْضَ الشَّيْء
3. (by preference) — لِتَفضيلِ شَيْءٍ على آخر
I'd rather not go — أُفَضِّلُ عَدَمَ الذَّهاب
4. (*coll.* certainly) — طَبْعًا ، بالتَّأْكِيد (عامِّيّة)
do you like chocolate? Rather! — أتُحِبُّ الشُّوكولاتة ؟ طَبْعًا ! بالتَّأْكِيد !

ratify /ˈrætɪfaɪ/ *v.t.* — صادَقَ على مُعاهَدة ، أبْرَمَها ، أقَرَّ اتِّفاقًا

rating /ˈreɪtɪŋ/ *n.* — تَصْنِيف ، تَخْمِين أو تَثْمِين (العَقار) ؛ تَحْدِيدُ القُوّة الحِصانِيّة للمُحَرِّك ؛ نُوتِيّ (نُوتِيّة)

ratio /ˈreɪʃɪəʊ/ *n.* — نِسْبة عَدَدٍ لآخَر (٢ : ٣ مَثَلاً)

ration /ˈræʃən/ *n. usu. pl.* — أرْزاق أو جِراية (الجُنْدِيّ) ، الحِصّة المُخَصَّصة بالتَّقْنِين
v.t. — مَوَّنَ بِبِطاقة ، قَنَّنَ الطَّعام

rational /ˈræʃənəl/ *adj.*
1. (able to reason) — ذُو عَقْلٍ مُدْرِك ، مُفَكِّر
2. (sensible) — مَعْقُول ، مَنْطِقِيّ

rationalist /ˈræʃənəlɪst/ *n.* — مُؤْمِنٌ بالمَذْهَبِ العَقْلِيّ (القائِل بأنَّ العَقْلَ وَحْدَه هُو مَصْدَرُ المَعْرِفة)

rationalization /ˌræʃənəlaɪˈzeɪʃən/ *n.* — إخْضاعُ المَوْضُوع لِحُكْمِ العَقْل ، عَقْلَنة ، تَبْرِيرٌ مَنْطِقِيّ

rationalize /ˈræʃənəlaɪz/ *v.t. & i.* — أخْضَعَ (المَوْضُوعَ) لِحُكْمِ العَقْل ، طَبَّقَ المَبادِئَ المَنْطِقِيّةَ على ؛ بَرَّرَ تَبْرِيرًا مَنْطِقِيًّا

rattle /ˈrætəl/ *v.t. & i.* — خَشْخَشَ ، جَلْجَلَ ، طَقْطَقَ ، تَرْتَرَ
n. **1.** (sound) — صَوْتُ خَشْخَشة ، قَرْقَعة
2. (toy) — خُشْخِيشة ، خِرخاشة (ع)

rattlesnake /ˈrætəlsneɪk/ *n.* — الأفْعَى ذاتُ الأجْراس أو الصَّلاصِل

raucous /ˈrɔkəs/ *adj.* — أجَشّ ، خَشِن (صَوْت)

ravage /ˈrævɪdʒ/ *v.t. & i.* — خَرَّبَ ، عاثَ في الأرْضِ فَسادًا
n. pl.
the ravages of time — (عَدَت عَلَيْه) عَوادِي الدَّهْر ، (عفَت عَلَيْه) يَدُ الزَّمان

rave /reɪv/ *v.i. & n.* — هَذَرَ (ـِ) ، هَذَى (يَهْذِي) ، خَرِفَ (ـَ) ؛ هَذَيان

raven /ˈreɪvən/ *n.* — غُرابٌ أسْحَم ، غُراب نُوحِيّ (م)
raven locks — خُصَلُ شَعْرٍ فاحِمة

ravenous /ˈrævɪnəs/ *adj.* — مُتَضَوِّرٌ جُوعًا ، (شَهِيّة) نَهِمة لا تَشْبَع ؛ تَوّاقٌ (إلى السُّلْطة)

raving /ˈreɪvɪŋ/ *adj. & adv.* — هاذٍ ؛ جِدًّا
he is raving mad — إنّه مَجْنُون تَمامًا
she was a raving beauty — كانَتْ رائِعةَ الجَمال

ravish /ˈrævɪʃ/ *v.t.*
1. (delight) — يَرُوق للعَيْن ، يَفْتِنُ القُلُوب
2. (rape) — اِغْتَصَبَ امْرَأةً ، اِنْتَهَكَ حُرْمَتَها ، اِخْتَطَفَتْهُ (المَنِيّة)

ravishing /ˈrævɪʃɪŋ/ *adj.* — (جَمال) فَتّان ، أخّاذ ، ساحِر

raw /ˈrɔ/ *adj.*
1. (uncooked) — (لَحْم) نَيِّء ، غَيْرُ مَطْبُوخ
2. (in the natural state) — خام
raw materials — مَوادّ خام ، مَوادّ أوَّلِيّة
3. (inexperienced) — عَدِيمُ الخِبْرة ، (مُجَنَّد) حَدِيثُ العَهْد (بالجُنْدِيّة)
4. (not healed) — (جُرْح) مَفْتُوح ، حَدِيثُ الإصابة
his wounds were still raw — لَمْ تَلْتَئِمْ جُرُوحه بَعْد
he had a raw deal — عُومِلَ بِقَسْوة ، ظُلِمَ
5. (damp) — (يَوْم) بارِد رَطِب

ray /reɪ/ *n.* — شُعاع (أشِعّة) مِن الضَّوْء
a ray of hope — بَصِيصٌ مِن الأمَل

rayon /ˈreɪɒn/ *n.* — حَرِيرٌ اصْطِناعِيّ ، رايُون

razor /ˈreɪzə(r)/ *n.* — مُوسَى (أمْواس ، مَواسٍ) ، آلةُ الحِلاقة

re- /ri-/ *pref.*
1. (again) — بادِئة مَعْناها ثانِيةً
2. (in a different way) — بِشَكْلٍ آخَر

reach /ritʃ/ *v.t. & i.*
1. (stretch) — مَدَّ (ـُ) ، بَسَطَ (ـُ) ، اِمْتَدَّ
however high she reached, she could not touch the branch — رَغْمَ تَطاوُلِها وَمَدِّ يَدِها لَمْ تَسْتَطِعْ أنْ تَمَسَّ الغُصْن
2. (hand) — ناوَلَ ، تَناوَلَ
please reach me that book — ناوِلْنِي هذا الكِتابَ رَجاءً
3. (get to) — وَصَلَ إلى ، بَلَغَ (ـُ)
n. — مَدّ ، اِمْتِداد ؛ (مَسافة) مُتَناوَل اليَد ، مَدًى
within/out of reach — في مُتَناوَلِ اليَد / بَعِيدُ المَنال
the lower reaches of the river — الاِمْتِداداتُ الواقِعةُ بَيْنَ انحِناءاتِ النَّهْرِ قُرْبَ مَصَبِّه

react /rɪˈækt/ *v.i.* — حَدَثَ عِنْدَهُ رَدُّ فِعْلٍ ، اِسْتَجابَ لِ ، تَجاوَبَ مَعَ ، تَفاعَلَ
how did he react to the news? — كَيْفَ كانَ رَدُّ فِعْلِه لِلخَبَر ؟

reaction /rɪˈækʃən/ *n.* — رَدُّ فِعْلٍ ؛ تَفاعُل ؛ رَدّة ، رَجْعة ، خُطْوة إلى الوَراء (سِياسة)

reactionary /rɪˈækʃənrɪ/ *adj. & n.* — رَجْعِيّ ، مُتَمَسِّكٌ بالقَدِيم

reactor /rɪˈæktə(r)/ *n.* — مُفاعِل (طَبِيعِيّات)

read /rid/ (*p.t. & p.p.* **read** /red/) *v.t. & i.*
1. (understand written — قَرَأَ (ـَ) ، طالَعَ ،

words) — تَلا (يَتْلُو)

2. (interpret) — فَسَّرَ

there are few who can read palms — قَلَّ مَنْ يُحْسِنُ قِراءَةَ الكَفّ

3. (speak written words) — تَلا ، قَرَأَ (قِصّةً مَثَلاً) بِصَوْتٍ مَسْمُوع

4. (study) — دَرَسَ (ـُـ) في الجامِعة

he is reading law — يَدْرُسُ الحُقُوق

readable /ˋridəbəl/*adj.* — (كِتابٌ) مُمْتِع ، مُسَلٍّ ؛ (خَطٌّ) مَقْرُوء

reader /ridə(r)/*n.*

1. (one who reads) — قارِئ (قُرّاء) ؛ مُدَقِّقٌ في مَطْبَعة

2. (reading book) — كِتاب لِتَعْلِيم مَبادِئِ القِراءة

3. (grade of university teacher in Great Britain) — أُسْتاذٌ مُساعِد في جامِعة بريطانيّة

readily /ˋredılı/*adv.* — طَواعِيَةً ، عَنْ رِضًى ، عَن طِيبِ خاطِر

readiness /ˋredınəs/*n.* — تَأَهُّب

all is in readiness for an early start — كُلُّ شَيْءٍ مُعَدٌّ لِرَحِيلٍ مُبَكِّر

he had a great readiness of wit — كانَتْ له سُرْعة خاطِر عَجِيبة

she showed a surprising readiness to accept the proposal — أَبْدَت اسْتِعْدادًا مُدْهِشًا للمُوافَقة علَى الاِقْتِراح

reading /ˋridıŋ/*n.* — قِراءة ، مُطالَعة ، تِلاوة

ready /ˋredı/*adj.*

1. (prepared) — مُسْتَعِدّ ، علَى اسْتِعْداد ، مُتَأَهِّبٌ لِ

2. (quick) — حاضِر ، سَرِيع

you are too ready with excuses! — عُذْرُكَ حاضِرٌ دائِمًا

3. (within reach) — في مُتَناوَلِ اليَد ، مُتَيَسِّر

ready money — نُقود جاهِزة ، نَقْدٌ تَحْتَ اليَد

ready reckoner — جَدْوَلُ حِساباتٍ جاهِزة للاِسْتِعْمال

ready-made /ˈredı-ˋmeıd/*adj.* — (مَلابِس) جاهِزة

reaffirm /ˈriəˋfɜm/*v.t.* — كَرَّرَ التَّأْكِيد

real /rıəl/*adj.*

1. (actual) — واقِعِيّ ، فِعْلِيّ

2. (genuine) — حَقِيقِيّ ، صَحِيح

3. (*leg.*) — عَقارِيّ

real estate — أَمْوال عَقارِيّة ثابِتة أو غَيْر مَنْقُولة

realist /ˋrıəlıst/*n.* — واقِعِيّ ، مُؤْمِن بالواقِعِيّة لا بالمِثالِيّة

realistic /ˈrıəˋlıstık/*adj.* — واقِعِيّ ، عَمَلِيّ ؛ مَعْقُول ؛ نَقِيضُ الوَهْمِيّ

reality /rıˋælətı/*n.* — الحَقِيقة ، الواقِع

realization /ˈrıəlɑızˋeıʃən/*n.* — إِدْراك ، فَهْمٌ ؛ تَحْقِيق ، إِنْجاز

realize /ˋrıəlɑız/*v.t.*

1. (perceive) — فَهِمَ (ـَـ) ، أَدْرَكَ ، شَعَرَ (ـُـ) ، أَحَسَّ

2. (attain) — حَقَّقَ (أَحْلامَهُ) ، أَنْجَزَ

3. (convert into money) — باعَ (أَسْهُمَه)

really /ˋrıəlı/*adv.* — حَقًّا ، فِعْلاً ، في الحَقِيقة

realm /relm/*n.* — دَوْلة ، مَمْلَكة ، مَيْدان ، دُنْيا (الأَحْلام مَثَلاً)

ream /rim/*n.* — رِزْمة (رِزَم) (٤٨٠ وَرَقة عادةً)

reap /rip/*v.t. & i.* — حَصَدَ (ـِـ) ؛ جَنَى (يَجْنِي) أَرْباحًا

reaper /ˋripə(r)/*n.* — حاصِد ، حَصّاد

reappear /ˈriəˋpıə(r)/*v.i.* — عادَ فَظَهَرَ ، بَدا ثانِيةً

reappearance /ˈriəˋpıərəns/*n.* — ظُهورٌ ثانيةً

reappraisal /ˈriəˋpreızəl/*n.* — إِعادةُ نَظَرٍ في ، تَقْوِيمٌ مِن جَدِيد تَقْدِير مُجَدَّد (للوَضْع)

rear /rıə(r)/*n.* — مُؤَخَّر ، مُؤَخَّرة

adj. — خَلْفِيّ

v.t.

1. (lift) — رَفَعَ (ـَـ)

the snake reared its head — رَفَعَت الأَفْعَى رَأْسَها

2. (bring up) — رَبَّى ، أَنْشَأَ

v.i. — شَبَّ (ـِـ)

the horse reared and plunged — شَبَّ الحِصانُ وانْتَصَبَ علَى قائِمَتَيْهِ الخَلْفِيَّتَيْن

rearguard /ˋrıəgɑd/*n.* — مُؤَخَّرةُ الجَيْش ، السّاقة

reason /ˋrizən/*n.*

1. (cause) — سَبَبٌ ، باعِثٌ ، داعٍ ؛ مُسَوِّغٌ (شَرْعِيّ) ، مُبَرِّر

for that reason — مِن أَجْلِ ذلك ، لِهذا السَّبَب

it stands to reason that — مِن المَنْطِق أن ...

2. (intellectual faculty) — عَقْلٌ ، القُوّة العَقْلِيّة ، رُشْدٌ

he lost his reason — فَقَدَ صَوابَه ، أَضاعَ عَقْله ، جُنَّ

3. (moderation) — اِعْتِدال

within reason — في حُدُود المَعْقُول

v.t. & i. — فَكَّرَ تَفْكِيرًا مَنْطِقِيًّا ؛ جادَلَهُ لإِقْناعِهِ

a well reasoned argument — حُجّة مَنْطِقِيّة ، حُجّة مُحْكَمة

reasonable /ˋrizənəbəl/*adj.* — (شَخْصٌ) عاقِل ، مُتَعَقِّل ، رَشِيد

he is guilty beyond reasonable doubt — لا مَجالَ للشَّكِّ في إدانَتِهِ

a reasonable price — سِعْرٌ مَعْقُول ، أَسْعار مُتَهاوِدة

reasoning /ˋrizənıŋ/*n.* — اِسْتِدْلال ، بَرْهَنة ، تَعْلِيل

reassurance /ˈrıəˋʃʊərəns/*n.* — تَطْمِين ، تَبْدِيدُ الشَّكِّ والخَوْف تَقْوِية الثِّقة بالنَّفْس

reassure /ˈrıəˋʃʊə(r)/*v.t.* — هَدَّأَ رَوْعه ، طَمْأَنه ، بَدَّدَ قَلَقَهُ وشُكُوكه

rebate /ˋribeıt/*n.* — خَصْمٌ أو تَنْزِيلٌ (عِنْدَ الدَّفْع)

rebel /ˋrebəl/*n. & adj.* — مُتَمَرِّد ، ثائِر ، عاصٍ (عُصاة)

v.i. /rɪˋbel/ تمرّد ، ثار (يثور) ، شقّ عصا الطّاعة على

rebellion /rɪˋbelɪən/ *n.* تمرّد ، ثورة ، عصيان

rebellious /rɪˋbelɪəs/ *adj.* متمرّد ، عاصٍ ، ثائر (على السّلطات)

rebound /rɪˋbaʊnd/ *v.i.* ارتدّت الكرة (بعد ارتطامها بالحائط مثلًا)

n. /ˋribaʊnd/ ارتداد الكرة (بعد مسّها الأرض) ؛ (خلال) فترة يأس وقنوط

she married his rival on the rebound خيبة أملها من عشيقها دفعتها إلى الزّواج من غريمه

rebuff /rɪˋbʌf/ *n. & v.t.* رفض ، سوء استقبال ؛ صدّ (ــُ) ، ردّ (ــُ) ، انتهر

rebuke /rɪˋbjuk/ *v.t. & n.* وبّخ ، أنّب ، عاتب ؛ توبيخ ، تأنيب ، تبكيت

rebuttal /rɪˋbʌtəl/ *n.* نقض (ادّعاء) ، دحض ، ردّ ، تفنيد

recall /rɪˋkɔl/ *v.t.* استعاد إلى خاطره ، تذكّر ؛ طلب إلى فلان العودة ، استدعى

the ambassador was recalled استدعي السّفير إلى بلده

n. استدعاء (سفير إلى بلده مثلًا) ؛ تذكّر

recap /ˋrikæp/ *coll. abbr.* *of* **recapitulate**

recapitulate /ˈrikəˋpɪtjuleɪt/ *v.t. & i.* أجمل (القول) ، لخّصه ، راجع ما حدث

recapture /ˈriˋkæptʃə(r)/ *v.t.* استردّ أو استعاد (ما فقده) ، استولى من جديد على ...

recede /rɪˋsid/ *v.i.* انحسر (المدّ) ، تراجع تدريجيًّا

receipt /rɪˋsit/ *n.*

1. (receiving) استلام ، تسلّم
we are in receipt of your letter نحيطكم علمًا بأنّنا تسلّمنا خطابكم
2. (written acknowledgement) إيصال رسميّ ، وصل
please give me a receipt for the money أرجوك أن تعطيني إيصالًا بالمبلغ

receive /rɪˋsiv/ *v.t.*

1. (accept) استلم ، تسلّم ، تقبّل
2. (welcome) استقبل ، رحّب بـ

receiver /rɪsivə(r)/ *n.*

1. (*leg.*) حارس قضائيّ
official receiver حارس قضائيّ لإدارة أموال المفلس
2. (criminal dealer) مستلم ، مستلم مسروقات
a receiver of stolen goods متسلّم المسروقات عن علم منه بمصدرها
3. (apparatus) جهاز التقاط
wireless receiver جهاز التقاط لاسلكيّ
telephone receiver سمّاعة التّليفون (الهاتف)

recent /ˋrisənt/ *adj.* (حدث) قريب العهد ، (اكتشاف) جديد أو حديث

recently /ˋrisəntlɪ/ *adv.* أخيرًا ، حديثًا ، منذ عهد قريب

receptacle /rɪˋseptəkəl/ *n.* وعاء (أوعية) ، إناء (آنية)

reception /rɪˋsepʃən/ *n.*

1. (receiving) استلام ، استقبال (الضّيوف)
reception desk مكتب الاستقبال في فندق
2. (party) حفل استقبال رسميّ
3. (*radio*) استقبال أو التقاط لاسلكيّ

receptionist /rɪˋsepʃənɪst/ *n.* موظّف أو موظّفة استقبال (في فندق أو عيادة مثلًا)

receptive /rɪˋseptɪv/ *adj.* متفتّح الذّهن ، متقبّل (للفكرة)

recess /rɪˋses/ *n.*

1. (niche) كوّة ، تجويف (بالحائط مثلًا)
2. (vacation) عطلة البرلمان أو المحاكم
3. (*pl.* inner part) دخيلة أو أعماق النّفس

recession /rɪˋseʃən/ *n.*

1. (withdrawal) انسحاب ، انحسار
2. (*econ.*) ركود اقتصاديّ

recipe /ˋresɪpɪ/ *n.* مقادير وطريقة تحضير طبق ما ، وصفة
a recipe for happiness وصفة للسّعادة

recipient /rɪˋsɪpɪənt/ *n.* مستلم ، متناول ، آخذ

reciprocal /rɪˋsɪprəkəl/ *adj.* متبادل ، مشترك

reciprocate /rɪˋsɪprəkeɪt/ *v.t. & i.* بادله (شعوره) ، عامله بالمثل

reciprocity /ˈresɪˋprosətɪ/ *n.* تبادل الشّعور ، مبادلة بالمثل ، معاملة بالمثل

recital /rɪˋsaɪtəl/ *n.*

1. (*mus.*) حفلة موسيقيّة يحييها عازف واحد أو جوقة صغيرة
2. (narration) سرد الوقائع أو الأحداث ، تلاوة

recitation /ˈresɪˋteɪʃən/ *n.* إنشاد ، إلقاء قطع أدبيّة (من الذّاكرة) ، تلاوة ، تسميع الدّروس

recite /rɪˋsaɪt/ *v.t. & i.*

1. (declaim) أنشد أو ألقى شعرًا ، تلا (يتلو صلاته) ، سمّع درسه
2. (enumerate) سرد (ــُ) ، قصّ (ــُ)

reckless /ˋrekləs/ *adj.* أرعن ، مستهتر ، طائش ، متهوّر

reckon /ˋrekən/ *v.t. & i.*

1. (calculate) حسب (ــُ) (مبلغًا)
he reckoned up the bill جمع قائمة الحساب
2. (rely **on**) اتّكل (على جهوده)
can I reckon on your help in a crisis? هل لي أن أعتمد عليك عند الأزمات ؟
3. (take into account, deal **with**) أدخل في حسابه ، حسب حسابه

he is a man to reckon with إنّه رَجُلٌ لا يُسْتَهان بِهِ
4. (consider, regard) اِعْتَبَرَ
do you reckon him (as) a friend? أتَعْتَبِرُه صَدِيقًا ؟
reckoning / ˋrek(ə)nɪŋ / *n.* حِساب ، مُحاسَبة
the day of reckoning يَوم الحِساب ، يَومُ الدِّين
the pilot knew where he was by dead reckoning عَرَفَ الطَّيّارُ مَوْقِعَهُ مِن الحِساب المِلاحِيّ
reclaim / rɪˋkleɪm / *v.t.* اِسْتَصْلَحَ أرْضًا بُورًا ، رَدَّ (خاطِئًا عَن غِوايَتِهِ)
reclamation / ˌrekləˋmeɪʃən / *n.* اِسْتِصْلاحُ (الأراضِي) ؛ تَقْوِيم ، رَدٌّ إلَى الصِّراطِ المُسْتَقِيم
recline / rɪˋklaɪn / *v.t. & i.* اِتَّكَأَ مُسْتَرِيحًا ، اِسْتَلْقَى
recluse / rɪˋklus / *n.* مُعْتَكِفٌ عَن النّاس ، مُعْتَزِل ، مُنْزَوٍ
recognition / ˌrekəgˋnɪʃən / *n.*
1. (knowing again) تَعَرُّفٌ عَلَى
2. (acknowledgement تَقْدِيرٌ ل ، اِعْتِرافٌ بِـ
recognizable / ˌrekəgˋnaɪzəbəl / *adj.* سَهْل التَّعَرُّف عَلَيْه ؛ مَلْمُوس
recognize / ˋrekəgnaɪz / *v.t.*
1. (know again) مَيَّزَ (لَحْنًا) ، تَعَرَّفَ عَلَى (زُمَلائِه القُدامَى)
2. (admit) سَلَّمَ أو أقَرَّ (بِخَطَإِهِ)
3. (acknowledge) اِعْتَرَفَ بِـ
recoil / rɪˋkɔɪl / *v.i.* تَراجَعَ ، اِرْتَدَّ
n. اِرْتِدادُ (البُنْدُقِيّة أو المِدْفَع) عِنْدَ الاِنْطِلاق
recollect / ˌrekəˋlekt / *v.t.* تَذَكَّرَ ، ذَكَرَ (ـُ)
recollection / ˌrekəˋlekʃən / *n.* تَذَكُّر
he has not been here within my recollection لَمْ يَكُنْ هُنا عَلَى ما أذْكُرُ
recommend / ˌrekəˋmend / *v.t.*
1. (advocate) أوْصَى بِـ (شَخْص أو شَيْء) ، زَكَّى ، حَبَّذَ
2. (advise) نَصَحَ (ـَ) ، أشارَ عَلَى (صَدِيقِهِ بِاتِّباعِ إرْشاداتِ الطَّبِيب)
recommendation / ˌrekəmenˋdeɪʃən / *n.* تَوْصِية ، نَصِيحة ، تَأْيِيد ، تَزْكِية ، تَحْبِيذ
recompense / ˋrekəmpens / *v.t.* كافَأَ ، عَوَّضَ
n. مُكافَأة
reconcile / ˋrekənsaɪl / *v.t.* وَفَّقَ بَيْنَ (خَصْمَيْن) ، أصْلَحَ بَيْنَهُما ، أعادَ الوِئام
he could not reconcile himself to poverty لَم يَسْتَطِعْ تَعْوِيدَ نَفْسِهِ عَلَى الفَقْر
reconciliation / ˌrekənˌsɪlɪˋeɪʃən / *n.* مُصالَحة ، إعادَة الوِئام أو التَّوْفِيق بَيْن شَخْصَيْن
recondite / ˋrekəndaɪt / *adj.* مُسْتَغْلِق ، عَوِيص
recondition / ˌrikənˋdɪʃən / *v.t.* جَدَّدَ ، رَمَّمَ (آلة) مُسْتَعْمَلة)

reconnaissance / rɪˋkɒnɪsəns / *n.* اِسْتِكْشاف ، اِسْتِطْلاع
reconnoitre / ˌrekəˋnɔɪtə(r) / *v.t. & i.* اِسْتَكْشَفَ ، اِسْتَطْلَعَ (أرْضَ العَدُوّ مَثَلًا)
reconstruct / ˌrikənˋstrʌkt / *v.t.* أصْلَحَ بِناءً قَدِيمًا ، رَمَّمَ ، جَدَّدَ ؛ مَثَّلَ (جَرِيمةً)
record[1] / rɪˋkɔd / *v.t.*
1. (write down) دَوَّنَ ، سَجَّلَ ، كَتَبَ
2. (preserve on tape, film) سَجَّلَ ، حَفِظَ (أُغْنِيةً مَثَلًا) على شَرِيطِ تَسْجِيل
3. (register) سَجَّلَ (التِّرْمُومِتْرُ مَثَلًا دَرَجة ٤٠ مِئَوِيّة)
record[2] / ˋrekɔd / *n.*
1. (witness) سِجِلٌّ مَكْتُوب ، سَنَدٌ مُدَوَّن
2. (disc) أُسْطُوانة (مُوسِيقِيّة)
long-playing record (*abbr.* **L.P**) أُسْطُوانةٌ طَوِيلةُ المَدَى
3. (history) سِجِلٌّ تارِيخِيّ
4. (best achievement) رَقْمٌ قِياسِيّ (في العَدْوِ مَثَلًا)
he broke the record for the high jump سَجَّلَ رَقْمًا قِياسِيًّا في القَفْزِ العالِي
recorder / rɪˋkɔdə(r) / *n.*
1. (*leg.*) قاضي مَحْكَمةٍ جِنائِيّة
2. (apparatus) مُسَجِّل ، جِهازُ تَسْجِيل
3. (*mus.*) مِزْمارٌ مِن نَوْعٍ خاصّ
recording / rɪˋkɔdɪŋ / *n.* تَسْجِيل ، تَدْوِين ، إدْراج
record-player / ˋrekɔd-pleɪə(r) / *n.* جِهازٌ لِعَزْفِ الأُسْطُوانات ذُو مُكَبِّرَيْن خارِجِيَّيْن عادةً
recount / rɪˋkaʊnt / *v.t.* رَوَى (يَرْوِي) ، حَكَى (يَحْكِي) ، حَدَّثَ
re-count / ˋri-kaʊnt / *v.t. & n.* عَدَّ (الأصْوات المُنْتَخِبة) مَرّةً أُخْرَى ؛ إعادةُ عَدِّ (الأصْواتِ مَثَلًا)
recoup / rɪˋkup / *v.t.* عَوَّضَ عَن ، اِسْتَرَدَّ (ما فَقَدَهُ في المُقامَرة)
recourse / rɪˋkɔs / *n.* اِسْتِعانةٌ بِـ ، لُجُوءٌ أو اِلْتِجاءٌ إلَى ؛ مَصْدَرُ مَعُونة
he had recourse to فَزِعَ (ـَ) إلَى ، عَمَدَ (ـِ) إلى ، لَجأَ إلَى ، اسْتَنْجَدَ بـ
recover / rɪˋkʌvə(r) / *v.t. & i.*
1. (regain) اِسْتَعادَ (تَوازُنَهُ مَثَلًا)
2. (get well again) شُفِيَ ، أبَلَّ (مِن مَرَضِهِ)
re-cover / ˋri-ˋkʌvə(r) / *v.t.* جَدَّدَ (قُماشَ الأرِيكة) ، غَيَّرَ (قُماشَ الشَّمْسِيّة)
recovery / rɪˋkʌvərɪ / *n.*
1. (regaining) اِسْتِرْدادُ أو اِسْتِعادةُ (شَيْءٍ مَفْقُود)
2. (recuperation) اِسْتِرْدادُ العافِية ، إبْلالٌ مِن مَرَض ، شِفاء

recreation /ˈrekrɪˈeɪʃən/ *n.* اِسْتِجْمام ، تَسْلِية ، تَرْويحٌ عَنِ النَّفْس
recreation ground حَديقة عامّة (للألعاب)
recrimination / rɪˈkrɪmɪˈneɪʃən/ *n.* اِنْتِقادٌ أو اِتِّهامٌ مُضادّ ، اِحْتِجاجٌ على
recruit / rɪˈkrut / *n.* مُجَنَّدٌ حَديث ؛ مُنْضَمٌّ (إلى الجَمْعِيَّة مَثَلاً)
v.t. جَنَّدَ ، ضَمَّ أَعْضاءً إلى هَيْئة
rectangle /ˈrektæŋgəl/ *n.* المُسْتَطيل (هَنْدَسة)
rectangular / rekˈtæŋgjʊlə(r) / *adj.* (شَكْلٌ) مُسْتَطيل (قائِمُ الزَّوايا)
rectify /ˈrektɪfaɪ / *v.t.* صَحَّحَ (الأخْطاء) ؛ عالَجَ (عَطَباً) ، قَوَّمَ
rector /ˈrektə(r) / *n.* كاهِنٌ بالكَنيسة الأَنْكْليكانِيّة يَحْصُلُ على مُرَتَّبِه مِن الأَوْقاف ؛ مُديرُ جامِعةٍ أو كُلِّيّة
rectum /ˈrektəm / *n.* (المِعَى) المُسْتَقيم (تَشْريح)
recumbent / rɪˈkʌmbənt / *adj.* (في وَضْعٍ) مُسْتَلْقٍ أو مُضْطَجِع
recuperate / rɪˈkjupəreɪt / *v.t. & i.* نَقِهَ (ـَ) مِن مَرَضٍ ، أَبَلَّ ، اِسْتَرَدَّ عافِيَتَه أو قُواه
recur / rɪˈkɜ(r) / *v.i.* تَكَرَّرَ ، عادَ مِنْ جَديد
a recurring decimal كَسْرٌ عُشْرِيٌّ دَوْرِيّ
recurrence / rɪˈkʌrəns / *n.* تَكْرار ، تَكَرُّر ، مُعاوَدة
recurrent / rɪˈkʌrənt / *adj.* مُتَكَرِّرُ (الوُقوع) ، مُعاوِد ، مُتَواتِر ، راجِع
recycle /ˈriˈsaɪkəl / *v.t.* عالَجَ النِّفاياتِ لِتَحْويلِها لِمَوادَّ صالِحة (تَكْريرُ وَرَقِ الجَرائِدِ مَثَلاً)
red / red / *adj.* أَحْمَر ، أَصْهَب (اللِّحْية)
what he said was a red herring ما قالَه كانَ صَرْفاً للانْتِباه (أو تَضْليلاً)
Redbrick universities الجامِعاتُ المُحْدَثة في إنْكِلْترا (خِلافَ العَريقة في القِدَم)
Red Crescent/Cross هَيْئةُ الهِلال / الصَّليب الأَحْمَر
he was caught red-handed قُبِضَ عَلَيْه مُتَلَبِّساً بالجَريمة
red-hot news أَنْباءُ آخِرِ لَحْظة ، أَخْبارُ آخِرِ ساعة
red tape الرُّوتينُ الحُكومِيّ
n. **1.** (*colour*) لَوْنٌ أَحْمَر
2. (debit side of account) الجانِبُ المَدين (مَسْكُ الدَّفاتِر)
in the red هو مَدينٌ لِلْبَنْك ، سَحَبَ على المَكْشوف
3. (*coll.* communist) شُيوعِيّ ، أَحْمَر
redden /ˈredən / *v.t. & i.* حَمَّرَ ، اِحْمَرَّتْ (وَجْنَتاها) ، اِحْمَرَّ خَجَلاً
reddish /ˈredɪʃ / *adj.* مائِلٌ إلى أو ضارِبٌ إلى الحُمْرة ، مُحْمَرّ
redeem / rɪˈdim / *v.t.* اِسْتَرَدَّ (شَيْئاً مَرْهوناً) ، فَكَّ الرَّهْن ؛ أَعْتَقَ ، أَنْقَذَ مِن الخَطيئة
Redeemer / rɪˈdimə(r) / *n.* الفادي ، المُخَلِّص (السَّيِّدُ المَسيح)
redemption / rɪˈdempʃən / *n.* فَكُّ الرَّهْن ، اِسْتِرْداد (عَقارٍ مَرْهون) ، فِداءٌ ، اِفْتِداءٌ ؛ خَلاصٌ
past redemption لا يَصْلُح ، لا يُسْتَدْرَك ، مَيْؤوسٌ مِنْه
redouble / rɪˈdʌbəl / *v.t. & i.* ضاعَفَ (جُهودَه) ؛ تَضاعَفَتْ (جُهودُه)
redoubt / rɪˈdaʊt / *n.* مَعْقِلٌ صَغير في مَجْموعةِ اسْتِحْكامات
redoubtable / rɪˈdaʊtəbəl / *adj.* مَهيب ، مُرَوِّع ، لا يُسْتَهانُ بِه
redress / rɪˈdres / *v.t.* أَنْصَفَهُ (مِن حَيْفٍ لَحِقه) ، صَحَّحَ ، أَصْلَحَ ، عَوَّضَ عَن (خَطإٍ ارْتُكِب)
n. تَعْويضٌ عَن (خَطأ) ، تَقْويم (اعْوِجاج)
reduce / rɪˈdjus / *v.t.*
1. (decrease) خَفَّضَ ، قَلَّلَ (النَّفَقات مَثَلاً) ، أَنْقَصَ (وَزْنه مَثَلاً)
reduce speed here خَفِّفِ السُّرْعة هُنا
2. (subdue) أَجْبَرَ على
he reduced the class to order فَرَضَ النِّظامَ على الفَصْل (أو الصَّفّ)
3. (convert) حَوَّلَ ، صَيَّرَ
the wood was reduced to pulp حُوِّلَ الخَشَبُ إلى عَجينة
reduction / rɪˈdʌkʃən / *n.* تَخْفيض ، تَقْليل ، اِخْتِصار ، مِقْدارُ التَّخْفيض (في السِّعْرِ مَثَلاً)
redundancy / rɪˈdʌndənsɪ / *n.* زِيادة عَن الحاجة ؛ (تَعْويض) البِطالة الجُزْئِيّة
redundant / rɪˈdʌndənt / *adj.* فائِض ، زائِد عَن الحاجة ، غَيْرُ ضَرورِيّ ، (عِبارة) حَشْوِيّة ، (عامِل) يُسْتَغْنَى عَنْه
reed / rid / *n.*
1. (*bot.* plant) قَصَبة ، بوصة (نَبات مُتَعَدِّدُ الأَنْواع)
2. (*mus.*) لِسانُ المِزْمار او ما شابَهه
reef / rif / *n.*
1. (ridge of rock) شِعاب صَخْرِيّة (مَرْجانِيّة)
2. (part of sail) جُزْءٌ يُطْوَى مِن الشِّراع
reek / rik / *n. & v.i. with* **of/with** رائِحة (دُخان مَثَلاً) ؛ اِنْبَعَثَتْ مِنْه رائِحةُ (الثُّوم مَثَلاً)
the horse reeked with sweat تَصَبَّبَ الحِصانُ عَرَقاً
reel / ril / *n.*
1. (spool) بَكَرة (بَكَرات ، بَكَرٌ) ، وَشيعة (وَشائِعُ)
2. (*dance*) رَقْصة اسْكُتْلَنْدِيّة أو موسيقاها
v.t. لَفَّ (ـُ) الخَيْطَ أو السِّلْكَ حَوْلَ البَكَرة

v.i. تَرَنَّحَ ، تَمايَلَ

refectory /rɪˈfektərɪ/*n.* مَطْعَمُ مَدْرَسةٍ أو دَيْرٍ مَثَلاً

refer /rɪˈfɜ(r)/*v.t. & i.*

1. (pass **to**, hand over **to**) أَحالَ (المَوْضُوعَ) إِلَيْهِ

they referred the dispute to the United Nations أَحالُوا النِّزاعَ إِلَى هَيْئَةِ الأُمَمِ المُتَّحِدة

2. (allude **to**) أَشارَ إلى ، قَصَدَ (بِـ) ، عَنَى

does your remark refer to me? أَأَنا المَقْصُودُ بِمُلاحَظَتِك ؟

3. (have recourse **to**) اِلْتَجأَ أو رَجَعَ إِلَى ، أُحِيلَ إِلَى (مَرْجِعٍ مَثَلاً)

refer to page 20 راجِع الصَّفْحة ٢٠

4. (ascribe **to**) نَسَبَ (بِـ) إِلَى ، عَزا (يَعْزُو) إِلَى

referee /ˈrefəˈri/*n.*

1. (arbitrator) حَكَمٌ (حُكّام) ، فَيْصَل

2. (umpire) حَكَمٌ (في المُبارَيات)

reference /ˈrefərəns/*n.*

1. (consultation) اِسْتِشارة

he did this without reference to us فَعَلَ ذَلك دُونَ الرُّجُوعِ إِلَيْنا

2. (testimonial) شَهادة ، تَأْيِيد ، تَزْكِية

3. (allusion) إشارة ، إيماء

4. (direction to page) إشارة إِلَى مَرْجِعٍ ما في كِتاب

referendum /ˈrefəˈrendəm/*n.* اِسْتِفْتاءٌ عامّ

refill /ˈriˈfɪl/*v.t.* مَلأَ مِن جَدِيد ، أَعادَ مَلْءَ

n. /ˈrifɪl/ عَبْوةٌ جَدِيدة

refine /rɪˈfaɪn/*v.t.* كَرَّرَ (البِتْرُول) ، صَفَّى ، هَذَّبَ

refined /rɪˈfaɪnd/*adj.* مُكَرَّر ، مُصَفًّى ؛ (أَخْلاق) مُهَذَّبة ، ذُو ذَوْقٍ رَفِيع

refinement /rɪˈfaɪnmənt/*n.*

1. (purifying) تَكْرِير ، تَصْفِية

2. (elegance) رِقّة ، دَماثة

3. (subtle improvement) تَحْسِين إضافيّ ، زَوائد (في سَيّارة عَصْرِيّة مَثَلاً)

refinery /rɪˈfaɪnərɪ/*n.* مَعْمَلُ تَكْرِير (السُّكَّر مَثَلاً) ، مِصْفاةٌ لِتَنْقِية (البِتْرُول)

refit /ˈriˈfɪt/*v.t. & i.* عَمَّرَ (السَّفِينة) ، جَدَّدَها وأَعادَ تَجْهِيزَها

n. /ˈrifɪt/ تَجْدِيد وإعادة تَجْهِيز سَفِينة

reflation /ˈriˈfleɪʃən/*n.* إعادةُ رَفْعِ الأَسْعار

reflect /rɪˈflekt/*v.t.*

1. (throw back, mirror) عَكَسَ (بِـ) (أَشِعّة)

2. (express) عَبَّرَ عَن ، عَكَسَ

v.i. **1.** (meditate) فَكَّرَ مَلِيًّا ، تَأَمَّلَ ، تَفَكَّرَ

2. (bring discredit **on**) شانَهُ (سُلُوكُها) ، أَساءَ إِلَى سُمْعَتِهِ

reflection /rɪˈflekʃən/*n.*

1. (reflected light, image) اِنْعِكاسُ صُورةٍ (في المِرآة)

2. (consideration) تَأَمُّل ، تَأَمُّلات ، خَواطِر

3. (discredit **on**) إساءة إِلَى ، طَعْنة في (نَزاهَتِهِ)

reflective /rɪˈflektɪv/ *adj.* (سَطْحٌ) عاكِسٌ (الأَشِعّة ضَوْءٍ أو حَرارة) ؛ (شَخْصٌ) مُتَرَوٍّ ، كَثِيرُ التَّفْكِير

reflector /rɪˈflektə(r)/*n.* عاكِسٌ (لأَشِعّةِ ضَوْءٍ أو حَرارة)

reflex /ˈrifleks/*n. & adj.*

1. (reflection) صُورة مُنْعَكِسة

reflex camera آلةُ تَصْوِير تُرِي الصُّورةَ مُنْعَكِسةً عَلَى مِرآةٍ في داخِلِها

2. (involuntary action) رَدُّ فِعْلٍ تِلْقائيّ ، فِعْلٌ مُنْعَكِس

conditioned reflex رَدُّ فِعْلٍ مُكَيَّف أو مَشْرُوط

reflexive /rɪˈfleksɪv/*adj.* ضَمِيرٌ يَعُود على الفاعِل

reflexive verb فِعْلٌ يَعُودُ على الفاعِل نَفْسِه (نَحْو)

reform /rɪˈfɔm/*n.* إِصْلاح (اِجْتِماعيّ أو سِياسيّ)

v.t. & i. أَصْلَحَ ، قَوَّمَ ، هَذَّبَ

re-form /ˈri-fɔm/*v.t. & i.* أَعادَ تَشْكِيلَ (لَجْنةٍ مَثَلاً) ، اِصْطَفَّ (الجُنُودُ مِن جَدِيد)

reformation /ˈrefəˈmeɪʃən/*n.*

1. (forming again) إعادةُ تَكْوِينٍ أو تَكَوُّن

2. (radical change) إِصْلاح ، تَجْدِيد

the Reformation الإِصْلاحُ الدِّينِيّ (أَدَّى إلى قِيامِ الكَنِيسةِ البُرُوتِسْتانْتِيّة مُنْفَصِلةً عَنْ رُوما)

reformatory /rɪˈfɔmətrɪ/*n.* إِصْلاحِيّة (للأَحْداث)

refract /rɪˈfrækt/*v.t.* كَسَرَ (المَوْشُور) الأَشِعّة

refraction /rɪˈfrækʃən/*n.* اِنْكِسارُ أَشِعّةٍ ضَوْئِيّة ؛ مَرْحَلة في فَحْصِ البَصَر

refractory /rɪˈfræktərɪ/*adj.* عَنِيد ، صَعْبُ المِراس ، لا يَنْصاعُ للأَوامِر ؛ صامِدٌ للصَّهْر

refrain[1] /rɪˈfreɪn/*v.i.* كَفَّ عَن (أَعْمالِ العِدائية مَثَلاً) ، أَحْجَمَ عَن ، اِمْتَنَعَ عَن (التَّدْخِين مَثَلاً)

refrain[2] /rɪˈfreɪn/*n.* اللّازِمة ، عِبارةٌ تَتَكَرَّرُ بِانْتِظامٍ في قَصِيدةٍ أو أُغْنِية

refresh /rɪˈfreʃ/*v.t.* أَنْعَشَ ، جَدَّدَ النَّشاطَ والقُوَى

a refreshing breeze نَسِيمٌ مُنْعِشٌ ومُنَشِّط

refreshment /rɪˈfreʃmənt/*n.* مُرَطِّبات ، مَشْرُوبات

refrigerate /rɪˈfrɪdʒəreɪt/*v.t.* حَفِظَ في ثَلّاجة ، بَرَّدَ ، ثَلَّجَ

refrigerator /rɪˈfrɪdʒəreɪtə(r)/*n.* ثَلّاجة ، بَرّاد

refuel /ˈriˈfjuəl/*v.t. & i.* زَوَّدَ أو تَزَوَّدَ بالوَقُود ، تَمَوَّنَ بالوَقُود أَثْناءَ السَّفَر

refuge /ˈrefjudʒ/*n.*

1. (shelter) مَأْوًى ، مَلْجأ ، مَلاذ

2. (traffic island) رَصِيفٌ لِتَسْهِيل عُبُور المُشاة

refugee /ˈrefjʊˈdʒi/*n.* لاجِئ ، طَرِيدٌ مِن وَطَنِه ،

هارب ، مُتشرّد

refund /rɪˋfʌnd/ *v.t.* رَدَّ (النَّفقات أو قيمةَ الرَّهْن)

n. /ˋrifʌnd/ إسْتِرْدادُ مَبْلَغٍ مَدْفوع ؛ المَبْلَغُ المُسْتَرَدّ

refusal /rɪˋfjuzəl/ *n.* رَفْضُ (طَلَبٍ) ، عَدَمُ قَبُول

if you are selling your car please give me first refusal إنْ كُنْتَ سَتَبيعُ سَيّارَتَك أرْجوك أنْ تَعْرِضَها عَلَيَّ قَبْلَ أيِّ شَخْصٍ آخَر

refuse[1] /rɪˋfjuz/ *v.t. & i.* رَفَضَ (ـُ) ، أبَى أنْ ، لَمْ يَقْبَل

refuse[2] /ˋrefjus/ *n.* قُمامة ، نُفاية ، (سَلّة) المُهْمَلات ، زُبالة

refute /rɪˋfjut/ *v.t.* دَحَضَ (حُجّةً) ، فَنَّدَها ، نَقَضَها

regain /rɪˋgeɪn/ *v.t.* اِسْتَرَدَّ (صِحّته) ، اِسْتَعادَ (ماله)

regal /ˋrigəl/ *adj.* مُلوكيّ ، مَلَكيّ ، لائق بالمُلوك ، جَليل ، مَهيب

regalia /rɪˋgeɪlɪə/ *n. pl.* التّاجُ والصَّوْلَجانُ والشِّعاراتُ المَلَكيّة

regard /rɪˋgɑd/ *v.t.*

1. (gaze at) نَظَرَ (ـُ) إلى ، حَدَّقَ في

2. (give heed to) اِهْتَمَّ بِـ ، راعَى ، اِسْتَمَعَ إلى (نَصيحة)

3. (consider) اِعْتَبَرَ ، اِعْتَقَدَ أنّ

n. **1.** (gaze) نَظْرة

2. (attention) اِنْتِباه ، اِهْتِمام

3. (esteem) تَقْدير ، اِعْتِزاز

hold in high/low regard اِحْتَرَمَ ، بَجَّلَ ، قَدَّرَ ؛ اِسْتَصْغَرَ ، اِحْتَقَرَ

4. (*pl.* greetings) تَحِيّات ، تَمَنّيات

with kind regards مَعَ أجْمَلِ التَّحِيّات

5. (relation) نِسْبة

with regard to, as regards فيما يَتَعَلَّقُ بِـ ، فيما يَخُصّ

regardful /rɪˋgɑdful/ *adj. with* **of** مُهْتَمٌّ بِـ ، مُعْتَنٍ بِـ ، ساهِرٌ عَلَى (مَصالِحِه)

regarding /rɪˋgɑdɪŋ/ *prep.* بِخُصوص ، بِشَأْن ، أمّا . . . (فَـ)

regardless /rɪˋgɑdləs/ *adj. & adv. with* **of** غافِلٌ عَن ، غَيْرُ مُبالٍ بِـ ، بِغَضِّ النَّظَر عَن

regatta /rɪˋgætə/ *n.* مِهْرَجانٌ بَحْرِيٌّ تَتَسابَقُ فيه الزَّوارِق

regency /ˋridʒənsɪ/ *n.* الوِصاية عَلَى العَرْش

regent /ˋridʒənt/ *n. & adj.* وَصِيٌّ عَلَى العَرْش

regime /reɪˋʒim/ *n.* نِظامُ الحُكْم ، النِّظامُ الحاكِم

regiment /ˋredʒɪmənt/ *n.* كَتيبة أو وَحْدة عَسْكَريّة (تَحْتَ قِيادةِ عَقيدٍ عادةً)

regimental /redʒɪˋməntəl/ *adj.* نِسْبةً إلى كَتيبةٍ عَسْكَريّة

regimentation /redʒɪmenˋteɪʃən/ *n.* تَنْظيم صارِم

region /ˋridʒən/ *n.* مِنْطَقة (مَناطِق) ، إقْليم ؛ ناحِية (نَواحٍ)

regional /ˋridʒənəl/ *adj.* مَحَلِّيّ ، إقْليميّ

register /ˋredʒɪstə(r)/ *n.*

1. (record) سِجِلّ ، دَفْتَر ، قَيْد

2. (*mech.* recording device) آلةٌ حاسِبة تُسَجِّلُ النُّقودَ المُسْتَلَمة (في مَتْجَرٍ مَثَلاً)

3. (*mus.* range) مَدَى ارْتِفاعِ أو انْخِفاضِ الصَّوْتِ المُوسيقيّ

4. (*linguistics*) اِخْتِلافُ مُسْتَوَى اللُّغة (وَفْقَ المُناسَبة)

v.t. & i. سَجَّلَ (سَيّارةً جَديدةً مَثَلاً) ، دَوَّنَ ، قَيَّدَ

his face registered surprise عَبَّرَ وَجْهُهُ عَن الدَّهْشة

State Registered Nurse (*abbr.* **S.R.N.**) مُمَرِّضة حُكوميّة مُجازة

registrar /ˋredʒɪˋstrɑ(r)/ *n.* مَأمورُ التَّسْجيل ، مُسَجِّلُ الجامِعة ؛ طَبيبٌ مُقيم (بالمُسْتَشْفى)

registration /ˋredʒɪˋstreɪʃən/ *n.* تَسْجيل ، تَدْوين ، تَقْييد

registration number رَقْمُ تَسْجيل ، رَقْمُ سَيّارة

registry /ˋredʒɪstrɪ/ *n.* إدارة المَحْفوظات والسِّجِلّات ؛ مَكْتَبُ تَسْجيلِ الوارِدِ والصّادِرِ وَحِفْظِ الوَثائِق ؛ دائِرة النُّفوس ، مَكْتَبُ تَسْجيلِ عُقودِ الزَّواجِ والمَواليدِ والوَفَيات

regret /rɪˋgret/ *v.t.*

1. (be sorry for) أسِفَ (ـَ) عَلَى ، تَأَسَّفَ لِـ ، نَدِمَ (ـَ) عَلَى

2. (feel the loss of) تَحَسَّرَ عَلَى

n. أسَفٌ ، تَأَسُّفٌ ، حَسْرة ، نَدَم

regretful /rɪˋgretfəl/ *adj.* آسِف ، نادِم

regrettable /rɪˋgretəbəl/ *adj.* (تَصَرُّفٌ) مُؤْسِف ، يُؤْسَفُ له أو عَلَيْه

regular /ˋregjʊlə(r)/ *adj.* دَوْرِيّ ، مُنْتَظِم ، (شُغْلٌ) مُسْتَمِرّ

regular verb فِعْلٌ قِياسيّ

the regular army الجَيْشُ النِّظاميّ

regular (customer) زَبون (زَبائِن)

regularity /ˋregjʊˋlærɪtɪ/ *n.* اِنْتِظام (الحُضور أو الشَّكْل مَثَلاً) ، اِتِّساق ، اِطِّرادُ (عَمَلٍ) ، تَناسُقُ (مَلامِحَ)

regularize /ˋregjʊləraɪz/ *v.t.* جَعَلَه قانونيًّا

regularly /ˋregjʊləlɪ/ *adv.* بِانْتِظام ، وَفْقَ الأنْظِمة ، بِاطِّراد

regulate /ˋregjʊleɪt/ *v.t.* نَظَّمَ (حَرَكةَ المُرور) ، ضَبَطَ (ـِ) (السّاعةَ مَثَلاً)

regulation /ˋregjʊˋleɪʃən/ *n.* تَنْظيم ، إدارة (الأُمور) ؛ نِظام ، أنْظِمة ، تَعْليمات

regulator /ˋregjʊleɪtə(r)/ *n.* المُنَظِّم ، جِهازٌ يَتَحَكَّمُ في سُرْعةِ (السّاعة مَثَلاً)

rehabilitate /ˋriəˋbɪlɪteɪt/ *v.t.* رَدَّ له اعْتِبارَه وَكَرامَته ، أعادَهُ إلى رُتْبَتِهِ السّابِقة ؛ أهَّلَ (العَجَزةَ والمَكْفوفين)

rehabilitation / ˈriəˈbɪlɪˈteɪʃən / *n.* إعادةُ اعْتِبار ؛ إصْلاح ؛ تأهيل (العَجَزة مَثَلاً)

rehearsal / rɪˈhɜsəl / *n.* تَدَرُّبُ (المُمَثِّلين على تَمْثيلِ رِواية) ، "بْروفة" لِحَفْلة ؛ إعادة ، تَكْرار

rehearse / riˈhɜs / *v.t. & i.* تَدَرَّبَ (المُمَثِّلُ) على أداءِ دَوْرِهِ ؛ أعادَ (تَفاصيلَ الحادِثة)

rehouse / ˈriˈhɑuz / *v.t.* أعادَ إسْكانَ (مَنْ فَقَدَ مَنْزِله مَثَلاً) ، أوْجَدَ سَكَنًا آخَرَ لِ

reign / reɪn / *n.* مُلْكٌ ، فَتْرةُ حُكْمٍ ، عَهْد (عُهود)

v.i. حَكَمَ (ـُ) ، تَوَلَّى المُلْكَ ، سادَ (يَسودُ)

reimburse / ˈriɪmˈbɜs / *v.t.* دَفَعَ له ما تَكَلَّفه مِن مَصاريفَ

reimbursement / ˈriɪmˈbɜsmənt / *n.* تَسْديدُ النَّفَقات ، دَفْعُ أو صَرْفُ (نَفَقاتِ السَّفَر مَثَلاً)

rein / reɪn / *n.* (*usu. pl.*) عِنان ، زِمام ، سَيْرُ اللِّجام

v.t. also **rein in** كَبَحَ (ـَ) جِماحَ الحِصان

reincarnation / ˈriɪnkɑˈneɪʃən / *n.* تَقَمُّص أو تَناسُخ الأرْواح

reindeer / ˈreɪndɪə(r) / *n.* الرَّنّة (حَيَوان قُطْبِيّ مِن الأيِّلِيّات)

reinforce / ˈriɪnˈfɔs / *v.t.* قَوّى ، دَعَمَ (ـَ) ، وَطَّدَ ، عَزَّزَ ، مَكَّنَ

reinforced concrete خَرَسانة مُسَلَّحة ، باطون مُسَلَّح

reinforcement / ˈriɪnˈfɔsmənt / *n.* تَقْوِية ، تَدْعيم ، تَعْزيز

(*pl. mil.*) إمْدادات أو تَعْزيزات عَسْكَرِيّة

reinstate / ˈriɪnˈsteɪt / *v.t.* أعادَه إلى مَنْصِبِه (بَعْدَ عَزْلِهِ)

reinstatement / ˈriɪnˈsteɪtmənt / *n.* إعادة إلى مَنْصِبٍ سابِق

reiterate / riˈɪtəreɪt / *v.t.* أعادَ القَوْلَ ، كَرَّرَ

reiteration / riˈɪtəˈreɪʃən / *n.* إعادة القَوْل ، تَكْرار

reject / rɪˈdʒekt / *v.t.* رَفَضَ (ـُ) ، نَبَذَ (ـُ) ، طَرَحَ جانِبًا

n. / ˈridʒekt / سِلْعة مَعْيوبة ، سَقَطُ المَتاع

rejection / rɪˈdʒekʃən / *n.* رَفْضٌ ، عَدَمُ قَبول ، نَبْذ

rejoice / rɪˈdʒɔɪs / *v.i. & t.* اِبْتَهَجَ ، فَرِحَ ، سُرَّ ؛ أبْهَجَ ، أفْرَحَ ، جَلَبَ السُّرورَ لِ

rejoicing / rɪˈdʒɔɪsɪŋ / *n.* اِبْتِهاج ، فَرَحٌ ، سُرور

the rejoicings went on till late in the night اِسْتَمَرَّت الاحْتِفالاتُ حَتّى ساعةٍ مُتأخِّرة مِن اللَّيْل

rejoin / rɪˈdʒɔɪn / *v.t.*

1. (answer) أجابَ ، رَدَّ ، رَدَّ على أقْوالِ المُدَّعي

2. (join again) أعادَ وَصْلَ شَيْئَيْن مَعًا

rejoinder / rɪˈdʒɔɪndə(r) / *n.* رَدٌّ مُفْحِم ، جَوابٌ سَريعٌ لاذِع

relapse / rɪˈlæps / *v.i.* عادَ أو رَجَع (إلى الرَّذيلة مَثَلاً) ، اِرْتَدَّ (إلى صِحَّتِهِ)

n. نَكْسة ، اِنْتِكاس ، عَوْدة (إلى الرَّذيلة مَثَلاً)

relate / rɪˈleɪt / *v.t.*

1. (narrate) رَوَى ، سَرَدَ (ـُ) ، حَدَّثَ

2. (be connected with) رَبَطَ أمْرًا بآخَر

are you related? هَلْ بَيْنَكُما قَرابة ؟

v.i. (have reference **to**) يَخُصُّ ، يَتَعَلَّقُ بِ

relation / rɪˈleɪʃən / *n.*

1. (narration) سَرْدٌ ، رِوايةٌ (لِحِكاية)

2. (connection) عَلاقة ، صِلةٌ ، اِرْتِباطٌ

3. (*pl.* dealings) عَلاقة ، عَلاقات

public relations officer (*abbr.* **P.R.O.**) ضابِطُ العَلاقات العامّة

4. (relative) قَريبٌ (أقْرِباءُ) ، نَسيب (أنْسِباءُ)

relationship / rɪˈleɪʃənʃɪp / *n.* عَلاقة ، صِلةٌ ، قَرابة ، قُرْبَى ، نَسَبٌ

relative / ˈrelətɪv / *adj.*

1. (comparative) نِسْبِيّ ، بالمُقارَنة

he is living in relative poverty يَعيشُ في فَقْرٍ نِسْبِيّ

2. (referring **to**) المُتَعَلِّقُ بِ ، الخاصُّ بِ

3. (*gram.*) (صَرْف)

relative pronoun اِسْمُ المَوْصول

n. (member of family) قَريب ، نَسيب ، مِنْ ذَوي القُرْبَى

relatively / ˈrelətɪvlɪ / *adv.* نِسْبِيًّا ، إلى حَدٍّ ما

relativity / ˈreləˈtɪvətɪ / *n.* (نَظَرِيّة) النِّسْبِيّة

relax / rɪˈlæks / *v.t. & i.* أرْخَى ؛ اِسْتَرْخَى

they relaxed the regulations in his case خَفَّفوا القُيودَ بِشأنِهِ

he feels relaxed يَشْعُرُ بارْتِياح ، يُحِسُّ بِهُدوء

relaxation / ˈrilækˈseɪʃən / *n.*

1. (loosening) إرْخاء ، اِسْتِرْخاء

2. (recreation) هِواية أو رِياضة للتَّسْلِية

relay / ˈrileɪ / *n.*

1. (fresh team) فَريقٌ مُناوِب

relay race سِباقُ التَّتابُع في الألْعاب الرِّياضِيّة

2. (radio) اِلْتِقاطُ إشارةٍ لاسِلْكِيّة وإرْسالُها لِجِهَةٍ أُخْرَى

v.t. **1.** / riˈleɪ / (radio) (نَقَلَ) إذاعةً مُلْتَقَطة

2. / ˈriˈleɪ / (cable, carpet) أعادَ بَسْطَ السَّجّادة ، أعادَ مَدَّ الكَبْل (أي حَبْل الأسْلاك)

release / rɪˈlis / *v.t.*

1. (set free) أطْلَقَ سَراحه ، فَكَّ أسْرَه ، خَلَّصه

2. (issue) أصْدَرَ

the news/film was released سُمِحَ بِنَشْرِ الخَبَرِ أو بِعَرْضِ الفِلْم

n.

1. (liberation) إخْلاءُ أو إطْلاقُ سَراحِ (مَسْجونٍ مَثَلاً)

2. (publication of film/record) تَصْريحٌ أو إذْنٌ بِنَشْرِ خَبَرٍ أو بِعَرْضِ فِلْم

relegate / ˈreləgeɪt / *v.t.* أحالَ (أمْراً إلَى شَخص) ؛ وَضَعَ في مَرْتَبةٍ أدْنَى

relegation / ˈreləˈgeɪʃən / *n.* إحالة ؛ تَخْفِيض مَنْزِلة

relent / rɪˈlent / *v.i.* رَقَّ قَلْبُه (واسْتَجابَ للطَّلَب) ، لانَ (يَلِينُ)

relentless / rɪˈlentləs / *adj.* قاسٍ ، لا يَلِين ، عَنِيد ، (ضَغْطُ العَمَلِ) لا يَرْحَم ، بِلا هَوادة

relevance / ˈreləvəns / *n.* عَلاقة بالمَوْضُوع ، اِنْعِقاد الصِّلة

relevant / ˈreləvənt / *adj.* مُتَعلِّق بالمَوْضُوع ، له مَساسٌ بالمَوْضوع ، (سُؤالٌ) في مَحَلِّه

reliability / rɪˈlaɪəˈbɪlɪtɪ / *n.* اعتِمادِيّة (المُحَرِّك) ، جَدارةٌ بالثِّقة ، صَلاحِيّة (الذّاكِرة) ، اِسْتِقامة (المُوَظَّف)

reliable / rɪˈlaɪəbəl / *adj.* يُعْتَمَدُ عَلَيْهِ ، مَوْثُوقٌ بِهِ

reliance / rɪˈlaɪəns / *n.* اِتِّكال ، اِعْتِمادٌ على ، تَعْوِيل

there is little reliance to be placed on his promises — لا يُمْكِنُ الرُّكُونُ إلَى وُعُودِهِ بَتاتاً

reliant / rɪˈlaɪənt / *adj.* مُتَّكِلٌ علَى (اللّه) ، مُعْتَمِدٌ عَلَى

relic / ˈrelɪk / *n.* أثَرٌ مُقَدَّس (لِقِدِّيسٍ أو شَهِيدٍ مَثَلاً) ؛ رُفاتٌ ؛ أثَرٌ قَدِيمٌ باقٍ

relief / rɪˈlif / *n.*

1. (deliverance) الشُّعُور بالارْتِياح (بَعْدَ التَّوَتُّر والألَم)
2. (replacement) بَدِيل (حِراسة)
3. (moulded surface) تَضارِيسُ الأرْض

relief map — خارِطة مُجَسَّمة

relieve / rɪˈliv / *v.t.*

1. (bring relief to) سَكَّنَ أو خَفَّفَ (الألَمَ أو التَّوَتُّر)
2. (provide substitute for) حَلَّ مَحَلَّهُ في العَمَل ، خَلَفَهُ في مَنْصِبِه
3. (take) أخَذَ

the pickpocket relieved him of his watch — سَلَّحه النَّشّالُ ساعَتَه

he was relieved of his post — أُعْفِيَ مِن مَنْصِبِه

religion / rɪˈlɪdʒən / *n.* دِينٌ (أدْيان) ، دِيانة

religious / rɪˈlɪdʒəs / *adj.*

1. (of religion) دِينيّ
2. (devout) تَقِيّ ، وَرِعٌ ، مُتَدَيِّن
3. (of a monastic order) (مُؤَسَّسة) رُهْبانِيّة

religiously / rɪˈlɪdʒəslɪ / *adv.* دِينِيّاً ؛ بِدِقّة

she religiously put everything back in its place — أعادَتْ كُلَّ شَيْءٍ إلَى مَوْضِعِهِ بِمُنْتَهَى الدِّقّة والعِناية

relinquish / rɪˈlɪŋkwɪʃ / *v.t.* قَطَعَ (ـ) (الأمَلَ) ، تَنازَلَ عَنْ (حَقّ) ، تَخَلَّى عَن (خِطّة)

reliquary / ˈrelɪkwərɪ / *n.* صُنْدُوق لِحِفْظِ بَقايا جَسَدِ قِدِّيس

relish / ˈrelɪʃ / *n.*

1. (flavour) مَذاق ، نَكْهة
2. (savoury food) طَعامٌ مُشَهٍّ ، مَزّة
3. (zest) رَغْبة ، مَيْلٌ

v.t. اِسْتَطابَ ، اِسْتَساغَ

he does not relish having to get up early — لا يَسْتَطِيبُ الاِسْتِيقاظَ مُبَكِّراً

reluctance / rɪˈlʌktəns / *n.* كُرْهٌ ، مُمانَعة ، (علَى) مَضَضٍ

reluctant / rɪˈlʌktənt / *adj.* غَيْرُ راغِبٍ في (مُساعَدَتِنا) ، كارِهٌ لَها ، مُتَمَنِّع ، راغِبٌ عَنْ

rely / rɪˈlaɪ / *v.i.* اِعْتَمَدَ أو عَوَّلَ على

she can be relied upon for help — يُمْكِنُ الاِعْتِمادُ عَلَيْها في مُساعَدَتِنا

remain / rɪˈmeɪn / *v.i.* بَقِيَ (يَبْقَى) ، تَبَقَّى ، مَكَثَ (ـ)

he remained silent — ظَلَّ صامِتاً

I remain, yours sincerely — وَتَفَضَّلُوا بِقَبُولِ فائِقِ الاِحْتِرام ، المُخْلِص لَكُم دائِماً

remainder / rɪˈmeɪndə(r) / *n.*

1. (residue) بَقِيّة ، الباقِي (مِن النُّقُود)
2. (*arith.*) باقِي الطَّرْح أو القِسْمة (رِياضِيّات)
3. (book) كُتُب تُعْرَضُ لِلْبَيْعِ بِسِعْرٍ مُخَفَّض لِعَدَمِ رَواجِها

remains / rɪˈmeɪnz / *n.*

1. (left-overs) بَقايا الطَّعام ، فَضَلات
2. (ruins) أطْلال ، آثار
3. (corpse) رُفات ، جُثّة (جُثَث ، أجْثاث)

remand / rɪˈmɑnd / *v.t. & n.* أعادَ مُتَّهَماً إلَى السِّجْن لِتَأْجِيلِ الدَّعْوَى ، إعادة حَبْسِ المُتَّهَم اِحْتِياطاً

remand home — مُؤَسَّسة لِحَجْزِ الأحْداثِ الجانِحِين رَيْثَما يُبَتُّ في أمْرِهِم

remark / rɪˈmɑk / *v.t. & n.*

1. (notice) لاحَظَ ، أدْرَكَ (الفَرْقَ أو التَّشابُه) ، شاهَدَ
2. (comment) أبْدَى مُلاحَظة ، عَلَّقَ علَى ؛ تَعْلِيق

remarkable / rɪˈmɑkəbəl / *adj.* عَجِيب ، يَسْتَرْعِي الاِنْتِباه ، هائِل ، يَسْتَلْفِت النَّظَر

remedial / rɪˈmidɪəl / *adj.* عِلاجِيّ ، تَصْحِيحِيّ

remedial education — تَعْلِيم إصْلاحِيّ

remedy / ˈremədɪ / *n.*

1. (cure) عِلاج ، دَواء (أدْوِية)
2. (redress) عِلاج ، مَخْرَج

v.t. أصْلَحَ (عَيْباً) ، سَدَّ (نَقْصاً)

remember / rɪˈmembə(r) / *v.t.* تَذَكَّرَ ، ذَكَرَ (ـ) ، وَعَتْ ذاكِرَتُه

remember me to your brother — بَلِّغْ سَلامِي لأخِيك ، سَلِّمْ لِي عَلَى أخِيك

he remembered opening the door — تَذَكَّرَ أنّه فَتَحَ الباب

he remembered to open the door — لَمْ يَنْسَ أنْ يَفْتَحَ الباب

remembrance / rɪˈmembrəns / *n.* ذِكْرَى ، تَذَكُّر

remind / rɪˈmaɪnd / *v.t.* ذَكَّرَ ، نَبَّهَ

reminder / rɪˈmaɪndə(r) / *n.* (رِسالة) تَذْكِرة ، مُذَكِّرة

reminiscence / ˈremɪˈnɪsəns / *n.* تَذَكُّرُ الأَحْداثِ الماضِية ؛ ذِكْرَيات

remiss / rɪˈmɪs / *adj.* مُهْمِل ، مُقَصِّر ، غافِل ، مُتَهاوِن

you have been remiss in your duties كُنْتَ مُقَصِّرًا في أداءِ واجِبِك

remission / rɪˈmɪʃən / *n.*

1. (forgiveness) غُفْرانُ الخَطايا ، عَفْوٌ أو صَفْحٌ عَن المُسِيء ، مَغْفِرة

2. (lessening) تَخْفِيف ، تَقْلِيل ، تَخْفِيض

remit / rɪˈmɪt / *v.t. & i.*

1. (pardon) غَفَرَ (اللّه له خَطاياه)

2. (send) أَرْسَلَ مَبْلَغًا مِن المالِ بالبَرِيد

3. (lessen) خَفَّفَ (القاضِي العُقُوبة) ، أَعْفَى (مِن الرُّسُوم مَثَلًا)

remittance / rɪˈmɪtəns / *n.* مَبْلَغٌ مُرْسَلٌ بالبَرِيد أو عَنْ طَرِيقِ البَنْك

remnant / ˈremnənt / *n.* القَلِيل الباقي ، المُتَبَقِّي ، سُؤْر ، فَضْلة

remnants فَواضِلُ الأَقْمِشة تُباعُ بأَسْعارٍ مُخَفَّضة

remonstrance / rɪˈmonstrəns / *n.* اِسْتِنْكار ، اِحْتِجاج ، اِعْتِراض

remonstrate / ˈremənstreɪt / *v.i.* اِعْتَرَضَ مُحْتَجًّا عَلَى إجْراءٍ ظالِم

remorse / rɪˈmɔs / *n.* تَبْكِيتُ الضَّمِير ، الشُّعُور بالنَّدَم أو النَّدامة

remorseless / rɪˈmɔsləs / *adj.* لا يَعْرِفُ رَحْمةً ولا شَفَقة ، لا يَرْحَم

remote / rɪˈməʊt / *adj.* ناءٍ ، بَعِيد ، مُسْتَبْعَدُ الحُدُوث

remote control التَّحَكُّمُ مِن بُعْدٍ (في جِهازٍ مَثَلًا)

I haven't the remotest idea لَيْسَ لَدَيَّ أَدْنَى فِكْرة

remotely / rɪˈməʊtlɪ / *adv.* مِن بَعِيد

he does not resemble his cousins even remotely لا يُشْبِهُ ابْنَ عَمِّهِ لا مِن قَرِيبٍ ولا مِن بَعِيد

removal / rɪˈmuvəl / *n.* إزالة ، إبْعاد ؛ نَقْلُ (أثاثٍ مَثَلًا)

removal men عُمّالُ نَقْلِ الأَثاث

remove / rɪˈmuv / *v.t.* نَقَلَ (ـُـ) (أثاثًا) ؛ أزالَ (بُقْعة) ؛ حَذَفَ (ـِـ) ، نَزَعَ (ـِـ)

his explanation was far removed from the truth كان شَرْحُه بَعِيدًا كُلَّ البُعْدِ عَن الحَقِيقة

remover / rɪˈmuvə(r) / *n.* مُزِيل ، مادّة لإزالة (البُقَع مَثَلًا)

remuneration / rɪˈmjunəˈreɪʃən / *n.* مُكافأة ، تَعْوِيض ، أَجْر (أُجُور ، آجار) ، أَتْعاب

renaissance / rɪˈneɪsəns / *n.* نَهْضة ، بَعْث ، إحْياء

the Renaissance عَصْرُ النَّهْضة الأُورُبِّيّة (مِنَ القَرْنِ ١٤ إلى القَرْن ١٦)

renal / ˈrinəl / *adj.* كُلَوِيّ ؛ نِسْبة إلى الكُلْيَتَيْن

rend / rend / *v.t.* مَزَّقَ ، شَقَّ

heart-rending news نَبأٌ فاجِع ، أَخْبارٌ تُمَزِّقُ القَلْب

render / ˈrendə(r) / *v.t.*

1. (give back) أعادَ ، أَرْجَعَ

2. (make) جَعَلَ ، صَيَّرَ

his illness rendered him helpless أَقْعَدَهُ المَرَض

3. (submit, give) قَدَّمَ

to account rendered لِسَدِّ الحِسابِ المَطْلُوب

4. (translate) تَرْجَمَ

5. (melt) *also* render **down** سَيَّحَ (الشَّحْمَ مَثَلًا) بالتَّسْخِين

6. (perform) أَدَّى دَوْرًا مَسْرَحِيًّا ، مَثَّلَ

rendering / ˈrendərɪŋ / *n.* أداءُ (دَوْرٍ مَسْرَحِيّ أو قِطْعة مُوسِيقِيّة) ؛ تَرْجَمة

rendezvous / ˈrondɪvu / *n.* مُلْتَقًى ، مَوْعِدُ لِقاء ؛ اِلْتَقَى

v.i.

we'll rendezvous at the cafe سَنَلْتَقِي في المَقْهَى

renegade / ˈrenɪgeɪd / *n.* مارِق ، مُرْتَدّ (عَنْ دِينٍ أو حِزْب)

renege / rɪˈnig / *v.t. & i.* أَنْكَرَ ، نَكَثَ (ـُـ) (عَهْدًا)

renew / rɪˈnju / *v.t.* جَدَّدَ ، كَرَّرَ (شُكْرَه) ، اِسْتَأْنَفَ (جُهُودَه)

renewal / rɪˈnjuəl / *n.* تَجْدِيد ، تَجَدُّد ، إعادة

rennet / ˈrenɪt / *n.* مِنْفَحة (مادّة لتَخْثِيرِ الحَلِيب)

renounce / rɪˈnɑʊns / *v.t.* تَنازَلَ أو تَخَلَّى (عَن حَقِّه) ، تَبَرَّأَ مِن ، زَهِدَ في (الدُّنْيا ومَتاعِها)

renovate / ˈrenəveɪt / *v.t.* جَدَّدَ ، أَصْلَحَ (المَلابِسَ مَثَلًا)

renovation / ˈrenəˈveɪʃən / *n.* تَجْدِيد ، إصْلاح

renown / rɪˈnɑʊn / *n.* صِيتٌ حَسَن ، سُمْعة طَيِّبة ، شُهْرة

renowned / rɪˈnɑʊnd / *adj.* شَهِير ، مَشْهُور ، ذائِعُ الصِّيت ، عَرِيضُ الجاه ، مَعْرُوف

rent / rent / *n.*

1. (tear) شَقٌّ (في ثَوْبٍ) ، اِنْشِقاق

2. (payment) أُجْرةُ سَكَنٍ ، إيجارُ (مَنْزِلٍ)

rent book دَفْتَرُ قَيْدِ الإيجار

v.t. **1.** (occupy at a rent) اِسْتَأْجَرَ (شُقّة)

2. (let at a rent) أَجَّرَ (مَنْزِلًا لِمُسْتَأْجِر)

rental / ˈrentəl / *n.* أُجْرة ، بَدَلُ إيجار ، إيجار

renunciation / rɪˈnʌnsɪˈeɪʃən / *n.* التَّخَلِّي أو التَّنازُل عَن (حَقّ)

repair / rɪ'peə(r) / *v.t.* رمّم (داره) ، أصلح (ساعته) ، رقّع (حذاءه) ، رتق (ـ) (الفتق) ؛ عوّض
n. ترميم ، إصلاح ، ترقيع ، رتق ؛ تعويض عن الضرر

repartee / 'repɑ'ti / *n.* ردّ حاذق

repatriate / 'ri'pætrɪeɪt / *v.t.* أعاد (أسير حرب مثلاً) إلى وطنه

repatriation / 'ri'pætrɪ'eɪʃən / *n.* إعادة أو ترحيل إلى الوطن

repay / ri'peɪ / (*p.t.* & *p.p.* **repaid**) *v.t.* ردّ (مالاً مقترضًا) ، سدّد أو وفى (دينًا) ؛ عامله (بالمثل)

repayment / 'ri'peɪmənt / *n.* إيفاء أو تسديد (دين)

repeal / rɪ'pil / *v.t.* & *n.* أبطل ، ألغى ، فسخ (قانونًا) ؛ إبطال ، إلغاء ، فسخ

repeat / rɪ'pit / *v.t.*
1. (say again) كرّر ، أعاد ، ردّد
2. (do again) كرّر ما فعله سابقًا
v.i. **1.** (occur again) تكرّر ، حدث مرارًا
2. (*of food*) يعود إلى الفم طعم ما أكل (من بصل مثلاً)
n. برنامج (إذاعيّ أو تلفزيونيّ) معاد

repeatedly / rɪ'pitɪdlɪ / *adv.* مرارًا وتكرارًا ، مرّة بعد أخرى

repel / rɪ'pel / *v.t.*
1. (repulse) صدّ (ـ) (هجوم العدوّ) ، ردّه
2. (disgust) نفّر ، قزّز ، أثار الاشمئزاز

repellent / rɪ'pelənt / *adj.* منفّر ، كريه ، مقيت
n. مستحضر لطرد (الحشرات مثلاً)

repent / rɪ'pent / *v.i.* & *t.* ندم (ـ) ، تاب (يتوب)

repentance / rɪ'pentəns / *n.* ندم ، توبة

repentant / rɪ'pentənt / *adj.* نادم ، تائب

repercussion / 'ripə'kʌʃən / *n.* انعكاس أو صدى الأحداث ، ردّ فعل ، رجع

repertoire / 'repətwɑ(r) / *n.* مجموعة أدوار يتقنها فنّان (موسيقار أو ممثّل أو مطرب)

repertory / 'repətrɪ / *n.* فرقة مسرحيّة تقدّم مجموعة متنوّعة من الروايات في الموسم الواحد
repertory company/ theatre فرقة مسرحيّة تعرض روايات تتغيّر مرّة أو أكثر في كلّ أسبوع

repetition / 'repə'tɪʃən / *n.* تكرار ، إعادة ؛ شيء مكرّر أو معاد

replace / rɪ'pleɪs / *v.t.* حلّ محلّ ، أعاد (كتابًا) إلى مكانه ، عوّض عن شيء بغيره

replaceable / rɪ'pleɪsəbəl / *adj.* يمكن استبداله ، يمكن التعويض عنه

replay / 'ri'pleɪ / *v.t.* أعادوا المباراة (كرة القدم أو غيرها) ، أعاد عرض (لقطة في تلفزيون) .
n. / 'ripleɪ / مباراة معادة

replenish / rɪ'plenɪʃ / *v.t.* أعاد ملء (الكأس مثلاً) ، ملأ من جديد

replete / rɪ'plit / *adj.* مليء (بالطعام غالبًا) ، مفعم

replica / 'replɪkə / *n.* نسخة طبق الأصل (من تمثال مثلاً)

reply / rɪ'plɑɪ / *v.i.* & *t.* أجاب عن (سؤال) ، ردّ عليه
n. إجابة ، ردّ ، جواب
in reply to your letter ردًّا على كتابكم
a reply-paid telegram برقيّة جوابها خالص الأجرة

repoint / 'ri'pɔɪnt / *v.t.* أعاد وضع الجبص أو الملاط بين المداميك أو لبنات البناء

report / rɪ'pɔt / *v.t.* & *i.*
1. (tell as news) روى (واقعة) ، نقل (خبرًا)
reported speech مقول القول ، حديث ينقل باستعمال ضمير الغائب (في الإنكليزيّة)
2. (present oneself) حضر (ـ)
report for work at eight a.m.! عليك أن تحضر لبدء العمل في الثامنة صباحًا
3. (make complaint about) قدّم شكوى عن ، وشى بـ ، خبّر عن
the teacher reported Hassan for truancy خبّر المدرّس عن تغيّب حسن دون عذر مبرّر
n. **1.** (rumour) الأخبار والشائعات
2. (statement) تقرير ، بيان
school report تقرير مدرسيّ
3. (*of gun*) فرقعة (المدفع مثلاً)

reportage / 'repɔ'tɑʒ / *n.* تحقيق صحفيّ ، ريبورتاج

reporter / rɪ'pɔtə(r) / *n.* مراسل صحفيّ

repose / rɪ'pəʊz / *v.i.* استراح
n. راحة ، هدوء ، اطمئنان ؛ نوم

repository / rɪ'pozɪtrɪ / *n.* مخزن ، مستودع

reprehensible / 'reprɪ'hensɪbəl / *adj.* غير مستحبّ ، مستقبح ، مكروه ، مستحقّ اللوم

represent / 'reprɪ'zent / *v.t.* مثّل أو قدّم صورة عن ؛ ادّعى ، زعم (ـ) ؛ ناب (ينوب) عن
the painting represents a hunting scene تمثّل اللوحة منظر صيد
he represented himself as an expert ادّعى بأنّه خبير
he represented his thoughts clearly عرض أفكاره بكلّ وضوح
he represented Oxford كان ممثّلاً عن أكسفورد
she represented Lady Macbeth in the play مثّلت دور ليدي ماكبث في المسرحيّة

representation / 'reprɪzen'teɪʃən / *n.* تمثيل ، تصوير ؛ نيابة عن ؛ احتجاج
he made representations to the Minister himself احتجّ لدى الوزير نفسه

proportional representation — التَّمْثِيلُ النِّسْبِيّ (في مَجْلِسِ الأُمَّة مَثَلاً)

representative /ˈreprɪˈzentətɪv/ *adj.* — (عَيِّنَة) نَمُوذَجِيَّة ؛ (حُكُومة) نِيابِيَّة

n. — نائِبٌ (في البَرْلَمان)، مُمَثِّل، مَنْدُوب، وَكِيلٌ (شَرِكة)

repress /rɪˈpres/ *v.t.* — قَمَعَ (ـَ) (فِتْنةً)، كَبَحَ (ـَ) (عَواطِفَه)، كَبَتَ (ـِ)

repression /rɪˈpreʃən/ *n.*

1. (curbing) — قَمْعٌ، كَبْحٌ

2. (*psychol.*) — الكَبْت النَّفْسي

repressive /rɪˈpresɪv/ *adj.* — قَمْعِيّ، إرْهابِيّ

reprieve /rɪˈpriv/ *v.t. & n.* — أَرْجَأَ تَنْفِيذَ الحُكْم (بالإعْدام خاصّةً)، أَمْهَلَ أو أَراحَ لِفَتْرةٍ قَصِيرةٍ؛ عَفْوٌ مِن عُقُوبةِ الإعْدام؛ إرْجاءُ التَّنْفِيذ؛ مُهْلة مُؤَقَّتة

reprimand /ˈreprɪˈmɑnd/ *v.t.* — وَبَّخَ، أَنَّبَ، نَهَرَ (ـَ)

n. /ˈreprɪmɑnd/ — تَعْنِيف، تَوْبِيخ، تَأْنِيب، تَبْكِيت

reprint /ˈriˈprɪnt/ *v.t.* — أعادَ طَبْعَ كِتابٍ بِدُونِ أيِّ تَغْيِيرٍ فيه

n. /ˈriprɪnt/ — طَبْعةٌ مُعادة

reprisal /rɪˈprɑɪzəl/ *n.* — أَخْذٌ بالثَّأْر، مُقابَلةُ الشَّرِّ بِمِثْلِه

reproach /rɪˈprəʊtʃ/ *v.t. & n.* — عاتَبَ، لامَ (يَلُومُ)، آخَذَ على؛ لَوْمٌ، عِتابٌ

we have nothing to reproach ourselves with — لَيْسَ ثَمَّةَ ما نُؤاخَذُ عَلَيْه

beyond reproach — (تَصَرُّفٌ) لا غُبارَ عَلَيْه، سَلِيم، لا عَيْبَ فيه

reproachful /rɪˈprəʊtʃfəl/ *adj.* — فيه عِتابٌ ولَوْم

reprobate /ˈreprəbeɪt/ *n.* — داعِرٌ، مُسْتَهْتِر، مُتَهَتِّك

reproduce /ˈriprəˈdjus/ *v.t. & i.* **1.** (breed) — أَنْجَبَ، تَوالَدَ، تَكاثَرَ، تَناسَلَ

2. (copy, produce again) — أعَدَّ نُسْخةً أو صُورةً مِن

the gramophone reproduces recorded sound — يُعِيدُ الحاكِي الأَصْواتَ المُسَجَّلة

reproduction /ˈriprəˈdʌkʃən/ *n.*

1. (propagation) — تَوالُدٌ، تَناسُلٌ، تَكاثُرٌ

2. (copy) — نُسْخة مَنْقُولة (عَنْ عَمَلٍ فَنِّيّ)، صُورةٌ غَيْرُ أَصْلِيَّة

reproductive /ˈriprəˈdʌktɪv/ *adj.* — مُنْتِج، تَناسُلِيّ

reproof /rɪˈpruf/ *n.* — تَوْبِيخ، تَأْنِيب، عَذْلٌ، تَبْكِيت

v.t. /ˈriˈpruf/ — شَمَّعَ (مِعْطَفَ المَطَر) مِن جَدِيد

reprove /rɪˈpruv/ *v.t.* — وَبَّخَ، عَنَّفَ، أَنَّبَ

he reproved the child for coming late — أَنَّبَ الوَلَدَ لِحُضُورِه مُتَأَخِّرًا

reptile /ˈreptɑɪl/ *n.* — (حَيَوان) مِن الزَّواحِف

republic /rɪˈpʌblɪk/ *n.* — جُمْهُورِيَّة

republican /rɪˈpʌblɪkən/ *adj.* — جُمْهُورِيّ

repudiate /rɪˈpjudɪeɪt/ *v.t.* — تَبَرَّأَ مِن، تَنَصَّلَ مِن، رَدَّ (ـُ) على

repudiation /rɪˈpjudɪˈeɪʃən/ *n.* — رَدٌّ، دَحْضٌ

repugnance /rɪˈpʌgnəns/ *n.* — اِشْمِئْزاز، نُفُورٌ مِن

repugnant /rɪˈpʌgnənt/ *adj.* — كَرِيه، مَمْقُوت، مُقْرِف

repulse /rɪˈpʌls/ *v.t. & n.* — رَدَّ (العَدُوَّ) أو صَدَّه؛ رَدٌّ، صَدٌّ

repulsion /rɪˈpʌlʃən/ *n.* — نُفُور، مَقْتٌ، صَدٌّ

repulsive /rɪˈpʌlsɪv/ *adj.* — مُنَفِّر، مُثِيرٌ لِلاشْمِئْزاز، كَرِيه

reputable /ˈrepjʊtəbəl/ *adj.* — حَسَنُ السُّمْعة، مُحْتَرَم، مُعْتَبَر

reputation /ˈrepjʊˈteɪʃən/ *n.* — سُمْعة، شُهْرة، صِيتٌ

repute /rɪˈpjut/ *n.* — صِيتٌ، شُهْرة، ذِكْرٌ

reputed /rɪˈpjutɪd/ *adj. & p.p.* — يُظَنُّ بِأَنَّه، مَزْعُوم

reputedly /rɪˈpjutɪdlɪ/ *adv.* — عَلَى ما يُقال، كما يُعْتَقَد

request /rɪˈkwest/ *v.t.* — اِلْتَمَسَ، طَلَبَ (ـُ)، رَجا (يَرْجُو)

n. — اِلْتِماس، طَلَبٌ، رَجاءٌ

request stop — مَوْقِفٌ اخْتِيارِيّ (لِلحافِلة)

on request — عِنْدَ الطَّلَب

requiem /ˈrekwɪəm/ *n.* — لَحْنٌ جَنائِزِيّ، قُدّاسٌ لِراحةِ المَوْتَى

require /rɪˈkwɑɪə(r)/ *v.t.* — اِقْتَضَى، اِسْتَلْزَمَ، اِحْتاجَ إلَى، تَطَلَّبَ

requirement /rɪˈkwɑɪəmənt/ *n.* — مُتَطَلَّب، شَرْطٌ أساسِيّ، مُسْتَلْزَم

requisite /ˈrekwɪzɪt/ *n. & adj.* — حاجِيّات، لَوازِم؛ ضَرُورِيّ، لازِم، مَطْلُوب

requisition /ˈrekwɪˈzɪʃen/ *n. & v.t.* — مُصادَرة (مَدَنِيَّة أو عَسْكَرِيَّة)؛ اِسْتَمْلَكَ لِمَصْلَحةٍ عامّة، صادَرَ

requital /rɪˈkwɑɪtəl/ *n.* — مُكافأة على، جَزاء، عِوَض

requite /rɪˈkwɑɪt/ *v.t.* — عامَلَهُ بالمِثْل، بادَلَه

rescind /rɪˈsɪnd/ *v.t.* — أَلْغَى، أَبْطَلَ

rescue /ˈreskju/ *v.t.* — أَنْقَذَ، خَلَّصَ، نَجَّى

n. — إنْقاذ، إسْعاف، نَجاة

he came to the rescue — أَغاثَهُ، هَرَعَ لِنَجْدَتِه

research /rɪˈsɜtʃ/ *n.* — بَحْثٌ، بَحْثٌ أو تَحْقِيقٌ عِلْمِيّ

v.i. — بَحَثَ (ـَ)، حَقَّقَ في

resemblance /rɪˈzembləns/ *n.* — تَشابُه، شَبَهٌ، مُماثَلة بَيْنَ

resemble /rɪˈzembəl/ *v.t.* — شابَهَ، ماثَلَ

resent /rɪˈzent/ *v.t.* — اِسْتاءَ مِن، اِمْتَعَضَ مِن

resentful /rɪˈzentfəl/ *adj.* — مُسْتاء، مُتَذَمِّر، مُمْتَعِض

resentment /rɪˈzentmənt/ *n.* — اِسْتِياء، اِمْتِعاض، حِقْدٌ

reservation /ˈrezəˈveɪʃən/ *n.*

1. (limitation) — تَحَفُّظ، قَيْدٌ

2. (booking) — حَجْزُ (مَقْعَدٍ في طائِرةٍ مَثَلاً)

reserve /rɪˈzɜv/ *v.t.*

1. (store) اِحْتَفَظَ بِشَيْءٍ وادَّخَرَهُ (للمُسْتَقبل)
reserve your strength for the climb اِدَّخِرْ قُوَّتَكَ لِتَسَلُّقِ الجَبَل
2. (engage) حَجَزَ (بِـ) (غُرْفَةً بِفُنْدُقٍ مَثَلًا)
n. 1. (stock) اِحْتِياطِيّ (النِّفط)
the explorers kept some food in reserve اِحْتَفَظَ المُسْتَكْشِفُون بِبَعْضِ الطَّعامِ احْتِياطًا
2. (tract of land) مِنْطَقة يُحَرَّمُ فِيها الصَّيد
3. (*mil.*) القُوّاتُ الاحْتِياطِيّة
4. (restriction) تَحَفُّظ ، قَيْدٌ ، شَرْطٌ

reserved / rɪˋzɜvd / *adj.*
1. (put aside) مَحْجُوز (مَقْعَدٌ مَثَلًا)
2. (undemonstrative) مُتَحَفِّظ مُحْتَرِس ، مُنْطَوٍ على نَفْسِه

reservoir / ˋrezəvwɑ(r) / *n.* خَزّان مِياه ، خَزّان (قَلَمِ حِبْر) ، مُسْتَوْدَع المِياه

reset / ˈriˋset / *v.t.* أعادَ جَبْرَ (عَظْمةٍ مَكْسُورة) ، أعادَ التَّنْضِيد

reshuffle / ˈriˋʃʌfəl / *n.* إعادةُ خَلْطِ وَرَقِ اللَّعِب ؛ إعادةُ تَشْكِيلِ (الوِزارة)

reside / rɪˋzɑɪd / *v.i.* سَكَنَ (بِـ) ، أقامَ في

residence / ˋrezɪdəns / *n.* إقامة ، سُكْنَى ؛ مَحَلُّ إقامة ، مَقَرٌّ

resident / ˋrezɪdənt / *n.* مُقِيم ، ساكِن ؛ (طَبِيب) مُقِيم

residential / ˈrezɪˋdenʃəl / *adj.* (ضاحِية) سَكَنِيّة ، مُعَدٌّ للسَّكَن

residue / ˋrezɪdju / *n.* البَقِيّة ، فُضالة (فُضالات) ، المُتَخَلِّف

resign / rɪˋzɑɪn / *v.t. & i.* اِسْتَقال ، اِسْتَعْفَى مِن ؛ رَضَخَ (لِـ) (للأَمْرِ الواقِع)
she had to resign herself to a lonely life اُضْطُرَّتْ إلَى الاِسْتِسْلامِ لِلعُزْلةِ والوَحْدة

resignation / ˈrezɪgˋneɪʃən / *n.*
1. (retirement) اِسْتِقالة
2. (submission) خُضُوع ، رُضُوخ ، اِسْتِسْلام

resigned / rɪˋzɑɪnd / *adj.* مُسْتَسْلِم ، صابِر

resilience / rɪˋzɪlɪəns / *n.* مُرُونة ، اِرْتِدادِيّة الجِسْمِ المَرِن

resilient / rɪˋzɪlɪənt / *adj.* مَرِنٌ ، مَتِين ، سَرِيع الاِنْتِعاش

resin / ˋrezɪn / *n.* رَتِينَج ، راتِينَج ، مادّة صَمْغِيّة

resist / rɪˋzɪst / *v.t. & i.* قاوَمَ ، صَمَدَ (لِـ) لِ أو بِوَجْهِ أو أمامَ (هَجْمة)

resistance / rɪˋzɪstəns / *n.*
1. (opposition) مُقاوَمة ، مُناهَضة
he always takes the line of least resistance يَتَّخِذُ دائِمًا أسْهَلَ السُّبُل
2. (*elec.*) مُقاوَمة كَهْرَبائِيّة

resistant / rɪˋzɪstənt / *adj.* مُقاوِم ، مَتِين ، شَدِيدُ التَّحَمُّل

resolute / ˋrezəlut / *adj.* حازِم ، مُصَمِّم ، مُوَطِّدُ العَزْمِ على

resolution / ˈrezəˋluʃən / *n.*
1. (determination) تَصْمِيم ، عَزْمٌ ، حَزْمٌ
2. (decision) قَرارٌ
the committee passed two resolutions اِتَّخَذَت اللَّجْنةُ قَرارَيْن
3. (solving of a doubt) حَلٌّ (لِلمُشْكِلة)

resolve / rɪˋzolv / *v.t. & i.*
1. (decide) قَرَّرَ ، صَمَّمَ ، عَقَدَ (ـ) النِّيّةَ على
2. (solve a doubt) حَلَّ (المُشْكِلة) ، بَدَّدَ (شُكُوكَهُ)
n. قَصْدٌ ، عَزِيمة ، نِيّة
he kept his resolve not to smoke ثَبَتَ على امْتِناعِهِ عَنِ التَّدْخِين

resonance / ˋrezənəns / *n.* رَنِينٌ

resonant / ˋrezənənt / *adj.* (صَوْتٌ) رَنّان ؛ مُرَجِّعُ الصَّوْت ، مُدَوٍّ

resort / rɪˋzɔt / *v.i.*
1. (turn for aid **to**) لَجَأَ (ـَ) إلَى ... ، اِسْتَنْجَدَ بِـ ، اِسْتَعانَ بِـ
I am sorry you have resorted to deception آسِفٌ لِلُجُوئِكَ إلَى الخَدِيعة
2. (visit often *with* **to**) تَرَدَّدَ عَلَى (مَكانٍ)
n.
1. (recourse) المَلاذُ الأخِير ، المُحاوَلة الأخِيرة
as a last resort I could ask my father إذا أخْفَقَتْ كُلُّ وَسائِلِي فَقَدْ ألْجَأُ إلَى أبِي
2. (place frequented) مُنْتَجَع
a seaside resort مَصِيفٌ ساحِلِيٌّ ، مُصْطافٌ بَحْرِيٌّ

resound / rɪˋzɑʊnd / *v.i.* دَوَّتْ أو ضَجَّتْ (القاعةُ بالتَّصْفِيق)
a resounding success نَجاحٌ باهِرٌ طَبَّقَ الآفاق

resource / rɪˋsɔs / *n.* وَسِيلةٌ ، حِيلةٌ ، مَلاذٌ ؛ تَسْلِية
he is a man of resource يُحْسِنُ تَدْبِيرَ أُمُورِهِ ، واسِعُ الحِيلة

resourceful / rɪˋsɔsfəl / *adj.* يُحْسِنُ تَدْبِيرَ أُمُورِهِ ، واسِعُ الحِيلة

resources / rɪˋsɔsɪz / *n. pl.* مَوارِدُ ، مَصادِرُ ، أمْوالٌ
natural resources مَوارِدُ أو ثَرَوات طَبِيعِيّة
he was left to his own resources تُرِكَ لِيُمْضِيَ الوَقْتَ وِفْقَ هَواهُ

respect / rɪˋspekt / *n.*
1. (regard) اِحْتِرام ، تَبْجِيل ، إجْلال
pay/give my respects to your father بَلِّغْ والِدَكَ تَحِيّاتِي
with due respect to you, I do not agree مَعَ احْتِرامِي لَكَ أنا لا أُوافِقُكَ
2. (relation) صِلة ، عَلاقة ، ناحِية

in some respects they are alike — إنّهما مُتشابِهان مِن بَعْضِ الوُجُوه

in respect of — فِيما يَتَعلَّقُ بـِ

v.t. — احْتَرَمَ ، راعى (رَغَباتها مثلاً) ، اعتبَرَ

respectability / rɪˈspektəˈbɪlətɪ / *n.* — جَدارة بالاِحْتِرام ، أهْلِيّة للاِحْتِرام

respectable / rɪˈspektəbəl / *adj.* — مُحْتَرَم ، جَدِيرٌ بالاِحْتِرام ؛ (عَدَدٌ) لا يُسْتَهانُ بِهِ

respectful / rɪˈspektfəl / *adj.* — (سُلُوكٌ) دالٌّ علَى الاِحْتِرام ، مُحْتَرِمٌ (للآخَرين)

respectfully / rɪˈspektfəlɪ / *adv.* — باحْتِرام ، بإجْلال

respecting / rɪˈspektɪŋ / *prep.* — فِيما يَتَعلَّقُ بـِ ، بِخُصُوص ، بِشَأْن

respective / rɪˈspektɪv / *adj.* — خاصٌّ بِكُلِّ شَخْصٍ مِن المَذْكُورين

according to their respective needs — كُلٌّ وِفْقَ حاجَتِهِ

respectively / rɪˈspektɪvlɪ / *adv.* — علَى التَّوالِي ، حَسَبَ تَرْتِيبِ ذِكْرِهِ

respiration / ˈrespɪˈreɪʃən / *n.* — تَنَفُّسٌ ، عَمَلِيَّةُ التَّنَفُّس

respirator / ˈrespəreɪtə(r) / *n.* — جِهازُ تَنَفُّس ، قِناعٌ واقٍ مِن الغازات

respiratory / rɪˈspɪrətrɪ / *adj.* — تَنَفُّسِيّ ، (الجِهازُ) التَّنَفُّسِيّ

respire / rɪˈspaɪə(r) / *v.i.* — تَنَفَّسَ

respite / ˈrespaɪt / *n.* — مُهْلة ، فَتْرةُ اسْتِراحة ، تَأْجِيلُ التَّنْفِيذ

respond / rɪˈspond / *v.i.*

1. (reply) — أجابَ ، رَدَّ علَى

2. (react to) — اِسْتَجابَ لِـ

response / rɪˈspons / *n.*

1. (reply) — جَواب (أجْوِبة) ، إجابة

2. (reaction) — اِسْتِجابة ، تَلْبِية

responsibility / rɪˈsponsəˈbɪlɪtɪ / *n.* — مَسْؤُولِيّة ، تَبِعَة

responsible / rɪˈsponsəbəl / *adj.* — مَسْؤُولٌ (عَن أفْعالِهِ) ؛ ذُو مَسْؤُولِيّة ؛ مَن يُعَوَّلُ عَلَيْه

this job needs a responsible person — تَتَطَلَّبُ الوَظِيفةُ شَخْصًا مَوْثُوقًا بِهِ

responsive / rɪˈsponsɪv / *adj.* — مُسْتَجِيبٌ (لِلنِّداء) ، مُتَجاوِب

rest / rest / *n.*

1. (repose) — راحة ، اِسْتِراحة

the good news set her fears at rest — هَدَّأَتِ الأنْباءُ السّارَّةُ رَوْعَها

he was laid to rest — أُودِعَ مَثْواهُ الأخِير

the train came to rest — تَوَقَّفَ القِطار

2. (prop) — مِسْنَدٌ يُرْتَكَزُ عَلَيْه

a head-rest — مِسْنَدُ رَأْس

3. (remainder) — الباقي ، البَقِيّة

v.t. & i. **1.** (repose) — أراحَ ؛ اِسْتَراحَ ، اِرْتاحَ

he rested on his oars — اِسْتَراحَ بَعْدَ عَنائِهِ

2. (remain) — بَقِيَ (يَبْقَى)

the decision rests with you — الأمْرُ رَهْنَ مَشِيئَتِك ؛ القَرارُ لَك

rest assured that I will not forget — كُنْ واثِقًا بِأنَّنِي لَنْ أنْسَى

3. (lean **on**) — اِسْتَنَدَ علَى

rest the ladder against the wall — أسْنِدْ السُّلَّمَ علَى الحائِط

4. (give rest to) — أراحَ

may God rest his soul — رَحِمَهُ اللّه ، طَيَّبَ اللّه ثَراهُ

restaurant / ˈrestərənt / *n.* — مَطْعَم (مَطاعِمُ)

restful / ˈrestfəl / *adj.* — (لَوْنٌ) مُرِيح ، مُرْتاح

restitution / ˈrestɪˈtjuʃən / *n.* — رَدُّ (الحَقِّ) إلَى صاحِبِهِ الشَّرْعِيّ

restive / ˈrestɪv / *adj.* — مُتَمَلْمِل ، صَعْبُ المِراس ؛ جَمُوح ، حَرُون

restless / ˈrestləs / *adj.* — قَلِقٌ ، مُضْطَرِب ، غَيْرُ مُطْمَئِنّ

restlessness / ˈrestləsnəs / *n.* — اِضْطِراب ، قَلَقٌ ، حالةٌ عَصَبِيّة

restoration / ˈrestəˈreɪʃən / *n.* — إعادة ، إرْجاع ، تَرْمِيمُ مَبانٍ

the Restoration — عَوْدةُ المَلَكِيّة بِتَوَلِّي تشارْلز الثاني عَرْشَ إنْكِلْترا عام ١٦٦٠م

restore / rɪˈstɔ(r) / *v.t.*

1. (give back) — أعادَ ، رَدَّ ، أرْجَعَ

2. (repair) — رَمَّ (ـُ) ، رَمَّمَ (بِناءً) ، أصْلَحَ (تِمْثالاً)

restrain / rɪˈstreɪn / *v.t.* — كَبَحَ (ـَ) (جِماحَ غَضَبِهِ) ، مَنَعَ (ـَ) ، أعاقَ ، حَجَزَ (ـِ) عَن

restraint / rɪˈstreɪnt / *n.* — كَبْحُ (العَواطِف) ، ضَبْطُ النَّفْس ، إعاقةٌ ، مَنْعٌ

the madman was put under restraint — قُيِّدَ المَجْنُون لِمَنْعِهِ مِن إلْحاقِ ضَرَرٍ بِنَفْسِهِ أو بِغَيْرِهِ

restrict / rɪˈstrɪkt / *v.t.* — قَيَّدَ (الأُجُورَ مَثَلاً) ، قَصَرَ (النِّقاشَ علَى نُقْطةٍ مَثَلاً) ؛ حَدَّتْ (الأشْجارُ مِنَ الرُّؤْيا)

restriction / rɪˈstrɪkʃən / *n.* — تَقْيِيدٌ

currency restrictions — القُيُودُ المَفْرُوضة علَى العُمْلة

restrictive / rɪˈstrɪktɪv / *adj.* — تَقْيِيدِيّ ، (إجْراءاتٌ) تَرْمِي إلَى الحَدِّ مِن ...

result / rɪˈzʌlt / *n.* — نَتِيجة ، عاقِبة

v.i. — نَتَجَ (ـِ) ، نَجَمَ (ـُ) ، تَرَتَّبَ علَى

their efforts resulted in — تَكَلَّلَتْ جُهُودُهُم

success — بالنَّجاح

resume /rɪ'zjum/ *v.t. & i.* — رَجَعَ إلَى (مَكانِهِ) ، اِسْتَأْنَفَ (عَمَلاً)

he resumed the story where he left off — اِسْتَأْنَفَ القِصَّةَ مِن حَيْثُ تَرَكَها

he returned and resumed his seat — عادَ واحْتَلَّ مَقْعَدَهُ ثانِيَةً

résumé /'rezjumeɪ/ *n.* — مُوجَزٌ ، خُلاصة ، مُخْتَصَر

resumption /rɪ'zʌmpʃən/ *n.* — اِسْتِئْنافُ (عَمَل) ، العَوْدة إلَيْه

resurgence /rɪ'sɜdʒəns/ *n.* — عَوْدَةٌ إلَى الحَيَوِيَّة ، اِنْتِعاشٌ مُجَدَّد

resurgent /rɪ'sɜdʒənt/ *adj.* — (القَوْمِيَّة) النّاهِضة ، (أَمَلٌ) مُنْبَعِث ، وُلِدَ مِن جَدِيد

resurrect /'rezə'rekt/ *v.t.* — أَحْيا مِن المَوْت ، بَعَثَ (ـه) مِنَ المَوْت

resurrection /'rezə'rekʃən/ *n.* — بَعْثٌ ، اِنْبِعاث ، نَشْرُ المَوْتَى ، قِيامةُ الأَمْوات

the Resurrection — قِيامة أو بَعْثُ السَّيِّدِ المَسِيحِ مِنَ الأَمْوات

resuscitate /rɪ'sʌsɪteɪt/ *v.t.* — رَدَّ الحَياةَ إلَى ، أَنْعَشَ

resuscitation /rɪ'sʌsɪ'teɪʃən/ *n.* — رَدُّ الحَياةِ إلَى ، إنْعاشٌ

retail /'riteɪl/ *n. & adv.* — (تِجارة) التَّجْزِئة ؛ (تاجِر) قَطّاعِي ؛ (باعَ) بالقَطّاعِي

v.t. & i. — باعَ بالتَّجْزِئة

he retails gossip to all and sundry — يَنْشُرُ القِيلَ والقالَ بَيْنَ الكَبِيرِ والصَّغِير

retailer /'riteɪlə(r)/ *n.* — تاجِرٌ بالقَطّاعِي ، بائِعٌ بالمُفَرَّقِ أو بالتَّجْزِئة

retain /rɪ'teɪn/ *v.t.*

1. (hold in place) — اِحْتَجَزَ ، اِحْتَبَسَ ، اِحْتَفَظَ بِـ
2. (keep) — حَفِظَ (في ذاكِرَتِهِ)
3. (engage) — وَكَّلَ مُحامِيًا (بِدَفْعِ مُقَدَّمِ الأَتْعاب)

retainer /rɪ'teɪnə(r)/ *n.* — خادِم (عِنْدَ نَبِيلٍ مَثَلاً) ؛ أَتْعابُ (المُحامِي)

retaliate /rɪ'tælɪeɪt/ *v.i.* — اِقْتَصَّ مِن ، اِنْتَقَمَ مِن

retaliation /rɪ'tælɪ'eɪʃən/ *n.* — اِقْتِصاص ، اِنْتِقام ، ثَأْرٌ

retard /rɪ'tɑd/ *v.t.* — أَعاقَ ، عَوَّقَ (النُّمُوَّ)

a mentally retarded child — طِفْلٌ مُتَخَلِّفٌ عَقْلِيًّا

retch /retʃ/ *v.i.* — تَهَوَّعَ القَيْءَ ، غَثِيَتْ نَفْسُه

retention /rɪ'tenʃən/ *n.* — اِحْتِفاظ ، اِسْتِبْقاء ، اِحْتِجاز

retentive /rɪ'tentɪv/ *adj.* — (ذاكِرة) قَوِيَّة ، (تُرْبة) قادِرة عَلَى الاِحْتِفاظِ (بالماء)

rethink /'ri'θɪŋk/ *v.t. & i. & n.*/'riθɪŋk/ — أَعادَ فَحْصَ المَسْأَلة ، أَعادَ النَّظَرَ في ، راجَعَ نَفْسَه

I think you're wrong. You'd better have a rethink — أَظُنُّكَ مُخْطِئًا فالأَفْضَلُ أَنْ تُفَكِّرَ في الأَمْرِ مِن جَدِيد

reticence /'retɪsəns/ *n.* — تَكَتُّم ، قِلَّةُ الكَلام

reticent /'retɪsənt/ *adj.* — قَلِيلُ الكَلام ، كَتُوم ، مُلازِمٌ للصَّمْت

retina /'retɪnə/ *n.* — شَبَكِيَّةُ العَيْن

retinue /'retɪnju/ *n.* — حاشِيةُ (المَلِك) ، خَدَمٌ وَحَشَم

retire /rɪ'tɑɪə(r)/ *v.i. & t.*

1. (withdraw) — اِنْسَحَبَ ، غادَرَ (الحُجْرة) ، اِنْصَرَفَ

he has retired into himself — اِنْطَوَى عَلَى نَفْسِهِ ، تَقَوْقَعَ

2. (cease work) — اِعْتَزَلَ الخِدْمة ، تَقاعَدَ

he has reached retiring age — بَلَغَ سِنَّ التَّقاعُدِ أو الإحالةِ على المَعاش

3. (go to bed) — أَوَى إلَى فِراشِه

retired /rɪ'tɑɪəd/ *adj.*

1. (secluded) — مُنْعَزِل ، مُنْفَرِد
2. (no longer working) — مُتَقاعِد ، مُحالٌ على المَعاش

retiring /'rɪ'tɑɪərɪŋ/ *adj.* — مُحِبٌّ للعُزْلة ، مُتَحَفِّظ

she is shy and retiring — إنَّها خَجُولٌ مُنْكَمِشةٌ على نَفْسِها

retort /rɪ'tɔt/ *n.*

1. (sharp answer) — جَوابٌ سَرِيعٌ يَدُلُّ على حُضُورِ البَدِيهة
2. (*chem.*) — مُعْوَجَّة (كِيمِياء)

v.i. — أَجابَ إجابةً مُحْرِجة

retouch /'ri'tʌtʃ/ *v.t.* — وَضَعَ اللَّمَساتِ الأَخِيرة

retrace /'ri'treɪs/ *v.t.* — أَعادَ السَّيْرَ في مَسارِهِ السّابِق

retract /rɪ'trækt/ *v.i. & t.* — اِنْكَمَشَتْ (مَخالِبُ القِطِّ مَثَلاً) ؛ تَراجَعَ (عَن أَقْوالِهِ) أو سَحَبَها

retread /'ritred/ *n.* — إطارٌ مُلَبَّسٌ بِمَطّاطٍ جَدِيد

retreat /rɪ'trit/ *n.*

1. (*mil.*) — اِنْسِحاب ، تَقَهْقُر ، تَراجُعُ (الجَيْش)
2. (asylum) — خَلْوة ، مَلاذٌ

v.i. — اِنْسَحَبَ ، تَقَهْقَرَ

retrench /rɪ'trentʃ/ *v.t. & i.* — خَفَّضَ النَّفَقات

retrenchment /rɪ'trentʃmənt/ *n.* — تَخْفِيضُ النَّفَقات

retribution /'retrɪ'bjuʃən/ *n.* — (يَوْمُ) القِصاص ، عِقاب

retrieval /rɪ'trivəl/ *n.* — اِسْتِرْداد ، اِسْتِرْجاع ، اِسْتِعادة

retrieve /rɪ'triv/ *v.t.* — اِسْتَرَدَّ (شَيْئًا مَفْقُودًا) ، اِسْتَرْجَعَ ، صَحَّحَ خَطَأَهُ

retrograde /'retrəgreɪd/ *adj.* — (سِياسةٌ) تُؤَدِّي إلَى التَّخَلُّف ، (خُطْوةٌ) إلَى الخَلْف

retrospect /'retrəspekt/ *n.* — النَّظَرُ إلَى أَحْداثِ الماضِي (القَرِيب)

return /rɪ'tɜn/ *v.t. & i.*

1. (come back) — عادَ ، آبَ ، رَجَعَ (ـ)

return home soon — عُدْ إلَى بَيْتِكَ حالاً

2. (give back) — أَعادَ ، أَرْجَعَ

please return the book — أَرْجِعِ الكِتابَ الذي أَعَرْتُك

I lent you إيّاهُ مِن فَضْلِك
returned empties قَنانٍ فارِغة مُعادة للتَّعْبِئة مِن جَديد
3. (elect, announce) اِنْتَخَبَ
returning officer مَأْمورُ دائِرةٍ انْتِخابيّة
the accused was returned guilty صَدَرَ قَرارٌ بأنّ المُتَّهَمَ مُذْنِب
n. **1.** (coming back) عَوْدةٌ ، رُجُوعٌ ، إيابٌ
please reply by return يُرْجَى الرَّدُّ بِرَجْعِ البَريد
a return ticket تَذْكِرة ذَهاب وإياب
many happy returns (of the day)! مَبْروكٌ عِيدُ ميلادِك ، تَهانينا بِعيدِ ميلادِك
he has reached the point of no return بَلَغَ مَوْقِفاً لا تَراجُعَ عَنْهُ
2. (compensation) عِوَضٌ (أعْواض)
in return for مُقابِل ، عِوَضاً عَن (خَدَماتِك مَثَلاً)
3. (profit) فائدة ، رِبْحٌ
small profits and quick returns أرْباحٌ قَليلة مَرْدودٌ سَريع ، تَخْفيضُ الأسْعار يُضَخِّمُ الأرْباح
4. (report) بَيانٌ رَسْميّ (عَنْ أرْباحِهِ مَثَلاً)
income-tax return إقْرارُ الإيراد (لِتَقْدير الضَّريبة)
reunion / 'ri`junıən / *n.* جَمْعُ أو لَمُّ الشَّمْلِ (العائليّ مَثَلاً) ، اِحْتِفالٌ بِاجْتِماعِ الأصْدِقاء القُدامَى مِنْ جَديد بَعْدَ غِيابٍ طَويل
reunite / 'riju`naıt / *v.t.* جَمَعَ شَمْلَهُم (بَعْدَ تَشَتُّتِهِم)
rev / rev / *v.t. & i. (coll.)* زادَ سُرْعةَ المُحَرِّكِ (في السَّيّارة أو ما إلَيْها)، دارَ المُحَرِّكُ بِسُرْعة
n. دَوْرةُ المُحَرِّك
you're driving at maximum revs بَلَغَ عَدَدُ دَوْراتِ المُحَرِّكِ أثْناءَ سِياقَتِكَ أقْصَى حَدّ
Rev(d). *see* **reverend**
reveal / rı`vil / *v.t.* أظْهَرَ ، كَشَفَ سِرّاً ، أفْشاه ، باحَ بِهِ
revealed religion دِيانة سَماويّة (مُنْزَلة)
reveille / rı`vælı / *n.* دَقّةُ الاِسْتيقاظ ، تَبْويقُ الاِسْتيقاظِ في الصَّباح
revel / `revəl / *v.i.*
1. (be merry) صَخِبَ وَعَرْبَدَ
2. (delight **in**) اِلْتَذَّ ، اِسْتَلَذَّ ، تَمَتَّعَ بِـ . . .
n. (*often pl.*) قَصْفٌ ، مَرَحٌ صاخِب
revelation / 'revə`leıʃən / *n.* كَشْفٌ (عَنِ الحَقيقة) ، مُفاجأةٌ مُذْهِلة ؛ وَحْيٌ ، إلْهام
reveller / `revələ(r) / *n.* مُعَرْبِد ، قاصِف
revelry / `revəlrı / *n.* مَرَحٌ ، عَرْبَدة
revenge / rı`vendʒ / *n.* اِنْتِقام ، ثَأْرٌ
v.t. اِنْتَقَمَ ، ثَأَرَ (ـَ) ، أخَذَ بِثَأْرِهِ
revengeful / rı`vendʒfəl / *adj.* حَقودٌ ، مُنْتَقِمٌ
revenue / `revənju / *n.* إيراداتُ (الدَّوْلة) ، الدَّخْلُ العامّ

revere / rı`vıə(r) / *v.t.* وَقَّرَ ، بَجَّلَ ، كَنَّ احْتِراماً وَتَقْديساً
reverence / `revərəns / *n.* وَقارٌ ، تَقْديس ، تَوْقير
v.t. وَقَّرَ ، عامَلَ بِتَوْقيرٍ وَتَبْجيل
reverend / `revərənd / *adj.* (*abbr.* **Rev(d).**) وَقُور ، مُبَجَّل ؛ لَقَبٌ لِلقِسّ
reverent / `revərənt / *adj.* (سُلوكٌ) يَنِمُّ عَنِ التَّوْقير
reverie / `revərı / *n.* (غارِقٌ في) أحْلام اليَقَظة
reversal / rı`vɜsəl / *n.* اِنْعِكاسُ الوَضْع ؛ إلْغاءُ حُكْمٍ
reverse / rı`vɜs / *n. & adj.*
1. (contrary) عَكْسٌ ، نَقيض
2. (*mech.*) تَحْريكٌ أو سَيْرٌ إلَى الوَراء
3. (*of coin*) ظَهْرُ (العُمْلة مَثَلاً)
4. (setback) نَكْسة ، خَيْبة
v.t. & i.
1. (turn the other way round) قَلَبَ (ـِ) ، عَكَسَ (ـِ) التَّرْتيبَ مَثَلاً
he made a reversed charge call حَوَّلَ أجْرَ المُكالَمة التِّليفونيّة على الشَّخْصِ المَطْلوب مُحادَثَتُه
2. (move backwards) حَرَّكَ نَحْوَ الوَراء
3. (revoke) ألْغَى (حُكْماً) ، أبْطَلَه
reversible / rı`vɜsəbəl / *adj.* (قُماشٌ) يُلْبَسُ على الوَجْهَيْن ؛ (تَفاعُلٌ) يُمْكِنُ عَكْسُه
reversion / rı`vɜʃən / *n.* رُجوعُ (نَباتٍ مَثَلاً) إلى حالَتِهِ البِدائيّة
revert / rı`vɜt / *v.i.* عادَ (الوَضْعُ) إلَى ما كانَ عَلَيْه ؛ عادَ حَقُّ المِلْكيّة إلَى الدَّوْلة أو إلَى المالِكِ الأصْليّ
review / rı`vju / *n.*
1. (parade) تَفَقُّدٌ أو اسْتِعْراضٌ (عَسْكَريّ) ، عَرْضٌ
2. (survey) فَحْصٌ ، تَدْقيقٌ ، عَرْضٌ (للأنْباء مَثَلاً)
the proposal is under active review الاِقْتِراحُ رَهْنُ الدِّراسةِ المُسْتَعْجَلة
3. (critical essay) مُراجَعةُ (كِتاب) ، عَرْضٌ أو مَقالٌ في النَّقْدِ الأدَبيّ
4. (publication) مَجَلّة أدَبيّة نَقْديّة
v.t. **1.** (*mil.*) اِسْتَعْرَضَ ، تَفَقَّدَ (عَسْكَريّاً)
2. (survey) اِسْتَعْرَضَ (أحْداثَ العامِ الماضي مَثَلاً)
3. (write a criticism of) عَرَضَ أو اِنْتَقَدَ (كِتاباً جَديداً) على صَفَحاتِ الجَرائدِ والمَجَلّات)
reviewer / rı`vjuə(r) / *n.* ناقِدٌ أدَبيّ أو عِلْميّ
revile / rı`vaıl / *v.t. & i.* شَتَمَ (ـُ) ، سَبَّ (ـُ) ، لَعَنَ (ـَ)
revise / rı`vaız / *v.t. & i.*
1. (improve) راجَعَ (كِتاباً) لِتَنْقيحِهِ أو لِتَصْحيحِ أخْطائِهِ
the Revised Version التَّرْجَمةُ الإنْكليزيّةُ المُنَقَّحة لِلكِتابِ المُقَدَّس

2. (re-study) راجَعَ (دُروسَه)

revision / rɪˈvɪʒən / *n.* مُراجَعة (الدُّروس مَثَلاً)

revisionist / rɪˈvɪʒənɪst / *n.* مُناصِرٌ للتَّعديليَّة (في السِّياسة)، تَحْريفِيّ

revival / rɪˈvaɪvəl / *n.* إحْياءُ (العُلوم مَثَلاً)

revive / rɪˈvaɪv / *v.t. & i.* أفاقَ (مِن إغْمائِهِ)، أحْيا (الأمَلَ مَثَلاً)

revoke / rɪˈvəʊk / *v.t. & i.* ألْغَى، أبْطَلَ، فَسَخَ (ـَـ)

revolt / rɪˈvəʊlt / *v.i. & t.* تَمَرَّدَ، عَصَى (يَعْصِي)، ثارَ (يَثُورُ) على

the slaves revolted against their masters ثارَ العَبيدُ على أسْيادِهِم

human nature revolts at/from/ against such a crime تَتَقَزَّزُ الطَّبيعةُ البَشَرِيَّة مِن مِثْلِ هذهِ الجَريمة

n. تَمَرُّد، عِصْيان

they broke out in revolt أعْلَنوا التَّمَرُّدَ أو الثَّوْرة

revolting / rɪˈvəʊltɪŋ / *adj.* مُقَزِّز، مُنَفِّر

revolution / ˈrevəˈluʃən / *n.*

1. (orbit) دَوْرة، دَوَران

2. (*polit.*) ثَوْرة، فِتْنة، انْقِلاب في نِظامِ الحُكْم

revolutionary / ˈrevəˈluʃənrɪ / *adj. & n.* (حُكومة) الثَّوْرة، (إجْراءات) ثَوْرِيَّة؛ ثَوْرِيّ، مُتَمَرِّد

revolve / rɪˈvolv / *v.i. & t.* دارَ (يَدُور)، اِسْتَدارَ؛ أدارَ

revolver / rɪˈvolvə(r) / *n.* مُسَدَّس

revue / rɪˈvju / *n.* مُنَوَّعاتٌ مَسْرَحِيَّة

revulsion / rɪˈvʌlʃən / *n.* اِشْمِئْزاز، اِمْتِعاض، نُفُور

reward / rɪˈwɔd / *n.* مُكافأة، جَزاء، مُجازاة

v.t. كافأ، جازَى

rewarding / rɪˈwɔdɪŋ / *adj.* (عَمَلٌ) مُجْزٍ، مُرْبِح، يَعُودُ على صاحِبِهِ بالسَّعادة

rewrite / ˈriˈraɪt / *v.t.* أعادَ كِتابةً، كَتَبَ (ـُـ) ثانِيةً

rhapsody / ˈræpsədɪ / *n.* تَعْبيرٌ عَن الابْتِهاج أو النَّشْوة؛ رابْسُودِيَّة، تأليفٌ مُوسيقِيّ عاطِفِيّ

rhetoric / ˈretərɪk / *n.* البَلاغة، فَنُّ الخَطابة

rhetorical / rɪˈtorɪkəl / *adj.* (أُسْلُوب) خَطابِيّ، طَنّان

a rhetorical question سُؤالٌ لِمُجَرَّد التَّأثير الخَطابِيّ، اِسْتِفْهامٌ بَلاغِيّ

rheumatic / ruˈmætɪk / *adj.* رُوماتِيزْمِيّ، رَثَوِيّ

n. مُصابٌ بالرُّوماتِيزْم أو الرَّثْيَة

rheumatism / ˈrumətɪzm / *n.* الرُّوماتِيزْم، الرَّثْية

rheumatoid / ˈrumətɔɪd / *adj.* (اِلْتِهابٌ مَفْصِلِيّ) شِبْهُ رُوماتِيزْمِيّ

rhinoceros / raɪˈnosərəs / *n.* الكَرْكَدَّن، كَرْكَدَن، وَحيدُ القَرْن

rhubarb / ˈrubab / *n.* راوَنْد (نَباتٌ تُؤْكَلُ سُوقُهُ)

rhyme / raɪm / *n.*

1. (similarity of sound) قافِية

without rhyme or reason بِدُونِ أيِّ مَعْنًى

2. (verse) نَظْمٌ، شِعْرٌ، قَصيدة للأطْفال

v.t. & i. قَفَّى؛ تَقافَى مَعَ، تَطابَقَ في القافِيةِ مَعَ

rhythm / ˈrɪðəm / *n.* إيقاع؛ اِنْتِظام (دَقّاتِ القَلْبِ مَثَلاً)

jazz rhythm إيقاعُ مُوسيقَى الجاز

rhythmical / ˈrɪðmɪkəl / *adj.* إيقاعِيّ؛ ذُو إيقاعٍ مُنْتَظِم

rib / rɪb / *n.* ضِلْعٌ (أضْلاع، ضُلُوع)؛ خَطٌّ ناتِئ

v.t. also coll. ضَلَّعَ، حَزَّزَ؛ سَخِرَ مِن، داعَبَ

ribald / ˈrɪbəld / *adj.* فاحِش، بَذِيء، مُخِلٌّ بالأدَب

ribbon / ˈrɪbən / *n.* شَريطة (شَرائِط)، شَريط (مِن القُماش)

the washing machine tore his shirt to ribbons مَزَّقَت الغَسّالةُ الكَهْرَبائِيَّة قَميصَه إرْبًا إرْبًا

rice / raɪs / *n.* أُرْز، رُزّ، تِمَّن (ع)

rice-paper / ˈraɪs-peɪpə(r) / *n.* رَقائِقُ قابِلة للأكْل من لُبِّ شَجَرة شَرْقِيَّة تُسْتَعْمَلُ قاعِدةً لبَعْضِ المُعَجَّنات

rich / rɪtʃ / *adj.* غَنِيٌّ، ثَرِيٌّ، (تُرْبة) خَصْبة

rich food طَعامٌ دَسِمٌ

a rich voice صَوْتٌ قَوِيٌّ رَنّان

that's rich! (*coll.*) أمّا واللهِ وَقاحة، هذا يَتَجاوَزُ الحَدّ

riches / ˈrɪtʃəs / *pl.* ثَرْوة، غِنًى، أمْوال

rickets / ˈrɪkɪts / *n.* داءُ الكُساح (عِنْدَ الأطْفال)

rickety / ˈrɪkɪtɪ / *adj.* (كُرْسِيّ) مُتَضَعْضِع، مُتَقَلْقِل، مُتَخَلِّع؛ كَسيح

ricochet / ˈrɪkəʃeɪ / *n.* نُبُوُّ مَقْذُوفٍ إثْرَ اصْطِدامِهِ بِحاجِز

v.i. اِرْتَدَّت (الرَّصاصة) بَعْدَ اِرْتِطامِها بِجِسْم

rid / rɪd / *v.t.* تَخَلَّصَ مِن

riddance / ˈrɪdəns / *n.* التَّخَلُّصُ مِن (مَكْرُوهٍ مَثَلاً)

he's gone and a good riddance! (*coll.*) إلَى حَيْثُ ألْقَتْ، الحَمْدُ لِلّهِ عَلَى خَلاصِنا مِنْه

riddle / ˈrɪdəl / *n.*

1. (puzzle) لُغْزٌ (ألْغاز)، أُحْجِيَّة (أحاجٍ)

2. (sieve) غِرْبالٌ كَبير (للأحْجار والحَصَى)

v.t.

1. (sift) غَرْبَلَ؛ حَرَّكَ غِرْبالَ المَوْقِدِ للتَّخَلُّصِ مِن الرَّماد

2. (fill with holes) خَرَّمَ، ثَقَّبَ

his body was riddled with bullets كان جِسْمُهُ كُلُّهُ مُثَقَّبًا بالرَّصاص

ride / raɪd / (*p.t.* **rode** / rəʊd / *p.p.* **ridden** / rɪdn /) *v.t. & i.*

1. (go on horseback, bus) رَكِبَ (ـَـ)، اِمْتَطَى، اِعْتَلَى ظَهْرَ دابَّة

he is riding for a fall يَسْعَى إلَى حَتْفِهِ بِظِلْفِهِ

2. (float on, lie) عامَ (يَعُوم)، طَفا (يَطْفُو) على سَطْحِ الماء

the ship rode out the اِجْتازَت السَّفينةُ العاصِفَةَ

storm بِسَلام

oh, let it ride! (*coll.*) أُتْرُك الأُمُورَ على حالِها ، لا تُبالِ

3. (move) اِرْتَفَعَ

his jackets rides up يَرْتَفِعُ طَرَفُ سُتْرَتِهِ (عِنْدَ جُلُوسِهِ)

n. رُكُوب ، جَوْلة قَصِيرة (بِسَيّارة)

he went for a ride on his bicycle خَرَجَ في جَوْلةٍ على الدَّرّاجة

they have been taking you for a ride (*coll.*) خَدَعُوك ، اِتَّخَذُوك مَطِيَّةً ، قَشْمَرُوا عَلَيْك (ع) ، لَعِبُوا عَلَيْك (س) ، نَصَبُوا عَلَيْك (م)

rider /ˈraɪdə(r)/*n.*

1. (person who rides) راكِبٌ (رُكّاب)

2. (additional clause) مُلْحَقٌ تَكْمِيلِيٌّ أو ذَيْل لِوَثِيقة

3. (*geom.*) مُشْكِلةٌ (أو حَلُّها) نَتِيجَةٌ لازِمةٌ لِنَظَرِيَّةٍ هَنْدَسِيّة

ridge /rɪdʒ/*n.* حافَّةٌ مُرْتَفِعة (بَيْنَ أُخْدُودَيْن) ؛ سِلْسِلَةٌ مِنَ الجِبال

v.t. كَوَّنَ حافَّةً مُرْتَفِعةً (لأُخْدُودٍ مَثَلاً)

ridicule /ˈrɪdɪkjul/*n.* & *v.t.* سُخْرِيَة ، اِسْتِهْزاء ؛ سَخِرَ (ـَ) مِن ، بِ

he laid himself open to ridicule جَعَلَ نَفْسه مَثاراً لِلسُّخْرِيّة

ridiculous /rɪˈdɪkjʊləs/ *adj.* يَبْعَثُ على الضَّحِكِ والاِسْتِهْزاء ، مُثِيرٌ لِلسُّخْرِيّة

rife /raɪf/*pred. adj.* (وَباءٌ) مُتَفَشٍّ ، (خُرافات) شائِعة

riff-raff /ˈrɪf-ræf/*n.* حُثالةُ القَوْمِ ، الرَّعاع ، سِفْلَةُ النّاس

rifle /ˈraɪfəl/*n.* بُنْدُقِيّة ذاتُ ماسُورةٍ مُخَشْخَنَة

v.t. **1.** (plunder) عَبِثَ (ـَ) (بِمُحْتَوَياتِ الدُّرْجِ مَثَلاً)

2. (groove) نَحَتَ أُخْدُوداً حَلَزُونِيّاً في داخِلِ ماسُورةِ البُنْدُقِيّة ، خَشْخَنَ

rift /rɪft/*n.* شَقٌّ (في الصُّخُور مَثَلاً) ؛ تَصَدُّعٌ (في الحِزْب) ، اِنْشِقاق

a rift in the lute بادِرَةُ انْشِقاق

rig /rɪg/*v.t.*

1. (equip a ship) جَهَّزَ سَفِينةً (بالأَشْرِعة وَغَيْرِها)

2. (clothe, *coll.*) زَوَّدَهُ بالثِّياب

they were rigged out in fancy dress كانُوا مُتَنَكِّرِينَ بِمَلابِسَ مُبَهْرَجة

3. (improvise) اِرْتَجَلَ

the shipwrecked sailors rigged up a shelter نَصَبَ بَحّارةُ السَّفِينةِ المُحَطَّمةِ مَأْوًى مُؤَقَّتاً

4. (control fraudently) تَلاعَبَ ، غَشَّ

the elections were rigged كانَت الانتِخاباتُ مُزَوَّرة

the dishonest financier rigged the market تَلاعَبَ المالِيُّ الغَشّاشُ بِأَسْعارِ الأَسْهُمِ في البُورْصَة

n. أَشْرِعةُ السَّفِينة

(oil-)rig بُرْجُ الحَفْرِ للنَّفْط

rigging /ˈrɪgɪŋ/*n.* الحِبالُ التي تُثَبِّتُ أَشْرِعةَ السَّفِينة

right /raɪt/*adj.*

1. (correct) صَحِيح ، صائِب أو سَدِيد ، (أَنْتَ) على حَقّ ، مُصِيب

all right! *also* alright طَيِّب! ماشي الحال (م) ، تَمام !

he is in the right هُو على حَقّ

2. (good) كَما يَنْبَغِي

it is not right to tell lies لَيْسَ مِنَ الخَيْرِ أن تَكْذِبَ

3. (opposite of left) يَمِين ، أَيْمَن

turn right at the traffic lights عَرِّجْ يَمِيناً عِنْدَ أَضْواءِ المُرُور

4. (suitable) مُناسِب ، لائِق

he is the right man for the job إنّه الرَّجُلُ المُناسِبُ للوَظِيفة

5. (*geom.*) قائِم ، مُسْتَقِيم (في عِلْمِ الهَنْدَسة)

a right angle زاوِية قائِمة

v.t.

the ship righted herself اِعْتَدَلَتِ السَّفِينةُ بَعْدَ جُنُوح

right a wrong صَحَّحَ الخَطأَ ، أَعادَ الحَقَّ إلى نِصابِهِ

n.

1. (what is just) حَقٌّ ، عَدْلٌ

2. (entitlement) أَحَقِّيَّة

3. (direction) يَمِين ، الجِهة اليُمْنَى

there is a door on the right هُناكَ بابٌ على اليَمِين

4. (*polit.*) حِزْبُ اليَمِين أو المُحافِظِين

5. (*pl.* proper state)

set things to rights وَضَعَ الأُمُورَ في نِصابِها

adv. **1.** (straight) في الحال

come right in! تَفَضَّلْ ادْخُل ، مَرْحَباً بِك !

come right away تَعالَ على الفَوْر !

2. (completely) تَماماً

he turned right round اِسْتَدارَ بِكُلِّيَّتِهِ (صَوْبَ مُحَدِّثِهِ مَثَلاً)

3. (opposite of left) يَمِيناً

eyes right! إلى اليَمِين اُنْظُر !

a right-hand turn اِنْعِطافٌ نَحْوَ اليَمِين

he owes money right and left إنّه مَدِينٌ للصَّغِير والكَبِير

4. (correctly)

it serves him right مُسْتَحِق ! يَسْتأهِلُ ما حَدَثَ له

have I guessed right? هَلْ كانَ تَخْمِينِي مُصِيبًا ؟

5. (very)

the Right Honourable Member لَقَبُ شَرَفٍ لأَعْضاءِ البَرْلَمان البَرِيطانِيّ

righteous / ˈraɪtʃəs / *adj.* بارٌّ ، صالح ، تَقِيّ ؛ خَيِّرٌ

rightful / ˈraɪtfəl / *adj.* (المالِكُ) الشَّرْعِيّ أو الحَقِيقِيّ

right-handed / ˈraɪt-ˈhændɪd / *adj.* أَيْمَنُ (نَقِيضُ أَعْسَرُ)

rightly / ˈraɪtlɪ / *adv.* بِحَقٍّ وحَقِيق ، على صَواب

rigid / ˈrɪdʒɪd / *adj.* (نِظامٌ) صارِمٌ ، قاسٍ ، (دِعامة) صُلْبة

rigidity / rɪˈdʒɪdɪtɪ / *n.* صَلابة ؛ صَرامة ، عَدَمُ مُرُونة

rigmarole / ˈrɪgmərəʊl / *n.* قِصّة طَوِيلة مُشَوَّشة أو مُفَكَّكة

rigorous / ˈrɪgərəs / *adj.* صارِم ، حازِم

rigour / ˈrɪgə(r) / *n.* صَرامة ، حَزْمٌ (في تَطْبِيقِ القانُون)

rile / raɪl / *v.t.* (*coll.*) أَحْنَقه ، أَغاظه ، كَدَّره أن . . .

rim / rɪm / *n.* حافّة (الكَأْسِ مَثَلًا) ، حِتار (حُتُر)

rimless / ˈrɪmləs / *adj.* (نَظّارات) بِلا إطار

rind / raɪnd / *n.* قِشْرةُ (البَطِّيخ) ، السَّطْحُ الجافُّ (لِقُرْصِ الجُبْن)

ring / rɪŋ / *n.*

1. (circle) دائِرة ، حَلْقة (دُخان)
2. (*for finger*) خاتِم (للإِصْبَع)
3. (enclosure) حَظِيرة ، حَلْبة ، حَلْقة
4. (sound) رَنِين
5. (gang) عِصابة
6. (telephone call) مُكالَمة تَلِيفُونِيّة

give me a ring tomorrow خابِرْني غَدًا

v.t. & i.

1. (encircle *p.t. & p.p.* **ringed**) طَوَّقَ ، أَحاطَ
2. (sound *p.t.* **rang** *p.p.* **rung**) دَقَّ (الجَرَسَ) ، قَرَعَ (ـَ) (النّاقُوسَ) ؛ رَنَّ (ـِ) (الصَّوْتُ)
3. (*telephone bell p.t.* **rang** *p.p.* **rung**)

ring off أَنْهَى المُخابَرة التَّلِيفُونِيّة

ring up اِتَّصَلَ (بِهِ) تَلِيفُونِيًّا ، تَلْفَنَ (لَهُ)

the ringing tone غَمْغَمةُ تَهَيُّؤِ التَّلِيفُون لإدارةِ القُرْص

ring-finger / ˈrɪŋ-fɪŋgə(r) / *n.* بِنْصِرُ (اليَدِ اليُسْرَى)

ring-leader / ˈrɪŋ-lidə(r) / *n.* رَئِيسُ العِصابة ، رَأْسُ الفِتْنة

ringlet / ˈrɪŋlət / *n.* خُصْلة شَعْرٍ مَلْفُوفة ، جَدِيلة صَغِيرة

rink / ˈrɪŋk / *n.* حَلْبةُ تَزَلُّجٍ على الجَلِيد

rinse / rɪns / *v.t. & n.* شَطَفَ بالماء ؛ شَطْفٌ بالماء

riot / ˈraɪət / *n.* شَغَبٌ ، فَوضى ، إخْلالٌ بالأَمْنِ العامّ

the painting was a riot of colour كانت الصُّورةُ الزَّيْتِيّةُ فَيْضًا مِن أَلْوانٍ صارِخة

v.i. ثارَ (يَثُور) ، هاجَ وماجَ ، عَرْبَدَ

rioter / ˈraɪətə(r) / *n.* مُشاغِب ، مُخِلٌّ بالأَمْن

riotous / ˈraɪətəs / *adj.* ثَوْرِيّ ، تَحْرِيضِيّ ، صاخِب ، مُعَرْبِد

rip / rɪp / *v.t. & i.* مَزَّقَ ، شَقَّ (ـُ) ، بَقَرَ (ـُ) ؛ اِنْشَقَّ

ripe / raɪp / *adj.* ناضِجٌ ، يانِعٌ ، مُكْتَمِلُ النُّمُوّ

ripen / ˈraɪpən / *v.t. & i.* نَضِجَ (ـَ) ، أَيْنَعَ ؛ أَنْضَجَ

ripple / ˈrɪpəl / *n.* خَرِيرُ الماءِ المُتَرَقْرِق ؛ مَوْجةٌ صَغِيرة

v.t. & i. تَمَوَّجَت (سَنابِلُ القَمْحِ مَثَلًا)

rise / raɪz / (*p.t.* **rose** / rəʊz / *p.p.* **risen** / ˈrɪzən /) *v.i.*

1. (go higher) اِرْتَفَعَ

the fish rose to the bait اِقْتَرَبَتِ الأَسْماكُ مِنْ سَطْحِ الماءِ لِتَلْتَقِطَ الطُّعْم

he rose to the occasion عالَجَ الأَزْمةَ بِمَهارة

2. (get up) اِسْتَيْقَظَ ، قامَ ، نَهَضَ (ـَ)
3. (increase) اِزْدادَ ، اِرْتَفَعَ

the wind is rising الرِّيحُ تَشْتَدُّ

4. (originate) نَبَعَ (ـُ)

where does the Nile rise? مِن أَيْنَ يَنْبُعُ نَهْرُ النِّيل ؟

5. (revolt **against**) ثارَ على

they rose against the tyrant ثارُوا على الطّاغِية

n. 1. (slope) رَبْوةٌ (رُبًى) ، هَضَبة صَغِيرة

2. (increase) زِيادة ، اِزْدِياد
3. (start) مَنْبَع ، مَصْدَر

his absence gave rise to fears for his safety أَثارَ غِيابُه القَلَقَ على سَلامَتِهِ

rising / ˈraɪzɪŋ / *n.* تَمَرُّدٌ ، ثَوْرةٌ على السُّلُطاتِ الحاكِمة

adj. (الجِيلُ) الصّاعِد ؛ آخِذٌ في الاِرْتِفاعِ أو الاِشْتِداد

risk / rɪsk / *n.* مُخاطَرة ، مُجازَفة

v.t. جازَفَ ، خاطَرَ بـِ

risky / ˈrɪskɪ / *adj.* خَطِرٌ ، غَيْرُ مَأْمُونِ العَواقِب

rite / raɪt / *n.* طَقْسٌ (طُقُوس) دِينِيّ ، شَعائِرُ ، مَراسِيمُ (الجَنازة)

ritual / ˈrɪtʃʊəl / *n. & adj.* مَجْمُوعةُ الطُّقُوسِ والشَّعائِرِ الدِّينِيّة ؛ طَقْسِيّ

rival / ˈraɪvəl / *n. & adj.* مُنافِس ، غَرِيم ، خَصْم ؛ مُتَنافِس ، مُتَبارٍ

v.t. نافَسَ ، تَحَدَّى ، اِدَّعَى أنه أَفْضَلُ مِن

rivalry / ˈraɪvəlrɪ / *n.* تَنافُس ، تَسابُق ، خُصُومة

river / ˈrɪvə(r) / *n.* نَهْر (أَنْهار ، أَنْهُر)

rivet / ˈrɪvɪt / *n.* مِسْمارٌ بُرْشام

v.t. بَرْشَمَ ، ثَبَّتَ لَوْحَيْن بِمِسْمار بُرْشام

road / rəʊd / *n.* طَرِيق (طُرُق) ، شارِع (شَوارِعُ) ، دَرْب (دُرُوب)

road-block / ˈrəʊd-blok / *n.* حاجِزٌ تَضَعُهُ الشُّرْطة في الطَّرِيق

roadside / ˈrəʊdsaɪd / *n.* جانِبُ الطَّرِيق ؛ (زُهُور) على جانِبَي الطَّرِيق

adj.

roadway / ˈrəʊdweɪ / *n.* قارِعة الطَّرِيق ، جادَّتُه ، وَسَطُهُ

roadworthy / ˈrəʊdwɜðɪ / *adj.* (سَيّارةٌ) سَلِيمةٌ مِيكانِيكِيًّا لِقِيادَتِها على الطُّرُقِ العامّة

roam /rəʊm/ *v.i. & t.* هامَ (يَهيمُ) عَلى وَجْهِهِ ، جابَ (يَجُوبُ) الآفاقَ

roar /rɔ(r)/ *v.i.* دَوَّى (الرَّعْدُ) ، زَمْجَرَ أَو زَأَرَ (الأَسَدُ) ، صَرَخَ (مِنَ الأَلَمِ)

n. زَئيرُ (الأَسَد) ، هَديرُ (المَوْج) ، ضَوْضاء

a roar of laughter قَهْقَهة ، كَرْكَرة

roaring /ˈrɔrɪŋ/ *adj.* صاخِبٌ ، هادِرٌ ، (لَيْلة) عاصِفة

he did a roaring trade قامَ بِتِجارةٍ رائِجة

roast /rəʊst/ *v.t. & i.* شَوَى (يَشْوِي) (لَحْماً) ، حَمَّصَ (بُنّاً) ؛ تَحَمَّصَ ، تَشَمَّسَ ، كاد يَفقَعُ من شِدّة الحَرّ

n. & adj. قِطعة لَحمٍ مَشْوِيّة ؛ مَشْوِيّ

rob /rob/ *v.t.* سَرَقَ (ـِ) ، سَلَبَ (ـُ) ، نَهَبَ (ـَ)

robber /ˈrobə(r)/ *n.* لِصّ (لُصُوص) ، سارِق (سَرَقة ، سُرّاق) ، حَرامِيّ

robbery /ˈrobərɪ/ *n.* سَرِقةٌ ، نَهْبٌ ، اِسْتِلاب

robe /rəʊb/ *n.* رِداءٌ ، رُوب (المُحاماة أو الجامِعة) ، خِلْعة (خِلَع)

v.t. أَلْبَسَ

robot /ˈrəʊbot/ *n.* الإِنْسانُ الآلِيّ ، رُوبُوت

robust /rəʊˈbʌst/ *adj.* مَتِينُ البِنْية ، مَفْتُول العَضَل ، قَوِيّ

rock /rok/ *n.*

1. (mineral) صَخْرة (صُخُور)
2. (dance) *also* **rock-'n-roll** مُوسِيقَى رَقْصٍ سَرِيعِ الإِيقاع ، رُوكْ آنْدْ رُولْ

v.t. هَزَّ أَو أَرْجَحَ (مَهْدَ الطِّفْلِ مَثَلاً)

rock-bottom /ˈrok-ˈbotəm/ *n. & adj.* الدَّرْكُ الأَسْفَل ، (نَزَلَ إِلَى) الحَضِيض ؛ (سِعْرٌ) زَهِيدٌ لا يَقْبَلُ المُزاحَمة ، الأَدْنى

rocket /ˈrokɪt/ *n.* صارُوخ (صَوارِيخُ)

v.i. اِرْتَفَعَت (الأَسْعار) اِرْتِفاعاً جُنُونِيّاً

rocking-chair /ˈrokɪŋ-tʃeə(r)/ *n.* كُرْسِيٌّ هَزّاز

rocky /ˈrokɪ/ *adj.* صَخْرِيٌّ ، وَعْرٌ

rod /rod/ *n.*

1. (stick) عَصا (عِصِيّ ، أَعْصٍ)
2. (cane) عَصا التَّأْدِيب
3. (bar) قَضِيبٌ مَعْدِنِيّ رَفِيع ، ذِراعٌ حَدِيدِيّ

rode /rəʊd/ *p.t. of* **ride**

rodent /ˈrəʊdənt/ *n.* حَيَوان قارِض أَو قاضِم

roe /rəʊ/ *n.* بَطارِخُ السَّمَك ، صُعْتُر أَو سَرْءُ السَّمَك

rogue /rəʊg/ *n.*

1. (swindler) غَشّاش ، نَصّاب ، وَغْد
2. (mischievous child) (وَلَدٌ) شَقِيّ ، عِفْرِيت
3. (solitary and savage) حَيَوان بَرِّيّ مُتَشَرِّد

rogue elephant فِيلٌ مُتَوَحِّش هَجَرَ قَطِيعَهُ

roguery /ˈrəʊgərɪ/ *n.* نَصْبٌ ، خِداعٌ ، غِشّ ؛ شَيْطَنة

roguish /ˈrəʊgɪʃ/ *adj.* (سُلُوك) عابِث شَيْطانِيّ

role /rəʊl/ *n.* دَوْرٌ (أَدْوار)

roll /rəʊl/ *n.*

1. (cylinder) أُسْطُوانة ، لَفّة

a roll of cloth لَفّة قُماش

2. (list) سِجِلٌّ رَسْمِيّ ، كَشْفٌ

he was struck off the rolls شُطِبَ اسْمُهُ مِن جَدْوَلِ المُحامِين وَحُرِمَ مِنْ مُزاوَلةِ المِهْنة

3. (motion) دَحْرَجة ، تَدَحْرُج
4. (sound of drums) قَرْعُ الطُّبُول
5. (*of bread*) خُبْزٌ بِشَكْلِ أَقراصٍ صَغِيرة مُنْتَفِخة

v.i.

roll over تَدَحْرَجَ ، اِنْقَلَبَ ، تَقَلَّبَ

roll up (*coll.* assemble) تَجَمَّعَ (الحاضِرُون)

v.t.

1. (form a cylinder) لَفَّ (ـُ) ، طَوَى (يَطْوِي)

roll a cigarette لَفَّ سِيجارة

2. (rotate) أَدارَ ، دَحْرَجَ (البَرْمِيل)
3. (flatten) سَوَّى ، مَلَّسَ

roll the dough رَقَّقَ أَو بَسَطَ العَجِينة

rolled gold ذَهَب قِشْرة (مَعْدِنٌ مُغَطًّى بِصَفْحةٍ ذَهَبِيّةٍ مَطْرُوقة)

4. (rumble) *v.i.* هَدَرَ (ـِ) ، دَوَّى ، أَحْدَثَ صَوْتاً عَمِيقاً مُتَكَرِّراً

the thunder rolled هَدَرَ الرَّعْدُ

roll-call /ˈrəʊl-kɔl/ *n.* تِلاوةُ الأَسْماء ، قِراءَةُ التَّفَقُّد

roller /ˈrəʊlə(r)/ *n.* مِحْدَلة ، أُسْطُوانة تَدُورُ حَوْلَ نَفْسِها أَو يَتَحَرَّكُ عَلَيْها جُزْءٌ مِنَ الآلة

roller-skate /ˈrəʊlə-skeɪt/ *n.* قُبْقابٌ ذُو دَوالِيبَ صَغِيرةٍ لِلانْزِلاق ، "باتيناج"

roller-towel /ˈrəʊlə-tɑʊəl/ *n.* مِنْشَفة طَوِيلة تَدُورُ حَوْلَ أُسْطُوانةٍ مُثَبَّتةٍ بالحائط

rollicking /ˈrolɪkɪŋ/ *adj.* مَرِحٌ ، صاخِبٌ ، مُعَرْبِدٌ

rolling-pin /ˈrəʊlɪŋ-pɪn/ *n.* مِرْقاقٌ (للعَجِين) ، شَوْبَك ، مِطْلَمة (مَطالِم) ، مِدْمَك (مَدامِك)

rolling-stock /ˈrəʊlɪŋ-stok/ *n.* مَجْمُوعةُ عَرَباتِ السِّكّةِ الحَدِيد

Roman /ˈrəʊmən/ *adj.* رُومانِيّ

Roman letters الحُرُوف الرُّومانِيّة المُسْتَعْمَلة في مُعْظَمِ اللُّغاتِ الأُورُوبِّيّة حالِيّاً

romance /rəˈmæns/ *n.*

1. (tale of chivalry) قِصّةُ مُغامَراتٍ وبُطُولاتٍ (عَن المُلُوك والفُرْسان)
2. (love story) قِصّةُ حُبّ
3. (love affair) عَلاقة غَرامِيّة
4. (picturesque quality) جَوٌّ خَيالِيّ ، رُومانْتِيكِيّ

v.i. بالَغَ في التَّخَيُّل ، زَخْرَفَ الحَقِيقة

romantic /rəˈmæntɪk/ *adj.* عاطِفيّ ، رومانْتيكيّ ، رومانْسيّ
romp /romp/ *v.i.* تَراكَضَ وتَواثَبَ (الأطْفالُ) بِصَخَب
n. وَحَماس ، لَعِبٌ صاخِب
rompers /ˈrompəz/ *n. pl.* لِباسٌ للطِّفْل مِن قِطْعةٍ واحِدةٍ يُعْطيهِ حُرِّيّةَ الحَرَكة
roof /ruf/ *n.* سَطْحٌ (سُطوح ، أَسْطُح ، أَسْطِحة) ، سَقْفٌ (سُقوف)
v.t. سَقَّفَ المَبْنَى
rook /rʊk/ *n.*
1. (chess-piece) رُخّ ، قَلْعة ، طابِية (م) (شَطْرَنْج)
2. (bird) غُداف ، غُرابُ الغَيْط
v.t. نَصَبَ (ــُ) على ، غَشَّ (ــُ) ، شَلَّحَ (عامِّيّة)
room /rʊm/ *n.*
1. (space) مُتَّسَع ، مَجال ، مَكان ، فُسْحة
standing-room only لَمْ يَبْقَ مَحَلّاتٌ في الصّالة إلّا وُقوفًا ، عَلَى الواقِفِ فَقَط
2. (part of house) غُرْفة (غُرَف) ، حُجْرة (حُجَر)
3. (scope) مُتَّسَع ، مَجال ، حَيِّز ، فَراغ
your work leaves room for improvement لَيْسَ عَمَلُكَ بالجَوْدةِ المَطْلوبة
roomy /ˈrumɪ/ *adj.* واسِعٌ ، رَحْبٌ ، فَسيح
roost /rust/ *n.* الغُصْن الذي يَرْقُدُ عَلَيْهِ الطّائر
v.i. حَطَّ الطَّيْرُ على الغُصْن لِيَنام
rooster /ˈrustə(r)/ *n.* دِيكٌ (دِيَكة ، دُيوك)
root /rut/ *n.*
1. (*bot.*) جَذْرٌ (جُذور) (النَّبات)
2. (*fig.* source) أَصْل ، مَصْدَر ، أُسّ (البَلاء مَثَلًا)
3. (*math.*) جَذْرٌ (تَرْبيعيّ أو تَكْعيبيّ)
4. (*etymology*) الأَصْلُ الذي تُشْتَقُّ مِنْه الكَلِمة
v.i. (take root) تَأَصَّلَ ، مَدَّ جِذْرًا ، أَعْرَقَ
some cuttings root easily بَعْضُ أَقْلامِ النَّباتات تَمُدُّ جُذورًا بِسُهولة
v.t. **1.** (fix) ثَبَّتَ ، رَسَّخَ
a rooted objection كَراهِية عَميقة ، نُفورٌ مُتَأَصِّل مِن
2. (dig out) نَبَشَ (ــُ)
root out the weeds اِسْتَأْصَلَ أو اِقْتَلَعَ الأَعْشاب
root-crops /ˈrut-krops/ *n.* خُضْروات تُؤْكَلُ جُذورُها
rope /rəʊp/ *n.* حَبْلٌ (حِبال)
v.t.
1. (tie) شَدَّ أو رَبَطَ بِحَبْل
he locked and roped the trunk قَفَلَ الصُّنْدوقَ وَحَزَمَهُ بِحَبْل
2. (*with* **in** *or* **off** isolate)
police roped off the scene of the crime حَوَّطَتِ الشُّرْطةُ مَوْقِعَ الجَريمة بالحِبال
rosary /ˈrəʊzərɪ/ *n.* سُبْحة ، مِسْبَحة ، تَسْبيح

rose[1] /rəʊz/ *p.t. of* **rise**
rose[2] /rəʊz/ *n.*
1. (*flower*) وَرْدة
2. (*colour*) لَوْنٌ وَرْديّ
3. (sprinkler) رَشّاشة ، مِرَشّة ، فُوَّهة مُثَقَّبة لِرَشّاشة الماء
rosemary /ˈrəʊzmərɪ/ *n.* إكْليلُ الجَبَل (نَبات عِطْريّ)
rosette /rəʊˈzet/ *n.* وَرْدة مِن أَشْرِطة مُلَوَّنة (يَرْتَديها المُشَجِّعون لِفَريقٍ رِياضيّ مَثَلًا)
rose-water /ˈrəʊz-wɔtə(r)/ *n.* ماءُ الوَرْد
roster /ˈrostə(r)/ *n.* جَدْوَلٌ بِأَسْماءِ المُتَناوِبينَ على العَمَل
rostrum /ˈrostrʌm/ *n.* مِنْبَرُ الخِطابة ، مِنَصّة
rosy /ˈrəʊzɪ/ *adj.* وَرْديّ ، مُتَوَرِّد ؛ (مُسْتَقْبَلٌ) باسِمٌ ، مُبَشِّرٌ بالخَيْر ، مُشْرِق
rot /rot/ *n.*
1. (decay) فَساد ، تَعَفُّن ، تَسَوُّس
2. (*sl.* nonsense) هُراءٌ ، عَتَهٌ ، بَلاهة
v.t. & i. أَفْسَدَ ، أَنْتَنَ ؛ فَسَدَ (ــِ) ، تَعَفَّنَ
rota /ˈrəʊtə/ *n.* قائِمةُ أَسْماءِ المُتَناوِبينَ على العَمَل
rotary /ˈrəʊtərɪ/ *adj.* يَدُورُ عَلى مِحْوَر ، دَوّار
rotate /rəʊˈteɪt/ *v.t. & i.* أَدارَ عَلى مِحْوَر ؛ دارَ (يَدُورُ)
rotation /rəʊˈteɪʃən/ *n.* دَوَرانُ (الأَرْضِ مَثَلًا)
rotation of crops دَوْرةُ المَحاصيل ، الدَّوْرةُ الزِّراعيّة
they do night duty in rotation يَتَناوَبونَ على الخِدْمةِ اللَّيْليّة
rote /rəʊt/ *n. only in* by rote عَنْ ظَهْرِ قَلْبٍ ، آلِيًّا بِدُونِ تَفْكير
rotten /ˈrotən/ *adj.*
1. (decayed) مُتَعَفِّن ، مُسَوَّس
2. (corrupt) (نِظامُ حُكْمٍ) عَفِن ، فاسِد
3. (*coll.* bad) رَديء ، زَيّ الزِّفْت (م)
rotten luck! يا لَسُوءِ الحَظّ ، يا لَلْخَسارة ، يا لَلْأَسَف
rotter /ˈrotə(r)/ *n.* (*coll.*) دَنيء ، بَغيض ، حَقير
rotund /rəʊˈtʌnd/ *adj.* مُتَكَوِّرُ البَدَن ، رَبيل
rotunda /rəʊˈtʌndə/ *n.* بِناءٌ دائِريّ تَعْلوه قُبّة
rotundity /rəʊˈtʌndɪtɪ/ *n.* اِمْتِلاءُ البَدَن ، رَبالة
rouble /ˈrubəl/ *n.* رُوبل (وَحْدة النَّقْد في روسيا)
rouge /ruʒ/ *n. & v.t.* أَحْمَرُ الخُدود ؛ حَمَّرَ الخَدَّيْن
rough /rʌf/ *adj.*
1. (uneven) (سَطْحٌ) خَشِن ، غَيْرُ أَمْلَس
rough roads طُرُق وَعْرة
rough and ready methods وَسائِلُ مُرْتَجَلة تَفي بالغَرَض
2. (violent) عاصِفٌ ، مائِجٌ
rough seas بَحْرٌ هائِج ، أَمْواجٌ عارِمة
3. (approximate) تَقْريبيّ ، مُقَرَّب
a rough تَرْجَمة تَقْريبيّة ، تَرْجَمة أَوَّليّة

translation غَيْر مَصْقُولة
n. & v.t. (coll.)
one must take the rough with the smooth يَجِبُ أَنْ تَتقبَّلَ الحَياةَ بِحُلْوِها وَمُرِّها
what a gang of roughs! يا لَهُمْ مِن عِصابةِ أَشْرار!
he had to rough it اُضْطُرَّ أَنْ يَخْشَوْشِنَ في عَيْشِهِ

roughcast /ˈrʌfkɑst/ *adj.* طَبَقةٌ مِن الإسْمَنْت والحَصا النّاعِم تُكْسَى بِها الجُدْرانُ الخارِجيّة

roughen /ˈrʌfən/ *v.t. & i.* خَشَّنَ ، خَشُنَ (ـُ)

roughly /ˈrʌflɪ/ *adv.* تَقريبًا
roughly speaking علَى وَجْه التَّقْرِيب

roughness /ˈrʌfnəs/ *n.* خُشُونة

roughshod /ˈrʌfʃod/ *adv.*
the conqueror rode roughshod over the people داسَ الفاتِحُ على رِقابِ الشَّعْبِ بِكُلِّ احْتِقار

roulette /ruˈlet/ *n.* رُولِيت ، لُعْبَةُ قِمار

round /raʊnd/ *adj.*
1. (*of shape*) دائِرِيّ ، مُسْتَدِير ، كُرَوِيّ
a round table مائِدة مُسْتَدِيرة
2. (*of movement*) دَوْرة كامِلة
a round trip رِحْلة ذَهاب وإياب
3. (approximate) تَقْرِيبِيّ ، مُقَرَّب
in round numbers أَرْقام تَقْرِيبِيّة ، أعداد مُقَرَّبة (إلى أَقْرَبِ عَشَرة)
n. **1.** (circular object) قُرْص ، قِطْعة مُسْتَدِيرة
two rounds of toast شَطِيرَتان كامِلَتان مِن الخُبْز المُحَمَّص
2. (circuit) دَوْرة
the daily round الرُّوتِين اليَوْمِيّ ، الواجِباتُ اليَوْمِيّة
he made/went the rounds قامَ (الطَّبِيب) بِزِياراتِهِ المُعْتادة
3. (bout) دَوْر ، نَوْبة ، جَوْلة
a knock-out in the fifth round ضَرْبة قاضِية في الجَوْلة الخامِسة (مُلاكَمة)
another round of wage-claims حَمْلة أُخرى مِنْ حَمَلات المُطالبة بِزِيادةِ الأُجُور
4. (*mus.*) أُنْشُودة جَماعِيّة يَبْدَأُها أَحَدُ المُغَنِّين وَبَعْدَ فاصِلة يُصاحِبُه آخَرُ مُبْتَدِئًا النَّغْمةَ مِن أَوَّلِها ثُمّ مُغَنٍّ ثالِث وهَكَذا ...
adv.
the car skidded right round اِنْزَلَقَتِ السَّيّارةُ واسْتَدارَتْ نَحْوَ الوَراء
turn round and face me اِسْتَدِرْ وَواجِهْنِي
the wheels went round دارَتِ العَجَلات
the track is three kilometres round طُولُ مِضْمارِ السِّباق ٣ كِيلُومِتْرات
pass these papers round مَرِّرْ هذهِ الأَوْراق (على الحاضِرين)
the villages round about القُرَى المُجاوِرة
we'll go round to his house سَنَزُورُه في بَيْتِهِ
she fainted but soon came round أُغْمِيَ عَلَيْها وَلكِنْ سُرْعانَ ما أَفاقَت
prep.
the earth moves round the sun تَدُورُ الأَرْضُ حَوْلَ الشَّمْس
they sat round the table جَلَسُوا إلَى المائِدة
v.t. & i.
1. (make round) دَوَّرَ ، جَعَلَ الشَّيْءَ مُسْتَدِيرًا
round the lips when saying 'oh' ضُمَّ شَفَتَيْكَ عِنْدَ نُطْقِكَ لَفْظة (أُوه)
2. (go round) دارَ حَوْلَ ، اِنْعَطَفَ
the car rounded the corner too fast اِسْتَدارَت السَّيّارةُ بِسُرْعةٍ فائقةٍ عِنْدَ الزّاوِية
3. (*with advs.*)
fruit rounded off the meal اُخْتُتِمَت الوَجْبةُ بالفاكِهة
the cowboys rounded up the cattle جَمَعَ رُعاةُ البَقَرِ الماشِيةَ في حَظائِرِها

roundabout /ˈraʊndəbaʊt/ *n.*
1. (merry-go-round) أُرْجُوحةٌ دَوّارة (في مَدِينةِ المَلاهِي مَثَلًا)
2. (*traffic*) دَوّار (عِنْدَ مُلْتَقَى طُرُقٍ عامّة)

rounders /ˈraʊndəz/ *n.* لُعْبة تُشْبِه البِيسْبُول

roundly /ˈraʊndlɪ/ *adv.* (عَنَّفَه) بِقَسْوةٍ وَغِلْظة ، (مَهْزُوم) تَمامًا

roundsman /ˈraʊndzmən/ *n.* مُوَزِّعُ (الخُبْزِ مَثَلًا) على المَنازِل

rouse /raʊz/ *v.t. & i.*
1. (wake up) أَيْقَظَ مِن النَّوْم ، صَحَّى ، اِسْتَيْقَظَ ، أَفاقَ
2. (stir up, provoke) اِسْتَفَزَّ ، أَثارَ ، حَرَّضَ

rout /raʊt/ *n.* هَزِيمة نَكْراء ، اِنْدِحار
v.t.
1. (defeat) شَتَّتَ فُلولَ العَدُوّ ، هَزَمه
2. (fetch out) أَخْرَجه مِن مَكانِهِ

route /rut/ *n.* طَرِيق ، خَطّ سَيْر (الرِّحْلة)
v.t. جَعَلهُ يَسْلُك طَرِيقًا مُعَيَّنًا في رِحْلَتِهِ
route-march سَيْرُ مَسافاتٍ طَوِيلة (عَسْكَرِيّة)

routine /ruˈtin/ *n.* طَرِيقة مُتَكَرِّرة للعَمَل اليَوْمِيّ ، (عَمَلٌ) نَمَطِيّ ، (إجْراءات) رَتِيبة

rove /rəʊv/ *v.t. & i.* جابَ (يَجُول) ، تَجَوَّلَ ، جابَ (يَجُوبُ)

rover /ˈrəʊvə(r)/ *n.* مُتَجَوِّل ، قُرْصان (قَراصِنة)

row[1] /ˈrəʊ/ *n.* صَفّ (مِن المَقاعِدِ مَثَلًا)

row[2] /raʊ/ *n.*

1. (uproar) ضَجّة ، جَلَبة
2. (quarrel) مُشادّة ، شِجار
v.i. (dispute) تَشاجَرَ ، تَعارَكَ مع
row[3] / rəʊ / *v.t. & i. & n.* جَذَّفَ (القارِب) ؛ جَوْلة في قارِب تَجْذِيف
rowing-boat زَوْرَقُ تَجْذِيف
rowdy / ˈrɑʊdɪ / *adj.* مُشاكِس ، مُشاغِب
royal / ˈrɔɪəl / *adj.* (اِحْتِفال) مَلَكِيّ ، فَخْم ، لائِقٌ بالمُلُوك
Her Royal Highness صاحِبةُ السُّمُوّ المَلَكِيّ
royalist / ˈrɔɪəlɪst / *n.* مَلَكِيّ ، مِنْ أنْصارِ الحُكْمِ المَلَكِيّ
royally / ˈrɔɪəlɪ / *adv.* بِشَكْلٍ يَلِيقُ بالمُلُوك ، بِكُلِّ رَوْعةٍ وفَخامة
royalty / ˈrɔɪəltɪ / *n.*
1. (sovereignty) (في) الحَضْرة المَلَكِيّة ؛ أحَدُ أفْرادِ الأُسْرة المالِكة
2. (payment) ما يَتَقاضاهُ مُؤَلِّفٌ عن (حُقُوقِ) تأْلِيفِهِ
rub / rʌb / *v.t. & i.* حَكَّ ، فَرَكَ (ـُ) ، دَلَّكَ ، دَعَكَ (ـَ)
rub the horse down نَشَّفَ عَرَقَ الفَرَس
they managed to rub along (together) تَمَكَّنُوا مِن التَّعايُشِ رَغْمَ اِخْتِلافِهِم
I was wrong but don't rub it in (*coll.*) نَعَمْ أخْطأْتُ ولكِنْ لا داعِيَ لأنْ تَتَمادَى في تَعْيِيرِي !
rub out مَحا (يَمْحُو) (الخَطأَ مَثَلاً)
he rubbed his colleague up the wrong way أغاظَ زَمِيلَه ، نَفَّرَهُ
n. تَدْلِيك ، دَعْك ؛ عَقَبة ، (هٰذِه هِيَ) العُقْدة
rubber / ˈrʌbə(r) / *n.*
1. (substance) مَطّاط ، كاوْتْشُوك
rubber band حَلْقة رَفِيعة مِن المَطّاط (لِحَزْمِ أوْراقٍ وما إلَيْها)
rubber dinghy زَوْرَقُ مَطّاط
2. (eraser) مِمْحاة ، مَحّاية
3. (*at cards*) ثَلاث لُعُبات مُتَتالِية في الوَرَق ، عَشْرة كُوتْشِينة في البرِيدْج (م) ، بَرْتِيّة (س)
rubbish / ˈrʌbɪʃ / *n.*
1. (waste matter) زُبالة ، قُمامة
2. (nonsense) كَلامٌ فارِغ ، هُراء ؛ شَيْءٌ تافِه ، لا قِيمةَ له ، لا وَزْنَ له
rubbishy / ˈrʌbɪʃɪ / *adj.* تافِه ، لا قِيمةَ له
rubble / ˈrʌbəl / *n.* أنْقاض (مَنْزِلٍ مُتَهَدِّمٍ) ، كُسارةُ الحِجارة ، دَبْش
ruby / ˈrubɪ / *n. & adj.*
1. (*gem*) ياقُوتٌ أحْمَر
2. (*colour*) ياقُوتِيّ اللَّوْن
rucksack / ˈrʌksæk / *n.* حَقِيبةٌ تُحْمَلُ على الظَّهْر ، جِرْبَنْدِيّة ، جُعْبة

ructions / ˈrʌkʃənz / *n. pl.* شِجار ، هَوْشة ، خِناقة
there will be ructions if you don't do as you're told سَتَقُومُ قِيامَتُكَ إذا لَمْ تُطِعِ الأوامِر
rudder / ˈrʌdə(r) / *n.* سُكّان ، دَفّة (السَّفِينة أو الطّائِرة)
rudderless / ˈrʌdələs / *adj.* بِغَيْرِ دَفّة ؛ حائِر ، تائِه
ruddy / ˈrʌdɪ / *adj.* مُتَوَرِّد ، مُتَوَهِّج
what the ruddy hell are you doing? (*sl.*) ماذا تَفْعَلُ يا لَعِين ؟
rude / rud / *adj.*
1. (impolite) قَلِيلُ الأدَب ، وَقِحٌ ، بَذِيءٌ ، (تَصَرُّفٌ) غَيْرُ لائِق
2. (primitive) بِدائِيّ ، بَسِيط ؛ يُعْوِزُه الإتْقان
3. (vigorous) صَحِيح ، مُعافًى ، قَوِيُّ البِنْية
4. (abrupt) مُفاجِئ ، مُباغِت ، عَنِيف
a rude awakening صَحْوة مُفاجِئة على الوَضْعِ السَّيِّئِ الذي هُوَ فيه
rudely / ˈrudlɪ / *adv.* بِوَقاحة ، بِشَكْلٍ غَيْرِ لائِق ؛ بِعُنْف ، بِفَظاظة ؛ بِبَساطة ؛ بِشَكْلٍ غَيْرِ مُتْقَن
rudeness / ˈrudnəs / *n.* وَقاحة ، قِلّة أدَب ، بَذاءة ؛ عُنْف ، فَظاظة ؛ بَساطة ، عَدَمُ إتْقان
rudiment / ˈrudɪmənt / *n. usu. pl.* أُصُول ، مَبادِئ
rudimentary / ˈrudɪˈmentrɪ / *adj.* (مَعْلومات) أوَّلِيّة
rue / ru / *v.t.* نَدِمَ (ـَ) على ، أسِفَ (ـَ) على
rueful / ˈrufəl / *adj.* آسِفٌ ، أسِيفٌ ، نادِم ؛ (اِبْتِسامة) صَفْراء
ruffian / ˈrʌfɪən / *n.* رَجُلٌ عَنِيف ، مُشاكِس
ruffle / ˈrʌfəl / *v.t.* نَكَشَ (ـِ) (الشَّعْرَ) ، عَكَّرَ (سَطْحَ البِرْكة)
n. كَشْكَشٌ مِن القُماش أو الدّانْتِيلا (خِياطة) ؛ تَمَوُّجات خَفِيفة
rug / rʌg / *n.*
1. (blanket) بَطّانِيّة صَغِيرة لِتَغْطِية السّاقَيْن
2. (mat) سَجّادة صَغِيرة ، كلِيم (م)
rugby / ˈrʌgbɪ / *n.* رَغْبِي ، لُعْبةُ الكُرة البَيْضَوِيّة الشَّكْل
rugged / ˈrʌgɪd / *adj.* غَيْرُ مُسْتَوٍ ، (مِنْطَقة) وَعْرة
ruin / ˈruɪn / *n.*
1. (destruction) خَراب ، هَلاك ، دَمار
2. (*often pl.* remains) أطْلال ، خَرائِب ، أنْقاض ، آثار باقِية
v.t. 1. (reduce to ruins) خَرَّبَ ، دَمَّرَ ، أهْلَكَ ، قَوَّضَ
2. (spoil) أتْلَفَ ، أفْسَدَ
3. (bankrupt) أفْلَسَ (التّاجِرَ)
ruinous / ˈruɪnəs / *adj.* مُخَرِّب ، هَدّام ؛ مُتَهَدِّم ، خَرِبٌ
ruinous expenses تَكالِيف باهِظة
rule / rul / *n.*
1. (regulation) قاعِدة ، قانُون ، نامُوس
rule of thumb اِتِّباعُ طَرِيقةٍ قائِمةٍ على التَّجْرِبة

العَمَلِيَّة (ولَيْسَ على الأُسُسِ النَّظَرِيَّة)

work to rule إبْطاءُ إنْتاجِ العَمَلِ بالتَّقَيُّدِ المُتَزَمِّتِ بالأنْظِمة

as a rule عادةً ، في أغْلَبِ الأحْيان

2. (government) حُكْمٌ ، سُلْطة ، سَيْطَرة

3. (measuring rod) مِسْطَرَة

v.t. & i. **1.** (govern) حَكَمَ (ـُ) ، سادَ (يَسُودُ)

2. (decide) قَرَّرَ ، قَضَى (يَقْضِي) ، حَكَمَ (ـُ) بِـ ، على

3. (draw lines) خَطَّ (ـُ) سُطُوراً

I don't rule out any possibilities yet لا أَسْتَبْعِدُ أيَّ احْتِمالٍ الآن ، كُلُّ شَيْءٍ مُحْتَمَلٌ في الوَقْتِ الحاضِر

ruler /ˈruːlə(r)/ *n.*

1. (governor) حاكِم (حُكّام)

2. (drawing instrument) مِسْطَرة (مَساطِرُ)

ruling /ˈruːlɪŋ/ *n.* قَرار

rum /rʌm/ *n.* رُومٌ (شَرابٌ كُحُولِيٌّ مِن عَصِيرِ قَصَبِ السُّكَّر)

adj. (*coll.*) شاذٌّ ، غَرِيبُ الأطْوار

rumble /ˈrʌmbəl/ *v.i. & n.* قَصَفَ (ـِ) ، دَمْدَمَ ، دَوَّى ؛ قَصْفٌ ، دَمْدَمة

ruminant /ˈruːmɪnənt/ *adj. & n.* مُجْتَرٌّ ؛ حَيَوان مُجْتَرّ

ruminate /ˈruːmɪneɪt/ *v.i.* اِجْتَرَّ ؛ فَكَّرَ مَلِيًّا في ، تأمَّلَ

he ruminated over these events sadly تأمَّلَ في (هذه) الأحْداث بِحُزْن

rumination /ˌruːmɪˈneɪʃən/ *n.* اِجْتِرارٌ ؛ تأمُّلٌ في ...

rummage /ˈrʌmɪdʒ/ *v.i.* قَلَبَ (مُحْتَوياتِ الدُّرْجِ مَثَلاً) بَحْثاً عَن ... ، نَقَّبَ عَن

n. نَبْشٌ ؛ تَفْتِيشُ سَفِينةٍ تِجارِية

a rummage sale بَيْعُ سَقَطِ المَتاع (لأغْراضٍ خَيْرِيّة)

rumour /ˈruːmə(r)/ *n.* إشاعة ، شائِعة (شائِعات ، شَوائِع)

v.t. usu. pass.

it is rumoured that he is dead أُشِيعَ أنّه تُوُفِّيَ

rump /rʌmp/ *n.* رِدْفٌ ، كَفَلٌ

rump-steak شَرِيحةٌ مِن وَرِكِ البَقَرِ قُرْبَ الكَفَل

run /rʌn/ (*p.t.* **ran** *p.p.* **run**)

1. (move speedily) رَكَضَ (ـُ) ، عَدا (يَعْدُو) ، جَرَى (يَجْرِي)

2. (flow) جَرَى (يَجْرِي) (النَّهْرُ مَثَلاً)

her nose is running أنْفُها يَرْشَحُ

3. (compete) اِشْتَرَكَ في سِباق

4. (continue) دامَ (يَدُومُ) ، اِسْتَمَرَّ

the road runs through the hills يَمُرُّ الطَّرِيقُ عَبْرَ التِّلال

the play ran for a year اِسْتَمَرَّ عَرْضُ المَسْرَحِيّةِ عاماً كامِلاً

5. (operate) دارَت (الماكِينة)

the car runs on petrol تَعْمَلُ السَّيّارةُ بالبَنْزِين

he runs a business عِنْدَهُ أعْمالٌ تِجارِيّة ، يُدِيرُ عَمَلاً تِجارِيًّا

running costs نَفَقاتُ الاسْتِعْمال

he can't afford to run a car لَيْسَ بِوُسْعِهِ تَحَمُّلُ نَفَقاتِ اقْتِناءِ سَيّارة

6. (ply) سارَ (يَسِيرُ) ، مَرَّ (ـُ)

buses run every hour تَمُرُّ الباصاتُ مَرّةً كُلَّ ساعة

7. (convey) أبْلَغَ ، أوْصَلَ

I'll run you home in my car سأُوصِلُكَ بِسَيّارتي

8. (pass) سَرَى (يَسْرِي) ، مَرَّ (يَمُرُّ)

the pain ran up my arm سَرَى الألَمُ في ذِراعِي

she ran her fingers through her hair مَرَّرَتْ أصابِعَها في شَعْرِها

9. (spread) اِنْتَشَرَ

the plague ran through the city اِنْتَشَرَ الوَباءُ في المَدِينة

10. (be worded)

how does the next verse run? ما هُوَ بَيْتُ الشِّعْرِ التّالي؟

11. (smuggle) هَرَّبَ

he was accused of gun-running اُتُّهِمَ بِتَهْرِيبِ الأسْلِحة

12. (*with advs.*)

I ran across/into an old friend of yours صادَفْتُ صَدِيقاً مِن أصْدِقائِكَ القُدامى

he ran away/off with his neighbour's wife هَرَبَ مَعَ زَوْجةِ جارِهِ

she is always running me down لا تَنِي تَحُطُّ مِن شأني (في كُلِّ مُناسَبة)

he looks run down يَبْدُو مَنْهُوكَ القُوى

the cyclist was run down/over by a lorry دَهَسَتْ شاحِنةٌ راكِبَ الدَّرّاجة

he ran for parliament رَشَّحَ نَفْسَه لِعُضْوِيّةِ البَرْلَمان

do not speed in your new car till it is run in لا تُسْرِعْ في سَيّارَتِكَ الجَدِيدةِ قَبْلَ تَرْوِيضِها (رُوداجِها)

run off twenty copies اِطْبَعْ عِشْرِينَ نُسْخة

we have run out of petrol نَفِدَ وَقُودُ السَّيّارة ، خَلَصَ البَنْزِين

he has run through all his money أنْفَقَ كُلَّ أمْوالِهِ

n.

1. (running) رَكْضة ، عَدْوٌ

he is on the run هارِبٌ مِن وَجْهِ العَدالة ، دائِبُ النَّشاطِ والحَرَكة

2. (trip) رِحْلة ، جَوْلة (بالسَّيّارة)

3. (trend) اِتِّجاه

in the long run (سَتُدْرِكُ فائِدةَ البِضاعةِ الجَيِّدة) في المَدَى البَعِيد

4. (continuous operation) دَوام ، اِسْتِمْرارِيّة
the play had a long run اِسْتَمَرَّ عَرْضُ المَسْرَحِيّة طَويلًا
5. (cricket) النُّقَطُ التي تُحْرَزُ في لُعْبة الكريكيت أو البيسبول
6. (demand) طَلَبٌ غَيْرُ مُتَوَقَّع
there was a run on the bank هَرَعَ العُمَلاءُ إلى المَصْرِف لِسَحْبِ أمْوالِهِم
7. (free access) سُهُولة الوُصُول إلى شَيْءٍ أو مَكان
he gave me the run of his library أعْطاني مُطْلَقَ الحُرِّيّة في اسْتِخْدامِ مَكْتَبَتِهِ
8. (enclosure) حَظِيرة (للدَّجاجِ مَثَلًا)
9. (*mus.*) نَغَماتٌ سَرِيعةٌ مُتَعاقِبة
runaway /ˈrʌnəweɪ/ *adj.* & *n.* (حِصان) جامِح أو شارِد ؛ تِلْمِيذٌ هارِب مِن مَدْرَسةٍ داخِلِيّة
rung[1] /ˈrʌŋ/ *p.p. of* **ring**
rung[2] /ˈrʌŋ/ *n.* دَرَجة مِن دَرَجات السُّلَّم (النَّقّالي)
runner /ˈrʌnə(r)/ *n.*
1. (competitor) عَدّاء ، حِصانٌ في سِباق
2. (messenger) ساعٍ (سُعاة) ، رَسُول (عَسْكَرِيّة)
3. (*bot.*) ساقٌ زاحِف (نَبات)
runner beans *or* scarlet runners نَوْعٌ مِن الفاصُوليا لَها حُبُوبٌ قِرْمِزِيّة
runner-up /ˈrʌnər-ˈʌp/ *n.* الفائِزُ الثّاني ، المُصَلِّي
running /ˈrʌnɪŋ/ *n.* عَدْوٌ ، جَرْيٌ ، رَكْض
in/out of the running (طالِبُ وَظِيفة) لا تَزال (أو لَمْ تَعُدْ) له فُرْصةُ النَّجاح
adj.
1. (successive) مُتَتابِع ، مُتَوالٍ
three days running لِثَلاثة أيّامٍ مُتَتالِية
2. (flowing) جارٍ
running water مِياهٌ جارِية ؛ إسالةُ الماءِ (إلى المَنازِل)
running commentary تَعْلِيقٌ مُتَواصِل يُصاحِبُ فِيلْمًا مَثَلًا
runway /ˈrʌnweɪ/ *n.* مَدْرَجُ الطّائِرات
rupee /ruˈpi/ *n.* رُوبِيّة (وَحْدة النَّقْد في الهِنْد والباكِسْتان)
rupture /ˈrʌptʃə(r)/ *n.*
1. (breach) شَقٌّ ، تَمَزُّق ؛ شِقاق
2. (hernia) فَتْقٌ ، فُتاق (طِبّ)
v.t. & *i.* فَتَقَ (ـُ) ، شَقَّ (ـُ) ، قَطَعَ (ـَ) ؛ انْفَتَقَ ، انْشَقَّ
rural /ˈrʊərəl/ *adj.* رِيفِيّ ، نِسْبة إلى الرِّيف
ruse /ruz/ *n.* حِيلة ، خُدْعة ، مَكْر
rush /rʌʃ/ *n.*
1. (*bot.*) أَسَل ، سَمار ، كُولان (نَبات)
2. (hurry) تَسَرُّع ، اِنْدِفاع ، إسْراع
v.i. اِنْدَفَعَ ، أسْرَعَ إلى
v.t. **1.** (hurry) أسْرَعَ بِإرْسالِهِ إلى ...
2. (assault) اِقْتَحَمَ ، هاجَمَ
rush hour وَقْتُ الازْدِحام (عِنْدَما يُغادِرُ المُوَظَّفُون والعُمّال أعْمالَهُم) ، ساعاتُ الازْدِحام
russet /ˈrʌsɪt/ *adj.* & *n.* أَمْغَرُ اللَّوْن ، لَوْنٌ بُنِّيٌّ مُحْمَرٌّ أو مُصْفَرّ ، كُمَيْت ؛ تُفّاح ذُو قِشْرةٍ خَشِنة يَمِيلُ لَوْنُها إلى البُنِّيّ
rust /rʌst/ *n.*
1. (deposit) صَدَأ
2. (*colour*) لَوْنُ الصَّدَأ
v.i. & *t.* صَدِئَ (يَصْدَأُ) ، صَدِئَ (يَصْدَأُ) ؛ أصابَهُ بالصَّدَأ
rustic /ˈrʌstɪk/ *adj.* رِيفِيّ ، قَرَوِيّ ؛ ساذَج ، غَيْرُ مُتَصَنِّع
rustle /ˈrʌsəl/ *n.* حَفِيفُ أوْراقِ الشَّجَر ، حَفِيفُ الثَّوْب ، خَشْخَشة
v.t. & *i.* حَفَّتْ (أوْراقُ الشَّجَر)
rusty /ˈrʌstɪ/ *adj.*
1. (affected with rust) صَدِئ
2. (*colour*) بُنِّيٌّ ضارِبٌ إلى الحُمْرة
3. (out of practice) صَدِئٌ (مَجازًا) ، تُعْوِزُهُ المَهارةُ لِقِلّةِ المُمارَسة
rut /rʌt/ *n.*
1. (groove) أُخْدُود (حَفَرَتْهُ العَجَلاتُ بالأرْض)
he has got into a rut تَحَجَّرَ في عاداتِهِ وَطَرِيقةِ مَعِيشَتِهِ
2. (mating period) فَتْرةُ الهِياجِ الجِنْسِيّ عِنْدَ ذُكُور الحَيَوانات ولا سِيَّما الأيائِل
ruthless /ˈruθləs/ *adj.* قاسٍ لا يَعْرِفُ الرَّحْمة
ruthlessly /ˈruθləslɪ/ *adv.* بِلا رَحْمةٍ ولا شَفَقة ، بِقَسْوة
ruthlessness /ˈruθləsnəs/ *n.* قَسْوةٌ ، عُنْف
rye /raɪ/ *n.* الجاوْدار ، الشَّيْلَم (نَبات)

S

S/es/(letter) الحَرْفُ التّاسِعَ عَشَرَ مِن الأبْجَدِيّة
sabbath /ˈsæbəθ/ *n.* (يَوْمُ) السَّبْت (سُبُوت) عِنْدَ اليَهُود ، الأحَدُ عِنْدَ المَسِيحِيِّين ، يَوْمُ الرّاحة مِن العَمَل
sabbatical /səˈbætɪkəl/ *adj.* سَبْتِيّ ، مُتَعَلِّقٌ بالرّاحة ، (سَنةُ) تَفَرُّغٍ تُمْنَحُ للأُسْتاذ) مَرّةً كُلَّ سَبْعِ سَنَوات
sable /ˈseɪbəl/ *n.* سَمُّور سِيبِيرِيا (حَيَوانٌ مُفْتَرِس)
sabotage /ˈsæbətɑʒ/ *n.* & *v.t.* أعْمال تَخْرِيبِيّة ؛ خَرَّبَ آلةً أو مَشْرُوعًا ، عَطَّلَ (مُفاوَضةً)

saboteur/ˈsæbəˈtɜ(r)/*n.* مُخَرِّب ، مُعَطِّل

sabre/ˈseɪbə(r)/*n.* سَيْف (مُقَوَّس) (سُيُوف)

saccharine/ˈsækərin/*n.* سُكَّرِين ، سكارين

sack/sæk/*n.*

1. (bag) كِيسٌ كَبِير (أَكْيَاس ، كِيَسَة) ، زَكِيبة (زَكائِبُ) (م) ، شِوال (شِوالات)

2. (*coll.* dismissal) رَفْتٌ ، طَرْدٌ مِن العَمَل

he got the sack رُفِتَ ، طُرِدَ مِن العَمَل

3. (looting) سَلْبٌ وَنَهْبٌ

v.t. **1.** (put into sacks) عَبَّأَ في الأَكْيَاس

2. (plunder) سَلَبَ (ـِ) ، نَهَبَ (ـَ)

3. (*coll.* dismiss) سَرَّحَ مُسْتَخْدَمًا

sacrament/ˈsækrəmənt/*n.* سِرٌّ مِن أَسْرار الكَنِيسة ، طَقْسٌ كَنَسِيّ

sacred/ˈseɪkrəd/*adj.* مُقَدَّس ، حَرام

sacrifice/ˈsækrɪfɑɪs/*n.* ذَبِيحة (ذَبائِحُ) ، ضَحِيَّة (ضَحايا) ، قُرْبان ، تَضْحِية

v.t. & i. ضَحَّى (بِحَياته) ، ذَبَحَ (ـَ) ، قَدَّمَ قُرْبانًا

sacrificial/ˈsækrɪˈfɪʃəl/*adj.* ذَبائِحِيّ ، قُرْبانِيّ

sacrilege/ˈsækrɪlɪdʒ/*n.* تَدْنِيس الحُرُمات ، خَرْقُ المَحارِم ، اِنْتِهاكُ الحُرْمة

sacrilegious/ˈsækrɪˈlɪdʒəs/*adj.* مُدَنِّسٌ لِلقُدْسِيّات ، مُنْتَهِكٌ لِلحُرُمات ، تَدْنِيسِيّ

sad/sæd/*adj.*

1. (sorrowful) حَزِين ، كاسِفُ البال ، مُكْتَئِب

2. (regrettable) (حادِث) مُؤْسِف ، يَبْعَثُ عَلَى الأَسَى

sadden/ˈsædən/*v.t. & i.* أَحْزَنَ ، آلَمَ ، اِغْتَمَّ ، اِكْتَأَبَ

saddle/ˈsædəl/*n.* سَرْجٌ (سُرُوج) ، بَرْذَعة (بَرَاذِعُ) ، مَقْعَدُ الدَّرّاجة

v.t. أَسْرَجَ (فَرَسًا) ، أَلْقَى المَسْؤُولِيَّةَ عَلَى عاتِقِ (أو كاهِلِ) فُلان

sadist/ˈseɪdɪst/*n.* سادِيّ ، يَتَلَذَّذُ بِإيذاءِ الآخَرِين

sadistic/səˈdɪstɪk/*adj.* مُتَلَذِّذٌ بِإيذاءِ الآخَرِين

safari/səˈfɑrɪ/*n.* رِحْلة صَيْدٍ (في أَواسِطِ إفْرِيقِية غالِبًا)

safe/seɪf/*adj.*

1. (free from danger) غَيْرُ مُعَرَّضٍ لِلخَطَر ، آمِنٌ

to be on the safe side مِنْ قَبِيلِ الاِحْتِياط ، عَلَى سَبِيلِ الاِحْتِراس

2. (unhurt) غَيْرُ مُصابٍ بِأَذًى ، سَلِيم

safe and sound سالِمٌ ، صَحِيحٌ مُعافًى

3. (secure) مَأْمُون

safe conduct إِذْنٌ يَضْمَنُ سَلامةَ المُرُورِ لِحامِلِه ، جَوازُ تَنَقُّل

n. خَزْنة ، صُنْدُوق حَدِيد ، خِزانة (مِن الفُولاذ) (لِحِفْظِ الأَمْوال والمُجَوْهَرات)

safeguard/ˈseɪfgɑd/*n.* وِقاية ، صِيانة ، حِماية ، اِحْتِياط

safety/ˈseɪftɪ/*n.* أَمْن ، أَمانة ، سَلامة

safety-pin/ˈseɪftɪ-pɪn/*n.* دَبُّوس انكليزيّ ، شَكّالة (س) ، دَبْبُوس فُرْكِيته (ع)

safety-valve/ˈseɪftɪ-vælv/*n.* صِمامُ الأَمْنِ أو الأَمان

sag/sæg/*v.i.* اِرْتَخَى (الحَبْلُ) ، تَدَلَّى

sagacious/səˈgeɪʃəs/*adj.* حَصِيف ، بَصِير ، ثاقِبُ الفِكْر

sagacity/səˈgæsətɪ/*n.* حَصافة ، حِدَّةُ ذَكاءٍ

sage/seɪdʒ/*n.*

1. (*herb*) مَرْيَمِيّة ، ناعِمة ، قُوَيْسة ، قَصْعِين (عُشْبَة)

2. (wise man) حَكِيم ، ذُو عَقْلٍ راجِح ، عالِم

adj. سَدِيد ، مُحَنَّك ، حَصِيف ، عاقِل

sago/ˈseɪgəʊ/*n.* ساغُو ، دَقِيقُ النَّخْل ، دَقِيقٌ نَشَوِيٌّ مُغَذٍّ يُسْتَخْرَجُ مِن نَخِيلٍ خاصّ

said/sed/*p.p. & p.t. of* **say**

sail/seɪl/*n.*

1. (*of ship*) شِراع (أَشْرِعة) ، قِلْعٌ (قُلُوع ، قِلاع)

her reply took the wind out of his sails أَفْحَمَهُ رَدُّها ، رَدُّها أَحْبَطَ مَساعِيهِ لَدَيْها

2. (sea-trip) جَوْلة في قارِبٍ شِراعِيّ

v.i. & t. أَبْحَرَت السَّفِينة ، أَقْلَعَت

sailor/ˈseɪlə(r)/*n.* بَحّار (بَحّارة) ، مَلّاح ، نُوتيّ (نوتية)

he is a good sailor لا يُصاب بِدُوارِ البَحْر

saint/seɪnt/*n.* قِدِّيس ، وَلِيّ (أَوْلِياءُ)

saintliness/ˈseɪntlɪnes/*n.* قَداسة

saintly/ˈseɪntlɪ/*adj.* ذُو قَداسة ، كالمَلاك ، شَبِيهٌ بالقِدِّيس

sake/seɪk/*n.* (في) سَبِيل ، (مِن) أَجْل

do this for my sake قُمْ بِهذا العَمَلِ إِكْرامًا لِي

salad/ˈsæləd/*n.* سَلَطة ، سَلاطة (مِن خُضْرَوات مُتَنَوِّعة)

salary/ˈsælərɪ/*n.* راتِب (رَواتِبُ) ، ماهِيّة ، مَعاش

sale/seɪl/*n.* بَيْعٌ ، تَنْزِيلات ، أُوكازْيُون (م) ، رُخْصة (س)

on sale مَعْرُوض لِلبَيْع

auction sale بَيْعٌ بالمَزادِ العَلَنِيّ

saleable/ˈseɪləbəl/*adj.* سَهْلُ المَبِيع

salesman/ˈseɪlzmən/*n.* بائِع (باعة) ، مُمَثِّل أو مَنْدُوب تِجارِيّ

salient/ˈseɪlɪənt/*adj.* ناتِئ ، بارِز ، ظاهِر ، ساطِع

saline/ˈseɪlɑɪn/*adj.* مِلْحِيّ ، (ماء) مالِح

salinity/səˈlɪnətɪ/*n.* مُلُوحة ، دَرَجة المُلُوحة

saliva/səˈlɑɪvə/*n.* لُعاب ، رِيق ، رُضاب

sallow/ˈsæləʊ/*adj.* (وَجْهٌ) شاحِب ، مُمْتَقِع

sally/ˈsælɪ/*v.i.* (*with* **out, forth**) اِنْدَفَعَ خارِجًا ، اِنْقَضُّوا (لِفَكِّ الحِصار)

n. **1.** (sortie) هَجْمة مُفاجِئة

2. (witty remark) رَدٌّ سَرِيعٌ ساخِر ، مُلْحة (مُلَح)

salmon/ˈsæmən/*n.* (سَمَكُ) السَّلْمُون

saloon/səˈlun/*n.*

1. (public room) قاعة (للحفلات) ، صالة خاصّة في حانة

2. (closed car) سيّارة صالون (مقفلة وبدون حاجز بين السّائق والرّكّاب)

salt/sɔlt/*n.*

1. (sodium chloride) ملح الطّعام (كلوريد الصّوديوم)

you must take what he says with a grain of salt إحذر تصديقه ، لا تصدّق كلّ ما يقول

2. (*chem.*) ملح كيماويّ

v.t. ملّح (الطّعام) ؛ وفّر (بعض المال)

salt-cellar/ˋsɔlt-selə(r)/*n.* مملحة ، ملّاحة (م)

salty/ˋsɔltɪ/*adj.* (طعم) مالح ؛ لاذع ؛ (نكتة) بذيئة

salutary/ˋsæljʊtrɪ/*adj.* صحّيّ ، شافٍ ، مفيد للصّحّة ، نافع

salute/səˋlut/*v.t.*

1. (greet) حيّا ، سلّم على

2. (*mil.*) *also v.i. & n.* أدّى التّحيّة العسكريّة باليد أو بالسّيف أو بالمدفع ؛ تحيّة عسكريّة

the President took the salute تلقّى رئيس الدّولة التّحيّة (من الوحدات المارّة أمامه)

salvage/ˋsælvɪdʒ/*n.* إنقاذ ما تبقّى بعد حريق أو غرق

v.t. جمع المهملات للاستفادة منها

salvation/sælˋveɪʃən/*n.*

1. (saving) إنقاذ

2. (*relig.*) الخلاص (الرّوحيّ)

salve/sælv, sɑv/*n.* مرهم أو دهان طبّيّ للجروح

v.t. أراح ضميره (بالتّبرّع مثلاً)

same/seɪm/*adj. & n.* (الشّيء) نفسه أو ذاته ، نفس الشّيء

it's all the same to me سواء لديّ ، لا فرق عندي ، سيّان عندي

at the same time في الوقت ذاته ؛ مع ذلك ...

it comes to the same thing النّتيجة واحدة ، لا فرق في نهاية الأمر بين هذا وذاك

sample/ˋsɑmpəl/*n.* عيّنة (قماش) ، نموذج (نماذج)

v.t. إختبر ، ذاق (الطّعام) ، أخذ عيّنة من

sanatorium/ˋsænəˋtɔrɪəm/*n.* مصحّ (مصاحّ) ، مصحّة

sanctify/ˋsæŋktɪfɑɪ/*v.t.* قدّس ، طهّر ؛ كرّس

sanctimonious/ˋsæŋktɪˋməʊnɪəs/*adj.* مراءٍ ، متظاهر بالتّقوى ، منافق ، متصنّع القداسة

sanction/ˋsæŋkʃən/*n.*

1. (permission) *also v.t.* إذن رسميّ ، تصريح بالموافقة ، إستحسان ؛ إستحسن ، أقرّ ب

2. (penalty) عقوبة دوليّة

the Government applied economic sanctions فرضت الحكومة عقوبات اقتصاديّة على ...

sanctity/ˋsæŋktɪtɪ/*n.* قدسيّة ، قداسة ، حرمة

sanctuary/ˋsæŋktʃʊərɪ/*n.* مكان مقدّس ، محراب ؛ هيكل ؛ ملاذ

sand/sænd/*n. & v.t.* رمل (رمال) ؛ صنفر

sandal/ˋsændəl/*n.* نعل (نعال) ، حذاء خفيف للصّيف ؛ (خشب) الصّندل

sandbank/ˋsændbæŋk/*n.* تراكم رمليّ على قعر نهر أو بحر ، رصيف رمليّ ، جزرة (ع)

sandpaper/ˋsændpeɪpə(r)/*n. & v.t.* ورق زجاج ، ورق صنفرة أو سنبادة (ع) ، سنبادج (س) ؛ صنفر

sandwich/ˋsændwɪtʃ/*n.* شطيرة (شطائر) ، سندويش ، سندويتش ، سندويج

sandwich course برنامج دراسيّ تتخلّله فترات تدريب عمليّ في مصنع

sandy/ˋsændɪ/*adj.* رمليّ ؛ (شعر) أشقر ، أصهب

sane/seɪn/*adj.* ذو عقل سليم ؛ (سياسة) معقولة ، (حكم) صائب سديد

sang/sæŋ/*p.t. of* **sing**

sanguine/ˋsæŋgwɪn/*adj.* متفائل ، متوقّع للنّجاح ؛ متحمّس ؛ محمرّ (الوجه)

sanitary/ˋsænɪtrɪ/*adj.* صحّيّ ، نسبة إلى الوقاية الصّحّيّة

sanitary towel حفاظ الحيض (حفاظات ، أحفظة) ، فوطة صحّيّة (م) ، شمال (ع)

sanitation/ˋsænɪˋteɪʃən/*n.* أعمال صحّيّة عامّة ولا سيّما تنظيم تصريف مياه المجاري

sanity/ˋsænɪtɪ/*n.* رشد ، حكم سديد ، صحّة عقليّة ، أصالة الرّأي

sank/sæŋk/*p.t. of* **sink**

sap/sæp/*n.*

1. (*bot.*) نسغ ، عصارة

2. (*mil.*) خندق يحفر للتّسلّل

v.t. فتّ (ــُ) في عضده ، أوهنه ، أنهكه ، إستنزف قواه

sapling/ˋsæplɪŋ/*n.* شجرة في أوّل مراحل نموّها ؛ شابّ (شبّان)

sapper/ˋsæpə(r)/*n.* جنديّ نفر بسلاح المهندسين

sapphire/ˋsæfɑɪə(r)/*n.* حجر السّفير (الصّفير) ؛ أزرق لازورديّ

Saracen/ˋsærəsən/*n.* إسم أطلقه الصّليبيّون على المسلمين

sarcasm/ˋsɑkæzm/*n.* تهكّم ، سخرية

sarcastic/sɑˋkæstɪk/*adj.* تهكّميّ ، متهكّم ، ساخر

sarcophagus/sɑˋkofəgəs/*n.* ناووس ، تابوت حجريّ

sardine/sɑˋdin/*n.* سردين (سمك بحريّ صغير)

sash/sæʃ/*n.*

1. (belt) وشاح (أوشحة) ، زنّار (زنانير)

2. (of window) إطار النّافذة الخشبيّ المتحرّك شاقوليّاً

sat/sæt/*p.t. & p.p. of* **sit**

Satan/ˋseɪtən/*n.* شَيْطان ، إبْلِيس

satchel/ˋsætʃəl/*n.* حَقِيبة جِلْدِيّة في الغالِب تُعَلَّقُ على الكَتِف

satellite/ˋsætəlaɪt/*n.* قَمَرٌ يَدُورُ حَوْلَ كَوْكَب ، قَمَرٌ صِناعِيٌّ تابع ؛ مِن البُلْدان التّابِعة

satiate/ˋseɪʃɪeɪt/*v.t.* أَشْبَعَ ، أَتْخَمَ

satin/ˋsætɪn/*n.* (قُماش) ساتان ، أَطْلَس ؛

adj. ناعِم ، أَمْلَس ، مَصْنُوع مِن السّاتان

satire/ˋsætaɪə(r)/*n.* نَقْدٌ ساخِر ، طَعْنٌ لاذِع ، هِجاء ، أُهْجِية (أَهاجٍ)

satirical/səˋtɪrɪkəl/*adj.* اِنْتِقادِيّ ، ساخِر ، هِجائِيّ ، هَجْوِيّ

satirist/ˋsætərɪst/*n.* ناقِدٌ اجْتِماعِيّ ، هاجٍ ، هَجّاء

satirize/ˋsætɪraɪz/*v.t.* هَجا (يَهْجُو) ؛ نَقَدَ بِسُخْرِيّة

satisfaction/ˈsætɪsˋfækʃən/*n.*

1. (contentment) رِضًى ، اِرْتِياح ، اِقْتِناع ؛ تَطْمِين أو تَلْبِية (لِرَغْبة)

2. (compensation) (حَصَلَ على) تَرْضِية ، تَعْوِيض

satisfactory/ˈsætɪsˋfæktrɪ/*adj.* (تَحَسُّنٌ) مُرْضٍ ، (جَوابٌ) مُقْنِع لا بَأْسَ بِه

satisfy/ˋsætɪsfaɪ/*v.t.* أَشْبَعَ ، أَرْضَى ، أَقْنَعَ ؛ قَضَى (حاجَته) ؛ وَفَى (بالشُّرُوطِ اللّازِمة)

saturate/ˋsætʃəreɪt/*v.t.* أَشْبَعَ (مَحْلُولاً بالمِلْحِ مَثَلاً) ، نَقَعَ (ـَ)

saturation/ˈsætʃəˋreɪʃən/*n.* إشْباع ، تَشَبُّع

Saturday/ˋsætədɪ/*n.* (يَوْمُ) السَّبْت (سُبُوت)

Saturn/ˋsætən/*n.* زُحَل (كَوْكَبٌ سَيّار)

sauce/sɔs/*n.*

1. (relish) صَلْصة ، مَرَقٌ (حِرِّيف)

2. (*coll.* impudence) وَقاحة ، قِلّة حَياء ، سَفاهة

saucepan/ˋsɔspən/*n.* قِدْرٌ مَعْدِنِيّ له يَدٌ وَغِطاء ، طَنْجَرة (س) ، جِدْر (ع) ، كَسَرُونة (م)

saucer/ˋsɔsə(r)/*n.* صَحْنُ الفِنْجان ، طَبَقُ الشّاي

flying saucer صَحْنٌ (أو طَبَقٌ) طائِر

saucy/ˋsɔsɪ/*adj.* وَقِحٌ ، سَفِيه ، سَلِيطُ اللِّسان ، قَلِيلُ الحَياء ؛ (قُبَّعة) جَذّابة تَلْفِت الأنْظار

sauna/ˋsaʊnə/*n.* حَمّام بُخارِيّ فِنْلَنْدِيّ

saunter/ˋsɔnte(r)/*v.i.* مَشَى الهُوَيْنا ، سارَ على مَهَل

sausage/ˋsɒsɪdʒ/*n.* سُجُق ، مَقانِق ، نَقانِق

savage/ˋsævɪdʒ/*adj.* مُتَوَحِّش ، وَحْشِيّ ، هَمَجِيّ ؛

n. ضارٍ ، بِدائِيّ

v.t. مَزَّقَ (الحَيَوانُ فَرِيسَتَهُ) بِشَراسة

save/seɪv/*v.t.*

1. (rescue) نَجَّى ، أَنْقَذَ ، خَلَّصَ

2. (keep) *also v.i.* حَفِظَ (ـَ) ، أَبْقَى

save (up) money for a holiday اِدَّخَرَ مالاً لِلعُطْلة

3. (spare) أَغْنَى عَن

this will save you a lot of trouble سَيُغْنِيك هذا عَن كَثِيرٍ مِن العَناء

saving/ˋseɪvɪŋ/*adj.* بَنْد إضافِيّ فِيه تَحَفُّظ (قانون)

his saving grace was his sense of humour لَيْسَ ما يَشْفَعُ له غَيْرُ مَرَحِهِ وَخِفّةِ دَمِه

n. إنْقاذ ، تَنْجِية ؛ تَوْفِير

savings/ˋseɪvɪŋz/*n.pl.* مُدَّخَرات ، وَفْرٌ (مِن المال) ، (حِساب) التَّوْفِير

saviour/ˋseɪvɪə(r)/*n.* مُخَلِّص ، مُنَجٍّ ، مُنْقِذ ؛ نَعْتٌ لِلسَّيِّدِ المَسِيح

savour/ˋseɪvə(r)/*n.* مَذاقٌ ، طَعْمٌ ، نَكْهة

v.t. اِسْتَطابَ (طَعْمَ النَّبِيذِ مَثَلاً) ، اِسْتَطْعَمَ

v.i. with **of** نَمَّ (ـُ) عَنْ أو على ، اِنْطَوَى على

savoury/ˋseɪvərɪ/*adj.* ذُو مَذاقٍ مُشَهٍّ ، لاذِع وَمُمَلَّح ، مُقَبِّل

n. طَبَقٌ مُشَهٍّ حِرِّيف تُخْتَتَمُ بِهِ الوَجْبَةُ أحْياناً

saw[1]/sɔ/(*p.p.* **sawn**) *v.t. & i.* نَشَرَ (ـُ) (خَشَباً بِمِنْشار)

n. **1.** (tool) مِنْشار (مَناشِير)

2. (saying) قَوْلٌ مَأْثُور ، مَثَلٌ حَكِيم

saw[2]/sɔ/*p.t. of* **see**

sawdust/ˋsɔdʌst/*n.* نُشارة الخَشَب

sawmill/ˋsɔmɪl/*n.* مَصْنَعٌ لِنَشْرِ الأخْشاب ، مَنْشَر ، مَنْشَرة

saxophone/ˋsæksəfəʊn/*n.* ساكْسُفُون ، سَكْسِيّة (مُوسِيقَى)

say/seɪ/(*p.t. & p.p.* **said**) *v.t. & i.* قالَ (يَقُولُ) ، تَكَلَّمَ ، تَفَوَّهَ ، ذَكَرَ (ـُ) نَطَقَ (ـِ)

I say! Look what I've found يا أَللّه ! أُنْظُرْ ماذا وَجَدْتُ !

it goes without saying غَنِيٌّ عَن البَيان أنَّ ، هذا شَيْءٌ بَدِيهِيّ ، هذا مَفْهُوم

that is to say أيْ ، بِمَعْنَى أنَّ ، يَعْنِي

well said! أَحْسَنْتَ قَوْلاً ! حَسَناً قُلْتَ !

you don't say (so)! شَيْءٌ غَرِيب ! بِاللّه عَلَيك !

n. قَوْلٌ ، كَلامٌ ؛ رَأْيٌ

he had no say in the matter لَمْ يَكُنْ له أَمْرٌ ولا نَهْيٌ في المَوْضُوع ، لَمْ يَكُنْ له حَقٌّ إبْداءِ الرَّأْيِ في الأمْر

saying/ˋseɪɪŋ/*n.* قَوْلٌ مَأْثُور ، مَثَلٌ سائِر

scab/skæb/*n.* جُلْبة ، قِرْفة ، قِشْرة الجُرْح ؛ جَرَبُ الماشِية ؛ خارِجٌ على إضْرابِ العُمّال ، رافِضُ الانْضِمامِ إلى نَقابةِ عُمّال

scabbard/ˋskæbəd/*n.* غِمْدُ الخَنْجَر (أغْماد ، غُمُود) ، قِرابُ السَّيْف (قُرُب ، أقْرِبة)

scabby/ˋskæbɪ/*adj.* جَرِبٌ ، أَجْرَبُ ؛ (جُرْحٌ) ذُو قِشْرة يابِسة

scaffold/ˋskæfəld/*n.* مِشْنَقة (مَشانِقُ)

scaffolding/ˋskæfəldɪŋ/*n.* سِقالة ، صِقالة

scald/skɔld/*v.t.* سَمَطَ (ـُ) (بِسائلٍ يَغْلي)

n. سَمْطٌ

scale/skeɪl/*n.*

1. (*of fish*) حَرْشَف (حَراشِف) ، فَلْس (فُلُوس) ، سَفَط (أَسْفاط)

2. (*of balance*) كَفّة (مِيزان)

a pair of scales مِيزان ذُو كَفَّتَيْن

3. (series of degrees) السُّلَّمُ (الاِجْتِماعِيّ) ، جَدْوَلُ (الرَّواتِب) ، تَعْرِيفة (الأُجُور)

4. (*mus.*) السُّلَّمُ المُوسِيقِيّ

5. (system) النِّظامُ (العُشْرِيّ مَثَلاً)

6. (relative dimension) مِقْياس (مَقايِيسُ) (خَرِيطة مَثَلاً)

on a large scale على نِطاقٍ واسِع

v.t. **1.** (remove scales from) قَشَّرَ فُلُوسَ السَّمَكة ، نَزَعَ (ـَ) حَراشِفَها

2. (climb) تَسَلَّقَ (السُّورَ مَثَلاً)

3. (regulate) نَظَّمَ ، ضَبَطَ (ـِ) ، عَدَّلَ

scalp/skælp/*n.* فَرْوةُ الرَّأْس ، جِلْدةُ الرَّأْس مَعَ شَعْرِها

v.t. سَلَخَ جِلْدَةَ رَأْسِ عَدُوِّهِ

scalpel/ˈskælpəl/*n.* مِبْضَع (مَباضِعُ)

scaly/ˈskeɪlɪ/*adj.* (سَمَكٌ) حَرْشَفِيّ ؛ (مِرْجَلٌ) تَراكَمَتْ داخِلَهُ الرَّواسِبُ

scamp/skæmp/*n.* وَغْدٌ (أَوْغاد) ، نَصّاب ، شَقِيّ (تُقالُ مُداعَبَةً)

v.t. طَصْلَقَ العَمَلَ ، كَلْفَتَهُ (م) ، شَرْبَتَ العَمَلَ (ع) ، تَنْبَلَهُ (س)

scamper/ˈskæmpə(r)/*v.i.* جَرَى (يَجْرِي) ، هَرْوَلَ ، اِنْطَلَقَ مُسْرِعًا

scan/skæn/*v.t. & i.*

1. (analyse metre) قَطَّعَ أَبْياتَ الشِّعْر (عِلْمُ العَرُوض) ؛ اِنْطَبَقَ عَلَى مَوازِينِ العَرُوض

2. (scrutinize) فَحَصَ بِدِقّة وإِمْعان

3. (read quickly) تَصَفَّحَ (جَرِيدة)

4. (*T.V. & radar*) بَحَثَ مُسْتَعِينًا بالرّادار ، مَسَحَ الشّاشةَ التِّلِفِزْيُونِيّة وما إِلَيْها لِمَعْرِفة حَجْمِ الهَدَفِ وبُعْدِهِ

scandal/ˈskændəl/*n.* فَضِيحة (فَضائِحُ) ، عارٌ ، خِزْيٌ

scandalize/ˈskændəlaɪz/*v.t.* أَثارَ الاِشْمِئْزازَ والاِسْتِنْكارَ بِعَمَلٍ فاضِح

scandal-monger/ˈskændəl-mʌŋgə(r)/*n.* مُرَوِّجُ إِشاعات ، نَمّام ، ناشِرُ القِيلِ والقالِ ، مُتَقَوِّل

scandalous/ˈskændələs/*adj.* شائن ، مُشِين ، فاضِح ، مُثِيرٌ لِلاِشْمِئْزاز

scansion/ˈskænʃən/*n.* وَزْنُ الشِّعْر ، تَقْطِيعُ الشِّعْر

scant/ˈskænt/*adj.* يَسِيرٌ ، زَهِيدٌ ، طَفِيفٌ ، ضَئِيلٌ

he paid scant attention to her advice لَمْ يُعِرْ نُصْحَها الاِنْتِباهَ اللاّئِق

scanty/ˈskæntɪ/*adj.* (مَحْصُول) هَزِيل ، ضَئِيل ، زَهِيد

scapegoat/ˈskeɪpgəʊt/*n.* كَبْشُ الفِداء ، كَبْشُ المَحْرَقة

scar/skɑ(r)/*n.* نَدْبة (نُدُوب) ، أَثَرُ جُرْحٍ

v.t. & i. أَنْدَبَ ؛ اِلْتَأَمَ الجُرْحُ تارِكًا نَدْبةً

scarab/ˈskærəb/*n.* جُعْران (جِنْسُ خَنافِسَ مِن الجُعْلِيّات) ، جُعْل

scarce/skeəs/*adj.*

1. (in short supply) نادِر ، غَيْرُ مُتَوَفِّر

2. (*coll.*)

I'm busy, make yourself scarce أَنا مَشْغُول – اِنْسَحِبْ (ع) ، اِبْعِد (م) ، اِنْصَرِف !

scarcely/ˈskeəslɪ/*adv.* بِالكاد

I scarcely know him مَعْرِفَتي بِهِ ضَئِيلة ، أَكادُ لا أَعْرِفُهُ

scarcity/ˈskeəsətɪ/*n.* نُدْرة ، قِلّة ، نَقْصٌ

scare/skeə(r)/*v.t.* أَخافَ ، أَرْعَبَ ، أَفْزَعَ ، أَرْهَبَ

n. فَزَعٌ ، رُعْبٌ ، خَوْفٌ ، ذُعْرٌ ، خَضَّة

scarf/skɑf/(*pl.* **scarves**/skɑvz/) *n.* وِشاح (أَوْشِحة) ، لَفّاف (ع) ، إِيشارْب (م ، س)

scarlet/ˈskɑlət/*adj. & n.* قِرْمِزِيّ ، اللَّوْنُ القِرْمِزِيّ

scarlet fever الحُمَّى القِرْمِزِيّة

scathing/ˈskeɪðɪŋ/*adj.* (نَقْد) مَرِير لاذِع ، قارِص

scatter/ˈskætə(r)/*v.t.*

1. (sprinkle) نَثَرَ (ـُ) (البُذُور) ، ذَرَّ (ـُ)

2. (disperse) *also v.i.* شَتَّتَ ، فَرَّقَ ، تَفَرَّقَ

scatty/ˈskætɪ/*adj.* (*coll.*) طائِش ، أَبْلَهُ (بُلْهٌ) ، مَخْبُول ، مَجْنُون (مَجانِينُ) ، مَعْتُوه (مَعاتِيهُ)

scavenge/ˈskævɪndʒ/*v.t. & i.* فَتَّشَ في قُمامة الشَّوارِع (لأَخْذِ أَشْياءَ قَدْ تُفِيدُه) ؛ (حَيَوانٌ) يَقْتاتُ مِنْ لُحُوم حَيَوانات مُتَفَسِّخة

scavenger/ˈskævɪndʒə(r)/*n.* (حَيَوانٌ) يَقْتاتُ مِن الجُثَثِ المُتَفَسِّخة ؛ شَخْصٌ يُفَتِّشُ في القُمامة (لأَخْذِ أَشْياءَ قَدْ تُفِيدُه)

scene/sin/*n.*

1. (place) مَكانٌ ، مَوْضِع

the scene of the crime مَكانُ اِرْتِكابِ الجَرِيمة

2. (*theatr.*) مَشْهَدٌ في فَصْلٍ (مِن مَسْرَحِيّة تَمْثِيلِيّة)

behind the scenes (*fig.*) في الخَفاء ، وَراءَ الكَوالِيس

3. (spectacle) مَنْظَرٌ طَبِيعِيّ

4. (emotional outburst) ثَوْرة ، هِياجٌ عاطِفِيّ ، فَوْرةُ غَضَب

what a scene she made! أَقامَت الدُّنْيا وأَقْعَدَتْها ، ثارَتْ ثائِرَتُها

scenery/ˈsinərɪ/*n.*

1. (*theatr.*) المَناظِر أي الأجْهِزة التي يُقامُ بِها المَشْهَدُ فَوْقَ خَشَبةِ المَسْرَح
2. (landscape) مَنْظَرٌ طَبيعيٌّ جَميل

scenic/ˈsinɪk/*adj.* نِسْبة إلى المَناظِر الطَّبيعيّة والمَسْرَحيّة

scent/sent/*n.*
1. (smell) رائِحة (رَوائِحُ) ، عَبَق ، أرِيج
2. (trail) أثَر (آثار) ، (تَعَقُّب) آثارَ (حيوانٍ مَثَلًا)

he tried to throw us off the scent حاوَلَ تَضْليلَنا ، حاوَلَ أنْ يُمَوِّهَ عَلَيْنا إخْفاءً لِهَدَفِهِ الحَقيقيّ

3. (sense of smell) حاسَّةُ الشَّمّ
4. (perfume) طِيبٌ (طُيوب) ، عِطْر (عُطور) ، عَبير

v.t.
1. (detect) شَمَّ (ـُ) ، تَشَمَّمَ ، أحَسَّ (أنّ في الأمْرِ سِرًّا)
2. (perfume) عَطَّرَ ، طَيَّبَ ، ضَمَّخَ

sceptic/ˈskeptɪk/*n.* مَنْ يَتَّبِعُ مَذْهَبَ الشَّكّ في الفَلْسَفة ، ارْتِيابيّ ، شُكوكيّ

sceptical/ˈskeptɪkəl/*adj.* شاكٌّ ، شُكوكيّ

sceptre/ˈseptə(r)/*n.* صَوْلَجانُ (المُلْك) ، مِخْصَرة

schedule/ˈʃedjul/*n.* جَدْوَل (جَداوِلُ) ، بَيانٌ ، كَشْفٌ ، مَنْهَجُ عَمَلٍ

the train arrived on schedule وَصَلَ القِطارُ في مِيعادِهِ

scheme/skim/*n.* خُطّة (خُطَط) ، مَشْروع (مَشاريع) ، تَرْتيب

v.i. & t. تآمَرَ ، دَبَّرَ (مَكيدة) ، دَسَّ (ـُ)

scholar/ˈskolə(r)/*n.*
1. (schoolboy) تِلْميذ (تَلاميذُ) في مَدْرَسة (اسْتِعْمالٌ قَديم)
2. (student holding a scholarship) طالِبٌ حُظِيَ بِمِنْحةٍ ماليّةٍ للدِّراسة في الجامِعة ، صاحِبُ مِنْحة
3. (learned person) عالِمٌ (عُلَماءُ) ، عَلّامة ، حُجّة ، ثِقةٌ (ثِقاتٌ) ، مِن أهْلِ العِلْم

scholarly/ˈskoləlɪ/*adj.* دالٌّ عَلى اطِّلاعٍ واسِع ، مُتَبَحِّرٌ في العِلْم ، أكاديميّ

scholarship/ˈskoləʃɪp/*n.*
1. (learning) عِلْمٌ واسِع ، سَعَةُ اطِّلاع
2. (grant won in competition) مِنْحة دِراسيّة (لِلناجِحِ في مُسابَقة)

scholastic/skəˈlæstɪk/*adj.* دِراسيّ ، مَدْرَسيّ ، تَعْليميّ

school/skul/*n.*
1. (teaching institution) مَدْرَسة (مَدارِسُ) ، مَدْرَسة فِكْريّة
2. (shoal) سِرْبٌ (أسْراب) (مِنَ الأسْماك مَثَلًا)

v.t. دَرَّبَ ، مَرَّنَ ، رَوَّضَ (نَفْسَه مَثَلًا)

schoolboy/ˈskulbɔɪ/*n.* تِلْميذُ (مَدْرَسة) (تَلاميذُ ، تَلامِذة)

schoolgirl/ˈskulgɜl/*n.* تِلْميذة

schooling/ˈskulɪŋ/*n.* تَدْريس ، دِراسة ، تَعْليم

schoolmaster/ˈskulmastə(r)/*n.* مُعَلِّم

schoolmistress/ˈskulmɪstrəs/)*n.* مُعَلِّمة

schoolteacher/ˈskultitʃə(r)/*n.* مُعَلِّمُ مَدْرَسة

schooner/ˈskunə(r)/*n.* مَرْكَبٌ ذو شِراعَيْنِ أو أكْثَر ، كأسٌ طَويلة للشَّراب

sciatica/saɪˈætɪkə/*n.* ألَمُ العَصَبِ الوَرِكيّ ، عِرْقُ النَّسا

science/ˈsaɪəns/*n.* عِلْمٌ (عُلوم) ولا سِيَّما العِلْم التَّجْريبيّ المُنَظَّم القائم عَلى المُلاحَظة

science fiction القَصَصُ الخَياليُّ العِلْميّ

scientific/ˈsaɪənˈtɪfɪk/*adj.* عِلْميّ ، حَسَبَ المَبادِئِ العِلْميّة

scientist/ˈsaɪəntɪst/*n.* عالِمٌ (عُلَماء) (في العُلوم الطَّبيعيّة)

scintillate/ˈsɪntɪleɪt/*v.i.* تَلألأ ، تألَّقَ ، بَرَقَ (ـُ) ، سَطَعَ (ـَ)

scissors/ˈsɪzəz/*n. pl.* مِقَصٌّ (مَقاصّ) ، مِقْراض (مَقاريضُ)

scoff/skof/*v.i. with* **at** اسْتَهْزأ بِـ ، تَهَكَّمَ بِـ أو على ، سَخِرَ (ـَ) مِن

v.t. (*sl.*) ازْدَرَدَ أوِ الْتَهَمَ (طَعامه)

scold/skəʊld/*v.t. & i.* وَبَّخَ ، أنَّبَ ، لامَ (يَلومُ)

his mother scolded him for being late عَنَّفَتْه أمُّه لِتأخُّرِه

scolding/ˈskəʊldɪŋ/*n.* تَعْنيف ، تَوْبيخ

scoop/skup/*n.*
1. (shovel) مِغْرَفة ، مِجْرَفة ، مِجْراف
2. (exclusive news) سَبْقٌ صُحُفيّ ، خَبَرٌ هامٌّ سَبَقَتْ صَحيفةٌ غَيْرَها بِنَشْرِه

v.t. 1. (lift with scoop) قَوَّرَ ، جَوَّفَ ، جَرَفَ (ـِ) ، غَرَفَ (ـِ) (بالمِغْرَفة)
2. (gain) فازَ بِسَبْقٍ صُحُفيّ أو بِصَفْقة تِجاريّة

scooter/ˈskutə(r)/*n.*
1. (toy) دَرّاجة للأطْفال ذاتُ عَجَلَتَيْنِ مُرْتَبِطَتَيْنِ بِلَوْحٍ تُسَيَّرُ بِرِجْلٍ واحِدة
2. (motor scooter) سكوتَر ، دَرّاجة ناريّة مُنْخَفِضة يَجْلِسُ سائِقُها غَيْرَ مُفَرْشِخ

scope/skəʊp/*n.* مَجالٌ ، نِطاقٌ ، مَدًى ، حَيِّزٌ ، حَيْزٌ

scorch/skɔtʃ/*v.t.* لَفَحَ (ـَ) ، شَيَّطَ ، كَوَى (يَكْوي) ، شَعْوَطَ (م ، ع)

v.i. 1. (be burnt) اصْطَلَى ، شاطَ (يَشوط) ، اكْتَوَى
2. (*coll.* drive very fast) قادَ السَّيّارةَ بِسُرْعةٍ بالِغة ، داس بَنْزين زايِد (ع) ، دَعَس بَنْزين عالآخِر (س)

score/skɔ(r)/*n.*
1. (scratch) خَدْشٌ ، خَمْشٌ (خُموش)
2. (*in game*) إحْرازُ (نُقْطة) ، تَسْجيلُ (هَدَف)
3. (reckoning) (دَفْع) الحِساب

I have an old score to عَلَيَّ حِساب لازِم أُصَفّيه مَعَه

settle with him بَيْني وَبَيْنَهُ ثَأْرٌ قَدِيم لابُدَّ مِنْ أَخْذِه
4. (basis) أَساسٌ
on the score of عَلَى أساسِ أنَّ
5. (*mus.*) النَّصُّ المُوسيقِيّ
6. (twenty) عِشْرُون (سَنَةً مَثَلاً)
v.t. & i. **1.** (notch) خَدَشَ (ـِ)
2. (record points) سَجَّلَ أو دَوَّنَ الإصابات أو النِّقاط
3. (make points) أَحْرَزَ هَدَفًا أو نُقْطةً
4. (mark) شَطَبَ (ـُ) أو وَضَعَ خَطًّا تَحْتَ عِبارة
5. (*mus.*) أَعَدَّ النُّوتةَ المُوسيقِيّة

scorer/ˈskɔrə(r)/*n.* الحائِزُ (على النِّقاطِ والأَهْداف) أو مُسَجِّلُها ، هَدّافٌ في كُرةِ القَدَم

scorn/skɔn/*n.* اِزْدِراء ، اِسْتِهْزاء ، اِحْتِقار
v.t. اِسْتَخَفَّ بِـ ، اِزْدَرَى بِـ ، اِسْتَهْزَأَ بِـ ، اِحْتَقَرَ ، اِسْتَهانَ بِـ

scornful/ˈskɔnfəl/*adj.* مُزْدَرٍ ، مُحْتَقِرٌ ، مُسْتَخِفٌّ

scorpion/ˈskɔpɪən/*n.* عَقْرَبٌ (عَقارِبُ)

Scotch/skotʃ/*adj. & n.* اسكتلَنْدِيّ ؛ وِيسْكِي

scoundrel/ˈskaʊndrəl/*n.* وَغْدٌ (أَوْغاد) ، نَذْلٌ (أَنْذال) ، نَصّاب

scour/ˈskaʊə(r)/*v.t.* فَرَكَ (ـُ) (وِعاءً) لِتَنْظِيفِه ، كَشَطَ (ـُ)
1. (clean) نَظَّفَ (إناءً مَثَلاً بِمَسْحُوقٍ بِقُوّة) ، كَشَطَ (ـُ)
2. (search) طافَ (يَطُوفُ) مُنَقِّبًا عَن ، جابَ (يَجُوبُ) بَحْثًا عَن ، نَقَّبَ

scourge/skɜdʒ/*v.t.* ساطَ (يَسُوطُ) ، جَلَدَ (ـِ)
n. **1.** (whip) سَوْطٌ (سِياط) ، مِجْلَدة ، مِقْرَعة ، كُرْباج
2. (affliction) كارِثة (كَوارِث) ، نَكْبة ، آفة ، داهِية دَهْماء

scout/skaʊt/*n.* كَشّاف ، عُضْوٌ في الكَشّافة ؛ خادِم في كُلِّيةٍ بِجامِعة أُكْسفورد
v.i. اِسْتَكْشَفَ ، اِسْتَطْلَعَ

scowl/skaʊl/*v.i.* عَبَسَ (ـِ) ، تَجَهَّمَ وَجْهُه ، قَطَّبَ
n. تَجَهُّم ، تَقْطِيب ، عُبُوس

scramble/ˈskræmbəl/*v.i.*
1. (crawl) زَحَفَ (ـَ) (فَوْقَ أَرْضٍ وَعْرة) ، دَبَّ (ـِ) ، تَسَلَّقَ عَلَى الأَرْبَع
2. (struggle for) تَدافَعُوا بالمَناكِب
v.t. **1.** (mix up) خَلَطَ (ـِ)
scrambled egg بَيْضٌ يُطْبَخُ مَخْفُوقًا بالحَلِيب والزُّبْد
2. (make unintelligible) شَوَّشَ مُكالَمةً تَلِيفُونِيّةً بِجِهازٍ خاصّ (لِحِفْظِ سِرِّيَّتِها)
n. تَدافُعُ (الرُّكّابِ مَثَلاً) أو تَزاحُمُهُم (لاِحْتِلالِ مَقاعِدِ القِطار مَثَلاً)

scrap/skræp/*n.*
1. (fragment) قِطْعة صَغِيرة ، قُصاصة
2. (waste) نُفاية ، سَقَطٌ
scrap iron نُفايةُ حَدِيد ، حَدِيد خُرْدة (عامِّيّة)

3. (*coll.* fight) *also v.i.* عِراك (ع ، م) ، شِجارٌ بالأَيْدِي ؛ عَرْكة (ع ، م) ، خُناقة (س) ؛ عارَكَ ، تَعارَكَ

scrape/skreɪp/*v.t.*
1. (scratch) كَشَطَ (ـُ) ، حَكَّ (ـُ) ، اِحْتَكَّ بِـ
he scraped the bottom of the barrel لَجَأَ إلَى اسْتِخْدامِ الأَصْنافِ الرَّدِيئة لِسَدِّ حاجَتِه
2. (gain with difficulty) *also v.i.* حَصَلَ بِصُعُوبة على
the peasant scraped a living from the land بِالكادِ سَدَّ الفَلّاحُ رَمَقَهُ مِنَ الزِّراعة
he scraped through his examination نَجَحَ في الاِمْتِحان بِصُعُوبة أو على الحُرُكْرُك (م) ، عَلْحافّة (ع)
n. **1.** (scraping) اِحْتِكاك ، صَوْتُ الكَشْط
2. (predicament) وَرْطة (بِسَبَبِ الأَعْمال مَثَلاً)
that boy is always getting into scrapes يَقَعُ ذاك الوَلَدُ في المآزِق دائِمًا ، يَجْلِبُ على نَفْسِه المَتاعِب

scrap-heap/ˈskræp-hip/*n.* رُكام النُّفايات

scratch/skrætʃ/*v.t. & i.*
1. (scrape) خَدَشَ (ـِ) ، حَكَّ (ـُ)
2. (withdraw) سَحَبَ (ـَ) ، شَطَبَ (ـُ) على ، أَلْغى (المُباراةَ مَثَلاً)
the owner scratched his horse سَحَبَ صاحِبُ الفَرَسِ فَرَسَهُ مِن السِّباق
n. **1.** (mark) خَدْش ، حَكٌّ ، خَرْبَشة ، صَرِيرُ القَلَم
2. (base-line) نُقْطةُ الاِنْطِلاق في السِّباق
he had to start from scratch كانَ عَلَيْه أنْ يَبْدَأَ مِنْ لا شَيْء
3. (standard) المُسْتَوَى المَطْلُوب
your work is not up to scratch عَمَلُك دُونَ المُسْتَوَى المَطْلُوب

scrawl/skrɔl/*v.t. & i.* خَرْبَشَ ، شَخْبَطَ
n. خَرْبَشةٌ ، شَخْبَطةٌ

scream/skrim/*n.* صَيْحة ، صَرْخة ، زَعْقة ؛ (إنّه) مُضْحِك ، تَرْكِيبة (س)
v.i. & t. صاحَ (يَصِيحُ) ، صَرَخَ (ـُ) ، زَعَقَ (ـَ)

screech/skritʃ/*v.i. & t. & n.* أَطْلَقَ صَرْخةً عالِية ؛ صُراخٌ حادٌّ (نَتِيجةَ الفَزَع) ، عَوِيل

screen/skrin/*n.*
1. (framework) سِتار (سَتائِرُ) ، حاجِز (حَواجِزُ)
2. (*for films*) شاشةُ عَرْضٍ في السِّينَما أو التِّلِفِزْيُون
3. (sieve) غِرْبالٌ كَبِيرٌ لِغَرْبَلةِ الحَصى
v.t. **1.** (shelter) سَتَرَ (ـُ) ، حَجَبَ (ـُ)
2. (show on screen) عَرَضَ فِلْمًا على الشّاشة
3. (grade, sift) غَرْبَلَ (الحَصَى) بِغِرْبالٍ كَبِير
4. (investigate) تَحَقَّقَ مِن صَلاحِيّةِ فُلانٍ (لِلدُّخُولِ إلَى بَلَدٍ مُعَيَّن أو لِلاِنْتِماءِ إلَى سِلْكٍ خاصّ)

screw/skru/*n.*
1. (*in carpentry*) مِسْمارٌ لَوْلَبِيٌّ أو مُلَوْلَب ، بُرْغِيٌّ (بَراغِيّ)
2. (propeller) دَاسِر (دَواسِرُ) ، مِرْوَحة السَّفِينة ، رَقّاصُ الباخِرة
3. (twist on a ball) اِنْفِتال الكُرة أثْناءَ انْطِلاقِها
v.t. **1.** (fasten with screw) ثَبَّتَ بِمِسْمارٍ مُلَوْلَب (أو بِبُرْغِيٍّ)
he screwed a latch on the door ثَبَّتَ سَقّاطةً على البابِ بِالبَراغِيّ
2. (twist) شَدَّ أو ضَيَّقَ بَرِيمةً
he screwed up his courage جَمَعَ أطْرافَ شَجاعَتِهِ ، شَدَّ حَيْلَهُ ، شَمَّرَ عَن ساعِدِ الجِدِّ ، اِسْتَجْمَعَ كُلَّ قُواه
she screwed the lid on the jar أحْكَمَتْ سَدَّ الغِطاءِ اللَّوْلَبِيِّ عَلَى الزُّجاجة
screw-driver/ 'skru-draɪvə(r)/ *n.* مِفَكٌّ (لِلبَراغِي) ، دَرْنَفِيس (ع) ، مِلْوَى البَراغِي (م)
philips screw-driver مِفَكٌّ البَراغِي المُحَدَّدةِ الرَّأس بِشَكْلِ خَطَّيْنِ مُتَقاطِعَيْن ، مِفَكٌّ مُرَبَّع
scribble/'skrɪbəl/*v.t. & i.* شَخْبَطَ ، خَرْبَشَ
n. شَخْبَطة ، خَرْبَشة
scribe/skraɪb/*n.* ناسِخُ مَخْطُوطات ، كاتِب (كُتّاب)
script/skrɪpt/*n.*
1. (text) نَصٌّ مُدَوَّن
2. (handwriting) شَكْلٌ جَمِيلٌ مِن أشْكالِ خَطِّ اليَد
scripture/'skrɪptʃə(r)/*n.* الكِتابُ المُقَدَّس
script-writer/ 'skrɪpt-raɪtə(r)/*n.* كاتِبُ الحِوارِ لِلإذاعة أو الأفْلام
scroll/skrəʊl/*n.*
1. (manuscript) دَرْجٌ اُسْطُوانِيٌّ لِلكِتابة ، لَفِيفة مِن الرَّقِّ أو وَرَقِ البَرْدِيّ ، طُومار (طَوامِيرُ)
2. (ornament) زَخْرَفة حَلَزُونِيّة أو لَوْلَبِيّة الشَّكْل (فَنُّ العِمارة)
scrounge/skraʊndʒ/*v.t. & i.* اِخْتَلَسَ ، سَفْلَقَ ، تَطَفَّلَ
scrounger/ 'skraʊndʒə(r)/*n.* مَنْ يَعِيشُ على حِسابِ غَيْرِهِ ، مُخْتَلِسُ أشْياءَ زَهِيدةِ القِيمة ، طُفَيْلِيٌّ
scrub/skrʌb/*v.t. & i.*
1. (clean) دَعَكَ بِفُرْشاةٍ خَشِنة لِلتَّنْظِيف
2. (*coll.* cancel) أَلْغَى ، أبْطَلَ
n. **1.** (a hard rub with a brush) دَعْكٌ ، حَكٌّ
2. (brushwood) شُجَيْراتٌ قَصِيرةٌ وكَثِيفة
scruff/skrʌf/*n.* قَفًا ، مُؤَخَّرُ العُنُق
he seized him by the scruff of his neck أخَذَهُ بِتَلابِيبِه ، أمْسَكَ بِخِناقِهِ
scruffy/'skrʌfɪ/*adj.* (*coll.*) مُهَلْهَل ، مُبَهْدَل ، وَسِخ
scruple/'skrupəl/*n.* وَزْنٌ يُعادِلُ عِشْرِينَ قَمْحة ؛ وَخْزُ الضَّمِير ، وَسْوَسة
v.i. تَوَرَّعَ عن ، تَرَدَّدَ ، رَدَعَه (ـُ) ضَمِيرُه
scrupulous/'skrupjʊləs/ *adj.* مُتَوَرِّع ، ذُو ضَمِير ؛ شَدِيدُ التَّدْقِيقِ والأمانة
scrutinize/'skrutɪnaɪz/*v.t.* فَحَصَ (ـَ) بِدِقّة وعِناية
scrutiny/'skrutɪnɪ/*n.* فَحْصٌ دَقِيق ؛ إعادة فَرْزِ الأصْوات
scuffle/'skʌfəl/*v.i.* تَعارَكَ ، تَشاجَرَ
n. شِجارٌ ، مُشاجَرة
scull/skʌl/*n.* أحَدُ مِجْذافَيْ زَوْرَق
v.i. حَرَّكَ الزَّوْرَقَ بِمِجْذافَيْن
scullery/'skʌlərɪ/*n.* حُجْرةٌ صَغِيرة لِغَسْلِ الأطْباقِ مُجاوِرةٌ لِلمَطْبَخ
sculptor/'skʌlptə(r)/*n.* نَحّات ، مَثّال
sculptress/'skʌlptres/*n.* نَحّاتة ، مَثّالة
sculpture/'skʌlptʃ(ə)r/*n.*
1. (art) فَنُّ النَّحْت
2. (works of art) تِمْثال (تَماثِيل)
scum/skʌm/*n.* رَغاوٍ عَلَى سَطْحِ سائلٍ يَغْلِي ، زَبَدٌ
the scum of the earth حُثالة المُجْتَمَع ، مِن السُّوقة ، رُذالة النّاس
scurf/skɜf/*n.* قِشْرة الرَّأس ، هِبْرِيَّة
scurrilous/'skʌrɪləs/*adj.* (هُجُومٌ) مُقْذِع ، فاحِش ، بَذِيء
scurry/'skʌrɪ/*v.i. & n.* اِنْطَلَقَ مُهَرْوِلًا ؛ هَرْوَلة ؛ إعْصار (غُبار)
scurvy/'skɜvɪ/*n.* داءُ الإسْقَرْبُوط ، داءُ الحَفَر
adj. (تَصَرُّفٌ) دَنِيء ، (مُعامَلة) مُشِينة
scuttle/'skʌtəl/*n.*
1. (coal-scuttle) وِعاءٌ (مَعْدِنِيٌّ) كَبِير ، سَطْلٌ (سُطُول)
2. (opening on ship) كُوَّةٌ ذاتُ غِطاءٍ بِجانِبِ سَفِينةٍ أو في سَطْحِها أو في قاعِها
v.t. أغْرَقَ سَفِينةً عَمْدًا بِفَتْحِ كُوّةٍ أو كُوًى في قاعِها
v.i. اِنْطَلَقَ مُهَرْوِلًا ، هَرَبَ مُسْرِعًا
scythe/saɪð/*n. & v.t.* مِنْجَلٌ كَبِيرٌ طَوِيلُ النَّصْل ، مِحْصَد ؛ حَشَّ (ـُ) ، قَطَعَ بِالمِنْجَل
sea/si/*n.* بَحْرٌ (بُحُور ، أبْحُر ، بِحار) ، يَمٌّ (يُمُوم)
he is all at sea إنّه حائِرٌ في أمْرِهِ مُرْتَبِكٌ كُلَّ الارْتِباك
he went to sea صارَ بَحّارًا ، اِلْتَحَقَ بِالبَحْرِيّة
sea-gull/'si-gʌl/*n.* نَوْرَسُ البَحْر ، زُمَّجُ الماء (طائِر)
seal/sil/*n.*
1. (*mammal*) فُقْمة ، فُقَمة ، عِجْلُ البَحْر
2. (stamp) خَتْمٌ (أخْتام) ، مُهْر
v.t. **1.** (close) سَدَّ (ـُ) ، أغْلَقَ ، قَفَلَ (ـِ)
2. (stamp) خَتَمَ (ـِ) ، مَهَرَ (ـَ)
sea-level/'si-levəl/*n.* مُسْتَوًى أو مَنْسُوبُ البَحْر
sealing-wax/'silɪŋ-wæks/*n.* شَمْعُ الخَتْم
seam/sim/*n.*

1. (join) دَرْز (دُروز) ، خَطُّ الخِياطة (الدّاخِليّة) في قِطْعَتَيْ قُماش

2. (layer) عِرْقٌ مَعْدِنيّ (في مَنْجَم) (عُروق) ، طَبقة (طِين مَثَلاً)

v.t. 1. (stitch up) دَرَزَ (ـُ) ، خاطَ (يَخِيط) ، خَيَّطَ

2. (furrow *fig.*) خَدَّ (ـُ)

his face was deeply seamed كانَ وَجْهُه مَليئًا بالتَّجاعيد ، قد تَخَدَّدَ لَحْمُ وَجْهِه

seaman/'simən/*n.* بَحّار (بَحّارة) ، مَلّاح ، نُوتيّ (نُوتيّة)

seamy/'simɪ/*adj. usu. fig. in*

the seamy side of life الجانِبُ السَّيِّئُ مِن الحَياة (كالبُؤْسِ والشَّقاء والجَريمة)

sear/sɪə(r)/*v.t.* لَفَحَهُ (الحَرُّ الشَّديد)

search/s3tʃ/*v.t.* فَتَّشَ (جُيُوبَه) ، نَقَّبَ عَن

search me! (*coll.*) اللّٰهُ أَعْلَم ، عِلْمي عِلْمك (م ، س) شمعْرِفْني (ع) ، شُو بيعَرِّفْني (س)

v.i. بَحَثَ (ـَ) عَن

n. بَحْثٌ ، تَفْتِيشٌ ، تَنْقِيب

searching/'s3tʃɪŋ/*adj.* (نَظْرة) فاحِصة ، ثاقِبة ، (نَظَرٌ) مُمْعِنٌ ، مُسْتَقْصٍ

searchlight/'s3tʃlɑɪt/*n.* ضَوْءٌ كَشّاف

search-warrant/'s3tʃ-worənt/ *n.* أَمْرُ تَفْتِيش (أُصْدِرَ بِاسْمِ الدَّوْلة)

sea-shell/'si-ʃel/*n.* صَدَفةٌ (صَدَف) ، قَوْقَعة (قَواقِعُ) بَحْرِيّة

sea-shore/'siʃɔ(r)/*n.* شاطِئُ البَحْر ، ساحِلُ (البَحْر)

seasick/'sisɪk/*adj.* مُصابٌ بِدُوار البَحْر ، مُعانٍ مِن دَوْخة البَحْر

seaside/'sisɑɪd/*n.* (مَصِيف) بَحْرِيّ (مَصايِف) ، شاطِئُ البَحْر

season/'sizən/*n.* مَوْسِم (مَواسِمُ) ، فَصْلٌ (فُصُول)

in/out of season في مَوسِمه ؛ في غَيْرِ مَوْسِمِه

v.t. 1. (flavour) تَبَّلَ الطَّعامَ (بالمِلْحِ والفُلْفُلِ مَثَلاً) ، طَيَّبَ (الطَّعام)

2. (mature) أَعَدَّ إعْدادًا صَحِيحًا

seasoned troops جُنُودٌ لَهُم خِبْرَةٌ بالحَرْب ، قِطَع مُدَرَّبة

seasoned wood خَشَبٌ مُجَفَّف صالِحٌ لِلنِّجارة

seasonable/'sizənəbəl/*adj.* في الوَقْتِ المُناسِب ، جاءَ في أَوانِه

seasonal/'sizənəl/*adj.* مَوْسِمِيّ ، فَصْلِيّ

seasoning/'sizənɪŋ/*n.* تَتْبِيلُ (الطَّعام) ، تَطْيِيب ، تابِلٌ (تَوابِل)

season-ticket/'sizən-tɪkɪt/*n.* بِطاقةُ اشْتِراك (في أُوتُوبِيس أو قِطار مَثَلاً) ، أَبُونيه (م)

seat/sit/*n.*

1. (*for sitting on*) مَقْعَد (مَقاعِدُ)

is this seat taken? هَل هذا المَقْعَدُ مَحْجُوز ؟

2. (posterior) رِدْف (أَرْداف) ، عَجُز (أَعْجاز)

the seat of the trousers مَقْعَدُ البَنْطَلُون

3. (centre) مَرْكَز ، مَقَرّ

the seat of government مَقَرُّ الحُكومة ، مَرْكَزُ الدَّوْلة

the seat of the pain مَصْدَرُ الأَلَم

v.t. أَجْلَسَ ، أَقْعَدَ

this coach seats fifty people تَتَّسِعُ هذه الحافِلة لِخَمْسِين راكِبًا

seat-belt/'sit-belt/*n.* حِزامُ المَقْعَد (في طائِرة أو سَيّارة)

seaweed/'siwid/*n.* أَعْشاب بَحْرِيّة (تَنْمُو على الصُّخُور غالِبًا)

secateurs/'sekət3z/*n. pl.* مِقْراض ، مِقَصُّ تَقْلِيم (مَقاصّ)

secede/sɪ'sid/*v.i.* اِنْشَقَّ عَنْ (حِزْبٍ) ، اِنْفَصَلَ

secession/sɪ'seʃən/*n.* اِنْشِقاق ، اِنْفِصال (سِياسِيّ)

seclude/sɪ'klud/*v.t.* عَزَلَ (ـِ) ، أَبْعَدَ ، حَجَبَ (ـِ)

he led a secluded life عاشَ حَياةَ عُزْلة

seclusion/sɪ'kluʒən/*n.* اِنْعِزال ، عُزْلة ، اِنْفِراد ، خَلْوة

second/'sekənd/*adj.*

1. (next after first) ثانٍ ، الثّاني

second cousin مِن أَبْناءِ عُمومةِ الوالِدِين أو أَخْوالِهِم

second to none لا مَثِيلَ له

second person singular الشَّخْصُ المُخاطَب (قَواعِدُ اللُّغة)

2. (another) إضافِيّ ، آخَرُ

second thoughts تَغْيِيرُ الرَّأْيِ بَعْدَ التَّفْكِيرِ في الأَمْر

n. 1. (filling second place) الثّاني في التَّرْتِيب

he got a second نَجَحَ بِتَفَوُّقٍ مِن الدَّرَجة الثّانِية في امْتِحانِ الجامِعةِ النِّهائِيّ

2. (helper) مُساعِدٌ (المُلاكِمِ مَثَلاً) ، ظَهِيرُه

3. (*pl.* imperfect goods) بَضائِعُ مِن الدَّرَجةِ الثّانِية

4. (measure of time) ثانِية (ثَوانٍ)

second hand عَقْرَبُ الثَّوانِي

5. (measure of angle) ثانِية ، جُزْءٌ مِنْ سِتِّينَ مِنَ الدَّرَجة للزَّوايا (هَنْدَسة)

v.t. 1. (support) أَيَّدَ (الاقْتِراح) ، عاضَدَهُ

2./sɪ'kond/(transfer) أَعارَ خَدَماتِ مُوَظَّفٍ لِجِهةٍ أُخْرَى مُؤَقَّتًا

adv. في المَوْضِعِ الثّاني ، ثانِيًا

he came second in the race جاءَ الثّاني في السِّباق

secondary/'sekəndrɪ/*adj.* ثانَوِيّ ، غَيْرُ مُهِمّ ، جانِبِيّ

secondary school مَدْرَسة ثانَوِيّة

second-best/'sekənd-'best/*adj. & n. & adv.* الثّاني في تَرْتِيبِ الأَفْضَلِيّة

he came off second-best هَزَمَهُ مُنافِسُه (في الصِّراع)

second-class/'sekənd-'klɑs/*adj.* (عَرَبات) الدَّرَجةِ الثّانِية ؛ مِن الدَّرَجةِ الثّانِية ، قَليلُ الأَهَمِّيّة

second-hand/'sekənd-'hænd/*adj.* مُسْتَعْمَل ، غَيْرُ جَديد

secondly/ˋsekəndlı/*adv.* ثانِيًا ، ثانِيةً
secrecy/ˋsikrəsı/*n.* سِرِّيّة ، تَكَتُّم ، كِتْمان ، خَفاء
secret/ˋsikrət/*adj.* سِرِّيّ ، خَفِيّ
n. سِرٌّ (أَسْرار)
secretary/ˋsekrətrı/*n.* أَمِينُ السِّرّ ، كاتِمُ السِّرّ
Secretary of State وَزِيرُ الدَّوْلة ؛ وَزِيرُ الخارِجِيّة الأُمْرِيكِيّة
secrete/sıˋkrit/*v.t.*
1. (hide) أَخْفَى (المَسْرُوقاتِ) في مَكانٍ سِرِّيّ
2. (produce *liquid*) أَفْرَزَتِ (الغُدّة)
secretion/sıˋkriʃən/*n.* إِفْرازُ (اللُّعاب) ؛
إِخْفاءُ (المَسْرُوقات)
secretive/ˈsikrətıv *or* كَتُومٌ (لِمَشاعِرِه وَنَواياه) ؛ مُتَكَتِّمٌ ،
ˈsıˋkritıv/*adj.* حَتَّى في التَّوافِه
sect/sekt/*n.* طائِفة (طَوائِفُ) ، شِيعة (شِيَع) ، مِلّة (مِلَل)
sectarian/sekˋteərıən/*adj.* مُتَشَيِّع ، مُتَحَزِّب ، مُتَعَصِّب
section/ˋsekʃən/*n.*
1. (slice) قِسْم (أَقْسام) ، جُزْءٌ (أَجْزاء)
microscopic section شَرِيحة مِجْهَرِيّة
2. (subdivision) فَرْعٌ (فُرُوع) ، فَصٌّ (فُصُوص)
3. (*mil.*) حَضِيرة (حَضائِرُ) ، قِطاع (قِطاعات) عَسْكَرِيّة ،
فِئة
sectional/ˋsekʃənəl/*adj.* مُرَكَّب مِن أَجْزاء مُنْفَصِلة
sectional book-case خِزانةُ كُتُب تُرَكَّبُ أَجْزاؤُها بِسُهُولة
sectional interests مَصالِح جُزْئِيّة أو طائِفِيّة
sector/ˋsektə(r)/*n.*
1. (*geom.*) قِطاع (قِطاعات) (في الدّائِرة)
2. (*mil.*) جُزْءٌ مِن جَبْهةٍ عَسْكَرِيّة ، قِطاع ،
مِنْطَقة (مَناطِقُ)
secular/ˋsekjʊlə(r)/*adj.* دُنْيَوِيّ ، عَلْمانِيّ
secure/sıˋkjʊə(r)/*adj.* مَأْمُون ، أَمِين ، مَتِين ، مُحْكَم
v.t. **1.** (make fast) أَحْكَمَ (قَفْلَ الباب)
2. (obtain) حَصَلَ عَلَى شَيْءٍ بَعْدَ جُهْدٍ وَمَشَقّة
security/sıˋkjʊərətı/*n.*
1. (safety) أَمْنٌ ، أَمانٌ ، اِطْمِئنان
Security Council مَجْلِسُ الأَمْن
2. (guarantee) ضَمانٌ ، كَفالة
government securities سَنَدات مالِيّة حُكُومِيّة
sedan/sıˋdæn/*n.* سَيّارة صالُون كَبِيرة
sedan chair مِحَفّة غَيْرُ مَكْشُوفة تَتَّسِعُ لراكِبٍ واحِد
sedate/sıˋdeıt/*adj.* رَزِين ، رَصِين ، وَقُور (وُقُر) ، هادِئ
sedation/sıˋdeıʃən/*n.* تَهْدِئة (المَرِيض) ، تَسْكِينُ (الأَلَم)
sedative/ˋsedətıv/*adj.* & *n.* مُسَكِّنٌ ، مُهَدِّئٌ ، مُخَدِّرٌ
sedentary/ˋsedəntrı/*adj.* قُعَدَة ، قُعَدِيّ ، جُلُوسِيّ
sediment/ˋsedımənt/*n.* راسِبٌ (رَواسِبُ) ، عَكَرٌ ، ثُفْلٌ
sedition/sıˋdıʃən/*n.* عِصْيان ، تَمَرُّدٌ ، فِتْنة
seditious/sıˋdıʃəs/*adj.* مُتَمَرِّد ، مُشاغِب ، مُثِيرٌ لِلفِتَن
seduce/sıˋdjus/*v.t.*
1. (lead astray) اِسْتَهْوَى ، أَغْوَى
2. (lure from chastity) أَغْرَى عَلَى ارْتِكابِ الفَحْشاء
seducer/sıˋdjusə(r)/*n.* مُغْوٍ (لِلنِّساء) ، مُضَلِّل
seduction/sıˋdʌkʃən/*n.* إِغْواء ، إِغْراء ، تَضْلِيل
seductive/sıˋdʌktıv/*adj.* مُغْرٍ ، فاتِن ، خَلّاب ،
أَخّاذ ، جَذّاب ، مُغْوٍ
see/si/(*p.t.* **saw** *p.p.* **seen**) *v.t.* & *i.*
1. (perceive with eye) رَأَى (يَرَى) ، نَظَرَ (ـُ) ، أَبْصَرَ
2. (understand) فَهِمَ (ـَ) ، أَدْرَكَ
3. (imagine) تَخَيَّلَ ، تَصَوَّرَ
I can't see him يَتَعَذَّرُ عَلَيَّ أَنْ أَتَخَيَّلَه يُلْقِي خِطابًا ،
making a speech لا أَعْتَقِدُ أَنّه صالِحٌ لإِلْقاء الخُطَب
4. (ensure) تَعَهَّدَ بالقِيام بِعَمَلٍ ما
we'll see that it gets done نَعِدُكَ بِإِنْجازِ العَمَل
5. (meet) لاقَى ، قابَلَ
good-bye, see you في أَمانِ اللّه وإِلَى اللِّقاء قَرِيبًا !
soon!
6. (*with advs.*) مَعَ أَحْرُفِ الجَرّ
please see about/to our اِتَّخِذ الإِجْراءات اللّازِمةَ لِحَجْزِ
reservations (الغُرَفِ) مِن فَضْلِك
he saw me off at the وَدَّعَنِي في المَحَطّة ،
station وَصَّلَنِي لِلمَحَطّة
may we see over the هَلْ لنا أَنْ نَرَى المَنْزِلَ كُلَّه ؟
house?
I've seen through your قَدْ فَهِمْتُ حَقِيقةَ دَسِيسَتِكَ
little game الخَسِيسة
seed/sid/*n.*
1. (*bot.*) بَذْرَة (بُذُور ، بَذْرات) ، بِزْرة (بُزُور)
2. (progeny) نَسْلٌ (أَنْسال) ، ذُرِّيّة (ذَرارِي) ،
خَلَفٌ (أَخْلاف)
v.t. & *i.* نَزَعَ (ـَ) (البُزُورَ مِن) ؛ حَبَّبَ (الزَّرْعُ)
seeded player *also* لاعِبُ (تِنِسٍ) مُمْتازٌ مُرَشَّحٌ لِلفَوْزِ
seed *n.* حَسْبَ رَقْمِ تَصْنِيفِه
seedless/ˋsidləs/*adj.* (زَبِيب) مَنْزُوعُ البُزُور ،
(بُرْتُقانٌ) بِدُونِ بُزُور
seedling/ˋsidlıŋ/*n.* نَبْتةٌ في أَوَّلِ نُمُوِّها ، شَتْلة
seedy/ˋsidı/*adj.*
1. (shabby) رَثُّ الثِّياب ، مُبَهْدَل
2. (unwell *coll.*) مُتَوَعِّكُ الصِّحّة ، تَعْبان
seeing/ˋsiıŋ/*conj.* بِما أَنَّ ، نَظَرًا لِـ ، حَيْثُ أَنَّ ،
with **that** بِناءً على
seek/sik/*p.t.* & *p.p.* طَلَبَ (ـُ) ، نَشَدَ (ـُ) ،
sought/sɔt/) *v.t.* بَحَثَ (ـَ) عَن
sought-after *adj.* مَرْغُوبٌ فِيهِ ، مَنْشُود ، عَلَيْه إِقْبال
seem/sim/*v.i.* ظَهَرَ (ـَ) ، بَدا (يَبْدُو) ، بانَ (يَبِينُ)

seemingly/ˈsimɪŋlɪ/*adv.* عَلَى ما يَظْهَر ، كَما يَلُوحُ ، على ما يَبْدو ، في الظاهِر ، ظاهِرًا

seep/sip/*v.i.* نَضَح (ـَ) ، نَزَّ (ـِ) ، رَشَح (ـَ)

seer/sɪə(r)/*n.* عَرَّافٌ ، مُتَكَهِّنٌ بالمُسْتَقْبَل

see-saw/ˈsi-sɔ/*n. & v.i.* أُرْجُوحَةٌ (خَشَبَة طَويلة عادةً) تَتَأَرْجَحُ ارْتِفاعًا وانْخِفاضًا ؛ تَأَرْجَحَ

seethe/sið/*v.i.* سَلَقَ (ـُ) ، غَلَى (يَغْلِي) ، تَأَجَّجَ ؛ اِسْتَشاطَ (غَيْظًا)

segment/ˈsegmənt/*n.* قِطْعة ، قِصّ (فُصوص) ، جُزْء

segregate/ˈsegrɪgeɪt/*v.t.* فَصَلَ (ـِ) ، عَزَلَ (ـِ) عَن

segregation/ˈsegrɪˈgeɪʃən/*n.* تَفْرِقة (عُنْصُرِيّة مَثَلاً)

seismic/ˈsaɪzmɪk/*adj.* خاصّ بالزَّلازِل وحُدوثِها ، زِلْزالِيّ

seismograph/ˈsaɪzməgraf/*n.* مِرْسَمة الزَّلازِل ، مِقْياس الزِّلْزال ، سِيزْموغْراف

seize/siz/*v.t. & i.*

1. (grasp) قَبَضَ (ـِ)على ، أَمْسَكَ

the engine seized up تَوَقَّفَ مُحَرِّكُ السَّيّارة فَجْأَةً

2. (*leg.*) وَضَعَ يَدَه على ، اِسْتَوْلَى على ، حَجَزَ (ـِ) ه و على ، ضَبَطَ (ـِ)

seizure/ˈsiʒə(r)/*n.*

1. (*leg.*) حَجْزُ المُمْتَلَكات ، مُصادَرة (البَضائِع المُهَرَّبَة) ، ضَبْطُ شَيْءٍ

2. (*med.*) نَوْبَة فُجائِيّة تُصيبُ القَلْبَ أو الدِّماغ

seldom/ˈseldəm/*adv.* نادِرًا ، قَلَّما

select/sɪˈlekt/*v.t.* اِخْتارَ ، اِنْتَخَبَ ، اِجْتَبَى ، اِنْتَقَى

adj. مُخْتار ، مُنْتَخَب ، مُمْتاز ، مُنْتَقًى

selection/sɪˈlekʃən/*n.* اِنْتِخاب ، اِنْتِقاء

selective/sɪˈlektɪv/*adj.* اِنْتِخابِيّ ، اِنْتِقائِيّ

selector/sɪˈlektər/*n.* مُنْتَخِبٌ (الرِّياضِيِّين مَثَلاً)

self/self/(*pl.* **selves**) *n.* نَفْسٌ (نُفُوس) ، ذات (ذَوات)

self-centred/ˈself-ˈsentɜ(r)d/*adj.* أَنانِيّ ، لا يُفَكِّرُ إلاّ في نَفْسِه

self-confidence/ˈself-ˈkɒnfɪdəns/*n.* الاِعْتِدادُ بالنَّفْس ، الثِّقة الذّاتِيّة

self-conscious/ˈself-ˈkɒnʃəs/*adj.* خَجُولٌ يَرْتَبِكُ أَمامَ الغُرَباء ، هَيُوب ، واعٍ لِذاتِه

self-contained/ˈself-kənˈteɪnd/*adj.* (شِقّة) مُسْتَقِلّة ؛ (شَخْصٌ) مُتَحَفِّظ ومُسْتَقِلّ

self-control/ˈself-kənˈtrəʊl/*n.* رَباطة الجَأْش ، ضَبْطُ النَّفْس

self-defence/ˈself-dɪˈfens/*n.* الدِّفاعُ عَن النَّفْس

self-government/ˈself-ˈgʌvəmənt/*n.* الحُكْمُ الذّاتِيّ

selfish/ˈselfɪʃ/*adj.* أَنانِيّ

selfishness/ˈselfɪʃnes/*n.* أَنانِيّة ، أَثَرة

selfless/ˈselfləs/*adj.* غَيْرِيّ ، إِيثارِيّ

self-made/ˈselfˈmeɪd/*adj.* مَنْ نَجَحَ بِجِدِّه لا بِجُدُودِه ، عِصامِيّ

self-possessed/ˈself-pəˈzest/*adj.* ثابِتُ الجَنان ، واثِقٌ مِن نَفْسِه ، رابِطُ الجَأْش

self-raising/ˈself-ˈreɪzɪŋ/*adj.* (عَجِين) مُخَمَّر

self-raising flour دَقيق أُضِيفَ إلَيْه مَسْحُوق الخَمِيرة

self-respect/ˈself-rɪˈspekt/*n.* اِحْتِرامُ الذّات ، عِزّةُ النَّفْس

self-righteous/ˈself-ˈraɪtʃəs/*adj.* مُعْتَقِدٌ بِنَزاهَتِه الشَّخْصِيّة

self-righteousness/ˈself-ˈraɪtʃəsnes/*n.* الاِقْتِناعُ بِتَفَوُّقِه الأَخْلاقِيّ

self-sacrifice/ˈself-ˈsækrɪfaɪs/*n.* التَّضْحِية بالنَّفْس

self-satisfaction/ˈself-sætɪsˈfækʃ(ə)n/*n.* الرِّضَى عَن النَّفْس ، ارْتِياحُ النَّفْس ، اِنْشِراح الخاطِر ، إِعْجاب بالنَّفْس ، زَهْوٌ ، زَهْوٌ

self-satisfied/ˈself-ˈsætɪsfaɪd/*adj.* راضٍ عَنْ نَفْسِه

self-service/ˈself-ˈsɜvɪs/*n.* (مَطْعَمٌ أو مَتْجَرٌ) ذُو خِدْمةٍ ذاتِيّة

self-starter/ˈself-ˈstatə(r)/*n.* مُشَغِّلٌ ذاتِيٌّ للمُحَرِّك

self-supporting/ˈself-səˈpɔtɪŋ/*adj.* مُسْتَقِلٌّ اقْتِصادِيًّا ، يَعُولُ نَفْسَه بِنَفْسِه

self-willed/ˈself-ˈwɪld/*adj.* عَنِيد ، مُسْتَبِدٌّ بِرَأْيِه ، مُتَشَبِّثٌ بِرَأْيِه ، شَدِيدُ الشَّكِيمة

self-winding/ˈself-ˈwaɪndɪŋ/*adj.* self-winding watch (ساعةُ يَدٍ) أُوتُوماتِيكِيّة

sell/sel/(*p.t. & p.p.* **sold**) *v.t. & i.* باعَ (يَبِيعُ)

these cars sell well هذه السَّيّارات رائِجة

he sold off the old stock cheaply باعَ بِضاعَته القَدِيمةَ بأَسْعارٍ رَخِيصة

they have sold out of fruit نَفِدَت الفاكِهة مِن المَحَلّ

that traitor has sold out to the enemy باعَ ذلك الخائِنُ نَفْسه للعَدُوّ

he sold up his business and retired باعَ مَتْجَره وتَقاعَدَ

he was sold up by his creditors اِسْتَصْدَرَ الدّائِنُون إِعْلانًا بإِفْلاسِه وبَيْعِ مُمْتَلَكاتِه

seller/ˈselə(r)/*n.* بائِع (باعة) ؛ بِضاعة رائِجة

sellotape/ˈseləteɪp/*n.* شَرِيطٌ شَفّاف دَبِق

semaphore/ˈseməfɔ(r)/*n.* إِرْسالُ الإِشارات بالأَعْلام ؛ مِلْوَحة ، سِيمافُور

semicircle/ˈsemɪsɜkəl/*n.* نِصْفُ دائِرة

semicircular/ˈsemɪˈsɜkjʊlə(r)/*adj.* نِصْفُ دائِرِيّ

semicolon /'semɪ'kəʊlən/ n. فاصِلة أو فارِزة مَنْقوطة

semi-final / 'semɪ'faɪnəl/ n. مُباراةٌ نِصفُ نِهائيّة ، جَوْلة أو مَرْحَلة نِصف نِهائيّة

seminar /'semɪnɑ(r)/ n. حَلْقة دِراسِيّة (في جامعةٍ عادةً)

Semite /'siːmaɪt/ n. سامِيّ ، مِن الجِنْس السَّاميّ

semitone /'semɪtəʊn/ n. نِصْفُ نَغْمة

semolina /'semə'liːnə/ n. سَميذ ، سَميد

senate /'senət/ n.

1. (Upper House) مَجْلِسُ الشُّيوخ

2. (university council) المَجْلِسُ الأعْلى للجامعة

senator /'senətə(r)/ n. عُضوُ مَجْلِسِ الشُّيوخ الأمْريكيّ

send / send/ (p.t. & p.p. sent) أرْسَلَ ، بَعَثَ (بِـ) ،
v.t. & i. أوْفَدَ ، وَجَّهَ

the headmaster sent
for us إسْتَدْعانا مُديرُ المَدْرَسة

send my letters on,
please! أرْجو أن تُحَوِّلَ رَسائِلي إلى عُنْواني الجَديد !

his friends gave him a
good send-off أقامَ له أصْدِقاؤُهُ حَفْلةَ وَداعٍ رائِعة

he sent off a parcel أرْسَلَ طَرْداً (بالبَريد)

senile /'siːnaɪl/ adj. هَرِم ، مُسِنّ ، خَرْفان ، تَخْريفيّ

senior /'siːnɪə(r)/
adj. & n. أكْبَرُ سِنًّا ، أعْلى مَرْتَبةً و الأكْبَرُ، ذو مَرْتَبةٍ عالية

a senior citizen إمْرَأةٌ في السِّتّين كما تَقوٌ أو رَجُلٌ في الخامِسة والسِّتّين كما فَوق (حالِيًّا في بريطانيا).

seniority /'siːnɪ'ɒrɪtɪ/ n. أقْدَمِيّة ، أسْبَقِيّة

senna /'senə/ n. نَباتُ السَّنا (تُسْتَعْمَلُ ثِمارُهُ مُسَهِّلاً)

sensation /sen'seɪʃən/ n.

1. (feeling) إحْساس ، شُعور

2. (excitement) حَدَثٌ أو نَبَأٌ مُثير

sensational /
sen'seɪʃənəl/ adj. مُثير ، ذو وَقْعٍ عَظيم ، مُمْتاز

sense /sens/ n.

1. (apprehension) حاسّة (حَواسّ)

the five senses الحَواسُّ الخَمْس (السَّمْعُ والبَصَرُ والشَّمُّ والذَّوْقُ واللَّمْس)

2. (appreciation) تَقْدير

sense of duty الشُّعورُ بالواجِب أو المَسْؤوليّة

3. (practical wisdom) حُسْنُ الإدْراك

he is talking sense يَتَكَلَّمُ كَلاماً مَعْقولاً

4. (meaning) مَعْنى ، مُفاد ، مَفْهوم

this does not make sense هذا لا مَعْنى له ، هذا غَيْرُ مَعْقول

what you say is true in
a sense هُناك في ما تَقولُ شَيْءٌ مِن الصِّحّة

5. (pl. sanity) رُشْدٌ ، صَواب

he was frightened out
of his senses أُكْهِبَ إلى دَرَجةٍ أفْقَدَتْهُ صَوابَهُ

he came to his senses ثابَ إلى رُشْدِهِ

v.t. أوْجَسَ ، شَعَرَ (بِـ) ، بَرَ

senseless /'sensləs/ adj.

1. (unconscious) فاقِدُ الوَعْي

2. (stupid) غَيْرُ مَعْقول ، خِلافاً للتَّفْكِير السَّليم ، أحْمَق ، غَبِيّ

sensibility /'sensə'bɪlətɪ/ n. شُعورٌ مُرْهَف ، رِقّةُ المَشاعِر ، حَساسِيّة

sensible /'sensəbəl/ adj.

1. (reasonable) مَعْقول ، مُلائِم ، حَسَنُ الإدْراك

2. (aware of) مُدْرِكٌ أو واعٍ لِـ

3. (perceptible) مَحْسوس ، مُدْرَكٌ بالحَواسّ

sensitive /'sensɪtɪv/ adj. حَسّاس ، رَقيقُ الحِسّ ، سَريعُ التَّأثُّر

sensitivity /'sensɪ'tɪvɪtɪ/ n. سُرْعةُ التَّأثُّر ، حَساسِيّة ، إنْفِعاليّة

sensory /'sensərɪ/ adj. حِسّيّ ، حَسّاس

sensual /'senʃʊəl/ adj. شَهْوانيّ

sensuality /'senʃʊ'ælətɪ/ n. شَهْوانِيّة ، غُلْمة

sent / sent/ p.t. & p.p. of **send**

sentence /'sentəns/ n.

1. (series of words) جُمْلة

2. (leg.) حُكْمٌ بالعُقوبة

v.t. حَكَمَ (القاضي على المُتَّهَم) يُعُقوبة

sentiment /'sentɪmənt/ n. شُعور ، عاطِفة

the ambassador explained
his Government's sentiments شَرَحَ السَّفيرُ وُجْهةَ نَظَرِ حُكومَتِهِ

sentimental /
'sentɪ'mentəl/ adj. عاطِفيّ

sentimentality /
'sentɪmen'tælətɪ/ n. عاطِفِيّة مُسْرِفة

sentinel /'sentɪnəl/ n. (جُنْديّ) حارِس (حُرّاس) ، خَفير (خُفَراء)

sentry /'sentrɪ/ n. (جُنْديّ) حارِس (حُرّاس) ، خَفير (خُفَراء)

separate /'sepəreɪt/ v.t. فَصَلَ (بِـ) ، حالَ بَيْنَ ، & i. فَرَّقَ ، إنْفَصَلَ

separate the sheep
from the goats مَيَّزَ بَيْنَ الصَّالِحِ والطَّالِح

adj. /'seprət/ مُنْفَصِل ، مُنْفَرِد ، مُنْعَزِلٌ عَن

the children sleep in
separate beds يَنامُ كُلُّ طِفْلٍ في فِراشٍ مُسْتَقِلّ

separation /'sepə'reɪʃən/ n. فَصْلٌ ، إنْفِصال ، فِراق

separatist/ˈsepərətɪst/*n.* اِنْفِصاليّ ، مُطالِبٌ بالاِنْفِصالِ السِّياسِيّ

sepsis/ˈsepsɪs/*n.* تَقَيُّح ، تَعَفُّن ، خَمَج

September/sepˈtembə(r)/*n.* أَيْلُول ، سِبْتَمْبَر

septic/ˈseptɪk/*adj.* مُتَقَيِّح ، عَفِن ، خَمِج

septic tank بِئْرُ مِرْحاض ، خَزّانٌ مُحَلِّل (في الهَنْدَسةِ الصِّحِّيّة)

sepulchre/ˈsepəlkə(r)/*n.* ضَرِيح (أَضْرِحة) ، مَقْبَرة ، رَمْس (رُمُوس)

sequel/ˈsikwəl/*n.* عاقِبة (عَواقِب) ، ما يَنْجُمُ عن ، نَتِيجة

sequence/ˈsikwəns/*n.* تَتابُع ، تَعاقُب ، تَوالٍ

sequence of tenses تَتابُعُ الصِّيَغِ الزَّمَنِيّة (نَحْو)

sequester/sɪˈkwestə(r)/*v.t.* عَزَلَ (ـِ) ؛ صادَرَ ، اِسْتَوْلَى على أَمْوالٍ خاصّة

serenade/ˈserəˈneɪd/*n.* سِيرِنادا ، مُناجاةٌ مُوسِيقِيّةٌ تُعْزَفُ مَساءً تَحْتَ شُرْفةِ العَشِيقة

serene/sɪˈrin/*adj.* (طَبِيعة) هادِئة ، (سَماء) صافِية

serenity/sɪˈrenɪtɪ/*n.* سَكِينةُ الرُّوح ، هُدُوء

serf/s3f/*n.* قِنّ (أَقْنان) ، تابِعٌ إقْطاعِيّ ، عَبْدُ أَرْض

serfdom/ˈs3fdəm/*n.* عُبُودِيّةُ الأَرْض ، قِنانة

sergeant/ˈsɑdʒənt/*n.* رَقِيب (رُقَباء) ، شاوِيش

sergeant-major رَقِيبٌ أَوَّل ، رَئِيسُ رُقَباءِ الكَتِيبة ، باشْ شاوِيش

serial/ˈsɪərɪəl/*adj.* مُسَلْسَل ، مُتَسَلْسِل

n. (قِصّة) مُسَلْسَلة

series/ˈsɪəriz/*n.* سِلْسِلة ، مَجْمُوعةٌ (أَرْقامٍ مَثَلًا)

serious/ˈsɪərɪəs/*adj.* رَصِين ، جِدِّيّ ، غَيْرُ هَزْلِيّ ؛ خَطِير ، مُهِمّ

sermon/ˈs3mən/*n.* عِظَة ، خِطابٌ دِينِيّ ، خُطْبة

serpent/ˈs3pənt/*n.* ثُعْبان (ثَعابِين) ، أُفْعَى (أَفاعٍ) ، حَيّة

serrated/sɪˈreɪtɪd/*adj.* (حافّة) مُشَرْشَرة أو مُؤَشَّرة أي مُسَنَّنة كالمِنْشار

serum/ˈsɪərəm/*n.* مَصْل (مُصُول)

servant/ˈs3vənt/*n.* خادِم (خَدَم ، خُدّام)

public servant مُوَظَّف (حُكُومِيّ)

serve/s3v/*v.t. & i.*

1. (do service to) أَدَّى خِدْمةً لِ... ، خَدَمَ (ـُ)

he served the customers قامَ بِخِدْمةِ الزَّبائِن

2. (suffice) كَفَى (يَكْفِي)

this will serve our purpose هذا يَفِي بِغَرَضِنا ، يَسُدُّ حاجَتَنا

3. (supply) قَدَّمَ ، أَتَى بِ...

dinner is served العَشاءُ جاهِز ، المائِدةُ مُعَدّة

4. (treat) عامَلَ

it serves him right يَسْتَحِقُّ ما حَلَّ به ، يَسْتاهِل (ع)

5. (undergo) قَضَى ، أَمْضَى

he has served time (in prison) إنّه سَجِينٌ سابِق ، مَحْكُومٌ عليه سابِقًا

n. ضَرْبةُ إرْسالٍ في التِّنِس أو كُرةِ الطّاوِلة ؛ دَوْرُ اللّاعِبِ لِلإرْسال

service/ˈs3vɪs/*n.*

1. (employment) خِدْمة

2. (department) هَيْئة ، مَصْلَحة

the armed services القُوّاتُ المُسَلَّحة

3. (benefit) فائِدة (فَوائِد) ، مَنْفَعة (مَنافِع)

I am at your service, sir أنا بِخِدْمَتِكَ يا سَيِّدِي ، تَحْتَ أَمْرِك ، بالخِدْمة !

4. (attention) خِدْمة في مَطْعَمٍ مَثَلًا

5. (maintenance) صِيانة (الأَجْهِزة)

after-sales service خِدْمةُ صِيانةٍ تُؤَدَّى بَعْدَ بَيْعِ الجِهاز

6. (system) مَصْلَحة (النَّقْلِ مَثَلًا)

7. (*in church*) الطُّقُوسُ الدِّينِيّة

8. (*at tennis*) إرْسال أو اِسْتِهْلال ضَرْبِ كُرةِ التِّنِسِ مَثَلًا

v.t. صانَ (يَصُون) (السَّيّارةَ مَثَلًا)

serviceable/ˈs3vɪsəbəl/*adj.* يَفِي بالغَرَض ، نافِع ؛ صالِح لِلاسْتِعْمال

servile/ˈs3vaɪl/*adj.* صاغِر ، خَنُوع ، مُتَذَلِّل ، عُبُودِيّ

this is a servile translation هذه تَرْجَمة حَرْفِيّة

servility/s3ˈvɪlətɪ/*n.* خُنُوع ، ذُلّ ، عُبُودِيّة ، حَقارة

servitude/ˈs3vɪtjud/*n.* عُبُودِيّة ، اِسْتِعْباد ، رِقّ

penal servitude أَشْغالٌ شاقّة

sesame/ˈsesəmɪ/*n.* سِمْسِم (نَبات) ، جُلْجُلان

sesame oil شِيرَج ، سِيرَج

session/ˈseʃən/*n.* جَلْسة ، دَوْرةُ انْعِقادِ البَرْلَمان

academic session سَنةٌ دِراسِيّة جامِعِيّة

the court is in session المُرافَعةُ قائِمة ، المَحْكَمةُ مُنْعَقِدةٌ الآن

set/set/(*p.t. & p.p.* **set**) *v.t. & i.*

1. (make ready) أَعَدَّ ، هَيَّأَ ، جَهَّزَ

she set the table أَعَدَّتِ المائِدةَ

2. (place in position) وَضَعَه في مَحَلِّه

the surgeon set the broken bone جَبَرَ الجَرّاحُ العَظْمَ المَكْسُور

the printer set (up) the type نَضَّدَ الطَّبّاعُ حُرُوفَ الطِّباعة

3. (arrange) نَظَّمَ ، أَعَدَّ أو وَضَعَ أَسْئِلةَ امْتِحان

he set the poem to music لَحَّنَ القَصِيدة ، وَضَعَ لَحْنًا لِلْقَصِيدةِ الشِّعْرِيّة

4. (start) بَدَأَ (ـَ) ، شَرَعَ (ـَ) ، شَغَّلَ

5. (adjust) دَبَّرَ ، رَتَّبَ ، ضَبَطَ (ـِ)

set your watches وَقِّتُوا ساعاتِكُم

6. (sink) غابَتِ الشَّمْسُ
7. (harden) جَمُدَ ، تَجَمَّدَ ، تَصَلَّبَ
this concrete sets quickly تَتَصَلَّبُ أو تَجْمُدُ هذه الخَرسانَةُ بِسُرْعة
8. (begin) *with* **to** بَدَأَ (ـَ) ، شَرَعَ (ـَ) في
set to work at once اِشْرَعْ في العَمَلِ فَوْرًا
9. (*with advs.*) مَعَ الظُّرُوفِ وأُحْرُفِ الجَرّ
she set about packing جَعَلَت تَحْزِمُ الحَقائِبَ بِهِمّة
strikes set production back يَنْتَكِسُ الإنْتاجُ نَتيجةَ الإضْرابات
set the agreement down in black and white دَوِّن الاِتّفاقِيّةَ بِكُلِّ وُضُوح
rain has set in يَهْطِلُ المَطَرُ بِلا انْقِطاع
we shall set off/out at dawn سَنَبْدَأُ رِحْلَتَنا مَعَ الفَجْر
the boys set off fireworks أشْعَلَ الصِّبْيانُ الألْعابَ النّارِيّة
the black velvet set off the jewel أبْرَزَت القَطِيفةُ السَّوْداءُ جَمالَ الجَوْهَرة
the salesman set out his samples عَرَضَ المَنْدُوبُ التِّجارِيُّ نَماذِجَ سِلَعِهِ (علَى المَناضِد)
they set out their objections سَرَدُوا اعْتِراضاتِهِم
he set up in business فَتَحَ مَتْجَرًا
n. **1.** (group of things) مَجْمُوعة كامِلة ، طَقْم
set of teeth طَقْمُ أسْنان
2. (group of persons) فِئة ، جَماعة
the jet set الأغْنِياءُ الكَثِيرُو السَّفَرِ بالطّائِرات
3. (apparatus) جِهاز
a TV set جِهازُ تِلِفِزْيُون
4. (arrangement) تَرْتِيب ، تَصْفِيف
shampoo and set غَسْلُ الشَّعْرِ بالشّامْبُو وتَصْفِيفُه
5. (*theatr.*) مُعَدّاتُ ومُتَطَلَّباتُ المَشْهَدِ المَسْرَحِيّ
6. (*tennis*) مَجْمُوعة (أشْواط في التِّنِس)

set-back/ˈset-bæk/*n.* نَكْسة ، عائِق

set-square/ˈset-skweər/*n.* كُوس ، مُثَلَّث لِرَسْمِ الزَّوايا القائِمة

settee/seˈti/*n.* أريكة مُنَجَّدة لِشَخْصَيْن أو أكْثَر ، كَنَبة (م ، س) ، قَنَفَة (ع)

setting/ˈsetɪŋ/*n.*
1. (frame) البِيئة المُحِيطة بِمَنْظَرٍ ما ؛ تَرْصِيع ؛ إطارٌ مَعْدِنِيّ لِتَرْكِيبِ جَوْهَرة
2. (*mus.*) تَلْحِين مُوسِيقِيّ لِقَصِيدة

settle/ˈsetəl/*v.t. & i.*
1. (arrange) نَظَّمَ
that settles the matter هذا يُنْهِي المَوْضُوع ، هذا يَحْسِمُ الأمْر
I persuaded him to settle for a low price أقْنَعْتُهُ بِقَبُولِ سِعْرٍ مُخَفَّض
2. (pay) دَفَعَ (ـَ)
please settle the bill! سَدِّد الحِسابَ رَجاءً !
3. (establish home **in**) أقامَ سَكَنًا في ، اِسْتَوْطَنَ
they settled in Cairo اِسْتَقَرُّوا في القاهِرة
4. (subside) خَفَّ (ـِ) ، اِسْتَقَرَّ
the dust will soon settle عَمّا قَلِيلٍ سَيَسْتَقِرُّ الغُبار
5. (calm) هَدَّأَ
the medicine settled his stomach سَكَّنَ الدَّواءُ مَعِدَتَهُ
6. (bestow **on**) أوْقَفَ على ، خَصَّ (مِلْكَهُ) بِفُلان
7. (decide **on**) قَرَّرَ

settled/ˈsetəld/*adj.* مُسْتَقِرّ ، ثابِت ، (رَأْيٌ) راسِخ

settlement/ˈsetəlmənt/*n.*
1. (arrangement) تَدْبِير ، تَسْوِية ؛ اِتِّفاق
2. (*of accounts*) تَسْدِيدُ حِساب ، تَصْفِية
3. (colony) مُسْتَوْطَنة ، مُسْتَعْمَرة
4. (*leg.*) تَخْصِيصُ مَبْلَغٍ لِصالِحِ شَخْصٍ
a marriage settlement مُشارَطةُ زَواج تَتَضَمَّنُ مَبْلَغًا مِنَ المالِ يُقَدِّمُهُ الزَّوْجُ في الغالِبِ لِزَوْجَتِهِ

settler/ˈsetlə(r)/*n.* مُسْتَعْمِر ، مُسْتَوْطِن

set-up/ˈset-ʌp/*n.* (*coll.*) سَيْرُ الإدارة أو العَمَل (في دائِرة أو مُؤَسَّسة)

seven/ˈsevən/*adj. & n.* سَبْعةُ (رِجال) ، سَبْعُ (نِساء)

seventeen/ˈsevənˈtin/*adj. & n.* سَبْعةَ عَشَرَ (رَجُلًا) ، سَبْعَ عَشْرَةَ (امْرَأةً)

seventeenth/ˈsevənˈtinθ/*adj. & n.* السّابِعَ عَشَرَ ، السّابِعَةَ عَشْرَةَ ؛ جُزْءٌ مِن سَبْعَةَ عَشَرَ جُزْءًا

seventh/ˈsevənθ/*adj. & n.* سابِع ؛ سُبْعٌ (أسْباع)

seventieth/ˈsevəntɪəθ/*adj. & n.* السَّبْعُون ؛ جُزْءٌ مِن سَبْعِين

seventy/ˈsevəntɪ/*adj. & n.* سَبْعُون

sever/ˈsevə(r)/*v.t.* قَطَعَ (ـَ) ، فَصَلَ (ـِ) ، فَصَمَ (ـِ)
he severed his connections with the company فَسَخَ ارْتِباطَهُ بالشَّرِكة

several/ˈsevrəl/*adj. & n.*
1. (a number of) عَدِيد ، (مَرّات) مُتَعَدِّدة ؛ عِدّة
2. (separate) عَلَى حِدة
they went their several ways تَفَرَّقُوا وذَهَبَ كُلٌّ في سَبِيلِه

severally/ˈsevrəlɪ/*adv.* كُلٌّ على انْفِراد

severe/səˈvɪə(r)/*adj.* قاسٍ ، (حُكْمٌ) صارِم ، (خَسائِرُ) فادِحة ، (وَجْهٌ) عابِس

he was too severe on his pupils كانَ مُفْرِطاً في القَسْوَةِ علَى طُلّابِهِ
he was exposed to severe competition كانَ عُرْضَةً لِمُنافَسةٍ حادّة
he suffered severe injuries أُصِيبَ بِجُرُوحٍ بالِغة

sew/səʊ/(*p.t.* **sewed** *p.p.* **sewn**) *v.t. & i.* خاط (يَخِيطُ) ، دَرَزَ (ـُ)

sewage/ˈsjuɪdʒ/*n.* مِياهُ المَجارِي القَذِرة ، أَقْذارُ المَجارِير

sewer[1]/ˈsjuə(r)/*n.* مَجْرًى (مَجارٍ) ، مَجْرُور (مَجارِير)

sewer[2]/ˈsəʊə(r)/*n.* خَيّاط ، دَرّاز

sewerage/ˈsjuərɪdʒ/*n.* مِياهُ المَجارِي القَذِرة ؛ نِظامُ تَصْرِيفِ مِياهِ المَجارِير

sewing-machine/ˈsəʊɪŋ-məʃin/*n.* ماكِنةُ خِياطة

sex/seks/*n.* جِنْسٌ (ذَكَرٌ أو أُنْثَى)

sex-appeal/ˈseks-əpil/*n.* جاذِبِيّة جِنْسِيّة

sexton/ˈsekstən/*n.* قَنْدَلَفْت ، خادِمُ كَنِيسةٍ يَقُوم بِقَرْعِ الجَرَسِ وَحَفْرِ القُبُور

sexual/ˈsekʃʊəl/*adj.* جِنْسِيّ ، تَناسُلِيّ

sexy/ˈseksɪ/*adj.* (*coll.*) مُثِيرٌ لِلغَرِيزةِ الجِنْسِيّة ، جِنْسِيّ

shabby/ˈʃæbɪ/*adj.* (ثَوْبٌ) بالٍ ، رَثٌّ ؛ سافِلٌ ، دَنِيء
he played a shabby trick on me اِحْتالَ عَلَيَّ ، لَعِبَ عَلَيَّ ، خَدَعَني بِحِيلةٍ خَبِيثة

shack/ʃæk/*n.* كُوخٌ صَغِير

shackle/ˈʃækəl/*n.* صَفَدٌ (أَصْفاد) ، غُلٌّ (أَغْلال)
v.t. صَفَّدَ ، غَلَّ (ـُ)

shade/ʃeɪd/*n.*
1. (comparative darkness) ظِلٌّ (ظِلال) ، فَيْءٌ (أَفْياء)
90° in the shade ٩٠ دَرَجة في الظِّلّ
2. (protection from light) غِطاءٌ واقٍ مِنَ الحَرارة والضَّوْءِ السّاطِع
lamp-shade كُمَّةُ المِصْباح ، مِظَلّة مُخَفِّفة لِنُورِ المِصْباح
3. (tint) دَرَجة اللَّوْن ، فارِقٌ دَقِيقٌ في اللَّوْن
there are several shades of red هناك دَرَجاتٌ مُخْتَلِفةٌ مِن اللَّوْنِ الأَحْمَر
4. (slight amount) قَلِيلٌ أو يَسِيرٌ مِن
turn the sound up a shade اِرْفَعِ الصَّوْتَ قَلِيلاً
v.t. **1.** (screen) أَظَلَّ مِن (الوَهَج) ، وَقَى (يَقِي) ، أَلْقَى ظِلاًّ على
2. (darken by drawing) ظَلَّلَ الرَّسْمَ ، أَضْفَى ظِلالاً على صُورة

shading/ˈʃeɪdɪŋ/*n.* تَظْلِيل (الرَّسْم)

shadow/ˈʃædəʊ/*n.*
1. (dark projected shape) ظِلٌّ (ظِلال)
she was worn to a shadow by overwork أَنْهَكَها العَمَلُ المُتَواصِلُ حَتَّى صارَت كالشَّبَح
2. (area of shade) مِنْطَقة ظَلِيلة
the shadow Cabinet (*fig.*) وِزارةُ المُعارَضة في البَرْلَمان ، وِزارةُ الظِّلّ
v.t. **1.** (shade) أَلْقَى ظِلاًّ على
2. (follow) لاحَقَ ، تَعَقَّبَ ، تَبِعَ (فُلاناً) كَظِلِّهِ

shadowy/ˈʃædəʊɪ/*adj.* غَيْرُ واضِحِ المَعالِم

shady/ˈʃeɪdɪ/*adj.* ظَلِيل ، مُظَلَّل ؛ مُشْتَبَهٌ بِنَزاهَتِهِ

shaft/ʃɑft/*n.*
1. (handle) يَدٌ (خَشَبِيّة) طَوِيلة
2. (pit) مَهْواةُ المَنْجَم ، بِئْرُ المِصْعَدِ في مَنْجَم
3. (*mech.*) عَمُود (أَعْمِدة) ، جِذْعٌ (جُذُوع) ، عَرِيشُ العَرَبة
4. (arrow) سَهْمٌ (سِهام) ؛ قَناةُ الرُّمْح
a shaft of light شُعاعٌ مِنَ النُّور

shaggy/ˈʃægɪ/*adj.* أَشْعَثُ
shaggy dog story حِكايةٌ غَيْرُ مُتَرابِطة تُضْحِكُ لِعَدَمِ تَرابُطِها

shake/ʃeɪk/(*p.t.* **shook** *p.p.* **shaken**) *v.t. & i.* هَزَّ (ـُ) ، رَجَّ (ـُ) ؛ اِهْتَزَّ ، اِرْتَجَّ
he shook hands with us صافَحَنا ، شَدَّ على أَيْدِينا
I can't shake off this cold لا يُمْكِنُني التَّخَلُّصُ مِن هذا الرَّشْحِ (أو الزُّكام)
n. هَزّة ، رَجّة
milk shake شَرابٌ مِنَ الحَلِيبِ البارِدِ المَخْفُوقِ مَعَ نَكْهةٍ ما

shakedown/ˈʃeɪkdaʊn/*n.* فِراشٌ مُرْتَجَلٌ وَقْتَ الحاجة

shaky/ˈʃeɪkɪ/*adj.* (يَدٌ) مُرْتَعِشة ، (صَوْتٌ) مُتَهَدِّج ؛ مُتَضَعْضِع ؛ مُزَعْزَع ؛ مُتَوَعِّك

shall/ʃæl/(*p.t. & condit.* **should**) *v. aux.*
1. (*in 1st.pers. denoting futurity*) س و سَوْفَ (لِلاِسْتِقْبال)
I shall go tomorrow سأَذْهَبُ غَداً
2. (*in 2nd & 3rd pers. denoting speaker's intention*) لِلدَّلالة علَى النِّيّةِ والقَصْد :
they shall not pass سَنَسْتَمِيتُ في الدِّفاع ! لَنْ يَمُرُّوا !

shallot/ʃəˈlot/*n.* كُرّاث أَنْدَلُسِيّ ، قُفْلُوط

shallow/ˈʃæləʊ/*adj.* ضَحْلٌ ، سَطْحِيّ ، غَيْرُ عَمِيق

sham/ʃæm/*n. & adj.* أَفّاق ، اِدِّعاءٌ كاذِب ؛ زائِف ، مُصْطَنَع
v.t. & i. تَظاهَرَ بِهِ ، اِدَّعَى

shame/ʃeɪm/*n.*
1. (guilt) خَجَلٌ ، خِزْيٌ
I felt shame at having told a lie شَعَرْتُ بالخِزْيِ لِكَذِبي

2. (disgrace) عارٌ ، عَيْبٌ ، فَضِيحة
what a shame! يا لَلأَسَف ! يا لَلْخَسارة !
v.t. أَخْجَلَ
he was shamed into volunteering تَبَرَّعَ بالقِيام بالعَمَل خَجَلاً
shamefaced/ˈʃeɪmfeɪst/*adj.* يَبْدُو الخَجَلُ على وَجْهِه ، مَخْزِيّ
shameful/ˈʃeɪmfəl/*adj.* مُخْزٍ ، مُخْجِل ، فاضِح ، شَنِيع ، شائِن
shameless/ˈʃeɪmləs/*adj.* قَلِيلُ الحَياء ، وَقِحٌ ، صَفِيق
shampoo/ʃæmˈpu/*n.* شامْبُو ، مادّةٌ غَسِيلِ الشَّعْر ؛ غَسْلٌ بالشّامْبُو
v.t. غَسَلَ (ـِ) أو نَظَّفَ الشَّعْرَ بالشّامْبُو
shank/ʃæŋk/*n.*
1. (leg) ساقٌ (سِيقان)
2. (shaft) بَدَنُ (المِسْمار المُحَوَّى) ، جِسْمُ (المِثْقاب)
shan't/ʃɑnt/*coll. contr. of* **shall not**
shape/ʃeɪp/*n.* شَكْلٌ (أَشْكال) ، صُورة (صُوَر) ، مَظْهَرٌ (مَظاهِرُ)
v.t. & i. شَكَّلَ ، صاغَ (يَصُوغُ) ؛ تَشَكَّلَ
shapeless/ˈʃeɪpləs/*adj.* بِدُونِ شَكْلٍ مُحَدَّد ، غَيْرُ واضِحِ المَعالِم
shapely/ˈʃeɪplɪ/*adj.* حَسَنُ الشَّكْل ، مُتَناسِق ، رَشِيق
share/ʃeə(r)/*n.*
1. (portion) حِصّة (حِصَص) ، نَصِيب (أَنْصِبة)
2. (*commerc.*) سَهْمٌ (أَسْهُم)
3. (ploughshare) حَدِيدةُ المِحْراث
v.t. 1. (apportion) وَزَّعَ الأَرْباح ، اِقْتَسَمَ
the rescue team shared the food out وَزَّعَت فِرْقةُ الإِنْقاذِ الطَّعامَ (على المَنْكُوبِين)
2. (possess jointly) *also v.i.* شارَكَ ، ساهَمَ في
shareholder/ˈʃeəhəʊldə(r)/*n.* مُساهِم ، مِنْ حَمَلَةِ الأَسْهُم (في شَرِكة)
shark/ʃɑk/*n.* سَمَكُ القِرْش ، كَلْبُ البَحْر ، كَوْسَج
sharp/ʃɑp/*adj.*
1. (keen) حادٌّ ، ماضٍ
sharp eyes حِدّةُ البَصَر ؛ ثُقُوبُ النَّظَر
2. (brisk) نَشِيطٌ ، سَرِيع
we went for a sharp walk تَرَيَّضْنا بِمِشْيَةٍ سَرِيعة
3. (*mus.*) *also n.* نَغْمة مُوسِيقِيّة حادّة يُرْمَزُ لَها بِعَلامةِ الرَّفْع #
sharpen/ˈʃɑpən/*v.t.* بَرَى (يَبْرِي) (قَلَمَ رَصاص) ، قَطَّ (ـُ) ؛ شَحَذَ (ـَ) (نَصْلاً) ، سَنَّ (ـِ)
shatter/ˈʃætə(r)/*v.t. & i.* كَسَرَ ، حَطَّمَ ، هَشَّمَ ، لاشَى (آمالَه) ؛ تَحَطَّمَ
shave/ʃeɪv/*v.t.*
1. (remove hair) حَلَقَ (ـِ)
clean-shaven حَلِيقُ اللِّحْيَةِ والشّارِب
2. (pare) كَشَطَ (ـِ) ، سَحَجَ (ـَ) (شَرِيحةً رَقِيقةً مِن ...)
3. (graze) كادَت (السَّيّارة) تَحْتَكُّ (بالحائِط
n. حِلاقة
he needs a shave يَحْتاجُ إلى حِلاقة
you nearly ran him down, it was a close shave كِدْتَ تَدْهَسُهُ ، إلاّ أَنَّهُ نَجا بأُعْجُوبة
shaver/ˈʃeɪvə(r)/*n.* آلةُ حِلاقةٍ كَهْرَبائِيّة
young shaver (*coll.*) صَبِيٌّ صَغِير
shaving-brush/ˈʃeɪvɪŋ-brʌʃ/*n.* فُرْشاةُ حِلاقة
shavings/ˈʃeɪvɪŋz/*n. pl.* نُجارةُ (الخَشَب) ، نُشارة ، شَظايا
shawl/ʃɔl/*n.* شالٌ (شالات)
she/ʃi/*pron.* هِيَ
a she-cat قِطّة ، هِرّة ، بَسّة (عامِّيّة)
sheaf/ʃif/(*pl.* **sheaves**) *n.* حُزْمة (حُزَم) ، رِزْمة (رِزَم)
shear/ʃɪə(r)/(*p.p.* **shorn**) *v.t.* جَزَّ (ـِ) (وَبَرَ حَيَوان)
sheep-shearing جَزُّ صُوفِ الغَنَم
shears/ʃɪəz/*n. pl.* مِقَصٌّ (مَقاصُّ)
sheath/ʃiθ/*n.* غِمْدٌ (أَغْماد) ، قِراب ، غِلاف ، جِراب ؛ غِمْدُ الذَّكَر (لِمَنْعِ الحَمْل)
sheathe/ʃið/*v.t.* أَغْمَدَ (سَيْفَهُ) ، غَطَّى بـ ...
sheath-knife/ˈʃiθ-naɪf/ *n.* مُدْيَةٌ ذاتُ غِمْد
shed/ʃed/*n.* سَقِيفة ، عَرِيش (عَرائِشُ) ، حَظِيرةٌ (للبَقَرِ مَثَلاً)
v.t. أَسْقَطَتِ (الشَّجَرةُ أَوْراقَها) ، طَرَحَ (ـَ) ، خَلَعَ (ـَ) ، نَزَعَ (ـِ)
shed no more tears لا تَذْرِفِ المَزِيدَ مِن الدُّمُوع
sheep/ʃip/(*pl.* **sheep**) *n.* خَرُوفٌ (خِرافٌ ، غَنَمٌ ، ضَأْنٌ) ، نَعْجَةٌ ، شاةٌ (شِياهٌ)
sheepish/ˈʃipɪʃ/*adj.* خَجُول ، هَيُوب ، مُرْتَبِك
sheer/ʃɪə(r)/*adj.*
1. (steep) *also adv.* (اِنْحِدارٌ) شِبْهُ عَمُودِيّ ، يَكادُ يَكُونُ رَأْسِيًّا
a sheer cliff صُخُورٌ (ساحِلِيّة) انْحِدارُها شِبْهُ عَمُودِيّ
2. (absolute) مُجَرَّدٌ ، مُطْلَقٌ ، مَحْضٌ ، بَحْتٌ
sheer nonsense مَحْضُ هُراءٍ !
3. (thin) رَقِيقٌ جِدًّا ، (قُماشٌ) شَفّاف
sheer nylon نايْلُونْ رَقِيق
v.i. (*with* **off, away**) غَيَّرَتِ (السَّفِينةُ) اتِّجاهَها فَجْأةً (مُتَحاشِيةً الصُّخُورَ)
sheet/ʃit/*n.*

1. (bed-linen) مُلاءَة ، شَرْشَف (شَراشِفُ)
2. (broad flat piece) لَوْحٌ (زُجاج) ، صَفِيحةٌ (مَعْدِن) ، طَبَقَةٌ (وَرَق)
3. (*of water*) مِساحةٌ يَغْمُرُها الماءُ ، (هَطَلَ المَطَرُ) بِغَزارة
4. (rope for sail) حَبْلٌ لِرَبْطِ أَسْفَلِ الشِّراع

sheik(h)/ʃeɪk/*n.* شَيْخ (شُيُوخ) ، رَئِيسُ قَبِيلة

shelf/ʃelf/(*pl.* **shelves**) *n.* رَفٌّ (رُفُوف)

shell/ʃel/*n.*
1. (outer covering) قِشْرٌ (قُشُور) ، غِلافٌ (غُلُف)
2. (*zool.*) صَدَفَةٌ (أَصْداف)
3. (*mil.*) قُنْبُلة (قَنابِلُ)

v.t. 1. (remove shell from) قَشَّرَ ، قَصَّصَ (م ، س) ، فَلَّسَ (ع)
2. (bombard) قَصَفَ بالمِدْفَعِيَّة ، ضَرَبَ بالقَنابِل

shellfish/ˈʃelfɪʃ/*n.* حَيَواناتٌ بَحْرِيّة صَدَفِيّة

shelter/ˈʃeltə(r)/*n.* مَأْوًى ، مَخْبَأ (مَخابِئُ) ، مَلْجأ (مَلاجِئُ) ، مَلاذٌ

v.t. & i. آوى ، حَمَى (يَحْمِي) ، سَتَرَ (ـُ) ؛ اِلْتَجأَ إلى ، اِحْتَمَى بـ

shelve/ʃelv/*v.i.* اِنْحَدَرَ تَدْرِيجِيًّا

v.t. 1. (put on shelf) نَضَّدَ على رَفّ
2. (postpone) أَجَّلَ (مَشْرُوعًا مَثَلًا)

shelving/ˈʃelvɪŋ/*n.* مَجْمُوعةُ رُفُوفٍ في مَكانٍ ما ؛ وَضْعٌ على الرَّفّ ، تَأْجِيل (المَشْرُوع مَثَلًا)

shepherd/ˈʃepəd/*n.* راعِي الغَنَم

v.t. رَعَى (يَرْعَى) الغَنَم

sheriff/ˈʃerɪf/*n.* عُمْدة ، كَبِيرُ رِجالِ الأَمْن

shield/ʃild/*n.*
1. (armour) تُرْس (تُرُوس) ، مِجَنّ
2. (protection) غِطاءٌ واقٍ

v.t. حَمَى (يَحْمِي) ، وَقَى (يَقِي)

shift/ʃɪft/*v.t. & i.*
1. (change position) زَحْزَحَ ، حَوَّلَ ، نَقَلَ (ـُ) ؛ تَحَوَّلَ
2. (manage) دَبَّرَ أَمْرَهُ بِنَفْسِه

the survivors had to shift for themselves أُضْطُرَّ النّاجُون (مِن الكارِثة) إلى تَدْبِيرِ أُمُورِهِم بِأَنْفُسِهِم

n. 1. (move) تَغَيُّرُ مَوْقِع
2. (expedient) تَحايُلٌ لِلخُرُوجِ مِن مَأْزِق
3. (relay of workers) فَوْجٌ يَعْمَلُ بالمُناوَبة
4. (chemise) قَمِيصٌ داخِلِيٌّ لِلنِّساء ، ثَوْب شُوال (أَرْياء)

shiftless/ˈʃɪftləs/*adj.* مِكْسال ، تَنْبَل ، عَدِيمُ الحِيلة

shifty/ˈʃɪftɪ/*adj.* ماكِرٌ ، مُتَقَلِّب ، لا يُعْتَمَدُ عَلَيْه

shilling/ˈʃɪlɪŋ/*n.* شِلِن (سابِقًا عُمْلة إِنْكِلِيزِيّة تُعادِل $\frac{1}{20}$ مِن الجُنَيْهِ الإِسْتَرْلِينِي)

shin/ʃɪn/*n.* عَظْمُ السّاقِ بَيْنَ الرُّكْبة والقَدَم ، ظُنْبُوب

shine/ʃaɪn/(*p.t. & p.p.* **shone**) *v.i.*
1. (glow) سَطَعَ (ـَ) ، لَمَعَ (ـَ) ، تَأَلَّقَ
2. (excel) اِمْتازَ ، تَفَوَّقَ ، تَأَلَّقَ نَجْمُهُ

v.t. 1. (polish) لَمَّعَ (الحِذاءَ)
2. (point light **to/on**) سَلَّطَ ضَوْءَ مِصْباح

she shone the torch on it سَلَّطَت ضَوْءَ المِصْباحِ اليَدَوِيِّ عَلَيْه

n. بَرِيقٌ ، لَمَعان ، أَلَقٌ ، سُطُوع

shingle/ˈʃɪŋgəl/*n.*
1. (seashore pebbles) حَصَى الشّاطِئ
2. (tile) قِطَعٌ خَشَبِيّة مُرَبَّعة أو مُسْتَطِيلة لِتَغْطِيَةِ السُّقُوف والجُدْران

shingles/ˈʃɪŋgəlz/*n.* (*with sing. v.*) مَرَضُ الهَرْبِس ، القُوباءُ أو العُقْبُولة المِنْطَقِيّة (حَكَّةٌ جِلْدِيّة)

shiny/ˈʃaɪnɪ/*adj.* لامِعٌ ، زاهٍ ، ساطِع ، مَصْقُول

ship/ʃɪp/*n.* سَفِينة (سُفُن) ، مَرْكَب (مَراكِبُ)

v.t. 1. (send by ship) شَحَنَ (ـَ) (بِضاعةً بَحْرًا)
2. (take on board) تَسَرَّبَ (الماءُ إلى السَّفِينة)

shipbuilding/ˈʃɪp-bɪldɪŋ/*n.* (صِناعةُ) بِناءِ السُّفُن

shipping/ˈʃɪpɪŋ/*n.* الشَّحْنُ البَحْرِيّ ، ما يَتَعَلَّقُ بالسُّفُن

shipshape/ˈʃɪpʃeɪp/*adj.* مُرَتَّب ، مُنَظَّم ، مُنَسَّقٌ على الوَجْهِ الأَكْمَل

shipwreck/ˈʃɪprek/*n.* & *v.t.* غَرَقُ السَّفِينة ، حُطامُها ؛ أَغْرَقَت (العاصِفةُ) السَّفِينَةَ ؛ أَحْبَطَت الكارِثةُ مَشْرُوعاتِهِ

shipyard/ˈʃɪpjad/*n.* حَوْضُ بِناءِ السُّفُن ، تَرْسانة ، مَسْفَن

shirk/ʃɜk/*v.t.* تَهَرَّبَ مِن المَسْؤُولِيّة ، تَنَصَّلَ مِنْها ، نَفَرَ (ـِ) (مِن عَمَل)

shirker/ˈʃɜkə(r)/*n.* مَنْ يَتَهَرَّبُ مِن واجِبِهِ أو مَسْؤُولِيَّتِهِ

shirt/ʃɜt/*n.* قَمِيص (قُمْصان)

in his shirt-sleeves خالِعٌ سُتْرَتَهُ ، بِدُونِ جاكِيتّة

shiver/ˈʃɪvə(r)/*v.t. & i.*
1. (tremble) *also n.* اِرْتَعَشَ ، اِرْتَجَفَ (خَوْفًا) ، اِقْشَعَرَّ ؛ رَعْشة ، قُشَعْرِيرَة
2. (break into pieces) تَشَقَّقَ (الزُّجاج) ، تَشَظَّى ، تَهَشَّمَ ، تَكَسَّرَ ؛ كَسَّرَ ، حَطَّمَ

shoal/ʃəʊl/*n.* سِرْبٌ أو فَوْجٌ مِن الأَسْماكِ (في البَحْر) ، عَدَدٌ كَبِير ؛ ضَحْل ، ضَحْضاح

shock/ʃok/*n.*
1. (violent impact) صَدْمة ، هَزّة ، رَجّة

shock absorber مُمْتَصُّ الصَّدَمات (سَيّارة) ، مُخَمِّدُ الاِرْتِجاج

electric shock صَدْمة كَهْرَبائِيّة

2. (mass of hair) شَعْرٌ أَشْعَثُ

v.t. صَدَمَ (ـِ) ، أَدْهَشَ ، فَجَعَ (ـَ) ، أَرْعَبَ ، هَزَّ (ـُ)

shocking/ˈʃokɪŋ/*adj.* شَنِيع ، مُرِيع ، فَظِيع ، مُخْجِل

shoddy/ˈʃodɪ/*adj.* (بِضاعة) رَدِيئة ، غَيْرُ مُتْقَنةِ الصُّنْع
n. قُماشٌ رَدِيءٌ خَشِنٌ ؛
أليافٌ لِلْحِياكة تُصْنَعُ من خِرَقٍ قَديمة
shoe/ʃu/*n.* حِذاء (أَحْذِية) ، نَعْلٌ (نِعال)
in his shoes (لَوْ كُنْتُ) مَكانَهُ (لَفَعَلْتُ كذا)
v.t. (*p.t.* & *p.p.* **shod**) بَيْطَرَ ، نَعَّلَ ، وَضَعَ لِلفَرَسِ نَعْلًا أَوْ حَذْوَةً جَدِيدة
shoe-lace/ˈʃu-leɪs/*n.* شَرِيط الحِذاء ، قِيطان (قَياطِينُ)
(*U.S.* **shoe-string**) رِباط (رُبُط ، أَرْبِطة) الحِذاء
he started his business on a shoe-string بَدَأَ تِجارَتَهُ بِدَراهِمَ مَعْدُودات
shone/ʃon/*p.t.* & *p.p.* *of* **shine**
shook/ʃʊk/*p.t.* *of* **shake**
shoot/ʃut/(*p.t.* & *p.p.* **shot**) *v.t.* & *i.*
1. (propel) قَذَفَ (ـِ) ، رَمَى (يَرْمِي)
he is shooting a line (*sl.*) يَتَبَجَّحُ ، يَتَفاخَرُ ، يَتَفَشْوَر (س) ، يَزْمُطُ (ع) ، يَفْشُرُ (م)
2. (*with gun*) (رَمَى) بالبُنْدُقِيّة ، اِصْطادَ
3. (move quickly, sprout) اِنْطَلَقَ بِسُرْعة ، مَرَقَ (ـُ) كالسَّهْمِ ؛ نَبَتَ (ـُ) (الزَّرْعُ)
the car shot round the corner اِنْعَطَفَت السَّيّارةُ بِسُرْعةٍ هائِلة
we saw a shooting star شاهَدْنا نَيْزَكًا
4. (*photog.*) اِلْتَقَطَ أو صَوَّرَ مَشْهَدًا في فِيلْم
5. (*with sextant*) قاسَ ارْتِفاعَ نَجْمٍ بآلةِ السُّدْس
n. **1.** (new growth) نَبْتَة ، فَرْخٌ (فِراخ)
2. (shooting party) جَماعةٌ مِن الصَّيّادِين ؛
أَرْضُ الصَّيْدِ (وقَدْ تُؤَجَّر)
shop/ʃop/*n.*
1. (*commerc.*) دُكّان (دَكاكِينُ)
2. (workshop) مَصْنَع ، وَرْشَة (وِرَش)
v.i. تَسَوَّقَ ، تَبَضَّعَ ؛ وَشَى بِهِ ، فَتَنَ (ـِ) عَلَيْه
these days you have to shop around (*coll.*) لابُدَّ في هَذِهِ الأَيّام مِنَ الدَّوَران على الدَّكاكِين (لاِخْتِيارِ أَنْسَبِ الأَسْعار)
shop-keeper/ˈʃop-kipə(r)/*n.* صاحِبُ دُكّان أو مَتْجَر
shoplifter/ˈʃoplɪftə(r)/*n.* نَشّالُ المَخازِن ، سارِقُ مَعْرُوضاتِ المَتاجِر
shopper/ˈʃopə(r)/*n.* مُشْتَرٍ ، شارٍ ، مُتَسَوِّق
shopping/ˈʃopɪŋ/*n.* تَبَضُّع ، تَسَوُّق ، شِراء ، المُشْتَرَيات
shop-steward/ˈʃop-ˈstjuəd/*n.* مُمَثِّلُ نِقابة العُمّال بالمَصْنَع (للمُفاوَضات)
shore/ʃɔ(r)/*n.* ساحِل (سَواحِلُ) ، شاطِئ (شَواطِئُ)
shorn/ʃɔn/*p.p.* *of* **shear**
short/ʃɔt/*adj.* & *adv.* قَصِيرٌ ، قَلِيلٌ ، يَسِيرٌ ؛ فَجْأَةً
the grocer gave me short change لَمْ يُعْطِنِي البَقّالُ باقِيَ الحِسابِ مَضْبُوطًا ، غَشَّنِي في الكَمالة (س)
the workmen are on short time خُفِّضَتْ ساعاتُ العَمَل (نَتِيجةً للكَساد)
short pastry عَجِينٌ دَسِمٌ يُشْبِهُ الغُرَيْبَة (لِصُنْعِ الحَلَوِيّات والفَطائِر)
he is always short of money إِنَّهُ مُفْلِسٌ دائِمًا
the price is nothing short of robbery هذا السِّعْرُ الباهِظُ لَيْسَ إِلّا سَرِقةً وَنَهْبًا
he made short work of the digging أَنْهَى الحَفْرَ بِسُرْعة
I cut him short قاطَعْتُ كَلامَهُ
Edward is called Ted for short يُصَغَّرُ اسْمُ إِدْوارْدْ إلى "تِيد"
the long and the short of it is . . . خُلاصَةُ الأَمْرِ أَنَّ . . . ، بإِيجازٍ واخْتِصار . . .
he was taken short (*coll.*) أَحَسَّ فَجْأَةً بالحاجةِ الطَّبِيعِيّة
in short قُصارَى القَوْل ، بِاخْتِصار
short cut أَقْرَبُ طَرِيق ، طَرِيقٌ مُخْتَصَر ، مَقْرُبة
shortage/ˈʃɔtɪdʒ/*n.* نَقْصٌ ، نُقْصان ، قِلّة
shortbread/ˈʃɔtbred/*n.* بَسْكُوت كَثِيرُ السَّمْنِ والسُّكَّر
short-circuit/ˈʃɔt-ˈsɜkət/*n.* & *v.t.* عُطْلُ تَماسّ ، دارَةُ قِصَر (كَهْرَباء) ؛ تَخَطّى الوَسِيط ، تَعامَلَ مُباشَرةً مَعَ
shortcoming/ˈʃɔtkʌmɪŋ/*n. usu. pl.* عَيْب (عُيوب) ، نَقْص ، قُصُور نَقِيصة (نَقائِصُ)
shorten/ˈʃɔtən/*v.t.* & *i.* قَصَّرَ (الثَّوْبَ) ؛ قَصُرَ (ـُ)
shorthand/ˈʃɔt-hænd/*n.* الاِخْتِزال ، الكِتابة المُخْتَزَلة
short-handed/ˈʃɔt-ˈhændɪd/*adj.* يُعانِي نَقْصًا في الأَيْدِي العامِلة
short-listed/ˈʃɔt-ˈlɪstɪd/*adj.* أُدْرِجَ اسْمُه بَيْن المُخْتارِين للمُقابَلة النِّهائِيّة (عِنْدَ انْتِقاءِ مُوَظَّفِين)
short-lived/ˈʃɔt-ˈlɪvd/*adj.* قَصِيرُ الأَمَد ، لَمْ يَدُمْ (الفَرَح) طَوِيلًا
shortly/ˈʃɔtlɪ/*adv.* بَعْدَ قَلِيل ، قَرِيبًا ؛ بِاخْتِصار ؛ (أَجابَ) بِاقْتِضابٍ وَجَفاء
shorts/ʃɔts/*n. pl.* بَنْطَلُون قَصِير ، "شُورْت"
short-sighted/ˈʃɔt-ˈsaɪtɪd/*adj.* قَصِير (قِصارُ) البَصَر ، حَسِير (حَسْرَى)
short-tempered/ˈʃɔt-ˈtempəd/*adj.* سَرِيعُ الغَضَب ، نَزِقٌ ، غَضُوب
shot[1]/ʃɔt/*n.*
1. (attempt) (*coll.*) مُحاوَلة ، تَجْرِيب
a long shot مُجَرَّدُ تَخْمِين
2. (discharge of gun) طَلْقة (سِلاح نارِيّ) ، رَمْية
the boy was off like a shot اِنْطَلَقَ الصَّبِيُّ كالسَّهْمِ المارِق

3. (ammunition) خُرْدُق ، (بارُودة) رَشّ ، قَذِيفة
4. (*photog.*) (*coll.*) لَقْطة سِينَمائيّة ، صُورة (صُوَر)
5. (injection) (*coll.*) حُقْنة طِبِّيّة ، إبْرة (إبَر)
6. (marksman) رامٍ (ماهِر)
7. (personage) (*sl.*) شَخْصِيّة بارِزة ، زَعِيم
he thinks he's a big shot مُحَسِّب حاله شَخْصِيّة (س) ، يَتَصَوَّر نَفْسه عَظِيم (م) ، هو فاكِر نَفْسه عَظِيم (م)
shot[2] /ʃot/*p.t. & p.p. of* **shoot**
should/ʃud/*p.t. & condit. of* **shall**
shoulder/ˈʃəuldə(r)/*n.* مَنْكِب (مَناكِب) ، كَتِف (أكْتاف) ، عاتِق (عَواتِق)
he gave him the cold shoulder تَنَكَّر له ، عامَلَه بِبُرود وجَفاء ، أغْدَق عَلَيْه (الهِبات) ، اِنْهَمَر المَطَر
v.t. **1.** (carry) حَمَلَ على عاتِقِه ؛ أسْنَدَ (البُنْدُقِيّة على كَتِفِهِ)
shoulder responsibility اِضْطَلَع بالمَسْؤُولِيّة
2. (jostle) شَقَّ طَرِيقَه بِمَنْكِبَيْه
shout/ʃaut/*v.i. & t.* زَعَق (ـَ) ؛ صاحَ (يَصِيح) ، نادَى بِصَوْتٍ عالٍ ، هَتَفَ (ـِ)
shout down أخْرَسَ ، سَكَّتَ
n. (أطْلَقَ) صَرْخةً ، صُراخ ، صَيْحة ، نِداء ، هُتاف (هُتافات)
shove/ʃʌv/*v.i. & t. & n.* دَفَعَهُ بِشِدّةٍ وَعُنْف ؛ دَفْعة
shove off! (*sl.*) اِمْشِ مِن هُنا ! اِنْصَرِفْ !
shovel/ˈʃʌvəl/*n.* مِجْرَفة ، مِجْراف ، رَفْش
v.t. جَرَفَ (التُّرابَ مَثَلاً) بِمِجْراف ، قَلَّبَ الرَّمْلَ بِرَفْش
show/ʃəu/(*p.p.* **shown**) *v.t. & i.* أراهُ ، أطْلَعَهُ على ، عَرَضَ (ـِ) ؛ وَضَّحَ
the cinema is showing a new film يُعْرَضُ فِيلْمٌ جَدِيدٌ في السِّينَما الآنَ
show your tickets, please التَّذاكِر مِنْ فَضْلِكُم ، (أبْرِزُوا) بِطاقاتِكُم رَجاءً
do show me how it works اِشْرَحْ لِي عَمَلِيًّا كَيْفَ يَشْتَغِلُ (هَذا الجِهاز)
I showed the visitor out رافَقْتُ الضَّيْفَ حَتَّى الباب ، شَيَّعْتُهُ
she is always showing off إنَّها دائِمةُ التَّبَجُّح والتَّفاخُر
he didn't show up at the meeting لَمْ يَحْضُر الاِجْتِماع ، تَغَيَّبَ عَن الاجْتِماع
the impostor was shown up كُشِفَ أمْرُ المُحْتال
n. **1.** (display, pretence, appearance) مَعْرِض ، عَرْض ؛ تَظاهُر ، مَظْهَر
he gave the show away أفْشَى السِّرّ
2. (entertainment) حَفْلة ، عَرْضٌ ، مَعْرِض
show business عالَمُ المَسْرَح والسِّينَما والاِسْتِعْراض
show-down/ˈʃəu-daun/*n.* تَصْفِيةُ الحِساب (بَيْنَ خَصْمَيْن) ، مُجاهَرة ، مُكاشَفة في نِزاع
shower/ˈʃauə(r)/*n.*
1. (brief fall of rain) رَخّة أو زَخّة (مَطَر) خَفِيفة
2. (sprinkling device) دُشّ أو دُوش (للاِسْتِحْمام)
also **shower-bath**
v.t. & i. أغْدَقَ عَلَيْه (الهِبات) ؛ اِنْهَمَرَ المَطَرُ
showery/ˈʃauərɪ/*adj.* (جَوٌّ) يَهْطِل فِيه المَطَر زَخّات
show-girl/ˈʃəu-gɜ(r)l/*n.* مُمَثِّلة مُنَوِّعات ، راقِصة في مَلْهًى ، فَتاةُ اسْتِعْراض
showroom/ˈʃəurum/*n.* صالةُ عَرْضٍ (للسَّيّاراتِ مَثَلاً)
showy/ˈʃəuɪ/*adj.* مُبَهْرَج ، مُزَوَّق إلى حَدِّ الإفْراط ، صارِخ
shrank/ʃræŋk/*p.t. of* **shrink**
shrapnel/ˈʃræpnəl/*n.* شَظايا ؛ قَذِيفةُ شَظايا
he was hit by a piece of shrapnel أصابَتْهُ شَظِيّةُ قُنْبُلة
shred/ʃred/*n.* قُصاصة طَوِيلة رَفِيعة (مِنَ الوَرَقِ مَثَلاً)
there's not a shred of truth in what he says لَيْسَ في ما يَقُولُه نَصِيبٌ مِنَ الصِّحّة
v.t. مَزَّقَ إرْبًا إرْبًا
shrewd/ʃrud/*adj.* فَطِنٌ ، ثاقِبُ الرَّأْي ، (فِكْرة) سَدِيدة
shriek/ʃrik/*v.i. & t. & n.* صَرَخَ (ـُ) صَرْخةً عالِيةً تَنِمُّ عَن الفَزَع ؛ صَرْخة
shrill/ʃrɪl/*adj.* (صَوْتٌ) حادٌّ وعالٍ
shrimp/ʃrɪmp/*n.* رُبْيان (ع) ، إرْبِيان أو قُرَيْدِس (س) ، جَمْبَرِي ، بُرْغُوثُ البَحْر ؛ قَزَمٌ (تُقالُ اسْتِصْغارًا)
shrine/ʃraɪn/*n.* ضَرِيحٌ (أضْرِحة) ، مَزارٌ يُحَجُّ إلَيْه للتَّعَبُّدِ والتَّبَرُّك
shrink/ʃrɪŋk/(*p.t.* **shrank** *p.p.* **shrunk**) *v.t.* قَلَّصَ ، جَعَلَهُ يَتَقَلَّصُ أو يَنْكَمِش
v.i. **1.** (become smaller) تَقَلَّصَ ، اِنْكَمَشَ
2. (recoil **from**) تَراجَعَ ، نَفَرَ (ـِ) مِن ، أحْجَمَ عَن الإقْدام (لِخَجَلِهِ أو اشْمِئْزازِهِ مَثَلاً)
shrivel/ˈʃrɪvəl/*v.t. & i.* اِنْكَمَشَ وتَجَعَّدَ سَطْحُه
shroud/ʃraud/*n.*
1. (winding-sheet) كَفَنٌ (أكْفان) ؛ سِتار ، غِلالة (مِنَ الضَّباب)
2. (*pl.* set of ropes) حِبالُ مِظَلّة الهُبُوط ؛ حِبالُ تَثْبِيتِ الصّارِية
v.t. كَفَّنَ (المَيِّتَ) ؛ اِكْتَنَفَ (الأمْرَ) الغُمُوضُ ، غَشَّى ، لَفَّ
shrub/ʃrʌb/*n.* شُجَيْرة ، جُنَيْبة (ذاتُ سِيقان مُتَعَدِّدة)
shrug/ʃrʌg/*v.t. & i. & n.* هَزَّ (ـُ) كَتِفَيْه (بِلا مُبالاة) ؛ هَزّةٌ بالكَتِفَيْن
a shrug of despair حَرَكةٌ بالكَتِفَيْنِ تُعَبِّرُ عَن اليَأْس
shrunk/ʃrʌŋk/*p.p. of* **shrink**

shudder/ˈʃʌdə(r)/*v.i.* اِرْتَجَفَ فَزَعاً ، اِرْتَعَشَ خَوْفاً

n. رِعْدَة ، قُشَعْرِيرَة

shuffle/ˈʃʌfəl/*v.i. & t.* جَرْجَرَ خُطاهُ ، جَرَّ قَدَمَيْهِ ؛ خَلَطَ (ـِ) أَوْراقَ اللَّعِب ؛ أَعادَ تَنْظِيمَ (الوِزارة مَثَلاً) ؛ تَخَلَّصَ مِن (عِبْءٍ مَثَلاً)

n. جَرُّ القَدَمَيْن ؛ خَلْطُ (الأَوْراق) ؛ إعادَةُ تَنْظِيم ؛ تَخَلُّصٌ مِن

shun/ʃʌn/*v.t.* تَحاشَى ، تَجَنَّبَ

shunt/ʃʌnt/*v.t. & i.* حَوَّلَ عَرَبات قِطارٍ مِن خَطٍّ لآخَر

shut/ʃʌt/*v.t. & i.* أَغْلَقَ (باباً) ، أَقْفَلَهُ ، أَوْصَدَهُ ؛ اِنْغَلَقَ

the factory has shut down أُغْلِقَ المَصْنَعُ نِهائيًّا

don't shut me out لا تُوصِد البابَ فَتَقْطَعَني خارِجَ المَبْنى ؛ لا تُغْلِق الأَبْوابَ بِوَجْهي !

shut up! أُسْكُتْ ! اِخْرَسْ !

shutter/ˈʃʌtə(r)/*n.*

1. (window) أُباجُورُ النّافِذة (س) ، دَرْفَةُ الشُّبّاك الخارِجِيّة (م) ، طِلاّقة خارِجِيّة للشُّبّاك (ع) ، كَبَنْك الفَتْرينات (ع)

2. (*photog.*) حاجِبُ العَدَسة

shuttle/ˈʃʌtəl/*n.* مَكُّوك ، وَشِيعة

v.t. & i. تَرَدَّدَ أَماماً وَخَلْفاً ، تَحَرَّكَ جِيئةً وَذَهاباً

shuttle service خِدْمَةُ نَقْلٍ جِيئةً وَذَهاباً تَعْمَلُ بِاسْتِمْرار

shuttlecock/ˈʃʌtəlkok/*n.* الرِّيشةُ الطّائِرة ، كُرَةٌ مِنَ الفَلِّين مُرَيَّشة تُقْذَفُ بِمِضْرَبٍ (في لُعْبةِ الرِّيشةِ الطّائِرة) (بادْمِنْتُن)

shy/ʃaɪ/*adj.* خَجُول ، حَيِيٌّ ، خَفِرٌ

v.i. جَفَلَ (ـُ) الحِصان

v.t. & n. (*coll.*) قَذَفَ (ـِ) ، رَمَى (يَرْمِي) ؛ قَذْفة ، رَمْية ، مُحاوَلة ؛ إجْفال

coconut shy لُعْبَةُ رَمْيِ جَوْزِ الهِنْد بِكُرةٍ خَشَبِيّة في المَلاهِي

sick/sɪk/*adj.*

1. (unwell) مَرِيضٌ (مَرْضَى) ، عَلِيل (أَعِلاّءُ) ، سَقِيم (سِقام ، سُقَماءُ)

he is sick of waiting سَئِمَ مِن الاِنْتِظار

2. (vomiting) (شَخْصٌ) في حالةِ غَثَيانٍ أو قَيْءٍ

sicken/ˈsɪkən/*v.t.* أَثارَ اشْمِئْزازَه ، أَقْرَفَ ، أَسْأَمَ

v.i. مَرِضَ (ـَ) ، سَقِمَ (ـَ) ، سَقُمَ (ـُ)

sickening/ˈsɪknɪŋ/*adj.* مُقْرِف ، مُنَفِّر ، تَشْمَئِزُّ مِنْهُ النَّفْس

sickle/ˈsɪkəl/*n.* مِنْجَلٌ (مَناجِلُ) ، مِحَشّ أو مِحَشّة

sickly/ˈsɪklɪ/*adj.* عَلِيل (أَعِلاّءُ) ، ضَعِيف ، سَقِيم (سُقَماءُ)

sickness/ˈsɪknəs/*n.*

1. (illness) مَرَضٌ (أَمْراض) ، داءٌ (أَدْواء) ، عِلّة (عِلَل)

2. (vomiting) قَيْءٌ ، غَثَيان

side/saɪd/*n.*

1. (surface) جانِب ، جَنْب ، طَرَف ؛ ضِلْعُ (المُثَلَّث)

a side of beef شِقَّةُ لَحْمِ بَقَر

he earns extra on the side يَكْسَبُ مَبالِغَ إضافِيَّةً فَوْقَ راتِبِهِ

there are two sides to the story للقَضِيّة وَجْهان

he is on the wrong side of fifty لَقَدْ تَجاوَزَ الخَمْسِينَ (مِنْ عُمْرِهِ)

this drug has nasty side effects لِهذا العَقّارِ تَأْثِيراتٌ جانِبِيّةٌ سَيِّئة

they sat side by side جَلَسا جَنْباً لِجَنْبٍ

2. (team) فَرِيق (كُرَة القَدَمِ مَثَلاً)

a parent should not take sides على الأُمِّ والأَبِ أَلاّ يَتَحَيَّزا

3. (*sl.* swagger) تَشامُخ ، تَباهٍ

he puts on side يَتَباهَى ، يَتَكَبَّرُ ، يَتَمَنَّع ، يَتَغَطْرَس

v.i. تَحَيَّزَ إلى ، تَحَزَّبَ مَع

sideboard/ˈsaɪdbɔd/*n.* صِوانُ السُّفرة ، خِزانةُ أَدَواتِ المائِدة ، بُوفيه

sidelight/ˈsaɪdlaɪt/*n.* ضَوْءٌ جانِبِيّ

side-line/ˈsaɪd-laɪn/*n.* حِرْفة ثانَوِيّة

sidelong/ˈsaɪdloŋ/*adj. & adv.* جانِبِيٌّ ، مِن الجانِب ، (نَظَرَتْ إلَيْهِ) شَزْراً

side-track/ˈsaɪd-træk/*v.t.* جَعَلَهُ يَحِيدُ أو يَنْحَرِفُ عَن طَرِيقِهِ أو مَوْضُوعِه ؛ أَجَّلَ النَّظَرَ في مَشْرُوع

sideways/ˈsaɪdweɪz/*adv. & adj.* also **sidewards**/ˈsaɪdwədz/ جانِبِيًّا ، إلَى الجانِب ، بِانْحِراف

siding/ˈsaɪdɪŋ/*n.* تَحْوِيلة ، سِكّة تَخْزِين ، خَطّ جانِبِيّ

sidle/ˈsaɪdəl/*v.i.* اِقْتَرَبَ بِحَياءٍ أو ذُلٍّ أو ارْتِباك ؛ اِقْتَرَبَ عَنْ طَرِيقٍ غَيْرِ مُباشِر

siege/sidʒ/*n.* حِصارٌ ، مُحاصَرة

siesta/sɪˈestə/*n.* قَيْلُولة ، نَوْم بَعْد الظُّهْر

sieve/sɪv/*n.* غِرْبال ، مُنْخُل

v.t. غَرْبَلَ (الحَصا) ، نَخَلَ (ـُ) (دَقِيقاً)

sift/sɪft/*v.t.* غَرْبَلَ ؛ مَحَّصَ ، اِنْتَقَى

sigh/saɪ/*v.i.* تَنَهَّدَ ، تَحَسَّرَ ، تَنَفَّسَ الصُّعَداء

she sighed for her lost youth تَحَسَّرَتْ علَى شَبابِها الضائِع

n. تَنَهُّد (تَنَهُّدات) ، آهة (آهات) ، تَأَوُّه

sight/saɪt/*n.*

1. (sense) بَصَرٌ ، رُؤْية

I know him by sight أَعْرِفُه بالشَّكْلِ فَقَط (اي لَيْسَتْ بَيْنَنا مَعْرِفة)

out of sight غائِبٌ عَن النَّظَر ، مُتَوارٍ عَن الأَنْظار

2. (view) رُؤْية ، نَظْرة

at first sight it seems impossible يَبْدُو مُسْتَحِيلاً لأَوَّلِ وَهْلة

catch sight of . . . رأى
3. (spectacle) مَشْهَد ، مَظْهَر ، مَرْأى
what a sight he looked! يا لَبُؤْسِ مَنْظَرِه
4. (*on gun*) مِهْداف (على البُنْدُقِيّة) ، نِيشَنْكاه
5. (*coll.* a great deal) كَثِير ، كَمِّيّة كَبِيرة ، إلى حَدٍّ بَعِيد
it's a sight too expensive for me هذا فَوْقَ طاقَتِي المالِيّة ، هذا غالٍ جدًّا عَلَيَّ
sightless/ˈsaɪtləs/*adj.* أعْمَى ، ضَرِير ، كَفِيف (أكِفّاء)
sightseeing/ˈsaɪtsiːɪŋ/*n.* مُشاهَدةُ مَعالِمِ (مَدِينة) ، تَفَرُّج (أثْناءَ السِّياحة)
sign/saɪn/*n.*
1. (indication) عَلامة ، إشارة ، بادِرة ، دَلِيل
2. (symbol) رَمْز (رُمُوز) ، صُورة (صُوَر)
3. (gesture) إيماءة ، تَلْوِيح
4. (notice) لافِتة
traffic sign عَلامة أو إشارة مُرُور
v.t. & i. وَقَّعَ على ، أمْضَى ؛ أشارَ إلى ، أوْمأ إلى
signal/ˈsɪgnəl/*n.*
1. (sign) إشارة ، عَلامة
2. (radio) إشارة بالبَثِّ الإذاعِيّ
3. (*pl. mil.*) مُواصَلات لاسِلْكِيّة عَسْكَرِيّة
v.t. & i. أبْلَغَ بالإشارات ، أوْمأ ، أشارَ
adj. بارِز ، بارِع ، (نَجاح) باهِر
signal-box/ˈsɪgnəl-bɒks/*n.* كُشْكُ تَنْظِيمِ سَيْرِ القِطارات وَمُراقَبَتِها (بإعْطاءِ إشاراتٍ إلَيْها)
signaller/ˈsɪgnələ(r)/*n.* عامِلُ الإشاراتِ اللاسِلْكِيّة (في الخِدْمة العَسْكَرِيّة)
signalman/ˈsɪgnəlmən/*n.* عامِلُ إشاراتِ المُخابَرةِ اللاسِلْكِيّة ، مُشَوِّر
signatory/ˈsɪgnətrɪ/*n.* مُوَقِّع على اتِّفاقِيّة
signature/ˈsɪgnətʃə(r)/*n.* تَوْقِيع ، إمْضاء
signature tune لَحْنٌ مُمَيِّز لِبَرْنامَجٍ إذاعِيّ
signboard/ˈsaɪnbɔd/*n.* لَوْحة الإعْلانات ، لافِتة ، يافِطة
signet/ˈsɪgnɪt/*n.* خَتْمٌ صَغِير ، مُهْر
signet-ring/ˈsɪgnɪt-rɪŋ/*n.* خاتَمٌ مَنْقُوش (كانَ يُسْتَعْمَلُ كَخَتْمٍ سابِقًا)
significance/sɪgˈnɪfɪkəns/*n.* مَعْنًى ، فَحْوَى ، مَدْلُول ، مَغْزًى ؛ خُطُورة ، أهَمِّيّة
significant/sɪgˈnɪfɪkənt/*adj.* ذُو مَعْنًى ، ذُو مَغْزًى ؛ خَطِير ، مُهِمّ ؛ ضَرُورِيّ
signify/ˈsɪgnɪfaɪ/*v.t.* عَنَى (يَعْنِي) ، دَلَّ على ، أفْصَحَ عَن ؛ أشارَ ، عَبَّرَ عَن
signpost/ˈsaɪnpəʊst/*n.* لافِتة (تَدُلُّ على الطَّرِيق) ، عَلَمٌ (أعْلام) ، صُوّة (صُوًى)
silage/ˈsaɪlɪdʒ/*n.* أعْشاب تُخْزَن مَضْغُوطةً لِتُسْتَعْمَلَ عَلَفًا في الشِّتاء

silence/ˈsaɪləns/*n.* صَمْتٌ ، سُكُوت
he suffered in silence تألَّمَ بِصَمْتٍ ، لَمْ يَبُحْ بآلامِهِ لأحَد
v.t. أسْكَتَ (الطِّفْلَ) ، أخْرَسَ
he silenced his critics أفْحَمَ نُقّادَهُ
silencer/ˈsaɪlənsə(r)/*n.* كاتِمٌ أو مُخْمِدُ الصَّوْت ، صُنْدُوقُ العادِمِ (في السَّيّارة)
silent/ˈsaɪlənt/*adj.* صامِت ، ساكِن ؛ (مُحَرِّك) خافِت
silhouette/ˈsɪluˈet/*n.* صُورة ظِلِّيّة ؛ شَكْلٌ لا تُرَى إلّا خُطُوطُهُ الخارِجِيّة
v.t. رَسَمَ صُورةً ظِلِّيّة
silk/sɪlk/*n.* حَرِير (حَرائِر) ، قَزّ ، خَزّ
silkworm/ˈsɪlkwɜm/*n.* دُودةُ حَرِير ، دُودةُ قَزّ
silky/ˈsɪlkɪ/*adj.* بِنُعُومة الحَرِير وَمَلاسَتِه
sill/sɪl/*n.* عَتَبةُ النّافِذة أو الباب ، أُسْكُفّة
silly/ˈsɪlɪ/*adj.* أحْمَق ، غَبِيّ (أغْبِياء) ، أبْلَهُ ، سَخِيف
silt/sɪlt/*n.* غِرْيَن ، طَمْيٌ ، رَواسِبُ ناعِمة في نَهْرٍ
v.i. امْتَلأَ (مَصَبُّ النَّهْر) بالغِرْيَن
the river is silted up سَدَّتِ الرَّواسِبُ مَجْرَى النَّهْر
silver/ˈsɪlvə(r)/*n. & adj.*
1. (metal) فِضّة ، فِضِّيّ
silver paper وَرَقٌ فِضِّيّ ، صَفِيحةٌ رَقِيقةٌ فِضِّيّةُ اللَّوْنِ تُسْتَعْمَلُ لِلتَّغْلِيف
he was born with a silver spoon in his mouth وُلِدَ مَحْفُوفًا بالثَّراء ، وُلِدَ وَثَراؤُهُ مَضْمُون
silver (jubilee) (اليُوبِيل) الفِضِّيّ (مَرّةً كُلَّ رُبْعِ قَرْن)
2. (silverware) أوانٍ فِضِّيّة
3. (coins) نُقُودٌ مِن الفِضّة أو ما يُشْبِهُها
4. (*colour*) اللَّوْنُ الفِضِّيّ ، فِضِّيّ
every cloud has a silver lining إنَّ مَعَ العُسْرِ يُسْرًا ، أظْلَمُ ساعةٍ يَعْقُبُها الفَجْرُ
v.t. & i. فَضَّضَ ، طَلَى بالفِضّة ، ابْيَضَّ أو شابَ (يَشِيبُ) الشَّعْرُ
silvery/ˈsɪlvərɪ/*adj.* فِضِّيّ ، كالفِضّة
similar/ˈsɪmɪlə(r)/*adj.* مُشابِه ، مُماثِل ، شِبْهُ ، مِثْلُ
similarity/ˈsɪmɪˈlærətɪ/*n.* تَشابُه ، تَماثُل
simile/ˈsɪmɪlɪ/*n.* التَّشْبِيه (في عِلْمِ البَلاغة)
simmer/ˈsɪmə(r)/*v.t.* طَها بِبُطْءٍ ، طَبَخَ على نارٍ خَفِيفةٍ دُونَ الغَلْيِ
v.i. انْطَبَخَ على مَهْلٍ بِلا غَلَيان
it took her quite a time to simmer down لَمْ يَسْكُنْ غَضَبُها إلّا بَعْدَ مُدّة
simper/ˈsɪmpə(r)/*v.i.* تَكَلَّفَتْ (الفَتاةُ) الابْتِسامَ والتَّدَلُّل
n. ابْتِسامةٌ مُتَكَلَّفة
simple/ˈsɪmpəl/*adj.*
1. (not compound) بَسِيط ، عادِيّ
simple interest الفائِدةُ البَسِيطة (غَيْرُ المُرَكَّبة)

2. (plain) ساذَج ، غَيْرُ مُعَقَّد ، بَسِيط
the simple life الحَياةُ (الرِّيفِيَّة) البَسِيطة
3. (foolish) غَرِير (أغِرَّة ، أغْرَاءُ) ، مُغَفَّل ، غَشِيم (غُشَماءُ)
4. (easy) سَهْلٌ ، يَسِيرٌ ، هَيِّنٌ
it's not so simple لَيْسَ هَيِّنًا كما تَتَصَوَّر

simplicity /sɪm'plɪsɪtɪ/*n.* بَساطة ، سَذاجة ، يُسْر
simplify /'sɪmplɪfaɪ/*v.t.* بَسَّطَ ، يَسَّرَ
simply /'sɪmplɪ/*adv.*
1. (plainly) بِبَساطة
simply dressed بَسِيطُ المَلْبَس
2. (absolutely) مُطْلَقًا ، بِلا قَيْدٍ أو شَرْط
a simply dreadful crime جَرِيمةٌ نَكْراءُ لَيْسَ إلاّ
3. (only) مُجَرَّد ، فَقَط ، فَحَسْب
it is simply a matter of time لَيْسَتْ إلاّ مَسْألَة مُرُور زَمَن

simultaneous /ˌsɪməl'teɪnɪəs/*adj.* مُتَزامِن ، مُتَواقِت ، في الوَقْتِ ذاتِهِ ، آنِيّ
simultaneous interpreting تَرْجَمة (شَفَوِيّة) آنِيّة

sin /sɪn/*n.* خَطِيئة (خَطايا) ، إثْم (آثام) ، ذَنْب (ذُنُوب)
they lived in sin عاشا مَعًا بِدُونِ زَواج
v.i. أثِمَ (ـَ) ، أذْنَبَ ، ارْتَكَبَ مَعْصِيةً ، خَطِئَ (ـَ)

since /sɪns/*adv. & prep.* مُنْذُ ، مُذْ ، مِن ذَلِكَ الوَقْت
ever since that day he has avoided me أخَذَ يَتَحاشاني مُنْذُ ذَلِك اليَوْم
conj. 1. (from the time that) مُنْذُ
2. (because) حَيْثُ أنّ ، بما أنّ

sincere /sɪn'sɪə(r)/*adj.* مُخْلِص ، صَدُوق ، صَرِيح
sincerely /sɪn'sɪəlɪ/*adv.* بِإخْلاص ، بِصِدْق
yours sincerely المُخْلِص (في خِتام رِسالة) ، المُخْلِص لَكُم

sincerity /sɪn'serɪtɪ/*n.* إخْلاص
sinecure /'saɪnɪkjʊə(r)/*n.* مَنْصِب يُدِرّ مالاً دُون عَمَل
sinew /'sɪnju/*n.* عَصَب (أعْصاب) ، طُنُب (أطْناب)
sinful /'sɪnfʊl/*adj.* شِرِّير ، مُذْنِب ، خاطِئ (خُطاة)
sing /sɪŋ/(*p.t.* **sang** *p.p.* **sung**) *v.i. & t.* غَنَّى ، أنْشَدَ ، غَرَّدَ ، شَدا (يَشْدُو) ، صَدَحَ (ـَ)
singe /sɪndʒ/*v.t. & i. & n.* حَرَقَ حَرْقًا خَفِيفًا ، شَعْوَطَ (م ، ع) ، شَلْوَطَ (س)
singer /'sɪŋə(r)/*n.* مُغَنٍّ ، مُطْرِب ، مُطْرِبة
single /'sɪŋgəl/*adj.*
1. (one only) وَحِيد ، مُنْفَرِد
2. (for one only) لِشَخْصٍ واحِد
a single room (حُجْرة) لِشَخْصٍ واحِد (في فُنْدُق)
3. (unmarried) أعْزَبُ ، عَزَبٌ ، عُزّابٌ
a single man أعْزَبُ

n. 1. (ticket) تَذْكِرةُ ذَهابٍ فَقَط
2. (game at tennis *usu. pl.*) مُباراة فَرْدِيّة (في التِّنِس مَثَلاً)
v.t. (*with adv.* **out**) اِخْتَصَّهُ (بالمَدْح مَثَلاً)
he was singled out for promotion أُفْرِدَ بالتَّرْقِية دُونَ سِواه

single-handed /ˈsɪŋgəl-'hændɪd/*adj.* بِدُونِ عَوْنٍ ، بِمُفْرَدِه ، وَحِيدًا ، مُنْفَرِدًا
single-minded /ˈsɪŋgəl-'maɪndɪd/*adj.* مُكَرِّسٌ جُهْدَهُ لِهَدَفٍ واحِد
singlet /'sɪŋglət/*n.* قَمِيص تَحْتانِيّ أو فانِلّة بِلا أكْمام
singular /'sɪŋgjʊlə(r)/*adj.*
1. (*gram.*) مُفْرَد (نَحْو)
2. (unusual) فَذٌّ (أفْذاذ) ، ذُو مَزايا عالِية

singularity /ˌsɪŋgjʊ'lærətɪ/*n.* تَفَرُّدٌ (بِشَيْءٍ ما) ، تَمَيُّزٌ بِـ
sinister /'sɪnɪstə(r)/*adj.* نَحِسٌ ، مَشْؤُوم ، شِرِّير
sink /sɪŋk/(*p.t.* **sank** *p.p.* **sunk**) *v.i.* غَرِقَ (ـَ) (الزَّوْرَقُ مَثَلاً) ، غَطَسَ (ـُ)
his heart sank اِنْهارَتْ عَزِيمَتُهُ ، خانَتْهُ شَجاعَتُهُ
v.t. خَفَضَ (ـِ) (صَوْتَهُ) ، أغْرَقَ ، غَطَّسَ
he sank a well حَفَرَ بِئْرًا
let us sink our differences لِنَنْسَ خِلافاتِنا ، لِنَطْوِ ما جَرَى بَيْنَنا
n. حَوْضُ المَطْبَخ ، بَلُّوعة أو بَلاّعة (بَلُّوعات ، بَلالِيع) ، بالُوعة (بَوالِيع) ، مَجْلَى (س) ، مَغْسَلة (ع)

sinner /'sɪnə(r)/*n.* خاطِئ ، مُذْنِب ، آثِم
sip /sɪp/*v.t. & i. & n.* رَشَفَ (ـُ) ، حَسا (يَحْسُو) ، حَسْوة ، رَشْفة
siphon /'saɪfən/*n.* أُنْبوب مَعْقُوف لِسَحْبِ السَّوائِل ، سِيفُون ، مِمَصّ
v.t. & i. أفْرَغَ أو سَحَبَ سائِلاً بِمِمَصّ
sir /sɜ(r)/
1. (*form of address*) سَيِّدي
Dear Sir, حَضْرة السَّيِّد . . . ، سَيِّدِي المُحْتَرَم
2. (title) لَقَبُ شَرَفٍ يَسْبِقُ الاِسْمَ الكامِل
Sir Walter Scott سِير وُلْتَر سْكُوت

siren /'saɪərən/*n.*
1. (temptress) جِنِّيّة البَحْر في أساطِير اليُونان ، سابِيَةُ العُقُول
2. (hooter) صَفّارةُ الإنْذار

sirloin /'sɜlɔɪn/*n.* مَجَسَّةُ الحَقْوَيْن ، لَحْمُ البَقَرِ يُقْطَعُ مِن أعْلَى الخاصِرة
sisal /'saɪsəl/*n.* ألْيافُ نَباتٍ إسْتِوائِيّ تُصْنَعُ مِنْها الحِبال ، سِيزال
sissy /'sɪsɪ/*n.* (*coll.*) مُخَنَّث ، خَوّاف
sister /'sɪstə(r)/*n.*

1. (relation) أخت (أخوات) ، شقيقة (شقيقات ، شقائق)
2. (nurse) كبيرة الممرضات في جناح مستشفى

sister-in-law/ˈsɪstər-ɪn-lɔ/ (*pl.* **sisters-in-law**) *n.* زوجة الأخ ، أخت الزوج أو الزوجة

sisterly/ˈsɪstəlɪ/*adj.* كالأخت ، (عاملتها) معاملة الأخت لأختها

sit/sɪt/(*p.t. & p.p.* **sat**) *v.i.*
1. (*with advs.*) جلس (ـِ)
they sat (down) جلسوا ، قعدوا
a sit down strike إضراب في مكان العمل ، إعتصام مع رفض مغادرة المكان
he sat for his portrait جلس أمام الرسام ليرسم صورته
I can't attend, please sit in for me لا أستطيع الحضور فأرجوك أن تنوب عني
he sits on a number of committees إنه عضو في لجان عديدة
the hen is sitting on a clutch of eggs الدجاجة واكنة على بيضها
sit up straight! إعتدل في جلستك
don't sit up for me tonight لا تسهر وتنتظرني الليلة
2. (be in session) إنعقد (الإجتماع) ، إجتمعت (الجلسة)
v.t. أجلس ، أقعد
sit the baby in the high chair أجلس الطفل في كرسيه العالي
he sat the examination امتحن ، تقدم للإمتحان

site/saɪt/*n.* عرصة ، قطعة أرض صالحة لغرض معين

sit-in/ˈsɪt-ɪn/*n. & adj. & v.i.* إعتصام ، معتصم ، إعتصم (مضربا)
the workers are having a sit-in strike العمال معتصمون في المعمل

sitting/ˈsɪtɪŋ/*adj.* جالس ، مقيم ، ساكن
he is a sitting tenant مستأجر مقيم (لا يمكن إخلاؤه)
n. **1.** (pose) جلسة أمام الرسام
2. (session) دورة ، نوبة ، جلسة
3. (clutch of eggs) حضنة (بيض)

sitting-room/ˈsɪtɪŋ- rʊm/*n.* غرفة جلوس

situated/ˈsɪtjʊeɪtɪd/*adj.* (البيت) واقع في ، كائن ، موجود

situation/ˈsɪtjʊˈeɪʃən/*n.*
1. (site) موقع (مواقع) ، مكان (أمكنة)
2. (condition) حالة ، وضعية ، موقف
3. (job) منصب (مناصب) ، وظيفة (وظائف)

six/sɪks/*adj. & n.* ستة (رجال) ، ست (نساء)
we are all at sixes and sevens إننا نتخبط في الفوضى ، نضرب أخماسا بأسداس

sixteen/sɪkˈstin/*adj. & n.* ست عشرة (امرأة) ، ستة عشر (رجلا)

sixteenth/sɪkˈstinθ/*adj. & n.* السادس عشر ، جزء من ستة عشر جزءا

sixth/sɪksθ/*adj. & n.* سادس ، سدس (أسداس)

sixtieth/ˈsɪkstɪəθ/*adj. & n.* الستون ، جزء من الستين

sixty/ˈsɪkstɪ/*adj. & n.* ستون (سنة) ، (رقم) ستون

size/saɪz/*n.*
1. (dimensions) حجم (حجوم ، أحجام) ، أبعاد ، مقاس ، قد (س ، م)
size five shoes زوج أحذية قياس خمسة
2. (thin glue) معجون غروي ، (طلى الحائط) بالغراء
v.t. رتب الأشياء حسب أبعادها
it was difficult to size him up وجدت صعوبة في الحكم على شخصيته

sizeable/ˈsaɪzəbəl/*adj.* كبير نوعا ما ، لا يستهان به

sizzle/ˈsɪzəl/*v.i. & n.* أز أو نش (ـِ) (الزيت في المقلاة) ، نشيش

skate/skeɪt/*v.i.* تزحلق ، إنزلق على الجليد
the speaker was skating on thin ice كان الخطيب يلعب بالنار
n. **1.** (*worn on foot*) مزلق للتزحلق على الجليد
2. (fish) لياء ، شفنين بحري ، ورنك (م) (سمك)

skein/skeɪn/*n.* شلة أو لفة (من الصوف) ، كبة (كبب) ، مكب (مكاب)

skeleton/ˈskelɪtən/*n.* هيكل عظمي ، هيكل ، خطوط عامة
skeleton key مفتاح عام (يفتح أقفالا مختلفة) ، خطاف (خطاطيف) ، فشاشة ، طفشانة

sketch/sketʃ/*n.*
1. (drawing) *also v.t. & i.* رسم تخطيطي ، وضع مخططا ، رسم خطوطا كبرى
2. (summary) وصف عام ، لمحة موجزة
a thumb-nail sketch لمحة وجيزة بدون تفاصيل
3. (*theatr.*) تمثيلية قصيرة

sketchy/ˈsketʃɪ/*adj.* غير متقن ، غير واف ، (معرفة) سطحية أو ناقصة

skewer/ˈskjuə(r)/*n.* سيخ أو سفود صغير (لشي قطع اللحم خاصة)
v.t. سفد اللحم بسيخ (قبل شيه)

ski/ski/*n.* زلاجة ، مزلج ، خشبة تزلج ،
v.i. تزلج على الثلج

skid/skɪd/*n.* إنزلاق (السيارة مثلا أثناء قيادتها) ، تزحلق ، نعل المكبح
v.i. إنزلق ، تزحلق

skilful/ˈskɪlfəl/*adj.* ماهر ، حاذق ، بارع

skill/skɪl/*n.* مهارة ، حذق ، براعة

skilled/skɪld/*adj.* (عامِل) ماهِر ، حاذِق ، مُجَرَّب ، مُتَخَصِّص

skim/skɪm/*v.t. & i.* فَرَزَ (ـِ) القِشْدةَ مِن الحَليب ؛ أزاحَ الرَّغوة ؛ تَصَفَّحَ الكِتابَ بِسُرعة ، مَسَّ (الطائرُ سَطحَ النَّهر بِرِفْق)

skin/skɪn/*n.* جِلْد ، بَشَرة ، قِشْرة (تُفّاحة مَثَلاً)

beauty is only skin-deep الجَمال خَدّاع ، لَيْسَ الجَمالُ كُلَّ شَيْء

v.t. سَلَخَ (ـَ) جِلْدَ حَيَوان ، قَشَرَ (ـِ) (المَوزَ مَثَلاً)

skin-diving/ˈskɪn-daɪvɪŋ/*n.* السِّباحةُ تَحْتَ الماء بِزَعانِف وجِهاز تَنَفُّس

skinflint/ˈskɪnflɪnt/*n.* شَحيح ، بَخيل خَسيس

skinny/ˈskɪnɪ/*adj.* نَحيل ، نَحيف ، هَزيل

skip/skɪp/*v.i. & t. & n.* وَثَبَ (يَثِبُ) ، قَفَزَ (ـِ) ، نَطَّ (ـُ) ، أغْفَلَ ، أهْمَلَ ، شَطَحَ (سَطْراً) (س) ؛ قَفْزة ، نَطّة ، قادُوس مَعْدِنيّ كَبير لِحَمْل الأنقاض (هَنْدسة مَدَنيّة)

skipper/ˈskɪpə(r)/*n.* رُبّان ، قُبطانُ سَفينة

skirmish/ˈskɜmɪʃ/*n.* مُناوَشة (حَرْبيّة)

v.i. ناوَشَ

skirt/skɜt/*n.*

1. (garment) تَنُّورة ، جُونِلّة (م)

2. (edge) حافّة ، طَرَفٌ (أطراف)

v.t. سارَ مُحاذِيًا طَرَفَ (الحَقْلِ مَثلاً) ، حَفَّ (ـُ) بِ أو حَوْلَ

skirting-board/ˈskɜtɪŋ-bɔd/*n.* لَوْحٌ خَشَبيّ بِأسْفَل جُدْران الغُرْفة ، أزار الحائط

skit/skɪt/*n.* قِطعة فُكاهِيّة ساخِرة ، نُبْذة تَهَكُّميّة

skulk/skʌlk/*v.i.* اِبْتَعَدَ مُتَجَنِّبًا الأنظار ، تَوارى جُبْنًا ، تَمَلَّصَ مِن العَمَل كَسَلاً

skull/skʌl/*n.* جُمْجُمة (جَماجِمُ)

skunk/skʌŋk/*n.* ظِرْبان أمْريكيّ (تَنْبَعِثُ مِنْهُ رائِحةٌ كَريهةٌ عِنْدَ الخَطَر) ؛ فِراءُ الظِّرْبان ؛ سافِل ، مُنْحَطّ ، شَخْص مَمْقُوت

sky/skaɪ/*n.* سَماء (سَمَوات)

skylark/ˈskaɪlak/*n.* القُنْبُرة أو القُبَّرة (طائر غِرّيد)

skylight/ˈskaɪlaɪt/*n.* كُوّةٌ بالسَّقْف ، مَنْوَر ، رَوْزَنة ، قَمَريّة

skyscraper/ˈskaɪskreɪpə(r)/*n.* ناطِحةُ سَحاب

slab/slæb/*n.* لَوحٌ سَميكٌ مُسْتَطيلُ الشَّكْل مِن مادّة صُلْبة ، بَلاطة

slack/slæk/*adj.*

1. (lazy) كَسُول ، مِكْسال ، مُتَراخٍ ، مُهْمِل

she was slack at her work كانَتْ مُهْمِلةً في عَمَلِها

2. (inactive) راكِد ، فاتِر ، كاسِد

business is slack الحَرَكة التِّجاريّة راكِدة ، السُّوقُ فاتِرة

3. (loose) مَحْلُول ، مُتَراخٍ

a slack rope حَبْلٌ غَيْرُ مَشْدُود ، حَبْلٌ رَخْوٌ

n. **1.** (looseness) حالَةُ ارْتِخاء ، الجُزْءُ المُرْتَخي مِنْ حَبْلٍ وَتَرٍ أو سُدّة

take in the slack! شُدَّ الحَبْلَ المُتَراخي ؛ شُدَّ الهِمّة !

2. (small coal) دُقاقُ الفَحْم الحَجَريّ

3. (*pl.* trousers) سِرْوال (سَراويلُ) ، بَنْطَلُون

v.i. تَباطأَ ، تَلَكَّأَ ، تَكاسَلَ في عَمَلِهِ

slacken/ˈslækən/*v.t. & i.*

1. (slow up) خَفَّضَ (السُّرعة) ، تَمَهَّلَ

2. (loosen) أرْخى (الحَبْل) ، فَكَّ أو خَفَّفَ (التَّوَتُّر)

slacker/ˈslækə(r)/*n.* تَنْبَلٌ ، خامِل ، كَسْلان

slag/slæg/*n.* خَبَثٌ (فَضَلات تَبْقَى بَعْدَ تَنْقِيَة خامِ المَعْدِن)

slag heap كَوْمة مِن خَبَثِ (الحَديد مَثَلاً)

slain/sleɪn/*p.p. of* **slay**

slam/slæm/*v.t. & i.* صَفَقَ (ـِ) البابَ ، أغْلَقَهُ بِعُنْف ، سَفَقَ (ـُ)

n. صَوْتُ صَفْقِ الباب

little/grand slam الحُصُول على اثْنَتَيْ عَشْرَةَ أو ثَلاثَ عَشْرةَ نُقْطَةً في لُعْبة البْريدْج

slander/ˈslandə(r)/*n.* قَدْحٌ شَفَويّ في سُمْعة شَخْصٍ ، اِفْتِراء

v.t. اِفْتَرى على ، طَعَنَ كَذِبًا في

slanderous/ˈslandrəs/*adj.* اِفْتِرائيّ ، تَشْهيريّ ، يُشَوِّهُ سُمْعَةَ فُلانٍ

slang/slæŋ/*n.* رَطانة عامِّيّة ، لُغة شَعْبيّة خاصّة

v.t. شَتَمَ (ـِ)

they had a slanging match تَشاتَما

slant/slant/*n.*

1. (slope) مَيْلٌ ، اِنْحِدار ، مُنْحَدَر

2. (*coll.* point of view) (له) نَظْرة خاصّة في الأمْر

v.i. & t. مالَ (يَميلُ) ، اِنْحَدَرَ ؛ حَرَّفَ الأخْبارَ

slap/slæp/*n. & v.t.* صَفْعة ، لَطْمة ؛ صَفَعَ (ـَ) ، لَطَمَ (ـِ)

slapdash/ˈslæpdæʃ/*adj.* (عَمَلٌ) مُؤدًّى بِعَدَم اكْتِراث ، مُرَمَّق ، مُطَصْلَق (م) ، مُخَرْبَط (ع) ، مَشْبُول (س)

slapstick/ˈslæpstɪk/*adj. & n.* هَزْليّ سَخيف مُفْرِطٌ في الخُشُونة ؛ مَسْرَحيّة تَهْريجيّة

slash/slæʃ/*v.t. & i. & n.* شَرَطَ (ـُ) القُماشَ بِسِكّين ؛ جُرْحٌ طَويلٌ (في الجِلْد) ؛ خَطٌّ مائِلٌ هَكَذا (/)

prices were slashed at the sale خُفِّضَت الأسْعارُ تَخْفيضًا هائِلاً في التَّنْزيلات

slate/sleɪt/*n.*

1. (rock) صَخْرُ الأرْدُواز

2. (roofing-tile) لَوْحٌ أرْدُوازيّ لِلتَّسْقيف

3. (writing tablet) لَوْحُ حَجَر (لِلكِتابة عَلَيْه)

the critics gave him a sound slating تَناوَلَهُ النُّقّادُ بِنَقْدٍ لاذِع ، تَعَرَّضَ لِلنَّقْدِ دُون رَحْمة أو شَفَقة

slaughter/ˈslɔtə(r)/*n.* قَتْل ، مَذْبَحة ، مَجْزَرة
v.t. ذَبَحَ (ـَ) ، جَزَرَ (ـُ) ، نَحَرَ (ـُ)
slaughter-house/ˈslɔtə-haʊs/*n.* مَجْزَر ، مَسْلَخ ، مَذْبَح ، سَلْخانة
slave/sleɪv/*n.* عَبْدٌ (عَبِيد) ، رَقِيق (أَرِقّاء)
v.i. كَدَحَ (ـَ) (طَوالَ اليَوْمِ كالعَبْد) ، كَدَّ (ـُ)
slavery/ˈsleɪvərɪ/*n.* عُبُودِيّة ، رِقّ
slavish/ˈsleɪvɪʃ/*adj.* (سُلُوك) يَلِيقُ بالعَبِيد ، خانِع ؛ (تَرْجَمة) حَرْفِيّة
slay/sleɪ/(*p.t.* **slew** *p.p.* **slain**) ذَبَحَ (ـَ) ، قَتَلَ (ـُ)
v.t. أَماتَ ، قَضَى (يَقْضِي) على (خَصْمِه)
sledge/sledʒ/*n.* زَحّافة الجَلِيد ، مِزْلَجة
sledge-hammer/ˈsledʒ-hæmə(r)/*n.* مِرْزَبّة ، مِطْرَقة ثَقِيلة
sleek/slik/*adj.* (شَعْرٌ) أَمْلَسُ ناعِم ؛ مُفْرِطٌ في اللُّطْف ، مَعْسُول اللِّسان
sleep/ˈslip/(*p.t.* & *p.p.* **slept**) *v.i.* نامَ (يَنام) ، رَقَدَ (ـُ) ؛ باتَ (يَبِيتُ)
he is late because he slept in لَمْ يَجِئْ بَعْدُ لأنّهُ تأخّرَ في النَّوْم
v.t. يَتَّسِعُ أو يَسْتَوْعِبُ للنَّوْم
the hotel sleeps fifty guests يَسْتَوْعِبُ الفُنْدُق خَمْسِينَ نَزِيلاً
n. نَوْمٌ ، رُقاد
sleeper/ˈslipə(r)/*n.*
1. (one who sleeps) نائِم ، راقِد ؛ شَخْصٌ نَوْمُهُ (خَفِيف مَثَلاً)
2. (sleeping car) عَرَبةُ النَّوْم بالقِطار
3. (support for rails) عارِضة خَشَبِيّة تَحْمِلُ السِّكّة الحَدِيدِيّة ، فَلَنْكة
sleepiness/ˈslipɪnəs/*n.* نُعاسٌ ، وَسَنٌ ، سُباتٌ
sleeping-bag/ˈslipɪŋ-bæg/*n.* كِيسُ النَّوْم ، كِيسُ المَنامة ، لِحافٌ بِشَكْلِ كِيسٍ لِلنَّوْمِ في الهَواءِ الطَّلْق
sleepless/ˈslipləs/*adj.* (لَيْلة) ساهِدة ، مُؤَرِّقة ، ساهِرة
sleep-walker/ˈslip-wɔkə(r)/*n.* مَنْ يَمْشِي في نَوْمِه ، مُتَرَوْبِص (م ، س)
sleepy/ˈslipɪ/*adj.* نَعْسان ، وَسْنان
sleet/slit/*n.* مَطَرٌ مَعَ ثَلْج ، شَفْشاف (م)
sleeve/sliv/*n.*
1. (of garment) كُمٌّ (أَكْمام)
he's got something up his sleeve لَدَيْه حِيلةٌ ما ، يُهَيِّئُ مُفاجأة لنا
2. (record cover) غِلافُ أُسْطُوانة مُوسِيقِيّة
sleight-of-hand/ˈslaɪt-əv-hænd/*n.* خِفّةُ يَدٍ ، شَعْوَذة
slender/ˈslendə(r)/*adj.*
1. (slim) مَمْشُوق القَوام ، رَشِيق ، رَقِيق ، نَحِيف
2. (inadequate) (دَخْلٌ) طَفِيف ، ضَئِيل ، تافِه
slept/slept/*p.t.* & *p.p.* *of* **sleep**
sleuth/sluθ/*n.* ضِرْو ، كَلْبُ صَيْدٍ ضَخْم ؛ شُرْطِيّ أو بُولِيس سِرّيّ
slew/slu/*p.t.* *of* **slay**
slice/slaɪs/*n.* & *v.t.* شَرِيحة ؛ حِصّة ؛ سِكِّينة مُفَلْطَحة لتَقْدِيمِ قِطَعِ الحَلْوى أو السَّمَكِ المَطْبُوخ مَثَلاً ؛ شَرَّحَ
slick/slɪk/*adj.* & *n.* أَمْلَس ، زَلِق ، حَذِر ، مَكّار داهِية
oil slick طَبَقة مِنَ النَّفْط تَطْفُو على مِساحَةٍ كَبِيرةٍ مِن سَطْحِ البَحْر
slide/slaɪd/(*p.t.* & *p.p.* **slid**) *v.i.* & *t.* اِنْزَلَقَ ، زَلِقَ (ـَ) ، زَلَقَ (ـُ) ؛ زَحْلَقَ
n. **1.** (slipping) تَزَحْلُق ، اِنْزِلاق
2. (track) زُحْلُوقة للأَطْفال
3. (*photog.*) صَفِيحة أو شَرِيحة زُجاجِيّة مُنْزَلِقة لِمُجْهِرٍ أو فانُوس سِحْرِيّ أو ما إلَيْهِما
4. (hair-grip) مِشْبَكٌ لِشَعْرِ النِّساء
slide-rule/ˈslaɪd-rul/*n.* مِسْطَرة حاسِبة أو مُنْزَلِقة
slight/slaɪt/*adj.*
1. (slim) نَحِيف ، أَهْيَف ، رَقِيق العُود
2. (unimportant) غَيْرُ مُهِمّ ، طَفِيف
she takes offence at the slightest thing يَجْرَحُ شُعُورَها لأَتْفَهِ الأَسْباب
v.t. & *n.* اِحْتَقَرَ ، اِسْتَخَفَّ بِ ، اِسْتَصْغَرَ ؛ اِسْتِخْفاف ، إهانة
slightly/ˈslaɪtlɪ/*adv.* قَلِيلاً ، نَوْعًا ما ، بَعْضَ الشَّيْء
slim/slɪm/*adj.*
1. (slender) مَمْشُوقُ القَوام ، أَهْيَف ، نَحِيل ، أَعْجَف
2. (small) قَلِيل ، ضَئِيل
he has only a slim chance of success أَمَلُه في النَّجاح ضَئِيلٌ جِدًّا
v.i. نَحُفَ (ـُ) ، قَلَّلَ طَعامَهُ لِعِلاجِ سِمْنَتِه
slime/slaɪm/*n.* وَحْلٌ لَزِجٌ ؛ مادّة لَزِجة يُفْرِزُها الحَلَزُون
slimy/ˈslaɪmɪ/*adj.* مُخاطِيّ ، دَبِقٌ وَسَرِيعُ الانْزِلاق ؛ مُفْرِطٌ في التَّزَلُّف
sling/slɪŋ/(*p.t.* & *p.p.* **slung**) *v.t.*
1. (throw) قَذَفَ (ـِ) ، رَمَى بِمِقْلاع
2. (suspend) عَلَّقَ ، دَلَّى
n. **1.** (supporting band) مِعْلاقٌ للذِّراع ، حَمّالة
2. (weapon) مِقْلاع ، مِرْجام
slink/slɪŋk/*v.i.* اِنْسَلَّ خِفْيَةً مِن الحُجْرة
slip/slɪp/*v.i.* اِنْزَلَقَ ، تَزَحْلَقَ ؛ اِنْدَسَّ ، اِنْسَلَّ
she slipped and fell تَزَحْلَقَتْ وَسَقَطَتْ
it just slipped out زَلَقَ لِسانُهُ (بالخَبَر)
v.t. **1.** (slide) دَسَّ شَيْئًا بِخِفّةٍ وَسُرْعة
2. (release) أَطْلَقَ

his name has slipped my memory غابَ اسْمُهُ عَن ذاكِرَتي ، راحَ اسْمُهُ مِن بالي بالمَرَّة

n. **1.** (mistake) زَلَّة ، هَفْوة (هَفَوات) ، سَقْطة (سَقَطات)

a slip of the pen زَلَّةُ قَلَم

2. (escape) إفْلات ، هَرَبٌ

he gave us the slip تَمَلَّصَ مِنّا

there's many a slip twixt the cup and the lip ما بَيْنَ طَرْفَةِ عَيْنٍ وانْتِباهَتِها يُغَيِّرُ اللّهُ مِن حالٍ إلى حال ؛ لا تَسْتَبِق الحوادِث ، لا تَقُلْ فُول لِيَصِيرَ بالمَكْيُول

3. (petticoat) قَمِيصٌ بِدُونِ أكْمام يُلْبَسُ تَحْت الفُسْتان ، كُمْبِنَزُون ، شَلْحة (س)

pillowslip كِيسُ المِخَدَّة

4. (strip of paper) قُصاصة وَرَق ، جُذاذة ، جُزازة

5. (slope for shipbuilding) مُنْزَلَقٌ مُنْحَدِرٌ نَحْوَ الشّاطِئ لإنْزالِ السُّفُنِ إلى الماءِ بَعْدَ بِنائِها

slipper/ˈslɪpə(r)/*n.* خُفٌّ (أخْفاف ، خِفاف) ، شِبْشِب (م) ، شَحّاطة (س) ، بابُوج (ع)

slippery/ˈslɪpərɪ/*adj.* (أرْضٌ) زَلِقة ؛ مَكّارٌ مُراوِغ

slipshod/ˈslɪpʃod/*adj.* غَيْرُ مُتْقَن ، مُطَصْلَق (م) ، مُخَرْبَط (ع) ، مَشْبُول أو مُفَشْكَل (س)

slit/slɪt/*v.t.* & *n.* فَتَحَ (ـَ) شَقًّا طُولِيًّا ؛ شَقٌّ ، فَتْحةٌ ضَيِّقة طَوِيلة

slog/slog/*v.i.* & *t.* & *n.*

1. (hit hard) ضَرَبَ بِعُنْفٍ وبِدُون مَهارة (في المُلاكَمة مَثَلًا) ؛ ضَرْبٌ عَنِيف

2. (work hard) ظَلَّ يَكْدَحُ في عَمَلٍ مُمِلّ ، دَرَسَ بِجِدٍّ ، كَدَّ (ـُ) ، دَأَبَ في المَشْيِ

slogan/ˈsləʊgən/*n.* شِعار (شِعارات) ، نِداءُ (الحَرْبِ مَثَلًا)

slop/slop/*v.t.* & *i.* دَلَقَ (ـُ) ؛ اِهْتَزَّ (الفِنْجان) فانْدَلَقَ (الشّاي)

slope/sləʊp/*n.* مُنْحَدَر ، اِنْحِدار

v.t. أمالَ ، مَيَّلَ ، جَعَلَه مُنْحَدِرًا

v.i. **1.** (incline) اِنْحَدَرَ ، مالَ (يَمِيلُ)

2. (*sl.* walk **off**) اِنْسَلَّ خارِجًا ، اِنْسَحَبَ ، وَلّى الأدْبار ، اِنْصَرَفَ

sloppy/ˈslopɪ/*adj.*

1. (wet) (دَرْبٌ) مُوحِلٌ وَقَذِر ، (طاوِلة) مُتَّسِخة بِما أُرِيقَ عَلَيْها

2. (slovenly) غَيْرُ مُتْقَن ، مُطَصْلَق (م) ، مُخَرْبَط (ع) ، مُفَشْكَل (س)

slops/slops/*n. pl.*

1. (dirty liquid) ماءٌ قَذِر ، غُسالَةُ المَطْبَخ ؛ بَوْلٌ وقاذُورات أُخْرَى

2. (liquid food) طَعامٌ سائِل (لِلخَنازِير عادَةً)

slot/slot/*n.* & *v.t.* فَتْحة ضَيِّقة ، شَقٌّ

sloth/sləʊθ/*n.* كَسَلٌ ، بَلادة ، خُمول

slothful/ˈsləʊθfəl/*adj.* كَسِلٌ ، كَسْلان (كَسْلَى ، كُسالَى) ، كَسُول ، خَمِلٌ ، خامِل

slot-machine/ˈslot-məʃin/*n.* آلةُ بَيْعٍ تِلْقائِيَّة ، ماكِينة بَيْعٍ أُوتُوماتِيكِيَّة

slouch/slaʊtʃ/*v.i.* & *n.* مَشَى بِتَثاقُلٍ وَتَراخٍ ؛ تَهالَكَ (عَلَى المَقْعَد) ، تَسَكَّعَ (في الطُّرُقات) ؛ مِشْيَةٌ مُتَراخِية مُتَرَهِّلة

slough/slau/*n.* مُسْتَنْقَع ، سَبْخة (سِباخ)

slovenly/ˈslʌvənlɪ/*adj.* غَيْرُ مُتْقَن ، غَيْرُ مُرَتَّب ، مُرَمَّق ، مُسَفْسَف

slow/sləʊ/*adj.* بَطِيء ؛ بَطِيءُ الإدْراك

my watch is slow ساعَتي مُتَأَخِّرة (أو مُقَصِّرة)

v.t. & *i.* (*usu. with* **up, down**) خَفَّضَ السُّرْعة ، أبْطَأَ (سَيْرَ السَّيّارة) ؛ تَباطَأَ ، تَوانَى

slowly/ˈsləʊlɪ/*adv.* بِبُطْءٍ ، بِتَمَهُّل

slowness/ˈsləʊnəs/*n.* بُطْءٌ ، تَمَهُّلٌ ، تَباطُؤ ، تُؤَدة ، بَلادة

slow-witted/ˈsləʊ-ˈwɪtɪd/*adj.* بَطِيءُ الفَهْم ، بَلِيد

sludge/slʌdʒ/*n.* أوْحال وقاذُورات (في قاعِ البِئْرِ مَثَلًا) ، حَمْأة

slug/slʌg/

1. (*zool.*) بَزّاقة لا صَدَفَةَ لَها خِلافًا لِلحَلَزُونة ، بَزّاقة عُرْيانة

2. (bullet) رَصاصة لِبُنْدُقِيّة هَوائِيّة

sluggard/ˈslʌgəd/*n.* مِكْسال ، تَنْبَل ، كَسُول ، خامِل ، قُعَدة

sluggish/ˈslʌgɪʃ/*adj.* غَيْرُ نَشِيط ، كاسِد ، (نَبْضٌ) بَطِيء

sluice/slus/*n.* بَوّابةُ التَّحَكُّمِ بِمُسْتَوَى الماءِ في القَناة ، هَوِيس (أهْوِسة) (م)

v.t. & *i.* صَرَّفَ القاذُورات بِتَيّارٍ مائِيٍّ قَوِيّ

slum/slʌm/*n.* حارَة فَقِيرة قَذِرة (مُكْتَظّة بالسُّكّانِ والبُيُوت المُتَداعِية)

slumber/ˈslʌmbə(r)/*v.i.* & *n.* رَقَدَ (ـُ) ، نامَ (يَنامُ) ، هَجَعَ (ـَ) ؛ رُقادٌ ، كَرًى ، سُبات

slump/slʌmp/*n.* كَساد ، رُكُودٌ اقْتِصادِيّ ، تَدَهْوُرُ السُّوق

v.i. **1.** (flop down) خَرَّ على الأرْضِ (مِن شِدّةِ الإعْياء) ، تَهاوَى

2. (fall) هَبَطَت (الأسْعارُ فَجْأةً)

slung/slʌŋ/*p.t.* & *p.p. of* **sling**

slur/slɜ(r)/*v.t.*

1. (blur) مَضَغَ (ـَ) الكَلام ، نَطَقَ (ـِ) الكَلِماتِ أو كَتَبَها بِحَيْثُ تَتَداخَلُ واحِدةٌ بالأُخْرَى

2. (pass lightly over) مَرَّ عَلَيْه مُرُورَ الكِرام

n. شائِبة (شَوائِب) ، مَذَمّة ، عَيْبٌ (عُيُوب)

slush/slʌʃ/*n.* ثَلْجٌ ذائِب ؛ عاطِفِيّة تافِهة

slut/slʌt/n.   اِمْرَأَةٌ كَسُول قَذِرَة المَظْهَر

sluttish/'slʌtɪʃ/adj.   (الْمَرْأَة) مُهْمِلة في ثيابِها وَنَظافَتِها

sly/slaɪ/adj.

  1. (deceitful)   ماكِر ، مُخادِع ، مُتَكِّم ، يَعْمَلُ خِفْيَةً

  2. (mischievous)   (اِبْتِسامة ، خَبِيثة ، (نَظْرة ، مُخْتَلَسة ،

(وَلَدٌ) شَيْطان

  he did it on the sly   فَعَل ذَلك خِفْيَةً

smack/smæk/v.t.   صَفَع (ـَ) ، ضَرَب بِكَفِّ البَد ، لَمْظَ ،

نَطَّقَ

v.i.   (يَفُوحُ)

his talk smacks of   يَشُمُّ مِنْ حَدِيثِهِ رائحةُ الخِيانة

  treason

n. 1. (slap)   لَكْمة ، لَطْمة ، صَفْعة

  2. (sound)   صَوْتُ ضَرْبَةِ الكَفّ ، صَوْتُ التَّلَمُّظ ،

قُبْلَةٌ مَسْمُوعةُ الصَّوْت

  3. (boat)   قارِبٌ لِصَيْدِ السَّمَك

small/smɔl/adj.   صَغِير ، قَلِيل ، ضَئِيل ، يَسِير

  the small hours   المَزِيءُ الأَخِيرُ مِنَ اللَّيْل (قَبْلَ الفَجْر)

small-arms/   أَسْلِحة خَفِيفة (كالبَنادِق)

 'smɔl-'amz/n. pl.

smallholder/   مُزارِع صَغِير ، مالِك قِطْعَة أَرْض

 'smɔlhəʊldə(r)/n.   صَغِيرة

smallpox/'smɔlpɒks/n.   مَرَضُ الجُدَرِي

smart/smat/v.i. & n.   أَحَسَّ بِوَخْزَةٍ أَوْ بِلَسْعة ، أَلَمٌ حادّ

 adj. 1. (sharp)   حادّ ، عَنِيف ، شَدِيد

  2. (clever)   حاذِق ، كَيِّس ، شاطِر ، داهِية (دُواء)

  3. (stylish)   أَنِيق ، مُهَنْدَم ، "شِيك"

smarten/'smatən/v.t. & i.   حَسَّن أَوْ زَيَّنَ مَنْظَرَه ،

تَأَنَّقَ ، تَهَنْدَمَ

smash/smæʃ/v.t. & i.

  1. (break)   هَشَّم ، كَسَّر ، حَطَّم ، نَهَتَّمَ ، تَكَسَّر ، تَحَطَّمَ

  2. (hit)   ضَرَب (ـِ) (كُرة التِّنِس مَثَلاً) بِشِدّةٍ إِلَى أَسْفَل

 n. 1. (crash)   تَصادُم عَنِيف

  2. (tennis)   (في التِّنِس مَثَلاً) ضَرْبُ الكُرة بِعُنْفٍ وهي في

وَضْع عالٍ ، "كَبْسة " (س)

smattering/'smætərɪŋ/n.   مَعْرِفة سَطْحِية (بِعِلْمٍ ما)

smear/smɪə(r)/v.t. & n.   لَطَّخ (بِالشَّحْم مَثَلاً) ،

دَهَن (ـَ) ، لَطْخة ، بُقْعة

  a smear campaign   (نَثُّوا) حَمْلة لِتَشْوِيهِ سُمْعَتِه

  against him

smell/smel/n.

  1. (sense)   حاسّة الشَّمّ

  2. (odour)   رائحة (رَوائحُ)

 v.t. (p.t. & p.p. **smelt** or **smelled**)   شَمَّ (ـُ)

  we smelt burning   شَمَمْنا رائحةَ حَرِيق (أَو رائحةً شَيْءٍ

يَحْتَرِق)

v.i.   اِشْتَمَّ ، اِسْتَنْشَقَ ، فاحَتْ مِنْه الرّائحة

 he has a bad cold and   إِنَّه مُصابٌ بِرَشْح قَوِيٍّ ولا يَسْتَطِيعُ

  cannot smell   أَنْ يَشُمَّ شَيْئًا

 the roses smell sweet   لِهَذِهِ الوُرُودِ رائحةٌ ذَكِيّة

smelling salts/'smelɪŋ   أَمْلاح الشَّمّ ، مِلْحُ النَّشادِرِ ،

 sɔlts/n.   خُضاضة (م) (لِعِلاجِ الإِغْماء)

smelt[1]/smelt/v.t.   صَهَر (ـَ) الخاماتِ لاسْتِخْلاص

المَعْدِن النَّقِيّ

smelt[2]/smelt/p.t. & p.p. of **smell**

smile/smaɪl/v.i. & n.   اِبْتَسَم ، تَبَسَّم ، اِبْتِسامة

smirch/smɜtʃ/v.t. & n.   لَطَّخ ، لَوَّثَ ، لَطْخة

smirk/smɜk/v.i. & n.   اِبْتَسَم إِعْجابًا بِنَفْسِه

smith/smɪθ/n.   حَدّاد ، عامِلُ طَرْقِ المَعادِن

smithy/'smɪðɪ/n.   مَشْغَلُ حِدادة ، دُكّانُ الحَدّاد

smog/smɒg/n.   ضَبابٌ مُحَمَّل بِدُخان (المَصانِع) ، ضَخَّن

smoke/sməʊk/n.

  1. (fumes from burning)   دُخان (أَدْخِنة)

  our plans have gone up   أَخْفَقَتْ كُلُّ خُطَطِنا

  in smoke

  2. (smoking tobacco)   تَبْغ (تُبوغ)

 v.i. & t.

  1. (emit or apply   اِنْبَعَثَ الدُّخان ، بَعَثَ دُخانًا ،

   smoke)   عالَج بِالدُّخان ، (دَخَّن (اللَّحْم مَثَلاً)

  smoked fish   سمكٌ مُدَخَّن

  2. (puff burning tobacco)   دَخَّن (سِيجارة)

  smoking compartment   مَقْصُورة في قِطارٍ مَثَلاً يُسْمَحُ

فيها بِالتَّدْخِين

smoker/'sməʊkə(r)/n.   مُدَخِّن التَّبْغ ، عَرَبَةُ قِطارٍ يُسْمَحُ

فيها بِالتَّدْخِين

smoky/'sməʊkɪ/adj.   (حُجْرة) مُفْعَمة بِالدُّخان

smooth/smuð/adj.   ناعِم ، أَمْلَس ، (طَرِيق) مُمَهَّد

  smooth talk   كَلامٌ مَعْسُول ، مُداهَنة

 v.t.   جَعَل السَّطْحَ مُسْتَوِيًا ، نَعَّمَ

smother/'smʌðə(r)/v.t.   كَتَم (ـِ) أَنْفاسَه ، أَخْمَد ،

أَغْرَق (بِالعَطْف)

smoulder/'sməʊldə(r)/v.i.   اِحْتَرَق بُطْءًا وبِدُون لَهَب ،

ظَلَّتِ النّارُ كامِنَة ، (بَقِيَ الغَضَبُ) يَعْتَمِلُ في صَدْرِه

smudge/smʌdʒ/v.t. &   لَطَّخ (أَصابِعَه بِالحِبْر) ،

 i. & n.   (الحِبْرُ) يَبْقَى ، بُقْعة ، لَطْخة

smug/smʌg/adj.   مَزْهُوٌّ ، مُعْجَبٌ بِنَفْسِه

smuggle/'smʌgəl/v.t.   هَرَّب (البَضائِع)

smuggler/'smʌglə(r)/n.   مُهَرِّبُ بَضائِع

smut/smʌt/n.

  1. (bit of dirt)   سِناج ، هَباب

  2. (indecent talk)   كَلامٌ بَذِيءٌ أَو فاحِش

smutty/'smʌti/adj.

1. (dirty) (جَوٌّ) مَلِيءٌ بالسِّناج ، مُسَخَّم

2. (indecent) فاحِش ، بَذِيءٌ ، فاضِح

snack/snæk/*n.* وَجْبة خَفِيفة ، لُمْجَة ، تَصْبِيرة (م) ، لُقْمة (س ، ع)

snag/snæg/*n.* نُتُوء ، عَرْقَلة غَيْرُ مُتَوَقَّعة ، عَقَبة ، عائقٌ كَمِين

snail/sneɪl/*n.* حَلَزُونة ، قَوْقَعة (قَواقِعُ) ، بَزّاقة

snake/sneɪk/*n.* & *v.i.* حَيّة ، ثُعْبان (ثَعابِينُ) ؛ تَعَرَّجَ ، اِلْتَوى

the road snakes through the mountains يَتَلَوّى الطَّريقُ عَبْرَ الجِبال

snap/snæp/*v.t.* & *i*

1. (break) قَصَفَ (ـِ) ، قَصَمَ (ـِ) ؛ اِنْكَسَرَ

2. (bite) أَطْبَقَ فَكَّيْه فَجْأَةً وبِصَوْتٍ مَسْمُوع

3. (click) طَقْطَقَ ، فَرْقَعَ ، طَرْقَعَ

4. (*photog.*) اِلْتَقَطَ صُورةً خاطِفة (بآلةِ تَصْوِير)

n. **1.** (bite) إِطْباقُ الفَكَّيْن بِصَوْتٍ مَسْمُوع

2. (act/sound of snapping) فَرْقَعة (انْكِسار)

3. (fastener) كَبْسُول أو طَبّاقة (المَلابِس) ، كَبْسُونة (س)

4. (sudden happening) فَتْرة مُفاجِئة (مِنَ البَرْدِ مَثَلاً)

a cold snap مَوْجةُ بَرْدٍ طارِئة

5. (*photog.*) *also* **snapshot** لَقْطة فُوتُوغرافِيّة ، خَطْفة

snappy/ˈsnæpɪ/*adj.* نَشِيط ؛ غَضُوب ، شَرِس

make it snappy أَسْرِعْ في العَمَل ، خِفَّها (س) ، يالله بعَجَل (ع) ، شَهِّل (م)

snare/sneə(r)/*n.* شَرَكٌ (أَشْراك) ، مِصْيَدة ، فَخّ (فِخاخ) ، أُحْبُولة (أحابِيلُ)

v.t. اِصْطادَ بِشَرَك ، أَوْقَعَ ساذَجًا في فَخّ

snarl/snɑl/*v.i.* & *t.* & *n.* زَمْجَرَ (الكَلْبُ) مُكَشِّرًا عن أَنْيابِه ؛ رَدَّ بِشَراسةٍ وَصَوْتٍ خَشِن ؛ تَشابَكَ ، تَعَقَّدَ ؛ زَمْجَرة ، تَشابُك ، تَعَقُّد

snatch/snætʃ/*v.t.* & *i.* خَطَفَ (ـِ) ، اِخْتَطَفَ ، اِنْتَزَعَ

n. **1.** (grab) اِخْتِطاف ، اِنْتِزاع

2. (theft) سَلْبٌ ، نَهْبٌ ، سَرِقة

3. (fragment) نُتْفة أو قِطْعة (مِن أُغْنِيَة)

sneak/snik/*n.*

1. (mean person) خائِن ، وَغْدٌ ، لَئِيم

2. (tell-tale) واشٍ (وُشاة) ، فَتّان

v.i. **1.** (go furtively) دَخَلَ خِلْسةً ، تَسَلَّلَ إلى (البَيْت)

2. (*sl.* tell tales) وَشَى (يَشِي) ب ، مَشَى بالسِّعاية

sneer/snɪə(r)/*v.i.* & *n.* سَخِرَ (ـَ) بِ و مِنْ ، تَهَكَّمَ عَلَيْه ؛ سُخْرِية ، ضَحِكٌ عَلَيْه ، هُزْء

sneeze/sniz/*v.i.* & *n.* عَطَسَ (ـِ) ، عَطْسة

snide/snaɪd/*adj.* (مُلاحظات) مَلْغُومة ، (تَعْلِيق) تَهَكُّمِيّ

sniff/snɪf/*v.i.* & *t.* تَشَمَّمَ ، نَشِقَ (ـَ) ، اِشْتَمَّ

this dog sniffed at my shoes أَخَذَ الكَلْبُ يَتَشَمَّمُ حِذائي

his offer is not to be sniffed at عَرْضُه لا يُسْتَهانُ به ، عَرْضُه مُغْرٍ

n. نَشْقة ، شَمّة

snigger/ˈsnɪgə(r)/*v.i.* & *n.* تَهانَفَ بِخُفُوتٍ (لَدى سَماعِهِ النُّكْتةَ البَذِيئة) ؛ ضَحِكة مَكْبُوتة

snip/snɪp/*v.t.* & *i.* قَرَضَ (ـِ) ، جَلَمَ (ـِ) ، قَرْطَفَ (ع ، س) ، قَصَّ (ـُ) طَرَفَ شَيْءٍ بِحَرَكةٍ سَرِيعة

n. **1.** (cut) قُصاصة (قُماش أو وَرَق) ، قَصْقُوصة (ع ، س)

2. (*sl.* bargain) لُقْطة ، صَفْقة رابِحة

snipe/snaɪp/*v.i.* & *t.* & *n.* أَطْلَقَ النّارَ على العَدُوّ مُتَرَصِّدًا ، تَصَيَّدَ العَدُوَّ ، قَنَصَ (ـِ) خاتِلاً ، شُنْقُب (طائر)

sniper/ˈsnaɪpə(r)/*n.* قَنّاص (مُتَرَصِّد)

snivel/ˈsnɪvəl/*v.i.* & *n.* أَنَّ وَتَشَكّى ؛ سالَ المُخاطُ مِن أَنْفِه ؛ تَباكٍ ، تَهَمُّع

snob/snob/*n.* نَفّاجٌ ، مُتَعالٍ ، مَزْهُوٌّ بِنَفْسِهِ ومُحْتَقِرٌ للآخَرِين ، قُمْع (م)

snobbery/ˈsnobərɪ/*n.* اِزْدِراءُ المَرْءِ لِمَنْ دُونَه اجْتِماعِيًّا ، تَعالٍ اجْتِماعِيّ

snobbish/ˈsnobɪʃ/*adj.* نَفّاج مُتَرَفِّع ، مَزْهُوٌّ بِنَفْسِهِ ومُحْتَقِرٌ للآخَرِين ، شامِخُ الأَنْف

snooker/ˈsnukə(r)/*n.* & *v.t.* نَوْعٌ مِن البِلْيارْدُو يُلْعَبُ بِكُراتٍ مُلَوَّنة

he was snookered (*coll.*) أُوقِعَ في مَأْزِق ، تَوَرَّطَ ، سُدَّتْ عَلَيْهِ الدُّرُوب

snoop/snup/*v.i.* (*coll.*) دَسَّ أَنْفَهُ في ما لا يَعْنِيه ، تَطَفَّلَ

snore/snɔ(r)/*v.i.* & *n.* شَخَرَ (ـِ) (النّائِم) ، غَطَّ (ـِ) ؛ شَخِير ، غَطِيط

snort/snɔt/*v.i.* & *n.* نَخَرَ (ـُ) (الحِصانُ) ؛ نَخِير

snot/snot/*n.* مُخاطُ الأَنْف

snout/snaʊt/*n.* خَطْمُ (الخِنْزِير) ، فِنْطِيسة ؛ شَيْءٌ يُشْبِه الخَطْم

snow/snəʊ/*n.* ثَلْجٌ (ثُلُوج)

v.i. أَثْلَجَت (السَّماءُ) ، نَزَلَ الثَّلْجُ

snub/snʌb/*v.t.* & *n.* تَرَفَّعَ عَلَيْه ، رَفَضَ طَلَبَهُ بِجَفاء ؛ صَدَّهُ ، زَجَرَهُ أو عَنَّفَه ؛ رَدٌّ جافٌّ ، رَفْضٌ قاسٍ ، صَدٌّ

snub-nosed/ˈsnʌb-nəʊzd/*adj.* أَفْطَسُ (الأَنْف) ، أَخْنَسُ

snuff/snʌf/*n.* سَعُوط ، نُشُوق ، عاطُوس

v.t. نَشَقَ (ـُ) (السَّعُوط) ؛ قَرَّطَ جُزْءَ الفَتِيلةِ المُحْتَرِق ، أَطْفَأَ الشَّمْعةَ بَيْنَ إِصْبَعَيْه

snug/snʌg/*adj.*

1. (cosy) مُرِيحٌ ودافِئٌ ، وَثِير ، مُسْتَكِنّ

2. (close-fitting) (مَلابِسُ) مُحْكَمة التَّفْصِيل على الجِسْم

n. (*sl.*) حُجَيْرة أو رُكْن في حانة

snuggle/ˈsnʌgəl/*v.i.* اِسْتَكَنَّ (الطِّفْلُ) طالِبًا الدِّفْءَ

والحَنان)

so/səʊ/*adj.*
1. (to such an extent) إلى حَدِّ أنَّ
I am so glad to see you إنّي سَعِيدٌ بِرُؤْياك
so long! إلى اللِّقاء ! مَعَ السَّلامة ! في أمانِ الله
an hour or so ساعةٌ أو نَحْوَ السّاعة ، حَوالَيْ ساعة
2. (thus, in that way) هكذا ، على هذا النَّحْو
so am I وأنا كذلك ، أنا أيْضًا ، وأنا الآخَر
so that كي ، لِكَيْ ، حَتّى ، بِحَيْثُ
so-called المَدْعُوّ (بـ) ... ، المَزْعُوم
conj. أداةُ عَطْف ، « فَ »
it was late, so we stayed the night كانَ الوَقْتُ مُتأخِّرًا فَبِتْنا عِنْدَهُم

soak/səʊk/*v.t. & i.* نَقَعَ (ـَ) ؛ اِمْتَصَّ ، اِبْتَلَّ
we were absolutely soaked at the new restaurant (*sl.*) سَلَخُونا آخِرَ فِلْسٍ مَعَنا في المَطْعَمِ الجَدِيد ، اِبْتَزّوا مالَنا ، سَلَبُونا (ع)

soap/səʊp/*n.* صابُون
v.t. صَبَّنَ ، صَوْبَنَ ، غَطّى بالصّابُون

soapy/ˈsəʊpɪ/*adj.* (مَحْلُول) صابُوني ، مُغَطّى بِرَغْوة الصّابُون

soar/sɔ(r)/*v.i.* حَلَّقَ (الطّائر) ، اِنْطَلَقَ عالِيًا ، حامَ (يَحُوم) حَوْلَ ؛ اِرْتَفَعَت (الأسْعارُ) اِرْتِفاعًا هائِلًا

sob/sob/*v.i. & t. & n.* نَشَجَ (ـِ) ، شَهَقَ (ـَ) ؛ نَشِيج ، نَهْنَهة

sober/ˈsəʊbə(r)/*adj.*
1. (not drunk) واعٍ ، صاحٍ ، غَيْرُ ثَمِلٍ
2. (serious) جِدِّيّ ، رَزِين ، رَصِين
v.i. (*with* **up, down**) أفاقَ أو صَحا (يَصْحُو) مِنْ ثَمَلِهِ ؛ تابَ (يَتُوبُ) إلى رُشْدِه

sobriety/səˈbraɪətɪ/*n.* رَزانة ، جِدٌّ ، وَقار ، اِعْتِدال

soccer/ˈsokə/*n.* لُعْبةُ كُرة القَدَم

social/ˈsəʊʃəl/*adj.*
1. (*of society*) اِجْتِماعِيّ
social security الضَّمان الاِجْتِماعِيّ
2. (friendly) *also* **sociable** وَدُود ، أنِيس ، يُحِبُّ مُعاشَرةَ النّاس
we had a social evening قَضَيْنا سَهْرةً مَعَ أصْدِقائِنا
n. (*coll.*) حَفْلةُ سَمَر

socialism/ˈsəʊʃəlɪzm/ *n.* (مَذْهَبُ) الاِشْتِراكِيّة

socialist/ˈsəʊʃəlɪst/*n. & adj.* اِشْتِراكِيّ ؛ مُنْتَسِب إلى الاِشْتِراكِيّة

society/səˈsaɪətɪ/*n.*
1. (community) مُجْتَمَع
2. (company) أُلْفة ، عِشْرة ، مُخالَطة
3. (fashionable world) المُجْتَمَعُ الرّاقي
4. (association) جَماعة ، جَمْعِيّة ، هَيْئة
building society شَرِكة تَعاوُنِيّة عَقارِيّة ذ . م . م . (أي ذات مَسْؤُولِيّة مَحْدُودة)

sock/sok/*n.* جَوْرَب قَصِير

socket/ˈsokɪt/*n.* تَجْوِيف أو نُقْرة ، وَقْبُ (العَيْن) ؛ مِقْبَس كَهْرَبائِيّ

sod/sod/*n.* كُتْلة صَغِيرة مِنَ التُّرْبة وما عَلَيْها من عُشْب ، مَدَرةٌ (مَدَرٌ)

soda/ˈsəʊdə/*n.*
1. (compound of sodium) صُودا ، قِلْيٌ
2. (aerated water) ماءُ الصُّودا ، مِياه غازِيّة
also **soda-water**

sodden/ˈsodən/*adj.* (مَلابِسُ) مُشْبَعة بالماء ؛ (خُبز) مُعَجَّن (ع ، س) ، سَكْران طِينة

sodium/ˈsəʊdɪəm/*n.* مَعْدِنُ الصُّودْيُوم
sodium chloride كْلُورِيدُ الصُّودْيُوم أو مِلْحُ الطَّعام

sofa/ˈsəʊfə/*n.* أرِيكة ، كَنَبة ، دِيوان

soft/soft/*adj. & adv.*
1. (not hard) ناعِم ؛ لَيِّن ، طَرِيّ ؛ (صَوْتٌ) هادِئ ؛ ضَعِيفُ البِنْية
soft drinks مَشْرُوبات غَيْرُ كُحُولِيّة ، مُرَطِّبات
he has a soft spot for his cousin يُحِبُّ ابْنَ عَمِّه
soft water ماءٌ يَسِرٌ
2. (*coll.* silly) سَخِيف ، ضَعِيفُ العَقْل
3. (*phon.*) في عِلْمِ الأصْوات ، صَوْتٌ لَيِّن
"c" is soft in "cell" /sel/, but hard in "call" /kɔl/ الحرف "c" يُنْطَقُ سِينًا في "cell" وكافًا في "call"

soft-boiled/ˈsoft-ˈbɔɪld/*adj.* (بَيْضة) نصف مسلوقة ، « برشت »

soften/ˈsofən/*v.t. & i.* لَيَّنَ ، خَفَّفَ ؛ لانَ (يَلِينُ) ، رَقَّ (ـِ)

soft-hearted/ˈsoft-ˈhɑtɪd/*adj.* عَطُوف ، رَقِيقُ القَلْب ، شَفِيق

soggy/ˈsogɪ/*adj.* مُشْبَعٌ بِسائِل ، مُثْقَلٌ بالرُّطُوبة ، (خُبزٌ) مُعَجَّن (ع ، س)

soil/sɔɪl/*n.* أرْض ، تُرْبة
v.t. & i. لَوَّثَ ، لَطَّخَ ؛ اِتَّسَخَ ، تَلَوَّثَ

sojourn/ˈsodʒən, ˈsʌdʒən/*n. & v.i.* إقامة ، مَكْث ؛ أقامَ مُدّةً قَصِيرة في بَلَدٍ ما

solace/ˈsolɪs/*v.t. & n.* عَزّى ، رَوَّحَ عَن ؛ راحة ، سَلْوَى ، سُلْوان ، عَزاء

solar/ˈsəʊlə(r)/*adj.* شَمْسِيّ
solar plexus الضَّفِيرة الشَّمْسِيّة (طِبّ)

sold/səʊld/*p.t. & p.p. of* **sell**

solder/ˈsəʊldə(r)/*n.* & *v.t.* سَبيكَةُ لِحام ؛ لَحَمَ (ـُ)

soldier/ˈsəʊldʒə(r)/*n.* جُنْدِيّ (جُنود ، جُنْد) ، عَسْكَرِيّ (س ، م)

soldierly/ˈsəʊldʒəlɪ/ *adj.* (سُلوك) باسِل (يَليقُ بالجُنْدِيّ)

sole/səʊl/*n.*

1. (*foot*) باطِنُ القَدَم ، أَخْمَصُ القَدَم

2. (*shoe*) نَعْلُ الحِذاء

3. (fish) سَمَكُ مُوسَى (مُفَلْطَح ومُسْتَطِيل)

v.t. جَدَّدَ نَعْلاً ، رَكَّبَ نَعْلاً جَديدًا (لِحِذاءٍ)

adj. وَحيد ، فَريد ؛ (لَهُ الحَقُّ) دُونَ غَيْرِهِ

solely/ˈsəʊl-lɪ/*adv.* فَقَط ، لِمُجَرَّد ، لَيْسَ إلاّ ، لَيْسَ غَيْر

solemn/ˈsoləm/*adj.* وَقُور ، رَزين ، (مَظْهَرٌ) مَهيب ، (صَمْتٌ) مُؤَثِّر

solemnity/səˈlemnɪtɪ/*n.* خُشوع ، هَيْبة ، تَفْخيم ، اِحْتِفالٌ مَهيب

solemnize/ˈsoləmnaɪz/*v.t.* اِحْتَفَلَ (بِعَقْدِ الزَّواجِ مَثَلاً) طِبْقًا لِلشَّعائِرِ الدِّينِيّة ، أَقامَ (حَفْلةً) بِأُبَّهة ، اِحْتَفَلَ رَسْمِيًّا

solicit/səˈlɪsɪt/*v.t.* اِلْتَمَسَ ، تَوَسَّلَ ، أَلَحَّ على

v.i. تَعَرَّضَتْ (المُومِسُ) لِشَخْصٍ في الطَّريق

solicitor/səˈlɪsɪtə(r)/*n.* مُحامي إجْراءٍ (يُسْتَشارُ فيُعِدُّ كُلَّ ما يَتَعَلَّقُ بِقَضِيّةٍ ما)

solicitous/səˈlɪsɪtəs/*adj.* حَريصٌ على مُساعَدةِ أو إرْضاءِ الغَيْر

solicitude/səˈlɪsɪtjud/*n.* اِعْتِناءٌ شَديد (بِراحةِ الأَوْلادِ مَثَلاً) ، اِهْتِمام ، عِناية ، عَطْف

solid/ˈsolɪd/*adj.*

1. (not liquid or gaseous) *also n.* صُلْب ، جامِد (عَكْس سائِل أو غازِيّ) ، جِسْم صُلْب

solid fuel وَقُودٌ صُلْب

2. (not hollow) مُصْمَت ، غير أَجْوَف ، أَصَمّ

a solid sphere كُرة صَمّاء

3. (strong) مَتين ، قَوِيّ

a solid building بِناءٌ مَكين

4. (same all through) خالِص

solid gold ذَهَبٌ خالِص أو صافٍ ، إبْريز

5. (*math.*) في الرِّياضِيّات :

solid geometry هَنْدَسة فَراغِيّة ، هَنْدَسة مُجَسَّمة

6. (entire *coll.*) كامِل ، بِغَيْرِ انْقِطاع ، علَى التَّوالي

for a solid hour (قَضَيْتُ) ساعةً كامِلة

7. (unanimous) إجْماعِيّ

they are solid for peace يُريدُونَ السَّلامَ بالإجْماعِ وبِدُونِ اسْتِثْناء

solidarity/ˈsolɪˈdærɪtɪ/*n.* تَضامُن ، تَكافُل ، تآزُر ، تَرابُط ، تَماسُك

solidify/səˈlɪdɪfaɪ/*v.t.* & *i.* جَمَّدَ ؛ تَجَمَّدَ ، تَصَلَّبَ

solidity/səˈlɪdɪtɪ/*n.* صَلابة ، صُموت ، جُمود ، مَتانة

soliloquy/səˈlɪləkwɪ/*n.* مُناجاة النَّفْس ، مُحادَثة المَرْءِ لِذاتِهِ (على خَشَبة المَسْرَحِ مَثَلاً)

solitary/ˈsolɪtrɪ/*adj.* مُنْفَرِد ، وَحيد ، مُنْعَزِل ، (إنْسان) مُتَوَحِّد

solitude/ˈsolɪtjud/*n.* وَحْدة ، عُزْلة ، تَوَحُّد ، وَحْشة ؛ مَكانٌ مُوحِش

solo/ˈsəʊləʊ/*n. adv.* & *adj.* عَزْفٌ أو غِناءٌ مُنْفَرِد ؛ علَى انْفِراد ؛ مُنْفَرِد ، مُفْرَد

he flew solo طارَ مُنْفَرِدًا في طائِرة

soloist/ˈsəʊləʊɪst/*n.* عازِفٌ مُنْفَرِد (على الكَمانِ مَثَلاً)

solstice/ˈsolstɪs/*n.* الانْقِلابُ الصَّيْفِيّ أو الشِّتْوِيّ

solubility/ˈsoljʊˈbɪlətɪ/*n.* ذَوَبانِيّة ، ذائِبِيّة ، قابِلِيّةُ الانْحِلال

soluble/ˈsoljʊbəl/*adj.* قابِلٌ لِلذَّوَبانِ أو الانْحِلال

solution/səˈluʃən/*n.*

1. (answer to problem) حَلّ (مَسْأَلة)

2. (dissolving) ذَوَبان ، اِنْحِلال

3. (mixture) مَحْلُول

rubber solution صَمْغٌ مَطّاطِيّ

solve/solv/*v.t.* حَلَّ (ـُ) (مَسْأَلةً مَثَلاً)

solvent/ˈsolvənt/*n.* & *adj.* مادّة مُذيبة ، مُذيب ؛ قادِرٌ على الوَفاءِ بِدُيُونِهِ

sombre/ˈsombə(r)/*adj.* عابِس ، قاتِم ، قَليلُ الضَّوْء ، مُعْتِم ، مُظْلِم ، دامِس ، كالِح ، كَدِر

some/sʌm/*adj. pron.* & *adv.*

1. (a number or quantity of) بَعْض ، كَمِّيّةٌ مِن ، شَيْءٌ مِن

I want some milk أُريدُ شَيْئًا مِنَ الحَليب

2. (particular but unspecified) غَيْرُ مُعَيَّن ، (شَخْصٌ) ما ، (يَوْمٌ) ما ، ألخ . . .

he will come back some day سَيَعُودُ يَوْمًا ما

3. (considerable) هائِل ، شَديد

he has been in Egypt for some time يُقيمُ في مِصْرَ مُنْذُ أَمَدٍ بَعيد

that was some party! يا لَها مِنْ حَفْلة ! ، كانَتْ حَفْلةً وأيَّ حَفْلة !

somebody/ˈsʌmbədɪ/*pron.* & *n.* شَخْصٌ ما

he is a somebody إنَّه مِنْ ذَوي النُّفُوذ ، إنَّه شَخْصٌ مُهِمّ

somehow/ˈsʌmhaʊ/*adv.* بِطَريقٍ ما ، بِصُورةٍ مِنَ الصُّوَر

someone/ˈsʌmwʌn/*pron.* شَخْصٌ ما ، بَعْضُهُم ، أَحَدُهُم

somersault/ˈsʌməsɔlt/ *n.* & *v.i.* شَقْلَبة ، تَشَقْلُب ؛ شَقْلَبَ ، تَشَقْلَبَ

something/ˈsʌmθɪŋ/*n.* شَيْءٌ ما ، شَيْءٌ مُهِمّ ،

& adv. بَعْضَ الشَّيْء

is there something wrong? هَلْ هُناكَ ما يُضايِقُك ؟

now that is something like! هذا واللهِ عَظِيم ؛ نِعْمَ ما فَعَلْت

it is something of a mystery في الأَمْرِ بَعْضُ الغُمُوض ، في المَسْأَلةِ ما يُحَيِّر

sometimes/ˈsʌmtaɪmz/ *adv.* أَحْيانًا ، في بَعْضِ الأَحيان ؛ تارةً ... وطَوْرًا

somewhat/ˈsʌmwot/*adv.* بَعْضَ الشَّيْء ، قليلاً ، نَوْعًا ما

somewhere/ˈsʌmweə(r)/*adv.* في مَكانٍ ما

somnambulist/ som'næmbjʊlɪst/*n.* مَنْ يَمْشِي في نَوْمِهِ ، السّائِر في المَنام ، مَتْروبِص

son/sʌn/*n.* اِبْنٌ (أَبْناء ، بَنُون) ، نَجْلٌ (أَنْجال)

son-in-law زَوْجُ الابْنة ، صِهْر (أَصْهار)

sonata/sə'nɑtə/*n.* سُوناتا (تَأْلِيفٌ مُوسِيقِيٌّ خاصٌّ لآلةٍ أو آلَتَيْن)

song/soŋ/*n.* أُغْنِية ، أُنْشودة ، غِناء

sonic/ˈsonɪk/*adj.* صَوْتِيّ ، مَنْسُوبٌ إلَى الأَمْواجِ الصَّوْتِيّة

sonnet/ˈsonɪt/*n.* قَصِيدة مِن ١٤ سَطْرًا و ٤ مَقاطِع ، سُونِيتّة

soon/sun/*adv.*

1. (shortly) قَرِيبًا ، بَعْدَ قَلِيل ، عَنْ قَرِيب

come soon after midday اُحْضُر بُعَيْدَ الظُّهْر

as soon as you can حالَما يُمْكِنُك ، بالسُّرْعة المُمْكِنة

2. (early) عاجِلاً

we arrived an hour too soon وَصَلْنا قَبْلَ المِيعادِ بِساعة

no sooner said than done ما أَنْ قالَ حَتَّى فَعَل ؛ السَّمْعُ والطّاعة

3. (willingly) بالأَحْرَى ، بالأَوْلَى ، بِرَغْبة

he would sooner eat meat than fish يُفَضِّلُ اللَّحْمَ عَلَى السَّمَك

soot/sʊt/*n.* سِناج (سُنُج ، أَسْنِجة) ، سُخام

soothe/suð/*v.t.* هَدَّأَ ، لَطَّفَ ، خَفَّفَ ، سَكَّنَ (الأَلَم)

sop/sop/*n.*

1. (soaked bread) خُبْزٌ مَنْقُوع (في سائل)

2. (bribe) ما يُقَدَّمُ لإسْتِرْضاءِ شَخْصٍ أو إلْهائِهِ مُؤَقَّتًا ، بَرْطِيل ، تَسْكِيتة (س)

v.t. esp. with **up** نَقَعَ (ـَ) ؛ جَفَّفَ بإِسْفَنْجة

sop up the gravy with your bread! اِمْسَحِ المَرَقَ (مِنْ صَحْنِك) بالخُبْز !

he is sopping wet إِنَّهُ مُبَلَّلٌ تَمامًا

sophisticated/ sə'fɪstɪkeɪtɪd/*adj.* عَلَى دِرايةٍ بِشُؤُونِ الحَياة ، غَيْرُ ساذَج

soprano/sə'prɑnəʊ/*n.* صَوْتٌ نَدِيّ ، سُوبْرانُو

sorcerer/ˈsɔsərər/*n.* ساحِر (سَحَرة)

sorcery/ˈsɔsərɪ/*n.* سِحْر

sordid/ˈsɔdɪd/*adj.* كَرِيهٌ ، دَنِيء ، قَذِرٌ ، خَسِيس

sore/sɔ(r)/*adj.* مُؤْلِم ، مُوجِع ، مُسْتاء ، ساخِط ، زَعْلان (عامية)

he has a sore throat مُصابٌ بِالتِهابِ الحَلْق

he is in sore need of help إنّه في حاجة ماسّة للمُساعدة

n. قَرْحة جِلْدِيّة

sorely/ˈsɔlɪ/*adv.* جِدًّا ، إلَى حَدٍّ بَعِيد

he was sorely tempted to run away اِسْتَوْلَتْ عَلَيْهِ رَغْبةٌ قَوِيّةٌ بالفِرار

sorrow/ˈsorəʊ/*n.* حَسْرة ، حُزْن ، أَسَفٌ

v.i. حَزِنَ (ـَ) ، تَحَسَّرَ ، تَفَجَّعَ

sorrowful/ˈsorəʊfəl/ *adj.* حَزِين ، كَئِيب ، مَغْمُوم ، مُحْزِن

sorry/ˈsorɪ/*adj.*

1. (regretful) آسِف ، نادِم ، مَغْمُوم

she is sorry for us إنّها تُشْفِقُ عَلَيْنا

(I'm) sorry! آسِف ، مُتَأَسِّف ، عَفْوًا

2. (wretched) بائِس ، تَعِيس ، يُرْثَى له ، يَبْعَثُ عَلَى الأَسَى

sort/sɔt/*n.* نَوْعٌ (أَنْواع) ، جِنْس (أَجْناس) ، ضَرْبٌ (ضُرُوب)

nothing of the sort! لَيْسَ هذا صَحِيحًا البَتّة

he is out of sorts إنّه مُنْحَرِفُ المِزاج ، يُحِسُّ بِتَوَعُّك ، مُنْزَعِج

he is a good sort إنّه رَجُلٌ طَيِّب ، اِبْنُ حَلال

v.t. صَنَّفَ ، فَرَزَ (ـِ) ، رَتَّبَ

sorter/ˈsɔtə(r)/*n.* فارِزُ الرَّسائل البَرِيدِيّة

S.O.S./'es əʊ 'es/*n.* نِداءُ اسْتِغاثة ، إشارة اسْتِغاثة

sot/sot/*n.* سِكِّير ، مُدْمِن عَلَى الخَمْر

sought/sɔt/*p.t. & p.p. of* **seek**

soul/səʊl/*n.*

1. (spirit) نَفْس (نُفُوس ، أَنْفُس) ، رُوح (أَرْواح)

2. (embodiment) نَمُوذَج ، مِثال

he is the soul of honour إنّه عُنْوانُ الشَّرَف

3. (person) إنْسان ، نَسَمة (في التَّعْدادِ مَثَلاً)

there is not a soul about لا أَحَدَ هُناك ، لا حِسَّ لِمَخْلُوق

soulful/ˈsəʊlfəl/*adj.* يَفِيضُ بالعاطِفة ، عاطِفِيّ

soulless/ˈsəʊləs/*adj.* مَيِّت المَشاعِر ، بِدُونِ أَحاسِيس عَمِيقة

sound/saʊnd/*n.* صَوْت (أَصْوات) ، رَنّة صَوْت

sound barrier الحاجِزُ الصَّوْتِيّ ، جِدارُ الصَّوْت (طَيَران)

adj. **1.** (healthy) سَلِيم ، مُعافًى

sound in wind and limb مُوفي صِحّةٍ جَيِّدة

2. (reliable) سَدِيد ، يُوثَقُ بِهِ ، (حُكْمٌ) صائِب ، رَشِيد ، حَكِيم

3. (thorough) *also adv.* — تامّ ، عَمِيق ؛ بِعُمْق

my husband is sound asleep — زَوْجِي مُسْتَغْرِقٌ في سُباتٍ عَميق

v.i. — يَبْدُو أنّ ، يَظْهَرُ أنّ

his excuse sounds very hollow — إعْتِذارُه غَيْرُ مُقْنِعٍ أبَدًا

v.t. **1.** (cause to be heard) — أحْدَثَ صَوْتًا

he sounded the alarm — قَرَعَ (ـَـ) جَرَسَ الإنْذار ، أنْذَرَ بالخَطَر

2. (examine) — فَحَصَ (ـَـ) ، سَبَرَ (ـِـ)

the doctor sounded his chest — نَقَرَ الطَّبِيبُ على صَدْرِهِ لِفَحْصِه

soundly/ˈsaʊndlɪ/*adv.* — (نام) مِلْءَ جَفْنَيْه ، كُلِّيًّا ، تمامًا ، (تَغَلَّبَ على مُنافِسِه) تَغَلُّبًا تامًّا

soundproof/ˈsaʊndpruf/*adj.* — عازِل لِلصَّوْت أو كاتِمٌ له

sound-track/ˈsaʊnd-træk/*n.* — مَدْرَجُ تَسْجِيلِ الصَّوْت في جانِبِ الفِلْم

soup/sup/*n.* — شوربة ، حَساءٌ أو حَسًا (أحْساء ، أحْسِية) ، ثَرِيدة (ثَرائد)

he's in the soup (*coll.*) — هُوَ في وَرْطة ، هو مُتَوَرِّط

sour/ˈsaʊə(r)/*adj.* — (مَذاق) حامِض أو حاذِق ؛ سَيِّئُ الخُلُق ، شاعِرٌ بِمَرارة (تجاهَ الحَياة مَثَلاً)

v.t. & i. — حَمَّضَ ، رَوَّبَ ؛ حَمُضَ (ـُـ) ؛ ساءَ طَبْعُه ، أصْبَحَ نَكِدًا

source/sɔs/*n.*

1. (spring) — مَنْبَعُ (النَّهْر)

2. (origin) — مَصْدَر ، أَصْل ، مَنْشأ

south/saʊθ/*n.* *& adj. & adv.* — جَنُوب ؛ جَنُوبِيّ ؛ جَنُوبًا

southerly/ˈsʌðəlɪ/*adj.* — جَنُوبِيّ ، نَحْوَ الجَنُوب ؛ (رِيحٌ) تَهُبُّ مِنَ الجَنُوب

southern/ˈsʌðən/*adj.* — جَنُوبِيّ

southwards/ˈsaʊθwədz/*adv.* — نَحْوَ الجَنُوب

souvenir/ˈsuvəˈnɪə(r)/*n.* — تَذْكار ، هَدِيّة تَذْكارِيّة

sovereign/ˈsovrɪn/*n.*

1. (ruler) — عاهِلُ (البِلاد) (عَواهِل) ، مَلِكٌ

2. (coin) — جُنَيْه إنكليزيّ ذَهَبِيّ ، لِيرة إنكليزيّة ذَهَب

adj. — (سُلْطة) مُطْلَقة ، (قُوّة) عُلْيا

sovereignty/ˈsovrəntɪ/*n.* — سِيادةُ الدَّوْلة ، سُلْطة

soviet/ˈsəʊvɪət/*n.* — سُوفيات ، سُوفييت

the Soviet Union — الاتّحاد السُّوفياتيّ او السُّوفييتي

sow¹/səʊ/(*p.t.* **sowed** *p.p.* **sown**) *v.t.* — بَذَرَ الحُبوبَ في الأرْض ؛ بَثَّ ، أشاعَ

sow²/saʊ/*n.* — أُنْثَى الخِنْزِير ، خِنْزِيرة

soya/ˈsɔɪə/*n.* — صُوجة ، صُوية ، فُولُ الصُّويا

space/speɪs/

1. (limitless expanse) — الفَضاء

2. (area) — مَكان ، مَجال

3. (gap) — مَسافة ، فُسْحة ، فَجْوة ، تَباعُد

v.t. — وَزَّعَ على مَسافاتٍ مُتَساوِية ، فَرَّجَ أو فَتَحَ بَيْنَ

spacious/ˈspeɪʃəs/*adj.* — رَحْبٌ ، فَسِيح ، واسِع ، وَسِيع ، مُتَّسِع

spade/speɪd/*n.*

1. (tool) — مِجْراف ، رَفْش (رُفُوش ، أرْفُش) ، مِسْحاة (مَساحٍ)

2. (*of cards*) — البَسْتُونِي (في وَرَقِ اللَّعِب)

span/spæn/*n.*

1. (*of hand*) — شِبْرٌ (أشْبار)

2. (distance) — مَسافة مُحَدَّدة

3. (*of time*) — فَتْرة مِنَ الزَّمَن

4. (arch of bridge) — المَسافةُ بَيْنَ دُعامَتَي قَنْطَرة

v.t. — (جِسْرٌ) يَمْتَدُّ فَوْقَ (نَهْرٍ مَثَلاً)

the Nile is spanned by many bridges — فَوْقَ النِّيل قَناطِرُ عَدِيدة

spank/spæŋk/*v.t.* — ضَرَبَ (طِفْلاً) على كَفَلِه

spanner/ˈspænə(r)/*n.* — مِفْتاحُ رَبْطٍ ، مِفْتاحُ صَوامِيل

spar/spɑ(r)/*n.* — قائم خَشَبِيّ ، سارِية

v.i. — تَدَرَّبَ مُلاكِمان اسْتِعْدادًا لِلْمُباراة

spare/speə(r)/*adj.*

1. (extra) — زائِد عَنِ الحاجة

spare parts — قِطَعُ غِيار ، قِطَعُ تَبْدِيل

spare tyre — إطارٌ احْتِياطِيّ

2. (thin) — نَحِيف ، نَحِيل ، هَزِيل

v.t. — أعْفَى مِنْ (عَمَلٍ ما) ، وَفَّرَ على ؛ وَفَّرَ ؛ إدَّخَرَ ؛ أبْقَى على

please spare my feelings — لا تَجْرَحْ إحْساسِي مِن فَضْلِك

can you spare me a few minutes? — أتَسْمَحُ لي بِدَقِيقة ؟

can you spare me a pound? — هَلْ يُمْكِنُكَ أنْ تُقْرِضَنِي جُنَيْهًا ؟

no expenses spared — لَمْ يَبْخَلْ بالنَّفَقات

sparing/ˈspeərɪŋ/*adj.* — مُقْتَصِد ، غَيْرُ مُسْرِف ، بَخِيل

spark/spɑk/*n.* — شَرارة ، وَمْضة

v.i. — أحْدَثَ شَرَرًا ، وَمَضَ (يَمِضُ)

sparking-plug/ˈspɑkɪŋ-plʌg/*n.* — شَمْعَةُ الإشْعال (في سَيّارة) ، بُوجِيه (س ، م) ، بْلَكّ (ع)

sparkle/ˈspɑkəl/*v.i. & n.* — تَلألأَ ؛ وَمَضَ ؛ وَمِيضٌ ، بَرِيقٌ

sparrow/ˈspærəʊ/*n.* — عُصْفُور دُورِي

sparse/spɑs/*adj.* — (شَعْرٌ) خَفِيف ، غَيْرُ كَثِيف ، مُتَناثِر ، مُتَباعِد ، مُشَعَّث

spasm/spæzm/*n.* — تَشَنُّج ، إنْقِباض عَضَلِيّ غَيْرُ إرادِيّ

spasmodic/spæz'modɪk/*adj.* تَشَنُّجِيّ ؛ (مَجْهُود) غَيْرُ مُتَواصِل ، (عَمَلٌ) مُتَقَطِّع

spastic/'spæstɪk/*adj.* تَشَنُّجِيّ ، تَقَبُّضِيّ
n. مُصاب بِشَلَلٍ مُخِّيٍّ مُنْذُ وِلادَتِهِ

spat/spæt/*p.t. & p.p. of* **spit**

spatter/'spætə(r)/*v.t. & i. & n.* رَشَّ أو لَوَّثَ أو لَطَّخَ بِسائِل ؛ تَرَشُّش ، تَلَوُّث ، لَطْخة ، رَشاش

spawn/spɔn/*n.* بَيْضُ السَّمَك والضَّفادِع ، بَيْض
v.t. & i. وَضَعَت السَّمَكةُ بَيْضَها ؛ تَكاثَرَ (السُّكّان)

speak/spik/(*p.t.* **spoke** *p.p.* **spoken**) *v.i. & t.* تَكَلَّمَ ، تَحَدَّثَ ، خَطَبَ (ـُ)
it is nothing to speak of لا يَسْتَحِقُّ الاهْتِمام

speaker/'spikə(r)/*n.*
1. (person) مُتَكَلِّم ، خَطِيب ، مُحاضِر
2. (loud-speaker) مُكَبِّر الصَّوْت ، مِجْهار

spear/spɪə(r)/*n.* رُمْحٌ (أرماح) ، حَرْبة (حِراب)
v.t. طَعَنَ بِرُمْحٍ ، سَفَّد

special/'speʃəl/*adj.* خاصّ ، خُصُوصِيّ ، غَيْرُعادِيّ ، اِسْتِثْنائِيّ

specialist/'speʃəlɪst/*n.*
1. (expert) مُتَخَصِّصٌ في عِلْمٍ ما ، ثِقَةٌ
2. (doctor) طَبِيب أخِصّائي أو اِخْتِصاصِيّ

speciality/'speʃɪ'ælətɪ/*n.* حَقْلُ اخْتِصاص ، إنْتاجٌ خاصّ

specialize/'speʃəlaɪz/*v.i.* تَخَصَّصَ في مَوْضُوعٍ ما

specially/'speʃəlɪ/*adv.* خُصُوصًا ، عَلَى الأخَصّ ؛ لا سِيَّما

species/'spiʃiz/*n.* (*pl. unchanged*) فَصِيلة (فَصائل) ، نَوْعٌ (أنْواع)

specific/spə'sɪfɪk/*adj.* مُعَيَّن ، مُحَدَّد ، خاصّ
specific gravity الثِّقَل (أو الوَزْن) النَّوْعِيّ

specification/'spesɪfɪ'keɪʃən/*n.* وَصْفٌ (أوْصاف) ، مُواصَفة ، تَخْصِيص

specify/'spesɪfaɪ/*v.t.* عَيَّنَ ، حَدَّدَ (نَوْعَ الشُّغْل) ، بَيَّنَ (أسْبابَ تأخُّرِهِ)

specimen/'spesɪmən/*n.* مِثال (أمْثِلة) ، نَمُوذَج ، عَيِّنة

specious/'spiʃəs/*adj.* (حُجّة) مُمَوَّهة خادِعة

speck/spek/*n.* نُقْطة ، ذَرّة مِن ، بُقْعة صَغِيرة ؛
v.t. نَقَّطَ ، رَقَّطَ

speckle/'spekəl/*n. & v.t.* رُقْطة ؛ رَقَّطَ ، نَقَّطَ ؛ بَرْقَشَ ، بَقَّعَ

speckless/'spekles/*adj.* نَظِيفٌ كُلَّ النَّظافة

spectacle/'spektəkəl/*n.*
1. (sight) مَنْظَر ، مَشْهَد
2. (public show) مَشْهَدٌ عامّ ، عَرْضٌ ، مَرْأًى
3. (*pl.* eyeglasses) نَظّارات ، عُوَيْنات

spectacular/spek'tækjʊlə(r)/*adj.* رائع ، هائِل ، مُدْهِش

spectator/spek'teɪtə(r)/*n.* مُشاهِد ، مُتَفَرِّج ، ناظِر (نُظّار)

spectre/'spektə(r)/*n.* شَبَحٌ (أشْباح) ، طَيْف (أطْياف) ، خَيال (خَيالات ، أخْيِلة)

spectrum/'spektrəm/*n.* الطَّيْفُ الضَّوْئِيّ

speculate/'spekjʊleɪt/*v.i.*
1. (consider) تَأمَّلَ في ، تَفَكَّرَ في ، تَمَعَّنَ
2. (*commerc.*) ضارَبَ (في البُورْصة)

speculation/'spekjʊ'leɪʃən/*n.*
1. (guess) تَأمُّلٌ نَظَرِيّ ، بَحْثٌ تَجْرِيدِيّ ؛ تَخْمِين
2. (*commerc.*) مُضارَبة (في البُورْصة)

speculative/'spekjʊlətɪv/*adj.* (بَحْثٌ) نَظَرِيّ ، تَخْمِينِيّ ؛ مُتَعَلِّق بالمُضارَبة

speculator/'spekjʊleɪtə(r)/*n.* مُضارِب في السُّوق التِّجارِيّة

sped/sped/*p.t. & p.p. of* **speed**

speech/spitʃ/*n.*
1. (speaking) نُطْقٌ ، كَلام ؛ حَدِيث
2. (public address) خِطاب ، خُطْبة (خُطَب) ، مُحاضَرة ، حَدِيث

speechless/'spitʃləs/*adj.* واجِم ، عاجِز عَن الكَلام (لِشِدّة الانْفِعال) ؛ (غَضَبٌ) مُخْرِس

speed/spid/*n.* سُرْعة ، عَجَلة ، مُعَدَّلُ السُّرْعة
v.t. & i. (*p.t. & p.p.* **sped**) أسْرَعَ ، عَجَّلَ
he was fined for speeding فُرِضَتْ عَلَيْهِ غَرامة لِتَجاوُزِهِ السُّرْعةَ المُحَدَّدة

speed-limit/'spid-lɪmɪt/*n.* الحَدُّ الأقْصى لِلسُّرْعة

speedometer/spi'domɪtə(r)/*n.* عَدّادُ السُّرْعة ، مِقْياسُ السُّرْعة

speedy/'spidɪ/*adj.* سَرِيع ، عاجِل

spell/spel/*n.*
1. (charm) تَعْوِيذة ، رُقْية ، سِحْر ، طِلَسْم
2. (period) فَتْرة مِنَ الزَّمَن ، مُدّة ، نَوْبة
v.t. (*p.t. & p.p.* **spelt** *or* **spelled**) تَهَجَّى ، ضَبَطَ كِتابةَ الألْفاظ

spelling/'spelɪŋ/*n.* ضَبْطُ كِتابةِ الكَلِمات ، تَهْجِئة ، هِجاء

spend/spend/(*p.t. & p.p.* **spent**) *v.t.*
1. (pay out) أنْفَقَ ، صَرَفَ (ـِ) مالاً
2. (exhaust) أفْنَى ، أنْهَكَ ، اِسْتَهْلَكَ
3. (pass **time**) قَضَى وَقْتًا ، أمْضى زَمَنًا

spendthrift/'spendθrɪft/*n.* مُبَذِّر ، مُسْرِف ، مُبَدِّد

sperm/spɜm/*n.* السّائل المَنَوِيّ ، مَنِيّ ، نُطْفة

spew/spju/*v.i. & t.* تَقَيَّأَ ، قاءَ (يَقِيءُ)

sphere/sfɪə(r)/*n.*
1. (globe) جِسْمٌ كُرَوِيّ ، كُرَة
2. (range) مَيْدان ، نِطاق ، حَقْل

sphere of influence دائِرة أو مِنْطَقة نُفوذ

spherical/ˈsferɪkəl/*adj.* (شَكْلٌ) كُرَوِيّ أو كُرِيّ

spice/spaɪs/*n. & v.t.* تابِل (تَوابِل) ، بَهار ؛ تَبَّلَ ، بَهَّرَ

spicy/ˈspaɪsɪ/*adj.* (طَعام) مُطَيَّب بِتَوابِل ، (نُكْتة) بَذِيئة

spider/ˈspaɪdə(r)/*n.* عَنْكَبُوت (عَناكِب)

spike/spaɪk/*n.* مِسْمار كَبِير شائك ؛ أَحَدُ المَسامير المُدَبَّبة في نَعْلِ الحِذاء (لِمَنْعِ الانْزِلاق)

v.t. **1.** (furnish with spikes) زَوَّدَ (أَعْلَى الجِدار) بِمَسامِيرَ شائكة

2. (impale) خَزَقَ بِقَضِيبٍ مَعْدِنيّ

spill/spɪl/*v.t. & i.* دَلَقَ (ـُ) (الشّاي مَثَلًا) ، سَفَحَ (ـَ) ، سَفَكَ (ـِ) ؛ انْدَلَقَ ، انْسَكَبَ

n. **1.** (fall) سُقوط (مِنْ عَلَى ظَهْرِ فَرَسٍ مَثَلًا)

2. (*of paper*) شَظِيّة خَشَبِيّة أو لُفافة وَرَقِيّة تُسْتَعْمَلُ لِلإشْعال

spin/spɪn/(*p.t. & p.p.* **spun**) *v.t. & i.*

1. (make yarn) غَزَلَ (ـِ) ، رَدَنَ (ـِ)

2. (rotate) أَدارَ ؛ دارَ (يَدُورُ)

n. دَوَرانٌ سَرِيع ؛ دَوْرة ؛ هُبُوطٌ حَلَزُونِيّ في الطَّيَران

spinach/ˈspɪnɪdʒ, ˈspɪnɪtʃ/*n.* سَبانَخ ، إِسْفاناخ ، إِسْفانَخ

spindle/ˈspɪndəl/*n.* عَمُود أو مِحْوَر دَوَران

spin-drier/ˈspɪn-ˈdraɪə(r)/*n.* آلة تَنْشِيفِ الغَسِيل بالقُوَّة النّابِذة

spine/spaɪn/*n.*

1. (backbone) العَمُود الفِقْرِيّ أو الشَّوْكِيّ

2. (*of book*) كَعْبُ الكِتاب (حَيْثُ تُلْصَقُ الصَّفَحاتُ مع بَعْضِها)

3. (*biol.*) حَسَكة ، شَوْكة (شَوْك) (في القُنْفُذ أو الصُّبّار مَثَلًا)

spineless/ˈspaɪnləs/*adj.* (رَجُلٌ) فاتِرُ الهِمّة ، رَخْوٌ ، عَدِيمُ العَزْم

spinning-top/ˈspɪnɪŋ-top/*n.* خُذْرُوف ، دُوّامة ، بُلْبُل ، خَرّارة ، نَحْلَة ، كِرْباج ، فُرَّيرة (م)

spinning-wheel/ˈspɪnɪŋ-wil/*n.* دُولابُ مِغْزَل

spinster/ˈspɪnstə(r)/*n.* عانِس (عَوانِس ، عُنْس)

spiral/ˈspaɪərəl/*adj.* حَلَزُونِيّ ، لَوْلَبِيّ

n. حَلَزُون ، لَوْلَب

v.i. تَصاعَدَ أو هَبَطَ حَلَزُونِيًّا

spire/ˈspaɪə(r)/*n.* الطَّرَفُ العُلْوِيّ المُدَبَّب لِبُرْجِ الكَنِيسة ، سَهْمُ قُبّة الكَنِيسة

spirit/ˈspɪrɪt/*n.*

1. (soul) رُوح (أَرْواح) ، نَفْس (أَنْفُس)

he was vexed in spirit كان مُتَضايِقًا

2. (personality) شَخْصِيّة

what a noble spirit he was! كَمْ كانَ شَخْصًا نَبِيلًا !

3. (non-material being) رُوح ، شَبَح ، طَيْفٌ

he believes in spirits يُؤمِن بِاسْتِحْضار الأَرْواح

4. (essence) جَوْهَر ، خُلاصة

it's the spirit of the law not the letter which matters المُهِمُّ هُوَ رُوحُ القانُون وَلَيْسَ حَرْفِيَّتُه

5. (courage) شَجاعة

he hasn't got the spirit of a mouse هُوَ أَجْبَنُ مِنْ فَأْر

6. (mood) مِزاج

in a spirit of fun عَلَى سَبِيلِ الدُّعابة ، بِرُوحٍ مَرِحة

7. (*pl.* mental state) الرُّوحُ المَعْنَوِيّة

in low spirits رُوحُهُ المَعْنَوِيّة مُنْهارة ؛ مُكْتَئِب ، مَغْمُوم

8. (*often pl.* alcohol) مُسْكِرات قَوِيّة ، مَشْرُوبات رُوحِيّة

9. (*pl. chem.*) كُحولُ النَّبِيذ ، حامِض الكلُورِدْرِيك ، زَيْتُ التَّرْبَنْتِينا

v.t. (*with* **away, off**) اِخْتَطَفَ خِفْيةً

spirited/ˈspɪrɪtɪd/*adj.* حَماسِيّ ، نَشِيط ، حَيّ

spiritual/ˈspɪrɪtʃʊəl/*adj.* رُوحانِيّ ، رُوحِيّ ، مَعْنَوِيّ

n. أُنْشُودة ذاتُ طابَعٍ دِينِيّ عِنْدَ زُنُوجِ أَمْرِيكا

spiritualist/ˈspɪrɪtʃʊlɪst/*n.* مُؤْمِن بِاسْتِحْضارِ الأَرْواح ، مُناجِي الأَرْواح

spit/spɪt/(*p.t. & p.p.* **spat**) *v.i. & t.* بَصَقَ (ـُ) ، بَزَقَ (ـُ) ، تَفَلَ (ـِ)

n. **1.** (saliva) بُصاق ، بُزاق ، تُفْل

2. (spike holding meat for roasting) سِيخ ، شِيش ، سَفُّود (يُشْوَى عَلَيْه اللَّحْم)

spite/spaɪt/*n.* ضَغِينة ، حِقْد ، نِكاية ، كَيْد ، سُوءُ نِيّة

in spite of بالرَّغْمِ مِنْ ، رَغْمًا عَن ، رَغْمَ

v.t. أَغاظَهُ عَمْدًا ، أَحْنَقَهُ ، كادَهُ

spiteful/ˈspaɪtfəl/*adj.* ضَغِنٌ ، حَقُود ، (مُلاحَظة) قارِصة

spittle/ˈspɪtəl/*n.* تُفْل ، تُفال ، رِيق ، لُعاب ، بُصاق

splash/splæʃ/*v.t. & i.* رَشَّ (بالماءِ أو بالوَحْل)

n. رَشاش ، طَرْطَشة (م) ، (يُحِبّ) بَعْثَرة النُّقُود لِلتَّباهي

the space ship splashed down in the Pacific هَبَطَت السَّفِينةُ الفَضائِيّةُ في المُحِيطِ الهادِئ

splendid/ˈsplendɪd/*adj.*

1. (magnificent) باهِر ، رائع ، بَدِيع

2. (*coll.* excellent) هائل ، عَظِيم

splendour/ˈsplendə(r)/*n.* عَظَمة ، أُبَّهة ، مَجْد ، عِزّ ، جَلال

splice/splaɪs/*v.t.* وَصَلَ طَرَفَيْ حَبْلَيْن بالجَدْل ، قَرَنَ (ـِ) بالتَّراكُب

n. وُصْلة جَدْلٍ بَيْنَ حَبْلَيْن ، وَصْلٌ بالجَدْل ، وُصْلَةُ تَراكُب

splint/splɪnt/*n. & v.t.* جَبِيرة (طِبّ) ؛ ثَبَّتَ بِجَبِيرة

splinter/ˈsplɪntə(r)/*n.* شَظِيّة (شَظايا) ، فُتاتُ (الزُّجاج)

v.t. & i. فَتَّتَ ، تَفَتَّتَ (الزُّجاج مَثَلاً)
split/splɪt/(*p.t. & p.p.* **split**) *v.t. & i.*
1. (divide) شَقَّ (ـُ) ، فَلَقَ (ـِ) ؛ اِنْشَقَّ
in a split second في غَمْضَةِ عَيْن
2. (*coll.* give away a secret) *with* **on** وَشَى بِـ ، خانَ ، بَلَّغَ عَنْ رِفاقِهِ
n. **1.** (tear) اِنْشِقاق ، اِنْفِصام ، فَلْقٌ ، شَقٌّ
2. (*pl.* acrobatics) اِنْفِساخ بَهْلَوانِيّ ، فَسْخة (س) ، شَنْبَخة (ع)
he did the splits فَرْشَخَ حَتَّى أَصْبَحَت ساقاهُ على خَطٍّ واحِد
splutter/ˈsplʌtə(r)/*v.i. & n.* تَكَلَّمَ بِسُرْعة وَعَدَمِ وُضُوح ، جَمْجَمَ ؛ تَمْتَمةٌ ، مَغْمَغةٌ ، غَمْغَمةٌ
spoil/spɔɪl/*v.t.* أَفْسَدَ ، أَتْلَفَ ، خَرَبَ (ـِ) ، خَرَّبَ
he is a spoilt child إِنَّه طِفْل مُدَلَّل
v.i. **1.** (become bad) فَسُدَ (ـُ) ، أَنْتَنَ ، تَلِفَ (ـَ) ، تَرَدَّى
2. (be eager for) تَعَطَّشَ ، تَحَرَّقَ شَوْقًا إِلَى
he is spoiling for a fight يَتَحَرَّقُ إِلَى المُشاجَرة
n. pl. غَنِيمة ، غَنائِم ، أَسْلاب
spoke[1]/spəʊk/*n.* شُعاعُ العَجَلة ، بَرْمَق
spoke[2]/spəʊk/*p.t. of* **speak**
spokesman/ˈspəʊksmən/*n.* ناطِقٌ بِلِسانِ ... ، مُتَحَدِّثٌ بِاسْمِ
sponge/spʌndʒ/*n.*
1. (*zool.*) إِسْفَنْج
2. (pad used in bath) إِسْفَنْجة
also v.t. نَظَّفَ بُقَعًا بِإِسْفَنْجة ، مَسَحَ بِإِسْفَنْجة
3. (cake) نَوْعٌ مِنَ الكَعْك (أَو الكاتُو) الخَفِيف الهَشّ
v.i. تَطَفَّلَ عَلَى (أَصْدِقائِهِ مَثَلاً)
sponger/ˈspʌndʒə(r)/*n.* مُتَطَفِّل ، طُفَيْلِيّ ، عالَةٌ عَلَى غَيْرِه
sponsor/ˈsponsə(r)/*n. & v.t.* مُتَكَفِّلٌ بِرِعاية ... ؛ تَبَنَّى
spontaneity/ˈspontəˈniətɪ/*n.* تِلْقائِيَّة ، عَفْوِيَّة ، بَداهة
spontaneous/sponˈteɪnɪəs/*adj.* عَفْوِيّ ، (جَوابٌ) بَدِيهِيّ ، تِلْقائِيّ ، (تَوالُدٌ) ذاتِيّ
spool/spul/*n.* بَكَرة (لِلْخَيْط أَو لِلشَّرِيط الخ)
spoon/spun/*n.* مِلْعَقة (مَلاعِق)
v.t. غَرَفَ (ـِ) (الطَّعامَ إِلَى طَبَقِهِ)
spoonful/ˈspunfʊl/*n.* مِلْءُ مِلْعَقة
sporadic/spəˈrædɪk/*adj.* مُتَفَرِّق ، مُتَقَطِّع ، مُتَشَتِّت
spore/spɔ(r)/*n.* بَوْغة (بَوْغ ، أَبْواغ) (خَلِيَّة وَحِيدة يَنْمو مِنْها الطُّحْلُبُ مَثَلاً)
sport/spɔt/*n.*
1. (fun) تَسْلِية
2. (game) رِياضة (في الهَواءِ الطَّلْقِ غالِبًا) ، أَلْعابٌ رِياضِيَّة
3. (*coll.* good fellow) رَجُلٌ لَطِيفُ المِزاج ، اِبْنُ حَلال ، شَخْصٌ مُمْتاز ، حُلْوُ المَعْشَر
4. (*biol.*) شُذُوذ بَيُولُوجِيّ ، طَفْرة
v.i. لَعِبَ (ـَ) ، لَها (يَلْهُو) بِوَقْتِهِ ، تَسَلَّى أَو عَبِثَ (ـَ) ؛ اِرتدى شَيْئًا أَو رَبَّى (ذَقْنًا) تَباهِيًا
sporting gear أَدَوات وَمَلابِس رِياضِيَّة
I'll make you a sporting offer سَأَقْتَرِحُ عَلَيْكَ اقْتِراحًا فِيه مُغامَرة
sportsman/ˈspɔtsmən/*n.* رِياضِيّ ، رَجُلٌ مُولَعٌ بالرِّياضة ؛ مَنْ يَتَقَبَّلُ الهَزِيمَةَ بِسَعَةِ صَدْر
sportsmanship/ˈspɔtsmənʃɪp/*n.* الرُّوحُ الرِّياضِيَّة ، رُوحُ التَّسامُح والإِنْصاف
spot/spot/*n.*
1. (mark) نُقْطة ، بُقْعة ، لَطْخة
2. (pimple) بَثْرة صَغِيرة ، بُقْعة عَلَى الجِلْد
3. (site) مَكان (أَماكِن ، أَمْكِنة) ، مَوْضِع ، مَوْقِع ، مَحَلّ
you've put me on a spot أَوْقَعْتَنِي فِي وَرْطة
4. (*coll.* small quantity) مِقْدار قَلِيل ، قَطْرة ، قِسْطٌ (مِنَ الرّاحة) ، شُوَيَّة
v.t. **1.** (mark with spots) رَقَّطَ
2. (*coll.* detect) اِكْتَشَفَ ، تَعَرَّفَ عَلَى (صَدِيقِهِ فِي الحَشْدِ مِنَ النّاس)
he tried to spot the winner حاوَلَ أَنْ يُخَمِّنَ الفائِزَ فِي السِّباق
spotless/ˈspotləs/*adj.* نَظِيفٌ كُلَّ النَّظافة ، نَقِيّ ؛ طاهِر ، لا غُبارَ عَلَيْه ، طاهِرُ الذَّيْل
spotlight/ˈspotlaɪt/*n.* أَشِعَّة ضَوْئِيَّة تُسَلَّطُ على المُمَثِّلِين ، أَضْواءُ المَسْرَح
spotty/ˈspotɪ/*adj.* (وَجْهٌ) مَلِيءٌ بالبُثُور ، مُلَطَّخٌ بالقاذُورات
spouse/spaʊz/*n.* زَوْج ، قَرِين ؛ زَوْجة ، قَرِينة
spout/spaʊt/*n.*
1. (jet) اِنْبِثاق ، تَدَفُّق
2. (nozzle, pipe) بِزْباز ، بُلْبُلة (إِبْرِيق)
v.i. اِنْبَثَقَ (الدَّمُ مَثَلاً) ، تَدَفَّقَ
sprain/spreɪn/*v.t. & i.* لَوَى (يَلْوِي) (المَفْصِلَ) ، مَلَخَه ، وَثَأَه
a sprained ankle كاحِلٌ مُلْتَوٍ أَو مُنْفَكِش أَو مَمْلُوخ أَو مَفْسوخ
sprang/spræŋ/*p.t. of* **spring**
sprawl/sprɔl/*v.i.* اِنْبَطَحَ (عَلَى سَرِير) ، تَراخَى (فِي جِلْسَتِهِ)
n. اِنْتِشار بِدُونِ نِظام ؛ تَساقُط أَو اسْتِرْخاء عَلَى أَرِيكة
spray/spreɪ/*v.t.* رَشَّ (ـُ) ، بَخَّ (ـُ) سائِلاً
n. **1.** (droplets) رَذاذُ سائِل
2. (sprinkler) مِرَشّة ، مِبَخّة ، مِبْخَرة (لِلْعِطْر) ، مِنْضَحة
3. (of flowers) باقة صَغِيرة ؛ مِشْبَك ماسِيّ

spread/spred/(*p.t. & p.p.* **spread**/spred/) *v.t. & i.*
1. (cover) فَرَشَ (ـِ) ، غَطَّى ، طَلَى (يَطْلِي بِدِهان)
he spread butter on the bread دَهَنَ الخُبْزَ بالزُّبْدة
2. (extend) بَسَطَ (ـُ) ، نَشَرَ (ـُ) ؛ اِمْتَدَّ
the bird spread its wings نَشَرَ أو بَسَطَ الطّائِرُ جَناحَيْه
3. (distribute) وَزَّعَ ، نَشَرَ (ـُ)
flies spread disease يَنْشُرُ الذُّبابُ المَرَضَ
n. **1.** (span) مَدَى (البَصَر)
the spread of a bird's wings بَسْطَةُ جَناحَيِ الطّائر
2. (diffusion) نَشْرُ (العِلْمِ مَثَلاً) ، اِنْتِشارُ (المَرَضِ مَثَلاً)
what a spread! (*coll.*) يا لَها مِنْ وَلِيمة !

spree/spri/*n.* مَرَحٌ وَمُتْعة ، حُمَّى الشِّراء ، نَوْبة إسْراف

sprig/sprɪg/*n.* غُصْن صَغِير ، عِرْقٌ مِن الرَّيحان

sprightly/'spraɪtlɪ/*adj.* مَلِيءٌ بالحَيَوِيّة ، نَشِطٌ ، مُتَوَقِّدُ الذِّهْن

spring/sprɪŋ/(*p.t.* **sprang** *p.p.* **sprung**)
v.i. **1.** (jump) قَفَزَ (ـِ) ، وَثَبَ (يَثِبُ) ، نَطَّ (ـُ)
he sprang to his feet هَبَّ واقِفًا
2. (grow up) نَجَمَ (ـُ) عَن أو مِن ، صَدَرَ (ـُ) عَن أو مِن ، تَأَتّى مِن
weeds spring up everywhere يَعِجُّ المَكانُ كُلُّه بالأعْشاب الضّارّة
3. (split) *also v.t.* تَشَقَّقَ (لَوْحُ خَشَبٍ بِتَأْثِيرِ الحَرارة)
the ship sprang a leak أَخَذَت المِياه تَتَسَرَّبُ إلى السَّفِينة
v.t. فَجَّرَ (لُغْمًا) ؛ شَغَّلَ آلةً فَجْأَةً
n. **1.** (leap) قَفْزة ، وَثْبة ، نَطّة
2. (source) عَيْن ، يَنْبُوع
3. (*season*) فَصْلُ الرَّبِيع
4. (coiled device) نابِض (نَوابِض) ، زُنْبُرُك (زَنابِك) ، يايٌ (م)
5. (elasticity) مُرُونة ، لُدُونة ، تَمَطُّط

springy/'sprɪŋɪ/*adj.* مَرِنٌ ، نَشِطٌ

sprinkle/'sprɪŋkəl/*v.t. & n.* رَشَّ (ـُ) ، ذَرَّ (ـُ) ، نَثَرَ (ـُ) ؛ رَشٌّ (ماء)

sprinkler/'sprɪŋklə(r)/*n.* رَشّاشة ، مِرَشّة

sprinkling/'sprɪŋklɪŋ/*n.* رَشٌّ (الماء) ؛ قَلِيلٌ مِن ، عَدَدٌ ضَئِيلٌ مِن

sprint/sprɪnt/*v.i. & n.* أَسْرَعَ في العَدْوِ ؛ سِباقُ العَدْوِ السَّرِيع

sprout/spraʊt/*v.i. & t.* تَبَرْعَمَ (الشَّجَرُ) ، نَما (يَنْمُو) ، نَبَتَ (ـُ) (الشَّعْرُ) ، فَرَّخَ
n. نَبْتة ، شَطْءٌ (شُطُوء)

spruce/sprus/*adj.* مُتَأَنِّق في مَلْبَسِه ، حَسَنُ الهِنْدام

sprung/sprʌg/*p.p. of* **spring**

spry/spraɪ/*adj.* ذُو نَشاطٍ وَحَيَوِيّة ، يَقِظٌ ، خَفِيفُ الحَرَكة

spun/spʌn/*p.t. & p.p. of* **spin**

spur/spɜ(r)/*n.*
1. (goad) مِهْماز ، مِنْخَس
on the spur of the moment عَفْوَ الخاطِر ، عَفْوَ السّاعة ، على البَدِيهة
2. (mountain ridge) حافّة بارِزة مِن جَبَل
v.t. & i. هَمَزَ (ـِ) الحِصانَ ؛ ثَبَّتَ (الفارِسُ) مِهْمازَه ؛ دَفَعَهُ (طُمُوحُه)

spurious/'spjʊərɪəs/*adj.* (عُمْلة) مُزَوَّرة ، (عَواطِف) زائِفة

spurn/spɜn/*v.t.* اِزْدَرَى ، اِحْتَقَرَ ، اِسْتَخَفَّ بِ ، اِسْتَهانَ بِ

spurt/spɜt/*v.i.* بَذَلَ جُهْدًا أَكْثَرَ مِن المُعْتاد ؛
n. مَجْهُود أخِير في سِباق ؛ اِنْبِجاسُ (الدَّمِ مَثَلاً)

sputnik/'spʊtnɪk/*n.* قَمَرٌ صِناعِيّ (سُوفِياتِيّ)

spy/spaɪ/*n.* جاسُوس (جَواسِيسُ)
v.t. & i. لَمَحَ عَن بُعْد ، لاحَظَ ؛ تَجَسَّسَ ، تَلَصَّصَ على ، اِسْتَطْلَعَ (المَوْقِف)

squabble/'skwobəl/*v.i. & n.* تَشاجَرَ الأَطْفالُ لأَمْرٍ تافِهٍ ؛ مُشاجَرة

squad/skwod/*n.* فَصِيلة ، فِرْقة ، جَماعة عَسْكَرِيّة

squadron/'skwodrən/*n.* سِرْب (أَسْراب) (طائِرات) ؛ فِرْقة بَحْرِيّة

squalid/'skwolɪd/*adj.* قَذِرٌ ، وَسِخٌ ، حَقِير ، كَرِيه ، بائِس

squall/skwɔl/*v.i. & t.* صَرَخَ (ـُ) (الطِّفْل)
n. **1.** (scream) صَرْخة ، صُراخ
2. (gust) عَصْفة أو هَبّة رِيح مُفاجِئة

squally/'skwɔlɪ/*adj.* (يَوْمٌ) عاصِف مُمْطِر

squalor/'skwolə(r)/*n.* وَسَخ ، قَذارة ، دَناءة ، بُؤْس

squander/'skwondə(r)/*v.t.* بَذَّرَ ، بَدَّدَ ، بَعْثَرَ (مالَهُ)

square/skweə(r)/*n.*
1. (shape) مُرَبَّع
2. (*in town*) مَيْدان ، ساحة
3. (*math.*) تَرْبِيع (رِياضِيّات)
adj. **1.** (having four equal sides) (شَكْل) مُرَبَّع (هَندسة)
2. (*math.*) تَرْبِيعِيّ (رِياضِيّات)
square root الجَذْرُ التَّرْبِيعِيّ
3. (satisfactory) مُتَعادِل
a square deal صَفْقة عادِلة ؛ مُعامَلة صَرِيحة
v.t. & i. **1.** (make square) رَبَّعَ ، جَعَلَ خُطُوطَهُ مُتَعامِدة
2. (*math.*) رَبَّعَ عَدَدًا (ضَرَبَهُ في نَفْسِه)

squash/skwoʃ/*v.t. & i.*
1. (crush) هَرَسَ (ـُ) ، عَصَرَ (ـِ) ، مَعَسَ (ـَ)
2. (snub) أَخْرَسَهُ (بِرَدٍّ لاذِع) ، أَلْقَمَهُ حَجَرًا ، أَفْحَمَهُ
n. **1.** (crowd) اِزْدِحام ، حَشْدٌ مِنَ النَّاس ، جَمْعٌ غَفير (جُمُوع)
2. (fruit drink) شَرابُ (البُرْتُقال مَثَلاً)
3. (game) لُعْبَةُ (السّكواش) (تُلْعَبُ بِكُرَةٍ مِنَ المَطّاط في مَلْعَبٍ مُغْلَق)
4. (vegetable) يَقْطِين ، قَرْع ، كُوسَى (مُفْرَدُها كُوساة)
squat/skwot/*v.i.*
1. (sit on heels) جَلَسَ القُرْفُصاءَ ، تَقَرْفَصَ
2. (settle illegally) اِحْتَلَّ أَرْضَ الغَيْرِ بِدُونِ حَقٍّ قانُونِيّ ، اِغْتَصَبَ حَقَّ السُّكْنَى
adj. قَصِيرُ القامة ، مَرْبُوع ، دَحْدَح ، بُحْتُر ، بُحْتُرِيّ ، مُكَتَّل
squawk/skwɔk/*v.i. & n.* وَقْوَقَ (الطّائِر) ، أَطْلَقَ صَوْتًا خَشِنًا وَأَجَشّ ؛ وَشَى بِشَرِيكِهِ في الجُرْمِ إِلَى الشُّرْطة ؛ صَوْتٌ خَشِنٌ وَأَجَشّ
squeak/skwik/*v.i. & n.* صَرَّ الطَّيْرُ أو زَقْزَقَ ، زَيَّقَ البابُ (م) ، جَزْجَز (ع) ؛ صَرِيف ، صَرِير
that was a narrow squeak نَجَوْنا بِأُعْجُوبة
squeaky/'skwikı/*adj.* (صَوْتٌ) رَفِيع حادّ ، (باب) يُزَيِّق (م)
squeal/skwil/*v.i. & n.*
1. (yell) زَعَقَ (ـَ) ؛ زَعْقة
2. (*coll.* inform) وَشَى بِشَرِيكِهِ في الجُرْمِ إِلَى الشُّرْطة ؛ وِشاية بالشَّرِيكِ في الجُرْم
squeamish/'skwimıʃ/ *adj.* سَرِيعُ الغَثَيان والقَرَف ، لا يُطِيقُ مَنْظَرَ (الدَّم مَثَلاً)
squeeze/skwiz/*v.t. & i.* عَصَرَ (ـِ) ، ضَغَطَ (ـَ) ، كَبَسَ (ـِ) على
n. ضَغْطٌ ، عَصْرةٌ (مِن لَيْمُونةٍ مَثَلاً)
credit squeeze تَحْدِيدُ الإِقْراض ، تَضْيِيقُ الاعْتِماد
squint/skwınt/*v.i. & n.* حَوِلَتْ (عَيْنُهُ) ؛ حَوَلٌ ، حَوَصٌ
squire/'skwaıə(r)/*n.* مِن أَثْرِياءِ الرِّيف ، صاحِبُ عِزْبة (م)
squirm/skwɜm/ *v.i.* تَمَلَّصَ (مِنْ قَبْضَة فُلان) ؛ تَلَوَّى أَلَمًا ، تَضَوَّرَ
squirt/skwɜt/*v.t. & i.* بَجَسَ (ـُ) ، بَجَّسَ ، بَخَّ (ـُ) ؛ بَظَّ (ـُ) ، اِنْبَجَسَ ، تَدَفَّقَ ، اِنْبَثَقَ
n. **1.** (jet) اِنْبِجاس ، بَخّة
2. (syringe) مِحْقَنة
stab/stæb/*v.t. & i. n.* طَعَنَ (ـُ) (بِخَنْجَر) ؛ طَعْنة
let me have a stab at it (*coll.*) دَعْنِي أُحاوِل ، خَلِّينِي أُجَرِّب
stability/stə'bılətı/*n.* ثَبات ، اِسْتِقْرار ، رُسُوخ ، تَوازُن ، مَتانة
stabilize/'steıbəlaız/ *v.t. & i.* ثَبَّتَ (الأَسْعارَ) ، وازَنَ ، أَرْسَخَ ، مَتَّنَ ، اِجْتازَ مَرْحَلةَ التَّقَلُّبات ، اسْتَقَرّ
stable[1]/'steıbəl/*adj.* ثابِت ، وَطِيد ، مُسْتَقِرّ ، مَتِين
stable[2]/'steıbəl/*n.* اِسْطَبْل (اِسْطَبْلات) ، ياخُور
stack/stæk/*n.*
1. (pile) كَوْمة مُنْتَظِمة ، كُدْس (أَكْداس) ، كَدْسة
2. (*coll.* large amount) كَمِّيّة كَبِيرة
v.t. كَدَّسَ ، كَوَّمَ ، صَفَّ واحِدًا فَوْقَ الآخَر
stadium/'steıdıəm/*n.* مَلْعَبٌ رِياضِيٌّ مُدَرَّج ، مَيْدانُ مُبارَياتٍ رِياضِيّة
staff/stɑf/*n.*
1. (stick) عَصًا (مُؤَنَّث) (عِصِيّ ، أَعْصٍ) ، عُكّاز (عَكاكِيز)
2. (*mus.*) خَمْسةُ سُطُورٍ مُتَوازِية لِكِتابةِ النُّوتةِ المُوسِيقِيّة
3. (*mil.*) هَيْئَةُ أَرْكانِ حَرْب (عَسْكَرِيّة)
4. (personnel) مَجْمُوعة المُسْتَخْدَمِين أو المُوَظَّفِين ، أَفْرادُ الإِدارة
v.t. جَهَّزَ (مَدْرَسةً مَثَلاً) بالمُوَظَّفِينَ اللّازِمِين
stag/stæg/*n.* (ذَكَرُ) الأَيِّل (أَيائِل) (له قُرُون مُتَشَعِّبة)
stag party حَفْلة ساهِرة لِلرِّجال فَقَط
stage/steıdʒ/*n.*
1. (platform) مِنَصّة (للخَطابة)
2. (*theatr.*) خَشَبة المَسْرَح ؛ مَسْرَح
stage-manager قَيِّم على مَسْرَح ، مُدِير مَسْرَح
3. (period) مَرْحَلة مِن مَراحِلِ التَّطَوُّر ، دَرَجة
at this stage of development في هذه المَرْحَلةِ مِن مَراحِلِ التَّطَوُّر
4. (stopping-place) مَحَطّة
stage-coach عَرَبة لِنَقْلِ الرُّكّاب والبَرِيد قَدِيمًا
v.t. قَدَّمَ (مَسْرَحِيّة)
stagger/'stægə(r)/*v.i.* تَرَنَّحَ ، تَمايَلَ في مِشْيَتِهِ
staggered/'stægəd/*adj.* تَعاقُبُ (إِجازات العُمّالِ في مَصْنَعٍ لِضَمانِ اسْتِمْرارِ الإِنْتاج)
stagnant/'stægnənt/*adj.* (مِياه) راكِدة
stagnate/stæg'neıt/*v.i.* رَكَدَ (ـُ)
stagnation/stæg'neıʃən/*n.* رُكُود
staid/steıd/*adj.* رَزِين ، رَصِين ، وَقُور ، هادِئ
stain/steın/*v.t. & i.* صَبَغَ (ـَ) ، بَقَّعَ ، لَوَّثَ ، لَطَّخَ
n. **1.** (dirty mark) بُقْعة ؛ وَصْمة
2. (dye for wood) صِبْغ ، صِباغ
stainless/'steınləs/*adj.* لا عَيْبَ فِيهِ ، طاهِرُ الذَّيْل
stainless steel فُولاذٌ لا يَصْدَأُ
stair/steə(r)/*n.* دَرَجة ، سُلَّمة (م) ، مِرْقاة (مَراقٍ)
at the head/foot of the stairs في رَأْسِ السُّلَّم أو في أَسْفَلِه
staircase/'steəkeıs/*n.* سُلَّم ، سَلالِمُ المَبْنَى ؛ بَيْتُ الدَّرَج

stake/steɪk/*n.*
1. (post) عمود ذو طرف مدبّب ، خازوق
2. (pledge) مالٌ يُراهَن به ، حِصّة ، نَصيب من رِبْح
v.t. **1.** (claim by marking) حَدَّدَ قِطعةَ أرضٍ بأوتاد (مُطالَبةً بِمِلْكِيَّتِه)
2. (bet) قامَرَ ، راهَنَ ، خاطَرَ بـ

stale/steɪl/*adj.* (هَواء) غَيْرُ نَقيّ ، (خَمْر) فاسِد ، (خُبْز) بائِت ، غَيْرُ طازَج ؛ مُبْتَذَل

stalemate/ˈsteɪlmeɪt/*n.* التَّعادُل في الشِّطْرَنْج نَتيجةَ استِحالة تَحْريك القِطَع ، نُقطة جُمود واستِحالة التَّقدُّم
v.t. جَعَلَ تَحْريكَ قِطَع خَصْمِه مُسْتَحيلاً ، سَدَّ الدُّروبَ عَلَيْه

stalk/stɔk/*n.* سُوَيْقة (نَبات) ، عُنَيْقُ الوَرَقة أو الزَّهْرة أو الثَّمَرة
v.t. & i. اِقْتَرَبَ مُتَلَصِّصًا مِنَ الصَّيْد ، تَرَصَّدَ ، تَرَقَّبَ ؛ مَشى بِخُطًى واسِعة وَبُطْء ، خَطا مُتَشامِخًا

stall/stɔl/*n.*
1. (booth in market) كُشْك (أكْشاك) في سُوق
2. (compartment for animal) مَرْبِط لِحَيَوانٍ واحِد في إسْطَبْل
3. (*theatr.*) مَقْعَد في الصُّفوف الأمامِيّة في المَسْرَح
v.t. **1.** (stable) أبْقَى الماشِيةَ في زَريبةٍ لِعَلْفِها وَتَسْمينِها
2. (*mech.*) *also v.i.* أوْقَفَ مُحَرِّكَ السَّيّارة عَنْ غَيْرِ قَصْد
the engine stalled تَوَقَّفَ مُحَرِّكُ السَّيّارة فَجْأةً
3. (*coll.* delay) *also v.i.* أجَّلَ تَأدِيةَ عَمَلٍ (لِكَسْبِ الوَقْت) ، تَأخَّرَ عَن (تَسْديدِ دَيْن)

stallion/ˈstæljən/*n.* فَحْلٌ (فُحول) ، حِصانُ النِّتاج

stalwart/ˈstɔlwət/*adj.* قَوِيُّ البِنْية ، شَديدُ البَأْس ؛ (مُؤَيِّد) صَدوق ، وَفِيّ

stamen/ˈsteɪmən/*n.* سَداة (أسْدِية) ، عُضْوُ التَّلْقيح في الزَّهْرة

stamina/ˈstæmɪnə/*n.* جَلَدٌ ، صَبْرٌ ، اِحْتِمال ، المَقْدِرة عَلَى التَّحَمُّل والمُقاوَمة

stammer/ˈstæmə(r)/ v.i. & t. & n. تَلَعْثَمَ ، تَعْتَعَ ، تَلَجْلَجَ ؛ تَأْتَأةٌ ، فَأْفَأةٌ ، لَجْلَجةٌ

stamp/stæmp/*v.t. & i.*
1. (strike foot on ground) ضَرَبَ الأرْضَ بِأخْمَصِ قَدَمِه
he stamped out the revolt قَمَعَ الثَّوْرةَ أو سَحَقَها
2. (mark with pattern) دَمَغَ (ـَ) ، بَصَمَ (ـُ) بِخَتْم
3. (affix postage stamp to) ألْصَقَ طابَعَ بَريد
4. (shape in press) أعْطَى قِطْعةً مَعْدِنِيّةً شَكْلاً مُعَيَّنًا بِكَبْسِها بِماكِنةٍ خاصّة
5. (characterize) أعْطَى سِمةً خاصّةً لـ
n. **1.** (mark) دَمْغة ، عَلامة ، بَصْمة ، خاتَم
2. (die) مُهْر ، خاتَم
3. (postage stamp) طابَع (طَوابِع) بَريد

stampede/stæmˈpid/*v.i. & t. & n.* اِنْدَفَعَ الحَشْدُ أو القَطيعُ مَذْعورًا ؛ جَعَلَ حَشْدًا أو قَطيعًا يَرْكُضُ مَذْعورًا ؛ اِنْدِفاعٌ أو فِرارٌ مَذْعور (لِحَشْدٍ أو قَطيع)

stand/stænd/(*p.t. & p.p.* **stood**) *v.i. & t.*
1. (be upright) وَقَفَ (ـِ) ، اِنْتَصَبَ ، قامَ ، نَهَضَ (ـَ)
2. (place upright) أقامَ ، أوْقَفَ
3. (endure) صَبَرَ (ـِ) على ، صابَرَ ، اِصْطَبَرَ
he can't stand toothache لا يَقْدِرُ أن يَتَحَمَّلَ وَجَعَ الأسْنان
4. (pay for) دَفَعَ حِسابَ ضَيْفِه
he stood them all drinks ضَيَّفَهُم بالشَّرابِ عَلَى حِسابِه
5. (*with advs.*)
stand by for an announcement اِنْتَظِرْ تَصْريحًا أو بَيانًا
UN stands for United Nations الحَرْفان UN اِخْتِصارٌ لِاسْمِ الأُمَمِ المُتَّحِدة
it stands out a mile الأمْرُ واضِحٌ وُضوحَ الشَّمْس
he stood up to the bully وَقَفَ في وَجْهِ القَبَضاي (أو الفُتُوّة (م) أو الأشْقِياء (ع))
n. **1.** (rack) شَمّاعة ، مِشْجَب (لِتَعْليقِ المَلابِس)
2. (stall) كُشْكٌ لِعَرْضِ السِّلَع
3. (position) اِتَّخَذَ مَكانَهُ (بالقُرْبِ مِنَ المِدْفأة)
4. (resistance) مُقاوَمة ، (وَقَفَ مَوْقِفَ) المُعارَضة

standard/ˈstændəd/*n.*
1. (banner) رايَةٌ ، عَلَمٌ (أعْلام) ، بَيْرَق (بَيارِق)
2. (criterion) مُسْتَوًى ، مِعْيار
3. (quality) صِفة ، نَوْعِيّة (مَعْهودة) ، نَموذَجِيّة
adj. **1.** (accepted) مَقْبول ، مُصْطَلَح عَلَيْه
standard time الوَقْتُ الرَّسْمِيُّ المُتَّفَقُ عَلَيْه في خَطِّ طولٍ مُعَيَّن
2. (upright) ذو حامِلٍ قائِم ، عَمودِيّ ، مُنْتَصِب
standard lamp مِصْباحٌ عَلَى حامِلٍ عَمودِيّ

standardize/ˈstændədaɪz/*v.t.* وَحَّدَ (المَعاييرَ والمَقاييسَ أو المَناهِج)

standby/ˈstændbaɪ/ *n. & adj.* بَديل ، اِحْتِياطِيّ (لِوَقْتِ الحاجة)

standing/ˈstændɪŋ/*adj. & n.* قائِم ، واقِف ؛ دائِم ؛ مَقام
standing room only لَمْ يَبْقَ إلّا أماكِن لِلوُقوف (في سينَما أو مَسْرَح بَعْدَ امْتِلاءِ المَقاعِد)
standing army جَيْشٌ دائِم أو عامِل
a friend of long standing صَديقٌ مُنْذُ عَهْدٍ طَويل

standstill/ˈstændstɪl/*n.* جُمود ، تَوَقُّف تامّ ، حالة رُكود

stank/stæŋk/*p.t. of* **stink**

stanza/ˈstænzə/*n.* مَقْطَع شِعْرِيّ ، دَوْر ، مَقْطوعة مِنْ قَصيدة

staple/ˈsteɪpəl/*n.*

1. (fastener) رَزَّة مِنَ السِّلْك لِخَزْمِ الأَوْراق
2. (fibre) تِيلةُ صُوفٍ مَثلًا مِنْ حَيْثُ طُولُها وَجَوْدَتُها
3. (chief product) الإِنْتاجُ الرَّئِيسِيّ
adj. أَصْلِيّ ، أَساسِيّ
staple food/diet القُوتُ الرَّئِيسِيّ ، الطَّعامُ المُعَوَّلُ عَلَيْه في العَيْش
v.t. ضَمَّ (الأَوْراقَ) بِرَزَّةٍ من السِّلْك

star/stɑ(r)/*n.*
1. (*astron.*) نَجْمٌ (نُجُوم)
2. (shape) شَكْلٌ كَوْكَبِيّ
3. (*theatr.*) نَجْمٌ مِن نُجُوم المَسْرَح
v.t. & i. 1. (mark with asterisk) رَسَمَ نَجْمَةً في أَعْلَى الكَلام لِلإِشارة إِلَى هامِش
2. (*theatr.*) قامَ بِدَوْرِ البُطولة في رِوايةٍ تَمْثِيلِيّة

starboard/ˈstɑbəd/*n.* & *adj.* مَيْمَنة سَفِينة أو طائِرة ، الجانِبُ الأَيْمَن (مِنْ سَفِينةٍ أو طائرة)

starch/stɑtʃ/*n.* & *v.t.* نَشا ، نَشَّى (ياقة مَثلًا)

starchy/ˈstɑtʃɪ/*adj.* (*lit. & fig.*) نَشَوِيّ ، يُشْبِهُ النَّشا ، جافٌّ في مُعامَلَتِه ، رَسْمِيّ

stare/steə(r)/*v.i. & t.* حَدَّقَ ، حَمْلَقَ ، أَطالَ النَّظَرَ (إِلَى)
n. حَمْلَقة ، إِطالةُ نَظَر ، تَحْدِيق

stark/stɑk/*adj. & adv.* (جُثّة) مُتَخَشِّبة ، قَلِيلُ الأَثاث ، مُطْبِق ، مُجَرَّد
stark naked عُرْيانٌ تَمامًا ، كَما وَلَدَتْهُ أُمُّه ، مَلْط

starlight/ˈstɑlaɪt/*n.* ضَوْءُ النُّجُوم

start/stɑt/*v.i. & t.*
1. (begin) بَدَأَ (ـَـ) ، شَرَعَ (ـَـ) في ، أَخَذَ (ـُـ) ، شَغَّلَ (المُحَرِّكَ)
2. (move suddenly) جَفَلَ (ـِـ) ، تَحَرَّكَ فَجْأَةً ، فَزَّ (ـِـ) ، أَفْزَعَ (القَنَصَ فَأَخَذَ في الهُرُوب)
n. 1. (beginning) بِداية ، فاتِحة
2. (sudden movement) حَرَكة فُجائِيّة ، جَفْلة
3. (advantage in race) تَقَدُّمٌ يُمْنَحُ لأَحَدِ المُتَبارِين في بَدْءِ السِّباق

starter/ˈstɑtə(r)/*n.*
1. (competitor) مُتَسابِق ، مُشْتَرِك في سِباق
2. (conductor of race) مُطْلِقُ إِشارة بَدْءِ السِّباق
3. (*of motor*) *also* **self-starter** مُبْدِئُ إِدارة المُحَرِّك ، مُشَغِّل ، مُطْلِق ، مُشَغِّل تِلْقائِيّ لِلمُحَرِّك
4. (first course) مُشَهِّيات ، مُقَبِّلات ، مَزّة

startle/ˈstɑtəl/*v.t.* باغَتَ ، أَجْفَلَ ، أَذْهَلَ ، بَهَتَ (ـَـ)

startling/ˈstɑtlɪŋ/*adj.* مُفْزِع ، مُذْهِل ، ذُو وَقْع ، مُؤَثِّر تَأْثِيرًا مُفاجِئًا

starvation/stɑˈveɪʃən/*n.* مَجاعة ، جُوع

starve/stɑv/*v.t. & i.* جَوَّعَ ، جاعَ (يَجُوعُ) ، ماتَ جُوعًا

state/steɪt/*n.*
1. (condition) حالة ، حالٌ (أَحْوال) ، ظَرْفٌ (ظُرُوف)
2. (nation) دَوْلة (دُوَل) ، وِلاية (مِنَ الوِلاياتِ المُتَّحِدة)
he lives in state يَعِيشُ عِيشَةَ تَرَفٍ وَبَذَخ
3. (ceremony) (ثِياب) الأُبَّهة ، فَخامة
v.t. أَعْلَنَ ، ذَكَرَ (ـُـ) ، صَرَّحَ
please state your age اُذْكُرْ سِنَّكَ مِنْ فَضْلِك

stately/ˈsteɪtlɪ/*adj.* ذُو أُبَّهة ، (إِيماءة) مَهِيبة

statement/ˈsteɪtmənt/*n.*
1. (expression) بَيان ، تَصْرِيح
2. (*commerc.*) كَشْفُ حِساب (تِجارة)

statesman/ˈsteɪtsmən/*n.* سِياسِيّ ، رَجُلُ دَوْلة ، زَعِيمٌ سِياسِيّ مَوْهُوب مُحَنَّك

static/ˈstætɪk/*adj.* ساكِن ، غَيْرُ مُتَحَرِّك ، راكِد
static electricity كَهْرَبائِيّة ساكِنة أو إِسْتاتِيّة أو إِسْتاتِيكِيّة
n. (*radio* atmospherics) تَشْوِيش في الإِرْسالِ بِسَبَبِ الظَّواهِر الجَوِّيّة الكَهْرَبائِيّة

station/ˈsteɪʃən/*n.*
1. (headquarters) نُقْطة ، مَرْكَز ، مَخْفَر (الشُّرْطة)
fire station نُقْطة المَطافِئ ، مَحَطّة الإِطْفائِيّة
2. (stopping place for transport) مَحَطّة
railway station مَحَطّةُ سِكَّةِ الحَدِيد
3. (position in life) مَكانة ، مَقام ، شَأْن ، وَضْعٌ اجْتِماعِيّ
v.t. وَضَعَ (يَضَعُ) في مَكانٍ ما ، رابَطَت (قُوَّةٌ عَسْكَرِيّة)

stationary/ˈsteɪʃənrɪ/*adj.* غَيْرُ مُتَحَرِّك ، واقِف ، ثابِت ، ساكِن

stationery/ˈsteɪʃənrɪ/*n.* قِرْطاسِيّة ، أَدَوات مَكْتَبِيّة

statistic/stəˈtɪstɪk/*n.* إِحْصاء (إِحْصاءات)

statistical/stəˈtɪstɪkəl/*adj.* إِحْصائِيّ

statistics/stəˈtɪstɪks/*n. pl.* عِلْمُ الإِحْصاء ، إِحْصائِيّة (تَطْبِيقِيّة)

statue/ˈstætju/*n.* تِمْثال (تَماثِيل)

stature/ˈstætʃə(r)/*n.* قامة ، بِنْية ، قَدٌّ (قُدُود)

status/ˈsteɪtəs/*n.* وَضْعٌ اجْتِماعِيّ ، مَكانة ، رُتْبة ، جاه

statute/ˈstætjut/*n.* قانُون بَرْلَمانِيّ أو تَشْرِيعِيّ

staunch/stɔntʃ/*v.t.* أَرْقَأَ ، ضَمَّدَ لإِيقافِ النَّزِيف ، أَوْقَفَ سَيَلانَ الدَّمِ مِنْ جُرْح
adj. (صَدِيق) يُعْتَمَدُ عَلَيْه ، وَفِيٌّ مُخْلِص ، أَمِين

stave/steɪv/*n.*
1. (of barrel) ضِلْعٌ مِنْ أَضْلاعِ البِرْمِيل
2. (*mus.*) مَدْرَج لِكِتابةِ النُّوتةِ المُوسِيقِيّة
v.t. & i. (*p.t. & p.p.* **stove**) بَعَجَ (ـَـ) بِرْمِيلًا مَثلًا ، أَحْدَثَ ثُغْرة في ، تَفادَى
we must stave off the attack عَلَيْنا أَنْ نَتَفادَى الهُجُوم

stay/steɪ/*v.i. & t.*
1. (remain) بَقِيَ (يَبْقَى) ، مَكَثَ (ـُـ) ، لَبِثَ (ـَـ)

2. (sojourn) حلَّ (ـِ) ، نَزَلَ (ـِ) (بِمكان) ، مَكَثَ (ـُ)

3. (check) أحجَمَ ، أمْسَكَ عن ؛ أخَّرَ ، أجَّلَ ، أوقَفَ

4. (support) سَنَدَ (ـُ) ، دَعَمَ (ـَ)

5. (*with advs.*)

the teacher made the boys stay in after school اِحْتَجَزَ المُدَرِّسُ التّلاميذَ وَقْتَ الانصِراف (عِقابًا لَهُم)

don't stay out after dark لا تَبْقَ في الخارِجِ بَعْدَ حُلُولِ الظَّلام

he stayed up all night سَهِرَ طَوالَ اللَّيْل

n. **1.** (sojourn) إقامة ، مُكُوث (في فُنْدُق مَثَلًا)

2. (support) دِعامة ، سَنَدٌ

3. (*pl.* corset) مِشَدٌّ ، كُورْسِيه

steadfast/ˈstedfɑst/*adj.* (صَدِيق) يُرْكَنُ إلَيْه ، (نَظْرة) ثابِتة ، (إيمان) راسِخ لا يَتَزَعْزَعُ ؛ مُتَمَسِّك (بِمَبادِئِهِ) ، ثابِتُ العَزْمِ ، صامِد

steady/ˈstedɪ/*adj. & adv.*

1. (firm) ثابِت ، راسِخ ، مُسْتَقِرّ ، مَتِين ، غَيْرُ مُتَزَعْزِع

2. (regular) (سُرْعة) مُنْتَظِمة

3. (reliable) يُعْتَمَدُ عَلَيْه

v.t. & i. ثَبَّتَ (مائِدةً مُقَلْقَلةً مَثَلًا) ؛ اِسْتَقَرَّ

steady on! (*coll.*) اِتَّزِنْ ! تَعَقَّلْ ! لا تُغالِ !

steak/steɪk/*n.* شَرِيحَةُ لَحْمٍ أو سَمَكٍ (لِلشَّيِّ مَثَلًا) ، بِفْتيك

steal/stil/(*p.t.* **stole** *p.p.* **stolen**) *v.t.* سَرَقَ (ـِ) ، اِخْتَلَسَ

v.i. تَسَلَّلَ ، اِنْسَلَّ ، خَرَجَ أو دَخَلَ خِفْيَةً

stealth/stelθ/*n.* (في) الخَفاء ، خِلْسةً ، سِرًّا

stealthy/ˈstelθɪ/*adj.* (نَظْرة) مُخْتَلَسة ، مُسْتَرَقة

steam/stim/*n.* بُخار

v.i. اِنْبَعَثَ مِنْهُ البُخار

v.t. طَبَخَ (ـُ) على البُخار

steam-engine/ˈstim-endʒɪn/ *n.* مُحَرِّك بُخارِيّ ، قاطِرة بُخارِيّة

steamer/ˈstimə(r)/*n.*

1. (utensil) قِدْرٌ بِمِصْفاة للطَّبْخ على البُخار

2. (ship) سَفِينة بُخارِيّة

steam-roller/ˈstim-rəʊlə(r)/ *n.* مِحْدَلة (بُخارِيّة) ، وابُور زَلَط (م) (مَجازًا) يَسْحَقُ كُلَّ مَن يَعْتَرِضُ طَرِيقَه

steel/stil/*n. & adj.* صُلْب ، فُولاذ ؛ فُولاذِيّ ، صُلْب

v.t. قَسَّى (قَلْبَهُ)

steely/ˈstilɪ/*adj.* (قَلْبٌ) قاسٍ ، لا يَلِين ، كالفُولاذ

steep/stip/*adj.* شَدِيدُ الانْحِدار

v.t. & i. نَقَعَ (ـَ) ، غَمَسَ (ـِ) ، غَمَرَ (ـُ)

steeple/ˈstipəl/*n.* الجُزْءُ العُلْوِيّ المُدَبَّب مِنْ بُرْجِ (الكَنِيسة)

steeplechase/ˈstipəltʃeɪs/*n. & v.i.* سِباقُ الحَواجِز للخَيْل أو العَدّائِين ؛ اِشْتَرَكَ في هٰذا السِّباق

steeple-jack/ˈstipəl-dʒæk/*n.* مُرَمِّمُ أبْراجِ الكَنائِسِ وَمَداخِنِ المَصانِع

steer/stɪə(r)/*v.t. & i.* قادَ (يَقُودُ) (سَيّارةً أو سَفِينةً أو طائِرةً)

this boat does not steer well يَصْعُبُ تَوْجِيهُ هٰذا القارِب

steerage/ˈstɪərɪdʒ/*n.* تَوجِيه ، قِيادة ؛ أرْخَصُ مَكانٍ لِلسَّفَرِ في سَفِينة

steering-wheel/ˈstɪərɪŋ-wil/ *n.* عَجَلةُ القِيادة ، عَجَلةُ التَّوْجِيه

steersman/ˈstɪəzmən/*n.* عامِلُ الدَّفّة ، مُوَجِّهُ المَرْكَب

stem/stem/*n.*

1. (stalk) ساقُ الزَّهْرة أو سُوَيْقَتُها

2. (*of ship*) مُقَدَّمُ السَّفِينة أو مُقَدَّمَتُها

from stem to stern مِنْ مُقَدِّمةِ السَّفِينةِ إلى مُؤَخَّرَتِها

3. (*of word*) جِذْرُ الكَلِمة (بِدُونِ اللَّواحِق)

v.t. أوقَفَ (تَدَفُّقَ سائِلٍ مَثَلًا)

v.i. نَشَأَ (ـَ) عَنْ ، تَوَلَّدَ مِنْ

stench/stentʃ/*n.* رائِحة خَبِيثة أو كَرِيهة ، نَتَنٌ ، ذَفَرٌ

stencil/ˈstens(ə)l/*n. & v.t.* اِسْتَنْسِل ، وَرَقٌ مُشَمَّع خاصّ ؛ يُسْتَعْمَلُ قالَبًا لِلنَّسْخ ؛ طَبَعَ بِاسْتَنْسِل

stenographer/stəˈnogrəfə(r)/ *n.* كاتِبة أو كاتِب الاخْتِزال ، مُخْتَزِلة ، مُخْتَزِل

step/step/*n.*

1. (pace) خُطْوة (خُطًى ، خُطُوات)

2. (mode of walking) خَطْوٌ ، مِشْية

out of step مُخالِف للآخَرِين في خَطْوِهِ العَسْكَرِيّ ؛ غَيْرُ مُنْسَجِمٍ مَعَ . . .

3. (stair) دَرَجةُ (سُلَّم)

4. (action) (اِتَّخَذَ) الخُطُوات اللازِمة

take steps to prevent an epidemic اِتَّخِذِ الاحْتِياطاتِ لِلوِقاية مِن الوَباء

v.i. خَطا (يَخْطُو)

v.t. **1.** (pace **out**) قاسَ (يَقِيسُ) طُولَ المَسافة بالخُطُوات

2. (*with* **up** boost) زادَ (يَزِيد) ، أكْثَرَ ، أسْرَعَ ، عَجَّلَ

they stepped up production نَجَحَ (المَصْنَعُ) في زِيادةِ إنْتاجِه

stepbrother/ˈstepbrʌðə(r)/ *n.* أخٌ مِنَ الأبِ أو مِنَ الأُمِّ فَقَط

stepfather/ˈstepfɑð(ə)r/ *n.* زَوْجُ الأُمِّ ، رابٌّ

step-ladder/ˈstep-lædə(r)/ *n.* سُلَّمٌ نَقّالِيّ (مِنْ جُزْأَيْنِ قابِلٌ لِلطَّيّ) ، سِيبَة

stepmother/ˈstepmʌðə(r)/ *n.* زَوْجةُ الأب ، رابَّة

stepsister/ˈstepsɪstə(r)/ *n.* أُخْتٌ مِنَ الأبِ أو مِنَ

الأُمّ فقط

stereo/ˈstɪərɪəʊ, ˈsterɪəʊ/ *adj.* جهاز اِسْتِرْيُو ، صَوْت مُجَسَّم

stereophonic/ˈsterɪəˈfɒnɪk/*adj.* (صَوْتٌ) مُجَسَّم ، (اِسْتِعادة صَوْتِيّة) مُجَسَّمة

sterile/ˈstɪəraɪl/*adj.* عَقِيم ، مُجْدِب ، ماحِل

sterility/stəˈrɪlɪtɪ/*n.* عُقْمٌ ، عُقْرٌ ، جُدُوبة ، مَحْلٌ

sterilize/ˈsterɪlaɪz/*v.t.*

1. (make antiseptic) طَهَّرَ (جُرْحًا) ، عَقَّمَ

2. (make unfruitful) عَقَّرَ (اَمْرَأَةً) ؛ أَمْحَلَ (أَرْضًا)

sterling/ˈstɜlɪŋ/*n.* العُمْلَةُ الإنْكليزيّة ، الإسْتَرْلِيني

adj. (فِضّة) نَقِيّة ، صافٍ ، (ذُو خُلُقٍ) مَتِين

the pound sterling الجُنَيْه الإسْتَرْلِينِيّ

stern/stɜn/*adj.* صارِم ، قاسٍ ، جافٌّ (الطِّباع) ، عابِس

n. مُؤَخَّرة السَّفِينَة

stethoscope/ˈsteθəskəʊp/ *n.* سَمّاعَةُ الطَّبِيب ، مِسْماعُ الصَّدْر

stew/stju/*v.t. & i.* طَبَخَ (ـُ) على نارٍ هادِئة في وِعاءٍ مُغَطًّى

n. يَخْنِي ، يَخْنَة ؛ اِضْطِراب ، اِرْتِباك

steward/ˈstjuəd/*n.*

1. (manager) قَهْرَمان يُدَبِّرُ شُؤُونَ ضَيْعة أو كُلِّيّة

2. (official) مُراقِبُ النِّظام في الاِجْتِماعات العامّة

3. (attendant) خادِم أو مُضِيف (في طائرة مَثَلًا)

stick/stɪk/(*p.t. & p.p.* **stuck**)

v.t. **1.** (thrust) غَرَزَ (ـِ) ، وَخَزَ (يَخِزُ) ؛ وَضَعَ (يَضَعُ)

2. (stab) خَزَقَ (ـِ) ، طَعَنَ (ـُ) ، ثَقَبَ (ـُ)

3. (glue) أَلْصَقَ ، ثَبَّتَ ؛ اِلْتَصَقَ

also v.i. (remain fixed)

stick to your guns, don't give in لا تَتَزَحْزَحْ عَنْ مَوْقِفِك ، لا تَتَراجَعْ عَنْ رَأْيِك

4. (*with advs.*) *v.t. & i.*

stick your tongue out أَخْرِجْ لِسانَك ، أُمْدُدْ لِسانَك

stick up for your rights دافِعْ عَنْ حُقُوقِك

n. عَصًا (عُصِيّ ، عِصِيّ ، أَعْصٍ) ، عُود (أَعْواد) ، عُكّاز (عُكّازات ، عَكاكِيزُ) ، إصبَع (طَباشِير)

sticker/ˈstɪkə(r)/*n.* بِطاقة مُصَمَّغة (تُلْصَقُ على نافِذة السَّيّارة مَثَلًا)

sticking-plaster/ˈstɪkɪŋ-plɑstə(r)/ *n.* لَزْقَة (طِبّ)

sticky/ˈstɪkɪ/*adj.* لَزِج ، دَبِق ، غِرَوِيّ

stiff/stɪf/*adj.*

1. (rigid) صُلْبٌ ، جامِدٌ ، مُتَخَشِّب ، صارِمٌ ، جافٌّ

2. (difficult) صَعْبٌ ، شاقٌّ ، عَسِير

a stiff task عَمَلٌ يَتَطَلَّبُ مَجْهُودًا شاقًّا

3. (strong) قَوِيّ ، شَدِيد

a stiff drink مَشْرُوب مُسْكِر ذو نِسْبةٍ كُحُولٍ عالِية

4. (formal) طِبْقَ التَّكالِيف ، رَسْمِيّ

a stiff reception اِسْتِقْبال جافّ

stiffen/ˈstɪfən/*v.t. & i.* صَلَّبَ ، تَصَلَّبَ

stifle/ˈstaɪfəl/*v.t.*

1. (smother) خَنَقَ (ـُ) ، ضَيَّقَ الأنْفاس

2. (suppress) كَظَمَ (ـِ) (غَضَبَهُ) ، كَتَمَ (ـُ) (ضِحْكَهُ)

stigma/ˈstɪgmə/*n.* وَسْمٌ (المُجْرِم) ، وَصْمة ؛ مِيسَمُ الزَّهْرة

stigmatize/ˈstɪgmətaɪz/*v.t.* وَصَمَ فُلانًا بالعار ، فَضَحه بالرَّذِيلة

stile/staɪl/*n.* تَرْكِيب خَشَبِيّ بَسِيط لاجْتِياز حاجِزٍ بَيْنَ حَقْلَيْن

still/stɪl/*adj.* ساكِن ، هادِئ ، ساكِت ، راكِد

still life (فَنّ) رَسْم الجَماد ؛ رُسُومُ الطَّبِيعة الصّامِتة

n. **1.** (distilling apparatus) إِنْبِيق ، مِقْطَر ، جِهاز تَقْطِير

2. (*photog.*) لَقْطةٌ ثابِتة مِنْ فِلْمٍ قَدْ تُسْتَخْدَمُ للإعْلان

adv. **1.** (without moving) ساكِنًا ، بِلا حَرَكة

keep still لا تَتَحَرَّكْ

2. (up to this or that time) لا يَزالُ ، ما زالَ

he is still busy لَمْ يَفْرَغْ بَعْدُ ، لا يَزالُ مَشْغُولًا

3. (yet) أَكْثَر مِن ذلك ، وَمَعَ هذا

his brother is still taller (مَعَ أنّه طَوِيلُ القامة) إلّا أنّ أخاهُ يَفُوقُهُ طُولًا

still-born/ˈstɪl-bɔn/*adj.* مَوْلُود مَيِّتًا ، مَلِيص

stilted/ˈstɪltəd/*adj.* (أُسْلُوب) مُفْرِط في التَّكَلُّف والتَّصَنُّع

stimulant/ˈstɪmjʊlənt/*n.* مُنَبِّه للحَواسّ ، مُنَشِّط

stimulate/ˈstɪmjʊleɪt/ *v.t.* نَشَّطَ ، حَفَزَ (ـِ) هُ على و إلى ، حَثَّ (ـُ) هُ على ، أثارَ (الشَّهِيّة)

stimulation/ˈstɪmjʊˈleɪʃən/*n.* تَنْشِيط ، حَثٌّ ، تَنْبِيه

stimulus/ˈstɪmjʊləs/*n.* حافِز (حَوافِزُ) ، دافِع (دَوافِعُ) ؛ مُنَبِّه للحَواسّ

sting/stɪŋ/(*p.t. & p.p.* **stung**)

v.t. & i. لَدَغَ (ـَ) ؛ غَشَّ (ـُ) ، آلَمَ

n. لَدْغٌ ، لَسْعٌ ، لَدْغة ، لَسْعة ؛ حُمَةُ (العَقْرَب) ؛ أَلَمٌ حادٌّ

stingy/ˈstɪndʒɪ/*adj.* بَخِيل ، مُمْسِك ، شَحِيح ، ضَنِين ؛ (مِقْدار) ضَئِيل

stink/stɪnk/(*p.t.* **stank** *p.p.* **stunk**)/*v.i.* نَتُنَ (ـُ) ، زَخِمَ (ـَ) ، اِنْبَعَثَتْ مِنْهُ رائِحة كَرِيهة

n. رائِحة كَرِيهة ، دَفَرٌ ، نَتَنٌ

stint/stɪnt/*n.*

1. (limitation) تَحْدِيد ، قَيْد

without stint بِدُونِ تَقْتِير ، دُونَ حَدٍّ ، بِسَعَةٍ ؛ أَعْطَى بِسَخاءٍ

2. (allotted amount) مِقْدار مُحَدَّد مِنَ الإنْتاج ، (أدَّى) ما عَلَيْه مِنَ العَمَل ، نَوْبَةُ شُغْل

v.t. قتَرَ (ـِ) ، شَحّ (ـُ) ، لَمْ يُعْطِ الكِفاية ، بَخُل بـ

stipulate/ˈstɪpjʊleɪt/*v.t.* نَصَّ (ـُ) (القانون) ، اِشْتَرَطَ

stipulation/ˈstɪpjʊˈleɪʃ(ə)n/*n.* شَرْط (شُرُوط) ، اِشْتِراط ، اِسْتِبعاد (في عَقْد)

stir/stɜ(r)/*v.t. & i.*

1. (move) حَرَّكَ ، تَحَرَّكَ

2. (mix) قَلَّبَ (مَزيجًا) ، خَلَطَ (ـِ)

3. (rouse) أَثارَ ، هَيَّجَ ، أَهاجَ

n. تَحْريك (الحِساء مثلا) ، هِياج ، اِضْطِراب ، ضَجّة

stirrup/ˈstɪrəp/*n.* رِكاب (رِكابات ، رُكُب ، رَكائِب) (يُرْبَطُ في السَّرْج بِسَيْرٍ جِلْديّ)

stitch/stɪtʃ/*n.*

1. (sewing) غُرْزة (غُرَز) ، دَرْزة (في الخِياطة) ، قُطْبة

2. (pang) أَلَمٌ حادٌّ فُجائيٌّ في الجَنْب

v.t. دَرَزَ (ـُ) ، خاطَ (يَخِيطُ) (قُماشًا بإِبْرة وَخَيْط)

stock/stok/*n.*

1. (store) بَضائعُ أو سِلَع في مَخْزَنٍ تِجاريّ ، مَخْزُونات

stock size المَقاساتُ المُتَداوَلة في المَلابِسِ الجاهِزة

out of stock (البِضاعة) غَيْرُ مَوْجُودةٍ (لَدَيْنا) ، (هذا الصِّنْفُ) نَفَد

2. (farm animals) *also* **livestock** الماشِية ، المَواشي

3. (*commerc.*) أَسْهُم وَسَنَدات (حُكُوميّة مَثلاً)

stock exchange بُورصة ، مِصْفَق

4. (ancestry) سُلالة ، عِرْق ، أَصْل

v.t. اِخْتَزَنَ السِّلَع ، جَهَّزَ (المَحَلَّ) بِبَضائعَ

stocking/ˈstokɪŋ/*n.* جَوْرَب طَويل (نِسائيّ غالِبًا)

stock-still/ˈstok-ˈstɪl/*adv.* جامِدٌ كالصَّنَم ، لا يُحَرِّكُ ساكِنًا ، بِلا حَراك ، (وَقَفَ) مُتَسَمِّرًا في مَكانِه

stock-taking/ˈstok-teɪkɪŋ/*n.* جَرْدُ البَضائع أو مُحْتَوَيات المَخْزَن

stocky/ˈstokɪ/*adj.* مَرْبُوع وُمُمْتَلِئ الجِسْم ، قَصِيرٌ مَتِينُ البِنْية ، بُحْتُريّ

stodgy/ˈstodʒɪ/*adj.*

1. (filling) صَعْبُ الهَضْم (طَعام) ثَقيل ، عَجِينيّ

2. (dull) مُمِلّ ، ثَقِيلُ الظِّلّ

stoke/stəʊk/*v.t.* زَوَّدَ مَوْقِدَ (السَّفِينة أو القِطار) بالوَقُود

stoker/ˈstəʊkə(r)/*n.* وَقّاد ، عَطَشْجي وآتَشْجي (م)

stole/stəʊl/*p.t. of* **steal**

stolen/ˈstəʊlən/*p.p. of* **steal**

stolid/ˈstolɪd/*adj.* مُتَبَلِّدُ الحِسّ ، يُخْفي انْفِعالاتِه ، بارِدُ الأَعْصاب

stomach/ˈstʌmək/*n.* مَعِدة ، بَطْن

he has no stomach for fighting لا يَشْتَهي القِتال ، لا رَغْبةَ لَهُ فِيه

v.t. تَحَمَّلَ ، أَطاقَ

stone/stəʊn/*n.*

1. (material) *also adj.* حَجَرٌ ؛ حَجَرِيّ

2. (pebble) حَجَرة ، حَصاة (حَصًى ، حَصَيات)

3. (jewel) حَجَرٌ كَرِيم ، جَوْهَرة ، فَصُّ الماس

4. (kernel of fruit) نَواة (الثَّمَرة)

v.t. **1.** (throw stones at) رَجَمَ (ـُ)

2. (remove stone from fruit) أَخْرَجَ النَّواةَ مِنَ الثَّمَرة

stoned dates تَمْرٌ مَنْزُوعُ النَّواة

stoned/stəʊnd/*adj.* (sl.) سَكْران طِينة

stone-deaf/ˈstəʊn-ˈdef/*adj.* أَصَمُّ بالمَرّة ، أَطْرش كُلِّيًّا

stone-fruit/ˈstəʊn-frut/*n.* فاكِهة ذاتُ نَواة

stonemason/ˈstəʊnmeɪsən/*n.* حَجّار ، بَنّاءٌ بالحِجارة

stony/ˈstəʊnɪ/*adj.*

1. (full of stones) (أَرْضٌ) كَثِيرةُ الأَحْجار ، حَصِبة

2. (hard) قاسٍ ، جافٌّ ، مُتَحَجِّرُ (القَلْب)

stony-broke/ˈstəʊnɪ-ˈbrəʊk/*adj.* (*coll.*) مُفْلِس ، مَكْسُور (س) ، على رَنْكات (ع) ، عَلَى الحَدِيدة (م)

stood/stʊd/*p.t. & p.p. of* **stand**

stool/stul/*n.*

1. (seat) كُرْسِيٌّ بِلا ظَهْرٍ ولا مِسْنَدَيْن ؛ مِسْنَدٌ للقَدَمَيْن

2. (faeces) بِرازٌ ، غائِط

stoop/stup/*v.i.* اِنْحَنَى ظَهْرُه ، تَقَوَّسَ ، اِحْدَوْدَبَ ؛

n. اِنْحِناءُ الظَّهْر ، اِحْدِيدابُه

he would stoop to anything لا يَتَوانَى عَن أَيّةِ دَنِيئة

stop/stop/*v.t. & i.*

1. (make halt) أَوْقَفَ ، صَدَّ (ـُ) ، عاقَ (يَعُوقُ)

2. (cease) تَوَقَّفَ ، كَفَّ (ـُ) عَن

3. (fill) سَدَّ فَراغًا أو مَلَأَهُ

n. **1.** (halt) وَقْفة

2. (halting-place) مَوْقِف

3. (punctuation mark) نُقْطة (عَلامةُ تَرْقِيم)

stop-gap/ˈstop-gæp/*n.* بَدِيل يَسُدُّ الحاجة مُؤَقَّتًا

stopper/ˈstopə(r)/*n.* سِدادة

stop-press/ˈstop-pres/*n. & adj.* آخِرُ خَبَر (يَبْلُغُ الجَرِيدةَ وهي قَيْدُ الطَّبْع) ؛ الخَبَرُ الأَخِير

stop-watch/ˈstop-wotʃ/*n.* ساعةُ وَقْفٍ (لِتَسْجِيل أَجْزاءِ الثّانِية وَتُسْتَعْمَلُ في السِّباقات)

storage/ˈstɔrɪdʒ/*n.* خَزْنٌ ، اِدِّخار

in cold storage مَحْفُوظٌ في ثَلّاجة ؛ تَنْفِيذُ الخُطّة مُؤَجَّلٌ لِفُرْصةٍ أُخْرَى

store/stɔ(r)/*n.*

1. (stock) ذَخِيرة ، مَؤُونة ، مُؤْنة

2. (warehouse) *also* **storehouse** مُسْتَوْدَع

3. (shop) مَخْزَن ، دُكّان كَبِير ، مَتْجَر

v.t. **1.** (equip, supply) مَوَّنَ ، جَهَّزَ
2. (collect) جَمَعَ (ـَ) للحِفْظ
3. (put in storage) اِخْتَزَنَ ، خَزَنَ (ـُ)
storey /ˈstɔrɪ/*n.* طابَقٌ (طَوابِقُ) ، دَوْرٌ (أَدْوار) (في مَبْنى)
stork /stɔk/*n.* لَقْلَقٌ ، لَقْلاق (لَقالِق)
storm /stɔm/*n.*
1. (weather) عاصِفة (عَواصِفُ) ، زَوْبَعة (زَوابِعُ) ، نَوْءٌ (أَنْواء)
2. (attack) اِنْقِضاض على ، هُجُوم أو اجتِياح مُفاجِئ
v.t. اِقْتَحَمَ ، اِنْدَفَعَ غاضِبًا ، هاجَمَ (التَّحْصينات) واسْتَوْلَى عَلَيْها
v.i. عَصَفَ (ـِ) الجَوُّ ، صَخِبَ (ـَ) ، صاحَ غاضِبًا
stormy /ˈstɔmɪ/*adj.* (بَحْرٌ) هائِج ، (جَوٌّ) عاصِف ، (جِدالٌ) عَنِيف
story /ˈstɔrɪ/*n.*
1. (tale) قِصّة (قِصَص)
2. (*coll.* untruth) أُكْذُوبة ، حِكاية مُخْتَلَقة ، تَلْفِيقة (م) ، تَرْكِيبة (س)
stout /staʊt/*adj.*
1. (fat) بَدِين ، مُمْتَلِئُ الجِسْم ، سَمِين
2. (strong) قَوِيّ ، (حِذاءٌ) مَتِين
3. (brave) شُجاع ، جَسُور
n. نَوْعٌ مِنَ الجِعَة (البِيرة) السَّوْداء الثَّقِيلة
stove[1] /stəʊv/*n.* مَوْقِد ، مِدْفَأة ، وُجاق
stove[2] /stəʊv/*p.t. & p.p. of* **stave**
stow /stəʊ/*v.t.* سَتَّفَ ، خَزَنَ (ـُ)
stowaway /ˈstəʊəweɪ/*n.* مَنْ يُسافِرُ مُتَهَرِّبًا على ظَهْرِ سَفِينةٍ أو طائِرة
straggle /ˈstrægəl/*v.i.* تَلَكَّأَ ، تَخَلَّفَ عَنِ الرَّكْب
straggler /ˈstræglər/*n.* مُتَلَكِّئ ، مُتَخَلِّف عَنِ الرَّكْب
straight /streɪt/*adj.*
1. (direct) مُسْتَقِيم ، مُباشِر ، سَوِيّ
2. (in proper order) مُرَتَّب ، مُنَظَّم
put the room straight again رَتِّبِ الغُرْفةَ مِثْلَما كانَتْ عَلَيْه
3. (honest) مُخْلِص
a straight answer إجابة صَرِيحة
adv. مُباشَرَةً
he came straight away جاءَ على الفَوْر ، حالاً ، تَوًّا
he replied straight off أَجابَ فَوْرًا
straighten /ˈstreɪtən/*v.t. & i.* قَوَّمَ (شَيْئًا مُعْوَجًّا) ، سَوَّى ، رَتَّبَ (غُرْفَةً) ، اِسْتَقامَ ، اِسْتَوَى
straightforward /ˈstreɪtˈfɔwəd/*adj.* صَرِيح ، أَمِين ، غَيْرُ مُعَقَّد ، مُباشِر
strain /streɪn/*v.t.*
1. (stretch) *also v.i.* وَتَّرَ (الحَبْلَ) ، أَجْهَدَ (نَفْسَهُ)
2. (injure) اِلْتَوَى (رُسْغُ يَدِهِ مَثَلاً)
he strained a muscle أُصِيبَتْ إحْدَى عَضَلاتِهِ بالتَّمَزُّق
3. (filter) صَفَّى سائِلاً بِمِصْفاة
n. **1.** (tension) تَوَتُّر ، جُهْد ، إجْهاد ، عُسْرٌ مالِيّ
2. (breed) سُلالة ، أَصْل
3. (melody) أَنْغام ، أَصْوات مُوسِيقِيّة
strainer /ˈstreɪnə(r)/*n.* مِصْفاة (للسَّوائِل)
strait /streɪt/*n.*
1. (narrow channel) مَضِيق ، بُوغاز
2. (*pl.* trouble) ضِيقٌ ، ضَنْكٌ
in dire straits في ضائِقة شَدِيدة ، تُواجِهُه صُعُوباتٌ جَمّة
strait-laced /ˈstreɪt-ˈleɪst/*adj.* مُتَزَمِّت في الأُمُور الأَخْلاقِيّة ، مُتَشَدِّد ، صارِم
strand /strænd/
1. (shore) ساحِل ، شاطِئ
2. (thread) خَيْطٌ مِنْ خُيُوطِ (الحَبْل) المَجْدُولة ، خُصْلة شَعْر
v.t. (run aground) اِرْتَطَمَ قَعْرُ السَّفِينة بالشّاطِئ ، جَنَحَت
stranded /ˈstrændəd/*adj.* مَتْرُوك في عَرْضِ الطَّرِيق ، مَهْجُور ، (مُسافِرٌ) مَقْطُوعٌ (في بَلَدٍ ما لِتَعَذُّرِ وَسِيلةِ السَّفَر)
strange /streɪndʒ/*adj.* غَرِيب ، غَيْرُ مَأْلُوف ، عَجِيب
stranger /ˈstreɪndʒə(r)/*n.* غَرِيب ، أَجْنَبِيّ ، دَخِيل ، مَجْهُول
strangle /ˈstræŋgəl/*v.t.* خَنَقَ (ـُ) ، شَنَقَ (ـُ)
stranglehold /ˈstræŋgəlhəʊld/*n.* (أَمْسَكَ) بِخِناقِهِ
strangulation /ˈstræŋgjʊˈleɪʃən/*n.* خَنْقٌ ، شَنْقٌ ، اِخْتِناق
strap /stræp/*n.* سَيْرٌ (سُيُور) ، شَرِيط مِنَ الجِلْدِ عادةً ، حِزام (أَحْزِمة)
v.t. **1.** (secure) رَبَطَ (ـِ) أو حَزَمَ (ـِ) بِسَيْرٍ جِلْدِيّ
2. (chastise) ضَرَبَهُ بالسَّوْطِ ، جَلَدَهُ
strapping /ˈstræpɪŋ/*adj.* طَوِيلُ القامة وَقَوِيُّ البِنْية
stratagem /ˈstrætədʒəm/*n.* خُدْعة حَرْبِيّة ، كَيْد (كِياد) ، مَكْرة
strategic /strəˈtidʒɪk/*adj.* اِسْتراتِيجِيّ
strategist /ˈstrætədʒɪst/*n.* خَبِير بالعُلُوم الاِسْتِراتِيجِيّة
strategy /ˈstrætədʒɪ/*n.*
1. (*mil.*) عِلْمُ الاِسْتراتِيجِيّة أو الخِطَطِ الحَرْبِيّة ، التَّكْتِيكُ العَسْكَرِيّ
2. (plan) خِطّة اِسْتراتِيجِيّة
stratum /ˈstreɪtəm/(*pl.* **strata** /ˈstrɑtə/) *n.* طَبَقة (طَبَقات) صَخْرِيّة ، طَبَقة (اِجْتِماعِيّة)
straw /strɔ/*n.*
1. (dried stalk) قَشّة

the last straw القَشَّةُ التي قَصَمَت ظَهْرَ البَعِير
2. (material) (مادّة) القَشّ
a straw hat قُبَّعة مِنَ القَشّ
strawberry/ˈstrɔbərɪ/*n.* فَراوْلة ، شِلَك ، تُوتٌ أرضِيّ ، فريز
stray/streɪ/*adj.* ضالٌّ ، تائه ، شَرِيد ؛ مُتَفَرِّق
n. شَرِيد ، ضالٌّ ، تائه
v.i. حادَ (يَحِيدُ) ، ضَلَّ (ـِ) ، تاهَ (يَتُوهُ ، يَتِيه) ، شَرَدَ (ـُ)
streak/strik/*n.*
1. (line) خَطٌّ يَخْتَلِفُ لَوْنُهُ عَن لَوْنِ أرْضِيَّتِهِ (أو خَلْفِيَّتِهِ)
like a streak of lightning (جَرَى) بِسُرْعةِ البَرْق
2. (trace) مَسْحة ، شَيْءٌ مِن ، مَيْلٌ إلى ، نَزْعة ، عِرْق (جُنُون)
she has a streak of vanity عِنْدَها شَيْءٌ مِنَ الغُرُور ، في شَخْصِيَّتِها مَسْحَةٌ مِن الزَّهْو
3. (patch) فَتْرَةٌ قَصِيرة
v.t. قَلَّمَ أو خَطَّطَ بِغَيْرِ انْتِظام
v.i. (*coll.*) أطْلَقَ ساقَيْه للرِّيح ؛ تَجَرَّدَ مِنْ ثِيابِهِ وَهَرْوَلَ عارِيًا أمامَ الجُمْهُور
streaky/ˈstrikɪ/*adj.* مُخَطَّط ، مُقَلَّم بأقْلام غَيْرِ مُنْتَظِمَة
stream/strim/*n.*
1. (brook) جَدْوَلٌ (جداوِلُ) ، غَدِيرٌ (غُدُر ، غُدْران) ، نَهْرٌ (أنْهُر ، أنْهار)
2. (flow) مَجْرًى (مَجارٍ)
a stream of abuse وابِلٌ مِنَ السِّباب ، فَيْضٌ أو سَيْلٌ مِنَ الشَّتائم
v.i. سالَ (يَسِيلُ) ، جَرَى (يَجْرِي) ، تَدَفَّقَ ، اِنْسابَ
streamer/ˈstrimə(r)/*n.* شَرِيطٌ طَوِيل مِنَ الوَرَق المُلَوَّن
streamline/ˈstrimlaɪn/*v.t.* زادَ مِن كَفاءَة (المَصْنَع مَثَلاً) بإزالةِ ما يُعِيقُ الإنْتاج
a streamlined car عَرَبَةٌ ذاتُ شَكْلٍ انْسِيابِيّ
street/strit/*n.* شارِع (شَوارِعُ) ، طَرِيق (طُرُق)
strength/streŋθ/*n.* قُوّة (جِسْمانِيّة) ، طاقة ، قُدْرة ، مَتانة أو قُوّة الاحْتِمال ؛ سَنَدٌ أو عَوْن
strength of mind قُوَّةُ الإرادة
strengthen/ˈstreŋθən/*v.t.* & *i.* قَوَّى ، عَزَّزَ ؛ تَقَوَّى
strenuous/ˈstrenjʊəs/ *adj.* مُجْهِد ، شاقٌّ ، يَتَطَلَّبُ جُهْدًا كَبِيرًا
stress/stres/*n.*
1. (*mech.*) إجْهاد (مِيكانِيك)
2. (emphasis) تأكِيد ، تَوْكِيد
3. (mark) *also* **stress-mark** عَلامَةُ نَبْرٍ (صَوْتِيّات)
v.t. **1.** (emphasize) أكَّدَ أهَمِّيَّةَ (نُقْطة) أو أبْرَزَها
2. (accent *syllable*) نَبَرَ (ـِ) مَقْطَعًا مِنَ المَقاطِع (صَوْتِيّات)

stretch/stretʃ/*v.t.* & *i.* مَدَّ (ـُ) ، مَطَّ (ـُ) ، وَسَّعَ ؛ اِمْتَدَّ ، اِزْدادَ حَجْمُه
he got up to stretch his legs نَهَضَ وَتَمَشَّى (لِيُزِيلَ خَدَرَ رِجْلَيْه)
the bird stretched his wings بَسَطَ الطَّيْرُ جَناحَيْه
he stretched out on the bed تَمَدَّدَ على الفِراش
n. **1.** (extension) اِمْتِداد
he would walk for hours at a stretch إنّه لَيَمْشِي ساعاتٍ طِوالاً
2. (continuous expanse) اِتِّساع ، اِمْتِداد
an unbroken stretch of water اِمْتِدادٌ فَسِيحٌ مِن الماء
stretcher/ˈstretʃə(r)/*n.* نَقّالة ، مِحَفَّة (لِنَقْلِ الجَرْحَى والمَرْضَى) ؛ أداةٌ لِتَوْسِيعِ (الأحْذِية أو القُفّازاتِ مَثَلاً)
stricken/ˈstrɪkən/*adj.* مُصابٌ أو مُبْتَلًى بِـ
strict/strɪkt/*adj.*
1. (stern) صارِمٌ ، حازِمٌ ، شَدِيدُ التَّدْقِيق
2. (precise) (تَفْسِير) دَقِيق أو مَضْبُوط
stride/straɪd/(*p.t.* **strode**) *v.i.* فَشَخَ (ـَ) ، مَشَى بِخُطُواتٍ واسِعة ؛ عَبَرَ (ـُ) (خَنْدَقًا) بِخُطْوةٍ واحِدة
n. خُطْوَة واسِعة ، فَشْخة
he took it in his stride قامَ بالعَمَل دُونَ أيِّ عَناء ، تَغَلَّبَ على العَوائِقِ بِكُلِّ سُهُولة
strident/ˈstraɪdənt/*adj.* (صَوْتٌ) عالٍ أجَشّ يَخْدِشُ الآذان
strife/straɪf/*n.* نِزاع ، شِقاق بَيْنَ طَرَفَيْ خِصام ، صِراع
strike/straɪk/(*p.t.* **struck** *p.p.* **struck** *or* **stricken**)
v.t. **1.** (hit) *also v.i.* ضَرَبَ (ـِ) ، طَرَقَ (ـُ) ، أصابَ
the ship struck a rock اِرْتَطَمَت السَّفِينة بِصَخْرة
2. (afflict) أصابَ
he was stricken with fever أصابَتْهُ الحُمَّى
3. (ignite) أوْلَعَ ، أشْعَلَ
strike a match أشْعَلَ عُودَ ثِقاب
4. (discover) اِكْتَشَفَ
they struck oil عَثَرَ (المُنَقِّبُون) على النَّفْط
5. (sound) قَرَعَ (ـَ) ، دَقَّ (ـُ)
the clock struck four دَقَّت السّاعة الرّابِعة
6. (stamp) ضَرَبَ (ـِ) ، سَكَّ (ـُ)
7. (impress) أثَّرَ في
how does this idea strike you? ما رَأيُكَ في هٰذِهِ الفِكْرة ؟
8. (achieve) أتَمَّ
we have struck a bargain عَقَدْنا صَفْقَةً
v.i. **1.** (cease work) أضْرَبَ (عَنِ العَمَل)
the miners are striking عُمّال المَناجِم مُضْرِبُون لِرَفْعِ

for better pay — أُجُورِهِم

2. (sound) — دَقَّت (السّاعة)

3. (*with advs.*) — اِصْطِلاحاتٌ مَعَ ظُروفٍ شَتَّى

strike his name off — حَذَفَ أو شَطَبَ اسْمَه ؛ رَفَعَ اسْمَهُ (مِنْ سِجِلِّ الأَطِبّاءِ مَثَلاً)

strike out for the shore — أَخَذَ يَسْبَحُ نَحْوَ الشّاطِئِ بِكُلِّ هِمَّة

the band struck up — أَخَذَت الفِرْقَةُ تَعْزِف

n. **1.** (refusal to work) — إِضْراب

2. (*in game*) — ضَرْبُ الكُرة

striker/ˈstraɪkə(r)/*n.* — ضارِب ؛ مُضْرِبٌ عَن العَمَل

striking/ˈstraɪkɪŋ/*adj.* — (تَشابُه) مَلْحُوظ ، لافِتٌ لِلنَّظَر ، مُدْهِش ، عَجِيب

string/strɪŋ/*n.*

1. (fine cord) — خَيْط القِصِّيص ، دُوبارَة

2. (a length of twine) — قِطْعة مِنَ الدُّوبار

3. (*mus.*) — وَتَرُ الآلةِ المُوسِيقِيّة

4. (things threaded together) — عِقْدٌ (لآلِئ) ؛ سِلْسِلة (مِنَ الأَحْداثِ مَثَلاً)

v.t. (*p.t. & p.p.* **strung**)

1. (fit with strings) — زَوَّدَ بِأَوْتار

2. (thread) — نَظَمَ (حَبّاتِ السُّبْحةِ مَثَلاً)

3. (hang **up**) — عَلَّقَ (عَلَى خَيْط)

stringy/ˈstrɪŋɪ/*adj.* — خَيْطِيّ ، يُشْبِهُ الخَيْط ؛ (لَحْمٌ) ذُو أَلْيافٍ قاسِية

strip/strɪp/*v.t.*

1. (tear off) — نَزَعَ (ـِ) (لِحاءَ الشَّجَرةِ مَثَلاً)

2. (make bare) — جَرَّدَ (غُرْفةً مِن أَثاثِها) ، عَرَّى

he stripped the engine down — فَكَّ أَجْزاءَ المُحَرِّك

v.i. — تَعَرَّى ، خَلَعَ ثِيابَهُ

n. — شَرِيط ، قِطْعة طَوِيلة (مِنَ الخَشَبِ مَثَلاً) ؛ مِساحةٌ مِنَ الأَرْض

stripe/straɪp/*n.* — خَطٌّ (خُطُوط) ، قَلَمٌ (يَخْتَلِفُ لَوْنُهُ عَن لَوْنِ الأَرْضِيّة)

v.t. — خَطَّطَ ، قَلَّمَ (بِأَلْوان مُخْتَلِفة)

strive/straɪv/(*p.t.* **strove** *p.p.* **striven**) *v.i.* — حاوَلَ جاهِدًا ، بَذَلَ قُصارَى جُهْدِهِ ، كافَحَ

strode/strəʊd/*p.t. of* **stride**

stroke/strəʊk/*n.*

1. (blow) — ضَرْبة

2. (seizure) — جَلْطة أو سَكْتة دِماغِيّة

3. (movement) — حَرَكةٌ مِنْ سِلْسِلَةِ حَرَكاتٍ مُنْتَظِمة (كَما في السِّباحة أو التَّجْذِيفِ مَثَلاً)

4. (line) — جَرَّةُ قَلَمٍ ، خَطُّ فُرْشاة (رَسْم)

5. (sound) — دَقّةُ السّاعة

v.t. — مَلَّسَ ، داعَبَ ، لاطَفَ

stroll/strəʊl/*v.i. & n.* — تَمَشَّى ، تَنَزَّهَ ، سارَ الهُوَيْنا ؛ نُزْهة ، تَجَوُّل ، مِشْوار (س)

strong/strɒŋ/*adj.*

1. (sturdy) — قَوِيُّ البِنْية ، شَدِيد ، مَتِين ، مُعافًى

2. (powerful) — قَوِيّ ، (رائِحة) نَفّاذة

3. (undiluted) — (قَهْوة) مُرَكَّزة ، (مَشْرُوب كُحُولِيّ) حادّ ، (تَبْغٌ) حارٌ ، غَلِيظ

4. (*gram.*) — الأَفْعالُ غَيْرُ القِياسِيّة في اللُّغة الإِنْكلِيزِيّة

adv. — بِشِدّة

stronghold/ˈstrɒŋhəʊld/*n.* — مَعْقِل ، حِصْن ، قَلْعة

strongly/ˈstrɒŋlɪ/*adv.* — (أَنْصَحُكَ) بِشِدّة ، بِقُوّة ، جِدًّا

strove/strəʊv/*p.t. of* **strive**

struck/strʌk/*p.t. & p.p. of* **strike**

structural/ˈstrʌktʃərəl/*adj.* — (تَغْيِيراتٌ) بِنائِيّة أو هَيْكَلِيّة ، بُنْيَوِيّ

structure/ˈstrʌktʃə(r)/*n.* — بِناءٌ (أَبْنِية) ، بُنْيان ، بِنْيَة (الجِسْم) ، تَرْكِيب

struggle/ˈstrʌgəl/*v.i. & n.*

1. (fight) — كافَحَ ، صارَعَ ، ناضَلَ ؛ كِفاح ، صِراع ، نِضال ؛ تَنازُعُ البَقاء

2. (strive) — جاهَدَ ، بَذَلَ جُهْدًا جَهِيدًا

strung/strʌŋ/*p.t. & p.p. of* **string**

strut/strʌt/*v.i.* — اِخْتالَ في مِشْيَتِهِ ، خَطَرَ (ـُ) ، تَخَطَّلَ ، تَبَخْتَرَ

n. **1.** (walk) — مِشْيةٌ بِتَبَخْتُرٍ واخْتِيال

2. (support) — ضِلْعٌ اِنْضِغاطِيّ ، دِعامة (هَنْدَسة)

strychnine/ˈstrɪknin/*n.* — مادّةُ الاسْتِرِكْنِين السّامّة (تُسْتَعْمَلُ في الصَّيْدَلة)

stub/stʌb/*n.* — عَقِب (أَعْقاب) (سِيجارة أو قَلَم) ؛ أُرُومة ، بَقِيّةُ سِنّ ؛ كَعْبُ دَفْتَرِ الصُّكُوك أو الشِّيكات

v.t. — اِسْتَأْصَلَ الجُذُور ، اِصْطَدَمَ بِـ ، أَطْفَأَ (سِيجارة)

stubble/ˈstʌbəl/*n.*

1. (stalks left after harvest) — جُذامة ، قَشّ

2. (bristly whiskers) — شَعْرُ الوَجْهِ قَبْلَ حَلْقِهِ

stubborn/ˈstʌbən/*adj.* — عَنِيد ؛ (مَرَضٌ) عُضال ، مُشاكِس

stuck/stʌk/*p.t. & p.p. of* **stick**

stuck-up/ˈstʌk-ˈʌp/*adj.* (*coll.*) — مَغْرُور ، شامِخٌ بِأَنْفِهِ ، مُتَغَطْرِس ، مُتَبَخْتِر ، مُتَكَبِّر ، مُتَعَجْرِف

stud/stʌd/*n.*

1. (collar-fastening) — زِرٌّ (أَزْرار) ياقَةِ القَمِيص

2. (*of horses*) — مَجْمُوعةُ خُيول لِمالِكٍ واحِدٍ لِلتَّرْبِية أو لِلسِّباق ، خُيُول أَصِيلة تُسْتَخْدَمُ لِلاسْتِيلاد

3. (nail) — مِسْمار خاصٌّ ذُو رَأْسٍ كَبِير

v.t. — رَصَّعَ (بالجَواهِر)

student/ˈstjudənt/*n.* — طالِب (طُلّاب) ، تِلْمِيذ

studio/ˈstjudɪəʊ/*n.* مَرْسَم ، اسْتُودْيُو (للإذاعة والتِّلِفِزْيُون وما إلَيْهِما)

studious/ˈstjudɪəs/*adj.* مُجِدٌّ ، مُجْتَهِد ، مُولَعٌ بالدِّراسة

study/ˈstʌdɪ/*n.*

1. (branch of knowledge, learning this) دَرْسٌ ، دِراسة ، بَحْثٌ

2. (room) غُرْفَةُ المَكْتَبِ في المَنْزِل ، غُرْفَةٌ للدِّراسة

3. (sketch) دِراسة فَنِّيَّة أو أَدَبِيَّة قَصِيرة ، مُخَطَّط (مُخَطَّطات)

4. (*mus.*) قِطْعة مُوسِيقِيَّة (أُلِّفَتْ في الأَصْلِ كَتَمْرِينٍ للطُّلّاب)

v.t. **1.** (learn systematically) دَرَسَ (ـُ) ، تَعَلَّمَ

2. (examine) فَحَصَ (ـَ) ، بَحَثَ (ـَ)

stuff/stʌf/*n.* مادّة (مَوادّ) ، قُماش (أَقْمِشة) ؛ أَشْياء (غَيْرُ مُعَيَّنة) ؛ مَتاع (أَمْتِعة)

v.t. & i. حَشا (يَحْشُو) ، حَنَّطَ

stuffing/ˈstʌfɪŋ/*n.* حَشْوٌ ، حَشْوَة

stuffy/ˈstʌfɪ/*adj.* (جَوٌّ) خانِق (لِعَدَمِ التَّهْوِية) ، مُتَزَمِّت

stumble/ˈstʌmbəl/*v.i. & n.* زَلَّ (ـِ) ، عَثَرَ (ـُ) ، تَعَثَّرَ ، كَبا (يَكْبُو) الفَرَس ؛ عَثْرة ، تَعَثُّر ، كَبْوة

stump/stʌmp/*n.*

1. (projecting remnant) ما تَبَقَّى (مِن شَجَرةٍ بَعْدَ قَطْعِها) ، قُرْمة (قُرَم) ، جَذَعة

2. (*cricket*) إحْدَى الدَّعائم الخَشَبِيَّة الثَّلاث التي تُسْتَعْمَلُ هَدَفًا في لُعْبَةِ الكْرِيكِيت

v.i. **1.** (walk heavily) مَشَى يَضْرِبُ الأَرْضَ بِقَدَمَيْه

2. (*coll.* pay up) دَفَعَ الدَّيْن

he had to stump up وأخِيرًا أُجْبِرَ على دَفْعِ الدَّيْن

v.t. (*coll.*) أَسْكَتَ ، أَفْحَمَ

that question has stumped him أَفْحَمَهُ ذاك السُّؤال ، أَعْجَزَهُ عَن الجَواب

stun/stʌn/*v.t.* دَوَّخَ ، أَذْهَلَ ، شَدَهَ (ـَ)

stung/stʌŋ/*p.t. & p.p. of* **sting**

stunk/stʌŋk/*p.p. of* **stink**

stunt/stʌnt/*n.* عَمَلٌ مُثِيرٌ يُقْصَدُ بِهِ جَذْبُ الأَنْظار أو الدِّعاية

stunted/ˈstʌntɪd/*adj.* مُتَقَلِّصُ الجِسْم ، غَيْرُ مُكْتَمِلِ النُّمُوّ ، نُمُوُّهُ مُتَوَقِّف

stupefy/ˈstjupɪfaɪ/*v.t.* خَدَّرَ (الحِسَّ) ، أَذْهَلَ ، أَشْدَهَ

stupendous/stjuˈpendəs/*adj.* هائِل ، عَظِيم ، مُدْهِش ، جَسِيم

stupid/ˈstjupɪd/*adj.* غَبِيّ ، بَلِيد ، سَخِيف

stupidity/stjuˈpɪdətɪ, stjuˈpɪdɪtɪ/*n.* غَباء ، بَلادَة ، سُخْفٌ

stupor/ˈstjupə(r)/*n.* غَيْبُوبة ، ذُهُول ، خَدَرٌ

sturdy/ˈstɜdɪ/*adj.* مَفْتُول العَضَل ؛ (مُقاوَمة) عَنِيفة

stutter/ˈstʌtə(r)/*v.i. & t.* تَلَعْثَمَ ، تَعَثَّرَ في كَلامِه ، فَأْفَأَ ، تَعْتَعَ ، تَأْتَأَ

n. فَأْفَأَةٌ ، لَجْلَجَةٌ ، لَعْثَمَةٌ (عِيٌّ في الكَلام) ، تَأْتَأَةٌ

sty/staɪ/*n.*

1. (pig's shed) حَظِيرة خَنازِير ؛ حُجْرة قَذِرة

2. (swelling on eyelid) دُمَّلٌ بِجَفْنِ العَيْن ، شَحّاذ *also* **stye**

style/staɪl/*n.*

1. (manner) طِراز ، أُسْلُوب

2. (characteristic) صِفَة مُمَيِّزة

3. (superior quality) فَخامة ، رَوْعة ، أُبَّهة

stylish/ˈstaɪlɪʃ/*adj.* (مَلابِسُ) تَتَمَشَّى مَعَ المُوضَة ، (تَفْصِيل) أَنِيق ، عَلَى المُوضَة

subconscious/ˈsʌbˈkonʃəs/*adj.* لا شُعُورِيّ (عِلْمُ النَّفْس)

n. اللّاشُعُور ، العَقْل الباطِن

subcontinent/ˈsʌbˈkontɪnənt/*n.* شِبْهُ القارّة (كالهِنْد)

subdivide/ˈsʌbdɪˈvaɪd/*v.t. & i.* قَسَّمَ جُزْءًا إلَى أَجْزاء أَصْغَرَ مِنْه ؛ يَنْقَسِمُ إلَى أَجْزاء أَصْغَر

subdivision/ˈsʌbdɪˈvɪʒən/*n.* التَّجْزِئة أو التَّقْسِيم (إلَى أَجْزاء أَصْغَر)

subdue/səbˈdju/*v.t.*

1. (conquer) أَخْضَعَ ، غَلَبَ (ـِ) ، قَهَرَ (ـَ)

2. (tone down) خَفَضَ (ـِ) ، خَفَّفَ (الأَصْواتَ أو الأَضْواءَ مَثَلًا)

subject/ˈsʌbdʒɪkt/*n.*

1. (citizen) رَعِيَّة (رَعايا)

2. (theme) مَوْضُوع (مَواضِيعُ ، مَوْضُوعات)

3. (object of treatment) مَوْضُوعُ البَحْث ؛ مَوْضِعُ بَحْث

the subject of an experiment مَوْضُوعُ تَجْرِبة عِلْمِيَّة

4. (*gram.*) الفاعِل ، المُبْتَدَأ (في العَرَبِيَّة) (نَحْو)

v.t./səbˈdʒekt/

1. (subdue) أَخْضَعَ ، قَهَرَ (ـَ)

2. (expose) جَعَلَهُ عُرْضَةً لِـ ... ، عَرَّضَ لِـ ...

adj./ˈsʌbdʒɪkt/

1. (conquered) خاضِع ، تابِع لِـ

2. (liable **to**) عُرْضة لِـ ... أو مُعَرَّض لِـ ...

subjection/səbˈdʒekʃən/*n.* إخْضاع ، خُضُوع ، إذْعان

subjective/səbˈdʒektɪv/*adj.* ذاتِيّ ، شَخْصِيّ ؛ مُتَغَرِّض

subjunctive/səbˈdʒʌŋktɪv/*adj. & n.* شَرْطِيّ ، احْتِمالِيّ ؛ صِيغَةُ الشَّرْط والتَّمَنِّي

sub-let/ˈsʌb-ˈlet/*v.t.* أَجَّرَ (بَيْتًا) مِنَ الباطِن ، أَجَّرَ عَقارًا مُؤَجَّرًا له

sublime/səˈblaɪm/*adj.* سامٍ ، رَفِيع

submarine/ˈsʌbməˈrin/*adj.* (نَباتٌ يَنْمُو) تَحْتَ البَحْر

n. غَوّاصة

submerge/səbˈmɜdʒ/ غَطَّسَ ، غَمَرَ (ـُ) ؛ انْغَمَرَ ،

v.t. & i. غاصَ (يَغُوص) في الماء ، غَمَرَتْهُ المِياه

submission/səb'mɪʃən/*n.* خُضُوع ، إذعان ، رُضُوخ ، اِسْتِسْلام

submissive/səb'mɪsɪv/*adj.* مُسْتَسْلِم ، مُنْقاد ، سَلِسُ القِياد

submit/səb'mɪt/*v.t.*

1. (surrender) أَسْلَمَ (نَفْسَهُ) ؛ اِمْتَثَلَ (للأَوامِر) ؛ اِسْتَسْلَمَ (لِلعَدُوّ)

2. (tender) قَدَّمَ ، تَقَدَّمَ بِـ ، عَرَضَ (اقْتِراحًا أو خِطَّةً مَثَلاً)

subnormal/'sʌb'nɔməl/*adj.* دُونَ المُعَدَّل ؛ دُونَ المُسْتَوَى الطَّبِيعِيّ ؛ مُتَخَلِّفٌ عَقْلِيًّا

subordinate/sə'bɔdɪnət/*adj.* تابِع ، ثانَوِيّ في الأَهَمِّيَّة

n. تابِع ، مَرْؤُوس

v.t./sə'bɔdɪneɪt/ وَضَعَهُ في مَرْتَبةٍ أَدْنَى ، جَعَلَ (مَصْلَحَتَهُ) خاضِعةً (لِلمَصْلَحةِ العُلْيا)

subscribe/səb'skraɪb/

v.i. & t. **1.** (contribute) اِشْتَرَكَ ، اِكْتَتَبَ

2. (sign) أَمْضَى ، وَقَّعَ عَلَى

3. (assent) أَبْدَى مُوافَقَته ، أَقَرَّ ، أَيَّدَ (رَأْياً)

subscriber/səb'skraɪbə(r)/*n.* مُشْتَرِكٌ (في صَحِيفة مَثَلاً) ؛ مُتَبَرِّع (لِمَشْرُوع)

subscription/səb'skrɪpʃən/*n.* اِكْتِتاب ، تَبَرُّع ؛ اِشْتِراكٌ (في صَحِيفةٍ مَثَلاً) ؛ قِيمةُ الاِشْتِراك

subsequent/'sʌbsɪkwənt/*adj.* تالٍ ، مُتَرَتِّبٌ عَلَى ، لاحِق

subside/səb'saɪd/*v.i.*

1. (sink) اِنْخَفَضَ (سَطْحُ الأَرْض أو الماء مَثَلاً بالنِّسْبة لِما حَوْله)

2. (abate) خَمَدَتْ أو هَدَأَت (العاصِفة) ، سَكَنَ (ـُ) الأَلَمُ أو خَفَّتْ حِدَّتُه

subsidence/səb'saɪdəns/*n.* هُبُوطُ سَطْحِ الأَرْضِ (نَتِيجةَ عَمَلِيّات التَّعْدِينِ مَثَلاً)

subsidiary/səb'sɪdɪərɪ/*adj. & n.* ثانَوِيّ ، (شَرِكة) تابِعة

subsidize/'sʌbsɪdaɪz/*v.t.* أَعانَ مالِيًّا ، تَحَمَّلَ جُزْءًا مِنَ النَّفَقات

subsidy/'sʌbsədɪ,'sʌbsɪdɪ/*n.* إعانة مالِيَّة (حُكُومِيّة عادَةً) ، دَعْمٌ

subsistence/səb'sɪstəns/*n.* رِزْقٌ ، بَقاءٌ ، عَيْشٌ

substance/'sʌbstəns/*n.* مادّة

he is a man of substance إنّه رَجُلٌ واسِعُ الثَّراء

the substance of his discourse جَوْهَرُ حَدِيثِهِ

substantial/səb'stænʃəl/*adj.* (وَجْبة) سَخِيّة ، وافِرة ، غَنِيّة ، (مَبْلَغٌ) لا يُسْتَهانُ بِهِ ؛ (شَيْءٌ) حَقِيقِيّ ؛ (اتِّفاقٌ) جَوْهَرِيّ

substitute/'sʌbstɪtjut/*v.t.* اِسْتَعاضَ ، حَلَّ (ـِ) مَحَلَّهُ

n. بَدِيل ، عِوَض

substitution/'sʌbstɪ'tjuʃən/*n.* اِسْتِعاضة ، اِسْتِبْدال

subterfuge/'sʌbtəfjudʒ/*n.* ذَرِيعة ، عُذْرٌ باطِل

subterranean/'sʌbtə'reɪnɪən/*adj.* تَحْتَ الأَرْض ، (مِياهٌ) جَوْفِيّة

sub-title/'sʌbtaɪtəl/*n.*

1. (*of book*) العُنْوانُ الفَرْعِيّ أو الثّانَوِيّ

2. (*for foreign film*) تَرْجَمةُ الحِوار على شَرِيطِ السِّينَما

subtle/'sʌtəl/*adj.*

1. (fine) (فَرْقٌ) دَقِيق

2. (perceptive) فَطِنٌ ، حاذِق ، ذُو دَهاء

subtlety/'sʌtəltɪ/*n.* دِقّة ؛ حِدّةُ الذِّهْن ، حِذْق ؛ دَقائِقُ (الأُمُور)

subtract/səb'trækt/*v.t.* طَرَحَ (ـَ) (عَدَدًا مِن عَدَدٍ آخَرَ)

subtraction/səb'trækʃən/*n.* الطَّرْح (رِياضِيّات)

sub-tropical/'sʌb-'tropɪkəl/*adj.* (إقْلِيمٌ) شِبْهُ مَدارِيّ

suburb/'sʌbɜb/*n.* ضاحِية (ضَواحٍ)

suburban/sə'bɜbən/*adj.* نِسْبةٌ إلَى ضَواحِي مَدِينةٍ أو إلَى سُكّانِها

subversive/səb'vɜsɪv/*adj.* (عَناصِرُ) مُخَرِّبة ، مُهَدِّم ، مُدَمِّر ، هَدّام

subway/'sʌbweɪ/*n.* نَفَقٌ (أَنْفاق) أَرْضِيّ ، مَمَرٌّ تَحْتَ الأَرْضِ لِعُبُورِ المُشاة ؛ سِكّةُ حَدِيدٍ تَحْتَ الأَرْض (في أَمْرِيكا)

succeed/sək'sid/*v.i.*

1. (be successful) نَجَحَ (ـَ) ، أَفْلَحَ ، فازَ (يَفُوزُ) ، وُفِّقَ

2. (be successor **to**) خَلَفَ (ـُ) (المَلِكَ بَعْدَ وَفاتِهِ مَثَلاً) ، *also v.t.* تَبِعَ (ـَ) ، أَعْقَبَ

success/sək'ses/*n.* نَجاح ، تَوْفِيق ؛ عَمَلٌ أو شَخْصٌ ناجِح

successful/sək'sesfəl/*adj.* ناجِح ، مُوَفَّق ، مُفْلِح ، فائِز

succession/sək'seʃən/*n.* وِراثة ، خِلافة ، تَعاقُب

successive/sək'sesɪv/*adj.* مُتَتابِع ، مُتَوالٍ ، مُتَعاقِب ، مُتَلاحِق

successor/sək'sesə(r)/*n.* خَلِيفة (خُلَفاءُ ، خَلائِفُ) ، خَلَفٌ (في مَنْصِبٍ مَثَلاً) ، وَرِيثٌ (وُرَثاءُ)

succour/'sʌkə(r)/*n. & v.t.* نَجْدة ، إغاثة ؛ أَغاثَ المَلْهُوف

succulent/'sʌkjʊlənt/*adj.* (فاكِهة) رَيّانة أو كَثِيرةُ العُصارة ؛ لَحْمِيّة

succumb/sə'kʌm/*v.i.* خَضَعَ (ـَ) ، اِسْتَسْلَمَ ، أَذْعَنَ

such/sʌtʃ/*adj. & pron.*

1. (of the kind described) مِنْ نَوْعٍ سَبَقَ وَصْفُه

on such a night as this في مِثْلِ هَذِهِ اللَّيْلة أو في لَيْلةٍ كَهَذِهِ

2. (so great) إلَى ذاكَ الحَدّ

it was such a pity! يا لَلْخَسارة ! يا لَسُوءُ الحَظّ !

suck/sʌk/*v.t. & i.* مَصَّ (ـُ) ، رَضَعَ (ـَ)

sucker/ˈsʌkə(r)/*n.*

1. (suction device) مِمَصٌّ ، قُرْص مَطّاطِيّ مُقَعَّر لِتَثْبِيتِ آلةٍ مَثَلًا

2. (young shoot) شَطْء (أشْطاء) ، شَكِير (شُكُر) ، عِقّان ، فَرْعٌ مُنْبَثِقٌ مِن جِذْرِ النَّبْتَة

3. (*sl.* gullible person) ساذَج (سُذَّج) ، غَشِيم (غُشَماء) ، مُغَفَّل

suckle/ˈsʌkəl/*v.t.* رَضَّعَتْ ، أَرْضَعَتْ

suckling/ˈsʌklɪŋ/*n.* رَضِيع ، لَم يُفْطَمْ بَعْدُ

suction/ˈsʌkʃən/*n.* اِمْتِصاص ، مَصٌّ (فيزيا)

sudden/ˈsʌdən/*adj.* مُفاجِئ ، (هُجُوم) مُباغِت ، فُجائِيّ

suddenly/ˈsʌdənlɪ/*adv.* فَجْأَةً ، بَغْتَةً ، على حِينِ غِرَّة

suds/sʌdz/*n. pl.* رُغْوةُ الصّابُون ، ماءُ الغَسِيل (مَحْلُول فِيهِ الصّابُون)

sue/su/*v.t. & i.* رَفَعَ (ـَ) دَعْوَى عَلى ، قاضَى ، داعَى

suède/sweɪd/*n.* جِلْدٌ ناعِم مُخْمَلِيّ ، جِلْدٌ سُوَيْدِي ، كُودري (ع)

suet/ˈsuɪt/*n.* شَحْمُ الماشِيَة يُسْتَعْمَلُ لِلطَّهْي

suffer/ˈsʌfə(r)/*v.i.* قاسَى ، كابَدَ ، عانَى ، تَحَمَّلَ الأَلَم

she suffers from headaches كَثِيرًا ما تُصابُ بالصُّداع

v.t. **1.** (be subjected to) قاسَى ، تَكَبَّدَ (الصِّعابَ) ، تَحَمَّلَ (المَشاقّ)

2. (tolerate) سَمَحَ (ـَ) ، سامَحَ

sufferance/ˈsʌfərəns/*n.* مُوافَقة عَلى مَضَض

suffering/ˈsʌfərɪŋ/*n.* أَلَمٌ ، تَأَلُّم ، تَوَجُّع

suffice/səˈfaɪs/*v.i. & t.* كَفَى أو وَفَى بالغَرَض

sufficient/səˈfɪʃənt/*adj.* كافٍ ، وافٍ

suffix/ˈsʌfɪks/*n.* لاحِقة (لَواحِق) ، مَقْطَعٌ يُضافُ إلَى نِهايةِ الكَلِمةِ لِاشْتِقاقِ كَلِمةٍ أُخْرَى مِنْها

suffocate/ˈsʌfəkeɪt/*v.t. & i.* خَنَقَ (ـُ) ، اِخْتَنَقَ

suffocation/ˈsʌfəˈkeɪʃən/*n.* خَنْق ، اِخْتِناق

suffrage/ˈsʌfrɪdʒ/*n.* حَقُّ الاِنْتِخاب أو التَّصْوِيت ، صَوْت

suffragette/ˈsʌfrəˈdʒet/*n.* المُنادِيَةُ بِمَنْحِ المَرْأةِ حَقَّ الاقْتِراع (في أوائِلِ القَرْنِ العِشْرِين في بريطانيا)

sugar/ˈʃʊgə(r)/*n.* سُكَّر

v.t. حَلَّى (الشّايَ مَثَلًا) ، وَضَعَ السُّكَّرَ فِيهِ

sugary/ˈʃʊgərɪ/*adj.* سُكَّرِيّ ، شَدِيدُ الحَلاوة ، (كَلِماتٌ) مَعْسُولة

suggest/səˈdʒest/*v.t.*

1. (propose) اِقْتَرَحَ

2. (bring to mind) أَوْحَى بِـ ، دَلَّ عَلَى

3. (hint) لَمَّحَ ، أشارَ إلَى

suggestible/səˈdʒestɪbəl/*adj.* (شَخْصٌ) يَسْهُلُ إقْناعُه أو التَّأْثِيرُ عَلَيْه

suggestion/səˈdʒestʃən/*n.*

1. (proposal) اِقْتِراح

2. (hint) مَسْحة (مِن جَمالٍ مَثَلًا)

suggestive/səˈdʒestɪv/*adj.* مُوحٍ أو مُذَكِّرٌ بِـ ، مُثِيرٌ لِلأَفْكارِ والعَواطِف ، (غَزَلٌ) فِيهِ تَلْمِيح

suicidal/ˈsuɪˈsaɪdəl/*adj.* اِنْتِحارِيّ

suicide/ˈsuɪsaɪd/*n.* اِنْتِحار ، قَتْلُ النَّفْس

suit/sut/*n.*

1. (clothes) بَذْلة (بِذَل) ، بَدْلَة (بَدْلات ، بِدَل) ، حُلَّة (حُلَل) (نِسائِيّة)

2. (courtship) طَلَبُ يَدِ المَرْأةِ لِلزَّواج

3. (*leg.*) *also* **lawsuit** دَعْوَى قَضائِيّة ، قَضِيّة

4. (*of cards*) أَحَدُ النُّقُوش الأَرْبَعة في وَرَقِ اللَّعِب

v.t. **1.** (go well with) لاقَ (يَلِيقُ) ، ناسَبَ ، لاءَمَ ، اِنْسَجَمَ مَعَ

2. (meet needs of) صَلُحَ (ـُ) لِـ

3. (adapt) طَبَّقَ ، طابَقَ بَيْنَ

suitable/ˈsutəbəl/*adj.* مُناسِب ، مُلائِم

suit-case/ˈsut-keɪs/*n.* حَقِيبة أو شَنْطة سَفَر

suite/swit/*n.*

1. (retinue) حاشِية ، بِطانة ، مَعِيّة

2. (set) طَقْمٌ (طُقُوم) ، مَجْمُوعة ، تَأْلِيفٌ مُوسِيقِيّ مِن عِدّة حَرَكات

a suite of rooms جَناحٌ (في فُنْدُق)

a three-piece suite طَقْمٌ يَتَكَوَّنُ من أَرِيكة (كَنَبة) وكُرْسِيَّيْن (مُنَجَّدَيْن)

suitor/ˈsutə(r)/*n.* طالِبُ يَدِ المَرْأة ، رافِعُ الدَّعْوى ، المُدَّعِي

sulk/sʌlk/*v.i.* بَوَّزَ ، حَرِدَ (ـَ)

n. pl. تَبْوِيز ، حَرَدٌ

she is having a fit of the sulks إنَّها مُبَوِّزة لا تَتَفَوَّهُ بِكَلِمة ، حَرْدانة

sulky/ˈsʌlkɪ/*adj.* عَبُوس ، مُبَوِّز ، واجِم (بِسَبَبِ إهانةٍ لَحِقَتْهُ)

sullen/ˈsʌlən/*adj.* نَكِدٌ ، مُتَجَهِّمُ الوَجْه ، (سَماء) مُكْفَهِرّة

sulphur/ˈsʌlfə(r)/*n.* كِبْرِيت (عُنْصُر كِيماوِيّ)

sulphuric/sʌlˈfjʊərɪk/*adj.* (حامِضُ) الكِبْرِيتِيك

sultan/ˈsʌltən/*n.* سُلْطان (سَلاطِينُ)

sultana/səlˈtɑnə/*n.*

1. (*fem. of* **sultan**) السُّلْطانة

2. (seedless raisin) زَبِيب بِلا بُذُور

sultry/ˈsʌltrɪ/*adj.* (يَوْم) حارٌّ خانِق ، وَمِدٌ ، عَكِيك

sum/sʌm/*n.*

1. (total) مَجْمُوع ، جُمْلة (جُمَل) ، حاصِلُ جَمْعٍ

2. (amount of money) مَبْلَغٌ مِنَ المال

v.t. & i. جَمَعَ (ـَ) (الأَعْداد)

he summed up the سُرْعانَ ما قَدَّرَ المَوْقِف ، أَدْرَكَ

situation at a glance الوَضْعَ في الحال

summarize/ˈsʌməraɪz/*v.t.* لَخَّصَ ، اِخْتَصَرَ ، أَجْمَلَ ، أَوْجَزَ

summary/ˈsʌmərɪ/*n.* خُلاصة ، مُلَخَّص ، تَلْخِيص ، مُجْمَل ، مُوجَز

summer/ˈsʌmə(r)/*n.* (فَصْلُ) الصَّيْف

summery/ˈsʌmərɪ/*adj.* صَيْفِيّ ، (جَوٌّ) صائِف ، (مَلابِسُ) صَيْفِيّة

summing-up/ˈsʌmɪŋ-ˈʌp/*n.* عَرْضٌ خِتامِيّ شامِل في المَحْكَمة

summit/ˈsʌmɪt/*n.* قِمَّة (قِمَم) ، ذِرْوة (ذُرًى) ، أَوْج

summon/ˈsʌmən/*v.t.* اِسْتَدْعَى ، طَلَبَ (ـه) حُضُورَهُ

summons/ˈsʌmənz/*n. pl.* إعْلان أو طَلَبُ حُضُورٍ (إلى المَحْكَمة) ، اِسْتِدْعاء

sumptuous/ˈsʌmptʃʊəs/*adj.* (وَلِيمة) فاخِرة ، مُتْرَف ، فَخْم ، باذِخ

sun/sʌn/*n.* شَمْس (شُمُوس)

sunbeam/ˈsʌnbim/*n.* شُعاعُ (الشَّمْس) (أَشِعّة)

sunburnt/ˈsʌnbɜnt/*adj.* (بَشَرة) لَوَّحَتْها الشَّمْس

Sunday/ˈsʌndɪ/*n.* (يَوْمُ) الأَحَد

sundries/ˈsʌndrɪz/*n. pl.* نَثْرِيّات ، مُتَفَرِّقات ، مُنَوَّعات

sundry/ˈsʌndrɪ/*adj.* مُتَفَرِّق ، (في مُناسَبات) مُخْتَلِفة ، شَتَّى (الأُمُور) أو (أُمُورٌ) شَتَّى

sunflower/ˈsʌnflaʊə(r)/*n.* عَبّادُ (أو دَوّارُ أو مَيّالُ) الشَّمْس (نَبات)

sung/sʌŋ/*p.p. of* **sing**

sun-glasses/ˈsʌn-glasɪz/*n. pl.* نَظّارات (عُوَيْنات) شَمْسِيّة

sunk/sʌŋk/*p.p. of* **sink**

sunny/ˈsʌnɪ/*adj.* (يَوْم) مُشْمِس ، مُشْرِق

sunrise/ˈsʌnraɪz/*n.* بُزُوغُ الشَّمْس ، شُرُوقُ الشَّمْس ، طُلُوعُ الشَّمْس

sunset/ˈsʌnset/*n.* مَغِيبُ الشَّمْس ، أُفُولُ الشَّمْس ، غُرُوبُ الشَّمْس

sunshade/ˈsʌnʃeɪd/*n.* شَمْسِيّة (شَمْسِيّات وفي العامِّيّة شَماسِي) ، مِظَلّة (مَظالّ) ؛ تَنْدة

sunshine/ˈsʌnʃaɪn/*n.* ضِياءُ الشَّمْس ، إشْراق

sunspot/ˈsʌnspot/*n.* بُقْعة شَمْسِيّة ، كَلَفٌ شَمْسِيّ (فَلَك)

sunstroke/ˈsʌnstrəʊk/*n.* ضَرْبةُ شَمْس ، رَعْن

sup/sʌp/*v.i.* تَناوَلَ طَعامَ العَشاء ، تَعَشَّى ؛ رَشَفَ (ـه) (الحَساءَ مَثَلًا)

superannuation/ˈsupərˈænjuˈeɪʃən/*n.* التَّقاعُد ، راتِبُ التَّقاعُد أو المَعاش

superb/suˈpɜb/*adj.* فائِق ، رائِع ، فاخِر ، مُمْتاز

supercilious/ˈsupəˈsɪlɪəs/*adj.* (نَظْرة) احْتِقار وعَدَم اكْتِراث

superficial/ˈsupəˈfɪʃəl/*adj.* سَطْحِيّ ، ظاهِرِيّ ، خارِجِيّ

superfluous/suˈpɜflʊəs/*adj.* زائِد عَنِ اللّازِمِ أو المَطْلُوب ، غَيْرُ ضَرُورِيّ ، يُسْتَغْنَى عَنْه

superhuman/ˈsupəˈhjumən/*adj.* فَوْقَ طاقَةِ أو مَقْدِرَةِ البَشَر

superintend/ˈsupərɪnˈtend/*v.t.* راقَبَ ، أَشْرَفَ على (العُمّال)

superintendent/ˈsupərɪnˈtendənt/*n.* مُراقِب ، مُلاحِظ ، ناظِر ، مُشْرِف (عَلَى العُمّال)

superior/suˈpɪərɪə(r)/*adj.* أَفْضَلُ (مِنْ) ، أَرْفَعُ مَقامًا ، أَعْلَى (مِنْ) ؛ مُتَرَفِّع ، مُتَعالٍ

n. رَئِيس ، الأَرْفَعُ مَنْزِلةً أو مَقامًا

superiority/suˈpɪərɪˈorɪtɪ/*n.* تَفَوُّق ؛ تَسامُخ ، تَرَفُّع ، سَيْطَرة ، اِسْتِعْلاء

superiority complex عُقْدة أو مُرَكَّب التَّفَوُّق (عِلْم النَّفْس)

superlative/suˈpɜlətɪv/*adj.*

1. (of the highest degree) مُمْتاز ، مِنْ أَعْلَى دَرَجة ، الأَسْمَى أو الأَفْضَل

2. (*gram.*) *also n.* صِيغَةُ التَّفْضِيل العُلْيا ، اِسْمُ التَّفْضِيل المُعَرَّف

supermarket/ˈsupəmakɪt/*n.* مَتْجَرٌ كَبِير (تُباعُ فِيهِ كافّةُ السِّلَع بالخِدْمة الذّاتِيّة)

supernatural/ˈsupəˈnætʃərəl/*adj.* (ظَواهِرُ) خارِقة للطَّبِيعة

supersede/ˈsupəˈsid/*v.t.* حَلَّتْ (الكَهْرَباءُ) مَحَلَّ (الغازِ مَثَلًا)

supersonic/ˈsupəˈsonɪk/*adj.* (طائِرة) تَفُوقُ سُرْعَتُها سُرْعةَ الصَّوْت

superstition/ˈsupəˈstɪʃən/*n.* خُرافة ، مُعْتَقَد خُرافِيّ

superstitious/ˈsupəˈstɪʃəs/*adj.* (عَقِيدة) خُرافِيّة ، يُؤْمِنُ بالخُرافات

supervise/ˈsupəvaɪz/*v.t.* أَشْرَفَ على ، راقَبَ

supervision /ˈsupəˈvɪʒən/*n.* إشْراف على ، مُراقَبة

supper/ˈsʌpə(r)/*n.* عَشاء (أَعْشِية) ، طَعامُ أو وَجْبةُ عَشاء

supplant/səˈplant/*v.t.* حَلَّ مَحَلَّهُ بِقُوّة ، اِنْتَزَعَ ، اِغْتَصَبَ

supple/ˈsʌpəl/*adj.* مَرِنٌ ، لَيِّنٌ ؛ ذُو خِفّة ورَشاقة

supplement/ˈsʌplɪmənt/*n.* ذَيْل (ذُيُول ، أَذْيال ، أَذْيال) ، مُلْحَق (مَلاحِقُ) ، إضافة ، تَكْمِلة

v.t. /ˈsʌplɪˈment/ أَضافَ ، ذَيَّلَ (الكِتابَ مَثَلًا)

supplementary/ˈsʌplɪˈmentrɪ/*adj.* تَكْمِيلِيّ ، إضافِيّ

supply/səˈplaɪ/*v.t.*

1. (provide) مَوَّنَ ، زَوَّدَ ، جَهَّزَ

2. (fill a need) أَشْبَعَ أو سَدَّ (ـه) حاجةً ، وَفَى (يَفِي) بِغَرَضٍ

n. تَمْوِين ، تَزْوِيد ، مَؤُونة ، إمْداد

water supply تَزْوِيدُ المَدِينةِ بالماء ، تَمْدِيداتُ المِياه

(إلى المَنازِل)

the law of supply and demand — قانُونُ العَرْضِ والطَّلَب

support/sə'pɔt/*v.t.*

1. (bear weight of) — حَمَلَ (ـِ) ، تَحَمَّلَ

2. (encourage) — شَجَّعَ ، قَوَّى

he supports that team — يُؤَيِّدُ ذاكَ الفَرِيق

3. (maintain) — عالَ (يَعُولُ) ، أعالَ

he has a large family to support — يَعُولُ أُسْرَةً كَبِيرة

n. **1.** (prop) — دِعامة ، سَنَدٌ (أسْناد)

2. (backing) — تَأْيِيد ، مُناصَرة

3. (maintenance) — إعالَةُ (الأُسْرة)

suppose/sə'pəʊz/*v.t.*

1. (guess) — ظَنَّ (ـُ) ، حَسِبَ (ـَ) ، خَمَّنَ

2. (assume) — اِفْتَرَضَ

you are supposed to know this — مِنَ المَفْرُوضِ أنَّكَ تَعْرِفُ ذَلِك

supposing (that)/sə'pəʊzɪŋ/ *conj.* — هَبْ أنَّ ، على فَرْضِ أنَّ

supposition/'sʌpə'zɪʃən/*n.* — اِفْتِراض ، تَصَوُّر

suppress/sə'pres/*v.t.* — أخْمَدَ ، كَتَمَ (ـُ) ، قَمَعَ (ـَ) (اِنْقِلابًا) ، عَطَّلَ (صُدُورَ جَرِيدة) ، حَرَّمَ

suppression/sə'preʃən/ *n.* — (سِياسةُ) القَمْع ، إلغاءُ (الامْتِيازات) ، كَتْمُ (المَشاعِر) ، كَبْتٌ ، كَظْمٌ

supremacy/su'preməsɪ/*n.* — سِيادة ، تَفَوُّق ، هَيْمَنة ، سَيْطَرة

supreme/su'prim/*adj.* — (الكائِنُ) الأسْمَى ، الأعْلَى ، (سُلْطة أو مَحْكَمة) عُلْيا

sure/ʃʊə(r)/*adj. & adv.*

1. (confident) — واثِقٌ ، مُتأكِّدٌ مِن

he is sure of his facts — إنَّه واثِقٌ مِن صِحّةِ دَلائِلِه

2. (certain) — أكِيدًا ، مُؤكَّدًا

she is sure to come — إنَّها قادِمة بلا رَيْب

3. (reliable) — يُعْتَمَدُ عَلَيْه ، مَوْثُوقٌ بِهِ

surely/'ʃʊəlɪ/*adv.* — بالتَّأكِيد ، مِنْ غَيْرِ رَيْب

surf/s3f/*n.* — زَبَدُ الأمْواجِ المُتَكَسِّرة على الشّاطِئ

surface/'s3fɪs/*n.* — سَطْح (سُطُوح) ، مِساحة

v.i. — صَعِدَ (الغَطّاسُ) إلى سَطْحِ البَحْر

surge/s3dʒ/*v.i.* — اِنْدَفَعَت (الجَماهِير) ، تَدَفَّقَت كالسَّيْل

n. — جَيَشانُ (البَحْر) ، فَوْرَةُ (الغَضَب) ، تَلاطُمُ (المَوْج)

surgeon/'s3dʒən/*n.* — جَرّاح ، طَبِيبٌ جَرّاح

surgery/'s3dʒərɪ/*n.*

1. (operation) — جِراحة

2. (consulting-room) — عِيادةُ طَبِيب

surgical/'s3dʒɪkəl/*adj.* — (عَمَلِيّة) جِراحِيّة

surly/'s3lɪ/*adj.* — فَظٌّ ، سَيِّئُ الخُلُقِ وَخَشِنُ الكَلام

surmise/'s3maɪz/*n.* — تَخْمِين ، ظَنٌّ ، حَدْسٌ

v.t./sə'maɪz/ — خَمَّنَ ، ظَنَّ (ـُ) ، حَدَسَ (ـِ)

surmount/sə'maʊnt/ *v.t.* — قَهَرَ (ـَ) (الصِّعاب) ، تَغَلَّبَ عَلَيْها ، ذَلَّلَها ، تَخَطَّى (العَراقِيل)

surmountable/ sə'maʊntəbəl/ *adj.* — يُمْكِنُ قَهْرُه والتَّغَلُّبُ عَلَيْه

surname/'s3neɪm/*n.* — اِسْمُ العائِلة أو الأُسْرة ، لَقَبٌ ، كُنْية (كُنًى)

surpass/s3'pɑss/*v.t.* — فاقَ (يَفُوقُ) في ، تَفَوَّقَ على ، بَرَّزَ عَلَى

surplus/'s3pləs/*n.* — ما يَزِيدُ عَنِ الحاجة ، الفائِض ، الفَضْل ، زِيادة

adj. — فائِض ، زائِد عَنِ الحاجة

surprise/sə'praɪz/*n.* — دَهْشة ، مُفاجَأة ، مُباغَتة

v.t. **1.** (astonish) — أدْهَشَ ، أذْهَلَ

2. (come upon suddenly) — فاجَأَ ، باغَتَ

surrender/sə'rendə(r)/ *v.t. & i. & n.* — اِسْتَسْلَمَ ، سَلَّمَ نَفْسَه (للشُّرْطة مَثَلًا) ، تَنازَلَ أو تَخَلَّى عَن ، تَسْلِيم ، اِسْتِسْلام

surreptitious/ 'sʌrəp'tɪʃəs/ *adj.* — (نَظْرة) مُخْتَلَسة أو سِرًّا أو خِفْيَةً

surround/sə'raʊnd/*v.t.* — أحاطَ أو حَفَّ (ـُ) بِه ، حَوَّطَ ، طَوَّقَ

n. — حافّةٌ مُحِيطةٌ بِسَطْح ، الأرْضِيّةُ المُحِيطةُ بالسَّجّادة

surroundings/ sə'raʊndɪŋz/*n. pl.* — البِيئة أو المُحِيط ، وَسَطٌ

survey/sə'veɪ/*v.t.*

1. (view) — أطَلَّ أو أشْرَفَ على

2. (examine broad outline of) — اِسْتَعْرَضَ (الوَضْعَ السِّياسِيّ) ، اِسْتَقْصَى

3. (measure and map) — مَسَحَ (ـَ) وَخَطَّطَ

n./'s3veɪ/ — عَرْضٌ عامٌّ ، دِراسة إجْمالِيّة ، اِسْتِعْراض ، مِساحة ، سِجِلٌّ عَقارِيٌّ ، مَسْحٌ

surveyor/sə'veɪə(r)/*n.* — مَسّاحُ (الأراضِي) ، مُعايِن ، مُفَتِّشُ (المَوازِين)

survival/sə'vaɪvəl/*n.*

1. (remaining alive) — بَقاءُ (بَعْدَ غَيْرِه)

survival of the fittest — بَقاءُ الأصْلَح

2. (relic) — أثَرٌ (آثار) ، مِن رَواسِبِ الماضِي

survive/sə'vaɪv/*v.t.* — ظَلَّ حَيًّا بَعْدَ كارِثة أو بَعْدَ مَوْتِ الآخَرِين

v.i. — بَقِيَ على قَيْدِ الحَياة ، نَجا (مِنْ كارِثة)

survivor/sə'vaɪvə(r)/*n.* — مَنْ بَقِيَ حَيًّا بَعْدَ كارِثة

susceptibility/sə'septı'bılıtı/*n.* حَساسِيّة ، سُرْعَةُ التَّأثُّر

susceptible/sə'septıbəl/*adj.*

1. (impressionable) ذُو طَبِيعة حَسّاسة ، حَسّاس ، مُرْهَفُ الشُّعُور

2. (capable **of**) قابِلٌ لِ

his statement is not susceptible of proof لا يُمْكِنُ البُرْهانُ على صِحّة تَصْرِيحِه

3. (sensitive **to**) مُسْتَجِيبٌ لِ

she is susceptible to flattery تَسْهُلُ اسْتِمالَتُها بالمُداهَنة والتَّمَلُّق

suspect/sə'spekt/*v.t.*

1. (think likely) حَسِبَ (ـِ) ، تَوَقَّعَ

2. (think guilty) اِشْتَبَهَ في ، اِرْتابَ ، شَكَّ (ـُ) بِهِ و في ، اِسْتَغَشَّ

n. /'sʌspekt/ رَجُلٌ مُشْتَبَهٌ فِيهِ ، مَشْبُوه ، ظَنِين

adj. /'sʌspekt/ مُرِيب ، مُرْتابٌ بِهِ ، مُشْتَبَهٌ في أمْرِهِ ، مَشْكُوكٌ فِيهِ

suspend/sə'spend/*v.t.*

1. (hang) عَلَّقَ ، دَلَّى

2. (defer) أجَّلَ ، أرْجَأَ (الدَّفْعَ) ؛ عَطَّلَ (صُدُورَ جَرِيدة) ، أوْقَفَ (التَّنْفِيذَ) ، كَفَّ يَدَ مُوَظَّفٍ عَنِ العَمَل

suspender/sə'spendə(r)/*n.* حَمّالة جَوارِب

suspense/sə'spens/*n.* (وَضَعَهُ في) حَيْرَةٍ وَتَرَدُّد ، تَرَقُّبٌ وَقَلَق ، تَشْوِيق

suspension/sə'spenʃən/*n.*

1. (hanging) تَعْلِيق

suspension bridge جِسْرٌ مُعَلَّق

2. (springs of vehicle) مَجْمُوعةُ النَّوابِضِ وأجْهِزةِ امْتِصاصِ الصَّدمات في سَيّارةٍ أو قِطار ، "التَّعْلِيق"

3. (temporary stoppage) إيقاف مُؤَقَّت (عَن مُمارَسة وَظِيفة مَثَلاً)

suspicion/sə'spıʃən/*n.*

1. (mistrustful feeling) ظِنَّة ، شُبْهة ، شَكٌّ

2. (notion) فِكْرة لا تَقُومُ على دَلِيل ، تَصَوُّر

3. (*coll.* very small amount) مِقْدارٌ ضَئِيلٌ مِن ، نُتْفة ، "شُوَيّة"

suspicious/sə'spıʃəs/*adj.*

1. (distrustful) مُرْتاب ، عِنْدَهُ شَكّ

2. (causing distrust) مُثِيرٌ للشُّكُوك

sustain/sə'steın/*v.t.*

1. (support) تَحَمَّلَ الثِّقْل ؛ سانَدَ ؛ غَذَّى ، أمَدَّ بالحَياة

2. (prolong) واصَلَ ، اِسْتَمَرَّ في

3. (uphold) أقَرَّ ، أيَّدَ ، وافَقَ على

4. (undergo) تَكَبَّدَ

sustenance/'sʌstınəns/*n.* قُوتٌ ، تَغْذِية ؛ سَنَدٌ ، أزْرٌ

swab/swob/*n.*

1. (mop) *also v.t.* مِمْسَحة ؛ مَسَحَ (ـَ) ، نَظَّفَ

2. (*med.* pad) قِطْعةٌ مِنَ القُطْن مَلْفُوفةٌ على طَرَفِ عُودٍ لِمَسْحِ الجُرُوحِ وَغَيْرِ ذَلك (طِبّ) ؛ عَيِّنة (طِبّ)

swag/swæg/*n. (coll.)* بَضائعُ مَسْرُوقة ؛ بُقْجة (عامِّيّة)

swagger/'swægə(r)/*v.i.* خَطَرَ (ـُ) في مِشْيَتِهِ ، تَبَخْتَرَ

n. اِخْتِيال ، خَطْرَة ، تَبَخْتُر

swallow/'swoləʊ/*v.t. & i.* بَلَعَ (ـَ) ، اِبْتَلَعَ ، اِزْدَرَدَ

n. **1.** (gulp) جُرْعة (مِن سائِل) ، بَلْعَة (واحِدة)

2. (bird) سُنُونُو ، خُطّاف (عُصْفُور)

swam/swæm/*p.t. of* **swim**

swamp/swomp/*n.* مُسْتَنْقَع ، مَنْقَع ؛ (أرْض) رَخْوة مُوحِلة

v.t. غَمَرَ (ـُ) بالماء ، أغْرَقَ ؛ اِنْهالَتْ عَلَيْنا (الرَّسائل)

swampy/'swompı/*adj.* مُسْتَنْقَعِيّ

swan/swon/*n.* إوَزٌّ عِراقِيّ ، تِمٌّ ، بَجَع (م ، س)

swarm/swɔm/*n.* حَشْدٌ ، جَمْهَرة ، جَماعة

v.i. **1.** (be crowded **with**) غَصَّ أو عَجَّ (المَكانُ) ، اِزْدَحَمَ

2. (climb **up**) تَسَلَّقَ (نَخْلَةً أو عَمُودًا مَثَلاً)

swarthy/'swɔðı/*adj.* أسْمَرُ (اللَّوْن) ، داكِنُ البَشَرَة

swastika/'swostıkə/*n.* الصَّلِيبُ المَعْقُوف

swat/swot/*v.t.* لَطَسَ (ـُ) (الذُّبابَةَ بِجَرِيدةٍ مَثَلاً)

sway/sweı/*v.t.*

1. (rock) *also v.i.* رَنَّحَ ، هَزَّ (ـُ) ؛ تَرَنَّحَ ، تَمايَلَ

2. (influence) أمالَ (بِواسِطةِ نُفُوذِه) ، أثَّرَ عَلَيْهِ ، حَمَلَهُ على (تَغْيِيرِ رَأْيِهِ مَثَلاً)

n. **1.** (rocking motion) تَأرْجُح ، تَمايُل

2. (control) سَيْطَرة ، هَيْمَنة ، نُفُوذ

swear/sweə(r)/(*p.t.* **swore** *p.p.* **sworn**) *v.i.*

1. (take oath) حَلَفَ (ـِ) ، أقْسَمَ

2. (use bad language) شَتَمَ (ـِ) ، سَبَّ ، جَدَّفَ

v.t. **1.** (state on oath) أقْسَمَ يَمِينًا

2. (cause to take oath) حَلَّفَ ، اِسْتَحْلَفَ

swear-word/'sweə-wɜd/*n.* كِلِمة بَذِيئة للشَّتِيمة ، لَفْظَةُ سِباب

sweat/swet/*n.*

1. (perspiration) عَرَقٌ

2. (perspiring) رَشْحُ العَرَق

v.i. & t. **1.** (perspire) عَرِقَ (ـَ) ، رَشَحَ (ـَ) ، نَضَحَ (ـَ) ؛ عَرَّقَ

2. (exploit) جَعَلَه يَشْتَغِلُ كالرَّقِيق ، اِسْتَغَلَّهُ

sweated labour عَمَلٌ يُشْبِهُ السُّخْرة لِضَآلةِ أجْرِهِ

sweater/'swetə(r)/*n.* "بُلُوفَر" صُوفِيّ بأكْمام ، كَنْزة (س) ، سْوِيتَر (م)

sweep/swip/(*p.t. & p.p.* **swept**) *v.t. & i.*
1. (brush) كَنَسَ (ـُـ)
2. (move swiftly) جَرَفَ (ـُـ) ، اِجْتاحَ
n. 1. (sweeping) كَنْسٌ ، اِكْتِساح
2. (expanse) مَدًى ، مَجالٌ ، اِمْتِداد
3. (chimney-cleaner) مُنَظِّفُ المَداخِن

sweepstake/ˈswipsteɪk/*n.* مُراهَنة على الخَيْل شَبيهة باليانَصيب

sweet/swit/*adj.*
1. (tasting like sugar) حُلْوُ المَذاق
2. (fragrant) عَبِقٌ ، طَيِّبُ الرّائِحة
3. (agreeable) لَطيف ، أَنيس
n. 1. (confectionery) حَلْوَى ، حَلاوة
2. (pudding) الطَّبَقُ الحُلْوُ في نِهاية الوَجْبة
3. (*pl.* delights) مَلاذُّ (الحَياة) ، مَلَذّات

sweeten/ˈswitən/*v.t. & i.* حَلَّى ، سَكَّرَ ؛ حَلا (يَحْلُو) ، اِحْلَوْلَى

sweetening/ˈswitnɪŋ/*n.* تَحْلِية ، مادّة تَجْعَلُ الطَّعامَ حُلْوًا ، مُحَلٍّ

sweetheart/ˈswithɑt/*n.* حَبيب ، حَبيبة ، مَعْشُوق ، مَعْشُوقة

swell/swel/(*p.t.* **swelled** *p.p.* **swollen**) *v.i. & t.* وَرِمَ (يَرِمُ) ، تَوَرَّمَ
n. 1. (*of sea*) اِرْتِفاعُ سَطْحِ البَحْرِ وانْخِفاضُه
2. (*mus.*) تَضَخُّمُ صَوْتِ الأُرْغُن
3. (*coll.* fashionable person) اِبْنُ أكابِر (تُسْتَعْمَلُ ازْدِراءً) ، أَرِسْتُقْراطِيٌّ مُوسِر
adj. (*coll.*) مُمْتاز ؛ أَنيق ؛ هائِل

swelling/ˈswelɪŋ/*n.* وَرَمٌ (أَوْرام) ، تَوَرُّمٌ ، اِنْتِفاخ ، تَضَخُّم

swelter/ˈsweltə(r)/*v.i.* أَرْهَقَهُ الحَرُّ الشَّديد

swept/swept/*p.t. & p.p. of* **sweep**

swerve/swɜv/*v.i. & t.* . . اِنْحَرَفَ فَجْأَةً ، جَعَلَه يَزِيغُ عن
n. اِنْحِرافٌ مُفاجِئ ، زَيَغان

swift/swɪft/*adj.* سَريع ، عَجِلٌ ، (لَمْحة) خاطِفة
n. سَمامة ، خَطّاف (طائِر)

swim/swɪm/(*p.t.* **swam** *p.p.* **swum**) *v.i. & t.* سَبَحَ (ـَـ) ؛ اِغْرَوْرَقَتْ (عَيْناهُ) بالدُّمُوع ؛ أُصِيبَ بِدُوار
n. سِباحة ، سَبْحَة
he is glad to be back in the swim يَسُرُّهُ أَنْ عادَ إلى مُعْتَرَكِ الحَياة

swimming-bath/ˈswɪmɪŋ-bɑθ/*n.* حَوْض أو حَمّام سِباحة ، مَسْبَح

swindle/ˈswɪndəl/*v.t. & i.* غَشَّ (ـُـ) ، خَدَعَ (ـَـ) ، اِحْتالَ على
n. غِشٌّ ، نَصْبٌ واحْتِيال

swindler/ˈswɪndlə(r)/*n.* غَشّاش ، نَصّاب ، مُحْتال

swine/swɑɪn/(*pl.* **swine**) *n.*
1. (animal) خِنْزِير
2. (*term of abuse*) وَغْدٌ ، مُنْحَطّ ، رَجُلٌ قَذِر ، خِنْزِير

swing/swɪŋ/(*p.t. & p.p.* **swung**) *v.i. & t.* تَرَجَّحَ ، تَأَرْجَحَ (عامّيّة) ، اِرْتَجَحَ ؛ لَوَّحَ ؛ رَقَصَ (السْوِينْغ)
he will swing for it سَيُشْنَقُ جَزاءَ فِعْلَتِه
he swung round on his heel دارَ على عَقِبَيْهِ بِحَرَكةٍ سَريعة
n. 1. (motion) تَذَبْذُب ، تَأَرْجُح ، تَرَجُّح
the work is in full swing يَجْرِي العَمَلُ على قَدَمٍ وَساقٍ
2. (seat on ropes) أُرْجُوحة ، مَرْجُوحة
3. (*style of music*) نَوْعٌ مِن أَنْواعِ الجاز ذُو إيقاعٍ واضِح

swipe/swɑɪp/*v.t.*
1. (hit hard) ضَرَبَ بِعُنْفٍ كَيْفَما اتَّفَقَ
2. (*sl.* steal) اِخْتَلَسَ ، سَرَقَ (ـِـ) ، نَشَلَ (ـُـ)

swirl/swɜl/*v.i. & t.* اِلْتَفَّ أو دارَ كَدُوّامة
n. دُوّامة مِنَ الغُبار أو الهَواء

swish/swɪʃ/*v.t. & i.* لَوَّحَ (سَيْفًا) ؛ حَفَّ (ـِـ) ، أَحْدَثَ حَفيفًا ؛ خَفْخَفَ ، خَشْخَشَ
n. خَشْخَشَةُ (الحَرير) ، خَفْخَفة
adj. (*sl.*) مُمْتاز ، عالٍ ، عَظِيم !

switch/swɪtʃ/*n.*
1. (*elec.*) مِفْتاح أو زِرٌّ كَهْرَبائِيّ ، مُحَوِّل
2. (change-over) تَحَوُّل فُجائِيّ تامّ
v.t. & i.
1. (change-over) حَوَّلَ ؛ تَحَوَّلَ
2. (turn **on**, **off**) وَصَلَ التَّيّارَ الكَهْرَبائِيّ ، أَشْعَلَهُ ؛ قَطَعَ النُّورَ ، أَطْفَأَهُ

switchboard/ˈswɪtʃbɔd/*n.* لَوْحةُ المَفاتيحِ الكَهْرَبائِيّة ؛ مَقْسِمٌ هاتِفِيّ وما إلَيْه

swivel/ˈswɪvəl/*v.i. & t.* تَحَرَّكَ أو حَرَّكَ حَوْلَ مِحْوَر ، دارَ (يَدُور) على مِحْوَر

swollen/ˈswəʊlən/*adj. & p.p. of* **swell** مُتَوَرِّم ، مُنْتَفِخ

swoon/swun/*v.i. & n.* غُشِيَ عَلَيْه ، أُغْمِيَ عَلَيْه ؛ إغْماء

swoop/swup/*v.i.* اِنْقَضَّ على
n. اِنْقِضاض ، هُجُوم خاطِف

swop/swɒp/*v.t. & n.* تَبادَلَ ، بادَلَ ، قايَضَ ؛ تَبادُل ، مُقايَضة

sword/sɔd/*n.* سَيْفٌ (سُيُوف ، أَسْياف) ، حُسام

swore/swɔ/*p.t. of* **swear**

sworn/swɔn/*p.p. of* **swear**

swot/swɒt/*n. & v.i.* تِلْمِيذٌ مُجِدٌّ ، تِلْمِيذ مُنْكَبٌّ على دِراسَتِه ؛ جَدَّ في دِراسَتِه ، راجَعَ دُرُوسَهُ

swum/swʌm/*p.p. of* **swim**

swung/swʌŋ/*p.t. & p.p. of* **swing**

sycophant/ˈsɪkəfənt/*n.* مُتَمَلِّق ، مُتَزَلِّف

syllable/ˈsɪləbəl/*n.* مَقْطَعٌ (في كَلِمة)

syllabus/ˈsɪləbəs/*n.* بَرْنامَج تَعْليميّ ، مَنْهَج دِراسِيّ

symbol/ˈsɪmbəl/*n.*
 1. (thing representing another) رَمْزٌ (رُموز) ؛ شِعار
 2. (written character) حَرْفٌ ، عَلامَةٌ اصْطِلاحِيّة ، رَمْزٌ

symbolic/sɪmˈbolɪk/*adj.* رَمْزِيّ

symbolical/sɪmˈbolɪkəl/*adj.* رَمْزِيّ

symbolize/ˈsɪmbəlɑɪz/*v.t.* رَمَزَ (بِ) إلى

symmetric/sɪˈmetrɪk/*adj.* مُتَناظِر ، مُتَماثِل ، مُتَناسِق

symmetrical/sɪˈmetrɪkəl/*adj.* مُتَناظِر ، مُتَماثِل ، مُتَناسِق

symmetry/ˈsɪmətrɪ/*n.* تَناظُر ، تَماثُل ، تَناسُق

sympathetic/ˈsɪmpəˈθetɪk/*adj.* مُتَعاطِف ، عَطُوف ، مُؤَيِّد

sympathize/ˈsɪmpəθɑɪz/ *v.i.* تَعاطَفَ (مَعَهُ) ، شارَكَهُ آلامَهُ وَمَشاعِرَهُ ؛ أَيَّدَ (جزئيًا)

sympathy/ˈsɪmpəθɪ/*n.*
 1. (compassion) عَطْفٌ ، رَأْفة ، حُنُوٌّ
 2. (agreement) تَعاطُف ، مُشارَكة

symphony/ˈsɪmfənɪ/*n.* سِيمْفُونِيّة ، تَأْلِيفٌ مُوسِيقِيٌّ تَعْزِفُهُ فِرْقَةٌ كامِلة

symptom/ˈsɪmptəm/*n.* عَرَضٌ (أَعْراضُ) المَرَض ؛ دَلِيلٌ على ، أَمارَةٌ ، عَلامَةٌ

synagogue/ˈsɪnəgog/*n.* الكَنِيس ، مَعْبَدُ اليَهُود

synchronize/ˈsɪnkrənɑɪz/*v.t.* زامَنَ ، حَدَثا في وَقْتٍ واحِد ، طابَقَ بين (الصَّوْتِ والصّورة مَثلاً)

syndicate/ˈsɪndɪkət/*n.* اِتِّحادٌ بَيْنَ مُنْتِجِين ؛ نِقابة
 v.t. /ˈsɪndɪkeɪt/ نَشَرَ مَقالةً في عِدّةِ صُحُفٍ عَنْ طَرِيقِ مُؤَسَّسةٍ بَيْعِ مَوادَّ لِلنَّشْر

synonym/ˈsɪnənɪm/*n.* لَفْظٌ مُرادِف

synonymous/sɪˈnonɪməs/ *adj.* مُرادِفٌ لِ ، مُطابِقٌ في المَعْنَى

synopsis/sɪˈnopsɪs/*n.* خُلاصة ، مُوجَز ، مُجْمَل

syntax/ˈsɪntæks/*n.* عِلْمُ النَّحْو ، عِلْمُ تَرْكِيبِ الجُمَل

synthetic/sɪnˈθetɪk/*adj.* اِصْطِناعِيّ (غَيْرُ طَبِيعِيّ)

syphilis/ˈsɪfəlɪs/*n.* مَرَضُ الزُّهَرِيّ

syringe/sɪˈrɪndʒ/*n.* حُقْنة ، مِحْقَنة (طِبّ)

syrup/ˈsɪrəp/*n.* قَطْرٌ ، رُبُّ السُّكَّر ؛ شَرابٌ

syrupy/ˈsɪrəpɪ/*adj.* حُلْوٌ جِدًّا ؛ له قِوامُ العَسَلِ وَمَذاقُهُ

system/ˈsɪstəm/*n.*
 1. (organization) نِظامٌ ، مَجْمُوعة مُتَناسِقة ، جِهاز
 solar system المَجْمُوعة الشَّمْسِيّة
 2. (method) نِظامٌ ، طَرِيقة ، أُسْلُوب
 3. (the human body) الجِسْمُ البَشَرِيّ
 the poison passed into his system سَرَى السُّمُّ في بَدَنِهِ

systematic/ˈsɪstəˈmætɪk/ *adj.* مُنَظَّم ، مَنْهَجِيّ ، نِظامِيّ ؛ تَصْنِيفِيّ

systematize/ˈsɪstəmətɑɪz/*v.t.* نَظَّمَ أو صَنَّفَ وِفْقَ مَنْهَج

T

T/ti/(letter) الحَرْفُ العِشْرُونَ مِنَ الأَبْجَدِيّة
 that's him to a T هَذا هُوَ بِعَيْنِهِ
 T junction اِلْتِقاءُ طَرِيقَيْنِ عَلَى شَكْلِ T
 T-shirt قَمِيصٌ قُطْنِيٌّ دُونَ ياقَة ذُو كُمَّيْنِ قَصِيرَيْن
 T-square مِسْطَرة على شَكْل T للرَّسْمِ الهَنْدَسِيّ

tab/tæb/*n.* عُرْوة (عُرًى) يُعَلَّقُ مِنْها الثَّوْب ، أُذُن ، لِسان

table/ˈteɪbəl/*n.*
 1. (*furniture*) مِنْضَدة ، مائِدة ، طاوِلة ، تَرابِيزة (م)
 table tennis كُرَةُ الطّاوِلة ، بِينْغ بُونْغ
 2. (list) قائِمة ، جَدْوَلٌ ، كَشْفٌ
 he turned the tables on his slanderers رَدَّ كَيْدَ المُفْتَرِينَ عَلَيْهِ في نَحْرِهِم

table-cloth/ˈteɪbəl-kloθ/*n.* غِطاءٌ أو مِفْرَش المائِدة ، شَرْشَف ، سِماط

table d'hôte/ˈtɑbəlˈdəʊt/*n.* وَجْبة طَعام كامِلة تُقَدَّمُ في المَطْعَم بِثَمَنٍ مُحَدَّد

tableland/ˈteɪbəl-lænd/*n.* نَجْدٌ (نِجاد) ، هَضَبة (هِضاب)

tablespoon/ˈteɪbəl-spun/*n.* مِلْعَقَة كَبِيرة لِغَرْفِ الطَّعام

tablet/ˈtæblət/*n.*
 1. (slab for inscriptions) لَوْحٌ مَنْقُوش أو مَكْتُوب
 2. (pill) قُرْصٌ (أَقْراص) ، حَبّةُ دَواءٍ (كالأَسْبِرِين مَثلاً)

tabloid/ˈtæblɔɪd/*n.* قُرْصٌ (أَقْراص) ؛ جَرِيدة شَعْبِيّة مُصَوَّرة صَغِيرةُ الحَجْم

taboo (tabu)/təˈbu/*adj.* & *n.* حَرام ، مَمْنُوعٌ مَنْعًا باتًّا ؛ مِنَ المُحَرَّمات أو المَحْظُورات

tabular/ˈtæbjʊlə(r)/*adj.* مُرَتَّب بِهَيْئة جَداوِل ، مُجَدْوَل

tabulate/ˈtæbjʊleɪt/*vt.* بَوَّبَ ، نَسَّقَ في جَداوِل

tabulation/ˈtæbjʊˈleɪʃən/*n.* تَرْتِيبٌ جَدْوَلِيّ

tacit/ˈtæsɪt/*adj.* (اِتِّفاق) ضِمْنِيّ ، مَفْهُومٌ ضِمْنًا

taciturn/ˈtæsɪtɜn/*adj.* صَمُوت ، قَلِيلُ الكَلام ، مَيّالٌ إلى السُّكُوت

tack[1] / tæk / *n.*

1. (small nail) مِسْمار تَنْجِيد

2. (stitch) سِراجة (غُرْزة طَوِيلة) ، تَسْرِيج

3. (sailing direction) مَسارٌ مُتَعَرِّج للسَّفِينة الشِّراعِيّة

you are on the wrong tack أَخْطأْتَ السَّبِيلَ ، طَرِيقَةُ عَمَلِكَ خاطِئة

tack[2] / tæk / *v.t.*

1. (fasten down with tacks) ثَبَّتَ بِمَسامِيرَ تَنْجِيد

2. (stitch loosely) سَرَّجَ القُماش

3. (sail in a zigzag course) سارَت (السَّفِينةُ الشِّراعِيّةُ) في خَطٍّ مُتَعَرِّجٍ وَفْقَ الرِّيح

tackle / ˈtækəl / *n.*

1. (hoisting mechanism) آلةٌ رافِعة

2. (equipment) مَجْمُوعة أَدَوات

fishing-tackle عُدّةُ الصَّيْد

v.t. & i. عالَجَ ، حَلَّ (ـُ) (المُشْكِلة)، أَمْسَكَ ، قَبَضَ على

tact / tækt / *n.* كِياسة ، لَباقة في الكَلام والمُعامَلة ، مُراعاةُ شُعُور الآخَرِين

tactful / ˈtæktfəl / *adj.* لَبِقٌ ، مُراعٍ لِشُعُور الآخَرِين

tactfully / ˈtæktfəlɪ / *adv.* بِلَباقة ، بِذَوْق ، بِتَهْذِيب

tactics / ˈtæktɪks / *n. pl.* التَّكْتِيك ، فَنُّ تَنْظِيمِ القُوّات الحَرْبِيّة وتَحْرِيكِها ، خُطّة ، أُسْلوبُ (مُعالَجة المُشْكِلة مثلاً)

I admired his political tactics أُعْجِبْتُ بِمُناوَراتِهِ السِّياسِيّة

tactless / ˈtæktləs / *adj.* عَدِيمُ الكِياسة ، بِلا ذَوْق

tactlessly / ˈtæktləslɪ / *adv.* بِدُون لَباقة ، بِلا كِياسة ، بِقِلّة ذَوْق

tadpole / ˈtædpəʊl / *n.* صَغِيرُ الضِّفْدَع ، شُرْغُوف ، أَبُو ذُنَيْبة ، أَبُو رَأْس

taffeta / ˈtæfɪtə / *n.* تَفْتَه ، تَفْتاه ، نَسِيج حَرِيرِيّ صَقِيل

tag / tæg / *n.* طَرَفُ شَرِيطِ الحِذاء ؛ بِطاقة صَغِيرة (تَذْكُرُ سِعْرَ السِّلْعة مَثَلاً) ؛ عِبارة قَصِيرة تُضافُ إلى الجُمْلة وتُفِيدُ الاستِفْهامَ مِثْل «أَلَيْسَ كَذَلِك؟»

v.t. & i. 1. (join on) أَضافَ إلى ، أَلْحَقَ بِـ

2. (follow) تَبِعَ (ـَ) ، لَحِقَ (ـَ)

tail / teɪl / *n.*

1. (*of animal*) ذَنَب (أَذْناب) ، ذَيْل (ذُيول)

he turned tail and ran away وَلَّى الأَدْبارَ ، لاذَ بالفِرار

he went off with his tail between his legs اِنْصَرَفَ ذَلِيلاً

2. (rear end or part) ذَيْلٌ ، مُؤَخِّرة (العَرْض مَثَلاً)

3. (*pl.* reverse of coin) ظَهْرُ العُمْلة المَعْدِنِيّة

heads or tails? طُرّة وَلّا نَقْش؟ (س) ، طُرّة أو نَقْشة؟ (ع) ، صُورة أو كِتابة؟ (م)

v.t. & i.

1. (follow in track of) تَعَقَّبَهُ خِفْيةً ، قَصَّ (ـُ) أَثَرَهُ

2. (diminish *with* **away / off**) تَلاشَى ، تَضاءَلَ تَدْرِيجِيًّا

tailor / ˈteɪlə(r) / *n. & v.t.* خَيّاط ، تَرْزِي (م) ؛ خاطَ (يَخِيطُ)

tailor-made / ˈteɪlə-ˈmeɪd / *adj.* (ثِياب) تَفْصِيل (خِلافَ الجاهِزة)

the job seems tailor-made for him تَبْدُو الوَظِيفةُ مَخْلُوقةً لَهُ

taint / teɪnt / *n. & v.t.* شائِبة ، وَصْمة ؛ لَوَّثَ ، أَفْسَدَ ، عَفَّنَ

he is tainted with prejudice يَتَعَرَّضُ ضِدَّ (فُلان) ، هُو مُتَحَيِّزٌ كُلَّ التَّحَيُّز

take / teɪk / (*p.t.* **took** / tʊk / *p.p.* **taken** / ˈteɪkən) *v.t. & i.*

1. (seize, grasp) أَخَذَ (ـُ) ، أَمْسَكَ بِـ ، قَبَضَ (ـِ) عَلَى

he was taken aback بُهِتَ

he was taken ill أُصِيبَ بِمَرَضٍ (فَجْأةً)

2. (catch) أُصِيبَ بِـ

be careful not to take cold اِحْتَرِسْ مِنَ البَرْد

3. (win, earn) نالَ (يَنالُ) ، كَسَبَ (ـِ) ، فازَ بِـ ...

he took the prize for chemistry فازَ بِجائِزةِ الكِيمِياء

4. (attract) أَسَرَ (ـِ) ، فَتَنَ (ـِ) ، أَعْجَبَ بِـ ...

I was not much taken with his ideas لَمْ تَسْتَهْوِني آراؤُهُ

he never took kindly to cocoa لَمْ يُحِبَّ الكاكاو في حَياتِه ، ما بِعُمْرِه أَحَبَّ الكاكاو

5. (get) أَخَذَ (ـُ) ، حَصَلَ (ـُ) على

he took a plane to Kuwait اِسْتَقَلَّ طائِرةً إلى الكُوَيْت

he takes a large size in shoes مَقاسُ حِذائِهِ كَبِير

6. (occupy) اِحْتَلَّ ، شَغَلَ مَكانَ غَيْرِه

she takes the place of a mother لَها مَحَلُّ الأُمّ

7. (suppose) حَسِبَ (ـَ) ، ظَنَّ (ـُ)

I take him to be an honest man أَحْسَبُهُ رَجُلاً أَمِينًا

8. (need) تَطَلَّبَ ، اِحْتاجَ

it takes two to make a quarrel يَدٌ واحِدةٌ لا تُصَفِّق ، لا نِزاعَ بِلا طَرَفَيْن (أَي كِلاهُما مَلُوم)

9. (have effect) ظَهَرَ أَثَرُهُ

the vaccine has taken نَجَحَ التَّطْعِيم (طِبّ)

10. (accept) تَقَبَّلَ ، قَبِلَ (ـَ)

you must take us as you find us عَلَيْكَ أَنْ تَتَقَبَّلَنا على عِلّاتِنا

11. (*with advs. & preps.*)

he takes after his mother in appearance يُشْبِهُ أُمَّهُ

he needs to be taken down a peg يَلْزَمُهُ بَعْضُ الحَطِّ مِن شَأْنِه ، لازِم كَسْرُ أَنْفِهِ شْوَيّة

she takes in washing إِنَّها غَسّالةٌ تَغْسِلُ مَلابِسَ

الزّبائِن في بَيْتِها

they take in lodgers يُؤَجِّرون غُرَفًا بِمَنْزِلِهِم

he took them in by pretending to be French خَدَعَهُم بِتَظاهُرِهِ بِأَنَّهُ فَرَنْسِيّ

she quickly took in the situation سُرْعانَ ما أَدْرَكَتْ حَقِيقَةَ المَوْقِف

the plane took off quietly أَقْلَعَت الطّائِرَةُ بِهُدُوء

he can't take his mind off his grief لا يَسْتَطِيعُ أَنْ يَنْسَى أَحْزانَهُ

the new sports car has not taken on كَسَدَ الطِّرازُ الجَدِيدُ مِنَ السَّيّاراتِ الرِّياضِيَّة

he has taken on extra work أَخَذَ عَلى عاتِقِهِ عَمَلاً إِضافِيًّا

I took out an insurance policy أَخَذْتُ بُولِيصَةَ تَأْمِينٍ (على)

he took to his new neighbour اِرْتاحَ إِلَى جارِهِ الجَدِيد

he took up gardening اِتَّخَذَ البَسْتَنَةَ هِوايَةً

take-away /ˈteɪk-əweɪ/ *adj.* (طَعامٌ) مُجَهَّزٌ في مَطْعَمٍ وَيُؤْكَلُ في البَيْت

take-home /ˈteɪk-həʊm/ *adj.* (الرّاتِبُ) الصّافي (بَعْدَ الاِسْتِقْطاعات)

takeover /ˈteɪk-əʊvə/ *n. & adj.* الهَيْمَنَةُ عَلى شَرِكَةٍ بِشِراءِ مُعْظَمِ أَسْهُمِها

taking /ˈteɪkɪŋ/ *adj.* أَخّاذ ، جَذّاب ، فاتِن

takings /ˈteɪkɪŋz/ *n. pl.* الوارِدُ (اليَوْمِيّ لِمَتْجَرٍ)

talcum /ˈtælkəm/ *n.* (بُودْرة) التَّلْك

tale /teɪl/ *n.* حِكايَة ، رِوايَة

you should not tell tales out of school لا تُفْشِ سِرَّ غَيْرِك

talent /ˈtælənt/ *n.* مَوْهِبَة ، حِذْق ، مَهارَةٌ خاصّة

talented /ˈtæləntəd/ *adj.* مَوْهُوب ، ذُو مَوْهِبَة ، نابِغ

talisman /ˈtælɪzmən/ *n.* طِلَّسْم (طَلاسِمُ) ، تَعْوِيذَة (تَعاوِيذُ)

talk /tɔk/ *v.i.* تَكَلَّمَ ، تَحَدَّثَ

let us talk this matter over دَعْنا نَبْحَثُ المَوْضُوعَ مَعًا ، لِنَتَبادَلَ الآراءَ في القَضِيَّة

we tried to talk him over/round حاوَلْنا اسْتِمالَتَهُ إِلَى وُجْهَةِ نَظَرِنا

now you're talking آه – هَذا هُوَ المَعْقُول !

(coll.) آهُو دَه الكَلام ! (م)

n. حَدِيث

small talk حَدِيثٌ عابِر (غَيْرُ ذِي أَهَمِّيَّة) ، دَرْدَشة

talkative /ˈtɔkətɪv/ *adj.* ثَرْثار ، كَثِيرُ الكَلام

tall /tɔl/ *adj.* طَوِيلُ القامَة ؛ مُرْتَفِع ؛ مُبالَغٌ فِيه

no-one believed his tall stories لَمْ يُصَدِّقْ أَحَدٌ قِصَصَهُ المُلَفَّقَة

that is a tall order هذا طَلَبٌ غَيْرُ مَعْقُول

she is five foot tall طُولُها خَمْسُ أَقْدام

tallow /ˈtæləʊ/ *n.* شَحْمٌ حَيَوانِيّ تُصْنَعُ مِنْهُ الشُّمُوع

tally /ˈtælɪ/ *n.* (نَتِيجَةُ) الحِساب ؛ بِطاقَة (تُعَرِّفُ ما تُلْصَقُ بِهِ)

v.i. تَوافَقَ ، تَطابَقَ (تَقْرِيران عَنْ حادِثٍ مَثَلاً)

talon /ˈtælən/ *n.* مِخْلَب (الطَّيْرِ الجارِح)

tambourine /ˈtæmbəˈrin/ *n.* الدُّفّ ، الرِّقّ (مُوسِيقَى)

tame /teɪm/ *adj.*

1. (*of animals* not wild) داجِن ، أَلِيف

2. (dull) فاتِر ، عَدِيمُ الحَيَوِيَّة

v.t. رَوَّضَ ، دَجَّنَ

tamper /ˈtæmpə(r)/ *v.i.* عَبَثَ (بِـ) (بِقُفْلٍ مَثَلاً مُحاوِلاً فَتْحَهُ)

tan /tæn/ *n. & adj.* دِباغ ؛ اِسْمِرارُ البَشَرَة (نَتِيجَةَ تَعَرُّضِها لِلشَّمْسِ والهَواء) ؛ ذُو لَوْنٍ بُنِّيٍّ مائِلٍ لِلصُّفْرَة

v.t. & i.

1. (make leather) دَبَغَ (بِـ) (جِلْدَ حَيَوان)

2. (turn brown) سَفَعَت (الشَّمْسُ وَجْهَه) ؛ اِسْمَرَّ

tang /tæŋ/ *n.* نَكْهَة ، رائِحة نَفّاذَة (لِفاكِهَةٍ مَثَلاً)

tangent /ˈtændʒənt/ *n.* مُماسّ (هَنْدَسة)

he flew/went off at a tangent in the middle of the discussion خَرَجَ عَنِ المَوْضُوعِ فَجْأَةً أَثْناءَ المُناقَشة

tangerine /ˈtændʒəˈrin/ *n.* اليُوسُفِي ، يُوسُف أَفَنْدِي

tangible /ˈtændʒəbəl/ *adj.* مَلْمُوس ، مَحْسُوس ، مادِّيّ ، واقِعِيّ

tangle /ˈtæŋgəl/ *n.* تَعَقُّد ، تَشابُك ، عُقْدَة (شَعْرٍ مَثَلاً)

v.t. & i. عَقَّدَ ، شَبَّكَ ؛ اِنْعَقَدَ ، تَشَبَّكَ

tango /ˈtæŋgəʊ/ *n.* التّانْغُو (مُوسِيقَى أَو رَقْصة)

tank /tæŋk/ *n.*

1. (container) صِهْرِيج (صَهارِيجُ) ، خَزّان (خَزّانات) ، حَوْض (أَحْواض ، حِياض)

2. (armoured vehicle) دَبّابَة

tankard /ˈtæŋkəd/ *n.* كَأْس مَعْدِنِيّ ذُو يَدٍ لِلبِيرة

tanker /ˈtæŋkə(r)/ *n.* ناقِلَةُ نَفْط ؛ سَفِينة (شاحِنة ، طائِرة) لِنَقْلِ السَّوائِل

tanner /ˈtænə(r)/ *n.* دَبّاغ

tannery /ˈtænərɪ/ *n.* مَدْبَغة (مَدابِغُ)

tantalize /ˈtæntəlaɪz/ *v.t.* أَطْمَعَ وَمَنَعَ ، مَنَّى وَقَطَعَ ، عَذَّبَ بِرَجاءٍ كاذِب

tantamount (to) /ˈtæntəmaʊnt(tu)/ *pred. adj.* مُساوٍ لِـ... ، بِمَرْتَبَة ... ، بِمَثابَة ...

her request was tantamount كانَ طَلَبُها في

to a command الحَقِيقَةِ أَمْراً

tantrum /ˈtæntrəm/ *n.* سَوْرَةُ غَضَبٍ لا داعِيَ لَها ، شَكاسَة

tap[1] /tæp/ *n.* صُنْبُور ، حَنَفِيَّة

v.t. بَزَلَ (ــُ) ، اِسْتَخْرَجَ سائِلاً ؛ راقَبَ خَطّاً تِلِيفُونِيّاً

they tap the rubber-trees تُبْزَلُ أَشْجارُ المَطّاط

the police tapped his telephone أَنْصَتَت الشُّرْطَةُ إِلَى مُكالَمَتِهِ التِّلِيفُونِيَّة

tap[2] /tæp/ *n.* رَبْتَةٌ أَو ضَرْبَةٌ خَفِيفة

v.t. & i. رَبَّتَ ، ضَرَبَ بِخِفَّة

tape /teɪp/ *n.* شَرِيطٌ (لِلرَّبْطِ أَو لِتَسْجِيلِ الصَّوْت)

red tape رُوتِين (حُكُومِيّ)

tape-measure /ˈteɪp-meʒə(r)/ *n.* شَرِيطُ القِياس ، "مازُورَة"

taper /ˈteɪpə(r)/ *n.* اِسْتِدْقاقُ طَرَفِ الشَّيْءِ ، تَناقُصٌ تَدْرِيجِيّ ؛ فَتِيلَة مُشَمَّعَة

v.t. & i. جَعَلَ أَحَدَ طَرَفَيْهِ مُسْتَدِقّاً ؛ اِسْتَدَقَّ

tape-recorder /ˈteɪp-rɪkɔdə(r)/ *n.* جِهازُ تَسْجِيل ، مُسَجِّل ، مُسَجِّلة

tapestry /ˈtæpɪstrɪ/ *n.* نَسِيجٌ مُطَرَّزٌ باليَد

tapioca /ˈtæpɪˈəʊkə/ *n.* تَبْيُوكة ، تابْيُوكا (مادَّة نَشَوِيَّة تُسْتَعْمَلُ في الحَلَوِيّات)

tar /tɑ(r)/ *n.* قَطْران ، قارٌ

tardily /ˈtɑdɪlɪ/ *adv.* مُتَأَخِّراً

tardy /ˈtɑdɪ/ *adj.* مُتَوانٍ ، بَطِيء ، مُتَأَخِّر

target /ˈtɑgɪt/ *n.* هَدَفٌ (أَهْداف) ، مَرْمًى (مَرامٍ) ؛ مَقْصِد

tariff /ˈtærɪf/ *n.* تَعْرِيفة ، قائِمةُ الأَسْعار ؛ مُكُوسٌ جُمْرُكِيَّة

tarmac /ˈtɑmæk/ *n.* مِنْطَقَة مَرْصُوفَة بِحَصْباءَ مُقَيَّرَة ؛ مَدْرَجُ إِقْلاعِ الطّائِرات

tarnish /ˈtɑnɪʃ/ *v.t. & i.* أَطْفَأَ بَرِيقَ المَعْدِنِ ، لَطَّخَ (سُمْعَتَهُ) ؛ زالَ لَمَعانُ المَعْدِن

tarpaulin /tɑˈpɔlɪn/ *n.* قُماشٌ مَتِين مُشَمَّعٌ أَو مُقَطْرَن

tarry /ˈtærɪ/ *v.i.* مَكَثَ (ــُ) ؛ تَوانَى ، تَلَكَّأَ

tart /tɑt/ *adj.* (بُرْتُقال) حاذِق ، لاذِع ، حِرِّيف حامِض ، (رَدٌّ) سَلِيط

n. **1.** (pie) فَطِيرة مَحْشُوَّة بالفاكِهة أَو المُرَبَّى

2. (*sl.* prostitute) مُومِسٌ (مُومِسات ، مَوامِسُ) ، عاهِرة (عَواهِرُ)

tartan /ˈtɑtən/ *n. & adj.* قُماش صُوفِيّ مُزَخْرَف بِمُرَبَّعاتٍ مُلَوَّنة (طِبْقَ نُقُوشٍ اسْكُتْلَنْدِيَّة)

tartar /ˈtɑtə(r)/ *n.* طَرْطِير ؛ القَلَح ، طُرامة الأَسْنان

tartly /ˈtɑtlɪ/ *adv.* بِحِدَّة ، بِلَذْعة

task /tɑsk/ *n. & v.t.* عَمَلٌ ، واجِبٌ ، فَرْضٌ (فُرُوض) ؛ كَلَّفَهُ بِمُهِمَّة ؛ أَرْهَقَهُ

she took him to task for his slovenly appearance عَنَّفَتْهُ عَلَى زِيِّهِ المُزْرِي

arithmetic tasks the boy's brain عِلْمُ الحِساب يُرْهِقُ عَقْلَ الطِّفْل

tassel /ˈtæsəl/ *n.* طُرَّة ، شُرّابة (في طَرَفِ حَبْلٍ) ، زِرٌّ (الطَّرْبُوش)

taste /teɪst/ *n.*

1. (*sense*) حاسَّةُ الذَّوْق

2. (*quality*) مَذاق ، طَعْمٌ (طُعُوم)

sugar has a sweet taste لِلسُّكَّرِ مَذاقٌ حُلْوٌ

3. (sample) نَمُوذَج ، عَيِّنَة

she gave him a taste of his own medicine أَذاقَتْهُ مَرارَةَ كَأْسِهِ ، عامَلَتْهُ بالمِثْل

4. (liking for) مَيْلٌ ، رَغْبة ، هَوًى

he has a taste for expensive clothes لَهُ مَيْلٌ إِلَى المَلابِسِ الغالِية

there's no accounting for tastes الدُّنْيا أَذْواق وَأَهْواء ، وَلِلنّاسِ فِيما يَعْشَقُون مَذاهِبُ

abstract art is not to his taste لا يَسْتَهْوِيهِ الفَنُّ التَّجْرِيدِيّ

5. (discernment) ذَوْقٌ

he is a man of (good) taste رَجُلٌ سَلِيمُ الذَّوْق

v.t. & i. ذاقَ (يَذُوقُ) ، تَذَوَّقَ ، طَعِمَ (ــَ) ؛ لَهُ مَذاق (كَذا)

this food tastes too much of garlic هٰذا الطَّعامُ بِهِ ثُومٌ أَكْثَرُ مِنَ اللّازِم

tasteful /ˈteɪstfəl/ *adj.* حَسَنُ الذَّوْق

tastefully /ˈteɪstfəlɪ/ *adv.* بِذَوْقٍ حَسَن ، بِأَناقَة

tasteless /ˈteɪstləs/ *adj.* بِلا طَعْم ، تَفِهٌ

tasty /ˈteɪstɪ/ *adj.* شَهِيّ ، لَذِيذ ، طَيِّبُ المَذاق

tatter /ˈtætə(r)/ *n. usu. pl.* خِرْقة (خِرَق) ، ثَوْبٌ رَثٌّ مُهَلْهَل ، سَمَلٌ (أَسْمال)

tattoo /tæˈtu/ *n.*

1. (design) *also v.t.* وَشْمٌ (عَلَى الجِلْد) ؛ وَشَمَ (يَشِمُ)

2. (evening signal for return to barracks) دَعْوَةُ الجُنُودِ إِلَى الثُّكْنَة مَساءً

3. (pageant) عَرْضٌ عَسْكَرِيّ لَيْلِيّ لِتَسْلِيَةِ الجُمْهُور

4. (drumming) دَقُّ الطُّبُول

taught /tɔt/ *p.t. & p.p. of* **teach**

taunt /tɔnt/ *n.* تَهَكُّم لاذِع ، تَعْيِير

v.t. عَيَّبَ ، عَيَّرَ ، هَزِئَ مِنْهُ (لِجُبْنِهِ)

taut /tɔt/ *adj.* (حَبْلٌ) مَشْدُود ، مُتَوَتِّرٌ (الأَعْصاب)

tautological /ˈtɔtəˈlɒdʒɪkəl/ *adj.* (أُسْلُوب) فِيهِ تَكْرارٌ زائِد لا يُفِيد (بَلاغة)

tautology /tɔˈtɒlədʒɪ/ *n.* تَكْرارٌ لا يَزِيدُ عَلَى المَعْنَى ، لَغْوٌ ، حَشْوٌ (بَلاغة)

tavern /ˈtævən/ *n.* خَمّارة ، حانَة ، بار ، مِيخانة

tawdry /ˈtɔdrɪ/ *adj.* (حُلِيّ) مُبَهْرَجة ، بَرّاقة وَرَخِيصة

tawny /ˈtɔnɪ/ *adj.* أَصْهَبُ ، أَكْلَفُ

tax / tæks / *n.*
1. (levy) ضَرِيبة (ضَرائِبُ)
2. (strain) عِبْءٌ ، إرْهاق ، تَكْلِيف
v.t.
1. (levy) فَرَضَ (ـِ) ضَرِيبةً على
2. (strain) أَنْهَكَ ، أَجْهَدَ ، أَثْقَلَ على ، كانَ عِبْئًا على
3. (accuse) اِتَّهَمَ (بِإهْمالِ الواجِب)
taxable / ˈtæksəbəl / *adj.* خاضِعٌ للضَّرِيبة
taxation / tækˈseɪʃən / *n.* فَرْضُ الضَّرائِب ، رُسُوم
tax-free / ˈtæks-ˈfri / *adj.* مُعْفًى مِنَ الضَّرِيبة ، خالِصُ الضَّرِيبة
taxi / ˈtæksɪ / *n.* سَيّارةُ أُجْرة بِعَدّاد ، تاكْسِي
taxi rank مَوْقِفُ سَيّارات أُجْرة
v.i. دَرَجَت (الطّائِرةُ على الأَرْض)
tea / ti / *n.*
1. (plant, its leaves, drink) شاي
that's not my cup of tea ذلِكَ لا يُلائِمُ مِزاجِي ، لَيْسَ على ذَوْقِي
2. (meal) وَجْبة (خَفِيفة) تُقَدَّمُ مَعَ الشّاي بَعْدَ الظُّهْر
teach / titʃ / (*p.t. & p.p.* **taught** / tɔt /) *v.t. & i.* عَلَّمَ ، دَرَّسَ ، لَقَّنَ
teacher / ˈtitʃə(r) / *n.* مُعَلِّم ، مُدَرِّس
teach-in / ˈtitʃ-ɪn / *n.* مُناظَرة عَلَنِيّة بَيْنَ الطُّلّاب والأَساتِذة في مَوْضُوعِ السّاعة
teaching / ˈtitʃɪŋ / *n.* مَذْهَب ؛ تَعالِيم ، إرْشاد
tea-cosy / ˈti-kəʊzɪ / *n.* غِطاءٌ صُوفِيّ لِحِفْظِ حَرارةِ إبْرِيقِ الشّاي
tea-cup / ˈti-kʌp / *n.* فِنْجان شاي ، فِنْجانٌ بِأُذُن للشّاي ، كُوب بِعُرْوة (ع)
it's only a storm in a tea-cup ما هِيَ إلّا زَوْبَعة في فِنْجان ، لا أَهَمِّيّةَ لِذلك
teak / tik / *n.* شَجَرةُ السّاج ، خَشَبُ السّاج
team / tim / *n. & v.i.* فِرْقة ، فَرِيق ؛ زَوْج (أو أَكْثَر) مِن حَيَواناتِ الجَرّ ؛ تَشارَكَ
the boys teamed up and made a boat تَضافَرَ الفِتْيةُ وَصَنَعُوا زَوْرَقًا
tea-pot / ˈti-pot / *n.* إبْرِيقُ الشّاي
tear[1] / teə(r) / (*p.t.* **tore** / tɔ(r) /, *p.p.* **torn** / tɔn /) *v.t. & i.* قَطَعَ (ـَ) ، شَقَّ (ـُ) ، مَزَّقَ ؛ تَمَزَّقَ ، اِنْشَقَّ
he tore a hole in his jacket خَرَقَ سُتْرَتَهُ
that's torn it (*coll.*) هذا أَفْسَدَ عَلَيْنا الطَّبْخة ، هذا خَرَّبَ كُلَّ شَيْء
this material tears very easily هذا القُماشُ سَرِيعُ التَّمَزُّق
the children tore out of the school gate اِنْدَفَعَ الأَوْلادُ مِن بابِ المَدْرَسة
n. خَرْق ، شَقّ ، تَمَزُّق
tear[2] / tɪə(r) / *n.* دَمْعة (دُمُوع)
tearful / ˈtɪəfəl / *adj.* باكٍ ، بَكّاء ، مُبَلَّل بالدُّمُوع
tea-room / ˈti-rʊm / *n.* صالةُ الشّاي (في فُنْدُقٍ مَثَلًا) ، مَطْعَمٌ صَغِيرٌ لِتَناوُلِ الشّاي والمُرَطِّبات
tease / tiz / *v.t.* سَخِرَ (ـَ) مازِحًا ، داعَبَ ، ضايَقَ ؛ نَدَفَ (ـِ) ، نَفَشَ (ـُ) الشَّعْرَ
teaser / ˈtizə(r) / *n.* مُشْكِلةٌ عَوِيصة
teaspoon / ˈti-spun / *n.* مِلْعَقةُ شاي
teat / tit / *n.* حَلَمةُ الثَّدْي ؛ حَلَمةُ زُجاجةِ الإرْضاع
technical / ˈteknɪkəl / *adj.* تَقْنِيّ ، تِكْنِيكِيّ ، فَنِّيّ
technician / tekˈnɪʃən / *n.* عامِلٌ تَقْنِيّ أو فَنِّيّ
technique / tekˈnik / *n.* تَقْنِيّة ، المَهارةُ الفَنِّيّة ؛ طَرِيقةُ الأَداء ، أُسْلُوب
technology / tekˈnolədʒɪ / *n.* التَّقْنِيّة ، التِّقانة ، التِّكْنُولُوجِيا
teddy bear / ˈtedɪ-beə(r) / *n.* دُبٌّ صَغِيرٌ مَحْشُوّ
tedious / ˈtidɪəs / *adj.* (مُحاضَرة) مُمِلّة ، رَتِيبة أو مُضْجِرة
tedium / ˈtidɪəm / *n.* مَلَلٌ ، ضَجَرٌ ، رَتابة
teem / tim / *v.i.* عَجَّ (ـِ) ، غَصَّ (ـُ) بـِ
teenager / ˈtineɪdʒə(r) / *n.* مُراهِق
teens / tinz / *n. pl.* مَرْحَلةُ السِّنّ بَيْنَ ١٣ و ١٩ سَنة
teeth / tiθ / *pl. of* **tooth**
teethe / tið / *v.i.* سَنَّنَ الطِّفْلُ ، بَزَغَت أَسْنانُه
teething troubles آلامُ التَّسْنِين ؛ صُعُوباتُ مَشْرُوعٍ في مَراحِلِهِ الأُولَى
teetotaller / tiˈtəʊtələ(r) / *n.* لا يَتَعاطَى المُسْكِراتِ إطْلاقًا
tele- / ˈtelɪ- / *pref.* بادِئة مَعْناها : مِنْ بَعِيد ، بَعِيد
telegram / ˈtelɪgræm / *n.* بَرْقِيّة
telegraph / ˈtelɪgrɑf / *n.* تِلِغْراف ، بَرْق
v.t. & i. بَعَثَ بَرْقِيّةً ، أَبْرَقَ
telegraphic / ˈtelɪˈgræfɪk / *adj.* (عُنْوانٌ) بَرْقِيّ
telepathic / ˈtelɪˈpæθɪk / *adj.* قادِرٌ على قِراءةِ أَفْكارِ الآخَرِين
telepathy / tɪˈlepəθɪ / *n.* قِراءةُ أَفْكارِ الآخَرِين ، تَبادُلُ الخَواطِر
telephone / ˈtelɪfəʊn / *n.* هاتِف ، تِلِفُون
v.t. & i. اِتَّصَلَ بِشَخْصٍ تِلِفُونِيًّا أو هاتِفِيًّا ، تَلْفَنَ
telephonic / ˈtelɪˈfonɪk / *adj.* هاتِفِيّ ، تِلِفُونِيّ
telescope / ˈtelɪskəʊp / *n.* تِلِسْكُوب ، مِرْقاب ، مِنْظارٌ فَلَكِيّ
telescopic / ˈtelɪˈskopɪk / *adj.* ذُو مِنْظار ؛ يُرَى بِمِنْظار ؛ ذُو أَجْزاءٍ مُتَداخِلة
televise / ˈtelɪvaɪz / *v.t.* نَقَلَ أو أَذاعَ بالتِّلِفِزْيُون ، تَلْفَزَ
television / ˈtelɪvɪʒən / *n.* التِّلِفِزْيُون ، تِلْفاز ، الإذاعة المَرْئِيّة
tell / tel / (*p.t. & p.p.* **told** /

təʊld/) *v.t. & i.*
1. (make known, relate) أَخْبَرَ ، أَبْلَغَ ، حَدَّثَ ، رَوَى (يَرْوِي)
time will tell وإنَّ غَدًا لِناظِرِهِ قَرِيب ، مَنْ يَعِشْ يَرَ ، سَتُبْدِي لَكَ الأَيّامُ ما كُنْتَ جاهِلًا
2. (distinguish) مَيَّزَ ، فَرَّقَ
can you tell Umar from his twin brother? أَتَسْتَطِيعُ أَنْ تُمَيِّزَ بَيْنَ عُمَر وأَخِيهِ التَّوْأَم ؟
a telling argument حُجّة مُقْنِعة
3. (send **off**) أَرْسَلَهُ بِمُهِمّة
three men were told off for special duty (*mil.*) أُفْرِزَ ثَلاثةُ رِجالٍ للقِيامِ بِمُهِمّةٍ عَسْكَرِيّةٍ خاصّة
4. (*with* **off** scold) بَهْدَلَهُ ، عَنَّفَهُ ، وَبَّخَهُ
5. (*with* **on** inform against) فَتَنَ (ـِ) (عَلَى أُخْتِهِ) ، فَسَدَ عَلَى

tell-tale /ˈtel-teɪl/*n.* (*fam.*) نَمّام ، واشٍ ، مُبَلِّغ

temper /ˈtempə(r)/*n.*
1. (disposition) مِزاجٌ ، طَبْعٌ
2. (condition of metal) دَرَجةُ صَلابةِ المَعْدِن
v.t. & i.
1. (harden metal) سَقَى الفُولاذَ لِتَقْوِيَتِهِ ، صَلَّدَهُ
2. (modify) خَفَّفَ ، لَطَّفَ
the good judge tempers justice with mercy القاضي الصّالح يُخَفِّفُ مِنْ شِدّةِ العَدالةِ بالرَّحْمة

temperament /ˈtemprəmənt/*n.* مِزاجٌ ، سَجِيّة ، طَبْعٌ

temperamental /ˈtemprəˈmentəl/*adj.* تابِعٌ للمِزاج ؛ مُتَقَلِّبُ الأَهْواء ، ذُو نَزَوات

temperance /ˈtempərəns/*n.* اِعْتِدال ، ضَبْطُ النَّفْس ، اِمْتِناعٌ عَن المُسْكِرات

temperate /ˈtempərət/*adj.* مُعْتَدِل ، غَيْرُ مُتَطَرِّف

temperature /ˈtemprətʃə(r)/*n.* دَرَجةُ الحَرارة ؛ حُمًّى (حُمَّيات)
the boy has a temperature الوَلَدُ مَحْمُوم ، دَرَجةُ حَرارَتِهِ مُرْتَفِعة

tempest /ˈtempɪst/*n.* عاصِفة (عَواصِفُ) ، زَوْبَعة (زَوابِعُ)

tempestuous /temˈpestjʊəs/*adj.* عاصِف ، كَثِيرُ العَواصِف ، (عَلاقة حُبّ) عَنِيفة

temple /ˈtempəl/*n.*
1. (sacred building) مَعْبَدٌ (مَعابِدُ) ، هَيْكَلٌ (هَياكِل)
2. (part of head) صُدْغٌ ، فَوْدٌ

temporal /ˈtempərəl/*adj.*
1. (of time) زَمَنِيّ ، نِسْبةً إلَى الزَّمَن
2. (secular) دُنْيَوِيّ ، عالَمِيّ
3. (*med.*) صُدْغِيّ (عَظْم)

temporary /ˈtempərərɪ/*adj.* مُؤَقَّت ، وَقْتِيّ

temporize /ˈtempəraɪz/*v.i.* أَجَّلَ أَو تَجَنَّبَ اتِّخاذَ قَرار ، ماطَلَ ، مَطَلَ (ـُ)

tempt /tempt/*v.t.* أَغْرَى ، أَغْوَى

temptation /tempˈteɪʃən/*n.* إِغْراء ، إِغْواء

ten /ten/*adj. & n.* عَشَرةُ (رِجال) ، عَشْرُ (نِساء)

tenacious /tɪˈneɪʃəs/*adj.* مُتَمَسِّك ، مُتَشَبِّث ، مُصِرٌّ عَلَى ؛ (ذاكِرة) حافِظة

tenacity /təˈnæsətɪ/*n.* تَمَسُّك ، تَشَبُّث ، تَصَلُّب في الرَّأْي ؛ قُوّةُ الاِسْتِذْكار

tenancy /ˈtenənsɪ/*n.* حِيازةُ (عَقار) ، مُدّةُ إيجار

tenant /ˈtenənt/*n.* مُسْتَأْجِر (عَقار)

tend /tend/*v.t.* رَعَى (يَرْعَى) ، اِعْتَنَى بِـ ، سَهِرَ (ـَ) عَلَى (راحَتِهِ)
v.i. مالَ (يَمِيلُ) ، نَزَعَ (ـِ) إلَى . . .

tendency /ˈtendənsɪ/*n.* مَيْلٌ ، نَزْعةٌ ، جُنُوح إلَى ، اِتِّجاه

tendentious /tenˈdenʃəs/*adj.* (عَلَى نَحْوٍ) اِنْحِيازِيّ ، (مَقال) مُتَحَيِّز

tender[1] /ˈtendə(r)/*v.t. & i.*
1. (offer) قَدَّمَ ، تَقَدَّمَ بِـ
he tendered his resignation قَدَّمَ اسْتِقالَتَهُ
2. (quote a price for) قَدَّمَ ، تَقَدَّمَ بِعَرْضٍ (في مُناقَصة)
n.
1. (statement of price) عَرْضٌ ، عَطاءٌ (في مُناقَصة)
2. (currency) عُمْلة ، نَقْدٌ

tender[2] /ˈtendə(r)/*adj.* رَقِيق ، غَضٌّ ؛ حَسّاس
1. (easily hurt) رَقِيق ، غَضٌّ ، حَسّاس ، سَرِيعُ التَّأَثُّر
2. (loving) حَنُون ، مُحِبّ
she bade him a tender farewell وَدَّعَتْهُ وَداعًا حَنُونًا رَقِيقًا
3. (easily chewed) (لَحْمٌ) طَرِيّ ، سَهْلُ المَضْغ

tendon /ˈtendən/*n.* وَتَرٌ يَرْبِطُ العَضَلَ بالعَظْم

tendril /ˈtendrɪl/*n.* أَرْشِيّة (خُيُوطُ النَّباتِ المُتَسَلِّق المُمْتَدّة)

tenement /ˈtenəmənt/*n.* مَبْنًى يَشْتَمِلُ عَلَى عِدّةِ شُقَق (تَسْكُنُها عائلاتٌ فَقِيرة)

tennis /ˈtenɪs/*n.* التِّنِس ، كُرةُ المِضْرَب

tenor /ˈtenə(r)/*n.* الصّادِح : أَعْلَى أَصْواتِ الرِّجال في الغِناء ؛ فَحْوَى أو مَغْزًى

tense[1] /tens/*n.* صِيغةُ الفِعْل (الماضي ، المُضارِع ، المُسْتَقْبَل الخ)

tense[2] /tens/*adj. & v.t. & i.* (أَعْصابٌ) مُتَوَتِّرة ؛ وَتَّرَ ؛ تَوَتَّرَ (العَضَلُ مَثَلًا)
his face was tense with anxiety ظَهَرَ التَّوَتُّرُ عَلَى وَجْهِهِ لِشِدّةِ قَلَقِهِ
he gets tensed up before an exam تَتَوَتَّرُ أَعْصابُهُ قَبْلَ الاِمْتِحان

tension /ˈtenʃən/ *n.* شَدٌّ (السِّلْك) ، تَوَتُّر ؛ تَوَتُّر أو جُهْد (كَهْرَبا)

tent /tent/ *n.* خَيْمة (خِيَم ، خِيام)

tentacle /ˈtentəkəl/ *n.* لامِسة (لَوامِسُ) ، مِجَسٌّ (مَجاسُّ)

tentative /ˈtentətɪv/ *adj.* (اِسْتِنْتاج) تَجْرِيبيّ ، (اِقْتِراح) مُؤَقَّت ، (عَرْضٌ) غَيْرُ نِهائيّ

tenterhooks /ˈtentəhʊks/ *n. pl. only in*
he was on tenterhooks — كانَ عَلَى أَحَرَّ مِنَ الجَمْر

tenth /tenθ/ *adj. & n.* عاشِرٌ ؛ عُشْرٌ (أَعْشار ، عُشُور)

tenure /ˈtenjʊə(r)/ *n.* حِيازة ، فَتْرَةُ تَوَلٍّ (لِوَظِيفةٍ مَثَلاً)

tepid /ˈtepɪd/ *adj.* (ماءٌ) فاتِر ؛ قَلِيلُ الاِكْتِراث ، غَيْرُ مُتَحَمِّس

term /tɜm/ *n.*
1. (period) فَتْرَةٌ ، أَجَلٌ ، أَمَدٌ
during his term of office — أَثْناءَ تَوَلِّيهِ المَنْصِب
there are three school terms in England — في إِنْكِلْترا ثَلاثةُ فُصولٍ في العامِ الدِّراسيّ
2. (*math.*) حَدٌّ ، طَرَفٌ (رِياضِيّات)
3. (word) عِبارَة ، تَعْبير ، مُصْطَلَح
she explained the theory in simple terms — شَرَحَت النَّظَرِيّةَ بِعِباراتٍ بَسِيطة
4. (*pl.* conditions) شُرُوط
I would be glad to buy it on any terms — أَشْتَرِيها بِكُلِّ سُرُورٍ مَهْما تَكُنِ الشُّرُوط
5. (*pl.* relations) عَلاقات
he was not on speaking terms with his brother — قاطَعَ أَخاهُ لا يُكَلِّمُهُ

terminal /ˈtɜmɪnəl/ *adj.*
1. (of a term) (اِمْتِحان) فَصْلِيّ ، نِسبةً إِلى الفَصْلِ الدِّراسِيّ
2. (final) نِهائيّ ، (سَرَطان) مَيْئُوسٌ مِنْهُ ، مُمِيت
n. 1. (*elec.*) أَحَدُ أَطْرافِ التَّوْصِيل (كَهْرَباء) ، مِرْبَط
2. (*transport*) آخِرُ مَحَطّةٍ لِلقِطار أو الأُوتُوبِيس ؛ مَحَطّةُ السَّفَرِ إِلَى المَطار ؛ مَحَطّةُ سَفَرٍ في مَطار
this bus goes to the air terminal — هٰذِهِ الحافِلة تَذْهَبُ إِلَى مَحَطّةِ الخُطُوطِ الجَوِّيّة (مَرْكَزِ انْطِلاقِ المُسافِرِين)

terminate /ˈtɜmɪneɪt/ *v.t.* أَنْهَى ، أَلْغَى ؛ اِنْتَهَى

termination /ˈtɜmɪˈneɪʃən/ *n.* إِنْهاء ، فَسْخٌ ؛ اِنْتِهاء (العَقْدِ مَثَلاً)

terminology / tɜmɪˈnolədʒɪ/ *n.* (عِلْم) المُصْطَلَحات ؛ مَجْمُوعة الاِصْطِلاحات

termite /ˈtɜmaɪt/ *n.* أَرَضَة ، النَّمْلُ الأَبْيَض

terrace /ˈterəs/ *n.*
1. (level ground) شُرْفة واسِعة
2. (row of houses) صَفٌّ مِنْ مَنازِلَ مُتَماثِلةٍ مُتَلاصِقة

terracotta /ˈterəˈkotə/ *n. & adj.* فَخّارٌ بُنِّيٌّ ضارِبٌ إِلَى الحُمْرة ؛ (لَوْنٌ) بُنِّيٌّ ضارِبٌ إِلَى الحُمْرة

terrain /təˈreɪn/ *n.* مِنْطَقة (مَناطِق) ، تَضارِيسُ أَرْضِيّة

terrible /ˈterəbəl/ *adj.* فَظِيع ، مُفْزِع ، مَلْعُون ؛ هائِل
the food was terrible (*coll.*) — كانَ الأَكْلُ رَدِيئًا جِدًّا ، كانَ الطَّعامُ فَظِيعًا

terribly /ˈterəblɪ/ *adv.* بِشَكْلٍ فَظِيع
the film was terribly boring (*coll.*) — كانَ الفِيلْمُ مُمِلاًّ جِدًّا

terrier /ˈterɪə(r)/ *n.* كَلْبٌ صَغِيرُ الحَجْمِ مِنْ كِلابِ الصَّيْد

terrific /təˈrɪfɪk/ *adj.* هائِل ، رَهِيب ، ضَخْم
we had a terrific time at the fair (*coll.*) — أَمْضَيْنا وَقْتًا رائِعًا في المَعْرِض
the boat was capsized by a terrific wave (*coll.*) — قَلَبَتِ القارِبَ مَوْجَةٌ هائِلة

terrifically /təˈrɪfɪklɪ/ *adv.* جِدًّا ، كَثِيرًا

terrify /ˈterɪfaɪ/ *v.t.* أَخافَ ، أَفْزَعَ ، رَوَّعَ
she was terrified out of her wits — أَفْقَدَها الفَزَعُ رُشْدَها

territorial /ˈterɪˈtɔrɪəl/ *adj.* مَحَلِّيّ ، (مِياه) إِقْلِيمِيّة
Territorial Army — جَيْشٌ إِقْلِيمِيٌّ مِنَ المُتَطَوِّعِين

territory /ˈterɪtrɪ/ *n.* إِقْلِيم (أَقالِيمُ) ، أَراضٍ تابِعةٌ لِدَوْلة

terror /ˈterə(r)/ *n.* رُعْبٌ ، ذُعْرٌ ، هَوْلٌ ، فَزَعٌ
he ran away in terror of his life — هَرَبَ خَوْفًا عَلَى حَياتِهِ
that child is a terror (*coll.*) — هٰذا الطِّفْلُ شَيْطانٌ كَبِير ، هٰذا الطِّفْلُ فَظِيع
reign of terror — حُكْمٌ إِرْهابيّ

terrorism /ˈterərɪzm/ *n.* إِرْهاب (واعْتِداءٌ عَلَى الحُرِّيّاتِ الشَّخْصِيّة)

terrorist /ˈterərɪst/ *n.* إِرْهابيّ

terse /tɜs/ *adj.* مُقْتَضَب ، وَجِيز ، مُوجَز

terylene /ˈterɪlin/ *n.* تِرِلِين ، نَسِيجٌ اصْطِناعِيٌّ مَتِين

test /test/ *n.* تَجْرِبة (تَجارِبُ) ، اِخْتِبار ، اِمْتِحان
he cited a test case in support of his claim — اِسْتَشْهَدَ بِقَضِيّةٍ سابِقةٍ لِتَأْيِيدِ دَعْواهُ
test pilot — طَيّار اخْتِبار
test match — مُباراةٌ دَوْلِيّة في لُعْبة الكِرِيكِيت أو الرَّكْبِي
v.t. فَحَصَ (ــَ) ، اِخْتَبَرَ ، اِمْتَحَنَ ، جَرَّبَ
he had his eyesight tested — فَحَصَ عُيُونَهُ عِنْدَ النَّظّاراتيّ

testament /ˈtestəmənt/ *n.*
1. (will) وَصِيّة (وَصايا)
last will and testament — الوَصِيّةُ الأَخِيرة (مَكْتُوبة)
2. (division of Bible) قِسْمٌ مِنَ الكِتابِ المُقَدَّس
Old/New Testament — العَهْدُ القَدِيم ، العَهْدُ الجَدِيد

testicle /ˋtestɪkəl/ *n.* خُصْيَة (خُصًى)

testify /ˋtestɪfaɪ/ *v.i. & t.* شَهِدَ (ـَ) بِـ، لِـ، عَلَى، دَلَّ (ـُ) عَلَى

the teacher testified to the girl's ability شَهِدَ المُدَرِّسُ بِمَقْدِرَةِ الفَتاة

testimonial /ˈtestɪˋməʊnɪəl/ *n.*

1. (certificate of merit) تَزْكِيَة، شَهادة، شَهادَةُ جَدارة، شَهادَةٌ في حُسْنِ سُلُوك

2. (mark of esteem) تَقْدِمَةٌ تُعَبِّرُ عَن التَّقْدِير

testimony /ˋtestɪmənɪ/ *n.* شَهادة، أقْوالُ الشّاهِد

test-tube /ˋtest-tjub/ *n.* أُنْبُوب أو أُنْبُوبة اخْتِبار

testy /ˋtestɪ/ *adj.* حادُّ الطَّبْع، نَكِدٌ

tetanus /ˋtetənəs/ *n.* داءُ الكُزاز، التِّيتانُوس

tête-à-tête /ˈteɪtɑˋteɪt/ *n. & adv.* مُحادَثة بَيْنَ شَخْصَيْن عَلى انْفِراد، عَلَى انْفِراد، وَجْهًا لِوَجْه

tether /ˋteðə(r)/ *n.* مِطْوَل، حَبْلٌ تُرْبَطُ بِهِ الدّابّةُ أثْناءَ الرَّعْي

he was at the end of his tether عِيلَ صَبْرُهُ، لَمْ يَعُدْ يَتَحَمَّلُ أكْثَرَ مِنْ ذَلِك

v.t. رَبَطَ (ـِ) الدّابّةَ بِمِطْوَل، عَقَلَها

text /tekst/ *n.* نَصٌّ (نُصوص)، مَتْنٌ (الكِتاب) (مُتُون، مِتانٌ)

text-book /ˋtekst-bʊk/ *n.* كِتابٌ مَدْرَسِيّ

textile /ˋtekstaɪl/ *n.* نَسِيج (أنْسِجة) (تُصْنَعُ مِنْها المَلابِس)

adj. نَسِيجِيّ

texture /ˋtekstʃə(r)/ *n.* نَوْعِيَّةُ حِياكَةِ القُماش وَخُيُوطِه، مَلْمَس، تَرْكِيب، بِنْيَة

thalidomide /θəˋlɪdəmaɪd/ *n.* التّالِيدُومايْد (حُبُوب مُهَدِّئة تَسَبَّبَتْ بِوِلادَةِ أطْفالٍ مُشَوَّهِين)

than /ðæn/ *conj.* (مَع صِيغةِ التَّفْضِيل) (أكْبَرُ) مِنْ ...، إلاّ

he is taller than me هُوَ أطْوَلُ مِنِّي

he is no other than my brother هُوَ أخِي لَيْسَ إلاّ

thank /θæŋk/ *v.t.* شَكَرَ (ـُ)

thank you شُكْرًا، أشْكُرُك

thankful /ˋθæŋkfəl/ *adj.* شاكِر، مُمْتَنّ

thankfully /ˋθæŋkfəlɪ/ *adj.* بِامْتِنان

thankless /ˋθæŋkləs/ *adj.* عَمَلٌ غَيْرُ مُكافَأ، (مُهِمّة) خالِية مِنْ كُلِّ تَقْدِير

thanks /θæŋks/ *n. pl.* شُكْرٌ

(many) thanks! (*coll.*) شُكْرًا، كَثَّرَ خَيْرَك

thanks awfully / very much! (*coll.*) شُكْرًا جَزِيلاً

thanks to his foresight بِفَضْلِ بُعْدِ نَظَرِه

small / no thanks to ... رَغْمًا عَنْ، بالرَّغْمِ مِنْ، عَلَى الرَّغْمِ مِنْ، عَلَى كُرْهٍ مِنْ

thanksgiving /ˋθæŋksgɪvɪŋ/ *n.* (صَلاة) شُكْر

Thanksgiving Day عِيدُ الشُّكْرِ في الوِلايات المُتَّحِدة

that /ðæt/ (*pl.* **those** /ðəʊz/) *adj.* ذَلِك

that man is taller than this ذاكَ الرَّجُلُ أطْوَلُ مِنْ هَذا!

pron.

that's that! خَلَص! خَلاص (م)! اِنْتَهَى الأمْر!

rel. pron. (*pl.* **those** /ðəʊz/) الَّذِي، الَّتِي، الَّذِين، اللَّواتِي، الخ ...

all the people that we invited are coming سَيَحْضُرُ كُلُّ الَّذِينَ وُجِّهَت إلَيْهِم الدَّعْوَة

adv. إلَى ذَلِكَ الحَدّ

I cannot see that far لا أسْتَطِيعُ أنْ أرَى حَتَّى ذَلِكَ الحَدّ، لا يَبْلُغُ نَظَرِي إلَى ذاكَ المَدَى

conj. أنَّ، إنَّ

he said that he would come قال إنَّهُ سَيَجِيءُ

come here so that I can see you اِقْتَرِبْ لأتَمَكَّنَ مِنْ رُؤْيَتِك

I will see that he does his homework سَأجْعَلُهُ يَكْتُبُ واجِباتِهِ البَيْتِيَّة

she is so rude that no-one likes her إنَّها وَقِحَةٌ بِحَيْثُ لا يُحِبُّها أحَدٌ

I'll go on condition that you do سَأذْهَبُ شَرِيطَةَ أنْ تَذْهَبَ أنْت

thatch /θætʃ/ *n. & v.t.* سَقْفٌ (لِكُوخ) مَصْنُوعٌ مِنَ القَشّ، سَقَّفَ بالقَشّ

thaw /θɔ/ *v.t. & i.* ذَوَّبَ، أذابَ (الجَلِيد)، ذابَ (يَذُوبُ) الثَّلْج

it took him a while to thaw out with strangers لَمْ يَرْفَعِ الكُلْفَةَ بَيْنَهُ وبَيْنَ الغُرَباءِ إلاّ بَعْدَ لأْيٍ

n. ذَوَبانُ (الثَّلْج)

the /ðə,ði/ *def. article* الـ ...، لامُ التَّعْرِيف

the rich and the poor الأغْنِياءُ والفُقَراء

this is the man you once knew هَذا هُوَ الرَّجُلُ الَّذِي عَرَفْتَهُ ذاتَ مَرَّة

adv.

the more the merrier زِيادَةُ الخَيْرِ خَيْرٌ، في الزِّيادة بَرَكة

theatre /ˋθɪətə(r)/ *n.*

1. (*building*) مَسْرَح (مَسارِح)، دارُ السِّينَما

2. (dramatic literature) مُؤَلَّفات مَسْرَحِيّة

3. (operating room) غُرْفَةُ العَمَلِيّات (في مُسْتَشْفَى)

Belgium has often been a theatre of war كَثِيرًا ما كانَتْ بَلْجِيكا مَسْرَحًا لِلحُرُوب

theatrical /θɪˋætrɪkəl/ *adj.* مَسْرَحِيّ، (تَصَرُّفاتٌ) مُتَكَلَّفة، مُفَخَّم

thee /ði/ *pron. obj. case of* **thou**

theft /θeft/ *n.* سَرِقَة، اِخْتِلاس

their /ðeə(r)/*poss. adj.* ضَمِيرُ المِلْكِيَّةِ للجَمْعِ (ـ هُمْ) (كِتابُهُم)

theirs /ðeəz/ *poss. pron.* خاصَّتُهم ، ضَمِيرُ المِلْكِيَّةِ للجَمْعِ ، لَهُم ، لَهُنَّ

it is our turn not theirs هَذا دَوْرُنا لا دَوْرُهُمْ

theism /ˈθiːɪzm/*n.* الإيمانُ بِوُجودِ إلَهٍ خالِقٍ (وخاصَّةً بإلَهٍ واحِدٍ)

theist /ˈθiːɪst/*n.* مُؤْمِنٌ بِوُجودِ إلَهٍ خالِقٍ ؛ تَوْحِيدِيّ

them /ðem/*obj. case of pron.* **they**

theme /θim/*n.* مَدارُ بَحْث ، جَوْهَرُ مَوْضوعٍ ؛ فِكْرَة مُوسِيقِيَّة

themselves /ðəmˈselvz/ *pron.* (*refl. & emphatic*) أَنْفُسُهُم ، أَنْفُسُهُنَّ

they did the work by themselves أَنْجَزوا العَمَلَ بِأَنْفُسِهِم

they were by themselves when we called كانوا بِمُفْرَدِهِم عِنْدَما زُرْناهُم

they themselves have often made that mistake هُم أَنْفُسُهُم كَثِيرًا ما ارْتَكَبوا هَذا الخَطَأَ

the small children fed themselves أَطْعَمَ الأَوْلادُ الصِّغارُ أَنْفُسَهُم

then /ðen/*adv. & conj. & adj.* في ذَلِكَ الوَقْتِ ، وَقْتَئِذٍ ؛ ثُمَّ

we should know by then لابُدَّ أَنْ يَكونَ الأَمْرُ قَدِ انْجَلَى قَبْلَ ذَلِك

we'll go to Paris first, then to Rome سَنَذْهَبُ إلَى بارِيسَ أَوَّلاً ومِنْ ثَمَّ إلَى رُوما

you say you feel ill; then why don't you call the doctor? تَقولُ إنَّكَ مَرِيض ، لِمَ لا تَسْتَدْعِي الطَّبِيبَ إذًا ؟

then there's James, oughtn't he to come too? ثُمَّ إنَّ هُناكَ جِيمْس ، أَلا يَنْبَغِي أَنْ يَأْتِيَ هُوَ أَيْضًا ؟

now then, what are you up to? أَما وَقَد ضَبَطْتُكَ ، ماذا تَنْوِي مِنْ عَمَلٍ خَبِيثٍ ؟

he did it then and there قامَ بِهِ تَوًّا

the then headmaster مُدِيرُ المَدْرَسَة وَقْتَذاك

every now and then بَيْنَ حِينٍ وآخَر ، بَيْنَ الفَيْنَةِ والفَيْنَة

thence /ðens/*adv.* مِنْ هُناك

thenceforth /ˈðensˈfɔθ/ *adv.* مُنْذُ ذَلِكَ الحِينِ فَصاعِدًا ، فِيما بَعْدُ ، مُذْ ذاكَ

theologian /ˈθɪəˈləʊdʒən/*n.* لاهُوتِيّ ، عالِمٌ باللاّهوت

theological /ˈθɪəˈlɒdʒɪkəl/*adj.* لاهُوتِيّ

theology /θɪˈɒlədʒɪ/*n.* لاهُوت ، عِلْمُ الإلَهِيّات

theorem /ˈθɪərəm/*n.* نَظَرِيَّة (رِياضِيّات) ؛ قَضِيَّة (عِلْمُ المَنْطِق)

theoretical /θɪəˈretɪkəl/*adj.* نَظَرِيّ (خِلافُ عَمَلِيّ)

theory /ˈθɪərɪ/*n.* نَظَرِيَّة ؛ مَبادِئ نَظَرِيَّة

therapeutic /ˈθerəˈpjutɪk/ *adj.* عِلاجِيّ ، خاصٌّ بالمُداواة

therapy /ˈθerəpɪ/*n.* عِلاج ، مُعالَجة

there /ðeə(r)/*adv.* هُناكَ ، هُنالِكَ

there goes the last bus! ها هُوَ الأُوتُوبِيسُ الأَخِيرُ يَفوتُنا !

there's a good boy! بْراڤُو عَلَيْكَ يا شاطِر !

there I agree with you عَلَى هَذا أُوافِقُكَ

there's no stopping him يَسْتَحِيلُ إيقافُهُ

we're nearly there كِدْنا نَصِلُ

int.

there, you've broken it! شُفْت ! كَسَرْتَها !

thereabouts /ˈðeərəbaʊts/ *adv.* تَقْرِيبًا ؛ ما يَقْرُبُ مِنْ ذَلِكَ ؛ زُهاءَ . . . ، حَوالَيْ

thereby /ðeəˈbaɪ/*adv.* وَبِذَلِكَ ، نَتِيجَةً لِهَذا

thereby hangs a tale وَراءَ القَضِيَّةِ قِصَّةٌ طَوِيلة

therefore /ˈðeəfɔ(r)/ *adv.* لِذَلِكَ ، بِناءً عَلَيْهِ ، إذًا ، وَبِسَبَبِ ذَلِك

thereupon /ˈðeərəˈpɒn/*adv.* عَلَى أَثَرِ ذَلِكَ ؛ وَعَلَيْهِ . . .

therm /θɜm/*n.* التِّرْم ، وَحْدَةٌ حَرارِيَّة

thermal /ˈθɜməl/*adj.* حَرارِيّ ، نِسْبَةً إلَى الحَرارة

thermometer /θəˈmɒmɪtə(r)/ *n.* تِرْمومِتْر ، مِقْياس (أو مِيزان) الحَرارة

thermos /ˈθɜmɒs/*n.* تِرْمُسٌ (زُجاجة لِحِفْظِ حَرارةِ السَّوائِل)

thermostat /ˈθɜməstæt/*n.* مُنَظِّمُ الحَرارة

these /ðiz/*pl. of* **this**

thesis /ˈθisɪs/ (*pl.* **~es** /ˈθisiz/) *n.* رِسالة عِلْمِيَّة (لِنَيْلِ شَهادَةٍ جامِعِيَّة) ، أُطْرُوحة ؛ نَظَرِيَّة لِلْمُناقَشة

they /ðeɪ/ (*obj. case* **them**) *pron.* هُمْ ، هُنَّ ، هُما

thick /θɪk/*adj.*

1. (of great depth or width) سَمِيك ، غَلِيظ ، ثَخِين

2. (dense, not clear) كَثِيف ، سَمِيك

thick soup شُورْبة كَثِيفة

through thick and thin في السَّرّاءِ والضَّرّاء

3. (dull) (صَوْتٌ) غَلِيظ ، خَشِن

4. (*coll.* friendly) حَمِيم

they were as thick as thieves كانا كَسَيْفَيْنِ في جِرابٍ واحِدٍ ، كانا عَلَى صَداقةٍ حَمِيمة

thicken /ˈθɪkən/*v.t. & i.* كَثَّفَ ، ثَخَّنَ ، ثَخُنَ (ـُـ) ، تَكاثَفَ (الضَّبابُ)

the plot thickens المَوْقِفُ يَتَأَزَّمُ ، المَسْأَلة تَتَعَقَّد

thicket /ˈθɪkɪt/*n.* أَجَمة (أُجُم ، آجام) ، غَيْضَة (غِياض ، أَغْياض)

thick-headed /ˈθɪk-ˈhedɪd/ *adj.* بَطِيءُ الفَهْم ، ثَخِينُ (الدِّماغ)

thickness /'θɪknəs/ *n.* ثخانة ، سُمْك ، كثافة ، غِلَظ

thick-skinned /'θɪk-'skɪnd/ *adj.* قليلُ الإحساس ، عديمُ الشعور ، متمسِّح (س)

thief /θif/ (*pl.* **thieves**) *n.* لِصّ (لصوص) ، سارق ، حرامي

thieve /θiv/ *v.i.* سَرَقَ (ـِ)

thievish /'θivɪʃ/ *adj.* سَرّاق ، مفطور على السَّرقة

thigh /θaɪ/ *n.* فَخِذ (أفخاذ)

thimble /'θɪmbəl/ *n.* كُشْتُبان ، قُمْع الخياطة

thin /θɪn/ *adj.*

1. (of little depth or width) رقيق ، دقيق ، نحيف ، نحيل ، رفيع
2. (sparse) قليل ، غير كثيف ، متناثر

our troops were very thin on the ground كان عددُ جنودنا ضئيلاً بالنِّسبة إلى العدوّ

3. (unsatifactory) واهٍ

his excuse is a bit thin عذرُه ضعيفٌ بعضَ الشيء

v.t. & i. خفَّفَ (الشَّعْر)، قلَّ ، خفَّ (المرور في ضواحي العاصمة)

thine /ðaɪn/ *poss. adj.* خاصَّتُكَ ، خاصَّتُكِ ، ضميرُ التَّملُّك المُفرَد المُخاطَب للمذكَّر وللمؤنَّث (كلمة قديمة)

thing /θɪŋ/ *n.* شيء (أشياء)

things are getting better الوضعُ في تحسُّن

for one thing I have no money, for another I don't want to go أوَّلاً ليس لديَّ نقود ، وثانيًا لا أريدُ الذَّهاب

that is not the right thing to do لا أستحسِنُ ما فعلتَ ، لا يتمشَّى ما فعلتَ مع الأصول المتَّبعة

that's quite the thing these days هذا هو المرغوبُ هذه الأيام

the thing is, have you got enough money? المهمّ ... عندك فلوس كافية ؟

she has a thing about dirt (*coll.*) عندها وسواسٌ من الوسخ

think /θɪŋk/ (*p.t. & p.p.* **thought** /θɔt/) *v.t. & i.*

1. (use the mind) فكَّرَ ، تفكَّرَ

let me think a moment دعني أفكِّرْ لحظةً !

2. (be of the opinion) حَسِبَ (ـَ) ، اعتقَدَ ، ظنَّ (ـُ)

will it rain? I think not هل ستُمطِر ؟ لا أظنُّ ذلك !

3. (imagine) تصوَّرَ

I can't think what you mean لا أستطيعُ أن أتخيَّلَ ماذا تعني

4. (partially intend) نوى (ينوي) ، فكَّرَ

I think I'll go out tomorrow ربَّما أخرجُ غدًا

5. (expect) توقَّعَ

I thought as much هذا ما توقَّعتُه وقد حصل

6. (*with advs. & preps.*)

please think about my suggestion فكِّرْ في اقتراحي من فضلك

just think of the cost يا للثَّمن الباهظ !

he thinks the world of her هي عنده بالدُّنيا ، يقدِّرها غايةَ التَّقدير

he thinks nothing of working ten hours a day شُغلُ عشرِ ساعاتٍ في اليوم لا شيءَ بالنِّسبة له

I hope you'll think better of it آمُلُ أن تعدِلَ عن رأيكَ (المغلوط)

please think over what I said أرجو أن تتمعَّنَ فيما قلتُ لكَ

that is a well-thought out project ذلك مشروعٌ أُحسِنَ تخطيطُه وتصميمُه

I wonder what he'll think up next تُرى ماذا يدبِّرُ من حِيَلٍ أخرى

he was only thinking aloud إنَّما كان يتفوَّهُ بما يجولُ في خاطره

third /θɜd/ *adj. & n.* الثالث ، ثُلُث (أثلاث)

third-party insurance تأمينُ الطَّرَف الثالث ، تأمينُ المسؤوليَّة المدنيَّة (للسيارات)

thirdly /'θɜdlɪ/ *adv.* ثالثًا

thirst /θɜst/ *n.* عطشٌ ، ظمأ

thirsty /'θɜstɪ/ *adj.* عطشان ، ظمآن ، مُعطِش

tennis is a thirsty game التنسُ من الألعابِ المعطِّشة

thirteen /'θɜ'tin/ *adj. & n.* ثلاثةَ عشرَ (رجلاً) ، ثلاثَ عشرةَ (امرأةً)

thirteenth /'θɜ'tinθ/ *adj. & n.* الثالث عشر ، الثالثة عشرة

thirtieth /'θɜtɪəθ/ *adj. & n.* الثلاثون ، جزءٌ من ثلاثين

thirty /'θɜtɪ/ *adj. & n.* ثلاثون

this /ðɪs/ (*pl.* **these** /ðiz/) *adj. & pron.* هذا ، هذه (هؤلاء)

she'll be here this day week ستكونُ هنا في مثلِ هذا اليوم من الأسبوع القادم

what's all this? (*coll.*) ماذا يجري هنا ؟ أيش صار ؟ (ع) ، إيه الحكاية ؟ (م) ، شُوفي ما في ؟ (س)

thistle /'θɪsəl/ *n.* شوك ، شوكُ الجِمال

thong /θɒŋ/ *n.* سَيْر (سُيور) ، شريط جلديّ للرَّبط

thorax /'θɔræks/ *n.* صدر (صدور) (علم التَّشريح)

thorn /θɔn/ *n.* شوكة (أشواك) ، حسكة

thorny /'θɔnɪ/ *adj.* شائك

this is a thorny problem هذه مشكلة شائكة

thorough /'θʌrə/ *adj.* (فحصٌ) شامل ، مُخلِص أو دقيق (في عمله)

thoroughly /ˈθʌrəlɪ/ *adv.* تَمامًا ، بِإِتْقان ، كُلِّيًّا ، إِطْلاقًا
thoroughbred /ˈθʌrəbred/ *adj. & n.* أَصِيل ، عَرِيق ؛ حِصانٌ أَصِيل
thoroughfare /ˈθʌrəfeə(r)/ *n.* الطَّرِيقُ أَو الشّارِعُ العامّ
no thoroughfare طَرِيقٌ مَسْدُود ، مَمْنُوع المُرُور
those /ðəʊz/ *pl. of* **that**
thou /ðaʊ/ (*obj. case* **thee** /ði/) *pron. usu. poetical* أَنْتَ ، أَنْتِ
though /ðəʊ/ *conj.* مَعَ أَنَّ ، وَلَوْ أَنَّ ، بِالرَّغْمِ مِنْ أَنَّ ، وَإِنَّ
clever though he is he has failed رَسَبَ رَغْمَ ذَكائِهِ
thought[1] /θɔt/ *p.t. & p.p. of* **think**
thought[2] /θɔt/ *n.* فِكْرة ، رَأْيٌ ، تَفْكِير
he was deep in thought كانَ مُسْتَغْرِقًا في التَّفْكِير
the nurse was full of thought for her patient أَحاطَتِ المُمَرِّضةُ المَرِيضَ بِكُلِّ رِعايَتِها
I had no thought of offending you لَمْ أَقْصِد الإساءَةَ إِلَيْك
you should be a thought more considerate of others مِنَ المُسْتَحْسَن أَنْ تُراعِيَ مَشاعِرَ الآخَرِينَ بَعْضَ الشَّيْء
on second thoughts I accept بَعْدَ مُراجَعةِ رَأْيِي أَتَقَبَّلُ عَرْضَك
thoughtful /ˈθɔtfʊl/ *adj.* مُسْتَغْرِقٌ في التَّفْكِير ؛ مُراعٍ لِشُعُورِ الآخَرِين
thoughtless /ˈθɔtləs/ *adj.* غافِل ، طائِش ، غَيْرُ مُراعٍ لِشُعُورِ الآخَرِين
he is thoughtless for the future لا يَكْتَرِثُ لِلْمُسْتَقْبَل
thousand /ˈθaʊzənd/ *n. & adj.* أَلْفٌ (أُلُوف ، آلاف)
she is one in a thousand إِنَّها نادِرةُ المِثال ، قَلَّ مَنْ يُماثِلُها
thrash /θræʃ/ *v.t. & i.*
1. (beat) جَلَدَ (ـِ) ، أَشْبَعَ ضَرْبًا
2. (defeat *coll.*) هَزَمَ (فَرِيقًا) في مُباراة
3. (thresh) دَرَسَ (الحِنْطَةَ)
they thrashed out the problem تَقَصَّوا المُشْكِلَةَ تَقَصِّيًا تامًّا
thread /θred/ *n.*
1. (yarn) خَيْط (خُيُوط) ، فَتْلة
his life hangs by a thread حَياتُهُ عَلى كَفِّ عِفْرِيت
he lost the thread of the argument فَقَدَ سِياقَ المُناقَشة
2. (spiral part of screw) سِنُّ اللَّوْلَب
v.t. لَضَمَ ، أَدْخَلَ الخَيْطَ في ثُقْبِ الإِبْرة
he threaded his way through the crowds شَقَّ طَرِيقَهُ وَسْطَ الجُمُوع
threadbare /ˈθredbeə(r)/ *adj.* بالٍ ، رَثٌّ ، مُهَلْهَل ، (حُجّة) واهِية
threat /θret/ *n.* تَهْدِيد أَو وَعِيد
threaten /ˈθretən/ *v.t. & i.* هَدَّدَ ، تَوَعَّدَ
three /θri/ *adj. & n.* ثَلاث ، ثَلاثة
a three-piece suite طَقْمٌ مُؤَلَّف مِنْ أَرِيكة وَكُرْسِيَّيْن بِمَسْنَدَيْن
threefold /ˈθrifəʊld/ *adj.* ثَلاثةُ أَمْثال ، ثُلاثِيّ ، مُثَلَّث
thresh /θreʃ/ *v.t.* دَرَسَ (ـُ) (الحِنْطَةَ بالنَّوْرَج)
threshold /ˈθreʃəʊld/ *n.* عَتَبةٌ (بابِ البَيْت) ؛ بِداية أَو مُسْتَهَلّ
the country was on the threshold of war كانَتِ البِلادُ عَلى أَبْوابِ الحَرْب
threw /θru/ *p.t. of* **throw**
thrice /θraɪs/ *adv.* ثَلاثُ مَرّات ، ثَلاثًا
thrift /θrɪft/ *n.* الاِقْتِصادُ في الإِنْفاق ، عَدَمُ التَّبْذِير
thrifty /ˈθrɪftɪ/ *adj.* مُقْتَصِد ، مُعْتَدِل في نَفَقاتِهِ
thrill /θrɪl/ *n.* إِثارة ، نَشْوة ، هِزّةٌ (فَرَحٍ أَو خَوْف)
v.t. & i. أَثارَ المَشاعِرَ (فَرَحًا) ؛ اِهْتَزَّ طَرَبًا
thriller /ˈθrɪlə(r)/ *n.* قِصّة أَو فِلْم أَو مَسْرَحِيّة مُثِيرة (لِلْمَشاعِر)
thrive /θraɪv/ (*p.t.* **throve,** /θrəʊv/ *p.p.* **thriven** /ˈθrɪvən/) *v.i.* وُفِّقَ ، نَجَحَ (ـَ) ، نَما وازْدَهَرَ
throat /θrəʊt/ *n.* بُلْعُوم (بَلاعِيم) ، حَلْق (حُلُوق) ، حَنْجَرة (حَناجِرُ) ، حُنْجُور (حَناجِيرُ)
unless you sell cheaper you are cutting your own throat ما لَمْ تَبِعْ بِسِعْرٍ أَرْخَص تُفْلِس
no need to ram it down my throat لا حاجَةَ لِلتَّكْرارِ والإِلْحاح
his story stuck in my throat لَمْ تُقْنِعْنِي حِكايَتُه
throb /θrob/ *v.i.* نَبَضَ (ـِ) ، خَفَقَ (ـُ)
n. خَفَقانُ (القَلْب)
throes /θrəʊz/ *n. pl.* آلام (المَخاض مَثَلًا)
he is in the throes of exams (*coll.*) إِنَّه في مَعْمَعانِ الاِمْتِحاناتِ الآن
thrombosis /θromˈbəʊsɪs/ *n.* جُلْطة دَمَوِيّة ، تَخَثُّر (طِبّ)
throne /θrəʊn/ *n.* عَرْشٌ (عُرُوش) ، مُلْك
throng /θroŋ/ *n. & v.i. & t.* حَشْدٌ ، جَمٌّ غَفِير ؛ اِحْتَشَدَ ، تَجَمْهَرَ ، تَوافَدَ عَلى
throttle /ˈθrotəl/ *n.* صِمام خانِق ، مِخْنَق (مِيكانِيكا) ؛
v.t. & i. خَنَقَ (ـُ) ، كَتَمَ أَنْفاسَهُ ؛ تَحَكَّمَ في تَدَفُّقِ بُخارِ الماءِ أَو البَنْزِين (مِيكانِيكا)
through /θru/ عَبْرَ ، خِلالَ ، مِنْ خِلالِ ،

prep. بواسطة ، عَنْ طَرِيق

we entered through the window دَخَلْنا عَنْ طَرِيقِ النّافِذة

it happened through no fault of mine لَمْ يَحْدُثْ هذا نَتِيجَةَ خَطَإٍ مِنّي

adv. & adj.

I'll put you through to the manager سأُوصِلُكَ بالمُدِير

this is the through train to London هذا هُو القِطارُ المُباشِر إلَى لَنْدَن

he read the book through قَرَأَ الكِتابَ مِنْ أَوَّلِهِ لآخِرِه

he is rotten through and through إنّهُ مُنْحَطٌّ تَمامًا أو بِكُلِّ مَعْنَى الكَلِمة

did your son get through? هَلْ نَجَحَ ابْنُك ؟ (في الامْتِحان)

when will you be through with your work? مَتَى تخلص من شُغْلِك ؟

throughout /θru'ɑʊt/ *adv. & prep.* طَوالَ ، في كُلِّ مَكان ، كُلِّيًّا ، بكامِلِه ، في طُولِهِ وَعَرْضِه

the coat is lined with fur throughout المِعْطَفُ مُبَطَّنٌ بالفَرْوِ تَبْطِينًا كامِلاً

throughout the war طَوالَ مُدَّةِ الحَرْب

throve /θrəʊv/ *p.t. of* **thrive**

throw /θrəʊ/ (*p.t.* **threw** /θru/ *p.p.* **thrown** /θrəʊn/) *v.t.* قَذَفَ (ـِ) ، رَمَى (يَرْمِي) ، أَلْقَى

two jockeys were thrown وَقَعَ جُوكِيّان (أَثْناءَ سِباقِ الخَيْل)

the drunk was thrown out of the pub طُرِدَ المَخْمُورُ مِنَ الحانَة

he threw himself into his work إنْدَفَعَ يَعْمَلُ بِنَشاطٍ وَحَماس

she has thrown off her cold تَخَلَّصَتْ مِنَ الزُّكام

she threw him over تَخَلَّصَتْ مِنْ عَشِيقِها

he threw up his job إسْتَقالَ مِنْ وَظِيفَتِه

let's throw a party (*sl.*) خَلِّينا نَعْمَل حَفْلة

n. (act of throwing) رَمْيٌ ، رَمْيَةٌ

he lived only a stone's throw away كانَ بَيْتُهُ عَلَى بُعْدِ خُطُواتٍ مِنْ هُنا

thrush /θrʌʃ/ *n.*

1. (bird) دُجٌّ ، سُمْنَة (طائِر)

2. (disease) مَرَضُ القُلاع

thrust /θrʌst/ (*p.t. & p.p.* **thrust**) *v.t. & i.* طَعَنَ (ـَ) ، دَفَعَ (ـَ) ، أَقْحَمَ ، شَقَّ (طَرِيقَه)

n. دَفْعة ، طَعْنة

thud /θʌd/ *v.i. & n.* إرْتَطَمَ مُحْدِثًا صَوْتًا مَكْتُومًا ، صَوْتُ ارْتِطام

thug /θʌg/ *n.* بَلْطَجِي ، عُصْبَجِي ، قَبَضاي ، فُتُوَّة (م)

thumb /θʌm/ *n.* إبْهام ، إصْبَعُ الإبْهام

rule of thumb طَرِيقةُ عَمَلٍ مَبْنِيّة عَلَى الخِبْرة العَمَلِيّة وَلَيْسَ النَّظَرِيّة

v.t. مَسَّ ، مَسَحَ (ـَ) بإبْهامِه

the hitch-hiker thumbed a lift (*coll.*) أَوْمَأَ مُسْتَرْكِبُ السَّيّاراتِ بإبْهامِهِ راجِيًا إيصالَهُ مَجّانًا

the pupil thumbed his nose at his teacher لَعَّبَ التِّلْمِيذُ اصابِعَهُ أمامَ أَنْفِهِ ازْدِراءً بِمُدَرِّسِه

thump /θʌmp/ *n.* لَكْمة ، ضَرْبة ، خَبْطة ، صَوْتُ سُقُوطِ جِسْمٍ ثَقِيل

v.t. & i. لَكَمَ (ـُ) ، ضَرَبَ (ـِ) ، خَبَطَ (ـِ)

thunder /'θʌndə(r)/ *n.* رَعْدٌ ، قَصْفٌ ، دَوِيّ

v.i. رَعَدَ (ـُ) ، قَصَفَ (ـِ)

the train thundered through the station إخْتَرَقَ القِطارُ المَحَطّةَ مُحْدِثًا صَوْتًا مُدَوِّيًا

thunderbolt /'θʌndəbəʊlt/ *n.* صاعِقة (صَواعِقُ)

thunderstorm /'θʌndəstɔm/ *n.* عاصِفة رَعْدِيّة

thunderstruck /'θʌndəstrʌk/ *adj.* مَصْعُوق ، مَشْدُوه

Thursday /'θɜzdɪ/ *n.* (يَوْمُ) الخَمِيس

thus /ðʌs/ *adv.* هكَذا ، وَلِذلِك ، وبالتّالِي

thus far إلَى هذا الحَدّ

thwart /θwɔt/ *v.t.* أَحْبَطَ ، خَيَّبَ ، عَرْقَلَ

thy /ðɑɪ/ *poss. pron.* (كِتابُ) كَ ، خاصٌّ بِكَ

thyme /tɑɪm/ *n.* زَعْتَر ، سَعْتَر ، صَعْتَر

thyroid (gland) /'θɑɪrɔɪd (glænd)/ *n.* (الغُدّة) الدَّرَقِيّة ، الدَّرَق

tic /tɪk/ *n.* إخْتِلاجةٌ (في الوَجْه) ، تَشَنُّجٌ عَضَلِيٌّ لا إرادِيّ

tick[1] /tɪk/ *v.i.* تَكَّ (ـُ) ، تَكْتَكَ (كالسّاعة مَثَلاً)

what makes him tick? (*coll.*) ما الّذِي يَجْعَلُه يَتَصَرَّفُ عَلَى هذا النَّحْو ؟ ما هُو سِرُّ نَشاطِه ؟ ما حافِزُهُ عَلَى العَمَل ؟

he ticked the correct answers أَشَّرَ بِعَلامةٍ أمامَ الأَجْوِبَةِ الصَّحِيحة

the teacher ticked him off for being late وَبَّخَهُ المُدَرِّسُ لِتَأَخُّرِه

n. **1.** (sound of clock) تَكّة أو تَكْتَكَة السّاعة

2. (mark) عَلامة ✔

3. (credit *coll.*) عَلَى الحِساب ، بالدَّيْن ، شُكُك (م)

tick[2] /tɪk/ *n.* قُرادَة (قُرادٌ)

tick[3] /tɪk/ *n.* كِيسُ الفِراش أو المِخَدّة (أَكْياس)

ticket /'tɪkɪt/ *n.* تَذْكِرة ، بِطاقة

the driver got a ticket (*coll.*) أَخَذَ السّائِقُ مُخالَفة

tickle /'tɪkəl/ *v.t. & i.*

1. (itch) دَغْدَغَ ، كَرْكَرَ ، زَغْزَغَ

2. (divert, amuse) أَبْهَجَ ، أَضْحَكَ ، سَرَّ (ـُ)

ticklish /ˋtɪklɪʃ/ *adj.* يَتَدَغْدَغُ بِسُرْعة ، حَسّاس للدَّغْدَغة
this is a ticklish situation هٰذا مَوْقِفٌ حَسّاسٌ جِدًّا
tidal /ˋtaɪdəl/ *adj.* مُتَعَلِّقٌ بالمَدِّ والجَزْر
tide /taɪd/ *n.* المَدُّ والجَزْر ، تَيّار (الاِسْتِياء مَثَلاً)
v.t. سَدَّ الحاجة ، فَرَجَ الأَزْمة
this loan will tide me over till I get paid هٰذا القَرْضُ سَيُفْرِجُ أَزْمَتي حَتّى أَقْبِضَ راتِبي
tidings /ˋtaɪdɪŋz/ *n. pl.* خَبَرٌ (أَخْبار) ، أَنْباء
tidy /ˋtaɪdɪ/ *adj.* مُرَتَّب ، مُنَظَّم
that cost a tidy sum of money (*coll.*) كَلَّفَنا هٰذا مَبْلَغًا لا يُسْتَهانُ بِهِ
v.t. & i. رَتَّبَ ، نَظَّمَ
she tidied up the room رَتَّبَتِ الغُرْفةَ
tie /taɪ/ (*pres. part.* **tying**)
v.t. & i. **1.** (fasten) رَبَطَ (ـُ)
2. (restrict) عَرْقَلَ ، عاقَ (يَعُوق)
my hands are tied أَنا مَكْتُوفُ اليَدَيْن
3. (make equal score) تَعادَلَ (في مُباراة)
n. **1.** (neck-tie) رِباطُ العُنُق ، كَرافَتّة (م)
2. (bond) رابِطة ، قَيْد (قُيُود ، أَقْياد)
ties of friendship أَواصِرُ الصَّداقة
3. (restriction)
she found the children a tie وَجَدَتِ الأَطْفالَ قَيْدًا
4. (equal score in game) تَعادُلٌ (في نِقاط اللُّعْبة)
tier /tɪə(r)/ *n.* صَفٌّ واحِدٌ فَوْقَ الآخَر ، صَفٌّ مِنَ المَقاعِد في مُدَرَّج ؛ إِحْدَى طَبَقات كَعْكة العُرْس
tiff /tɪf/ *n.* خِلافٌ بَسِيط ، خِصام
tiger /ˋtaɪgə(r)/ *n.* نَمِرٌ (نُمُور) ، بَبْرٌ (بُبُور)
tight /taɪt/ *adj.*
1. (close-fitting) ضَيِّق ، مَشْدُود (الحِذاء مَثَلاً)
that put him in a tight corner هٰذا أَوْقَعَه في مَأْزِق
money is tight الحُصُولُ على المالِ صَعْبٌ الآن
2. (*sl.* drunk) سَكْران طِينة
tighten /ˋtaɪtən/ *v.t. & i.* شَدَّ ، ضَيَّقَ ، أَحْكَمَ الرَّبْطَ
tight-fisted /ˈtaɪt-ˋfɪstɪd/ *adj.* شَحِيح ، بَخِيل
tights /taɪts/ *n. pl.* كَلْسات كُولُون (س) ، شَراب بالكُلُوت (م) ، جَوارِب نِسائيّة تُغَطِّي النِّصْفَ الأَسْفَلَ مِنَ الجِسْم
tile /taɪl/ *n. & v.t.* قِرْمِيد (لِأَسْطُح المَنازِل) ، بَلاط ؛ قَرْمَدَ ، بَلَّطَ
he has a tile loose (*sl.*) مَجْنُون ، صامُولُه عَقْله مَفْكُوكة (م) ، مُخَبَّل (ع)
till[1] /tɪl/ *n.* الصُّنْدُوق ، دُرْجُ النُّقُود (في مَتْجَرٍ مَثَلاً) ، الكِيس (م)
till[2] /tɪl/ *v.t.* حَرَثَ (ـِ) ، فَلَحَ (ـَ)
till[3] /tɪl/ *prep. & conj.* حَتّى ، إِلَى أَنْ …

tiller /ˋtɪlə(r)/ *n.* ذِراعُ دَفّةِ القارِب ؛ فَلّاح ، حارِث
tilt /tɪlt/ *v.t. & i.* أَمالَ ، مَيَّلَ ؛ هاجَمَ ، اِنْتَقَدَ ؛ مالَ (المَقْعَدُ مَثَلاً)
he is tilting at windmills يُحارِبُ أَعْداءً وَهمِيِّين
n. **1.** (slope) مَيْلٌ ، اِنْحِدار
2. (charge) هُجُوم
they rode on at full tilt اِنْطَلَقُوا بأَقْصَى سُرْعَتِهِم
timber /ˋtɪmbə(r)/ *n.* أَلْواحٌ خَشَبِيّة
standing timber أَشْجارٌ خَشَبُها صالِحٌ لِلنِّجارة
time /taɪm/ *n.*
1. (past, present, and future as a whole) وَقْتٌ (أَوْقات) ، زَمَنٌ (أَزْمان)
2. (specific period) وَقْتٌ
the time is five o'clock السّاعة الخامِسة
at one time I was a teacher كُنْتُ يَوْمًا ما مُدَرِّسًا
3. (*pl. math.*)
three times two are six ثَلاثة في اثْنَيْنِ سِتّة
4. (*mus.*) الإِيقاعُ المُوسِيقِيّ
he is not singing in time لا يَتَماشَى غِناؤُهُ والإِيقاعَ المُوسِيقِيّ
v.t. قاسَ الزَّمَنَ ، سَجَّلَ الوَقْتَ ؛ حَدَّدَ وَقْتًا
his remark was well-timed جاءَتْ مُلاحَظَتُه في حِينِها
time-bomb /ˋtaɪm-bom/ *n.* قُنْبُلةٌ مَوْقُوتة
time-honoured /ˋtaɪm-onəd/ *adj.* مُقَدَّسٌ على مَرِّ الأَيّام ، عَرِيق ، أَصِيل
timekeeper /ˋtaɪmkipə(r)/ *n.* ساعة ؛ مُسَجِّلُ ساعاتِ العَمَل
time-lag /ˋtaɪm-læg/ *n.* فارِق زَمَنِيّ
timeless /ˋtaɪmləs/ *adj.* خالِد ، أَبَدِيّ ، سَرْمَدِيّ
time-limit /ˋtaɪm-lɪmɪt/ *n.* مُهْلة مُحَدَّدة ، زَمَنٌ مُحَدَّد (لإِنْهاءِ مَشْرُوعٍ مَثَلاً)
time-server /ˋtaɪm-sɜvə(r)/ *n.* اِنْتِهازِيّ ، وُصُولِيّ
time-signal /ˋtaɪm-sɪgnəl/ *n.* إِشارةُ ضَبْطِ الوَقْت
timetable /ˋtaɪmteɪbəl/ *n.* جَدْوَلُ مَواعِيد (القِطاراتِ مَثَلاً)
timid /ˋtɪmɪd/ *adj.* خَجِلٌ ، هَيّابٌ ، مُتَهَيِّب
timidity /tɪˋmɪdətɪ/ *n.* خَجَلٌ ، حَياءٌ ، خَفَرٌ
timorous /ˋtɪmərəs/ *adj.* هَيّابٌ ، وَجِلٌ ، فَزِعٌ
tin /tɪn/ *n.*
1. (*metal*) قَصْدِير ، تَنَك
2. (container) عُلْبة (مِنْ صَفِيح) ، قُوطِيّة (ع)
v.t.
I like tinned pineapple أُحِبُّ الأَناناس المُعَلَّب
tincture /ˋtɪŋktʃə(r)/ *n.* صِبْغةُ (اليُودِ مَثَلاً) ، صِبْغٌ (أَصْباغ) ؛ مُسْحة أو صِبْغة (مِنَ التَّسامُحِ مَثَلاً)
tinder /ˋtɪndə(r)/ *n.* الصُّوفان ، مادّة تَحْتَوِي عَلَى

الصُّوفان وَحَجَر القَدْح

tinge /tɪndʒ/*n. & v.t.* مُسْحة أو أَثَرٌ مِنْ ؛ لَوَّنَ تَلْوِينًا خَفِيفًا ، شابَ (يَشُوبُ)

admiration tinged with envy إعْجابٌ يَشُوبُهُ الحَسَد

tingle /ˈtɪŋgəl/*n. & v.i.* تَنْمِيل ؛ شَعَرَ (ـُ) بِوَخْزٍ خَفِيف ، نَمِلَ

tinker /ˈtɪŋkə(r)/*n.* سَمْكَرِي مُتَجَوِّل ، تَنَكْجِي (ع) ؛ غَجَرِيّ ، نَوَرِيّ

v.i. حاوَلَ إصْلاحَ (آلةٍ) بِدُون خِبْرةٍ مِيكانِيكِيّة

tinkle /ˈtɪŋkəl/*n.* رَنِين

give me a tinkle! (*coll.*) دُقّ أو اضْرِب لي تَلِيفون ، تَلْفِنْ لِي

v.i. & t. رَنَّ (ـِ) ؛ رَنَّنَ ، جَعَلَهُ يَرِنّ

tinny /ˈtɪnɪ/*adj.* تَنَكِيّ ؛ (طَنِين) نَشاز ؛ لَهُ طَعْمُ التَّنَكِ المُعَلَّبِ فِيه

tin-opener /ˈtɪn-əʊpnə(r)/*n.* فَتّاحَةُ عُلَب

tinsel /ˈtɪnsəl/*n.* شَرائِط أو خُيُوط مَعْدِنِيّة بَرّاقة (للزِّينة الرَّخِيصة غالِبًا) ، بَهْرَج (بَهارِجُ)

tint /tɪnt/*n. & v.t.* لَوْنٌ خَفِيف ، أَثَرٌ أو ظِلٌّ (مِنْ لَوْن) ؛ لَوَّنَ ، صَبَغَ (ـُ)

tinted spectacles نَظّارات مُعْتِمة

tintack /ˈtɪntæk/*n.* مِسْمارُ تَنْجِيد ذُو رَأْسٍ مُسَطَّح

tiny /ˈtaɪnɪ/*adj.* صَغِيرٌ جِدًّا

tip /tɪp/*n.*

1. (extremity) طَرَفٌ مُسْتَدِقّ (أَطْراف) ، رَأْس ، أَسَلَةٌ (اللِّسان مَثَلًا)

I have the word on the tip of my tongue الكَلِمَةُ على طَرَفِ لِسانِي

2. (dump) مَزْبَلة (مَزابِلُ)

3. (payment for service) حُلْوان ، بَقْشِيش (م) ، بَخْشِيش (س ، ع)

4. (advice) نَصِيحة أو مَشُورة

have you a tip for the Derby? هَل عِنْدَكَ ما تُسِرُّه إلَيَّ عَنِ الجَواد المُحْتَمَل فَوْزُه في سِباقِ الدّاربي ؟

v.t. **1.** (touch lightly) مَسَّ (ـَ) ، لَمَسَ (ـُ)

2. (furnish with tip) رَكَّبَ أَسَلَةً في طَرَفِ شَيْءٍ ، أَسَّلَ ، دَبَّبَ

tipped cigarettes سَجائِرُ بِفِلْتَر (س) ، بِفُمّ (م) ، بِزِبانة (ع)

3. (cause to lean) أَمالَ ، قَلَبَ (ـِ) (الزَّوْرَقَ مَثَلًا)

no rubbish to be tipped here مَمْنُوعٌ إلْقاءُ القُمامة هُنا

4. (pay for service) أَعْطاهُ بَقْشِيشًا ، نَفَحَهُ بَعْضَ النُّقود

tip-off /ˈtɪp-of/*n.*(*coll.*) إخْبارِيّة ، تَبْلِيغٌ سِرِّيّ (للبُولِيس)

tipple /ˈtɪpəl/*v.i.* أَدْمَنَ عَلَى الشُّرْب ، شَرِبَ (ـَ) (خَمْرًا)

tipster /ˈtɪpstə(r)/*n.* مَنْ يُقَدِّمُ مَعْلُوماتٍ لِقاءَ أَجْرٍ عَن احْتِمالِ الفَوْزِ في سِباق

tipsy /ˈtɪpsɪ/*adj.* نَشْوان ، مُنْتَشٍ

tiptoe /ˈtɪptəʊ/*adv. & n.* أَطْرافُ أَصابِعِ القَدَم

v.i. مَشَى عَلَى أَطْرافِ أَصابِعِه

tiptop /ˈtɪpˈtop/*adj.* (*coll.*) مُمْتاز ، عَظِيم ، هائِل !

tire[1] /ˈtaɪə(r)/*see* **tyre**

tire[2] /ˈtaɪə(r)/*v.t. & v.i.* أَتْعَبَ ، أَنْهَكَ ؛ تَعِبَ (ـَ)

tired /ˈtaɪəd/*adj.* تَعْبان ، مُتْعَب ؛ سَئِمٌ (مِن)

tireless /ˈtaɪələs/*adj.* دائِمُ الحَيَوِيّة ، لا يَكِلّ ، لا يَنْضُبُ مَعِينُهُ ، لا يَهْمَد

tiresome /ˈtaɪəsəm/*adj.* مُتْعِب ، مُمِلّ ، مُضْجِر

tissue /ˈtɪʃu/*n.*

1. (fabric) نَسِيج (نُسُج ، أَنْسِجة) قُماش (أَقْمِشة)

2. (*biol.*) نَسِيج (في عِلْمِ الأَحْياء)

3. (soft paper) وَرَقٌ ناعِم رَقِيق

tissue-paper /ˈtɪʃu-peɪpə(r)/*n.* وَرَقٌ ناعِمٌ رَقِيقٌ (تُلَفُّ بِه السِّلَع لِحِمايَتِها)

tit /tɪt/*n.*

1. (bird) قُرْقُف ، عُصْفُور صَغِير

2. (exchange) *only in*

tit for tat واحِدَة بِواحِدة ، العَيْن بالعَيْن

3. (*sl.* nipple) حَلَمَةُ الثَّدْي

titbit /ˈtɪtbɪt/*n.* لُقْمة سائِغة ، أَفْضَلُ جُزْءٍ (مِنْ كَعْكة مَثَلًا)

a titbit of news خَبَرٌ شَيِّق ، نَبَأٌ مُثِيرٌ للدَّهْشة

tithe /taɪð/*n.* ضَرِيبة العُشْر ، عُشُور المال (كَنَسِيّ)

title /ˈtaɪtəl/*n.*

1. (name of book) اِسْمٌ أو عُنْوانٌ (كِتابٍ أو قَصِيدة الخ)

2. (*for profession or status*) لَقَبٌ يَدُلُّ عَلَى مِهْنَةِ الشَّخْصِ أو مَرْكَزِهِ الاِجْتِماعِيّ

we were honoured by the visit of a titled lady شَرَّفَتْنا سَيِّدةٌ مِنْ ذَواتِ الأَلْقابِ بِزِيارَتِها

3. (claim) الحَقُّ الشَّرْعِيّ ، حَقُّ المِلْكِيّة

he has some title to his uncle's property لَهُ بَعْضُ الحَقّ بِمُمْتَلَكاتِ عَمِّهِ

title-role /ˈtaɪtəl-rəʊl/*n.* الدَّوْرُ الّذِي سُمِّيَتْ بِهِ المَسْرَحِيّة

titter /ˈtɪtə(r)/*v.i. & n.* ضَحِكَ (ـَ) ضَحْكَةً مَكْتُومة ؛ ضَحْكة مَكْتُومة

tittle-tattle /ˈtɪtəl-tætəl/*n.* دَرْدَشة ، ثَرْثَرة

tizzy /ˈtɪzɪ/*n.* (*sl.*) ثَوْرة عَصَبِيّة ، بَلْبَلة واضْطِراب

she is in a tizzy هِيَ في حالةٍ عَصَبِيّةٍ فَظِيعة ، طالِعٌ جُنُونُها ، قايِمة قِيامَتُها

to /tu/*prep.*

1. (towards) إلَى ، نَحْوَ ، لِ

it was all to no purpose ذَهَبَتْ مَساعِيهِ سُدًى ،

ذَهَبَتْ جُهُودُهُ هَباءً

2. (as far as) حَتَّى

he drank himself to death قَتَلَهُ السُّكْرُ، ذَهَبَ ضَحِيَّةَ الشُّرْب

3. (before) إِلاَّ

it is ten to four السَّاعة الرَّابِعة إلاَّ عَشْر دَقائق

4. (*of comparison*) لِلْمُقارَنة

they won by three goals to one فازُوا بِثَلاثة أَهْدافٍ مُقابِلَ هَدَفٍ واحِد

5. (*introducing indirect obj.*)

he gave the reward to me خَصَّني بالمُكافَأة

6. (*as sign of infinitive*)

the past is gone never to return اِنْقَضَى الماضِي إِلَى غَيْرِ عَوْدة

adv.

they walked to and fro, talking مَشَوا جِيئةً وَذَهاباً يَتَحَدَّثُون

toad / təʊd / *n.* ضِفْدَع الجَبَل ، ضِفْدَع السُّمّ

toad-in-the-hole / ˈtəʊd-ɪn-ðə-ˈhəʊl / *n.* سُجُق (نَقانِق) مَخْبُوزة داخِلَ عَجِينةٍ خاصّة

toady / ˈtəʊdɪ / *n.* مُتَمَلِّق ، مُتَزَلِّف

toast / təʊst / *n.*

1. (grilled bread) (شَرِيحة) خُبْز مُحَمَّص

2. (drink as greeting) (شَرِب) نَخْبَ (فُلانٍ)

v.t.

1. (grill) حَمَّصَ ، قَمَّرَ

2. (drink a toast) شَرِبَ (ـَ) نَخْبَ (فُلان)

tobacco / təˈbækəʊ / *n.* تِبْغ ، دُخان

tobacconist / təˈbækənɪst / *n.* بائِع سَجائِر وتُنْباك

toboggan / təˈbogən / *n.* & *v.i.* مِزْلَقة (لِلانْزِلاقِ على الثَّلْج) ؛ اِنْزَلَقَ عَلَى الثَّلْج

today / təˈdeɪ / *n.* & *adv.* هٰذا اليَوْمَ ؛ اليَوْمَ ؛ في الوَقْتِ الحاضِر ، الآنَ

toddle / ˈtodəl / *v.i.* دَرَجَ (ـُ) ، مَشَى الطِّفْلُ الصَّغِيرُ مُتَعَثِّراً

toddler / ˈtodlə(r) / *n.* طِفْل في أَوَّلِ مِشْيَتِهِ

to-do / tə-ˈdu / *n. usu.in* ضَجّة ، هَرْجٌ وَمَرْج

what a to-do! يا لَلضَّوْضاء ! ما هٰذه الغَوْغاء !

toe / təʊ / *n.* إِصْبَعُ القَدَم (أَصابِعُ)

the speaker was careful not to tread on anyone's toes حَرِصَ المُتَحَدِّثُ أَلاَّ يَجْرَحَ المَشاعِر

if you don't keep on your toes you'll lose your job إنْ لَمْ تَبْذُلْ كُلَّ جُهْدِك تَفْقِد وَظِيفَتَك

v.t. مَسَّ (الكُرَةَ) بِطَرَفِ القَدَم

the rebels were made to toe the line أُرْغِمَ المُنْشَقُّون على الامْتِثال لأَوامِر (الحِزب)

toffee / ˈtofɪ / *n.* كَرامِيلا (س) ، طُوفي (م) ، نَوْعٌ مِنَ الحَلْوَى

together / təˈgeðə(r) / *adv.* مَعًا ، سَوِيًّا ؛ في وَقْتٍ واحِد

are they living together? هَلْ يَعِيشانِ مَعًا كَزَوْجٍ وَزَوْجة ؟

he has been away for weeks together إنّه مُتَغَيِّبٌ مُنْذُ أَسابِيعَ طَوِيلة

toil / tɔɪl / *n.* عَمَلٌ شاقٌّ ، كَدٌّ وَكَدْحٌ

v.t. كَدَّ (ـُ) ، كَدَحَ (ـَ)

toilet / ˈtɔɪlət / *n.*

1. (washing and dressing) اِغْتِسالٌ وَهَنْدَمة ؛ زِينة ، تَأَنُّق

2. (lavatory) تُواليت ، مِرْحاض

token / ˈtəʊkən / *n.*

1. (evidence, sign of) دَلالة ، رَمْزٌ

the enemy offered only a token resistance أَبْدَى العَدُوُّ مُقاوَمةً شَكْلِيّة

2. (substitute for coin) فِيش (فِيشات) ، أيُّ بَدِيلٍ عَنِ العُمْلة

by the same token لِلسَّبَبِ عَيْنِهِ

told / təʊld / *p.t. & p.p. of* **tell**

tolerable / ˈtolərəbəl / *adj.* مُتَوَسِّط ، مَقْبُول

I am in tolerable health صِحَّتِي لا بَأْسَ بِها

tolerably / ˈtolərəblɪ / *adv.* بَيْنَ بَيْنَ ، نَوْعًا ما

I am tolerably certain he did it أنا مُتَأَكِّدٌ إلى حَدٍّ ما أَنَّهُ فَعَلَ ذٰلِك

tolerance / ˈtolərəns / *n.*

1. (forbearance) تَسامُح ، تَساهُل

2. (*med.*) قُدْرةُ الجِسْم على احْتِمالِ العَقاقِير

3. (*engin.*) تَفاوُت مَسْمُوح بِهِ (هَنْدَسة)

tolerant / ˈtolərənt / *adj.* مُتَسامِح ، رَحْبُ الصَّدْر

tolerate / ˈtoləreɪt / *v.t.* سَمَحَ (ـَ) ب ، تَغاضَى عَن

toleration / ˈtoləˈreɪʃən / *n.* تَسامُحٌ ، رَحابَةُ صَدْرٍ ، تَساهُل ؛ عَدَمُ التَّعَصُّب (الدِّينيّ مثلاً)

toll / təʊl / *n.*

1. (tax) ضَرِيبة مُرُور ، مَكْسٌ (مُكُوس)

toll-gate نُقْطة تَقِفُ عِنْدَها السَّيّاراتُ لأَداءِ رَسْمِ المُرُور

2. (sound of funeral bell) صَوْتُ ناقُوسِ المَوْت (لِلنَّعْي)

v.i. & t. دَقَّ (ـُ) ، قَرَعَ (ـَ) (النّاقُوس)

tomahawk / ˈtoməhɔk / *n.* فَأْسٌ خاصّة بالهُنُودِ الحُمْر

tomato / təˈmɑtəʊ / *n.* طَماطِم ، طَماطَة (ع) ، بَنَدُورة (س) ، قُوطة (م)

tomb / tum / *n.* ضَرِيح (أَضْرِحة) ، قَبْرٌ (قُبُور)

tomboy / ˈtombɔɪ / *n.* فَتاةٌ تَتَشَبَّهُ بالصِّبْيان في الخُشُونةِ والصَّخَب

tomcat /ˈtomkæt/ *n.* هِرٌّ (هِرَرة) ، قِطٌّ (قِطَط)

tomfoolery /ˈtomˈfulərɪ/ *n.* دُعابة صِبْيانِيّة حَمْقاء ، سَخافة ، تَهْريج بايخ

tommy-gun /ˈtomɪ-gʌn/ *n.* مِدْفَع تُومي ، رَشّاش صَغِير

tommy-rot /ˈtomɪ-ˈrot/ *n.* (*coll.*) كَلام فارِغ ، خَرْط (ع) ، هَلْس (م) ، مَسْخَرة (س)

tomorrow /təˈmorəʊ/ *adv.* غَدًا ، في الغَدِ

n. الغَدُ ، نَهارُ الغَدِ

ton /tʌn/ *n.* طُنٌّ (أَطْنان) ؛ مِقْدارٌ كَبِير

he has tons of money (*coll.*) عِنْدَهُ قَناطِيرُ مُقَنْطَرةٌ مِنَ المال

will your motor-bike do the ton? (*coll.*) هَلْ تَجْرِي دَرّاجَتُكَ النّارِيّة بِسُرْعةِ ١٠٠ مِيلٍ في السّاعة ؟

tone /təʊn/ *n.*

1. (sound) نَغْمةُ الصَّوْت ؛ نَبْرةُ الصَّوْت ؛ دَرَجةُ البُعْدِ بَيْنَ نَغْمَتَيْن

2. (quality) جَوٌّ ، صِفة

her presence added tone to the meeting أَضْفَى وُجُودُها رَوْنَقًا عَلَى الاجْتِماع

good muscular tone مُرُونة العَضَلات

3. (shade of colour) دَرَجةُ التَّلْوِين ، حِدّةُ اللَّوْن

v.t. نَغَّم ؛ لَوَّنَ

he was asked to tone down his remarks طُلِبَ مِنْهُ أَنْ يُخَفِّفَ مِن حِدّةِ لَهْجَتِهِ

v.i. اِنْسَجَمَت (الأَلْوان)

these curtains tone in well with the carpets يَنْسَجِمُ لَوْنُ هذه السَّتائِرِ مَعَ السَّجاجِيد

tongs /toŋz/ *n.* مِلْقَط (مَلاقِط) ، ماشة (ع) ، ماشِك (م)

tongue /tʌŋ/ *n.*

1. (speech organ) لِسان (أَلْسُن ، أَلْسِنة)

hold your tongue! صَه ! أُسْكُت ، اِخْرَس

he made the suggestion with his tongue in his cheek قَدَّمَ الاقْتِراحَ بِتَهَكُّمٍ خَفِيّ ، قَدَّمَ الاقتِراحَ شِبْهَ هازِل

2. (language) لُغة ، لِسان

she has the gift of tongues عِنْدَها مَوْهِبة لِتَعَلُّمِ اللُّغات

3. (article so shaped) شَيْءٌ عَلَى شَكْلِ لِسان

the tongue of a shoe لِسانُ الحِذاء

tongue-tied /ˈtʌŋ-taɪd/ *adj.* مَعْقُودُ اللِّسان

tongue-twister /ˈtʌŋ-twɪstə(r)/ *n.* كَلِمة أو جُمْلة يَصْعُب نُطْقُها

tonic /ˈtonɪk/ *n.* مُقَوٍّ ، مُنَشِّط

tonic water مِياهٌ غازِيّة تَحْوِي مادّةَ الكِينا (الكِينِين)

tonight /təˈnaɪt/ *n.* & *adv.* هَذِهِ اللَّيْلةُ ، هذا المَساءُ ؛ اللَّيْلَةَ

tonnage /ˈtʌnɪdʒ/ *n.* حُمُولة أو سَعَةُ السَّفِينة مُقَدَّرة بالطُّنّ

tonsil /ˈtonsəl/ *n.* لَوْزَة الحَلْق (طِبّ)

tonsillitis /ˈtonsɪˈlaɪtɪs/ *n.* اِلْتِهاب اللَّوْزَتَيْن

too /tu/ *adv.* أَيْضًا ، كَذلِك ؛ أَكْثَرُ مِمّا يَنْبَغِي

I shall go too وَأَنا أَيْضًا سَأَذْهَب

I am not too well today لَسْتُ عَلَى ما يُرام اليَوْم

the holidays ended all too soon ما أَسْرَعَ ما انْقَضَتِ الإجازة

he has had one too many أَفْرَطَ في الشَّراب

took /tʊk/ *p.t of* **take**

tool /tul/ *n.* آلة يَدَوِيّة (كالإزْمِيل مَثَلًا) ، أَداة ، وَسِيلة

toot /tut/ *v.t.* & *i.* & *n.* نَفَخَ (ـُ) (في بُوق) ؛ صَوْتُ البُوق أو صَفِيرُهُ

tooth /tuθ/ (*pl.* **teeth**) *n.* سِنٌّ (أَسْنان) ، ضِرْس (أَضْراس)

he escaped by the skin of his teeth نَجا بِأُعْجُوبة

he is long in the tooth إنّهُ هَرِم ، مُسِنّ

she has a sweet tooth تُحِبُّ الحَلْوَى

armed to the teeth مُدَجَّجٌ بالسِّلاح

toothache /ˈtuθeɪk/ *n.* أَلَمُ الأَسْنان ، وَجَعُ الأَضْراس

tooth-brush /ˈtuθ-brʌʃ/ *n.* فُرْشاةُ أَسْنان

tooth-comb /ˈtuθ-kəʊm/ *n.* فَلّايَة ، مُشْطٌ ذُو أَسْنانٍ رَفِيعة

toothsome /ˈtuθsəm/ *adj.* لَذِيذ ، شَهِيّ ، سائغ

top /top/ *n.*

1. (uppermost part) ذِرْوة ، قِمّة

I'm feeling on top of the world أَنا في قِمّة السَّعادة

what will your car do in top? ما هِيَ أَقْصَى سُرْعة تَبْلُغُها سَيّارَتُك ؟

2. (toy) دُوّامة ، خُذْرُوف ، نَحْلة

adj. أَعْلَى ؛ أَحْسَن ، أَفْضَل ، مُمْتاز

v.t.

1. (provide with top or remove it) غَطَّى ؛ قَلَّمَ الباميةَ وما إلَيْها

2. (fill **up**) أَكْمَلَ مَلْءَ خَزّانِ البَنْزِين ؛ أَضافَ مَزِيدًا مِنَ الشَّراب ؛ أَضافَ مَزِيدًا مِن سائلٍ حَتَّى المُسْتَوَى المَطْلُوب

topaz /ˈtəʊpæz/ *n.* التُّوباز أو الزَّبَرْجَد (حَجَرٌ كَرِيم)

top-coat /ˈtop-kəʊt/ *n.* آخِرُ طَبَقة دِهان ؛ مِعْطَف ، بالْطُو ، كَبُّوت

top-hat /ˈtop-ˈhæt/ *n.* قُبَّعة عالِية سَوْداء (رَسْمِيّة للرِّجال)

top-heavy /ˈtop-ˈhevɪ/ *adj.* (جِسْمٌ) قَلِقُ التَّوازُنِ لِثِقَلِ أَعْلاهُ

topic /ˈtopɪk/ *n.* مَوْضُوع

topical /ˈtopɪk(ə)l/ *adj.* مُتَعَلِّق بِشُؤُونِ السّاعة ، مُتَعَلِّق بالأَحْوالِ الرّاهِنة

topographical / ˈtopəˈgræfɪkəl / *adj.* طُوبُوغْرافِيّ

topography / təˈpogrəfɪ / *n.* طُوبُوغْرافِيا ، دِراسَةُ مَعالِمِ سَطْحِ الأَرْض

topple / ˈtopəl / *v.i.* هَوَى (يَهْوِي) ، تَداعَى

t. قَلَبَ (ـِ) ، أَطاحَ بِـ ، أَسْقَطَ

torch / tɔtʃ / *n.*

1. (flaming brand) مِشْعَل (مَشاعِلُ) ، شُعْلَة (شُعَل)

2. (electric lamp) بَطّارِيَّة جَيْب ، بيل (س) ، تُورْج (ع)

tore / tɔ(r) / *p.t. of* **tear**[1]

torment / ˈtɔment / *n.* عَذاب ، أَلَمٌ شَدِيد

v.t. / tɔˈment / عَذَّبَ ، أَقَضَّ مَضْجَعَه

torn / tɔn / *p.p. of* **tear**[1]

tornado / tɔˈneɪdəʊ / *n.* إِعْصارٌ مُدَمِّر

torpedo / tɔˈpidəʊ / *n.* طُورْبِيد (طُورْبِيدات ، طَرابِيدُ)

v.t. نَسَفَ (ـِ) بِطُورْبِيد ، أَفْشَلَ أو أَحْبَطَ (مَشْرُوعًا)

torrent / ˈtorənt / *n.* سَيْلٌ جارِف ، وابِل

torrential / təˈrenʃəl / *adj.* (أَمْطار) غَزِيرَة جارِفَة

torrid / ˈtorɪd / *adj.* شَدِيدُ الحَرارَة ، (المِنْطَقَة) الحارَّة

tortoise / ˈtɔtəs / *n.* سُلَحْفاة (سَلاحِفُ)

tortuous / ˈtɔtʃʊəs / *adj.* مُلْتَوٍ ، مُتَعَرِّج ، مُعْوَجّ

torture / ˈtɔtʃə(r) / *n.* تَعْذِيب ، تَنْكِيل

v.t. عَذَّبَ ، نَكَّلَ بِـ

Tory / ˈtɔrɪ / *n.* عُضْوٌ في حِزْبِ المُحافِظِين البِرِيطانِيّ ، مُحافِظ

toss / tos / *v.t. & i.* قَذَفَ (ـِ) ، رَمَى إِلَى أَعْلَى ، تَقَلَّبَ ، راهَنَ بِرَمْيِ قِطْعَةِ نُقُود

I'll toss you for it لِنَتَراهَن عَلَيْه

he tossed about all night ظَلَّ يَتَقَلَّبُ في فِراشِهِ طَوالَ اللَّيْل

n. مُراهَنة بِرَمْيِ قِطْعَةِ نُقُود

he lost / won the toss خَسِرَ / كَسَبَ الرِّهانَ

tot / tot / *n.*

1. (small child) طِفْلٌ صَغِير

2. (small drink) جُرْعة صَغِيرة (مِنْ مُسْكِر)

v.t. & i. esp. **tot up** جَمَعَ (ـَ) ، أَحْصَى ، بَلَغَ (ـُ) مَجْمُوعُ

total / ˈtəʊtəl / *adj.* كُلِّيّ ، شامِل ، تامّ

n. المَجْمُوع ، حاصِلُ الجَمْع ، إِجْمالِيّ

v.t. & i. جَمَعَ (ـَ) (الأَعْداد) ، بَلَغَ (ـُ) (العَدَدُ)

totalitarian / ˈtəʊˈtælɪˈteərɪən / *adj.* دِكْتاتُورِيّ ، اِسْتِبْدادِيّ ، (حُكُومة) ذات حِزْبٍ واحِدٍ فَقَط

totalitarianism / ˈtəʊˈtælɪˈteərɪənɪzm / *n.* دِكْتاتُورِيّة ، مَذْهَبُ كُلِّيّانِيّةِ الحُكْم

totalizator / ˈtəʊtəlaɪzeɪtə(r) / *n.* آلةٌ حاسِبة تُقَدِّرُ نِسْبَةَ الرِّبْحِ في مُراهَناتِ السِّباق

totally / ˈtəʊtəlɪ / *adv.* كُلِّيًّا ، تَمامًا ، بِأَكْمَلِهِ ، بِأَسْرِهِ ، إِطْلاقًا

totem / ˈtəʊtəm / *n.* طَوْطَم ، رَمْزٌ مُقَدَّس

totter / ˈtotə(r) / *v.i.* تَرَنَّحَ ، هَدَجَ (ـِ) في مِشْيَتِهِ ، تَعَثَّرَ

touch / tʌtʃ / *v.t.*

1. (make contact with) لَمَسَ (ـِ) ، مَسَّ (ـَ)

I've never had an accident, touch wood لَمْ يَحْدُثْ لي حادِثٌ أَبَدًا ، إِمْسِك (أو أَنْقُر عَلَى) الخَشَب ! (تُقالُ خَوْفًا مِنَ الحَسَد)

there's nothing to touch sea air for an invalid لا شَيْءَ يُضاهِي هَواءَ البَحْرِ لِلمَرِيض

2. (affect) أَثَّرَ في النَّفْسِ

the sad story touched our hearts هَزَّتِ القِصَّةُ الحَزِينةُ قُلُوبَنا

the remark touched him to the quick جَرَحَتْهُ المُلاحَظةُ في الصَّمِيم

n.

1. (contact) مَسٌّ ، لَمْسٌ ، صِلَةٌ

out of / in touch (with) مُنْقَطِعُ الصِّلَةِ بِـ أو عَلَى صِلَةٍ بِـ

2. (sense) حاسَّةُ اللَّمْس

3. (trace) قَلِيلٌ مِنْ ، أَثَرٌ

there was a touch of sadness in his voice كانَ في صَوْتِهِ رَنَّةُ حُزْن

it is still touch and go with the wounded man لا يَزالُ الجَرِيحُ بَيْنَ المَوْتِ والحَياة

touchy / ˈtʌtʃɪ / *adj.* شَدِيدُ الحَسّاسِيّة ، سَرِيعُ الاِنْفِعال

tough / tʌf / *adj.* قَوِيُّ البِنْيَة ، (لَحْم) صَعْبُ المَضْغ ، مَتِين ، (قَبَضاي) عَنِيف

toughen / ˈtʌfən / *v.t. & i.* مَتَّنَ ، قَوَّى ، مَتُنَ

tour / tʊə(r) / *n.* جَوْلة ، رِحْلة ، سِياحة

v.i. & t. طافَ (يَطُوفُ) ، جالَ (يَجُولُ) ، ساحَ (يَسِيحُ)

tourist / ˈtʊərɪst / n. سائِح (سُوّاح ، سُيّاح)

tournament / ˈtʊənəmənt / *n.* مُباراة (مُبارَيات)

tousled / ˈtaʊzəld / *adj.* مُشَعَّث ، مَنْكُوشُ الشَّعْر

tow / təʊ / *v.t. & n.* سَحَبَ (ـَ) ، جَرَّ (ـُ) ، قَطَرَ (ـُ) (عَرَبَةً) ، جَرُّ (عَرَبةٍ)

he got a tow to the nearest garage سُحِبَتْ عَرَبَتُه إِلَى أَقْرَبِ مَرْأَبٍ لِتَصْلِيحِ السَّيّارات

towards / təˈwɔdz / *prep.* نَحْوَ ، تُجاهَ ، حَوالَيْ أو قُرُوب ، لِغَرَضِ ...

he sat with his back towards the window جَلَسَ وَظَهْرُه لِلنّافِذة

what is his attitude towards the plan? ما مَوْقِفُه تُجاهَ الخِطّة ؟

they will arrive towards midnight سَيَصِلُونَ قُبَيْلَ مُنْتَصَفِ اللَّيْل

we must save money towards the children's education يَنْبَغِي أَنْ نُوَفِّرَ مالًا لِتَعْلِيمِ الأَوْلاد

towel /ˈtaʊəl/ *n.* مِنْشَفة ، فُوطة (م) ، بَشْكِير (س ، ع)

he threw in the towel (*coll.*) أَعْلَنَ اسْتِسْلامَهُ (مُلاكَمة)

tower /ˈtaʊə(r)/ *n.* بُرْجٌ (أَبْراج)

v.i. with **above** اِرْتَفَعَ فَوْقَ ، عَلَتْ (ناطِحَةُ السَّحاب) فَوْقَ المَنازِل

he was in a towering rage كانَ في سَوْرَةِ غَضَبٍ

tower-block /ˈtaʊə-blok/ *n.* عِمارَةٌ ضَخْمة كَثِيرَةُ الطَّوابِق

town /taʊn/ *n.* مَدِينة ، بَلْدة ، بَلَدٌ

town hall /taʊnˈhɔl/ *n.* دارُ البَلَدِيّة

town house /ˈtaʊn haʊs/ *n.* بَيْتٌ في المَدِينة (خِلافَ سَكَنِ العائِلةِ الرِّيفِيّ) ؛ بَيْتٌ في مَجْمُوعةِ بُيُوتٍ مُتَشابِهةِ التَّصْمِيم

townsman /ˈtaʊnsmən/ *n.* ساكِنُ المَدِينة ، مِنْ سُكّانِ المُدُن ، حَضَرِيّ

tow-path /ˈtəʊ-pɑθ/ *n.* مَسْلَكٌ على ضِفّةِ نَهْرٍ أو قَناةٍ لِجَرِّ القَوارِبِ بالحِبال

toxic /ˈtoksɪk/ *adj.* سامٌّ ، مُسَمِّمٌ

toxin /ˈtoksɪn/ *n.* سُمٌّ ، تُوكْسِين

toy /tɔɪ/ *n.* لُعْبَةٌ ، أُلْعُوبة

v.i. عَبِثَ (ـَ) بِشَيْءٍ شارِدَ الذِّهْنِ أو دُونَ اكْتِراث

he toyed with the idea of buying a car حَلَمَ بِاقْتِناءِ سَيّارة

the child was only toying with his food كانَ الطِّفْلُ يَعْبَثُ بِطَعامِه ولا يأْكُلُ

trace /treɪs/ *v.t.*

1. (track) اِقْتَفَى أَثَرَهُ ، تَعَقَّبَهُ

the rumour was traced back to a journalist تَبَيَّنَ بَعْدَ الاسْتِقْصاء أَنَّ صَحَفِيًّا كانَ مَصْدَرَ الإشاعة

2. (copy) شَفَّ (ـِ) أو اِسْتَشَفَّ رَسْمًا

n. **1.** (sign, effect) أَثَرٌ

2. (small quantity of) مِقْدارٌ ضَئِيلٌ مِن

trachoma /trəˈkəʊmə/ *n.* التّراخُوما ، الرَّمَدُ الحُبَيْبِيّ (طِبّ)

tracing-paper /ˈtreɪsɪŋ-peɪpə(r)/ *n.* وَرَقُ اسْتِشْفاف

track /træk/ *n.*

1. (marks of passage) أَثَرٌ (آثار) ، آثارُ أَقْدام

he covered up his tracks كَتَمَ عَنِ النّاسِ أَيْنَ كانَ وماذا فَعَل

2. (path) دَرْبٌ ، مَسْلَك ، مَمَرٌّ

off the beaten track ناءٍ ومُنْعَزِلٌ عَنِ العُمْران

3. (railway line) خَطُّ السِّكّة الحَدِيدِيّة

4. (path for racing) حَلْبَةُ السِّباق

v.t. اِقْتَفَى أَثَرَه

they tracked down the murderer تَعَقَّبُوا القاتِلَ حَتَّى عَثَرُوا عَلَيْه

tract /trækt/ *n.*

1. (region) مِنْطَقة واسِعة ، صُقْعٌ (أَصْقاع)

2. (short treatise) كُرّاسة دِعائِيّة

tractable /ˈtræktəbəl/ *adj.* لَيِّنُ العَرِيكة ، سَلِسٌ

traction /ˈtrækʃən/ *n.* جَرٌّ ، سَحْبٌ ؛ تَمْطِيطُ المَفاصِل (طِبّ)

traction engine قاطِرةُ جَرٍّ

tractor /ˈtræktə(r)/ *n.* جَرّار زِراعِيّ ، تْراكْتُور

trade /treɪd/ *n.*

1. (business occupation) حِرْفة (تِجارِيّة أو صِناعِيّة)

2. (people engaged in a trade) تُجّار

goods are cheaper for trade السِّلَعُ لِلباعة أَرْخَصُ مِنْها لِلمُشْتَرِين

v.i. & t. تاجَرَ في ؛ بادَلَ ، اِسْتَبْدَلَ ، قايَضَ

he is trading on my good nature إنّه يَسْتَغِلُّ طَبِيعَتِي السَّمْحة

trading estate مِنْطَقة مُخَصَّصة رَسْمِيًّا للمَعامِلِ والمَصانِع

trademark /ˈtreɪdmɑk/ *n.* عَلامة تِجارِيّة ، مارْكة

trader /ˈtreɪdə(r)/ *n.* تاجِرٌ (تُجّار ، تِجار)

tradesman /ˈtreɪdzmən/ *n.* تاجِرٌ ، صاحِبُ حانُوت ؛ عامِلٌ فَنِّيّ (عَسْكَرِيّة)

trade(s)-union /ˈtreɪd(z)ˈjunɪən/ *n.* نِقابةُ عُمّال

tradition /trəˈdɪʃ(ə)n/ *n.* تَقْلِيد (تَقالِيد)

traditional /trəˈdɪʃənəl/ *adj.* تَقْلِيدِيّ

traffic /ˈtræfɪk/ *n.*

1. (movement of vehicles) حَرَكةُ المُرُور

2. (illegal trade) اِتِّجارٌ في أَشْياءَ مَمْنُوعة ، تَعامُل

traffic in drugs تِجارةُ المُخَدِّرات

v.i. (*p.t. & p.p.* **trafficked**) اِتَّجَرَ في ؛ هَرَّبَ (مُخَدِّراتٍ مَثَلًا)

tragedy /ˈtrædʒədɪ/ *n.*

1. (sad event) كارِثة ، مَأْساة (مَآسٍ)

2. (drama) مَأْساة ، تْراجِيدِيا

tragic /ˈtrædʒɪk/ *adj.* تْراجِيدِيّ ، مَأْساوِيّ ، فاجِع ، مُفْجِع

tragically /ˈtrædʒɪklɪ/ *adv.* بِشَكْلٍ مُفْجِع

trail /treɪl/ *n.*

1. (track or trace) أَثَرٌ (آثار)

2. (path) مَمَرٌّ في مِنْطَقةٍ وَعِرة

v.t. **1.** (pull along) جَرَّ (ـُ) ، سَحَبَ (ـَ)

2. (pursue) اِقْتَفَى أَثَرَه ، تَتَبَّعَهُ

v.i. مَشَى بِتَثاقُل ، جَرْجَرَ قَدَمَيْه

trailer /ˈtreɪlə(r)/ *n.*

1. (vehicle) (عَرَبة) مَقْطُورة

2. (film advertisement) مُقْتَطَفاتٌ مِنْ فِيلْمٍ أو بَرْنامَجٍ تِلِفِزْيُونِي (لِلدِّعايةِ عَنْه)

train /treɪn/ *v.t. & i.* دَرَّبَ ، مَرَّنَ ؛ تَدَرَّبَ

1. (cause to develop in a certain way) — عَرَّشَ نَباتًا في اتِّجاهٍ مُعَيَّن
2. (aim) — صَوَّبَ (المِدْفَعَ مَثلاً)
the telescope was trained on the moon — وَجَّهَ المِرْقَبَ (التِّلِسْكُوب) نَحْوَ القَمَر
n. 1. (railway vehicle) — قِطار
2. (succession) — سِلْسِلَة (مِنَ الأحْداث)
she interrupted my train of thought — قَطَعَتْ حَبْلَ تَفْكيري
3. (part of dress) — ذَيْل (الفُسْتان)

trainee / treɪˈni / *n.* — (عامِل) تَحْتَ التَّدْريب
trainer / ˈtreɪnə(r) / *n.* — مُدَرِّب (رِياضِيّ)؛ مُمَرِّن، مُرَوِّض
training / ˈtreɪnɪŋ / *n.* — تَدْريب؛ تَدَرُّب؛ تَمْرين؛ تَمَرُّن
traipse / treɪps / *v.i.* — مَشَى بِتَثاقُل وتَعَب
trait / treɪt / *n.* — سِمَة، صِفَة مُمَيِّزَة، سَجِيَّة (سَجايا)
traitor / ˈtreɪtə(r) / *n.* — خائِن (لِوَطَنِهِ)؛ غادِر، غَدّار، ناكِثٌ لِعَهْدِ (الصَّداقة)
traitorous / ˈtreɪtərəs / *adj.* — خائِن، غادِر
tram / træm / *n.* — تَرام، حافِلة التَّرام
tramp / træmp / *v.i. & t.* — مَشَى مَسافةً طَويلة؛ مَشَى بِخُطُواتٍ مُتَثاقِلة؛ داسَ (يَدُوسُ) تَحْتَ قَدَمِهِ
n. 1. (sound) — وَقْعُ أقْدام
2. (long walk) — جَوْلة (سَيْرًا عَلَى الأقْدام)
I went for a tramp on the hills — ذَهَبْتُ في جَوْلة فَوْقَ التِّلال
3. (vagrant) — صُعْلُوك، مُتَشَرِّد
4. (prostitute *sl.*) — مُومِس، عاهِر
trample / ˈtræmpəl / *v.i. & t.* — وَطِئَ (يَطَأُ)، داسَ (يَدُوسُ)، سَحَقَ (ـَ) بِقَدَمَيْهِ
he allowed those in authority to trample all over him — تَرَكَ أصْحابَ السُّلْطة يَدُوسُونَهُ تَحْتَ أقْدامِهِم (أي تَقَبَّلَ الذُّلَّ والإهانة)
trampoline / ˈtræmpəlin / *n.* — ترامْبُولِين (جِهازٌ يُشْبِهُ السَّرِيرَ ذُو نَوابِض يَقْفِزُ عَلَيْهِ الرِّياضِيُّون بِحَرَكاتٍ بَهْلَوانِيَّة)
tramp-steamer / ˈtræmp-stimə(r) / *n.* — مَرْكَبٌ لِنَقْلِ البَضائِع
trance / trɑns / *n.* — غَشْيَة، غَيْبُوبة، نَشْوَة (المُتَصَوِّف)
tranquil / ˈtræŋkwɪl / *adj.* — هادِئ
tranquillity / trænkˈwɪlətɪ / *n.* — هُدُوء
tranquillizer / ˈtræŋkwɪlɑɪzə(r) / *n.* — (دَواءٌ) مُهَدِّئ، مُسَكِّنٌ للأعْصاب
trans- / trænz / *pref.* — مَقْطَعٌ اسْتِهْلاليّ مَعْناهُ "عَبْرَ" أو "وَراءَ"
transact / trænˈzækt / *v.t.* — تَعامَلَ مَع، قامَ (بِأعْمالٍ تِجارِيَّة مَعَ)
transaction / trænˈzækʃən / *n.* — صَفْقَة، تَعامُل؛ مَحْضَر جَلْسَة
transatlantic / ˈtrænzətˈlæntɪk / *adj.* — عَبْرَ المُحِيطِ الأطْلَسِيّ
transcend / trænˈsend / *v.t.* — تَجاوَزَ، فاقَ (يَفُوق)، سَما (يَسْمُو) فَوقَ
transcontinental / ˈtrænzˈkontɪˈnentəl / *adj.* — عابِرٌ لِلقارّات، عَبْرَ القارّات
transcribe / trænˈskrɑɪb / *v.t.* — نَسَخَ (ـَ)؛ نَقَلَ كِتابةً مُخْتَزَلة أو تَسْجيلاً صَوْتِيًّا إلَى الكِتابة العادِيَّة
transcription / trænˈskrɪpʃən / *n.* — نَسْخ، كِتابة
transfer[1] / trænsˈfɜ(r) / *v.t. & i.* — نَقَلَ (ـُ)، حَوَّلَ؛ اِنْتَقَلَ
transfer[2] / ˈtrænsfɜ(r) / *n.*
1. (handing over) — نَقْلُ (مُوَظَّفٍ مَثلاً) أو تَحْويلُهُ
transfer fee — ثَمَنُ نَقْلِ لاعِبِ كُرَةٍ مِنْ نادٍ لآخَر
2. (transferable design) — رَسْمٌ مَطْبُوعٌ يُمْكِنُ نَقْلُهُ إلَى سَطْحٍ آخَر
transferable / trænsˈfɜrəbəl / *adj.* — قابِلٌ لِلتَّحْويلِ أو لِلنَّقْل
transference / ˈtrænsfərəns / *n.* — نَقْلٌ أو تَحْويل، اِنْتِقال
transfix / trænsˈfɪks / *v.t.* — طَعَنَ (ـَ)، خَزَقَ (ـِ) (بالرُّمْحِ مَثلاً)؛ شَلَّ (ـُ) حَرَكَتَهُ، جَمَّدَهُ في مَكانِهِ (مِنَ الخَوْفِ مَثلاً)
she stood transfixed with amazement — صَعَقَتْها الدَّهْشة، سَمَّرَتْها في مَكانِها
transform / trænsˈfɔm / *v.t.* — حَوَّلَ، غَيَّرَ (الشَّكْلَ أو المَظْهَر)
transformation / ˈtrænsfəˈmeɪʃən / *n.* — تَحَوُّل، تَغَيُّر؛ تَحْويل، تَغْيير
transformer / trænsˈfɔmə(r) / *n.* — مُحَوِّل كَهْرَبائيّ
transfusion / trænsˈfjuʒən / *n.* — نَقْلُ الدَّم
transgress / trænzˈgres / *v.t. & i.* — تَخَطَّى أو تَجاوَزَ (حُدُودَ الأدَب)، اِنْتَهَكَ حُرْمَةَ (مُعاهَدةٍ مَثلاً)؛ أذْنَبَ
transgression / trænzˈgreʃən / *n.* — خَطِيئة (خَطايا)، ذَنْب (ذُنُوب)، إثْم (آثام)
transgressor / trænzˈgresə(r) / *n.* — خاطِئ، مُذْنِب
transient / ˈtrænzɪənt / *adj.* — عابِر، زائِل، مُؤَقَّت
transistor / trænˈzɪstə(r) / *n.* — التِرانْزِسْتور (إلِكْتْرونِيّات)
transit / ˈtrænsɪt / *n.* — مُرُور، عُبُور
he got a transit visa — حَصَلَ عَلَى تَأْشِيرة مُرُور (مِنْ بَلَدٍ لآخَر)
transition / trænˈzɪʃən / *n.* — اِنْتِقال، مَرْحَلة اِنْتِقالِيَّة
transitional / trænˈzɪʃənəl / *adj.* — اِنْتِقاليّ
transitive / ˈtrænzətɪv / *adj.* — فِعْلٌ مُتَعَدٍّ (نَحْو)
transitory / ˈtrænzɪtrɪ / *adj.* — عابِر، زائِل، وَقْتيّ
translate / trænzˈleɪt / *v.t.* — تَرْجَمَ، نَقَلَ مِن لُغَةٍ لأُخْرَى

translation /ˈtrænzˈleɪʃən/ *n.* تَرْجَمَةٌ ، نَقْلٌ إلَى لُغَةٍ أُخْرَى

translator /trænzˈleɪtə(r)/ *n.* مُتَرْجِمٌ

transliterate /trænzˈlɪtəreɪt/ *v.t.* كَتَبَ لُغَةً بِحُرُوفِ لُغَةٍ أُخْرَى

translucent /trænzˈlusənt/ *adj.* نِصْفُ شَفَّاف

transmission /trænzˈmɪʃən/ *n.*
1. (conveyance) نَقْلٌ ، إرْسال
2. (*radio*) إرْسال لاسِلْكِيّ ، إذاعَة ، بَثٌّ
3. (*mech.*) نَقْلُ الحَرَكة (ميكانيكا)

transmit /trænzˈmɪt/ *v.t.*
1. (pass on) نَقَلَ (ـُ)
many poems have been transmitted orally وَصَلَنا الكَثيرُ مِنَ القَصائِدِ عَنْ طَريقِ الرُّواة
2. (send by radio) بَثَّ (ـُ) ، أَرْسَلَ باللاّسِلْكِيّ

transmitter /trænzˈmɪtə(r)/ *n.*
1. (agent) مُرْسِل
2. (apparatus) جِهازُ إرْسال (لاسِلْكِيّ)

transparency /trænˈspærənsɪ/ *n.* شُفُوف ، شَفّافِيَّة ؛ صُورة شَفّافة يُمْكِنُ إسْقاطُها عَلَى شاشة

transparent /trænˈspærənt/ *adj.* شَفّاف ، واضِح

transpire /trænˈspaɪə(r)/ *v.t. & t.*
1. (come to light) تَجَلَّى ، اتَّضَحَ ، تَبَيَّنَ
2. (exude) رَشَحَ (ـَ) ، نَتَحَ (ـَ) ، عَرِقَ (ـَ)

transplant /trænsˈplɑnt/ *v.t.* نَقَلَ نَبْتَةً مِنْ مَكانٍ إلَى آخَر ؛ زَرَعَ (القَلْبَ مَثَلاً)
n. /ˈtrænsplɑnt/ زَرْعٌ ، تَطْعِيم
a kidney transplant زَرْعُ الكُلْيَة

transport[1] /trɑnˈspɔt/ *v.t.* نَقَلَ (ـُ) (البَضائِعَ مَثَلاً)

transport[2] /ˈtrɑnspɔt/ *n.*
1. (conveyance) نَقْلٌ ، مُواصَلات ؛ وَسِيلَةُ نَقْل
have you any transport into the town? هَلْ لَدَيْكَ واسِطَةُ نَقْلٍ إلَى المَدِينة
a transport café مَقْهًى على طَرِيقِ السَّفَرِ لِسائِقِي الشّاحِنات
2. (very strong emotion) طَرَبٌ ، نَشْوة
she was in transports of delight اسْتَخَفَّتْها نَشْوَةُ الفَرَح

transportation /ˈtrɑnspɔˈteɪʃən/ *n.*
1. (conveyance) نَقْلٌ
2. (exile to penal colony) نَفْيٌ أو إبْعادٌ إلَى المُسْتَعْمَرات

transpose /trænˈspəʊz/ *v.t.* بادَلَ بَيْنَ مَوْضِعَيْ شَيْئَيْنِ ؛ بَدَّلَ سُلَّمَ لَحْنٍ بآخَر (موسيقى)

transverse /trænzˈvɜs/ *adj.* عَمُودِيّ على المِحْوَر ، مُعْتَرِض

trap /træp/ *n.*
1. (snare) شَرَكٌ (أَشْراك ، شِراك) ، فَخّ (فِخاخ وفُخُوخ) ، مِصْيَدَة (مَصايِد ومَصائِد)
2. (cart) عَرَبةٌ ذاتُ عَجَلَتَيْنِ يَجُرُّها حِصان
v.t.
1. (capture) اِصْطادَ بِفَخّ ، أَوْقَعَ طَرِيدةً في شَرَك
2. (trick) اِحْتالَ ، خَدَعَ

trap-door /ˈtræp-dɔ(r)/ *n.* بابٌ في أَرْضِيَّة المَسْرَحِ أو في سَقْفِ الغُرْفَة مَثَلاً

trapeze /trəˈpiz/ *n.* أُرْجُوحة (للبَهْلَوان أو الرِّياضِيّ)

trapper /ˈtræpə(r)/ *n.* صَيّادُ حَيَواناتٍ للتِّجارَةِ بِفِرائِها

trash /træʃ/ *n.* تُرَّهات ؛ كِتابة سَخِيفة

trashy /ˈtræʃɪ/ *adj.* (كِتابٌ) تافِه ، (قِصّة) هَزِيلة

trauma /ˈtrɔmə/ *n.* جُرْحٌ ، إصابة ، رَضّ ؛ صَدْمة نَفْسِيّة تُؤَدِّي إلَى العُصاب

traumatic /trɔˈmætɪk/ *adj.* (تَجْرِبة) قاسِية لا تُنْسَى ؛ رَضِّيّ

travel /ˈtrævəl/ *v.t. & i. & n.* سافَرَ ؛ سَفَرٌ
he is a much-travelled man إنّه رَجُلٌ كَثِيرُ الأَسْفار والتَّرْحال
he travels in cotton goods هو وَكِيلٌ مُتَجَوِّل يَبِيعُ البَضائِعَ القُطْنِيّة
travel agent وَكِيلُ سَفَرِيّات ، مَنْدُوبٌ سِياحِيّ

traveller /ˈtrævlə(r)/ *n.*
1. (person on a journey) مُسافِر
2. (commercial agent) وَكِيلٌ أو مَنْدُوبٌ تِجارِيٌّ مُتَجَوِّل
traveller's cheques شِيكات سِياحِيّة

traverse /ˈtrævɜs/ *v.t.* عَبَرَ (ـُ) ، اِجْتازَ

travesty /ˈtrævəstɪ/ *n.* تَشْوِيهٌ (للعَدالة) ، تَحْرِيف ، تَقْلِيدٌ ساخِرٌ لِـ

trawl /trɔl/ *n.* شَبَكة لِصَيْدِ السَّمَك (تُسْحَبُ عَبْرَ قاعِ البَحْر)
v.t. & i. اِصْطادَ أسْماكًا مِن قاعِ البَحْر

trawler /ˈtrɔlə(r)/ *n.* سَفِينة لِصَيْدِ السَّمَكِ مِن قاعِ البَحْر

tray /treɪ/ *n.* صِينِيّة (صَوانٍ)
in-tray, out-tray سَلَّةُ المُراسَلاتِ الوارِدة أو الصّادِرة

treacherous /ˈtretʃərəs/ *adj.* غَدّار ، خائِن (لِصَدِيقٍ أو لِقَضِيّة) ؛ (جَوٌّ) خَدّاع ، غَرّار ، لا يُؤْتَمَن

treachery /ˈtretʃərɪ/ *n.* خِيانة ، غَدْر

treacle /ˈtrikəl/ *n.* عَسَلٌ أَسْوَد ، ثُفْلُ السُّكَّرِ الخام

tread /tred/ (*p.t.* **trod** *p.p.* **trodden**) *v.t. & i.* داسَ (يَدُوسُ) ، وَطِئَ (يَطَأُ)
he trod in his father's footsteps سارَ في خُطَى أَبِيه ، مارَسَ مِهْنَتَه
tread on someone's toes أَساءَ إلَيْه ، جَرَحَ شُعُورَه
tread cautiously in your dealings with him! كُنْ حَذِرًا في مُعامَلَتِكَ مَعَهُ

she trod on air — طارت فرحًا

n.

1. (manner of walking) — وقع الخطى ، وطء (القدمين)

2. (surface of step) — الجزء المسطّح من درجة السلّم

3. (part of tyre) — عمق تحزيزات الإطار المطّاطي (للسيّارة مثلاً)

treadle /ˈtredəl/ *n.* — دوّاسة ، مدوس (يدير مخرطة رجل مثلاً)

treadmill /ˈtredmɪl/ *n.* — مطحنة رجلية ؛ أشغال شاقّة (مجازًا)

treason /ˈtrizən/ *n.* — خيانة (لنظام الحكم) ؛ خيانة عظمى

treasonable / ˈtrɪz(ə)nəbl/ *adj.* — خائن ، (عمل) ينطوي على خيانة

treasure /ˈtreʒə(r)/ *n.* — كنز (كنوز) ؛ (شيء) لا يقدّر بثمن ، ثروة

v.t. — اعتزّ (بصداقته مثلاً) ، ادّخر

she treasured up memories of . . . — ادّخرت ذكريات عن . . .

treasurer /ˈtreʒərə(r)/ *n.* — أمين صندوق (لنادٍ أو جمعيّة)

treasury /ˈtreʒərɪ/ *n.* — خزانة ، خزينة

the Treasury — وزارة الخزانة

this book is a treasury of information — هذا الكتاب كنز معلومات

treat /trit/ *v.t. & i.*

1. (act towards) — عامل ، اعتبر

she treats me fairly — تعاملني معاملة طيّبة

we had better treat it as a joke — خير لنا أن نعتبرها دعابة

2. (apply process or remedy) — عالج ، عامل (كيميائيًّا)

the metal was treated with acid — عولج المعدن بالحامض

I was treated for rheumatism — كنت أتلقّى المعالجة للروماتزم

3. (entertain) — دعا إلى وليمة

he treated us to dinner — دعانا لتناول العشاء

4. (discuss) — ناقش ، بحث (ـ) ، عالج (موضوعًا)

this problem has been treated by many experts — عالج كثير من الخبراء هذه المشكلة

the book treats of recent advances in medicine — يبحث هذا الكتاب في أحدث التطوّرات الطبّيّة

n.

1. (unexpected pleasure) — متعة ، لذّة (غير متوقّعة عادة)

2. (an invitation) — دعوة ، ضيافة

treatise /ˈtritɪz/ *n.* — رسالة أو بحث علمي

treatment /ˈtritmənt/ *n.* — معاملة ؛ علاج طبّي

treaty /ˈtritɪ/ *n.* — معاهدة ؛ اتّفاق بين طرفين أو أكثر

the house was sold by private treaty before the auction — بيع المنزل باتّفاق خاصّ (بينهم) قبل المزاد

treble /ˈtrebəl/ *v.t. & i.* — ضاعف ثلاث مرّات ؛ ازداد

adj. — ثلاثة أضعاف

1. (threefold) — ثلاثة أضعاف

2. (*mus.*) — (صوت) سوبرانو ، حادّ ، من أعلى طبقة صوتيّة

n. — ثلاثي ؛ أعلى طبقة صوتيّة

tree /tri/ *n.* — شجرة (أشجار)

the hunter was treed by a bear — التجأ الصيّاد إلى الشجرة خوفًا من الدبّ

trek /trek/ *n. & v.i.* — رحلة طويلة في أرض وعرة ؛ قام برحلة طويلة شاقّة

trellis /ˈtrelɪs/ *n.* — تعريشة ، تكعيبة (للنباتات المتسلّقة)

tremble /ˈtrembəl/ *v.i. & n.* — ارتجف ، ارتعش ؛ رعشة

his voice trembled with anger — تهدّج صوته غضبًا

he was in a state of fear and trembling — ارتعدت فرائصه

he was all of a tremble (*coll.*) — انتابته رعشة قويّة ، اختضّ كسعفة (ع)

tremendous /trɪˈmendəs/ *adj.* — هائل ، فخم ، جسيم

tremor /ˈtremə(r)/ *n.* — هزّة ، رجفة ، رعشة

trench /trentʃ/ *n.* — خندق

v.t. — حفر خندقًا ، حمى (يحمي) بخندق ؛ تعدّى على

trenchant /ˈtrentʃənt/ *adj.* — حادّ ، لاذع ، حاسم

trend /trend/ *n.* — ميل ، نزعة ، اتّجاه إلى (مذهب ما)

v.i. — مال (يميل) أو نزع (ـ) إلى . . .

trendy /ˈtrendɪ/ *adj.* (*coll.*) — على آخر موضة ، على أحدث طراز

trepidation /ˈtrepɪˈdeɪʃən/ *n.* — قلق ، اضطراب ؛ رجفة

trespass /ˈtrespəs/ *n.* — خطيئة ، ذنب (ذنوب) ؛ تعدّى على ، تجاوز (على)

v.i.

trespasser /ˈtrespəsər/ *n.* — متجاوز (على) ممتلكات غيره ، معتدٍ

"Trespassers will be prosecuted" — الدخول ممنوع تحت طائلة العقاب

tress /tres/ *n.* — خصلة ، جديلة شعر

trestle /ˈtresəl/ *n.* — حامل مزدوج الأرجل ، جحش خشبي

tri- /traɪ/ *pref.* — (بادئة بمعنى) ثلاثي أو مثلّث

trial /ˈtraɪəl/ *n.*

1. (legal) — محاكمة

2. (test) — تجربة ، اختبار

the method of trial and error — عن طريق التجريب ، إيجاد حلّ بعد محاولات فاشلة

he had the machine on trial — أَخَذَ الآلَةَ عَلَى سَبِيلِ التَّجْرِبة (أي قابِلَةً للرَّدّ)

triangle /ˈtraɪæŋgəl/ *n.* — مُثَلَّث (هَنْدَسة)

triangular /traɪˈæŋgjʊlə(r)/ *adj.* — مُثَلَّثُ الشَّكْل

a triangular contest in an election — مُنافَسة اِنْتِخابِيّة ثُلاثِيّة

tribal /ˈtraɪbəl/ *adj.* — قَبَلِيّ ، عَشائِرِيّ

tribe /traɪb/ *n.* — قَبِيلة (قَبائِل) ، عَشِيرة (عَشائِر)

tribesman /ˈtraɪbzmən/ *n.* — أَحَدُ أَفْرادِ القَبِيلة

tribulation /ˈtrɪbjʊˈleɪʃən/ *n.* — مِحْنة ، تَجْرِبة ، مُصِيبة ، بَلِيّة (بَلايا)

tribunal /traɪˈbjunəl/ *n.* — مَحْكَمة خاصّة ، مَجْلِسٌ قَضائِيٌّ للتَّحْقِيق

rent tribunal — مَحْكَمة للنَّظَرِ في الإيجارات

tributary /ˈtrɪbjʊtərɪ/ *n.* — رافِد (رَوافِد) ، بَلَدٌ يَدْفَعُ

adj. — جِزْيةً إلى الفاتِح ، تابِع ، خاضِع لِـ ، دافِعُ جِزْية

tribute /ˈtrɪbjut/ *n.* — جِزْية ، إتاوَة (أتاوى) ، ضَرِيبة تُؤَدِّيها دَوْلةٌ لأُخْرَى ، تَقْدِير ، إجْلال

she paid tribute to his memory — أَشادَتْ بِذِكْراهُ

floral tributes — باقاتُ زَهْرٍ تَكْرِيمِيّة

trice /traɪs/ *n. only in*

in a trice — في غَمْضَةِ عَيْن ، في لَمْحِ البَصَر

trick /trɪk/ *n.* — حِيلة (حِيَل) ، خُدْعة (خُدَع)

he is well up in the tricks of the trade — تاجِر ماهِر يَعْرِفُ كَيْفَ يَجْذِبُ الزَّبائِن

that was a dirty trick — كانَ ذلك عَمَلاً سافِلاً

that will do the trick — هذا يَسُدُّ الحاجة ، يَفِي بالغَرَض

how's tricks? (*sl.*) — ماشي الحال ؟ إزَّيَّك ؟ (م) ، شْلُونَك بِذِراعك ؟ (ع)

v.t. & i.

1. (deceive) — خَدَعَ (ـَـ) ، غَشَّ (ـُـ)

she tricked me into doing it — تَحايَلَتْ عَلَيَّ حَتَّى قُمْتُ بِذلِكَ العَمَل

2. (decorate) — بَرَّجَ ، بَهْرَجَ

she was tricked out in her best dress — كانَتْ في أَبْهَى حُلَلِها

trickery /ˈtrɪkərɪ/ *n.* — خُدْعة ، تَحايُل ، غِشّ

trickle /ˈtrɪkəl/ *v.t. & i.* — نَقَّطَ ، قَطَرَ (ـُـ) ، نَطَفَ (ـِـ)

n. — مَجْرًى قَلِيلُ الماء ، وَشَلٌ (أَوْشال)

only a trickle of information came through — لَمْ يَبْلُغْنا إلاّ النَّزْرُ اليَسِيرُ مِنَ الأَخْبار

trickster /ˈtrɪkstə(r)/ *n.* — نَصّاب ، مُحْتال ، مُخادِع

he is a confidence trickster — إنّهُ نَصّاب يَسْتَغِلُّ ثِقَةَ الآخَرِين

tricky /ˈtrɪkɪ/ *adj.*

1. (crafty) — داهِية (دُهاة) ، ذُو دَهاء

2. (awkward, needing skill) — (عَمَلٌ) دَقِيق ، يَحْتاجُ إلَى خِبْرة ومَهارة

tricycle /ˈtraɪsɪkəl/ *n.* — دَرّاجة ذاتُ ثَلاثِ عَجَلات

triennial /traɪˈenɪəl/ *adj.* — (أَمْرٌ) يَقَعُ كُلَّ ثَلاثِ سَنَوات

trifle /ˈtraɪfəl/ *n.*

1. (slight value) — شَيْءٌ تافِه ، تُرَّهَة

also adv.

she seems a trifle angry — كانَتْ غاضِبةً بَعْضَ الشَّيْء

2. (confection) — حَلْوَى فِيها طَبَقاتٌ مِنَ الجاتُو والفاكِهة والكَسْتَرْدة وغَيْرِ ذلك

v.i. & t. — أَضاعَ الوَقْتَ سُدًى ، عَبِثَ (ـَـ) بِـ

she is not a woman to be trifled with — إنّها امْرأةٌ لا يُسْتَهانُ بِها ، الوَيْلُ لَكَ إنْ لَمْ تَحْسِبْ لَها حِساباً

trifling /ˈtraɪflɪŋ/ *adj.* — تافِه ، عَدِيمُ الأَهَمِّيّة ، طَفِيف

trigger /ˈtrɪgə(r)/ *n.* — زِناد (أَزْنِدة) ، كَسْتَبَن ، مِقْداح

v.t. — أَطْلَقَ ، أَفْلَتَ ، أَشْعَلَ (ثَوْرَة)

their decision triggered off a train of events — فَجَّرَ قَرارُهُم سِلْسِلةً مِنَ الأَحْداث

trigonometry /ˈtrɪgəˈnomətrɪ/ *n.* — عِلْمُ المُثَلَّثات

trilby (hat) /ˈtrɪlbɪ(hæt)/ *n.* — بُرْنَيْطة رِجالِيّة ، قُبَّعة مِن الجُوخِ النّاعِم

trill /trɪl/ *n. & v.i. & t.* — زَغْرَدة (زَغارِيد) ، زَغْرَدَ ، غَرَّدَ ، رَدَّدَ الصَّوْتَ بِرَعْشةٍ في الغِناء

trilogy /ˈtrɪlədʒɪ/ *n.* — ثُلاثِيّة ، تَأْلِيفٌ فَنِّيٌّ مِنْ ثَلاثةِ أَجْزاء

trim /trɪm/ *n.* — تَشْذِيب ، تَقْلِيم ، تَرْتِيب أو تَنْسِيق

the ship was in fighting trim — كانَتِ السَّفِينةُ عَلَى أُهْبةِ الاِسْتِعْدادِ لِلْقِتال

adj. — مُرَتَّب ، مُنَمَّق

v.t. & i. **1.** (tidy) — شَذَّبَ ، قَلَّمَ ، رَتَّبَ

I trimmed the lamp — شَذَّبْتُ فَتِيلَ المِصْباح

2. (decorate) — زَخْرَفَ

she trimmed her hat with ribbon — زَيَّنَتْ قُبَّعَتَها بِشَرائِط

3. (adjust *sails*) — عَدَّلَ أَشْرِعَةَ السَّفِينة ، وازَنَ الثِّقَلَ في الطّائِرة

trimming /ˈtrɪmɪŋ/ *n.* — زَرْكَشةُ المَلابِس ، زِينة ، زُخْرُف

trinity /ˈtrɪnɪtɪ/ *n.* — ثُلاثِيّ ، ثالُوث

the Trinity — الثّالُوث المُقَدَّس (عِنْدَ المَسِيحِيِّين)

trinket /ˈtrɪnkɪt/ *n.* — حِلْيَة (حُلًى) صَغِيرة ورَخِيصة ، شَيْءٌ مُبَهْرَج

trio /ˈtriəʊ/ *n.* — ثُلاثِيّ ، فِرْقة ثُلاثِيّة ، تَأْلِيف لِثَلاثةِ عازِفِين

trip /trɪp/ *v.t. & i.*

1. (cause to stumble) — عَثَّرَ ، أَعْثَرَ

2. (stumble) — زَلَّتْ قَدَمُهُ ، عَثَرَ (ـُـ)

3. (walk lightly) — خَطا بِخِفّة

n. **1.** (journey) رِحْلة ، جَوْلة ، سَفْرة

2. (stumble) عَثْرة ، كَبْوة ، زَلَّةُ قَدَم

tripartite / ˈtraɪˈpɑtaɪt / *adj.* (اتِّفاقٌ) ثُلاثيّ

tripe / traɪp / *n.* كَرْشة (كُرُوش) الحَيَوانات المُجْتَرَّة (تُتَّخَذُ طَعامًا) ؛ هُراء ، كَلامٌ فارِغ ، تُرَّهات (عامّيّة)

triple / ˈtrɪpəl / *adj.* (حِلْف) ثُلاثيّ ؛ ثَلاثة أَضْعاف

v.t. & i. ثَلَّثَ ، ضاعَفَ ثَلاثَ مَرّاتٍ ؛ تَضاعَفَ ثَلاثَ مَرّاتٍ

triplet / ˈtrɪplət / *n.* مَجْموعة مِنْ ثَلاثة ؛ أَحَدُ ثَلاثةِ تَوائِم

triplicate / ˈtrɪplɪkət / *adj.* مِنْ ثَلاثِ نُسَخ

n. ثَلاثُ نُسَخ

the agreement was drawn up in triplicate دُوِّنَ الاتِّفاقُ في ثَلاثِ نُسَخ

tripod / ˈtraɪpod / *n.* حامِلٌ ثُلاثيّ القَوائِم ، سِيبة (س ، ع)

tripper / ˈtrɪpə(r) / *n.* عابِرُ سَبيل ، سائِحٌ عابِر (لَفْظٌ يُقالُ ازْدِراءً)

trite / traɪt / *adj.* (قَوْلٌ) مُبْتَذَل ، تافِهٌ ، سَخيف

triumph / ˈtraɪʌmf / *n.* نَصْرٌ ، اِنْتِصار ، ظَفَرٌ

v.i. اِنْتَصَرَ ، تَغَلَّبَ على ؛ اِبْتَهَجَ بِنَصْرِه

triumphant / traɪˈʌmfənt / *adj.* مُنْتَصِر ، مُبْتَهِجٌ بِنَصْرِه

trivial / ˈtrɪvɪəl / *adj.* تافِهٌ ، مُبْتَذَل

triviality / ˈtrɪvɪˈælətɪ / *n.* تَفاهة ، اِبْتِذال

trod, trodden / trod,ˈtrodən / *p.t. & p.p. of* **tread**

trolley / ˈtrolɪ / *n.* عَرَبة صَغيرة تُدْفَعُ باليَد ؛ عَرَبة صَغيرة لِنَقْلِ أَطْباقِ الطَّعامِ وَغَيْرِه ، تْرولي

trolley-bus حافِلة كَهْرَبائيّة ، أُوتوبيس كَهْرَبائيّ

trombone / tromˈbəʊn / *n.* تْرُومْبُون ، آلة مُوسيقيّة كالبُوق

troop / trup / *n.*

1. (company, band) جَماعة ، فِرْقة (فِرَق)

2. (*pl.* soldiers) جُنُود ، جَيْش ، عَسْكَر

v.i. & t. ذَهَبُوا جَماعاتٍ ؛ تَجَمَّعوا ؛ عَرَضَ (ـِ) (الأَعْلامَ)

trooping the colour حَفْلٌ رَسْميٌّ يُعْرَضُ فيه عَلَمُ الفِرْقةِ العَسْكَريّة ، مَراسِمُ العَلَم

trooper / ˈtrupə(r) / *n.* جُنْديٌّ في سِلاحِ الفُرْسان

he was swearing like a trooper كانَ يَسُبُّ سَبَّ الذينَ كَفَروا

trophy / ˈtrəʊfɪ / *n.* غَنيمة تُحْفَظُ تَذْكارًا ؛ جائِزة رِياضيّة

tropic / ˈtropɪk / *n.* مَدار (السَّرَطان أو الجَدْي) ؛ مَداريّ

the tropics المِنْطَقة المَداريّة

tropical / ˈtropɪkəl / *adj.* اِسْتِوائيّ ، خاصٌّ بالمَناطِقِ الحارّة

trot / trot / *n.* خَبَبُ (الفَرَس) ، هَرْوَلة (في المَشْي)

I was kept on the trot all morning (*coll.*) بَقيتُ أَشْتَغِلُ طَوالَ الصَّباحِ دُونَ انْقِطاع

v.i. & t. خَبَّ (ـُ) ، هَرْوَلَ في مَشْيِه

he trotted his guest off his legs (*coll.*) تَجَوَّلَ بِضَيْفِهِ حَتّى أَنْهَكَهُ تَعَبًا

trotters / ˈtrotəz / *n.* أَكارِعُ (الخِنْزيرِ أو الضَّأنِ خاصّةً) ، كَوارِع ، مَقادِم (س)

trouble / ˈtrʌbəl / *v.t. & i.* ضايَقَ ، أَتْعَبَ ؛ اِنْزَعَجَ

may I trouble you to shut the door? أَغْلِقِ البابَ إذا تَكَرَّمْتَ

he likes to fish in troubled waters يُحِبُّ اسْتِغْلالَ المَواقِفِ الحَرِجة ، يُحِبُّ الصَّيْدَ في الماءِ العَكِر

n. ضِيقٌ ، اِضْطِراب ، قَلَقٌ ، خَلَلٌ

what's the trouble now? ما المُشْكِلة ؟ شُو القِصّة ؟

she suffers with heart trouble إنَّها مُصابة بِمَرَضِ القَلْب

I shall be in trouble if I am late سَأَجُرُّ على نَفْسي المَتاعِبَ إنْ تَأَخَّرْتُ

he got the girl into trouble حَبَّلَها بالحَرام ، حَمَّلَها سِفاحًا

trouble-shooter / ˈtrʌbəl-ˈʃutə(r) / *n.* خَبيرٌ في تَحْديدِ مَصْدَرِ الخَلَل ، خَبيرٌ في التَّحْكيمِ بَيْنَ العُمّالِ وأَصْحابِ العَمَل ؛ حَلّالُ العُقَد

troublesome / ˈtrʌbəlsəm / *adj.* مُتْعِب ، مُزْعِج

trough / trof / *n.* حَوْضٌ لِعَلَفِ الماشِية وَسَقْيِها ، مِعْلَف

trounce / traʊns / *v.t.* ضَرَبَ بِشِدّة ؛ وَبَّخَ ؛ هَزَمَ

troupe / trup / *n.* فِرْقة مِنَ المُمَثِّلين (الجَوّالين)

trousers / ˈtraʊzəz / *n. pl.* سِرْوال (سَراويل) ، بَنْطَلُون

trousseau / ˈtrusəʊ / *n.* جِهازُ العَرُوس

trout / traʊt / *n.* سَمَكُ الأُطْروط ، تْرُويت (س) ، الزَّبيدي (ع)

trowel / ˈtraʊəl / *n.* مالَج ، مَسْطَرين (م) ، مِعْلَقة (س)

truancy / ˈtruənsɪ / *n.* تَغَيُّبٌ بِدُونِ إِذْن

truant / ˈtruənt / *n.* تِلْميذٌ مُتَغَيِّب بِدُونِ إِذْن

adj. مُتَقاعِس ، مُتَهَرِّب مِنَ المَسْؤُوليّة ، شارِد

he played truant تَهَرَّبَ مِنَ الدَّرْس ، زَوَّغَ (م)

truce / trus / *n.* هُدْنة ، مُهادَنة

truck / trʌk / *n.*

1. (railway wagon) مَقْطُورة مَكْشُوفة لِنَقْلِ البَضائِع عَلى السِّكّة الحَديديّة

2. (lorry) شاحِنة ، لُوري ، كَمْيُون

3. (dealing) مُقايَضة ، تَبادُل

I will have no truck with rogues لَنْ أَتَعامَلَ مَعَ الأَوْغاد

truculence / ˈtrʌkjʊləns / *n.* مُشاكَسة ، شَراسة ، غَطْرَسة

truculent / ˈtrʌkjʊlənt / *adj.* مُشاكِسٌ يَتَحَرَّشُ بِغَيْرِه

trudge / trʌdʒ / *v.t. & i.* مَشَى بِتَثاقُلٍ وبُطْءٍ

n. سَيْرٌ بِتَثاقُل

true / tru / *adj.*

1. (in accordance with fact) حَقيقيّ ، صَحيح

his prophecy came true — تحقّقت نبوءته

2. (loyal) — وفيّ ، مُخْلِص

he was true to his word — وَفَى بعهده ، بَرّ بوعده

3. (genuine) — صَحِيح ، أَصْلِيّ ، خالِص

my own true love — هي حبيبة قلبي

n. only in

that wall is out of true — ذاك الجدار مائل

truffle /ˈtrʌfəl/ *n.* — كَمْء (كَمْأة ، أَكْمُؤ)

truly /ˈtrulɪ/ *adv.* — حقيقة ، حقًّا ، في الواقع ؛ (تحدّث) بصدق

yours truly — عبارة تُختم بها الرسائل تُشبه في معناها عبارة «المُخلص»

trump /trʌmp/ *n. & v.t.* — ورقة من النقش الرابح في ألعاب الورق ؛ ألقى إحدى الأوراق الرابحة

a trumped-up excuse — عُذر كاذب ، ذريعة مُلفّقة

trumpet /ˈtrʌmpɪt/ *n.* — بُوق (أبواق ، بُوقات) ، نفير (أنفار ، أنفرة)

he likes to blow his own trumpet — يُحبّ التفاخر بنفسه ، يُحبّ التبجّح

v.t. & i.

1. (of elephant) — جأر (ـَ) (الفيل)

2. (proclaim) — أعلن (خبرًا) ، أذاعه

truncheon /ˈtrʌntʃən/ *n.* — عصا الشرطي ، هراوة قصيرة

trundle /ˈtrʌndəl/ *v.t. & i.* — دحرج ، تدحرج (البرميل)

trunk /trʌnk/ *n.*

1. (main part of body) — جذع (الجسم)

2. (main stem of tree) — جذع الشجرة أو ساقها

3. (large box) — صُندوق لأمتعة المسافر

4. (of elephant) — خُرطوم الفيل

5. (*pl.* pants for swimming) — لباس السباحة للرجال ، مايوه رجاليّ

adj.

trunk call — مُخابرة هاتفيّة بين مدينتين ، مُخابرة خارجيّة

trunk line — الخطّ الرئيسيّ للسكّة الحديديّة ؛ الخطّ التليفونيّ الرئيسيّ بين المدن

trunk road — طريق رئيسيّ يربط بين مدينتين ، طريق سلطانيّ

truss /trʌs/ *n.* — جمالون (معمار) ؛ حزام الفتق

v.t. — دعم بجمالون ، كتّف دجاجة قبل طهيها

trust /trʌst/ *n.*

1. (belief, faith) — ثقة ، ائتمان

put your trust in me — اجعلني موضع ثقتك

I took his statement on trust — صدّقت كلامه لثقتي به

2. (responsibility) — مسؤوليّة

she holds a position of trust — تشغل منصبًا مسؤولًا

3. (*leg.*) — وديعة (ودائع) ، أمانة

the property is held in trust — هذا الملك موقوف لصالح مستفيد معيّن

4. (*commerc.*) — اتّحاد احتكاريّ بين شركات

unit trust — شركة تستثمر أموالها في شركات أخرى

v.t.& i.

1. (place confidence **in, to**) — وثق (يثق) به ، ائتمن

he trusts too much to chance — يُفرط في الاعتماد على الحظّ

2. (hope) — أمل (ـُ) ، رجا (يرجو)

I trust you are well — أرجو أن تكون بخير

trustee /trʌˈsti/ *n.* — وصيّ ، حارس ، قيّم ، وكيل وقف

the Public Trustee — الوصيّ العموميّ

trustworthy /ˈtrʌstwɜðɪ/ *adj.* — جدير بالثقة ، موثوق به ، يُعتمد عليه ، مؤتمن

trusty /ˈtrʌstɪ/ *adj.* — وفيّ ، موضع ثقة ، يُركن إليه

truth /truθ/ *n.* — الحقّ ، الصدق ، الحقيقة

to tell the truth I forgot our appointment — الحقيقة أنّي نسيت ميعادنا

truthful /ˈtruθfəl/ *adj.* — صادق ، صدوق

truthfulness /ˈtruθfəlnəs/ *n.* — صدق ، صحّة

try /traɪ/ *v.t. & i.*

1. (attempt) — حاول

he is trying his hardest — إنّه يبذل قصارى جهده

2. (test) — جرّب ، اختبر

a tried friend — صديق مُجرّب (أي يُعتمد عليه)

don't try my patience too far! — لا تجعلني أفقد صبري !

try me out for the job — اختبر صلاحيّتي للمهمّة

3. (*leg.*) — حاكم

n. — تجربة ، محاولة ؛ تسجيل هدف في لعبة الرَّكبي (يُعادل ثلاث نقاط)

let me have a try at it — دعني أجرّب

trying /ˈtraɪɪŋ/ *adj.* — شاقّ ، مُجهد ، مُتعب

tsetse /ˈtsetsɪ/ *n.* — ذبابة التسي تسي (التي تُسبّب مرض النوم)

tub /tʌb/ *n.* — حوض ، طست (طسوت) ؛ حمّام

he prefers a tub to a shower — يُفضّل «البانيو» على الدوش

tubby /ˈtʌbɪ/ *adj.* — بدين ، سمين

tube /tjub/ *n.*

1. (pipe) — أنبوب (أنابيب) ، أنبوبة

2. (soft metal container) — أنبوبة (معجون الأسنان)

3. (underground railway in London) — مترو ، قطار كهربائيّ يمرّ في نفق تحت الأرض (في لندن)

tuber /ˈtjubə(r)/ *n.* — درنة ، عسقول (نبات)

tubercular / tju'bɜkjʊlə(r) / *adj.* دَرَنِيّ ، مَسْلُول ، مُصابٌ بالسِّلّ

tuberculosis / 'tju'bɜkjʊ'ləʊsɪs / *n.* السِّلّ ، التَّدَرُّنُ الرِّئَوِيّ

tubing / 'tjubɪŋ / *n.* أنابيب (مِنَ المَعْدِن أو الزُّجاج ألخ)

tubular / 'tjubjʊlə(r) / *adj.* أُنْبُوبِيّ الشَّكْل

tuck / tʌk / *v.t. & i. with* **up** / **in**

1. (fold over) ثَنَى (يَثْنِي) ، شَمَّرَ

he tucked up his sleeves شَمَّرَ أكْمامَهُ

2. (put / push into a desired position) أدْخَلَ طَرَفَ شَيْءٍ في شَيْءٍ آخَر ، دَكَّ (س)

3. (eat heartily) أكَلَ بِنَهَمٍ وَشَهِيَّة

n.

1. (fold sewn in garment) ثَنْيَة ، طَيَّة (خِياطة)

2. (*sl.* food) الكَعْك والحَلْوِيّات (التي يَشْتَرِيها أوْلادُ المَدْرَسة عادةً)

the boys had a good tuck-in أكَلَ الأوْلادُ وَجْبةً ضَخْمة

Tuesday / 'tjuzdɪ / *n.* يَوْمُ الثُّلاثاء

tuft / tʌft / *n.* خُصْلة (خُصَل) (مِنَ الشَّعْر) ، حُزْمة (حُزَم) (أعْشاب)

tug / tʌg / *v.t. & i.* جَرَّ (ـُ) ، شَدَّ (ـُ) بِقُوَّة

n. **1.** (pull) شَدَّةٌ عَنيفة

parting from her children was a tug شَقَّ عَلَيْها فِراقُ أبْنائِها

2. (towing-vessel) زَوْرَقُ جَرّ ، جَرّارة (س) ، ماطُور (ع) ، رَفّاس (م)

tug-of-war / 'tʌg-əv-'wɔ(r) / *n.* لُعْبَةُ شَدٍّ أو جَرِّ الحَبْل

tuition / tju'ɪʃən / *n.* تَعْليم ، تَدْريس

tulip / 'tjulɪp / *n.* خُزامَى (زَهْرة بَصَلِيّة) ، تُولِيب

tum / tʌm / *abbr. of* **tummy**

tumble / 'tʌmbəl / *v.i.* وَقَعَ فَجْأةً ، سَقَطَ (ـُ) ، عَثَرَ (ـُ)

the tired children tumbled into bed ألْقَى الأطْفالُ المُتْعَبُون بِأنْفُسِهِم في الفِراش

at last he tumbled to what I was hinting at (*coll.*) وأخِيرًا فَهِمَ تَلْمِيحاتِي

n. كَبْوة ، عَثْرة

tumble-down / 'tʌmbəl-daʊn / *adj.* مُتَداعٍ ، وَشِيكُ السُّقُوط

tumbler / 'tʌmblə(r) / *n.* كأسٌ (كُؤُوس) ، قَدَحٌ (أقْداح)

tumbler-drier / 'tʌmblə(r)-'draɪə(r) / *n.* مُجَفِّفُ غَسِيلٍ كَهْرَبائِيٌّ ذُو بَرْمِيلٍ دَوّار

tummy, tum / tʌmɪ, tʌm / *n.* (*fam.*) مَعِدة ، بَطْن

tumour / 'tjumə(r) / *n.* وَرَمٌ (أوْرام) (طِبّ)

tumult / 'tjumʌlt / *n.* ضَوْضاء ، جَلَبة ، اِضْطِراب

tumultuous / tju'mʌltjʊəs / *adj.* صاخِب ، شَدِيدُ اللَّغَط

tuna(fish) / 'tjunə(fɪʃ) / *n.* سَمَكُ التُّون ، تُنّ ، تُونا

tune / tjun / *n.* لَحْنٌ (ألْحان)

this piano is out of tune أوْتارُ هذا البِيانُو نَشازٌ (أيْ يَحْتاجُ إلَى دَوْزَنة)

he was fined to the tune of £50 بَلَغَتِ الغَرامَةُ (التي دَفَعَها) خَمْسِينَ جُنَيْهًا

it is high time to change your tune آنَ الأوانُ لِتُغَيِّرَ مَوْقِفَك

v.t.

1. (adjust *musical instrument*) دَوْزَنَ (أوْتارَ آلةٍ مُوسِيقِيّة)

2. (adjust *radio receiver*) ضَبَطَ مُؤَشِّرَ الرّادِيُو على (مَحَطّة لَنْدَن مَثَلاً)

tuneful / 'tjunfəl / *adj.* رَخِيم ، مُتآلِفُ النَّغَم

tunic / 'tjunɪk / *n.* سُتْرةُ بَدْلةٍ عَسْكَرِيّة تُشَدُّ بِحِزام

tunnel / 'tʌnəl / *n.* نَفَقٌ (أنْفاق)

v.t. & i. حَفَرَ نَفَقًا

turban / 'tɜbən / *n.* عِمامة (عَمائِمُ) ؛ قُبَّعة نِسائِيّة تُشْبِهُ العِمامة

turbid / 'tɜbɪd / *adj.* عَكِرٌ ؛ (أفْكارٌ) مُشَوَّشة

turbine / 'tɜbaɪn / *n.* تُرْبِينة ، عَنَفة (هَنْدَسة)

turbo-jet / 'tɜbəʊ-'dʒet / *n.* مُحَرِّكٌ تُرْبِينِيٌّ نَفّاث

turbulence / 'tɜbjʊləns / *n.* اِضْطِراب ، صَخَبٌ ، هَيَجانُ (البَحْر)

turbulent / 'tɜbjʊlənt / *adj.* صاخِب ، مُضْطَرِب

tureen / tjʊ'rin / *n.* وِعاءٌ ذُو غِطاءٍ (لِلحَساء) ، سُلْطانِيّة

turf[1] / tɜf / *n.* مَخْضَرة ، أرْضٌ مَكْسُوّةٌ بالعُشْب ، طَبَقةٌ مِنَ التُّرْبةِ بِأعْشابِها وَجُذُورِها

the turf حَلْبَةُ سِباقِ الخَيْل

turf[2] / tɜf / *v.t.* (*sl.*)

the drunken man was turfed out of the bar أُلْقِيَ بالسَّكْرانِ خارِجَ الحانة

turkey / 'tɜkɪ / *n.* دِيكٌ رُومِيٌّ أو هِنْدِيٌّ ، عَلِي شِيش (ع) ، دِيك حَبَش (س)

turkish delight / 'tɜkɪʃ dɪ'laɪt / *n.* راحةُ الحُلْقُوم ، مَلْبَن (م)

turmeric / 'tɜmərɪk / *n.* كُرْكُم ، زَعْفَران هِنْدِيّ

turmoil / 'tɜmɔɪl / *n.* اِضْطِراب ، هِياج ، هَرْجٌ وَمَرْجٌ

turn / tɜn / *v.t. & i.*

1. (move round) أدارَ ، لَفَّ (ـُ)

the car turned right at the corner دارَتِ السَّيّارةُ نَحْوَ اليَمِينِ عِنْدَ المَفْرِق

he was idly turning the pages of the magazine كانَ يَتَصَفَّحُ المَجَلّةَ بِتَراخٍ وَكَسَل

the mere thought of تَقَزَّزَتْ نَفْسُه لِمُجَرَّدِ التَّفْكِير

food turned his stomach — في الطَّعام

he can turn his hand to anything mechanical — ماهِرٌ في القِيامِ بِأيِّ شَيْءٍ مِيكانِيكِيّ

he turned a deaf ear to my request — أعارَ طَلَبي أُذُنًا صَمّاءَ

2. (change) — غَيَّرَ ، تَغَيَّرَ

her hair is turning grey — شَعْرُها آخِذٌ بالمَشِيب

the hot weather has turned the milk — حَمَّضَ الحَليبُ لِحَرارةِ الجَوّ

can you turn this passage into Arabic? — أيُمْكِنُكَ تَرْجَمةُ هذا النَّصِّ إلى العَرَبيّة ؟

he has turned traitor — اِنْقَلَبَ خائِنًا

praise turned his head — جَعَلَهُ المَديحُ يَتيهُ غُرُورًا

3. (reach and pass) — تَجاوَزَ ، تَعَدّى ، تَخَطّى

he has turned sixty — جاوَزَ السِّتّين

the patient has turned the corner — تَجاوَزَ المَريضُ مَرْحَلَةَ الخَطَر

4. (shape on lathe) — خَرَطَ (ـِ)

a well-turned phrase — عِبارة حَسَنةُ السَّبْكِ والصِّياغة

5. (*with advs. & preps.*) — مَعَ الظُّروفِ وأحْرُفِ الجَرّ

about turn! — إلَى الوَراءِ دُرْ !

they had to turn hundreds of people away at the theatre — أُرْغِمُوا عَلَى صَرْفِ مِئاتِ النّاسِ مِنْ أمامِ بابِ المَسْرَح

they turned down my proposal — رَفَضُوا اقْتِراحي

he turned in early (*fam.*) — أوى إلَى فِراشِهِ مُبَكِّرًا

he turned his pockets inside out looking for his key — أفْرَغَ كُلَّ ما في جُيُوبِهِ بَحْثًا عَنْ مِفْتاحِهِ

you must turn off the mains when you go on holiday — اِقْطَعِ الماءَ والكَهْرَباءَ قُبَيْلَ سَفَرِكَ في إجازة

pop music turns her on — تُثيرُها أغاني المُراهِقِينَ الحَديثةُ الشّائعة

this factory turns out high quality goods — يُنْتِجُ هذا المَعْمَلُ بَضائعَ ذاتَ نَوْعِيّةٍ مُمْتازة

the tenant was turned out for not paying his rent — طُرِدَ المُسْتَأجِرُ لِعَدَمِ دَفْعه الإيجار

his uncle turned the business over to him — حَوَّلَ إلَيْهِ عَمُّهُ أعْمالَهُ التِّجارِيّة

she has nobody to turn to — لَيْسَ لَها مَنْ تَلُوذُ بِهِ

something will turn up one of these days — لابُدَّ مِنْ فَرَجٍ يَوْمًا ما

he turned up his nose at the suggestion — رَفَضَ الاقْتِراحَ بِتَرَفُّعٍ وازْدِراء

n. **1.** (act of turning) — دَوَران ، دَوْرة

a turn of fortune's wheel — تَغَيُّرُ مَجْرى الحَظّ ، دَوْرةُ الدَّهْر

the milk is on the turn — يُوشِكُ الحَليبُ أنْ يَحْمُض

the roast is done to a turn — اللَّحْمُ مَشْوِيٌّ شَيًّا مُمْتازًا

2. (change of direction) — اِنْعِطاف ، اِنْحِناء ، تَبَدُّلٌ في الاتِّجاه

there was a sudden turn in the road — كانَ هُناكَ انْعِطافٌ مُفاجِئٌ في الطَّريق

he was frustrated at every turn — لَمْ يَلْقَ إلّا خَيْبةً بَعْدَ خَيْبة

3. (change of condition) — تَغَيُّر ، تَبَدُّل ، تَحَوُّل

the sick man took a turn for the better — تَحَسَّنَتْ حالَةُ المَريض

4. (occasion for doing something) — دَوْرٌ ، مُناوَبة

it's my turn to fetch the milk — جاءَ دَوْري لإحْضارِ الحَليب

the twins did the washing up turn and turn about — تَناوَبَ التَّوْأمان في غَسْلِ الأطْباق

they laughed and cried by turns — كانُوا يَضْحَكُونَ تارةً وَيَبْكُونَ أُخْرى

you mustn't speak out of turn — لا تَتَكَلَّمْ في غَيْرِ دَوْرِك ، لا تَقُلْ كَلامًا في غَيْرِ وَقْتِهِ

they took turns at sitting with the invalid — تَناوَبُوا الجُلُوسَ مَعَ المَريض

5. (action to another person) — مُعامَلة ، مَعْرُوف ، خِدْمة

he did me a good/bad turn. — أسْدى إلَيَّ مَعْرُوفًا ، أساءَ إلَيَّ

one good turn deserves another — هَلْ جَزاءُ الإحْسانِ إلّا الإحْسان (الرَّحْمٰن ٦٣)

6. (nature) — مَيْلٌ طَبيعِيّ ، مَوْهِبة

a girl with an artistic turn — فَتاةٌ ذاتُ مَوْهِبةٍ فَنِّيّة

7. (purpose)

I think this book will serve my turn — أظُنُّ أنَّ هذا الكِتابَ يَسُدُّ حاجَتي

8. (a short period of activity) — دَوْر ، قِيامٌ بِعَمَلٍ لِفَتْرةٍ قَصِيرة

he took a turn at the wheel — قادَ السَّيّارةَ لِفَتْرةٍ مِنَ الزَّمَن (نِيابَةً عَنْ زَمِيلِهِ)

9. (a short act on the stage) — دَوْر ، نُمْرة مَسْرَحِيّة قَصِيرة

star turns are few and far between — الأدْوارُ التي يَقُومُ بِها نُجُومُ المُتَنَوِّعاتِ المَشْهُورُونَ قَليلة

10. (a nervous shock)

the news gave me quite a turn — صُعِقْتُ للخَبَر

what a turn-up for the book! (*sl.*) — مُفاجَأة مُذْهِلة لَمْ تَكُنْ في الحِسْبان

turnip /ˋtɜnɪp/*n.* — لِفْتٌ ، سَلْجَم ، شَلْغَم

turnover /ˋtɜnəʊvə(r)/ — فَطِيرة مَحْشُوّة (بالتُّفّاح مَثَلًا) ؛

n. رَقْمُ المَبِيعات ؛ نِسْبَةُ اسْتِبْدال (العُمّال)

turpentine / ˋtɜpəntaɪn / *n.* زَيْتُ التَّرْبَنْتِين

turquoise / ˋtɜkwɔɪz / *n.* الفَيْرُوز (حَجَرٌ كَرِيم)

& adj. (لَوْنٌ) فَيْرُوزِيٌّ ؛ أَزْرَقُ مُخْضَرّ

turret / ˋtʌrɪt / *n.* بُرْجٌ صَغِير عَلَى سَطْحِ مَبْنًى أَو دَبّابة الخ

turtle / ˋtɜtəl / *n.* سُلَحْفاة (البَحْر)

the boat turned turtle اِنْقَلَبَ القارِب

turtle-dove / ˋtɜtəl-ˋdʌv / *n.* حَمامٌ بَرِّيّ ، تُرْغُلٌ (س) ، شِفْتِين (ع) ، قُمْرِيّ (م)

turtle-necked / ˋtɜtəl-nekt / *adj.* (ثَوْبٌ صُوفِيٌّ مَثَلاً) ذُو قَبّة عالِية ضَيِّقة

tusk / tʌsk / *n.* نابٌ (أَنْياب) (مِنْ نابَي الفِيل أَو فِيلِ البَحْرِ الخ)

tussle / ˋtʌsəl / *n. v.i.* عِراكٌ ، شِجارٌ ؛ تَشاجَرَ ، تَعارَكَ

tutor / ˋtjutə(r) / *n.*

1. (private teacher) مُعَلِّمٌ خُصُوصِيّ

2. (university teacher) مُدَرِّسٌ جامِعِيٌّ يُشْرِفُ عَلَى دِراسة الطّالِب

v.t. & i. دَرَّسَ (طالِبًا) ، عَلَّمَهُ

tutorial / tjuˋtɔrɪəl / *adj.* تَعْلِيمِيّ ، نِسْبةً إِلَى المُعَلِّم ؛

n. دَرْسٌ جامِعِيٌّ خاصٌّ (لِعَدَدٍ قَلِيلٍ من الطَّلَبة)

twaddle / ˋtwodəl / *n.* كَلامٌ فارِغ ، هُراء ، هَذَر

twang / twæŋ / *n.* خُنّة ، غُنّة ؛ رَنّةُ وَتَرِ القِيثارة

v.t. & i. دَقَّ (القِيثارةَ بِأَصابِعِه) ؛ رَنَّ (وَتَرُ القَوْس)

tweak / twik / *n.* قَرْصٌ ، قَرْصةٌ (لِأُذُنِ الطِّفْلِ مَثَلاً)

v.t. قَرَصَ (ـُ) (خَدَّ الطِّفْلِ مَثَلاً)

tweed / twid / *n.* التْوِيد : نَسِيجٌ صُوفِيٌّ خَشِنٌ مُتَعَدِّدُ الأَلْوان

tweezers / ˋtwizəz / *n. pl.* مِلْقَطٌ صَغِيرٌ (لِلشَّعْر)

twelfth / twelfθ / *adj.* الثّانِي عَشَر ؛ جُزْءٌ مِنَ اثْنَيْ عَشَرَ

n. جُزْءًا

twelve / twelv / *adj. & n.* اِثْنا عَشَرَ ، اِثْنَتا عَشْرَةَ

twentieth / ˋtwentɪəθ / *adj. & n.* العِشْرُون ؛ جُزْءٌ مِنْ عِشْرِين

twenty / ˋtwentɪ / *adj. & n.* عِشْرُون

twice / twaɪs / *adv.* مَرَّتان ، ضِعْفا (المِقْدار)

twice three is six ضِعْفا الثَّلاثة سِتّة ، ثَلاثة في اثْنَيْن يُساوِي سِتّة

a twice-told tale قِصّة مَشْهُورة

twiddle / ˋtwɪdəl / *v.t. & i.* عَبِثَ (ـَ) بِأَصابِعِه

she sat twiddling her thumbs all day أَمْضَت اليَوْمَ بِأَكْمَلِهِ دُونَ أَيِّ عَمَل

twig¹ / twɪg / *n.* غُصَيْن ، فَنَنٌ ، عُسْلُوج (عَسالِيج)

twig² / twɪg / *v.t. & i.* (*coll.*) فَهِمَ (ـَ) ، فَطِنَ (ـَ) ، أَدْرَكَ

twilight / ˋtwaɪlaɪt / *n.* غَسَقٌ ، شَفَقٌ

twill / twɪl / *n.* تْوِيل : نَسِيجٌ قُطْنِيٌّ مَتِين مُضَلَّع (مُحَزَّز عَلَى الوَرْب)

twin / twɪn / *n.* تَوْأَم (تَوائِم)

she and her sister are identical twins هِيَ وَأُخْتُها تَوْأَمان مُتَماثِلان تَمامًا

adj.

twin beds زَوْجُ أَسِرّة ، سَرِيران مُفْرَدان مُتَماثِلان

a twin set تْوِينْز (م) ، أَنْسامْبِل ، (طَقْم) بِلُوزة وَسُتْرة مِن نَفْسِ التِّرِيكُو

twine / twaɪn / *n.* دُوبارة ، مِصِّيص ، خَيْطٌ مِنَ القِنَّب

twinge / twɪndʒ / *n.* وَخْزٌ ، أَلَمٌ شَدِيد مُفاجِئ

twinkle / ˋtwɪŋkəl / *v.i.* لَمَعَ (ـَ) ، تَلَأْلَأَ ، بَرَقَ (ـُ) ، تَأَلَّقَ

in the twinkling of an eye في لَمْحِ البَصَر ، في غَمْضَةِ عَيْن

n. وَمِيض ، بَرِيق ، لَمَعان

twirl / twɜl / *v.t. & i.* بَرَمَ (ـُ) ، أَدارَ ، فَتَلَ (شارِبَيْه مَثَلاً) ؛ دارَ (يَدُور) ، اِنْفَتَلَ

n. دَوْرة ، حَرَكة دائِرِيّة سَرِيعة

twist / twɪst / *v.t. & i.* بَرَمَ (ـُ) ، لَوَى (يَلْوِي) ؛ اِلْتَوَى ، اِنْفَتَلَ

he'll do it if you twist his arm (*fam.*) سَيَقُومُ بِالعَمَل إِذا ضَغَطْتَ عَلَيْه

she twisted him round her little finger كانَ كالخاتَمِ في إِصْبَعِها ، كانَ أُلْعُوبةً في يَدِها

he twisted my words into an admission of guilt حَرَّفَ قَوْلِي إِلَى اعْتِرافٍ بِالذَّنْب

n. ثَنْيٌ

the road was full of twists and turns كانَ الطَّرِيقُ كَثِيرَ التَّعارِيجِ والمُنْعَطَفات

she had a strange twist in her character في شَخْصِيَّتِها بَعْضُ الشُّذُوذ

twit¹ / twɪt / *v.t.* عَيَّرَهُ (بِما كانَ عَلَيْه)

twit² / twɪt / *n.* (*sl.*) غَبِيٌّ ، بَلِيد ، أَحْمَق ، عَبِيط (م)

twitch / twɪtʃ / *v.t. & i. & n.* اِنْتَزَعَ فَجْأةً ؛ اِرْتَعَشَ ، اِنْتَفَضَ ، اِخْتِلاجة ، حَرَكة عَصَبِيّة

twitter / ˋtwɪtə(r) / *v.i.* سَقْسَقَ ، زَقْزَقَ

n. زَقْزَقة ، سَقْسَقة ، تَغْرِيد

my aunt was all of a twitter (*coll.*) كانَتْ عَمَّتِي (أَو خالَتِي) في غايةِ الاهْتِياج

two / tu / *adj. & n.* اِثْنان ، اِثْنَتان

he can put two and two together قادِرٌ عَلَى اسْتِشْفاف الأُمُور ، يُحْسِنُ الاسْتِدْلالَ مِنَ الجَمْعِ بَيْنَ الحَقائِق

twopence / ˋtʌpəns / *n.* بِنْسان (عُمْلة إِنْكلِيزِيّة)

two-piece / ˈtu-ˋpis / *adj.* (مايُوه أَو بَدْلة مَثَلاً) مِنْ قِطْعَتَيْن

two-ply /'tu-'plaɪ/*adj.* ثُنائِيّ الطَّيّات أو الطَّبَقات ؛ (خَيْطُ صُوفٍ) مِنْ خَيْطَيْن مَفْتُولَيْن مَعًا

twosome /'tusəm/*n.* شَخْصان ، زَوْجٌ ، ثُنائِيّ ؛ مُباراة (غُولْف) بَيْن لاعِبَيْن

two-way /'tu-'weɪ/*adj.* ذُو اتِّجاهَيْن

two-way switch مِفْتاحٌ كَهْرَبائِيّ ذُو تَحْويلَتَيْن (لِنَفْسِ المِصْباح)

two-way road طَرِيقٌ لِلمُرُورِ في اتِّجاهَيْن مُتَعاكِسَيْن

two-way radio لاسِلْكِيٌّ مُرْسِلٌ ومُسْتَقْبِل

tycoon /taɪ'kun/*n.* (*coll.*) مِنْ أَرْبابِ المالِ والصِّناعة ، قُطْبٌ مِنْ أَقْطابِ التِّجارة

type[1] /taɪp/*n.*

1. (class, species) نَمَطٌ ، جِنْسٌ

2. (example) مِثالٌ ، نَمُوذَج

3. (characters for printing) حَرْفٌ مَطْبَعِيّ

type[2] /taɪp/*v.t. & i.* ضَرَبَ عَلَى الآلةِ الكاتِبة ، كَتَبَ عَلَى الطّابِعة

type-setter /'taɪp-setə(r)/*n.* مُنَضِّدُ الحُرُوفِ المَطْبَعِيّة

typewriter /'taɪpraɪtə(r)/*n.* آلة كاتِبة ، طابِعة

typhoid /'taɪfɔɪd/*n.* تِيفُوئيد ، حُمَّى تِيفُودِيّة

typhoon /taɪ'fun/*n.* إِعْصارٌ اسْتِوائِيّ (وخاصّةً في بِحارِ شَرْقِيّ آسيا) ، تَيْفُون

typhus /'taɪfəs/*n.* تِيفُوس ، حُمَّى التِّيفُوس

typical /'tɪpɪkəl/*adj.* (*with* **of**) مِثالِيّ ، نَمُوذَجِيّ ، نَمَطِيّ ، يُمْكِنُ أَخْذُهُ مِثالاً

that's typical of him هذا ما يُتَوَقَّعُ مِنْهُ ، هَذا ما يُعَبِّرُ عَنْ شَخْصِيَّتِهِ خَيْرَ تَعْبِير

typify /'tɪpɪfaɪ/*v.t.* مَثَّلَ ، صَوَّرَ ، رَمَزَ (ـُ) إلَى

typist /'taɪpɪst/*n.* ضارِبٌ (أو ضارِبةٌ) عَلَى الآلةِ الكاتِبة

typography /taɪ'pogrəfɪ/*n.* فَنُّ الطِّباعة ؛ فَنُّ تَصْمِيمِ الصَّفَحات وإعدادِها لِلطِّباعة

tyrannical /tɪ'rænɪkəl/*adj.* مُسْتَبِدّ ، مُتَحَيِّز ، اِسْتِبْدادِيّ

tyrannize /'tɪrənaɪz/*v.i.* (*with* **over**) اِسْتَبَدَّ بِـ ، طَغَى ، ظَلَمَ (ـِ) ، جارَ عَلَى

tyranny /'tɪrənɪ/*n.* طُغْيان ، اِسْتِبْداد ، جَوْرٌ

tyrant /'taɪərənt/*n.* مُسْتَبِدٌّ ، طاغٍ ، طاغِية (طُغاة)

tyre /'taɪə(r)/*n.* (*U.S.* **tire**) إطارٌ مَطّاطِيّ (لِعَجلةِ السَّيّارة مَثَلاً) ، كاوْتْشُوك الدُّولاب (س)

tzetze /'tsetsɪ/*see* **tsetse**

U

U/ju/(letter) الحَرْفُ الحادِي والعِشْرُون مِنَ الأَبْجَدِيّة

U certificate (films) (أَفْلامٌ) يُسْمَحُ لِلجَمِيعِ بِمُشاهَدَتِها

No U-turns! مَمْنوعٌ الدَّوَران إلَى الوَراء في هَذا الشّارِع

ubiquitous/ju'bɪkwɪtəs/*adj.* كُلِّيُّ الحُضُور ، مَوْجُودٌ في كُلِّ مَكان

udder/'ʌdə(r)/*n.* ضَرْعٌ (ضُرُوع)

ugly/'ʌglɪ/*adj.*

1. (unsightly) قَبِيح ، بَشِعٌ

2. (dangerous) يُنْذِرُ بالشَّرّ ، خَطِرٌ ، غَيْرُ مُسْتَحَبّ

he is an ugly customer إنَّهُ شَرِسٌ صَعْبُ المِراس

ulcer/'ʌlsə(r)/*n.* قُرْحة (قُرَح)

ulterior/ʌl'tɪərɪə(r)/*adj.* خَلْفِيّ ؛ (بَواعِثُ) خَفِيّة

ultimate/'ʌltɪmət/*adj.* نِهائِيّ ، أخِير ؛ مُطْلَق

the ultimate in selfishness مُنْتَهَى الأَنانِيّة

ultimatum/'ʌltɪ'meɪtəm/*n.* إِنْذارٌ نِهائِيّ (قَبْلَ الحَرْبِ مَثَلاً)

ultra-/'ʌltrə/*pref. & in comb.* بادِئة مَعْناها: مُتَطَرِّف أو فَوْقَ

ultraviolet/'ʌltrə'vaɪələt/*adj.* (الأَشِعّة) فَوْقَ البَنَفْسَجِيّة

umbilical/ʌm'bɪlɪkəl,, 'ʌmbɪ'laɪkəl/*adj.* سُرِّيّ

umbilical cord الحَبْلُ السُّرِّيّ (تَشْرِيح)

umbrage/'ʌmbrɪdʒ/*n.* اِسْتِياء ، اِمْتِعاض

she took umbrage at their criticism of her اِسْتاءَت لِانْتِقادِهِم لَها

umbrella/ʌm'brelə/*n.* مِظَلّة ، شَمْسِيّة ، مَطَرِيّة

umpire/'ʌmpaɪə(r)/*n.* حَكَمٌ (حُكّام) ، فَيْصَلٌ في نِزاع

v.t. & i. فَصَلَ (ـِ) في أَمْر ، حَكَمَ (ـُ) في مُباراة

un-/ʌn/*pref.* (not, without) بادِئة مَعْناها : غَيْر ، بِلا ، بِدُون

unabated/'ʌnə'beɪtɪd/ *adj. & adv.* بِدُونِ فُتُور

unable/ʌn'eɪbəl/*adj.* عاجِزٌ عَن ، غَيْرُ قادِرٍ عَلَى

unaccompanied/'ʌnə'kʌmpənɪd/*adj.* مُنْفَرِد ، غَيْرُ مَصْحُوبٍ بِـ ، بِدُونِ مُرافِق

unaccountable/'ʌnə'kaʊntəbəl/*adj.* لا يُعَلَّل ، لا يُفَسَّر ، لا يُمْكِنُ تَأْوِيلُه ، لا مُبَرِّرَ لَهُ (تَصَرُّفٌ)

unaccustomed/'ʌnə'kʌstəmd/*adj.* غَيْرُ مُتَعَوِّدٍ عَلَى ؛ غَيْرُ مَأْلُوف

unadulterated/'ʌnə'dʌltəreɪtɪd/*adj.* صافٍ ، خالِص ، غَيْرُ مَخْلُوط ، (هُراءٌ) بَحْت

un-American/'ʌnə'merɪkən/*adj.* مُخالِفٌ لِلتَّقالِيدِ الأَمْرِيكِيّة ؛ (نَشاطاتٌ) مُعادِية لِلمَصالِحِ الأَمْرِيكِيّة

unanimity/'junə'nɪmətɪ/*n.* إِجْماع ، تَوْحِيدُ الكَلِمة

unanimous /juˈnænɪməs/ *adj.* إجْماعِيّ ، مُجْمَعٌ عَلَيْهِ

unanimously /juˈnænɪməslɪ/ *adv.* بالإجْماع ، باتِّحادِ الآراء

unarmed /ˈʌnˈɑmd/ *adj.* غَيْرُ مُسَلَّح ، أعْزَل (عُزْلٌ)

unassuming /ˈʌnəˈsjumɪŋ/ *adj.* غَيْرُ مُدَّعٍ ، مُتَواضِع

unattached /ˈʌnəˈtætʃt/ *adj.* مُسْتَقِلّ ؛ أعْزَبُ ، عَزْباءُ

unattended /ˈʌnəˈtendɪd/ *adj.* بِدُونِ رِعاية أو عِناية ؛ بِلا حاشِية أو خَدَم

unavoidable /ˈʌnəˈvɔɪdəbəl/ *adj.* لا مَفَرَّ مِنْه ، لا مَناصَ مِنْهُ

unaware /ˈʌnəˈweə(r)/ *adj.* جاهِلٌ بِ ، غافِلٌ عَن ، غَيْرُ واعٍ

unawares /ˈʌnəˈweəz/ *adv.* مُباغَتة ، عَلَى حِينِ غِرَّة

I was taken unawares by the blow جاءَتْني الضَّرْبةُ على غَفْلةٍ مِنّي

unbalanced /ˈʌnˈbælənst/ *adj.* غَيْرُ مُتَّزِن ، بِهِ لَوْثَةٌ في عَقْلِهِ

unbearable /ˈʌnˈbeərəbəl/ *adj.* لا يُحْتَمَل ، لا يُطاق

unbeaten /ˈʌnˈbitən/ *adj.* لَمْ يُهْزَم ، لَمْ يُغْلَب

unbecoming /ˈʌnbɪˈkʌmɪŋ/ *adj.* (سُلُوكٌ) غَيْرُ لائِق ، لا يَلِيقُ بِ

unbelievable /ˈʌnbɪˈlivəbəl/ *adj.* لا يُصَدَّق ، غَيْرُ قابِلٍ لِلتَّصْدِيق

unbend /ʌnˈbend/ *v.t.* قَوَّمَ الانْحِناء ؛

i. اِسْتَرْخَى ، تَصَرَّفَ بِدُونِ تَكَلُّف

unbiased /ˈʌnˈbɑɪəst/ *adj.* غَيْرُ مُتَحَيِّز ، غَيْرُ مُنْحاز

unblushing /ʌnˈblʌʃɪŋ/ *adj.* بِلا حَياء ولا خَجَل ، بِوَقاحة

unbounded /ʌnˈbɑʊndɪd/ *adj.* (طُمُوحٌ) لا حَدَّ لَهُ

unbroken /ʌnˈbrəʊkən/ *adj.* غَيْرُ مُنْقَطِع ، مُتَّصِل ، (نَوْمٌ) مُتَواصِل

unbroken record رَقْمٌ قِياسِيٌّ لَمْ يُحَطَّم بَعْدُ

unburden /ʌnˈbɜdən/ *v.t.* رَفَعَ العِبْءَ عَنْ ، تَخَلَّصَ مِنْ عِبْئِهِ

she unburdened herself to me فَتَحَتْ لِيَ قَلْبَها ، باحَتْ لِي بِمَكْنُونِ صَدْرِها

uncalled-for /ʌnˈkɔld-fɔ(r)/ *adj.* بِلا مُبَرِّر ، بِدُونِ مُوجِب ، (نَقْدٌ) لا دَاعِيَ لَهُ ، بِغَيْرِ وَجْهِ حَقّ

uncanny /ʌnˈkænɪ/ *adj.* غَرِيبٌ مُفْزِع ، شاذٌّ خارِقٌ لِلطَّبِيعة ، (شُعُورٌ) مُبْهَم

he has an uncanny sense of direction عِنْدَهُ حاسَّةٌ غَرِيبة لإيجادِ طَرِيقِهِ

unceasing /ʌnˈsisɪŋ/ *adj.* دائِم ، غَيْرُ مُنْقَطِع ، مُسْتَمِرّ

uncertain /ʌnˈsɜtən/ *adj.* غَيْرُ مُؤَكَّد ، غَيْرُ مُعَيَّن ؛ (مِزاجٌ) مُتَقَلِّب

he was somewhat uncertain of himself لَمْ يَكُنْ واثِقًا مِنْ نَفْسِهِ كُلَّ الثِّقة

I told her in no uncertain terms that . . . أخْبَرْتُها بِعِباراتٍ صَرِيحةٍ وَواضِحةٍ أنَّ . . .

uncertainty /ʌnˈsɜtəntɪ/ *n.* شَكٌّ ، عَدَمُ يَقِين ؛ شَيْءٌ مَشْكُوكٌ فِيهِ ، حَيْرةٌ

uncharitable /ʌnˈtʃærɪtəbəl/ *adj.* جافٍ ، قاسٍ ، مُنَدِّدٌ بِ ، صارِم

uncharted /ʌnˈtʃɑtɪd/ *adj.* غَيْرُ مَوْجُودٍ عَلَى الخَرِيطة ، لَمْ يُسْتَكْشَفْ

uncivil /ʌnˈsɪvɪl/ *adj.* قَلِيلُ الأدَب ، فَظٌّ ، غَلِيظُ (المُعامَلة) ، غَيْرُ مُهَذَّب

unclaimed /ˈʌnˈkleɪmd/ *adj.* غَيْرُ مُطالَبٍ بِهِ

uncle /ˈʌŋkəl/ *n.*

1. (father's or mother's brother) عَمٌّ (أعْمام) ؛ خالٌ (أخْوال)

2. (aunt's husband) زَوْجُ العَمَّة أو الخالة

3. (familiar name for elderly person) عَمِّي ! يا عَمّ ! (لَفْظُ نِداءٍ لِمَنْ يَكْبُرُكَ سِنًّا)

Uncle Sam العَمُّ سام (رَمْزُ الوِلايات المُتَّحِدة)

unclean /ʌnˈklin/ *adj.* غَيْرُ نَظِيف ، قَذِرٌ ، وَسِخٌ ، نَجِسٌ ، مُحَرَّم

uncommitted /ˈʌnkəˈmɪtɪd/ *adj.* مُحايِد ، (كاتِبٌ) غَيْرُ مُلْتَزِم

uncommon /ˈʌnˈkomən/ *adj.* نادِرٌ ، غَيْرُ عادِيّ

uncommonly /ˈʌnˈkomənlɪ/ *adv.* إلَى دَرَجةٍ غَيْرِ عادِيّة ، جِدًّا

uncompromising /ˈʌnˈkomprəmɑɪzɪŋ/ *adj.* لا يَحِيدُ عَنْ مَوْقِفِهِ ، مُتَصَلِّبٌ في رَأْيِهِ ، عَنِيد

unconcerned /ˈʌnkənˈsɜnd/ *adj.* غَيْرُ مُكْتَرِث ، لا يَعْنِيهِ الأمْرُ ، غَيْرُ مُبالٍ

unconditional /ˈʌnkənˈdɪʃənəl/ *adj.* (اِسْتِسْلامٌ) بِلا قَيْدٍ أوْ شَرْط

unconscious /ʌnˈkonʃəs/ *adj.*

1. (without sensation) فاقِدُ الوَعْي

he was knocked unconscious by a blow ضُرِبَ فَغُشِيَ عَلَيْهِ ، أفْقَدَتْهُ اللَّكْمة وَعْيَهُ

2. (unaware) غَيْرُ واعٍ إلَى ، غَيْرُ مُدْرِكٍ لِ ، غافِلٌ عَنْ

she was unconscious of his embarrassment لَمْ تَنْتَبِهْ إلَى خَجَلِهِ وارْتِباكِهِ

3. (unintentional) غَيْرُ مَقْصُود

unconscious humour فُكاهة غَيْرُ مُتَعَمَّدة (كَلِمةٌ جِدِّيّةٌ تُثِيرُ الضَّحِك)

n. (*psych.*) العَقْلُ الباطِن ، اللاَّشُعُور

unconsciousness /ʌnˈkonʃəsnəs/ *n.* لا وَعْيٌ ، لا شُعُور ؛ غَيْبُوبة

uncontrollable /ˈʌnkənˈtrəʊləbəl/ *adj.* مُتَعَذِّرٌ ضَبْطُهُ ، لا يُمْكِنُ التَّحَكُّمُ فِيهِ ، لا يُرْدَع ، لا يُكْظَم

uncork/ʌn'kɔk/*v.t.* نزع سدادة أو فلينة قنينة

uncouth /ʌn'kuθ/*adj.* جلف (أجلاف) ، خشن ، بليد الإحساس

uncover /ʌn'kʌvə(r)/*v.t.* إكتشف ، كشف (ـ) ، أماط اللثام عن

uncrossed/'ʌn'krost/*adj.* (شيك ، صك) غير مشطوب بخطين مائلين

unction/'ʌŋkʃən/*n.* المسح بالزيت المقدس (عند المسيحيين)

undaunted /'ʌn'dɔntɪd/ *adj.* لا تثبط عزيمته ، باسل ، مقدام ، لا يهاب شيئًا

undecided / 'ʌndɪ'saɪdɪd / *adj.* متردد (في رأيه)

undefended /'ʌndɪ'fendɪd/ *adj.* (دعوى قضائية) بلا مدافع عنها

undemonstrative/ 'ʌndɪ'monstrətɪv/*adj.* متحفظ ، لا يفصح عن مشاعره ، حذر ، رزين ، محتشم

undeniable/'ʌndɪ'nɑɪəbəl/ *adj.* لا يمكن دحضه ، لا ينكر ، لا جدال فيه ، مسلم به ، لا نزاع فيه

under/'ʌndə(r)/*prep. & adv.*

1. (beneath) تحت

we're going under! نحن على وشك الغرق ، حالتنا تتدهور

2. (subordinate to) تحت إشراف ...

she studied under the famous professor درست على يد الأستاذ الشهير

3. (less than) أقل من

I'll be with you in under an hour سأكون معك في أقل من ساعة

4. (*indicating various conditions*) حالات مختلفة

the fields are under cultivation يجري الآن حرث الحقول وزرعها

the road was under repair كانت الطريق قيد التصليح

the witness was under oath كان الشاهد محلفًا

the book is listed under "History" الكتاب مصنف مع كتب التاريخ

under the circumstances في الظروف الراهنة

he went under the name of Smith عرف باسم "سميث"

you're looking under the weather this morning تبدو متوعك الصحة هذا الصباح

undercarriage /'ʌndəkærɪdʒ/ *n.* عجلات الهبوط في الطائرة

undercharge/'ʌndə'tʃɑdʒ/ *v.t.* طلب سعرًا أقل من المعتاد

underclothes/'ʌndəkləʊðz/*n. pl.* ملابس داخلية ، ألبسة تحتانية

also **underclothing**/ 'ʌndəkləʊðɪŋ/

undercover /'ʌndəkʌvə(r)/*adj.* (عمليات مالية) خفية

undercurrent /'ʌndəkʌrənt/ *n.* تيار تحت سطح الماء ، تيار سفلي

an undercurrent of opposition معارضة خفية

undercut /'ʌndə'kʌt/*v.t.* عرض (ـ) سلعة بسعر أقل من منافسيه

n. /'ʌndəkʌt/ قطعة لحم من داخل خاصرة (البقرة مثلًا)

underdeveloped/'ʌndədɪ'veləpt/ *adj.* غير تام النمو ، متخلف ، (بلدان) نامية

underdog/'ʌndədog/*n.* مظلوم ، مضطهد ، مستضعف ، مغلوب على أمره

underdone /'ʌndə'dʌn/ *adj.* غير تام الطهي ، لحم نصف مشوي أو مشوي بدمه

underestimate/'ʌndər'estɪmeɪt/ *v.t.* بخس (ـ) قيمته ، أنقص في تقديره ، استهان به

underexposed /'ʌndərɪk'spəʊzd/ *adj.* (فيلم) ناقص التعريض للضوء

underfed/'ʌndə'fed/*adj.* يعاني من نقص في التغذية

undergo/'ʌndə'gəʊ/*v.t.* قاسى ، عانى ، مر (ـ) به ، خضع (ـ) ل ، تحمل ، طرأ عليه (تغيير)

undergraduate/'ʌndə'grædʒʊət/ *n.* طالب جامعي قبل التخرج

underground/ 'ʌndəgrɑʊnd/*adv. & adj.* في جوف الأرض ، (ممر) نفقي ، (مياه) جوفية

n. المترو ، قطار تحت الأرض يتنقل ضمن حدود المدينة

underground movement حركة أو مقاومة سرية

undergrowth/'ʌndəgrəʊθ/ *n.* ما يغطي سطح الأرض في الأدغال

underhand/'ʌndə'hænd/ *adv. & adj.* سرًا ، بختل ومداجنة ، متكتم ، متستر ، مداجن

underlie/'ʌndə'lɑɪ/*v.t.* كمن (ـ) تحت ، كان أساسًا ل

the underlying considerations (أخذ بعين الاعتبار) الدوافع الخفية

underline/'ʌndə'lɑɪn/ *v.t.* أكد ، شدد على ، وضع خطًا تحت لفظة أو عبارة

he underlined his proposals by thumping the table أكد مقترحاته بالضرب على المنضدة

undermine/'ʌndə'mɑɪn/*v.t.* نسف (ـ) ، قوض

drink undermined his health خرب الشراب صحته

underneath/'ʌndə'niθ/*adv. & prep. & n.* تحت ، أسفل ، القسم السفلي

undernourished /'ʌndə'nʌrɪʃt/*adj.* ناقص التغذية

underpaid/'ʌndə'peɪd/*adj.* أجره دون كفايته

underpants/'ʌndəpænts/*n. pl.* سِرْوالٌ تَحْتانِيّ ، كَلْسُون ، كِيلُوت

underpass/'ʌndəpas/*n.* طَرِيقٌ نَفَقِيٌّ تَحْتَ طَرِيقٍ آخَر أَوْ تَحْتَ سِكَّةٍ حَدِيدِيَّة

underprivileged /'ʌndə'prɪvɪlɪdʒd/ *adj.* مَحْرُومٌ (مِنَ الامْتِيازات) ، فَقِير ، مُعْدِم ، مِنَ البُؤَساء

underrate/'ʌndə'reɪt/ *v.t.* قَلَّلَ مِنْ أَهَمِّيَّةِ الشَّيْء ، بَخَسَ (ـَ) مِن قِيمَتِه

under-secretary / 'ʌndə-'sekrətrɪ/*n.* عُضْوٌ في البَرْلَمانِ يُساعِدُ وَزِيرًا ، وَكِيلُ وِزارة

undersigned/'ʌndə'saɪnd/ *adj. & n.* المُوَقِّع أَدْناه

understand/'ʌndə'stænd/*v.t. & i.*

1. (comprehend) فَهِمَ (ـَ) ؛ تَفاهَمَ

I was unable to make myself understood لَمْ أَسْتَطِعِ التَّعْبِيرَ عَنْ نَفْسِي بِوُضُوحٍ

2. (infer, assume) اِسْتَنْبَطَ ، اِسْتَنْتَجَ

I understand you're looking for a furnished flat بَلَغَنِي أَنَّكَ تَبْحَثُ عَنْ شِقَّةٍ مُؤَثَّثَة

understanding/'ʌndə'stændɪŋ/*n.*

1. (comprehension) فَهْمٌ ، إِدْراكٌ

2. (agreement) اِتِّفاق

we came to an understanding تَوَصَّلْنا إِلَى اتِّفاقٍ يُناسِبُ كُلًّا مِنّا

I came on the understanding that we would be alone جِئْتُ عَلَى أَساسِ أَنَّنا سَنَكُونُ مُنْفَرِدَيْن

adj. عَطُوفٌ ، يَتَفَهَّم ، شَفِيق

understate/'ʌndə'steɪt/ *v.t.* لَطَّفَ مِنْ كَلامِه ، وَصَفَ شَيْئًا بِشَكْلٍ يُقَلِّلُ مِن حَقِيقَتِه

understatement/ 'ʌndə'steɪtmənt/*n.* وَصْفٌ يُخَفِّفُ الحَقِيقة

to say I'm tired is an understatement إِنْ قُلْتُ إِنَّنِي تَعْبانُ فَهٰذا نِصْفُ الحَقِيقة

understudy/'ʌndəstʌdɪ/ *n. & v.t.* بَدِيلُ مُمَثِّلٍ مَسْرَحِيّ ؛ دَرَسَ دَوْرَ مُمَثِّلٍ آخَرَ لِيَحُلَّ مَحَلَّهُ عِنْدَ الحاجة

undertake/'ʌndə'teɪk/ *v.t. & i.* تَعَهَّدَ ، تَوَلَّى العَمَلَ ، أَخَذَ المُهِمَّةَ عَلَى عاتِقِه

we have undertaken to finish the job by Friday تَعَهَّدْنا بِإِنْجازِ المُهِمَّةِ قَبْلَ حُلُولِ يَوْمِ الجُمُعة

undertaker/ 'ʌndəteɪkə(r)/*n.* حانُوتِيّ ، مُجَهِّزُ المَوْتَى لِلدَّفْن

undertaking/ 'ʌndəteɪkɪŋ/*n.* تَعَهُّد ، مَشْرُوع ، مُقاوَلة ، اِلْتِزام ، عَمَلِيَّة

undertone/'ʌndətəʊn/ *n.* صَوْتٌ خَفِيض ، هَمْسٌ ؛ لَوْنٌ خَفِيف (يُخالِطُ لَوْنًا آخَر) ؛ مَسْحة خَفِيفة ، رَنَّةٌ (حُزْن)

underwater/ 'ʌndəwɔtə(r)/*adj.* تَحْتَ سَطْحِ الماء (سِباحةً مَثَلًا)

underwear/'ʌndəweə(r)/ *n. abbr.* **undies** مَلابِس داخِلِيّة أَو تَحْتانِيّة

underworld/'ʌndəwɜld/*n.*

1. (*myth.*) الجَحِيم ، العالَمُ السُّفْلِيّ (في الأَساطِير)

2. (society of criminals) عالَمُ الإِجْرام والرَّذِيلة

undesirable/'ʌndɪ'zaɪərəbəl/*adj.* غَيْرُ مَرْغُوبٍ فِيه

undies/'ʌndɪz/*n. pl.* (*coll.*) مَلابِس داخِلِيّة نِسائِيّة

undivided/'ʌndɪ'vaɪdɪd/*adj.* كامِل ، كُلِّيّ ، غَيْرُ مُجَزَّأ

she gave me her undivided attention أَوْلَتْنِي اهْتِمامَها الكُلِّيّ

undo/ʌn'du/(*p.t.* **undid**/ʌn'dɪd/ *p.p.* **undone**/ʌn'dʌn/) *v.t.* حَلَّ (ـُ) ، فَكَّ (ـُ)

his shoe came undone اِنْفَكَّ شَرِيطُ حِذائِه

undoing/ʌn'duɪŋ/*n.* سَبَبُ الخَراب ، مَدْعاةُ الهَلاك

drink was his undoing كانَ في الشَّرابِ هَلاكُهُ

undoubtedly/ ʌn'daʊtɪdlɪ/*adv.* بِلا شَكٍّ ، مِنْ دُونِ رَيْب

undress/ʌn'dres/*v.t. & i. & n.* خَلَعَ (ـَ) مَلابِسَهُ ، تَعَرَّى ؛ مَلابِس عادِيّة لِلْمَنْزِل ، الزِّيُّ العَسْكَرِيّ اليَوْمِيّ

undue/'ʌn'dju/*adj.* مُفْرِط ، مِنْ دُونِ داعٍ

undulate/'ʌndjʊleɪt/*v.i.* تَمَوَّجَ

unduly/'ʌn'djulɪ/*adv.* بِإِفْراط ، بِصُورةٍ غَيْرِ مُلائِمة ، أَكْثَرَ مِمّا يَلْزَم

undying/ʌn'daɪɪŋ/*adj.* (حُبٌّ) أَبَدِيّ ، باقٍ ، لا يَمُوت

unearned/ʌn'ɜnd/*adj.* غَيْرُ مُكْتَسَب

unearned income أَيُّ دَخْلٍ غَيْرَ الرّاتِبِ والأُجُور يَحْصُلُ عَلَيْهِ مِنْ أَسْهُمٍ وما إِلَيْها

unearned increment زِيادةٌ تِلْقائِيّة في قِيمَةِ المُمْتَلَكات

unearth/ʌn'ɜθ/*v.t.* نَبَشَ (ـُ) ، اِكْتَشَفَ

unearthly/ʌn'ɜθlɪ/*adj.* خارِقٌ لِلطَّبِيعة ، مُرْعِب

who can be phoning at this unearthly hour? مَنْ يا تُرَى يَتَلْفِنُ في هٰذا الوَقْتِ المُزْعِجِ ؟

uneasy/ʌn'izɪ/*adj.* قَلِقٌ ، غَيْرُ مُرْتاح ، مُضْطَرِب

unemployed/ 'ʌnɪm'plɔɪd/*adj.* عاطِل ، بَطّال ، لا عَمَلَ لَهُ

unemployment/ 'ʌnɪm'plɔɪmənt/*n.* عَطالة ، بِطالة

unequal/ʌn'ikwəl/*adj.* غَيْرُ مُتَساوٍ ، غَيْرُ كُفْء

unequivocal/ 'ʌnɪ'kwɪvəkəl/*adj.* لا لَبْسَ فِيهِ ولا إِبْهام ، صَرِيح ، جَلِيّ ، مُطْلَق ، باتٌّ ، جازِم

unerring/ʌn'ɜrɪŋ/*adj.* لا يُخْطِئ ، صائِب ، سَدِيد

uneven/ʌn'ivən/*adj.* غَيْرُ مُتَعادِل ، غَيْرُ مُمَهَّد ، غَيْرُ مُسْتَوٍ

unevenly/ʌn'ivənlɪ/*adv.* بِشَكْلٍ غَيْرِ مُمَهَّد ، بِشَكْلٍ غَيْرِ مُتَعادِل

the sides were unevenly matched كانَ الجانِبانِ غَيْرَ مُتَعادِلَيْنِ (في القُوَّة)

uneventful/ˈʌnɪˈventfəl/*adj.* خالٍ مِنَ الأَحْداث ، هادِئ ، لَمْ يَقَعْ بِهِ ما يَجْدُرُ ذِكْرُهُ

unexpurgated/ʌnˈekspəgeɪtɪd/*adj.* (طَبْعَةُ كِتابٍ) لَمْ يُحْذَفْ مِنْها ما يُخِلُّ بالأَدَب

unfair/ʌnˈfeə(r)/*adj.* غَيْرُ عادِل ، غَيْرُ مُنْصِف ، جائِر

unfaithful/ʌnˈfeɪθfəl/*adj.* خائِن (خَوْنة) (للزَّوْجِيّة) ، غَيْرُ وَفِيٍّ (بِوَعْدِهِ) ؛ (تَرْجَمة) مُحَرَّفة

unfamiliar/ˈʌnfəˈmɪlɪə(r)/*adj.* غَيْرُ مَأْلُوف ، غَرِيب ، حُوشِيّ

unfasten/ʌnˈfɑsən/*v.t.* فَكَّ (ـُ) ، حَلَّ (ـِ) (الحِزامَ مَثَلاً)

unfeeling/ʌnˈfilɪŋ/*adj.* عَدِيمُ الشُّعُور ، قاسِي القَلْب

unfit/ʌnˈfɪt/*adj.*

1. (not suitable) غَيْرُ لائِق ، لَيْسَ جَدِيرًا بـ ، غَيْرُ صالِح

this road is unfit for motor vehicles هٰذا الطَّرِيقُ لا يَصْلُحُ للسَّيّارات

he is unfit to be a doctor لا يَصْلُحُ أَنْ يَكُونَ طَبِيبًا ، غَيْرُ كُفْءٍ لِمِهْنَةِ الطِّبّ

2. (not healthy) تَنْقُصُهُ اللِّياقة البَدَنِيّة ، مُتَوَعِّك

unflinching/ʌnˈflɪntʃɪŋ/*adj.* صامِدٌ ، حازِمٌ ، لا يَتَراجَعُ ، لا يَتَزَعْزَعُ ، لا يَهاب

unfold/ʌnˈfəʊld/*v.t. & i.* كَشَفَ (ـِ) ، فَتَحَ (ـَ) شَيْئًا مَطْوِيًّا

unforeseen/ˈʌnfəˈsin/*adj.* غَيْرُ مُتَوَقَّع ، لَمْ يَكُنْ في الحُسْبان ، طارِئ

unforgettable/ˈʌnfəˈgetəbəl/*adj.* لا يُنْسَى ، خالِدُ الذِّكْر

unforgivable/ˈʌnfəˈgɪvəbəl/*adj.* لا يُغْتَفَرُ ، لا يُصْفَحُ عَنْهُ

unfortunate/ʌnˈfɔtʃʊnət/*adj.* سَيِّئُ الحَظّ

unfortunately/ʌnˈfɔtʃʊnətlɪ/*adv.* لِسُوءِ الحَظّ

unfounded/ʌnˈfaʊndɪd/*adj.* لا أَساسَ لَهُ مِنَ الصِّحّة

unfrequented/ˈʌnfrɪˈkwentɪd/*adj.* (مَمَرٌّ) غَيْرُ مَطْرُوق ، مَهْجُور

unfriendly/ʌnˈfrendlɪ/*adj.* غَيْرُ وُدِّيّ ، عِدائِيّ

unfrock/ˈʌnˈfrok/*v.t.* جَرَّدَ كاهِنًا مِنْ ثَوْبِهِ وَطَرَدَهُ مِنْ سِلْكِ الرَّهْبَنة

unfurnished/ʌnˈfɜnɪʃt/*adj.* غَيْرُ مُؤَثَّث

ungainly/ʌnˈgeɪnlɪ/*adj.* أَخْرَق ، غَيْرُ رَشِيق ، تُعْوِزُهُ اللَّباقة والبَراعة

ungodly/ʌnˈgodlɪ/*adj.* شِرِّير ، فاجِر ، كافِر

why on earth did he call at this ungodly hour! لِماذا ، يا ناسُ ، جاءَ يَزُورُني في هٰذِهِ السّاعة اللَّعِينة !

ungovernable/ʌnˈgʌvənəbəl/*adj.* (غَيْظٌ) لا يُكْظَم ، لا يُكْبَحُ (جِماحُه)

ungrateful/ʌnˈgreɪtfəl/*adj.* جَحُود ، ناكِرٌ للجَمِيل ؛ بَغِيض ، غَيْرُ مُسْتَحَبّ ، مُنَفِّر

pupils can be ungrateful قَدْ يَجْحَدُ الطُّلّابُ الجَمِيل

teaching can be ungrateful قَدْ يَكُونُ التَّعْلِيمُ بَغِيضًا

unguarded/ʌnˈgɑdɪd/*adj.* غَيْرُ حَذِر ، غافِل ، (في لَحْظَةِ) سَهْو

unhappy/ʌnˈhæpɪ/*adj.* شَقِيٌّ (أَشْقِياء) ، غَيْرُ سَعِيد ، تَعِيس

unhealthy/ʌnˈhelθɪ/*adj.* مُعْتَلّ ؛ غَيْرُ صِحِّيّ ، مُضِرٌّ (بالصِّحّة) ، فاسِد

unheard-of/ʌnˈhɜd-ov/*adj.* غَيْرُ مَعْرُوف ، لَمْ يُسْمَعْ بِمِثْلِهِ قَطُّ ، لَم يُسْمَعْ بِمِثْلِهِ ، خارِقُ العادة (خَوارِق)

unhinged/ʌnˈhɪndʒd/*adj.* مُصابٌ بِلَوْثةٍ في عَقْلِهِ

unhurried/ʌnˈhʌrɪd/*adj.* بَطِيء ، مُتَمَهِّل

uni-/ˈjunɪ/*pref.* بادِئة مَعْناها : مُفْرَد أو وَحِيد

unicorn/ˈjunɪkɔn/*n.* وَحِيدُ القَرْن (حَيَوانٌ خُرافِيّ)

unidentified/ˈʌnaɪˈdentɪfaɪd/*adj.* مَجْهُولُ الهُوِيّة ، يَصْعُبُ تَمْيِيزُهُ

unidentified flying object (*abbr.* **UFO**) صَحْنٌ طائِر أو ما يُشْبِهُهُ

unification/ˈjunɪfɪˈkeɪʃən/*n.* تَوْحِيد

uniform/ˈjunɪfɔm/*adj.* مُتَماثِل ، مُنْسَجِم

n. بِزّة ، لِباسٌ رَسْمِيّ

uniformed/ˈjunɪfɔmd/*adj.* (شُرْطِيّ) مُرْتَدٍ مَلابِسَ رَسْمِيّة

uniformity/ˈjunɪˈfɔmɪtɪ/*n.* تَماثُل ، اِنْتِظام ، اِتِّساق

unify/ˈjunɪfaɪ/*v.t.* وَحَّدَ

unilateral/ˈjunɪˈlætərəl/*adj.* مِنْ جانِبٍ واحِدٍ فَحَسْب ، أُحادِيُّ الجانِب

unimpaired/ˈʌnɪmˈpeəd/*adj.* سالِمٌ ، سَلِيم ، لَمْ يُصِبْهُ أَذًى

uninformed/ˈʌnɪnˈfɔmd/*adj.* (اِنْتِقادٌ) غَيْرُ مَبْنِيٍّ عَلَى حَقائِقَ وَمَعْلُومات ؛ غَيْرُ مُطَّلِع عَلَى (أَحْداثٍ مَثَلاً)

uninhibited/ˈʌnɪnˈhɪbɪtɪd/*adj.* (كَلام) بِدُونِ تَحَرُّج ، غَيْرُ مَكْبُوت

uninterested/ʌnˈɪntrɪstɪd/*adj.* غَيْرُ مُهْتَمّ ، غَيْرُ مُكْتَرِث

uninterrupted/ˈʌnɪntəˈrʌptɪd/*adj.* مُتَواصِل ، غَيْرُ مُتَقَطِّع ، مُطَّرِد ، مُسْتَمِرّ ، باطِّراد

uninvited/ˈʌnɪnˈvaɪtɪd/*adj.* (ضَيْفٌ) غَيْرُ مَدْعُوّ ، لا داعِيَ له

uninviting/ˈʌnɪnˈvaɪtɪŋ/*adj.* غَيْرُ جَذّاب

the water looked uninviting كانَ مَنْظَرُ الماءِ لا يُغْرِي بالسِّباحة

union/ˈjunɪən/*n.*

1. (joining) اِتِّحاد ، اِمْتِزاج ، اِقْتِران

2. (association) اِتِّحاد ، رابِطة

the Union of Mineworkers اِتّحادُ عُمّالِ المَناجِم

Union Jack العَلَمُ البريطانيّ

unique/ju'nik/*adj.* فَذٌّ (أفذاذ) ، فَريد ، مُنقطِعُ النَّظير

unisex/'junɪseks/*adj.* صالِحٌ لِلْجِنْسَيْن (تَسْريحة ، مَلابِس الخ)

unison/'junɪsən,'junɪzən/*n.* تَوافُقٌ ، اِنْسِجام ؛ (عَمِلوا) يَدًا واحِدة

the choir sang in unison غَنّتِ الجَوْقةُ بِنَغَماتٍ مُتطابِقة

unit/'junɪt/*n.*

1. (single entity) وَحْدة

kitchen unit وَحْدةٌ مِنْ تَجْهيزاتِ المَطْبَخِ الحَديث (خَزائِن وما إلَيْها)

a unit of measurement وَحْدة قِياسيّة

2. (a number less than 10) رَقْمٌ مِنَ الآحاد

unite/ju'naɪt/*v.t. & i.* وَحَّدَ ، اِتَّحَدَ

United Kingdom *abbr.* **U.K.** المَمْلَكة المُتَّحِدة

United Nations *abbr.* **U.N.** الأُمَمُ المُتَّحِدة

United States (of America) *abbr.* **U.S.(A.)** الوِلاياتُ المُتَّحِدةُ (الأمريكيّة)

unity/'junɪtɪ/*n.* اِتِّحاد ، وَحْدة

they lived together in unity عاشُوا بِاتِّفاقٍ وَوِئام

universal/'junɪ'vɜsəl/*adj.* عامٌّ ، شامِل ؛ عالَمِيّ ؛ كَوْنيّ ؛ إجْماعيّ

universally/'junɪ'vɜsəlɪ/*adv.* عُمومًا ، بِوَجْهِ العُمومِ ، دُونَ اسْتِثْناء ، في العالَمِ أجْمَع ، في كُلِّ مَكان

a universally accepted truth حَقيقةٌ مُسَلَّمٌ بِها مِنْ قِبَلِ الجَميع

universe/'junɪvɜs/*n.* كَوْنٌ (أكْوان) ، عالَمٌ (عَوالِمُ)

university/'junɪ'vɜsɪtɪ/*n.* جامِعة

unkempt/ʌn'kempt/*adj.* أشْعَثُ ، مَنْفوشُ الشَّعْر ؛ مُهَلْهَلُ الثِّياب ، زَرِيُّ الهَيْئة

unkind/ʌn'kaɪnd/*adj.* (مُعامَلة) خَشِنة ، قاسٍ ، غَيْرُ مُشْفِق

unknown/ʌn'nəʊn/*adj.* مَجْهول ، غَيْرُ مَعْروف

unlace/ʌn'leɪs/*v.t.* فَكَّ (ـُ) أو حَلَّ (ـُ) شَريطَ (حِذائِه)

unleash/ʌn'liʃ/*v.t.* أطْلَقَهُ مِن عِقالِه ، أفْلَتَهُ

unleavened/ʌn'levənd/*adj.* (فَطير) غَيْرُ مُخَمَّر أو مُخْتَمِر ، (خُبز) بِلا خَميرة

unless/ʌn'les/*conj.* ما لَمْ ، إنْ لَمْ ، إلاّ إذا ، اللّهُمَّ إلاّ إذا

unlike/ʌn'laɪk/*adj. & prep.* مُخْتَلِف ، غَيْرُ مُتَشابِه ، عَلَى نَقيض ، عَكْسُ

unlikely/ʌn'laɪklɪ/*adj.* بَعيدُ الاحْتِمال أو الوُقوع ، مُسْتَبْعَد ، غَيْرُ مُرَجَّح

unload/ʌn'ləʊd/*v.t. & i.* أفْرَغَ الحُمولةَ أو الشِّحْنة ؛ فَرَّغَ المُسَدَّس

unlock/ʌn'lok/*v.t.* فَتَحَ (ـَ) القُفْل

unlucky/ʌn'lʌkɪ/*adj.* غَيْرُ مَحْظوظ ، شَقِيّ ، سَيِّئُ الطّالِع

unmanned/ʌn'mænd/*adj.* (مَرْكَبة فَضائيّة) بِلا مَلاّحِين

unmarried/ʌn'mærɪd/*adj.* غَيْرُ مُتَزَوِّج ، أعْزَب ؛ عَزْباء

unmask/ʌn'mɑsk/*v.t.* كَشَفَ (ـِ) القِناعَ ، أماطَ اللِّثامَ عَنْ ؛ فَضَحَ (ـَ)

unmentionable/ʌn'menʃənəbəl/*adj.* لا يَليقُ ذِكْرُهُ ، يَتَعَذَّرُ التَّلَفُّظُ بِهِ لِبَذاءَتِه

unmindful/ʌn'maɪndfəl/*adj.* غافِلٌ أو ذاهِلٌ عَن ، غَيْرُ مُهْتَمٍّ لِمُرورِ الوَقْتِ مَثَلاً ، غَيْرُ عابِئٍ بِـ

unmistakable/'ʌnmɪ'steɪkəbəl/*adj.* لا رَيْبَةَ ولا شَكَّ فيه ، واضِح ، جَلِيّ ؛ يَقينيّ

unmoved/ʌn'muvd/*adj.* غَيْرُ مُكْتَرِث ، غَيْرُ مُتأثِّر ، جامِد ، لا تَهُزُّهُ الهَزاهِز

unnatural/'ʌn'nætʃərəl/*adj.* غَيْرُ طَبيعيّ ، خِلافَ الطَّبيعة ، مُتَكَلِّف ؛ شاذٌّ ، مُنْحَرِف

unnaturally/'ʌn'nætʃrəlɪ/*adv.* بِصورةٍ غَيْرِ طَبيعيّة

not unnaturally he expected some reward مِنَ الطَّبيعيِّ أنَّهُ كانَ يَتَوَقَّعُ مُكافَأةً

unnecessary/ʌn'nesəsrɪ/*adj.* غَيْرُ ضَروريّ ، زائِدٌ عَنِ الحاجة ، لا طائِلَ مِنْه

unnerve/ʌn'nɜv/*v.t.* أوْهَنَ عَزيمَتَهُ ، ثَبَّطَ مِنْ هِمَّتِه

unnoticed/ʌn'nəʊtɪst/*adj.* غَيْرُ مُنْتَبَهٍ إلَيْه ، غَيْرُ مَلْحوظ

unobserved/'ʌnəb'zɜvd/*adj.* خَفِيٌّ عَنِ البَصَر ، لَمْ يُنْتَبَهْ إلَيْه

unobtrusive/'ʌnəb'trusɪv/*adj.* مُتَواضِع ، مُحْتَجِب ، مُتَنَحٍّ عَن ، لا يُثيرُ الانْتِباه ، مُتَوارٍ عَنِ الأنْظار

unofficial/'ʌnə'fɪʃəl/*adj.* غَيْرُ رَسْميّ

unofficially/'ʌnə'fɪʃəlɪ/*adv.* بِصورةٍ غَيْرِ رَسْميّة

unopposed/'ʌnə'pəʊzd/*adj.* بالتَّزْكِية ، مِنْ دُونِ مُعارَضة

unorthodox/ʌn'ɔθədoks/*adj.* مُخالِفٌ لِلعُرْفِ والتَّقاليد ، غَيْرُ مَقْبول

unpack/ʌn'pæk/*v.t. & i.* فَرَّغَ (الأمْتِعة) ؛ أخْرَجَ الأمْتِعةَ (مِنَ الحَقائِب)

unpalatable/ʌn'pælətəbəl/*adj.* غَيْرُ مُسْتَساغ ، غَيْرُ لَذيذ ، كَريه ؛ غَيْرُ مُسْتَحَبّ ، مُزْعِج

unparalleled/ʌn'pærəleld/*adj.* مُنْقَطِعُ النَّظير ، لا مَثيلَ لَهُ ، فَريد ، فَذٌّ ، لا يُضاهَى ، لا سابِقَ له

unperturbed/'ʌnpə'tɜbd/*adj.* رابِطُ الجَأْش ، لا يَتَزَعْزَع

unpick/ʌn'pɪk/*v.t.* فَتَقَ (ـُ) (خِياطة) ، فَكَّ (ـُ) حِياكة

unplaced/ʌn'pleɪst/*adj.* لَيْسَ مِنَ الفائِزينَ الثَّلاثة الأُوَل

unpleasant/ʌn'plezənt/*adj.* كَريه ، غَيْرُ مُسْتَحَبّ ، مُكَدِّر ، (طَقْسٌ) رَديء

unprecedented/ʌn'presɪdentɪd/*adj.* لا سابِقَةَ له ، غَيْرُ مَسْبوق ، مُسْتَجِدّ ، مُسْتَحْدَث

unpretentious/'ʌnprɪ'tenʃəs/*adj.* مُتواضِع ، غَيْرُ مُتَظاهِر بِشَيْء ، لا يَدَّعِي العَظَمة ؛ بِدُونِ تَبَجُّح

unprintable/ʌn'prɪntəbəl/*adj.* بَذِيء ، نابٍ ، فاضِح

unprofessional/'ʌnprə'feʃənəl/*adj.* لا يَليقُ بآدابِ المِهْنة

unprompted/ʌn'promptɪd/*adj.* عَفْوِيّ ، تِلْقائِيّ ، مِنْ تِلْقاءِ نَفْسِهِ

unprovided/'ʌnprə'vaɪdɪd/*adj.* مُعْوِز ، مُعْدِم ، مَحْرُوم

she was left unprovided for — ماتَ عَنْها (زَوْجُها) دُونَ ما يُعيلُها

unprovoked/'ʌnprə'vəʊkt/*adj.* (هُجُومٌ) غَيْرُ اسْتِفْزازِيّ ، بِدُونِ إثارة

unpunctual/ʌn'pʌŋktʃʊəl/*adj.* غَيْرُ دَقيقٍ في مَواعِيدِهِ ، مُخْلِفٌ لِلميعاد

unpunctuality/'ʌnpʌŋktʃʊ'ælɪtɪ/*n.* عَدَمُ مُراعاةِ المَواعِيد

unqualified/ʌn'kwolɪfaɪd/*adj.* غَيْرُ مُؤَهَّل ؛ كامِلٌ ، مُطْلَقٌ

an unqualified medical practitioner — طَبيبٌ غَيْرُ مُؤَهَّل

an unqualified success — نَجاحٌ مُطْلَق

unravel/ʌn'rævəl/*v.t.* حَلَّ (ـِ) ، فَكَّ (ـُ)

unreadable/ʌn'ridəbəl/*adj.* (خَطٌّ) غَيْرُ مَقْرُوء ؛ لا يَسْتَحِقُّ القِراءَة

unreal/ʌn'rɪəl/*adj.* وَهْمِيّ ، غَيْرُ حَقيقِيّ ، خَيالِيّ

unrealistic/'ʌnrɪə'lɪstɪk/*adj.* غَيْرُ واقِعِيّ ؛ (مَشْرُوع) خَيالِيّ لا يُمْكِنُ تَحْقيقُهُ

unreasonable/ʌn'rizənəbəl/*adj.* غَيْرُ مَعْقُول ، مُتَمادٍ في طَلَباتِهِ

unrecognizable/'ʌn'rekəg'naɪzəbəl/*adj.* لا يُمْكِنُ التَّعَرُّفُ عَلَيْه ، مُتَغَيِّرٌ تَغَيُّرًا كُلِّيًّا بِحَيْثُ تَسْتَحيلُ مَعْرِفَتُهُ

unrelenting/'ʌnrɪ'lentɪŋ/*adj.* لا يَرْحَمُ ولا يُشْفِق ، بِلا هَوادة ، لا يَلِينُ أو يَضْعُف ، بِلا كَلَلٍ ولا مَلَل

unreliable/'ʌnrɪ'laɪəbəl/*adj.* لا يُوثَقُ بِهِ ، لا يُعْتَمَدُ عَلَيْهِ

unrelieved/'ʌnrɪ'livd/*adj.* (رَتابَةٌ) لا يُخَفِّفُ مِنْها شَيْء

unremitting/'ʌnrɪ'mɪtɪŋ/*adj.* (جُهْدٌ) مُتَواصِل ، مُسْتَمِرّ

unrepeatable/'ʌnrɪ'pitəbəl/*adj.* لا يَتَكَرَّر ، لا يُعاد ؛ لا يُنْقَل ، لا يُكَرَّر (لِبَذاءَتِهِ)

an unrepeatable offer — عَرْضٌ تِجارِيّ لَنْ يَتَكَرَّر

an unrepeatable remark — مُلاحَظة لا يَليقُ تَكْرارُها (لِسَماجَتِها)

unrequited/'ʌnrɪ'kwaɪtɪd/*adj.* (حُبٌّ) غَيْرُ مُتَبادَل

unreservedly/'ʌnrɪ'zɜvɪdlɪ/*adv.* بِدُونِ تَحَفُّظ ، بِصَراحة

unresolved/'ʌnrɪ'zolvd/*adj.* مُتَرَدِّد ؛ لَمْ يُبَتَّ فِيهِ بَعْدُ ، لا يَزالُ عَلَى بِساطِ البَحْث

unrest/ʌn'rest/*n.* اِضْطِراب ، فِتْنة ، قَلَقٌ

unripe/ʌn'raɪp/*adj.* فِجٌّ ، غَيْرُ ناضِج

unroll/ʌn'rəʊl/*v.t. & i.* نَشَرَ (ـُ) شَيْئًا مَلْفُوفًا ، بَسَطَ (ـُ) ؛ اِنْبَسَطَ

unruffled/ʌn'rʌfəld/*adj.* رابِطُ الجَأْش ، هادِئ

unruly/ʌn'rulɪ/*adj.* عاصٍ ، عَنيد ، جامِح ، لا يَنْصاعُ لِلنِّظام

unsafe/ʌn'seɪf/*adj.* خَطِرٌ ، غَيْرُ مَأْمُون

unsaid/ʌn'sed/*adj.* غَيْرُ مَقُول ، لَمْ يُعَبَّرْ عَنْهُ

some things are better left unsaid — وَقَدْ يُؤْثَرُ بَعْضُ الشَّيْءِ أَنْ يُغْفَلا (حافِظ ابراهيم) ، ثَمَّةَ أَشْياءُ مِنَ الأَفْضَلِ أَلَّا تُذْكَر

unsavoury/ʌn'seɪvərɪ/*adj.* رَدِيءُ المَذاق ؛ نابٍ ، بَذِيء

unscathed/ʌn'skeɪðd/*adj.* لَمْ يُصَبْ بِأَذًى ، سالِمٌ مِنَ الضَّرَر

unscrew/ʌn'skru/*v.t.* فَكَّ (ـُ) البُرْغِي أو اللَّوْلَب أو الصَّمُولة

unscrupulous/ʌn'skrupjʊləs/*adj.* قَليلُ الذِّمّة ، لا ضَميرَ لَهُ

unseasoned/ʌn'sizənd/*adj.* (خَشَبٌ) خام ؛ غَيْرُ مُتَبَّل

unseat/ʌn'sit/*v.t.* أَسْقَطَهُ عَنْ جَوادِهِ ؛ جَرَّدَهُ مِنْ مَقْعَدِهِ في البَرْلَمان

unseemly/ʌn'simlɪ/*adj.* غَيْرُ لائِق ، غَيْرُ مُهَذَّب

unseen/ʌn'sin/*adj. & n.* غَيْرُ مَرْئِيّ ، غَيْرُ مَلْحُوظ ؛ عالَمُ الغَيْب ؛ نَصٌّ لِلتَّرْجَمة غَيْرُ مَدْرُوسٍ سابِقًا

unsettled/ʌn'setəld/*p.p. & adj.* مُتَقَلِّب ، مُضْطَرِب

unsettled weather — طَقْسٌ أو جَوٌّ مُتَقَلِّب

unsettled bills — دُيُون لَمْ تُسَدَّدْ بَعْدُ

unshakeable/ʌn'ʃeɪkəbəl/*adj.* (إيمانٌ) راسِخ ، لا يَتَزَعْزَع ، ثابِت ، وَطيد ، عَزُوم ، لا يُزَحْزَح

unshaven/ʌn'ʃeɪvən/*adj.* (ذَقْنٌ) غَيْرُ حَليق

unsightly/ʌn'saɪtlɪ/*adj.* قَبيحُ المَنْظَر ، دَميم ، بَشِعٌ

unskilled/ʌn'skɪld/*adj.* غَيْرُ ماهِر ؛ (عُمّال) غَيْرُ اخْتِصاصِيّين

unsolicited/'ʌnsə'lɪsɪtɪd/*adj.* (تَزْكِية) لَمْ تُطْلَبْ ، مُتَبَرَّعٌ بِها ، غَيْرُ مَنْشُودة

unsophisticated/'ʌnsə'fɪstɪkeɪtɪd/*adj.* ساذَجٌ (سُذَّج) ، بَسيط (بُسَطاء) ، غِرٌّ (أَغْرار)

unsound/ʌn'saʊnd/*adj.* مَعيب ؛ مُعْتَلُّ الصِّحّة أو العَقْل ، غَيْرُ سَليم ، مُخْتَلّ

unspeakable/ʌn'spikəbəl/*adj.* لا يُوصَف ، يَفُوقُ الوَصْفَ ؛ مُنَفِّر

unspoken/ʌn'spəʊkən/*adj.* (شَرْطٌ) مُضْمَر ، مَفْهُومٌ ضِمْنًا ، مُقَدَّر ، (نَقْدٌ) لا يُتَفَوَّهُ بِهِ

unstable/ʌn'steɪbəl/ مُتَقَلِّب ، قَلِقٌ ، غَيْرُ ثابِت ،

adj. مُتَقَلْقِل

unsteady /ʌnˈstedɪ/ *adj.* مُتَرَجْرِج ، مُتَأَرْجِح ، مُتَرَنِّح ، غَيْرُ مُطَّرِد

the foal was unsteady on his feet مَشَى المُهْرُ مِشْيَةً مُقَلْقَلَة

unsuitable /ʌnˈsutəbəl/ *adj.* غَيْرُ لائِق ، غَيْرُ مُناسِب ، لا يَفِي بالغَرَض ، لا يُلائِم

unsure /ʌnˈʃʊə(r)/ *adj.* غَيْرُ مُتَأَكِّد ، غَيْرُ مُتَيَقِّن ، غَيْرُ واثِقٍ مِنْ نَفْسِه

he is unsure of his ground إِنَّهُ غَيْرُ واثِقٍ مِنْ حُجَجِه

unsuspecting /ˈʌnsəˈspektɪŋ/ *adj.* لا يُخامِرُهُ الشَّكّ ، غَيْرُ مُرْتاب ، غَيْرُ مُسْتَشْعِرِ الفَخّ

untangle /ʌnˈtæŋgəl/ *v.t.* فَكَّ (ـُ) الخُيوطَ المُتَشابِكة ، حَلَّ (ـُ) (العُقْدَةَ)

untapped /ʌnˈtæpt/ *adj.* (بِكْرٌ) لَمْ يُسْتَغَلَّ بَعْدُ

untarnished /ʌnˈtɑnɪʃt/ *adj.* لَمْ تُلَوَّثْ سُمْعَتُهُ ، ناصِعُ الصَّفْحة

untenable /ʌnˈtenəbəl/ *adj.* (نَظَرِيَّة) لا دَعْمَ لَها ، لا يُمْكِنُ الدِّفاعُ عَنْهُ ، (حُجَّةٌ) غَيْرُ وارِدة ؛ لا يُمْكِنُ التَّمَسُّكُ بِهِ

unthinkable /ʌnˈθɪŋkəbəl/ *adj.* لا يُعْقَلُ ، لا يَقْبَلُهُ العَقْل ، لا يُمْكِنُ تَخَيُّلُه

unthought-of /ʌnˈθɔt-ov/ *adj.* لَمْ يَخْطُرْ بِبالِ أَحَدٍ ، لا يُتَوَقَّعُ ولا يُنْتَظَر

untidy /ʌnˈtɑɪdɪ/ *adj.* غَيْرُ مُرَتَّب ، غَيْرُ مُهَنْدَم

untie /ʌnˈtɑɪ/ *v.t.* فَكَّ (ـُ) ، حَلَّ (ـُ) عُقْدَةً مَثَلاً

until /ʌnˈtɪl/ *prep. & conj.* حَتَّى ، إِلَى أَنْ ، رَيْثَما

untimely /ʌnˈtɑɪmlɪ/ *adj.* (مَوْتٌ) قَبْلَ الأَوان ، في غَيْرِ حِينِه ، في وَقْتٍ غَيْرِ مُواتٍ

untold /ʌnˈtəʊld/ *adj.*

1. (not narrated) غَيْرُ مَرْوِيّ ، لَمْ يُذْكَرْ ، لَمْ يُصَرَّحْ بِهِ ، لَمْ يُسْرَدْ

2. (beyond number) يَفُوقُ الحَصْرَ ، (ثَرْوَةٌ) لا تُقَدَّرُ

untouchable /ʌnˈtʌtʃəbəl/ *adj. & n.* لا يُمَسُّ ؛ أَحَدُ أَفْرادِ طَبَقَةِ المَنْبُوذِين في الهِنْد

untoward /ˈʌntəˈwɔd/ *adj.* غَيْرُ مُلائِم ، غَيْرُ مُواتٍ ، مَشْؤُوم ، مَنْحُوس

untried /ʌnˈtrɑɪd/ *adj.*

1. (not attempted) لَمْ يُحاوَلْ ، لَمْ يُجَرَّبْ بَعْدُ

2. (inexperienced) غَيْرُ مُحَنَّك ، غِرّ (أَغْرار)

untrue /ʌnˈtru/ *adj.*

1. (false) كاذِب ، غَيْرُ صَحِيح

2. (unfaithful) خائِن ، غَيْرُ وَفِيّ

untruth /ʌnˈtruθ/ *n.* أُكْذُوبة ، فِرْيَة ، باطِل (أَباطِيل) ، أُفِيكة (أَفائِك)

unturned /ʌnˈtɜnd/ *adj.* لَمْ يُقْلَبْ

he left no stone unturned لَمْ يَأْلُ جُهْدًا ، لَمْ يَتْرُكْ بابًا إلّا وَطَرَقَهُ

unused /ʌnˈjuzd/ *adj.* غَيْرُ مُسْتَعْمَل ؛ غَيْرُ مُتَعَوِّدٍ عَلى

unusual /ʌnˈjuʒʊəl/ *adj.* غَيْرُ مُعْتاد ، غَيْرُ عادِيّ ، غَيْرُ مَأْلُوف ، غَيْرُ مَعْهُود ، غَرِيب

unveil /ʌnˈveɪl/ *v.t.* أَزاحَ السِّتار ؛ حَسَرَ (ـِ) القِناعَ ، أَماطَ اللِّثام

unwanted /ʌnˈwontɪd/ *adj.* غَيْرُ مَرْغُوبٍ فِيه

unwarranted /ʌnˈworəntəd/ *adj.* بِلا مُبَرِّر ، بِلا مُوجِب ، لا داعِيَ لَهُ ، بِغَيْرِ وَجْهِ حَقّ

unwell /ʌnˈwel/ *adj.* مُتَوَعِّك ، مَرِيض (مَرْضَى) ، مُتْعَب

unwieldy /ʌnˈwildɪ/ *adj.* صَعْبُ الاسْتِعْمالِ لِثِقَلِهِ وَجَسامَتِه

unwilling /ʌnˈwɪlɪŋ/ *adj.* غَيْرُ راغِب ، مُتَمَنِّع ، رافِضٌ (لِمَدِّ يَدِ المُساعَدة)

unwind /ʌnˈwɑɪnd/ *v.t. & i.* فَكَّ (ـُ) (الضِّمادَ مَثَلاً) ؛ هَدَأَ ، اِسْتَراحَ

I need to unwind when I get home from work أَحْتاجُ إِلَى بَعْضِ الاسْتِراحةِ في البَيْتِ بَعْدَ عَناءِ العَمَل

unwise /ʌnˈwɑɪz/ *adj.* غَيْرُ حَكِيم ، أَحْمَقُ ، أَهْوَجُ

unwitting /ʌnˈwɪtɪŋ/ *adj.* غَيْرُ مُتَعَمَّد ، عَنْ غَيْرِ قَصْد ؛ غَيْرُ شاعِرٍ بِ ، غافِلٌ

unwonted /ʌnˈwəʊntɪd/ *adj.* غَيْرُ مَأْلُوف ، غَيْرُ عادِيّ ، غَيْرُ مُعْتاد

unworldly /ʌnˈwɜldlɪ/ *adj.* لا يَهْتَمُّ بالمادِّيّات ؛ زاهِدٌ في الدُّنْيا ، غَيْرُ دُنْيَوِيّ ، رُوحانِيّ

unworthy /ʌnˈwɜðɪ/ *adj.* غَيْرُ جَدِيرٍ بِ ، لا يَسْتَحِقُّ ، لا يَلِيقُ بِ ، غَيْرُ أَهْلٍ لِ

unwritten /ʌnˈrɪtən/ *adj.* غَيْرُ مُدَوَّن ، (عُرْفٌ) شَفَهِيّ

unzip /ʌnˈzɪp/ *v.t.* فَتَحَ السَّحّاب

up /ʌp/ *adv.* فَوْقَ ، إِلى الأَعْلى ، عالِيًا

come up here and have a look اِصْعَدْ إِلَى هُنا وانْظُرْ

he was up before the magistrate مَثَلَ أَمامَ القاضِي

she is up at Oxford إِنَّها طالِبةٌ بِجامِعةِ أُكْسْفُورْد

up for sale مَعْرُوضٌ لِلْبَيْع

he was up in arms about it ثارَتْ ثائِرَتُهُ لِلأَمْر

I was up all last night سَهِرْتُ طَوالَ لَيْلةِ البارِحة

come up to town for the day! تَعالَ لِقَضاءِ يَوْمٍ في المَدِينة

he is up from the country قَدِمَ مِنَ الرِّيف

he is well up in his subject إِنَّهُ مُتَمَكِّنٌ مِنْ مَوْضُوعِهِ كُلَّ التَّمَكُّن

up the workers! (*coll.*) يَحْيا العُمّال ! عاشَ العُمّال !

move up! تَحَرَّكْ أَوْ تَقَدَّمْ إِلَى الأَمام

hurry up! أَسْرِعْ ، هَيّا عَجِّل !

she walked up and down مَشَتْ جِيئَةً وذَهابًا

we were up against it وَقَعْنا في وَرْطَةٍ ما مِنْها مَخْرَج

eat it up! كُلِ الطَّعامَ كُلَّهُ ، أَفْرِغْ ما في الطَّبَق

what's up? ما الخَبَر؟ ماذا حَدَث ؟

adj. (*with* **to**) حَتَّى ، إلَى حَدِّ

up-to-date حَتَّى الوَقْتِ الحاضِر ؛ عَصْرِيّ ، أَحْدَثُ طِراز ؛ (سِجِلٌّ) يَحْوِي آخِرَ المَعْلُومات

it's up to you الأَمْرُ لَك ، القَرارُ لَك

do you feel up to it? هَلْ تَشْعُرُ بِأَنَّكَ كُفْءٌ لِذَلِك ؟

he is up to no good إنَّهُ يُضْمِرُ شَرًّا

what are you up to? ماذا تَرْتَكِبُ مِنْ أَذًى (يا وَلَد!) ؟ ما وَراءَك ؟

I am in it up to my neck غارِقٌ في هَذا العَمَلِ إلَى أُذُنَيَّ ؛ لا مَهْرَبَ لِي مِنْهُ

prep. نَحْوَ الأَعلى

up hill and down dale في طُولِ البِلادِ وَعَرْضِها

she lives just up the road بَيْتُها عَلَى مَقْرَبَةٍ مِنّا في الشّارِعِ ذاتِهِ

he is an up-and-coming barrister هُوَ مُحامٍ ناشِئٌ يُنْتَظَرُ لَهُ مُسْتَقْبَلٌ باهِر

the up train القِطارُ الذّاهِبُ إلَى العاصِمَة (لَنْدَن مَثَلًا)

n. as/*in*

we all have our ups and downs يَوْمٌ لَنا وَيَوْمٌ عَلَيْنا ، كُلُّنا عُرْضَةٌ لِتَقَلُّباتِ الحَياة

he's on the up and up (*fam.*) تَتَحَسَّنُ صِحَّتُهُ أَكْثَرَ فَأَكْثَر ؛ يُوثَقُ بِهِ ، "لا تَخاف منه — فهو لا يَخُون"

upbraid/ʌp'breɪd/*v.t.* عَنَّفَ ، وَبَّخَ بِقَسْوة

upbringing/'ʌpbrɪŋɪŋ/*n.* تَرْبِية ، تَنْشِئة

upheaval/ʌp'hivəl/*n.* اِنْقِلابٌ فُجائِيّ ، ثَوْرة عارِمة

uphill/'ʌphɪl/*adj.* صاعِدٌ (إلَى أَعْلَى التَّلّ)

an uphill struggle كِفاحٌ مُجْهِدٌ شاقّ ، مَجْهُودٌ عَسِير

adv. /ʌp'hɪl/ صاعِدًا ، صُعُدًا

uphold/ʌp'həʊld/ (*p.t.* & *p.p.* **upheld**/ʌp'held/) *v.t.* سانَدَ ، أَيَّدَ ؛ اِسْتَصْوَبَ

the court upheld the earlier decision أَيَّدَتِ المَحْكَمَةُ القَرارَ السّابِق

upholster/ʌp'həʊlstə(r)/*v.t.* نَجَّدَ ؛ زَوَّدَ بالبُسُطِ والسَّتائِر

well upholstered (*coll.*) سَمِينٌ ، مُمْتَلِئٌ ، رَيّان

upholsterer/ʌp'həʊlstərə(r)/*n.* مُنَجِّدُ مَفْرُوشات ، نَجّاد

upholstery/ʌp'həʊlstrɪ/*n.* حِرْفَةُ التَّنْجِيد ؛ لَوازِمُ التَّنْجِيد

upkeep/'ʊpkip/*n.* صِيانة ، عِناية ؛ نَفَقاتُ الصِّيانة

uplift/ʌp'lɪft/*v.t.* رَفَعَ المَعْنَوِيّات ، أَنْعَشَ

n. /'ʌplɪft/ رَفْعُ الرُّوحِ المَعْنَوِيّة

upon/ə'pon/*prep.* عَلَى ، فَوْقَ ، عِنْدَ ، حِينَ

upon my word! يا لَلْعَجَب! ، يا لَلْغَرابة! ؛ يا لَلْوَقاحة!

upper/'ʌpə(r)/*adj.* عُلْوِيّ ، أَعْلَى ، فَوْقانِيّ

he has the upper hand هُوَ صاحِبُ الأَمْرِ والنَّهْي ، الأَمْرُ بِيَدِهِ

uppermost/'ʌpəməʊst/*adj.* الأَعْلَى ، الأَسْمَى

upright/'ʌpraɪt/*adj.*

1. (vertical) عَمُودِيّ ، شاقُولِيّ ، قائِم

upright piano بِيانُو عادِيّ بِأَوْتارٍ عَمُودِيّة

2. (honest) مُسْتَقِيم ، نَزِيه

uprising/'ʌp'raɪzɪŋ/*n.* فِتْنة ، تَمَرُّد ، عِصْيان

uproar/'ʌprɔ(r)/*n.* ضَجِيج ، صَخَبٌ ، جَلَبة ، لَغَطٌ ؛ هِياج

the place was in an uproar كانَ المَكانُ في هَرْجٍ وَمَرْج

uproarious/ʌp'rɔrɪəs/*adj.* (حَفْلة) صاخِبة ، (قَهْقَهة) مُجَلْجِلة

uproariously/ʌp'rɔrɪəslɪ/*adv.* بِصَخَبٍ ، بِهِياج

uproariously funny يَجْعَلُكَ تُقَهْقِهُ مِنَ الضَّحِك

uproot/ʌp'rut/*v.t.* اِجْتَثَّ ، اِسْتَأْصَلَ

upset/ʌp'set/*v.t.* قَلَبَ (ـِ) ، أَقْلَقَ ، زَعْزَعَ ؛ أَزْعَجَ المَعِدة

that's upset the applecart? خَرَّبَ ذلِكَ مَشْرُوعَنا

n. /'ʌpset/ اِضْطِرابٌ نَفْسِيٌّ أو مَعِدِيّ ؛ تَكَدُّر

upshot/'ʌpʃot/*n.* تَحْصِيلُ الحاصِل ، نَتِيجة

upside-down/'ʌpsaɪd-'daʊn/*adv.* & *adj.* رَأْسًا عَلَى عَقِب ، مَقْلُوب ، فَوْقانِيّ تَحْتانِيّ ، (غُرْفَتُه) غايةٌ في الفَوْضَى

upstairs/'ʌp'steəz/*adv.* & *adj.* فَوْقُ ، في الطّابِقِ العُلْوِيّ ؛ فَوْقانِيّ ، عُلْوِيّ

upstanding/ʌp'stændɪŋ/*adj.* في وَضْعٍ قائِم ؛ مُعافًى ، صَحِيحُ الجِسْم

upstream/'ʌp'strim/*adv.* & *adj.* ضِدَّ تَيّارِ النَّهْر ؛ عِنْدَ مَنْبَعِ النَّهْر

uptake/'ʌpteɪk/*n. only in*

he was quick on the uptake فَهِمَ المَوْقِفَ بِمُجَرَّدِ التَّلْمِيح ، كانَ سَرِيعَ الفَهْم

uptight/'ʌp'taɪt/*adj.* (*coll.*) مُتَوَتِّرُ الأَعْصاب ، مُنَرْفَز

upward/'ʌpwəd/*adj.* & *adv. also* **upwards** صاعِدٌ ، مُتَّجِهٌ نَحْوَ الأَعْلَى ؛ إلَى أَعْلَى ، فَصاعِدًا ، فَما فَوْق

uranium/jʊ'reɪnɪəm/*n.* مَعْدِنُ اليُورانيُوم

urban/'ɜbən/*adj.* حَضَرِيّ ، مُنْتَسِبٌ إلَى المَدِينة ، مَدِينِيّ

urbane/ɜ'beɪn/*adj.* دَمِثٌ ، رَقِيقُ الحاشِية ، مُهَذَّب

urchin/'ɜtʃɪn/*n.* وَلَدٌ شَقِيّ أو شَيْطان ؛ وَلَدٌ فَقِير ؛ قُنْفُذُ البَحْر

urge/ɜdʒ/*v.t.* & *n.* حَثَّ (ـُ) ، حَفَزَ ، حَضَّ (ـُ) ، أَلَحَّ عَلَيْهِ بِـ ؛ رَغْبةٌ مُلِحّة

urgency/'ɜdʒənsɪ/*n.* ضَرُورة ماسّة ، حالة مُلِحّة

urgent/'ɜdʒənt/*adj.* عاجِلٌ ، ماسٌّ ، مُلِحّ

uric /ˈjʊərɪk/*adj.* بَوْلِيّ ، (حامِضُ) اليُوريك

urinal /ˈjʊərɪnəl/*n.* مِبْوَلة

urinate /ˈjʊərɪneɪt/*v.i.* بالَ (يَبُولُ)

urine /ˈjʊərɪn/*n.* بَوْلٌ

urn /ɛn/*n.* قارُورة ، جَرَّةٌ (جَميلةُ الشَّكْل)

funeral urn قارُورة لِحِفْظِ رَمادِ المَيِّت

tea urn غَلّاية كَبيرة للشّاي (في المَقاهِي)

us /ʌs/*obj. case of pron.* we الضَّميرُ المُتَّصِل (نا) في حالةِ النَّصْب

usage /ˈjuzɪdʒ/*n.*

1. (treatment) اِسْتِعْمال

2. (customary practice) اِسْتِعْمال شائع في اللُّغة

use[1] /jus/*n.* اِسْتِعْمال ، تداوُل

a room for the use of my friends غُرْفة مُخَصَّصة لأصْدِقائي

he retains the use of all his faculties لا يَزالُ قادِرًا عَلَى اسْتِعْمالِ كُلِّ مَلَكاتِهِ

I have no use for him تَضايَقْتُ مِنْهُ ، لا أُطِيقُ صُحْبَتَهُ

it's no use my talking لا فائِدَةَ مِنْ كَلامِي

this word is no longer in use لَمْ تَعُدْ هَذِهِ اللَّفْظَةُ مُسْتَعْمَلَةً

use[2] /juz/*v.t.* اِسْتَعْمَلَ ، اِسْتَهْلَكَ ، عامَلَ

may I use your name as a reference? هَلْ تَسْمَحُ لي بِذِكْرِ اسْمِكَ شاهِدًا عَلَى مُؤَهِّلاتي ؟

we have used (up) all the sugar اِسْتَنْفَدْنا (أو اِسْتَهْلَكْنا) كُلَّ السُّكَّر

he thinks himself ill used يَحْسَبُ نَفْسَهُ مَظْلومًا (مُسْتَغَلًّا)

I used to smoke but gave it up كُنْتُ مُدَخِّنًا وَلَكِنّي أَقْلَعْتُ عَنِ التَّدْخِين

she's not used to hard work لَمْ تَعْتَد العَمَلَ الشّاقّ

things are not what they used to be لَمْ تَعُد الأُمُورُ عَلَى ما كانَتْ عَلَيْه

used /juzd/*adj.* مُسْتَعْمَلٌ ، غَيْرُ جَدِيد

useful /ˈjusfəl/*adj.* نافِع ، مُفِيد

useless /ˈjusləs/*adj.* عَدِيمُ النَّفْعِ والجَدْوَى ، لا فائِدَةَ مِنْهُ

usher /ˈʌʃə(r)/*v.t. & n.* قادَهُ إلَى المَكانِ المُخَصَّص ، بَشَّرَ بِهِ ، مُرْشِدُ المَدْعُوِّينَ إلَى أماكِنِهِم في حَفْلٍ عامّ ، حاجِبُ المَحْكَمة

the change of government ushered in a period of prosperity بَشَّرَ تَغْيِيرُ الحُكُومة بِبَدْءِ عَهْدٍ لِلرَّخاء

usherette /ˈʌʃəˈret/*n.* فَتاةٌ تُرْشِدُ رُوّادَ السِّينَما إلَى مَقاعِدِهِم

usual /ˈjuʒʊəl/*adj.* مُعْتاد ، مَأْلُوف ، اِعْتِيادِيّ ، عادِيّ

business as usual المَحَلُّ مَفْتُوحٌ لِلزَّبائِنِ كالمُعْتاد (رَغْمَ التَّرْمِيمات)

usually /ˈjuʒʊəlɪ/*adv.* عادَةً ، في المُعْتاد ، غالِبًا

usurer /ˈjuʒərə(r)/*n.* مُرابٍ (يُقْرِضُ المالَ بِرِبًا فاحِش)

usurp /juˈzɜp/*v.t.* اِغْتَصَبَ (عَرْشًا أو حَقًّا الخ)

usurper /juˈzɜpə(r)/*n.* مُغْتَصِبٌ (حُكْمٍ أو حَقّ)

usury /ˈjuʒərɪ/*n.* الرِّبا (الفاحِش)

utensil /juˈtensɪl/*n.* أداةٌ (أدَوات) ، آلة ، إناء ، وِعاء

cooking utensils أدَواتُ الطَّبْخ

uterus /ˈjutərəs/*n.* رَحِمٌ (أرْحام) (تَشْرِيح)

utilitarian /juˈtɪlɪˈteərɪən/*adj.* نَفْعِيّ (فَلْسَفة)

utility /juˈtɪlətɪ/*n. & adj.* فائِدة ، نَفْعٌ ، مَنْفَعة ، أَحَدُ المَرافِقِ العامّة

utilize /ˈjutɪlaɪz/*v.t.* اِسْتَخْدَمَ ، اِسْتَعْمَلَ ، أفادَ مِنْ

utmost /ˈʌtməʊst/*adj. & n.* أقْصَى ، غايَة (الأمْر) أو قُصاراهُ ، مُنْتَهَى

we did our utmost to save him لَمْ نَأْلُ جُهْدًا لإنْقاذِهِ

Utopia /juˈtəʊpɪə/*n.* يُوطُوبِيا ، المَدِينَةُ الفاضِلة

Utopian /juˈtəʊpɪən/*adj.* طُوباوِيّ ، مِثالِيّ ، (فِكْرةٌ) وَهْمِيّةٌ لا تَتَحَقَّق

utter /ˈʌtə(r)/*adj.* مُطْلَقٌ ، كامِلٌ ، تامّ

v.t. نَطَقَ (ـِ) بِهِ ، فاهَ (يَفُوهُ) ، نَبَسَ (ـِ)

utterance /ˈʌtərəns/*n.* قَوْلٌ ، لَفْظة ، نُطْقٌ ، تَعْبِير

uttermost /ˈʌtəməʊst/*adj. & n.* أقْصَى ، غايَة ، مُنْتَهَى ، المُنْتَهَى ، النِّهاية

uvula /ˈjuvʊlə/*n.* لَهاةُ الحَلْق (لَهَوات ، لِهاء)

V

V /vi/(letter) الحَرْفُ الثّاني والعِشْرُون مِنَ الأبْجَدِيّة

vacancy /ˈveɪkənsɪ/*n.*

1. (emptiness) خُلُوٌّ ، فَراغ

2. (unoccupied post) شُغُورٌ (وَظِيفةٍ مَثَلًا) ، شاغِر (شَواغِر)

vacant /ˈveɪkənt/*adj.* فارِغٌ ، خالٍ ، شاغِرٌ

a vacant expression نَظْرة بَلْهاء خالِية مِنَ المَعْنَى

he bought the house with vacant possession اِشْتَرَى المَنْزِلَ خالِيًا وجاهِزًا لِلتَّسْلِيم

vacantly /ˈveɪkəntlɪ/*adv.* بِشُرُود ، بِبَلاهة ، بِوُجُوم ، سارِحَ الفِكْر

vacate /veɪˈkeɪt/*v.t.* أخْلَى (مَنْزِلًا مَثَلًا)

vacation/vəˋkeɪʃən/*n.* إِخْلاء ، عُطْلة (عُطَل ، عُطْلات)
she is on vacation مُتَغَيِّبة بإجازة
vaccinate/ˋvæksɪneɪt/ *v.t.* لَقَّحَ ، طَعَّمَ (ضِدَّ الجُدَرِيّ مَثَلاً)
vaccination/ˈvæksɪˋneɪʃən/*n.* تَلْقِيح (الجُدَرِيّ) ، تَطْعِيم
vaccine/ˋvæksin/*n.* لَقاحٌ ، طُعْمٌ (طُعُوم) (طِبّ)
vacillate/ˋvæsɪleɪt/*v.i.* تَرَدَّدَ ، تَأَرْجَحَ
vacillation/ˈvæsɪˋleɪʃən/*n.* تَرَدُّدٌ ، تَأَرْجُح
vacuous/ˋvækjʊəs/*adj.* خالٍ (مِنَ الأَفْكار) ، فارِغ
vacuum/ˋvækjʊəm/*n.* فَراغ
vacuum cleaner مِكْنَسة كَهْرَبائِيّة
vacuum flask تَرْمُسْ ، زُجاجة عازِلة للحَرارة
vagabond/ˋvægəbond/ *adj. & n.* مُتَشَرِّد ، صُعْلُوك (صَعالِيكُ) ، أَفّاق
vagina/vəˋdʒaɪnə/*n.* مَهْبِل (مَهابِلُ)
vaginal/vəˋdʒaɪnəl/*adj.* مَهْبِلِيّ
vagrancy/ˋveɪgrənsɪ/*n.* تَشَرُّد
vagrant/ˋveɪgrənt/*adj. & n.* مُتَشَرِّد ، مُتَسَكِّع يَعِيشُ عَلَى التَّسَوُّل ، صُعْلُوك (صَعالِيكُ)
vague/veɪg/*adj.* غامِض ، مُبْهَم ، غَيْرُ صَرِيح
I have a vague idea it is Wednesday يُخَيَّلُ إِلَيَّ أَنَّ اليَوْمَ هُوَ الأَرْبِعاء
I haven't the vaguest idea لَيْسَتْ لَدَيَّ أَدْنَى فِكْرة
vaguely/ˋveɪglɪ/*adv.* بِغُمُوض ، بِإِبْهام
vain/veɪn/*adj.*
1. (useless) باطِلٌ ، عَبَثٌ ، بِلا جَدْوَى
his efforts are in vain مُحاوَلاتُهُ غَيْرُ مُجْدِيَة ، ذَهَبَتْ جُهُودُهُ سُدًى
2. (empty) فارِغ
vain boasting تَبَجُّحٌ باطِل
3. (conceited) مَزْهُوّ ، مَغْرُور
she is vain of her appearance إِنَّها مُغْتَرَّةٌ بِمَظْهَرِها
vale/veɪl/*n.* وادٍ (أَوْدِيَة ، وِدْيان) ، وَهْدة (وِهاد)
valency/ˋveɪlənsɪ/*n.* تَكافُؤُ عُنْصُرٍ (كِيمِياء)
valentine/ˋvæləntaɪn/*n.*
1. (sweetheart) حَبِيب ، حَبِيبة
2. (missive) بِطاقةُ غَرامٍ غُفْلٌ مِنَ التَّوْقِيع يَتَبادَلُها العُشّاقُ يَوْمَ ١٤ شُباط / فَبْراير
valerian/vəˋlɪərɪən/*n.* سُنْبُل ، نارِدِين ، حَشِيشة الهِرّ (عَقّارٌ لِعِلاجِ القَلْب)
valet/ˋvælɪt/*n.* خادِمٌ خاصّ يُعْنَى بِمَلابِسِ سَيِّدِه
valiant/ˋvælɪənt/*adj.* صِنْدِيد (صَنادِيدُ) ، باسِل (بَواسِلُ) ، شُجاع (شُجْعان)
valid/ˋvælɪd/*adj.*
1. (up to requirements) صالِح ، سَلِيم
a valid proposition اِقْتِراحٌ وَجِيه أو مَقْبُول
this railway ticket is valid for three days تَذْكِرَةُ القِطارِ هٰذِهِ صالِحةٌ لِثَلاثة أَيّام
2. (*leg.*) سارِي المَفْعُول
the marriage was not valid لَمْ يَكُنِ الزَّواجُ شَرْعِيًّا
validate/ˋvælɪdeɪt/*v.t.* صادَقَ عَلَى ، أَقَرَّ شَرْعِيّة ...
validity/vəˋlɪdɪtɪ/*n.* صِحّة ، شَرْعِيّة ، (مُدَّةُ) سَرَيانِ المَفْعُول
valise/vəˋliz/*n.* حَقِيبَةُ سَفَر
valley/ˋvælɪ/*n.* وادٍ (أَوْدِيَة ، وِدْيان)
valorous/ˋvælərəs/*adj.* باسِلٌ (بَواسِلُ) ، شُجاع (شُجْعان) ، مِقْدام
valour/ˋvælə(r)/*n.* شَجاعة ، إِقْدام ، بَسالة
valuable/ˋvæljʊəbəl/*adj.* ثَمِين ، قَيِّمٌ ، نَفِيس
n. (*usu. pl.*) نَفائِس ، أَشْياء قَيِّمة
valuation/ˈvæljʊˋeɪʃən/ *n.* تَثْمِين ، تَقْدِيرُ قِيمةِ شَيْءٍ ، تَخْمِين
value/ˋvælju/*n.* سِعْرٌ ، ثَمَنٌ ، قِيمة
what value would you put on this silver candlestick? بِكَمْ تُقَدِّرُ سِعْرَ هٰذا الشَّمْعَدانِ الفِضِّيّ ؟
he always gets good value for his money لا يُنْفِقُ نُقُودَهُ إِلّا فِيما يَسْتَحِقُّ الشِّراء
the words are used with full poetic value اِسْتُعْمِلَتِ الأَلْفاظُ بِكامِلِ مَضْمُونِها الشِّعْرِيّ
find the value of x in this equation أَوْجِدْ قِيمةَ (س) في هٰذِهِ المُعادَلة
ethical values القِيَمُ الأَخْلاقِيّة
value added tax (*abbr.* VAT) ضَرِيبةٌ تَتَصاعَدُ مَعَ مَراحِلِ الإِنْتاج
v.t. 1. (estimate worth of) سَعَّرَ ، ثَمَّنَ ، خَمَّنَ
2. (regard highly) قَدَّرَهُ حَقَّ التَّقْدِير
valve/vælv/*n.* صِمام (أَصِمّة)
vampire/ˋvæmpaɪə(r)/ *n.* مَصّاصُ دِماء ، شَبَحٌ خُرافِيّ يَتْرُكُ قَبْرَهُ لِيَمْتَصَّ دِماءَ النّائِمِين
van/væn/*n.*
1. (covered motor vehicle) سَيّارة مُغَطّاة لِنَقْلِ البَضائِع ، شاحِنة صَغِيرة مُغَطّاة
2. (compartment) guard's van عَرَبةُ قِطارٍ فِيها مَقْصُورة الحارِس ، سِبِنْسة (م)
3. (front) طَلِيعة (طَلائِعُ) جَيْش أو مَوْكِب ، مُقَدِّمةُ رُوّادِ
those in the van of scientific progress التَّقَدُّمِ العِلْمِيّ
vandal/ˋvændəl/*n.* هَمَجِيّ يُدَمِّرُ النَّفائِسَ أو الأَشْياءَ في الأَماكِنِ العامّة
vandalism/ˋvændəlɪzm/ *n.* تَخْرِيبُ النَّفائِس عَنْ عَمْد ، الرُّوحُ التَّخْرِيبِيّة

vane/veɪn/*n.*

1. (weather cock) دَوّارةُ الرِّيح

2. (blade of windmill, pump) جَناحُ طاحُونةِ الهَواء ، رِيشةُ تُرْبِين أو مِضَخّة

vanguard/ˈvængɑd/*n.* طَليعة (طَلائِع) ، مُقَدِّمة

vanilla/vəˈnɪlə/*n.* فانِيلْيا ، وَنِلّة (تُسْتَعْمَلُ لِتَعْطِير الحَلَوِيّات)

vanish/ˈvænɪʃ/*v.i.* اِخْتَفَى ، تَوارَى ، تَلاشَى ، اِنْمَحَى ، غابَ (يَغِيبُ) ، فُقِدَ

vanity/ˈvænɪtɪ/*n.* زَهْوٌ ، غُرُور ، باطِل (أَباطِيلُ) ، عَبَثٌ ؛ شَيْءٌ تافِه

vanquish/ˈvæŋkwɪʃ/*v.t.* قَهَرَ (ـَ) ، غَلَبَ (ـِ) ، ظَفِرَ (ـَ) عَلَى

vapid/ˈvæpɪd/*adj.* تَفِهٌ ؛ (حَدِيثٌ) مُمِلّ

vaporize/ˈveɪpəraɪz/*v.t. & i.* بَخَّرَ ؛ تَبَخَّرَ ، تَصاعَدَ (كَبُخارٍ)

vapour/ˈveɪpə(r)/*n.* بُخارٌ (أَبْخِرة) ، ضَبابٌ خَفِيف

variable/ˈveərɪəbəl/*adj. & n.* مُتَقَلِّب ، مُتَغَيِّر ، مُتَبَدِّل ؛ كَمِّيّة مُتَغَيِّرة (رِياضِيّات)

variance/ˈveərɪəns/*n.* خِلاف ، اِخْتِلاف ، عَدَمُ وِفاق

this statement is at variance with the record هَذا التَّصْرِيحُ يُناقِضُ ما في السِّجِلّ

variation/ˈveərɪˈeɪʃən/*n.* تَغَيُّر ، اِخْتِلاف

varicose/ˈværɪkəʊs/*adj.* (أَوْرِدة) مُصابة بالدَّوالي

varied/ˈveərɪd/*adj.* مُتَنَوِّع ، مُخْتَلِف

variegated/ˈveərɪəgeɪtɪd/*adj.* مُتَعَدِّدُ الأَلْوان ، مُرَقَّش ، مُبَرْقَش

variety/vəˈraɪətɪ/*n.*

1. (diversity) تَنَوُّع ، اِخْتِلاف

2. (assemblage, mixture) تَعَدُّد

he refused for a variety of reasons رَفَضَ لأَسْبابٍ شَتَّى

3. (type, kind) ضَرْبٌ (ضُروب) ، صِنْفٌ (أَصْناف) ، شَكْلٌ (أَشْكال)

this is a rare variety of rose هَذا نَوْعٌ نادِرٌ مِنَ الوَرْد

4. (entertainment) مُنَوَّعات مَسْرَحِيّة

variety artist فَنّان يُقَدِّمُ المُنَوَّعات

various/ˈveərɪəs/*adj.* مُتَعَدِّد ، مُخْتَلِف ، مُتَنَوِّع ، شَتَّى

varnish/ˈvɑnɪʃ/*n.* بَرْنيق ، وَرْنِيش

v.t. طَلَى (يَطْلِي) بالوَرْنِيش ، بَرْنَقَ

vary/ˈveərɪ/*v.t. & i.* غَيَّرَ ، نَوَّعَ ؛ تَغَيَّرَ ، تَنَوَّعَ ، تَقَلَّبَ ، اِخْتَلَفَ

vase/vɑz/*n.* مَزْهَرِيّة ، زَهْرِيّة ؛ إناء للزِّينة

vaseline/ˈvæsəlin/*n.* الفازلِين ، مَرْهَمٌ بَتْرُولِيّ

vassal/ˈvæsəl/*n.* تابِع (أَتْباع) ، مُسْتَأْجِرٌ لِأَرْضٍ إِقْطاعِيّ ؛ عَبْدٌ (عَبِيد)

vast/vɑst/*adj.* واسِعٌ ، عَظِيم ، جَسِيم ، وافِرٌ

vastly/ˈvɑstlɪ/*adv.* بِسَعَة ، بِوَفْرة

he was vastly amused تَسَلَّى غايةَ التَّسْلِية ، سُرَّ كَثِيرًا

vat/væt/*n.* خابِية ، دَنٌّ (دِنان) ، وِعاءٌ كَبِيرٌ لِلسَّوائِل ؛ حَوْضٌ لِلدِّباغة

Vatican/ˈvætɪkən/*n.* الفاتِيكان (الكُرْسِيّ البابَوِيّ)

vault/vɔlt/*n.* قَبْوٌ (أَقْبِية) ، عَقْدٌ (عُقُود)

family vault مَقْبَرةُ الأُسْرة

bank vault سِرْدابٌ مُسَلَّح لِحِفْظِ النَّفائِس في المَصارِف

pole-vault القَفْزُ بالعَصا

v.i. with **over** قَفَزَ (ـِ) ، وَثَبَ (يَثِبُ) عَلَى أو فَوْقَ

v.t. in a vaulted roof سَقْفٌ مُقَبَّب

vaunt/vɔnt/*v.i. & t.* تَباهَى ، تَفاخَرَ ، تَعاظَمَ

veal/vil/*n.* لَحْمُ العِجْل ، عَجّالي (م)

veer/vɪə(r)/*v.i.* اِنْحَرَفَ ، غَيَّرَ اتِّجاهَ...

vegetable/ˈvedʒtəbəl/*n. & adj.* إِحْدَى الخَضْرَوات أو الخُضَر ، بَقْلٌ (بُقول) ؛ نَباتِيّ

vegetarian/ˈvedʒəˈteərɪən/*n. & adj.* نَباتِيّ ، لا يَأْكُلُ اللَّحْم

vegetate/ˈvedʒɪteɪt/*v.i.* عاشَ حَياةً خامِلةً مُنْعَزِلة

vegetation/ˈvedʒɪˈteɪʃən/*n.* نَباتات ؛ حَياةُ خُمول

vehemency/ˈviəmənsɪ/*n.* عُنْفٌ ، حِدّة ، شِدّة ، سَوْرة

vehement/ˈviəmənt/*adj.* عَنِيف ، حادٌّ ، عارِمٌ ، شَدِيدُ (اللَّهْجة)

vehicle/ˈviɪkəl/*n.*

1. (conveyance) عَرَبة ، مَرْكَبة ، سَيّارة

2. (medium of expression) وَسِيلة (وَسائِل) ، واسِطة (لِلتَّعْبِير مَثَلًا)

music was a vehicle for his emotions كانَت المُوسِيقَى وَسِيلةَ إِفْصاحٍ عَنْ عَواطِفِهِ

veil/veɪl/*n.* حِجاب (حُجُب) ، خِمار ، بُرْقُع (بَراقِع) ، سِتار

she took the veil تَرَهَّبَتْ ، أَصْبَحَتْ راهِبة

let us draw a veil over what followed لِنُسْدِلِ السِّتارَ عَمّا جَرَى بَعْدَ ذَلِك

v.t. سَتَرَ (ـُ) ، حَجَبَ (ـُ) ، غَطَّى

a veiled insult إِهانة مُقَنَّعة

veiled in mystery مُحاطٌ بالغُمُوض والأَسْرار ، تَحْتَ جُنْحِ الظَّلام

vein/veɪn/*n.*

1. (*anat.*) وَرِيد (أَوْرِدة) ، عِرْقٌ (عُرُوق)

2. (something resembling a vein) شَبِيهٌ بالعِرْق

the vein of a leaf عِرْقُ الوَرَقة

a vein of gold in the rock عِرْقٌ ذَهَبٍ في الصَّخْر

3. (mood, disposition) مِزاج (أَمْزِجة)

he spoke in a humorous vein تَحَدَّثَ بِرُوحٍ مَرِحة

veined/veɪnd/*adj.* (رُخام) مُعَرَّق أو مُجَزَّع

vellum/ˈveləm/*n.* رِقٌّ (جِلْدٌ رَقيقٌ للكِتابة) ، قَضيم

velocity/vəˈlɒsətɪ/*n.*

1. (rapidity) سُرْعة

2. (rate of motion) مُعَدَّلُ السُّرْعة

does light travel at a uniform velocity? هَلْ يَسيرُ الضَّوْءُ بِسُرْعةٍ مُطَّرِدة ؟

velvet/ˈvelvɪt/*n. & adj.* مُخْمَل ، قَطيفة ؛ مِنْ مُخْمَل

velvety/ˈvelvɪtɪ/*adj.* مُخْمَلِيّ

velveteen/ˈvelvɪˈtin/*n.* قُماش قُطْنِيّ يُشْبِهُ المُخْمَل

venal/ˈvinəl/*adj.* (سِياسِيّ) مُرْتَشٍ

vend/vend/*v.t.* باعَ (يَبيعُ)

vending machine آلةُ بَيْعٍ أُوتوماتيكِيّة

vendetta/venˈdetə/*n.* ثَأْرٌ ، اِنْتِقام ، عَداوة مُتَأَصِّلة

vendor/ˈvendə(r)/*n.* بائِع (باعة) ، بَيّاع

veneer/vɪˈnɪə(r)/*n. & v.t.* قِشْرة ، خَشَبُ تَلْبيس (نِجارة) لَبَّسَ بِقِشْرةٍ مِنَ الخَشَبِ الثَّمين

the table was veneered with mahogany كانَتِ المِنْضَدة مُلَبَّسةً بِقِشْرةٍ مِنْ خَشَبِ الكابِلي (م) أو الماهُوغاني

he had a veneer of respectability كانَتْ عَلَيْهِ مَسْحة مُزَيَّفة مِنَ الوَقار

venerable/ˈvenərəbəl/*adj.*

1. (respected on account of age) مُوَقَّر ، جَليل ، يَسْتَوْجِبُ الاِحْتِرام

2. (church title) لَقَبُ رَئيسِ الشَّمامِسة ، لَقَبٌ تَمْنَحُهُ الكَنيسةُ الكاثوليكِيّةُ لِمَنْ هُوَ أَهْلٌ لِلتَّقْديس

venerate/ˈvenəreɪt/*v.t.* وَقَّرَ ، بَجَّلَ

veneration/ˈvenəˈreɪʃən/*n.* تَبْجيل ، إِكْرام ، تَكْريم (ذَخائِرِ القِدّيسين)

venereal/vɪˈnɪərɪəl/*adj.* تَناسُلِيّ (طِبّ)

venereal disease (*abbr.* **V.D.**) مَرَضٌ تَناسُلِيّ

vengeance/ˈvendʒəns/*n.* ثَأْرٌ ، اِنْتِقام

they wreaked a terrible vengeance on the enemy اِنْتَقَموا مِنَ العَدُوِّ شَرَّ انْتِقام

the rain fell with a vengeance هَطَلَتِ الأَمْطارُ كَأَفْواهِ القِرَب

venial/ˈvinɪəl/*adj.* طَفيف ، مُغْتَفَر

venial sin هَفْوة ، زَلّة ، خَطيئة عَرَضِيّة أو صَغيرة

venison/ˈvenɪsən/*n.* لَحْمُ الغَزال

venom/ˈvenəm/*n.*

1. (poisonous fluid) سُمٌّ (سُموم) ؛ سُمِّيّ ، سامّ

2. (*fig.* malice) حِقْدٌ (أَحْقاد) ، ضَغينة (ضَغائِن) ؛ حُقودٌ ، ضَغِنٌ

venomous/ˈvenəməs/*adj.* سامٌّ ، مُسِمٌّ ، مَسْمُوم ؛ أُفْعَوِيّ ؛ حاقِد ، حَقود ، ضاغِن

vent/vent/*n.*

1. (opening) فَتْحة ، مَخْرَجٌ (مَخارِج)

an air-vent فَتْحة لِلتَّهْوِية

he had side vents in his jacket كانَ لِسُتْرَتِهِ فَتْحَتانِ جانِبِيّتان

2. (*fig.* outlet) مُتَنَفَّسٌ ، مُنْطَلَقٌ

he gave vent to his feelings نَفَّسَ عَنْ مَشاعِرِهِ المَكْبُوتة

v.t. نَفَّسَ عَنْ ...

he vented his wrath on his wife صَبَّ جامَ غَضَبِهِ عَلَى زَوْجَتِهِ

ventilate/ˈventɪleɪt/*v.t.*

1. (air) هَوَّى ، جَدَّدَ الهَواء

2. (discuss freely) طَرَحَ (شَكْواهُ) عَلَى بِساطِ البَحْث

ventilation/ˈventɪˈleɪʃən/*n.* تَهْوِية ، تَجْديدُ الهَواء

these new windows give better ventilation تُوَفِّرُ هذهِ النَّوافِذُ الجَديدةُ تَهْوِيةً أَفْضَل

ventilator/ˈventɪleɪtə(r)/*n.* مِرْوَحة (لِتَجْديدِ الهَواء)

ventricle/ˈventrɪkəl/*n.* بُطَيْنٌ (القَلْب ، الأَيْمَن والأَيْسَر)

ventriloquist/venˈtrɪləkwɪst/*n.* مُتَكَلِّمٌ مِنَ البَطْنِ دُونَ تَحْريكِ الشَّفَتَيْن ، مُقامِق (م)

venture/ˈventʃə(r)/*n.* مُغامَرةٌ ، مُجازَفةٌ ، مُخاطَرةٌ

at a venture مُجازَفةً ، اِعْتِباطاً ، لا عَلَى التَّعْيين ، خَبْطَ عَشْواء

v.i. **1.** (take a risk) جازَفَ ، تَحَمَّلَ مَغَبّةَ الأَمْر

we ventured on a dangerous expedition غامَرْنا وَقُمْنا بِحَمْلةٍ خَطِرة

2. (dare, make bold) تَجاسَرَ ، جَرُؤَ (يَجْرُؤُ)

I venture to disagree إِنّي أَتَجَرَّأُ وأُخالِفُكَ الرَّأْيَ

v.t. خاطَرَ ، جازَفَ ، جَرَّبَ حَظَّهُ

nothing venture, nothing gain/win ما كَسَبَ إِلّا المُغامِر ، وفازَ بِاللَّذّةِ الجَسُور

he ventured an opinion أَدْلَى بِرَأْيِه ، قَدَّمَ وُجْهةَ نَظَر

venue/ˈvenju/*n.* مَكانُ التَّلاقي

veracious/vəˈreɪʃəs/*adj.* صادِقٌ في قَوْلِه

veracity/vəˈræsɪtɪ/*n.* صِدْقٌ ، صِحّةٌ ، حَقٌّ

veranda(h)/vəˈrændə/*n.* شُرْفةٌ مَسْقُوفة ، فَرَنْدة

verb/vɜb/*n.* فِعْلٌ (أَفْعالٌ) (صَرْف ونَحْو)

verbal/ˈvɜbəl/*adj.*

1. (of words) لَفْظِيّ ، كَلامِيّ

2. (in words, oral) شَفَوِيّ ، شَفَهِيّ

3. (*of translation* word for word, literal) (تَرْجَمة) حَرْفِيّة

4. (relating to a verb) (جُمْلة) فِعْلِيّة

verbal ending لاحِقةٌ تُضافُ إِلَى الفِعْل

verbalize/ˈvɜbəlaɪz/*v.t.* عَبَّرَ عَنْ ؛ أَطالَ في الكَلام ،

& i. — أشْهَبَ

verbatim /vəˋbeɪtɪm/ *adv. & adj.* — حَرْفِيًّا ، بالحَرْفِ الواحِد ؛ مُطابِقٌ للنَّصّ

verbena /vəˋbinə/*n.* — رِعْيُ الحَمام (نَبات)

verbiage /ˋvɜbɪɪdʒ/*n.* — إسْهابٌ في الكَلام ، حَشْوٌ

verbose /vɜˋbəʊs/*adj.* — كَثيرُ الحَشْوِ في الكَلام ، مِكْثار

verbosity /vɜˋbɒsɪtɪ/*n.* — إطْناب ، إسْهاب

verdant /ˋvɜdənt/*adj.* — أخْضَرُ ، مُخْضَرّ ؛ غِرٌّ (أغْرار) ، ساذَج (سُذَّج)

verdict /ˋvɜdɪkt/*n.* — حُكْمٌ ، قَرارُ المُحَلَّفِين

the jury brought in a verdict of guilty — أدانَ المُحَلَّفُون المُتَّهَم

well, doctor, what is your verdict? — حَسَنًا يا دُكْتور ، ما تَشْخِيصُك ؟

verdigris /ˋvɜdɪgrɪs/*n.* — زِنْجار ، صَدَأُ النُّحاس

verdure /ˋvɜdʒə(r)/*n.* — خُضْرة ، اِخْضِرار ؛ نُضْرة

verge /vɜdʒ/*n.*

1. (edge, border) — حافّة ، طَرَفٌ (أطْراف)

2. (brink) — شَفًا (أشْفاء)

he was on the verge of collapse — كانَ على وُشْكِ الاِنْهِيار

v.i. — كادَ (يَكادُ) ، أوْشَكَ أنْ

this is verging on the ridiculous — يُوشِكُ هٰذا أنْ يَكونَ سُخْفًا

verger /ˋvɜdʒə(r)/*n.* — خادِمٌ في كَنِيسة ، شَمّاس (شَمامِسة)

verification /ˈverɪfɪˋkeɪʃən/*n.* — إثْبات ، تَحَقُّق

verify /ˋverɪfaɪ/*v.t.*

1. (check, prove the correctness of) — تَحَقَّقَ مِن

can you verify this extraordinary claim? — هَلْ بِوُسْعِكَ أنْ تَتَحَقَّقَ مِنْ صِحَّةِ هٰذِهِ الدَّعْوَى الخارِقة ؟

2. (bear out) — أكَّدَ ، أثْبَتَ ، سَنَدَ (ـِ)

subsequent events verified my suspicions — أيَّدَت الحَوادِثُ اللّاحِقةُ صِحَّةَ شُكُوكي

verily /ˋverɪlɪ/*adv.* (*arch.*) — حَقًّا ، يَقِينًا

verisimilitude /ˈverɪsɪˋmɪlɪtjud/*n.* — مُحاكاة ، مُشابَهة

veritable /ˋverɪtəbəl/*adj.* — حَقِيقيّ ، صَحِيح ، أصِيل

this house is a veritable pigsty — هٰذا البَيْتُ زَرِيبةُ خَنازِيرَ بِحَقٍّ وحَقِيق

verity /ˋverɪtɪ/*n.* — حَقٌّ ، حَقِيقة ، صِدْقٌ

vermilion /vəˋmɪlɪən/*n.* & *adj.* — زِنْجَفْر (مادّة كِيمِيائيّة) ؛ قُرْمُزِيّ

vermin /ˋvɜmɪn/*n.* (*usu. collect.*)

1. (wild animals injurious to crops and game) — حَيَواناتٌ بَرِّيّة ضارّة بالزِّراعة وبِغَيْرِها مِنَ الحَيَوانات

2. (parasites) — حَيَواناتٌ طُفَيْلِيّة ، هَوامّ (مُفْرَدُها هامّة)

such as these are no more than vermin — لَيْسَ مِثْلُ هٰؤُلاءِ إلّا عالةً عَلَى المُجْتَمَع

verminous /ˋvɜmɪnəs/*adj.*

1. (to do with vermin) — هَوامِّيُّ المَنْشَأ

verminous diseases — أمْراضٌ تُسَبِّبُها الهَوامّ

2. (infested with vermin) — غاصٌّ بالهَوامِّ والحَشَرات

vermouth /ˋvɜməθ/*n.* — فِيرْمُوث ، نَوْعٌ مِنَ الخَمْرِ الأبْيَض

vernacular /vəˋnækjʊlə(r)/ *adj. & n.* — دارِجٌ ؛ اللُّغةُ الدّارِجة

vernal /ˋvɜnəl/*adj.* — رَبِيعِيّ ، نِسْبة إلَى الرَّبِيع

vernal equinox — الاِعْتِدالُ الرَّبِيعِيّ

versatile /ˋvɜsətaɪl/*adj.* — مُتَعَدِّدُ المَواهِب ؛ مُتَعَدِّدُ الاِسْتِعْمالات

versatility /ˈvɜsəˋtɪlɪtɪ/*n.* — تَعَدُّدُ المَواهِب ؛ تَنَوُّعُ القابِلِيّات

verse /vɜs/*n.*

1. (poetic composition) — نَظْمٌ ، شِعْرٌ ، قَرِيض

light verse — نَظْمٌ في مَوْضُوعاتٍ خَفِيفةٍ لِلتَّسْلِية

blank verse — شِعْرٌ مُرْسَلٌ أو حُرٌّ

2. (stanza) — مَقْطَع مُسْتَقِلّ من قَصِيدة

3. (*in the Bible or Koran*) — آية من القُرْآن الكَرِيم أو الكِتاب المُقَدَّس

let me give you chapter and verse for this statement — دَعْني أُعْطِيكَ مَصْدَرَ (أو إسْنادَ) هٰذا القَوْلِ بِكُلِّ دِقّة

versed /vɜst/*adj.* — خَبِير (خُبَراء) ، ضَلِيع ، مُتَمَكِّن مِن

he's very well versed in all the sciences — إنّه ضَلِيع في العُلُوم كُلِّها

version /ˋvɜʃən/*n.*

1. (translation) — تَرْجَمة ، نَقْل

the Authorized Version of the Bible — التَّرْجَمةُ الإنْكِلِيزِيّة الرَّسْمِيّة لِلكِتابِ المُقَدَّس (١٦١١ م)

2. (account) — سَرْدٌ للأحْداثِ مِن وُجْهةِ نَظَرٍ شَخْصِيّة

I would like to have your version of what happened — أوَدُّ أنْ أسْمَعَ رِوايَتَكَ لِما حَدَث

versus /ˋvɜsəs/*prep.* (*abbr.* **v.**) — ضِدَّ ، مُقابِلَ

vertebra /ˋvɜtɪbrə/ (*pl.* **vertebrae** /ˋvɜtɪbri/) *n.* — فِقْرة (فِقَر ، فِقْرات)

vertebrate /ˋvɜtɪbrət/ *adj. & n.* — (حَيَوان) فِقْرِيّ ؛ الفِقْرِيّات

vertex /ˋvɜteks/ (*pl.* **vertices** /ˋvɜtɪsiz/) *n.* — قِمّة (قِمَم) ، ذِرْوة (ذُرًى)

vertical /ˋvɜtɪkəl/*adj.* — عَمُودِيّ ، رَأْسِيّ

vertigo /ˋvɜtɪgəʊ/*n.* — دُوار ، دَوْخة

verve /vɜv/*n.* — حَماسة ، حَيَوِيّة

very /ˈverɪ/ *adv. &adj.*
1. (extremely) لِلغاية ، جِدًّا
it's very comfortable on this train هذا القِطارُ مُريحٌ جِدًّا
I'm not very fond of music لَسْتُ شَدِيدَ الوَلَعِ بالمُوسِيقَى
2. (exact, just) الشَّيْءُ ذاتُه
this house is my very own هَذا البَيْتُ هو مِلْكِي أنا ، هَذا المَنْزِلُ لِي وَحْدِي
this is the very thing I have been looking for هَذا هُو عَيْنُ الشَّيْءِ الذي كُنْتُ أَبْحَثُ عَنْهُ
this is my very lowest price هَذا أَقَلُّ سِعْرٍ أَسْتَطِيعُ عَرْضَه
he could not, for very shame, refuse لَمْ يَسَعْهُ الرَّفْضُ لِحَيائِهِ
the very idea! (*coll.*) يا لَهَا مِن وَقاحة !

vespers /ˈvespəz/ *n. pl.* صَلاةُ المَساء (عِنْدَ المَسِيحِيِّين)

vessel /ˈvesəl/ *n.*
1. (container) وِعاءٌ (أَوْعِية) ، إناءٌ (أوانٍ)
2. (*anat.*) وِعاءٌ دَمَوِيّ ، عِرْقٌ (عُرُوق)
3. (ship) سَفِينة (سُفُن) ، مَرْكَب (مَراكِب)

vest[1] /vest/ *n.*
1. (undergarment) قَمِيص تَحْتانِيّ
2. (waistcoat) صَدْرِيّة ، صُدْرة

vest[2] /vest/ *v.t. & i.*
1. (clothe, robe) أَلْبَسَهُ ثِيابَ الإِحْتِفال الرَّسْمِيّة
2. (fix as right) قَلَّدَهُ ، خَلَعَ (ـَ) عَلَيْهِ
much of the power in this country is still vested in parliament إنَّ الكَثِيرَ مِنَ السُّلْطة في هذِهِ البِلاد لا يَزالُ مَنُوطًا بالبَرْلَمان
a vested interest (لي) مَصْلَحة خاصّة ، حَقُّ انْتِفاعٍ مُقَرَّر

vestibule /ˈvestɪbjul/ *n.* دِهْلِيز (دَهالِيز) ، بَهْوٌ (أَبْهاء) رُدْهة عِنْدَ مَدْخَلِ الدّار

vestige /ˈvestɪdʒ/ *n.* أَثَرٌ (آثار) باقٍ (بَعْدَ زَوالِ شَيْء) ، عَلامة

vestment /ˈvestmənt/ *n.* حُلّةُ الكاهِن ، جُبّة (جُبَب)

vestry /ˈvestrɪ/ *n.* مَوْهِف ، غُرْفة لِحِفْظِ مَلابِسِ الطُّقُوسِ في الكَنِيسة

vet /vet/ *n.* (*coll. contr. of* **veterinary surgeon**) طَبِيبٌ بَيْطَرِيّ
v.t. فَحَصَ (ـَ) فَحْصًا دَقِيقًا
this article must be carefully vetted before publication يَجِبُ أن تُمَحَّصَ هَذهِ المَقالَةُ بِدِقّةٍ قَبْلَ نَشْرِها

vetch /vetʃ/ *n.* جُلْبان ، كِرْسَنّة ، بِيقَة ، بِيقِيّة (نَبات)

veteran /ˈvetərən/ *n.*
1. (person with long experience) مُحَنَّك ، خَبِيرٌ في المِهْنَة
2. (old soldier) مُحارِب قَدِيم
3. (*U.S.* ex-service man) (جُنْدِيّ) مُسَرَّح
veteran car سَيّارة مَصْنُوعة قَبْلَ عام ١٩١٤

veterinary /ˈvetrɪnərɪ/ *adj.* بَيْطَرِيّ
veterinary surgeon (*coll. contr.* **vet**) طَبِيبٌ بَيْطَرِيّ

veto /ˈvitəʊ/ *n.* حَقُّ النَّقْض أو الاعْتِراض ، الفِيتُو
will the staff exercise their veto at the next meeting? هَل سَيُمارِسُ المُوَظَّفُون حَقَّهُم في النَّقْضِ أَثْناءَ الاجْتِماعِ القادِم ؟
v.t. نَقَضَ مَشْرُوعًا أو قَرارًا ، رَفَضَهُ
the police vetoed the procession مَنَعَ البُولِيسُ المَسِيرَة

vex /veks/ *v.t.* أَغاظَ ، ضايَقَ ، أَغْضَبَ
this is a vexed question هَذه مَسْألة طال النِّقاشُ فِيها ، هذه مُشْكِلة مُتنازَعٌ عَلَيْها أو فِيها

vexation /vekˈseɪʃən/ *n.*
1. (state of being vexed) اِنْزِعاج
2. (thing that vexes) مُكَدِّر ، مُنَغِّص

vexatious /vekˈseɪʃəs/ *adj.* (أَمْرٌ) مُزْعِج

via /ˈvaɪə/ *prep.* عَنْ طَرِيقِ ، بِطَرِيقِ

viable /ˈvaɪəbəl/ *adj.* قابِلٌ أو قادِرٌ عَلَى الحَياةِ والنُّمُوّ ؛ مُمْكِنُ التَّطْبِيق
I doubt whether this is a viable proposition أَشُكُّ فِيما إذا كانَ هَذا الاقْتِراحُ قابِلًا لِلتَّطْبِيق

viaduct /ˈvaɪədʌkt/ *n.* جِسْرٌ فَوْقَ وادٍ ، قَنْطَرة (مُتَعَدِّدة الرَّكائِز

vial /ˈvaɪəl/ *n.* زُجاجةُ دَواءٍ صَغِيرة ، قِنِّينة

vibrant /ˈvaɪbrənt/ *adj.* مُهْتَزّ ، مُتَذَبْذِب ، رَنّان ، طَنّان ؛ نَشِيط ، مَلِيءٌ بالحَيَوِيّة

vibrate /vaɪˈbreɪt/ *v.i. & t.* اِهْتَزَّ ، تَذَبْذَبَ ؛ هَزَّ

vibration /vaɪˈbreɪʃən/ *n.* اِهْتِزاز ، تَذَبْذُب ، ذَبْذَبة

vicar /ˈvɪkə(r)/ *n.*
1. (Church of England incumbent of parish) قَسٌّ (قُسُس) ، خُورِي (خَوارِنة) راعِي الكَنِيسة
2. (Roman Catholic Church deputy) نائب ، وَكِيل ، مُمَثِّل (في الكَنِيسة الكاثُولِيكِيّة)
the Vicar of Christ لَقَبٌ يُطْلَقُ عَلَى البابا مَعْناه «مُمَثِّل المَسِيح»

vicarage /ˈvɪkərɪdʒ/ *n.* بَيْتٌ مُعَدٌّ لإقامةِ راعِي الكَنِيسة

vicarious /vɪˈkeərɪəs/ *adj.* مُفَوَّض
vicarious authority سُلْطة مُفَوَّضة
the vicarious sufferings of Jesus الآلام الّتي تَحَمَّلَها السَّيِّد المَسِيح عَنِ البَشَر

vicariously vɪ'keərɪəslɪ /*adv.* نِيابةً عَن
watching films we live vicariously مُشاهَدة الأفْلام تَجْعَلُنا نَعِيشُ حَياةَ أبْطالِ القِصّة نِيابةً عَنْهُم
vice / vɑɪs/*n.*
1. (evil-doing) رَذِيلة (رَذائل) ، فُجُور
a den of vice بُؤْرة فَساد ، وَكْرُ رَذِيلة
vice squad بُولِيسُ الآداب ، الشُّرْطة الأخْلاقِيّة
2. (fault, defect) عَيْب ، نَقِيصة
do you have no vices? أَلَيْسَتْ فِيكَ عُيُوب ؟ أَلَيْسَتْ عِنْدَكَ نَقائِصُ ؟
3. *also* **vise** (tool for holding objects) مِلْزَمة (آلةٌ للنِّجارة والحِدادة)
he held me in a vice-like grip قَبَضَ عَلَيَّ قَبْضةً أشْبَهَ ما تَكُونُ بِمِلْزَمةِ الحَدّاد
vice- / vɑɪs/*pref.* نائب عَن
vice-chairman نائب رَئيس (لَجنة مَثَلاً)
vice-chancellor نائب رَئيس الجامِعة
vice-president نائب رَئيس الجُمْهُورية
viceroy / 'vɑɪsrɔɪ / *n.* نائب المَلِك
vice versa / 'vɑɪsɪ'vɜsə / *adv.* والعَكْسُ بالعَكْس
vicinity / vɪ'sɪnətɪ / *n.* قُرْب ، مَقْرُبة ، جِوار
there are no shops in the vicinity لا حَوانِيتَ على مَقْرُبَةٍ مِن هُنا
vicious /'vɪʃəs/*adj.*
1. (spiteful, malicious) شِرّير ، رَذِلٌ
he's a vicious one, I should avoid him إنّه إنْسانٌ شِرّير يَجِبُ تَجَنُّبُه
she has a vicious temper إنَّها شَرِسةُ الطِّباع
2. (given up to vice) مُنْحَلّ ، خَلِيع ، فاجِر ، داعِر
he has led a vicious life عاشَ حَياةَ رَذالةٍ وَفَساد
vicissitude / vɪ'sɪsɪtjud/*n.* تَقَلُّبُ (الأيّام)
the vicissitudes of life صُرُوفُ الدَّهْر ، تَقَلُّباتُ الحَياة
victim /'vɪktɪm/*n.* ضَحِيّة (ضَحايا) ، ذَبِيحة (ذَبائح)
she is a victim of circumstances إنَّها ضَحِيَّةُ الظُّرُوف
she fell a victim to his wiles وَقَعَتْ فَرِيسَةَ أحابِيلِه
victimization / 'vɪktɪmɑɪ'zeɪʃən/*n.* عِقاب ، اِنْتِقام (مِنْ مُضْرِبٍ مَثَلاً بِطَرْدِهِ مِنَ العَمَل)
victimize /'vɪktɪmɑɪz/*v.t.* عاقَبَ ، اِنْتَقَمَ (مِنْ مُضْرِبٍ مَثَلاً بِطَرْدِهِ مِنَ العَمَل)
victor /'vɪktə(r)/*n.* غالِبٌ ، مُنْتَصِر ، قاهِرٌ
Victorian /vɪk'tɔrɪən/ *adj.* نِسْبةً إلَى عَصْرِ المَلِكة فِيكْتُورِيا ؛ (تَقالِيد) مُحافِظة
victorious /vɪk'tɔrɪəs/*adj.* مُنْتَصِر ، ظافِر ، غالِب
victory / 'vɪktrɪ / *n.* نَصْرٌ ، ظَفَرٌ ، غَلَبة
victual /'vɪtəl/(*usu. pl.* /'vɪtəlz/) *n.* زادٌ (أزْواد) ، مَؤُونة
v.t. & i. زَوَّدَ ، مَوَّنَ ؛ تَزَوَّدَ ، تَمَوَّنَ
victualler /'vɪtlə(r)/*n.* مُمَوِّن ، تاجِرُ أطْعِمة
video-tape /'vɪdɪəʊ-teɪp/*n.* شَرِيطُ تَسْجِيلٍ تِلِفِزْيُونِيّ
vie / vɑɪ / *v.i.* تَنافَسَ علَى ، نافَسَ ، زاحَمَ ، تَبارَى مَعَ
he was vying with his brother for her hand كانَ مُنافِسَ أخِيهِ في طَلَبِ يَدِها
view / vju/*n.*
1. (act of seeing and being seen) نَظَرٌ ، رُؤْية ، مَرْأًى
he received a light sentence in view of his age أُنْزِلَتْ بِهِ عُقُوبةٌ مُخَفَّفةٌ نَظَرًا لِسِنِّهِ
just then a car came into view around the bend وفي تِلْكَ اللَّحْظة ظَهَرَتْ سَيّارةٌ عِنْدَ المُنْعَطَف
the latest styles are now on view أحدَثُ الأزْياءِ مَعْرُوضَةٌ حالِيًّا
2. (sight, prospect) مَنْظَرٌ (مَناظِرُ)
a house with a view بَيْتٌ مُشْرِفٌ علَى مَنْظَرٍ جَمِيل
I wish to form a clear view of the facts أُرِيدُ أنْ أُكَوِّنَ صُورةً واضِحةً عَنِ الحَقائِق
3. (opinion, purpose) رَأْيٌ (آراء) ، وُجْهَةُ نَظَر
I cannot fall in with your views لا يُمْكِنُني أنْ أقْبَلَ آراءَك
he took a dim view of the matter (*fam.*) نَظَرَ إلَى القَضِيّةِ بِمِنْظارٍ قاتِم
with a view to/with the view of بِقَصْد ... ، بِنِيّة
v.t. نَظَرَ (ـُ) إلَى ، شاهَدَ
viewer /'vjuə(r)/*n.*
1. (spectator) مُشاهِد
2. (optical instrument) مِنْظارٌ مُكَبِّرٌ للصُّوَرِ الفُوتُوغْرافِيّةِ الشَّفّافة
view-finder / 'vju-fɑɪndə(r)/*n.* مُحَدِّدُ المَنْظَر (في آلةِ تَصْوِير)
vigil /'vɪdʒɪl/*n.* سَهَرٌ ، يَقْظة
she kept vigil over her sick child سَهِرَتْ طَوالَ اللَّيْل إلَى جانِبِ طِفْلِها المَرِيض
vigilance /'vɪdʒɪləns/*n.* يَقْظةٌ ، اِنْتِباه
vigilant /'vɪdʒɪlənt/*adj.* يَقِظٌ ، مُنْتَبِهٌ
vigilante / 'vɪdʒɪ'læntɪ / *n.* عُضْوُ لَجْنةِ أمْنٍ للقِصاصِ الفَوْرِيّ
vigorous /'vɪgərəs/*adj.* قَوِيّ ، نَشِيط
vigour /'vɪgə(r)/*n.* قُوّة ، نَشاط
Viking /'vɑɪkɪŋ /*n.* الفايْكِنْغ ، قُرْصان اِسْكَنْدِينافِيّ (قَدِيمًا)
vile / vɑɪl/*adj.* دَنِيءٌ ، خَسِيس ، قَبِيح ، رَذِيل
what vile weather we're having! (*coll.*) ما هذا الطَّقْسُ اللَّعِين !
vilify / 'vɪlɪfɑɪ / *v.t.* قَدَحَ (ـَ) ، سَبَّ (ـُ)
villa /'vɪlə /*n.*
1. (country house with مَنْزِلٌ رِيفِيّ تُحِيطُ بِهِ حَدائق

large grounds) واسِعة
2. (suburban house) مَنْزِل بالضَّواحِي
village/ˈvɪlɪdʒ/*n.* قَرْيَة (قُرًى) ، ضَيْعة (ضِيَع ، ضِياع)
villager/ˈvɪlɪdʒə(r)/*n.* قَرَوِيّ ، شَخْصٌ رِيفِيّ
villain/ˈvɪlən/*n.* وَغْدٌ (أَوْغاد) ، نَذْلٌ (أَنْذال) ، سافِلٌ ؛ شَيْطان ، عِفْرِيت (تُقالُ مُداعَبةً) ؛ الشِّرِّير في مَسْرَحِيّة
villainy/ˈvɪlənɪ/*n.* خِسّة ، سَفالة ، شَرٌّ
vim/vɪm/*n.* نَشاط ، حَيَوِيّة ، قُوّة
vindicate/ˈvɪndɪkeɪt/*v.t.* بَرْهَنَ عَلَى صِحّةِ (قَوْلٍ مَثَلاً) ؛ بَرَّرَ
vindication/ˈvɪndɪˈkeɪʃən/*n.* بُرْهان ؛ تَبْرِير
vindictive/vɪnˈdɪktɪv/*adj.* حَقُودٌ ، يَكِنُّ الانْتِقام
vine/vaɪn/*n.*
1. (grapes) كَرْمةُ العِنَب
2. (any slender climbing plant) نَباتٌ مُتَسَلِّق
vinegar/ˈvɪnɪgə(r)/*n.* خَلٌّ
vineyard/ˈvɪnjəd/*n.* كَرْمٌ (كُرُوم)
vintage/ˈvɪntɪdʒ/*n.* مَوْسِمُ جَنْيِ العِنَب (لِصُنْعِ الخَمْر) ؛ خَمْرٌ صُنِعَ في مَوْسِمٍ مُعَيَّن
wine of a famous vintage نَبِيذٌ صُنِعَ في مَوْسِمٍ مُمْتازٍ للخُمُور
vintage car سَيّارة صُنِعَت بَيْنَ عامَي ١٩١٧ــ ١٦٣٠
vintner/ˈvɪntnə(r)/*n.* تاجِرُ خُمُور ، خَمّار
vinyl/ˈvaɪnɪl/*n.* الفِينِيل (مادّة تَدْخُلُ في صِناعَةِ البْلاسْتِيك)
viola/vaɪˈəʊlə/*n.*
1. (musical instrument) الفِيُولا ، الكَمانُ الأَوْسَط
2. (flower) البَنَفْسَج وما شابَهَهُ (زَهْرة)
violate/ˈvaɪəleɪt/*v.t.* اِنْتَهَكَ الحُرْمة ، هَتَكَ (ـِ)
he violated his oath حَنِثَ (ـَ) بِيَمِينِهِ ، نَكَثَ (ـُ) عَهْدَه
the intruders violated his privacy اِنْتَهَكَ المُتَطَفِّلُون حُرْمَةَ خَلْوَتِه
violence/ˈvaɪələns/*n.* عُنْفٌ ، قَسْوة ، شِدّة
he had to resort to violence لَمْ يَجِدْ بُدًّا مِنَ اللُّجُوءِ إلَى العُنْف
this action did violence to my feelings أَساءَ هذا التَّصَرُّفُ إلَى مَشاعِرِي
violent/ˈvaɪələnt/*adj.* عَنِيف ، قاسٍ
she was subjected to violent abuse تَعَرَّضَتْ لِحَمْلةٍ عَنِيفةٍ مِنَ السِّباب
he met a violent death ماتَ شَرَّ مِيتة ، كانَ مَصْرَعُهُ وَخِيمًا ، ماتَ مَوْتًا أَحْمَر
violet/ˈvaɪəlet/*n.*
1. (flower) زَهْرةُ البَنَفْسَج
2. (colour) *also adj.* اللَّوْنُ البَنَفْسَجِيّ ؛ بَنَفْسَجِيّ
violin/ˈvaɪəˈlɪn/*n.* كَمان ، كَمَنْجة
violinist/ˈvaɪəˈlɪnɪst/*n.* عازِفُ الكَمان ، كَمَنْجاتِي
viper/ˈvaɪpə(r)/*n.* أَفْعًى (أَفاعٍ) ، حَيّة سامّة ؛ شَخْصٌ حَقُودٌ لَئِيم
virgin/ˈvɜdʒɪn/*n.* بِكْرٌ ، عَذْراء (عَذارَى) ، بَتُول
the (blessed) Virgin Mary مَرْيَمُ العَذْراء
adj. **1.** (chaste) طاهِر ، عَفِيف
2. (untouched) (غابة) بِكْر ، عَذْراء ، عُذْرِيّ ، بَتُولِيّ
virginity/vəˈdʒɪnɪtɪ/*n.* بَكارة ، عُذْرة
virile/ˈvɪraɪl/*adj.* ذُو رُجُولة ، فَحْلٌ
virility/vɪˈrɪlətɪ/*n.* رُجُولة ، قُوّة جِنْسِيّة
virtual/ˈvɜtʃʊəl/*adj.* فِعْلِيّ (ولَيْسَ اِسْمِيّ)
virtually/ˈvɜtʃʊəlɪ/*adv.* فِعْلِيًّا ، بالفِعْل
she was virtually penniless كانَتْ في حُكْمِ المُفْلِسة
virtue/ˈvɜtʃu/*n.* فَضِيلة (فَضائل)
the great virtue of this scheme is its cheapness أَكْبَرُ مَزِيّةٍ لِهذا المَشْرُوعِ هِيَ قِلّةُ تَكالِيفِه
she is a woman of easy virtue إنّها امْرَأةٌ سَهْلَةُ المَنال
by virtue of his determination he succeeded نَجَحَ بِفَضْلِ عَزْمِهِ وَتَصْمِيمِه
virtuoso/ˈvɜtʃʊˈəʊzəʊ/*n.* مُوسِيقارٌ بارِع
virtuous/ˈvɜtʃʊəs/*adj.* فاضِل ، عَفِيف ، مُسْتَقِيم
virulent/ˈvɪrjʊlənt/*adj.* (سُمٌّ) زُعاف ، سامٌّ ؛ (كَلامٌ) جارِح ، قاسٍ ، لاذِع
virus/ˈvaɪərəs/*n.* فَيْرُوس ، حُمة
visa/ˈvizə/*n.* تَأْشِيرة (دُخُول) عَلَى جَواز سَفَر
v.t. أَشَّرَ عَلَى جَوازِ سَفَر
visage/ˈvɪzɪdʒ/*n.* وَجْه ، سِيماء ، طَلْعة ، مُحَيّا
vis-à-vis/ˈviz-ɑ-ˈvi/*adv.* & *prep.* وَجْهًا لِوَجْه ؛ مُقابِل ، بِمُواجَهة ، بالنِّسْبةِ إلَى ، بالمُقارَنة مَع
viscount/ˈvaɪkaʊnt/*n.* فِيكَوْنت ، لَقَبُ شَرَفٍ دُونَ الكُونْت وفَوْقَ البارُون
viscous/ˈvɪskəs/*adj.* لَزِجٌ ، غَرَوِيّ ، دَبِقٌ
vise/vaɪs/*n.* *see* **vice**
visible/ˈvɪzɪbəl/*adj.* مَرْئِيّ ، مَنْظُور ، ظاهِر ، جَلِيّ
he has no visible means of support لا تُعْرَفُ لَهُ وَسائِلُ كَسْبٍ مَشْرُوعة
visibility/ˈvɪzɪˈbɪlɪtɪ/*n.* دَرَجة أو إمْكانِيّة الرُّؤْية ، رُؤْية ، وُضُوح
visibly/ˈvɪzəblɪ/*adv.* بِوُضُوح ، جَلِيًّا ، وُضُوحًا
vision/ˈvɪʒən/*n.*
1. (seeing) بَصَرٌ ، نَظَرٌ ، رُؤْية
it came into his field of vision أَصْبَحَت (السَّفِينةُ مَثَلاً) ضِمْنَ مَجالِ رُؤْيَتِه
2. (seen in imagination) رُؤْيا (رُؤًى) ، حُلْم

he is a man of vision — إنّه رَجُلٌ ذُو بَصِيرة

he had visions of becoming Prime Minister — كان يَحْلُم بأَنْ يُصْبِحَ رَئِيسًا للوِزارة

visionary /ˈvɪʒənrɪ/ *adj.* & *n.* — وَهْمِيّ ، خَيالِيّ ؛ شَخْصٌ كَثِيرُ الأَوْهامِ والخَيالات

visit /ˈvɪzɪt/ *v.t.* & *i.* & *n.* — زارَ (يَزُور) ؛ زِيارة

we are not on visiting terms — لَيْسَ بَيْنَنا تَزاوُرٌ

he was visited by fits of gloom — كان يُصابُ بَيْنَ الحِينِ والآخَرِ بِنَوْباتِ كآبةٍ وانْقِباض

the sins of the fathers were visited upon the children — الآباءُ يَأْكُلُونَ الحِصْرِمَ والأَبْناءُ يَضْرَسُون ، أُخِذَ الأَبْناءُ بِجَرِيرةِ آبائِهم

he is on a visit to France — إنّه في زِيارةٍ لِفَرَنْسا

she loves visiting with her neighbours — تُحِبُّ زِيارةَ الجِيران

visitor /ˈvɪzɪtə(r)/ *n.* — زائِر (زُوّار) ، ضَيْفٌ (ضُيُوف)

visor /ˈvaɪzə(r)/ *n.* — الجُزْءُ المُغَطِّي للوَجْهِ مِنَ الخُوذَة

vista /ˈvɪstə/ *n.* — مَنْظَرٌ بَيْنَ صَفٍّ طَوِيلٍ مِنَ الأَشْجار

a discovery that opens up new vistas — اِكْتِشافٌ يَفْتَحُ آفاقًا جَدِيدة

visual /ˈvɪʒʊəl/ *adj.* — بَصَرِيّ

visual aids — وَسائِلُ إيضاح (بَصَرِيّة) ، الصُّوَرُ والأَفْلامُ المُسْتَعْمَلة للإيضاحِ في التَّعْلِيم

visualize /ˈvɪʒʊəlaɪz/ *v.t.* — تَصَوَّرَ ، اِسْتَعادَ صُورةً في مُخَيِّلَتِه

vital /ˈvaɪtəl/ *adj.* — حَيَوِيّ ، جَوْهَرِيّ

she was withholding vital information — كانَتْ تَكْتُمُ مَعْلُوماتٍ ذاتَ أَهَمِّيّةٍ كُبْرَى

vital statistics are the concern of the department of health — الإحصاءاتُ الحَيَوِيّة مِنَ اخْتِصاصِ دائِرة الصِّحّة

in beauty contests vital statistics count for a lot (*coll.*) — في مُسابَقاتِ الجَمال تَلْعَبُ مَقايِيسُ الصَّدْرِ والخَصْرِ والرِّدْفَيْنِ دَوْرًا كَبِيرًا

vitality /vaɪˈtælɪtɪ/ *n.* — حَيَوِيّة ، نَشاط

at sixty his vitality was undiminished — لَمْ تَنْضُبْ حَيَوِيَّتُه وَهُوَ في السِّتِّين

vitamin /ˈvɪtəmɪn/ *n.* — فِيتامِين ، حَيَيِين (طِبّ)

vitiate /ˈvɪʃɪeɪt/ *v.t.* — أَبْطَلَ ، أَفْسَدَ ، حَطَّ (ـُ) مِن

vitreous /ˈvɪtrɪəs/ *adj.* — زُجاجِيّ ؛ شَبِيه بالزُّجاج

vitriol /ˈvɪtrɪəl/ *n.* — الزّاج ، حَمْضُ الكِبْرِيتِيك

vitriolic /ˈvɪtrɪˈɒlɪk/ *adj.* — (تَهَكُّم) حادّ ، (نَقْدٌ) لاذِع ، (كَلام) جارِح

a vitriolic attack on the Chairman — هُجُومٌ لاذِع على رَئِيس اللَّجْنة

vituperate /vɪˈtjupəreɪt/ *v.t.* — قَدَحَ (ـَ) ، ذَمَّ (ـُ) ، ثَلَبَ (ـِ) ؛ شَتَمَ (ـِ)

vituperation /vɪˈtjupəˈreɪʃən/ *n.* — شَتِيمة ؛ قَدْحٌ ؛ تَوْبِيخٌ شَدِيد ، تَعْنِيف

vivacious /vɪˈveɪʃəs/ *adj.* — يَتَدَفَّقُ حَيَوِيّة

vivid /ˈvɪvɪd/ *adj.* — (وَصْفٌ) حَيٌّ ، شَدِيدُ الوُضُوح

she has a vivid imagination — خَيالُها خِصْبٌ

vivisection /ˈvɪvɪˈsekʃən/ *n.* — تَشْرِيحُ الحَيَواناتِ حَيّةً لأَغْراضٍ عِلْمِيّة

vixen /ˈvɪksən/ *n.*

1. (she-fox) — أُنْثَى الثَّعْلَب

2. (*fig.* bad-tempered woman) — اِمْرَأةٌ شَكِسة

vocabulary /vəˈkæbjʊlərɪ/ *n.*

1. (list of words) — مُفْرَداتُ اللُّغة

a Russian-English vocabulary — جَدْوَلُ مُفْرَداتٍ رُوسِيّة ـ إنكلِيزِيّة

2. (range of words) — مَجْمُوعةُ المُفْرَداتِ التي يَسْتَعْمِلُها شَخْصٌ أو أَفْرادُ حِرْفةٍ ما

he does not have a large vocabulary — مُفْرَداتُه مَحْدُودة

vocal /ˈvəʊkəl/ *adj.* — صَوْتِيّ

vocal music — مُوسِيقَى للغِناء

the vocal chords — الأَوْتارُ أو الحِبالُ الصَّوْتِيّة

he was very vocal in his protests — قَدَّمَ اعْتِراضاتِه بِكُلِّ شِدّةٍ وَصَراحة

vocalist /ˈvəʊkəlɪst/ *n.* — مُطْرِب ، مُغَنٍّ

vocation /vəʊˈkeɪʃən/ *n.* — مِهْنة (مِهَنٌ) ؛ اِسْتِعْدادٌ طَبِيعِيٌّ للقِيامِ بِمِهْنةٍ ما

engineering is his vocation — لَهُ مَيْلٌ طَبِيعِيٌّ للهَنْدَسة ؛ مِهْنَتُه الهَنْدَسة

vocational /vəʊˈkeɪʃənəl/ *adj.* — مِهَنِيّ

vociferous /vəˈsɪfərəs/ *adj.* — صاخِب ، لَجُوج ذُو صَوْتٍ عالٍ

vodka /ˈvɒdkə/ *n.* — فُودْكا ، مَشْرُوب رُوسِيّ مُسْكِر

vogue /vəʊg/ *n.* — زِيٌّ دارِج ، مُوضة (مُودة) دارِجة

in vogue — رائِج ، شائِع ، دارِج

all the vogue — آخِرُ مُوضة ، آخِرُ صَيْحة

voice /vɔɪs/ *n.* — صَوْتٌ (أَصْوات)

he lost his voice — بُحَّ صَوْتُه

I recognized your voice — عَرَفْتُكَ مِنْ صَوْتِك

he likes to hear the sound of his own voice — إنّه كَثِيرُ الكَلام لا يَدَعُ فُرْصةً لِسِواه

she is in good voice tonight — صَوْتُها رائِع هذه اللَّيْلة

he shouted at the top of his voice — صاحَ بأَعْلَى صَوْتِه

they refused to listen to the voice of reason — رَفَضُوا ما يُمْلِيه العَقْلُ عَلَيْهِم

the class replied with — أجابَ الصَّفُّ بِصَوْتٍ واحِد

one voice

v.t. عَبَّرَ عَن ، أَبْدَى

I voiced an opinion أَبْدَيْتُ رَأْيًا

voiced/vɔɪst/*adj.* مَجْهُور (صَوْتِيّات)

b and d are voiced consonants, p and t are voiceless "ب" و "د" صَوْتان مَجْهُوران بَيْنَما "پ" و "ت" صَوْتان مَهْمُوسان

void/vɔɪd/*adj.*

1. (empty) خالٍ ، خاوٍ ، فارِغٌ

2. (*leg.*) باطِلٌ ، لاغٍ

3. (devoid) خالٍ مِنْ ، بِدُون

n. خَلاء ، فَراغ ، خَواء ؛ وَحْشة

there was an aching void in his heart شَعَرَ بِفَراغٍ أَلِيمٍ في قَلْبِهِ

v.t. **1.** (nullify) أَبْطَلَ ، أَلْغَى

2. (empty) تَبَرَّزَ ، تَغَوَّطَ

volatile/ˈvolətaɪl/*adj.* طَيّار ، مُتَبَخِّر ، مُتَصاعِد ؛ مَلِيءٌ بالحَيَوِيّة ، مُتَقَلِّب

she has a very volatile nature إِنَّها ذاتُ مِزاجٍ مُتَقَلِّبٍ جِدًّا

volcanic/volˈkænɪk/*adj.* بُرْكانِيّ

volcano/volˈkeɪnəʊ/*n.* بُرْكانٌ (بَراكِينُ)

vole/vəʊl/*n.* فَأْرُ الحَقْل ، فَأْرُ الماء ، عَكْبَر

volition/vəˈlɪʃən/*n.* إِرادة ، مَشِيئة ، اِخْتِيار

they came here of their own volition حَضَرُوا بِمَحْضِ اخْتِيارِهِم

volley/ˈvolɪ/*n.*

1. (*of missiles*) وابِلٌ مِنَ القَذائِف

he hurled a volley of abuse at us أَمْطَرُونا وابِلاً مِنَ الشَّتائِم

2. (*in sport*) رَدُّ الكُرة قَبْلَ أَنْ تَمَسَّ الأَرْضَ (في التِّنِس مَثَلاً)

volley-ball الكُرَةُ الطّائِرة ، الفُولِي بُولْ

v.t. & i. أَطْلَقَ وابِلاً مِنَ القَذائِف ؛ ضَرَبَ الكُرَةَ وهِيَ في الهَواءِ قَبْلَ أَنْ تَمَسَّ الأَرْض

volt/vəʊlt/*n.* فُولْط ، فُولْت (وَحْدَةُ الجُهْدِ الكَهْرَبائِيّ)

voltage/ˈvəʊltɪdʒ/*n.* الجُهْدُ الكَهْرَبائِيّ (بالفُولْت)

volubility/ˈvoljʊˈbɪlətɪ/*n.* طَلاقَةُ اللِّسان ، كَثْرَةُ الكَلام ، ذَلاقَةُ (اللِّسان)

voluble/ˈvoljʊbl/*adj.* طَلِقُ اللِّسان ، كَثِيرُ الكَلام

volume/ˈvoljʊm/*n.*

1. (book) مُجَلَّد ، جُزْءٌ (مِنْ كِتابٍ ذِي عِدّة أَجْزاء)

this speaks volumes for his generosity هذا (التَّبَرُّع) يَنْطِقُ بِسَخائه

2. (capacity, mass) حَجْم (حُجُوم ، أَحْجام) ، سَعَة

the volume of this box is three cubic feet حَجْمُ هذا الصُّنْدُوق ثلاثُ أَقْدامٍ مُكَعَّبة

3. (large amount) مِقْدار كَبِير

volumes of smoke belched out of the chimney اِنْطَلَقَتْ مِنَ المِدْخَنة سُحُبٌ من الدُّخان

4. (loudness) اِرْتِفاعُ الصَّوْت

I wish he would turn the volume down a little لَيْتَهُ يَخْفِضُ صَوْتَ مِذْياعِهِ بَعْضَ الشَّيْءِ

volume control مِفْتاحُ الصَّوْت (في المِذْياع مَثَلاً)

voluminous/vəˈljumɪnəs/*adj.* ضَخْمٌ ، كَبِيرُ الحَجْم

he is a voluminous author إِنَّهُ مُؤَلِّفٌ غَزِيرُ الإِنْتاج

she wore voluminous skirts كانَتْ تَرْتَدِي تَنُّورات (جُونِلّات) واسِعة

voluntarily/ˈvoləntrəlɪ/*adv.* طَوْعًا ، بِمَحْضِ اخْتِيارِهِ

voluntary/ˈvoləntrɪ/*adj.*

1. (not compulsory, not for payment) اِخْتِيارِيّ ، طَوْعِيّ

voluntary service خِدْمة طَوْعِيّة ، تَطَوُّع

2. (controlled by the will) إِرادِيّ

can you bring these muscles under voluntary control? هَلْ تَسْتَطِيعُ التَّحَكُّمَ في هٰذِهِ العَضَلات ؟

volunteer/ˈvolənˈtɪə(r)/*v.t. & i.* تَطَوَّعَ

the witness volunteered a statement أَدْلَى الشّاهِدُ بِإِفادةٍ بِمَحْضِ اخْتِيارِهِ

he volunteered for the army تَطَوَّعَ في الجَيْش

n. مُتَطَوِّع ؛ جُنْدِيٌّ مُتَطَوِّع

voluptuous/vəˈlʌptʃʊəs/*adj.* مُثِيرٌ لِلحِسّ أو لِلشَّهْوة الجِنْسِيّة ، مُغْرٍ بالشَّهْوة

vomit/ˈvomɪt/*v.t. & i* قاءَ (يَقِيءُ) ، تَقَيَّأَ ، اِسْتَفْرَغَ ، هاعَ (يَهُوع)

n. قَيْءٌ ، اِسْتِفْراغ

voodoo/ˈvudu/*n.* الفُودُو : مَزِيجٌ مِنَ السِّحْرِ والشَّعْوَذة عِنْدَ بَعْضِ زُنُوجِ أَمْرِيكا وجُزُرِ الهِنْدِ الغَرْبِيّة

voracious/vəˈreɪʃəs/ *adj.* شَرِهٌ ، نَهِمٌ ، أَكُول ، جَشِعٌ

vortex/ˈvɔteks/(*pl.* **vortices**/ˈvɔtɪsiz/) *n* دَوّامة ، دَوّار ، دَوّارةُ ماء

votary/ˈvəʊtərɪ/*n.* داعِية (دُعاة) ، نَصِيرٌ مُتَحَمِّس

vote/vəʊt/*n.* صَوْت ، تَصْوِيت

women now have the vote لِلنِّساء الآنَ حَقُّ التَّصْوِيت

the Prime Minister asked for a vote of confidence طَلَبَ رَئِيسُ الوُزَراءِ مِنَ البَرْلَمان التَّصْوِيتَ على الثِّقة (بِحُكُومَتِهِ)

the motion was put to the vote طُرِحَ الاقْتِراحُ لِلتَّصْوِيت

the chairman moved a vote of thanks اِقْتَرَحَ رَئِيسُ الجَلْسة التَّصْوِيتَ على تَقْدِيمِ شُكْرٍ

v.t. & i. اِنْتَخَبَ ، صَوَّتَ ، اِقْتَرَعَ
the Bill was voted through وافَقَ البَرْلَمانُ عَلَى المَشْرُوع
the proposal was voted down رَفَضَ البَرْلَمانُ المَشْرُوعَ
the council voted to continue cutting the hedgerows وافَقَ المَجْلِسُ البَلَدِيُّ عَلَى مُتابَعَةِ تَشْذِيبِ السِّياجات
the committee voted a sum for expenses وافَقَت اللَّجْنَةُ عَلَى تَخْصِيصِ اعْتِمادٍ لِلمَصْرُوفات
I vote we send him to Coventry (*coll.*) أَقْتَرِحُ أَنْ نُقاطِعَهُ تَمامًا

voter /ˋvəʊtə(r)/*n.* ناخِب ، مَنْ لَهُ حَقُّ التَّصْوِيت

votive /ˋvəʊtɪv/*adj. esp. in* نَذْرِيّ
votive offering قُرْبان (قَرابِين) ، نَذْرٌ (نُذُور) ، نَذِيرة

vouch /vaʊtʃ/*v.i.* كَفِلَ (ـَ) ، ضَمِنَ (ـَ)
we can vouch for his honesty نَحْنُ كَفِيلُونَ بِأَمانَتِهِ

voucher /ˋvaʊtʃə(r)/*n.* مُسْتَنَدُ صَرْف ، مُسْتَنَدٌ مُؤَيِّدٌ لِـ

vouchsafe /vaʊtʃˋseɪf/*v.t.* تَنازَلَ أَو تَكَرَّمَ بِفِعْلِ شَيْء

vow /vaʊ/*n.* نَذْرٌ (نُذُور) ، عَهْدٌ (عُهُود)
v.t. نَذَرَ (ـِ) ، قَطَعَ (ـَ) على نَفْسِهِ عَهْدًا
she vowed never to see him again آلَتْ على نَفْسِها أَلّا تَراهُ ثانِيةً

vowel /ˋvaʊəl/*n.* حَرْفُ عِلّة

voyage /ˋvɔɪɪdʒ/*n.* رِحْلة بَحْرِيّة (طَوِيلة)
v.i. أَبْحَرَ ، قامَ بِسَفْرةٍ بَحْرِيّة

voyager /ˋvɔɪədʒə(r)/*n.* مُسافِر ، رَحّال (رَحّالة)

voyeur /vwɑˋjɜ(r)/*n.* نَظّار ، شَخْصٌ يَجِدُ مُتْعةً في اخْتِلاسِ النَّظَرِ إِلَى الأَشْياءِ أَو الأَعْمالِ الجِنْسِيّة

vulgar /ˋvʌlgə(r)/*adj.*
1. (in common use) شائِع ، دارِج ، مَطْرُوق ، مُسْتَعْمَل
the vulgar tongue اللُّغةُ الدّارِجة
vulgar superstitions خُرافات شائعة
2. (in bad taste) مُبْتَذَل ، رَخِيص ، سُوقِيّ ، عَدِيمُ التَّهْذِيب
vulgar jokes نِكاتٌ مُبْتَذَلة أَو سُوقِيّة
a rather vulgar display of wealth عَرْضٌ لِلثَّراءِ يَكادُ يَكُون مُبْتَذَلًا

vulgarian /vʌlˋgeərɪən/*n.* غَنِيّ عَدِيمُ الذَّوق ، مُتَباهٍ بِثَرائِهِ

vulgarism /ˋvʌlgərɪzm/*n.* تَعْبِيرٌ تَسْتَعْمِلُه العامّة ، لَحْنٌ في الكَلام

vulgarity /vʌlˋgærɪtɪ/*n.* اِبْتِذال ، فَظاظة ، سُوقِيّة

vulnerable /ˋvʌlnərəbəl/*adj.* يَسْهُلُ نَقْدُهُ أَو الإِضْرارُ بِهِ ، عُرْضةٌ لِلهُجُوم

vulture /ˋvʌltʃə(r)/*n.* نَسْرٌ (نُسُور)
as soon as he inherited, the vultures gathered ما كادَ يَحْصُلُ عَلَى المِيراثِ حَتَّى انْقَضَّ عَلَيْهِ المُسْتَغِلُّون الجَشِعُون

vulva /ˋvʌlvə/*n.* الفَرْج (فُرُوج)

W

W /ˋdʌblju/ (letter) الحَرْفُ الثّالِثُ والعِشْرُون مِنَ الأَبْجَدِيّة

wad / wod/*n.*
1. (pad of material) حَشْوَةٌ مِنْ مادّةٍ لَيِّنة (كالقُطْنِ مَثَلًا)
2. (roll of bank notes) رِزْمة (رِزَم) مِنَ الأَوْراقِ المالِيّة
v.t. حَشا (يَحْشُو) ، ضَرَّبَ (اللِّحاف)

wadding /ˋwodɪŋ/*n.* حَشْوٌ مِنَ القُطْنِ أَو الصُّوف

wade /weɪd/*v.i.* خاضَ (يَخُوضُ) (الماءَ أَو الوَحْلَ مَثَلًا)
he waded through the dull book قَسَرَ نَفْسَهُ على قِراءةِ الكِتابِ المُمِلّ
the boxer waded into his opponent اِنْهالَ المُلاكِمُ عَلَى خَصْمِهِ بِضَرَباتٍ عَنِيفة

wafer /ˋweɪfə(r)/*n.* بَسْكُوِيت هَشّ ، رُقاقة سُكَّرِيّة ، قُرْبان ، خُبْزُ الذَّبِيحة (عِنْدَ المَسِيحِيِّين)

waffle /wofl/*n. & v.i.* رُقاقة هَشّة ، لَغا (يَلْغُو)

waft /woft/*v.t.* حَمَلَ (ـِ) (النَّسِيمُ أَرِيجًا)

wag /wæg/*v.t.* حَرَّكَ أَو هَزَّ (ـُ) (الرَّأْسَ أَو الإِصْبَعَ أَو الذَّنَبَ)
the scandal set tongues wagging أَطْلَقَتِ الفَضِيحَةُ أَلْسُنَ النّاس
n. هَزّة (الذَّنَب) ، مُهَرِّج ، شَخْصٌ يُحِبُّ المُزاحَ والأَلْعابَ الصِّبْيانِيّة

wage /weɪdʒ/*n. usu. pl.* أَجْرٌ (أُجُور)
v.t. usu. in
wage war on شَنَّ (ـُ) حَرْبًا على ... ، حارَبَ

wager /ˋweɪdʒə(r)/*n. & v.t. & i.* رِهان ، مُراهَنة ، راهَنَ على ، خاطَرَ

wag(g)on /ˋwægən/*n.* عَرَبة شَحْن ، عَرَبة بِضاعة (في قِطار)

waif /weɪf/*n.* شارِدٌ (شَوارِد) ، شَخْصٌ أَو حَيَوانٌ ضالّ
waifs and strays اللُّقَطاءُ والمُشَرَّدُون

wail /weɪl/*v.i. & n.* نَدَبَ (ـُ) ، اِنْتَحَبَ ، عَوِيلٌ

waist /weɪst/*n.* خَصْرٌ (خُصُور) ، وَسَطٌ (أَوْساط)
the water was waist-deep/waist-high وَصَلَ ارْتِفاعُ الماءِ إِلَى الخَصْر

waistcoat / صُدْرَة أَو صَدْرِيّة ،

ʼweɪskəʊt/*n.* صُدَيْرِيّة (س) ، صِديري (م) ، يَلَك (ع)

wait/weɪt/*v.i.*

1. (stay) اِنْتَظَرَ

don't wait up for me لا تَسْهَري لِانْتِظاري

"no waiting" "مَمْنوع الانْتِظار" ، "مَمْنوع وُقوف السَّيّارات"

2. (act as a waiter) خَدَمَ (ـُ) ، قام بالخِدْمة

v.t. اِنْتَظَرَ ، تَرَقَّبَ

n. اِنْتِظار ، تَرَقُّب ، تَرَبُّص لِـ

he lay in wait for them تَرَبَّصَ لَهُم

waiter/ʼweɪtə(r)/(*fem.* **waitress**) *n.* نادِل ، خادِمُ مَطْعَم ، جَرْسُون ؛ خادِمةُ مَطْعَم ، جَرْسُونة ؛ ساقِية

waiting list/ʼweɪtɪŋ lɪst/ *n.* قائِمةُ المُنْتَظِرين (لِدَوْرِهِم في الحُصُول على وَظِيفة مَثَلاً)

waiting-room/ʼweɪtɪŋ-rʊm/*n.* غُرْفَةُ انْتِظار

waive/weɪv/*v.t.* تَخَلَّى (عَن حَقّ مَثَلاً) ، تَنازَلَ عَن ...

wake/weɪk/(*p.t.* **woke waked** *p.p.* **woken waked**) *v.i.* اِسْتَيْقَظَ ، نَهَضَ (ـَ) مِنْ نَوْمِهِ

he wakes up early يَسْتَيْقِظُ مُبَكِّراً

she woke up to the problem تَنَبَّهَتْ لِلمُشْكِلة ، صَحَتْ فَجْأَةً لِلمُشْكِلة

v.t. أَيْقَظَ أو صَحَّى (مِنَ النَّوْم)

n. الأَثَر الّذي تُخَلِّفُهُ السَّفِينة ؛ السَّهَرُ عِنْدَ المَيِّتِ (في إِرْلَنْدة)

inflation came in the wake of war أَعْقَبَ التَّضَخُّمُ المالِيُّ الحَرْبَ

wakeful/ʼweɪkfəl/*adj.* يَقِظٌ ، ساهِرٌ ، أَرِقٌ

waken/ʼweɪkən/*v.i. & t.* اِسْتَيْقَظَ ؛ أَيْقَظَ

walk/wɔk/*n.* سَيْرٌ ، مَشْيٌ

they went for a walk خَرَجُوا يَتَنَزَّهُون ، تَنَزَّهُوا

the sea is half an hour's walk from here البَحْرُ عَلَى مَسِيرَةِ نِصْفِ ساعةٍ مِن هُنا

I recognized him by his walk عَرَفْتُهُ مِن مِشْيَتِهِ

punctuality is important in all walks of life الدِّقَّةُ في مُراعاة المَواعِيدِ مُهِمَّةٌ في كُلِّ مِهْنةٍ وحِرْفة

v.i. & t. مَشَى (يَمْشِي) ، سارَ (يَسِيرُ) ؛ مَشَّى ، أَمْشَى

he walked her home سارَ مَعَها إلَى بَيْتِها (لِتَوْصِيلِها)

(*with advs.*)

he walked off with the prize فاز بالجائزة بِسُهُولة

she is walking out with a new boy-friend لها الآنَ صَدِيقٌ جَدِيد

my assistant has walked out on me تَخَلَّى عَنّي مُساعِدِي فَجْأةً ، دَشَّرني (س) ، طَلَع مِن عِندي (ع)

he walked me off my feet كَسَّرَ رِجْلَيَّ مِنَ المَشْي

walkie-talkie/ʼwɔkɪ-ʼtɔkɪ/*n.* تِلِفُون لا سِلْكِي مُتَنَقِّل

walking-stick/ʼwɔkɪŋ-stɪk/*n.* عَصا المَشْي

walk-out/ʼwɔk-ɑʊt/*n.* إِضْرابُ العُمّال المُفاجِئ

walk-over/ʼwɔk-əʊvə(r)/*n.* اِنْتِصارٌ سَهْلٌ (في مُباراةٍ مَثَلاً) ؛ اِنْتِصارٌ لِانْسِحابِ الخَصْمِ قَبْلَ المُباراة

wall/wɔl/*n.* حائط (حِيطان) ، جِدار (جُدْران) ، سُور (أَسْوار)

he fought with his back to the wall قاتَلَ قِتالَ المُسْتَمِيت

v.t. سَوَّرَ

they walled up the window سَدُّوا النّافِذَةَ بِجِدار

they have a walled garden حَدِيقَتُهُم مُسَوَّرة

wallet/ʼwɒlɪt/*n.* حافِظة نُقُود ، مِحْفَظة ، جُزْدان

wallop/ʼwɒləp/*v.t.* (*sl.*) ضَرَبَ (ـِ) (الوَلَدَ) عَلْقَة (م) أو قَتْلة (س)

walloping/ʼwɒləpɪŋ/*adj.* (*sl.*) (كِذْبة) مَفْضُوحة

n. (*sl.*) هَزِيمة (هَزائِمُ) ، كَسْرَة (م)

wallow/ʼwɒləʊ/*v.i.* تَمَرَّغَ

wallpaper/ʼwɔlʼpeɪpə(r)/*n.* وَرَقُ جُدْران

walnut/ʼwɔlnʌt/*n.* جَوْز ، شَجَرةُ جَوْز ، خَشَبُ جَوْز

walrus/ʼwɔlrəs/*n.* فَظّ (أَفْظاظ) ، فِيلُ البَحْر

waltz/wɔls/*n.* رَقْصةُ الفالْس ، مُوسِيقَى الفالْس

wan/wɒn/*adj.* شاحِب ، مُمْتَقِع ، مُصْفَرّ

he gave a wan smile اِبْتَسَمَ ابْتِسامةً حَزِينة

wand/wɒnd/*n.* صَوْلَجان (صَوالِجة ، صَوالِجُ) ، مِخْصَرة (مَخاصِرُ) ، عَصًا (عُصِيّ ، أَعْصٍ)

wander/ʼwɒndə(r)/*v.t. & i.* تَجَوَّلَ ، هامَ (يَهِيمُ) عَلَى وَجْهِهِ

his thoughts wandered back to his school days عادَتْ أَفْكارُهُ إلَى أَيّامِ تَلْمَذَتِهِ

wanderings/ʼwɒndərɪŋz/*n. pl.* جَوْلات ورِحْلات ، تَجْوال ؛ هَذَيان

wane/weɪn/*v.i. & n.* تَضاءَلَ ، تَناقَصَ ، اِنْمَحَقَ (القَمَرُ) ؛ تَضاؤُل ، تَناقُص ، مُحاقُ (القَمَر)

wangle/wæŋgl/*v.t.* (*sl.*) نالَ بِحِيلة ، تَحايَلَ عَلَى المَأْزِق ، دَبَّرَ أَمْرَهُ بِبَراعة

want/wɒnt/*n.*

1. (lack) نَقْصٌ ، اِنْعِدام ، نُدْرة

2. (penury) عَوَزٌ ، فَقْرٌ ، حاجَة

there are families still in want هُناك عائِلات لا تَزالُ مُعْوِزةً

3. (need) اِحْتِياج ، حاجَةٌ (إلَى)

his house is in want of repair مَنْزِلُه في حاجةٍ إلَى التَّرْمِيم

v.t. & i. طَلَبَ (ـُ) ، أَرادَ ، اِحْتاجَ ، رَغِبَ (ـَ)

porcelain wants careful packing يَحْتاجُ الخَزَفُ الصِّينِيّ إلَى التَّعْبِئةِ بِكُلِّ عِناية

he is wanting in courtesy تُعْوِزُهُ الكِياسة

a wanted man مَطْلُوب ، تُلاحِقُه السُّلُطات ،

تَبْحَثُ الشُّرْطَةُ عَنْهُ

wanton /ˈwontən/ *adj.* مُسْتَهْتِر ، طائِش ، نَزِقٌ ؛ (اِمْرَأة) داعِرة ، خَلِيعة

wanton damage إضْرارٌ طائِش لا مُبَرِّرَ لَهُ

wanton thoughts أفْكارٌ خَلِيعة ماجِنة

war /wɔ(r)/ *n. & v.i.* حَرْبٌ (حُرُوب) ، قِتال ؛ تَحارَبَ

warble /ˈwɔbəl/ *v.t. & i. & n.* غَرَّدَ ، صَدَحَ (ـَـ) ، شَدا (يَشْدُو) ؛ تَغْرِيد

warbler /ˈwɔblə(r)/ *n.* الصَّدّاح ، الهازِجة (طائر)

ward¹ /wɔd/ *n.*

1. (person in guardian's care) قاصِرٌ مُوَلًّى أو مُوصًى عَلَيْهِ

2. (administrative division of town) دائرة أو قِسْم إداريّ في مَدِينة كَبِيرة

3. (division of hospital) جَناح أو عَنْبَر في مُسْتَشْفًى

ward² /wɔd/ *v.t. usu.* **ward off** دَفَعَ (ـَـ) (الأذَى) ، رَدَّ (ـُـ) أو صَدَّ (خَطَرًا مَثَلًا)

warden /ˈwɔdən/ *n.* قَيِّمٌ ، مُشْرِفٌ (على مَعْهَد أو كَنِيسة مَثَلًا) ؛ حارِسُ السِّجْن

traffic warden مُساعِدُ الشُّرْطة في مُراقَبة وُقُوف السَّيّارات في الشَّوارِع العامّة

warder /ˈwɔdə(r)/ (*fem.* **wardress**) *n.* سَجّان ، حارِسُ السِّجْن ؛ سَجّانة ، حارِسَةُ السِّجْن

wardrobe /ˈwɔdrəub/ *n.*

1. (cupboard) خِزانة ثِياب ، دُولاب مَلابِس

2. (clothing) مَلْبُوسات

warehouse /ˈweəhaus/ *n.* مُسْتَوْدَع ، مَخْزَنٌ كَبِير

wares /weəz/ *n. pl.* بَضائع ، سِلَع

warfare /ˈwɔfeə(r)/ *n.* حَرْبٌ ، قِتال ؛ جِهاد

warhead /ˈwɔhed/ *n.* الرَّأسُ المُتَفَجِّرة في قَذِيفة

warily /ˈweərılı/ *adv.* بِحَذَر ، بِاحْتِراس

warlike /ˈwɔlaık/ *adj.* حَرْبِيّ ، مُولَعٌ بالقِتال

warm /wɔm/ *adj.* دافِئ

warm-blooded animals الحَيَواناتُ ذاتُ الدَّم الحارّ

warm clothes مَلابِسُ مانِعة للبَرْد

a warm welcome اِسْتِقْبالٌ حارٌّ

v.t. & i. also **warm up** سَخَّنَ (الطَّعامَ مَثَلًا) ، دَفَّأَ ؛ سَخُنَ (ـُـ) ، اِزدادَ حَيَوِيّة

warmonger /ˈwɔmʌŋgə(r)/ *n.* داعِية (دُعاة) إلى الحَرْب ، مُحَرِّضٌ على الحَرْب

warmth /wɔmθ/ *n.* دِفْءٌ ، سُخُونة ؛ حَماس ، حَرارَةُ (التَّرْحِيب)

warn /wɔn/ *v.t.* حَذَّرَ ، أنْذَرَ

warning /ˈwɔnıŋ/ *n.* إنْذار ، تَحْذِير ، تَنْبِيه بالخَطَر

warp /wɔp/ *v.t. & i.* لَوَى (يَلْوِي) ، حَنَى (يَحْنِي أو يَحْنُو) ، قَوَّسَ ، عَوَّجَ (ـَـ) ؛ اِلْتَوَى ، اِنْحَنَى ، تَقَوَّسَ ، اِعْوَجَّ

his judgement is warped حُكْمُهُ على الأُمُور مُتَحَيِّزٌ غَيْرُ سَلِيم

n. (*in weaving*) سَداةُ النَّسِيج

war-path /ˈwɔ-pɑθ/ *n. usu. in*

the boss is on the war-path الرَّئِيسُ مُتَحَفِّزٌ للمُشاكَسة (اليَوْمَ)

warrant /ˈworənt/ *n.* تَبْرِير ، تَسْوِيغ

he had no warrant for what he did لَمْ يَكُنْ لَدَيْهِ مُبَرِّرٌ لِما فَعَلَ

there is a warrant out for his arrest صَدَرَتْ مُذَكِّرَةٌ بِتَوْقِيفِهِ

v.t. **1.** (justify) سَوَّغَ ، بَرَّرَ

2. (guarantee) كَفِلَ (ـَـ) ، ضَمِنَ (ـَـ)

I'll warrant that it is a genuine antique أتَعَهَّدُ بأنَّها تُحْفَة أصْلِيّة

warranty /ˈworəntı/ *n.* ضَمانة ، كَفالة

warren /ˈworən/ *n.* قِطْعةُ أرْضٍ بِها أوْجِرَةُ أرانِب

warring /ˈwɔrıŋ/ *adj.* (أحزاب) مُتَعادِية ، مُتَطاحِنة ، مُتَحارِبة

warring ideologies عَقائِدِيّات مُتَطاحِنة

warrior /ˈworıə(r)/ *n.* مُحارِب ، مُقاتِل

warship /ˈwɔʃıp/ *n.* سَفِينة حَرْبِيّة

wart /wɔt/ *n.* ثُؤْلُول

wary /weərı/ *adj.* حَذِرٌ (مِنَ الغُرَباء مَثَلًا) ، يَقِظٌ

was /woz/ *p.t. of* **be** كان (يَكُون)

wash /woʃ/ *v.t.*

1. (cleanse with liquid) غَسَلَ (ـِـ)

I wash my hands of you and your problems أنْفُضُ يَدَيَّ مِنْكَ ومِنْ مُشْكِلاتِك

2. (carry away) دَفَعَ أو جَرَفَ (ـُـ) (بِسائل)

we washed down the meal with a glass of orange juice خَتَمْنا الوَجْبَةَ بِقَدَحٍ مِن عَصِير البُرْتُقال

he was washed overboard جَرَفَتْهُ الأمْواجُ (مِنْ سَطْحِ السَّفِينة إلى البَحْر)

3. (flow against)

the sea washed the base of the cliffs كانَ البَحْرُ يَلْطِمُ قاعِدَةَ الجُرُف الصَّخْرِيّ

v.i. اِغْتَسَلَ ، غَسَلَ نَفْسَه

this explanation won't wash هذا التَّبْرِيرُ غَيْرُ مُقْنِع

does this material wash well? هَلْ يُغْسَلُ هذا القُماشُ دُونَ أنْ يَتْلَف ؟

n. غَسْلٌ ، غَسِيلٌ

a wash and brush up اِغْتِسال وَهَنْدَمة (عادةً في حُجْرة مُجاورة لِدَوْرة المِياه في المَحَطّات)

washable /ˈwoʃəbəl/ *adj.* (قُماشٌ) قابِلٌ للغَسْل

washer /ˈwoʃə(r)/ *n.* غَسّالة ؛ حَلْقة مَعْدِنِيّة أو مَطّاطِيّة ،

فَلْكة ، وَرْدة (م)

washerwoman /ˈwoʃəwʊmən/ *n.* غَسّالة ، أجيرة لِغَسْل الثّياب

washing /ˈwoʃɪŋ/ *n.*
1. (act of cleansing with liquid) غَسْلٌ ، اغْتِسال
2. (clothes to be washed) (ثِيابُ) الغَسيل
it is raining, shall I bring the washing in? هَلْ أُدْخِلُ الغَسيلَ لأنّ المَطَرَ يَنْزِل ؟
washing-machine غَسّالة كَهْرَبائيّة
washing-up غَسْلُ الأطْباقِ (بَعْدَ الأكْلِ)

wash-out /ˈwoʃ-aʊt/ *n.* شَيْءٌ أو شَخْصٌ فاشِل ، مُخْفِق
the new invention is a wash-out الاخْتِراعُ الجَديد فاشِلٌ تَمامًا

wasn't /ˈwozənt/ *coll. contr. of* **was not** تَعْبيرٌ مُخْتَصَرٌ بِمَعْنَى "لَمْ يَكُنْ"

wasp /wosp/ *n.* زُنْبور صَغير ، زُرْقُطة (س) ، دَبْور

wastage /ˈweɪstɪdʒ/ *n.* ضَياع ، خَسارة ، تَبْذِيد (في المَوادّ الخام مَثَلًا)

waste /weɪst/ *adj.* قَفْرٌ ، بُورٌ ، جَدْبٌ ؛ مُهْمَل ، مَتْروك
waste land أرْض مَوات ، بُور
waste paper أوراق مُهْمَلة
v.t. & i.
1. (use without good purpose) بَدَّدَ ، بَعْثَرَ ، أضاعَ
waste not, want not عَدَمُ التَّبْذِير يُغْنِي عَن الحاجة
2. (become weak) ضَعُفَ
he wasted away هَزَلَ (ـُ) ، نَحُلَ (ـُ) ، ذَبُلَ (ـُ)
n. تَبْذير ؛ نُفايات ، فَضَلات
it's a waste of time to go on waiting إنّها مَضْيَعةٌ لِلوَقْتِ أنْ نَسْتَمِرَّ في الانْتِظار
the waste goes in the dustbin تُرْمَى النُّفاياتُ في صَفيحة القُمامة

wasteful /ˈweɪstfəl/ *adj.* مُبَذِّر ، مُسْرِف ، مُبَدِّد

waste-paper-basket / weɪst-ˈpeɪpə-bɑskɪt/ *n.* سَلَّةُ المُهْمَلات

waste-pipe /ˈweɪst-paɪp/ *n.* أُنْبوبُ تَصْريفِ المِياهِ القَذِرة ، المَجاري

wastrel /ˈweɪstrəl/ *n.* شَخْص تافِه ، مُسْرِف ، مُبَذِّر ، مِتْلاف

watch /wotʃ/ *v.i.* سَهِرَ (ـَ) ، ظَلَّ مُتَيَقِّظًا
he watched over the interests of his family كان هو المَسْؤول عَن مَصالِح عائِلَتِه
watch out! حَذارِ ، انْتَبِه ، دِيرْبالَك !
v.t. راقَبَ ؛ شاهَدَ (التِّلِفِزْيون)
he watched my every move راقَبَ كُلَّ حَرَكةٍ من حَرَكاتي
n. **1.** (act of watching) مُراقَبة
he kept watch all night ظَلَّ يُراقِبُ طَوالَ اللَّيْل
2. (period of time on duty) نَوْبة ، دَوْرة حِراسة
3. (timepiece) ساعَةُ (يَدٍ أو جَيْبٍ)

watchful /ˈwotʃfəl/ *adj.* يَقِظٌ ، مُتَنَبِّه ، واعٍ

watchman /ˈwotʃmən/ *n.* حارِسٌ ، خَفير (خُفَراءُ) ، ناطُور (نَواطير)

watchword /ˈwotʃwɜd/ *n.* كَلِمة السِّرّ ؛ شِعار

water /ˈwɔtə(r)/ *n.*
1. (liquid) ماءٌ (مِياه)
he got into hot water because he talked too much أوْقَعَ نَفْسَهُ في مَأْزِقٍ حَرِجٍ لِفَرْطِ ثَرْثَرَتِه
2. (tide) مَدٌّ (البَحْر)
high/low water مِياهُ المَدّ أو الجَزْر
v.t.
1. (sprinkle) رَشَّ (ـُ) (الزُّهُورَ) بالماء ، رَوَى (يَرْوِي) ، سَقَى (يَسْقِي)
2. (dilute) خَفَّفَ بالماء
this milk is watered هٰذا الحَليبُ مَغْشوش
3. (give animals water) سَقَى الحَيَوانات
v.i. سالَ (يَسيلُ) ؛ ابْتَلَّ
the smell of cooking made my mouth water رائِحة الطَّبْخ أسالَتْ لُعابي

water-bottle / ˈwɔtə-botəl/ *n.* قِنّينة لِمِياهِ الشُّرْب ، زَمْزَمِيّة ، مَطَرة (س)

water-closet /ˈwɔtə-klozɪt/ *n.* (*abbr.* **W.C.**) دَوْرةُ مِياه ، مِرْحاض

water-colour / ˈwɔtə-kʌlə(r)/ *n.* صِبْغٌ مائيّ ؛ رَسْمٌ مائيّ ؛ تَلْوينٌ مائيّ

watercourse /ˈwɔtəkɔs/ *n.* مَجْرًى (مَجارٍ) مائيّ ؛ جَدْوَل (جَداوِلُ)

watercress /ˈwɔtəkres/ *n.* جِرْجير ، قُرّةُ العَيْن (بَقْلة)

water-diviner / ˈwɔtə-dɪvaɪnə(r)/ *n.* قُناقِن (عَرّافُ المِياهِ الجَوْفيّة)

waterfall /ˈwɔtəfɔl/ *n.* شَلّال (شَلّالات) ، مَسْقَطٌ مائيّ

waterfowl /ˈwɔtəfaʊl/ *n.* طَيْرٌ مائيّ (مِنْ طُيور الصَّيْد)

waterfront /ˈwɔtəfrʌnt/ *n.* الجُزْءُ المُطِلُّ عَلَى البَحْرِ أو النَّهْرِ مِنَ المَدينة

water-hole /ˈwɔtə-həʊl/ *n.* مَنْهَل ، مَوْرِدُ ماءٍ

watering-place / ˈwɔtərɪŋ-pleɪs/ *n.* مُنْتَجَعُ المِياهِ المَعْدِنيّة

waterlogged / ˈwɔtəlogd/ *adj.* مُشْبَع بالماء ؛ (قارِب) غائِص ؛ (أرْض) مُشَرَّبة بالمِياه

watermark /ˈwɔtəmɑk/ *n.* دَمْغَةُ الماء في العُمْلَة الوَرَقيّة ؛ خَطُّ مَنْسُوبِ المِياه

water-melon / ˈwɔtə-melən/ *n.* بَطّيخ أخْضَر ، بَطّيخ شامي ، بَطّيخ هِنْدِي ، دَلّاع ، خِرْبِز ، جَبَس (س) ، رِقّي (ع).

waterproof /ˈwɔtəpruf/ *adj.* ضِدّ الماء ، مُشَمَّع ، مِعْطَفُ
n. & v.t. المَطَر ؛ شَمَّعَ (القُماش لِيَمْنَعَ نُفُوذَ الماء)
watertight /ˈwɔtətaɪt/ كَتِيم ، لا يَنْفُذُ إلَيْهِ الماء ،
adj. ضِدّ الماء ، مُحْكَمُ السَّدّ
his argument is watertight حُجَّتُهُ مَتِينَةٌ لا تُدْحَضُ
water-tower /ˈwɔtə-taʊə(r)/ *n.* بُرْجُ ماءٍ ، بأعْلاهِ صِهْرِيجٌ
waterway /ˈwɔtəweɪ/ *n.* مَجْرًى مائيّ (صالِحٌ لِمُرُورِ السُّفُن)
watery /ˈwɔtərɪ/ *adj.* مائع (عَكْس كَثِيف) ، (مَرَق) غَيْرُ دَسِم ؛ (عُيُون) مُبْتَلَّة أو دامِعة
watt /wot/ *n.* الواط ، وَحْدَةُ القُدْرَةِ الكَهْرَبائِيّة
wattle /ˈwotəl/ *n.* سِياج مِنَ الأغْصان الرَّقِيقة المَجْدُولة
wave /weɪv/ *v.t. & i.*
1. (move up and down or from side to side) لَوَّحَ بِيَدِهِ ، رَفْرَفَ (العَلَمُ)
he waved goodbye لَوَّحَ بِيَدِهِ مُوَدِّعًا
2. (make/be wavy) مَوَّجَ ؛ تَمَوَّجَ
she had her hair waved جَعَّدَتْ شَعْرَها (عِنْدَ الحَلّاق)
n. **1.** (swell on surface of water) مَوْجة (أمْواج)
2. (gesture) تَلْوِيحٌ بِاليَد
3. (undulation) سَطْحٌ مُمَوَّج
wavelength /ˈweɪvleŋθ/ *n.* طُولُ المَوْجة (الإذاعِيّة مَثَلًا)
waver /ˈweɪvə(r)/ *v.i.* اِرْتَعَشَ (الظِّلُّ أو اللَّهَبُ) ؛ تَرَدَّدَ ، تَهَدَّجَ
his courage wavered خانَتْهُ الشَّجاعة
he wavered between two opinions تَرَدَّدَ أو تَأرْجَحَ بَيْنَ رَأْيَيْن
wavy /ˈweɪvɪ/ *adj.* مُجَعَّد ؛ (خَطٌّ) مُتَمَوِّج ، ذُو انْحِناءات
wax[1] /wæks/ *n. & v.t.* شَمْعٌ ؛ لَمَّعَ (الأرْضِيّةَ بِالشَّمْع)
wax[2] /wæks/ *v.t. & i.*
1. (increase) اِزْدادَ
our fortunes waxed and waned over the years كانَ الحَظُّ مَرَّةً مَعَنا وَمَرَّةً عَلَيْنا عَبْرَ السِّنِين
2. (become) أصْبَحَ ، صارَ
he waxed indignant اِسْتَشاطَ غَضَبًا
waxen /ˈwæksən/ *adj.* شَمْعِيّ ؛ (بَشَرَةٌ) شاحِبة وناعِمة
waxworks /ˈwækswɜks/ *n.pl.* مَتْحَفُ الشَّمْع
way /weɪ/ *n.*
1. (road) طَرِيق
he has done nothing out of the way yet لَمْ يَفْعَلْ شَيْئًا خارِقًا بَعْدُ
by the way, the meeting has been postponed بالمُناسَبة (أو عَلَى فِكْرة) الاِجْتِماعُ قَدْ تَأجَّل
2. (course of action) طَرِيقَةُ (العَمَل)
where there's a will there's a way لا مَجالَ للهَزِيمة إذا تَوَفَّرت العَزِيمة
he always wants (to have) his own way يُرِيدُ أنْ تَسِيرَ الأُمُورُ وِفْقَ هَواهُ دائِمًا
3. (direction) اِتِّجاه ، جِهة
4. (progress) تَقَدُّم
he has made his way in the world شَقَّ طَرِيقَهُ في الحَياة ، نَجَحَ
he could not see his way to accept the proposal لَمْ يَسْتَطِعْ أنْ يُقْنِعَ نَفْسَهُ بِقَبُولِ المَشْرُوع
5. (position, state) حالة
by way of apology, he brought her flowers قَدَّمَ لَها باقةَ زَهْرٍ عَلَى سَبِيلِ الاِعْتِذار
he is a merchant in a small way هُوَ مِنْ صِغارِ التُّجّار
way-bill /ˈweɪ-bɪl/ *n.* بُولِيصَةُ البَضائِعِ المَشْحُونة ؛ بَيانُ الرُّكّاب
wayfarer /ˈweɪfeərə(r)/ *n* عابِرُ سَبِيل ، اِبْنُ السَّبِيل ، مُسافِر
waylay /weɪˈleɪ/ *v.t.* تَرَبَّصَ لِـ ، كَمَنَ (ـُ) لِـ ، تَرَصَّدَ لِـ
wayside /ˈweɪsaɪd/ *n.* جانِبُ الطَّرِيق ؛ (زُهُور) عَلَى
adj. جانِبِ الطَّرِيق ، جانِبِيّ
wayward /ˈweɪwəd/ *adj.* (طِفْلٌ) عاصٍ ، مُتَمَرِّد ، شَكِس
we /wi/ *(obj. case* **us** /ʌs/*) pron.* نَحْنُ
weak /wik/ *adj.* ضَعِيف ؛ (شاي) خَفِيف ؛ رَكِيك ؛ (فِعْلٌ) مُتَصَرِّف (في الإنْكِلِيزِيّة)
weaken /ˈwikən/ *v.t. & i.* أضْعَفَ ، أوْهَى ؛ ضَعُفَ
weakling /ˈwiklɪŋ/ *n.* ضَعِيف ، هَزِيل ؛ ضَعِيفُ الشَّخْصِيّة
weakly /ˈwiklɪ/ *adj.* بِضَعْفٍ
weakness /ˈwiknəs/ *n.* ضَعْفٌ ، وَهَنٌ ؛ نَقِيصة ، مَأْخَذٌ
weal /wil/ *n.* رَفاهِيَة ، خَيْر ، صالِحُ (المُجْتَمَع مَثَلًا)
wealth /welθ/ *n.*
1. (riches) ثَرْوة ، غِنًى
2. (great number) وَفْرة ، فَيْضٌ
wealthy /ˈwelθɪ/ *adj.* ثَرِيّ ، غَنِيّ ، مُثْرٍ ، مُوسِرٌ
wean /win/ *v.t.* فَطَمَ (ـِ) ، فَصَلَ عَنِ الرَّضاع
weapon /ˈwepən/ *n.* سِلاحٌ (أسْلِحة)
wear /weə(r)/ (*p.t.* **wore** /wɔ(r)/ *p.p.* **worn** /wɔn/) *v.t. & i.*
1. (have on the body) لَبِسَ (ـَ) ، اِرْتَدَى
she wears her hair long شَعْرُها طَوِيل
2. (injure by rubbing) هَرَأَ ، أبْلَى (ثِيابَه) ؛ حَتَّ (ـُ)
3. (endure continued use) تَحَمَّلَ (الاِسْتِعْمالَ) ، دامَ (يَدُومُ)
4. (*of time* pass) مَرَّ (ـُ) ، مَضَى (يَمْضِي) ، اِنْقَضَى
winter is wearing on يَمْضِي الشِّتاءُ بِتَثاقُل
5. (*with advs.*)
they wore down the Opposition أنْهَكُوا حِزْبَ المُعارَضة

wear off زالَتْ ، بَلِيَتْ (جِدَّةُ الشَّيْءِ)
his coat is worn out مِعْطَفُهُ رَثٌّ ، بالٍ ، مُهْتَرِئٌ
his patience wore out عِيلَ (أو نَفِدَ) صَبْرُهُ
n. **1.** (damage from use) البِلَى (بالاِسْتِعْمال)
the carpet shows signs of wear (and tear) تَبْدُو على البِساطِ عَلائِمُ الاِسْتِعْمال
2. (capacity to endure) تَحَمُّل
3. (garments) ثِياب ، مَلابِس
beach wear مَلابِسُ البَحْر ، مَلابِس خاصّة بالشّاطِئ
wearisome /ˈwɪərɪsəm/ *adj.* مُتْعِب ، طَوِيلٌ ومُمِلّ
weary /ˈwɪərɪ/ *adj.* تَعِبٌ ، تَعْبان ، مُرْهَق ، مَنْهُوكُ القُوَى
v.t. & i. also **weary of** أَتْعَبَ ، تَعِبَ (ـَ) ، كَلَّ (ـِ) مِنْ
the long walk wearied us أَتْعَبَنا طُولُ السَّيْر
weather /ˈweðə(r)/ *n. & adj.* جَوٌّ ، طَقْسٌ ، (الحالَةُ) الجَوِّيَّة
she goes out in all weathers تَخْرُجُ مِنْ بَيْتِها مَهْما كانَ الطَّقْس
under the weather مُتَوَعِّك ، مُنْحَرِفُ المِزاج
v.t. **1.** (*naut.*) أَبْحَرَت السَّفِينَةُ مُراوِغَةً ضِدَّ الرِّيح
we weathered the storm اِجْتَزْنا العاصِفَةَ بِسَلام
2. (expose to weather) *also v.i.* عَرَّضَ (الخَشَبَ) لِلهَواء (لِيُصْبِحَ صالِحًا لِلاِسْتِعْمال)
weather-beaten /ˈweðə-bitən/ *adj.* (وَجْهٌ) لَفَحَتْهُ الشَّمْسُ والرِّيح ، لَوَّحَتْهُ السَّمائِم
weatherman /ˈweðəmæn/ *n.* مِنْ رِجالِ الأَرْصادِ الجَوِّيَّة ، راصِدٌ جَوِّيّ
weave /wiv/ (*p.t.* **wove** /wəʊv/ *p.p.* **woven** /ˈwəʊvən/) *v.t. & i.* نَسَجَ (ـُ) ، حاكَ (يَحُوكُ) ، حَبَكَ (ـِ) ، ضَفَرَ (ـِ)
the cyclist wove in and out of the traffic شَقَّ راكِبُ الدَّرّاجةِ طَرِيقَهُ مُراوِغًا وَسَطَ الزِّحام
weaver /ˈwivə(r)/ *n.* نَسّاج ، حائِك
web /web/ *n.* شَبَكة ، نَسِيج ، غِشاء ، وَتَرَةٌ (بَيْنَ أَصابِعِ الطُّيُورِ المائِيَّة)
webbed /webd/ *adj.* (طُيُور مائيّة) كَفِّيّات (القَدَم) ، بَيْنَ أَصابِعِها غِشاء
webbing /ˈwebɪŋ/ *n.* شَرِيطٌ مِن الخَيْشِ الغَلِيظ (يُسْتَعْمَلُ في تَنْجِيدِ الكَراسِيّ والأَرائِك)
wed /wed/ *v.t. & i.* زَوَّجَ ، تَزَوَّجَ
he is wedded to his work مُكَرِّسٌ حَياتَهُ لِعَمَلِهِ
we'd /wid/ *coll. contr. of* **we had, we would**
wedding /ˈwedɪŋ/ *n.* زِفاف ، عُرْس ، (عَقْدُ) قِران
wedge /wedʒ/ *n. & v.t.* إِسْفِين ، وَتَد ، ثَبَّتَ شَيْئًا بِإِسْفِين
wedlock /ˈwedlok/ *n.* زَواج ، الزَّوْجِيَّة

Wednesday /ˈwenzdɪ/ *n.* (يَوْمُ) الأَرْبِعاء
weed /wid/ *n. & v.t. & i.* عُشْبَة (أَعْشاب) ضارّة ، عَزَقَ (ـِ) بُسْتانًا ، اِجْتَثَّ الأَعْشابَ الضّارّة
week /wik/ *n.* أُسْبُوع
I'll meet you a week tomorrow سَأُقابِلُك بَعْدَ أُسْبُوعٍ مِنْ يَوْمِ غَدٍ
weekday /ˈwikdeɪ/ *n.* أَيّامُ العَمَل ، أَيّامُ الدَّوام
week-end /ˈwik-ˈend/ *n.* عُطْلَةُ نِهايةِ الأُسْبُوع
weekly /ˈwiklɪ/ *adj. & adv.* أُسْبُوعِيّ ، أُسْبُوعِيًّا
n. صَحِيفة أو مَجَلّة أُسْبُوعِيَّة
weep /wip/ (*p.t. & p.p.* **wept**) *v.i. & v.t.* بَكَى (يَبْكِي) ، نَحَبَ (ـِ)
weevil /ˈwivɪl/ *n.* سُوسَةُ (الحِنْطة)
weigh /weɪ/ *v.t. & i.*
1. (find weight of) وَزَنَ (يَزِنُ)
2. (judge value of) وَزَنَ الأُمُورَ ، قَدَّرَها
he weighed his words carefully اِنْتَقَى كَلِماتِهِ بِدِقّة
3. (press heavily on) تَثاقَلَ على ، ثَقُلَ أو أَثْقَلَ على
the fruit weighed the branches down ناءَت الأَغْصانُ بِأَثْمارِها
4. (*naut.*)
the ship weighed anchor أَقْلَعَت السَّفِينة ، رَفَعَتْ مِرْساتَها
weight /weɪt/ *n.* وَزْنٌ ، زِنَةٌ ، ثِقَلٌ ، ثِقْلٌ
the child is over / under weight وَزْنُ الطِّفْلِ أَكْثَرُ / أَقَلُّ مِنَ المُعَدَّل
his views do not carry much weight لَيْسَ لِآرائِهِ كَبِيرُ وَزْنٍ
v.t. ثَقَّلَ ، أَضافَ وَزْنًا إِلَى
weighty /ˈweɪtɪ/ *adj.* ثَقِيل ، هامٌّ ، ذُو وَزْن
weir /ˈwɪə(r)/ *n.* هَدّار ، سَدٌّ صَغِيرٌ يَتَحَكَّمُ في مِياهِ النَّهْر
weird /ˈwɪəd/ *adj.* شاذٌّ ، غَرِيبٌ ، (صَرَخات) مُوحِشة
welcome /ˈwelkəm/ *int. & adj.* أَهْلًا وَسَهْلًا ، مَرْحَبًا ، مُرَحَّبٌ بِهِ ، مُسْتَحَبّ
you're welcome عَلَى الرُّحْبِ والسَّعة ، بِكُلِّ تَرْحِيب
this makes a welcome change هذا تَغْيِيرٌ مُسْتَحَبّ
n. تَرْحِيب ، تَرْحاب ، حَفاوة
he received a cold welcome قُوبِلَ بِبُرود ، اُسْتُقْبِلَ اسْتِقْبالًا فاتِرًا
v.t. رَحَّبَ بِـ
weld /weld/ *v.t. & i.* لَحَمَ (ـُ) ، اِلْتَحَمَ (حِدادة)
n. لِحام ، قِطْعة مَلْحُومة (حِدادة)
welfare /ˈwelfeə(r)/ *n.* رَفاهِية ، الصّالِحُ العامّ
the Welfare State دَوْلَةُ الرَّفاهِ الاجْتِماعِيّ
well[1] /wel/ *n.* بِئْرٌ (آبار) ، مَنْوَرُ البِناء
well[2] /wel/ *adv.*

1. (in good manner) حَسَنًا ! طَيِّب !
the house is well situated يَمْتازُ البَيْتُ بِحُسْنِ مَوقِعِهِ
you are well out of it تَخَلَّصْتَ مِنَ الوَرْطَة (فَهَنِيئًا لَكَ)
they are very well off هُم مَيْسُورُو الحال ، أَغْنِياءُ
he does himself well لا يَبْخَلُ عَلَى نَفْسِهِ بِشَيْء
2. (thoroughly) تَمامًا ، بِشَكْلٍ كامِل
I like my meat well done أُحِبُّ اللَّحْمَ مَشْوِيًّا شَيًّا تامًّا
he is well up in grammar إِنَّه خَبِيرٌ بِقَواعِدِ اللُّغَة
he is well over fifty قَدْ تَجاوَزَ الخَمْسِينَ مُنْذُ أَمَدٍ
he is well away (*sl.*) بَدَأَ يُفَرْفِشُ أَو يُنَعْنِشُ (بِفِعْلِ الخَمْر) (دارِجة)
3. (reasonably) بِشَكْلٍ مَعْقُول
you may well ask why he is still a bachelor لَكَ الحَقّ في أَنْ تَسْأَلَ لِمَ بَقِيَ عازِبًا حَتَّى الآن
4. (kindly) بِلُطْفٍ ، بِشَكْلٍ حَسَن
he treats us well يُحْسِنُ مُعامَلَتَنا
5. **as well as** (in addition to) بالإضافةِ إِلَى
he passed in mathematics as well as physics نَجَحَ في الرِّياضِيّات فَضْلًا عَنِ الفِيزِياء
pred. adj.
we hope you are well نَأْمُلُ أَنْ تَكُونَ بِخَيْر
it's all very well أَنْتَ بارِعٌ بالنَّصِيحة وَلَكِنْ مَعَ الأَسَف تَحْقِيقُها مُسْتَحِيل
int. لَفْظة يُسْتَهَلُّ بِها الحَدِيث للتَّعْبِير عَنْ مَشاعِرَ مُخْتَلِفة
well, I should never have guessed it غَرِيب ، هَذا لا يَخْطُر عَلَى بال !

well[3] / wel / *v.i.*
the blood was welling out of the wound كان الدَّمُ يَتَدَفَّقُ مِنَ الجُرْح
tears welled up in her eyes فاضَت الدُّمُوعُ مِنْ عَيْنَيْها

well-being / 'wel-'biıŋ / *n.* الشُّعُورُ بالصِّحّة والاِنْتِعاش ، رَفاهِية ، حُسْنُ الحال

well-connected / 'wel-kə'nektıd / *adj.* اِبْنُ أَصْل ، ذُو حَسَبٍ وَنَسَب

well-known / 'wel-'nəun / *adj.* مَشْهُور ، مَعْرُوف

well-meaning / wel-'minıŋ / *adj.* حَسَنُ النِّيّة

well-to-do / wel-tu-'du / *adj.* غَنِيّ ، مُوسِر

well-worn / wel-'wɔn / *adj.* كَثِيرُ الاِسْتِعْمال ، مَطْرُوق ، مُبْتَذَل

Welsh / welʃ / *adj. & n.* وِيلْزِيّ ، مِنْ مُقاطَعة وِيلْز بِبَرِيطانِيا

went / went / *p.t. of* **go**

wept / wept / *p.t. & p.p. of* **weep**

were / wɜ(r) / *p.t. of* **be**

weren't / wɜnt / *coll. contr. of* **were not**

west / west / *n. & adj. & adv.* غَرْبٌ ، غَرْبِيّ ، غَرْبَ ، في غَرْبِيّ ، نَحْوَ الغَرْب
the West End الوِيسْتْ إِنْدْ : حَيُّ المَسارِح والمَتاجِر الأَنِيقة بِلَنْدَن

westerly / 'westəlı / *adj.* (رِياح) غَرْبِيّة ، في اتِّجاهِ الغَرْب

western / 'westən / *adj. & n.* غَرْبِيّ ، فِلْمٌ عَن رُعاة البَقَر

westernize / 'westənaız / *v.t.* أَدْخَلَ المَفاهِيمَ الغَرْبِيّةَ إِلَى (بَلَدٍ أَو شَعْب)

westward / 'westwəd / *adj.* في اتِّجاهٍ غَرْبِيّ ، مُتَّجِهٌ نَحْوَ الغَرْب

westwards / 'westwədz / *adj.* غَرْبًا ، نَحْوَ الغَرْب

wet / wet / *adj.*
1. (splashed with water) مُبْتَلّ
he got wet to the skin كانَ مُبْتَلًّا تَمامًا
2. (rainy) مُمْطِر ، مَطِير
3. (ineffectual *sl.*) ضَعِيف ، فاتِرُ الهِمّة ، مُتَراخٍ
n.
he was standing in the wet كانَ واقِفًا تَحْتَ المَطَر
v.t.
the baby wetted the bed بالَ الطِّفْلُ في فِراشِهِ

we've / wiv / *coll. contr. of* **we have**

whack / wæk / *v.t.* ضَرَبَ مُحْدِثًا صَوْتًا عالِيًا
n. ضَرْبةٌ ذاتُ صَوْتٍ عالٍ
(*sl.*) he's had a fair whack أَخَذَ نَصِيبَه ، نالَ قِسْطَهُ

whacked / wækt / *adj.* (*sl.*) مُتْعَب ، تَعْبان ، هَلْكان

whale / weıl / *n.* حُوتٌ (حِيتان) ، البال

wharf / wɔf / *n.* رَصِيفُ المَرْفَأ أَو المِيناء

what / wot / *adj. & pron.* ما؟ ماذا؟ أَيّ ، أَيّة ؟
what time is it? كَمِ السّاعةُ ؟
what a fine house! يا لَهُ مِنْ مَنْزِلٍ جَمِيل !
lend me what books you have أَعِرْنِي ما عِنْدَكَ مِنْ كُتُب
what is your name? ما اسْمُك ؟
what is he? ماذا يَعْمَل ؟ ما مِهْنَتُه ؟
he does what he likes إِنَّه يَفْعَلُ ما يُرِيد (أَو ما يَحْلُو لَهُ)
what's the weather like today? ما حالةُ الطَّقْسِ اليَوْم ؟
he gave the naughty boys what-for (*coll.*) ضَرَبَ الأَوْلادَ الأَشْرار ، أَعْطاهُم عَلْقة (م)
all right, I broke it. So what? حَسَنًا ، كَسَرْتُها وقُضِيَ الأَمْر ، أَيْ نَعَم كَسَرْتُها ، شُو صار؟ (س) ، بَسّ شُو بِهِمّ؟ (ع) ، وإِيه يَعْنِي (م)

whatever / wot'evə(r) / *pron. & adj.*
1. (anything) أَيُّ شَيْء

whatever I have is yours كُلُّ ما أَمْلِكُ لَك
2. (no matter what) مَهْما
whatever happens, she's safe مَهْما يَحْدُث فَهِيَ في أَمان
3. (*with neg. or interrog.*) أَبَدًا ، مُطْلَقًا
there is no doubt whatever لَيْسَ هُناك أَدْنَى شَكّ
4. (*emphatic form of* **what**) ماذا (للتأكّد)
whatever can he mean? تُرَى ماذا يَعْنِي ؟
wheat / wit / *n.* قَمْحٌ ، حِنْطة ، بُرّ
wheaten / 'witən / *adj.* مِنَ القَمْح ، قَمْحِيّ
wheedle / 'widəl / *v.t.* تَمَلَّقَ ، حابَى ، تَزَلَّفَ إِلَى (للحُصُولِ عَلَى شَيْءٍ عادةً)
wheel / wil / *n.* عَجَلة ، دُولاب (دَوالِيبُ)
he put his shoulder to the wheel عَمِلَ بِجِدٍّ وَنَشاط ، شَمَّرَ عَنْ ساعِدِ الجِدّ والعَمَل
there are wheels within wheels هُناك أَصابِعُ خَفِيّة تَلْعَب ، وَراءَ الأَكَمةِ ما وَراءَها
v.t. **1.** (move on wheels) حَرَّكَ عَلَى عَجَلات
2. (turn) *also v.i.* حَوَّمَ حَوْلَ ...
right wheel! دَوَرانٌ إِلَى اليَمِين ، إِلَى اليَمِينِ دُرْ ! (عَسْكَرِيّة)
wheelbarrow / 'wilbærəʊ / *n.* عَرَبةُ يَدٍ ذاتُ عَجَلةٍ واحِدة
wheeze / wiz / *v.i. & n.* أَزَّ (ـِ) صَدْرُ العَرِيض ، خَرْخَرَ ؛ أَزِيز ، خَرْخَرة
that's a good wheeze! (*sl.*) عَظِيم ، هائِل !
whelp / welp / *n.* صَغِيرُ الحَيَوان (صِغار) ، شِبْل (أَشْبال) ، جَرْوٌ (جِراء)
when / wen / *interrog. adv. & conj.* مَتَى ، عِنْدَما
when can you come? مَتَى يُمْكِنُكَ الحُضُور ؟
say when! (تُقال أَثْناءَ صَبِّ شَرابٍ في كَأْسِ زائرٍ مَثَلًا) قُلْ لِي مَتَى أَتَوَقَّفُ عَنِ الصَّبّ
rel. adv. & conj.
the day when I am least busy is Sunday يَوْمُ الأَحَد أَقَلُّ أَيّامِي انْشِغالًا
he walks when he might take a taxi يَمْشِي في حِينِ يُمْكِنُه أَنْ يَسْتَقِلَّ سَيّارةَ أُجْرة
whence / wens / *adv.* مِنْ حَيْثُ ، مِنْ أَيْن
whenever / wen'evə(r) / *adv. & conj.* كُلَّما ، مَتَى
I'll discuss it whenever you like سَأَتَداوَلُ مَعَكَ في المَوْضُوعِ أَيَّ وَقْتٍ تَشاء
come tomorrow or whenever (*coll.*) تَعالَ غَدًا أو في أَيِّ وَقْتٍ آخَرَ يُناسِبُك
where / weə(r) / *interrog. adv.* أَيْن ؟
rel. adv. & conj. حَيْثُ
that is where you are mistaken هُنا مَوْطِنُ خَطَئِك

whereabouts / 'weərə'baʊts / *adv.* أَيْنَ ، في أَيِّ مَكان ، قُرْبَ أَيِّ مَكان
n. / 'weərəbaʊts / مَكان ، مَكانُ وُجُودِ (شَخْصٍ مَثَلًا)
her present whereabouts are unknown لا يُعْرَفُ مَكانُ وُجُودِها حالِيًّا
whereas / 'weər'æz / *conj.* بَيْنَما ، في حِين
some like the heat whereas others don't يُحِبُّ بَعْضُهُم الدِّفْءَ بَيْنَما لا يُحِبُّه الآخَرُون
wherefore / 'weəfɔ / *adv. & n.* وَلِهَذا السَّبَب ، لِذَلِك؛
the whys and the wherefores الأَسْباب والدَّوافِع ، حَيْثِيّاتُ الأَمْر ، خَفايا القَضِيّة
wherein / 'weə'rɪn / *adv.* في ، حَيْثُ
whereupon / 'weərə'pon / *adv.* عِنْدَ ذَلِك ، عِنْدَئِذٍ ، مِنْ ثَمَّ
wherever / weər'evə(r) / *adv.* حَيْثُما ، أَيْنَما ، أَنَّى ، في أَيِّ مَكان
wherewithal / 'weəwɪðɔl / *n.* دَراهِم ، فُلُوس ، مَصارِيف ؛ الوَسائِلُ اللّازِمة
whet / wet / *v.t.* شَحَذَ (ـَ) ، سَنَّ (ـُ) ، جَلَّخَ
that will whet his appetite سَيَفْتَحُ هَذا شَهِيَّتَه
whether / 'weðə(r) / *conj.* إِنْ ، إِذا ، إِمّا ، سَواء
ask him whether he can come اِسْأَلْهُ فِيما إِذا كانَ يَسْتَطِيعُ الحُضُور
whetstone / 'wet-stəʊn / *n.* جَلْخٌ ، حَجَرُ الشَّحْذ أو السَّنّ
which / wɪtʃ / *interrog. pron. & adj.* أَيّ
rel. pron. & adj الذي (وَباقي الأَسْماء المَوْصُولة)
whichever / wɪtʃ'evə(r) *pron. & adj.* أَيٌّ مِن ، الذي
whiff / wɪf / *n.* نَسْمة ، نَفْحة ؛ نَفَس ، سَحْبة (مِن سِيجارة) ؛ سِيجار صَغِير
while / waɪl / *conj.*
1. (during the time that, for so long as) رَيْثَما ، بَيْنَما ، فِيما ؛ طالَما
while there is life there is hope يَبْقَى الأَمَلُ ما بَقِيَت الحَياة
2. (whereas, though) عَلَى الرَّغْمِ مِن ، مَعَ أَنَّ ، في حِينِ أَنَّ ، بَيْنَما
while I admire his ability, I despise his dishonesty إِنْ أُعْجِبْ بِمَقْدِرَتِهِ أَحْتَقِرْ عَدَمَ أَمانَتِه
n. هُنَيْهة ، بُرْهة ، فَتْرة مِنَ الوَقْت
between whiles مِنْ وَقْتٍ لِآخَر ، بَيْنَ حِينٍ وآخَر ، بَيْنَ الفَيْنةِ والفَيْنة
he made it worth my while لَمْ يَبْخَلْ في مُكافَأةِ جُهُودِي
once in a while we dine out نَتَعَشَّى خارِجَ البَيْتِ بَيْنَ حِينٍ وآخَرَ

I have not seen him for quite a while لَمْ أَرَهُ مُنْذُ زَمَن

v.t. أَمْضَى الوَقْتَ

we whiled the hours away قَتَلْنا الوَقْتَ ، زَجَّيْنا السّاعات

whilst / waılst / *conj.* أَثْناءَ ، بَيْنَما ، رَيْثَما

whim / wım / *n.* نَزْوة ، هَوًى (أَهْواء) ، رَغْبة أو فِكْرة عابِرة

whimper / ˈwımpə(r) / *v.i.* نَشَجَ (ـِ) ، أَنَّ (يَئِنُّ)

n. أَنِينٌ مَكْتوم ، نُواحٌ خافِت ، نَحِيبٌ خَفِيف

whimsical / ˈwımzıkəl / *adj.* ذُو نَزَوات ، غَريبُ الأَطْوار ، هَوائِيّ

whine / waın / *v.t. & i.* تَشَكَّى وَتَبَكَّى ، أَنَّ (ـِ)

n. تَباكٍ ، أَنِينٌ

whip / wıp / *v.t. & i.*

1. (beat) جَلَدَ (ـِ) ، ضَرَبَ بالكُرْباج ، ساطَ (يَسُوطُ)

he tried to whip (up) some enthusiasm حاوَلَ أَنْ يَسْتَثِيرَ بَعْضَ الحَماس

whipped cream كْرِيما مَخْفُوقة

2. (take suddenly) اِخْتَطَفَ ، اِنْتَزَعَ

the assassin whipped out a knife اِسْتَلَّ القاتِلُ سِكِّينًا

n. سَوْط ، كُرْباج ؛ عُضْوٌ في حِزْبٍ بَرْلَمانِيٍّ مَسؤُولٌ عن حُضُورِ الأَعْضاءِ للتَّصْويت

whirl / w3l / *v.i. & t. & n.* دارَ (يَدُورُ) ، لَفَّ (ـُ) ، دَوَّمَ ؛ أَدارَ ؛ دُوّامة ، حَرَكة دائِرِيّة

my head is in a whirl رَأْسِي يَدُور ؛ كان عَقْلِي في دُوّامة

whirlpool / ˈw3lpul / *n.* دُوّامة (مائِيّة) ، دُرْدُور

whirlwind / ˈw3lwınd / *n.* زَوْبَعة ، رِيحٌ بِهَيْئةِ دُوّامة ، زَعْبوبة (م) ، سُوَيرة (ع)

whisk / wısk / *n.* خَفّاقة (للبَيْض أو القِشْدة مَثَلًا) ؛

v.t. & i. حَرَّكَ أو نَقَلَ بِخِفّة وسُرْعة ؛ خَفَقَ (البَيْضَ)

whisker / ˈwıskə(r) / *n.* شَعْرُ اللِّحْية عِنْدَ جانِبَي الوَجْه ؛ شارِبُ (الهِرّ)

whisky, whiskey / ˈwıskı / *n.* وِيسْكي ، وِسْكي

whisper / ˈwıspə(r) / *v.i. & t.* هَمَسَ (ـِ) ، أَسَرَّ إِلَيْه

n. هَمْسٌ ، هَمْسة

a whispering campaign حَمْلة لِتَشْويهِ سُمْعةِ شَخص

whistle / ˈwısəl / *v.i.* صَفَرَ (ـِ) ، أَحْدَثَ صَفِيرًا

the bullets whistled over our heads أَزَّ الرَّصاصُ فَوْقَ رُؤُوسِنا

he owes her ten pounds but she'll have to whistle for it اِسْتَدانَ مِنْها عَشَرةَ جُنَيْهات ولَكِنْ لِتَقْرَأْ عَلَيْها الفاتِحة (أي ذَهَبَتْ دُونَ عَوْدة)

n. **1.** (sound) صَفِيرٌ ، صَفْرة

2. (instrument) صَفّارة

a whistle-stop speech خِطابٌ اِنْتِخابِيٌّ يُلْقِيهِ مُرَشَّحُ الرِّئاسةِ الأَمْرِيكِيّ أَثْناءَ وُقُوفِ قِطارِهِ في حَمْلَتِهِ الاِنْتِخابِيّة

white / waıt / *adj.* أَبْيَض ؛ شاحِب

white coffee قَهْوة مَعَ الحَلِيب

white-collar worker مُوَظَّف في مَكْتَب (خِلافَ العامِلِ في مَصْنَع)

the White House البَيْتُ الأَبْيَض

white meat لَحْمٌ أَبْيَض (كَلَحْمِ الدَّجاجِ والعِجْل)

white-slave traffic تِجارةُ الرَّقِيقِ الأَبْيَض

n. اللَّوْنُ الأَبْيَض ؛ بَياضُ العَيْن ، الأَلْبِسة البَيْضاء

the white of an egg زُلالُ البَيْض

Whitehall / ˈwaıthɔl / *n.* مَكاتِبُ الحُكُومة البريطانِيّة في لَنْدَن ؛ (مَجازًا) الحُكُومة البريطانِيّة

whiten / ˈwaıtən / *v.t. & i.* بَيَّضَ ، اِبْيَضَّ

whitewash / ˈwaıtwoʃ / *n.* طِلاءٌ كِلْسِيّ أَبْيَض

v.t. بَيَّضَ بِكِلْس ، كَلَّسَ (حائِطًا) ؛ غَطَّى عَلَى عُيُوبِه

don't try to whitewash him لا تُحاوِلْ إِخْفاءَ عُيُوبِه

whither / ˈwıðə(r) / *adv.* إِلَى أَيْنَ ، حَيْثُما

who, whom, whose / hu, hum, huz / *interrog. pron.* مَنْ

he knows who's who هُوَ خَبِيرٌ بالنّاس

rel. pron. الّذي ، الّتي ، الّذِين ، اللّواتي ...

the man whose car crashed has died ماتَ الرَّجُلُ الذي اصْطَدَمَتْ سَيّارَتُه

whoever / huˈevə(r) / *pron.* كُلُّ مَن ، مَنْ

whole / həul / *adj.* كامِلٌ ، تامٌّ ، غَيْرُ ناقِص ؛ سالِمٌ مِنَ الأَذَى ، صَحِيح

n. الكُلّ

on the whole عَلَى العُمُوم ، بِصُورةٍ عامّة ، عَلَى الإِجْمال ، إِجْمالًا

wholehearted / həulˈhatıd / *adj.* قَلْبِيّ ، مُخْلِص

wholeheartedly / həulˈhatıdlı / *adv.* بِإِخْلاص ، مِنْ كُلِّ القَلْب

wholemeal / ˈhəulmil / *adj.* مَصْنُوع مِنْ طَحِينٍ أَسْمَر لَمْ تُفْصَلْ نُخالَتُه

wholesale / ˈhəulseıl / *n. & adj. & adv.*

1. (bulk sale to retailer) البَيْع بالجُمْلة

wholesale prices أَسْعارُ الجُمْلة

2. (on large scale) عَلَى نِطاقٍ واسِع

wholesale slaughter مَجْزَرة عامّة ، مَذْبَحة

wholesome / ˈhəulsəm / *adj.* (طَعامٌ) صِحِّيّ ، مَرِيء ؛ (نَصِيحة) سَدِيدة

wholly / ˈhəulı / *adv.* كُلِّيًّا ، بِأَجْمَعِهِ ، بِرُمَّتِه

whom / hum / *see* **who**

whooping cough / ˈhupıŋ kof / *n.* السُّعالُ الدِّيكِيّ

whore / hɔ(r) / *n.* عاهِرة (عَواهِرُ)

whose / huz / *see* **who**

why / waɪ / *interrog. adv.* لِماذا ؟ لِمَ ؟

why are you late? لِمَ تأخَّرتَ ؟

rel. adv. السَّبَبُ الَّذِي مِنْ أجْلِهِ ، لِمَ

the reason why he did it is not known لا يُعْرَفُ لِمَ فَعَلَ ذلِك

n. الدّافِع ، الباعِث ، المُسَبِّب

the whys and wherefores الأسْبابُ والدَّوافِع ، حَيْثِيّاتُ الأمْر

int.

why, it's quite easy ما بِكَ ! هذا في غاية البَساطة

wick / wɪk / *n.* فَتيل ، ذُبالَةُ مِصْباح ، شَرِيط

wicked / ˈwɪkɪd / *adj.* شِرِّير ، خَبِيث ، مُؤْذٍ ، باهِظ

wickerwork / ˈwɪkə(r)wɜ(r)k / *n.* أشْياء (كالسِّلال مَثَلاً) مَصْنوعة مِنْ قُضْبانٍ رَفِيعة مَجْدُولة

a wickerwork chair كُرْسِيٌّ مَصْنُوعٌ مِنْ خَيْزُران أو قُضْبان مَجْدُولة

wicket / ˈwɪkɪt / *n.* خَوْخَة ، بابٌ صَغِير في بَوّابة أو بِقُرْبِها ؛ الوِيكِيت : الهَدَفُ في لُعْبَةِ الكرِيكِيت

wicket-gate / ˈwɪkɪt-ˈgeɪt / *n.* بابٌ صَغِير في بَوّابة أو بِقُرْبِها

wide / waɪd / *adj. & adv.* واسِعٌ ، مُتَّسِعٌ ، عَرِيضٌ

the hall is sixty feet wide عَرْضُ الصّالة سِتُّونَ قَدَماً

he is wide awake إنّه يَقِظٌ كُلَّ اليَقَظة ، مُسْتَيْقِظٌ مِنْ نَوْمِهِ

widely / ˈwaɪdlɪ / *adv.* جِدّاً ، إلى حَدٍّ بَعِيد ، تَماماً

they hold widely different opinions بَيْنَ آرائِهِما بَوْنٌ شاسِع

widen / ˈwaɪdən / *v.t. & i.* وَسَّعَ ، اِتَّسَعَ

widespread / ˈwaɪdspred / *adj.* شائِع ، واسِعُ الانْتِشار

widow / ˈwɪdəʊ / *n.* أرْمَلة (أرامِلُ)

v.t. جَعَلَتْها (الكارِثةُ) أرْمَلةً

she was widowed last year تَرَمَّلَتْ قَبْلَ عامٍ

widower / ˈwɪdəʊə(r) / *n.* أرْمَلُ ، ماتَتْ عَنْهُ زَوْجَتُه

widowhood / ˈwɪdəʊhʊd / *n.* تَرَمُّل

width / wɪdθ / *n.* عَرْضٌ ، اِتِّساع

wield / wild / *v.t.* قَبَضَ (بِـ) (على آلة) واسْتَخْدَمَها بِمَهارة ؛ قَبَضَ على زِمامِ السُّلْطة

wife / waɪf / (*pl.* **wives** / waɪvz /) *n.* زَوْجة ، قَرِينة ، عَقِيلة ، حَرَم

old wives' tales خُرافاتٌ (العَجائِزِ وحِكاياتُهُنّ)

wifely / ˈwaɪflɪ / *adj.* زَوْجِيّ (مَنْسُوبٌ إلى الزَّوْجة)

wig / wɪg / *n.* شَعْرٌ مُسْتَعار ، بارُوكة

wiggle / wɪgl / *v.t. & i.* خَلْخَلَ ، رَجْرَجَ المِسْمارَ مَثَلاً ، هَزَّ (بـ) ؛ تَخَلْخَلَ ، تَرَجْرَجَ

wild / waɪld / *adj. & adv.*

1. (not tame or cultivated) وَحْشِيّ ، مُتَوَحِّش ، بَرِّيّ

his indifference made her wild ثارَتْ ثائِرَتُها لِعَدَمِ اكْتِراثِهِ بِها

he went on a wild goose chase أضاعَ وَقْتَهُ في مُحاوَلةٍ عَقِيمة

2. (not restrained) جامِحٌ ، مُطْلَقُ العِنان ، غَيْرُ مُقَيَّدٍ بِشَيْءٍ

the children are running wild الأطْفالُ هائِجُون في لَعِبٍ صاخِب

wild weather جَوٌّ عاصِف

3. (rash, reckless) طائِش

he made a wild guess خَبَطَ خَبْطةً عَشْواءَ في تَخْمِينِهِ

n. (*usu. pl.*)

the pioneers lived in the wilds عاشَ الرُّوّادُ في بُقْعةٍ نائِيةٍ عَنِ المَدِينة

wildcat / ˈwaɪldkæt / *adj.* طائِش ، غَيْرُ مَشْرُوع

a wildcat strike إضْرابٌ فُجائِيّ لا تُقِرُّه نِقابَةُ العُمّال

wilderness / ˈwɪldənəs / *n.* قَفْرٌ ، بَرِّيّة ، خَرابٌ

he looked out on a wilderness of roofs نَظَرَ إلى مَتاهَةٍ مِنَ السُّقُوف

wildfire / ˈwaɪldfaɪə(r) / *n.* حَرِيقٌ هائِلٌ مُدَمِّر

the news spread like wildfire اِنْتَشَرَ الخَبَرُ انْتِشارَ النّارِ في الهَشِيم

wile / waɪl / *n.* (*usu. pl.*) مَكْرٌ ، حِيلة ، أُحْبُولة

wilful / ˈwɪlfəl / *adj.*

1. (self-willed) عَنِيد ، صَعْبُ المِراس

2. (deliberate) عَمْدِيّ ، مُتَعَمَّد

will / wɪl / (*p.t.* **would**) *v. aux.* (*forming future or conditional*) سَـ (حَرْفُ الاسْتِقْبال) ، سَوْفَ

v.t.

1. (consent to) وافَقَ ، رَضِيَ بِـ

I will do it نَعَم ، سَأفْعَلُ ذلِك

will you close the door? هَلْ لَكَ أنْ تُغْلِقَ البابَ ؟

2. (be likely to) اِحْتِمالُ حُصُولِ شَيْءٍ

accidents will happen لا مَفَرَّ مِنَ الحَوادِث

3. (bequeath by will) أوْصَى ، كَتَبَ في وَصِيَّتِهِ

4. (decree) قَضَى ، أرادَ (اللهُ)

as God wills لِتَكُنْ مَشِيئَةُ اللهِ !

n.

1. (mental faculty of choosing) إرادة ، مَشِيئة ، عَزِيمة

he has a will of his own إنّه قَوِيُّ الإرادة

he acted against his will نَفَّذَ الأمْرَ مُكْرَهاً

2. (desire, intention) رَغْبة ، تَصْمِيم

only the will to live keeps him alive الرَّغْبَةُ في الحَياةِ هِيَ الّتي تُبْقِيهِ عَلى قَيْدِ الحَياة

where there's a will there's a way لا مَجالَ لِلهَزِيمةِ إذا تَوَفَّرَتِ العَزِيمة ، حَيْثُما وُجِدَتِ الإرادةُ اتَّضَحَ السَّبِيل

3. (legal document) وَصِيَّة (وَصايا)

willing /ˈwɪlɪŋ/ *adj.* راغِب ، راضٍ، (مُسْتَعِدٌّ) عَنْ طِيبِ خاطِر

willow /ˈwɪləʊ/ *n.* صَفْصاف (شَجَر)

will-power /ˈwɪl-pɑʊə(r)/ *n.* قُوَّةُ الإرادة

wilt /wɪlt/ *v.i. & t.* ذَبُلَ (ـُ) ، ذَوَى (يَذْوِي) ؛ أَذْبَلَ ، أَذْوَى

wily /ˈwɑɪlɪ/ *adj.* مَكّار ، مُخادِع ، مُراوِغ

win /wɪn/ (*p.t. & p.p.* **won**) *v.t. & i* كَسَبَ (ـِ) ، فازَ (يَفُوزُ)

the noes won the day فازَ المُعارِضُون في التَّصْويت

we won him over to our point of view نَجَحْنا في اسْتِمالَتِهِ إِلَى وُجْهَةِ نَظَرِنا

in spite of all he won through نَجَحَ رَغْمَ كُلِّ الصُّعُوبات

n. نَصْرٌ ، اِنْتِصار ، فَوْزٌ

our team had two wins أَحْرَزَ فَرِيقُنا انْتِصارَيْن

wince /wɪns/ *v.i.* تَلَوَّى ، تَرَنَّحَ (أَلَمًا) ، اِنْتَفَضَ

winch /wɪntʃ/ *n. & v.t.* مِلْفاف ، وِنْش بَكَرَة ، وِنْش ؛ رَفَعَ (ـَ)

wind[1] /wɪnd/ *n.*

1. (air in motion) رِيحٌ (رِياح)

he threw caution to the winds ضَرَبَ بِالحَذَرِ والتَّحَفُّظِ عُرْضَ الحائِط

let us see how the wind blows لِنَنْتَظِرْ تَطَوُّرَ الأَوْضاع

we heard that something big was in the wind سَمِعْنا أَنَّ شَيْئًا هامًّا يَجْرِي وَراءَ الكَوالِيس

2. (breath)

he got his second wind after running a mile اِسْتَطاعَ أَنْ يَلْتَقِطَ أَنْفاسَهُ بَعْدَ أَنْ جَرَى مِيلًا

he plays a wind instrument يَعْزِفُ عَلَى آلةِ نَفْخٍ

3. (gas in stomach) رِيحٌ في البَطْن ، غازات

the baby is troubled with wind يَشْكُو الطِّفْلُ مِنْ غازاتٍ في بَطْنِهِ

wind[2] /wɑɪnd/ (*p.t. & p.p.* **wound** /waʊnd/) *v.t. & i.*

1. (move or go in curving course) تَلَوَّى ، تَعَرَّجَ

2. (coil, wrap closely) لَفَّ (خَيْطًا حَوْلَ بَكَرَة)

she wound him round her little finger جَعَلَتْهُ طَوْعَ بَنانِها

3. (tighten up) شَدَّ (ـُ) ، أَحْكَمَ

he wound up the clock مَلأَ السّاعة ، رَبَطَ زُنْبُرَكَ السّاعة

4. (end up) خَتَمَ (ـُ) ، أَنْهَى

he wound up his speech خَتَمَ أو اِخْتَتَمَ خِطابَهُ

he wound up the company صَفَّى أَعْمالَ الشَّرِكة

windbreak /ˈwɪndbreɪk/ *n.* حاجِزُ الرِّيح ، وِقاءٌ مِنَ الرِّيح

winder /ˈwɑɪndə(r)/ *n.* مِفْتاحٌ لِمَلْءِ السّاعة

windfall /ˈwɪndfɔl/ *n.* السُّقاطَة ، ما تُسْقِطُهُ الرِّيحُ مِنْ فاكِهةِ الشَّجَر ، طَرْحُ الرِّيح ؛ (كَأَنَّهُ) هِبَةٌ مِنَ السَّماء

windmill /ˈwɪndmɪl/ *n.* طاحُونة (طَواحِينُ) الهَواء

window /ˈwɪndəʊ/ *n.* نافِذة (نَوافِذُ) ، شُبّاك (شَبابِيكُ)

he's good at window-dressing يُجِيدُ تَنْسِيقَ واجِهَةِ المَحَلّ

she loves window-shopping إِنَّها تُحِبُّ التَّطَلُّعَ إِلَى واجِهاتِ المَخازِن

windpipe /ˈwɪndpɑɪp/ *n.* القَصَبَةُ الهَوائِيّة

windscreen /ˈwɪndskrin/ *n.* الزُّجاجُ الأَماميّ (في السَّيّارة) ، حاجِبُ الرِّيح

windscreen-wiper /ˈwɪndskrin-wɑɪpə(r)/ *n.* مَسّاحَةُ الزُّجاج (في السَّيّارة)

windward /ˈwɪndwəd/ *n. adj. & adv.* جانِبُ القارِبِ المُعَرَّضُ للرِّيح ؛ مُواجِهٌ لِلرِّيح ؛ بِاتِّجاهِ الرِّيح

windy /ˈwɪndɪ/ *adj.* (يَوْمٌ أو مَكانٌ) شَدِيدُ الرِّيح ، عاصِف ؛ (خِطابٌ) طَنّان

he is windy (*coll.*) خائِف ، قَلِقٌ ، مَرْعُوب

wine /wɑɪn/ *n.* نَبِيذ ، خَمْرٌ ، راحٌ

v.t.

we wined and dined him أَكْرَمْناهُ بالطَّعامِ والشَّراب

wing /wɪŋ/ *n.*

1. (organ of flight) جَناحٌ (أَجْنِحة)

the birds took wing هَبَّتِ العَصافِيرُ طائِرةً

I kept him under my wing أَحَطْتُهُ بِرِعايَتِي ، أَبْقَيْتُهُ في (أو تَحْتَ) كَنَفِي

2. (part of building) جَناحٌ (بِفُنْدُق مَثَلًا)

3. (extreme in politics) الجَناحُ أو الفَرِيقُ المُتَطَرِّفُ في السِّياسة

4. (*usu. pl.* part of a stage) الكَوالِيس (جُزْءٌ جانِبِيٌّ مِنْ خَشَبَةِ المَسْرَح)

v.t. & i. جَرَحَ (ـَ) الطّائِرَ في جَناحِهِ ؛ طارَ

wink /wɪŋk/ *v.t. & i. & n.* غَمَزَ بِعَيْنِهِ ؛ أَغْمَضَ عَيْنَهُ ؛ أَوْمَضَ (الضَّوْءُ) ؛ غَمْزَةٌ ، غَمْزٌ ، لَحْظة ، غَمْضَةُ عَيْن

forty winks إِغْفاءة ، نَوْمة قَصِيرة

winner /ˈwɪnə(r)/ *n.* ظافِر ، رابِح ، فائِز

winning /ˈwɪnɪŋ/ *adj.*

1. (gaining victory) (الجَوادُ) الفائِز ، الرّابِح

2. (attractive) (اِبْتِسامة) ساحِرة ، جَذّابة ، فاتِنة

winnings /ˈwɪnɪŋz/ *n. pl.* رِبْحٌ ، مَكْسَبٌ (خاصَّةً في المُراهَنةِ والقِمار)

winnow /ˈwɪnəʊ/ *v.t.* ذَرَّى (الحِنْطة)

winsome /ˈwɪnsəm/ *adj.* (اِبْتِسامة) آسِرَة ، أَخّاذة ، جَذّابة

winter /ˈwɪntə(r)/ *n.* الشِّتاء

wintry /ˈwɪntrɪ/ *adj.* (جَوٌّ) شَتَوِيّ ، بارِد ، لا حَرارَةَ فيه

wipe /waɪp/ *v.t.* مَسَحَ (ـَ) ، نَظَّفَ أو نَشَّفَ

he wiped his nose مَسَحَ أَنْفَهُ

she wiped away her tears كَفْكَفَتْ دُمُوعَها

let's wipe out old scores لِنَنْسَ وَنَصْفَح عَمّا مَضَى ، عَفا اللّهُ عَمّا سَلَف ، ما فاتَ ماتَ

she wiped up the spilt milk مَسَحَت الحَليبَ المَسْفُوح

the plague wiped out most of the population قَضَى الوَباءُ عَلَى مُعْظَمِ السُّكّان

I wiped the floor with him (*coll.*) مَسَحْتُ بِهِ الأَرْضَ ، بَهْدَلْتُهُ

n. مَسْحة

one wipe and the plate was clean مَسْحةٌ واحِدة وها هُو الطَّبَقُ نَظيف

wire /ˈwaɪə(r)/ *n.*

1. (metal thread) سِلْكٌ (أَسْلاك)

he knows how to pull the wires يَعْرِفُ كَيْفَ يَسْتَغِلُّ النُّفُوذَ ، يُحْسِنُ إدارةَ الأُمُورِ مِنْ وَراءِ السِّتار

he's a live wire يَتَّقِدُ حَيَوِيَّةً وَنَشاطاً

2. (telegram) بَرْقِيّة ، تِلِغْراف

v.t. **1.** (stiffen with wire) نَسَّقَ (الخَرَزَ) عَلَى سِلْكٍ رَفيع

2. (telegraph) *also v.i.:* أَبْرَقَ إلَى ، أَرْسَلَ تِلِغْرافاً

wireless /ˈwaɪələs/ *n.* اللاّسِلْكِيّ ، (جِهازُ) الرّادْيُو

he listened to the concert over the wireless اِسْتَمَعَ إلَى الحَفْلة المُوسِيقِيّةِ بالمِذْياع

wiring /ˈwaɪərɪŋ/ *n.* شَبَكةُ الأَسْلاك أو التَّوْصِيلات الكَهْرَبائِيّة (فِي مَنْزِلٍ مَثَلاً)

wisdom /ˈwɪzdəm/ *n.* حِكْمة ، رُشْد ، نُضْجُ العَقْل

wisdom-tooth /ˈwɪzdəm-tuθ/ *n.* ضِرْسُ العَقْل

wise /waɪz/ *adj.* حَكيم ، عاقِل ، (نَظْرَة) مُتَعَقِّلة أو واعِية

it's easy to be wise after the event مِنَ السَّهْلِ أَنْ نُدْرِكَ أَخْطاءَنا بَعْدَ ارْتِكابِها (أَيْ بَعْدَ فَواتِ الأَوان)

I was none the wiser after his explanation لَمْ أَسْتَفِدْ شَيْئاً مِنْ شَرْحِهِ

wish /wɪʃ/ *v.t. & i.* رَغِبَ (ـَ) في ، وَدَّ (ـَ) ، شاءَ (يَشاءُ) ، أَرادَ

I wish you luck أَتَمَنَّى لكَ حَظّاً سَعِيداً

he wished for a chance to show his prowess تَمَنَّى أَنْ تَسْنَحَ له الفُرْصةُ لِيُظْهِرَ بَراعَتَهُ

the grandchildren were wished on us for the day أُرْغِمْنا عَلَى رِعايةِ أَحْفادِنا طِيلةَ اليَوْم

n. رَغْبة ، أُمْنِيَة (أَمانٍ) ، تَمَنٍّ (تَمَنِّيات)

with best wishes مَعَ أَخْلَصِ التَّمَنِّيات

wish-bone /ˈwɪʃ-bəʊn/ *n.* عَظْمُ التَّرْقُوَة (في الطُّيُور)

wishful /ˈwɪʃfəl/ *adj.* راغِبٌ ، مُتَمَنٍّ

wishful thinking does not help وما نَيْلُ المَطالِبِ بالتَّمَنِّي ، لا نَجاحَ بِدُونِ عَمَل

wisp /wɪsp/ *n.* خُصْلَة (شَعْر) ، ذُؤابة

wistful /ˈwɪstfəl/ *adj.* (نَظْرة) تَشُوبُها اللَّهْفَةُ والحُزْن

wit /wɪt/ *n.*

1. (intelligence) بَديهة ، فِطْنة ، عَقْل

the children were driving him out of his wits كادَ الأَوْلادُ يُذْهِبُونَ بِعَقْلِهِ

she was at her wits' end with worry أَوْقَعَها القَلَقُ في حَيْرَةٍ مِنْ أَمْرِها

she has a ready wit (إنّها) حاضِرَةُ الذِّهْنِ والنُّكْتة

he lived by his wits كَسَبَ رِزْقَهُ بالشَّطارة ، حَيْثُما سَقَطَ لَقَط ، عاشَ بالتَّحايُل

2. (humour) ظَرْفٌ ، خِفّةُ دَم

3. (humorous person) ظَريفٌ ، خَفيفُ الدَّم

witch /wɪtʃ/ *n.* ساحِرة ، حَيْزَبُون ، دَرْدَبِيس ، اِمْرَأة فاتِنة

witchcraft /ˈwɪtʃkrɑft/ *n.* سِحْرٌ ، عِرافة (لِلشَّرِّ عادةً)

witch-doctor /ˈwɪtʃ-doktə(r)/ *n.* طَبيب ساحِر (عند القَبائِل البِدائِيّة)

with /wɪð/ *prep.*

1. (in company of, among, beside) في صُحْبَةِ ، مَعَ

he spent the day with her قَضَى النَّهارَ بِصُحْبَتِها

2. (in agreement) مُتَّفِقٌ مَعَ

are you with us or against us? هَلْ أَنْتَ مَعَنا أَمْ عَلَيْنا ؟

I'm not quite with you لا أُدْرِكُ تَماماً ما تَعْنِيه

3. (having, characterized by) ذُو ، ذات

a coat with three pockets مِعْطَف بِثَلاثة جُيُوب

she is with child إنّها حامِل أو حُبْلَى ، تَتَوَقَّعُ مَوْلُوداً

4. (in the care of) عِنْدَ ، مَعَ

I will leave the child with you سَأَتْرُكُ الطِّفْلَ في رِعايَتِك

5. (against) ضِدَّ

he struggled with the problem جاهَدَ لِحَلِّ المُشْكِلة

6. (by means of) بِواسِطة ، بِـ...

I am writing with a pen أَكْتُبُ بِقَلَمِ حِبْر

he fought with courage قاتَلَ بِشَجاعة

7. (showing contents of) بِـ...

the jug is filled with water الإبْرِيقُ مَمْلُوءٌ ماءً

8. (because of) بِسَبَبِ

he trembled with fear اِقْشَعَرَّ خَوْفاً

9. (in regard to) فِيما يَتَعَلَّقُ بِـ ، فِيما يَخُصُّ

be patient with children كُنْ صَبُورًا مَعَ الأَطْفال ، اِحْتَمِلْهُم

10. (in spite of) بالرَّغْمِ مِنْ ، مَعَ ...

with all her faults he still liked her لا يَزالُ يُحِبُّها رَغْمَ كُلِّ عُيُوبِها

withdraw / wɪð'drɔ / (*p.t.* **withdrew** / wɪð'dru / *p.p.* **withdrawn** / wið'drɔn /) *v.t. & i.* سَحَبَ (ـَ) ؛ اِنْسَحَبَ

the general withdrew the troops سَحَبَ القائِدُ قُوّاتِهِ

after dinner, the ladies withdrew اِنْسَحَبَت السَّيِّداتُ (مِنْ صالةِ الطَّعامِ) بَعْدَ العَشاء

by disposition he is withdrawn إنَّهُ انْطِوائِيٌّ بِطَبِيعَتِهِ

withdrawal / wɪð'drɔ(ə)l / *n.* اِنْسِحاب

wither / 'wɪðə(r) / *v.t. & i.* أَذْبَلَ ، أَذْوَى ؛ ذَبُلَ (ـُ) ، ذَوَى (يَذْوِي)

she withered him with a look of scorn أَرْبَكَتْهُ بِنَظْرَتِها المُزْدَرِيَة

withhold / wɪð'həʊld / (*p.t. & p.p.* **withheld** / wɪð'held /) *v.t.* أَمْسَكَ أوِ امْتَنَعَ عَنْ ، رَفَضَ (ـُ)

within / wɪð'ɪn / *adv.* في الدّاخِل

prep. **1.** (inside) داخِلَ (المَنْزِلِ مَثَلاً)

2. (not beyond) في نِطاق ، في خِلال ، في ظَرْف

he lives within his income يَعِيشُ في حُدُودِ إيرادِهِ

without / wɪð'ɑʊt / *adv.* خارِجًا

prep. بِدُون ، بِغَيْر ، بِلا

you can't buy anything without money لا يُمْكِنُكَ شِراءُ شَيْءٍ بِدُون دَراهِمَ

withstand / wɪð'stænd / (*p.t. & p.p.* **withstood** / wɪð'stʊd /) *v.t. & i.* قاوَمَ ، صَدَّ (هُجُومًا أو ضَغْطًا) ، صَمَدَ (ـُ) (أمامَ) ؛ تَحَمَّلَ

witness / 'wɪtnəs / *n.*

1. (evidence) شَهادة

he bore witness to her truthfulness شَهِدَ بأَنَّها صادِقة

2. (observer) شاهِدٌ (شُهُود) عِيانٍ

3. (person giving evidence) شاهِدٌ (شُهُود) (أمامَ المَحْكَمَة)

4. (person witnessing signature) شاهِدٌ (علَى صِحّة التَّوْقِيع)

v.t. & i.

1. (be present at and see) شاهَدَ ، شَهِدَ (ـَ)

2. (give evidence in law court) شَهِدَ (ـَ) علَى (في المَحْكَمَة)

she witnessed to having seen him there شَهِدَتْ بِأَنَّها رَأَتْهُ هُناكَ

3. (sign document as witness) شَهِدَ علَى صِحّةِ تَوْقِيعِ صاحِبِ الوَثِيقة

witness-box / 'wɪtnəs-boks / *n.* مَكانُ وُقُوف الشُّهُودِ في المَحْكَمةِ عِنْدَ أداءِ الشَّهادة

witticism / 'wɪtɪsɪzm / *n.* نُكْتَة (نُكَتٌ ، نِكات) ، مُلْحَة (مُلَح) ، أُفْكُوهة (أفاكِيه)

witty / 'wɪtɪ / *adj.* فَكِهٌ ، ظَرِيف ، حاضِرُ النُّكْتة

wives / wɑɪvz / *pl. of* **wife**

wizard / 'wɪzəd / *n.* ساحِرٌ ، عَرّاف

wo, whoa / wəʊ / *int.* قِفْ ! (للحِصان)

wobble / 'wobəl / *v.i. & t.* تَمايَلَ ، تَرَنَّحَ ، تَرَجْرَجَ ؛ تَرَدَّدَ

woe / wəʊ / *n.* وَيْلٌ ، بَلاءٌ ، حُزْنٌ

woe is me! الوَيْلُ لِي ، وَيْحِي !

poverty, illness and other woes الفَقْرُ والمَرَضُ وَبَلايا أُخْرَى

woe be to him! لَعْنَةُ اللّه عَلَيْه

woebegone / 'wəʊbɪgon / *adj.* (وَجْهٌ) كاسِف ، مُغْتَمٌّ ، مُكْفَهِرٌّ

woeful / 'wəʊfəl / *adj.* مُكْتَئِب ، تَعِس

woke / wəʊk / *p.t. of* **wake**

woken / 'wəʊkən / *p.p. of* **wake**

wolf / wʊlf / (*pl.* **wolves** / wʊlvz /) *n.* ذِئْبٌ (ذِئاب)

he is a wolf in sheep's clothing إنَّه ذِئْبٌ في ثَوْبِ حَمَل

he earns enough to keep the wolf from the door لا يَكْسَبُ مِنَ الرِّزْقِ إلّا ما يَسُدُّ رَمَقَهُ

v.t. (*fam.*) اِلْتَهَمَ (الطَّعامَ) بِشَراهة

wolfish / 'wʊlfɪʃ / *adj.* وَحْشِيٌّ كالذِّئْب ؛ شَبِقٌ

woman / 'wʊmən / (*pl.* **women** / 'wɪmɪn /) *n.* اِمْرَأة ، مَرْأة (نِساء)

womanhood / 'wʊmənhʊd / *n.* النِّساءُ عامَّةً ؛ أُنُوثة

womanish / 'wʊmənɪʃ / *adj.* أُنْثَوِيّ ، نِسوِيّ ؛ (رَجُلٌ) مُخَنَّث ، مُتَشَبِّهٌ بالإناث

womanly / 'wʊmənlɪ / *adj.* نِسوِيٌّ ، يَلِيقُ بالمَرْأة

womb / wum / *n.* رَحِمٌ (أرْحام)

won / wʌn / *p.t. & p.p. of* **win**

wonder / 'wʌndə(r) / *n.*

1. (miracle) عَجِيبة (عَجائبُ) ، أُعْجُوبة (أعاجِيبُ) ، مُعْجِزة

sea air works wonders لِهَواءِ البَحْرِ تأْثِيرٌ سِحْرِيّ

2. (surprised admiration) تَعَجُّب ، عَجَبٌ

I am filled with wonder at space travel رِحْلاتُ الفَضاءِ تملؤني عَجَبًا

v.i. & t.

1. (be amazed, surprised) تَعَجَّبَ ، إنْدَهَشَ

it is nothing to wonder at إنَّهُ لا يُثيرُ العَجَب ، لا غَرابَةَ في . . .

2. (feel curious) تَساءَلَ

I wonder where he went تُرَى أيْنَ ذَهَب ؟

wonderful /ˈwʌndəfəl/ *adj.* عَجيب ، بَديع ، مُدْهِش

wonderfully /ˈwʌndəflɪ/ *adv.* بِشَكْلٍ جَيِّدٍ جِدًّا ، بِبَراعة فائِقة

wonderland /ˈwʌndəlænd/ *n.* بِلادُ العَجائب والغَرائب

wonky /ˈwoŋkɪ/ *adj.* (*sl.*) (مَقْعَدٌ) مُقَلْقَل ، مُتَوَعِّك

won't /wəʊnt/ *coll. contr.* *of* **will not** لَنْ

wont /wəʊnt/ *n.* عادَةٌ ، تَعَوُّدٌ

woo /wu/ *v.t.* تَوَدَّدَ (إلَيْها) ، غازَلَها ، خَطَبَ وُدَّها

he wooed sleep in vain راحَ يَنْشُدُ النَّوْمَ عَبَثًا

wood /wʊd/ *n.*

1. (tree-covered land) غابة ، أَجَمَة (آجام)

he is not out of the wood yet (*fig.*) لَمْ يَخْرُجْ مِنَ المَأْزِقِ بَعْدُ ، لَمَّا يَنْجُ مِنَ الخَطَر

2. (hard substance of tree) *also adj.* خَشَبٌ ، خَشَبِيّ

he is wood from the neck up (*coll.*) إنَّه غَبِيّ ، أَبْلَهُ

touch wood! (*coll.*) عَيْنُ الحَسُود فِيها عُود ، إخْزِ العَيْن ، دُقّ عَلَى الخَشَب (س) ، صَلِّ عَلَى النَّبِي ، جُرّ صَلَوات (ع)

woodcut /ˈwʊdkʌt/ *n.* رَسْمٌ مَطْبُوعٌ مِنْ حَفْرٍ عَلَى الخَشَب

woodcutter /ˈwʊdkʌtə(r)/ *n.* حَطّاب ، قاطِعُ أَخْشاب

wooded /ˈwʊdəd/ *adj.* (مِنْطَقة) شَجْراء ، كَثيرَةُ الشَّجَر

wooden /ˈwʊdən/ *adj.* خَشَبِيّ ، مَصْنُوعٌ مِنْ خَشَب

he had a wooden expression لَمْ تَنُمَّ تَعْبيراتُ وَجْهِهِ عَنْ شَيْءٍ ، كانَ جامِدَ الوَجْه

woodland /ˈwʊdlənd/ *n.* أَرْضٌ شَجْراء ، غابة ، أَجَمَة

woodwork /ˈwʊdwɜk/ *n.*

1. (something made of wood) أَشْغالٌ أو مَصْنُوعاتٌ خَشَبِيّة

2. (carpentry) نِجارة

woodworm /ˈwʊdwɜm/ *n.* سُوسة الخَشَب

woody /ˈwʊdɪ/ *adj.* مُشْجِر ، خَشَبِيُّ المَظْهَر أو التَّكْوين

wool /wʊl/ *n.* صُوف (أَصْواف)

don't try to pull the wool over my eyes لا تُحاوِلْ خِداعِي

woollen /ˈwʊlən/ *adj.* صُوفِيّ ، مَصْنُوعٌ مِنَ الصُّوف

woollens /ˈwʊlənz/ *n. pl.* مَصْنُوعات صُوفيّة

woolly /ˈwʊlɪ/ *adj.*

1. (made of, looking like wool) صُوفِيّ ، يُشْبِهُ الصُّوف

2. (*fig.* not clear) غَيْرُ واضِح ، مُشَوَّش

his report is woolly تَقْرِيرُهُ مُشَوَّش لا يَتَّسِمُ بالوُضُوح

word /wɜd/ *n.*

1. (unit of language) كَلِمة ، لَفْظة (أَلْفاظ)

words failed him خانَتْهُ الكَلِمات ، عَجِزَ لِسانُهُ

2. (speech) كَلام

he is honest in word and deed إنَّهُ مُخْلِصٌ قَوْلاً وفِعْلاً

3. (news) خَبَرٌ (أَخْبار)

he sent word of the ship's arrival أَنْبَأَهُم بِوُصُولِ السَّفِينة

4. (promise) وَعْدٌ

he gave me his word وَعَدَني وَعْدًا أَكِيدًا ، أَعْطاني كَلِمَةَ شَرَف

5. (command) أَمْرٌ

give the word and I will do it. أُطْلُبْ تَحْضَر ، أنا تَحْتَ أَمْرِك !

6. (*relig.*) كَلامٌ سَماوِيّ

the Word of God كَلِمة الله ، الكِتابُ المُقَدَّس

v.t. عَبَّرَ بِكَلِماتٍ

the wording was obscure كانَ التَّعْبِيرُ غامِضًا

wore /wɔ(r)/ *p.t. of* **wear**

work /wɜk/ *n.*

1. (action using energy) عَمَلٌ

he is at work on his new invention هُوَ مَشْغُولٌ بالعَمَلِ في اخْتِراعِهِ الجَدِيد

2. (*phys.*) عَمَلٌ ، شُغْلٌ (فيزياء)

(employment, occupation) وَظِيفة

he has found no work since he lost his job لَمْ يَجِدْ عَمَلاً مُنْذُ تَرَكَ وَظِيفَتَه

4. (product) أَعْمال ، مُؤَلَّفات ، آثار أَدَبِيّة أو فَنِّيّة

the works of Shakespeare مُؤَلَّفات شِكْسْبِير

5. (*pl.* factory) مَصْنَع ، مَعْمَل

6. (*pl.* mechanical parts) مِيكانِيكِيّة

the works of the clock مِيكانِيكِيَّة السّاعة

7. (*pl.* building operations) إِنْشاءات

Ministry of Works وِزارةُ الأَشْغال العُمُومِيّة (أو العامّة)

v.t. & i. (*p.t.* **worked** *or* **wrought**)

1. (engage in work) عَمِلَ (ـَ) ، إِشْتَغَلَ

I am working at it now أَعْمَلُ عليه جادًّا الآن

he worked his passage قامَ بالخِدْمَةِ عَلَى السَّفِينَةِ لِقاءَ أُجْرَةِ السَّفَر

2. (operate) دار (الجِهاز) ، عَمِلَ (على ، بِـ) ، سارَ (بِـ)

the machinery works by electricity (هٰذِهِ) الآلاتُ تَعْمَلُ بالكَهْرَباء

3. (succeed) أَفْلَحَ ، أَدَّى بِنَجاح

I hope your plans work out آمُلُ أنْ تُفْلِحَ خِطَطُك
4. (be in charge of) أشْرَفَ على
the salesman works the region الوَكيلُ التِّجاريُّ مَسْؤُولٌ عَنِ المِنْطَقة
5. (solve) حَلَّ (ـُ)
he worked out a new method of making glass تَوَصَّلَ إلى طَريقةٍ جَديدةٍ لِصُنْعِ الزُّجاج
6. (move, after effort) تَحَرَّكَ بِبُطْءٍ وَمَشَقّة
the screw worked loose اِرْتَخَى البُرْغي
he worked his way through the crowd شَقَّ طَرِيقَهُ في الزِّحام
7. (shape) شَكَّلَ ، كَوَّنَ
the potter works his clay يُطَرِّي الخَزّافُ عَجينَتَهُ بالماء
8. (ferment) خَمَّرَ
the yeast is beginning to work بَدَأَتِ الخَميرةُ تَعْمَلُ عَمَلَها ، بَدَأَ مَفْعُولُ الخَميرة
workable /ˈwɜkəbəl/ *adj.* عَمَليّ ، يُمْكِنُ تَنْفيذُهُ
this is not a workable scheme لا يُمْكِنُ تَنْفيذُ هذا المَشْرُوع
workaday /ˈwɜkədeɪ/ *adj.* (حَياة) عادِيّة ، مُمِلّة ؛ (مَلابِسُ) العَمَلِ اليَوْميّة
work-basket /ˈwɜk-bɑskɪt/ *n.* صُنْدُوق أو عُلْبة الخِياطة
workday /ˈwɜkdeɪ/ *n.* يَوْمُ عَمَلٍ (خِلافَ يَوْمِ العُطْلة)
worker /ˈwɜkə(r)/ *n.* عامِلٌ (عُمّال) ، شَغّيل (شَغّيلة)
work-force /ˈwɜk-fɔs/ *n.* الأيْدي العامِلة (بِمَصْنَعٍ مَثَلاً)
working /ˈwɜkɪŋ/ *adj.* عامِلٌ ، صالِحٌ للعَمَل
the working class الطَّبَقةُ العامِلة ، الشَّغّيلة
n. أُسْلُوب العَمَل
the clock is now in working order عادَت السّاعة تَشْتَغِل
mine workings حَفْرِيّات في مَنْجَم
workman /ˈwɜkmən/ *n.* عامِل (عُمّال) ، شَغّيل (شَغّيلة) ، صانِع (صُنّاع) ، حِرَفيّ
workmanlike / ˈwɜkmənlaɪk/ *adj.* (عَمَلٌ) مِنْ نِتاجِ صانِعٍ ماهِرٍ ، مُتْقَن ، بارِع
workmanship / ˈwɜkmənʃɪp/ *n.* مَهارة في الصِّناعة ، جُودة الصَّنْعة ، طَريقة الصُّنْع
work-room /ˈwɜk-rʊm/ *n.* مَشْغَل (مَشاغِلُ) (للخِياطة والتَّطْريز) ، غُرْفة خاصّة لِلْقِيامِ بِعَمَلٍ ما
workshop /ˈwɜkʃop/ *n.* وَرْشة ، مَعْمَل (مَعامِلُ)
work-shy /ˈwɜk/ʃaɪ/ *adj.* كَسُول ، لَيْسَ بِهِ مَيْلٌ للعَمَل
world /ˈwɜld/ *n.*
1. (human existence) دُنيا
out of this world (*coll.*) خارِق ، مُدْهِش ، هائِل ، رائِع ، غَيْرُ عادِيّ
2. (universe, earth and its contents) عالَمٌ (عَوالِمُ) ، الأرْضُ وما عَلَيْها
his son is all the world to him عِنْدَهُ ابْنُهُ بالدُّنْيا ، اِبْنُهُ كُلُّ شَيْءٍ بالنِّسْبةِ لَهُ
a world power قُوّة عالَمِيّة ، دَوْلة كُبْرَى أو عُظْمَى
3. (material side of life) الأُمُورُ الدُّنْيَوِيّة
he wants the best of both worlds يَطْمَعُ في الحُصُولِ على كُلِّ شَيْءٍ ، يُريدُ اسْتِغْلالَ نَقيضَيْن
4. (sphere of interest) عالَمٌ ، دُنيا
world of sport عالَمُ الرِّياضة
5. (specified part of the earth) أقْطار ، أجْزاء مِنَ العالَم
the English-speaking world البُلْدان النّاطِقة بالإنْكِليزيّة
the New World العالَمُ الجَديد (الأمْريكَتان)
6. (human society) المُجْتَمَعُ الإنْسانيّ
he is a man of the world إنَّهُ رَجُلٌ حَنَّكَتْهُ الأيّام ، خَبيرٌ بِشُؤُونِ الحَياة
all the world and his wife were there حَضَرَ الحَفْلَ كُلُّ صَغيرٍ وَكَبير ، حَضَرَ الحَفْلَ كُلُّ مَنْ هَبَّ وَدَبّ
7. (vast amount) مِقْدارٌ هائِل
there was a world of meaning in her look كانَ في نَظْرَتِها ألْفُ مَعْنًى وَمَعْنًى
he thinks the world of her إنَّهُ يُوَلِّهُها
worldly /ˈwɜldlɪ/ *adj.* دُنْيَوِيّ ، أرْضِيّ ؛ خَبيرٌ بالحَياة والنّاس ، (مَتاع) الدُّنْيا
worldly wisdom خِبْرة وَدِراية بِأُمُورِ الدُّنْيا
worldwide /ˈwɜldwɑɪd/ *adj.* (شُهْرة) عالَمِيّة ، طَبَّقَتِ الآفاق
worm /wɜm/ *n.*
1. (creeping creature) دُودة (دُودٌ ، دِيدان)
2. (insignificant person) شَخْصٌ دَنيء
even a worm will turn للصَّبْرِ حُدُود ، لابُدَّ للمُسْتَضْعَفِ أنْ يَثُورَ يَوْمًا
v.t. & *i.* زَحَفَ (ـَ) ، اِنْسَلَّ
he wormed the information out of me اِسْتَدْرَجَني ، اِسْتَلَّ المَعْلُوماتِ مِنّي اسْتِلالاً
worm-eaten /ˈwɜm-itən/ *adj.* نَخِرٌ ، ناخِرٌ ، مُسَوَّس ؛ مُتَقادِم
worn /wɔn/ *p.p. of* **wear**
worry /ˈwʌrɪ/ *v.t.*
1. (annoy, trouble) أزْعَجَ ، ضايَقَ ، أقْلَقَ ، أضْجَرَ
stop worrying me to do it لا تُضايِقْني بِإلْحاحِكَ عَلَيَّ كَيْ أفْعَلَ ذَلِك
his debts worried him أقْلَقَتْهُ دُيُونُهُ
2. (shake in teeth) هَزَّ شَيْئًا بَيْنَ أسْنانِهِ (للحَيَوان)
the dog was worrying أخَذَ الكَلْبُ يَهُزُّ الفَأْرَ بِعُنْفٍ

the rat بَيْنَ أَسْنانِهِ
v.i. قَلِقَ (ـَ) ، شَغَلَ أو أُشْغِلَ بالَهُ
don't worry هَوِّنْ عَلَيْكَ ، لا تَقْلَقْ ، "ولا يُهِمَّك" !
n. **1.** (anxiety) هَمٌّ ، قَلَقٌ
2. (*pl.* troubles) هُمُوم ، مَتاعِبُ الحَياة
worse /wɜs/ (*comp. of* **bad, ill**) *adj. & adv.* أَرْدَأُ ، أَسْوَأُ ، بِشَكْلٍ أَسْوَأ
worse luck! لِسُوءِ حَظِّي
he is none the worse for his fall لَمْ يُصِبْهُ حادِثُ وُقُوعِهِ بِأَيِّ سُوء ، لَمْ يُصَبْ بِأَيِّ أَذًى مِنْ جَرّاءِ سَقْطَتِهِ
it might have been worse دَفَعَ اللّه ما كان أَعْظَم !
he is worse off now than ever بَلَغَ غايَةَ التَّدَهْوُرِ المالِيّ
n. وَضْعٌ أَسْوَأُ
worse followed وَتَبِعَ ذَلِكَ ما هُوَ أَسْوَأُ
worsen /ˈwɜsən/ *v.t. & i.* أَفْسَدَ ، جَعَلَهُ أَكْثَرَ سُوءًا ؛ أَصْبَحَ أَكْثَرَ سُوءًا ، ساءَ (يَسُوءُ) ، تَدَهْوَرَ
worship /ˈwɜʃɪp/ *n.*
1. (reverence paid to God) عِبادة ، تَعَبُّد
a place of worship مَعْبَد ، بَيْتُ عِبادة
2. (adoration) حُبٌّ أو إعْجابٌ يَرْقَى إلَى مُسْتَوَى العِبادة
the worship of success عِبادَةُ النَّجاح
3. (title of magistrate or mayor) لَقَبٌ يُخاطَبُ بِهِ القاضِي أو العُمْدَة
your Worship سِيادَتُكُم (تُقالُ احْتِرامًا)
v.t. & i. عَبَدَ (ـُ) ، أَدَّى فُرُوضَ العِبادة
he worships the ground she walks on يَعْبُدُ الأَرْضَ الَّتي تَمْشِي عَلَيْها
worshipful /ˈwɜʃɪpfəl/ *adj.* مُحْتَرَم ، جَدِيرٌ بِالاحْتِرام
worshipper /ˈwɜʃɪpə(r)/ *n.* عابِد ، مُتَعَبِّد
worst /wɜst/ (*superl. of* **bad, ill**) *adj. & adv.* أَسْوَأُ (حَدٍّ) ، الأَسْوَأُ ، عَلَى أَسْوَئِهِ ، شَرٌّ (هَزِيمة)
the worst frost this winter أَسْوَأُ صَقِيعٍ تَعَرَّضْنا لَهُ هَذا الشِّتاء
n. أَسْوَأُ الأَحْوال ، شَرُّ الظُّرُوف
the singer was at his worst كان غِناءُ المُطْرِبِ عَلَى أَسْوَأِ ما يَكُون
if the worst comes to the worst في أَسْوَأِ الظُّرُوفِ والاحْتِمالات ، عِنْدَ الضَّرُورةِ القُصْوَى
v.t. هَزَمَ (ـِ) ، قَهَرَ (ـَ) ، تَغَلَّبَ عَلَى
he worsted his enemy قَهَرَ عَدُوَّهُ
worth /wɜθ/ *pred. adj.* خَلِيقٌ أو جَدِيرٌ بِـ ، مُسْتَحِقٌّ لِـ ، أَهْلٌ لِـ
he is worth his weight in gold يُساوِي وَزْنَهُ ذَهَبًا
he ran for all he was worth جَرَى بِكُلِّ ما في وُسْعِهِ
n. قِيمة ، ثَمَنٌ ، قَدْرٌ
a pound's worth of apples تُفّاح بِقِيمةِ جُنَيْهٍ اسْتَرْلِينِيّ
we got our money's worth كانَ (ما اشْتَرَيْناهُ) يَسْتَأْهِلُ الثَّمَن
worthless /ˈwɜθləs/ *adj.* لا نَفْعَ فِيهِ ، عَدِيمُ القِيمة ، (شَخْصٌ) بِلا مَبادِئ
worth-while /ˈwɜθ-ˈwaɪl/ *adj.* (شَيْءٌ) جَدِيرٌ أو خَلِيقٌ بِالاهْتِمام
worthy /ˈwɜðɪ/ *adj.* ذُو قِيمة ، جَدِيرٌ بِـ ، مُسْتَحِقٌّ لِـ
nothing worthy of mention لا شَيْءَ يَسْتَحِقُّ الذِّكْرَ
who are the worthies on the platform? مَنْ هُمُ الأَعْيانُ عَلَى المِنَصّة ؟ (تُقالُ لِلسُّخْرِية)
would /wʊd/ *p.t. & condit. of* **will** صِيغَةُ الماضِي الشَّرْطِيّة لِفِعْل "أَرادَ"
would you sit down? هَلّا تَفَضَّلْتَ بِالجُلُوس ؟
he would often stop for a chat كانَ مِن عادَتِهِ أَنْ يَتَوَقَّفَ في طَرِيقِهِ لِيَتَحَدَّثَ مَعِي
he would keep on talking كان يَسْتَمِرُّ في الكَلام
would-be /ˈwʊd-bi/ *adj.* راغِبٌ في ، مُتَطَلِّعٌ إلَى
he is a would-be writer يَرْغَبُ في أَنْ يُصْبِحَ كاتِبًا ، يَدَّعِي بِأَنَّهُ مُؤَلِّفٌ
wound[1] /wund/ *n.* جُرْحٌ (جُرُوح)
he had a bullet wound مَجْرُوحٌ بِرَصاصة
v.t. جَرَحَ (ـَ) ، كَلَمَ (ـِ)
he wounded my pride مَسَّ مِنْ كَرامَتِي ، جَرَحَ كِبْرِيائِي
the wounded were flown to hospital نُقِلَ الجَرْحَى إلَى المُسْتَشْفَى بِالطّائِرة
wound[2] /waʊnd/ *p.t. & p.p. of* **wind**[2]
wove /wəʊv/ *p.t. of* **weave**
woven /ˈwəʊvən/ *p.p. of* **weave**
wrangle /ˈræŋgəl/ *n.* مُشاحَنة ، مُجادَلة عَنِيفة
v.i. تَشاحَنَ ، تَشاجَرَ
wrap /ræp/ *v.t. & i.* لَفَّ ، غَلَّفَ
he wrapped the parcel up لَفَّ الطَّرْدَ أو الرِّزْمة
wrap this shawl round your shoulders ضَعِي هذا الشّالَ عَلَى كَتِفَيْكِ
he is wrapped up in his work لا يَعْرِفُ إلّا الشُّغْل
n. دِثار ، رِداءٌ إضافِيٌّ خارِجِيٌّ (لِلمَرْأة)
wrapper /ˈræpə(r)/ *n.* غِلاف (وخاصّةً ما تُلَفُّ به الصُّحُف أو الكُتُبُ عِنْدَ إرْسالِها بالبَرِيد) ؛ رِداءٌ خَفِيف مَفْتُوح يُلْبَسُ في البَيْت
wrapping /ˈræpɪŋ/ *n.* تَغْلِيف ، وَرَقُ لَفّ
wrath /rɒθ/ *n.* حَنَقٌ ، غَيْظٌ ، غَضَبٌ شَدِيد
wrathful /ˈrɒθfəl/ *adj.* مُحْنَق ، مُغِيظٌ ، غاضِبٌ جِدًّا
wreak /rik/ *v.t.* نَفَّثَ عَنْ (غَضَبِهِ مَثَلاً) ، صَبَّ (جامَ غَضَبِهِ) عَلَى

the hurricane wreaked havoc عاثَ الإعصارُ خراباً
wreath / riθ / *n.* إكْليل (أكاليل) مِن الزُّهُور
a wreath of smoke حَلْقَةٌ مِن دُخان
wreathe / rið / *v.t. & i.* جَدَلَ (ـِ) أو ضَفَرَ (ـِ) إكْليلاً ؛ زَيَّنَ بِإكْليل
his face was wreathed in smiles تَهَلَّلَ وَجْهُه بالإبْتِسام
the snake wreathed itself round the branch اِلْتَفَّ الثُّعْبانُ حَوْلَ الغُصْن
wreck / rek / *n.* حُطام (سَفينة) ؛ خَراب ، دَمار
he is a wreck of his former self لَمْ يَعُدْ إلّا صُورةً مُحَطَّمةً عمّا كانَ عَلَيْه سابِقاً
v.t. حَطَّمَ ، دَمَّرَ ، خَرَّبَ ، قَوَّضَ
the ship was wrecked تَحَطَّمَت السَّفينة
wreckage / 'rekɪdʒ / *n.* حُطامُ سَفينة أو طائِرة الخ . . .
wren ren / *n.* صَعْوٌ (طَيْرٌ صَغيرٌ مُغَرِّد)
wrench rentʃ / *n.*
1. (sudden twist) لَيٌّ أو خَلْعٌ (لِلمَفصِل مَثَلاً) ، شَدَّةٌ أو سَحْبةٌ فُجائِيّة
2. (pain) أَلَمٌ
selling his car was a wrench بَيْعُهُ السَّيارة فَطَّرَ قَلْبَهُ
3. (spanner) مِفْتاحُ رَبْطٍ (مِيكانِيكا)
v.t. جَذَبَ (ـِ) بِشِدّة ، اِقْتَلَعَ (مِقْبَضَ البابِ مَثَلاً) ، لَوَى أو خَلَعَ (مَفْصِلاً)
he wrenched the door open خَلَعَ البابَ بِعُنْفٍ
he wrenched his ankle اِلْتَوَى كاحِلُه
wrest / rest / *v.t.* نَتَشَ (ـِ) ، سَحَبَ (ـَ) بِعُنف ؛ اِخْتَطَفَ ؛ شَوَّهَ أو حَرَّفَ (المَعْنَى مَثَلاً)
he wrested the knife out of the man's hand اِنْتَزَعَ السِّكِّينَ مِن يَدِ الرَّجُلِ بِعُنف
wrestle / 'resəl / *v.i.* صارَعَ ، ناضَلَ ، كافَحَ
he wrestled with the problem جاهَدَ في حَلِّ المُشْكِلة
wretch / retʃ / *n.*
1. (unfortunate person) بائس ، تَعِسٌ ، مِسْكِين
2. (contemptible person) وَغْدٌ (أَوْغاد) ، دَنِيٌّ (أَدْنِياءُ) ، خَبِيثٌ (خُبَثاءُ)
wretched / 'retʃɪd / *adj.* سَيِّئٌ ، لَعِين ، (صُداع) مُرْهِق أو مَلْعُون
wriggle / 'rɪgəl / *v.i. & n.* تَلَوَّى (كالدُّودة) ؛ تَلَوٍّ
he wriggled out of the difficulty تَمَلَّصَ مِنَ المَأْزِقِ بِحِيلةٍ وَدَهاءٍ
wring / rɪŋ / (*p.t. & p.p.* **wrung**) *v.t.* لَوَى (يَلْوِي) ، بَرَمَ (ـُ) ، عَصَرَ (ـِ) ، اِنْتَزَعَ ، اِغْتَصَبَ
she wrung her hands in despair فَرَكَتْ يَدَيْها يائِسةً
she wrung (out) the clothes عَصَرَتِ المَلابِسَ
the sad story wrung my heart هَصَرَت القِصّةُ الحَزِينة قَلْبِي
they wrung a confession from the prisoner اِنْتَزَعُوا اعْتِرافاً مِنَ السَّجِين
wringer / 'rɪŋə(r) / *n.* عَصّارةُ غَسِيل
wrinkle / 'rɪŋkəl / *v.t. & i.* جَعَّدَ ، غَضَّنَ ؛ تَجَعَّدَ ، تَغَضَّنَ
n. جَعْدة ، غَضْنٌ (غُضُون)
wrinkly / 'rɪŋklɪ / *adj.* مُتَجَعِّد ، ذُو غُضُون
wrist / rɪst / *n.* مِعْصَم (مَعاصِمُ) ، رُسْغٌ (أَرْساغ)
wrist-watch / 'rɪst-wotʃ / *n.* ساعَةُ يَدٍ (أو مِعْصَم)
writ / rɪt / *n.* أَمْرٌ مَلَكِيّ أو قَضائِيّ
write / raɪt / (*p.t.* **wrote** *p.p.* **written**) *v.i. & t.* كَتَبَ (ـُ) ، دَوَّنَ ، حَرَّرَ ، خَطَّ (ـُ)
he writes for a living يَكْسَبُ عَيْشَهُ مِنَ التَّأْلِيف
he wrote down my address دَوَّنَ عُنْواني
he wrote off for a catalogue أَرْسَلَ في طَلَبِ نُسْخةٍ مِنَ الدَّلِيل
I wrote him down as a fool حَكَمْتُ عَلَيْهِ بالحَماقة ، اِعْتَبَرْتُهُ أَحْمَقَ
I wrote off his bad debts شَطَبْتُ عَلَى دُيونِهِ (كَدُيُونٍ غَيْرِ قابِلةٍ للتَّحْصِيل)
I write up my diary every night أُدَوِّنُ مُذَكَّراتي اليَوْمِيّةَ كُلَّ لَيْلة
write-off / 'raɪt-of / *n.* (أَصْبَحَت السَّيّارةُ) حُطاماً لا فائِدةَ مِنْهُ ، خَسارة كامِلة
writer / 'raɪtə(r) / *n.* كاتِب (كُتّاب) ، مُؤَلِّف ؛ كاتِبٌ (كَتَبةٌ) في إدارةٍ حُكُومِيّة
write-up / 'raɪt-ʌp / *n.* عَرْضٌ أو نَقْدٌ لِعَمَلٍ فَنِّيّ ؛ عَرْضٌ للأَحْداث
writhe / raɪð / *v.i.* تَضَوَّرَ ، تَلَوَّى مِنَ الأَلَم
writing / 'raɪtɪŋ / *n.*
1. (handwriting) كِتابة ، خَطّ
2. (*pl.* literary works) مُؤَلَّفات ، كِتابات
the writings of Plato مُؤَلَّفات أَفْلاطُون
please put it in writing! أَرْجُو أَنْ تُقَدِّمَ ذلك خَطِّيّاً
written / 'rɪtən / *p.p. of* **write**
wrong / roŋ / *adj.*
1. (wicked) آثِمٌ ، خاطِئٌ ، باطِل
it is wrong to steal مِنَ الإثْمِ أَنْ تَسْرِقَ
2. (incorrect) خَطَأٌ ، غَيْرُ صَحِيح
we got into the wrong train أَخْطَأْنا وَرَكِبْنا غَيْرَ القِطار المَقْصُود ، رَكِبْنا غَيْرَ قِطارِنا بالخَطَأ
3. (unsuitable) غَيْرُ لائِقٍ أو مُناسِب
he got off on the wrong foot بَدَأَ بِدايةً غَيْرَ مُوَفَّقة

he got out of bed on the wrong side صَبَّحَ بِوَجْهِ الشَّيْطان (ع) ، لَمْ يَبْدَأْ نَهارَهُ بِدايةً حَسَنة
he got hold of the wrong end of the stick أساءَ الفَهْم
adv. بِطَرِيقةٍ خاطِئة
we have gone wrong لَقَدْ أَخْطَأْنا ، ضَلَلْنا سَواءَ السَّبِيل
n. خَطأٌ ، باطِل ، شَرٌّ ، ظُلْمٌ
he can't tell the difference between right and wrong لا يُمَيِّزُ بَيْنَ الحَقِّ والباطِل
you do me a great wrong in believing that إنَّكَ تُخْطِئُ بِحَقِّي بِاعْتِقادِك ذَلِك
v.t. أَخْطَأَ أو أساءَ إلَى ... ، ظَلَمَ (ـِ)
wrongdoer /ˋrɒŋduə(r)/*n.* آثِمٌ ، مُرْتَكِبُ خَطِيئة
wrongdoing /ˈrɒŋˋduɪŋ/*n.* إثْمٌ ، جُرْمٌ ، إيذاء
wrongful / ˋrɒŋfəl/*adj.* غَيْرُ قانُونِيّ ، (طَرْدٌ) تَعَسُّفِيّ (مِنْ وَظِيفة) ، جائِر
wrote /rəʊt/*p.t. of* **write**
wrought /rɔt/*p.t. & p.p. of* **work**
wrung /rʌŋ/*p.t. & p.p. of* **wring**
wry /rɑɪ/*adj.* مُعْوَجٌّ ، مُلْتَوٍ ، (ابْتِسامة) تَنِمُّ عَنِ الإخفاق
he made a wry face بَدَا الامْتِعاضُ عَلَى وَجْهِهِ
wryly /ˋrɑɪlɪ/*adv.* بِاسْتِياء ، بِامْتِعاض ، بِسُخْرِية

X

X /eks/ (letter) الحَرْفُ الرّابِعُ والعِشْرُون مِنَ الأَبْجَدِيّة
xenophobia / ˈzenəˋfəʊbɪə/*n.* كُرْهٌ مَرَضِيٌّ للأجانِب
xerox /ˋzɪəroks/*n. & v.t.* تَصْوِيرٌ جافٌّ للوَثائِق والمُسْتَنَدات ؛ اِسْتَنْسَخَ (مُسْتَنَدًا) بِتَصْوِيرِهِ بِطَرِيقة زِيرُوكْس
Xmas /ˋkrɪsməs/*abbr.* عِيدُ مِيلادِ المَسِيح *of* **Christmas**
X-ray /ˋeks-reɪ/*n.* الأَشِعّة السِّينِيّة ، أَشِعّة إكْسْ ؛
v.t. التَّصْوِيرُ بالأَشِعّة ؛ أَخَذَ له صُورةً شُعاعِيّة (للفَحْصِ الطِّبِّيّ)
xylophone /ˋzɑɪləfəʊn/ *n.* الزّايْلُفُون ، آلة مُوسِيقِيّة يُعْزَفُ عَلَيْها بِمِطْرَقَتَيْن خَشَبِيَّتَيْن ، خَشَبِيّة

Y

Y /wɑɪ/ (letter) الحَرْفُ الخامِس والعِشْرُون مِنَ الأَبْجَدِيّة
yacht /jot/*n. & v. i.* يَخْت (للنُّزْهة) ، مَرْكَب شِراعِيّ للسِّباق وما إلَيْه ؛ أَبْحَرَ في يَخْتٍ (للنُّزْهة أو الرِّياضة أو السِّباق)
sometimes we go yachting نَذْهَبُ أحيانًا للإبْحارِ باليَخْت
yak /jæk/*n.* (حَيَوان) الياك ، قَطاس ، قُوتاش
yam /jæm/*n.* يام ، بَطاطا صِينِيّة (نَبات تُؤْكَل دَرَناتُهُ)
yank /jæŋk/*v.t.* شَدَّ (ـُ) ، سَحَبَ (ـَ) فَجْأَةً
Yankee /ˋjæŋkɪ/*n.*
1. (American of North of U.S.A.) أمْرِيكي يَقْطُنُ إحْدَى الوِلاياتِ الشَّمالِيّة
2. (*coll.* U.S. citizen) يانْكِي ، أمْرِيكي
yap /jæp/*v.i. & n.* نَبَحَ (ـَ) الكَلْبُ الصَّغِير ، وَعْوَعَ ، نُباح أو وَعْوَعَة الكَلْب الصَّغِير
yard /jɑd/*n.*
1. (measure) يارْدة (٩١٫٤٤ سم)
2. (*naut.*) عارِضة أُفُقِية لِتَثْبِيتِ الشِّراع
yard-arm أَحَدُ طَرَفَي عارِضةِ الشِّراع الأُفُقِيّة
3. (enclosed ground) فِناءٌ (أَفْنِية) ، ساحة ، حَوْشٌ (أَحْواش)
back yard حَدِيقة خَلْفِيّة للمَنْزِل
Scotland Yard اِسْمٌ يُطْلَقُ عَلَى المَرْكَزِ الرَّئِيسِيّ لِشُرْطة لَنْدَن ، اسْكُتْلَنْدْ يارْدْ
yardstick /ˋjɑdstɪk/*n.* عَصًا للقِياس طُولُها يارْدة ؛ مِعْيارٌ للمُقارَنة ، مِحَكّ
yarn /jɑn/*n.*
1. (spun thread) غَزْلٌ ، خَيْطٌ مَغْزُول
2. (*coll.* story, gossip) حِكاية ، أُحْدُوثة (أحادِيثُ)
he can spin a good yarn يُحْسِنُ سَرْدَ الحِكايات (لِتَسْلِيَة مُسْتَمِعِيه)
v.i. أَمْضَى الوَقْتَ في رِوايَةِ القِصَص
yawl /jɔl/*n.* مَرْكَبٌ شِراعِيّ صَغِير
yawn /jɔn/*v.i.* تَثاءَبَ ، فَغَرَ (ـُ) فاهُ
the chasm yawned below him فَغَرَ الغَوْرُ السَّحِيقُ فاهُ مِنْ تَحْتِهِ
n. تَثاؤُبٌ
ye /ji/
1. *pron.* (*old form of* **you**) أَنْتُم ، أَنْتُنَّ (تَعْبِيرٌ قَدِيم)
2. (*old written form of* **the**) صُورة قَدِيمة لأداةِ التَّعْرِيف
yea /jeɪ/*int.* (*arch.*) & *n.* نَعَم ! بَلَى !
year /jɜ(r)/*n.* عامٌ (أعْوام) ، سَنَة (سِنُون ، سَنَوات) ،

حَوْلٌ (أحْوال)
we get fresh eggs all the year round — نَحْصُلُ على البَيْضِ الطّازَجِ طَوالَ العام
year in, year out — عامًا بَعْدَ عام ، سَنَةً بَعْدَ أُخْرَى
from the year dot — مُنْذُ وَقْتٍ طَويلٍ جِدًّا ، مُنْذُ بِدايَةِ الخَليقة (تُقالُ للمُبالَغة)
Happy New Year — كُلُّ عامٍ وأنْتُم بِخَيْر !
the academic year — السَّنة الدِّراسِيّة ، العامُ الدِّراسِيّ
a five-year-old — اِبْنُ الخامِسة
yearbook — حَوْلِيّة ، دَليلٌ سَنَوِيّ ولا سِيَّما في مَجالِ التِّجارة
he died full of years — ماتَ طاعِنًا في السِّنّ
yearling /ˈjɜlɪŋ/ *n.* — حَوْلِيّ (حَيوان يَتَراوَحُ عُمْرُهُ بَيْنَ سَنَةٍ وسَنَتَيْن)
yearly /ˈjɜlɪ/ *adj. & adv.* — سَنَوِيّ ، حَوْلِيّ ؛ سَنَوِيًّا ، مَرَّةً كُلَّ عام
yearn /jɜn/ *v.i.* — تاقَ (يَتُوقُ) إلى ، اِشْتاقَ إلى
yearning /ˈjɜnɪŋ/ *adj.* — مُشْتاق ، مُتَلَهِّف
n. — اِشْتِياق ، تَشَوُّق ، شَوْق ، تَلَهُّف ، حَنين
yeast /jist/ *n.* — خَميرة (خَمائِرُ) (للخُبْز أو البيرة)
yell /jel/ *v.i. & t.* — صَرَخَ (ـُ) ، زَعَقَ (ـَ) ، صاحَ (يَصيح)
n. — صَرْخة ، صَيْحة ، هُتاف
yellow /ˈjeləʊ/ *n. & adj.* — اللَّوْنُ الأصْفَر ، صُفْرة ؛ أصْفَر ؛ جَبانٌ
yellow fever — الحُمَّى الصَّفْراء (بالمَناطِق الاسْتِوائيّة)
there is a yellow streak in him — هُو جَبانٌ بَعْضَ الشَّيْء
v.i. — اِصْفَرَّ
yelp /jelp/ *v.i.* — عَوَى (يَعْوِي) (الكَلْبُ تَوَجُّعًا) ، وَعْوَعَ
n. — عُواء ، وَعْوَعة
yeoman /ˈjəʊmən/ *n.* — زَرّاعٌ يَمْلِكُ أرْضًا (قَديمًا)
yeomanry /ˈjəʊmənrɪ/ *n.* — أرْبابُ الأطْيان ؛ فِرْقة فُرْسانٍ مُتَطَوِّعين في الحَرَسِ الوَطَنِيّ (قَديمًا)
yes /jes/ *part. & n.* — نَعَم ، بَلَى ، أجَلْ
yes, indeed! — إي نَعَم ، حَقًّا وصِدْقًا !
just give me a plain yes or no — دَعِ اللَّفَّ والدَّوَران وقُلْ إمّا نَعَمْ أو لا
yesterday /ˈjestədɪ/ *n. & adv.* — أمْسِ ، البارِحة
I arrived yesterday week — وَصَلْتُ في يَوْمٍ كأمْسِ مِنَ الأسْبوعِ الفائت
yet /jet/ *adv.*
1. (up to now, up to then) — حَتَّى الآن ، حَتَّى ذلكَ الحِين ، بَعْدُ
we have not finished yet — لَمْ نَنْتَهِ بَعْدُ
as yet we have come to no decision — لَمْ نَتَوَصَّلْ إلى قَرارٍ حَتَّى الآن
2. (*with neg.* until later) — مَعَ النَّفْي
I cannot come (just) yet — لا يُمْكِنُني الحُضُورُ تَوًّا (فأمْهِلْني قَليلًا)
3. (further, still, in addition) — إضافةً إلى
there is work yet to be done — لا يَزالُ أمامَنا المَزيدُ مِنَ العَمَل
4. (some day) — يَوْمًا ما ، في يَوْمٍ مِنَ الأيّام
he may surprise us all yet — قَدْ يُفاجِئُنا ذاتَ يَوْم
5. (*with* **nor** either) — بِمَعْنَى (إمّا)
we shall not employ him nor yet his brother — لَنْ نُوَظِّفَه حَتّى ولا أخاه
conj. also **and yet, but yet** — كأداةِ رَبْطٍ بِمَعْنَى : مَعَ ذلِك ، بالرَّغْمِ مِنْ
she is foolish yet likeable — إنّها مَحْبوبة رَغْمَ حُمْقِها
yew /ju/ *n.* — شَجَرُ الطَّقْسُوس أو الزَّرْنَب
yield /jild/ *v.t. & i.* — أغَلَّ ، أثْمَرَ ، أعْطَى مَحْصُولًا ؛ اِسْتَسْلَمَ
such a policy will yield dividends — سَتَعُودُ مِثْلُ هٰذِه السِّياسة بالفائِدة
we shall never yield to your threats — لَنْ نَسْتَسْلِمَ لِتَهْديداتِك
n. — مَحْصُول (الأرْض) ، غَلَّتُها ، إنْتاج
yodel /ˈjəʊdəl/ *v.i. & n.* — غَنَّى أو نادَى بِطَريقةٍ يَكْثُرُ فيها تَغْييرُ الصَّوْتِ مِنَ الطَّبَقةِ العادِيّةِ إلى العُلْيا (كما يَفْعَلُ سُكّانُ الجِبالِ في سويسرا) ؛ غِناءٌ بِتَغْييرِ طَبَقاتِ الصَّوْت
yoga /ˈjəʊgə/ *n.* — يُوغا ، مَذْهَب هِنْدُوكِيّ شَبيه بالصُّوفِيّة
yoghourt /ˈjogət/ *n.* — لَبَنٌ رائب ، لَبَن زَبادِي (م)
also **yog(h)urt**
yogi /ˈjəʊgɪ/ *n.* — مُمارِسُ اليُوغا ، يُوغانِيّ
yoke /jəʊk/ *n.* — نِير ، مِقْرَن ؛ سُفْرة الثَّوْب عند الكَتِفَيْن ، كُمْرُ التَّنُّورة
five yoke of oxen — خَمْسة أقْرِنة (مِنَ الثِّيران)
under the yoke of a tyrant — تَحْتَ نِيرِ الطّاغِية
v.t. — قَرَنَ (ـِ) ، ضَمَّ (ـُ)
yoked together (in marriage) — قُرِنا بالزَّواج
yokel /ˈjəʊkəl/ *n.* — رِيفِيّ ، فَلّاح ، ساذَج ؛ جِلْف (أجْلاف)
yolk /jəʊk/ *n.* — مُحّ (البَيْض) ، صَفارُه
yon /jon/ *adj.* (*arch. & dial.*) — هُنالِكَ (تَعْبيرٌ قَديم)
yonder /ˈjondə(r)/ *adj.* (*arch.*) *& adv.* — ذلك ، هُنالك ، ثَمَّةَ (تَعْبير قَديم)
yore /jɔ(r)/ *esp.* — غابِرًا ، سالِفًا (ولا سِيَّما في تَعْبير) :
in **days of yore** — في الخالِياتِ مِنَ الأيّام ؛ في قَديمِ الزَّمان
you /ju/ *pron.* — ضَميرُ المُخاطَبة (المُفْرَد والمُثَنَّى والجَمْع)
you fool! — يا لَكَ مِنْ أحْمَق !
you never know — مَنْ يَدْري ، واللهُ أعْلَم !
you'd /jud/ *coll. contr. of*

you had, you would

you'll / jul / *coll. contr. of* **you will**

young / jʌŋ / *adj.* حَدَثٌ (أَحْداث) ، صَغِيرُ السِّنّ ، فَتِيٌّ ، شابٌّ

just you listen to me, young man لابُدَّ أَنْ تُصْغِي إِلَيَّ أَيُّها الشّابّ (يا قَلِيلَ التَّجْرِبة !)

the night is young أَمامَنا اللَّيْلُ بِطُولِه ، ما زالَت السَّهْرة في بِدايَتِها

the young الشَّباب ، الجِيلُ الصّاعِد

n. (*collect.*) صِغار (الحَيَوان مَثَلًا)

with young حُبْلَى ، حامِلٌ (حَوامِلُ)

youngster / ˋjʌŋstə(r) / *n.* صَبِيّ (صِبْيان) ، غُلام (غِلْمان) ، فَتًى (فِتْيان) مُراهِق

your / jɔ(r) / *poss. pron. & adj.* صِيغة التَّمَلُّك للمُخاطَب

you're / jɔr / *coll. contr. of* **you are**

yours / jɔz / *pron. & pred. adj.* مِلْكُك

is this book yours? أَهٰذا الكِتابُ لَك ؟

I borrowed a book of yours اِسْتَعَرْتُ كِتابًا مِنْ كُتُبِك

my regards to you and yours تَحِيّاتي لَكَ وَلِسائِرِ أَفْرادِ أُسْرَتِك

yours sincerely/faithfully المُخْلِص لَكُمْ

yourself / jɔˋself / *pron.* نَفْسُكَ ، بِنَفْسِك

(*pl.* **yourselves** / jɔˋselvz /) أَنْفُسُكُم

please yourself! اِفْعَلْ ما شِئْتَ أَو بَدا لَكَ ، عَلَى كِيفَك (ع) ، زَيّ ما انتَ عايِز (م) ، مِثِلْ ما بِدَّك (س)

do-it-yourself *abbr.* **D.I.Y.** اِصْنَع الشَّيْءَ بِنَفْسِك (دُونَ حاجةٍ إِلَى اخْتِصاصِيّ) ؛ هِواية الأَعْمال اليَدَوِيّة في المَنْزِل

youth / juθ / *n.* شابٌّ (شَباب ، شُبّان) ؛ (سِنُّ) الشَّباب

in my youth في أَيّام شَبابي

a number of youths عَدَدٌ مِنَ الشُّبّان

youth hostel نُزُلُ الشَّباب ، بَيْتُ الشَّباب ، مَنْزِلٌ لِمَبِيتِهم (شَرِيطَةَ عُضْوِيَّتِهِم في جَمْعِيّة بُيُوتِ الشَّباب)

youthful / ˋjuθfəl / *adj.* (مَظْهَرٌ) فَتِيّ ، شابٌّ ، غَضٌّ

you've / juv / *coll. contr. of* **you have**

yoyo / ˋjəʊjəʊ / *n.* *also* **yo-yo** لُعْبة اليُويُو (بَكَرة خَشَبِيّة يُلَفُّ خَيْطٌ حَوْلَ حِزٍّ بِها وتُجْذَبُ لِتَدُورَ صُعُودًا وهُبُوطًا)

yule / jul / *n. also* **yuletide** فَتْرَةُ عِيدِ المِيلاد (كِرِيسْمَس)

yule-log قِطْعةٌ ضَخْمة تُقْطَعُ مِنْ جِذْعِ شَجَرة وتُحْرَقُ في المَوْقِدِ لَيْلَةَ عِيدِ المِيلاد (الكِرِيسْمَس)

Z

Z / zed / (letter) الحَرْفُ السّادِسُ والعِشْرُون مِنَ الأَبْجَدِيّة

zany / ˋzeɪnɪ / *n.* مُهَرِّج (في المَسْرَح الإيطاليّ قَدِيمًا)

adj. (تَهْرِيج) مَجْنُون ، مُضْحِك ، هَزْلِيّ ، شاذّ

zeal / zil / *n.* حَمِيّة ، حَماس

zealot / ˋzelət / *n.* مُتَطَرِّف في تَحَمُّسِه

zealous / ˋzeləs / *adj.* ذُو حَمِيّة (دِينِيّة) ، ذُو حَماسٍ (وَطَنِيّ)

zebra / ˋzibrə / *n.* حِمارٌ وَحْشِيّ مُخَطَّط ، حِمارُ الزَّرَد

zebra crossing مَوْضِعٌ مُحَدَّدٌ بِخُطُوطٍ بَيْضاءَ لِعُبُورِ المُشاةِ في الشَّوارِعِ المُزْدَحِمة

Zen / zen / *n.* نِحْلَةٌ بُوذِيّة تَهْتَمُّ بالتَّأَمُّلات والغَرائِزِ البَشَرِيّة

zenith / ˋzenɪθ / *n.* سَمْتُ الرَّأْس ؛ ذُرْوَة (ذُرًى) ، قِمّة (قِمَم) ، أَوْج

zephyr / ˋzefə(r) / *n.* رِيحٌ غَرْبِيّة خَفِيفة ، نَسِيم (نَسائِمُ) ، زَفِير

zeppelin / ˋzepəlɪn / *n.* مُنْطاد (مَناطِيدُ) زِبْلِن (في الحَرْب العالَمِيّة الأُولى)

zero / ˋzɪərəʊ / *n.* صِفْرٌ (أَصْفار) ، لا شَيْءَ

ten degrees below zero عَشْرُ دَرَجاتٍ تَحْتَ الصِّفْر

zest / zest / *n.* قِشْرة اللَّيْمُون ؛ تَلَذُّذ ، اِسْتِمْتاع ؛ طَعْمٌ مُشَعٌّ

zig-zag / ˋzɪg-zæg / *n. & adj.* خَطٌّ مُتَعَرِّج ذُو زَوايا حادّة ؛ بَرْقٌ يَتَكَسَّرُ في السَّماء ؛ مُتَعَرِّجٌ بِزَوايا حادّة

v.i. تَعَرَّجَ بِزَوايا حادّةٍ في السَّيْر ، سَيْر شَبُوطِيّ أَو بأُسْلُوب الأَفْعَى

zinc / zɪŋk / *n.* خارْصِين ، زِنْك

zip / zɪp / *n. & v.i.* أَزِيزُ (الرَّصاص) ، صَوْتُ التَّمَزُّق ؛ قُوّة ، نَشاط ، أَسْرَعَ ، تَحَرَّكَ بِسُرْعة

zip-fastener (*also* **zip**) سُوسْتة (م) ، زَنْجِيل (لِشَبْكِ المَلابِس) (ع) ، سَحّاب (س)

zip up *v.t.* سَحَبَ (ــ) السُّوسْتة إِلَى الأَعْلَى ، أَغْلَقَ السَّحّاب

zip code (*in U.S.*) الرَّمْزُ البَرِيدِيّ الذي يُساعِدُ عَلَى تَصْنِيفِ البَرِيدِ قَبْلَ تَوْزِيعِه

zither / ˋzɪðə(r) / *n.* آلة مُوسِيقِيّة وَتَرِيّة تُشْبِهُ القانُون

zodiac / ˋzəʊdɪæk / *n.* بُرْج (بُرُوج) (فَلَك)

zombie / ˋzombɪ / *n.* (في الأَساطِير) جُثّة أُعِيدَتْ إِلَى الحَياة وأَصْبَحَتْ شَخْصًا عَدِيمَ الإِرادة ؛ أَبْلَه

zonal / ˋzəʊnəl / *adj.* مِنْطَقِيّ ، مُقَسَّم إِلَى مَناطِق

zone / zəʊn / *n. & v.t.* مِنْطَقة (مَناطِقُ) ؛ رَتَّبَ عَلَى أَساسِ المَناطِق

disc zone مِنْطَقةٌ مَمْنُوعٌ الوُقُوفُ فيها إِلّا لِمُدّةٍ مَحْدُودة

smokeless zone مِنْطَقة مَمْنُوعٌ فيها إِحْراقُ المَوادِّ الّتي

zoom / zum / *n.* & *v.i.* صُعُودُ الطّائِرة الفُجائِيّ أو الدَّوِيُّ الّذِي تُحْدِثُه ؛ صَعِدَ (ـَ) فَجْأَةً ؛ دَوَّى ؛ أزَّ ؛ (في التّصْوِير) جَعَلَ الشّيْءَ يَبْدُو قَرِيبًا مِنَ الكامِيرَا

prices zoomed قَفَزَتِ الأسْعار

the camera zoomed in on him أخَذَتْ له الكامِيرا لَقْطةً مُقَرَّبَة

Zulu / 'zulu / *n.* & *adj.* الزُّولُو (قَبِيلة إفْرِيقِيّة أو لُغَتُها)

نُطْلِقُ الدُّخانَ مِنَ المَداخِن

temperate zone المِنْطَقة المُعْتَدِلة

zoo / zu / *n.* (*abbr. of* **zoological gardens**) حَدِيقَةُ الحَيَوان ، حَيْر (الحَيَوانات)

zoological / 'zəʊə'lodʒɪkəl / *adj.* مَنْسُوبٌ إلى عالَمِ الحَيَوان

zoologist / zəʊ'olədʒɪst / *n.* عالِمٌ بالحَيَوان

zoology / zəʊ'olədʒɪ / *n.* عِلْمُ الحَيَوان